CLT

Comentários à Consolidação das Leis Trabalhistas

LEGISLAÇÃO COMPLEMENTAR
JURISPRUDÊNCIA

2018

Endereço do Autor, para sugestões e correspondência:
Rua Garibaldi, 2570
14025-190 – Ribeirão Preto/SP
tel. (16) 3877-7274
http://www.institutocarrion.com.br
e-mail: eduardo@carrion.adv.br

Agradecimentos, pelas sugestões, a todos os que mantiveram diálogo aberto com o autor, especialmente:

Alexandre Berto (Advogado, Catanduva/SP); Guilherme Caputo Bastos (Ministro, TST, Brasília); Homero Batista Mateus da Silva (Juiz, São Paulo/SP); José Pitas (Desembargador, TRT, Campinas/SP); Flávio Laet (Juiz, São Paulo/SP); Luciene Cantarim (Nutricionista, Ribeirão Preto/SP); Luis Antonio Rossi (Advogado, Catanduva/SP); Luiz Miguel Manfredini (Advogado, Itapetininga/SP); Marisa Ramiro Bocalon (Agente Administrativo, MTE, Ribeirão Preto/SP); Paulo Jorge Peralta (Diretor de Vara Trabalhista, SP); Pedro Paulo Manus (Ministro, TST, Brasília); Roberto Koga (Advogado, São José dos Campos/SP); Ricardo Laraia (Desembargador, TRT, Campinas/SP).

Valentin Carrion

ATUALIZADO POR
Eduardo Carrion

CLT

Comentários à Consolidação das Leis Trabalhistas

LEGISLAÇÃO COMPLEMENTAR
JURISPRUDÊNCIA

42ª edição
revista e atualizada
2018

saraiva jur

ISBN 978-85-472-2273-4

DADOS INTERNACIONAIS DE CATALOGAÇÃO NA PUBLICAÇÃO (CIP)
ANGÉLICA ILACQUA CRB-8/7057

Carrion, Valentin

Comentários à consolidação das leis trabalhistas: legislação complementar, jurisprudência / Valentin Carrion; atualizado por Eduardo Carrion. – 42. ed. – São Paulo: Saraiva Educação, 2018.

1. Constituição Federal - Brasil. 2. Direito do trabalho. 3. Consolidação das leis trabalhistas. 4. Legislação - jurisprudência. I. Carrion, Eduardo. II. Título.

17-1236 CDU-342.4(81)

Índice para catálogo sistemático:

1. Direito do trabalho: legislação: jurisprudência 342.4(81)

SOMOS EDUCAÇÃO | saraiva jur

Av. das Nações Unidas, 7.221, 1º andar, Setor B
Pinheiros – São Paulo – SP – CEP 05425-902

SAC 0800-0117875
De 2ª a 6ª, das 8h às 18h
www.editorasaraiva.com.br/contato

Vice-presidente Claudio Lensing
Diretora editorial Flávia Alves Bravin

Conselho editorial
Consultor acadêmico Murilo Angeli Dias dos Santos

Gerência
Planejamento e novos projetos Renata Pascual Müller
Editorial Roberto Navarro

Edição Daniel Pavani Naveira

Produção editorial Ana Cristina Garcia (coord.)
Luciana Cordeiro Shirakawa
Rosana Peroni Fazolari

Arte e digital Mônica Landi (coord.)
Claudirene de Moura Santos Silva
Guilherme H. M. Salvador
Tiago Dela Rosa
Verônica Pivisan Reis

Planejamento e processos Clarissa Boraschi Maria (coord.)
Juliana Bojczuk Fermino
Kelli Priscila Pinto
Marília Cordeiro

Fernando Penteado
Tatiana dos Santos Romão

Novos projetos Laura Paraíso Buldrini Filogônio

Projeto gráfico Mônica Landi
Diagramação Tarumã Editoração Gráfica
Revisão Bernardete de Souza Maurício
Comunicação e MKT Carolina Bastos
Elaine Cristina da Silva
Capa Casa de Ideias / Daniel Rampazzo
Produção gráfica Marli Rampim
Impressão e acabamento RR Donnelley

Data de fechamento da edição: 29-12-2017

Dúvidas? Acesse www.editorasaraiva.com.br/direito

CL 604480 CAE 622641

Marina Carrion, segue sempre ao meu lado, as vezes briga, mas não se cansa, me faz chorar e me faz rir. Parceira, disposta, sempre lutando. Minha amiga, minha filha. Um presente de Deus.

Eduardo Carrion

ABREVIATURAS

Ac. Acórdão
ACO Ação Cível Originária
ACP Ação Civil Pública
ADC Ação Declaratória de Constitucionalidade
ADCT Ato das Disposições Constitucionais Transitórias
ADIn Ação Direta de Inconstitucionalidade
AgPt Agravo de Petição
Ag.-RC Agravo em Reclamação Correicional
AgRg Agravo Regimental
AGU Advocacia-Geral da União
AI Agravo de Instrumento
AMS Apelação em Mandado de Segurança
Ap Apelação
AP Agravo de Petição
ApC Apelação Cível
AR Ação Rescisória
art. artigo
bras. brasileira
CC Código Civil
CComp Conflito de Competência
CEME Central de Medicamentos
CF Constituição Federal
CFQ Conselho Federal de Química
CGJT Corregedoria-Geral da Justiça do Trabalho
cit. citado (v. Bibliografia, no Apêndice)
CJ Conflito de Jurisdição
CLPS Consolidação das Leis da Previdência Social
CLT Consolidação das Leis do Trabalho
Cmts. Comentários
CNC Conflito Negativo de Competência
CNI Conselho Nacional de Imigração
CNPS Conselho Nacional de Política Salarial
CODEFAT Conselho Deliberativo do Fundo de Amparo ao Trabalhador
CP Código Penal ou Correição Parcial
CPC Código de Processo Civil
CPP Código de Processo Penal
D. Decreto
DATAPREV Empresa de Processamento de Dados da Previdência Social
DC Dissídio Coletivo
DCN *Diário do Congresso Nacional*
DEJT *Diário Eletrônico da Justiça do Trabalho*
DJESP *Diário da Justiça do Estado de S. Paulo*
DJU *Diário da Justiça da União*
DL Decreto-Lei
DLeg. Decreto Legislativo
DNRT Departamento Nacional de Relações do Trabalho
DNSST Departamento Nacional de Segurança e Saúde do Trabalhador
DOU *Diário Oficial da União*
DPC Direito Processual Civil
DPT Direito Processual do Trabalho
DT Direito do Trabalho
E-RR Embargos em Recurso de Revista
EC Emenda Constitucional
ED Embargos de Declaração
ed. editora ou edição
EXSI Exceção de Suspeição e Impedimento
FAT Fundo de Amparo ao Trabalhador
FGTS Fundo de Garantia do Tempo de Serviço
FSP Jornal *Folha de S. Paulo*

FUNABEM Fundação Nacional do Bem-Estar do Menor
FUNRURAL Fundo de Assistência ao Trabalhador Rural
GT Grupo de Turmas
IAPAS Instituto de Administração Financeira da Previdência e Assistência Social
IN Instrução Normativa
INAMPS Instituto Nacional de Assistência Médica da Previdência Social
Índ. Bibl. Índice da Bibliografia
Índ. Leg. Índice da Legislação
INSS Instituto Nacional do Seguro Social
IPASE Instituto da Previdência e Assistência dos Servidores do Estado
IUJ Incidente de Uniformização de Jurisprudência
j. em julgado em
JT Justiça do Trabalho
L. Lei
LBA Fundação Legião Brasileira de Assistência
LC Lei Complementar
LINDB Lei de Introdução às Normas do Direito Brasileiro
LOAS Lei Orgânica da Assistência Social
LOM Lei Orgânica da Magistratura
LOPS Lei Orgânica da Previdência Social
LTr *Revista Legislação do Trabalho* ou editora
MC Medida Cautelar
MEFP Ministério da Economia, Fazenda e Planejamento
MI Mandado de Injunção
MICT Ministério da Indústria, do Comércio e do Turismo
Min. Ministro ou Ministério
MP Medida Provisória
MPAS Ministério da Previdência e Assistência Social (ex)
MRE Ministério das Relações Exteriores
MTA Ministério do Trabalho e Administração (antes)
MTE Ministério do Trabalho e Emprego (hoje)
MTPS Ministério do Trabalho e da Previdência Social
NR Norma Regulamentar de Segurança e Medicina do Trabalho
Nred. Nova redação
obs. observação
OE Órgão Especial
OESP Jornal *O Estado de S. Paulo*
p. página
PAT Programa de Alimentação do Trabalhador
PIS Programa de Integração Social
Port. Portaria
proc. processo
prov. provimento
Prov. Correg. Provimento da Corregedoria do TST
RA Resolução Administrativa do TST
RBPS Regulamento dos Benefícios da Previdência Social
RC Reclamação Correicional
RCPS Regulamento do Custeio da Previdência Social
RDA *Revista de Direito Administrativo*
RDT *Revista de Direito do Trabalho*
RE Recurso Extraordinário
red. redação
ReeNec Reexame Necessário
Reg. Região
rel. relator
Res. Resolução
REsp Recurso Especial
rev. revogado
Rev. Sy *Revista Synthesis*
RF *Revista Forense*
RI Regimento Interno
RMA Recurso em Matéria Administrativa
RO Recurso Ordinário
RO-HC Recurso Ordinário em *Habeas Corpus*
RO-IG Recurso Ordinário em Ilegalidade de Greve
ROPS Recurso Ordinário em Procedimento Sumaríssimo
ROS Recurso Ordinário Sumaríssimo
RP Representação
RR Recurso de Revista

RT	*Revista dos Tribunais*
RTJ	*Revista Trimestral de Jurisprudência* do Supremo Tribunal Federal
RXOF	Recurso *ex officio*
SBDI	Subseção de Dissídios Individuais
SDC	Seção de Dissídios Coletivos
SDI	Seção de Dissídios Individuais
segs.	seguintes
SINPAS	Sistema Nacional da Previdência e Assistência Social
SNT	Secretaria Nacional do Trabalho
STF	Supremo Tribunal Federal
STJ	Superior Tribunal de Justiça
Sup.	Superior
T.	Turma
T&D	Revista *Trabalho & Doutrina*
T&P	Revista *Trabalho & Processo*, sucedida pela Revista *T&D*
TA	Tribunal de Alçada
tb.	também
TJ	Tribunal de Justiça
TP	Tribunal Pleno
trab.	trabalho ou trabalhista
TRF	Tribunal Regional Federal
TRT	Tribunal Regional do Trabalho
TST	Tribunal Superior do Trabalho
v.	*vide*
vol.	volume
v.u.	votação unânime
STF	Súmulas do STF, STJ e TFR
TST	Súmulas do Tribunal Superior do Trabalho
	Orientações Jurisprudenciais do TP, da SDC, SDI-1 e SDI-2 do TST

INDICADOR GERAL

Sobre os temas da obra, ver a Jurisprudência, a Doutrina e a Lei no *site* do Instituto de Direito Valentin Carrion, www.institutocarrion.com.br.

ÍNDICE SISTEMÁTICO DA CLT

TÍTULO VII
PROCESSO DE MULTAS ADMINISTRATIVAS

TÍTULO VII-A

TÍTULO VIII
JUSTIÇA DO TRABALHO

Sobre os temas da obra, ver a Jurisprudência, a Doutrina e a Lei no *site* do Instituto de Direito Valentin Carrion, www.institutocarrion.com.br.

PREFÁCIO

Quem teve o privilégio de conviver com Valentin Carrion, dele haurindo suas manifestações de alegria e cultura, jamais o esquecerá.

A memória, entretanto, não se transmite às gerações que se sucedem. Daí a importância histórica das novas edições dos seus *Comentários à CLT*, em boa hora atualizados pelo seu filho Eduardo.

Essa renomada e indispensável obra, que veio à luz há 30 anos, analisa, com clareza e juridicidade, a nossa CLT e a legislação que a complementa.

O invejável poder de síntese de Carrion possibilitou-lhe condensar, num só volume, suas pertinentes observações. E elas interligam simplicidade e profundidade, permitindo aos operadores do Direito substituir o culto da interpretação meramente gramatical das normas jurídicas pelo atendimento aos objetivos do sistema, homenageando os princípios que o fundamentam.

Arnaldo Süssekind

CONSOLIDAÇÃO DAS LEIS DO TRABALHO

DECRETO-LEI N. 5.452,

DE 1º DE MAIO DE 1943*

Aprova a Consolidação das Leis do Trabalho.

O Presidente da República, usando da atribuição que lhe confere o art. 180 da Constituição[1], decreta:

Art. 1º Fica aprovada a Consolidação das Leis do Trabalho, que a este Decreto-Lei acompanha, com as alterações por ela introduzidas na legislação vigente.

Parágrafo único. Continuam em vigor as disposições legais transitórias[2] ou de emergência, bem como as que não tenham aplicação em todo o território nacional.

Art. 2º O presente Decreto-Lei entrará em vigor em 10 de novembro de 1943.

Rio de Janeiro, 1º de maio de 1943; 122º da Independência e 55º da República — GETÚLIO VARGAS — ALEXANDRE MARCONDES FILHO.

1 A Constituição Federal outorgada em 10 de novembro de 1937, no art. 180, conferia poderes ao Presidente da República, enquanto não se reunisse o Parlamento Nacional (o que nunca aconteceu), para expedir decretos-leis sobre todas as matérias da competência legislativa federal. As Constituições de 1946 e 1967 atribuíram à União competência para legislar sobre Direito Processual e Direito do Trabalho. A CF/88 outorga essa competência, privativamente, à União (art. 22), mas lei complementar poderá autorizar os Estados a legislar sobre as questões específicas dessas matérias ou das demais (art. 22, parágrafo único).

2 Disposições anteriores à CLT, quando genéricas, foram por ela revogadas (inclusive o DL 3.078/41, empregados domésticos, Süssekind, *Comentários*): as de emergência e as demais normas transitórias perderam sua vigência com a cessação das causas que as fizeram nascer (estado de guerra da época, por exemplo); restaram alguns diplomas, de aplicação restrita a certas áreas.

---

* Publicado no *Diário Oficial da União* de 9 de agosto de 1943.

TÍTULO I
INTRODUÇÃO

Art. 1º Esta Consolidação[1] estatui as normas[1-2] que regulam as relações[4] individuais e coletivas de trabalho[2 a 10], nela previstas.

1 *A Consolidação das Leis do Trabalho* passou a ter vigência em 10.11.43, sistematizando a esparsa legislação existente e introduzindo inúmeras disposições inovadoras, fruto da necessidade de renovação do País, assumida por Getúlio Vargas e pelo Ministro do Trabalho Alexandre Marcondes Filho e materializada por um grupo de juslaboralistas de proa, encabeçados por Luiz Augusto do Rego Monteiro, que realmente coordenou os trabalhos e presidiu o projeto final depois que Oscar Saraiva passou para a comissão de previdência social; participaram, além daqueles, Segadas Vianna, Dorval Lacerda e o mestre de todos nós, Arnaldo Süssekind.

As acusações dirigidas à CLT são, no fundamental, injustas, pois ela foi uma alavanca que introduziu direitos e mecanismos de aplicabilidade em diversos recantos do País e em categorias profissionais sem qualquer espírito ou experiência de aglutinação e capacidade de resistência. A afirmação de que é um instituto legislativo de origem fascista é inverídica quanto aos capítulos referentes ao direito individual, e somente pode ser aceita no que concerne à organização sindical e ao poder normativo da Justiça do Trabalho, que contraria a livre negociação. Nos capítulos processuais, as inovações procedimentais introduzidas foram muito além do que se poderia esperar daquela época quanto à simplicidade, imediatidade e eficiência dos atos processuais. Os intérpretes, aplicadores e legisladores posteriores não souberam senão mudar-lhe parcialmente a linguagem de administrativa para processual, mas não estiveram à altura dos que os antecederam, no sentido de dinamizar-lhe os dispositivos, apesar das necessidades que surgiram; ao contrário, tornaram mais demorada a caminhada processual, facilitando recursos e ações (redução efetiva dos casos de instância única e dos de obrigação de depositar; maior amplitude do recurso de revista para o TST; recurso adesivo e ação rescisória; embargos de terceiro para a competência do TST); deixou-se de introduzir mecanismos indispensáveis para socorrer a hipertrofia da Justiça do Trabalho, instituindo, por exemplo, comissões paritárias de conciliação nas empresas (Süssekind, "Quadragésimo aniversário da CLT", cit.) ou nos sindicatos, o que já é uso em outros países. A Justiça do Trabalho, apesar de seus grandes méritos, "perdeu o trem" da contemporaneidade, e, como todas as outras jurisdições nacionais, sendo um serviço público, é tardio, ineficiente e fator de retrocesso, pelo volume exagerado de processos, superior à capacidade de cada um dos magistrados. Nem estes nem os advogados admitem a transformação radical da organização judiciária para dar passo à conciliação extrajudicial, à arbitragem, à súmula vinculante e à responsabilidade objetiva do perdedor, em qualquer incidente ou recurso, pelos encargos do Estado e da parte contrária, independentemente de litigância de má-fé. A L. 9.756/98 dificultou o processamento do recurso de revista, instituindo as súmulas dos Regionais; por outro lado, criou embaraços ao dinamismo do agravo de instrumento, complicando sua formação; muito há a fazer, portanto.

A CLT constitui o texto legislativo básico do Direito do Trabalho do Brasil, enriquecido pela legislação complementar e pela Constituição Federal, aqui mencionadas. O Título I, arts. 1º a 11, deve ser considerado como se se tratasse de uma lei de introdução ao direito laboral, de aplicação genérica não só à CLT mas a todas as demais normas trabalhistas, salvo se alguma delas dispuser expressamente o contrário. É o caso dos preceitos referentes à aplicação subsidiária do direito comum, prescrição, relação de emprego, conceito de empregador etc.

O sistema protetor da CLT (direito material) vem sofrendo frontais ataques dos teóricos neoliberais. Entre os extremistas que gostariam de deixar o trabalhador praticamente desprotegido e, de outro lado, os que desejam mantê-lo integralmente, o bom-senso indica o caminho de temperar o art. 468, permitindo alterações do pactuado, desde que permitido por convenção coletiva.

2 *Direito do trabalho* é o conjunto de princípios e normas que regulam as relações entre empregados e empregadores e de ambos com o Estado, para efeitos de proteção e tutela do trabalho (Perez Botija). O conceito ganha mais precisão quando se inclui a referência à prestação de trabalho por conta alheia (em lugar da habitual subordinação), como faz Jaime Montalvo Correa: é o sistema de princípios e normas emanados do Estado e dos próprios interlocutores sociais no exercício de sua autonomia coletiva, para regular o esforço laborativo prestado para outrem no âmbito da relação de trabalho (*Fundamentos de derecho del trabajo*, Madrid, p. 230, cit.). Expressivo número de autores (Evaristo de Moraes Filho e muitos outros) considera o direito individual do trabalho ou até o contrato individual de trabalho como o cerne do direito laboral; isso leva Octavio Bueno Magano (*Manual*, v. 2) a considerá-lo uma hipertrofia, fato notório nos países latinos e que ele vislumbra minorar, pelo crescimento do direito coletivo (com apoio em Santoro Passarelli e Antonio Palermo). As normas de Direito do Trabalho são geralmente imperativas, inafastáveis pela vontade das partes, salvo para conferir maior proteção ao empregado; pertencem ao Direito Privado (como as que se referem ao contrato de trabalho) ou ao Direito Público (processo, organização judiciária, proteção a certos trabalhos); assim, Evaristo de Moraes Filho, *Introdução*, e Süssekind, *Instituições*. A lei não é retroativa, mas de aplicação imediata às relações de trabalho existentes.

3 *As relações de trabalho aqui reguladas* são as de emprego, ou seja, de trabalho subordinado ou por conta alheia, que correspondem ao conceito deste ramo da ciência jurídica acima descrito. O empregador pode ser um ente de Direito Privado ou de Direito Público, desde que a relação seja de emprego e não estatutária, própria dos funcionários públicos, nem de outro regime especial (como, por exemplo, previa a CF/67, art. 106, para os servidores em serviços temporários ou técnicos especializados). Estão excluídos o trabalho autônomo, o eventual e o prestado exclusivamente por razões de humanidade (caridade) ou de ensino (escola ou estágio, com as cautelas legais ou doutrinárias, que não o tornem empresarial) ou de recuperação (detentos). Conceito de relação de emprego (art. 6º/2).

4 *A relação individual de trabalho* é a que entrelaça um empregado a seu empregador, mediante direitos e obrigações recíprocas. As relações coletivas, mesmo tendo por pressuposto os contratos individuais, formam-se e se desenvolvem entre toda uma categoria profissional, de um lado, geralmente organizada em sindicato, e a respectiva categoria patronal, ou um empregador, do outro.

5 *A competência para legislar sobre Direito do Trabalho e Direito Processual* cabe à União Federal (CF/88, art. 22, I); lei complementar poderá autorizar os Estados a legislar sobre questões específicas dessas matérias (art. 22, parágrafo único); os Estados-Membros ou Municípios não podem afastar a incidência da lei federal trabalhista: os primeiros só poderiam fazê-lo nos limites da lei complementar mencionada, respeitadas as normas constitucionais de proteção ao emprego. Regime jurídico dos empregados públicos (CLT, art. 7º/16 e segs.). Estatísticas do Trabalho (Conv. OIT 160, D. 158/91).

6 *Sem relação de emprego, são mencionados na CLT*, apenas para aplicação de certos dispositivos: a) o empreiteiro ou artífice (só para se lhe permitir pleitear perante a Justiça do Trabalho o preço estipulado com seu cliente, art. 652, III); b) os avulsos, que trabalham mediante intermediação de sindicato, atualmente pelo órgão de gestão de mão de obra: capatazia, estiva, conferência de carga, conserto de carga, bloco e vigilância de embarcações, L. 8.630/93, revogada e substituída pela L. 12.815/13, e aos que a CF/88, art. 7º, XXXIV, garante os mesmos direitos dos empregados; c) os que devem possuir carteira de trabalho e previdência social (arts. 13 e segs.).

7 *O Direito Internacional Privado* resolve os conflitos de lei no espaço, em virtude da possível incidência de lei trabalhista estrangeira.

Duas questões iniciais se destacam: qual a lei de direito material aplicável (CLT brasileira ou Código de Trabalho de certo país) e qual a norma de direito processual que regerá a matéria (competência ou incompetência da Justiça do Brasil para conhecer e julgar o litígio, ônus da prova etc.), mesmo que a lei material a ser aplicada pelo juiz brasileiro seja a lei estrangeira (v. art. 651/2).

A primeira resposta aponta quais os direitos trabalhistas que devem ser cogitados; a segunda, qual o país que poderá proferir a sentença respectiva.

O ramo jurídico que informa é o Direito Internacional Privado, que apesar do nome é um conjunto de normas de direito público e interno. Interno porque se compõe de normas que cada país adota voluntariamente, como Estado soberano que é, inclusive quando aceita subscrever um tratado internacional e que a qualquer momento poderá revogar, se entender. É direito público porque consiste em uma das espécies das normas de superdireito, ou sobredireito, que não disciplinam diretamente o comportamento dos homens em sociedade, mas a aplicação de outras normas; aquelas não podem ser afastadas pelos particulares e em geral disciplinam a própria atividade estatal. "Trata-se de normas com características autônomas de direito público e não privado; é direito nacional de cada país" (Irineu Strenger, *Curso de direito internacional privado*). Por sua vez, o Direito Internacional do Trabalho é ramo do Direito Internacional Público que tem por objeto as relações dos Estados soberanos entre si e entre eles e os organismos internacionais (Süssekind, *Instituições*, p. 1241, cit.), a OIT, inclusive.

O intérprete brasileiro, para decidir os conflitos de lei no espaço, inicialmente não recorre a códigos, tratados ou convenções internacionais referendados pelo Brasil, mas à lei brasileira genérica de conflitos espaciais; só depois é que verificará se há lei brasileira específica ou tratado internacional multilateral ou bilateral (tratado é regra jurídica celebrada entre Estados para dirimir conflitos ou estabelecer condutas a serem observadas pelos atores; sua validade está condicionada à ratificação pelos países-membros), para a hipótese concreta, que afastará o conflito.

A OIT foi instituída pelo Tratado de Versalhes (1919) e pela Declaração da Filadélfia (1944). Seus órgãos são: a) Conferência ou Assembleia Geral; b) Conselho de Administração; c) Repartição Internacional do Trabalho.

As convenções internacionais da OIT, para terem eficácia interna de lei, necessitam, após a adesão do Executivo, aprovação pelo Congresso Nacional, expedição do decreto legislativo, publicação no *Diário Oficial*, comunicação à ONU, registro nesse organismo, transcurso de 12 meses após registrado e ser tornada pública sua vigência. Se não for autoexequível, necessitará de lei interna expressa; se a nossa Constituição exigir lei complementar, assim será (Arnaldo Süssekind, *A ratificação...*, cit., v. Índice Bibliográfico).

SDI As organizações ou organismos internacionais gozam de imunidade absoluta de jurisdição quando amparados por norma internacional incorporada ao ordenamento jurídico brasileiro, não se lhes aplicando a regra do Direito Consuetudinário relativa à natureza dos atos praticados. Excepcionalmente, prevalecerá a jurisdição brasileira na hipótese de renúncia expressa à cláusula de imunidade jurisdicional (TST, SDI-1, Orientação Jurisprudencial 416).

nas hipóteses como a dos autos, em que foi reconhecida a existência de tratado internacional celebrado entre o Governo Federal e o Programa das Nações Unidas para o desenvolvimento (ONU/PNUD), tratado este que se submeteu a todos os trâmites necessários à sua incorporação ao ordenamento jurídico brasileiro – ratificação pelo Congresso Nacional e disposição por Decreto Executivo – não tem pertinência a regra do Direito Consuetudinário, referente à natureza dos atos praticados, eis que expressamente prevista cláusula de imunidade jurisdicional. Significa dizer que, neste caso, não há que se perquirir quanto à prática de atos de gestão ou atos de império, a pautar a imunidade jurisdicional, posto que estipulada voluntariamente por ambas as partes no documento firmado pelo ente internacional (Organismo Internacional) e o Governo Federal. Precedentes da SBDI-1 desta Corte (TST, E-ED-ED-RR-32500-60.2006.5.10.0017, julgado em 15.9.11, Renato de Lacerda Paiva, *DEJT*, 23.9.11).

■ Tratado internacional. Decreto 75.242/75. Impossibilidade de destacar normas da CLT e do Tratado Binacional de Itaipu, criando um terceiro regime (TST, RR 276.578/96.6, Francisco Fausto Paula de Medeiros, Ac. 3ª T., 5.2.99).

8 *Em relação ao direito material*, ou seja, à lei que disciplina os direitos e obrigações das partes no contrato de trabalho, quando houver em tese leis estrangeiras envolvidas, a primeira norma aplicável seria a Lei de Introdução às Normas do Direito Brasileiro (DL 4.657/42, alt. L. 12.874/13), que é vestibular a todas as normas não penais e consagra o sistema brasileiro de direito internacional privado (Strenger).

Segundo a Lei de Introdução, "para qualificar e reger as obrigações, aplicar-se-á a lei do país em que se constituírem" (art. 9º); "destinando-se a obrigação a ser executada no Brasil e dependendo de forma essencial, será esta observada, admitidas as peculiaridades da lei estrangeira, quanto aos requisitos extrínsecos do ato. A obrigação resultante do contrato reputa-se constituída no lugar em que residir o proponente" (§ 2º).

Mas, salvo circunstância muito excepcional, percebe-se totalmente inadequado que os empregados que trabalhem no Brasil habitualmente, estrangeiros ou não, tenham regulados seus direitos e obrigações por lei estrangeira, em virtude de ter pactuado seu contrato em outro país ou porque a empresa empregadora proponente nele resida.

A finalidade protecionista universal do Direito do Trabalho, que é sua razão de ser, não se coaduna para sua eficácia, conhecimento pelas partes, fiscalização e sanções possíveis senão com a sua territorialidade, ou seja, com o princípio jurídico da lei do lugar onde deva ser cumprida a execução (*lex loci executionis*), mesmo que tenha sido contratada noutro país.

Por isso, a nossa regra geral das obrigações não pode abrangê-la.

Há mesmo quem diga que o Direito Internacional Privado do Trabalho é tão especial que se destacou do Direito Internacional Privado clássico (Haroldo Valadão, *Direito internacional privado*).

O direito comparado e os tratados internacionais evidenciam a territorialidade do Direito do Trabalho.

Esse princípio já era defendido por Jitta, em 1916, e superou todos os demais no que se refere à aplicação do Direito do Trabalho (Valadão chega a essa conclusão desprezando a necessidade de conceituar o Direito do Trabalho como de ordem pública ou de direito público, ob. cit.).

Assim sempre entenderam nossos internacionalistas (Oscar Tenório e os Espínola) e os estudiosos especializados (Süssekind, *Conflitos de leis do trabalho*).

Assim ocorre no Código de Bustamante (DLeg. 5.467/29, posteriormente D. 18.871/29, vigente no Brasil, de pouco uso e revogado em certos dispositivos, conforme Strenger, *Curso*), que afirma que "é territorial a legislação sobre acidentes do trabalho e proteção social ao trabalhador" (art. 198).

A regra da lei do lugar do trabalho está universalmente aceita, coroada pela Convenção de Roma de 1980 (Magano, Conflito de leis trabalhistas no espaço, *LTr*, 51-8/917).

Magano acrescenta um argumento a mais nas razões da aplicação da lei do lugar da prestação do trabalho, que vê na Lei de Introdução citada: "as leis... de outro país, bem como quaisquer declarações de vontade, não terão eficácia no Brasil, quando ofenderem a soberania nacional, a ordem pública e os bons costumes" (art. 17).

Parece-nos que a observação é verdadeira quando a lei estrangeira de que se cogitar outorgue proteção inferior à brasileira. Mas a questão é preliminarmente distinta: ou se aplica uma ou outra (a lei originária ou a do lugar de execução). Neste assunto, não há genericamente o princípio da lei mais favorável; só se houver expressa determinação, porque o contrato entre as partes assim o tenha disposto, ou porque a lei do país de origem ou do país de execução o determine, de forma a integrar-se no direito do trabalhador. O princípio do direito mais favorável só ocorre dentro do mesmo ordenamento interno (Krotoschin, *apud* Délio Maranhão, *Instituições*).

Como se vê, o trabalho subordinado, prestado no Brasil, é, em princípio, regido pela lei material brasileira; o Direito do Trabalho se aplica genericamente em todo o território nacional, desde que haja relação de emprego, independentemente da nacionalidade ou domicílio das partes (empregado ou empregador).

O fundamento legal interno da aplicação geral da lei material trabalhista no Brasil se depreende da CLT (art. 1º), que nenhuma exceção faz, e do conceito que se dá às leis territoriais: "são as criadas no intuito particular de garantir a organização social", segundo Clóvis Beviláqua (*Teoria geral do direito civil*). Clóvis não mencionou o Direito do Trabalho entre essas normas por motivos histórico-jurídicos de sua época.

O que se disse não impedirá que o trabalhador faça jus à aplicação de lei estrangeira, por assim haver contratado e em virtude do princípio da autonomia da vontade, quando aquela lhe garantir condição mais favorável.

O princípio da lei do lugar da execução, *lex loci laboris*, tem duas exceções: a) o trabalho prestado para as pessoas jurídicas de direito público internacional (v. art. 643, notas, competência em razão das pessoas); b) o trabalho prestado no

Brasil, a título esporádico, inserido em uma relação laboral continuada, desenvolvida em outro país ou em vários outros países e subordinada habitualmente a matriz ou filial no estrangeiro.

O contrato *executado* em um país que passa a ter sequência em outro rege-se pelas leis do Estado onde o trabalho está sendo prestado (Délio Maranhão, *Instituições*, com Süssekind e Vianna).

A lei brasileira se aplica aos empregados de empresas estrangeiras no Brasil, estatais ou não, excluindo os que trabalhem para os serviços diplomáticos (v. notas ao art. 643, competência em razão das pessoas).

TST CANCELADA – A relação jurídica trabalhista é regida pelas leis vigentes no país da prestação de serviço e não por aquelas do local da contratação (TST – Súmula 207, cancelada, TST – Res. 181/12).

Sendo de natureza provisória o trabalho prestado por empregado brasileiro a empresa multinacional no exterior, aplicável ao litígio decorrente a lei estrangeira em relação ao local de execução do trabalho. Optando o autor pelo foro de celebração do contrato (art. 651 da CLT) estará o mesmo alegando, também, a lei brasileira (TRT, 10ª Reg., RO 2.795/84, Francisco Leocádio, Ac. 2ª T. 2.107/86).

Conflito de leis trabalhistas no espaço. Empregado contratado no Brasil para laborar em outro país. O texto primitivo da Lei n. 7.064/82 era direcionado tão somente aos trabalhadores de empresas de engenharia que prestassem serviços no exterior, pelo que tal norma regia de forma específica a contratação de trabalhadores no Brasil para prestar serviço no exterior, vinculados ao ramo de engenharia. Todavia, cabe referir que em 3 de julho de 2009 houve a edição da Lei n. 11.962, ocasião em que as regras da Lei n. 7.064/82 foram estendidas a todas as empresas que venham a contratar ou transferir trabalhadores para prestar serviço no exterior. Significa dizer que, atualmente, a Lei n. 7.064/82 se aplica a todos os trabalhadores contratados no Brasil, conforme se constata do artigo 1º da Lei n. 11.962/2009. Cabe consignar, ainda, que a Súmula/TST n. 207, em que se funda a tese recursal, que consagrava o princípio da territorialidade, foi cancelada pela Resolução n. 181/2012 deste Tribunal, publicada no *DEJT* divulgado em 19, 20 e 23.04.2012. Mesmo antes do cancelamento da referida súmula, esta SBDI1 vinha perfilhando entendimento no sentido de admitir exceção à aplicação de tal princípio no caso de empregado contratado no Brasil e posteriormente transferido para prestar serviços no exterior. Assim, com o efetivo cancelamento da referida Súmula n. 207, consolidou-se neste Tribunal o entendimento de que a Lei n. 7.064/82 assegura ao empregado brasileiro que labora no exterior a aplicação da legislação brasileira de proteção ao trabalho, sempre que ficar evidenciado ser esta mais favorável que a legislação territorial, nos termos do artigo 3º, inciso II, da Lei n. 7.064/82. Portanto, o princípio da norma mais favorável vigora no âmbito das relações contratuais aqui especificadas, considerando-se aplicável a legislação vigente do local da contratação, e não a da localidade da prestação dos serviços, caso aquela seja mais favorável ao empregado. E, na hipótese, não há controvérsia sobre qual norma é a mais favorável ao trabalhador, devendo incidir a lei brasileira. Precedentes deste Tribunal. Cumpre ressaltar que a referida Lei n. 7.064/82 socorreu-se da teoria da incindibilidade dos institutos jurídicos, ao contrapor a lei territorial estrangeira e a lei brasileira, segundo a qual os institutos jurídicos devem ser considerados em seu conjunto, sem a possibilidade de se aplicar, simultaneamente, disposições de um regime e de outro. Recurso de embargos conhecido e desprovido (TST,E-RR/1003206-67.2003.5.01.0900, julgado em 16.5.13, Renato de Lacerda, *DEJT* 24.5.13).

■ *Lei de proteção que regerá a relação jurídica de emprego.* A lei do lugar onde executado o contrato de trabalho será aplicada por força do princípio da *lex executionis* (TST, E-RR 6.417/83, Mendes Cavaleiro, Ac. TP 1.900/87).

■ Princípio da territorialidade. *Lex loci executionis*: "A relação jurídica trabalhista é regida pelas leis vigentes no país da prestação de serviço e não por aquelas do local da contratação" (Enunciado 207). Decisão: Não conhecer dos embargos quanto à incompetência da Justiça do Trabalho brasileira. Conhecer dos embargos quanto à legislação aplicável e acolhê-los, determinando o retorno dos autos à MM. Junta de Conciliação e Julgamento de origem para que a ação seja julgada nos termos da legislação vigente no Iraque à época da execução do contrato (TST, E-RR 24/84, Mendes Cavaleiro, Ac. TP 2.288/87).

■ Princípio da *lex loci executionis*. A relação jurídica trabalhista é regida pelas leis vigentes no País da prestação de serviço e não por aquelas do local da contratação (TST, RR 1.318/90.0, Francisco Leocádio, Ac. 2ª T. 5.789/92).

9 *O empregado transferido do Brasil para prestar serviços em outro país*, do ponto de vista das leis brasileiras, continuará regendo-se por estas, em decorrência dos efeitos jurídicos do contrato vigente quando da transferência.

O art. 1º da L. 7.064/82 foi alterado pela L. 11.962/09. Com a nova redação, a lei passa a abranger qualquer tipo de trabalhador contratado no Brasil ou transferido por seu empregador para exercer atividade no exterior. A norma (L. 7.064/82, regulamentada pelo D. 89.339/84, em apêndice) manda aplicar a lei brasileira, quando mais favorável (art. 3º), sempre que o trabalhador seja: a) cedido; b) removido ou c) de início contratado por empresa sediada no Brasil. Justiça feita com Magano, que já entendia que lei deveria ser aplicada por analogia a todas as atividades (Conflito de leis trabalhistas no espaço, cit.).

No caso de contratação por empresa estrangeira para trabalho no exterior (Port. MTE 21/06), garantem-se certos direitos de viagem e retorno, além da expressa menção ao cumprimento da lei do país onde o trabalho se der (art. 14).

Quanto às hipóteses *a*, *b* e *c*, *supra*, determina-se a aplicação da lei mais favorável (art. 3º); para isso, e em cada caso, a norma deve ser examinada, segundo Magano, não pelo cotejo global de toda a legislação aplicável, em face da sua dificuldade, nem pela comparação de cada preceito isolado, mas pelo confronto de cada instituto trabalhista, porque o "sentido exato da norma jurídica não se apura quando esta se considera isoladamente e sim quando apreciada em suas relações com outras normas concernentes à mesma matéria", ou seja, "o conjunto de normas agrupadas sob a forma de instituto jurídico"; assim, os preceitos referentes a hora prorrogada, intervalos adicionais, hora noturna devem ser inseridos no instituto jurídico de maior amplitude, que é o da duração do trabalho.

Pessoas jurídicas de Direito Público Internacional (art. 643/14).

10 *A lei aplicável aos tripulantes de embarcações* é muito controvertida. Cada hipótese modifica os critérios para fixar o elemento de conexão, que é o meio técnico de permitir a indicação do direito estrangeiro ou nacional aplicável (Strenger).

Para o trabalho realizado preponderantemente em alto-mar, deve prevalecer a lei da bandeira, ou matrícula do navio, o que termina por ser a lei do local da prestação de serviço (Batifol, Pontes de Miranda e outros, *apud* Washington da Trindade, *Compêndio de direito do trabalho marítimo, portuário e pesqueiro*, p. 27).

Mas a lei da bandeira do navio não é o critério definitivo em matéria de competência jurisdicional trabalhista; é que a relação do emprego se estabelece entre o tripulante e a empresa que explora o navio, e não entre aquele e o proprietário da embarcação (Giorgio de Semo, *apud* Russomano, *Comentários*...), o que também é verdade em face do Direito brasileiro, não só pelos princípios que o iluminam como pelo direito posto em geral quanto ao armador, inclusive no que se refere às embarcações pesqueiras (D. 64.618/69, art. 3º) e pelas possíveis fraudes da "bandeira de favor" (Washington da Trindade, ob. cit.). Por isso, mesmo os que aderem àquele critério (Amaro, *Tutela*) estabelecem exceções importantes; é o caso de empresa sediada no Brasil que arrenda navio estrangeiro. Russomano refere-se à nacionalidade da empresa, mas no Brasil o que pesa é o lugar onde são desenvolvidas as atividades ou onde se deu a contratação, a fim de que, sempre que possível, prevaleçam a norma e a jurisdição nacionais, evitando-se artifícios que deixem o trabalhador desprotegido quanto ao direito material específico e previdenciário, assim como quanto ao processual. É, aliás, o que o autor dá a entender com o exemplo que cita.

11 *Competência para julgamento de trabalho no exterior* (art. 651/2). Ações movidas contra pessoas jurídicas de direito público internacional (art. 643/14). Moeda estrangeira: DL 691/69 (v. Índ. Leg.).

Visto a marítimo estrangeiro (Res. Nor. MTE/CNI 71/06, alt. Res. Nor. MTE/CNI 105/13, 72/06 e 83/08) e IN MTE/SIT 70/07, v. Índ. Leg.).

Art. 2º Considera-se empregador[1 a 10] a empresa, individual ou coletiva[2], que, assumindo[3] os riscos da atividade econômica, admite, assalaria e dirige a prestação pessoal de serviços.

§ 1º Equiparam-se[4] ao empregador, para os efeitos exclusivos[5] da relação de emprego, os profissionais liberais[6], as instituições de beneficência[7], as associações recreativas ou outras instituições sem fins lucrativos[8-9], que admitirem trabalhadores como empregados.

§ 2º Sempre que uma ou mais empresas, tendo, embora, cada uma delas, personalidade jurídica própria, estiverem sob a direção, controle ou administração de outra, ou ainda quando, mesmo guardando cada uma sua autonomia, integrem grupo econômico[15], serão responsáveis solidariamente pelas obrigações decorrentes da relação de emprego[16] (Red. L. 13.467/17).

§ 3º Não caracteriza grupo econômico a mera identidade de sócios,

sendo necessárias, para a configuração do grupo, a demonstração do interesse integrado, a efetiva comunhão de interesses[15] **e a atuação conjunta das empresas dele integrantes.** (Red. L. 13.467/17).

1 *Empregador é a empresa*. A expressão é muito criticada. Empresa é o conjunto de bens materiais, imateriais e pessoais para a obtenção de certo fim. Juridicamente, a empresa é uma universalidade, compreendendo duas universalidades parciais, a de pessoas (*personarum*) e a de bens (*bonorum*), funcionando em direção a um fim (Catharino, *Temas*). Importante é que a lei quis salientar a integração do trabalhador nesse conjunto, independentemente da pessoa que seja seu proprietário, ou venha a responder pelas obrigações em determinado momento (arts. 10 e 448). O vocábulo "empresa" é usado como pessoa física ou jurídica que contrata, dirige e assalaria o trabalho subordinado. Estabelecimento é o conjunto de bens materiais, imateriais e pessoais organizados para fins técnicos de produção em torno de certo lugar por uma pessoa física ou jurídica. A empresa (no sentido impróprio, mas usual) pode ter vários estabelecimentos em diversos bairros ou cidades (comerciais, burocráticos, industriais etc.) ou materializar-se em um só (*A empresa no direito do trabalho*, Evaristo de Moraes Filho). Empregador "é toda entidade que se utiliza de trabalhadores subordinados" (Magano, *Manual*, v. 2).

2 *Individual ou coletiva*: a primeira, pessoa física ou natural, que não se constituiu em sociedade com outrem mediante patrimônio diferenciado. A coletiva: de direito privado ou público; a de direito privado pode ser sociedade anônima, limitada, em comandita etc.; a de capital e indústria, se ocultar uma verdadeira relação de emprego entre os pretensos sócios, levará à responsabilidade trabalhista do sócio capitalista.

As pessoas jurídicas de direito público interno da administração direta são a União, Estados, Distrito Federal, Territórios e Municípios (CC/2002, art. 41, I a III), e, da administração indireta, as autarquias e as demais entidades de caráter público criadas por lei (fundações) (CC/2002, art. 41, IV e V). Os partidos políticos têm natureza de associação civil, sendo pessoa de direito privado (L. 9.096/95). Todas podem ser empregadoras, inclusive as empresas públicas, sempre que não tenham adotado o regime estatutário (v. arts. 7º/16 e s.).

Servidor público. Aplicabilidade do Direito do Trabalho (art. 7º, *c* e *d*, e notas 16 e segs.). Competência *ratione personae* (art. 643/15). Privilégios processuais dos entes estatais sem fins econômicos (CLT, art. 7º/24, e DL 779/69, em apêndice). Homologação dispensada (art. 477 e parágrafos). Fundações (art. 7º/16). Servidor público (v. índice alfabético).

3 *Assumindo os riscos* da atividade: que não trabalha por conta alheia; o que arca com os lucros e perdas do empreendimento. Admite: decide as condições e a contratação do trabalhador. Assalaria: remunera ou tem essa obrigação. Dirige: possui o poder de comando: a) de direção, de utilizar a força de trabalho que o empregado coloca à sua disposição, respeitada a especificação do serviço contratado e os direitos do empregado; b) de fiscalização, o empregador dá ordens e acompanha sua execução; c) de disciplina, aplicando penalidades (v. notas ao art. 474). Prestação pessoal: a promessa de trabalho assumida pelo empregado tem de ser cumprida por ele mesmo. É indelegável, por tratar-se de obrigação de fazer, mas a eventualidade da substituição não modifica a relação. Se o empregador autorizar a substituição de modo não eventual, o vínculo se formará com o substituto. Solidariedade (art. 455/1).

4 *Equiparam-se* ao empregador: não se equiparam, são empregadores.

5 *Para os efeitos da relação* de emprego: sem prejuízo de outros critérios diferentes que os demais ramos do Direito (comercial, tributário, civil etc.) possam adotar em suas respectivas áreas.

6 *Profissionais liberais*: advogados, médicos, engenheiros etc. (v. notas ao art. 507) que mantiverem alguém prestando serviços em suas atividades profissionais são empregadores.

■ Advogado que celebra contrato profissional com empresa, com escritório próprio, mediante fixação de partido mensal e prévia estipulação de percentual nas causas em que atuar, quitando os honorários através da RPAEs, inclusive, percebendo os honorários advocatícios da sucumbência, não pode ser tido como advogado-empregado (TRT/RJ, RO 4.826/86, Milton Lopes, Ac. 1ª T. 2.127/86).

■ Advogada. INPS. Havendo contrato de prestação de serviços, sem cláusula de exclusividade, com a autonomia de horário, vinculando o pagamento dos honorários advocatícios aos feitos judiciais e assegurando direito aos honorários de sucumbência, restam afastados os requisitos trabalhistas da subordinação econômica (salário) e de horário. As normas restritivas inseridas no contrato constituem-se em manifestações do controle administrativo – pressuposto necessário dos contratos dessa natureza, em face da *publicae utilitatis*, não configurando dependência ou subordinação jurídica ao empregador (TRT/PR, RO 5.573/89, Paulo Afonso Miranda Conti, Ac. 2ª T. 1.031/91).

■ Médico. Se for negada a existência do vínculo de emprego com o médico, pelo hospital reclamado, mas reconhecida por este último a prestação de serviços, como autônomo, atribui-se ao reclamado-recorrente o ônus da prova relativa à autonomia dos serviços – entendimento do art. 818, da CLT c/c o art. 333, inciso II, do CPC (TRT/Camp., RO 13.518/92.9, Guilherme Piveti Neto, Ac. 5ª T. 2.520/94).

■ Advogado. ... a subordinação é o mais importante, pois é ele o fiel que distingue com nitidez o contrato de trabalho dos contratos assemelhados. Havendo autonomia na prestação dos serviços não existe a subordinação hierárquica, ou subordinação jurídica (Paul Colin, citado por Evaristo de Moraes Filho) (TRT/PA, RO 252/93, Haroldo Alves, Ac. 1ª T. 2.303/94).

■ Odontóloga. Inexistência de relação de emprego em caso de credenciamento para trabalho em consultório próprio, sem qualquer tipo de subordinação (TRT/MG, RO 4.743/96, Paulo Alberto Ramos, Ac. 1ª T.).

7 *Instituições de beneficência*: asilos, hospitais etc.; têm todos os ônus trabalhistas para com seus empregados; não com as pessoas voluntárias que prestam ajuda sem intenção de ganho; se reconhecidas de utilidade pública as entidades de filantropia, não recolhem suas próprias contribuições previdenciárias, mas apenas a parte devida pelo empregado (L. 12.101/09, art. 4º; que isenta do pagamento das contribuições de que trata a L. 8.212/91, arts. 22 e 23). Pagamento de salário. Infração, v. Precedente Administrativo 15 MTE/SIT, em apêndice.

8 *Sem fins lucrativos*: aplica-se a legislação protecionista, desde que haja produção organizada de bens ou serviços.

■ Se a empresa institui serviços colaterais em prol de seus empregados (assistência médica e farmacêutica, refeições, corte de cabelo e barba etc.) em caráter permanente, são empregados seus os que trabalham em tais atividades (TRT, 2ª Reg., Ac. 1ª T. 4.568/72, Lamarca, *DJE*, 12.8.72).

9 *Igreja*: os serviços executados com intenção piedosa não têm proteção laborista; os demais, sim. Por outro lado, os ministros de confissão religiosa equiparam-se a autônomos para efeito de aposentadoria (L. 6.696/79); não se computa o tempo de postulantado ou noviciado que antecede o ministério.

■ É empregado a pessoa simples que, sem qualquer formação teológica e intitulada "obreiro cristão", sob a máscara de um pseudo e incipiente sacerdócio, trabalha exclusivamente para arrecadar donativos em prol da Igreja (TRT/PR, RP 1.329/92, João Oreste Dalazen, Ac. 3ª T. 7.817/93).

■ Atividade de natureza religiosa, como a de colportagem, exercida em virtude de voto feito em público, não gera relação de emprego, pois se esgota fora da comutatividade contratual (TST, RR 113.000/94.0, Hylo Gurgel, Ac. 2ª T. 4.206/95).

10 *Cartório não oficializado*: as normas trabalhistas só se afastam se o servidor usufruir proteção semelhante à dos funcionários públicos (v. nota ao art. 7º, *c* e *d*); porém, o servidor estará subordinado também à Corregedoria e a normas de Organização Judiciária, sendo a Justiça do Trabalho competente. A jurisdição trabalhista, com divergências, adota esse entendimento. Contrariamente, o STF, desprezando toda a elaboração doutrinária amadurecida referente à dicotomia "funcionário público em sentido estrito" e "servidor" que presta serviço em atividades públicas, havia mantido entendimento contrário, que já foi modificado. No Estado de São Paulo, o serventuário de cartório não oficializado tem direito a férias de 30 dias, indenização de um mês por ano de serviço, estabilidade aos 5 anos (Cód. Judiciário, DL complementar 3/69, art. 243), salário mínimo fixo e variável (Resolução Judiciária 2/76, arts. 68 e segs. etc.). O Estatuto dos Funcionários Públicos da União estende aos serventuários federais, remunerados com recursos da União, o regime estatutário (L. 8.112/90, art. 243, § 5º). O notário ou tabelião e o oficial de registro ou registrador se habilitam mediante concurso público; os seus escreventes contratados estão sob o regime trabalhista; tanto os primeiros como os segundos estão protegidos pela Previdência Social (L. 8.935/94, arts. 14, 20, 25 e 40). Vínculo empregatício, v. Precedentes Administrativos 39 e 104 MTE/SIT, em apêndice.

■ O Cartório não oficializado que não conseguir provar que o servidor possui proteção análoga à dos funcionários públicos terá a seu favor a legislação trabalhista comum, sendo a Justiça do Trabalho competente (TRT/SP, RO 18.115/88-6, Valentin Carrion, Ac. 7ª T.).

■ Reclamação trabalhista promovida contra Cartório não oficializado, por serventuário que não mantém relação de trabalho, pelo regime estatutário, com o Estado: competência da Justiça do Trabalho (STF, CComp 7.012-9-MG, Carlos Velloso, TP).

■ Serventuário de Cartório não oficializado. Relação de emprego. Competência da Justiça do Trabalho. O Cartório é considerado serviço auxiliar da Justiça, respondendo o seu titular pelo trabalho prestado, e sendo, por igual, responsável pela serventia extrajudicial em todos os sentidos, podendo, inclusive, contratar e demitir funcionários; é, pois, o titular em tudo equiparado ao conceito de empregador (art. 2º da CLT). O escrevente de Cartório não oficializado não pode ser tido como funcionário público, regido pelos estatutos peculiares, principalmente quando o serventuário foi contratado pelo titular do Cartório, por quem sempre foi exclusivamente estipendiado, não arcando o Estado nesse particular com nenhuma obrigação. A circunstância de o contrato de trabalho sujeitar-se a um regulamento próprio (Lei Estadual n. 3.344/65 – Lei de Organização Judiciária do Estado de Minas Gerais) não altera a sua natureza porque pode a legislação estabelecer alguns requisitos para contratação e exercício da função sem que isso afete a natureza jurídica da relação que continua sendo de emprego (TST, E-RR 88.673/93.4, Vantuil Abdala, Ac. SBDI-1 1.567/97).

* Sobre o tema *supra*, v. www.institutocarrion.com.br.

11 *Imóvel residencial, construção*: a empresa ou profissional (construtora, engenheiro ou empreiteiro) que, por si, contratam o trabalhador são seus empregadores. Há tendência, não majoritária, no sentido de atribuir as responsabilidades trabalhistas ao dono da obra, pessoa física, que contrata o trabalho diretamente, e de responsabilizá-lo, subsidiariamente, no caso de empreiteiro insolvente; a interpretação decorre da longa permanência dos trabalhadores na construção, da frequência com que a atividade tem caráter lucrativo (venda ou locação) e mesmo comercial não declarado (o que só a longo prazo será apurado), ou de simples enriquecimento, e da responsabilidade solidária das obrigações previdenciárias atribuídas ao proprietário, incorporador, dono de obra ou condômino de unidade imobiliária (Lei de Custeio da Previdência, L. 8.212/91, art. 30, VI). A maior parte dos autores afasta a responsabilidade do proprietário (Russomano, *Curso*; Catharino, *Compêndio universitário*), por considerá-la atividade não lucrativa. Textualmente, o legislador não agasalha essa tendência protecionista; assim se vê na lei de indenizações por parte do construtor (somente quando exerce a atividade em caráter permanente, L. 2.959/56, v. Índ. Leg.). Por isso, se é compreensível a extensão do princípio por razões sociais, essas mesmas razões devem impor cautela ao juiz, para não atingir particulares que constroem seu próprio domicílio sem poder econômico; avaliar o tempo transcorrido e as demais circunstâncias, a fim de não transformar sua hermenêutica em ignomínia de outras humildes famílias pelos ônus desproporcionais que podem resultar (previdência, FGTS, PIS etc.). Conv. OIT 167 promulgada D. 6.271/07 em apêndice. Aplicação de normas regulamentadoras, obrigatória para qualquer tipo de obra. Infração, v. Precedente Administrativo 66 MTE/SIT, em apêndice.

SDI Diante da inexistência de previsão legal específica, o contrato de empreitada de construção civil entre o dono da obra e o empreiteiro não enseja responsabilidade solidária ou subsidiária nas obrigações trabalhistas contraídas pelo empreiteiro, salvo sendo o dono da obra uma empresa construtora ou incorporadora (TST, SDI-1, Orientação Jurisprudencial 191, alt. Res. TST 175/11).

Responsabilidade subsidiária. Contrato de empreitada. Dono da obra. Orientação jurisprudencial N. 191 DA SBDI-1. Segundo jurisprudência pacífica desta Corte Superior, o contrato de empreitada de construção civil entre o dono da obra e o empreiteiro não enseja responsabilidade solidária ou subsidiária quanto às obrigações trabalhistas contraídas pelo empreiteiro, salvo se for o dono da obra uma empresa construtora ou incorporadora. Na hipótese, a egrégia Corte Regional consignou que o Município contratou a 1ª reclamada ASSUS CONSTRUTORA E INCORPORADORA LTDA. - ME, empresa especializada em obras de construção civil, para execução de obras para construção de unidades habitacionais no Jardim Boa Vista e no Bairro Putim, conforme projeto, planilhas e memorial descritivo anexos. Registrou, ainda, que o Município afigurar-se-ia, no caso em tela, como tomador e beneficiário dos serviços dos autores, motivo pelo qual deveria ser subsidiariamente responsável pelos créditos reconhecidos aos reclamantes. Da leitura do v. acórdão regional, contudo, depreende-se que o Município reclamado firmou contrato de empreitada com a primeira reclamada com o objetivo de construir moradias populares, o que não enseja sua responsabilidade subsidiária pelos créditos trabalhistas do empregado não adimplidos pela empreiteira. Incidência da Orientação Jurisprudencial n. 191 da SBDI-1. Precedentes. Recurso de revista conhecido e provido (TST, RR 1654-76.2010.5.15.0083, julgado em 25.6.14, Guilherme Augusto Caputo Bastos, 5ª T., *DEJT* 4.8.14).

Dono da obra. Responsabilidade subsidiária. Inexistência. Não há que se falar em responsabilização subsidiária do dono da obra, em se tratando de contratos para realização de obras certas e determinadas. Neste sentido, erigiu-se a OJ n. 191 da SDI-1 do C. TST (TRT-15, RO 000154-75.2012.5.15.0027, Luiz Roberto Nunes, 7ªC., *DEJT* 13-2-14, p. 7140).

O entendimento cristalizado na OJ-SBDI-1-TST-191 é no sentido da exclusão da responsabilidade do dono da obra, por falta de previsão legal, excepcionando apenas uma única hipótese, qual seja, que o dono da obra seja empresa construtora ou incorporadora. Não há, no texto dessa diretriz jurisprudencial, nenhuma atribuição de responsabilidade pelo aspecto da destinação da obra ou do fato que originou o contrato. No caso dos autos, não se nega a condição de dona da obra da FCA, ainda que as obras mencionadas sejam para o Município de Uberaba e que as construções decorreram de obrigação de fazer. E o item IV da Súmula 331/TST, aplicável aos casos de terceirização, que prevê uma forma excepcional de responsabilização do tomador de serviços pelos débitos do prestador para com seus empregados, não respalda a condenação, por disciplinar hipótese diversa, sendo que nos precedentes que deram origem à OJ-SBDI-1-TST-191 aquele Verbete é expressamente afastado. Nesse particular, como bem lembrou, em Sessão, o Eminente Ministro João Oreste Dalazen, ao editar a OJ-191, o TST, em composição plenária, rejeitou a tese de responsabilidade solidária ou supletiva do dono da obra, com as exceções ali postas de forma restritiva: o dono da obra só é responsável se se tratar de empresa construtora ou incorporadora, natureza que não ostenta a ora embargante. Por fim, não vejo como enxergar, *in casu*, a típica terceirização disciplinada pela Súmula-TST-331. Como se dizer que a embargante, indenizando o Município com a construção de um imóvel, estaria no exercício de atividade--fim? Trata-se de uma empresa ferroviária. Não estava sequer construindo estações ou a própria via férrea. Substituía a indenização em dinheiro por uma edificação. Como não é construtora, teria, como fez, de contratar por empreitada, a obra que prometera. Inegável que o recurso de revista da FCA merecia ser conhecido por contrariedade à OJ-SBDI-1-TST-191, pelo que resta caracterizada a denunciada ofensa ao artigo 896 da CLT. Recurso de embargos conhecido por contrariedade à OJ 191/SBDI-1 e provido (TST, E-RR 53700-80.2005.5.03.0041, Rel. Horácio Raymundo de Senna Pires).

■ Nos termos do entendimento reiterado desta Corte, não sendo o dono da obra construtora ou incorporadora, não há falar em sua responsabilidade subsidiária pelos créditos trabalhistas do reclamante não adimplidos pela empreiteira. Inteligência da Orientação Jurisprudencial 191 da SBDI-1 do Tribunal Superior do Trabalho (TST, RR 73000-90.2007.5.15.0019, julgado em 2.2.11, Dora Maria da Costa).

* Sobre o tema *supra*, v. www.institutocarrion.com.br.

12 *Imóvel residencial, reforma*: em princípio não se verifica a tendência observada na hipótese de construção: o tempo, normalmente mais reduzido, é uma das razões para que não se reconheça a relação de emprego.

■ O reclamante, que trabalhara eventualmente em conserto de casa de residência particular, não pode alegar a existência de relação empregatícia, por isso que o proprietário de casa não pode ser tido como empregador (TST, Ac. 1ª T. 551/72, Paulo Silva *x* Edson Arantes do Nascimento (Pelé), *DJU*, 2.10.72).

■ Pedreiro. Não há relação de emprego entre o proprietário do imóvel residencial e o pedreiro que trabalha na reforma deste, porque aí não há exploração de atividade econômica (TRT/SP, RO 24.039/85, Vantuil Abdala, Ac. 7ª T. 10.536/87).

■ Residência do reclamado, dono da obra. Contrato de trabalho não reconhecido, posto que não havia atividade econômica (lucro) (TRT/SP 9502 41438, Carlos Francisco Berardo, Ac. 6ª T. 9604 44056).

13 *Prédios de apartamentos* residenciais (art. 7º/6). Representação em juízo (art. 792/4).

■ Lavador de carros em garagem de condomínio, recebendo dos condôminos proprietários dos automóveis, não é empregado (TRT/RJ, Ac. 1ª T. 616/72).

14 *Empregador rural*: v. nota 7 ao art. 7º, *b*, da CLT e L. 5.889/73, em apêndice, e D. 73.626/74. Empregador doméstico: v. nota 1 ao art. 7º. Empregador de trabalho temporário: v. nota 6 ao art. 443.

15 *Grupo econômico*: o Direito do Trabalho, deparando-se com a realidade, assimila o grupo informal (L. 6.404/76, art. 265). A CLT, art. 2º, enumera os requisitos necessários para essa configuração: a) personalidade jurídica própria, sob direção, controle ou administração de outra (a nova redação deixa claro que não basta terem os mesmos sócios, tem que haver comunhão de interesses); b) exercício de atividade econômica. O grupo pode tanto ser hierarquizado (uma empresa ou pessoa física controla as demais) quanto por coordenação (não há controle de nenhuma delas; regem-se pela unidade de objetivo). O grupo hierarquizado é comum no âmbito urbano ou rural. A concentração econômica pode assumir os mais variados aspectos. O controle pode ser exercido por uma pessoa física. Negada a existência do grupo, impõe-se a citação de todos os empregadores como litisconsortes necessários (CPC/15, art. 116), admitindo-se a solidariedade passiva. Fato de ser a mesma pessoa diretor das empresas não justifica por si só a configuração (Maranhão, *Instituições*). A existência deve ser provada, mas a presunção também é meio de prova (Amaro, *Tutela*). Catharino, Grupo empresário, *LTr* 36/441, 1972. Apenas um contrato, v. Precedente Administrativo 59 MTE/SIT, em apêndice.

TST A prestação de serviços a mais de uma empresa do mesmo grupo econômico, durante a mesma jornada de trabalho, não caracteriza a coexistência de mais de um contrato de trabalho, salvo ajuste em contrário (TST – Súmula 129).

Grupo econômico. Responsabilidade solidária dos reclamados. Em seara trabalhista prevalece o entendimento de que a existência de grupo econômico independe da administração e controle por uma empresa líder, não sendo possível proceder-se à interpretação meramente literal do § 2º do art. 2º da CLT. Importa o nexo de coordenação entre as empresas a ele pertencentes, não sendo necessária a presença de uma relação hierárquica entre elas. Provado que o reclamante oferecia sua mão de obra às empresas componentes do grupo, correta a decisão que condenou os reclamados, solidariamente, ao pagamento das parcelas resultantes da extinta pactuação. Recurso a que se nega provimento (TRT - 03, RO 00080-2013-171-03-00-5, Re. Julio Bernardo do Carmo, Rev. Maria Lucia Cardoso Magalhaes, 4ª T., *DEJT*, 2.6.14, p. 119).

Grupo econômico. No direito do trabalho vigora o princípio da informalidade. Assim, para se reconhecer um grupo econômico basta haver sócios em comum e existência do nexo relacional entre as empresas, independentemente de eventual diversidade de pessoas jurídicas (TRT/15, AP 171600-76.2007.5.15.0010, Eder Sivers, 11ªC., *DEJT*, 24-10-13, p.1767).

Embora não se dessuma da simples literalidade do texto do artigo 2º, § 2º, da CLT, não é essencial à relação estrita de ingerência hierárquica ou administrativa entre as empresas para configuração de grupo econômico, bastando que haja relação de coordenação entre estas, como na hipótese. Precedente da SBDI-1 (TST, RR 25600-05.2006.5.03.0034, Guilherme Caputo Bastos).

* Sobre o tema *supra*, v. www.institutocarrion.com.br.

16 *Serão responsáveis solidariamente pelas obrigações decorrentes da relação de emprego.* O direito individual ou coletivo oriundos do Direito do Trabalho (os efeitos abrangidos por outros ramos do Direito dependerão da existência de norma). Hipótese mais frequente é a da soma dos períodos sucessivos. A solidariedade é ativa (pluralidade de credores; embora contratado por uma empresa, o vínculo se forma com o grupo, e todas as empresas que o integram podem exigir a prestação de serviços); para outros, há uma verdadeira unidade do contrato de trabalho e a teoria do grupo como empregador único (Magano, *Manual*, v. 2). Havendo solidariedade, o empregado pode exigir suas obrigações de qualquer uma delas, salvo em circunstâncias especiais, como fusão operacional. Grupo econômico rural (v. art. 7º/7 e segs., e L. 5.889/73, art. 3º, em apêndice). "Grupo econômico, solidariedade e contrato", Pereira Leite, *LTr* 42/443, 1978. Subempreiteiro e locação de mão de obra (art. 455/1). Trabalho no estrangeiro, solidariedade de empresa brasileira e estrangeira (CLT, art. 651/2, e L. 7.064/82, alt. L. 11.962/09, em apêndice). Execução (art. 880/1).

TST A prestação de serviços a mais de uma empresa do mesmo grupo econômico, durante a mesma jornada de trabalho, não caracteriza a coexistência de mais de um contrato de trabalho, salvo ajuste em contrário (TST – Súmula 129).

TST Integra a remuneração do bancário a vantagem pecuniária por ele auferida na colocação ou na venda de papéis ou valores mobiliários de empresas pertencentes ao mesmo grupo econômico, se exercida essa atividade no horário e local de trabalho e com o consentimento, tácito ou expresso, do banco empregador (TST – Súmula 93).

Condomínio Acionário. Não é suficiente a existência de identidade entre alguns acionistas, tampouco a possibilidade do condomínio acionário para se constatar a solidariedade prevista no § 2º, do art. 2º da CLT, que pressupõe a existência de uma empresa *mater* (TST, RR 2.293/90.1, Ursulino Santos, Ac. 1ª T. 670/92).

Contrato de Trabalho. Prestação de serviços no estrangeiro e no Brasil. O contrato de trabalho é uno, ainda que iniciado no estrangeiro, se a prestação de serviços teve prosseguimento normal no Brasil (TST, RR 7.670/90.8, Manoel Mendes de Freitas, Ac. 3ª T. 505/96).

A solidariedade não se presume e é excepcional. A Consolidação ao fixar critérios para a conceituação de grupo econômico, para estabelecer solidariedade, fixou condições que não admitem solução ampliativa. A simples existência de sócio comum não é suficiente para a configuração do grupo. O recibo de quitação por verbas oriundas de mera rescisão contratual sem pagamento de qualquer verba oriunda de despedida injusta, é nulo *ex vi lege* quando inexista assistência da entidade competente, mas não gera presunção de que o despedimento tenha sido injusto (TST, RR 177.760/95.9, José Luiz Vasconcellos, Ac. 3ª T. 3.530/96).

17 *Microempresas e empresas de pequeno porte.* A CF/88 determina que a União, Estados e Municípios dispensem às microempresas e empresas de pequeno porte tratamento jurídico diferenciado, simplificando suas obrigações administrativas, tributárias, previdenciárias e creditícias, ou pela eliminação ou redução destas (art. 179).

A lei ordinária (Estatuto da Microempresa e Pequena Empresa) as conceitua, concedendo algumas simplificações (LC 123/06, em apêndice, alt. LC 127/07, LC 128/09, LC 139/11, L. 12.792/13 e LC 147/14). Dispensa o cumprimento de algumas obrigações previstas nos arts. 51 e 52 (quadro de horário, anotação das férias na ficha de registro, relação de empregados, contratação de aprendizes e livro "Inspeção do Trabalho", obrigações acessórias dispensadas) da CLT, mas não as exime da anotação na CTPS, da apresentação da Relação Anual de Informações Sociais – RAIS, do Cadastro Geral de Empregados e Desempregados – CAGED, da guia de recolhimento do FGTS e do arquivamento dos documentos comprobatórios de cumprimento das obrigações trabalhistas e previdenciárias. Fiscalização do trabalho (D. 3.474/00, arts. 9º e 10).

Art. 3º Considera-se empregado[1] toda pessoa física[2] que prestar serviços[3 e 11] de natureza não eventual[4-5] a empregador, sob a dependência[7-9] deste e mediante salário[10].

Parágrafo único. Não haverá distinções[12] relativas à espécie de emprego e à condição de trabalhador, nem entre o trabalho intelectual, técnico e manual.

1 *Considera-se empregado*: ou seja, sujeito de uma relação de trabalho subordinado, protegido pelo Direito do Trabalho.

2 *Pessoa física*: o direito social ampara apenas o trabalho humano pessoal; os serviços prestados por pessoa jurídica não podem ser objeto de um contrato de trabalho.

3 *Prestação de serviços*: para que se inicie a aplicação de todas as consequências jurídicas previstas, não é suficiente a celebração do contrato (verbal ou escrito); é necessário o efetivo trabalho. O não cumprimento do quase contrato de conceder trabalho ou de trabalhar resulta em perdas e danos, exigíveis no juízo natural que é a Justiça do Trabalho (em sentido contrário, Orlando Gomes, Fronteiras..., *LTr* 37/677, 1973). Tem de existir ainda a vontade de ligar-se por um pacto de emprego, o que não se dá no esforço desenvolvido por simples caridade, religião, amizade, solidariedade humana, mutirão etc. Estrangeiros: ministros de confissão religiosa (Res. Norm. MTE/CNI 39/99); prestação de serviços junto a entidades religiosas ou de assistência social (Res. Norm. MTE/CNI 47/00).

Subordinação jurídica. Ausência. Não configura vínculo de emprego a prestação de serviços sem a presença de subordinação jurídica, não atraindo a incidência dos arts. 2º e 3º da CLT. Recurso do reclamante a que se nega provimento (TRT/15, RO 001695-66.2010.5.15.0043, Lucia Zimmermann, 1ª C., *DEJT*, 20.2.14, p.110).

Vínculo empregatício. Necessário para que exista a relação de emprego, que estejam presentes os elementos básicos, quais sejam: pessoalidade, onerosidade, subordinação e continuidade. A ausência de qualquer um desses requisitos descaracteriza o vínculo de emprego, ainda que seja provada a efetiva prestação de serviços, já que alguns contratos envolvem o dispêndio de labor, mas não podem ser considerados como de liame empregatício. Na espécie, o próprio depoimento pessoal da reclamante (fisioterapeuta) demonstra em vários pontos que não havia a subordinação necessária para fins de reconhecimento de vínculo empregatício. O próprio início da relação entre as partes aponta que havia poucos pacientes para a laborista, que a reclamante cumpria os agendamentos de acordo com o por ela estipulado e que investiu no negócio a fim de aumentar o seu percentual de participação, o que leva a inferir que não havia mesmo vínculo empregatício. Impende salientar que não podem ser desprezadas as impressões e juízo de valor emitidos pelo juízo de piso, que conduziu a audiência de instrução e teve, portanto, contato com as partes e as testemunhas. *In casu*, diante das declarações prestadas pelas testemunhas convidadas a depor, e na ausência de outras provas, tem-se que não restou demonstrado nos autos que a autora trabalhou para a parte reclamada nos moldes exigidos para a configuração do vínculo empregatício. R. sentença primeva mantida (TRT/15, RO 000584-72.2012.5.15.0109, Ana Amarylis Vivacqua de Oliveira Gulla, 3ª C., *DEJT*, 13.2.14, p. 940).

O estágio de estudante pode ser curricular ou de ação comunitária. Menor assistido (art. 80/3). A mudança da L. 6.494/77 para a L. 11.788/08 não impede a fraude, dá alguns direitos ao estagiário, a bolsa e outra forma de contraprestação, auxílio-transporte, férias, jornada de até 6 horas diárias, diferencia estágio obrigatório do não obrigatório, não permite mais que dois anos para a mesma parte concedente e limita o número máximo de estagiários. A fiscalização é obrigação da instituição de ensino. Infração, v. Precedente Administrativo 61 MTE/SIT, em apêndice. Inexiste relação de emprego. Não incidem contribuições sobre o valor da bolsa (L. 8.212/91, art. 28, § 9º, *i*). Estágio para técnicos em radiologia (Res. 10/11, v. Índ. Leg.). Estrangeiros: intercâmbio educacional (Res. Norm. MTE/CNI 40/99). O estagiário poderá ser considerado empregado, se se verificarem as condições que o Direito do Trabalho estima próprias de uma relação de emprego.

A *residência médica* (L. 6.932/81 em apêndice, alterada até a L. 12.514/11). É relação de trabalho, onde existe subordinação, entre professores e alunos, uma formação profissional. O aluno, agora médico-residente, continua sua formação, aplica com a supervisão de seus professores o que aprendeu nos bancos da faculdade de medicina. Tem em comum com a pessoalidade e a não eventualidade. A bolsa não é considerada salário e sim ajuda de custo. Existe uma relação autônoma onde o estudante busca sua formação profissional e desenvolve um trabalho supervisionado, é modalidade de ensino de pós-graduação, legalmente considerada como prestação de trabalho autônomo, inclusive para a Previdência Social, e expressamente contemplada com os benefícios da lei de acidentes do trabalho. Tem direito à licença-paternidade e/ou maternidade (red. L. 12.514/11). Com a EC 45/04 a competência para a solução de conflitos é da Justiça do Trabalho, como os demais litígios que discutam trabalho e aprendizagem. Descanso obrigatório (Res. CNRM 1/11).

SDI Ainda que desvirtuada a finalidade do contrato de estágio celebrado na vigência da Constituição Federal de 1988, é inviável o reconhecimento do vínculo empregatício com ente da Administração Pública direta ou indireta, por força do art. 37, II, da CF/88, bem como o deferimento de indenização pecuniária, exceto em relação às parcelas previstas na Súmula 363 do TST, se requeridas (TST, SDI-1, Orientação Jurisprudencial 366).

Residência-médica – Relação de emprego não configurada. A residência-médica é modalidade de ensino de pós-graduação assim definida pelo D. 80.281/77, caracterizada por treinamento em serviço, em regime de dedicação exclusiva, o que dá a falsa impressão de existir relação de emprego (TST, RR 238/82, Guimarães Falcão, Ac. 3ª T. 1.052/86).

O contrato de estágio é realizado entre a empresa e o estudante com a participação da escola onde este estuda. A omissão da escola no acompanhamento do estágio não descaracteriza este contrato (TST, RR 120.228/94.2, Vantuil Abdala, Ac. SBDI-1, 21.5.99).

O recorrente exerceu típica atividade empresarial, uma vez que contratou com o recorrido a construção de sua garagem; utilizou-se da mão de obra de empregados, sob sua responsabilidade, e assumiu, por conseguinte, os riscos do resultado. E, neste contexto, por certo que não tem pertinência o art. 652, *a*, III, da CLT, que se destina a trabalhador sem a estrutura, ainda que modesta, que possa alçá-lo à condição de empresário (TST, RR 233.828/95.5, Milton de Moura França, Ac. SBDI-1).

Termo de compromisso firmado nos termos da legislação vigente, com cláusula expressa de não configuração de vínculo empregatício. A falta de supervisão do estágio, pelo estabelecimento escolar, não descaracteriza a natureza jurídica do mesmo (TST, RR 129.852/94.2, Almir Pazzianotto Pinto, Ac. 4ª T. 4.084/96).

O *trabalho penitenciário* não é abrangido pelo direito social, a não ser quanto ao seguro por acidente de trabalho (L. 6.367/76). Deficiente físico, fim terapêutico, inexistência de emprego (IN MTPS/SNT 5/91), reabilitação profissional e emprego (Convenção OIT 159); política nacional para integração do deficiente (L. 7.853/90 e D. 3.298/99).

4 *Não eventual*: permanente ou por tempo determinado. Eventual: ocasional, esporádico. Aqui o conceito não é apenas temporal, pois não deve ser atribuído o caráter de eventualidade: a) quando o trabalho tem por objeto necessidade normal da empresa, que se repete periódica e sistematicamente (ex.: vendedora de ingressos em teatro, uma hora por dia; músicos de um clube, dois dias por semana; professor de escola, duas aulas por semana); b) trabalhador contratado para reforçar a produção por pouco tempo (deve ser contratado por tempo determinado, quantas vezes forem necessárias, e não como eventual); *a* e *b* são chamados adventícios na doutrina estrangeira; c) quando o tempo de execução dos serviços se alonga, ultrapassando o que poderia ser considerado "curta duração".

Nenhum direito laborista protege o verdadeiro trabalhador eventual perante a empresa; mas é segurado obrigatório da previdência social (L. 8.212/91, art. 12, V, *g*), e quem utilizar seus serviços deve recolher contribuição sobre a remuneração paga.

Trabalhador eventual rural e safrista (v. art. 7º/11 e 13).

■ "A aferição da natureza eventual dos serviços prestados há de ser feita tendo em vista os *fins normais* da empresa" (Délio Maranhão). O plantonista, que trabalha na venda de imóveis, não pode ser validamente rotulado de eventual ou de "autônomo", pois presta serviços que decorrem precipuamente da existência da empresa vendedora de imóveis. Inteligência e aplicação do art. 3º da CLT (TRT/SP, RO 11.084/78, Vaz da Silva, Ac. 2ª T. 4.253/79).

■ Relação de emprego. Configuração. Policial Militar que presta serviços eventuais de segurança, que se reveza com outros em total autonomia, segundo sua conveniência. Vínculo inexistente (Proc. TRT/SP 29.471/96, Valentin Carrion, Ac. 9ª T. 42.944/97).

5 *Trabalho temporário* (art. 443/6).

6 *Trabalhador avulso*. Diz a Constituição Federal de 1988:

Art. 7º São direitos dos trabalhadores... além de outros...
XXXIV – igualdade de direitos entre o trabalhador com vínculo empregatício permanente e o trabalhador avulso.

Trabalhador avulso é o que presta serviços a inúmeras empresas, agrupado em entidade de classe, por intermédio desta e sem vínculo empregatício. Caracteriza o trabalho avulso: a) intermediação do sindicato ou órgão específico na colocação de mão de obra; b) curta duração dos serviços; c) predomínio da remuneração em forma de rateio. Assim, Nascimento, *Iniciação*; a lei dos portuários (L. 12.815/13, em apêndice) substituiu o sindicato dos avulsos pelo órgão gestor da mão de obra, onde aquele possui mera representação. O avulso tem os direitos previstos na Constituição e em legislação especial; o Regulamento da Previdência Social os relaciona: estivadores (inclusive os trabalhadores de estiva em carvão e minérios), trabalhadores em alvarengas, conferentes de carga e descarga, consertadores de carga e descarga, vigias portuários, amarradores, avulsos em serviço de bloco ou de capatazia, arrumadores, ensacadores de café, cacau, sal e similares, trabalhadores na indústria de extração de sal sem relação de emprego e outros operadores de carga e descarga (L. 12.815/13, em apêndice) (v. notas ao art. 254 e s.). Legislação: requisição do trabalho avulso, regulamento (D. 1.886/96, v. Índ. Leg.), repouso remunerado (D. 27.048/49, alt. D. 7.421/10), salário-família (D. 53.153/63, art. 43), operadores de carga e descarga (e vigias portuários, ensacadores de café, cacau, sal e similares, classificadores de frutas); férias (L. 5.085/66, D. 61.851/67, revogado pelo D. 80.271/77), 13º salário e FGTS (L. 8.036/90); 13º salário (D. 63.912/68), contribuição FGTS incidente (D. 99.684/90), conceito de avulso (D. 3.048/99, art. 9º, VI) para a vinculação à Previdência (D. 3.048/99, art. 18). Avulsos na indústria de extração do sal (Port. 3.093/77). Atividades de movimentação de mercadorias em geral (L. 12.023/99, em apêndice). Trabalhador de bloco (art. 255/6). Aplica-se ao trabalhador avulso a legislação de acidentes do trabalho (L. 6.367/76). Competência (art. 643/4). Embarcadiços (art. 248/1). Transporte por embarcações (art. 254/1). Estiva e capatazia (art. 255/2).

A CF/88 concede igualdade de direitos ao avulso e ao trabalhador com vínculo empregatício (art. 7º, XXXIV), também a prescrição, que se inicia com o término do contrato (art. 11/2).

SDI CANCELADA – É aplicável a prescrição bienal prevista no art. 7º, XXIX, da CF/88 ao trabalhador avulso, tendo como marco inicial a cessação do trabalho ultimado para cada tomador de serviço (TST, SDI-1, Orientação Jurisprudencial 384, cancelada TST – Res. 186/12).

Inexiste vínculo empregatício entre os trabalhadores avulsos e os armadores, pois seus serviços a estes não têm continuidade, eis que duram, somente, enquanto seus navios estão atracados no porto, carregando ou descarregando (TST, RR 12.616/90.6, José Ajuricaba, Ac. 2ª T. 12/91).

Em se tratando de trabalhadores portuários, a relação de trabalho é regida por lei especial, não tendo aplicabilidade à espécie o art. 468 da CLT, sob invocação de alteração das condições de trabalho, por aplicar-se referido dispositivo aos contratos individuais de trabalho onde haja vínculo empregatício (TST, RR 4.043/86.2, Francisco Fausto, Ac. 3ª T. 2.813/91).

Mesmo estando presentes os elementos caracterizadores da relação de trabalho, entendo inviável a configuração de vínculo de emprego entre o trabalhador avulso e a empresa tomadora de serviços ante as peculiaridades da prestação laboral (TST, RR 165.040/95.5, Armando de Brito, Ac. 5ª T. 2.245/96).

O fato de os trabalhadores avulsos arregimentados pelo Sindicato prestarem serviços não eventuais a uma mesma tomadora de serviços não caracteriza vínculo de emprego. Ademais, inexiste obrigação legal de o serviço prestado ser de curta duração (TST, RR 182.814/95.1, Ângelo Mário de Carvalho e Silva, Ac. 2ª T. 12979/97).

7 *Trabalhador autônomo*: é independente no ajuste e execução; um empresário modesto, cuja empresa consiste em sua atividade pessoal e em instrumentos e elementos de escasso valor (Nascimento, IV Congresso Ibero-Americano). É o trabalho por conta própria. A seguridade social espanhola, quanto aos autônomos, refere-se ao exercício de forma habitual, pessoal e direta da atividade econômica lucrativa – D. 2.530/70 (BOE, 15-IX-70; C.E., 30-X-70), *Régimen Especial de los Trabajadores por cuenta propia o autónomos, Espanha*); vinculam-se a uma clientela (César Gala Vallejo, *Régimen especial... de los trabajadores por cuenta ajena...*). No Brasil também é segurado da Previdência Social (L. 8.212/91, art. 12, e contribuição art. 21, alt. L. 12.507/11). A permanência dos serviços para a mesma empresa pode transformar o contrato de autônomo em contrato de emprego, como a jurisprudência deixa perce-

ber; com frequência isso ocorre quando desaparece uma das características do trabalhador autônomo, que é o relacionamento com clientela múltipla. *Taxista*. Para Osíris Rocha, ou é empregado ou é autônomo, quando aluga o veículo, pois se obriga a pagamento de preço certo e diário (v. Osíris Rocha, *LTr* 44/277, 1980). Trabalhador autônomo que admitir empregado ou remunerar outro autônomo não perderá essa condição perante a Previdência Social, mas se equiparará a empresa para os fins de recolhimento das contribuições devidas pelo empregado (L. 8.212/91, art. 22, I, alt. L. 9.876/99). Representante comercial autônomo: conceito, direitos e competência da Justiça Comum (L. 4.886/65, alt. L. 8.420/92 e L. 12.246/10, v. Índ. Leg.). Obrigação do registro, v. Precedente Administrativo 8 MTE/SIT, em apêndice. Comissionista empregado (art. 466/1).

Constatado que a empresa não possuía vendedores externos empregados e que o reclamante era subordinado à empresa, na medida em que era compelido a apresentar relatórios, comparecer a reuniões em que o gerente de vendas fixava metas e sistemática de vendas, resulta caracterizado o vínculo empregatício, não havendo que se falar em violação do artigo 3º da CLT (RR 446.896/98.8, Milton de Moura França – TST).

É empregado o motorista de táxi que presta serviços a empresa que explora o serviço de táxi (TRT/SP, 2.930.426.084, Floriano Vaz da Silva, Ac. 1ª T. 16.914/95).

Relação de emprego. Representante comercial. Permanência ininterrupta nos serviços para a mesma empresa durante longo tempo. Inexistência de variedade e multiplicidade de empresas para os que promovem negócios. Relação de emprego configurada não obstante demonstração meramente formal (Proc. TRT/SP 41145/97, Valentin Carrion, 9ª T.).

Relação de emprego. Representante comercial. A existência de documentação comprovando a existência de firma aberta em nome do trabalhador é insuficiente para afastar o reconhecimento do liame empregatício quando a prova oral evidencia subordinação jurídica e trabalho por conta alheia (Proc. TRT/SP 26100/96, Valentin Carrion, Ac. 9ª T. 49.401/98).

* Sobre o tema *supra*, v. www.institutocarrion.com.br.

8 *A Empregador*: v. notas ao art. 2º.

9 *Sob dependência*: a subordinação do empregado às ordens do empregador (colocando à disposição deste sua força de trabalho) de forma não eventual é a mais evidente manifestação da existência de um contrato de emprego; o poder disciplinar é-lhe inerente (v. nota ao art. 474). Entretanto, há casos em que essa subordinação de fato não é visível, restando em estado potencial (trabalho em que o próprio resultado da atividade evidencia a aceitação das normas prefixadas e a quantidade de produção; altos empregados). Há autores que abandonam o critério da subordinação, preferindo caracterizá-lo simplesmente por "trabalho por conta alheia para organização ou empresa" (Alonso Olea, *Introducción al derecho del trabajo*); "o trabalho por conta alheia ou para outrem, que torna seus direta e imediatamente os frutos materiais ou imateriais do mesmo trabalho, remunerando-

-os" (idem, *LTr* 38/789, 1974). O Direito do Trabalho incide sobre trabalhadores cujo vínculo de subordinação é tênue; trabalhador em domicílio, comissionista externo, teletrabalho, art. 6º/4.

■ Relação de emprego. O elemento qualificador por excelência da relação de emprego é a subordinação, a qual encontra-se presente ao caso em tela face à prestação de labor com exclusividade ao reclamado, com sujeição a horário e submissão a ordens do empregador (TRT/RS, RO 286/88, José Cordenonsi, Ac. 3ª T.).

■ A subordinação jurídica se constitui no principal elemento na distinção entre trabalho autônomo e o celetizado, uma vez que ambas as relações podem existir com os demais elementos a que alude o art. 3º consolidado (TRT/SP, RO 5.774/88, Délvio Buffulin, Ac. 8ª T. 17.212/89).

■ É empregado e não "prestador de serviços autônomos", agenciador de publicidade que, sem a menor organização produtiva, executa trabalho necessário como serviço, de forma permanente pelo empregador, e integrativo da atividade empresária, totalmente dependente de meios por este fornecidos e, portanto, inteiramente por conta alheia (TRT/PR, RO 1.767/89, Pedro Tavares, Ac. 1ª T. 1.763/90).

10 *Mediante salário*: o salário, basicamente, pode ser por unidade de tempo (por hora, dia, semana, quinzena ou mês e até parcelas anuais), por unidade de obra (quantidade de serviço, por produção) ou misto (por tarefa: combina unidade de tempo e unidade de obra). O pagamento de comissões ou participação nos lucros não exclui a relação de emprego. Os conceitos de empregado e sócio se repelem. Entretanto, aquele pode receber participação social como prêmio ou estímulo; importante é verificar se a figura de um não absorveu a do outro e se há ou não fraude para escamotear os ônus legais (v. art. 63). O trabalho gratuito (por caridade, auxílio, humanidade etc.) não é objeto de contrato de emprego, nem de proteção do direito do trabalho. A lei considera serviço voluntário "a atividade não remunerada, prestada por pessoa física a entidade pública de qualquer natureza, ou à instituição privada de fins não lucrativos, que tenha objetivos cívicos, culturais, educacionais, científicos, recreativos ou de assistência à pessoa (L. 9.608/98, art. 1º, alt. L. 13.297/16); não gerando obrigação trabalhista, previdenciária ou afim, é exigido um termo de adesão. O art. 3º-A da L. 9.608/98, revogado pela L. 11.692/08, não permite mais o pagamento de auxílio financeiro ao voluntário "carente". A L. 11.692/08, arts. 2º, 3º, 6º, 16, 17, disciplina a L. 11.129/05, que instituiu o programa Projovem (Programa Nacional de Inclusão de Jovens), criando auxílio financeiro para o jovem de 15 a 29 anos e não mais a figura do voluntário "carente". O programa Projovem trabalhador tem como objetivo preparar o jovem para o mercado de trabalho e ocupações alternativas geradoras de renda, por meio da qualificação social e profissional; tem que estar desempregado, ter entre 18 e 29 anos e renda familiar *per capita* menor que um salário mínimo, e serão pagos no máximo 6 auxílios financeiros. É instituído o Programa de Bolsas para a Educação pelo Trabalho, destinado aos estudantes de educação superior, prioritariamente com idade inferior a 29 (vinte e nove) anos, e aos trabalhadores da área da saúde, visando à vivência, ao estágio da área da saúde, à educação profissional técnica de nível médio, ao aperfeiçoamento e à especialização em área profissional, como estratégias para o provimento e a fixação de profissionais em programas, projetos, ações e atividades e em regiões prioritárias para o Sistema Único de Saúde (L. 11.129/05, alt. L. 12.513/11, alt. L. 12.816/13, e L. 12.837/13).

11 *Exclusividade*: não é condição para reconhecimento da relação de emprego; é exigível a abstenção de concorrência pelo empregado ou para empregador concorrente, assim como comunicação de segredos da empresa (art. 482/6). Havendo pluralidade de empregos, haverá pluralidade de anotações na carteira de trabalho. Cláusula de exclusividade vedada aos artistas e técnicos em espetáculos (L. 6.533/78).

12 *Não haverá distinções* que excluam da proteção qualquer espécie de trabalho, desde que configurados os elementos do contrato de trabalho. A CF/88 proíbe distinções entre trabalho manual, técnico e intelectual ou entre os profissionais respectivos (art. 7º, XXXII) e estabelece o estatuto jurídico da empresa pública e da sociedade de economia mista que explorem atividade econômica, assim como o regime jurídico próprio das empresas privadas, quanto a direitos e obrigações (EC 19/98, art. 173).

> Prevalece nesta Corte superior o entendimento de que, conquanto as sociedades de economia mista estejam sujeitas a regime jurídico híbrido, sofrendo influências, ora das regras aplicáveis à generalidade dos entes privados, ora da disciplina peculiar que caracteriza o regime jurídico-administrativo, seus servidores estão suscetíveis à possibilidade de despedida imotivada. Inteligência da Orientação Jurisprudencial 247 da SBDI-1 (TST, RR 830/2002-020-04-00, Lelio Bentes Corrêa, Ac. 1ª Turma).

13 *O diretor de sociedade anônima* que foi eleito pela assembleia de acionistas e empossado, após prestar caução (própria ou oferecida por um sócio), é órgão estatutário da sociedade e, em princípio, pode manter relação que não seja de emprego. As variadíssimas hipóteses que se apresentam ao intérprete, entretanto, dificultam a generalização, tornando a solução extremamente casuística. Saber se se trata de um verdadeiro diretor ou não dependerá da análise das circunstâncias que envolvem cada caso. O volume de ações da sociedade que o diretor possui nem sempre será determinante, ao menos quando seu número for reduzido; isto porque somente o membro do conselho de administração tem de ser sócio, e não o diretor (Lei das Sociedades Anônimas, L. 6.404/76, alt. L. 12.810/13). Somente a difícil análise da extensão de seus poderes é que poderá distinguir o falso do verdadeiro diretor. E esses poderes tanto poderão dirigir-se no sentido das relações da sociedade para com o exterior como para dentro, ou seja, nas atribuições da organização interna da empresa (Miranda Valverde, *Sociedades por ações*, apud Vilhena, "Diretor de S/A..."). Quanto ao diretor técnico, não obstante a lição do mestre Vilhena (idem), que com razão percebe maiores suspeitas que quanto aos outros diretores, a grande distinção está entre diretor eleito (mandatário do conselho de administração) e diretor contratado (J. Antero de Carvalho, apud Vilhena, idem), que poderá tipificar apenas um empregado de confiança e não um diretor-órgão. Pela elevação de um empregado ao cargo de diretor de sociedade, quatro situações diferentes podem ser encontradas na jurisprudência, por interpretação divergente ou porque seja diferente a realidade dos fatos: a) a investidura em cargo de diretor não significa necessariamente que o contrato de trabalho foi suspenso; b) se o estado de subordinação não se modificou com a elevação, o regime jurídico do empregado permanece inalterado; c) pode haver concomitância das duas funções, por permanecerem inalteradas as atribuições anteriores; d) o simples fato da eleição e ocupação do cargo suspende o contrato de trabalho (Vilhena, idem, e Russomano, apud Magano, *Manual*). A Lei das S/A, interpondo o Conselho de Administração entre a Assembleia e os diretores e concedendo-lhe a atribuição de nomeá-los e fixar-lhes encargos, juntamente com o dever de informar as "condições de trabalho dos diretores", leva Magano a entender que a regra geral deve ser a de sempre considerar o diretor como empregado, salvo se o diretor se apresenta como dono do negócio ou acionista controlador (Antero de Carvalho, apud Magano). Sem reconhecer qualquer direito trabalhista, a lei permite que a empresa recolha o FGTS dos diretores não empregados (L. 6.919/81 e 8.036/90, art. 16).

TST Diretor de S/A. Tempo de serviço. O empregado eleito para ocupar cargo de diretor tem o respectivo contrato de trabalho suspenso, não se computando o tempo de serviço deste período, salvo se permanecer a subordinação jurídica inerente à relação de emprego (TST – Súmula 269).

Diretor eleito. Inaplicável o art. 499 da CLT, quando o diretor, não obstante a eventual designação, nominalmente, para o cargo sempre merecera o tratamento de simples empregado (TST, RR 4.826/86, Marco Aurélio, 1ª T., *DJU*, 14.6.85, p. 9641).

Diretor eleito – Cômputo do período como tempo de serviço. O empregado eleito para ocupar cargo de diretor tem o respectivo contrato de trabalho suspenso, não se computando o tempo de serviço deste período, salvo se permanecer a subordinação jurídica inerente à relação de emprego (Enunciado 269) (TST, E-RR 5.003/86, Ermes Pedrassani, Ac. SDI 3.057/89).

Não há relação de emprego entre a sociedade e o diretor eleito diretamente para o cargo, sem nunca ter sido empregado anteriormente, não tendo saído o vínculo existente, por suas características, da órbita normal de regência da legislação aplicável às sociedades anônimas (TST, RR 13.993/90.1, Manoel Freitas, Ac. 3ª T. 3.713/91).

14 *Índios.* Não há discriminação possível entre trabalhadores indígenas e os demais, sendo permitida a adaptação de condições de trabalho aos usos da comunidade a que aqueles pertençam; são nulos os contratos com silvícolas isolados, sendo incentivada pela lei a contratação por equipe para fins de preservação de sua identidade cultural (L. 6.001/73, art. 16); o órgão de proteção ao índio tem atribuições para aprovação de contratos de trabalho com silvícolas em processo de integração e para efeitos de fiscalização (Estatuto do Índio, L. 6.001, 19.12.73, em apêndice). Convenções da OIT, 104 e 107.

"Os índios, suas comunidades e organizações são partes legítimas para ingressar em juízo em defesa de seus direitos e interesses, intervindo o Ministério Público em todos os atos do processo" (CF, art. 232).

15 *Mãe social*. Está a serviço de instituição sem finalidade lucrativa ou de utilidade pública de assistência ao menor abandonado, que funcione pelo sistema de casa-lar. Esta deve abrigar 10 menores. A mãe social usufrui de diversos direitos trabalhistas, inclusive salário mínimo e férias, sendo de competência da Justiça do Trabalho o julgamento dos litígios (L. 7.644/87, em apêndice).

As mães crecheiras responsabilizam-se pelo cuidado das crianças em suas próprias casas, mediante trabalho voluntário sem subordinação. O trabalho desenvolvido por elas não caracteriza os elementos consubstanciadores da relação de emprego, pois não revela pessoalidade e subordinação e a existência de salários, que são os elementos tipificadores da relação empregatícia, segundo os termos do art. 3º da CLT (TST, RR 206219/95.5, Regina Fátima Abrantes Rezende Ezequiel, Ac. 1ª T. 12652/97).

16 *Policial militar*. Outro servidor público, que proibido por seu estatuto ou órgão público que trabalhe. Se exercer atividade para empregador na qual estejam presentes os requisitos da CLT, reconhece-se o vínculo de emprego.

No caso, o Regional esposa tese divergente da diretriz estabelecida na antiga Orientação Jurisprudencial n. 167 da SBDI-1 (atual Súmula 386 do TST), que estabelece: "Preenchidos os requisitos do art. 3º da CLT, é legítimo o reconhecimento de relação de emprego entre policial militar e empresa privada, independentemente do eventual cabimento de penalidade disciplinar prevista no Estatuto do Policial Militar". Nesse contexto, outro não poderia ser o entendimento da Turma senão pelo conhecimento de revista, por contrariedade à referida orientação jurisprudencial, e pelo seu provimento para reconhecer o vínculo de emprego entre as partes. Outrossim, quanto aos requisitos do art. 3º da CLT, a que alude a referida súmula, verifica-se que é possível presumir do conteúdo da fundamentação do Regional que esses requisitos estavam presentes, o que justifica a aplicação da Súmula 386 do TST à hipótese. Convém salientar, ainda, que, se os reclamados quisessem especificamente defender a ausência dos pressupostos do art. 3º da CLT, deveriam ter opostos embargos de declaração ao acórdão proferido pelo Regional, o que não ocorreu. Contrariedade à Súmula 126 do TST não configurada. Recurso não conhecido (TST, E ED ED RR – 789851-2001-6, Relator Vantuil Abdala, *DEJT*, 7.8.09).

Relação de emprego. Configuração. Policial militar. Sua qualificação não impede o liame empregatício. A exclusividade na prestação de serviços à corporação é matéria própria do órgão competente, e não desta jurisdição. Presentes os requisitos da CLT, art. 3º, reconhece-se o vínculo de emprego (Proc. TRT/SP 37884/97, Valentin Carrion, Ac. 9ª T. 37.185/98).

Art. 4º Considera-se como de serviço efetivo[1] **o período em que o empregado esteja à disposição do empregador, aguardando ou executando ordens, salvo disposição especial expressamente consignada.**

§ 1º Computar-se-ão, na contagem de tempo de serviço, para efeito de indenização e estabilidade, os períodos em que o empregado estiver afastado do trabalho prestando serviço militar[2] **e por motivo de acidente do trabalho**[3]**.**

§ 2º Por não se considerar tempo à disposição do empregador, não será computado como período extraordinário o que exceder a jornada normal, ainda que ultrapasse o limite de cinco minutos previsto no § 1º do art. 58 desta Consolidação, quando o empregado, por escolha própria[4]**, buscar proteção pessoal, em caso de insegurança nas vias públicas ou más condições climáticas, bem como adentrar ou permanecer nas dependências da empresa para exercer atividades particulares**[5]**, entre outras:**

I – práticas religiosas;

II – descanso;

III – lazer;

IV – estudo;

V – alimentação;

VI – atividades de relacionamento social;

VII – higiene pessoal;

VIII – troca de roupa ou uniforme, quando não houver obrigatoriedade de realizar a troca na empresa. (Red. L. 13.467/17)

1 *Tempo de serviço efetivo*: soma dos períodos de vigência do contrato de trabalho, em que o empregado executa ou aguarda ordens. A lei atribui os mesmos efeitos, parcial ou totalmente, nos casos de interrupção e suspensão (v. art. 471 e segs., ausências justificadas). Somam-se os períodos trabalhados para o mesmo grupo de empresas (art. 2º, § 2º) (v. art.2º/16). Hora *in itinere* (v. art. 59/9).

O tempo de pernoite dos motoristas nas próprias acomodações do veículo não se traduz como tempo à disposição, não sendo devida, por conseguinte, estas horas como extraordinárias. Trata-se de obrigação inerente ao próprio contrato de trabalho... (TST, RR 248.217/96.5, Galba Magalhães Velloso, Ac. 4ª T.).

2 *Serviço militar* (art. 472).

3 *Acidente do trabalho*. A cobertura do risco de acidente do trabalho deve ser atendida concorrentemente pelo regime geral de previdência social e pelo setor privado, como dispuser lei ordinária (CF/88, art. 201, § 10, red. EC 20/98). O empregador deve custear seguro contra acidente do trabalho (idem, art. 7º, XXVIII). Anotação em carteira, art. 30; anotação no registro de empregado (art. 41). Competência jurisdicional (art. 643/3). Cômputo para férias (art. 131). Legislação (art. 12/3). Cipa (Comissão Interna de Prevenção de Acidentes, estabilidade, art. 165). Nos primeiros 15 dias de afastamento ocorre interrupção do contrato de trabalho; a partir do 16º dia há suspensão. A CLT, art. 4º § 1º, prevê que, mesmo na hipótese de suspensão, o tempo de afastamento será computado no tempo de serviço do empregado para fins de FGTS.

STF Subsiste a responsabilidade do empregador pela indenização decorrente de acidente do trabalho, quando o segurador, por haver entrado em liquidação, ou por outro motivo, não encontrar condições financeiras de efetuar, na forma da lei, o pagamento que o seguro obrigatório visava garantir (STF – Súmula 529).

STF A indenização acidentária não exclui a do direito comum, em caso de dolo ou culpa grave do empregador (STF – Súmula 229).

TST As faltas ou ausências decorrentes de acidente do trabalho não são consideradas para os efeitos de duração de férias e cálculo da gratificação natalina (TST – Súmula 46).

Prazo de concessão e prescrição. Enquanto o empregado encontra-se afastado do emprego por motivo de doença não flui o prazo para a concessão de férias ou o de prescrição do direito de reclamá-las (TRT/SP, RO 9.740/85, Vantuil Abdala, Ac. 7ª T. 5.354/87).

Acidente de trabalho. O recebimento de auxílio-acidente de trabalho previsto na Lei n. 6.367/76 não retira as garantias do empregado acidentado, instituídas em acordo, convenção ou dissídio coletivo, salvo se esses disciplinarem os casos de sua exclusão e não contrariarem dispositivo legal (TST, RR 176.012/95.5, José Zito Calasãs, Ac. 3ª T. 5.135/96).

O *caput* do art. 118 da Lei n. 8.213/91 estabelece: "O segurado que sofreu acidente do trabalho tem garantida, pelo prazo mínimo de 12 meses, a manutenção de seu contrato de trabalho na empresa, após a cessação do auxílio-doença acidentário, independentemente de percepção de auxílio-acidente". Portanto, o texto legal é claro ao prever a garantia, mantendo o contrato de trabalho do empregado por, no mínimo, 12 (doze) meses (TST, RR 303.631/96.5, Antônio Fábio Ribeiro, Ac. 3ª T., 23.4.99).

4 *Escolha própria*. Observa a Lei situações em que o empregado "chega mais cedo"; embora dentro da empresa, não está de fato trabalhando, ainda não está à disposição do empregador.

5 *Atividades particulares*. Qualquer atividade (decidida pelo empregado) que não seja estar trabalhando (à disposição do empregador). A troca do uniforme só será considerada tempo à disposição quando a empresa não permitir que o empregado venha com o uniforme.

Art. 5º A todo trabalho de igual valor corresponderá salário igual, sem distinção de sexo.

1 *Trabalho de igual valor*. Conceito (v. art. 461). Sem distinção de sexo: repetitivamente, visa-se evitar discriminação salarial contra a mulher, enquanto outro dispositivo já concede "igual salário, sem distinção de sexo, nacionalidade ou idade" (art. 461). A CF/88 estabelece a proibição de diferença de salários, de exercício de funções e de critério de admissão por motivo de sexo, idade, cor ou estado civil (art. 7º, XXX), assim como de discriminação no tocante ao salário e critérios de admissão do deficiente físico (XXXI) e entre trabalho manual, técnico e intelectual ou entre profissionais respectivos (XXXII). Ainda, "homens e mulheres são iguais em direitos e obrigações" (CF/88, art. 5º, I), e se determina a "proteção do mercado de trabalho da mulher, mediante incentivos específicos" (art. 7º, XX, L. 9.799/99).

Cláusula convencional que discrimina trabalhadores menores de 18 anos é inconstitucional, eis que ofende o Princípio da Isonomia insculpido no inciso XXX, do art. 7º, da Carta Constitucional (TST, RO-AR 518.447/98-6, Carlos Alberto Reis de Paula, Ac. SDC, 14.5.99).

A estrutura salarial criada pela norma coletiva reveste-se de validade em face da regra inserida no art. 7º, XXVI, da Carta Magna e não é incompatível com a disposição consolidada contida no art. 461 da CLT, a qual destina-se a impedir o estabelecimento de critérios discriminadores pelo Empregador, discricionariamente, com ofensa ao princípio da isonomia (TST, RR 460.515/98, Antônio Fábio Ribeiro, Ac. 3ª T., 16.4.99).

Art. 6º Não se distingue[3] entre o trabalho realizado no estabelecimento do empregador, o executado no domicílio[1] do empregado e o realizado a distância[4], desde que estejam caracterizados os pressupostos da relação de emprego[2].

Parágrafo único. Os meios telemáticos e informatizados de comando, controle e supervisão se equipararam, para fins de subordinação jurídica, aos meios pessoais e diretos de comando, controle e supervisão do trabalho alheio.

1 *No domicílio* do empregado, ou em oficina de família (art. 83), ou qualquer outro lugar por ele livremente escolhido, fora do alcance da fiscalização do empregador.

2 *Relação de emprego caracterizada*. Distingue-se do autônomo por consagrar sua atividade, por conta alheia, a um ou poucos tomadores de serviços. A doutrina aponta requisitos para a configuração: continuidade, fixação de qualidade e quantidade, entrega do produto acabado em tempo predeterminado, fixação de tarifa e absorção de tempo do trabalhador por uma ou mais empresas (Gomes-Gottschalk, *Curso*). A pessoalidade é indispensável; a colaboração minoritária de familiares ou

terceiros não a desfigura, no que ao trabalho do titular se refere. A exclusividade não é necessária; a continuidade, sim.

A CLT só se aplica ao verdadeiro trabalhador a domicílio e não ao artesão a domicílio (TST, RR 3.581/74, Coqueijo Costa, Ac. 3ª T. 558/75).

3 *Não se distinguem*: as mesmas obrigações vigentes para o trabalho no estabelecimento. Horas extras: dificilmente poderão ser reconhecidas (fora do alcance do empregador; possibilidade de receber ajuda de terceiros; liberdade de escolha de número de horas de trabalho em cada dia), apesar de que em tese poderiam ser estimadas, em face da produção média do trabalhador em causa, em base horária, bitolada pela produção média de empregado normal; mas essa hipótese é difícil de ser aferida praticamente. O salário mínimo horário é devido (CLT, art. 83, e CF/88, art. 7º, VII), mesmo que remunerado por unidade de obra, apenas para o fim de estabelecer-se proporção entre o tempo médio gasto na execução do trabalho por trabalhador normal e a tarifa atribuída a cada unidade executada. Descanso semanal remunerado: sexta parte do ganho da semana (L. 605/49, art. 7º, em apêndice). Descanso semanal remunerado art. 67/1.

4 *Realizado a distância*: O lugar escolhido será por determinação do empregador, começando aí já a subordinação (se a opção do lugar for do empregado é o mesmo que em seu domicílio). A lei fala em meios telemáticos (computador e internet) e informatizados (sistemas e programas da empresa, que o empregado acessa onde estiver). Dentro desse meio virtual, o empregado recebe comandos (trabalhos a serem executados), controlado e supervisionado (apresenta o resultado do seu trabalho), onde quer que esteja, muitas vezes tendo horário para iniciar e terminar seu trabalho. No meu entender, a lei nada modifica. A CLT, em seu art. 3º, define o trabalho subordinado; a relação de emprego (pessoa física, pessoalidade, não eventual, dependência-subordinação e salário) independe da forma que o empregador usa para comandar, controlar e subordinar o empregado, seja ao vivo ou por meios telemáticos. Teletrabalho (aquele prestado pelo empregado em sua residência ou lugar definido pelo empregador, remetendo o resultado para a empresa através de meios informatizados).

Art. 7º Os preceitos constantes da presente Consolidação, salvo quando for, em cada caso, expressamente determinado em contrário, não se aplicam:

a) aos empregados domésticos[1 a 6], assim considerados, de um modo geral, os que prestam serviços de natureza não econômica à pessoa ou à família, no âmbito residencial destas;

b) aos trabalhadores rurais[7 a 15], assim considerados[8] aqueles que, exercendo funções diretamente ligadas à agricultura e à pecuária, não sejam empregados em atividades que, pelos métodos de execução dos respectivos

trabalhos ou pela finalidade de suas operações, se classifiquem como industriais[10] **ou comerciais** (revogado tacitamente);

c) aos funcionários públicos[16-25] **da União, dos Estados e dos Municípios e aos respectivos extranumerários em serviço nas próprias repartições;**

d) aos servidores[16-25] **de autarquias paraestatais, desde que sujeitos a regime próprio de proteção ao trabalho que lhes assegure situação análoga à dos funcionários públicos.**

Parágrafo único. (Rev. DL 8.079, de 11.10.45.)

1 Art. 7º, *a*: Domésticos. Diz a Constituição Federal de 1988:

Art. 7º São direitos dos trabalhadores... além de outros...

Parágrafo único. São assegurados à categoria dos trabalhadores domésticos os direitos previstos nos incisos IV, VI, VII, VIII, X, XIII, XV, XVI, XVII, XVIII, XIX, XXI, XXII, XXIV, XXVI, XXX, XXXI e XXXIII e, atendidas as condições estabelecidas em lei e observada a simplificação do cumprimento das obrigações tributárias, principais e acessórias, decorrentes da relação de trabalho e suas peculiaridades, os previstos nos incisos I, II, III, IX, XII, XXV e XXVIII, bem como a sua integração à previdência social.

V. art. 7º/2.

Empregado doméstico é a pessoa física que, com intenção de ganho, trabalha para outra ou para outras pessoas físicas, no âmbito residencial destas e de forma não eventual. No conceito legal, é quem presta serviços de natureza contínua e de finalidade não lucrativa à pessoa ou à família, no âmbito residencial destas (LC 150/15, art. 1º, v. Índ. Leg.).

Não são considerados domésticos os serviços aplicados a instituições assistenciais, comerciais (lavadeira de hotel ou pensão), industriais (cozinheira de fábrica) ou à atividade característica de um profissional liberal. O motorista será ou não doméstico conforme esteja a serviço dos membros da família ou das atividades comerciais de seu patrão, respectivamente; o jardineiro poderá prestar serviços exclusivos à residência de quem o contratou ou ao imóvel consagrado a atividades institucionais. Haverá situações híbridas em que se tornará necessário distinguir estimativa percentual na prestação do trabalho (ex.: doméstica trabalhando no lar durante a manhã e à noite, mas prestando sua colaboração na farmácia do patrão durante a tarde); essa orientação, inexistindo norma legal expressa, é mais equitativa que a que pretende ignorar a existência de duas relações paralelas, absorvendo-as naquela que tiver maior proteção legal.

A *diarista* intermitente (lavadeira, arrumadeira ou passadeira) não está, em princípio, protegida pela lei dos domésticos, mesmo que compareça em até dois dias, mesmo que certos (LC 150/15, art. 1º). Até dois dias não é considerado serviço "de natureza contínua". A jornada do empregado doméstico em geral é de segunda a sábado e com direito ao DSR; já o trabalho do diarista é realizado durante alguns dias da semana, ou seja, uma jornada bem menor e com um vínculo de trabalho menor; daí não se tratar de empregado e sim de trabalhador. "O diarista presta serviço e recebe no mesmo dia a remuneração do seu labor, geralmente superior àquilo que faria jus se laborasse continuadamente para o mesmo empregador, pois nele restam englobados e pagos diretamente ao trabalhador os encargos sociais que seriam recolhidos a terceiros" (Ministro Ives Gandra Martins Filho). O diarista esporádico, como mero prestador de serviços e não empregado, deve vincular-se à Previdência Social como trabalhador autônomo para efetuar os recolhimentos previdenciários. O recolhimento previdenciário é proporcional ao tempo trabalhado e leva em consideração ao menos o salário mínimo; caso não atinja o menor valor de recolhimento mensal, acumula-se, para seu pagamento (L. 8.212/91, art. 28, § 3º, alt. L. 9.528/97).

As circunstâncias que separam o empreendimento empresarial, de um lado, e a dona de casa, de outro, juntamente com o entendimento que se extrai da expressão "serviço de natureza contínua" e com os ônus impostos pela CF/88, levam a deixar de aplicar por analogia o entendimento que reconhece a relação de emprego aos contratados para prestar serviços em clubes esportivos ou de apostas nos fins de semana; as diferenças existentes entre o meio familiar e o empresarial as rejeitam.

DIARISTA. VÍNCULO EMPREGATÍCIO. NÃO CONFIGURAÇÃO. PRESTAÇÃO DE SERVIÇOS DUAS VEZES POR SEMANA. I. O entendimento consagrado no âmbito desta Corte Superior é no sentido de que não se caracteriza o vínculo empregatício da pessoa física que presta serviços a outra pessoa física ou família, por dois dias na semana, pois não está presente o requisitos da continuidade, exigido pela Lei n. 5.589/72. Precedentes. II. A Corte Regional consignou que "restou patente que a obreira executou os serviços na residência dos réus na condição de diarista, apenas duas vezes na semana, de forma descontinuada". Dessa forma, ao manter a sentença em que se indeferiu o pedido de reconhecimento do vínculo empregatício da Reclamante, pois ausente o requisitos da continuidade, o Tribunal Regional decidiu em conformidade com o entendimento desta Corte Superior, o que inviabiliza o conhecimento do recurso de revista por divergência jurisprudencial, nos termos do art. 896, § 4º, da CLT e da Súmula n. 333/TST. III. Recurso de revista de que não se conhece (TST, RR 4638-52.2010.5.12.0039, julgado em 10.9.14, Fernando Eizo Ono, 4ª T., *DEJT*, 19.9.14).

DIARISTA QUE PRESTA SERVIÇOS, EM RESIDÊNCIA, DOIS OU TRÊS DIAS NA SEMANA. INEXISTÊNCIA DE VÍNCULO EMPREGATÍCIO. O reconhecimento do vínculo empregatício com o empregado doméstico está condicionado à continuidade na prestação dos serviços, o que não se aplica quando o trabalho é realizado durante alguns dias da semana. No caso, inicialmente, durante longo período, a reclamante laborava duas vezes por semana para a reclamada, passando, posteriormente, a três vezes. Assim, não há como reconhecer o vínculo de emprego postulado, porque, na hipótese, está configurada a prestação de serviços por trabalhadora diarista. Recurso de revista de que se conhece e a que se dá provimento, para julgar improcedente a reclamação (RR 1767600-12.2005.5.09.0007, julgado em 22.4.09, Pedro Paulo Teixeira Manus, *DEJT*, 5.9.09).

O *trabalho em chácara de recreio* é doméstico, salvo se houver criação ou plantação para serem transacionadas, mesmo temporariamente (Lei do Trabalho Rural, 5.889/73, art. 3º, em apêndice); entretanto, a venda de produção insignificante não retira o caráter doméstico.

■ Se não está caracterizada nos autos nem a atividade contínua em apartamentos, nem o labor contínuo em chácara, mas apenas, e tão somente, preparo de alimentação em benefício próprio e de sua família, a autora não pode ser considerada, a toda evidência, "empregada doméstica" (TRT/PR, RO 8.487/95, Luiz Eduardo Gunther, Ac. 2ª T. 8.571/96).

2 *O regime jurídico do doméstico* está subordinado à Lei Complementar dos Domésticos 150/15 (em apêndice) e à CF/88, que lhe assegura diversos direitos (CF, art. 7º, parágrafo único):

I - relação de emprego protegida contra despedida arbitrária ou sem justa causa, nos termos de lei complementar, que preverá indenização compensatória, dentre outros direitos; II - seguro-desemprego, em caso de desemprego involuntário; III - fundo de garantia do tempo de serviço; IV - salário mínimo, fixado em lei, nacionalmente unificado, capaz de atender às suas necessidades vitais básicas e às de sua família com moradia, alimentação, educação, saúde, lazer, vestuário, higiene, transporte e previdência social, com reajustes periódicos que lhe preservem o poder aquisitivo, sendo vedada sua vinculação para qualquer fim; VI - irredutibilidade do salário, salvo o disposto em convenção ou acordo coletivo; VII - garantia de salário, nunca inferior ao mínimo, para os que percebem remuneração variável; VIII - décimo terceiro salário com base na remuneração integral ou no valor da aposentadoria; IX - remuneração do trabalho noturno superior à do diurno; X - proteção do salário na forma da lei, constituindo crime sua retenção dolosa; XII - salário-família pago em razão do dependente do trabalhador de baixa renda nos termos da lei; XIII - duração do trabalho normal não superior a oito horas diárias e quarenta e quatro semanais, facultada a compensação de horários e a redução da jornada, mediante acordo ou convenção coletiva de trabalho; XV- repouso semanal remunerado, preferencialmente aos domingos; XVI - remuneração do serviço extraordinário superior, no mínimo, em cinquenta por cento à do normal; XVII - gozo de férias anuais remuneradas com, pelo menos, um terço a mais do que o salário normal; XVIII - licença à gestante, sem prejuízo do emprego e do salário, com a duração de cento e vinte dias; XIX - licença-paternidade, nos termos fixados em lei; XXI - aviso prévio proporcional ao tempo de serviço, sendo no mínimo de trinta dias, nos termos da lei; XXII - redução dos riscos inerentes ao trabalho, por meio de normas de saúde, higiene e segurança; XXIV - aposentadoria; XXV - assistência gratuita aos filhos e dependentes desde o nascimento até 5 (cinco) anos de idade em creches e pré-escolas; XXVI - reconhecimento das convenções e acordos coletivos de trabalho; XXVIII - seguro contra acidentes de trabalho, a cargo do empregador, sem excluir a indenização a que este está obrigado, quando incorrer em dolo ou culpa; XXX - proibição de diferença de salários, de exercício de funções e de critério de admissão por motivo de sexo, idade, cor ou estado civil; XXXI - proibição de qualquer discriminação no tocante a salário e critérios de admissão do trabalhador portador de deficiência; XXXIII - proibição de trabalho noturno, perigoso ou insalubre a menores de dezoito e de qualquer trabalho a menores de dezesseis anos, salvo na condição de aprendiz, a partir de quatorze anos.

Nem a lei dos empregados domésticos nem a Constituição Federal revogaram o art. 7º, *a*, da CLT, na parte em que os exclui da proteção geral, pelo que permanecem as limitações expressas ou tácitas.

Os direitos que a Constituição concedeu genericamente aos domésticos devem ser aplicados com a regulamentação das leis que já os contemplam.

É verdade que as leis ordinárias que necessitam de regulamentação somente entram em vigor na data em que esta ocorrer. Mas com as normas constitucionais não se pode dar o mesmo, a não ser que haja condicionamento expresso diferido ou exista absoluta impossibilidade material de atuação efetiva. É que o vazio regulamentador da lei não é tão tolerável como o da Constituição, pela maior imperatividade desta última sobre a primeira. No entendimento da eficácia das Constituições houve uma grande evolução, chegando a afirmar-se que já não há mais normas programáticas (J. J. Canotilho), o que, se não é rigorosamente exato, mostra que atualmente é inadmissível a ineficácia da Constituição (Celso Ribeiro Bastos, *Comentários à Constituição*), pelo que o intérprete e aplicador da lei tem de afastar as dificuldades para concretizar os dispositivos da Lei Maior.

No caso específico da CF/88, vê-se, pelo conjunto de suas normas, inclusive mandado de injunção e mecanismos de inconstitucionalidade, a adoção desses postulados; há ainda o clamor público pela efetivação dos anseios populares que impedem a frustração que seria aguardar pela regulamentação de tantas expectativas, sem falar nos que entendem que a Constituição não se regulamenta (Carlos Maximiliano); tudo isso tem de levar o intérprete a uma exegese criativa.

Assim, enquanto não houver lei que complete certos dispositivos simplesmente enunciados pela Constituição, tem-se de aplicar o instituto deferido para outros sujeitos ou situações, tal como ele já está em vigor.

3 *Direitos dos domésticos*

FGTS (CF, art. 7º, III). *Relação de emprego protegida* (CF, art. 7º, I). A LC 150/15, art. 21, obriga ao empregador a inclusão do empregado no FGTS, sendo obrigatório o depósito de 8% sobre a remuneração devida. É obrigado ainda ao depósito de 3,2% a título de indenização compensatória, para os casos de demissão sem justa causa (o empregado levanta o valor depositado), por culpa recíproca (metade para cada um) e nos demais casos (dispensa por justa causa ou a pedido, término do contrato de trabalho por prazo determinado, aposentadoria e falecimento do empregado), o valor será levantado pelo empregador (LC 150/15, art. 22). Não obriga o empregador ao pagamento dos valores determinados na L.

8.036/90, art. 18, §§ 1º a 3º, pois o mesmo já recolhe mês a mês o valor de 3,2% para esse fim (demissão do empregado que não comete justa causa). Valores a serem recolhidos pelo empregador (LC 150/15, art. 34).

Seguro-desemprego (CF, art. 7º, II; LC 150/15, art. 26). Quando dispensado por justa causa, tem direito a receber por um período máximo de três meses o valor de um salário mínimo. Habilitação (LC 150/15, arts. 28 e 29). Procedimento (MTE/CODEFAT, Res. 754/15, em apêndice). Novo seguro-desemprego, após novo período aquisitivo.

Fiscalização. Cabe ao Auditor Fiscal do Trabalho L. 10.593/02, art. 11-A.

Salário mínimo (CF, art. 7º, IV). Tem direito ao salário mínimo (para quem trabalha 8 horas diárias ou 44 horas semanais, LC 150/15, art. 2º); em alguns Estados da Federação tem direito ao salário mínimo regional. O salario-hora (LC 150/15, art. 2º, § 2º), para o mensalista, é o salário mensal dividido por 220 horas e o salário-dia (LC 150/15, art. 2º, § 3º) é o salário mensal dividido por 30.

Descontos no salário (LC 150/15, art. 18). Não é possível descontar alimentação, vestuário e higiene, quando oferecidos, pois não terão natureza salarial, não se incorporam à remuneração. As circunstâncias levam a considerar a habitação de forma diferente, por meio de dois raciocínios diversos: quando não for descontada, poderá ser considerada condição do exercício da atividade, sem dar-lhe repercussão monetária, não se cogita da habitação, nem para descontar, nem para acrescer ao salário básico; é que o pequeno quarto de dormir pelo empregado doméstico utilizado não se assemelha nem tem o peso contratual e econômico da moradia do empregado empresarial (geralmente uma casa completa); para o empregado da família, representa simples abrigo que lhe traz mais desvantagens do que proveito e que, quando possível, rejeita para não perder sua intimidade e sua liberdade ao descanso pleno. Caso a moradia seja oferecida pelo empregador em local diferente do trabalho, poderá ser descontada se foi acordado no início do contrato. *Outros descontos*: a LC 150/15, art. 18, § 1º, permite o desconto de até 20% do salário, mediante acordo escrito, para a inclusão do empregado em plano de assistência médico-hospitalar e odontológica, de seguro e previdência privada.

Décimo terceiro salário (CF, art. 7º, VIII) é devido, assim como o décimo terceiro proporcional, que integra a regulamentação do instituto; descontados os meses ou as quinzenas de faltas ou de suspensão das obrigações contratuais; segue os mesmos critérios dos demais trabalhadores (L. 4.749/65, arts. 1º e 2º). Será de 1/12 por mês e/ou fração de 15 dias trabalhados (L. 4.090/62, art. 1º).

Trabalho noturno (CF, art. 7º, IX, LC 150/15, art. 14). Assim considerado todo trabalho executado das 22 horas de um dia às 5 horas do dia seguinte. A hora de trabalho terá duração de 52 minutos e 30 segundos e a remuneração será acrescida de no mínimo 20% sobre a hora diurna. Ver art. 73/1. Para o empregado que for contratado para trabalhar somente no período noturno, o acréscimo será calculado sobre o salário anotado na CTPS.

Salário-família (CF, art. 7º, XII, L. 8.213/91, art. 65). Todo empregado doméstico de baixa renda tem direito de receber o salário-família, cujo valor depende da remuneração do empregado e do número de filhos com até 14 (quatorze) anos de idade. O empregador é quem paga o benefício ao empregado. O valor pago será descontado quando do pagamento dos demais tributos.

Duração do trabalho (CF, art. 7º, XIII, LC 150/15, art. 2º). O empregado doméstico tem o mesmo direito que os demais trabalhadores, 8 horas diárias e no máximo 44 na semana. Salário-dia normal para o mensalista é o salário mensal dividido por 30 e o salário-hora é o mesmo salário mensal dividido por 220 horas. É obrigatória a anotação do horário de trabalho do empregado doméstico, por qualquer meio manual, mecânico ou eletrônico, desde que idôneo (LC 150/15, art. 12).

Jornada 12x36 (LC 150/15, art.10). Mediante acordo escrito, pode o empregado doméstico trabalhar 12 horas seguidas por 36 horas de descanso ininterruptas, observados ou indenizados os intervalos para repouso e alimentação. A remuneração mensal abrange os pagamentos devidos pelo descanso semanal remunerado, descanso em feriados e trabalho noturno, quando houver.

Regime de compensação (LC 150/15, art. 2º, §§ 4º, 5º e 6º). Mediante acordo escrito entre empregador e empregado, pode o excesso de horas trabalhadas em um dia ser compensado em outro dia, limitado às primeiras 40 horas excedentes ao horário normal. Essa compensação será no período máximo de um ano. Caso seja o contrato rescindido, fará jus ao pagamento como horas extras as horas não compensadas.

Regime de tempo parcial (LC 150/15, art. 3º). Todo trabalho cuja duração não exceda a 25 horas semanais e com no máximo 6 horas/dia. A duração do trabalho poderá ser acrescida de até uma hora extra diária mediante acordo escrito entre empregador e empregado. As férias serão reduzidas em proporção à jornada trabalhada. De 22 a 25 horas semanais, 18 dias; de 20 a 22 horas semanais, 16 dias; de 15 a 20 horas semanais, 14 dias; de 10 a 15 horas, 12 dias; de 5 até 10 horas, 10 dias; menos de 5 horas semanais, 8 dias.

Descanso semanal remunerado (CF, art. 7º, XV, LC 150/15, art. 16). Descanso semanal, preferencialmente aos domingos, de 24 horas consecutivas. Para o mensalista, já é incluído no salário. Tem direito ao descanso nos feriados.

Descanso entre jornadas (LC 150/15, art. 15). Entre duas jornadas, um intervalo mínimo de 11 horas consecutivas, para descanso.

Intervalo para repouso/alimentação (LC 150/15, art. 13). Intervalo de no mínimo 1 hora e de no máximo 2 horas, para descanso ou refeição. Por acordo escrito pode ser reduzido para 30 minutos. Para o empregado que reside no trabalho, o intervalo pode ser dividido em 2, com no mínimo 1 hora e no máximo 4 horas. No caso de modificação do intervalo, este tem que ser anotado no registro diário de ponto. Os intervalos, o tempo para repouso, as horas não trabalhadas, para o empregado que reside no local de trabalho, não serão computados no horário de trabalho (LC 150/15, art. 2º, § 7º).

Horas extras (CF, art. 7º, XVI). Definida a jornada de trabalho (CF, art. 7º, XIII, LC 150/15, art. 2º, § 1º), tudo o que exceder tem de ser pago com acréscimo de no mínimo 50% sobre a hora normal. As horas trabalhadas em domingos e feriados serão pagas em dobro, quando não compensadas (LC 150/15, art. 2º, § 8º).

Férias do empregado doméstico (CF, art. 7º, XVII, LC 150/15, art. 17). Tem direito a férias remuneradas de 30 dias corridos, com um acréscimo de 1/3, a cada 12 meses trabalhados. O período poderá ser dividido em 2, sendo que um deles será de no mínimo 14 dias corridos. Pode converter 1/3 das férias em abono pecuniário. As férias terão que ser concedidas nos 12 meses subsequentes ao período trabalhado. Na cessação do contrato de trabalho, desde que não por justa causa, tem o empregado direito a 1/12 avos por mês ou fração superior a 14 dias trabalhados. Em relação às faltas ao trabalho, a LC 150/15 nada fala, por equidade introduz a proporcionalidade no cálculo das férias do ano completo de vigência do emprego. A analogia cede lugar à equidade, ambas previstas pelo art. 8º da CLT.

A licença-gestante (CF, art. 7º, XVIII, LC 150/15, art. 25) é de 120 dias, com início no período entre 28 dias antes do parto e a data de ocorrência deste (L. 8.213/91, art. 71, red. L. 10.710/03). O direito à licença-gestante sem prejuízo do emprego e salário é benefício previdenciário, pago diretamente pela Previdência Social, consistindo numa renda mensal igual ao seu último salário de contribuição (L. 8.213/91, art. 73, I, red. L. 10.710/03). A L. 11.770/08, que cria o Programa Empresa Cidadã e permite ao empregador facultativamente estender a licença-gestante por mais 60 dias, não é para a empregada doméstica, pois o empregador doméstico não é "empresa" (v. art. 391/1). A CLT e a L. 8.213/91, art. 71-A, foram alteradas pela L. 10.421/02, concedendo o mesmo direito da gestante à mãe adotiva (com prazos variados de acordo com a idade do adotado). Também tem direito a segurada desempregada, dispensada com justa causa ou a pedido, desde que no período de graça do D. 3.048, art. 13 (D. 3.048/99, art. 97, alt. D. 6.122/07). Pode ser requerida via Internet.

A estabilidade-gestante (ADCT, art. 10, II, *b*; LC 150/15, art. 25, parágrafo único) acontece desde a confirmação da gravidez (mesmo que seja durante o período do aviso prévio) até 5 meses após o parto.

A licença-paternidade (CF, art. 7º, XIX), que não é previdenciária, sendo análoga às diversas hipóteses em que é permitido ao empregado faltar ao trabalho, sem perda de remuneração, ou simples ampliação do anterior direito de faltar um dia pelo nascimento do filho, já previsto na CLT (art. 473, III), é de 5 dias (ADCT, art. 10, *b*, § 1º).

Aviso prévio proporcional ao tempo de serviço (CF, art. 7º, XXI, LC 150/15, art. 23 e §§). A LC 150/15, art. 23, dá direito ao aviso prévio às duas partes do contrato, empregado e empregador: "a parte que, sem justo motivo, quiser rescindi-lo deverá avisar a outra de sua intenção". Será de no mínimo 30 dias ao empregado com até um ano de trabalho, e será acrescido de 3 dias por ano de serviço prestado até o máximo 60 dias, perfazendo um total de 90 dias. A falta de aviso prévio dá à outra parte o direito a indenização para o empregado e desconto, para o empregador, dos salários correspondentes ao período do aviso prévio. O valor das horas extras habituais integra o valor do aviso prévio. A jornada (LC 150/15, art. 24) durante o aviso prévio, quando a rescisão tiver sido promovida pelo empregador, poderá ser reduzida em 2 horas diárias ou pode o empregado deixar de trabalhar sete dias corridos.

Aposentadoria (CF, art. 7º, XXIV). Previdência Social: a) o doméstico é segurado obrigatório, quando prestar serviços de natureza contínua, com direito a receber os benefícios e serviços da Lei Orgânica da Previdência Social; b) as contribuições devidas pelo empregado doméstico são idênticas às demais (art. 12/1); o recolhimento previdenciário é proporcional ao tempo trabalhado e leva em consideração ao menos o salário mínimo; caso não atinja o menor valor de recolhimento mensal, acumula-se, para seu pagamento (L. 8.212/91, art. 28, § 3º, alt. L. 9.528/97); o limite máximo é reajustado sempre que ocorrer alteração do valor dos benefícios; as contribuições do empregador doméstico são de 8%, seguridade social, 0,8%, para o seguro contra acidentes (L. 8.212/91, art. 24, alt. L.13.202/15); as contribuições devem ser recolhidas pelo empregador, pois a falta de concordância do empregado ou outras circunstâncias não relevam sua responsabilidade perante a Previdência Social; c) o salário-família é devido (Lei de Benefícios da Previdência Social, 8.213/91, art. 65); d) sendo segurado obrigatório tem direito a todos os benefícios (desde que respeitado o número mínimo de contribuições mensais, L. 8.213/91, art. 24): 1) aposentadoria por invalidez; 2) aposentadoria por idade; 3) aposentadoria por tempo de contribuição; 4) aposentadoria especial; 5) auxílio-doença; 6) salário-família; 7) salário-maternidade; 8) auxílio-acidente (L. 8.213/91, art. 18). O empregador doméstico deve recolher as contribuições previdenciárias até o dia 7 do mês seguinte ao trabalhado (L. 8.212, art. 30, V, alt. LC 150/15); não recolhidos até a data do vencimento, estão sujeitos a encargos legais na forma prevista da legislação do IR. Pode o empregador descontar, no imposto de renda, o valor da contribuição patronal, limitado a um empregado e calculado sobre o salário mínimo (L. 9.250/95, art. 12, VII, alt. L. 12.469/11, e § 3º, I, *a*, alt. L. 11.324/06). Crimes contra a Previdência Social (CP, arts. 168-A, 313-A, 313-B, 337-A, L. 9.983/00, em apêndice).

Justa causa (LC 150/15, art. 27). Considera-se justa causa: I - submissão a maus-tratos de idoso, de enfermo, de pessoa com deficiência ou de criança sob cuidado direto ou indireto do empregado; II - prática de ato de improbidade; III - incontinência de conduta ou mau procedimento; IV - condenação criminal do empregado transitada em julgado, caso não tenha havido suspensão da execução da pena; V - desídia no desempenho das respectivas funções; VI - embriaguez habitual ou em serviço; VII - (vetado); VIII - ato de indisciplina ou de insubordinação; IX - abandono de emprego, assim considerada a ausência injustificada ao serviço por, pelo menos, 30 (trinta) dias corridos; X - ato lesivo à honra ou à boa fama ou ofensas físicas praticadas em serviço contra qualquer pessoa, salvo em caso de legítima defesa, própria ou de outrem; XI - ato lesivo à honra ou à boa fama ou ofensas físicas praticadas contra o empregador doméstico ou sua família, salvo em caso de legítima defesa, própria ou de outrem; XII - prática constante de jogos de azar. V. art. 482/notas.

Rescisão indireta (LC 150/15, art. 27, parágrafo único). O empregador doméstico comete justa causa dando causa para rescisão do contrato de trabalho quando: I - o empregador exigir serviços superiores às forças do empregado doméstico, defesos por lei, contrários aos bons costumes ou alheios ao contrato; II - o empregado doméstico for tratado pelo empregador ou por sua família com rigor excessivo ou de forma degradante; III - o empregado doméstico correr perigo manifesto de mal considerável; IV - o empregador não cumprir as obrigações do contrato; V - o empregador ou sua família praticar, contra o empregado doméstico ou pessoas de sua família, ato lesivo à honra e à boa fama; VI - o empregador ou sua família ofender o empregado doméstico ou sua família fisicamente, salvo em caso de legítima defesa, própria ou de outrem; VII - o empregador praticar qualquer das formas de violência doméstica ou familiar contra mulheres de que trata o art. 5º da Lei n. 11.340, de 7 de agosto de 2006 (qualquer ação ou omissão baseada no gênero que lhe cause morte, lesão, sofrimento físico, sexual ou psicológico e dano moral ou patrimonial). V. art. 483/notas.

Creches e pré-escolas (CF, art. 7º, XXV).

Seguro contra acidentes de trabalho e direito a indenização quando houver dolo (CF, art. 7º, XXVIII). A LC 150/15, art. 34, III, obriga o empregador recolher 0,8% para financiamento do seguro.

Vale-transporte (L. 7.418/85, LC 150/15, art. 19). Tem direito o empregado ao vale-transporte. O deslocamento necessário para ir e voltar ao trabalho pode ser pago em dinheiro, mediante recibo.

Simples Doméstico (LC 150/15, art. 35), regime unificado de pagamento de tributos, de contribuições e dos demais encargos do empregador doméstico. A criação do Simples Doméstico facilita o pagamento de todos os tributos a que está submetido o empregador doméstico. Total de tributos (LC 150/15, art. 34): I - 8% (oito por cento) a 11% (onze por cento) de contribuição previdenciária, a cargo do segurado empregado doméstico; II - 8% (oito por cento) de contribuição patronal previdenciária para a seguridade social, a cargo do empregador doméstico; 0,8% (oito décimos por cento) de contribuição social para financiamento do seguro contra acidentes do trabalho; IV - 8% (oito por cento) de recolhimento para o FGTS; V - 3,2% (três inteiros e dois décimos por cento), na forma do art. 22 desta Lei; e VI - imposto sobre a renda retido na fonte. O empregador recolhe todos os tributos, paga a remuneração do empregado até o dia 7 de cada mês e desconta do empregado a contribuição previdenciária e o imposto de renda (caso o salário seja superior à alíquota mínima) (LC 150/15, art. 35). Os tributos (LC 150/15, art. 35, § 1º, I, II, III, VI) não recolhidos até a data do vencimento estão sujeitos a encargos legais na forma prevista da legislação do IR; os itens IV e V (L. 8.036/90, art. 22) estão sujeitos à variação da TR mais 0,5%.

Bem de família (L. 8.009/90, art. 3º). Pode ser penhorado por dívidas trabalhistas do empregado doméstico. A LC 150/15, art. 46, revogou, na L. 8.009/90, art. 3º, o inciso I, permitindo portanto a penhora do bem de família.

4 *Trabalho do menor* (CF, art. 7º, XXXIII, LC 150/15, art. 1º, parágrafo único, D. 6.481/08). Veda a contratação do menor de 18 anos. V. art. 405/1.

5 *A representação em juízo e a família.* O conceito de empregador doméstico ("pessoa ou família, no âmbito familiar") se estende ao agrupamento de pessoas que, convivendo, utilizem os serviços do empregado doméstico de forma não eventual. Legitimidade passiva na ação a teria o "chefe de família" ou o "dono da casa", assim como a esposa ou a dona da casa. A CF/88, reconhecendo a união estável entre homem e mulher, mesmo sem matrimônio, refere-se à "entidade familiar" (art. 226, § 4º) e à formada por qualquer dos pais e seus descendentes. O CC, seguindo a CF/88, retira a representação da sociedade conjugal pelo marido, tratando agora da direção da sociedade por ambos (CC, art. 1.567); a CF/88 declara que os direitos e deveres referentes à sociedade conjugal são exercidos igualmente pelo homem e pela mulher (art. 226, § 6º). Qualquer deles tem qualidade para representar a família, assim como qualquer outro membro poderá, como preposto deles, representá-los na audiência. O preposto, credenciado pelo responsável da família empregadora, poderá ser empregado dela: cozinheira, motorista, jardineiro, babá. Mas, se não o for, não se devem trazer as mesmas exigências que se adotam nas demais ações trabalhistas; no comércio e na indústria, o emprego é o caldo de cultura permanente e apropriado; na família empregadora os laços específicos não são os de emprego, mas os de relacionamento constante; a exigência deve ser a de que o preposto participe da vida familiar com intimidade e habitualidade, o que não será fácil, mas também não será impossível; assim: o hóspede constante, a vizinha íntima, a costureira em domicílio frequente, desde que saibam dos fatos da lide; os demais institutos processuais, inclusive o ônus da prova, não podem ter o mesmo rigor atribuído às empresas, pois não há a generalidade dos registros burocráticos. As formalidades do mandato, quando não satisfeitas na primeira sessão, poderão ser supridas no prazo deferido pelo juiz, sem a intolerância da arbitrariedade das revelias.

Os institutos jurídicos processuais, tais como a obrigação de provar a inexistência de despedimento (demonstração de fato negativo!), não podem ter a mesma construção e rigor das lides empresariais; a organização familiar nada tem que ver com a do comércio e a da indústria; na prática é penoso e difícil o registro burocrático dos acontecimentos que justificam aqueles posicionamentos probatórios.

6 *Condomínio de apartamentos*: aos empregados a serviço da administração do edifício aplicam-se todos os direitos trabalhistas (L. 2.757/56). O edifício de apartamentos dado em locação rege-se pelos princípios gerais do direito do trabalho. Condomínio, representação (art. 792/4).

Construção ou reforma de prédio residencial (art. 2º/11 e 12). Responsabilidade civil da agência de empregados domésticos, pelo ilícito cometido por estes, no período de um ano (L. 7.195/84, em apêndice, v. Índ. Leg.).

Prescrição: doméstico (art. 11/5).

Contrato por prazo determinado (art. 443/7).

Contrato de experiência (art. 443/7).

Empregado acompanhante em viagem (LC 150/15, art. 11 e §§). Somente serão computadas as horas efetivamente trabalhadas, podendo as horas extraordinárias ser compensadas (LC 150/15, art. 2º). A remuneração da hora trabalhada terá um acréscimo de 25% sobre a hora normal, podendo o acréscimo ser convertido em banco de horas. É necessário acordo escrito.

7 Art. 7º, *b*: Trabalhador rural. Diz a Constituição Federal de 1988:

Art. 7º São direitos dos trabalhadores urbanos e rurais, além de outros que visem à melhoria de sua condição social...

Legislação aplicável ao rural: a) a CF equipara o trabalhador urbano e o rural, estando, assim, favorecido por todas as normas genéricas das relações de trabalho subordinado, inclusive FGTS; b) vigora, como disposição especial, a Lei do Trabalho Rural (5.889/73, em apêndice, e o D. 73.626, de 12.2.74, que a regulamentou, este de pouco interesse), e, como disposição geral, a CLT. Revogada assim a discriminação do art. 7º, *b*, *supra*; c) o Estatuto da Terra (L. 4.504/64) possui alguns dispositivos referentes aos parceiros que dificilmente incidirão sobre aqueles que, com subordinação, aplicam seu próprio esforço físico à agricultura; d) ao rural se aplicam as normas do sistema geral da Previdência Social. O empregador rural pessoa física possui alíquotas próprias de recolhimento (L. 8.212/91). Consórcio simplificado de produtores rurais (L. 8.212/91, art. 25-A); e) o Estatuto do Trabalhador Rural e a lei dos safristas foram revogados (DL 761/69). Serviço Nacional de Aprendizagem Rural (Senar, L. 8.315/91). Inspeção do trabalho (IN MTA/SFT/SSST 1/94). NR Segurança e Saúde no Trabalho na Agricultura, Pecuária, Silvicultura, Exploração Florestal e Aquicultura – NR 31, Port. MTE 86/05. Política Nacional para os Trabalhadores Rurais Empregados (D. 7.943/13).

8 *Conceito de trabalhador rural*: o da CLT (art. 7º, *supra*) já havia sido revogado tacitamente pelo extinto Estatuto do Trabalhador Rural; a lei vigente (5.889/73, em apêndice) exige o trabalho em propriedade rural ou prédio rústico para empregador rural (atividade agroeconômica e turismo rural, L. 5.889/73, alt. L. 13.171/15); prédio rústico é o que se destina à lavoura de qualquer espécie ou indústria conexa, situado dentro ou fora do perímetro urbano (Prunes, N. E., *Trabalhador rural*, cit., Índice Bibl.); o art. 2º restringiu o conceito àqueles trabalhadores que prestam serviços de natureza não eventual sob dependência e mediante salário; mas o art. 17 da mesma lei abriu as comportas para a aplicação a qualquer trabalhador, mesmo não compreendido no art. 2º citado. Conclui-se, assim, que a proteção legal alcança quatro categorias de trabalhadores: a) o empregado convencional, remunerado por unidade de tempo ou por unidade de obra, sem predeterminação de prazo; b) o trabalhador eventual rural (v. notas 9 e 11, *infra*); c) o safrista (v. nota 13); d) os que trabalham sob denominações vindas do direito civil (meação, parceria, arrendamento etc.), mas subordinados.

Há indisfarçável exegese para corrigir a lei e afastar da qualificação rural as atividades urbanas prestadas a empregador rural; assim, os tratoristas, mesmo não habilitados, escriturários, lojistas, marceneiros etc. (exegese amparada nas L. 5.889/73 e 6.260/75 e LC 16/73; Parecer CJ/MPAS 28/82, *LTr* 47/374, 1983). Osíris Rocha, analisando as leis referidas, citando o art. 577 quanto ao enquadramento sindical (p. 6), chega a semelhante conclusão à que indicamos, menos quanto ao *tratorista*, que considera *rural* (*Manual prático do trabalho rural*, Saraiva, 1990). É a finalidade da exploração econômica que a caracteriza ou não como agrícola ou pecuária. Quem exerce a atividade econômica, como agricultor, pecuarista, turismo rural e exploração agroeconômica (L. 5.889/73, alt. L. 13.171/15), é o empregador. O trabalho do empregado é simples fator de produção utilizado na aludida exploração. Desde que o serviço prestado contribua para aquela finalidade, a ela estará diretamente ligado. A categoria profissional do empregado, é bom lembrar, é legalmente definida pela atividade do empregador, e não pela natureza do serviço prestado (Arnaldo Süssekind, *Instituições de Direito do Trabalho*, 20. ed., v. 1, Editora LTr, 2002). Quanto aos motoristas de empresas e propriedades rurais, a SDC do TST decidiu que a eles são aplicadas as normas de acordos, convenções e sentenças normativas nas quais são partes sindicatos de trabalhadores rurais (RO-DC 50.714/92.4, Ac. 909/93, *DJU*, 5.11.93).

SDI CANCELADA – Considera-se rurícola empregado que, a despeito da atividade exercida, presta serviços a empregador agroindustrial (art. 3º, § 1º, da Lei n. 5.889, de 8.6.1973), visto que, neste caso, é a atividade preponderante da empresa que determina o enquadramento (TST, SDI-1, Orientação Jurisprudencial 419, Res. 200/15, *DEJT*, 29.10.15).

A orientação da Subseção 1 da Seção Especializada em Dissídios Individuais consagra tese no sentido de que a atividade preponderante da empresa determina o enquadramento do obreiro como trabalhador rural ou urbano, tendo como despiciendo, para a caracterização do trabalho rural, o exame das peculiaridades da atividade desenvolvida pelo empregado. Assim, diante da indicação no julgado embargado de que a reclamada – usina de açúcar e álcool – enquadra-se como empresa rural, tem-se como correto o enquadramento do trabalhador como rurícola, consoante dispõem os arts. 2º e 3º da Lei n. 5.889/73 (TST, E-ED-RR-32500-88.2003.5.15.0029, julgado em 3.5.12, Vieira de Mello Filho, *DEJT*, 3.5.12).

O fato de a reclamada ter como finalidade a produção de carvão para siderúrgica, atividade tipicamente industrial, não altera a condição de empregado que presta serviços rurais e não industriais (TST, RR 167.428/95.2, José Zito Calasãs, Ac. 3ª T. 4.708/96).

A jurisprudência iterativa, notória e atual desta Corte é no sentido de considerar como rurícola o empregado que exerce atividade rural em empresa de reflorestamento. Incidência do Enunciado 333/TST (TST, E-RR 147.889/94.5, Milton de Moura França, Ac. SBDI-1 2.515/97).

9 *Parceria e arrendamento*. A parceria agrícola ou pecuária, conceituada pelo CC (art. 675 e segs.) e regida pelo Estatuto da Terra (L. 4.504/64), foi absorvida em parte pelo Direito do Trabalho, tal como aconteceu com a locação de serviços e com a empreitada. Assim, distingue-se hoje a parceria civil, propriamente dita, regida pelo Estatuto da Terra, da "falsa parceria"; nesta encontra-se um verdadeiro trabalhador, que só possui sua força de trabalho, nem capital, nem máquinas, nem possibilidade de subsistência, nem terra, e que geralmente não tem autonomia para decidir como, quando e o que cultivar. O mesmo se pode afirmar no caso de arrendamento, em face da construção doutrinária e jurisprudencial. O Estatuto da Terra considera "locação de serviços, regulada pela legislação trabalhista", o contrato de parceria que preveja pagamento do trabalhador, parte em dinheiro e parte percentual, sempre que a direção seja do proprietário, a quem cabe todo o risco, terminando por assegurar àquele, pelo menos, o salário mínimo no cômputo das parcelas (L. 4.504/64, art. 96, § 4º, alt. L. 11.443/07); as relações de trabalho rural em geral, inclusive as reclamações de trabalhadores, são de competência da Justiça do Trabalho (art. 107, § 2º, do Estatuto da Terra).

A exploração direta pressupõe que o beneficiário assuma os riscos e custeie as despesas necessárias (D. 59.566/66, Regulamento do Estatuto da Terra, art. 7º). Para efeito de enquadramento sindical, considera-se trabalhador rural a pessoa física que presta serviços a empregador rural, mediante remuneração de qualquer espécie, e aquele que, mesmo proprietário, trabalhe individualmente ou em regime de economia familiar (DL 1.166/71).

Tratando-se de parceria propriamente dita em que não ocorre dependência econômica ou subordinação do parceiro-trabalhador, a competência para apreciar o litígio é da Justiça Comum (STJ, CComp 2.475-RS, Barros Monteiro, 2ª Seção, Reg. 91.0021648.8).

10 *Indústria rural*. O critério da CLT (art. 7º, *b*, *supra*) foi abandonado e revogado pela legislação posterior; por aquele critério quem trabalhasse em empreendimento agrícola deixaria de ser rural se, pelos métodos de execução dos serviços, ou pela finalidade das operações, fosse considerado comerciário ou industriário. Hoje é rural quem trabalha "em exploração industrial em estabelecimento agrário não compreendido na CLT" (L. 5.889/73, art. 3º, em apêndice). Já na vigência do revogado Estatuto do Trabalhador Rural, os intérpretes haviam procurado limar arestas e restringir ao máximo o retrocesso que representava o novo diploma; os julgados, inclusive do TST, consideravam industriais os trabalhadores das indústrias canavieiras; essas decisões eram estimuladas pelos arts. 29 e 31 da LC 11/71. Entretanto, essa orientação sofreu um aparente golpe com a legislação de 1973 (LC 16/73, em apêndice); determinou-se, expressamente, que os empregados que prestam serviços de natureza rural às empresas agroindustriais e agrocomerciais fossem considerados beneficiários do Prorural (art. 4º; salvo os que estavam vinculados ao INPS desde 25.5.71, aos quais se concedeu estabilidade; Prorural, extinto pela L. 8.213/91). Ressalta-se que a legislação de 1973 considerou rural o trabalhador que presta serviços a empregador rural. Este, por sua vez, é quem explora atividade agroeconômica; nesta se inclui a "exploração industrial em estabelecimento agrário não compreendido na CLT" (L. 5.889/73, em apêndice). O regulamento considerou rural a exploração industrial nas atividades que compreendem o primeiro tratamento dos produtos agrários *in natura* sem transformá-los em sua natureza; não assim, se alterar a sua natureza, retirando-lhe a condição de matéria-prima (D. 73.626/74). A aplicação rígida de tais normativas legais revestiu-se de grande resistência, sendo como que ignorada. A Comissão de Enquadramento Sindical, sem curvar-se à Súmula 57 do TST (cancelada TST – Res. 3/93), chegou a decidir por enquadramento duplo: industriários os trabalhadores das usinas açucareiras e rurais os da plantação, corte etc. da cana (Res. 775/81). A Comissão de Enquadramento Sindical incluía na categoria profissional de empregados do comércio os que exercem atividades burocráticas e nos escritórios das empresas agropecuárias (Res. 301.402/75). A CF/88, equiparando o rural ao urbano na maior parte dos direitos, minimizou os efeitos da discriminação; a Lei da Previdência Social, 8.213/91, completou o avanço.

A conceituação do trabalhador como urbano ou como rural não pode ser parcial para certos efeitos apenas; tal distinção violenta a natureza das coisas e está desassistida de distinção legal.

V. Alice Monteiro de Barros, Aspectos controvertidos do trabalho rural, *Trabalho & Doutrina* 8/27, 1996.

■ É trabalhador rural o empregado que trabalha no preparo de madeira para abastecer as indústrias de celulose, por força do art. 2º, §§ 3º e 4º, do D. 73.626/74 (TST, E-RR 80.045/93.2, Cnéa Moreira, Ac. SBDI-1 1.293/96).

■ O art. 3º da L. 5.889/73 considera como atividade rural a exploração industrial em estabelecimento não previsto na CLT. Assim, mesmo que a empresa seja classificada como industrial ou comercial, se a atividade do empregado estiver diretamente ligada à atividade rural, o empregado será considerado rurícola (TST, RR 141.888/94.5, José Luiz Vasconcellos, Ac. 3ª T. 2.852/96).

11 *Trabalhador eventual rural*: está protegido pelo direito do trabalho, isto é, pela doutrina mais recente sobre o que se deva entender por trabalhador eventual (v. art. 3º/4, *supra*), e porque a exigência de "não eventualidade" anunciada pela lei (L. 5.889/73, art. 2º) ficou superada por outro dispositivo (art. 17 da mesma lei). Não há como negar ao eventual o que lhe for aplicável: salário mínimo, descanso remunerado proporcional, jornada de 8 horas diárias e 44 semanais, além de adicional por horas extraordinárias ou noturnas. Sem prejuízo de que a repetida contratação venha transformar a prestação eventual em contrato de trabalho por tempo determinado ou indeterminado, quando serão devidos aviso prévio, férias proporcionais e FGTS (v. art. 3º/13, *infra*). O diarista ocasional faz jus a descanso semanal remunerado se prestou serviços em todos os dias úteis da mesma semana. Pela natureza de seu pacto não recebe aviso prévio, nem qualquer outra verba rescisória. Entretanto, o diarista ocasional deixa de sê-lo pela continuidade no mesmo serviço (após 30 dias, mesmo que contratado "no ponto", como os "boias-frias"). Depois desse prazo serão devidos aviso prévio, 13º salário e férias. O trabalho do eventual ou safrista por intermédio de empreiteiros de mão de obra, sem capacidade econômica, leva à aplicação da responsabilidade solidária do empresário rural, com apoio no princípio inserido no art. 9º da CLT (v. art. 455/1).

■ O serviço de empreitada que se pode colher do art. 4º da L. 5.889/73 pressupõe a efetivação de uma determinada obra ou de uma obra determinável (Pontes de Miranda, in *Tratado de Direito Privado*), não quando o trabalho prestado é essencial e normal às atividades do tomador dos serviços. Assim, o labor do obreiro por aquele contratado, que passa a figurar como mero intermediário, também nominado de "gato", leva ao reconhecimento de vínculo empregatício de natureza rural (TRT/PR, RO 14.939/95, Lauremi Camaroski, Ac. 4ª T. 16.728/96).

12 *"Paus de arara" ou "boias-frias"*: v. nota 11, *supra*. Estes trabalhadores permanecerão teoricamente protegidos, mas abandonados na prática, enquanto a lei não determine que seu aproveitamento nos imóveis rurais se faça mediante controle dos sindicatos, prefeituras, casas de lavoura ou de outras autoridades delegadas, devendo sua contratação e pagamentos ser realizados por intermédio destas, sob pena de sua repetição. O transporte em veículos, sem proteção, clama aos céus pela frequência de desastres que se repetem; a legislação deveria aumentar a responsabilidade civil indenizatória, solidariamente, abrangendo o transportador, o intermediário da mão de obra, o proprietário rural, o tomador da mão de obra; e a fiscalização rodoviária, tolerando o desrespeito à regulamentação sem rigor, é conivente com as mortes, incapacidades e sofrimentos resultantes. Ainda se impõe a proibição de intermediários à mão de obra, mais um elemento a explorar o trabalhador, a descaracterizar, a dificultar a prova da relação; a proibição da *marchandage* existe em inúmeras legislações estrangeiras.

13 *Safrista* é aquele cujo contrato depende de variações estacionais da atividade agrária (L. 5.889/73, art. 14, em apêndice); a indenização (1/12 por mês ou período superior a 14 dias) independe do FGTS, pois são indenizações diferentes, uma por não ser um contrato contínuo (1/12 por mês), e o FGTS por ter terminado antes da data combinada. Infração, v. Precedente Administrativo 65 MTE/SIT, em apêndice; sobre safrista da indústria, comércio e transportes, considerados "não rurais", v. fundamentadíssimo artigo de Roberto Santos, Safristas, *LTr* 38/405, 1974, e *Contrato de trabalho por safra*, de J. A. Leite.

13-A *Trabalho temporário.* A L. 11.718/08 altera a L. 5.889/73, inserindo o art. 14-A, autorizando a contratação de trabalhador rural para atividades de natureza temporária por pequeno prazo (até 2 meses), desde que o empregador seja pessoa física. É a ampliação das possibilidades de contratação temporária, advindas com o contrato do "safrista", pois dentro da área rural existem várias atividades que têm começo e fim dentro de um curto espaço de tempo.

O termo final do contrato por safra, apesar de denominação por prazo determinado, está vinculado a fato futuro – término da colheita –, pois depende de variações estacionais. Por isso, ao safrista são devidas todas as verbas inerentes ao término do contrato, inclusive aviso prévio, FGTS, multa constitucional de 40% (quarenta por cento) sobre o FGTS e 13º proporcional (Enunciado 3) (TST, RR 56.220/92.0, Francisco Fausto, Ac. 3ª T. 4.052/96).

14 *Peculiaridades jurídicas do trabalhador rural*: a) a Lei do Trabalho Rural (5.889/73) continua a ser a específica; a Constituição de 1988 não impede distinções, mas todos os direitos trabalhistas que relaciona (art. 7º) consagra aos urbanos e aos rurais. Assim, aplicam-se a Constituição e, subsidiariamente, a CLT (naquilo que não teve restrições na lei ordinária mencionada) e os institutos da L. 5.889/73; b) o intervalo para alimentação restrita ou repouso após 6 horas de trabalho obedecerá aos usos da região; c) o trabalho é considerado noturno entre 21 e 5 horas (lavoura) ou 20 e 4 horas (pecuária), remunerado com 25% de acréscimo, hora de 60 minutos; d) trabalho noturno vedado ao menor de 18 anos (CF/88, art. 7º, XXX, e L. 5.889); e) o aviso prévio, que pela Lei do Rural, art. 15, permite ao trabalhador faltar um dia por semana, rege-se pela CF/88 (um mês de aviso prévio, no mínimo, art. 7º, XXI), combinado com a CLT, que faculta 7 dias de ausência quando o aviso prévio corresponder a 30 dias, o que hoje é regra geral (art. 488, parágrafo único); f) aplica-se ao rural o sistema geral da Previdência Social, L. 8.212 e 8.213/91; produtor, parceiro, meeiro e arrendatário deverão providenciar Carteira de Identificação e Contribuição (CIC) e apresentar Declaração Anual de Operações de Vendas (L. 8.861 e 8.870/94); g) safrista (v. notas *supra*); h) a CF/88 concede salário mínimo a todos os empregados, sem fazer distinções (art. 7º, IV), e proíbe distinção salarial por idade (art. 7º, XXX); assim, está revogado o salário mínimo do menor de 16 anos (L. 5.889); i) o FGTS, que já se previa na Lei do Rural (L. 5.889, art. 20), mas nunca aprovado em lei, passou a viger indiscriminadamente (CF/88, art. 7º, III) e, assim, sem o requisito da opção por parte do empregado, abrange os rurais, inclusive quanto ao acréscimo à indenização (ADCT, art. 10, I); j) prescrição (art. 11/1); k) o trabalhador eventual rural tem proteção legal restrita (v. nota *supra*). Insalubridade (art. 191/1).

Sindicato rural: as disposições da CF/88 se estendem aos rurais (art. 8º, parágrafo único). A cobrança de contribuições para custeio dos sindicatos rurais será feita juntamente com o imposto territorial, enquanto não houver disposição legal outra (ADCT, art. 10, § 2º).

STJ A prova exclusivamente testemunhal não basta à comprovação da atividade rurícola, para efeito da obtenção de benefício previdenciário (STJ – Súmula 149).

TST O salário-família somente é devido aos trabalhadores urbanos, não alcançando os rurais, ainda que prestem serviços, no campo, a empresa agroindustrial (TST – Súmula 227, revista pela Súmula 344).

Aposentadoria. Art. 202, I, da Constituição. Aplicabilidade. Consolidou-se o entendimento, perante o Supremo Tribunal, de que a norma do art. 202, I, da Constituição, que assegura a aposentadoria do trabalhador rural em idade reduzida, não é autoaplicável, por depender de legislação integrativa que veio a ser, posteriormente, promulgada (TST, RE 152.422-7-SP, Luiz Octávio Pires Galotti).

Desde a edição da atual Carta Magna, os rurícolas fazem jus ao Fundo de Garantia por Tempo de Serviço, nos termos da Lei n. 8.036/90, regulamentada pelo Decreto n. 99.684/90 (TST, RR 294.606/96.7, Lourenço Fereira do Prado, Ac. 1ª T., 19.3.99).

A exposição do rural ao calor excessivo e aos raios solares, na atividade canavieira, sob céu aberto, enseja o pagamento do adicional de insalubridade, a teor das NR-15 e NR-21 (TST, RR 304.763/96.1, João Oreste Dalazen, Ac. 1ª T., 7.5.99).

Anexo 7 da Norma Regulamentar n. 15 do Ministério do Trabalho, ao condicionar a existência jurídica da insalubridade a laudo de inspeção realizada no local de trabalho, excluiu a exposição ao sol como elemento possivelmente causador da condição insalubre, já que seria impraticável a medição, dadas as contínuas variações, próprias da nebulosidade e das condições meteorológicas em geral (TST, E-RR 410.281/97.5, Leonaldo Silva, Ac. SBDI-1, 6.8.99).

15 *Prescrição.* Em cinco anos, até o limite de 2 anos após a extinção do contrato de trabalho (CF, art. 7º, XXIX; CLT, art. 11, L. 13.467/17; v. art. 11/1), pacificada agora com a TST, OJ SDI-1 417, a prescrição de cinco anos se inicia em 26.5.00, data da promulgação da EC 28, observados os dois anos para a propositura da ação, para contratos em andamento. *Comprovação de cumprimento das obrigações.* Antes da EC 28/00, a prescrição da ação do trabalhador rural era de 2 anos, a partir da extinção do contrato de trabalho (CF/88, art. 7º, XXIX, *b*); a prescrição, assim, não corria durante a relação laboral; aplicavam-se aqui as mesmas causas de suspensão (rescisão seguida de readmissão, por exemplo) e de interrupção da prescrição e sua necessidade de ser arguida pelo réu, não podendo ser aplicada *ex officio* pelo juiz (v. art. 11).

Alheia ao instituto da prescrição, mas ligada à controvérsia sobre os direitos passados, estava a possibilidade de quitar-se o tempo anterior aos últimos 5 anos.

A CF permitia ao empregador comprovar, perante a Justiça do Trabalho, o cumprimento de suas obrigações trabalhistas, na presença de seu empregado e do seu representante sindical (art. 233); a comprovação poderia ser feita em prazo inferior a 5 anos (§ 3º), sendo que, na primeira vez, seria certificada a regularidade de todo o período anterior (ADCT, art. 10, § 3º).

Comprovado o cumprimento das obrigações, o empregador "ficava isento de qualquer ônus decorrente daquelas obrigações". Se o empregado e seu representante não concordassem com a comprovação, caberia à Justiça do Trabalho a solução da controvérsia (art. 233, § 1º).

A primeira hipótese é ato de jurisdição voluntária (por não ser contenciosa), que não é de homologação judicial, mas de simplesmente certificar a concordância das partes em dar como boa a satisfação dos direitos. A distinção estabelecida entre as duas épocas (últimos 5 anos e os períodos anteriores), para permitir-se postular judicialmente os créditos do último quinquênio (apesar do certificado de concordância), mostra que o mesmo não aconteceria com os anos anteriores, e não poderia ser objeto de reclamação.

O juiz não entra no mérito da concordância do empregado e seu representante sindical; simplesmente certifica.

Quando houver discordância, a "solução da controvérsia" pelo juiz não traz coisa julgada, e, se os interessados não manifestarem sua adesão ao decidido, poderá ser objeto de: a) revisão em ação trabalhista, a qualquer tempo, pelo empregado, enquanto não se der a prescrição bienal posterior à extinção do contrato, ou b) pelo empregador, em ação declaratória.

O instituto, nascido com toda a expectativa de sua inutilidade, não previa sanção para o cumprimento da "obrigação" de comprovar, o que o transformava apenas em um direito subjetivo do empregador; se a prática judicial o encarasse com intolerância, entrando em investigação inquisitória da demonstração, seria mais um fator de desassossego do trabalho rural, sem qualquer vantagem para o presente.

SDI Não há prescrição total ou parcial da pretensão do trabalhador rural que reclama direitos relativos a contrato de trabalho que se encontrava em curso à época da promulgação da Emenda Constitucional n. 28, de 26.5.2000, desde que ajuizada a demanda no prazo de cinco anos de sua publicação, observada a prescrição bienal (TST, SDI-1, Orientação Jurisprudencial 417).

SDI O prazo prescricional da pretensão do rurícola, cujo contrato de emprego já se extinguira ao sobrevir a Emenda Constitucional n. 28, de 26.5.2000, tenha sido ou não ajuizada a ação trabalhista, prossegue regido pela lei vigente ao tempo da extinção do contrato de emprego (TST, SDI-1, Orientação Jurisprudencial 271).

SDI O empregado que trabalha em empresa de reflorestamento, cuja atividade está diretamente ligada ao manuseio da terra e da matéria-prima, é rurícola e não industriário, nos termos do Decreto n. 73.626, de 12.2.74, art. 2º, § 4º, pouco importando que o fruto de seu trabalho seja destinado à indústria. Assim, aplica-se a prescrição própria dos rurícolas aos direitos desses empregados (TST, SDI-1, Orientação Jurisprudencial 38).

Mesmo em relação aos contratos extintos após a edição da Emenda Constitucional n. 28/00, não se deve aplicar a prescrição quinquenal, no período anterior a 26.5.05, quanto aos direitos vindicados que se incorporaram ao patrimônio jurídico do empregado antes do advento da referida emenda, que tem aplicação imediata, mas não efeito retroativo, o que exigiria previsão expressa da norma. A aplicação retroativa da citada emenda feriria o comando inserto no artigo 5º, XXXVI, da Constituição da República. Há de prevalecer, assim, entendimento segundo o qual as parcelas que não se encontravam cobertas pelo manto prescricional por ocasião do advento da Emenda Constitucional n. 28, de 26.5.00, não podem ser por ela regidas. Embargos não conhecidos (TST, E-ED-RR-73600-86.2004.5.15.0029, julgado em 10.11.11, Lelio Bentes Corrêa, *DEJT*, 25.11.11).

A jurisprudência desta SBDI-1 é firme no sentido de que ajuizada a ação dentro do prazo de cinco anos contados da vigência da Emenda Constitucional n. 28/00 e de dois anos contados da extinção do contrato, tem a parte obreira garantida a imprescritibilidade dos direitos oriundos do vínculo de emprego. 2. Desse entendimento não discrepou o acórdão turmário, pois, no caso, o contrato de trabalho estava em curso quando da promulgação da Emenda Constitucional n. 28/00, com vigência a partir de 26.5.00, tendo ocorrido a admissão em 19.8.96, rescisão contratual em 31.10.2000 e ajuizada a reclamação trabalhista em 30.8.2002, não extrapolando, assim, o prazo de dois anos contados da extinção do contrato e tampouco atingindo o quinquênio contado da promulgação da referida Emenda (TST-E-RR-70100-08.2002.5.06.0231, julgado em 11.12.08, Guilherme Augusto Caputo Bastos, *DEJT*, 19.12.08).

Em relação ao prazo prescricional para a propositura de reclamação trabalhista por parte de empregado rurícola, em face da alteração do art. 7º, XXIX, da Constituição Federal, o TST firmou jurisprudência no sentido de que se aplica a prescrição vigente à época da propositura da ação (OJ 271 da SBDI-1 do TST). 2. *In casu*, tendo sido o contrato extinto em 12.2.01 e a reclamatória ajuizada em 27.4.01 por empregado rurícola após a promulgação da Emenda Constitucional n. 28/00, que alterou o texto constitucional, unificando o prazo prescricional em cinco anos para trabalhadores urbanos e rurais, aplica-se a prescrição quinquenal às parcelas atingidas a partir da sua propositura (TST, RR 138.299/2004-900-04-00.6, Ives Gandra Martins Filho).

O fato de a empresa de florestamento destinar a sua produção à indústria não interfere na atividade que o obreiro realiza. Isto porque o empregado presta serviços no campo, realizando atividades concernentes ao plantio, e por isso deve ser qualificado como rurícola. Correta a decisão embargada que entendeu pela observância da prescrição do art. 10 da L. 5.589/73 (TST, E-RR 160.247/95.1, Francisco Fausto, Ac. SBDI-1 2.787/97).

* Sobre o tema *supra*, v. www.institutocarrion.com.br.

16 Art. 7º, *c* e *d*: Servidores públicos. Diz a Constituição Federal de 1988:

Art. 39. A União, os Estados, o Distrito Federal e os Municípios instituirão conselho de política de administração e remuneração de pessoal, integrado por servidores designados pelos respectivos Poderes. (...)

§ 3º Aplica-se aos servidores ocupantes de cargo público o disposto no art. 7º, IV, VII, VIII, IX, XII, XIII, XV, XVI, XVII, XVIII, XIX, XX, XXII e XXX, podendo a lei estabelecer requisitos diferenciados de admissão quando a natureza do cargo o exigir (red. EC 19/98).

Art. 42. Os membros das Polícias Militares e Corpos de Bombeiros Militares, instituições organizadas com base na hierarquia e disciplina, são militares dos Estados, do Distrito Federal e dos Territórios.

§ 1º Aplicam-se aos militares dos Estados, do Distrito Federal e dos Territórios, além do que vier a ser fixado em lei, as disposições do art. 14, § 8º; do art. 40, § 9º; e do art. 142, §§ 2º e 3º, cabendo à lei estadual específica dispor sobre as matérias do art. 142, § 3º, X, sendo as patentes dos oficiais conferidas pelos respectivos Governadores.

§ 2º Aos pensionistas dos militares dos Estados, do Distrito Federal e dos Territórios aplica-se o que for fixado em lei específica do respectivo ente estatal (red. EC 41/03).

Servidores públicos da União, Estado-Membro ou Município e das entidades por eles criadas podem ser, em princípio, funcionários públicos, empregados públicos ou exercentes de funções em comissão.

A CF/88 evitou o vocábulo "funcionário" e adotou exclusivamente "servidor"; mas se refere constantemente a cargos, empregos e funções (arts. 37 e 38), denunciando a distinção.

Os funcionários públicos são investidos em cargo público, criado por lei; regem-se pelas normas de direito administrativo, unilateralmente impostas pelo Poder Público, que constituem o respectivo estatuto dos funcionários públicos da União, do Estado ou do Município, e que estão entretanto subordinadas às normas e princípios da CF (art. 37).

Os empregados públicos mantêm com qualquer entidade estatal relação de emprego disciplinada pelo Direito do Trabalho, materializado na CLT e nas demais normas laborais da atividade privada; seus princípios são os do direito privado, de índole contratual, apesar do grande volume de normas cogentes; apenas a União tem competência para legislar sobre direito do trabalho; empregados públicos são os servidores *lato sensu*, comumente chamados celetistas. Regime de emprego público (L. 9.962/00, v. Índ. Leg.).

A administração direta é exercida pelas próprias pessoas jurídicas de direito público, União, Estado, Município e Distrito Federal, através dos três Poderes; na indireta se incluem as autarquias, as fundações (instituídas pelo Estado, mesmo com estrutura de direito privado) e as entidades paraestatais (empresas públicas e de economia mista).

A lei federal, estadual ou municipal determina qual dos regimes (estatutário, empregatício ou especial) se aplica a seus servidores e às entidades por ela criadas. Mas as empresas públicas, as sociedades de economia mista e de suas subsidiárias que exploram a atividade econômica estão sujeitas às leis trabalhistas (CF, art. 173, § 1º, II).

A EC 19/98 (v. Índ. Leg.) extinguiu o regime jurídico único para cada pessoa jurídica pública e suas derivações (CF, art. 39).

Servidor público sem concurso. Os empregos públicos exigem aprovação prévia em concurso público (art. 37, II); ressalvam-se as nomeações para cargo em comissão declarado em lei. A inobservância de concurso torna nula a nomeação e punível a autoridade responsável (CF, art. 37, § 2º). A violação da exigência de concurso prévio ou a acumulação permitem ao empregador público, inclusive o de economia mista (pois o *caput* do artigo é expresso), invalidar o contrato, sem ônus rescisórios, apesar de sua própria negligência; mas a remuneração e demais direitos considerados como salário diferido serão devidos sempre que tenha havido prestação de trabalho, o FGTS (L. 8.036/90, art. 19-A, que poderá ser sacado nessa situação, em que o contrato é declarado nulo por falta de concurso público — Súmula 466 do STJ), para evitar o enriquecimento ilícito. Nas hipóteses em que o ente público é tomador dos serviços, sua responsabilidade subsidiária alcança apenas as verbas salariais, pois as indenizatórias são devidas exclusivamente pela empresa interposta. No caso de privatização do ente da Administração Pública, o contrato nulo por falta de concurso público continua a existir, com todos os seus efeitos (TST, Súmula 430). Para atender a necessidade temporária de excepcional interesse público, os órgãos da Administração Federal direta e indireta poderão efetuar contratação de pessoal por tempo determinado, nas condições da L. 8.745/93, com as alterações até a L. 12.871/13. Falta de registro, v. Precedente Administrativo 36 MTE/SIT, em apêndice).

Há proibição de acumular cargos, funções e empregos públicos remunerados, exceto os que menciona, quando houver coincidência de horários, em autarquias, empresas públicas, sociedades de economia mista e suas subsidiárias, fundações mantidas pelo Poder Público, sociedades controladas, direta ou indiretamente, pelo Poder Público e, obviamente, a administração direta (art. 37, XVI e XVII). Nos casos de acumulação, o servidor terá o direito de optar no prazo de 10 dias da ciência. Provada a má-fé, aplica-se a pena de demissão, destituição ou cassação de aposentadoria ou disponibilidade em relação aos cargos, empregos ou funções públicas (L. 8.112/90, art. 133).

A CF/88 proíbe a admissão de pessoal "a qualquer título", sem dotação orçamentária e autorização específica de lei na administração direta, indireta e fundações (art. 169), ressalvadas as empresas públicas, as sociedades de economia mista e suas subsidiárias. Estas e quaisquer outras que explorem atividade econômica sujeitam-se ao Direito do Trabalho (art. 173, § 1º, II) (v. arts. 7º/17 e 18, e 455/1).

Obriga ao respeito ao teto remuneratório a todo servidor e/ou empregado público a CF, art. 37, XI e § 11, inclusive os empregados nas empresas públicas e nas sociedades de economia mista.

A lei eleitoral veda aos agentes públicos, servidores ou não, admitir ou demitir sem justa causa, suprimir ou readaptar vantagens, dificultar ou impedir o exercício funcional, remover, transferir ou exonerar servidor na circunscrição, nos 3 meses que antecedem o pleito, até a posse dos eleitos, sob pena de nulidade, com exceções específicas (L. 9.504/97, art. 73).

STF É inconstitucional toda modalidade de provimento que propicie ao servidor investir-se, sem prévia aprovação em concurso público destinado ao seu provimento, em cargo que não integra a carreira na qual anteriormente investido (STF – Súmula 685).

STJ O titular da conta vinculada ao FGTS tem o direito de sacar o saldo respectivo quando declarado nulo seu contrato de trabalho por ausência de prévia aprovação em concurso público (STJ – Súmula 466).

TST Convalidam-se os efeitos do contrato de trabalho que, considerado nulo por ausência de concurso público, quando celebrado originalmente com ente da Administração Pública Indireta, continua a existir após a sua privatização (TST – Súmula 430, Res. TST 177/12).

TST A contratação de servidor público, após a CF/88, sem prévia aprovação em concurso público, encontra óbice no respectivo art. 37, II e § 2º, somente lhe conferindo direito ao pagamento da contraprestação pactuada, em relação ao número de horas trabalhadas, respeitado o valor da hora do salário mínimo, e dos valores referentes aos depósitos do FGTS (TST – Súmula 363).

TST I – A contratação de trabalhadores por empresa interposta é ilegal, formando-se o vínculo diretamente com o tomador dos serviços, salvo no caso de trabalho temporário (Lei n. 6.019, de 3.1.74).

II – A contratação irregular de trabalhador, mediante empresa interposta, não gera vínculo de emprego com os órgãos da Administração Pública direta, indireta ou fundacional (art. 37, II, da CF/88).

III – Não forma vínculo de emprego com o tomador a contratação de serviços de vigilância (Lei n. 7.102, de 20.6.83) e de conservação e limpeza, bem como a de serviços especializados ligados à atividade-meio do tomador, desde que inexistente a pessoalidade e a subordinação direta.

IV – O inadimplemento das obrigações trabalhistas, por parte do empregador, implica a responsabilidade subsidiária do tomador dos serviços quanto àquelas obrigações, desde que haja participado da relação processual e conste também do título executivo judicial.

V – Os entes integrantes da Administração Pública direta e indireta respondem subsidiariamente, nas mesmas condições do item IV, caso evidenciada a sua conduta culposa no cumprimento das obrigações da Lei n. 8.666, de 21.6.93, especialmente na fiscalização do cumprimento das obrigações contratuais e legais da prestadora de serviço como empregadora. A aludida responsabilidade não decorre de mero inadimplemento das obrigações trabalhistas assumidas pela empresa regularmente contratada.

VI – A responsabilidade subsidiária do tomador de serviços abrange todas as verbas decorrentes da condenação referentes ao período da prestação laboral (TST – Súmula 331, alt. Res. TST 174/11).

SDI Não afronta o princípio da irretroatividade da lei a aplicação do art. 19-A da Lei n. 8.036, de 11.5.1990, aos contratos declarados nulos celebrados antes da vigência da Medida Provisória n. 2.164-41, de 24.8.2001 (TST, SDI-1, Orientação Jurisprudencial 362).

SDI As empresas públicas e as sociedades de economia mista estão submetidas à observância do teto remuneratório previsto no inciso XI do art. 37 da CF/88, sendo aplicável, inclusive, ao período anterior à alteração introduzida pela Emenda Constitucional n. 19/98 (TST, SDI-1, Orientação Jurisprudencial 339, Res. TST 129/05).

SDI A nulidade da contratação sem concurso público, após a CF/88, bem como a limitação de seus efeitos, somente poderá ser declarada por ofensa ao art. 37, II, se invocado concomitantemente o seu § 2º, todos da CF/88 (TST, SDI-1, Orientação Jurisprudencial 335).

SDI O certame público posteriormente anulado equivale à contratação realizada sem a observância da exigência contidas no art. 37, II, da Constituição Federal de 1988. Assim sendo, aplicam-se à hipótese os efeitos previstos no Enunciado n. 363 do TST (TST, SDI-2, Orientação Jurisprudencial 128).

SDI I – A despedida de empregados de empresa pública e de sociedade de economia mista, mesmo admitidos por concurso público, independe de ato motivado para sua validade. II – A validade do ato de despedida do empregado da Empresa Brasileira de Correios e Telégrafos (ECT) está condicionada à motivação, por gozar a empresa do mesmo tratamento destinado à Fazenda Pública em relação à imunidade tributária e à execução por precatório, além das prerrogativas de foro, prazos e custas processuais (TST, SDI-1, Orientação Jurisprudencial 247).

SDI Contrato nulo. Efeitos. Devido apenas o equivalente aos salários dos dias trabalhados. A contratação de servidor público, após a CF/88, sem prévia aprovação em concurso público encontra óbice no art. 37, II, da CF/88, sendo nula de pleno direito, não gerando nenhum efeito trabalhista, salvo quanto ao pagamento do equivalente aos salários dos dias efetivamente trabalhados (TST, SDI-1, Orientação Jurisprudencial 85).

SDI Aos empregados das empresas públicas e das sociedades de economia mista regidos pela CLT aplicam-se as vedações dispostas no art. 15 da Lei n. 7.773, de 8.6.89 (TST, SDI-1, Orientação Jurisprudencial 51).

SDI Havendo controvérsia jurisprudencial à época, não se rescinde decisão que aprecia a possibilidade de cumulação das antecipações bimestrais e reajustes quadrimestrais de salário previstos na Lei 8.222/91. Incidência da Súmula 83 do TST (TST, SDI-2, Orientação Jurisprudencial 39).

SDI Somente por ofensa ao art. 37, II e § 2º, da CF/88, procede o pedido de rescisão de julgado para considerar nula a contratação, sem concurso público, de servidor, após a CF/88 (TST, SDI-2, Orientação Jurisprudencial 10).

O item II do Enunciado 331 do TST pontua que a contratação irregular de trabalhador, através de empresa interposta, não gera vínculo de emprego com os órgãos da Administração Pública Direta, Indireta ou Fundacional (art. 37, II, da Constituição Federal). De outra sorte, o provimento de empregos dos quadros dos entes que compõem a Administração Pública Direrta e Indireta imprescinde da realização de prévio concurso público de provas ou de provas e de títulos, sob pena de nulidade do relacionamento travado (Constituição Federal, art. 37, II, e § 2º). Não se pode, por nenhum fundamento, negar a literalidade da Constituição Federal, sem se lançar por terra a básica garantia do Estado de Direito. A nulidade exige a reposição das partes ao *status quo ante.* Sendo impossível a restituição do trabalho prestado, o tomador dos serviços deve ao trabalhador, apenas, a contraprestação ao labor de que se aproveitou, segundo o que se tiver pactuado, respeitado o salário mínimo/hora, como indenização (Enunciado 363/TST), acrescida dos depósitos do FGTS, a teor do art. 19-A, da Lei 8.036/90, desmerecidas quaisquer outras parcelas de cunho trabalhista (TST, RR 672.320/2000.4, João Oreste Dalazen).

■ A contratação de trabalhador após 5/10/88, sem prévio concurso público, encontra óbice no artigo 37, II e § 2º, da Carta Constitucional, de forma que, nulo o contrato, é assegurado apenas o pagamento da contraprestação pactuada em relação ao número de horas trabalhadas, respeitado o salário mínimo/hora (Enunciado n. 363 desta Corte). Recurso de revista parcialmente provido (TST, RR 7.974/2002-900-02-00.7, Milton de Moura França).

17 O *regime único* para todos os servidores de cada uma das pessoas jurídicas da República deixou de ser imposição constitucional (CF, art. 39, EC 19/98). Cada Município, Estado e a própria União pode escolher seu sistema de normas, único ou não.

O regime único federal, adotado pelo estatuto dos servidores federais, é o estatutário; manteve-se o regime dos funcionários para os que já o eram e se extinguiram os empregos públicos, transformando-os em cargos públicos, com exceção dos contratados por tempo determinado (L. 8.112, art. 243).

A L. 8.112/90 visou exclusivamente os servidores da União, dos seus três Poderes, e não vínculou os estaduais nem os municipais. Tampouco é uma lei trabalhista, complementar ou derrogatória da CLT. Limitou-se ao campo do direito administrativo, salvo para subtrair os empregados públicos federais da incidência do direito laboral. Competência judiciária de funcionário federal (v. art. 643/15). FGTS de servidor público (v. art. 477/12).

A contratação por tempo determinado foi prevista na Carta Magna: "A lei estabelecerá os casos de contratação por tempo determinado para atender a necessidade temporária de excepcional interesse público" (art. 37, IX, *v. infra*, referência à L. 8.745/93, com as alterações até a L. 12.871/13). Os Estados ou os Municípios, por não possuírem competência em matéria trabalhista, podem apenas indicar as hipóteses de temporariedade; se se adotar o sistema trabalhista, deve ser este o que regule os temporários e "os casos de contratação", com novas particularidades ou não. A L. 12.084/09, em caráter excepcional, autoriza a prorrogação de contratos, firmados com base na L. 8.745/93, art. 2º, VI, "d" e "h", com as alterações até a L. 12.871/13. Aplicar-se-iam os da CLT (art. 443, § 2º: contrato determinado só para serviço justificadamente transitório, atividade empresarial transitória e contrato de experiência).

A L. 8.112/90 previa, para as necessidades temporárias, o contrato de *locação de serviços*, que o CC regulava e que foi absorvido e superado, se não revogado, tacitamente, pela legislação trabalhista. A L. 8.745/93, com as alterações até a L.

12.871/13, revogou os dispositivos da L. 8.112/90 (arts. 232 a 235) a esse respeito, fixando regras específicas para a contratação de pessoal por tempo determinado e garantindo aos contratados alguns dos direitos previstos aos servidores estatutários (ajuda de custo, gratificação natalina, adicionais por tempo de serviço, de horas extras e noturno, férias etc.).

A necessidade temporária de excepcional interesse público justifica a contratação por tempo determinado (CF, art. 37, IX). Texto parecido, para serviço temporário ou natureza técnica especializada, da CF/69 (art. 106), abriu comporta abusiva, na qual se alcovitaram soluções artificiais para necessidades permanentes, um *tertium genus* reprovável, os regimes especiais. É o que ocorreu com os professores paulistas da rede oficial de ensino, considerados provisórios durante dez anos ou mais. Servidor contratado por prazo determinado: competência (v. art. 643/15).

Universidades: admissão de professores, técnicos e cientistas estrangeiros (CF, arts. 37, I, e 207, e parágrafos, e L. 8.112/90, art. 5º, § 3º, red. L. 9.515/97, v. Índ. Leg.); visto permanente a pesquisador ou especialista (Res. 36 do CNI). Servidor sem concurso; contrato nulo (v. arts. 7º, notas 16 e 18, e 455/1).

TST A transferência do regime jurídico de celetista para estatutário implica extinção do contrato de trabalho, fluindo o prazo da prescrição bienal a partir da mudança de regime (TST – Súmula 382, conversão da Orientação Jurisprudencial SDI-1 128).

TST Exceto na hipótese de previsão contratual ou legal expressa, a opção do funcionário público pelo regime trabalhista implica a renúncia dos direitos inerentes ao regime estatutário (TST – Súmula 243).

TST Ao empregado admitido como "pessoal de obras", em caráter permanente e não amparado pelo regime estatutário, aplica-se a legislação trabalhista (TST – Súmula 58).

SDI O acesso de professor adjunto ao cargo de professor titular só pode ser efetivado por meio de concurso público, conforme dispõem os arts. 37, inciso II, e 206, inciso V, da CF/88 (TST, SDI-1, Orientação Jurisprudencial 63, Res. TST 129/05).

O Plenário desta Corte firmou-se no sentido de que, se o Estado-membro contrata servidores sob o regime da legislação trabalhista, sujeita-se à política salarial estabelecida pela União Federal (STF, AgRg-AI 169.220-1-PR, Maurício Corrêa, Ac. 2ª T.).

18 *Proteção trabalhista aos servidores não estatutários.* A evolução da doutrina entende que as leis sociais se aplicam às atividades exploradas pelo Estado, sendo hoje inadmissível o trabalho humano, contínuo, para qualquer entidade pública sem proteção jurídica. Nem a União, os Estados-Membros ou os Municípios, diretamente ou através de serviços com relativa ou completa autonomia, podem manter colaboradores sem que gozem os correspondentes direitos trabalhistas ou de funcionários públicos. Para a completa proteção trabalhista dos não estatutários foi suficiente a interpretação da letra *d* do art. 7º, da CLT, em face das tendências legislativas observadas e dos imperativos da sociedade atual. E não desnaturou essa interpretação o fato de o servidor-empregado contribuir às vezes com o sistema previdenciário dos funcionários públicos; é que o Regime Geral da Previdência Social permite regimes próprios de previdência (L. 8.213, art. 13), assim como a CF/88 (art. 149, § 1º).

A construção jurisprudencial e doutrinária, que não aceita a existência de servidores desprotegidos pelo ordenamento, recebeu impulso definitivo com as L. 6.184 e 6.185/74 (em apêndice). Aquela integrou os funcionários públicos nas empresas de economia mista, empresas públicas e fundações. A segunda iniciou com um dispositivo expressivo na época: os servidores públicos civis da Administração Federal direta e autárquica reger-se-iam por disposições estatutárias ou pela legislação trabalhista.

Entretanto a Constituição Federal (art. 37, II), determinando que a investidura em cargo ou emprego público depende de aprovação prévia em concurso público, ressalvados os cargos em comissão, impede que a Administração Pública ou o Judiciário confiram aos contratados sem concurso quaisquer direitos trabalhistas, como antes acontecia; permite-se pagamento exclusivo das verbas salariais para evitar o locupletamento ilícito de quem aproveitou o trabalho alheio. Servidor sem concurso (v. arts. 7º/16 e 17, e 455/1).

TST Ao empregado admitido como "pessoal de obras", em caráter permanente e não amparado pelo regime estatutário, aplica-se a legislação trabalhista (TST – Súmula 58).

SDI CANCELADA I – Inscreve-se na competência material da Justiça do Trabalho dirimir dissídio individual entre trabalhador e ente público se há controvérsia acerca do vínculo empregatício. II – A simples presença de lei que disciplina a contratação por tempo determinado para atender a necessidade temporária de excepcional interesse público (art. 37, inciso IX, da CF/88) não é o bastante para deslocar a competência da Justiça do Trabalho se se alega desvirtuamento em tal contratação, mediante a prestação de serviços à Administração para atendimento de necessidade permanente e não para acudir a situação transitória e emergencial (TST, SDI-1, Orientação Jurisprudencial 205, Res. TST 129/05, cancelada Res. 156/09).

SDI O adicional por tempo de serviço – quinquênio –, previsto no art. 129 da Constituição do Estado de São Paulo, tem como base de cálculo o vencimento básico do servidor público estadual, ante o disposto no art. 11 da Lei Complementar do Estado de São Paulo n. 712, de 12.4.1993 (TST, SDI-1, Orientação Jurisprudencial Transitória 60).

Uma vez mantida relação jurídica regida pela Consolidação das Leis do Trabalho, não é dado ao Estado, sob o ângulo da autonomia assegurada constitucionalmente, pinçar as normas trabalhistas que pretenda observar. A incidência do Direito do Trabalho, editado no âmbito da competência exclusiva da União, faz-se de forma linear, alcançando, inclusive, preceitos mediante os quais disciplinada a política salarial (STF, RE 162.871-5/MG, Marco Aurélio Mendes de F. Mello).

A Administração Pública, em qualquer esfera, ao contratar servidores regidos pela Consolidação das Leis do Trabalho, submete-se incondicionalmente aos preceitos legais que regem as relações de emprego, como qualquer empregador, despojando-se dos privilégios conferidos ao Estado (TST, RR 171.022/95.3, Lourenço Ferreira do Prado, Ac. 1ª T. 13946/97).

19 *Trabalhador eventual*. Conceito, art. 3º. A colaboração de natureza eventual à Administração Pública Federal, em virtude de fenômenos climáticos, mediante recibo, não caracteriza vínculo empregatício, determina o art. 111 do DL 200/67, regulamentado pelo D. 66.715/70; a doutrina e a jurisprudência sempre rejeitaram o caráter de eventualidade à prestação continuada, mesmo que a entidade pública assim a rotule, e aplicaram a CLT e legislação complementar. Esse posicionamento ficou superado pela determinação de concurso público (CF, art. 37, II).

TST A contratação de servidor público, após a CF/1988, sem prévia aprovação em concurso público, encontra óbice no respectivo art. 37, II e § 2º, somente lhe conferindo direito ao pagamento da contraprestação pactuada, em relação ao número de horas trabalhadas, respeitado o valor da hora do salário mínimo, e dos valores referentes aos depósitos do FGTS (TST – Súmula 363).

* Sobre o tema *supra*, v. www.institutocarrion.com.br.

20 *Funcionários públicos cedidos* pela administração a empresas públicas (ou de economia mista) têm seus direitos estatutários adquiridos respeitados e os trabalhistas da empresa cessionária, enquanto durar a cessão. Competência jurisdicional (art. 643/15). Cessão de servidores públicos e empregados das paraestatais e economia mista (L. 8.112/90, art. 93, alterado pela L. 8.270/91, 10.470/02 e 11.355/06).

Cessão de funcionários públicos federais à Rede Ferroviária Federal S/A. A Justiça do Trabalho não é competente para processar e julgar litígio que se baseia na legalidade, ou não, da cessação da cessão desses funcionários, em virtude de sua colocação à disposição do Ministério dos Transportes, em face do disposto na L. 6.184/74, regulamentada pelo D. 75.478/75, com alterações introduzidas pelo D. 75.706/75 (STF, RE 94.550-4-PE, Moreira Alves, Ac. 2ª T., *DJU*, 2.10.81, p. 9777).

FEPASA. Ferroviário aposentado sob o regime estatutário não pode beneficiar-se de aumento decorrente de dissídio coletivo, que só aproveita aos ferroviários sujeitos ao regime celetista. RE conhecido e provido (STF, RE 112.851-8-SP, Sydney Sanches, Ac. 1ª T.).

Demonstrado que uma instituição apenas contratou o funcionário, cedendo-o imediatamente a outro órgão, o qual passa a responder por todos os salários, torna-se este o legítimo empregador. Revista não provida (TST, RR 1.034/89, Almir Pazzianotto, Ac. 1ª T. 4.198/89).

A cessão de servidor estatutário para prestar serviço a outro órgão público, mediante convênio, ainda que perdure por longo período, não gera vínculo empregatício com a cessionária. Não só a admissão ao serviço público, mas a própria ascensão funcional dependem de prévia aprovação em concurso público, nos termos do inciso II do art. 37 da CF (TST, RR 123.762/94.8, Leonaldo Silva, Ac. 4ª T. 5.590/96).

21 *Funcionário público optante pela CLT*. Anteriormente à adoção de regime único federal (L. 8.112/90), quando da transformação em sociedade de economia mista, empresas públicas ou fundações ou de modificação generalizada do regime jurídico, os funcionários públicos que optaram pela CLT passaram a ser disciplinados pelas L. 6.184 e 6.185/74 (v. Índ. Leg.). Opção de empregado público pelo regime de funcionário público; o STF assegurou-lhes a contagem do tempo de serviço federal (L. 8.112/90, art. 100) (RE 209.899-RN, Maurício Corrêa, 4.6.98), inclusive para anuênios e licença-prêmio (RE 221.946); redistribuição de empregado e sucessão (L. 7.662/88).

STF São inconstitucionais os incisos I e III do art. 7º da Lei 8.162/91, que afastam, para efeito de anuênio e de licença-prêmio, a contagem do tempo de serviço regido pela CLT dos servidores que passaram a submeter-se ao Regime Jurídico Único (STF – Súmula 678).

TST A transferência do regime jurídico de celetista para estatutário implica extinção do contrato de trabalho, fluindo o prazo da prescrição bienal a partir da mudança de regime (TST – Súmula 382, conversão da Orientação Jurisprudencial SDI-1 128).

TST Exceto na hipótese de previsão contratual ou legal expressa, a opção do funcionário público pelo regime trabalhista implica a renúncia dos direitos inerentes ao regime estatutário (TST – Súmula 243).

SDI Mudança de regime celetista para estatutário. Extinção do contrato. Prescrição bienal. A transferência do regime jurídico de celetista para estatutário implica extinção do contrato de trabalho, fluindo o prazo da prescrição bienal a partir da mudança de regime (TST, SDI-1, Orientação Jurisprudencial 128).

Feita a opção a servidor por novo regime jurídico de trabalho, desvincula-se do anterior, passando a ter seu tratamento pecuniário, direitos e vantagens, na conformidade do sistema novo, não podendo simultaneamente beneficiar-se das duas disciplinas legais, salvo se a lei, que dispõe sobre a alteração do regime do servidor, ou prevê a opção por novo sistema, de explícito, resguardar situação jurídica constituída à sombra da disciplina de regência do emprego, antes seguida. É certo que se há de ter como implicitamente resguardada contraprestação não inferior; não, porém, a subsistência de vantagens especiais do regime anterior. A não incidência dos dois sistemas legais sobre a mesma relação empregatícia resulta da diferença na enumeração dos direitos e obrigações em virtude da legislação específica de cada qual. Quinquênios, por tempo de serviço anterior, não subsistem, após a opção pela disciplina da CLT (STF, RE 97.870, Néri da Silveira, Ac. 1ª T., *RTJ* 109/310, 1984).

* Sobre o tema *supra*, v. www.institutocarrion.com.br.

22 *Estabilidade de servidores*. Diz a CF/88:

Art. 41. São estáveis após três anos de efetivo exercício os servidores nomeados para o cargo de provimento efetivo em virtude de concurso público (obs.: perda do cargo, art. 41, § 1º; reintegração, § 2º; extinção do cargo, § 3º). **§ 4º Como condição para a aquisição da estabilidade, é obrigatória a avaliação especial por desempenho por comissões instituídas para essa finalidade** (EC 19/98).

Ato das Disposições Transitórias:

Art. 18. Ficam extintos os efeitos jurídicos de qualquer ato legislativo ou administrativo, lavrado a partir da instalação da Assembleia Nacional Constituinte, que tenha por objeto a concessão da estabilidade a servidor admitido sem concurso público... Art. 19. Os servidores públicos civis... em exercício na data da promulgação da Constituição, há pelo menos 5 anos continuados, e que não

tenham sido admitidos na forma regulada no art. 37 da Constituição, são considerados estáveis no serviço público...

A estabilidade aos 5 anos, sem concurso (ADCT, art. 19). Como se disse acima (nota 16), o texto constitucional deixou de utilizar a mais clara terminologia diferenciadora de funcionário público (para servidor estatutário), de empregado público (para o trabalhista), adotando a "servidor" para ambas. A confusão terminológica foi nociva. Havia razões para pensar que a estabilidade conferida pelo art. 19 das Disposições Transitórias aos servidores sem concurso, com mais de 5 anos, alcançaria apenas aqueles que pertenciam à espécie dos normalmente admitidos por concurso, ou seja, os funcionários, e não os empregados públicos (os chamados celetistas). Assim entendia Octavio Bueno Magano (*Dispensa de servidores*, FSP 22.2.89). Entretanto, formou-se o entendimento de que a estabilidade no serviço público alcançou indiscriminadamente os servidores estatutários ou celetistas da administração direta, autárquica e fundacional pública: mesmo não concursados, com mais de 5 anos continuados, ou seja, sem interrupção (Parecer, Secr. Rec. Hum. 327/89, *RDA* 178/110). Os celetistas concursados tornaram-se estáveis após 2 anos pela CF, art. 41 (Sérgio Barbosa Neves, "Regime Jurídico Único...", cit.), o que, pensamos, não se aplica às empresas públicas, de economia mista e às sociedades que exploram atividade econômica em face da CF, art. 173.

Foi extinta a estabilidade de servidor, obtida posteriormente à data da instalação da Assembleia Nacional Constituinte (ADCT, art. 18).

O servidor celetista integrado no estatuto deixou de recolher FGTS.

A Emenda Constitucional 19/98 exige 3 anos para aquisição da estabilidade e não apenas 2; acrescentou a hipótese de perda do cargo: "mediante procedimento de avaliação periódica de desempenho" o legislador adotou o princípio da eficiência (CF, art. 37, *caput*).

A nova estabilidade aplica-se somente aos funcionários públicos ("nomeados para cargo de provimento efetivo" e não para emprego público) em virtude de concurso público (CF, art. 41).

TST I – O servidor público celetista da administração direta, autárquica ou fundacional é beneficiário da estabilidade prevista no art. 41 da CF/88. II – Ao empregado de empresa pública ou de sociedade de economia mista, ainda que admitido mediante aprovação em concurso público, não é garantida a estabilidade prevista no art. 41 da CF/88 (TST – Súmula 390, conversão das Orientações Jurisprudenciais SDI-1 229 e 265 e SDI-2 22).

TST O aviso Direh n. 02/84, que concedia estabilidade aos empregados da Conab, não tem eficácia, porque não aprovado pelo Ministério ao qual a empresa se subordina (TST – Súmula 355).

SDI Fundação instituída por lei e que recebe dotação ou subvenção do Poder Público para realizar atividades de interesse do Estado, ainda que tenha personalidade jurídica de direito privado, ostenta natureza de fundação pública. Assim, seus servidores regidos pela CLT são beneficiários da estabilidade excepcional prevista no art. 19 do

ADCT (TST, SDI-1, Orientação Jurisprudencial 364).

SDI I – A despedida de empregados de empresa pública e de sociedade de economia mista, mesmo admitidos por concurso público, independe de ato motivado para sua validade. II – A validade do ato de despedida do empregado da Empresa Brasileira de Correios e Telégrafos (ECT) está condicionada à motivação, por gozar a empresa do mesmo tratamento destinado à Fazenda Pública em relação à imunidade tributária e à execução por precatório, além das prerrogativas de foro, prazos e custas processuais (TST, SDI-1, Orientação Jurisprudencial 247).

SDI Conab. Estabilidade concedida por norma interna. Não assegurada. Aviso Direh n. 02/88 (TST, SDI-1, Orientação Jurisprudencial 27).

A determinação constitucional é que os servidores, com direito à estabilidade no serviço público, são somente aqueles que, na data da promulgação da Constituição Federal (5.10.88), contassem com cinco anos continuados de efetivo exercício. A prestação de serviços para entidades distintas, com personalidade jurídica própria, caracterizando a existência de empregadores distintos, com contratos de trabalho independentes e com a interrupção da prestação de serviços, não assegura a estabilidade prevista no art. 19 do ADCT, porque não atendido o pressuposto de encontrar--se o servidor em exercício por cinco anos continuados, sem interrupção, na administração direta, autárquica ou fundacional (TST, E-RR-459489/98, Milton de Moura França).

O destinatário do art. 19 do ADCT da Carta Magna é aquele que esteja vinculado a uma das pessoas jurídicas de direito público ali relacionadas na qualidade de servidor público, embora não admitido na forma regulada no art. 37 da Constituição, sem hiatos quanto a essa relação jurídica, ainda que a títulos diversos, desde que se sucedam sem solução de continuidade (STF, RE 161.419-6-SP, José Carlos Moreira Alves).

A expressão "Servidor" constante do art. 19, do ADCT, é gênero que comporta as espécies "Funcionário" e "Empregado". A norma contida no art. 19, do ADCT, dirige-se principalmente ao servidor celetista que não gozava até então de nenhuma estabilidade (TST, RR 4.008/90.2, José Calixto Ramos, Ac. 3ª T. 1.163/90.1).

23 *Sindicalização, convenções, dissídios individuais e coletivos.* A sindicalização dos servidores públicos civis, inclusive os subordinados ao direito do trabalho, é permitida pela CF/88 (art. 37, VI, que se alinha, assim, no espírito da Convenção 87 da OIT); essa prerrogativa já era reconhecida aos servidores das sociedades de economia mista, Caixa Econômica Federal e fundações (CLT, art. 566, parágrafo único). O Prejulgado 44 do TST havia sido revogado para curvar-se ao entendimento do STF que negava aos servidores empregados das pessoas jurídicas de direito público os reajustamentos provenientes dos dissídios coletivos de sua categoria. A pessoa jurídica de direito público, tendo servidores públicos celetistas, tem limitado sua parte econômica (CF/88, arts. 37 a 41 e 163 a 169), portanto somente podem ser discutidas na Justiça dos Trabalho as reivindicações sociais.

Ações dos servidores. Competência (art. 643/15). Greve de servidor (art. 723/5).

STF Não ofende a Constituição a correção monetária no pagamento com atraso dos vencimentos de servidores públicos (STF – Súmula 682).

STF É inconstitucional a vinculação do reajuste de vencimentos de servidores estaduais ou municipais a índices federais de correção monetária (STF – Súmula 681).

STF A fixação de vencimentos dos servidores públicos não pode ser objeto de convenção coletiva (STF – Súmula 679).

STJ Compete à Justiça Federal processar e julgar o pedido de reintegração em cargo público federal, ainda que o servidor tenha sido dispensado antes da instituição do Regime Jurídico Único (STJ – Súmula 173).

STJ Compete ao juízo onde primeiro for intentada a ação envolvendo acumulação de pedidos, trabalhista e estatutário, decidi-la nos limites da sua jurisdição, sem prejuízo do ajuizamento de nova causa, com o pedido remanescente, no juízo próprio (STJ – Súmula 170).

STJ Compete à Justiça Comum Estadual processar e julgar ação de servidor público municipal, pleiteando direitos relativos ao vínculo estatutário (STJ – Súmula 137).

TST Aplicam-se aos servidores públicos, contratados sob o regime da CLT, os reajustes decorrentes da correção automática dos salários pelo mecanismo denominado "gatilho", de que tratam os DL 2.284/86 e 2.302/86 (TST – Súmula 319).

SDI Inexiste direito adquirido às diferenças salariais de 84,32% do IPC de março de 1990 aos servidores celetistas da Administração Direta, Fundações e Autarquias do Distrito Federal (TST, SDI-1, Orientação Jurisprudencial Transitória 55, conversão das Orientações Jurisprudenciais SDI-1 218 e 241).

SDC Em face de pessoa jurídica de direito público que mantenha empregados, cabe dissídio coletivo exclusivamente para apreciação de cláusulas de natureza social. Inteligência da Convenção n. 151 da Organização Internacional do Trabalho, ratificada pelo Decreto Legislativo n. 206/2010 (TST, SDC, Orientação Jurisprudencial 5, Res. TST 186/12).

Nos dissídios coletivos de greve deflagrada por servidores públicos celetistas, conquanto seja possível à Justiça do Trabalho decidir sobre a abusividade ou não do movimento e o direito quanto à remuneração dos dias parados, não se viabiliza o exame das reivindicações com natureza salarial ou econômica apresentadas por esses trabalhadores, tendo em vista os limites traçados nos arts. 37 a 41 e 163 a 169 da Constituição da República. Sendo assim, ante a diretriz da Orientação Jurisprudencial n. 5 da Seção de Dissídios Coletivos, cuja aplicação sofre os influxos da EC n. 45/2004 e da Convenção 151 da Organização Internacional do Trabalho, ratificada pelo Brasil, somente se viabiliza o exame das reivindicações sociais. Em consequência, extingue-se o processo de dissídio coletivo no tocante às reivindicações econômicas, sem resolução de mérito, por impossibilidade jurídica do pedido, na forma do art. 267, VI, do CPC (TST, ReeNec e RO-51000-22.2008.5.15.0000, julgado em 9.8.10, Walmir Oliveira da Costa, *DEJT*, 15.10.10).

A jurisprudência desta Corte é no sentido de restringir a legitimidade das entidades de caráter público para figurar no polo passivo de dissídio coletivo de natureza econômica. Isso porque as pessoas jurídicas de direito público integrantes da administração indireta sujeitam-se às regras constitucionais referentes aos servidores públicos, notadamente a exigência de lei específica para alteração da remuneração (art. 37, X, CF/88), devendo ser observados, ainda, os limites dos arts. 39 e 169 da Carta Magna. Ressalte-se que tal entendimento independe de o regime adotado pela entidade para seus servidores ser celetista ou estatutário. Entretanto, essa restrição é válida apenas para as cláusulas de conteúdo econômico, em razão da expressa vedação constitucional, sendo possível a análise das cláusulas sociais (TST, RXOF e RODC-2008000-03.2005.5.02.0000, julgado em 9.8.10, Maurício Godinho Delgado, *DEJT*, 20.8.10).

Carece de possibilidade jurídica o pleito de instauração de dissídio coletivo de natureza econômica em face de ente público. Inteligência dos arts. 37, *caput*, incs. X, XI, XII e XIII, 39, § 1º, e 169, *caput* e § 1º, itens I e II, da CF/88 e da LC 101/2001. Se a Constituição da República não reconhece a convenção coletiva de trabalho nem o acordo coletivo ao servidor público nessa expressão subentendidos o serventuário e o empregado públicos, também lhes nega o sucedâneo dessas fontes formais de Direito do Trabalho, que é a sentença normativa. OJ n. 05/SDC-TST. 3. Recurso ordinário do Ministério Público do Trabalho a que se dá provimento para julgar extinto o processo, sem exame do mérito, relativamente à Fundação, primeira Suscitada (TST, RODC 55940/02, João Oreste Dalazen).

■ Servidores públicos estatutários: direito à negociação coletiva e à ação coletiva frente à Justiça do Trabalho: inconstitucionalidade. Lei 8.112/90, art. 240, "d" e "e". Servidores públicos estatutários: incompetência da Justiça do Trabalho para o julgamento dos seus dissídios individuais. Inconstitucionalidade da alínea "e" do art. 240 da Lei 8.112/90. Ação direta de inconstitucionalidade julgada procedente (STF, ADIn 492-1/DF, Carlos Velloso, *DJ*, 16.11.92).

■ Os índices de desvalorização da moeda não geram direito, ação e pretensão à revisão automática dos valores remuneratórios pagos a servidores públicos, pois esses reajustamentos não constituem decorrência necessária da cláusula constitucional institutiva da garantia de irredutibilidade de vencimentos. Precedentes (RE 140768-9-DF, Rel. Min. Celso de Mello, *DJU*, 23.04.93) (STF, MS/DF 1.998-0, Costa Lima).

■ A sindicalização de servidor público (funcionário público civil, funcionário autárquico e empregado celetista) não lhes delega o direito de negociação coletiva ou o exercício da ação de dissídio coletivo, porque o orçamento público e as despesas com pessoal ficam sujeitos a regras próprias que impõem limitações à administração pública, o que implica em excluir as entidades jurídicas de direito público das normas coletivas. Incidência da Carta Política, arts. 30, inciso I, 37, inciso X, 39, § 2º, § 1º, "a", 165, e 169, parágrafo único (de acordo com a alteração processada pela EC 19, de 1998, a referência passa a ser ao art. 169, § 1º), inciso I (TST, Ag. 153.661/94.9, Lourenço Prado, Ac. SDC 4/96).

■ Servidor público. Convenção coletiva. É inaplicável aos servidores autárquicos a norma insculpida na CF, art. 7º, XXVI, que reconhece as convenções e acordos coletivos de trabalho, haja vista a impossibilidade do Estado negociar pautas reivindicatórias. Exegese da CF, art. 39, § 2º (Proc. TRT/SP 41.239/96, Valentin Carrion, Ac. 9ª T. 58083/97).

■ Servidor público. Dissídio coletivo e ação de cumprimento contra pessoa jurídica de direito público. Impossibilidade jurídica. Carência de ação (Proc. TRT/SP 4.144/96, Valentin Carrion, Ac. 9ª T. 43.070/97).

24 *Normas processuais das entidades públicas* (DL 779/69, v. Índ. Leg.). Competência para apreciar os litígios (art. 643/14 e seg.). Conflitos de competência (arts. 803 a 811 e notas). Recurso *ex officio* (art. 895/3). Custas (art. 789/6). Prazo para contestação (CLT, art. 841/2, e CPC/15, art. 183). Depósito para recurso, isenção (CLT, art. 899, L. 9.494/97, red. MP 2.180-35/01). Homologação de pedido de demissão e quitações, desnecessidade (art. 477, parágrafos e notas). Execução (art. 880/3). Rescisória (MP 2.180-35/01). Direito a sindicalização dos servidores públicos civis e greve (CF/88, art. 37, VI e VII). União, autarquias, fundações e empresas públicas federais: transação judicial, desistência de ações ou recursos e intervenção (L. 9.469/97, art. 2º, alt. L. 12.716/12, em apêndice, e D. 2.346/97). Decisões dos Tribunais Superiores: súmulas da Advocacia-Geral da União (D. 2.346/97, v. Índ. Leg.). Citação (LC 73/93: a União é representada pela Advocacia-Geral da União judicial e extrajudicialmente, devendo ser citada nas causas em que seja interessada, na condição de autora, ré, assistente, oponente, recorrente ou recorrida, na pessoa do Advogado-Geral da União, Procurador-Geral da União, Procurador-Regional da União, Procurador-Chefe ou Procurador-Seccional da União). Advocacia por exercente de cargo de confiança da Fazenda Nacional (MP 2.180-35/01). Contestação, preposto (L. 9.028/95, art. 5º, v. Índ. Leg.) e impossibilidade de confissão, ver art. 844/3. Advocacia da União, ver 832/5. Embargos à execução (MP 2.180-35/01).

STF Ao procurador autárquico não é exigível a apresentação de instrumento de mandato para representá-la em juízo (STF – Súmula 644).

STJ Descabe o depósito prévio nas ações rescisórias propostas pelo INSS (STJ – Súmula 175).

TST I – A União, Estados, Municípios e Distrito Federal, suas autarquias e fundações públicas, quando representadas em juízo, ativa e passivamente, por seus procuradores, estão dispensadas da juntada de instrumento de mandato e de comprovação do ato de nomeação (Conversão da OJ SDI-1 52, TST, Res. 185/12). II – Para os efeitos do item anterior, é essencial que o signatário ao menos declare-se exercente do cargo de procurador, não bastando a indicação do número de inscrição na Ordem dos Advogados do Brasil (TST, Res. 185/12) (TST – Súmula 436).

SDI Pessoa jurídica de direito público sujeita-se à revelia prevista no art. 844 da CLT (TST, SDI-1, Orientação Jurisprudencial 152, Res. TST 129/05).

SDI CANCELADA – A União, Estados, Municípios e Distrito Federal, suas autarquias e fundações públicas, quando representadas em juízo, ativa e passivamente, por seus procuradores, estão dispensadas da juntada de instrumento de mandato (TST, SDI-1, Orientação Jurisprudencial 52, convertida na Súmula 436, TST – Res. 186/12).

SDI O art. 67 da Lei Complementar n. 73/1993 interrompeu todos os prazos, inclusive o de decadência, em favor da União no período compreendido entre 14.02.1993 e 14.08.1993 (TST, SDI-2, Orientação Jurisprudencial 18).

SDI I – A vigência da Medida Provisória n. 1.577/97 e de suas reedições implicou o elastecimento do prazo decadencial para o ajuizamento da ação rescisória a favor dos entes de direito público, autarquias e fundações públicas. Se o biênio decadencial do art. 495 do CPC findou após a entrada em vigor da referida medida provisória e até sua suspensão pelo STF em sede liminar de ação direta de inconstitucionalidade (ADIn 1753-2), tem-se como aplicável o prazo decadencial elastecido à rescisória. II – A regra ampliativa do prazo decadencial para a propositura de ação rescisória em favor de pessoa jurídica de direito público não se aplica se, ao tempo em que sobreveio a Medida Provisória n. 1.577/97, já se exaurira o biênio do art. 495 do CPC. Preservação do direito adquirido da parte à decadência já consumada sob a égide da lei velha (TST, SDI-2, Orientação Jurisprudencial 12, conversão da Orientação Jurisprudencial SDI-2 17).

SDI A ausência de juntada aos autos de documento que comprove a designação do assistente jurídico como representante judicial da União (art. 69 da Lei Complementar n. 73, de 10.02.1993) importa irregularidade de representação (TST, SDI-1, Orientação Jurisprudencial Transitória 65).

1. Nos moldes da Orientação Jurisprudencial n. 52 da SDI-1 do TST, a União,

os Estados, os Municípios e o Distrito Federal, suas autarquias e fundações públicas quando representados em juízo, ativa e passivamente, por seus procuradores, estão dispensados da juntada de instrumento de mandato. 2. *In casu*, a subscritora do agravo de instrumento, ao interpor o mencionado apelo, mencionou apenas o número de sua inscrição na OAB, nada alegando acerca de eventual condição de procuradora da demandada ou de advogada pública. 3. Por conseguinte, a diretriz da orientação jurisprudencial supramencionada não tem aplicabilidade à hipótese dos autos, pois a simples referência à inscrição na Ordem dos Advogados do Brasil não é bastante a resultar na desnecessidade de juntada de instrumento de mandato. Recurso de embargos não conhecido (TST, E-Ag-AIRR-2000-57.2008.5.15.0031, Dora Maria da Costa, Ac. SDI-1).

Quando o subscritor do recurso faz simples referência à sua inscrição na Ordem dos Advogados do Brasil, não se adota a diretriz da Orientação Jurisprudencial 52, da SDI-1, desta Corte, segundo a qual o patrono da fundação pública não necessita juntar procuração quando se apresenta na qualidade de procurador autárquico. Recurso de Embargos de que não se conhece (TST, E-AIRR-15440-78.2007.5.02.0044, Brito Pereira, Ac. SDI-1).

Representação judicial. Entidades públicas. De acordo com a jurisprudência iterativa deste Tribunal, é dispensável a juntada de procuração pelo procurador da União, Estados, Municípios e Distrito Federal, suas Autarquias e Fundações Públicas. Embargos conhecidos e providos (TST, E-RR 105.724/94.8, Leonaldo Silva, Ac. SBDI-1 640/97).

25 *Mandato eletivo*, afastamento (CF/88, art. 38). Anistia (ADCT, art. 8º). Deficientes físicos, reserva de empregos (CF/88, art. 37, VIII).

Art. 8º As autoridades administrativas e a Justiça do Trabalho, na falta de disposições legais[1 e 1-A] ou contratuais, decidirão, conforme o caso, pela jurisprudência[2], por analogia[2], por equidade[2] e outros princípios[2] e normas gerais de direito, principalmente do direito do trabalho, e, ainda, de acordo com os usos e costumes[2], o direito comparado[2], mas sempre de maneira que nenhum interesse de classe ou particular prevaleça sobre o interesse público.

§ 1º O direito comum[3] será fonte subsidiária do direito do trabalho.

§ 2º Súmulas e outros enunciados de jurisprudência editados pelo Tribunal Superior do Trabalho e pelos Tribunais Regionais do Trabalho não poderão restringir direitos legalmente previstos nem criar obrigações que não estejam previstas em lei[4].

§ 3º No exame de convenção coletiva ou acordo coletivo de trabalho, a Justiça do Trabalho[5] analisará exclusivamente a conformidade dos elementos essenciais do negócio jurídico, respeitado o disposto no art. 104 da Lei nº 10.406, de 10 de janeiro de 2002 (Código Civil), e balizará sua atuação pelo princípio da intervenção mínima na autonomia da vontade coletiva. (Red. L. 13.467/17).

1 *A aplicação da norma jurídica*, em cada momento, não desenvolve apenas o dispositivo imediatamente específico para o caso, ou o vazio de que se ressente; considera-se todo o universo de normas vigentes, os precedentes históricos, a evolução da sociedade, os conflitos das leis no espaço, no tempo e na hierarquia e os princípios, mesmo que não haja omissão da norma ou do contrato. "As normas especiais resultam sempre incompletas de algum modo" (Carlos Molero Manglano, "La supletoriedad en el derecho del trabajo", Madrid, 1975), ou melhor, todas as normas jurídicas são incompletas, pois necessitam das demais e são abstratas, enquanto o caso é concreto. Como em cada área do Direito as normas dos outros ramos somente se recebem após atender-se o dispositivo imediato, que é o do Direito do Trabalho, aqui essa admissão tem de considerar a "tensão existente entre os princípios individualistas do direito civil e os sociais do direito do trabalho" (Borrajo e Oviedo, apud Manglano, cit.), afastando-se assim a possível incompatibilidade também apontada na CLT.

O Direito do Trabalho possui princípios específicos, além dos de direito comum. Sua tutela principal se resume em: a) norma mais favorável; b) condição mais benéfica; c) primazia da realidade.

1-A. *Medida provisória.* Editada pelo presidente da República, em caso de relevância e urgência, perde eficácia, desde sua edição, se não for convertida em lei nos 60 dias seguintes a sua publicação permitindo uma prorrogação.

STF A medida provisória não apreciada pelo Congresso Nacional podia, até a EC 32/98, ser reeditada dentro do seu prazo de eficácia de trinta dias, mantidos os efeitos de lei desde a primeira edição (STF – Súmula 651).

TST Os reajustes salariais previstos em norma coletiva de trabalho não prevalecem frente à legislação superveniente de política salarial (TST – Súmula 375, conversão da Orientação Jurisprudencial SDI-1 69 e SDI-2 40).

2 *Jurisprudência.* A legislação é a fonte primordial do Direito, seguida do costume. A convenção coletiva e a sentença normativa também são fontes do direito. Após estas, temos o contrato, que no Direito do Trabalho sofre as restrições decorrentes da desigualdade econômica que tanto afeta a autonomia de vontade do empregado. A jurisprudência é o modo pelo qual o Judiciário aplica reiteradamente o direito: o uso vulgar do vocábulo equivale ao "conjunto indiscriminado dos julgados de algum ou vários órgãos judiciários" (Valentin Carrion, *O Direito é o que os tribunais aprovam?*, RT, SP, 1975). A analogia é a operação lógica em virtude da qual o intérprete estende o dispositivo da lei a casos por ela não previstos; com ela, o juiz aprecia o sistema jurídico, em seus fundamentos e na sua teleologia, extraindo o princípio aplicável (Clóvis Beviláqua, *Código Civil*, v. 1). A *equidade* é: a) o sentimento de justiça (Carlos Maximiliano, "Hermenêutica"); b) o decidir-se um litígio que não se enquadra com perfeição em nenhuma hipótese legislativa. V. também Reale, "A equidade no Direito do Trabalho", *Rev. Fac. Dir.* 69; Floriano Vaz da Silva, "A equidade e o Direito do Trabalho brasileiro", *LTr* 38/913. *Outros princípios* gerais do Direito: fundamentos e pressupostos do direito universal; não só do direito nacional como dos elementos fundamentais de cultura jurídica humana em nossos dias; e que se extraem das ideias que formam a base da civilização hodierna (Clóvis Beviláqua, *Código Civil*, v. 1). *Usos e costumes*: práticas ou modos de agir, comumente seguidos, com constância e espontaneidade, formando regras jurídicas, nos vãos ou lacunas da lei (Amaro, "Tutela"); em Direito do Trabalho e em nosso meio, de modificação legislativa constante e intervencionista, é menos vital o papel dessa fonte formal. *Direito comparado*: normas jurídicas de outras nações, analisadas. Incidente de uniformização e orientação jurisprudencial da SDI do TST (art. 896/4).

3 *Direito comum*. Como direito comum se entende qualquer ramo do direito vigente, mesmo os outros especiais, quando aplicáveis a certas hipóteses. Com a nova redação foi suprimido a "incompatibilidade com os Princípios Fundamentais do Direito do Trabalho", letra morta tal supressão, como podemos aplicar uma norma, de qualquer outro direito que vá de encontro com o Direito do Trabalho, ou contra seus Princípios. *Princípios fundamentais* do Direito do Trabalho são os que norteiam e propiciam a sua existência, tendo como pressuposto a constatação da desigualdade das partes, no momento do contrato e durante seu desenvolvimento. É norma geral brasileira que, "na aplicação da lei, o juiz atenderá aos fins sociais a que ela se dirige e às exigências do bem comum" (LINDB, art. 5º). A referência do art. 8º ao direito comum significaria o repúdio de cavar um fosso isolacionista em torno do Direito do Trabalho (Magano, *Manual de Direito do Trabalho*).

4 *Súmulas*. Não poderão restringir direitos legalmente previstos nem criar obrigações que não estejam previstas em lei. Ver art. 922/2.

5 *No exame de convenção coletiva ou acordo coletivo de trabalho*. Fere a competência dos Tribunais, a Justiça do Trabalho não poderá ficar ausente para corrigir erros ou afrontas aos Princípios e Fundamentos do Direito do Trabalho, faz parte de sua competência original. Mesmo que tenham sido acordados por empregados e empregadores, esses acordos não poderão ir de encontro com a CF/88.

Art. 9º Serão nulos[1-5] de pleno direito os atos praticados[2] com o objetivo de desvirtuar,[3] impedir ou fraudar a aplicação dos preceitos contidos na presente Consolidação.

1 *Atos nulos*. Distingue-se o ato nulo do anulável. O primeiro não produz efeitos, dispensa declaração judicial, não pode ser suprido pelo juiz, embora a pedido de todos os interessados (Washington, *Curso*), não prescreve em tempo algum ou, se

prescreve, sê-lo-á no mais longo prazo da legislação etc. A maior parte dos autores dedica ingentes esforços para enquadrar o ilícito trabalhista no ato nulo. Mas, apesar das distinções tentadas, a lei determinou a prescrição do direito de pleitear a reparação de qualquer ato infringente de dispositivo trabalhista (v. notas ao art. 11); ora, "qualquer ato infringente de dispositivo legal" é a matéria que se considera *nula* pouco antes (art. 9º). A jurisprudência, sem enunciá-lo expressamente, profere seus julgamentos aplicando às situações ilegítimas os efeitos dos atos anuláveis e não dos atos nulos. Mesmo assim, as normas de Direito do Trabalho são de interesse social, imperativas e inafastáveis pelas partes, ainda que de direito privado (como acontece com outras normas de direito privado: as que regem o casamento e a tutela de incapazes, no Direito Civil, por exemplo). Os órgãos administrativos (fiscalização etc.) ou sindicais não dependem da iniciativa do particular prejudicado para aplicar as sanções (multas etc.) ou para ajuizar as ações cabíveis no interesse coletivo. Os direitos trabalhistas, inclusive o de pleitear o cumprimento do que dispõe a lei, são irrenunciáveis na vigência do contrato de trabalho; findo este, se a relação atingiu um ano de duração, a renúncia deverá ser homologada ou assistida (v. notas ao art. 477). Os efeitos da infringência consistem em considerar válida a relação de emprego, adaptando as demais cláusulas e circunstâncias às normas mínimas vigentes. Se o menor de 16 anos prestou serviços, não se lhe privará de FGTS, de proteção pela previdência social etc., sob pretexto de considerar-se nula a relação, e protegê-lo; outorgam-se-lhe todos os direitos daquele que tem capacidade jurídica; em seu benefício, o contrato não deveria ter-se realizado, mas, se apesar de ilegal, houve trabalho, o menor deverá usufruir todas as consequências do adulto; o contrário seria aplicar-se a legislação protetora do menor, em seu prejuízo (v. notas ao art. 402 e segs.).

2 *Atos praticados*: qualquer comportamento que, por ação ou omissão, configure-se na hipótese legal.

3 *Desvirtuar* (dar-lhe efeitos que não são os desejados pela intenção legal), impedir (obstar, negar) ou fraudar (aplica-se a lei aparentemente, não seu espírito).

■ O erro substancial (art. 87 do Código Civil) pressupõe uma falsa noção sobre a coisa objeto da declaração de vontade e deve ser de tal relevo e tal monta que, sem ele, o ato não se realizaria. Além disso deve ocorrer no momento da manifestação de vontade do agente, e a outra parte há de ter contribuído ou participado para que ele ocorra (TST, RO-AR 307.848/96-4, Ronaldo Leal, Ac. SBDI-2, 26.3.99).

4 *Os preceitos da Consolidação* ou quaisquer outros preceitos trabalhistas estão protegidos contra seu inadimplemento, pois as normas gerais da CLT, especialmente o Capítulo I, são uma verdadeira lei de introdução ao Direito do Trabalho brasileiro; os princípios nelas contidos aplicam-se também a todas as outras normas legais posteriores.

5 *Anulabilidade da alteração contratual* (art. 444). Atos nulos e anuláveis (CC, art. 166 e segs.). Nulidade dos contratos que estipulem pagamento em moeda estrangeira (DL 857/69). Prescrição (art. 11).

Art. 10. Qualquer alteração na estrutura jurídica[1] da empresa não afetará os direitos adquiridos[2] por seus empregados.

Art. 10-A. O sócio retirante[2] responde subsidiariamente pelas obrigações trabalhistas da sociedade relativas ao período em que figurou como sócio, somente em ações ajuizadas até dois anos depois de averbada a modificação do contrato, observada a seguinte ordem de preferência:

I – a empresa devedora;

II – os sócios atuais; e

III – os sócios retirantes.

Parágrafo único. O sócio retirante responderá solidariamente com os demais quando ficar comprovada fraude na alteração societária decorrente da modificação do contrato. (Red. L. 13.467/17).

1 *Alteração jurídica* da empresa é a modificação de sua constituição e funcionamento como pessoa com direitos e obrigações: modificação na organização jurídica; a transformação da sociedade limitada em anônima, individual, em comandita etc. ou vice-versa; fusão de duas ou mais sociedades, surgindo uma terceira simultaneamente; incorporação de uma, que se extingue, sendo absorvidos seu patrimônio e relações jurídicas pela incorporante. A transferência da propriedade, mesmo sem alteração da organização jurídica, é prevista expressamente (art. 448). *A sucessão de empresas* para efeitos de responsabilidade trabalhista é reconhecida pela doutrina e jurisprudência (Süssekind, *Comentários*): a) entre arrendatários que se substituem na exploração do mesmo serviço; b) entre pessoas de direito público e privado; c) na aquisição de acervo da massa falida ou sociedade em liquidação mediante leilão, quando se adquire todo o acervo e se continua a atividade ou parte orgânica autônoma deste; não quando se vendem os bens desintegrados; d) sucessão por encampação, absorção ou fusão do serviço ou estabelecimento. Em todos os casos, a atividade empresarial é o elemento definidor; assim, o adquirente de apartamento em condomínio não o é do construtor (Evaristo de Moraes Filho, *Sucessões*); e) é possível a sucessão num só estabelecimento da empresa, desde que seja um núcleo diferenciado, capaz de sobrevivência autônoma juridicamente (Evaristo, *Sucessões*).

A substituição de pessoa jurídica na exploração de concessão de serviço público, por si só, não impede nem caracteriza a sucessão de empresas para fins de solidariedade passiva trabalhista. É indispensável que tenha havido aproveitamento de algum dos elementos que constituem a empresa como "uma universalidade de pessoas e bens tendentes a um fim, apta a produzir riqueza". A simples substituição do concessionário não é suficiente; o único laço que o une à clientela não é resultado de esforço e criação do antecessor, mas do simples interesse público, da população que a utiliza. A prova da sucessão não exige formalidade especial; terá de ser provada levando em consideração os elementos que integram a atividade empresarial: ramo de negócio, ponto, clientela, móveis, máquinas, organização e empregados.

SDI O sucessor não responde solidariamente por débitos trabalhistas de empresa não adquirida, integrante do mesmo grupo econômico da empresa sucedida, quando, à época, a empresa devedora direta era solvente ou idônea economicamente, ressalvada a hipótese de má-fé ou fraude na sucessão (TST, SDI-1, Orientação Jurisprudencial 411).

SDI As obrigações trabalhistas, inclusive as contraídas à época em que os empregados trabalhavam para o banco sucedido, são de responsabilidade do sucessor, uma vez que a este foram transferidos os ativos, as agências, os direitos e deveres contratuais, caracterizando típica sucessão trabalhista (TST, SDI-1, Orientação Jurisprudencial 261).

SDI Em virtude da decisão tomada em assembleia, a Petrobras é a real sucessora da Petromisa, considerando que recebeu todos os bens móveis e imóveis da extinta Petromisa (TST, SDI-1 Orientação Jurisprudencial Transitória 48, conversão da Orientação Jurisprudencial SDI-1 202).

A sucessão de empresas dispensa formalidade especial mesmo em se tratando de pessoas jurídicas de direito público. Basta que se considerem os elementos que integram a atividade empresarial: ramo do negócio, ponto, clientela, móveis, máquinas, organização e empregados (TRT/SP, Ap 2.988/88, Valentin Carrion, Ac. 8ª T.).

A União Federal responde integralmente pelas dívidas trabalhistas do novo Estado desde a época em que este se constituía em Território Federal até o final do quinto ano da sua transformação em Estado Federado, por força do art. 233, IX, "a", da Carta Política (TST, RR 18.596/90.8, Cnéa Moreira, Ac. 1ª T. 2.473/91).

Uma vez reconhecida a sucessão trabalhista na forma prevista nos arts. 10 e 448 da CLT, a responsabilidade integral é do sucessor. Ao recorrente resta o direito regressivo conforme previsto na lei civil (TST, RR 13.936/90.4, Francisco Fausto, Ac. 3ª T. 281/92).

Os municípios são pessoas jurídicas distintas de direito público. A sucessão referente a entes da Administração Pública não tem a mesma natureza da sucessão trabalhista disposta nos arts. 10 e 448/CLT (TST, RR 121.053/94.2, Galba Velloso, Ac. 4ª T. 3.763/96).

Para efeitos trabalhistas, a solidariedade empresarial assecuratória dos direitos dos empregados dá-se no espaço, pela existência de várias empresas pertencentes ao mesmo grupo econômico, e no tempo, através da sucessão de uma empresa por outra. O fato de uma empresa em processo falimentar ter sido adquirida por outra, dentro do termo legal de falência, caracteriza a solidariedade do tipo sucessório. Se a empresa liquidanda pertencia a grupo econômico, a adquirente a sucede na solidariedade passiva pelos créditos trabalhistas, coexistindo, dessarte, as duas espécies de solidariedade (TST, RR 507.156/98.7, Carlos Alberto Reis de Paula, Ac. 3ª T., 9.4.99).

O reconhecimento da sucessão de empresas depende do preenchimento de dois requisitos: é necessário que o estabelecimento, visto como unidade econômico-jurídica, tenha a sua propriedade transferida para outro titular, e os serviços prestados pelos trabalhadores não sofram solução de continuidade (TST, RR 268.333/96.3, Francisco Fausto Paula de Medeiros, Ac. 3ª T./99).

2 *Direito adquirido* é o que já entrou para o patrimônio de alguém; não se confunde com expectativa de direito, que ainda não pode ser exercitado, porque depende da ocorrência de algum requisito. Os direitos que decorrem de um contrato de trabalho são adquiridos apenas quando cada um dos requisitos de cada direito é satisfeito; assim, não se confunde o direito adquirido com o direito de inalterabilidade das cláusulas pactuadas. O direito condicionado ou a termo tampouco é adquirido.

TST A partir da vigência da Medida Provisória 154, de 15.3.90, convertida na Lei 8.030, de 12.4.90, não se aplica o IPC de março de 90, de 84,32%, para a correção dos salários, porque o direito ainda não se havia incorporado ao patrimônio jurídico dos trabalhadores, inexistindo ofensa ao inciso XXXVI do art. 5º da CF/88. (TST – Súmula 315)

A CLT tem por objetivo: a) a responsabilidade do empresário atual, mesmo que os atos causais sejam do tempo do anterior, não obstante possa aquele voltar-se contra este, pelo direito regressivo que lhe assiste; b) a continuidade no emprego (art. 448); c) os direitos adquiridos, em via de constituição, ou em potência de aquisição (cf. art. 448; Amaro Barreto, *Tutela geral do trabalho*, cit., Índ. Bibliog.). Garantem-se, assim, o tempo de serviço anterior para efeitos de indenização, férias etc.; a inalterabilidade contratual (salário, hierarquia, jornada, direito à promoção etc.) e demais direitos. O sucessor é responsável pelos contratos já rescindidos, não quitados, ainda que o anterior o dispense da responsabilidade, mesmo que a ação judicial tenha atingido a fase de execução (Barreto Prado, *Tratado*).

A jurisprudência e a doutrina vacilam, negando legitimidade passiva ao antecessor, menosprezando a sua responsabilidade e limitando-a à ação regressiva futura, no juízo cível e onde dificilmente se reabrirão todas as provas trabalhistas. A orientação conflita com o CPC/15, art. 125, II: "A denunciação da lide é obrigatória... àquele que estiver obrigado, pela lei ou pelo contrato, a indenizar, em ação regressiva, o prejuízo do que perder a demanda".

O art. 10-A limita a responsabilidade do sócio retirante, as dívidas serão cobradas primeiro da sociedade, depois dos sócios remanescentes ou atuais e por fim serão cobradas do sócio retirante as ações ajuizadas até dois anos da sua saída. Caso exista fraude na alteração do contrato, responde solidariamente. A SDI-1, na OJ 411, afirma que a empresa sucedida vindo de um grupo de empresas e a empresa devedora que pertencia ao grupo anterior à época era solvente, não obriga a sucessora às dívidas do grupo econômico do qual a empresa sucedida se originou.

SDI O sucessor não responde solidariamente por débitos trabalhistas de empresa não adquirida, integrante do mesmo grupo econômico da empresa sucedida, quando, à época, a empresa devedora direta era solvente ou idônea economicamente, ressalvada a hipótese de má-fé ou fraude na sucessão (TST, SDI-1, Orientação Jurisprudencial 411).

RESPONSABILIDADE DOS EX-SÓCIOS DA COMAB TRANSPORTE MARÍTIMO DA BAHIA LTDA. Nos termos dos artigos 1.003 e 1.032 do Código Civil, o sócio retirante, quando procede à regular averbação de sua retirada na Junta Comercial, apenas pode ser responsabilizado pelos débitos relativos ao período em que foi sócio e desde que seja acionado no decurso dos dois anos seguintes à referida averbação. O Tribunal de origem consignou que os sócios da empresa haviam se retirado da sociedade há mais de dois da data do ajuizamento da ação, tendo em vista que "as empresas originalmente integrantes do quadro societário da COMAB cederam suas cotas às empresas KAIMI TRANSPORTES E SERVIÇOS LTDA. e COSTA AZUL EMPREENDIMENTOS E SERVIÇOS LTDA. em setembro de 2003, alteração esta devidamente registrada na JUCEB, no mesmo ano", e "a ação foi ajuizada em 07/03/2007, quando não mais subsistiam responsabilidades dos ex-sócios". Portanto, correto o acórdão regional que concluiu que, transcorrido referido lapso temporal, não se há de falar na responsabilidade deles pelos débitos trabalhistas porventura devidos ao reclamante. Agravo de instrumento a que se nega provimento (TST - RR - 23700-23.2007.5.05.0025, julgado em 22.2.17, Cláudio Mascarenhas Brandão, *DEJT* 6.3.17).

■ EXECUÇÃO. RESPONSABILIDADE DO SÓCIO RETIRANTE PELOS DÉBITOS TRABALHISTAS. LIMITAÇÃO TEMPORAL. DIREITO ADQUIRIDO. 1. Irretocável a decisão ora agravada, que denega seguimento aos embargos, se a divergência jurisprudencial transcrita pelo então embargante não se mostra específica, nos termos do item I da Súmula n. 296. 2. No caso dos autos, a egrégia Oitava Turma conheceu do recurso de revista interposto pelo exequente, ora agravado, por violação do artigo 5º, XXXVI, da Constituição Federal, e, no mérito, deu-lhe provimento para restabelecer a responsabilidade do sócio retirante. Entendeu a egrégia Turma que, uma vez que as obrigações sociais bem como a própria retirada do sócio ocorreram anteriormente à vigência do Código Civil de 2002, a aplicação da limitação temporal prevista no seu artigo 1.032 implicaria retroatividade da lei em prejuízo de direito adquirido do exequente de ter a execução trabalhista dirigida contra o sócio, sem que se observasse o limite de dois anos. 3. Com efeito, o único aresto colacionado no recurso de embargos se mostra inespecífico, nos termos do item I da Súmula n. 296, por não abordar hipótese fática idêntica à dos autos, revelando-se extremamente genérico, pois se limita a examinar a hipótese de admissibilidade do recurso de revista quando interposto em execução de sentença. Não atende, assim, à diretriz perfilhada na Súmula n. 433, visto que não traz tese em torno do artigo 5º, XXXVI, da Constituição Federal, no qual se fundamentou o acórdão embargado para acolher a alegação de afronta ao direito adquirido. 6. Decisão agravada que ora se mantém. 7. Agravo regimental a que se nega provimento (TST-AgR-ED-E-ED-RR-473900-74.2002.5.12.0016, julgado em 23.3.17, Guilherme Caputo Bastos, *DEJT* 31.3.17).

3 *Sucessão em liquidação extrajudicial*. A assunção parcial do ativo de um banco por outro não configura sucessão trabalhista. A L. 6.024/74, art. 31, autoriza o liquidante, mediante prévia e expressa autorização do Banco Central, a "adotar qualquer forma especial ou qualificada de realização do ativo e liquidação do passivo, ceder o ativo a terceiros, organizar ou reorganizar sociedade para continuação geral ou parcial do negócio ou atividade da liquidanda". Assim, conclui-se que a transferência do ativo não se dá de forma graciosa, mas seu produto reverteu à massa. Não é sucessão trabalhista, mas forma de realização do ativo. Entretanto, haverá responsabilidade dos adquirentes solidariamente se não restar ativo suficiente para pagamento do crédito trabalhista. Os sucessores respondem também pelos juros de mora sobre os créditos trabalhistas. O mesmo se diga em hipótese semelhante de privatização parcial. Configura-se a sucessão se o empregado continuar prestando serviço para o adquirente, sem solução de continuidade (v. arts. 448/2 e 643/10).

SDI É devida a incidência de juros de mora em relação aos débitos trabalhistas de empresa em liquidação extrajudicial sucedida nos moldes dos arts. 10 e 448 da CLT. O sucessor responde pela obrigação do sucedido, não se beneficiando de qualquer privilégio a este destinado (TST, SDI-1, Orientação Jurisprudencial 408).

Na forma preconizada no art. 60, parágrafo único, da Lei n. 11.101/05, na recuperação judicial, o objeto da alienação estará livre de qualquer ônus e não haverá sucessão do arrematante nas obrigações do devedor. 2. Por outro lado, o Supremo Tribunal Federal, na ADI n. 3.934/DF (Rel. Min. Ricardo Lewandowski, *DJ* de 6/11/2009), interpretando a exegese do dispositivo legal supramencionado, concluiu que a alienação de empresa em processo de recuperação judicial não acarreta a sucessão pela arrematante e, consequentemente, afasta a responsabilidade solidária da recorrente pelos direitos que emergiam da aludida sucessão. 3. *In casu*, o Regional registra que houve arrematação da Unidade Produtiva Varig por meio da alienação judicial realizada na recuperação judicial. Entretanto, reconheceu a sucessão trabalhista e a responsabilidade solidária de todas as demandadas, ao fundamento de que não havia como negar que se estava diante de caso clássico de formação de grupo econômico e sucessão trabalhista, em que os sucessores deverão responder pelas obrigações derivadas da relação de trabalho originariamente mantida com os sucedidos na forma dos arts. 10 e 448 da CLT, mormente porque a própria Lei n. 11.101/05 transfere para o adquirente, no caso, as acionadas, a sucessão e a responsabilidade de todos os encargos, inclusive os trabalhistas. 4. Nesse contexto, nos termos do art. 60, parágrafo único, da Lei n. 11.101/05 e em conformidade com a decisão do Supremo Tribunal Federal, a alienação de empresa em processo de recuperação judicial não acarreta a sucessão pela arrematante e, consequentemente, resta afastada a responsabilidade solidária da recorrente pelos direitos que emergiam da aludida sucessão, ou seja, ausente sucessão trabalhista, a recorrente não pode figurar no polo passivo da demanda, como responsável solidária, pois, sendo parte ilegítima, deve ser afastada a sua responsabilização. Precedentes (TST, RR 154400-48.2007.5.01.0074, j. em 2.2.2011, Dora Maria da Costa).

O chamado "contrato de compra e venda de ativos e assunção de passivo, opção de compra de bens, cessão de direitos contratuais e outras avenças" ... em face do programa do Governo Federal do Proer, demonstra a ocorrência de sucessão trabalhista nos termos dos arts. 10 e 448 da CLT. ... a transferência de patrimônio, que é garantia das dívidas trabalhistas, conduz, necessariamente, a responsabilidade solidária da instituição adquirente... (TST, AG-RR 231.386/95.0, Armando de Brito).

4 *Mudança na propriedade* ou na estrutura jurídica da empresa (art. 448). Solidariedade (v. índice temático).

Art. 11. A pretensão quanto a créditos resultantes das relações de trabalho prescreve[2] em cinco anos para os trabalhadores urbanos e rurais, até o limite de dois anos após a extinção do contrato de trabalho.

I e II – (Revogados).

§ 1º O disposto neste artigo não se aplica às ações que tenham por objeto anotações para fins de prova junto à Previdência Social.

§ 2º Tratando-se de pretensão que envolva pedido de prestações sucessivas decorrente de alteração ou descumprimento do pactuado, a prescrição é total, exceto quando o direito à parcela esteja também assegurado por preceito de lei.

§ 3º A interrupção da prescrição somente ocorrerá pelo ajuizamento de reclamação trabalhista, mesmo que em juízo incompetente, ainda que venha a ser extinta sem resolução do mérito, produzindo efeitos apenas em relação aos pedidos idênticos. (Red. L. 13.467/17).

1 *Constituição Federal de 1988*:

Art. 7º São direitos dos trabalhadores... além de outros...

XXIX – ação, quanto a créditos resultantes das relações de trabalho, com prazo prescricional de 5 anos para os trabalhadores urbanos e rurais, até o limite de 2 anos após a extinção do contrato de trabalho (EC n. 28/00).

■ O prazo de cinco anos estabelecido no art. 7º, XXIX, *a*, da Constituição Federal de 1988 é relativo às datas da lesão e do ajuizamento da ação e não à data da extinção do contrato de trabalho (TST, RR 288.529/96.0, Gelson de Azevedo, Ac. 5ª T.).

2 *Prescrição*. É a perda do direito à ação, pelo transcurso do tempo, em razão de seu titular não o ter exercido. É a extinção de uma ação ajuizável (Câmara Leal, *Prescrição e decadência*). Ao contrário, na *decadência*, o que se perde é o próprio direito e não apenas a faculdade de propor a ação. Difere, também, da preclusão processual (art. 774/4). A prescrição não corre contra os absolutamente incapazes (CC, art. 198), nem contra os menores de 18 anos (CLT, art. 440). Pode ser interrompida ou suspensa. Na interrupção, a contagem reinicia-se posteriormente; é o caso de protesto judicial, ajuizamento da reclamação trabalhista ou reconhecimento do direito pelo devedor (CC, art. 202). Suspende-se a prescrição (soma-se o tempo anterior, após desaparecer a causa que a impedia) em caso de incapacidade absoluta, serviço militar em tempo de guerra ou ausência do País em serviço público, casamento entre as partes, poder familiar, tutela e curatela (CC, arts. 168 e segs.). Temos a diferenciação entre prescrição total e prescrição parcial. Prescrição total: ocorre desde a lesão às parcelas que o empregado teria direito decorrentes de clausula contratual, regulamento de empresa, norma coletiva e não de Lei, (gratificações ajustadas, salário-prêmio, 14º salário, férias de 40 dias) não existe disposição na lei, são contratuais, prescreve o direito juntamente com suas consequências parceladas. Prescrição parcial: a prescrição acontece com o vencimento de cada parcela que o empregado teria direito, não atinge o próprio direito, mas apenas a exigibilidade das parcelas devidas. O preceito legal esta assegurado na Lei. (horas extras, adicional noturno, adicional de insalubridade etc).

As circunstâncias fáticas que rodeiam o trabalhador, quando da licença por doença, na realidade lhe impedem de ajuizar a ação que ponha termo à prescrição. Isto em virtude não só de suas dificuldades primárias, como a de arcar com os custos dos remédios, de subsistência, de locomoção e de incertezas de saúde, como pela sua inexperiência e isolamento de seu mundo laborativo, que é mais evoluído do que o de seu círculo pessoal. Tudo isso convence para que essa anomalia, a da licença por doença, deva ser incluída como de impedimento. Tal como ocorre com outras situações previstas pelo CC, art. 197 (incapacidade jurídica, ausência do País etc.). Não se interrompe a prescrição, mas se suspende, contando-se o período anterior e continuando a fluir depois que cessar o impedimento. Esse entendimento vai de encontro à OJ 375, que norteia no sentido de que a prescrição quinquenal continua fluindo, na percepção do auxílio-doença ou da aposentadoria por invalidez, ressalvados os casos de absoluta impossibilidade de acesso ao Judiciário.

O termo inicial da prescrição se dá no momento em que o credor toma conhecimento da violação do seu direito, e, sendo exigível o comportamento do devedor, aquele permanece omisso. Assim, o salário omitido tem a prescrição iniciada não no dia em que o trabalho ocorreu, mas a partir do dia em que a remuneração deveria ser efetuada. As férias, igualmente, prescrevem em 5 anos a partir do momento em que terminou o prazo de concessão e se iniciou sua exigibilidade (CLT, art. 149).

Inexiste distinção entre ato nulo e ato anulável no direito do trabalho brasileiro (Orlando Gomes, *Questões*), em face da lei vigente, que aplica a prescrição "a qualquer ato infringente de dispositivo" contido na CLT; tal generalidade se estende a qualquer outro direito trabalhista, pois o título primeiro da Consolidação é verdadeira lei de introdução a todo o direito laboral do País. Quando submetido o conflito trabalhista à Comissão de Conciliação Prévia: v. art. 625-G/1.

Na *decadência*, o que se perde é o próprio direito e não apenas a faculdade de propor a ação. Difere, também, da preclusão processual (art. 774/4). A decadência não é suscetível de interrupção ou suspensão. Casos de decadência na CLT são o prazo de 30 dias para propor inquérito judicial contra estável, após a suspensão do empregado (STF, Súmula 403), e o de 2 anos para a ação rescisória.

TST I. Respeitado o biênio subsequente à cessação contratual, a prescrição da ação trabalhista concerne às pretensões imediatamente anteriores a cinco anos, contados da data do ajuizamento da reclamação e, não, às anteriores ao quinquênio da data da extinção do contrato. II. A norma constitucional que ampliou o prazo de prescrição da ação trabalhista para 5 (cinco) anos é de aplicação imediata e não atinge pretensões já alcançadas pela prescrição bienal quando da promulgação da CF/1988 (TST – Súmula 308, conversão da Orientação Jurisprudencial SDI-1 204).

TST Tratando-se de ação que envolva pedido de prestações sucessivas decorrente de alteração do pactuado, a prescrição é total, exceto quando o direito à parcela esteja também assegurado por preceito de lei (TST – Súmula 294).

TST A ação trabalhista, ainda que arquivada, interrompe a prescrição somente em relação aos pedidos idênticos (TST – Súmula 268).

SDI O protesto judicial é medida aplicável no processo do trabalho, por força do art. 769 da CLT e do art. 15 do CPC de 2015. O ajuizamento da ação, por si só, interrompe o prazo prescricional, em razão da inaplicabilidade do § 2º do art. 240 do CPC de 2015 (§ 2º do art. 219 do CPC de 1973), incompatível com o disposto no art. 841 da CLT (TST, SDI-1, Orientação Jurisprudencial 392, Res. 209/16).

SDI A suspensão do contrato de trabalho, em virtude da percepção do auxílio-doença ou da aposentadoria por invalidez, não impede a fluência da prescrição quinquenal, ressalvada a hipótese de absoluta impossibilidade de acesso ao Judiciário (TST, SDI-1, Orientação Jurisprudencial 375).

SDI A ação movida por sindicato, na qualidade de substituto processual, interrompe a prescrição, ainda que tenha sido considerado parte ilegítima "ad causam" (TST, SDI-1, Orientação Jurisprudencial 359).

SDI A supressão das comissões, ou a alteração quanto à forma ou ao percentual, em prejuízo do empregado, é suscetível de operar a prescrição total da ação, nos termos da Súmula 294 do TST, em virtude de cuidar-se de parcela não assegurada por preceito de lei (TST, SDI-1, Orientação Jurisprudencial 175, conversão da Orientação Jurisprudencial SDI-1 248).

Não encontra respaldo legal a tese da suspensão do curso da prescrição quinquenal pela intercorrência da concessão do auxílio-doença ou aposentadoria por invalidez. Apenas em casos excepcionais, quando caracterizada a absoluta impossibilidade material de o autor buscar no Poder Judiciário reparação pela lesão sofrida, afigura-se justificável a suspensão da contagem do prazo prescricional. Destaca-se, contudo, que, nessas hipóteses, não há cogitar da aplicação do prazo prescricional bienal extintivo, que pressupõe, nos termos do art. 7º, XXIX, da Constituição da República, a extinção do contrato de emprego. Precedentes desta Corte superior. Recurso de embargos conhecido e não provido (TST, E-RR 654/2005-105-03-00, Lelio Bentes Corrêa, Ac. SDI-1).

Ambas as Turmas desta Corte (AGRAGs 135.521, 1ª Turma, e 133.828 e 137.562, 2ª Turma) já firmaram o entendimento de que o artigo 7º, XXIX, da Constituição não disciplina a questão de ser a prescrição total ou parcial, questão que continua a ser resolvida à luz dos princípios do direito infraconstitucional e dos termos da lide. Inexistem pois, as alegações das ofensas à Constituição (STF, RE 202.842.8/RJ, José Carlos Moreira Alves).

O acórdão regional não merece censura, porque a prescrição pode ser interrompida por qualquer ato inequívoco do empregado, ainda que extrajudicial, que possa vir a importar no reconhecimento do seu direito (TST, RR 3.348/87, José Ajuricaba, Ac. 2ª T. 1.187/88).

Se a parte estava impedida de ajuizar a ação, em razão de recesso e/ou férias forenses, revela-se juridicamente inaceitável proclamar-se a prescrição, a pretexto de que, nessa hipótese, deveria ter exercitado seu direito de ação antes do início de referido óbice, e não no primeiro dia subsequente ao seu término. Seria encurtar o prazo prescricional, de natureza constitucional, com penalização do credor, que não concorreu, direta ou indiretamente, para a projeção do termo final de seu prazo prescricional (TST, ED-AIRR 358.217/97.7, Milton de Moura França, Ac. 4ª T.).

3 *Marco inicial do prazo.* A contagem da prescrição inicia-se no momento em que o empregado toma conhecimento do ato ilegítimo; exatamente no dia preciso em que poderia exigir a prestação; no caso de verbas salariais, no primeiro dia que seguir ao quinto dia útil subsequente ao mês vencido (CLT, art. 459, parágrafo único). Salários e salário mínimo incompleto (art. 119/1).

O direito à documentação, inclusive quanto às anotações e retificações de dados inverídicos na carteira de trabalho do empregado, em princípio não prescreve, por tratar-se de ação declaratória; entretanto, a pretensão declaratória deve justificar a existência de um interesse jurídico, sob pena de ser decretada a carência de ação, por ausência de uma das condições da ação. A certeza que se consegue em uma ação declaratória não faz reviver o direito à ação já prescrito. A contagem de tempo anterior quanto aos direitos futuros, que se apoiam no cômputo do passado, renova-se cada vez que o empregado é readmitido pelo mesmo empregador, a não ser que haja sentença transitada em julgado afastando a pretensão. O mesmo se dá quanto ao direito de anular quitação final fraudulenta, mesmo homologada, de empregado que não deixou a empresa formalmente, não obstante possa ser diferenciado do direito material. O § 1º, acrescido à CLT, art. 11, pela L. 9.658/98, reconhece a imprescritibilidade do direito às ações que objetivem anotações para fins de prova junto à Previdência Social. Esta disposição não se opõe à L. 8.213/91, art. 55, § 3º, que condiciona à existência de indício de prova material, não admitindo prova exclusivamente testemunhal, a comprovação do tempo de serviço, isto porque o direito à ação não se confunde com sua procedência. Entretanto, uma análise mais acurada nos leva a entender que acabou por revogar esta exigência no tocante às ações judiciais, pois a anotação contida na carteira de trabalho, ainda que decorrente de sentença judicial calcada exclusivamente em prova testemunhal, constitui indício material, atendendo à determinação legal. Além do mais, o empregado deverá comprovar o salário-contribuição do período básico de cálculo do benefício pretendido junto à Previdência Social (L. 8.213/91, art. 35).

A sentença normativa é exequível mesmo sem trânsito em julgado (art. 872/2); havendo recurso, se o Presidente do TST não concedeu ao apelo efeito suspensivo, a execução é definitiva, pois o empregado não restituirá os salários ou vantagens pagos (L. 4.725/65, com red. L. 4.903/65). A prescrição, assim, se não houve suspensão, se conta a partir do 20º dia subsequente ao julgamento, tendo em vista o que determina a L. 7.701/88, art. 7º, § 6º (v. Índ. Leg.). Contrariamente, a Súmula 350 do TST, que entendemos inconstitucional. Nesse sentido o Min. Ursulino Santos (*LTr* 60-11/1453, nov./96).

TST Tratando-se de pedido de pagamento de diferenças salariais decorrentes da inobservância dos critérios de promoção estabelecidos em Plano de Cargos e Salários criado pela empresa, a prescrição aplicável é a parcial, pois a lesão é sucessiva e se renova mês a mês (Conversão da Orientação Jurisprudencial 404 da SBDI-1, Res. 194/14) (TST – Súmula 452).

TST A transferência do regime jurídico de celetista para estatutário implica extinção do contrato de trabalho, fluindo o prazo da prescrição bienal a partir da mudança de regime (ex-OJ SDI-1 128) (TST – Súmula 382).

TST O prazo de prescrição com relação à ação de cumprimento de decisão normativa flui apenas da data de seu trânsito em julgado (TST – Súmula 350).

TST Da extinção do último contrato começa a fluir o prazo prescricional do direito de ação em que se objetiva a soma de períodos descontínuos de trabalho (ex-Prejulgado n. 31) (TST – Súmula 156).

SDI CANCELADA – Tratando-se de pedido de pagamento de diferenças salariais decorrentes da inobservância dos critérios de promoção estabelecidos em Plano de Cargos e Salários criado pela empresa, a prescrição aplicável é a parcial, pois a lesão é sucessiva e se renova mês a mês (TST, SDI-1, Orientação Jurisprudencial 404, convertida na Súmula 452, Res. 194/14).

SDI CANCELADA – É aplicável a prescrição bienal prevista no art. 7º, XXIX, da Constituição de 1988 ao trabalhador avulso, tendo como marco inicial a cessação do trabalho ultimado para cada tomador de serviço (TST, SDI-1, Orientação Jurisprudencial 384, cancelada TST – Res. 186/12).

SDI Aplicável a prescrição total sobre o direito de reclamar diferenças salariais resultantes de planos econômicos empregado (TST, SDI-1, Orientação Jurisprudencial 243).

SDI Prescrição. Complementação da pensão e auxílio-funeral. A prescrição extintiva para pleitear judicialmente o pagamento da complementação de pensão e do auxílio-funeral é de 2 anos, contados a partir do óbito do empregado (TST, SDI-1, Orientação Jurisprudencial 129).

O egrégio Colegiado Regional, ao decidir no sentido de que a não concessão das promoções previstas no Plano de Cargos e Salários não corresponde à alteração do pactuado, mas ao descumprimento de obrigação prevista no regulamento interno da empresa, a atrair a incidência apenas da prescrição parcial, decidiu em consonância com a Orientação Jurisprudencial n. 404 da SBDI-1 (TST, RR 237000-13.2002.5.05.0003, Guilherme Caputo Bastos).

O prazo prescricional, quanto a crédito resultante das relações de trabalho, só tem início a partir da violação de direito, a qual enseje a interposição de ação para postular a observância dos dispositivos de norma que o regulem. Sem, contudo, esquecer do limite legal de dois anos após a extinção do contrato de trabalho, conforme determina o art. 7º, XXIX, "a", da Constituição da República. As ações declaratórias não se sujeitam a tal prazo, pois, mediante essas, procura-se tão somente alcançar o reconhecimento de uma relação jurídica, o que não implica condenação (TST, RR 207.051/95.6, Armando de Brito).

Prescrição. Início. A regra de que o aviso prévio indenizado constitui tempo de serviço se refere aos efeitos materiais do contrato de trabalho. Nada tem a ver com a contagem da prescrição que se inicia no momento em que o credor da obrigação vê seu direito violado e pode ajuizar a reclamação (Proc. TRT/SP 41179/96, Valentin Carrion, Ac. 9ª T. 58073/97).

A contagem do prazo prescricional previsto no art. 7º, inciso XXIX, "a", da CLT é feita a partir da interposição da ação, e não a partir da rescisão contratual. O entendimento pretendido pelo reclamante levaria à situação do empregado poder acionar o empregador por suposta lesão do direito, até sete anos após a sua ocorrência (cinco anos até a rescisão, mais dois anos para a propositura da ação). É evidente que esta não foi a intenção do legislador (TST, RR 265.657/96.3, José Zito Calasãs Rodrigues, Ac. 3ª T.).

O prazo prescricional para a propositura de ação por viúva de empregado inicia-se a partir do falecimento deste (TST, RR 254905/96.2, Ângelo Mário de Carvalho e Silva, Ac. 2ª T.).

No caso de "arquivamento" de reclamação a contagem do biênio prescricional final para propositura de nova ação reinicia-se precisamente da data do "arquivamento" (último ato praticado no processo) quando se deu a cessação da causa interruptiva (TST, RR 258.823/96.7, João Oreste Dalazen, Ac. 1ª T.).

4 *Contrato vigente ou extinto.* O prazo prescricional trabalhista era único e de 2 anos, apesar de interpretações artificiais terem forçado a introdução de outras contagens, como ocorreu com o FGTS e os domésticos (v. notas, *infra*).

A CF/88 o modificou para 5 anos, como regra geral, reduzido para 2 anos se ocorrer dissolução do contrato de trabalho.

A Carta Magna foi sensível à real dificuldade de o empregado propor ação contra seu empregador, pelo receio de sofrer vinganças, nelas incluído o despedimento; mas não ignorou: a) de um lado, a conveniência de delimitar o prazo em que as desavenças devem ser esquecidas, para evitar o desassossego, e b) de outro lado, o artificialismo e dificuldade de provar fatos antigos, quando sua constância documental e testemunhal se apaga pelo tempo. Entre manter a prescrição em 2 anos, reduzi-la (como é tendência universal histórica) ou aumentá-la com características de generalidade, por exemplo, aos 2 anos após a rescisão, preferiu-se esta fórmula intermediária entre o tratamento do rural e o antigo do urbano, de apenas 2 anos.

A modificação constitucional é muito rica e deve levar à reformulação amadurecida de toda a compreensão que se havia elaborado do instituto. Em primeiro lugar, para abandonar o excesso na aplicação da dicotomia entre ato único (prescrição apenas das parcelas) e ato repetido; é que a opção do legislador constitucional, ao estender o lapso preclusivo durante o tempo de emprego ou mantê-lo mais curto após o despedimento, mostrou que não quer proteger ilimitadamente o empregado quando inserido na empresa se não até onde a norma exatamente previu (5 anos). Caso exista uma ação declaratória em curso e o empregado é dispensado, o prazo para propor ação condenatória com mesma causa de pedir remota, se inicia com o trânsito em julgado da ação.

Aposentadoria, complementação, o prazo é de cinco anos, para ação de cobrança, contados da data do pagamento (TST, Súmula 327 e STJ, Súmula 427).

TST A pretensão à complementação de aposentadoria jamais recebida prescreve em 2 (dois) anos contados da cessação do contrato de trabalho (TST – Súmula 326, alt. Res. TST 174/11).

SDI O marco inicial da contagem do prazo prescricional para o ajuizamento de ação condenatória, quando advém a dispensa do empregado no curso de ação declaratória que possua a mesma causa de pedir remota, é o trânsito em julgado da decisão proferida na ação declaratória e não a data da extinção do contrato de trabalho (TST, SDI-1, Orientação Jurisprudencial 401).

SDI A suspensão do contrato de trabalho, em virtude da percepção do auxílio-doença ou da aposentadoria por invalidez, não impede a fluência da prescrição quinquenal, ressalvada a hipótese de absoluta impossibilidade de acesso ao Judiciário (TST, SDI-1, Orientação Jurisprudencial 375).

PRESCRIÇÃO. MARCO INICIAL. DOENÇA OCUPACIONAL. ALTA PREVIDENCIÁRIA. Tratando-se de doença ocupacional e de acidente de trabalho, a contagem do prazo prescricional somente tem início a partir do momento em que o empregado tem ciência inequívoca da sua incapacidade laborativa. A SDI-1 desta Corte firmou entendimento no sentido de que o marco inicial para a contagem da prescrição é a data da alta previdenciária ou da aposentadoria por invalidez. No caso, consta do acórdão regional que o Reclamante "em 7.7.1998, sofreu acidente de trabalho em virtude do qual permaneceu afastado em gozo de auxílio-doença acidentário até 26.6.2002, quando retornou ao trabalho para tentativa de reabilitação solicitada à empresa pelo INSS, fato que causou o agravamento da sequela com novo afastamento até 20.4.2006, desta vez em gozo de auxílio-doença, pois a empresa, além de não reabrir a CAT, negou a segunda reabilitação, solicitada em 20.1.2006". Nesse cenário, deve ser considerado como marco inicial para a contagem do prazo prescricional o último dia do benefício auxílio-doença, qual seja, dia 20.4.2006. Logo, tendo sido a reclamação ajuizada em 22.5.2006 , não há prescrição a ser declarada. Recurso de revista conhecido e provido (TST, RR - 75600-45.2006.5.15.0108, julgado em 29.3.17, Douglas Alencar Rodrigues, *DEJT*, 31.3.17).

AUXÍLIO PREVIDENCIÁRIO. SUSPENSÃO DO PRAZO PRESCRICIONAL. Suspenso o contrato de trabalho, em virtude de o empregado ter sofrido acidente de trabalho, com percepção de auxílio previdenciário, não se pode afirmar que ocorra, igualmente, a suspensão do fluxo prescricional, porque esta hipótese não está contemplada no art. 199 do Código Civil, como causa interruptiva ou suspensiva do instituto prescricional. O referido preceito legal não contempla interpretação extensiva ou analógica para a inclusão de outras causas de suspensão não previstas pelo legislador ordinário, sob pena de ofensa ao princípio da segurança jurídica. Recurso de Revista conhecido e não provido (TST, 18100.10.2005.5.15.0026, julgado em 29.8.07, Carlos Alberto Reis de Paula, *DJ* 21.9.07).

AUXÍLIO-DOENÇA. AUSÊNCIA DE INTERRUPÇÃO DO PRAZO PRESCRICIONAL. A douta maioria da c. SBDI-1 firmou entendimento no sentido de que não há que se cogitar em suspensão ou interrupção do prazo prescricional em hipóteses como a dos autos. Com efeito, manifesta-se este Colegiado que a causa suspensiva da prescrição, ora invocada, não está contemplada na lei e o art.199 do Código Civil não comporta interpretação extensiva ou analógica para a inclusão de outras causas de suspensão. Precedentes: E-RR-3319/1999-070-02-00, Relator Ministro Carlos Alberto, DJ 27/04/2007, E-RR-789/2002-920-20-00 8, Redatora Designada Ministra Maria Cristina Irigoyen Peduzzi, DJ-04.05 2007 Embargos não conhecidos (TST, E-RR 72900.56.2003.5.15.0026, julgado em 03.09.07, Aloysio Corrêa da Veiga, *DJ* 14.9.07).

Tratando-se de pedido de diferenças de complementação de aposentadoria resultante do não reconhecimento do direito previsto em norma regulamentar, referente à isenção de descontos de contribuição para o regime de previdência complementar, a prescrição a ser adotada é a parcial, considerando-se prescritos os direitos anteriores ao quinquênio. Há precedentes. Recurso de embargos não conhecido (TST, E-ED-RR 55400-29.2003.5.08.0007, Rel. Augusto César Leite de Carvalho).

Verifica-se do acórdão embargado que o pedido da Autora é de diferenças de complementação de aposentadoria, decorrente de a Reclamada não ter concedido a isenção da contribuição para o regime de previdência complementar, embora prevista no regulamento. 2. A hipótese dos autos, portanto, não é de alteração contratual por ato único do empregador, mas de inadimplemento de obrigação prevista no regulamento da complementação de aposentadoria. 3. Assim, configura-se a violação continuada do direito da Reclamante, tendo em vista que decorre de descumprimento, e, não, de alteração do pactuado. 4. Nesses termos, é aplicável a prescrição parcial, nos termos da Súmula n. 327/TST (E-ED-RR 1261300-52.2005.5.11.0002, Rel. Min. Maria Cristina Irigoyen Peduzzi, Subseção I Especializada em Dissídios Individuais, *DJ* 11.4.08).

* Sobre o tema *supra*, v. www.institutocarrion.com.br.

5 *Trabalhador urbano: 5 anos até o limite de 2.* Os possíveis conflitos entre a lei nova e a velha se resolvem pelos ensinamentos do direito intertemporal, que são pacíficos quanto à prescrição, e que se resumem em dois princípios interligados: a) o da eficácia imediata da lei nova para o presente e o futuro; b) o do respeito ao passado, que é a irretroatividade da lei e a intangibilidade do ato jurídico perfeito à luz da norma então vigente e do direito adquirido (CF/88, art. 5º, XXXV). Daí se conclui: a) todo direito já prescrito pela lei velha não é ressuscitado pela nova; não é por não ter sido arguida a prescrição que se aplicará a lei nova, pois a arguição não faz nascer qualquer direito novo, a não ser o direito processual de que o juiz declare sua existência ou não; b) para os direitos não prescritos, contam-se os prazos da lei nova, incluindo-se nessa contagem os dias, meses e anos transcorridos quando da vigência das leis antigas e novas. São desnecessárias quaisquer ressalvas porque, na hipótese, os prazos de prescrição não foram encurtados, mas estendidos.

Duas situações extremas são muito claras: o direito violado de um empregado que permaneça na empresa indefinidamente sem ser despedido ou demitir-se; após 5 anos sem interromper a prescrição, seu direito estará precluso. Por outro lado, o empregado despedido terá 2 anos para pleitear os direitos da rescisão.

As situações intermediárias é que exigem mais atenção, ou seja, as dos empregados que sejam despedidos antes do transcurso de 5 anos da violação. A resposta é a de que a fluência do prazo continuará, contando o tempo dentro e fora do emprego, até 5 anos. A não ser que a contagem de 2 anos fora da empresa sobrevenha antes.

Assim, quem for despedido após 4 anos e 6 meses da violação terá um semestre para reclamar ou interromper a prescrição; se despedido após 3 anos, terá mais 2 (5 ao todo); se despedido um ano após a violação, terá apenas 2 anos após a rescisão, pois esta contagem lhe chegará antes que a dos 5.

A essa conclusão se chega com fundamento em dois pressupostos: o gramatical, pela expressão da CF, art. 7º, XXIX, "até o limite de", usada como restrição ao prazo de 5 anos; o finalístico, ao perceber-se que o legislador constituinte alongou o prazo da preclusão quando vigente o contrato, pelo temor reverencial ou da subordinação, mas o encurtou após a extinção do contrato. E não teria sentido que o empregado, com poucos dias para alcançar os 5 anos de prescrição dentro da empresa, despedido, tivesse 2 anos completos, enquanto outro colega, em idêntica situação, não despedido, perdesse seus direitos.

TST I. Respeitado o biênio subsequente à cessação contratual, a prescrição da ação trabalhista concerne às pretensões imediatamente anteriores a cinco anos, contados da data do ajuizamento da reclamação e, não, às anteriores ao quinquênio da data da extinção do contrato. II. A norma constitucional que ampliou o prazo de prescrição da ação trabalhista para 5 (cinco) anos é de aplicação imediata e não atinge pretensões já alcançadas pela prescrição bienal quando da promulgação da CF/1988 (TST – Súmula 308, conversão da Orientação Jurisprudencial SDI-1 204).

Cinge-se a controvérsia na interpretação do art. 7º, XXIX, da CF, para verificar qual será o prazo prescricional a ser observado pelo trabalhador avulso, se quinquenal ou bienal contado da extinção do contrato de trabalho. O inciso XXXIV do art. 7º da Carta Magna, ao atribuir igualdade de direitos entre o trabalhador com vínculo empregatício permanente e o trabalhador avulso, terminou por resolver a questão que ora se busca decifrar, pois o princípio da isonomia, calcado na igualdade substancial (CF, art. 5º, II), não permitiria que se atribuísse para situações consideradas pelo ordenamento jurídico como idênticos tratamentos diferenciados. Desse modo, se para o trabalhador com vínculo permanente a contagem da prescrição tem limite constitucional de dois anos após a extinção do contrato de trabalho, outra solução não poderá ser dada ao trabalhador avulso, cujo contrato de trabalho deve ser considerado como aquele que decorreu da prestação dos serviços, muito embora não se desconheça a atipicidade da relação jurídica que une um avulso ao tomador do seu serviço. Assim, a partir de cada trabalho ultimado, nasce para o titular da pretensão o direito de verificar a existência de crédito trabalhista, iniciando-se a partir daí a contagem do prazo prescricional. Precedentes da Corte (TST, E-RR 534200-89.2005.5.12.0050, Maria de Assis Calsing, Ac. SDI-1).

A prescrição quinquenal, instituída pelo artigo 7º, inciso XXIX, alínea "a", da Constituição Federal, aplica-se às situações jurídicas em curso, eis que de ordem pública. Porém, não pode atingir situação jurídica definitivamente constituída, em que o prazo fluiu sob o império da lei antiga, sob pena de ferir o direito adquirido patronal concernente à prescrição já consumada sob a égide da lei anterior (TST, RO-AR 127.593/94.9, João Oreste Dalazen, Ac. SBDI-2 1.525/97).

O empregado doméstico, como se sabe (art. 7º/2), continua excluído da aplicação generalizada das normas trabalhistas, não se lhe aplicando os dispositivos da CLT, a) nem os da CF, que não o mencionam expressamente. Perante essa omissão, entendemos que se deve observar o que dispõe a Introdução à CLT, no seu Título I, que é uma verdadeira Lei de Introdução ao Código Trabalhista brasileiro (a isso a CLT equivale), com os conceitos básicos aplicáveis a todas as relações laborais (conceito de emprego, solidariedade, tempo etc.); b) recorrer aos prazos extintivos prescricionais do CC, tendo os do Direito do Trabalho, apresenta-se como ranço analógico, depois de que todos os institutos trabalhistas de lá foram retirados há muito, permanecendo apenas as palavras vazias, mortas, como a locação de serviços; vozes ilustres integram essa corrente: Magano (ob. cit., Índ. Bibliog.) e Isis de Almeida (idem); c) uma terceira corrente aplica os prazos da CF, de 5 anos ou 2, após a rescisão: Süssekind (v. Índ. Bibliog.) e José Ferreira Prunes (idem).

* Sobre o tema *supra*, v. www.institutocarrion.com.br.

6 *Trabalhador rural*: prescrição e comprovação de obrigações (art. 7º/15).

7 *Fundo de Garantia do Tempo de Serviço*. É certo que as Leis 5.107/66 e 7.839/89 permitiam ao empregado acionar o empregador pelo não recolhimento das importâncias devidas. Mesmo assim, apesar da jurisprudência contrária, entendíamos que a prescrição era bienal (CLT, art. 11) e não se iniciava na data em que cada parcela deveria ter sido depositada, mas no momento da rescisão contratual: a) porque o empregado pode não ter recebido ciência do depósito ou de seu inadimplemento ou do saldo anual previsto; b) porque o objetivo da lei é garantir o tempo de serviço, em substituição à indenização final; se cada um dos depósitos estivesse sujeito à prescrição, a norma traria consigo sua própria negação; c) porque, vigente o contrato, a lei nunca permitiu ajuizar ação para embolsar o depósito, mas para ser recolhido no estabelecimento bancário; d) porque o FGTS, ao debilitar a resistência do empregado perante o empregador, impede-o na prática de propor a ação que tem efeito indenizatório primordial; nesta circunstância a proteção do direito levou a formalidades essenciais, consistentes na homologação obrigatória dos pagamentos e manifestação de vontade quanto à rescisão por parte do trabalhador.

A prescrição, assim, não tinha por que ser trintenária, mas quinquenal (que é o prazo genérico de preclusão trabalhista), pelo caráter prevalentemente substitutivo da indenização por tempo de serviço. A nova redação da Súmula 362 não fixa em trintenária a prescrição, trazendo a prescrição para 5 anos, observado o prazo de 2 anos do término do contrato; para a prescrição que já estava em curso em 13.11.2004, mantém o prazo de 30 anos limitado a 5 anos após essa data, uma decisão que se coaduna com a Justiça, pois não podemos retirar um direito que já existia de forma abrupta e sim dar um prazo para aquele que se sentiu prejudicado buscar seus ressarcimentos. Na decisão do STF, ARE 709.212, a prescrição do FGTS é tratada como todas as contribuições sociais. As contribuições sociais (CF, art. 149) foram incluídas no capítulo do Sistema Tributário Nacional, e assim a prescrição seria quinquenal como todos os tributos na forma da lei complementar, que não poderia ser alterada por lei ordinária como faz a L. 8.036/90, art. 23, § 5º; essa a lição de Octavio Bueno Magano ("FGTS", *IOB* 2/90); o argumento se reforça pela tranquilidade com que hoje se reconhece o caráter fiscal das contribuições sociais e pelo art. 4º do Código Tributário, que mantém a natureza jurídica dos tributos, "sendo irrelevante a destinação legal do produto da sua arrecadação" (Ives Gandra Martins, *Comentários à Const. do Brasil*). O STF declarou a inconstitucionalidade do art. 23 da L. 8.036/90, confirmando o pensamento acima (ARE 709.212).

Também é inaceitável a afirmação vitoriosa de que os salários prescritos não permitem a cobrança de FGTS correspondente; este não pode ser considerado acessório daqueles; a finalidade do instituto é diversa, e o fato de a lei ter tomado como referência um percentual sobre o ganho não lhe retira aquela diferenciação conceitual e teleológica; a simples expressão literal da lei, "remuneração paga", não impede essa conclusão, porque não se tenha dito "remuneração devida". Tal entendimento poderá ser menos convincente quando se tratar de remuneração adicional, excepcional ou extraordinária, como no caso das horas extras; a repulsa que advém ao julgador em investigar fatos muito antigos, cuja existência não é óbvia, pela simples existência da relação de emprego, o perigo da prova falsa e incerta do passado e a acessoriedade desses pagamentos, além das demais dificuldades instrumentais, poderão levar a um justo julgamento de conveniência diferente. Não, como se disse, quanto à remuneração básica facilmente conhecida, inclusive quanto ao salário mínimo. A prescrição das diferenças da multa de 40% sobre o FGTS dos expurgos inflacionários se inicia com a vigência da LC 110/01. Sobre o não pagamento dos depósitos mensais pelo empregador, v. Precedente Administrativo 1 MTE/SIT, em apêndice.

STJ As diferenças de correção monetária resultantes de expurgos inflacionários sobre os saldos de FGTS têm como termo inicial a data em que deveriam ter sido creditadas (STJ – Súmula 445).

STJ A prescrição da ação para pleitear os juros progressivos sobre os saldos de conta vinculada do FGTS não atinge o fundo de direito, limitando-se às parcelas vencidas (STJ – Súmula 398).

STJ A ação de cobrança das contribuições para o FGTS prescreve em trinta anos (STJ – Súmula 210).

TST I – Para os casos em que a ciência da lesão ocorreu a partir de 13.11.2014, é quinquenal a prescrição do direito de reclamar contra o não recolhimento de contribuição para o FGTS, observado o prazo de dois anos após o término do contrato. II – Para os casos em que o prazo prescricional já estava em curso em 13.11.2014, aplica-se o prazo prescricional que se consumar primeiro: trinta anos, contados do termo inicial, ou cinco anos, a partir de 13.11.2014 (STF-ARE-709212/DF) (TST – Súmula 362, Res. 198/15, *DEJT*, 12.6.15).

TST A prescrição da pretensão relativa às parcelas remuneratórias alcança o respectivo recolhimento da contribuição para o FGTS (TST – Súmula 206).

SDI O termo inicial do prazo prescricional para o empregado pleitear em juízo diferenças da multa do FGTS, decorrentes dos expurgos inflacionários, deu-se com a vigência da Lei Complementar n. 110, em 30.06.01, salvo comprovado trânsito em julgado de decisão proferida em ação proposta anteriormente na Justiça Federal, que reconheça o direito à atualização do saldo da conta vinculada (TST, SDI-1, Orientação Jurisprudencial 344, mantida Res. TST 175/11).

No caso dos autos, verifica-se que o termo inicial do prazo prescricional para o empregado postular as diferenças da multa do FGTS, provenientes dos expurgos inflacionários, deu-se na data de rescisão contratual, uma vez que ocorreu após a data em que passou a viger a Lei Complementar n. 110/2001 (TST, AIRR 804/2005-029-01-40, Emmanoel Pereira, Ac. 5ª T.).

A natureza da contribuição devida ao FGTS foi definida pelo STF no RE 100.249 – *RTJ* 136/681. Nesse julgamento foi ressaltado seu fim estritamente social de proteção ao trabalhador, aplicando-se-lhe, quanto à prescrição, o prazo trintenário resultante do art. 144 da LOPS (STF, RE 117.986-4-SP, Ilmar Galvão, Ac. 1ª T.).

Prescrição. FGTS. O instituto pertence à categoria das contribuições sociais. O prazo prescricional, pela regra do Sistema Tributário Nacional, deveria ser quinquenal (CF, art. 149). A natureza do crédito, sendo trabalhista, também o tipificaria como quinquenal (CF, art. 7º, XXIX, *a*). Todavia, é de se aceitar o entendimento do STF, como trintenária (Proc. TRT/SP 18.998/96, Valentin Carrion, Ac. 9ª T. 34.696/97).

* Sobre o tema *supra*, v. www.institutocarrion.com.br.

8 *PIS-PASEP*. A única disposição diferente à norma genérica constitucional (5 anos ou 2) é a referente ao PIS-PASEP; tal contribuição é trabalhista apenas indiretamente, pois a lei não o considera rendimento do trabalho, nem o incorpora à remuneração, nem é de competência da Justiça do Trabalho, a não ser quanto aos prejuízos havidos (art. 457/10). Nesse caso, a prescrição é de 10 anos (DL 2.052/83, art. 10).

O cadastramento no PIS – Plano de Integração Social, por ser o decorrente do contrato de trabalho, é uma obrigação de índole laboral. Em assim sendo, está sujeito à prescrição trabalhista e não àquela disposta no art. 10 do Decreto-Lei 2.052/83, alusiva a débitos para com o programa, haja vista não ter verba indenizatória de natureza fiscal (TST, RR 311.665/96.8, Thaumaturgo Cortizo, Ac. 5ª T., 13.8.99).

9 *A prescrição em juízo* pode ser alegada pela parte (CPC/15, art. 487, II; o juiz pronunciará a prescrição *ex officio*; é seu dever. O ajuizamento da ação (simples entrega da petição inicial em cartório) interrompe a prescrição, pois, no processo trabalhista, é dispensado o despacho do juiz (CLT, art. 841), e não está condicionado a que a parte diligencie a citação como no processo civil (CPC/15, art. 240, § 2º). O arquivamento da reclamação pelo não comparecimento do autor à audiência não impede a interrupção da prescrição, mas se exige que a citação tenha sido válida ou, se inexistente, não o seja por culpa do autor.

A prescrição pode ser alegada em qualquer instância (CC, art. 193), inclusive perante a segunda quando do recurso (nas reclamações trabalhistas, nos Tribunais Regionais, ainda que não arguida na primeira); também em contrarrazões, desde que se dê oportunidade à parte contrária para responder; mas não da tribuna, em sustentação oral, quando já houve preclusão, porque impede à parte contrária defender-se; não pode ser arguida em recurso de revista ou extraordinário, pois neles o STF e o TST são graus de jurisdição e não terceira instância. Por não ser mais uma faculdade da parte e sim um dever do juiz (*o juiz pronunciará, de ofício, a prescrição*), ela deve ser pronunciada em qualquer momento do processo, seja pelo juiz, seja pelo órgão colegiado.

A prescrição para propor a ação de conhecimento também é reconhecida ao promover a execução de sentença; assim o STF – Súmula 150; Pires Chaves, *Execução*; Amaro, *Tutela*; CLT, art. 884, § 1º; CPC/15, arts. 525, VII, e 535, VI.

Arguição de prescrição

STF Prescreve a execução no mesmo prazo de prescrição da ação (STF – Súmula 150).

STJ Proposta a ação no prazo fixado para o seu exercício, a demora na citação, por motivos inerentes ao mecanismo da Justiça, não justifica o acolhimento da arguição de prescrição ou decadência (STJ – Súmula 106).

TST A ação trabalhista, ainda que arquivada, interrompe a prescrição somente em relação aos pedidos idênticos (TST – Súmula 268).

TST Não se conhece da prescrição não arguida na instância ordinária (TST – Súmula 153).

A prescrição é a perda da pretensão pela inércia do titular no prazo que a lei considera ideal para o exercício do direito de ação. Não se mostra compatível com o processo do trabalho a nova regra processual inserida no art. 219, § 5º, do CPC, que determina a aplicação da prescrição, de ofício, em face da natureza alimentar dos créditos trabalhistas. Ao contrário da decadência, onde a ordem pública está a antever a estabilidade das relações jurídicas no lapso temporal, a prescrição tem a mesma finalidade de estabilidade apenas que entre as partes. Deste modo, necessário que a prescrição seja arguida pela parte a quem a aproveita. Recurso de revista conhecido e desprovido (TST, RR 404/2006-028-03-00, Aloysio Corrêa da Veiga).

O memorial, ainda que apresentado no âmbito da instância ordinária, não se constitui em momento adequado para se arguir a prescrição, visto que a parte contrária não terá oportunidade para combater tal argumento. A última oportunidade para a parte pleitear a decretação de prescrição é o recurso ordinário, quando, então, o recorrido poderá ter assegurada a garantia constitucional do art. 5º, LV, da Constituição Federal (TST, E-RR 677474/00, Carlos Alberto Reis de Paula).

Não se pode conhecer, pois, de prescrição arguida após o término do prazo do recurso ordinário, ainda que em memorial ou sustentação oral. É o que se entende do Enunciado 153/TST (TST, RR 45.092/92.1, Manoel Mendes de Freitas, Ac. 3ª T. 4.755/92).

Não cabe ao Ministério Público suscitar prescrição mediante parecer nos autos (TST, RR 189.340/95.5, Antônio Fábio Ribeiro, Ac. 3ª T.).

Se o Tribunal Regional do Trabalho modifica a sentença prolatada em primeiro grau para, pela vez primeira, condenar a Reclamada ao pagamento de adicional de insalubridade, cabe-lhe examinar a prescrição arguida em defesa, mesmo que ela não tenha sido renovada nas contrarrazões ao recurso ordinário. Entendimento contrário afronta o art. 515, § 1º, do CPC (TST, RR 287.057/96.2, Carlos Alberto Reis de Paula, Ac. 2ª T., 12.2.99).

Art. 11-A. Ocorre a prescrição intercorrente[1] no processo do trabalho no prazo de dois anos.

§ 1º A fluência do prazo prescricional intercorrente inicia-se quando o exequente deixa de cumprir determinação judicial no curso da execução.

§ 2º A declaração da prescrição intercorrente pode ser requerida ou declarada de ofício em qualquer grau de jurisdição. (Red. L. 13.467/17).

1 A *prescrição intercorrente* é espécie prescricional, ocasionada pela paralisação do processo. O prazo prescricional, a perda do direito de agir, foi interrompido pelo ajuizamento da ação, que recomeça caso ocorra a paralisação do processo. É necessário que o exequente deixe de agir, não responda a citação. Mas essa só ocorre quando o exequente deixa de cumprir qualquer exigência judicial.Paralisada a ação no processo de cognição ou no da execução por culpa do autor, por mais de 2 anos, opera-se a chamada prescrição intercorrente; mesmo que caiba ao juiz velar pelo andamento do processo (CLT, art. 765; CPC/15, arts. 921, § 4º, e 924, V), a parte não perde, por isso, a iniciativa; sugerir que o juiz prossiga à revelia do autor, quando este não cumpre os atos que lhe forem determinados, é como o remédio que mata o enfermo. Pretender a inexistência da prescrição intercorrente é o mesmo que criar a "lide perpétua" (Russomano, *Comentários à CLT*), o que não se coaduna com o Direito brasileiro. Entretanto, a prescrição intercorrente trabalhista, reconhecida pelo STF (Súmula 327), é contestada por grande parte da doutrina (Süssekind, *Comentários*; Amaro, *Tutela*, v. 1). A CLT, art. 884, § 1º, já previa. O TST, deverá cancelar a Súmula 114 e modificar a IN 39, art. 2º, VIII, permitindo a a aplicação do CPC/15, arts. 921, §§ 4º e 5º, e 924, V. Não sendo encontrado o executado ou bens para penhora, suspende-se a execução sem que a prescrição corra (L. fiscal 6.830/80, art. 40, em apêndice, aplicável à execução trabalhista), mesmo que os autos tenham sido arquivados; trata-se de arquivamento provisório do processo de execução, como define o TST, Ato GCGJT 17/11 (desarquivamento é assegurado ao credor e/ou ao juiz por ofício). Entretanto, se a suspensão não ocorreu por ausência de bens para penhora, mas por descuido, opera-se a prescrição. Se no momento do arquivamento tiver decorrido o prazo prescricional, deverá o juiz de ofício decretar de imediato a prescrição (L. 6.830/80, art. 40, § 4º, em apêndice). Quando o valor da execução for menor que o mínimo fixado pelo Ministro da Fazenda, será dispensada a manifestação do ente público (L. 6.830/80, art. 40, § 5º, em apêndice, incluído L. 11.960/09).

A execução da sentença para pagamento de salário mínimo dos médicos pode ser suspensa (se o Conselho Nacional de Serviço Social declarar a empregadora, instituição beneficente e caritativa, impossibilitada de arcar com o pagamento); provada a melhora de condições econômicas, a sentença poderá ter seguimento, "independentemente de qualquer prazo prescricional" (L. 3.999/61, médicos e dentistas).

STF O direito trabalhista admite a prescrição intercorrente (STF – Súmula 327).

STF Verifica-se prescrição intercorrente pela paralisação da ação rescisória por mais de cinco anos (STF – Súmula 264).

TST A ação trabalhista, ainda que arquivada, interrompe a prescrição somente em relação aos pedidos idênticos (TST – Súmula 268).

TST É inaplicável na Justiça do Trabalho a prescrição intercorrente (TST – Súmula 114).

EXECUÇÃO. PRESCRIÇÃO INTERCORRENTE. O entendimento desta Corte Superior, consubstanciado na Súmula n. 114, é no sentido de ser incabível a prescrição intercorrente na execução trabalhista. É importante registrar que a SBDI-1 já decidiu que a aplicação da prescrição intercorrente, extinguindo o processo com resolução do mérito, afronta o artigo 5º, XXXVI, da Constituição Federal, uma vez que torna sem efeitos concretos o título judicial transitado em julgado, ao impedir a produção dos efeitos materiais da coisa julgada. Decisão do Tribunal Regional em contrariedade ao entendimento desta Corte Superior. Recurso de revista de que se conhece e a que se dá provimento (TST - RR 154200-93.1995.5.15.0099, julgado em 4.2.15, Cláudio Mascarenhas Brandão, 7ª T., *DEJT*, 6.2.15).

■ RECURSO DE REVISTA. EXECUÇÃO. PRESCRIÇÃO INTERCORRENTE. INAPLICABILIDADE NA JUSTIÇA DO TRABALHO. É inaplicável na Justiça do Trabalho a prescrição intercorrente, nos termos da Súmula 114 do TST. Desse modo, a incidência da prescrição intercorrente extinguindo a execução, com resolução de mérito, *in casu*, ofende o art. 7º, XXIX, da Constituição Federal. Precedentes. Recurso de revista conhecido e provido (TST, RR 226600-82.2002.5.02.0015, julgado em 4.2.15, Delaíde Miranda Arantes, 2ª T., *DEJT*, 20.2.15).

■ Prescrição. Intercorrente. Aplica-se no processo do trabalho. Não fosse assim, inexistiria o texto da CLT, art. 884, § 1º: "A matéria de defesa será restrita às alegações de ... prescrição da dívida". Esta só pode ser a prescrição intercorrente, pois a do processo de cognição já está preclusa nessa fase. Assim, também o STF, Súmula 327 (Proc. TRT/SP 37.465/97, Valentin Carrion, Ac. 9ª T. 19.867/98).

Art. 12. Os preceitos concernentes ao regime de seguro social são objeto de lei especial.

1 *A Previdência Social* é disciplinada pela CF/88, quanto aos domésticos (art. 7º, parágrafo único), competência legislativa (art. 24, XII), seguridade social (art. 194), benefícios e contribuições (arts. 201 e 202), assistência social (arts. 203 e 204), menores (art. 227, § 3º). O Ato das Disposições Transitórias trata do Finsocial (art. 56), débitos de Estados e Municípios (art. 57) e benefícios (arts. 58 e 59).

O conceito de Seguridade Social é mais amplo que o de Previdência Social; esta beneficia seus segurados e dependentes; aquela almeja estender seu manto protetor a toda a população (Catharino, *Temas*). O objetivo da seguridade social é dar às pessoas e às famílias a tranquilidade de saber que, dentro do possível, o nível e a qualidade de suas vidas não sofrerão redução significativa por força de alguma contingência social ou econômica (*A Seguridade Social na Perspectiva do ano 2000*, OIT, *LTr*, 1985, n. 219). "A Seguridade Social compreende um conjunto integrado de ações de iniciativa dos Poderes Públicos e da sociedade, destinadas a assegurar os direitos relativos à saúde, à previdência e à assistência social" (CF/88, art. 194). *Assistência social* é o amparo que se concede ao necessitado, sem qualquer prestação prévia deste ou de terceiros por ele. Tem por objetivo a proteção da família, maternidade, infância, adolescência, velhice e deficiência física (CF, arts. 203 e segs.; L. 8.742/93, alt. L. 12.435/11, 12.470/11 e L. 13.014/14).

O sistema geral da previdência social brasileira é regulado pela Constituição Federal (arts. 201 e segs.), pela Lei Orgânica da Seguridade Social (L. 8.212/91);

L. 9.876/99; LC 70/91, pela Lei de Planos de Benefícios (L. 8.213/91) e pelo Regulamento da Previdência Social (D. 3.048/99). Foram mantidas as normas específicas de certas atividades (aeronauta, jornalista, ex-combatente, atleta profissional (art. 507/8) e ferroviário servidor público). Segurado obrigatório e facultativo (L. 8.212/91, arts. 12 e 14). Previdência social de brasileiro no exterior (Port. MPAS/GM 4.198/97). Crimes contra a Previdência Social (L. 8.212/91, art. 95, § 2º, v. Índ. Leg.).

O SINPAS – Sistema Nacional de Previdência e Assistência Social (L. 6.439/77) integrou entidades previdenciárias e assistenciais básicas: INPS, INAMPS (extinto pela L. 8.689/93 – absorvido pelo Sistema Único de Saúde), LBA, FUNABEM, DATAPREV, IAPAS e CEME (v. abreviaturas, no início desta obra). O IAPAS e o INPS fundiram-se no INSS — Instituto Nacional do Seguro Social, autarquia federal vinculada ao Ministério da Previdência e Assistência Social (D. 2.663/98). Microempresa, privilégios (L. 9.841/99, alt. D. 5.028/04).

Salário-contribuição. Para o empregado e trabalhador avulso é a remuneração auferida em uma ou mais empresas, correspondendo à totalidade dos rendimentos pagos, devidos ou creditados a qualquer título, durante o mês, destinados a retribuir o trabalho, inclusive as gorjetas, utilidades e adiantamentos de reajuste salarial (L. 9.876/99) e sobre o qual incidem as contribuições, que correspondem a 8%, 9% e 11% sobre as faixas salariais, reajustadas de acordo com o valor dos benefícios. A contribuição do empregador incide sobre a folha de salários, o faturamento e o lucro, variando segundo o risco da atividade preponderante quanto ao financiamento do seguro de acidentes, o total das remunerações pagas aos segurados contribuintes individuais que lhe prestem serviços e o valor bruto da nota fiscal ou fatura de prestação de serviços de cooperados (L. 8.212/91, arts. 20 e 22, red. L. 9.129/95 e L. 8.212/91, art. 28, red. L. 9.528/97 e 9.876/99); valores reajustados (D. 3.048/99, arts. 33, alt. pelo D. 5.545/05, 189 e 373). Não incide contribuição sobre aposentadoria (CF, art. 195, II, red. EC 20/98). O aposentado que retorna à ativa contribui, exceto o servidor público. A L. 8.212/91, no seu art. 32, teve a inclusão do inciso VI (L. 12.692/12), onde obriga ao empregador informar por meio de documento o valor recolhido ao INSS.

Aposentadoria. Complementação pelo empregador (art. 468/3).

2 *Salário-família.* Apesar da denominação, não se trata de salário, mas de benefício de caráter previdenciário, adiantado pela empresa vinculada ao sistema geral da previdência social, ao empregado (o doméstico tem direito, v. art. 7º/3), de acordo com o número de filhos, ou equiparados, na base fixada pela norma (CF, art. 7º, XII, red. EC 20/98; L. 8.213/91, arts. 18, *f*, 26, I, e 65 a 70; D. 3.048/99 alt. pelo D. 4.729/03, v. Índ. Leg.). A EC 20/98 alterou a redação para dispor que o salário-família será pago "em razão do dependente do trabalhador de baixa renda nos termos da lei". Mas o *caput* do art. 7º não restringe direitos dos trabalhadores concedidos por lei, sentença normativa ou pacto individual. É um mínimo. Por essa razão diz: "São direitos dos trabalhadores... além de outros...". Assim, entendemos que, até que nova lei disponha diferentemente, subsistem as disposições da L. 8.213/91. A MPS/MF Port. 15/13 limita a concessão do benefício à percepção de renda mensal inferior a R$ 971,78. O empregador é ressarcido da despesa por compensação das contribuições que deixa de recolher. Foi estendido aos filhos inválidos de qualquer idade, assim como aos dos empregados aposentados por invalidez, velhice ou com 65 anos, se do sexo masculino, ou 60 anos, se do feminino. Para o filho até 6 anos é necessário o atestado de vacinação anual, e para o filho até 14 anos é necessário o atestado de vacinação e de frequência escolar.

O empregador não se exime do pagamento, com a simples alegação de ter o empregado omitido a apresentação dos documentos necessários; é que atribuir ao empregado o ônus de provar a exibição ou entrega daqueles é negar-lhe a pretensão; ao empregador incumbe o dever de propiciar ao empregado esse benefício, aconselhando-o a cumprir as formalidades; se este não diligencia, a empresa tem meios de, por escrito, obter do empregado recibo do aviso dado.

Para o pagamento do *salário-família,* condicionado à apresentação: a) de certidão de nascimento do filho ou equiparado ou inválido; b) atestado anual de vacinação obrigatória; c) atestado de frequência à escola (L. 8.213/91, art. 67, red. L. 9.876/99). Pagamento a empregado demitido ou admitido no decorrer do mês: 1/30 da quota, por dia de vigência do contrato.

Salário-família do rural (art. 7º/14).

TST O termo inicial do direito ao salário-família coincide com a prova da filiação. Se feita em juízo, corresponde à data de ajuizamento do pedido, salvo se comprovado que anteriormente o empregador se recusara a receber a certidão respectiva (TST – Súmula 254).

Nos termos do art. 67 da Lei n. 8.213/91, o salário-família só é devido ao empregado que apresentar ao empregador certidão de nascimento e, ainda, atestado anual de vacinação obrigatória do filho (TST, E-RR 216.684/96.2, Vantuil Abdala, Ac. SBDI-1).

3 *Acidente do trabalho.* A CF considera direito dos trabalhadores o "seguro contra acidentes de trabalho, a cargo do empregador, sem excluir a indenização a que este está obrigado, quando incorrer em dolo ou culpa" (art. 7º, XXVIII), sendo que a "Lei disciplinará a cobertura do risco de acidentes do trabalho a ser atendida concorrentemente pelo regime geral de previdência social e pelo setor privado" (CF art. 201, § 10, alt. EC 20/98). A constatação do nexo entre o acidente e o trabalho cabe à perícia médica do INSS (L. 8.213/91, art. 21-A, alt. L. 11.430/06). Nem a CF nem a Lei de Benefícios da Previdência Social asseguraram o benefício aos domésticos (L. 8.213/91, art. 18, § 1º). O art. 194 da CF prevê a organização da seguridade social, com base no objetivo, entre outros, da uniformidade e equivalência dos benefícios e serviços às populações urbanas e rurais. Conceito legal de acidente (CLT, art. 166/2). Seguro de acidentes (L. 6.367/76). Previdência Social (L. 8.213/91, arts. 118 e segs., v. Índ. Leg.). Acidentes, grau de risco (D. 3.048/99, Anexo III).

A reabilitação do acidentado tem implicações em: equiparação salarial (CLT, art. 461, § 4º e nota 1), direito de retorno à função (art. 475/1), aviso prévio (art. 489/1), estabilidade provisória (L. 8.213/91, art. 118). Manutenção do plano de saúde, TST Súmula 440, o direito ao plano de saúde decorre do contrato de trabalho e não do acidente. Para a Previdência Social interessa aferir se a reabilitação é total ou parcial para fins de pagamento dos benefícios envolvidos (auxílio-acidente, L. 8.213/91, art. 86). Fiscalização do cumprimento das normas destinadas à inclusão no trabalho das pessoas com deficiência e beneficiários da Previdência Social MTE/SIT IN 98/12, v. Índ. Leg.

TST Assegura-se o direito à manutenção de plano de saúde ou de assistência médica oferecido pela empresa ao empregado, não obstante suspenso o contrato de trabalho em virtude de auxílio-doença acidentário ou de aposentadoria por invalidez (TST – Súmula 440).

Falta de dispositivo de segurança. Operação de máquina sem dispositivo de segurança. O dever de tomar as medidas necessárias para o desenvolvimento seguro e saudável da atividade laboral é inerente ao risco do negócio. A inobservância desse dever configura a culpa do empregador pelos consequentes acidentes. Indenizações por danos morais e estéticos devidas (TRT/SP, RO 01432000520095020314, Rafael Pugliese, *DEJT*, 17.5.13).

Utilização de motocicleta. Aplicabilidade. Esta Corte tem entendido que o art. 7º, XXVIII, da Constituição Federal, ao consagrar a teoria da responsabilidade subjetiva, por dolo ou culpa do empregador, não obsta a aplicação da teoria da responsabilidade objetiva às lides trabalhistas, mormente quando a atividade desenvolvida pelo empregador pressupõe a existência de risco potencial à integridade física e psíquica do trabalhador ou quando a dinâmica laborativa fixa maiores chances de ocorrer o sinistro. Efetivamente, o art. 7º da Constituição Federal, ao elencar o rol de direitos mínimos assegurados aos trabalhadores, não exclui a possibilidade de que outros venham a ser reconhecidos pelo ordenamento infraconstitucional, tendo em mira que o próprio *caput* do mencionado artigo autoriza ao intérprete a identificação de outros direitos, com o objetivo da melhoria da condição social do trabalhador. No caso dos autos, não há dúvida quanto ao risco imanente à atividade empresarial, visto que sua dinâmica impunha ao reclamante a execução mediante a utilização de motocicleta, veículo notoriamente reconhecido como de extremo perigo, visto que sujeita seu condutor a risco de acidentes muito superior em comparação aos demais meios de transporte utilizados, especialmente no presente caso que havia deslocamento em rodovias. Recurso de revista conhecido e provido (TST, RR 33800-16.2007.5.09.0093, julgado em 2.5.12, Dora Maria da Costa).

O Tribunal Regional deu parcial provimento ao recurso ordinário interposto pela Reclamada, para, mantida sua responsabilidade pela obrigação de indenizar os danos sofridos pelo Reclamante em decorrência de acidente de trabalho, reduzir os valores arbitrados para as indenizações por danos morais (de R$ 36.398,16 para R$ 15.000,00) e por danos estéticos (de R$ 36.398,16 para R$ 5.000,00). No recurso de revista, a Reclamada defende que o empregado somente tem direito de haver do empregador reparação por danos decorrentes de acidente laboral quando este último incorrer em culpa em sentido amplo, a qual, no seu entender, não foi comprovada no caso dos autos. Com relação aos requisitos do dever de indenizar, observa-se que o Tribunal

Regional examinou a prova e dela concluiu que o Reclamante foi vítima de acidente de trabalho que lhe causou danos morais e estéticos, que a Reclamada concorreu para a ocorrência do infortúnio ao deixar de observar as normas de segurança do trabalho e que houve nexo de causalidade entre o acidente e conduta negligente da empresa. Logo, ao contrário do que alega a Reclamada, a imposição do dever de indenizar pelo Tribunal Regional decorreu da constatação da culpa empresarial, razão por que incólume o art. 7º, XXVIII, da Constituição Federal. Na realidade, o que a Reclamada pretende discutir é a valoração da prova, pois argumenta que o Reclamante não se teria desincumbido do ônus de provar a culpa empresarial. No entanto, isso é matéria de fato, cuja discussão foi encerrada com o julgamento do recurso ordinário, sendo vedado o reexame de fatos e provas em recurso de revista, nos termos da Súmula n. 126 desta Corte (TST, RR 161400-59.2006.5.24.0021, Fernando Eizo Ono).

No recurso de revista, a Reclamada insurge-se contra o montante arbitrado pelo Tribunal Regional a título de indenização por dano moral, por considerá-lo exorbitante. Não obstante, o conhecimento do recurso não se viabiliza pela indicação de divergência jurisprudencial, porque o modelo colacionado pela Reclamada não aborda as mesmas premissas examinadas pelo Tribunal Regional, tal como exige a Súmula n. 296, I, desta Corte: acidente de trabalho de que decorreu a amputação de um dos antebraços de empregado com 22 anos de idade, perda de 60% da capacidade de trabalho e prejuízo estético. Ante a inexistência de parâmetros legais para a quantificação da compensação devida por dano moral, a decisão de manutenção da indenização de R$ 350.000,00 não é desarrazoada, porquanto tal valor, conforme consignado pelo Tribunal Regional, representa compensação pela dor, deformação estética e limitação funcional provocadas pela amputação de um dos antebraços de empregado jovem. Nesse tocante, a alegação de ofensa aos arts. 944 do Código Civil e 126 do CPC tampouco propicia o conhecimento do recurso, porque o valor da indenização foi fixado de acordo com a gravidade dos danos sofridos pelo Reclamante, conforme consignado pelo Tribunal Regional (TST, RR 209200-85.2005.5.02.0068, Fernando Eizo Ono).

O constituinte, ao estabelecer os direitos dos trabalhadores, previu duas indenizações, autônomas e cumuláveis: a acidentária, a ser exigida do INSS, lastreada na responsabilidade objetiva; e a de natureza civil, a ser paga pelo empregador, se incorrer em dolo ou culpa. No caso, a responsabilização do Reclamado depende da caracterização do elemento culpa, pois as atividades exercidas pela Reclamante em suas funções de bancária não implicam em risco profissional a ser suportado pelo empregador de forma objetiva. Aplica-se, portanto, a regra geral da responsabilidade subjetiva (TST -RR-139300-85.2004.5.05.0611, Maria Cristina Irigoyen Peduzzi).

Estabilidade. O acidentado que usufruir auxílio-doença acidentário goza de estabilidade durante os 12 meses seguintes ao final do auxílio, podendo ser sua remuneração reduzida, desde que compensada pela Previdência (L. 8.213/91, art. 118, v. Índ. Leg.). Magano entende que qualquer estabilidade não prevista na CF só poderá ser estabelecida por lei complementar; isso em virtude da exigência expressa imposta pelo texto constitucional (art. 7º, I), que é proposição que determina que a relação de emprego de modo geral será protegida mediante lei complementar (Acidente do trabalho não gera estabilidade, *LTr* 56/1426). É de acrescentar as estabilidades do dirigente sindical, respectivamente, na CF (art. 8º) e no ADCT (art. 10). Nei Cano Martins (*LTr* 57/1049, 1993), Martins Catharino e Arion Romita acolhem a constitucionalidade da lei ordinária. Auxílio-doença e auxílio-acidente (L. 8.213/91, arts. 59 e 86).

Com a alteração pelo TST da Súmula 378, surge a estabilidade para o acidentário, no contrato por prazo determinado. Se no início do contrato de experiência, por 45 dias, o empregado sofre acidente, o empregador será obrigado a manter o empregado até 12 meses após seu retorno, em um contrato por obra certa. Terminada a obra, o empregador terá de manter a empregado mesmo sem obra. Seria melhor que o empregador, se agiu por negligência e/ou culpa, pague uma indenização.

STF Ao trabalhador rural não se aplicam, por analogia, os benefícios previstos na L. 6.367, de 19.10.76 (STF – Súmula 612).

STJ O benefício acidentário, no caso de contribuinte que receba remuneração variável, deve ser calculado com base na média aritmética dos últimos doze meses de contribuição (STJ – Súmula 159).

TST I – É constitucional o art. 118 da Lei n. 8.213/1991 que assegura o direito à estabilidade provisória por período de 12 meses após a cessação do auxílio-doença ao empregado acidentado. II – São pressupostos para a concessão da estabilidade o afastamento superior a 15 dias e a consequente percepção do auxílio-doença acidentário, salvo se constatada, após a despedida, doença profissional que guarde relação de causalidade com a execução do contrato de emprego. III – O empregado submetido a contrato de trabalho por tempo determinado goza da garantia provisória de emprego decorrente de acidente de trabalho prevista no art. 118 da Lei n. 8.213/91 (Res. TST 185/12) (TST – Súmula 378, conversão das Orientações Jurisprudenciais SDI-1 105 e 230).

TST As faltas ou ausências decorrentes de acidente do trabalho não são consideradas para os efeitos de duração de férias e cálculo da gratificação natalina (TST – Súmula 46).

SDI Estabilidade. Instrumento normativo. Vigência. Eficácia. Preenchidos todos os pressupostos para a aquisição de estabilidade decorrente de acidente ou doença profissional, ainda durante a vigência do instrumento normativo, goza o empregado de estabilidade mesmo após o término da vigência deste (TST, SDI-1, Orientação Jurisprudencial 41).

São pressupostos para a concessão da estabilidade o afastamento superior a 15 dias e a consequente percepção do auxílio-doença acidentário, salvo se constatada, após a despedida, doença profissional que guarde relação de causalidade com a execução do contrato de emprego (Súmula 378, II, do TST). Óbice do art. 896, § 4º, da CLT e da Súmula 333/TST (TST, AIRR 1205-27.2010.5.24.0000, Alberto Luiz Bresciani de Fontan Pereira).

A L. n. 8.213/91, ao estabelecer a estabilidade provisória do acidentado, harmoniza-se com o disposto no art. 7º, I, da Constituição da República, e tem eficácia imediata (TST, RR 129.908/94.5, Armando de Brito, Ac. 5ª T. 2.577/95).

Com a extinção da empresa onde trabalhava o empregado, dissolvem-se os contratos de trabalho, cessando, consequentemente, as garantias asseguradas em razão da relação de emprego, dentre elas a estabilidade do acidentado no trabalho (TST, RR 287.023/96.3, Rider Nogueira de Brito, Ac. 5ª T.).

O auxílio-acidente sempre foi devido independentemente da percepção de outro benefício ou salário (D. 357/91 e D. 2.172/97); no entanto, os percentuais de cálculo do benefício variavam em função da "redução da capacidade laborativa" (D. 357/91). Atualmente, o auxílio-acidente é concedido no percentual de 50%, independentemente do grau de redução da capacidade (D. 2.172/97, art. 152, § 1º) (Proc. TRT/SP 31.391/97, Valentin Carrion, Ac. 9ª T. 46.907/98).

4 *Seguro-desemprego.* CF, art. 7º, II. Concedido, por tempo limitado, ao trabalhador despedido sem justa causa, inclusive a indireta, que, além de outros requisitos, tenha tido vínculo empregatício durante 6 meses ou nos últimos 36 meses. O benefício, que não pode ser inferior ao salário mínimo (L. 7.998/90, art. 5º, § 2º), varia de 3 a 5 parcelas mensais, a cada período aquisitivo, cuja duração pode variar a critério do Codefat (L. 7.998/90, art. 4º, alt. L. 13.134/15). A Res. MT/Codefat 120/96, v. Índ. Leg., ampliou em até mais 2 meses para os trabalhadores de algumas regiões metropolitanas. Com a alteração do art. 2º, I, e a inclusão do art. 2º-C e §§ na L. 7.998/90, pela L. 10.608/02, concedeu-se também o direito ao seguro-desemprego ao trabalhador comprovadamente resgatado de regime de trabalho forçado ou de condição análoga à de escravo. O D. 7.721/12, alt. L. 8.118/13, concede o direito à assistência financeira ao trabalhador segurado que solicitar o benefício do Programa de Seguro-Desemprego a partir da segunda vez dentro de um período de dez anos, o qual poderá ser condicionado à comprovação de matrícula e frequência em curso de formação inicial e continuada ou de qualificação profissional, habilitado pelo MEC, nos termos da L. 12.513/11, art. 18, alt. L. 12.816/13 com carga horária mínima de cento e sessenta horas. Formulários do seguro-desemprego (MTE/Codefat Res. 18/91, 36/92, 75/94, 168/98, 201/98, 203/98, 393/04 e 705/12); Seguro-desemprego "on-line" (MTE/Codefat Res. 608/09 e 620/09); Procedimentos (Res. MT/Codefat 19/91, 148/97, 219/99, 306/02 e 467/05 alt. 619/09, 651/10, 665/11 e 699/12, em apêndice). Prazo para requerer de 7 a 120 dias após a demissão (MTE/Codefat Res. 388/04). O FAT (Fundo de Amparo ao Trabalhador, L. 7.998/90, art. 10, alt. L. 12.513/11) foi criado para custear o seguro-desemprego; abono salarial (PIS-PASEP, L. 7.998/90, art. 9º) e programas de desenvolvimento econômico. Habilitação, necessidade de comprovação de que trata o inciso II do art. 3º da L. 7.998, foi prorrogada até 30.6.94; existiram várias prorrogações, a última até a L. 8.845/94. Pescador artesanal, seguro-desemprego (L. 10.779/03 e Resoluções do MTE/Codefat, período de defesa MTE/Codefat Res. 657/10 alt. MTE IN 01/11). Empregado da indústria de calçados (Res. MTE/Codefat 550/07). Empregado doméstico (LC 150/15). O Manual de Atendimento ao Seguro-Desemprego do Ministério do Trabalho autoriza o pagamento até 120 dias após o trânsito em julgado da decisão que reconheceu o direito. Multa ao empregador por não cumprimento das obrigações do seguro-desemprego, L. 7.998/90, art. 25, em apêndice. É direito pessoal e intransferível, pode ser sacado em casos de morte, ausência, moléstia contagiosa, e beneficiário preso, por mandatário legalmente constituído (Res. MTE/Codefat 665/11, em apêndice). Valor do benefício do seguro-desemprego, *vide* tabela 6, em apêndice.

TST I – Inscreve-se na competência material da Justiça do Trabalho a lide entre empregado e empregador tendo por objeto indenização pelo não fornecimento das guias do seguro-desemprego. II – O não fornecimento pelo empregador da guia necessária para o recebimento do seguro-desemprego dá origem ao direito à indenização (TST – Súmula 389, conversão das Orientações Jurisprudenciais SDI-1 210 e 211).

A entrega das guias do seguro-desemprego corresponde à obrigação de fazer, insuscetível de conversão em obrigação de dar, ou seja, não pode ser transformada em indenização pecuniária, à falta de autorização legal (TST, RR 246.511/96.2, Thaumaturgo Cortizo, Ac. 5ª T. 12335/97).

A ação do empregador, ao demitir por justa causa, quando na verdade a demissão se dera por causa injusta (fato reconhecido por decisão judicial), causa prejuízo ao empregado, obstando-lhe o acesso ao percebimento de direitos advindos desta decisão, dentre eles o seguro-desemprego; daí ser devido o pagamento da indenização respectiva, ante ao disposto no artigo 159 do CCB (TST, RR 406.955/97.5, Lourenço Prado, Ac. 1ª T.).

5 *PIS-PASEP e abono salarial anual*. Não têm caráter previdenciário (art. 457/10).

6 *A previdência privada* realiza-se por intermédio de entidades fechadas ou abertas. As primeiras são sociedades civis ou fundações, criadas para instituir planos de concessão de benefícios complementares ou assemelhados aos da Previdência Social, acessíveis aos empregados ou dirigentes de uma empresa ou grupo de empresas, denominadas patrocinadoras (D. 4.942/03). As abertas são sociedades constituídas com a finalidade de instituir planos de pecúlios ou de rendas, mediante contribuição de seus participantes. A CF proíbe a subvenção estatal da previdência privada (art. 202, § 3º, EC 20/98) e prevê a competência da União para autorizar, regular e fiscalizar o seu funcionamento (art. 21, VIII). Organização e funcionamento: LC 109/01.

TST Se o empregado, ou seu beneficiário, já recebeu da instituição previdenciária privada, criada pela empresa, vantagem equivalente, é cabível a dedução de seu valor do benefício a que faz jus por norma regulamentar anterior (TST – Súmula 87).

STJ A ação de cobrança de parcelas de complementação de aposentadoria pela previdência privada prescreve em cinco anos (STJ – Súmula 291).

STJ Nos planos de previdência privada, não cabe ao beneficiário a devolução da contribuição efetuada pelo patrocinador (STJ – Súmula 290).

STJ A restituição das parcelas pagas a plano de previdência privada deve ser objeto de correção plena, por índice que recomponha a efetiva desvalorização da moeda (STJ – Súmula 289).

7 COFINS. Contribuição Social para Financiamento da Seguridade Social (LC 70/91, nos termos da CF, art. 195, I, § 9º, depois que o FINSOCIAL foi declarado parcialmente inconstitucional pelo STF); incide sobre o faturamento das pessoas jurídicas. Base de cálculo (D. 1.030/93). Contribuições sociais sobre remuneração de serviços, sem vínculo de emprego, de empresários, autônomos e outros; e sobre importâncias pagas por cooperativas de trabalho a seus associados (LC 84/96, efeitos após o 91º dia da publicação).

8 *Contribuição previdenciária na extinção do processo da Justiça do Trabalho*, inclusive por conciliação, exige o recolhimento incontinenti das contribuições devidas pela remuneração que se efetue e determina ao juiz que exija a comprovação. Não há inconstitucionalidade na salutar disposição em favor dos combalidos cofres previdenciários, que exige criatividade dos juízes para as medidas colaboradoras, obviamente que com o mínimo prejuízo ao dinamismo das conciliações. O STF, deferindo liminar em ADIn contra a MP 1.596, entendeu que as contribuições previdenciárias não incidem sobre as verbas rescisórias de natureza indenizatória. O juiz, sob pena de responsabilidade, determinará de imediato o recolhimento na prolação da sentença (L. 8.212/91, art. 43, alt. L. 8.620/93 e L. 11.941/09). Procedimentos fiscais (Res. MPS/INSS 173/93 e Ordem de Serviço MPAS/INSS/DAF 66/97). Crimes contra a Previdência Social (Código Penal, arts. 153, 168-A, 296, 297, 313-A, 313-B, 325, 327, 337-A, L. 9.983/00, em apêndice). Não necessidade de intimação da União Federal, Procuradoria-Geral Federal, quando o valor do acordo e/ou do salário-contribuição for inferior ao teto de contribuição (TRT15, Comunicado GP-CR 03/09), em apêndice.

TST Os descontos previdenciários e fiscais devem ser efetuados pelo juízo executório, ainda que a sentença exequenda tenha sido omissa sobre a questão, dado o caráter de ordem pública ostentado pela norma que os disciplina. A ofensa à coisa julgada somente poderá ser caracterizada na hipótese de o título exequendo, expressamente, afastar a dedução dos valores a título de imposto de renda e de contribuição previdenciária (TST – Súmula 401, conversão da Orientação Jurisprudencial SDI-2 81).

TST I. A Justiça do Trabalho é competente para determinar o recolhimento das contribuições previdenciárias e fiscais provenientes das sentenças que proferir. A competência da Justiça do Trabalho para execução das contribuições previdenciárias alcança as parcelas integrantes do salário de contribuição, pagas em virtude de contrato de emprego reconhecido em juízo, ou decorrentes de anotação da Carteira de Trabalho e Previdência Social – CTPS, objeto de acordo homologado em juízo. II. É do empregador a responsabilidade pelo recolhimento das contribuições previdenciárias e fiscais, resultante de crédito do empregado oriundo de condenação judicial, devendo incidir, em relação aos descontos fiscais, sobre o valor total da condenação, referente às parcelas tributáveis, calculado ao final, nos termos da Lei n. 8.541/92, art. 46 e Provimento da CGJT n. 01/96. III. Em se tratando de descontos previdenciários, o critério de apuração encontra-se disciplinado no art. 276, § 4º, do Decreto n. 3.048/99 que regulamentou a Lei n. 8.212/91 e determina que a contribuição do empregado, no caso de ações trabalhistas, seja calculada mês a mês, aplicando-se as alíquotas previstas no art. 198, observado o limite máximo do salário de contribuição (TST – Súmula 368, conversão das Orientações Jurisprudenciais SDI-1 32, 141 e 228).

Contribuição previdenciária. Acordo homologado após o trânsito em julgado da sentença. É pacífico nesta colenda Corte Superior o entendimento de que possível a homologação de acordo após o trânsito em julgado de decisão judicial. Nesse caso, não há dúvidas de que a conciliação substitui a sentença, passando a constituir novo título executivo. Assim, considerando que a contribuição previdenciária, nos termos do artigo 195 da Constituição Federal, incide sobre os valores devidamente pagos e creditados ao empregado, a base de cálculo do débito previdenciário será o valor do acordo, e não o montante definido pela sentença. Todavia, uma vez que as partes não podem dispor sobre direito de terceiros, para que sejam resguardados os créditos devidos à União, nos termos do artigo 832, § 6º, da CLT (incluído pela Lei n. 11.457/07), deve ser respeitada a proporção das parcelas de natureza salarial e indenizatória previstas na decisão condenatória transitada em julgado (Orientação Jurisprudencial n. 376 da SBDI-1). (TST-RR-3287000-13.2003.5.11.0019, Caputo Bastos, *DEJT*, 15.2.13).

■ O entendimento desta Corte é no sentido de que, nas ações trabalhistas de que resultar o pagamento de direitos sujeitos à incidência de contribuição previdenciária, o recolhimento das importâncias devidas à seguridade social será feito no dia dois do mês seguinte à liquidação da sentença. Assim, somente após tal marco poder-se-á falar em juros de mora e multa. Esta é a leitura que se deve fazer do art. 195, I, *a*, da Constituição Federal, que prevê o pagamento do crédito de parcelas deferidas judicialmente apenas depois da liquidação de sentença, razão pela qual não se pode considerar como fato gerador data diferente (TST, AIRR 762-97.2011.5.03.0009, julgado em 13.6.12, Pedro Paulo Manus, Ac. 7ª T., *DEJT*, 15.6.12).

9 *Auxílio-doença e auxílio-doença acidentário.* É benefício devido ao segurado incapacitado para o seu trabalho ou para sua atividade habitual por mais de 15 dias consecutivos (seja por doença e/ou acidente). Não tem direito o trabalhador que já for portador, no ato de sua contratação, salvo se a incapacidade sobrevier por motivo de progressão ou agravamento. Consiste em renda mensal correspondente a 91% do salário-benefício (L. 8.213/91, art. 59, parágrafo único, e art. 61).

10 *Auxílio-acidente* é indenização concedida a empregado cujas lesões decorrentes de acidente de qualquer natureza, após consolidadas, resultem em sequelas que impliquem a redução da capacidade laborativa para o trabalho que exercia. É mensal e vitalício e/ou até a aposentadoria, mas tem natureza indenizatória correspondente a 50% do salário-benefício. É devido após a cessação do auxílio-doença, independentemente da percepção de salário ou outro benefício (L. 8.213/91, art. 86, §§ 1º e 2º).

■ Ao contrário do que ocorre no acidente de trabalho com óbito do empregado, a pensão devida ao trabalhador, que teve sua capacidade laboral reduzida em decorrência de acidente, ressalvada a prévia convalescença, é devida de forma vitalícia, em homenagem ao princípio da reparação integral que norteia o sistema de responsabilidade civil. Recurso de revista conhecido e desprovido (TST, RR 45100-15.2007.5.15.0058, Alberto Luiz Bresciani de Fontan Pereira, Ac. 3ª T., *DEJT*, 15.6.12).

■ Quando o empregado está em gozo de auxílio-doença e, em função disso, o seu contrato de trabalho está suspenso, é nula a rescisão contratual efetivada, bem como o cancelamento do convênio médico a que fazia jus como benefício social inerente ao contrato (TST, ROMS 338.473/97.6, Regina Ezequiel, Ac. SBDI-2).

TÍTULO II
DAS NORMAS GERAIS DE TUTELA DO TRABALHO

CAPÍTULO I
DA IDENTIFICAÇÃO PROFISSIONAL

Seção I
Da Carteira de Trabalho e Previdência Social

Art. 13. A Carteira de Trabalho e Previdência Social é obrigatória[1] para o exercício[2-3] de qualquer emprego, inclusive de natureza rural, ainda que em caráter temporário[4-5], e para o exercício por conta própria de atividade profissional remunerada.

§ 1º O disposto neste artigo aplica-se, igualmente, a quem:

I – proprietário rural ou não, trabalhe individualmente ou em regime de economia familiar, assim entendido o trabalho dos membros da mesma família, indispensável à própria subsistência, e exercido em condições de mútua dependência e colaboração;

II – em regime de economia familiar e sem empregado, explore área não excedente do módulo rural ou de outro limite que venha a ser fixado, para cada região, pelo Ministério do Trabalho[6].

§ 2º A Carteira de Trabalho e Previdência Social e respectiva Ficha de Declaração obedecerão aos modelos que o Ministério[6] do Trabalho adotar.

§ 3º Nas localidades onde não for emitida a Carteira de Trabalho e Previdência Social[6] poderá ser admitido, até 30 dias, o exercício de emprego ou atividade remunerada por quem não a possua, ficando a empresa obrigada a permitir o comparecimento do empregado ao posto de emissão mais próximo.

§ 4º Na hipótese do § 3º:

I – o empregador fornecerá ao empregado, no ato da admissão, documento do qual constem a data da admissão, a natureza do trabalho, o salário e a forma de seu pagamento;

II – se o empregado ainda não possuir a carteira na data em que for dispensado, o empregador lhe fornecerá atestado de que conste o histórico da relação empregatícia.

1 A *Carteira de Trabalho e Previdência Social* facilita a prova da relação empregatícia, das cláusulas mais importantes ou desabituais que não se presumem (contrato por tempo determinado, opção pelo FGTS – v. art. 477/8 –, banco depositário etc.), ou fundo especial (Plano de Integração Social – PIS, Port. MTPS

3.378/71) etc., assim como dos dados de interesse da Previdência. A carteira, cujas anotações se presumem verdadeiras, admite prova em contrário (v. coments. arts. 40 e 443); inexistindo, o contrato de trabalho pode ser provado por outros meios, inclusive testemunhas (art. 456). A carteira é importante para servir de prova do exercício profissional anterior e da permanência ou não de seu titular nos empregos, pois é seu espelho profissional. Os dados constantes no Cadastro Nacional de Informações Sociais valem como prova da relação de emprego (D. 3.048/99, alterado pelo D. 4.079/02, e D. 4.729/03).

STF Não é absoluto o valor probatório das anotações da Carteira Profissional (STF – Súmula 225).

STJ Compete à Justiça Estadual processar e julgar o crime de falsa anotação na Carteira de Trabalho e Previdência Social, atribuído à empresa privada (STJ – Súmula 62).

TST As anotações apostas pelo empregador na carteira do empregado não geram presunção *juri et de jure*, mas apenas *juris tantum* (TST – Súmula 12).

SDI A data de saída a ser anotada na CTPS deve corresponder à do término do prazo do aviso prévio, ainda que indenizado (TST, SDI-1, Orientação Jurisprudencial 82).

O aviso prévio indenizado leva ao pagamento imediato e seu período é considerado como de serviço para os efeitos trabalhistas. A anotação da carteira de trabalho ("data de saída" prevê este documento) é a do despedimento (TRT/SP, RO 4056495, Valentin Carrion, 9ª T.).

Carteira de trabalho. Anotação. Conteúdo. Servidor público celetista admitido sem concurso. Contrato de trabalho nulo. À guisa de currículo e antecedentes funcionais, o trabalhador tem direito à respectiva prova e deve ser objeto de registro: com a ressalva "serviço prestado". Não reconhecido como de relação de emprego (Proc. TRT/SP 13.181/97, Valentin Carrion, Ac. 9ª T. 16.374/98).

2 *Titulares obrigatórios* da carteira: a) os empregados (v. conceito, coment. art. 3º) urbanos ou rurais, mesmo que tenham, como profissionais, outra carteira; b) quem exerce atividade profissional remunerada por conta própria (profissionais liberais, profissionais avulsos, autônomos); c) o rural não empregado, que trabalhe pessoalmente (individualmente ou em família); d) quem, sem trabalhar pessoalmente a terra, explora-a com a família, sem empregados, desde que superior a um módulo; e) empregadores. Conceito de trabalhador rural e falso parceiro (v. coment. art. 7º/7).

3 *Trabalhadores domésticos.* Devem possuir Carteira de Trabalho e Previdência Social (v. art. 7º/1).

4 *Exigência da carteira*: o empregado não poderá sequer ser admitido sem ela, e o empregador terá 48 horas para anotá-la e devolvê-la (v. coment. art. 29). Está eximida da obrigação, por 30 dias, a localidade onde inexiste órgão que emita a carteira; exige-se a entrega pelo empregador de documento onde constem os elementos importantes do acordado. Não há diferença entre a carteira do menor de idade e do adulto.

5 *Período de prova.* É equivocada a afirmação de que as primeiras 48 horas são de experiência, em razão do prazo concedido pelo texto para a devolução da carteira anotada, o que não tem apoio em lei. Deve distinguir-se entre período de experiência, que depende de pacto expresso (até 90 dias, art. 445), e o teste inicial, em que as partes estão, mutuamente, conhecendo-se, estudando-se de forma superficial; nada obsta a que o mencionado teste, conforme a complexidade das funções a desenvolver, prorrogue-se durante 48 horas, mas as demais circunstâncias deverão indicar se nesse tempo chegou a formar-se ou não o acordo de vontades, com todas as consequências, inclusive direito a aviso prévio.

6 Ministério do Trabalho e Emprego é a denominação atual (v. art. 20/3). Carteira de Trabalho do Atleta de Futebol (L. 6.354/76, em apêndice).

O CNT é o Cadastro Nacional do Trabalhador, que se prova pelo DNT, Documento Nacional do Trabalhador (Port. MTb 3.318/89); a RAIS, Relação Anual de Informações Sociais, foi substituída pelo DIS, Documento de Informações Sociais, e o DCT, Documento de Cadastramento do Trabalhador, substituiu a Ficha de Declarações da CLT, art. 13, § 2º (tudo conforme o D. 97.936/89, v. Índ. Leg.).

Seção II
Da emissão da Carteira de Trabalho e Previdência Social

Art. 14. A Carteira de Trabalho e Previdência Social será emitida pelas Delegacias Regionais do Trabalho[3] ou, mediante convênio[1], pelos órgãos federais, estaduais e municipais da administração direta ou indireta.

Parágrafo único. Inexistindo convênio com os órgãos indicados ou na inexistência destes, poderá ser admitido convênio com sindicatos para o mesmo fim.

Art. 15. Para obtenção da Carteira de Trabalho e Previdência Social o interessado comparecerá pessoalmente ao órgão emitente, onde será identificado e prestará as declarações necessárias.

Art. 16. A Carteira de Trabalho e Previdência Social – CTPS, além do número, série, data de emissão e folhas destinadas às anotações pertinentes ao contrato de trabalho e as de interesse da Previdência Social, conterá:

I – fotografia, de frente, modelo 3x4;

II – nome, filiação, data e lugar de nascimento e assinatura;

III – nome, idade e estado civil dos dependentes;

IV – número do documento de naturalização ou data da chegada ao

Brasil e demais elementos constantes da identidade de estrangeiro, quando for o caso[2].

Parágrafo único. A Carteira de Trabalho e Previdência Social – CTPS será fornecida mediante a apresentação de:

a) duas fotografias com as características mencionadas no inciso I;

b) qualquer documento oficial de identificação pessoal do interessado, no qual possam ser colhidos dados referentes ao nome completo, filiação, data e lugar de nascimento.

Art. 17. Na impossibilidade de apresentação, pelo interessado, de documento idôneo que o qualifique, a Carteira de Trabalho e Previdência Social será fornecida com base em declarações verbais confirmadas por duas testemunhas, lavrando-se, na primeira folha de anotações gerais da carteira, termo assinado pelas mesmas testemunhas.

§ 1º Tratando-se de menor de 18 anos, as declarações previstas neste artigo serão prestadas por seu responsável legal.

§ 2º Se o interessado não souber ou não puder assinar sua carteira, ela será fornecida mediante impressão digital ou assinatura a rogo.

Arts. 18 e 19. (Rev. L. 7.855/89).

Art. 20. As anotações relativas à alteração do estado civil e aos dependentes do portador da Carteira de Trabalho e Previdência Social serão feitas pelo Instituto Nacional do Seguro Social (INSS)[3] e somente em sua falta, por qualquer dos órgãos emitentes (Red. DL 926/69).

Art. 21. Em caso de imprestabilidade ou esgotamento do espaço destinado a registros e anotações, o interessado deverá obter outra carteira, conservando-se o número e a série da anterior.

Arts. 22, 23 e 24. (Rev. DL 926/69).

1 A possibilidade de elaboração de convênios com inúmeras entidades, inclusive municipais, facilitou o acesso à nova carteira. O sindicato só poderia celebrá-los quando da inexistência de órgão apropriado; agora, desde que não haja convênio (Port. MTE 1/97 e 210/08). A fim de dar celeridade ao encargo, estes últimos emitem a carteira, deixando: a) para o INSS a anotação de dependentes e sua comprovação (CLT, art. 20); b) para o próprio órgão emissor, mas em processo de anotação posterior e em separado, a indicação da profissão, quando for regulamentada oficialmente, após exame dos documentos oferecidos; c) para certos órgãos profissionais, a anotação da profissão, como é o caso dos químicos, pelo Conselho Regional de Química. O serviço militar não mais é objeto de anotação. Mas a concessão da carteira profissional depende da quitação com as obrigações militares (L. 4.375/64, art. 67, red. L. 4.754/65).

2 *Estrangeiros* que obtenham visto provisório e ou permanente para permanecer no Brasil têm direito ao exercício de atividade remunerada com registro em carteira de trabalho emitida pela MTE (D. 96.998/88; Port. MTE 1/97, art. 9º, § 1º). Trabalho estrangeiro, v. art. 365/1.

Segundo a interpretação do art. 98, c/c o art. 13 da Lei n. 6.815/80, a vedação do exercício de atividade remunerada ao estrangeiro que se encontra no Brasil limita-se às seguintes condições: visto de turista, visto de trânsito, visto temporário na condição de estudante e dependente de titulares de quaisquer vistos temporários. Segundo o quadro fático registrado pela Turma, o e. Regional declarou apenas que a reclamante prestou serviços nas dependências da reclamada, como professora, ministrando aulas, e que possuía visto temporário, mas não definiu especificamente a espécie de visto temporário que lhe foi concedido, entre aquelas previstas no art. 13 da Lei n. 6.815/80. Revela-se, portanto, inviável o enquadramento da reclamante na exceção legal proibitiva da prestação de serviços, uma vez que envolve o reexame do quadro fático não definido, quer pela Turma, quer pelo e. Regional. Incólume o art. 896 da CLT (TST, E-RR 380879/97, Milton de Moura França).

3 O Ministério do Trabalho e Emprego (MT ou MTb) assim é denominado pela L. 9.649/98, red. MP 2.216-37/01 e L. 10.608/03. Após a promulgação da CLT, como Ministério da Indústria e Comércio (1943), recebeu a Previdência Social (MTPS), foi apenas MT (1976), MTPS novamente (1978), MT (1983), MTPS (1990) e ainda MTA (1992).

As Delegacias Regionais do Trabalho haviam sido substituídas pelas Coordenadorias de Relações do Trabalho, ou, em Estados de menor porte, pelas Divisões ou pelos Serviços, e incorporadas ao INSS. Posteriormente, as Delegacias Regionais do Trabalho (DRT) foram reinstituídas e transferidos ao Ministério do Trabalho os instrumentos referentes à política de emprego e desemprego, identificação e registro profissional, inspeção, segurança e saúde do trabalhador (L. 8.422, de 13.5.92).

Seção III
Da entrega das Carteiras de Trabalho e Previdência Social

Art. 25. As Carteiras de Trabalho e Previdência Social serão entregues aos interessados pessoalmente, mediante recibo.

Art. 26. Os sindicatos poderão, mediante solicitação das respectivas diretorias, incumbir-se da entrega das Carteiras de Trabalho e Previdência Social pedidas por seus associados e pelos demais profissionais da mesma classe.

Parágrafo único. Não poderão os sindicatos, sob pena das sanções previstas neste Capítulo, cobrar remuneração pela entrega das Carteiras de Trabalho e Previdência Social, cujo serviço nas respectivas sedes será fiscalizado pelas Delegacias Regionais do Trabalho[1] ou órgãos autorizados.

Arts. 27 e 28. (Rev. L. 7.855/89)[2].

1 As Delegacias Regionais do Trabalho foram reinstituídas (v. art. 14/3).

2 Os arts. 27 e 28 concediam prazo de 30 dias para emissão e aplicavam sanção ao trabalhador que não retirasse a carteira no prazo de 90 dias.

Seção IV
Das anotações

Art. 29. A Carteira de Trabalho e Previdência Social será obrigatoriamente apresentada, contra recibo, pelo trabalhador ao empregador que o admitir, o qual terá o prazo de 48 horas para nela anotar, especificamente, a data de admissão, a remuneração e as condições especiais, se houver, sendo facultada a adoção de sistema manual, mecânico ou eletrônico, conforme instruções a serem expedidas pelo Ministério do Trabalho.

§ 1º As anotações concernentes à remuneração devem especificar o salário, qualquer que seja sua forma e pagamento, seja ele em dinheiro ou em utilidades, bem como a estimativa da gorjeta.

§ 2º As anotações na Carteira de Trabalho e Previdência Social serão feitas:

a) na data-base;

b) a qualquer tempo, por solicitação do trabalhador;

c) no caso de rescisão contratual; ou

d) necessidade de comprovação perante a Previdência Social.

§ 3º A falta de cumprimento pelo empregador do disposto neste artigo acarretará a lavratura do auto de infração, pelo Fiscal do Trabalho, que deverá, de ofício, comunicar a falta de anotação ao órgão competente, para o fim de instaurar o processo de anotação.

§ 4º É vedado ao empregador efetuar anotações desabonadoras à conduta do empregado em sua Carteira de Trabalho e Previdência Social. (red. L. 10.270/01)

§ 5º O descumprimento do disposto no § 4º deste artigo submeterá o empregador ao pagamento de multa prevista no art. 52 deste Capítulo. (red. L. 10.270/01)

Art. 30. Os acidentes do trabalho serão obrigatoriamente anotados pelo Instituto Nacional do Seguro Social[6] na carteira do acidentado.

Art. 31. Aos portadores de Carteiras de Trabalho e Previdência Social fica assegurado o direito de as apresentar aos órgãos autorizados, para o fim de ser anotado o que for cabível, não podendo ser recusada a solicitação, nem cobrado emolumento não previsto em lei.

Art. 32. As anotações relativas a alterações no estado civil dos portadores de Carteiras de Trabalho e Previdência Social serão feitas me-

diante prova documental. As declarações referentes aos dependentes serão registradas nas fichas respectivas, pelo funcionário encarregado da identificação profissional, a pedido do próprio declarante, que as assinará.

Parágrafo único. As Delegacias Regionais do Trabalho[7] e os órgãos autorizados deverão comunicar à Diretoria de Relações de Trabalho[8] todas as alterações que anotarem nas Carteiras de Trabalho e Previdência Social.

Art. 33. As anotações nas fichas de declaração e nas Carteiras de Trabalho e Previdência Social serão feitas seguidamente sem abreviaturas, ressalvando-se no fim de cada assentamento as emendas, entrelinhas e quaisquer circunstâncias que possam ocasionar dúvidas.

Art. 34. Tratando-se de serviço de profissionais de qualquer atividade, exercido por empreitada individual ou coletiva, com ou sem fiscalização da outra parte contratante, a carteira será anotada pelo respectivo sindicato profissional ou pelo representante legal de sua cooperativa.

Art. 35. (Rev. L. 6.533/78, v. Índ. Leg.)[5].

1 *Exigência da carteira* e anotações. O contrato de trabalho pode ser pactuado verbalmente ou por escrito; não há, pois, formalidade essencial, como ocorre em outras espécies de negócios jurídicos; por isso o empregado poderá provar a relação de emprego por outros meios, mas o empregador tem a obrigação legal de levar ao instrumento previsto, a carteira, o que foi acordado expressa ou tacitamente. V. art. 13/1. Multa (v. art. 53). A obrigatoriedade da anotação inicial se estende às modificações que venham a ocorrer nos dados essenciais ao contrato de trabalho (alteração da função, aumento ou modificação salarial etc.). Gorjeta (v. art. 76/1, gorjeta direta e taxa de serviço). Valor probante (v. art. 40/1). O construtor, em caráter permanente, que contrata empregado por obra certa deve igualmente anotar a carteira (L. 2.959/56, em apêndice). Registro e anotações da CTPS, Port. MTE 41/07, v. Índ. Leg.

2 *Anotações previstas*: 1) elementos básicos, ajustados pelas partes quando da contratação: salário e sua composição (tarifa horária ou de produção, valor da utilidade, habitação ou outros etc.), data da admissão, condições especiais, se houver (contrato por tempo determinado, experiência, aprendizado); 2) férias (art. 135); 3) períodos em que o contrato tenha permanecido suspenso ou interrompido; 4) acidentes do trabalho (art. 30); 5) alterações no estado civil e dependentes (inclusive a concubina, se satisfeitos os requisitos legais); 6) banco depositário do FGTS; 7) dados relativos ao PIS; 8) CNPJ do empregador e número da Comunicação de Dispensa para Seguro de Desemprego, quando da rescisão sem justa causa (Port. MTb 3.339/86, em apêndice); 9) serviço rural intermitente (L. 5.889/73, art. 6º). Anotações (Port. MTE 41/07, v. Índ. Leg.). Anotação judicial, v. art. 876/3-d.

STF Não é absoluto o valor probatório das anotações da Carteira Profissional (STF – Súmula 225).

TST As anotações apostas pelo empregador na carteira profissional do empregado não geram presunção *juris et de jure*, mas apenas *juris tantum* (TST – Súmula 12).

SDI A data de saída a ser anotada na CTPS deve corresponder à do término do prazo do aviso prévio, ainda que indenizado (TST, SDI-1, Orientação Jurisprudencial 82).

Ainda que o aviso prévio indenizado gere direito ao salário e à integração ao tempo de serviço dos dias correspondentes, a anotação na Carteira de Trabalho deve registrar, como data de saída, a do efetivo desligamento do empregado, não o dia em que terminaria o aviso prévio (TST, RR 21.733/91.4, Wagner Pimenta, Ac. 5ª T. 303/91).

Na carteira de trabalho, ... a data a ser lançada é aquela que corresponde ao efetivo momento em que se deu o rompimento do contrato de trabalho e não aquela relativa ao último dia do período do aviso indenizado (TST, RR 288.460/96.2, Valdir Righetto, Ac. 4ª T. 6.151/96).

3 *Anotações desabonadoras* à conduta do empregado são vedadas; trariam ao seu titular sérios transtornos para distinguir as inscrições justas e objetivas das subjetivas ou mesmo das falsas. A redação anterior do art. 31 era expressa na matéria; a revogação do texto de inúmeros artigos, aquele inclusive, não autorizava aquelas anotações, dada a sedimentação do princípio. Dano moral (art. 223-A/1). Anotações prejudiciais, v. Precedente Administrativo 21 MTE/SIT, em apêndice.

4 *Devolução da carteira*. É vedado reter qualquer documento de identificação pessoal; quando o ato a ser realizado exigir a apresentação do documento, como é o caso, pode-se fazê-lo por 5 dias no máximo, sob pena de prisão e multa (L. 5.553/68). O empregador que a retiver por mais de 48 horas será passível de multa (art. 53 da CLT).

5 *Contrato de trabalho inferior a 8 dias*. Firmou-se o entendimento de que o conceito de trabalhador eventual não nasce apenas do curto espaço de tempo que se visa; quem for contratado para executar funções que integram a atividade normal da empresa, mesmo por poucos dias, deve ser contratado por tempo determinado e não como eventual (v. coment. art. 3º). Assim, dentro da doutrina geral do contrato de trabalho, o músico que se apresentar perante os clientes de um estabelecimento bancário, em horário normal da empresa, na comemoração do aniversário desta, seria eventual; apresentando-se em uma *boîte* noturna pelo mesmo tempo, é sujeito de contrato de trabalho por tempo determinado.

O art. 29 teve sua redação alterada, substituindo o vocábulo "empregado" por "trabalhador" e autorizando as anotações por meios manuais, mecânicos ou eletrônicos (L. 7.855/89). O revogado art. 35 tratava do trabalho de artistas por tempo inferior a 8 dias. A Lei dos Artistas (L. 6.533/78, art. 12, em apêndice) permite a utilização do trabalho profissional, em substituição ou em prestação de trabalho caracteristicamente eventual, por prazo não superior a 7 dias, vedada a utilização desse mesmo profissional nos 60 dias subsequentes. Artistas e técnicos, contratação (Port. 3.346 e 3.347/86).

6 Antigo Instituto Nacional da Previdência Social.

7 Delegacias Regionais do Trabalho (v. art. 14/3).

8 Antiga Secretaria de Mão de Obra; texto adaptado à estrutura administrativa posterior.

Seção V
Das reclamações por falta ou recusa de anotação

Art. 36. Recusando-se[1] a empresa a fazer as anotações a que se refere o art. 29 ou a devolver a Carteira de Trabalho e Previdência Social recebida, poderá o empregado comparecer, pessoalmente ou por intermédio de seu sindicato, perante a Delegacia Regional ou órgão autorizado, para apresentar reclamação.

Art. 37. No caso do art. 36, lavrado o termo de reclamação, determinar-se-á a realização de diligência para instrução do feito, observado, se for o caso, o disposto no § 2º do art. 29, notificando-se posteriormente o reclamado por carta registrada, caso persista a recusa, para que, em dia e hora previamente designados, venha prestar esclarecimentos ou efetuar as devidas anotações na Carteira de Trabalho e Previdência Social ou sua entrega.

Parágrafo único. Não comparecendo o reclamado, lavrar-se-á termo de ausência, sendo considerado revel e confesso sobre os termos da reclamação feita, devendo as anotações ser efetuadas por despacho da autoridade que tenha processado a reclamação.

Art. 38. Comparecendo o empregador e recusando-se a fazer as anotações reclamadas, será lavrado um termo de comparecimento, que deverá conter, entre outras indicações, o lugar, o dia e hora de sua lavratura, o nome e a residência do empregador, assegurando-se-lhe o prazo de 48 horas, a contar do termo, para apresentar defesa.

Parágrafo único. Findo o prazo para a defesa[2], subirá o processo à autoridade administrativa de primeira instância, para se ordenarem diligências, que completem a instrução do feito, ou para julgamento, se o caso estiver suficientemente esclarecido.

Art. 39. Verificando-se que as alegações feitas pelo reclamado versam sobre a não existência de relação de emprego, ou sendo impossível verificar essa condição pelos meios administrativos, será o processo encaminhado à Justiça do Trabalho[3], ficando, nesse caso, sobrestado o julgamento do auto de infração que houver sido lavrado.

§ 1º Se não houver acordo, o juiz do trabalho, em sua sentença, ordenará que a Secretaria efetue as devidas anotações, uma vez transitada em julgado, e faça a comunicação à autoridade competente para o fim de aplicar a multa cabível.

§ 2º Igual procedimento observar-se-á no caso de processo trabalhista de qualquer natureza, quando for verificada a falta de anotações[4] na Carteira de Trabalho e Previdência Social, devendo o juiz, nesta hipótese, mandar proceder, desde logo, àquelas sobre as quais não houver controvérsia.

1 *Recusa de anotação,* mantendo o empregado sem registro: multa do art. 55. Retenção da carteira por mais de 48 horas: multa do art. 53. Retenção por mais de 5 dias: contravenção penal, com pena de prisão e multa (L. 5.553/68). Não comparecimento do empregador, notificado para fazê-lo perante a repartição administrativa: pena do art. 54. Falta de registro no livro ou fichas (art. 47).

2 *O procedimento administrativo cessa*: a) com a confissão do empregador, que comparece e anota a carteira; b) com o não comparecimento do empregador, presumindo-se verdadeiro o alegado, lançando-se a anotação a sua revelia; c) com a impugnação da relação de emprego pelo empregador (Amaro, *Tutela,* v. 1, n. 202). Nesta última hipótese, o julgamento por funcionários do Poder Executivo seria inconstitucional em face da Carta Magna, que atribui competência à Justiça do Trabalho para julgamento das ações oriundas da relação de trabalho (CF/88, art. 114, I – EC 45/04; v. Pires Chaves e Süssekind, *Comentários,* v. 1, p. 284). Não comparecendo o empregador, a anotação do funcionário, por ser administrativa, não vincula o Poder Judiciário, nem se opera coisa julgada ou preclusão; em nosso entender, é um simples fato a ser pesado pelo juiz, com os demais.

3 *Remessa à Justiça do Trabalho*: o procedimento a seguir é o da ação trabalhista comum (art. 763 e segs.), próprio dos dissídios individuais; a peça inicial da ação será o próprio termo de comparecimento, e objeto da causa será o requerido perante a repartição administrativa, caso o empregado não queira aditá-la com novos dados ou pedidos. O empregador, em audiência, terá oportunidade de oferecer contestação, mesmo que se tenha defendido anteriormente: os despachos e demais atos da via extrajudicial são peças meramente informativas que, como na hipótese anterior, não prejulgam o mérito nem configuram preclusão. A anotação da carteira, quanto à existência de fatos e relações reconhecidos pela sentença, em boa técnica, deveria ser determinada na parte dispositiva do julgado; se a sentença transitada em julgado não o fez, o juiz poderá determinar a anotação por despacho, não só na ação aqui prevista como no caso de ação condenatória (reclamação para pagamento de salários e férias, por exemplo), pois todas as ações têm conteúdo

declaratório; entretanto, é necessário que os limites do que se pretende anotar estejam indubitavelmente contidos na sentença.

■ Independe de prévia manifestação da autoridade administrativa a anotação da Carteira Profissional do empregado, competente a Justiça do Trabalho para autorizar seja procedida sem aquela sujeição (TST, 3.748/74, Thélio da Costa Monteiro, Ac. 2ª T. 232/75).

■ Resta inviável a aplicação subsidiária do direito processual comum (arts. 287 e 644 do CPC), uma vez que a Consolidação das Leis do Trabalho, em seu art. 39 e parágrafos, estabelece que a Junta de Conciliação e Julgamento, na sentença, determinará que seja feita a anotação da CTPS na Secretaria, uma vez transitada em julgado a decisão, afastando a possibilidade de se condenar a empresa a fazê-la de forma cominatória, sob pena de pagamento de multa diária (TST, RR 274.437/96.7, José Carlos Perret Schlte, Ac. 4ª T.).

4 *Prescrição do direito de exigir anotação ou retificação* (v. coment. art. 11/3). Valor probante das anotações (v. coment. art. 40).

Seção VI
Do valor das anotações

Art. 40. As Carteiras de Trabalho e Previdência Social regularmente emitidas e anotadas servirão de prova nos atos em que sejam exigidas carteiras de identidade e especialmente:

I – nos casos de dissídio na Justiça do Trabalho entre a empresa e o empregado por motivo de salário, férias ou tempo de serviço;

II – perante a Previdência Social, para o efeito de declaração de dependentes;

III – para cálculo de indenização por acidente do trabalho ou moléstia profissional.

1 *Valor probante* dos registros: não é absoluto para nenhum dos contratantes; o empregado poderá demonstrar a inveracidade; o empregador necessitará destruir a presunção de verdade que neles se deposita contra si. Mesmo os que lhes dão valor probante absoluto, ou seja, que não admitem prova em contrário, contra o empregador, os subordinam a circunstâncias de regularidade: deverão ter sido elaborados por quem tinha poderes, sendo anulável por erro de fato, dolo ou violência (Maranhão, *Direito do Trabalho*). O lançamento de salário-hora muito alto, considerado o que se paga na mesma empresa e na mesma cidade, por exemplo, não se tratando de empregado excepcional, poderá revelar equívoco de quem o anotou. A inexistência de registro não impede ao empregado provar o contrato de trabalho pactuado verbalmente (art. 443).

TST As anotações apostas pelo empregador na carteira profissional do empregado não geram presunção *juris et de jure*, mas apenas *juris tantum* (TST – Súmula 12).

As anotações em CTPS geram presunção *juris tantum*, infirmável na ausência de provas robustas em contrário (TRT/PR, RO 2.594/86, Pedro Ribeiro, Ac. 1ª T. 985/87).

As anotações feitas pelo empregador na CTPS do obreiro não geram presunção absoluta, mas relativa (TST, RR 127.426/94.7, Moacyr Roberto Tesch Auersvald, Ac. 2ª T. 4.224/96).

* Sobre o tema *supra*, v. www.institutocarrion.com.br.

Seção VII
Dos livros de registro de empregados

Art. 41. Em todas as atividades será obrigatório para o empregador o registro[1] dos respectivos trabalhadores, podendo ser adotados livros, fichas ou sistema eletrônico, conforme instruções a serem expedidas pelo Ministério do Trabalho.

Parágrafo único. Além da qualificação civil ou profissional de cada trabalhador, deverão ser anotados todos os dados relativos à sua admissão no emprego, duração e efetividade do trabalho, a férias, acidentes e demais circunstâncias que interessem à proteção do trabalhador.

Art. 42. (Rev. L. 10.243/01).

Arts. 43 e 44. (Rev. L. 7.855/89).

Arts. 45 e 46. (Rev. DL 229/67).

Art. 47. O empregador[2] que mantiver empregado não registrado nos termos do art. 41 desta Consolidação ficará sujeito a multa no valor de R$ 3.000,00 (três mil reais)[3], por empregado não registrado, acrescido de igual valor em cada reincidência. (Red. L. 13.467/17).

§ 1º Especificamente quanto à infração a que se refere o *caput* deste artigo, o valor final da multa aplicada será de R$ 800,00 (oitocentos reais) por empregado não registrado, quando se tratar de microempresa ou empresa de pequeno porte[4]. (Red. L. 13.467/17).

§ 2º A infração de que trata o *caput* deste artigo constitui exceção ao critério da dupla visita[5]. (Red. L. 13.467/17).

Art. 47-A. Na hipótese de não serem informados[6] os dados a que se refere o parágrafo único do art. 41 desta Consolidação, o empregador ficará sujeito à multa de R$ 600,00 (seiscentos reais) por empregado prejudicado. (Red. L. 13.467/17).

Art. 48. As multas previstas nesta Seção serão aplicadas pelas Delegacias Regionais do Trabalho[7].

1 Registro de empregados (Port. MTE 41/07, v. Índ. Leg.). Entidades credenciadas para rubricar livros e fichas (D. 61.799/67). Autenticação do livro de ponto, v. Precedente Administrativo 24 MTE/SIT, em apêndice.

2 Com a substituição do termo empresa por empregador, fica claro que toda entidade, física ou jurídica, urbana, rural ou doméstica, que tenha trabalhadores subordinados é obrigada a registrar seus empregados.

3 *Multa*. A nova redação define o valor da multa, R$ 3.000,00 (três mil reais) por empregado. O valor, por ter sido alterado várias vezes, trazia dúvidas em seu cálculo. V. art. 626/3.

4 *Microempresa ou empresa de pequeno porte*. A Lei reduz a multa para as microempresas e as empresas de pequeno porte.

5 *Dupla visita*. Informar e instruir para depois caso seja necessário punir. A primeira, para inspecionar o local de trabalho e instruir o empregador sobre o que este deve fazer para sanar eventual irregularidade; a segunda, para verificar se o empregador seguiu as instruções e, caso necessário, lavrar autos de infração para as irregularidades não resolvidas. Sem a observância da dupla visita o auto de infração é nulo. A obrigação de registrar o empregado é fato "público e notório", não é necessário instruir.

6 *Serem informados*. O empregador é obrigado a informar todos os dados do empregado, não se trata de registro, mas de informações do empregado (qualificação, admissão, duração e efetividade do trabalho, férias, acidentes e demais circunstâncias que interessem à proteção do trabalhador). Se não o fizer, tem multa de R$ 600,00 (seiscentos reais) por empregado.

7 Delegacias Regionais do Trabalho (v. art. 14/3).

Seção VIII
Das penalidades

Art. 49. Para os efeitos da emissão, substituição ou anotação de Carteiras de Trabalho e Previdência Social, considerar-se-á crime de falsidade, com as penalidades previstas no art. 299 do Código Penal:

I – fazer, no todo ou em parte, qualquer documento falso ou alterar o verdadeiro;

II – afirmar falsamente a sua própria identidade, filiação, lugar de nascimento, residência, profissão ou estado civil e beneficiários, ou atestar os de outra pessoa;

III – servir-se de documentos, por qualquer forma falsificados;

IV – falsificar, fabricando ou alterando, ou vender, usar ou possuir Carteiras de Trabalho e Previdência Social assim alteradas;

V – anotar dolosamente em Carteira de Trabalho e Previdência Social ou registro de empregado, ou confessar ou declarar, em juízo ou fora dele, data de admissão em emprego diversa da verdadeira.

Art. 50. Comprovando-se falsidade, quer nas declarações para emissão de Carteira de Trabalho e Previdência Social, quer nas respectivas anotações, o fato será levado ao conhecimento da autoridade que houver emitido a carteira, para fins de direito.

Art. 51. Incorrerá em multa de valor igual a 3 (três) vezes o salário mínimo regional[5] aquele que, comerciante ou não, vender ou expuser à venda qualquer tipo de carteira igual ou semelhante ao tipo oficialmente adotado (red. DL 229/67).

Art. 52. O extravio ou inutilização da Carteira de Trabalho e Previdência Social por culpa da empresa sujeitará esta à multa de valor igual à metade do salário mínimo regional[5] (red. DL 926/69).

Art. 53. A empresa que receber Carteira de Trabalho e Previdência Social para anotar e a retiver por mais de 48 (quarenta e oito) horas ficará sujeita à multa de valor igual à metade do salário mínimo regional[5] (red. DL 229/67).

Art. 54. A empresa que, tendo sido intimada, não comparecer para anotar a Carteira de Trabalho e Previdência Social de seu empregado, ou cujas alegações para recusa tenham sido julgadas improcedentes, ficará sujeita à multa de valor igual a 1 (um) salário mínimo regional[5] (red. DL 229/67).

Art. 55. Incorrerá na multa de valor igual a 1 (um) salário mínimo regional[5] a empresa que infringir o art. 13 e seus parágrafos (red. DL 229/67).

Art. 56. O sindicato que cobrar remuneração pela entrega de Carteira de Trabalho e Previdência Social ficará sujeito à multa de valor igual a 3 (três) vezes o salário mínimo regional[5] (red. DL 229/67).

1 *Crimes e falsidade.* Qualquer alteração da verdade, mesmo não prevista expressamente nos artigos acima, será punível se configurada no Código Penal (Severiano, *Dos crimes*; Süssekind, *Comentários,* v. 1, p. 298). No crime de fabricação de carteira não é indispensável imitação idêntica, se for parecida e puder levar a equívoco. A anotação ou declaração falsa, por parte do empregado ou do empregador, constituem crime.

2 *Extravio ou inutilização* de carteira. Não há punição se por mero acidente; sim, se culposa (como diz a lei) e, com maior razão, se dolosa (Jorge Ribeiro; Süssekind, Amaro Barreto; Russomano: só a dolosa, *Comentários*).

3 *Competência criminal*: pertence à Justiça Federal (CF/88, art. 109, VI), nos crimes contra a organização do trabalho (atentado contra a liberdade de trabalho, frustração de direito assegurado por lei trabalhista, aliciamento de trabalhadores de um local para outro do território nacional etc.).

4 *Retenção* (v. coment. art. 29/4). Não comparecimento de empregador ou alegações improcedentes (v. art. 36 e segs.). Sindicato (art. 26, parágrafo único).

5 *Multa*. O valor foi multiplicado por 10 vezes (L. 6.986/82, art. 7º) e por 3 vezes (L. 7.855/89, art. 2º). Para o art. 51 serão 90 (noventa) salários, arts. 52 e 53, 15 (quinze) salários, arts. 54 e 55, 30 (trinta) salários e art. 56, 90 (noventa) salários. V. art. 626/3.

Capítulo II
DA DURAÇÃO DO TRABALHO

Seção I
Disposição preliminar

Art. 57. Os preceitos deste Capítulo aplicam-se a todas as atividades, salvo as expressamente excluídas, constituindo exceções as disposições especiais, concernentes estritamente a peculiaridades profissionais constantes do Capítulo I do Título III.

1 *O capítulo aplica-se a todas as atividades*, privadas ou públicas, para os trabalhadores subordinados a uma relação de emprego, propriamente dita (v. anotações no art. 1º). Excetuam-se os trabalhadores expressamente excluídos; mas, onde for omissa a regulamentação especial, aplicar-se-á a regra do regime normal (Süssekind, *Comentários*, p. 304).

2 *Atividades excluídas* da regra geral: a) as mencionadas nos arts. 224 a 351 da CLT (bancários, capatazia, estiva, ferroviários, frigoríficos, jornais, marinha, minas, operadores cinematográficos, professores, químicos, telefonia); b) o serviço externo não subordinado a horário, gerentes e estivadores (art. 62); c) o menor (art. 402 e segs.); d) turnos ininterruptos de revezamento (art. 58/4); e) advogados (L. 8.906/94), aeronautas (DL 18/66 e 78/66), artistas e radialistas (L. 6.533/78 e 6.615/78), cabineiros de elevadores (L. 3.270/57, em apêndice), fisioterapeutas e terapeutas ocupacionais (L. 8.856/94), médicos e dentistas (L. 3.999/61, em apêndice), músicos (L. 3.857/60), petróleo e xisto (L. 5.811/72, afetada pela CF/88, v. art. 58/4), revisores (DL 910/38), rurais (L. 5.889/73), técnicos em radiologia (L. 7.394/85, v. Índ. Leg.).

O Tribunal Regional, ao delinear o quadro fático da demanda, afirmou que no registro de empregado constava a jornada de 8h às 18h, com uma hora e quinze minutos de intervalo; que o reclamante exercia de fato essa jornada, além de que as declarações da testemunha foram no sentido que o autor era o único empregado da empresa e que trabalhava em tempo integral. Nesse contexto, verifica-se que a dedicação exclusiva restou demonstrada, sendo irrelevante que o reclamante realizasse outros serviços, pois, ainda que ocorrido no horário de trabalho, tal fato decorreria de liberalidade da empresa, não sendo suficiente para descaracterizá-la, uma vez que, contratualmente, o reclamante estava vinculado à reclamada, que poderia proibi-lo. Assim, nos termos do artigo 20, *caput*, da Lei 8.906/94, o advogado-empregado, que presta serviço em dedicação exclusiva, não se encontra amparado pela duração de trabalho de quatro horas diárias e vinte horas semanais (TST, RR - 20026/2003-016-09-00, Horácio Senna Pires, *DEJT*, 26.6.09).

Seção II
Da jornada de trabalho

Art. 58. A duração normal[1] do trabalho, para os empregados em qualquer atividade privada[2], não excederá de 8 horas diárias[3], desde que não seja fixado expressamente outro limite[4].

§ 1º Não serão descontadas nem computadas como jornada extraordinária as variações de horário no registro de ponto não excedentes de 5 minutos, observado o limite máximo de 10 minutos diários[6] (red. L. 10.243/01).

§ 2º O tempo despendido pelo empregado desde a sua residência até a efetiva ocupação do posto de trabalho e para o seu retorno, caminhando ou por qualquer meio de transporte, inclusive o fornecido pelo empregador, não será computado na jornada de trabalho, por não ser tempo à disposição do empregador. (Red. L. 13.467/17).

§ 3º (Rev. L. 13.467/17).

1 *Duração normal da jornada.* Diz a Constituição Federal de 1988:

Art. 7º São direitos dos trabalhadores... além de outros...

XIII – duração do trabalho normal não superior a 8 horas diárias e 44 semanais, facultada a compensação de horários e a redução da jornada, mediante acordo ou convenção coletiva de trabalho.

A jornada normal é o lapso de tempo durante o qual o empregado deve prestar serviço ou permanecer à disposição, com habitualidade, excluídas as horas extraordinárias; nesse sentido amplo, há uma "jornada" normal diária e semanal. Pelo limite imposto pela Carta Magna a diária é de 8 horas, limitada pela semanal, que é de 44 horas.

A redução legal da jornada, juridicamente, deveria levar à redução dos salários, em face da bilateralidade das prestações da relação de trabalho. Nesse sentido se manifesta parte da doutrina estrangeira e nacional (Octavio Bueno Magano, "Redução de jornada", *FSP* 14.10.88, com apoio na experiência da França, em Javillier e em Emílio Gonçalves). Parece que não é essa a interpretação que se deva dar ao texto constitucional; o momento histórico em que ocorreu sua aprovação, com a clara intenção de conceder maiores vantagens e a verificada perda clamorosa do poder aquisitivo dos assalariados, leva a conclusão contrária.

Jornada reduzida. A lei, a convenção coletiva ou as partes de comum acordo poderão fixar, quando da admissão do empregado, jornada normal inferior à legal. No decurso da relação, a jornada normal não poderá ser reduzida pelo empregador com diminuição do salário, mesmo com a concordância do empregado, salvo se houve efetivo interesse deste (frequência a aulas, outros empregos etc.) ou autorização em convenção ou acordo coletivo (CF, art. 7º, VI); as partes poderão contratar de início a prestação de trabalho em horário inferior a 8 horas; o salário mínimo-hora será respeitado, não o salário mínimo diário, que supõe o trabalho durante 8 horas. Em caso de crise econômica, podia ser reduzida a jornada provisoriamente, após autorização sindical ou judicial, respeitado o salário mínimo mensal (L. 4.923/65, em apêndice); pela CF/88, só mediante acordo ou convenção coletiva (art. 7º, XIII).

SDI I - Havendo contratação para cumprimento de jornada reduzida, inferior à previsão constitucional de oito horas diárias ou quarenta e quatro semanais, é lícito o pagamento do piso salarial ou do salário mínimo proporcional ao tempo trabalhado. II – Na Administração Pública direta, autárquica e fundacional não é válida remuneração de empregado público inferior ao salário mínimo, ainda que cumpra jornada de trabalho reduzida. Precedentes do Supremo Tribunal Federal (TST, SDI-1, Orientação Jurisprudencial 358, Res. 202/16, *DEJT*, 19.2.16).

Não importa a previsão contratual de jornada de oito horas quando o empregado sempre trabalhou apenas sete (TST, RR 4.714/77, Coqueijo Costa, Ac. 3ª T. 2.081/78).

Legal e jurídica a flexibilização da duração da jornada de trabalho diária, obedecido o comando constitucional, no concernente ao acordo coletivo de trabalho, e tendo em conta peculiaridades das atividades profissionais e econômicas que a requerem em nome do bem comum (TST, RO-DC 218.804/95.3, Armando de Brito, Ac. SDC 704/96).

2 *Em qualquer atividade privada*: ou pública, desde que se contratem pessoas de forma não eventual, sem se lhes atribuir a condição de funcionário público (v. notas aos arts. 1º e 7º, *c*).

3 *Limite máximo de 8 horas* e 44 horas semanais; poderão as partes adotar o regime de compensação e não trabalhar todos os dias da semana (art. 59, § 2º; art. 372 e segs. para as mulheres).

4 *Turnos ininterruptos de revezamento*. Diz a Constituição Federal de 1988:

Art. 7º São direitos dos trabalhadores... além de outros...
XIV – jornada de 6 horas para o trabalho realizado em turnos ininterruptos de revezamento, salvo negociação coletiva.

A duração de 6 horas é a jornada normal para os turnos que, sem solução de continuidade, se sucedem, substituindo-se no mesmo posto de trabalho nos horários diurno e noturno. Nada altera o fato de que seja toda a empresa ou apenas a seção que assim funcionem. Os intervalos concedidos, para repouso ou alimentação ou descanso semanal, não descaracterizam o turno ininterrupto. E não se aplica aos turnos fixos, porque o sentido consagrado da expressão “trabalho em revezamento” sempre implicou a permanente alteração em rodízio da prestação laboral. A determinação quis proteger o empregado sujeito a regime de trabalho que contraria o relógio biológico do ser humano, sem lhe permitir a adaptação a ritmos cadenciados estáveis. Igualmente não se aplica a jornada de 6 horas ao trabalho incompleto das 24 horas (tarde e noite, sem a manhã, por exemplo); no mesmo sentido, Celso Bastos (*Comentários à Constituição*). Caracterização, v. Precedente Administrativo 55 MTE/SIT, em apêndice.

A modificação, pela empresa, dos turnos em revezamento pelos turnos fixos será legal apenas para os empregados que não sejam destinados, em definitivo, ao turno da noite (direito a jornada noturna reduzida), por ser este horário reconhecidamente prejudicial, social e biologicamente; mesmo a quem trabalhasse em horário de revezamento e, assim, também à noite em certos turnos, lhe será mais penoso fazê-lo permanentemente, assim a Súmula 391 do TST. A Port. MTE 412/07 (v. Índ. Leg.) só permite a alteração por acordo e/ou convenção coletiva, contrariando o princípio de que o contrato de trabalho pode ser alterado para benefício do empregado, ferindo a lei e um dos princípios básicos do direito do trabalho.

A Constituição permite que a negociação coletiva altere ou afaste o disposto quanto às mencionadas 6 horas. A questão é muito delicada, pois a existência de três turnos no mesmo dia, de 8 horas cada um (2 delas extras, pela CF), deixa em aberto o problema dos intervalos para refeição e descanso; há atividades em que o empregado se alimenta em serviço, a fim de perfazer as 8 horas de uma vez; são acordos de boa vontade e tolerância mútua, mas ilegais. Mesmo em revezamento são devidos os acréscimos legais, entendendo-se inconstitucional a pretendida limitação da lei.

A L. 5.811/72, do trabalho petroquímico, com jornadas ininterruptas de 8 ou 12 horas, conforme o caso, teria sido revogada tacitamente pela Constituição, segundo o mestre Süssekind (*LTr* 52/1327, 1988).

O trabalho prestado nesta jornada de 6 horas está também regulado pelas demais normas legais vigentes, inclusive pela possibilidade e consequências da prorrogação por mais duas, desde que não sujeita à alterabilidade da negociação coletiva.

Esta Corte vem firmando entendimento no sentido de que o sistema de revezamento prevendo a jornada 4x2, ainda que fixado mediante acordo coletivo, não é válido, visto que extrapola o limite de 44 horas semanais, previsto no art. 7º, XIII, da Constituição Federal (TST, RR 52900-71.2009.5.15.0043, Márcio Eurico Vitral Amaro, Ac. 8ª Turma, *DEJT*, 15.6.12).

Na negociação coletiva, é incabível a utilização da norma coletiva para regularizar situação pretérita, não havendo falar em retroação. Com efeito, os ajustes coletivos vigoram apenas no tempo assinalado e, consequentemente, as condições estabelecidas devem circunscrever-se ao período de sua vigência que não pode ser superior a dois anos, nem retroagir para alcançar período não coberto por norma coletiva (TST, E-RR-698202/2000.0, Ministro João Batista Brito Pereira).

Com a nova orientação da SDI-1 360, mantém o TST o sentido da CF/88 no "trabalho de revezamento", pois dá ao trabalhador (sujeito a períodos alternados entre trabalho de noite e de dia, mesmo que em parte) o direito a jornada de 6 horas.

STF Os intervalos fixados para descanso e alimentação durante a jornada de seis horas não descaracterizam o sistema de turnos ininterruptos de revezamento para o efeito do art. 7º, XIV, da Constituição (STF – Súmula 675).

TST Estabelecida jornada superior a seis horas e limitada a oito horas por meio de regular negociação coletiva, os empregados submetidos a turnos ininterruptos de revezamento não têm direito ao pagamento das 7ª e 8ª horas como extras (TST – Súmula 423, conversão da Orientação Jurisprudencial SDI-1 169).

TST I – A Lei n. 5.811/72 foi recepcionada pela CF/88 no que se refere à duração da jornada de trabalho em regime de revezamento dos petroleiros. II – A previsão contida no art. 10 da Lei n. 5.811/72, possibilitando a mudança do regime de revezamento para horário fixo, constitui alteração lícita, não violando os arts. 468 da CLT e 7º, VI, da CF/1988 (TST – Súmula 391, conversão das Orientações Jurisprudenciais SDI-1 240 e 333).

TST A interrupção do trabalho destinada a repouso e alimentação, dentro de cada turno, ou o intervalo para repouso semanal, não descaracteriza o turno de revezamento com jornada de 6 horas previsto no art. 7º, XIV, da CF/88 (TST – Súmula 360).

SDI É inválido o instrumento normativo que, regularizando situações pretéritas, estabelece jornada de oito horas para o trabalho em turnos ininterruptos de revezamento (TST, SDI-1, Orientação Jurisprudencial 420).

TST No regime de revezamento, as horas trabalhadas em seguida ao repouso semanal de 24 horas, com prejuízo do intervalo mínimo de 11 horas consecutivas para descanso entre jornadas, devem ser remuneradas como extraordinárias, inclusive com o respectivo adicional (TST – Súmula 110).

SDI Para o cálculo do salário-hora do empregado horista, submetido a turnos ininterruptos de revezamento, considerando a alteração da jornada de 8 para 6 horas diárias, aplica-se o divisor 180, em observância ao disposto no art. 7º, VI, da Constituição Federal, que assegura a irredutibilidade salarial (TST, SDI-1, Orientação Jurisprudencial 396).

SDI O trabalho em regime de turnos ininterruptos de revezamento não retira o direito à hora noturna reduzida, não havendo incompatibilidade entre as disposições contidas nos arts. 73, § 1º, da CLT e 7º, XIV, da Constituição Federal (SDI-1, Orientação Jurisprudencial 395).

SDI Faz jus à jornada especial prevista no art. 7º, XIV, da CF/1988 o trabalhador que exerce suas atividades em sistema de alternância de turnos, ainda que em dois turnos de trabalho, que compreendam, no todo ou em parte, o horário diurno e o noturno, pois submetido à alternância de horário prejudicial à saúde, sendo irrelevante que a atividade da empresa se desenvolva de forma ininterrupta (TST, SDI-1, Orientação Jurisprudencial 360).

SDI Inexistindo instrumento coletivo fixando jornada diversa, o empregado horista submetido a turno ininterrupto de revezamento faz jus ao pagamento das horas extraordinárias laboradas além da 6ª, bem como ao respectivo adicional (TST, SDI-1, Orientação Jurisprudencial 275).

SDI O ferroviário submetido a escalas variadas, com alternância de turnos, faz jus à jornada especial prevista no art. 7º, XIV, da CF/1988 (TST, SDI-1, Orientação Jurisprudencial 274).

SDI Turnos ininterruptos de revezamento. Jornada de seis horas. A interrupção do trabalho dentro de cada turno ou semanalmente não afasta a aplicação do art. 7º, XIV, da CF/88 (TST, SDI-1, Orientação Jurisprudencial 78).

A Constituição da República, quando, em seu art. 7º, inc. XIV, estabeleceu a jornada normal de seis horas para o trabalho realizado em turnos ininterruptos de revezamento, procurou não apenas compensar o maior desgaste dos empregados, mas também promover a melhoria de sua condição social e econômica. Ao reduzir o número máximo de horas normais daqueles empregados, de 240 para 180 mensais, o legislador constituinte não pretendeu diminuir sua remuneração mensal em igual proporção; ao contrário, estabeleceu que a hora de trabalho em turnos ininterruptos de revezamento deve ser remunerada com valor superior ao da hora de trabalho em turnos fixos. Por isso, o entendimento de que a remuneração normal e mensal do empregado já estaria remunerando a sétima e a oitava horas diárias – sendo, pois, devidos apenas os adicionais de horas extras correspondentes – implica esvaziar substancialmente a conquista constitucional e ignorar o princípio fundamental do Direito do Trabalho de que suas normas devem ser interpretadas no sentido de ampliar; e não, de restringir a proteção e as conquistas da parte hipossuficiente. Ademais, a circunstância de o empregado perceber salário por hora não impede o reconhecimento das horas extraordinárias excedentes da sexta e tampouco do salário contratualmente ajustado em correspondência à jornada legal. Incidência da Súmula 333 do TST (TST, E-RR 747.716/2001.9, João Batista Brito Pereira).

A decisão regional assinala que o revezamento de jornada praticada pelo reclamante ocorria a cada trimestre, circunstância que afastava a aplicação da jornada afeita aos turnos ininterruptos de revezamento, nos moldes do art. 7º, inciso XIV, da CF/88 (TST, AI-RR 540/2001-079-03-00.4, Dora Maria da Costa).

Turnos ininterruptos de revezamento. Pausa para descanso. O Plenário desta Corte decidiu, por maioria, que a pausa para descanso e alimentação não descaracteriza o turno ininterrupto de revezamento (STF, AgRg-AI 182.406-9-SP, Maurício José Corrêa).

A alternância de jornada em apenas dois turnos, sem qualquer explicitação de que se adentrou ao período noturno, descaracteriza o regime de trabalho em turnos ininterruptos de revezamento previsto no art. 7º, inc. XIV, da Constituição da República. Inteligência que se extrai da Orientação Jurisprudencial 360 da SBDI-1 desta Corte. Recurso de Embargos de que se conhece e a que se dá provimento (TST, E-ED-EE 668032/00, João Batista Brito Pereira).

5 *Outros limites*: jornada normal de 5 horas (jornalistas e músicos, certos radialistas), 6 (bancários, durante 5 dias por semana; telegrafistas, telefonistas, operador cinematográfico, cabineiro de elevador, mineiros em subsolo, revisor, outros radialistas) e 13 horas (ou 15 o aeronauta, com limite máximo de 85 ou 100 horas mensais). Os cabineiros de elevador ou ascensoristas não podem prorrogar a jornada normal de 6 horas, em face da proibição expressa legal (L. 3.270/57, v. Índ. Leg.). V. notas ao art. 57. A jornada normal dos vigias era de 10 horas (art. 62/3). Os empregados em telefonia e telegrafia, mesmo que o façam para empresas que não têm essa finalidade específica, gozam daquela jornada reduzida (Nascimento, *Compêndio*, p. 438); v. art. 227 e segs. Em todas as hipóteses, haver-se-ia de observar o termo legal e diário de 10 horas, pelos limites fisiológicos do ser humano; mas ressalvadas as hipóteses especialíssimas dos regimes de 12 x 36 horas, v. Precedente Administrativo 81 MTE/SIT, em apêndice, promovidos pelos acordos coletivos e tolerados pela jurisprudência. Mesmo com a jornada de 12 horas, o empregado não tem direito a hora extra. Ônibus interestaduais e internacionais (art. 235-A/1). Engenheiros e afins (art. 76/5).

Predomina o entendimento de que a norma, L. 3.999/61, prevê apenas salário mínimo para o trabalho de 4 horas para os médicos e dentistas.

TST É válida, em caráter excepcional, a jornada de doze horas de trabalho por trinta e seis de descanso, prevista em lei ou ajustada exclusivamente mediante acordo coletivo de trabalho ou convenção coletiva de trabalho, assegurada a remuneração em dobro dos feriados trabalhados. O empregado não tem direito ao pagamento de adicional referente ao labor prestado na décima primeira e décima segunda horas (TST – Súmula 444).

A Constituição da República, promulgada em 1988, prestigiou a representação sindical e seus instrumentos de atuação, reconhecendo em seu art. 7º, inciso XXVI, as convenções e acordos coletivos de trabalho, e incentivando a tentativa de negociação coletiva no seu art. 114, § 2º. Nesse intuito, o legislador constituinte ainda autorizou a flexibilização de normas trabalhistas, por meio de instrumentos normativos, possibilitando no art. 7º, inciso XIII, a compensação de horários mediante acordo ou convenção coletiva do trabalho, sem impor nenhuma restrição. Válida, portanto, é a compensação de horas no cumprimento de jornada de 12 X 36, por força de ajuste coletivo, não se havendo de falar em horas extraordinárias pelo labor excedente à oitava diária (TST, E-RR-44300-78.1998.5.10.0013, julgado em 19.2.09, Carlos Alberto Reis de Paula, *DEJT*, 30.3.10).

Lei n. 4.950-A/66. A Lei n. 3.999/61 não estipula a jornada reduzida para os médicos, mas apenas estabelece o salário mínimo da categoria para uma jornada de 4 horas. Portanto, não há que se falar em horas extras, exceto aquelas excedentes à oitava (TST, RR 206.118/95.3, José Zito Calasãs Rodrigues, Ac. 3ª T.).

6 *Jornadas extraordinárias* (CLT, 59/1).

7 O tempo despendido pelo empregado desde a sua residência até a efetiva ocupação do posto de trabalho independe do modo de transporte, seja por conta do empregado ou por conta do empregador, esse tempo não será considerado tempo à disposição do empregador. Terminam assim as horas *in itinere* (tempo gasto pelo empregado, utilizando meios propiciados pelo empregador, no deslocamento até o lugar de sua atividade, e retorno, quando inexistente transporte público regular). O TST consagrou esse entendimento, horas *in itinere,* pela Súmula 90. Certamente a jurisprudência foi influenciada pela situação de trabalhadores rurais e seus longos deslocamentos até os postos de trabalho. Devemos ter cautela ao tomar tal decisão. Quando o empregado é obrigado, para alcançar seu posto de trabalho, a despender um longo período, esse tempo deve ser considerado como jornada de trabalho, não é mero capricho, mas este é obrigado a "perder esse tempo" para poder iniciar seu trabalho. A Constituição Federal (art. 7º, VI, XIII e XXVI) e o amadurecimento da negociação sindical já conferiam validade às normas coletivas que limitavam o número de horas *in itinere*. A negociação coletiva será a melhor forma de resolver qual é o tempo necessário para o empregado, em local de difícil acesso, alcançar seu posto de trabalho. O empregado não deve ser penalizado.

TST O fato de o empregador cobrar, parcialmente ou não, importância pelo transporte fornecido, para local de difícil acesso, ou não servido por transporte regular, não afasta o direito à percepção do pagamento das horas *in itinere* (TST – Súmula 320).

TST I – O tempo despendido pelo empregado, em condução fornecida pelo empregador, até o local de trabalho de difícil acesso, ou não servido por transporte público regular, e para o seu retorno é computável na jornada de trabalho. II – A incompatibilidade entre os horários de início e término da jornada do empregado e os do transporte público regular é circunstância que também gera o direito às horas *in itinere*. III – A mera insuficiência de transporte público não enseja o pagamento de horas *in itinere*. IV – Se houver transporte público regular em parte do trajeto percorrido em condução da empresa, as horas *in itinere* remuneradas limitam-se ao trecho não alcançado pelo transporte público. V – Considerando que as horas *in itinere* são computáveis na jornada de trabalho, o tempo que extrapola a jornada legal é considerado como extraordinário e sobre ele deve incidir o adicional respectivo (TST – Súmula 90, conversão das Súmulas 324 e 325 e das Orientações Jurisprudenciais SDI-1 50 e 236).

8 *Deslocamento dentro da empresa.* O empregado, depois de um longo percurso de sua casa à empresa, normalmente via transporte público, chega à empresa, mas não a seu local de trabalho. Passando a portaria ainda lhe resta uma longa caminhada até seu posto de serviço, não servido por qualquer tipo de transporte, uma longa caminhada dentro da empresa. A partir do momento em que este passa para dentro da empresa já é tempo à disposição do empregador. Como o marinheiro que sai para pescar, e/ou o petroleiro que embarca para a plataforma em alto-mar, dentre outros. Independentemente de a lei utilizar o termo "efetiva ocupação do posto de trabalho" existem deslocamentos que independem da vontade ou não do empregado e são feitos por determinação do empregador, nada mais justo que sejam considerados tempo à disposição. Os abusos devem ser revistos.

TST Considera-se à disposição do empregador, na forma do art. 4º da CLT, o tempo necessário ao deslocamento do trabalhador entre a portaria da empresa e o local de trabalho, desde que supere o limite de 10 (dez) minutos diários (TST – Súmula 429).

SDI Configura-se como hora *in itinere* o tempo gasto pelo obreiro para alcançar seu local de trabalho a partir da portaria da Açominas (TST – SDI-1, Orientação Jurisprudencial Transitória 36, conversão da SDI-1, Orientação Jurisprudencial 98, mantida, TST, Res. 175/11).

Art. 58-A. Considera-se trabalho em regime de tempo parcial[1] aquele cuja duração não exceda a trinta horas semanais, sem a possibilidade de horas suplementares semanais, ou, ainda, aquele cuja duração não exceda a vinte e seis horas semanais, com a possibilidade de acréscimo de até seis horas suplementares semanais. (Red. L. 13.467/17).

§ 1º O salário[2] a ser pago aos empregados sob regime de tempo parcial será proporcional à sua jornada, em relação aos empregados que cumprem, nas mesmas funções, tempo integral (red. MP 2.164-41/01).

§ 2º Para os atuais empregados, a adoção do regime de tempo parcial[1] será feita mediante opção manifestada perante a empresa, na forma prevista em instrumento decorrente de negociação coletiva (red. MP 2.164-41/01).

§ 3º As horas suplementares[3] à duração do trabalho semanal normal serão pagas com o acréscimo de 50% (cinquenta por cento) sobre o salário-hora normal (Red. L. 13.467/17).

§ 4º Na hipótese de o contrato de trabalho em regime de tempo parcial ser estabelecido em número inferior a vinte e seis horas semanais, as horas suplementares a este quantitativo serão consideradas horas extras para fins do pagamento estipulado no § 3º, estando também limitadas a seis horas suplementares semanais (Red. L. 13.467/17).

§ 5º As horas suplementares da jornada de trabalho normal poderão ser compensadas[3] diretamente até a semana imediatamente posterior à da sua execução, devendo ser feita a sua quitação na folha de pagamento do mês subsequente, caso não sejam compensadas (Red. L. 13.467/17).

§ 6º É facultado ao empregado contratado sob regime de tempo parcial converter um terço do período de férias[4] a que tiver direito em abono pecuniário (Red. L. 13.467/17).

§ 7º As férias[4] do regime de tempo parcial são regidas pelo disposto no art. 130 desta Consolidação. (Red. L. 13.467/17).

1 *Regime de tempo parcial.* Não existe impedimento algum para que o empregado seja contrato com uma jornada menor que a jornada normal de 8 horas diárias de segunda a sexta e 4 horas ao sábado. O regime de tempo parcial com duração de no máximo 30 horas semanais, sem a permissão de horas extras, ou de até 26 horas semanais com a permissão de 6 horas extras semanais. Este regime veio, para os empregados que já estavam trabalhando em jornada normal e viessem por meio de norma coletiva, diminuir sua jornada de trabalho e, por conseguinte, sua remuneração.

2 *Remuneração.* O salário será proporcional à jornada, em relação aos empregados que cumprem jornada normal.

3 *Horas extras* (somente para os contratos até 26 horas semanais), até no máximo 6 horas semanais, serão pagas com um acréscimo mínimo de 50% (cinquenta por cento) sobre o salário-hora normal. Poderão ser compensadas até a semana seguinte; caso não forem compensadas, serão pagas no mês subsequente.

4 *Férias.* O empregado terá direito aos mesmos períodos que os demais empregados (CLT, art.130). Um terço das férias poderá ser convertido em abono pecuniário.

Art. 59. A duração diária do trabalho poderá ser acrescida[2] de horas extras[1-6-8], em número não excedente de duas, por acordo individual, convenção coletiva ou acordo coletivo de trabalho. (Red. L. 13.467/17).

§ 1º A remuneração[3-4] da hora extra será, pelo menos, 50% (cinquenta por cento) superior à da hora normal. (Red. L. 13.467/17).

§ 2º Poderá ser dispensado o acréscimo de salário se, por força de acordo ou convenção coletiva de trabalho, o excesso de horas em um dia for compensado[6] pela correspondente diminuição em outro dia, de maneira que não exceda, no período máximo de um ano, à soma das jornadas semanais

de trabalho previstas, nem seja ultrapassado o limite máximo de 10 horas diárias (red. MP 2.164-41/01).

§ 3º Na hipótese de rescisão[8] do contrato de trabalho sem que tenha havido a compensação integral da jornada extraordinária, na forma do parágrafo anterior, fará o trabalhador jus ao pagamento das horas extras não compensadas, calculadas sobre o valor da remuneração na data da rescisão (Red. L. 13.467/17).

§ 4º (Rev. L. 13.467/17).

§ 5º O banco de horas[7] de que trata o § 2º deste artigo poderá ser pactuado por acordo individual escrito, desde que a compensação ocorra no período máximo de seis meses (Red. L. 13.467/17).

§ 6º É lícito o regime de compensação de jornada estabelecido por acordo individual[7], tácito ou escrito, para a compensação no mesmo mês. (Red. L. 13.467/17).

1 *Horas suplementares*. Consideram-se extras as horas trabalhadas além da jornada normal de cada empregado, comum ou reduzida; é o caso do bancário que trabalhe 7 horas; ou do comerciário que pactue e trabalhe apenas 4 horas por dia – a quinta hora já será extra; de outro modo o empregador podia contratar jornada inferior habitual, convocando o empregado a trabalhar 8 horas apenas quando lhe conviesse, sem garantir-lhe salário de 8 horas. Mesmo sem ultrapassar a jornada normal, são consideradas horas extraordinárias as que se trabalham em dia útil quando o empregado não tem obrigação de fazê-lo (ex.: bancário, no sábado). Não podem exceder a 2 horas por dia. Acréscimo de remuneração da hora extra não autoriza o aumento da jornada, v. Precedente Administrativo 30 MTE/SIT, em apêndice. Limite da quantidade, sob pena de infração, v. Precedente Administrativo 33 MTE/SIT, em apêndice.

As variações de horário do registro de ponto, que não ultrapassem a cinco minutos (com um máximo diário de 10 minutos), não serão consideradas como horas extras; se este limite for ultrapassado, será considerada horas extras a totalidade do tempo que excedeu a jornada normal. Com a nova redação dada à Súmula 366, independentemente da atividade que o empregado esteja executando, o tempo será considerado à disposição do empregador, fato este que já estava pacificado pelo TST.

TST A partir da vigência da Lei n. 10.243, de 19.06.2001, que acrescentou o § 1º ao art. 58 da CLT, não mais prevalece cláusula prevista em convenção ou acordo coletivo que elastece o limite de 5 minutos que antecedem e sucedem a jornada de trabalho para fins de apuração das horas extras (Conversão da Orientação Jurisprudencial 372 da SBDI-1) (TST – Súmula 449).

TST Não serão descontadas nem computadas como jornada extraordinária as variações de horário do registro de ponto não excedentes de cinco minutos, observado o limite máximo de dez minutos diários. Se ultrapassado esse limite, será considerada como extra a totalidade do tempo que exceder a jornada normal, pois configurado tempo à disposição do empregador, não importando as atividades desenvolvidas pelo empregado ao longo do tempo residual (troca de uniforme, lanche, higiene pessoal, etc.) (TST – Súmula 366, nova redação Res. 197/15).

SDI CANCELADA – A partir da vigência da Lei n. 10.243, de 27.06.2001, que acrescentou o § 1º ao art. 58 da CLT, não mais prevalece cláusula prevista em convenção ou acordo coletivo que elastece o limite de 5 minutos que antecedem e sucedem a jornada de trabalho para fins de apuração das horas extras (TST, SDI-1, Orientação Jurisprudencial 372, convertida na Súmula 449, Res. 194/14).

MINUTOS RESIDUAIS. SÚMULA N. 366 DO TST. Nos termos consubstanciados pela Súmula n. 366 desta Corte Superior, não serão descontadas nem computadas como jornada extraordinária as variações de horário do registro de ponto não excedentes de cinco minutos, observado o limite máximo de dez minutos diários, mas, se ultrapassado esse limite, será considerada como extra a totalidade do tempo que exceder à jornada normal, ou seja, consideram-se tempo à disposição do empregador as variações de horário do registro de ponto excedentes de cinco minutos, independentemente das atividades realizadas pelo trabalhador. Nesse contexto, a decisão proferida pelo Tribunal *a quo* merece reforma, para adequar-se à jurisprudência pacificada desta Corte Superior, consubstanciada na diretriz do verbete sumulado supramencionado (TST, RR 318-90.2011.5.02.0462, julgado em 6.5.15, Dora Maria da Costa, 8ª T., *DEJT*, 8.5.15).

MINUTOS RESIDUAIS. HORAS EXTRAS. Nos termos da Súmula 366/TST, as variações de horário do registro de ponto superiores a cinco minutos, observado o limite máximo de dez minutos diários, ensejam o pagamento de horas extras pleiteadas. Na hipótese dos autos, os procedimentos realizados pelos empregados antes e/ou depois da jornada, quais sejam: troca de uniforme, troca de informações entre turnos, transferência de máquina, colocação de EPIs, refeição e espera do transporte, demandam tempo superior a cinco minutos. Recurso de revista conhecido e provido no aspecto (TST, RR 10908-83.2012.5.07.0032, julgado em 4.2.15, Maurício Godinho Delgado, 3ª T., *DEJT*, 6.2.15).

Conforme consta do acórdão regional, o reclamante trabalhava apenas 40 horas semanais. Assim, deve ser recalculado o valor do salário-hora pelo divisor 200, sendo este o entendimento do TST. Precedentes (TST RR 7000-48.2007.5.09.0093, j. em 2.2.11, Dora Maria da Costa).

Esta Corte tem emprestado validade plena ao Regime de 12 horas de trabalho por 36 de descanso, desde que pactuado por instrumento negocial coletivo (TST, RR 75100-19.2006.5.17.0012, Emmanoel Pereira).

O art. 7º, XXVI, da Constituição Federal autoriza a negociação legítima entre representantes das categorias profissional e econômica envolvidas. Todavia, o atual, iterativo e notório entendimento desta Corte, consubstanciado na Orientação Jurisprudencial n. 342 da SBDI-1, se consolidou no sentido de ser inválida cláusula de acordo ou convenção coletiva de trabalho contemplando a supressão ou redução do intervalo intrajornada, porque este constitui medida de higiene, saúde e segurança do trabalho, garantido por norma de ordem pública (artigos 71 da CLT e 7º, XXII, da Constituição Federal), infenso à negociação coletiva. Logo, mesmo que tenha a jornada 12 x 36 sido objeto de pactuação em norma coletiva, não há como retirar do empregado seu direito ao referido intervalo, devendo perceber o período de labor como extra, nos termos dos aludidos dispositivos (TST, RR 75100-19.2006.5.17.0012, Emmanoel Pereira).

* Sobre o tema *supra*, v. www.institutocarrion.com.br.

2 *Exigibilidade*. Não há obrigação de prestar serviço além da jornada normal; a negativa será legítima, salvo nos estreitos limites de necessidade imperiosa ou força maior (art. 61). Para a exigibilidade, é necessário acordo escrito particular entre as partes ou norma coletiva (convenção, acordo ou mesmo sentença coletiva). Para o menor o acordo escrito é insuficiente (CLT, art. 413). O trabalho extraordinário deve ser considerado excepcional; sua permanência representa um retrocesso histórico. Se houver norma coletiva por tempo determinado, que não só autorize mas crie a obrigação de prestar serviço suplementar, deverá ser obedecida; se for por tempo indeterminado, o empregado poderá deixar de trabalhá-las após aviso dado ao empregador com tempo razoável; é que a entidade sindical não tem disponibilidade dos direitos individuais dos membros, nem o poder de obrigar-se por eles indefinidamente. O mesmo direito assiste ao empregador: com aviso razoável, pode deixar de propiciar trabalho suplementar, mesmo que habitual. O que não é possível é suprimi-las, no momento da rescisão contratual, a fim de reduzir a indenização devida ou as demais verbas (aviso prévio, férias e 13º salário etc.); aliás, a indenização propriamente dita é devida na base da mais alta remuneração mensal paga. Entretanto, a jurisprudência era pacífica quanto à impossibilidade de supressão ou redução dos habituais; para a Súmula 76 do TST (cancelada pela Res. TST 121/03), após 2 anos deviam ser pagas as horas extras habituais, se suprimidas; a Súmula 291 (que substituiu a 76), sem apoio em lei, nem precedentes jurisprudenciais, "legislou" uma indenização proporcional. A jornada normal somente poderá ser prorrogada: a) até 2 horas, salvo força maior ou necessidade imperiosa em geral; b) aos menores de 18 anos, em caso de força maior; c) nas empresas que tenham reduzido os salários em razão da conjuntura econômica, após 6 meses de restabelecimento daqueles (L. 4.923/65, em apêndice). Contrato a tempo parcial (art. 58/1). Se suprimidas, na forma da Súmula 291.

TST A supressão total ou parcial, pelo empregador, de serviço suplementar prestado com habitualidade, durante pelo menos 1 (um) ano, assegura ao empregado o direito à indenização correspondente ao valor de 1 (um) mês das horas suprimidas, total ou parcialmente, para cada ano ou fração igual ou superior a seis meses de prestação de serviço acima da jornada normal. O cálculo observará a média das horas suplementares nos últimos 12 (doze) meses anteriores à mudança, multiplicada pelo valor da hora extra do dia da supressão (TST – Súmula 291, alt. TST, Res. 174/11).

A supressão total ou parcial, pelo empregador, de serviço suplementar prestado com habitualidade, durante pelo menos 1 (um) ano, assegura ao empregado o direito à indenização correspondente ao valor de 1 (um) mês das horas suprimidas, total ou parcialmente, para cada ano ou fração igual ou superior a seis meses de prestação de serviço acima da jornada normal. O cálculo observará a média das horas suplementares nos 12 (doze) meses anteriores à mudança, multiplicada pelo valor da hora extra do dia da supressão.Recurso de embargos conhecido e provido (TST, E-RR 10700-45.2007.5.22.0101, Rel. Rosa Maria Weber Candiota da Rosa).

3 *Remuneração da hora extra.* A CF/88 determina a "remuneração do serviço extraordinário superior, no mínimo, em cinquenta por cento à da normal" (art. 7º, XVI). A alteração corrige a norma para se adequar à CF/88. A lei, o acordo coletivo, a sentença normativa ou o acordo individual poderão prever percentagem superior. Os percentuais previstos em lei ordinária (art. 61, estendido às prorrogações ilegais de jornada) ficaram superados pela letra constitucional. Havendo dois adicionais, calculam-se separadamente e não um sobre o outro (Catharino, contra, *Compêndio*, v. 2). Mas a gratificação ou adicional por tempo de serviço, por integrar a remuneração normal e definitiva, repercute no valor da hora extra. Advogado (L. 8.906/94, art. 20).

Salário por unidade de obra (tarefeiro, pecista a comissão ou percentagem): desde que sujeito a horário, será acrescido do adicional, quando em hora suplementar; mesmo não sujeito a horário, também o será se sua produção, pela quantidade, exigir tempo superior à jornada. Banco de horas, v. art. 59/6. O trabalhador no corte de cana que recebe por produção é obrigado a fazer sobrejornada para cumprir a meta; a nova SDI-1, na OJ 235, lhe dá o direito de receber por produção e o adicional de horas extras.

Salário por comissão (comissão ou percentagem): desde que sujeito a horário, tem direito ao adicional de 50% sobre o valor-hora das comissões dividido pela quantidade de horas efetivamente trabalhadas. Sendo a remuneração mista, parte fixa e parte comissão, sobre a parte fixa horas simples mais o adicional, na parte variável, somente o adicional de 50% calculado sobre o valor das comissões dividido pelas horas efetivamente trabalhadas.

TST I – A limitação legal da jornada suplementar a duas horas diárias não exime o empregador de pagar todas as horas trabalhadas. II – O valor das horas extras habitualmente prestadas integra o cálculo dos haveres trabalhistas, independentemente da limitação prevista no *caput* do art. 59 da CLT (TST – Súmula 376, conversão das Orientações Jurisprudenciais SDI-1 89 e 117).

TST O cálculo do valor das horas extras habituais, para efeito de reflexos em verbas trabalhistas, observará o número das horas efetivamente prestadas e a ele aplica-se o valor do salário-hora da época do pagamento daquelas verbas (TST – Súmula 347).

TST O empregado, sujeito a controle de horário, remunerado à base de comissões, tem direito ao adicional de, no mínimo, 50% (cinquenta por cento) pelo trabalho em horas extras, calculado sobre o valor-hora das comissões recebidas no mês, considerando-se como divisor o número de horas efetivamente trabalhadas (TST – Súmula 340).

TST A remuneração do serviço suplementar é composta do valor da hora normal, integrado por parcelas de natureza salarial e acrescido do adicional previsto em lei, contrato, acordo, convenção coletiva ou sentença normativa (TST – Súmula 264).

TST A gratificação por tempo de serviço integra o cálculo das horas extras (TST – Súmula 226).

TST I – O adicional de periculosidade, pago em caráter permanente, integra o cálculo de indenização e de horas extras (ex-Prejulgado 3). II – Durante as horas de sobreaviso, o empregado não se encontra em condições de risco, razão pela qual é incabível a integração do adicional de periculosidade sobre as mencionadas horas (TST – Súmula 132, conversão das Orientações Jurisprudenciais SDI-1 174 e 267).

TST Nula é a cláusula contratual que fixa determinada importância ou percentagem para atender englobadamente vários direitos legais ou contratuais do trabalhador (TST – Súmula 91).

SDI O empregado que recebe remuneração mista, ou seja, uma parte fixa e outra variável, tem direito a horas extras pelo trabalho em sobrejornada. Em relação à parte fixa, são devidas as horas simples acrescidas do adicional de horas extras. Em relação à parte variável, é devido somente o adicional de horas extras, aplicando-se à hipótese o disposto na Súmula n. 340 do TST (TST, SDI-1, Orientação Jurisprudencial 397).

SDI O empregado que recebe salário por produção e trabalha em sobrejornada tem direito à percepção apenas do adicional de horas extras, exceto no caso do empregado cortador de cana, a quem é devido o pagamento das horas extras e do adicional respectivo (TST, SDI-1, Orientação Jurisprudencial 235, Res. TST 182/12).

1. A aplicação da lei não pode abstrair a realidade em que inserida a prestação dos serviços, sob pena de converter-se em exercício teórico, com grave risco de conduzir à injustiça pelo tratamento igual de situações absolutamente desiguais. 2. No caso do trabalhador rural remunerado por produção – especialmente o cortador de cana-de-açúcar –, tem-se que, para atingir as metas estabelecidas pelo empregador, comumente faz-se necessário que o empregado extrapole a jornada contratada, bem assim aquela constitucionalmente estabelecida no artigo 7º, XIII, da Constituição da República. O limite de 44 horas semanais encontra-se estabelecido no texto constitucional como regra de civilidade, considerados não só os limites físicos do ser humano, mas também a sua necessidade de dedicar-se ao convívio familiar e social. 3. Importante frisar, ainda, que o trabalho executado, no caso, se dá sob condições penosas, a céu aberto, com utilização de indumentária pesada e ferramentas afiadas, demandando grande esforço físico, além de movimentos repetitivos. 4. Consideradas tais circunstâncias, tem-se que o entendimento consubstanciado na Súmula n. 340, não guarda pertinência com a atividade dos cortadores de cana, em relação aos quais não se pode dizer que a ampliação da jornada resulte em seu próprio proveito, dados os notórios efeitos deletérios daí resultantes para a sua saúde e segurança. Precedentes. 5. Recurso de revista não conhecido (TST, RR-63600-92.2008.5.15.0156, julgado em 21.9.11, Lelio Bentes Corrêa, *DEJT*, 30.9.11).

Não há como se reconhecer contrariedade aos termos da Orientação Jurisprudencial n. 235 da SDI-1 e da Súmula 340 deste C. TST, uma vez que essa orientação trata genericamente de empregado que recebe salário por produção e trabalha em sobrejornada. O caso do empregado cortador de cana-de-açúcar denota situação especialíssima de trabalhador rural braçal, em que há imposição de tarifa pelo empregador, a determinar o trabalho em sobrejornada como forma de alcançar a meta, que também é determinada pelo empregado. Não há como transferir exclusivamente para o empregado o ônus relacionado ao acréscimo da produção, incubindo levar em consideração que no meio rural o mecanismo tem servido para exploração injusta da mão de obra. Assim sendo, não há como se reconhecer que o trabalho por produção, no corte de cana-de-açúcar, impede o pagamento de horas extraordinárias mais o adicional, sob pena de se afastar do fundamento que norteou a limitação contida na jurisprudência do c. TST. Embargos conhecidos e desprovidos (TST, ERR 90100-13.2004.5.09.0025, julgado em 9.6.12, Aloysio Corrêa da Veiga, *DEJT*, 17.6.12).

Conforme consta do acórdão regional, o reclamante trabalhava apenas 40 horas semanais. Assim, deve ser recalculado o valor do salário-hora pelo divisor 200, sendo este o entendimento do TST. Precedentes (TST, RR 7000-48.2007.5.09.0093, j. em 2.2.2011, Dora Maria da Costa).

A jurisprudência predominante nesta Corte superior tem se orientado no sentido de que o empregado que recebe remuneração em parte fixa e em parte variável (comissionista misto) tem jus, em relação à parte variável da sua remuneração, apenas ao adicional de horas extras, porquanto as horas simples já estão remuneradas pelas comissões recebidas, aplicando-se à hipótese o disposto na Súmula n. 340 do TST. Recurso de embargos conhecido e não provido (TST, E-RR 92800-36.2003.5.02.0010, Lélio Bentes Corrêa, Ac. SBDI-1).

Se o empregado recebe salário por comissão ou por produção e presta horas extras, a Súmula 340 e a Orientação Jurisprudencial 235 da SBDI-1 do TST dispõem que é devido apenas o adicional de horas extras. Todavia, recebendo o empregado salário misto ou impróprio (fixo + comissões ou produção), afigura-se razoável que as horas extras efetivamente prestadas e o respectivo adicional incidam sobre a parte fixa do salário, e apenas o adicional sobre as comissões e/ou a produção (TST, RR 793/2007-311-06-00, Márcio Eurico Vitral Amaro, Ac. 8ª T).

4 *Integração da remuneração* das horas extras habituais: para cálculo de férias, 13º salário, aviso prévio e FGTS é pacífica. Quanto ao repouso semanal, a L. 605/49, art. 7º, *a* e *b* (em apêndice), a consagra. Descanso semanal remunerado art. 67/1.

Salário complessivo (quantia certa ou percentual prefixado prevendo horas extras ou outros adicionais): v. art. 457/11.

TST A interrupção do trabalho destinada a repouso e alimentação, dentro de cada turno, ou intervalo para repouso semanal, não descaracteriza o turno de revezamento com jornada de 6 horas previsto no art. 7º, XIV, da CF/88 (TST – Súmula 360).

TST O cálculo do valor das horas extras habituais, para efeito de reflexos em verbas trabalhistas, observará o número das horas efetivamente prestadas e a ele aplica-se o valor do salário-hora da época do pagamento daquelas verbas (TST – Súmula 347).

TST Computam-se no cálculo do repouso remunerado as horas extras habitualmente prestadas (TST – Súmula 172).

TST O valor das horas extras habituais integra a remuneração do trabalhador para o cálculo das gratificações semestrais (TST – Súmula 115).

TST O valor das horas extraordinárias habituais integra o aviso prévio indenizado (TST – Súmula 94).

TST A remuneração do serviço suplementar, habitualmente prestado, integra o cálculo da gratificação natalina prevista na L. 4.090/62 (TST – Súmula 45).

TST Insere-se no cálculo da indenização por antiguidade o salário relativo a serviço extraordinário, desde que habitualmente prestado (TST – Súmula 24).

SDI A majoração do valor do repouso semanal remunerado, em razão da integração das horas extras habitualmente prestadas, não repercute no cálculo das férias, da gratificação natalina, do aviso prévio e do FGTS, sob pena de caracterização de "bis in idem" (TST, SDI-1, Orientação Jurisprudencial 394).

SDI Aplicável a prescrição total sobre o direito de reclamar diferenças salariais resultantes de planos econômicos (TST, SDI-1, Orientação Jurisprudencial 243).

SDI Turnos ininterruptos de revezamento. Jornada de seis horas. A interrupção do trabalho dentro de cada turno ou semanalmente não afasta a aplicação do art. 7º, XIV, da CF/88 (TST, SDI-1, Orientação Jurisprudencial 78).

De conformidade com a jurisprudência desta Corte, o valor das horas extraordinárias habituais integra a remuneração do empregado para cálculo das gratificações semestrais. Decisão regional proferida em conformidade com a disposição contida na Súmula n. 115 desta Corte (TST, RR 237000-13.2002.5.05.0003, Guilherme Caputo Bastos).

Os empregados colocados em disponibilidade remunerada não têm direito ao percebimento de horas extras, mesmo que habitualmente prestadas, pois o texto normativo leva à conclusão de que as vantagens inerentes ao cargo dizem respeito às férias, décimo terceiro salário, anuênios. Diferente a hipótese se houvesse sentença judicial com trânsito em julgado determinando a integração de horas extras (TST, RR 511.712/98.6, José Carlos Perret Schlte, Ac. 3ª T., 14.5.99).

5 *Trabalhador à disposição em seu próprio domicílio*, com atividade aleatória com ou sem aparelho "bip". É o caso do zelador, do empregado em empresa funerária, com telefone em sua própria residência, que se limita a atender ao chamado e alertar os demais empregados para prestarem o serviço. Entre os dois extremos absurdos, de considerá-lo à disposição da empresa durante as 24 horas do dia, ou somente nos minutos em que realmente é convocado, o juiz deve estabelecer a solução justa no caso concreto. Leva-se em conta se a moradia, colocada à sua disposição, permite o relacionamento e pernoite com sua família; se inexiste exigência taxativa e efetiva em certo e determinado horário etc.; o cálculo da jornada efetiva será encontrado através de prudente estimativa. Há na legislação brasileira hipótese que guarda semelhança; é a do ferroviário de estações de pouca intensidade, a quem não se aplicam os preceitos gerais sobre duração de trabalho, salvo intervalo de 10 horas entre duas jornadas e de descanso semanal (CLT, art. 243); há ainda o ferroviário efetivo em regime de "sobreaviso", que em sua própria casa aguarda chamado para o serviço, recebendo apenas um terço das horas de expectativa (CLT, art. 244), e o aeronauta, que permanece em local de sua escolha, devendo apresentar-se no aeroporto ou outro local até 90 minutos após chamado, computando-se apenas 1/3 das horas (L. 7.183/84, em apêndice). A analogia não poderá ser utilizada para as profissões que tiverem regulamentação específica. A jurisprudência pacificou a repercussão do empregado que utiliza o "bip"; entretanto, a chegada do telefone celular, ou outros equipamentos telemáticos, não modifica a ideia de o empregado estar em regime de plantão aguardando a qualquer momento ser chamado.

TST I – O uso de instrumentos telemáticos ou informatizados fornecidos pela empresa ao empregado, por si só, não caracteriza o regime de sobreaviso. II – Considera-se em sobreaviso o empregado que, à distância e submetido a controle patronal por instrumentos telemáticos ou informatizados, permanecer em regime de plantão ou equivalente, aguardando a qualquer momento o chamado para o serviço durante o período de descanso (TST – Súmula 428, Res. 185/12).

TST Por aplicação analógica do art. 244, § 2º, da CLT, as horas de sobreaviso dos eletricitários são remuneradas à base de 1/3 sobre a totalidade das parcelas de natureza salarial (TST – Súmula 229).

SDI CANCELADA – O uso do aparelho BIP pelo empregado, por si só, não carateriza o regime de sobreaviso, uma vez que o empregado não permanece em sua residência aguardando, a qualquer momento, convocação para o serviço (TST, SDI-1, Orientação Jurisprudencial 49, Res. TST 129/05, convertida na Súmula 428, TST, Res. 174/11).

Não há falar em violação dos artigos 620 da CLT e 7º, XXVI, da Constituição Federal, uma vez que não houve desrespeito às normas coletivas juntadas aos autos, já que, conforme consignado pelo egrégio Tribunal Regional, essas apenas prescrevem que os empregados sujeitos ao regime de sobreaviso deverão auferir o pagamento de 1/3 do salário nominal. Na hipótese dos autos não restou demonstrada a atuação do reclamante na referida escala, uma vez que a simples utilização de BIP não caracteriza o regime de sobreaviso, já que o reclamante tinha ampla liberdade de locomoção, não estando obrigado a permanecer em local determinado aguardando eventuais chamados da empregadora. Aplica-se à hipótese a Orientação Jurisprudencial n. 49 da SBDI-1 (TST, RR 91600-11.2003.5.02.0069, Guilherme Caputo Bastos).

I – Observa-se da norma do § 2º do artigo 544 da CLT que o regime de sobreaviso, próprio do serviço ferroviário, tem como pressuposto inarredável a permanência do empregado em sua própria casa, aguardando a qualquer momento o chamado para o serviço. II – Esse pressuposto, contudo, não é discernível no caso de empregado que utilize telefone celular, em virtude da mobilidade inerente ao uso da telefonia móvel, o qual por isso mesmo acha-se à margem da vantagem preconizada na disposição consolidada, mobilidade igualmente detectável na hipótese de o empregado utilizar-se de bip, contemplada na OJ 49 da SBDI-I como excludente do regime de sobreaviso. III – Daí a razão pela qual se deve aplicar, por analogia, a orientação consagrada naquele precedente, a cavaleiro do brocardo segundo o qual *ubi eadem ratio, ibi iadem jus*, ou seja, onde houver similitude factual, deve-se aplicar a mesma regra jurídica. IV – Nesse sentido, precedentes da SBDI-I. Recurso conhecido e provido (TST, RR 36500-15.2006.5.09.0023, Rel. Barros Levenhagen).

O quadro fático delineado no acórdão regional revela que o Reclamante não era obrigado a permanecer em local determinado aguardando à determinação do empregador, porque poderia ausentar-se de sua residência, mantendo apenas um telefone para atender a chamados de emergência. Tal circunstância não é suficiente à caracterização do regime de sobreaviso, segundo o entendimento desta Corte. Embargos conhecidos e providos (TST, E-RR 1.303/2001-089-09-00.5, Rel. Maria Cristina Irigoyen Peduzzi).

1. Nos termos do art. 244, § 2º, da CLT, considera-se de sobreaviso o empregado que permanece em sua própria casa aguardando a qualquer momento o chamado para o serviço. 2. No caso, embora o Reclamante, por meio de telefone celular ou bipe, pudesse ser chamado a qualquer momento para resolver emergências na Empresa-Reclamada, o entendimento predominante nesta Corte Superior é de que o mero uso desses aparelhos não enseja o pagamento de horas de sobreaviso, por não obrigar o

empregado a permanecer em sua residência à espera da solicitação de seus serviços pela empresa, conforme a exigência legal. 3. Aplica-se ao caso, portanto, o entendimento assentado da Orientação Jurisprudencial 49 da SBDI-1 do TST, inclusive de forma analógica, quanto ao celular (TST, RR 711/2006-029-05-00, Ives Gandra Martins Filho, *DEJT*, 29.5.09).

■ Não caracteriza regime de sobreaviso o fato de o empregado ser chamado para prestar serviços de urgência, quando estes não decorrerem da obrigatoriedade de permanência em sua residência para os respectivos atendimentos... não tolhido o empregado em sua liberdade de locomoção, dispondo, portanto, de tempo para se dedicar às suas ocupações e, até mesmo, ao seu lazer (TST, RR 378.825/97.1, João Oreste Dalazen, Ac. 1ª T., 9.4.99).

* Sobre o tema *supra*, v. www.institutocarrion.com.br.

6 *Horário de compensação*. Diz a Constituição Federal de 1988:

Art. 7º São direitos dos trabalhadores... além de outros...

XIII – duração do trabalho normal não superior a 8 horas diárias e 44 semanais, facultada a compensação de horários e a redução da jornada, mediante acordo ou convenção coletiva de trabalho...

A compensação foi inicialmente prevista para o sábado e é a corriqueira. Nesse dia, é óbvia a conveniência do trabalhador, evitando deslocar-se para o trabalho apenas parcial do dia; ainda mais, nas grandes cidades. Por isso, mais equivocados parecem os julgados, inclusive súmula, que exigem contrato escrito para a compensação semanal; se é verdade que dependem de forma especial, se a lei expressamente a exigir (CC, art. 107); a forma tácita, evidenciada pelo uso contínuo, deve ser aceita, nesta hipótese, pelo bom senso perante o interesse imediato do trabalhador.

O texto constitucional não limita a compensação aos dias da mesma semana, mediante acordo individual ou convenção coletiva. Entretanto, Süssekind, Romita e Robortella já entendiam, antes da modificação do § 2º, ser necessária a alteração legislativa para aceitar aquele entendimento da compensação ampla (ob. cit., Índ. Bibliog.). Em todas as hipóteses, haver-se-ia de observar o termo legal e diário de 10 horas, pelos limites fisiológicos do ser humano; mas ressalvadas as hipóteses especialíssimas dos regimes de 12 x 36 horas, v. Precedente Administrativo 81 MTE/SIT, em apêndice, promovidos pelos acordos coletivos e tolerados pela Jurisprudência (TST – Súmula 444). Compensação do trabalho da mulher, v. art. 372 e seg.

7 *Banco de horas*. É a compensação, inicialmente semanal, que foi estendida a quaisquer períodos, desde que não supere um ano; no qual as horas extras trabalhadas em um dia poderão ser compensadas com a correspondente diminuição em outro dia. O instituto já era anseio dos trabalhadores, principalmente do ABC paulista, e objetiva proporcionar às empresas maior possibilidade de

adequar a atividade dos trabalhadores às necessidades da produção, impedindo possíveis cortes no número de empregados. Sua implantação depende de acordo ou convenção coletiva de trabalho, como determina a CF/88, art. 7º, XIII. Os §§ 5º e 6º são inconstitucionais, ambos permitem que o acordo seja feito de forma individual, no primeiro caso a compensação seja feita em até 6 meses e no segundo no mesmo mês. O descanso semanal remunerado, por ser instituto distinto, não poderá ser absorvido pela compensação.

8 Rescindido o contrato, as horas trabalhadas não compensadas deverão ser pagas, como extras, pelo valor vigente quando da rescisão. Contrariamente, as folgas em favor do empregador não serão descontadas, por não haver apoio em lei e porque a situação criada atende aos interesses da produção empresarial. Seguindo o mesmo raciocínio da compensação, a dedução das horas extras pagas das reconhecidas em juízo não está limitada ao mês, e sim a todo o período não prescrito.

TST CANCELADA – A validade do acordo coletivo ou convenção coletiva de compensação de jornada de trabalho em atividade insalubre prescinde da inspeção prévia da autoridade competente em matéria de higiene do trabalho (art. 7º, XIII, da Constituição da República; art. 60 da CLT) (TST – Súmula 349, cancelada TST Res. 174/11).

TST I. A compensação de jornada de trabalho deve ser ajustada por acordo individual escrito, acordo coletivo ou convenção coletiva. II. O acordo individual para compensação de horas é válido, salvo se houver norma coletiva em sentido contrário. III. O mero não atendimento das exigências legais para a compensação de jornada, inclusive quando encetada mediante acordo tácito, não implica a repetição do pagamento das horas excedentes à jornada normal diária, se não dilatada a jornada máxima semanal, sendo devido apenas o respectivo adicional. IV. A prestação de horas extras habituais descaracteriza o acordo de compensação de jornada. Nesta hipótese, as horas que ultrapassarem a jornada semanal normal deverão ser pagas como horas extraordinárias e, quanto àquelas destinadas à compensação, deverá ser pago a mais apenas o adicional por trabalho extraordinário. V. As disposições contidas nesta súmula não se aplicam ao regime compensatório na modalidade "banco de horas", que somente pode ser instituído por negociação coletiva. VI. Não é válido acordo de compensação de jornada em atividade insalubre, ainda que estipulado em norma coletiva, sem a necessária inspeção prévia e permissão da autoridade competente, na forma do art. 60 da CLT (TST – Súmula 85, Res. 209/16).

SDI É válido o sistema de compensação de horário quando a jornada adotada é a denominada "semana espanhola", que alterna a prestação de 48 horas em uma semana e 40 horas em outra, não violando os arts. 59, § 2º, da CLT e 7º, XIII, da CF/1988 o seu ajuste mediante acordo ou convenção coletiva de trabalho (TST, SDI-1, Orientação Jurisprudencial 323).

O atual entendimento desta SDI-1 é que a dedução dos valores pagos a maior não pode ser limitada ao mês da apuração, devendo ser integral e aferido pelo total das horas extraordinárias quitadas durante o período não prescrito do contrato de trabalho (TST, E-ED-RR-511000-36.2008.5.09.0663, julgado em 27.10.11, Carlos Alberto Reis de Paula, *DEJT*, 4.11.11).

O Tribunal Regional manteve a condenação da Reclamada ao pagamento de diferenças de horas extras em decorrência da descaracterização do acordo de compensação de jornada, porém deu parcial provimento ao recurso ordinário da empresa para determinar a observância da Súmula n. 85, IV, desta Corte no cálculo dos valores devidos. No recurso de revista, a Reclamada defende que o acordo de compensação de jornada é válido, por ter sido objeto de negociação coletiva de trabalho. Ao contrário do que alega a Reclamada, a decisão recorrida não comporta violação do disposto no art. 7º, XIII, da Constituição Federal, porque esse dispositivo não veda a descaracterização do acordo de compensação quando constatada a prestação habitual de horas extras. Por outro lado, a decisão regional foi proferida em conformidade com a Súmula n. 85, IV, desta Corte, razão por que não enseja recurso de revista por divergência jurisprudencial, nos termos do art. 896, §§ 4º e 5º, da CLT e da Súmula n. 333 deste Tribunal (TST, RR 161400-59.2006.5.24.0021, Fernando Eizo Ono).

■ Em hipóteses em que o acordo de compensação de jornadas entabulado pelas partes resta descaracterizado pela prestação de labor extraordinário habitual, determina-se o pagamento, como extraordinárias, das horas trabalhadas além da jornada semanal normal e, quanto àquelas destinadas a compensação, condena-se apenas ao pagamento do respectivo adicional por trabalho extraordinário. Incidência da Súmula n. 85, IV (TST, RR 77300-69.2005.5.09.0654, Guilherme Caputo Bastos).

■ A Súmula n. 85 desta Corte tem como padrão de compensação o limite da jornada máxima de 44 horas semanais. O banco de horas, por outro lado, tem como parâmetro a compensação anual e sua fixação por instrumento coletivo decorre de imperativo legal. Desse modo, o reconhecimento da nulidade do banco de horas não rende ensejo ao pagamento apenas do adicional de horas extras, na forma do previsto nos itens III e IV da Súmula n. 85 desta Corte. Recurso de revista parcialmente conhecido e provido (TST, RR 77000-10.2005.5.09.0654, Rel. Walmir Oliveira da Costa).

■ A prestação de horas extras habituais descaracteriza o acordo de compensação de jornada. Nesta hipótese, as horas que ultrapassarem a jornada semanal normal deverão ser pagas como horas extraordinárias e, quanto àquelas destinadas à compensação, deverá ser pago a mais apenas o adicional por trabalho extraordinário (TST, RR 20026/2003-016-09-00, Horácio Senna Pires, *DEJT*, 26.6.09).

■ A jurisprudência desta Corte Superior já se consolidou no sentido de que "é válido o acordo individual para compensação de horas, salvo se houver norma coletiva em sentido contrário" (Orientação Jurisprudencial 182 da C. SDI) (TST, RR 490.524/98.0, Aloysio Corrêa da Veiga).

■ Horário. Compensação. Possibilidade de se compensar o excesso da jornada normal (44 horas) de uma semana, na semana seguinte. Faculdade que a CF (art. 7º, XIII) confere ao empregador e empregado ("acordo") e às categorias profissionais e econômicas ("convenção coletiva"). Jornada diária que, todavia, está limitada a 10 horas (CLT, art. 59), salvo nas situações especialíssimas como o regime de 12 por 36 horas (TRT/SP, RO 32.772/94.0, Valentin Carrion, Ac. 9ª T. 21.348/96.8).

■ Esta Corte tem posicionamento no sentido de que o labor no sábado não invalida o acordo de compensação de horário, sendo devido, tão somente, o adicional correspondente à jornada extraordinária (TST, RR 249.319/96.1, Cnéa Moreira, Ac. 4ª T.).

* Sobre o tema *supra*, v. www.institutocarrion.com.br.

7 *Trabalhador rural*: mesma disciplina do urbano, com a ressalva de que os intervalos entre uma e outra parte da execução da tarefa, nos serviços intermitentes, não se computam como de efetivo exercício, desde que feita a anotação na Carteira de Trabalho (L. 5.889/73, art. 6º, em apêndice).

* Sobre o tema *supra*, v. www.institutocarrion.com.br.

8 *FGTS*. A jurisprudência é pacífica quanto à exigibilidade dos recolhimentos referentes a horas extras e adicional noturno (art. 477/8 e segs.).

TST A contribuição para o FGTS incide sobre a remuneração mensal devida ao empregado, inclusive horas extras e adicionais eventuais (TST – Súmula 63).

9 *Horas "in itinere"* (CLT, art. 58/7).

Art. 59-A. Em exceção ao disposto no art. 59 e em leis específicas, é facultado às partes, por meio de convenção coletiva ou acordo coletivo de trabalho, estabelecer horário de trabalho de doze horas seguidas por trinta e seis[1] horas ininterruptas de descanso, observados ou indenizados os intervalos para repouso e alimentação. (Red. MP 808/17).

§ 1º A remuneração mensal pactuada pelo horário previsto no *caput* abrange os pagamentos devidos pelo descanso semanal remunerado e pelo descanso em feriados e serão considerados compensados os feriados e as prorrogações de trabalho noturno, quando houver, de que tratam o art. 70 e o § 5º do art. 73. (Red. MP 808/17).

§ 2º É facultado às entidades atuantes no setor de saúde estabelecer, por meio de acordo individual escrito, convenção coletiva ou acordo coletivo de trabalho, horário de trabalho de doze horas seguidas por trinta e seis horas ininterruptas de descanso, observados ou indenizados os intervalos para repouso e alimentação. (Red. MP 808/17).

1 A jurisprudência já admitia a jornada 12×36, a Lei cumpre seu papel, sedimentando a jornada. Obriga, para a sua permissão, a existência de acordo coletivo ou convenção coletiva, assim o TST, Súmula 444 e o MTE/SIT - Precedente Administrativo 81, em apêndice. Para as "entidades atuantes no setor de saúde", que são as que mais se utilizam dessa jornada, permite que o acordo seja individual, diretamente entre o próprio empregador e empregado, o que é um erro, pois pode dar motivos para a invalidade do acordo (cerceamento de liberdade do empregado, entre outros).

2 *Remuneração pactuada*. Abrange o DSR, o trabalho em feriados, o trabalho noturno quando a jornada de 12 horas terminar após as 22 horas. Não existem pagamentos a serem feitos a mais do valor acertado.

TST É válida, em caráter excepcional, a jornada de doze horas de trabalho por trinta e seis de descanso, prevista em lei ou ajustada exclusivamente mediante acordo coletivo de trabalho ou convenção coletiva de trabalho, assegurada a remuneração em dobro dos feriados trabalhados. O empregado não tem direito ao pagamento de adicional referente ao labor prestado na décima primeira e décima segunda horas (TST – Súmula 444).

JORNADA ESPECIAL. ESCALA 12×36. HORAS EXTRAS. A jurisprudência desta Corte tem se encaminhado no sentido de que o regime 12×36 apenas é válido nas hipóteses em que houver expressa previsão em instrumento coletivo, ou seja, nos casos em que há a efetiva intervenção do ser coletivo institucionalizado obreiro – o sindicato – no processo negocial, justamente para garantir que os interesses sociais da categoria sejam resguardados de maneira adequada e consoante as normas de proteção ao trabalhador. Com efeito, nos termos do art. 7º, XIII, da CF, a duração do trabalho normal não poderá ser superior a oito horas diárias e quarenta e quatro semanais, facultada, porém, a compensação de horários e a redução da jornada mediante acordo ou convenção coletiva de trabalho. Nesses termos, a própria Constituição Federal permitiu, em algumas hipóteses, a flexibilização da norma, desde que observadas determinadas condições (TST, RR 10000-04.2007.5.17.0006, julgado em 23.11.11, Mauricio Godinho Delgado, 6ª Turma, *DEJT* 2.12.11).

■ HORAS EXTRAS. VALIDADE DO REGIME DE COMPENSAÇÃO DE 12×36. PREVISÃO EM NORMA COLETIVA. De acordo com a atual jurisprudência desta Subseção 1 Especializada em Dissídios Individuais, é válido o regime de compensação de 12×36 horas previsto em norma coletiva, sob pena de ofensa ao art. 7º, XXVI, da CF. Nesse caso, não é devido o pagamento do adicional de horas extras pelo trabalho realizado além da 10ª hora diária. Precedentes. Recurso de embargos conhecido e não provido (TST-E-RR 41700-39.2005.5.15.0033, julgado em 14.4.11, Augusto César Leite de Carvalho, Subseção I Especializada em Dissídios Individuais, *DEJT* 29.4.11).

■ RECURSO DE EMBARGOS. JORNADA DE TRABALHO EM REGIME DE 12×36. PREVISÃO EM ACORDO COLETIVO. VALIDADE. HORAS EXTRAORDINÁRIAS APÓS A 10ª DIÁRIA. A jornada de trabalho de 12×36 é extremamente benéfica ao trabalhador, e é adotada usualmente em específicos ramos de atividade como hospitais, segurança, p. ex. Nesse regime a jornada excedente de 12 (doze) horas é compensada com um período maior de descanso, 36 (trinta e seis) horas, e, principalmente, com a redução das horas trabalhadas ao final de cada mês. Enquanto o trabalhador que cumpre 44 (quarenta e quatro) horas de trabalho semanais e jornada normal de oito horas, limitações previstas no inciso XIII do artigo 7º da Carta Magna, acaba por trabalhar 220 (duzentas e vinte) horas por mês. O trabalho mensal do empregado sujeito ao regime 12×36 não suplanta, jamais, as 192 (cento e noventa e duas) horas, como no presente caso. Deste modo, não há como se retirar a validade do regime, pela concessão de horas extraordinárias após a 10ª diária, com base no art. 59, § 2º, da CLT, sob pena de se retirar a validade do acordo de compensação de jornada, historicamente adotado por diversas categorias, para adoção do regime de 12×36 horas, mediante participação da entidade sindical, e que possibilita ao empregado, após uma jornada maior de trabalho, de doze horas, o descanso determinado, de trinta e seis horas, baseado na livre negociação havida entre as partes, não havendo se falar em jornada prejudicial ao trabalhador, sequer alegada. Embargos conhecidos e desprovidos (TST- E-RR 804453-19.2001.5.09.5555, julgado em 15.9.08, Aloysio Corrêa da Veiga, Subseção I Especializada em Dissídios Individuais, *DJ* 26.9.08).

Art. 59-B. O não atendimento das exigências legais para compensação de jornada, inclusive quando estabelecida mediante acordo tácito, não implica a repetição do pagamento das horas excedentes à jornada normal diária se não ultrapassada a duração máxima semanal, sendo devido apenas o respectivo adicional[1].

Parágrafo único. A prestação de horas extras habituais não descaracteriza o acordo de compensação de jornada e o banco de horas. (Red. L. 13.467/17).

1 Quando a soma de horas da semana não extrapola a duração máxima semanal, a hora trabalhada já está remunerada, falta pagar o desgaste de ter trabalhado em uma jornada diária maior do que a que foi pactuada; sobre essas horas é necessário o acréscimo de no mínimo 50%.

Art. 60. Nas atividades insalubres, assim consideradas as constantes dos quadros mencionados no capítulo "Da Segurança e da Medicina do Trabalho", ou que neles venham a ser incluídas por ato do Ministro do Trabalho, quaisquer prorrogações só poderão ser acordadas mediante licença prévia das autoridades competentes em matéria de higiene do trabalho, as quais, para esse efeito, procederão aos necessários exames locais e à verificação dos métodos e processos de trabalho, quer diretamente, quer por intermédio de autoridades sanitárias federais, estaduais e municipais, com quem entrarão em entendimento para tal fim.

Parágrafo único. Excetuam-se da exigência de licença prévia as jornadas[3] de doze horas de trabalho por trinta e seis horas ininterruptas de descanso. (Red. L. 13.467/17).

1 *Atividades insalubres*. Conceito, adicional, integração, exigibilidade, inconstitucionalidade das restrições e periculosidade (art. 189 e segs.). Procedimento para a prorrogação (MTE, Port. 702/15, em apêndice).

2 *Acordo de compensação, nas atividades insalubres*. "O artigo 7º, XIII, da Constituição da República, que autoriza a prorrogação da jornada mediante negociação coletiva, deve ser interpretado à luz de outros dispositivos que visam a proteger bem maior do trabalhador – no caso, sua vida e sua saúde. O inciso XXII do referido preceito da Lei Magna tem por escopo assegurar ao trabalhador a 'redução dos riscos inerentes ao trabalho, por meio de normas de saúde, higiene e segurança'. A liberdade negocial assegurada às partes, em matéria de saúde e segurança do trabalhador, encontra limite no texto constitucional, revelando-se inadmissível, portanto, que, mediante norma coletiva, busque-se elastecer a jornada do empregado em atividade insalubre, sem a prévia licença da autoridade competente em saúde e segurança do trabalhador, tal como previsto no artigo 60 da Consolidação das Leis do Trabalho. A proteção à saúde e à vida prevalece sobre a liberdade negocial das partes. Somente as autoridades de que trata a norma consolidada detêm os conhecimentos técnicos e científicos necessários à verificação dos efeitos nefastos para a saúde do trabalhador a que estará submetido em face de exposição mais prolongada a agentes insalubres" (RR 375-40.2011.5.04.0014, Ministro Lelio Bentes Corrêa).

3 *Jornada 12×36*. Não cabe prorrogação, a jornada é uma jornada especial e já está definida, são doze horas.

TST CANCELADA – A validade do acordo coletivo ou convenção coletiva de compensação de jornada de trabalho em atividade insalubre prescinde da inspeção prévia da autoridade competente em matéria de higiene do trabalho (art. 7º, XIII, da CF/88; art. 60 da CLT) (TST – Súmula 349, cancelada TST Res. 174/11).

TST I. A compensação de jornada de trabalho deve ser ajustada por acordo individual escrito, acordo coletivo ou convenção coletiva. II. O acordo individual para compensação de horas é válido, salvo se houver norma coletiva em sentido contrário. III. O mero não atendimento das exigências legais para a compensação de jornada, inclusive quando encetada mediante acordo tácito, não implica a repetição do pagamento das horas excedentes à jornada normal diária, se não dilatada a jornada máxima semanal, sendo devido apenas o respectivo adicional. IV. A prestação de horas extras habituais descaracteriza o acordo de compensação de jornada. Nesta hipótese, as horas que ultrapassarem a jornada semanal normal deverão ser pagas como horas extraordinárias e, quanto àquelas destinadas à compensação, deverá ser pago a mais apenas o adicional por trabalho extraordinário. V. As disposições contidas nesta súmula não se aplicam ao regime compensatório na modalidade "banco de horas", que somente pode ser instituído por negociação coletiva. VI. Não é válido acordo de compensação de jornada em atividade insalubre, ainda que estipulado em norma coletiva, sem a necessária inspeção prévia e permissão da autoridade competente, na forma do art. 60 da CLT (TST – Súmula 85, Res. 209/16).

INSALUBRIDADE. COMPENSAÇÃO DA JORNADA DE TRABALHO EM ATIVIDADE INSALUBRE. PRINCÍPIO DA ADEQUAÇÃO SETORIAL NEGOCIADA. REDUÇÃO DOS RISCOS INERENTES À SEGURANÇA E À SÁUDE DO TRABALHADOR. CONSTITUIÇÃO FEDERAL, ARTS. 1º, III, 7º, VI, XIII, XIV, XXII, 170, "CAPUT", e 225. CONVENÇÃO 155 DA OIT. DIREITO REVESTIDO DE INDISPONIBILIDADE ABSOLUTA. IMPOSSIBILIDADE DE FLEXIBILIZAÇÃO. A Constituição Federal estipulou, como direito dos trabalhadores, a redução dos riscos inerentes ao trabalho, por meio de normas de saúde, higiene e segurança. Essa inclusive é a orientação que se extrai da Convenção n. 155 da OIT, ratificada pelo Brasil em 18.5.1992, que expressamente estabelece a adoção de medidas relativas à segurança, à higiene e ao meio ambiente do trabalho. No caso de atividades insalubres, para regularidade da prorrogação da jornada, é necessário que seja dada licença prévia de autoridade competente em matéria de higiene e saúde (art. 60 da CLT). Nesse contexto, mesmo que haja norma coletiva autorizando o regime compensatório em atividade insalubre, é imprescindível a observância da obrigação de haver inspeção e permissão das autoridades competentes, na forma do citado art. 60 da CLT. Isso porque a negociação coletiva trabalhista não tem poderes para eliminar ou restringir direito trabalhista imperativo e expressamente fixado por regra legal, salvo havendo específica autorização da ordem jurídica estatal. Em se tratando de regra fixadora de vantagem relacionada à redução dos riscos e malefícios no ambiente do trabalho, de modo direto e indireto, é enfática a proibição da Constituição ao surgimento da regra negociada menos favorável (art. 7º, XXII, da CF). Em coerência com essa nova diretriz, o Tribunal Pleno do TST cancelou a Súmula 349/TST, cancelando também outros verbetes que flexibilizavam a legislação na área de saúde e segurança laborais (item II da Súmula 364 e OJ Transitória 4 da SDI-1 do TST). Desse modo, não há como prevalecer cláusula que estabelece a prorrogação da duração do trabalho e faculta compensação de jornada nas atividades insalubres independentemente de licença prévia das autoridades competentes em matéria de higiene do trabalho. O recurso de revista não preenche os requisitos previstos no art. 896 da CLT, pelo que inviável o seu conhecimento. Recurso de revista não conhecido nos temas (TST, RR 1700-13.2011.5.04.0382, julgado em 29.4.15, Mauricio Godinho Delgado, 3ª T., *DEJT*, 8.5.15).

ACORDO INDIVIDUAL DE COMPENSAÇÃO DE HORÁRIO. ATIVIDADE INSALUBRE. Em face do cancelamento da Súmula n. 349 do TST, prevalece nesta Corte o entendimento de que a regularidade da compensação de horário em atividade insalubre depende de norma coletiva e autorização prévia da autoridade competente em matéria de higiene do trabalho, conforme previsto no art. 60 da CLT. Dessa orientação dissentiu o acórdão recorrido. Recurso de revista conhecido e provido (TST, RR 269900-26.2009.5.12.0030, julgado em 14.5.14, Walmir Oliveira da Costa, 1ª T., *DEJT*, 23.5.14).

ATIVIDADE INSALUBRE. COMPENSAÇÃO DE HORÁRIOS. INVALIDADE. 1. O Tribunal Regional concluiu pela validade do acordo de compensação em atividade insalubre independente de autorização do Ministério do Trabalho. 2. A partir do cancelamento da Súmula 349/TST, por meio da Resolução 174/2011, passou a predominar neste Tribunal Superior do Trabalho o entendimento de que a compensação de jornada em atividade insalubre depende de autorização do Ministério do Trabalho, nos termos do artigo 60 da CLT, uma vez que, em se tratando de questão relativa à higiene e saúde do trabalhador, necessária a inspeção da autoridade competente, não podendo ser disciplinada por normas coletivas. Recurso de revista conhecido e provido, no tema (TST, RR 15422-33.2010.5.04.0000, julgado em 15.4.15, Hugo Carlos Scheuermann, 1ª T., *DEJT*, 24.4.15).

Art. 61. Ocorrendo necessidade imperiosa[1], poderá a duração do trabalho exceder do limite legal ou convencionado, seja para fazer face a motivo de força maior, seja para atender à realização ou conclusão de serviços inadiáveis ou cuja inexecução possa acarretar prejuízo manifesto.

§ 1º O excesso, nos casos deste artigo, pode ser exigido independentemente de convenção coletiva[2] ou acordo coletivo de trabalho. (Red. L. 13.467/17).

§ 2º Nos casos de excesso de horário por motivo de força maior, a remuneração da hora excedente não será inferior à da hora normal. Nos demais casos de excesso previstos neste artigo, a remuneração será, pelo menos, 25% superior à da hora normal, e o trabalho não poderá exceder de 12 horas, desde que a lei não fixe expressamente outro limite (obs.: 50% é a remuneração mínima do serviço extraordinário, CF, art. 7º, XVI).

§ 3º Sempre que ocorrer interrupção do trabalho, resultante de causas acidentais, ou de força maior, que determinem a impossibilidade de sua realização, a duração do trabalho poderá ser prorrogada pelo tempo necessário até o máximo de 2 horas, durante o número de dias indispensáveis à recuperação do tempo perdido, desde que não exceda de 10 horas diárias, em período não superior a 45 dias por ano, sujeita essa recuperação à prévia autorização da autoridade competente.

1 *Necessidade imperiosa*. Pode-se ultrapassar a jornada normal: a) por força maior (v. conceito no coment. ao art. 501; aqui não há o mesmo rigor em admiti-la, como lá, quando se pretende eximir do pagamento da indenização); b) serviços inadiáveis ou cuja não execução possa produzir prejuízo. Na primeira hipótese, haverá um fato estranho, próximo à catástrofe, que afeta mais do que a produção: incêndio, inundação, racionamento de energia elétrica etc. Na segunda hipótese, são os percalços da produção que aparecem: ameaça de chuva sobre a colheita, concretagem de uma laje, iminente saída do navio que deverá transportar a mercadoria, afluência inabitual da clientela por circunstâncias anormais etc., sempre extravasando a rotina; c) *força maior* ou acidental que impeça o trabalho, prevista no § 3º: o respectivo tempo poderá ser recuperado em dias posteriores, em espaços de 2 horas cada dia no máximo, em até 45 dias anuais, desde que haja concordância da autoridade administrativa do trabalho; entendendo que, nestes casos, o empregado terá sido autorizado a retirar-se do local de trabalho; não haverá duplicação de salários a serem pagos (Amaro, *Tutela*, v. 2, p. 46; Saad, pelo pagamento duplo sem adicional, *Comentários*, p. 43). A remuneração mínima de 50% para a hora extraordinária, instituída pela CF/88, deve ser aplicada à realização de serviços inadiáveis e não aos de força maior; respeita-se, assim, o critério diferenciador, quanto às duas espécies, do legislador ordinário, atualizando seu valor naquele que se considera competente. Definição de necessidade imperiosa, v. Precedente Administrativo 31 MTE/SIT, em apêndice. Na necessidade imperiosa, a jornada pode ser aumentada, mas o intervalo entre jornada e do descanso semanal tem que ser respeitado, v. Precedente Administrativo 79 MTE/SIT, em apêndice.

2 A lei retira a necessidade de comunicação à autoridade competente do motivo que levou à alteração da jornada, fato perigoso em um Brasil tão heterogêneo, onde as leis são desrespeitadas.

3 *Mulher* (arts. 372 e segs.). *Menor* (arts. 411 e segs.).

Art. 62. Não são abrangidos pelo regime previsto neste capítulo[1]:

I – os empregados que exercem atividade externa[2] incompatível com a fixação de horário de trabalho, devendo tal condição ser anotada na Carteira de Trabalho e Previdência Social e no registro de empregados;

II – os gerentes[4-5], assim considerados os exercentes de cargos de gestão, aos quais se equiparam, para efeito do disposto neste artigo, os diretores e chefes de departamento ou filial;

III - os empregados em regime de teletrabalho (Red. L. 13.467/17).

Parágrafo único. O regime previsto neste capítulo será aplicável aos empregados mencionados no inciso II deste artigo, quando o salário do cargo de confiança[6], compreendendo a gratificação de função, se houver,

for inferior ao valor do respectivo salário efetivo acrescido de 40% (red. L. 8.966/94);

1 *Não se compreendem* no regime deste capítulo: ou seja, não têm direito, em princípio, a jornada normal mínima, nem a remuneração de outras horas além das normais, nem adicional por trabalho extraordinário. A referência a "trabalho normal" (CF, art. 7º, XIII) afasta o entendimento de que o art. 62 teria sido revogado por não ter sido recepcionado pela Constituição Federal (Süssekind, *Instituições*, v. 2, p. 734, e Magano, *RDT* 84/27).

O art. 62 da CLT foi recepcionado pela atual Carta Magna, pois exceptua circunstâncias de trabalho não sujeitas a horário ou nas quais o controle da jornada se faz impraticável, em presença das quais inexiste obrigação de remunerar como extraordinário o trabalho prestado. Essas disposições, por específicas, não se atritam, mas, ao contrário, complementam a norma genérica do art. 7º, inciso XIII, da CF (TST, RR 313.641/96.6, Armando de Brito, Ac. 5ª T. 10.531/97).

2 *Serviços externos*: o que caracteriza este grupo de atividades é a circunstância de estarem todos fora da permanente fiscalização e controle do empregador; há impossibilidade de conhecer o tempo realmente dedicado com exclusividade à empresa. É o caso do cobrador em domicílio, propagandista etc. Mesmo externo, se estiver subordinado a horário, deve receber horas extraordinárias (Maranhão, *Direito do Trabalho*, p. 77). Também serão devidas se a produção, sendo mensurável, não puder ser realizada senão ultrapassando a jornada normal. É o caso do motorista de caminhão, perfazendo percurso determinado entre certas cidades, cuja quilometragem exige fatalmente tempo superior ao de 8 horas. Mas a jurisprudência e a regulamentação administrativa ultrapassaram a restrição legal (CLT, art. 62, I) e a interpretação restrita acima sugerida, generalizando a obrigatoriedade da ficha individual, papeleta ou registro de ponto, que devem ficar em poder do empregado (Port. MTE 3.626/91, art. 13, parágrafo único, em apêndice); a omissão poderá modificar em seu favor o ônus da prova do empregado em juízo, desde que haja indícios veementes da existência de horário prorrogado frequente.

SDI O tacógrafo, por si só, sem a existência de outros elementos, não serve para controlar a jornada de trabalho de empregado que exerce atividade externa (TST, SDI-1, Orientação Jurisprudencial 332).

Registrando o Regional que a prova dos autos aponta para o efetivo controle da jornada de trabalho do Reclamante, apesar de o labor desenvolver-se externamente, o Recurso de Revista sofre o óbice da Súmula 126 do TST (TST, RR 793/2007-311-06-00, Márcio Eurico Vitral Amaro, Ac. 8ª T).

Longe fica de configurar violência à lei decisão que conclui pelo direito às horas suplementares quando o prestador dos serviços tem rota preestabelecida pela empresa, cujo cumprimento demanda determinado número de horas (TST, Ag. E-RR 2.519/86, Marco Aurélio, Ac. TP 1.210/87).

3 *Vigilante e vigia*. Segundo a lei, vigilante é o empregado contratado para proceder à vigilância patrimonial das instituições financeiras e de outros estabelecimentos, públicos ou privados, bem como a segurança de pessoas físicas; realizar o transporte de valores ou garantir o transporte de qualquer outro tipo de carga. As empresas especializadas em prestação de serviços de segurança, vigilância e transporte de valores poderão prestar serviços de segurança privada a pessoas; estabelecimentos comerciais, industriais, de prestação de serviços e residências; a entidades sem fins lucrativos e órgãos e empresas públicas, com os requisitos previstos em lei (L. 7.102/83, alt. L. 8.863/94, 9.017/95, 2.184/01, 11.718/08 e D. 89.056/83, red. D. 1.592/95, v. Índ. Leg.). Os serviços de vigilante podem ser contratados tanto por pessoa física quanto jurídica. É duvidoso que os vigias residenciais, sendo considerados empregados domésticos, integrem a categoria diferenciada.

Vigia é o que exerce tarefas de observação e fiscalização do local, sem os requisitos formais, estritos dos vigilantes. Seus direitos são os comuns dos trabalhadores urbanos, conforme sejam domésticos ou não. Os vigias de rua que atendem diversos moradores, geralmente do mesmo quarteirão, não têm relação trabalhista, não podendo ser comparados com os vigias dos condomínios; neste último caso, há uma administração responsável, unificada, com personalidade jurídica ou não. Os proprietários de residência de quarteirão não se constituem em grupo organizado, não unificam suas vontades, ao contratar nem no decorrer da prestação de trabalho, pois não se reúnem para deliberar e com frequência nem se conhecem, tratando cada um diretamente com o vigia; por esse motivo a relação é exclusivamente civil. Vigia e vigilante de banco (art. 226/1).

TST O direito à hora reduzida de 52 (cinquenta e dois) minutos e 30 (trinta) segundos aplica-se ao vigia noturno (TST – Súmula 65).

A situação não se enquadra na hipótese prevista no artigo 7º, inciso XIV, da Carta Constitucional porque o empregado desempenhava suas funções como vigia no turno da noite, quando a empresa estava fechada, havendo alternância dos turnos de trabalho nos finais de semana e feriados, pois que nesses períodos não havia atividade na empresa. Logo, não se justifica o reconhecimento da hipótese de turno ininterrupto de revezamento, pois, ainda que os vigias trabalhem ininterruptamente, não significa dizer que trabalhem em turnos ininterruptos, o que se afasta da situação disciplinada pela Constituição Federal (TST, RR 654.026/2000.8, João Carlos Ribeiro de Souza).

4 *Gerente*. O conceito legal *supra*, art. 62, II, é o mais próximo que possuímos para cargo de confiança, não obstante possa haver outros cargos de confiança, raros (o art. 499 o menciona). A denominação utilizada na empresa não é o importante; a gerência pode ser no campo administrativo somente (em grandes ou pequenas empresas) ou no administrativo e no técnico (geralmente só nas médias e grandes empresas; Cesarino Jr. não considera cargo de confiança a direção técnica, *Direito social*, v. 2; Amaro, *Tutela*, v. 2, só o aceita no campo administrativo);

o que vale é o poder de autonomia nas opções importantes a serem tomadas, poder este em que o empregado se substitui ao empregador. Antero de Carvalho, com apoio em Henri Faiol, salienta que em todas as atividades empresariais coexistem a capacidade administrativa e a técnica; as primeiras se avolumam à medida que se dá elevação na hierarquia até o mais alto posto, de diretor (*Cargos de direção no Direito do Trabalho*). Por que o legislador iria distinguir o gerente administrativo do gerente industrial? A remuneração de ambos dispensa igualmente a contagem do relógio. Seria paradoxal acreditar que o responsável pela produção, com centenas de empregados sob seu comando, dependesse de jornada normal, só porque sua função tenha outra denominação, ou porque não exerça atos de comércio com terceiros. O que é impossível sem texto legal expresso é atribuir a função de confiança ou de gerência a simples chefes de serviço encarregados de função de rotina permanente; para isso, a lei procurou cercar o conceito com várias circunstâncias, identificadoras em seu conjunto. O administrador de fazenda não se beneficiará da contagem de horas extras se mantiver o poder de decisão e não tiver superior que lhe fiscalize o horário de trabalho. Controle de jornada, v. Precedente Administrativo 49 MTE/SIT, em apêndice. Obrigatoriedade do cartão de ponto, v. Precedente Administrativo 90 MTE/SIT, em apêndice.

Gerente de agência bancária. Os hábitos contemporâneos permitem distinguir duas espécies de empregados absolutamente distintas, apesar de terem a mesma denominação; de um lado, o gerente titular, ou principal, da agência bancária, com mais poderes de representação e de decisão, sem fiscalização imediata, a não ser a genérica de regulamentos e normas internas (exerce encargos de gestão, com total autonomia nas decisões que venha a tomar, podendo com suas atitudes colocar em risco a existência da própria empresa), e, de outro lado, um ou vários gerentes de segundo nível, que prestam conta e submissão ao gerente-titular. A CLT acolhe o primeiro, no art. 62, II, e os segundos, verdadeiros subgerentes, apesar da outra denominação que utilizam, e que estão inseridos, junto com outros cargos de confiança de segundo nível, no art. 224, § 2º, da CLT.

TST A jornada de trabalho do empregado de banco gerente de agência é regida pelo art. 224, § 2º, da CLT. Quanto ao gerente-geral de agência bancária, presume-se o exercício de encargo de gestão, aplicando-se-lhe o art. 62 da CLT (TST – Súmula 287).

A configuração do cargo de confiança inscrito no artigo 224, § 2º, da CLT, a excepcionar o empregado bancário da jornada de trabalho de seis horas diárias, exige a inequívoca demonstração de grau maior de fidúcia. O mero fato de o Reclamante deter o título de chefe de seção, responsabilizar-se pelo numerário da agência e portar as chaves do cofre não autoriza o enquadramento nas disposições do artigo 224, § 2º, da CLT, ainda que tenha percebido gratificação de função. Resulta indispensável a demonstração da existência de poderes de mando e gestão para configurar o supedâneo fático necessário à incidência do aludido dispositivo. 3. Recurso de Revista de que se conhece e a que se dá provimento (TST, RR-1670/2002-402-04-40.1, João Oreste Dalazen).

O enquadramento legal do gerente bancário, para efeito da duração da jornada de trabalho, tanto pode dar-se pelo art. 224, § 2º, como também pelo art. 62, "b", da CLT (TST, RO-AR 423/86.7, Ermes Pedrassani, Ac. SDI 3.150/89).

■ Para que fique o gerente excepcionado dos preceitos relativos à duração do trabalho, necessária a inequívoca demonstração de que exerça típicos encargos de gestão, pressupondo esta que o empregado se coloque em posição de verdadeiro substituto do empregador ou "cujo exercício coloque em jogo – como diz Mário de La Cueva – a própria existência da empresa, seus interesses fundamentais, sua segurança, e a ordem essencial do desenvolvimento de sua atividade" (TST, RR 17.988/90.3, Cnéa Moreira, Ac. 1ª T. 2.686/91).

5 *Remuneração de 40%*. Para não usufruir as vantagens do trabalho prorrogado, é insuficiente a natureza da função ou estar liberado dos controles de horário; sua remuneração deve ser superior em 40% ao salário básico (art. 62, parágrafo único); este será o do próprio gerente, antes da promoção e liberação da jornada ou dos outros empregados da seção. Bancário, jornada diária (art. 224/3).

6 *Estiva* (v. notas no art. 254 e seg.) e capatazia (v. notas no art. 285).

7 *Teletrabalho*. Ver art. 75-A e notas.

Art. 63. Não haverá distinção entre empregados e interessados, e a participação em lucros e comissões, salvo em lucros de caráter social, não exclui o participante do regime deste capítulo.

1 *Interessados ou participantes*. Empregado remunerado por unidade de tempo (ex.: horista) ou por unidade de obra (ex.: pecista), ou *interessado* (participa dos lucros), ou recebendo percentagem sobre a produção, desde que sua relação com a empresa seja de *emprego*, faz jus a toda a legislação protecionista, inclusive o capítulo da limitação de jornada e recebimento de adicionais. Não se aplica a legislação trabalhista ao verdadeiro sócio da empresa, aquele cuja participação não tem a finalidade de ocultar relação de trabalho subordinado (v. art. 3º).

Art. 64. O salário-hora normal, no caso do empregado mensalista, será obtido dividindo-se o salário mensal correspondente à duração do trabalho, a que se refere o art. 58, por 30 vezes o número de horas dessa duração.

Parágrafo único. Sendo o número de dias inferior a 30, adotar-se-á para o cálculo, em lugar desse número, o de dias de trabalho por mês.

Art. 65. No caso do empregado diarista, o salário-hora normal será obtido dividindo-se o salário diário correspondente à duração do trabalho, estabelecido no art. 58, pelo número de horas de efetivo trabalho.

1 *O salário-hora normal* é básico para o cálculo do valor da hora extra, ausência parcial à jornada etc.: antes da CF/88, a operação aritmética era indiscutível, por ser

a jornada de 8 horas sem limite semanal de 44, o que apontava mensalmente 240 horas. A modificação constitucional, apesar de não haver qualquer suporte legal em contrário, modifica a realidade para minimizar a existência efetiva da jornada diária, prevalecendo uma verdadeira "jornada" semanal, pelo próprio interesse do empregado em que lhe seja deferida a compensação. Com base nisso, o cálculo objetivo leva a dividir-se 44 horas semanais entre 6 dias úteis, que, resultando em 7:20 horas diárias e multiplicadas por 30 dias do mês, alcançam 220 horas mensais. Se a jornada é de menor número de horas, multiplica-se este por 30 dias. Seguindo o mesmo raciocínio, com uma jornada de 40 horas semanais, alcançamos 200 horas mensais (TST, Súmula 431, TST – Res. 185/12). *O cálculo do tarefeiro e horista alternadamente* leva em conta o número médio de horas trabalhadas como tarefeiro, multiplicado pela remuneração média horária efetivamente recebida, com as tarifas atualizadas, desprezando-se as anteriores aos aumentos, mais o número médio de horas trabalhadas como horista, pela mais alta remuneração.

TST Aplica-se o divisor 200 (duzentos) para o cálculo do valor do salário-hora do empregado sujeito a 40 (quarenta) horas semanais de trabalho (TST – Súmula 431, Res. TST 177/12).

TST O cálculo do valor das horas extras habituais, para efeito de reflexos em verbas trabalhistas, observará o número das horas efetivamente prestadas e a ele aplica-se o valor do salário-hora da época do pagamento daquelas verbas (TST – Súmula 347).

O divisor utilizado para o cálculo do valor do salário-hora é obtido com base na jornada efetivamente laborada pelo empregado. Quando a empresa estabelece jornada contratual de quarenta horas semanais, deve-se aplicar o divisor duzentos para o cálculo das horas extras, porquanto se trata de vantagem livremente outorgada pelo empregador, que passou a integrar o patrimônio jurídico do obreiro. Recurso de embargos conhecido e provido (TST, E-RR-8052100-46.2003.5.12.0900, julgado em 20.8.09, Lelio Bentes Corrêa, *DEJT*, 28.8.09).

Seção III
Dos períodos de descanso

Art. 66. Entre duas jornadas de trabalho haverá um período mínimo de 11 horas consecutivas para descanso.

1 *Entre duas jornadas* impõe-se um intervalo mínimo de 11 horas. Não pode ser absorvido pelo descanso semanal (Russomano, *Curso*; Amaro, *Tutela*; Süssekind, *Instituições*). O período referido inicia-se no momento em que o empregado efetivamente cessa seu trabalho, seja serviço suplementar ou normal. A absorção mútua do intervalo semanal e do intervalo diário transforma em horas extras ccorrespondentes, sendo que no fim de semana soma-se esse intervalo, 11 do dia normal e mais 24 horas do fim de semana, o descanso será de 35 horas, v. Precedente Administrativo 84 MTE/SIT, em apêndice. Comete infração a supressão ou redução indevida do período de descanso. Precedente Administrativo 105 MTE/SIT, em apêndice. Intervalo intrajornada, v. art. 71/1.

SDI O desrespeito ao intervalo mínimo interjornadas previsto no art. 66 da CLT acarreta, por analogia, os mesmos efeitos previstos no § 4º do art. 71 da CLT e na Súmula 110 do TST, devendo-se pagar a integralidade das horas que foram subtraídas do intervalo, acrescidas do respectivo adicional. Orientação Jurisprudencial da SBDI-1 C-77 (TST, SDI-1, Orientação Jurisprudencial 355).

A não concessão do intervalo mínimo de onze horas entre jornadas implica o pagamento das horas suprimidas como extras, em face do entendimento atual desta Corte. Com a edição da Lei n. 8.923/94, publicada em 28.7.94, que acrescentou o § 4º ao art. 71 da CLT, obrigando o empregador a remunerar, com acréscimo de, no mínimo, 50%, o período relativo ao intervalo para repouso e alimentação concedido, o Órgão Especial resolveu cancelar o Enunciado n. 88, por dispor de forma contrária à norma legal (Resolução n. 42/95). Com efeito, dispunha o referido enunciado que o desrespeito ao intervalo mínimo entre dois turnos, sem que acarretasse excesso da jornada trabalhada, importaria apenas infração administrativa, entendimento que, como dito, não subsiste mais. Tal conclusão é traduzida até mesmo no Enunciado n. 110/TST: "No regime de revezamento, as horas trabalhadas em seguida ao repouso semanal de 24 horas, com prejuízo do intervalo mínimo de 11 horas consecutivas para descanso entre jornadas, devem ser remuneradas como extraordinárias, inclusive com o respectivo adicional". Não é razoável que ao empregador, que desrespeita os intervalos exigidos pelos arts. 66 e 67 da CLT, não se lhe imponha nenhuma penalidade, enquanto o empregado sofre duplo prejuízo, tanto pelo trabalho em jornada superior à devida, quanto por não gozar o descanso mínimo necessário à recomposição de suas energias. Nesse contexto, e considerando que o e. Regional reconheceu que o reclamante não teve assegurado seu direito de usufruir integralmente o período destinado a descanso, o deferimento das horas extras resguarda-se na infração do art. 66 da CLT (TST, RR 2098/2000-513-09-00.6, Milton de Moura França).

2 *Intervalos especiais*, diferentes da regra geral, são os referentes à telefonia e telegrafia (art. 229, 17 horas para os empregados com horários variáveis); operador cinematográfico (art. 235, 12 horas); cabineiro e ferroviário (art. 245, 14 horas); jornalistas (art. 308, 10 horas); aeronautas (DL 18/66 e 78/66, de acordo com o número das horas de trabalho).

TST No regime de revezamento, as horas trabalhadas em seguida ao repouso semanal de vinte e quatro horas, com prejuízo do intervalo mínimo de onze horas consecutivas para descanso entre jornadas, devem ser remuneradas como extraordinárias, inclusive com o respectivo adicional (TST – Súmula 110).

Os direitos revestidos de indisponibilidade absoluta não podem ser transacionados nem mesmo mediante negociação coletiva. As parcelas imantadas por uma tutela de interesse público são insuscetíveis de redução, sob pena de atentar contra a dignidade da pessoa humana e a valorização mínima deferível ao trabalhador prevista nos artigos 1º, III, e 170, *caput*, da Constituição Federal. As disposições relativas a intervalos para repouso e para alimentação são de caráter imperativo, não podendo ser violadas por ajuste estipulado entre as partes, tampouco por acordo coletivo ou convenção coletiva de trabalho. Excepcionalmente, permite a redução do intervalo para refeição e descanso, condicionando a sua validade a ato do Ministro do Trabalho quando, ouvida a Secretaria de Segurança e Higiene do Trabalho, se verificar que o estabelecimento atende integralmente às exigências concernentes à organização dos refeitórios e quando os respectivos empregados não estiverem sob o regime de trabalho prorrogado a horas suplementares. A razão de ser desta restrição é a de proteger os direitos revestidos de indisponibilidade absoluta, resguardando o interesse público com cláusula de irrenunciabilidade e com a cominação de nulidade dos atos que atentem a tais exigências, nos termos do teor dos artigos 9º e 444 da CLT. Recurso de Revista conhecido e provido para condenar a reclamada ao pagamento de 1 (uma) hora diária, com acréscimo de 50% sobre o valor da remuneração da hora normal de trabalho, acrescida dos reflexos, a ser apurada em liquidação de sentença (TST, RR 60.869/2002-900-02-00.6, Rider de Brito).

Art. 67. Será assegurado a todo empregado um descanso semanal[1-2-7] de 24 horas consecutivas, o qual, salvo motivo de conveniência pública ou necessidade imperiosa do serviço, deverá coincidir com o domingo[5], no todo ou em parte.

Parágrafo único. Nos serviços que exijam trabalho aos domingos, com exceção quanto aos elencos teatrais, será estabelecida escala de revezamento[8], mensalmente organizada e constando de quadro sujeito à fiscalização.

Art. 68. O trabalho em domingo, seja total ou parcial, na forma do art. 67, será sempre subordinado à permissão[6] prévia da autoridade competente em matéria de trabalho.

Parágrafo único. A permissão será concedida a título permanente nas atividades que, por sua natureza ou pela conveniência pública, devem ser exercidas aos domingos, cabendo ao Ministro do Trabalho expedir instruções em que sejam especificadas tais atividades. Nos demais casos, ela será dada sob forma transitória, com discriminação do período autorizado, o qual, de cada vez, não excederá de 60 dias.

Art. 69. Na regulamentação do funcionamento de atividades sujeitas ao regime deste capítulo, os municípios atenderão aos preceitos nele estabelecidos, e as regras que venham a fixar não poderão contrariar tais preceitos nem as instruções que, para seu cumprimento, forem expedidas pelas autoridades competentes em matéria de trabalho.

Art. 70. Salvo o disposto nos arts. 68 e 69, é vedado o trabalho em dias feriados nacionais e feriados religiosos, nos termos da legislação própria.

1 *Repouso semanal.* Diz a Constituição Federal de 1988:

> **Art. 7º São direitos dos trabalhadores... além de outros...**
> **XV – repouso semanal remunerado, preferencialmente aos domingos.**

O instituto corresponde ao período de folga a que tem direito o empregado, após um determinado número de dias ou de horas de trabalho por semana, com o fim de proporcionar-lhe um descanso higiênico, social e recreativo (Cesarino Jr., *Direito social brasileiro*).

O instituto é regulado simultaneamente pela CLT e pela L. 605/49, em apêndice, que prevê a remuneração, ausências justificadas etc., não havendo incompatibilidade entre essas normas (Süssekind, *Instituições*); 24 horas consecutivas, que, somadas às 11 horas de intervalo diário, completam 35. Legislação: L. 605/49, 662/49, 6.802/80, 7.415/85, 9.093/95, 10.607/02 e D. 27.048/49 alt. D. 7.421/10, v. Precedente Administrativo 84 MTE/SIT, em apêndice. O descanso será no sétimo dia, ou seja, a cada seis dias trabalhados tem direito a um dia de descanso, caso assim não ocorra o empregado tem direito a receber em dobro (TST, SDI-1, 410). Punição pela não concessão, L. 605/49, art. 12, alt. L. 12.544/11, gradação da pena deve estar em conformidade com a MTE, Port. 290/97, MTE, Port. 112/12. Comete infração a supressão ou redução indevida do período de descanso. Precedente Administrativo 105 MTE/SIT, em apêndice.

SDI Viola o art. 7º, XV, da CF a concessão de repouso semanal remunerado após o sétimo dia consecutivo de trabalho, importando no seu pagamento em dobro (TST, SDI-1, Orientação Jurisprudencial 410).

O empregado que não descansa no domingo e trabalha no 8º dia, sem compensação, deve receber a parcela remuneratória em dobro, já que o direito ao repouso é preceito de ordem pública e de raiz constitucional (TST, RR 609/83, Coqueijo Costa, Ac. 1ª T. 1.264/84, *DJU*, 1.6.84, p. 8809).

2 *Frequência exigida*: os 6 dias que o precedem, quando se trata de domingo; a própria semana em que acontecer o feriado; cumprindo integralmente seu horário de trabalho (ou seja, também com pontualidade). Hipóteses de faltas justificadas, remuneradas (art. 471/3). Comprovação de doença (art. 471/4). Concessão de descanso, v. Precedente Administrativo 6 MTE/SIT, em apêndice.

Se não foi completado o trabalho integral dos 6 dias precedentes, o empregado perde o direito à remuneração do descanso, mas conserva o direito ao repouso.

TST A justificação da ausência do empregado motivada por doença, para a percepção do salário-enfermidade e da remuneração do repouso semanal, deve observar a ordem preferencial dos atestados médicos estabelecida em lei (TST – Súmula 15).

Repouso remunerado na forma da lei se refere a um dia, sobre o qual recai a penalidade da perda em decorrência de faltas do empregado. Os feriados não estão sujeitos à frequência, não podendo sobre eles incidir tais descontos. Ordenado, para efeito de gratificação é a quantia percebida, fixa, porque não se pode ampliar benefícios liberalmente instituídos pelo patrão (TST, RR 118/79, Marcelo Pimentel, Ac. 1ª T. 1.373/79, *DJU*, 11.9.79, p. 7618).

3 *Remuneração*: a de uma jornada normal de trabalho; a equivalente a um dia de trabalho para quem é remunerado de acordo com a produção. As importâncias devidas equiparam-se a salários para todos os efeitos. A superveniência de feriado em dia de descanso não traz qualquer consequência salarial. Integração das horas extras (art. 59/4).

TST As gratificações por tempo de serviço e produtividade, pagas mensalmente, não repercutem no cálculo do repouso semanal remunerado (TST – Súmula 225).

4 *Comissionistas.* Devem receber a remuneração dos descansos, proporcionalmente ao resultado de seu desempenho, por semelhança com os tarefeiros e pecistas; isto porque seu ganho e trabalho normais não refletem na remuneração do descanso e feriados, que é a intenção legal, e não podem ser considerados remunerados se se lhes aplicar o critério do art. 7º, § 2º, da L. 605/49. Recorda-se que o mandamento constitucional é genérico (CF/88, art. 7º, XV). A jurisprudência estendeu esse entendimento não só aos balconistas e demais comissionistas que trabalham sob vigilância direta do empregador como aos pracistas, que raramente estão subordinados a horário; assim se deduz, entre outras razões, por analogia com o trabalhador em seu próprio domicílio, apesar de as circunstâncias serem diferentes, pois o trabalhador em seu domicílio, tarefeiro, mesmo sem fiscalização, é denunciado em suas omissões pela baixa produção, o que não acontece com as vendas efetuadas pelo pracista, muito mais vinculadas a imponderáveis.

Salário complessivo: quantia certa ou percentual prefixado, prevendo horas extras, descanso remunerado ou outros adicionais (v. art. 457/11).

TST Nula é a cláusula contratual que fixa determinada importância ou percentagem para atender englobadamente vários direitos legais ou contratuais do trabalhador (TST – Súmula 91).

TST É devida a remuneração do repouso semanal e dos dias feriados ao empregado comissionista, ainda que pracista (TST – Súmula 27).

Se o comissionista não trabalha aos sábados, por determinação do empregador, esse dia é de repouso e como tal deve ser remunerado, como se nele houvesse trabalhado o comissionista (TST, RR 713/79, Coqueijo Costa, Ac. 3ª T. 1.817/79).

Adicional de insalubridade e/ou periculosidade. "Nula é a cláusula contratual que fixa determinada importância ou percentagem para atender englobadamente vários direitos legais ou contratuais do trabalhador" (Enunciado n. 91/TST) (TST, RR 308.680/96.9, José Zito Calasãs Rodrigues, Ac. 3ª T. 954/97).

5 *Nos domingos.* A lei e a Constituição determinam que o descanso se dê preferencialmente aos domingos. É imperativo humano que o trabalhador repouse no domingo, no mesmo dia em que sua família, seus parentes e seus concidadãos (Capitant e Cuch, apud Cesarino Jr., *Direito social brasileiro*, p. 304). O trabalho em dias em que os filhos, a esposa e os amigos descansam contribui para a dissolução dos laços gregários, tão importantes para a própria sociedade, e a estabilidade do indivíduo; também repercute sobre a produção, a economia, a criminalidade etc. É que, via de regra, o homem que trabalha durante a semana, em grande parte, o faz com a esperança de atingir o dia de descanso, como prêmio. O descanso deverá coincidir com o domingo, salvo se a empresa estiver autorizada a agir diferentemente, ou em caso de força maior; o contrário constitui ilegalidade. Ao comércio varejista é permitido o trabalho no domingo, respeitadas as normas locais do município e desde que cada empregado goze ao menos uma folga a cada três semanas no domingo (L. 10.101/00, art. 6º, Índ. Leg., alt. L. 11.603/07 e Precedente Administrativo 45 MTE/SIT, em apêndice).

6 *Permissão para o trabalho.* Conveniência pública ou necessidade imperiosa, precisa a CLT; exigências técnicas, reza a L. 605/49, em apêndice. É necessária autorização ministerial. Em caráter permanente e a título genérico, foi concedida aos serviços públicos e de transportes, a certas indústrias (alimentícias, água, energia, gás, esgotos etc.); a determinado comércio (alimentos, farmácias, barbearias, combustíveis, hotéis, hospitais, casas de diversões etc.); a comunicações, cultura, funerárias e agropecuária; geralmente excluídos os serviços administrativos dispensáveis de cada atividade (D. 27.048/49, alt. D. 7.421/10, regulamentando a L. 605/49) e ao comércio varejista em geral, ressalvando as normas de proteção ao trabalho e a competência dos municípios quanto à abertura dos estabelecimentos, sendo que a redação exige acordo (supõe-se individual em face do texto) ou convenção coletiva (D. 99.467/90). À indústria têxtil é permitido *excepcionalmente*: a) em caso de força maior (mediante justificação em 10 dias); b) serviços inadiáveis, mediante prévia autorização da autoridade; não é permitida a execução de trabalhos não determinantes da permissão (D. 27.048/49, alínea 22, red. D. s/n. de 14.8.91).

7 *Pagamento em dobro*, determinado pela lei (L. 605/49, art. 9º), significa para muitos duas vezes o salário da jornada trabalhada, sem prejuízo do pagamento devido ao empregado sem trabalhar pelo descanso remunerado. Com a nova redação dada à Súmula 146, corrige o TST o descompasso da redação anterior, pois, tratando-se de uma condição prejudicial, deve ser coibida. A lei impõe acréscimo para desestimular as situações anormais (férias não concedidas: 100%; noturno, 20% e hora reduzida; extraordinário, 50%; insalubridade, 10 a 40%; periculosidade, 30%); não se pode acreditar que o empregador que mantiver empregado trabalhando ilegalmente (pela lei e a Constituição), mesmo continuadamente, dia após dia, sem uma folga, em domingo ou em outra jornada, não pague adicional algum (nesse sentido, Catharino, *Compêndio*). Esse entendimento é mais necessário hoje, quando o regime do FGTS enfraqueceu sensivelmente a capacidade de resistência do empregado (vinculação do Prejulgado, v. coment. art. 902). Se o empregado não teve frequência integral durante a semana e tiver de trabalhar, por obrigação legal, a remuneração será simples (Süssekind, *Instituições*).

TST O trabalho prestado em domingos e feriados, não compensado, deve ser pago em dobro, sem prejuízo da remuneração relativa ao repouso semanal (TST – Súmula 146).

Repouso semanal remunerado. Pagamento em dobro. O trabalho em domingos e feriados, sem a folga compensatória implica no pagamento desses dias de forma dobrada. Não fosse assim, haveria prorrogação de jornada (semanal) sem adicional, o que é inusitado na sistemática legal. De outro lado, a expressão "paga em dobro" (L. 605/49, art. 9º) seria inútil, se se destinasse a determinar o óbvio: o empregado que já recebera o domingo sem trabalhar, caso trabalhe, será remunerado de forma simples. Veja-se que o preceito não se destina apenas aos diaristas, mas também aos mensalistas (TRT/SP, RO 8.009/85, Valentin Carrion, Ac. 8ª T. 25.8.86).

Domingos e feriados trabalhados. A dobra prevista no Enunciado n. 146, desta Corte, se refere ao trabalho efetivamente prestado, não se podendo levar em conta a satisfação do repouso já embutido no salário mensal, sob pena de a contraprestação ser realizada de forma simples e não dobrada, não se tratando, no entanto, da hipótese de pagamento triplo (TST, RR 194.059/95.1, Lourenço Prado, Ac. 1ª T. 814/97).

■ Domingos e feriados trabalhados. Remuneração. O que determina o Enunciado 146/TST é o pagamento do trabalho prestado em feriados não compensados, pelo que o pagamento do salário fixo mensal não importa em pagamento em triplo do dia de repouso (TST, E-RR 197.338/95.4, Vantuil Abdala, Ac. SBDI-1 2.369/97).

8 *Revezamento* mensal é necessário para que todo empregado possa gozar periodicamente o descanso em domingo (Süssekind, *Instituições*). O empregado deve ter conhecimento de suas escalas com o tempo razoável para programar sua folga, mesmo que não concedida em domingo. O descanso não será, assim, a cada 7 dias exatos (Russomano, em voto proferido, TST, Ac. 1ª T. 324/72, *DJU*, 16.10.72); pensamos que deverá aproximar-se o mais possível dessa cadência semanal, e, desde logo, não poderão os descansos se acumular, nem ficar muito próximos, nem diminuir em número com referência aos domingos existentes: a sequência semanal aritmeticamente rigorosa seria impossível, havendo revezamento. *Elencos teatrais*: o regulamento acrescentou, com sabedoria, "e congêneres" (D. 27.048/49, art. 6º, § 2º), ou seja, espetáculos em geral; dilatação do repouso semanal e rodízio (Port. MT 509/67). Trabalho aos domingos, v. art. 70/5.

9 *Funcionamento do comércio nos Municípios*. Entendemos, não obstante a autonomia de competência material, serem ilegais as normas municipais que permitem a abertura do comércio em dias não autorizados pelas normas trabalhistas. Trabalho aos domingos, v. art. 70/5.

■ Recurso especial. Banco. Horário de funcionamento. Compete à União Federal legislar sobre horário de funcionamento de agência bancária. Interesse nacional que sobrepaira ao peculiar interesse local. Considere-se, ainda, a necessidade de uniformização para atender o sistema computadorizado de compensação de cheques (STJ, REsp 6.628-RS, Reg. 90.0012866-8, Vicente Cernicchiaro, Ac. 2ª T.).

10 *Feriados*. Nacionais: 1º de janeiro, 21 de abril, 1º de maio, 7 de setembro, 12 de outubro (N. S. Aparecida), 2 e 15 de novembro, 25 de dezembro e o dia em que se realizarem eleições gerais (L. 662/49, e 6.802/80, e 10.607/02). Estaduais: a data Magna do Estado, fixada em lei estadual (L. 9.093/95). Municipais: os religiosos previstos em lei do município, não superiores a quatro, nestes incluídos a Sexta-feira Santa, os dias do início e do término do ano do centenário de fundação do Município, fixados em lei municipal (L. 9.093/95, red. L. 9.335/96); em São Paulo, Capital: 25 de janeiro, *Corpus Christi* e Finados (L. Municipal 7.008/67). A empresa não é obrigada a suspender o trabalho em feriado estadual; se houver atividade o salário não será dobrado (Russomano, *Curso*, cit.), é permitido o trabalho em feriados, no comércio, desde que autorizado em convenção coletiva, respeitada a legislação municipal (L. 10.101/00, art. 6º-A, em apêndice red. L. 11.603/07). *Multas* (L. 605/49, atualizada pelo D. 57.146/65; ver art. 626/3). A lei que antecipava os feriados para a segunda-feira (L. 7.320/85) foi revogada (L. 8.087/90).

11 *Trabalhador em seu próprio domicílio*: é contemplado pela norma (L. 605/49, art. 7º, *d*, em apêndice); também o avulso (não confundir com o eventual, v. coment. art. 3º).

12 *Rural*: idêntico regime ao do urbano (CF, art. 7º, *caput*).

Art. 71. Em qualquer trabalho contínuo[1], cuja duração exceda de 6 horas, é obrigatória a concessão de um intervalo para repouso ou alimentação, o qual será, no mínimo, de uma hora e, salvo acordo escrito ou contrato coletivo em contrário, não poderá exceder de 2 horas.

§ 1º Não excedendo de 6 horas o trabalho, será, entretanto, obrigatório um intervalo de 15 minutos quando a duração ultrapassar 4 horas.

§ 2º Os intervalos de descanso não serão computados na duração do trabalho.

§ 3º O limite mínimo de uma hora para repouso ou refeição poderá ser reduzido por ato do Ministro do Trabalho, quando, ouvida a Diretoria de Relações de Trabalho[2], se verificar que o estabelecimento atende integralmente às exigências concernentes à organização dos refeitórios e quando os respectivos empregados não estiverem sob regime de trabalho prorrogado a horas suplementares.

§ 4º Quando o intervalo para repouso e alimentação, previsto neste artigo, não for concedido pelo empregador, este ficará obrigado a remunerar o período correspondente com um acréscimo de no mínimo 50% sobre o valor da remuneração da hora normal de trabalho (parágrafo acrescentado pela L. 8.923/94).

§ 5º O intervalo expresso no *caput* poderá ser reduzido e/ou fracionado, e aquele estabelecido no § 1º poderá ser fracionado, quando compreendidos entre o término da primeira hora trabalhada e o início da última hora trabalhada, desde que previsto em convenção ou acordo coletivo de trabalho, ante a natureza do serviço e em virtude das condições especiais de trabalho a que são submetidos estritamente os motoristas, cobradores, fiscalização de campo e afins nos serviços de operação de veículos rodoviários, empregados no setor de transporte coletivo de passageiros, mantida a remuneração e concedidos intervalos para descanso menores ao final de cada viagem (Red. L. 13.103/15).

1 *Trabalho contínuo* da empresa, mesmo que o empregado esteja simplesmente à disposição. Não se confundem trabalho contínuo e consecutivo; neste se leva em consideração o permanente esforço do trabalhador; é o caso da mecanógrafa; daí a diferença estabelecida: lá o intervalo não se conta como trabalho; aqui, sim. Afirma-se que o empregador não poderá conceder outros intervalos que alonguem o início e o fim de sua jornada (Amaro, *Tutela*, v. 2). Anteriormente à vigência do § 4º entendia-se que a violação na fixação dos intervalos apenas acarretava multa administrativa singular (Süssekind, *Comentários*). A norma atual prevê indenização para quem não usufrui intervalo; é indenização e não remuneração por inexistência de prestação de trabalho. Dentro da jornada diária, o empregador é obrigado a conceder um único intervalo (repouso e alimentação), mesmo que após o intervalo o empregado tenha ainda que cumprir uma jornada maior que seis horas (Precedente Administrativo 82 MTE/SIT, em apêndice).

A *alteração do intervalo via acordo e/ou convenção coletiva*. Com a conversão da Orientação Jurisprudencial 342 na Súmula 437, II, deixa claro o TST que o intervalo para descanso e alimentação não pode ser modificado via acordo e/ou convenção coletiva do trabalho. A CLT, art. 71, § 3º, permite que a redução possa ser deferida com autorização do Ministério do Trabalho quando se tratar de situações específicas e previstas em convenção e/ou acordo coletivo (Port. MTE 1.095/10), mas a autorização do MTE é imprescindível, v. Precedente Administrativo 63 MTE/SIT, em apêndice.

TST I – Após a edição da Lei n. 8.923/94, a não concessão ou a concessão parcial do intervalo intrajornada mínimo, para repouso e alimentação, a empregados urbanos e rurais, implica o pagamento total do período correspondente, e não apenas daquele suprimido, com acréscimo de, no mínimo, 50% sobre o valor da remuneração da hora normal de trabalho (art. 71 da CLT), sem prejuízo do cômputo da efetiva jornada de labor para efeito de remuneração. II – É inválida cláusula de acordo ou convenção coletiva de trabalho contemplando a supressão ou redução do intervalo intrajornada porque este constitui medida de higiene, saúde e segurança do trabalho, garantido por norma de ordem pública (art. 71 da CLT e art. 7º, XXII, da CF/1988), infenso à negociação coletiva. III – Possui natureza salarial a parcela prevista no art. 71, § 4º, da CLT, com redação introduzida pela Lei n. 8.923, de 27 de julho de 1994, quando não concedido ou reduzido pelo empregador o intervalo mínimo intrajornada para repouso e alimentação, repercutindo, assim, no cálculo de outras parcelas salariais. IV – Ultrapassada habitualmente a jornada de seis horas de trabalho, é devido o gozo do intervalo intrajornada mínimo de uma hora, obrigando o empregador a remunerar o período para descanso e alimentação não usufruído como extra, acrescido do respectivo adicional, na forma prevista no art. 71, *caput* e § 4º, da CLT (TST – Súmula 437, ex. OJ SDI-1 307, 342, 354, 380 e 381, Res. TST 185/12).

TST Os intervalos concedidos pelo empregador, na jornada de trabalho, não previstos em lei, representam tempo à disposição da empresa, remunerados como serviço extraordinário, se acrescidos ao final da jornada (TST – Súmula 118).

TST CANCELADA – A não concessão total ou parcial do intervalo mínimo intrajornada de uma hora ao trabalhador rural, fixado no Decreto n. 73.626, de 12.2.1974, que regulamentou a Lei n. 5.889, de 8.6.1973, acarreta o pagamento do período total, acrescido do respectivo adicional, por aplicação subsidiária do art. 71, § 4º, da CLT (TST, SDI-1, Orientação Jurisprudencial 381 convertida na Súmula 437, Res. TST 186/12).

TST CANCELADA – Ultrapassada habitualmente a jornada de seis horas de trabalho, é devido o gozo do intervalo intrajornada mínimo de uma hora, obrigando o empregador a remunerar o período para descanso e alimentação não usufruído como extra, acrescido do respectivo adicional, na forma prevista no art. 71, *caput* e § 4º, da CLT (TST, SDI-1, Orientação Jurisprudencial 380 convertida na Súmula 437, Res. TST 186/12).

TST CANCELADA – Possui natureza salarial a parcela prevista no art. 71, § 4º, da CLT, com redação introduzida pela Lei n. 8.923, de 27 de julho de 1994, quando não concedido ou reduzido pelo empregador o intervalo mínimo intrajornada para repouso e alimentação, repercutindo, assim, no cálculo de outras parcelas salariais (TST, SDI-1, Orientação Jurisprudencial 354 convertida na Súmula 437, Res. TST 186/12).

TST CANCELADA – I – É inválida cláusula de acordo ou convenção coletiva de trabalho contemplando a supressão ou redução do intervalo intrajornada porque este constitui medida de higiene, saúde e segurança do trabalho, garantido por norma de ordem pública (art. 71 da CLT e art. 7º, XXII, da CF/1988), infenso à negociação coletiva. II – Ante a natureza do serviço e em virtude das condições especiais de trabalho a que são submetidos estritamente os condutores e cobradores de veículos rodoviários, empregados em empresas de transporte público coletivo urbano, é válida cláusula de acordo ou convenção coletiva de trabalho contemplando a redução do intervalo intrajornada, desde que garantida a redução da jornada para, no mínimo, sete horas diárias ou quarenta e duas semanais, não prorrogada, mantida a mesma remuneração e concedidos intervalos para descanso menores e fracionados ao final de cada viagem, não descontados da jornada (TST, SDI-1, Orientação Jurisprudencial 342 convertida na Súmula 437, Res. TST 186/12).

TST CANCELADA – Após a edição da Lei n. 8.923/1994, a não concessão total ou parcial do intervalo intrajornada mínimo, para repouso e alimentação, implica o pagamento total do período correspondente, com acréscimo de, no mínimo, 50% sobre o valor da remuneração da hora normal de trabalho (art. 71 da CLT) (TST, SDI-1, Orientação Jurisprudencial 307, convertida na Súmula 437, Res. TST 186/12).

Intervalo intrajornada. Concessão parcial. Aplicação da súmula n. 437 do TST. Por se tratar de norma afeta à higiene e segurança do trabalho, pouco importa se houve supressão total ou parcial do intervalo intrajornada. Em qualquer caso, é devido o pagamento total do período correspondente, com acréscimo de 50%, com base no entendimento consubstanciado na Súmula n. 437, I, do TST. Recurso de revista de que se conhece e a que se dá provimento (TST - RR- 376-71.2012.5.09.0007, julgado em 6.8.14, Cláudio Mascarenhas Brandão, 7ª T., *DEJT*, 8.8.14).

Intervalo. Redução. Norma coletiva. Nos moldes delineados pelo item II da Súmula 437 do TST, é inválida a cláusula de acordo coletivo de trabalho que reduz o intervalo intrajornada, porque se trata de medida de higiene, saúde e segurança do trabalho, garantida por norma de ordem pública, infensa à negociação coletiva (TST-E-RR-47800-24.2009.5.04.0761, julgado em 7.3.13, Dora Maria da Costa, *DEJT*, 15.3.13).

Nos termos da jurisprudência pacificada desta Corte, consubstanciada na OJ n. 307 da SDI-1, a não concessão total ou parcial do intervalo intrajornada mínimo, estabelecido no artigo 71, *caput*, da CLT, acarreta o pagamento integral do período de uma hora, com acréscimo de cinquenta por cento sobre o valor da remuneração da hora normal de trabalho (TST – ARR – 1520-32.2010.5.03.0035, julgado em 13.6.12, Dora Maria da Costa, 8ª T., *DEJT*, 15.6.12).

■ Hipótese em que o Tribunal Regional julgou válida a norma coletiva de trabalho autorizadora da redução do intervalo intrajornada, porque atendidos os requisitos da Portaria n. 42/2007 do Ministério do Trabalho. Observa-se que, por meio do art. 71, § 3º, da CLT, a lei delegou ao Ministério do Trabalho a atribuição de decidir sobre a redução do intervalo intrajornada, porém não estabeleceu a forma como a autorização deve ocorrer, se previamente à instituição do intervalo reduzido ou depois. Nas portarias invocadas pelo Tribunal Regional, o Ministério do Trabalho estabeleceu que a redução do intervalo intrajornada pode ser deliberada pelas categorias econômica e profissional envolvidas, por meio de ajuste coletivo, se atendidos os requisitos ali enumerados, os quais foram preenchidos na hipótese, segundo a Corte de origem. Assim, não procede a alegação de ofensa ao art. 71, § 3º, da CLT, porque a redução do intervalo intrajornada foi amparada por ato normativo expedido pela própria autoridade competente para decidir a questão e porque a referida portaria não exclui a possibilidade de fiscalização pela autoridade das condições de trabalho nem a possibilidade de suspensão da redução intervalar. Tampouco há falar em contrariedade à Orientação Jurisprudencial n. 342, I, da SBDI-1 desta Corte. O entendimento ali consubstanciado traduz a orientação geral no sentido da invalidade da redução do intervalo intrajornada mínimo por ajuste coletivo de trabalho; entretanto, o caso dos autos é peculiar e está enquadrado na hipótese do art. 71, § 3º, da CLT, que prevê exceção à regra da concessão de intervalo intrajornada na duração mínima estipulada por lei (TST, RR 102500-30.2007.5.03.0087, julgado em 1.12.10, Fernando Eizo Ono, *DEJT*, 17.12.10).

■ O Tribunal Regional considerou válida cláusula de ajuste coletivo mediante a qual se deliberou a redução do intervalo intrajornada mínimo, embora não registrado que o caso dos autos seja o das hipóteses excepcionais previstas no art. 71, § 3º, da CLT ou no item II da atual redação da Orientação Jurisprudencial n. 342 da SBDI-1 desta Corte. Ao assim decidir, o Tribunal de origem contrariou o entendimento consagrado no item I do precedente jurisprudencial citado, pois o reconhecimento atribuído pela Constituição Federal às convenções e aos acordos coletivos não torna a negociação imune à incidência de normas de ordem pública, a exemplo daquela que garante ao trabalhador intervalo intrajornada mínimo para descanso e alimentação, por se tratar de medida de segurança e higiene das condições de trabalho. Logo, o Autor faz jus ao pagamento previsto no art. 71, § 4º, da CLT, pois não concedido o intervalo intrajornada na duração mínima que lhe é assegurada por lei. Consoante os termos da Orientação Jurisprudencial n. 307 da SBDI-1 deste Tribunal, tem direito ao pagamento de uma hora de trabalho por dia, acrescida do adicional de pelo menos 50%, porquanto a supressão total e a concessão a menor do intervalo intrajornada dão ensejo, indistintamente, ao pagamento integral do período mínimo destinado ao repouso e alimentação, com o adicional pertinente (TST, RR 70700-12.2005.5.02.0271, julgado 1.12.10, Fernando Eizo Ono, *DEJT*, 17.12.10).

■ O intervalo intrajornada sonegado deve ser pago como se fosse hora extra, com o adicional, inclusive com reflexos nas demais verbas salariais. Trata-se da denominada "hora extra ficta". Tal diretriz foi encampada pela jurisprudência para que não compense ao empregador obstruir a fruição desse intervalo (TST-RR-75100-19.2006.5.17.0012, julgado em 18.8.10, Emmanoel Pereira, *DEJT*, 27.8.10).

■ O art. 71 da CLT, para fins de fixação do intervalo intrajornada, não faz distinção entre jornada contratual e jornada suplementar, apenas garantindo o intervalo mínimo de uma hora quando a duração do trabalho contínuo exceder de seis horas. Na hipótese dos autos, o Reclamante prestava, de forma habitual, horas extraordinárias. Assim, a sua jornada de trabalho efetivamente cumprida extrapolava as seis horas diárias.

Acertada revela-se a decisão turmária que, reconhecendo violação dos termos do art. 71, § 4º, da CLT, determinou o pagamento do período do intervalo intrajornada naqueles dias em que prestava labor extraordinário. A questão referente à natureza jurídica da parcela paga a título de intervalo intrajornada irregularmente concedido encontra-se pacificada no âmbito desta Corte, por meio da Orientação Jurisprudencial n. 354, que assim dispõe: "Possui natureza salarial a parcela prevista no art. 71, § 4º, da CLT, com redação introduzida pela Lei n. 8.923, de 27 de julho de 1994, quando não concedido ou reduzido pelo empregador o intervalo mínimo intrajornada para repouso e alimentação, repercutindo, assim, no cálculo de outras parcelas salariais". Hipótese em que a decisão turmária em consonância com a jurisprudência desta Corte. Recurso de Embargos não conhecido (TST, E-ED-RR-181/2002-022-09-00.2, julgado em 4.6.09, Maria de Assis Calsing, *DEJT*, 19.6.09).

■ O acordo coletivo firmado com o Sindicato da categoria, reduzindo em meia hora o intervalo de descanso e refeição, carece de eficácia jurídica, porque não considerou o disposto em norma de ordem pública, de caráter imperativo, e, por isso, inderrogável pela vontade das partes que, nesta hipótese, se opõe ao princípio da autonomia e, por estar relacionada à medicina e segurança do trabalho, está fora da esfera negocial dos sindicatos. Ausência de violação literal do artigo 7º, inciso XXVI, da CF/88 (TST, E-RR-639400-41.2002.5.02.0900, julgado em 10.11.03, Carlos Alberto Reis de Paula, *DEJT*, 21.11.03).

Rural: quando a duração do trabalho for superior a 6 horas, o intervalo para repouso ou alimentação obedecerá aos usos e costumes da região (L. 5.889/73, em apêndice). Motorista rural, art. 235-C, § 17.

■ À luz da jurisprudência prevalecente no âmbito desta SDI-I, o art. 1º da Lei 5.889/73 autoriza, na hipótese de supressão total ou parcial do intervalo intrajornada do rurícola, a aplicação do art. 71, § 4º, da CLT, preceito consolidado que estabelece a obrigação patronal de remunerar o período correspondente com um acréscimo de no mínimo 50% (cinquenta por cento) sobre o valor da remuneração da hora normal de trabalho (TST, E-RR 2303/2003-117-15-00, Rosa Maria Weber Candiota da Rosa, Ac. SDI-I).

2 Antigo Departamento Nacional de Segurança e Higiene do Trabalho (DNHST); a Diretoria de Relações de Trabalho possui, subordinada, a Coordenadoria-Geral de Segurança e Higiene do Trabalhador (v. art. 14/3). Ato do Ministério do Trabalho, v. nota 1.A.

3 Motorista profissional, v. art. 235-A notas.

Art. 72. Nos serviços permanentes de mecanografia (datilografia, escrituração ou cálculo), a cada período de 90 minutos de trabalho consecutivo corresponderá um repouso de 10 minutos não deduzidos da duração normal do trabalho.

1 *Mecanografia e afins*. A violação do intervalo se traduz em acréscimo na remuneração para considerar-se a omissão como tempo de trabalho em hora extra ilegal.

O digitador permanente, cujo trabalho consta ser até mais penoso que os expressamente mencionados, reúne os requisitos fáticos para que se lhe aplique a norma por interpretação analógica finalística. A inflamação da bainha dos tendões (tenossinovite), quando resultante da atividade do digitador, datilógrafo ou pianista profissional, foi considerada como possível causa de doença do trabalho (Port. MPAS/GM 4.062/87; MTE NR 17, com alterações). Doença do trabalho: equiparação a acidente do trabalho (v. art. 166/2). A NR 17, contrariamente à lei do datilógrafo, prevê para o digitador intervalo de 10 minutos a cada 50 trabalhados.

TST Os digitadores, por aplicação analógica do art. 72 da CLT, equiparam-se aos trabalhadores nos serviços de mecanografia (datilografia, escrituração ou cálculo), razão pela qual têm direito a intervalos de descanso de dez (10) minutos a cada noventa (90) de trabalho consecutivo (TST – Súmula 346).

O termo permanente a que se refere o art. 72 da CLT, ao estabelecer intervalo intrajornada para empregados que desempenham certas atividades, não significa exclusividade. De acordo com o quadro fático revelado pelo TRT, a reclamante exercia as funções de telefonista e de digitadora de forma simultânea e durante toda a jornada de trabalho, ou seja, de forma permanente. O principal, portanto, é que, durante toda a jornada, a empregada exercia a função de digitadora. O fato de exercer simultaneamente a função de telefonista não tem o condão de lhe retirar o direito ao intervalo assegurado pelo art. 72 da CLT. Muito pelo contrário, a atividade de digitação, reconhecidamente penosa, acumulada com a de telefonista, causa um desgaste físico e mental muito maior ao empregado, ensejando-lhe o direito ao intervalo postulado (TST, E-RR 168900-84.2004.5.17.0008, Augusto César Leite de Carvalho).

A jurisprudência é o modo pelo qual o Judiciário aplica reiteradamente o direito (*Com. à CLT*, Valentin Carrion, 1997, 22. ed., p. 65). No caso do trabalhador digitador, a hermenêutica jurídica vem analogicamente estendendo ao digitador o disposto no art. 72 da CLT, equiparando-os aos trabalhadores que executam os serviços de mecanografia (datilografia, escrituração ou cálculo), haja vista que os digitadores ainda não gozam das prerrogativas contempladas no texto consolidado, mas tão somente o direito a intervalos de descanso de dez (10) minutos a cada noventa (90) de trabalho consecutivo observado no Enunciado 346 da Súmula desta Colenda Corte (TST, RR 280.234/96.5, Galba Magalhães Velloso, Ac. 4ª T.).

Seção IV
Do trabalho noturno

Art. 73. Salvo nos casos de revezamento[2] semanal ou quinzenal, o trabalho noturno terá remuneração superior à do diurno e, para esse efeito, sua remuneração terá um acréscimo de 20%[3], pelo menos, sobre a hora diurna.

§ 1º A hora do trabalho noturno será computada como de 52 minutos e 30 segundos.

§ 2º Considera-se noturno[1], para os efeitos deste artigo, o trabalho executado entre as 22 horas de um dia e as 5 horas do dia seguinte.

§ 3º O acréscimo a que se refere o presente artigo, em se tratando de empresas que não mantêm, pela natureza de suas atividades, trabalho noturno habitual, será feito tendo em vista os quantitativos pagos por trabalhos

diurnos de natureza semelhante. Em relação às empresas cujo trabalho noturno decorra da natureza de suas atividades, o aumento será calculado sobre o salário mínimo geral[4] vigente na região, não sendo devido quando exceder desse limite, já acrescido da percentagem.

§ 4º Nos horários mistos, assim entendidos os que abrangem períodos diurnos e noturnos, aplica-se às horas de trabalho noturno o disposto neste artigo e seus parágrafos.

§ 5º Às prorrogações[3] do trabalho noturno aplica-se o disposto neste capítulo.

1 *Período noturno.* Diz a Constituição Federal de 1988:

> **Art. 7º São direitos dos trabalhadores... além de outros...**
>
> **IX – remuneração do trabalho noturno superior à do diurno.**

A fixação legal leva em conta o período habitual de repouso da comunidade e os demais usos; não o anoitecer, variável com a estação ou o lugar; em Paris, como em outros lugares, às 8 horas, no inverno, é escuro completamente: a iluminação pública e os faróis dos automóveis ainda estão acesos, mas a vida é normal, e o horário não é considerado noturno. Entre nós a lei considera noturno o trabalho agrícola entre 21 e 5 horas e o pecuário entre 20 e 4 horas; o acréscimo rural é de 25%, mas a hora é contada como de 60 minutos (L. 5.889, em apêndice). Advogado (L. 8.906/94). O D. 5.005/04 promulga a Convenção da OIT 171, sobre o trabalho noturno.

2 *Revezamento* semanal (uma semana em horário noturno, e outra em horário diurno, alternadamente) ou quinzenal: o rodízio pode fazer coincidir os horários iniciais, exatamente, ou consistir no escalonamento de vários turnos. Com a recente orientação da SDI-1, 395, demonstra o TST, que independente do regime a que o trabalhador está exposto, trabalhando no horário noturno tem direito a hora reduzida, jornada 12x36 (OJ-SDI-1, 388). Mesmo em revezamento são devidos os acréscimos legais, entendendo-se inconstitucional a pretendida limitação da lei.

3 *Acréscimo* de 20% sobre a remuneração do trabalho diurno do mesmo ou de outro empregado que execute o mesmo serviço. A percentagem legal integra-se nos cálculos para todos os fins (férias, descanso remunerado, 13º salário, indenização, FGTS etc.), v. Precedente Administrativo 41 MTE/SIT, em apêndice. *Hora de 52 minutos e 30 segundos*: o trabalho durante 7 horas noturnas equivale a 8, sem prejuízo do pagamento do adicional de 20%. Horas suplementares noturnas pagam-se somando ambos os adicionais separadamente, contando antes as noturnas em horas reduzidas. Por se tratar de período prejudicial ao descanso e convívio do empregado, a qualquer momento, o empregador poderá suprimir tanto o serviço em período noturno como o próprio adicional. Após o período noturno, havendo prorrogação, o regime deste é o das horas diurnas; o art. 73, § 5º, diz que às prorrogações se aplica este "capítulo", que é genérico, e não esta "seção", específica apenas para o noturno. A Súmula 60 do TST entende de forma contrária.

TST A transferência para o período diurno de trabalho implica a perda do direito ao adicional noturno (TST – Súmula 265).

TST É assegurado ao vigia sujeito ao trabalho noturno o direito ao respectivo adicional (TST – Súmula 140).

TST O trabalho noturno dos empregados nas atividades de exploração, perfuração e refinação do petróleo, industrialização do xisto, indústria petroquímica e transporte de petróleo e seus derivados, por meio de dutos, é regulado pela L. 5.811/72, não se lhe aplicando a hora reduzida de 52'30'' prevista no art. 73, § 2º, da CLT (TST – Súmula 112).

TST O direito à hora reduzida de 52 minutos e 30 segundos aplica-se ao vigia noturno (TST – Súmula 65).

TST A contribuição para o FGTS incide sobre a remuneração mensal devida ao empregado, inclusive horas extras e adicionais eventuais (TST – Súmula 63).

TST I – O adicional noturno, pago com habitualidade, integra o salário do empregado para todos os efeitos (ex-Súmula 60). II – Cumprida integralmente a jornada no período noturno e prorrogada esta, devido é também o adicional quanto às horas prorrogadas. Exegese do art. 73, § 5º, da CLT (ex-OJ SDI-1 6) (TST – Súmula 60).

SDI O trabalho em regime de turnos ininterruptos de revezamento não retira o direito à hora noturna reduzida, não havendo incompatibilidade entre as disposições contidas nos arts. 73, § 1º, da CLT e 7º, XIV, da Constituição Federal (SDI-1, Orientação Jurisprudencial 395).

SDI O empregado submetido à jornada de 12 horas de trabalho por 36 de descanso, que compreenda a totalidade do período noturno, tem direito ao adicional noturno, relativo às horas trabalhadas após as 5 horas da manhã (TST, SDI-1, Orientação Jurisprudencial 388).

SDI O adicional de periculosidade deve compor a base de cálculo do adicional noturno, já que também neste horário o trabalhador permanece sob as condições de risco (TST, SDI-1, Orientação Jurisprudencial 259).

SDI Hora noturna reduzida. Subsistência após a CF/88. O art. 73, § 1º, da CLT, que prevê a redução da hora noturna, não foi revogado pelo inciso IX do art. 7º, da CF/88 (TST, SDI-1, Orientação Jurisprudencial 127).

SDI Horas extras. Adicional noturno. Base de cálculo. O adicional noturno integra a base de cálculo das horas extras prestadas no período noturno (TST, SDI-1, Orientação Jurisprudencial 97).

PRORROGAÇÃO DO HORÁRIO NOTURNO. Esta Corte consagra entendimento de que, prorrogado o labor no período noturno, mesmo quando iniciada a jornada após as 22 horas, sobre as horas laboradas em prorrogação de jornada de trabalho é devido o pagamento do adicional noturno. Inteligência da Súmula n. 60, II, do TST. Precedentes. Incidência do art. 896, § 7º, da CLT e da Súmula n. 333 do TST como óbice ao conhecimento da revista (TST, RR 3-97.2012.5.03.0042, julgado em 6.5.15, Dora Maria da Costa, 8ª T., *DEJT*, 8.5.15).

PRORROGAÇÃO DE JORNADA. O entendimento adotado harmoniza-se com a jurisprudência desta Corte, cristalizada por meio da Orientação Jurisprudencial n. 388 da SBDI-1, circunstância que, nos termos do art. 896, § 5º, da CLT, obsta o conhecimento do apelo. Não conhecido (TST, RR 700-63.2013.5.08.0004, julgado em 25.6.14, Emmanoel Pereira, 5ª T., *DEJT*, 4.8.14).

O trabalho noturno provoca no indivíduo agressão física e psicológica, por supor o máximo de dedicação de suas forças físicas e mentais em período em que o ambiente físico externo induz ao repouso. Somado a isso, ele também tende a agredir, com substantiva intensidade, a inserção pessoal, familiar e social do indivíduo nas micro e macrocomunidades em que convive, tornando especialmente penosa para o obreiro a transferência de energia que procede em benefício do empregador. Por essas razões, o Direito do Trabalho sempre tendeu a conferir tratamento diferenciado ao trabalho noturno, seja através de restrições à sua prática (de que é exemplo a vedação a labor noturno de menores de 18 anos), seja através de favorecimento compensatório no cálculo da jornada noturna (redução ficta) e no cálculo da remuneração devida àquele que labora à noite (pagamento do adicional noturno). Se assim o é para aqueles que cumprem jornada noturna normal, com muito mais razão há de ser para aqueles que a prorrogam, porque o elastecimento do trabalho noturno sacrifica ainda mais o empregado. Em suma: se o labor de 22h00 às 05h00 é remunerado com um adicional, considerando-se as consequências maléficas do trabalho nesse horário, com mais razão a prorrogação dessa jornada, após a labuta por toda a noite, deve ser quitada de forma majorada. Se o empregado cumpre integralmente sua jornada de trabalho no período noturno, prorrogando-a no horário diurno, é devido o adicional no tocante à prorrogação, nos termos da Súmula 60, II/TST. Embora a supracitada súmula faça referência ao adicional noturno, entende-se ser devida, também, a hora reduzida no cálculo das horas prorrogadas no período diurno, ou seja, para aquelas prestadas após às 05h00 da manhã (art. 73, § 5º, CLT). Assim, não há como assegurar o processamento do recurso de revista quando o agravo de instrumento interposto não desconstitui os fundamentos da decisão denegatória, que subsiste por seus próprios fundamentos. Agravo de instrumento desprovido (TST, AIRR 34741-31.2008.5.04.0008, Mauricio Godinho Delgado).

4 *Limite do salário mínimo*. O adicional noturno é sempre devido sobre o que é pago pelo serviço diurno, mesmo que exceda a forma do salário mínimo, mais a percentagem legal; o texto da lei é inócuo, em face da determinação constitucional. Entretanto, se o empregado só trabalhou no horário noturno, não havendo elemento comparativo, se receber o salário mínimo com o acréscimo, nada terá para pleitear.

5 *Menores* (vedado, art. 404). *Rural* (L. 5.889/73, em apêndice). *Mulher* (art. 381). *Vigia* (v. art. 62/3). *Indústria petroquímica* (turno de 12 horas, regime de sobreaviso etc., L. 5.811/72, em apêndice).

Seção V
Do quadro de horário

Art. 74. O horário do trabalho constará de quadro, organizado conforme modelo expedido pelo Ministro do Trabalho e afixado em lugar bem visível.

Esse quadro será discriminativo no caso de não ser o horário único para todos os empregados de uma mesma seção ou turma.

§ 1º O horário de trabalho será anotado em registro de empregados com a indicação de acordos ou contratos coletivos porventura celebrados.

§ 2º Para os estabelecimentos de mais de 10 trabalhadores será obrigatória a anotação[2] da hora de entrada e de saída, em registro manual, mecânico ou eletrônico, conforme instruções a serem expedidas pelo Ministério do Trabalho, devendo haver pré-assinalação do período de repouso.

§ 3º Se o trabalho for executado fora do estabelecimento, o horário dos empregados constará, explicitamente, de ficha ou papeleta em seu poder, sem prejuízo do que dispõe o § 1º deste artigo.

1 *Quadro de horário* de trabalho. Permanece o modelo de quadro de horário (Port. MTE 576/41, ratificada pela Port. MTE 3.626/91, art. 14, em apêndice), mas é dispensado seu uso quando houver registro individual controlado de entrada e saída e pré-assinalação de repouso e alimentação (Port. 3.626/91, v. Índ. Leg.). Serviço externo (art. 62/2).

2 *Registro de entrada e saída*. Deve ser anotado pelo próprio empregado e, sendo mecânico, conterá sua assinatura, para autenticá-lo. Portaria do Ministério do Trabalho e da Previdência Social, entendendo haver distinção entre registrar e assinalar, no art. 74, § 2º, havia dispensado o registro dos intervalos de repouso ou alimentação, substituindo-os pela indicação do empregador no registro de horário (Port. MTE 3.626/91, art. 13, em apêndice). Serviço externo (art. 62/2). A Portaria MTE 373/11, em apêndice, possibilita, "desde que autorizados por convenção ou acordo coletivo", controle "por exceção", onde o empregado só registra a jornada se houver horas extras, atrasos, faltas etc., presumindo-se a jornada normal. É de duvidosa legalidade. Registro alternativo, v. Precedente Administrativo 23 MTE/SIT, em apêndice. Não obrigatoriedade, mas utilização do cartão, v. Precedente Administrativo 42 MTE/SIT, em apêndice. Marcação incorreta, responsabilidade do empregador v. Precedente Administrativo 78 MTE/SIT, em apêndice. Disciplina a utilização do Sistema de Registro Eletrônico de Ponto – SREP (MTE Port. 1.510/09 e alterações, v. Índ. Leg.) e a utilização da forma digital para a emissão de Atestados Técnicos e termos de responsabilidades (MTE Port. 793/11, v. Índ. Leg.).

TST I – É ônus do empregador que conta com mais de 10 (dez) empregados o registro da jornada de trabalho na forma do art. 74, § 2º, da CLT. A não apresentação injustificada dos controles de frequência gera presunção relativa de veracidade da jornada de trabalho, a qual pode ser elidida por prova em contrário. II – A presunção de veracidade da jornada de trabalho, ainda que prevista em instrumento normativo, pode ser elidida por prova em contrário. III – Os cartões de ponto que demonstram horários de entrada e saída uniformes são inválidos como meio de prova, invertendo-

-se o ônus da prova, relativo às horas extras, que passa a ser do empregador, prevalecendo a jornada da inicial se dele não se desincumbir (TST – Súmula 338, conversão das Orientações Jurisprudenciais SDI-1 234 e 306).

SDI A decisão com base em prova oral ou documental não ficará limitada ao tempo por ela abrangido, desde que o julgador fique convencido de que o procedimento questionado superou aquele período (TST, SDI-1, Orientação Jurisprudencial 233).

Não há falar em violação do artigo 74 da CLT, pois esse dispositivo apenas determina sejam feitos os registros de horário dos empregados. E, na hipótese, o Regional afastou a validade das Folhas Individuais de Presença acostadas aos autos, porque, além de as horas extras não serem registradas, constatou-se, em determinado período, jornada britânica (TST, RR 217285-09.2002.5.12.0029, José Roberto Freire Pimenta).

Os cartões de ponto que demonstram horários de entrada e saída uniformes são inválidos como meio de prova, invertendo-se o ônus da prova, relativo às horas extras, que passa a ser do empregador, prevalecendo a jornada da inicial se dele não se desincumbir (Súmula n. 338, III, desta Corte superior). Revelando a decisão recorrida sintonia com a jurisprudência pacífica do Tribunal Superior do Trabalho, não se habilita a conhecimento o recurso de revista, nos termos do artigo 896, § 5º, da Consolidação das Leis do Trabalho. Recurso de revista não conhecido (TST, RR 78300-66.2003.5.15.0118, j. em 4.5.11, Lelio Bentes Corrêa).

Não há como atribuir força probante aos cartões de ponto mecânico apresentados pelo empregador, que não contêm a assinatura do empregado e não foram admitidos pelo mesmo como verdadeiros (TST, RR 17.348/90.0, Cnéa Moreira, Ac. 1ª T. 2.994/91).

3 São dispensadas a microempresa e a empresa de pequeno porte da fixação do quadro de trabalho (LC 123/06, art. 51, II – v. art. 2º/17).

Seção VI
Das penalidades

Art. 75. Os infratores dos dispositivos do presente Capítulo incorrerão na multa de 3 a 300 valores de referência regionais, segundo a natureza da infração, sua extensão e a intenção de quem a praticou, aplicada em dobro no caso de reincidência e oposição à fiscalização ou desacato à autoridade (red. adaptada às L. 6.205/75 e 6.986/82).

Parágrafo único. São competentes para impor penalidades as Delegacias Regionais do Trabalho.

1 Multas, valores atualizados (art. 626/3).

Capítulo II-A
DO TELETRABALHO

Art. 75-A. A prestação de serviços pelo empregado em regime de teletrabalho observará o disposto neste Capítulo.

Art. 75-B. Considera-se teletrabalho[1] a prestação de serviços preponderantemente fora das dependências do empregador, com a utilização de tecnologias de informação e de comunicação que, por sua natureza, não se constituam como trabalho externo[2].

Parágrafo único. O comparecimento às dependências[3] do empregador para a realização de atividades específicas que exijam a presença do empregado no estabelecimento não descaracteriza o regime de teletrabalho.

Art. 75-C. A prestação de serviços na modalidade de teletrabalho deverá constar expressamente[4] do contrato individual de trabalho, que especificará as atividades que serão realizadas pelo empregado.

§ 1º Poderá ser realizada a alteração[5] entre regime presencial e de teletrabalho desde que haja mútuo acordo entre as partes, registrado em aditivo contratual.

§ 2º Poderá ser realizada a alteração[5] do regime de teletrabalho para o presencial por determinação do empregador[5], garantido prazo de transição mínimo de quinze dias, com correspondente registro em aditivo contratual.

Art. 75-D. As disposições relativas à responsabilidade pela aquisição, manutenção ou fornecimento dos equipamentos tecnológicos[6] e da infraestrutura necessária e adequada à prestação do trabalho remoto, bem como ao reembolso de despesas arcadas pelo empregado, serão previstas em contrato escrito.

Parágrafo único. As utilidades mencionadas no *caput* deste artigo não integram a remuneração do empregado.

Art. 75-E. O empregador deverá instruir os empregados, de maneira expressa e ostensiva, quanto às precauções a tomar a fim de evitar doenças e acidentes de trabalho[7].

Parágrafo único. O empregado deverá assinar termo de responsabilidade comprometendo-se a seguir as instruções fornecidas pelo empregador. (Red. L. 13.467/17).

1 *Teletrabalho*. É uma forma de trabalho, subordinado, exercida à distância, utilizando ferramentas telecomunicacionais, mecanismos digitais (*softwares*), eletrônicos (computadores) e de comunicação (telefone, videoconferência, *e-mails*, mensagem de texto, sms, torpedos, *sites* de relacionamentos, *blogs*), existindo um compromisso entre empregador e empregado. O trabalho será exercido, na maior parte do tempo, fora das dependências do empregador. A lei nada fala sobre sua jornada, se este fica obrigado ou não a acessar os meios digitais em horários definidos ou não, se poderá trabalhar com jornada flexível ou não. Mas permite que o empregado execute de qualquer lugar seu "trabalho", podendo ser obrigado a trabalhar na própria empresa.

2 *Trabalho externo*. O trabalho executado longe da supervisão do empregador. V. art. 62/2.

3 *Comparecimento às dependências do empregador*. Mesmo que o empregado tenha que executar certas tarefas ou parte das mesmas na empresa, não descaracteriza o contrato de teletrabalho (meios digitais).

4 *Deverá constar expressamente do contrato individual*. Por ser um contrato de características específicas, o contrato de trabalho tem que estar expresso, como e em que lugar as atividades serão desenvolvidas.

5 *A alteração do regime presencial para teletrabalho* poderá ser realizada de comum acordo, já a alteração contrária, de teletrabalho para presencial, depende da vontade do empregador, assim a Lei. O empregado tem quinze dias para se adaptar. Nas duas situações é uma alteração contratual. Na primeira o empregado deixa de ir ao trabalho para trabalhar em casa, uma situação que muda a rotina e tem que criar um ambiente para o trabalho. Na segunda, optou por trabalhar em casa para ter mais contato com a família, não perder tempo em deslocamentos, trabalhar em horários alternativos. A Lei, não permitindo a negativa do empregado, fere seu direito.

6 A responsabilidade sobre a aquisição, manutenção e despesas sobre os equipamentos e serviços necessários para o trabalho remoto será prevista em contrato escrito. Valores estes que não integram a remuneração do empregado, são ferramentas para o trabalho.

7 *Acidente e/ou doença laboral*. O empregador terá que instruir de maneira expressa o correto uso dos equipamentos, para evitar doenças e acidentes laborais.

Capítulo III
DO SALÁRIO MÍNIMO

Seção I
Do conceito

Art. 76. Salário mínimo[1] é a contraprestação mínima devida e paga diretamente[2] pelo empregador a todo trabalhador[3], inclusive ao trabalhador rural, sem distinção de sexo, por dia normal de serviço[4], e capaz de satisfazer, em determinada época e região do País, as suas necessidades normais[6] de alimentação, habitação, vestuário, higiene e transporte[1] (texto tacitamente revogado pela L. 8.222/91, art. 7º, v. Índice, para adaptá-lo à CF, art. 7º, IV, e atender às necessidades do trabalhador e às de sua família, com moradia, alimentação, educação, saúde, lazer, vestuário, higiene, transporte e previdência social).

Art. 77. (Rev. L. 4.589/64).

1 *Salário mínimo.* Diz a Constituição Federal de 1988:

Art. 7º São direitos dos trabalhadores... além de outros...

IV – salário mínimo, fixado em lei, nacionalmente unificado, capaz de atender a suas necessidades vitais básicas e às de sua família com moradia, alimentação, educação, saúde, lazer, vestuário, higiene, transporte e previdência social, com reajustes periódicos que lhe preservem o poder aquisitivo, sendo vedada sua vinculação para qualquer fim;

V – piso salarial proporcional à extensão e à complexidade do trabalho;...

A CF ainda concede salário mínimo aos domésticos (art. 7º, parágrafo único) e aos servidores públicos (art. 39, § 2º); a estes últimos, mesmo que tenham remuneração variável (art. 39, § 2º); também aos deficientes e idosos sem meios de manter-se (art. 203, V).

A legislação ordinária (DL 2.351/87) havia substituído a expressão "salário mínimo" da CLT por Piso Nacional de Salários, deixando a expressão "salário mínimo" ou "salário mínimo de referência" para todas as outras normas jurídicas, inclusive remuneratórias trabalhistas outras, como salários profissionais, normativos e obviamente quaisquer espécies de indexações que acompanham a inflação. Revogados o piso nacional de salários e o salário mínimo de referência (L. 7.789/89, art. 5º), restabeleceu-se a denominação salário mínimo, também na legislação ordinária, vedada sua vinculação para qualquer fim, ressalvados os benefícios de prestação continuada da Previdência Social (art. 3º).

Contraprestação mínima. A legislação quer evitar o trabalho tratado como simples mercadoria e os salários sujeitos a flutuações da oferta e da procura. A principal obrigação do empregador é pagar salário, exatamente porque este é o objeto do contrato para o empregado (Cesarino, *Direito social brasileiro*). O salário mínimo é mensal, diário (valor mensal dividido por 30) ou horário (dividido por 220 horas, L. 7.789/89 e 8.542/92); a lei usou o critério de remuneração diária e previu a jornada normal; quando esta for de 8 horas, será necessário cumpri-la; se o empregado for admitido para trabalhar apenas 4 horas por dia, receberá proporcionalmente, sem qualquer ilegalidade. Somente podem integrar o salário mínimo as importâncias efetivamente pagas naquele determinado mês, mesmo que tenham caráter de prêmio-produção, ou comissões etc.; a intenção da lei está no art. 78, parágrafo único. Tabela do salário mínimo (em apêndice).

SDI A verificação do respeito ao direito ao salário mínimo não se apura pelo confronto isolado do salário-base com o mínimo legal, mas deste com a soma de todas as parcelas de natureza salarial recebidas pelo empregado diretamente do empregador (TST, SDI-1, Orientação Jurisprudencial 272).

■ O art. 7º, VI, da Constituição Federal, que assegura ao empregado o direito ao salário mínimo, deve ser examinado conjuntamente com o inciso XIII do mesmo dispositivo, que estabelece a duração da jornada diária normal de trabalho como de 8 (oito) horas. Assim, para uma jornada de 8 (oito) horas, é assegurado o salário mínimo integral e, para a reduzida, o proporcional. Consignado pelo Regional que a reclamante trabalhava duas horas por dia, a sua contraprestação pecuniária deve ser proporcional a essa jornada. Recurso de revista não provido (TST, RR 2397/2000-342-01-00.3, Milton de Moura França, *DJ*, 13.8.04).

2 *Contraprestação paga diretamente*. Distingue-se salário (importância paga pelo empregador) de remuneração ("o conjunto dos proventos que o empregado recebe, direta ou indiretamente, em virtude do trabalho prestado" – Cesarino, ob. cit. –, ou seja, o salário mais a gorjeta); mas o vocábulo *salário* é usado costumeiramente em sentido lato, ou seja, como remuneração (ibidem). A lei, usando a expressão *diretamente*, quer impedir que o empregador se furte a pagar o salário mínimo integral, pretendendo computar as gorjetas; apesar disso, esse pagamento indireto, recebido dos fregueses, quando habitual, deve ser anotado na carteira de trabalho por estimativa, recolhendo-se sobre ele as contribuições previdenciárias e prevalecendo para cálculo do FGTS etc. A *gorjeta indireta* ou taxa de serviço, incluída na nota apresentada ao cliente, e distribuída posteriormente entre os empregados, é considerada gorjeta (CLT, art. 457, § 3º).

3 *Todo trabalhador*: desde que subordinado a um contrato de emprego (art. 3º). Sem distinção de sexo: tal como determina a CF/88 (art. 7º, XXX); nas empresas públicas ou privadas.

4 *Dia normal* de serviço: v. coment. art. 58.

5 *Salário profissional e piso salarial profissional*. O salário mínimo profissional absoluto (a) é fixado em lei para os integrantes de uma categoria, não encontra resistência constitucional na CF, art. 7º, XXXII, e beneficia os servidores públicos celetistas, mas foi esvaziado, pela impossível vinculação ao salário mínimo geral (CF, art. 7º, IV, e leis posteriores); mais incerta se apresenta, apesar de acolhida, a autorização legislativa a órgãos do Poder Executivo para que o fixem (como já se deu com os estivadores); seria o chamado salário profissional relativo (b), como o denomina Süssekind, em *Instituições*. O salário normativo judicial (c) é fixado em dissídio coletivo por arbitramento do Tribunal; após as Súmulas daquele Tribunal (d) está subordinado às limitações da política salarial governamental. O salário profissional normativo voluntário ou sindical fixado em convenção coletiva ou acordo coletivo (CLT, art. 611) obedece às limitações da legislação do chamado "arrocho" salarial; não depende de homologação, mas de simples registro perante o Ministério do Trabalho; a Justiça do Trabalho é incompetente para homologá-lo mas poderá apreciar a ilegalidade das cláusulas da convenção ou acordos coletivos, em ação própria. O *piso salarial profissional* (e) tem semelhanças com o salário normativo, mas com ele não se confunde: o primeiro leva em consideração um valor numérico salarial absoluto, p. ex.: salário mínimo de referência (extinto pela L. 7.789/89), acrescido de um percentual fixo ou variável; o segundo depende do tempo transcorrido; quanto aos reajustes da categoria. As leis nacionais de política salarial (L. 8.542/92) fazem referência a pisos salariais proporcionais. O piso salarial prescindiria de referências às correções anuais da categoria, previstas nas leis que limitam os reajustes; o piso salarial desvinculado (não o normativo), judicial (dissídio coletivo) ou voluntário (convenção coletiva) foi declarado inconstitucional, perante a Carta de 1969, pelo STF e TST. A CF/88 prevê a existência de "piso salarial proporcional à extensão e à complexidade do trabalho" (art. 7º, V), sem indicar a fonte (legislativa, convencional ou judiciária) e trazendo sérias dúvidas, pois o piso salarial entendido como tal nunca foi proporcional a qualquer coisa e muito menos à extensão e à complexidade do trabalho; ao contrário, costuma amparar os trabalhos menos extensos e menos complexos; se a expressão foi usada no sentido costumeiro, o instituto destina-se a evitar a rotatividade da mão de obra, quando dos aumentos coletivos; o mestre Rezende Puech, admitindo apenas como uma das possibilidades de interpretação a intenção de criar um salário profissional para aperfeiçoar a mão de obra, almeja que a competência normativa dos tribunais lhe dê vida (*O Estado de S. Paulo*, 9.10.88); a experiência mostra, entretanto, que os tribunais, desaparelhados de um procedimento instrutório e de perícias profundas informativas, terminam proferindo sentenças normativas em dissídios coletivos, sem conhecimento, documentados quanto às categorias cujos pedidos apreciam. Piso salarial (Estados e Distrito Federal). LC 103/00 (v. Índ. Leg.). Pisos salariais dentro do Estado de São Paulo, L. SP 12.640/07 e alterações, em apêndice.

O salário mínimo profissional legal não é devido aos servidores da administração direta da União e autarquias se a lei não foi de iniciativa do Presidente da República; sim aos das empresas públicas (DL 1.820/80).

■ O piso salarial não aplicado ao empregado em período de experiência não importa em discriminação (TST, R-DC 325.510/96.1, Ursulino Santos, Ac. SDC 706/97).

■ A razão de ser da parte final do inciso IV do art. 7º da Carta Federal – "...vedada a vinculação para qualquer fim:" – é evitar que interesses estranhos aos versados na norma constitucional venham a ter influência na fixação do valor mínimo a ser observado (STF, RE 234.474-9, Marco Aurélio Mendes de F. Mello, 30.4.99).

Advogado (L. 8.906/94). Salário mínimo fixado em sentença normativa, acordo ou convenção coletiva; a jornada diária normal é de 4 horas contínuas e 20 semanais, salvo acordo, convenção coletiva ou dedicação exclusiva; as horas extras terão adicional de 100%; horário noturno das 20 às 5h, com adicional de 25%; honorários de sucumbência em favor do advogado quando o empregador for parte na causa, e não haja estipulação contratual em contrário (STF, ADIn 1.194-4), ou partilhados quando o empregador for sociedade de advogados (L. 8.906/94, arts. 18 a 21). Artigos do Estatuto do Advogado suspensos ou interpretados pelo STF (v. notas à L. 8.906/94, em apêndice).

SDI O advogado empregado contratado para jornada de 40 horas semanais, antes da edição da Lei n. 8.906, de 4.7.1994, está sujeito ao regime de dedicação exclusiva disposto no art. 20 da referida lei, pelo que não tem direito à jornada de 20 horas semanais ou 4 diárias (TST, SDI-1, Orientação Jurisprudencial 403).

Médicos e afins. A L. 3.999/61 (v. Índ. Leg.) prevê salário mínimo para médicos, dentistas e técnicos; a jurisprudência é no sentido de que aquela lei não fixa jornada especial. Desvinculação do salário mínimo profissional ao mínimo geral (v. art. 76/5). *Radiologistas*. A L. 7.394/85 (v. Índ. Leg.) fixa a jornada semanal (24 horas) e concede adicional de insalubridade (40%), repetindo o que já era norma quanto ao salário mínimo profissional (dois salários mínimos). O texto legal, porém, disse "dois salários mínimos profissionais" em vez de "dois salários mínimos"; é equívoco, pois não existe salário profissional sobre salário profissional, nem seria crível que ultrapassasse o salário dos médicos (três salários mínimos). Radiologia e radioatividade quanto ao servidor público (DL 1.873/81, em apêndice). Adicional de periculosidade (art. 193/2). Quadro dos salários mínimos profissionais legais (v. apêndice, matéria anexa às tabelas de salário mínimo).

TST Tendo em vista que as Leis n. 3.999/1961 e 4.950/1966 não estipulam a jornada reduzida, mas apenas estabelecem o salário mínimo da categoria para uma jornada de 4 horas para os médicos e de 6 horas para os engenheiros, não há que se falar em horas extras, salvo as excedentes à oitava, desde que seja respeitado o salário mínimo/horário das categorias (TST – Súmula 370, conversão das Orientações Jurisprudenciais SDI-1 39 e 53).

TST Salário profissional dos técnicos em radiologia é igual a dois salários mínimos e não a quatro (TST – Súmula 358).

TST O fato de o empregado não possuir diploma de profissionalização de auxiliar de laboratório não afasta a observância das normas da Lei 3.999/61, uma vez comprovada a prestação de serviços na atividade (TST – Súmula 301).

TST O salário profissional dos médicos e dentistas guarda proporcionalidade com as horas efetivamente trabalhadas, respeitado o mínimo de 50 horas mensais (TST – Súmula 143).

SDI A alteração da gratificação por trabalho com raios X, de quarenta para dez por cento, na forma da Lei n. 7.923/89, não causou prejuízo ao trabalhador porque passou a incidir sobre o salário incorporado com todas as demais vantagens (TST, SDI-1, Orientação Jurisprudencial 208).

Engenheiros e afins. A legislação fixava salário mínimo de engenheiros, arquitetos e engenheiros-agrônomos, de acordo com a extensão do curso universitário, maior ou menor de 4 anos; posteriormente, eliminou essa distinção (L. 5.194/66, art. 82). A jurisprudência entende que a lei não fixou jornada especial, mas apenas salário mínimo para 6 horas, ao afirmar expressamente: "a jornada de trabalho é fixada no contrato" (L. 4.950-A/66, art. 3º, parágrafo único). Dessa forma, remunera a 7ª e 8ª horas com o acréscimo de 25% e não como horas extras típicas do trabalho extraordinário genérico; assim, apenas a partir da 8ª hora é que se remunera o trabalho extraordinário com 50% de acréscimo (CF, art. 7º, XVI).

TST Tendo em vista que as Leis n. 3.999/1961 e 4.950/1966 não estipulam a jornada reduzida, mas apenas estabelecem o salário mínimo da categoria para uma jornada de 4 horas para os médicos e de 6 horas para os engenheiros, não há que se falar em horas extras, salvo as excedentes à oitava, desde que seja respeitado o salário mínimo/horário das categorias (TST – Súmula 370, conversão das Orientações Jurisprudenciais SDI-1 39 e 53).

A estipulação do salário profissional em múltiplos do salário mínimo não afronta o art. 7º, inciso IV, da Constituição Federal de 1988, só incorrendo em vulneração do referido preceito constitucional a fixação de correção automática do salário pelo reajuste do salário mínimo (TST, SDI-2, Orientação Jurisprudencial 71).

Salário profissional dos engenheiros. Recepção da Lei n. 4.950-A/66. Aplicação da OJ n. 71 da SBDI-2. A estipulação do salário profissional dos engenheiros, adotando-se múltiplos do salário mínimo, não vulnera o disposto no art. 7º, IV, da CF, o qual proíbe somente a automática correção do salário profissional baseando-se no reajuste do salário mínimo. Aplicação da OJ n. 71 da SBDI-2 do TST. Recurso de Revista conhecido e provido (TST, RR 458-64.2010.5.09.0010, julgado em 29.5.13, Maria de Assis Calsing, *DEJT*, 7.6.13).

Salário profissional do engenheiro. Lei n. 4.950-A/66. A decisão agravada está em consonância com o entendimento consubstanciado na Orientação Jurisprudencial n. 71 da Subseção II Especializada em Dissídios Individuais do TST, que assim dispõe: "A estipulação do salário profissional em múltiplos do salário mínimo não afronta o art. 7º, inciso IV, da Constituição Federal de 1988, só incorrendo em vulneração do referido preceito constitucional a fixação de correção automática do salário pelo reajuste do salário mínimo". Impõe-se, pois, a manutenção da decisão monocrática denegatória de embargos, proferida com respaldo no artigo 896, § 5º, da Consolidação das Leis do Trabalho. Agravo não provido (TST, RR 115400-67.2008.5.17.0007, Jose Roberto Freire Pimenta, julgado em 2.12.10, *DEJT*, 10.12.10).

6 *Necessidades normais.* O salário mínimo deve ser familiar e não individual (CF/88, art. 7º); o salário-família que o empregado recebe não tem caráter salarial, mas previdenciário, apesar de pago pelo empregador, que imediatamente se ressarce (L. 4.266/63, L. 5.559/68; v. art. 12/2).

7 *Salário mínimo e correção monetária.* É vedado atualizarem-se valores monetários com base no salário mínimo, mesmo quando expressos em leis anteriores, salvo os benefícios de prestação continuada da Previdência Social (L. 7.789/89). Correção automática de salários (art. 457/13). Correção monetária (art. 833/3). *Multas,* valores atualizados (art. 626/3). Menor (art. 80).

STF Salvo nos casos previstos na Constituição, o salário mínimo não pode ser usado como indexador de base de cálculo de vantagem de servidor público ou de empregado, nem ser substituído por decisão judicial (STF, Súmula Vinculante 4).

SDI A estipulação do salário profissional em múltiplos do salário mínimo não afronta o art. 7º, inciso IV, da Constituição Federal de 1988, só incorrendo em vulneração do referido preceito constitucional a fixação de correção automática do salário pelo reajuste do salário mínimo (TST, SDI-2, Orientação Jurisprudencial 71).

■ A vedação da vinculação do salário mínimo contida na parte final do artigo 7º, IV, da Constituição não tem sentido absoluto, mas deve ser entendida como vinculação de natureza econômica, para impedir que, com essa vinculação, se impossibilite ou se dificulte o cumprimento da norma na fixação do salário mínimo compatível com as necessidades aludidas nesse dispositivo, bem como na concessão dos reajustes periódicos que lhe preservem o poder aquisitivo. A vinculação do valor da alçada ao salário mínimo, para estabelecer quais são as causas de pequeno valor e que, portanto, devem ser decididas com a presteza de rito simplificado e com decisão de única instância ordinária, não se enquadra na finalidade a que visa a Constituição com a vedação por ela prevista, razão por que não é proibida constitucionalmente (RE 201297/97-DF, Moreira Alves – STF).

■ Segundo o inciso IV do artigo 7º da Constituição Federal em vigor, constitui direito dos trabalhadores urbanos e rurais a percepção de salário mínimo capaz de atender às suas necessidades vitais básicas e às de sua família com moradia, alimentação, educação, saúde, lazer, vestuário, higiene, transporte e previdência social, com reajustes periódicos que lhe preservem o poder aquisitivo. Tem-se, portanto, que atender às necessidades vitais básicas do trabalhador e de sua família é a finalidade do salário mínimo, segundo os parâmetros fixados pelo legislador constituinte de 1988. Para viabilizá-la, determinou a concessão de reajustes periódicos ao salário mínimo e inseriu, na parte final da norma constitucional em exame, cláusula proibitória de sua vinculação para qualquer fim. Com isso, conforme ressaltou o e. STF, procurou "evitar que interesses estranhos aos versados na norma constitucional venham a ter influência na fixação do valor mínimo a ser observado" (RE 235.302-7, Min. Marco Aurélio – *DJ* de 11/12/98). Realmente, o reajuste do salário mínimo tem sempre por base inúmeros estudos governamentais no sentido de antever o impacto dessa medida nas contas públicas, na Previdência Social, nos índices inflacionários, etc. Diante desse cenário, não há dúvidas quanto ao fato de que a magnitude do reajuste a ser concedido, ou até mesmo a sua concessão, fica sempre a depender da força desse impacto, que será proporcional à maior ou menor vinculação do salário mínimo aos mais diversos setores da vida social. Nesse contexto, fica claro que a vinculação do piso salarial dos reclamantes ao salário mínimo, prevista em lei municipal, não foi recepcionada pela Constituição de 1988, por ser absolutamente incompatível com o espírito de seu artigo 7º, IV (E-RR-469608/98, Milton de Moura França – TST).

■ Salário mínimo. Obrigatoriedade. O salário mínimo em hipótese alguma pode ser fator de indexação salarial, inclusive para fixação de piso salarial de categoria (Proc. TRT/SP RO 4.121/96, Valentin Carrion, Ac. 9ª T. 31.942/97).

Art. 78. Quando o salário for ajustado por empreitada[1], ou convencionado por tarefa ou peça, será garantida ao trabalhador uma remuneração diária nunca inferior à do salário mínimo por dia normal.

Parágrafo único. Quando o salário mínimo mensal do empregado à comissão ou que tenha direito a percentagem[2] for integrado por parte fixa e parte variável, ser-lhe-á sempre garantido o salário mínimo, vedado qualquer desconto em mês subsequente a título de compensação.

1 *Empreitada, tarefa ou peça.* A CF/88 oferece "garantia de salário, nunca inferior ao mínimo, para os que percebem remuneração variável" (art. 7º, VII). Relação de emprego e empreitada são conceitos conflitantes, mas, apesar de impróprio, o vocábulo *empreitada* é comumente usado como uma das espécies de trabalho por unidade de obra, ou seja, as que têm em vista o resultado obtido pelo empregado; quando se defronta com essa modalidade, o intérprete tem de evitar ser mais rigoroso com esse trabalhador do que o é com o que é remunerado por unidade de tempo, pois, "no salário por tarefa, o empregado corre um certo risco, por isso que a sua remuneração depende de sua produção" (Cesarino Jr., *Direito social brasileiro,* v. 2); pequenas interrupções estranhas a ele, devidas a fatos ambientais de material, de mudanças na empresa, ou dele mesmo (mal-estar físico ou psíquico sem afastamento), raramente são indenizadas pela empresa; sua falta de atenção ou disposição são imediatamente acusadas em sua ficha de produção, minuto a minuto. Desde que configurada a relação empregatícia é-lhe devido o salário mínimo "por dia normal de serviço" proporcional ao número de horas trabalhadas; deverá receber, ao menos, tantos dias normais de serviço quantos trabalhados. O mesmo se diz do salário mínimo profissional da categoria. Baixa produção não justifica o inadimplemento: o empregador ou tolera a omissão do empregado e o remunera ou o pune por desídia. *Rural*: o mesmo; a plantação subsidiária não pode compor o salário mínimo (L. 5.889/73, em apêndice). O texto original dos arts. 78, 82, 86, 116, § 2º, e 118 diz "por dia normal da região, zona ou subzona", mas o salário mínimo é nacional (L. 6.708/79).

2 *Salário a comissão ou percentagem*: são os empregados pracistas, corretores, viajantes, balconistas, sejam externos ou internos etc. Aplicam-se-lhes os mesmos princípios dos demais trabalhadores por unidade de obra. A obrigação de completar o salário mínimo não é adiantamento, mas pagamento definitivo não dedutível para que não arque plenamente com o risco empresarial; é que, muitas vezes, as dificuldades nas vendas não lhe podem ser imputadas (concorrência de outros empregadores, produto deficiente oferecido, crise econômica). O vendedor externo não faz jus a salário mínimo se não houver exclusividade.

Art. 79. Quando se tratar da fixação do salário mínimo dos trabalhadores ocupados em serviços insalubres, poderão as Comissões de Salário Mínimo aumentá-lo até de metade do salário mínimo normal.

1 *Salário mínimo de atividade insalubre.* O salário mínimo é fixado por lei (CF/88, art. 7º, IV) e não por comissões do Poder Executivo. As comissões de salário mínimo já haviam sido substituídas por outros órgãos (L. 4.589/64 e outras). O art. 79 está revogado tacitamente (v. art. 192).

2 *Insalubridade*: conceito, salário mínimo, níveis, exigibilidade, periculosidade etc. (art. 189 e segs.).

Art. 80. (Rev. L. 10.097/00).

Parágrafo único. (Rev. L. 10.097/00).

1 *Salário mínimo de menor.* Diz a Constituição Federal de 1988:

Art. 7º São direitos dos trabalhadores... além de outros...

XXX – proibição de diferença de salários, de exercício de funções e de critério de admissão por motivo de sexo, idade, cor ou estado civil...

XXXIII – proibição de trabalho noturno, perigoso ou insalubre a menores de 18 e de qualquer trabalho a menores de 16 anos, salvo na condição de aprendiz, a partir de 14 anos[1 e 2].

A primitiva distinção entre o menor de 18 anos e o adulto, para fins de salário mínimo, já havia sido suprimida pela lei. A L. 10.097/00 (CLT, art. 428, § 2º) não permite um salário menor ao aprendiz. Salário de menor aprendiz, v. Precedente Administrativo 83 MTE/SIT, em apêndice. Este tem direito ao salário mínimo hora e jornada de até 6 horas (8 horas – v. art. 432, § 1º). A Constituição proíbe a discriminação pela idade pura e simplesmente. *Menor rural.* Está revogada tacitamente a distinção entre o maior e o menor de 16 anos, estabelecida pela Lei do Trabalho Rural (5.889/73).

O Brasil reconhece e promulga a Convenção 138 e a Recomendação 146 (*Idade mínima de admissão ao emprego*) – D. 4.134/02.

SDI Os empregados menores não podem ser discriminados em cláusula que fixa salário mínimo profissional para a categoria (TST, SDC, Orientação Jurisprudencial 26).

2 *Menor aprendiz.* Dos 14 aos 24 anos: CLT, art. 428. A Constituição permite o trabalho do menor a partir dos 14 anos somente na condição de aprendiz (art. 7º, XXXIII, EC 20/98 e L. 10.097/00, que alterou o art. 403 da CLT). A partir dos 16 anos é permitido qualquer trabalho, desde que não seja noturno, perigoso ou insalubre. O legislador não aprendeu a lição da experiência; a política de "proteção" ao menor, com exigências dos teóricos de aprendizado metódico difícil e caro, contribuiu para jogar ao relento das ruas milhares de menores, que poderiam estar protegidos das drogas e da mendicância pelas únicas exigências de pequena remuneração patronal e da escolaridade. A Emenda Constitucional 20 prossegue no desmanche: aprendiz somente após 14 anos (e não o menor de 14, como dizia a CF/88); a essa idade já fugiu dos pais e, às vezes, já aprendeu a trabalhar com traficantes, roubar e até matar, com passagem ou não por casa de recuperação; até lá o menor, que poderia ter tido a proteção referencial de um trabalho e a vigilância do tutor-empregador para sua frequência à escola, terá recebido o aprendizado das esquinas e do abandono. Na Espanha, é proibida a mendicância acompanhada de alguma criança, sendo fiscalizada a norma e apreendido o menor sem pretexto algum. Ao menos esse princípio deveria vigorar entre nós. Contrato de trabalho, v. art. 428. A Lei obriga que contrato de aprendiz, para o deficiente maior de 18 anos, para que seja válido, ele tem que estar matriculado e ter frequência em programa de aprendizagem desenvolvido sob orientação de entidade qualificada em formação técnico-profissional metódica (CLT, art. 428, § 8º). Não será motivo de extinção do contrato de aprendiz para o deficiente que tiver desempenho insuficiente, mas estiver desprovido de recursos de acessibilidade ou de tecnologias assistivas (CLT, art. 433, I).

Primeiro emprego. A L. 10.748/03, que criou a política do primeiro emprego, foi revogada pela L. 11.692/08, que institui o Programa Nacional de Inclusão de Jovens – Projovem, não mais uma política de emprego e sim uma política de benefícios, ao jovem carente de 15 a 29 anos. A L. 12.513/11, alt. 12.816/13 e 12.863/13, institui o Programa Nacional de Acesso ao Ensino Técnico e Emprego (Pronatec) que tem como objetivo expandir, interiorizar e democratizar a oferta de cursos de educação profissional, voltada ao jovem e ao adulto estudante.

A contratação de menores intermediada pela Fundação de Assistência ao Menor Aprendiz não transforma a relação em vínculo empregatício. Isto porque a Lei n. 8.069/90, em seu art. 60, permite a colocação de menores no mercado de trabalho, como aprendizes, visando a sua formação técnico-profissional (TST, RR 186.919/95.1, Antônio Fábio Ribeiro, Ac. 3ª T.).

3 *Menor assistido.* O DL 2.318/86 introduziu o programa visando os menores abandonados. As empresas poderão admitir assistido com 4 horas diárias de trabalho, sem previdência social para menores de 12 a 18 anos que frequentem escola. O D. 84.238/87, revogado, regulamentava o DL 2.318/86, Programa do Bom Menino. Os menores continuam no maior abandono. A CF incentivou a exclusão social, aumentando o limite de idade para o menor ser admitido no mercado de trabalho (Estatuto da Criança e do Adolescente, L. 8.069/90, art. 60, v. Índ. Leg.). V. art. 402/1.

Art. 81. O salário mínimo será determinado[8] pela fórmula Sm = a + b + c + d + e, em que *a*, *b*, *c*, *d* e *e* representam, respectivamente, o valor das despesas diárias com alimentação, habitação, vestuário, higiene e transporte necessários à vida de um trabalhador adulto (obs.: a CF/88 acrescenta educação, saúde, lazer e previdência social, art. 7º. Política salarial, v. art. 457/13).

§ 1º A parcela correspondente à alimentação terá um valor mínimo igual aos valores da lista de provisões, constantes dos quadros devidamente aprovados e necessários à alimentação diária do trabalhador adulto.

§ 2º Poderão ser substituídos pelos equivalentes de cada grupo, também mencionados nos quadros a que alude o parágrafo anterior, os alimentos, quando as condições da região o aconselharem, respeitados os valores nutritivos determinados nos mesmos quadros.

§ 3º O Ministério do Trabalho fará, periodicamente, a revisão dos quadros a que se refere o § 1º deste artigo.

Art. 82. Quando o empregador fornecer, *in natura*[1-4], uma ou mais das parcelas do salário mínimo, o salário em dinheiro será determinado pela fórmula Sd = Sm – P, em que *Sd* representa o salário em dinheiro, *Sm* o salário mínimo e *P* a soma dos valores daquelas parcelas na região.

Parágrafo único. O salário mínimo pago em dinheiro não será inferior a 30% do salário mínimo fixado para a região[6].

1 *Salário "in natura"*. É o pagamento em espécie, em utilidades vitais que não o dinheiro. Devem estar incluídas nas modalidades previstas em lei (art. 81). O valor atribuído para desconto no salário mínimo não pode superar as percentagens previstas no decreto que fixa o mínimo vigente para cada região (os percentuais fixados em decreto, v. tabela em apêndice, permitem para alimentação, habitação, vestuário, higiene e transporte em São Paulo, 43, 33, 14, 6 e 4%, respectivamente; no Estado do Rio de Janeiro, 50, 25, 13, 6 e 6%, respectivamente). Assim, se o empregado utiliza um imóvel que, no mercado, receberia certo valor, o empregador não poderá contá-lo de forma a exceder a percentagem prevista. As utilidades que forem condição para o exercício de qualquer trabalho não podem ser descontadas (ferramentas, uniforme, capacetes); o veículo poderá ser computado se o empregado puder utilizá-lo para ir ao trabalho e vir dele; se não o utilizar em dias feriados, o desconto será parcial. É incorreto afirmar não se poderem cobrar utilidades que antes eram gratuitas; no contrato de trabalho não há utilidades gratuitas, pois todas as vantagens incorporam-se ao salário para todos os efeitos, inclusive indenização; o que não é possível é descontar no salário mínimo o que dele antes não se descontava; temos entendido que, se o empregador jamais pagou o salário mínimo, no momento em que, espontaneamente ou por sentença, curvar-se à lei, poderá computar o que comumente se diz "gratuito". A elevação do salário mínimo permite a variação proporcional dos valores vigentes (v. art. 458/1).

TST I – A habitação, a energia elétrica e veículo fornecidos pelo empregador ao empregado, quando indispensáveis para a realização do trabalho, não têm natureza salarial, ainda que, no caso de veículo, seja ele utilizado pelo empregado também em atividades particulares. II – O cigarro não se considera salário-utilidade em face de sua nocividade à saúde (TST – Súmula 367, conversão das Orientações Jurisprudenciais SDI-1 24, 131 e 246).

TST Os percentuais fixados em lei relativos ao salário "in natura" apenas se referem às hipóteses em que o empregado percebe salário mínimo, apurando-se, nas demais, o real valor da utilidade (TST – Súmula 258).

Utilidade fornecida como fator de realização de tarefa para, e não pela tarefa – não é pagamento de salário *in natura* (TST, RR 487/79, Coqueijo Costa, Ac. 3ª T. 1.352/79).

O art. 458, da Consolidação das Leis do Trabalho, estabelece que as prestações *in natura* estão compreendidas no salário que a empresa, por força do contrato ou do costume, fornece habitualmente ao empregado, sendo que a Orientação Jurisprudencial n. 131, da SDI, prevê a possibilidade da não integração de tais vantagens, desde que demonstrada a sua indispensabilidade para o trabalho, e o § 2º do citado dispositivo celetário exclui da qualidade de salário "os vestuários, equipamentos e outros acessórios fornecidos ao empregado e utilizados no local de trabalho, para a prestação dos respectivos serviços". Tem-se que não sendo as passagens fornecidas pela Reclamada destinadas à execução dos serviços da empresa, mormente quando também fornecidas para os familiares do empregado, constata-se que a sua concessão ocorria pelo trabalho, o que implica no reconhecimento da natureza salarial do benefício (TST, E-RR 750.195/2001.1, Carlos Alberto Reis de Paula).

2 *Habitação.* A entrega de imóvel ao empregado, como vantagem decorrente do trabalho que presta, não se confunde com a de locação de casa; na primeira hipótese, há um só contrato e o imóvel constitui salário *in natura*; na segunda, há dois contratos autônomos entre as mesmas partes: o de trabalho e o de locação; qualquer um destes pode prosseguir após o distrato do outro. Quando certo imóvel está localizado onde facilita o exercício da atividade profissional costuma-se afirmar que aquele não deve computar-se como salário; nem sempre essa conclusão corresponde à melhor política social e de estímulo ao fornecimento de habitação pelos empregadores; são hipóteses diferentes a de fornecimento de ferramentas para o trabalho (quando o empregado nenhuma despesa sua obrigatória economiza) e a de habitação, mesmo quando esta lhe facilite o trabalho e daí decorra vantagem indireta para a empresa.

TST I – A habitação, a energia elétrica e veículo fornecidos pelo empregador ao empregado, quando indispensáveis para a realização do trabalho, não têm natureza salarial, ainda que, no caso de veículo, seja ele utilizado pelo empregado também em atividades particulares. II – O cigarro não se considera salário-utilidade em face de sua nocividade à saúde (TST – Súmula 367, conversão das Orientações Jurisprudenciais SDI-1 24, 131 e 246).

3 *Alimentação.* Se preparada e custeada pelo empregador no próprio estabelecimento não poderá exceder a 25% do salário mínimo (L. 3.030/56, em apêndice); mesmo assim, quando o empregado toma todas as refeições da jornada. O desjejum, almoço, lanche e jantar têm percentagens fixadas na Port. 19/52 (respectivamente, para São Paulo, 4, 18, 4 e 17%; Estado do Rio de Janeiro, 5, 20, 5 e 20%); essa proporção, entretanto, deverá ser relativamente adaptada ao que determina a lei acima mencionada e ao número de refeições efetivamente consumidas. O Programa de Alimentação ao Trabalhador (PAT) permite a dedução do imposto de renda e não se inclui como salário de contribuição previdenciária (L. 6.321/76), não tendo natureza salarial ou tributável (D. 5/91 e 349/91); também possibilita a extensão do benefício aos empregados dispensados na suspensão do contrato no período de transição até nova colocação, com o limite de 6 meses (L. 6.321/76, red. MP 2.164-41/01); há requisitos para adesão (Port. Interminist. MTPS/MEFP/MS 1/92). Quando o auxílio-alimentação era pago habitualmente ao empregado, antes da adesão do empregador ao PAT, este continua com a mesma natureza salarial da referida parcela. A *cesta básica* possuirá natureza salarial salvo se decorrer de norma coletiva que disponha diferentemente ou se foi incluída pelo empregador no citado Plano de Alimentação ao Trabalhador.

TST O vale para refeição, fornecido por força do contrato de trabalho, tem caráter salarial, integrando a remuneração do empregado, para todos os efeitos legais (TST – Súmula 241).

SDI A pactuação em norma coletiva conferindo caráter indenizatório à verba "auxílio-alimentação" ou a adesão posterior do empregador ao Programa de Alimentação do Trabalhador – PAT – não altera a natureza salarial da parcela, instituída anteriormente, para aqueles empregados que, habitualmente, já percebiam o benefício, a teor das Súmulas n. 51, I, e 241 do TST (TST, SDI-1, Orientação Jurisprudencial 413).

SDI A ajuda-alimentação fornecida por empresa participante do Programa de Alimentação ao Trabalhador, instituído pela Lei 6.321/76, não tem caráter salarial. Portanto, não integra o salário para nenhum efeito legal (TST, SDI-1, Orientação Jurisprudencial 133).

Não se vislumbra ofensa direta e literal ao art. 22 da Lei 8.460/92, pois o Tribunal Regional fundamentou sua decisão justamente nesse artigo, o qual veda a cumulação do auxílio-alimentação com outros de espécie semelhante. No presente caso, o Tribunal Regional registrou que a reclamante recebia a alimentação *in natura*, sendo, portanto, indevido outro pagamento do mesmo título, sob pena de se configurar *bis in idem* (TST, RR 66400-58.2006.5.10.0009, João Batista Brito Pereira).

Conforme entendimento desta Corte, tem natureza jurídica salarial o auxílio-alimentação pago aos empregados da Copel, ainda que mediante fundação de previdência privada, considerando que a parcela é fornecida por força do contrato de trabalho. Precedentes (TST, RR 7000-48.2007.5.09.0093, Dora Maria da Costa).

O art. 6º do D. 5/91, que regulamenta a L. 6.321/76, instituidora do programa de alimentação ao trabalhador, é expresso ao afastar a natureza salarial da alimentação *in natura* fornecida pelo Empregador (TST, RR 167.605/95.4, Rider Nogueira de Brito, Ac. 2ª T. 5.210/96).

4 *Transporte.* O transporte necessário para a realização de um serviço não é salário em algumas situações; por exemplo, dentro do imóvel agrícola ou no caso de cobrador para seus recebimentos ou visitas a fregueses; quando se trata de transporte ao local de trabalho, em que o empregado economiza o valor das passagens ou lhe evita uma grande caminhada de madrugada (rurícolas) ou necessitar o uso de bicicleta, poderá ser cobrado, desde que o seja a partir da contratação inicial; entretanto, não o poderá ser se a distância for excessiva ou em lugar de difícil acesso, carente de transporte público regular, onde o empregado só poderá trabalhar se lhe forem propiciados os meios. Horas *in itinere* (art. 59/9). Já no caso de utilidade, seu real valor deve se ater a critérios objetivos, por exemplo, 1/60 do valor do veículo, limitado a 60 meses, com base no sistema de *leasing*. Não pode ser avaliado pelos custos habituais da clientela *rent a car*.

Malgrado se reconheça, no âmbito desta colenda Corte Superior, que os trabalhadores avulsos têm direito à percepção do vale-transporte – com espeque no disposto no artigo 7º, XXXIV, da Constituição Federal –, incumbe ao reclamante demonstrar que satisfaz os requisitos legais necessários à obtenção do referido direito, ou seja, a declaração, por escrito, ao empregador, de seu endereço residencial e dos serviços e meios de transporte mais adequados ao seu deslocamento até o local de trabalho, bem como ao retorno à sua residência. Decisão em conformidade com a Orientação Jurisprudencial n. 215 da SBDI-1 (TST, RR 195700-42.2006.5.02.0447, Guilherme Caputo Bastos).

Na espécie, o Regional deixou assentado que o carro fornecido pela empresa não se limitava à execução do trabalho, mas igualmente era utilizado para fins particulares. O entendimento daquela Corte é conflitante com o teor da Súmula 367, I, do TST, o qual não considera salário *in natura*, não integrando, portanto, o salário do empregado, o fornecimento de veículo pelo empregador para uso em serviço, ainda que utilizado para fins particulares. Recurso de revista conhecido e provido, no particular (TST, RR 811/1999-004-17-00, Dora Maria da Costa, *DEJT*, 7.8.09).

Ficou claro, no presente caso, que o fornecimento do veículo não estava vinculado somente à execução do contrato de trabalho do reclamante, já que a utilização do veículo se estendia também aos finais de semana. Dessa forma, resta repelida a natureza de "instrumento de trabalho" (art. 458, § 2º, da CLT), passando a se integrar ao salário como parcela *in natura* (art. 458, *caput*, da CLT) (TST, ED-RR 265.789/96.2, Galba Velloso, Ac. 4ª T. 5.502/96).

O automóvel usado como salário-utilidade não pode ser avaliado pelos custos habituais da clientela "rent a car". A moderação tem que afastar o valor da manutenção do bem, sua depreciação, os custos operacionais e os lucros característicos das locadoras (Proc. TRT/SP 22.825/96, Valentin Carrion, Ac. 9ª T. 45.413/97).

Não integra o salário verba paga a título de quilometragem, mesmo que mensalmente, eis que seu objeto é ressarcir despesas de veículo do empregado na execução de seu serviço, e não um pagamento pelo serviço prestado tendo, portanto, a parcela, natureza meramente indenizatória (TST, RR 264.126/96.3, Carlos Alberto Reis de Paula, Ac. 3ª T.).

5 *O vale-transporte* cobre as despesas do percurso da residência ao local de trabalho e vice-versa, não para ida e volta para a refeição, v. Precedente Administrativo 80 MTE/SIT, em apêndice. O empregador antecipa sua aquisição e custeia percentagem elevada (L. 7.418/85 e D. 95.247/87, ambos em apêndice). O custeio pode ser total, em virtude de convenção ou acordo coletivos. O instituto não tem natureza salarial, não se incorpora à remuneração, não sofre incidência previdenciária ou do FGTS, não se configura rendimento tributável, e tampouco é considerado para efeito de pagamento do 13º salário. O D. 95.247/87 criou esse requisito não previsto na lei, mas o empregador não se exime da obrigação só pela alegação de omissão das informações; pesa sobre ele o dever didático de minorar as carências do trabalhador, que no transporte despende alto percentual dos ganhos. Ressalva-se o direito adquirido do trabalhador, anterior à lei, e não se permite a cumulação de vantagens. É do empregador o ônus da prova de comprovar que o empregado não quer ou não pode fazer uso do mesmo (TST, Súmula 460).

TST É do empregador o ônus de comprovar que o empregado não satisfaz os requisitos indispensáveis para a concessão do vale-transporte ou não pretenda fazer uso do benefício (TST – Súmula 460, Res. 209/16).

SDI Aos servidores públicos celetistas é devido o vale-transporte, instituído pela Lei 7.418/85, de 16 de dezembro de 1985 (TST, SDI-1, Orientação Jurisprudencial 216, Res. TST 129/05).

SDI CANCELADA – É do empregado o ônus de comprovar que satisfaz os requisitos indispensáveis à obtenção do vale-transporte (TST, SDI-1, Orientação Jurisprudencial 215, cancelada TST Res. 175/11).

Salário-utilidade. Vale-transporte. O decreto (e não a lei) inovou criando o requisito de que o empregado preste informações. O empregador não se exime da obrigação só pela alegação de omissão das informações, pesa sobre ele o dever didático de minorar as carências do trabalhador, que no transporte despende alto percentual dos seus ganhos. Somente a prova de que o empregado desatendeu o pedido de informações libera o empregador (Proc. TRT/SP 21.397/97, Valentin Carrion, Ac. 9ª T. 17.897/98).

O Decreto n. 95.247/84, que regulamenta as Leis ns. 7.418 e 7.619/87 (vale-transporte), deixa expresso que, para fazer jus ao exercício do direito ali previsto, deverá o empregado informar por escrito seu endereço residencial e os serviços e meios de transportes mais adequados ao seu deslocamento (TST, RR 267.220/96.6, Cnéa Cimini Moreira de Oliveira, Ac. 4ª T.).

De acordo com as Leis ns. 7.418/85 e 7.619/87, o vale-transporte constitui direito do empregado e não mera faculdade conferida ao empregador. Nos termos do Decreto n. 95.247/87, que regulamentou os referidos diplomas legais, para o exercício do direito de receber o vale-transporte, o empregado deverá informar ao empregador, por escrito, o seu endereço residencial e os serviços e meios de transporte mais adequados ao seu deslocamento residência-trabalho e vice-versa (art. 7º). A percepção do benefício, portanto, fica condicionada ao atendimento do requisito acima. Nesse contexto, na qualidade de fato constitutivo do direito, o ônus de provar o preenchimento dos referidos pressupostos recai, indubitavelmente, sobre o empregado, não sendo juridicamente razoável exigir-se do empregador a produção de prova negativa, de dificílima ou impossível realização. Esse é, inclusive, o entendimento da e. SDI desta Corte, conforme a Orientação Jurisprudencial n. 215 (AG-RR-468.024/98, Milton de Moura França – TST).

6 *Mínimo de 30%* em dinheiro: mesmo que o valor efetivo das utilidades supere a quantia do salário mínimo fixado.

TST Os percentuais fixados em lei relativos ao salário "in natura" apenas se referem às hipóteses em que o empregado percebe salário mínimo, apurando-se, nas demais, o real valor da utilidade (TST – Súmula 258).

7 *Rural.* A lei exige autorização prévia para pagamento *in natura* (L. 5.889/73, em apêndice); entende-se que tal autorização poderá ser verbal, posto que o próprio contrato assim é aceito. Habitação é computável até 20% do salário mínimo; a condição do revogado Estatuto do Trabalhador Rural, no sentido de ser higiênica e salubre, permanece, apesar de não ter sido repetida pela nova lei, por motivos óbvios; impõe-se o requisito de que a construção propicie o combate a insetos e que haja instalação sanitária, mesmo que externa e rudimentar; o valor será rateado entre os vários assalariados que residirem na mesma moradia, vedada a coletiva para famílias; desocupação em 30 dias. Alimentação, computável até 25%, resguardados os preços da região. O contrato escrito, com testemunhas e notificação ao sindicato de trabalhadores, poderá prever que não integram o salário a moradia (e sua infraestrutura) e bens cedidos pelo empregador destinados à produção para subsistência do trabalhador e sua família (L. 5.889/73, art. 9º, § 5º, acrescido pela L. 9.300/96; v. Índ. Leg.).

A CLT permite pagamento de 1/3 em produtos obtidos pela exploração agrícola (art. 506); entendemos não ter sido revogado pelo estatuto, mas o permissivo só será possível se pactuado desde o início; ou, não o tendo sido, se apresente vantajoso para o empregado ou desde que o restante do salário seja pago em dinheiro, não havendo outras utilidades.

8 Comissão técnica para definir composição e revisão do salário mínimo (L. 8.222/91, v. Índ. Leg.).

Art. 83. É devido o salário mínimo ao trabalhador em domicílio, considerado este como o executado na habitação do empregado ou em oficina de família, por conta de empregador que o remunere.

1 *Trabalho em domicílio.* Na prática, o salário mínimo é horário e não diário; qualquer que seja a produção do empregado que trabalha em seu próprio domicílio, a tarifa atribuída por peça ou outra unidade de produção deve possibilitar ao empregado médio ganhar o mínimo legal ou profissional. Conceito e requisitos (v. coment. art. 6º).

Seção II
Das regiões e sub-regiões

Art. 84. (Rev. L. 13.467/17).

Art. 85. (Rev. L. 4.589/64).

Art. 86. (Rev. L. 13.467/17).

1 *Salário mínimo nacional.* Os arts. 84 e 86 já estavam revogados tacitamente com o cumprimento da L. 6.708/79, que previa a gradativa redução das regiões do salário mínimo. A CF/88 o prevê "nacionalmente unificado" (art. 7º, IV).

Seção III
Da constituição das Comissões

Arts. 87 a 100. (Rev. L. 4.589/64).

Seção IV
Das atribuições das Comissões de Salário Mínimo

Arts. 101 a 111. (Rev. L. 4.589/64).

Seção V
Da fixação do salário mínimo

Arts. 112 a 115. (Rev. L. 4.589/64).

Art. 116. (Artigo e parágrafo revogados tacitamente, CF, art. 7º, IV)[1].

1 *Vigência do salário mínimo.* O salário mínimo é fixado por lei (CF, art. 7º, IV). Política salarial (v. art. 457/13).

Seção VI
Disposições gerais

Art. 117. Será nulo de pleno direito, sujeitando o empregador às sanções do art. 121, qualquer contrato ou convenção que estipule remuneração inferior ao salário mínimo estabelecido na região em que tiver de ser cumprido.

Art. 118. O trabalhador a quem for pago salário inferior ao mínimo terá direito, não obstante qualquer contrato ou convenção em contrário, a reclamar do empregador o complemento de seu salário mínimo estabelecido na região em que tiver de ser cumprido.

1 *Nulidade do contrato,* como diz o art. 117, não se verifica; dá-se a validade de todas as cláusulas, com exceção das ilegais, no caso o salário mínimo vigente. O empregado pode rescindir o contrato, pelo não cumprimento das obrigações legais, exigindo indenizações devidas (art. 483). *Prescrição das parcelas* apenas, não do direito de pleitear o cumprimento da lei (art. 11). Nulidade que desvirtue, impeça ou fraude direito trabalhista (art. 9º). Prescrição de qualquer direito, mesmo denominado nulo (art. 11).

Art. 119. Prescreve em 2 anos a ação para reaver a diferença, contados, para cada pagamento, da data em que o mesmo tenha sido efetuado (obs.: 5 anos durante a vigência do contrato ou 2 após a dissolução do contrato, art. 7º, XXIX, da CF).

1 *Prescrição de diferenças de salário mínimo.* Pelo texto do art. 119 deve-se entender que o pagamento incompleto do salário mínimo interrompe a prescrição que já se havia iniciado, contando-se a partir dessa data por inteiro. Poderá causar perplexidade se, contrariamente, a remuneração dos meses que não tiveram qualquer parcela paga prescrever antes. Presunções fáticas tornam aceitável a vontade do texto mencionado; de qualquer modo, *legem habemus*; a CF/88 alterou apenas os prazos da preclusão temporal, nada dizendo sobre o preciso momento de seu nascimento, que continua a ser, de acordo com a doutrina consagrada, o primeiro em que a parte poderia exigir seu direito e permaneceu omissa; no direito laboral nacional, em geral para o mensalista é o quinto dia útil do mês subsequente ao vencido (CLT, art. 459, parágrafo único). Prescrição (art. 11 e notas).

Art. 120. Aquele que infringir qualquer dispositivo concernente ao salário mínimo será passível de multa de 3 a 120 valores de referência regionais[1], elevada ao dobro na reincidência.

Art. 121. (Rev. DL 229/67).

Arts. 122 e 123. (Rev. L. 4.589/64).

Art. 124. A aplicação dos preceitos deste capítulo não poderá, em caso algum, ser causa determinante da redução do salário.

Art. 125. (Rev. L. 4.589/64).

Art. 126. O Ministro do Trabalho expedirá as instruções necessárias à fiscalização do salário mínimo, podendo cometer essa fiscalização a qualquer dos órgãos componentes do respectivo Ministério, e, bem assim, aos fiscais do Instituto Nacional do Seguro Social, na forma da legislação em vigor.

Arts. 127 e 128. (Rev. DL 229/67).

1 Multas, valores atualizados (art. 626/3).

2 *Inspeção do trabalho* (art. 626 e segs.).

Capítulo IV
DAS FÉRIAS ANUAIS

Seção I
Do direito a férias e da sua duração

Art. 129. Todo empregado[3-4] terá direito anualmente ao gozo de um período de férias[1], sem prejuízo da remuneração[1].

1 *Férias anuais.* Diz a Constituição Federal de 1988:

Art. 7º São direitos dos trabalhadores... além de outros...

XVII – gozo de férias anuais remuneradas com, pelo menos, um terço a mais do que o salário normal.

O descanso anual remunerado é consagrado em todas as legislações por razões médicas, familiais e sociais. No Brasil é princípio constitucional e está previsto em Convenção Internacional da OIT (n. 52, D. 3.232/38; n. 132, D. 3.197/99). A redação da CLT, arts. 132 a 153, é do DL 1.535/77, à exceção dos arts. 144 (L. 9.528/97) e 153 (L. 7.855/89). Seu ordenamento básico consiste na extensão de 30 dias corridos, pagamento em dobro quando gozadas a destempo, fixação judicial perante a omissão, férias coletivas possíveis, direito de receber em dinheiro parte do período não gozado e, pela CF/88, pagamento de um terço a mais da remuneração normal.

2 *Direito intertemporal.* A lei nova, em matéria de férias, provoca a indagação de se há ou não direito adquirido por parte do empregador em conceder ou pagá-las de acordo com a lei anterior, sempre menos favorável ao trabalhador. O princípio jurídico universal é o da aplicação imediata da lei nova, que se presume superior à antiga, mas a lei não prejudicará o direito adquirido, o ato jurídico perfeito e a coisa julgada (CF/88, art. 5º, XXXVI). Cássio Mesquita Barros e Octavio Bueno Magano defendem com brilho o entendimento de que o direito a férias dos que já completaram o período aquisitivo pela lei velha está de acordo com o que esta determinava; assim concluem, distinguindo aquisição de direito e seu exercício, mencionando manifestação do STF em hipótese semelhante naquele sentido. Em sentido contrário, é de observar que o legislador, concedendo um direito para os contratos de trabalho em vigor e futuros, não está retroagindo os efeitos, mas estabelecendo como requisitos para sua configuração fatos e circunstâncias já ocorridas no momento da vigência da lei, o que é muito diferente; a lei não está distinguindo os trabalhadores que já deveriam ter usufruído o direito pela espécie antiga, mas não o fizeram, dos demais, que ainda irão adquirir o benefício. É como se o legislador dissesse: a partir de hoje quem gozar férias o fará desta forma. Contrariamente, a lei nova não se dirige aos contratos de trabalho já findos, mesmo que os direitos pecuniários não tenham sido satisfeitos.

■ Férias adquiridas no período anterior a outubro de 1988. Pagamento com o terço constitucional. A remuneração de férias somente é apurada por ocasião de sua concessão e pagamento. Portanto, independente do período aquisitivo das férias ter ocorrido antes da vigência da Constituição Federal de 1988, sendo o seu pagamento somente efetuado em período posterior deve englobar o terço constitucional (TRT/PR, RO 664/96, Juiz Carlos Buck, Ac. 4ª T. 13.720/96).

3 *"Todo empregado"*, diz o art. 129, aí incluído o tarefeiro, o pecista, o empreiteiro-empregado, o comissionista e aquele que trabalha em seu próprio domicílio. *Empregado doméstico* (art. 7º/2).

4 *Trabalhadores avulsos* (não se confundem com os eventuais): trabalham para diversas empresas, tendo seus serviços organizados em sindicato (art. 3º/6). Férias de professores (art. 322).

Art. 130. Após cada período de 12 meses de vigência[1] do contrato de trabalho, o empregado terá direito a férias, na seguinte proporção[2]:

I – 30 dias corridos, quando não houver faltado ao serviço mais de 5 vezes;

II – 24 dias corridos, quando houver tido de 6 a 14 faltas;

III – 18 dias corridos, quando houver tido de 15 a 23 faltas;

IV – 12 dias corridos, quando houver tido de 24 a 32 faltas.

§ 1º É vedado descontar, do período de férias, as faltas[2] do empregado ao serviço.

§ 2º O período das férias será computado, para todos os efeitos, como tempo de serviço.

Art. 130-A. (Rev. L. 13.467/17.)

Parágrafo único. (Rev. L. 13.467/17.)

1 É *a vigência* do contrato de trabalho que a lei coloca como requisito do direito, para sua referência anual, não o efetivo trabalho; por isso, computam-se na contagem os períodos de suspensão ou interrupção, como regra geral (v. arts. 131 a 133). Para períodos inferiores, v. arts. 140 (coletivas), 146 e 147 (proporcionais). Jornada a tempo parcial (art. 58-A, 1).

2 A extensão das férias: a) leva em conta não os dias à disposição, mas o menor ou maior número de faltas; quem tiver mais de 32 faltas injustificadas, pela própria lei (art. 130), não tem direito a férias; b) as férias normais são de 30 dias; c) trata-se de dias corridos (contando-se domingos e feriados), e não dias úteis.

O desconto de faltas é vedado. Aquelas, quando injustificadas, reduzem quantitativamente o período de descanso (art. 130), mas é proibida a permuta de faltas por dias de férias, ou seja, devem ser descontadas do período aquisitivo e não do período de gozo.

O período de férias gozado é considerado tempo de serviço, não o indenizado; aquele é hipótese de interrupção do contrato.

Empregado doméstico (art. 7º/3).

TST Se as faltas já são justificadas pela lei consideram-se como ausências legais e não serão descontadas para o cálculo do período de férias (TST – Súmula 89).

TST A indenização pelo não deferimento das férias no tempo oportuno será calculada com base na remuneração devida ao empregado na época da reclamação, ou, se for o caso, na da extinção do contrato (TST – Súmula 7).

O simples fato de haver o empregador aceito o empregado quando do retorno deste ao serviço, após permanecer ausente injustificadamente certo lapso de tempo, não importa em perdão tácito ou relevação das faltas para efeito de assegurar-lhe o direito às férias correspondentes ao respectivo período aquisitivo não completado (TST, RR 2.280/85, Vieira de Mello, Ac. 1ª T. 5.721/85).

Nos termos do art. 148 da CLT, somente na hipótese do art. 449 da CLT, ou seja, falência, concordata e dissolução da empresa, as férias devidas após o término da relação de emprego possuem natureza salarial. Vale dizer, nas demais hipóteses, sua natureza jurídica será eminentemente indenizatória, na medida em que o seu pagamento terá por finalidade a reparação de um dano sofrido pelo empregado. Neste contexto, considerando-se que o FGTS tem por base de cálculo, segundo o art. 15 da Lei n. 8.036/90, apenas verbas de índole salarial, não há como se cogitar de sua incidência sobre as férias pagas após a cessação do contrato de trabalho, ante o inequívoco caráter indenizatório inerente à parcela (TST, E-RR 246.850/96.3, Milton de Moura França, Ac. SBDI-1, 28.5.99).

Art. 131. Não será considerada falta ao serviço, para os efeitos do artigo anterior, a ausência do empregado:

I – nos casos referidos no art. 473;

II – durante o licenciamento compulsório da empregada por motivo de maternidade ou aborto, observados os requisitos para percepção do salário-maternidade custeado pela Previdência Social (red. L. 8.921/94);

III – por motivo de acidente do trabalho ou enfermidade atestada pelo Instituto Nacional do Seguro Social – INSS, excetuada a hipótese do inciso IV do art. 133 (red. L. 8.726/93);

IV – justificada pela empresa, entendendo-se como tal a que não tiver determinado o desconto do correspondente salário;

V – durante a suspensão preventiva para responder a inquérito administrativo ou de prisão preventiva, quando for impronunciado ou absolvido; e

VI – nos dias em que não tenha havido serviço, salvo na hipótese do inciso III do art. 133.

1 O acidente do trabalho impede aquisição de férias, a partir de 6 meses da suspensão de seu contrato. *Aborto criminoso*: Lei 8.921/94 (altera o inciso II do art. 131), ao se referir apenas ao "aborto", ofende a CF/88 e o Código Penal, e sequer atenta para o art. 395 da CLT (v. Washington Trindade, Rev. *Trabalho & Doutrina* 4/142).

TST Os dias de férias, gozadas após o período legal de concessão, deverão ser remunerados em dobro (TST – Súmula 81).

TST As faltas ou ausências decorrentes de acidente do trabalho não são consideradas para os efeitos de duração de férias e cálculo da gratificação natalina (TST – Súmula 46).

2 *Ausência justificada* pela empresa. Pago o salário pelo empregador, desaparecem os efeitos da ausência para fins de férias. Neste item hão de incluir-se as faltas "justificadas por lei" e que não estão expressamente relacionadas aqui (v. art. 471/3, onde se mencionam 18 faltas justificadas).

TST Se as faltas já são justificadas pela lei consideram-se como ausências legais e não serão descontadas para o cálculo do período de férias (TST – Súmula 89).

Art. 132. O tempo de trabalho anterior à apresentação do empregado para serviço militar obrigatório será computado no período aquisitivo, des-

de que ele compareça ao estabelecimento dentro de 90 dias da data em que se verificar a respectiva baixa.

1 *Serviço militar*. Apenas o obrigatório; o voluntário, não. O empregador poderá considerar rescindido o contrato de trabalho se não retornar nos 30 dias seguintes a seu licenciamento ou término do curso (v. art. 472/1). Mas se, por pacto com o empregador, for readmitido (não é só simples "comparecimento"), o período anterior retomará a contagem do período aquisitivo.

STF Para efeito de indenização e estabilidade, conta-se o tempo em que o empregado esteve afastado, em serviço militar, obrigatório, mesmo anteriormente à Lei n. 4.702, de 1º.6.62 (STF – Súmula 463).

Art. 133. Não terá direito a férias o empregado que, no curso do período aquisitivo:

I – deixar o emprego e não for readmitido dentro dos 60 dias subsequentes à sua saída;

II – permanecer em gozo de licença, com percepção de salários, por mais de 30 dias;

III – deixar de trabalhar, com percepção do salário, por mais de 30 dias em virtude de paralisação parcial ou total dos serviços da empresa; e

IV – tiver percebido da Previdência Social prestações de acidente de trabalho ou de auxílio-doença por mais de 6 meses, embora descontínuos.

§ 1º A interrupção da prestação de serviços deverá ser anotada na Carteira de Trabalho e Previdência Social.

§ 2º Iniciar-se-á o decurso de novo período aquisitivo quando o empregado, após o implemento de qualquer das condições previstas neste artigo, retornar ao serviço.

§ 3º Para os fins previstos no inciso III deste artigo a empresa comunicará ao órgão local do Ministério do Trabalho, com antecedência mínima de 15 dias, as datas de início e fim da paralisação total ou parcial dos serviços da empresa, e, em igual prazo, comunicará, nos mesmos termos, ao sindicato representativo da categoria profissional, bem como afixará avisos nos respectivos locais de trabalho (red. L. 9.016/95).

§ 4º (Vetado.)

1 *Não tem direito a férias*: não as alcança, mesmo proporcionais. Readmitido após 60 dias, perde o período aquisitivo anterior; antes de 60 dias, retoma-se a contagem, pois seria impossível considerar faltas até 60 dias se, a partir de 32, perde-se o direito. Licença ou paralisação dos serviços por mais de 30 dias: têm de ser contínuos, pois só no inciso IV é que se utilizou "embora descontínuos"; a doutrina referente ao texto anterior já era pacífica. Prestações da Previdência Social; só os períodos a elas correspondentes; assim, não se contam os primeiros 15 dias, pagos pelo empregador. Portanto, as suspensões do contrato de trabalho em razão de doença ou acidente do trabalho não reduzem a duração das férias,

salvo se a soma dos períodos pagos pela Previdência Social ultrapassar 6 meses; nessa hipótese inexiste qualquer direito.

Se o empregado fica afastado por mais de seis meses, perde o direito às férias no ano de aquisição correspondente (TST, RR 5.369/85, Marcelo Pimentel, Ac. 2ª T. 919/86).

Férias. Campanha eleitoral. O art. 10 da L. 6.978/82 não afasta a aplicabilidade do art. 133, I, da CLT quando o afastamento do empregado, em virtude de campanha eleitoral, atinge período superior a 30 dias remunerados (TST, RR 3.371/86, Mendes Cavaleiro, Ac. 3ª T. 5.127/86).

Licença. Direito às férias. O fato de haver sido concedida licença remunerada superior a 30 (trinta) dias, impossibilitando o direito do empregado ao gozo de férias posteriores, não afasta o direito ao recebimento do adicional de 1/3 (um terço), previsto na CF (TST, RR 167.507/95.3, Antonio Maria Thaumaturgo Cortizo, Ac. 5ª T. 7.577/95).

2 *Anotação em carteira*: sua omissão não retira efeito jurídico à concessão de férias, constituindo mera irregularidade.

Seção II
Da concessão e da época das férias

Art. 134. As férias serão concedidas por ato do empregador, em um só período, nos 12 meses subsequentes à data em que o empregado tiver adquirido o direito.

§ 1º Desde que haja concordância do empregado, as férias poderão ser usufruídas em até três períodos, sendo que um deles não poderá ser inferior a quatorze dias corridos e os demais não poderão ser inferiores a cinco dias corridos, cada um. (Red. L. 13.467/17).

§ 2º (Rev. L. 13.467/17).

§ 3º É vedado o início das férias no período de dois dias que antecede feriado ou dia de repouso semanal remunerado. (Red. L. 13.467/17).

1 A *concessão* de férias é ato exclusivo do empregador; independe de pedido ou concordância do empregado. Devem ser concedidas nos 12 meses que se seguem a sua aquisição. As férias poderão ser divididas em três períodos (anteriormente o art. 134, § 1º, permitia sua divisão em dois períodos em casos excepcionais), sendo que um deles não poderá ser menor que 14 dias corridos e os demais menores de 5 dias corridos. As férias não poderão iniciar dois dias antes do DSR e/ou feriados, caso assim fosse o empregado não tiraria férias.

Art. 135. A concessão das férias será participada, por escrito, ao em-

pregado, com antecedência de, no mínimo, 30 dias. Dessa participação o interessado dará recibo (red. L. 7.414/85).

§ 1º O empregado não poderá entrar no gozo das férias sem que apresente ao empregador sua Carteira de Trabalho e Previdência Social, para que nela seja anotada a respectiva concessão.

§ 2º A concessão das férias será, igualmente, anotada no livro ou nas fichas de registro dos empregados.

1 *Aviso de 30 dias*; para que o empregado possa planejar e preparar suas férias; se o empregador alterar unilateralmente a concessão, sem motivo grave, o empregado poderá gozá-las sem configurar-se a indisciplina (Amaro Barreto).

2 *Registro* na carteira e livro ou ficha: para facilitar a prova de sua concessão e época; não é formalidade essencial, cuja omissão prive de eficácia o ato, mas, como se disse, *ad probationem*; há presunção enquanto não destruída.

3 *Microempresa e empresa de pequeno porte* (v. art. 2º/17). Dispensadas das comunicações das anotações do art. 135, § 2º (LC 123/06, art. 51, II).

Art. 136. A época da concessão[1] das férias será a que melhor consulte os interesses do empregador.

§ 1º Os membros de uma família[2], que trabalharem no mesmo estabelecimento ou empresa, terão direito a gozar férias no mesmo período, se assim o desejarem e se disto não resultar prejuízo para o serviço.

§ 2º O empregado estudante, menor de 18 anos, terá direito a fazer coincidir suas férias com as férias escolares.

1 *Época de concessão*: está subordinada à vontade do empregador, que, entretanto, deverá consultar o empregado ou seu representante. A fixação da data deve considerar as necessidades do trabalho e as possibilidades de repouso e diversão ao alcance do empregado (Convenção OIT 132, D. 3.197/99). O trabalhador não pode gozar as férias à revelia da empresa, mesmo que esteja para findar-se o prazo fixado por lei; há sanção prevista expressamente (art. 137), sem deixar de configurar a violação das obrigações do empregador (art. 483).

2 *Férias familiais*: a norma não permite execução, em face da ambiguidade dos requisitos que a condicionam. O mesmo não acontece com a determinação de coincidência das férias escolares do menor com as férias empregatícias; entretanto, tampouco há sanção específica, além das genéricas, inclusive a do art. 483.

Art. 137. Sempre que as férias forem concedidas após o prazo de que trata o art. 134, o empregador pagará em dobro[1] a respectiva remuneração.

§ 1º Vencido o mencionado prazo sem que o empregador tenha concedido as férias, o empregado poderá ajuizar reclamação pedindo a fixação, por sentença, da época de gozo das mesmas.

§ 2º A sentença[2] cominará pena diária de 5% do salário mínimo da região, devida ao empregado até que seja cumprida.

§ 3º Cópia da decisão judicial transitada em julgado será remetida ao órgão local do Ministério do Trabalho, para fins de aplicação da multa de caráter administrativo.

1 *Pagamento em dobro* como sanção expressa tem a finalidade de desencorajar a violação do instituto. Pagas, a destempo, de forma simples, poderá o empregado posteriormente exigir a diferença. Se trabalhadas, com pagamento dos salários a mais, oportunamente: recebe a dobra. Isto porque não foi atendida a finalidade do instituto, que é o descanso anual. A realidade, com frequência, dá notícia de trabalhadores que pleiteiam continuar a trabalhar, recebendo em dobro; melhor que, por necessidade, "fazer bicos" em outras atividades para reforçar o seu ganho. Daí a existência de jurisprudência conflitante. As gozadas parcialmente a destempo devem ser pagas em dobro, na mesma proporção. A CF premia com o terço o gozo das férias. Objetiva proporcionar ganho extra destinado ao lazer. A dobra é pena pela omissão na concessão. Assim, não incide sobre o *plus* porque incompatível. Surge agora uma nova punição não pelo gozo das férias, fora do período concessivo, mas pelo pagamento fora do prazo estabelecido no art. 145 (até dois dias do início das férias); a dobra aqui inclui também o terço constitucional (TST, Súmula 450) (v. art. 145/01).

Não incide a previdência sobre o pagamento em dobro das férias (L. 8.212/91, art. 28, § 9º, *d*, red. L. 9.528/97).

TST É devido o pagamento em dobro da remuneração de férias, incluído o terço constitucional, com base no art. 137 da CLT, quando, ainda que gozadas na época própria, o empregador tenha descumprido o prazo previsto no art. 145 do mesmo diploma legal (TST – Súmula 450, Conversão da Orientação Jurisprudencial 386 da SBDI-1, Res. 194/14).

TST Os dias de férias, gozadas após o período legal de concessão, deverão ser remunerados em dobro (TST – Súmula 81).

TST A indenização pelo não deferimento das férias no tempo oportuno será calculada com base na remuneração devida ao empregado à época da reclamação ou, se for o caso, na da extinção do contrato (TST – Súmula 7).

SDI CANCELADA – É devido o pagamento em dobro da remuneração de férias, incluído o terço constitucional, com base no art. 137 da CLT, quando, ainda que gozadas na época própria, o empregador tenha descumprido o prazo previsto no art. 145 do mesmo diploma legal (TST, SDI-1, Orientação Jurisprudencial 386, convertida na Súmula 450, Res. 194/14).

■ Férias indenizadas. Impossibilidade de cômputo no tempo de serviço. As férias não gozadas não podem ser intercaladas no período em que deveriam ter sido concedidas por inexistência de espaço para outro tempo além daquele compreendido pelo calendário. Não sendo contempladas, outrossim, com outras preocupações que não a indenizatória (TST, RR 8.291/90.8, Manoel de Freitas, Ac. 3ª T. 4.010/91).

■ A condenação à dobra das férias é cabível quando a concessão de descanso ocorrer fora do prazo de que trata o art. 134 da CLT, conforme a exegese do art. 137, do mesmo diploma legal. O texto da lei não faz referência a quando se aplica a sanção, se na vigência do contrato de trabalho ou se após sua rescisão. Deve pois, a lei, ser aplicada em ambas as situações, sob pena de a intérprete extrapolar os limites da norma (TST, RR 35.338/91.6, Wagner Pimenta, Ac. 5ª T. 2.135/93).

■ Férias não gozadas. Já tendo a reclamada remunerado as férias de forma simples é devido apenas o novo pagamento (TST, RR 175.506/95.0, Armando de Brito, Ac. 5ª T. 1.210/96).

■ As férias são um direito irrenunciável do trabalhador, e, portanto, se elas foram pagas em dinheiro e não foram gozadas, o empregador se sujeita à dobra prevista no art. 137 da CLT (TST, RR 261.466/96.0, Ângelo Mário de Carvalho e Silva, Ac. 2ª T.).

2 *A fixação por sentença* prevista peca por insuficiência normativa. Havendo recurso contra o julgado que acolha o pedido, será inexequível quanto à data fixada e quanto à multa. É verdade que a propositura da ação já tem efeitos benéficos, pelas possibilidades práticas de satisfação da pretensão, após julgamento ou na fase conciliatória; sem se excluir que a ação, tendo por pedido a simples fixação de data (e não o pagamento), poderá comportar alçada exclusiva da primeira instância, irrecorrível. O legislador deveria tê-lo dito.

Art. 138. Durante as férias, o empregado não poderá prestar serviços a outro empregador, salvo se estiver obrigado a fazê-lo em virtude de contrato de trabalho regularmente mantido com aquele.

1 *Proibição de trabalho.* A intenção do legislador teria sido, presume-se, estimular o descanso do empregado, para seu bem-estar físico e mental; este desejo se concretiza com a melhora do nível de vida; não é resultado de normas legais. A proibição carece de sanção expressa e é de discutível constitucionalidade por ferir a liberdade da pessoa.

Seção III
Das férias coletivas

Art. 139. Poderão ser concedidas férias coletivas a todos os empregados de uma empresa ou de determinados estabelecimentos ou setores da empresa.

§ 1º As férias poderão ser gozadas em dois períodos anuais[3] desde que nenhum deles seja inferior a 10 dias corridos.

§ 2º Para os fins previstos neste artigo, o empregador comunicará[1] ao órgão local do Ministério do Trabalho, com a antecedência mínima de 15 dias, as datas de início e fim das férias, precisando quais os estabelecimentos ou setores abrangidos pela medida.

§ 3º Em igual prazo, o empregador enviará cópia da aludida comunicação aos sindicatos representativos da respectiva categoria profissional, e providenciará a afixação de aviso nos locais de trabalho.

Art. 140. Os empregados contratados há menos de 12 meses[2] gozarão, na oportunidade, férias proporcionais, iniciando-se, então, novo período aquisitivo.

Art. 141. Quando o número de empregados contemplados com as férias coletivas for superior a 300, a empresa poderá promover, mediante carimbo, anotações de que trata o art. 135, § 1º.

§ 1º O carimbo, cujo modelo será aprovado pelo Ministério do Trabalho, dispensará a referência ao período aquisitivo a que correspondem, para cada empregado, as férias concedidas.

§ 2º Adotado o procedimento indicado neste artigo, caberá à empresa fornecer ao empregado cópia visada do recibo correspondente à quitação mencionada no parágrafo único do art. 145.

§ 3º Quando da cessação do contrato de trabalho, o empregador anotará na Carteira de Trabalho e Previdência Social as datas dos períodos aquisitivos correspondentes às férias coletivas gozadas pelo empregado.

1 *Concessão de férias coletivas.* Incumbe exclusivamente à livre vontade do empregador o momento, a abrangência (todas as seções da empresa ou não) e até o fracionamento; para a bipartição das férias individuais torna-se necessária a existência de "casos excepcionais" (art. 134, § 1º), com a exigência de que um dos períodos não seja inferior a 10 dias; aqui se reproduz a exigência parcialmente ("nenhum deles será inferior a 10 dias"), mas não se faz menção a "casos excepcionais".

O § 1º nenhum outro requisito para sua adoção menciona; apenas *poderão*.

■ Férias coletivas. Pretensão do empregador de descontar quando da rescisão contratual, dias de férias coletivas ao fundamento de que o empregado faltou ao serviço no período aquisitivo. Não apontada nenhuma violação legal. Divergência jurisprudencial inespecífica à espécie (TST, RR 702/85.2, Guimarães Falcão, Ac. 3ª T. 4.421/85).

2 *Empregados com menos de 12 meses.* Receberão férias proporcionais, sendo permitida sua convocação para executar trabalhos na empresa nos demais dias. Se não o forem, serão considerados em licença remunerada; ilegal qualquer vale ou compromisso que venham a aceitar tais empregados no sentido de devolverem o recebido a mais ou compensarem o trabalho não executado; tal renúncia salarial é nula. Não querendo ou não podendo a empresa convocar o empregado sem pe-

ríodo aquisitivo completo para trabalhar na época de férias coletivas, poderá considerá-las como concessão antecipada, desde que o faça constar expressamente por escrito; não há violação de qualquer norma protetora; ao contrário, representa risco para a empresa, que se traduz em vantagem pessoal para o operário, perante o eventual abandono, pedido de demissão, justa causa, falecimento, acidente etc. Abono de férias coletivas (art. 143).

3 Menores de 18 e maiores de 50 anos, fracionamento impossível (art. 134). Menor estudante (art. 136). Magano discorda das restrições quanto às férias coletivas fracionadas dos maiores de 50 anos e menores de 18 (*Manual*, v. 4).

Seção IV
Da remuneração e do abono de férias

Art. 142. O empregado perceberá, durante as férias, a remuneração que lhe for devida na data da sua concessão[1] (obs.: e um terço a mais, CF/88, art. 7º, XVII).

§ 1º Quando o salário for pago por hora, com jornadas variáveis, apurar-se-á a média do período aquisitivo, aplicando-se o valor do salário na data da concessão das férias.

§ 2º Quando o salário for pago por tarefa, tomar-se-á por base a média da produção no período aquisitivo do direito a férias, aplicando-se o valor da remuneração da tarefa na data da concessão das férias.

§ 3º Quando o salário for pago por percentagem, comissão ou viagem, apurar-se-á a média percebida pelo empregado nos 12 meses que precederem a concessão das férias.

§ 4º A parte do salário paga em utilidades[3] **será computada de acordo com a anotação na Carteira de Trabalho e Previdência Social.**

§ 5º Os adicionais por trabalho extraordinário[2]**, noturno, insalubre ou perigoso serão computados no salário que servirá de base ao cálculo da remuneração das férias.**

§ 6º Se, no momento das férias, o empregado não estiver percebendo o mesmo adicional do período aquisitivo, ou quando o valor deste não tiver sido uniforme, será computada a média duodecimal recebida naquele período, após a atualização das importâncias pagas, mediante incidência dos percentuais dos reajustamentos salariais supervenientes.

1 *Remuneração.* Diz a Constituição Federal de 1988:

Art. 7º São direitos dos trabalhadores... além de outros...

XVII – gozo de férias anuais remuneradas com, pelo menos, um terço a mais do que o salário normal.

A remuneração *normal*, que compõe a parcela básica e a terça parte que se lhe acresce (não cumulativo com abono instituído por instrumento normativo), inclui o salário pago diretamente pelo empregador e a média das gorjetas indiretas ou as pagas pelos clientes (art. 457). Na data de sua concessão, diz a lei, o princípio basilar das férias é que o empregado não pode receber menos que receberia se estivesse trabalhando; se está previsto aumento normativo, salarial mínimo ou contratual etc. para a data de início das férias ou para outra incluída no seu curso, a remuneração deve atender a esta circunstância e não à data da concessão (v. art. 457/13).

TST O pagamento das férias, integrais ou proporcionais, gozadas ou não, na vigência da CF/88, sujeita-se ao acréscimo do terço previsto no respectivo art. 7º, inciso XVII (TST – Súmula 328).

TST A gratificação semestral não repercute no cálculo das horas extras, das férias e do aviso prévio, ainda que indenizados. Repercute, contudo, pelo seu duodécimo na indenização por antiguidade e na gratificação natalina (TST – Súmula 253).

TST A indenização pelo não deferimento das férias no tempo oportuno será calculada com base na remuneração devida ao empregado à época da reclamação, ou, se for o caso, na da extinção do contrato (TST – Súmula 7).

SDI O abono de férias decorrente de instrumento normativo e o abono de 1/3 (um terço) previsto no art. 7º, XVII, da CF/88 têm idêntica natureza jurídica, destinação e finalidade, constituindo-se *bis in idem* seu pagamento simultâneo, sendo legítimo o direito do empregador de obter compensação de valores porventura pagos (TST, SDI-1 Orientação Jurisprudencial Transitória 50, conversão da Orientação Jurisprudencial SDI-1 231).

Horas extras. Integração nas demais verbas. As horas extras não habituais devem integrar a remuneração das férias porque a norma legal (CLT, art. 142, § 1º), ao referir-se às "jornadas variáveis", prevê, quanto às férias, a apuração da média, o que está longe da exigência de habitualidade; essa lógica também é a que melhor completa o princípio geral de que, sempre que possível, o empregado receberá durante as férias a mesma remuneração do período aquisitivo (TRT/SP, RO 1.394/87, Valentin Carrion, Ac. 8ª T.).

O art. 142 da CLT concede ao empregado o direito de usufruir as férias, percebendo a remuneração que lhe for devida na data de sua concessão. Trata-se de um procedimento a ser observado, que tem por parâmetro a data da concessão e não a do período aquisitivo, que se sintoniza com o princípio da aplicação da norma mais benéfica (TST, RR 52.879/92.4, José Francisco da Silva, Ac. 2ª T. 414/93).

Conforme disposto no art. 142, § 2º, da CLT, o critério de apuração das diferenças de férias devidas ao empregado deve ser calculado com base nos últimos doze meses. O mesmo se diga em relação às diferenças de 13º salários, pois o § 1º do art. 1º da L. 4.090/63 estabelece que o cálculo corresponderá a 1/12 da remuneração devida em dezembro e, em sendo assim, as diferenças devidas deverão ser calculadas com base nos últimos doze meses e não como resolvido no *decisum* (TST, RR 139.385/94.6, Wagner Pimenta, Ac. 5ª T. 4.322/96).

2 *Adicionais*: computam-se sempre, mesmo não habituais, na proporção de sua influência no salário anual do empregado; essa é a intenção da norma (§§ 3º e 6º).

O pagamento das férias, integrais ou proporcionais, gozadas ou não, na vigência da Constituição da República de 1988, sujeita-se ao acréscimo do terço previsto em seu artigo 7º, inciso XVII (TST, E-RR 57.436/92.4, Armando de Brito, Ac. SDI 3.365/96).

3 *Utilidades.* Não se computam as que o empregado continue a usufruir durante as férias (habitação ou outras).

TST A remuneração das férias de tarefeiro deve ser calculada com base na da produção do período aquisitivo, aplicando-se-lhe a tarifa da data da concessão (TST – Súmula 149).

Art. 143. É facultado ao empregado converter 1/3 do período[1] de férias a que tiver direito em abono pecuniário, no valor da remuneração que lhe seria devida nos dias correspondentes.

§ 1º O abono de férias deverá ser requerido até 15 dias antes do término do período aquisitivo.

§ 2º Tratando-se de férias coletivas[2], a conversão a que se refere este artigo deverá ser objeto de acordo coletivo entre o empregador e o sindicato representativo da respectiva categoria profissional, independendo de requerimento individual a concessão do abono.

§ 3º (Rev. L 13.467/17).

Art. 144. O abono de férias de que trata o artigo anterior, bem como o concedido em virtude de cláusula do contrato de trabalho, do regulamento da empresa, de convenção ou acordo coletivo, desde que não excedente de vinte dias de salário[3], não integrarão a remuneração do empregado para os efeitos da legislação do trabalho (red. L. 9.528/97).

1 *Conversão parcial em dinheiro.* Diz a Constituição Federal de 1988:

Art. 7º São direitos dos trabalhadores... além de outros...

XVII – gozo de férias anuais remuneradas com, pelo menos, um terço a mais do que o salário normal.

A expressão "gozo de férias" poderia levar a acreditar que o legislador constituinte desejou proibir ao empregado converter uma parte do descanso anual em dinheiro. Tal entendimento, para ser adotado, quebrando o já aceito, necessitaria de um comando mais explícito e indubitável; em primeiro lugar, porque tal expressão vinha sendo usada em sentido amplo (art. 129, *caput*), mesmo quanto às férias depois que a lei já previa a possibilidade de conversão. Apesar de no vernáculo poder-se distinguir gozar férias de recebê-las em dinheiro, certos direitos também se gozam ou usufruem em valor pecuniário ("os diplomatas gozam de uma remuneração invejável"). O mais importante é que o direito de receber uma parte das férias em dinheiro é uma opção legal conferida ao trabalhador, que pode aproveitá-la ou não; ninguém melhor do que ele para medir suas conveniências, necessidades econômicas pessoais e familiares no momento da escolha. O instituto do descanso em si não fica por isso desnaturado, pois não há módulo matemático que diga que 30 dias permitem a reposição psicológica e 20 seriam insuficientes; ainda, a concessão de um direito não impede sua conversão em dinheiro.

O abono de férias é faculdade exclusiva do empregado, e independe da concordância do empregador. A norma é sábia ao permitir a acomodação à situação pessoal do empregado; é impossível individualmente nas férias coletivas. Menos feliz foi o texto legal em não prever um modo de comunicação formal que garanta e facilite a prova ao empregado (ex.: por intermédio do sindicato). O abono de férias não será tributado pelo imposto de renda, IN RFB 936/09.

A conversão em dinheiro do período de férias completo é repudiado pela doutrina. A conclusão não é tão absoluta: há casos em que as necessidades imediatas do trabalhador encontram maior lenitivo no sobressalário do que no ócio.

Conforme infere-se da decisão recorrida e da sentença, a reclamada converteu parte das férias do reclamante em abono pecuniário sem a autorização expressa inscrita no art. 143, § 1º, da CLT, não permitindo a opção por gozo dos 30 dias de férias. No caso das férias, a legislação confere tal direito aos trabalhadores, sendo que o empregador tem a obrigação de concedê-las e fiscalizar o seu cumprimento. Trata-se de direito irrenunciável, decorrente de norma de ordem pública, não podendo o empregador criar obstáculo ao seu gozo. Assim, a reclamada, ao impor a redução do período de férias do autor, ainda que convertido o período restante em abono pecuniário, subtrai uma faculdade do empregado, infringindo, portanto, o art. 143 da CLT e, consequentemente, frustrando o objetivo da norma, que é o de restituir ao trabalhador as energias gastas e permitir o retorno ao trabalho em melhores condições físicas e psíquicas. Assim, a consequência para tal ilegalidade é o pagamento em dobro do período, nos termos do art. 137 da CLT, que se encontra ileso. Recurso de revista não conhecido (TST, RR - 37913/2002-900-04-00, Vieira de Mello Filho, *DEJT*, 22.5.09).

2 *Férias coletivas.* Prevalecerá a vontade manifestada pelo sindicato, submetendo-se a ela os componentes do grupo, ainda que vencidos.

3 *Abono não excedente de 20 dias* de salário. Não sofrerá incidência de contribuições da Previdência Social nem da legislação de trabalho (não recolhe FGTS, nem se computa para aviso prévio, décimo terceiro salário etc.). Parece evidente que a incidência deveria recair apenas sobre o que ultrapassasse aquele limite. Entretanto, a Port. SPS 9/78 determina o recolhimento sobre o total, quando exceder os 20 dias.

Art. 145. O pagamento da remuneração das férias e, se for o caso, o do abono referido no art. 143 serão efetuados até 2 dias antes do início do respectivo período.

Parágrafo único. O empregado dará quitação do pagamento, com indicação do início e do termo das férias.

1 *Pagamento* até 2 dias antes: propiciando meios econômicos para se desfrutarem as férias. Quitação da importância não se confunde com o recibo de aviso de concessão. Caso o empregador não observe o prazo, será punido com o pagamento em dobro da mesma (v. art. 137/01) (TST, Súmula 450).

TST É devido o pagamento em dobro da remuneração de férias, incluído o terço constitucional, com base no art. 137 da CLT, quando, ainda que gozadas na época própria, o empregador tenha descumprido o prazo previsto no art. 145 do mesmo diploma legal (TST – Súmula 450, Conversão da Orientação Jurisprudencial 386 da SBDI-1, Res. 194/14).

SDI CANCELADA – É devido o pagamento em dobro da remuneração de férias, incluído o terço constitucional, com base no art. 137 da CLT, quando, ainda que gozadas na época própria, o empregador tenha descumprido o prazo previsto no art. 145 do mesmo diploma legal (TST, SDI-1, Orientação Jurisprudencial 386, convertida na Súmula 450, Res. 194/14).

O artigo 145 da Consolidação das Leis do Trabalho estabelece que o pagamento da remuneração das férias será efetuado até dois dias antes do início do respectivo período. O artigo 7º, XVII, da Constituição da República prevê o pagamento das férias com, no mínimo, um terço a mais do que o salário normal. Resulta daí que o escopo da norma é proporcionar ao empregado o gozo das férias com recursos que viabilizem desfrutar desse período de descanso – o que é possível, pelo menos em tese, com o recebimento antecipado da remuneração das férias. Assim, o pagamento em desacordo com o prazo estipulado no artigo 145 da Consolidação das Leis do Trabalho frustra a finalidade do instituto, afigurando-se correta a aplicação, em tal hipótese, da sanção prevista no artigo 137 da norma consolidada. Incidência da Orientação Jurisprudencial n. 386 da SBDI-I desta Corte superior (TST, RR 52800-79.2009.5.09.0562, j. em 4.5.11, Lelio Bentes Corrêa).

A teor do art. 145 da CLT, o pagamento da remuneração das férias e, se for o caso, o do abono referido no art. 143 serão efetuados até 2 (dois) dias antes do início do respectivo período. A recusa do empregador em cumprir a obrigação de efetuar o pagamento no prazo estabelecido nas normas de regência dá ao empregado o direito de exigir o pagamento em dobro com suporte no art. 137 da CLT (RR 475190/98, João Batista Brito Pereira – TST).

Seção V
Dos efeitos da cessação do contrato de trabalho

Art. 146. Na cessação do contrato de trabalho[1], qualquer que seja a sua causa, será devida ao empregado a remuneração simples ou em dobro, conforme o caso, correspondente ao período de férias cujo direito tenha adquirido.

Parágrafo único. Na cessação do contrato de trabalho, após 12 meses de serviço, o empregado, desde que não haja sido demitido por justa causa, terá direito à remuneração relativa ao período incompleto de férias[2], de acordo com o art. 130, na proporção de 1/12 por mês de serviço ou fração superior a 14 dias.

Art. 147. O empregado que for despedido sem justa causa, ou cujo contrato de trabalho se extinguir em prazo predeterminado, antes de

completar 12 meses[2] de serviço, terá direito à remuneração relativa ao período incompleto de férias, de conformidade com o disposto no artigo anterior.

1 *Cessação do contrato de trabalho*; rescisão pelo empregador (por justa causa ou não), pelo empregado (por justa causa ou não) ou em caso de extinção natural do contrato por tempo determinado ou por falecimento do empregado: nem a falta grave do empregado lhe tira o direito à remuneração de férias que não chegou a gozar, se completou o período aquisitivo de 12 meses.

2 *Férias proporcionais* – a jurisprudência fazia diferença entre o tempo de serviço na empresa, mais de um e menos de um ano, agora trata os dois igualmente. Todo empregado recebe-as, salvo se despedido por justa causa. Mesmo tendo a iniciativa da ruptura (pedido de demissão), as receberá. Igualmente no contrato de trabalho por tempo determinado (alcançado seu término). As faltas ao serviço também se descontam nas férias proporcionais, antes de efetuar-se o cálculo da remuneração devida, na forma do art. 130. Fato que vai de encontro à lei se o empregado por sua vontade não cumpriu o prazo por ela indicado – período de 12 meses de vigência do contrato de trabalho (art. 130) e anualmente (art. 129).

TST O pagamento das férias, integrais ou proporcionais, gozadas ou não, na vigência da CF/88, sujeita-se ao acréscimo do terço previsto no respectivo art. 7º, inciso XVII (TST – Súmula 328).

TST O empregado que se demite antes de completar 12 (doze) meses de serviço tem direito a férias proporcionais (TST – Súmula 261).

TST Salvo na hipótese de dispensa do empregado por justa causa, a extinção do contrato de trabalho sujeita o empregador ao pagamento da remuneração das férias proporcionais, ainda que incompleto o período aquisitivo de 12 (doze) meses (art. 147 da CLT). (TST – Súmula 171).

Defere-se cláusula que assegura férias proporcionais ao empregado que se demite com menos de um ano de tempo de serviço, pois se trata de direito introduzido no ordenamento jurídico brasileiro pela Convenção n. 132 da Organização Internacional do Trabalho, vigente no Brasil desde setembro de 1999 (RODC 747917/01, João Oreste Dalazen – TST).

Férias proporcionais. Intencionando uma abrangência, com apenas a restrição de despedida por justa causa, o art. 146, parágrafo único, da CLT, menciona *cessação do contrato de trabalho*, para significar todas as formas de diluição das relações empregatícias (TST, RR 1.489/84, Ildélio Martins, Ac. 1ª T. 2.763/85).

Art. 148. A remuneração das férias, ainda quando devida após a cessação do contrato de trabalho, terá natureza salarial, para os efeitos do art. 449.

1 Todos os créditos trabalhistas têm privilégio absoluto após a nova redação do art. 449.

Seção VI
Do início da prescrição

Art. 149. A prescrição do direito de reclamar a concessão das férias ou o pagamento da respectiva remuneração é contada do término do prazo mencionado no art. 134 ou, se for o caso, da cessação do contrato de trabalho.

1 *Prescrição* (comentários ao art. 11/2; CF/88, art. 7º, XXIX).

O termo inicial da prescrição do direito de pleitear a indenização dos períodos de férias não gozadas tem início com o ato de aposentadoria, quando o servidor não poderá mais usufruí-las. Precedentes do STJ (REsp 36.500-SP, Reg. 93/0018250-1, Gilson Dipp, 22.2.99).

Seção VII
Disposições especiais

Art. 150. O tripulante que, por determinação do armador, for transferido para o serviço de outro, terá computado, para o efeito de gozo de férias, o tempo de serviço prestado ao primeiro, ficando obrigado a concedê-las o armador em cujo serviço ele se encontra na época de gozá-las.

§ 1º As férias poderão ser concedidas, a pedido dos interessados e com aquiescência do armador, parceladamente, nos portos de escala de grande estadia do navio, aos tripulantes ali residentes.

§ 2º Será considerada grande estadia a permanência no porto por prazo excedente de 6 dias.

§ 3º Os embarcadiços, para gozarem férias nas condições deste artigo, deverão pedi-las, por escrito, ao armador, antes do início da viagem, no porto de registro ou armação.

§ 4º O tripulante, ao terminar as férias, apresentar-se-á ao armador, que deverá designá-lo para qualquer de suas embarcações ou o adir a algum dos seus serviços terrestres, respeitadas a condição pessoal e a remuneração.

§ 5º Em caso de necessidade, determinada pelo interesse público, e comprovada pela autoridade competente, poderá o armador ordenar a suspensão das férias já iniciadas ou a iniciar-se, ressalvado ao tripulante o direito ao respectivo gozo posteriormente.

§ 6º O Delegado do Trabalho Marítimo poderá autorizar a acumulação de 2 períodos de férias do marítimo, mediante requerimento justificado:

I – do sindicato, quando se tratar de sindicalizado; e

II – da empresa, quando o empregado não for sindicalizado.

Art. 151. Enquanto não se criar um tipo especial de caderneta profissional para os marítimos, as férias serão anotadas pela Capitania do Porto na caderneta-matrícula do tripulante, na página das observações.

Art. 152. A remuneração do tripulante, no gozo de férias, será acrescida da importância correspondente à etapa que estiver vencendo.

1 Os arts. 150 a 152 aplicam-se aos embarcados, não aos serviços terrestres. Férias remuneradas dos marítimos em navio de alto-mar, de propriedade pública ou privada, estão abrangidas pela Convenção 91 da OIT (D. 66.875/70).

Seção VIII
Das penalidades[1]

Art. 153. As infrações ao disposto neste Capítulo serão punidas com multas de valor igual a 160 BTN por empregado em situação irregular.

Parágrafo único. Em caso de reincidência, embaraço ou resistência à fiscalização, emprego de artifício ou simulação com o objetivo de fraudar a lei, a multa será aplicada em dobro.

1 Infração às normas trabalhistas; sanções econômicas; valores (art. 626/3).

Capítulo V
DA SEGURANÇA E DA MEDICINA DO TRABALHO[1]

Seção I
Disposições gerais

Art. 154. A observância, em todos os locais de trabalho, do disposto neste Capítulo, não desobriga as empresas do cumprimento de outras disposições que, com relação à matéria, sejam incluídas em códigos de obras ou regulamentos sanitários dos Estados[3] ou Municípios em que se situem os respectivos estabelecimentos, bem como daquelas oriundas de convenções coletivas de trabalho.

Art. 155. Incumbe ao órgão de âmbito nacional[3] competente em matéria de segurança e medicina do trabalho[2]:

I – estabelecer, nos limites de sua competência, normas sobre a aplica-

ção dos preceitos deste Capítulo, especialmente os referidos no art. 200;

II – coordenar, orientar, controlar e supervisionar a fiscalização e as demais atividades relacionadas com a segurança e a medicina do trabalho em todo o território nacional, inclusive a Campanha Nacional de Prevenção de Acidentes do Trabalho;

III – conhecer, em última instância, dos recursos, voluntários ou de ofício, das decisões proferidas pelos Delegados Regionais do Trabalho[6], em matéria de segurança e medicina do trabalho.

Art. 156. Compete especialmente às Delegacias Regionais do Trabalho[6], nos limites de sua jurisdição:

I – promover a fiscalização do cumprimento das normas de segurança e medicina do trabalho;

II – adotar as medidas que se tornem exigíveis, em virtude das disposições deste Capítulo, determinando as obras e reparos que, em qualquer local de trabalho, se façam necessárias;

III – impor as penalidades cabíveis por descumprimento das normas constantes deste Capítulo, nos termos do art. 201.

Art. 157. Cabe às empresas[5]:

I – cumprir e fazer cumprir as normas de segurança e medicina do trabalho;

II – instruir os empregados, através de ordens de serviço, quanto às precauções a tomar no sentido de evitar acidentes do trabalho ou doenças ocupacionais;

III – adotar as medidas que lhes sejam determinadas pelo órgão regional competente;

IV – facilitar o exercício da fiscalização pela autoridade competente.

Art. 158. Cabe aos empregados:

I – observar as normas de segurança e medicina do trabalho, inclusive as instruções de que trata o item II do artigo anterior;

II – colaborar com a empresa na aplicação dos dispositivos deste Capítulo.

Parágrafo único. Constitui ato faltoso do empregado a recusa injustificada:

a) à observância das instruções expedidas pelo empregador na forma do item II do artigo anterior;

b) ao uso dos equipamentos de proteção individual fornecidos pela empresa.

Art. 159. Mediante convênio autorizado pelo Ministério do Trabalho, poderão ser delegadas a outros órgãos federais, estaduais ou municipais atribuições de fiscalização ou orientação às empresas quanto ao cumprimento das disposições constantes deste Capítulo.

1 *Segurança e medicina do trabalho.* Diz a Constituição Federal de 1988:

Art. 7º São direitos dos trabalhadores... além de outros...

XXII – redução dos riscos inerentes ao trabalho, por meio de normas de saúde, higiene e segurança;

XXIII – adicional de remuneração para as atividades penosas, insalubres ou perigosas, na forma da lei. ...

Art. 23. É competência comum da União, dos Estados, do Distrito Federal e dos Municípios: ...

II – cuidar da saúde e assistência pública, da proteção e garantia das pessoas portadoras de deficiência. ...

Art. 24. Compete à União, aos Estados e ao Distrito Federal legislar concorrentemente sobre: ...

XII – previdência social, proteção e defesa da saúde...

§ 1º No âmbito da legislação concorrente, a competência da União limitar-se-á a estabelecer normas gerais.

§ 2º A competência da União para legislar sobre normas gerais não exclui a competência suplementar dos Estados.

§ 3º Inexistindo lei federal sobre normas gerais, os Estados exercerão a competência legislativa plena, para atender a suas peculiaridades. ...

Art. 196. A saúde é direito de todos e dever do Estado, garantido mediante políticas sociais e econômicas que visem à redução do risco de doença e de outros agravos e ao acesso universal e igualitário às ações e serviços para sua promoção, proteção e recuperação.

A medicina do trabalho compreende o estudo das formas de proteção à saúde do trabalhador enquanto no exercício do trabalho, indicando medidas preventivas (higiene do trabalho) e remediando os efeitos através da medicina do trabalho propriamente dita (Cesarino Jr., *Direito social brasileiro*, v. 2). A segurança do trabalho, por seus aspectos técnicos, em face da ação traumática e não patogênica, pertence não à medicina, mas à engenharia do trabalho, não obstante sua conexidade (idem). A segurança e medicina do trabalho é a denominação que trata a proteção física e mental do homem, com ênfase especial para as modificações que lhe possam advir do seu trabalho profissional. Visa, principalmente, as doenças profissionais e os acidentes do trabalho.

2 *Texto legal.* Os arts. 154 a 201 têm a redação da L. 6.514/77, que revogou todo o antigo capítulo "Segurança e Higiene do Trabalho" (até o art. 223), dando-

-lhe nova denominação. A referida lei contém ainda mais quatro artigos, mencionados nas notas adiante e transcritos integralmente a final (v. apêndice). As constantes alterações das normas inferiores e das interpretações normativas administrativas obrigam o interessado a procurar os órgãos ministeriais, e indagar da promulgação de novas normas. Engenheiros e arquitetos especializados em Engenharia de Segurança do Trabalho e Técnicos de Segurança (L. 7.410/85). Servidores, insalubridade e periculosidade (v. art. 189/3). Estabelecimentos comerciais e escritórios, higiene e segurança, Convenção 120 da OIT (D. 66.498/70). Acidentes, legislação (art. 12/3). Serviços de Saúde do Trabalho (Convenção 161 da OIT, D. 127/91). Reabilitação profissional de deficientes para obter e manter emprego (Conv. OIT 159, D. 129/91). Segurança e saúde dos trabalhadores e o meio ambiente de trabalho (Convenção 155 da OIT, DLeg. 2/92 e D. 1.254/94). Registro profissional (Port. MTE 262/08). Segurança e saúde na construção, OIT Conv. 167, ratificada em 05/06. Segurança e saúde nas minas, OIT Conv. 176, ratificada em 05/06.

As normas regulamentadoras constam da Port. 3.214/78 do Ministério do Trabalho, com suas modificações posteriores, por exemplo, Portarias 1/82 (instalações nucleares), 19/83 (reincidência), 244/85 (poeira carbonífera), 3.376/85 (paraibana) e 3.257/88 (restrições ao hábito de fumar). Fiscalização no Estado de São Paulo (Port. 513/67). Insalubridade por agentes biológicos, art. 189 e segs. Riscos ambientais: mapeamento (Port. MTA/SNT/DNSST 5/92).

3 Atribuições da Secretaria de Segurança e Medicina do Trabalho (L. 4.589/64, art. 13). Proibição de importação de maquinismos sem dispositivos de proteção (L. 5.280/67, e D. 62.465/68). Adolescentes, trabalho em mina (DL 664/69; Convenção OIT 124, D. 67.342/70). União, Estados e Distrito Federal podem legislar concorrentemente sobre proteção e defesa da saúde (CF, art. 24, XII); havendo conflito, prevalece a legislação federal, quando não possa ser aplicada a supletiva, como mais protecionista do que a primeira. Insalubridade (atividades, adicional, integração, periculosidade, ajuizamento, exigibilidade, perícia, v. coment. art. 189 e segs.).

4 A segurança e higiene do trabalho são fatores vitais na prevenção de acidentes e na defesa da saúde do empregado, evitando o sofrimento humano e o desperdício econômico lesivo às empresas e ao próprio País. Pratica falta o empregado que não obedece às normas de segurança e higiene do trabalho, inclusive quanto ao uso de equipamentos. A lei quer que as instruções tenham sido expedidas pelo empregador, que hajam sido veiculadas por ele aos seus empregados; não basta, assim, a simples vigência. O ato faltoso do empregado poderá ou não constituir justa causa para rescisão do vínculo laboral, de acordo com a gravidade das circunstâncias, de sua reiteração etc., como acontece com as demais faltas, propiciando em certas hipóteses simples advertência ou suspensão (v. art. 482/2). O D. 7.602/11 cria a Política Nacional de Segurança e Saúde no Trabalho – PNSST, tendo em vista o disposto no art. 4 da Conv. 155, da OIT.

5 A omissão do empregador na adoção de medidas tendentes à prevenção de acidentes pode ocasionar, de acordo com a gravidade ou repetição dos fatos, consequências jurídicas diversas: a) nas relações individuais de trabalho, o direito do empregado de rescindir o contrato de trabalho por culpa do empregador, com base no art. 483, "c" ou "d" (v. art. 483/3 e 4); b) no campo criminal, as penas correspondentes; c) no âmbito civil, a responsabilidade indenizatória, CF/88, art. 7º, XXVIII, além das que decorrem do seguro obrigatório contra acidentes do trabalho; d) multas administrativas, na forma do art. 201, e a interdição do estabelecimento ou equipamento (art. 161).

6 Delegacias Regionais do Trabalho (v. art. 14/3).

Seção II
Da inspeção prévia e do embargo ou interdição

Art. 160. Nenhum estabelecimento poderá iniciar suas atividades sem prévia inspeção e aprovação das respectivas instalações pela autoridade regional competente em matéria de segurança e medicina do trabalho.

§ 1º Nova inspeção deverá ser feita quando ocorrer modificação substancial nas instalações, inclusive equipamentos, que a empresa fica obrigada a comunicar, prontamente, à Delegacia Regional do Trabalho.

§ 2º É facultado às empresas solicitar prévia aprovação, pela Delegacia Regional do Trabalho, dos projetos de construção e respectivas instalações.

Art. 161. O Delegado Regional do Trabalho, à vista do laudo técnico do serviço competente que demonstre grave e iminente risco para o trabalhador, poderá interditar estabelecimento, setor de serviço, máquina ou equipamento, ou embargar obra, indicando na decisão, tomada com a brevidade que a ocorrência exigir, as providências que deverão ser adotadas para prevenção de infortúnios de trabalho.

§ 1º As autoridades federais, estaduais e municipais darão imediato apoio às medidas determinadas pelo Delegado Regional do Trabalho.

§ 2º A interdição ou embargo poderão ser requeridos pelo serviço competente da Delegacia Regional do Trabalho e, ainda, por agente da inspeção do trabalho ou por entidade sindical.

§ 3º Da decisão do Delegado Regional do Trabalho poderão os interessados recorrer, no prazo de 10 dias, para o órgão de âmbito nacional compe-

tente em matéria de segurança e medicina do trabalho, ao qual será facultado dar efeito suspensivo ao recurso.

§ 4º Responderá por desobediência, além das medidas penais cabíveis, quem, após determinada a interdição ou embargo, ordenar ou permitir o funcionamento do estabelecimento ou de um dos seus setores, a utilização de máquina ou equipamento, ou o prosseguimento de obra, se, em consequência, resultarem danos a terceiros.

§ 5º O Delegado Regional do Trabalho, independente de recurso, e após laudo técnico do serviço competente, poderá levantar a interdição.

§ 6º Durante a paralisação dos serviços, em decorrência da interdição ou embargo, os empregados receberão os salários como se estivessem em efetivo exercício.

1 Nenhum estabelecimento, comercial ou industrial, poderá iniciar suas atividades ou nelas prosseguir após modificações substanciais sem que sejam aprovadas as instalações e equipamentos. A norma anterior (antiga redação do art. 162) só obrigava as indústrias.

2 *Fiscalização.* Competência do Ministro do Trabalho para relacionar fiscalização exclusiva por engenheiros e médicos do trabalho (L. 6.514/77, art. 4º, em apêndice). Engenheiro, arquiteto e técnico, especializados em segurança; requisitos (L. 7.410/85; D. 92.530/86). Interdição de estabelecimentos no Estado de São Paulo (Port. 5/87 da DRT/SP). Embargos e interdições, e recurso contra o ato, procedimentos (Port. MTE 40/11).

3 O art. 161, § 6º, *supra*, repetiu o que é pacífico: as interrupções da prestação do trabalho por fatos alheios ao empregado não afetam a percepção de salários: o mesmo acontece com quaisquer outras vantagens; consideram-se efeitos abrangidos pela esfera do risco empresarial. Somente a interrupção que supere os 30 dias é que retira do empregado o direito a férias (art. 133, III).

4 Importação proibida de maquinismos sem proteção (L. 5.280/67; D. 62.465/68).

Seção III
Dos órgãos de segurança e de medicina do trabalho nas empresas

Art. 162. As empresas, de acordo com normas a serem expedidas pelo Ministério do Trabalho, estarão obrigadas a manter serviços especializados em segurança e em medicina do trabalho.

Parágrafo único. As normas a que se refere este artigo estabelecerão:

a) classificação das empresas segundo o número mínimo de empregados e a natureza do risco de suas atividades;

b) o número mínimo de profissionais especializados[4] exigido de cada empresa, segundo o grupo em que se classifique, na forma da alínea anterior;

c) a qualificação exigida para os profissionais em questão e o seu regime de trabalho;

d) as demais características e atribuições dos serviços especializados em segurança e em medicina do trabalho, nas empresas.

Art. 163. Será obrigatória a constituição de Comissão Interna de Prevenção de Acidentes (CIPA)[1], de conformidade com instruções expedidas pelo Ministério do Trabalho, nos estabelecimentos ou locais de obra nelas especificadas.

Parágrafo único. O Ministério do Trabalho regulamentará as atribuições, a composição e o funcionamento das CIPAs.

Art. 164. Cada CIPA será composta de representantes da empresa e dos empregados, de acordo com os critérios que vierem a ser adotados na regulamentação de que trata o parágrafo único do artigo anterior.

§ 1º Os representantes dos empregadores, titulares e suplentes, serão por eles designados.

§ 2º Os representantes dos empregados, titulares e suplentes, serão eleitos em escrutínio secreto, do qual participem, independentemente de filiação sindical, exclusivamente os empregados interessados.

§ 3º O mandato dos membros eleitos da CIPA terá a duração de um ano, permitida uma reeleição[1].

§ 4º O disposto no parágrafo anterior não se aplicará ao membro suplente que, durante o seu mandato, tenha participado de menos da metade do número de reuniões da CIPA.

§ 5º O empregador designará, anualmente, dentre os seus representantes, o Presidente da CIPA, e os empregados elegerão, dentre eles, o Vice-Presidente.

Art. 165. Os titulares da representação dos empregados nas CIPAs não poderão sofrer despedida arbitrária[2 e 3], entendendo-se como tal a que não se fundar em motivo disciplinar, técnico, econômico ou financeiro.

Parágrafo único. Ocorrendo a despedida, caberá ao empregador, em caso de reclamação à Justiça do Trabalho, comprovar a existência de qualquer dos motivos mencionados neste artigo, sob pena de ser condenado a reintegrar o empregado.

1 *As Comissões Internas de Prevenção de Acidentes* já eram obrigatórias, não só para as indústrias como para as demais atividades; os pavorosos incêndios havidos, vitimando inúmeros empregados em edifícios de projeção vertical, além de outras razões, não serão alheios ao fundamento da norma. A NR 4, em apêndice, obriga a criação do SESMT (Serviços Especializados em Engenharia de Segurança e em Medicina do Trabalho), com a finalidade de promover a saúde e proteger a integridade do trabalhador no local de trabalho. A NR 5, em apêndice, criação das CIPAs, tem como objetivo a prevenção de acidentes e doenças decorrentes do trabalho, de modo a tornar compatível permanentemente o trabalho com a preservação da vida e a promoção da saúde do trabalhador (Port. GM 3.214/78, alt. por portarias do MTE até a Port. SIT 14/07). Fiscalização do trabalho, instalação e funcionamento das CIPAs e SESMT (D. 4.552/02).

A proibição de reeleger por mais de uma vez o representante dos empregados não se estende aos suplentes que não tenham participado de pelo menos metade das reuniões. Programa de controle médico de saúde ocupacional, v. Precedentes Administrativos 93 e 94 MTE/SIT, em apêndice. Atividade desenvolvida no estabelecimento, v. Precedente Administrativo 97 MTE/SIT, em apêndice. Adoção das recomendações da CIPA, v. Precedente Administrativo 98 MTE/SIT, em apêndice. SESMT, registro e atualização (v. Precedente Administrativo 100 MTE/SIT, em apêndice).

2 *Estabilidade de membro da CIPA.* Estabelece o Ato das Disposições Constitucionais Transitórias:

> **Art. 10. Até que seja promulgada a lei complementar a que se refere o art. 7º, I, da Constituição: ...**
>
> **II – fica vedada a dispensa arbitrária ou sem justa causa:**
>
> **a) do empregado eleito para cargo de direção de comissões internas de prevenção de acidentes, desde o registro de sua candidatura até um ano após o final de seu mandato.**

A composição das referidas comissões obedece à regulamentação do Ministério do Trabalho, por determinação legal (CLT, art. 164), mas a lei já prevê membros representantes dos empregadores e, eleitos pelos empregados, titulares e suplentes, sendo que um dos titulares será o vice-presidente da comissão. A Constituição parece proteger apenas o ocupante desse cargo, pois os demais não são de direção. Entendemos, pelas expressões da lei, que a estabilidade abrange os suplentes apenas quando no exercício esporádico ou continuado da função; entretanto, o TST adota entendimento diverso: o suplente goza da garantia de emprego (Súmula 339). A despedida arbitrária, ou seja, sem justa causa (pois nem toda justa causa para despedimento significa falta), será a que não tiver por fundamento "motivo disciplinar": os atos ou omissões do empregado que constituam infração a uma obrigação legal ou contratual (dentro dos pressupostos do art. 482). Também razões técnicas ou financeiras poderão servir de suporte legitimador; mas é óbvio que os critérios do julgador, sem definição precisa, haverão de colocar-se numa difícil posição intermediária: a que não conceda injustificada estabilidade a um empregado mas que não deixe de garantir ao representante a possibilidade de contrariar opiniões e interesses da empresa em benefício da segurança de todos. O despedimento será sempre suspeito quando não seja genérico ou não seja absolutamente provado o motivo que atingiu justamente o representante dos empregados na comissão; a tarefa poderá trazer-lhe evidentes aborrecimentos pessoais.

STF A garantia da estabilidade provisória prevista no art. 10, II, *a*, do ADCT também se aplica ao suplente do cargo de direção de comissões internas de prevenção de acidentes (CIPA) (STF – Súmula 676).

TST I – O suplente da CIPA goza da garantia de emprego prevista no art. 10, II, *a*, do ADCT a partir da promulgação da Constituição Federal de 1988. II – A estabilidade provisória do cipeiro não constitui vantagem pessoal, mas garantia para as atividades dos membros da CIPA, que somente tem razão de ser quando em atividade a empresa. Extinto o estabelecimento, não se verifica a despedida arbitrária, sendo impossível a reintegração e indevida a indenização do período estabilitário (TST – Súmula 339, conversão das Orientações Jurisprudenciais SDI-1 25 e 329).

SDI Rescinde-se o julgado que nega estabilidade a membro suplente de CIPA, representante de empregado, por ofensa ao art. 10, II, *a*, do ADCT da CF/88, ainda que se cuide de decisão anterior à Súmula 339 do TST. Incidência da Súmula 83 do TST (TST, Orientação Jurisprudencial, SDI-2 6, Res. TST 137/05).

CIPA. Estabilidade. ... carece de tal garantia o empregado que se elege dirigente sindical de categoria à qual não pertence (TRT/SP, 02970058361, Maria Inês Moura Santos Alves da Cunha, Ac. 10ª T. 02970723039).

3 A rescisão do contrato de trabalho do representante da CIPA ou o pedido de demissão necessita de assistência (art. 500). Medida liminar, art. 659, X. Tutela antecipada, art. 840/25.

4 Segurança e medicina do trabalho, engenheiro, arquiteto e técnico (art. 160/2). Médico, enfermeiro, auxiliar de enfermagem, técnico, engenheiro e arquiteto (Port. 3.214/78, NR 4, em apêndice, alt. por portarias do MTE até a Port. SIT 128/09).

Seção IV
Do equipamento de proteção individual

Art. 166. A empresa é obrigada a fornecer aos empregados, gratuitamente, equipamento de proteção individual[1] adequado ao risco e em perfeito estado de conservação e funcionamento, sempre que as medidas de ordem geral não ofereçam completa proteção contra os riscos de acidentes[2] e danos à saúde dos empregados.

Art. 167. O equipamento de proteção só poderá ser posto à venda ou utilizado com a indicação do Certificado de Aprovação do Ministério do Trabalho.

1 Obrigatoriedade do uso de equipamentos (art. 158, *b*). Nenhum equipamento obrigatório é considerado salário (art. 458). Equipamentos de Proteção Individual (EPI), certificado de aprovação, NR 6 (em apêndice). Uniforme simples não é EPI, v. Precedente Administrativo 99 MTE/SIT, em apêndice.

2 Acidente do trabalho: aquele que ocorrer pelo exercício do trabalho, a serviço da empresa, provocando lesão corporal, perturbação funcional ou doença que cause a morte ou perda ou redução permanente ou temporária da capacidade para o trabalho; isso diz respeito também à causa que, não sendo a única, tenha contribuído para o resultado; pode ocorrer no local de trabalho, a serviço da empresa e nos intervalos ou a caminho (v. L. 6.367/76, D. 3.048/99, e L. 8.213/91, arts. 19 a 21-A, alt. L. 11.430/06, v. Índ. Leg.). Equiparação a acidente do trabalho da doença profissional e a doença do trabalho. Classificação das doenças profissionais (Ordens de Serviço da Diretoria do Seguro Social 606 a 609/98). Os fatores que influem no aumento de acidentes do trabalho, segundo Albino Lima (*Rev. Synthesis* 8/157, 1989), são: a) máquinas desprotegidas; b) locais sem as exigências de higiene; c) prorrogação do trabalho feminino e do menor; d) inexistência de meios individuais e coletivos de proteção.

STF Subsiste a responsabilidade do empregador pela indenização decorrente de acidente do trabalho, quando o segurador, por haver entrado em liquidação, ou por outro motivo, não se encontrar em condições financeiras de efetuar, na forma da lei, o pagamento que o seguro obrigatório visava garantir (STF – Súmula 529).

STF A indenização acidentária não exclui a do direito comum, em caso de dolo ou culpa grave do empregador (STF – Súmula 229).

SDI CANCELADA – A doença profissional deve ser atestada por médico do INSS, se tal exigência consta de cláusula de instrumento normativo, sob pena de não reconhecimento do direito à estabilidade (TST, SDI-1, Orientação Jurisprudencial 154, Res. TST 129/05, cancelada TST Res. 158/09).

Operação de máquina sem dispositivo de segurança. O dever de tomar as medidas necessárias para o desenvolvimento seguro e saudável da atividade laboral é inerente ao risco do negócio. A inobservância desse dever configura a culpa do empregador pelos consequentes acidentes. Indenizações por danos morais e estéticos devidas (TRT – SP 01432000520095020314, Rafael Pugliese, *DEJT*, 17.5.13).

O e. TRT fixa premissa fática segundo a qual o infortúnio teve origem na execução do trabalho. Resta incontroverso nos autos a relação existente entre a atividade laboral do *de cujus* e o dano causado (óbito). Nesse contexto, ao contrário do que alega o reclamado, o e. TRT não afrontou os artigos 186 e 927 do Código Civil de 2002 (artigo 159 no CC de 1916); tampouco o 7º, XXVIII, da CF, na realidade, conferiu-lhes a correta interpretação. Somente nas hipóteses em que ausente o nexo de causalidade entre o trabalho executado pelo empregado e o evento danoso, *in casu*, o óbito, é que se pode admitir culpa exclusiva do obreiro. Acrescente-se, ainda, que, do quadro fático registrado no acórdão do TRT, não se vislumbra nenhuma conduta culposa do empregado que pudesse excluir a responsabilidade civil da empresa (TST, RR-123/2006-161-18-00, Horácio Senna Pires, *DEJT*, 26.6.09).

Seção V
Das medidas preventivas de medicina do trabalho

Art. 168. Será obrigatório exame médico[1], por conta do empregador, nas condições estabelecidas neste artigo e nas instruções complementares a serem expedidas pelo Ministério do Trabalho:

I – na admissão;

II – na demissão;

III – periodicamente.

§ 1º O Ministério do Trabalho baixará instruções relativas aos casos em que serão exigíveis exames:

a) por ocasião da demissão;

b) complementares.

§ 2º Outros exames complementares poderão ser exigidos, a critério médico, para apuração da capacidade ou aptidão física e mental do empregado para a função que deva exercer.

§ 3º O Ministério do Trabalho estabelecerá, de acordo com o risco da atividade e o tempo de exposição, a periodicidade dos exames médicos.

§ 4º O empregador manterá, no estabelecimento, o material necessário à prestação de primeiros socorros médicos[2], de acordo com o risco da atividade.

§ 5º O resultado dos exames médicos, inclusive o exame complementar, será comunicado ao trabalhador, observados os preceitos da ética médica (red. L. 7.855/89).

§ 6º Serão exigidos exames toxicológicos, previamente à admissão e por ocasião do desligamento, quando se tratar de motorista[1] profissional, assegurados o direito à contraprova em caso de resultado positivo e a confidencialidade dos resultados dos respectivos exames (red. L. 13.103/15).

§ 7º Para os fins do disposto no § 6º, será obrigatório exame toxicológico[3] com janela de detecção mínima de 90 (noventa) dias, específico para substâncias psicoativas que causem dependência ou, comprovadamente, comprometam a capacidade de direção, podendo ser utilizado para essa finalidade o exame toxicológico previsto na Lei n. 9.503, de 23 de setembro de 1997 – Código de Trânsito Brasileiro, desde que realizado nos últimos 60 (sessenta) dias (red. L. 13.103/15).

Art. 169. Será obrigatória a notificação das doenças profissionais e das produzidas em virtude de condições especiais de trabalho, comprovadas ou objeto de suspeita, de conformidade com as instruções expedidas pelo Ministério do Trabalho.

1 O exame médico obrigatório, quando da admissão, ou o anual (assim como os especiais mencionados, em menor tempo), não podia ser praticado pelos médicos das empresas ou outros facultativos; só os da Previdência Social (INAMPS) ou dos sindicatos dos empregados; é o que determinava a L. 6.514/77, art. 3º, § 2º, em apêndice; a NR 7 (Port. 17/79) permitia atestado particular onde inexistissem os médicos indicados acima. A nova redação do art. 168 da CLT, restabelecendo a expressão "exame médico por conta do empregador", revoga aquela restrição, não obstante as subordine a instruções ministeriais. A exigência de abreugrafia foi suprimida. Exames demissionais, até a data da homologação da rescisão, conforme o grau de risco e o número de dias transcorridos desde o último exame médico ocupacional (NR 7). Serviços de Engenharia de Segurança e Medicina do Trabalho (NR 4). Discriminação no emprego, exames (L. 9.029/95, art. 2º, v. Índ. Leg.). NR 7 (nova redação, Port. 24/94 e Port. MT/SSST 8/96).

2 O material de primeiros socorros é obrigatório não apenas às indústrias, mas a todas as demais atividades.

3 V. art. 235-A/14.

Seção VI
Das edificações

Art. 170. As edificações deverão obedecer aos requisitos técnicos que garantam perfeita segurança aos que nelas trabalhem.

Art. 171. Os locais de trabalho deverão ter, no mínimo, 3 metros de pé-direito, assim considerada a altura livre do piso ao teto.

Parágrafo único. Poderá ser reduzido esse mínimo desde que atendidas as condições de iluminação e conforto térmico compatíveis com a natureza do trabalho, sujeitando-se tal redução ao controle do órgão competente em matéria de segurança e medicina do trabalho.

Art. 172. Os pisos dos locais de trabalho não deverão apresentar saliências nem depressões que prejudiquem a circulação de pessoas ou a movimentação de materiais.

Art. 173. As aberturas nos pisos e paredes serão protegidas de forma que impeçam a queda de pessoas ou de objetos.

Art. 174. As paredes, escadas, rampas de acesso, passarelas, pisos, corredores, coberturas e passagens dos locais de trabalho deverão obedecer às condições de segurança e de higiene do trabalho estabelecidas pelo Ministério do Trabalho e manter-se em perfeito estado de conservação e limpeza.

1 A seção se refere aos locais de trabalho, o recinto onde trabalham ou por onde transitem os empregados, qualquer que seja a atividade. Há necessidade de inspeção prévia para funcionamento de obra nova ou que tenha sofrido modificações substanciais, sendo passível de interdição (art. 160 e segs.). Edificações (NR 8).

Seção VII
Da iluminação

Art. 175. Em todos os locais de trabalho deverá haver iluminação adequada, natural ou artificial, apropriada à natureza da atividade.

§ 1º A iluminação deverá ser uniformemente distribuída, geral e difusa, a fim de evitar ofuscamento, reflexos incômodos, sombras e contrastes excessivos.

§ 2º O Ministério do Trabalho estabelecerá os níveis mínimos de iluminamento a serem observados.

1 A boa iluminação repercute na produção da empresa e no esforço físico dos empregados; cita-se a indústria britânica, que economiza quatro vezes o valor que despende na melhora de iluminação, graças à diminuição de acidentes do trabalho (S. Oliveira, apud Campanhole, *Prática*, p. 157); tabelas de iluminação mínima, NBR 5.413-NBR3. Atividades e operações insalubres (NR 15). A insalubridade por iluminação foi descaracterizada após 23.2.91 (Port. MTb 3.751/90); a questão passou a ser contemplada como tema de ergonomia (NR 17).

Iluminação. A Portaria MTb 3.435/90 revogou o Anexo 4 da NR 15; mas no período de sua vigência a iluminação ainda caracterizava insalubridade, só que apurada com base na NBR 5.413 (NR 17, item 17.6.3.2). Restabelecimento do Anexo 4 pela Portaria 3.751/90 por apenas 90 dias. A descaracterização definitiva como insalubridade após 23.2.91, com fundamento em literatura técnica internacional, coloca a iluminação como questão relacionada à organização de trabalho (ergonomia) e não a riscos acentuados de insalubridade (TRT/SP, RO 6.040/94, Valentin Carrion, Ac. 9ª T. 6.482/96, RO 28.290/94, Ac. 2.588/96, RO 13758/94, Ac. 15.056/96, RO 32.461/94, Ac. 2.589/96, RO 12.706/94, Ac. 2.138/96, RO 25.325/94, Ac. 2.145/96, e RO 12.017/94, Ac. 14.877/96).

Seção VIII
Do conforto térmico

Art. 176. Os locais de trabalho deverão ter ventilação natural, compatível com o serviço realizado.

Parágrafo único. A ventilação artificial será obrigatória sempre que a natural não preencha as condições de conforto térmico.

Art. 177. Se as condições de ambiente se tornarem desconfortáveis, em virtude de instalações geradoras de frio ou de calor, será obrigatório o uso de vestimenta adequada para o trabalho em tais condições ou de capelas, anteparos, paredes duplas, isolamento térmico e recursos similares, de forma que os empregados fiquem protegidos contra as radiações térmicas.

Art. 178. As condições de conforto térmico dos locais de trabalho devem ser mantidas dentro dos limites fixados pelo Ministério do Trabalho.

1 Um sistema de ventilação eficiente em uma fábrica pode aumentar em 12% a produção, ou mais; leve-se em conta, ainda, o agravamento da evolução das doenças

e intoxicações (Maule e Ling, apud S. Oliveira, apud Campanhole, *Prática*, p. 160). Atividades e operações insalubres (NR 15).

Seção IX
Das instalações elétricas

Art. 179. O Ministério do Trabalho disporá sobre as condições de segurança e as medidas especiais a serem observadas relativamente a instalações elétricas, em qualquer das fases de produção, transmissão, distribuição ou consumo de energia.

Art. 180. Somente profissional qualificado poderá instalar, operar, inspecionar ou reparar instalações elétricas.

Art. 181. Os que trabalharem em serviços de eletricidade ou instalações elétricas devem estar familiarizados com os métodos de socorro a acidentados por choque elétrico.

1 Eletricidade (NR 10, alterada pela Port. GM/MTE 598/04).

Seção X
Da movimentação, armazenagem e manuseio de materiais

Art. 182. O Ministério do Trabalho estabelecerá normas sobre:

I – as precauções de segurança na movimentação de materiais nos locais de trabalho, os equipamentos a serem obrigatoriamente utilizados e as condições especiais a que estão sujeitas a operação e a manutenção desses equipamentos, inclusive exigências de pessoal habilitado;

II – as exigências similares relativas ao manuseio e à armazenagem de materiais, inclusive quanto às condições de segurança e higiene relativas aos recipientes e locais de armazenagem e os equipamentos de proteção individual;

III – a obrigatoriedade de indicação de carga máxima permitida nos equipamentos de transporte, dos avisos de proibição de fumar e de advertência quanto à natureza perigosa ou nociva à saúde das substâncias em movimentação ou em depósito, bem como das recomendações de primeiros socorros e de atendimento médico e símbolo de perigo, segundo padronização internacional, nos rótulos dos materiais ou substâncias armazenados ou transportados.

Parágrafo único. As disposições relativas ao transporte de materiais aplicam-se, também, no que couber, ao transporte de pessoas nos locais de trabalho.

Art. 183. As pessoas que trabalharem na movimentação de materiais

deverão estar familiarizadas com os métodos racionais de levantamento de cargas.

1 Movimentação e manuseio de materiais (NR 11). Asbesto/amianto: extração, industrialização, comercialização, transporte e fiscalização; acordos coletivos e segurança e saúde no trabalho (L. 9.055/95 e D. 2.350/97, Envio ao SUS Port. MS/GM 1.851/06).

Seção XI
Das máquinas e equipamentos

Art. 184. As máquinas e os equipamentos deverão ser dotados de dispositivos de partida e parada e outros que se fizerem necessários para a prevenção de acidentes do trabalho, especialmente quanto ao risco de acionamento acidental.

Parágrafo único. É proibida a fabricação, a importação, a venda, a locação e o uso de máquinas e equipamentos que não atendam ao disposto neste artigo.

Art. 185. Os reparos, limpeza e ajustes somente poderão ser executados com as máquinas paradas, salvo se o movimento for indispensável à realização do ajuste.

Art. 186. O Ministério do Trabalho estabelecerá normas adicionais sobre proteção e medidas de segurança na operação de máquinas e equipamentos, especialmente quanto à proteção das partes móveis, distância entre estas, vias de acesso às máquinas e equipamentos de grandes dimensões, emprego de ferramentas, sua adequação e medidas de proteção exigidas quando motorizadas ou elétricas.

1 Importação proibida de maquinismos sem proteção (L. 5.280/67; D. 62.465/68). Máquinas e equipamentos (NR 12, recente alteração, Port. MTPS 509/16).

Seção XII
Das caldeiras, fornos e recipientes sob pressão

Art. 187. As caldeiras, equipamentos e recipientes em geral que operam sob pressão deverão dispor de válvulas e outros dispositivos de segurança, que evitem seja ultrapassada a pressão interna de trabalho compatível com a sua resistência.

Parágrafo único. O Ministério do Trabalho expedirá normas complementares quanto à segurança das caldeiras, fornos e recipientes sob pressão, especialmente quanto ao revestimento interno, à localização, à ventilação dos locais e outros meios de eliminação de gases ou vapores prejudiciais à

saúde, e demais instalações ou equipamentos necessários à execução segura das tarefas de cada empregado.

Art. 188. As caldeiras serão periodicamente submetidas a inspeções de segurança, por engenheiro ou empresa especializada, inscritos no Ministério do Trabalho, de conformidade com as instruções que, para esse fim, forem expedidas.

§ 1º Toda caldeira será acompanhada de "Prontuário", com documentação original do fabricante, abrangendo, no mínimo: especificação técnica, desenhos, detalhes, provas e testes realizados durante a fabricação e a montagem, características funcionais e a pressão máxima de trabalho permitida (PMTP), esta última indicada, em local visível, na própria caldeira.

§ 2º O proprietário da caldeira deverá organizar, manter atualizado e apresentar, quando exigido pela autoridade competente, o Registro de Segurança, no qual serão anotadas, sistematicamente, as indicações das provas efetuadas, inspeções, reparos e quaisquer outras ocorrências.

§ 3º Os projetos de instalação de caldeiras, fornos e recipientes sob pressão deverão ser submetidos à aprovação prévia do órgão regional competente em matéria de segurança do trabalho.

1 Vasos sob pressão (NR 13). Fornos (NR 14).

Seção XIII
Das atividades insalubres ou perigosas

Art. 189. Serão consideradas atividades ou operações insalubres[1] aquelas que, por sua natureza, condições ou métodos de trabalho, exponham os empregados a agentes nocivos à saúde, acima dos limites de tolerância fixados em razão da natureza e da intensidade do agente e do tempo de exposição aos seus efeitos.

Art. 190. O Ministério do Trabalho aprovará o quadro das atividades e operações insalubres e adotará normas sobre os critérios de caracterização da insalubridade, os limites de tolerância aos agentes agressivos, meios de proteção e o tempo máximo de exposição do empregado a esses agentes.

Parágrafo único. As normas referidas neste artigo incluirão medidas de proteção do organismo do trabalhador nas operações que produzem aerodispersoides tóxicos, irritantes, alergênicos ou incômodos.

Art. 191. A eliminação ou a neutralização[2] da insalubridade ocorrerá:

I – com a adoção de medidas que conservem o ambiente de trabalho dentro dos limites de tolerância;

II – com a utilização de equipamentos de proteção individual ao trabalhador, que diminuam a intensidade do agente agressivo a limites de tolerância.

Parágrafo único. Caberá às Delegacias Regionais do Trabalho, comprovada a insalubridade, notificar as empresas, estipulando prazos para sua eliminação ou neutralização, na forma deste artigo.

1 *Conceito de insalubridade.* Continuam os mesmos critérios legais que vigoravam na legislação anterior: juridicamente, a insalubridade só existe a partir da inclusão das respectivas atividades na relação baixada pelo Ministério do Trabalho. Do ponto de vista conceitual são insalubres as atividades ou operações que exponham a pessoa humana a agentes nocivos à saúde (a lei anterior dizia, com menor propriedade, "que possam produzir doenças"); termina o legislador especificando que a exposição aos agentes nocivos deverá ser "acima dos limites de tolerância fixados em razão da natureza e da intensidade do agente e do tempo de exposição aos seus efeitos". Trata-se de mais um valioso elemento de referência a ser considerado pelas perícias e os julgados.

A lei deixa para a regulamentação ministerial o enquadramento das atividades consideradas insalubres; os agentes biológicos exigem contato com pacientes, animais ou material infecto contagiante; mas esse contato tem de ser permanente (NR 15, atividades e operações insalubres, anexo 14).

Trabalho rural: a Lei do Trabalho Rural (5.889/73, art. 13, v. Índice da Legislação) remete a regulamentação ao Ministério do Trabalho. Com a revogação das NRR (normas regulamentadoras do rural), pela Port. MTE 191/08, devemos observar as NR (normas regulamentadoras) do trabalhador urbano no que couber, pois os trabalhadores rurais foram equiparados aos urbanos pela CF/88.

Servidores, insalubridade e periculosidade (v. art. 189/3).

Agentes químicos. A hermenêutica distingue, para fins de adicional de insalubridade, a manipulação (preparar com a mão) do simples manusear (pegar ou mover com a mão), que tem apoio no vernáculo (Aurélio Buarque de Holanda), que concede percentual diferenciado superior ao primeiro deles, em virtude do grau de contato; ex.: NR 15 – anexo 13, arsênico. *Riscos do trabalho* (Washington Luiz da Trindade, cit., Ind. Bibliog.). Fumo (Mario Albanese, "A insalubridade e os 4.720 tóxicos do fumo", cit., Ind. Bibliog.).

A Orientação Jurisprudencial n. 4 da SBDI-1 do TST, interpretando os arts. 190 e seguintes da CLT, impõe como condição ao deferimento do adicional de insalubridade que a atividade insalubre esteja elencada na relação oficial elaborada pelo Ministério do Trabalho, não bastando a constatação por laudo pericial (TST, RR 138.299/2004-900-04-00.6, Ives Gandra Martins Filho).

Não se coaduna com o conceito de insalubridade, estabelecido pelo art. 190 da CLT, o enquadramento de atividade exercida pelo empregado, por analogia (TST, RR 17.904/90.9, Cnéa Moreira, Ac. 1ª T. 2.678/91).

A caracterização e a classificação da insalubridade e da periculosidade, segundo as normas do Ministério do Trabalho, far-se-ão através de perícia a cargo de Médico do Ministério do Trabalho ou Engenheiro do Trabalho, registrado no Ministério do Trabalho (TST, RR 23.185/91.6, Francisco Leocádio, Ac. 2ª T. 5.113/91).

2 A eliminação da insalubridade ou diminuição de seus efeitos sobre a pessoa humana é uma preocupação constante da medicina do trabalho, como o é da lei. As normas de proteção ao ambiente ou ao trabalhador, individualmente, dirigem-se e procuram não só os aerodispersoides, como diz a norma, mas todos os agentes. Os órgãos administrativos receberam uma faculdade legal importantíssima: a de determinar às empresas que introduzam as medidas adequadas para eliminar ou mitigar os efeitos do mal. Eliminação do adicional (art. 194). Convenção OIT 136 (riscos de intoxicação provocados pelo benzeno, D. 1.253/94). Convenção OIT 139 (substâncias cancerígenas, D. 157/91). Convenção OIT 148 (riscos profissionais, contaminação do ar, ruído e vibrações, D. 93.413/86). Prorrogação da jornada insalubre, licença prévia (art. 60). Asbesto e amianto (L. 9.055/95 e D. 2.350/97, Envio ao SUS Port. MS/GM 1.851/06).

TST O simples fornecimento do aparelho de proteção pelo empregador não o exime do pagamento do adicional de insalubridade. Cabe-lhe tomar as medidas que conduzam à diminuição ou eliminação da nocividade, entre as quais as relativas ao uso efetivo do equipamento pelo empregado (TST – Súmula 289).

TST A reclassificação ou descaracterização da insalubridade por ato da autoridade competente repercute na satisfação do respectivo adicional, sem ofensa a direito adquirido ou ao princípio da irredutibilidade salarial (TST – Súmula 248).

TST A eliminação da insalubridade mediante fornecimento de aparelhos protetores aprovados pelo órgão competente do Poder Executivo exclui a percepção do respectivo adicional (TST – Súmula 80).

ELIMINAÇÃO. EPI. Atividades de limpeza das áreas internas do ônibus. Fornecimento de equipamentos de proteção, tais como luvas e botas de borracha, confirmado pela própria autora durante a realização da perícia, ocasião em que foram apresentados ao perito os relatórios de entrega dos instrumentos para a execução do trabalho. Adicional indevido (TRT – SP – 00008022320115020069, Rafael E. Pugliese Ribeiro, *DEJT*, 15.5.13).

A insalubridade é caracterizada quando o agente nocivo agride o trabalhador acima dos limites de tolerância ou de concentração máxima permissível. Se restar constatado, através de laudo pericial, que, apesar da utilização dos EPI's, a ação do agente nocivo continua acima desses limites, devido é o pagamento do respectivo adicional (TST, E-RR 194.886/95.0, Rider de Brito, Ac. SBDI-1 2.366/97).

3 Aos servidores públicos federais da administração direta, autárquica e fundacional, funcionários e empregados, aplicam-se as normas trabalhistas quanto à periculosidade e insalubridade (DL 1.873/81, em apêndice, D. 97.458/89, L. 8.270/91, art. 12). Raios X e substâncias radioativas (L. 4.345/64, art. 34, com alteração da L. 6.786/80 e L. 8.270/91, art. 12, D. 877/93); empregado (L. 7.394/85, em apêndice).

Art. 192. O exercício de trabalho em condições insalubres, acima dos limites de tolerância estabelecidos pelo Ministério do Trabalho, assegura

a percepção de adicional respectivamente de 40%, 20% e 10% do salário-base (STF, Súmula Vinculante n. 4, suspensa, sua aplicação, no adicional de insalubridade, STF, Rcl. 6.275-MC) **da região, segundo se classifiquem nos graus máximo, médio e mínimo.**

1 *Adicional de insalubridade.* Diz a Constituição Federal de 1988:

> **Art. 7º São direitos dos trabalhadores... além de outros...**
>
> **XXIII – adicional de remuneração para as atividades penosas, insalubres ou perigosas, na forma da lei.**

A tipificação da insalubridade depende, para cada caso, do que o Ministério do Trabalho considere acima dos limites toleráveis à saúde. O adicional é devido de acordo com o grau de insalubridade (máximo, médio ou mínimo), e consiste em um percentual variável (40, 20 e 10%, respectivamente) sobre o salário mínimo (suspensa a aplicação da Súmula 228 do TST, enquanto não superada a inconstitucionalidade por meio de lei ou convenção coletiva STF Rcl. 6.275 MC). Espera-se que o STF mantenha a Justiça feita, pois em muitas situações o empregado tem como salário-base um valor muito maior que o salário mínimo. É devido aos médicos, quando comprovada a insalubridade (CF de 1988, art. 7º, XXIII). Ao menor, é proibido o trabalho em locais perigosos, insalubres ou prejudiciais à sua moralidade (CLT, art. 405 e segs.). A jurisprudência anterior ao novo texto tendia a conceder o adicional, mesmo quando o contato com os agentes nocivos não abrangesse toda a jornada; as normas ministeriais poderão fixar o tempo de exposição referente à tolerância pelo organismo humano, com o que seria eliminada essa indecisão jurisprudencial. A hora extra do trabalho insalubre deve receber o acréscimo correspondente ao percentual (40, 20 ou 10%) sobre o valor do salário mínimo horário; os percentuais (extra e insalubre) se somam separadamente e não em cascata. A Convenção 42 da OIT, promulgada pelo Brasil (D. 1.361/37), estabelece indenização semelhante à do acidente do trabalho e contém relação de enfermidades e intoxicações previstas. *A atividade penosa (CF, art. 7º, XXIII) ainda não possui um conceito legal no direito de trabalho*; não se aplica o dos servidores públicos (L. 8.112/90, art. 71: zonas de fronteira e localidades cujas condições de vida justifiquem o adicional). Atividades e operações insalubres NR 15. Com a nova Port./MTE 496, que revoga a Port./MTE 3.393/87, os trabalhadores expostos a radiações ionizantes passam a ter direito a insalubridade e não mais a periculosidade. Quando o empregado fizer *horas extras em atividade insalubre* deve ter as mesmas calculadas sobre o salário acrescido do adicional de insalubridade, v. Precedente Administrativo 76 MTE/SIT, em apêndice.

STF (SUSPENSA, sua aplicação, no adicional de insalubridade, STF Rcl. 6.275-MC) Salvo nos casos previstos na Constituição, o salário mínimo não pode ser usado como indexador de base de cálculo de vantagem de servidor público ou de empregado, nem ser substituído por decisão judicial (STF, Súmula Vinculante n. 4).

STF Para efeito do adicional de insalubridade, a perícia judicial, em reclamação trabalhista, não dispensa o enquadramento da atividade entre as insalubres, que é ato da competência do Ministro do Trabalho e Previdência Social (STF – Súmula 460).

STF É competente o Ministro do Trabalho para a especificação das atividades insalubres (STF – Súmula 194).

TST I - Não basta a constatação da insalubridade por meio de laudo pericial para que o empregado tenha direito ao respectivo adicional, sendo necessária a classificação da atividade insalubre na relação oficial elaborada pelo Ministério do Trabalho. II – A higienização de instalações sanitárias de uso público ou coletivo de grande circulação, e a respectiva coleta de lixo, por não se equiparar à limpeza em residências e escritórios, enseja o pagamento de adicional de insalubridade em grau máximo, incidindo o disposto no Anexo 14 da NR-15 da Portaria do MTE n. 3.214/78 quanto à coleta e industrialização de lixo urbano (TST – Súmula 448, Conversão da Orientação Jurisprudencial 4 da SBDI-1, Res. 194/14).

TST A verificação mediante perícia de prestação de serviços em condições nocivas, considerado agente insalubre diverso do apontado na inicial, não prejudica o pedido de adicional de insalubridade (TST – Súmula 293).

TST SUSPENSA – A partir de 9 de maio de 2008, data da publicação da Súmula Vinculante n. 4 do Supremo Tribunal Federal, o adicional de insalubridade será calculado sobre o salário básico, salvo critério mais vantajoso fixado em instrumento coletivo (Res. TST 148/08, *DJ*, 10.07.08) (Suspensa sua aplicação pelo STF, Medida Cautelar RCL 6.275/SP) (TST – Súmula 228, mantida suspensão, TST 185/12).

TST A eliminação da insalubridade mediante fornecimento de aparelhos protetores aprovados pelo órgão competente do Poder Executivo exclui a percepção do respectivo adicional (TST – Súmula 80).

TST O trabalho executado, em condições insalubres, em caráter intermitente, não afasta, só por essa circunstância, o direito à percepção do respectivo adicional (TST – Súmula 47).

TST CANCELADA – O adicional de insalubridade devido a empregado que percebe, por força de lei, convenção coletiva ou sentença normativa, salário profissional, será sobre este calculado (TST – Súmula 17, cancelada pela Res. TST 148/08).

SDI I – Ausente previsão legal, indevido o adicional de insalubridade ao trabalhador em atividade a céu aberto, por sujeição à radiação solar (art. 195 da CLT e Anexo 7 da NR 15 da Portaria n. 3.214/78 do MTE). II – Tem direito ao adicional de insalubridade o trabalhador que exerce atividade exposto ao calor acima dos limites de tolerância, inclusive em ambiente externo com carga solar, nas condições previstas no Anexo 3 da NR 15 da Portaria n. 3.214/78 do MTE (TST, SDI-1, Orientação Jurisprudencial 173, Res. TST 186/12).

SDI Para efeito de concessão de adicional de insalubridade não há distinção entre fabricação e manuseio de óleos minerais – Portaria n. 3.214 do Ministério do Trabalho, NR 15, Anexo XIII (TST, SDI-1, Orientação Jurisprudencial 171).

SDI CANCELADA – I – Não basta a constatação da insalubridade por meio de laudo pericial para que o empregado tenha direito ao respectivo adicional, sendo necessária a classificação da atividade insalubre na relação oficial elaborada pelo Ministério do Trabalho. II – A limpeza em residências e escritórios e a respectiva coleta de lixo não podem ser consideradas atividades insalubres, ainda que constatadas por laudo pericial, porque não se encontram dentre as classificadas como lixo urbano na Portaria do Ministério do Trabalho (TST, SDI-1, Orientação Jurisprudencial 4, conversão das Orientações Jurisprudenciais SDI-1 4 e 170, convertida na Súmula 448, Res. 194/14).

SDI Na vigência do Decreto-Lei n. 2.351/87, o piso nacional de salários é a base de cálculo para o adicional de insalubridade (TST, SDI-1 Orientação Jurisprudencial Transitória 33, conversão da Orientação Jurisprudencial SDI-1 3).

SDI CANCELADA – Adicional de insalubridade. Base de cálculo. Mesmo na vigência da CF/88: salário mínimo (TST, SDI-1, Orientação Jurisprudencial 2, cancelada pela Res. TST 148/08).

BANHEIROS UTILIZADOS PÚBLICOS. O atual entendimento desta Corte Superior é no sentido de que deve prevalecer o pagamento do adicional de insalubridade nas hipóteses em que a limpeza é feita em sanitários utilizados por um grande número de usuários, conforme é o caso na hipótese dos autos. Agravo de instrumento a que se nega provimento (TST, AIRR 1073-96.2010.5.04.0332, julgado em 8.11.13, Fernando Eizo Ono, *DEJT*, 6.11.13).

COMISSÁRIA DE BORDO EM EMBARQUE E DESEMBARQUE. ABASTECIMENTO DE AERONAVES. É entendimento desta Corte de que é devido o adicional de periculosidade aos empregados que exercem suas atividades na área de abastecimento de aeronaves, excluindo-se apenas aqueles que permanecem a bordo durante o período de abastecimento, como os pilotos e comissários de bordo. Recurso de revista conhecido e provido no particular (TST, RR 114500-09.2007.5.02.0049, julgado em 23.10.13, Mauricio Godinho Delgado, *DEJT*, 25.10.13).

O Tribunal Regional, ao decidir pelo deferimento do adicional de insalubridade em grau médio, empreendeu interpretação analógica à norma ministerial que regulamenta o assunto e que não tem previsão expressa quanto às condições insalubres detectadas pelo *expert*. O entendimento desta Corte tem se firmado no sentido de que as atividades desempenhadas pelas monitoras de creche não se enquadram na NR 15 da Portaria 3.214/98 do Ministério do Trabalho, a despeito da existência de laudo pericial constatando condições insalubres no labor desenvolvido, não havendo, assim, direito ao percebimento do adicional de insalubridade, em consonância com o entendimento contido no item I da Orientação Jurisprudencial n. 4 da SBDI-1/TST, o qual resultou contrariado *in casu*. Precedentes. Recurso de revista conhecido e provido (TST, RR 233700-23.2009.5.15.0099, julgado em 9.10.13, Augusto César Leite de Carvalho, *DEJT*, 11.10.13).

O Anexo 7 da NR 15 do Ministério do Trabalho, ao qual a Orientação Jurisprudencial n. 173 da SBDI-1 faz referência, trata das radiações não ionizantes. Inegável, portanto, que o intuito desta Corte, quando de sua edição, foi de vedar o pagamento de adicional de insalubridade em razão do fator radiação solar, ante a inexistência de previsão legal neste sentido. Entretanto, o mesmo entendimento não pode ser aplicado às hipóteses em que o laudo pericial constata a submissão do trabalhador ao agente insalubre calor, o qual encontra previsão no Anexo n. 3 da mesma norma regulamentar, na qual não há qualquer diferenciação a respeito da necessidade de exposição ao mencionado fator em ambiente fechado ou aberto. Aliás, conforme se verifica do item 1 do referido anexo, há expressa menção a "Ambientes externos com carga solar". Dessa forma, havendo comprovação, mediante perícia técnica, da submissão do reclamante a trabalho insalubre decorrente da exposição ao fator calor, nos termos da NR 15, Anexo 3, do Ministério do Trabalho, deve ser mantida a condenação ao pagamento de adicional de insalubridade, sendo irrelevante o fato da alta temperatura decorrer do contato com a luz solar. Recurso de embargos conhecido e desprovido (TST, E-ARR-153200-96.2008.5.15.0133, julgado em 23.8.12, Renato de Lacerda Paiva, *DEJT*, 31.8.12).

Conforme se depreende do acórdão regional, o reclamante prestava serviços no corte de cana-de-açúcar e o limite de tolerância para o calor previsto pela NR 15 (Anexo 3: Limites de Tolerância para Exposição ao Calor), calculado em IBUTG (Índice de Bulbo Úmido Termômetro de Globo) foi ultrapassado. Salientou-se também que, conforme a prova dos autos, a caracterização da atividade do reclamante como insalubre não decorreu da simples exposição aos efeitos dos raios solares, mas do excesso de calor em ambiente de elevadas temperaturas, em cultura em que sua dissipação torna-se mais difícil que em outras lavouras, e que o uso de EPIs, se de um lado pode evitar certos acidentes, lesões ou doenças, de outro lado torna a vestimenta, em seu conjunto, extremamente desconfortável, contribuindo para a retenção do calor. Não se trata, portanto, de simples exposição do trabalhador a raios solares ou a variações climáticas, havendo previsão na Norma Regulamentadora n. 15, Anexo n. 3, da Portaria n. 3.214/78, quanto à insalubridade pelo trabalho exposto ao calor, quando ultrapassado o limite de tolerância, como ocorreu na hipótese dos autos. Assim, existindo previsão legal para o deferimento do adicional de insalubridade, não há falar em desrespeito ao artigo 5º, inciso II, da Constituição Federal nem em contrariedade à Orientação Jurisprudencial n. 173 da SBDI-1 do TST, a qual, aliás, refere-se ao Anexo n. 7 da mencionada norma regulamentadora, hipótese distinta da dos autos. Nesse sentido, inclusive, o precedente desta Turma RR – 91600-16.2008.5.09.0562. Além disso, para se concluir que o Regional contrariou o entendimento consubstanciado na Orientação Jurisprudencial n. 173 da SBDI-1 do TST, seria necessário o revolvimento de fatos e provas, o que é vedado nesta instância extraordinária, nos termos da Súmula n. 126 desta Corte. Nesse contexto, também não se cogita de divergência jurisprudencial, revelando-se inespecíficos os arestos colacionados, nos termos do item I da Súmula n. 296 do TST. Recurso de revista não conhecido (TST, RR-9400-49.2008.5.09.0562, julgado em 19.10.11, José Roberto Freire Pimenta, 2ª T., *DEJT*, 28.10.11).

■ O E. Supremo Tribunal Federal, ao editar a Súmula Vinculante n. 4, assentou, em sua redação, ser inconstitucional a utilização do salário mínimo como indexador de base de cálculo de vantagem de servidor público ou de empregado, tratando a matéria de forma genérica, ou seja, não elegeu o salário ou a remuneração do trabalhador a ser utilizada para a base de cálculo relativa ao adicional de insalubridade. E mais, apesar de reconhecer tal inconstitucionalidade, a parte final da Súmula Vinculante n. 4 do STF vedou a substituição desse parâmetro por decisão judicial, razão pela qual outra não pode ser a solução da controvérsia senão a permanência da utilização do salário mínimo como base de cálculo do adicional de insalubridade, ressalvada a hipótese de salário profissional *stricto sensu*, até a edição de Lei dispondo em outro sentido ou até que as categorias interessadas se componham em negociação coletiva para estabelecer a base de cálculo que incidirá sobre o adicional em questão. Precedentes da SBDI-1 desta Corte (TST, RR 77300-69.2005.5.09.0654, Guilherme Caputo Bastos).

■ A Orientação Jurisprudencial n. 4 da SBDI-1 do TST, interpretando os arts. 190 e seguintes da CLT, impõe como condição ao deferimento do adicional de insalubridade que a atividade insalubre esteja elencada na relação oficial elaborada pelo Ministério do Trabalho, não bastando a constatação por laudo pericial. 2. O Anexo 14 da NR-15 da Portaria n. 3.214/78 do MTb não prevê o pagamento do adicional de insalubridade para o pessoal que trabalha em aviário, somente prevendo para o trabalho desenvolvido em estábulos e cavalariças, locais que não podem ser equiparados, sequer por analogia, aos galinheiros. 3. O Regional não registrou que as aves mortas que eram retiradas do galinheiro encontravam-se em estado de deterioração/putrefação, de modo a possibilitar o enquadramento da atividade na norma em exame. 4. Não há, assim, como se ampliar o rol de atividades insalubres elaboradas pelo Ministério do Trabalho, equivalendo dizer que a limpeza do galinheiro/aviário, com a remoção de fezes e/ou aves mortas, não constitui trabalho insalubre (TST, RR 138.299/2004-900-04-00.6, Ives Gandra Martins Filho).

■ Nos termos da liminar concedida pelo Egrégio Supremo Tribunal Federal suspendendo a aplicação da nova redação da Súmula 228 do TST, que, com base na Súmula

Vinculante n. 4 do Supremo Tribunal Federal, dispôs que o adicional de insalubridade não deveria ser calculado mais sobre o salário mínimo, mas sim sobre o salário básico, não há que se falar em mudança do critério adotado para a base de cálculo do adicional de insalubridade – do salário mínimo para o salário básico. Portanto, até que se tenha base normativa regulamentando a situação, continua-se entendendo que a base de cálculo para o adicional de insalubridade é o salário mínimo (TST, RO-AR 273/2006-000-17-00, Relator Renato de Lacerda Paiva).

Por unanimidade, conhecer do recurso de revista, por divergência jurisprudencial, tão somente quanto ao tema "adicional de insalubridade – lixo urbano – caracterização" e, no mérito, dar-lhe provimento para excluir da condenação o pagamento do adicional de insalubridade (TST, RR 619.626/1999.6, Lelio Bentes Corrêa).

* Sobre o tema *supra*, v. www.institutocarrion.com.br.

2 Integração do adicional no contrato de trabalho (v. art. 194). Exigibilidade (art. 196). Perícia (art. 195). Periculosidade (art. 193). Atividades e operações insalubres (NR 15). Servidores, insalubridade e periculosidade (v. art. 189/3). Aposentadoria especial e agentes nocivos (L. 8.213/91, art. 58); contagem de tempo de serviço (D. 3.048/99, art. 64 e segs., alterado pelos D. 4.882/03 e 8.123/13). Radiologista: v. art. 189/3.

Art. 193. São consideradas atividades ou operações perigosas, na forma da regulamentação aprovada pelo Ministério do Trabalho e Emprego, aquelas que, por sua natureza ou métodos de trabalho, impliquem risco acentuado em virtude de exposição permanente do trabalhador a: (red. L. 12.740/12).

I – inflamáveis, explosivos ou energia elétrica[1]; (red. L. 12.740/12).

II – roubos ou outras espécies de violência física nas atividades profissionais de segurança pessoal ou patrimonial (red. L. 12.740/12).

§ 1º O trabalho em condições de periculosidade assegura ao empregado um adicional[2] de 30% sobre o salário sem os acréscimos resultantes de gratificações, prêmios ou participações nos lucros da empresa.

§ 2º O empregado poderá optar pelo adicional de insalubridade que porventura lhe seja devido.

§ 3º Serão descontados ou compensados do adicional outros da mesma natureza eventualmente já concedidos ao vigilante por meio de acordo coletivo (red. L. 12.740/12).

§ 4º São também consideradas perigosas as atividades de trabalhador em motocicleta (red. L. 12.997/14).

1 *Periculosidade*. Diz a Constituição Federal de 1988:

Art. 7º São direitos dos trabalhadores... além de outros...

XXIII – adicional de remuneração para as atividades penosas, insalubres ou perigosas, na forma da lei.

Tipificação legal de periculosidade. São perigosas as atividades ou operações que, por sua natureza ou métodos de execução, impliquem risco acentuado à integridade física do trabalhador em virtude de exposição permanente com inflamáveis, explosivos, eletricidade, roubos ou outras espécies de violência física nas atividades profissionais de segurança pessoal ou patrimonial e agora o trabalhador em motocicleta (motoboy, a motocicleta é o seu "local de trabalho"). O empregado tem direito ao adicional mesmo quando exposto de forma eventual e só não receberá se o contato for de forma fortuita, assim a jurisprudência. Independentemente do ramo da empresa. A atividade de segurança pessoal ou patrimonial é talvez a mais periculosa, o risco é maior quando se torna mais difícil de ser evitado. A Súmula 364 define três situações: a) permanente, contato constante; b) eventual, contato não constante, mas quando acontece e por um tempo excessivo; c) fortuito, contato de forma eventual, que, quando acontece, é por um tempo muito pequeno. As leis existentes transferem toda a aplicabilidade à regulamentação ministerial. Sendo essa regulamentação a fonte geradora, inexiste direito adquirido a continuar recebendo adicionais de situações de trabalho que não mais se consideram insalubres ou perigosas; o direito adquirido existe para as épocas em que a norma regulamentadora vigeu, mesmo que não tivesse sido reconhecida ou paga pela empresa. O TST, com a nova Súmula 447, deixa claro que o contato tem de ser permanente e direto, ou seja, o empregado tem de estar na área de risco. Já a OJ 347 dá o direito ao adicional ao empregado que não tem contato direto com o líquido inflamável, mas esteja em prédio vertical onde o mesmo se encontra armazenado acima do limite legal. Trabalhador rural, aplica-se a NR 16, pois se equipara ao trabalhador urbano. Atividades e operações perigosas, NR 16, Explosivos, NR 19, Líquidos e combustíveis inflamáveis, NR 20.

2 *Adicional de periculosidade*. É de 30% sobre o salário-base, excluídas as gratificações, prêmios ou participação nos lucros da empresa (CLT, art. 193) e sobre outros adicionais (Súmula 191). O adicional será devido sempre integralmente, sedimentado nas Súmulas TST 361 e 364, embora entendamos que o adicional deva ser remunerado proporcionalmente ao tempo de exposição, pois a norma regulamentadora, com autorização legal, assim disciplinou. Para o eletricitário, contratado sob a L. 7.369/85, o adicional será calculado sobre a totalidade das parcelas de natureza salarial, a norma coletiva não pode determinar a incidência sob o salário-base. A lei impede a acumulação dos adicionais de insalubridade e periculosidade; a escolha de um dos dois pertence ao empregado (art. 193, § 2º), após o trânsito em julgado da sentença, no processo de conhecimento. Tal opção, pela sistemática processual e economia de provas, deverá ser feita na petição inicial ou, se o juiz sanear o processo, no início. As radiações ionizantes ou substâncias radioativas, inclusive radioterapia e radiografia, com a nova

Port./MTE 496, que revoga a Port./MTE 3.393/87, passam a ser insalubres e não mais periculosas.

O entendimento do TST permite que a fixação do valor do adicional possa ser feita por meio de acordos e convenções coletivas, desde que não seja inferior ao estabelecido em lei e proporcional ao tempo de exposição (Súmula 364, II).

STF Tem direito ao adicional de serviço perigoso o empregado de posto de revenda de combustível líquido (STF – Súmula 212).

TST Os tripulantes e demais empregados em serviços auxiliares de transporte aéreo que, no momento do abastecimento da aeronave, permanecem a bordo não têm direito ao adicional de periculosidade a que aludem o art. 193 da CLT e o Anexo 2, item 1, "c", da NR 16 do MTE (TST – Súmula 447, Res. TST 193/13).

TST I - Tem direito ao adicional de periculosidade o empregado exposto permanentemente ou que, de forma intermitente, sujeita-se a condições de risco. Indevido, apenas, quando o contato dá-se de forma eventual, assim considerado o fortuito, ou o que, sendo habitual, dá-se por tempo extremamente reduzido. II - Não é válida a cláusula de acordo ou convenção coletiva de trabalho fixando o adicional de periculosidade em percentual inferior ao estabelecido em lei e proporcional ao tempo de exposição ao risco, pois tal parcela constitui medida de higiene, saúde e segurança do trabalho, garantida por norma de ordem pública (arts. 7º, XXII e XXIII, da CF e 193, § 1º, da CLT) (TST – Súmula 364, inserido item II pela Res. 209/16).

TST O trabalho exercido em condições perigosas, embora de forma intermitente, dá direito ao empregado a receber o adicional de periculosidade de forma integral, tendo em vista que a Lei n. 7.369/85 não estabeleceu qualquer proporcionalidade em relação ao seu pagamento (TST – Súmula 361).

TST I – O adicional de periculosidade incide apenas sobre o salário básico e não sobre este acrescido de outros adicionais. II – O adicional de periculosidade do empregado eletricitário, contratado sob a égide da Lei n. 7.369/1985, deve ser calculado sobre a totalidade das parcelas de natureza salarial. Não é válida norma coletiva mediante a qual se determina a incidência do referido adicional sobre o salário básico. III - A alteração da base de cálculo do adicional de periculosidade do eletricitário promovida pela Lei n. 12.740/2012 atinge somente contrato de trabalho firmado a partir de sua vigência, de modo que, nesse caso, o cálculo será realizado exclusivamente sobre o salário básico, conforme determina o § 1º do art. 193 da CLT (Res. 214/16, *DEJT*, 28.11.16). (TST – Súmula 191).

TST I – O adicional de periculosidade, pago em caráter permanente, integra o cálculo de indenização e de horas extras (ex-Prejulgado n. 3). II – Durante as horas de sobreaviso, o empregado não se encontra em condições de risco, razão pela qual é incabível a integração do adicional de periculosidade sobre as mencionadas horas (TST – Súmula 132, conversão das Orientações Jurisprudenciais SDI-1 174 e 267).

TST O adicional de periculosidade não incide sobre os triênios pagos pela Petrobras (TST – Súmula 70).

TST Os empregados que operam em bomba de gasolina têm direito ao adicional de periculosidade (L. 2.573/55) (TST – Súmula 39).

SDI É devido o pagamento do adicional de periculosidade ao empregado que desenvolve suas atividades em edifício (construção vertical), seja em pavimento igual ou distinto daquele onde estão instalados tanques para armazenamento de líquido inflamável, em quantidade acima do limite legal, considerando-se como área de risco toda a área interna da construção vertical (TST, SDI-1, Orientação Jurisprudencial 385).

SDI É devido o adicional de periculosidade aos empregados cabistas, instaladores e reparadores de linhas e aparelhos de empresas de telefonia, desde que, no exercício de suas funções, fiquem expostos a condições de risco equivalente ao do trabalho exercido em contato com sistema elétrico de potência (TST, SDI-1, Orientação Jurisprudencial 347).

SDI É assegurado o adicional de periculosidade apenas aos empregados que trabalham em sistema elétrico de potência em condições de risco, ou que o façam com equipamentos e instalações elétricas similares, que ofereçam risco equivalente, ainda que em unidade consumidora de energia elétrica (TST, SDI-1, Orientação Jurisprudencial 324).

SDI O adicional de periculosidade dos eletricitários deverá ser calculado sobre o conjunto de parcelas de natureza salarial (TST, SDI-1, Orientação Jurisprudencial 279).

ADICIONAL DE PERICULOSIDADE. PAGAMENTO PROPORCIONAL AO TEMPO DE EXPOSIÇÃO. PREVISÃO EM NORMA COLETIVA. IMPOSSIBILIDADE. Não pode prevalecer norma coletiva que visa a fixar o pagamento proporcional do adicional de periculosidade, porquanto tal parcela se insere entre as medidas de higiene, saúde e segurança do trabalho, garantidas por norma de ordem pública (artigos 193 da CLT e 7º, XXII, da Constituição Federal). Nesse contexto, o Pleno do TST, por meio da Resolução 174/2011, publicada no *DEJT* de 31/05/2011, cancelou o item II da Súmula 364 do TST, afastando, assim, a possibilidade de fixação do adicional de periculosidade em percentual inferior ao legal e proporcional ao tempo de exposição ao risco. Precedentes. Recurso de revista não conhecido (TST, RR 47300-72.2009.5.09.0872, julgado em 13.5.15, Márcio Eurico Vitral Amaro, 8ª T., *DEJT*, 22.5.15).

ADICIONAL DE PERICULOSIDADE. PROPORCIONALIDADE PREVISTA EM NORMA COLETIVA. IMPOSSIBILIDADE. Considera-se inválida a norma coletiva que se destina a reduzir o percentual do adicional de periculosidade fixado em lei, por se tratar de norma cogente, relativa à proteção da saúde e segurança do trabalho, cuja flexibilização não se admite. Incólume o art. 7º, XXVI, da Constituição Federal. Recurso de revista não conhecido (TST, RR 684-11.2010.5.05.0033, julgado em 27.5.15, Aloysio Corrêa da Veiga, 6ª T., *DEJT*, 29.5.15).

ADICIONAL DE PERICULOSIDADE. ALTERAÇÃO POR NEGOCIAÇÃO COLETIVA. CANCELAMENTO DO ITEM II DA SÚMULA N. 364 DO TST. Não obstante entenda esta Corte que se deve prestigiar o pactuado entre empregados e empregadores, por meio de convenções e acordos coletivos de trabalho, sob pena de violação do art. 7º, inciso XXVI, da Constituição da República, a transação no Direito do Trabalho, fundada na autonomia coletiva privada, pressupõe a observância de certos requisitos, como a criação de normas que tragam benefícios aos trabalhadores ou que versem normas de indisponibilidade relativa. Nessa esteira, recentemente esta Corte evoluiu o seu entendimento para estabelecer que as matérias afetas à saúde do trabalhador, que gozam de indisponibilidade absoluta, não podem ser flexibilizadas nem mesmo por negociação entre sindicatos. Disso resultou o cancelamento do item II da Súmula n. 364 do TST – por força da Resolução n. 174/2011, publicada no *Diário Eletrônico da Justiça do Trabalho* dos dias 27, 30 e 31/5/2011 –, por meio do qual a possibilidade de, mediante negociação coletiva, estabelecer-se o pagamento proporcional do adicional de periculosidade deixou de ser admitida pela jurisprudência desta Corte. A inteligência da referida alteração jurisprudencial tem por consequência que não se admita a alteração do adicional de periculosidade, ainda que mediante instrumento negociado, se este implicar a redução do valor final da parcela. Precedentes. Recurso de revista não conhecido (TST, RR 90200-67.2006.5.09.0325, julgado em 5.11.14, Alexandre de Souza Agra Belmonte, 3ª T., *DEJT*, 28.11.14).

■ MOTORISTA DE ÔNIBUS. EXPOSIÇÃO EVENTUAL. 1. Na hipótese, a decisão turmária considerou que o motorista de ônibus que permanece no veículo durante o abastecimento expõe-se apenas de forma eventual ao risco, razão pela qual excluiu o adicional de periculosidade da condenação, com fulcro na Súmula n. 39 do TST e na Orientação Jurisprudencial n. 5 da SBDI-1. 2. A teor da jurisprudência dominante do TST, o contato eventual com o agente perigoso não dá direito ao empregado a perceber o adicional respectivo. 3. Embargos não conhecidos (TST-E-RR-635.192/00.2, Georgenor de Sousa Franco Filho, *DJ*, 13.12.02).

■ Estabelece o art. 193 da CLT, como condição para percepção do adicional de periculosidade, que o empregado, no exercício de suas atividades, permaneça em contato com o agente perigoso. A jurisprudência desta Corte, no entanto, estratificada na Orientação Jurisprudencial n. 5 da SDI, elasteceu a exigibilidade do adicional em exame aos casos em que a exposição a inflamáveis e explosivos ocorra de modo intermitente (TST, RR 467.469/98.4, Rel. Milton de Moura França).

■ Consoante preconiza a Súmula n. 364, item II, do TST, a fixação do adicional de periculosidade em percentual inferior ao legal e proporcional ao tempo de exposição ao risco deve ser respeitada, desde que pactuada em acordos ou convenções coletivas de trabalho. Recurso de embargos conhecido e provido (TST, E-RR 14328/2002-004-09-00, Vieira de Mello Filho, *DEJT*, 21.8.09).

■ O artigo 2º, *caput*, do Decreto n. 93.412/86 é claro ao dispor que o adicional de periculosidade, por exposição à eletricidade, é devido, independentemente do cargo, categoria ou ramo da empresa. Nesse contexto, se o empregado de empresa de telefonia trabalha sistematicamente próximo a instalações elétricas, e essa atividade, à luz do quadro anexo ao Decreto n. 93.412/86, apresenta-se enquadrada como perigosa, revela-se inequívoco o direito à percepção do adicional de periculosidade. O fato de o artigo 1º da Lei n. 7.369/85 asseverar que o adicional em exame destina-se ao "empregado que exerce atividade no setor de energia elétrica" não tem o condão de afastar essa conclusão. E isso porque o referido dispositivo legal não pode ser objeto de interpretação meramente literal, tendente a restringir a sua aplicação apenas à categoria dos eletricitários. Realmente, a exegese não atende à finalidade última da lei, que é a de proteger, não só o eletricitário, mas todos os empregados que trabalham em contato com instalações elétricas, com iminente risco de vida ou de acidente grave. Por essa razão, o Decreto n. 93.412/86, ao resguardar o direito ao pagamento do adicional de periculosidade aos trabalhadores que põem em risco sua vida e saúde, ao exercerem atividades constantes de seu quadro anexo, apresenta-se em estrita sintonia com a *mens legis* da Lei n. 7.369/85. O Regional enfatiza que o reclamante subia no poste com habitualidade, e se neste mesmo poste, a uma média de 50 cm de sua cabeça, passavam fios de alta tensão, o risco de contato com a energia elétrica é não só presumido, mas real e presente e, ainda, que: mantinha-se em risco permanente ao desenvolver suas atividades diretamente em redes de energia elétrica de alta tensão e galeria subterrâneas. Recurso de revista conhecido e não provido (TST, RR 614/2002-051-18-00.6, Milton de Moura França).

■ Entendo que o instrumento coletivo não detém competência para alterar comandos tidos como de ordem pública, destinados a garantir a proteção à higiene e à saúde do trabalhador, aí incluídos aqueles relativos ao pagamento do adicional de periculosidade. A jurisprudência do Tribunal Superior do Trabalho, entretanto, defende a tese da prevalência do que estabelecido em acordo ou convenção coletiva para a fixação do adicional de periculosidade. Orientação Jurisprudencial n. 258/SDI (TST, RR 713.999/2000.2, José Luciano de Castilho Pereira).

Art. 194. O direito do empregado ao adicional de insalubridade ou de periculosidade cessará com a eliminação do risco à sua saúde ou integridade física, nos termos desta Seção e das normas expedidas pelo Ministério do Trabalho.

1 *Integração do adicional no contrato de trabalho*: é relativa, de forma que aquele poderá ser suprimido, quando cessarem os agentes insalubres; isso é socialmente preferível à persistência da agressão, nociva à pessoa do trabalhador; mas, enquanto não for eliminado, o adicional será computado no cálculo de férias, 13º salário, FGTS etc. Também sobre o número de horas extras. Os adicionais devem ser calculados separadamente e não um sobre o outro; é o mesmo que se disse quanto ao adicional noturno em hora extra (art. 59/3 e art. 73/3). Essa soma de adicionais e não acumulação é mais evidente no caso de insalubridade ou periculosidade, em face dos textos legais (cálculo sobre o mínimo). Cessando a insalubridade, cessa a obrigação de pagar o adicional: Barreto Prado entende que, nesses casos, a empresa deverá propor ação judicial para proclamar a extinção da causa que o gerava (*Tratado*, v. 1).

TST O simples fornecimento do aparelho de proteção pelo empregador não o exime do pagamento do adicional de insalubridade. Cabe-lhe tomar as medidas que conduzam à diminuição ou eliminação da nocividade entre as quais as relativas ao uso efetivo do equipamento pelo empregado (TST – Súmula 289).

TST A reclassificação ou descaracterização da insalubridade, por ato da autoridade competente, repercute na satisfação do respectivo adicional, sem ofensa a direito adquirido ou ao princípio de irredutibilidade salarial (TST – Súmula 248).

TST Enquanto percebido, o adicional de insalubridade integra a remuneração para todos os efeitos legais (TST – Súmula 139, conversão da Orientação Jurisprudencial SDI-1 102).

TST I – O adicional de periculosidade, pago em caráter permanente, integra o cálculo de indenização e de horas extras (ex-prejulgado n. 3). II – Durante as horas de sobreaviso, o empregado não se encontra em condições de risco, razão pela qual é incabível a integração do adicional de periculosidade sobre as mencionadas horas (TST – Súmula 132, conversão das Orientações Jurisprudenciais SDI-1 174 e 267).

TST A eliminação da insalubridade mediante fornecimento de aparelhos protetores aprovados pelo órgão competente do Poder Executivo exclui a percepção do respectivo adicional (TST – Súmula 80).

O adicional de risco pago aos portuários integra o valor do salário-hora ordinário para o cálculo das horas extras. O mesmo não ocorre em relação à gratificação individual de produtividade, cuja concessão aos portuários é facultada à administração dos portos, conforme disposto pelo art. 15 da Lei n. 4.860/65 (TST, RR 6.411/90.0, Francisco Fausto, Ac. 3ª T. 4.478/91).

Reflexos. O adicional de insalubridade possui natureza salarial, devendo, portanto, integrar o salário do empregado (TST, RR 155.062/95.8, Ângelo Mário, Ac. 2ª T. 1.002/97).

Os equipamentos de proteção individual podem afastar os agentes insalubres mas não o risco. Assim, constatado o trabalho em condições perigosas o adicional é sempre devido (TRT/SP, 1.174/97, Valentin Carrion, Ac. 9ª T. 97/98).

De acordo com o Enunciado 191 desta Casa, o cálculo do adicional de periculosidade será feito sobre o salário base, nele excluídos outros adicionais, como o de horas extras e o noturno (TST, RR 359.259/97.9, José Zito Calasãs Rodrigues, Ac. 3ª T.).
* Sobre o tema *supra*, v. www.institutocarrion.com.br.

2 *Insalubridade reconhecida em sentença transitada em julgado*. Eliminação das circunstâncias agressoras. A jurisprudência processual civil, ao interpretar o art. 505, I, do CPC/15 (revisão da coisa julgada), optou pela ação revisional. Mas não há texto legal expresso que assim determine. Por outro lado, quando faltam determinadas normas no direito processual do trabalho, a aplicação de normas alheias deve ser efetuada mediante mecanismos autônomos e com a necessária adaptação (v. art. 831/8).

Revisão da coisa julgada. Insalubridade reconhecida em sentença transitada em julgado. Eliminação das circunstâncias agressoras. A jurisprudência processual civil, ao interpretar o art. 491, I, do CPC (revisão da coisa julgada), optou pela ação revisional. Mas não há texto legal expresso que assim determine. Por outro lado, quando faltam determinadas normas no direito processual do trabalho, a aplicação de normas alheias deve ser efetuada mediante mecanismos autônomos e com a necessária adaptação (Jaeger, Krotoschin e Campos Batalha, in "Trat. de D. Jud.", deste). O direito processual laboral, pela sua vocação simplificadora, deve optar pelo debate na própria execução de sentença, rito de artigos de liquidação, com amplo debate, sendo desnecessária a ação revisional autônoma. Entretanto, quando esta foi proposta pela empresa, a exigibilidade do adicional de insalubridade vai até a citação, na forma de certos julgados do STF (RE 87.105), para hipóteses afins. Não se pode pretender aguardar pelo trânsito em julgado, estimulando a interposição maliciosa de recursos, durante anos, ferindo-se a vontade da lei material (CLT, art. 194) (TRT/SP, AP 10.366/84, Valentin Carrion, 8ª T. 8.4.85).

Art. 195. A caracterização e a classificação da insalubridade e da periculosidade, segundo as normas do Ministério do Trabalho, far-se-ão através de perícia a cargo de Médico do Trabalho ou Engenheiro do Trabalho, registrados no Ministério do Trabalho.

§ 1º É facultado às empresas e aos sindicatos das categorias profissionais interessadas requererem ao Ministério do Trabalho a realização de perícia em estabelecimento ou setor deste, com o objetivo de caracterizar e classificar ou delimitar as atividades insalubres ou perigosas.

§ 2º Arguida em juízo insalubridade ou periculosidade, seja por empregado, seja por sindicato em favor de grupo de associados, o juiz designará perito habilitado na forma deste artigo, e, onde não houver, requisitará perícia ao órgão competente do Ministério do Trabalho.

§ 3º O disposto nos parágrafos anteriores não prejudica a ação fiscalizadora do Ministério do Trabalho, nem a realização *ex officio* da perícia.

1 *Perícia*. A norma legal foi beneficamente elástica ao atribuir simultaneamente ao Poder Judiciário e ao Poder Executivo a competência para a determinação de elaboração do laudo. As circunstâncias mais propícias de cada hipótese e cada região precipitarão a atividade desta ou daquela autoridade. Os conflitos poderão ser minimizados pela adaptação a cada caso e pelo poder criativo da administração e dos juízes. Entende-se como substituição processual a arguição de insalubridade em juízo pelo sindicato (art. 195, § 2º). A lei não prevê as hipóteses de funcionamento do perito médico ou engenheiro; sem se criarem óbices procedimentais quando prevalecerem em importância ou em quantidade os conhecimentos necessários de um especialista sobre o outro, àquele será atribuído o laudo; ressalvada a hipótese de que a complexidade e importância do caso obriguem ao concurso de ambos. Médico e engenheiro do trabalho (art. 165/4). A Justiça caminha a passos largos. A Súmula 453 tira a necessidade de perícia para casos em que o empregador por si só já assumiu a periculosidade, pagando o adicional por mera liberalidade.

TST O pagamento de adicional de periculosidade efetuado por mera liberalidade da empresa, ainda que de forma proporcional ao tempo de exposição ao risco ou em percentual inferior ao máximo legalmente previsto, dispensa a realização da prova técnica exigida pelo art. 195 da CLT, pois torna incontroversa a existência do trabalho em condições perigosas (TST – Súmula 453, conversão da Orientação Jurisprudencial 406 da SBDI-1, Res. 194/14) (TST – Súmula 453).

SDI CANCELADA – O pagamento de adicional de periculosidade efetuado por mera liberalidade da empresa, ainda que de forma proporcional ao tempo de exposição ao risco ou em percentual inferior ao máximo legalmente previsto, dispensa a realização da prova técnica exigida pelo art. 195 da CLT, pois torna incontroversa a existência do trabalho em condições perigosas (TST, SDI-1, Orientação Jurisprudencial 406, convertida na Súmula 453, Res. 194/14).

SDI A realização de perícia é obrigatória para a verificação de insalubridade. Quando não for possível sua realização como em caso de fechamento da empresa, poderá o julgador utilizar-se de outros meios de prova (TST, SDI-1, Orientação Jurisprudencial 278).

A verificação da presença do agente insalubre no ambiente de trabalho deve ser procedida mediante a realização da perícia técnica, ante o que dispõe o art. 195, § 2º, da CLT. A condenação ao pagamento do adicional de insalubridade não pode decorrer de simples presunção da existência do agente nocivo no local de trabalho do empregado, pela circunstância de o empregador fornecer aparelhos de proteção. Também não é razoável a tese de que o fornecimento dos aparelhos protetores implica reconhecimento da insalubridade pelo empregador, pois quem pode aferir a insalubridade é o perito, que é o profissional técnico habilitado para tal finalidade. Nem o empregador nem o empregado possuem os conhecimentos necessários para avaliar se o ambiente de trabalho é ou não insalubre. A desativação do local de trabalho do empregado também não inviabiliza a realização da perícia, tendo em vista que a insalubridade pode ser aferida por outros meios ao alcance do perito (RR 757063/01). Ives Gandra Martins Filho – TST.

Não ofende o artigo 195 da CLT, decisão que se utiliza de prova emprestada, realizada anteriormente no mesmo local de trabalho do reclamante e com o mesmo objeto, para efeito de constatação de insalubridade, mormente quando deixa igualmente claro que outros empregados recebem referida parcela por força de perícia técnica já realizada (AIRR 722.927/01). Milton de Moura França – TST.

Insalubridade. Perícia. Desativado o local de trabalho, a perícia, como prova emprestada, só se justifica excepcionalmente e se houver todas as garantias de fidelidade (Proc. TRT/SP RO 20.643/96, Valentin Carrion, Ac. 9ª T. 51.908/97).

* Sobre o tema *supra*, v. www.institutocarrion.com.br.

2 *Fiscalização* (art. 160/2).

Art. 196. Os efeitos pecuniários decorrentes do trabalho em condições de insalubridade ou periculosidade serão devidos a contar da data da inclusão da respectiva atividade nos quadros aprovados pelo Ministério do Trabalho, respeitadas as normas do art. 11.

1 *Exigibilidade do adicional* perante o direito intertemporal. O DL 389/68 (revogado pela L. 6.514/77, art. 5º, em apêndice) determinava que os adicionais de insalubridade ou periculosidade seriam devidos apenas a contar da data do ajuizamento da reclamação (art. 3º). A L. 6.514 passou a permitir que os efeitos de insalubridade possam retroagir até a vigência da lei, desde que não transcorridos 2 anos dessa vigência; deduz-se que daí em diante incide a prescrição, na forma do que dispõe o art. 196, cujo texto, como todos os demais dos arts. 154 a 201, vigora em virtude da citada lei. Aplicam-se os prazos prescricionais da CLT, art. 11 (red. L. 9.658/98) (v. art. 11 e notas). Inexigibilidade pela supressão regulamentar (art. 194/1).

SDI Condenada ao pagamento do adicional de insalubridade ou periculosidade, a empresa deverá inserir, mês a mês e enquanto o trabalho for executado sob essas condições, o valor correspondente em folha de pagamento (TST, SDI-1, Orientação Jurisprudencial 172).

Integra todas as verbas salariais; não só as indenizatórias, mas também as férias, décimo terceiro salário, DSR e horas extras; o salário mínimo tanto é mensal como horário. Mas os adicionais devem ser calculados separadamente sobre o salário e somados; não calculados em cascata. Assim não incide cumulativamente adicional sobre adicional (TRT-SP, RO 34.035/93, Valentin Carrion, Ac. 9ª T. 196/95.8, *DOE-SP*, 17.1.95).

Iluminação. A Portaria MTb 3435/90 revogou o Anexo 4 da NR 15; mas no período de sua vigência a iluminação ainda caracterizava insalubridade, mas apurada com base na NBR 5413 (NR 17, item 17.6.3.2). Restabelecimento do Anexo 4 pela Portaria 3751/90 por apenas 90 dias. A descaracterização definitiva como insalubridade após 23.2.91, com fundamento em literatura técnica internacional, coloca a iluminação como questão relacionada à organização de trabalho (ergonomia) e não aos riscos de insalubridade (TRT/SP, RO 12017/94.4, Valentin Carrion, Ac. 9ª T. 14.877/96.5).

* Sobre o tema *supra*, v. www.institutocarrion.com.br.

Art. 197. Os materiais e substâncias empregados, manipulados ou transportados nos locais de trabalho, quando perigosos ou nocivos à saú-

de, devem conter, no rótulo, sua composição, recomendações de socorro imediato e o símbolo de perigo correspondente, segundo a padronização internacional.

Parágrafo único. Os estabelecimentos que mantenham as atividades previstas neste artigo afixarão, nos setores de trabalho atingidos, avisos ou cartazes, com advertência quanto aos materiais e substâncias perigosos ou nocivos à saúde.

1 Atividades e operações perigosas (NR 16).

Seção XIV

Da prevenção da fadiga

Art. 198. É de 60 kg o peso máximo que um empregado pode remover individualmente, ressalvadas as disposições especiais relativas ao trabalho do menor e da mulher.

Parágrafo único. Não está compreendida na proibição deste artigo a remoção de material feita por impulsão ou tração de vagonetes sobre trilhos, carros de mão ou quaisquer outros aparelhos mecânicos, podendo o Ministério do Trabalho, em tais casos, fixar limites diversos, que evitem sejam exigidos do empregado serviços superiores às suas forças.

Art. 199. Será obrigatória a colocação de assentos que assegurem postura correta ao trabalhador, capazes de evitar posições incômodas ou forçadas, sempre que a execução da tarefa exija que trabalhe sentado.

Parágrafo único. Quando o trabalho deva ser executado de pé, os empregados terão à sua disposição assentos para serem utilizados nas pausas que o serviço permitir.

1 *Peso máximo* de carga pessoal (Convenção Internacional OIT 127, promulgada pelo D. 67.339/70). Posição correta do trabalho sentado e levantamento de peso (v. E. S. Oliveira, apud Campanhole, *Prática*, p. 182). Ergonomia ou aspectos ligados à observação do desempenho no trabalho (quanto a transporte de peso, assentos etc., NR 17, Port. 3.751/90 alt. Port. MTE/SIT 08/07 e 09/07). Adicional para atividades penosas (art. 192/1).

2 *Empregados em elevadores*: a jornada diária do cabineiro de elevador é de 6 horas, vedado o aumento da jornada (L. 3.270/57, v. apêndice).

Seção XV

Das outras medidas especiais de proteção

Art. 200. Cabe ao Ministério do Trabalho estabelecer disposições com-

plementares às normas de que trata este Capítulo, tendo em vista as peculiaridades de cada atividade ou setor de trabalho, especialmente sobre:

I – medidas de prevenção de acidentes e os equipamentos de proteção individual em obras de construção, demolição ou reparos[1];

II – depósitos, armazenagem e manuseio de combustíveis, inflamáveis e explosivos, bem como trânsito e permanência nas áreas respectivas[2];

III – trabalho em escavações, túneis, galerias, minas e pedreiras, sobretudo quanto à prevenção de explosões, incêndios, desmoronamentos e soterramentos, eliminação de poeiras, gases etc., e facilidades de rápida saída dos empregados[3];

IV – proteção contra incêndio em geral e as medidas preventivas adequadas, com exigências ao especial revestimento de portas e paredes, construção de paredes contra fogo, diques e outros anteparos, assim como garantia geral de fácil circulação, corredores de acesso e saídas amplas e protegidas, com suficiente sinalização[4];

V – proteção contra insolação, calor, frio, umidade e ventos, sobretudo no trabalho a céu aberto, com provisão, quanto a este, de água potável, alojamento e profilaxia de endemias[5];

VI – proteção do trabalhador exposto a substâncias químicas nocivas, radiações ionizantes e não ionizantes, ruídos, vibrações e trepidações ou pressões anormais ao ambiente de trabalho, com especificação das medidas cabíveis para eliminação ou atenuação desses efeitos, limites máximos quanto ao tempo de exposição, à intensidade da ação ou de seus efeitos sobre o organismo do trabalhador, exames médicos obrigatórios, limites de idade, controle permanente dos locais de trabalho e das demais exigências que se façam necessárias[6];

VII – higiene nos locais de trabalho, com discriminação das exigências, instalações sanitárias, com separação de sexos, chuveiros, lavatórios, vestiários e armários individuais, refeitórios ou condições de conforto por ocasião das refeições, fornecimento de água potável, condições de limpeza dos locais de trabalho e modo de sua execução, tratamento de resíduos industriais[7];

VIII – emprego das cores nos locais de trabalho, inclusive nas sinalizações de perigo[8].

Parágrafo único. Tratando-se de radiações ionizantes e explosivos, as normas a que se refere este artigo serão expedidas de acordo com as resoluções a respeito adotadas pelo órgão técnico[9].

1 Equipamentos (NR 6). Obras de construção, demolição e reparos – Condições e meio ambiente de trabalho na indústria da construção (NR 18).

2 Combustíveis e inflamáveis (NR 20). Explosivos (NR 19).

3 Trabalhos subterrâneos (NR 22). Explosivos (NR 19). Operações perigosas (NR 16).

4 Incêndios (NR 23).

5 Riscos ambientais (NR 9). Trabalhos em céu aberto (NR 21). Riscos mecânicos e ergonômicos não são riscos ambientais, v. Precedente Administrativo 95 MTE/SIT, em apêndice.

6 Resíduos industriais (NR 25). Atividades insalubres (NR 15).

7 Condições sanitárias dos locais de trabalho (NR 24). Resíduos industriais (NR 25). Amianto (Conv. OIT 162, D. 126/91).

8 Sinalização de segurança (NR 26).

9 Proteção contra radiações ionizantes, Convenção Internacional 115 da OIT, ratificada pelo Brasil (promulgada pelo D. 62.151/68). Proteção radiológica (Res. CNEN 6/73). Normas de segurança e medicina do trabalho em instalações nucleares (Port. 1/82). Gás de óxido de etileno (Port. Interminist. MS/MTPS 4/91). Adicional de periculosidade (art. 193/2). Tolerância, NR 15. Radiologia e radioatividade quanto ao servidor público (art. 189/3).

10 Rurais, art. 189/1.

11 Expedição de normas, pelo MTE. Precedente Administrativo 62 MTE/SIT, em apêndice. Instrução Técnica do Corpo de Bombeiros Militar, sem correspondente na legislação trabalhista, v. Precedente Administrativo 91 MTE/SIT, em apêndice.

* Todas as normas regulamentadoras, v. www.institutocarrion.com.br.

Seção XVI
Das penalidades

Art. 201. As infrações ao disposto neste Capítulo relativas à medicina do trabalho serão punidas com multa de 3 a 30 vezes o valor de referência previsto no art. 2º, parágrafo único, da Lei n. 6.205, de 29 de abril de 1975, e as concernentes à segurança do trabalho com multa de 5 a 50 vezes o mesmo valor.

Parágrafo único. Em caso de reincidência, embaraço ou resistência à fiscalização, emprego de artifício ou simulação com o objetivo de fraudar a lei, a multa será aplicada em seu valor máximo.

Arts. 202 a 223. (Rev. L. 6.514/77).

1 Multas, v. L. 6.986/82 e L. 7.855/89, art. 2º, parágrafo único.

2 Fiscalização e penalidades (NR 28).

TÍTULO II-A
DO DANO EXTRAPATRIMONIAL

Art. 223-A. Aplicam-se à reparação de danos de natureza extrapatrimonial decorrentes da relação de trabalho apenas os dispositivos deste Título.

Art. 223-B. Causa dano de natureza extrapatrimonial a ação ou omissão que ofenda a esfera moral ou existencial da pessoa física ou jurídica, as quais são as titulares exclusivas do direito à reparação.

Art. 223-C. A etnia, a idade, a nacionalidade, a honra, a imagem, a intimidade, a liberdade de ação, a autoestima, o gênero, a orientação sexual, a saúde, o lazer e a integridade física são os bens juridicamente tutelados inerentes à pessoa natural (Red. MP 808/17).

Art. 223-D. A imagem, a marca, o nome, o segredo empresarial e o sigilo da correspondência são bens juridicamente tutelados inerentes à pessoa jurídica.

Art. 223-E. São responsáveis pelo dano extrapatrimonial todos os que tenham colaborado para a ofensa ao bem jurídico tutelado, na proporção da ação ou da omissão.

Art. 223-F. A reparação por danos extrapatrimoniais pode ser pedida cumulativamente com a indenização por danos materiais decorrentes do mesmo ato lesivo.

§ 1º Se houver cumulação de pedidos, o juízo, ao proferir a decisão, discriminará os valores das indenizações a título de danos patrimoniais e das reparações por danos de natureza extrapatrimonial.

§ 2º A composição das perdas e danos, assim compreendidos os lucros cessantes e os danos emergentes, não interfere na avaliação dos danos extrapatrimoniais.

Art. 223-G. Ao apreciar o pedido, o juízo considerará:

I - a natureza do bem jurídico tutelado;

II - a intensidade do sofrimento ou da humilhação;

III - a possibilidade de superação física ou psicológica;

IV - os reflexos pessoais e sociais da ação ou da omissão;

V - a extensão e a duração dos efeitos da ofensa;

VI - as condições em que ocorreu a ofensa ou o prejuízo moral;

VII - o grau de dolo ou culpa;

VIII - a ocorrência de retratação espontânea;

IX - o esforço efetivo para minimizar a ofensa;

X - o perdão, tácito ou expresso;

XI - a situação social e econômica das partes envolvidas;

XII - o grau de publicidade da ofensa.

§ 1º Ao julgar procedente o pedido, o juízo fixará a reparação a ser paga, a cada um dos ofendidos, em um dos seguintes parâmetros, vedada a acumulação:

I - para ofensa de natureza leve - até três vezes o valor do limite máximo dos benefícios do Regime Geral de Previdência Social;

II - para ofensa de natureza média - até cinco vezes o valor do limite máximo dos benefícios do Regime Geral de Previdência Social;

III - para ofensa de natureza grave - até vinte vezes o valor do limite máximo dos benefícios do Regime Geral de Previdência Social; ou

IV - para ofensa de natureza gravíssima - até cinquenta vezes o valor do limite máximo dos benefícios do Regime Geral de Previdência Social (Red. MP 808/17).

§ 2º Se o ofendido for pessoa jurídica, a indenização será fixada com observância dos mesmos parâmetros estabelecidos no § 1º deste artigo, mas em relação ao salário contratual do ofensor.

§ 3º Na reincidência de quaisquer das partes, o juízo poderá elevar ao dobro o valor da indenização (Red. MP 808/17).

§ 4º Para fins do disposto no § 3º, a reincidência ocorrerá se ofensa idêntica ocorrer no prazo de até dois anos, contado do trânsito em julgado da decisão condenatória.

§ 5º Os parâmetros estabelecidos no § 1º não se aplicam aos danos extrapatrimoniais decorrentes de morte (Red. MP 808/17).

1 Dano moral. Diz a Constituição Federal de 1988:

> **Art. 114. Compete à Justiça do Trabalho processar e julgar** (Red. EC 45/04):
>
> **VI – as ações de indenização por dano moral ou patrimonial, decorrentes da relação de trabalho** (Red. EC 45/04).

Dano moral é o que atinge os direitos da personalidade, sem valor econômico, tais como a dor mental psíquica, moral ou física. A Lei define como dano de natureza extrapatrimonial e admite para a pessoa natural/física e para a pessoa jurídica. Para a pessoa natural/física: a etnia, a idade, a nacionalidade, a honra, a imagem, a intimidade, a liberdade de ação, a autoestima, o gênero, a orientação sexual, a saúde, o lazer e a integridade física, qualquer dano físico, moral ou psíquico que o ser humano possa a vir a sofrer (art. 223-C).

Pessoa jurídica: a imagem, a marca, o nome, o segredo empresarial e o sigilo da correspondência (art. 223-D).

O dano, abuso, tem que ser decorrente da relação do trabalho (art. 223-A), decorrente da "ação ou omissão que ofenda a esfera moral ou existencial da pessoa física ou jurídica", dos quais são titulares a pessoa física ou jurídica (art. 223-B). É dano sem valor econômico, o julgador pode e deve se socorrer como sempre fez do Direito Civil. Deixa claro que a pessoa jurídica também sofre danos extrapatrimoniais. A lei divide o dano e a responsabilidade na reparação entre as partes envolvidas (art. 223-E). Permite o pedido cumulativo dos danos extrapatrimoniais (direitos da personalidade, sem valor econômico, dano moral, dano estético entre outros) e danos materiais, desde que decorrentes do mesmo ato lesivo, fato que já ocorria nos tribunais trabalhistas (art. 223-F), assim o STJ – Súmula 387. Na cumulação de pedido o juiz deverá discriminar os valores das indenizações, do dano patrimonial e do dano extrapatrimonial (art. 223-F, § 1º). O art. 223-G traz várias ponderações para o juiz calcular o tamanho do dano extrapatrimonial causado, analisando o dano em si, a situação em que os fatos ocorreram, a situação do agressor e do agredido, a reação da cada um após o ato, a extensão. No § 1º, definido pelo juiz o grau de ofensa (leve, média, grave ou gravíssima), a indenização será calculada com base no limite máximo dos benefícios do Regime Geral de Previdência Social, quando a ofensa for de natureza leve até 3 vezes o benefício, quando de natureza média até 5 vezes o benefício, quando de natureza grave até 20 vezes o benefício e quando de natureza gravíssima até 50 vezes o benefício. Caso o ofendido seja a pessoa jurídica, serão usados os mesmos parâmetros para o cálculo da indenização, mas será o salário do ofensor e não o Regime Geral de Previdência Social. Em caso de reincidência por ato de qualquer uma das partes e a ofensa for idêntica, o juiz poderá dobrar a indenização (art. 223-G, §§ 3º e 4º). Em caso de morte não se aplicam os parâmetros do art. 223-G, § 1º.

As hipóteses mais evidentes poderiam ocorrer na pré-contratação, a exigência de teste, exame, perícia, laudo, atestado, declaração ou qualquer outro procedimento relativo à esterilização ou a estado de gravidez; a adoção de quaisquer medidas, de iniciativa do empregador, que configurem: a) indução ou instigamento à esterilização genética; b) promoção do controle de natalidade, assim não considerado o oferecimento de serviços e de aconselhamento ou planejamento familiar, realizados através de instituições públicas ou privadas, submetidas às normas do Sistema Único de Saúde (SUS) (L. 9.029/95, alt. 13.104/15, MTE Port. 1.246/10, proíbe a testagem relacionada ao vírus HIV). É considerada discriminação a despedida de empregado portador de HIV e ou outra doença grave que suscite estigma ou preconceito (TST – Súmula 443). Não se caracteriza pelo simples exercício de um direito, como é a dispensa, mesmo imotivada, ou a revelação de fatos pelo empregado em sua defesa, quando acusado; a revista pessoal do trabalhador, ou a sua fiscalização por instrumentos mecânicos ou pessoas, só caracteriza dano moral se houver abuso desnecessário. Cancelamento do plano de saúde no momento em que o empregado mais precisa gera direito a indenização. Quando o contrato de trabalho é suspenso em virtude de auxílio-doença acidentário ou de aposentadoria por invalidez, nos casos elencados na L. 9.029/95, alt. 12.888/10, pode o empregado pedir a readmissão ou a percepção em dobro do período de afastamento e ainda pedir a reparação por danos morais.

Empregado morto: A competência não pode ser modificada, quando a ação é proposta pelo dependente do empregado morto. O acidente de trabalho ocorreu dentro da relação de emprego; o dano de que se busca a reparação é decorrente da relação que existia entre o empregador e o empregado. Não porque a ação é proposta por seus dependentes que a competência deve ser modificada; o liame é a relação de emprego. A competência é da Justiça do Trabalho (TST – Súmula 392).

STJ É lícita a cumulação das indenizações de dano estético e dano moral (STJ – Súmula 387).

STJ O termo inicial do prazo prescricional, na ação de indenização, é a data em que o segurado teve ciência inequívoca da incapacidade laboral (STJ – Súmula 278).

STJ A pessoa jurídica pode sofrer dano moral (STJ – Súmula 227).

STJ Em ação de indenização, procedente o pedido, é necessária a constituição de capital ou caução fidejussória para a garantia de pagamento da pensão, independentemente da situação financeira do demandado (STJ – Súmula 313).

TST Presume-se discriminatória a despedida de empregado portador do vírus HIV ou de outra doença grave que suscite estigma ou preconceito. Inválido o ato, o empregado tem direito à reintegração no emprego (TST – Súmula 443).

TST Nos termos do art. 114, inc. VI, da Constituição da República, a Justiça do Trabalho é competente para processar e julgar ações de indenização por dano moral e material, decorrentes da relação de trabalho, inclusive as oriundas de acidente de trabalho e doenças a ele equiparadas, ainda que propostas pelos dependentes ou sucessores do trabalhador falecido (TST – Súmula 392).

INDENIZAÇÃO POR DANOS MORAIS. VALOR ARBITRADO. A revisão do valor arbitrado a título de indenização por dano moral, no âmbito desta Corte, somente se dá quando demonstrado que a importância arbitrada se revela irrisória, de modo a não reparar a lesão sofrida pelo empregado, ou exacerbada, ocasionando-lhe o enriquecimento ilícito. A quantia a que foi condenada a Reclamada, R$ 10.000,00 (dez mil reais), observa os princípios da proporcionalidade e da razoabilidade. Recurso de revista de que não se conhece (TST – RR 193-20.2013.5.09.0863, julgado em 8.3.17, Cilene Ferreira Amaro Santos, *DEJT*, 10.3.17).

PROFESSOR EDITOR ACOMETIDO DE ESCLEROSE MÚLTIPLA. CIÊNCIA DO EMPREGADOR. DISPENSA ARBITRÁRIA RECONHECIDA. DISPENSA DISCRIMINATÓRIA CARACTERIZADA. PAGAMENTO EM DOBRO DA INDENIZAÇÃO PREVISTA NA LEI 9.029/95 DEVIDO. Trata-se de empregado acometido de esclerose múltipla, cuja dispensa foi reconhecida como arbitrária e obstativa do direito à estabilidade, mas não discriminatória. O Tribunal Regional julgou procedente o pagamento equivalente aos salários desde a dispensa até o trânsito em julgado por entender que a discriminação não foi cabalmente demonstrada, ou, como expresso no acórdão regional: "...não houve prova cabal de que foi despedido em razão da doença". Contudo, tal entendimento contraria o disposto na primeira parte da Súmula 443 desta Corte, visto que é evidente que a dispensa se deu em razão da doença, tanto que reconhecido que a despedida foi arbitrária e obstativa da estabilidade assegurada em norma coletiva para os empregados "...acometidos por doenças graves e incuráveis...", resultando, portanto, discriminatória a despedida por conferir tratamento injusto ao empregado em razão do seu estado como pessoa natural. Desse modo, tomando-se que o conceito de "estado civil" não está limitado ao "estado de família de uma pessoa", pois envolve os seus atributos individuais capazes de lhe definir uma situação jurídica com direitos e deveres e considerando o arcabouço constitucional (v.g., arts. 1º, III, e 3º, IV, da Constituição Federal) e legal brasileiro que vedam toda e qualquer forma de discriminação, vedação ressaltada no *caput* do artigo 1º da Lei 9.029/95 ("Fica proibida a adoção de qualquer prática discriminatória e limitativa para efeito de acesso a relação de emprego, ou sua manutenção, por motivo de... estado civil..."), não há como afastar o direito à dobra da indenização relativa ao período de afastamento prevista no artigo 4º do mesmo diploma legal, uma vez caracterizada a dispensa discriminatória em razão da condição pessoal do empregado portador de doença estigmatizante que o coloca em posição jurídica do dever de proteção por toda a sociedade, incluindo o empregador. Recurso de revista conhecido por contrariedade à Súmula 443 do TST e provido. INDENIZAÇÃO POR DANOS MORAIS. PRETENSÃO DE MAJORAÇÃO DO VALOR DA REPARAÇÃO PECUNIÁRIA. Infere-se do acórdão regional que a indenização foi fixada em juízo de equidade a partir de critérios aferidos e cotejados com sensatez, equanimidade, isenção e imparcialidade. Desse modo, inexistindo elementos na decisão recorrida para aferir, por exemplo, a capacidade econômica do ofensor, requisito que também é considerado para a fixação da reparação pecuniária, não se constata violação dos artigos 5º, V, X, da Constituição Federal; 159 e 1.553 do Código Civil de 1916 e 944 do Código Civil 2002. Os arestos apresentados, além de inespecíficos, nos termos da Súmula 296 desta Corte, encontram óbice na alínea "a" do artigo 896 da CLT e na Súmula 337, I, "a", do TST. Recurso de revista não conhecido (TST – RR 90500-33.2002.5.02.0044, julgado em 4.2.15, Alexandre de Souza Agra Belmonte, 3ª Turma, *DEJT*, 6.2.15).

■ ASSÉDIO MORAL. COMPENSAÇÃO POR DANOS MORAIS. *QUANTUM* ARBITRADO. MAJORAÇÃO. NÃO PROVIMENTO. A egrégia Corte Regional concluiu que restaram caracterizados atos ofensivos ao autor e ao ambiente de trabalho, embora não em grau suficiente para se configurar o assédio moral, sendo o reclamante, contudo, submetido a tratamento desrespeitoso. Assim, a condenação da reclamada ao pagamento de compensação por danos morais no valor de R$ 5.000,00 revela-se consentânea com os princípios da proporcionalidade e da razoabilidade, tendo sido considerados também outros parâmetros, tais como o ambiente cultural dos envolvidos, as exatas circunstâncias do caso concreto, o grau de culpa do ofensor, a situação econômica deste e da vítima e a gravidade e a extensão do dano. Agravo de instrumento a que se nega provimento (TST – AIRR 506-91.2012.5.06.0412, julgado em 25.6.14, Guilherme Augusto Caputo Bastos, 5ª Turma, *DEJT*, 4.8.14).

■ DISPENSA DISCRIMINATÓRIA. EMPREGADO PORTADOR DE DOENÇA GRAVE. DANOS MORAIS. A responsabilidade por danos morais, reconhecida pelo art. 5º, V e X, da Constituição Federal e que encontra guarida também no Código Civil, art. 186, decorre de uma lesão ao direito da personalidade, inerente a toda e qualquer pessoa. Diz respeito à ordem interna do ser humano, seu lado psicológico, seja em razão de uma dor sofrida, tristeza, sentimento de humilhação ou outro qualquer que venha a atingir seus valores e repercutir na sua vida social. Desnecessário se faz, nesse caso, que aquele que se diz ofendido comprove a sua dor, o sentimento de tristeza. Deve provar, entretanto, que o ato do empregador foi suficientemente agressivo a ponto de ofender a sua honra ou de que foi submetido a uma situação vexatória e humilhante. Reconhecido que a reclamada praticou ato discriminatório ao proceder a dispensa do reclamante, quando ele, portador de doença grave, ainda se encontrava em tratamento médico, não há como se olvidar, no caso, da negligência da empresa, que a ele dispensou tratamento desumano. O dano é incontestável, pois presumível o sentimento de tristeza e humilhação em face da demissão em um momento de grande abalo emocional, decorrente da própria doença. Presentes os pressupostos legais para a caracterização do dano moral, o dever de indenizar se impõe (TRT – RO 03 00044-2014-063-03-00-0, publ. 2.6.14, 4ª Turma, Rel. Julio Bernardo do Carmo, Rev. Maria Lucia Cardoso Magalhaes, divulg. 30.5.14, *DEJT*, p. 114).

■ RESPONSABILIDADE CIVIL. IMPOSIÇÃO DE USO DE ADEREÇOS E FANTASIAS EM CAMPANHAS DE *MARKETING*. DANO MORAL. CONFIGURAÇÃO. Cinge-se o debate à investigação da existência de dano à moral do trabalhador em hipóteses de imposição de uso de adereços e fantasias em campanha de *marketing*. O Eg. Tribunal Regional concluiu que referida conduta acarreta dano à moral do trabalhador por si só, bastando, para tanto, a comprovação da prática lesiva denunciada. O TST, por seu turno, vem se posicionando em idêntico sentido, registrando tratar-se de *damnum in re ipsa*, ou seja, presumido desde que constatado o ato lesivo denunciado. Precedentes. ENQUADRAMENTO. DIFERENÇAS SALARIAIS. O aresto transcrito à divergência revela-se inespecífico. Incidência da Súmula n. 296, I, do TST. Recurso de Revista a que se nega provimento (TST – RR 144100-74.2012.5.13.0023, julgado em 21.5.14, João Pedro Silvestrin, *DEJT*, 30.5.14).

■ RESTRIÇÃO AO USO DO BANHEIRO. A restrição ao uso do banheiro pela empresa não pode ser considerada conduta razoável, pois configura afronta à dignidade da pessoa humana e à privacidade, aliada ao abuso do poder diretivo do empregador. Há precedentes (TST – RR 355900-13.2009.5.12.0003, julgado em 9.10.13, Augusto César Leite de Carvalho, *DEJT*, 11.10.13).

■ DANO MORAL COLETIVO. INDENIZAÇÃO. O Tribunal Regional concluiu ter sido configurada a conduta discriminatória e antissindical por parte do réu da ação civil pública, consistente, dentre outros atos, no estorno de empréstimo bancário e na preterição de promoção funcional em virtude da filiação e da integração à diretoria de sindicato. 3. Assim, configurados a conduta antijurídica do agente, a ofensa a interesses jurídicos fundamentais, titularizados por determinada coletividade, a intolerabilidade da ilicitude, diante do contexto e da repercussão social, bem como o nexo causal entre a conduta e o dano correspondente à violação do interesse coletivo, a decisão regional que reconheceu ser devida a indenização por dano moral coletivo não viola o art. 186 do Código Civil, ao contrário, confere plena eficácia ao preceito legal que rege a responsabilidade civil subjetiva (TST – AIRR 102840-24.2005.5.13.0003, julgado em 3.4.13, Walmir Oliveira da Costa, *DEJT*, 5.4.13).

■ OPERAÇÕES DO ESTABELECIMENTO EMPRESARIAL EFETUADAS EM NOME DO EMPREGADO. ABUSO DO PODER DIRETIVO PATRONAL. O uso do nome do autor em operações do estabelecimento rural do réu, de forma reiterada, é suficiente para a consideração de que o reclamante sofreu danos morais daí diretamente decorrentes. Os riscos da atividade econômica devem ser suportados pelo reclamado, conforme artigo 2º da CLT, e a transferência deste ônus para o autor, através do uso de seu nome para operações relativas ao estabelecimento rural, certamente trouxe ao reclamante angústia, afetando seu estado emocional, tratando-se de claro abuso do poder diretivo patronal. Ao "emprestar seu nome", o reclamante corria o inerente risco de ter comprometido o seu "bom nome na praça" e de ter exposta a sua confiabilidade perante o comércio local, o que, como se sabe, acaba por estender-se a uma exposição perante toda a sociedade, destacando-se que os débitos eram feitos em pequena cidade do interior, em que a referida exposição ocorre mais facilmente. Vê-se, portanto, que o reclamante passava, de forma reiterada, pelo temor quanto ao comprometimento de elemento referente à sua própria personalidade, de natureza indisponível, pelo que manifesto o abuso da conduta empresária. Percebe-se, assim, a direta afetação da dignidade do trabalhador e o desrespeito a sua intimidade, vida privada, honra e imagem (incisos V e X artigo 5º, X e inciso XXII artigo 7º da Constituição Federal), pelo devida a indenização pelo assédio moral sofrido (TRT – 3ª Região, RO 0000066-69.2011.5.03.0071, 2ª Turma, Sebastião Geraldo de Oliveira, *DEJT*, 25.7.12, p. 48).

2 Correção monetária do dano. Com a edição pelo TST da Súmula 439, trata o dano moral de forma diferente dos demais direitos retirados do trabalhador por seu empregador. Para o dano moral, a data da "agressão moral" não é considerada para o cálculo, pois nesse momento o devedor não está constituído em mora, mesmo porque no momento do arbitramento o valor é calculado de forma atualizada pelo juiz. A correção monetária se inicia com a decisão, e os juros, com o ajuizamento. Não incide Imposto de renda sobre o pagamento de danos morais. Com a edição da Súmula 498 do STJ, ficam isentas as indenizações por dano moral e material, pois estes não representam aumento de patrimônio, e sim reparação de ato ilícito praticado contra o empregado, art. 832/2.

STJ Não incide imposto de renda sobre a indenização por danos morais (STJ – Súmula 498).

TST Nas condenações por dano moral, a atualização monetária é devida a partir da data da decisão de arbitramento ou de alteração do valor. Os juros incidem desde o ajuizamento da ação, nos termos do art. 883 da CLT (TST – Súmula 439).

3 *Indenização. Acidente de trabalho.* Competência (art. 643/3). Legislação (art. 12/3). Conceito (art. 166/2).

O e. TRT fixa premissa fática segundo a qual o infortúnio teve origem na execução do trabalho. Resta incontroverso nos autos a relação existente entre a atividade laboral do *de cujus* e o dano causado (óbito). Nesse contexto, ao contrário do que alega o reclamado, o e. TRT não afrontou os artigos 186 e 927 do Código Civil de 2002 (artigo 159 no CC de 1916); tampouco o 7º, XXVIII, da CF, na realidade, conferiu-lhes a correta interpretação. Somente nas hipóteses em que ausente o nexo de causalidade entre o trabalho executado pelo empregado e o evento danoso, *in casu*, o óbito, é que se pode admitir culpa exclusiva do obreiro. Acrescente-se, ainda, que, do quadro fático registrado no acórdão do TRT, não se vislumbra nenhuma conduta culposa do empregado que pudesse excluir a responsabilidade civil da empresa (TST, RR 123/2006-161-18-00, Horácio Senna Pires, *DEJT*, 26.6.09).

Hipótese em que o Tribunal Regional julgou improcedente o pedido de pagamento de pensão mensal, ao fundamento de que não há nos autos elementos indicativos do percentual de redução da capacidade laborativa do Reclamante. Todavia, do quadro fático delineado no acórdão regional, resta incontroverso que houve redução da capacidade laborativa do Reclamante, por culpa da Reclamada pelo acidente de trabalho em que o empregado sofreu esmagamento de quatro dedos de sua mão direita. Nesse contexto, impõe-se reconhecer a ofensa à literalidade do art. 950 do Código Civil, pois do acidente de trabalho resultou defeito físico, diminuindo a capacidade de trabalho do Reclamante, sendo devida pensão mensal correspondente à importância da depreciação sofrida por ele. Recurso de revista conhecido e provido (TST, RR 1932/2005-003-24-00, Walmir Oliveira da Costa, *DJ*, 16.5.08).

TÍTULO III
DAS NORMAS ESPECIAIS DE TUTELA DO TRABALHO

CAPÍTULO I
DAS DISPOSIÇÕES ESPECIAIS[1] SOBRE DURAÇÃO E CONDIÇÕES DE TRABALHO

Seção I
Dos bancários

Art. 224. A duração normal do trabalho dos empregados em bancos, casas bancárias[2] e Caixa Econômica Federal será de 6[3] horas contínuas nos dias úteis, com exceção dos sábados[4], perfazendo um total de 30 horas de trabalho por semana (red. L. 7.430/85).

§ 1º A duração normal do trabalho estabelecida neste artigo ficará compreendida entre 7 e 22 horas, assegurando-se ao empregado, no horário diário, um intervalo de 15 minutos para alimentação.

§ 2º As disposições deste artigo não se aplicam aos que exercem funções de direção, gerência, fiscalização, chefia e equivalentes, ou que desempenhem outros cargos de confiança[5], desde que o valor da gratificação não seja inferior a 1/3 do salário do cargo efetivo.

Art. 225. A duração normal de trabalho dos bancários poderá ser excepcionalmente prorrogada[3] até 8 horas diárias, não excedendo de 40 horas semanais, observados os preceitos gerais sobre a duração do trabalho.

1 *Profissões com legislação específica.* É longa a relação de profissões e atividades visadas pelas normas legais. As principais são: Administrador (L. 4.769/65, D. 61.934/67, D. 70.673/72, L. 7.321/85); Advogado (L. 8.906/94); Aeronauta (L. 7.183/84, em apêndice); Aeroviário (DCM 1.232/62, em apêndice); Agrícola e Industrial (Técnicos: L. 5.524/68, D. 90.922/85, Resol. Normat. 24/70 e Dec.

Normativo 44/92 do CFEAA); Agrimensor (L. 3.144/57, D. 53.943/64); Agrônomo (L. 5.194/66, L. 8.195/91, L. 4.950-A/66); Analista Laboratorial (L. 6.686/79); Árbitro de futebol (L. 12.867/13); Arquiteto (L. 5.194/66, a L. 12.378/10 regulamenta a profissão e cria o CAU – Conselho de Arquitetura e Urbanismo do Brasil, em apêndice); Arquivista (L. 6.546/78, D. 82.590); Arrumador (v. art. 285, parágrafo único, III, da CLT); Artista e Técnico (art. 507/3); Assistente Social (L. 1.889/53, D. 35.311/54); Atleta de Futebol (art. 507/8); Atleta Profissional (art. 507/7); Atuário (DL 806/69, D. 66.408/70); Auxiliar de condutor autônomo rodoviário (L. 6.094/74, alt. L. 12.765/11); Bancário (art. 224/2 e seg.); Bibliotecário (L. 4.084/62, D. 56.725/65, L. 9.674/98, v. Índ. da Leg.; Técnico em Biblioteconomia, Res./CFB 455, *DOU*, 9.4.98); Biólogo e Biomédico (L. 6.684/79, L. 6.686/79, L. 7.135/83, D. 88.438/83, D. 88.439/83, L. 7.497/86, Res. CFBIO 227/10); Bombeiro Civil (L. 11.901/09); Cabeleireiro (L. 12.592/12); Cabineiro de Elevador (L. 3.270/57); Capatazia (v. Portos); Carregador e Transportador de Bagagens (L. 4.637/65); Carros-Restaurantes das Estradas de Ferro (L. 1.652/52); Comerciário (L. 12.790/13); Conferente de Carga e Descarga (L. 12.815/13, D. 56.367/65); Consertador de Carga e Descarga (L. 12.815/13, D. 56.414/65); Contabilista (DL 9.295/64, DL 9.710/46, L. 570/48, L. 4.695/65, DL 1.040/69, L. 5.730/71); Corretor de Fundos Públicos (L. 2.146/53, L. 9.069/95 alt. 12.865/13); Corretor de Imóveis (DL 515/69, L. 6.530/78, D. 81.871/78); Corretor de Seguros (L. 4.594/64, D. 56.903/65, D. 60.459/67, D. 63.670/68, D. 66.656/70, L. 7.278/84); Despachante Aduaneiro (DL 366/68, L. 6.562/78, Inst. Norm. RFB 1.209/11); Doméstico (LC 150/15); Economista (L. 1.411/51, D. 31.794/52, L. 6.021/74, L. 6.537/78); Economista Doméstico (L. 7.387/85); Educação Física (L. 9.696/98); Enfermeiro (D. 50.387/61, L. 5.905/73, L. 7.498/86, D. 94.406/87); Engenheiro (L. 4.950-A/66, L. 5.194/66, DL 241/67, DL 711/69, L. 6.496/77, L. 6.619/78); Engenheiro de Segurança (v. Segurança); Estatístico (L. 4.739/65, D. 62.497/68, D. 63.111/68, D. 80.404/77); Estiva (art. 254); Farmacêutico (L. 3.820/60, D. 49.840/61, L. 4.817/65, D. 85.878/81, regulamentação CFF Res. 585); Ferroviário (art. 236); Fisioterapeuta e Terapeuta Ocupacional (DL 938/69, L. 6.316/75); Fonoaudiólogo (D. 87.218/82); Frigorífico (art. 253); Geólogo (L. 4.076/62); Geógrafo (L. 6.664/79, D. 85.138/80, L. 7.399/85, D. 92.290/86); Guardador e Lavador de Veículos (L. 6.242/75, D. 79.797/77); Instrutor de trânsito (L. 12.302/10); Jornalista Profissional (art. 302 e seg.); Laboratório (Técnico de; Res. 99/86, Cons. Fed. Química, *DOU*, 31.12.86); Leiloeiro (D. 21.981/32, Instr. Norm. MICT/SCS/DNRC 64, *DOU*, 30.6.97); Leiloeiro Rural (L. 4.021/61); Mãe Social (L. 7.644/87); Marinha Mercante (art. 248); Massagista (DL 8.345/45, L. 3.968/61); Médico (L. 3.268/57, L. 3.999/61, DL 150/67, L. 5.965/71, L. 12.842/13, D. 80.281/77, D. 66.981/70, L. 6.681/79); Médico Residente (L. 6.932/81, em apêndice, alt. L. 12.514/11); Médico Veterinário (L. 5.517/68, DL 467/69, D. 64.704/69, DL 818/69, D. 69.134/71, D. 5.441/05); Meteorologista (L.

6.835/80); Museólogo (L. 7.287/84, D. 91.775/85); Músico (art. 232 e notas); Nutricionista (L. 8.234/91, L. 6.583/78, D. 84.444/80); Oceanógrafo (L. 11.760/08); Odontologista (L. 4.324/64, L. 5.081/66, D. 67.057/70, D. 68.704/71, L. 6.215/75); Operador Cinematográfico (art. 234); Orientador Educacional (L. 5.564/68, D. 72.846/73); Parteiro (v. Enfermeiro); Peão de Rodeio (L. 10.220/01); Permissionário lotérico (L. 12.869/13); Pescador (Convenção Internacional 113, D. 64.618/69, D. 70.334/72); Petroquímico (L. 5.811/72); Portos (Capatazia, art. 285); Portos (Práticos, art. 255 e nota 6); Professores (art. 317); Propagandista e Vendedor de Produtos Farmacêuticos (L. 6.224/75); Prótese Dentária (L. 6.710/79, D. 87.689/82); Psicólogo (L. 4.119/62, DL 706/69, L. 5.766/71, D. 79.822/77); Publicitário (L. 4.680/65, D. 57.690/66, D. 60.574/67); Químico (art. 325); Radialista (L. 6.615/78, D. 84.134/79 e DL 95.684/88); Radiologia (Técnico: L. 7.394/85, em apêndice, D. 92.790/86 e CONTER Resoluções); Relações Públicas (L. 5.377/67, D. 63.283/68, DL 860/69); Repentista (L. 12.198/10); Representantes Comerciais Autônomos (L. 4.886/65, D. 65.705/69); Secretário Executivo e Técnico em Secretariado (L. 7.377/85 c/red. L. 9.261/96); Segurança do Trabalho (Engenheiro, Arquiteto e Técnico: L. 7.410/85, D. 92.530/86); Sociólogo (L. 6.888/80, D. 89.531/84); *Sommelier* (L. 12.467/11); Subsolo (art. 293); Taxista (L. 12.468/11); Telefonia e Telegrafia (art. 227); Transportador Rodoviário Autônomo (L. 7.290/84, em apêndice; v. Índ. Leg.); Treinador Profissional de Futebol (L. 8.650/93); Turismólogo (L. 12.591/12); Vaqueiro (L. 12.870/13); Vendedores, Viajantes ou Pracistas (L. 3.207/57); Vigilante Bancário (L. 7.102/83, D. 89.056/83); Vigias Portuários (D. 83.611/79); Zootecnista (L. 5.550/68, D. 425/69).

A regulamentação de algumas atividades é fruto, às vezes, de manobras de envolvimento do legislador por profissionais com o fim de reservar-se o privilégio de exclusividade do exercício sem autêntica razão de existência. Octavio Bueno Magano vê possível inconstitucionalidade sempre que essa regulamentação restrinja a liberdade de trabalho por outro critério que não seja o estritamente profissional (*Rev. Synthesis* 7/156, 1988).

2 *Empresas de crédito, financiamento e investimento* são consideradas bancárias para fins de aplicação das prerrogativas trabalhistas dos seus empregados. O mesmo não acontece com as distribuidoras de títulos e valores mobiliários, as de crédito imobiliário, as cooperativas habitacionais e empresas de seguros. Empresas de processamento de dados, Súmula 239 TST. Liquidação extrajudicial de instituição financeira (v. art. 643/10).

TST É bancário o empregado de empresa de processamento de dados que presta serviço a banco integrante do mesmo grupo econômico, exceto quando a empresa de processamento de dados presta serviços a banco e a empresas não bancárias do mesmo grupo econômico ou a terceiros (TST – Súmula 239, conversão das Orientações Jurisprudenciais SDI-1 64 e 126).

TST Os empregados de empresas distribuidoras e corretoras de títulos e valores mobiliários não têm direito à jornada especial dos bancários (TST – Súmula 119).

TST As empresas de crédito, financiamento ou investimento, também denominadas "financeiras" equiparam-se aos estabelecimentos bancários para os efeitos do art. 224 da CLT (TST – Súmula 55).

SDI Os empregados de cooperativas de crédito não se equiparam a bancário, para efeito de aplicação do art. 224 da CLT, em razão da inexistência de expressa previsão legal, considerando, ainda, as diferenças estruturais e operacionais entre as instituições financeiras e as cooperativas de crédito. Inteligência das Leis n. 4.594, de 29.12.64, e 5.764, de 16.12.71 (TST, SDI-1, Orientação Jurisprudencial 379).

SDI CONVERTIDA – BNDES. Arts. 224/226, CLT. Aplicável a seus empregados. Entidade sujeita à legislação bancária. Medida Provisória n. 56, de 18.07.02 (convertida na Lei n. 10.556, de 13.11.02), que fixa jornada de 7 horas para empregados do BNDES e de suas subsidiárias (art. 7º) e de 8 horas para os empregados da FINEP (parágrafo único do art. 8º) (TST, SDI-1, Orientação Jurisprudencial 179, convertida na Orientação Jurisprudencial Transitória 77).

SDI O Banco Regional de Desenvolvimento do Extremo Sul – BRDE é uma entidade autárquica de natureza bancária, e, como tal, submete-se ao art. 173, § 1º, da Constituição Federal de 1988. Desta forma, sendo a natureza das atividades por ele exercidas similares às de qualquer instituição financeira, seus empregados são bancários, regendo-se pelas normas especiais a eles referentes, inclusive o art. 224 da CLT (TST, SDI-1, Orientação Jurisprudencial Transitória 34, conversão da Orientação Jurisprudencial SDI-1 22).

SDI Até o advento da Lei n. 10.556, de 13.11.02, era aplicável aos empregados do BNDES a jornada de trabalho dos bancários prevista nos arts. 224 a 226 da CLT. Medida Provisória n. 56, de 18.7.02 (convertida na Lei n. 10.556, de 13.11.02), que fixa jornada de 7 horas para empregados do BNDES e de suas subsidiárias (art. 7º) e de 8 horas para os empregados da FINEP (parágrafo único do art. 8º) (TST, SDI-1 Orientação Jurisprudencial Transitória 77, conversão da Orientação Jurisprudencial SDI-1 179).

SDI Em razão das diferenças estruturais e operacionais entre as instituições financeiras e as cooperativas de crédito, não há respaldo para estender aos empregados destas os direitos aplicáveis à categoria dos bancários. Precedentes da C. SBDI-1 (TST, E-RR 44/2004-006-03-00, Maria Cristina Irigoyen Peduzzi, Ac. SBDI-1).

SDI O entendimento atual desta Corte quanto às diferenças estruturais e operacionais entre cooperativa de crédito e instituições bancárias não dá ensejo a equiparação entre elas, uma vez que o objetivo social das cooperativas é buscar o desenvolvimento da solidariedade e ajuda mútua de seus cooperados, e não o de atuar como agente financeiro (TST, E-ED-RR 11380/2002-900-12-00, João Batista Brito Pereira, Ac. SBDI-1).

Banco de Desenvolvimento, de acordo com a L. 4.594/64, faz parte do Sistema Financeiro Nacional e, ademais, pela Res. BACEN 469/70, art. 8º, está sujeito à legislação bancária. Seus empregados são, em assim sendo, bancários, regendo-se pelas normas especiais a eles referentes como as dos arts. 224 a 226 da CLT (TST, RR 10.757/90.7, Manoel de Freitas, Ac. 3ª T. 2.688/91).

* Sobre o tema *supra*, v. www.institutocarrion.com.br.

3 *Bancário. Jornada diária.* A prorrogação de horário até 40 horas semanais, incluído o sábado, por acordo escrito ou tácito, deve ser paga com acréscimo de 50% (CF/88, art. 7º, XVI); a expressão *excepcionalmente* entende-se como referência ao horário que supera o normal (Amaro, *Tutela*, v. 3, p. 33); mas há quem

só aceite a prorrogação por necessidade imperiosa (Nélio Reis, Süssekind). O que superar o limite previsto de 40 horas será considerado: a) serviço inadiável ou de inexecução com prejuízo, ou b) flagrantemente ilegal (art. 225); as duas hipóteses, antes da CF/88, deveriam receber o acréscimo de 25%; a primeira, por disposição legal expressa (art. 61); a segunda, porque seria paradoxal que a situação legal fosse paga com acréscimo, e a ilegal, premiada com tarifa menor. Balanços semestrais e anuais configuram serviço inadiável, no sentido de sua exigibilidade; não parece aceitável a afirmação de que os eventos imprevistos e inadiáveis, como verificação de caixa, devam ser atendidos sem acréscimo remunerado (Barreto Prado, *Tratado,* p. 341). Trabalho noturno dos bancários (DL 546/69, em apêndice, v. Índ. Leg.). A redação do art. 225 é da L. 6.637/79. Cumprindo o bancário jornada superior a 6 horas, tem direito ao intervalo para repouso ou refeição de no mínimo uma hora (Precedente administrativo 29 MTE/SIT-At. Declar. 04/02, em apêndice).

STJ A fixação do horário bancário, para atendimento ao público, é da competência da União (STJ – Súmula 19).

TST I – A contratação do serviço suplementar, quando da admissão do trabalhador bancário, é nula. Os valores assim ajustados apenas remuneram a jornada normal, sendo devidas as horas extras com o adicional de, no mínimo, 50% (cinquenta por cento), as quais não configuram pré-contratação, se pactuadas após a admissão do bancário. II – Em se tratando de horas extras pré-contratadas, opera-se a prescrição total se a ação não for ajuizada no prazo de cinco anos, a partir da data em que foram suprimidas (TST – Súmula 199, conversão das Orientações Jurisprudenciais SDI-1 48 e 63).

SDI Não se computa, na jornada do bancário sujeito a seis horas diárias de trabalho, o intervalo de quinze minutos para lanche ou descanso (TST, SDI-1, Orientação Jurisprudencial 178).

Segundo o entendimento jurisprudencial desta Corte, a nulidade da contratação do serviço suplementar é aquela que se dá quando da admissão do trabalhador bancário, não se configurando tal nulidade quando as horas extraordinárias são pactuadas no curso do contrato de trabalho. Na espécie, a Corte Regional assentou que a contratação das horas extraordinárias não ocorreu no início do contrato de trabalho. Decisão regional que não contraria a diretriz da Súmula n. 199 (TST, RR 1953800-86.2003.5.09.0011, Guilherme Caputo Bastos).

O direito ao intervalo mínimo intrajornada de uma hora está estreitamente vinculado, segundo o artigo 71 da CLT, à prestação de "trabalho contínuo" e, pois, à efetiva jornada de labor e, não, à jornada normal, legal ou contratual. Neste contexto, bancário cuja jornada normal de seis horas é sistematicamente prorrogada faz jus ao intervalo intrajornada mínimo, de uma hora, cujo desrespeito obriga o empregador a remunerar o "período correspondente" como extra, acrescido do adicional respectivo. Recurso de revista conhecido por divergência jurisprudencial e, no mérito, não provido (TST-RR 2451/2000-038-15-00.0, Guilherme Bastos).

O cargo de supervisão em geral, desde que remunerado com acréscimo de 1/3 do salário-base, não usufrui os privilégios de jornada reduzida (CLT, arts. 224 e 225). A expressão cargo de confiança não tem o alcance habitual, cujo ocupante substitui o empregador perante terceiros. O texto legal menciona funções que não são de confiança no sentido restrito, ainda o legislador acrescentou "e outros" (TRT/SP, RO 20.519/85, Valentin Carrion, Ac. 8ª T.).

* Sobre o tema *supra*, v. www.institutocarrion.com.br.

4 *Sábados e jornada mensal.* Aplicam-se as mesmas conclusões sobre a prorrogação da jornada diária. Não se paga, porém, o acréscimo de 100% na jornada extraordinária, que entendemos devido nos domingos em geral (art. 70/7), nem se integram nesses dias as horas extras. Para encontrar o salário-hora do mensalista, o TST, com a redação dada à Súmula 124, decorrente do julgamento de Tema Repetitivo n. 0002 (TST, IRR-849-83.2013.5.03.0138, *DEJT,* 19.12.16), considera que o sábado será sempre dia útil não trabalhado: a) para quem trabalha 6 horas diárias (6 horas × 6 dias = 36 horas × 5 semanas = 180 horas como divisor) e b) para quem trabalha 8 horas diárias (8 horas x 6 dias = 48 horas, a CF/88 limita a 44 horas semanais, portanto 44 horas × 5 semanas = 220 horas como divisor).

TST I – o divisor aplicável para o cálculo das horas extras do bancário será: a) 180, para os empregados submetidos à jornada de seis horas prevista no *caput* do art. 224 da CLT; b) 220, para os empregados submetidos à jornada de oito horas, nos termos do § 2º do art. 224 da CLT. II – Ressalvam-se da aplicação do item anterior as decisões de mérito sobre o tema, qualquer que seja o seu teor, emanadas de Turma do TST ou da SBDI-I, no período de 27/09/2012 até 21/11/2016, conforme a modulação aprovada no precedente obrigatório firmado no Incidente de Recursos de Revista Repetitivos n. TST -IRR-849-83.2013.5.03.0138, *DEJT* 19.12.2016. (Res. 219/17). (TST – Súmula 124).

TST CANCELADA – O bancário sujeito à jornada de oito horas (art. 224, § 2º, da CLT), após a CF/88, tem salário-hora calculado com base no divisor 220, não mais 240 (TST Res. 185/12). (TST – Súmula 343).

TST TEMA REPETITIVO N. 0002 - BANCÁRIO. SALÁRIO-HORA. DIVISOR. FORMA DE CÁLCULO. EMPREGADO MENSALISTA. FIXAÇÃO DAS TESES JURÍDICAS, DE OBSERVÂNCIA OBRIGATÓRIA – ARTIGOS 896-C da CLT e 926, § 2º, e 927 do CPC. 1. O número de dias de repouso semanal remunerado pode ser ampliado por convenção ou acordo coletivo de trabalho, como decorrência do exercício da autonomia sindical. 2. O divisor corresponde ao número de horas remuneradas pelo salário mensal, independentemente de serem trabalhadas ou não. 3. O divisor aplicável para cálculo das horas extras do bancário, inclusive para os submetidos à jornada de oito horas, é definido com base na regra geral prevista no artigo 64 da CLT (resultado da multiplicação por 30 da jornada normal de trabalho), sendo 180 e 220, para as jornadas normais de seis e oito horas, respectivamente. 4. A inclusão do sábado como dia de repouso semanal remunerado, no caso do bancário, não altera o divisor, em virtude de não haver redução do número de horas semanais, trabalhadas e de repouso. 5. O número de semanas do mês é 4,2857, resultante da divisão de 30 (dias do mês) por 7 (dias da semana), não sendo válida, para efeito de definição do divisor, a multiplicação da duração semanal por 5. 6. Em caso de redução da duração semanal do trabalho, o divisor é obtido na forma prevista na Súmula n. 431 (multiplicação por 30 do resultado da divisão do número de horas trabalhadas por semana pelos dias úteis). 7. As normas coletivas dos bancários não atribuíram aos sábados a natureza jurídica de repouso semanal remunerado. MODULAÇÃO DE EFEITOS. Para fins de observância obrigatória das teses afirmadas neste incidente (artigos 927, IV, e 489, § 1º, VI, do CPC, 896-C, § 11, da CLT e 15, I, "a", da Instrução Normativa n. 39 deste Tribunal), a nova orientação será aplicada: a) a todos os processos em curso na Justiça do Trabalho, à exceção apenas daqueles nos quais tenha sido proferida decisão de mérito sobre o tema, emanada de Turma do TST ou da SBDI-1, no período de 27/09/2012 (*DEJT* em que se publicou a nova redação da Súmula 124, I, do TST) até 21/11/2016 (data de julgamento do presente IRR); b) às sentenças condenatórias de pagamento de hora extra de bancário, transitadas em julgado, ainda em fase de liquidação, desde que silentes quanto ao divisor para o cálculo. Definidos esses parâmetros, para o mesmo efeito e com amparo na orientação traçada pela Súmula n. 83 deste Tribunal, as novas teses não servirão de fundamento para a procedência de pedidos formulados em ações rescisórias (Processo n. TST-IRR 849-83.2013.5.03.0138, julgado em 21.11.16, Cláudio Brandão, *DEJT* 19.12.16).

5 *Cargos de chefia e confiança.* Os cargos de supervisão em geral, desde que remunerados com acréscimo de 1/3 do salário do cargo-base, não usufruem os privilégios de jornada reduzida (não só do art. 224, como do art. 225, pois o segundo decorre do primeiro). A expressão *cargo de confiança* não tem aqui o alcance próprio que se lhe dá habitualmente no direito do trabalho, aquele cujo ocupante substitui o empregador perante terceiros, o representa, e é demissível *ad nutum*, tal como previsto para o gerente (art. 62). Isso é evidente não só porque o texto legal menciona funções que não são de confiança no sentido restrito, mas porque ainda o legislador acrescentou "e outros". Tem-se de concluir que qualquer cargo de supervisão preenche a exigência; ter ou não ter subordinados costuma ser a pedra de toque para sinalizar a chefia. A exceção aberta impede apenas a aplicação da jornada reduzida aqui prevista; se o supervisor excede a jornada normal geral de 8 horas, aplicam-se-lhe as demais normas referentes a horas suplementares (art. 57 e segs.), salvo quanto ao gerente da agência (gerente-titular, art. 62/4). Não basta o cargo, mas "confiar" funções ao empregado. Não é a confiança total, mas ter liberdade para decidir até um limite, uma confiança limitada. Com a OJ Transitória 70, o TST indica que a fraude neste caso deve ser abolida; é necessário o "cargo" e a "fidúcia" para ser de "confiança". Advogado empregado não exerce cargo de confiança. O caixa não exerce função de confiança, recebe adicional para o exercício da responsabilidade do cargo, salário-condição.

TST A jornada de trabalho do empregado de banco gerente de agência é regida pelo art. 224, § 2º, da CLT. Quanto ao gerente-geral de agência bancária, presume-se o exercício de encargo de gestão, aplicando-se-lhe o art. 62 da CLT (TST – Súmula 287).

TST A parcela paga aos bancários sob a denominação quebra de caixa possui natureza salarial, integrando o salário do prestador dos serviços, para todos os efeitos legais (TST – Súmula 247).

TST O adicional por tempo de serviço integra o cálculo da gratificação prevista no art. 224, § 2º da CLT (TST – Súmula 240).

TST O bancário não enquadrado no § 2º do art. 224 da CLT que receba gratificação de função não pode ter o salário relativo a horas extraordinárias compensado com o valor daquela vantagem (TST – Súmula 109).

TST I – A configuração, ou não, do exercício da função de confiança a que se refere o art. 224, § 2º, da CLT, dependente da prova das reais atribuições do empregado, é insuscetível de exame mediante recurso de revista ou de embargos. II – O bancário que exerce a função a que se refere o § 2º do art. 224 da CLT e recebe gratificação não inferior a um terço de seu salário já tem remuneradas as duas horas extraordinárias excedentes de seis. III – Ao bancário exercente de cargo de confiança previsto no art. 224, § 2º, da CLT são devidas as 7ª e 8ª horas, como extras, no período em que se verificar o pagamento a menor da gratificação de 1/3. IV – O bancário sujeito à regra do art. 224, § 2º, da CLT cumpre jornada de trabalho de 8 (oito) horas, sendo extraordinárias as trabalhadas além da oitava. V – O advogado empregado de banco, pelo simples exercício da advocacia, não exerce cargo de confiança, não se enquadrando, portanto, na hipótese do § 2º do art. 224 da CLT. VI – O caixa bancário, ainda que caixa executivo, não exerce cargo de confiança. Se perceber gratificação igual ou superior a um terço do salário do posto efetivo, essa remunera apenas a maior responsabilidade do cargo e não as duas horas extraordinárias além da sexta. VII – O bancário exercente de função de confiança, que percebe a gratificação não inferior ao terço legal, ainda que norma coletiva contemple percentual superior, não tem direito às sétima e oitava horas como extras, mas tão somente às diferenças de gratificação de função, se postuladas (TST – Súmula 102, conversão das Súmulas 166, 204 e 232 e das Orientações Jurisprudenciais SDI-1 15, 222 e 288, mantida, TST Res. 174/11).

SDI Ausente a fidúcia especial a que alude o art. 224, § 2º, da CLT, é ineficaz a adesão do empregado à jornada de oito horas constante do Plano de Cargos em Comissão da Caixa Econômica Federal, o que importa no retorno à jornada de seis horas, sendo devidas como extras a sétima e a oitava horas laboradas. A diferença de gratificação de função recebida em face da adesão ineficaz poderá ser compensada com as horas extraordinárias prestadas (TST, SDI-1, Orientação Jurisprudencial Transitória 70).

1. A discussão acerca da validade do termo de opção do empregado bancário pela jornada de oito horas, prevista no Plano de Cargos em Comissão da CEF, quando não configurada a exceção do § 2º do art. 224 da CLT, restando devidas como extras a sétima e oitava horas, já não comporta mais discussão no âmbito desta Corte Superior, tendo em vista a edição da Orientação Jurisprudencial Transitória 70 da SBDI-1 do TST, segundo a qual, ausente a fidúcia especial a que alude o art. 224, § 2º, da CLT, é ineficaz a adesão do empregado à jornada de oito horas constante do Plano de Cargos em Comissão da Caixa Econômica Federal, o que importa no retorno à jornada de seis horas, sendo devidas como extras a sétima e a oitava horas laboradas. 2. Contudo, a parte final da aludida orientação jurisprudencial deixa explícita a possibilidade de compensação da diferença de gratificação de função recebida em face da adesão ineficaz com as horas extraordinárias prestadas. 3. Desse modo, merece reforma a decisão regional apenas quanto à compensação, adequando-se, pois, à diretriz da parte final da retromencionada Orientação Jurisprudencial Transitória 70 da SBDI-1 desta Corte (TST -RR-61800-46.2011.5.13.0005, julgado em 13.6.12, Ives Gandra Martins Filho, 7ª Turma, *DEJT*, 15.6.12).

Não há se falar em contrariedade à Súmula 287 do C. TST, quando expressamente afastada pela decisão da c. Turma a presunção de autonomia a que está vinculado o gerente-geral de agência que, no caso em exame, tinha a jornada de trabalho controlada, a denotar ausência de liberdade do empregado bancário (TST, E-RR 68200-92.2002.5.17.0001, j. em 3.2.11, Aloysio Silva Corrêa da Veiga).

Uma vez constatado pelo Tribunal Regional que não há provas que demonstrem que o reclamante desempenhava atividades com autonomia e com especial fidúcia, caracterizando o exercício de função de confiança, não há como enquadrá-lo na exceção do artigo 224, § 2º, da CLT. Para se chegar à conclusão pretendida pelo Banco reclamado, ou seja, que o reclamante exercia cargo de confiança, imprescindível o exame de fatos e provas, procedimento este vedado nesta fase recursal, tendo em vista a incidência do Enunciado n. 126/TST. Recurso de Embargos não conhecido (TST, E-RR 490.135/1998.7, Rel. Lelio Bentes Corrêa).

1. Nos termos da jurisprudência da SBDI-1, não é válida a opção do empregado pelo cargo em comissão com jornada de oito horas, se não atendidos os requisitos do art. 224, § 2º, da CLT (gratificação de função superior a 1/3 do salário e exercício de funções de confiança). Aplicação dos arts. 9º e 444 da CLT e dos princípios da irrenunciabilidade e da primazia da realidade. 2. Devido é, portanto, o pagamento, como extras, das sétima e oitava horas diárias, em face do reconhecimento do direito à jornada prevista no art. 224, *caput*, da CLT (TST, E-RR 1283/2005-007-10-00, Maria Cristina Irigoyen Peduzzi, Ac. SDI-1).

A jurisprudência desta Subseção Especializada em Dissídios Individuais é firme no sentido de que não contraria a Súmula 109 do C. TST a determinação de compensação de horas extraordinárias com gratificação de função, decorrente do reconhecimento do direito do empregado da CEF a jornada de seis horas. 2. Decisão turmária em sentido contrário deve ser reformada para determinar que se proceda a compensação dos valores devidos com o que foi efetivamente pago, considerando a diferença entre a gratificação prevista no plano de cargos e salários para a jornada de oito horas e a estipulada para a jornada de seis horas. 3. Precedente: TST-E-RR 1.040/2006-005-10-00.0, Relatora Ministra Maria Cristina Irigoyen Peduzzi (TST, E-RR 109500-16.2005.5.03.0002, Caputo Bastos, Ac. SDI-1).

O caixa bancário não exerce cargo de confiança. A gratificação por ele recebida remunera apenas a maior responsabilidade do cargo, conforme preconizado no item VI da Súmula n. 102 desta Corte uniformizadora. O pagamento da gratificação, portanto, está vinculado ao desempenho de tal função, enquanto durar seu exercício. Afigura-se correto afirmar, sob tal perspectiva, que a gratificação auferida pelo caixa corresponde a salário sob condição, a exemplo do que ocorre com adicional de insalubridade, adicional noturno etc. Tem-se, por consequência, que o término do exercício da função de caixa resulta no implemento da condição que autoriza a supressão da gratificação. Embargos providos (TST, E-ED-ED-ED-RR 337/2005-003-10-00, Relatora Maria de Assis Calsing, *DEJT*, 7.8.09).

Bancário. Chefia. Enunciado 233/TST. O Enunciado 233/TST, ao adotar a expressão "O bancário no exercício da função de chefia", deixou claro que não basta atribuir-se ao cargo o rótulo de "CHEFE", aliado ao pagamento da gratificação de função prevista no § 2º do art. 224 da CLT, para que fique afastado o direito do empregado ao recebimento das sétima e oitava horas como extraordinárias. Entendimento contrário, por colidir com o "princípio da realidade", seria estimulador de fraudes, o que é juridicamente inconcebível (TST, RR 197.368/95.3, Manoel Mendes de Freitas, Ac. 3ª T. 7.696/96).

Art. 226. O regime especial de 6 horas de trabalho também se aplica aos empregados de portaria e de limpeza[1], tais como porteiros, telefonistas de mesa, contínuos e serventes, empregados em bancos e casas bancárias.

Parágrafo único. A direção de cada banco organizará a escala de serviço do estabelecimento de maneira a haver empregados do quadro da portaria em função, meia hora antes e até meia hora após o encerramento dos trabalhos, respeitado o limite de 6 horas diárias.

1 *Portaria, limpeza e outras atividades.* Dizendo o art. 224 que a jornada dos empregados em bancos é de 6 horas, era desnecessário o art. 226. Ou se é empregado e se

tem direito a jornada reduzida ou não se é. Mas o texto do art. 226 foi enunciado pelo legislador. De um lado evita a perigosa exegese de que a intenção protecionista visaria apenas as atividades típicas dos bancários; de outro lado, não sendo o texto generalizante, tem de ser interpretado como restritivo, em face da sua redação: beneficia os empregados que, não executando aquelas atividades típicas, possam ser classificados nas expressões usadas: portaria e limpeza. O texto ainda desceu a exemplificações: "tais como porteiros, telefonistas de mesa, contínuos e serventes". O *vigia* usufrui regime especial em virtude daquela expressão "empregados de portaria, tais como". É que o vigia (v. art. 62/3) se inclui nas atividades próprias da portaria; os porteiros não são os que ficam à porta, mas os que cuidam não só das portas, como do que por elas sai ou entra; porteiros são os vigias. A situação do *vigilante* já permite distinções, a partir da legislação que lhe deu vida própria (v. art. 62/3 e legislação); a Súmula 257 do TST exprime essa distinção. O motorista bancário não se beneficia, por pertencer à categoria diferenciada; assim o TST, Súmula 117.

TST O vigilante, contratado diretamente por banco ou por intermédio de empresas especializadas, não é bancário (TST – Súmula 257).

TST Não se beneficiam do regime legal relativo aos bancários os empregados de estabelecimentos de crédito pertencentes a categorias profissionais diferenciadas (TST – Súmula 117).

TST Integra a remuneração do bancário a vantagem pecuniária por ele auferida na colocação ou na venda de papéis ou valores mobiliários de empresas pertencentes ao mesmo grupo econômico, se exercida essa atividade no horário e local de trabalho e com o consentimento, tácito ou expresso, do banco empregador (TST – Súmula 93).

Motorista de Banco não faz jus a vantagens concedidas aos bancários por norma coletiva (TRT/RJ, RO 9.628/86, Paulo Cardoso, Ac. 5ª T. 636/87).

Embora reconhecida a prestação de serviços a um Banco, por empregada admitida em empresa locadora de mão de obra, não se lhe podem deferir, na condição de telefonista, integrante de categoria profissional diferenciada, as vantagens atribuídas aos bancários por força de convenções coletivas pertinentes a essa categoria (TRT/PR, RO 2.419/86, Carmen Amin, Ac. 2ª T. 939/87).

Embora o art. 226 da CLT tenha deferido aos vigilantes bancários o privilégio do regime especial de horário (jornada de seis horas), isto não importa em enquadrá-los na categoria profissional dos bancários. Incidência do Enunciado 257 do TST (TST, RR 170.448/95.7, Francisco Fausto, Ac. 3ª T. 3.504/96).

Empregado admitido por empresa de processamento de dados, que atua em proveito de várias empresas do grupo, não é bancário (TST, RR 273.109/96.0, Ângelo Mário, Ac. 2ª T. 790/97).

Quando verificado, por Comissão de Enquadramento Sindical, que a atividade patronal está voltada para o ramo da construção civil, e não para a bancária, impossível é o reconhecimento da condição de bancário a seus empregados (TST, RR 153.648/94.4, José Luiz Vasconcellos, Ac. 3ª T. 790/97).

2 *Jornada normal* (v. coment. art. 58). Cargo de confiança (v. art. 62). Redação do art. 224 (DL 229/67 e DL 754/69). Mulher, art. 372 e segs.

Seção II
Dos empregados nos serviços de telefonia, de telegrafia submarina e subfluvial, de radiotelegrafia e radiotelefonia

Art. 227. Nas empresas que explorem o serviço de telefonia, telegrafia submarina ou subfluvial, de radiotelegrafia ou de radiotelefonia, fica estabelecida para os respectivos operadores a duração máxima de 6 horas contínuas de trabalho por dia ou 36 horas semanais.

§ 1º Quando, em caso de indeclinável necessidade, forem os operadores obrigados a permanecer em serviço além do período normal fixado neste artigo, a empresa pagar-lhes-á extraordinariamente o tempo excedente com acréscimo de 50% sobre o seu salário-hora normal.

§ 2º O trabalho aos domingos, feriados e dias santos de guarda será considerado extraordinário e obedecerá, quanto à sua execução e remuneração, ao que dispuserem empregadores e empregados em acordo, ou os respectivos sindicatos em contrato coletivo de trabalho.

1 Apesar da exigência expressa da lei (empresas que exploram o serviço de...), é predominante a jurisprudência que aplica a jornada reduzida aos telefonistas de outras empresas, desde que o trabalho se desenvolva na mesa própria de "central interna", que pressupõe serviço intenso para o operador, tal como havia sido propugnado pela doutrina (Oscar Saraiva e Maranhão). Assim o Precedente Administrativo 10 MTE/SIT, em apêndice. Redação do art. 227 pelo DL 6.353/44. Telemarketing, v. Precedente Administrativo 73 MTE/SIT, em apêndice.

TST É aplicável à telefonista de mesa de empresa que não explora o serviço de telefonia o disposto no art. 227 e seus parágrafos da CLT (TST – Súmula 178).

SDI CANCELADA – A jornada reduzida de que trata o art. 227 da CLT não é aplicável, por analogia, ao operador de televendas, que não exerce suas atividades exclusivamente como telefonista, pois, naquela função, não opera mesa de transmissão, fazendo uso apenas dos telefones comuns para atender e fazer as ligações exigidas no exercício da função (TST, SDI-1, Orientação Jurisprudencial 273, cancelada TST, Res. 275/11).

SDI O operador de telex de empresa, cuja atividade econômica não se identifica com qualquer uma das previstas no art. 227 da CLT, não se beneficia de jornada reduzida (TST, SDI-1, Orientação Jurisprudencial 213).

Em regra, o enquadramento sindical se dá em razão da atividade preponderante da empresa (art. 511, § 2º, da CLT). A exceção a essa regra ocorre com as chamadas categorias diferenciadas, em que o elemento mais importante não é a atividade da empresa, mas a particularidade do desempenho de determinada profissão ou função. Nesse contexto, da definição de categoria diferenciada do art. 511, § 3º, da CLT pode-se extrair dois elementos: a) exercício de profissão ou função diferenciada; b) regulamentação em estatuto próprio ou de condições de vida singulares. Ora, a telefonista (salvo quanto à jornada, por força do art. 226/CLT) tem regulamentação específica, que a diferencia do bancário, inclusive possui normas coletivas próprias, diversas das estabelecidas pelos bancários, além de exercer função diversa, no plano fático, das exercidas pelos bancários. Dessa forma, estando presentes os dois elementos acima, conclui-se que a telefonista integra a categoria diferenciada, e não a dos bancários (TST, E-RR 366.752/1997.9, João Batista Brito Pereira).

■ Para os efeitos da jornada especial prevista no art. 227 da CLT, a lei não excepcionou a maior ou menor intensidade do trabalho, considerando, isto sim, que a execução permanente de operações de telefonia, seja para comutação telefônica, seja no atendimento sucessivo de chamadas para a prestação de outros serviços, são tidas como extenuantes e penosas. Daí a sua extensão às telefonistas de mesa, que, mesmo não realizando comutação telefônica, são beneficiárias da jornada reduzida (TRT/PR, RO 890/86, Euclides Rocha, Ac. 2ª T. 2.237/86).

■ Não se aplica o benefício previsto no art. 227 da CLT aos operadores de telex, tendo em vista que o trabalho desenvolvido por eles não pode ser equiparado às funções desgastantes desenvolvidas (TST, RR 292.223/96.6, Carlos Alberto Reis de Paula, Ac. 3ª T.).

■ Operadora de *telemarketing*. O art. 227 da CLT não prevê a hipótese prevista pela Reclamante, cabendo ao legislador modificar a lei para dar-lhe maior alcance. Não há dissonância com o Enunciado 178/TST que determina a aplicação da regra do art. 227 às empresas possuidoras de mesa. A norma foi editada tendo-se em vista a finalidade da empresa e não o trabalho do empregado em si. Cuida-se de atividade nova, diversa daquela de telefonista de mesa tratada na CLT e no citado Verbete. No presente caso a Embargante era uma vendedora, que se utilizava do aparelho telefônico como meio de efetuar vendas e chegar ao objetivo do seu trabalho (TST, E-RR 76.149/93.1, Cnéa Moreira, Ac. SBDI-1 911/96).

■ Telefonista. Jornada. A atividade de digitação e recepcionista preponderantes sobre a do atendimento telefônico tornam inaplicável a jornada reduzida prevista na CLT, artigo 227, eis que afastada a penosidade da função (Proc. TRT/SP RO 19022/96, Valentin Carrion, Ac. 30193/97).

Art. 228. Os operadores não poderão trabalhar, de modo ininterrupto, na transmissão manual, bem como na recepção visual, auditiva, com escrita manual ou datilográfica, quando a velocidade for superior a 25 palavras por minuto.

Art. 229. Para os empregados sujeitos a horários variáveis, fica estabelecida a duração máxima de 7 horas diárias de trabalho e 17 horas de folga, deduzindo-se desse tempo 20 minutos para descanso, de cada um dos empregados, sempre que se verificar um esforço contínuo de mais de 3 horas.

§ 1º São considerados empregados sujeitos a horários variáveis, além dos operadores, cujas funções exijam classificação distinta, os que pertençam a seções de técnica, telefones, revisão, expedição, entrega e balcão.

§ 2º Quanto à execução e remuneração aos domingos, feriados e dias santos de guarda e às prorrogações de expediente, o trabalho dos empregados a que se refere o parágrafo anterior será regido pelo que se contém no § 1º do art. 227 desta Seção.

1 Distingue-se trabalho contínuo, de um lado, e trabalho permanente ou ininterrupto, de outro; como se vê no art. 72, o primeiro refere-se à atividade da empresa, horários de funcionamento; nos segundos, a atividade que não cessa é do empregado, o que, em determinadas hipóteses, até certo tempo ultrapassa a capacidade normal do ser humano. A distinção terminológica não foi mantida aqui. Deve-se entender que o art. 229 não permite a contratação em horários variáveis, a critério do empregador, mas prevê "esforço contínuo ou não" do empregado, diante da circunstância de ser ininterrupta ou não a solicitação que se lhe demanda (em sentido contrário, Russomano, *Comentários*, v. 2, p. 419). Trabalho intermitente na Marinha Mercante (art. 248).

Art. 230. A direção das empresas deverá organizar as turmas de empregados, para a execução dos seus serviços, de maneira que prevaleça, sempre, o revezamento entre os que exercem a mesma função, quer em escalas diurnas, quer em noturnas.

§ 1º Aos empregados que exerçam a mesma função será permitida, entre si, a troca de turmas, desde que isso não importe em prejuízo dos serviços, cujo chefe ou encarregado resolverá sobre a oportunidade ou possibilidade dessa medida, dentro das prescrições desta Seção.

§ 2º As empresas não poderão organizar horários que obriguem os empregados a fazer a refeição do almoço antes das 10 e depois das 13 horas e a de jantar antes das 16 e depois das 19:30 horas.

Art. 231. As disposições desta Seção não abrangem o trabalho dos operadores de radiotelegrafia embarcados em navios ou aeronaves.

1 Os operadores de radiotelegrafia em navios e aeronaves estão sujeitos às normas especiais de tutela do trabalho previstas na Convenção Radiotelegráfica Internacional de Washington. Os das empresas ferroviárias usufruem jornada reduzida de 6 horas, desde que sirvam em estação de tráfego intenso, por analogia (Amaro, *Tutela*, v. 3, p. 52). Jornada de 6 horas das turmas de revezamento (art. 58/4).

Seção III
Dos músicos profissionais

Arts. 232 e 233. (Revogados pela L. 3.857/60, Ordem dos Músicos).

1 *Duração diária* do trabalho dos músicos não superior a 5 horas, salvo casos excepcionais (até 7 horas, por força maior, festejos populares, ou interesse nacional; remuneração em dobro). Havendo mais de um conjunto, a duração normal máxima é de 7 horas. O intervalo entre as apresentações é computado como tempo de serviço efetivo (L. 3.857/60), salvo o de alimentação, que será de uma hora.

2 Lei da Ordem dos Músicos do Brasil (L. 3.857/60). Não haverá distinção entre músico e artista músico (D. 5.492/28), desde que este preste serviço efetivo ou transitório a empregador (L. 3.857/60, art. 61). Contratação de artistas estrangeiros (L. 3.857/60 e D. 82.385/78, que regulamenta a L. 6.533/78).

3 *Artistas e congêneres* (art. 507/3).

Seção IV
Dos operadores cinematográficos

Art. 234. A duração normal do trabalho dos operadores cinematográficos e seus ajudantes não excederá de 6 horas diárias, assim distribuídas:

a) 5 horas consecutivas de trabalho em cabina, durante o funcionamento cinematográfico;

b) um período suplementar, até o máximo de uma hora para limpeza, lubrificação dos aparelhos de projeção, ou revisão de filmes.

Parágrafo único. Mediante remuneração adicional de 25% (obs.: 50% no mínimo pela CF, art. 7º, XVI) **sobre o salário da hora normal e observado um intervalo de duas horas para folga, entre o período a que se refere a alínea "b" deste artigo e o trabalho em cabina de que trata a alínea "a", poderá o trabalho dos operadores cinematográficos e seus ajudantes ter a duração prorrogada por duas horas diárias, para exibições extraordinárias.**

Art. 235. Nos estabelecimentos cujo funcionamento normal seja noturno, será facultado aos operadores cinematográficos e seus ajudantes, mediante acordo ou contrato coletivo de trabalho e com um acréscimo de 25% (obs.: 50% no mínimo pela CF, art. 7º, XVI) **sobre o salário da hora normal, executar o trabalho em sessões diurnas extraordinárias e, cumulativamente, nas noturnas, desde que isso se verifique até três vezes por semana e entre as sessões diurnas e as noturnas haja o intervalo de uma hora, no mínimo, de descanso.**

§ 1º A duração de trabalho cumulativo a que alude o presente artigo não poderá exceder de 10 horas.

§ 2º Em seguida a cada período de trabalho haverá um intervalo de repouso no mínimo de 12 horas.

Seção IV-A
Do serviço do motorista profissional empregado[1] (Red. L. 13.103/15)

Art. 235-A. Os preceitos especiais desta Seção aplicam-se ao motorista profissional empregado[1]:

I – de transporte rodoviário coletivo de passageiros;

II – de transporte rodoviário de cargas. (Red. L. 13.103/15)

Art. 235-B. São deveres do motorista profissional empregado: (Red. L. 13.103/15)

I – estar atento às condições de segurança do veículo;

II – conduzir o veículo com perícia, prudência, zelo e com observância aos princípios de direção defensiva;

III – respeitar a legislação de trânsito e, em especial, as normas relativas ao tempo de direção e de descanso controlado e registrado na forma do previsto no art. 67-E da L. 9.503/97 – CTB; (Red. L. 13.103/15)

IV – zelar pela carga transportada e pelo veículo;

V – colocar-se à disposição dos órgãos públicos de fiscalização na via pública;

VI – (vetado);

VII – submeter-se a exames toxicológicos[14] com janela de detecção mínima de 90 (noventa) dias e a programa de controle de uso de droga e de bebida alcoólica, instituído pelo empregador, com sua ampla ciência, pelo menos uma vez a cada 2 (dois) anos e 6 (seis) meses, podendo ser utilizado para esse fim o exame obrigatório previsto na L. 9.503/97 – CTB, desde que realizado nos últimos 60 (sessenta) dias. (Red. L. 13.103/15)

Parágrafo único. A recusa do empregado em submeter-se ao teste ou ao programa de controle de uso de droga e de bebida alcoólica previstos no inciso VII será considerada infração disciplinar, passível de penalização nos termos da lei. (Red. L. 13.103/15)

Art. 235-C. A jornada diária[2] de trabalho do motorista profissional será de 8 (oito) horas, admitindo-se a sua prorrogação por até 2 (duas) horas extraordinárias ou, mediante previsão em convenção ou acordo coletivo, por até 4 (quatro) horas extraordinárias. (Red. L. 13.103/15)

§ 1º Será considerado como trabalho efetivo[2] o tempo em que o motorista empregado estiver à disposição do empregador, excluídos os intervalos para refeição, repouso e descanso e o tempo de espera. (Red. L. 13.103/15)

§ 2º Será assegurado ao motorista profissional empregado intervalo mínimo[3] de 1 (uma) hora para refeição, podendo esse período coincidir com o tempo de parada obrigatória na condução do veículo estabelecido pela L. 9.503/97 – CTB, exceto quando se tratar do motorista profissional enquadrado no § 5º do art. 71 desta Consolidação. (Red. L. 13.103/15)

§ 3º Dentro do período de 24 (vinte e quatro) horas[4], são asseguradas 11 (onze) horas de descanso, sendo facultados o seu fracionamento e a coincidência com os períodos de parada obrigatória na condução do veículo estabelecida pela L. 9.503/97 – CTB, garantidos o mínimo de 8 (oito) horas ininterruptas no primeiro período e o gozo do remanescente dentro das 16 (dezesseis) horas seguintes ao fim do primeiro período. (Red. L. 13.103/15)

§ 4º Nas viagens de longa distância[8], assim consideradas aquelas em que o motorista profissional empregado permanece fora da base da empresa, matriz ou filial e de sua residência por mais de 24 (vinte e quatro) horas, o repouso diário pode ser feito no veículo ou em alojamento do empregador, do contratante do transporte, do embarcador ou do destinatário ou em outro local que ofereça condições adequadas. (Red. L. 13.103/15)

§ 5º As horas consideradas extraordinárias serão pagas com o acréscimo estabelecido na Constituição Federal ou compensadas[7] na forma do § 2º do art. 59 desta Consolidação. (Red. L. 13.103/15)

§ 6º À hora de trabalho noturno[15] aplica-se o disposto no art. 73 desta Consolidação. (Red. L. 13.103/15)

§ 7º (Vetado.)

§ 8º São considerados tempo de espera[6] as horas em que o motorista profissional empregado ficar aguardando carga ou descarga do veículo nas dependências do embarcador ou do destinatário e o período gasto com a fiscalização da mercadoria transportada em barreiras fiscais ou alfandegárias, não sendo computados como jornada de trabalho e nem como horas extraordinárias. (Red. L. 13.103/15)

§ 9º As horas relativas ao tempo de espera serão indenizadas na proporção de 30% (trinta por cento) do salário-hora normal. (Red. L. 13.103/15)

§ 10. Em nenhuma hipótese, o tempo de espera do motorista empregado prejudicará o direito ao recebimento da remuneração correspondente ao salário-base diário. (Red. L. 13.103/15)

§ 11. Quando a espera de que trata o § 8º for superior a 2 (duas) horas ininterruptas e for exigida a permanência do motorista empregado junto ao veículo, caso o local ofereça condições adequadas, o tempo será considerado como de repouso para os fins do intervalo de que tratam os §§ 2º e 3º, sem prejuízo do disposto no § 9º. (Red. L. 13.103/15)

§ 12. Durante o tempo de espera, o motorista poderá realizar movimentações necessárias do veículo, as quais não serão consideradas como parte da jornada de trabalho, ficando garantido, porém, o gozo do descanso de 8 (oito) horas ininterruptas aludido no § 3º. (Red. L. 13.103/15)

§ 13. Salvo previsão contratual, a jornada[2] de trabalho do motorista empregado não tem horário fixo de início, de final ou de intervalos. (Red. L. 13.103/15)

§ 14. O empregado é responsável pela guarda, preservação e exatidão das informações contidas nas anotações em diário de bordo, papeleta ou ficha de trabalho externo, ou no registrador instantâneo inalterável de velocidade e tempo, ou nos rastreadores ou sistemas e meios eletrônicos, instalados nos veículos, normatizados pelo Contran, até que o veículo seja entregue à empresa. (Red. L. 13.103/15)

§ 15. Os dados referidos no § 14 poderão ser enviados a distância, a critério do empregador, facultando-se a anexação do documento original posteriormente. (Red. L. 13.103/15)

§ 16. Aplicam-se as disposições deste artigo ao ajudante empregado nas operações em que acompanhe o motorista. (Red. L. 13.103/15)

§ 17. O disposto no *caput* deste artigo aplica-se também aos operadores de automotores destinados a puxar ou a arrastar maquinaria de qualquer natureza ou a executar trabalhos de construção ou pavimentação e aos operadores de tratores, colheitadeiras, autopropelidos e demais aparelhos automotores destinados a puxar ou a arrastar maquinaria agrícola ou a executar trabalhos agrícolas. (Red. L. 13.154/15)

Art. 235-D. Nas viagens de longa distância[9] com duração superior a 7 (sete) dias, o repouso semanal será de 24 (vinte e quatro) horas por semana ou fração trabalhada, sem prejuízo do intervalo de repouso diário de 11 (onze) horas, totalizando 35 (trinta e cinco) horas, usufruído no retorno do motorista à base (matriz ou filial) ou ao seu domicílio, salvo se a empresa oferecer condições adequadas para o efetivo gozo do referido repouso. (Red. L. 13.103/15)

I a III – (Rev. L. 13.103/15)

§ 1º É permitido o fracionamento do repouso semanal em 2 (dois) períodos, sendo um destes de, no mínimo, 30 (trinta) horas ininterruptas, a serem cumpridos na mesma semana e em continuidade a um período de repouso diário, que deverão ser usufruídos no retorno da viagem. (Red. L. 13.103/15)

§ 2º A cumulatividade de descansos semanais em viagens de longa distância de que trata o *caput* fica limitada ao número de 3 (três) descansos consecutivos. (Red. L. 13.103/15)

§ 3º O motorista empregado, em viagem de longa distância, que ficar com o veículo parado após o cumprimento da jornada normal ou das horas extraordinárias fica dispensado do serviço, exceto se for expressamente autorizada a sua permanência junto ao veículo pelo empregador, hipótese em que o tempo será considerado de espera. (Red. L. 13.103/15)

§ 4º Não será considerado como jornada de trabalho, nem ensejará o pagamento de qualquer remuneração, o período em que o motorista empregado ou o ajudante ficarem espontaneamente no veículo usufruindo dos intervalos de repouso. (Red. L. 13.103/15)

§ 5º Nos casos em que o empregador adotar 2 (dois) motoristas[10] trabalhando no mesmo veículo, o tempo de repouso poderá ser feito com o veículo em movimento, assegurado o repouso mínimo de 6 (seis) horas consecutivas fora do veículo em alojamento externo ou, se na cabine leito, com o veículo estacionado, a cada 72 (setenta e duas) horas. (Red. L. 13.103/15)

§ 6º Em situações excepcionais de inobservância justificada do limite de jornada de que trata o art. 235-C, devidamente registradas, e desde que não

se comprometa a segurança rodoviária, a duração da jornada de trabalho do motorista profissional empregado poderá ser elevada pelo tempo necessário até o veículo chegar a um local seguro ou ao seu destino. (Red. L. 13.103/15)

§ 7º Nos casos em que o motorista tenha que acompanhar o veículo transportado[11] **por qualquer meio onde ele siga embarcado e em que o veículo disponha de cabine leito ou a embarcação disponha de alojamento para gozo do intervalo de repouso diário previsto no § 3º do art. 235-C, esse tempo será considerado como tempo de descanso.** (Red. L. 13.103/15)

§ 8º Para o transporte de cargas vivas, perecíveis e especiais em longa distância ou em território estrangeiro poderão ser aplicadas regras conforme a especificidade da operação de transporte realizada, cujas condições de trabalho serão fixadas em convenção ou acordo coletivo de modo a assegurar as adequadas condições de viagem e entrega ao destino final. (Red. L. 13.103/15)

Art. 235-E. Para o transporte de passageiros, serão observados os seguintes dispositivos: (Red. L. 13.103/15)

I – é facultado o fracionamento do intervalo de condução do veículo previsto na L. 9.503/97 – CTB, em períodos de no mínimo 5 (cinco) minutos; (Red. L. 13.103/15)

II – será assegurado ao motorista intervalo mínimo[4] **de 1 (uma) hora para refeição, podendo ser fracionado em 2 (dois) períodos e coincidir com o tempo de parada obrigatória na condução do veículo estabelecido pela L. 9.503/97 – CTB, exceto quando se tratar do motorista profissional enquadrado no § 5º do art. 71 desta Consolidação;** (Red. L. 13.103/15)

III – nos casos em que o empregador adotar 2 (dois) motoristas[10] **no curso da mesma viagem, o descanso poderá ser feito com o veículo em movimento, respeitando-se os horários de jornada de trabalho, assegurado, após 72 (setenta e duas) horas, o repouso em alojamento externo ou, se em poltrona correspondente ao serviço de leito, com o veículo estacionado.** (Red. L. 13.103/15)

§§ 1º a 12. (Rev. L. 13.103/15)

Art. 235-F. Convenção e acordo coletivo poderão prever jornada especial de 12 (doze) horas de trabalho por 36 (trinta e seis) horas de descanso para o trabalho do motorista profissional empregado em regime de compensação[12]**.** (Red. L. 13.103/15)

Art. 235-G. É permitida a remuneração[13] **do motorista em função da distância percorrida, do tempo de viagem ou da natureza e quantidade de produtos transportados, inclusive mediante oferta de comissão ou qualquer outro tipo de vantagem, desde que essa remuneração ou comissionamento não comprometa a segurança da rodovia e da coletividade ou possibilite a violação das normas previstas nesta Lei.** (Red. L. 13.103/15)

Art. 235-H. (Rev. L. 13.103/15)

1. O *motorista profissional*, de transporte rodoviário coletivo de passageiros e de transporte rodoviário de cargas. As normas da CLT só se aplicam ao motorista profissional empregado.

2. *Jornada diária.* É a definida na CF/88, art. 7º, XIII: 8 horas diárias e 44 semanais. Na jornada, será considerado o tempo à disposição do empregador, não se computando os intervalos para refeição, repouso, espera e descanso. A jornada foi modificada, permitindo que o motorista profissional empregado faça 2 horas extras e/ou até 4 horas via acordo/convenção coletiva, ou seja, um motorista profissional empregado poderá dirigir por até 12 horas! Tem direito à jornada noturna (CLT, art. 73). Fiscalização da jornada (CONTRAN, Res. 405/12 alt. Res. 408 e 417/12). Em situações excepcionais, a duração poderá se estender até o veículo chegar a lugar seguro. A jornada não tem horário fixo de início, fim ou de intervalos. Deve ser controlada e registrada (diário de bordo, papeleta ou sistemas eletrônicos).

3. *Horas extras.* A jornada pode ser prorrogada por mais 2 horas, e por mais 4 horas via acordo/convenção coletiva, que serão consideradas horas extras, pagas com acréscimo mínimo constitucional e/ou por acordo ou convenção coletiva, podendo ser compensadas na forma da CLT, art. 59, § 2º.

4. *Intervalos (intrajornada) para descansos.* No mínimo 1 hora e no máximo 2 horas, para jornadas acima de 6 horas. Esse intervalo poderá ser reduzido e/ou fracionado, desde que compreendido entre o término da primeira hora e o início da última hora trabalhada, no caso de transporte coletivo de passageiros e mediante acordo e/ou convenção coletiva de trabalho (CLT, art. 71, § 5º). Já o intervalo de 15 minutos, para jornadas inferiores a 6 horas e maiores de 4 horas, este poderá ser fracionado. O intervalo pode coincidir com o intervalo do CTB, art. 67-C. O motorista profissional empregado não pode dirigir por mais de 5 horas e meia ininterruptas. No transporte coletivo de passageiros, o intervalo será de 30 minutos a cada 4 horas de condução e de, no mínimo, 15 minutos quando a jornada for menor que 4 horas de trabalho. No transporte de carga, o intervalo será de 30 minutos a cada 6 horas (não podendo dirigir por mais de 5 horas e meia ininterruptas). O intervalo pode ser fracionado e ser menor no final de cada viagem, mas será mantida a remuneração.

5. *Intervalos entre jornadas.* Será de 11 horas a cada 24 horas, podendo esse período ser fracionado, com 8 horas no primeiro período e o restante nas próximas 16 horas. Nada fala a lei do descanso semanal, portanto, igual a todo empregado, 35 horas, 11 diárias e mais 24 do DSR.

6. *Tempo de espera.* É o tempo em que o empregado motorista é obrigado a ficar junto ao caminhão parado, aguardando para carga ou descarga e/ou fiscalização de mercadoria. Será indenizado na proporção de 30% do salário normal. O tempo de espera não pode prejudicar o salário-base diário. Não será computado como jornada de trabalho. Quando o tempo de espera exceder a 2 horas ininterruptas e o local oferecer condições, o tempo será considerado como de repouso. Caso o motorista seja obrigado a fazer movimentações necessárias do veículo, não será considerada jornada de trabalho, mas tem o motorista direito ao intervalo de 8 horas ininterruptas. O MTE estabelece as condições de segurança, sanitárias e de conforto nos locais de espera, de repouso e de descanso dos motoristas profissionais de transporte rodoviário de passageiros e de cargas (Port. 944/15, em apêndice).

7. *Acordo de compensação*. Será de acordo com a CLT, art. 59, § 2º.

8. *Viagem de longa distância*. Assim considerada para o motorista que permanece fora da base da empresa, matriz ou filial e de sua residência, por mais de 24 horas.

9. *Viagem de longa distância com duração superior a 7 dias*. O descanso semanal é de 35 horas e pode ser usufruído no retorno ou em local da empresa com condições para o efetivo gozo. Pode ser dividido em 2 períodos, sendo de, no mínimo, 30 horas ininterruptas a serem cumpridas na mesma semana e em continuidade de um período de repouso diário. Podem ser acumulados 3 descansos consecutivos. Caso o motorista, depois de cumprida a jornada, fique junto ao caminhão parado, com autorização expressa do empregador, esse tempo será considerado de espera. Caso seja espontâneo, não será considerado de espera.

10. *Dois motoristas*. Transporte rodoviário de cargas. O tempo de descanso do 2º motorista poderá ser feito com o veículo em movimento; assegurando um repouso mínimo de 6 horas consecutivas fora do veículo, no alojamento ou na cabine leito do caminhão, a cada 72 horas. Para o transporte rodoviário de passageiros, o descanso poderá ser em alojamento ou em poltrona leito com o veículo estacionado.

11. *Veículo sendo transportado*. Se o motorista tiver que acompanhar esse transporte na cabine leito ou em alojamento da embarcação, esse tempo será considerado como descanso.

12. *Regime de compensação*. Poderá ser adotada a jornada 12×36.

13. *Remuneração*. Pode ser por distância, por tempo de viagem ou em função da natureza ou quantidade de produtos transportados, mediante oferta de comissão ou outra vantagem. Entramos em uma situação perigosa, pois temos motoristas acelerando o máximo e dormindo o mínimo para chegar antes.

14. *Exame toxicológico*. Será obrigado a fazer exames na admissão e no desligamento, para substâncias psicoativas que causem dependência ou comprometam a capacidade de direção. CLT, art. 168, § 6º. Regulamentação (MTE, Port. 116/15, em apêndice).

15. *Trabalho noturno*. Todo trabalho realizado das 22 horas de um dia até às 5 horas do dia seguinte.

16. O motorista não responde por prejuízo patrimonial, ressalvado o dolo ou a desídia de sua parte (L. 13.103/15, art. 2º).

Seção V
Do serviço ferroviário

Art. 236. No serviço ferroviário – considerado este o de transporte em estradas de ferro abertas ao tráfego público[1], compreendendo a administração, construção, conservação e remoção das vias férreas e seus edifícios, obras de arte, material rodante, instalações complementares e acessórias[2-3], bem como o serviço de tráfego, de telegrafia, telefonia e funcionamento de todas as instalações ferroviárias – aplicam-se os preceitos especiais constantes desta Seção.

Art. 237. O pessoal a que se refere o artigo antecedente fica dividido nas seguintes categorias:

a) funcionários de alta administração, chefes e ajudantes de departamentos e seções, engenheiros residentes, chefes de depósitos, inspetores e demais empregados que exercem funções administrativas ou fiscalizadoras;

b) pessoal que trabalhe em lugares ou trechos determinados e cujas tarefas requeiram atenção constante; pessoal de escritório, turmas de conservação e construção da via permanente, oficinas e estações principais, inclusive os respectivos telegrafistas; pessoal de tração, lastro e revistadores;

c) das equipagens de trens em geral[2];

d) pessoal cujo serviço é de natureza intermitente ou de pouca intensidade, embora com permanência prolongada nos locais de trabalho; vigias e pessoal das estações do interior, inclusive os respectivos telegrafistas.

1 *Abertas ao tráfego público.* Salvo interpretação jurisprudencial extensiva, as normas específicas não se aplicam aos empregados da empresa que possua ferrovia para uso exclusivo (Russomano, *Comentários,* v. 2, p. 427; Amaro, *Tutela*, v. 3, p. 79).

2 *Ferroviários* são também os que trabalham em empresas que explorem carros-restaurantes, ou em associações de ferroviários a estes destinados, com exclusividade (tais como cooperativas, farmácias e sindicatos). Extensão do conceito de ferroviário (L. 1.652/62).

3 *Atividade rural.* Anteriormente ao revogado Estatuto do Trabalhador Rural, os empregados em fazendas de propriedade das ferrovias, desde que a finalidade das operações fosse industrial, sem qualquer discordância, foram considerados urbanos, ou seja, sujeitos à CLT (art. 7º, "b"); era o caso dos imóveis onde houvesse plantação de árvores para carvão ou lenha das locomotivas ou para dormentes do leito da estrada. O Estatuto não retirou nem poderia retirar o direito adquirido daqueles que se encontravam nessa situação, tivessem ou não sentença transitada em julgado. Quanto aos admitidos posteriormente, o conflito de interpretação doutrinária e jurisprudencial é o mencionado nos comentários ao art. 7º, "b"/8.

4 Há, no território nacional, empresas ferroviárias administradas pelo Estado (com seus servidores disciplinados por regime estatutário próprio), empresas privadas puras e empresas de economia mista; estas duas últimas são regidas pela CLT, simplesmente, ou, em certos casos, pela CLT cumulativamente com as prerrogativas de certos *estatutos próprios dos servidores*, que lhes foram concedidos pelas diretorias da empresa. Esses empregados não são prejudicados pelas modificações que o estatuto venha a sofrer por via legislativa estadual; é que a adoção de tal norma pela diretoria da pessoa jurídica empregadora tem o valor de regulamento interno da empresa, aderindo ao contrato de trabalho já pactuado, mesmo que se trate de simples expectativa; essa conclusão juslaborista tem apoio também na Lei de Introdução, que considera direito adquirido o que seu titular possa exercer e aqueles cujo exercício tenha termo prefixado ou condição inalterável a arbítrio de outrem. Além do mais, o direito estadual que só adere ao contrato por ato de vontade da diretoria da empresa não tem poder de retirar direitos anteriores, pois o direito do trabalho é privativo da legislação federal, de acordo com a Constituição. A própria lei federal não poderia ferir direito adquirido, porque violaria a Carta Magna. É diferente, pois, a situação do funcionário público perante uma situação futura, expectativa de direito, da do empregado cuja expectativa é uma promessa, uma condição, um direito que não lhe pode ser retirado. A Fepasa foi incorporada pela Rede Ferroviária Federal S/A, sociedade de economia mista (D. 2.502/88).

Inquérito administrativo. FEPASA

O art. 232 do Estatuto dos Ferroviários aplica-se obrigatoriamente aos empregados da FEPASA sob pena de nulidade da punição (TST, E-RR 2.381/77, Washington da Trindade, Ac. TP 990/79).

Ferroviário regido pela CLT pode ser punido de acordo com as normas comuns, não se lhe aplicando o preceito do art. 232 do Estatuto dos Ferroviários Paulistas, só aplicável aos servidores sob regime estatutário. Inadaptável à espécie é a Súmula TST 77 (TRT/SP, RO 11.902/80, Campos Batalha, Ac. 3ª T. 6.485/81).

Rede Ferroviária Federal

TST Aos ferroviários que trabalham em "estação do interior", assim classificada por autoridade competente, não são devidas horas extras (CLT, art. 243) (TST – Súmula 61).

TST O adicional de tempo de serviço (quinquênio) é devido, nas condições estabelecidas pelo art. 19 da L. 4.345/64, aos contratos sob regime da CLT, pela empresa a que se refere a mencionada lei, inclusive para o fim de complementação de aposentadoria (TST – Súmula 52).

SDI Celebrado contrato de concessão de serviço público em que uma empresa (primeira concessionária) outorga a outra (segunda concessionária), no todo ou em parte, mediante arrendamento, ou qualquer outra forma contratual, a título transitório, bens de sua propriedade: I – em caso de rescisão do contrato de trabalho após a entrada em vigor da concessão, a segunda concessionária, na condição de sucessora, responde pelos direitos decorrentes do contrato de trabalho, sem prejuízo da responsabilidade subsidiária da primeira concessionária pelos débitos trabalhistas contraídos até a concessão; II – no tocante ao contrato de trabalho extinto antes da vigência da concessão, a responsabilidade pelos direitos dos trabalhadores será exclusivamente da antecessora (TST, SDI-1, Orientação Jurisprudencial 225).

Complementação de Proventos. DL 956/69, art. 1º; D. 77.077/76, art. 95, e D. 89.312/84, art. 84. Dissídio jurisprudencial de julgado do Tribunal Regional Federal da 1ª Região com acórdãos do extinto e sempre festejado Tribunal Federal de Recursos. Os ferroviários amparados pelo DL 956/69, art. 1º, têm direito a complementação dos seus proventos de aposentados, sendo tal complementação ônus do Tesouro Nacional e paga pela Previdência Social Urbana. Tal direito vem reafirmado no D. 77.077/76, art. 95; D. 89.312/84, art. 84, pouco importando que a aposentadoria seja anterior ou posterior à vigência do DL 956/69 (STJ, RE 12.236-0-BA, José de Jesus Filho, Reg. 91.0013199-7).

Agente e Chefe de Estação. FEPASA

TST Chefe de trem, regido pelo Estatuto dos Ferroviários (D. 35.530/59), não tem direito à gratificação prevista no respectivo art. 110 (TST – Súmula 67).

Competência

TST CANCELADA – É incompetente a Justiça do Trabalho para julgar ação ajuizada em face da Rede Ferroviária Federal, em que ex-empregado desta pleiteie complementação de aposentadoria, elaboração ou alteração de folhas de pagamento de aposentados, se por estas obrigações responde Órgão da Previdência Social (TST – Súmula 106, cancelada, TST, Res. 157/09).

As controvérsias a envolver a FEPASA e que têm como fato gerador direito provido no Estatuto dos Ferroviários são da competência da Justiça comum do Estado de São Paulo (RE 90.098, rel. Min. Moreira Alves, TP de 23.5.79 e RE 90.368-2-SP, rel. Min. Soarez Muñoz, TP 23.5.79) (TST, RR 3.313/85-4, Marco Aurélio, Ac. 1ª T. 6.553/85).

A Justiça do Trabalho não é competente para julgar ação na qual antigo servidor da Viação Férrea do Rio Grande do Sul pleiteia da Rede Ferroviária Federal e com base no Estatuto dos Servidores Públicos Ferroviários do Rio Grande do Sul complementação de aposentadoria, cujo ônus cabe ao Estado. Precedente. RE 100.119-4-RS (TST, RR 2.296/85-9, Marco Aurélio, Ac. 1ª T. 6.158/85).

Ferroviário aposentado da Fepasa, que reclamou, na Justiça do Trabalho, inclusão de adicional noturno, com base no Estatuto dos Ferroviários. Na petição inicial, o autor, ferroviário aposentado, pleiteou, contra a Fepasa – Ferrovia Paulista, a inclusão, em seus proventos de aposentadoria, do adicional noturno, que percebia, durante a atividade, invocando, para isso, o disposto no art. 192 e s., inclusive o 201, § 2º, do Estatuto dos Ferroviários das Estradas de Ferro de Propriedade do Estado de São Paulo (D. 35.530, de 19.9.59). Trata-se, pois, de matéria estranha à competência da Justiça do Trabalho, por não envolver pretensão fundada em normas da legislação trabalhista sobre a relação de emprego, mas, sim, em normas estatutárias de serviço público, no caso, até, de caráter previdenciário. Já ao tempo da Constituição Federal de 1967, alterada pela EC 1/69, a competência para o julgamento de causas dessa natureza não era da Justiça trabalhista, em face dos termos de seu art. 142, mas, sim, da Justiça comum estadual. O mesmo ocorre, atualmente, diante do disposto no art. 114 da CF/88. Nesse sentido, torrencial a jurisprudência firmada, em Plenário e nas Turmas, no STF (STF, RE 120.134-7-SP, Sydney Sanches, Ac. 1ª T.).

Adicional. FEPASA

■ O Estatuto dos Ferroviários das Estradas de Ferro de São Paulo (D. 35.530/59) previa a opção pela conversão da licença-prêmio em pecúnia, pela metade e se aplicava ao reclamante. Em 1962, a L. estadual 6.862 edificou a concessão da vantagem, permitindo a conversão total em pecúnia. Posteriormente, a L. estadual 10.070/68, revogando a anterior, suprimiu a opção questionada. Todavia, querendo adotá-la em detrimento do direito incorporado ao patrimônio do empregado, por adesão de vantagens mais benéficas, a empresa refugiu ao princípio geral constante do art. 468 da CLT (TST, RR 4.561/80, Barata Silva, Ac. 3ª T. 2.673/81).

■ Licença-prêmio não se converte em vantagem pecuniária (§ 3º do art. 1º do D. 38.204/55) (TST, RR 218/81, Expedito Amorim, Ac. 3ª T. 3.361/81).

Art. 238. Será computado como de trabalho efetivo todo o tempo em que o empregado estiver à disposição da Estrada.

§ 1º Nos serviços efetuados pelo pessoal da categoria "c", não será considerado como de trabalho efetivo[2] o tempo gasto em viagens do local ou para o local de terminação e início dos mesmos serviços.

§ 2º Ao pessoal removido ou comissionado fora da sede será contado como de trabalho normal e efetivo o tempo gasto em viagens, sem direito à percepção de horas extraordinárias.

§ 3º No caso das turmas de conservação da via permanente, o tempo efetivo do trabalho será contado desde a hora da saída da casa da turma até a hora em que cessar o serviço em qualquer ponto compreendido dentro dos limites da respectiva turma. Quando o empregado trabalhar fora dos limites da sua turma, ser-lhe-á também computado como de trabalho efetivo o tempo gasto no percurso da volta a esses limites.

§ 4º Para o pessoal da equipagem de trens, só será considerado esse trabalho efetivo, depois de chegado ao destino, o tempo em que o ferroviário estiver ocupado ou retido à disposição da Estrada. Quando, entre dois períodos de trabalho, não mediar intervalo superior a uma hora, será esse intervalo computado como de trabalho efetivo.

§ 5º O tempo concedido para refeição não se computa como de trabalho efetivo, senão para o pessoal da categoria "c", quando as refeições forem tomadas em viagem ou nas estações durante as paradas. Esse tempo não será inferior a uma hora, exceto para o pessoal da referida categoria em serviço de trens.

§ 6º No trabalho das turmas encarregadas da conservação de obras de arte, linhas telegráficas ou telefônicas e edifícios, não será contado como de trabalho efetivo o tempo de viagem para o local do serviço, sempre que não exceder de uma hora, seja para ida ou para volta, e a Estrada fornecer os meios de locomoção, computando-se sempre o tempo excedente a esse limite.

Art. 239. Para o pessoal da categoria "c", a prorrogação do trabalho independe de acordo ou contrato coletivo, não podendo, entretanto, exceder de doze horas, pelo que as empresas organizarão, sempre que possível, os serviços de equipagens de trens com destacamentos nos trechos das linhas de modo a ser observada a duração normal de oito horas de trabalho.

§ 1º Para o pessoal sujeito ao regime do presente artigo, depois de cada jornada de trabalho haverá um repouso de 10 horas contínuas, no mínimo, observando-se, outrossim, o descanso semanal.

§ 2º Para o pessoal da equipagem de trens, a que se refere o presente artigo, quando a empresa não fornecer alimentação, em viagem, e hospedagem, no destino, concederá uma ajuda de custo para atender a tais despesas.

§ 3º As escalas do pessoal abrangido pelo presente artigo serão organizadas de modo que não caiba a qualquer empregado, quinzenalmente, um total de horas de serviço noturno superior às de serviço diurno.

§ 4º Os períodos de trabalho do pessoal a que alude o presente artigo serão registrados em cadernetas especiais, que ficarão sempre em poder do empregado, de acordo com o modelo[1] aprovado pelo Ministro do Trabalho.

1 Modelo folha de ponto (Port. 3.056/72). Faculta adoção do sistema eletrônico para controle de jornada, para categoria "c" (Port. 556/03).

A proporcionalidade na contraprestação do serviço suplementar deve ser assegurada aos ferroviários integrantes da categoria das equipagens de trens em geral, mesmo na ocorrência de trabalho excedente ao limite máximo de 12 horas, sendo-lhes devido o adicional de 75% sobre as horas extras prestadas após esse limite (TST, E-RR 3.017/76, Alves de Almeida, Ac. TP 1.073/78).

O *status* é definido pela função exercida. É razoável, não chegando às raias da violência ao § 2º do art. 239 da CLT, decisão que conclui pelo direito à ajuda de custo-alimentação quando verificada a prestação de serviços como ferroviário, pouco importando a extensão da linha e o objetivo da mesma (TST, Ag.-E-RR 2.597/86-9, Marco Aurélio, Ac. TP 1.029/87).

2 A jornada de trabalho do ferroviário categoria "c" é de oito horas, não se computando em sua jornada o tempo gasto em viagens para o início e/ou terminação dos serviços. Não podendo ser superior a 12 horas. O intervalo para refeição não será considerado, quando esta for tomada em viagens ou em estações durante as paradas e desde que esta parada seja menor que uma hora. O intervalo do art. 71 da CLT cabe ao maquinista, é medida de higiene, saúde e segurança e não é incompatível com o art. 238 da CLT.

TST A garantia ao intervalo intrajornada, prevista no art. 71 da CLT, por constituir-se em medida de higiene, saúde e segurança do empregado, é aplicável também ao ferroviário maquinista integrante da categoria "c" (equipagem de trem em geral), não havendo incompatibilidade entre as regras inscritas nos arts. 71, § 4º, e 238, § 5º, da CLT (TST – Súmula 446, Res. TST 193/13).

INTERVALO INTRAJORNADA. MAQUINISTA. Esta Subseção Especializada, em sua composição plenária, na sessão realizada no último dia 18.4.2013, no julgamento do processo E-ED-RR-65200-84.2007.5.03.0028, Red. Min. Aloysio Corrêa da Veiga, concluiu pelo direito ao intervalo intrajornada também aos ferroviários maquinistas, já que não há incompatibilidade entre as regras inscritas nos arts. 71, § 4º, e 238, § 5º, da CLT. Com efeito, entendeu-se que as normas alusivas aos descansos do trabalhador, como o intervalo intrajornada, são de ordem pública, destinadas à saúde e à higiene no trabalho, bem como à sua segurança, já que possibilitam a preservação da higidez física e mental do empregado. Nesse contexto, tem-se que o art. 71 Consolidado ao dispor a respeito da garantia ao intervalo para repouso e alimentação não excepciona nenhuma categoria de trabalhadores. Recurso de embargos conhecido e provido (TST, E-RR-660200-60.2009.5.09.0024, j. em 27.6.13, Dora Maria da Costa, *DEJT*, 2.8.13).

INTERVALO INTRAJORNADA. MAQUINISTA. A norma encerrada no art. 71 da CLT tem caráter tutelar, pois o intervalo ali assegurado constitui-se em medida de higiene, saúde e segurança do trabalhador. Neste contexto, não é possível excluir do ferroviário o direito ao pagamento, como extraordinário, do intervalo não concedido, não havendo que se falar em incompatibilidade entre as regras inscritas neste dispositivo consolidado e as disposições constantes no art. 238 e seguintes da CLT. Recurso de Embargos conhecido e desprovido (TST, E-ED-RR-65200-84.2007.5.03.0038, j. em 18.4.13, Aloysio Corrêa da Veiga, *DEJT*, 10.5.13).

Art. 240. Nos casos de urgência ou de acidente, capazes de afetar a segurança ou regularidade do serviço, poderá a duração do trabalho ser excepcionalmente elevada a qualquer número de horas, incumbindo à Estrada zelar pela incolumidade dos seus empregados e pela possibilidade de revezamento de turmas, assegurando ao pessoal um repouso correspondente e comunicando a ocorrência ao Ministério do Trabalho dentro de dez dias da sua verificação.

Parágrafo único. Nos casos previstos neste artigo, a recusa, sem causa justificada, por parte de qualquer empregado, à execução de serviço extraordinário será considerada falta grave.

Art. 241. As horas excedentes das do horário normal de 8 horas serão

pagas como serviço extraordinário na seguinte base: as duas primeiras com o acréscimo de 25% (obs.: 50%, CF/88, art. 7º, XVI) **sobre o salário-hora normal; as duas subsequentes com um adicional de 50% e as restantes com um adicional de 75%.**

Parágrafo único. Para o pessoal da categoria "c", a primeira hora será majorada de 25% (obs.: 50%, CF/88, art. 7º, XVI), **a segunda hora será paga com o acréscimo de 50% e as duas subsequentes com o de 60%, salvo caso de negligência comprovada.**

Art. 242. As frações de meia hora superiores a 10 minutos serão computadas como meia hora.

Art. 243. Para os empregados de estações do interior, cujo serviço for de natureza intermitente ou de pouca intensidade, não se aplicam os preceitos gerais sobre duração do trabalho, sendo-lhes, entretanto, assegurado o repouso contínuo de 10 horas, no mínimo, entre dois períodos de trabalho e descanso semanal.

Art. 244. As estradas de ferro[1] poderão ter empregados extranumerários, de sobreaviso e de prontidão, para executarem serviços imprevistos ou para substituições de outros empregados que faltem à escala organizada[2].

§ 1º Considera-se "extranumerário" o empregado não efetivo, candidato à efetivação, que se apresentar normalmente ao serviço, embora só trabalhe quando for necessário. O extranumerário só receberá os dias de trabalho efetivo.

§ 2º Considera-se de "sobreaviso"[3] o empregado efetivo, que permanecer em sua própria casa, aguardando a qualquer momento o chamado para o serviço. Cada escala de "sobreaviso" será, no máximo, de 24 horas. As horas de "sobreaviso", para todos os efeitos, serão contadas à razão de 1/3 do salário normal.

§ 3º Considera-se de "prontidão" o empregado que ficar nas dependências da Estrada, aguardando ordens. A escala de prontidão será, no máximo, de 12 horas. As horas de prontidão serão, para todos os efeitos, contadas à razão de 2/3 do salário-hora normal.

§ 4º Quando, no estabelecimento ou dependência em que se achar o empregado, houver facilidade de alimentação, as 12 horas de prontidão, a que se refere o parágrafo anterior, poderão ser contínuas. Quando não existir essa facilidade, depois de 6 horas de prontidão, haverá sempre um intervalo de uma hora para cada refeição, que não será, nesse caso, computada como de serviço[2].

Art. 245. O horário normal de trabalho dos cabineiros nas estações de tráfego intenso não excederá de 8 horas e deverá ser dividido em dois turnos com intervalo não inferior a uma hora de repouso, não podendo nenhum turno ter duração superior a 5 horas, com um período de descanso entre duas jornadas de trabalho de quatorze horas consecutivas.

Art. 246. O horário de trabalho dos operadores telegrafistas nas estações de tráfego intenso não excederá de 6 (seis) horas diárias.

Art. 247. As estações principais, estações de tráfego intenso e estações do interior serão classificadas para cada empresa pelo Departamento Nacional de Estradas de Ferro.

1 *Servidores da Rede Ferroviária Federal S/A*: regime da CLT, cessão de servidor, opção e leis revogadas (v. DL 5/66 e Regulamento, D. 59.832/66 – rev.).

O art. 7º, inc. XIII, da Carta Magna não revogou o art. 243 da CLT, que dispõe especificamente sobre o trabalho do ferroviário que labora em estações classificadas como interioranas (TST, RR 43.508/92.8, Leonaldo Silva, Ac. 4ª T. 2.538/92).

O Enunciado 61/TST interpreta o art. 243 da CLT em harmonia com o art. 247. Comprovada a classificação como "estação do interior", não são devidas horas extras, não cabendo à empregadora (Rede Ferroviária Federal S/A) demonstrar, ainda, que na estação o volume de serviço não era intenso (TST, RO-AR 68.643/93.4, Manoel Mendes de Freitas, Ac. SDI 1.648/96).

2 Restabelecimento da redação anterior do art. 244 (trabalhadores de reserva, cuja configuração havia sido suprimida pela L. 3.970/61): DL 5/66 (rev.).

O contrato de trabalho prescinde de forma especial. Prevalece sempre o dia a dia da prestação de serviços, em detrimento do aspecto formal que haja presidido esta última. A simples classificação da estação como do interior não atrai a incidência do disposto no art. 243 da CLT. Caso a caso, há que se perquirir da intermitência ou da pouca intensidade dos serviços, pressupostos eleitos pelo legislador para o afastamento das regras pertinentes à duração do trabalho – *caput* do citado artigo. Se o ferroviário passa a prestar serviços em horas superiores àquelas pertinentes à jornada até então cumprida, sem que os mesmos sejam de natureza intermitente ou de pouca intensidade, devida é a respectiva contraprestação (TST, RR 2.942/86, Marco Aurélio, Ac. 1ª T. 296/87).

O pagamento de horas trabalhadas após a oitava, de forma simples, a ferroviário que trabalhe em estação do interior, tem o respaldo de iterativas decisões desta Corte (TST, Ag.-E-RR 8.836/85-3, Barata Silva, Ac. TP 638/87).

Ferroviário contratado para cumprir jornada de oito horas que, por classificação posterior, a estação em que trabalha passa a ser considerada como de "interior". As horas trabalhadas além das oito devem ser remuneradas como horas simples (TST, RR 6.080/86, João Américo, Ac. 1ª T. 914/87).

Ferroviário lotado em "estação principal", onde cumpre a jornada legal, faz jus como extras às horas excedentes a oito diárias, quando presta serviços em "estação do interior" em função de deslocamento temporário. Inaplicabilidade do art. 243 da CLT e do E-61/TST. Revista conhecida e provida. Recurso da empresa: aplicação do Enunciado 172/TST (TST, RR 165/87.8, Norberto Silveira, Ac. 3ª T. 2.270/87).

3 Empregados mensalistas de outras atividades, em "regime de sobreaviso", por analogia aos ferroviários, v. art. 59/5.

Seção VI

Das equipagens das embarcações da Marinha Mercante Nacional[2], de navegação[2] fluvial e lacustre, do tráfego nos portos e da pesca

Art. 248. Entre as horas 0 e 24 de cada dia civil, o tripulante[1] poderá ser conservado em seu posto durante 8 horas, quer de modo contínuo, quer de intermitente.

§ 1º A exigência do serviço contínuo ou intermitente ficará a critério do comandante e, neste último caso, nunca por período menor que uma hora.

§ 2º Os serviços de quarto nas máquinas, passadiço, vigilância e outros que, consoante parecer médico, possam prejudicar a saúde do tripulante serão executados por períodos não maiores e com intervalos não menores de 4 horas.

Art. 249. Todo o tempo de serviço efetivo, excedente de 8 horas, ocupado na forma do artigo anterior, será considerado de trabalho extraordinário[4], sujeito à compensação a que se refere o art. 250, exceto se se tratar de trabalho executado:

a) em virtude de responsabilidade pessoal do tripulante e no desempenho de funções de direção, sendo consideradas como tais todas aquelas que a bordo se achem constituídas em um único indivíduo com responsabilidade exclusiva e pessoal;

b) na iminência de perigo, para salvaguarda ou defesa da embarcação, dos passageiros, ou da carga, a juízo exclusivo do comandante ou do responsável pela segurança a bordo;

c) por motivo de manobras ou fainas gerais que reclamem a presença, em seus postos, de todo o pessoal de bordo;

d) na navegação lacustre e fluvial, quando se destina ao abastecimento do navio ou embarcação de combustível e rancho, ou por efeito das contingências da natureza da navegação, na transposição de passos ou pontos difíceis, inclusive operações de alívio ou transbordo de carga, para obtenção de calado menor para essa transposição.

§ 1º O trabalho executado aos domingos e feriados será considerado extraordinário, salvo se se destinar:

a) ao serviço de quartos e vigilância, movimentação das máquinas e aparelhos de bordo, limpeza e higiene da embarcação, preparo de alimentação da equipagem e dos passageiros, serviço pessoal destes e, bem assim, aos socorros de urgência ao navio ou ao pessoal;

b) ao fim da navegação ou das manobras para a entrada ou saída de portos, atracação, desatracação, embarque ou desembarque de carga e passageiros.

§ 2º Não excederá de 30 horas semanais o serviço extraordinário prestado para o tráfego nos portos.

Art. 250. As horas de trabalho extraordinário serão compensadas, segundo a conveniência do serviço, por descanso em período equivalente, no dia seguinte ou no subsequente, dentro das do trabalho normal, ou no fim da viagem, ou pelo pagamento do salário correspondente.

Parágrafo único. As horas extraordinárias de trabalho são indivisíveis, computando-se a fração de hora como hora inteira.

Art. 251. Em cada embarcação haverá um livro em que serão anotadas as horas extraordinárias de trabalho de cada tripulante, e outro, do qual constarão, devidamente circunstanciadas, as transgressões dos mesmos tripulantes.

Parágrafo único. Os livros de que trata este artigo obedecerão a modelos organizados pelo Ministério do Trabalho, serão escriturados em dia pelo comandante da embarcação e ficam sujeitos às formalidades instituídas para os livros de registro de empregados em geral.

Art. 252. Qualquer tripulante que se julgue prejudicado por ordem emanada de superior hierárquico poderá interpor recurso, em termos, perante a Delegacia do Trabalho Marítimo, por intermédio do respectivo comandante, o qual deverá encaminhá-lo com a respectiva informação dentro de 5 dias, contados de sua chegada ao porto.

1 *Regime duplo dos embarcadiços.* As equipagens das embarcações estão sujeitas simultaneamente à CLT e ao Regulamento das Capitanias dos Portos. O direito posto é fragmentado e sofre de carência de normas precisas que atendam às circunstâncias especialíssimas do trabalho a bordo. São marítimos os que exercem suas atividades a bordo de uma embarcação, inclusive as embarcações portuárias e de tráfego local, sendo os marítimos da indústria da pesca regidos pela legislação específica (D. 59.832/66, art. 24 – rev.). Tripulante é todo marítimo embarcado mediante contrato (idem) (art. 25). Distinguem-se os marítimos (art. 248 da CLT) dos estivadores (art. 254), capatazes (art. 285) e arrumadores.

■ O fato de não serem exclusivamente de cabotagem as viagens realizadas pelo reclamante, pois prolongavam-se pelo interior da região amazônica, não lhe tira o direito à remuneração que pleiteia, calculando-se a diferença em relação ao que percebia como embarcadiço da navegação fluvial (TST, RR 3.710/74, Raymundo de Souza Moura, Ac. 1ª T. 910/75).

■ Ao contrato de embarque corresponde uma relação de emprego. Uma viagem redonda informa um contrato de trabalho a prazo. Se o marítimo passa a ser sucessivamente embarcado, trava-se uma relação a tempo indeterminado. Nos períodos de desembarque, o reclamante estava à disposição do empregador, aguardando ordens para nova viagem (art. 4º da CLT) (TST, RR 1.856/76, Coqueijo Costa, Ac. 3ª T. 2.045/76).

■ O adicional global de função é pago de acordo com o tipo de navegação e não com o tipo de embarcação (item 6.4.3 do capítulo 4 do Código de Pessoal Marítimo da Petrobras) (TST, AI 3.407/76, Coqueijo Costa, Ac. 3ª T. 236/77).

■ A etapa se inclui na remuneração do marítimo para efeito de cálculo de indenização (TST, RR 4.558/78, Marcelo Pimentel, Ac. 1ª T. 742/79).

■ A etapa constitui-se na alimentação fornecida a bordo e no pagamento da importância correspondente quando desembarcado o prestador de serviços. A onerosidade do contrato de trabalho revela o caráter salarial da parcela (TST, RR 4.536/86.7, Marco Aurélio, Ac. 1ª T. 314/87).

■ Em se tratando de marítimo, embarcado em navio mercante, é plenamente válida a previsão contida em cláusula contratual, no sentido de que, ocorrendo a implementação do prazo do contrato a termo, com o empregado em viagem, o término do contrato dar-se-á com a chegada do navio ao primeiro porto brasileiro, sem que a dilação represente prorrogação da avença que estará rescindida de pleno direito. Revista conhecida e provida (TST, RR 5.461/86, Feliciano Oliveira, Ac. 2ª T. 474/87).

■ A folga concedida a bordo, em compensação, é a que se refere o art. 9º da L. 605/49 e tal folga há de ser concedida na semana subsequente à trabalhada, *in casu*, mesmo a bordo do navio, durante a viagem, o empregado tem direito à folga semanal (TST, E-RR 4.330/81, João Wagner, Ac. TP 3.296/86).

■ Sendo a alimentação fornecida ao tripulante, quando embarcado, uma necessidade, pois o mesmo não tem outra opção para se alimentar quando navegando, deve ser capitulada como utilidade fornecida "para" o trabalho, e não "pelo" trabalho. Revista provida, neste ponto, para excluir de condenação a integração da "etapa" no salário do reclamante. Adicional de insalubridade. Base de cálculo. Decisão regional em harmonia com as Súmulas 137 e 228, deste Colendo TST. Revista desprovida, no particular (TST, RR 7.608/84, José Ajuricaba, Ac. 2ª T. 3.162/86).

■ A utilidade fornecida para possibilitar a prestação do serviço, na hipótese, realizado em alto mar, não caracteriza salário *in natura,* sendo indevida a integração ao salário (TST, RR 10.004/85, Barata Silva, Ac. 2ª T. 3.489/86).

* Sobre o tema *supra*, v. www.institutocarrion.com.br.

2 *Legislação.* Código Comercial brasileiro (L. 556/1850, art. 543 e segs., L. 12.815/13, regulamentado em parte pelo D. 59.832/66 (rev.), L. 5.385/68). Pescadores: DL 221/67, alt. L. 11.959/09, v. Ind. Leg., Regulamento. D. 64.618/69 parte relativa a pescador profissional: a) o armador (proprietário ou não de embarcação) é o empregador; b) descanso diário (D. 70.334/72). Tribunal Marítimo, L. 2.180/54 alterada pela L. 5.056/66. Convenções internacionais (v. nota 5, *infra*). D. 1.397/37 e 1.398/37 (menor); DL 1.371/39 (serviço de estiva); DL 1.395/39, D. 447/92, Port. MTE/SIT/DFT 210, de 30.4.99 (marinha mercante); D. 34.453/53 e D. 53.367/65 (conferente de carga e descarga); L. 4.637/65 (carregador de bagagens em portos); D. 56.414/65 (consertador de carga e descarga); L. 5.385/68 (trabalho de bloco); D. 128/91 (continuidade do emprego). Conv. OIT 178 promulgada D. 6.766/09, em apêndice. Repatriação, Conv. OIT 166 promulgada D. 6.968/09, em apêndice.

3 *Direito internacional privado* (art. 1º/7). Lei nacional de direito material aplicável aos embarcadiços (art. 1º/10). País competente para apreciar o litígio judiciário trabalhista (art. 651/2).

4 *Horas extras*: à falta de norma expressa, devem ser remuneradas com acréscimo de 50% (CF/88, art. 7º, XVI). Descanso semanal (v. art. 67 e segs.). Férias dos tripulantes (art. 150 e segs.). Remuneração dos marítimos (L. 12.815/13, art. 43).

TST A permanência do tripulante a bordo do navio, no período de repouso, além da jornada, não importa presunção de que esteja à disposição do empregador ou em regime de prorrogação de horário, circunstâncias que devem resultar provadas, dada a natureza do serviço (TST – Súmula 96).

Ocupando função de direção, não tem o arrais direito ao pagamento de horas extras. Inteligência do art. 249, *a* da CLT (TST, RR 4.118/75, Hildebrando Bisaglia, Ac. 1ª T. 2.612/75).

Os períodos de manobras, executados pelo marítimo, não devem ser computados como de serviço efetivo e, por isso, excluir-se da condenação as horas referentes aos mesmos (TST, RR 4.113/77, Fernando Franco, Ac. 1ª T. 3.235/77).

O fato de lei autorizar o serviço da tripulação entre as horas 0 e 24 não desobriga do pagamento do adicional noturno, na forma da Constituição e da CLT (TST, RR 191/79, Washington da Trindade, Ac. 3ª T. 1.070/79).

Não pode convenção coletiva dispensar o uso do livro de anotação das horas extras, quando existe norma consolidada impondo, expressamente, a sua existência a bordo das embarcações (art. 251 da CLT) (TST, RR 6.433/86.4, Orlando Teixeira, Ac. 3ª T. 1.420/87).

No que pertine aos marítimos, o art. 248 da CLT, ao prever que o tripulante poderá ser conservado em seu posto durante oito horas, contínuas ou intermitentes, entre a zero e vinte e quatro horas de cada dia civil, não excluiu, expressamente, o direito à percepção do adicional noturno para o trabalho realizado entre as 22 horas de um dia e as 5 horas do dia seguinte (TST, RR 297.467/96.4, Nelson Antônio Daiha, Ac. 5ª T.).

5 *Convenções internacionais* ratificadas pelo Brasil: n. 16 (exame médico), 22 (contrato de engajamento de marinheiros), 53 (capacidade profissional, capitães e oficiais), 58 (idade mínima), 92 (alojamento da tripulação a bordo), 93 (salários, jornada e tripulação), 108 (carteira de identidade), 109 (duração de trabalho a bordo e salários), 113 (atestado médico de pescadores profissionais), 125 (capacidade do comandante da embarcação), 126 (alojamento a bordo dos navios de pesca), 133 (alojamento a bordo), 134 (prevenção de acidentes), 137 (portuário), 145 (continuidade do emprego, navio marítimo), 146 (férias remuneradas), 147 (normas mínimas da marinha mercante) e 152 (segurança e higiene). Süssekind, *Convenções da OIT*, cit., e *Rev. Trabalho & Doutrina* 6, p. 67; n. 163 (bem-estar), 164 (saúde e assistência médica), 165 (seguridade social) e 166 (repatriação), aprovadas pelo DLeg. 74/96.

Seção VII
Dos serviços frigoríficos

Art. 253. Para os empregados que trabalham no interior das câmaras frigoríficas e para os que movimentam mercadorias do ambiente quente ou

normal para o frio e vice-versa, depois de uma hora e quarenta minutos de trabalho contínuo, será assegurado um período de 20 minutos de repouso, computado esse intervalo como de trabalho efetivo.

Parágrafo único. Considera-se artificialmente frio, para os fins do presente artigo, o que for inferior, nas primeira, segunda e terceira zonas climáticas do mapa oficial do Ministério do Trabalho, a 15 graus, na quarta zona a 12 graus, e nas quinta, sexta e sétima zonas a 10 graus.

1 O ambiente frio artificial é prejudicial em virtude da temperatura, inferior à do corpo humano, da umidade e dos gases que produzem o frio, ao desprenderem-se; o frio artificial é que gera o direito ao período de descanso, sendo irrelevante que o nome dado ao local de trabalho não seja "câmara frigorífica" (TST, Mauricio Godinho Delgado). Caso a empresa não cumpra as condições determinadas, poderá o empregado exigir as horas excedentes como extras, com 50% (art. 59), sem prejuízo das demais consequências contratuais e administrativas. Insalubridade (v. art. 189 e segs.). Mapa oficial de zonas climáticas (Port. MT/SSST 21/94).

TST O empregado submetido a trabalho contínuo em ambiente artificialmente frio, nos termos do parágrafo único do art. 253 da CLT, ainda que não labore em câmara frigorífica, tem direito ao intervalo intrajornada previsto no *caput* do art. 253 da CLT (TST – Súmula 438).

O desempenho das atividades em ambiente dotado de circunstância diferenciada (frio artificial) é que gera o direito ao período de descanso, sendo irrelevante que o nome dado ao local de trabalho não seja "câmara frigorífica", porquanto o dispositivo, concernente à segurança do trabalhador, não deve ser interpretado restritivamente. Observe-se que a Consolidação, diante dessas circunstâncias diferenciadas – trabalho em ambiente com temperatura inferior à do corpo humano e composto de umidade e gases prejudiciais à saúde do obreiro –, prescreveu o intervalo de 20 minutos a cada 1 hora e 40 minutos trabalhados, norma que, obviamente, tem caráter imperativo. Nesse sentido, se desrespeitado o intervalo intrajornada remunerado, a repercussão consistirá no pagamento do referido período, como se fosse efetivamente trabalhado. No tocante à natureza do intervalo intrajornada previsto no art. 253 da CLT, registre-se que, consoante a jurisprudência dominante desta Corte, a natureza do pagamento do mencionado intervalo é salarial. Precedentes desta Corte. Recurso de revista não conhecido, no particular (TST, RR-2068-64.2010.5.08.0117, julgado em 9.5.12, Mauricio Godinho Delgado, *DEJT*, 11.5.12).

O art. 253 da CLT prevê o intervalo de vinte minutos, a cada uma hora e quarenta minutos de labor contínuo, para os empregados que trabalham no interior de câmara frigorífica ou para aqueles que movimentam mercadorias do ambiente quente ou normal para o frio e vice-versa. Por outro lado, o parágrafo único esclarece que o preceito inserto no "caput" dirige-se ao trabalho realizado em ambientes artificialmente frios e que provocam choque térmico. No caso concreto, o Tribunal Regional admite que o reclamante trabalhava em ambiente frio, qual seja o setor de desossa, cuja temperatura era inferior a 12ºC – quarta zona, fazendo jus ao intervalo pleiteado. Recurso de revista conhecido e provido (TST, RR 71600-18.2008.5.24.0096, julgado em 14.10.09, Walmir Oliveira da Costa, *DEJT*, 23.10.09).

Seção VIII
Dos serviços de estiva[1 a 3] (revogada[1])

Art. 254. Estiva de embarcações é o serviço de movimentação das mercadorias a bordo, como carregamento ou descarga, ou outro de conveniência do responsável pelas embarcações, compreendendo esse serviço a arrumação e a retirada dessas mercadorias no convés ou nos porões.

§ 1º Quando as operações do carregamento ou descarga forem feitas dos cais e pontos de cabotagem para bordo, ou de bordo para essas construções portuárias, a estiva começa ou termina no convés da embarcação atracada, onde termina ou se inicia o serviço de capatazias.

§ 2º Nos portos que, pelo respectivo sistema de construção, não podem dispor de aparelhamento próprio para as operações de embarque de mercadorias, feitas integralmente com o aparelhamento de bordo e, bem assim, no caso de navios do tipo fluvial, sem aparelhamento próprio para tais operações, e que não permitem, por sua construção, o emprego de aparelhamento dos cais ou pontos de acostagem, o serviço de estiva, de que trata o parágrafo anterior, compreende mais a entrega ou recebimento das mercadorias pelos operários estivadores aos trabalhadores que movimentam as cargas em terra ou vice-versa.

§ 3º Quando as operações referidas no § 1º forem feitas de embarcações ao costado, ou para essas embarcações, o serviço da estiva abrange todas as operações, inclusive a arrumação das mercadorias naquelas embarcações, podendo compreender, ainda, o transporte de ou para o local do carregamento ou de descarga dessas mercadorias, e de ou para terra.

1 *Portuários.* Os arts. 254 a 292 da CLT foram revogados pela Lei 8.630/93, a partir de 26.8.93, que foi revogada pela L. 12.815/13 (v. Índ. Leg.), que manteve a revogação dos artigos. Mantivemos (em corpo menor) o texto dos arts. 254 a 292 da CLT, as notas anteriores e suas ementas, para estudo quanto aos efeitos das normas precedentes.

A Lei 12.815/13 trata da exploração, operações, instalações e administração dos portos, do trabalho portuário e gestão de mão de obra do avulso. Para portos organizados (de uso público), a lei prevê a criação de órgão gestor de mão de obra. Nas instalações privativas pode-se contratar diretamente ou requisitar avulsos. Regulamento da requisição do trabalho avulso (L. 9.719/98 e D. 1.886/96, v. Índ. Leg.). A L. 9.719/98 amplia os textos anteriores, atribuindo aos Ogmos (órgãos gestores de mão de obra) a tarefa de escalar os trabalhadores para os serviços nos navios. Antes a responsabilidade era dos sindicatos de avulsos.

O trabalho portuário compreende capatazia, estiva, conferência de carga, conserto de carga, atividades de bloco e vigilância de embarcações, e será prestado com vínculo de emprego a prazo indeterminado ou como avulso (art. 32). A lei conceitua cada uma dessas categorias (art. 40, § 1º); as condições do trabalho portuário serão objeto de negociação coletiva (art. 43).

2 Recolhimento do adicional de indenização do trabalhador avulso pelos operadores (Decreto 1.035/93, *DOU*, 3.1.94, e Portaria MT/GM 42/94). Vedação de regularização e concessão de registros pela DRT (Port. MT/GM 900/94). Cancelamento de registro (Port. MT/GM 618/94). Segurança e saúde no setor portuário, estudos (Port. MT/GM 399/95). Censo dos portuários (Decreto 1.596/95). Recolhimento previdenciário do portuário avulso (Ordem de Serviço MPAS/INSS 139/96).

3 *O novo direito do trabalho portuário brasileiro.* O Prof. *Washington Luiz da Trindade*, nosso irmão da Bahia (autor da mais completa monografia sobre o assunto, segundo afirma o

Mestre Süssekind in *Pareceres,* VIII, LTr, p. 120), escreveu, especialmente para estes *Comentários*, o artigo que segue e que com o mesmo nome publicamos, na íntegra, na Rev. *Trabalho & Doutrina* n. 18, agora com alguns acréscimos posteriores:

"O complexo navio-porto resiste a uma flexibilização, como a que foi instituída pela Lei 12.815/13 (v. Índ. Leg.), em razão de arraigados costumes que não se resolvem sem traumas. Daí as bem pensadas convenções e recomendações da OIT (Conv. 137 e Rec. 145), no sentido de evitar os radicalismos das mudanças legislativas em relação ao pessoal de trabalho portuário, propondo o aproveitamento dos contingentes treinados de homens com habilidade e profissionalismo. Observa-se igual tendência nas recomendações da OMI (Organização Marítima Internacional) e em regras internacionais ('Normes du Travail dans les Navires Marchands', BIT, Génève, 1990). Na atualidade se busca um Direito do Trabalho menos editado pelo Estado, ainda que ancorado na lei, mas permitindo que as relações laborais 'respirem' fora do Estado pela negociação coletiva ou pela solução da autotutela do trabalho.

"Foi em meio a essa ebulição doutrinária e de regras jurídicas, sinalizando a transição, que se instalou a Lei 8.630/93, ao 'implodir os dois mais antigos monopólios... um, representado pela estatização na exploração dos portos; outro, pela estrutura sindical que se impôs em conluio das autoridades da própria sociedade' (Willen Manteli, apud Catharino, 'O Novo Sistema Portuário Brasileiro', cit. Índice Bibl.). A lei não alterou nem consolidou a caótica legislação anterior (Catharino, cit.). Ao contrário, foi radicalmente revogadora e por isso inovadora; ampla ao admitir tanto o trabalho avulso como o de emprego (art. 26).

"Os diplomas da OIT mencionados, convertidos em decreto legislativo no Brasil, em 1993, atentam para a mão de obra portuária proveniente dos contingentes matriculados em sociedades ou entidades sindicais de estivadores e portuários, resguardando um mínimo de renda e períodos maiores para a massa operária de comprovado tirocínio; mas, ao mesmo tempo, ressaltam que tudo seja executado conforme 'as práticas nacionais', da legislação e da situação econômica e social do país. Por isso, a tônica da mudança preconizada pela Lei 12.815/13 é a da permanente negociação coletiva e não regrou os efeitos da relação de trabalho nem os jungiu a uma natureza especificamente autônoma ou subordinada; daí, igualmente, permitir que o trabalho se realize pelo vínculo de emprego a tempo indeterminado ou por trabalhadores avulsos (art. 18, III). Para os trabalhadores de 'terminais privativos' ficou dispensada a intervenção do operador portuário (art. 8º, § 1º), salvo para capatazia, estiva, conferência de carga, conserto de carga, bloco, vigilância de embarcações em geral (art. 26). Das espécies descritas pela lei, somente quatro admitem a contratação pelo vínculo de emprego e, ainda assim, 'exclusivamente dentre trabalhadores portuários avulsos registrados'. Entende-se o objetivo legal: estiva, conferência e conserto de cargas são atividades que demandam tirocínio e profissionalismo. As atividades restantes, trabalhadores de bloco e capatazia, admitem ser realizadas por avulsos ou por empregados.

"Assim, a questão mais importante foi a dispensa da exigência da sindicalização, e 'foi declarado o óbito da corporação sindical de mão de obra, substituída pela figura do Operador Portuário e pelo órgão gestor' (art. 26 e Catharino, cit.). O órgão gestor é obrigado a fornecer a armadores e empresas que operam terminais um elenco de avulsos cadastrados, para que, dentre eles, seja avençada a relação de emprego. Proíbe-se, até mesmo ao operador portuário, locar mão de obra sob regime de trabalho temporário ou *leasing* de serviço (art. 45). A restrição perdura mesmo em se tratando de mão de obra temporária nos termos da atual lei de trabalho temporário (L. 9.601/98 e D. 2.490/98). A conclusão mais correta é a de que, depois da L. 8.630, não existe mais o avulso sindical, membro de uma corporação de ofício monopolizadora da prestação de serviço de estiva e assemelhados, mas, simplesmente, avulsos cadastrados ou registrados em cooperativa (art. 17) ou qualquer outra forma jurídica de associação ou sociedade de trabalhadores portuários (arts. 18, I a VI; 19, *caput*, V e §§ 1º a 3º; 20, 21, 26, 56 a 58, 59, 60 e 67).

"Se houver cessão do trabalhador portuário avulso pelo órgão gestor da mão de obra ao operador portuário, o cedido passa a ser empregado do cessionário, sendo impossível a relação contratual de trabalho subordinado entre o gestor da mão de obra e o trabalhador portuário (art. 21). O tomador de serviço, ainda pelo art. 21, pode solicitar listagem de trabalhadores que, dentre os cadastrados, queiram vincular-se pelo emprego, evitando uma indesejável 'dependência' a outros trabalhadores da mesma categoria e da mesma entidade ou associação, em cujo seio abrigava-se e ainda pode abrigar-se uma 'hierarquia' entre trabalhadores (*bagrinhos*). Até mesmo judicialmente, as listas de avulsos registrados poderão ser entregues ao tomador de serviço para a oferta de relação de emprego subordinado. Do contrário, o hermetismo corporativo anterior estaria sobrevivo, permitindo a exploração de trabalhadores por outros trabalhadores. O fenômeno acabaria gerando uma forma de ultratividade da lei, em que o sistema abolido passaria a reger a mesma *fattispecie*, tais como a submissão a tarifas e tabelas, da sobrepassada Sunamam, na movimentação de carga e descarga em porto privativo. Tais questões têm o seu endereço comum à mesa de negociação, daí o grande número de acordos coletivos, convenções e contratos coletivos de trabalho que se observa.

"Decisão importante foi proferida pelo TRT/BA, pela observância da L. 12.815/13 e MP 1.630-9/98, sobre a requisição de mão de obra pelos operadores qualificados no Ogmo, que promove a escalação dos portuários em sistema de rodízio e seus quantitativos (cf. Ac. SEDC 7.475/98, do TRT/BA, 17.6.98).

"Convém lembrar que, só à primeira vista, a Lei admitiu a arbitragem apenas para desatar questão interna do órgão gestor de mão de obra. Parece-nos, no entanto, que a intenção legiferante visou a dar mais eficiência às 'ofertas finais' dos impasses ocorridos, tanto que lhe conferiu força normativa, independente de homologação judicial (art. 22, § 3º). Não proibiu nem excluiu o processo de arbitragem como solução judicial para conflitos de interesses estranhos ao órgão gestor. Nem poderia fazê-lo em face da CF/88, que acenou à arbitragem para pacificação de conflitos laborais entre pessoas jurídicas ou entidades operadoras de 'vínculo social básico'. Comum na experiência estrangeira, a arbitragem está prevista nos Códigos Comercial, Civil e de Processo Civil. Não seria o direito portuário que fecharia as portas à arbitragem; o Prof. Amauri Mascaro Nascimento a qualifica de arbitragem privada, facultativa, como 'prévia tentativa à instauração do dissídio coletivo' ('Arbitragem e Mediação', in Rev. *Synthesis* n. 19, São Paulo). Finalmente, a competência da Justiça do Trabalho é indiscutível. O Prof. Catharino é terminante: 'Litígio relativo à relação de trabalho avulso portuário, seja qual for o tomador de serviço, continua sendo a Justiça do Trabalho' (cit., p. 47). Mas nada impede que não recorrendo a arbitragem, L. 8.630/93, art. 23, o trabalhador procure a Justiça do Trabalho, para a solução de conflitos.

"A legislação correlata à CLT, sobretudo os textos relativos a repouso, FGTS, gratificação natalina e legislação previdenciária, fazem referência a avulsos, porque em termos de avulsidade existe uma relação de emprego larvada ou imprópria, parassubordinada, que justificaria a competência da Justiça do Trabalho".

A submissão prévia de demanda a comissão paritária, constituída nos termos do art. 23 da L. 8.630, de 25.2.93 (Lei dos Portos), não é pressuposto de constituição e desenvolvimento válido e regular do processo, ante a ausência de previsão em lei (TST, SDI-1, Orientação Jurisprudencial 391).

A requisição de trabalhador portuário avulso, que deve ser feita pelo operador portuário, bem como a escalação, prerrogativa do órgão gestor de mão de obra, independe de negociação entre as partes, ao contrário da formação dos ternos, ou equipes de trabalho, cuja definição há que ocorrer pela via autônoma, subsistindo, entretanto, se infrutífera a fase negocial prévia, o recurso à via judicial, pelo ajuizamento de dissídio coletivo, cuja sentença substitui a vontade das partes, regendo as relações de trabalho das categorias envolvidas no litígio no prazo assinado (Proc. TST, AgRg SDC, Wagner Pimenta, Ac. 486.214/98).

Portos organizados. Terminais privativos. Trabalhadores avulsos. Trabalho nos portos. Interpretação da norma legal, como um todo. Lei n. 8.630/93. A edição da lei de modernização dos portos objetivou adequar a prestação de serviços visando ao aumento da produtividade e o incentivo ao cancelamento de registros profissionais dos trabalhadores avulsos. Distinção entre portos organizados e terminais privativos. A área do porto organizado encontra-se definida geograficamente, por imposição da Lei n. 8.630/93. Ao terminal privativo é facultada a operação de carga e descarga por pessoal habilitado, mas não necessariamente avulso, o que implica na proteção e resguardo ao trabalho mais eficiente e de menor custo. Ação declaratória que se julga procedente para declarar a autora desobrigada da requisição e utilização de mão de obra dos avulsos, podendo operar seu próprio terminal privativo com pessoal próprio, ou livremente contratado (Proc. TRT/SP, AD 97/97-3, Maria Aparecida Pellegrina, Ac. SDC 28/98-4, de 24.11.97).

Art. 255. O serviço de estiva compreende:

a) a mão de obra de estiva, que abrange o trabalho braçal de manipulação das mercadorias, para sua movimentação ou descarga ou carregamento, ou para sua arrumação, para o transporte aquático, ou manejo dos guindastes de bordo, e a cautelosa direção das operações que estas realizam, bem como a abertura e fechamento das escotilhas da embarcação principal e embarcações auxiliares e a cobertura das embarcações auxiliares;

b) o suprimento do aparelhamento acessório indispensável à realização de parte do serviço especializado na alínea anterior no qual se compreende o destinado à prevenção de acidentes no trabalho;

c) o fornecimento de embarcações auxiliares, bem como rebocadores, no caso previsto no § 3º do artigo anterior.

§ 1º Na mão de obra referida neste artigo, distingue-se:

a) a que se realiza nas embarcações principais;

b) a que se efetua nas embarcações auxiliares, alvarengas ou saveiros.

§ 2º A execução do serviço de estiva, nos portos nacionais, competirá a entidades estivadoras de qualquer das seguintes categorias:

a) administração dos portos organizados[4];

b) caixa portuária prevista no art. 256, somente para os portos não organizados;

c) armadores diretamente ou por intermédio de seus agentes.

§ 3º Cabe a essas entidades estivadoras, quando se encarreguem da execução do serviço de estiva, o suprimento do aparelhamento acessório e, bem assim, o fornecimento das embarcações auxiliares, alvarengas ou saveiros e rebocadores, a que se referem as alíneas *b* e *c* deste artigo.

1 A conceituação anterior ligada ao transporte por embarcações, além da dos marítimos (v. coment. art. 248 e s.), era: a) operadores de carga e descarga (estivadores e capatazes, estes chamados portuários); b) conferentes de carga; c) consertadores de carga; d) vigias portuários; e) práticos (D. 59.832/66); f) arrumadores em geral (previstos no DL 5/66, art. 21) ou carregadores e ensacadores de café ou sal; g) carregadores e transportadores de bagagem (v. Amaro, *Tutela*, v. 3, p. 223); h) trabalhadores de bloco (v. nota 6, *infra*). Consolidação das Normas da Estiva, Conferência e Conserto de Carga e Descarga e Vigilância (Res. Sunamam 8.179/84, *LTr* 48/353).

2 Estivadores e capatazes constituiriam categoria única, a de "operador de carga e descarga", se fosse regulamentada especificamente a norma que assim dispõe (DL 5/66, art. 21, D. 59.832/60). Resistência geral à fusão e irracionalidade da ideia (Geraldo Lima, *LTr* 46/444). Diz o texto legal que serão atendidas as peculiaridades dos arrumadores. Estivadores e capatazes ocupam-se do transporte de mercadorias para as embarcações, ou delas para terra, manualmente ou por intermédio de maquinismos especiais. O estivador executa seu trabalho sobre a embarcação, transportando as mercadorias do interior ao convés (plano superior) ou vice-versa. Os capatazes trabalham em terra; encarregam-se do transporte do convés até os portões externos ou até junto aos vagões ou veículos e vice-versa.

3 O serviço de estiva é executado por trabalhadores sem relação de emprego, agrupados em sindicato ou outra entidade coordenadora, encarregada de contratar o serviço e efetuar o pagamento; a doutrina denominava-os autônomos; hoje prefere-se a expressão *avulsos*. O serviço de capatazia é executado por empregados da administração do porto, ou, quando inexistente ou insuficiente, pela entidade de classe dos capatazes avulsos, sem relação de emprego, como os estivadores (art. 285).

Os estivadores e capatazes ocupam-se do transporte de mercadorias para as embarcações e delas para terra. Constituem categoria única, denominada "operador de carga e descarga", sem relação de emprego (TRT/DF, RO 2.401/84, Satyro e Sousa, Ac. 1ª T. 2.203/85).

4 Ao lançar a unificação das duas categorias mencionadas, o texto legal (DL 5/66, art. 21, red. L. 5.480/68, que não vigora, por falta de regulamentação) previu que se regerão pelas *regras gerais* da CLT, o que levou alguns a pensarem na revogação dos arts. 254 e 292 (Cesarino Jr., *Direito Social*, 1980, n. 110). Parece difícil acreditar numa tal solução legislativa, pois que os estivadores e capatazes não são empregados, mas autônomos ou avulsos, e nunca se lhes aplicaram as normas gerais propriamente ditas por impossibilidade absoluta; ao mesmo tempo, seria catastrófica a revogação de normas legislativas, consuetudinariamente construídas através dos tempos, ficando os interessados sem qualquer lei que regulamente seus direitos especificamente. Avulsos na direção e chefia (L. 6.914/81, em apêndice). Assiduidade (D. 90.927/85). Prestação de serviço de estiva, vigilância portuária, conferência, conserto de carga e descarga nos portos organizados (D. 96.910/88).

5 Distingue-se a atividade profissional, executada pelos estivadores, da atividade econômica, exercida pelas entidades estivadoras: a administração dos portos, as caixas portuárias nos portos não organizados, ou os armadores.

6 Trabalhadores de bloco. Executam os serviços de limpeza e conservação de embarcações mercantes, inclusive os de limpeza e conservação de tanques, os de batimento de ferrugem, os de pinturas e os de reparos de pequena monta (art. 1º da L. 5.385/68). A lei permite expressamente que a atividade seja desenvolvida pelos próprios empregados dos armadores ou de empreiteiros; prevê ainda uma terceira modalidade: utilização de trabalhadores avulsos, indicados pelos sindicatos, mas contratados e pagos diretamente pelos armadores. Deduz-se da análise global da mencionada norma que o legislador quis considerar o vínculo estabelecido entre armador e avulso, como sendo uma relação de trabalho não subordinado: a) a lei utiliza sempre a expressão "trabalhadores avulsos", que há anos possui tecnicamente, no Brasil, um conceito definido (inexistência de emprego); b) o legislador, ao regular pela primeira vez esta atividade laborativa, não iria deixar de determinar a aplicação da CLT, expressamente, ou de denominá-los em algum inciso pela expressão de "empregados"; não o fez; c) atribui à Delegacia de Trabalho Marítimo competência para fixar a remuneração, o que é inadmissível em matéria de salários (no caso, tecnicamente, trata-se de preço) mas que é prevista para fixar a remuneração da estiva, onde não há relação de emprego. O STF reconheceu acertadamente a competência da Justiça do Trabalho para julgar as questões pertinentes a estes trabalhadores; entretanto, o voto do relator do acórdão de trabalhadores de bloco (CJ 6.161-RN, Ac. TP 23.5.79, Min. Décio Miranda) foi mais longe, dando a entender, pelos termos utilizados na ementa e na fundamentação, que a relação seria de emprego; sem levar em consideração as diversas circunstâncias que podem ocorrer. A Port. 3.126/80 do MT criou a categoria profissional "Trabalhadores de Bloco"; regulamentação da atividade (Port. 3.325/86). *Práticos dos portos* ("praticagem" ou movimentação de embarcações) são habilitados pela Diretoria de Portos e Costas do Ministério da Marinha, inscritos na Capitania, integrados em associação ou comissão de cada zona e remunerados pelas empresas de navegação; a competência atribuída à Justiça do Trabalho para decidir as "divergências de caráter trabalhista" pelo decreto é inconstitucional, por não ter lei que a ampare: D. 97.026/88. Avulsos (arts. 3º/6; 643/4, *a*). V. Lei 8.630/93, art. 26, Índ. Leg.

Trabalho Marítimo. Trabalho "de bloco". Trabalhos "de bloco": assim denominados os de conservação de navios mercantes, realizados pelos próprios armadores, por empreiteiros ou por trabalhadores avulsos, indicados pelo respectivo Sindicato (L. 5.385, de 16.2.68). Na última modalidade, há relação trabalhista, individual ou plúrima, entre o armador e os trabalhadores, cabendo à Justiça do Trabalho as ações pertinentes (STF, CJ 6.161-RN, Décio Miranda, Ac. TP 23.5.79, *LTr* 44/329).

Art. 256. Nos portos não organizados, o Ministério do Trabalho poderá criar uma caixa portuária para executar os serviços de estiva, a qual ficará com a faculdade de desapropriar, por utilidade pública, nos termos da lei, o material fixo e flutuante que for necessário à sua finalidade.

§ 1º As caixas portuárias instituídas por este artigo serão administradas por delegados do Ministério dos Transportes, com os poderes necessários para a aquisição, ou desapropriação, do material fixo e flutuante.

§ 2º A compra ou indenização do material realizar-se-á com os recursos obtidos por meio de empréstimo feito no Instituto Nacional do Seguro Social (INSS), amortizável a prazo longo e juros de 7% ao ano (revogado pela LOPS, L. 3.807/60).

Art. 257. A mão de obra na estiva das embarcações, definida na alínea "a" do art. 255 só poderá ser executada por operários estivadores ou por trabalhadores em estiva de minérios nos portos onde os houver especializados, de preferência sindicalizados, devidamente matriculados nas Capitanias dos Portos ou em suas Delegacias ou Agências, exceto nos casos previstos no art. 260 desta Seção.

§ 1º Para essa matrícula, além de outros, são requisitos essenciais:

1) prova de idade entre 21 e 40 anos; 2) atestado de vacinação; 3) atestado de robustez física pelo Instituto Nacional do Seguro Social (INSS); 4) folha corrida; 5) quitação com o Serviço Militar, quando se tratar de brasileiro nato ou naturalizado (obs.: mais a prova de alfabetização, pelo D. 71.112/77).

§ 2º Para matrícula de estrangeiro, será também exigido o comprovante da permanência legal no país.

§ 3º As Capitanias dos Portos, suas Delegacias e Agências, efetuarão as matrículas até o limite fixado, anualmente, pelas respectivas Delegacias de Trabalho Marítimo, não podendo exceder do terço o número de estrangeiros matriculados.

§ 4º Ficam sujeitas à revalidação, no primeiro trimestre de cada ano, as cadernetas de estivador entregues por ocasião da matrícula.

1 Arts. 254 a 292 revogados a partir de 26.8.93, L. 8.630/93, que foi revogada pela L. 12.815/13 (v. Índ. Leg.), que manteve a revogação dos artigos. Os serviços de estiva, vigilância portuária, de conferência e conserto de mercadorias transportadas por embarcação nacional de navegação interior (rios, lagos) podem ser realizados pela respectiva tripulação (DL 5/66, art. 22 e segs.). Nos portos organizados: DL 96.910/88.

TST Tratando-se de terminais privativos destinados a navegação de cabotagem ou de longo curso, não é obrigatória a requisição de vigia portuário por sindicato (TST – Súmula 309).

Art. 258. As entidades especificadas no § 1º do art. 255 enviarão, mensalmente, à Delegacia do Trabalho Marítimo, um quadro demonstrativo do número de horas de trabalho executado pelos operários estivadores por elas utilizados.

Parágrafo único. Verificando-se, no decurso de um mês, haver cabido a cada operário estivador uma média superior à de 1.000 horas de trabalho, o número de operários será aumentado de modo que se restabeleça esta última média, e, no caso contrário, a matrícula será fechada, até que se atinja esse índice de intensidade de trabalho.

1 Arts. 254 a 292 revogados a partir de 26.8.93, L. 8.630/93, que foi revogada pela L. 12.815/13 (v. Índ. Leg.), que manteve a revogação dos artigos. O DL 127/67, art. 3º, § 1º, abolia as atuais limitações quanto ao número de trabalhadores na estiva, conserto e conferência. Acontece que o referido artigo dependia expressamente de regulamentação; tendo sido revogado (L. 5.480/68) antes de ser regulamentado, não chegou a entrar em vigor, razão pela qual se deduz que o art. 258 ainda é lei porque não foi revogado (em sentido contrário, Saad, *Comentários*, 1972, p. 101).

Art. 259. O serviço de estiva das embarcações será executado de acordo com as instruções dos respectivos comandantes, ou seus prepostos, que serão responsáveis pela arrumação ou retirada das mercadorias, relativamente às condições de segurança das referidas embarcações, quer no porto, quer em viagem.

Art. 260. As disposições contidas nesta Seção aplicam-se obrigatoriamente a todas as embarcações que frequentem os portos nacionais, com exceção das seguintes, nas quais o serviço de estiva poderá ser executado, livremente, pelas respectivas tripulações:

1) embarcações de qualquer procedência ou destino que transportarem gêneros de pequena lavoura e da pesca para abastecer os mercados municipais das cidades;

2) embarcações de qualquer tonelagem empregadas no transporte de mercadorias líquidas a granel;

3) embarcações de qualquer tonelagem empregadas no transporte de mercadorias sólidas a granel quando a carga ou descarga for feita por aparelhos mecânicos automáticos, apenas durante o período do serviço em que se torna desnecessário o rechego;

4) embarcações de qualquer tonelagem empregadas na execução de obras de serviços públicos nas vias aquáticas do País, seja diretamente pelos Poderes Públicos, seja por meio de concessionários, ou empreiteiros.

§ 1º Poderá também ser livremente executado, pelas próprias tripulações nas embarcações respectivas, o serviço de estiva das malas postais e da bagagem de camarote dos passageiros.

§ 2º A estiva de carvão e minérios nos portos onde houver operários especializados nesse serviço será executada pelos trabalhadores em estiva de minérios, os quais deverão ser matriculados nas Capitanias dos Portos, nos termos do art. 257.

§ 3º Para os efeitos do parágrafo anterior, são considerados armadores, nos termos da alínea c do § 2º do art. 255, as firmas carvoeiras que possuem material flutuante.

§ 4º Todas as operações de estiva de mercadorias, tanto nas embarcações principais, como nas auxiliares, de qualquer tonelagem, que, na data do Decreto-Lei 2.032, de 23 de fevereiro de 1940, eram executadas por pessoal estranho aos sindicatos dos estivadores, continuarão a ser feitas livremente (red. DL 6.353/44).

Art. 261. O serviço de estiva, quando não realizado pelos armadores ou por seus agentes, será por eles livremente requisitado de qualquer das entidades previstas no § 2º do art. 255, pela forma seguinte:

a) a requisição será feita, por escrito, a uma única entidade estivadora, para o mesmo navio e, sempre que possível, de véspera;

b) a requisição indicará, sempre que possível, o dia e a hora provável em que terá início o serviço, o nome do navio, a quantidade e a natureza das mercadorias a embarcar ou a desembarcar, o número de porões em que serão estivadas ou desestivadas, o local onde aportará o navio, e se a operação se fará para cais ou ponto de acostagem, ou para embarcações auxiliares ao costado.

Art. 262. As entidades estivadoras pagarão os proventos devidos aos operários

estivadores, dentro de 24 horas após a terminação do serviço de cada dia, no próprio local do serviço ou na sede do respectivo sindicato.

§ 1º Em caso de dúvida sobre o montante dos proventos a pagar, a entidade estivadora pagará aos operários estivadores a parcela não discutida e depositará o restante, dentro de 24 horas, na Caixa Econômica, ou na Agência ou nas mãos do representante do Banco do Brasil à ordem do delegado do Trabalho Marítimo.

§ 2º Dirimida a dúvida, será pela Delegacia do Trabalho Marítimo levantada a soma depositada e entregue a quem de direito a parte que lhe couber.

§ 3º A pedido, por escrito, do respectivo sindicato, o Delegado do Trabalho Marítimo suspenderá, até quitação, o exercício da atividade da entidade estivadora que esteja em débito comprovado para com os operários.

§ 4º O trabalho à noite e aos domingos e feriados será considerado extraordinário e, como tal, pago com um acréscimo de 25% sobre as taxas ou salários constantes das tabelas aprovadas.

Art. 263. Os armadores responderão, solidariamente, com seus agentes, pelas somas por estes devidas aos operários estivadores.

Art. 264. O serviço de estiva será executado com o melhor aproveitamento possível dos guindastes e demais instalações de carga e descarga dos navios e dos portos.

§ 1º As entidades estivadoras só poderão empregar operários estivadores ou trabalhadores em estiva de minérios, contramestres e contramestres-gerais escolhidos entre os matriculados nas Capitanias dos Portos, tendo preferência os sindicalizados.

§ 2º As entidades estivadoras serão responsáveis pelos roubos, pelas avarias provavelmente causadas às mercadorias e aos navios em que trabalharem.

§ 3º Quando o serviço de estiva não começar na hora prevista na requisição, sem aviso aos estivadores antes do engajamento, ou quando for interrompido por motivo de chuva, ou, ainda, quando obrigar a esperas e delongas, devidas à agitação das águas, os operários engajados perceberão da entidade estivadora, pelo tempo de paralisação ou de espera, a metade dos salários fixados na tabela competente.

§ 4º Nos portos em que a entrada e saída dos navios dependerem da maré, as esperas ou delongas que excederem de 2 horas, na execução dos serviços de estiva, serão pagas aos operários estivadores, na base de metade dos salários fixados na tabela competente. A remuneração aqui prevista não se estenderá aos tripulantes e estivadores que, nos termos do § 4º do art. 270, percebem salário mensal.

§ 5º A entidade estivadora fica obrigada a fornecer no devido tempo o aparelhamento acessório, bem como as embarcações auxiliares e rebocadores indispensáveis à continuidade do serviço de estiva, devendo, também, providenciar, junto à administração dos portos organizados, relativamente ao lugar no cais, para atracação, bem como aos guindastes, armazéns e vagões que lhe cabe fornecer.

§ 6º Fica a entidade estivadora obrigada a pagar aos operários estivadores os salários correspondentes ao tempo de paralisação em virtude das interrupções decorrentes da falta dos elementos necessários ao trabalho.

Art. 265. O número atual de operários estivadores para compor os ternos ou turmas em cada porto, para trabalho em cada porão, convés ou embarcação auxiliar, será previsto e fixado pela Delegacia do Trabalho Marítimo, tendo em vista a espécie das mercadorias e das embarcações.

§ 1º O serviço da estiva nos navios será dirigido, em cada porão, por um

contramestre e chefiado por um ou mais contramestres-gerais para todo o navio.

§ 2º Nas embarcações auxiliares em que a estiva não for feita pelos próprios tripulantes não haverá contramestres.

§ 3º Nas embarcações auxiliares em que a estiva for feita pelos próprios tripulantes, o serviço será dirigido pelo patrão da embarcação, o qual, no caso de ter direito à remuneração por unidade, perceberá o número de quotas previsto para o contramestre.

Art. 266. Somente terão direito a perceber proventos pelo serviço de mão de obra de estiva os operários estivadores e os contramestres que estiverem em trabalho efetivo a bordo de embarcações, ou nos casos expressamente previstos nesta lei.

§ 1º Sendo os serviços executados por operários sindicalizados, organizarão os respectivos sindicatos o rodízio de operários, para que o trabalho caiba equitativamente a todos.

§ 2º Os contramestres-gerais e contramestres de porões serão distribuídos pelo rodízio do sindicato, nos termos do parágrafo anterior, e remunerados pelas entidades estivadoras (red. L. 2.872/56).

1 Arts. 254 a 292 revogados a partir de 26.8.93, L. 8.630/93, que foi revogada pela L. 12.815/13 (v. Índ. Leg.), que manteve a revogação dos artigos.

Os trabalhadores que exerçam funções de direção ou chefia na carga e descarga serão distribuídos pelo rodízio do respectivo sindicato e remunerados pelas entidades estivadoras ou pelos tomadores de serviço (L. 6.914/81, em apêndice, que revogou a última redação do art. 18 do DL 5/66). Competência do Delegado de Trabalho Marítimo para fiscalizar o rodízio (DL 3/66).

Art. 267. Durante o período de engajamento, o mesmo terno de operários estivadores deverá trabalhar continuadamente, num ou mais porões do mesmo navio, podendo também ser aproveitado em mais de um navio e em mais de uma embarcação auxiliar.

Art. 268. Nos portos organizados, quando os navios estiverem ao largo, o tempo de viagem dos operários estivadores, para bordo e vice-versa, será computado como tempo de trabalho e remunerado na base do salário-dia aprovado, devendo ser fornecida condução segura e apropriada pela entidade estivadora, que perceberá do armador o total dos salários, mais a percentagem que lhe couber.

§ 1º Nos portos não organizados, as tabelas de taxas deverão compreender, nos valores fixados, o tempo despendido na viagem, pelos operários estivadores, do ponto de embarque para bordo e vice-versa.

§ 2º A Delegacia do Trabalho Marítimo local fixará os pontos de embarque e desembarque dos operários estivadores no porto.

Art. 269. Os operários estivadores, quando no recinto do porto e do trabalho, usarão como distintivo uma chapa, na qual serão gravadas, em caracteres bem legíveis, as iniciais O.E. (Operário Estivador) ou as iniciais do sindicato a que pertencerem e o número de matrícula do operário.

Parágrafo único. Quando ocorrerem dúvidas entre os operários estivadores e a entidade estivadora, o serviço deverá prosseguir, sob pena de incorrerem em falta grave os que o paralisarem, chamando-se sem demora o fiscal de estiva da Delegacia do Trabalho Marítimo, para tomar conhecimento do assunto.

Art. 270. A remuneração dos serviços de estiva, salvo as exceções constantes dos §§ 3º e 4º do art. 264, será feita por meio de taxas, estabelecidas na base de tonelagem, cubagem ou unidade de mercadorias e aprovadas, para cada porto, pela Superintendência Nacional da Marinha Mercante – SUNAMAM. As taxas deverão atender à espécie, peso ou volume e acondicionamento das mercadorias de acordo

com o "manifesto", do qual será remetida pela entidade estivadora, uma via ao Sindicato dos Estivadores ou dos Trabalhadores em Estiva de Minérios da localidade.

§ 1º Na determinação dos valores das taxas a que se refere este artigo, serão tomados em consideração, para cada porto, os valores das taxas de capatazias que nele estiverem em vigor, e, onde não as houver, os valores das do porto mais próximo.

§ 2º Além das taxas previstas nas tabelas de que trata o art. 35 do Decreto-Lei n. 2.032, de 23 de fevereiro de 1940, poderão ser incluídas outras, depois de aprovadas pela autoridade competente, para bem atender às condições peculiares a cada porto.

§ 3º A estiva ou desestiva das embarcações, executada pelas próprias tripulações, poderá ser remunerada por unidade ou por salário, consoante a praxe adotada em cada região.

§ 4º As tabelas aprovadas para cada porto deverão mencionar o regime ou regimes adotados na remuneração do serviço.

Art. 271. Os serviços conexos com os de estiva, a bordo dos navios, tais como limpeza de porões, rechego de carga que não tenha de ser descarregada, e outros, serão executados pelos estivadores ou pelos trabalhadores em estiva de minério, conforme a especialidade, de preferência sindicalizados, julgados necessários pela entidade estivadora e mediante o pagamento de salários, constantes de tabelas aprovadas pela Superintendência Nacional da Marinha Mercante – SUNAMAM.

Art. 272. As taxas de estiva compreenderão:

1) o montante por tonelagem, cubagem ou unidade de carga movimentada, a ser dividido pelos operários estivadores que executarem o serviço;

2) o montante por tonelagem, cubagem ou unidade das despesas em que incorre a entidade estivadora, por materiais de consumo, bem como pelas taxas de seguro e previdência, e outras eventuais;

3) a parcela correspondente à administração.

Art. 273. As tabelas referentes às taxas, de que trata o art. 270, farão as especificações das mesmas, com a respectiva incidência, e indicarão os seguintes valores:

a) sob o título "Montante de mão de obra", o valor definido no inciso 1 do artigo anterior;

b) sob o título "Montante da entidade estivadora", a soma dos valores das parcelas mencionadas nos incisos 2 e 3 do artigo anterior;

c) sob o título "Taxas", o valor total da taxa que é a soma dos montantes indicados nas alíneas anteriores.

Parágrafo único. As tabelas de pagamento dos serviços de que trata o art. 271 especificarão os salários propriamente ditos e a remuneração da entidade estivadora pelas despesas correspondentes às parcelas mencionadas nos incisos 2 e 3 do artigo anterior.

1 Arts. 254 a 292 revogados a partir de 26.8.93, L. 8.630/93, que foi revogada pela L. 12.815/13 (v. Índ. Leg.), que manteve a revogação dos artigos.

Nos portos organizados, as taxas de tarifa, que recaírem sobre as embarcações de navegação interior (rios e lagos), serão menores que as incidentes sobre as demais (DL 5/66, art. 24). Remuneração da estiva em operações de transbordo (v. Resoluções CSTM 459 e 460/61). Regime de trabalho nos portos (L. 4.860/65, *DO*, 10.12.65).

Art. 274. A remuneração da mão de obra da estiva será dividida em quotas iguais, cabendo uma quota a cada operário estivador e uma meia quota a cada contramestre.

Art. 275. Quando a quantidade de mercadorias a manipular for tão pequena que não assegure, para cada operário estivador, o provento de meio dia, ao menos, do salário, os operários engajados perceberão a remuneração correspondente a meio dia de salário.

Parágrafo único. Se o trabalho, a que se refere este artigo, exceder, em duração, a meio dia de trabalho, e, em quantidade, a 30 toneladas, os operários perceberão a remuneração de um dia de trabalho.

Art. 276. Nenhuma remuneração será paga aos operários estivadores, ou às entidades estivadoras, durante as paralisações do trabalho produzidas por causas que lhes forem provadamente imputadas.

Art. 277. Compete às autoridades incumbidas dos serviços de segurança e medicina do trabalho a determinação das operações perigosas e das cargas insalubres para as quais se imponha a majoração dos salários.

1 Arts. 254 a 292 revogados a partir de 26.8.93, L. 8.630/93, que foi revogada pela L. 12.815/13 (v. Índ. Leg.), que manteve a revogação dos artigos.

Adicional de riscos: 40% sobre o salário-hora do período diurno, durante o tempo efetivo no serviço considerado sob risco, substituindo os adicionais por insalubridade, periculosidade e outros, não sendo cumulável (L. 4.860/65, art. 14). Com a OJ 402, a SDI-1, do TST, não se aplica o adicional de risco para os portuários que trabalhem em portos privados; concedendo somente para quem trabalha em porto organizado, algo fere o princípio da isonomia, se a profissão e/ou trabalho traz risco ao trabalhador, este deve receber o adicional independentemente do empregador.

O adicional de risco previsto no art. 14 da L. 4.860, de 26.11.65, aplica-se somente aos portuários que trabalham em portos organizados, não podendo ser conferido aos que operam terminal privativo (TST, SDI-1, Orientação Jurisprudencial 402).

O adicional de risco dos portuários, previsto no art. 14 da L. 4.860/65, deve ser proporcional ao tempo efetivo no serviço considerado sob risco e apenas àqueles que prestam serviços na área portuária (TST, SDI-1, Orientação Jurisprudencial 316).

Art. 278. O horário de trabalho na estiva, em cada porto do país, será fixado pela respectiva Delegacia do Trabalho Marítimo. O dia, ou a noite de trabalho terá a duração de 8 horas e será dividido em dois turnos de 4 horas, separados por intervalo de uma a uma e meia hora, para refeição e repouso.

§ 1º A entidade estivadora poderá prorrogar os turnos de trabalho por 2 horas, remunerando-se o trabalho de prorrogação pelas taxas ou salários constantes das tabelas aprovadas, com um acréscimo de 20% (obs.: 50%, CF/88, art. 7º, XVI) **para cada hora suplementar.**

§ 2º Para ultimar o serviço de estiva dos grandes paquetes ou dos navios que estejam na iminência de perder a maré, e para não interromper o trabalho nos navios frigoríficos, a entidade estivadora poderá executar o serviço de estiva durante as horas destinadas às refeições dos operários, pagando-lhes, porém, como suplemento de remuneração, o dobro do salário correspondente à duração da refeição.

Art. 279. Os operários estivadores, matriculados nas Capitanias dos Portos, suas Delegacias e Agências, têm os seguintes direitos, além dos concedidos pela legislação vigente:

1) revalidação anual das cadernetas de matrículas, desde que provem assiduidade e sejam julgados fisicamente aptos para o serviço;

2) remuneração regulada por taxas e salários constantes de tabelas aprovadas pelo governo.

§ 1º Uma vez por ano serão os estivadores submetidos à inspeção de saúde, perante médicos do Instituto Nacional do Seguro Social (INSS), a fim de serem

afastados aqueles cujas condições físicas não permitam, temporária ou definitivamente, a continuação no serviço. Quando se tratar de estivadores empregados em empresas de navegação e, como tal, contribuintes do Instituto Nacional do Seguro Social (INSS), a inspeção de saúde far-se-á nesse Instituto.

§ 2º Verificada a incapacidade para o trabalho, terão os estivadores direito aos benefícios outorgados pelo Instituto Nacional do Seguro Social (INSS), de conformidade com a legislação que rege a matéria, cabendo às Delegacias de Trabalho Marítimo cancelar, desde logo, a matrícula dos aposentados.

1 Arts. 254 a 292 revogados a partir de 26.8.93, L. 8.630/93, que foi revogada pela L. 12.815/13 (v. Índ. Leg.), que manteve a revogação dos artigos.

Horário de serviço nos portos, para permitir a continuidade das operações: diurno, de 7 a 19 horas; o restante, noturno, com hora de 60 minutos; jornada normal, prorrogações e adicionais, trabalho aos sábados etc., v. L. 4.860/65.

SDI I – A hora noturna no regime de trabalho no porto, compreendida entre dezenove horas e sete horas do dia seguinte, é de sessenta minutos. II – Para o cálculo das horas extras prestadas pelos trabalhadores portuários, observar-se-á somente o salário básico percebido, excluídos os adicionais de risco e produtividade (TST, SDI-1, Orientação Jurisprudencial 60, conversão das Orientações Jurisprudenciais SDI-1 60 e 61).

O trabalho portuário está disciplinado na Lei 4.860/65 que em seu art. 4°, § 1° estabelece categoricamente como sendo de sessenta minutos a hora noturna. Em sendo assim, não se cogita de aplicação do art. 73, § 1° da CLT (TST, RR 288.568/96.5, Carlos Alberto Reis de Paula, Ac. 3ª T.).

2 Requisito de alfabetização para matrícula em estiva e conexos (D. 71.112/72).

Art. 280. São deveres dos operários estivadores:

1) comparecer, com a necessária assiduidade e antecedência, aos postos habituais de trabalho, para o competente engajamento;

2) trabalhar com eficiência, para o rápido desembaraço dos navios e bom aproveitamento da praça disponível;

3) acatar as instruções dos seus superiores hierárquicos;

4) manipular as mercadorias com o necessário cuidado, para evitar acidente de trabalho e avarias;

5) não praticar, e não permitir que se pratique, o desvio de mercadorias nem contrabandos;

6) zelar pela boa conservação dos utensílios empregados no serviço;

7) manter, no local de serviço, um ambiente propício ao trabalho, pelo silêncio, respeito, correção e higiene;

8) não andar armado, não fumar no recinto do trabalho, nem fazer uso de álcool durante o serviço;

9) trazer o distintivo de que cogita o art. 269;

10) não se ausentar do trabalho sem prévia autorização dos seus superiores.

Art. 281. Sem prejuízo das penas previstas na legislação em vigor, os operários estivadores ficam sujeitos às seguintes penalidades:

1) suspensão de um a trinta dias, aplicável pelo Delegado do Trabalho Marítimo, *ex officio*, ou por proposta da entidade estivadora;

2) desconto de 1/50 a 2/5 do salário mínimo, por avaria praticada dolosamente, aplicada pelo Delegado do Trabalho Marítimo, *ex officio*, ou por proposta da entidade estivadora;

3) cancelamento da matrícula, aplicável pela Delegacia do Trabalho Marítimo aos reincidentes em faltas graves, após inquérito para apuração das faltas.

Art. 282. O serviço de estiva será fiscalizado pelo presidente e demais membros do Conselho da Delegacia do Trabalho Marítimo diretamente ou por intermédio de fiscais da própria Delegacia – sendo facultada a assistência dos presidentes das entidades sindicais diretamente interessadas – que permanecerão, pelo tempo que for preciso, no recinto do trabalho, e comparecerão nos locais onde se tornar necessária a sua presença.

1 Arts. 254 a 292 revogados a partir de 26.8.93, L. 8.630/93, que foi revogada pela L. 12.815/13 (v. Índ. Leg.), que manteve a revogação dos artigos.

2 Os valores vinculados aos níveis de salário mínimo são calculados agora sobre o valor de referência de correção monetária (v. art. 76/7). Inspeção do trabalho em serviços portuários, credenciais (Port. 3.156/72).

Art. 283. Nenhum serviço ou organização profissional, além dos previstos em lei, podem intervir nos trabalhos da estiva.

Art. 284. Os casos omissos serão resolvidos em primeira instância, pelas Delegacias do Trabalho Marítimo, assegurado o direito de recursos das decisões destas, sem efeito suspensivo, para o Ministro do Trabalho, dentro do prazo de 30 dias contados da data da respectiva notificação.

1 Arts. 254 a 292 revogados a partir de 26.8.93, que foi revogada pela L. 12.815/13 (v. Índ. Leg.), que manteve a revogação dos artigos.

A Justiça do Trabalho é competente para solução dos dissídios individuais e coletivos em que sejam parte estivadores, capatazes etc., independentemente do que se decida ou venha a decidir-se na esfera administrativa, em face da competência constitucional. Com as restrições que advirão das limitações decorrentes da jurisprudência do STF, v. *Competência* (art. 643/4).

Seção IX
Dos serviços de capatazias nos portos (revogada[1])

Art. 285. A mão de obra do serviço de capatazias nos portos organizados será remunerada por unidade (tonelagem, ou cubagem ou quantidades de volumes), na conformidade do disposto nesta Seção.

Parágrafo único. Considera-se serviço de capatazias nos portos o realizado com a movimentação de mercadorias por pessoal da administração do porto, compreendendo:

I – com relação à importação:

a) a descarga para o cais, das mercadorias tomadas no convés das embarcações;

b) o transporte dessas mercadorias até ao armazém ou local designado pela administração do porto, para seu depósito, inclusive o necessário empilhamento;

c) abertura dos volumes e manipulação das mercadorias para a conferência aduaneira, inclusive o reacondicionamento, no caso da mercadoria importada do estrangeiro;

d) o desempilhamento, transporte e entrega das mercadorias nas portas, ou

portões dos armazéns, alpendres ou pátios, onde tiverem sido depositadas ou junto dos vagões em que tenham de ser carregadas, nas linhas do porto;

II – com relação à exportação:

a) o recebimento das mercadorias nas portas ou portões dos armazéns, alpendres ou pátios da faixa interna do cais designada pela administração do porto, ou junto a vagões que as tenham transportado nas linhas do mesmo porto, até essa faixa interna do cais;

b) transporte das mercadorias desde o local do seu recebimento até junto da embarcação em que tiverem de ser carregadas;

c) o carregamento das mercadorias, desde o cais, até ao convés da embarcação;

III – com relação ao serviço:

a) quando não houver o pessoal da administração a que se refere o parágrafo único, o serviço enunciado nos itens I e II poderá ser contratado com o Sindicato dos Trabalhadores na Movimentação de Mercadorias;

b) os trabalhadores do atual Sindicato dos Trabalhadores no Comércio Armazenador passam a denominar-se "arrumadores", adaptando-se a esta nova designação o nome do sindicato;

c) ao sindicato definido na letra *b* anterior, compete:

1) contratar os serviços definidos no art. 285 da Consolidação das Leis do Trabalho, com a Administração do Porto, quando não houver pessoal próprio, de porto organizado;

2) exercer a atividade definida no citado art. 285, itens I e II e respectivas alíneas, nos portos não organizados e nos armazéns, depósitos, trapiches, veículos de tração animal ou mecânica, vagões etc., em quaisquer locais em que as mercadorias tenham sido recebidas, entregues, arrumadas ou beneficiadas, e, bem assim, lingar ou deslingar as que necessitarem de auxílio de guindastes ou de outros aparelhos mecânicos, nas empresas, firmas, sociedades ou companhias particulares;

d) consideram-se serviços acessórios da mesma atividade profissional:

1) o beneficiamento das mercadorias que dependem de despejo, escolha, reembarque, costura etc.;

2) empilhação, desempilhação, remoção e arrumação das mercadorias;

e) o exercício da profissão dos trabalhadores definidos neste item III será fiscalizado pela Delegacia do Trabalho Marítimo, onde houver, e pelo Departamento Nacional do Trabalho do Ministério do Trabalho;

f) aplica-se à mão de obra dos trabalhos no movimento de mercadorias o disposto na Seção IX do Título III da Consolidação das Leis do Trabalho.

Art. 286. A remuneração dos serviços de capatazias nos portos, salvo as exceções constantes dos §§ 2º e 3º do art. 270, será feita por meio de taxas, estabelecidas na base de tonelagem, cubagem ou unidades de mercadorias e aprovadas, para cada porto, pelo Ministro dos Transportes, mediante proposta do Departamento Nacional de Portos e Vias Navegáveis. As taxas deverão atender à espécie, peso ou volume e acondicionamento das mercadorias de acordo com o "manifesto", do qual será remetida, pelos concessionários dos portos organizados, uma via ao Sindicato dos Trabalhadores que realizarem os serviços na localidade.

Art. 287. As tabelas de taxas fixarão a quantidade dos trabalhadores, motoristas, feitores e conferentes, que comporão cada terno ou turma empregada na execução do serviço, distinguidos os casos de trabalhar um ou mais guindastes, por porão de navio, ou uma ou mais portas de armazém.

Parágrafo único. Quando condições especiais do serviço exigirem o aumento do número de trabalhadores fixados para compor as turmas, este aumento será feito a critério das administrações dos portos, e a sua remuneração será idêntica à que couber aos trabalhadores componentes normais das turmas.

1 Arts. 254 a 292 revogados a partir de 26.8.93, L. 8.630/93, que foi revogada pela L. 12.815/13 (v. Índ. Leg.), que manteve a revogação dos artigos.

Capatazes e estivadores (v. características em coment. arts. 254 e 255). Unificação das categorias em outra categoria única de *operadores de carga e descarga* (idem). Legislação aplicável aos portuários em geral (v. relação em nota ao art. 284). Aplicam-se aos avulsos as normas sobre o 13º salário e FGTS (L. 5.480/68). Dep. de Portos e Vias Navegáveis, agora PORTOBRAS – L. 6.222/75. Critérios para remuneração da capatazia (Res. 106/78 da Portobras). A Codesp (Cia. Docas do Estado de São Paulo) deixou de ser operadora portuária para ser autoridade portuária. Os trabalhadores de capatazia são requisitados diretamente ao Órgão Gestor da Mão de Obra (Ogmo) e sua remuneração é fixada pela Codesp (Res. 1, de set./97).

Consertador de carga e descarga. Os consertadores de carga e descarga dos portos não são empregados dos Sindicatos mas, sim, associados destes últimos, que os distribuem às empresas solicitadoras de mão de obra. Tais profissionais encontram-se subordinados à ação fiscalizadora da Delegacia do Trabalho Marítimo, que para tanto pode penalizá-los. A suspensão de sanção por ela aplicada foge à competência da Justiça do Trabalho. Ação rescisória que se julga procedente (TRT/SP, AR 136/84, Ac. 248/85, Carlos de Brito, 2º GT).

Art. 288. As taxas aprovadas para retribuir a mão de obra serão aplicadas à quantidade de mercadoria movimentada por cada turma e o produto será dividido na razão de uma quota para cada trabalhador, uma para cada motorista interno do armazém, uma e meia para o feitor, uma e um quarto para o ajudante do feitor, uma e meia para cada motorista do guindaste do cais, e uma e meia para cada conferente.

§ 1º Estas quotas poderão ser modificadas de sorte a melhor se adaptarem à composição dos ternos ou turmas, ora vigente nos portos.

§ 2º Quando o serviço de capatazias não começar na hora para que tenham sido escalados os operários, ou quando for interrompido por motivo de chuvas, ou, ainda, quando obrigar a espera e delongas, devidas à agitação das águas, os operários escalados perceberão pelo tempo de paralisação ou de espera a metade dos salários que estiverem em vigor.

§ 3º Quando o serviço de capatazias não começar à hora ou for paralisado por mais de 20 minutos consecutivos, por falta estranha aos operários e da responsabilidade de terceiros, os operários escalados perceberão o tempo em que ficarem paralisados, na base dos salários vigentes, cabendo às administrações dos portos, se não forem elas as responsáveis, o direito de cobrar a quantia paga pela inatividade à entidade que motivar a paralisação.

§ 4º Quando a quantidade de mercadorias a manipular por uma turma for tão pequena que não assegure, para cada um dos operários e empregados escalados, o provento de meio-dia de salário, ao menos, os operários e empregados perceberão a remuneração correspondente ao meio-dia do salário vigente.

§ 5º Se o trabalho a que se refere o parágrafo anterior exceder em duração a meio dia de trabalho e, em quantidade, a 30 toneladas, os operários perceberão a remuneração por salário, correspondente ao número de horas da efetiva duração do serviço.

§ 6º Os operários mensalistas e os diaristas que, à data do Decreto-Lei n. 3.844, de 20 de novembro de 1941, tinham direito a determinada remuneração mínima mensal, continuarão com este direito assegurado e, sempre que no decurso do mês perceberem remuneração por unidade inferior à remuneração mínima anteriormente assegurada, deverão ser pagos da diferença pelos concessionários do porto.

Art. 289. As operações componentes do serviço de capatazias, como abertura de volumes para conferência, reacondicionamento de mercadorias conferidas e outras, que não digam com a presteza da carga e descarga das embarcações, e assim também os serviços conexos com os de capatazias, como limpeza de armazém, beneficiamento de mercadorias e outros, poderão ser remunerados na base dos salários em vigor.

Art. 290. Os operários escalados são obrigados a trabalhar durante as horas normais de serviço diurno e noturno e nas prorrogações aqui previstas, em um ou mais armazéns, vagões ou embarcações.

Art. 291. O horário de trabalho do porto deverá ser o mesmo para a fiscalização aduaneira, o serviço de capatazias e o de estiva e será fixado pela Delegacia do Trabalho Marítimo. O dia ou a noite de trabalho terá a duração de 8 horas de 60 minutos e será dividido em dois turnos de 4 horas, separados pelo intervalo de uma a uma e meia hora, para refeição e repouso.

§ 1º O concessionário do porto poderá prorrogar os turnos de trabalho por 2 horas, remunerando o trabalho pelas taxas ou salários constantes das tabelas aprovadas, com um acréscimo de 20% (obs.: 50%, CF/88, art. 7º, XVI) **para cada hora suplementar.**

§ 2º Para ultimar a carga ou descarga dos grandes paquetes ou dos navios que estejam na iminência de perder a maré, e para não interromper o trabalho dos navios frigoríficos, o concessionário do porto poderá executar o serviço de capatazias durante as horas destinadas às refeições dos operários, pagando-lhes, porém, como suplemento de remuneração, o dobro do salário correspondente à duração da refeição.

§ 3º O trabalho à noite e aos domingos e feriados será considerado extraordinário e, como tal, pago com um acréscimo de 25% (obs.: 50%, CF/88, art. 7º, XVI) **sobre o salário mensal.**

1 Arts. 254 a 292 revogados a partir de 26.8.93, L. 8.630/93, que foi revogada pela L. 12.815/13 (v. Índ. Leg.), que manteve a revogação dos artigos.

Jornada de trabalho nos portos, horário extraordinário, adicionais etc.; dois turnos de 4 horas (L. 4.860/65). Jornada especial noturna facultativa de 6 horas de 60 minutos (L. 7.002/82, em apêndice).

■ O trabalho portuário não tem direito à redução da hora noturna face ao que dispõem a L. 4.860/65 e especialmente o art. 291 da CLT (TST, RR 3.197/81, Fernando Franco, Ac. 1ª T. 2.911/81).

■ A base de cálculo das horas extras dos portuários é sem o acréscimo dos adicionais de risco e de produtividade. Com efeito, o art. 7º, § 5º, da Lei 4.860/65 dispõe, expressamente, que, para o cálculo das horas extraordinárias do empregado portuário será observado, exclusivamente, o "valor do salário-hora ordinário do período diurno". Recurso de Revista de que se conhece parcialmente e a que se dá provimento (TST, RR 586.228/1999.5, João Batista Brito Pereira).

■ Portuários. Regime de rodízio. Embargos conhecidos e acolhidos para determinar o pagamento do adicional de 25% sobre as horas extras trabalhadas nos intervalos entre jornadas (TST, E-RR 4.284/78, Expedito Amorim, Ac. TP 3.381/80).

A folga concedida a bordo, em compensação, é a que se refere o art. 9º da L. 605/49, e tal folga há de ser concedida, na semana subsequente à trabalhada; *in casu*, mesmo a bordo do navio, durante a viagem, o empregado tem direito à folga semanal (TST, E-RR 4.330/81, João Wagner, Ac. TP 3.296/86).

O feitor dos serviços de capatazia nos portos faz jus, nos termos do art. 288, *caput*, da CLT, a remuneração correspondente a uma e meia quota (TST, RR 2.767/86, Orlando da Costa, Ac. 3ª T. 4.994/86).

Nos termos da L. 4.860/65 a prorrogação das jornadas de trabalho, que é uma decorrência rotineira das características do serviço portuário, não tem natureza contratual, mas, sim, dependente do poder de comando da administração do Porto (TST, AI 7.701/86, José Ajuricaba, Ac. 2ª T. 2.256/87).

Art. 292. As taxas de capatazias serão da responsabilidade dos donos das mercadorias; os dispêndios extraordinários, porém, que por esse serviço pagar o concessionário do porto na forma do § 2º do art. 288 e do § 2º do art. 291 serão debitados aos armadores que houverem requisitado o serviço, acrescida de 10% a despesa.

1 Arts. 254 a 292 revogados a partir de 26.8.93, L. 8.630/93, que foi revogada pela L. 12.815/13 (v. Índ. Leg.) que manteve a revogação dos artigos.

Competência da Justiça do Trabalho (v. coment. art. 643/4).

Seção X
Do trabalho em minas de subsolo

Art. 293. A duração[1] normal do trabalho efetivo para os empregados em minas no subsolo não excederá de 6 horas diárias ou de 36 semanais.

Art. 294. O tempo despendido pelo empregado da boca da mina ao local do trabalho e vice-versa será computado para o efeito de pagamento do salário.

Art. 295. A duração normal do trabalho efetivo no subsolo poderá ser elevada até 8 horas diárias ou 48 semanais, mediante acordo escrito entre empregado e empregador ou contrato coletivo de trabalho, sujeita essa prorrogação à prévia licença da autoridade competente em matéria de higiene do trabalho.

Parágrafo único. A duração normal do trabalho efetivo no subsolo poderá ser inferior a 6 horas diárias, por determinação da autoridade de que trata este artigo, tendo em vista condições locais de insalubridade e os métodos e processos do trabalho adotado.

Art. 296. A remuneração da hora prorrogada será no mínimo 25% (obs.: 50%, CF/88, art. 7º, XVI) **superior à da hora normal e deverá constar do acordo ou contrato coletivo de trabalho.**

Art. 297. Ao empregado no subsolo será fornecida, pelas empresas exploradoras de minas, alimentação adequada à natureza do trabalho, de acordo com as instruções estabelecidas pelo Serviço de Alimentação da Previdência Social[2] e aprovadas pelo Ministério do Trabalho.

Art. 298. Em cada período de 3 horas consecutivas de trabalho, será obrigatória uma pausa de 15 minutos para repouso, a qual será computada na duração normal de trabalho efetivo.

Art. 299. Quando nos trabalhos de subsolo ocorrerem acontecimentos que possam comprometer a vida ou saúde do empregado, deverá a empresa comunicar o fato imediatamente à autoridade regional do trabalho, do Ministério do Trabalho[2].

1 Jornada normal, geral e especial, conceito e efeitos (v. coment. art. 58 e segs.). Atividades insalubres, adicional, integração, periculosidade, perícia (v. coment. art. 189 e segs.). Normas de Segurança e Higiene do Trabalho, Conv. OIT 176 promulgada D. 6.270/07, em apêndice; Trabalhos Subterrâneos, NR 22. Carvão e Limites e Poeiras Minerais, NR 15, anexos 12 e 13.

2 Alterações funcionais referentes ao Ministério próprio e aos seus órgãos, v. art. 14/3.

Art. 300. Sempre que, por motivo de saúde, for necessária a transferência do empregado, a juízo da autoridade competente em matéria de segurança e medicina do trabalho, dos serviços no subsolo para os de superfície, é a empresa obrigada a realizar essa transferência, assegurando ao transferido a remuneração atribuída ao trabalhador de superfície em serviço equivalente, respeitada a capacidade profissional do interessado.

Parágrafo único. No caso de recusa do empregado em atender a essa transferência, será ouvida a autoridade competente em matéria de segurança e medicina do trabalho, que decidirá a respeito.

Art. 301. O trabalho no subsolo somente será permitido a homens, com idade compreendida entre 21 e 50 anos, assegurada a transferência para a superfície nos termos previstos no artigo anterior.

1 A Justiça do Trabalho é competente para instruir e julgar os dissídios individuais entre empregados e empregadores, sem estar vinculada ao que as autoridades administrativas decidirem.

Seção XI
Dos jornalistas profissionais

Art. 302. Os dispositivos da presente Seção se aplicam aos que nas

empresas jornalísticas[2] prestem serviços como jornalistas[1-3], revisores, fotógrafos, ou na ilustração, com as exceções nela previstas.

§ 1º Entende-se como jornalista o trabalhador intelectual cuja função se estende desde a busca de informações até a redação de notícias e artigos e a organização, orientação e direção desse trabalho.

§ 2º Consideram-se empresas jornalísticas, para os fins desta Seção, aquelas que têm a seu cargo a edição de jornais, revistas, boletins e periódicos, ou a distribuição de noticiário, e, ainda, a radiodifusão em suas seções destinadas à transmissão de notícias e comentários.

1 *Atividades jornalísticas.* Diz a Constituição Federal de 1988:

> **Art. 5º ...**
>
> **XIV – é assegurado a todos o acesso à informação e resguardado o sigilo da fonte, quando necessário ao exercício profissional.**

A profissão de jornalista compreende, privativamente, o exercício habitual e remunerado das atividades de: a) redação, condensação, titulação, interpretação, correção ou coordenação da matéria a ser publicada, comentário (assim como seu planejamento, organização e administração técnica); b) comentário ou crônica, em rádio ou TV; c) entrevista, inquérito ou reportagem; d) planejamento, organização, direção e execução de serviços técnicos de jornalismo, como arquivo, ilustração ou distribuição gráfica da matéria; e) ensino de técnicas de jornalismo; f) coleta de notícias e seu preparo para divulgação; g) revisão de originais, com vistas à correção e adequação; h) arquivo e pesquisa de dados para elaboração de notícias; i) distribuição gráfica ou ilustração; j) execução de desenhos de caráter jornalístico (DL 972/69).

O Plenário do Supremo Tribunal Federal, no julgamento do RE 511.961, em 17.6.09, decidiu pela inconstitucionalidade da exigência do diploma de jornalismo e registro profissional no Ministério do Trabalho como condição para o exercício da profissão de jornalista (TST RR 8440-95.2007.5.10.0014, Maria Cristina Irigoyen Peduzzi).

2 *Empresa jornalística* é a que tem como atividade a edição de jornal ou revista ou distribuição de noticiário, assim como a seção de radiodifusão, televisão, divulgação cinematográfica ou de agência de publicidade, onde sejam exercidas as atividades jornalísticas (DL 972/69).

Jornalista. Conceituação e regime jurídico. Direito a jornada reduzida, mesmo trabalhando em empresa que edita boletim informativo (TST, RR 167.149/95.0, Lourenço Prado, Ac. 1ª T. 692/96).

Assessor de imprensa não exerce atividades típicas de jornalismo, pois o desempenho dessa função não compreende a busca de informações para redação de notícias e artigos, organização, orientação e direção de trabalhos jornalísticos, conforme disciplinado no artigo 302, § 1º, da CLT. Decreto-Lei n. 72/69 e Decreto n. 83.284/79. Atua como simples divulgador de notícias e mero repassador de informações aos jornalistas, servindo apenas de intermediário entre o seu empregador e a imprensa (TST, RR 261.412/96.5, Antônio Fábio Ribeiro, Ac. 3ª T.).

3 *Classificação* das funções dos jornalistas: redator, noticiarista, repórter, repórter de setor, radiorrepórter, arquivista-pesquisador, revisor, ilustrador, repórter-fotográfico, repórter-cinematográfico, diagramador; funções de confiança: editor, secretário, subsecretário, chefe de reportagem e chefe de revisão (DL 972/69). Registro de jornalista (DL 972/69, alterado pelas L. 5.696/71, 6.612/78 e 6.727/79; e D. 83.284/79). Empresas jornalísticas (CF, art. 222). Colaborador autônomo (DL 972/69, red. L. 6.612/78). Regulamento da profissão de jornalista (D. 83.284/79).

4 *Radialista.* É o empregado de empresa de radiodifusão que presta seus serviços na administração, produção ou atividade técnica (L. 6.615/78, em apêndice; D. 84.134/79, alterado pelos D. 94.447/87 e 95.684/88). O TST manteve a regulamentação da L. 6.615/78, para o exercício da profissão do radialista (TST, RR 2983500-63.1998.5.09.0012, Emmanoel Pereira).

I) A Lei n. 6.615/78 regulamenta a profissão de radialista e determina em seu art. 6º que o exercício da profissão de radialista requer prévio registro na Delegacia Regional do Ministério do Trabalho, o qual terá validade em todo o território nacional. II) Certo, a incidência de estatutos legais, no âmbito trabalhista, deve se dar de forma conglobada, de modo a impedir a deletéria prática da aplicação apenas de dispositivos legais que privilegiem uma das parte no contrato de trabalho. III) O reconhecimento da condição de radialista a trabalhador somente cabe, pois, ao trabalhador que preenche às inteiras os condicionamentos postos na legislação de regência (TST, RR 2983500-63.1998.5.09.0012, Emmanoel Pereira).

De acordo com o art. 6º da Lei n. 6.615/78, o exercício da profissão de radialista requer prévio registro na Delegacia Regional do Trabalho do Ministério do Trabalho (TST, RR 309.626/96.1, Milton de Moura França, Ac. 4ª T.).

Art. 303. A duração normal do trabalho dos empregados compreendidos nesta Seção não deverá exceder de 5 horas, tanto de dia como à noite.

Art. 304. Poderá a duração normal do trabalho ser elevada a 7 horas, mediante acordo escrito, em que se estipule aumento de ordenado, correspondente ao excesso do tempo de trabalho, em que se fixe um intervalo destinado a repouso ou a refeição.

Parágrafo único. Para atender a motivos de força maior, poderá o empregado prestar serviços por mais tempo do que aquele permitido nesta Seção. Em tais casos, porém, o excesso deve ser comunicado às Delegacias Regionais do Ministério do Trabalho, dentro de cinco dias, com a indicação expressa dos seus motivos.

Art. 305. As horas de serviço extraordinário, quer as prestadas em virtude de acordo, quer as que derivam das causas previstas no parágrafo único do artigo anterior, não poderão ser remuneradas com quantia inferior à que resulta do quociente da divisão da importância do salário mensal por 150 para os mensalistas, e do salário diário por 5 para os diaristas, acrescido de, pelo menos, 25% (obs.: 50% pela CF, art. 7º, XVI).

Art. 306. Os dispositivos dos arts. 303, 304 e 305 não se aplicam àqueles que exercem as funções de redator-chefe, secretário, subsecretário, chefe e subchefe de revisão, chefe de oficina, de ilustração e chefe de portaria.

Parágrafo único. Não se aplicam, do mesmo modo, os artigos acima referidos aos que se ocuparem unicamente em serviços externos.

Art. 307. A cada 6 dias de trabalho efetivo corresponderá um dia de descanso obrigatório, que coincidirá com o domingo, salvo acordo escrito em contrário, no qual será expressamente estipulado o dia em que se deve verificar o descanso.

Art. 308. Em seguida a cada período diário de trabalho haverá um intervalo mínimo de 10 horas, destinado ao repouso.

Art. 309. Será computado como de trabalho efetivo o tempo em que o empregado estiver à disposição do empregador.

1 Para a jornada normal de 5 horas, não pode o jornalista ser contratado em bases inferiores às normas coletivas (DL 972/69, art. 9º).

2 *Jornada normal* (v. coment. art. 58), de 5 horas para quem exerce as funções típicas da profissão, independentemente da atividade do empregador, a lei defende a profissão independentemente de onde é exercida. Remuneração mínima de jornalistas profissionais e revisores; jornada normal do revisor, 5 horas (D. 83.284/79 e DL 972/69). Horário de trabalho em radiodifusão (D. 52.795/63, alt. D. 8.061/13). Trabalho noturno (CLT, art. 73).

SDI O jornalista que exerce funções típicas de sua profissão, independentemente do ramo de atividade do empregador, tem direito à jornada reduzida prevista no art. 303 da CLT (TST, SDI-1, Orientação Jurisprudencial 407).

Jornalista profissional, que trabalha em empresa que edita Boletim Informativo, em grande escala, há que ter respeitado o horário de cinco horas para o seu trabalho (TRT/RJ, RO 9.244/85, Pimenta de Melo, Ac. 2ª T. 1.068/86).

Não há na lei qualquer proibição de pré-contratação de horas extras do jornalista, além de que o Enunciado 199 se dirige ao empregado bancário e foi editado tendo em vista a problemática e as singularidades que envolvem a jornada da categoria (TST, RR 69.076/93.6, Afonso Celso, Ac. 1ª T. 2.998/93).

Validade da pré-contratação de horas extras. O Enunciado 199/TST veda a pré-contratação de horas extras no que se refere ao empregado bancário, cujas atividades não guardam qualquer similitude com aquelas exercidas pelo jornalista. O art. 304 da CLT, a seu turno, dispõe que "poderá a duração normal do trabalho ser elevada a sete horas, mediante acordo escrito", não impedindo que a sobrejornada seja pré-contratada. A possibilidade de pré-contratação, no meu entender, deve-se à natureza dinâmica da atividade jornalística, em que o extrapolamento da jornada normal constitui fato normal e, por isso, previsível (TST, RR 148.403/94.2, Rider de Brito, Ac. 2ª T. 4.432/96).

3 *Descanso remunerado* (v. art. 67). Tempo de serviço (arts. 4º e 492).

Arts. 310 a 314. (Revogados pelo DL 972/69).

Art. 315. O Governo Federal, de acordo com os governos estaduais, promoverá a criação de escolas de preparação ao jornalismo, destinadas à formação dos profissionais da imprensa.

Art. 316. (Rev. DL 368/68).

1 Legislação: remuneração mínima de jornalistas e revisores (D. 83.284/79 e DL 972/69). Horário de radiodifusão (D. 52.795/63, alt. D. 8.061/13). Noturno (DL 9.666/46). Equipara grupos de radiodifusão a jornalistas (L. 4.117/62, alt. L. 12.872/13). Telejornalismo (D. 53.263/63). Exercício da profissão de jornalista, atividades compreendidas, conceito de empresa jornalística, registro de profissionais (DL 972/69; D. 83.284/79; L. 5.696/71). CF de 1988, art. 5º, XIV. Estrangeiro (Res. Norm. MTE/CNI 38, *DOU*, 8.10.99).

Seção XII
Dos professores

Art. 317. O exercício remunerado do magistério[2], em estabelecimentos particulares de ensino, exigirá apenas habilitação legal e registro no Ministério da Educação (v. L. 9.394/96).

1 *Relação de emprego.* Diz a Constituição Federal de 1988:

Art. 37. A administração pública direta e indireta de qualquer dos Poderes da União, dos Estados, do Distrito Federal e dos Municípios obedecerá aos princípios

de legalidade, impessoalidade, moralidade, publicidade e eficiência, e, também, ao seguinte:...

XVI – é vedada a acumulação remunerada de cargos públicos, exceto, quando houver compatibilidade de horários, observado em qualquer caso o disposto no inciso XI: a) a de dois cargos de professor; b) a de um cargo de professor com outro, técnico ou científico; c) a de dois cargos ou empregos privativos de profissionais de saúde, com profissões regulamentadas (red. EC 34/01);

XVII – a proibição de acumular estende-se a empregos e funções e abrange autarquias, empresas públicas, sociedades de economia mista, suas subsidiárias, e sociedades controladas, direta ou indiretamente, pelo poder público (red. EC 19/98).

Art. 207. ...

§ 1º É facultado às universidades admitir professores, técnicos e cientistas estrangeiros, na forma da lei.

§ 2º O disposto neste artigo aplica-se às instituições de pesquisa científica e tecnológica (red. EC 11/96).

Professores de estabelecimentos estaduais, municipais ou paraestatais, se não forem funcionários públicos ou não gozarem de situação análoga ou proteção especial, estão automaticamente protegidos pelo Direito do Trabalho (v. art. 7º/16, trabalho para pessoas jurídicas de direito público). Professores que prestam serviços para estabelecimentos estaduais ou particulares não podem ser considerados autônomos, pois a relação jurídica da clientela não se estabelece com o professor, mas com a escola, e é esta quem dirige o ensino, determina horário etc.; mesmo contratados para proferir algumas aulas, ou curso de curta duração, não podem ser considerados eventuais alheios ao Direito do Trabalho; a atividade que desenvolvem é típica da empresa; se for o caso, devem ser ajustados mediante contrato de trabalho por tempo determinado (v. art. 3º/4).

Universidades: admissão de professores, técnicos e cientistas estrangeiros (v. art. 352/1).

2 *Conceito*: "são consideradas funções de magistério as exercidas por professores e especialistas em educação no desempenho de atividades educativas, quando exercidas em estabelecimento de educação básica em seus diversos níveis e modalidades, incluídas, além do exercício da docência, as de direção de unidade escolar e as de coordenação e assessoramento pedagógico" (L. 9.394/96, art. 67, § 2º, alt. L. 11.301/06).

■ O professor, que trabalha durante longos anos para estabelecimento de ensino, prestando serviços que decorrem precipuamente da existência da empresa, ainda que tenha aceitado o rótulo de "autônomo" ou de "sócio", de empresa prestadora de serviço, é, na verdade, empregado, nos termos do art. 3º da CLT (TRT/SP, RO 21.516/84, Floriano Vaz da Silva, Ac. 7.241/86).

Agente de treinamento do Senai. Analogia com o magistério. Não há lei ou jurisprudência que permita a equiparação de instrutor com professor (TST, RR 117.849/94.8, João Tezza, Ac. 2ª T. 4.576/95).

Art. 318. Num mesmo estabelecimento de ensino não poderá o professor dar, por dia, mais de 4 aulas consecutivas, nem mais de 6, intercaladas.

Art. 319. Aos professores é vedado, aos domingos, a regência de aulas e o trabalho em exames.

Art. 320. A remuneração dos professores será fixada pelo número de aulas semanais, na conformidade dos horários.

§ 1º O pagamento far-se-á mensalmente, considerando-se para este efeito cada mês constituído de quatro semanas e meia.

§ 2º Vencido cada mês, será descontada, na remuneração dos professores, a importância correspondente ao número de aulas a que tiverem faltado.

§ 3º Não serão descontadas, no decurso de 9 dias, as faltas verificadas por motivo de gala ou de luto em consequência de falecimento do cônjuge, do pai ou mãe, ou de filho.

Art. 321. Sempre que o estabelecimento de ensino tiver necessidade de aumentar o número de aulas marcado nos horários, remunerará o professor, findo cada mês, com uma importância correspondente ao número de aulas excedentes.

1 O número de aulas não poderá ultrapassar o limite fixado de 4 consecutivas ou 6 intercaladas. As aulas excedentes deverão ser pagas com o acréscimo da hora suplementar (art. 59), e o professor não estará obrigado a proferi-las, salvo na raríssima hipótese de força maior (v. coment. art. 501), ou em caso de necessidade imperiosa (v. art. 61), mesmo assim, ressalvada a hipótese de o empregado estar livre de outras obrigações para com outros empregadores. A jurisprudência se firmou no sentido de que o descanso semanal remunerado não está incluído no pagamento mensal de quatro semanas e meia; esse descanso deve ser acrescido àquele pagamento, na base de 1/6 da hora-aula, para cada aula efetivamente proferida; assim, o TST (Súmula 351).

A irredutibilidade salarial é norma legal genérica, que se aplica também ao professor; mas o intérprete não pode ignorar a habitual variabilidade do número de aulas ministradas, às vezes por interesse do próprio mestre junto a outros estabelecimentos de ensino ou outras ocupações; certas circunstâncias podem assim determinar que pequenas variações não sejam levadas em consideração de ano para ano e que, ao medir a possível redução injusta, não se escolha um determinado ano letivo, mas período superior que a prudência aconselha se fixe nos últimos dois anos.

2 *Aula de 50 minutos* (Portaria 887/52, Pareceres CFE 459/85 e 28/92 e repetidas convenções coletivas).

TST O professor que recebe salário mensal à base de hora-aula tem direito ao acréscimo de 1/6 a título de repouso semanal remunerado, considerando-se para esse fim o mês de quatro semanas e meia (TST – Súmula 351).

SDI A contraprestação mensal devida ao professor, que trabalha no limite máximo da jornada prevista no art. 318 da CLT, é de um salário mínimo integral, não se cogitando do pagamento proporcional em relação à jornada prevista no art. 7º, XIII, da Constituição Federal (TST, SDI-1, Orientação Jurisprudencial 393).

SDI Embora haja previsão legal para o direito à hora extra, inexiste previsão para a incorporação ao salário do respectivo adicional, razão pela qual deve incidir a prescrição total (TST, SDI-1, Orientação Jurisprudencial 242).

SDI Excedida a jornada máxima (art. 318 da CLT), as horas excedentes devem ser remuneradas com o adicional de, no mínimo, 50% (art. 7º, XVI, CF/88) (TST, SDI-1, Orientação Jurisprudencial 206).

SDI Professor. Repouso semanal remunerado. L. 605/49, art. 7º, § 2º. No salário do professor percebido com base no valor da hora-aula não está inserido o repouso semanal remunerado (TST, SDI-1, Orientação Jurisprudencial 66).

A redução de aulas, em virtude da evasão de alunos, não tipifica força maior, mas risco empresarial que deve ser assumido pelo empregador. A diminuição da remuneração, por essa razão, é ilegal, configurando alteração contratual (TRT/SP, RO 20.525/85, Valentin Carrion, Ac. 8ª T.).

Professor. Horas extras com adicional. A forma de remuneração prevista no art. 321, da CLT, se refere às aulas excedentes ao número estabelecido no horário contratual, a que denomina de "extras grade" e não às excedentes do limite legal do art. 318 da CLT, mas incluídas no horário contratado (TST, RR 9.944/85.4, José Ajuricaba, Ac. 2ª T. 208/87).

Atividade extraclasse. Não faz jus à hora extra o professor quando pratica atividade tida como extraclasse (corrigir provas e trabalhos, preparar aulas e preencher cadernetas), ao passo que mostram-se como decorrência do trabalho específico do magistério, sendo que tais atividades já são remuneradas pelo salário-base do magistério (TST, Ag.-E-RR 101.823/94.7, Cnéa Moreira, Ac. SBDI-1 3.574/96).

Professor que recebe à base de hora-aula. O art. 320 da CLT coloca como básico o número de horas-aulas semanais ministradas, e determina o pagamento de quatro semanas e meia por mês. Então temos, na verdade, a unidade hora-aula como padrão de remuneração, e o número delas na semana, o básico para o devido no mês. Assim, o empregado é "horista" com pagamento mensal; embora com mês "dilatado". O § 2º do art. 320 consolidado resolve a questão, eis que explicita que, "vencido o mês, será descontada, na remuneração dos professores, a importância correspondente ao número de aulas a que tiverem faltado", o que implica no desprezo ao desconto de 1/30 que o caracterizaria como mensalista nos termos do § 2º do art. 7º da L. 605. Em conclusão, a remuneração de 4 semanas e meia longe está de satisfazer o pagamento do repouso semanal (TST, RR 157.105/95.0, Cnéa Moreira, Ac. 4ª T. 1.171/97).

A jornada de trabalho do professor está limitada ao máximo de 4 (quatro) aulas consecutivas ou 6 (seis) intercaladas. O que exceder desse limite é serviço extraordinário que deve ter remuneração superior, no mínimo, em 50% (cinquenta por cento) à do normal, sob pena de ofensa ao princípio da isonomia (TST, RR 221.992/95.6, Leonaldo Silva, Ac. 4ª T.).

O número de horas-aulas do professor pode ser alterado, pois tal alteração é inerente ao tipo de trabalho que executa. O que não pode ser mudado é o valor da remuneração da hora-aula, porque isso implicaria redução salarial ilícita, nos termos da Carta Magna (TST, RR 150.314/94.9, Regina Rezende Ezequiel, Ac. 1ª T. 10.365/97).

* Sobre o tema *supra*, v. www.institutocarrion.com.br.

Art. 322. No período de exames e no de férias escolares, é assegurado aos professores o pagamento, na mesma periodicidade contratual, da remuneração por eles percebida, na conformidade dos horários, durante o período de aulas (red. L. 9.013/95).

§ 1º Não se exigirá dos professores, no período de exames, a prestação de mais de 8 horas de trabalho diário, salvo mediante o pagamento complementar de cada hora excedente pelo preço correspondente ao de uma aula.

§ 2º No período de férias, não se poderá exigir dos professores outro serviço senão o relacionado com a realização de exames.

§ 3º Na hipótese de dispensa sem justa causa, ao término do ano letivo ou no curso das férias escolares, é assegurado ao professor o pagamento a que se refere o *caput* deste artigo (red. L. 9.013/95).

1 *Férias.* Distinguem-se as férias dos professores das férias escolares. Durante aquelas o contrato de trabalho se interrompe, não podendo, pois, ser exigido trabalho do professor; durante essas, o professor fica à disposição do empregador, podendo, então, ser-lhe exigido o serviço relacionado com a realização de exames; aquelas são devidas após um ano de vigência do contrato de trabalho, estas em razão da interrupção ou final do ano letivo; mas ambas costumam coincidir; não se exige cumprimento à disposição legal de pré-aviso de férias pessoais do professor. O professor despedido no final do ano letivo, ou durante as férias escolares, faz jus ao pagamento dos salários das férias escolares. Assim, da mesma forma que não podem ser confundidas as férias dos demais trabalhadores com o período do aviso prévio, não há como se entender que a remuneração pelo aviso prévio também quitou parte do período das férias escolares. O aviso prévio poderá coincidir com estas (a doutrina não é pacífica), mas não com as férias individuais, nem com doença do professor, fazendo jus ao seu pagamento.

As circunstâncias próprias do professor obstam a que transacione uma parte de suas férias (art. 143), pela impossibilidade do trabalho de professor durante o recesso escolar, que é a época em que as goza.

TST O direito aos salários do período de férias escolares assegurado aos professores (art. 322, *caput* e § 3º, da CLT) não exclui o direito ao aviso prévio, na hipótese de dispensa sem justa causa ao término do ano letivo ou no curso das férias escolares (TST – Súmula 10, NRed. TST, Res. 185/12).

A jurisprudência predominante desta Corte Superior, consubstanciada na Súmula n. 10, é no sentido de que é assegurado aos professores o pagamento dos salários no período de férias escolares. Se despedido sem justa causa ao terminar o ano letivo ou no curso dessas férias, faz jus ao aviso prévio e aos referidos salários. Inteligência do artigo 322, § 3º, da CLT (TST, RR-53200-45.2009.5.01.0068, julgado em 3.8.11, Caputo Bastos, *DEJT*, 12.8.11).

O entendimento desta Corte gravita no sentido de que o salário do professor durante as férias letivas deve ser pago cumulativamente com o aviso prévio conferido nesse mesmo período. Precedentes. Recurso de revista conhecido e provido (TST, RR-186040-77.2001.5.01.0301, julgado em 3.2.10, Augusto César Leite de Carvalho, *DEJT*, 19.2.10).

Contratos de trabalho de professores apenas para o período letivo. Fraude à lei. O estabelecimento de ensino que contrata professores, anualmente, apenas de 1º de março a 30 de novembro de cada ano para não pagar a remuneração das férias escolares e outras verbas, infringe a lei. Em tal caso, deve ser reconhecido o direito dos professores à remuneração das férias escolares e às demais verbas trabalhistas. Inteligência e aplicação dos arts. 9º, 451 e 452 da CLT (TRT/SP, RO 2.252/78, Floriano Vaz da Silva, Ac. 2ª T. 12.637/78).

A dificuldade de encontrar novo emprego em pleno curso do ano ou semestre letivos não autoriza o julgador a extrapolar o balizamento legislativo e deferir, ao professor, os salários dos meses seguintes e dos que antecedem o reinício das aulas no que segue. A construção jurisprudencial apenas alcança a hipótese em que o despedimento ocorre às vésperas das férias, quando, então, o empregador deve pagar os salários correspondentes aos meses pertinentes a estas últimas. Enunciado 10 que integra a súmula da Jurisprudência predominante do TST. *De lege lata,* este é o quadro revelado pela ordem jurídica. *De lege ferenda,* porque antissocial, merece afastamento (TST, RR 6.027/86, Marco Aurélio, Ac. 1ª T. 911/87).

Art. 323. Não será permitido o funcionamento do estabelecimento particular de ensino que não remunere condignamente os seus professores, ou não lhes pague pontualmente a remuneração de cada mês.

Parágrafo único. Compete ao Ministério da Educação fixar os critérios para a determinação da condigna remuneração[2] devida aos professores bem como assegurar a execução do preceito estabelecido no presente artigo.

Art. 324. (Rev. L. 7.855/89).

1 O art. 323 é letra morta.

2 *Remuneração condigna* do professor. Barata Silva, apesar de admitir o salário profissional fixado por outra via que não a judiciária, via na competência concedida ao Ministério da Educação sem prefixação de limites verdadeira delegação legislativa, violadora da Constituição de 1946 (*Competência*, p. 354). Foi fixada pelas Portarias 204/45 e 887/52. Havia quem entendesse ser constitucional a primeira, mas não a segunda, porque posterior à CF/46, que deu competência à Justiça do Trabalho para julgar dissídios coletivos e estabelecer condições de trabalho. Contrariamente, defende-se também a constitucionalidade da última; pois, se o Executivo fixava o salário mínimo para todo o País, autorizado por lei, por que não poderia fazê-lo para os professores, também autorizado por lei? (Lamarca, Os professores, *LTr* 32/292). O STF já decidiu que a portaria não subsiste à Constituição de 1946, por ser com ela incompatível (*LTr* 39/890).

■ Servidores integrantes do quadro de magistério do Estado de São Paulo. Reenquadramento determinado pela Lei Complementar n. 645/89. Adicionais por tempo de serviço. A Lei Complementar n. 645/89, ao determinar que o reenquadramento dos servidores se fizesse sem consideração às referências por eles anteriormente obtidas por efeito da referida vantagem, limitou-se a dar cumprimento às normas do art. 37, XIV, da CF e do art. 17 do ADCT, que proscreveram o efeito cumulativo de adicionais sobre adicionais, propiciado pela legislação anterior, sem deixarem margem para invocação de direito adquirido (STF, RE 195.274-1-SP, Ilmar Galvão, Ac. 1ª T.).

■ Decreto n. 94.664/87. O diploma legal em tela assegura a gratificação de 25% apenas aos detentores do título de doutor e livre-docente, pressuposto não satisfeito pelo autor (TST, RR 80.805/93.0, Roberto Della Manna, Ac. 3ª T. 4.887/94).

■ Servidores integrantes do quadro de inativos do magistério do Estado de São Paulo. Adicionais de magistério. LC paulista n. 645/89. Vantagem funcional que tem por pressuposto o exercício de função de magistério, considerado a partir da vigência da lei que a instituiu, não se estende a quem, então, por já se encontrar na inatividade, não tinha como satisfazer ao requisito (STF, RE 199.350-2-SP, Ac. 1ª T.).

3 Multa por infração do salário profissional dos professores (Pires Chaves, *Execução*, p. 126). Professor de Arte Dramática (cargos de teatro e regulamentação das categorias correspondentes: L. 4.641/65). Empresa em mora salarial (DL 368/68).

Seção XIII
Dos químicos

Art. 325. É livre o exercício da profissão de químico em todo o território da República, observadas as condições de capacidade técnica e outras exigências previstas na presente Seção:

a) aos possuidores de diploma de químico[1], químico industrial, químico industrial agrícola ou engenheiro químico, concedido, no Brasil, por escola oficial ou oficialmente reconhecida;

b) aos diplomados em química por instituto estrangeiro de ensino su-

perior, que tenham, de acordo com a lei e a partir de 14 de julho de 1934, revalidado os seus diplomas;

c) aos que, ao tempo da publicação do Decreto n. 24.693, de 12 de julho de 1934, se achavam no exercício efetivo de função pública ou particular[4], para a qual seja exigida a qualidade de químico, e que tenham requerido o respectivo registro até a extinção do prazo fixado pelo Decreto-Lei n. 2.298, de 10 de junho de 1940.

§ 1º Aos profissionais incluídos na alínea c deste artigo, se dará, para os efeitos da presente Seção, a denominação de "licenciados".

§ 2º O livre exercício da profissão de que trata o presente artigo só é permitido a estrangeiros[2], quando compreendidos:

a) nas alíneas *a* e *b*, independentemente de revalidação do diploma, se exerciam, legitimamente, na República, a profissão de químico em data da promulgação da Constituição de 1934;

b) na alínea *b*, se a seu favor militar a existência de reciprocidade internacional, admitida em lei, para o reconhecimento dos respectivos diplomas;

c) na alínea c, satisfeitas as condições nela estabelecidas.

§ 3º O livre exercício da profissão a brasileiros naturalizados está subordinado à prévia prestação do Serviço Militar, no Brasil.

§ 4º Só aos brasileiros natos é permitida a revalidação dos diplomas de químicos, expedidos por institutos estrangeiros de ensino superior[3].

1 Além dos profissionais relacionados na CLT, são reconhecidos como tais os bacharéis em Química, diplomados pela Faculdade de Filosofia após o registro de seus diplomas e os técnicos químicos, dentro de sua competência (L. 2.800/56, art. 20, e CLT, art. 350/1).

2 Discriminação a estrangeiros vedada (art. 352/1).

3 Não pode a lei ordinária estabelecer distinções entre brasileiros natos e naturalizados, além das que a CF/88 tenha previsto (art. 19, III). A L. 6.192/74 revogou toda a legislação discriminatória e, tacitamente, o § 4º *supra*.

4 Também os que se achavam em exercício de função de químico com anotação de carteira anteriormente à L. 2.800/56 (L. 5.530/68).

Art. 326. Todo aquele que exercer ou pretender exercer as funções de químico é obrigado ao uso de Carteira de Trabalho e Previdência Social,

devendo os profissionais que se encontrarem nas condições das alíneas *a* e *b* do art. 325, registrar os seus diplomas de acordo com a legislação vigente.

§ 1º A requisição de Carteiras de Trabalho e Previdência Social para uso dos químicos, além do disposto no capítulo "Da Identificação Profissional", somente será processada mediante apresentação dos seguintes documentos que provem (red. DL 926/69)**:**

a) ser o requerente brasileiro, nato ou naturalizado, ou estrangeiro;

b) estar, se for brasileiro, de posse dos direitos civis e políticos;

c) ter diploma de químico, químico industrial, químico industrial agrícola ou engenheiro químico, expedido por escola superior oficial ou oficializada;

d) ter, se diplomado no estrangeiro, o respectivo diploma revalidado nos termos da lei;

e) haver, o que for brasileiro naturalizado, prestado serviço militar no Brasil;

f) achar-se o estrangeiro, ao ser promulgada a Constituição de 1934, exercendo legitimamente, na República, a profissão de químico, ou concorrer a seu favor a existência de reciprocidade internacional, admitida em lei, para o reconhecimento dos diplomas dessa especialidade.

§ 2º A requisição de que trata o parágrafo anterior deve ser acompanhada:

a) do diploma devidamente autenticado no caso da alínea *b* do artigo precedente, e com as firmas reconhecidas no país de origem e na Secretaria de Estado das Relações Exteriores, ou da respectiva certidão, bem como do título de revalidação, ou certidão respectiva, de acordo com a legislação em vigor;

b) do certificado ou atestado comprobatório de se achar o requerente na hipótese da alínea *c* do referido artigo, ao tempo da publicação do Decreto 24.693, de 12 de julho de 1934, no exercício efetivo de função pública, ou particular, para a qual seja exigida a qualidade de químico, devendo esses documentos ser autenticados pelo Delegado Regional do Trabalho[2], quando se referirem a requerentes moradores nas capitais dos Estados, ou coletor federal, no caso de residirem os interessados nos municípios do interior;

c) de três exemplares de fotografia exigida pelo art. 329 e de uma folha com as declarações que devem ser lançadas na Carteira de Trabalho e Previdência Social de conformidade com o disposto nas alíneas do mesmo artigo e seu parágrafo único.

§ 3º (Rev. L. 2.800/56)**.**

1 Compete ao Conselho Federal de Química deliberar sobre o exercício da profissão, inclusive dos técnicos de laboratório; aos Conselhos Regionais cabem as atribuições de registrar e expedir carteira profissional e fiscalizar o exercício da

profissão; todas as atribuições previstas na CLT passaram a ser de competência dos Conselhos Regionais de Química (L. 2.800/56, que revogou as disposições *supra* em contrário).

2 *Conselhos de Profissões Regulamentadas.* Deixaram de ser autarquias para se constituírem em atividades privadas sem fins lucrativos, nem qualquer vínculo funcional ou hierárquico com a Administração Pública; seus empregados subordinam-se à legislação trabalhista; os conselhos estão autorizados a fiscalizar, cobrar e executar contribuições (L. 9.649/98, art. 58).

3 Delegado Regional do Trabalho (v. art. 14/3).

Art. 327. (Rev. L.2.800/56).

Art. 328. Só poderão ser admitidos a registro os diplomas, certificados de diplomas, cartas e outros títulos, bem como atestados e certificados que estiverem na devida forma e cujas firmas hajam sido regularmente reconhecidas por tabelião público e, sendo estrangeiros, pela Secretaria do Estado das Relações Exteriores, acompanhados estes últimos da respectiva tradução, feita por intérprete comercial brasileiro.

Parágrafo único. (Rev. L. 2.800/56).

Art. 329. A cada inscrito, e como documento comprobatório[1] **do registro, será fornecida pelo Departamento Nacional do Trabalho no Distrito Federal, ou pelas Delegacias Regionais, nos Estados, uma Carteira de Trabalho e Previdência Social numerada, que, além da fotografia, medindo 3 por 4 centímetros, tirada de frente, com a cabeça descoberta, e das impressões do polegar, conterá as declarações seguintes:**

a) o nome por extenso;

b) a nacionalidade e, se estrangeiro, a circunstância de ser ou não naturalizado;

c) a data e lugar do nascimento;

d) a denominação da escola em que houver feito o curso;

e) a data da expedição do diploma e o número do registro no Ministério do Trabalho;

f) a data da revalidação do diploma, se de instituto estrangeiro;

g) a especificação, inclusive data, de outro título ou títulos de habilitação;

h) a assinatura do inscrito.

Parágrafo único. (Rev. L. 2.800/56).

Art. 330. A Carteira de Trabalho e Previdência Social, expedida nos termos desta Seção, é obrigatória para o exercício da profissão, subs-

titui em todos os casos o diploma ou título e servirá de carteira de identidade.

1 Documento comprobatório da admissão e registro (Resolução do Conselho Federal de Química, 30/72, *LTr* 36/827, 1972). V. legislação complementar relacionada após o art. 350. O registro é atualmente da competência do Conselho Regional de Química.

Art. 331. Nenhuma autoridade poderá receber impostos relativos ao exercício profissional de químico, senão à vista da prova de que o interessado se acha registrado de acordo com a presente Seção, e essa prova será também exigida para a realização de concursos periciais e todos os outros atos oficiais que exijam capacidade técnica de químico.

Art. 332. Quem, mediante anúncio, placas, cartões comerciais ou outros meios capazes de ser identificados, se propuser ao exercício da química, em qualquer dos seus ramos, sem que esteja devidamente registrado, fica sujeito às penalidades aplicáveis ao exercício ilegal da profissão.

Art. 333. Os profissionais a que se referem os dispositivos anteriores só poderão exercer legalmente as funções de químicos depois de satisfazerem as obrigações constantes do art. 330 desta Seção.

Art. 334. O exercício da profissão de químico compreende:

a) a fabricação de produtos e subprodutos químicos em seus diversos graus de pureza;

b) a análise química, a elaboração de pareceres, atestados e projetos de especialidade e sua execução, perícia civil ou judiciária sobre essa matéria, a direção e a responsabilidade de laboratórios ou departamentos químicos, de indústria e empresas comerciais;

c) o magistério nas cadeiras de química dos cursos superiores especializados em química;

d) a engenharia química.

§ 1º Aos químicos, químicos industriais e químicos industriais agrícolas que estejam nas condições estabelecidas no art. 325, alíneas *a* e *b*, compete o exercício das atividades definidas nos itens *a*, *b* e *c* deste artigo, sendo privativa dos engenheiros químicos a do item *d*.

§ 2º Aos que estiverem nas condições do art. 325, alíneas *a* e *b*, compete, como aos diplomados em medicina ou farmácia, as atividades definidas no art. 2º, alíneas *d*, *e* e *f* do Decreto 20.377, de 8 de setembro de 1931, cabendo aos agrônomos e engenheiros agrônomos as que se acham especificadas no art. 6º, alínea *h*, do Decreto 23.196, de 12 de outubro de 1933.

1 V. legislação complementar mencionada após o art. 350.

Art. 335. É obrigatória a admissão de químicos nos seguintes tipos de indústria:

a) de fabricação de produtos químicos;

b) que mantenham laboratório de controle químico;

c) de fabricação de produtos industriais que são obtidos por meio de reações químicas dirigidas, tais como: cimento, açúcar e álcool, vidro, curtume, massas plásticas artificiais, explosivos, derivados de carvão ou de petróleo, refinação de óleos vegetais ou minerais, sabão, celulose e derivados.

Art. 336. No preenchimento de cargos públicos, para os quais se faz mister a qualidade de químico, ressalvadas as especializações referidas no § 2º do art. 334, a partir da data da publicação do Decreto 24.693, de 12 de julho de 1934, requer-se, como condição essencial, que os candidatos previamente hajam satisfeito as exigências do art. 333 desta Seção.

Art. 337. Fazem fé pública os certificados de análises químicas, pareceres, atestados, laudos de perícias e projetos relativos a essa especialidade, assinados por profissionais que satisfaçam as condições estabelecidas nas alíneas *a* e *b* do art. 325.

Art. 338. É facultado aos químicos que satisfizerem as condições constantes do art. 325, alíneas *a* e *b*, o ensino da especialidade a que se dedicarem, nas escolas superiores, oficiais ou oficializadas.

Parágrafo único. Na hipótese de concurso para o provimento de cargo ou emprego público, os químicos a que este artigo se refere terão preferência, em igualdade de condições.

Art. 339. O nome do químico responsável pela fabricação dos produtos de uma fábrica, usina ou laboratório deverá figurar nos respectivos rótulos, faturas e anúncios, compreendida entre estes últimos a legenda impressa em cartas e sobrecartas.

Art. 340. Somente os químicos habilitados, nos termos do art. 325, alíneas *a* e *b*, poderão ser nomeados *ex officio* para os exames periciais de fábricas, laboratórios e usinas e de produtos aí fabricados.

Parágrafo único. Não se acham compreendidos no artigo anterior os produtos farmacêuticos e os laboratórios de produtos farmacêuticos.

Art. 341. Cabe aos químicos habilitados, conforme estabelece o art. 325, alíneas *a* e *b*, a execução de todos os serviços que, não especificados no presente regulamento, exijam por sua natureza o conhecimento de química.

Art. 342. (Rev. L. 2.800/56).

1 A fiscalização da profissão é atribuição dos Conselhos Regionais de Química (L. 2.800/56). CFQ Res. 123/90 dispôs que é atribuição exclusiva dos seus profissionais a execução de todas as atividades científicas e técnicas, que exijam conhecimento técnico de química e de engenharia química, e que não estejam explicitadas em lei como atividades de outras profissões.

Art. 343. São atribuições dos órgãos de fiscalização[1]:

a) examinar os documentos exigidos para o registro profissional de que trata o art. 326 e seus §§ 1º e 2º e o art. 327, proceder à respectiva inscrição e indeferir o pedido dos interessados que não satisfizerem as exigências desta Seção;

b) registrar as comunicações e contratos, a que aludem o art. 350 e seus parágrafos, e dar as respectivas baixas;

c) verificar o exato cumprimento das disposições desta Seção, realizando as investigações que forem necessárias, bem como o exame dos arquivos, livros de escrituração, folhas de pagamento, contratos e outros documentos de uso de firmas ou empresas industriais ou comerciais, em cujos serviços tome parte um ou mais profissionais que desempenhem função para a qual se deva exigir a qualidade de químico.

Art. 344. Aos sindicatos de químicos devidamente reconhecidos é facultado auxiliar a fiscalização, no tocante à observação da alínea *c* do artigo anterior.

Art. 345. Verificando-se, pelo Ministério do Trabalho (atualmente Conselho Regional de Química), **serem falsos os diplomas ou outros títulos dessa natureza, atestados, certificados e quaisquer documentos exibidos para os fins de que trata esta Seção, incorrerão os seus autores e cúmplices nas penalidades estabelecidas em lei.**

Parágrafo único. A falsificação de diploma ou outros quaisquer títulos, uma vez verificada, será imediatamente comunicada ao Departamento Nacional do Trabalho, remetendo-se-lhe os documentos falsificados, para instauração do processo que no caso couber.

Art. 346. Será suspenso do exercício de suas funções, independentemente de outras penas em que possa incorrer, o químico, inclusive o licenciado, que incidir em alguma das seguintes faltas:

a) revelar improbidade profissional, dar falso testemunho, quebrar o sigilo profissional e promover falsificações, referentes à prática de atos de que trata esta Seção;

b) concorrer com seus conhecimentos científicos para a prática de crime ou atentado contra a pátria, a ordem social ou a saúde pública;

c) deixar, no prazo marcado nesta Seção, de requerer a revalidação e registro do diploma estrangeiro, ou o seu registro profissional no Ministério do Trabalho.

Parágrafo único. O tempo de suspensão a que alude este artigo variará entre um mês e um ano, a critério do Departamento Nacional do Trabalho, após processo regular, ressalvada a ação da justiça pública.

Art. 347. Aqueles que exercerem a profissão de químico sem ter preenchido as condições do art. 325 e suas alíneas, nem promovido o seu registro, nos termos do art. 326, incorrerão na multa de 2/5 do salário mínimo a 10 salários mínimos regionais[2], que será elevada ao dobro, no caso de reincidência.

Art. 348. Aos licenciados a que alude o § 1º do art. 325 poderão, por ato do Departamento Nacional do Trabalho, sujeito à aprovação do ministro, ser cassadas as garantias asseguradas por esta Seção, desde que interrompam, por motivo de falta prevista no art. 346, a função pública ou particular em que se encontravam por ocasião da publicação do Decreto 24.693, de 12 de julho de 1934.

Art. 349. O número de químicos estrangeiros a serviço de particulares, empresas ou companhias não poderá exceder de 1/3 aos dos profissionais brasileiros compreendidos nos respectivos quadros[3].

Art. 350. O químico que assumir a direção técnica ou cargo de químico de qualquer usina, fábrica, ou laboratório industrial ou de análise deverá, dentro de 24 horas e por escrito, comunicar essa ocorrência ao órgão fiscalizador, contraindo, desde essa data, a responsabilidade da parte técnica referente à sua profissão, assim como a responsabilidade técnica dos produtos manufaturados.

§ 1º Firmando-se contrato entre o químico e o proprietário da usina, fábrica ou laboratório, será esse documento apresentado, dentro do prazo de 30 dias, para registro, ao órgão fiscalizador.

§ 2º Comunicação idêntica à de que trata a primeira parte deste artigo fará o químico quando deixar a direção técnica ou o cargo de químico, em cujo exercício se encontrava, a fim de ressalvar a sua responsabilidade e fazer-se o cancelamento do contrato. Em caso de falência do estabelecimento, a comunicação será feita pela firma proprietária.

1 Exercício da profissão de químico (L. 2.800/56, regulamentada pelo D. 85.877/81, regulamentado pela CFQ, Res. Norm. 195/04). Profissionais autônomos. Segurança do trabalho (CFQ, Res. Norm. 240/11). Aplicação do Código de Ética dos Profissionais da Química (CFQ, RO 9.593/00 e Res. Norm. 241). Remuneração dos diplomados em Engenharia, Química, Arquitetura, Agronomia e Veterinária (L. 4.950-A/66). Exercício da profissão de químico pelos portadores de carteira do MTPS antes da L. 2.800/56 (L. 5.530/68). Registro de técnicos industriais (CFQ, Res. 24/70). Grupos de atividade (CFQ, Res. 26/70). Empresas que devem admitir químicos (CFQ, IN 3/57, Res. 30/72). Multas aplicáveis pelo Conselho Regional de Química às empresas (de um a 10 salários mínimos, em dobro na reincidência, L. 5.735/71). Documentação comprobatória da admissão e exer-

cício de químico (CFQ, Res. 30/72, LTr 36/827, 1972). V. *Químicos, Legislação Comentada*, Flávio W. Bocayuva Bulcão, São Paulo, Revista dos Tribunais, 1975.

2 Multas, v. art. 626/2 e 3.

3 Discriminação a estrangeiros vedada (art. 353/1).

Seção XIV
Das penalidades

Art. 351. Os infratores dos dispositivos do presente capítulo incorrerão na multa de 3 a 300 valores de referência[1]**, segundo a natureza da infração, sua extensão e a intenção de quem a praticou, aplicada em dobro no caso de reincidência, oposição à fiscalização ou desacato à autoridade.**

Parágrafo único. São competentes para impor penalidades as autoridades de primeira instância incumbidas da fiscalização dos preceitos constantes do presente capítulo.

1 Multas, valores atualizados (art. 626/3).

2 Fiscalização, autuação e imposição de multas (art. 626 e segs.). Recursos (art. 635 e segs.). Depósito, inscrição e cobrança de multas (art. 639).

Capítulo II
DA NACIONALIZAÇÃO DO TRABALHO

Seção I
Da proporcionalidade de empregados brasileiros

Art. 352. As empresas, individuais ou coletivas, que explorem serviços públicos dados em concessão, ou que exerçam atividades industriais ou comerciais, são obrigadas a manter, no quadro do seu pessoal, quando composto de 3 ou mais empregados, uma proporção de brasileiros não inferior à estabelecida no presente capítulo (Revogado inconstitucional).

§ 1º Sob a denominação geral de atividades industriais e comerciais compreendem-se, além de outras que venham a ser determinadas em portaria do Ministro do Trabalho, as exercidas:

a) nos estabelecimentos industriais em geral;

b) nos serviços de comunicações, de transportes terrestres, marítimos, fluviais, lacustres e aéreos;

c) nas garagens, oficinas de reparos e postos de abastecimento de automóveis e nas cocheiras;

d) na indústria da pesca;

e) nos estabelecimentos comerciais em geral;

f) nos escritórios comerciais em geral;

g) nos estabelecimentos bancários, ou de economia coletiva, nas empresas de seguros e nas de capitalização;

h) nos estabelecimentos jornalísticos, de publicidade e de radiodifusão;

i) nos estabelecimentos de ensino remunerado, excluídos os que neles trabalhem por força de voto religioso;

j) nas drogarias e farmácias;

k) nos salões de barbeiro ou cabeleireiro e de beleza;

l) nos estabelecimentos de diversões públicas, excluídos os elencos teatrais, e nos clubes esportivos;

m) nos hotéis, restaurantes, bares e estabelecimentos congêneres;

n) nos estabelecimentos hospitalares e fisioterápicos cujos serviços sejam remunerados, excluídos os que neles trabalhem por força de voto religioso;

o) nas empresas de mineração;

p) nas autarquias, empresas públicas, sociedades de economia mista e demais órgãos da Administração Pública, direta ou indireta, por empregados sujeitos ao regime da CLT (red. Port. 3.151/69).

§ 2º Não se acham sujeitas às obrigações da proporcionalidade as indústrias rurais, as que, em zona agrícola, se destinem ao beneficiamento ou transformação de produtos da região e as atividades industriais de natureza extrativa, salvo a mineração.

1 *Inconstitucionalidade da nacionalização do trabalho.* Diz a Constituição Federal de 1988:

> **Art. 5º Todos são iguais perante a lei, sem distinção de qualquer natureza, garantindo-se aos brasileiros e aos estrangeiros residentes no País a inviolabilidade do direito à vida, à liberdade, à igualdade, à segurança e à propriedade, nos termos seguintes: ...**
>
> **XIII – é livre o exercício de qualquer trabalho, ofício ou profissão, atendidas as qualificações profissionais que a lei estabelecer.**

Do texto se deduz ser inconstitucional qualquer discriminação, mesmo indireta, contra os estrangeiros residentes, como é o caso da proporcionalidade em favor dos nacionais, cuja consequência seria a de impedir a contratação de estrangeiros, em hipóteses concretas. A redação da Carta Magna é diferente das que constavam nas de 1946 e 1969 e que asseguravam a brasileiros e estrangeiros residentes inviolabilidade de direitos concernentes à vida etc. (art. 153); ao afirmar que "todos são iguais perante a lei", restringiam a equiparação ao enumerar o seu alcance, "... sem distinção de sexo, raça, trabalho, credo religioso e convicções políticas" (§ 1º); assim permitiam que a lei estabelecesse discriminações por causas outras e também tacitamente pela circunstância de alguém ser estrangeiro. Apenas vigoram as restrições da própria Constituição de 1988; referem-se a cargos, empregos e funções públicas (art. 37, I), recursos minerais (art. 176, § 1º), transporte naval (art. 178, § 1º, red. EC 7/95) e empresas jornalísticas (art. 222). A União mantém sua competência para legislar sobre entrada e expulsão de estrangeiros (art. 22, XV) e, portanto, para conceder e manter a permanência de estrangeiros. Inaplicabilidade de restrições ao estrangeiro e existência de direito suprapositivo (Saulo Ramos, em despacho ministerial, *DOU*, 11.1.90, p. 780).

Estão revogadas assim as restrições ao exercício profissional privado, L. 13.445/17. Medidas relativas às Copas de 2013 e 2014 e Jornada Mundial da Juventude 2013, visto de entrada e permissão de trabalho (L. 12.633/12, arts. 19 a 21, e MTE/CNI Res. Norm. 98/12). O mesmo quanto aos aeronautas (L. 7.183/84, em apêndice, e Código Brasileiro de Aeronáutica, L. 7.565/86). A exigência de simples apresentação de relação de nacionais (CLT, art. 360), substituída pelo Documento de Informações Sociais (DIS), é legal, para simples fins estatísticos.

Universidades: admissão de professores, técnicos e cientistas estrangeiros (CF, art. 207 e parágrafos, e L. 8.112/90, art. 5º, § 3º, red. L. 9.515/97, v. Índ. Leg.); visto: professor técnico, pesquisador, cientista e estudante de graduação ou pós-graduação (Res. Norm. MTE/CNI 1/97 e 82/08, alt. Res. Norm. 92/10); estágio cultural (Res. Norm. MTE/CNI 88/10).

Segundo a interpretação do art. 98, c/c o art. 13 da Lei n. 6.815/80, a vedação do exercício de atividade remunerada ao estrangeiro que se encontra no Brasil limita-se às seguintes condições: visto de turista, visto de trânsito, visto temporário na condição de estudante e dependente de titulares de quaisquer vistos temporários. Segundo o quadro fático registrado pela Turma, o e. Regional declarou apenas que a reclamante prestou serviços nas dependências da reclamada, como professora, ministrando aulas, e que possuía visto temporário, mas não definiu especificamente a espécie de visto temporário que lhe foi concedido, entre aquelas previstas no art. 13 da Lei n. 6.815/80. Revela-se, portanto, inviável o enquadramento da reclamante na exceção legal proibitiva da prestação de serviços, uma vez que envolve o reexame do quadro fático não definido, quer pela Turma, quer pelo e. Regional. Incólume o art. 896 da CLT (TST, E-RR 380.879/97, Milton de Moura França, Ac. SBDI-1, 8.10.01).

Art. 353. Equiparam-se aos brasileiros, para os fins deste capítulo, ressalvado o exercício de profissões reservadas aos brasileiros natos ou aos brasileiros em geral, os estrangeiros que, residindo no país há mais de 10 anos, tenham cônjuge ou filho brasileiro, e os portugueses (red. L. 6.651/79).

1 É inconstitucional qualquer discriminação de lei contra o estrangeiro residente no País (nota 1 ao art. 352, *supra*).

Os portugueses gozam no Brasil de todos os direitos dos nacionais, salvo os que a Constituição reserva exclusivamente a brasileiros; a igualdade depende de requerimento e concessão pelo Ministério da Justiça e cessa por ofensa à soberania e à ordem pública do Brasil ou com o cancelamento da autorização para permanência no território nacional (Convenção Internacional entre Brasil e Portugal, D. 70.391/72. Regulamentação, D. 70.436/72). A CF/88 proíbe à União, Estados e Municípios criarem distinções entre brasileiros em geral (art. 19, III) e expressamente proíbe a distinção entre natos e naturalizados, além dos que a própria Carta Magna prevê. A L. 6.192/74 revogou toda legislação discriminatória contra os naturalizados.

Art. 354. A proporcionalidade será de 2/3 de empregados brasileiros, podendo, entretanto, ser fixada proporcionalidade inferior, em atenção às circunstâncias especiais de cada atividade, mediante ato do Poder Executivo, e depois de devidamente apurada pelo Departamento Nacional do Trabalho a insuficiência do número de brasileiros na atividade de que se tratar.

Parágrafo único. A proporcionalidade é obrigatória não só em relação à totalidade do quadro de empregados, com as exceções desta Lei, como ainda em relação à correspondente folha de salários.

Art. 355. Consideram-se como estabelecimentos autônomos, para os efeitos da proporcionalidade a ser observada, as sucursais, filiais e agências em que trabalhem 3 ou mais empregados.

Art. 356. Sempre que uma empresa ou indivíduo explore atividades sujeitas a proporcionalidades diferentes, observar-se-á, em relação a cada uma delas, a que lhe corresponder.

Art. 357. Não se compreendem na proporcionalidade os empregados que exerçam funções técnicas especializadas, desde que, a juízo do Ministério do Trabalho, haja falta de trabalhadores nacionais.

Art. 358. Nenhuma empresa, ainda que não sujeita à proporcionalidade, poderá pagar a brasileiro que exerça função análoga, a juízo do Ministério do Trabalho, à que é exercida por estrangeiro a seu serviço, salário inferior ao deste, excetuando-se os casos seguintes:

a) quando, nos estabelecimentos que não tenham quadros de empregados organizados em carreira, o brasileiro contar menos de 2 anos de serviço, e o estrangeiro mais de 2 anos;

b) quando, mediante aprovação do Ministério do Trabalho, houver quadro organizado em carreira em que seja garantido o acesso por antiguidade;

c) quando o brasileiro for aprendiz, ajudante ou servente, e não o for o estrangeiro;

d) quando a remuneração resultar de maior produção, para os que trabalham à comissão ou por tarefa.

Parágrafo único. Nos casos de falta ou cessação de serviço, a dispensa do empregado estrangeiro deve preceder à de brasileiro que exerça função análoga.

1 Proporcionalidade inconstitucional (nota 1 ao art. 352, *supra*). A questão da equiparação está regulada no art. 461. Há quem entenda existir verdadeira antinomia entre ambos os artigos que deve ser resolvida, considerando-se superada a matéria pelo art. 461 (Barreto Prado, *Tratado,* p. 453). Outros vislumbram circunstâncias diferenciadoras, ressaltando tratar-se em um caso de funções idênticas e no outro de funções análogas (Süssekind, *Instituições*). Não é considerado estrangeiro, para esses efeitos, o que resida há mais de 10 anos no País e tenha cônjuge ou filho brasileiro (art. 353), devendo incluir-se no conceito o adotivo também. Estrangeiro pago em moeda estrangeira, regime especial (DL 691/69, 2ª publ.). Estrangeiro admitido no País com visto temporário "sob regime de contrato" (L. 13.445/17, regulamentada pelo D. 9.199/17).

Seção II
Das relações anuais de empregados[1]

Art. 359. Nenhuma empresa poderá admitir a seu serviço empregado estrangeiro sem que este exiba a carteira de identidade de estrangeiro devidamente anotada.

Parágrafo único. A empresa é obrigada a assentar no registro de empregados os dados referentes à nacionalidade de qualquer empregado estrangeiro e o número da respectiva carteira de identidade.

Art. 360. Toda empresa compreendida na enumeração do art. 352, § 1º, deste Capítulo, qualquer que seja o número de seus empregados, deve apresentar anualmente às repartições competentes do Ministério do Trabalho, de 2 de maio a 30 de junho, uma relação, em 3 vias, de todos os seus empregados, segundo o modelo que for expedido.

§ 1º Nas relações será assinalada, em tinta vermelha, a modificação havida com referência à última relação apresentada. Se se tratar de nova empresa, a relação, encimada pelos dizeres – Primeira Relação – deverá ser feita dentro de 30 dias de seu registro no Departamento Nacional da Indústria e Comércio ou repartições competentes.

§ 2º A entrega das relações far-se-á diretamente às repartições competentes do Ministério do Trabalho, ou, onde não as houver, às do Departa-

mento da Receita Federal do Ministério da Economia, Fazenda e Planejamento, que as remeterão desde logo àquelas repartições. A entrega operar-se-á contra recibo especial, cuja exibição é obrigatória, em caso de fiscalização, enquanto não for devolvida ao empregador a via autenticada da declaração.

§ 3º Quando não houver empregado far-se-á declaração negativa.

Art. 361. Apurando-se, das relações apresentadas, qualquer infração, será concedido ao infrator o prazo de 10 dias para defesa, seguindo-se o despacho pela autoridade competente.

Art. 362. As repartições às quais competir a fiscalização do disposto no presente Capítulo manterão fichário especial de empresa, do qual constem as anotações referentes ao respectivo cumprimento, e fornecerão aos interessados as certidões de quitação que se tornarem necessárias, no prazo de trinta dias, contados da data do pedido.

§ 1º As certidões de quitação farão prova até 30 de setembro do ano seguinte àquele a que se referirem e estarão sujeitas à taxa correspondente a 1/10 do valor de referência regional[2]. Sem elas nenhum fornecimento ou contrato poderá ser feito com o Governo da União, dos Estados ou Municípios, ou com as instituições paraestatais a eles subordinadas, nem será renovada autorização a empresa estrangeira para funcionar no País (red. modificada cf. L. 6.205/75).

§ 2º A primeira via da relação, depois de considerada pela repartição fiscalizadora, será remetida anualmente, à Secretaria de Empregos e Salário, como subsídio ao estudo das condições de mercado de trabalho, de um modo geral, e, em particular, no que se refere à mão de obra qualificada.

§ 3º A segunda via da relação será remetida pela repartição competente ao Centro de Documentação e Informática do Ministério do Trabalho e a terceira via devolvida à empresa, devidamente autenticada.

1 *Todas as empresas,* tenham ou não fins lucrativos, quaisquer que sejam suas atividades, bem como os autônomos, mesmo que não tenham trabalhadores antes obrigados a apresentar a relação de seus empregados (art. 360), depois substituída pela RAIS (relação anual de informações sociais), são obrigados a apresentar o Documento de Informações Sociais – DIS, que substitui aquela e que foi criado pelo D. 97.936/89 (v. Índ. Leg.); preenchimento: IN 1/92, *DOU*, 24.2.92. Cláusulas obrigatórias na contratação de mão de obra estrangeira permanente (Port. MI/MTb 6/85, *LTr* 49/869, 1985. Res. MTE 7/04). Processamento de chamada de estrangeiro (Port. MI/MTb 7/85). Refugiado ou asilado (Port. Interm. 394/91, *DOU*, 29.7.91; permanência definitiva, Res. do Conselho Nacional de Imigração 28/94). Microempresa e empresa de pequeno porte (v. art. 2º/17).

2 Taxa extinta pela L. 8.522/92.

Seção III
Das penalidades

Art. 363. O processo das infrações do presente capítulo obedecerá ao disposto no título "Do Processo de Multas Administrativas", no que lhe for aplicável, com observância dos modelos de auto a serem expedidos.

Art. 364. As infrações do presente capítulo serão punidas com a multa de 6 a 600 valores de referência regionais[1].

Parágrafo único. Em se tratando de empresa concessionária de serviço público, ou de sociedade estrangeira autorizada a funcionar no País, se a infratora, depois de multada, não atender a final ao cumprimento do texto infringido, poderá ser-lhe cassada a concessão ou autorização.

1 Multas, atualização dos valores (art. 626/3).

2 Fiscalização, autuação e imposição de multas (art. 626). Recursos (art. 635). Depósito, inscrição e cobrança (art. 639).

Seção IV
Disposições gerais

Art. 365. O presente capítulo não derroga as restrições vigentes quanto às exigências de nacionalidade brasileira para o exercício de determinadas profissões nem as que vigoram para as faixas de fronteiras, na conformidade da respectiva legislação.

Art. 366. Enquanto não for expedida a carteira a que se refere o art. 359 deste capítulo, valerá, a título precário, como documento hábil, uma certidão, passada pelo serviço competente do Registro de Estrangeiros, provando que o empregado requereu sua permanência no País[2].

Art. 367. A redução a que se refere o art. 354, enquanto o Serviço de Estatística da Previdência e Trabalho não dispuser dos dados estatísticos necessários à fixação da proporcionalidade conveniente para cada atividade, poderá ser feita por ato do Ministro do Trabalho, mediante representação fundamentada da associação sindical.

Parágrafo único. O Serviço de Estatística da Previdência e Trabalho deverá promover, e manter em dia, estudos necessários aos fins do presente capítulo.

1 Inconstitucionalidade das discriminações contra estrangeiros residentes no Brasil (art. 352/1). CTPS para estrangeiro (art. 14/2). Relação Anual de Informações Sociais (RAIS, D. 76.900/75, Port. 3.558/79). Prestação de serviço e assistência técnica (Res. Norm. MTE/CNI 34/99 e 43/99). Os estrangeiros podem ser servidores públicos (EC 19/98, art. 37); a serviço do governo brasileiro (Res. Norm. MTE/CNI 35/99). Visto a companheiro(a) (Res. Adm. MTE/CNI 2/99) e a título de reunião familiar (Res. Norm. MTE/CNI 36/99 e 85/10). Treinamento profissional (Res. Norm. MTE/CNI 87/10). Estágio (Res. Norm. MTE/CNI 88/10). Mão de obra (Port. MTPS 3.721/90). A bordo de embarcação ou plataforma (Res. Norm. MTE/CNI 72/06, 81/08 e 90/10). Artista ou desportista (Res. Norm. MTE/CNI 69/06). Administrador de empresa privada sem fins lucrativos (Res. Norm. MTE/CNI 70/06). Trabalho a estrangeiros (Res. Norm. MTE/CNI 104/13). Atleta profissional (Res. Norm. MTE/CNI 76/07). Atletas maiores de 14 e menores de 21 (Res. Norm. MTE/CNI 86/10). Estudante e/ou recém-formado (Res. Norm. MTE/CNI 94/11). Relação Anual de Informações Sociais (RAIS, D. 76.900/75, Port. 3.558/79). Visto para trabalho sem vínculo empregatício (Res. Norm. MT/Cons. Nac. Imigração 13/98). Visto permanente, entidades sem fins lucrativos (Res. Norm. MTE/CNI 70/06). Visto permanente a estrangeiro para representar, no Brasil, instituição financeira ou assemelhada sediada no exterior (Res. Norm. MTE/CNI, 63/05). Visto temporário acadêmico de instituição de ensino superior (Res. Norm. MTE/CNI, 103/13).

Seção V
Das disposições especiais sobre a nacionalização da Marinha Mercante

Art. 368. O comando de navio mercante nacional só poderá ser exercido por brasileiro nato.

Art. 369. A tripulação de navio ou embarcação nacional será constituída, pelo menos, de 2/3 de brasileiros natos.

Parágrafo único. O disposto neste artigo não se aplica aos navios nacionais de pesca, sujeitos a legislação específica.

Art. 370. As empresas de navegação organizarão as relações dos tripulantes das respectivas embarcações, enviando-as no prazo a que se refere a Seção II deste capítulo à Delegacia do Trabalho Marítimo onde as mesmas tiverem sede.

Parágrafo único. As relações a que alude o presente artigo obedecerão, na discriminação hierárquica e funcional do pessoal embarcadiço, ao quadro aprovado pelo regulamento das Capitanias dos Portos.

Art. 371. A presente Seção é também aplicável aos serviços de navegação fluvial e lacustre e à praticagem nas barras, portos, rios, lagos e canais.

1 Nenhuma discriminação pode ser estabelecida entre brasileiros e estrangeiros (nota 1 ao art. 352, *supra*), nem entre natos e naturalizados que não esteja prevista na CF, sendo, pois, de nenhum efeito as normas que dispuserem em sentido contrário. A L. 6.192/74 manifestou a vontade de revogar toda a legislação discriminatória contra brasileiros naturalizados, já revogada pela Constituição de 1946. Permanecem apenas as poucas exceções previstas na Constituição.

2 Trabalho a bordo de embarcações pesqueiras (regulamento, D. 64.618/69). Estrangeiros: embarcações de pesca arrendadas por empresas brasileiras (Res. Norm. MTE/CNI 46, *DOU*, 22.5.00); navio de cruzeiro (Res. Norm. MTE/CNI 48, *DOU*, 30.5.00); empresas que utilizem embarcações (Res. Norm. MTE/CNI 31, de 24.11.98, e Res. Norm. MTE/CNI 1, de 11.8.99).

Capítulo III
DA PROTEÇÃO DO TRABALHO DA MULHER

Seção I
Da duração, condições de trabalho e da discriminação contra a mulher (red. L. 9.799/99)

Art. 372. Os preceitos que regulam o trabalho masculino são aplicáveis ao trabalho feminino[1], naquilo em que não colidirem com a proteção especial instituída por este capítulo.

Parágrafo único. (Rev. L. 13.467/17.)

1 *Trabalho feminino.* Diz a Constituição Federal de 1988:

Art. 5º ...
I – homens e mulheres são iguais em direitos e obrigações, nos termos desta Constituição. ...

Art. 7º São direitos dos trabalhadores... além de outros...

XX – proteção do mercado de trabalho da mulher, mediante incentivos específicos, nos termos da lei; ...

XXX – proibição de diferença de salários, de exercício de funções e de critério de admissão por motivo de sexo, idade, cor ou estado civil.

Aplicam-se-lhe as normas específicas que se referem à mulher, como normas especialíssimas, e as do trabalho masculino, quando com aquelas não colidirem. Às mulheres com idade inferior a 18 anos aplicam-se em primeiro lugar as normas que protegem os menores. À doméstica não se aplicam as normas da CLT (v. art. 7º/1).

Sobre o trabalho feminino, consultar a excelente obra de Alice Monteiro de Barros, *A Mulher e o D. T.*, LTr, 1995.

2 *Empresa familiar ou atividade outra*: em princípio, onde trabalhem exclusivamente pessoas da família, não se constitui a relação de emprego. A exceção não necessitaria referir-se apenas às mulheres, pois é questão de conceito. Entretanto, haverá situações em que a relação será de emprego: a) quando assim o quiser o cabeça e empresário, arcando com os ônus previdenciários etc.; b) quando o grupo não estiver agindo com espírito verdadeiramente comunitário (os lucros não sejam aplicados e usufruídos por todos, inexistindo comunhão de interesses). Nas disposições referentes ao menor há texto semelhante (art. 402).

3 *Contrato entre cônjuges* (v. art. 442/4).

Diz a CF/88:

Art. 226. A família, base da sociedade, tem especial proteção do Estado.

§ 1º O casamento é civil e gratuita a celebração.

§ 2º O casamento religioso tem efeito civil, nos termos da lei.

§ 3º Para efeito da proteção do Estado, é reconhecida a união estável entre o homem e a mulher como entidade familiar, devendo a lei facilitar sua conversão em casamento.

§ 4º Entende-se, também, como entidade familiar a comunidade formada por qualquer dos pais e seus descendentes.

§ 5º Os direitos e deveres referentes à sociedade conjugal são exercidos igualmente pelo homem e pela mulher.

A mulher casada tem capacidade plena para estar em juízo, sem assistência do marido (CLT, art. 792). Capacidade das casadas para contratar (v. art. 446). Entidade familiar, regulamentação (L. 9.278/96).

4 Proibição de discriminação de salário por motivo de sexo (CF/88, art. 7º, XXX, e CLT, art. 5º); proteção da maternidade (CLT, art. 391); aposentadoria (CF/88, art. 201). Sanções por discriminação contra a mulher no provimento de empregos (L. 5.473/68). Convenção Internacional sobre eliminação de discriminação contra a mulher assinada pelo Brasil (D. 41.721/57).

Art. 373. A duração normal de trabalho da mulher será de 8 horas diárias, exceto nos casos para os quais for fixada duração inferior.

Art. 373-A. Ressalvadas as disposições legais destinadas a corrigir as distorções que afetam o acesso da mulher ao mercado de trabalho e certas especificidades estabelecidas nos acordos trabalhistas, é vedado:

I – publicar ou fazer publicar anúncio de emprego no qual haja referência ao sexo, à idade, à cor ou situação familiar, salvo quando a natureza da atividade a ser exercida, pública e notoriamente, assim o exigir;

II – recusar emprego, promoção ou motivar a dispensa do trabalho em razão de sexo, idade, cor, situação familiar ou estado de gravidez, salvo quando a natureza da atividade seja notória e publicamente incompatível;

III – considerar o sexo, a idade, a cor ou situação familiar como variável determinante para fins de remuneração, formação profissional e oportunidades de ascensão profissional;

IV – exigir atestado ou exame, de qualquer natureza, para comprovação de esterilidade ou gravidez, na admissão ou permanência no emprego;

V – impedir o acesso ou adotar critérios subjetivos para deferimento de inscrição ou aprovação em concursos, em empresas privadas, em razão de sexo, idade, cor, situação familiar ou estado de gravidez;

VI – proceder o empregador ou preposto a revistas íntimas nas empregadas ou funcionárias (red. L. 9.799/99).

Parágrafo único. O disposto neste artigo não obsta a adoção de medidas temporárias que visem ao estabelecimento das políticas de igualdade entre homens e mulheres, em particular as que se destinam a corrigir as distorções que afetam a formação profissional, o acesso ao emprego e as condições gerais de trabalho da mulher (red. L.9.799/99).

1 *Jornada normal e jornadas especiais* (v. art. 58 e CF, art. 5º, I).

Arts. 374 e 375. (Rev. L. 7.855/89).

1 Para fixar o horário de compensação, era necessária a intervenção sindical, não bastando a simples concordância singular da empregada; hoje não (CF, art. 7º, XIII).

2 *Horas extras.* Entendíamos que a mulher não podia trabalhar além de 8 horas, em jornada extraordinária, nem mesmo quando remunerada com adicional. A primitiva redação do art. 374 dizia que a duração normal do trabalho diurno da mulher poderia ser no máximo elevada de mais 2 horas, mediante contrato coletivo ou acordo entre empregados e empregadores, observado o limite de 48 horas semanais, sendo que a hora suplementar pactuada seria acrescida de 20%. Por causa desse texto, a jurisprudência exigia o acréscimo de 20% sobre o horário de compensação do sábado. A CF/88, declarando que homens e mulheres são iguais e proibindo diferenças, afasta qualquer distinção legal.

TST I - A compensação de jornada de trabalho deve ser ajustada por acordo individual escrito, acordo coletivo ou convenção coletiva (ex-Súmula 85 - primeira parte - alterada pela Res. 121/2003, *DJ*, 21.11.03). II - O acordo individual para compensação de horas é válido, salvo se houver norma coletiva em sentido contrário. (ex-OJ n. 182 da SBDI-1 –

inserida em 8.11.00). III - O mero não atendimento das exigências legais para a compensação de jornada, inclusive quando encetada mediante acordo tácito, não implica a repetição do pagamento das horas excedentes à jornada normal diária, se não dilatada a jornada máxima semanal, sendo devido apenas o respectivo adicional (ex-Súmula n. 85 – segunda parte – alterada pela Res. 121/2003, *DJ*, 21.11.03). IV - A prestação de horas extras habituais descaracteriza o acordo de compensação de jornada. Nesta hipótese, as horas que ultrapassarem a jornada semanal normal deverão ser pagas como horas extraordinárias e, quanto àquelas destinadas à compensação, deverá ser pago a mais apenas o adicional por trabalho extraordinário. (ex-OJ n. 220 da SBDI-1 - inserida em 20.06.01). V - As disposições contidas nesta súmula não se aplicam ao regime compensatório na modalidade "banco de horas", que somente pode ser instituído por negociação coletiva. VI - Não é válido acordo de compensação de jornada em atividade insalubre, ainda que estipulado em norma coletiva, sem a necessária inspeção prévia e permissão da autoridade competente, na forma do art. 60 da CLT (TST - Súmula - 85, Res. 209/16).

A norma do art. 374 da CLT, mediante autorização em acordo ou convenção coletiva, não tem aplicabilidade à hipótese de prorrogação do horário bancário, nos termos do art. 225 da CLT, mediante acordo individual por escrito. Recurso extraordinário não conhecido (STF, RE 106.224-RJ, Rafael Mayer, Ac. 1ª T., *RTJ* 115/953).

Não observadas as disposições contidas no art. 375 da CLT para adoção do regime de compensação da jornada de trabalho da mulher em período anterior à promulgação da Constituição da República de 1988, a consequência é a invalidade do mesmo, justificando-se a condenação ao pagamento respectivo adicional de horas extras (TST, RR 225.228/95.0, Wagner Pimenta, Ac. 5ª T. 2.340/96, CJ c/ AI-RR 225.227/96).

A mulher que trabalha em horas extras, além de duas ao dia, sem qualquer compensação ou expressa autorização, como a prevista nos arts. 372 e ss. da CLT, tem direito não apenas aos adicionais de lei, além da 6ª hora, como também, à integração do seu valor ao salário, para todos os fins, mormente quando se vê que a bancária não exercia cargo de confiança (TRT/SP, RO 15.350/89.3, Maria Aparecida Duenhas, Ac. 2ª T. 501/91).

Art. 376. (Rev. L. 10.244/01).

Parágrafo único. (Rev. L. 10.244/01).

1 *Força maior*. Conceito (v. art. 501 e segs.). Jornada. A L. 10.244/01 revogou o art. 376 para permitir que mulheres também fizessem horas extras; no entanto, a distinção de normas em favor da mulher ficou sem eficácia com o princípio da isonomia entre ambos; só permanecem aquelas que se justificam em razão de circunstâncias objetivas, como, por exemplo, a distinção de limites de peso em transporte de mercadorias.

Art. 377. A adoção de medidas de proteção ao trabalho das mulheres é considerada de ordem pública, não justificando, em hipótese alguma, a redução de salário.

Art. 378. (Rev. L. 7.855/89).

1 Carteira de Trabalho e Previdência Social (art. 13 e seg.). Anotações (art. 29). Fiscalização do Trabalho da Mulher (Port. 4/68).

Seção II
Do trabalho noturno

Arts. 379 e 380. (Rev. L. 7.855/89)[2].

Art. 381. O trabalho noturno das mulheres terá salário superior ao diurno.

§ 1º Para os fins deste artigo, os salários serão acrescidos duma percentagem adicional de 20% no mínimo.

§ 2º Cada hora do período noturno de trabalho das mulheres terá 52 minutos e 30 segundos.

1 O trabalho noturno de menores é sempre proibido para ambos os sexos (CLT, art. 404, e CF/88, art. 7º, XXXIII); se houver, serão devidos salários e adicionais, independentemente das demais consequências legais que possam recair sobre o empregador, pois ele tem o poder de comando para evitá-lo.

A Convenção Internacional da OIT n. 89, ratificada pelo Brasil e promulgada em 1957, proíbe o trabalho noturno da mulher nas empresas industriais, incluídas a mineração e a construção.

2 O revogado art. 380 autorizava o *trabalho noturno em certos estabelecimentos a mulheres maiores de 18 anos* (DL 6.353/44).

3 *Estabelecimentos bancários*. É permitido, inclusive à mulher, o trabalho noturno em estabelecimento bancário, para compensação de cheques ou computação eletrônica, respeitado o art. 73 da CLT, dependendo de concordância expressa do empregado; após as 22 horas não poderá ultrapassar 6 horas; quem trabalhar durante o dia não poderá fazê-lo à noite, salvo em horário misto (DL 546/69, em apêndice; v. Índ. Leg.); pode o Ministério do Trabalho autorizar o trabalho noturno em outros serviços (DL 546/69).

Seção III
Dos períodos de descanso

Art. 382. Entre duas jornadas de trabalho, haverá um intervalo de 11 horas consecutivas, no mínimo, destinado ao repouso.

Art. 383. Durante a jornada de trabalho, será concedido à empregada um período para refeição e repouso não inferior a uma hora nem superior a 2 horas, salvo a hipótese prevista no art. 71, § 3º.

Art. 384. (Rev. L. 13.467/17.)

Art. 385. O descanso semanal será de 24 horas consecutivas e coincidirá no todo ou em parte com o domingo, salvo motivo de conveniência pública ou necessidade imperiosa de serviço, a juízo da autoridade competente, na forma das disposições gerais, caso em que recairá em outro dia.

Parágrafo único. Observar-se-ão, igualmente, os preceitos da legislação geral sobre a proibição de trabalho nos feriados civis e religiosos.

Art. 386. Havendo trabalho aos domingos, será organizada uma escala de revezamento quinzenal, que favoreça o repouso dominical.

1 Períodos de descanso (v. arts. 67 a 72).

■ I – Conquanto homens e mulheres, à luz do inciso I do artigo 5º da Constituição, sejam iguais em direitos e obrigações, é forçoso reconhecer que elas se distinguem dos homens, sobretudo em relação às condições de trabalho, pela sua peculiar identidade biossocial. II – Inspirado nela é que o legislador, no artigo 384 da CLT, concedeu às mulheres, no caso de prorrogação da jornada normal, um intervalo de quinze minutos antes do início do período de sobretrabalho, cujo sentido protetivo, claramente discernível na *ratio legis* da norma consolidada, afasta, a um só tempo, a pretensa agressão ao princípio da isonomia e a avantajada ideia de *capitis deminutio* em relação às mulheres. III – Aliás, a se levar às últimas consequências o que prescreve o inciso I do artigo 5º da Constituição, a conclusão então deveria ser no sentido de se estender aos homens o mesmo direito reconhecido às mulheres, considerando a penosidade inerente ao sobretrabalho, comum a ambos os sexos, e não a que preconizam aqui e acolá o princípio da isonomia, expresso também no tratamento desigual dos desiguais na medida das respectivas desigualdades, prestar-se como fundamento para a extinção do direito consagrado no artigo 384 da CLT. IV – Nesse sentido, consolidou-se a jurisprudência desta Corte, no julgamento do Processo n. TST-IIN-RR-1.540/2005-046-12-00.5, ocorrido na sessão do Pleno do dia 17.11.2008, em acórdão da relatoria do Ministro Ives Gandra da Silva Martins Filho. V – Recurso provido (TST, RR 42400-97.2009.5.04.0221, Antônio José de Barros Levenhagen).

■ A natureza não fez homens e mulheres iguais: a desigualdade é visível e não poderia ser modificada por simples vontade do legislador. A regra de proteção ao trabalho da mulher insculpida no art. 383 da CLT é lógica e razoável. Trata-se de norma cogente do Direito do Trabalho, recepcionada pela CF/88, não podendo ser modificada por acordo entre as partes (TST, RR 48.478/92.1, Armando de Brito, Ac. 5ª T. 2.656/94).

Seção IV
Dos métodos e locais de trabalho

Art. 387. (Rev. L. 7.855/89).

Art. 388. Em virtude de exame e parecer da autoridade competente, o Ministro do Trabalho poderá estabelecer derrogações totais ou parciais às proibições a que alude o artigo anterior, quando tiver desaparecido, nos serviços considerados perigosos ou insalubres, todo e qualquer caráter perigoso ou prejudicial mediante a aplicação de

novos métodos de trabalho ou pelo emprego de medidas de ordem preventiva.

Art. 389. Toda empresa é obrigada:

I – a prover os estabelecimentos de medidas concernentes à higienização dos métodos e locais de trabalho, tais como ventilação e iluminação e outros que se fizerem necessários à segurança e ao conforto das mulheres, a critério da autoridade competente;

II – a instalar bebedouros, lavatórios, aparelhos sanitários; dispor de cadeiras ou bancos, em número suficiente, que permitam às mulheres trabalhar sem grande esgotamento físico;

III – a instalar vestiários com armários individuais privativos das mulheres, exceto os estabelecimentos comerciais, escritórios, bancos e atividades afins, em que não seja exigida a troca de roupa e outros, a critério da autoridade competente em matéria de segurança e higiene do trabalho, admitindo-se como suficientes as gavetas ou escaninhos, onde possam as empregadas guardar seus pertences;

IV – a fornecer, gratuitamente, a juízo da autoridade competente, os recursos de proteção individual, tais como óculos, máscaras, luvas e roupas especiais, para a defesa dos olhos, do aparelho respiratório e da pele, de acordo com a natureza do trabalho.

§ 1º Os estabelecimentos em que trabalharem pelo menos 30 mulheres com mais de 16 anos de idade terão local apropriado onde seja permitido às empregadas guardar sob vigilância e assistência os seus filhos no período da amamentação.

§ 2º A exigência do § 1º poderá ser suprida por meio de creches distritais mantidas, diretamente ou mediante convênios, com outras entidades públicas ou privadas, pelas próprias empresas, em regime comunitário, ou a cargo do SESI, do SESC, da LBA ou de entidades sindicais.

Art. 390. Ao empregador é vedado empregar a mulher em serviço que demande o emprego de força muscular superior a 20 quilos, para o trabalho contínuo, ou 25 quilos, para o trabalho ocasional.

Parágrafo único. Não está compreendida na determinação deste artigo a remoção de material feita por impulsão ou tração de vagonetes sobre trilhos, de carros de mão ou quaisquer aparelhos mecânicos.

Art. 390-A. (Vetado).

Art. 390-B. As vagas dos cursos de formação de mão de obra, ministrados por instituições governamentais, pelos próprios empregadores ou por qualquer órgão de ensino profissionalizante, serão oferecidas aos empregados de ambos os sexos.

Art. 390-C. As empresas com mais de cem empregados, de ambos os sexos, deverão manter programas especiais de incentivos e aperfeiçoamento profissional da mão de obra.

Art. 390-D. (Vetado).

Art. 390-E. A pessoa jurídica poderá associar-se a entidade de formação profissional, sociedades civis, sociedades cooperativas, órgãos e entidades públicas ou entidades sindicais, bem como firmar convênios para o desenvolvimento de ações conjuntas, visando à execução de projetos relativos ao incentivo ao trabalho da mulher (arts. 390-A a 390-E red. L. 9.799/99).

1 A CF/88 abandonou a proibição de trabalho insalubre às mulheres, referindo-se apenas aos menores. Atividades insalubres, adicional, integração, supressão, periculosidade, perícia (v. art. 189 e segs.). Equipamentos individuais de proteção (CLT, art. 165 e segs.). Rescisão pelo empregado por justa causa por lhe ser exigido esforço superior a suas forças (art. 483). A Convenção Internacional 45, ratificada pelo Brasil e promulgada em 1938, proíbe o trabalho feminino em minas subterrâneas.

2 *Creche*. Obrigatoriedade, agora só aos filhos até 5 anos (CF/88, art. 7º, XXV, e 208, IV, alt. EC 53/06). Normas para instalação e convênios, Port. DNSHT 1/71. Substituição da exigência de creche pelo sistema de "reembolso-creche" (Port. MTb 3.296/86, c/ red. Port. MT/GM 670/97).

Seção V
Da proteção à maternidade

Art. 391. Não constitui justo motivo para a rescisão do contrato de trabalho da mulher o fato de haver contraído matrimônio ou de encontrar-se em estado de gravidez.

Parágrafo único. Não serão permitidos em regulamentos de qualquer natureza contratos coletivos ou individuais de trabalho, restrições ao direito da mulher ao seu emprego, por motivo de casamento ou de gravidez.

Art. 391-A. A confirmação do estado de gravidez advindo no curso do contrato de trabalho[2A], ainda que durante o prazo do aviso prévio[2B] trabalhado ou indenizado, garante à empregada gestante a estabilidade provisória prevista na alínea *b* do inciso II do art. 10 do Ato das Disposições Constitucionais Transitórias (red. L. 12.812/13).

Parágrafo único. O disposto no *caput* deste artigo aplica-se ao empregado adotante ao qual tenha sido concedida guarda provisória para fins de adoção (Red. L. 13.509/17).

Art. 392. A empregada gestante tem direito à licença-maternidade de 120 dias, sem prejuízo do emprego e do salário.

§ 1º A empregada deve, mediante atestado médico, notificar o seu empregador da data do início do afastamento do emprego, que poderá ocorrer entre o 28º dia antes do parto e a ocorrência deste.

§ 2º Os períodos de repouso, antes e depois do parto, poderão ser aumentados de 2 semanas cada um, mediante atestado médico.

§ 3º Em caso de parto antecipado, a mulher terá direito aos 120 dias previstos neste artigo.

§ 4º É garantido à empregada, durante a gravidez, sem prejuízo do salário e demais direitos (red. L. 9.799/99):

I – transferência de função, quando as condições de saúde o exigirem, assegurada a retomada da função anteriormente exercida, logo após o retorno ao trabalho (red. L. 9.799/99);

II – dispensa do horário de trabalho pelo tempo necessário para a realização de, no mínimo, 6 consultas médicas e demais exames complementares (red. L. 9.799/99).

§ 5º (Vetado).

Art. 392-A. À empregada que adotar ou obtiver guarda judicial para fins de adoção de criança ou adolescente será concedida licença-maternidade nos termos do art. 392 desta Lei (red. L. 13.509/17).

§§ 1º a 3º (Rev. L. 12.010/09).

§ 4º A licença-maternidade só será concedida mediante apresentação do termo judicial de guarda à adotante ou guardiã (red. L. 10.421/02).

§ 5º A adoção ou guarda judicial conjunta ensejará a concessão de licença-maternidade a apenas um dos adotantes ou guardiães empregado ou empregada (red. L. 12.873/13).

Art. 392-B. Em caso de morte da genitora, é assegurado ao cônjuge ou companheiro empregado o gozo de licença por todo o período da licença-maternidade ou pelo tempo restante a que teria direito a mãe, exceto no caso de falecimento do filho ou de seu abandono (red. L. 12.873/13).

Art. 392-C. Aplica-se, no que couber, o disposto nos arts. 392-A e 392-B ao empregado que adotar ou obtiver guarda judicial para fins de adoção (red. L. 12.873/13).

Art. 393. Durante o período a que se refere o art. 392, a mulher terá direito ao salário integral[1] e, quando variável, calculado de acordo com a média dos 6 últimos meses de trabalho, bem como aos direitos e vantagens adquiridos, sendo-lhe ainda facultado reverter à função que anteriormente ocupava.

1 *Licença-maternidade.* Diz a Constituição Federal de 1988:

Art. 7º São direitos dos trabalhadores ... além de outros ...

XVIII – licença à gestante, sem prejuízo do emprego e do salário, com a duração de 120 dias.

A *licença-maternidade* passou a ser benefício previdenciário que é custeado pelas contribuições patronais calculadas sobre a folha de pagamento (L. 6.136/74 alt. L. 6.332/76).

A licença é paga pelo empregador, que compensa o valor nos demais recolhimentos pagos à Previdência Social (L. 8.213/91, art. 72, § 1º, red. L. 10.710/03). Para a trabalhadora avulsa e à empregada do microempreendedor individual, será pago diretamente pela Previdência Social (L. 8.213/91, art. 72, § 3º, red. L. 12.470/11). Houve evolução do instituto, deixando de ser encargo direto do empregador que contratou a gestante para ser suportado pelo empresariado como um todo, transformando-se em um instituto previdenciário, com vantagens para a empresa contratante e principalmente para a própria mulher, que terá menos razões de ser discriminada na contratação. Por isso, por essa evolução do instituto, deve-se considerar que o acréscimo constitucional (12 semanas ou 84 dias para 120 dias, pela CF/88) é um direito previdenciário, que não obriga ao pagamento pelo empregador, mas apenas a permitir a ausência da gestante nesses dias todos, como licença remunerada pelo INSS. É o chamado *salário-maternidade*. A L. 11.770/08 cria o Programa Empresa Cidadã e permite ao empregador facultativamente estender a licença-gestante por mais de 60 dias, assumindo o pagamento da remuneração, nesses 2 meses, podendo deduzir do imposto devido, caso seja tributada sobre o lucro real e se for optante do simples (micro e empresas de pequeno porte). O acréscimo de 60 dias não é um direito previdenciário; o pagamento é do empregador. A prorrogação se inicia no primeiro dia subsequente ao término da licença, regulamentada pelo Dec. 7.052/09 e deduções (IN RFB 991/10). Na Administração Pública, D. 6.690/08. A empregada segurada desempregada, dispensada com justa causa ou a pedido, desde que no período de graça, tem direito a licença-maternidade (Dec. 3.048, art. 97, alt. Dec. 6.122/07).

As contribuições ao FGTS são devidas durante a interrupção (Regulamento do FGTS, D. 99.684/90, art. 28, em apêndice; v. Índ. Leg.). Terminado o afastamento, as obrigações mútuas contratuais continuam como se não tivesse havido interrupção. Distingue-se salário-maternidade, acima mencionado, do revogado *auxílio-natalidade* ou auxílio-maternidade; este era a prestação única devida pela Previdência ao segurado, pelo nascimento de filho (L. 9.528/97, que revogou a L. 8.213/91, art. 140); o salário-maternidade é devido somente à mãe. Discriminação no emprego, exames (L. 9.029/95, art. 2º, v. Índ. Leg.). A EC 20/98 fixou como teto dos benefícios previdenciários o valor de R$ 1.200,00 mensais, inclusive para o salário-maternidade, que era pago integralmente. Três posições se seguiram: a primeira entende que o empregador deve complementar o que exceder o teto até o limite do salário integral da empregada; para outra, a emenda é inconstitucional, e a Previdência deve arcar integralmente; a última afirma que nem o empregador nem a Previdência devem arcar com a diferença. Filiamo-nos a esta última corrente. A Emenda Constitucional somente pode ser considerada inconstitucional se ofender cláusulas pétreas, ou seja, aquelas que não estão sujeitas a modificações pelo poder constituinte derivado (propostas tendentes a abolir a forma federativa de Estado, o voto direto, secreto, universal e periódico, a separação dos Poderes e os direitos e garantias individuais – CF, art. 60, § 4º), o que não é o caso, já que o salário-maternidade é benefício previdenciário, constante do capítulo dos direitos sociais (art. 7º, XVIII). Entretanto, o STF concedeu liminar em ação direta de inconstitucionalidade, em abril/99, entendendo ser inconstitucional a limitação do salário-maternidade.

SDI Gestante. Salário-maternidade. É devido o salário-maternidade de 120 dias, desde a promulgação da CF/88, ficando a cargo do empregador o pagamento do período acrescido pela Carta (TST, SDI-1, Orientação Jurisprudencial 44).

Indevido o salário-maternidade quando a própria reclamante confessa que somente após a ruptura contratual é que comprovou a existência de seu estado gravídico (TST, RR 161.226/95.4, Ursulino Santos, Ac. 1ª T. 4.970/95).

O desconhecimento da gravidez, por parte do empregador, não o exime do pagamento do salário-maternidade, na despedida sem justa causa (TST, RR 179.130/95.3, José Zito Calasãs, Ac. 3ª T. 5.429/96).

O princípio de proteção ao menor, consagrado na Constituição Federal e no Estatuto da Criança e do Adolescente, impõe a aplicação analógica, nos termos do art. 8º da CLT, dos benefícios legais concedidos à gestante, tal como o direito ao gozo da licença-maternidade, para a mãe adotiva, uma vez que o que se objetiva é proteger a maternidade e não estritamente a mãe empregada (TST, RR 269.871/96.4, José Carlos Schlte, Ac. 4ª T.).

O ressarcimento *a posteriori* do salário-maternidade pela Previdência Social não constitui fator excludente da sucumbência do reclamado condenado a pagá-lo (TST, E-RR 52.397/92.0, José Luiz Vasconcellos, Ac. SDI 3.673/96).

Por não ter o salário-maternidade natureza salarial, mas de benefício previdenciário, matéria de ordem pública, constitui elemento alheio à disposição das partes, não havendo que se falar em renúncia (TST, RR 162.727/95.4, José Luiz Vasconcellos, Ac. 3ª T. 3.460/96).

* Sobre o tema *supra*, v. www.institutocarrion.com.br.

2 *Estabilidade da gestante não doméstica.* Diz a Constituição Federal de 1988:

Art. 7º São direitos dos trabalhadores... além de outros...

XVIII – licença à gestante, sem prejuízo do emprego e do salário, com a duração de 120 dias.

Ato das Disposições Transitórias:

Art. 10. ...

II – fica vedada a dispensa arbitrária ou sem justa causa: ... b) da empregada gestante, desde a confirmação da gravidez até 5 meses após o parto.

A estabilidade provisória havia sido criada para certas categorias, mediante convenções coletivas ou sentenças normativas. A CF/88 deixa dúvidas quanto ao alcance de seu texto, pois a estabilidade se aproxima do instituto que define o "despedimento arbitrário".

Possuem em comum o cerceamento da liberdade patronal de rescindir o contrato de trabalho pela simples manifestação de vontade do empregador.

Na primeira, a garantia do trabalhador é maior, quase absoluta.

Na segunda, há razões objetivas de conveniência da empresa, que pode despedir em certas hipóteses, sem culpa do empregado; também inclui medidas de reciclagem (v. art. 477/1).

A necessidade de provar que o empregador tinha conhecimento do estado gravídico e por isso praticara ato para impedir a consumação do direito da mulher já havia sido superada pela jurisprudência: a) ou porque se considerou a gravidez simples fato do que decorrem os direitos correspondentes, presumindo-se o conhecimento do empregador; b) ou evidenciando-se a boa-fé empresarial se a gestante fosse reintegrada logo após a citação para a reclamação trabalhista em que se pleiteavam os respectivos salários. Indaga-se da intenção do texto constitucional ao introduzir uma expressão a mais no texto referente ao despedimento não arbitrário, "desde a confirmação da gravidez". Esse requisito não poderá ser interpretado como uma confirmação pessoal da gestante, uma convicção íntima, pelo simples exame do funcionamento de seu organismo apenas; necessidade de um atestado médico ou laboratorial; inexistindo prova da entrega do atestado à empresa, a propositura da reclamação trabalhista com o resultado dos exames satisfaz o requisito constitucional, tanto para fins de reintegração não repelida pela empresa como das indenizações cabíveis. A sentença deve deferir os salários a partir do ajuizamento da ação; perde os salários anteriores quem os pleiteia tardiamente; a lei quer a manutenção do emprego com trabalho e salários, mas não pode proteger a malícia.

TST I - O desconhecimento do estado gravídico pelo empregador não afasta o direito ao pagamento da indenização decorrente da estabilidade (art. 10, II, *b*, do ADCT). II - A garantia de emprego à gestante só autoriza a reintegração se esta se der durante o período de estabilidade. Do contrário, a garantia restringe-se aos salários e demais direitos correspondentes ao período de estabilidade. III - A empregada gestante tem direito à estabilidade provisória prevista no art. 10, inciso II, alínea *b*, do Ato das Disposições Constitucionais Transitórias, mesmo na hipótese de admissão mediante contrato por tempo determinado (TST – Súmula 244, Res. 185/12).

SDC Nos termos do art. 10, II, *b*, do ADCT, a proteção à maternidade foi erigida à hierarquia constitucional, pois retirou do âmbito do direito potestativo do empregador a possibilidade de despedir arbitrariamente a empregada em estado gravídico. Portanto, a teor do artigo 9º da CLT, torna-se nula de pleno direito a cláusula que estabelece a possibilidade de renúncia ou transação, pela gestante, das garantias referentes à manutenção do emprego e salário (TST, SDC, Orientação Jurisprudencial 30).

Gestante. Estabilidade provisória. Desconhecimento do estado gravídico pela empregadora. A leitura do artigo 10, II, *b*, do ADCT, por meio de uma perspectiva teleológica, conduz ao entendimento de que o termo inicial do direito da gestante à estabilidade se dá com a concepção e não com a constatação da gravidez por intermédio de exame clínico, sendo necessário apenas que a empregada esteja grávida no momento da extinção do contrato de trabalho, independentemente da ciência das partes a respeito. No mesmo sentido, a jurisprudência desta Corte reputa irrelevante, para fins de estabilidade provisória, que a gravidez seja de conhecimento do empregador, quando da dispensa da Autora, sendo suficiente a simples comprovação da gravidez. Inteligência da Súmula n. 244, I, do TST. Agravo de instrumento a que se nega provimento (TST, AIRR 157300-37.2011.5.16.0012, julgado em 13.8.14, Tarcísio Régis Valente, 5ª T., *DEJT*, 15.8.14).

Demora no ajuizamento da reclamação trabalhista. Possibilidade, desde que respeitado o prazo prescricional. Direito à indenização substitutiva. Segundo as disposições do artigo 10, II, *b*, do ADCT, a empregada gestante tem direito à estabilidade, desde a concepção (e não com a constatação da gravidez mediante exame clínico) até cinco meses após o parto. Referida garantia constitucional tem como escopo a proteção da maternidade e do nascituro, haja vista a notória dificuldade de obtenção de novo emprego pela gestante. Nessa esteira, esta colenda Corte consolidou o entendimento no sentido de que a demora no ajuizamento da ação não afasta o direito da gestante de receber a indenização de todo o período estabilitário, desde que respeitado, é claro, o prazo prescricional. Inteligência da Orientação Jurisprudencial n. 399 da SBDI-1. Recurso de revista conhecido e provido (TST, RR/26-76.2011.5.15.0096, julgado em 1.4.14, Caputo Bastos, *DEJT*, 4.4.14).

Pedido de demissão. Iniciativa da empregada. Estabilidade provisória. Inexistência. O art. 10, II, *b*, do ADCT protege a empregada gestante da dispensa arbitrária ou sem justa causa, não lhe assegurando nenhum direito na hipótese de rompimento do pacto laboral por sua iniciativa (TST, RR/24167-80.2013.5.24.0051, julgado em 13.11.13, Vieira de Mello Filho, *DEJT*, 18.11.13).

O direito de a empregada gestante manter-se no emprego, sem prejuízo dos salários, com consequente restrição ao direito de resilição unilateral do contrato sem justa causa pelo empregador, sob pena de sujeitar-se às reparações legais, nasce com a concepção e projeta-se até cinco meses após o parto. Trata-se de garantia constitucional, prevista no art. 10, II, *b*, do Ato das Disposições Constitucionais Transitórias, cujo escopo é não somente proteger a gestante, mas assegurar o bem-estar do nascituro, erigindo-se em genuíno direito fundamental. O interesse em assegurar a vida desde seu estágio inicial é da sociedade, cumprindo ao Estado outorgar ao nascituro proteção ampla e eficaz. A condição para a empregada auferir a garantia erigida no texto constitucional é que a concepção ocorra no curso do contrato de trabalho. 2. Consoante entendimento consagrado na Orientação Jurisprudencial n. 82 da SBDI-I desta Corte superior, "a data de saída a ser anotada na CTPS deve corresponder à do término do prazo do aviso prévio, ainda que indenizado". Tal entendimento decorre da melhor exegese do disposto no art. 487 da Consolidação das Leis do Trabalho, extraindo-se do referido texto legal que durante o período do aviso prévio, ainda que indenizado, o contrato de emprego encontra-se vigente. 3. Confirmada que a concepção ocorreu na vigência do contrato de trabalho, considerando a projeção do aviso prévio indenizado, tem jus a empregada à garantia provisória de emprego prevista no texto constitucional. Recurso de revista conhecido e provido (TST, RR/120400-14.2009.5.02.0045, julgado em 10.4.13, Lelio Bentes Corrêa, *DEJT*, 12.4.13).

A teoria do risco objetivo torna a gravidez passível de estabilidade, mesmo que o empregador desconheça esse fato. Outrossim, não é menos certo que o curso do aviso prévio indenizado não enseja nenhum direito, exceto pecuniário, entendimento que já se encontra pacificado pela jurisprudência pátria, por meio da Súmula 371 do C. TST. Além disso, por expressa disposição constitucional (art. 10, II, *b*, da ADCT), há de estar a gravidez confirmada antes do desligamento. Assim, o fato da reclamante ter engravidado no curso do pré-aviso não lhe enseja o direito à estabilidade daí decorrente. Do contrário, a concepção poderia se converter em meio de frustrar o exercício do direito potestativo do empregador, de resilição do contrato de trabalho. Recurso ordinário da reclamante ao qual se nega provimento no particular (TRT/SP – 02633009120095020086 – RO – Ac. 13ª T, 20121139055, Rel. Cíntia Táffari, *DOE*, 4.10.12).

■ Estabelece o art. 10, II, *b*, do ADCT/88 que é vedada a dispensa arbitrária ou sem justa causa da empregada gestante, desde a confirmação da gravidez até cinco meses após o parto, não impondo qualquer restrição quanto à modalidade de contrato de trabalho, mesmo porque a garantia visa, em última análise, à tutela do nascituro. 2. O entendimento vertido na Súmula 244, III, do TST encontra-se superado pela atual jurisprudência do Supremo Tribunal Federal, no sentido de que as empregadas gestantes, inclusive as contratadas a título precário, independentemente do regime de trabalho, têm direito à licença-maternidade de 120 dias e à estabilidade provisória desde a confirmação da gravidez até cinco meses após o parto. 3. Dessa orientação dissentiu o acórdão recorrido, em afronta ao art. 10, II, *b*, do ADCT/88 (TST, RR 107-20.2011.5.18.0006, Walmir Oliveira da Costa, *DJE*, 16.12.11).

■ A Súmula 371/TST (conversão da OJ n. 40 da SDI-I, *DJ*, 20.4.05) refere-se aos efeitos do aviso prévio indenizado. O item I da nova redação da Súmula 244/TST (*DJ*, 20.5.05), ao consagrar a responsabilidade objetiva do empregador, considerando irrelevante seu desconhecimento a respeito do estado de gravidez, parte da premissa de que o importante é que a concepção, fato gerador do direito à estabilidade, haja ocorrido na vigência do contrato de trabalho. O aviso prévio trabalhado integra o contrato e, ao contrário do aviso prévio indenizado, que é a hipótese dos autos, não tem efeitos apenas financeiros. Logo, deve ser reconhecido o direito à estabilidade gestante se a concepção houver ocorrido no curso do aviso prévio trabalhado e não no indenizado, que é o caso dos autos (TST, RR – 117800-81.2004.5.15.0029, j. em 12.9.07, Carlos Alberto Reis de Paula, *DJ*, 11.10.07).

■ Não demonstrado o exercício abusivo do direito, já que sobre isso não há notícia nos autos, configura-se o direito da reclamante à indenização relativa à estabilidade provisória, nos termos como decidido pela C. Turma. A regra legal, contida no art. 10, II, letra *b*, do ADCT, dispõe que é vedada a despedida da empregada gestante, desde a confirmação da gravidez até cinco meses após o parto. O abuso de direito não se presume. Decorre ele da demonstração de que a parte utiliza o controle jurisdicional com o fim de, maliciosamente, retirar da outra parte a possibilidade de reparar, por outro meio, a lesão de direito ou a minorar seus efeitos. A demora injustificada para o ajuizamento da reclamação trabalhista não é motivação excludente da reparação do direito violado. A opção de uma das partes da relação jurídica em conduzir-se contrariamente à ordem jurídica atrai a ilicitude do ato praticado, provocando a lesão a um direito. Na ordem constitucional a finalidade da proteção à maternidade mais se dirige ao nascituro do que propriamente à mãe. Daí, objetivamente, não há que se perquirir culpa. O tempo decorrido entre a dispensa e a propositura da ação não revela abuso. Ao contrário, está a revelar a inércia; a negligência que, ao fim irá desaguar no interesse social da segurança das relações jurídicas, consubstanciada no direito tornado incerto. Para tanto, a prescrição, o que não ocorreu no presente caso (TST, E-RR 57700-79.2007.5.12.0049, Aloysio Corrêa da Veiga, Ac. SDI-1).

2A *Estabilidade da gestante no contrato por prazo determinado*. Com a alteração pelo TST da Súmula 244, surge a estabilidade para a gestante, no contrato por prazo determinado. Cuidar do nascituro é dever e obrigação, mas corremos o risco de voltar ao tempo anterior, quando o pagamento da licença-maternidade era custo do empregador. Se no início do contrato de experiência (prazo de 90 dias) a empregada engravidar, o empregador será obrigado a manter a empregada até 5 (cinco) meses após o parto, independentemente do contrato de experiência. O mesmo aconteceria no contrato por obra certa, terminada a obra o empregador teria que manter a empregada até cinco meses após o parto.

Gestante. Estabilidade provisória. Contrato de experiência. Validade. Com bem afirmou o DD. Procurador do Trabalho em seu Parecer circunstanciado, a alteração na redação do item III, da Súmula 244, do TST, ocorrida em setembro/2012 nada mais fez do que tornar mais cristalina a antiga regra transcrita no art. 10, II, *b*, do ADCT, segundo a qual reconhece o direito da trabalhadora gestante a estabilidade provisória sem, entretanto, atrelá-la a qualquer tipo de contrato de trabalho. E essa é, inclusive, a lógica contida no recente art. 391-A, da CLT, introduzido pela Lei n. 12.812/2013 (Ac. 19429/14-PATR, Proc. 000575-54.2012.5.15.0063 RO, Gerson Lacerda Pistori, 9ª C., *DEJT*, 27.3.14, p. 1805).

2B *Estabilidade da gestante no curso do aviso prévio*. A inclusão do art. 391-A traz a insegurança jurídica, o contrato de trabalho está em curso, mas terminado, as verbas rescisórias já estão determinadas. No caso do aviso prévio indenizado o empregador não pode ser obrigado a arcar com o pagamento da estabilidade que não se formou dentro do contrato de trabalho e sim em uma projeção fictícia do mesmo. O TST com a Súmula 371 é neste sentido: "*A projeção do contrato de trabalho para o futuro, pela concessão do aviso prévio indenizado, tem efeitos limitados às vantagens econômicas obtidas no período de pré-aviso, ou seja, salários, reflexos e verbas rescisórias...*", benefícios que se formaram no pré-aviso, e não no curso da projeção do aviso prévio indenizado. A concepção pode se converter em meio de frustrar o exercício do direito potestativo do empregador. A empregada passa a ter estabilidade, depois de findo o contrato até 6 meses após o parto. Terá de devolver as verbas rescisórias e o contrato de trabalho será refeito.

3 *Adotante*. O empregado adotante (que tenha ao menos a guarda provisória do adotado) tem os mesmos direitos que a empregada gestante: a) estabilidade provisória desde o início, da guarda provisória até o fim da licença-maternidade (art. 391-A, parágrafo único); b) licença-maternidade, independentemente da idade da criança ou adolescente (art. 392-A). O legislador faz justiça com a criança adotada. O objetivo da licença-maternidade é que mãe e filho tenham um contato e uma integração maior nos primeiros dias de vida da criança. A adoção também é a chegada de um novo ser para um relacionamento mãe e filho que se inicia. Nada mais justo que tenham o mesmo direito que a mãe biológica. A L. 12.873/13 insere no art. 392-A o § 5º, que dá direito a licença a um dos guardiões, independentemente da relação que exista entre eles "cônjuge ou companheiro", deixando claro que a fruição será de um só.

Insere também os arts. 392-B (que transfere o direito para o outro cônjuge caso venha a falecer o cônjuge que estava no gozo da licença) e 392-C (que dá o direito a quem obtiver a guarda judicial e/ou adoção mesmo não tendo companheiro). A licença (L. 8.213/91, art. 71-A (em apêndice), red. L. 12.873/13) será paga diretamente pela Previdência Social (L. 8.213/91, art. 71-A, § 1º, red. L. 12.873/13 e tem direito somente um dos adotantes, L. 8.213/91, art. 71-A, § 2º, red. L. 12.873/13). A adotante também está incluída no Programa Empresa Cidadã, L. 11.770/08, art. 1º, § 2º, podendo prorrogar o prazo da licença (desde o dia seguinte ao término desta) em até 60 dias se a criança tiver até um ano de idade (Dec. 7.052/09). Amamentação, art. 395/3.

4 *Morte da gestante*. A LC 146/14 estende o direito à estabilidade a pessoa que tiver a guarda do filho que perdeu a mãe. Não é novo período, mas o tempo que resta.

Art. 394. Mediante atestado médico, à mulher grávida é facultado romper o compromisso resultante de qualquer contrato de trabalho, desde que este seja prejudicial à gestação.

1 Rescindido o contrato por iniciativa da empregada, por ser o trabalho prejudicial à gestação, está ela dispensada de conceder aviso-prévio à empresa, mas não recebe indenização (Maranhão, *Direito do Trabalho*, p. 120; Süssekind, *Comentários*, p. 431; Catharino, *Compêndio*, p. 783 e 826).

Art. 394-A. A empregada gestante será afastada, enquanto durar a gestação, de quaisquer atividades, operações ou locais insalubres e exercerá suas atividades em local salubre, excluído, nesse caso, o pagamento de adicional de insalubridade (Red. MP 808/17).

I a III – (Revogados pela MP 808/17).

§ 1º (Vetado).

§ 2º O exercício de atividades e operações insalubres em grau médio ou mínimo, pela gestante, somente será permitido quando ela, voluntariamente, apresentar atestado de saúde, emitido por médico de sua confiança, do sistema privado ou público de saúde, que autorize a sua permanência no exercício de suas atividades (Red. MP 808/17).

§ 3º A empregada lactante será afastada de atividades e operações consideradas insalubres em qualquer grau quando apresentar atestado de saúde emitido por médico de sua confiança, do sistema privado ou público de saúde, que recomende o afastamento durante a lactação (Red. MP 808/17).

1 A Na redação anterior do art. 394-A, o legislador não fazia diferenciação entre a gestante e a lactante, as duas não podiam trabalhar em local insalubre. Na redação atual, só a gestante tem direito a não trabalhar em local insalubre, a lactante só terá

esse direito se apresentar atestado médico, de médico de sua confiança, seja do sistema público ou privado. Só poderá exercer sua atividade em local salubre, ficará sem o adicional de insalubridade enquanto perdurar a gestação/lactação.

Art. 395. Em caso de aborto não criminoso, comprovado por atestado médico oficial, a mulher terá um repouso remunerado de 2 semanas, ficando-lhe assegurado o direito de retornar à função que ocupava antes de seu afastamento.

Art. 396. Para amamentar[3] seu filho, inclusive se advindo de adoção, até que este complete 6 (seis) meses de idade, a mulher terá direito, durante a jornada de trabalho, a 2 (dois) descansos especiais de meia hora cada um (Red. L. 13.509/17).

§ 1º Quando o exigir a saúde do filho, o período de 6 meses poderá ser dilatado, a critério da autoridade competente.

§ 2º Os horários dos descansos previstos no *caput* deste artigo deverão ser definidos em acordo individual entre a mulher e o empregador. (Red. L. 13.467/17).

Art. 397. O SESI, o SESC, a LBA e outras entidades públicas destinadas à assistência à infância manterão ou subvencionarão, de acordo com suas possibilidades financeiras, escolas maternais e jardins de infância, distribuídos nas zonas de maior densidade de trabalhadores, destinados especialmente aos filhos das mulheres empregadas.

Art. 398. (Rev. DL 229/67).

Art. 399. O Ministro do Trabalho conferirá diploma de benemerência aos empregadores que se distinguirem pela organização e manutenção de creches e de instituições de proteção aos menores em idade pré-escolar, desde que tais serviços se recomendem por sua generosidade e pela eficiência das respectivas instalações.

Art. 400. Os locais destinados à guarda dos filhos das operárias, durante o período da amamentação, deverão possuir, no mínimo, um berçário, uma saleta de amamentação, uma cozinha dietética e uma instalação sanitária.

1 *Aborto não criminoso*: aquele decorrente de ato espontâneo ou admitido pela lei penal. Férias (art. 131, II). Salário-maternidade, correspondente a duas semanas (D. 3.048/99, art. 93, § 5º, com redação do D. 3.668/00). Autoridade competente é o médico oficial. Aborto criminoso: ato ilícito não provocado pelo empregador; duvidosa constitucionalidade da L. 8.921/94, que alterou a CLT (art. 131, II); leva-se a entender que o Estado é que deve pagar férias ou repouso remunerado (Washington Trindade, *Rev. Trabalho & Doutrina* 4/142).

A garantia provisória de emprego à gestante, conferida pela norma constitucional, tem por objetivo principal a proteção da saúde e integridade física do nascituro e, em segundo plano, assegurar tranquilidade à mãe que, nesse estado, encontra-se mais suscetível de alterações emocionais, que poderão interferir negativamente no desenvolvimento da criança, bem como garantir que a mesma possa ter condições de se manter, enquanto estiver cuidando do nascituro nos seus primeiros meses de vida. Regra geral, tal garantia permanece atrelada ao contrato de trabalho da empregada gestante, desde a confirmação da gravidez, até cinco meses após o parto. Acontece, contudo, que a ocorrência de aborto involuntário constitui causa extintiva do direito à aludida estabilidade provisória, porquanto deixa de existir o objeto tutelado pela norma, gerando, em seu lugar, apenas a garantia de permanência no emprego por duas semanas após a interrupção da gravidez (art. 395, CLT) (TST, RO-AR 765.201/2001.0, José Simpliciano Fontes Fernandes).

2 *Creches*, v. art. 389/2. Convenção Internacional do Trabalho, ratificada pelo Brasil, 103/66, sobre amparo à maternidade. Licença-paternidade (art. 473/2).

3 *Tempo destinado a amamentar o filho*, seja ele biológico ou advindo de adoção, é tempo de descanso especial, presumindo-se como tempo de serviço e, portanto, remunerado (Gomes-Gottschalk, *Curso*, p. 388; Amaro, *Tutela*, v. 4, p. 546), caso seja suprimido será tratado como os demais descansos obrigatórios. O antigo parágrafo único, agora § 1º, permite que com autorização médica o prazo de 6 meses seja prorrogado, caso a criança assim o necessite. Já o § 2º permite que a trabalhadora decida com seu empregador como serão esses descansos.

■ O art. 396 da CLT concede à trabalhadora dois intervalos de trinta minutos cada para amamentação. A matéria tem contornos muito próximos com a hipótese da não concessão do intervalo intrajornada, que também é remunerado com acréscimo de cinquenta por cento, conforme o disposto no art. 71, § 4º, da CLT e Orientação Jurisprudencial n. 307 da SBDI-1. A jurisprudência desta Corte adota a tese de que o intervalo para amamentação não usufruído pela reclamante deve ser pago como hora extra, conforme precedentes citados. Recurso de revista conhecido e não provido (TST, RR 92766/2003-900-04-00, Relator Vantuil Abdala).

■ Mulher. Amamentação. Intervalo não concedido (CLT, art. 396). É devida a hora extra diária, a partir do retorno ao serviço após o parto, até que o filho complete seis meses. A condenação em horas extras não atende ao direito da criança, mas é indubitável que, nesse período, a genitora estava desobrigada por lei de prestar serviço (TRT/SP, RO 02970259774, Valentin Carrion, Ac. 9ª T.).

Seção VI
Das penalidades

Art. 401. Pela infração de qualquer dispositivo deste Capítulo, será imposta ao empregador a multa de 6 a 60 valores de referência regionais[1], aplicada pelas Delegacias Regionais do Trabalho ou por aquelas que exerçam funções delegadas.

§ 1º A penalidade será sempre aplicada no grau máximo:

a) se ficar apurado o emprego de artifício ou simulação para fraudar a aplicação dos dispositivos deste Capítulo;

b) nos casos de reincidência.

§ 2º O processo na verificação das infrações, bem como na aplicação e cobrança das multas, será o previsto no título "Do Processo de Multas Administrativas", observadas as disposições deste artigo.

Arts. 401-A e 401-B. (Vetados.)

1 Multas, atualização de valores (art. 626/3).

2 Fiscalização, autuação e imposição de multas, recursos, depósitos, inscrição e cobrança (art. 626 e segs.).

CAPÍTULO IV
DA PROTEÇÃO DO TRABALHO DO MENOR

Seção I
Disposições gerais

Art. 402. Considera-se menor para os efeitos desta Consolidação o trabalhador de 14 até 18 anos[1] (red. L. 10.097/00).

Parágrafo único. O trabalho do menor reger-se-á pelas disposições do presente Capítulo, exceto no serviço em oficinas em que trabalhem exclusivamente pessoas da família[2] **do menor e esteja este sob a direção do pai, mãe ou tutor, observado, entretanto, o disposto nos arts. 404, 405 e na Seção II.**

1 *Menoridade.*

A maioridade civil inicia-se aos 18 anos; são relativamente incapazes os menores entre 16 e 18 anos, devendo receber assistência de seus responsáveis em seus atos da vida civil; os menores de 16 anos são absolutamente incapazes e não participam do comércio jurídico, sendo representados. O menor de 18 anos não pode pactuar contrato, modificar-lhe as cláusulas, assinar distrato ou quitação final, mas pode assinar recibo de salários (CLT, art. 439); a assistência para contratar dá-se pela autorização tácita ou expressa, verbal ou escrita, sendo suprível pelo juiz de menores (Gomes-Gottschalk). Assistência aos atos jurídicos dos menores (Estatuto da Criança e do Adolescente, L. 8.069/90, art. 142). Capacidade contratual do menor, emancipação (v. art. 446/2). Jogador de futebol: idade mínima para ser contratado, 16 anos; para contratar sem consentimento paterno, 18 anos; com suprimento judicial, 16 anos (L. 6.354/76, art. 5º, em apêndice, revogada tacitamente pelo CC).

Representação da pessoa jurídica (v. art. 843/2).

■ Não pode prevalecer, para exonerar o empregador das verbas rescisórias, acordo firmado pelo pai do empregado menor, como seu representante, quando a lei fala em assistência, que não se confunde com a representação (TRT/PR, RO 961/81, Carmen Ganem).

■ Menor de idade tem capacidade relativa. Do art. 439 da CLT, que indica as limitações de suas manifestações de vontade, deduz-se que o menor pode contratar independentemente de assistência de seus responsáveis. Presume-se existir autorização pela posse da carteira de trabalho, posto que sua expedição está condicionada à autorização expressa de seu responsável legal. Se houvesse o impedimento do menor firmar contrato sem assistência, sua nulidade ou descaracterização (prazo determinado para prazo indeterminado, por exemplo), estariam previstas pelo legislador no Capítulo IV da CLT – Da Proteção do Trabalho do Menor. Não havendo qualquer proibição legal, prevalece válido o contrato experimental firmado pelo reclamante menor de 18 anos de idade (TRT/SP, RO 15.166/85, Valentin Carrion, Ac. 17.11.86).

Cláusula convencional que discrimina trabalhadores menores de 18 anos é inconstitucional, eis que ofende o Princípio da Isonomia insculpido no inciso XXX, do art. 7º, da Carta Constitucional. Recursos ordinários desprovidos (TST, RO-AR 518.447/98-6, Carlos Alberto Reis de Paula, Ac. SDC/99, 14.5.99).

2 *Empresa familiar* ou atividade em oficina da família (v. art. 372/2).

Art. 403. É proibido qualquer trabalho a menores de 16 anos de idade, salvo na condição de aprendiz, a partir dos 14 anos[1] (red. L. 10.097/00).

Parágrafo único. O trabalho do menor não poderá ser realizado em locais prejudiciais à sua formação, ao seu desenvolvimento físico, psíquico, moral e social e em horários e locais que não permitam a frequência à escola (red. L. 10.097/00).

Art. 404. Ao menor de 18 anos é vedado o trabalho noturno[2]**, considerado este o que for executado no período compreendido entre as 22 e as 5 horas.**

Art. 405. Ao menor não será permitido o trabalho:

I – nos locais e serviços perigosos ou insalubres[4]**, constantes de quadro para esse fim aprovado pela Secretaria de Segurança e Medicina do Trabalho**[5]**;**

II – em locais ou serviços prejudiciais à sua moralidade.

§ 1º (Rev. L. 10.097/00).

§ 2º O trabalho exercido nas ruas, praças e outros logradouros dependerá de prévia autorização do Juiz da Infância e da Juventude[3]**, ao qual cabe verificar se a ocupação é indispensável à sua própria subsistência ou à de seus pais, avós ou irmãos e se dessa ocupação não poderá advir prejuízo à sua formação moral.**

§ 3º Considera-se prejudicial à moralidade do menor o trabalho:

a) prestado de qualquer modo em teatros de revista, cinemas, boates, cassinos, cabarés, *dancings* e estabelecimentos análogos;

b) em empresas circenses, em funções de acrobata, saltimbanco, ginasta e outras semelhantes;

c) de produção, composição, entrega ou venda de escritos, impressos, cartazes, desenhos, gravuras, pinturas, emblemas, imagens e quaisquer outros objetos que possam, a juízo da autoridade competente, prejudicar sua formação moral;

d) consistente na venda, a varejo, de bebidas alcoólicas.

§ 4º Nas localidades em que existirem, oficialmente reconhecidas, instituições destinadas ao amparo dos menores jornaleiros, só aos que se encontrem sob o patrocínio dessas entidades será outorgada a autorização do trabalho a que alude o § 2º.

§ 5º Aplica-se ao menor o disposto no art. 390 e seu parágrafo único.

Art. 406. O Juiz da Infância e da Juventude poderá autorizar ao menor o trabalho a que se referem as letras "a" e "b" do § 3º do art. 405:

I – desde que a representação tenha fim educativo ou a peça de que participe não possa ser prejudicial à sua formação moral;

II – desde que se certifique ser a ocupação do menor indispensável à própria subsistência ou à de seus pais, avós ou irmãos e não advir nenhum prejuízo à sua formação moral.

1 *Trabalho do menor.* Diz a Constituição Federal de 1988:

Art. 7º São direitos dos trabalhadores... além de outros...

XXX – proibição de diferença de salários, de exercício de funções e de critério de admissão por motivo de sexo, idade, cor ou estado civil...

XXXIII – proibição de trabalho noturno, perigoso ou insalubre aos menores de 18 e de qualquer trabalho a menores de 16 anos, salvo na condição de aprendiz, a partir de 14 anos; ...

Art. 227. É dever da família, da sociedade e do Estado assegurar à criança e ao adolescente, com absoluta prioridade, o direito à vida, à saúde, à alimentação, à educação, ao lazer, à profissionalização, à cultura, à dignidade, ao respeito, à liberdade e à convivência familiar e comunitária, além de colocá-los a salvo de toda forma de negligência, discriminação, exploração, violência, crueldade e opressão. ...

§ 3º ...

I – idade mínima de 14 anos para admissão ao trabalho, observado o disposto no art. 7º, XXXIII;

II – garantia de direitos previdenciários e trabalhistas;

III – garantia de acesso do trabalhador adolescente à escola.

As normas de proteção não se restringem apenas às relações de trabalho subordinado; tem-se que até de forma autônoma algum menor mais esperto estará teoricamente sujeito a ver-se impedido de exercer alguma atividade que o sustente. É verdade que o texto constitucional o permite "na condição de aprendiz"; o mesmo faz o Estatuto da Criança e do Adolescente (L. 8.069/90, art. 60). Ocorre que as normas vigentes são muito exigentes para a permissão e caracterização de aprendizado, que tem de ser metódico e está sujeito a requisitos de tempo e de aprovação do SENAI ou SESC, o que o inviabiliza praticamente (v.

art. 80/1 e 2, salário do aprendiz; art. 430 e segs., aprendizado metódico). Restará, assim, uma faixa muito restrita para a sociedade dentro de atividades que não terminem por ser consideradas empregatícias levando em conta a finalidade social e não lucrativa, o que é difícil. O Programa do Menor Assistido (DL 2.318/86, art. 4º) foi apontado como inconstitucional, canhestro e ineficaz (Octavio Bueno Magano, *Rev. Synthesis* 7/154, 1988). A L. 7.644/87 regula a atividade da mãe social e prevê benefícios previdenciários aos seus menores.

O Programa do Bom Menino (D. 94.338/87, rev. D. s/n., *DOU*, 13.5.91), de iniciação ao trabalho do menor, poderia ser inviabilizado se não fosse considerado preponderantemente social, distinguindo-se "menor assistido" e "menor aprendiz" (Amauri Mascaro Nascimento, "Direito do Trabalho na Constituição de 1988"). V. art. 80/2 e 3.

A CF/88 autoriza o trabalho do menor a partir dos 14 anos na condição de aprendiz, e permite ao menor trabalhar somente com 16 anos. Assim a Convenção da OIT 138 (D. 4.134/02). A L. 10.097/00 revogou o art. 80 da CLT, trazendo para o menor trabalhador a isonomia salarial com o adulto. Infração, v. Precedente Administrativo 68 MTE/SIT, em apêndice.

2 *Trabalho noturno.*

Provimento 1/77 do Juiz de Menores de São Paulo autorizava os menores de 14 a 17 anos a exercerem a função de cobrador de ônibus, satisfeitos certos requisitos (*LTr* 42/145, 1978). A CF/88 proíbe aos menores de 18 anos o trabalho noturno, perigoso ou insalubre, sem qualquer exceção (art. 7º, XXXIII), revogado tacitamente o § 1º do art. 405 com autorização para trabalho de menores naquelas condições.

Rural: proíbe-se o trabalho noturno do menor de 18 anos entre 21 e 5 horas na lavoura e entre 20 e 4 horas na pecuária (L. 5.889/73, em apêndice, reforçada por norma da nova CF, art. 7º, XXXIII).

3 *Menores* em programas de rádio e TV (D. 50.812/61). Autorizado o trabalho na construção civil aos menores de 16 a 18 anos, desde que munidos de equipamento individual, salvo em fundações, andaimes externos, internos, altos e de grande esforço (Port. 43/54). Justiça da Infância e da Juventude (Estatuto da Criança e do Adolescente, L. 8.069/90).

4 *Insalubridade*. A CF proíbe o trabalho noturno, perigoso e insalubre (descritos pelo D. 6.481/08) a menor de 18 anos e qualquer trabalho antes dos 16 anos, com exceção do aprendiz (14 anos, art. 7º, XXXIII). Ao menor de 18 anos é vedada a profissão de propagandista e vendedor de produtos farmacêuticos (L. 6.224/75, art. 3º). Aplica-se ao trabalhador rural o art. 405, *caput* e seu § 5º; L. 5.889/73 e D. 73.626/74. Insalubridade (v. coment. art. 189). Convenção Internacional do Trabalho 58, ratificada pelo Brasil sobre idade mínima para admissão de menores no trabalho marítimo; Convenção Internacional do Trabalho 124 quanto a exame médico para aptidão de adolescentes para trabalhos subterrâneos em minas (D. 67.342/70); Convenção Internacional do Trabalho 182 proibição das piores formas de trabalho infantil (D. 3.597/00).

5 Antigo Departamento Nacional de Segurança e Higiene do Trabalho (v. art. 71/2). Portaria MTE/SIT 6/01 (v. Índ. Leg.).

6 *Aprendizado* (v. arts. 80, 432 e 433).

7 Salário (v. art. 80/1).

8 *TIP* OIT Conv 182, aprovada em 12/99. Piores formas de trabalho infantil (v. Índ. Leg.).

Art. 407. Verificado pela autoridade competente que o trabalho executado pelo menor é prejudicial à sua saúde, ao seu desenvolvimento físico ou à sua moralidade, poderá ela obrigá-lo a abandonar o serviço, devendo a respectiva empresa, quando for o caso, proporcionar ao menor todas as facilidades para mudar de funções.

Parágrafo único. Quando a empresa não tomar as medidas possíveis e recomendadas pela autoridade competente para que o menor mude de função, configurar-se-á a rescisão do contrato de trabalho, na forma do art. 483.

Art. 408. Ao responsável legal do menor é facultado pleitear a extinção do contrato de trabalho, desde que o serviço possa acarretar para ele prejuízos de ordem física ou moral.

Art. 409. Para maior segurança do trabalho e garantia da saúde dos menores, a autoridade fiscalizadora poderá proibir-lhes o gozo dos períodos de repouso nos locais de trabalho.

Art. 410. O Ministro do Trabalho poderá derrogar qualquer proibição decorrente do quadro a que se refere o inciso I do art. 405 quando se certificar haver desaparecido, parcial ou totalmente, o caráter perigoso ou insalubre, que determinou a proibição.

1 Suprimento de idade do menor (art. 446/2).

Seção II
Da duração do trabalho

Art. 411. A duração do trabalho do menor regular-se-á pelas disposições legais relativas à duração do trabalho em geral, com as restrições estabelecidas neste capítulo.

Art. 412. Após cada período de trabalho efetivo, quer contínuo, quer dividido em dois turnos, haverá um intervalo de repouso, não inferior a 11 horas.

Art. 413. É vedado prorrogar a duração normal diária do trabalho do menor, salvo:

I – até mais 2 horas, independentemente de acréscimo salarial, mediante convenção ou acordo coletivo nos termos do Título VI desta Consolidação, desde que o excesso de horas em um dia seja compensado pela diminuição em outro, de modo a ser observado o limite máximo de 48 (obs.: 44 horas, CF, art. 7º, XIII) **horas semanais ou outro inferior legalmente fixado;**

II – excepcionalmente, por motivo de força maior, até o máximo de 12 horas, com acréscimo salarial de, pelo menos, 25% sobre a hora normal e desde que o trabalho do menor seja imprescindível ao funcionamento do estabelecimento (obs.: a remuneração mínima do trabalho extra, pela CF, art. 7º, XVI, é de 50%).

Parágrafo único. Aplica-se à prorrogação do trabalho do menor o disposto no art. 375, no parágrafo único do art. 376, no art. 378 e no art. 384 desta Consolidação.

Art. 414. Quando o menor de 18 anos for empregado em mais de um estabelecimento, as horas de trabalho em cada um serão totalizadas.

1 *Horas extraordinárias* são proibidas ao menor; somente é possível a prorrogação da jornada para compensar-se o horário de sábado e em caso de força maior; não na hipótese de serviços inadiáveis ou de prejuízo manifesto. Conceito de força maior (v. art. 501 e segs.).

A compensação de horário semanal pode ser pactuada com o menor, mediante convenção individual ou acordo coletivo. Quando da redação do art. 413, o Título VI não utilizava a expressão atual "convenção coletiva".

TST A compensação semanal deve ser ajustada por acordo escrito, não necessariamente em acordo coletivo ou convenção coletiva, exceto quanto ao trabalho da mulher (TST – Súmula 108).

2 Convenção coletiva (ou acordo coletivo, depósito de instrumento, art. 614).

Seção III
Da admissão em emprego e da Carteira de Trabalho e Previdência Social

Art. 415. (Rev. DL 926/69).

Arts. 416 e 417. (Rev. L. 5.686/71).

Art. 418. (Rev. L. 7.855/89).

Arts. 419 a 423. (Rev. L. 5.686/71).

1 Os arts. 415 a 423 já haviam sido revogados tacitamente pela nova redação dos arts. 13 a 56 da CLT (DL 926/69 e L. 5.686/71), salvo o *caput* do art. 418. Anteriormente havia carteiras distintas para o adulto e o menor; o art. 13 referia-se a maiores de 18 anos, o que não mais se faz agora.

Seção IV

Dos deveres dos responsáveis legais de menores e dos empregadores. Da aprendizagem

Art. 424. É dever dos responsáveis legais de menores, pais, mães, ou tutores, afastá-los de empregos que diminuam consideravelmente o seu tempo de estudo, reduzam o tempo de repouso necessário à sua saúde e constituição física, ou prejudiquem a sua educação moral.

Art. 425. Os empregadores de menores de 18 anos são obrigados a velar pela observância, nos seus estabelecimentos ou empresas, dos bons costumes e da decência pública, bem como das regras de higiene e medicina do trabalho.

Art. 426. É dever do empregador, na hipótese do art. 407, proporcionar ao menor todas as facilidades para mudar de serviço.

Art. 427. O empregador, cuja empresa ou estabelecimento ocupar menores, será obrigado a conceder-lhes o tempo que for necessário para a frequência às aulas.

Parágrafo único. Os estabelecimentos situados em lugar onde a escola estiver a maior distância que 2 quilômetros, e que ocuparem, permanentemente, mais de 30 menores analfabetos, de 14 a 18 anos, serão obrigados a manter local apropriado em que lhes seja ministrada a instrução primária.

Art. 428. Contrato de aprendizagem é o contrato de trabalho especial, ajustado por escrito e por prazo determinado, em que o empregador se compromete a assegurar ao maior de 14 e menor de 24 anos, inscrito em programa de aprendizagem, formação técnico-profissional metódica, compatível com o seu desenvolvimento físico, moral e psicológico, e o aprendiz, a executar, com zelo e diligência, as tarefas necessárias a essa formação (Red. L. 11.180/05).

§ 1º A validade do contrato de aprendizagem pressupõe anotação na Carteira de Trabalho e Previdência Social, matrícula e frequência do aprendiz na escola, caso não haja concluído o ensino médio, e inscrição em programa de aprendizagem desenvolvido sob a orientação de entidade qualificada em formação técnico-profissional metódica (Red. L. 11.788/08).

§ 2º Ao aprendiz, salvo condição mais favorável, será garantido o salário mínimo hora (Red. L. 13.420/17).

§ 3º O contrato de aprendizagem não poderá ser estipulado por mais de 2 anos, exceto quando se tratar de aprendiz portador de deficiência (Red. L. 11.788/08).

§ 4º A formação técnico-profissional a que se refere o *caput* deste artigo caracteriza-se por atividades teóricas e práticas, metodicamente organizadas em tarefas de complexidade progressiva desenvolvidas no ambiente de trabalho (Red. L. 10.097/00).

§ 5º A idade máxima prevista no *caput* deste artigo não se aplica a aprendizes portadores de deficiência (Red. L. 11.180/05).

§ 6º Para fins do contrato de aprendizagem, a comprovação da escolaridade de aprendiz com deficiência deve considerar, sobretudo, as habilidades e competências relacionadas com a profissionalização (Red. L. 13.146/15).

§ 7º Nas localidades onde não houver oferta de ensino médio para o cumprimento do disposto no § 1º deste artigo, a contratação do aprendiz poderá ocorrer sem a frequência à escola, desde que ele já tenha concluído o ensino fundamental (Red. L. 11.788/08).

§ 8º Para o aprendiz com deficiência com 18 (dezoito) anos ou mais, a validade do contrato de aprendizagem pressupõe anotação na CTPS e matrícula e frequência em programa de aprendizagem desenvolvido sob orientação de entidade qualificada em formação técnico-profissional metódica (Incluído L. 13.146/15).

Art. 429. Os estabelecimentos de qualquer natureza são obrigados a empregar e matricular nos cursos dos Serviços Nacionais de Aprendizagem número de aprendizes equivalente a 5%, no mínimo, e 15%, no máximo[1], dos trabalhadores existentes em cada estabelecimento, cujas funções demandem formação profissional[3] (Red. L. 10.097/00).

a) e b) (Rev. L. 10.097/00).

§ 1º-A. O limite fixado neste artigo não se aplica quando o empregador for entidade sem fins lucrativos, que tenha por objetivo a educação profissional (red. L. 10.097/00).

§ 1º-B. Os estabelecimentos a que se refere o *caput* poderão destinar o equivalente a até 10% (dez por cento) de sua cota de aprendizes à formação técnico-profissional metódica em áreas relacionadas a práticas de atividades desportivas, à prestação de serviços relacionados à infraestrutura, incluindo as atividades de construção, ampliação, recuperação e manutenção de instalações esportivas e à organização e promoção de eventos esportivos. (Red. L. 13.420/17).

§ 1º As frações de unidade, no cálculo da percentagem de que trata o *caput*, darão lugar à admissão de um aprendiz (Red. L. 10.097/00).

§ 2º Os estabelecimentos de que trata o *caput* ofertarão vagas de aprendizes a adolescentes usuários do Sistema Nacional de Atendimento Socio-

educativo (Sinase) nas condições a serem dispostas em instrumentos de cooperação celebrados entre os estabelecimentos e os gestores dos Sistemas de Atendimento Socioeducativo locais (Red. L. 12.594/12).

1 As alíneas *a* e *b* do art. 429, tacitamente revogadas pelo DL 9.576/46 e pela L. 5.274/67, encontram-se agora expressamente revogadas pela L. 10.097/00). As empresas já eram obrigadas a ter a seu serviço o mínimo de 5% e máximo de 10% de menores de 18 anos, calculado sobre o número de empregados que trabalham em funções compatíveis com o trabalho do menor (L. 5.274/67), porcentagem esta modificada para o mínimo de 5% e o máximo de 15%. As contribuições antes devidas ao SESI (DL 6.246/44), das entidades de transporte aéreo e demais serviços aéreos e conexos, serão destinadas à aplicação no ensino profissional aeronáutico civil (Fundo Aeroviário, DL 1.305/74). Contrato do aprendiz, v. art. 430/1.

2 *Salário-educação*. A CF (art. 212, § 5º, alt. EC 53/06) o prevê como fonte adicional de financiamento do ensino fundamental público, recolhidos pelas empresas. Estas não mais podem deduzir a aplicação realizada no ensino fundamental de seus empregados e dependentes (EC 14/96). Não tem caráter remuneratório e não se vincula para nenhum efeito ao salário ou remuneração (L. 9.766/98 alterada pela L. 10.832/03, regulamentada pelo D. 6.003/06).

3 Microempresa e empresa de pequeno porte são dispensadas de empregar e matricular seus aprendizes (LC 123/06, art. 51, III) (v. art. 2º/17).

Art. 430. Na hipótese de os Serviços Nacionais de Aprendizagem não oferecerem cursos ou vagas suficientes para atender à demanda dos estabelecimentos, esta poderá ser suprida por outras entidades qualificadas em formação técnico-profissional metódica, a saber (Red. L. 10.097/00):

I – Escolas Técnicas de Educação (Red. L. 10.097/00);

II – entidades sem fins lucrativos, que tenham por objetivo a assistência ao adolescente e à educação profissional, registradas no Conselho Municipal dos Direitos da Criança e do Adolescente (Red. L. 10.097/00);

III - entidades de prática desportiva das diversas modalidades filiadas ao Sistema Nacional do Desporto e aos Sistemas de Desporto dos Estados, do Distrito Federal e dos Municípios. (Red. L. 13.420/17).

§ 1º As entidades mencionadas neste artigo deverão contar com estrutura adequada ao desenvolvimento dos programas de aprendizagem, de forma a manter a qualidade do processo de ensino, bem como acompanhar e avaliar os resultados (Red. L. 10.097/00).

§ 2º Aos aprendizes que concluírem os cursos de aprendizagem, com aproveitamento, será concedido certificado de qualificação profissional (Red. L. 10.097/00).

§ 3º O Ministério do Trabalho fixará normas para avaliação da competência das entidades mencionadas nos incisos II e III deste artigo. (Red. L. 13.420/17).

§ 4º As entidades mencionadas nos incisos II e III deste artigo deverão cadastrar seus cursos, turmas e aprendizes matriculados no Ministério do Trabalho. (Red. L. 13.420/17).

§ 5º As entidades mencionadas neste artigo poderão firmar parcerias entre si para o desenvolvimento dos programas de aprendizagem, conforme regulamento. (Red. L. 13.420/17).

Art. 431. A contratação do aprendiz poderá ser efetivada pela empresa onde se realizará a aprendizagem ou pelas entidades mencionadas nos incisos II e III do art. 430, caso em que não gera vínculo de emprego com a empresa tomadora dos serviços. (Red. L. 13.420/17).

a) a **c)** (rev. L. 10.097/00).

Parágrafo único. Aos candidatos rejeitados pela seleção profissional deverá ser dada, tanto quanto possível, orientação profissional para ingresso em atividade mais adequada às qualidades e aptidões que tiverem demonstrado.

Art. 432. A duração do trabalho do aprendiz não excederá de 6 horas diárias, sendo vedadas a prorrogação e a compensação de jornada (Red. L. 10.097/00).

§ 1º O limite previsto neste artigo poderá ser de até 8 horas diárias para os aprendizes que já tiverem completado o ensino fundamental, se nelas forem computadas as horas destinadas à aprendizagem teórica (Red. L. 10.097/00).

§ 2º (Rev. L. 10.097/00).

1 *Aprendizado metódico* no próprio emprego não permite o pagamento de salário inferior ao salário mínimo hora (v. art. 80/2). Há necessidade de corresponder às diretrizes e bases da legislação de educação (Estatuto da Criança e do Adolescente, L. 8.069/90, art. 60, v. Índ. Leg.); e, quanto ao comércio e à indústria, depende de autorização do SENAC ou do SENAI (DL 4.048/42 e DL 4.936/42). O aprendizado não pode superar os limites previstos para cada ocupação; e, sobretudo, o ensino deve corresponder a um processo educacional, com o desdobramento do ofício ou da ocupação, em operações ordenadas de conformidade com um programa, cuja execução se faça sob direção de um responsável, em ambiente adequado à aprendizagem (condições de validade do contrato, MTE/SIT IN 97/12, em apêndice) (cf. Port. 127/56). Relação de ocupações do comércio e indústria que permitem aprendizado no próprio emprego (Port. 43/53, com a redação da Port. 28/58). Há ainda o aprendizado no SESC ou SENAI, com obrigações específicas para o empregado e o empregador. Aprendizagem na indústria (DL 4.481/42) e no comércio (DL 8.622/46). O D. 5.598/05 (em apêndice), que regulamenta o contrato do aprendiz, limita o contrato a 2 anos; a 6

horas diárias de trabalho, vedadas a prorrogação e a compensação de jornada; a contribuição ao FGTS será reduzida a 2%; a rescisão em caso de desempenho insuficiente, falta grave; a ausência injustificada à escola que implique a perda do ano letivo. Criar o Cadastro Nacional de Aprendizagem Profissional – CNAP, destinado à inscrição das entidades qualificadas em formação técnico-profissional metódica, cursos de aprendizagem, sistema federal (MTE Port. 723/12 prorrogado MTE Port. 1967/12 e alt. 1.005/13, Índ. Leg.).

Estagiário (v. art. 3º/3).

2 Obrigação de ministrar aprendizagem (D. 5.598/05, art. 3º, em apêndice). Conceito de aprendiz (D. 5.598/05). Limites de aprendizagem no SENAI e SESC ou no emprego e ocupações que não demandam aprendizagem (Port. 43/53). Aprendizagem no emprego (Port. 127/56 e 1.055/64). Salário mínimo de menor e aprendizado (art. 80). V. "Contrato de Emprego e Aprendizagem", Catharino, *Temas*.

O contrato de aprendizagem pressupõe formalidades extrínsecas. Não comprovadas estas, não há que falar-se em ensinamentos metódicos (TST, RR 2.554/71, Barata Silva).

É de aprendizagem o período em que o menor permanece estagiando na empresa, após o término das aulas do SENAI, para obtenção da carta de ofício (TRT/SP, RO 25.600/85, José Serson, Ac. 7ª T. 4.505/87).

Art. 433. O contrato de aprendizagem extinguir-se-á no seu termo ou quando o aprendiz completar 24 anos, ressalvada a hipótese prevista no § 5º do art. 428, ou ainda antecipadamente nas seguintes hipóteses (Red. L. 11.180/05)**:**

a) e **b)** (rev. L. 10.097/00).

I – desempenho insuficiente ou inadaptação do aprendiz, salvo para o aprendiz com deficiência quando desprovido de recursos de acessibilidade, de tecnologias assistivas e de apoio necessário ao desempenho de suas atividades (Red. L. 13.146/15);

II – falta disciplinar grave (Red. L. 10.097/00);

III – ausência injustificada à escola que implique perda do ano letivo (Red. L. 10.097/00); **ou**

IV – a pedido do aprendiz (Red. L. 10.097/00).

Parágrafo único. (Rev. L. 3.519/58).

§ 2º Não se aplica o disposto nos arts. 479 e 480 desta Consolidação às hipóteses de extinção do contrato mencionadas neste artigo (Red. L. 10.097/00).

1 A relação de menores é desnecessária, substituída que foi pela RAIS (Relação Anual de Informações Sociais), cf. Port. 3.007/80.

Seção V
Das penalidades

Art. 434. Os infratores das disposições deste Capítulo ficam sujeitos à multa de valor igual a 30 valores de referência regionais[1], aplicada tantas vezes quantos forem os menores empregados em desacordo com a lei, não podendo, todavia, a soma das multas exceder a 50 vezes o valor de referência regional[1], salvo no caso de reincidência, em que esse total poderá ser elevado ao dobro.

Art. 435. Fica sujeita à multa de valor igual a 30 vezes o valor de referência regional[1], e ao pagamento da emissão de nova via a empresa que fizer na Carteira de Trabalho e Previdência Social anotação não prevista em lei.

Arts. 436 e 437. (Rev. L. 10.097/00).

Art. 438. São competentes para impor as penalidades previstas neste capítulo os Delegados Regionais do Trabalho ou os funcionários por eles designados para tal fim.

Parágrafo único. O processo, na verificação das infrações, bem como na aplicação e cobrança das multas, será o previsto no título "Do Processo de Multas Administrativas", observadas as disposições deste artigo.

1 Multas, atualização de valores (art. 626/3).

2 Fiscalização, autuação e imposição de multas (art. 626), atuação dos Grupos Especiais Móveis de Combate ao Trabalho Infantil e Proteção ao Adolescente Trabalhador e das Delegacias Regionais do Trabalho, IN MTE/SIT 77/09. Recursos (art. 635). Depósito, inscrição e cobrança (art. 639).

Seção VI
Disposições finais

Art. 439. É lícito ao menor firmar recibo pelo pagamento dos salários. Tratando-se, porém, de rescisão do contrato de trabalho, é vedado ao menor de 18 anos dar, sem assistência dos seus responsáveis legais, quitação ao empregador pelo recebimento da indenização que lhe for devida.

Art. 440. Contra os menores de 18 anos não corre nenhum prazo de prescrição.

Art. 441. O quadro a que se refere o item I do art. 405 será revisto bienalmente.

1 Menoridade (art. 402). Capacidade contratual do menor (art. 446/2). Prescrição (art. 11).

■ Nula a quitação advinda da rescisão contratual firmada por empregada menor de 18 anos, com mais de um ano de tempo de serviço, sem a assistência do representante legal e da entidade sindical. Arts. 477, § 1º, e 439 da CLT (TRT/PR, RO 1.176/93, João Oreste Dalazen, Ac. 3ª T.).

TÍTULO IV
DO CONTRATO INDIVIDUAL DO TRABALHO

CAPÍTULO I
DISPOSIÇÕES GERAIS

Art. 442. Contrato individual de trabalho[1] é o acordo tácito ou expresso[2], correspondente à relação de emprego.

Parágrafo único. Qualquer que seja o ramo de atividade da sociedade cooperativa[8], não existe vínculo empregatício entre ela e seus associados, nem entre estes e os tomadores de serviços daquela (Red. L. 8.949/94) (Rev. L. 12.690/12).

Art. 442-A. Para fins de contratação, o empregador não exigirá do candidato a emprego comprovação de experiência prévia por tempo superior[9] a 6 meses no mesmo tipo de atividade (Red. L. 11.644/08).

1 *Conceito*. Contratualista ou não, o texto legal não merecia tantas críticas como lhe foram feitas; é claro que o legislador não confundiu, como muitos afirmaram, o contrato, ou seja, o pacto, o elemento subjetivo, com o elemento objetivo, que é a relação ou poder jurídico constituído, regulado ou extinto pelo consentimento (Bessone, *Do Contrato*, p. 59). Sem atender à explicação oficial (Exposição de Motivos, item 44, pois nem sempre o melhor intérprete de um texto é quem o redigiu), a expressão legal permite identificar de que *acordo* de vontades se trata: aquele que tem por conteúdo, ou elemento objetivo, a relação de emprego, a que se estabelece entre o empregado e o empregador, como conceituados no início da Consolidação, nos arts. 2º e 3º. A tolerância para com aquele conceito em nada se modifica pelo fato de que o direito positivo considere contrato não só o pacto expresso como o tácito (tal como acontece em outros contratos), nem a circunstância de que do contrato de trabalho nulo ou contrário à ordem pública se derivem efeitos, em face da proteção do trabalho, que é o que pretende a tão social mas tão pouco jurídica teoria institucionalista. O consentimento das partes, sendo um dos elementos essenciais dessa categoria, não permitiu sua exclusão do capítulo dos contratos; assim também se deu com outras figuras contratuais controvertidas, não obstante suas peculiaridades; é o caso da compra e venda (apesar da importância da tradição da coisa vendida), do contrato de adesão e outros. Para conceituar o contrato de trabalho a doutrina vincula-se aos elementos caracterizadores da noção de empregado, ou seja, os que constam no art. 3º. Assim, Evaristo de Moraes Filho (*Introdução*).

Não se pode negar a origem contratual da relação do trabalho. É verdade que se aceitam relações de emprego que não nasceram de um acordo de vontades. Pode ocorrer até na prestação de trabalho desconhecida pelo empresário, mas cuja organização usufruiu o esforço desenvolvido; o mesmo na que tem origem em imposição estatal. Há que se acrescentar de um lado que tais situações pertencem à patologia (Montalvo Correa, *Fundamentos del Derecho del Trabajo*); de outro vemos certas hipóteses sendo assimiladas ao contrato de trabalho, sem sê-lo; em outras, há um ato legislativo (onipotente, portanto), decretado com a finalidade de que a vontade estatal substitua a vontade de um dos contratantes. O contrato de trabalho é de direito privado, consensual, sinalagmático (bilateral), comutativo (equivalência das prestações), de trato sucessivo, oneroso e subordinativo (Evaristo de Moraes Filho, *Introdução do Direito do Trabalho*, que acrescenta ainda ser do tipo de adesão).

2 *Tácito ou expresso*: a simples tolerância de alguém permitindo e usufruindo o trabalho alheio terá os mesmos efeitos jurídicos do pacto expresso, se o esforço humano desenvolvido estiver cercado das mesmas características do contrato de emprego.

3 *Dualidade de contratos com a mesma empresa*. Nem a doutrina, nem a jurisprudência a repelem; é entretanto difícil, se não impossível, a acomodação de dois contratos de trabalho diferentes e simultâneos entre as mesmas partes; a pessoalidade e a confiança mútua não permitem a caminhada paralela independente; as violações havidas em um atingiriam o outro; os limites de jornada, e tantos outros institutos, trazem inúmeras dificuldades a justificar a rejeição; a propalada dualidade muitas vezes pretende na verdade a redutibilidade da remuneração ou o atentado contra a inalterabilidade do contrato em geral. No trabalho rural a dualidade também é duvidosa; a lei diz que, onde se adote plantação subsidiária ou intercalar, esta será objeto de contrato em separado; mas forma um todo com o principal; "rescindido o contrato principal, *ipso facto* rescinde-se o contrato secundário; suspenso ou interrompido um, suspenso ou interrompido ficará o outro" (Aluysio Sampaio, *Estatuto do Trabalhador Rural Comentado*, Revista dos Tribunais, coment. ao art. 41, reproduzido pela Lei do Trabalho Rural, posterior). De dualidade, pouco há, assim.

TST A prestação de serviços a mais de uma empresa do mesmo grupo econômico, durante a mesma jornada de trabalho, não caracteriza a coexistência de mais de um contrato de trabalho, salvo ajuste em contrário (TST – Súmula 129).

Do duplo contrato de trabalho pelo exercício de diversas funções num mesmo setor. Inadmissível considerar a existência de um duplo contrato de trabalho, quando única é a relação jurídica existente, com prestação de serviços a uma só empregadora, no mesmo local e horário (TST, RR 237.556/95.3, Moacyr Roberto Tesch Auersvald, Ac. 2ª T. 10.475/97).

4 *Contrato de trabalho entre cônjuges/familiares.* A questão surge sobretudo perante o empresário pessoa física; ou perante a jurídica, quando a sociedade limitada é mais formal do que real em face da preponderância acionária e executiva de um dos sócios que age como exclusivo dono. A doutrina inclina-se pela possibilidade de existência do contrato entre cônjuges (Catharino, Evaristo de Moraes Filho, Maranhão etc.); em nada se modifica a situação pela vigência da lei que exclui do regime de comunhão os frutos civis de cada cônjuge (CC, arts. 1.642 e 1.647). A atitude mais lógica é em princípio de negativa; é que o próprio casamento mais se coaduna com o espírito societário (diante do usufruto comum dos lucros) do que com o empregatício; a questão não é, como às vezes se coloca, de possibilidade lógica (Pereira Donato, "Relação de trabalho entre cônjuges", *LTr* 34/548, 1970), mas de preponderância dos laços matrimoniais, muito mais importantes e profundos do que os que decorrem do trabalho. São inúmeras as dificuldades que a casuística pode apresentar e as possibilidades de fraude que dela podem nascer, de conluio em face da Previdência Social e contra o sucessor da empresa; também as dificuldades surgem nas lides entre os próprios interessados quando, após a desunião, todas as armas são poucas para o embate. É aceitável a solução de expectativa (Russomano, *Curso*) que deixa a resposta definitiva para cada caso concreto; a desconfiança deve ser a melhor aliada. A Previdência não aceita a condição de segurado-empregado para o cônjuge casado em comunhão de bens com titular de firma individual (Res. DNPS 259, de 11.6.69). Já o contrato entre parentes em geral e até entre pai e filho, mesmo eivado de suspeita, oferece menos dificuldade, sobretudo entre adultos não integrados na mesma economia familiar, v. Precedente Administrativo 69 MTE/SIT, em apêndice.

5 *Atividade ilegal.* Os contratos exigem para sua validade, além da capacidade do agente e forma especial, se prevista, que seu objeto não seja nem ilícito nem impossível. A doutrina e a jurisprudência assim também o entendem; e deixam de reconhecer quaisquer direitos ao empregado; alguns reconhecem a remuneração, sem entrar no enriquecimento ilícito do empregador, grande delinquente; assim, protege-se este em detrimento do empregado, pequeno delinquente, uma infeliz vítima do desemprego ou do subemprego frequentemente; é o caso da cozinheira de casa de lenocínio, beneficiando o proprietário; o arrecadador do "jogo de bicho" com referência a quem o banca etc. Há quem distinga a atividade ilícita, por si mesma, daquelas outras que não o seriam se se fizesse abstração da finalidade do empreendimento a que se destinam. A prostituta que exerce seu comércio carnal subordinada à proprietária da casa de tolerância é exemplo da primeira atividade; a arrumadeira ou o garçom da mesma casa é exemplo das segundas. Estas últimas atividades teriam a proteção laboral; a primeira não.

SDI É nulo o contrato de trabalho celebrado para o desempenho de atividade inerente à prática do jogo do bicho, ante a ilicitude de seu objeto, o que subtrai o requisito de validade para a formação do ato jurídico (TST, SDI-1, Orientação Jurisprudencial 199).

■ Uma vez reconhecida a nulidade do contrato de trabalho, eis que inobservado o art. 37, da CF, a nulidade deve se operar em sua plenitude, não podendo produzir qualquer efeito e sequer pode o trabalhador ter reconhecido o direito de ação na Justiça do Trabalho (TST, RR 139.986/94.4, Rider de Brito, Ac. 2ª T. 4.718/96).

■ Não se considera ilícita a possibilidade de relação de emprego entre policial militar e empresa privada quando presentes os requisitos necessários à caracterização do vínculo (E-RR 156.012/95.9). Ronaldo Leal – TST.

■ Contrato de trabalho. Atividade ilegal. Agiotagem. Impossível o reconhecimento de liame empregatício, quando emerge da prova produzida que o réu desenvolvia atividade ilícita, da qual o autor se beneficiava diretamente, pois alega perceber percentagem sobre o montante negociado (TRT/SP 27.565/96, Valentin Carrion, Ac. 9ª T. 42.927/97).

■ O jogo do bicho é prática usual amplamente tolerada pelas autoridades constituídas, desfrutando do inegável beneplácito dos órgãos competentes dos três poderes da República. Atualmente, assumiu foros de comportamento regular, acintosamente presente aos olhos de tudo e de todos. A evidente circunstância de não merecer repressão policial não apenas comprova a complacência do Estado para com banqueiros e adeptos desse jogo de azar, como também deixa transparecer nitidamente que inexiste hoje condenação social. II. Hipocrisia reputar ilícito o objeto do contrato de trabalho envolvendo arrecadador de apostas de jogo do bicho se se cuida de prática notoriamente consentida pela sociedade e o Estado explora inúmeras formas de concursos de prognóstico, inclusive como medida de fomento às atividades desportivas. Ademais, se nulidade houvesse, decretar-se-ia com efeito *ex nunc* (RR 271.663/96.6). João Oreste Dalazen – TST.

■ Seria incompatível com os princípios da primazia da realidade e da proteção negar, por completo, eficácia jurídica ao contrato celebrado entre as partes, para coleta do jogo do bicho, em razão da ilicitude do objeto contratual. No Direito do Trabalho, a nulidade do contrato pode não acarretar negação plena dos efeitos jurídicos do ato. É o que acontece com a contratação sem concurso pela Administração Pública. Declara-se a nulidade do ato, sem prejuízo da obrigação de pagar os salários dos dias trabalhados (Orientação Jurisprudencial n. 85 da SBDI-1). Assim, a tutela jurisdicional prestada pela Justiça do Trabalho obsta o enriquecimento sem causa, valorizando a força de trabalho despendida, considerada a impossibilidade de restabelecimento do estado anterior (RR 24.397/02). Maria Cristina Irigoyen Peduzzi – TST.

6 A *prestação impossível* poderá, subjetivamente, tornar anulável o contrato por erro quanto às qualidades e quanto à capacidade laborativa do empregado (Barata Silva, *Compêndio*, p. 209); objetivamente, poderá impedir a prestação de trabalho, não superando a fase do quase-contrato (v. art. 3º/3, *supra*).

7 Empregador e empregado (conceito, v. arts. 2º e 3º). Carteira de Trabalho (art.

14). "Contrato de trabalho e locação de serviços", Magano, *LTr* 40/579, 1976. Contrato com estagiário (v. art. 3º/3). Contrato de técnico estrangeiro, domiciliado no exterior, em caráter provisório (DL 691/69, em apêndice). Auxiliar de condutor autônomo rodoviário (L. 6.094/74, alt. L. 12.765/11). Taxista (L. 12.468/11). Contrato de atleta profissional de futebol (L. 6.354/76, em apêndice). Contrato de professor superior federal, trabalhista (L. 5.539, de 27.11.68, art. 6º).

8 *Cooperativa.* Cooperativa de trabalho ou de serviços nasce da vontade de seus membros, todos autônomos e que assim continuam. As tarefas são distribuídas com igualdade de oportunidades; repartem-se os ganhos proporcionalmente ao esforço de cada um. Pode haver até direção de algum deles, mas não existe patrão nem alguém que se assemelhe; a clientela é diversificada; a fixação de um operário em um dos clientes, pela continuidade ou subordinação, e a perda da diversidade da clientela descaracterizam a cooperativa (Valentin Carrion, "Cooperativas...", cit.). Já foi conceituada com acerto como "constituídas entre operários de determinada profissão... de uma mesma classe... com a finalidade primordial de melhorar os salários e as condições de trabalho pessoal de seus associados e, dispensando a intervenção de um patrão ou empresário, se propõem a contratar e executar obras, tarefas, ..., coletivamente por todos ou por grupos de alguns" (D. 22.239/32, já revogado). A L. 5.764/71 conceitua: "celebram contrato de sociedade cooperativa as pessoas que reciprocamente se obrigam a contribuir com bens ou serviços para o exercício de uma atividade econômica, de proveito comum, sem objetivo de lucro" (art. 3º). Qualquer que seja o ramo de atividade da cooperativa, não existe vínculo empregatício entre ela e seus associados, nem entre estes e os tomadores de serviços daquela (CLT, art. 442, red. L. 8.949/94; v. também L. 5.764/71, que define a Política Nacional de Cooperativismo, art. 90, e Índice da Legislação). O instituto trouxe inegáveis possibilidades de subsistência a inúmeras áreas carentes; para o aplicador da lei, a fraude é o divisor de águas que pode afastar sua aplicação; o aproveitamento do trabalho realizado por cooperativas encontra resistência, principalmente quando se trata da atividade-fim da empresa tomadora. Existem milhares de trabalhadores com relações de emprego evidentes acobertadas por falsos contratos com falsas cooperativas, formadas por mãos empresariais. No Estado de São Paulo, as mais frequentes são as da colheita da laranja ou cana. Mas a anomalia ocorre em todo o território nacional e também na construção civil, prefeituras, hospitais e no setor hoteleiro. Fiscalização (Port. MT 925/95); para fins previdenciários, a cooperativa é considerada empresa (L. 8.212/91, art. 15, parágrafo único, e L. 8.213/91, art. 14, parágrafo único). O Prof. José Pastore imagina novas modalidades de trabalho fora da empresa, não subordinado, como, por exemplo, uma plataforma ou certo local onde profissionais autônomos colocariam seus serviços à disposição, tais como os de *marketing*, mala direta, televendas, engenharia etc. (cit. Índice

Bibl.). Contribuição previdenciária (L. 8.212/91, art. 31, alt. L. 11.933/09 e L. 11.941/09). A revogação do parágrafo único do art. 442 em nada modifica o entendimento pacificado na jurisprudência, era letra morta, pois a existência ou não de vínculo empregatício dependia da relação entre o empregado e o tomador do serviço, e não do ramo de atividade da cooperativa. Só existe cooperativa se não existir subordinação entre tomador e trabalhador cooperado. Ver o início desta nota.

SDI O art. 55 da Lei n. 5.764/71 assegura a garantia de emprego apenas aos empregados eleitos diretores de Cooperativas, não abrangendo os membros suplentes (TST, SDI-1, Orientação Jurisprudencial 253).

A análise da legalidade da prestação de serviços por cooperativa deve ser feita caso a caso, não se justificando proibição ampla e genérica, uma vez que a regência legal e a presunção de boa-fé concebam a prestação de serviços lícita. (TST-AIRR-45300-29.2005.5.02.0066, j. em 6.6.12, Alberto Luiz Bresciani de Fontan Pereira, *DEJT*, 15.6.12).

Se o Regional, para estabelecer o vínculo empregatício com a empresa tomadora de serviços, afirmou que não há cooperativa porque a constituição da entidade locadora de mão de obra foi irregular e fraudulenta e que quem dirigia o serviço era a SUCOCÍTRICO CUTRALE LTDA. e não a cooperativa, e a parte diz que não há prova dessas afirmações, não há como deixar de reconhecer que a egrégia Turma bem declarou a pertinência do Enunciado n. 126 para proclamar o não conhecimento do recurso de revista, porque é evidente a pretensão da parte recorrente de ver procedido o reexame de matéria fática. Hipótese em que não fica caracterizada a ofensa ao art. 896 da CLT (E-RR 635908/00). Francisco Fausto de Paula Medeiros – TST.

9 *Experiência anterior*. A exigência ou não de experiência na contratação faz parte do poder de comando e ou administração do empregador, não é discriminação. A lei não pode obrigar que este contrate quem não tem capacidade para a vaga, é letra morta.

Art. 442-B. A contratação do autônomo[1], cumpridas por este todas as formalidades legais, de forma contínua ou não, afasta a qualidade de empregado prevista no art. 3º desta Consolidação.

§ 1º É vedada a celebração de cláusula de exclusividade no contrato previsto no *caput*.

§ 2º Não caracteriza a qualidade de empregado prevista no art. 3º o fato de o autônomo prestar serviços a apenas um tomador de serviços.

§ 3º O autônomo poderá prestar serviços de qualquer natureza a outros tomadores de serviços que exerçam ou não a mesma atividade econômica, sob qualquer modalidade de contrato de trabalho, inclusive como autônomo.

§ 4º Fica garantida ao autônomo a possibilidade de recusa de realizar atividade demandada pelo contratante, garantida a aplicação de cláusula de penalidade prevista em contrato.

§ 5º Motoristas, representantes comerciais, corretores de imóveis, par-

ceiros, e trabalhadores de outras categorias profissionais[2] reguladas por leis específicas relacionadas a atividades compatíveis com o contrato autônomo, desde que cumpridos os requisitos do *caput*, não possuirão a qualidade de empregado prevista o art. 3º.

§ 6º Presente a subordinação jurídica, será reconhecido o vínculo empregatício.

§ 7º O disposto no *caput* se aplica ao autônomo, ainda que exerça atividade relacionada ao negócio da empresa contratante (Red. MP 808/17).

1 O trabalhador autônomo não será considerado empregado se for contratado como autônomo. Para que isso aconteça é necessário que ele não seja subordinado, tenha liberdade para a execução do seu trabalho, liberdade de horários, de dias, de jornadas, não esteja à disposição do contratante. Tem que ter autonomia. O verdadeiro autônomo nunca foi empregado. Artigo desnecessário, bastava o respeito ao art. 3º. O § 1º não permite que o autônomo seja contratado com exclusividade, mas o § 2º permite que ele trabalhe para apenas um tomador de serviço. De acordo com o § 3º, pode ainda trabalhar para outros tomadores, como autônomo, ou para empregador, como empregado. Não é a exclusividade que determina que o trabalhador seja autônomo, não pode existir subordinação.

2 Podem ser autônomos os motoristas, os representantes comerciais, os corretores de imóveis, parceiros, e trabalhadores de outras categorias profissionais reguladas por leis específicas relacionadas a atividades compatíveis com o contrato autônomo. Não basta ter o título de autônomo, o trabalho tem de ser executado com autonomia, sem a interferência do tomador, o trabalhador tem que ter liberdade para sua execução (§ 6º), sem subordinação jurídica. A mesma pessoa jurídica pode contratar empregados ou autônomos.

Art. 443. O contrato individual de trabalho poderá ser acordado tácita ou expressamente[1], verbalmente[2] ou por escrito, por prazo determinado ou indeterminado, ou para prestação de trabalho intermitente[8]. (Red. L. 13.467/17).

§ 1º Considera-se como de prazo determinado[3 e 5] o contrato de trabalho cuja vigência dependa de termo prefixado ou da execução de serviços especificados ou ainda da realização de certo acontecimento suscetível de previsão aproximada.

§ 2º O contrato por prazo determinado só será válido[4 a 6] em se tratando:

a) de serviço cuja natureza ou transitoriedade justifique a predeterminação do prazo;

b) de atividades empresariais de caráter transitório;

c) de contrato de experiência.

§ 3º Considera-se como intermitente[8] o contrato de trabalho no qual a prestação de serviços, com subordinação, não é contínua, ocorrendo com alternância de períodos de prestação de serviços e de inatividade, determinados em horas, dias ou meses, independentemente do tipo de atividade do empregado e do empregador, exceto para os aeronautas, regidos por legislação própria. (Red. L. 13.467/17).

1 Tácito ou expresso (v. nota ao art. 442).

2 *Contrato verbal.* O direito do trabalho não exige forma especial para a validade e eficácia do contrato de trabalho, ou seja, mesmo não sendo escrito, terá validade e eficácia; mas o empregador deve reduzi-lo em 48 horas, pois tem a obrigação de anotar a carteira de trabalho do empregado, nela fazendo constar as principais cláusulas (início, remuneração e "condições especiais, se houver", art. 29). Assim, as condições especiais, as que não se presumem, exigem forma escrita, ao menos pela simples anotação na carteira; é o que ocorre com o contrato de experiência ou a prazo (CLT, art. 41, parágrafo único: "duração"). O mesmo acontece com certos contratos; tal é o caso do empregado contratado por empresa fornecedora de mão de obra temporária (nota 6, *infra*), do artista (L. 6.533/78) e do trabalho no exterior (v. art. 1º/9).

3 *Tempo determinado.* Presume-se que o contrato foi pactuado sem limite de tempo, salvo prova em contrário. "Por tempo determinado" é aquele em que as partes preveem um limite à sua duração; esse limite pode ser um dia determinado, a execução de certos trabalhos ou um fato futuro de cujo acontecimento há certeza, e, não se sabendo o dia exato, pode-se antevê-lo com aproximação (v. arts. 445, 451, 452 e 481).

4 É insuficiente a vontade das partes para prefixar a limitação de tempo ao contrato; há necessidade que as circunstâncias o justifiquem, em face: I) da lei de estímulo a novos empregos (L. 9.601/98, v. nota 5, *infra*) ou II) da transitoriedade do trabalho objeto do ajuste, prevista no art. 443, § 2º (a), da própria atividade empresarial (b), ou em razão de um contrato sujeito a prova; v. art. 445/2 (c), ou por determinação legal (d), como é o caso do técnico estrangeiro, residente no exterior, admitido para trabalhos especializados no Brasil, em caráter provisório, com salário em moeda estrangeira que deve ser contratado por tempo determinado (DL 691/69, v. Índ. Leg.); também o contrato de safra (L. 5.889/73, art. 14) e o de obra certa com construtor (L. 2.959/56). Exemplo da primeira hipótese é a contratação de empregados para a temporada de veraneio em uma região de turismo; exemplo da segunda, o ajuste de intérpretes para a realização de uma feira internacional por entidade criada para esse fim exclusivo. Há ainda a permissão legal para a contratação de alguém (v. art. 475, § 2º), a fim de substituir o empregado aposentado por invalidez, prevendo a possível recuperação da capacidade laborativa; é um caso de condição na acepção civilista (determinação agregada a um negócio jurídico), mediante a qual se faz depender de um fato futuro e incerto a produção ou extinção dos efeitos daquele (Castan, *Derecho Civil*, p. 722).

■ Não se pode interpretar como sendo o término em si da obra, porque de previsão aproximada, capaz de tornar por prazo determinado um contrato de trabalho que não fixou a exata estipulação do dia respectivo, sobretudo se esse é o objetivo social precípuo do empregador (TRT, 10ª Reg., RO 455/86, Heráclito Pena, Ac. 1ª T. 3.850/86).

■ Inobstante suas atividades tenham caráter permanente, pode a empresa de construção civil contratar obreiro, nos termos do § 2º do art. 443 da CLT, consoante a transitoriedade da obra, em execução sob sua responsabilidade (TST, RR 3.049/84, Ranor Barbosa, Ac. 3ª T. 4.209/85).

■ Decisão que fere os princípios de legalidade, impessoalidade e moralidade, regentes da administração pública. Aplicação do DL 2.300/86. Não resulta em formação de contrato de trabalho com ente da administração pública a contratação, por prazo determinado, para execução de serviço técnico especializado (TST, 138.523/94.6, Almir Pazzianotto Pinto, Ac. 4ª T. 1.990/96).

5 *Tempo determinado por incentivo a novos empregos.* A preocupante falta de postos de serviço, praticamente universal, levou algumas legislações a estimular a contratação por tempo determinado, sem total sucesso, pois que o aquecimento da economia é o grande impulso nessa matéria. O Brasil trilha essa tentativa, e bem age, criando um novo contrato a termo (L. 9.601/98 e D. 2.490/98, Índ. Leg.), específico para o incentivo de novos empregos. A esse contrato se aplicam todas as normas da generalidade dessa espécie de contratos por tempo determinado, com exceção das que a lei expressamente afasta. Contém alguns formalismos e perigos para quem tente usá-lo sem todas as cautelas; os perigos consistem na inobservância dos requisitos e em que tais contratações sejam consideradas como por tempo indeterminado e a perda das vantagens contributivas. Somente pode ser estipulado em convenção ou contrato coletivos; portanto deverá participar o sindicato da categoria preponderante de trabalhadores, na empresa, ou da categoria diferenciada, quando se tratar dessa espécie de empregados; as categorias inorganizadas são representadas pela federação ou confederação (CLT, art. 611).

Para sua celebração, dispensam-se as exigências da CLT, art. 443, § 2º, mas se impõem outras: o número de trabalhadores assim contratados deve ser inferior a 50% da média mensal dos que foram admitidos no estabelecimento (não a empresa) por tempo indeterminado, nos últimos 6 meses anteriores à publicação da lei (22.1.98); esse percentual se refere às hipóteses em que o número de trabalhadores contratados por tempo indeterminado tenha sido inferior a 50; 35%, se houver uma parcela restante de 50 a 199 empregados contratados por tempo indeterminado; 20%, para a parcela restante, acima de 200 empregados contratados por tempo indeterminado. Os estímulos referentes ao custo na folha de pagamento reduzem a contribuição do FGTS para apenas 2% e para 50% as contribuições ao SESI etc.; a redução prevista alcança apenas os 18 meses subsequentes à publicação da lei e subsistirão enquanto o número de empregados e a folha de pagamento dos salários forem superiores às médias mensais dos 6 meses anteriores à publicação da lei. Além disso, o empregador deverá estar em dia com aquelas contribuições redutíveis e o instrumento coletivo estar depositado no Ministério do Trabalho; os que aumentarem seu quadro de pessoal terão preferência junto aos estabelecimentos federais de crédito.

As diferenças de direitos entre esses trabalhadores e os demais são: a indenização pela rescisão antecipada do contrato será estipulada pela convenção ou acordo coletivos (afasta-se a CLT, 479 e 480); o contrato poderá ser prorrogado indefinidamente (afastou-se a CLT, 451); mas há os limites da CLT (art. 452) e o do 445 (a contratação inicial não superior a 2 anos); continuamos a entender que a restrição de 2 anos é para a contratação inicial e que a prorrogação pode ser por outros 2; assim, poderia haver pacto inicial de um ano e duas prorrogações, somando 3 anos; Magano, diferentemente, indica o limite máximo de 2 anos (*OESP*, 21.1.97), por tratar-se de convenção ou acordo coletivo específico que em nada altera o entendimento pela CLT, art. 613, § 3º, que se refere à contratação e não à prorrogação, que será individual e não dependerá de registro no MT. Inexiste a multa de 40% da lei do FGTS na rescisão, mas o instrumento coletivo deverá estabelecer a obrigação de recolhimentos mensais na conta do empregado, indicando a época de saque pelo empregado, sem prejuízo dos depósitos de FGTS antes mencionados; a natureza jurídica dessa nova espécie de depósitos não está expressa na lei; pelas expressões utilizadas e sua imediatidade na redação da lei tem-se de deduzir que se trata de verbas indenizatórias e não salariais. A estabilidade provisória da gestante, do dirigente sindical e seu suplente, do membro da CIPA e do acidentado, vigora durante o prazo do contrato, não podendo ser dispensados antes do fim estipulado. Não se vislumbra qualquer inconstitucionalidade na lei; a diferença de direitos ("discriminação", como querem chamar-lhe) se justifica pela diferença de situações; o contrato de trabalho por tempo determinado sempre a teve. A isonomia desaparece perante situações diversas; o percentual do FGTS não está na Constituição. O aviso prévio não é da natureza dos contratos a termo.

O empregado submetido a contrato de trabalho na modalidade temporária, na forma da Lei n. 6.019/74, não passa a ter os mesmos direitos daqueles contratados por período indeterminado por ocorrência de acidente de trabalho durante o interregno de vigência do contrato de trabalho (TST, RR 2.644/1999-670-09-00.7, Emmanoel Pereira).

6 *Trabalho temporário*: prestado por pessoa física contratada por uma empresa de trabalho temporário que a coloca à disposição de uma terceira empresa (tomadora de serviços) para atender: 1) Substituição transitória de pessoal permanente (Art.

2º) (proibido para substituição de trabalhador em greve, Art. 2º, § 1º); ou 2) Demanda complementar de serviços (fatores imprevisíveis, ou previsíveis com natureza intermitente, periódica ou sazonal, Art. 2º, § 2º).

Empresa de trabalho temporário: pessoa jurídica tem por finalidade a colocação de trabalhadores à disposição de outras empresas temporariamente (Art. 4º). A atividade da empresa de trabalho temporário integra o plano básico do enquadramento sindical (Art. 3º). *Requisitos*: Registro da empresa de trabalho temporário no Ministério do Trabalho: CNPJ, registro na Junta Comercial, capital social de, no mínimo, R$ 100.000,00 (cem mil reais) (Art. 6º).

Prestação de serviço é um trabalho específico e determinado prestado por empresa jurídica, para terceiro (pessoa física ou jurídica).

Empresa prestadora de serviços: pessoa jurídica de direito privado, que presta à contratante serviços determinados e específicos (Art. 4º-A). Contrata, remunera e dirige o trabalho realizado por seus trabalhadores, ou subcontrata outras empresas para realização desses serviços (Art. 4º-A, § 1º). Não gera vínculo empregatício entre os trabalhadores, ou sócios das empresas prestadoras de serviços, a empresa contratante (Art. 4º-A, § 2º). *Requisitos*: inscrição no CNPJ; registro na Junta Comercial; capital social compatível com o número de empregados: a) até dez empregados – capital mínimo de R$ 10.000,00 (dez mil reais); b) com mais de dez e até vinte empregados – capital mínimo de R$ 25.000,00 (vinte e cinco mil reais); c) com mais de vinte e até cinquenta empregados – capital mínimo de R$ 45.000,00 (quarenta e cinco mil reais); d) mais de cinquenta e até cem empregados – capital mínimo de R$ 100.000,00 (cem mil reais); e) mais de cem empregados – capital mínimo de R$ 250.000,00 (duzentos e cinquenta mil reais) (Art. 4º-B).

Empresa tomadora de serviços: pessoa jurídica ou entidade a ela equiparada, que celebra contrato de prestação de trabalho temporário (Art. 5º).

Contratante: física ou jurídica que celebra contrato com empresa de prestação de serviços determinados e específicos (Art. 5º-A). Os serviços podem ser executados na empresa contratante ou em outro local (Art. 5º-A, § 2º).

O contrato de prestação de serviços (entre contratante e prestadora) será por escrito: I - qualificação das partes; II - especificação do serviço a ser prestado; III - prazo para realização do serviço, quando for o caso; IV - valor (Art. 5º-B). A contratante tem que garantir as condições de segurança, higiene e salubridade dos trabalhadores, quando o trabalho for realizado em suas dependências ou local previamente convencionado em contrato (Art. 5º-A, § 3º). Lei não obriga a contratante a estender ao trabalhador da empresa de prestação de serviços o mesmo atendimento médico, ambulatorial e de refeição destinado aos seus empregados, existente nas dependências da contratante, ou local por ela designado (Art. 5º-A, § 4º).

O contrato de trabalho temporário (*entre Empresa tomadora de serviços e Empresa de trabalho temporário*) será por escrito: I - qualificação das partes; II - motivo justificador da demanda de trabalho temporário; III - prazo da prestação de serviços; IV - valor da prestação de serviços; V - disposições sobre a segurança e a saúde do trabalhador, independentemente do local de realização do trabalho (Art. 9º). Poderá versar sobre o desenvolvimento de atividades-meio e atividades-fim a serem executadas na empresa tomadora de serviços (Art. 9º, § 3º). Terá o prazo máximo de cento e oitenta dias, consecutivos ou não (Art. 10, § 1º), podendo ser prorrogado por mais 90 dias, comprovada a manutenção das condições que o ensejaram (Art. 10, § 2º). Pode ser feito novo contrato, a lei não impede. O empregado da prestadora de trabalho temporário, que trabalhou por 180 dias do contrato e mais 90 dias da prorrogação, só poderá trabalhar na mesma empresa tomadora após 90 dias do final da prorrogação (Art. 10, § 5º). *O contrato de trabalho temporário entre a empresa de trabalho temporário e trabalhador assalariado* será escrito. Constando, expressamente, os direitos ali conferidos (Art. 11). Ficam assegurados ao trabalhador temporário os seguintes direitos: a) remuneração equivalente à dos empregados da empresa tomadora ou cliente (calculados à base horária, garantida, no valor do salário mínimo regional); b) jornada de oito horas, duas horas extraordinárias no máximo por dia, com acréscimo de 50% (cinquenta por cento, CF/88, art. 7º, XVI); c) férias proporcionais; e) adicional por trabalho noturno; f) indenização por dispensa sem justa causa ou término normal do contrato, correspondente a 1/12 (um doze avos) do pagamento recebido; g) seguro contra acidente do trabalho; h) proteção previdenciária (Art. 12). Anotação na CTPS, sua condição de temporário (Art. 12, § 1º). Caso ocorra acidente com o trabalhador, a empresa tomadora ou cliente é obrigada a comunicar à empresa de trabalho temporário (Art. 12, § 2º). A empresa tomadora tem que estender as mesmas condições de segurança, higiene e salubridade dos trabalhadores, quando o trabalho for realizado em suas dependências ou em local por ela designado (Art. 9º, § 1º). E o mesmo atendimento médico, ambulatorial e de refeição destinado aos seus empregados, existente nas dependências da contratante, ou local por ela designado (Art. 9º, § 2º). Não se aplica ao trabalhador temporário, contratado pela tomadora de serviços, o contrato de experiência (Art. 10, § 4º). O trabalhador temporário ao final do contrato pode ser contratado pela contratante (Art. 11, parágrafo único).

Justa causa para rescisão do contrato do trabalhador temporário, cabe pelos motivos elencados nos Arts. 482 (ato do empregado) e 483 (ato do empregador). Pode ocorrer entre trabalhador e empresa de trabalho temporário ou trabalhador e a empresa cliente (Art. 13).

Não pode a empresa de trabalho temporário cobrar do trabalhador qualquer importância, mesmo a título de mediação, podendo apenas efetuar os descontos previstos em Lei (Art. 17). Sua infração importa no cancelamento do registro como empresa de trabalho temporário, contrato e multa (Art. 18). O descumprimento do disposto nesta Lei sujeita a empresa infratora ao pagamento de multa (Art. 19-A). A fiscalização, a autuação e o processo de imposição das multas reger-se-ão pelo Título VII da CLT (Art. 19-A, parágrafo único). O estrangeiro, com visto provisório, não pode ser contratado como temporário (Art. 17). As empresas de trabalho temporário são obrigadas a fornecer às empresas tomadoras ou clientes, a seu pedido, comprovante da regularidade de sua situação com o Instituto Nacional de Previdência Social (Art. 14).

Restrições: a lei proíbe a utilização dos trabalhadores em atividades distintas do objeto do contrato com a empresa prestadora de serviços (Art. 5º-A, § 1º).

Vínculo empregatício: a Lei afirma que não existe vínculo empregatício entre empregado e a empresa de tomadora (Art. 10) e empregado e empresa contratante (Art. 4º-A, § 2º). Não basta a lei dizer, as regras devem tem ser observadas, caso sejam descumpridas gera vínculo: o prestador de serviço que é tratado como empregado da contratante, o temporário que é colocado em outra função.

Responsabilidade das obrigações: a contratante responde subsidiariamente pelas obrigações trabalhistas, remuneração, indenização e contribuições previdenciárias tanto no contrato temporário (Art. 10, § 7º) como no contrato de prestação de serviços (Art. 5º-A, § 5º). Na falência da empresa de trabalho temporário a contratante responde solidariamente (Art. 16).

Estas normas não se aplicam às empresas de vigilância e transporte de valores, as respectivas relações de trabalho continuam reguladas por legislação especial, e subsidiariamente (CLT) (Art. 19-B).

A tomadora de mão de obra deve reter o crédito devido pela fornecedora, 11% do valor bruto da nota fiscal e recolher até o dia 10 para o INSS, a ser compensado futuramente (L. 8.212/91, art. 31, alt. L. 11.933/09 e L. 11.941/09). Justa causa e despedida arbitrária (art. 477/1). *Marchandage* (art. 455/1). Subsidiariedade do ente público (art. 455/1).

TST I – A contratação de trabalhadores por empresa interposta é ilegal, formando-se o vínculo diretamente com o tomador dos serviços, salvo no caso de trabalho temporário (Lei n. 6.019, de 3. 1. 74). II – A contratação irregular de trabalhador, mediante empresa interposta, não gera vínculo de emprego com os órgãos da Administração Pública direta, indireta ou fundacional (art. 37, II, da CF/88). III – Não forma vínculo de emprego com o tomador a contratação de serviços de vigilância (Lei n. 7.102, de 20. 6. 83) e de conservação e limpeza, bem como a de serviços especializados ligados à atividade-meio do tomador, desde que inexistente a pessoalidade e a subordinação direta. IV – O inadimplemento das obrigações trabalhistas, por parte do empregador, implica a responsabilidade subsidiária do tomador dos serviços quanto àquelas obrigações, desde que haja participado da relação processual e conste também do título executivo judicial. V – Os entes integrantes da Administração Pública direta e indireta respondem subsidiariamente, nas mesmas condições do item IV, caso evidenciada a sua conduta culposa no cumprimento das obrigações da Lei n. 8.666, de 21. 6. 93, especialmente na fiscalização do cumprimento das obrigações contratuais e legais da prestadora de serviço como empregadora. A aludida responsabilidade não decorre de mero inadimplemento das obrigações trabalhistas assumidas pela empresa regularmente contratada. VI – A responsabilidade subsidiária do tomador de serviços abrange todas as verbas decorrentes da condenação referentes ao período da prestação laboral (TST – Súmula 331, alt. Res. TST 174/11).

Trata-se o feito de reclamação trabalhista ajuizada em face de tomador de serviço com a finalidade de ver-se declarado o vínculo de emprego diretamente com este e condenado ao pagamento de verbas trabalhistas. A sentença declarou lícita a terceirização e a egrégia Corte Regional, em grau de recurso, reformou a decisão por concluir que, diante de fraude constada, deveria ser formado o vínculo diretamente com o tomador de serviços. Assim, o cerne da questão está em saber se a demissão do reclamante (porteiro de um banco em liquidação extrajudicial) em um dia e sua nova contratação em outro por empresas prestadoras de serviços diversas com a sua manutenção no mesmo posto de trabalho poderia ensejar a formação de vínculo direto com o tomador de serviços. A fraude na terceirização trabalhista apta a reformar a sentença que reconhecera a licitude da terceirização e a ensejar a formação de vínculo com o tomador deveria ter sido cabalmente comprovada através de elementos como a eventual existência de pessoalidade e subordinação jurídica entre reclamante e tomador de serviços ou de terceirização de atividade-fim da empresa ou, ainda, de algum conluio entre a empresa tomadora de serviços e as prestadoras com o fim de elidir direitos trabalhistas do reclamante. Na hipótese, ainda que se constatasse existência de alguma fraude no procedimento adotado entre as prestadoras, esta se circunscreveria às relações jurídicas havidas entre as empresas prestadoras de serviços que se sucederam, não podendo ser imputada ao tomador de serviços, que, no máximo, responderia de forma subsidiária e em caso de inadimplemento das obrigações trabalhistas (TST, RR 7300-05.2005.5.05.0024, Guilherme Caputo Bastos).

Diante dos termos do entendimento manifestado pelo E. STF, no julgamento da ADC-16, em 24.11.2010, pela constitucionalidade do art. 71 da Lei 8.666/93, a matéria relacionada à responsabilidade subsidiária de ente público deve ser apreciada nesta c. Corte levando em consideração se ocorreu a fiscalização do contrato realizado com o prestador de serviços. No caso em exame, o ente público não cumpriu o dever legal de vigilância, registrado nos autos a omissão culposa, diante da confessada inadimplência do contratado no pagamento das verbas trabalhistas, em ofensa ao princípio constitucional que protege o trabalho como direito social indisponível, a determinar a sua responsabilidade subsidiária, em face da culpa *in vigilando*. Não demonstra a reclamada divergência jurisprudencial na apreciação da Súmula 331, IV, do c. TST. Embargos não conhecidos (TST, RR 99500-89.2006.5.21.0011, Rel. Aloysio Corrêa da Veiga).

Terceirização. Empregado de empresa de transporte coletivo, por largos anos, que tem o contrato de emprego "rescindido" e, no dia imediatamente seguinte, mediante empresa individual e como "autônomo", prossegue prestando idêntico serviço de emissão de bilhete de passagem, no mesmo local, sob patente direção da "ex-empregadora". Fraude à legislação trabalhista reconhecida, reputando-se inválida a rescisão contratual intercorrente formalizada. CLT, art. 9º. Súmula 331, do Egr. TST (TRT/PR, RO 12.268/95, João Oreste Dalazen, Ac. 3ª T. 15.542/96).

7 *Contrato por prazo determinado do empregado doméstico* (LC 150/15, art. 4º). A Lei autoriza a contratação por tempo determinado (ver art. 443/3); o contrato

tem um limite de duração, para necessidades familiares transitórias ou em substituição temporária de outro empregado com o contrato suspenso ou interrompido (v. art. 443/4). O contrato é limitado ao término do evento que originou a contratação e tem como prazo máximo 2 anos.

Contrato de experiência do empregado doméstico (LC 150/15, art. 5º). O contrato de experiência poderá ser prorrogado por uma vez, desde que a soma dos dois períodos dê no máximo 90 dias.

Nas duas modalidades é obrigatória a anotação na CTPS, no prazo máximo de 48 horas (LC 150/15, art. 9º). Durante a vigência do contrato o empregador que sem justa causa demitir o empregado tem que pagar a título de indenização metade da remuneração a que teria direito o empregado até o fim do contrato (LC 150/15, art. 6º); no caso de o empregado rescindir o contrato de trabalho, ele será obrigado a indenizar o empregador pelo prejuízo que este venha a sofrer (LC 150/15, art. 7º), limitado ao que teria direito o empregado (LC 150/15, art. 7º, parágrafo único). Um prejuízo difícil de calcular, como transformar em números o prejuízo sofrido por uma família pela falta do empregado doméstico, mais uma árdua tarefa para a Justiça do Trabalho. Melhor tratar os dois lados da mesma forma. Quem deu motivo ao rompimento do contrato deve pagar à parte contrária a metade do que falta para o término do contrato. O contrato a prazo tem termo, as partes já estão avisadas do seu fim, não se obriga o aviso prévio (LC 150/15, art. 8º).

8 *Trabalho intermitente.* V. art. 452-A.

Art. 444. As relações contratuais de trabalho podem ser objeto de livre estipulação das partes interessadas em tudo quanto não contravenha[2] às disposições de proteção ao trabalho[1], aos contratos coletivos que lhes sejam aplicáveis e às decisões das autoridades competentes.

Parágrafo único. A livre estipulação[3] a que se refere o *caput* deste artigo aplica-se às hipóteses previstas no art. 611-A desta Consolidação, com a mesma eficácia legal e preponderância sobre os instrumentos coletivos, no caso de empregado portador de diploma de nível superior e que perceba salário mensal igual ou superior a duas vezes o limite máximo dos benefícios do Regime Geral de Previdência Social. (Red. L. 13.467/17).

1 A legislação do trabalho não se limita simplesmente a regular as relações entre empregados e empregadores, disciplinando a economia; tem a conotação teleológica de proteger o hipossuficiente, o empregado. Por isso, as normas laborais são um mínimo; impedem se conceda menos ao trabalhador; o que pactuarem a mais terá eficácia entre as partes e será exigível. Nessa ordem protecionista é que devem ser entendidos os dispositivos que constituem as fontes formais do Direito, na ordem de sua hierarquia: a Constituição Federal, depois as leis (ou decretos-leis), normas coletivas (em sentenças ou em contratos coletivos), contratos individuais; as fontes inferiores não podem conceder menos do que as superiores determinam; em nosso sistema o *regulamento de empresa* integra-se ao contrato individual, desde que não seja afastado pelas partes; o empregador poderá tirar-lhe sua vigência nos casos futuros, mas será intocável para os anteriores (v. Ruprecht, "Regulamentos de empresas", *LTr* 40/559, 1976). Trabalho no estrangeiro (L. 7.064/82, alt. L. 11.962/09, em apêndice).

A livre contratação (CLT, art. 444) não se sobrepõe, nunca, às disposições de proteção ao trabalhador (TST, E-RR 2.530/79, Coqueijo Costa, Ac. TP 2.129/83).

2 Cláusulas que violam normas legais ou coletivas não prejudicam a validade do contrato. Este permanece quanto ao restante do pactuado. Prevalece o que as normas determinam. Nem sempre há propriamente a substituição da cláusula ilícita, como se diz, ainda que o resultado seja sempre o mesmo. Em certas hipóteses a cláusula ilegal simplesmente não tem validade por ter conteúdo dispensável; impede-se a viabilidade do combinado; é o ensinamento de Carlos Palomeque (*La Nulidad del Contrato de Trabajo*, cit., p. 242), lembrando a hipótese de contrato que preveja o pagamento salarial em tavernas ou casas de diversão, que viola a lei espanhola e a brasileira – art. 465 da CLT; mas, se o contrato previu salário inferior ao mínimo, há cláusula que substitui a anterior; é a que fixa a remuneração pelos valores mínimos (idem, ibidem, p. 243); na primeira hipótese há simplesmente amputação; na segunda, substituição.

TST I – As cláusulas regulamentares, que revoguem ou alterem vantagens deferidas anteriormente, só atingirão os trabalhadores admitidos após a revogação ou alteração do regulamento. II – Havendo a coexistência de dois regulamentos da empresa, a opção do empregado por um deles tem efeito jurídico de renúncia às regras do sistema do outro (TST – Súmula 51, conversão da Orientação Jurisprudencial SDI-1 163).

O artigo 1º da Lei n. 9.307/96 limita o uso da arbitragem para "dirimir litígios relativos a direitos patrimoniais disponíveis". Não é o caso dos direitos sociais do trabalho, que são direitos indisponíveis e, em sua maioria, de sede constitucional. A cláusula compromissória (art. 4º da Lei n. 9.307/96) é anterior ao litígio e acarreta renúncia prévia a direitos indisponíveis. Tal renúncia, na hipótese dos autos, ocorreu na contratação, momento de clara desproporção de forças entre empregador e trabalhador. Não produz efeitos a cláusula compromissória arbitral inserida no contrato de trabalho do Reclamante (TST, RR 51.085-09.2005.5.10.0014, Maria Cristina Irigoyen Peduzzi).

Afigura-se justa a cláusula que garante ao empregado admitido para preencher vaga que decorra de promoção, transferência ou demissão, salário igual ao menor pago pelo empregador para a função, sem as vantagens pessoais, pois tem finalidade de preservar os efeitos da norma coletiva (TST, RO-DC 186.011/95.1, Ursulino Santos, Ac. SDC 733/96).

As cláusulas do regulamento de empresa são obrigatórias, como se tivessem sido aceitas pelo empregado (Planiol e Ripert). O conteúdo do regulamento subordina-se à convenção coletiva ou à lei em geral, salvo nas condições mais benéficas para o empregado (Gomes-Gottschalk). No regulamento, há uma parte estatutária e uma parte contratual e em nenhuma delas pode o empregador fazer alteração unilateral, sob pena de poder o empregado considerar rescindido indiretamente o contrato (Evaristo de Moraes Fº). É princípio do moderno Direito do Trabalho que toda prestação oferecida ao trabalhador, qualquer que seja o nome que se lhe dê, cria um direito em seu favor (Mário de La Cueva). A prescrição não deflui para o credor enquanto pende a condição (TST, Ac. TP 867/72, Coqueijo Costa).

O princípio da *interpretatio contra stipulationem* é importante em Direito do Trabalho, onde a interpretação se deve fazer contra o autor da cláusula, pois o contrato, via de regra, se forma pela adesão do trabalhador. As cláusulas inseridas nas condições gerais do contrato ou dos modelos ou formulários elaborados, por um dos contratantes interpretam-se, na dúvida, em favor do outro (TST, RR 874/76, Coqueijo Costa, Ac. 3ª T. 1.591/76).

Benefício condicionado a que o empregado não entre em litígio contra o empregador. Restrição odiosa e discriminatória que não pode sobreviver por ilegal (TST, RR 2.463/79, Marcelo Pimentel, Ac. 1ª T. 3.091/79).

3 O empregado que recebe um salário mensal igual ou superior a duas vezes o limite máximo dos benefícios do Regime Geral de Previdência Social, a livre estipulação, pode preponderar sobre o instrumento coletivo. Por ter um salário melhor a Lei considera que este empregado tem uma capacidade maior para se impor diante das negociações, dando a este a liberdade de negociar seus próprios acordos. Respeitando-se sempre os direitos constitucionais e os demais limites estabelecidos pelo art. 611-A.

Art. 445. O contrato de trabalho por prazo determinado não poderá ser estipulado[1] por mais de 2 anos, observada a regra do art. 451.

Parágrafo único. O contrato de experiência[2] não poderá exceder de 90 dias.

1 O contrato a termo, se for uma das hipóteses autorizadas por lei (art. 443, § 2º), pode ser prorrogado uma vez (art. 451), alcançando 4 anos: 2 no primeiro contrato, prorrogado por mais 2. Süssekind e Amauri entendem que o limite total seria de 2 anos (respectivamente *Instituições* e *Curso*, cit., Índice Bibliog.). A suspensão do contrato por tempo determinado não prorroga o termo final, se não se pactuar o contrário, por analogia com a hipótese de serviço militar (art. 472, § 2º) e como o direito comparado faz (Espanha, Estatuto de Los Trabajadores, art. 14, n. 3); prevalece a previsão pactuada, baseada na necessidade da empresa, nesta incluída a experiência inicial.

2 *O contrato de experiência* teria como característica o de ser celebrado sob condição resolutiva, que é o resultado da prova, segundo Paul Durand, não estando obrigado o empregador a contratar em definitivo; ou sob condição suspensiva, segundo Riva Sanseverino (apud Washington Luiz da Trindade, *Rev. Synthesis* 7). Para o citado Washington Trindade, trata-se de um acordo preparatório, que garante aos que o estipulam a mais ampla liberdade de negócio jurídico anterior (idem). Prevalece o entendimento de que o contrato de prova, na legislação brasileira, é um contrato por tempo determinado. Daí, temos de extrair todas as consequências: o inadimplemento do prazo dá direito à parte inocente a receber a metade dos salários do tempo que falta para atingir o termo final, mas, se o contrato estabeleceu direito recíproco de rescisão antecipada (art. 481 e Súmula 163 do TST), será devido aviso prévio e não a metade dos salários do tempo faltante. Quanto ao FGTS, v. art. 479/3. Exceder o lapso de 90 dias (art. 445, parágrafo único) transforma o contrato na espécie de indeterminado. Os contratos de trabalho por tempo determinado podem ter: data (a), ou depender da execução de serviços especificados (b) ou da realização de certo acontecimento previsível aproximadamente (c). A hipótese *a* é a mais frequente; no contrato de experiência, a hipótese *c* é difícil, mas não é impossível. A espécie *b* é mais comum: a execução de certos serviços especificados (em sentido contrário, Aluysio Sampaio, *Contratos*, p. 50); por exemplo, a montagem de certa máquina, em cuja atividade será avaliada a perícia do trabalhador, a produção de certa quantidade de peças ou a visita a um número previsto de possíveis clientes já cadastrados. Provam-se a capacidade técnica e as atitudes sociais e disciplinares do empregado; atrasos, atritos de comportamento, desídia, poderão determinar a rescisão antecipada por justa causa ou a não contratação definitiva, quando se esgotar o tempo estipulado; do lado do empregado haverá motivos diversos para desinteressar-se pela continuação. As partes não necessitam justificar a não recontratação após o termo final; a simples manifestação de vontade é suficiente. O contrato de experiência é nefasto para o empregado, pela incerteza que lhe traz quanto ao seu futuro, ameaçado de ficar desempregado sem saber se deve procurar nova ocupação e sem poder fazê-lo; mas, se não é possível fazer letra morta do texto expresso da lei, ela tem de ser interpretada restritivamente, por ser este uma espécie excepcional de contrato. Na dúvida, o pacto se presume como de tempo indeterminado. A formalidade da anotação na carteira, no prazo de 48 horas, com menção àquela circunstância, poderá substituir o contrato escrito mas não pode ser dispensada (o art. 29 exige a anotação na carteira das "condições especiais, se houver"). Süssekind aplica ao contrato de experiência todas as consequências dos contratos por tempo determinado (*Acórdão no TST*, v. 2); Catharino rejeita a aplicação do art. 481, negando o aviso prévio ("Contrato de Experiência", *Vox Juris*, 1973, 14/50). Délio Maranhão também repele o art. 481 (*Direito do Trabalho*).

Contrato por tempo determinado para incentivo a novos empregos (art. 443/5).

Trabalho temporário (art. 443/6).

TST O contrato de experiência pode ser prorrogado, respeitado o limite máximo de 90 dias (TST – Súmula 188).

TST Cabe aviso prévio nas rescisões antecipadas dos contratos de experiência, na forma do art. 481 da CLT (TST – Súmula 163).

Contrato de experiência – Requisitos. A lei não exige, para a validade de contratação experimental, qualquer qualificação profissional, nem a fundamentação empresarial quanto às razões do insucesso da experiência que levam à rescisão do pacto (TRT/SP, RO 8.219/86, Valentin Carrion, Ac. 8ª T. 5.10.87).

Prorrogação de Contrato de Experiência. O Contrato de Experiência é espécie de contrato a prazo determinado (CLT, art. 443, § 2º, *c*), definindo-se por seu limite máximo de duração (CLT, art. 445, parágrafo único), mas admitindo, como todo contrato a termo, uma só prorrogação (CLT, art. 451), respeitado o limite máximo previsto em lei (TST, RO-AR 80/88.8, Ermes Pedrassani, Ac. SDI 4.255/89).

Contrato de Experiência – Mão de obra desqualificada. O Contrato de Experiência, além de objetivar a avaliação do desempenho profissional ou funcional do empregado, visa, também, considerar seu relacionamento com os colegas e sua presteza em cumprir as ordens recebidas. Cabe, portanto, na hipótese de mão de obra desqualificada (TST, RR 4.745/90.9, Francisco Fausto, Ac. 3ª T. 697/91).

Cabe aviso prévio nas rescisões antecipadas dos contratos de experiência, na forma do art. 481 da CLT (TST, E-RR 88.205/93.6, José Luiz Vasconcellos, Ac. SBDI-1 1.045/96).

Art. 446. (Rev. pela L.7.855/89).

1 *Capacidade da mulher casada*. Diz a Constituição Federal de 1988:

Art. 5º Todos são iguais perante a lei, sem distinção de qualquer natureza, garantindo-se... a inviolabilidade do direito à vida, à liberdade, à igualdade... nos termos seguintes:
I – homens e mulheres são iguais em direitos e obrigações, nos termos desta Constituição...
XIII – é livre o exercício de qualquer trabalho, ofício ou profissão, atendidas as qualificações profissionais que a lei estabelecer...

Art. 226. ...

§ 4º Entende-se, também, como entidade familiar a comunidade formada por qualquer dos pais e seus descendentes.

§ 5º Os direitos e deveres referentes à sociedade conjugal são exercidos igualmente pelo homem e pela mulher.

A incapacidade relativa da mulher casada e a possibilidade de o marido opor-se ao prosseguimento do contrato, que era o que prescrevia o art. 446, já havia sido tacitamente revogada por lei (L. 4.121/62); assim entendia parte da doutrina

(Cesarino Jr., *Direito Social Brasileiro*; Marly Cardone, "Mulher Casada", *LTr* 29/447, 1965, apud ob. cit.; Pontes de Miranda); outros pensavam o contrário (Evaristo de Moraes Filho, *Introdução*; Süssekind, *Comentários*; Catharino, *Compêndio*; Barretto Prado, *Tratado de Direito do Trabalho*).

A incapacidade laborista da mulher já estava superada. A CF/88 (arts. 5º, *caput*, I e XIII, e 226, §§ 4º e 5º) terminou por afastar qualquer subordinação da mulher à vontade do marido. E agora o Código Civil, revogando os poucos artigos nos quais ainda restava alguma submissão entre a mulher e o marido e/ou vice-versa.

2 *Menor de idade*. Diz a Constituição Federal de 1988:

Art. 7º São direitos dos trabalhadores... além de outros...

XXXIII – proibição de trabalho noturno, perigoso ou insalubre a menores de 18 e de qualquer trabalho a menores de 16 anos, salvo na condição de aprendiz, a partir de 14 anos; ...

Art. 227. É dever da família, da sociedade e do Estado assegurar à criança e ao adolescente, com absoluta prioridade, o direito à vida, à saúde, à alimentação, à educação, ao lazer, à profissionalização, à cultura, à dignidade, ao respeito, à liberdade e convivência familiar e comunitária, além de colocá-los a salvo de toda forma de negligência, discriminação, exploração, violência, crueldade e opressão...

Art. 229. Os pais têm o dever de assistir, criar e educar os filhos menores...

O menor de 18 anos necessita de autorização do genitor, genitora ou outro responsável legal. A menoridade cessa com a relação de emprego, desde que o menor com 16 anos completos tenha economia própria (CC, art. 5º, parágrafo único, V).

Rescisão contratual. Menor. Não pode prevalecer, para exonerar o empregador das verbas rescisórias, acordo firmado pelo pai do empregado menor, como seu representante, quando a lei fala em assistência, que não se confunde com a representação (TRT/PR, 9ª Reg., RO 961/81, Carmen Ganem, *DJPR*, 27.3.82).

Menor de idade tem capacidade relativa. Do art. 439 da CLT, que indica as limitações de suas manifestações de vontade, deduz-se que o menor pode contratar independentemente de assistência de seus responsáveis. Presume-se existir autorização pela posse da carteira de trabalho, posto que sua expedição está condicionada a autorização expressa de seu responsável legal. Se houvesse o impedimento do menor firmar contrato sem assistência, sua nulidade ou descaracterização (prazo determinado para prazo indeterminado, por exemplo), estariam previstas pelo legislador no Capítulo IV da CLT – Da Proteção do Trabalho do Menor. Não havendo qualquer proibição legal, prevalece válido o contrato experimental firmado pelo reclamante menor de 18 anos de idade (TRT/SP, RO 15.166/85, Valentin Carrion, Ac. 17.11.86).

Art. 447. Na falta de acordo ou prova sobre condição essencial ao contrato verbal, esta se presume existente, como se a tivessem estatuído os interessados, na conformidade dos preceitos jurídicos adequados à sua legitimidade.

1 O texto, se literalmente interpretado, diria o óbvio. Inexistindo prova em contrário, presume-se que o contrato de trabalho foi pactuado por tempo indeterminado, para jornada normal e para realização de serviços apropriados à qualificação profissional do empregado.

TST As anotações apostas pelo empregador na carteira profissional do empregado não geram presunção *juris et de jure* mas apenas *juris tantum* (TST – Súmula 12).

Art. 448. A mudança na propriedade ou na estrutura jurídica[1] da empresa[1] não afetará os contratos de trabalho dos respectivos empregados.

Art. 448-A. Caracterizada a sucessão empresarial ou de empregadores prevista nos arts. 10 e 448 desta Consolidação, as obrigações trabalhistas[2], inclusive as contraídas à época em que os empregados trabalhavam para a empresa sucedida, são de responsabilidade do sucessor.

Parágrafo único. A empresa sucedida responderá solidariamente com a sucessora quando ficar comprovada fraude na transferência.

1 Alteração na empresa (art. 10).

SDI As obrigações trabalhistas, inclusive as contraídas à época em que os empregados trabalhavam para o banco sucedido, são de responsabilidade do sucessor, uma vez que a este foram transferidos os ativos, as agências, os direitos e deveres contratuais, caracterizando típica sucessão trabalhista (TST, SDI-1, Orientação Jurisprudencial 261).

2 Enquanto o art. 10 visa à proteção dos direitos do empregado, o art. 448 leva em conta o contrato e, portanto, ambas as partes. O contrato de trabalho é *intuitu personae* (ou infungível) com referência ao empregado (art. 2º), mas não quanto ao empregador (art. 448); assim, o empregado não pode recusar-se a trabalhar para o novo empregador, salvo situação absolutamente excepcional (Evaristo de Moraes Filho, *Sucessões*, n. 240; Barretto Prado, *Tratado*, p. 648).

O legislador, ao redigir os arts. 10 e 448, não pretendeu eximir de responsabilidade o empregador anterior, liberando-o de suas obrigações, de forma imoral.

A lei simplesmente concedeu ao empregado a garantia de voltar-se contra quem possuir a empresa para facilitar-lhe e garantir-lhe o recebimento de seus créditos; não há obstáculo na lei que impeça ao empregado propor ação contra quem foi seu empregador. Entretanto, essa conclusão não tem apoio jurisprudencial. Deixo o comentário anterior, demonstrando que o novo art. 448-A apenas oficializa o que a jurisprudência já garantia. Caracterizada a sucessão não fraudulenta, a responsabilidade das obrigações é do sucessor.

O sucessor, condenado ao pagamento de débitos trabalhistas do antecessor, tem direito regressivo contra este, pela lei civil. Segundo o CPC/15, art. 125, a denunciação da lide é obrigatória àquele que deve, pela lei ou pelo contrato, indenizar, em ação regressiva, o prejuízo do que perder a demanda. Liquidação extrajudicial (art. 643/10).

■ Existindo no cenário jurídico do antigo Banco Estatal regra de Decreto Estadual, que se incorporou aos contratos de emprego, impondo ao Banco a necessária motivação da dispensa de seus empregados, tal vantagem trabalhista é integralmente transferida para o sucessor empresarial, adquirente do Banco em processo de privatização (arts. 10 e 448 da CLT). A sucessão trabalhista, como se sabe, transfere vantagens e desvantagens ao novo empregador, dando continuidade aos contratos de emprego anteriormente existentes, observado seu conteúdo clausular precedente. Agravo de instrumento desprovido (TST, AIRR 76040-50.2007.5.07.0004, Mauricio Godinho Delgado).

■ Da conclusão do TRT de que a empresa busca a reavaliação da prova não exsurge ofensa aos incisos LIV e XXXVI do art. 5º da Constituição. Divórcio entre a conclusão decorrente da interpretação das normas processuais pertinentes aos Embargos de Declaração (arts. 897-A da CLT e 535 do CPC) e o teor mesmo daqueles incisos (garantia ao devido processo legal e direito adquirido). Ausência do requisito previsto no art. 896, § 2º, da CLT (TST, AIRR 720.955/00, Carlos Alberto Reis de Paula, Ac. 3ª T., 3.10.01).

■ A CLT em seus arts. 2º (empregador é a empresa), 10 (alteração da estrutura da empresa) e 448 (mudança na propriedade) traça uma constante que caracteriza a continuidade do vínculo empregatício e da responsabilidade (solidária ou sucessiva) nos débitos. Não se exclui a exploração de qualquer atividade negocial, nem sequer a concessão de serviço público desde que se deem os requisitos. Além do mais, a sucessão é instituto que protege o credor, o empregado, dando-lhe o direito de voltar-se contra o sucessor, não obstante ser o antecessor o inadimplente. Não é qualquer coisa como uma norma pública abstrata que libera o real devedor de livrar-se dos aborrecimentos do processo e da obrigação de responder perante seus empregados (TRT/SP, RO 22.043/85, Valentin Carrion, Ac. 8ª T.).

■ Muito embora a terceira embargante se estabelecesse no mesmo local e com a mesma atividade da firma anterior, não há que se falar em sucessão quando os bens da terceira são oriundos de arrematação legal feita pelo seu sócio maior (TRT/RJ, AP 333/85, Ac. 2ª T. 2.861/85, j. 29.10.85, Pimenta de Mello).

■ A aquisição da carta-patente de sociedade em processo de liquidação extrajudicial, bem como o exercício das atividades no mesmo local utilizado pela empresa liquidanda, não implica transferência de empresa ou estabelecimento, tampouco em transferência de ativo e passivo (TST, RR 12.209/90.4, Ney Doyle, Ac. 2ª T. 3.018/91).

■ Transformada a empregadora de fundação em autarquia, não podem os empregados da antiga fundação, agora trabalhando para entidade autárquica, pretender a manutenção das vantagens que a lei lhes outorgava, correção automática de salários, quando a legislação é expressa em afastar a aplicação de suas disposições às autarquias (art. 20, Lei 6.708/79) (TST, AR 18.762/90.5, Ney Doyle, Ac. SDI 595/92).

Obreiras, que antes eram empregadas de sociedade de economia mista de propriedade do Estado-membro, passam a integrar os quadros da administração pública estadual direta, sem alteração nos serviços prestados, opera-se verdadeira sucessão de empregadores. Assim, e na forma do art. 10 da CLT, o Estado-membro passa a ser responsável pelo adimplemento de todas as obrigações decorrentes do contrato de trabalho e ainda não solvidas. Tal se faz ainda mais evidente quando o próprio Estado-membro, mediante lei estadual, expressamente reconhece sua responsabilidade quanto a tais créditos (TST, RR 96.614/93.6, Vantuil Abdala, Ac. 2ª T. 439/95).

Apesar de haver recontratação do empregado pelo novo proprietário no período imediatamente posterior, tendo vista que o imóvel passou a ser utilizado como chácara de lazer, o novo contrato de trabalho era doméstico. No caso, a alteração contratual decorreu da mudança da atividade desenvolvida pelo novo empregador, não havendo que se falar em afronta ao art. 468 da CLT (TRT/PR, RO 2.123/95, Fátima Machado, Ac. 3ª T. 2.377/96).

Municípios – Os municípios são pessoas jurídicas distintas de direito público. A sucessão referente a entes da Administração Pública não tem a mesma natureza da sucessão trabalhista disposta nos arts. 10 e 448/CLT (TST, RR 121.053/94.2, Galba Velloso, Ac. 4ª T. 3.763/96).

* Sobre o tema *supra*, v. www.institutocarrion.com.br.

Art. 449. Os direitos oriundos da existência do contrato de trabalho subsistirão em caso de falência[1], concordata[2] ou dissolução da empresa.

§ 1º Na falência, constituirão créditos privilegiados[1] a totalidade dos salários devidos ao empregado e a totalidade das indenizações a que tiver direito.

§ 2º Havendo concordata na falência, será facultado aos contratantes tornar sem efeito a rescisão do contrato de trabalho e consequente indenização, desde que o empregador pague, no mínimo, a metade dos salários que seriam devidos ao empregado durante o interregno.

1 *Créditos privilegiados*. Os contratos bilaterais não se resolvem pela falência. É a própria cessação da atividade empresarial, o inadimplemento das obrigações laborais ou a manifestação de vontade do síndico que poderão ou não rescindir os contratos de trabalho. Os salários e as indenizações têm privilégio especialíssimo em caso de falência (limitados ao valor de 150 salários mínimos. L. 11.101/2005, art. 83, I), sobrepondo-se aos créditos tributários federais, estaduais ou municipais, aos créditos com garantia real, às dívidas da massa e a quaisquer outras com privilégio especial ou geral (CTN, L. 5.172/66, art. 186, alterado pela LC 118/2005, e a nova redação do art. 449, § 1º, da CLT, que estendeu a preferência a todos os direitos trabalhistas). A preferência do crédito do empregado se exerce até sobre o pedido de restituição do INAMPS (Tribunal de Justiça-SP, *RJTJSP* 68/326), mas

a cedem para as indenizações por acidente de trabalho. Não dependem de prévio pronunciamento da Justiça do Trabalho; são passíveis, portanto, de habilitação direta, salvo controvérsia (Mascaro Nascimento, *O Salário*, p. 184). Ao MM. Juiz da Vara do Trabalho caberá a orientação dos credores para que providenciem a habilitação dos seus créditos (TST/CGJT Prov. 1/12 v. Índ. Leg.). Execução trabalhista contra a massa falida (art. 880/2).

O juízo falimentar tem a *via actrativa*. A execução de sentença líquida e certa contra o falido vale como título executório, obrigando o credor a habilitar-se no juízo falimentar, que é universal (arts. 23 e 24 e seus §§ da Lei de Falências). O crédito trabalhista não se subordina ao rateio com os concorrentes de menor preferência, mas o rateio se impõe entre empregados diversos (TRT/DF, AP 294/89, Heráclito Pena, Ac. 1ª T. 680/90).

Se ao débito fiscal é concedido o privilégio de ser satisfeito no próprio Juízo de execução, quando promovida esta antes da decretação da quebra (Súmula 44/TFR), mais ainda deve-se resguardar no foro trabalhista, pois o crédito constituído pela condenação nesta Justiça Especializada precede a qualquer outro, mesmo o tributário. No caso não se suspende a execução, pois estando esta em fase de expropriação de bens em hasta pública o crédito a ser satisfeito não é atraído pelo Juízo Universal da falência, decretada posteriormente à marcação da praça (TST, RO-MS 518/87, Norberto Silveira, Ac. SDI, 336/90).

Como se aplicam à execução trabalhista as normas da Lei n. 6.830/80, os créditos dos trabalhadores não estão sujeitos ao concurso de credores de habilitação em falência, concordata, liquidação, etc. (TST, RR 63.316/92.3, Ursulino Santos, Ac. 1ª T. 2.348/93).

O estado falimentar não afasta a incidência das sanções previstas na CLT, artigos 467 e 477, parágrafo 8º. A lei não excepciona o falido; a intenção e a jurisprudência visam a celeridade do síndico em obter a autorização judicial para satisfazer o encargo. São devidas tanto a dobra salarial quanto a multa pelo atraso na quitação (TRT/SP, 02970020771, Valentin Carrion, Ac. 9ª T. 02970709699).

2 *Salários e indenizações.* A última redação do § 1º revogou a restrição anterior quanto às indenizações; todos os créditos trabalhistas estão armados do privilégio especialíssimo, inclusive as férias (art. 148). Os depósitos do FGTS na conta do empregado não são atingidos pela falência. O pagamento de salário em dobro (art. 467) e a multa por atraso na quitação das verbas rescisórias (CLT, art. 477, § 8º) também se impõem na falência.

Salário em dobro e multa por atraso na quitação das verbas rescisórias. A falência não justifica a suspensão do pagamento dos salários. As sanções legais (CLT, arts. 467 e 477, § 8º) se impõem, porque a intenção do legislador é subtrair essa obrigação premente à parcimônia falimentar, justificando a rapidez do síndico em obter pronta autorização judicial para satisfazer o encargo (TRT/SP, RO 33.189/94.2, Valentin Carrion, Ac. 9ª T. 1.961/96.4).

3 A *concordata*, hoje substituída pela recuperação judicial, nenhum efeito produz sobre o crédito trabalhista. Nem susta o andamento do processo de cognição ou o de execução, não existindo a ruptura do contrato de trabalho.

Esta a Súmula 227 do STF ("A concordata do empregador não impede a execução de crédito nem a reclamação de empregado na Justiça do Trabalho"). A legislação posterior somente se referiu aos direitos trabalhistas perante a falência (para tornar mais indubitável seu privilégio), deixando, assim, sem alteração a Súmula do Supremo Tribunal Federal.

■ Havendo acordo homologado na causa, a sua execução se processa normalmente contra a reclamada mesmo (TRT/SP, 4.456/78, Reginaldo Mauger Allen, Ac. 3ª T. 7.436/78).

4 O princípio do direito de preferência deve ser aplicado também em caso de devedor civil, concurso de credores, inclusive empregador rural. Há quem entenda de forma diferente (Maranhão, *Direito do Trabalho*, p. 527 e 852). Sustação do prosseguimento de execução (art. 880/2). Competência (arts. 643 a 646). Preferência no andamento processual (art. 768). Custas (art. 789/4). Representação (art. 793/4). Liquidação extrajudicial (art. 643/10). Concurso de credores (art. 883/8).

Art. 450. Ao empregado chamado a ocupar, em comissão[1], interinamente, ou em substituição eventual ou temporária, cargo diverso do que exercer na empresa, serão garantidas a contagem do tempo naquele serviço, bem como volta ao cargo anterior.

1 *Comissionamento e substituição*. Não se trata de um desmentido ao princípio segundo o qual as vantagens e promoções obtidas são intangíveis. Escapam apenas a esta regra geral o desempenho de cargo de confiança (art. 468, parágrafo único), em sentido estrito, e o exercício provisório de cargo ou função que pode ou não ser motivada por substituição.

O dispositivo legal não pode ser interpretado derrubando todo o instituto da irreversibilidade das vantagens obtidas pelo trabalhador no exercício do cargo, inclusive as promoções. Se assim fosse, qualquer empregador, em todas as atividades, estaria autorizado a admitir os trabalhadores nas funções mais humildes, para colocá-los nas funções de chefia em comissão e mantê-los em seu punho anos a fio, para, pelo mínimo pretexto, poder despi-los das vantagens obtidas. O instituto do retorno ao cargo anterior, pelo comissionamento, interinidade e substituição eventual ou temporária, somente pode ser interpretado sob a grandeza do instituto da irrevogabilidade das vantagens e da inalterabilidade prejudicial das posições alcançadas. A tais chefias provisórias, pode ascender-se por substituição do seu titular (doença ou outro afastamento) ou pela interinidade ou comissionamento, ou seja, vacância, enquanto se procura outro titular com certos requisitos; ou a designação de funções especiais, em determinada missão transitória. A proposital imprecisão legislativa permite adaptar-se à vontade legal as inúmeras hipóteses que a riqueza da vida apresenta. Jamais poderá servir de mero rótulo para acobertar a revogabilidade, denominando "em comissão" promoções que se exercem indefinidamente. A denominação enganadora pode ocorrer por imprecisão, mas costuma visar "o efeito de excluir as suas vítimas da proteção do direito do trabalho" (Pinto Antunes, apud Antero de Carvalho, "Cargos de Direção"). A doutrina internacional é unânime quanto à inalterabilidade das vantagens. Riva Sanseverino afirma: "... a própria designação torna-se definitiva quando a mesma não decorre da substituição do trabalhador ausente, com direito a conservação do posto, após um período fixado pelos contratos coletivos, de qualquer forma não superior a '3 meses'" (*Curso de Direito do Trabalho*, LTr). A autora mencionava esse prazo porque acorrentada pela lei italiana. Nós, que não temos limite legal, deveremos pesquisar a intenção das partes e as circunstâncias de cada caso, mostrando ou não as razões da provisoriedade. Assim, a situação de substituição poderá ser provisória por anos a fio, quando for o caso de substituição de trabalhador por longo tempo, em razão de longa doença, por exemplo. Evaristo de Moraes Filho é preciso em suas conclusões e rico em sua pesquisa, concluindo não ser normal nem lícito que as alterações se deem por tempo indeterminado, sem uma decisão que as torne definitivas (*Estudos de Direito do Trabalho*, LTr). "A fim de que esta substituição não gere direitos de permanência, mister se faz que o titular esteja afastado temporariamente e que o substituto tenha ciência inequívoca da interinidade. A não ser assim, haverá uma promoção, acarretando ao promovido todos os direitos, inclusive o de permanência" (Cossermelli, "Contrato Individual de Trabalho", apud Evaristo de Moraes Filho, ibidem). Nesse mesmo entendimento, Bueno Magano: "em verdade, esse preceito trata de duas hipóteses": o comissionamento *interino*, correspondente à promoção em caráter de experiência, e a substituição *eventual ou temporária*, destinada a suprir faltas ou impedimentos de outros empregados (*Manual de Direito do Trabalho*, LTr, v. 2). Assim, só é possível interpretar o art. 450 ("em comissão") em harmonia com o art. 468, *caput* (alteração com prejuízo).

Incorporação da gratificação de função. Empregado que recebe gratificação de função por mais de 10 anos faz jus a sua incorporação ao salário, ainda que reverta ao cargo efetivo por ato unilateral do empregador (TST, RR 117.439/94.4, Roberto Della Manna, Ac. 3ª T. 3.295/96).

Cargo de confiança (art. 499).

2 *Substituto eventual.* Os salários do substituto podem ser livremente pactuados. Não há qualquer norma legal no Direito do Trabalho que determine (como acontece na administração pública ao funcionário) o pagamento ao substituto do mesmo salário do substituído; aqui a regra basilar é a de equiparação, mas exige simultaneidade no tempo, a mesma produtividade e qualidade, e, mesmo assim, sujeita a outros requisitos. A simples substituição não indica a equivalência do resultado atingido; é que as funções empresariais têm de ser desenvolvidas, mesmo com maus ou péssimos substitutos. Inexiste recurso possível ao princípio de isonomia ou qualquer outro. Entretanto, há jurisprudência e até súmula em sentido contrário. Tal entendimento só seria possível havendo lei ou dissídio coletivo expresso.

TST I – Enquanto perdurar a substituição que não tenha caráter meramente eventual, inclusive nas férias, o empregado substituto fará jus ao salário contratual do substituído. II – Vago o cargo em definitivo, o empregado que passa a ocupá-lo não tem direito a salário igual ao do antecessor (TST – Súmula 159, conversão da Orientação Jurisprudencial SDI-1 112).

SDI Férias. Salário substituição. Devido. Aplicação do En. 159 (TST, SDI-1, Orientação Jurisprudencial 96).

Deixando o empregado a empresa, e, consequentemente vagando o seu cargo, aquele que for designado a ocupar o cargo vago, não poderá ser tido como substituto (TST, AI 5.945/84, Barata Silva, Ac. 2ª T. 1.943/85).

O empregado que passa a ocupar a função de outro, por ocasião da aposentadoria deste, não tem direito ao mesmo salário do aposentado (TST, RR 6.958/84, Orlando Costa, Ac. 3ª T. 3.696/85).

Para que o substituto faça jus a perceber o mesmo salário do substituído é necessário que execute as mesmas tarefas daquele. Inocorrendo a substituição plena, indevido o salário correspondente (TST, RR 8.321/90.1, Cnéa Moreira, Ac. 1ª T. 2.231/90.1).

Devido o salário do titular ao obreiro que o substituir durante o seu período de férias (TST, E-RR 168.444/95.6, Milton de Moura França, Ac. SBDI-1 901/97).

Substituição. Efeitos. O substituto não faz jus ao salário do substituído. O regime da CLT não adotou a identidade de vencimentos quando da substituição funcional, como o serviço público; contempla apenas o da equiparação salarial, que exige identidade de funções (CLT, art. 461) (Proc. TRT/SP 34.885/96, Valentin Carrion, Ac. 9ª T. 55.949/97).

Art. 451. O contrato de trabalho por prazo determinado que, tácita ou expressamente, for prorrogado mais de uma vez, passará a vigorar sem determinação de prazo.

Art. 452. Considera-se por prazo indeterminado todo contrato que suceder, dentro de 6 meses, a outro contrato por prazo determinado, salvo se a expiração deste dependeu da execução de serviços especializados ou da realização de certos acontecimentos.

1 A intenção dos textos legais foi desestimular o uso dos contratos de trabalho por tempo determinado, tendentes a frustrar a continuação no emprego, a contagem do tempo anterior e o pagamento de indenização por despedimento. Foi mais feliz a redação posterior, do art. 443, § 2º; mas a integração do empregado na empresa é truncada pelo FGTS.

2 A prorrogação do mesmo contrato é possível por uma vez (art. 451); a sequência de contratos acabados, não (art. 452).

3 Serviços especializados: o legislador quis dizer especificados.

4 Técnicos estrangeiros (residentes no exterior, contratados para trabalhos especializados no Brasil, em caráter provisório, com salários em moeda estrangeira, devem ser contratados por tempo determinado – DL 691/69, em apêndice; v. Índ. Leg.). Safristas (indenização, L. 5.889/73, art. 14, em apêndice). Contrato por obra certa com construtor (L. 2.959/56, em apêndice). Contrato por tempo determinado de incentivo a contratações (art. 443/5).

Art. 452-A. O contrato de trabalho intermitente será celebrado por escrito e registrado na CTPS, ainda que previsto acordo coletivo de trabalho ou convenção coletiva, e conterá: (Red. MP 808/17)

I - identificação, assinatura e domicílio ou sede das partes;

II - valor da hora ou do dia de trabalho, que não poderá ser inferior ao valor horário ou diário do salário mínimo, assegurada a remuneração do trabalho noturno superior à do diurno e observado o disposto no § 12; e

III - o local e o prazo para o pagamento da remuneração (Red. MP 808/17).

§ 1º O empregador convocará, por qualquer meio de comunicação eficaz, para a prestação de serviços, informando qual será a jornada, com, pelo menos, três dias corridos de antecedência.

§ 2º Recebida a convocação, o empregado terá o prazo de vinte e quatro horas para responder ao chamado, presumida, no silêncio, a recusa (Red. MP 808/17).

§ 3º A recusa da oferta não descaracteriza a subordinação para fins do contrato de trabalho intermitente. (Red. L. 13.467/17).

§ 4º Aceita a oferta para o comparecimento ao trabalho, a parte que descumprir, sem justo motivo, pagará à outra parte, no prazo de trinta dias, multa de 50% (cinquenta por cento) da remuneração que seria devida, permitida a compensação em igual prazo (Revogado pela MP 808/17).

§ 5º O período de inatividade não será considerado tempo à disposição do empregador, podendo o trabalhador prestar serviços a outros contratantes (Revogado pela MP 808/17).

§ 6º Na data acordada para o pagamento, observado o disposto no § 11, o empregado receberá, de imediato, as seguintes parcelas: (Red. MP 808/17)

I - remuneração;

II - férias proporcionais com acréscimo de um terço;

III - décimo terceiro salário proporcional;

IV - repouso semanal remunerado; e

V - adicionais legais.

§ 7º O recibo de pagamento deverá conter a discriminação dos valores pagos relativos a cada uma das parcelas referidas no § 6º deste artigo.

§ 8º O empregador efetuará o recolhimento da contribuição previdenciária e o depósito do Fundo de Garantia do Tempo de Serviço, na forma da lei, com base nos valores pagos no período mensal e fornecerá ao empregado comprovante do cumprimento dessas obrigações (Revogado pela MP 808/17).

§ 9º A cada doze meses, o empregado adquire direito a usufruir, nos doze meses subsequentes, um mês de férias, período no qual não poderá ser convocado para prestar serviços pelo mesmo empregador.

§ 10. O empregado, mediante prévio acordo com o empregador, poderá usufruir suas férias em até três períodos, nos termos dos § 1º e § 2º do art. 134 (Red. MP 808/17).

§ 11. Na hipótese de o período de convocação exceder um mês, o pagamento das parcelas a que se referem o § 6º não poderá ser estipulado por período superior a um mês, contado a partir do primeiro dia do período de prestação de serviço (Red. MP 808/17).

§ 12. O valor previsto no inciso II do *caput* não será inferior àquele devido aos demais empregados do estabelecimento que exerçam a mesma função (Red. MP 808/17).

§ 13. Para os fins do disposto neste artigo, o auxílio-doença será devido ao segurado da Previdência Social a partir da data do início da incapacidade, vedada a aplicação do disposto § 3º do art. 60 da Lei n. 8.213, de 1991 (Red. MP 808/17).

§ 14. O salário-maternidade será pago diretamente pela Previdência Social, nos termos do disposto no § 3º do art. 72 da Lei n. 8.213, de 1991 (Red. MP 808/17).

§ 15. Constatada a prestação dos serviços pelo empregado, estarão satisfeitos os prazos previstos nos § 1º e § 2º (Red. MP 808/17).

1 *Contrato de trabalho intermitente*: Uma nova modalidade de contrato de trabalho, um misto de contrato a prazo, com início e fim, e do contrato indeterminado, pois não exige um motivo para ter prazo, basta a necessidade do empregador. O empregado pode ser contratado por horas, por dias ou por meses, a única cer-

teza é que trabalhará por um período; terminado esse prazo que pode ser de horas, de dias ou de meses o contrato termina, mas o empregado fica vinculado à empresa, só terminando de fato após um ano de inatividade. O empregado tem os mesmos direitos que os demais empregados, o seu contrato é por prazo e por isso não tem rescisão, tem término, tem direito ao FGTS, no término do contrato tem direito a multa de 20% sobre o valor depositado, ver art. 452-D/1. O contrato conterá a identificação, assinatura e domicílio ou sede das partes, valor da hora ou do dia de trabalho, o local e o prazo para a remuneração.

A lei obriga que o valor da hora trabalhada não pode ser menor que o salário mínimo e não poderá ser menor que o valor da hora dos demais empregados contratados (contrato intermitente ou não) para exercer a mesma função no estabelecimento. E a remuneração do horário noturno tem que ser superior a remuneração do horário diurno. Caso o contrato exceda o período de um mês, o empregado tem direito a receber o pagamento com prazo máximo de um mês.

No período sem trabalho não existe qualquer remuneração ou tributo a ser pago pelo empregador, não existe contagem do tempo de trabalho e não existe qualquer vínculo do empregado com o empregador. Não existe a rescisão, o contrato apenas terminou.

2 *Convocará*: o empregador terá uma série de empregados cadastrados, que poderão ser chamados para novos trabalhos, novos períodos. Serão convocados por qualquer meio de comunicação. A única obrigação do empregador será informar a jornada com três dias de antecedência.

3 Convocado, o empregado terá 24 horas para responder se aceita ou não o trabalho, não respondendo, significa o não aceite. Não tem a obrigação de aceitar, não existe vínculo entre empregado e empregador.

4 *A parte que descumprir*: aceito o "trabalho", quem descumprir o contratado pagará à outra parte, no prazo de trinta dias, 50% da remuneração que seria devida, ou poderá compensar com um novo contrato no mesmo prazo de trinta dias.

5 *Período de inatividade*: no período sem trabalho e, portanto, sem contrato o empregado pode prestar serviço para outros contratantes, empregadores. Não existe vínculo de trabalho entre empregado e possível empregador. Não existe qualquer remuneração ou tributo a ser pago pelo empregador, não existe contagem do tempo de trabalho e não existe qualquer vínculo do empregado com o empregador.

6 *Ao final de cada período*: não existe rescisão e sim término do contrato. No fim do período acordado, o empregado tem direito a receber: remuneração, férias proporcionais com um 1/3, décimo terceiro proporcional, descanso semanal remunerado e adicionais (adicional noturno, insalubridade/periculosidade entre outros).

Não tem direito a multa de 40% sobre o FGTS, pois não existe rescisão. O empregado que trabalha por um período maior que um mês tem direito de receber o pagamento a cada trinta dias. O recibo de pagamento deverá ter os valores discriminados de cada item pago.

7 *FGTS*: será recolhido pelo empregador sobre a remuneração paga no mês. O empregador é obrigado a recolher e entregar um comprovante de pagamento ao empregado.

8 *Férias*: o empregado tem direito a um mês de férias a cada 12 meses, a lei não deixa claro se o período de 12 meses é de trabalho ou apenas de se ter passado 12 meses da primeira contratação pelo mesmo empregador. Entendo que serão 12 meses de trabalho contínuo para o mesmo empregador, independentemente da quantidade de horas mês, o empregado deve trabalhar todos os meses. Nesse mês de férias não poderá ser convocado por este empregador, mas pode ser contratado por outro contratante. As férias poderão ser divididas em três períodos, nos termos do art. 134.

9 Tem direito ao auxílio-doença, que será pago pela Previdência Social desde o início da incapacidade e ao salário-maternidade, também pago pela Previdência.

Art. 452-B. É facultado às partes convencionar por meio do contrato de trabalho intermitente:

I - locais de prestação de serviços;

II - turnos para os quais o empregado será convocado para prestar serviços;

III - formas e instrumentos de convocação e de resposta para a prestação de serviços;

IV - formato de reparação recíproca na hipótese de cancelamento de serviços previamente agendados nos termos dos § 1º e § 2º do art. 452-A (Red. MP 808/17).

1 As partes poderão convencionar o local de trabalho, os turnos de trabalho e as formas de convocação e resposta para a prestação do serviço. E ainda modificar a reparação caso sejam cancelados os serviços previamente agendados.

Art. **452-C. Para fins do disposto no § 3º do art. 443, considera-se período de inatividade o intervalo temporal distinto daquele para o qual o empregado intermitente haja sido convocado e tenha prestado serviços nos termos do § 1º do art. 452- A.**

§ 1º Durante o período de inatividade, o empregado poderá prestar serviços de qualquer natureza a outros tomadores de serviço, que exerçam ou não a mesma atividade econômica, utilizando contrato de trabalho intermitente ou outra modalidade de contrato de trabalho.

§ 2º No contrato de trabalho intermitente, o período de inatividade não será considerado tempo à disposição do empregador e não será remunerado, hipótese em que restará descaracterizado o contrato de trabalho intermitente caso haja remuneração por tempo à disposição no período de inatividade (Red. MP 808/17).

1 Período de inatividade é um tempo diferente para qual o empregado foi contratado e prestado serviço. Por não existir trabalho, o empregado não será remunerado (caso haja remuneração, haverá a descaracterização do contrato intermitente). Neste período o empregado pode trabalhar para outros tomadores, que exerçam ou não a mesma atividade econômica, em qualquer modalidade de contrato.

Art. 452-D. Decorrido o prazo de um ano sem qualquer convocação do empregado pelo empregador, contado a partir da data da celebração do contrato, da última convocação ou do último dia de prestação de serviços, o que for mais recente, será considerado rescindido de pleno direito o contrato de trabalho intermitente (Red. MP 808/17).

Art. 452-E. Ressalvadas as hipóteses a que se referem os art. 482 e art. 483, na hipótese de extinção do contrato de trabalho intermitente serão devidas as seguintes verbas rescisórias:

I - pela metade:

a) o aviso prévio indenizado, calculado conforme o art. 452-F; e

b) a indenização sobre o saldo do Fundo de Garantia do Tempo de Serviço – FGTS, prevista no § 1º do art. 18 da Lei n. 8.036, de 11 de maio de 1990; e

II - na integralidade, as demais verbas trabalhistas.

§ 1º A extinção de contrato de trabalho intermitente permite a movimentação da conta vinculada do trabalhador no FGTS na forma do inciso I-A do art. 20 da Lei n. 8.036, de 1990, limitada a até oitenta por cento do valor dos depósitos.

§ 2º A extinção do contrato de trabalho intermitente a que se refere este artigo não autoriza o ingresso no Programa de Seguro-Desemprego (Red. MP 808/17).

Art. 452-F. As verbas rescisórias e o aviso prévio serão calculados com base na média dos valores recebidos pelo empregado no curso do contrato de trabalho intermitente.

§ 1º No cálculo da média a que se refere o *caput*, serão considerados apenas os meses durante os quais o empregado tenha recebido parcelas remuneratórias no intervalo dos últimos doze meses ou o período de vigência do contrato de trabalho intermitente, se este for inferior.

§ 2º O aviso prévio será necessariamente indenizado, nos termos dos § 1º e § 2º do art. 487 (Red. MP 808/17).

1 *Término do contrato intermitente*: decorrido o prazo de um ano sem qualquer convocação do empregado, desde a data da celebração do contrato ou da última convocação ou do último dia de prestação de serviço, o contrato de trabalho intermitente estará rescindido.

O empregado terá direito às verbas rescisórias, metade do aviso prévio indenizado e metade da indenização da L. 8036/90, art. 18, § 1º, 20% do valor depositado na conta vinculada do FGTS.

2 *Justa causa*: o contrato intermitente também pode terminar por justo motivo, seja ela dado pelo empregador ou pelo empregado (CLT, arts. 482 e 483).

No término do contrato de trabalho intermitente, sem justa causa, o empregado pode movimentar 80% do valor depositado em sua conta vinculada. Não tem direito ao seguro-desemprego.

3 As verbas rescisórias serão calculadas sobre a média da remuneração do último ano.

Art. 452-G. Até 31 de dezembro de 2020, o empregado registrado por meio de contrato de trabalho por prazo indeterminado demitido não poderá prestar serviços para o mesmo empregador por meio de contrato de trabalho intermitente pelo prazo de dezoito meses, contado da data da demissão do empregado (Red. MP 808/17).

1 A lei tenta evitar que o contrato de trabalho por prazo de indeterminado seja substituído pelo contrato por prazo intermitente. Não permite até 31.12.20 que a empresa contrate um empregado que estava contratado por prazo indeterminado, seja contratado em contrato intermitente sem antes decorrer um prazo de 18 meses.

Art. 452-H. No contrato de trabalho intermitente, o empregador efetuará o recolhimento das contribuições previdenciárias próprias e do empregado e o depósito do FGTS com base nos valores pagos no período mensal e fornecerá ao empregado comprovante do cumprimento dessas obrigações, observado o disposto no art. 911-A (Red. MP 808/17).

É da responsabilidade do empregador recolher as verbas previdenciárias e o FGTS, sendo obrigado ainda a entregar ao empregado o comprovante do depósito. Caso o somatório das remunerações do empregado seja inferior ao salário mínimo, pode o empregado depositar a diferença entre o valor recebido e salário mínimo mensal. Caso não deposite, deixará de ser segurado do Regime Geral de Previdência Social, art. 911-A.

Art. 453. No tempo de serviço do empregado, quando readmitido, serão computados os períodos[1], ainda que não contínuos, em que tiver trabalhado

anteriormente na empresa, salvo se houver sido despedido por falta grave, recebido indenização legal ou se aposentado[2] espontaneamente.

§ 1º Na aposentadoria espontânea de empregados das empresas públicas e sociedades de economia mista é permitida sua readmissão desde que atendidos aos requisitos constantes do art. 37, inciso XVI, da Constituição, e condicionada à prestação de concurso público (red. L. 9.528/97; eficácia liminarmente suspensa pelo STF, até julgamento final da ADIn 1.770-4).

§ 2º O ato de concessão de benefício de aposentadoria a empregado que não tiver completado 35 anos de serviço, se homem, ou 30, se mulher, importa em extinção do vínculo empregatício (red. L. 9.528/97; eficácia liminarmente suspensa pelo STF, até julgamento final da ADIn 1.721-3).

1 *Soma dos períodos descontínuos*. Somar-se-ão os espaços de tempo em que o empregado trabalhou sem opção pelo FGTS, desde que readmitido. Nos países que a conservam, a indenização por tempo de serviço tem por fim a integração do trabalhador na empresa, dando continuidade à relação e desestimulando a despedida sem justa causa; a finalidade social independe da natureza jurídica que se atribua ao instituto: prefixação de perdas e danos pela resilição, salário diferido ou outras. Em razão dessa finalidade social, a doutrina e a jurisprudência passaram a contar sempre o tempo anterior (contratos por tempo determinado ou não; saída voluntária etc., desde que o último contrato terminasse pelo despedimento sem justa causa; salvo se no período anterior houve despedimento por justa causa ou pagamento de indenização); esta última condicionada à inexistência de fraude (Catharino, *Contrato de Emprego*, e Maranhão, *Direito do Trabalho*, repelem a contagem quando o contrato anterior findou por saída espontânea).

TST Da extinção do último contrato começa a fluir o prazo prescricional do direito de ação em que se objetiva a soma de períodos descontínuos de trabalho (ex. prejulgado n. 31) (TST – Súmula 156).

TST Em caso de readmissão, conta-se a favor do empregado o período de serviço anterior encerrado com a saída espontânea (TST – Súmula 138).

Reconhecida a sucessão trabalhista pelo arrendamento de propriedade rural à usina de açúcar, correta é a soma do tempo de serviço que se computa para efeito de indenização. Hipótese dos arts. 10 e 448 da CLT (TRT/PE, RO 2.467/89, Irene Queiroz).

Indenização em dobro por tempo de serviço – Rescisão contratual com readmissão a curto prazo – Incidência do Enunciado 20 da Súmula desta Corte – Inaplicabilidade do art. 17 da L. 5.107/66 (TST, E-Ag-RR 8.525/85.6, Fernando Vilar, Ac. SDI, 1.226/90.1).

O art. 453, da CLT, inclui a percepção de indenização legal entre as hipóteses em que os períodos descontínuos anteriormente trabalhados pelo empregado, para o mesmo empregador, não são somados ao seu tempo de serviço, quando da sua readmissão. Essa excludente, entretanto, não é absoluta, sendo condicionada à inexistência de fraude. Embora editado anteriormente à redação dada ao art. 453, da CLT, pela L. 6.204/75, o Enunciado de Súmula 20 do TST não é incompatível com o seu texto, contendo presunção *juris tantum*, que admite prova em contrário (TST, RO-AR 141.085/94.8, Indalécio Gomes Neto, Ac. SDI 5.220/95).

* Sobre o tema *supra*, v. www.institutocarrion.com.br.

2 *Aposentadoria.* Hoje, com a decisão do STF, não há a extinção do contrato de trabalho com a aposentadoria; portanto, não existe a readmissão, o contrato continua sem qualquer modificação; temos um único contrato, assim, TST - SDI - 1 – OJ 361. A aposentadoria seria, com os devidos cuidados, mais uma forma de saque ao FGTS; o empregado saca o FGTS quando se aposenta. "... a relação mantida pelo empregado com a instituição previdenciária não se confunde com a que vincula ao empregador, razão pela qual o benefício previdenciário da aposentadoria, em princípio, não deve produzir efeito sobre o contrato." Extrato do voto do Ministro Ilmar Galvão, texto do prof. Arion Sayão Romita, ADIn 1.721-MC. O histórico da extinção ou não do contrato de trabalho quando da aposentadoria vem sendo alterado por longa data. A aposentadoria extinguia naturalmente o contrato de trabalho, quando requerida pelo empregado (assim também Magano); e, como foi lembrado em certo julgado, para a aposentadoria também colabora sensivelmente o empregador com as contribuições que lhe são arrecadadas; Fundo de Aposentadoria Programada Individual (L. 9.477/97); não havia necessidade, assim, de que tal hipótese fosse incluída na casuística do art. 453; mesmo porque a finalidade do dispositivo é evitar artimanhas tendentes a dificultar a integração do trabalhador na empresa enquanto a aposentadoria nada tem de manobra. Entretanto, a Súmula 21 do TST entendia contrariamente e determinava a contagem do tempo anterior à aposentadoria se o empregado continuasse na empresa ou retornasse. O inconveniente social grave dessa orientação jurisprudencial aumentava as dificuldades no aproveitamento ocupacional do aposentado, exatamente por quem melhor poderia fazê-lo: o antigo empregador, que lhe conhece as aptidões e nele deposita confiança. Tal corrente jurisprudencial somente aproveitava aos que já haviam sido admitidos e aos que lidavam com empregadores desprevenidos; os demais não iriam cair no alçapão voluntariamente. A maior parte da doutrina e dos julgados (exceção feita ao TST) condenava tal entendimento. Veio a L. 6.204/75, acrescentando às hipóteses expressas em que o tempo não era contado a espécie de "aposentadoria voluntária"; o legislador quis colocar um paradeiro à orientação jurisprudencial existente. O empregado que foi readmitido, após a aposentadoria e antes da L. 6.204/75, não possui direito adquirido algum, pois a indenização se rege pelo direito vigente no tempo do despedimento e não por todas e cada uma das leis que tenham tido vigência e tenham sido revogadas; não há direito adquirido contra a lei. Nesse sentido, Genésio Solano Sobrinho (*Rev. de Direito do Trabalho* 4/103),

Teixeira dos Santos (*LTr* 41/315, 1977); contrariamente, Süssekind (*LTr* 41/861, 1977). O empregado que volta a trabalhar depois de aposentado fica isento de contribuição a que estaria sujeito, fazendo jus apenas ao salário-família e à reabilitação profissional, quando empregado (L. 8.213/91, art. 18, § 2º, c/ red. da L. 9.528/97). Abono de permanência extinto (L. 8.870/94, art. 29). O empregado de empresa pública e sociedade de economia mista pode ser readmitido desde que satisfaça os requisitos da Constituição Federal, art. 37, XVI (L. 9.528/97).

Obtida a aposentadoria, a parte que tomar a iniciativa para a rescisão, empregado ou empregador, terá de arcar com os direitos da parte contrária na rescisão: o empregador (verbas rescisórias, indenizações ou acréscimo percentual no FGTS) ou o empregado (comunicação de aviso prévio); permanecem imutáveis os direitos e obrigações; não se trata de um novo contrato. *O cancelamento da aposentadoria* pode ocorrer antes de o empregado receber o primeiro pagamento do benefício e/ou sacar o FGTS (D. 3.048/99, art. 181-B, parágrafo único, alt. D. 6.208/07).

O empregado público que se aposenta pode continuar trabalhando; não se trata de um novo contrato, pelo qual ele teria de prestar novo concurso.

Aposentadoria por idade do rural. A Súmula 21 do TST contribuiu para que os empregadores agrícolas despedissem seus empregados, quando eram aposentados por motivo de idade, pelo FUNRURAL. A Lei Complementar 16/73 veio pôr fim ao problema social criado pelos despedimentos; determinou que a jubilação por velhice não era motivo de extinção do contrato (art. 3º). Inconstitucional era a mencionada lei complementar quando determinava a reintegração dos despedidos, pelo efeito retroativo que pretendeu (Süssekind e Maranhão, *LTr* 38/509, 1974). Igualmente inconstitucional era o dispositivo quando outorgava competência ao então Ministério do Trabalho para apurar justas causas, em detrimento da competência privativa da Justiça do Trabalho (ibidem). A aposentadoria por idade e os demais benefícios do rurícola estão regulados pela Lei 8.213/91, art. 143, prazo alterado pela L. 11.718/2008. O § 1º do art. 453 regulamenta os empregados das empresas públicas e sociedades de economia mista; permite a readmissão sem as acumulações vedadas (CF), desde que se submeta o interessado a concurso público; o texto visa exclusivamente os empregados que menciona e, ao falar em readmissão, reconhece que o contrato anterior se extinguiu pela aposentadoria; nada modifica a realidade jurídica e sua interpretação que cancelou a Súmula 21 do TST.

A aposentadoria por idade requerida pela empresa, desde que o empregado tenha cumprido período de carência e completado 70 anos (65 se mulher), garante ao empregado "a indenização prevista na legislação trabalhista", ou seja, FGTS, considerada como data de rescisão do contrato de trabalho a imediatamente anterior ao início da aposentadoria (Lei de Benefícios, 8.213/91, art. 51).

STJ A prova exclusivamente testemunhal não basta à comprovação da atividade rurícola, para efeito da obtenção de benefício previdenciário (STJ – Súmula 149).

SDI A aposentadoria espontânea não é causa de extinção do contrato de trabalho se o empregado permanece prestando serviços ao empregador após a jubilação. Assim, por ocasião da sua dispensa imotivada, o empregado tem direito à multa de 40% do FGTS sobre a totalidade dos depósitos efetuados no curso do pacto laboral. Orientação Jurisprudencial da SBDI-1 C-78 (TST, SDI-1, Orientação Jurisprudencial 361).

SDI CANCELADA – A aposentadoria espontânea extingue o contrato de trabalho, mesmo quando o empregado continua a trabalhar na empresa após a concessão do benefício previdenciário. Assim sendo, indevida a multa de 40% do FGTS em relação ao período anterior à aposentadoria (TST, SDI-1, Orientação Jurisprudencial 177, cancelada por decisão contrária do STF).

A aposentadoria espontânea implica, necessariamente, extinção do contrato de trabalho, mormente em se tratando de aposentadoria por idade, concedida em virtude de presumida diminuição da capacidade laborativa do empregado. Destarte, chegando a relação de emprego a seu termo final, não se caracterizando, pois, como dispensa sem justa causa, não se pode falar na indenização dos arts. 492 c/c 496 da CLT (TST, RR 156.980/95.3, Rider de Brito, Ac. 2ª T. 4.765/96).

Previdenciário. Trabalhador Rural. Aposentadoria. Não havendo indício razoável de prova material, a prova exclusivamente testemunhal não serve para comprovar o exercício da atividade (STJ, EDiv.-REsp 65.638, Reg. 66021/96).

A aposentadoria permanece na Justiça do Trabalho como uma modalidade natural de extinção do contrato laboral, a teor do preceituado no art. 453 da CLT. A multa indenizatória de 40% (quarenta por cento) sobre os depósitos do FGTS só é devida nos casos de demissão sem justa causa, como uma imposição punitiva ao empregador pela prática do ato demissionário injusto. Uma vez aposentado o trabalhador, mesmo que permaneça de forma contínua a laborar na mesma empresa, nasce a partir daí uma nova relação jurídica, ou seja, firma-se um novo contrato de trabalho completamente desvinculado daquele extinto com a aposentadoria. Assim, havendo uma nova rescisão contratual pela demissão sem justa causa, a multa de 40% do FGTS deverá incidir apenas sobre os depósitos recolhidos no período posterior à aposentadoria (TST, RR 309.533/96.7, Francisco Fausto, Ac. 3ª T.).

A aposentadoria espontânea implica extinção do contrato de trabalho. Se o empregado continua trabalhando, nasce um novo contrato, onde não é computável o período anterior, consoante dispõe o art. 453 da Consolidação das Leis do Trabalho (TST, RR 372.206/97.5, João Oreste Dalazen, Ac. 1ª T., 9.4.99).

3 *Rural. Safrista.* Conta os períodos descontínuos, nas mesmas hipóteses do art. 453; não, se lhe foi pago o FGTS (v. art. 7º/13).

Art. 454. Na vigência do contrato de trabalho, as invenções do empregado, quando decorrentes de sua contribuição pessoal e da instalação ou equipamento fornecido pelo empregador, serão de propriedade comum, em partes iguais, salvo se o contrato de trabalho tiver por objeto implícita ou explicitamente, pesquisa científica (texto revogado tacitamente pela L. 9.279/96).

Parágrafo único. Ao empregador caberá a exploração do invento, ficando obrigado a promovê-la no prazo de um ano da data da concessão da pa-

tente, sob pena de reverter em favor do empregado a plena propriedade deste invento.

1 *Inventos do empregado.* Diz a Constituição Federal de 1988:

> **Art. 5º ...**
>
> **XXIX – a lei assegurará aos autores de inventos industriais privilégio temporário para sua utilização, bem como proteção às criações industriais, à propriedade das marcas, aos nomes de empresas e a outros signos distintivos, tendo em vista o interesse social e o desenvolvimento tecnológico e econômico do País.**

As invenções industriais são privilégio temporário para utilização por seus autores (CF/88, art. 5º, XXIX). O art. 454 da CLT *foi tacitamente revogado* pelo art. 40 do antigo Código da Propriedade Industrial (L. 5.772/71); o novo Código, aprovado pela L. 9.279/96 (*DOU*, 15.5.96), regulamenta de forma semelhante a matéria (art. 88 e seg.) e revoga a L. 5.772/71. Os inventos, ou aperfeiçoamentos, do empregado contratado com previsão dessa atividade ou a ela inerente pertencem ao empregador, inclusive os de patente requerida pelo empregado, no ano seguinte à terminação do contrato. A este pertencem as invenções por ele realizadas sem relação com o contrato ou sem o concurso ou instalações do empregador. Pertencem a ambos (em partes iguais): as não incluídas na primeira hipótese mas que dependeram de dados, meios e instalações do empregador; o empregador terá direito exclusivo à patente e o empregado à remuneração pactuada ou fixada. Revertem ao trabalhador os direitos de exploração, quando não utilizados em um ano pela empresa. É assegurado ao servidor da Administração Pública, direta, indireta e fundacional, durante a vigência da patente, premiação de no máximo 1/3 do valor das vantagens auferidas pelo órgão ou entidade com a exploração, e que não se incorpora aos seus vencimentos (L. 9.279/96 e D. 2.553/98).

■ A Justiça do Trabalho é competente para decidir litígio entre empregado e patrão sobre proveitos resultantes da utilização de invento por uma das partes (TST, E. 1.518/74, Campista, Ac. TP).

■ Invenção efetuada pelo empregado. Participação nos lucros através da comercialização do invento. Norma coletiva que discipline este tema afasta a aplicação subsidiária do direito comum no que este for contrário àquela. E, uma vez cumprido, na íntegra, o que dispõe a norma coletiva, nada mais é devido ao obreiro a título de participação nos lucros pela comercialização de seu invento ou outro produto de seu trabalho intelectual (TST, RR 28.605/91.3, Hylo Gurgel, Ac. 2ª T. 1.111/92).

2 *Direitos do autor*: são obras intelectuais protegidas os textos de obras literárias, artísticas ou científicas, conferências, obras dramáticas, coreográficas, composições musicais, obras audiovisuais, fotográficas, plásticas, programas de computador etc. (L. 9.610/98 alt. L. 12.853/13, que revogou a L. 5.988/73, com exceção do art. 17, §§ 1º e 2º). Os direitos patrimoniais do autor perduram por 70 anos (art. 41).

Direitos do autor de programa de computador. Os desenvolvidos e elaborados durante a vigência do contrato de trabalho ou de vínculo estatutário expressamente destinado à pesquisa ou especialmente previsto no contrato ou que decorra da própria natureza do encargo pertencem exclusivamente ao empregador (L. 9.609/98, art. 4º).

Art. 455. Nos contratos de subempreitada[1] responderá o subempreiteiro pelas obrigações derivadas do contrato de trabalho que celebrar, cabendo, todavia, aos empregados, o direito de reclamação contra o empreiteiro principal pelo inadimplemento daquelas obrigações por parte do primeiro.

Parágrafo único. Ao empreiteiro principal fica ressalvada, nos termos da lei civil, ação regressiva contra o subempreiteiro e a retenção de importâncias a este devidas, para a garantia das obrigações previstas neste artigo.

1 *Subempreitada e locação de mão de obra. Responsabilidade solidária e titularidade empresarial do vínculo. Terceirização*. Os cinco conceitos são distintos mas se entrelaçam em sua materialização concreta. Na subempreitada, quem se comprometeu a efetuar certa obra a repassa a alguém para que este a execute parcial ou totalmente; assim procede a empresa construtora de todo um edifício, quando subcontrata a carpintaria ou a eletricidade; na autêntica subempreitada, existe do lado subcontratado um empreendedor, uma empresa (mesmo informal e sem personalidade jurídica) que desenvolve a atividade pactuada com ordens próprias, iniciativa e autonomia. Na locação de mão de obra e na falsa subempreitada, quem angaria trabalhadores os coloca simplesmente (ou quase) à disposição de um empresário, de quem recebem as ordens, com quem se relacionam constante e diretamente, inserindo-se no meio empresarial do tomador de serviço, muito mais do que no de quem os contratou e os remunera; o locador é apenas um intermediário que se intromete entre ambos, comprometendo o relacionamento direto entre o empregado e seu patrão natural; em seu grau extremo, quando, sem mais, apenas avilta o salário do trabalhador e lucra o intermediário (Camerlynck, "Le contrat"). É a figura do *marchandage*, com suas características mais ou menos nítidas e que é proibida em vários países (França, México etc.) e até punida criminalmente (art. 43 da L. 8/80, *Estatuto de los Trabajadores*, da Espanha). A caracterização dessa anomalia depende das circunstâncias: menor atuação do locador e o longo tempo da locação, sua constância, habitualidade e exclusividade. Pode ocorrer no âmbito urbano e no rural (empreiteiros, gatos, com os "volantes" e outras figuras; v. art. 7º/7, 9 e 10). O reconhecimento da responsabilidade solidária ou subsidiária e a correção da titularidade empresarial da relação empregatícia são as formas judiciárias de sanar o defeito; a empreitada real, não simples locação, porque o subempreiteiro, ou mesmo o empreiteiro, tem atividade, apenas torna

responsável o empreiteiro quando do inadimplemento das obrigações (CLT, art. 455). Nos demais casos, a sentença poderá condenar ambos os empresários solidariamente: a) declarando ou não a existência de vínculo empregatício com o tomador de serviço; b) conferindo ao trabalhador os direitos mais benéficos, da categoria do tomador ou do locador, quanto à jornada de trabalho, salário normativo etc. A fundamentação legal para assim proceder está na fraude que obsta direitos laborais (CLT, art. 9º), ajustes entre empregadores que prejudicam o trabalhador (figura do grupo econômico, CLT, art. 2º, § 2º), no conceito de empregador (assume, admite, assalaria e dirige a prestação pessoal de serviços; CLT, art. 2º) e nos princípios do direito do trabalho (integração do trabalhador na empresa). Há duas situações que, legalmente, estão ao amparo da suspeita de *marchandage*: o trabalho temporário da L. 6.019/74 (art. 443/6) e o de vigilante bancário (art. 226/1, e L. 7.102/83). A *terceirização* é o ato pelo qual a empresa produtora, mediante contrato, entrega a outra empresa certa tarefa (atividades ou serviços não incluídos nos seus fins sociais) para que esta a realize habitualmente com empregados desta; transporte, limpeza e restaurante são exemplos típicos. Quando não fraudulenta é manifestação de modernas técnicas competitivas. A Súmula 256 (cancelada em 2003) do TST foi um freio à terceirização; a 331, um estímulo e uma concessão à realidade. Os órgãos da Administração Pública que contratam obras ou serviços com terceiros não possuem responsabilidade pelos encargos trabalhistas; respondem subsidiariamente, quando for omisso no cumprimento do contrato pelo terceiro contratado (TST, Súmula 331, IV, V e VI) e, solidariamente, pelos previdenciários (L. 8.666/93, art. 71, § 2º), com a OJ 383 aumenta os direitos do trabalhador terceirizado, continuam sem o vínculo empregatício com o Estado, mas têm direito pelo princípio da isonomia às verbas trabalhistas legais e normativas do tomador dos serviços e com a OJ 382, perde a Fazenda Pública a limitação de juros sobre as obrigações trabalhistas. Os altos percentuais de desemprego em todo o mundo levaram inúmeros países industrializados a reduzir o protecionismo, para estimular a contratação de desempregados; parte considerável da doutrina brasileira sugere esse caminho como remédio inafastável ao desemprego técnico e conjuntural, fruto da globalização. Outras soluções também são sugeridas, como a redução da carga horária nas empresas e o contrato por tempo determinado (v. L. 9.601/98 e D. 2.490/98, em apêndice). Parecem apenas paliativos. Afirma-se que o trabalhador contratado por tempo determinado não assume psicologicamente sua responsabilidade integral na empresa (não "veste a camisa"), o que em termos de competitividade é negativo. *Prestação de serviço* (v. art. 443/6, L. 6.019/74). Denunciação da lide (CPC/15, art. 125). Responsabilidade solidária (v. Índice Alfabético). Prestador de serviço mediante empreiteiro, para entidade pública, não concursado (v. art. 7º/16 a 18). Contribuição previdenciária (L. 8.212/91, art. 31, red. L. 9.711/98, L. 11.933/09 e L. 11.941/09).

TST I – A contratação de trabalhadores por empresa interposta é ilegal, formando-se o vínculo diretamente com o tomador dos serviços, salvo no caso de trabalho temporário (Lei n. 6.019, de 3.1.1974). II – A contratação irregular de trabalhador, mediante empresa interposta, não gera vínculo de emprego com os órgãos da Administração Pública direta, indireta ou fundacional (art. 37, II, da CF/88). III – Não forma vínculo de emprego com o tomador a contratação de serviços de vigilância (Lei n. 7.102, de 20.6.1983) e de conservação e limpeza, bem como a de serviços especializados ligados à atividade-meio do tomador, desde que inexistente a pessoalidade e a subordinação direta. IV – O inadimplemento das obrigações trabalhistas, por parte do empregador, implica a responsabilidade subsidiária do tomador dos serviços quanto àquelas obrigações, desde que haja participado da relação processual e conste também do título executivo judicial. V – Os entes integrantes da Administração Pública direta e indireta respondem subsidiariamente, nas mesmas condições do item IV, caso evidenciada a sua conduta culposa no cumprimento das obrigações da Lei n. 8.666, de 21.6.1993, especialmente na fiscalização do cumprimento das obrigações contratuais e legais da prestadora de serviço como empregadora. A aludida responsabilidade não decorre de mero inadimplemento das obrigações trabalhistas assumidas pela empresa regularmente contratada. VI – A responsabilidade subsidiária do tomador de serviços abrange todas as verbas decorrentes da condenação referentes ao período da prestação laboral (TST – Súmula 331, alt. Res. TST 174/11).

TST É bancário o empregado de empresa de processamento de dados que presta serviço a banco integrante do mesmo grupo econômico, exceto quando a empresa de processamento de dados presta serviços a banco e a empresas não bancárias do mesmo grupo econômico ou a terceiros (TST – Súmula 239, conversão das Orientações Jurisprudenciais SDI-1 64 e 126).

SDI A contratação irregular de trabalhador, mediante empresa interposta, não gera vínculo de emprego com ente da Administração Pública, não afastando, contudo, pelo princípio da isonomia, o direito dos empregados terceirizados às mesmas verbas trabalhistas legais e normativas asseguradas àqueles contratados pelo tomador dos serviços, desde que presente a igualdade de funções. Aplicação analógica do art. 12, "a", da Lei n. 6.019, de 3.1.74 (TST, SDI-1, Orientação Jurisprudencial 383, mantida TST, Res. 175/11).

SDI A Fazenda Pública, quando condenada subsidiariamente pelas obrigações trabalhistas devidas pela empregadora principal, não se beneficia da limitação dos juros, prevista no art. 1º-F da Lei n. 9.494, de 10.9.97 (TST, SDI-1, Orientação Jurisprudencial 382).

SDI A atividade da São Paulo Transportes S/A – SPTrans de gerenciamento e fiscalização dos serviços prestados pelas concessionárias de transporte público, atividade descentralizada da Administração Pública, não se confunde com a terceirização de mão de obra, não se configurando a responsabilidade subsidiária (TST, SDI-1, Orientação Jurisprudencial Transitória 66).

O Tribunal Regional decidiu a controvérsia em consonância com os arts. 186 e 927 do Código Civil, que preveem a culpa *in vigilando*. Ademais, os arts. 58, III, e 67 da Lei n. 8.666/93 impõem à Administração Pública o dever de fiscalizar a execução dos contratos administrativos de prestação de serviços por ela celebrados. No presente caso, o ente público tomador dos serviços não cumpriu adequadamente essa obrigação, permitindo que a empresa prestadora contratada deixasse de pagar regularmente a seus empregados as verbas trabalhistas que lhes eram devidas. Saliente-se que tal conclusão não implica afronta ao art. 97 da CF e à Súmula Vinculante 10 do STF, nem desrespeito à decisão do STF na ADC 16, porque não parte da declaração de inconstitucionalidade do art. 71, § 1º, da Lei n. 8.666/93, mas da definição do alcance das normas inscritas nessa Lei, com base na interpretação sistemática. (TST – RR – 1077-16.2010.5.03.0089, j. em 13.6.12, Dora Maria da Costa, 8ª Turma, *DEJT*, 15.6.12).

■ Subsidiária. Contrato com a administração pública. Inadimplência negocial do outro contraente. Transferência consequente e automática dos seus encargos trabalhistas, fiscais e comerciais, resultantes da execução do contrato, à administração. Impossibilidade jurídica. Consequência proibida pelo art. 71, § 1º, da Lei federal n. 8.666/93. Constitucionalidade reconhecida dessa norma. Ação direta de constitucionalidade julgada, nesse sentido, procedente. Voto vencido. É constitucional a norma inscrita no art. 71, § 1º, da Lei federal n. 8.666, de 26 de junho de 1993, com a redação dada pela Lei n. 9.032, de 1995. Decisão: O Tribunal, por maioria e nos termos do voto do Relator, Ministro Cezar Peluso (Presidente), julgou procedente a ação, contra o voto do Senhor Ministro Ayres Britto. Impedido o Senhor Ministro Dias Toffoli. Plenário, 24.11.2010 (STF, ADC 16, Cezar Peluso, julgado em 21.11.10, *DJE*, 2.11.10).

■ A v. decisão que aplicou a Súmula 331, IV, do C. TST, denegando seguimento a Embargos, deve ser mantida. No caso em exame, a responsabilidade subsidiária do ente público está respaldada pela revelia do contratado, em conjunto com a negligência do ente público na fiscalização do contrato de trabalho. Após a decisão do e. STF no julgamento da ADC 16, esta c. Corte vem apreciando com maior zelo as questões que envolvem a responsabilidade de ente público, pela contratação de empregado por meio de terceirização, quando precedida de licitação pública. Cabe ao ente público, no reiterado descumprimento das cláusulas contratuais, pelo prestador dos serviços, reter o pagamento até o implemento das obrigações assumidas. Não o fazendo assume o risco de responder com subsidiariedade, na medida em que a irresponsabilidade contida na lei de licitações não é absoluta, não abrangendo a culpa por omissão (TST, Ag-E-RR 6700-51.2009.5.06.0012, j. em 3.2.2011, Aloysio Silva Corrêa da Veiga).

■ A decisão recorrida está em conformidade com o item IV da Súmula 331/TST, verbete que não diz respeito à adequação constitucional do art. 71, § 1º, da Lei 8.666/93, constitucionalidade de resto reconhecida pelo Pretório excelso, em decisão que remete ao exame casuístico, tendo em vista o dever indeclinável do ente contratante de fiscalizar o cumprimento das obrigações trabalhistas por parte da empresa prestadora do serviço. A responsabilidade supletiva da administração pública repousa neste dever de fiscalização. É a denominada culpa *in vigilando*, pela própria e incontroversa inadimplência das obrigações decorrentes do vínculo empregatício com o reclamante. Opõe-se, aqui, o óbice da Súmula 333/TST ao conhecimento do recurso de revista da reclamada. Recurso de embargos não conhecido (TST, E-ED-RR-25200-85.2008.5.21.0012, Rel. Horácio Raymundo de Senna Pires, Ac. SBDI-1).

■ O Tribunal Regional manteve a sentença, em que se reconheceu que a Reclamante exercia a função de "caixa" e se condenou as Reclamadas ao pagamento de "diferenças salariais existentes entre o salário efetivamente recebido pela autora e o piso fixado nas normas coletivas dos bancários para a função de caixa, acrescidas da parcela de gratificação de caixa". Incidência do óbice previsto na Súmula 297 do TST sobre a indicação de ofensa ao art. 461, §§ 1º e 2º da CLT (RR 66200-35.2004.5.04.0382, Fernando Eizo Ono).

2 *O contrato de equipe.* Não está expressamente previsto em nossa legislação. O

Estatuto do Índio incentiva essa modalidade de contratação (L. 6.001/73, art. 16, v. Ind. Leg.). A doutrina e a jurisprudência o aceitam, mas o interpretam como "um feixe de contratos individuais" que o empregador realiza, o que já não é o mesmo conceito; para que o autêntico contrato de equipe exista, há necessidade de características especiais. É o que acontece no Direito espanhol, no qual o empregador não tem sobre os trabalhadores do grupo os mesmos direitos que teria nos individuais, apagando-se assim a individualidade (Perez Botija, *El Contrato de Trabajo*) e esmaecendo-se em certo modo a responsabilidade da empresa; o chefe representa os demais e responde pelas obrigações dessa representação (*Estatuto de los Trabajadores*, art. 10); pode receber os salários comuns e distribuí-los; quando da saída de um dos membros, nenhuma das partes tem direito a impor à outra o substituto, cabendo primeiro a iniciativa ao chefe do grupo, e, em sua falta, é o empregador quem propõe; não é o patrão quem designa o chefe da equipe (*Ley del Contrato de Trabajo*, art. 18 e seg., e *Ordenanza Laboral del Campo*). Entretanto, e é o que mais interessa, se o chefe não trabalha, "nos encontramos ante a figura jurídica distinta da do contrato de grupo, em que o chefe é em realidade um empresário, cuja missão é a formação e oferecimento dos trabalhadores", proibido pela lei (!) (Enrique Mut Remolá, *Coment. a la Ordenanza del Campo*, Madrid, 1972). Mais uma vez vê-se como há perigosa vizinhança entre subempreiteiro, contrato de equipe, feixe de contratos e *marchandage*. Trabalho de bloco (art. 255/6). Cooperativa de trabalho (art. 442/8).

■ A continuidade das atividades da orquestra no estabelecimento da reclamada, entrosadas na rotina de serviço, denuncia a existência da relação de emprego entre os músicos e os responsáveis pela exploração do restaurante. Embora o chefe da orquestra dirija as atividades dos seus companheiros, distribuindo-lhes as respectivas funções, e recebendo da empresa a remuneração dos serviços prestados pelo conjunto musical, para depois pagar os salários dos músicos, nem por isso se desfigura a relação de emprego. Trata-se no caso de contrato de equipe, em virtude do qual o chefe da orquestra representa os colegas, sem prejuízo da relação de emprego existente entre cada um deles e os responsáveis pelo restaurante (TRT/SP, Ac. 2ª T. 5.362/72, *DJE*, 3.10.72).

3 *Proprietário de obra* (v. coment. art. 2º/11). Contratos por obra certa (indenização pelo construtor profissional), L. 2.959, de 17.11.56, em apêndice.

Art. 456. A prova do contrato individual do trabalho[1] será feita pelas anotações constantes da Carteira de Trabalho e Previdência Social ou por instrumento escrito e suprida por todos os meios permitidos em direito.

Parágrafo único. À falta de prova ou inexistindo cláusula expressa a tal respeito, entender-se-á que o empregado se obrigou a todo e qualquer serviço compatível[2] com a sua condição pessoal.

1 Meios de prova permitidos; confissão, atos processuais, documentos, testemunhas, presunção, exames e vistorias e arbitramento (CC, art. 212) e quaisquer outros, desde que legítimos (CPC/15, art. 369). Anotações da carteira de trabalho; valor probante (art. 40).

■ Comprovado nos autos que entre as reclamadas houve contrato de natureza civil, consubstanciado na empreita de trabalhos especializados, onde a contratada forneceu máquinas e acessórios, bem como pessoal para execução desses mesmos serviços, a ausência de prova, no sentido de que tal se destinava a mascarar intermediação fraudulenta dos serviços dos empregados da contratada, implica em não reconhecimento do vínculo empregatício entre estes e a empresa contratante (TRT/SP, 16.474/94, José Sebastião dos Santos, Ac. 9ª T. 2.283/96).

■ Possibilidade de existência de contrato de trabalho, concomitantemente com contrato de locação de veículo ou frete. A prova dos autos indica que havia subordinação e dependência econômica, além de pessoalidade e dos demais elementos considerados pelo legislador. Art. 3º da CLT. Remuneração em valor incompatível, quanto ao abastecimento e manutenção do veículo (TRT/SP 6.150/95, Carlos Francisco Berardo, Ac. 6ª T. 22.890/96).

■ Comprovada a prestação pessoal de serviços mediante remuneração, porém sem a necessária subordinação, presume-se provado o vínculo empregatício, cabendo à reclamada comprovar a existência de trabalho autônomo ou outro sem subordinação, conforme se depreende do disposto no art. 818 da CLT, combinado com o art. 333, inciso II do CPC (TST, RR 388.611/97.9, Cnéa Cimini Moreira de Oliveira, Ac. 4ª T.).

2 Condição pessoal: sua qualificação profissional e demais atributos físicos e intelectuais (condições do contrato, art. 468/3).

Art. 456-A. Cabe ao empregador definir o padrão de vestimenta[1] no meio ambiente laboral, sendo lícita a inclusão no uniforme de logomarcas da própria empresa ou de empresas parceiras e de outros itens de identificação relacionados à atividade desempenhada.

Parágrafo único. A higienização[2] do uniforme é de responsabilidade do trabalhador, salvo nas hipóteses em que forem necessários procedimentos ou produtos diferentes dos utilizados para a higienização das vestimentas de uso comum.

1 *O uso de uniforme.* Decorre do regular exercício do poder diretivo do empregador a imposição da obrigatoriedade do uso de uniformes dentro do local de trabalho. Pode este conter ou não logotipos de marcas de fabricantes de produtos comercializados pela empresa, o que não tem o condão de causar constrangimento, humilhação ou dano à imagem do empregado. A despesa com a compra do uniforme será do empregador, caso este seja de uso exclusivo para o trabalho. Se o uso for misto, seu custo pode ser partilhado.

2 *Higienização.* Manter seu uniforme higienizado é obrigação do empregado; essa obrigação passa a ser do empregador caso sejam necessários procedimentos diferentes do uso comum.

Capítulo II
DA REMUNERAÇÃO

Art. 457. Compreendem-se[2] na remuneração[1] do empregado, para todos os efeitos legais, além do salário devido e pago diretamente pelo empregador, como contraprestação do serviço, as gorjetas[9] que receber.

§ 1º Integram o salário a importância fixa[3] estipulada, as gratificações[4] legais e de função e as comissões pagas pelo empregador (Red. MP 808/17).

§ 2º As importâncias, ainda que habituais, pagas a título de ajuda de custo, limitadas a cinquenta por cento da remuneração mensal, o auxílio-alimentação, vedado o seu pagamento em dinheiro, as diárias para viagem e os prêmios não integram a remuneração do empregado, não se incorporam ao contrato de trabalho e não constituem base de incidência de encargo trabalhista e previdenciário (Red. MP 808/17).

§ 3º Considera-se gorjeta não só a importância espontaneamente dada pelo cliente ao empregado, como também o valor cobrado pela empresa, como serviço ou adicional, a qualquer título, e destinado à distribuição aos empregados. (Red. L. 13.419/17).

§ 4º Consideram-se prêmios[7] as liberalidades concedidas pelo empregador em forma de bens, serviços ou valor em dinheiro a empregado ou a grupo de empregados, em razão de desempenho superior ao ordinariamente esperado no exercício de suas atividades. (Red. L. 13.467/17).

§ 5º Inexistindo previsão em convenção ou acordo coletivo de trabalho, os critérios de rateio e distribuição da gorjeta e os percentuais de retenção previstos nos §§ 6º e 7º deste artigo serão definidos em assembleia geral dos trabalhadores, na forma do art. 612 desta Consolidação. (Red. L. 13.419/17).

§ 6º As empresas que cobrarem a gorjeta de que trata o § 3º deverão:

I - para as empresas inscritas em regime de tributação federal diferenciado, lançá-la na respectiva nota de consumo, facultada a retenção de até 20% (vinte por cento) da arrecadação correspondente, mediante previsão em convenção ou acordo coletivo de trabalho, para custear os encargos sociais, previdenciários e trabalhistas derivados da sua integração à remuneração dos empregados, devendo o valor remanescente ser revertido integralmente em favor do trabalhador;

II - para as empresas não inscritas em regime de tributação federal diferenciado, lançá-la na respectiva nota de consumo, facultada a retenção de até 33% (trinta e três por cento) da arrecadação correspondente, mediante previsão em convenção ou acordo coletivo de trabalho, para custear os encargos sociais, previdenciários e trabalhistas derivados da sua integra-

ção à remuneração dos empregados, devendo o valor remanescente ser revertido integralmente em favor do trabalhador;

III - anotar na Carteira de Trabalho e Previdência Social e no contracheque de seus empregados o salário contratual fixo e o percentual percebido a título de gorjeta. (Red. L. 13.419/17).

§ 7º A gorjeta, quando entregue pelo consumidor diretamente ao empregado, terá seus critérios definidos em convenção ou acordo coletivo de trabalho, facultada a retenção nos parâmetros do § 6º deste artigo. (Red. L. 13.419/17).

§ 8º As empresas deverão anotar na Carteira de Trabalho e Previdência Social de seus empregados o salário fixo e a média dos valores das gorjetas referente aos últimos doze meses. (Red. L. 13.419/17).

§ 9º Cessada pela empresa a cobrança da gorjeta de que trata o § 3º deste artigo, desde que cobrada por mais de doze meses, essa se incorporará ao salário do empregado, tendo como base a média dos últimos doze meses, salvo o estabelecido em convenção ou acordo coletivo de trabalho. (Red. L. 13.419/17).

§ 10. Para empresas com mais de sessenta empregados, será constituída comissão de empregados, mediante previsão em convenção ou acordo coletivo de trabalho, para acompanhamento e fiscalização da regularidade da cobrança e distribuição da gorjeta de que trata o § 3º deste artigo, cujos representantes serão eleitos em assembleia geral convocada para esse fim pelo sindicato laboral e gozarão de garantia de emprego vinculada ao desempenho das funções para que foram eleitos, e, para as demais empresas, será constituída comissão intersindical para o referido fim. (Red. L. 13.419/17).

§ 11. Comprovado o descumprimento do disposto nos §§ 4º, 6º, 7º e 9º deste artigo, o empregador pagará ao trabalhador prejudicado, a título de multa, o valor correspondente a 1/30 (um trinta avos) da média da gorjeta por dia de atraso, limitada ao piso da categoria, assegurados em qualquer hipótese o contraditório e a ampla defesa, observadas as seguintes regras:

I - a limitação prevista neste parágrafo será triplicada caso o empregador seja reincidente;

II - considera-se reincidente o empregador que, durante o período de doze meses, descumpre o disposto nos §§ 4º, 6º, 7º e 9º deste artigo por mais de sessenta dias. (Red. L. 13.419/17).

§ 12. A gorjeta a que se refere o § 3º não constitui receita própria dos empregadores, destina-se aos trabalhadores e será distribuída segundo os critérios de custeio e de rateio definidos em convenção coletiva ou acordo coletivo de trabalho (Red. MP 808/17).

§ 13. Se inexistir previsão em convenção coletiva ou acordo coletivo de trabalho, os critérios de rateio e distribuição da gorjeta e os percentuais de retenção previstos nos § 14 e § 15 serão definidos em assembleia geral dos trabalhadores, na forma estabelecida no art. 612 (Red. MP 808/17).

§ 14. As empresas que cobrarem a gorjeta de que trata o § 3º deverão:

I - quando inscritas em regime de tributação federal diferenciado, lançá-la na respectiva nota de consumo, facultada a retenção de até vinte por cento da arrecadação correspondente, mediante previsão em convenção coletiva ou acordo coletivo de trabalho, para custear os encargos sociais,

previdenciários e trabalhistas derivados da sua integração à remuneração dos empregados, hipótese em que o valor remanescente deverá ser revertido integralmente em favor do trabalhador;

II - quando não inscritas em regime de tributação federal diferenciado, lançá-la na respectiva nota de consumo, facultada a retenção de até trinta e três por cento da arrecadação correspondente, mediante previsão em convenção coletiva ou acordo coletivo de trabalho, para custear os encargos sociais, previdenciários e trabalhistas derivados da sua integração à remuneração dos empregados, hipótese em que o valor remanescente deverá ser revertido integralmente em favor do trabalhador; e

III - anotar na CTPS e no contracheque de seus empregados o salário contratual fixo e o percentual percebido a título de gorjeta (Red. MP 808/17).

§ 15. A gorjeta, quando entregue pelo consumidor diretamente ao empregado, terá seus critérios definidos em convenção coletiva ou acordo coletivo de trabalho, facultada a retenção nos parâmetros estabelecidos no § 14 (Red. MP 808/17).

§ 16. As empresas anotarão na CTPS de seus empregados o salário fixo e a média dos valores das gorjetas referente aos últimos doze meses (Red. MP 808/17).

§ 17. Cessada pela empresa a cobrança da gorjeta de que trata o § 3º, desde que cobrada por mais de doze meses, essa se incorporará ao salário do empregado, a qual terá como base a média dos últimos doze meses, sem prejuízo do estabelecido em convenção coletiva ou acordo coletivo de trabalho (Red. MP 808/17).

§ 18. Para empresas com mais de sessenta empregados, será constituída comissão de empregados, mediante previsão em convenção coletiva ou acordo coletivo de trabalho, para acompanhamento e fiscalização da regularidade da cobrança e distribuição da gorjeta de que trata o § 3º, cujos representantes serão eleitos em assembleia geral convocada para esse fim pelo sindicato laboral e gozarão de garantia de emprego vinculada ao desempenho das funções para que foram eleitos, e, para as demais empresas, será constituída comissão intersindical para o referido fim (Red. MP 808/17).

§ 19. Comprovado o descumprimento ao disposto nos § 12, § 14, § 15 e § 17, o empregador pagará ao trabalhador prejudicado, a título de multa, o valor correspondente a um trinta avos da média da gorjeta por dia de atraso, limitada ao piso da categoria, assegurados, em qualquer hipótese, o princípio do contraditório e da ampla defesa (Red. MP 808/17).

§ 20. A limitação prevista no § 19 será triplicada na hipótese de reincidência do empregador (Red. MP 808/17).

§ 21. Considera-se reincidente o empregador que, durante o período de doze meses, descumprir o disposto nos § 12, § 14, § 15 e § 17 por período superior a sessenta dias (Red. MP 808/17).

§ 22. Consideram-se prêmios as liberalidades concedidas pelo empregador, até duas vezes ao ano, em forma de bens, serviços ou valor em dinheiro, a empregado, grupo de empregados ou terceiros vinculados à sua atividade econômica em razão de desempenho superior ao ordinariamente esperado no exercício de suas atividades (Red. MP 808/17).

§ 23. Incidem o imposto sobre a renda e quaisquer outros encargos tributários sobre as parcelas referidas neste artigo, exceto aquelas expressamente isentas em lei específica. (Red. MP 808/17).

1 *Remuneração*. O significado do vocábulo inclui o salário indireto (gorjetas) e o salário direto pago pelo empregador (em dinheiro ou utilidades). Distingue-se salário de remuneração. O primeiro é pago diretamente pelo empregador, como contraprestação do serviço executado; a segunda é composta pelo salário mais as gorjetas. A lei afirma que as gorjetas se compreendem na remuneração (art. 457); não diz o mesmo quanto ao salário. A lei, ao enunciar o adicional noturno (CLT, art. 73), o aviso prévio (art. 487), o repouso semanal (art. 67 e CF, art. 7º, XV) e as horas extras (art. 59), refere-se simplesmente a salário. Mas, com relação ao 13º salário (CF, art. 7º, VIII), férias (art. 129) e FGTS (L. 8.036/90, art. 15), reporta-se à remuneração. Assim, Süssekind (*Instituições*, cit., Índice Bibliog.).

2 *Compreendem-se*. Integra o salário, aderem à remuneração contratual para todos os efeitos as importâncias habituais pagas e desde que elas não sejam para indenizar alguma despesa que o emprego teve para executar o seu trabalho, independente do valor. O art. 457, § 2º, afirma que as verbas pagas pelo empregador, como benefícios ou como necessidade para o trabalho (ajuda de custo, auxílio-alimentação (não pago em dinheiro), diárias para viagem, prêmios e abonos), não incorporam o contrato de trabalho, sem incidência de encargo trabalhista e previdenciário.

3 *Importância fixa estipulada*. Refere-se preferencialmente ao trabalho por unidade de tempo, sem levar em conta o resultado obtido; o que não significa que o empregado tenha direito de nada fazer; é necessário que sua atividade esteja na medida do que fazem normalmente os trabalhadores semelhantes (González Encabo, *Salarios por unidad de tiempo*, p. 74), ou na medida do que era habitual nesse empregado, a fim de não dar motivo à rescisão por justa causa tipificada como desídia; mas não se permite a recusa patronal do pagamento, sob tal pretexto; se o empregador, conhecendo o serviço desidioso, o tolerou, deve pagá-lo, pois que poderia ter exercido seu poder disciplinar.

4 *Gratificações*. Temos dois tipos de gratificações, as ajustadas ou definidas por leis (adicionais), que são pagas mês a mês, e as não habituais que deixam de ser consideradas como ajustadas, ambas pagas pelo empregador. As ajustadas integram-se na remuneração para todos os efeitos. É a aplicação do princípio de que todas as vantagens obtidas pelo empregado aderem ao contrato definitivamente (com restrições de Maranhão, *Direito do trabalho*, p. 76, que exige habitualidade, periodicidade e uniformidade). Já a verdadeira gratificação (não a ajustada, nem a tácita ou habitual) é manifestação livre do empregador por simples liberalidade ou júbilo, em face de certo acontecimento ligado ao empregado ou à empresa, sem promessa anterior (nesse sentido, Gomes-Gottschalk, *Curso*, p. 242). Devem ser levadas em conta para o cálculo do 13º salário. Também integram a remuneração, para todos os efeitos, as gratificações de função, que só poderão ser retiradas nas raríssimas hipóteses de retorno à função anterior (art. 450). O adicional por tempo de serviço tem a mesma natureza jurídica da gratificação ajustada. A gratificação semestral não incide no cálculo do aviso prévio e das férias. Em um e outro caso, o empregado recebe o valor do respectivo período. O tempo, tanto das férias como do aviso prévio, é computado para a formação dos semestres, gerador do direito da gratificação. A incidência desta sobre aquelas verbas implicaria a reprodução de efeitos, sem apoio na lógica e na sistemática dos respectivos institutos. A participação nos lucros não tem efeitos salariais, de acordo com a CF/88 (art. 7º, XI). *Gueltas*: são gratificações ou prêmios oferecidos por terceiros a empregado pela produção, beneficiando esses terceiros; ex.: empresa de cartão de crédito que ofereça gueltas a empregados de certo banco pelas operações realizadas para os produtos daquela primeira; não influem na relação empregatícia. Gratificações, só as habituais, integram o salário-contribuição para a Previdência (L. 8.212/91, art. 28, § 8º, red. L. 9.711/98).

A) *Tempo de serviço*

TST O adicional por tempo de serviço integra o cálculo da gratificação prevista no art. 224, § 2º, da CLT (TST – Súmula 240).

TST As gratificações por tempo de serviço e produtividade, pagas mensalmente, não repercutem no cálculo do repouso semanal remunerado (TST – Súmula 225).

TST Existindo, ao mesmo tempo, gratificação por tempo de serviço outorgada pelo empregador e outra da mesma natureza prevista em acordo coletivo, convenção coletiva ou sentença normativa, o empregado tem direito a receber, exclusivamente, a que lhe seja mais benéfica (TST – Súmula 202).

TST A licença-prêmio, na vigência do contrato de trabalho, não pode ser convertida em pecúnia, salvo se expressamente admitida a conversão no regulamento da empresa (TST – Súmula 186).

TST O adicional de tempo de serviço (quinquênio) é devido, nas condições estabelecidas pelo art. 19 da L. 4.345/64, aos contratados sob regime da CLT, pela empresa a que se refere mencionada lei, inclusive para o fim de complementação de aposentadoria (TST – Súmula 52).

SDI Nossa Caixa – Nosso Banco (Caixa Econômica do Estado de São Paulo). Regulamento. Gratificação especial e/ou anuênios. Direito reconhecido apenas àqueles empregados que tinham 25 anos de efetivo exercício prestados exclusivamente à Caixa (TST, SDI-1, Orientação Jurisprudencial 56).

SDI O tempo de afastamento do anistiado pela Lei n. 6.683/79 não é computável para efeito do pagamento de indenização por tempo de serviço, licença-prêmio e promoção (TST, SDI-1 Orientação Jurisprudencial Transitória 44, conversão da Orientação Jurisprudencial SDI-1 176).

B) *Repercussão nas demais verbas*

STF As gratificações habituais, inclusive a de Natal, consideram-se tacitamente convencionadas, integrando o salário (STF – Súmula 207).

STJ A contribuição previdenciária incide sobre a comissão paga ao corretor de seguros (STJ – Súmula 458).

TST A gratificação semestral não repercute no cálculo das horas extras, das férias e do aviso prévio, ainda que indenizados. Repercute, contudo, pelo seu duodécimo na indenização por antiguidade e na gratificação natalina (TST – Súmula 253).

TST A gratificação por tempo de serviço integra o salário para todos os efeitos legais. Referência: CLT, art. 457, § 1º (TST – Súmula 203).

TST O valor das horas extras habituais integra a remuneração do trabalhador para o cálculo das gratificações semestrais (TST – Súmula 115).

SDI É indevida a incorporação do abono instituído pela Lei n. 8.178/91 aos empregados comissionistas (TST, SDI-1 Orientação Jurisprudencial Transitória 45, conversão da Orientação Jurisprudencial SDI-1 180).

As bonificações pagas em decorrência de produtividade ou assiduidade têm natureza jurídica salarial, porque são pagas pelo empregador ao trabalhador em razão da continuidade do contrato de trabalho. Seu objetivo é incentivar a produção e o comparecimento do trabalhador no período de safra, quando o empregador mais necessita de mão de obra. Qualquer parcela que integre a remuneração do obreiro, quer para incentivá-lo, quer para premiá-lo por algum motivo, não importando o título que receba, é verba que deve ser considerada para o cálculo das verbas contratuais, porquanto integra o salário para todos os efeitos. É a aplicação do princípio de que todas as vantagens obtidas pelo empregado aderem ao contrato definitivamente (TST, E-RR 316.516/96-0, Nelson Antônio Daiha, Ac. SBDI-1, 5.2.99).

C) *Habitualidade. Liberalidade. Ajuste*

TST I – Percebida a gratificação de função por dez ou mais anos pelo empregado, se o empregador, sem justo motivo, revertê-lo a seu cargo efetivo, não poderá retirar-lhe a gratificação tendo em vista o princípio da estabilidade financeira. II – Mantido o empregado no exercício da função comissionada, não pode o empregador reduzir o valor da gratificação (TST – Súmula 372, conversão das Orientações Jurisprudenciais SDI-1 45 e 303).

TST O fato de constar do recibo de pagamento de gratificação o caráter de liberalidade não basta, por si só, para excluir a existência de ajuste tácito (TST – Súmula 152).

Bonificações semanais. A bonificação paga com o intuito de premiar a assiduidade e ao mesmo tempo incentivar a produção tem caráter salarial, uma vez que possui os requisitos configuradores de verba e, no caso, existe a uniformidade, periodicidade e habitualidade em seu pagamento. Dessa forma, os reflexos em férias e na gratificação natalina são devidos (TST, RR 214.755/95.8, Antonio Maria Thaumaturgo Cortizo, Ac. 5ª T. 504/97).

Gratificação semestral. A gratificação semestral repercute somente no cálculo da gratificação natalina (TST, RR 125.798/94.5, Almir Pazzianotto Pinto, Ac. 4ª T. 3.360/96).

Há diferença entre gratificação ajustada e gratificação *stricto sensu*. Aquela constitui autêntico salário, esta consiste em manifestação livre do empregador por simples liberalidade ou júbilo. A hipótese dos autos refere-se à gratificação *stricto sensu*, que possui natureza indenizatória, não incidindo, assim, sobre o FGTS (TST, RR 192.660/95.5, Galba Velloso, Ac. 4ª T. 5.171/96).

Segundo está orientada a jurisprudência pacífica da Eg. SDI, a gratificação percebida por mais de dez anos não pode ser suprimida, ainda quando o empregado vem a ser destituído das funções que ensejaram o pagamento respectivo (TST, AI-RR 280.882/96.5, Armando de Brito, Ac. 5ª T.).

5 *A ajuda de custo* (um só pagamento por viagem) e as diárias (pagamento de acordo com o número de dias de viagem) devem ser verdadeiramente indenizatórias das despesas previsíveis do trabalho a desenvolver. Ajuda de custo está limitada a 50% da remuneração mensal; não integram a remuneração do empregado. Independentemente do valor, quando a ajuda de custo e a diária de viagem perdem a característica de verba que indeniza gastos que o empregado teve ou terá para poder trabalhar, não podem ser consideradas fora de sua remuneração, passam a ser um *plus* salarial, é salário. Essas diárias somente serão devidas quando houver a respectiva viagem. Ônus do empregador, v. Precedente Administrativo 50 MTE/SIT, em apêndice. A lei da Previdência (L. 8.212/91, art. 28, § 8º, a, red. L. 9.528/97) considera para fim de contribuição os valores que ultrapassem 50% do salário mensal.

TST Tratando-se de empregado mensalista, a integração das diárias no salário deve ser feita tomando-se por base o salário mensal por ele percebido, e não o salário-dia, somente sendo devida a referida integração quando o valor das diárias, no mês, for superior à metade do salário mensal (TST – Súmula 318).

TST A parcela paga aos bancários sob a denominação quebra-de-caixa possui natureza salarial, integrando o salário do prestador dos serviços, para todos os efeitos legais (TST – Súmula 247).

TST O vale para refeição, fornecido por força do contrato de trabalho, tem caráter salarial, integrando a remuneração do empregado, para todos os efeitos legais (TST – Súmula 241).

TST Integram o salário, pelo seu valor total e para efeitos indenizatórios, as diárias de viagem que excedam a 50% (cinquenta por cento) do salário do empregado, enquanto perdurarem as viagens (TST – Súmula 101, conversão da Orientação Jurisprudencial SDI-1 292).

SDI A verificação do respeito ao direito ao salário mínimo não se apura pelo confronto isolado do salário-base com o mínimo legal, mas deste com a soma de todas as parcelas de natureza salarial recebidas pelo empregado diretamente do empregador (TST, SDI-1, Orientação Jurisprudencial 272).

Possuindo as diárias a natureza jurídica de contraprestação salarial e sido satisfeitas tendo como base de cálculo a unidade tempo dia, não há como considerar-se já remunerados os repousos com a simples integração dos valores pagos àquele título. Devida, ainda, a sua integração nos repousos semanais remunerados (§ 1° do art. 457 da CLT e § 2º do artigo 7º da Lei 605/49). Recurso de Revista conhecido e provido. (AIRR e RR 378471, Maria de Lourdes Sallaberry – TST).

Salário é o conjunto de pagamentos feitos pelo empregador ao empregado, em decorrência do contrato de trabalho, seja como contraprestação do serviço, seja em razão da disponibilidade do trabalhador, das interrupções contratuais ou por força de lei. Esse entendimento não atenta contra a definição de salário mínimo, encontrada no art. 76 da CLT, nem é incompatível com o disposto no art. 7º, inciso IV, da Constituição Federal. Se o salário é pago em valor superior ao mínimo assegurado, considerada a soma de todas as parcelas que o compõem e que possuem natureza salarial, a garantia constitucional está sendo respeitada e a conceituação de salário mínimo observada. Ademais, de acordo com o disposto no art. 457, § 1º, da CLT, "Integram o salário não só a importância fixa estipulada, como também as comissões, percentagens, gratificações ajustadas, diárias para viagem e abonos pagos pelo empregador". Sendo, pois, considerado como salário o abono pago pelo empregador, conclui-se que pode o empregador complementar o valor do salário mínimo assegurado pela Carta Magna por meio de pagamento de abono (RR 427033/98, Rider de Brito – TST).

Definido que a parcela tenha natureza jurídica de ajuda de custo, não terá ela seu valor incluído no salário para nenhum efeito, independentemente de exceder de 50% do valor dele, já que essa condição só se refere às diárias (TST, RR 18.448/90.2, Manoel de Freitas, Ac. 3ª T. 3.970/91).

* Sobre o tema *supra*, v. www.institutocarrion.com.br.

6 *Auxílio-alimentação*. É um benefício que o empregador oferece ao seu empregado. Não pode ser pago em dinheiro.

Se a ajuda-alimentação for devida em função da situação extraordinária da prorrogação da jornada laboral que, também, obrigue o empregado a um gasto excepcional, a hipótese será diversa do tíquete-alimentação, destinado a remunerar as despesas do empregado com sua alimentação em condições normais de trabalho. O Enunciado n. 241 desta Corte não será aplicável (TST, E-RR 339.397/97.0, Ronaldo Leal, SBDI-1).

7 *Prêmio e abono*. O *prêmio* costuma consistir na promessa de vantagem, em dinheiro ou não, caso certo empregado ou grupo de empregados atinja certo nível de produção ou observe determinada conduta (ex.: pontualidade ou constância no comparecimento), é liberalidade do empregador, pago ao empregado ou grupo de empregados em razão de desempenho superior ao esperado, pagos até duas vezes ao ano (art. 457, § 22); abono, um pagamento a mais, uma ajuda por algum motivo, um valor adiantado não serão considerados salário. Pela integração, mesmo sem uniformidade dos prêmios e gratificações habituais, Russomano (*Curso*, p. 371).

Salário em geral. O prêmio-assiduidade, pago habitualmente, constitui salário e reflete sobre as demais verbas, sem *bis in idem* (TRT/SP, RO 16.470/94, Valentin Carrion, Ac. 9ª T.).

Produção e assiduidade no curso da semana. Sem prejuízo da terminologia usada, "bonificação", o fato é que referida verba tem natureza premial e como tal identifica-se como salário... Desde que determinada verba seja ajustada de forma expressa ou tácita, presentes nesta última hipótese a habitualidade, a periodicidade e a uniformidade de seu pagamento, e objetive remunerar o empregado pelo trabalho executado, sua natureza salarial manifesta-se plena (TST, E-RR 184.468/95.9, Milton de Moura França, Ac. SBDI-1 2.804/97).

Ficou incontroverso nos autos que o prêmio-desempenho preenchia a condição de habitualidade, porquanto era pago ao Reclamante a cada final de semestre. Em sendo habitual, portanto, a natureza salarial da parcela é incontestável, não obstante estar atrelada, em suas origens, a lucro, já que a terminologia adotada pelo Regional foi de "prêmio e gratificação", não se atendo àquela característica do instituto preciso do lucro, condicionada a resultado efetivo. Embargos conhecidos e desprovidos (ERR-317473/96, Carlos Alberto Reis de Paula – TST).

8 *Décimo terceiro salário*. Diz a Constituição Federal de 1988:

Art. 7º São direitos dos trabalhadores... além de outros...

VIII – décimo terceiro salário com base na remuneração integral ou no valor da aposentadoria...

Art. 201. A previdência social será organizada sob a forma de regime geral, de caráter contributivo e de filiação obrigatória... e atenderá, nos termos da lei, a:

...

§ 6º A gratificação natalina dos aposentados e pensionistas terá por base o valor dos proventos do mês de dezembro de cada ano.

Trata-se da tradicional gratificação de Natal, transformada em lei, devida até o dia 20 de dezembro (Precedente Administrativo 25 MTE/SIT, em apêndice), independentemente da remuneração a que o empregado fizer jus; corresponde a 1/12 da remuneração devida em dezembro, por mês de serviço ou fração de 15 dias (URV, v. art. 457/13); a expressão remuneração devida em dezembro não pode ser tomada textualmente; aqueles que, como os comissionistas ou outros, são remunerados de acordo com a produção e que pelas atividades cíclicas tenham reduzidos seus salários em dezembro, devem calcular o instituto em bases percentuais anuais; por isso, também devem ser incluídos nessa média anual os pagamentos não mensais, como é o caso de outras gratificações anuais ou semestrais; agindo diferentemente, violar-se-ia o princípio geral da integração de todas as vantagens remuneratórias para o cálculo dos ônus impostos nos demais institutos e se estimularia a contratação salarial mensal em bases inferiores, compensadas com gratificações, que não alcançariam o 13º mês. Por razões financeiras a metade da gratificação legal deve ser antecipada até novembro ou quando das férias, se for requerido em janeiro (L. 4.090/62 e L. 4.749/65, em apêndice), e será compensada com qualquer crédito, se dispensado por justa causa. A gratificação legal integra o cálculo do FGTS; é devida na extinção do contrato a termo, no distrato, no pedido de demissão pelo empregado e na resolução do contrato por culpa do empregador; a falta grave do empregado o torna indevido. Regulamentação, D. 57.155/65 (em apêndice). Avulso (D. 63.912/68).

O décimo terceiro salário dos primeiros 15 dias de doença do empregado é devido pela empresa. O dos demais, não. Será pago pela Previdência Social se o auxílio-doença foi recebido pelo segurado durante 6 meses (D. 3.048/99, art. 120).

STF É legítima a incidência da contribuição previdenciária sobre o 13º salário (STF – Súmula 688).

TST A gratificação instituída pela Lei n. 4.090, de 1962, é devida na resilição contratual de iniciativa do empregado (TST – Súmula 157).

TST É computável a gratificação de Natal para efeito do cálculo de indenização (TST – Súmula 148).

TST A gratificação periódica contratual integra o salário, pelo seu duodécimo, para todos os efeitos legais, inclusive o cálculo da natalina – L. 4.090/62 (TST – Súmula 78).

TST A gratificação natalina, instituída pela L. 4.090/62, é devida pela empresa cessionária ao servidor público cedido enquanto durar a cessão (TST – Súmula 50).

TST As faltas ou ausências decorrentes de acidente do trabalho não são consideradas para os efeitos de duração de férias e cálculo da gratificação natalina (TST – Súmula 46).

TST A remuneração do serviço suplementar, habitualmente prestado, integra o cálculo da gratificação natalina prevista na L. 4.090/62 (TST – Súmula 45).

O décimo terceiro salário deve ser calculado com base na remuneração integral, o que abrange comissões e horas extras, e não somente o salário em sentido restrito (TRT/PR, RO 3.548/95, Luiz Eduardo Gunther, Ac. 2ª T. 4.956/96).

9 A *gorjeta* não é receita própria dos empregadores, destina-se a distribuição aos empregados e pode: a) ser espontânea, concedida pelo freguês para premiar o serviço esmerado de quem o atende, b) por simples costume do ramo de atividade, c) inserida pelo empregador na conta das despesas efetuadas, um percentual sobre o total (art. 457, § 3º). Será distribuída de acordo com a convenção e ou acordo coletivo, caso não esteja definida, o critério de distribuição será estabelecido por assembleia geral dos trabalhadores (art. 457, § 13). As empresas poderão reter 20% até 33% do valor das gorjetas (20% quando inscritas no regime de tributação federal diferenciado e 33% quando não inscritas). Valores definidos em convenção ou acordo coletivo para custear encargos sociais, previdenciários e trabalhistas, derivados da integração da gorjeta à remuneração (art. 457, § 14). O salário e o percentual percebido a título de gorjeta devem ser anotados na CTPS (art. 457, § 14, III) e a cada doze meses deve ser anotado o valor do salário fixo e o valor da média das gorjetas recebidas nos últimos 12 meses (art. 457, § 16). Cessada a cobrança da gorjeta pela empresa, esta incorpora ao salário (calculada sobre a média dos últimos 12 meses) do empregado, desde que cobrada por mais de 12 meses (art. 457, § 17). O empregador que não distribuir a gorjeta, que não reverter ao trabalhador o valor remanescente do pagamento dos encargos sociais e previdenciários e quando deixar de cobrar a gorjeta não incorporar a média do valor pago nos últimos dozes meses ao salário do trabalhador, está sujeito a multa de 1/30 avos da média da gorjeta por dia ao trabalhador prejudicado, limitado ao piso da categoria (art. 457, § 19), valor este que será triplicado caso exista reincidência (descumprir o pagamento por mais de 60 dias dentro de um ano).

TST As gorjetas, cobradas pelo empregador na nota de serviço ou oferecidas espontaneamente pelos clientes, integram a remuneração do empregado, não servindo de base de cálculo para as parcelas de aviso prévio, adicional noturno, horas extras e repouso semanal remunerado (TST – Súmula 354).

As gorjetas, sejam cobradas pelo empregador na nota de serviço ou oferecidas espontaneamente pelos clientes, integram a remuneração do empregado, não servindo de base de cálculo para as parcelas: aviso prévio, adicional noturno, horas extras e repouso semanal remunerado (TST, IUJ-E-RR 28.653/91.4, Vantuil Abdala, Ac. OE 124/97).

Gorjetas. Repercussão. As gorjetas integram a remuneração (CLT, art. 457, caput); não o salário. A lei, ao enunciar cada instituto, indica sua base de cálculo: salário ou remuneração. Assim, as gorjetas se refletem no cálculo das férias. FGTS e gratificação natalina. Entretanto tal não ocorre quanto ao adicional noturno, aviso prévio, horas extras e repouso semanal remunerado, que levam em conta o salário *stricto sensu* (Proc. TRT/SP 12.633/97, Valentin Carrion, Ac. 9ª T. 15.893/98).

9-A Incide imposto de renda e quaisquer outros encargos tributários sobre as parcelas referidas neste artigo, com exceção das verbas indenizatórias.

10 *PIS-PASEP e abono salarial anual*. Diz a Constituição Federal de 1988:

Art. 239. A arrecadação decorrente das contribuições para o Programa de Integração Social, criado pela Lei Complementar 7, de 7 de setembro de 1970, e para o Programa de Formação do Patrimônio do Servidor Público, criado pela Lei Complementar 8, de 3 de dezembro de 1970, passa, a partir da promulgação desta Constituição, a financiar, nos termos que a lei dispuser, o programa do seguro-desemprego e o abono de que trata o § 3º deste artigo.

§ 1º Dos recursos mencionados no *caput* deste artigo, pelo menos quarenta por cento serão destinados a financiar programas de desenvolvimento econômico, através do Banco Nacional de Desenvolvimento Econômico e Social, com critérios de remuneração que lhes preservem o valor.

§ 2º Os patrimônios acumulados do Programa de Integração Social e do Programa de Formação do Patrimônio do Servidor Público são preservados, mantendo-se os critérios de saque nas situações previstas nas leis específicas, com exceção da retirada por motivo de casamento, ficando vedada a distribuição da arrecadação de que trata o *caput* deste artigo, para depósito nas contas individuais dos participantes.

§ 3º Aos empregados que percebam de empregadores que contribuem para o Programa de Integração Social ou para o Programa de Formação do Patrimônio do Servidor Público, até dois salários mínimos de remuneração mensal, é assegurado o pagamento de um salário mínimo anual, computado neste valor o rendimento das contas individuais, no caso daqueles que já participavam dos referidos programas, até a data da promulgação desta Constituição.

§ 4º O financiamento do seguro-desemprego receberá uma contribuição adicional da empresa cujo índice de rotatividade da força de trabalho superar o índice médio da rotatividade do setor, na forma estabelecida por lei.

O Programa de Integração Social (PIS) consiste em um fundo formado por depósitos mensais efetuados pelas empresas, calculado sobre o faturamento (receita bruta, como definido pela legislação do imposto de renda), a folha de salários (entidades de fins lucrativos) ou sobre as receitas arrecadadas e transferências correntes de capital recebidas. As pessoas jurídicas de direito público interno contribuem (Lei 9.715/98, alt. 12.810/13), bem assim as empresas que não realizam vendas de mercadorias, assim como as que não têm fins lucrativos. A participação do empregado, distribuída pela Caixa Econômica Federal, era proporcional ao montante dos salários recebidos e ao número de quinquênios de serviço. As obrigações decorrentes são de natureza fiscal e não trabalhista, sem incidência de ônus previdenciários ou tributários; as importâncias creditadas ao Fundo não se consideram rendimento de trabalho, nem se incorporam à remuneração (LC 7/70). O Programa de Formação do Patrimônio do Servidor Público constitui-se pela contribuição mensal da União, Estados, Municípios,

Distrito Federal e Territórios (percentagem sobre suas receitas), autarquias, empresas públicas, sociedades de economia mista e fundações instituídas pela União, Estados, Municípios ou Territórios (percentagem sobre a receita orçamentária e operacional). As contribuições foram distribuídas entre os servidores. As importâncias creditadas nas contas individuais dos participantes (abertas na Caixa Econômica Federal) eram inalienáveis, impenhoráveis e indisponíveis, salvo: a) na hipótese de casamento (suprimida pela CF/88), aposentadoria, transferência para a reserva remunerada, reforma, invalidez ou falecimento do titular e na contaminação por Aids (Res. Cons. Diretor 2/92); b) quanto à correção monetária e juros, após cada exercício; c) o chamado 14º salário (LC 26). Décimo quarto salário: consiste na importância de um salário mínimo regional, creditada em conta individual pelo Fundo, em 1º de julho de cada ano, a todos os participantes cadastrados há mais de 5 anos e que percebiam salário mensal não superior a 5 vezes o respectivo salário mínimo regional, respeitadas as disponibilidades do Fundo (LC 26/75, em apêndice); havendo saldo na conta, mesmo sem disponibilidade geral do programa, o 14º salário poderia ser levantado.

O PIS-PASEP não é um sistema de participação do empregado nos lucros da empresa, nem da integração nela, mas um sistema de participação dos trabalhadores do País no global do produto nacional (Baracho, *Participação nos lucros*). A CF/88 destinou o Fundo ao financiamento do seguro-desemprego e o abono de um salário mínimo anual para aqueles cuja remuneração patronal é de até 2 salários mínimos (art. 239, § 3º). Não há mais distribuição de arrecadação, mas apenas os saques previstos (salvo casamento), somente para os que já participavam do programa quanto aos patrimônios já acumulados (§ 2º); para a generalidade, que ganha até 2 salários mínimos, vigora o abono anual (L. 7.859/89 e 7.998/90, art. 9º, v. Índ. Leg.). A Justiça do Trabalho é competente para julgar os litígios entre empregados e empregadores concernentes à existência ou inexistência de relação de emprego e tempo de serviço para fins de cadastramento, direito este resultante da própria relação laborista; também é competente para cominar o empregador a cadastrar o empregado e para condená-lo pelas perdas e danos da omissão; aquela jurisdição não é competente, entretanto, nas hipóteses de sonegação de renda ou faturamento que prejudique o Fundo. V. LC 7, de 7.9.70, e 17, de 12.12.73.

Omissão ou incorreção no cadastramento. Ressarcimento do empregado pela omissão da Empresa (Norma de Serviço CEF 56/78, *LTr* 42/699, 1978). Multa por omissão do nome do empregado ou falsidade quanto ao salário, contribuições, prescrição (art. 11/8) (DL 2.052/83, alterado pelo DL 2.303/86). Administração e fiscalização, Receita Federal (L. 9.715/98, alt. L. 12.810/13).

Cadastramento (Port. MTb/GM 3.302/88).

STJ É da competência da Justiça Estadual autorizar o levantamento dos valores relativos ao PIS/PASEP e FGTS, em decorrência do falecimento do titular da conta (STJ – Súmula 161).

STJ A caixa econômica federal é parte ilegítima para figurar no polo passivo das ações relativas às contribuições para o fundo PIS/PASEP (STJ – Súmula 77).

TST Compete à Justiça do Trabalho processar e julgar ações ajuizadas por empregados em face de empregadores relativas ao cadastramento no Programa de Integração Social (PIS) (TST – Súmula 300).

Competência da Justiça do Trabalho. Compete à Justiça do Trabalho somente as reclamações pertinentes ao "cadastramento" no PIS ou indenização compensatória pela falta deste (TST, RR 3.542/89.6, Francisco da Silva, Ac. 2ª T. 1.803/91).

À Justiça do Trabalho compete processar e julgar reclamação visando a "execução direta das cotas do Programa de Integração Social, para oportuno saque" (STJ, CComp 2.313-0-SP, Fontes de Alencar).

A falta de informação ao reclamante sobre seu cadastramento no PIS não gera ao obreiro direito à indenização (TST, RR 221.350/95.8, Valdir Righetto, Ac. 4ª T. 2.346/96).

A CF recepcionou o PIS tal como entrou na data de sua vigência, independentemente da necessidade de edição de quaisquer outras normas legais e de sua submissão às regras que disciplinam a instituição das contribuições sociais. Alegação que, ademais, já foi repelida no julgamento do RE 169.091, Relator Min. Sepúlveda Pertence (STF, RE 217.693-8-SP, Ilmar Galvão).

O cadastramento no PIS – Plano de Integração Social, por ser o decorrente do contrato de trabalho, é uma obrigação de índole laboral. Em assim sendo, está sujeita à prescrição trabalhista e não àquela disposta no art. 10 do Decreto-Lei 2.052/83, alusiva a débitos para com o programa, haja vista não ter verba indenizatória natureza fiscal (TST, RR 311.665/96.8, Antonio Maria Thaumaturgo Cortizo, Ac. 5ª T., 13.8.99).

11 *Salário complessivo* ou "completivo", como prefere Barata Silva, consiste na fixação de uma importância fixa ou proporcional ao ganho básico, com a finalidade de remunerar vários institutos adicionais sem possibilidade de verificar se a remuneração cobre todos os direitos e suas naturais oscilações: por exemplo, trabalho extraordinário, horário noturno, descanso remunerado etc. Os fundamentos da nulidade são: a) falta de nexo causa-efeito e transação com direitos futuros; b) descumprimento do mandamento constitucional de hora noturna superior à diurna; c) renúncia pelo empregado a horas extras; d) descumprimento do pagamento de descanso semanal (Genro, *LTr* 39/620, 1975). A jurisprudência condena tal estipulação, com frequência. Há necessidade do exame de cada hipótese em concreto, pois em algumas delas a inexistência de prejuízo e fraude é evidente; os que entendem que a nulidade deve ser decretada, por princípio, determinando a apuração dos débitos, estão aceitando a eficácia do procedimento se se verificar a inexistência de prejuízo.

TST I – A contratação do serviço suplementar, quando da admissão do trabalhador bancário, é nula. Os valores assim ajustados apenas remuneram a jornada normal, sendo devidas as horas extras com o adicional de, no mínimo, 50% (cinquenta por cento), as quais não configuram pré-contratação, se pactuadas após a admissão do bancário. II – Em se tratando de horas extras pré-contratadas, opera-se a prescrição total se a ação não for ajuizada no prazo de cinco anos, a partir da data em que foram suprimidas (TST – Súmula 199, conversão das Orientações Jurisprudenciais SDI-1 48 e 63).

TST Nula é a cláusula contratual que fixa determinada importância ou percentagem para atender englobadamente vários direitos legais ou contratuais do trabalhador (TST – Súmula 91).

■ O salário complessivo é que engloba parcelas distintas sem as especificar, não o em que se acham discriminadas (STF, RE 104.926-0-RJ, Oscar Corrêa, Ac. 1ª T.).

■ O salário complessivo não resta caracterizado quando a Corte Regional afirma que a parcela horas extras foi paga, embora que sob denominação diversa, em valor correspondente à sobrejornada efetivamente laborada (TST, AI 9.003/89.5, Hylo Gurgel, Ac. 2ª T. 1.961/90.1).

■ O fato da empresa incorporar ao salário do empregado o adicional por tempo de serviço não torna o salário assim acrescido em salário "complessivo", eis que a vantagem permanece, embora incorporada (TST, E-RR 70.320/93.6, José Luiz Vasconcellos, Ac. SBDI-1 787/96).

12 *Salário mínimo e salário mínimo profissional* (v. coment. art. 76 e seg.). Irredutibilidade salarial (art. 468/4). Privilégio em falência (art. 449). Salário-família (art. 12/2). Comissionista (art. 466). Correção monetária (art. 832/3). Redução salarial (art. 468/4).

13 *Reajuste salarial legal*. O reajuste do salário por unidade de tempo ou unidade de obra (tarefa) vigorava semestralmente, de acordo com a variação do índice nacional de preços ao consumidor ampliado (INPA), de acordo com as L. 6.708/79 e 7.238/84 e art. 98 da L. 7.450/85. As normas que restringiram a correção monetária (DL 2.283/86, 2.284/86 e 2.302/86 – "Plano Cruzado") revogaram tacitamente aqueles dispositivos na parte em que determinavam o reajuste automático. O DL 2.335/87 instituiu a URP (Unidade de Referência de Preços), como medida dos reajustes mensais de salários, determinada pela variação do IPC ocorrida no trimestre anterior, aplicada a cada mês do trimestre subsequente.

A L. 7.730/89, que aprovou a MP 32 ("Plano Verão"), extinguiu a URP, fixando os salários a partir de fevereiro/89, pela média real de 1988 (obtida pela conversão dos salários em OTN), vedando, sob pena de nulidade (parágrafo único do art. 7º), a norma coletiva de reposição salarial baseada em índices de preços anteriores a fevereiro/89. Posteriormente foi deferida a reposição em decorrência das perdas salariais, através de índices variáveis de acordo com a data-base de cada categoria. Essa reposição foi posteriormente deferida aos servidores públicos (L. 7.923/89).

A L. 7.737/89 (que aprovou a MP 37) modificou a forma de cálculo para apuração da "média real" dos salários, aumentando o índice referente a janeiro/89 (indicado na L. 7.730/89) de 1,2605 (que tinha por base a URP de janeiro de 1989) para 1,3548 (INPC). Esse índice foi novamente modificado para 1,5327 pela MP 48, reeditada pela MP 57, que se transformou na L. 7.777/89, mais tarde substituída pela L. 7.788/89, já revogada pela L. 8.030/90. O reajuste mínimo mensal tinha por base a variação dos preços durante os 30 dias contados; aumentos superiores eram negociáveis (L. 8.030/90).

A L. 8.178/91 (v. Índ. Leg.) fixou critérios para o estabelecimento da média salarial e previu dois tipos de abono até agosto de 1991: fixo em cruzeiros e variável, de acordo com as alterações do valor da cesta básica; os empregados com menor remuneração tiveram maiores reajustes (arts. 6º a 13). A L. 8.222/91 dividiu os trabalhadores em Grupos de I a IV, considerados os meses das datas-bases, assegurando reajuste bimestral à parcela até 3 salários mínimos. A L. 8.419/92 distribuiu os empregados nos mesmos grupos pelas datas-bases de A a D, concedendo reajuste quadrimestral até 3 salários mínimos, com antecipação nos 2 meses anteriores. A L. 8.238/91 incorporou os abonos da L. 8.178 aos salários, à exceção do salário mínimo. A L. 8.276/91 concedeu abono em dezembro de 1991, sem incorporação definitiva. A L. 8.542/92 (v. Índ. Leg.) manteve os grupos por data-base e as antecipações bimestrais calculadas sobre a variação acumulada do Índice de Reajuste do Salário Mínimo (IRSM). Os reajustes quadrimestrais passaram a ser concedidos sobre a parcela salarial até 6 salários mínimos, descontada a antecipação concedida. O salário mínimo teve reajuste quadrimestral pela aplicação do Fator de Atualização Salarial (FAS) a partir de 1º.5.93, inclusive. A L. 8.700/93 alterou a L. 8.542/92: à parcela salarial até 6 salários mínimos acrescentavam-se antecipações mensais em percentual correspondente à parte da variação do IRSM que excedesse a 10% no mês anterior ao da sua concessão, além dos reajustes quadrimestrais, quando seriam deduzidas aquelas; o mesmo ocorria com o salário mínimo (v. Índ. Leg.).

URV/Real. Revogou a sistemática anterior de reajustes (IRSM, antecipação bimestral e reajuste quadrimestral). Indexou os salários, inclusive o salário mínimo, convertendo-os em URV (unidade real de valor) até a emissão da nova moeda, o Real, pela média dos 4 meses anteriores (novembro/93 a fevereiro/94), tendo como base a data do efetivo pagamento para os salários em geral e o último dia do mês para o salário mínimo; livre negociação na data-base; salário mínimo reajustado pelo IPC-r. Os demonstrativos de pagamento deviam ser expressos em URVs, bem como as comissões, os recolhimentos fundiários e os previdenciários; quanto aos pagamentos, devia ser atualizado o valor da URV na data em que se efetivasse o crédito, sendo a eventual diferença (por dificuldades operacionais) creditada na seguinte folha. Na demissão sem justa causa, e enquanto vigente a URV, instituiu indenização adicional de 50% da última remuneração recebida; essa indenização seria inconstitucional por violar a CF, 7º, I, que exige lei complementar (Amauri M. Nascimento, *O Estado*, 6.3.94; Octavio Bueno Magano, *Jornal Trabalhista*, de 21.3.94). As antecipações de férias e 13º salário eram corrigidas pela URV, mas o saldo do 13º salário não podia ser inferior à sua metade, também em URV (MP 434, *DOU*, 28.2.94; MP 457, *DOU*, 30.3.94, e MP 482, *DOU*, 29.4.94; L. 8.880/94, v. Índice da Legislação). Real. Instituído a partir de 1º.7.94 (MP 542, *DOU*, 30.6.94, com sucessivas reedições; L. 9.069/95, alt. L. 12.865/13).

Real. Desindexação, medidas complementares. L. 10.192, de 14.2.01 (v. Índ.

Leg.). Determinou reajuste salarial por livre negociação na data-base, permitindo a dedução das antecipações já concedidas (os aumentos, não) e proibindo reajustes automáticos; aumentos a título de produtividade, amparados em critérios objetivos. Dissídio coletivo: negociação direta e intervenção facultativa de mediador designado pelo MT; recurso com efeito suspensivo, a critério do Presidente do TST (art. 872/2). Extinção do IPC-r, mantendo a correção monetária para os débitos trabalhistas pela TR, taxa referencial (coment. art. 833/3). Da primeira MP (1.053/95) constava a obrigatoriedade de indicação de mediador (art. 11 e § 4º), produtividade por empresa (art. 13 e inc. II), que haviam sido suspensos pelo Presidente do STF, e permissão de dedução na revisão salarial também dos aumentos concedidos.

Reajustes coletivos podem ser feitos por convenção e ou dissídios coletivos. Convenção coletiva: Servidores públicos (art. 611/5), empresas públicas e sociedades de economia mista (art. 566/3).

STF O reajuste de 28,86%, concedido aos servidores militares pelas Leis 8.662/93 e 8.627/93, estende-se aos servidores civis do Poder Executivo, observadas as eventuais compensações decorrentes dos reajustes diferenciados concedidos pelos mesmos diplomas legais (STF – Súmula 672).

STF Os servidores públicos e os trabalhadores em geral têm direito, no que concerne à URP de abril/maio de 1988, apenas ao valor correspondente a 7/30 de 16,19% sobre os vencimentos e salários pertinentes aos meses de abril e maio de 1988, não cumulativamente, devidamente corrigido até o efetivo pagamento (STF – Súmula 671).

TST Os reajustes salariais previstos em norma coletiva de trabalho não prevalecem frente à legislação superveniente de política salarial (TST – Súmula 375, conversão das Orientações Jurisprudenciais SDI-1 69 e SDI-2 40).

TST Os reajustes salariais decorrentes dos chamados "Gatilhos" e URPs, previstos legalmente como antecipação, são devidos tão somente até a data-base de cada categoria (TST – Súmula 322).

TST Aplicam-se aos servidores públicos, contratados sob o regime da CLT, os reajustes decorrentes da correção automática dos salários pelo mecanismo denominado "gatilho", de que tratam os Decretos-Leis n. 2.284/86 e 2.302/86 (TST – Súmula 319).

TST Plano Collor. A partir da vigência da Medida Provisória n. 154/90, convertida na Lei n. 8.030/90, não se aplica o IPC de março de 1990, de 84,32% (oitenta e quatro vírgula trinta e dois por cento), para a correção dos salários, porque o direito ainda não se havia incorporado ao patrimônio jurídico dos trabalhadores, inexistindo ofensa ao inciso XXXVI do art. 5º da CF/88 (TST – Súmula 315).

SDI Durante a vigência do instrumento normativo, é lícita ao empregador a obediência à norma coletiva (DC 8.948/1990), que alterou as diferenças interníveis previstas no Regulamento de Recursos Humanos (TST, SDI-1, Orientação Jurisprudencial 212).

SDI Os reajustes salariais previstos em legislação federal devem ser observados pelos Estados-membros, suas Autarquias e Fundações Públicas nas relações contratuais trabalhistas que mantiverem com seus empregados (TST, SDI-1, Orientação Jurisprudencial 100, Res. TST 129/05).

SDI URP de abril e maio de 1988. DL 2.425/88. Existência de direito apenas ao reajuste de 7/30 (sete trinta avos) de 16,19% (dezesseis vírgula dezenove por cento) a ser calculado sobre o salário de março e incidente sobre o salário dos meses de abril, maio, junho e julho, não cumulativamente e corrigido desde a época própria até a data do efetivo pagamento (TST, SDI-1, Orientação Jurisprudencial 79).

SDI Inexiste direito adquirido à URP de fevereiro de 1989 (Plano Verão), em face da edição da Lei n. 7.730/89 (TST, SDI-1, Orientação Jurisprudencial 59, Res. TST 129/05).

SDI Inexiste direito adquirido ao IPC de junho de 1987 (Plano Bresser), em face da edição do Decreto-Lei n. 2.335/87 (TST, SDI-1, Orientação Jurisprudencial 58, Res. TST 129/05).

SDI O Decreto-Lei n. 2.425, de 07.04.1988, não ofendeu o direito adquirido dos empregados com data-base em maio, pelo que não fazem jus às URP's de junho e julho de 1988 (TST, SDI-1 Orientação Jurisprudencial Transitória 58, conversão da Orientação Jurisprudencial SDI-1 214).

SDI Aplica-se o índice de 84,32%, relativo ao IPC de março de 1990, para a correção monetária do débito trabalhista, por ocasião da execução, nos termos da Lei n. 7.738/89 (TST, SDI-1 Orientação Jurisprudencial Transitória 54, conversão da Orientação Jurisprudencial SDI-1 203).

SDI Ainda que o adiantamento do 13º salário tenha ocorrido anteriormente à edição da Lei n. 8.880/94, as deduções deverão ser realizadas considerando o valor da antecipação, em URV, na data do efetivo pagamento, não podendo a 2ª parcela ser inferior à metade do 13º salário, em URV (TST, SDI-1 Orientação Jurisprudencial Transitória 47, conversão da Orientação Jurisprudencial SDI-1 187).

SDI Nova antecipação bimestral, na mesma época do reajuste quadrimestral, constitui verdadeiro *bis in idem*, pois o bimestre anterior, que servia como base de cálculo, já teve o INPC considerado para fim do reajuste quadrimestral (TST, SDI-1 Orientação Jurisprudencial Transitória 35, conversão da Orientação Jurisprudencial SDI-1 68).

Segundo a jurisprudência do STF, que reduz a questão à inexistência de direito adquirido a regime jurídico, as leis, ainda quando posteriores à norma constitucional de sua irredutibilidade, que modificam sistemática de reajuste de vencimentos ou proventos são aplicáveis desde o início de sua vigência (Gallotti, *RTJ* 134/1.112) (STF, AgRg-AI 210.545-3-MG, Sepúlveda Pertence).

Reajuste com base na sistemática do DL 2.302/86. Sua revogação pelo DL 2.335/87, que institui a URP para reajuste de preços e salários. Inexistência de direito adquirido... o que havia era simplesmente uma expectativa de direito... (STF, RE 144.756-7-DF, Moreira Alves, Ac. TP, *DJU*, 18.3.94).

O Plenário do STF, ao julgar o RE 146.749-5, firmou entendimento no sentido de que o DL 2.425/88 não malferiu direito adquirido dos servidores ao afastar o reajuste calculado pelo sistema do DL 2.335/87 nos meses de abril e maio de 1988. Direito que remanesce apenas em relação aos sete primeiros dias dos meses de abril e maio de 1988 (STF, RE 175.160-6-DF, Ilmar Galvão, Ac. 1ª T.).

* Sobre o tema *supra*, v. www.institutocarrion.com.br.

14 A *indenização adicional*, de um mês de salário, pelo despedimento sem justa causa nos 30 dias que antecedem à correção salarial, em benefício do empregado, optante ou não pelo FGTS, foi instituída pela norma que introduziu o reajuste semestral. O dia do despedimento corresponde àquele em que se finda o aviso prévio (CLT, art. 487, § 1º), pois é nesse dia que se torna efetiva a rescisão, salvo se o empregado abre mão do prosseguimento do trabalho durante o aviso. Não se aplica aos casos de extinção do contrato de trabalho por tempo determinado, pelo transcurso do prazo. A interpretação finalística leva a rejeitar a cumulação do reajuste com a indenização introduzida; mas a Súmula 314 entendeu diferentemente. Revogado expressamente o reajuste semestral, vozes importantes entenderam que o mesmo aconteceria, tacitamente, com a indenização adicional, enquanto outros, percebendo a permanência do vício do revezamento de mão de obra, acreditaram na sua permanência. A vigência do percentual de 40% acrescido pela CF/88 reforça os argumentos dos primeiros no sentido de que já há o desestímulo ao despedimento e não se justifica a permanência daquele outro. Demissão sem justa causa e URV, v. art. 457/13.

TST Se ocorrer a rescisão contratual no período de 30 dias que antecede a data-base, observando o Enunciado de n. 182 do TST, o pagamento das verbas rescisórias com o salário já corrigido, não afasta o direito à indenização adicional prevista nas Leis n. 6.708/79 e 7.238/84 (TST – Súmula 314).

TST A indenização adicional, prevista no art. 9º da Lei 6.708/79 e art. 9º da Lei 7.238/84, corresponde ao salário mensal, no valor devido à data da comunicação do despedimento, integrado pelos adicionais legais ou convencionados, ligados à unidade de tempo-mês, não sendo computável a gratificação natalina (TST – Súmula 242).

TST O tempo do aviso prévio, mesmo indenizado, conta-se para efeito de indenização adicional prevista no art. 9º da L. 6.708/79 (TST – Súmula 182).

SDI Somente após o término do período estabilitário é que se inicia a contagem do prazo do aviso prévio para efeito das indenizações previstas nos artigos 9º da Lei n. 6.708/79 e 9º da Lei n. 7.238/84 (TST, SDI-1, Orientação Jurisprudencial 268).

Comissionista. A indenização adicional prevista no art. 9º da Lei n. 6.708/79 foi instituída com o fito de coibir a dispensa sem motivo, realizada às vésperas da época da correção salarial. Por conseguinte, os comissionistas puros não fazem jus à indenização, pois não estão entre os empregados sujeitos à despedida injusta, que objetiva impedir a ocorrência do direito ao reajuste (TST, E-RR 2.529/89.4, Armando de Brito, Ac. SDI 3.301/96).

15 *Previdência privada*. As contribuições do empregador, os benefícios e as condições contratuais previstas nos estatutos, regulamentos e planos de benefícios das entidades de previdência privada não integram o contrato de trabalho dos participantes, assim como, à exceção dos benefícios concedidos, não integram a remuneração dos participantes, nos termos da lei (CF, art. 202, § 3º, EC 20/98).

Art. 458. Além do pagamento em dinheiro, compreendem-se no salário, para todos os efeitos legais, a alimentação, habitação, vestuário ou outras prestações *in natura* que a empresa, por força do contrato ou do costume, fornecer habitualmente ao empregado. Em caso algum será permitido o pagamento com bebidas alcoólicas ou drogas nocivas.

§ 1º Os valores atribuídos às prestações *in natura* deverão ser justos e razoáveis, não podendo exceder, em cada caso, os dos percentuais das parcelas componentes do salário mínimo (arts. 81 e 82).

§ 2º Para os efeitos previstos neste artigo, não serão consideradas como salário as seguintes utilidades concedidas pelo empregador: (red. L. 10.234/2001)

I – vestuários, equipamentos e outros acessórios fornecidos aos empregados e utilizados no local de trabalho, para a prestação do serviço; (red. L. 10.234/2001)

II – educação, em estabelecimento de ensino próprio ou de terceiros, compreendendo os valores relativos a matrícula, mensalidade, anuidade, livros e material didático; (red. L. 10.234/2001)

III – transporte destinado ao deslocamento para o trabalho e retorno, em percurso servido ou não por transporte público; (red. L. 10.234/2001)

IV – assistência médica, hospitalar e odontológica, prestada diretamente ou mediante seguro-saúde; (red. L. 10.234/2001)

V – seguros de vida e de acidentes pessoais; (red. L. 10.234/2001)

VI – previdência privada; (red. L. 10.234/2001)

VII – (vetado); (red. L. 10.234/2001)

VIII – o valor correspondente ao vale-cultura[3] (red. L. 12.761/2012).

§ 3º A habitação e alimentação fornecidas como salário-utilidade deverão atender aos fins a que se destinam e não poderão exceder, respectivamente, a 25% e 20% do salário-contratual.

§ 4º Tratando-se de habitação coletiva, o valor do salário-utilidade a ela correspondente será obtido mediante a divisão do justo valor da habitação pelo número de coocupantes, vedada, em qualquer hipótese, a utilização da mesma unidade residencial por mais de uma família.

§ 5º O valor relativo à assistência[4] **prestada por serviço médico ou odontológico, próprio ou não, inclusive o reembolso de despesas com medicamentos, óculos, aparelhos ortopédicos, próteses, órteses, despesas médico-hospitalares e outras similares, mesmo quando concedido em diferentes modalidades de planos e coberturas, não integram o salário do empregado para qualquer efeito nem o salário de contribuição, para efeitos do previsto na alínea *q* do § 9º do art. 28 da Lei n. 8.212, de 24 de julho de 1991.** (Red. L. 13.467/17).

1 *As utilidades* integram o salário, para todos os efeitos, inclusive quanto às contribuições previdenciárias, FGTS etc. Para fins de contribuição à Previdência Social há incidência apenas sobre as utilidades ajustadas expressamente; o valor da alimentação diária fornecida ao empregado pelo empregador corresponderá no máximo a 1,2% do salário mínimo (Port. 39/73, *DOU*, 20.3.73, p. 1932). Salário-habitação: FGTS; percentual do salário mínimo aplicado ao salário contratual; referência à L. 6.887/80; Circular IAPAS 32, de 10.4.81. A Convenção 95 da OIT sobre proteção ao salário restringe as prestações em espécie e determina se tomem medidas para que o valor a elas atribuído seja justo (D. 41.721/57). O trabalhador rural, quanto aos descontos, rege-se pelas mesmas normas (ressalvadas na L. de Trabalho Rural, 5.889/73, art. 9º), com as especificações de que não ultrapassaria 20% a moradia (dividido se houver outros empregados na mesma habitação) e 25% a alimentação. O fornecimento de alimentação e transporte custeado pelo trabalhador afasta a natureza salarial das parcelas (art. 82/3 e 4).

TST I – A habitação, a energia elétrica e veículo fornecidos pelo empregador ao empregado, quando indispensáveis para a realização do trabalho, não têm natureza salarial, ainda que, no caso de veículo, seja ele utilizado pelo empregado também em atividades particulares. II – O cigarro não se considera salário-utilidade em face de sua nocividade à saúde (TST – Súmula 367, conversão das Orientações Jurisprudenciais SDI-1 24, 131 e 246).

TST Os percentuais fixados em lei relativos ao salário *in natura* apenas se referem às hipóteses em que o empregado percebe salário mínimo, apurando-se, nas demais, o real valor da utilidade (TST – Súmula 258).

TST O vale para refeição, fornecido por força do contrato de trabalho, tem caráter salarial, integrando a remuneração do empregado, para todos os efeitos legais (TST – Súmula 241).

SDI A ajuda-alimentação fornecida por empresa participante do Programa de Alimentação ao Trabalhador, instituído pela Lei 6.321/76, não tem caráter salarial. Portanto, não integra o salário para nenhum efeito legal (TST – SDI-1, Orientação Jurisprudencial 133).

SDI Bancários. Ajuda-alimentação. A ajuda-alimentação prevista em norma coletiva em decorrência de prestação de horas extras tem natureza indenizatória e, por isso, não integra o salário do empregado bancário. Em 10.2.98, a SDI-Plena, por maioria, decidiu que ajuda-alimentação paga ao bancário, em decorrência de prestação de horas extras por prorrogação de jornada, tem natureza indenizatória e, portanto, não integrativa ao salário (TST – SDI-1, Orientação Jurisprudencial 123).

SDC Os descontos efetuados com base em cláusula de acordo firmado entre as partes não podem ser superiores a 70% do salário-base percebido pelo empregado, pois deve-se assegurar um mínimo de salário em espécie ao trabalhador (TST, SDC, Orientação Jurisprudencial 18).

A jurisprudência desta Corte Superior orienta-se no sentido de que o fornecimento de benefícios de natureza assistencial, como aqueles ligados à saúde e à educação, mesmo quando concedidos por mera liberalidade do empregador, não se reveste de natureza salarial e, portanto, não caracteriza salário *in natura*. De outro lado, a CLT expressamente afasta a natureza salarial do benefício da assistência médica concedida diretamente pelo empregador ou mediante seguro-saúde (art. 458, § 2º, IV). Logo, a parcela denominada "abono Plansfer", instituída pelo empregador com o fim de compensar o desconto efetuado no salário para o custeio do plano de saúde, não possui natureza salarial, por não ostentar caráter retributivo (TST, RR 28440-75.1997.5.04.0001, j. em 4.5.2011, Walmir Oliveira da Costa).

A ajuda-alimentação, prevista em Instrumento Normativo, para a hipótese de prorrogação da jornada de trabalho, possui natureza indenizatória, não integrando o salário para efeito de cálculo de outras verbas (TST, E-RR 113.549/94.4, Rider de Brito, Ac. SBDI-1 1.276/97).

2 Salário *in natura*, conceito; habitação (pelo trabalho ou para o trabalho); transporte; alimentação; rural; Programa de Alimentação ao Trabalhador (v. arts. 81 e 82 e notas). Percentuais de cada utilidade no total (v. tabelas em apêndice). Convenção Int. OIT 95 (Proteção ao salário). Rural (L. 5.889/73, art. 9º, em apêndice).

3 *Vale-cultura*. Programa de Cultura do Trabalhador, L. 12.761/12, alt. L. 12.872/13, L. 12.868/13 e regulamentado D. 8.084/13, destinado a fornecer aos trabalhadores meios para o exercício dos direitos culturais e acesso às fontes da cultura. O empregador deverá fornecer ao trabalhador um vale-cultura mensal de R$ 50,00 (cinquenta reais) podendo ser descontado 10% do valor do vale-cultura da remuneração mensal do trabalhador que receba até 5 (cinco) salários mínimos. O trabalhador com renda superior poderá ser descontado de 20% a 90% do valor do vale-cultura. A empresa que aderir terá o desconto do imposto de renda no valor do vale pago ao empregado.

4 *Assistência médica e odontológica.* As despesas médicas e odontológicas custeadas pelo empregador não integram o salário. O tratamento médico dado pelo Estado à população é tão precário que podendo o empregador ajudar seu empregado, cobrindo essas despesas, não seria justo que este fosse obrigado a pagar tributos (FGTS, INSS e outros impostos) sobre tais pagamentos.

Art. 459. O pagamento do salário, qualquer que seja a modalidade do trabalho, não deve ser estipulado por período superior a um mês, salvo no que concerne a comissões, percentagens e gratificações.

§ 1º (deveria ser parágrafo único, pois não existem outros parágrafos) **Quando o pagamento houver sido estipulado por mês, deverá ser efetuado, o mais tardar, até o quinto dia útil do mês subsequente ao vencido** (red. L. 7.855/89).

1 *Periodicidade salarial.* Diz a Constituição Federal de 1988:

> **Art. 7º São direitos dos trabalhadores... além de outros...**
> **X – proteção do salário na forma da lei, constituindo crime sua retenção dolosa.**

A periodicidade do pagamento dos salários permite que o trabalhador distribua seus recursos de acordo com suas necessidades, planejadas de alguma forma. É um dos tradicionais princípios do Direito do Trabalho que regem a remuneração.

O legislador, em face da espiral inflacionária, reduziu o prazo para pagamento do salário mensal de 10 para 5 dias úteis. "Úteis" são os dias em que há trabalho na comunidade e na empresa; assim, o sábado não o será nas firmas que tradicionalmente não exercem atividade burocrática nesses dias; portaria do Ministério do Trabalho entende diferentemente, em desacordo com a realidade (IN 1, de 7.11.89).

Correção monetária (art. 833/3).

TST O pagamento dos salários até o 5º dia útil do mês subsequente ao vencido não está sujeito à correção monetária. Se essa data-limite for ultrapassada, incidirá o índice da correção monetária do mês subsequente ao da prestação dos serviços, a partir do dia 1º (TST – Súmula 381, conversão da Orientação Jurisprudencial SDI-1 124).

SDI Diante da inexistência de previsão expressa em contrato ou em instrumento normativo, a alteração de data de pagamento pelo empregador não viola o art. 468, desde que observado o parágrafo único, do art. 459, ambos da CLT (TST, SDI-1, Orientação Jurisprudencial 159).

2 *Comissões e percentagens* (v. art. 466). Mora salarial e correção monetária (art. 833/3). Os débitos trabalhistas, inclusive salariais, estão sujeitos à correção monetária. Considera-se mora contumaz o atraso de salário por 3 meses, sujeita à multa e outras cominações (DL 368/68, em apêndice). Convenção OIT 95, promulgada pelo Brasil pelo D. 41.721/57, art. 12. Retenção de salários (art. 462/1). Prazo para pagamento das verbas rescisórias e multas a favor da União e do empregado (art. 477, §§ 6º e s.).

SDI O valor das comissões deve ser corrigido monetariamente para em seguida obter-se a média para efeito de cálculo de férias, 13º salário e verbas rescisórias (TST, SDI-1, Orientação Jurisprudencial 181).

Art. 460. Na falta de estipulação do salário ou não havendo prova sobre a importância ajustada, o empregado terá direito a perceber salário igual ao daquele que, na mesma empresa, fizer serviço equivalente, ou do que for habitualmente pago para serviço semelhante.

1 Trata-se de meio de arbitrar a remuneração devida e não de equiparação. O salário mínimo será sempre devido.

Deve ser arbitrado o valor dos salários do motorista que coloca à disposição da empresa seu veículo. E à míngua de elementos objetivos e visando facilitar a execução, é razoável fixá-lo em 40% do valor dos fretes, tomando-se como parâmetro o disposto no art. 48 do Decreto n. 1.041/94 (TST, RR 195.028/95.1, Ac. 2ª T. 7.488/96).

Art. 461. Sendo idêntica a função, a todo trabalho de igual valor, prestado ao mesmo empregador, no mesmo estabelecimento empresarial, corresponderá igual salário[1], sem distinção de sexo, etnia, nacionalidade ou idade. (Red. L. 13.467/17).

§ 1º Trabalho de igual valor, para os fins deste Capítulo, será o que for feito com igual produtividade e com a mesma perfeição técnica, entre pessoas cuja diferença de tempo de serviço para o mesmo empregador não seja superior a quatro anos e a diferença de tempo na função não seja superior a dois anos. (Red. L. 13.467/17).

§ 2º Os dispositivos deste artigo não prevalecerão quando o empregador tiver pessoal organizado em quadro de carreira[2] ou adotar, por meio de norma interna da empresa ou de negociação coletiva, plano de cargos e salários, dispensada qualquer forma de homologação ou registro em órgão público. (Red. L. 13.467/17).

§ 3º No caso do § 2º deste artigo, as promoções poderão ser feitas por merecimento e por antiguidade, ou por apenas um destes critérios, dentro de cada categoria profissional. (Red. L. 13.467/17).

§ 4º O trabalhador readaptado em nova função por motivo de deficiência física ou mental atestada pelo órgão competente da Previdência Social não servirá de paradigma para fins de equiparação salarial.

§ 5º A equiparação salarial só será possível entre empregados contemporâneos no cargo ou na função, ficando vedada a indicação de paradigmas remotos, ainda que o paradigma contemporâneo tenha obtido a vantagem em ação judicial própria. (Red. L. 13.467/17).

§ 6º No caso de comprovada discriminação por motivo de sexo ou etnia[3], o juízo determinará, além do pagamento das diferenças salariais devidas, multa, em favor do empregado discriminado, no valor de 50% (cinquenta por cento) do limite máximo dos benefícios do Regime Geral de Previdência Social. (Red. L. 13.467/17).

1 *Equiparação salarial.* Diz a Constituição Federal de 1988:

Art. 7º São direitos dos trabalhadores... além de outros...

XXX – proibição de diferença de salários, de exercício de funções e de critério de admissão por motivo de sexo, idade, cor ou estado civil;

XXXI – proibição de qualquer discriminação no tocante a salário e critérios de admissão do trabalhador portador de deficiência.

A isonomia inspira-se na filosofia da institucionalização da empresa; ao empresário, por não ser senhor absoluto e pelos fins sociais da propriedade, não assistiria o direito de preterir um empregado, pagando-lhe menos que a outro; essa igualdade é objetiva, em face do trabalho executado; presume-se que o empregador, em seu próprio interesse, incumbe este ou aquele serviço ao colaborador mais apto; essa opção é um direito empresarial, mas a serviço igual deve corresponder remuneração igual, sem caprichos patronais.

Para o reconhecimento da igualdade salarial exige-se igualdade no desempenho da atividade; deve ser quantitativa (volume de trabalho) e qualitativa (perfeição), na mesma época, empresa e localidade e o tempo de serviço para o mesmo empregador não pode ser maior que quatro anos e que a diferença na função não seja maior que dois anos. A equiparação, assim, não deve ser decretada judicialmente quando houver razões alheias àqueles caprichos que justifiquem maior salário para certo empregado, apesar de executar o mesmo trabalho. É a hipótese de alguma situação pessoal em virtude de ação judicial anterior, dissídio coletivo, adicional por antiguidade ou outro fato pretérito. Textos legais assim determinam para hipóteses concretas (trabalhador readaptado por doença, empregado de concessionária absorvida por empresa pública); o princípio é o mesmo, inexistência de capricho, e deve ser aplicado às demais situações, como as mencionadas acima. O novo art. 461, § 5º, afirma que a equiparação só pode ocorrer entre empregados contemporâneos no cargo ou na função, não aceita a indicação de paradigmas remotos, mesmo que a vantagem tenha sido obtida por meio de ação judicial.

O trabalho intelectual e o artístico não são mensuráveis, nos termos do texto legal, e não podem ser objeto de equiparação. É o caso do professor, do crítico ou do figurinista; o TST, entretanto, permitiu a equiparação de jornalistas, rejeitando o brilhante e fundamentadíssimo voto do relator Milton de Moura França, em sentido contrário. Os efeitos da uniformização pretendida pela Classificação Brasileira de Ocupações (CBO) são de ordem administrativa e não se estendem às relações de emprego (Port. MT 3.654/77 e MT/GM 1.334/94, *DOU*, 23.12.94). A proibição de discriminações salariais foi objeto das Convenções 100/51 (homens e mulheres) e 111/58 (igualdade de oportunidades).

TST I – Para os fins previstos no § 2º do art. 461 da CLT, só é válido o quadro de pessoal organizado em carreira quando homologado pelo Ministério do Trabalho, excluindo-se, apenas, dessa exigência o quadro de carreira das entidades de direito público da administração direta, autárquica e fundacional aprovado por ato administrativo da autoridade competente. II – Para efeito de equiparação de salários em caso de trabalho igual, conta-se o tempo de serviço na função e não no emprego. III – A equiparação salarial só é possível se o empregado e o paradigma exercerem a mesma função, desempenhando as mesmas tarefas, não importando se os cargos têm, ou não, a mesma denominação. IV – É desnecessário que, ao tempo da reclamação sobre equiparação salarial, reclamante e paradigma estejam a serviço do estabelecimento, desde que o pedido se relacione com situação pretérita. V – A cessão de empregados não exclui a equiparação salarial, embora exercida a função em órgão governamental estranho à cedente, se esta responde pelos salários do paradigma e do reclamante. VI - Presentes os pressupostos do art. 461 da CLT, é irrelevante a circunstância de que o desnível salarial tenha origem em decisão judicial que beneficiou o paradigma, exceto: a) se decorrente de vantagem pessoal ou de tese jurídica superada pela jurisprudência de Corte Superior; b) na hipótese de equiparação salarial em cadeia, suscitada em defesa, se o empregador produzir prova do alegado fato modificativo, impeditivo ou extintivo do direito à equiparação salarial em relação ao paradigma remoto, considerada irrelevante, para esse efeito, a existência de diferença de tempo de serviço na função superior a dois anos entre o reclamante e os empregados paradigmas componentes da cadeia equiparatória, à exceção do paradigma imediato (Res. 198/15, *DEJT*, 12.6.15). VII – Desde que atendidos os requisitos do art. 461 da CLT, é possível a equiparação salarial de trabalho intelectual, que pode ser avaliado por sua perfeição técnica, cuja aferição terá critérios objetivos. VIII – É do empregador o ônus da prova do fato impeditivo, modificativo ou extintivo da equiparação salarial. IX – Na ação de equiparação salarial, a prescrição é parcial e só alcança as diferenças salariais vencidas no período de 5 (cinco) anos que precedeu o ajuizamento. X – O conceito de "mesma localidade" de que trata o art. 461 da CLT refere-se, em princípio, ao mesmo município, ou a municípios distintos que, comprovadamente, pertençam à mesma região metropolitana (TST – Súmula 6).

SDI Não constitui óbice à equiparação salarial a existência de plano de cargos e salários que, referendado por norma coletiva, prevê critério de promoção apenas por merecimento ou antiguidade, não atendendo, portanto, o requisito de alternância dos critérios, previsto no art. 461, § 2º, da CLT (TST, SDI-1, Orientação Jurisprudencial 418).

SDI Sendo regulamentada a profissão de auxiliar de enfermagem, cujo exercício pressupõe habilitação técnica, realizada pelo Conselho Regional de Enfermagem, impossível a equiparação salarial do simples atendente com o auxiliar de enfermagem (TST, SDI-1, Orientação Jurisprudencial 296).

EQUIPARAÇÃO SALARIAL EM CADEIA. DIFERENÇA DE TEMPO DE SERVIÇO. PARADIGMA REMOTO. Cinge-se a controvérsia ao requisito temporal previsto no art. 461, § 1º, da CLT como óbice suficiente a afastar o direito à equiparação salarial quando examinado unicamente em relação ao autor e ao paradigma remoto. Esta e. Subseção, no julgamento do processo E-ED-RR-84600-19.2009.5.03.0037 (*DEJT* 6.11.2014), concluiu que o requisito do tempo de serviço na função não pode ser considerado em relação ao paradigma remoto, porque inviabilizaria o pedido de equiparação em cadeia. A interpretação do requisito temporal previsto no art. 461, § 1º, da CLT somente se justifica em relação ao colega de trabalho indicado pelo autor na inicial, com quem conviveu no ambiente de trabalho (paradigma imediato). Recurso de embargos conhecido por divergência jurisprudencial e desprovido (TST, E-RR 593-71.2010.5.15.0087, julgado em 26.2.15, Alexandre de Souza Agra Belmonte, *DEJT*, 13.3.15).

O princípio constitucional da isonomia, garantido na Constituição Federal, se materializa, na órbita do Direito do Trabalho, no que se refere à equiparação salarial, no artigo 461 da CLT. Demonstrado que reclamante e paradigma exerceram as mesmas funções, mesmas tarefas e encargos, configurada fica a identidade funcional. E, nesse contexto, competia à reclamada, para se livrar da equiparação, fazer prova de fatos impeditivos, modificativos ou extintivos do direito. A Turma não nega a existência de identidade funcional, ressaltando, ainda, que o desnível salarial não encontra agasalho em vantagem pessoal por parte do paradigma. Correta, pois, sua decisão de manter a condenação ao pagamento das diferenças pleiteadas (TST, E-ED-RR-91100-04.2009.5.03.0037, julgado em 17.11.11, Milton de Moura França, *DEJT*, 13.4.12).

O quadro de pessoal organizado em carreira, que constitui óbice à equiparação salarial objeto do art. 461 da CLT, é o que contém previsão de promoções alternadas por antiguidade e merecimento, a cada uma das categorias profissionais por ele abrangidas, a teor dos parágrafos 2º e 3º do artigo 461 da CLT. Não demonstrada essa condição, inválido o quadro de carreira implementado pela empresa (TST, E-RR-78100-21.2001.5.15.0121, julgado em 13.8.09, Vantuil Abdala, *DEJT*, 4.9.09).

Segundo a exegese do artigo 461 da CLT, sendo idêntica a função, a todo trabalho de igual valor, prestado ao mesmo empregador, na mesma localidade, corresponderá igual salário, independente de os cargos terem, ou não, a mesma denominação. Na espécie, o Eg. Regional, com supedâneo no quadro fático-probatório delineado nos autos, consignou que a despeito de o autor e paradigmas exercerem cargos com a mesma nomenclatura (Vendedor e Supervisor de Área de Vendas), o trabalho por eles desempenhado não era de igual valor, idêntico e prestado na mesma localidade, pois o paradigma prestava serviços no Estado de Pernambuco, base territorial distinta da do autor (Estados da Bahia e Sergipe); tinham metas de venda distintas; o primeiro efetuava vendas de lonas e o autor vendia sandálias havaianas; já o modelo Renato, mesmo tendo laborado nos Estados da Bahia e Sergipe, tinha metas de vendas distintas daquelas cumpridas pelo reclamante, o que demonstrava desigualdade do trabalho de ambos e da função exercida. Assim, concluiu que não ficou comprovado o atendimento aos requisitos legais exigidos pelos artigos 461 da CLT e 7º, inciso XXX, da Constituição Federal, uma vez que autor e paradigmas possuíam os mesmos cargos, mas não as mesmas tarefas, o que constituía causa excludente do direito à equiparação salarial pretendida. Incidência do óbice da Súmula 126 a inviabilizar o revolvimento necessário para se infirmar a conclusão exposta pela instância ordinária. Divergência jurisprudencial inespecífica. Incidência das Súmulas 23 e 296. Recurso de revista de que não se conhece (TST, RR 141500-75.2002.5.05.0016, Guilherme Caputo Bastos).

* Sobre o tema *supra*, v. www.institutocarrion.com.br.

2 *Quadro de carreira.* A redação dada ao § 2º traz um novo quadro de carreira que não precisa mais ser homologado em registro público, pode ser feito por norma interna ou negociação coletiva. E a promoção pode ou não ocorrer por antiguidade e/ou merecimento, ou seja, totalmente a critério do empregador.

TST I – Na ação que objetive corrigir desvio funcional, a prescrição só alcança as diferenças salariais vencidas no período de 5 (cinco) anos que precedeu o ajuizamento. II – Em se tratando de pedido de reenquadramento, a prescrição é total, contada da data do enquadramento do empregado (TST – Súmula 275, conversão da Orientação Jurisprudencial SDI-1 144).

TST Quadro de pessoal organizado em carreira, aprovado pelo órgão competente, excluída a hipótese de equiparação salarial, não obsta reclamação fundada em preterição, enquadramento ou reclassificação (TST – Súmula 127).

TST A Justiça do Trabalho é competente para apreciar reclamação de empregado que tenha por objeto direito fundado no quadro de carreira (TST – Súmula 19).

TST I – Para os fins previstos no § 2º do art. 461 da CLT, só é válido o quadro de pessoal organizado em carreira quando homologado pelo Ministério do Trabalho, excluindo-se, apenas, dessa exigência o quadro de carreira das entidades de direito público da administração direta, autárquica e fundacional aprovado por ato administrativo da autoridade competente. II – Para efeito de equiparação de salários em caso de trabalho igual, conta-se o tempo de serviço na função e não no emprego. III – A equiparação salarial só é possível se o empregado e o paradigma exercerem a mesma função, desempenhando as mesmas tarefas, não importando se os cargos têm, ou não, a mesma denominação. IV – É desnecessário que, ao tempo da reclamação sobre equiparação salarial, reclamante e paradigma estejam a serviço do estabelecimento, desde que o pedido se relacione com situação pretérita. V – A cessão de empregados não exclui a equiparação salarial, embora exercida a função em órgão governamental estranho à cedente, se esta responde pelos salários do paradigma e do reclamante. VI – Presentes os pressupostos do art. 461 da CLT, é irrelevante a circunstância de que o desnível salarial tenha origem em decisão judicial que beneficiou o paradigma, exceto se decorrente de vantagem pessoal, de tese jurídica superada pela jurisprudência de Corte Superior ou, na hipótese de equiparação salarial em cadeia, suscitada em defesa, se o empregador produzir prova do alegado fato modificativo, impeditivo ou extintivo do direito à equiparação salarial em relação ao paradigma remoto (NRed. TST, Res. 185/12). VII – Desde que atendidos os requisitos do art. 461 da CLT, é possível a equiparação salarial de trabalho intelectual, que pode ser avaliado por sua perfeição técnica, cuja aferição terá critérios objetivos. VIII – É do empregador o ônus da prova do fato impeditivo, modificativo ou extintivo da equiparação salarial. IX – Na ação de equiparação salarial, a prescrição é parcial e só alcança as diferenças salariais vencidas no período de 5 (cinco) anos que precedeu o ajuizamento. X – O conceito de "mesma localidade" de que trata o art. 461 da CLT refere-se, em princípio, ao mesmo município, ou a municípios distintos que, comprovadamente, pertençam à mesma região metropolitana (TST – Súmula 6, conversão das Súmulas 22, 68, 111, 135 e 274 e das Orientações Jurisprudenciais SDI-1 252, 298 e 328).

SDI O simples desvio funcional do empregado não gera direito a novo enquadramento, mas apenas às diferenças salariais respectivas, mesmo que o desvio de função haja iniciado antes da vigência da CF/88 (TST, SDI-1, Orientação Jurisprudencial 125).

SDI A deliberação da diretoria da Empresa Brasileira de Correios e Telégrafos – ECT, prevista no Plano de Carreira, Cargos e Salários como requisito necessário para a concessão de progressão por antiguidade, por se tratar de condição puramente potestativa, não constitui óbice ao deferimento da progressão horizontal por antiguidade aos empregados, quando preenchidas as demais condições dispostas no aludido plano (TST, SDI-1, Orientação Jurisprudencial Transitória 71).

A progressão horizontal por antiguidade, estabelecida no Plano de Carreira, Cargos e Salários da Empresa Brasileira de Correios e Telégrafos, está condicionada à implementação conjunta de três fatores: o interstício de três anos no exercício do cargo ou função, a verificação de lucratividade no período e a deliberação da diretoria. Isso implica dizer que, uma vez implementada a condição respeitante ao fator tempo – critério eminentemente objetivo –, cabe à empresa, sujeita que está à observância dos requisitos estabelecidos no art. 37, *caput*, da Constituição Federal, manifestar-se, conclusivamente, a respeito da possibilidade e oportunidade, ou não, da concessão do benefício. O que não pode é furtar-se ao cumprimento de obrigação que ela própria assumiu, obstaculizando, assim, aos empregados que já estão em condições de progredir horizontalmente por antiguidade, o acesso à aquisição da garantia. É imprópria e sofismática a vinculação do deferimento da promoção por antiguidade – essencialmente determinada pelo fator objetivo do decurso do tempo a um critério de concessão eminentemente subjetivo (deliberação da diretoria) (TST, E-RR 107600-93.2007.5.10.0014, Vieira de Mello Filho, Ac. SDI-1).

3 *Discriminação*: existindo discriminação por sexo ou etnia, o empregador será obrigado a pagar as diferenças salarias e multa de 50% do limite máximo dos benefícios do Regime Geral de Previdência Social.

4 *Entidades estatais*. Os empregados de empresas concessionárias de serviços públicos, que por força de encampação ou transferência desses serviços tenham sido absorvidos por empresa pública ou de economia mista, constituirão quadro especial, a ser extinto à medida que vagarem os cargos, e não servirão de paradigma para equiparação (DL 855/69). Diferentes os empregados contratados por sociedade de economia mista, pois estas se equiparam ao empregador privado e não tiveram mudança de contrato. Os empregados de entidades estatais (contratados pelo regime da CLT) não se equiparam aos funcionários públicos (submetidos ao estatuto correspondente); a existência de normas internas específicas no acesso, transferência horizontal e promoção, próprias dessas entidades, poderá impossibilitar o deferimento da equiparação salarial, por tornar análoga a situação à do quadro de carreira. Servidores estatais (v. art. 7º/16 e segs.). Servidores, empregados ou dirigentes federais, sociedades de economia mista, fundações etc.: limite máximo de remuneração não superior à dos Ministros do STF (CF, art. 37, XI).

TST À sociedade de economia mista não se aplica a vedação à equiparação prevista no art. 37, XIII, da CF/1988, pois, ao admitir empregados sob o regime da CLT, equipara-se a empregador privado, conforme disposto no art. 173, § 1º, II, da CF/1988 (TST – Súmula 455, conversão da Orientação Jurisprudencial 353 da SBDI-1, Res. 194/14).

TST CANCELADA – I – Na ação que objetive corrigir desvio funcional, a prescrição só alcança as diferenças salariais vencidas no período de 5 anos que precedeu o ajuizamento. II – Em se tratando de pedido de reenquadramento, a prescrição é total, contada da data do enquadramento do empregado (TST – Súmula 275, conversão da Orientação Jurisprudencial 144 da SDI-1).

SDI À sociedade de economia mista não se aplica a vedação à equiparação prevista no art. 37, XIII, da CF/88, pois, ao contratar empregados sob o regime da CLT, equipara-se a empregador privado, conforme disposto no art. 173, § 1º, II, da CF/88 (TST, SDI-1, Orientação Jurisprudencial 353).

SDI O art. 37, inciso XIII, da CF/1988 veda a equiparação de qualquer natureza para o efeito de remuneração do pessoal do serviço público, sendo juridicamente impossível a aplicação da norma infraconstitucional prevista no art. 461 da CLT quando se pleiteia equiparação salarial entre servidores públicos, independentemente de terem sido contratados pela CLT (TST, SDI-1, Orientação Jurisprudencial 297).

Empregado anistiado – Readmissão – Nesta Corte, tem prevalecido o entendimento segundo o qual o empregado não pode abusar de seu direito de ser readmitido, retardando o ato de readmissão com o fito exclusivo de perceber salário sem trabalhar. Destarte, esta Egrégia Corte Superior Trabalhista vem decidindo reiteradamente no sentido de que os efeitos financeiros da readmissão do empregado anistiado serão contados a partir do momento em que este manifestou o desejo de retornar ao trabalho e, na ausência de prova, da data do ajuizamento da ação (TST, RR 486.033/98.5, Gilberto Porcello Petry, Ac. 4ª T., 27.8.99).

Art. 462. Ao empregador é vedado efetuar qualquer desconto[1] nos salários do empregado, salvo quando este resultar de adiantamentos, de dispositivos de lei ou de contrato coletivo[3].

§ 1º Em caso de dano causado[2] pelo empregado, o desconto será lícito, desde que esta possibilidade tenha sido acordada ou na ocorrência de dolo do empregado.

§ 2º É vedado à empresa que mantiver armazém para venda de mercadorias aos empregados ou serviços destinados a proporcionar-lhes prestações *in natura* exercer qualquer coação ou induzimento no sentido de que os empregados se utilizem do armazém ou dos serviços.

§ 3º Sempre que não for possível o acesso dos empregados a armazéns ou serviços não mantidos pela empresa, é lícito à autoridade competente

determinar a adoção de medidas adequadas, visando a que as mercadorias sejam vendidas e os serviços prestados a preços razoáveis, sem intuito de lucro e sempre em benefício dos empregados.

§ 4º Observado o disposto neste Capítulo, é vedado às empresas limitar, por qualquer forma, a liberdade dos empregados de dispor do seu salário.

1 *Retenção legal de salários*. Diz a Constituição Federal de 1988:

Art. 7º São direitos dos trabalhadores... além de outros...
X – proteção do salário na forma da lei, constituindo crime sua retenção dolosa.

A *compensação de débitos* contraídos pelo empregado tem apoio em lei. É exceção à regra universal que protege o salário contra o próprio empregador (irredutibilidade e compensação apenas dos débitos permitidos), contra os credores do empregador (falência, limitados ao valor de 150 salários mínimos. L. 11.101/05, art. 83, I), contra os credores do empregado (cessão ou penhora) e até contra o próprio empregado (periodicidade dos pagamentos). A intangibilidade dos salários quanto ao empregador estará sujeita a sanções criminais (CF/88, art. 7º, X), quando a lei penal lhe der a precisa tipificação, o que ainda não se deu, e, certamente, só ocorrerá com dolo ou culpa e não por motivos econômicos ou outros de natureza objetiva. O pagamento em dobro pela omissão em audiência, após a rescisão, prescinde da motivação subjetiva (art. 467). A lei contém exceções expressas à garantia salarial: a) adiantamentos: em princípio perdem tal caráter no que superam o valor mensal da remuneração, salvo prova em contrário, não pelo art. 477, § 5º, que não é específico, mas pelo que a quantia superior faz presumir pela sua desproporcionalidade; ademais, o limite do art. 477 é restrito à quitação das verbas rescisórias; assim, os débitos superiores poderão ser considerados dívidas civis, que não possam ser objeto de autoexecução pelo empregador. Russomano entende que fora da restrição do art. 477, § 5º, a compensação é ampla (*Comentários*, ob. cit., Índ. Bibliogr.). Sobre compensação e retenção no processo do trabalho, v. notas ao art. 767; b) dispositivos de lei: contribuições previdenciárias (devidas pelo empregado, mas recolhidas pelo empregador), contribuição sindical (art. 578), condenação em ação de alimentos, imposto de renda (desconto na fonte), compensação por falta de aviso prévio; c) mediante requisição do INSS, a empresa está obrigada a descontar, na folha de pagamento de seus empregados, importâncias provenientes de dívidas ou responsabilidades por eles contraídas com aquela entidade (L. 8.212/91, art. 91); d) os descontos em benefício do sindicato (v. art. 545/2 e Preced. Norm. 119); e) prestações do SFH (L. 5.725/71, v. Índ. Leg.); f) valores referentes ao pagamento das prestações de empréstimos, financiamentos e operações de arrendamento mercantil, desde que autorizados pelo empregado, pelo empregador e limitado a 35% da remuneração disponível (valor líquido recebido descontadas as diárias; ajuda de custo; adicional pela prestação de serviço extraordinário; gratificação natalina; auxílio-natalidade; auxílio-funeral; adicional de férias; auxílio-alimentação, mesmo se pago em dinheiro; auxílio-transporte, mesmo se pago em dinheiro; e parcelas referentes a antecipação de remuneração de competência futura ou pagamento em caráter retroativo – L. 10.820/03, alt. L. 13.172/15 e D. 4.840/03, em apêndice – poderão ser descontadas em folha, reservando-se 5% (cinco por cento) para exclusivamente: I - a amortização de despesas contraídas por meio de cartão de crédito; ou II - a utilização com a finalidade de saque por meio do cartão de crédito. Caso venha o empregado a rescindir o contrato, terá de arcar com o pagamento da dívida contraída. A mesma lei também autoriza o desconto (pagamentos de empréstimos, financiamentos e operações de arrendamento mercantil, limitado a 35% do benefício) na pensão do aposentado (L. 10.820/03, alt. L. 13.172/15), reservando-se os mesmos 5%. Nova alteração na L. 10.820/03, pela L. 13.313/16, nova cilada para o empregado, que agora pode dar como garantia 10% do saldo de sua conta vinculada do FGTS (L.10.820/03, art. 1º, § 5º, I) e até 100% da multa paga pelo empregador em caso de justa causa (L.10.820/03, art. 1º, § 5º, II).

Não podem ser descontadas dos salários quaisquer outras importâncias, mesmo que o empregado o tenha autorizado por escrito (em sentido contrário, Mascaro Nascimento, *Iniciação*, p. 143), nem pagas a terceiros ainda que existindo procuração; é aí que se cristaliza a proteção do salário contra os credores do trabalhador e contra sua própria vontade, muitas vezes um fraco perante as vicissitudes da vida em geral. Essa conclusão está de acordo com o princípio geral e com a Convenção 95, de 1949, que diz que o salário não poderá ser objeto de penhora ou cessão a não ser segundo as modalidades e nos limites prescritos pela legislação nacional (art. 10 do D. brasileiro de promulgação, 41.721/57). Para nós a assinatura no momento da contratação presume a coação. Todavia, curvamo-nos ao entendimento do col. TST, ainda mais que, geralmente, os valores são ínfimos, se comparados aos benefícios advindos. Autorizando o desconto de locação, Gomes-Gottschalk, *Curso*, p. 115, e Barata Silva, *Compêndio*, p. 378. O pagamento integral deve ser efetuado ao empregado e este, quando assim julgar conveniente, saldará as dívidas a que se obrigou; só ele sabe de suas necessidades prementes e de sua família, que são tão sagradas quanto as do seu credor.

TST Descontos salariais efetuados pelo empregador, com a autorização prévia e por escrito do empregado, para ser integrado em planos de assistência odontológica, médico-hospitalar, de seguro, de previdência privada, ou de entidade cooperativa, cultural ou recreativo-associativa de seus trabalhadores, em seu benefício e de seus dependentes, não afrontam o disposto pelo art. 462 da CLT, salvo se ficar demonstrada a existência de coação ou de outro defeito que vicie o ato jurídico (TST – Súmula 342).

TST As horas em que o empregado falta ao serviço para comparecimento necessário, como parte, à Justiça do Trabalho, não serão descontadas dos seus salários (TST – Súmula 155).

SDI É lícito o desconto salarial referente à devolução de cheques sem fundos, quando o frentista não observar as recomendações previstas em instrumento coletivo (TST, SDI-1, Orientação Jurisprudencial 251).

■ Frentista. Os descontos feitos no salário do trabalhador não estão previstos nas hipóteses contidas no art. 462. Consolidado, bem como inexistiu nos autos prova de culpa ou dolo do obreiro na devolução dos cheques. Não se pode olvidar que o risco do empreendimento é do empregador (TST, RR 273.729/96.7, Thaumaturgo Cortizo, Ac. 5ª T.).

■ Acordo. Configuração e licitude. Plano de demissão voluntária. Validade da dedução pactuada para a possibilidade de condenação quando do ajuizamento da ação. Vantagens obtidas pelo empregado (TRT/SP, RO 02970063640, Valentin Carrion, Ac. 9ª T. 02970729800).

■ A jurisprudência predominante nesta Corte é no sentido de limitar os descontos nos salários do trabalhador a 70%, evitando-se, assim, o *truck system* (RO-DC 417.170/98.3, José Luiz Vasconcellos, Ac. SDC).

2 *As multas* ao empregado são vedadas, permitidas unicamente as suspensões disciplinares que, impedindo o trabalho, desde que justificadas (v. coment. art. 482, dosagem, imediatidade etc.), retiram o pagamento correspondente. Justificam-se as suspensões disciplinares (coibindo o despedimento por faltas veniais) no bom senso, na jurisprudência e na legislação (CLT, art. 474, que não as permite por mais de 30 dias consecutivos). Lamarca, com erudição, as rejeita (*Manual das justas causas*, p. 141). Multa autorizada, jogador de futebol (L. 6.354/76, arts. 14 e 15, § 1º, em apêndice).

3 *Dano causado* pelo empregado é descontável; seria iníquo, entretanto, que todos os danos culposos causados assim o fossem em trabalhos em que habitualmente ocorrem pelo manuseio habitual e que integram o risco normal do empreendimento. Aí se exige, por isso, dolo ou culpa grave. Dano moral (art. 223-A/1).

■ O Tribunal Regional manteve a condenação à devolução de descontos. Reconheceu que o contrato de trabalho da Autora contém cláusula que autoriza a realização de descontos salariais em caso de dano causado pelo empregado. Porém, considerou ilegais os descontos realizados a título de "ressarcimento de prejuízo", por ausência de prova de que a Reclamante tenha causado dano ao patrimônio do empregador. Não demonstrada violação do art. 461, § 1º, da CLT, pois a condenação não foi imposta ao fundamento de ser inválida a cláusula contratual que autoriza desconto salarial em decorrência de dano causado pelo empregado, tampouco sob o fundamento de não ser possível tal desconto mesmo quando expressamente previsto no contrato. Na verdade, a condenação decorre do fato de não ter sido provada a causa que justificaria a realização do desconto salarial (dano causado ao empregador) (RR 66200-35.2004.5.04.0382, Fernando Eizo Ono).

■ Os riscos da atividade econômica devem ser assumidos pelo empregador, sendo vedada sua transferência, pura e simplesmente, ao empregado. A responsabilidade por um ato qualquer não pode ser atribuída abstratamente. A empresa deve provar que o dano foi causado pelo empregado (TST, RR 101.373/93.0, José Francisco da Silva, Ac. 2ª T. 3.402/94).

■ O artigo 462, que contempla o princípio da intangibilidade salarial, é claro ao dispor que o empregador pode efetuar o desconto nos salários em caso de dano provocado pelo empregado que agiu dolosamente no exercício de suas funções (§ 1º).

Igualmente, autoriza o desconto quando o ato praticado foi culposo, isto é, fruto de negligência, imprudência ou imperícia, mas, nessa hipótese, diferentemente daquela em que o dano decorre de ação dolosa, exige prévia e expressa autorização do empregado. Em ambas as hipóteses, no entanto, é preciso a demonstração efetiva do dano e da responsabilidade do empregado, ou seja, a prova dolosa ou culposa de sua ação, omissiva ou comissiva, e o nexo de causa e efeito com o resultado danoso (TST, E-RR 385.687/97, Milton de Moura França, Ac. SBDI-1, 8.10.01).

4 *O contrato coletivo*, como o chama o texto do art. 462, era a acertada denominação legislativa que hoje corresponde à atual convenção coletiva; os contratos se classificam em individuais e coletivos; estes se subdividem em convenções coletivas e acordos coletivos (art. 611).

Art. 463. A prestação, em espécie, do salário será paga em moeda corrente do País[1].

Parágrafo único. O pagamento do salário realizado com inobservância deste artigo considera-se como não feito[2].

1 *Em moeda corrente do País*: e não em moeda estrangeira, cheque ou crédito bancário. São nulos os contratos, bem como as obrigações, que, exequíveis no Brasil, estipulem pagamento em ouro ou moeda estrangeira, excetuados os de exportação, importação, câmbio e alguns outros expressamente relacionados (DL 857, de 11.9.69). O pagamento em cheque é ilegal e, se é enormemente vantajoso para os empregados categorizados, causa enormes transtornos aos modestos; o mesmo se dá com o crédito em conta bancária do empregado, em face da recusa frequente de aceitação do correspondente cheque e da dificuldade de coincidência de horários, que leva ao recebimento do seu valor junto a pequenos comerciantes, com perda de certa parcela ou obrigação de consumo. Assaltos frequentes e razões outras impuseram a interpretação tolerante e justa do art. 463 da CLT e da Portaria do Ministério do Trabalho 3.281/84, sobre pagamento em cheque (*DOU*, 12.12.84, e *LTr* 49/106, 1985), com requisitos quanto ao horário de desconto, transporte e atraso. A Convenção 95 da OIT, promulgada pelo Brasil em 1957 (D. 41.721/57), portanto posterior ao art. 463, admite que a autoridade competente permita pagamento em cheque de prática corrente ou necessária, quando convenção coletiva ou sentença arbitral o determinar ou o trabalhador o consentir. Técnicos estrangeiros contratados com salários em moeda estrangeira (DL 691/69, em apêndice). Pagamento em moeda estrangeira (L. 7.064/82, alt. L. 11.962/09, trabalho no exterior, em apêndice). Othon Sidou, Pagamento em cheque, *LTr* 42/436, 1978.

Celebrado o contrato de trabalho em dólares, a conversão do salário em cruzeiros deve ser feita pelo câmbio da data da celebração do mesmo, aplicando-se sobre esse salário os aumentos intercorrentes da categoria (TST, RR 4.874/74, Barata Silva, Ac. 2ª T. 792/75).

2 *Considera-se como não feito*: equivaleria a sua inexistência, não estando o empregado obrigado à sua devolução; a norma funciona como forte sanção, à altura do *truck-system* (Catharino, Contrato de emprego, in *Compêndio*), mas o autor, como outros, admite o pagamento por cheque ou lançamento, com cautelas; a aplicação da norma tal como foi posta constituiria iniquidade desnecessária pela opção legal da chamada rescisão indireta pelo inadimplemento das obrigações do empregador (art. 483, *d*). O mesmo não se pode dizer do *truck-system*, que é verdadeiramente nocivo para a autonomia e o bolso do trabalhador; v. também Emílio Gonçalves, *LTr* 36/118, 1972, e Ferreira Prunes, *Salário sem trabalho*.

A contumácia da empresa na adoção do *truck-system* condenado pela sistemática trabalhista, impõe, com solução do desvio, a repetição dos pagamentos relativos aos salários correspondentes (TST, Barata Silva, Ac. 3ª T. 1.686/73).

Art. 464. O pagamento do salário deverá ser efetuado contrarrecibo, assinado pelo empregado; em se tratando de analfabeto, mediante sua impressão digital, ou, não sendo esta possível, a seu rogo.

Parágrafo único. Terá força de recibo o comprovante de depósito em conta bancária, aberta para esse fim em nome de cada empregado, com o consentimento deste, em estabelecimento de crédito próximo ao local de trabalho (red. L. 9.528/97).

1 *Recibo*. Apesar de ser documento *ad probationem* e não da substância do ato, o pagamento de salários somente se prova documentalmente, mediante recibo solto ou em folha de pagamento da empresa; fora daí têm pleno valor a confissão do credor e, excepcionalmente e se acompanhados de outros elementos de convicção, os créditos em conta corrente e pagamentos em cheque, desde que inexista prejuízo para o empregado e com as ressalvas das notas ao art. 463, *supra*. A prova testemunhal não é aceitável (em sentido contrário Catharino, *Temas*). Assinado pelo empregado, diz a lei, não é válido o pagamento a procurador ou a credor do empregado, mesmo com sua autorização (art. 462, notas). A quitação geral indiscriminada não tem valor senão quanto às quantias que especifica (assim, Süssekind, *Instituições*; aceitando a validade das verbas quitadas, mesmo com valor inferior ao efetivamente devido, Russomano, *Curso*). Eurênio de Oliveira Jr., Prova do pagamento salarial, Rev. *Synthesis* 6/81, 1988 (Precedente Administrativo 86 MTE/SIT, em apêndice). Demonstrativo de pagamento em URV, v. art. 457/13.

Não feita a prova do pagamento dos salários em cada uma das suas espécies, deve-se considerar que o mesmo não foi pago (TST, RR 3.478/84, Orlando Costa, Ac. 3ª T. 2.573/85).

■ O adiantamento de salário equivale a uma parte do salário, e, como tal, o seu pagamento deve obedecer a formalidade essencial para a sua validade, de acordo com o que dispõe o art. 464 da CLT, qual seja, deve ser pago mediante contrarrecibo, assinado pelo empregado. Portanto, o empregador tem a obrigação de apresentar os recibos correspondentes a tal pagamento (TST, RR 197.240/95.3, Ac. 2ª T. 7.064/96).

Art. 465. O pagamento dos salários será efetuado em dia útil e no local de trabalho, dentro do horário do serviço ou imediatamente após o encerramento deste, salvo quando efetuado por depósito em conta bancária, observado o disposto no artigo anterior (red. L. 9.528/97).

A constante do legislador é impedir quaisquer dificuldades ao empregado ou prejuízo direto ou indireto; as longas filas à saída do serviço, o pagamento em horário que retira do empregado parte apreciável do seu descanso e quaisquer outras anomalias são condenadas pelo legislador e puníveis administrativa e judicialmente. Ao pagamento por intermédio de cheque (*supra*, art. 463) ainda se opõe o art. 465. *Mora salarial* (coment. art. 483). Atraso no pagamento, v. Precedente Administrativo 35 MTE/SIT, em apêndice.

■ O pagamento, em audiência, do salário vencido purga a mora para efeito de isentar a empresa do pagamento, a final, da obra, mas não descaracteriza a justa causa que enseja a despedida indireta. Quando, porém, se trata de um único retardamento no pagamento, durante longos anos, a empresa agiu sem malícia; decisão que não dá pela despedida indireta (TST, Coqueijo Costa, Ac. TP 37/73).

Art. 466. O pagamento de comissões[1] e percentagens só é exigível[2] depois de ultimada a transação a que se referem.

§ 1º Nas transações realizadas por prestações sucessivas, é exigível o pagamento das percentagens e comissões que lhes disserem respeito proporcionalmente à respectiva liquidação.

§ 2º A cessação das relações de trabalho não prejudica a percepção das comissões e percentagens devidas na forma estabelecida por este artigo.

1 *Empregado comissionista* é remunerado pelo resultado das vendas; o salário mínimo lhe é devido, se for empregado interno, ou, se externo, estiver sujeito a horário ou outra forma de controle de seu trabalho (v. art. 78/2); nos demais casos haverá necessidade de verificar a verdadeira dedicação de tempo à empresa e não a outras atividades. A distinção é sutil. Ribeiro de Vilhena, em saboroso trabalho tentando terra firme em tão movediço tema, estudando a figura do representante

autônomo, refere-se a trabalho prevalentemente próprio, poderes jurídicos de organização própria, admissão de auxiliares, ajuste da representação com outras empresas, enquanto ao focalizar o representante subordinado, menciona o cerceamento do impulso próprio, simples desdobramento da atividade empresária, e ingerência do empresário em sua atividade (*Relação de Emprego*, p. 250). V. também Genésio Vivanco Solano Sobrinho ("Vendedor-comerciante...", *Rev. de Direito do Trabalho* 4/27). Salário mínimo (art. 78/2).

Há a sobrecomissão (vendas relevantes ou de maior dificuldade) e a subcomissão (redução de preço etc., Catharino, *Compêndio*). O tema "O vendedor-empregado e o autônomo" foi estudado sob múltiplos aspectos por vários autores em trabalho publicado pela *Revista de Direito do Trabalho*, v. 4.

2 As comissões são devidas mensalmente ou, se fixada outra época pelas partes, até 3 meses a contar da aceitação do negócio (L. 3.207/57, em apêndice). Comissões em URV, v. art. 457/13; é de entender que o pagamento além do mês somente é aceitável nas vendas a crédito e nunca nas vendas à vista; salvo pacto em contrário mais benéfico ao empregado, o prazo máximo para pagamento das comissões conta--se da aceitação do negócio pela empresa, tácita após 10 dias, no mesmo Estado, ou 90 dias após, prorrogáveis, em outro Estado ou no estrangeiro (L. 3.207/57); as comissões das vendas a prestações sucessivas são exigíveis na *ordem de recebimento*; entenda-se: *ordem da programação dos recebimentos*, pois de outra forma o empregado estaria participando dos riscos do empreendimento, e sujeito à tolerância maior ou menor que a empresa tiver com os clientes, o que desfigura princípios do direito do trabalho. Somente na hipótese de *insolvência do devedor* é que isso se compreende, com alguma relutância, porém; compreende-se por que muitas vezes o pracista poderá ter elementos suficientes para afastar de seus pedidos de vendas os clientes à beira da insolvência. Há quem entenda que a insolvência do freguês deve ser contemporânea à conclusão do negócio (Catharino, *Compêndio*); de qualquer forma não pode ser posto de lado que as empresas contam com um sistema de informações sobre a solvabilidade dos compradores cada vez mais aperfeiçoado, sendo o controle correspondente alheio às funções do pracista. A formação de um lastro ou fiança para garantir o estorno de comissões é condenada pela jurisprudência.

TST O empregado, sujeito a controle de horário, remunerado à base de comissões, tem direito ao adicional de, no mínimo, 50% (cinquenta por cento) pelo trabalho em horas extras, calculado sobre o valor-hora das comissões recebidas no mês, considerando-se como divisor o número de horas efetivamente trabalhadas (TST – Súmula 340).

As comissões são devidas quando não efetivado o negócio por iniciativa do empregador, mostrando-se ausente a comunicação de tal ato ao empregado interessado. Inteligência dos arts. 466 da CLT e 2º e 3º, da L. 3.207, de 18.7.57 (TST, RR 2.020/84, Marco Aurélio, Ac. 1ª T. 2.800/85, *DJU*, 6.9.85, p. 14948).

Salvo disposição expressa em contrário, as comissões devidas ao empregado vendedor são calculadas com base no preço de venda das mercadorias, sem a adição de tributos porventura incidentes sobre a operação (TST, RR 10.770/90.2, Manoel de Freitas, Ac. 3ª T. 2.689/91).

■ Não gera direito à comissão ao vendedor negócio efetuado com os entes públicos, eis que havidos mediante licitação, visto que, neste procedimento, inexiste por consequência dos princípios e mandamentos constitucionais a intermediação entre a empresa e a Administração Pública (TST, RR 127.228/94.2, José Luiz Vasconcellos, Ac. 3ª T. 1.542/95).

■ Se efetuada a venda de dois produtos – cotas de consórcio e seguro de vida – é devida a comissão sobre ambos sob pena de enriquecimento ilícito, através do trabalho, sem a devida contraprestação do salário (TST, RR 184.442/95.9, Antonio Maria Thaumaturgo Cortizo, Ac. 5ª T. 3.347/96).

■ Comissões. A fixação de percentual pelo juiz, quando inexiste prova nos autos, deve guardar coerência com aqueles praticados na atividade, bem como com o princípio da razoabilidade (Proc. TRT/SP 29.517/96, Valentin Carrion, Ac. 9ª T. 51.822/97).

3 Zona de trabalho, adicional de 10% para a inspeção e limite das viagens (v. L. 3.207/57, em apêndice) e por dedução lógica, cobrança, se não for esporádica. Representantes comerciais autônomos (sem relação de emprego, L. 4.886/65; inscrição, indenização, zona, aviso, justa causa, competência da Justiça comum etc.). Descanso semanal do comissionista (art. 67/4).

Art. 467. Em caso de rescisão de contrato de trabalho, havendo controvérsia sobre o montante das verbas rescisórias, o empregador é obrigado a pagar ao trabalhador, à data do comparecimento à Justiça do Trabalho, a parte incontroversa dessas verbas, sob pena de pagá-las acrescidas de 50% (red. L. 10.272/01).

Parágrafo único. O disposto no *caput* não se aplica à União, aos Estados, ao Distrito Federal, aos Municípios e às suas autarquias e fundações públicas (red. MP 2.180-35/01).

1 *Verbas rescisórias incontroversas*. A lei determina a condenação das verbas rescisórias incontroversas. A redação anterior referia-se a salários incontroversos, cominando o seu pagamento de forma dobrada; não se referia a outros direitos trabalhistas, quase sempre com caráter salarial; por tratar-se de sanção, a norma não podia ser interpretada extensivamente e se aplicava apenas aos salários, em sentido restrito; não a outras verbas, mesmo que levassem rótulos semelhantes: salário-maternidade, salário diferido, décimo terceiro salário, salário-educação etc. A condenação independe de requerimento na petição inicial, podendo ser pleiteada até o julgamento. Controversa é a pretensão resistida expressamente ou de forma tácita, que se deduz logicamente do conjunto da contrariedade arguida. A rejeição da defesa não torna incontroverso o que não era, a não ser a contestação oca, inconsequente. O advento da falência não justifica a suspensão de pagamento dos salários (em sentido restrito, limitados ao valor de 150 salários mínimos. L. 11.101/05, art. 83, I), pelo que a sanção legal se impõe, de um lado, porque a intenção do legislador é subtrair essa obrigação premente à chicana processual, e de outro lado porque a sanção legal na experiência falimentar justifica a rapidez do síndico em obter pronta autorização judicial para satisfazer o encargo.

TST A partir da Lei n. 10.272, de 05.09.01, havendo rescisão do contrato de trabalho e sendo revel e confesso quanto à matéria de fato, deve ser o empregador condenado ao pagamento das verbas rescisórias, não quitadas na primeira audiência, com acréscimo de 50% (cinquenta por cento) (TST – Súmula 69).

Reconhecido o direito do pagamento em dobro do salário, não há como negar-se o direito ao recebimento das horas extras prestadas e que, pela sua natureza, deverão integrar o salário do obreiro para os respectivos fins, qual seja, a dobra salarial. Revista do reclamante provida neste item para determinar que a dobra salarial incida, inclusive, sobre as horas extras trabalhadas e não pagas (TST, RR 395/85-2, José Ajuricaba, Ac. 1ª T. 128/87).

Se a empresa, na contestação, afirma que os salários foram pagos corretamente, ainda que a sentença reconheça o débito, não cabe a dobra, a menos que a controvérsia não fosse fundada (TRT/PR, RO 288/87, Indalécio Gomes, Ac. 1ª T. 1.968/87).

Impõe-se a dobra salarial quando rompido o contrato de trabalho e a empresa confessa a dívida em audiência. Mesmo que não saiba ela o exato valor devido, tal ausência de pagamento imediato e em audiência provoca a pena indicada no art. 467 consolidado (TRT/RS, RO 94.16/86, José Prunes, Ac. 2ª T.).

O art. 467 da CLT estabelece que somente a parte incontroversa dos salários fica sujeita a aplicação da penalidade, o dispositivo prescreve regra de natureza punitiva – sendo, pois, indispensável para sua utilização que, não apenas seja salário a parcela devida, mas se impõe não tenha havido controvérsia a respeito do direito postulado (TST, E-RR 77.502/93.4, Cnéa Moreira, Ac. SBDI-1 126/96).

Falência. Salário em dobro. O estado falimentar não afasta a incidência das sanções previstas na CLT, artigos 467 e 477, § 8º. A lei não excepciona o falido; a intenção e a jurisprudência visam a celeridade do síndico em obter a autorização judicial para satisfazer o encargo. São devidas tanto a dobra salarial quanto a multa pelo atraso na quitação (Proc. TRT/SP 2.077/97, Valentin Carrion, Ac. 9ª T. 70.969/97).

A jurisprudência desta Corte Superior, reiteradamente, tem-se posicionado no sentido de que o estado falimentar exclui a incidência da dobra salarial prevista no art. 467 da CLT. Isto porque a massa falida está impedida de satisfazer créditos fora do Juízo Universal da Falência, nos termos do Decreto-Lei 7.661/45 – Lei de Falências (TST, RR 469.670/98.0, João Oreste Dalazen, Ac. 1ª T., 12.2.99).

* Sobre o tema *supra*, v. www.institutocarrion.com.br.

2 Revel a empresa, descabe o pagamento em dobro; a lei refere-se à data de seu comparecimento, e a revelia com este não se confunde; tratando-se de pena, mesmo que tecnicamente não o seja, deve afastar-se interpretação extensiva; a revelia consiste em um conjunto de consequências jurídicas necessárias para o prosseguimento dos feitos, mas, em sentido material, uma caricatura da jurisdição. A contumácia à defesa não é ato rebelde, se não em teoria; todos o sentem; ou é ignorância da parte ou há razões para o não comparecimento; razões humanas que o direito não acolhe ou razões impossíveis de provar. "Nada mais estatal, nem nada menos humano que essas angustiosas preclusões que vigiam o homem sorrateiramente, na extremidade derradeira de cada prazo. O homem não é senhor do tempo" (Eliézer Rosa, *Rev. de Direito Processual Civil* 4/130). Não há vantagens em não comparecer, como se afirma, para justificar a condenação que a lei não autoriza; geralmente, se reclamam outras verbas, as quais, com o simples comparecimento e pequenos entraves probatórios, abrem a longa via do debate e do recurso.

TST A partir da Lei n. 10.272, de 05.09.2001, havendo rescisão do contrato de trabalho e sendo revel e confesso quanto à matéria de fato, deve ser o empregador condenado ao pagamento das verbas rescisórias, não quitadas na primeira audiência, com acréscimo de 50% (cinquenta por cento) (TST – Súmula 69).

A dobra prevista no art. 467 excepciona a regra de que o pagamento deve se fazer tomado em consideração o *quantum* devido. Em se tratando de norma que encerra exceção deve ser interpretada restritivamente, descabendo a dobra no caso de revelia, de vez que não se verifica o comparecimento de que cogita o artigo (TRT, 1ª Reg., RO 207/80, Marco Aurélio M. de Farias Mello, Ac. 2ª T. 21.5.80).

3 *Retenção salarial criminosa* (art. 462/1).

Capítulo III
DA ALTERAÇÃO

Art. 468. Nos contratos individuais de trabalho só é lícita a alteração[2-4-5] das respectivas condições[3] por mútuo consentimento[6], e, ainda assim, desde que não resultem, direta ou indiretamente, prejuízos[7] ao empregado, sob pena de nulidade[8] da cláusula infringente desta garantia.

§ 1º Não se considera alteração unilateral a determinação do empregador para que o respectivo empregado reverta[9] ao cargo efetivo, anteriormente ocupado, deixando o exercício de função de confiança.

§ 2º A alteração de que trata o § 1º deste artigo, com ou sem justo motivo, não assegura ao empregado o direito à manutenção do pagamento da gratificação correspondente[9], que não será incorporada, independentemente do tempo de exercício da respectiva função. (Red. L. 13.467/17).

1 Contrato individual de trabalho (v. art. 442).

2 *Alterações.* O contrato de trabalho é pacto de execução sucessiva estabelecido para durar no tempo, sujeito a certas mutabilidades, em interesse de ambas as partes;

o funcionamento das empresas não suporta a estagnação; o empregado, por sua vez, não tem o direito de alterar as estipulações, salvo com autorização do empregador. Do lado da empresa as mutações possíveis têm de permanecer entre dois limites: o de seu interesse, o *ius variandi*, e, frente a frente, o direito de resistência do empregado; que sejam respeitadas as cláusulas e vantagens estipuladas quando da contratação e todas as que, mesmo não contratadas, lhe tenham sido concedidas tácita ou expressamente, tenham ou não valor econômico, e mesmo quando personalíssimas. A intangibilidade refere-se sobretudo às cláusulas importantes do contrato de trabalho. Quanto mais importantes, mais inatingíveis serão. Partidários da flexibilização das normas trabalhistas entendem que ela não existirá enquanto o art. 468 não tiver um parágrafo que autorize o contrato coletivo ou a convenção coletiva a alterar as normas vigentes entre as partes, adaptando-as às necessidades da competitividade (Hugo Gueiros Bernardes, Conferência, Congr., LTr., nov./97).

3 *Condições* do contrato: cláusulas e circunstâncias estipuladas pelas partes, no ato de contratar ou posteriormente, ou que se incorporaram aos direitos do empregado pelo uso, tolerância ou benevolência; as vantagens não expressas integram-se à relação quando a repetição as tornar habituais. As expressas não o serão se declaradas por equívoco. Em princípio, as vantagens se presumem definitivas salvo se as circunstâncias justificarem sua provisoriedade ou se estiverem expressamente subordinadas a certa condição ou termo.

A modificação pode ser funcional, salarial, de jornada e de lugar.

A primeira, referente à função, pode ser modificada em três sentidos: a) ascendente (promoção); b) descendente (rebaixamento ou retorno); c) horizontal, que é a mudança de cargo, dentro do mesmo nível hierárquico. A promoção será direito do empregado somente quando o regulamento da empresa previr as condições precisas, inclusive no caso de quadro de carreira organizado. Não vemos como possa negar-se ao trabalhador o direito de rejeitar a promoção que lhe for oferecida pela empresa, com novos encargos que sua personalidade ou fobias contradigam em seu íntimo, que não tem por que revelar. Entretanto, vozes categorizadas entendem que o empregado não pode recusar a promoção injustificadamente (Maranhão, *Direito do Trabalho; motivos poderosos* quer Nélio Reis, *Alteração*; Gomes e Gottschalk não admitem recusa por capricho ou malícia, *Curso*). O rebaixamento não é permitido, seja hierárquico, seja funcional (p. ex.: trabalho especializado para outro sem qualificação profissional), mesmo que não traduza diminuição de salário. O retorno à função anterior é possível no caso de empregado estável em cargo de confiança que tenha ocupado outra função (se não, deverá ser despedido, art. 499) e no caso de exercício de cargo superior, a título não definitivo (em comissão, interinamente ou em substituição, art. 450; ou experiência). A alteração horizontal é permitida, desde que justificada, e sem introduzir prejuízos profissionais graves ou salariais; assim, é inaceitável a modificação por mero capricho ou perseguição e a que importe em desclassificação profissional (ex.: altamente especializado para especialização superficial). Há razões que, inexistindo prejuízo profissional grave, justificam a alteração: a modificação no sistema geral de trabalho da empresa, a mudança de ramo ou produto elaborado, extinção de estabelecimento ou seção etc. Este seria o pequeno risco de que todo colaborador de um empreendimento sempre participa (Cesarino Jr., *LTr* 41/165). São lesões profissionais graves: a alteração de marceneiro para carpinteiro, a de torneiro para mecânico, a não ser que o empregado tenha desenvolvido atividades semelhantes simultânea ou sucessivamente. Deficiência física ou mental permite novas funções (CLT, art. 461, § 4º, red. L. 5.798/72).

Aposentadoria, complementação. As cláusulas vigorantes durante a relação de emprego cessam com a aposentadoria. Na hipótese em que o regulamento da empresa ou do contrato preveja *vantagens para depois da aposentadoria* (complementação dos benefícios pagos pela Previdência Social, por exemplo), é pacífica a intangibilidade dos direitos adquiridos, assim como o é a competência da Justiça do Trabalho para apreciá-la (v. art. 643/6, "competência"). Complementação da aposentadoria dos empregados da Rede Ferroviária Federal (L. 8.186/91). Prescrição (art. 11/4). Para Hugo Gueiros Bernardes (cit. Índice Bibliog.), a flexibilização mediante a adaptação das cláusulas vigentes às possibilidades das empresas tornar-se-á nula pelo art. 468 quando atingir os direitos existentes; bastaria um parágrafo que lhe retire o efeito de nulidade, desde que a alteração tenha sido autorizada por convenção coletiva; sem isso não haverá flexibilização.

STF As gratificações habituais, inclusive a de Natal, consideram-se tacitamente convencionadas, integrando o salário (STF – Súmula 207).

TST A pretensão a diferenças de complementação de aposentadoria sujeita-se à prescrição parcial e quinquenal, salvo se o pretenso direito decorrer de verbas não recebidas no curso da relação de emprego e já alcançadas pela prescrição, à época da propositura da ação (TST – Súmula 327, alt. Res. TST 174/11).

TST A pretensão à complementação de aposentadoria jamais recebida prescreve em 2 (dois) anos contados da cessação do contrato de trabalho (TST – Súmula 326, alt. Res. TST 174/11).

TST BANESPA. A complementação de aposentadoria prevista no art. 106 e seus parágrafos, do Regulamento de pessoal editado em 1965, só é integral para os empregados que tenham trinta ou mais anos de serviços prestados exclusivamente ao Banco (TST – Súmula 313).

TST I - A complementação dos proventos de aposentadoria, instituída, regulamentada e paga diretamente pelo empregador, sem vínculo com as entidades de previdência privada fechada, é regida pelas normas em vigor na data de admissão do empregado, ressalvadas as alterações que forem mais benéficas (art. 468 da CLT). II - Na hipótese de coexistência de dois regulamentos de planos de previdência complementar, instituídos pelo empregador ou por entidade de previdência privada, a opção do beneficiário por um deles tem efeito jurídico de renúncia às regras do outro. III – Após a entrada em vigor das Leis Complementares ns. 108 e 109, de 29.5.2001, reger-se-á a complementação dos proventos de aposentadoria pelas normas vigentes na data da implementação dos requisitos para obtenção do benefício, ressalvados o direito adquirido do participante que anteriormente implementara os requisitos para o benefício e o direito acumulado do empregado que até então não preenchera tais requisitos. IV – O entendimento da primeira parte do item III aplica-se aos processos em curso no Tribunal Superior do Trabalho em que, em 12.4.2016, ainda não haja sido proferida decisão de mérito por suas Turmas e Seções (TST – Súmula 288, Res. 207/16).

TST Instituída complementação de aposentadoria, por ato da empresa, expressamente dependente de sua regulamentação, as condições desta devem ser observadas como parte integrante da norma (TST – Súmula 97).

TST O direito à complementação de aposentadoria, criado pela empresa, com requisitos próprios, não se altera pela instituição de benefício previdenciário por órgão oficial (TST – Súmula 92).

TST Se o empregado, ou seu beneficiário, já recebeu da instituição previdenciária privada, criada pela empresa, vantagem equivalente, é cabível a dedução de seu valor do benefício a que faz jus e por norma regulamentar anterior (TST – Súmula 87).

TST I – As cláusulas regulamentares, que revoguem ou alterem vantagens deferidas anteriormente, só atingirão os trabalhadores admitidos após a revogação ou alteração do regulamento. II – Havendo a coexistência de dois regulamentos da empresa, a opção do empregado por um deles tem efeito jurídico de renúncia às regras do sistema do outro (TST – Súmula 51, conversão da Orientação Jurisprudencial SDI-1 163).

SDI É incabível ação declaratória visando a declarar direito à complementação de aposentadoria, se ainda não atendidos os requisitos necessários à aquisição do direito, seja por via regulamentar, ou por acordo coletivo (TST, SDI-1, Orientação Jurisprudencial 276).

SDI I – A partir da vigência da Medida Provisória n. 542, de 30.6.94, convalidada pela Lei n. 9.069, de 29.6.95, o critério de reajuste da complementação de aposentadoria passou a ser anual e não semestral, aplicando-se o princípio "rebus sic stantibus" diante da nova ordem econômica. II - A alteração da periodicidade do reajuste da complementação de aposentadoria – de semestral para anual –, não afeta o direito ao resíduo inflacionário apurado nos meses de abril, maio e junho de 1994, que deverá incidir sobre a correção realizada no mês de julho de 1995 (TST, SDI-1, Orientação Jurisprudencial 224).

SDI A supressão das comissões, ou a alteração quanto à forma ou ao percentual, em prejuízo do empregado, é suscetível de operar a prescrição total da ação, nos termos da Súmula n. 294 do TST, em virtude de cuidar-se de parcela não assegurada por preceito de lei (TST, SDI-1, Orientação Jurisprudencial 175, conversão da Orientação Jurisprudencial SDI-1 248).

SDI O empregado admitido na vigência da Circular BB-05/66, que passou para a inatividade posteriormente à vigência da RP-40/74, está sujeito ao implemento da condição "idade mínima de 55 anos" (TST, SDI-1, Orientação Jurisprudencial 183).

SDI I – O valor das horas extras integra a remuneração do empregado para o cálculo da complementação de aposentadoria, desde que sobre ele incida a contribuição à

Caixa de Previdência dos Funcionários do Banco do Brasil – PREVI, observado o respectivo regulamento no tocante à integração. II – Os adicionais AP e ADI não integram o cálculo para a apuração do teto da complementação de aposentadoria. III – No cálculo da complementação de aposentadoria deve-se observar a média trienal. IV – A complementação de aposentadoria proporcional aos anos de serviço prestados exclusivamente ao Banco do Brasil somente se verifica a partir da Circular Funci n. 436/1963. V – O telex DIREC do Banco do Brasil n. 5003/1987 não assegura a complementação de aposentadoria integral, porque não aprovado pelo órgão competente ao qual a instituição se subordina (TST, SDI-1, Orientação Jurisprudencial 18, conversão das Orientações Jurisprudenciais SDI-1 19, 20, 21, 136 e 289, alt. TST Res.175/11).

SDI Banco do Brasil. AP e ADI. Os adicionais AP, ADI ou FR, somados ou considerados isoladamente, sendo equivalentes a 1/3 do salário do cargo efetivo (art. 224, § 2º, da CLT), excluem o empregado ocupante de cargo de confiança do Banco do Brasil da jornada de 6 horas (TST, SDI-1, Orientação Jurisprudencial 17).

SDI As parcelas gratificação contingente e participação nos resultados, concedidas por força de acordo coletivo a empregados da Petrobras em atividade, pagas de uma única vez, não integram a complementação de aposentadoria (TST, SDI-1, Orientação Jurisprudencial Transitória 64).

SDI Os empregados admitidos na vigência do Decreto n. 81.240, de 20.1.1978, que regulamentou a Lei n. 6.435, de 15.7.1977, ainda que anteriormente à alteração do Regulamento do Plano de Benefícios da Petros, sujeitam-se à condição "idade mínima de 55 anos" para percepção dos proventos integrais de complementação de aposentadoria (TST, SDI-1, Orientação Jurisprudencial Transitória 63).

SDI Ante a natureza de aumento geral de salários, estende-se à complementação de aposentadoria dos ex-empregados da Petrobras benefício concedido indistintamente a todos os empregados da ativa e estabelecido em norma coletiva, prevendo a concessão de aumento de nível salarial – "avanço de nível" –, a fim de preservar a paridade entre ativos e inativos assegurada no art. 41 do Regulamento do Plano de Benefícios da Fundação Petrobras de Seguridade Social – Petros (TST, SDI-1, Orientação Jurisprudencial Transitória 62).

SDI A determinação de supressão do pagamento de auxílio-alimentação aos aposentados e pensionistas da Caixa Econômica Federal, oriunda do Ministério da Fazenda, não atinge aqueles ex-empregados que já percebiam o benefício (TST, SDI-1 Orientação Jurisprudencial Transitória 51, conversão da Orientação Jurisprudencial SDI-1 250).

SDI O empregado do Banco Itaú admitido na vigência da Circular BB-05/66, que passou para a inatividade posteriormente à vigência da RP-40/74, está sujeito ao implemento da condição "idade mínima de 55 anos" (TST, SDI-1 Orientação Jurisprudencial Transitória 46, conversão da Orientação Jurisprudencial SDI-1 183).

O Tribunal Regional, interpretando o disposto nos arts. 14 e 49 dos Estatutos da PREVI, firmou convicção pela integração das horas extras no cálculo da complementação de aposentadoria, uma vez que a remuneração mensal constitui a base mensal de incidência das contribuições dos associados. A Orientação Jurisprudencial n. 18, I, da SBDI-1 desta Corte Superior não contempla tal premissa, revelando-se inespecífica, à espécie. Recurso de revista não conhecido (TST, RR 13653/2002-900-09-00, Rel. Walmir Oliveira da Costa).

A decisão regional que reconhece validade ao ato empresarial, consubstanciado na suspensão do plano de saúde do empregado, encerra ultraje ao princípio contido no art. 468 da CLT, pois as vantagens acrescidas espontaneamente pelo empregador e mantidas habitualmente amalgamam-se ao contrato de trabalho, de forma tácita, tornando-se insuscetíveis de posterior supressão ou diminuição (arts. 444 e 468 da CLT e Súmula 51 do TST). Assim, imprópria a exclusão do empregado do plano de saúde implementado espontaneamente pelo empregador com equivocado esteio na jubilação por invalidez. Correta, portanto, encontrava-se a condenação fixada pela sentença de origem no sentido do restabelecimento do plano de saúde do empregado (TST, RR 145440-15.2007.5.05.0035, Viera de Mello Filho).

■ O fornecimento gratuito de plano de saúde, mediante convênio, representa condição mais benéfica, resistente à supressão (art. 468 da CLT), porque incorporada ao contrato de trabalho. Recurso de revista não conhecido. 2. Incensurável o valor arbitrado para a multa por descumprimento de obrigação de não fazer, porquanto sopesado o prejuízo experimentado pelos trabalhadores durante o período em que a empresa suprimiu a assistência médica gratuita. Recurso de revista não conhecido (TST, RR 359/1992-028-15-85, Alberto Luiz Bresciani de Fontan Pereira).

4 *Redução salarial.* Diz a Constituição Federal de 1988:

Art. 7º São direitos dos trabalhadores... além de outros...
VI – irredutibilidade do salário, salvo o disposto em convenção ou acordo coletivo; ...
X – proteção do salário na forma da lei, constituindo crime sua retenção dolosa.

A redução do salário é vedada, por ser a subsistência do trabalhador e por se tratar da mais importante contraprestação de sua parte. A proteção abrange qualquer que venha a ser a forma de remuneração adotada: a modificação na forma do cálculo, de componente horário para o de tarifa, é condenada; igualmente, de tarifa para horário, salvo exceções que a justifiquem, e se garantirem base mínima correspondente à média anterior. Comissionista (v. art. 466). Adicionais de horas extras, noturnas e insalubridade (v. *infra*). No entender da jurisprudência, a modernização da maquinaria, possibilitando a produção com menor esforço, permite a redução da tarifa, desde que não prejudique a média dos empregados. Por razões de conjuntura econômica permitia-se a redução de jornada e de salário, excepcionalmente, com a concordância judicial ou sindical (L. 4.923/65, em apêndice), sendo que, mais antigamente, a CLT a autorizava desde que houvesse força maior ou prejuízos devidamente comprovados (art. 503, tacitamente revogado pela L. 4.923); a CF/88 elevou o princípio de irredutibilidade à hierarquia maior, só permitindo a redução "em convenção ou acordo coletivo" (art. 7º, VI). Nem a lei poderá autorizá-lo, em face do texto expresso. O princípio da irredutibilidade dirige-se ao empregador, "não do valor real mas da expressão nominal do salário", e que em nada se relaciona com a política econômica governamental ou perda de salários reais, tal como entende Amaury Mascaro Nascimento (*O Direito do Trabalho e a Constituição de 1988*). Não é permitida nem mesmo a modificação da natureza jurídica (salarial e/ou indenizatória) das parcelas pagas, pois modificam o cálculo do valor do salário.

SDI O aumento real, concedido pela empresa a todos os seus empregados, somente pode ser reduzido mediante a participação efetiva do sindicato profissional no ajuste, nos termos do art. 7º, VI, da CF/88 (TST, SDI-1, Orientação Jurisprudencial 325).

SDI A supressão das comissões, ou a alteração quanto à forma ou ao percentual, em prejuízo do empregado, é suscetível de operar a prescrição total da ação, nos termos da Súmula 294 do TST, em virtude de cuidar-se de parcela não assegurada por preceito de lei (TST, SDI-1, Orientação Jurisprudencial 175, conversão da Orientação Jurisprudencial SDI-1 248).

Diferenças salariais. Pretensão fundada em redução dos salários em decorrência da aplicação dos DL 2.283 e 2.284 de 1986. Acórdão regional que defere o pedido, considerando que na conversão do padrão monetário de cruzeiro para cruzado a adequação dos salários importou em redução dos ganhos do trabalhador (TST, RR 1.369/89.0, Ermes Pedrassani, Ac. 3ª T. 3.922/89).

... não se depreende estar assegurada a manutenção da gratificação inerente à função até então exercida. Por outro lado, o artigo 468, parágrafo único, da Consolidação das Leis do Trabalho, autoriza essa reversão, não a considerando como alteração unilateral. A jurisprudência tem-se inclinado no sentido de manter o pagamento da gratificação, em virtude do exercício do cargo comissionado (TST, RR 148.852/94.1, Lourenço Prado, Ac. 1ª T. 3.348/97).

O exercício de cargo em comissão por vários anos não gera estabilidade funcional ou econômica, portanto, a correspondente gratificação de função não se incorpora à remuneração do empregado após sua reversão ao cargo efetivo, podendo ser suprimido seu pagamento (TST, RR 119.564/94.7, Valdir Righetto, Ac. 4ª T. 4.304/96).

O cargo em comissão, exercido por longos anos, gera estabilidade econômica, que reflete na vida do obreiro, sobretudo se esta condição perdurar por mais de 10 (dez) anos. Não pode o empregador, amparado pelo art. 468 da CLT, suprimir tal gratificação inerente àquele cargo, pois os longos anos no exercício da função comissionada asseguram ao empregado, que reverteu ao cargo efetivo, o direito à percepção da mencionada gratificação, como se naquela função estivesse (TST, RR 141.835/94.7, Ac. 4ª T. 8.462/96).

5 A *jornada de trabalho* também é inalterável, mas de forma menos rígida. Desde logo o puro arbítrio empresarial de convocar o empregado para o horário que lhe interessar (quantidade de horas ou turno) será ineficaz; a não ser no caso especialíssimo do que foi contratado para substituir os demais, que têm horário efetivo. Dentro do mesmo turno será possível a modificação, salvo prejuízo comprovado. O trabalho à noite ou em horas extras ou em condições de insalubridade ou periculosidade é prejudicial à saúde e às atividades familiais e sociais do empregado; entendemos que esse trabalho em condições anormais jamais se integra a título definitivo em seu contrato de trabalho, assim como não se integram os adicionais senão para cálculo de férias, 13º salário, indenizações etc., enquanto aquele empregado trabalhar habitualmente naquele regime. Sua supressão é de interesse social. Entretanto, há jurisprudência que proíbe a modificação do turno da noite para o diurno, apesar da precariedade do sono diurno e das demais funestas consequências sociais que produz ou mantém o adicional quando da transferência. A Súmula 265 do TST escolheu o melhor entendimento.

TST A transferência para o período diurno de trabalho implica a perda do direito ao adicional noturno (TST – Súmula 265).

O retorno do servidor público (administração direta, autárquica e fundacional) à jornada inicialmente contratada não se insere nas vedações do art. 468 da CLT, sendo a sua jornada definida em lei e no contrato de trabalho firmado entre as partes (Orientação Jurisprudencial 308 da SDI-1 do TST). A decisão foi proferida em harmonia com a jurisprudência desta Corte. Incide na espécie a Súmula 333 do TST (TST, RR 66400-58.2006.5.10.0009, João Batista Brito Pereira).

Trabalho noturno – Supressão. O adicional decorrente de trabalho noturno, mesmo depois de mais de dois anos, pode ser suprimido sem qualquer ônus para a empresa. Trata-se de prestação laboral prejudicial à saúde e à segurança, antissocial e antifamiliar. Entretanto, sua manutenção pela empresa, por longo tempo, se constitui em direito adquirido, mesmo sob a alegação de ter havido equívoco burocrático (TRT/SP, RO 02850200896, Valentin Carrion, Ac. 8ª T.).

O estabelecimento de condição mais benéfica, introduzida pelo empregador através de Decreto, consistente no cumprimento de jornada de seis horas diárias, incorpora-se ao contrato de trabalho, configurando o retorno à jornada inicial alteração lesiva ao empregado (TST, RR 118.945/94.1, João Cardoso, Ac. 1ª T. 2.914/96).

6 *O mútuo consentimento* para a alteração poderá ser verbal ou escrito, tal como o próprio contrato pode ser. Faltando a concordância do empregado, a modificação não terá eficácia. Deve-se afastar o mero capricho do empregado que, sem justificativa razoável, pessoal ou familiar, opõe-se a pequenas modificações fundamentais, do mesmo modo que se deve proceder contra abusos caprichosos do empregador.

Alteração do contrato de trabalho. Mostra-se harmônica com o ordenamento jurídico vigente e bilateral e vantajosa para os empregados (TST, E-RR 493/82, Marco Aurélio, Ac. TP 09/87).

Inexiste alteração unilateral do contrato de trabalho ou perda salarial quando o empregador fixa comissão anual, se os parâmetros utilizados referirem-se a contingências mercadológicas e houver anuência do empregado (TST, RR 162.839/95.7, José Luiz Vasconcellos, Ac. 3ª T. 3.883/96).

7 *Os prejuízos* diretos ou indiretos podem ser econômicos ou não, porém efetivos; se se produzirem mesmo com a concordância do empregado, o acordo não terá validade; se o empregado solicitar a modificação restritiva em seu próprio interesse, será apta a produzir efeitos; é o caso da redução de jornada e salário para cursar escola, obter outro emprego em jornada reduzida e concurso público. Por meio de convenção ou acordo coletivo, o salário (pagamentos) pode ser modificado, assim a CF/88 art. 7º, VI, mas não pode ter efeito retroativo.

O pagamento em dobro, concedido por liberalidade da empresa, dos domingos e feriados trabalhados de forma habitual pelo empregado da Petrobras submetido ao regime de turnos ininterruptos de revezamento não pode ser suprimido unilateralmente, pois é vantagem incorporada ao contrato de trabalho, nos termos do art. 468 da CLT. Assim, o acordo coletivo, posteriormente firmado, somente opera efeitos a partir da data de sua entrada em vigor, sendo incabível a utilização da norma coletiva para regular situação pretérita (TST, SDI-1, Orientação Jurisprudencial Transitória 72).

■ Ainda que por mútuo consentimento nos termos do art. 468 da CLT, é vedada a alteração contratual de trabalho prejudicial ao trabalhador (TRT/SC, RO 1.405/85, Ione Ramos, Ac. 750/86).

■ Não há que se falar em infração contratual a submissão a uma realidade factual, que não terá revelado prejuízo, porque admitida sem renitências, durante 31 anos (TST, RR 8.087/85, Ildélio Martins, Ac. 1ª T. 2.035/86).

■ Para que a alteração contratual seja considerada ilícita, é necessário que se demonstre, de forma cabal e inequívoca, a existência de prejuízo ao obreiro (TRT, 10ª Reg., RO 1.935/85, Francisco Leocádio, Ac. 2ª T. 2.472/86).

8 A *nulidade* da cláusula infringente poderá ceder perante as concessões obtidas pelo trabalhador. Como administrador, o empregador frequentemente poderá oferecer vantagens que compensem as desvantagens da alteração, de forma que o empregado, desejando a modificação, dela se beneficie.

Por lei, o empregado poderá exigir a volta ao estado anterior e o pagamento dos prejuízos havidos com a alteração prejudicial; ou dar como rescindido o contrato de trabalho por culpa do empregador, exigindo as verbas decorrentes. O regime de opção pelo FGTS solapa sensivelmente a capacidade de resistência do empregado às ordens ilegais. Nulidade (v. art. 9º). Restabelecimento das condições do contrato gravemente violadas (v. art. 840/16).

■ Se o juízo dá pela alteração contratual ilícita, que incide na censura do art. 468 consolidado, o efeito da sentença não é de ser o meramente anulatório, mas, em consequência, o ressarcimento dos prejuízos causados ao empregado, até o restabelecimento do *status quo ante* (TST, RR 1.343/76, Coqueijo Costa, Ac. 3ª T. 1.962/76).

9 *Reversão* do empregado de confiança ao cargo efetivo anterior: é possível na hipótese de ter sido admitido em outro cargo comum; aí é desnecessária a justificativa; se não houve outro anterior, será despedido (art. 499). Com a volta ao cargo anterior perde o empregado o direito à manutenção da gratificação correspondente. Cargo de confiança (ver art. 62 notas). Comissionamento (art. 450).

■ Não afronta o art. 896 da CLT decisão de Turma prolatada em consciência com o posicionamento reiterado da egrégia Subseção I Especializada em Dissídios Individuais, firmando no sentido de que o art. 468 da CLT permite ao empregador tão somente determinar a reversão do empregado ao cargo efetivo anteriormente ocupado, deixando o exercício da função de confiança. Todavia, não autoriza seja suprimido o pagamento da gratificação de função percebida por dez ou mais anos, em face do princípio da estabilidade econômica do trabalhador (TST, E-RR 261.773/96.7, Ermes Pedro Pedrassani, Ac. SBDI-1, 12.2.99).

Art. 469. Ao empregador é vedado transferir[1] o empregado, sem a sua anuência[2], para localidade[3] diversa da que resultar do contrato, não se considerando transferência a que não acarretar necessariamente a mudança do seu domicílio.

§ 1º Não estão compreendidos na proibição deste artigo os empregados que exerçam cargos de confiança[4] e aqueles cujos contratos tenham como condição, implícita ou explícita[5], a transferência, quando esta decorra de real necessidade de serviço[6] (red. L. 6.203/75).

§ 2º É lícita a transferência quando ocorrer extinção do estabelecimento[7] em que trabalhar o empregado.

§ 3º Em caso de necessidade de serviço[6] o empregador poderá transferir o empregado para localidade diversa da que resultar do contrato, não obstante as restrições do artigo anterior, mas, nesse caso, ficará obrigado a um pagamento suplementar, nunca inferior a 25% dos salários que o empregado percebia naquela localidade, enquanto durar essa situação (red. L. 6.203/75).

Art. 470. As despesas resultantes[6] da transferência correrão por conta do empregador (red. L. 6.203/75).

1 *Transferência* ilegal desobriga o empregado ao seu cumprimento, podendo pleitear judicialmente o restabelecimento das condições anteriores (art. 659, IX; v. procedimento, art. 840/16), ou a rescisão contratual, com as indenizações cabíveis; se a ordem não foi aceita, e deixou de receber salários, poderá pleiteá-los. A aplicação ao processo do trabalho das medidas cautelares em geral, que a doutrina defendia (v. art. 840/16), passou a ter norma expressa, na hipótese de transferência ilícita, pela L. 6.203/75, que deu nova redação aos arts. 469, 470 e 659, IX. Adicional de transferência (art. 469/8).

2 A *anuência do empregado*, que o texto legal menciona, é sempre suspeita, enquanto vigente a relação de trabalho, em face da subordinação; a concordância aparente do trabalhador pode esconder uma pressão sobre ele exercida; entretanto, de um lado a norma legaliza o direito de resistência do empregado e de outro estimula a solução legítima, que levará a empresa, se a transferência é importante, a oferecer outras vantagens que compensem os transtornos e tragam a adesão desejada.

3 A *localidade resultante do contrato* é a que foi pactuada expressamente no início ou a fixada durante o decorrer de sua vigência. Só se considera mudança de domicílio quando há transferência de um município para outro. Dentro do mesmo município o empregador deverá pagar o custo acrescido no transporte do empregado resultante da mudança de local de trabalho (discorda Barreto Prado, *Tratado*). A transferência para outro local da mesma cidade pode ser extremamente difícil, tornando-a ilícita (Barreto Prado, idem). *Aeronauta,* transferência (L. 7.183/84, arts. 51 e 52, em apêndice). Sobre transferência de aeroviário e aeronauta, v. artigo de Genésio Vivanco Solano Sobrinho, *RDT* 1/59.

TST Empregado transferido, por ato unilateral do empregador, para local mais distante de sua residência tem direito a suplemento salarial correspondente ao acréscimo da despesa de transportes (TST – Súmula 29).

O auxílio para transporte, pago por longo tempo, concedido em virtude de transferência do local de trabalho, provisória no início e definitiva depois, se constitui em jurídica indenização da alteração havida. Integra o contrato definitivamente (TRT/SP, RO 02850200896, Valentin Carrion, Ac. 8ª T.).

4 *Cargo de confiança* (art. 62, II). Empregado contratado ou transferido para o exterior (L. 7.064/82, alt. L. 11.962/09, em apêndice; direito material internacional, art. 1º/7 e s.); processual internacional (art. 651/2).

5 *Explícita ou implícita* pode ser a transferibilidade. A regra dos contratos é a do respeito ao pactuado; no contrato de trabalho há ainda a irreversibilidade das vantagens supervenientes contratadas ou adquiridas, expressa ou tacitamente; o lugar da prestação é em princípio inalterável, pois poucas modificações podem ser mais danosas do que esta, que afasta o trabalhador do convívio de seus familiares, das demais pessoas de suas relações, de outras atividades gregárias e de sua própria cidade. Para o Direito do Trabalho tem mais eficácia a cláusula de transferência implícita do que a explícita; é que hoje os contratos em geral e principalmente os de trabalho não são *stricto iuris*, mas *bonae fidei*, onde se vai à real intenção e não a fórmulas. Relação de emprego com empresa circense, de reflorestamento ou instalação de linhas de alta tensão pressupõe frequentemente a mudança de local de trabalho; às vezes será a própria atividade do empregado que pode presumir o deslocamento (ex.: inspetor de agências bancárias). A cláusula de transferência explícita, como todas as que constituam previsão de alterações prejudiciais ao empregado, encontrava na doutrina e jurisprudência restrições, quando não correspondia a uma evidente necessidade da empresa; a simples inserção daquela obrigação, no ato de ajuste, rotineiramente, não legaliza o uso irregular do direito de transferência como arma ameaçadora de transtornos ou provocadora de pedido de demissão, portadora de pequenas vantagens à empresa em troca de grandes danos à vida do empregado. Mesmo com cláusula expressa, a necessidade não se presume, cabendo à empresa o ônus da prova. O empregador poderá lançar mão da transferência por necessidade de serviço (§ 3º), impositivamente, ou, em boa política empresarial, oferecer vantagens que levem o empregado não só a aceitar a mudança, como a desejá-la.

TST Presume-se abusiva a transferência de que trata o § 1º do art. 469 da CLT, sem comprovação da necessidade do serviço (TST – Súmula 43).

6 A *real necessidade de serviço*, como exigência, põe um paradeiro à intranquilidade decorrente da possibilidade de transferência fundamentada em cláusula tácita ou expressa; a expressa, aceita no ato da contratação, quando o empregado não conta com efetiva capacidade de controvérsia; a tácita, perigosamente subjetiva nas mãos do empregador ou do intérprete. Além disso, sempre houve ordens de transferência para forçar o pedido de demissão ou como simples ameaça. A jurisprudência já trilhava decididamente o caminho certo, não considerando tais cláusulas como pactos *stricto sensu*, mas *bonae fidei*, onde se vai à real intenção e não à fórmula. A Súmula 43 do TST já presumia abusiva a transferência definitiva, sem comprovação de necessidade de serviço. Por *necessidade de serviço* entenda-se a impossibilidade de a empresa desenvolver a atividade a contento, sem o concurso do empregado que transfere. É o que a doutrina indica: não haver no local profissional habilitado (Süssekind, *Comentários*); que o serviço não possa ser executado por outro empregado (Magano, *Lineamentos*); haverá que avaliar a diferença de dificuldades em utilizar o empregado que vai ser transferido e as dificuldades em encontrar um novo; balança-se este fator e a importunação que causará ao empregado que se pretende transferir. Necessidade é superior a mera conveniência; não chega aos requisitos que fundamentam a força maior ou os prejuízos manifestos de outros institutos. *Real necessidade.* Não no sentido de verdadeiro, que para isso o adjetivo seria inútil aqui; mas no sentido de que a necessidade para transferência definitiva (§ 1º) tenha de ser objetiva, palpável, superior à simples necessidade da transferência provisória (§ 3º). A maior qualificação do empregado é fator que sempre pesou para se considerar justificada a mudança. A comunicação formal escrita ou sua anotação em carteira (CLT, art. 29, condições especiais) é indispensável, indicando-se se a transferência é provisória ou não, além das demais circunstâncias, a época aproximada, ou os acontecimentos de que dependerá (estabilização das vendas, inauguração de novo serviço, construção de obra determinada, aprendizado do novo empregado etc.); a lei não impõe expressamente essa formalidade, mas o empregado tem direito de prever o futuro nos limites do razoável; essas cautelas se impõem, pois não há prazo legal para indicar o momento a partir do qual se tornará abusiva; cada caso será apreciado conforme suas circunstâncias (Maranhão: prudente arbítrio do juiz, *Instituições*). Ajuda de custo por mudança de local de trabalho; não incide previdência, desde que seja uma única parcela (L. 8.212/91, art. 28, § 9º, *g*, red. L. 9.528/97).

TST Presume-se abusiva a transferência de que trata o § 1º do art. 469 da CLT, sem comprovação da necessidade do serviço (TST – Súmula 43).

7 A *extinção do estabelecimento* é uma das causas que permitem a transferência do empregado. O estabelecimento é a unidade técnica de produção, o conjunto formado por bens materiais, imateriais e pessoais, em determinado local, pertencentes a uma pessoa jurídica ou natural, organizados para fim de produção; uma empresa pode ter um ou vários estabelecimentos; no caso de extinção do estabelecimento ou supressão necessária de atividade, se o empregado for estável, será rescindido o contrato e indenizado (art. 498); quanto ao não estável, a transferência só se justi-

fica no caso de supressão do estabelecimento, não de atividade; é norma restritiva que não pode ser interpretada ampliativamente. Inexiste transferência do estabelecimento, pois o conceito tem conotação geográfica, vinculada ao ponto; poderão ser mudadas todas as instalações, mercadorias e empregados, mas o estabelecimento não é o mesmo; fechou-se o primeiro e abriu-se o segundo em outro local (Maranhão, *Instituições de Direito do Trabalho*; Barreto Prado, *Tratado*).

Extinção de seção não equivale a extinção do estabelecimento. Se a regra é a da intransferibilidade definitiva, devido o adicional de transferência (TST, RR 3.567/78, Orlando Coutinho, Ac. 2ª T. 2.374/79).

8 *Adicional de transferência*. Há que distinguir o direito de o empregador transferir o empregado para outra localidade, que importe em mudança de domicílio, de um lado, e a obrigação de pagamento de 25%, de outro; o primeiro resulta em o direito de resistência e de resilição por culpa do empregador; o segundo tem apenas consequências remuneratórias. A leitura do § 3º permite concluir que a vantagem se dirige apenas àqueles que só poderiam ser transferidos com certas restrições, sem sua anuência ("não obstante as restrições do artigo anterior"), ou seja, deixaria desprotegidos os cargos de confiança; essa interpretação não parece a melhor, levando-se em consideração que todas as expressões usadas tanto no *caput* quanto no § 1º são restrições que o § 3º dispensa desde que ocorra a majoração remuneratória; mesmo a qualificação de cargo de confiança já é um requisito, ou uma restrição. Do mesmo modo não há por que excluir da majoração a transferência definitiva; em primeiro lugar porque o texto não o diz; em segundo lugar porque a realidade lhe retira a justificativa; é que a mudança de domicílio, com os transtornos desse transplante familiar, é dos mais onerosos que podem ocorrer, com as alterações de aluguéis, ocupações e estudos não só do titular como de outros membros da família. A jurisprudência é vacilante. As despesas de transferência (passagens, diárias, mudança, diárias para viagem, numerário para imprevistos) são da responsabilidade da empresa, seja a transferência provisória ou definitiva (essa é a consequência de o dispositivo ter passado de parágrafo subordinado ao *caput* da provisória, para constituir-se em artigo autônomo – art. 470), e serão colocadas à disposição do empregado antes da partida. Cessada a transferência provisória, cessa o acréscimo, ou seja, não se integra; mas, enquanto durar seu pagamento, será levado em consideração (férias etc.); se rescindido o contrato, também. V. "Transferência", Osíris Rocha (*LTr* 39/845, 1975).

TST Presume-se abusiva a transferência de que trata o § 1º do art. 469 da CLT, sem comprovação da necessidade do serviço (TST – Súmula 43).

A transferência (legal ou não; provisória ou definitiva) infere a cobertura desse considerável ônus financeiro sofrido pelo orçamento do trabalhador e prefixado percentualmente por lei (adicional). Qualquer que seja a origem das vantagens econômicas advindas ao trabalhador com a transferência, mesmo promoção, diminuem-lhe o prejuízo. São compensáveis, podendo até absolver o adicional (TST/SP, RO 8.848/86, Valentin Carrion, Ac. 8ª T. 5.10.87).

■ O parágrafo 3º do art. 469 da CLT, ao dispor sobre a transferência provisória por necessidade de serviço, mediante o pagamento de um adicional de 25% (vinte e cinco por cento), não discrimina os exercentes de cargo de confiança (TST, E-RR 87.888/93.7, Francisco Fausto, Ac. SBDI-1 926/96).

■ Levando-se em consideração o exercício do cargo de confiança pelo Reclamante e o caráter definitivo das transferências ocorridas, indevido o respectivo adicional (TST, E-RR 150.502/94.1, Rider de Brito, Ac. SBDI-1 3.129/96).

■ Ainda que não comprovada a necessidade do serviço, em havendo previsão contratual, é indevido o adicional de transferência, a teor do § 1º do art. 469 da CLT (TST, RR 176.281/95.0, Armando de Brito, Ac. 5ª T. 2.687/96).

■ Adicional pela transferência. Só em uma hipótese ... não é devido, quando a transferência é de caráter definitivo, sendo esta exatamente a hipótese dos autos, notadamente porque o estabelecimento em que trabalhava o reclamante fora extinto (TST, RR 202.760/95.3, José Luiz Vasconcellos, Ac. 3ª T.).

■ O adicional de transferência pago de forma habitual constitui salário condicional em face do que estatui o art. 457, § 1º, da CLT. Assim, enquanto pago, deve o adicional computar-se no salário para todos os efeitos, inclusive para cálculo das férias e do 13º salário (TST, RR 385.775/97.7, João Oreste Dalazen, Ac. 1ª T.).

Capítulo IV
DA SUSPENSÃO E DA INTERRUPÇÃO

Art. 471. Ao empregado afastado do emprego, são asseguradas, por ocasião de sua volta, todas as vantagens que, em sua ausência, tenham sido atribuídas à categoria a que pertencia na empresa.

1 *Suspensão e interrupção*. Em ambas o contrato do trabalho continua vigente, mas as obrigações principais das partes não são exigíveis (suspensão) ou o são apenas parcialmente (interrupção). Na primeira não há trabalho nem remuneração; na segunda não há trabalho, mas o empregado continua a receber os salários. O tempo daquela não se conta como de efetivo exercício; o desta, em geral, sim. Em ambos há obrigações acessórias que permanecem, apesar do hiato, e que, se violadas, poderão rescindir o contrato por culpa da parte: é o caso da obrigação de o empregado não revelar segredo da empresa, não lhe fazer concorrência, e as demais que têm suporte moral de abstenção (agressão física ou moral ao empregado ou ao superior, mau procedimento, afetando o ambiente ou nome da empresa etc.). Para alguns a distinção seria cerebrina (Lamarca, *Curso expositivo*). Na suspensão do contrato inexiste recolhimento previdenciário (L. 8.213/91, art. 15). Os depósitos do FGTS são devidos nos casos de interrupção do contrato (D. 99.684/90, art. 28), pois somente neste último são devidos os salários. Rescisão (art. 477/6).

Em *Salário sem trabalho*, José Luiz Ferreira Prunes examina parcimoniosamente cada uma das hipóteses de suspensão ou interrupção no Direito brasileiro.

2 São casos de *suspensão* das principais obrigações do contrato:

a) licença não remunerada, doença justificada após os primeiros 15 dias (a prescrição quinquenal, v. art. 11/2), suspensão disciplinar, suspensão para inquérito do estável, aposentadoria provisória (v. art. 474); b) o acidente do trabalho e o serviço militar obrigatório, que, entretanto, se computam para cálculo de tempo de serviço (arts. 4º e 472); c) exercício de cargo público não obrigatório; d) participação em greve, sem salários; e) desempenho de cargo sindical, se houver afastamento; f) participação em curso ou programa de qualificação profissional, em virtude de suspensão do contrato específica do art. 476-A.

TST O empregado eleito para ocupar cargo de diretor tem o respectivo contrato de trabalho suspenso, não se computando o tempo de serviço deste período, salvo se permanecer a subordinação jurídica inerente à relação de emprego (TST – Súmula 269).

Se, ao ser dispensado, o contrato estava em pleno vigor, não há que se falar em reintegração, mesmo porque, se suspenso estivesse o contrato, em virtude de gozo de auxílio-enfermidade, a dispensa do empregado seria apenas ineficaz, naquele momento (TST, RR 4.359/86.5, Prates de Macedo, Ac. 2ª T. 1.686/87).

O tempo de afastamento do empregado, em virtude de doença, não se desconta da fluência, salvo se assim foi acordado previamente. É o que se deduz da aplicação analógica do art. 472, § 2º, da CLT (TRT/SP, RO 22.800/84, Valentin Carrion, Ac. 8ª T.).

Havendo paralisação do trabalho e não havendo manifestação judicial a respeito da legalidade da greve ocorre suspensão total do contrato de trabalho, não havendo como determinar o pagamento de salário ou qualquer diferença (TST, RR 91.196/93.5, José Luiz Vasconcellos, Ac. 3ª T. 2.088/95).

3 São casos de *interrupção* do contrato: a) domingos e feriados, se o empregado trabalhou durante a semana (L. 605/49); b) férias (CLT, art. 130); c) falecimento de cônjuge, ascendente, irmão ou dependente anotado na carteira profissional (2 dias, art. 473; 9 dias o professor, por falecimento de pai, mãe ou filho, art. 320); d) casamento (3 dias, art. 473; 9 dias, o professor, art. 320); e) doação de sangue (1 dia por ano); f) alistamento eleitoral (2 dias); g) nascimento de filho (5 dias, art. 473/2); h) certos casos de obrigações militares para todos os efeitos; as demais só para tempo de serviço; v. arts. 4º e 472; i) testemunha (CLT, art. 822) ou parte em processo trabalhista (TST, Súmula 155); j) ausências consideradas justificadas pelo empregador, desde que este concorde em pagar os respectivos salários (Barreto Prado, *Tratado*), com ressalvas; l) gravidez (art. 392 e segs., duas semanas em caso de aborto, arts. 392 e 395); m) acidente do trabalho (primeiros 15 dias; D. 3.048/99, arts. 30 e 71); n) doença (primeiros 15 dias; L. 8.213, art. 60, red. L. 9.876/99; D. 3.048/99); o) aviso prévio em dinheiro; p) afastamento para inquérito por motivo de segurança nacional (CLT, art. 472, § 5º, por 90 dias); q) greve, se houver pagamento de salários; r) comparecimento de jurado à sessão do júri

(CPP, art. 441); s) ausência por trabalho nas eleições (dobro dos dias trabalhados, L. 9.504/97, art. 98); t) exame vestibular para ingresso em faculdade (CLT, art. 473); u) comparecimento em juízo (CLT, art. 473, VIII, red. L. 9.853/99).

As ausências do empregado injustificadamente e as suspensões disciplinares ou para inquérito repelidas por sentença não são certamente suspensões e interrupções, respectivamente; mas os efeitos que produzem *a posteriori* identificam-se com seus correspondentes institutos. Em princípio, o empregado *não pode ser despedido sem justa causa*, nem é eficaz o aviso prévio concedido nas hipóteses em que o empregado está impossibilitado de trabalhar e de procurar novo emprego, por impossibilitar a finalidade do instituto.

■ O afastamento do empregado por motivo de acidente de trabalho e o consequente gozo do benefício previdenciário acarretam a interrupção do contrato de trabalho, e não a suspensão do mesmo, porque o tempo do afastamento é contado como de efetivo serviço. As verbas relativas aos 15 primeiros dias do afastamento são devidas pelo empregador, os dias subsequentes serão encargos do INPS. Sendo assim, a empresa que pagou os direitos do empregado pelo decurso do prazo do contrato de experiência não pode ser compelida a pagar-lhe verbas que não estão sob sua responsabilidade (TST, RR 7.831/85-9, Orlando Lobato, Ac. 1ª T. 1.496/86).

■ Sendo a licença remunerada espécie de interrupção do contrato de trabalho, são devidos todos os adicionais no período da licença, como se em atividade estivesse (TST, RR 168.035/95.0, José Zito Calasãs, Ac. 3ª T. 2.591/96).

■ Tendo em vista que durante o período de licença remunerada não há prestação de trabalho e, consequentemente, não existe jornada de trabalho extraordinário, o empregado não faz jus ao pagamento de complementação de verba a tal título (TST, RR 173.719/95.1, Regina Rezende Ezequiel, Ac. 1ª T. 815/96).

■ Paralisação das atividades da reclamada em virtude de crise nacional que afetou a indústria carbonífera. Situação excepcional em que a concessão de licença remunerada não envolve o pagamento de horas extras (TST, RR 182.404/95.7, Almir Pazzianotto Pinto, Ac. 4ª T. 3.411/96).

4 *Comprovação de doença:* por atestado médico da Previdência Social e na falta deste, sucessivamente, do SESC ou SESI (hoje agrupados àquela na prestação médica), de médico designado pela empresa, médico de serviço da higiene e saúde pública, e, não existindo qualquer deles na localidade, médico da escolha do empregado (L. 605/49, em apêndice) (v. Súmula 15 do TST, em apêndice).

Posteriormente, a legislação da Previdência Social determinou: "A empresa que dispuser de serviço médico, próprio ou em convênio, terá a seu cargo o exame médico e o abono das faltas correspondentes ao período referido no § 3º, somente devendo encaminhar o segurado à perícia médica da Previdência Social quando a incapacidade ultrapassar 15 dias" (L. 8.213/91, art. 60, § 4º). O convênio, para ter valor, deve estar homologado pelo INAMPS. Atestado de dentista, L. 6.215, de 30.6.75.

TST Ao serviço médico da empresa ou ao mantido por esta última mediante convênio, compete abonar os primeiros quinze dias de ausência ao trabalho (TST – Súmula 282).

TST A justificação da ausência do empregado motivada por doença, para a percepção do salário-enfermidade e da remuneração do repouso semanal, deve observar a ordem preferencial dos atestados médicos estabelecida em lei (TST – Súmula 15).

Se a empresa possui serviço médico próprio ou conveniado, cabe a esta, em primeiro lugar, proceder o exame de saúde e abonar as faltas do empregado, encaminhando-o ao INPS somente quando a incapacidade extrapola 15 dias. Pertinência do Enunciado 282 (TST, RR 11.435/90.7, José Carlos da Fonseca, Ac. 1ª T. 2.364/90.1).

Atestado Médico fornecido pelo INAMPS. Compete ao serviço médico da empresa ou ao conveniado com esta abonar os primeiros 15 dias de ausência ao trabalho (TST, RR 3.887/90.4, Ney Doyle, Ac. 2ª T. 2.621/91).

Art. 472. O afastamento do empregado em virtude das exigências do Serviço Militar, ou de outro encargo público, não constituirá motivo para a alteração ou rescisão do contrato de trabalho por parte do empregador.

§ 1º Para que o empregado tenha direito a voltar a exercer o cargo do qual se afastou em virtude de exigências do serviço militar ou de encargo público, é indispensável que notifique o empregador dessa intenção, por telegrama ou carta registrada, dentro do prazo máximo de 30 dias, contados da data em que se verificar a respectiva baixa ou a terminação do encargo a que estava obrigado (revogado parcialmente, v. nota 1).

§ 2º Nos contratos por prazo determinado, o tempo de afastamento, se assim acordarem as partes interessadas, não será computado na contagem do prazo para a respectiva terminação.

§ 3º Ocorrendo motivo relevante de interesse para a segurança nacional, poderá a autoridade competente solicitar o afastamento do empregado do serviço ou do local de trabalho, sem que se configure a suspensão do contrato de trabalho.

§ 4º O afastamento a que se refere o parágrafo anterior será solicitado pela autoridade competente diretamente ao empregador, em representação fundamentada com audiência da Procuradoria Regional do Trabalho, que providenciará desde logo a instauração do competente inquérito administrativo.

§ 5º Durante os primeiros 90 dias desse afastamento, o empregado continuará percebendo sua remuneração.

1 *Serviço militar*: a) desde que o empregado esteja impedido de cumprir simultaneamente as duas obrigações, o incorporado ou matriculado em órgão de formação de reserva, por motivo de convocação para prestação de serviço militar inicial, terá assegurado seu retorno, dentro de 30 dias do licenciamento ou término do curso, salvo se declarou, por ocasião da matrícula, não pretender voltar (L. 4.375/64, art. 60 red. L. 4.754/65, e CLT, art. 472), apesar de lhe ser computado o tempo como de serviço efetivo (CLT, art. 4º). O caso é de suspensão do contrato de trabalho, pois nenhuma remuneração recebe do empregador (L. 4.375/64, art. 60, § 1º, red. L. 4.754/65), embora o Decreto 99.684/90 (art. 28, I) considere o contrato interrompido, pois o empregador deverá recolher o FGTS, e o tempo é computado como de serviço efetivo (CLT, art. 4º). Assim, o empregador não pode despedir o empregado enquanto perdurar a suspensão do contrato. O convocado que engajar perde o direito ao retorno; a incorporação e o engajamento devem ser comunicados pelo comandante dentro de 20 dias da incorporação ou concessão do engajamento (L. 4.375/64, art. 60, § 2º, red. L. 4.754/65); rescinde-se o contrato por culpa do empregado se este não se colocar à disposição do empregador nos 30 dias seguintes ao licenciamento (CLT, art. 472, § 1º); este prazo não conflita com o de 90 dias da CLT, art. 132 (Gottschalk, apud Süssekind, *Comentários*, p. 498), para fins de férias; não significa que o empregador deva tolerar a ausência de tão longo prazo, mas, se o trabalhador reassumiu, o direito ao cômputo do tempo anterior ao afastamento no período aquisitivo das férias configura-se; b) faltas abonadas para todos os efeitos: exercício ou manobras de convocado, matriculado em órgão de formação de reserva, assim como, no caso de reservista, os exercícios de apresentação ou cerimônia cívica do Dia do Reservista (red. DL 715/69); c) aos incorporados por convocação para manobras, exercícios, manutenção da ordem interna ou guerra, é garantido o retorno e o direito a 2/3 da remuneração, devendo optar pelos vencimentos ou salários que mais lhes convierem: se engajarem, perderão os direitos referentes ao trabalho (L. 4.375/64, art. 61, red. L. 4.754/65); d) só se considera tempo de serviço à empresa o da prestação de serviço militar obrigatório: não o voluntário (Russomano, *Curso*; Saad, *Comentários*). O serviço voluntário nem sequer garante o emprego (L. 4.375/64, art. 60, red. L. 4.754/65); e) prova de quitação das obrigações militares a quem ingresse em empresa, instituição ou associação oficial, oficializada, subvencionada, autorizada ou reconhecida pelos governos federal, estadual, territorial ou municipal, bem como para se obter carteira profissional, matrícula ou inscrição para o exercício de qualquer função e licença de indústria e profissão (L. 4.375/64, art. 74, "b" e "e", red. L. 4.754/65).

Serviço alternativo (CF, art. 143): exercício de atividade de caráter administrativo, assistencial, filantrópico ou produtivo, em substituição às atividades de caráter essencialmente militar, atribuído aos que, em tempos de paz, após alistados, alegam imperativo de consciência decorrente de crença religiosa ou convicção filosófica ou política. Prestado em organizações militares da ativa ou de formação de reservas, ou em órgãos subordinados aos Ministérios Civis mediante convênio com os Ministérios Militares (L. 8.239/91, arts. 2º e 3º, alt. L. 12.608/12). Rege-se pelas leis do Serviço Militar Obrigatório e pelo Código Penal Militar (Port. 2.681-COSEMI, art. 3º); o prestante sujeita-se aos horários e regulamentos do órgão correspondente; o seu trabalho não gera vínculo empregatício (art. 32), mas garante a contagem do tempo de serviço para aposentadoria (art. 8º); a expressão "vínculo empregatício permanente" deve ser considerada impropriedade de redação, em face dos demais dispositivos, especialmente o art. 46, que se refere aos direitos; a remuneração é paga pelo órgão militar (art. 4º) e é igual à dos soldados recrutas (art. 46).

STF Para efeito de indenização e estabilidade, conta-se o tempo em que o empregado esteve afastado, em serviço militar, obrigatório, mesmo anteriormente à Lei 4.702, de 1.6.62 (STF – Súmula 463).

Em não havendo norma legal cogente em sentido contrário, tem-se como válida cláusula de acordo coletivo que prevê a estabilidade ao obreiro (TST, AI 4.059/90.3, Hylo Gurgel, Ac. 2ª T. 713/91).

A obtenção de estabilidade provisória no prazo do aviso prévio decorrente de alistamento militar, como fato superveniente à dação do aviso prévio, tem o efeito imediato de suspender o seu curso, como também o direito patronal de despedir (TST, RR 10.881/90.5, Francisco Fausto, Ac. 3ª T. 4.604/91).

2 *Júri.* Os jurados não sofrem descontos em seus vencimentos em virtude do comparecimento às sessões (CPP, art. 441).

Art. 473. O empregado poderá deixar de comparecer ao serviço[1] sem prejuízo do salário:

I – até 2 dias consecutivos, em caso de falecimento do cônjuge, ascendente, descendente, irmão ou pessoa que, declarada em sua Carteira de Trabalho e Previdência Social, viva sob sua dependência econômica;

II – até 3 dias consecutivos, em virtude de casamento;

III – por 5 dias (número de dias fixados pelo ADCT, art. 10, § 1º)**, em caso de nascimento de filho, no decorrer da primeira semana[2];**

IV – por um dia, em cada 12 meses de trabalho, em caso de doação voluntária de sangue devidamente comprovada;

V – até 2 dias consecutivos ou não, para o fim de se alistar eleitor, nos termos da lei respectiva;

VI – no período de tempo em que tiver de cumprir as exigências do Serviço Militar referidas[3] na letra "c" do art. 65 da Lei 4.375, de 17 de agosto de 1964 (Lei do Serviço Militar) (red. DL 757/69);

VII – nos dias em que estiver comprovadamente realizando prova de exame vestibular para ingresso em estabelecimento de ensino superior (red. L. 9.471/97);

VIII – pelo tempo que se fizer necessário, quando tiver que comparecer a juízo (red. L. 9.853/99);

IX – pelo tempo que se fizer necessário, quando, na qualidade de representante de entidade sindical, estiver participando de reunião oficial de organismo internacional do qual o Brasil seja membro (red. L. 11.304/06);

X - até 2 (dois) dias para acompanhar consultas médicas e exames complementares durante o período de gravidez de sua esposa ou companheira (incluído L. 13.257/16);

XI - por 1 (um) dia por ano para acompanhar filho de até 6 (seis) anos em consulta médica (incluído L. 13.257/16).

1 *Ausência não justificada em lei.* Apesar do que comumente se afirma, se o empregador não tem obrigação de pagar salário, nem as demais verbas que dele decorrem (domingo etc.), e por liberalidade paga apenas o salário, não está automaticamente forçado a considerar tal ausência como sendo de trabalho efetivo; podendo tudo recusar, é livre para conceder até onde julgar oportuno. Há apenas uma presunção de falta justificada que poderá ser destruída. As faltas não justificadas por lei não dão direito a salários e demais consequências legais e podem resultar em falta leve ou grave, conforme as circunstâncias ou repetição; mas podem ter justificativa imperiosa que, se aprovada, vedará a punição: é o caso de doença grave em pessoa da família, amigo íntimo, ou outra hipótese de força maior.

TST As horas em que o empregado faltar ao serviço para comparecimento necessário, como parte, à Justiça do Trabalho, não serão descontadas de seus salários (TST – Súmula 155).

2 *Licença-paternidade.* Diz a Constituição Federal de 1988:

Art. 7º São direitos dos trabalhadores... além de outros...

XIX – licença-paternidade, nos termos fixados em lei.

Ato das Disposições Transitórias:

Art. 10. ...

§ 1º Até que a lei venha a disciplinar o disposto no art. 7º, XIX, da Constituição, o prazo da licença-paternidade a que se refere o inciso é de cinco dias.

O direito concedido pela Constituição ao genitor guarda forte analogia com o que já havia sido legislado, autorizando a omissão de trabalho por um dia para registro do filho. A assimilação do novo dispositivo a esse instituto afigura-se natural e não se deve considerá-lo como de direito previdenciário, ao contrário do que ocorre com o salário-maternidade, pela diferente evolução jurídica havida. Também foi essa a interpretação que o Ministério do Trabalho lhe deu (IN 1/88), sendo contrariada por Octavio Bueno Magano, que entende tratar-se de licença não remunerada (*Folha de S. Paulo*, 3.11.88). A nova licença-paternidade, apesar de não dizê-lo expressamente, absorve a anterior, mais restrita (um dia), e pelas suas óbvias finalidades também assimila sua proximidade com a primeira semana que se segue ao nascimento.

3 É exigência do serviço militar da L. 4.375/64, art. 65, "c", alt. L. 4.754/65: comparecer anualmente, para fins de exercício de apresentação das reservas ou cerimônia cívica do Dia do Reservista. Serviço militar (v. coment. art. 471). Quanto aos demais incisos do art. 473, v. Prunes, *Salário sem Trabalho*, p. 114 e seg. Suspensão em razão de greve (L. 7.783/89, em apêndice, art. 7º). Outras hipóteses de interrupção (art. 471/3).

Art. 474. A suspensão do empregado por mais de 30 dias consecutivos importa na rescisão injusta do contrato de trabalho.

1 *Suspensão disciplinar*. As sanções habituais no Direito brasileiro (repreensão ou censura; suspensão do trabalho com perda de remuneração) são admitidas pela grande maioria da doutrina e pela jurisprudência, provavelmente mais por sentimento de conservação social (as coletividades necessitam da disciplina e governo) do que por razões puramente jurídicas. Lamarca (*Manual das justas causas*), após sintetizar com a erudição habitual e estilo polêmico as várias correntes, termina mais uma vez convicto da inexistência do poder disciplinar empresarial. Mas, como dissemos, a jurisprudência acata decididamente as punições. A advertência ao empregado, em sentido próprio, não é penalidade mas simples notificação ou comunicação de atitude futura (assim, aquele jurista e obra, p. 163); entretanto, o uso da expressão é o da admoestação (admoestar = repreender), equivalente a censura. As limitações usadas quando da configuração das justas causas (art. 482/2) aplicam-se à avaliação das penalidades impostas ao empregado, com menor rigor. Ao juiz não é dado reduzir a punição. Ou reconhece fundamentada a pena (julgando improcedente a ação proposta) ou declara excessivo rigor ou inexistência de conduta punível, acolhendo a reclamação e desconstituindo a pena. Na doutrina o tema é tão polêmico que o mesmo jurista acima citado, que apoiava a dosagem, agora a condena, enquanto um clássico do tema, Luiz José de Mesquita, que a condenava, agora a apoia (ob. cit., p. 173) (v. "Defesa da suspensão disciplinar" e "Sanções disciplinares", Luiz José de Mesquita, *LTr* 36/194, 1972, 38/1028 e 1117, 1974; também Catharino, "Poder disciplinar", in *Temas*).

TST Nula é a punição de empregado se não precedida de inquérito ou sindicância internos a que se obrigou a empresa por norma regulamentar (TST – Súmula 77).

Empregado designado para ocupar, em caráter interino, cargo efetivo vago nos quadros da empregadora. Sua destituição ao cabo de seis meses, em virtude da prática de ato de indisciplina. Caracterização da hipótese de rebaixamento funcional como forma de punição disciplinar. Reconhecimento de que, no campo do Direito do Trabalho, não é admissível a designação interina para o exercício de cargo de provimento efetivo que se encontra vago (TST, Ag-E-RR 2.548/82, Barata Silva, Ac. TP 2.496/85, *DJU*, 19.12.85, p. 23867).

Suspensão disciplinar – Dosagem da pena. Respeita-se o princípio de que a sentença não deve regular quantitativamente a sanção imposta. Conduta do empregado intoleravelmente desidiosa em serviço público relevante (ambulância) que, por ser a primeira, não autoriza longo corte de salários. Tal situação de perplexidade permite ao Tribunal distinguir os componentes naturais, da suspensão aplicada: manter o efeito disciplinar (a mácula funcional na fé de ofício do empregado), inevitável pela falta cometida e, de outro lado, cancelar-se o aspecto econômico da sanção. Leva-se em consideração, assim, o caráter alimentar do salário, elevadamente atingido e que privou o trabalhador e sua família da metade de seu ganho mensal. Dessa forma, atende-se o interesse do serviço público, sem olvidar-se as necessidades de subsistência do servidor. Reforma-se parcialmente a sentença que havia julgado a ação procedente (TRT/SP, RO 13.725/85, Valentin Carrion, Ac. 18.320/86).

Art. 475. O empregado que for aposentado por invalidez terá suspenso o seu contrato de trabalho durante o prazo fixado pelas leis de Previdência Social para a efetivação do benefício.

§ 1º Recuperando o empregado a capacidade de trabalho e sendo a aposentadoria cancelada, ser-lhe-á assegurado o direito à função que ocupava ao tempo da aposentadoria, facultado, porém, ao empregador, o direito de indenizá-lo por rescisão do contrato de trabalho, nos termos dos arts. 477 e 478, salvo na hipótese de ser ele portador de estabilidade, quando a indenização deverá ser paga na forma do art. 497 (red. L. 4.824/65).

§ 2º Se o empregador houver admitido substituto para o aposentado, poderá rescindir, com este, o respectivo contrato de trabalho sem indenização, desde que tenha havido ciência inequívoca da interinidade ao ser celebrado o contrato.

1 *Aposentadoria.* Inexiste no direito positivo atual a aposentadoria definitiva por invalidez; a qualquer tempo, mesmo após 5 anos (prazo do direito anterior), pode ser cancelada, caso readquira a capacidade laborativa (v. Catharino, Compêndio, p. 620; contrariamente, Maranhão, *Direito do Trabalho*, p. 260). A jurisprudência é pacífica naquele sentido. Recuperada a capacidade, o empregado tem direito a prestações previdenciárias, integrais no início e reduzidas posteriormente até a extinção, caso a recuperação seja total e ocorra após certo período (L. 8.213/91, art. 47; D. 3.048/99, arts. 43 a 50). Manutenção do plano de saúde, TST – Súmula 440, o direito ao plano de saúde decorre do contrato de trabalho. Seria um absurdo que o empregado, no momento em que mais precisa de seu plano de saúde, seja obrigado a recorrer ao Sistema Único de Saúde. O empregador não é obrigado ao depósito do FGTS, no período em que durar a aposentadoria por invalidez, L. 8.036/90, art. 15, § 5º não elenca como obrigatório. Dano moral v. art. 223-A/1. Aposentadoria por invalidez ou concessão de auxílio-doença para o segurado com Aids (L. 7.670/88, art. 1º, e L. 8.213/91, art. 151). O trabalhador aidético faz jus, independentemente do período de carência, ao auxílio-doença, à aposentadoria pela Previdência Social e ao levantamento do FGTS, sem necessidade da rescisão das normas reguladoras do Fundo, mas inexiste norma

que garanta a permanência no emprego com o pagamento de salários, embora a jurisprudência esteja posicionando-se no sentido de reconhecer o direito à estabilidade.

STF Tem direito de retornar ao emprego, ou a ser indenizado em caso de recusa do empregador, o aposentado que recupera a capacidade de trabalho dentro de cinco anos a contar da aposentadoria, que se torna definitiva após esse prazo (STF – Súmula 217).

TST Assegura-se o direito à manutenção de plano de saúde ou de assistência médica oferecido pela empresa ao empregado, não obstante suspenso o contrato de trabalho em virtude de auxílio-doença acidentário ou de aposentadoria por invalidez (TST – Súmula 440).

TST Cancelada a aposentadoria por invalidez, mesmo após cinco anos, o trabalhador terá direito de retornar ao emprego, facultado, porém, ao empregador, indenizá-lo na forma da lei (TST – Súmula 160).

A suspensão do contrato de trabalho, em decorrência de aposentadoria por invalidez, não se insere nas hipóteses de obrigatoriedade de depósitos do FGTS pelo empregador, na medida em que o art. 15, § 5º, da Lei 8.036/90 se refere a tal obrigatoriedade apenas nos casos de afastamento para prestação do serviço militar obrigatório e de licença por acidente do trabalho. Precedentes. Recurso de revista não conhecido (TST-RR-823-45.2010.5.03.0153, Caputo Bastos, *DEJT*, 18.11.11).

A faculdade de rescisão por iniciativa patronal, de que trata o § 1º do art. 475 da CLT, não se aplica à hipótese de retorno do empregado que se encontrava em gozo de auxílio-doença, e não com benefício de aposentadoria e gratificação proporcional na L. 4.090 (TST, Bisaglia, Ac. 2ª T. 643/70).

2 Aviso prévio e outras verbas cabíveis serão devidas se o contrato for rescindido pelo empregador ao retorno.

3 O inválido que, recebendo os benefícios previdenciários da incapacidade, trabalhar para outro empregador, estará praticando ato punível e lesando a autarquia, caso tenha recuperado suas faculdades; se, apesar de incapaz, estiver prejudicando a saúde, o contrato realizado será nulo, como na hipótese anterior, sendo devidos salários somente (Maranhão, ob. cit.).

Art. 476. Em caso de seguro-doença ou auxílio-enfermidade[3], o empregado é considerado em licença não remunerada[1], durante o prazo desse benefício.

Art. 476-A. O contrato de trabalho poderá ser suspenso[2], por um período de 2 a 5 meses, para participação do empregado em curso ou programa de qualificação profissional oferecido pelo empregador, com duração equivalente à suspensão contratual, mediante previsão em convenção ou acordo coletivo de trabalho e aquiescência formal do empregado, observado o disposto no art. 471 desta Consolidação (red. MP 2.164-41/01).

§ 1º Após a autorização concedida por intermédio de convenção ou acordo coletivo, o empregador deverá notificar o respectivo sindicato, com antecedência mínima de 15 dias da suspensão contratual (red. MP 2.164-41/01).

§ 2º O contrato de trabalho não poderá ser suspenso em conformidade com o disposto no *caput* deste artigo mais de uma vez no período de 16 meses (red. MP 2.164-41/01).

§ 3º O empregador poderá conceder ao empregado ajuda compensatória mensal, sem natureza salarial, durante o período de suspensão contratual nos termos do *caput* deste artigo, com valor a ser definido em convenção ou acordo coletivo (red. MP 2.164-41/01).

§ 4º Durante o período de suspensão contratual para participação em curso ou programa de qualificação profissional, o empregado fará jus aos benefícios voluntariamente concedidos pelo empregador (red. MP 2.164-41/01).

§ 5º Se ocorrer a dispensa do empregado no transcurso do período de suspensão contratual ou nos 3 meses subsequentes ao seu retorno ao trabalho, o empregador pagará ao empregado, além das parcelas indenizatórias previstas na legislação em vigor, multa a ser estabelecida em convenção ou acordo coletivo, sendo de, no mínimo, 100% sobre o valor da última remuneração mensal anterior à suspensão do contrato (red. MP 2.164-41/01).

§ 6º Se durante a suspensão do contrato não for ministrado o curso ou programa de qualificação profissional, ou o empregado permanecer trabalhando para o empregador, ficará descaracterizada a suspensão, sujeitando o empregador ao pagamento imediato dos salários e dos encargos sociais referentes ao período, às penalidades cabíveis previstas na legislação em vigor, bem como às sanções previstas em convenção ou acordo coletivo (red. MP 2.164-41/01).

§ 7º O prazo-limite fixado no *caput* poderá ser prorrogado mediante convenção ou acordo coletivo de trabalho e aquiescência formal do empregado, desde que o empregador arque com o ônus correspondente ao valor da bolsa de qualificação profissional, no respectivo período (red. MP 2.164-41/01).

1 *Os primeiros* 15 dias (30 dias conforme Medida Provisória 664/14) de doença são de interrupção e remunerados pelo empregador; daí em diante o ônus pertence à Previdência Social (L. 8.213/91, art. 60, red. L. 9.876/99 e D. 3.048/99). Após os primeiros 15 dias (30 dias conforme Medida Provisória 664/14), a interrupção se transforma em suspensão do contrato de trabalho e o empregado é considerado pela empresa como licenciado (L. 8.213/91, art. 63); se o afastamento foi superior a 6 meses, a empresa não deve o 13º salário proporcional do período correspondente, mas a Previdência concede *abono anual*, "da mesma forma que a gratificação de natal dos trabalhadores, tendo por base o valor da renda mensal do benefício do mês de dezembro" (art. 40). Acidente do trabalho (art. 12/3) não suspende e não interrompe o prazo prescricional, pois se assim o fizesse seria uma insegu-

rança jurídica; o acidentado e/ou enfermo pode propor a reclamação no curso do afastamento. O recolhimento do FGTS só ocorre na interrupção. Na suspensão, o empregador não paga salário e portanto não recolhe o FGTS, com exceção no afastamento para o serviço militar (L. 8.036/90, art. 15, § 5º).

TST A justificação da ausência do empregado motivada por doença, para a percepção do salário-enfermidade e da remuneração do repouso semanal, deve observar a ordem preferencial dos atestados médicos, estabelecida em lei (TST – Súmula 15).

O posicionamento majoritário da C. SDI, uniformizadora, se firmou no sentido de que não há interrupção do prazo de prescrição pelo fato de o Reclamante receber auxílio-doença, uma vez que inexiste, no ordenamento jurídico, dispositivo que autorize essa conclusão. Por disciplina ao entendimento dominante, a eventual incapacidade de trabalho não causa a suspensão do prazo prescricional, o que implicaria o comprometimento do princípio da segurança jurídica, por extrapolar as hipóteses legais, já que a qualquer tempo o empregado poderia exigir pretensos direitos decorrentes da relação de emprego (TST-RR-668/2003-008-08-00.5, Kátia Magalhães Arruda).

O afastamento do serviço por período superior a 15 dias e a consequente percepção do auxílio-doença acidentário constituem pressupostos para a aquisição do direito à estabilidade provisória prevista no artigo 118 da Lei n. 8.213/1991. No entanto, se tais exigências não foram atendidas pelo trabalhador por culpa exclusiva do empregador, que deixa de cumprir a obrigação de comunicar o acidente de trabalho à Previdência Social (art. 22, *caput*, da Lei n. 8.213/1991), é lícito considerá-las implementadas, à luz da regra contida no artigo 129 do CC/2002 (TST, RR 512.927/1998.6, Altino Pedrozo dos Santos).

2 *Suspensão para curso ou programa de qualificação.* Trata de amenizar a crise na oferta de empregos. Há necessidade de acordo ou convenção coletiva e prévio assentimento do empregado; pretende-se conservar os trabalhadores na mesma empresa, passando por reestruturações, pelo período de 2 a 5 meses. O empregado não presta serviços, nem percebe salários, nem há contribuição previdenciária (mantém a sua qualidade de segurado, por um período de até 12 meses, L. 8.213/91, art. 15, II); faz jus a uma bolsa de qualificação profissional, custeada pelo FAT. O empregador poderá, conforme convenção ou acordo coletivo, conceder ajuda compensatória mensal, sem natureza salarial, assim como estender o benefício do Programa de Alimentação ao Trabalhador enquanto perdurar a suspensão. Se no transcurso da suspensão ou nos 3 meses subsequentes o empregado for dispensado, terá direito às verbas indenizatórias previstas na legislação em vigor, além de multa convencional de, no mínimo, o valor da última remuneração mensal anterior à suspensão.

3 *Seguro-doença* ou *auxílio-enfermidade* são termos substituídos por auxílio-doença (L. 8.213/91, art. 18).

Capítulo V
DA RESCISÃO

Art. 477. Na extinção do contrato de trabalho[1], o empregador deverá proceder à anotação na Carteira de Trabalho e Previdência Social, comunicar a dispensa aos órgãos competentes e realizar o pagamento das verbas rescisórias[2] no prazo e na forma estabelecidos neste artigo. (Red. L. 13.467/17).

§ 1º (Rev. L. 13.467/17).

§ 2º O instrumento de rescisão ou recibo de quitação[3], qualquer que seja a causa ou forma de dissolução do contrato, deve ter especificada a natureza de cada parcela paga ao empregado e discriminado o seu valor, sendo válida a quitação, apenas, relativamente às mesmas parcelas.

§ 3º (Rev. L. 13.467/17).

§ 4º O pagamento a que fizer jus o empregado será efetuado:

I - em dinheiro, depósito bancário ou cheque visado, conforme acordem as partes; ou

II - em dinheiro ou depósito bancário quando o empregado for analfabeto. (Red. L. 13.467/17).

§ 5º Qualquer compensação[4] no pagamento de que trata o parágrafo anterior não poderá exceder o equivalente a um mês de remuneração do empregado.

§ 6º A entrega ao empregado de documentos que comprovem a comunicação da extinção contratual aos órgãos competentes bem como o pagamento dos valores constantes do instrumento de rescisão ou recibo de quitação deverão ser efetuados[5] até dez dias contados a partir do término do contrato. (Red. L. 13.467/17).

a) (Rev. L. 13.467/17).

b) (Rev. L. 13.467/17).

§ 7º (Rev. L. 13.467/17).

§ 8º A inobservância do disposto no § 6º deste artigo sujeitará o infrator à multa[5] de 160 BTN, por trabalhador, bem assim ao pagamento da multa a favor do empregado, em valor equivalente ao seu salário, devidamente corrigido pelo índice de variação do BTN, salvo quando, comprovadamente, o trabalhador der causa à mora.

§ 9º (Vetado.)

§ 10. A anotação da extinção do contrato na Carteira de Trabalho e Previdência Social é documento hábil para requerer o benefício do seguro-desemprego e a movimentação da conta vinculada no Fundo de Garantia do Tempo de Serviço, nas hipóteses legais, desde que a comunicação prevista no *caput* deste artigo tenha sido realizada. (Red. L. 13.467/17).

1 *Na extinção do contrato de trabalho*. A nova lei cria o contrato de trabalho intermitente, que pode ser por horas, por dias, por meses, ou seja, um novo contrato com prazo determinado, mas não modifica os demais contratos, com prazo determinado ou indeterminado e também não modifica as várias formas de estabilidade. A indenização do estável e a multa sobre o FGTS do contrato indeterminado, quando da rescisão da relação de trabalho pelo empregador sem justo motivo, continuam em vigor. No término de qualquer um deles o empregado recebe as verbas rescisórias.

Diz a Constituição Federal de 1988:

Art. 7º São direitos dos trabalhadores... além de outros...

I – relação de emprego protegida contra despedida arbitrária ou sem justa causa, nos termos de lei complementar, que preverá indenização compensatória, dentre outros direitos;

II – seguro-desemprego, em caso de desemprego involuntário;

III – fundo de garantia do tempo de serviço.

A garantia de emprego e a estabilidade são institutos afins, mas diversos. O primeiro, a garantia de emprego, abrange não só a restrição ao direito potestativo de rescindir o contrato (afastamento da despedida arbitrária) como a instituição de mecanismos de informações e consultas entre a empresa que deseja despedir, o sindicato e o trabalhador, e a política estatal, criando estímulos para evitar desemprego. O despedimento arbitrário é aquele que não se fundamenta: a) em sérias razões de interesse objetivo da empresa ou b) na atitude ilícita do empregado, ao descumprir seus deveres funcionais (justa causa). Nesse sentido é que o despedimento não arbitrário já inclui a existência de uma de suas espécies, que é a justa causa. As razões objetivas de despedir dependem da lei de cada país e o momento; no Brasil há o precedente dos motivos técnicos, econômicos e financeiros (CLT, art. 165, CIPA), além dos disciplinares, na mesma delimitação da Convenção 158 da OIT (v. *infra*); há também o precedente legislativo (inaplicado, na prática) de força maior que reduziria as indenizações (CLT, art. 501). O segundo dos institutos, a estabilidade, é o direito de não ser despedido, senão em razão da prática de ato que tenha violado o contrato. A estabilidade real é a absoluta, a que resulta em reintegração do trabalhador e não se substitui por indenização, nem sequer com a sua concordância (v. Valentin Carrion, Estabilidade e garantia de emprego, *Rev. Synthesis* 7/133). O texto constitucional, apesar de admitir que a lei complementar poderá estabelecer outros direitos além da indenização, parece afastar a estabilidade por via legislativa. "Dentre outros direitos" significa que poderá haver outros mais, além da indenização substitutiva, que impede a verdadeira estabilidade. FGTS (*infra*, notas 8 e s.).

A CF/88 causa perplexidade usando expressões como despedida arbitrária ou sem justa causa (art. 7º, I); se se entende que a norma não usa expressões inúteis, deve afastar-se a ideia de que se trata de sinônimas, tendo desejado deixar claro que tanto a justa causa como outras razões objetivas permitem o despedimento, ainda mais porque torna genérico o FGTS, para todos, independentemente de opção. A lei complementar prevista deverá fixar os requisitos da despedida arbitrária e suas consequências. Enquanto isso não ocorre, não está vedado o despedimento em geral, a não ser do eleito para direção das comissões internas de prevenção de acidentes e da gestante (ADCT, art. 10); para os demais casos, a proteção consiste unicamente no pagamento de 40% do saldo da conta vinculada do FGTS (L. 8.036/90, art. 18, v. Índ. Leg.), e mesmo assim para aquelas hipóteses em que não houver razões técnicas, econômicas ou financeiras; nestes casos não será devido o acréscimo de 40%, mas será permitido o saque do FGTS depositado, que a lei não impede (Marly Cardone, "Proteção...", *LTr* 53/395, 1989). Assistência na rescisão (IN MTPS/SNT 2, de 12.3.92, *DOU*, 16.3.92). Estabilidade, espécies (art. 492/2).

A Convenção OIT n. 158, com ratificação promulgada pelo Brasil (D. 1.855/96, rep. *DOU*, 26.9.96), abrange o despedimento arbitrário com reintegração. A Convenção foi denunciada pelo Brasil; apesar das dúvidas levantadas (ausência de participação do Congresso e tempo transcorrido), mas foi acolhida e registrada pela OIT, na forma da própria interpretação pacífica, já anteriormente assente por aquele organismo internacional. Com aquelas limitações expostas que a tornavam praticamente inócua, a Convenção deixou de vigorar a partir de 20.11.97 (D. 2.100, *DOU*, 23.12.96). No Brasil seria necessária lei complementar e não apenas ordinária (CF, art. 7º, I). Assim, Süssekind, Magano, Romita, Celso Bastos e Siqueira Neto; Paulo Emílio Ribeiro de Vilhena a via ociosa e incompatível com a ordem jurídica nacional. Amauri Mascaro Nascimento considera a lei complementar de igual hierarquia à da ordinária (o que não é pacífico).

Alguns consideravam a Convenção 158 simplesmente programática. Nas palavras do Min. Celso Mello (voto na ADIn 1.480/3), a citada norma definiria bases gerais a serem formalizadas por atividade legislativa, no caso lei complementar.

SDI A estabilidade contratual ou derivada de regulamento de empresa é compatível com o regime do FGTS. Diversamente ocorre com a estabilidade legal (decenal, art. 492, CLT), que é renunciada com a opção pelo FGTS (TST, SDI, Orientação Jurisprudencial 299).

SDI Esta Corte não tem considerado inconstitucional o art. 31, da Lei 8.880/94, que prevê a indenização por demissão sem justa causa (TST, SDI, Orientação Jurisprudencial 148).

Estabilidade provisória. O aviso prévio comunicado durante o período de garantia de emprego é válido, desde que a rescisão se efetive após o término da estabilidade. A garantia é do emprego, não ao silêncio (Proc. TRT/SP 44.371/96, Valentin Carrion, Ac. 9ª T. 72.912/97).

Estabilidade. Reintegração. A recusa de retorno ao emprego quando posto a disposição, implica em renúncia à estabilidade provisória e extingue, consequentemente, o direito a indenização do período correspondente (TRT/SP, RO 19.019/96, Valentin Carrion, Ac. 9ª T.).

O art. 7º, inc. I, da Constituição Federal/88 disciplina exclusivamente o sistema geral de proteção de emprego (excetuando a estabilidade absoluta e prevendo indenização, acenando pela existência de lei complementar que a defina. Em nenhum ponto há proibição à deliberação à estabilidade relativa e provisória, mediante lei ordinária (TST, RR 290.892/96.8, Lourenço Ferreira do Prado, Ac. 1ª T., 19.2.99).

2 *Verbas rescisórias*. No término de qualquer contrato de trabalho o empregado tem direito a verbas rescisórias. O termo indenização da redação anterior cabia e cabe somente ao empregado estável. No término do contrato de trabalho por prazo indeterminado, se rescindido sem justa causa dá direito ao empregado receber a multa de 40% sobre o valor depositado no FGTS e não a indenização. *Os empregados com direito a indenização* antes da Constituição eram aqueles que estavam sujeitos a contrato por tempo indeterminado e não fossem estáveis nem houvessem optado pelo FGTS. A CF/88 generalizou o FGTS (art. 7º, III), tornando desnecessária a opção. Apenas receberão indenização (se não reintegrados) os estáveis, por direito adquirido, que a própria Constituição consagra como princípio genérico e os que venham a adquiri-la, em virtude de concessão contratual ou normativa, mesmo assim se definitiva, pois a estabilidade provisória não produz outros direitos que a reintegração (dentro do período) e o ressarcimento dos prejuízos havidos.

A base de cálculo da verba rescisória ou da indenização será sempre o da *maior remuneração*, que prevalece, mesmo na hipótese de não ter sido a última. Os que não haviam optado receberão indenização pelo tempo anterior e FGTS; este com o acréscimo de 40% sobre o saldo da época posterior à vigência da Constituição. Empregado de confiança que retorna ao cargo efetivo, e o comissionado, perdem o adicional, mas o cálculo da indenização será elaborado na base do salário do cargo de confiança, se mais elevado (Cesarino Jr., *Direito Social brasileiro*, v. 2, p. 311). Se o empregado, após o rompimento da relação, retorna à empresa e ajusta novo contrato com pagamento inferior, a indenização terá por base o salário do primeiro contrato (Russomano, *Comentários à CLT*, art. 477), mesmo que a diminuição não seja fraudulenta. Se o salário for aumentado, ainda que no último dia da vigência do contrato, em virtude dos novos níveis de salário mínimo, de dissídio coletivo ou por decisão judicial, o salário mensal básico, para cálculo, será o novo. Integração de adicional em geral (v. art. 59/4).

TST Se ocorrer a rescisão contratual no período de 30 dias que antecede à data-base, observado o Enunciado de n. 182 do TST, o pagamento das verbas rescisórias com o salário já corrigido não afasta o direito à indenização adicional prevista nas L. 6.708/79 e 7.238/84 (TST – Súmula 314).

TST É computável a gratificação de Natal para o efeito de cálculo de indenização (TST – Súmula 148).

TST Enquanto percebido, o adicional de insalubridade integra a remuneração para todos os efeitos legais (TST – Súmula 139, conversão da Orientação Jurisprudencial SDI-1 102).

TST I – O adicional de periculosidade, pago em caráter permanente, integra o cálculo de indenização e de horas extras (ex-Prejulgado n. 3). II – Durante as horas de sobreaviso, o empregado não se encontra em condições de risco, razão pela qual é incabível a integração do adicional de periculosidade sobre as mencionadas horas (TST – Súmula 132, conversão das Orientações Jurisprudenciais SDI-1 174 e 267).

TST I – O adicional noturno, pago com habitualidade, integra o salário do empregado para todos os efeitos. II – Cumprida integralmente a jornada no período noturno e prorrogada esta, devido é também o adicional quanto às horas prorrogadas. Exegese do art. 73, § 5º, da CLT (TST – Súmula 60, conversão da Orientação Jurisprudencial SDI-1 6).

Vantagens transitórias, eventuais, não incorporáveis como condição do contrato, não servem aos cálculos indenizatórios pela rescisão indireta (TST, RR 1.773/75, Hildebrando Bisaglia, Ac. 1ª T. 1.631/75).

3 O valor e a natureza da parcela paga devem ser expressos na quitação. A intenção legislativa nega eficácia a quitação genérica outorgada. O texto legal (CLT, art. 477, § 2º) manda discriminar o valor, mas a quitação alcança as parcelas. A lei não obriga mais assistência do sindicato, no recebimento das verbas rescisórias, ficando na responsabilidade do empregado a conferência dos valores recebidos, fato quase impossível de ser feito, teremos a quitação de valores (TST – Súmula 41, cancelada Res. 121/03) e não a quitação definitiva de parcelas (TST – Súmula 330).

Anulabilidade: a quitação é anulável perante a Justiça, por incapacidade do agente, erro, coação, simulação ou fraude (CC, art. 171), como qualquer outro ato, mesmo que a chancela seja do juiz; é a chamada jurisdição voluntária, não contenciosa, onde não se opera a coisa julgada; possuirá o ato presunção de verdade e eficácia enquanto não destruída. A ação apropriada seria a ação ordinária (reclamação trabalhista e não a rescisória) (v. art. 831/7), mas a jurisprudência majoritária é contrária.

Quitação em juízo: não está subordinada às restrições do § 5º porque as limitações se interpretam restritivamente e o legislador se referiu somente àquela hipótese, e porque a finalidade da norma é a de evitar a fraude contra o empregado, e aqui ele está em litígio, submetidas suas declarações a amplo debate, sob supervisão judicial. Em juízo a compensação é ampla. Em sentido contrário, Coqueijo Costa e outros que admitem ação rescisória, com apoio na expressão usada pelo art. 831, parágrafo único, da CLT (TST, Ac. TP 593/78, *LTr* 42/1252).

4 Compensação de débitos no processo (art. 767). Conciliação (art. 831).

5 Prazo para pagamento das verbas rescisórias. Entrega de documentos. Baixa na CTPS. Multa por atraso. O prazo é de dez dias contados do término do contrato de trabalho. A multa pelo pagamento além do prazo continua de 160 BTN.Não incide multa no caso de falência; incide na dispensa imotivada que foi objeto de controvérsia em juízo. Desestimula-se a mera contestação que tenha a finalidade de evitar a sanção moratória. A discussão em juízo, se existe ou não a relação de emprego, não retira do empregado o direito à multa, caso as verbas rescisórias não tenham sido pagas (TST – Súmula 462). O não pagamento da verba rescisória gera duas multas, uma administrativa e outra em benefício do empregado. Multa administrativa (Precedente Administrativo 28 MTE/SIT, em apêndice). Consequência pelo não pagamento no prazo (Precedente Administrativo 87 MTE/SIT, em apêndice). O TST, com a Súmula 462, traz uma decisão para a controvertida discussão da existência ou não da relação de emprego; o empregador que não paga as verbas rescisórias, por não ter anotado a CTPS do empregado, paga a multa, já aquele que prova em juízo sua teoria, a não existência da relação de emprego, não paga as verbas rescisórias e muito menos a multa.

6 Contrato suspenso por gozo de auxílio-doença, invalidez ou outra causa involuntária não pode ser rescindido; somente após a cessação de causa, com todas as vantagens advindas à categoria profissional do empregado. O princípio, entretanto, não é absoluto (v. art. 471/3).

7 *Rural*: regime idêntico ao urbano (CF/88, art. 7º, *caput*). Rescisão dos contratos a prazo ou obra certa (art. 479). A falência não rescinde o contrato (v. art. 449). Remuneração (v. art. 478).

8 *FGTS*. Diz a Constituição Federal de 1988:

> **Art. 7º São direitos dos trabalhadores... além de outros...**
> **III – fundo de garantia do tempo de serviço.**

O FGTS deixou de ser o regime jurídico do trabalhador que por ele optasse para transformar-se, pela Constituição, no regime genérico. Os rurais são disciplinados pelo FGTS; os domésticos, não embora a L. 10.208/2001 (v. Índ. Leg.) faculte ao empregador estender-lhes o direito; a empresa poderá estender o benefício aos diretores não empregados (L. 8.036/90, art. 16). Não se atinge mais a estabilidade permanente da CLT aos 10 anos. Só por concessão contratual coletiva ou individual; a lei complementar que a instituísse poderia chocar-se com a aparente rejeição da CF (art. 7º, I), que determina indenização compensatória. Os que já eram estáveis conservam seu regime pelo princípio do direito adquirido, que a própria Carta Magna genericamente respeita e que a lei ordinária reconhece especificamente (L. 7.839/89, revogada, e

8.036/90, art. 14). A eles caberá a prerrogativa de perdê-la, transacionando o tempo anterior, respeitado o limite mínimo de 60% da indenização prevista na CLT (L. 8.036/90, art. 14). A imposição constitucional modifica o futuro deles sem alterar a situação pretérita, diferentemente do que acontecia antes: com a opção pelo FGTS, perdiam a estabilidade. O FGTS havia transformado radicalmente o direito individual do trabalho no País. A casuística do instituto está contida na Lei 8.036/90 (v. Índ. Leg.), que revogou expressamente a 7.839/89, e no Regulamento, D. 99.684/90, no que não contraria a lei. Essencialmente, a diferença está em que o empregado regido exclusivamente pela CLT recebia indenização proporcional ao número de anos em que trabalhou, se despedido sem justa causa; e alcançava a estabilidade no emprego após 10 anos de trabalho; o optante não se tornava estável e, se já gozava de estabilidade, a perdia, conservando entretanto o direito a indenização em dobro, quanto ao tempo anterior, desde que não transacionado. Pelo FGTS, quando despedido sem justa causa ou aposentado, recebem-se os depósitos efetuados mensalmente pelo empregador, acrescidos de juros e correção monetária. Na hipótese de despedimento sem justa causa, ainda que indireto, o empregador deverá depositar na conta vinculada do empregado 40% de todos os depósitos efetuados, corrigidos, sendo vedada a redução dos saques anteriores ocorridos (D. 99.684/90, red. D. 2.430/97; Circular MF/CEF/DC/151/98) (conforme LC 110/01, o empregador tem de pagar 40% mais 10% para o FGTS como forma de reconstituição do fundo, corrige as contas do FGTS em relação aos expurgos inflacionarios), no mesmo prazo previsto para quitação dos títulos rescisórios (CLT, art. 477, § 6º); ou deverá depositar 20%, quando houver culpa recíproca ou força maior (D. 99.684/90, red. D. 2.430/97, art. 9º, § 2º). Quando da homologação, o trabalhador pode receber seus créditos: o empregador arcará com as penalidades administrativas (Port. MTE 60/99, v. Índ. Leg.). Direitos do trabalhador não recebidos em vida (art. 643/9). Os créditos do FGTS gozam dos mesmos privilégios dos trabalhistas (L. 8.844/94, art. 2º, red. L. 9.467/97).

SDI O ajuizamento de protesto judicial dentro do biênio posterior à Lei Complementar n. 110, de 29.6.01, interrompe a prescrição, sendo irrelevante o transcurso de mais de dois anos da propositura de outra medida acautelatória, com o mesmo objetivo, ocorrida antes da vigência da referida lei, pois ainda não iniciado o prazo prescricional, conforme disposto na Orientação Jurisprudencial n. 344 da SBDI-1 (TST, SDI-1, Orientação Jurisprudencial 370).

SDI O termo inicial do prazo prescricional para o empregado pleitear em juízo diferenças da multa do FGTS, decorrentes dos expurgos inflacionários, deu-se com a vigência da Lei Complementar n. 110, em 30.06.01, salvo comprovado trânsito em julgado de decisão proferida em ação proposta anteriormente na Justiça Federal, que reconheça o direito à atualização do saldo da conta vinculada (TST, SDI-1, Orientação Jurisprudencial 344, mantida Res. TST 175/11).

SDI É de responsabilidade do empregador o pagamento da diferença da multa de 40% sobre os depósitos do FGTS, decorrente da atualização monetária em face dos expurgos inflacionários (TST, SDI-1, Orientação Jurisprudencial 341).

SDI I – É devida a multa do FGTS sobre os saques corrigidos monetariamente ocorridos na vigência do contrato de trabalho. Art. 18, § 1º, da Lei 8.036/90 e art. 9º, § 1º, do Decreto n. 99.684/90. II – O cálculo da multa de 40% do FGTS deverá ser feito com base no saldo da conta vinculada na data do efetivo pagamento das verbas rescisórias, desconsiderada a projeção do aviso prévio indenizado, por ausência de previsão legal (TST, SDI-1, Orientação Jurisprudencial 42, conversão das Orientações Jurisprudenciais SDI-1 107 e 254).

Proteção da relação de emprego contra a despedida arbitrária (CF, art. 7º, I): indenização provisória, base de cálculo (ADCT, art. 10, I; L. 5.107/66, art. 6º e § 1º; L. 8.036/90, art. 18, § 1º): arguição de inconstitucionalidade da parte final do § 1º, art. 9º, do D. 99.684/90, que manda não considerar os saques ocorridos na conta individual vinculada do FGTS: suspensão liminar da norma questionada que se defere, para evitar eventual prevalência de interpretação contrária ao trabalhador e aparentemente ofensiva da disposição constitucional transitória invocada (STF, ADIn 414-0, Sepúlveda Pertence).

Pela análise das normas dos arts. 9º, § 1º, do Decreto n. 99.684, instituído pelo Decreto n. 2.430/97, e 18, § 1º, da Lei n. 8.036/90, verifica-se que o único a responder pela multa fundiária é o empregador e, tendo caráter acessório as diferenças da aludida multa, decorrentes dos expurgos inflacionários, deve esse recompor a totalidade dos depósitos, ainda que proveniente de desídia do órgão gestor da garantia. Ressalte-se que o fato de a diferença advir da aplicação dos expurgos inflacionários, reconhecidos pelo STF como direito adquirido dos trabalhadores, não afasta a responsabilidade do empregador, uma vez que a reparação pecuniária caberá àquele que tinha obrigação de satisfazer a multa fundiária à época da dispensa sem justa causa. Todavia, eventual direito de reembolso ao empregador quanto às diferenças dos 40% sobre o FGTS em decorrência dos expurgos inflacionários demanda ação de regresso pela via ordinária. Recurso conhecido e desprovido (TST, RR 686/2002-001-03-00.9, Barros Levenhagen).

Doutrina e jurisprudência francamente majoritárias recusam a natureza salarial dos depósitos fundiários pois que, efetivamente, têm características e regência legal sobremodo peculiares, que os faz possuir natureza própria, distinta, autônoma (TST, RR 206.339/95.7, José Luiz Vasconcellos, Ac. 3ª T. 838/97).

9 *Vantagens e desvantagens do FGTS*. O alcance social do FGTS foi estranho ao Direito do Trabalho; pretendeu-se com a arrecadação de grandes somas de dinheiro, aplicadas na construção de moradias, minorar a crise da habitação; mas o objetivo específico era a suspensão da estabilidade. No campo do Direito do Trabalho, o empregado ou seus dependentes recebem os depósitos em caso de aposentadoria, falecimento e extinção de contrato por tempo determinado, o que não aconteceria pela CLT; ainda, o depósito é uma garantia em caso de falência ou fechamento abrupto das pequenas empresas (caso os depósitos tenham sido efetuados). O sistema da opção inexistiu como tal, pois o empregado era levado a optar no primeiro dia, quebrando qualquer possibilidade de resistência para defesa de seus direitos dentro da empresa.

TST I – A equivalência entre os regimes do Fundo de Garantia do Tempo de Serviço e da estabilidade prevista na CLT é meramente jurídica e não econômica, sendo indevidos valores a título de reposição de diferenças. II – A estabilidade contratual ou a derivada de regulamento de empresa são compatíveis com o regime do FGTS. Diversamente ocorre com a estabilidade legal (decenal, art. 492 da CLT), que é renunciada com a opção pelo FGTS (TST – Súmula 98, conversão da Orientação Jurisprudencial SDI-1 299).

TST Rescindido por acordo seu contrato de trabalho, o empregado estável optante tem direito ao mínimo de 60% do total da indenização em dobro, calculada sobre o maior salário percebido no emprego. Se houver recebido menos do que esse total, qualquer que tenha sido a forma de transação, assegura-se-lhe a complementação até aquele limite (TST – Súmula 54).

SDI I – Tendo o empregado adquirido a estabilidade decenal, antes de optar pelo regime do FGTS, não há como negar-se o direito à pensão, eis que preenchido o requisito exigido pelo Manual de Pessoal. II – O benefício previsto no Manual de Pessoal da Petrobras, referente ao pagamento de pensão e auxílio-funeral aos dependentes do empregado que vier a falecer no curso do contrato de trabalho, não se estende à hipótese em que sobrevém o óbito do trabalhador quando já extinto o contrato de trabalho (TST, SDI-1, Orientação Jurisprudencial Transitória 42, Res. TST 182/12).

A declaração de opção, pelo FGTS, prevista no art. 1º, § 2º, da Lei 5.107/66, é ato solene que, entretanto, pode ser suprida com base em anotações constantes da Carteira de Trabalho, se é o empregado que busca demonstrar sua efetivação. É que a lei visa a proteger a manifestação de vontade do empregado, e deve ser interpretada dentro desse parâmetro teleológico, sob pena de formalismo, incompatível com relação jurídica trabalhista, que se pauta pela realidade (TST, RR 6.098/90.5, Hylo Gurgel, Ac. 2ª T. 393/91).

10 *Cálculo do recolhimento do FGTS*. Todas as parcelas salariais, habituais ou não, devem ser levadas em conta para efeito do depósito percentual (8% até o dia 7 de cada mês ou 2% se o contrato for por prazo determinado, L. 9.601/98, art. 2º alterado pela LC 110/2001 para 8,5% e 2,5%), inclusive horas extras e utilidades; a habitação, em valor correspondente ao produto da aplicação do percentual que a compõe no salário mínimo (v. art. 81/1, e art. 458/1) sobre o salário contratual. A incidência também ocorre nas hipóteses de cessação provisória do trabalho pelo serviço militar obrigatório, primeiros 15 dias de licença-doença, gestante, acidente do trabalho (Regulamento FGTS, D. 99.684/90) e empregado no exterior (SDI-1, OJ 232). Não incide sobre férias indenizadas (assim Süssekind, *Instituições*, e a SDI do TST). Incidência sobre o vale-transporte – se pago em conformidade com a L. 7.418/85 não, se em dinheiro sim (Precedente Administrativo 3 MTE/SIT, em apêndice). São base ainda para o cálculo do FGTS a gratificação, bem como as comissões, percentagens ou abonos pagos pelo empregador (Precedente Administrativo 6 MTE/SIT, em apêndice). Incidência sobre a cesta básica (Precedente Administrativo 34 MTE/SIT, em apêndice). Não incide sobre assistência médica (Precedente Administrativo 89 MTE/SIT, em apêndice). O empregador deve comunicar mensalmente ao trabalhador o recolhimento (L. 8.036/90, v. Ind. Leg.). É do empregador o ônus da prova do seu recolhimento (TST, Súmula 461). O empregado, seus dependentes e sucessores, e o sindicato a que estiver vinculado têm legitimidade para propor ação contra a empresa e contra o banco depositário omisso (L. 8.406/92, art. 1º, v. Índ. Leg.), devendo ser notificados da propositura da ação a CEF e o MT (L. 8.036/90, art. 25). Multas e valores (L. 8.036/90 e Res. do Cons. Curador FGTS 64/91, v. Índ. Leg.). Aviso prévio (art. 487/4). Apuração em URV, v. art. 457/13. Procedimento (Circular CEF 176/99).

Fiscalização do recolhimento (Port. MT/GM 734/93, *DOU*, 11.6.93). Fiscalização, apuração das contribuições, cobrança judicial e multas: competência do Ministério do Trabalho (L. 8.844, *DOU*, 21.1.94, e Instr. Normativa 3/96, *DOU*, 28.6.96) Comprovação do depósito anterior (Precedente Administrativo 72 MTE/SIT, em apêndice). Retenção e não recolhimento: depositário infiel (L. 8.866/94). Os valores recolhidos pelo empregador e não repassados ao FGTS terão correção pela TR. Os juros e correção monetária nas condenações judiciais são os da L. 8.177/91, art. 39. É do empregador o ônus de provar seu recolhimento (TST, Súmula 461).

STF Incide o percentual do Fundo de Garantia do Tempo de Serviço (FGTS) sobre a parcela da remuneração correspondente a horas extraordinárias de trabalho (STF – Súmula 593).

TST É do empregador o ônus da prova em relação à regularidade dos depósitos do FGTS, pois o pagamento é fato extintivo do direito do autor (art. 373, II, do CPC de 2015) (TST – Súmula 461, Res. 209/16).

TST O pagamento relativo ao período de aviso prévio, trabalhado ou não, está sujeito à contribuição para o FGTS (TST – Súmula 305).

TST A contribuição para o Fundo de Garantia do Tempo de Serviço incide sobre a remuneração mensal devida ao empregado, inclusive horas extras e adicionais eventuais (TST – Súmula 63).

STJ A Taxa Referencial (TR) é o índice aplicável, a título de correção monetária, aos débitos com o FGTS recolhidos pelo empregador mas não repassados ao fundo (STJ – Súmula 459).

SDI Não incide a contribuição para o FGTS sobre as férias indenizadas (TST, SDI-1, Orientação Jurisprudencial 195, Res. TST 129/05).

DIFERENÇAS DO ACRÉSCIMO DE 40% DO FGTS. ÔNUS DA PROVA. OJ-301-SBDI-1-TST. 1. A Turma, valendo-se do entendimento cristalizado na OJ-301-SBDI-1-TST (atualmente cancelada), vigente quando do julgamento, entendeu que "de fato, o ônus de demonstrar o fato extintivo do direito do autor pertence a(o) reclamada(o) (CPC, artigo 333, inciso II). Entretanto, o que desloca o ônus da prova ao empregador, em se tratando de pedido de diferença de depósitos do FGTS na conta vinculada, é a definição, pelo empregado, do período no qual não houve depósito, ou no qual houve em valor inferior ao efetivamente devido. No caso específico, parte-se do princípio da aptidão para a prova, que no caso em exame é de quem procede ao recolhimento, o empregador. Diante disso, a reclamada deveria ter juntado aos autos a comprovação dos depósitos em sua integralidade, pois a ela incumbe o ônus de provar o fato extintivo do direito do reclamante, que é o correto recolhimento do FGTS pelo empregador. Não o fazendo, a condenação se impõe". De tanto se infere que não há contrariedade ao referido verbete, mas sim sua aplicação. 2. De par com isso, nem mesmo após o cancelamento da OJ-301-SBDI-1-TST (Resolução 175/2011), sua *ratio* foi alterada, mantendo-se a aplicação do princípio da melhor aptidão para a prova, sem limitação de período, consoante precedentes desta Subseção Especializada I. 3. Divergência jurisprudencial específica não demonstrada. Recurso de embargos não conhecido (TST, E-RR 136300-53.2007.5.04.0012, julgado em 18.6.15, Hugo Carlos Scheuermann, Subseção I Especializada em Dissídios Individuais, *DEJT*, 30.6.15).

DIFERENÇAS DO FGTS. ÔNUS DA PROVA. A questão alusiva à distribuição do ônus da prova na hipótese de pedido de diferenças do FGTS foi objeto de recente debate nesta Corte uniformizadora. Concluiu o Tribunal Superior do Trabalho, em sua composição plenária, que, em face do princípio da aptidão para a prova, cabe ao empregador o ônus de comprovar a regular quitação das contribuições devidas ao FGTS. Por esse motivo, resultou cancelada a Orientação Jurisprudencial n. 301 da SBDI-1 desta Corte Superior, consoante Resolução n. 175/2011, publicada no *DEJT* dos dias 27, 30 e 31.5.2011. Recurso de revista conhecido e provido (TST, RR 75100-11.2008.5.15.0010, julgado em 21.3.12, Lelio Bentes Corrêa, 1ª T., *DEJT*, 10.8.12).

Nos termos do art. 148 da CLT, somente nas hipóteses do art. 449 da CLT, ou seja, falência, concordata e dissolução da empresa, as férias devidas após o término da relação de emprego possuem natureza salarial. Vale dizer, nas demais hipóteses, sua natureza jurídica será eminentemente indenizatória, na medida em que o seu pagamento terá por finalidade a reparação de um dano sofrido pelo empregado. Neste contexto, considerando-se que o FGTS tem por base de cálculo, segundo o art. 15 da Lei n. 8.036/90, apenas verbas de índole salarial, não há como se cogitar de sua incidência sobre as férias pagas após a cessação do contrato de trabalho, ante o inequívoco caráter indenizatório inerente à parcela (TST, E-RR 246.850/96.3, Milton de Moura França, Ac. SDI-1/99).

11 *A retratação da opção* (L. 5.107/66), como a própria opção, restou inexistente após a Constituição.

Ação anulatória proposta no prazo de 365 dias da retratação. Tendo o empregado se arrependido da opção e ajuizado ação anulatória dentro do prazo de retratação, anula-se a opção em atendimento à vontade do empregado. Não há ofensa à L. 5.107/66, a declaração de nulidade, pois o empregado era titular do direito potestativo de se retratar, o que fez através da ação (TST, AI 91/81, Guimarães Falcão, Ac. 3ª T. 3.359/81).

12 *Levantamento dos depósitos* do FGTS (L. 8.036/90, com várias alterações, art. 20): a) despedida sem justa causa, inclusive a indireta, de culpa recíproca e de força maior; b) extinção total da empresa, fechamento de quaisquer de seus estabelecimentos, filiais ou agências, supressão de parte de suas atividades, declaração de nulidade do contrato de trabalho nas condições do art. 19-A, ou ainda falecimento do empregador individual sempre que qualquer dessas ocorrências implique rescisão de contrato de trabalho, comprovada por declaração escrita da empresa, suprida, quando for o caso, por decisão judicial transitada em julgado; c) aposentadoria concedida pela Previdência Social; d) falecimento do trabalhador, sendo o saldo pago a seus dependentes; e) pagamento de parte das prestações decorrentes de financiamento habitacional; f) liquidação ou amortização extraordinária do saldo devedor de financiamento imobiliário; g) pagamento total ou parcial do preço de aquisição de moradia própria, ou lote urbanizado; h) o trabalhador permanecer três anos ininterruptos, a partir de 1º de junho de 1990, fora do regime do FGTS; i) extinção normal do contrato a termo, inclusive o dos trabalhadores temporários regidos pela L 6.019/74; j) suspensão total do trabalho avulso por período igual ou superior a 90 (noventa) dias; k) quando o trabalhador ou qualquer de seus dependentes for acometido de neoplasia maligna; l) aplicação em quotas de Fundos Mútuos de Privatização; m) quando o trabalhador ou qualquer de seus dependentes for portador do vírus HIV; n) quando o trabalhador ou qualquer de seus dependentes estiver em estágio terminal, em razão de doença grave; o) quando o trabalhador tiver idade igual ou superior a setenta anos; p) necessidade pessoal, cuja urgência e gravidade decorra de desastre natural; q) integralização de cotas do FI-FGTS, utilização máxima de 30% (L. 8.036/90, art. 20, XVII, alt. L. 12.087/09). Pode sacar o saldo, o titular que tem seu contrato nulo por falta de concurso público. Ação do empregado contra o Banco depositário (art. 643/4, *f*). Empregado no estrangeiro (L. 7.064/82, alt. L.11.962/09, em apêndice). A MP 763/16 altera a L. 8.036/90, acrescentando o § 22 ao art. 22, autorizando a movimentação das contas vinculadas aos contratos de trabalho extintos até 31 de dezembro de 2015, ficando isentas as exigências de que trata o inciso VIII do *caput*, podendo o saque, nessa hipótese, ser efetuado segundo cronograma de atendimento estabelecido pelo agente operador do FGTS. Códigos de saque de depósitos (Circular CEF 218/01). Simulação de rescisão: fiscalização do trabalho (Port. MTA/GM 384/92). Aplicação do FGTS em fundos de privatização (Circular CEF 287/03).

STJ O titular da conta vinculada ao FGTS tem o direito de sacar o saldo respectivo quando declarado nulo seu contrato de trabalho por ausência de prévia aprovação em concurso público (STJ – Súmula 466).

STJ Compete à Justiça Federal ou aos juízes com competência delegada o julgamento das execuções fiscais de contribuições devidas pelo empregador ao FGTS (STJ – Súmula 349).

STJ O benefício acidentário, no caso de contribuinte que perceba remuneração variável, deve ser calculado com base na média aritmética dos últimos doze meses de contribuição (STJ – Súmula 161).

STJ Compete à Justiça Federal, excluídas as reclamações trabalhistas, processar e julgar os feitos relativos à movimentação do FGTS (STJ – Súmula 82).

TST CANCELADA – A cessação do contrato de trabalho em razão de aposentadoria espontânea do empregado exclui o direito ao recebimento de indenização relativa ao período anterior à opção. A realização de depósito na conta do Fundo de Garantia do Tempo de Serviço, de que trata o § 3º do art. 14 da Lei n. 8.036, de 11.05.1990, é faculdade atribuída ao empregador (TST – Súmula 295, cancelada, Res. TST 152/08).

Com o advento da Lei n. 8.678/93, que alterou a Lei n. 8.036/90, os trabalhadores que permanecerem 3 anos ininterruptos, a partir de 1º -6-90, fora do regime do FGTS, podem, a partir do mês de aniversário, efetuar o saque. Assim, a questão não comporta mais discussões. Direito líquido e certo, caso existisse anteriormente na espécie, já está sepultado pelo novo mandamento legal (TST, RO-Ag. 317.007/96-6, João Matias de Souza Filho, Ac. SBDI-2/99).

13 A *opção com efeito retroativo* permitida por lei anterior, desde que houvesse concordância de ambas as partes, permanece facultativamente para o empregado que já era estável, e produz o efeito de transferir o valor da conta vinculada do FGTS correspondente ao tempo da opção, em nome da empresa, para a conta vinculada do empregado (L. 5.958/73, em apêndice). Pela opção retroativa do estável, mesmo sem respeitar o decênio, José Serson, *Supl. LTr* 76/327, com toda razão e apoio no regulamento ministerial e posteriormente na lei (8.036/90, art. 14, § 4º). O que se afigura inaceitável e inconstitucional é entender que a nova lei dispense a concordância do empregador para essa alteração de regime, atingindo o passado com evidente efeito retroativo e permitindo que o empregado com sua manifestação de vontade unilateral desaproprie verbas que são da outra parte, de acordo com a lei do tempo em que ocorreram; nessa parte a L. 5.958/73 tem de se considerar como não revogada; coaduna-se com esse entendimento a prudente regulamentação que indica a participação do empregador, mesmo após a homologação judicial, para fazer anotação e comunicar ao Banco depositário (D. 99.684/90, art. 5º); será o momento de concordar tacitamente ou de levantar a inconstitucionalidade.

SDI A concordância do empregador é indispensável para que o empregado possa optar retroativamente pelo sistema do Fundo de Garantia por Tempo de Serviço (TST, SDI-1 Orientação Jurisprudencial Transitória 39, conversão da Orientação Jurisprudencial SDI-1 146).

Com o advento da L. 5.958/73, foi atribuída aos empregados a faculdade de opção retroativa a 1º.1.67, ou à data da admissão no emprego, e, ainda, a do término do decênio de trabalho. Se a opção retroativa feita pela reclamante à data do início da vigência da L. 5.107/67, inexiste obrigação de se respeitar o decênio. Logo, não há que se falar em nulidade do ato (TST, E-RR 208/81, Almir Pazzianotto, Ac. SDI 1.067/90).

14 FGTS, prescrição (art. 11/7); texto normativo de todo o instituto adotado pelo MTPS/SNT (IN 1/91, *DOU*, 22.10.91). Estabilidade (art. 492 e segs.).

Revela-se impertinente o entendimento de que a prescrição para reivindicar as diferenças de FGTS decorrentes dos expurgos inflacionários inicia-se com o término do contrato de trabalho do reclamante. No caso concreto, em que se pleiteiam diferenças da multa de 40% sobre os depósitos do FGTS, decorrentes dos expurgos inflacionários, na forma da Lei Complementar n. 110/2001, em razão da aplicação da teoria da *actio nata*, o marco inicial para a contagem do prazo da prescrição do direito de ação do autor é a vigência desta lei, ou seja, a partir de 29/6/2001, em virtude de ela ter universalizado o reconhecimento do direito aos expurgos inflacionários, momento em que nasceu para o autor o direito a pleitear diferenças da multa de 40% do FGTS decorrentes dos expurgos inflacionários. Recurso conhecido e provido (TST, RR 1.622/2002-012-03-00.9, Barros Levenhagen).

A transação do tempo anterior do empregado não optante, anterior à CF/88, estável, tem de ser no mínimo igual a 60% do que seria pago em caso de indenização (L. 8.036/90, art. 14). Empregado indenizado no estrangeiro (L. 7.064/82, alt. L. 11.962/09, em apêndice).

Os débitos de FGTS não recolhidos poderão ser pagos diretamente ao empregado, como verba rescisória pelo despedimento, mediante autorização judicial. A Lei 8.036/90, art. 18, autorizava o pagamento das verbas não recolhidas, inclusive a multa de 40%, diretamente ao empregado. A L. 9.491/97, que alterou seu art. 18 (v. Índice da Legislação), autoriza o levantamento, incontinenti, pelo empregado, entretanto impõe prévio depósito na conta vinculada. Essa alteração passou a vigorar em 16.2.98 (D. 2.430/97, art. 11).

O aumento coletivo posterior à quitação, com efeito retroativo, permite pleitear a complementação do que foi pago e quitado nos níveis anteriores.

A comprovação do cumprimento das obrigações trabalhistas perante a Justiça do Trabalho (CF/88, art. 233), quanto à rescisão anterior do empregado rural que foi readmitido, supre a omissão pretérita da assistência.

TST A gratificação instituída pela L. 4.090, de 1962, é devida na resolução contratual de iniciativa do empregado (ex-Prejulgado 32) (TST – Súmula 157).

TST Rescindido por acordo seu contrato de trabalho, o empregado estável optante tem direito ao mínimo de 60% do total da indenização em dobro calculada sobre o maior salário percebido no emprego. Se houver recebido menos do que esse total, qualquer que tenha sido a forma de transação, assegura-se-lhe a complementação até aquele limite (TST – Súmula 54).

TST A circunstância de a relação de emprego ter sido reconhecida apenas em juízo não tem o condão de afastar a incidência da multa prevista no art. 477, § 8º, da CLT. A referida multa não será devida apenas quando, comprovadamente, o empregado der causa à mora no pagamento das verbas rescisórias (TST – Súmula 462, Res. 209/16).

TST A Massa Falida não se sujeita à penalidade do art. 467 e nem à multa do § 8º do art. 477, ambos da CLT (TST – Súmula 388, conversão das Orientações Jurisprudenciais SDI-1 201 e 314).

SDI CANCELADA. Incabível a multa prevista no art. 477, § 8º, da CLT, quando houver fundada controvérsia quanto à existência da obrigação cujo inadimplemento gerou a multa. Legislação: CLT, art. 477, *caput*, §§ 6º e 8º (TST, SDI-1, Orientação Jurisprudencial 351, cancelada, Res. TST 163/09).

SDI Submete-se à multa do art. 477 da CLT a pessoa jurídica de direito público que não observa o prazo para pagamento das verbas rescisórias, pois nivela-se a qualquer particular, em direitos e obrigações, despojando-se do *jus imperii* ao celebrar um contrato de emprego (TST, SDI-1, Orientação Jurisprudencial 238, Res. TST 129/05).

SDI A contagem do prazo para quitação das verbas decorrentes da rescisão contratual prevista no art. 477 da CLT exclui necessariamente o dia da notificação da demissão e inclui o dia do vencimento, em obediência ao disposto no art. 132 do Código Civil de 2002 (art. 125 do Código Civil de 1916) (TST, SDI-1, Orientação Jurisprudencial 162, Res. TST 129/05).

SDI A inobservância dos procedimentos disciplinados na Circular 34046/89 do Banco Meridional, norma de caráter eminentemente procedimental, não é causa para a nulidade da dispensa sem justa causa (TST, SDI-1 Orientação Jurisprudencial Transitória 38, conversão da Orientação Jurisprudencial SDI-1 137).

SDC É contrária ao espírito da lei (art. 477, § 7º, da CLT) e da função precípua do sindicato a cláusula coletiva que estabelece taxa para homologação de rescisão contratual (TST, SDC, Orientação Jurisprudencial 16).

O acórdão regional, transcrito no acórdão embargado, registrou que o termo de rescisão contratual não foi homologado pelo sindicato, o que afasta o efeito liberatório, nos termos da Súmula 330 desta Corte e do art. 477, § 1º, da CLT, que exigem (TST, E-RR 632560-20.2000.5.06.0007, j. em 3.2.11, Maria Cristina Irigoyen Peduzzi).

Não basta tão somente satisfazer as verbas rescisórias dentro do prazo legal, necessário que sejam quitadas de forma integral (TST, RR 213.006/95.7, Galba Velloso, Ac. 4ª T. 3.250/96).

Se o empregado, consciente e livremente, anuiu ao Plano de Demissão Voluntária, outorgando quitação com expressa referência a todas as verbas do extinto contrato de trabalho, mediante o recebimento de indenização compensatória, decorrente de clara transação na forma constante do programa de demissão, inviável falar-se em renúncia de direitos. A hipótese é de típica e legal transação que desonera o empregador de qualquer outra parcela decorrente do extinto contrato de trabalho, salvo, logicamente, aquelas emergentes da própria transação (TST, RR 515.987/98, Milton de Moura França, Ac. 4ª T., 17.10.01).

MULTA DO ART. 477, § 8º, DA CLT. VÍNCULO DE EMPREGO RECONHECIDO EM JUÍZO. A multa prevista no art. 477, § 8º, da CLT incide sempre que não houver pagamento das verbas rescisórias no prazo, independentemente da relação jurídica controvertida, exceto quando o trabalhador, comprovadamente, der causa à mora. Precedentes. Embargos conhecidos e desprovidos (TST, Ag-ED-E-RR 37200-23.2011.5.17.0013, julgado em 5.11.15, Aloysio Corrêa da Veiga, Subseção I Especializada em Dissídios Individuais, *DEJT*, 13.11.15).

RECONHECIMENTO DE VÍNCULO DE EMPREGO EM JUÍZO. MULTA PREVISTA NO ART. 477, § 8º, DA CLT. Depreende-se do art. 477, § 8º, da CLT que não há outra exceção que não a relativa à mora causada por culpa do empregado, de forma que se aplica a multa ali cominada ainda quando houver controvérsia quanto à obrigação inadimplida. Com efeito, a incidência da referida multa prende-se, afinal, ao mero fato objetivo concernente ao atraso no pagamento das verbas rescisórias, nos termos do § 6º do art. 477 da CLT. Fortalece essa conclusão o cancelamento da Orientação Jurisprudencial n. 351 da SBDI-1 desta Corte em 16.11.09. Precedentes. Embargos de que se conhece e a que se nega provimento (TST-RR-1034-91.2011.5.01.0027, julgado em 28.5.15, Márcio Eurico Vitral Amaro, *DEJT*, 5.6.15).

MULTA DO ARTIGO 477, § 8º, DA CLT. Ante o cancelamento da Orientação Jurisprudencial n. 351 da SBDI-1, pacificou-se, nessa Corte, o entendimento de que se aplica a citada penalidade ainda que exista controvérsia acerca da relação empregatícia, conforme o teor do § 8º do artigo 477 da CLT. Com efeito, nos precisos termos desse preceito de lei, apenas quando o trabalhador der causa à mora no pagamento das verbas rescisórias não será devida a multa. Embargos conhecidos e desprovidos (TST, E-ED-RR 47000-13.2007.5.01.0029, julgado em 4.12.14, José Roberto Freire Pimenta, Subseção I Especializada em Dissídios Individuais, *DEJT*, 12.12.14).

O art. 477 da CLT prioriza, para a aplicação da multa, o fato material de as verbas rescisórias serem pagas no prazo legal, circunstância que o Regional reconhece ter ocorrido, e não o aspecto formal do ato homologatório da entidade sindical o ter sido tardiamente. Recurso conhecido e provido (TST, RR 686/2002-001-03-00.9, Barros Levenhagen).

Existindo divergência que obriga a parte a procurar em juízo o direito perseguido, não é permitida a aplicação da hipótese prevista no § 6º, em relação ao prazo do pagamento do aviso prévio, sendo incabível, portanto, a condenação da multa determinada no § 8º do art. 477 da CLT, por absoluta falta de previsão legal (TST, RR 191.547/95.8, Ronaldo Leal, Ac. 1ª T. 1.271/97).

Multa. Cabimento. Verbas rescisórias. Quitação intempestiva. A controvérsia estabelecida pela contestação é insuficiente para afastar a penalidade imposta pela lei àqueles que deixam de observar o prazo para quitação dos títulos rescisórios. Entendimento diverso levaria estimular-se simulação das controvérsias para se livrar do cumprimento do prazo legal (Proc. TRT/SP 3.649/97, Valentin Carrion, Ac. 9ª T. 72.889/97).

* Sobre o tema *supra*, v. www.institutocarrion.com.br.

Art. 477-A. As dispensas imotivadas individuais, plúrimas ou coletivas equiparam-se para todos os fins, não havendo necessidade de autorização prévia de entidade sindical ou de celebração de convenção coletiva ou acordo coletivo de trabalho para sua efetivação. (Red. L. 13.467/17).

O nosso ordenamento jurídico permite a dispensa do empregado, independente de motivo, desde que seja paga a indenização e/ou multa do FGTS e as verbas rescisórias. A lei deve proibir e/ou indenizar os casos de abusos e coações por parte do empregador.

Art. 477-B. Plano de Demissão Voluntária[1] ou Incentivada, para dispensa individual, plúrima ou coletiva, previsto em convenção coletiva ou acordo coletivo de trabalho, enseja quitação plena e irrevogável dos direitos[2] decorrentes da relação empregatícia, salvo disposição em contrário estipulada entre as partes. (Red. L. 13.467/17).

1 Os *incentivos às demissões* ocorrem nas grandes empresas, que, por adotarem atuações de relações públicas com a sociedade ou com seus empregados, preferem esse instrumento ao de demitir indiscriminadamente. Os procedimentos e cláusulas são os mais variados e devem ser interpretados como a manifestação dos novos tempos do direito do trabalho, sem que o falso protecionismo atinja a livre contratação entre as partes, e obviamente desde que não se evidencie a coação patronal. O incentivo não se confunde e não se compensa com as verbas rescisórias, tem naturezas distintas (salariais/indenizatórias e prêmio por aceitar a rescisão do contrato). A previdência não incide sobre "as verbas recebidas a título de incentivo à demissão" (L. 8.212/91, art. 28, § 9º, 5, red. L. 9.528/97).

2 A *quitação* de todas as verbas deve ser vista com cautela, pois cada empregado pode ter verbas diferentes a receber, férias para uns, horas extras para outros e como isso teremos valores diferentes a serem pagos.

Os valores pagos por pessoa jurídica a seus empregados, a título de incentivo à adesão a Programa de Desligamento Voluntário – PDV, não se sujeitam à incidência do imposto de renda na fonte, nem da Declaração de Ajuste Anual (Ato Declaratório 3, Sec. Rec. Fed., 7.1.99).

STJ A indenização recebida pela adesão a programa de incentivo à demissão voluntária não está sujeita à incidência do imposto de renda (STJ – Súmula 215).

SDI Os créditos tipicamente trabalhistas reconhecidos em juízo não são suscetíveis de compensação com a indenização paga em decorrência de adesão do trabalhador a Programa de Incentivo à Demissão Voluntária (PDV) (TST, SDI-1, Orientação Jurisprudencial 356).

SDI A transação extrajudicial que importa rescisão do contrato de trabalho ante a adesão do empregado a plano de demissão voluntária implica quitação exclusivamente das parcelas e valores constantes do recibo (TST, SDI-1, Orientação Jurisprudencial 270).

SDI Não é devida a indenização com redutor de 30%, prevista no Plano de Incentivo à Rescisão Contratual da Telemar, ao empregado que, embora atenda ao requisito estabelecido de não haver aderido ao PIRC, foi despedido em data muito posterior ao processo de reestruturação da empresa, e cuja dispensa não teve relação com o plano (TST, SDI-1, Orientação Jurisprudencial Transitória 67).

É incabível, por ausência de previsão legal, o pagamento de seguro-desemprego quando o empregado adere a plano de demissão voluntária. Os arts. 7º, inc. II, e 201, inc. III, da Constituição da República, bem como a Lei 7.998/90 exigem, como pressuposto para a percepção do referido benefício, que a demissão seja involuntária, o que não se verifica no caso de adesão a plano de demissão voluntária, razão por que é indevida a indenização decorrente do não fornecimento pelo empregador das guias para recebimento de seguro-desemprego (TST, E-RR 590/2002-391-02-00, Relator João Batista Brito Pereira, *DEJT*, 12.6.09).

1. A quantia que o empregador paga espontaneamente ao empregado em virtude de este aderir a plano de demissão incentivada constitui uma indenização especial destinada a fazer face à perda do emprego. Não é resgate de "dívida trabalhista", sendo, pois, insuscetível de compensação ulterior com créditos tipicamente trabalhistas reconhecidos em juízo. 2. Mais ainda avulta a inviabilidade de compensação quando se atende para a circunstância de que a indenização especial em tela, a despeito de constar do termo de rescisão do contrato de trabalho homologado pelo sindicato, foi objeto de ressalva expressa e, assim, escapa a qualquer quitação, nos termos do art. 477, § 2º, da CLT. 3. Embargos de que se conhece, por divergência jurisprudencial, e a que se nega provimento (TST, E-RR-695/2001-090-15-00.2, João Oreste Dalazen, *DJ*, 1.7.05).

A transação extrajudicial, mediante rescisão do contrato de emprego em virtude de o empregado aderir a Plano de Demissão Voluntária, implica quitação exclusivamente das parcelas recebidas e discriminadas a título de indenização, não importando em quitação total de prestações outras do contrato de emprego, estranhas ao instrumento de rescisão contratual. No âmbito das relações de trabalho, disciplinadas por legislação própria, a quitação é sempre relativa, valendo, apenas, quanto aos valores e parcelas constantes do recibo de quitação, conforme disposições contidas no § 1º do art. 477 da CLT (AIRR 727749/01, Carlos Alberto Reis de Paula – TST).

Plano de Demissão Voluntária. Validade da dedução pactuada para a possibilidade de condenação quando do ajuizamento da ação. Vantagens obtidas pelo empregado (Proc. TRT/SP 6.364/97, Valentin Carrion, Ac. 9ª T. 11.667/98).

Art. 478. A indenização devida[1] pela rescisão de contrato por prazo indeterminado[2] será de um mês de remuneração por ano de serviço efetivo, ou por ano e fração igual ou superior a 6 meses.

§ 1º O primeiro ano de duração do contrato por prazo indeterminado é considerado como período de experiência[3], e, antes que se complete, nenhuma indenização será devida.

§ 2º Se o salário for pago por dia, o cálculo da indenização terá por base[4] 20 dias (obs.: são 30 dias, v. nota 4).

§ 3º Se pago por hora, a indenização apurar-se-á na base de 200 horas por mês (obs.: são 220 horas, v. nota 4).

§ 4º Para os empregados que trabalhem à comissão ou que tenham direito a percentagens, a indenização será calculada pela média das comissões ou percentagens percebidas nos últimos 12 meses de serviço.

§ 5º Para os empregados que trabalhem por tarefa ou serviço feito, a indenização será calculada na base média do tempo costumeiramente gasto pelo interessado para realização de seu serviço, calculando-se o valor do que seria feito durante 30 dias.

1 *Indenização por despedida imotivada.* Diz a Constituição Federal de 1988:

> **Art. 7º São direitos dos trabalhadores... além de outros...**
>
> **I – relação de emprego protegida contra despedida arbitrária ou sem justa causa, nos termos de lei complementar, que preverá indenização compensatória, dentre outros direitos...**
>
> **III – fundo de garantia do tempo de serviço.**

Ato das Disposições Transitórias:

> **Art. 10. Até que seja promulgada a lei complementar a que se refere o art. 7º, I, da Constituição:**
>
> **I – fica limitada a proteção nele referida ao aumento, para 4 vezes, da porcentagem prevista no art. 6º, *caput* e § 1º, da Lei 5.107, de 13 de setembro de 1966.**

A Carta Magna adotou, generalizando-o, o regime do FGTS. A reparação comum será a do FGTS. Abandonou-se, assim, o sistema da CLT, com indenização de um mês por ano de serviço e estabilidade aos 10 anos. A Constituição não definiu quais as hipóteses de despedimento não arbitrário (v. art. 477/1); assim, prevalecem por ora os critérios vigentes, e todo despedimento por razões de necessidade da empresa determina o pagamento da reparação econômica do despedido, mesmo na hipótese de falência ou de força maior (20%). Para todos aqueles que não eram optantes na data da promulgação daquela norma, a indenização prevista na CLT vigora quanto ao tempo anterior e o FGTS para o período posterior (levantamento dos depósitos e acréscimo de 40%); despedimento arbitrário, art. 477/1. A harmonização dos dois institutos fez-se, assim, naturalmente, acompanhando o precedente análogo do direito nacional contido na aplicação da lei do FGTS para os optantes que possuíam tempo anterior. É o caso também dos estáveis que não perdem a estabilidade e o direito a indenização em dobro, pois inexistiu da parte deles o ato de adesão ao novo regime, diferentemente dos estáveis que por ele optaram; há que se respeitar o direito adquirido.

Pelo regime do FGTS, recebe-se, em lugar de indenização, os depósitos efetuados pela empresa na conta bancária vinculada do empregado (8% da remuneração), além de correção monetária e juros; o percentual elevado pela Constituição a 40% é pago ao empregado, incidente sobre todos os depósitos efetuados, corrigidos, sem dedução dos saques havidos. O tempo anterior à opção ou à vigência da Constituição se indeniza, quando da dispensa sem justa causa, na base da maior remuneração contemporânea ao despedimento. Quanto ao FGTS, v. art. 477/8. Demissão sem justa causa e URV, v. art. 457/13.

SDI I – É devida a multa do FGTS sobre os saques corrigidos monetariamente ocorridos na vigência do contrato de trabalho. Art. 18, § 1º, da Lei 8.036/90 e art. 9º, § 1º, do Decreto n. 99.684/90. II – O cálculo da multa de 40% do FGTS deverá ser feito com base no saldo da conta vinculada na data do efetivo pagamento das verbas rescisórias, desconsiderada a projeção do aviso prévio indenizado, por ausência de previsão legal (TST, SDI-1, Orientação Jurisprudencial 42, conversão das Orientações Jurisprudenciais SDI-1 107 e 254).

2 O contrato por prazo indeterminado se presume; quem alegar pacto por tempo determinado ou obra certa tem o ônus da prova.

Um mês de remuneração por ano é a base de cálculo da indenização para os períodos anteriores ao regime do FGTS, por opção do empregado ou pela superveniência da Constituição, que o adotou impositivamente. Tudo que o empregado recebeu durante os 12 últimos meses, com seus valores atualizados à época do despedimento, dividido por 12; o resultado será a base mensal para cálculo. Incluem-se: salário fixo, gratificações não esporádicas (também o 13º,

TST, Súmula 148), gorjetas (média), utilidades (alimentação, moradia etc., art. 458), gratificações ajustadas ou habituais, comissões, percentagens, diárias para viagens (quando excederem 50% do salário, assim como a ajuda de custo; art. 457, § 2º e *caput*); ainda prêmios e adicionais habituais (periculosidade, TST, Súmula 132; insalubridade, TST, Súmula 139, horas extras); vestuários e equipamentos necessários ao exercício do trabalho, não. O reajustamento salarial coletivo, determinado, no curso do aviso prévio, beneficia o empregado, mesmo que tenha recebido antecipadamente os salários correspondentes (CLT, art. 487, § 6º).

TST O fato de constar do recibo de pagamento de gratificação o caráter de liberalidade não basta, por si só, para excluir a existência de um ajuste tácito (TST – Súmula 152).

TST É computável a gratificação de Natal para efeito do cálculo de indenização (TST – Súmula 148).

TST I – O adicional de periculosidade, pago em caráter permanente, integra o cálculo de indenização e de horas extras (ex-prejulgado n. 3). II – Durante as horas de sobreaviso, o empregado não se encontra em condições de risco, razão pela qual é incabível a integração do adicional de periculosidade sobre as mencionadas horas (TST – Súmula 132, Conversão das Orientações Jurisprudenciais SDI-1 174 e 267).

Indenização. Antiguidade. O empregado que teve seu contrato rescindido legalmente, se admitido em empresa do mesmo grupo econômico, com personalidade própria, não tem direito à contagem do tempo anterior e sequer dos benefícios que a antiga empregadora pagava. A admissão posterior não pode dar continuidade a um vínculo já rescindido porque inexistente. Inaplicável à hipótese o art. 2º, § 2º, da CLT, por se tratar de empresas distintas, com personalidade jurídica própria, não podendo estender vantagens de uma para outra, eis que possuem manuais e estatutos próprios cada uma delas (TST, RR 184.239/95.7, Galba Velloso, Ac. 4ª T. 3.861/96).

O *serviço efetivo* que fundamenta a norma é o tempo à disposição do empregador, aguardando ou executando ordens (art. 4º). Incluem-se as ausências, consideradas como de interrupção das obrigações do contrato, e não se computam as de suspensão, salvo acidente e serviço militar (v. coment. art. 471).

3 Período de experiência não quer dizer *contrato de experiência* (art. 445); é que simplesmente o empregador rescindia sem pagar indenização.

Soma de períodos descontínuos (art. 453).

Antes que se complete o primeiro ano, diz a lei: na prática, aos 11 meses de trabalho, se o empregado tiver direito a um mês de aviso prévio.

Nenhuma indenização era devida antes de um ano; são exigíveis, entretanto: a) férias proporcionais ao despedido sem justa causa (inclusive por ter atingido seu termo o contrato por tempo determinado); b) 13º proporcional ao empregado que pede demissão (TST, Súmula 157) ou é despedido sem justa causa; c) aviso prévio e os depósitos do FGTS ao despedido sem justa causa. Indenização adicional (art. 457/14).

Reatando o empregado novo contrato de trabalho e dispensado imotivadamente, faz jus ao cômputo do tempo de serviço antes prestado ao mesmo empregador e à indenização por tempo de serviço, na medida em que a resilição do primeiro pacto operou-se por iniciativa do empregado, afastadas as hipóteses de falta grave, recebimento da indenização legal e aposentadoria voluntária (TRT/PR, RO 238/89, Euclides Rocha, Ac. 2ª T. 920/90).

4 *30 dias e 240 horas* eram as bases para cálculo quando da semana de 48 horas; agora, 220 horas. Jornada diária, semanal ou mensal (art. 64/1).

Safrista, rural (art. 7º/13). Construtor (L. 2.959/56).

Indenização pelo tempo anterior à opção pelo FGTS. A indenização pelo tempo anterior à opção pelo FGTS só é devida quando a cessação da relação contratual for causada pelo empregador. Em se tratando de aposentadoria espontânea, a iniciativa de rescindir o contrato parte do empregado, não lhe sendo devida, portanto, nenhuma indenização (TST, RR 6.444/88, José Ajuricaba, Ac. 2ª T. 351/90).

Art. 479. Nos contratos que tenham termo estipulado[1], o empregador que, sem justa causa[2], despedir o empregado será obrigado a pagar-lhe, a título de indenização[3], e por metade, a remuneração a que teria direito até o termo do contrato.

Parágrafo único. Para a execução do que dispõe o presente artigo, o cálculo da parte variável ou incerta[5] dos salários será feito de acordo com o prescrito para o cálculo da indenização referente à rescisão dos contratos por prazo indeterminado.

1 *O termo estipulado* do contrato é o marco final prefixado pelas partes para sua extinção, que pode ser um dia determinado à execução de serviços especificados ou à realização de certo acontecimento (art. 443, § 1º); tal cláusula só terá eficácia se as circunstâncias a justificarem: pelo trabalho de duração limitada a ser desenvolvido, ou pelas atividades empresariais transitórias ou por tratar-se de um contrato de experiência (art. 443, § 2º). Contrato por prazo determinado não se presume; considera-se indeterminado.

2 A *despedida* sem justa causa é a que não está fundamentada em nenhuma das condutas do art. 482. Os mesmos efeitos produzem despedir expressamente, do que violar as obrigações, levando o empregado a rescindir o contrato, na chamada despedida indireta (art. 483).

3 *A indenização* devida pelo despedimento antecipado é considerada pela doutrina tal como é a fixação legal antecipada das perdas e danos pela violação do pactuado, e não se cumula com o aviso prévio (Barretto Prado, *Direito do Trabalho*). O regime do FGTS concede direito ao saldo da conta vinculada, mas o acréscimo de percentual não é devido na extinção natural do contrato, como tampouco o é na aposentadoria, falecimento ou no despedimento antecipado, já que o instituto possui sanção específica e apropriada ao grau de inadimplemento. No despedimento antecipado não é devido o acréscimo percentual, como pretende o Regulamento (D. 99.684/90), sem apoio em lei (em sentido contrário, Amauri, *Iniciação ao Direito do Trabalho* e *Comentários às leis trabalhistas*).

4 *Na construção por obra certa* para o empregador com atividade permanente, se o empregado tiver mais de 12 meses, receberia pelo regime anterior indenização prevista no art. 478 com redução de 30% (L. 2.959/56). A adaptação das normas preexistentes pelo mesmo raciocínio acima leva à mesma redução de 30%, na sanção constitucional prevista em 40%, sobre o saldo da conta vinculada.

O *safrista* com contrato dependente das variações agrárias, pelo regime anterior à Constituição, tinha direito a: a) indenização pela expiração normal do contrato (1/12 do salário mensal por mês de serviço ou fração superior a 14 dias, L. 5.889/73, art. 14); ou b) FGTS, se optante, o que só era possível se industriário. Pelo atual regime generalizado do FGTS, conclui-se que, quando da extinção natural de seu contrato a termo, faz jus não só ao saldo da conta vinculada como ao acréscimo percentual da Constituição, pois o crédito legal tem a natureza de salário diferido pelo tempo transcorrido e não reparatório pelo futuro incumprido, como ocorre nas rupturas antecipadas.

Técnicos estrangeiros, trabalhando provisoriamente no Brasil, se pagos em moeda estrangeira, devem ser contratados por tempo determinado e sem opção pelo FGTS (v. DL 691/69, em apêndice).

5 A parte variável da remuneração no inadimplemento é calculada na forma do art. 478, §§ 4º e 5º. Contrato de trabalho por tempo determinado de incentivo a novos empregos (art. 443/5).

TST O art. 479 da CLT aplica-se ao trabalhador optante pelo FGTS, admitido mediante contrato por prazo determinado, nos termos do art. 30, § 3º, do D. 59.820, de 20 de dezembro de 1966 (TST – Súmula 125).

Empregado contratado para obra certa não faz jus a aviso prévio quando seu desligamento ocorreu com o término progressivo dos serviços atribuídos ao empregado, não sendo indispensável a ocorrência do término de toda a obra (TRT/SP, RO 478/79, Campos Batalha, Ac. 1.126/80).

O termo final do contrato por safra, apesar de denominação por prazo determinado, está vinculado a fato futuro – término da colheita –, pois depende de variações estacionais. Por isso, ao safrista são devidas todas as verbas inerentes ao término do contrato, inclusive aviso prévio, FGTS, multa constitucional de 40% (quarenta por cento) sobre o FGTS e 13º proporcional (Enunciado n. 3) (TST, RR 56.220/92.0, Francisco Fausto, Ac. 3ª T. 4.052/96).

Art. 480. Havendo termo estipulado, o empregado não se poderá desligar do contrato, sem justa causa, sob pena de ser obrigado a indenizar o empregador dos prejuízos que desse fato lhe resultarem.

§ 1º A indenização, porém, não poderá exceder àquela a que teria direito o empregado em idênticas condições.

§ 2º (Rev. L. 6.533/78).

1 O empregado que rescinde o contrato por tempo determinado antecipadamente deve indenizar; neste caso a lei não prefixa os prejuízos, impondo ao empregador o ônus de prová-los até o máximo previsto. A ação contra o empregado é da competência da Justiça do Trabalho.

2 Artista, v. L. 6.533/78, em apêndice, que revogou a permissão do atestado liberatório. Contrato de trabalho por tempo determinado de incentivo a novos empregos (art. 443/5).

Art. 481. Aos contratos por prazo determinado, que contiverem cláusula assecuratória do direito recíproco de rescisão antes de expirado o termo ajustado, aplicam-se, caso seja exercido tal direito por qualquer das partes, os princípios que regem a rescisão dos contratos por prazo indeterminado.

1 *Cláusula assecuratória* do direito de rescisão antecipada confere às partes que assinaram contrato a termo a faculdade de se arrependerem antecipadamente. É contrassenso à sistemática da CLT. Permitiria ao empregador usufruir simultaneamente das vantagens do contrato por tempo determinado (sem indenização no tempo final) e das do indeterminado (se lhe convier a resilição antecipada). O dispositivo possuía importância na primitiva redação da CLT, perdendo-a após as restrições do art. 443, § 2º, e o regime do FGTS, que eliminou as indenizações. Alguns julgados confundem cláusula assecuratória de rescisão (faculdade de substituir contrato determinado por indeterminado) com o contrato escrito, que simplesmente torna explícito aquilo que a lei impõe como sanção pelo desligamento antecipado. Nesta hipótese ("se rescindir antes pagará aquilo, pelo art. 481"), não se está criando um novo direito de rescindir optativamente, mas mencionando a consequência legal de reparar, simples repetição.

Contrato de trabalho por tempo determinado de incentivo à novos empregos (art. 443/5).

Contrato de experiência (v. art. 445).

TST Cabe aviso prévio nas rescisões antecipadas dos contratos de experiência, na forma do art. 481 da CLT (TST – Súmula 163).

Contrato por prazo determinado – Indenização pela metade. A única base legal para transformar um contrato a termo em indeterminado é a existência, no contrato, de cláusula assecuratória do direito recíproco da rescisão, previsto no art. 481 da CLT (TST, RR 2.229/88, José Ajuricaba, Ac. 2ª T. 2.128/89).

Cabe aviso prévio nas rescisões antecipadas dos contratos de experiência, na forma do art. 481 da CLT (TST, E-RR 88.205/93.6, José Luiz Vasconcellos, Ac. SBDI-1 1.045/96).

Art. 482. Constituem justa causa[1-3] para rescisão do contrato de trabalho pelo empregador:

a) ato de improbidade[4];

b) incontinência de conduta ou mau procedimento[5];

c) negociação habitual[6] por conta própria ou alheia sem permissão do empregador, e quando constituir ato de concorrência à empresa para a qual trabalha o empregado, ou for prejudicial ao serviço;

d) condenação criminal[7] do empregado, passada em julgado, caso não tenha havido suspensão da execução da pena;

e) desídia[8] no desempenho das respectivas funções;

f) embriaguez[9] habitual ou em serviço;

g) violação de segredo da empresa[10];

h) ato de indisciplina ou de insubordinação[11];

i) abandono de emprego[12];

j) ato lesivo da honra ou da boa fama[13] praticado no serviço contra qualquer pessoa, ou ofensas físicas, nas mesmas condições, salvo em caso de legítima defesa, própria ou de outrem;

k) ato lesivo da honra ou da boa fama[13] ou ofensas físicas praticadas contra o empregador e superiores hierárquicos, salvo em caso de legítima defesa, própria ou de outrem;

l) prática constante de jogos de azar[14];

m) perda da habilitação ou dos requisitos estabelecidos em lei para o exercício da profissão[16], em decorrência de conduta dolosa do empregado. (Red. L. 13.467/17).

Parágrafo único. Constitui igualmente justa causa para dispensa de empregado a prática, devidamente comprovada em inquérito administrativo, de atos atentatórios à segurança nacional[15].

1 *Justa causa*: efeito emanado de ato ilícito do empregado que, violando alguma obrigação legal ou contratual, explícita ou implícita, permite ao empregador a rescisão do contrato sem ônus (pagamento de indenizações ou percentual sobre os depósitos do FGTS, 13º salário e férias, estes dois proporcionais).

2 *Caracterização e limitações* da justa causa: a) o fato não poderá extravasar os contornos fixados pelo art. 482 (capitulação legal); b) a reação da empresa, rescindindo o contrato, deve ser imediata, o que não afasta o decurso de tempo razoável para reflexão e apuração, variável com a complexidade da empresa; c) gravidade tal que impossibilite a normal continuação do vínculo; há penas leves para as faltas leves, que não justificam o despedimento; d) inexistência de perdão tácito ou expresso; e) que o fato seja efetivamente o determinante da rescisão (relação de causa e efeito), não podendo ser substituído; fatos posteriores, mesmo graves, em princípio não influenciam (salvo se estes eram desconhecidos, quando da comunicação, em cuja hipótese deverá haver manifestação expressa do empregador); f) haja repercussão na vida da empresa ou tenha sido ferida cláusula do contrato (Evaristo de Moraes Filho, *Justa causa*); a regra não é absoluta, pois a CLT acolheu algumas hipóteses taxativas que caracterizam exceção ao princípio; ex.: incontinência de conduta; g) que o fato não tenha sido punido; h) apreciação das condições objetivas do caso, da personalidade do empregado e do seu passado (v. Evaristo de Moraes Filho, "Cessação do contrato de emprego", in *Temas*); i) a falta alegada para despedimento não poderá ser substituída por outra, nem ser reforçada.

Lamarca, em *Manual das justas causas*, insurge-se contra a apreciação subjetiva da falta. "Despedimento arbitrário", Octavio Bueno Magano, *T&P* 1; "Mecanismos reequilibradores da despedida arbitrária", Washington da Trindade, *T&P* 1; *Manual do Direito do Trabalho*, Bento Herculano Duarte; *Rescisão do contrato de trabalho*, Aristeu de Oliveira.

TST Nula é a punição de empregado se não precedida de inquérito ou sindicância internos a que se obrigou a empresa, por norma regulamentar (TST – Súmula 77).

Empresa de grande porte dispõe de tempo razoável para que sua organização burocrática investigue as circunstâncias fáticas que justifiquem ou não sanções disciplinares, inclusive o possível despedimento (TRT/SP, RO 14.355/85, Valentin Carrion, Ac. 8ª T. 10.11.86).

O grande porte da empresa serve para justificar a demora na investigação da ocorrência da justa causa, nunca, porém, para explicar o retardamento na aplicação da pena (TST, RR 3.528/83, Orlando da Costa, Ac. 3ª T. 5.172/86).

Inquérito instaurado para apurar falta grave. Inatualidade da punição. Se a empresa aguarda a ultimação do inquérito policial para identificação dos ladrões, entre eles o empregado, a punição não se torna inatual, pelo simples fato de que só então ficou identificado o criminoso (TST, RR 5.646/84, Marcelo Pimentel, Ac. 2ª T. 3.048/85).

Indisciplina, insubordinação, passado funcional, reincidência captam-se no campo da matéria fático-probatória e dependem do grau de intensidade, vale dizer, da gravidade (TST, RR 2.441/79, Coqueijo Costa, Ac. 3ª T. 506/80, *DJU*, 6.6.80, p. 4208).

■ Não há falta de imediatidade na punição do empregado, quando a empresa de grande porte, atuando em vários Estados e cidades, preliminarmente, apura os fatos através de sindicância interna, do conhecimento do empregado, na qual se defendeu da acusação e tem ciência que não houve perdão (TST, RR 62.436/92.7, Ursulino Santos, Ac. 1ª T. 3.159/93).

■ A participação pacífica em movimento grevista não constitui justa causa para a dissolução do contrato de trabalho de empregado dirigente sindical, ainda quando o movimento paredista haja sido considerado ilegal por decisão da Justiça do Trabalho (TST, RR 120.352/94.3, Rider de Brito, Ac. 2ª T. 5.100/96).

■ A acumulação de cargos públicos não constitui justa causa para o rompimento do vínculo empregatício, na medida em que não se inclui nas hipóteses das alíneas do art. 482 da CLT. Violação do art. 5º, II, da Constituição Federal não configurada (TST, RR 282.843/96.5, João Oreste Dalazen, Ac. 1ª T.).

3 Apreciação judicial: a) restrita à declaração de legalidade ou não da rescisão, sem o poder de dosagem (Evaristo de Moraes Filho discorda, ob. cit.); b) o ônus da prova incumbe ao empregador.

4 *Improbidade* (a). A jurisprudência a tem caracterizado principalmente como "atentado contra o patrimônio do empregador, de terceiros ou de companheiros de trabalho" (Gomes-Gottschalk, *Curso de Direito do Trabalho*); a doutrina é muito variável, conceituando-a ora como violação de um dever legal, ora de um dever moral, ou ainda de uma "obrigação geral de conduta e não específica, constituindo falta grave, ainda que fora do serviço" (Maranhão, *Instituições*). Consiste em atos "que revelam claramente desonestidade, abuso, fraude ou má-fé" (Russomano, *Comentários à CLT*, art. 482). Ação ou omissão dolosas do empregado, visando uma vantagem para si ou para outrem, em decorrência do emprego e com prejuízo real ou potencial para alguém, diz Lamarca (*Manual das justas causas*), repetindo dois exemplos: a) empregado que recebe comissão de fornecedor; b) falsa declaração de dependentes para fins de recebimento do salário-família.

■ Se o empregado retém valores que pertencem à empresa, simulando na prestação de contas, caracteriza falta grave. Incabível autodeterminar-se um ressarcimento por ter assinado o vale referente ao cheque anteriormente não recebido do cliente, porque não é credor da empresa do valor correspondente e sim devedor. O arbítrio em quitar-se do que não é credor é ato de improbidade, ainda mais quando se trata de vendedor-cobrador (TST, RR 4.299/85.5, Marcelo Pimentel, Ac. 2ª T. 1.372/86).

■ Improbidade. A imputação de improbidade ao empregado para seu despedimento sumário é a mais grave das hipóteses contempladas pelo art. 482 consolidado. Como tal, deve ser provada de modo irrefutável sob pena de sua imprestabilidade para este fim (TRT/SP, RO 028600013495, Délvio Buffulin, Ac. 8ª T. 8.404/87).

■ Comete justa causa para a despedida o empregado que junto com pessoas estranhas aos quadros de sua empregadora participa da venda irregular de ingressos, ficando com parte do resultado (TRT/PR, RO 926/86, Indalécio Gomes, Ac. 1ª T.).

■ O reconhecimento da materialidade e autoria do crime de furto pelo Juízo criminal implica na constatação no processo trabalhista de que o empregado praticou ato de improbidade, ensejando sua dispensa por justa causa, ante os termos do art. 1.525 do Código Civil (TST, ED-RR 5.442/90.9, José Luiz Vasconcellos, Ac. 3ª T. 2.779/96).

5 *Incontinência de conduta ou mau procedimento* (b). Apesar do esforço, foi impossível à literatura jurídica adotar, para estas duas hipóteses, conceituação precisa, desvinculada da casuística, em face da sua amplitude. Incontinência seria a vida desregrada, a exibição com meretrizes e gente de má nota, com a perda de respeitabilidade e bom conceito, comportamento desordenado em público, rixas e contendas habituais (Bento de Faria, apud Dorval Lacerda, *Falta grave*). A figura de mau procedimento é tão ampla que poderia abranger todas as outras e, na prática, serve para focalizar qualquer ato do empregado que, pela sua gravidade, impossibilite a continuação do vínculo, desde que não acolhido precisamente nas demais figuras, nem excluído por algumas delas ao dar exato limite a determinada conduta.

Lamarca repele a possibilidade de qualquer das duas figuras abranger a outra. A incontinência estaria restrita ao campo do abuso ou desvio da sexualidade, quando afetar o nível de moralidade média da sociedade, revestindo ofensa ao pudor, violência à liberdade sexual, pornografia ou obscenidade, importando em desrespeito e desconsideração à sociedade, à empresa e aos companheiros de trabalho.

A lição do mestre, que limita exageradamente o campo de aplicação da justa causa, não acompanha, como se vê, a doutrina anterior, nem a jurisprudência. Segundo o mesmo autor, no mau procedimento o empregado pretende causar um prejuízo, real ou potencial, dolosamente, por má-fé; difere do ato de improbidade, onde o empregado o pratica para obter um proveito (ibidem). Assédio sexual (art. 483/11).

■ A legítima defesa se caracteriza quando se tenta repelir injusta agressão, que está acontecendo ou prestes a acontecer. Reação premeditada não caracteriza legítima defesa (TRT/DF, RO 2.324/84, Oswaldo Neme, Ac. TP, 1.979/85).

■ É motivo bastante para a dispensa por justa causa a iniciativa do empregado de criticar o seu superior hierárquico de forma contundente e com o uso de expressões desairosas e deselegantes, demonstrando menosprezo à hierarquia que deve imperar numa empresa organizada (TRT/MG, RO 18.704/95, Tarcísio Giboski, Ac. 5ª T.).

■ Justa causa. Incontinência de conduta e mau procedimento. Atos repetidos já punidos. Há necessidade de um novo ato, "a gota d'água" que fundamente a justa causa (TRT/SP, RO 22.998/96, Valentin Carrion, Ac. 42.879/97).

6 *Negociação habitual* (c). Qualquer atividade, mesmo alheia ao comércio (Dorval Lacerda, ob. cit.). Exige-se habitualidade, não havendo necessidade de coincidência com os pressupostos do crime de concorrência desleal (Código da Propriedade Industrial, art. 195, X). Como o empregado é livre de trabalhar para mais de um empregador, é necessário que haja uma concorrência efetiva, que possa diminuir os lucros deste, mesmo em potência (Maranhão, ob. cit.), podendo, por outro lado, haver prejuízo ao serviço sem concorrência (*LTr* 35/192, 1971, Emílio Gonçalves). Ocorre, também, quando o empregado utiliza seu tempo de serviço na venda de produtos próprios, em evidente prejuízo ao seu trabalho e de colegas.

■ Descaracteriza-se a concorrência desleal ao obreiro atribuída se a prova, como na espécie, revela que a empresa não só tinha ciência de que ele praticava o comércio informal de mercadorias por ela vendidas, como também autorizava a guarda de tais mercadorias na loja, o que denota verdadeira tolerância com referido procedimento (TRT/SP, 2.930.362.612, Anélia Li Chum, Ac. 7ª T. 7.699/95).

7 *Condenação criminal* (d). A rescisão impõe-se por absoluta impossibilidade de cumprimento das obrigações contratuais. a) O texto evidencia o desejo do legislador de somente caracterizar como justa causa o mau procedimento ou incontinência que afete o ambiente de trabalho; de outra forma a condenação criminal seria desnecessária, pois qualquer ato tão grave para justificar condenação criminal, mesmo com suspensão da pena, seria mau procedimento ou incontinência; b) suspensão da execução da pena; se não houver privação de liberdade, não há causa; se a privação for igual ou inferior a 30 dias, a finalidade da lei desaconselha a rescisão (Gomes-Gottschalk, *Curso*; Maranhão, *Instituições*). A mesma conclusão se se tratar do benefício de *prisão-albergue,* onde se permite ao sentenciado a saída durante o dia para trabalhar, recolhendo-se à prisão à noite; outra não pode ser a solução, à vista da necessidade de integração do sentenciado na sociedade; c) desnecessidade de inquérito judicial contra o estável, em face da realidade da condenação e ineficácia do indulto após a ausência pela prisão.

■ A suspensão da execução da pena criminal, por si só, não afasta a possibilidade de caracterização da justa causa para dispensa se, residualmente, foi alegado e demonstrado o mau procedimento do empregado, cuja conduta culminou com a condenação criminal (TST, RR 40.462/91.0, Mendes de Freitas, Ac. 3ª T. 4.808/92).

■ A absolvição do empregado por insuficiência de provas, no juízo criminal, não afasta a possibilidade de ser reconhecida falta grave em reclamação trabalhista (TST, RO-AR 112.929/94.7, Vantuil Abdala, Ac. SESBDI-2 753/96).

■ Não há qualquer impedimento para que a Justiça Trabalhista entenda configurada justa causa para dispensa do empregado, pelos mesmos fatos que ensejaram processo-crime em que, a final, houve absolvição do réu, sob fundamento de que não se caracterizou o ilícito penal (TST, RO-AR 167.067/95.2, José Luciano de Castilho Pereira, Ac. SBDI-2 101/96).

8 *Desídia* (e). É falta culposa, e não dolosa, ligada à negligência; costuma-se caracterizar pela prática ou omissão de vários atos (comparecimento impontual, ausências, produção imperfeita); excepcionalmente poderá estar configurada em um só ato culposo muito grave; se doloso ou querido, pertencerá a outra das justas causas.

■ O legislador não obriga à gradação de punições. Basta que configurada a situação tipificada para que o empregador fique autorizado a proceder à dispensa justificada (TST, RR 163.359/95.5, José Luiz Vasconcellos, Ac. 3ª T. 3.478/96).

■ A falta reiterada ao serviço, por si só, é considerada falta grave, na medida em que o empregador não pode contar com o concurso de seu empregado e pelo exemplo negativo que proporciona aos demais obreiros (TST, RR 145.385/94.6, Cnéa Moreira, Ac. 1ª T. 2.026/95).

■ Justa causa. Vigilante. O abandono do posto configura falta grave, tendo em vista sua responsabilidade sobre o patrimônio da cliente de sua empregadora (TRT/SP, RO 34.857/96, Valentin Carrion, Ac. 9ª T. 63.596/97).

■ Justa causa. Desídia. Sua evidência ocorre, quando o empregado não se corrige, após ser advertido... (TRT/SP, RO 21.098/96, Valentin Carrion, Ac. 52.800/97).

* Sobre o tema *supra*, v. www.institutocarrion.com.br.

9 *Embriaguez* (f). Alcoólica, ou originada por tóxico ou entorpecentes. Haverá embriaguez quando o indivíduo, intoxicado, perde o governo de suas faculdades a ponto de tornar-se incapaz de executar com prudência a tarefa a que se consagra (Wagner Giglio). Habitual: mesmo que sem relação alguma com o serviço; repetidas vezes dentro de curto espaço de tempo; ingestão frequente de bebidas sem efeitos negativos, mesmo que ostensiva, não equivale a embriaguez. Em serviço: a doutrina se inclina pela configuração da justa causa desde que se concretize uma só vez (Russomano, Gomes-Gottschalk e Maranhão; Dorval Lacerda, em sentido contrário). Para decidir se um ato isolado permite o despedimento, devem examinar-se, como é princípio geral, as demais circunstâncias gerais (tempo de serviço do empregado, conduta anterior) e específicas (embriaguez culposa, resistência enfraquecida, fato grave que atingiu o empregado etc.).

■ A v. decisão regional não viola os dispositivos relativos à Lei 8.213/91, eis que constatado nexo de causalidade, ante a conduta da empresa quando da despedida em massa de empregados, na privatização, e diante do trabalho do autor, com risco de morte, e ainda, em face de não ter sido adotada providência para afastamento do empregado pela previdência social, elevando a patamar de proteção social a doença correlata à profissional, porque decorrente do trabalho. Violação literal dos arts. 92, 93, 118 e 20 da Lei 8.213/91 não demonstrada (TST, RR 60/1998-004-17-00, Aloysio Corrêa da Veiga, *DEJT*, 26.6.09).

■ O alcoolismo é uma figura típica de falta grave do empregado ensejadora da justa causa para a rescisão do contrato de trabalho. Mesmo sendo uma doença de consequência muito grave para a sociedade é motivo de rescisão contratual porque a lei assim determina. O alcoolismo é um problema da alçada do Estado que deve assumir o cidadão doente, e não do empregador que não é obrigado a tolerar o empregado alcoólatra que, pela sua condição, pode estar vulnerável a acidentes de trabalho, problemas de convívio e insatisfatório desempenho de suas funções. Revista conhecida e desprovida (TST, RR 524.378/98.0, Lucas Kontayanes, Ac. 3ª T./99).

10 *Violação de segredo* (g). Segredo: todo fato, ato ou coisa que, de uso ou conhecimento exclusivo da empresa, não possa ou não deva ser tornado público, sob pena de causar um prejuízo, remoto, imediato ou provável, àquela (Dorval Lacerda, ob. cit.). É desnecessário seja declarado como segredo; basta que assim possa ser deduzido. Violação: sem revelação (uso do segredo) ou com ela (transmitindo-o); ibidem: Não se dá a ilicitude quando o agente faz a declaração por determinação da autoridade competente.

11 *Indisciplina* (h). Descumprimento de ordens gerais do empregador, dirigidas impessoalmente ao quadro de empregados (ex.: proibição de fumar em certos locais); *insubordinação*: desobediência a determinada ordem pessoal endereçada a certo empregado ou a pequeno grupo (ex.: executar alguma tarefa como lhe foi comunicado). A doutrina é pacífica, mas há confusão jurisprudencial, justificável, pois, como salienta Lamarca, em certas hipóteses práticas é difícil estabelecer-se distinção entre as duas figuras (*Manual das Justas Causas*, n. 106). Greve (art. 725/3).

■ Configuração. Empregado que desacata o chefe com expressão desrespeitosa merece a dispensa com justa causa (TRT/SP, RO 02850245989, José Serson, Ac. 6ª T. 11.236/87).

■ Dá justa causa para sua dispensa, o empregado, vigilante, com passado funcional não isento de mácula e que abandona seu posto para receber, em local isolado, pessoa estranha aos quadros da empresa, afrontando proibição do empregador (TRT/PR, RO 776/86, Carmen Ganem, Ac. 2ª T. 2.125/86).

■ Ainda que o empregado tenha um passado funcional ilibado, ofender e desrespeitar superior hierárquico é atitude suficientemente grave para justificar a imediata rescisão contratual (art. 482, "k", da CLT) (TRT, 10ª Reg., RO 1.095/85, Fernando Damasceno, Ac. 1ª T. 1.032/86).

■ Provada a desobediência a ordens diretas de superior hierárquico, comete o obreiro ato de insubordinação que determina o rompimento do pacto laboral por justo motivo (TRT/DF, RO 2.235/85, Câmara Portocarrero, Ac. 2ª T. 2.589/86).

■ Participação pacífica em greve. A participação pacífica na greve que posteriormente foi considerada ilegal, não revela, por si só, motivo para a dispensa por justa causa. É indiscutível que o empregador detém o poder de comando e o livre arbítrio, mas não pode a atitude empresarial atingir uma minoria, em flagrante desrespeito ao princípio da isonomia (TST, ED-RR 141.733/94.8, Galba Velloso, Ac. 4ª T. 4.330/96).

12 *Abandono do emprego* (i). Há necessidade de: a) ausência injustificada; b) mais ou menos longa (a jurisprudência fixa em 30 dias), mas pode ser inferior, se houver outras circunstâncias evidenciadoras (ex.: exercício de outro emprego); c) intenção de abandono (em 30 dias), presume-se; é do empregado ônus da prova em contrário; antes desse prazo a presunção é de que não houve abandono, e o ônus da prova pertence ao empregador (TST, 3ª T., RR 4.037/70, Ac. 84/71, *LTr* 35/532, 1971; também Russomano, ob. cit.). A LC 150/15, art. 27, IX, considera uma ausência mínima de 30 dias. A jurisprudência já assim considerava.

TST A ocorrência de justa causa, salvo a de abandono de emprego, no decurso do prazo do aviso prévio dado pelo empregador, retira do empregado qualquer direito às verbas rescisórias de natureza indenizatória (TST – Súmula 73).

TST O prazo de decadência do direito do empregador de ajuizar inquérito em face do empregado que incorre em abandono de emprego é contado a partir do momento em que o empregado pretendeu seu retorno ao serviço (TST – Súmula 62).

TST Presume-se o abandono de emprego se o trabalhador não retornar ao serviço no prazo de 30 (trinta) dias após a cessação do benefício previdenciário nem justificar o motivo de não o fazer (TST – Súmula 32).

A prova do ânimo de abandonar o emprego constitui elemento essencial da existência da justa causa, em ordem de autorizar a resilição do contrato por parte do empregador. Não o tem empregado que, atempadamente, e nos termos do regulamento da empresa, licenciou-se, ficando suspenso, o contrato, para evitar transferência compulsória indesejada (TRT/DF, RO 3.007/85, Pena Júnior, Ac. 1ª T. 2.973/86).

Empregado que se afasta do serviço para socorrer familiar em situação de emergência, pedindo antes licença, ainda que não concedida, e reapresentando-se a seguir, não manifesta o *animus* de abandonar o emprego, pelo que é injusta a sua dispensa sob esse pretexto (TRT/PA, RO 3.074/90, Itair Silva, Ac. 1.229/91).

13 *Ato lesivo da honra e boa fama* (j, k): calúnia, injúria ou difamação, contra qualquer pessoa no serviço no local da empresa ou onde esta exerce suas atividades (ex.: turma de trabalhadores na estrada), de forma a "conturbar o ambiente de trabalho" (Barretto Prado, *LTr* 35/211, 1971). Legítima defesa: em caso de agressão injusta, atual ou iminente, inevitável, devendo a reação ser moderada; a provocação não impede a configuração da justificativa, em termos. Contra empregador ou superior: em qualquer lugar, mesmo fora do serviço.

Briga em legítima defesa, fora do estabelecimento do trabalho, não pode ser considerada justa causa para despedimento do obreiro, ainda que se trate de ex-presidiário (TST, RR 7.759/84, Ranor Barbosa, Ac. 3ª T. 5.666/85).

Não comete justa causa empregado que, agredido injustamente por outro empregado, usa dos meios disponíveis e necessários para repelir a agressão de que estava sendo vítima. Inexistente excesso de defesa, como quer a empresa, na medida em que o reclamante já fora atingido na testa com golpes de cassetete e para defender-se usou da mesma espécie de arma, bem como faca que também era utilizada pelo agressor. Legítima defesa configurada e que, na forma do art. 482, "j", da CLT, afasta a alegação de justa causa (TRT/PR, RO 2.386/85, Euclides Rocha, Ac. 2ª T. 2.449/86).

Ainda que o empregado tenha um passado funcional ilibado, ofender e desrespeitar superior hierárquico é atitude suficientemente grave para justificar a imediata rescisão contratual (TRT/DF, RO 642/85, Fernando Damasceno, Ac. 1ª T. 2.980/85).

Há justa causa para a dispensa quando o empregado apodera-se de uma faca no momento da discussão com o empregador, independentemente da dúvida existente sobre a quem atribuir a iniciativa da agressão (TRT/DF, RO 2.741/84, Satyro e Souza, Ac. 1ª T. 2.070/85).

14 *Jogos de azar* (l): nos que a sorte é preponderante (carteado, corridas de cavalos, apostas pelo resultado de encontros esportivos); constante: habitual e não esporádica; quantias reduzidas aplicadas em jogo de loteria ou loteria esportiva, ou destinadas ao pagamento de consumação, não são suficientes para tipificar a falta; há quem entenda que mesmo sem habitualidade o jogo de azar praticado por empregado de confiança poderá traduzir-se em justa causa, não desta figura mas de mau procedimento ou indisciplina (Dorval Lacerda, ob. cit.).

15 *Segurança nacional*. Constituem justa causa atos de terrorismo, subversão etc. O Ato das Disposições Constitucionais Transitórias, art. 8º (regulamentado pela L. 10.559/02, alterado pelo D. 4.897/03), concedeu anistia em certas hipóteses por atos de exceção (v. Ind. Leg.), "O inquérito administrativo para apuração dessa falta há de realizar-se perante a Justiça do Trabalho, onde o faltoso poderá exercer amplamente sua defesa. Se praticou crime contra a segurança nacional e for condenado à pena de reclusão, teremos a impossibilidade material de cumprimento do contrato de trabalho" (Saad, *CLT comentada*, art. 482; Bernardes, Hugo Gueiros, "Novos aspectos. A ideia de segurança nacional", *LTr* 35/841, 1971). Inquérito somente para as entidades de direito público (cf. Wagner Giglio, apud Lamarca, *Manual das justas causas*, n. 124). Anistia e promoções a servidores públicos e dirigentes sindicais punidos por motivação política (L. 8.632/93, L. 8.878/94). Lei de Segurança Nacional, L. 7.170/83, art. 15, paralisação de atividades essenciais.

16 *Exercício da profissão*. Se o empregado, por ato próprio, não puder mais exercer a função, profissão a que foi contratado, o empregador não deve ser obrigado a arcar com esse empregado, mesmo em outra função. Importante que seja caracterizada a conduta dolosa do empregado.

STF A anistia prevista no art. 8º do ADCT não alcança os militares expulsos com base em legislação disciplinar ordinária, ainda que em razão de atos praticados por motivação política (STF – Súmula 674).

TST Falece competência à Justiça do Trabalho para determinar reintegração ou indenização de empregado demitido com base nos Atos Institucionais (TST – Súmula 150).

SDI Os efeitos financeiros da anistia concedida pela Lei n. 8.878/94 somente serão devidos a partir do efetivo retorno à atividade, vedada a remuneração em caráter retroativo (TST, SDI-1 Orientação Jurisprudencial Transitória 56, conversão da Orientação Jurisprudencial SDI-1 221).

SDI O tempo de afastamento do anistiado pela Lei n. 6.683/79 não é computável para efeito do pagamento de indenização por tempo de serviço, licença-prêmio e promoção (TST, SDI-1 Orientação Jurisprudencial Transitória 44, conversão da Orientação Jurisprudencial SDI-1 176).

SDI Anistia. Emenda Constitucional n. 26/85. Efeitos financeiros da promulgação (TST, SDI-1, Orientação Jurisprudencial 12).

Na hipótese de servidor público anistiado, aplica-se o § 5º do art. 4º da Emenda Constitucional n. 26/85 para efeitos financeiros, ou seja, ele passa a receber os salários desde a promulgação da anistia e não a partir da readmissão (TST, E-RR 48.116/92.2, José Luiz Vasconcellos, Ac. SDI 3.163/95).

Falece competência à Justiça do Trabalho para determinar reintegração ou indenização de empregado demitido com base nos Atos Institucionais. Interpretação do TST: na forma da jurisprudência do STF os atos institucionais insuscetíveis de apreciação pelo Judiciário são do Governo Federal; os estaduais não têm essa prerrogativa (TST, Ac. 3ª T. 727/70, *LTr* 35/24).

17 *Outras justas causas*: a) ferroviário que recusa prorrogação horária em certos casos (art. 240); b) aprendiz que não frequenta curso de aprendizagem ou não o aproveita (art. 432); c) bancário que omite o pagamento de dívidas (art. 508); d) grevista que pratica excessos (L. 7.783/89, arts. 14 e 15; CLT, art. 722 e segs.); e) segurança do trabalho (art. 158); f) faltas passíveis de pena de demissão para o empregado público (L. 8.027/90); g) declaração falsa ou uso indevido do vale-transporte (D. 95.247/87). Dano moral (art. 223-A/1).

A simples participação pacífica em greve declarada ilegal pelo TRT não constitui, por si só, falta grave para despedida do trabalhador. Aplicação do art. 26 da Lei 4.330/64 (TRT/SP, 0285027257-9, Floriano Corrêa, Ac. 1ª T. 7.499/87).

A norma contida no art. 508, consolidado, é de natureza especial. O caráter tutelar das normas que regem o trabalho bancário não se exterioriza apenas quanto às garantias asseguradas ao obreiro. Atento às peculiaridades de labor das entidades bancárias, o legislador previu mais uma hipótese de justa causa específica e vinculada a maior fidúcia funcional e pessoal do empregado com relação aos procedimentos ligados a finanças. Desta forma, estão os mesmos sujeitos a um maior rigor na apreciação de atos faltosos. Revista a que se dá provimento (TST, RR 2.419/85, José Ajuricaba, Ac. 2ª T. 3.074/86).

Professor – Quebra do regime de dedicação. Ocorre justo motivo para dispensa de professor universitário, se este oculta motivo impediente do exercício do magistério superior, em regime de dedicação exclusiva, por constituir este fato séria violação dos seus deveres e obrigações para com a Universidade (TRT/DF, RO 2.014/84, Heráclito Pena, Ac. TP 1.669/85).

Art. 483. O empregado poderá considerar rescindido o contrato e pleitear a devida indenização[10] quando:

a) forem exigidos serviços superiores às suas forças[1], defesos por lei, contrários aos bons costumes, ou alheios ao contrato;

b) for tratado pelo empregador ou por seus superiores hierárquicos com rigor excessivo[2];

c) correr perigo manifesto de mal considerável[3];

d) não cumprir o empregador as obrigações do contrato[4];

e) praticar o empregador ou seus prepostos, contra ele ou pessoas de sua família, ato lesivo da honra e boa fama[5];

f) o empregador ou seus prepostos ofenderem-no fisicamente, salvo em caso de legítima defesa, própria ou de outrem[6]**;**

g) o empregador reduzir o seu trabalho, sendo este por peça ou tarefa, de forma a afetar sensivelmente a importância dos salários[7]**.**

§ 1º O empregado poderá suspender a prestação dos serviços ou rescindir o contrato, quando tiver de desempenhar obrigações legais, incompatíveis com a continuação do serviço[8]**.**

§ 2º No caso de morte do empregador constituído em empresa individual, é facultado ao empregado rescindir o contrato de trabalho[8]**.**

§ 3º Nas hipóteses das letras "d" e "g", poderá o empregado pleitear a rescisão de seu contrato de trabalho e o pagamento das respectivas indenizações, permanecendo ou não no serviço[9] **até final decisão do processo** (red. L. 4.825/65).

1 *Serviços superiores* às suas forças (a) físicas (inapropriadas à idade, saúde ou fortaleza), intelectuais ou de habilidade alheios ao contrato: violando a qualificação profissional reconhecida pelo empregador.

Poderá o empregado rescindir o seu contrato de trabalho e pleitear a devida indenização, se a empresa, após reiteradas vezes punida, permaneceu exigindo serviços superiores às suas forças e, ainda, ocasionalmente, jornada além das oito horas normais (TST, RR 2.993/86-0, Hélio Regato, Ac. 2ª T. 2.025/87).

2 *Rigor excessivo* (b): repreensões ou medidas disciplinares que por falta de fundamento, repetição injustificada ou desproporção com o ato do empregado evidenciem perseguição ou intolerância; implicância ao dar as ordens ou a exigência anormal em sua execução.

O empregador que exige de um seu empregado menor a prestação habitual de trabalho extraordinário, fora das hipóteses dos incs. I e II do art. 413 da CLT, além de tratar-lhe com rigor excessivo, dá ensejo à ruptura contratual indireta (TRT/PR, RO 1.017/86, Leonardo Abagge, Ac. 2ª T. 2.411/86).

3 *Mal considerável* (c): a sua pessoa; não os riscos naturais da profissão, mas os anormais, em virtude da não adoção pelo empregador de medidas geralmente utilizadas ou de normas de higiene e segurança do trabalho (Dorval Lacerda, *Falta grave*); obrigações das empresas (art. 157).

4 *Não cumprir o empregador* as obrigações do contrato (d), nelas incluídas as legais. Qualquer descumprimento grave, inclusive em matéria salarial, será fundamento válido. Após o FGTS a atitude para com o empregador descumpridor de suas obrigações tem de ser menos tolerante; é que, no novo regime, a instabilidade do empregado é maior do que antes: o receio de ter de pagar indenização

era freio que não mais existe, substituído que foi pelos depósitos bancários. A mora salarial em geral é das mais graves. A mora salarial contumaz é o atraso salarial por 3 meses (DL 368/68, em apêndice; impede retribuições a dirigentes fiscais ou financeiros; multa de até 50% do débito salarial). V. "Mora contumaz", Ildélio Martins, *LTr* 37/231, 1973.

TST O só pagamento dos salários atrasados em audiência não elide a mora capaz de determinar a rescisão do contrato de trabalho (TST – Súmula 13).

O atraso no pagamento dos salários e a ausência de depósitos regulares na conta vinculada do FGTS são atos faltosos do empregador, com gravidade suficiente para ensejar a rescisão indireta do pacto laboral. Inteligência do art. 483, *d*, da CLT. Precedentes. Recurso de revista conhecido e provido (TST, RR 91800-12.2009.5.12.0010, Rosa Maria Weber Candiota da Rosa).

Faltas não decorrentes de ato doloso do empregador e de natureza leve, passíveis de correção judicial, não autorizam o reconhecimento da despedida indireta (TST, RR 6.323/84, Barata Silva, Ac. 2ª T. 2.952/85).

Na constância do contrato de trabalho o empregado não tem direito de ação para cobrar depósitos do FGTS, porque ainda não sofreu qualquer prejuízo. Em sendo assim, não pode o fato ser encarado como causa para rescisão indireta (TST, RR 4.803/84, Guimarães Falcão, Ac. 3ª T. 2.701/85).

O reconhecimento de motivos graves e relevantes ensejadores da mora salarial atenua a gravidade da falta cometida pelo empregador, que se torna, assim, insuscetível a justificar a rescisão contratual indireta (TST, RR 5.259/90.3, Ney Doyle, Ac. 2ª T. 3.967/92).

* Sobre o tema *supra*, v. www.institutocarrion.com.br.

5 *Ato lesivo da honra e boa fama* (e): calúnia, difamação ou injúria. Dano moral (art. 223-A/1).

Empregado estável denunciado pela sua empregadora, de furto, e detido na sede da empresa com repercussão, sendo inocentado pela confissão do criminoso verdadeiro. Infringiu a empresa a letra "e" do art. 483 da CLT (TST, Ac. 2ª T. 937/72, Marrocos).

6 Ofensas físicas (f): no recinto da empresa ou fora; seus prepostos: qualquer superior hierárquico, ou qualquer companheiro do empregado agindo na oportunidade sob a inércia do empregador ou chefe.

Sucessão trabalhista caracterizada mas que não afasta a ocorrência de falta grave constante da agressão física ao empregado, pelo sucedido, que tinha ainda o comando do estabelecimento (TST, Ac. 3ª T. 15/72, Barata Silva).

7 *Redução do trabalho* (g): do tarefeiro, desde que exceda os limites normais e o empregador não cubra a redução salarial.

Empregado mantido em ociosidade recebendo salários. Ato empresarial que atenta contra a dignidade da pessoa humana, pois é vexatória ao trabalhador a situação de receber salários sem que isto aconteça em razão de haver cumprido labor (TST, RR 7.127/86.2, Norberto Silveira, Ac. 3ª T. 1.736/87).

8 *Rescisão para atender* obrigações legais (§ 1º) e morte do empregador, empresa individual (§ 2º). Ambas as hipóteses são casos de motivo justificado, não de justa causa; o empregado pode rescindir, mas não recebe a multa do FGTS; está eximido de fazer a comunicação de aviso prévio ou de indenizar os prejuízos ocasionados (em caso de contrato por tempo determinado).

■ Rescisão indireta. Irregularidade nos recolhimentos dos depósitos do FGTS. A jurisprudência desta Corte caminha no sentido de que a ausência ou irregularidade no recolhimento dos depósitos do FGTS constitui motivo suficiente para dar ensejo à rescisão indireta, nos termos do artigo 483, *d*, da CLT. Recurso de revista de que se conhece e a que se dá provimento (TST, RR 931-10.2010.5.09.0670, julgado em 6.8.14, Cláudio Mascarenhas Brandão, 7ª T., *DEJT*, 8.8.14).

9 *Permanência em serviço*. O texto introduzido pelo § 3º não significa que somente nos casos das letras "d" e "g" seja permitido ao empregado continuar trabalhando após ajuizar reclamação que visa ao reconhecimento judicial da justa causa; nesses casos a lei expressamente o permite; nos demais, cada situação será livremente apreciada pelo julgador; outra conclusão levaria ao absurdo de obrigar-se o empregado a demitir-se, e arcar com os riscos de não conseguir carrear aos autos a prova esperada, muitas vezes testemunhal, tão imprevisível. V. "Morte do empregado durante a ação resolutória do contrato", Emílio Rothfuchs, *LTr* 41/459, 1977.

■ O empregado pode optar pela permanência no emprego até a decisão final da reclamação trabalhista em que pleiteie a declaração do procedimento faltoso do empregador, cumulada com a condenação nas verbas indenizatórias ou pelo afastamento imediato – § 3º do art. 483 consolidado. Neste caso, salário e vantagens somente são devidos até a data em que haja se afastado voluntariamente dos serviços. Exsurge prevalente a natureza declaratória da sentença, cujos efeitos são *ex tunc* e não *ex nunc*, não se podendo confundir a hipótese com a disciplinada no art. 495 da CLT, em que o empregador suspende o empregado e não logra, no inquérito, comprovar a falta grave (TST, RR 6.334/84, Marco Aurélio, Ac. 1ª T. 4.680/85).

■ Bem repelida restou a pretensão ao reconhecimento de rescisão do contrato de trabalho, se ao tempo em que, segundo alega o empregado, teria denunciado o pacto laboral, já havia ele deixado de trabalhar para o reclamado, há quase três meses (TRT/PR, RO 981/85, Ac. 2.041/85, Carmem Amin Ganem).

10 Pelo FGTS recebe-se, em lugar da indenização do art. 478, os depósitos efetuados em sua conta vinculada, com os acréscimos contabilizados e mais 40% sobre o total (L. 8.036/90, art. 18, em apêndice).

11 *Assédio sexual.* O assédio sexual se distingue do abuso sexual. O primeiro se baseia na sedução; o segundo, na violência. O assédio é de várias espécies: "a) o fatal (o assediado carece de proteção; não dispõe de mecanismos de proteção; a relação é desigual e sem margem para o exercício da liberdade); b) comportamental (o assediador manipula seu comportamento de modo a torná-lo atrativo ao assediado, com promessa de vantagens ou melhorias; trata-se de chantagem)" (apud Pastore e Robortella, cit.); c) ameaçador (coação por ameaça de algum malefício); o assédio pode consistir em iniciativas verbais ou não e físicas. "O assédio só se configura quando há uso do poder como forma de obter favores sexuais; quando a troca é consentida, não há assédio"; simplesmente a empregada aderiu à proposta e cedeu, em troca bilateral de interesses recíprocos. "Coibir o assédio é uma das formas de proteção à liberdade sexual, uma das conquistas da evolução e liberação dos costumes. Não se deve erigir em critério absoluto a responsabilidade objetiva do empregador quanto ao assédio praticado nas relações de trabalho por seus agentes ou prepostos. Seria instituir um enorme risco à atividade empresarial e estimular uma verdadeira febre de indenizações. Não se descarta a ocorrência de situações em que o suposto assediador e a vítima se ponham de acordo, em verdadeira simulação de assédio para, ao final, dividir uma indenização eventualmente obtida nos tribunais. A reparação do dano deve levar em conta a gravidade da afronta, a intensidade do sofrimento e, é claro, as condições econômicas e sociais do assediante" (Pastore e Robortella, cit., v. Índice Bibliog.). Os efeitos do assédio sexual poderão ser enquadrados no art. 483, "c" (perigo manifesto), ou na alínea "e" (ato lesivo da honra e boa-fama) ou, ainda, na violação genérica do direito à dignidade; poderá permitir a rescisão contratual por culpa do empregador, se caracterizado o abuso de poder, com o pagamento das verbas rescisórias; as circunstâncias poderão também tipificar o dano moral (art. 223-A/1). O assédio sexual é tipificado no Código Penal, descrito como constranger em função de condição inerente ao emprego (DL 2.848/40, v. Índ. Leg.); apresentar-se-ão idênticas hesitações da jurisprudência quanto à competência, cível ou laboral. Competência da Justiça do Trabalho (v. competência em dano moral, art. 223-A/1).

Assédio sexual. Frase grosseira do superior hierárquico, com conotação sexual, não configura hipótese de assédio; nem fatal, nem comportamental, nem ameaçador. Configura-se com o uso do poder como forma de obter favores sexuais. O fato dos autos nem chega a poder ser considerado como "cantada", mas simples situação em que a autora teria sido "molestada". Não há promessa de vantagem ou ameaça de algum mal para obtenção de favores (TRT/SP, RO 41.160/96, Valentin Carrion, Ac. 9ª T. 7.389/98).

12 *Violência contra a mulher* (LC 150/15, art. 27, VII). A nova lei dos domésticos considera que qualquer tipo de violência contra a empregada mulher é motivo para rescisão indireta do contrato de trabalho, de acordo com a L. 11.340/06, art. 5º, I.

Art. 484. Havendo culpa recíproca[1] no ato que determinou a rescisão do contrato de trabalho, o tribunal de trabalho reduzirá a indenização[2 e 3] à que seria devida em caso de culpa exclusiva do empregador, por metade.

1 A *culpa recíproca* possui na doutrina uma conceituação muito rigorosa, tornando difícil, quando não impossível, a configuração do caso concreto. Por outro lado, essa figura não pode servir de válvula de escape às situações de dúvida do julgador. São seus elementos caracterizadores: a) a existência de duas justas causas; uma do empregado, outra do empregador; as duas graves e suficientes para por si sós serem causa da rescisão (Maranhão, *Instituições*, v. 1, p. 507; também Lamarca, *Manual*, p. 45); não se trata de duas faltas leves que pela concomitância se transformem em uma grave (idem); b) duas relações de causa e efeito; a segunda falta, que é causa da rescisão do contrato, é por sua vez efeito da culpa cometida pela outra parte (idem); c) contemporaneidade (Giglio, *Justa causa*) e não simultaneidade, que seria exagero; d) certa proporcionalidade entre as faltas. Resta irrespondida a objeção de que, se a primeira das faltas era grave, a segunda foi inoperante; e seria inoperante efetivamente se na lei brasileira inexistisse a figura da culpa recíproca. Veja-se o mestre Lamarca, que quis filtrar e vivificar o que havia no campo da justa causa: reproduziu dez casos onde os tribunais tipificaram a culpa recíproca; aceita apenas uma das hipóteses como sendo culpa recíproca e ainda assim o que consistiu "troca de ofensas" entre empregado e empregador (*Manual das justas causas*, 51-S). Haveria que reconhecer que é exatamente assim que a primeira falta rescindira o contrato e que a segunda, provocada pela primeira, *também* o fez. Cometendo sua falta, o segundo agente violou desnecessariamente normas éticas obrigatórias, que lhe fizeram perder a posição jurídica privilegiada em que se encontrava, o que não é totalmente estranho em nosso direito: quem se defende é obrigado a agir moderadamente, de acordo com o Código Penal; os atos de defesa ou desforço não podem ir além do indispensável, na posse turbada ou esbulhada, do Código Civil; no grupo social que convive na empresa, repercute a conduta de seus componentes; o contrato de trabalho, por outro lado, é extremamente sensível às normas de comportamento; somente assim pode ser compreendida a figura de "culpa recíproca", que tem sido esvaziada desde sua vigência.

TST Reconhecida a culpa recíproca na rescisão do contrato de trabalho (art. 484 da CLT), o empregado tem direito a 50% (cinquenta por cento) do valor do aviso prévio, do décimo terceiro salário e das férias proporcionais (TST – Súmula 14).

Comprovado o abandono de emprego, indevidas são as verbas indenizatórias, sendo que, de qualquer sorte, não caracterize a culpa recíproca o fato de não ter o empregado a carteira de trabalho anotada (TRT/RJ, RO 7.786/84, Ac. 5ª T. 139/85, j. 28.1.85, Emma Amorim).

A utilização pelos autores de numerário pertencente à mesma ficou, em parte, justificada, se considerarmos que assim agiram para tomar refeições quando em serviço externo e sem outro recurso para esse fim. O procedimento das duas partes autoriza, no caso especialíssimo dos autos, o entendimento de que ocorreu culpa recíproca (TRT/SP, RO 960/84, Marcondes Machado, Ac. 19.799/85).

Concorrendo ambos os contratantes de forma proporcional para a resolução do contrato de trabalho, correta a decisão que reconheceu a culpa recíproca (TRT/PR, RO 2.476/86, Euclides Rocha, Ac. 2ª T. 1.012/87).

2 A indenização da culpa exclusiva do empregador é a do art. 478, mas o FGTS se tornou o regime genérico pela CF/88 (art. 7º). Quanto à culpa recíproca, o percentual instituído pela Carta Magna é de 20% (L. 8.036/90, art. 18, § 2º).

3 *Aviso prévio*, 13º e férias proporcionais. A dedução lógica que se deveria extrair do art. 484 é o pagamento por metade quanto àquelas verbas. Não se trata de simples compensação do dever mútuo de avisar, que o faz desaparecer (como quer Catharino, *Compêndio*), mas do aspecto patrimonial perdido pelo empregado também por culpa da outra parte (súmula do TST inclusa). Porém, salvo exceções (Barreto Prado, ob. cit.), a doutrina e a jurisprudência ainda são contrárias.

TST Reconhecida a culpa recíproca na rescisão do contrato de trabalho (art. 484 da CLT), o empregado tem direito a 50% (cinquenta por cento) do valor do aviso prévio, do décimo terceiro salário e das férias proporcionais (TST – Súmula 14).

Reconhecida a culpa recíproca na rescisão do contrato de trabalho (art. 484 da CLT), o empregado não fará jus ao aviso prévio, às férias proporcionais e à gratificação natalina do ano respectivo (TRT, RR 6.688/84, Barata Silva, Ac. 2ª T. 2.957/85).

Art. 484-A. O contrato de trabalho poderá ser extinto por acordo entre empregado e empregador, caso em que serão devidas as seguintes verbas trabalhistas:

I - por metade:

a) o aviso prévio, se indenizado; e

b) a indenização sobre o saldo do Fundo de Garantia do Tempo de Serviço, prevista no § 1º do art. 18 da Lei n. 8.036, de 11 de maio de 1990;

II - na integralidade, as demais verbas trabalhistas.

§ 1º A extinção do contrato prevista no *caput* deste artigo permite a movimentação da conta vinculada do trabalhador no Fundo de Garantia do Tempo de Serviço na forma do inciso I-A do art. 20 da Lei n. 8.036, de 11 de maio de 1990, limitada até 80% (oitenta por cento) do valor dos depósitos.

§ 2º A extinção do contrato por acordo prevista no *caput* deste artigo não autoriza o ingresso no Programa de Seguro-Desemprego.

Este artigo é um grande anseio de empregadores e empregados, muitas vezes o empregado querendo deixar o emprego trabalha com falta de interesse, esperando ser mandado embora para receber as verbas rescisórias. Já o empregador não manda embora pois as verbas rescisórias e a multa do FGTS são altas.

O aviso prévio indenizado e o adicional de 40% sobre o FGTS serão pagos pela metade; as demais verbas (férias proporcionais e 13º salário) que independem da rescisão serão pagas em sua totalidade.

E o empregado poderá ainda movimentar 80% do saldo de seu FGTS e não terá direito ao seguro-desemprego.

Art. 485. Quando cessar a atividade da empresa por morte do empregador[1], os empregados terão direito, conforme o caso, à indenização[2] a que se referem os arts. 477 e 497.

1 A morte do empregador não rescinde o contrato de trabalho. É a cessação da atividade empresarial que o faz. Se a atividade continuar com os sucessores, o empregado terá a faculdade de, sem ônus para ele (nem para a empresa), rescindir o contrato (CLT, art. 483, § 2º).

2 Conforme o caso: indenização em dobro se estável; simples, se, com tempo inferior a 10 anos, não havia optado antes da CF/88; depósito do FGTS mais 40% quanto ao período posterior. Aviso prévio (TST – Súmula 44).

A Lei do FGTS estendeu o alcance do dispositivo para as hipóteses de extinção de empresa, filiais, agências ou de parte de suas atividades por razão de falecimento ou por outros motivos, desde que essas sejam as motivadoras da rescisão (L. 8.036/90, art. 19).

Art. 486. No caso de paralisação temporária ou definitiva do trabalho, motivada por ato de autoridade[1] municipal, estadual ou federal, ou pela promulgação de lei ou resolução que impossibilite a continuação da atividade, prevalecerá o pagamento da indenização[2 e 3], que ficará a cargo do governo responsável.

§ 1º Sempre que o empregador invocar em sua defesa o preceito do presente artigo, o tribunal do trabalho competente notificará a pessoa de direito público apontada como responsável pela paralisação do trabalho, para que, no prazo de 30 dias, alegue o que entender devido, passando a figurar no processo como chamada à autoria.

§ 2º Sempre que a parte interessada, firmada em documento hábil, invocar defesa baseada na disposição deste artigo e indicar qual o juiz competente, será ouvida a parte contrária, para, dentro de 3 dias, falar sobre essa alegação.

§ 3º Verificada qual a autoridade responsável, a Vara do Trabalho

ou Juiz dar-se-á por incompetente[4], remetendo os autos ao Juiz Privativo da Fazenda[5], perante o qual correrá o feito nos termos previstos no processo comum.

1 *A paralisação do trabalho* por ato de autoridade é o *factum principis*, uma das espécies de força maior. O instituto se esvaziou no decorrer do tempo, se é que já não nasceu morto; a prática revela dois aspectos: se o ato da autoridade é motivado por comportamento ilícito ou irregular da empresa, a culpa e as sanções lhe são atribuídas por inteiro; se seu proceder foi regular, a jurisprudência entende que a cessação da atividade faz parte do risco empresarial e também isenta o poder público do encargo; o temor de longa duração dos processos judiciais contra a Fazenda Pública também responde por essa tendência dos julgados.

■ Não há que se falar em *factum principis* quando a ação do poder público visa resguardar o interesse maior da população, atingido pelo inadimplemento da empresa... (TST, RR 5.931/86.8, Norberto Silveira, Ac. 3ª T. 2.610/87).

■ Ato previsível praticado pela Administração Pública no exercício do poder discricionário, o cancelamento de concessão de linha de transporte fluvial não caracteriza "factum principis", pois o concessionário-empregador sabe, de antemão, a transitoriedade e precariedade da concessão, a todo tempo passível de revogação por ato unilateral da Administração (TST, RR 187.221/95.6, João Oreste Dalazen, Ac. 1ª T.).

2 *Pagamento de indenização*, apenas: as demais verbas devidas não foram transferidas à responsabilidade estatal. Afirma-se não serem devidas pelo empregador (e nem pelo Estado) as demais verbas próprias à ruptura (aviso, 13º proporcional, férias proporcionais etc.), sob a argumentação de que a força maior só não é causa extintiva de obrigações quando haja expressa disposição em contrário (Magano, *Lineamentos*, p. 212), o que é de rigor científico; entretanto, o que se verifica no direito laborista é o inverso: os diversos institutos conferem direitos a título geral e como regra; a sua perda pelo empregado só se concebe mediante norma expressa em sentido contrário, atribuindo-se ao risco empresarial todos os ônus que lhe advêm, mesmo sem culpa e mesmo imprevisíveis.

3 No regime de FGTS levantam-se os depósitos e acréscimos; a complementação de 40% será de responsabilidade da entidade governamental que emitiu o ato (ibidem, p. 165).

4 *Dar-se-á por incompetente*: sentença terminativa na jurisdição trabalhista, posto que tranca o processo; novo litígio poderá estabelecer-se na jurisdição competente, mas a ação será outra; apesar de o objeto ser o mesmo, o réu não o é, pois a Fazenda Pública chamada à autoria não é ré na jurisdição laboral, mas ente convidado (e não citado) a manifestar-se sobre o ponto debatido; a remessa dos

autos não equivale ao prosseguimento da ação. *Recurso cabível* é o ordinário para o Tribunal Regional, previsto no art. 799, § 1º (Russomano: não comporta recurso algum, *Comentários à CLT*, art. 486; Mendonça Lima: o que a CLT veda é o recurso contra os meros incidentes, que não trancam a lide, *Recursos Trabalhistas*, n. 142). V. nosso comentário ao art. 804, n. 3, *infra*.

Não basta que o empregador invoque o art. 486, para que se faça a citação da pessoa de direito público. Pode o juiz desde logo verificar que não é o caso de sua aplicação. A citação pressupõe que a alegação tenha visos de fundamento (Délio Maranhão, *Direito do Trabalho*, 1974, p. 270) (TST, RR 3.333/76, Orlando Coutinho, Ac. 2ª T. 262/77).

5 Remetendo os autos ao Juiz Federal (CF/88, art. 109, I), ao Privativo da Fazenda do Estado na Capital ou ao de Direito, com competência para os feitos municipais, respectivamente se o ato for federal, estadual ou municipal.

Capítulo VI
DO AVISO PRÉVIO

Art. 487. Não havendo prazo estipulado[1], a parte que, sem justo motivo[2-3-9], quiser rescindir o contrato deverá avisar a outra da sua resolução com a antecedência mínima de:

I – oito dias, se o pagamento for efetuado por semana ou tempo inferior (obs.: prazo de 30 dias fixado pela CF/88, art. 7º, XXI);

II – trinta dias aos que perceberem por quinzena ou mês, ou que tenham mais de 12 meses de serviço na empresa.

§ 1º A falta do aviso prévio[8] por parte do empregador dá ao empregado o direito aos salários correspondentes ao prazo do aviso, garantida sempre a integração desse período no seu tempo de serviço.

§ 2º A falta de aviso prévio por parte do empregado[7] dá ao empregador o direito de descontar os salários correspondentes ao prazo respectivo.

§ 3º Em se tratando de salário pago na base de tarefa, o cálculo, para os efeitos dos parágrafos anteriores, será feito de acordo com a média dos últimos 12 meses de serviço.

§ 4º É devido o aviso prévio na despedida indireta (red. L. 7.108/83).

§ 5º O valor das horas extraordinárias habituais integra o aviso prévio indenizado[8].

§ 6º O reajustamento salarial coletivo, determinado no curso do aviso prévio, beneficia o empregado pré-avisado da despedida, mesmo que tenha recebido antecipadamente os salários correspondentes ao período do aviso, que integra seu tempo de serviço para todos os efeitos legais[5] (§§ 5º e 6º red. L. 10.218/01).

1 *Aviso prévio.* Diz a Constituição de 1988:

Art. 7º São direitos dos trabalhadores ...

XXI – aviso prévio proporcional ao tempo de serviço, sendo no mínimo de 30 dias, nos termos da lei.

Quando da concepção do aviso prévio, existia a liberdade contratual para valores, conteúdo e término dele. Para os contratos com prazos indeterminados, "assegurou-se o direito unilateral das partes de rescindir o contrato, de forma igual e recíproca, com a manifestação da vontade através do aviso prévio" (Renato Rua de Almeida, *LTr* 56-10/1199). Para a rescisão, bastava que qualquer uma das partes, patrão e/ou empregado, tomasse a iniciativa de forma igual e recíproca por meio do aviso prévio. Com a intervenção do Estado, surge uma legislação trabalhista imperativa de ordem pública que começa a alterar essa liberdade, e o aviso prévio deixa de ser recíproco. A França, desde 1958, assegura ao trabalhador um aviso prévio proporcional ao tempo de serviço e superior ao concedido ao empregador. No Brasil, antes mesmo da CF/88, a própria CLT, em 1943, trata de forma diferente o tempo de aviso prévio. Ao empregador são trinta dias; para o empregado, nos mesmos trinta dias, a jornada é reduzida em duas horas. A CF/88, em seu art. 7º, I, assegura o princípio da proteção da relação de emprego contra despedida arbitrária. No inciso XXI do mesmo artigo, é assegurado ao empregado aviso prévio proporcional ao tempo de serviço de, no mínimo, 30 dias. Nesse contexto, o aviso prévio deixa de ser uma liberdade contratual para ambas as partes para ser uma limitação ao poder potestativo do empregador. A nova lei, L. 12.506/11 (em apêndice), que vem regulamentar o aviso prévio proporcional previsto na CF/88, art. 7º, XXI, depois de 23 anos de sua edição, fala em direito do empregado, e não em reciprocidade. O empregado tem direito ao aviso prévio de 30 dias mais 3 dias por ano trabalhado. A lei não fala em direito do empregador, portanto, devemos utilizar o prazo de 30 dias (CLT, art. 487, II) quando é o empregado que rescinde o contrato. Quanto à jornada de trabalho, a lei nada traz, devendo ser mantida a redução de 2 horas por dia e/ou 7 dias corridos por cada 30 dias, conforme CLT, art. 488, parágrafo único. A mudança dificulta a demissão do empregado pelo empregador e dá ao empregado a segurança de poder buscar outro emprego sem perder o salário por até 90 dias; caso o empregador não permita, terá que indenizá-lo. A aplicação da nova lei tem vigência, a partir de sua publicação, para as relações entre empregados e empregadores que terminarem depois de sua publicação; não poderá ser retroativa às relações terminadas antes de sua publicação. Não se trata de indenização, mas sim direito ao trabalho por um período mais longo de aviso prévio. O empregador que despediu seu empregado e deu um aviso prévio de 30 dias, antes da edição da nova lei, cumpriu a lei vigente e não pode ser punido por uma lei que não existia.

Os contratos por tempo indeterminado necessitam da comunicação antecipada à parte inocente, para evitar a surpresa da ruptura abrupta. Estão excluídas as três precisas hipóteses de contrato com data prefixada, execução de determinado serviço ou dependente de acontecimento previsto, com os requisitos de validade do art. 443, § 2º. Há situações concretas em que o contrato, apesar de ser a termo, é prorrogado por conveniência do empregador; em outras, os serviços especificados, por serem complexos, não têm um momento preciso e verdadeiramente previsível; tudo isso leva certos julgados a exigirem aviso prévio, para subtrair o empregado às incertezas correspondentes; trata-se de uma adaptação das necessidades da vida real à teoria. Verdadeiramente, o aviso prévio (Súmula 163 do TST) só se justifica nas contratações a termo incerto se o empregado não tem ciência, mesmo aproximada, do final de seu trabalho. Diferente hipótese é a ruptura antecipada do contrato por tempo determinado: o aviso prévio não é devido, pois os efeitos reparatórios estão previstos expressamente (art. 479). A CF/88 generalizou o aviso prévio de 30 dias, alcançando, assim, também os semanalistas e os que recebem dia a dia seu salário. O chamado "*aviso prévio cumprido em casa*" não é aceito pela jurisprudência; equivale ao indenizado, porque a lei não o prevê; deve ser pago nos 10 dias seguintes ao rompimento. Quanto ao contrato de experiência, v. art. 445/2.

TST O direito ao aviso prévio proporcional ao tempo de serviço somente é assegurado nas rescisões de contrato de trabalho ocorridas a partir da publicação da Lei n. 12.506, em 13 de outubro de 2011 (TST – Súmula 441).

TST Aplica-se a regra prevista no *caput* do art. 132 do Código Civil de 2002 à contagem do prazo do aviso prévio, excluindo-se o dia do começo e incluindo o do vencimento (TST – Súmula 380, conversão da Orientação Jurisprudencial SDI-1 122).

TST Cabe aviso prévio nas rescisões antecipadas dos contratos de experiência, na forma do art. 481 da CLT (TST – Súmula 163).

SDI CANCELADA – A proporcionalidade do aviso prévio, com base no tempo de serviço, depende da legislação regulamentadora, visto que o art. 7º, inc. XXI, da CF/1988 não é autoaplicável (TST, SDI 1, Orientação Jurisprudencial 84, cancelada, Res. TST 186/12).

SDI Em caso de aviso prévio cumprido em casa, o prazo para pagamento das verbas rescisórias é até o décimo dia da notificação de despedida (TST, SDI-1, Orientação Jurisprudencial 14, Res. TST 129/05).

A Lei 12.506/11, publicada no *DOU* de 13.10.11, ao dispor sobre o aviso prévio proporcional, regulamentou o art. 7º, XXI, da Constituição Federal. Entretanto antes de 13 de outubro de 2011, os trabalhadores têm o direito apenas ao aviso prévio de 30 dias, em face da impossibilidade da aplicação retroativa do conteúdo da nova norma legal. Nesse sentido, aplica-se o entendimento da Orientação Jurisprudencial 84 da SBDI-1 do TST, preconizando que a proporcionalidade do aviso prévio, com base no tempo de serviço, depende da legislação regulamentadora, visto que o art. 7º, inciso XXI, da CF/1988 não é autoaplicável. Apenas por meio de mandado de injunção poderia o STF, como sinalizou fazê-lo, regulamentar a matéria. Recurso de revista conhecido e provido (TST, RR-64100-42.2006.5.04.0381, julgado em 7.8.12, Augusto César Leite de Carvalho, 6ª T., *DEJT*, 10.8.12).

Período de estabilidade provisória. Quando o trabalhador está amparado por cláusula de estabilidade provisória de 60 dias, acordada em convenção coletiva, o aviso prévio não pode ser incluído neste período, sob pena de descaracterizar o pactuado em prejuízo do empregado. Revista parcialmente conhecida e provida (TST, RR 257.885/96.4, Ângelo Mário, Ac. 2ª T. 616/97).

Aviso prévio cumprido em casa. O aviso prévio cumprido em casa equivale ao aviso indenizado, razão pela qual as verbas rescisórias devem ser pagas até o 10º dia da notificação da demissão nos termos do artigo 477, § 6º, "b", da CLT. Revista conhecida e provida (TST, RR 211.347/95.8, Ângelo Mário, Ac. 2ª T. 389/97).

2 Há justo motivo para despedir sem aviso quando existe falta grave. A doutrina é contraditória quanto à obrigatoriedade de aviso prévio no despedimento por motivo de força maior ou falência (contrariamente, Maranhão, *Instituições*, e Magano, *Lineamentos*). A concessão de aviso prévio faz presumir a inexistência de falta; admite-se, porém, prova em contrário por erro ou ignorância e até, discutivelmente, por liberalidade.

A transação ou renúncia ao prazo do aviso não se contenta com um simples papel assinado por parte do trabalhador; tem de ser rigorosamente provada; não porque seja irrenunciável, mas porque há uma presunção fática de sua desmotivação; entretanto, podem existir poderosas razões que levem o empregado a assim agir (não é impossível ocorrer constrangimento por ter sido despedido; emprego novo a ser assumido imediatamente; viagem para sua região de origem etc.). Nesse sentido, Pedro Vidal Neto (*Rev. Synthesis* 7/142, 1988). A renúncia nos contratos superiores a um ano pede sua homologação, por aplicação do art. 477, § 1º.

TST O direito ao aviso prévio é irrenunciável pelo empregado. O pedido de dispensa de cumprimento não exime o empregador de pagar o valor respectivo, salvo comprovação de haver o prestador dos serviços obtido novo emprego (TST – Súmula 276).

Aviso prévio – Dispensa. Trata-se de norma de ordem pública, de direito ao qual o empregado não pode renunciar sem nenhuma assistência prevista em lei (TST, RR 4.914/86.6, José Ajuricaba, Ac. 2ª T. 241/87).

Rescindido o contrato de trabalho, o aviso prévio é renunciável, mas há necessidade de prova plausível da justificação da renúncia desse direito, por parte do empregado. Se não, será ineficaz (TRT/SP, RO 4.658/86, Valentin Carrion, Ac. 8ª T. 31.8.87).

Aviso prévio. Como só é devido em função da rescisão do contrato de trabalho, não há como pagar-se tal parcela ao empregado cujo vínculo laboral foi mantido pelo Judiciário (STJ, AR 1.654-RJ, Carlos Thibau, Ac. 1ª Seção).

Tem-se que os contratos bilaterais, em princípio, não se resolvem pela falência. No entanto, se o síndico da massa falida opta pela rescisão contratual, subsistem ao empregado os direitos decorrentes da relação de emprego, entre os quais o aviso prévio. Aplicação dos arts. 43 do Decreto-Lei 7.661/45 e 449 da CLT (TST, RR 426.333/98.8, Galba Magalhães Velloso, Ac. 4ª T.).

3 *Na chamada despedida indireta* era necessário pesquisar se o empregado possuía condições de manter-se na empresa, enquanto deliberava preparar seu desligamen-

to e um novo emprego, ou se a ofensa ao contrato, de tão grave, o tornava insustentável. Após a vigência do § 4º do art. 487, o debate está superado.

4 *O caráter indenizatório* que se concede ao pagamento do aviso prévio não trabalhado, que a lei denomina erradamente salário, não lhe retira uma diferença que a realidade impõe: o de seu caráter eminentemente alimentar, o que não acontece com as demais verbas tipicamente indenizatórias. Atribuem-lhe caráter salarial Oliveira Viana, Hirosê Pimpão e Dorval Lacerda, apud *Iniciação*, Mascaro Nascimento. O caráter alimentar do pagamento poderia permitir sua inclusão na falência, como crédito privilegiado (agora superado, cf. art. 449), e seu aspecto indenizatório deveria excluí-lo da *incidência das contribuições previdenciárias*. Russomano e o próprio STF já mudaram de orientação; o primeiro fixou-se na corrente dos que atribuem caráter indenizatório (*Curso*). O STF, recordando que já havia declarado a natureza indenizatória do aviso prévio (para negar-lhe incidência previdenciária), reafirmou essa qualificação jurídica para rejeitar a incidência do FGTS (RE 89.328, 2ª T., 9.5.78, unânime, *LTr* 42/1111, 1978). A Previdência Social havia aderido a esse entendimento, agora com a revogação da alínea "f" do inciso V do § 9º do art. 214 do D. 3.048/99, confirma que o mesmo tem caráter indenizatório e portanto não faz parte do salário contribuição. A jurisprudência, entretanto, enveredou pela incidência do FGTS, preferindo considerar o pagamento como salarial.

TST A projeção do contrato de trabalho para o futuro, pela concessão do aviso prévio indenizado, tem efeitos limitados às vantagens econômicas obtidas no período de pré-aviso, ou seja, salários, reflexos e verbas rescisórias. No caso de concessão de auxílio-doença no curso do aviso prévio, todavia, só se concretizam os efeitos da dispensa depois de expirado o benefício previdenciário (TST – Súmula 371, conversão das Orientações Jurisprudenciais SDI-1 40 e 135).

TST O pagamento relativo ao período de aviso prévio, trabalhado ou não, está sujeito à contribuição para o FGTS (TST – Súmula 305).

O pagamento devido pelo aviso prévio tem natureza salarial, sendo um período computado no tempo de serviço, incidindo o FGTS – Embargos conhecidos e rejeitados (TST, E-RR 4.593/87, Almir Pazzianotto, Ac. SDI, 251/90).

Aviso prévio. Tempo de serviço. Integração. O aviso prévio indenizado leva ao pagamento imediato e seu período é considerado como de serviço para os efeitos trabalhistas. A anotação na carteira de trabalho ("data de saída" prevê esse documento) é a do despedimento (TRT/SP, RO 40.564/95, Valentin Carrion, Ac. 9ª T. 31.930/97).

5 *Integração no tempo de serviço*: o aviso prévio trabalhado ou somente indenizado computa-se para todos os efeitos; assim também no que se refere à estabilidade, FGTS, férias ou para beneficiar o empregado com o novo valor de salário mínimo ou profissional (Gomes-Gottschalk, *Curso*). O acréscimo do § 6º simplesmente repete o que já estava sedimentado pelo TST (Súmula 5, cancelada).

TST É inválida a concessão do aviso prévio na fluência da garantia de emprego, ante a incompatibilidade dos dois institutos (TST – Súmula 348).

SDI O prazo de aviso prévio de 60 dias, concedido por meio de norma coletiva que silencia sobre alcance de seus efeitos jurídicos, computa-se integralmente como tempo de serviço, nos termos do § 1º do art. 487 da CLT, repercutindo nas verbas rescisórias (TST, SDI-1, Orientação Jurisprudencial 367).

SDI Começa a fluir no final da data do término do aviso prévio. Art. 487, § 1º, da CLT (TST, SDI-1, Orientação Jurisprudencial 83).

SDI A data da saída a ser anotada na CTPS deve corresponder à do término do prazo do aviso prévio, ainda que indenizado (TST, SDI-1, Orientação Jurisprudencial 82).

Mesmo quando não há trabalho no curso do aviso prévio, desligado imediatamente o empregado e pago o valor correspondente, o período integra o tempo de serviço, o que indica claramente a natureza salarial daquele pagamento. Consequentemente, não há por que excluir esse valor do cálculo do FGTS (TST, ED-RR 4.765/90.5, Cnéa Moreira, Ac. SDI 420/93).

Durante o aviso prévio, ainda que indenizado, não há como entender aplicável a regra do § 3º do art. 543 da CLT, visto que se trata de cláusula resolutiva legal de tempo certo e determinado (TST, E-RR 23.702/91.1, Afonso Celso, Ac. SDI 4.458/94).

Se na vigência do aviso prévio ocorre reajuste salarial, o empregado faz jus à percepção de todas as verbas rescisórias com base nos valores reajustados, inclusive do aviso prévio (TST, RR 4.155/86-5, Ranor Barbosa, Ac. 3ª T. 4.997/86).

A norma coletiva firmada no curso do aviso prévio assegura ao empregado pré-avisado da despedida todos os benefícios inerentes ao seu contrato de trabalho, porquanto a rescisão contratual projeta-se para a data final de seu cumprimento (TST, RR 156.998/95.4, Rider Nogueira de Brito, Ac. 2ª T. 4.479/96).

Aviso prévio indenizado. Critério de pagamento. O prazo do aviso prévio é uno e indivisível. Assim tal verba deve ser paga integralmente, com base no salário devidamente corrigido, não importando que o reajuste salarial tenha ocorrido no transcurso de seu prazo (TST, RR 7.367/85, João Américo, Ac. 1ª T. 1.790/87).

O aviso prévio indenizado é computado no tempo de serviço... a rescisão torna-se efetivada somente depois de expirado o respectivo prazo, não fazendo distinção alguma tanto quanto aos efeitos desta integração, nem quanto ao fato de o aviso ser trabalhado ou indenizado (TST, E-RR 60.159/92.6, José Luiz Vasconcellos, Ac. SBDI-1 1.100/97).

* Sobre o tema *supra*, v. www.institutocarrion.com.br.

6 *A cessação das atividades*, como as outras rupturas dos contratos sem termo final preestabelecido, resultam no pagamento do aviso, além das demais consequências que houver.

TST A cessação da atividade da empresa, com o pagamento da indenização, simples ou em dobro, não exclui, por si só, o direito do empregado ao aviso prévio (TST – Súmula 44).

Cabimento do aviso prévio, aos estáveis, no caso de paralisação ou fechamento do estabelecimento (TST, Ac. TP 1.469/72, Barata Silva, *DJU*, 28.11.72).

7 *Ruptura súbita pelo empregado* dá ao empregador direito de descontar a importância de um salário mensal (Barreto Prado, *Tratados*; Maranhão, *Direito do Trabalho*); apesar de opiniões em contrário, a compensação pode ser realizada

com qualquer crédito que o empregado tiver e não apenas com o saldo salarial, se este já foi pago; a expressão legal quis fixar o montante e não que a compensação seja autorizada apenas sobre os salários, exatamente a parcela mais intangível que a literatura jurídica conhece; o entendimento contrário é ilógico, mesmo que baseado em alteração do texto originário (assim: Russomano, *Curso*, e Catharino, *Compêndio*). É certo que só é permitida a compensação e não a ação do empregador para cobrar o empregado; nesta parte a letra da lei é coerente com o que repete no título processual, afirmando que a compensação ou retenção só poderão ser arguidas como matéria de defesa (art. 767), mas de duvidosa constitucionalidade (a lei não excluirá da apreciação do Poder Judiciário lesão ou ameaça de direito, CF/88, art. 5º, XXXV).

Lícita a compensação do aviso prévio dado à empresa pelo empregado demissionário com parcelas decorrentes do pedido de dispensa, como férias e gratificação natalina (TST, E-RR 1.278/79, Fernando Franco, Ac. TP 1.757/81).

8 *Os adicionais* habituais integram o aviso prévio (inclusive indenizado) e o FGTS. O *tarefeiro* tem calculado o mês de aviso prévio na forma do § 3º, na hipótese em que a tarifa tenha permanecido estável; se houve acréscimo decorrente do pacto, de variação do salário mínimo ou de norma coletiva, levar-se-á em conta, sempre que possível, a média da produção do último ano, multiplicada pela tarifa mais recente. O § 5º adota a decisão do TST (Súmula 94, cancelada).

TST As gorjetas, cobradas pelo empregador na nota de serviço ou oferecidas espontaneamente pelos clientes, integram a remuneração do empregado, não servindo de base de cálculo para as parcelas de aviso prévio, adicional noturno, horas extras e repouso semanal remunerado (TST – Súmula 354).

O aviso prévio indenizado, dada a sua natureza salarial, incide na contribuição do FGTS (TST, RR 226.617/95.7, Regina Rezende Ezequiel, Ac. 1ª T. 3.830/97).

9 Culpa recíproca (v. art. 484).

Art. 488. O horário normal de trabalho do empregado, durante o prazo do aviso, e se a rescisão tiver sido promovida pelo empregador, será reduzido de 2 horas diárias, sem prejuízo do salário integral.

Parágrafo único. É facultado ao empregado trabalhar sem a redução das 2 horas diárias previstas neste artigo, caso em que poderá faltar ao serviço, sem prejuízo do salário integral, por um dia, na hipótese do inciso I, e por 7 dias corridos, na hipótese do inciso II do art. 487 desta Consolidação (texto do parágrafo: L. 7.093/83; parcial e tacitamente alterado pela CF/88).

1 Se a redução da jornada não foi concedida, o aviso prévio não terá eficácia pela frustração da intenção legal, e deve ser tido como inexistente (contrariamente, Amauri Mascaro Nascimento, *Rev. Synthesis* 7/140, 1988). Salvo a opção expressa (2 horas ou 7 dias corridos), cabe à empresa fixar o horário em que o empregado será dispensado de comparecer. Quem trabalha habitualmente horas extras está desobrigado de continuar a prestá-las, em face da finalidade do instituto (obter nova colocação), sem prejuízo da remuneração de 8 horas, pelo trabalho de 6. A unificação da extensão do aviso trazida pela CF/88 torna prejudicada a distinção do parágrafo único. Aviso prévio cumprido em casa (v. art. 487/1).

TST É ilegal substituir o período que se reduz da jornada de trabalho, no aviso prévio, pelo pagamento das horas correspondentes (TST – Súmula 230).

É inconcebível, sem prova em contrário nos autos, que o empregado despedido abra mão do aviso prévio concedido por lei, reduzindo-o a 60 horas, sem razão alguma. Inexistindo tal prova, o acordo nesse sentido e sua quitação, são eficazes apenas quanto às verbas efetivamente pagas, devendo ser completado quanto ao restante (TRT/SP, RO 12.210/85, Valentin Carrion, Ac. 8ª T.).

A inobservância da jornada reduzida no período do aviso prévio implica sua nulidade, obrigando ao empregador a efetivação de referido pagamento, projetando a rescisão para a data final de seu cumprimento, acrescida de 1/12 relativo aos reflexos do mesmo nas férias e 13º salário (TST, RR 4.770/90.2, Heloísa Marques, Ac. 3ª T. 1.931/90.1).

Ausência da redução da jornada – Efeitos. A jurisprudência é uníssona no sentido de considerar-se nula a concessão do aviso prévio sem a observância da redução da jornada, por isso que o instituto, de ordem pública, visa não se advertir o empregado de que deverá buscar nova ocupação, mas possibilitar também que a faça, valendo-se do horário reduzido. A conclusão é inteligência do art. 488 da CLT imperativo no sentido de que, no curso do aviso se a rescisão tiver sido promovida pelo empregador, a jornada deve ser reduzida (TST, RR 162.876/95.8, José Luiz Vasconcellos, Ac. 3ª T. 3.465/96).

2 *Na jornada inferior a 8 horas*, a interpretação sistemática leva a redução proporcional à norma geral estabelecida (2 horas não trabalhadas e pagas para 8 horas de jornada normal; se o empregado trabalha 4 horas, terá uma remunerada, sem trabalhar). A redução de um dia ou de 7 nenhuma dificuldade oferece.

3 *O rural* tem direito a um dia por semana (L. 5.889/73, art. 15, em apêndice). Aviso prévio do rural (art. 7º/14, "e").

Art. 489. Dado o aviso prévio, a rescisão torna-se efetiva depois de expirado o respectivo prazo, mas, se a parte notificante reconsiderar o ato, antes de seu termo, à outra parte é facultado aceitar ou não a reconsideração.

Parágrafo único. Caso seja aceita a reconsideração ou continuando a prestação depois de expirado o prazo, o contrato continuará a vigorar, como se o aviso não tivesse sido dado.

1 *Doença ou acidente* durante o aviso prévio o suspende? O silêncio legal exige se atenda às circunstâncias de cada hipótese. A função social do instituto (propiciar nova ocupação ao despedido) leva ao entendimento de que o prazo do aviso prévio interrompido recomeça após o restabelecimento do empregado, se a iniciativa do rompimento contratual partiu do empregador. Essa interpretação, evidentemente construtiva (e nada pacífica na doutrina e na jurisprudência), não pode ser levada até as últimas consequências, para pretender-se uma nova comunicação de aviso prévio (Hirosê Pimpão, *Aviso prévio*) ou exigir-se indenização do empregador pelo tempo restante, na hipótese de o despedimento ter sido causado pela extinção parcial ou total das atividades empresariais (v. *Incapacidade durante o aviso*, Antonio Carlos Oliveira). Se o aviso prévio partiu do empregado, deixa de ter objeto o prosseguimento da contagem após a doença, não só porque não há aquela conotação social da primeira hipótese, como também porque a realidade mostra que, após o prazo legal, a empresa normalmente já teve o tempo presumido para encontrar substituto.

TST É inválida a concessão do aviso prévio na fluência da garantia de emprego, ante a incompatibilidade dos dois institutos (TST – Súmula 348).

Desde que pré-avisado o empregado, a doença superveniente, determinando seu afastamento, não interrompe o curso do aviso e o contrato se tem por rescindido na data em que o mesmo termina (TST, RR 7.312/89.5, Ney Doyle, Ac. 2ª T. 1.958/91).

Estabilidade provisória. O aviso prévio comunicado durante o período de garantia de emprego é válido, desde que a rescisão se efetive após o término da estabilidade. A garantia é do emprego, não ao silêncio (Proc. TRT/SP 44.371/96, Valentin Carrion, Ac. 9ª T., 72.912/97).

Art. 490. O empregador que, durante o prazo do aviso prévio dado ao empregado, praticar ato que justifique a rescisão imediata do contrato, sujeita-se ao pagamento da remuneração correspondente ao prazo do referido aviso, sem prejuízo da indenização que for devida.

1 Empregador que pratique falta durante o aviso prévio concedido pelo empregado: há quem admita a aplicação do dispositivo *supra* (Süssekind, *Comentários*); essa conclusão é certa apenas enquanto permitia a ruptura imediata, sem aguardar-se o final do prazo: não para conceder indenização ao empregado, que não a teria por ser sua a iniciativa da resilição. Inexiste ato ilícito do empregador que abre mão do prazo de aviso prévio concedido pelo empregado, posto que a determinação legal destina-se à proteção de quem não tomou a iniciativa da rescisão.

A falta cometida no curso do pré-aviso faz perder o restante deste e a indenização (TRT, 1ª Reg., Ac. 2ª T. 2.498/69).

Art. 491. O empregado que, durante o prazo do aviso prévio, cometer qualquer das faltas consideradas pela lei como justas para a rescisão, perde o direito ao restante do respectivo prazo.

1 Empregado que cometer falta: perde o restante do aviso prévio (pelo art. 491) e, também, o direito às demais indenizações (pelo art. 482). Barretto Prado, *Direito do Trabalho*; Rezende Puech, *Direito Individual e Coletivo do Trabalho*.

2 Empregado que deixa de comparecer ao trabalho, enquanto vigente o aviso prévio que lhe foi concedido: uma corrente vê nesse procedimento justa causa praticada pelo trabalhador, com todas as suas consequências. Essa interpretação deixa de levar em conta que o aviso concedido ao empregado é um direito exclusivo em seu favor para que possa obter outra ocupação, sendo, por isso, por ele renunciável.

TST A ocorrência de justa causa, salvo a de abandono de emprego, no decurso do prazo do aviso prévio dado pelo empregador, retira do empregado qualquer direito às verbas rescisórias de natureza indenizatória (TST – Súmula 73).

Empregado que deixa de comparecer ao trabalho no prazo de aviso prévio em tempo que lhe concede o empregador dá causa à rescisão (TST, RR 2.437/75, Coqueijo Costa, Ac. 3ª T. 1.717/75).

Capítulo VII
DA ESTABILIDADE

Art. 492. O empregado que contar mais de 10 anos de serviço[1-7] na mesma empresa não poderá ser despedido senão por motivo de falta grave[8] ou circunstância de força maior, devidamente comprovados (revogado tacitamente pela CF/88).

Parágrafo único. Considera-se como de serviço[9] todo o tempo em que o empregado esteja à disposição do empregador.

1 *Estabilidade e despedimento arbitrário.* Diz a Constituição Federal de 1988:

> **Art. 7º São direitos dos trabalhadores... além de outros...**
>
> **I – relação de emprego protegida contra despedida arbitrária ou sem justa causa, nos termos de lei complementar, que preverá indenização compensatória, dentre outros direitos;**
>
> **II – seguro-desemprego, em caso de desemprego involuntário;**
>
> **III – fundo de garantia do tempo de serviço.**

Ato das Disposições Transitórias:

Art. 10. Até que seja promulgada a lei complementar a que se refere o art. 7º, I, da Constituição:

I – fica limitada a proteção nele referida ao aumento, para 4 vezes, da porcentagem prevista no art. 6º, *caput* e § 1º, da Lei n. 5.107, de 13 de setembro de 1966.

A estabilidade e a garantia de emprego não se confundem. Vejam-se as características e sua distinção do despedimento arbitrário nas notas 1 e 2 ao art. 477.

A Carta Magna de 1988, generalizando o regime de FGTS, revogou a estabilidade definitiva aos 10 anos de serviço. Remanesce apenas o direito adquirido dos que já a haviam alcançado, assim como a estabilidade definitiva que possa ser concedida por via contratual (coletiva ou individual) ou normativa proferida em dissídio coletivo, além das estabilidades provisórias. Os trabalhadores que não haviam optado pelo FGTS permanecem em regime híbrido: pelo sistema de indenização até a vigência da Constituição e pelo FGTS, quanto ao período posterior. Efeitos diferentes quanto ao estável da antiga opção pelo FGTS e a imposição constitucional (art. 477/8).

A estabilidade de 10 anos de serviço na mesma empresa: pelo direito anterior à CF/88: a) presumia-se obstativa (deixa de ser obstativa, pois a Súmula 26 foi cancelada) à estabilidade a despedida sem justo motivo do empregado depois que alcançasse 9 anos de serviço na empresa (TST, Súmula 26, cancelada); b) somavam-se os períodos anteriores descontínuos trabalhados para a mesma empresa, salvo despedida justa, indenização ou aposentadoria (art. 453); v. Catharino, "Estabilidade", in *Temas*. Estabilidade dos professores no ensino superior federal (L. 5.540/68).

TST É inválida a concessão do aviso prévio na fluência da garantia de emprego, ante a incompatibilidade dos dois institutos (TST – Súmula 348).

TST O Regulamento Interno de Pessoal (RIP) do Banco do Estado de Pernambuco – Bandepe, na parte que trata do seu regime disciplinar, não confere estabilidade aos seus empregados (TST – Súmula 345).

TST Da extinção do último contrato começa a fluir o prazo prescricional do direito de ação, em que se objetiva a soma de períodos descontínuos de trabalho (ex-prejulgado n. 31) (TST – Súmula 156).

TST Em caso de readmissão, conta-se a favor do empregado o período de serviço anterior encerrado com a saída espontânea (TST – Súmula 138).

A extinção do estabelecimento, com a supressão de suas atividades e despedimento de todos os empregados, indistintamente, exclui, em princípio, a presunção de intenção obstativa de estabilidade de um dos empregados. Nove anos de serviço poderiam fazer presumir aquela intenção; mas, como toda presunção comum, admite prova em contrário (TRT/SP, RO 20.523/85, Valentin Carrion, Ac. 8ª T.).

O art. 7º, inciso I, da Constituição Federal/88 disciplina exclusivamente o sistema geral de proteção de emprego (excetuando a estabilidade absoluta e prevendo indenização), acenando pela existência de lei complementar que a defina. Em nenhum ponto há proibição à deliberação à estabilidade relativa e provisória, mediante lei ordinária (TST, RR 290.892/96.8, Lourenço Ferreira do Prado, Ac. 1ª T./99).

2 A estabilidade com menos de 10 anos é: a) contratual: as partes podem pactuar a estabilidade com tempo inferior ou mesmo a partir do início do contrato (art. 444); acontecia em casos de empregados de excepcional interesse para o novo empregador que já possuíam estabilidade na empresa que abandonaram, para se integrarem em outra; b) provisória sindical (v. art. 543) da gestante (art. 391/1), de membro da CIPA (art. 164), empregados dirigentes de cooperativas (L. 5.764/71) e do acidentado (L. 8.213/91, art. 118, v. Índ. Leg.); c) do rural que já prestava serviços exclusivamente de natureza rural a empresa agroindustrial ou agrocomercial, contribuindo para o INPS ao menos desde 25.5.71 (Lei Complementar à Constituição 16/73, em apêndice); no caso a competência é da Justiça do Trabalho e não, como pretende a lei, do Ministério do Trabalho, nesta parte inconstitucional. Desnecessidade do inquérito judicial para despedimento (art. 543/1).

A estabilidade provisória, concedida por pacto entre as partes, individual ou coletivo ou por lei, assegura o emprego, a reintegração e todos os efeitos que decorreriam do exercício do trabalho (remuneração, descansos etc.) até o termo final previsto; não a indenização em dobro, que é previsão exclusiva da estabilidade do art. 492. É o caso dos membros da CIPA (art. 165), da estabilidade provisória prevista em contrato coletivo dos empregados eleitos membros da diretoria de cooperativa legalmente reconhecida (L. 5.764/71) e do dirigente sindical (art. 543/1).

STF A garantia da estabilidade provisória prevista no art. 10, II, *a*, do ADCT também se aplica ao suplente do cargo de direção de comissões internas de prevenção de acidentes (CIPA) (STF – Súmula 676).

STF Para efeito de indenização e estabilidade, conta-se o tempo em que o empregado esteve afastado, em serviço militar obrigatório, mesmo anteriormente à Lei n. 4.072, de 1.6.1962 (STF – Súmula 463).

TST A projeção do contrato de trabalho para o futuro, pela concessão do aviso prévio indenizado, tem efeitos limitados às vantagens econômicas obtidas no período de pré-aviso, ou seja, salários, reflexos e verbas rescisórias. No caso de concessão de auxílio-doença no curso do aviso prévio, todavia, só se concretizam os efeitos da dispensa depois de expirado o benefício previdenciário (TST – Súmula 371, conversão das Orientações Jurisprudenciais SDI-1 40 e 135).

TST I – O suplente da CIPA goza da garantia de emprego prevista no art. 10, II, "a", do ADCT a partir da promulgação da Constituição Federal de 1988. II – A estabilidade provisória do cipeiro não constitui vantagem pessoal, mas garantia para as atividades dos membros da CIPA, que somente tem razão de ser quando em atividade a empresa. Extinto o estabelecimento, não se verifica a despedida arbitrária, sendo impossível a reintegração e indevida a indenização do período estabilitário (TST – Súmula 339, conversão das Orientações Jurisprudenciais SDI-1 25 e 329).

TST I – O desconhecimento do estado gravídico pelo empregador não afasta o direito ao pagamento da indenização decorrente da estabilidade (art. 10, II, "b", do ADCT). II – A garantia de emprego à gestante só autoriza a reintegração se esta se der durante o período de estabilidade. Do contrário, a garantia restringe-se aos salários e demais direitos correspondentes ao período de estabilidade. III – A empregada gestante tem direito à estabilidade provisória prevista no art. 10, inciso II, alínea "b", do Ato das Disposições Constitucionais Transitórias, mesmo na hipótese de admissão mediante contrato por tempo determinado (Res. TST 185/12) (TST – Súmula 244).

SDI O ajuizamento de ação trabalhista após decorrido o período de garantia de emprego não configura abuso do exercício do direito de ação, pois este está submetido apenas ao prazo prescricional inscrito no art. 7º, XXIX, da CF/1988, sendo devida a indenização desde a dispensa até a data do término do período estabilitário (TST, SDI-1, Orientação Jurisprudencial 399).

SDI Dirigente sindical. Despedida. Falta grave. Inquérito judicial. Necessidade (TST, SDI-1, Orientação Jurisprudencial 114).

SDI Estabilidade provisória. Acidente de trabalho. É constitucional o art. 118 da Lei 8.213/91 (TST, SDI-1, Orientação Jurisprudencial 105).

SDI Estabilidade. Instrumento normativo. Vigência. Eficácia. Preenchidos todos os pressupostos para a aquisição de estabilidade decorrente de acidente ou doença profissional, ainda durante a vigência do instrumento normativo, goza o empregado de estabilidade mesmo após o término da vigência deste (TST, SDI-1, Orientação Jurisprudencial 41).

A jurisprudência dominante nesta colenda Corte tem sido no sentido de se garantir ao membro da CIPA, detentor de estabilidade provisória, apenas o pagamento dos salários referentes ao período reconhecido como estabilitário e reflexos (TST, RR 199.911/95.1, Moacyr Roberto Tesch Auersvald, Ac. 2ª T. 364/97).

Estabilidade provisória do empregado acidentado. A Carta Magna ao consagrar os princípios acerca da proteção contra a despedida arbitrária não fez restrições quanto aos trabalhadores vítimas de acidente de trabalho. Logo, a previsão contida no artigo 118 da Lei n. 8.213/91 não entra em choque com os ditames constitucionais de modo a eivá-lo da inconstitucionalidade (TST, RR 181.898/95.8, Lourenço Prado, Ac. 1ª T. 665/97).

Estabilidade provisória pré-eleitoral. Empresa pública. Servidor público da administração indireta. 1. A doutrina e a jurisprudência consideram também servidor público todos aqueles que mantêm relação profissional, subordinada e não eventual, com as entidades da administração pública indireta. Sendo assim, os empregados das empresas públicas estão incluídos na proteção da estabilidade provisória pré-eleitoral conferida pela Lei n. 7.773/89 (TST, E-RR 105.815/94.7, Francisco Fausto, Ac. SBDI-1 642/97).

A norma inserta no inc. XIII do art. 165 da CF anterior não implica a impossibilidade de o tomador dos serviços ajustar a garantia de emprego, em que pese a opção pelo sistema do FGTS (STF, Ag. 135.961-7 (AgRg)-DF, Marco Aurélio, Ac. 2ª T.).

3 *O optante* pelo FGTS perdia estabilidade, conservando o direito à indenização em dobro do tempo anterior caso não o tivesse transacionado (art. 477/8). Pode ser despedido sem inquérito (Barreto Prado, *Tratado*; Cesarino, *Estabilidade*; Aluysio Sampaio, *FGTS*; idem a jurisprudência: TST, RR 645/71, Ac. 3ª T. 722/71). No regime híbrido (tempo anterior e posterior ao regime do FGTS), o despedido sem falta grave recebe indenização pelo tempo anterior (em dobro pelo tempo de estabilidade) mais os depósitos do FGTS posterior; se transacionou o tempo anterior recebe só o FGTS, salvo se houve fraude do empregador. Sobre FGTS, v. coment. art. 477/8 e segs.

O optante pelo FGTS não é estável e jamais poderá sê-lo. Os benefícios da Petrobras admissíveis para os estabilitários não podem ser ampliados para atingir os optantes (TST, RR 3.872/83, Marcelo Pimentel, Ac. 2ª T. 2.819/84).

4 *Transação da estabilidade.* A lei criadora do FGTS permitiu a transação da estabilidade, mediante o pagamento de 60% da indenização em dobro, independente da existência de inquérito judicial contra o empregado, o que anteriormente só era permitido quando para pôr fim a esse processo; neste, inexiste limite para acordo, pois o empregado está assistido por advogado e livre da pressão patronal, posto que suspenso, conhecendo a graduação do risco de ser provada a acusação contra ele levantada.

TST Rescindido por acordo seu contrato de trabalho, o empregado estável optante tem direito ao mínimo de 60% do total da indenização em dobro, calculada sobre o maior salário percebido no emprego. Se houver recebido menos do que esse total, qualquer que tenha sido a forma de transação, assegura-se-lhe a complementação até aquele limite (TST – Súmula 54).

Cessação do contrato de trabalho por acordo. Preceitua o § 3º do art. 17 da Lei 5.107/66, que a indenização acordada há que respeitar o mínimo de 60% do que devido nos moldes da CLT. Previsto o percentual mínimo e considerando-se que a verba indenizatória é paga no ato da homologação, em moeda corrente ou cheque visado – § 4º do art. 477 da CLT – forçoso é concluir que o desdobramento em três parcelas de 20%, pagas semestralmente, discrepa do ordenamento jurídico, vigente, sendo irrelevante a concordância do empregado face à imperativa das normas trabalhistas, fundamento medular do princípio da irrenunciabilidade (TST, RR 6.982/86.8, Marco Aurélio, Ac. 1ª T. 1.788/87).

O empregado detentor de estabilidade provisória não tem direito à reintegração (TST, E-RR 21.745/91.7, José Calixto Ramos, Ac. SDI 1.701/95).

5 *Ao empregado não optante* que transacionava a estabilidade, a jurisprudência aplicava o mesmo limite de 60%.

6 *Estavam excluídos da estabilidade*: a) os que, optantes pelo FGTS (estáveis ou não), tivessem ou não transacionado o tempo anterior ("um golpe de morte, no instituto da estabilidade que é intransacionável por definição", Cesarino, *Estabilidade*); b) o empregado de confiança (art. 499, conceito, art. 62/4); c) empregados de profissionais liberais (CLT, art. 507); d) aposentado por invalidez, estável, ao retornar ao emprego (CLT, art. 475), após qualquer tempo; e) a aposentadoria por velhice à revelia do empregado poderá ser requerida pelo empregador, pagando este a metade da indenização devida (CLPS, art. 37).

7 *Rural*: rege-se pelos seus dispositivos específicos e os genéricos do direito do trabalho, em face da Constituição de 1988 (art. 7º, *caput*). Estabilidade do rurícola na agroindústria (art. 492/2, *supra*).

8 *Falta grave* (conceito, art. 493). Força maior (conceito, art. 501 e seg.); devidamente comprovada (inquérito, art. 494).

9 *Tempo de serviço*: aguardando ou cumprindo ordens; também, prestando serviço militar, acidente de trabalho e demais casos de interrupção, não de suspensão. V. coment. art. 453.

10 *Estabilidade do servidor público* (art. 7º/22).

Art. 493. Constitui falta grave a prática de qualquer dos fatos a que se refere o art. 482, quando por sua repetição ou natureza representem séria violação dos deveres e obrigações do empregado.

1 *Falta grave*. Existindo justa causa, os empregados estáveis podem ser despedidos sem quaisquer ônus para o empregador; para a resolução do contrato do estável exige-se *falta grave*, ou seja, uma justa causa de superior intensidade (Dorval Lacerda, *Falta grave*); a distinção terminológica, entretanto, não é obedecida.

TST O dirigente sindical somente poderá ser dispensado por falta grave mediante a apuração em inquérito judicial. Inteligência dos arts. 494 e 543, § 3º, da CLT (TST – Súmula 379, conversão da Orientação Jurisprudencial SDI-1 114).

Deve-se levar em conta o tempo de serviço, os antecedentes na empresa, as relações que o empregado mantém com o patrão e o momento em que foi cometida a falta (Evaristo de Moraes Filho). Há, de fato, uma graduação das faltas, das quais não é possível, à primeira vista, medir a extensão e avaliar os efeitos (Luigi de Litala) (TST, RR 1.422/75, Coqueijo Costa, Ac. 3ª T. 558/77).

A dispensa do empregado estável limita-se às hipóteses previstas em lei, tanto no caso de estabilidade decenal, quanto nos de estabilidade provisória. O § 3º do art. 543 da CLT prevê, em sua parte final, a única hipótese de dispensa do empregado portador da estabilidade sindical, ou seja, no caso em que comprovada fica a prática de falta grave. Não é, portanto, a extinção do estabelecimento da Reclamada motivo suficiente a afastar a garantia da representação profissional. Nesses termos, apresenta-se correta a decisão regional que determinou o pagamento ao Reclamante dos salários até o término do mandato sindical como forma de indenização pela impossibilidade da Reclamada em cumprir o restante do período contratual, ante a extinção de uma filial na base territorial do sindicato (TST, RR 192.482/95.6, Armando de Brito, Ac. 5ª T. 3.975/96).

Art. 494. O empregado acusado de falta grave poderá ser suspenso de suas funções, mas a sua despedida só se tornará efetiva após o inquérito em que se verifique a procedência da acusação.

Parágrafo único. A suspensão, no caso deste artigo, perdurará até a decisão final do processo.

1 *Poderá ser suspenso*: trata-se de *simples faculdade* (Cesarino, *Direito social*), não sendo, assim, obrigatório. Prazo razoável para averiguações ou para reflexão não prejudica a vontade de dar por rescindido o contrato. Permitir-se a continuação do trabalho durante tempo apreciável mesmo após a propositura do inquérito pode ser interpretado como inexistência de gravidade no fato causador.

2 *Prazo de 30 dias* para ajuizamento do inquérito (v. art. 853): é de decadência (STF, Súmula 403) e não de prescrição, sendo insuscetível de interrupção. Mas o próprio STF abre exceções por obstáculo judicial ou superveniência de dias sem expediente forense em outras hipóteses de decadência, impondo-se aplicação analógica ao prazo do ajuizamento do inquérito trabalhista; é o caso dos RE 75.872 e 81.211. Apesar da clareza do art. 853 há julgados, em minoria, afirmando que o prazo se conta *havendo ou não suspensão*. Há quem entenda que o transcurso de 30 dias após a suspensão resulta em reintegração do empregado, podendo prosseguir o inquérito em juízo (Barretto Prado, *Tratado de Direito do Trabalho*); é, entretanto, opinião isolada. Dispensa-se o inquérito se o empregado adiantou-se e ajuizou reclamação pleiteando indenização ou reintegração; tecnicamente o empregador deve, em reconvenção, pleitear a resolução do contrato, evitando a possibilidade de desistência da ação pelo adversário.

STF É de decadência o prazo de 30 dias para instauração de inquérito judicial, a contar da suspensão, por falta grave, de empregado estável (STF – Súmula 403).

TST O prazo de decadência do direito do empregador de ajuizar inquérito em face do empregado que incorre em abandono de emprego é contado a partir do momento em que o empregado pretender seu retorno ao serviço (TST – Súmula 62).

SDI Constitui direito líquido e certo do empregador a suspensão do empregado, ainda que detentor de estabilidade sindical, até a decisão final do inquérito em que se apure a falta grave a ele imputada, na forma do art. 494, *caput* e parágrafo único, da CLT (TST, SDI-2, Orientação Jurisprudencial 137).

O despacho impugnado, que indeferiu o pedido de reintegração imediata da reclamante no emprego, em sede de execução provisória, encontra-se em consonância com o comando da decisão de mérito, que contém determinação para que o reclamado proceda à reintegração da reclamante e estabelece que tal comando seja cumprido após o trânsito em julgado da decisão. Ressalte-se que não se trata de antecipação de tutela, aliás, indeferida na sentença que se pretende executar provisoriamente. Inexistente, pois, direito líquido e certo à reintegração. Recurso ordinário desprovido (TST, RO-MS 797.438/2001, Renato Paiva).

Não apurada a falta grave, determina a lei seja o empregado reintegrado, convertendo-se a suspensão contratual em mera interrupção (TST, RR 8.489/85.0, Marcelo Pimentel, Ac. 2ª T. 2.289/86).

Início do prazo de decadência. A suspensão do empregado é mera faculdade do empregador, que poderá optar pela continuidade do contrato de trabalho. Neste caso, não se aplica o art. 853 da CLT, pois tal dispositivo legal só se aplica na hipótese em que realmente há suspensão do empregado, com a consequente perda de salário (TST, RR 128.005/94.0, José Luciano de Castilho Pereira, Ac. 2ª T. 4.658/96).

3 Suspensão até decisão final, pagamento de salários (art. 496). Inquérito judicial (suspensão, procedimento e salários, art. 853 e segs.; testemunhas, art. 821).

Art. 495. Reconhecida a inexistência de falta grave praticada pelo empregado, fica o empregador obrigado a readmiti-lo no serviço e a pagar-lhe os salários a que teria direito no período da suspensão.

Art. 496. Quando a reintegração[1] do empregado estável for desaconselhável, dado o grau de incompatibilidade resultante do dissídio[2], especialmente quando for o empregador pessoa física[3], o tribunal do trabalho poderá converter[4 e 5] aquela obrigação em indenização devida nos termos do artigo seguinte.

1 A *reintegração*, que é obrigação de fazer, não se transforma em força física. Negando-se o empregador a readmiti-lo, poderá o empregado receber salários e demais vantagens sem trabalhar, indefinidamente, ou pleitear a rescisão com indenização em dobro, sem prejuízo das multas administrativas; repele ao direito e ao bom senso a reintegração *manu militari*, com os inconvenientes da convivência forçada após a exasperação produzida por esse fato; reforça esse entendimento o art. 729, que comina pena de multa diária e pagamento dos salários ao empregador que deixar de cumprir sentença de reintegração.

Os salários do trabalhador na ação são devidos mesmo que tenha trabalhado para outro empregador. Para a efetiva reintegração, a empresa requer a notificação do empregado para que reassuma, ou este obtém mandado de reintegração. O empregado reintegrado deverá perceber os salários com todos os reajustes e vantagens concedidos à categoria.

A readmissão sem salários do tempo do afastamento é criação da jurisprudência, sem apoio em lei, decidindo por equidade em casos de falta cometida pelo empregado, que não justificava a rescisão.

Na culpa recíproca, os salários são indevidos.

Marco inicial da reintegração. Se a ação proposta tem como objeto o direito ou não a reintegração, o empregado tem até então a expectativa de direito, que só será direito, ou não, com o trânsito em julgado da ação. A prescrição se inicia nesse momento.

■ Segundo a jurisprudência desta Corte Superior, não incorre em julgamento *extra petita* a decisão que, ao analisar a pretensão do empregado, relaciona o pedido de indenização pelo período de estabilidade provisória com reintegração no emprego, quando cabível. O Juiz pode prover o pedido com fundamento nos fatos narrados na inicial sem extrapolar os limites do pedido original (RR 390100-94.2003.5.09.0664, Guilherme Caputo Bastos).

■ Esta C. Subseção, no julgamento dos TST-E-RR-1.633/2001-005-15-00.4, firmou o entendimento de que a prescrição da pretensão à reintegração só passa a fluir do trânsito em julgado da decisão judicial reconhecendo o vínculo de emprego, por se tratar de pretensão condicionada à solução prévia deste conflito. Ressalva de entendimento pessoal sobre o assunto (TST, E-RR 1374/2001-005-15-00, Maria Cristina Irigoyen Peduzzi, Ac. SBDI-1).

A decisão do Regional merece reforma na medida em que se firmou entendimento nesta Corte de que existe a possibilidade de o reclamante, que foi dispensado no curso de ação trabalhista anterior e que apenas transitou em julgado em 14.1.2000, pleitear direito à reintegração no emprego, além de outros direitos, embora já tenham transcorrido mais de dois anos da rescisão do contrato de trabalho, porque o início do lapso prescricional se dá com a solução definitiva quanto à existência da relação de emprego com a Companhia Energética de São Paulo – CESP. Isso porque não se pode admitir que o início da contagem se verifique quando da extinção do contrato de trabalho, pois naquele momento o reclamante ainda não tinha o reconhecimento do seu vínculo de emprego (TST, RR 1.622/2001-005-15-00, Dora Maria da Costa, Ac. 8ª T.).

2 Incompatibilidade resultante de dissídio: dissídio em sentido lato, ou seja, dos fatos que provocaram a luta judicial ou do comportamento processual das partes e não apenas deste como alguns afirmam; com maior razão no caso de uma incompatibilidade anterior ao processo (Cesarino, *Direito social*).

3 Empregador pessoa física; também se o empregador for pessoa jurídica e o empregado estiver em contato imediato com o principal responsável da empresa (por ser esta de parte reduzida ou pela função desempenhada junto àquele).

4 A conversão em indenização independe do requerimento das partes (Russomano, *Temas*, p. 27), e não é direito do empregador mas faculdade do julgador (Süssekind, *Instituições*, v. 1, p. 664).

Na indenização devida, considera-se tempo de serviço o da suspensão para inquérito; a base salarial é a mais elevada (inclusive a do tempo da suspensão).

TST I – Exaurido o período de estabilidade, são devidos ao empregado apenas os salários do período compreendido entre a data da despedida e o final do período de estabilidade, não lhe sendo assegurada a reintegração no emprego. II – Não há nulidade por julgamento *extra petita* da decisão que deferir salário quando o pedido for de reintegração, dados os termos do art. 496 da CLT (TST – Súmula 396 conversão das Orientações Jurisprudenciais SDI-1 106 e 116).

TST No caso de se converter a reintegração em indenização dobrada, o direito aos salários é assegurado até a data da primeira decisão que determinou a conversão (TST – Súmula 28).

SDI Rescinde-se o julgado que reconhece estabilidade provisória e determina a reintegração de empregado, quando já exaurido o respectivo período de estabilidade. Em juízo rescisório, restringe-se a condenação quanto aos salários e consectários até o termo final da estabilidade (TST, SDI-2, Orientação Jurisprudencial 24).

Exaurido o período de estabilidade, são devidos ao empregado apenas os salários do período compreendido entre a data da despedida e o final do período de estabilidade, não lhe sendo assegurada a reintegração no emprego. Inteligência da Súmula 396, I, do TST (ex-OJ 116/SBDI-I/TST) (TST, RR 3940-45.2005.5.10.0017, Mauricio Godinho Delgado).

■ Nos termos da Súmula 396, I, do TST, exaurido o período de estabilidade, são devidos ao empregado apenas os salários do período compreendido entre a data da despedida e o final do período de estabilidade, não lhe sendo assegurada a reintegração no emprego. A demora no ajuizamento da reclamação não suprime o direito à estabilidade provisória, seus reflexos e reparações, pois o exercício da ação é facultado ao longo dos prazos de que cuida o inciso XXIX do art. 7º da Constituição Federal (TST, RR 23800-85.2006.5.02.0254, Alberto Luiz Bresciani de Fontan Pereira, Ac. 3ª T.).

■ Não se deve conceder liminar inaudita altera pars de reintegração de empregado, ainda que provisoriamente estável, sem ouvir a parte contrária, visto que fere o direito de defesa do empregador e antecipa duvidosamente a tutela com natureza satisfativa (TST, RXOF 109.131/94.2, Francisco Fausto, Ac. SBDI-2 11/96).

■ Anulada a dispensa em virtude de estabilidade assegurada em Normas Coletivas da categoria, e ordenada a reintegração do Obreiro, são devidos os salários e demais vantagens do período entre o rompimento do vínculo e a reintegração. Incabível a limitação do direito a partir da data da propositura da ação (TST, RR 374.223/97.6, Nelson Antônio Daiha, Ac. 3ª T./99).

■ Na impossibilidade do cumprimento da obrigação de reintegração, converte-se esta na indenização correspondente ao período assegurado pela estabilidade provisória, sob pena de, caso proceder-se o contrário, deferir-se direito de garantia no emprego em tempo superior ao assegurado provisoriamente (TST, RR 224.264/95.7, José Luiz Vasconcellos, Ac. 3ª T. 4.765/96).

5 Salários devidos quando da incompatibilidade: TST, Súmula 28: "No caso de se converter a reintegração em indenização dobrada, o direito aos salários é assegurado até a data da primeira decisão que determinou essa conversão". Süssekind explica: "até a data da eficácia, não do trânsito em julgado" (*Instituições*). Cesarino Jr. discorda: "desde a data da despedida até a da efetiva reintegração ou do pagamento da indenização" (*Direito social*).

■ Não se confunde rescisão indireta com a reintegração que se converte em indenização, sendo inteiramente diferentes os efeitos dessas situações quanto aos salários (TST, E-RR 5.096/75, Simões Barbosa, Ac. TP 445/79).

■ Apenas até a data da sentença constitutiva que põe fim ao contrato é que são devidos os salários (TST, RO-AR 270/79, Fernando Franco, Ac. TP 1.217/80).

■ Se o pedido de empregado estável é de indenização dobrada, deve o julgador atendê-lo, mormente se as circunstâncias desaconselham a reintegração (TST, RR 1.881/89.3, Hylo Gurgel, Ac. 2ª T. 12.170/90.1).

Art. 497. Extinguindo-se a empresa, sem a ocorrência de motivo de força maior[1, 5 e 6], ao empregado estável despedido é garantida a indenização[2] por rescisão do contrato por prazo indeterminado, paga em dobro.

Art. 498. Em caso de fechamento do estabelecimento[3], filial ou agência, ou supressão necessária de atividade, sem ocorrência de motivo de força maior, é assegurado aos empregados estáveis, que ali exerçam suas funções[4], o direito à indenização, na forma do artigo anterior.

1 Sem força maior: porque convenha à empresa, ou por falência. Força maior, conceito (art. 501).

2 São devidos salários até a extinção da empresa.

3 Inexiste a figura de estabelecimento transferido, como às vezes se afirma para fugir ao pagamento da indenização; o que há é fechamento de um e abertura de outro (v. coment. art. 469/7).

TST Extinto, automaticamente, o vínculo empregatício, com a cessação das atividades da empresa, os salários só são devidos até a data da extinção (TST – Súmula 173).

A empresa, que transfere as suas atividades de um município para outro, opera o fechamento de estabelecimento, pois como ensina a doutrina, um dos conceitos integrativos de estabelecimento é o "ponto" ou "local" de negócio (TST, AI 3.729/76, Orlando Teixeira da Costa, Ac. 2ª T. 243/77).

A extinção do estabelecimento, sem ocorrência de força maior, não afeta o direito do dirigente sindical de perceber os salários e demais vantagens do cargo até o término do período de garantia legal, sob pena de quebra do objetivo precípuo da lei, que é o de manter o sindicato em atividade normal (CF, art. 8º, itens III, VI, VIII, art. 7º, XXVI, e art. 114, § 2º) (TST, RR 48.095/92.5, Manoel Mendes de Freitas, Ac. 3ª T. 2.376/93).

O efeito da extinção da empresa empregadora é o encerramento da atividade sindical e, consequentemente, da garantia de emprego do representante da categoria profissional (TST, E-RR 147.516/94.5, Francisco Fausto, Ac. SBDI-1 3.858/96).

Fechamento de estabelecimento. Não é assegurada a estabilidade provisória ao membro da CIPA, quando a dispensa decorrer do fechamento do estabelecimento (TST, RR 189.201/95.4, Ângelo Mário, Ac. 2ª T. 7.008/96).

Quanto à digressão conceitual do que seriam os motivos de ordem técnica, econômica ou financeira, a lei não poderia detalhar todas as possibilidades, porém, o sentido da norma é justamente colocar o empregado fora do alcance do arbítrio do empregador decorrente de seu poder de disposição, em função de uma atividade voltada para o lucro. Concebível, pois, que a extinção do estabelecimento da empresa integra, por representar uma inviabilidade de ordem prática do aproveitamento do empregado, o motivo de ordem técnica, como também, por repercutir financeiramente no âmbito da empresa, o de ordem financeira (TST, E-RR 133.493/94.7, Ronaldo Leal, Ac. SBDI-1 755/96).

O fechamento do estabelecimento é fato extintivo da estabilidade, tendo em vista que a garantia de emprego está vinculada à atividade sindical e ao próprio emprego, na medida em que a finalidade do legislador visa impedir o empregador de obstar o exercício da atividade sindical, no âmbito de sua representatividade (TST, RR 292.232/96.2, Ângelo Mário de Carvalho e Silva, Ac. 2ª T./99).

4 O reaproveitamento do empregado em outra função, inadequada ou em outra localidade, não pode ser imposto.

5 Havendo força maior, indenização simples (art. 502, I).

6 Rescisão por ato governamental (art. 486).

Art. 499. Não haverá estabilidade no exercício dos cargos de diretoria, gerência ou outros de confiança imediata do empregador, ressalvado o cômputo do tempo de serviço para todos os efeitos legais.

§ 1º Ao empregado garantido pela estabilidade que deixar de exercer cargo de confiança, é assegurada, salvo no caso de falta grave, a reversão ao cargo efetivo que haja anteriormente ocupado.

§ 2º Ao empregado despedido sem justa causa, que só tenha exercido cargo de confiança e que contar mais de 10 anos de serviço na mesma empresa, é garantida a indenização proporcional ao tempo de serviço nos termos dos arts. 477 e 478.

§ 3º A despedida que se verificar com o fim de obstar ao empregado a aquisição de estabilidade, sujeitará o empregador a pagamento em dobro da indenização prescrita nos arts. 477 e 478.

1 *Cargo de confiança* é expressão de sentidos diversos. Existe na lei: a) a confiança genérica que qualquer empregado deve inspirar, como pressuposto de sua relação de trabalho com a empresa; b) a bancária para fim de jornada não reduzida (CLT, art. 224); c) o do gerente investido de mandato, sem limite na sua jornada (art. 62, II); d) os da diretoria, gerência e outros de confiança imediata. O conceito legal mais próximo que se possui é o que se refere aos gerentes "que investidos de mandato, em forma legal, exerçam cargos de gestão, e, pelo padrão mais elevado de vencimentos, se diferenciem dos demais empregados" (CLT, art. 62); "aquele que tenha função de superintendência (mando geral), possa representar a empresa em suas relações com terceiros ou possua encargos cujo desempenho exija uma confiança especial e incomum" (Süssekind, *Instituições*). Todos os empregados em geral devem ser depositários da confiança do empregador; mas a expressão legal é reservada aqui às situações excepcionais acima descritas (sobre o assunto, v. coment. art. 62/4); alcance diferente há no art. 224, § 2º. Empregado-diretor, art. 477/1. J. Antero de Carvalho tem obra clássica, que abrange o tema, *Cargos de direção no direito brasileiro*, Ed. Trabalhistas. Comissionamento e promoção (art. 450/1).

TST O empregado eleito para ocupar cargo de diretor tem o respectivo contrato de trabalho suspenso, não se computando o tempo de serviço desse período, salvo se permanecer a subordinação jurídica inerente à relação de emprego (TST – Súmula 269).

A caracterização de cargo de confiança pressupõe atribuir-se ao empregado funções cujo exercício possa colocar em risco o próprio empreendimento e a própria existência da empresa, seus interesses fundamentais, sua segurança e a ordem essencial ao desenvolvimento de sua atividade (Mário de La Cueva). Não se confunde, pois, com a mera chefia. A mera circunstância de cuidar-se de gerente de estabelecimento comercial, sem controle de horário, desacompanhada de outros elementos que traduzam fidúcia especial, não permite qualificar o empregado como exercente de cargo de confiança, para os efeitos do art. 62, II, da CLT (TST-RR-100/2001-771-04-00.8, João Oreste Dalazen).

O advogado de qualquer empresa, quando empregado, ocupa cargo de especial confiança, pelo acesso que tem a dados confidenciais, indispensáveis à defesa de seus interesses (TST, RR 255.101/96.9, Manoel de Freitas, Ac. 3ª T.).

2 *Todos os efeitos legais*: férias, 13º etc., inclusive tempo de serviço para fins de FGTS, na forma dos §§ 1º e 2º.

3 *Reversão ao cargo efetivo*: é possível a qualquer tempo e sem configurar-se ilegalidade. Entende Barretto Prado que, se exerceu o "cargo de confiança em caráter permanente, não é obrigado a reassumir o seu anterior serviço", podendo optar entre fazê-lo ou receber indenização simples (*Tratado de direito do trabalho*, v. 2, p. 620); é uma solução justa, mas sem apoio legal. O art. 450 trata de situações temporárias, diferentes.

O exercício de cargo comissionado durante muitos anos demonstra que o desempenho da função era ratificada ao longo do tempo pelo empregador, comprovando que os objetivos propostos pela empresa eram atingidos, sem que houvesse necessidade de modificação quanto à pessoa exercente do cargo, fatores removedores da anterior instabilidade da função e construtores de uma base estável de apoio à segurança salarial (TST, E-ED-RR 88.144/93.6, Ronaldo Leal, Ac. SBDI-1 684/96).

Cessando a causa, há que cessar o efeito, cessando o exercício de cargo ou função de confiança, há que cessar o pagamento da remuneração correspondente (TST, RR 139.898/94.7, Rider de Brito, Ac. 2ª T. 4.717/96).

Embora o poder de mando do empregador esteja amparado no parágrafo único do artigo 468 da CLT, deste não se pode extrair a regra de supressão da gratificação inerente àquele cargo. Os longos anos no exercício da função comissionada asseguram ao empregado, que reverteu ao cargo efetivo, o direito à percepção da mencionada gratificação, como se naquela função estivesse (TST, E-RR 107.499/94.5, Leonaldo Silva, Ac. SBDI-1 723/96).

Denomina-se cargo de confiança aquele em cujas atribuições se incluem poderes inerentes à faculdade privativa do empregador de administrar a empresa (planejamento, direção e fiscalização). Há cargos de confiança imediata do empregador (diretoria, gerência e outros assemelhados, arts. 499 e §§ e 62, "b", da CLT) e cargos de confiança mediata (cargos em comissão, art. 450, da CLT). A cada um deles, todos espécies do gênero "cargo de confiança", a lei dá tratamento diferenciado e específico (TST, RO 1.319/98, Fernando A. Veiga Damasceno, Ac. 1ª T.).

4 Quem só exerceu cargo de confiança por mais de 10 anos não alcançava a estabilidade, podendo ser despedido com indenização simples; os optantes seguiam a regra geral da lei do FGTS.

5 *Despedida obstativa*: a) mesmo com o pagamento de indenização, a despedida podia ser obstativa (Cesarino Jr., *Direito social*); b) presumia-se obstativa a despedida aos 9 anos; c) mas o trabalhador, embora despedido depois de 9 anos de serviços à empresa, não teria direito ao pagamento de indenização em dobro, se se demonstrasse que não houve intuito de obstar a aquisição de estabilidade; d) antes de 9 anos, a presunção é de que o despedimento não teria aquele vício, admitindo, porém, prova em contrário.

1. De acordo com o ordenamento jurídico positivo, a ruptura imotivada do vínculo de emprego constitui direito potestativo do empregador. 2. Entretanto, muito embora se reconheça a natureza potestativa de tal direito, não se cuida, como no caso de qualquer outra garantia que se possa extrair do direito posto, de faculdade de caráter absoluto, uma vez que a lei prevê diversas limitações ao seu exercício, como é o caso, v.g., do aviso prévio e das garantias provisórias de emprego. 3. Nesse contexto, convém lembrar que o art. 129 do Código Civil, aplicável aos contratos de trabalho por força do disposto no art. 8º da CLT, comina de nulidade os atos obstativos do exercício de direito a respeito do qual se estabeleça condição cujo implemento seja, intencionalmente, obstaculizado por aquele a quem tal condição desfavoreça. Tal previsão ostenta o evidente objetivo de repudiar a má-fé na execução de negócios jurídicos. 4. Assim, também, o ato jurídico consistente na dispensa de empregado deve obediência às restrições impostas por tal dispositivo legal, razão pela qual, se o rompimento do ajuste laboral se der com a finalidade de frustrar o adimplemento de condição para exercício de um direito, deve ser considerado nulo. 5. Na hipótese dos autos, consoante registra o Tribunal *a quo*, o Reclamante teria sido dispensado quando lhe faltavam apenas cerca de 8 meses para ingressar no período de estabilidade pré-aposentadoria, previsto em norma coletiva, tendo ocorrido a despedida após mais de 30 anos de serviços prestados ao Reclamado. Por conseguinte, revela-se inexorável a conclusão de que a dispensa configurou ato obstativo da aquisição do direito à estabilidade, tal como bem concluiu a decisão regional, de modo que esta merece ser mantida. Na mesma direção segue a jurisprudência predominante do TST (TST, RR 3779900-06.2007.5.09.0652, Maria Doralice Novaes).

Se se reconhece ao pré-estabilitário a indenização em dobro, depositada em ação de consignação em pagamento, julga-se esta improcedente e procedente a reconvenção, condenada a empresa reconvinda em seu pagamento dobrado (TST, Ac. 2ª T. 1.106/72, Ribeiro de Vilhena).

Presume-se obstativa a despedida imotivada de empregado já prestes a atingir os 28 anos de serviço e o alcançou a estabilidade provisória prevista em norma convencional (TST, RR 2.513/90.1, Afonso Celso, Ac. 1ª T. 1.961/90.1).

Art. 500. O pedido de demissão do empregado estável só será válido quando feito com a assistência do respectivo Sindicato e, se não o houver, perante autoridade local competente do Ministério do Trabalho ou da Justiça do Trabalho.

1 A formalidade se aplica tanto à estabilidade permanente quanto à provisória. O dispositivo pretende evitar a fraude.

Menor grávida. Pedido de demissão. Ainda que a estabilidade e a garantia de emprego sejam institutos assemelhados, mas não idênticos, o art. 500 da CLT, ao estabelecer que o pedido de demissão de empregado estável para ser válido deve ser feito com assistência do Sindicato profissional, pode ser aplicado a situações em que está em jogo a estabilidade provisória, em especial, a decorrente de norma de ordem pública e de que é portadora uma menor, eis que situações análogas (art. 8º da CLT). Deve-se observar que mesmo o art. 439/CLT, ao estabelecer que a quitação pela rescisão do contrato de trabalho, em caso de menor, é vedada sem assistência de seus responsáveis legais, remete ao próprio pedido de demissão a assistência ali referida, fato gerador de todos os atos posteriores envolvendo a formalização da resilição contratual (TRT/MG, RO 5.647/96, Deoclécia Amorelli, Ac. 4ª T.).

■ Sendo a homologação pelo Sindicato formalidade essencial para a validade do ato de demissão do empregado estável (art. 500 da CLT), somente no momento em que ela se realiza é que se tem por rescindido o contrato de trabalho (TST, RR 6.434/83, Coqueijo Costa, Ac. 1ª T. 4.795/84).

■ Não tendo a autora produzido prova robusta que viesse a invalidar o pedido de demissão, não faz jus à estabilidade provisória (TRT/SP, 2.930.223.515, Gualdo Amaury Formica, Ac. 7ª T. 4.609/95).

2 Só será válido: não produzirá qualquer efeito, por ausência de formalidade essencial.

3 Sindicato, Ministério do Trabalho ou Justiça do Trabalho. A compreensão literal do texto é equívoca. Os órgãos judiciários ocupam posição superior aos demais na estrutura estatal, inclusive na jurisdição voluntária; a legislação é constante; a independência orgânica de seus membros e a sujeição permanente ao poder correcional que seus tribunais exercem conferem maior eficácia a seus atos. Sempre se entendeu que a Justiça do Trabalho é competente mesmo que exista sindicato na localidade; Lamarca discorda (*LTr* 34/644, 1970).

4 Competência em razão do local para homologação: qualquer localidade será válida, pois não se aplicam aos atos administrativos (mesmo quando praticados por juízes) as normas de competência jurisdicional territorial (art. 651 da CLT ou outras), que, por outro lado, são prorrogáveis por vontade das partes, o que não exclui a apreciação de manobras fraudulentas.

5 É anulável a homologação, judicial ou não, como todo ato de jurisdição voluntária (CPC/15, art. 966, § 4º). Os atos judiciais, que não dependem de sentença, ou em que esta for meramente homologatória, podem ser rescindidos como os atos jurídicos em geral, nos termos da lei civil. A via judicial é a reclamação trabalhista.

■ Não autoriza desconstituição, acordo revestido das formalidades legais, homologado em Juízo, e não comprovado qualquer dos vícios do ato jurídico (TST, RO-AR 106.910/94.9, Vantuil Abdala, Ac. SDI 3.496/96).

6 Cobrança de custas ou outras taxas é vedada (L. 4.725/65, art. 11) na homologação judicial ou não. Homologação de quitação (art. 477/14).

7 Autorização do cônjuge: desnecessária, pois a lei, exigindo homologação, não se referiu a outras formalidades. A CF/88 impede qualquer discriminação (art. 5º, I).

8 O julgamento do inquérito não é prejudicado pela homologação do pedido de demissão do empregado, tendo em vista os efeitos futuros (contagem em

caso de reintegração, Antero de Carvalho, *Direito do Trabalho*; Süssekind, *Instituições*).

Capítulo VIII
DA FORÇA MAIOR

Art. 501. Entende-se como força maior[1 e 2] todo acontecimento inevitável, em relação à vontade do empregador, e para a realização do qual este não concorreu, direta ou indiretamente.

§ 1º A imprevidência do empregador exclui a razão de força maior.

§ 2º À ocorrência do motivo de força maior que não afetar substancialmente, nem for suscetível de afetar, em tais condições, a situação econômica e financeira da empresa, não se aplicam as restrições desta lei referentes ao disposto neste capítulo.

Art. 502. Ocorrendo motivo de força maior que determine a extinção da empresa, ou de um dos estabelecimentos em que trabalhe o empregado, é assegurada a este, quando despedido, uma indenização[4] na forma seguinte:

I – sendo estável, nos termos dos arts. 477 e 478;

II – não tendo direito à estabilidade, metade da que seria devida em caso de rescisão sem justa causa;

III – havendo contrato por prazo determinado, aquela a que se refere o art. 479 desta Lei, reduzida igualmente à metade.

Art. 503. É lícita, em caso de força maior ou prejuízos devidamente comprovados, a redução geral dos salários dos empregados da empresa, proporcionalmente aos salários de cada um, não podendo, entretanto, ser superior a 25%, respeitado, em qualquer caso, o salário mínimo da região (revogado tacitamente[7]).

Parágrafo único. Cessados os efeitos decorrentes do motivo de força maior, é garantido o restabelecimento dos salários reduzidos.

Art. 504. Comprovada a falsa alegação do motivo de força maior, é garantida a reintegração aos empregados estáveis, e aos não estáveis o complemento da indenização já percebida, assegurado a ambos o pagamento da remuneração atrasada.

1 *A força maior* adotada pelo texto abrange o caso fortuito (imprevisto e imprevisível) e a força maior em sentido restrito (fato previsto ou previsível), ambos superiores às forças de quem lhes suporta os efeitos (Cunha Gonçalves, *Princípios de Direito Civil luso-brasileiro*, v. 2, p. 645); a norma repisa que a imprevidência exclui a configuração de força maior; pode consistir em fenômenos naturais, atos humanos privados, leis novas ou atos do governo. A CLT contempla em outro dispositivo a atividade impossibilitada por lei ou ato governamental (art. 486, indenização pelo governo responsável); é permitida a redução salarial em face da conjuntura econômica (v. *infra*).

No Direito do Trabalho: a) aplica-se a teoria da esfera da responsabilidade; afirma-se que todo acontecimento que atinge a empresa entre na esfera jurídica da responsabilidade do empregador (Gomes-Gottschalk, *Curso*); a força maior aqui não desobriga do pagamento de indenizações mas as reduz; b) a jurisprudência é muito exigente e com frequência rejeita a configuração de força maior.

■ Não há como deferir-se salários atrasados ao não estável, mesmo quando a sentença reconheça a inocorrência de força maior que fora alegada como causa da despedida. A expressão *remuneração atrasada* inserida na parte final do art. 504 consolidado quanto ao não estável, se refere aos direitos devidos até a rescisão contratual (TRT/Camp., RO 12.144/87, Ralph Cândia, Ac. 2ª T. 6.856/88).

2 Não se configura a força maior: a) no caso de evento considerado força maior, que, todavia não afete a situação econômico-financeira; b) na hipótese de medidas governamentais de caráter geral no campo da economia (TST, Ac. 3ª T. 9/70, *LTr* 34/176); c) extinção de setor da empresa, por obsoleto (TRT, 2ª Reg., in Saad, *CLT*, art. 501); d) incêndio, inexistindo seguro contra fogo (idem); e) mau tempo em atividade a céu aberto (idem); f) falência e concordata (hoje recuperação judicial) (em face do que determina o art. 449).

■ A desapropriação de imóvel do empregador não pode ser tida como força maior (TST, RR 2.188/75, Barata Silva, Ac. 2ª T. 1.653/75).

■ Força maior não confunde com o risco do negócio, que é só do empregador (TST, AI 1.910/75, Coqueijo Costa, Ac. 3ª T. 1.896/75).

■ Força maior e *factum principis* – Alegação que não exclui a responsabilidade do empregador perante o Direito do Trabalho – Inteligência do art. 502 da CLT. Crise econômico-financeira do País e crise de certos setores da indústria não eximem o empregador de cumprir as normas da legislação do trabalho (TRT/SP, RO 22.166/87, Floriano Corrêa, Ac. 1ª T. 410/89).

■ Dificuldades financeiras não refletem caso de força maior, pelo que não há falar-se na aplicação do art. 501 da CLT (TRT/SP, 2.930.399.672, Sérgio Junqueira Machado, Ac. 9ª T. 14.509/95).

3 Prorrogação de horário em geral (art. 61); de jornalista (art. 304).

4 *A indenização* devida consiste na metade da que normalmente seria devida por rescisão sem justa causa (seja o empregado estável ou não – arts. 478 e 497 –, seja com contrato a prazo – art. 479). Idêntica solução para o regime de FGTS (art. 484/2).

5 Extinção do estabelecimento ou da empresa, sem força maior: pagamento integral ao estável e ao não estável (art. 497), ressalvada a transferibilidade deste último.

6 Estável, se despedido: quando ocorre o fechamento do estabelecimento, raramente permanecem razões fáticas que justifiquem a permanência do empregado estável. Por essa razão, a jurisprudência desprezava a exigência do despedimento.

7 *Redução salarial*. O art. 503 está revogado tacitamente (art. 468/4).

8 *Ao rural* se aplicam os mesmos dispositivos acima; podem ser geadas e grandes secas, surtos epidêmicos de peste e doenças, além de outros, que provoquem a perda do gado e a inutilização das plantações (Barretto Prado, *Tratado de Direito do Trabalho*).

Capítulo IX
DISPOSIÇÕES ESPECIAIS

Art. 505. São aplicáveis aos trabalhadores rurais os dispositivos constantes dos Capítulos I, II e VI do presente Título (ampliado pela L. 5.889/73 e CF/88, art. 7º, *caput*).

1 *Os trabalhadores rurais* possuem norma específica (L. 5.889/73, v. Índ. Leg.), aplicando-se-lhes as normas genéricas pela CF/88, art. 7º, *caput*. Vejam-se as notas 8 a 15 do art. 7º, destes *Comentários à CLT*: conceito de rural, parceria, arrendamento, indústria rural etc.

Art. 506. No contrato de trabalho agrícola é lícito o acordo que estabelecer a remuneração *in natura*, contanto que seja de produtos obtidos pela exploração do negócio e não exceda de 1/3 do salário total do empregado.

1 No pagamento do salário mínimo podem ser computadas algumas utilidades (v. art. 82). A hipótese de 1/3 em produtos agrícolas só seria possível se todo o restante fosse pago em dinheiro, não havendo outras utilidades a serem descontadas; mas o texto parece estar revogado pela Lei de Trabalho Rural (5.889/73, art. 9º, em apêndice), em face de seu evidente objetivo restritivo, que poderia levar até ao absurdo de impedir qualquer salário-utilidade além da habitação e alimentação preparada. O tema comporta indecisões, diante da expressão "salvo as hipóteses de autorização legal"; a do art. 506 poderia ser uma (v. art. 81/7).

Art. 507. As disposições do Capítulo VII do presente Título não serão aplicáveis aos empregados em consultórios ou escritórios de profissionais liberais.

Parágrafo único. (Rev. L. 6.533/78)[1].

1 A generalização do FGTS pela CF/88 (art. 7º, III) tornou superado o art. 507.

2 *Profissionais liberais*: advogados, médicos, odontologistas, veterinários, farmacêuticos, engenheiros, químicos, parteiros, economistas, atuários, contabilistas, professores, escritores, autores teatrais, compositores, assistentes sociais, jornalistas, protéticos dentários, bibliotecários, estatísticos, enfermeiros, administradores de empresa, arquitetos, nutricionistas, psicólogos, geólogos e fisioterapeutas; são os grupos da Confederação Nacional das Profissões Liberais; a relação *supra* não é exaustiva.

Organização de serviços radiológicos não é consultório médico, para o fim da aplicação do art. 507 da CLT... Só os empregados de consultório médico, na acepção estrita, não adquirem o direito à estabilidade. Não assim os empregados de organizações médicas, com a atuação e a amplitude da reclamada (TRT, 1ª Reg., Proc. 2.493/60, Amaro Barreto, 21.1.61, in Barretto Prado, *Tratado*, v. 2, p. 621).

3 *Artistas*. O revogado parágrafo único do art. 507 determinava a não aplicação dos arts. 451 e 452 (contratos por prazo determinado) aos "artistas e congêneres". Estrangeiro: autorização de trabalho a artista e seus auxiliares, sem vínculo empregatício (MTE/CNI Res. Norm. 69/06).

4 *Artistas de teatro e congêneres*. Era a expressão utilizada pelo revogado parágrafo único do art. 507. Nessa denominação se entendia estarem incluídos os artistas de rádio, televisão, cinema, *boite*, *night-clubs*, *dancings*, circo etc. A L. 6.533/78 disciplina as relações de trabalho dos artistas e técnicos em espetáculos de diversões. Não se aplica aos técnicos que prestam serviços em empresas de radiodifusão; aos artistas destas, sim. A regulamentação ministerial da lei relaciona as funções em que se classificam tais profissionais, em três grupos: artes cênicas (inclusive as circenses), cinema, fotonovela (incluídos o arte-finalista e o redator) e de radiodifusão (nesta última somente o ator e o figurante). *Radialista*: L. 6.615/78, em apêndice.

5 *Figurante*. São *expressamente* mencionados na legislação. Permite-se que os não profissionais sejam contratados, mediante registro provisório na Delegacia Regional do Trabalho. A relação de funções, contida no decreto, relaciona-os.

6 *Legislação dos artistas e técnicos*: L. 6.533/78 e D. 82.385/78; v. Índ. Leg.; Port. 3.405. Anotação de carteira de artista, art. 35/5. Menor (art. 406). Para os fins da Lei dos Músicos, não haverá distinção entre o trabalho do músico e o do artista músico (v. CLT, art. 232).

7 *Atleta profissional*: Aplicam-se-lhe as normas gerais da legislação trabalhista e da Seguridade Social, ressalvadas as peculiaridades expressas na lei ou as integrantes do contrato de trabalho respectivo (Lei Pelé, 9.615/98, regulamentada pelo D. 7.984/13, em apêndice); o contrato de trabalho terá prazo de 3 meses a 5 anos. O atleta em formação, a partir dos 16 anos, contrato inicial até 5 anos, não profissional. A entidade formadora que detém o primeiro contrato tem a preferência na renovação, que não poderá ser maior que 3 anos, salvo para cobrir proposta de terceiros, art. 29, § 7º; normas gerais sobre desportos, assistência ao atleta profissional e ao em formação. Vale-transporte para atletas profissionais (D. 95.247/87, art. 1º, VI). Conceito de atleta profissional, transferência, cessão, renovação e suspensão do contrato (L. 9.615/98). Os atletas de esporte individual (boxe, tênis, golfe, xadrez) serão autônomos, mais provavelmente, e seu empresário semelhante a agenciador. As entidades de prática desportiva participantes de competições profissionais, as entidades de administração de desporto ou ligas são pessoas jurídicas de direito privado, independentemente da forma como se organizarem, e darão uma garantia a mais aos atletas (os bens particulares de seus dirigentes, CC/02, art. 50), bem como estarão sujeitas às sanções e responsabilidades previstas no *caput* do art. 1.017 do CC/02. Esta nova disposição legal, criada para proteger o atleta, facilita a contratação e de alguma forma garante o pagamento do contrato. Estrangeiro: autorização de trabalho a desportista e seus auxiliares, sem vínculo empregatício (MTE/CNI Res. Norm. 69/06). Jogador de futebol (art. 507/8). Poder Judiciário e Justiça Desportiva (CF, art. 217, D. 2.574/98, revogado). Peão de rodeio (L. 10.220/01, v. Índ. Leg.).

8 *Legislação do jogador de futebol*: A L. 6.354/76 foi revogada integralmente pela L. 12.395/11; portanto, o jogador de futebol se utiliza da Lei do atleta profissional, L. 9.615/98. A reclamação perante a Justiça do Trabalho só poderá ser ajuizada após esgotadas as instâncias perante a Justiça Desportiva (CF, art. 217, L. 9.615/98, em apêndice). Previdência Social do atleta profissional e das associações de futebol (L. 8.212/91, art. 22, red. L. 9.528/97). Relações de trabalho do treinador profissional de futebol (L. 8.650/93). Rateio entre os atletas da arrecadação com transmissão de jogos e competições. V. *Comentários à Lei do Jogador de Futebol*, Ralph Cândia, Sugestões Literárias, 1978; "Atleta antes e depois da Lei Antero de Carvalho", *LTr* 44/323. "Atleta de futebol", Ajuricaba, *LTr* 47/647. Atleta profissional em geral (art. 507/7). O TRT/SP, em decisão inédita de abril de 98, da Seção Especializada em Dissídios Coletivos, concedeu aos jogadores de futebol piso salarial, adicional noturno de 60%, das 22 às 5 horas, vale-refeição, auxílio-creche, estabilidade por acidente de trabalho, seguro-invalidez e data-base em 1º de maio. Estatuto de Defesa do Torcedor (L. 10.671/03) Árbitro de futebol (L. 12.867/13).

■ O contrato de jogador profissional de futebol é sempre de prazo determinado. A L. 6.354/76 regula a relação de trabalho do atleta profissional de futebol. Em seu art. 3º, dispõe que o prazo de vigência do contrato, em nenhuma hipótese, poderá ser inferior a 3 meses ou superior a 2 anos (TRT/SP, RO 13.593/79, Barretto Prado, Ac. 2ª T. 6.531/81).

■ Jogador de futebol. A simples concessão do passe livre evidencia que a rescisão não foi unilateral, não deferindo, a lei, ao empregado, nestes casos, o direito à indenização por parte do empregador (TST, RR 9.003/85, Barata Silva, Ac. 2ª T. 3.476/86).

■ A teor do disposto no art. 12 da L. 6.354/76, consubstanciam importância paga pelo empregador ao atleta, na forma do convencionado, pela assinatura do contrato. Resulta do fato de o atleta obrigar-se à prestação dos serviços, revelando-se contraprestação. O pagamento antecipado ou em prestações sucessivas não descaracteriza a parcela como salarial (...) "Bichos" – Vocábulo consagrado e que compõe o jargão futebolístico. A origem em si – vitórias ou empates – bem revela tratar-se de gratificação, possuindo, assim, nítida natureza salarial. Participação no valor do passe – quando da cessão do passe do atleta, é dado ao Clube cedente exigir do cessionário o pagamento do valor do passe estipulado de acordo com as normas desportivas – art. 13 da Lei *supra*. Tratando-se de mera participação, o direito mostra-se acessório, seguindo a sorte do principal – arts. 58 e 59 do CC. Impossível é emprestar-lhe natureza salarial, sob pena de caminhar-se para a esdrúxula assertiva segundo a qual o clube cedente recebe do cessionário parcela possuidora de feição também salarial (TST, RR 4.970/86-6, Marco Aurélio, Ac. 1ª T. 1.764/87).

■ As "luvas" são pagas antecipadamente ou divididas em parcelas, o que caracteriza pagamentos por conta do trabalho a ser realizado pelo atleta durante o tempo fixado no seu contrato. Em virtude de seu caráter eminentemente salarial, deverão ser integradas nas férias e gratificações natalinas (TST, RR 266.807/96.4, Ac. 3ª T. 8.774/96).

Art. 507-A. Nos contratos individuais de trabalho cuja remuneração seja superior a duas vezes o limite máximo estabelecido para os benefícios do Regime Geral de Previdência Social, poderá ser pactuada cláusula compromissória de arbitragem, desde que por iniciativa do empregado ou mediante a sua concordância expressa, nos termos previstos na Lei n. 9.307, de 23 de setembro de 1996. (Red. L. 13.467/17).

O art. 507 já trata de forma diferente os profissionais liberais, não por discriminação, mas por serem pessoas que puderam estudar e exercem suas profissões de maneira mais independente. Podem negociar de forma mais próxima com o empregador. O art. 507-A segue nessa linha, permitindo que na rescisão do contrato de trabalho que envolva trabalhadores com um nível salarial maior (duas vezes o limite máximo do Regime Geral da Previdência Social) este possa, caso haja conflito, buscar a solução por arbitragem. Desde que o empregado não seja obrigado a aceitar a arbitragem por imposição do empregador no ato da contratação.

Art. 507-B. É facultado a empregados e empregadores, na vigência ou

não do contrato de emprego, firmar o termo de quitação anual de obrigações trabalhistas, perante o sindicato dos empregados da categoria. (Red. L. 13.467/17).

Parágrafo único. O termo discriminará as obrigações de dar e fazer cumpridas mensalmente e dele constará a quitação anual dada pelo empregado, com eficácia liberatória das parcelas nele especificadas. (Red. L. 13.467/17).

Esta quitação anual em nada prejudica. Mas temos que tomar precaução, pode o empregador obrigar o seu empregado a aceitar o recibo de quitação mesmo que exista alguma verba que não foi quitada. Exige atenção do sindicato e do empregado.

Art. 508. (Rev. L. 12.347/10).

1 *Contumaz*: *reiterada* (STF, RE 18.936, in Catharino, *Contratos*, p. 510); *contínua* (Magano, *Lineamentos*, p. 180). Com a revogação do art. 508, deixa de ser justa causa o não pagamento de dívidas legais pelo bancário, que deixa de ter uma justa causa especial em relação aos demais empregados. Justa causa (art. 482).

Art. 509. (Rev. L. 6.533/78, v. Índ. Leg.).

1 Empregados em empresas teatrais. O revogado texto do art. 509 disciplinava as despesas de viagem dos empregados de empresas teatrais, assim como o pagamento de salários em viagem. Assunto expressamente previsto pela L. 6.533/78 (art. 507/3 e segs.).

Art. 510. Pela infração das proibições constantes deste Título, será imposta à empresa a multa de valor igual a 30 vezes o valor de referência regional[1], elevada ao dobro, no caso de reincidência, sem prejuízo das demais cominações legais.

1 Multas, atualização de valores (art. 626/3).

2 Imposição de multas: autoridades do Ministério do Trabalho e do INSS, ou as que exerçam funções delegadas (art. 626). Fiscalização, autuação e imposição de multa (art. 626 e segs.). Cobrança judicial (arts. 642 e 908).

3 A redação atual do artigo *supra* é da L. 5.562/68: a anterior permitia a rescisão do contrato do artista adoentado por mais de 30 dias.

4 Suspensão até decisão final, pagamento de salários (art. 496). Inquérito judicial (suspensão, procedimento e salários, art. 853 e segs.; testemunhas, art. 821).

TÍTULO IV-A
DA REPRESENTAÇÃO DOS EMPREGADOS
(Red. L. 13.467/17)

Art. 510-A. Nas empresas com mais de duzentos empregados, é assegurada a eleição de uma comissão para representá-los[1], com a finalidade de promover-lhes o entendimento direto com os empregadores.

§ 1º A comissão será composta:

I - nas empresas com mais de duzentos e até três mil empregados, por três membros;

II - nas empresas com mais de três mil e até cinco mil empregados, por cinco membros;

III - nas empresas com mais de cinco mil empregados, por sete membros.

§ 2º No caso de a empresa possuir empregados em vários Estados da Federação e no Distrito Federal, será assegurada a eleição de uma comissão de representantes dos empregados por Estado ou no Distrito Federal, na mesma forma estabelecida no § 1º deste artigo.

Art. 510-B. A comissão de representantes dos empregados terá as seguintes atribuições:

I - representar os empregados perante a administração da empresa;

II - aprimorar o relacionamento entre a empresa e seus empregados com base nos princípios da boa-fé e do respeito mútuo;

III - promover o diálogo e o entendimento no ambiente de trabalho com o fim de prevenir conflitos;

IV - buscar soluções para os conflitos decorrentes da relação de trabalho, de forma rápida e eficaz, visando à efetiva aplicação das normas legais e contratuais;

V - assegurar tratamento justo e imparcial aos empregados, impedindo qualquer forma de discriminação por motivo de sexo, idade, religião, opinião política ou atuação sindical;

VI - encaminhar reivindicações específicas dos empregados de seu âmbito de representação;

VII - acompanhar o cumprimento das leis trabalhistas, previdenciárias e das convenções coletivas e acordos coletivos de trabalho.

§ 1º As decisões da comissão de representantes dos empregados serão sempre colegiadas, observada a maioria simples.

§ 2º A comissão organizará sua atuação de forma independente.

Art. 510-C. A eleição será convocada, com antecedência mínima de trinta dias, contados do término do mandato anterior, por meio de edital

que deverá ser fixado na empresa, com ampla publicidade, para inscrição de candidatura.

§ 1º Será formada comissão eleitoral, integrada por cinco empregados, não candidatos, para a organização e o acompanhamento do processo eleitoral, vedada a interferência da empresa e do sindicato da categoria.

§ 2º Os empregados da empresa poderão candidatar-se, exceto aqueles com contrato de trabalho por prazo determinado, com contrato suspenso ou que estejam em período de aviso prévio, ainda que indenizado.

§ 3º Serão eleitos membros da comissão de representantes dos empregados os candidatos mais votados, em votação secreta, vedado o voto por representação.

§ 4º A comissão tomará posse no primeiro dia útil seguinte à eleição ou ao término do mandato anterior.

§ 5º Se não houver candidatos suficientes, a comissão de representantes dos empregados poderá ser formada com número de membros inferior ao previsto no art. 510-A desta Consolidação.

§ 6º Se não houver registro de candidatura, será lavrada ata e convocada nova eleição no prazo de um ano.

Art. 510-D. O mandato dos membros da comissão de representantes dos empregados será de um ano.

§ 1º O membro que houver exercido a função de representante dos empregados na comissão não poderá ser candidato nos dois períodos subsequentes.

§ 2º O mandato de membro de comissão de representantes dos empregados não implica suspensão ou interrupção do contrato de trabalho, devendo o empregado permanecer no exercício de suas funções.

§ 3º Desde o registro da candidatura até um ano após o fim do mandato, o membro da comissão de representantes dos empregados não poderá sofrer despedida arbitrária[2], entendendo-se como tal a que não se fundar em motivo disciplinar, técnico, econômico ou financeiro.

§ 4º Os documentos referentes ao processo eleitoral devem ser emitidos em duas vias, as quais permanecerão sob a guarda dos empregados e da empresa pelo prazo de cinco anos, à disposição para consulta de qualquer trabalhador interessado, do Ministério Público do Trabalho e do Ministério do Trabalho.

Art. 510-E. A comissão de representantes dos empregados não substituirá a função do sindicato de defender[3] os direitos e os interesses coletivos ou individuais da categoria, inclusive em questões judiciais ou administrativas, hipótese em que será obrigatória a participação dos sindicatos em negociações coletivas de trabalho, nos termos do incisos III e VI do *caput* do art. 8º da Constituição (Red. MP 808/17).

1 *A representação de empregados.* Fica dentro da empresa, o empregado eleito tem maior conhecimento dos problemas enfrentados pelos empregados, pois é um deles; sendo assim, pode negociar de forma mais clara com seu empregador.

2 *Despedida arbitrária.* Dispensa arbitrária é a dispensa sem justa causa (delimitada na CLT, art. 482). Sempre existe a intenção do empregado de prejudicar o empregador, de causar dano à empresa. Não é critério definido pelo patrão e sim dano causado por atitude do empregado. Os critérios técnico, econômico ou financeiro não dependem de atitude do empregado e sim de uma avaliação do empregador. O empregado eleito estaria dessa forma sem estabilidade. A estabilidade do representante dos empregados tem que ser a mesma do empregado eleito para a CIPA (ADCT, art. 10, II, *a*). V. art. 162/2.

Diz a Constituição Federal de 1988 no ADCT, art. 10:

Art. 10. Até que seja promulgada a lei complementar a que se refere o art. 7º, I, da Constituição: ...

II – fica vedada a dispensa arbitrária ou sem justa causa:

a) do empregado eleito para cargo de direção de comissões internas de prevenção de acidentes, desde o registro de sua candidatura até um ano após o final de seu mandato.

3 *Substituição e representação processual*: a comissão de representantes não substitui a função do sindicato de defender os direitos e os interesses coletivos ou individuais da categoria (CF/88, art. 8º), ver art. 513/1.

STF A garantia da estabilidade provisória prevista no art. 10, II, a, do ADCT, também se aplica ao suplente do cargo de direção de comissões internas de prevenção de acidentes (CIPA). (STF - Súmula 676).

TÍTULO V
DA ORGANIZAÇÃO SINDICAL

CAPÍTULO I
DA INSTITUIÇÃO SINDICAL

Seção I
Da associação em sindicato

Art. 511. É lícita a associação[1] para fins de estudo, defesa e coordenação dos seus interesses econômicos ou profissionais de todos os que, como empregadores, empregados, agentes ou trabalhadores autônomos, ou profissionais liberais, exerçam, respectivamente, a mesma atividade ou profissão ou atividades ou profissões similares ou conexas.

§ 1º A solidariedade de interesses econômicos dos que empreendem atividades idênticas, similares ou conexas, constitui o vínculo social básico que se denomina categoria econômica.

§ 2º A similitude de condições de vida oriunda da profissão ou trabalho em comum, em situação de emprego na mesma atividade econômica ou em atividades econômicas similares ou conexas, compõe a expressão social elementar compreendida como categoria profissional.

§ 3º Categoria profissional diferenciada[2] é a que se forma dos empregados que exerçam profissões ou funções diferenciadas por força de estatuto profissional especial ou em consequência de condições de vida singulares.

§ 4º Os limites de identidade, similaridade ou conexidade fixam as dimensões dentro das quais a categoria econômica ou profissional é homogênea e a associação é natural.

Art. 512. Somente as associações profissionais constituídas para os fins e na forma do artigo anterior e registradas[1] de acordo com o art. 558 poderão ser reconhecidas como sindicatos e investidas nas prerrogativas definidas nesta Lei (revogado tacitamente pela CF/88, art. 8º).

1 *Sindicato e associação.* Diz a Constituição Federal de 1988:

Art. 8º É livre a associação profissional ou sindical, observado o seguinte:

I – a lei não poderá exigir autorização do Estado para a fundação de sindicato, ressalvado o registro no órgão competente, vedadas ao Poder Público a interferência e a intervenção na organização sindical;

II – é vedada a criação de mais de uma organização sindical, em qualquer grau, representativa de categoria profissional ou econômica, na mesma base territorial, que será definida pelos trabalhadores ou empregadores interessados, não podendo ser inferior à área de um Município;

III – ao sindicato cabe a defesa dos direitos e interesses coletivos ou individuais da categoria, inclusive em questões judiciais ou administrativas;

IV – a assembleia geral fixará a contribuição que, em se tratando de categoria profissional, será descontada em folha, para custeio do sistema confederativo da representação sindical respectiva, independentemente da contribuição prevista em lei;

V – ninguém será obrigado a filiar-se ou a manter-se filiado a sindicato;

VI – é obrigatória a participação dos sindicatos nas negociações coletivas de trabalho;

VII – o aposentado filiado tem direito a votar e ser votado nas organizações sindicais;

VIII – é vedada a dispensa do empregado sindicalizado a partir do registro da candidatura a cargo de direção ou representação sindical e, se eleito, ainda que suplente, até um ano após o final do mandato, salvo se cometer falta grave nos termos da lei.

Parágrafo único. As disposições deste artigo aplicam-se à organização de sindicatos rurais e de colônias de pescadores, atendidas as condições que a lei estabelecer...

Art. 37 ...

VI – é garantido ao servidor público civil o direito à livre associação sindical...

Art. 42 ...

§ 5º Ao militar são proibidas a sindicalização e a greve.

Sindicato de empregados é o agrupamento estável de membros de uma profissão, destinado a assegurar a defesa e representação da respectiva profissão para melhorar as condições de trabalho (Durand, Gomes-Gottschalk, *Curso*). O sindicato patronal congrega os empregadores com a finalidade de defender seus interesses econômicos.

Tão importante ou mais que a questão da unidade ou pluralidade de sindicatos é a do intervencionismo do Estado e sua ingerência na vida da instituição, chegando, em certos países, a descaracterizá-la totalmente, deixando-a formalmente como entidade de direito privado, mas atrelada funcionalmente à política oficial; nessas hipóteses, surgem atividades, não típicas, como são a assistência médica, educacional e venda de artigos de primeira necessidade a preços inferiores aos do mercado. A liberdade sindical estuda-se em relação ao Estado, em relação ao grupo e em relação ao indivíduo. É tão importante a função reguladora das condições de trabalho do sindicato que, para Alonso Olea (*Introducción al Derecho del Trabajo*, Madrid, p. 196), sem essa atividade pode ser outra coisa, sociedade de socorros mútuos, um órgão político, uma instituição recreativa, não um sindicato. A instituição, assim, reflete os conceitos políticos e democráticos vigentes em determinada sociedade. Como se sabe, democracia é o ambiente em que um governo de feitio constitucional garante, com base na liberdade e na igualdade, o funcionamento ativo da vontade popular através do domínio da maioria, em favor do bem público, sob fiscalização e crítica da minoria atuante (Aderson de Menezes, *Teoria Geral do Estado*).

A Carta Magna garante a livre criação e funcionamento do sindicato, independendo de autorização governamental ou da anterior existência de associação. Restou como requisito a sindicalização por categoria (os arts. 511 e 570 foram recepcionados pela CF/88; STF, MS 21.305.1-DF) e a exclusividade dentro do limite territorial sobre o que atuar e abranger a extensão de todo um município, ao menos; o que impede a existência do sindicato de empresa. No entanto, vozes importantes da doutrina criticam a manutenção (Romita) e a imposição legal (Süssekind e muitos outros) da unicidade sindical por categorias, verdadeiro entrave à ampla negociação coletiva (*Rev. da Academia Nacional de Direito do Tra-*

balho, 4/1996). Alguns sustentam a implantação de sindicatos orgânicos, que reuniriam trabalhadores de diferentes categorias integradas em um mesmo segmento econômico; por exemplo, sindicato da indústria automobilística, reunindo os empregados das montadoras de automóveis e os das empresas que para aquelas trabalham (Fábio Zanini, art. cit., Índice Bibliogr.).

O registro necessário é formalidade que não pode obstar sua existência. Não havendo lei que especifique o órgão competente para exercê-lo, a opção estaria entre o registro civil das pessoas jurídicas, exclusivamente, por tratar-se de associação em sentido lato ou, cumulativa e naturalmente, o Ministério do Trabalho, que por ser unificado poderá centralizar e informar os interessados. O STF (MI 1.448-SP) e a SDC 15 do TST (RO-DC 80.163/93.4) declararam a competência, *si et in quantum*, do Ministério do Trabalho. A publicidade "para fins de impugnação" (Amauri Mascaro Nascimento, *Direito do Trabalho e Constituição de 1988*) se impõe para conhecer os órgãos existentes. Inscrição das demais entidades ou Entidades Sindicais Especiais no CESE (MTE Port. 984/08). Se houver despacho de "conhecimento da impugnação" pelo Secretário das Relações do Trabalho, as partes resolverão a pendência por consenso ou via judicial (MTE Port. 186/08, alt. MTE Port. 2.451/11). Registro, MTE Port. 326/13. Os conflitos que surgirem não mais pertencerão à Justiça Ordinária. A EC 45/04 (art. 114, III) traz a competência dos conflitos que envolvam representação sindical para a Justiça do Trabalho:

"Art. 114. Compete à Justiça do Trabalho processar e julgar:

....

III – as ações sobre representação sindical, entre sindicatos, entre sindicatos e trabalhadores, e entre sindicatos e empregadores".

STF Até que lei venha a dispor a respeito, incumbe ao Ministério do Trabalho proceder ao registro das entidades sindicais e zelar pela observância do princípio da unicidade (STF – Súmula 677).

TST Empregado integrante de categoria profissional diferenciada não tem o direito de haver de seu empregador vantagens previstas em instrumento coletivo no qual a empresa não foi representada por órgão de classe de sua categoria (TST – Súmula 374, conversão da Orientação Jurisprudencial SDI-1 55).

SDC Viola o art. 8º, V, da CF/88 cláusula de instrumento normativo que estabelece a preferência, na contratação de mão de obra, do trabalhador sindicalizado sobre os demais (TST, SDC, Orientação Jurisprudencial 20).

SDC O dissídio coletivo não é meio próprio para o Sindicato vir a obter o reconhecimento de que a categoria que representa é diferenciada, pois esta matéria – enquadramento sindical – envolve a interpretação de norma genérica, notadamente do art. 577 da CLT (TST – SDC, Orientação Jurisprudencial 9).

■ Liberdade e unicidade sindical e competência para o registro de entidades sindicais (CF, art. 8º, I e II): recepção, em termos, da competência do Ministério do Trabalho, sem prejuízo da possibilidade de a lei vir a criar regime diverso... controle jurisdicional da ilegalidade e do abuso do poder, incluída a omissão ou o retardamento indevidos (STF, MI 1.448-SP, Sepúlveda Pertence, Ac. TP).

■ O registro no Cartório do Registro de Pessoas Jurídicas apenas atribui personalidade jurídica à entidade. Para que ela possa ser admitida oficialmente no mundo jurídico como sindicato, o registro competente previsto no art. 8º, I, da Carta Magna é constituído, até que a lei crie outro órgão específico, pela inclusão no "AESB"... (TST, RO-DC 80.163/93.4, Manoel Mendes, Ac. SDC 969/94).

2 Conceituamos *categoria profissional* (art. 511, § 3º) como o conjunto de trabalhadores que têm, permanentemente, identidade de interesses em razão de sua atividade laborativa. É conceito de contornos imprecisos, diante da multiplicidade de situações que a vida apresenta e da possibilidade de fracionamento dos grupos em subgrupos.

Categoria profissional diferenciada é a que tem regulamentação específica do trabalho diferente da dos demais empregados da mesma empresa, o que lhe faculta convenções ou acordos coletivos próprios, diferentes dos que possam corresponder à atividade preponderante do empregador, que é regra geral. É difícil harmonizar a liberdade de associação sindical (parcial na Constituição) com o enquadramento sindical oficial e ainda com o princípio de que, salvo exceções, é a atividade preponderante da empresa que qualifica os seus empregados. A casuística e a força da realidade fática é que vêm prevalecendo. As empresas só se obrigam às convenções de que participaram, sendo irrelevante que o empregado pertença a categoria diferenciada. As categorias diferenciadas são as seguintes: Aeroviários; Aeronautas; Atores teatrais, cenotécnicos e auxiliares de teatro; Cabineiros (ascensoristas); Classificadores de produtos de origem vegetal; Condutores de veículos rodoviários (motoristas); Desenhistas técnicos, artísticos, industriais, copistas, projetistas técnicos e auxiliares (empregados); Enfermagem, técnicos, duchistas, massagistas e empregados em hospitais e casas de saúde (profissionais de); Farmácia (prático de); Gráficos (oficiais); Jornalistas profissionais; Manequins e modelos; Maquinistas e foguistas (de geradores termoelétricos e congêneres, exclusive marítimos); Mercadorias em geral (trabalhadores na movimentação das); Músicos profissionais; Operadores de mesas telefônicas (telefonistas em geral); Parteiras; Professores; Propaganda (trabalhadores em agências de); Propagandistas de produtos farmacêuticos, propagandistas-vendedores e vendedores de produtos farmacêuticos; Publicidade (agenciadores de); Publicitários; Radiocomunicações da Marinha Mercante (oficiais de); Radiotelegrafistas da Marinha Mercante;

Relações públicas (profissionais de); Secretárias; Segurança do trabalho (técnicos de); Subaquáticas e afins (trabalhadores em atividades); Tratoristas (excetuados os rurais); Vendedores e viajantes do comércio.

O enquadramento sindical é dado, em regra, pela atividade preponderante da empresa, à exceção do contido no § 3º, do art. 511, da CLT, que deve ser interpretado sistematicamente com o art. 577. A lei trabalhista, entretanto, não inclui os engenheiros entre as categorias diferenciadas, no quadro a que alude o art. 577, citado. Dessa forma, o engenheiro, quando contratado por estabelecimento bancário, deve adequar-se ao enquadramento sindical dos demais empregados, respeitada a regulamentação própria que lhe proporciona situação especial (TST, RR 7.123/89.5, Hylo Gurgel, Ac. 2ª T. 2.393/91).

Se o Reclamante exerce função, no caso em apreço, ascensorista, se enquadra em categoria diferenciada, fazendo jus, por conseguinte, às vantagens previstas no dissídio coletivo correspondente, não sendo-lhe aplicável a regra da predominância da atividade empresarial (TST, RR 187.368/95.5, José Zito Calasãs, Ac. 3ª T. 6.162/96).

O trabalhador integrante de uma categoria diferenciada (professor) não é capaz de, por si só, gerar obrigações a uma empresa que não foi suscitada em dissídio coletivo pelo Sindicato profissional (TST, RR 140.352/94.9, Leonaldo Silva, Ac. 4ª T. 945/97).

A manipulação do computador é elemento insuficiente para classificar, como categoria diferenciada, os trabalhadores em processamento de dados, uma vez que, com a popularização das técnicas de informática, o computador é utilizado nas mais diversas atividades (TST, RO-DC 213.054/95.3, Antônio Fábio Ribeiro, Ac. SDC).

Art. 513. São prerrogativas dos sindicatos:

a) representar, perante as autoridades administrativas e judiciárias, os interesses gerais da respectiva categoria ou profissão liberal ou os interesses individuais dos associados relativos à atividade ou profissão exercida[1];

b) celebrar convenções coletivas de trabalho[1];

c) eleger ou designar os representantes da respectiva categoria ou profissão liberal;

d) colaborar com o Estado, como órgãos técnicos e consultivos, no estudo e solução dos problemas que se relacionam com a respectiva categoria ou profissão liberal;

e) impor contribuições[5] a todos aqueles que participam das categorias econômicas ou profissionais ou das profissões liberais representadas.

Parágrafo único. Os sindicatos de empregados terão, outrossim, a prerrogativa de fundar e manter agências de colocação[2].

Art. 514. São deveres dos sindicatos:

a) colaborar com os poderes públicos no desenvolvimento da solidariedade social;

b) manter serviços de assistência judiciária para os associados[5];

c) promover a conciliação nos dissídios de trabalho;

d) sempre que possível, e de acordo com as suas possibilidades, manter no seu Quadro de Pessoal, em convênio com entidades assistenciais ou por conta própria, um assistente social com as atribuições específicas de promover a cooperação operacional na empresa e a integração profissional na Classe.

Parágrafo único. Os sindicatos de empregados terão, outrossim, o dever de:

a) promover a fundação de cooperativas de consumo e de crédito;

b) fundar e manter escolas de alfabetização e pré-vocacionais.

1 *Representação dos interesses gerais e individuais. Substituição processual.* Diz a Constituição Federal de 1988:

> **Art. 8º ...**
>
> **III – ao sindicato cabe a defesa dos direitos e interesses coletivos ou individuais da categoria, inclusive em questões judiciais ou administrativas; ...**
>
> **VI – é obrigatória a participação dos sindicatos nas negociações coletivas de trabalho...**
>
> **Parágrafo único. As disposições deste artigo aplicam-se à organização de sindicatos rurais e de colônias de pescadores, atendidas as condições que a lei estabelecer.**

Os direitos individuais, contidos nas sentenças normativas, convenções e acordos coletivos se executam por intermédio de reclamações individual, singular ou plúrima, ajuizadas pelo empregado, pelo seu advogado ou pelo sindicato; neste último caso, entendemos que a procuração é desnecessária; antes da Constituição de 1988, pela CLT, o sindicato já possuía esse mandato legal, mas somente dos seus associados (art. 513, "a"). A redação posterior do art. 872, parágrafo único (L. 2.275/54), disse-o mais explicitamente, quanto aos reajustes salariais normativos.

A Lei Salarial 7.238/84, em seu art. 3º, § 2º, facultou aos sindicatos apresentar reclamação trabalhista, independentemente de outorga de poderes, "na qualidade de substituto processual de seus associados". Essa figura do processo civil é a de quem pleiteia direito alheio em nome próprio (CPC/15, art. 18). Não é crível que o legislador trabalhista o tenha usado com propriedade técnica, entre outras razões, porque a substituição processual própria impediria a presença do titular do direito no processo e tornaria impossível o instituto da conciliação, que integra o processo trabalhista, por vontade expressa e reiterada das Constituições brasileiras; dizer, como ponderadamente disse o TST, que o substituído pode desistir da ação equivale a mostrar que não se trata de verdadeira substituição processual, onde não há lugar para intervenção do substituído. Conclui-se tratar-se de "substituição processual concorrente", que é a que permite a presença de alguns interessados na ação comum, enquanto outros estiverem ausentes (Barbosa Moreira, "Apontamentos...", *RT* 404/9; Ephraim de Campos Jr., "Substituição", *RT* 1985/21), e que, portanto, não é substituição típica. Por isso, a expressão deve ser considerada simples representação, com mandato legal presumido, e revogável, o que está de acordo com a sistemática do processo trabalhista, como se viu dos três dispositivos legais mencionados acima. A grandeza e a generalidade da luta sindical prescindem da necessidade de esmagar a vontade individual de algum trabalhador que queira ou necessite agir diferentemente do conjunto de sua categoria ou em conflito com seu sindicato, e com sua prerrogativa de escolha de advogado.

Por outros fundamentos, o processualista Ísis de Almeida chega, no principal, à mesma conclusão, a de que não há substituição, mas representação (IV Congresso Brasileiro de Direito do Trabalho e III de Direito Constitucional do Trabalho).

Nosso entendimento não se alterou com a CF/88 (art. 8º, III), no que se refere à substituição processual. Em primeiro lugar porque aquela expressão "substituto processual" figurou no anteprojeto Afonso Arinos e em todos os projetos da comissão Bernardo Cabral e foi suprimida. Ainda, ao manter-se a última e atual redação, rejeitou-se emenda supressiva, pelas únicas três intervenções esclarecedoras e decisivas, dada a liderança de seus autores: Plínio de Arruda Sampaio, defendendo o texto aprovado (CF, art. 8º, III), por ser uma "reafirmação" do princípio do art. 5º, XXI, que consiste na legitimidade das associações representarem seus filiados; a segunda, do relator-geral Bernardo Cabral, que disse textualmente: "o que se pretende suprimir já está assegurado no art. 5º, XXI"; a última é do constituinte Roberto Ponte, que esclarece ao Plenário que a diferença está em que nesse texto, art. 8º, não se encontra a expressão do art. 5º, "desde que expressamente autorizado" (*Diário da Assembleia Nacional Constituinte*, 12.8.88, p. 12574).

Assim, comparando-se os dois dispositivos, vê-se a diferença: o sindicato, pelo art. 5º, XXI, da Constituição, como entidade associativa, receberia legitimidade para representar apenas os seus filiados e ainda teria de estar expressamente autorizado; pelo art. 8º, III, recebe essa legitimidade não só para os filiados mas também (quanto aos interesses coletivos e individuais dos membros da categoria) para os não filiados.

Octavio Bueno Magano e o processualista Celso Neves, numa interpretação que sentimos irreal, preferem ver na expressão constitucional verdadeiros "direitos individuais da categoria" em si, não dos seus membros (*LTr* 53/43, 1989, e 53/905, 1989, respectivamente).

Pelo que se expôs, entendíamos ser inconstitucional o dispositivo da revogada L. 7.788/89, art. 8º, na parte em que afirmava não terem eficácia a desistência, a renúncia e a transação individuais. A amplitude normativa, alcançando também quem não se tivesse sindicalizado, violava a disponibilidade dos direitos do indivíduo, inclusive o de ação e o que decorre da sindicalização livre (CF, art. 8º, V), além do princípio de conciliação trabalhista, que está inserido na atual e nas Constituições anteriores.

A L. 8.073/90, cuja ementa "estabelece a Política Nacional de Salários e dá outras providências", lei totalmente vetada, salvo o art. 3º, diz que as entidades sindicais poderão atuar como substitutos processuais, sendo "uma lei solta no espaço", como com felicidade diz Arnaldo Süssekind (*Rev. TRT*, Belém, 23/25). Ao dizer que as entidades sindicais poderão atuar como substitutos processuais dos integrantes da categoria, a nosso ver, nada fez senão consagrar o entendimento que acima expusemos; trata-se de representação presumida legal, para todo e qualquer direito individual, mesmo de não associado, revogável e renunciável pelo empregado, sujeitos esses atos à homologação do juiz.

É lógica a afirmação de que a CF, art. 8º, III, não assegura a substituição processual (no rigor conceitual da doutrina); mas parece-nos que o mesmo não acontece com a representação legal do sindicato, inafastável pela CLT, art. 513, "a", para os associados, e pela CF, art. 8º, III, para os membros da categoria, o que não afasta a necessidade de individualizar cada reclamante e permitir-lhe a intervenção, a conciliação e a oposição ao processo.

Em resumo: a) curvamo-nos à posição do TST, mas continuamos a entender que não há hipótese de substituição processual, mas de representação com mandato presumido por lei, em favor do sindicato, que tem legitimidade para representar qualquer membro da categoria, associado ou não, sem necessidade de procuração, pela CF, art. 8º, III, para qualquer reclamação individual, mesmo que não decorra de dissídio coletivo (assim se deduz do julgamento do STF, reconhecendo, nesse inciso, a representação dos membros da categoria pelo sindicato; MI 3.475/400, *LTr* 58/1059, 1994); cremos também que a CLT já o permitia para os associados; esse seria o sentido do STF (*LTr* 58/1057, 1994); assim entendíamos, mesmo antes dos julgados que adiante noticiamos: o STF afirma que é "desnecessária autorização individual específica de cada um dos associados, substituídos, bastando, para tanto, a autorização genérica constante dos estatutos do sindicato, pena de desnaturar-se a substituição processual" (MI-347, TP, Néri da Silveira; MS 21.514-3, 2ª T., Marco Aurélio; RE 141.733-1, 1ª T., Ilmar Galvão; RE 182.543, 2ª T., Carlos Velloso; RE 202.063, 1ª T., Octavio Gallotti, já julgados; ainda não julgados: RE 213.782, 1ª T., Octavio Gallotti; RE 208.983-4, TP, Carlos Velloso); o TST limitava a representação sindical apenas aos reajustes (Súmula 310, cancelada, Res. TST 121/03); b) por não se tratar de dissídio coletivo, os reclamantes têm de ser qualificados individualmente na petição inicial, pena de ser declarada inepta; c) a presença do reclamante, pessoalmente, na primeira sessão da audiência, salvo nas ações plúrimas onde o número de autores, a critério do juiz, justifique sua dispensa; d) o empregado pode a qualquer tempo desistir ou conciliar-se, considerando-se inconstitucional a lei que disponha em sentido contrário.

Representação do sindicato em reconhecimento de insalubridade (art. 195); para cobrança do FGTS (L. 8.036/90, art. 25). Desconto em sentença coletiva em favor de sindicato, competência jurisdicional (art. 643/4, "e").

Ação de cumprimento de decisão em dissídio coletivo (art. 872). Representação na ação trabalhista (art. 513, "a"), em audiência (art. 843). As entidades sindicais que integram a Confederação Nacional das Profissões Liberais (advogados, médicos, odontologistas, engenheiros etc.) têm o mesmo poder de representação dos sindicatos representativos das categorias profissionais diferenciadas, nas ações individuais e coletivas (L. 7.316/85, v. Índ. Leg.). Insalubridade, arguição judicial ou extrajudicial pelo sindicato (art. 195). Contribuições previdenciárias: obrigatoriedade de as empresas fornecerem ao sindicato de empregados cópia da guia de recolhimento (L. 8.870/94, art. 3º, v. Índ. Leg.).

A representação do empregado pelo seu sindicato não se confunde e não dispensa a necessidade de advogado para postular em juízo (v. art. 791/1).

Entende-se como substituição processual a arguição de insalubridade em juízo pelo sindicato (art. 195, § 2º).

TST A legitimidade do sindicato para propor ação de cumprimento estende-se também à observância de acordo ou de convenção coletivos (TST – Súmula 286).

SDC A legitimidade da entidade sindical para a instauração da instância contra determinada empresa está condicionada à prévia autorização dos trabalhadores da suscitada diretamente envolvidos no conflito (TST, SDC, Orientação Jurisprudencial 19).

SDC A comprovação da legitimidade *ad processum* da entidade sindical se faz por seu registro no órgão competente do Ministério do Trabalho, mesmo após a promulgação da Constituição Federal de 1988 (TST, SDC, Orientação Jurisprudencial 15).

SDC Não se legitima o Sindicato profissional a requerer judicialmente a qualificação legal de movimento paredista que ele próprio fomentou (TST, SDC, Orientação Jurisprudencial 12).

O art. 8º, inciso III, da Constituição Federal confere aos sindicatos legitimação plena para defender os interesses coletivos e individuais da categoria que representa, de acordo com o Supremo Tribunal Federal. Na hipótese, resulta claro que o interesse tutelado é individual homogêneo, já que a origem – não pagamento das horas extras compensadas por meio do banco de horas, no período em que não havia previsão normativa a respeito – é comum aos substituídos. Assim, resta claro que o sindicato possui legitimidade para atuar como substituto processual. Recurso de revista não conhecido (TST, RR 17800-29.2004.5.12.0006, Rel. José Roberto Freire Pimenta).

DIREITOS INDIVIDUAIS HOMOGÊNEOS – SUBESPÉCIE DE DIREITOS COLETIVOS – SINDICATO – SUBSTITUIÇÃO PROCESSUAL – LEGITIMIDADE – ART. 8º, III, DA CONSTITUIÇÃO FEDERAL. Direitos individuais homogêneos são todos aqueles que estão íntima e diretamente vinculados à esfera jurídica de pessoas facilmente identificáveis, de natureza divisível e decorrentes de uma realidade fática comum. São seus titulares ou destinatários pessoas que estão vinculadas por laços comuns com o agente causador da sua ameaça ou lesão, e que, por isso mesmo, atingidos em sua esfera jurídica patrimonial e/ou moral, podem, individual ou coletivamente, postular sua reparação em Juízo como regra geral, e sua defesa deve ser feita por meio de ação civil pública, nos termos do que dispõe o art. 81, III, da Lei n. 8.078, de 11.9.90 (Código de Proteção e Defesa do Consumidor). O Supremo Tribunal Federal, em acórdão da lavra do Min. Maurício Corrêa, expressamente reconhece que os direitos individuais homogêneos constituem uma subespécie de interesses coletivos (STF – 2ª T., RE-163231-3/SP, julgado em 1º.9.96). Esta Corte, em sua composição plena, cancelou a Súmula

310, tendo adotado o entendimento de que a substituição processual prevista no art. 8º, III, da Constituição Federal não é ampla, mas abrange os direitos ou interesses individuais homogêneos (E-RR-175.894/95, Rel. Min. Ronaldo Lopes Leal, j. em 17.11.2003). Por conseguinte, está o sindicato embargado legitimado para, em Juízo, postular, na condição de substituto processual, em nome dos substituídos, nos termos em que dispõe o art. 8º, III, da Constituição Federal, direitos individuais homogêneos, subespécie de direitos coletivos. O pedido é de diferenças salariais decorrentes do pagamento da gratificação semestral prevista em sucessivas convenções coletivas. Recentemente o Supremo Tribunal Federal, em sessão plena, decidiu que a substituição é ampla, autorizando, assim, o sindicato a atuar na defesa de todos e quaisquer direitos subjetivos, individuais e coletivos da categoria, inclusive na execução (Recursos Extraordinários: 193.503; 193579; 211875; 213111; 214668; 214830; e 211152, in Notícias do STF, de 12.6.06). Recurso de embargos não conhecido (E-RR 538.671/1999, Ac. SBDI-1. Rel. Min. Milton de Moura França, *DJ*, 4.8.06).

A jurisprudência desta Corte Superior segue no sentido de reconhecer, após pronunciamento do STF a respeito do art. 8º, III, da CF, que o sindicato profissional detém legitimidade para ajuizar, como substituto processual, ação pleiteando a tutela de direitos e interesses individuais homogêneos, provenientes de causa comum ou de política da empresa, que atingem o universo dos trabalhadores substituídos. Contudo, não é esse o caso dos autos, porquanto seria necessária a individualização de cada substituído, de modo a apurar o respectivo *quantum* devido a título de horas extras a se apurarem nos cartões de ponto (TST, RR 36.900-72.2004.5.05.0132, Dora Maria da Costa).

A circunstância de o acórdão recorrido considerar que os empregados da empresa pública não são servidores públicos, e por isso o Sindicato dos Servidores Públicos Federais não pode ser substituto processual deles, não viola os arts. 8º, I, II e III, e 37, VI, todos da CF, porquanto não interfere na liberdade de associação sindical, mas apenas sustenta que, por não se tratar de trabalhadores que integrem a categoria dos servidores públicos, não podem ser substituídos processualmente por Sindicato de Servidores dessa natureza (STF, Ag.-AI 165.696-5-DF, Moreira Alves, Ac. 1ª T.).

A não apresentação da lista de substituídos com a inicial não leva à extinção do processo por tratar-se de irregularidade sanável (TST, RR 148.479/94.8, José Luciano de Castilho Pereira, Ac. 2ª T. 745/96).

As associações profissionais não reconhecidas como sindicato não podem substituí-lo e sucedê-lo na defesa dos direitos e interesses coletivos ou individuais da categoria (TST, RO-DC 218.780/95.4, Lourenço Prado, Ac. SDC 0044/96).

O art. 195, § 2º, da CLT assegura a legitimidade ativa do sindicato para pleitear, como substituto processual dos seus associados, o adicional de insalubridade (TST, E-RR 95.634/93.6, Armando de Brito, Ac. SDI 3.480/96).

O artigo 872 da CLT, ao garantir a substituição processual ao sindicato, fê-lo de forma ampla em relação ao objeto da ação de cumprimento, e não em relação aos substituídos não associados (TST, RR 283.215/96.7, Francisco Fausto, Ac. 3ª T. 6.890/96).

O pedido de exclusão do rol de substituídos não configura desistência da ação, porquanto não seria possível ao substituído desistir de ação proposta pelo sindicato (TST, E-RR 67.599/93.6, Cnéa Moreira, Ac. SDI 3.057/96).

2 *Agências de colocação.* Eram prerrogativas dos sindicatos e das associações. Tacitamente, foi revogado por lei posterior, que atribuiu ao Departamento Nacional de Mão de Obra a organização das agências de colocação (L. 4.923/65, art. 8º). Sua implantação constitui objetivo do SINE (D. 76.403/75). Denúncia pelo Brasil da Convenção da OIT 96, que proibia as agências remuneradas de colocação (D. 70.224/72). Empresas de trabalho temporário (L. 6.019/74, em apêndice).

3 Cadastro de admissões e demissões (L. 4.923/65). Auxílio-desemprego (L. 4.923/65). Programa de preparação de mão de obra (D. 219/91).

4 O aliciamento para emigração ou o aliciamento de trabalhadores de um local para outro do território nacional é vedado pelo Código Penal.

5 Contribuições sindicais: espécies (art. 547/2) e legislação (art. 592/1).

Seção II
Do reconhecimento e investidura sindical

Art. 515. As associações profissionais deverão satisfazer os seguintes requisitos para serem reconhecidas como sindicatos (revogado)[1]**:**

a) reunião de um terço, no mínimo, de empresas legalmente constituídas, sob a forma individual ou de sociedade, se se tratar de associação de empregadores; ou de um terço dos que integrem a mesma categoria ou exerçam a mesma profissão liberal, se se tratar de associação de empregados ou de trabalhadores ou agentes autônomos ou de profissão liberal;

b) duração de 3 anos para o mandato da diretoria;

c) exercício do cargo de Presidente e dos demais cargos de administração e representação por brasileiros[2].

Parágrafo único. O Ministro do Trabalho poderá, excepcionalmente, reconhecer como sindicato a associação cujo número de associados seja inferior ao terço a que se refere a alínea "a".

Art. 516. Não será reconhecido mais de um sindicato representativo da mesma categoria econômica ou profissional, ou profissão liberal, em uma dada base territorial.

Art. 517. Os sindicatos poderão ser distritais, municipais, intermunicipais, estaduais e interestaduais. Excepcionalmente, e atendendo às peculiaridades de determinadas categorias ou profissões, o Ministro do Trabalho poderá autorizar o reconhecimento de sindicatos nacionais (revogado)[1]**.**

§ 1º O Ministro do Trabalho outorgará e delimitará a base territorial do sindicato.

§ 2º Dentro da base territorial que lhe for determinada é facultado ao sindicato instituir delegacias ou seções para melhor proteção dos

associados e da categoria econômica ou profissional ou profissão liberal representada.

Art. 518. O pedido de reconhecimento será dirigido ao Ministro do Trabalho instruído com exemplar ou cópia autenticada dos estatutos da associação (revogado)[1]**.**

§ 1º Os estatutos deverão conter:

a) a denominação e a sede da associação;

b) a categoria econômica ou profissional ou a profissão liberal cuja representação é requerida;

c) a afirmação de que a associação agirá como órgão de colaboração com os poderes públicos e as demais associações no sentido da solidariedade social e da subordinação dos interesses econômicos ou profissionais ao interesse nacional;

d) as atribuições, o processo eleitoral e das votações, os casos de perda de mandato e de substituições dos administradores;

e) o modo de constituição e administração do patrimônio social e o destino que lhe será dado no caso de dissolução;

f) as condições em que se dissolverá a associação.

§ 2º O processo de reconhecimento será regulado em instruções baixadas pelo Ministro do Trabalho.

Art. 519. A investidura sindical será conferida sempre à associação profissional mais representativa, a juízo do Ministro do Trabalho, constituindo elementos para essa apreciação, entre outros (revogado)[1]**:**

a) o número de associados;

b) os serviços sociais fundados e mantidos;

c) o valor do patrimônio.

Art. 520. Reconhecida como sindicato a associação profissional, ser-lhe-á expedida carta de reconhecimento, assinada pelo Ministro do Trabalho, na qual será especificada a representação econômica ou profissional conferida e mencionada a base territorial outorgada (revogado)[1]**.**

Parágrafo único. O reconhecimento investe a associação nas prerrogativas do art. 513 e a obriga aos deveres do art. 514, cujo inadimplemento a sujeitará às sanções desta Lei.

Art. 521. São condições para o funcionamento do sindicato:

a) proibição de qualquer propaganda de doutrinas incompatíveis com as instituições e os interesses da Nação, bem como de candidaturas a cargos eletivos estranhos ao sindicato (revogado)[1]**;**

b) proibição de exercício de cargo eletivo cumulativamente com o de emprego remunerado pelo sindicato ou por entidade sindical de grau superior;

c) gratuidade do exercício dos cargos eletivos;

d) proibição de quaisquer atividades não compreendidas nas finalidades mencionadas no art. 511, inclusive as de caráter político-partidário;

e) proibição de cessão gratuita ou remunerada da respectiva sede, a entidade de índole político-partidária.

Parágrafo único. Quando, para o exercício de mandato, tiver o associado de sindicato de empregados, de trabalhadores autônomos ou de profissionais liberais, de se afastar do seu trabalho, poderá ser-lhe arbitrada pela assembleia geral uma gratificação nunca excedente da importância de sua remuneração na profissão respectiva.

1 Diz a Constituição Federal de 1988:

> **Art. 8º É livre a associação profissional ou sindical, observado o seguinte:**
>
> **I – a lei não poderá exigir autorização do Estado para a fundação de sindicato, ressalvado o registro no órgão competente, vedadas ao Poder Público a interferência e a intervenção na organização sindical.**
>
> **Parágrafo único. As disposições deste artigo aplicam-se à organização de sindicatos rurais e de colônias de pescadores, atendidas as condições que a lei estabelecer.**
>
> **Art. 37. ...**
>
> **VI – é garantido ao servidor público civil o direito à livre associação sindical.**
>
> **Art. 42. ...**
>
> **§ 5º Ao militar são proibidas a sindicalização e a greve.**

Assim, todas as normas que criem exigências para reconhecimento ou funcionamento de associações ou sindicatos estão revogadas tacitamente.

2 É inconstitucional a exigência (art. 515) de ser brasileiro nato o presidente: a CF/88 veda criar distinções entre brasileiros (art. 12, § 2º); só a Carta Magna pode fazê-lo. A proibição de que os estrangeiros residentes no País participem da administração ou representação de sindicatos ou associações sindicais (L. 6.815/80 e D. 86.715/81) é inconstitucional em face do princípio da igualdade (CF/88, art. 5º, *caput*), e a permissão aos portugueses para que obtenham os direitos civis brasileiros (D. 70.436/72), desnecessária.

Seção III
Da administração do sindicato

Art. 522. A administração dos sindicatos será exercida por uma dire-

toria constituída, no máximo, de 7 e, no mínimo, de 3 membros e de um conselho fiscal composto de 3 membros, eleitos esses órgãos pela assembleia geral[1].

§ 1º A diretoria elegerá, dentre os seus membros, o presidente do sindicato.

§ 2º A competência do conselho fiscal é limitada à fiscalização da gestão financeira do sindicato.

§ 3º Constituirá atribuição exclusiva da diretoria do sindicato e dos delegados sindicais, a que se refere o art. 523, a representação e a defesa dos interesses da entidade perante os poderes públicos e as empresas, salvo mandatário com poderes outorgados por procuração da diretoria, ou associado investido em representação prevista em lei.

Art. 523. Os delegados sindicais destinados à direção das delegacias ou seções instituídas na forma estabelecida no § 2º do art. 517 serão designados pela diretoria dentre os associados radicados no território da correspondente delegacia (revogado)[1].

Art. 524. Serão sempre tomadas por escrutínio secreto, na forma estatutária, as deliberações da assembleia geral concernentes aos seguintes assuntos (revogado)[1]**:**

a) eleição de associado para representação da respectiva categoria prevista em lei;

b) tomada e aprovação de contas da diretoria;

c) aplicação do patrimônio;

d) julgamento dos atos da diretoria, relativos a penalidades impostas a associados;

e) pronunciamento sobre relações ou dissídio de trabalho. Neste caso, as deliberações da assembleia geral só serão consideradas válidas quando ela tiver sido especialmente convocada para esse fim, de acordo com as disposições dos estatutos da entidade sindical. O *quorum* para validade da assembleia será de metade mais um dos associados quites; não obtido esse *quorum* em primeira convocação, reunir-se-á a assembleia em segunda convocação com os presentes, considerando-se aprovadas as deliberações que obtiverem 2/3 dos votos.

§ 1º A eleição para cargos de diretoria e conselho fiscal será realizada por escrutínio secreto, durante 6 horas contínuas, pelo menos, na sede do sindicato, na de suas delegacias e seções e nos principais locais de trabalho, onde funcionarão as mesas coletoras designadas pelos Delegados Regionais do Trabalho.

§ 2º Concomitantemente ao término do prazo estipulado para a votação, instalar-se-á, em assembleia eleitoral pública e permanente, na sede do sindicato, a mesa apuradora, para a qual serão enviadas, imediatamente, pelos presidentes das mesas coletoras, as urnas receptoras e as atas respectivas. Será facultada designação de mesa apuradora supletiva sempre que as peculiaridades ou conveniências do pleito a exigirem.

§ 3º A mesa apuradora será presidida por membro do Ministério Público do Trabalho[2] ou pessoa de notória idoneidade, designada pelo Procurador-Geral da Justiça do Trabalho ou procuradores regionais.

§ 4º O pleito só será válido na hipótese de participarem da votação mais de 2/3 dos associados com capacidade para votar. Não obtido esse coeficiente, será realizada nova eleição dentro de 15 dias, a qual terá validade se nela tomarem parte mais de 50% dos referidos associados. Na hipótese de não ter sido alcançado, na segunda votação, o coeficiente exigido, será realizado o terceiro e último pleito, cuja validade dependerá do voto de mais de 40% dos aludidos associados, proclamando o presidente da mesa apuradora em qualquer dessas hipóteses os eleitos, os quais serão empossados automaticamente na data do término do mandato expirante, não tendo efeito suspensivo os protestos ou recursos oferecidos na conformidade da lei.

§ 5º Não sendo atingido o coeficiente legal para a eleição, o Ministério do Trabalho declarará a vacância da administração, a partir do término do mandato dos membros em exercício, e designará administrador para o sindicato, realizando-se novas eleições dentro de seis meses.

1 Diz a Constituição Federal de 1988:

Art. 8º É livre a associação profissional ou sindical, observado o seguinte:
I – a lei não poderá exigir autorização do Estado para a fundação de sindicato, ressalvado o registro no órgão competente, vedadas ao Poder Público a interferência e a intervenção na organização sindical; ...
Parágrafo único. As disposições deste artigo aplicam-se à organização de sindicatos rurais e de colônias de pescadores, atendidas as condições que a lei estabelecer.

Art. 37. ...
VI – é garantido ao servidor público civil o direito à livre associação sindical ...

Art. 42. ...
§ 5º Ao militar são proibidas a sindicalização e a greve.

As normas que criem exigências para reconhecimento ou funcionamento de associações ou sindicatos estão, em regra, revogadas tacitamente. Número de dirigentes estáveis (v. art. 543/1).

2 A intervenção do Ministério Público do Trabalho foi superada pela Constituição Federal em 1988.

SDC Se a base territorial do Sindicato representativo da categoria abrange mais de um Município, a realização de assembleia deliberativa em apenas um deles inviabiliza a manifestação de vontade da totalidade dos trabalhadores envolvidos na controvérsia, pelo que conduz à insuficiência de *quorum* deliberativo, exceto quando particularizado o conflito (TST, SDC, Orientação Jurisprudencial 14).

SDC Mesmo após a promulgação da Constituição Federal de 1988, subordina-se a validade da assembleia de trabalhadores que legitima a atuação da entidade sindical respectiva em favor de seus interesses à observância do *quorum* estabelecido no art. 612 da CLT (TST, SDC, Orientação Jurisprudencial 13, cancelada, TST, AI-RO e RO-DC 21129/02-900-03-00-9, *DJ*, 24.11.03).

O art. 524, § 3º, da CLT não mais prevalece, em face da nova ordem jurídica, isto é, a mesa apuradora não é mais obrigatoriamente presidida por membro do Ministério Público do Trabalho ou por pessoa de notória idoneidade moral designada pelo Procurador Regional do Trabalho (TST, RO 1.030/89.7, José Ajuricaba, Ac. SDI 1.357/91).

Art. 525. É vedada a pessoas físicas ou jurídicas, estranhas ao sindicato, qualquer interferência na sua administração ou nos seus serviços (revogado)[1].

Parágrafo único. Estão excluídos dessa proibição:

a) os Delegados do Ministério do Trabalho[2] especialmente designados pelo Ministro ou por quem o represente;

b) os que, como empregados, exerçam cargos no sindicato mediante autorização da assembleia geral.

Art. 526. Os empregados do sindicato serão nomeados pela diretoria respectiva *ad referendum* da assembleia geral, não podendo recair tal nomeação nos que estiverem nas condições previstas nos itens II, IV, V, VI, VII e VIII do art. 530 e, na hipótese de o nomeado haver sido dirigente sindical, também nas do item I do mesmo artigo (revogado)[1].

Parágrafo único. (Rev. L. 11.295/06).

§ 2º Aplicam-se ao empregado de entidade sindical os preceitos das leis de proteção do trabalho e de previdência social, inclusive o direito de associação em sindicato (red. L. 11.295/06; numeração do parágrafo de acordo com a lei).

1 As normas que estabelecem requisitos para reconhecimento ou funcionamento do sindicato não foram recepcionadas pela CF/88, art. 8º.

2 A intervenção do Ministério Público do Trabalho foi superada pela Constituição Federal em 1988.

Art. 527. Na sede de cada sindicato haverá um livro de registro, autenticado pelo funcionário competente do Ministério do Trabalho, e do qual deverão constar (revogado)[1]**:**

a) tratando-se de sindicato de empregadores, a firma, individual ou coletiva, ou a denominação das empresas e sua sede, nome, idade, estado civil, nacionalidade e residência dos respectivos sócios, ou, em se tratando de sociedade por ações, dos diretores, bem como a indicação desses dados quanto ao sócio ou diretor que representar a empresa no sindicato;

b) tratando-se de sindicato de empregados, ou de agentes ou trabalhadores autônomos ou de profissionais liberais, além do nome, idade, estado civil, nacionalidade, profissão ou função e residência de cada associado, o estabelecimento ou lugar onde exerce a sua profissão ou função, o número e a série da respectiva Carteira de Trabalho e Previdência Social e o número da inscrição no INSS.

Art. 528. Ocorrendo dissídio ou circunstâncias que perturbem o funcionamento de entidade sindical ou motivos relevantes de segurança nacional, o Ministro do Trabalho poderá nela intervir, por intermédio de Delegado ou de Junta Interventora, com atribuições para administrá-la e executar ou propor as medidas necessárias para normalizar-lhe o funcionamento (revogado)[1]**.**

1 As normas que estabelecem requisitos para reconhecimento ou funcionamento do sindicato estão revogadas tacitamente pela CF/88, art. 8º.

Seção IV
Das eleições sindicais

Art. 529. São condições para o exercício do direito do voto como para a investidura em cargo de administração ou representação econômica ou profissional (revogado)[1]**:**

a) ter o associado mais de seis meses de inscrição no quadro social e mais de dois anos de exercício da atividade ou da profissão;

b) ser maior de 18 anos;

c) estar no gozo dos direitos sindicais.

Parágrafo único. É obrigatório aos associados o voto nas eleições sindicais.

Art. 530. Não podem ser eleitos para cargos administrativos ou de representação econômica ou profissional, nem permanecer no exercício desses cargos:

I – os que não tiverem definitivamente aprovadas as suas contas de exercício em cargos de administração;

II – os que houverem lesado o patrimônio de qualquer entidade sindical;

III – os que não estiverem, desde 2 anos antes, pelo menos, no exercício efetivo da atividade ou da profissão dentro da base territorial do sindicato, ou no desempenho de representação econômica ou profissional;

IV – os que tiverem sido condenados por crime doloso enquanto persistirem os efeitos da pena;

V – os que não estiverem no gozo de seus direitos políticos;

VI – (rev. L. 8.865/94);

VII – má conduta, devidamente comprovada;

VIII – (rev. L. 8.865/94).

Art. 531. Nas eleições para cargos de diretoria e do conselho fiscal serão considerados eleitos os candidatos que obtiverem maioria absoluta de votos em relação ao total dos associados eleitores.

§ 1º Não concorrendo à primeira convocação maioria absoluta de eleitores, ou não obtendo nenhum dos candidatos essa maioria, proceder-se-á a nova convocação para dia posterior, sendo então considerados eleitos os candidatos que obtiverem maioria dos eleitores presentes.

§ 2º Havendo somente uma chapa registrada para as eleições, poderá a assembleia, em última convocação, ser realizada duas horas após a primeira convocação, desde que do edital respectivo conste essa advertência.

§ 3º Concorrendo mais de uma chapa, poderá o Ministro do Trabalho designar o presidente da seção eleitoral, desde que o requeiram os associados que encabeçarem as respectivas chapas.

§ 4º O Ministro do Trabalho expedirá instruções regulando o processo das eleições (v. Port. 3.150/86).

Art. 532. As eleições para a renovação da Diretoria e do Conselho Fiscal deverão ser procedidas dentro do prazo máximo de 60 dias e mínimo de 30 dias, antes do término do mandato dos dirigentes em exercício (revogado)[1].

§ 1º Não havendo protesto na ata da assembleia eleitoral ou recurso interposto por algum dos candidatos, dentro de 15 dias, a contar da data das eleições, a posse da diretoria eleita independerá da aprovação das eleições pelo Ministério do Trabalho.

§ 2º Competirá à diretoria em exercício, dentro de 30 dias da realização das eleições e não tendo havido recurso, dar publicidade ao resultado do pleito, fazendo comunicação ao órgão local do Ministério do Trabalho da relação dos eleitos, com os dados pessoais de cada um e a designação da função que vai exercer.

§ 3º Havendo protesto na ata da assembleia eleitoral ou recurso interposto dentro de 15 dias da realização das eleições, competirá à diretoria em exercício encaminhar, devidamente instruído, o processo eleitoral ao órgão local do Ministério do Trabalho, que o encaminhará para decisão do Ministro de Estado. Nesta hipótese, permanecerão na administração, até despacho final do processo, a Diretoria e o Conselho Fiscal que se encontrarem em exercício.

§ 4º Não se verificando as hipóteses previstas no parágrafo anterior, a posse da nova diretoria deverá se verificar dentro de 30 dias subsequentes ao término do mandato da anterior.

§ 5º Ao assumir o cargo, o eleito prestará, por escrito e solenemente, o compromisso de respeitar, no exercício do mandato, a Constituição, as leis vigentes e os estatutos da entidade.

1 Diz a Constituição Federal de 1988:

Art. 8º É livre a associação profissional ou sindical, observado o seguinte: ...

VII – o aposentado filiado tem direito a votar e ser votado nas organizações sindicais...

Art. 37. ...

VI – é garantido ao servidor público civil o direito à livre associação sindical...

Art. 42. ...

§ 5º Ao militar são proibidas a sindicalização e a greve.

SDC O edital de convocação da categoria e a respectiva ata da AGT constituem peças essenciais à instauração do processo de dissídio coletivo (TST, SDC, Orientação Jurisprudencial 29).

SDC O edital de convocação para a AGT deve ser publicado em jornal que circule em cada um dos municípios componentes da base territorial (TST, SDC, Orientação Jurisprudencial 28).

2 As normas que estabelecem requisitos para reconhecimento ou funcionamento do sindicato estão revogadas tacitamente pela CF/88, art. 8º. A competência para julgamento das ações referentes às eleições sindicais e dos conflitos dos associados com seus sindicatos é da Justiça Comum.

STJ Compete à Justiça Estadual julgar causa decorrente do processo eleitoral sindical (STJ – Súmula 4).

Seção V
Das associações sindicais de grau superior

Art. 533. Constituem associações sindicais de grau superior as federações e confederações organizadas nos termos desta lei.

Art. 534. É facultado aos Sindicatos, quando em número não inferior a 5, desde que representem a maioria absoluta de um grupo de atividades ou profissões idênticas, similares ou conexas, organizarem-se em federação.

§ 1º Se já existir federação no grupo de atividades ou profissões em que deva ser constituída a nova entidade, a criação desta não poderá reduzir a menos de 5 o número de sindicatos que àquela devam continuar filiados.

§ 2º As federações serão constituídas por Estados, podendo o Ministro do Trabalho autorizar a constituição de federações interestaduais ou nacionais.

§ 3º É permitido a qualquer federação, para o fim de lhes coordenar os interesses, agrupar os Sindicatos de determinado município ou região a ela filiados, mas a união não terá direito de representação das atividades ou profissões agrupadas.

Art. 535. As confederações organizar-se-ão com o mínimo de 3 federações e terão sede na Capital da República.

§ 1º As confederações formadas por federações de sindicatos de empregadores denominar-se-ão: Confederação Nacional da Indústria, Confederação Nacional do Comércio, Confederação Nacional de Transportes Marítimos, Fluviais e Aéreos, Confederação Nacional de Transportes Terrestres, Confederação Nacional de Comunicações e Publicidade, Confederação Nacional das Empresas de Crédito e Confederação Nacional de Educação e Cultura.

§ 2º As confederações formadas por federações de sindicatos de empregados terão a denominação de: Confederação Nacional dos Trabalhadores na Indústria, Confederação Nacional dos Trabalhadores no Comércio, Confederação Nacional dos Trabalhadores em Transportes Marítimos, Fluviais e Aéreos, Confederação Nacional dos Trabalhadores em Transportes Terrestres, Confederação Nacional dos Trabalhadores em Comunicações e Publicidade, Confederação Nacional dos Trabalhadores nas Empresas de Crédito e Confederação Nacional dos Trabalhadores em Estabelecimentos de Educação e Cultura.

§ 3º Denominar-se-á Confederação Nacional das Profissões Liberais a reunião das respectivas federações.

§ 4º As associações sindicais de grau superior da Agricultura e Pecuária serão organizadas na conformidade do que dispuser a lei que regular a sindicalização dessas atividades ou profissões.

Art. 536. (Rev. DL 229/67).

Art. 537. O pedido de reconhecimento de uma federação será dirigido ao Ministro do Trabalho acompanhado de um exemplar dos respectivos estatutos e das cópias autenticadas das atas da assembleia de cada sindicato ou federação que autorizar a filiação.

§ 1º A organização das federações e confederações obedecerá às exigências contidas nas alíneas "b" e "c" do art. 515.

§ 2º A carta de reconhecimento das federações será expedida pelo Ministro do Trabalho, na qual será especificada a coordenação econômica ou profissional conferida e mencionada a base territorial outorgada.

§ 3º O reconhecimento das confederações será feito por decreto do Presidente da República.

Art. 538. A administração das federações e confederações será exercida pelos seguintes órgãos:

a) Diretoria;

b) Conselho de Representantes;

c) Conselho Fiscal.

§ 1º A diretoria será constituída no mínimo de 3 membros e de 3 membros se comporá o Conselho Fiscal, os quais serão eleitos pelo Conselho de Representantes com mandato por 3 anos.

§ 2º Só poderão ser eleitos os integrantes dos grupos das federações ou dos planos das confederações, respectivamente.

§ 3º O presidente da federação ou confederação será escolhido dentre os seus membros, pela diretoria.

§ 4º O Conselho de Representantes será formado pelas delegações dos Sindicatos ou das Federações filiadas, constituída cada delegação de 2 membros, com mandato por 3 anos, cabendo um voto a cada delegação[1].

§ 5º A competência do Conselho Fiscal é limitada à fiscalização da gestão financeira.

Art. 539. Para a constituição e administração das federações serão observadas, no que for aplicável, as disposições das Seções II e III do presente Capítulo.

1 Diz a Constituição Federal de 1988:

> **Art. 8º É livre a associação profissional ou sindical, observado o seguinte:**
>
> **I – a lei não poderá exigir autorização do Estado para a fundação de sindicato, ressalvado o registro no órgão competente, vedadas ao Poder Público a interferência e a intervenção na organização sindical;**
>
> **II – é vedada a criação de mais de uma organização sindical, em qualquer grau, representativa de categoria profissional ou econômica, na mesma base territorial, que será definida pelos trabalhadores ou empregadores interessados, não podendo ser inferior à área de um Município; ...**
>
> **IV – a assembleia geral fixará a contribuição que, em se tratando de categoria profissional, será descontada em folha, para custeio do sistema confederativo da representação sindical respectiva, independentemente da contribuição prevista em lei.**

Assim, todas as normas que criem exigências para reconhecimento ou funcionamento de associações ou sindicatos estão revogadas tacitamente.

A Constituição, apesar da liberdade, prevê uma estrutura de confederações e federações, como se depreende da expressão "sistema confederativo da representação sindical respectiva" (art. 8º, IV).

Está revogado tacitamente o dispositivo que criava condições para filiação de entidades sindicais brasileiras a organizações internacionais (DL 1.149/71; regulamento, D. 68.465/71, *LTr* 35/319, 1971). As entidades sindicais que integram a

Confederação Nacional das Profissões Liberais (advogados, médicos, odontologistas, engenheiros etc.) têm o mesmo poder de representação dos sindicatos representativos das categorias profissionais diferenciadas, nas ações individuais e coletivas (L. 7.316/85, em apêndice).

Redação do § 4º do art. 538 (DL 771/69).

Na esfera das entidades sindicais, somente as confederações possuem, a teor do disposto no inciso IX do artigo 103 da CF, legitimidade para a propositura da ação direta de inconstitucionalidade. Descabe, considerado o campo de atuação, confundi-las com sindicato, embora nacional. A disjuntiva "ou" empregada no preceito constitucional indica a diversidade de pessoas jurídicas, consideradas as confederações e as entidades de classe de âmbito nacional (STF, ADIn 54-3-DF, Marco Aurélio, Ac. TP).

2 *Rural.* Enquadramento e contribuição rural (DL 1.166/71).

Seção VI
Dos direitos dos exercentes de atividades ou profissões e dos sindicalizados

Art. 540. A toda empresa ou indivíduo que exerçam, respectivamente, atividade ou profissão, desde que satisfaçam as exigências desta Lei, assiste o direito de ser admitido[1] no sindicato da respectiva categoria, salvo o caso de falta de idoneidade, devidamente comprovada, com recurso para o Ministério do Trabalho.

§ 1º Perderá os direitos de associado o sindicalizado que por qualquer motivo deixar o exercício de atividade ou de profissão.

§ 2º Os associados de sindicatos de empregados, de agentes ou trabalhadores autônomos e de profissões liberais que forem aposentados[1], estiverem em desemprego ou falta de trabalho ou tiverem sido convocados para prestação de serviço militar, não perderão os respectivos direitos sindicais e ficarão isentos de qualquer contribuição, não podendo, entretanto, exercer cargo de administração sindical ou de representação econômica ou profissional.

Art. 541. Os que exercerem determinada atividade ou profissão onde não haja sindicato da respectiva categoria, ou de atividade ou profissão similar ou conexa, poderão filiar-se a sindicato de profissão idêntica, similar ou conexa, existente na localidade mais próxima.

Parágrafo único. O disposto neste artigo se aplica aos sindicatos em relação às respectivas federações, na conformidade do quadro de atividades e profissões a que se refere o art. 577.

Art. 542. De todo ato lesivo de direitos ou contrário a esta Lei, emanado da diretoria, do conselho ou da assembleia geral da entidade sindical, po-

derá qualquer exercente de atividade ou profissão recorrer, dentro de 30 dias, para a autoridade competente do Ministério do Trabalho.

Art. 543. O empregado eleito[1] para cargo de administração sindical ou representação profissional, inclusive junto a órgão de deliberação coletiva, não poderá ser impedido do exercício de suas funções, nem transferido para lugar ou mister que lhe dificulte ou torne impossível o desempenho das suas atribuições sindicais.

§ 1º O empregado perderá o mandato se a transferência for por ele solicitada ou voluntariamente aceita.

§ 2º Considera-se de licença não remunerada, salvo assentimento da empresa ou cláusula contratual, o tempo em que o empregado se ausentar do trabalho no desempenho das funções a que se refere este artigo.

§ 3º Fica vedada a dispensa do empregado sindicalizado ou associado, a partir do momento do registro de sua candidatura a cargo de direção ou representação de entidade sindical ou de associação profissional, até um ano após o final do seu mandato, caso seja eleito, inclusive como suplente, salvo se cometer falta grave devidamente apurada nos termos desta Consolidação (red. L. 7.543/86).

§ 4º Considera-se cargo de direção ou de representação sindical aquele cujo exercício ou indicação decorre de eleição prevista em lei (red. L. 7.223/84).

§ 5º Para os fins deste artigo, a entidade sindical comunicará por escrito à empresa, dentro de 24 horas, o dia e a hora do registro da candidatura do seu empregado e, em igual prazo, sua eleição e posse, fornecendo, outrossim, a este, comprovante no mesmo sentido. O Ministério do Trabalho fará no mesmo prazo a comunicação no caso da designação referida no final do § 4º.

§ 6º A empresa que, por qualquer modo, procurar impedir que o empregado se associe a Sindicato, organize associação profissional ou sindical ou exerça os direitos inerentes à condição de sindicalizado, fica sujeita à penalidade prevista na letra "a" do art. 553, sem prejuízo da reparação a que tiver direito o empregado.

1 *Liberdade sindical.*

Diz a Constituição Federal de 1988:

Art. 8º É livre a associação profissional ou sindical, observado o seguinte: ...

V – Ninguém será obrigado a filiar-se ou a manter-se filiado a sindicato; ...

VII – o aposentado filiado tem direito a votar e a ser votado nas organizações sindicais;

VIII – é vedada a dispensa do empregado sindicalizado a partir do registro da candidatura a cargo de direção ou representação sindical e, se eleito, ainda que suplente, até um ano após o final do mandato, salvo se cometer falta grave nos termos da lei.

Parágrafo único. As disposições deste artigo aplicam-se à organização de sindicatos rurais e de colônias de pescadores, atendidas as condições que a lei estabelecer...

Art. 10. É assegurada a participação dos trabalhadores e empregadores nos colegiados dos órgãos públicos em que seus interesses profissionais ou previdenciários sejam objeto de discussão e deliberação...

Art. 37. ...
VI – é garantido ao servidor público civil o direito à livre associação sindical...

Art. 42. ...
§ 5º Ao militar são proibidas a sindicalização e a greve.

A liberdade sindical, como consagrada nas declarações internacionais, inclusive na Convenção 87 da OIT, consubstancia-se na sua criação, sem interferência do Poder Público e no direito individual do trabalhador de ingressar, abster-se ou deixar o sindicato no funcionamento, pela possibilidade de decidir sobre seus estatutos e dirigentes, de existência por não poder ser dissolvido pelo Poder Executivo e pelo poder de os sindicatos congregarem-se em federações nacionais ou internacionais (Amauri Mascaro Nascimento, *Direito do Trabalho na Constituição de 1988*).

A CLT protege o dirigente sindical, o mesmo fazendo a CF. A primeira se refere aos ocupantes eleitos para o cargo de administração sindical ou representação profissional, inclusive a órgão de deliberação coletiva, que decorra "de eleição prevista em lei". A CF protege o candidato ou eleito a cargo de direção ou representação sindical, inclusive suplente.

Os dois textos se complementam; percebe-se em ambos a vontade de restringir a proteção apenas a certos trabalhadores, dirigentes e representantes. Contra a vontade do sindicato de ampliar ilimitadamente essa proteção, chegando em tese até a eleger todos os associados como dirigentes ou ao menos centenas deles; têm-se de aceitar dois referenciais objetivos: a indicação legal dos cargos, de um lado, e, de outro, o que as convenções coletivas acordadas pelas próprias categorias fixarem.

Assim, com segurança, pode-se concluir que são dirigentes estáveis, desde a candidatura até um ano após o mandato, inclusive os suplentes. A CF deixou de limitar o seu número, o que permitiria aos sindicatos tornar estáveis todos os seus membros ou, ao menos, centenas deles, contrariando o bom senso e qualquer corrente hermenêutica, inclusive a do "razoável" (Recaséns Siches); não há, assim, como deixar de continuar a adotar os critérios dos arts. 522 e 543, §§ 3º e 4º. Dessas normas decorrem: a) vedação da dispensa (art. 543, § 3º); b) quais os cargos que gozam dessa garantia (art. 543, § 4º); c) o número dos contemplados, máximo de 7 para a Diretoria e de 3 membros do Conselho Fiscal, todos eleitos (art. 522); entendemos, pois, que o número máximo é de 7 mais 3. Em contrário o TST, a SDI-1, OJ 365, afirma que só tem direito à estabilidade quem representa ou atua na defesa de direitos da categoria. O conselho fiscal, eleito por seus pares, é cargo necessário para administração do sindicato e portanto merece ter seus direitos resguardados contra a arbitrariedade de alguns empregadores. Parece-nos que os delegados do sindicato designados pela diretoria para as delegacias ou seções (CLT, art. 523) não são estáveis; mas passariam a sê-los desde que eleitos (adequação da CF, art. 8º, VIII, e CLT, art. 543, § 4º), mas limitados ao município ou distrito (CLT, art. 517) ou ao Estado, quando o sindicato ultrapassa essas áreas regionais. Pode o empregado ser suspenso (art. 494/1).

Inquérito judicial para despedimento de empregado, v. art. 855/2. A sentença de reintegração, para evitar debates na execução, deve ser expressa, prevendo todas as circunstâncias e cargos. Medida liminar de reintegração (art. 840/16); tutela antecipada (art. 840/25).

As demais garantias oferecidas a certos empregados não se enquadram nas sindicais propriamente ditas. É o que ocorre com os membros das Comissões Internas de Prevenção de Acidentes (CLT, art. 165, e ADCT, art. 10) e com a diretoria de Cooperativa de Empregados (L. 5.764/71).

Convenção OIT/135, sobre Proteção aos Representantes dos Trabalhadores: a empresa não deve entravar a eficiência do desempenho dos dirigentes; reconhece a proteção tanto para dirigentes sindicais como para representantes dos trabalhadores, sem enfraquecer os primeiros em proveito dos segundos, e reconhece a estabilidade declarada em convenção coletiva, sentença arbitral ou decisão judiciária (D. 131/91, *DOU*, 23.5.91).

TST I – É assegurada a estabilidade provisória ao empregado dirigente sindical, ainda que a comunicação do registro da candidatura ou da eleição e da posse seja realizada fora do prazo previsto no art. 543, § 5º, da CLT, desde que a ciência ao empregador, por qualquer meio, ocorra na vigência do contrato de trabalho (Res. TST 185/12). II – O art. 522 da CLT foi recepcionado pela Constituição Federal de 1988. Fica limitada, assim, a estabilidade a que alude o art. 543, § 3º, da CLT a sete dirigentes sindicais e igual número de suplentes. III – O empregado de categoria diferenciada eleito dirigente sindical só goza de estabilidade se exercer na empresa atividade pertinente à categoria profissional do sindicato para o qual foi eleito dirigente. IV – Havendo extinção da atividade empresarial no âmbito da base territorial do sindicato, não há razão para subsistir a estabilidade. V – O registro da candidatura do empregado a cargo de dirigente sindical durante o período de aviso prévio, ainda que indenizado, não lhe assegura a estabilidade, visto que inaplicável a regra do § 3º do art. 543 da Consolidação das Leis do Trabalho (TST – Súmula 369, conversão das Orientações Jurisprudenciais SDI-1 34, 35, 86, 145 e 266, alt. TST, Res. 174/11).

SDI O delegado sindical não é beneficiário da estabilidade provisória prevista no art. 8º, VIII, da CF/1988, a qual é dirigida, exclusivamente, àqueles que exerçam ou ocupem cargos de direção nos sindicatos, submetidos a processo eletivo (TST, SDI-1, Orientação Jurisprudencial 369).

SDI Membro de conselho fiscal de sindicato não tem direito à estabilidade prevista nos arts. 543, § 3º, da CLT e 8º, VIII, da CF/88, porquanto não representa ou atua na defesa de direitos da categoria respectiva, tendo sua competência limitada à fiscalização da gestão financeira do sindicato (art. 522, § 2º, da CLT). Orientação Jurisprudencial da SBDI-1 C-79 (TST, SDI-1, Orientação Jurisprudencial 365).

SDI Constitui direito líquido e certo do empregador a suspensão do empregado, ainda que detentor de estabilidade sindical, até a decisão final do inquérito em que se apure a falta grave a ele imputada, na forma do art. 494, *caput* e parágrafo único, da CLT (TST, SDI-2, Orientação Jurisprudencial 137).

SDI Não procede pedido de rescisão de sentença de mérito que assegura ou nega estabilidade pré-eleitoral, quando a decisão rescindenda for anterior à Orientação Jurisprudencial n. 51, da Seção de Dissídios Individuais do TST (25.11.1996). Incidência da Súmula 83 do TST (TST, SDI-2, Orientação Jurisprudencial 23).

Nos termos da Súmula 369, II, do TST, o art. 522 da CLT, que limita a sete o número de dirigentes sindicais, foi recepcionado pela Constituição Federal de 1988. A interpretação conjunta dessa disposição legal com o comando dos arts. 8º, VIII, da Magna Carta e 543, § 3º, da CLT revela que a garantia provisória de emprego alberga não apenas os sete dirigentes sindicais referidos no art. 522 do mesmo diploma legal, mas, também, os sete respectivos suplentes. Isso porque a proteção legal dirigida aos suplentes somente veio a ser reconhecida posteriormente e não objetivou reduzir o número de dirigentes sindicais titulares arrolados no art. 522 da CLT. Nesse mesmo sentido, já se posicionou o Supremo Tribunal Federal, no julgamento do AGRG-AI n. 277.432-8, Paraíba, bem como a SBDI-I do Tribunal Superior do Trabalho (TST, E-RR 20500-62.2005.5.09.0026, Vieira de Mello Filho).

Os advogados, que são regidos por estatuto próprio (Lei 8.906/94), constituem categoria profissional diferenciada, nos exatos termos do texto celetista. Assim sendo, o entendimento consignado na decisão guerreada encontra-se em lídima consonância com a atual jurisprudência desta Corte, consubstanciada na Orientação Jurisprudencial n. 145, no sentido de que o empregado de categoria diferenciada eleito dirigente sindical só goza de estabilidade se exercer na empresa atividade pertinente à categoria profissional do sindicato para o qual foi eleito dirigente. Logo, o conhecimento da revista encontra óbice no § 4º, do art. 896, da Consolidação das Leis do Trabalho, não havendo se falar em violação do art. 8º, da Constituição Federal, e do art. 543, § 3º, da CLT, ou mesmo divergência jurisprudencial. Agravo conhecido e não provido (TST, AI-RR 05228/2003-902-02-40.7, Cláudio Couce de Menezes).

A comunicação ao empregador da eleição do prestador de serviços, para o exercício do cargo em agremiação profissional, constitui requisito *sine qua non* para efeito de reconhecimento da estabilidade provisória (art. 543, § 5º, da CLT) (TST, E-RR 40.098/91.2, José Luiz Vasconcellos, Ac. SDI 3.323/95).

O impedimento à despedida se configura a partir da comunicação ao empregador do registro da candidatura a cargo eletivo sindical. Comunicação feita após o decurso do prazo legal. Estabilidade inexistente. Ação declaratória procedente. Recurso de revista a que se dá provimento (RR 809703/01). Gelson de Azevedo – TST.

Configura-se a estabilidade porque a função exercida (medicina) junto ao empregador corresponde à da categoria do sindicato em que é diretor, não obstante a atividade preponderante da empresa seja outra. A estabilidade não ocorreria se o médico tivesse na empresa função estranha à medicina. O texto legal é irrestrito e a razão de ser da independência e garantia sindicais emana das inúmeras situações que se podem apresentar na defesa dos interesses da classe (TRT/SP, RO 11.477/85, Valentin Carrion, Ac. 8ª T. 18.575/86).

■ Inexiste direito à percepção de salários, após a extinção do estabelecimento, ainda que o empregado seja detentor da estabilidade provisória, como dirigente sindical (TST, RR 199.876/95.2, Moacyr Roberto Tesch Auersvald, Ac. 2ª T. 1.140/97).

■ O art. 522 da CLT não foi recepcionado pela Constituição Federal de 1988. Empregado eleito como membro de diretoria regional para um dos cem cargos previstos no estatuto do Sindicato não possui estabilidade provisória. O número excessivo de componentes dos órgãos de administração sindical constitui-se circunstância configuradora de abuso de direito (TST, RR 290.771/96.9, João Oreste Dalazen, Ac. 1ª T. 1.636/97).

■ Estabilidade provisória. Dirigente sindical. A estabilidade ocorre apenas para os membros mencionados na CLT, art. 522 (7 membros mais 3) combinado com o art. 543, § 4º (exercício ou indicação decorre de eleição prevista em lei). Do contrário poderiam ser estáveis todos os empregados das empresas; desde que o sindicato assim quisesse (Proc. TRT/SP 45.674/96, Valentin Carrion, Ac. 9ª T. 58.088/97).

■ O art. 552, CLT, que estabelece número de dirigentes sindicais, foi recebido pela CF/88, art. 8º, I (STF, RE 193.345-3-SC, Rel. Min. Carlos Velloso, Ac. 2ª T., 13.4.99).

2 *Representante. Empresa de mais de 200 empregados.* Diz a Constituição Federal de 1988:

> **Art. 7º São direitos dos trabalhadores... além de outros...**
> **XI – participação nos lucros, ou resultados, desvinculada da remuneração, e, excepcionalmente, participação na gestão da empresa, conforme definido em lei...**
>
> **Art. 11. Nas empresas de mais de duzentos empregados, é assegurada a eleição de um representante destes com a finalidade exclusiva de promover-lhes o entendimento direto com os empregadores.**

A representação direta dos trabalhadores da empresa perante esta, diretamente, à margem do sindicato, encontra o precedente nacional na eleição dos membros das Comissões Internas de Prevenção de Acidentes (art. 165). A representação direta é indesejável pelos sindicatos e pelos empregadores, mas é poderosa força de coesão, reivindicações e de justiça interna. O direito comparado mostra na França uma experiência vigorosa nos Comitês Técnicos paritários e comissões administrativas, com a participação dos empregados da Administração Pública, e os *comités d'enterprise* na atividade privada. Entre o desejo dos sindicatos de não perder o privilégio de representação e a necessidade da pureza dos empregados adotou-se a solução intermediária: os sindicatos representativos indicam os nomes; os trabalhadores escolhem; se não houver maioria absoluta sobre o total de eleitores, um segundo turno escolherá o candidato mais votado, que não necessita ter sido apresentado pelos sindicatos (Jean Rivero e Jean Savatier, *Droit du Travail*). Os comitês de empresa do Direito espanhol são dela e também do estabelecimento que tenha mais de 50 empregados, sendo que o número de representantes varia (5 a 75) de acordo com o de representados (Alfredo Montoya Melgar, *Derecho del Trabajo*). Os representantes franceses não podem ser despedidos senão com autorização do inspetor do trabalho (questão de forma adotada), podendo ser examinado o mérito pelo *Conseil d'État*. Os espanhóis também estão protegidos contra o despedimento desfundamentado, não obstante se exija deles um dever de exemplaridade. Vê-se como o texto constitucional tem o mérito de abrir um caminho promissor no diálogo empresarial que a CLT sugeriu, sem êxito: comissões mistas criadas pelas Convenções Coletivas (art. 621). Após a Constituição falta a legislação que implante comissões em cada estabelecimento, reduzindo a exigência quanto ao número de empregados.

SDC A comprovação da legitimidade *ad processum* da entidade sindical se faz por seu registro no órgão competente do Ministério do Trabalho, mesmo após a promulgação da Constituição Federal de 1988 (TST, SDC, Orientação Jurisprudencial 15).

Art. 544. É livre a associação profissional ou sindical, mas ao empregado sindicalizado é assegurada, em igualdade de condições, preferência[1]:

I – para a admissão nos trabalhos de empresas que explorem serviços públicos ou mantenham contrato com os poderes públicos;

II – para ingresso em funções públicas ou assemelhadas, em caso de cessação coletiva de trabalho, por motivo de fechamento de estabelecimento;

III – nas concorrências para aquisição de casa própria, pelo Plano Nacional de Habitação ou por intermédio de quaisquer instituições públicas;

IV – nos loteamentos urbanos ou rurais, promovidos pela União, por seus órgãos de administração direta ou indireta ou sociedades de economia mista;

V – na locação ou compra de imóveis, de propriedade de pessoa de direito público ou sociedade de economia mista, quando sob ação de despejo em tramitação judicial;

VI – na concessão de empréstimos simples concedidos pelas agências financeiras do governo ou a ele vinculadas;

VII – na aquisição de automóveis, outros veículos e instrumentos relativos ao exercício da profissão, quando financiados pelas autarquias, sociedades de economia mista ou agências financeiras do Governo;

VIII – (rev. L. 8.630/93);

IX – na concessão de bolsas de estudos para si ou para seus filhos, obedecida a legislação que regule a matéria.

Art. 545. Os empregadores ficam obrigados a descontar na folha de pagamento dos seus empregados, desde que por eles devidamente autorizados, as contribuições[2] devidas ao Sindicato, quando por este notificados. (Red. L. 13.467/17).

Parágrafo único. O recolhimento à entidade sindical beneficiária do importe descontado deverá ser feito até o décimo dia subsequente ao do desconto, sob pena de juros de mora no valor de 10% sobre o montante retido, sem prejuízo da multa prevista no art. 553 e das cominações penais relativas à apropriação indébita.

Art. 546. **Às empresas sindicalizadas é assegurada preferência, em igualdade de condições, nas concorrências para exploração de serviços públicos, bem como nas concorrências para fornecimento às repartições federais, estaduais e municipais e às entidades paraestatais.**

Art. 547. **É exigida a qualidade de sindicalizado para o exercício de qualquer função representativa de categoria econômica ou profissional, em órgão oficial de deliberação coletiva, bem como para o gozo de favores ou isenções tributárias, salvo em se tratando de atividades não econômicas.**

Parágrafo único. **Antes da posse ou exercício das funções a que alude o artigo anterior ou de concessão dos favores, será indispensável comprovar a sindicalização, ou oferecer prova, mediante certidão negativa da autoridade regional do Ministério do Trabalho, de que não existe Sindicato no local onde o interessado exerce a respectiva atividade ou profissão.**

1 Diz a Constituição Federal de 1988:

> **Art. 8º É livre a associação profissional ou sindical, observado o seguinte:...**
> **V – ninguém será obrigado a filiar-se ou a manter-se filiado a sindicato.**

A *liberdade sindical* se verifica em relação ao Estado (independência), em relação à massa trabalhadora (liberdade de determinar o quadro associativo), em relação à empresa (não sofrer discriminações) e aos direitos individuais (direito de filiar-se e de demitir-se). Há atentado à liberdade de filiação no art. 544, que contraria o art. 8º, V, da CF/88. Atentado contra a liberdade sindical (CP, art. 199).

■ Inconstitucionalidade do art. 544, segunda parte, e seu inciso I, da CLT. Acolhimento dessa arguição por uma das Turmas do Egrégio Tribunal Federal de Recursos, com julgamento, desde logo, da apelação. Recurso extraordinário conhecido e provido (pela letra "a"), por negativa de vigência do art. 116 da CF para que, anulado o acórdão recorrido, na parte de provimento da apelação, seja a questão constitucional examinada pelo Plenário do Tribunal Federal de Recursos (STF, RE 103.568-4-RJ, Ac. 1ª T., Sydney Sanches).

2 *As contribuições sindicais* classificam-se em quatro espécies: a) a *legal*, geral para todos os trabalhadores, não mais obrigatória, o empregado tem que autorizar o seu pagamento (antes denominada imposto sindical; CLT, arts. 548, "a", e 578); b) a *assistencial*, da categoria ou coletiva (de solidariedade, como a denomina Magano, *Contribuição Sindical*, cit.); c) a de *associado* ou *voluntária*, *"mensalidade"* (CLT, art. 548, "b"); d) a *confederativa* (CF, art. 8º, IV).

A *assistencial* vinha sendo fixada em convenções e dissídios coletivos e cobrada de todos os membros da categoria. O TST passou a entender que a) é vedado fixá-la em acordo, convenção ou sentença normativa (Precedente Normativo 119). Decorre da letra da CF de ser da competência exclusiva da assembleia geral e não matéria para normas coletivas; nesse sentido tem-se inclinado a jurisprudência (Orlando Teixeira da Costa, ob. cit.); b) tanto a assistencial como a confederativa só são devidas pelos filiados ao sindicato. O argumento alegado, não convincente, é o de que tal cobrança violaria princípio da liberdade de associação sindical (assim, Orlando Teixeira da Costa, Novos rumos do sindicalismo..., Rev. *Trabalho & Doutrina* 12). Após a Constituição de 1988 (art. 8º, IV), poder-se-ia entender desnecessária a concordância tácita ou expressa dos trabalhadores, desde que aprovada em assembleia; mas para a SDC 17 do TST, à liberdade de filiar-se ao sindicato conjuga-se o "direito de concordar ou não com o desconto em folha de qualquer contribuição aos cofres do sindicato, salvo a prevista em lei" (RO-DC 62.097/92.8, Min. Indalécio Gomes Neto, Ac. SDC 835/93). *Confederativa.* Não é autoaplicável, por depender de regulamentação infraconstitucional. Assim, Süssekind e Romita (ambos in Rev. *Trabalho & Doutrina* 12, Contribuições sindicais). Assim também o TST (SDC, Min. Pazzianotto, Rev. *Trabalho & Doutrina* 5). O STF a entende sem caráter compulsório para os trabalhadores não filiados (RE 198.092-3, Ac. 2ª T., Min. Carlos Velloso, *LTr* 60-12/1632, 1996); parece-nos que o caráter compulsório dessa contribuição para os não filiados terá de existir quando, *de lege ferenda*, seja suprimida a contribuição obrigatória, para que se aplique aos trabalhadores que venham usufruir as vantagens advindas à categoria, via luta sindical; mas há necessidade de lei disciplinadora que crie a obrigação, servindo de respaldo à assembleia do sindicato que a fixará; isto, obviamente, sem as discriminações que se cometeram no passado; tal pagamento, existente em vários países, inclusive em alguns setores do direito norte-americano, não se confunde com obrigação de ingressar no sindicato, pelo que o argumento contrário não convence. A contribuição sindical, que não recaia sobre toda a categoria, descaracteriza o interesse geral de seus membros e convida ao egoísmo individual de abandonar o sindicato em massa para não arcar com o débito, tal como ocorreu em alguns países, inclusive na Espanha. Competência jurisdicional para cobrança (art. 643/4, "e").

STF A contribuição confederativa de que trata o art. 8º, IV, da Constituição só é exigível dos filiados ao sindicato respectivo (STF – Súmula Vinculante 40, Plenário 11-3-2015).

SDC As cláusulas coletivas que estabeleçam contribuição em favor de entidade sindical, a qualquer título, obrigando trabalhadores não sindicalizados, são ofensivas ao direito de livre associação e sindicalização, constitucionalmente assegurado, e, portanto, nulas, sendo passíveis de devolução, por via própria, os respectivos valores eventualmente descontados (TST, SDC, Orientação Jurisprudencial 17).

Contribuição confederativa. Art. 8º, IV, da Constituição. Trata-se de encargo que, por despido de caráter tributário, não sujeita senão os filiados da entidade de representação profissional. Interpretação que, de resto, está em consonância com o princípio da liberdade sindical consagrado na Carta da República (STF, RE 173869/SP, Min. Ilmar Galvão, julgado em 19.9.97). No mesmo sentido RREE 198.092, Carlos Velloso, j. 27.8.96). (Obs.: Nesse sentido, v. Precedente Normativo TST 119, em apêndice.)

Segundo a norma contida no art. 149 da Constituição da República, compete exclusivamente à União instituir contribuições sociais de interesse das categorias profissionais e econômicas. Assim, somente a contribuição sindical prevista neste dispositivo poderia ser imposta pelo sindicato. Por outro lado, não há que se confundir o desconto assistencial sob discussão com a contribuição confederativa a que se refere o inciso IV do art. 8º da Carta Política, quer porque esta possui destinação específica ao custeio do sistema confederativo da representação sindical, quer porque ainda pendente de regulamentação (TST, RO-AA 232.512/95.7, Armando de Brito, Ac. SDC 829/96).

Contribuição instituída pela assembleia geral. Caráter não tributário. Não compulsoriedade. Empregados não sindicalizados. Impossibilidade do desconto. CF, art. 8º, IV. A contribuição confederativa, instituída pela assembleia geral – Cf, art. 8º, IV – distingue-se da contribuição sindical, instituída por lei, com caráter tributário – CF, art. 149 – assim compulsória. A primeira é compulsória apenas para os filiados do sindicato (STF, RE 171.623-1-RS, Carlos Mário da Silva Veloso).

A Constituição da República, em seus arts. 5º, XX, e 8º, V, assegura o direito de livre associação e sindicalização. Ofende essa modalidade de liberdade a existência de cláusula constante de acordo, convenção coletiva ou sentença normativa que estabelece contribuição em favor de entidade sindical a título de taxa para custeio do sistema confederativo, assistencial, revigoramento ou fortalecimento sindical e outras da mesma espécie, obrigando trabalhadores não sindicalizados. Sendo nulas as estipulações que não observem tal restrição, tornam-se passíveis de devolução os valores irregularmente descontados. Recurso ordinário do Ministério Público provido (RO-DC-735253/01, Milton de Moura França – TST).

Seção VII

Da gestão financeira do sindicato e sua fiscalização

Art. 548. Constituem o patrimônio das associações sindicais:

a) as contribuições devidas aos sindicatos pelos que participem das categorias econômicas ou profissionais ou das profissões liberais representadas pelas referidas entidades, sob a denominação de contribuição sindical, pagas e arrecadadas na forma do Capítulo III deste Título;

b) as contribuições dos associados, na forma estabelecida nos estatutos ou pelas assembleias gerais;

c) os bens e valores adquiridos e as rendas produzidas pelos mesmos;

d) as doações e legados;

e) as multas e outras rendas eventuais.

Art. 549. A receita dos Sindicatos, Federações e Confederações só poderá ter aplicação na forma prevista nos respectivos orçamentos anuais, obedecidas as disposições estabelecidas na lei e nos seus estatutos[1].

§ 1º Para alienação, locação ou aquisição de bens imóveis, ficam as entidades sindicais obrigadas a realizar avaliação prévia pela Caixa Econô-

mica Federal ou pelo Banco Nacional da Habitação ou, ainda, por qualquer outra organização legalmente habilitada a tal fim.

§ 2º Os bens imóveis das entidades sindicais não serão alienados sem a prévia autorização das respectivas Assembleias Gerais, reunidas com a presença da maioria absoluta dos associados com direito a voto ou dos Conselhos de Representantes com a maioria absoluta dos seus membros.

§ 3º Caso não seja obtido o *quorum* estabelecido no parágrafo anterior, a matéria poderá ser decidida em nova Assembleia Geral, reunida com qualquer número de associados com direito a voto, após o transcurso de 10 dias da primeira convocação.

§ 4º Nas hipóteses previstas nos §§ 2º e 3º a decisão somente terá validade se adotada pelo mínimo de 2/3 dos presentes, em escrutínio secreto.

§ 5º Da deliberação da assembleia geral, concernente à alienação de bens imóveis, caberá recurso voluntário, dentro do prazo de 15 dias, ao Ministério do Trabalho, com efeito suspensivo.

§ 6º A venda do imóvel será efetuada pela diretoria da entidade, após a decisão da Assembleia Geral ou do Conselho de Representantes, mediante concorrência pública, com edital publicado no *Diário Oficial da União* e na imprensa diária, com antecedência mínima de 30 dias da data de sua realização.

§ 7º Os recursos destinados ao pagamento total ou parcelado dos bens imóveis adquiridos serão consignados, obrigatoriamente, nos orçamentos anuais das entidades sindicais.

Art. 550. Os orçamentos das entidades sindicais serão aprovados, em escrutínio secreto, pelas respectivas Assembleias Gerais ou Conselho de Representantes, até 30 dias antes do início do exercício financeiro a que se referem, e conterão a discriminação da receita e da despesa, na forma das instruções e modelos expedidos pelo Ministério do Trabalho.

§ 1º Os orçamentos, após a aprovação prevista no presente artigo, serão publicados, em resumo, no prazo de 30 dias, contados da data da realização da respectiva Assembleia Geral ou da reunião do Conselho de Representantes, que os aprovou, observada a seguinte sistemática:

a) no *Diário Oficial da União* – Seção I – Parte II, os orçamentos das Confederações, Federações e Sindicatos de base interestadual ou nacional;

b) no órgão de imprensa oficial do Estado ou Território ou jornal de grande circulação local, os orçamentos das Federações estaduais e Sindicatos distritais municipais, intermunicipais e estaduais.

§ 2º As dotações orçamentárias que se apresentarem insuficientes para o atendimento das despesas, ou não incluídas nos orçamentos correntes,

poderão ser ajustadas ao fluxo dos gastos, mediante a abertura de créditos adicionais solicitados pela Diretoria da entidade às respectivas Assembleias Gerais ou Conselhos de Representantes, cujos atos concessórios serão publicados até o último dia do exercício correspondente, obedecida a mesma sistemática prevista no parágrafo anterior.

§ 3º Os créditos adicionais classificam-se em:

a) suplementares, os destinados a reforçar dotações alocadas no orçamento; e

b) especiais, os destinados a incluir dotações no orçamento, a fim de fazer face às despesas para as quais não se tenha consignado crédito específico.

§ 4º A abertura dos créditos adicionais depende da existência de receita para sua compensação, considerando-se, para esse efeito, desde que não comprometidos:

a) o superávit financeiro apurado em balanço do exercício anterior;

b) o excesso de arrecadação, assim entendido o saldo positivo da diferença entre a renda prevista e a realizada, tendo-se em conta, ainda, a tendência do exercício; e

c) a resultante da anulação parcial ou total de dotações alocadas no orçamento ou de créditos adicionais abertos no exercício.

§ 5º Para efeito orçamentário e contábil sindical, o exercício financeiro coincidirá com o ano civil, a ele pertencendo todas as receitas arrecadadas e as despesas compromissadas.

Art. 551. Todas as operações de ordem financeira e patrimonial serão evidenciadas pelos registros contábeis das entidades sindicais, executadas sob a responsabilidade de contabilista legalmente habilitado, em conformidade com o plano de contas e as instruções baixadas pelo Ministério do Trabalho.

§ 1º A escrituração contábil a que se refere este artigo será baseada em documentos de receita e despesa, que ficarão arquivados nos serviços de contabilidade, à disposição dos órgãos responsáveis pelo acompanhamento administrativo e da fiscalização financeira da própria entidade, ou do controle que poderá ser exercido pelos órgãos da União, em face da legislação específica.

§ 2º Os documentos comprobatórios dos atos de receita e despesa, a que se refere o parágrafo anterior, poderão ser incinerados, após decorridos 5 anos da data de quitação das contas pelo órgão competente.

§ 3º É obrigatório o uso do livro Diário, encadernado, com folhas seguida e tipograficamente numeradas, para a escrituração, pelo método das partidas dobradas, diretamente ou por reprodução, dos atos ou operações que modifiquem ou venham a modificar a situação patrimonial da entidade, o qual conterá, respectivamente, na primeira e na última páginas, os termos de abertura e de encerramento.

§ 4º A entidade sindical que se utilizar de sistema mecânico ou eletrônico para sua escrituração contábil poderá substituir o Diário e os livros facultativos ou auxiliares por fichas ou formulários contínuos, cujos lançamentos deverão satisfazer a todos os requisitos e normas de escrituração exigidos com relação aos livros mercantis, inclusive no que respeita a termos de abertura e de encerramento e numeração sequencial e tipográfica.

§ 5º Na escrituração por processos de fichas ou formulários contínuos, a entidade adotará livro próprio para inscrição do balanço patrimonial e da demonstração do resultado do exercício, o qual conterá os mesmos requisitos exigidos para os livros de escrituração.

§ 6º Os livros e fichas ou formulários contínuos serão obrigatoriamente submetidos a registro e autenticação das Delegacias Regionais do Trabalho localizadas na base territorial da entidade.

§ 7º As entidades sindicais manterão registro específico dos bens de qualquer natureza, de sua propriedade, em livros ou fichas próprias, que atenderão às mesmas formalidades exigidas para o livro Diário, inclusive no que se refere ao registro e autenticação da Delegacia Regional do Trabalho local.

§ 8º As contas dos administradores das entidades sindicais serão aprovadas, em escrutínio secreto, pelas respectivas Assembleias Gerais ou Conselhos de Representantes, com prévio parecer do Conselho Fiscal, cabendo ao Ministro do Trabalho estabelecer prazos e procedimentos para a sua elaboração e destinação[1].

Art. 552. Os atos que importem em malversação ou dilapidação do patrimônio das associações ou entidades sindicais ficam equiparados ao crime de peculato julgado e punido na conformidade da legislação penal.

1 Redação dos arts. 548 e 552 (DL 925/69); dos arts. 549 a 551 (L. 6.386/76). As entidades sindicais estavam sujeitas a auditoria externa do MT (DL 772/69). Prisão especial para dirigente sindical (L. 2.860/56).

Seção VIII
Das penalidades

Art. 553. As infrações ao disposto neste Capítulo serão punidas, segundo o seu caráter e a sua gravidade, com as seguintes penalidades[1]:

a) multa de 6 a 300 valores regionais, dobrada na reincidência (red. adaptada à L. 7.855/89);

b) suspensão de diretores por prazo não superior a 30 dias;

c) destituição de diretores ou de membros de conselho;

d) fechamento de sindicato, federação ou confederação por prazo nunca superior a 6 meses;

e) cassação da carta de reconhecimento;

f) multa de um terço do salário mínimo regional, aplicável ao associado que deixar de cumprir, sem causa justificada, o disposto no parágrafo único do art. 529.

§ 1º A imposição de penalidades aos administradores não exclui a aplicação das que este artigo prevê para a associação.

§ 2º Poderá o Ministro do Trabalho determinar o afastamento preventivo de cargo ou representação sindicais de seus exercentes, com fundamento em elementos constantes de denúncia formalizada que constituam indício veemente ou início de prova bastante do fato e da autoria denunciados.

Art. 554. Destituída a administração, na hipótese da alínea "c" do artigo anterior, o Ministro do Trabalho nomeará um delegado para dirigir a associação e proceder, dentro do prazo de 90 dias, em assembleia geral por ele convocada e presidida, à eleição dos novos diretores e membros do Conselho Fiscal (revogado)[1]**.**

Art. 555. A pena de cassação da carta de reconhecimento será imposta à entidade sindical:

a) que deixar de satisfazer as condições de constituição e funcionamento estabelecidas nesta Lei;

b) que se recusar ao cumprimento de ato do Presidente da República, no uso da faculdade conferida pelo art. 536;

c) que criar obstáculos à execução da política econômica adotada pelo Governo.

Art. 556. A cassação da carta de reconhecimento da entidade sindical não importará o cancelamento de seu registro, nem, consequentemente, a sua dissolução, que se processará de acordo com as disposições da lei que regulam a dissolução das associações civis (revogado)[1]**.**

Parágrafo único. No caso de dissolução, por se achar a associação incursa nas leis que definem crimes contra a personalidade internacional, a estrutura e a segurança do Estado e a ordem política e social, os seus bens, pagas as dívidas decorrentes das suas responsabilidades, serão incorporados ao patrimônio da União e aplicados em obras de assistência social.

Art. 557. As penalidades de que trata o art. 553 serão impostas (revogado)[1]**:**

a) as das alíneas "a" e "b", pelo Delegado Regional do Trabalho, com recurso para o Ministro de Estado;

b) as demais, pelo Ministro de Estado.

§ 1º Quando se tratar de associações de grau superior, as penalidades serão impostas pelo Ministro de Estado, salvo se a pena for de cassação da carta de reconhecimento de confederação, caso em que a pena será imposta pelo Presidente da República.

§ 2º Nenhuma pena será imposta sem que seja assegurada defesa ao acusado.

1 *Sindicato e associação.* Diz a Constituição Federal de 1988:

Art. 8º É livre a associação profissional ou sindical, observado o seguinte:

I – a lei não poderá exigir autorização do Estado para a fundação de sindicato, ressalvado o registro no órgão competente, vedadas ao Poder Público a interferência e a intervenção na organização sindical.

Assim, todas as normas que criem exigências para reconhecimento ou funcionamento de associações ou sindicatos estão revogadas tacitamente.

A L. 5.584/70 comina a pena do art. 553, "a", pela omissão de assistência judiciária sindical, sem motivo financeiro. Redação do art. 553, § 2º (DL 925/69). Anistia aos crimes políticos e sindicais (L. 9.689/98) punidos com fundamento em atos institucionais e complementares (L. 6.683/79). Multas, atualização dos valores (art. 626/3).

Seção IX

Disposições gerais

Art. 558. São obrigadas ao registro todas as associações profissionais constituídas por atividades ou profissões idênticas, similares ou conexas, de acordo com o art. 511 e na conformidade do quadro de atividades e profissões a que alude o Capítulo II deste Título. As associações profissionais registradas nos termos deste artigo poderão representar, perante as autoridades administrativas e judiciárias, os interesses individuais dos associados relativos à sua atividade ou profissão, sendo-lhes também extensivas as prerrogativas contidas na alínea "d" e no parágrafo único do art. 513 (revogado)[1].

§ 1º O registro a que se refere o presente artigo competirá às Delegacias Regionais do Ministério do Trabalho ou às repartições autorizadas em virtude da lei.

§ 2º O registro das associações far-se-á mediante requerimento, acompanhado da cópia autêntica dos estatutos e da declaração do número de associados, do patrimônio e dos serviços sociais organizados.

§ 3º As alterações dos estatutos das associações profissionais não entrarão em vigor sem aprovação da autoridade que houver concedido o respectivo registro.

Art. 559. O Presidente da República, excepcionalmente e mediante proposta do Ministro do Trabalho, fundada em razões de utilidade pública, poderá conceder, por decreto, às associações civis constituídas para a defesa e coordenação de interesses econômicos e profissionais e não obrigadas

ao registro previsto no artigo anterior, a prerrogativa da alínea "d" do art. 513 deste capítulo (revogado tacitamente)[1].

Art. 560. Não se reputará transmissão de bens, para efeitos fiscais, a incorporação do patrimônio de uma associação profissional ao da entidade sindical, ou das entidades aludidas entre si.

Art. 561. A denominação "sindicato" é privativa das associações profissionais de primeiro grau, reconhecidas na forma desta Lei.

Art. 562. As expressões "federação" e "confederação", seguidas da designação de uma atividade econômica ou profissional, constituem denominações privativas das entidades sindicais de grau superior.

Art. 563. (Rev. DL 925/69).

Art. 564. Às entidades sindicais, sendo-lhes peculiar e essencial a atribuição representativa e coordenadora das correspondentes categorias ou profissões, é vedado, direta ou indiretamente, o exercício de atividade econômica (revogado tacitamente)[1].

Art. 565. As entidades sindicais reconhecidas nos termos desta Lei não poderão filiar-se a organizações internacionais, nem com elas manter relações, sem prévia licença concedida por decreto do Presidente da República (revogado tacitamente)[1].

Art. 566. Não podem sindicalizar-se os servidores do Estado e os das instituições paraestatais (revogado tacitamente)[1 e 2].

Parágrafo único. Excluem-se da proibição constante deste artigo os empregados das sociedades de economia mista, da Caixa Econômica Federal e das fundações criadas ou mantidas pelo Poder Público da União, dos Estados e Municípios[3].

Arts. 567 a 569. (Rev. DL 229/67).

1 Diz a Constituição Federal de 1988:

> **Art. 8º É livre a associação profissional ou sindical, observado o seguinte:**
>
> **I – a lei não poderá exigir autorização do Estado para a fundação de sindicato, ressalvado o registro no órgão competente, vedadas ao Poder Público a interferência e a intervenção na organização sindical.**

Assim, todas as normas que criem exigências para reconhecimento ou funcionamento de associações ou sindicatos estão revogadas tacitamente.

As condições para filiação de entidades brasileiras a organizações internacionais e licença para funcionamento de representações sindicais no Brasil constavam do DL 1.149/71 e D. 68.565/71. O art. 3º do DL 266/67, que proibia a sindicalização dos servidores das Caixas Econômicas Federais e a aplicação dos dissídios coletivos salariais, foi revogado expressamente pela L. 7.449/85.

2 A proibição do art. 566 atingia os servidores das empresas de navegação autárquica ou paraestatal, regidos pela legislação do funcionário público (DL 22/66). Inaplicação das normas coletivas aos servidores públicos regidos pela CLT (art. 7º/23).

3 As empresas públicas, sociedades de economia mista, suas subsidiárias e controladas, e demais empresas sob o controle direto ou indireto da União deverão esgotar todas as possibilidades no sentido de viabilizar a celebração de acordos coletivos de trabalho satisfatórios às partes (D. 908/93: diretrizes, procedimentos etc.).

Pessoa jurídica de direito público interno. Impossibilidade jurídica. Esta colenda Corte, por meio de sua Seção Especializada em Dissídios Coletivos, tem reiteradamente entendido que, independentemente do regime jurídico a que esteja subordinado o servidor público, há impossibilidade jurídica da ação coletiva, se ajuizada contra ou por ente de direito público interno. Preliminar arguida pela douta Procuradoria-Geral do Trabalho que se acolhe para extinguir o processo, sem julgamento do mérito, com base no art. 267, inciso VI, do Código de Processo Civil (TST, RO-DC 244.948/96.4, Moacyr Roberto Tesch Auersvald, Ac. SDC 726/97).

CAPÍTULO II
DO ENQUADRAMENTO SINDICAL

Art. 570. Os sindicatos constituir-se-ão, normalmente, por categorias econômicas ou profissionais específicas, na conformidade da discriminação do quadro de atividades e profissões a que se refere o art. 577, ou segundo as subdivisões que, sob proposta da Comissão do Enquadramento Sindical, de que trata o art. 576, forem criadas pelo Ministro do Trabalho (revogado)[1].

Parágrafo único. Quando os exercentes de quaisquer atividades ou profissões se constituírem, seja pelo número reduzido, seja pela natureza mesma dessas atividades ou profissões, seja pelas afinidades existentes entre elas, em condições tais que não se possam sindicalizar eficientemente pelo critério de especificidade de categoria, é-lhes permitido sindicalizar-se pelo critério de categorias similares ou conexas, entendendo-se como tais as que se acham compreendidas nos limites de cada grupo constante do quadro de atividades e profissões.

Art. 571. Qualquer das atividades ou profissões concentradas na forma do parágrafo único do artigo anterior poderá dissociar-se do sindicato principal, formando um sindicato específico, desde que o novo sindicato, a juízo da Comissão do Enquadramento Sindical, ofereça possibilidade de vida associativa regular e de ação sindical eficiente (revogado)[1].

Art. 572. Os sindicatos que se constituírem por categorias similares ou conexas, nos termos do parágrafo único do art. 570, adotarão denominação em que fiquem, tanto quanto possível, explicitamente mencionadas as atividades ou profissões concentradas, de conformidade com o quadro de atividades e profissões, ou se se tratar de subdivisões, de acordo com o que determinar a Comissão do Enquadramento Sindical (revogado)[1].

Parágrafo único. Ocorrendo a hipótese do artigo anterior, o sindicato principal terá a denominação alterada, eliminando-se-lhe a designação relativa à atividade ou profissão dissociada.

Art. 573. O agrupamento dos sindicatos em federações obedecerá às mesmas regras que as estabelecidas neste Capítulo para o agrupamento das atividades e profissões em sindicatos (revogado)[1].

Parágrafo único. As Federações de Sindicatos de profissões liberais poderão ser organizadas independentemente do grupo básico da Confederação, sempre que as respectivas profissões se acharem submetidas, por disposições de lei, a um único regulamento.

1 *Sindicato e associação.* Diz a Constituição Federal de 1988:

> **Art. 8º É livre a associação profissional ou sindical, observado o seguinte:**
>
> **I – a lei não poderá exigir autorização do Estado para a fundação de sindicato, ressalvado o registro no órgão competente, vedadas ao Poder Público a interferência e a intervenção na organização sindical;**
>
> **II – é vedada a criação de mais de uma organização sindical, em qualquer grau, representativa de categoria profissional ou econômica, na mesma base territorial, que será definida pelos trabalhadores ou empregadores interessados, não podendo ser inferior à área de um Município...**
>
> **Art. 37. ...**
>
> **VI – é garantido ao servidor público civil o direito à livre associação sindical...**

O *enquadramento sindical* consiste, onde não há liberdade sindical, na filiação predeterminada pela administração pública. O enquadramento coletivo previa a filiação dos sindicatos, que, necessariamente, estariam agrupados em federações e estas em confederações; o enquadramento individual filia os trabalhadores, de acordo com suas profissões. Os arts. 511 e 570 foram recepcionados pela CF/88 (Süssekind, Romita e o STF, MS 21.305.1-DF); mesmo assim, o enquadramento oficial desapareceu com a CF/88 (art. 8º), tendo sido substituído pelo espontâneo; o critério da lei leva em consideração as profissões homogêneas, similares ou conexas, prevalecendo o critério da atividade econômica preponderante da empresa, salvo tratando-se de categoria profissional diferenciada ou de profissional liberal (Süssekind, *LTr* 31/26, 1967), quando se leva em conta a profissão, ou melhor, "as condições profissionais de trabalho do empregado" (Maranhão, *Direito do Trabalho*, n. 188); é o caso dos aeronautas, publicitários etc. ou de outra profissão que tenha regulamento próprio (v. relação, art. 511/2); esses critérios não desapareceram com a liberdade que a Constituição trouxe, pelas poucas mas importantes amarras (sindicato único, ao menos municipal). Além disso, leva-se em conta ainda a base territorial; os sindicatos podem ser municipais, intermunicipais, estaduais, interestaduais ou nacionais (CF, art. 8º, II), assim como a atividade subsidiária da empresa, que poderá excepcionalmente propiciar filiação múltipla. Categoria profissional (v. art. 511/2). A competência para invalidar os atos de enquadramento sindical, enquanto atos ministeriais, era da Justiça Federal. Após a CF/88, os atos de constituição e extensão eram da competência da Justiça Comum, agora da Justiça do Trabalho de acordo com a EC 45/04.

TST Empregado integrante de categoria profissional diferenciada não tem o direito de haver de seu empregador vantagens previstas em instrumento coletivo no qual a empresa não foi representada por órgão de classe de sua categoria (TST – Súmula 374, conversão da Orientação Jurisprudencial SDI-1 55).

SDC O dissídio coletivo não é meio próprio para o Sindicato vir a obter o reconhecimento de que a categoria que representa é diferenciada, pois esta matéria – enquadramento sindical – envolve a interpretação de norma genérica, notadamente do art. 577 da CLT (TST, SDC, Orientação Jurisprudencial 9).

Tratando-se de categoria diferenciada, definida à luz do disposto no § 3º do art. 511 da CLT, descabe cogitar de desdobramento, por iniciativa dos interessados, consideradas as funções exercidas pelos sindicalizados. Mostra-se contrária ao princípio da unicidade sindical a criação de ente que implique desdobramento de categoria disciplinada em lei como única. Em vista da existência do Sindicato Nacional dos Aeronautas, a criação do Sindicato Nacional dos Pilotos da Aviação Civil não subsiste (STF, R-MS 21.305.1-DF, Marco Aurélio Mendes, Ac. TP).

Categoria diferenciada. Abrangência de instrumento coletivo. O instituto da categoria diferenciada existe para que seus integrantes possam organizar-se da forma prevista no art. 511 consolidado. Por conseguinte, é facultado aos pertencentes a uma categoria assim considerada demandar, coletivamente, ou chamar à negociação qualquer categoria econômica, independentemente da atividade preponderante exercida. Isto não significa, porém, que possam, individualmente ou não, invocar a seu favor a norma assim produzida contra empregadores que não hajam, diretamente ou por sindicato próprio, participado do processo respectivo, tenha sido este autônomo ou heterônomo. A abrangência da sentença normativa é restrita aos suscitantes e suscitados no dissídio coletivo em que prolatada. De igual modo, Acordos e Convenções Coletivas somente estabelecem obrigações para as partes que os subscrevem (TST, RR 214.750/95.2, Armando de Brito, Ac. 5ª T. 907/97).

Art. 574. Dentro da mesma base territorial, as empresas industriais do tipo artesanal poderão constituir entidades sindicais, de primeiro e segundo graus, distintas das associações sindicais das empresas congêneres, de tipo diferente (revogado)[1].

Parágrafo único. Compete à Comissão do Enquadramento Sindical definir, de modo genérico, com a aprovação do Ministro do Trabalho, a dimensão e os demais característicos das empresas industriais de tipo artesanal.

Art. 575. O quadro de atividades e profissões será revisto de dois em dois anos, por proposta da Comissão do Enquadramento Sindical, para o fim de ajustá-lo às condições da estrutura econômica e profissional do País (revogado)[1].

§ 1º Antes de proceder à revisão do quadro, a Comissão deverá solicitar sugestões às entidades sindicais e às associações profissionais.

§ 2º A proposta de revisão será submetida à aprovação do Ministro do Trabalho.

Art. 576. A Comissão do Enquadramento Sindical será constituída pelo Diretor-Geral do Departamento Nacional do Trabalho, que a presidirá, e pelos seguintes membros (revogado)[1]**:**

I – 2 representantes do Departamento Nacional do Trabalho;

II – um representante da Secretaria de Emprego e Salário;

III – um representante do Instituto Nacional de Tecnologia, do Ministério da Indústria e do Comércio;

IV – um representante do Instituto Nacional de Colonização e Reforma Agrária, do Ministério da Agricultura;

V – um representante do Ministério dos Transportes;

VI – 2 representantes das categorias econômicas; e

VII – 2 representantes das categorias profissionais.

§ 1º Os membros da CES serão designados pelo Ministro do Trabalho, mediante:

a) indicação dos titulares das Pastas, quanto aos representantes dos outros Ministérios;

b) indicação do respectivo Diretor-Geral, quanto ao do DNMO;

c) eleição pelas respectivas Confederações, em conjunto, quanto aos representantes das categorias econômicas e profissionais, de acordo com as instruções que forem expedidas pelo Ministro do Trabalho.

§ 2º Cada membro terá um suplente designado juntamente com o titular.

§ 3º Será de 3 anos o mandato dos representantes das categorias econômica e profissional.

§ 4º Os integrantes da Comissão perceberão a gratificação de presença que for estabelecida por decreto executivo.

§ 5º Em suas faltas ou impedimentos o Diretor-Geral do DNT será substituído na presidência pelo Diretor substituto do Departamento ou pelo representante desse na Comissão, nesta ordem.

§ 6º Além das atribuições fixadas no presente Capítulo e concernentes ao enquadramento sindical, individual ou coletivo, e à classificação das atividades e profissões, competirá também à CES resolver, com recurso para o Ministro do Trabalho, todas as dúvidas e controvérsias concernentes à organização sindical.

Art. 577. O quadro de atividades e profissões em vigor fixará o plano básico do enquadramento sindical.

1 A CF/88 revogou tacitamente os dispositivos que impunham requisitos de nascimento ou funcionamento às associações sindicais (art. 8º). O quadro de atividades e profissões (enquadramento sindical) só serve como modelo, pois não é obrigatório (Süssekind, Romita e a SDC/TST).

Atividade empresarial preponderante ou não (art. 581 e §§). *Enquadramento Sindical Rural*, Guilherme de Almeida (*LTr* 36/11). Redação, art. 576 (*caput* e alíneas, L. 5.819/72) e § 3º (DL 925/69). Enquadramento e contribuição rural (DL 1.166/71).

Capítulo III
DA CONTRIBUIÇÃO SINDICAL

Seção I
Da fixação e do recolhimento da contribuição sindical

Art. 578. As contribuições devidas aos sindicatos pelos participantes das categorias econômicas ou profissionais ou das profissões liberais representadas pelas referidas entidades serão, sob a denominação de contribuição sindical, pagas, recolhidas e aplicadas na forma estabelecida neste Capítulo, desde que prévia e expressamente autorizadas. (Red. L. 13.467/17).

Art. 579. O desconto da contribuição sindical está condicionado à autorização prévia e expressa dos que participarem de uma determinada

categoria econômica ou profissional, ou de uma profissão liberal, em favor do sindicato representativo da mesma categoria ou profissão ou, inexistindo este, na conformidade do disposto no art. 591 desta Consolidação. (Red. L. 13.467/17).

1 Diz a Constituição Federal de 1988:

> **Art. 8º ...**
> **IV – a assembleia geral fixará a contribuição que, em se tratando de categoria profissional, será descontada em folha, para custeio do sistema confederativo da representação sindical respectiva, independentemente da contribuição prevista em lei.**

A contribuição sindical deixa de ser obrigatória, um grande passo para a verdadeira liberdade sindical (liberdade de pagamento de contribuição, liberdade de escolha e liberdade de filiação ao sindicato). O empregado pode decidir se paga ou não a contribuição sindical, vai depender da atuação do sindicato, este vai ter que demonstrar quais são suas qualidades para despertar no empregado o interesse de pagar a contribuição. Para a liberdade ser completa temos ainda que acabar com o sindicato único, dar liberdade para o empregado escolher o sindicato que deve representá-lo, independente da categoria a que pertença. "Se todas as modalidades de controles, que o sistema sindical pátrio impõe ao sindicato, deixassem de existir, por uma reforma completa da lei sindical, bastaria a permanência deste tributo para suprimir-lhe qualquer veleidade de independência" (Gomes-Gottschalk, *Curso*, n. 232).

Contribuições sindicais: espécies (art. 547/2), legislação (art. 592/1). Contribuição sindical de Funcionário Público MTE, IN 01/08, revogada MTE, IN 2/13, mas o prazo continua MTE, IN 04/13.

Com a EC 45/04, as ações relativas à contribuição sindical competem à Justiça do Trabalho.

■ A Constituição de 1988, à vista do art. 8º, IV, *in fine*, recebeu o instituto da contribuição sindical compulsória, exigível, nos termos dos arts. 578 ss. CLT, de todos os integrantes da categoria, independentemente de sua filiação ao sindicato (cf. ADIn 1.076, med. cautelar, Pertence, 15.6.94) (STF, RMS 21.758/DF, Min. Sepúlveda Pertence).

■ 1. Resulta inequívoca a competência da Justiça do Trabalho para executar as contribuições sociais, na forma dos arts. 114, VIII, e 195 da Constituição Federal. 2. O acordo judicial tem força de coisa julgada, e o inadimplemento da obrigação autoriza a imediata execução, nos termos dos arts. 878 e 879, § 1º, *a*, da CLT. Dessa orientação não dissentiu o acórdão regional, razão pela qual se mostra correta a decisão denegatória do recurso de revista (TST, AIRR 100700-58.2006.5.21.0003, julgado em 5.6.12, Walmir Oliveira da Costa, 1ª T., *DEJT*, 8.6.12).

Art. 580. A contribuição sindical será recolhida, de uma só vez, anualmente, e consistirá:

I – na importância correspondente à remuneração de um dia de trabalho, para os empregados, qualquer que seja a forma da referida remuneração[1];

II – para os agentes ou trabalhadores autônomos e para os profissionais liberais, numa importância correspondente a 30% do maior valor de referência fixado pelo Poder Executivo, vigente à época em que é devida a contribuição sindical, arredondada para Cr$ 1,00 a fração porventura existente;

III – para os empregadores, numa importância proporcional ao capital social da firma ou empresa, registrado nas respectivas Juntas Comerciais ou órgãos equivalentes, mediante a aplicação de alíquotas, conforme a seguinte Tabela progressiva:

Classes de Capital	Alíquota
1. até 150 vezes o maior valor de referência	0,8%
2. acima de 150, até 1.500 vezes o maior valor de referência	0,2%
3. acima de 1.500, até 150.000 vezes o maior valor de referência	0,1%
4. acima de 150.000, até 800.000 vezes o maior valor de referência	0,02%

§ 1º A contribuição sindical prevista na tabela constante do item III deste artigo corresponderá à soma da aplicação das alíquotas sobre a porção do capital distribuído em cada classe, observados os respectivos limites[1].

§ 2º Para efeito do cálculo de que trata a tabela progressiva inserta no item III deste artigo, considerar-se-á o valor de referência fixado pelo Poder Executivo, vigente à data de competência da contribuição, arredondando-se para Cr$ 1,00 a fração porventura existente[1].

§ 3º É fixado em 60% do maior valor de referência, a que alude o parágrafo anterior, a contribuição mínima devida pelos empregadores, independentemente do capital social da firma ou empresa, ficando, do mesmo modo, estabelecido o capital equivalente a 800.000 vezes o maior valor de referência, para efeito do cálculo da contribuição máxima, respeitada a tabela progressiva constante do item III.

§ 4º Os agentes ou trabalhadores autônomos e os profissionais liberais, organizados em firma ou empresa, com capital social registrado, recolherão a contribuição sindical de acordo com a Tabela progressiva a que se refere o item III[1].

§ 5º As entidades ou instituições que não estejam obrigadas ao registro de capital social considerarão, como capital, para efeito do cálculo de que trata a Tabela progressiva constante do item III deste artigo, o valor resultante da aplicação do percentual de 40% sobre o movimento econômico registrado no exercício imediatamente anterior, do que darão conheci-

mento à respectiva entidade sindical ou à Delegacia Regional do Trabalho, observados os limites estabelecidos no § 3º deste artigo[1].

§ 6º Excluem-se da regra do § 5º as entidades ou instituições que comprovarem, através de requerimento dirigido ao Ministério do Trabalho, que não exercem atividade econômica com fins lucrativos[1].

Art. 581. Para os fins do item III do artigo anterior, as empresas atribuirão parte do respectivo capital às suas sucursais, filiais ou agências, desde que localizadas fora da base territorial da entidade sindical representativa da atividade econômica do estabelecimento principal, na proporção das correspondentes operações econômicas, fazendo a devida comunicação às Delegacias Regionais do Trabalho, conforme a localidade da sede da empresa, sucursais, filiais ou agências[1].

§ 1º Quando a empresa realizar diversas atividades econômicas, sem que nenhuma delas seja preponderante, cada uma dessas atividades será incorporada à respectiva categoria econômica, sendo a contribuição sindical devida à entidade sindical representativa da mesma categoria, procedendo-se, em relação às correspondentes sucursais, agências ou filiais, na forma do presente artigo.

§ 2º Entende-se por atividade preponderante a que caracterizar a unidade de produto, operação ou objetivo final, para cuja obtenção todas as demais atividades convirjam, exclusivamente, em regime de conexão funcional.

Art. 582. Os empregadores são obrigados a descontar, da folha de pagamento de seus empregados relativa ao mês de março de cada ano, a contribuição sindical dos empregados que autorizaram prévia e expressamente o seu recolhimento aos respectivos sindicatos. (Red. L. 13.467/17).

§ 1º Considera-se um dia de trabalho para efeito de determinação da importância a que alude o item I do art. 580 o equivalente:

a) a uma jornada normal de trabalho, se o pagamento ao empregado for feito por unidade de tempo;

b) a 1/30 da quantia percebida no mês anterior, se a remuneração for paga por tarefa, empreitada ou comissão.

§ 2º Quando o salário for pago em utilidades, ou nos casos em que o empregado receba, habitualmente, gorjetas, a contribuição sindical corresponderá a 1/30 da importância que tiver servido de base, no mês de janeiro, para a contribuição do empregado à Previdência Social.

Art. 583. O recolhimento da contribuição sindical referente aos empregados e trabalhadores avulsos será efetuado no mês de abril de cada ano, e o relativo aos agentes ou trabalhadores autônomos e profissionais liberais realizar-se-á no mês de fevereiro, observada a exigência de autorização prévia e expressa prevista no art. 579 desta Consolidação. (Red. L. 13.467/17).

§ 1º O recolhimento obedecerá ao sistema de guias, de acordo com as instruções expedidas pelo Ministro do Trabalho.

§ 2º O comprovante de depósito da contribuição sindical será remetido ao respectivo sindicato; na falta deste, à correspondente entidade sindical de grau superior, e, se for o caso, ao Ministério do Trabalho.

Art. 584. Servirá de base para o pagamento da contribuição sindical, pelos agentes ou trabalhadores autônomos e profissionais liberais, a lista de contribuintes organizada pelos respectivos Sindicatos e, na falta destes, pelas federações ou confederações coordenadoras da categoria.

Art. 585. Os profissionais liberais poderão optar pelo pagamento da contribuição sindical unicamente à entidade sindical representativa da respectiva profissão, desde que a exerça, efetivamente, na firma ou empresa e como tal sejam nelas registrados.

Parágrafo único. Na hipótese referida neste artigo, à vista da manifestação do contribuinte e da exibição da prova de quitação da contribuição, dada por Sindicato de profissionais liberais, o empregador deixará de efetuar, no salário do contribuinte, o desconto a que se refere o art. 582.

Art. 586. A contribuição sindical será recolhida, nos meses fixados no presente Capítulo, à Caixa Econômica Federal, ao Banco do Brasil S/A, ou aos estabelecimentos bancários nacionais integrantes do Sistema de Arrecadação dos Tributos Federais, os quais, de acordo com instruções expedidas pelo Conselho Monetário Nacional, repassarão à Caixa Econômica Federal as importâncias arrecadadas.

§ 1º Integrarão a rede arrecadadora as Caixas Econômicas Estaduais, nas localidades onde inexistam os estabelecimentos previstos no *caput* deste artigo.

§ 2º Tratando-se de empregador, agentes ou trabalhadores autônomos ou profissionais liberais, o recolhimento será efetuado pelos próprios, diretamente ao estabelecimento arrecadador.

§ 3º A contribuição sindical devida pelos empregados e trabalhadores avulsos será recolhida pelo empregador e pelo Sindicato, respectivamente.

Art. 587. Os empregadores que optarem pelo recolhimento da contribuição sindical deverão fazê-lo no mês de janeiro de cada ano, ou, para os que venham a se estabelecer após o referido mês, na ocasião em que requererem às repartições o registro ou a licença para o exercício da respectiva atividade. (Red. L. 13.467/17).

Art. 588. A Caixa Econômica Federal manterá conta corrente intitulada "Depósitos da Arrecadação da Contribuição Sindical", em nome de cada uma das entidades sindicais beneficiadas, cabendo ao Ministério do Trabalho cientificá-la das ocorrências pertinentes à vida administrativa dessas entidades.

§ 1º Os saques na conta corrente referida no *caput* deste artigo far-se-ão mediante ordem bancária ou cheque com as assinaturas conjuntas do Presidente e do Tesoureiro da entidade sindical.

§ 2º A Caixa Econômica Federal remeterá, mensalmente, a cada entidade sindical, um extrato da respectiva conta corrente, e, quando solicitado, aos órgãos do Ministério do Trabalho.

Art. 589. Da importância da arrecadação da contribuição sindical serão feitos os seguintes créditos pela Caixa Econômica Federal, na forma das instruções que forem expedidas pelo Ministro do Trabalho:

I – para os empregadores:

a) 5% para a Confederação correspondente;

b) 15% para a Federação;

c) 60% para o Sindicato respectivo; e

d) 20% para a "Conta Especial Emprego e Salário" (Red. L. 11.648/08);

II – para os trabalhadores:

a) 5% para a Confederação correspondente;

b) 10% para a Central Sindical[1];

c) 15% para a Federação;

d) 60% para o Sindicato respectivo; e

e) 10% para a "Conta Especial Emprego e Salário" (Red. L. 11.648/08);

III e IV – (Rev. L. 11.648/08).

§ 1º O sindicato de trabalhadores indicará ao Ministério do Trabalho e Emprego a central sindical a que estiver filiado como beneficiária da respectiva contribuição sindical, para fins de destinação dos créditos previstos neste artigo (red. L. 11.648/08).

§ 2º A central sindical a que se refere a alínea *b* do inciso II do *caput* deste artigo deverá atender aos requisitos de representatividade previstos na legislação específica sobre a matéria (red. L. 11.648/08).

Art. 590. Inexistindo Confederação, o percentual previsto no item I do artigo anterior caberá à Federação representativa do grupo.

§ § 1º e 2º (Rev. L. 11.648/08).

§ 3º Não havendo sindicato, nem entidade sindical de grau superior ou central sindical, a contribuição sindical será creditada, integralmente, à "Conta Especial Emprego e Salário" (Red. L. 11.648/08).

§ 4º Não havendo indicação de central sindical, na forma do § 1º do art. 589 desta Consolidação, os percentuais que lhe caberiam serão destinados à "Conta Especial Emprego e Salário" (red. L. 11.648/08).

Art. 591. Inexistindo sindicato, os percentuais previstos na alínea c do inciso I e na alínea *d* do inciso II do *caput* do art. 589 desta Consolidação serão creditados à federação correspondente à mesma categoria econômica ou profissional (Red. L. 11.648/08).

Parágrafo único. Na hipótese do *caput* deste artigo, os percentuais previstos nas alíneas *a* e *b* do inciso I e nas alíneas *a* e c do inciso II do *caput* do art. 589 desta Consolidação caberão à confederação (Red. L. 11.648/08).

1 Os empregadores deixam de ser obrigados a contribuição sindical, caso resolvam recolher será no mês de janeiro de cada ano (Art. 587).

2 *Central sindical.* Não é órgão de defesa dos direitos e interesses das categorias, como diz a lei, entidade de representação geral dos trabalhadores. E que é beneficiada com parte da contribuição sindical paga pelos trabalhadores. Registro da Central Sindical (MTE Port. 194/08).

A Constituição da República, em seus arts. 5º, XX, e 8º, V, assegura o direito de livre associação e sindicalização. É ofensiva a essa modalidade de liberdade cláusula constante de acordo, convenção coletiva ou sentença normativa estabelecendo contribuição em favor de entidade sindical a título de taxa para custeio do sistema confederativo, assistencial, revigoramento ou fortalecimento sindical e outras da mesma espécie, obrigando trabalhadores não sindicalizados. Sendo nulas as estipulações que inobservem tal restrição, tornam-se passíveis de devolução os valores irregularmente descontados. Precedente n. 119 desta Corte (TST, RO-AR 460.027/98-2, Antônio Fábio Ribeiro, Ac. SDC/99).

É ofensiva à liberdade de sindicalização, prevista constitucionalmente, cláusula constante de acordo, convenção coletiva ou sentença normativa estabelecendo contribuição em favor de entidade sindical a título de taxa para custeio do sistema confederativo, assistencial, revigoramento ou fortalecimento sindical e outras da mesma espécie, obrigando trabalhadores não sindicalizados. Aplicação do Precedente Normativo n. 119/TST. Recurso parcialmente provido, com ressalva do entendimento pessoal do Relator, para limitar a abrangência da cláusula aos trabalhadores filiados à entidade sindical profissional (TST, RO-DC 514.395/98-0, José Alberto Rossi, Ac. SDC/99).

Seção II
Da aplicação da contribuição sindical

Art. 592. A contribuição sindical, além das despesas vinculadas à sua arrecadação, recolhimento e controle, será aplicada pelos Sindicatos, na conformidade dos respectivos estatutos, visando aos seguintes objetivos[1]**:**

I – Sindicatos de Empregadores e de Agentes Autônomos: a) assistência técnica e jurídica; b) assistência médica, dentária, hospitalar e farmacêutica; c) realização de estudos econômicos e financeiros; d) agências de colocação; e)

cooperativas; f) bibliotecas; g) creches; h) congressos e conferências; i) medidas de divulgação comercial e industrial no País, e no estrangeiro, bem como em outras tendentes a incentivar e aperfeiçoar a produção nacional; j) feiras e exposições; l) prevenção de acidentes do trabalho; m) finalidades desportivas.

II – Sindicatos de Empregados: a) assistência jurídica; b) assistência médica, dentária, hospitalar e farmacêutica; c) assistência à maternidade; d) agências de colocação; e) cooperativas; f) bibliotecas; g) creches; h) congressos e conferências; i) auxílio-funeral; j) colônias de férias e centros de recreação; l) prevenção de acidentes do trabalho; m) finalidades desportivas e sociais; n) educação e formação profissional; o) bolsas de estudo.

III – Sindicatos de Profissionais Liberais: a) assistência jurídica; b) assistência médica, dentária, hospitalar e farmacêutica; c) assistência à maternidade; d) bolsas de estudo; e) cooperativas; f) bibliotecas; g) creches; h) congressos e conferências; i) auxílio-funeral; j) colônias de férias e centros de recreação; l) estudos técnicos e científicos; m) finalidades desportivas e sociais; n) educação e formação profissional; o) prêmios por trabalhos técnicos e científicos.

IV – Sindicatos de Trabalhadores Autônomos: a) assistência técnica e jurídica; b) assistência médica, dentária, hospitalar e farmacêutica; c) assistência à maternidade; d) bolsas de estudo; e) cooperativas; f) bibliotecas; g) creches; h) congressos e conferências; i) auxílio-funeral; j) colônias de férias e centros de recreação; l) educação e formação profissional; m) finalidades desportivas e sociais.

§ 1º A aplicação prevista neste artigo ficará a critério de cada entidade, que, para tal fim, obedecerá, sempre, às peculiaridades do respectivo grupo ou categoria, facultado ao Ministro do Trabalho permitir a inclusão de novos programas, desde que assegurados os serviços assistenciais fundamentais da entidade.

§ 2º Os Sindicatos poderão destacar, em seus orçamentos anuais, até 20% dos recursos da contribuição sindical para o custeio das suas atividades administrativas, independentemente de autorização ministerial.

§ 3º O uso da contribuição sindical prevista no § 2º não poderá exceder do valor total das mensalidades sociais consignadas nos orçamentos dos Sindicatos, salvo autorização expressa do Ministro do Trabalho.

1 Multa pelo não recolhimento da contribuição (art. 598 e segs.). Enquadramento e contribuição sindical rural (DL 1.166/71; Port. 195/70 e 3.073/71). Recolhimento de contribuição (DL 1.175/71). Redação dos arts. 580 a 592 (L. 6.386/76). Isenção de contribuição sindical legal às instituições sem fins lucrativos (art. 580/1). Competência judicial para cobrança das contribuições sindicais (art. 643/4, "e").

Art. 593. As percentagens atribuídas às entidades sindicais de grau superior e às centrais sindicais serão aplicadas de conformidade com o que dispuserem os respectivos conselhos de representantes ou estatutos (NRed. L. 11.648/08).

Parágrafo único. Os recursos destinados às centrais sindicais deverão ser utilizados no custeio das atividades de representação geral dos trabalhadores decorrentes de suas atribuições legais (incluído pela L. 11.648/08).

Art. 594. (Rev. L. 4.589/64)[1].

Seção III
Da comissão da contribuição sindical

Arts. 595 a 597. (Rev. L. 4.589/64).

Seção IV
Das penalidades

Art. 598. Sem prejuízo da ação criminal e das penalidades previstas no art. 553, serão aplicadas multas de 3/5 a 600 valores de referência regionais[1], pelas infrações deste Capítulo, impostas pelas Delegacias Regionais do Trabalho (red. adaptada à L. 7.855/89).

Parágrafo único. A gradação da multa atenderá à natureza da infração e às condições sociais e econômicas do infrator.

Art. 599. Para os profissionais liberais, a penalidade consistirá na suspensão do exercício profissional, até a necessária quitação, e será aplicada pelos órgãos públicos ou autárquicos disciplinadores das respectivas profissões mediante comunicação das autoridades fiscalizadoras.

Art. 600. O recolhimento da contribuição sindical efetuado fora do prazo referido neste Capítulo, quando espontâneo, será acrescido da multa de 10%, nos 30 primeiros dias, com o adicional de 2% por mês subsequente de atraso, além de juros de mora de 1% ao mês e correção monetária, ficando, nesse caso, o infrator, isento de outra penalidade.

§ 1º O montante das cominações previstas neste artigo reverterá sucessivamente:

a) ao sindicato respectivo;

b) à federação respectiva, na ausência de sindicato;

c) à confederação respectiva, inexistindo federação.

§ 2º Na falta de sindicato ou entidade de grau superior, o montante a que alude o parágrafo precedente reverterá à conta "Emprego e Salário".

1 Multas, atualização dos valores (art. 626/3).

2 A contribuição sindical rural, que era feita para o INCRA até a L. 8.022/90, passou a ser arrecadada na Secretaria da Receita Federal do Brasil, trazendo encargos diversos, pelo pagamento com atraso, aos previstos na CLT, art. 600. A L. 8.847/94, art. 24, modificou a sua competência para CNA, e nada dizendo sobre o seu pagamento quando com atraso, persistem as disposições da L. 8.022/90. Fica, portanto, tacitamente revogado o art. 600, assim a Súmula 432.

TST O recolhimento a destempo da contribuição sindical rural não acarreta a aplicação da multa progressiva prevista no art. 600 da CLT, em decorrência da sua revogação tácita pela L. 8.022, de 12 de abril de 1990 (TST, Súmula 432, Res. TST 177/12).

A ação executiva é o meio processual adequado para a parte postular a cobrança judicial da contribuição sindical rural. Divergência jurisprudencial demonstrada. Recurso de revista de que se conhece e a que se nega provimento (TST, RR 343-71.2010.5.05.0651, Pedro Paulo Manus, Ac. 7ª T., *DEJT*, 15.6.12).

Seção V
Disposições gerais

Art. 601. (Rev. L. 13.467/17).

Art. 602. Os empregados que não estiverem trabalhando no mês destinado ao desconto da contribuição sindical e que venham a autorizar prévia e expressamente o recolhimento serão descontados no primeiro mês subsequente ao do reinício do trabalho. (Red. L. 13.467/17).

Parágrafo único. De igual forma se procederá com os empregados que forem admitidos depois daquela data e que não tenham trabalhado anteriormente nem apresentado a respectiva quitação.

Art. 603. Os empregadores são obrigados a prestar aos encarregados da fiscalização[2] os esclarecimentos necessários ao desempenho de sua missão e a exibir-lhes, quando exigidos, na parte relativa ao pagamento de empregados, os seus livros, folhas de pagamento e outros documentos comprobatórios desses pagamentos, sob pena da multa cabível.

Art. 604. (Rev. L. 13.467/17).

Art. 605. As entidades sindicais são obrigadas a promover a publicação de editais concernentes ao recolhimento da contribuição sindical, durante três dias, nos jornais de maior circulação local e até dez dias da data fixada para depósito bancário.

Art. 606. Às entidades sindicais cabe, em caso de falta de pagamento

da contribuição sindical, promover a respectiva cobrança judicial[1], mediante ação executiva, valendo como título de dívida a certidão expedida pelas autoridades regionais do Ministério do Trabalho.

§ 1º O Ministério do Trabalho baixará as instruções regulando a expedição das certidões a que se refere o presente artigo, das quais deverá constar a individualização do contribuinte, a indicação do débito e a designação da entidade a favor da qual é recolhida a importância da contribuição sindical, de acordo com o respectivo enquadramento sindical.

§ 2º Para os fins da cobrança judicial da contribuição sindical, são extensivos às entidades sindicais, com exceção do foro especial, os privilégios da Fazenda Pública, para cobrança da dívida ativa.

Art. 607. São consideradas como documento essencial ao comparecimento às concorrências públicas ou administrativas e para o fornecimento às repartições paraestatais ou autárquicas a prova da quitação da respectiva contribuição sindical e a de recolhimento da contribuição sindical, descontada dos respectivos empregados.

Art. 608. As repartições federais, estaduais ou municipais não concederão registro ou licenças para funcionamento ou renovação de atividades aos estabelecimentos de empregadores e aos escritórios ou congêneres dos agentes ou trabalhadores autônomos e profissionais liberais, nem concederão alvarás de licença ou localização, sem que sejam exibidas as provas de quitação da contribuição sindical, na forma do artigo anterior.

Parágrafo único. A não observância do disposto neste artigo acarretará, de pleno direito, a nulidade dos atos nele referidos, bem como dos mencionados no art. 607.

Art. 609. O recolhimento da contribuição sindical e todos os lançamentos e movimentos nas contas respectivas são isentos de selos e taxas federais, estaduais ou municipais.

Art. 610. As dúvidas no cumprimento deste Capítulo serão resolvidas pelo Diretor-Geral do Departamento Nacional do Trabalho, que expedirá as instruções que se tornarem necessárias à sua execução.

1 Mês destinado ao desconto: março. Art. 582 e parágrafos: L. 6.386/76. Trabalhadores avulsos será mês de abril (art. 583). Para os empregados recém-contratados será no mês seguinte a sua contratação (art. 602). Competência jurisdicional para cobrança (art. 643/4, "e").

2 Inspeção do trabalho (art. 626 e segs.).

TÍTULO VI
DAS CONVENÇÕES COLETIVAS DE TRABALHO

Art. 611. Convenção Coletiva[2] de Trabalho é o acordo de caráter normativo, pelo qual dois ou mais Sindicatos representativos de categorias econômicas e profissionais estipulam condições de trabalho aplicáveis, no âmbito das respectivas representações, às relações individuais de trabalho.

§ 1º É facultado aos Sindicatos representativos de categorias profissionais celebrar Acordos Coletivos[2-3] com uma ou mais empresas da correspondente categoria econômica, que estipulem condições de trabalho, aplicáveis no âmbito da empresa ou das empresas acordantes às respectivas relações de trabalho.

§ 2º As Federações e, na falta destas, as Confederações representativas de categorias econômicas ou profissionais poderão celebrar convenções coletivas de trabalho para reger as relações das categorias a elas vinculadas, inorganizadas em Sindicatos, no âmbito de suas representações.

Art. 611-A. A convenção coletiva e o acordo coletivo de trabalho, observados os incisos III e VI do *caput* do art. 8º da Constituição, têm prevalência[7] sobre a lei quando, entre outros, dispuserem sobre: (Red. MP 808/17)

I - pacto quanto à jornada de trabalho, observados os limites constitucionais;

II - banco de horas anual;

III - intervalo intrajornada, respeitado o limite mínimo de trinta minutos para jornadas superiores a seis horas;

IV - adesão ao Programa Seguro-Emprego (PSE), de que trata a Lei n. 13.189, de 19 de novembro de 2015;

V - plano de cargos, salários e funções compatíveis com a condição pessoal do empregado, bem como identificação dos cargos que se enquadram como funções de confiança;

VI - regulamento empresarial;

VII - representante dos trabalhadores no local de trabalho;

VIII - teletrabalho, regime de sobreaviso, e trabalho intermitente;

IX - remuneração por produtividade, incluídas as gorjetas percebidas pelo empregado, e remuneração por desempenho individual;

X - modalidade de registro de jornada de trabalho;

XI - troca do dia de feriado;

XII - enquadramento do grau de insalubridade e prorrogação de jornada em locais insalubres, incluída a possibilidade de contratação de perícia, afastada a licença prévia das autoridades competentes do Ministério do Trabalho, desde que respeitadas, na integralidade, as normas de saúde, higiene e segurança do trabalho previstas em lei ou em normas regulamentadoras do Ministério do Trabalho (Red. MP 808/17);

XIII - prorrogação de jornada em ambientes insalubres, sem licença

prévia das autoridades competentes do Ministério do Trabalho (Revogado pela MP 808/17);

XIV - prêmios de incentivo em bens ou serviços, eventualmente concedidos em programas de incentivo;

XV - participação nos lucros ou resultados da empresa.

§ 1º No exame da convenção coletiva ou do acordo coletivo de trabalho, a Justiça do Trabalho observará o disposto no § 3º do art. 8º desta Consolidação (Red. L. 13.467/17).

§ 2º A inexistência de expressa indicação de contrapartidas recíprocas em convenção coletiva ou acordo coletivo de trabalho não ensejará sua nulidade por não caracterizar um vício do negócio jurídico (Red. L. 13.467/17).

§ 3º Se for pactuada cláusula que reduza o salário ou a jornada, a convenção coletiva ou o acordo coletivo de trabalho deverão prever a proteção dos empregados contra dispensa imotivada durante o prazo de vigência do instrumento coletivo (Red. L. 13.467/17).

§ 4º Na hipótese de procedência de ação anulatória de cláusula de convenção coletiva ou de acordo coletivo de trabalho, quando houver a cláusula compensatória, esta deverá ser igualmente anulada, sem repetição do indébito (Red. L. 13.467/17).

§ 5º Os sindicatos subscritores de convenção coletiva ou de acordo coletivo de trabalho participarão, como litisconsortes necessários, em ação coletiva que tenha como objeto a anulação de cláusulas desses instrumentos, vedada a apreciação por ação individual (Red. MP 808/17).

Art. 611-B. Constituem objeto ilícito[7] **de convenção coletiva ou de acordo coletivo de trabalho, exclusivamente, a supressão ou a redução dos seguintes direitos:** (Red. L. 13.467/17)

I - normas de identificação profissional, inclusive as anotações na Carteira de Trabalho e Previdência Social;

II - seguro-desemprego, em caso de desemprego involuntário;

III - valor dos depósitos mensais e da indenização rescisória do Fundo de Garantia do Tempo de Serviço (FGTS);

IV - salário mínimo;

V - valor nominal do décimo terceiro salário;

VI - remuneração do trabalho noturno superior à do diurno;

VII - proteção do salário na forma da lei, constituindo crime sua retenção dolosa;

VIII - salário-família;

IX - repouso semanal remunerado;

X - remuneração do serviço extraordinário superior, no mínimo, em 50% (cinquenta por cento) à do normal;

XI - número de dias de férias devidas ao empregado;

XII - gozo de férias anuais remuneradas com, pelo menos, um terço a mais do que o salário normal;

XIII - licença-maternidade com a duração mínima de cento e vinte dias;

XIV - licença-paternidade nos termos fixados em lei;

XV - proteção do mercado de trabalho da mulher, mediante incentivos específicos, nos termos da lei;

XVI - aviso prévio proporcional ao tempo de serviço, sendo no mínimo de trinta dias, nos termos da lei;

XVII - normas de saúde, higiene e segurança do trabalho previstas em lei ou em normas regulamentadoras do Ministério do Trabalho;

XVIII - adicional de remuneração para as atividades penosas, insalubres ou perigosas;

XIX - aposentadoria;

XX - seguro contra acidentes de trabalho, a cargo do empregador;

XXI - ação, quanto aos créditos resultantes das relações de trabalho, com prazo prescricional de cinco anos para os trabalhadores urbanos e rurais, até o limite de dois anos após a extinção do contrato de trabalho;

XXII - proibição de qualquer discriminação no tocante a salário e critérios de admissão do trabalhador com deficiência;

XXIII - proibição de trabalho noturno, perigoso ou insalubre a menores de dezoito anos e de qualquer trabalho a menores de dezesseis anos, salvo na condição de aprendiz, a partir de quatorze anos;

XXIV - medidas de proteção legal de crianças e adolescentes;

XXV - igualdade de direitos entre o trabalhador com vínculo empregatício permanente e o trabalhador avulso;

XXVI - liberdade de associação profissional ou sindical do trabalhador, inclusive o direito de não sofrer, sem sua expressa e prévia anuência, qualquer cobrança ou desconto salarial estabelecidos em convenção coletiva ou acordo coletivo de trabalho;

XXVII - direito de greve, competindo aos trabalhadores decidir sobre a oportunidade de exercê-lo e sobre os interesses que devam por meio dele defender;

XXVIII - definição legal sobre os serviços ou atividades essenciais e disposições legais sobre o atendimento das necessidades inadiáveis da comunidade em caso de greve;

XXIX - tributos e outros créditos de terceiros;

XXX - as disposições previstas nos arts. 373-A, 390, 392, 392-A, 394, 394-A, 395, 396 e 400 desta Consolidação.

Parágrafo único. Regras sobre duração do trabalho e intervalos não são consideradas como normas de saúde, higiene e segurança do trabalho para os fins do disposto neste artigo. (Red. L. 13.467/17).

Art. 612. Os Sindicatos só poderão celebrar Convenções[2-3] ou Acordos

Coletivos de Trabalho, por deliberação de Assembleia Geral especialmente convocada para esse fim, consoante o disposto nos respectivos Estatutos, dependendo a validade da mesma do comparecimento e votação, em primeira convocação, de 2/3 dos associados da entidade, se se tratar de Convenção, e dos interessados, no caso de Acordo, e, em segunda, de 1/3 dos membros.

Parágrafo único. O *quorum* de comparecimento[2] e votação será de 1/8 dos associados em segunda convocação, nas entidades sindicais que tenham mais de 5.000 associados.

1 *O Direito Coletivo do Trabalho* é o ramo jurídico que estuda as normas e princípios das relações laborais dos trabalhadores (enquanto grupo organizado, despersonalizado), perante os empregadores. Abrange a organização sindical e a representação dos empregados na empresa, os conflitos coletivos, aí incluída a greve, seus mecanismos de solução (negociação, arbitragem etc.) e suas composições autônomas (convenção e acordo coletivos) ou heterônomas (laudo, decisão administrativa ou judiciária).

SDC A representação sindical abrange toda a categoria, não comportando separação fundada na maior ou menor dimensão de cada ramo ou empresa (TST, SDC, Orientação Jurisprudencial 23).

SDC É necessária a correspondência entre as atividades exercidas pelos setores profissional e econômico, a fim de legitimar os envolvidos no conflito a ser solucionado pela via do dissídio coletivo (TST, SDC, Orientação Jurisprudencial 22).

2 Diz a Constituição Federal de 1988:

Art. 7º São direitos dos trabalhadores... além de outros...

VI – irredutibilidade do salário, salvo o disposto em convenção ou acordo coletivo; ...

XIII – duração do trabalho normal não superior a oito horas diárias e quarenta e quatro semanais, facultada a compensação de horários e a redução da jornada, mediante acordo ou convenção coletiva de trabalho;

XIV – jornada de 6 horas para o trabalho realizado em turnos ininterruptos de revezamento, salvo negociação coletiva; ...

XXVI – reconhecimento das convenções e acordos coletivos de trabalho...

Art. 8º ...

VI – é obrigatória a participação dos sindicatos nas negociações coletivas de trabalho...

Art. 114. ...

§ 1º Frustrada a negociação coletiva, as partes poderão eleger árbitros.

§ 2º Recusando-se qualquer das partes à negociação coletiva ou à arbitragem, é facultado às mesmas, de comum acordo, ajuizar dissídio coletivo de natureza econômica, podendo a Justiça do Trabalho decidir o conflito, respeitadas as dis-

posições mínimas legais de proteção ao trabalho, bem como as convencionadas anteriormente (Red. EC 45/04).

O conflito coletivo se resolve pela repressão, pela solução administrativa, pela arbitragem, pela sentença normativa ou através de negociação. A convenção coletiva "é um pacto subscrito entre associações sindicais de trabalhadores, de um lado, e empresários ou organizações associativas destes, de outro, através do qual se fixam as condições pelas quais hão de reger-se as relações singulares de trabalho incluídas em seu âmbito de aplicação" (Alfredo Montoya Melgar, *Derecho del Trabajo*, Madrid). Aos contratos individuais de trabalho vigentes no ato de celebração da convenção ou posteriores aplicar-se-ão as cláusulas contidas na convenção.

A distinção fundamental entre o contrato individual de trabalho e a convenção coletiva *lato sensu* é que, enquanto o primeiro cria a obrigação de trabalhar e a de remunerar, a convenção coletiva prevê direitos e obrigações para os contratos individuais em vigor ou que venham a celebrar-se; como se diz, é mais uma lei do que um contrato. Tem a vantagem de descer a minúcias e, melhor que a lei, adaptar-se às circunstâncias específicas das partes, do momento e do lugar.

Os contratos individuais só produzem efeito entre as partes que os pactuam, enquanto as convenções coletivas podem produzir efeitos sobre empregados ou empresas e terceiros. Daí seu caráter duplo e a expressão de Carnelutti: "no ibrido che ha la forma del contratto e l'anima della legge".

Percorrendo as diversas categorias de normas que interessam ao Direito do Trabalho, como ramo da ciência jurídica, vemos que as fontes formais teriam três poderes normativos distintos: o Estado (com seu Poder Legislativo e regulamentador), as partes sociais (convenção coletiva de trabalho) e as coletividades trabalhistas inorgânicas ou informais (que dão lugar ao costume); mas não se põe em dúvida que todo Poder Jurídico emana do Estado, que tolera as outras fontes e as estimula.

A grande importância das convenções coletivas é ressaltada por Orlando Gomes (*Estudos*); permite ao empregado influir nas condições de trabalho, tornando-as bilaterais; atenua o choque social e reforça a solidariedade do operariado; é fonte de direito (Mario de La Cueva) e não tem os inconvenientes da lentidão legislativa, experimentando medidas que poderão tornar-se, no futuro, normas gerais; é uma tentativa nobre de reabilitar a dignidade humana, aviltada pelo individualismo jurídico.

As convenções coletivas têm importância social máxime nos países democrático-liberais, onde há liberdade sindical plena e onde o direito de greve é amplo. "Sem liberdade nem autoconfiança das classes interessadas, murcha a convenção coletiva, por falta de oxigênio, tornando-se letra morta nas leis e servindo somente de tema erudito para dissertações doutorais", disse Evaristo de Moraes Filho, há anos (*Evolução do Direito*).

O objetivo da convenção coletiva é o de superar as insuficiências da contratação individual. Seria um "terno sob medida" (M. Despax), segundo Montoya Melgar (idem). "É o poder da autorregulamentação dos próprios interesses" (Santi Romano).

Os sujeitos das convenções coletivas são, via de regra, os sindicatos de empregados e, nos países onde há sindicatos empresariais, estes; onde não, as empresas. Incentivo à negociação coletiva (Convenção 154 da OIT, DLeg. 22/92, *DOU*, 13.5.92). Mediação em negociação coletiva, regulamento (D. 1.572/95, v. Índ. Leg.).

SDC A ata da assembleia de trabalhadores que legitima a atuação da entidade sindical respectiva em favor de seus interesses deve registrar, obrigatoriamente, a pauta reivindicatória, produto da vontade expressa da categoria (TST, SDC, Orientação Jurisprudencial 8).

A Constituição Federal valoriza a negociação coletiva, incentivando o entendimento direto entre as categorias profissionais e econômicas, independente da intervenção estatal. Nesse sentido é o disposto no inciso XXVI do art. 7º da Constituição, ao proclamar o direito ao reconhecimento das convenções e acordos coletivos de trabalho, visando a melhoria das condições de trabalho, bem como o aperfeiçoamento dos direitos mínimos estabelecidos em lei. Não se verifica, portanto, violação das normas que tratam da duração da jornada de trabalho ou contrariedade à Súmula 85, IV, do TST, na decisão que julgou válido o regime compensatório de 12 horas de trabalho por 36 horas de descanso, estabelecido com base em norma coletiva da categoria profissional (TST, RR 58.000-70.2004.5.05.0007, Flavio Portinho Sirangelo).

Sendo as convenções coletivas ou sentenças proferidas nesses dissídios atos normativos e, como tais, fonte formal de direito do trabalho, nada impede que essas decisões tenham força obrigatória mesmo em relação aos empregados que venham a ser admitidos após o dissídio, inexistindo qualquer eiva de inconstitucionalidade quanto a esses efeitos, vez que não há norma expressa na legislação pátria determinando que a sentença coletiva somente aproveite aos trabalhadores admitidos até a data do julgamento (STF, RE 77.650, Neder, Plenário).

3 A Constituição exige a *participação do sindicato* na negociação coletiva. Em princípio, pode-se distinguir participar e aquiescer; poderia haver participação sem a concordância do sindicato "oficial" e até o abandono das negociações e a assunção por outra associação sindical. Parece difícil conseguir efeitos práticos, assim, perante a estrutura reconhecida pela Constituição. Quanto ao acordo coletivo, é inaceitável a exigência da participação do sindicato (v. art. 617).

O âmbito de convenção pode afetar toda uma categoria profissional, regional ou territorial ou os membros de uma empresa ou, conforme a lei, até uma seção.

4 *Vigência das convenções* e da sentença normativa (art. 613/4).

5 *Convenção coletiva de servidores públicos:* v. art. 7º/23.

6 *Direito positivo:* v. legislação citada, art. 624/2.

7 O art. 611-A tenta delimitar os assuntos que podem ser discutidos por via de convenção e acordo coletivo e que poderão se sobrepor à lei. Temos definições que não podem ser mudadas, seja por lei ou convenções coletivas, pois ferem diretamente a segurança e a saúde do trabalhador (como modificar o que é sobreaviso, modificar as normas do seguro-desemprego). Temos que permitir com ressalvas, as novas convenções podem dar muito trabalho aos magistrados, que terão que corrigir o desvio da utilização da Convenção coletiva.

Art. 613. As Convenções e os Acordos deverão conter obrigatoriamente:

I – designação dos Sindicatos convenentes ou dos Sindicatos e empresas acordantes;

II – prazo de vigência[4];

III – categorias ou classes de trabalhadores abrangidas pelos respectivos dispositivos;

IV – condições ajustadas para reger as relações individuais de trabalho durante sua vigência;

V – normas para a conciliação das divergências surgidas entre os convenentes por motivo da aplicação de seus dispositivos;

VI – disposições sobre o processo de sua prorrogação e de revisão total ou parcial de seus dispositivos;

VII – direitos e deveres dos empregados e empresas;

VIII – penalidades[5] para os Sindicatos convenentes, os empregados e as empresas em caso de violação de seus dispositivos.

Parágrafo único. As Convenções e os Acordos serão celebrados por escrito, sem emendas nem rasuras, em tantas vias quantos forem os Sindicatos convenentes ou as empresas acordantes, além de uma destinada a registro.

Art. 614. Os Sindicatos convenentes ou as empresas acordantes promoverão, conjunta ou separadamente, dentro de 8 dias da assinatura da Convenção ou Acordo, o depósito de uma via do mesmo, para fins de registro e arquivo, no Departamento Nacional do Trabalho, em se tratando de instrumento de caráter nacional ou interestadual, ou nos órgãos regionais do Ministério do Trabalho, nos demais casos.

§ 1º As Convenções e os Acordos entrarão em vigor 3 dias após a data da entrega dos mesmos no órgão referido neste artigo.

§ 2º Cópias autênticas das Convenções e dos Acordos deverão ser afixadas de modo visível, pelos Sindicatos convenentes, nas respectivas sedes e nos estabelecimentos das empresas compreendidas no seu campo de aplicação, dentro de 5 dias da data do depósito previsto neste artigo.

§ 3º Não será permitido estipular duração de convenção coletiva ou acordo coletivo de trabalho superior a dois anos[4], sendo vedada a ultratividade. (Red. L. 13.467/17).

1 A relação das cláusulas que devem conter os instrumentos de convenção (art. 613) é meramente exemplificativa (Barreto Prado, Gomes-Gottschalk, ob. cit.).

2 Em princípio, o sindicato não teria poderes para, em convenção ou acordo coletivos, pactuar a *renúncia de direitos individuais* dos empregados, pois no âmbito das negociações e litígios coletivos não se ventilam direitos individuais. Essa é a lição antiga (Rezende Puech, Posição dos sindicatos frente aos associados, in *Direito individual e coletivo*); a casuística mostra exceções; a Constituição de 1988 prevê algumas hipóteses (art. 7º, VI, XIII e XIV); a Carta Magna acolheu na convenção e no acordo coletivos instrumentos de flexibilização de condições de trabalho (Orlando Teixeira da Costa, *Direito Coletivo*, e Magano, *O Direito do Trabalho na Constituição*).

SDC A ata da assembleia de trabalhadores que legitima a atuação da entidade sindical respectiva em favor de seus interesses deve registrar, obrigatoriamente, a pauta reivindicatória, produto da vontade expressa da categoria (TST, SDC, Orientação Jurisprudencial 8).

SDI A decisão que estende aos inativos a concessão de abono de natureza jurídica indenizatória, previsto em norma coletiva apenas para os empregados em atividade, a ser pago de uma única vez, e confere natureza salarial à parcela, afronta o art. 7º, XXVI, da CF/88 (TST, SDI-1, Orientação Jurisprudencial 346).

Acordo de compensação. O único significado possível para a expressão constante da CLT, art. 59, § 2º, é "acordo individual". O "coletivo" era desconhecido na legislação brasileira, à época em que foi redigido o citado dispositivo legal (TRT/SP, 02970020968, Valentin Carrion, Ac. 9ª T. 02970709710).

Jornada. Intervalo. A presença de grande sindicato, dos mais fortes, no acordo coletivo, que flexibiliza o gozo do intervalo para alimentação, evidencia o interesse do trabalhador e a conveniência de que seja respeitado o acordado (TRT/SP, 02970045260, Valentin Carrion, Ac. 9ª T. 02970711340).

Cuida-se de matéria relativa à organização empresarial, consistente na imposição de obrigação que não encontra expressa autorização em lei, razão pela qual o seu exame deve ficar adstrito ao âmbito da negociação coletiva. A sua imposição, via sentença, ofende o poder de direção e organização do empregador e, consequentemente, extravasa os limites constitucionais do Poder Normativo, previsto no parágrafo 2º do artigo 114 da Constituição Federal (RODC 735253/01). Milton de Moura França – TST.

O art. 7º, inciso XXVI, da Constituição Federal chancela a relevância que o Direito do Trabalho empresta à negociação coletiva. Em assim sendo, não violam a Constituição e a Lei a convenção ou o acordo coletivo de trabalho que disciplinem a forma de pagamento do adicional de periculosidade, ainda que redundem em agravamento do tratamento legal e jurisprudencial que lhe é dado. Enquanto espécies do gênero transação, a tais instrumentos deve-se dar interpretação conjunta: na comparação entre umas e outras, as cláusulas aparentemente perniciosas estarão convalidadas pelas que trazem vantagens. Ao admitir, inclusive, a redução dos salários, via negociação coletiva (art. 7º, VI), a Carta Magna referenda o comportamento das categorias (RR 722.961/01). Alberto Luiz Bresciani de Fontan Pereira – TST.

3 Inexiste homologação da convenção coletiva, à diferença do que se dava no Direito anterior. A autoridade não pode recusar-se a receber o instrumento; a simples entrega no protocolo é suficiente. Revogada a Portaria MT/GM 865/95 pela Portaria MT/GM 143/04 (em apêndice), pode o Estado "fiscalizar o mérito das cláusulas das convenções e acordos coletivos", fato proibido na portaria revogada. O MTE/SRT IN 16/13, v. Índ. Leg., dispõe sobre os procedimentos para o registro das convenções e acordos coletivos. Por meio eletrônico, Sistema de Negociações Coletivas de Trabalho – Mediador, MTE Port. 282/07, que obriga a sua utilização a partir de 1º de janeiro de 2009, MTE/SRT 9/08.

■ Mandado de segurança de empresas visando obter a anulação de cláusula de Convenção Coletiva do Trabalho, que foi admitida a registro e arquivamento na Delegacia Regional do Trabalho. Constituição, art. 12, *in fine*, CLT, arts. 623, parágrafo único, 625, 678, I, e 614... Convenção homologada pelo TRT... Competência do TRT para apreciar o mandado de segurança (STF, CJ 6.316, Néri da Silveira, Ac. TP, *RTJ* 105/945).

■ Diante do nosso ordenamento podem as partes celebrar acordo no curso do dissídio, o qual, se homologado, tem a qualificação de coisa julgada. Certo, porém, é que se posto à homologação da Justiça do Trabalho, cabe a esta o exame de cada cláusula que o compõe, competindo-lhe adequá-las à redação da lei ou da jurisprudência predominante, ou ainda, excluí-las (TST, E-ED-DC 77.101/93.9, Hylo Gurgel, Ac. SDC 355/95).

4 O *prazo de eficácia das normas coletivas* é o que nelas se tenha previsto; pela lei, as convenções devem indicá-lo (CLT, art. 613, II) não superior a 2 anos (art. 614, § 3º), podendo ser objeto de prorrogação, revisão, denúncia ou revogação total ou parcial (art. 615); as sentenças normativas vigem pelo prazo fixado pelo Tribunal, e ou até que acordo ou sentença coletiva superveniente produza sua revogação (tácita e ou expressa), salvo quando se modificarem as circunstâncias que as ditaram, após um ano (art. 873); a lei traz limite máximo: 4 anos (art. 868, parágrafo único); ao respectivo termo final o dissídio coletivo deverá ser ajuizado dentro dos 60 dias anteriores (art. 616, § 3º). O STF, na ADIn 2.081-1, indeferiu liminar em 21.10.99, mantendo a eficácia da MP 1.875-55, art. 19 (revoga L. 8.542/92, art. 1º, §§ 1º e 2º, que garantia a vigência de cláusulas de acordos e convenções coletivas de trabalho até que fossem firmados novos instrumentos normativos entre as partes). Proibindo a ultratividade (ação de aplicar uma lei ou dispositivo de lei que já foi revogada em casos que ocorreram durante o período em que esta estava vigente), os efeitos da norma coletiva terminam quando termina sua duração, assim o art. 614, § 3º. A permanência de tais vantagens: a doutrina europeia e parte da brasileira recusam essa sobrevida; entre eles Campos Batalha e Orlando Gomes. A incorporação definitiva aos contratos individuais é repelida por Octavio Bueno Magano ("Convenção coletiva de trabalho") e Arion Sayão Romita. O argumento de que todas as vantagens se integram definitivamente no patrimônio do empregado é verdadeiro apenas em parte, pois, tratando-se de norma provisória (a termo) e de alteração promovida pela fonte de direito que a institui e não mero capricho do empregador, o princípio se enfraquece. Ainda é verdade que outros princípios contemporâneos se opõem à sobrevida dos efeitos das normas coletivas mortas, como lembra Orlando Teixeira da Costa ("Sobrevivência...", *Rev. Synthesis* 10/101, 1990), que são o de dar-se todo prestígio à convenção coletiva nova, facilitando-a, e o princípio da flexibilização, que tem por finalidade a adaptação das normas às necessidades da produção e combate ao desemprego. As novas tendências, consistentes na adaptação da realidade da produção à possível flexibilização, levam a considerar revogadas todas as normas das convenções anteriores, sem exceção. Alteramos, assim, o que sobre o assunto defendemos nas edições anteriores desta obra. Dessa forma, o interesse coletivo e a realidade podem adaptar-se para que a norma coletiva seja "o terno sob medida" que é sua razão de ser. Em certo modo, a CF, autorizando a redução do salário, o mais delicado dos direitos (art. 7º, VI), mediante convenção ou acordo coletivo, evidencia esse entendimento; o mesmo fazia a L. 7.788/89, art. 1º, parágrafo único, não obstante haja sido revogada por outras razões. Fica dessa forma revogada a Súmula 277, que incorpora aos contratos de trabalho as cláusulas da norma coletiva até que venha outra norma que as modifique. As negociações coletivas sempre tiveram o intuito de resolver situações "momentâneas" que afligem o empregador e/ou empregado em uma situação específica, não são para sempre, são "sob medida".

TST As cláusulas normativas dos acordos coletivos ou convenções coletivas integram os contratos individuais de trabalho e somente poderão ser modificados ou suprimidas mediante negociação coletiva de trabalho (TST – Súmula 277, Res. TST 185/12).

SDI Nos termos do art. 614, § 3º, da CLT, é de 2 anos o prazo máximo de vigência dos acordos e das convenções coletivas. Assim sendo, é inválida, naquilo que ultrapassa o prazo total de 2 anos, a cláusula de termo aditivo que prorroga a vigência do instrumento coletivo originário por prazo indeterminado (TST, SDI-1, Orientação Jurisprudencial 322).

A sentença normativa vigora, desde seu termo inicial até que sentença normativa, convenção coletiva de trabalho ou acordo coletivo de trabalho superveniente produza sua revogação, expressa ou tácita, respeitado, porém, o prazo máximo legal de quatro anos de vigência (TST – Precedente Normativo 120).

A teor do artigo 614, § 3º, da CLT, é de 2 (dois) anos o prazo máximo de vigência dos acordos e das convenções coletivas de trabalho, prorrogável por idêntico período. Conquanto nulo possa parecer, a uma primeira vista, o termo aditivo que, sem determinação de prazo, prorroga a vigência do acordo coletivo originário, reconhece-se a sua validade naquilo em que efetivamente não ultrapassa referido prazo legal. Embargos de que se conhece e a que se dá provimento para, reformando em parte o acórdão embargado, declarar vigente pelo prazo de 2 (dois) anos o termo aditivo que prorrogou as condições de trabalho pactuadas mediante acordo coletivo de trabalho (E-RR 489736/98). João Oreste Dalazen – TST.

Ao aludir a acordo coletivo, o artigo 1º da Lei n. 8.542/92 refere-se, obviamente, ao pacto celebrado extrajudicialmente entre sindicato e uma ou mais empresas da correspondente categoria econômica, com vistas ao estabelecimento de condições de trabalho (CLT, art. 611, § 1º) e não ao acordo homologado nos autos de dissídio coletivo, que possui natureza jurídica diversa. Realmente, à luz do artigo 764 da CLT, os dissídios coletivos submetidos ao crivo da Justiça do Trabalho estão sempre sujeitos à conciliação, sendo lícito às partes celebrar acordo que ponha termo ao processo. Nessa hipótese, dispõe o artigo 831, parágrafo único, da CLT, que o termo lavrado vale como decisão irrecorrível e, portanto, somente desconstituível por meio de ação rescisória (Enunciado n. 259 do TST). Nesse contexto, o acordo celebrado e homologado nos autos de dissídio coletivo possui, inequivocamente, a natureza de sentença normativa, atraindo, assim, a aplicação da orientação sumulada no Enunciado n. 277 do TST, que veda a integração definitiva aos contratos individuais das condições de trabalho judicialmente alcançadas (RR 742.339/01, Milton de Moura França – TST).

As condições de trabalho fixadas em convênio coletivo têm validade apenas durante a vigência deste, sendo lícito não incluí-la no instrumento normativo posterior (TST, RO-DC 43.935/92.1, Ursulino Santos, Ac. SDC 121/93).

* Sobre o tema *supra*, v. www.institutocarrion.com.br.

5 *A multa por infração à cláusula* da convenção coletiva de trabalho tem como beneficiário o trabalhador, aliás, como todas as demais disposições daquele instrumento; essa a regra geral, que, em hipótese diversa, deverá ser expressamente diferenciada. A redação da convenção coletiva visa evitar que a simples ocorrência para um empregado isente a repetição; essa redação se assemelha às multas administrativas para a fiscalização do trabalho, não alterando o conteúdo tradicional em benefício de quem sofreu o prejuízo.

TST I – O descumprimento de qualquer cláusula constante de instrumentos normativos diversos não submete o empregado a ajuizar várias ações, pleiteando em cada uma o pagamento da multa referente ao descumprimento de obrigações previstas nas cláusulas respectivas. II – É aplicável multa prevista em instrumento normativo (sentença normativa, convenção ou acordo coletivo) em caso de descumprimento de obrigação prevista em lei, mesmo que a norma coletiva seja mera repetição de texto legal (TST – Súmula 384, conversão das Orientações Jurisprudenciais SDI-1 150 e 239).

Art. 615. O processo de prorrogação, revisão, denúncia ou revogação[1] total ou parcial de Convenção ou Acordo ficará subordinado, em qualquer

caso, à aprovação de Assembleia Geral dos Sindicatos convenentes ou partes acordantes, com observância do disposto no art. 612.

§ 1º O instrumento de prorrogação, revisão, denúncia ou revogação de Convenção ou Acordo será depositado, para fins de registro e arquivamento, na repartição em que o mesmo originariamente foi depositado[1], observado o disposto no art. 614.

§ 2º As modificações introduzidas em Convenção ou Acordo, por força de revisão ou de revogação parcial de suas cláusulas, passarão a vigorar 3 dias após a realização do depósito previsto no § 1º.

Art. 616. Os Sindicatos representativos de categorias econômicas ou profissionais e as empresas, inclusive as que não tenham representação sindical, quando provocados, não podem recusar-se à negociação coletiva[2].

§ 1º Verificando-se recusa à negociação coletiva, cabe aos Sindicatos ou empresas interessadas dar ciência do fato, conforme o caso, à Diretoria de Relações de Trabalho[3] ou aos órgãos regionais do Ministério do Trabalho para convocação compulsória dos Sindicatos ou empresas recalcitrantes[2].

§ 2º No caso de persistir a recusa à negociação coletiva, pelo desatendimento às convocações feitas pela Diretoria de Relações de Trabalho[3] ou órgãos regionais do Ministério do Trabalho, ou se malograr a negociação entabulada, é facultada aos Sindicatos ou empresas interessadas a instauração de dissídio coletivo[2].

§ 3º Havendo convenção, acordo ou sentença normativa em vigor, o dissídio coletivo deverá ser instaurado dentro dos 60 dias anteriores ao respectivo termo final, para que o novo instrumento possa ter vigência no dia imediato a esse termo.

§ 4º Nenhum processo de dissídio coletivo de natureza econômica será admitido sem antes se esgotarem as medidas relativas à formalização da Convenção ou Acordo correspondente.

1 A anulação de cláusula coletiva (art. 872/5).

2 Art. 611/2; CF/88, art. 114, § 2º – EC 45/04.

3 Antigo Departamento Nacional do Trabalho (v. art. 14/3).

A ação coletiva trabalhista tem por pressuposto objetivo e essencial a ocorrência de tratativas conciliatórias prévias ou a recusa à negociação ou à arbitragem, segundo disposição expressa dos arts. 114, § 2º, da Constituição Federal, e 616, § 4º, da CLT, que de modo cabal deve ser comprovado pelo suscitante (TST, RO-DC 54.189/92.1, Ursulino Santos, Ac. SDC 207/93).

Art. 617. Os empregados de uma ou mais empresas que decidirem celebrar Acordo Coletivo de Trabalho com as respectivas empresas darão ciência de sua resolução, por escrito, ao Sindicato[1] representativo da categoria profissional, que terá o prazo de 8 dias para assumir a direção dos entendimentos entre os interessados, devendo igual procedimento ser observado pelas empresas interessadas com relação ao Sindicato da respectiva categoria econômica[1].

§ 1º Expirado o prazo de 8 dias sem que o Sindicato tenha se desincumbido do encargo recebido, poderão os interessados dar conhecimento do fato à Federação a que estiver vinculado o Sindicato e, em falta dessa, à correspondente Confederação, para que, no mesmo prazo, assuma a direção dos entendimentos. Esgotado esse prazo, poderão os interessados prosseguir diretamente na negociação coletiva até final.

§ 2º Para o fim de deliberar sobre o Acordo, a entidade sindical convocará Assembleia Geral dos diretamente interessados, sindicalizados ou não, nos termos do art. 612.

Art. 618. As empresas e instituições que não estiverem incluídas no enquadramento sindical a que se refere o art. 577 desta Consolidação poderão celebrar Acordos Coletivos de Trabalho com os Sindicatos representativos dos respectivos empregados, nos termos deste Título.

Art. 619. Nenhuma disposição de contrato individual de trabalho que contrarie normas[2] de Convenção ou Acordo Coletivo de Trabalho poderá prevalecer na execução do mesmo, sendo considerada nula de pleno direito.

Art. 620. As condições estabelecidas em acordo coletivo de trabalho[3] sempre prevalecerão sobre as estipuladas em convenção coletiva de trabalho. (Red. L. 13.467/17).

1 Participação obrigatória dos sindicatos nas negociações (CF, art. 8º, VI); ajuizamento do dissídio coletivo pelo sindicato (CF, art. 114, § 2º – EC 45/04, e CLT, art. 857); presença dispensável do sindicato patronal no acordo coletivo de empresa (art. 861/1); entendimento direto com os empregadores (CF, art. 11). Mediação em convenção coletiva, regulamento (D. 1.572/95, v. Índ. Leg.).

SDC A comprovação da legitimidade *ad processum* da entidade sindical se faz por seu registro no órgão competente do Ministério do Trabalho, mesmo após a promulgação da Constituição Federal de 1988 (TST, SDC, Orientação Jurisprudencial 15).

2 O princípio da norma mais favorável ao empregado se aplica quando não há especificidade de determinado dispositivo e somente entre normas de igual hierarquia (v. notas ao art. 8º).

3 O acordo coletivo abrange uma coletividade menor, mais específica, mais sob

medida para um grupo de trabalhadores e empregadores. empregadores, teoricamente atende melhor esse grupo de pessoas. O art. 620 determina que o acordo prevalece sobre a convenção, sempre como um todo. Toda negociação é um conjunto, não podemos pinçar isto ou aquilo, o todo é que tem validade; para perder a validade tem que ser expressamente revogado.

Os princípios da flexibilização e da autonomia privada coletiva consagrados pela Constituição da República (art. 7º, incisos VI, XIII e XXVI) conferem aos Sindicatos maior liberdade para negociar com as entidades patronais, valorizando, assim, a atuação dos segmentos econômicos e profissionais na elaboração das normas que regerão as respectivas relações, cuja dinâmica torna impossível ao Poder Legislativo editar leis que atendam à multiplicidade das situações delas decorrentes (TST, RO-DC 464.241/98-6, Antônio Fábio Ribeiro, Ac. SDC/99).

Art. 621. As Convenções e os Acordos poderão incluir, entre suas cláusulas, disposição sobre a constituição e funcionamento de comissões mistas[1] de consulta e colaboração, no plano da empresa e sobre participação nos lucros[2]. Estas disposições mencionarão a forma de constituição, o modo de funcionamento e as atribuições das comissões, assim como o plano de participação, quando for o caso.

Art. 622. Os empregados e as empresas que celebrarem contratos individuais de trabalho, estabelecendo condições contrárias ao que tiver sido ajustado em Convenção ou Acordo que lhes for aplicável, serão passíveis da multa neles fixada.

Parágrafo único. A multa a ser imposta ao empregado não poderá exceder da metade daquela que, nas mesmas condições, seja estipulada para a empresa.

Art. 623. Será nula de pleno direito disposição de Convenção ou Acordo que, direta ou indiretamente, contrarie proibição ou norma disciplinadora da política econômico-financeira do Governo ou concernente à política salarial vigente[3], não produzindo quaisquer efeitos perante autoridades e repartições públicas, inclusive para fins de revisão de preços e tarifas de mercadorias e serviços.

Parágrafo único. Na hipótese deste artigo, a nulidade será declarada, de ofício ou mediante representação, pelo Ministro do Trabalho, ou pela Justiça do Trabalho, em processo submetido ao seu julgamento.

1 *Participação nos lucros e gestão*. Diz a Constituição Federal de 1988:

Art. 7º São direitos dos trabalhadores... além de outros...

XI – participação nos lucros, ou resultados, desvinculada da remuneração, e, excepcionalmente, participação na gestão da empresa, conforme definido em lei...

Art. 218. O Estado promoverá e incentivará o desenvolvimento científico, a pesquisa e a capacitação tecnológicas...

§ 4º A lei apoiará e estimulará as empresas que invistam em pesquisa, criação de tecnologia adequada ao País, formação e aperfeiçoamento de seus recursos humanos e que pratiquem sistemas de remuneração que assegurem ao empregado, desvinculada do salário, participação nos ganhos econômicos resultantes da produtividade de seu trabalho.

A participação na gestão, "excepcionalmente", diz a Carta Magna, já estava sugerida pela CLT, no art. 621. Nada ou pouco se fez por via coletiva. A introdução na CF/88 do representante dos trabalhadores perante as empresas ainda não se equipara à grande caminhada desenvolvida por outros países (v. art. 543/2).

TST I – O descumprimento de qualquer cláusula constante de instrumentos normativos diversos não submete o empregado a ajuizar várias ações, pleiteando em cada uma o pagamento da multa referente ao descumprimento de obrigações previstas nas cláusulas respectivas. II – É aplicável multa prevista em instrumento normativo (sentença normativa, convenção ou acordo coletivo) em caso de descumprimento de obrigação prevista em lei, mesmo que a norma coletiva seja mera repetição de texto legal (TST – Súmula 384, conversão das Orientações Jurisprudenciais SDI-1 150 e 239).

2 *A participação nos lucros* e nos resultados (agora pode ser definido em convenção/acordo coletivo, art. 611-A, XV) contém duas faculdades muito acertadas: a desvinculação da remuneração as livrará do pesado ônus da integração às demais verbas devidas ao empregado; a participação nos resultados (e não nos lucros) poderá ser aproveitada criativamente sobre outros fatores, inclusive no estímulo à produtividade, de evidente interesse nacional. Nesse sentido, é viável a vinculação "ao volume de vendas e até às variações de custos de produção. A empresa poderá negociar um prêmio aos seus empregados, vinculado a economias de combustível, matéria-prima, energia, tempo, mão de obra etc. Ou ao desempenho de suas vendas ou ao próprio faturamento. As metas podem ser fixadas, atingidas e medidas no período que for mais conveniente para as duas partes" (José Pastore, "Participação nos lucros e nos resultados", *FSP*, 8.12.88). Participação nos lucros ou resultados das empresas: a L. 10.101/00, alt. 12.832/13 arts. 1º ao 5º (v. Índ. Leg.), regulamenta a participação dos trabalhadores nos lucros ou resultados das empresas: toda empresa deverá convencionar a forma da participação através de negociação coletiva; com a assistência de um representante sindical da categoria profissional (e não representante indicado pelo sindicato dentre os empregados da sede da empresa, como dizia a antiga MP, censurada pelo STF); a participação não substitui a remuneração, nem pode ser base de incidência de encargo trabalhista ou previdenciário; é vedado o pagamento de qualquer antecipação ou distribuição de valores em mais de 2 (duas) vezes no mesmo ano civil e em periodicidade inferior a 1 (um) trimestre civil; surgindo impasse nas negociações, as partes poderão valer-se da mediação, ou arbitragem com força normativa, independentemente de homologação judicial. "A nova disposição constitucional deixa sem efeito o Enunciado 251 do Tribunal Superior do Trabalho" (Celso Bastos, *Comentários à Constituição*, v. 2, p. 445). A convenção coletiva que "expressa" a vontade das partes não está impedida de modificar a periodicidade do pagamento, desde que a empresa tenha apurado lucro, pois caso contrário não pode distribuir o que não conseguiu, distribuindo desta forma não traz prejuízo aos empregados. Não havendo lucro, não haverá distribuição e não se trata de alteração do contrato (prejuízo direto). O empregado que se desliga da empresa tem direito ao pagamento proporcional aos meses trabalhados.

TST Fere o princípio da isonomia instituir vantagem mediante acordo coletivo ou norma regulamentar que condiciona a percepção da parcela participação nos lucros e resultados ao fato de estar o contrato de trabalho em vigor na data prevista para a distribuição dos lucros. Assim, inclusive na rescisão contratual antecipada, é devido o pagamento da parcela de forma proporcional aos meses trabalhados, pois o ex-empregado concorreu para os resultados positivos da empresa (TST – Súmula 451, conversão da Orientação Jurisprudencial 390 da SBDI-1, Res. 194/14).

TST CANCELADA. A parcela participação nos lucros da empresa, habitualmente paga, tem natureza salarial, para todos os efeitos legais (TST – Súmula 251; cancelada por confrontar com a CF, art. 7º, XI).

SDI A despeito da vedação de pagamento em periodicidade inferior a um semestre civil ou mais de duas vezes no ano cível, disposta no art. 3º, § 2º, da Lei n. 10.101, de 19.12.2000, o parcelamento em prestações mensais da participação nos lucros e resultados de janeiro de 1999 a abril de 2000, fixado no acordo coletivo celebrado entre o Sindicato dos Metalúrgicos do ABC e a Volkswagen do Brasil Ltda., não retira a natureza indenizatória da referida verba (art. 7º, XI, da CF), devendo prevalecer a diretriz constitucional que prestigia a autonomia privada coletiva (art. 7º, XXVI, da CF) (TST, SDI-1, Orientação Jurisprudencial Transitória 73).

SDI CANCELADA – Fere o princípio da isonomia instituir vantagem mediante acordo coletivo ou norma regulamentar que condiciona a percepção da parcela participação nos lucros e resultados ao fato de estar o contrato de trabalho em vigor na data prevista para a distribuição dos lucros. Assim, inclusive na rescisão contratual antecipada, é devido o pagamento da parcela de forma proporcional aos meses trabalhados, pois o ex-empregado concorreu para os resultados positivos da empresa (TST, SDI-1, Orientação Jurisprudencial 390, convertida na Súmula 451, Res. 194/14).

Em respeito ao artigo 7º, XXVI, da Constituição Federal, que assegura o pleno reconhecimento da negociação coletiva, deve-se dar validade ao acordo coletivo de trabalho que estabelece o pagamento antecipado e parcelado da parcela intitulada participação nos lucros e resultados. Neste caso, tal norma coletiva, além de refletir a vontade flexibilizadora das partes quanto a parcela acessória ao salário, não trouxe qualquer prejuízo aos trabalhadores, mesmo porque não evidenciado que a empresa estivesse mascarando uma recomposição salarial através do parcelamento mensal da PLR. Buscou-se, sim, a proteção do bem maior do trabalhador, o seu emprego, visto que, no aludido acordo coletivo, previa-se a redução da carga horária com a correspondente diminuição salarial. 2. Recurso de embargos de que se conhece e a que se dá provimento (TST, E-ED-RR – 168300 04.2003.5.02.0465, Caputo Bastos, Ac. SDI-1).

■ Ressalvado entendimento pessoal em contrário, por disciplina judiciária, curvo-me ao entendimento predominante na SBDI-1 do TST, que em recente julgamento, com sua composição plena, entendeu válidas as cláusulas normativas que determinam o parcelamento da aludida participação nos lucros. Assim, não há de se falar em integração da referida parcela à remuneração do Obreiro (TST, RR – 1789/2003-465-02-00, José Simpliciano Fontes de F. Fernandes, Ac. 2ª T.).

■ A parcela participação nos lucros, por força de norma constitucional, inc. XI do art. 7º da CF/88, está desvinculada da remuneração. De outra parte, o art. 3º da Medida Provisória 1.539-33, de 10 de julho de 1997, preconiza que "a participação de que trata o art. 2º não substitui ou complementa a remuneração devida a qualquer emprego nem constitui base de incidência de qualquer encargo trabalhista ou previdenciário, não se lhe aplicando o princípio da habitualidade". Daí a se concluir que a referida vantagem não integra o salário para os efeitos legais (TST, RR 319.246/96.5, João Mathias de Souza Filho, Ac. 1ª T./99).

■ A participação nos lucros, sinteticamente, tem por escopo distribuir o resultado financeiro do empreendimento entre os empregados levando-se em consideração a importância do fator trabalho como um todo, motivando o obreiro e integrando-o na estrutura organizacional da empresa. Deflui-se, de plano, que não objetiva premiar este ou aquele trabalhador, mas o conjunto da força laboral que contribuiu para o êxito do negócio empreendido. Na hipótese, o TRT de origem descaracterizou a parcela recebida habitualmente pelo autor como participação nos lucros do banco, atribuindo caráter de retribuição pelo trabalho prestado individualmente em razão da função desempenhada, imprimindo-lhe caráter de gratificação ajustada, assumindo, portanto, natureza salarial, na forma do disposto no § 1º do art. 457 da CLT, asseverando, ainda, que o documento acostado pelo reclamado estabelece sistema de remuneração variável e ajustado no contrato de trabalho. Desse modo, não se há de reconhecer afronta literal e inequívoca ao art. 7º, inciso XI, da Carta Magna (RR-752.847/01). Wagner Pimenta – TST.

3 Política salarial do Governo (art. 457/13).

Art. 624. A vigência de cláusula de aumento ou reajuste salarial, que implique elevação de tarifas ou de preços sujeitos à fixação por autoridade pública ou repartição governamental, dependerá de prévia audiência dessa autoridade ou repartição e sua expressa declaração no tocante à possibilidade de elevação da tarifa ou do preço e quanto ao valor dessa elevação.

Art. 625. As controvérsias resultantes da aplicação de Convenção ou de Acordo celebrado nos termos deste Título serão dirimidas pela Justiça do Trabalho.

1 Competência da Justiça do Trabalho para apreciar os litígios decorrentes de convenções ou acordos coletivos (art. 643/4). Cobrança de contribuição sindical (art. 643/4, *e*).

2 Piso salarial e salário normativo (art. 76/5). Dissídio coletivo (art. 856). Greve (art. 723/1 a 7). Reajuste geral de salários (art. 457/13).

TÍTULO VI-A
DAS COMISSÕES DE CONCILIAÇÃO PRÉVIA

Art. 625-A. As empresas e os sindicatos podem instituir Comissões de Conciliação Prévia, de composição paritária, com representantes dos empregados e dos empregadores, com a atribuição de tentar conciliar os conflitos individuais do trabalho.

Parágrafo único. As Comissões referidas no *caput* deste artigo poderão ser constituídas por grupos de empresas ou ter caráter intersindical.

Art. 625-B. A Comissão instituída no âmbito da empresa será composta de, no mínimo, 2 e, no máximo, 10 membros, e observará as seguintes normas:

I – a metade de seus membros será indicada pelo empregador e a outra metade eleita pelos empregados, em escrutínio secreto, fiscalizado pelo sindicato da categoria profissional;

II – haverá na Comissão tantos suplentes quantos forem os representantes titulares;

III – o mandato dos seus membros, titulares e suplentes, é de um ano, permitida uma recondução.

§ 1º É vedada a dispensa dos representantes dos empregados membros da Comissão de Conciliação Prévia, titulares e suplentes, até um ano após o final do mandato, salvo se cometerem falta grave, nos termos da lei.

§ 2º O representante dos empregados desenvolverá seu trabalho normal na empresa, afastando-se de suas atividades apenas quando convocado para atuar como conciliador, sendo computado como tempo de trabalho efetivo o despendido nessa atividade.

Art. 625-C. A Comissão instituída no âmbito do sindicato terá sua constituição e normas de funcionamento definidas em convenção ou acordo coletivo.

Art. 625-D. Qualquer demanda de natureza trabalhista será submetida à Comissão de Conciliação Prévia se, na localidade da prestação de serviços, houver sido instituída a Comissão no âmbito da empresa ou do sindicato da categoria.

§ 1º A demanda será formulada por escrito ou reduzida a termo por qualquer dos membros da Comissão, sendo entregue cópia datada e assinada pelo membro aos interessados.

§ 2º Não prosperando a conciliação, será fornecida ao empregado e ao empregador declaração da tentativa conciliatória frustrada com a descrição de seu objeto, firmada pelos membros da Comissão, que deverá ser juntada à eventual reclamação trabalhista.

§ 3º Em caso de motivo relevante que impossibilite a observância do procedimento previsto no *caput* deste artigo, será a circunstância declarada na petição inicial da ação intentada perante a Justiça do Trabalho.

§ 4º Caso exista, na mesma localidade e para a mesma categoria, Comissão de empresa e Comissão sindical, o interessado optará por uma delas para submeter a sua demanda, sendo competente aquela que primeiro conhecer do pedido.

Art. 625-E. Aceita a conciliação, será lavrado termo assinado pelo empregado, pelo empregador ou seu preposto e pelos membros da Comissão, fornecendo-se cópias às partes.

Parágrafo único. O termo de conciliação é título executivo extrajudicial e terá eficácia liberatória geral, exceto quanto às parcelas expressamente ressalvadas.

Art. 625-F. As Comissões de Conciliação Prévia têm prazo de 10 dias para a realização da sessão de tentativa de conciliação a partir da provocação do interessado.

Parágrafo único. Esgotado o prazo sem a realização da sessão, será fornecida, no último dia do prazo, a declaração a que se refere o § 2º do art. 625-D.

Art. 625-G. O prazo prescricional será suspenso a partir da provocação da Comissão de Conciliação Prévia, recomeçando a fluir, pelo que lhe resta, a partir da tentativa frustrada de conciliação ou do esgotamento do prazo previsto no art. 625-F.

Art. 625-H. Aplicam-se aos Núcleos Intersindicais de Conciliação Trabalhista em funcionamento ou que vierem a ser criados, no que couber, as disposições previstas neste Título, desde que observados os princípios da paridade e da negociação coletiva na sua constituição (Título VI-A e seus artigos acrescentados pela L. 9.958/00).

1 *Comissões de Conciliação Prévia.* A inovação legal já é anseio de muito tempo e objetiva desafogar a Justiça do Trabalho, emprestando maior celeridade à solução dos conflitos sociais, antes mesmo de serem trazidos aos órgãos jurisdicionais, seguindo a sistemática já adotada pela CF/88, art. 114, § 1º, para os dissídios coletivos. Além do mais, a autocomposição é sempre a melhor forma de apaziguar os conflitos de interesses.

Sua constituição é obrigatória, não obstante o legislador utilize "poderá" no art. 625-A: é que o art. 625-D, *caput*, dispõe que "qualquer demanda de natureza trabalhista será submetida à Comissão", e seus §§ 2º e 3º exigem a juntada de declaração de tentativa conciliatória frustrada com a descrição do objeto, quando do ajuizamento da ação. Essa exigência coloca-se como condição da ação trabalhista, já que, inobservado esse requisito, faltaria interesse de agir.

Estão legitimados, para constituir as Comissões, uma ou mais empresas e um ou mais sindicatos. As constituídas pela empresa terão composição paritária, com representantes dos empregados (eleitos) e empregadores (indicados); as instituídas pelo sindicato terão sua constituição e funcionamento definidos em convenção ou acordo coletivo. Os titulares e suplentes eleitos pelos empregados gozam de estabilidade provisória até um ano após o término do mandato, que também será de um ano, permitida uma recondução.

O tempo despendido pelo empregado na função de conciliador é considerado de trabalho efetivo, devendo, portanto, ser remunerado como extraordinário, se prestado fora ou além da jornada normal.

Submetido um conflito à Comissão e havendo composição, o termo de conciliação é título executivo extrajudicial, com eficácia liberatória geral, exceto quanto às parcelas expressamente ressalvadas (*v.* arts. 876 a 877-A).

A provocação da Comissão suspende o prazo prescricional para ajuizamento da ação trabalhista, que continua a fluir, pelo que lhe resta, a partir da tentativa frustrada de conciliação ou do esgotamento do prazo do art. 625-F.

Conforme jurisprudência desta Corte, o termo firmado perante a Comissão de Conciliação Prévia tem eficácia liberatória geral, quando não há oposição de ressalvas, pois traduz manifestação espontânea de vontades e constitui título executivo extrajudicial, nos exatos termos do artigo 625-E da CLT. Recurso de revista de que se conhece e a que se dá provimento (TST, RR 283600-22.2003.5.02.0042, j. em 4.5.11, Pedro Paulo Teixeira Manus).

TÍTULO VII
DO PROCESSO DE MULTAS ADMINISTRATIVAS

CAPÍTULO I
DA FISCALIZAÇÃO, DA AUTUAÇÃO E DA IMPOSIÇÃO DE MULTAS

Art. 626. Incumbe às autoridades competentes do Ministério do Traba-

lho, ou àquelas que exerçam funções delegadas, a fiscalização do fiel cumprimento das normas de proteção ao trabalho[1].

Parágrafo único. Os fiscais do Instituto Nacional de Seguridade Social (INSS), e das entidades paraestatais em geral, dependentes do Ministério do Trabalho, serão competentes para a fiscalização a que se refere o presente artigo, na forma das instruções que forem expedidas pelo Ministro do Trabalho[2].

Art. 627. A fim de promover a instrução dos responsáveis no cumprimento das leis de proteção do trabalho, a fiscalização deverá observar o critério de dupla visita nos seguintes casos:

a) quando ocorrer promulgação ou expedição de novas leis, regulamentos ou instruções ministeriais, sendo que, com relação exclusivamente a esses atos, será feita apenas a instrução dos responsáveis;

b) em se realizando a primeira inspeção dos estabelecimentos ou dos locais de trabalho, recentemente inaugurados ou empreendidos.

Art. 627-A. Poderá ser instaurado procedimento especial para a ação fiscal, objetivando a orientação sobre o cumprimento das leis de proteção ao trabalho, bem como a prevenção e o saneamento de infrações à legislação mediante Termo de Compromisso, na forma a ser disciplinada no Regulamento da Inspeção do Trabalho (acrescentado pela MP 2.164-41/01).

Art. 628. Salvo o disposto nos arts. 627 e 627-A, a toda verificação em que o Auditor-Fiscal do Trabalho concluir pela existência de violação de preceito legal deve corresponder, sob pena de responsabilidade administrativa, a lavratura de auto de infração (red. MP 2.164-41/01).

§ 1º Ficam as empresas obrigadas a possuir o livro intitulado "Inspeção do Trabalho", cujo modelo será aprovado por portaria ministerial[4].

§ 2º Nesse livro, registrará o agente da inspeção sua visita ao estabelecimento, declarando a data e a hora do início e término da mesma, bem como o resultado da inspeção, nele consignando, se for o caso, todas as irregularidades verificadas e as exigências feitas, com os respectivos prazos para seu atendimento, e, ainda, de modo legível, os elementos de sua identificação funcional.

§ 3º Comprovada má-fé do agente da inspeção, quanto à omissão ou lançamento de qualquer elemento no livro, responderá ele por falta grave no cumprimento do dever, ficando passível, desde logo, da pena de suspensão até 30 dias, instaurando-se, obrigatoriamente, em caso de reincidência, inquérito administrativo.

§ 4º A lavratura de autos contra empresas fictícias e de endereços inexistentes, assim como a apresentação de falsos relatórios, constitui falta grave, punível na forma do § 3º.

Art. 629. O auto de infração será lavrado em duplicata, nos termos dos modelos e instruções expedidos, sendo uma via entregue ao infrator, contra recibo, ou ao mesmo enviada, dentro de 10 dias da lavratura, sob pena de responsabilidade, em registro postal, com franquia e recibo de volta.

§ 1º O auto não terá o seu valor probante condicionado à assinatura do infrator ou de testemunhas, e será lavrado no local da inspeção, salvo havendo motivo justificado que será declarado no próprio auto, quando então deverá ser lavrado no prazo de 24 horas, sob pena de responsabilidade.

§ 2º Lavrado o auto de infração, não poderá ele ser inutilizado, nem sustado o curso do respectivo processo, devendo o agente da inspeção apresentá-lo à autoridade competente, mesmo se incidir em erro.

§ 3º O infrator terá, para apresentar defesa, o prazo de 10 dias contados do recebimento do auto.

§ 4º O auto de infração será registrado com a indicação sumária de seus elementos característicos, em livro próprio que deverá existir em cada órgão fiscalizador, de modo a assegurar o controle do seu processamento.

1 Diz a Constituição Federal de 1988:

Art. 21. Compete à União...
XXIV – organizar, manter e executar a inspeção do trabalho.

A *fiscalização do trabalho* visa, administrativamente, o cumprimento da legislação laboral, paralelamente à atuação judiciária, que ao compor os litígios é como a mão comprida do legislador (*longa manu*, na expressão de Bindo Galli). Os direitos do trabalhador estão protegidos em dois níveis distintos: a inspeção ou fiscalização do trabalho, de natureza administrativa, e a proteção judicial, através dos tribunais da Justiça do Trabalho. "A inspeção do trabalho tem caráter nitidamente preventivo, o que, por si só, justifica (...) as técnicas adotadas pelo legislador brasileiro e que estão na linha dominante no Direito Comparado" (Russomano, "Sobre a fiscalização do trabalho"). Na contramão da flexibilização, a Portaria MT/GM 143/04, que adotava critérios de fiscalização de condições de trabalho constantes de convenções ou acordos coletivos de trabalho, foi revogada. Na portaria revogada não era permitida a apreciação do mérito, somente a sua fiscalização; agora, não existe a fiscalização, mas o poder do Estado de alterar o mérito dos acordos e convenções (Portaria MT/GM 143/04, v. Índ. Leg.).

O estudo da inspeção do trabalho abrange seu âmbito, "organização, procedimento, finalidade, garantias conferidas aos seus exercentes, poderes dos inspetores e condições materiais para o desempenho das funções (...) Tendo como agentes não só fiscais, mas também médicos do trabalho, engenheiros e assistentes sociais, é estruturada de forma técnica (...) A finalidade da fiscalização pode ser resumida na tríade orientação, colaboração e punição" (Amauri M. Nascimento, "Inspeção do trabalho numa ordem jurídica em transformação"). Documentos do empregado (Precedente Administrativo 40 MTE/SIT, em apêndice).

2 Regulamento da inspeção do trabalho (D. 4.552/02 alterado pelo D. 4.870/03). Livro de Inspeção (Port. 3.158/71). Inspeção do trabalho, normas (Port. 27/77, SRT, MTb, *DOU*, 30.12.77, *LTr* 42/260, 1978). Segurança e Medicina do Trabalho; Fiscalização e Penalidade (Port. 1/78, SSMT/SRT do Ministério do Trab., *DOU*, 5.10.78, *LTr* 42/1411, 1978, e Port. MTA/SNT/DNSST 3, de 1º.7.92, *DOU*, 13.7.92). Convenção OIT 81, D. 95.461/87. Multas administrativas, valor triplicado (salvo CLT, arts. 154 a 201, 153 e 477). Multas especiais para certas leis e violações salariais; Programa de Desenvolvimento do Sistema de Inspeção do Trabalho; princípios norteadores (L. 7.855/89, v. Índ. Leg.). Comissão Sindical de Avaliação de Inspeção do Trabalho, CSAIT, instituída pelo Min. do Trabalho (Port. 3.308/89). Princípios norteadores do Programa de Inspeção (Port. 546/10). O INSS, Instituto Nacional do Seguro Social, substituiu o antigo INPS. O Poder Executivo foi autorizado a promover as alterações para transferir ao Ministério do Trabalho a inspeção do trabalho (L. 8.422/92). Grupo Executivo de Repressão ao Trabalho Forçado (Port. MT/GM 632/96). Fiscalização para erradicação do trabalho escravo (MTE/SIT Ins. Norm. 91/11). Livre acesso à empresa (Precedente Administrativo 22 MTE/SIT, em apêndice). Fiscal acompanhado por representantes dos trabalhadores (Precedente Administrativo 38 MTE/SIT, em apêndice). Comissão de colaboração com a inspeção do trabalho (MTE/GM Port. 216/05). Citação do empregado em situação irregular, não necessidade (Precedente Administrativo 92 MTE/SIT, em apêndice). Local de inspeção (Precedente Administrativo 102 MTE/SIT, em apêndice).

3 *Multas administrativas.* Os valores das sanções econômicas, por infração às normas trabalhistas, aplicadas pelos órgãos do Ministério do Trabalho, já haviam sido elevados pelas Leis 6.205/75, 6.986/82, 6.708/79 e 7.855/89. Modelo de Auto e Infração MTE Port. 178/98 alt. Port. 2.547/11. Valor inexpressivo (Precedente Administrativo 14 MTE/SIT, em apêndice). Documentos (Precedente Administrativo 43 MTE/SIT, em apêndice). Prazo para apresentação de documentos (Precedente Administrativo 71 MTE/SIT, em apêndice). Auto de infração improcedente (Precedente Administrativo 75 MTE/SIT, em apêndice). Regularização após a autuação (Precedente Administrativo 88 MTE/SIT, em apêndice).

A última das leis mencionadas (v. Índ. Leg.) havia triplicado o número de valores de referência e determinado sua conversão em BTN (Bônus do Tesouro Nacional), na data de início de vigência da lei.

A Unidade Fiscal de Referência, UFIR, foi instituída como medida de valor e atualização de multas e penalidades de qualquer natureza (L. 8.383/91, v. Índ. Leg.), fazendo a conversão dos valores expressos em cruzeiros em UFIR (art. 3º). O Ministério do Trabalho elaborou um quadro de multas trabalhistas, com base nessa unidade (v. Apêndice, "Tabelas", após a Legislação Complementar). Multa por infração à cláusula de convenção coletiva (art. 613/5). Classificação das multas: judiciais, administrativas e sanções aos juízes (art. 652/6).

Quando os valores das multas administrativas estiverem expressos em moeda corrente, serão atualizadas anualmente pela taxa referencial (TR).

Recurso administrativo (art. 635/2).

4 A Microempresa e a empresa de pequeno porte são dispensadas da posse do livro "inspeção do trabalho" (LC 123/06, art. 51, IV) (v. art. 2º/17).

Art. 630. Nenhum agente da inspeção poderá exercer as atribuições do seu cargo sem exibir a carteira de identidade fiscal, devidamente autenticada, fornecida pela autoridade competente.

§ 1º É proibida a outorga de identidade fiscal a quem não esteja autorizado, em razão do cargo ou função, a exercer ou praticar, no âmbito da legislação trabalhista, atos de fiscalização.

§ 2º A credencial a que se refere este artigo deverá ser devolvida para inutilização, sob as penas da lei, em casos de provimento em outro cargo público, exoneração ou demissão, bem como nos de licenciamento por prazo superior a 60 dias e de suspensão do exercício do cargo.

§ 3º O agente da inspeção terá livre acesso a todas as dependências dos estabelecimentos sujeitos ao regime da legislação trabalhista, sendo as empresas, por seus dirigentes ou prepostos, obrigadas a prestar-lhe os esclarecimentos necessários ao desempenho de suas atribuições legais e a exibir-lhe, quando exigidos, quaisquer documentos que digam respeito ao fiel cumprimento das normas de proteção ao trabalho.

§ 4º Os documentos sujeitos à inspeção deverão permanecer, sob as penas da lei, nos locais de trabalho, somente se admitindo, por exceção, a critério da autoridade competente, sejam os mesmos apresentados em dia e hora previamente fixados pelo agente da inspeção.

§ 5º No território do exercício de sua função, o agente da inspeção gozará de passe livre[4] nas empresas de transportes, públicas ou privadas, mediante a apresentação da carteira de identidade fiscal.

§ 6º A inobservância do disposto nos §§ 3º, 4º e 5º configurará resistência ou embaraço à fiscalização e justificará a lavratura do respectivo auto de infração, cominada a multa de valor igual a quinze vezes o valor de referência regional até 150 vezes[2] esse valor, levando-se em conta, além das circunstâncias atenuantes ou agravantes, a situação econômico-financeira do infrator e os meios a seu alcance para cumprir a lei.

§ 7º Para o efeito do disposto no § 5º, a autoridade competente divulgará, em janeiro e julho de cada ano, a relação dos agentes da inspeção titulares da carteira de identidade fiscal.

§ 8º As autoridades policiais, quando solicitadas, deverão prestar aos

agentes da inspeção a assistência de que necessitarem para o fiel cumprimento de suas atribuições legais.

Art. 631. Qualquer funcionário público federal, estadual ou municipal, ou representante legal de associação sindical, poderá comunicar à autoridade competente do Ministério do Trabalho as infrações que verificar.

Parágrafo único. De posse dessa comunicação, a autoridade competente procederá desde logo às necessárias diligências, lavrando os autos de que haja mister.

Art. 632. Poderá o autuado requerer a audiência de testemunhas e as diligências que lhe parecerem necessárias à elucidação do processo, cabendo, porém, à autoridade, julgar da necessidade de tais provas.

Art. 633. Os prazos para defesa ou recurso poderão ser prorrogados, de acordo com despacho expresso da autoridade competente, quando o autuado residir em localidade diversa daquela onde se achar essa autoridade.

Art. 634. Na falta de disposição especial, a imposição das multas incumbe às autoridades regionais competentes em matéria de trabalho, na forma estabelecida por este Título.

§ 1º A aplicação da multa não eximirá o infrator da responsabilidade em que incorrer por infração das leis penais.

§ 2º Os valores das multas administrativas expressos em moeda corrente serão reajustados anualmente pela Taxa Referencial (TR)[2], divulgada pelo Banco Central do Brasil, ou pelo índice que vier a substituí-lo. (Red. L. 13.467/17).

1 Devem influir no ânimo do julgador: a) reincidência específica na prática dessa ou outra infração, apurada pelo prontuário da empresa (são rejeitadas as reincidências genéricas para efeito de julgamento de infrações da legislação trabalhista – Proc. 239.634); b) o número de empregados prejudicados; c) a qualidade da infração, violação do direito do empregado ou o não cumprimento de lei; d) a quantidade da infração: sua relação com um ou vários artigos; e) condição econômica do infrator. Não se considerou, com isso, a intenção ou dolo do agente, mas, se este for constatado pelo processo, influirá na aplicação da multa (Brandão Filho e Gomes Talarico, *Interpretação e prática da legislação trabalhista brasileira*).

O artifício, ardil, simulação, desacato, embaraço ou resistência à ação fiscalizadora elevam até o grau máximo as multas, devendo-se levar em conta, como atenuante ou agravante, a situação econômica e os meios ao alcance do infrator (L. 7.855/89). Responsabilidade do auditor (Precedente Administrativo 11 MTE/SIT, em apêndice). Notificação para a apresentação de documentos (Precedentes Administrativos 51 e 52 MTE/SIT, em apêndice). Embaraço e resistência (Precedente Administrativo 53 MTE/SIT, em apêndice).

2 Multas, valores atualizados e agravantes (art. 626/3). Cobrança, competência (643/8).

■ Cogitando-se de infrações de pequena monta e contra um infrator primário, a multa deveria ter sido aplicada no mínimo legal e jamais no máximo, como fez a autoridade fiscal (TRT, AP 28.739-SP, Ac. 1ª T. 10.4.70, Henrique d'Ávila).

■ Tratando-se de imposição de multa, imprescindível a existência prévia de lei autorizando a aplicação desta penalidade, sob pena de infringência ao princípio constitucional de legalidade e reserva legal (TST, RR 191.533/95.5, José Luiz Vasconcellos, Ac. 3ª T. 3.577/96).

3 *Crimes*. Diz a Constituição Federal de 1988:

Art. 7º São direitos dos trabalhadores... além de outros...
X – proteção do salário na forma da lei, constituindo crime sua retenção dolosa...

Art. 109. Aos juízes federais compete processar e julgar: ...
VI – os crimes contra a organização do trabalho e, nos casos determinados por lei, contra o sistema financeiro e a ordem econômico-financeira.

4 Crime contra a organização do trabalho (CP, art. 197 e segs.: atentado contra a liberdade de trabalho, contrato e associação; paralisação do trabalho, invasão, frustração de direito trabalhista; exercício de atividade com infração administrativa; aliciamento para emigração ou de um local para outro do território nacional). Não é considerado o que atinge apenas determinado empregado; há necessidade de que a infração atinja algum aspecto de generalidade do mundo laboral. Greve (v. Índice Alfabético). Competência para crimes contra a organização do trabalho ou greve (Justiça Federal, CF, art. 109, VI). Contravenções, organização do trabalho (DL 3.688/41, art. 47 e s.). Aliciamento para o estrangeiro (L. 7.064/82, alt. L. 11.962/09, em apêndice). Preconceito (negar trabalho a alguém por...; L. 7.437/85, art. 9º, Contravenções Penais).

■ A expressão "crimes contra a organização do trabalho", utilizada no referido texto constitucional, não abarca o delito praticado pelo empregador que, fraudulentamente, viola direito trabalhista de determinado empregado. Competência da Justiça Estadual. Em face do art. 125, VI, da Constituição Federal, são da competência da Justiça Federal apenas os crimes que ofendem o sistema de órgãos e instituições que preservam, coletivamente, os direitos e deveres dos trabalhadores (STF, RE 90.042-0-SP, Moreira Alves, Ac. TP).

■ Crime contra a organização do trabalho. Havendo a lesão, se dirigido a direito individual e não visando a organização geral do trabalho, abrangendo direitos dos trabalhadores como um todo, descabe falar em crime contra a Justiça do Trabalho (STJ, CComp 3.895-8, Flaquer Scartezzini).

■ Cuidando-se de possível lesão somente a direito individual dos trabalhadores (causando aglomerações, distribuindo panfletos), não há falar-se em crime contra a organização do trabalho para que se dirima a competência a favor do juízo federal. Conflito conhecido, declarando-se a competência do juízo estadual, o suscitado (STJ, CComp 22.066-MA, Reg. 98.0025220-7/99, José Arnaldo da Fonseca).

Capítulo II
DOS RECURSOS

Art. 635. De toda decisão que impuser multa por infração das leis e disposições reguladoras do trabalho, e não havendo forma especial de processos, caberá recurso para o Diretor-Geral do Departamento ou Serviço do Ministério do Trabalho que for competente na matéria.

Parágrafo único. As decisões serão sempre fundamentadas.

Art. 636. Os recursos devem ser interpostos no prazo de 10 dias, contados do recebimento da notificação, perante a autoridade que houver imposto a multa, a qual, depois de os informar, encaminhá-los-á à autoridade de instância superior.

§ 1º O recurso só terá seguimento se o interessado o instruir com a prova do depósito da multa[2] (revogado tacitamente, STF, Súmula Vinculante 21).

§ 2º A notificação somente será realizada por meio de edital, publicado no órgão oficial, quando o infrator estiver em lugar incerto e não sabido.

§ 3º A notificação de que trata este artigo fixará igualmente o prazo de 10 dias para que o infrator recolha o valor da multa, sob pena de cobrança executiva.

§ 4º As guias de depósito ou recolhimento serão emitidas em 3 vias e o recolhimento da multa deverá proceder-se dentro de 5 dias às repartições federais competentes, que escriturarão a receita a crédito do Ministério do Trabalho.

§ 5º A segunda via da guia de recolhimento será devolvida pelo infrator à repartição que a emitiu, até o sexto dia depois de sua expedição, para a averbação no processo.

§ 6º A multa será reduzida de 50% se o infrator, renunciando ao recurso, a recolher ao Tesouro Nacional dentro do prazo de 10 dias contados do recebimento da notificação ou da publicação do edital.

§ 7º Para a expedição da guia, no caso do § 6º, deverá o infrator juntar a notificação com a prova da data do seu recebimento, ou a folha do órgão oficial que publicou o edital.

Art. 637. De todas as decisões que proferirem em processos de infração das leis de proteção ao trabalho e que impliquem arquivamento destes, observado o disposto no parágrafo único do art. 635, deverão as autoridades prolatoras recorrer de ofício para a autoridade competente de instância superior.

Art. 638. Ao Ministro do Trabalho é facultado avocar ao seu exame e decisão, dentro de 90 dias do despacho final do assunto, ou no curso do processo, as questões referentes à fiscalização dos preceitos estabelecidos nesta Consolidação.

1 Revelia no processo administrativo. Precedente Administrativo 64 MTE/SIT, em apêndice.

2 *Recurso administrativo*, direito de petição sobre o cabimento ou não da multa. O STF julgou inconstitucional o § 2º do art. 33 do Dec. 70.235/72, que obrigava o depósito do valor da multa para a admissão do recurso, pois entende que a exigência de depósito seria cerceamento de defesa, cerceamento ao direito de petição, ferindo diretamente o Constituição, RE 388.359. "Exigir que o administrado deposite determinada quantia como requisito ao exercício do direito de recorrer equivale, na prática, à supressão desse direito" (Min. Joaquim Barbosa). Agora, com a edição da Súmula Vinculante 21, o STF pacifica o tema, *não é necessário em processo administrativo, para recorrer, o depósito da multa.* Recurso intempestivo (Precedente Administrativo 7 MTE/SIT, em apêndice), recurso, juízo de admissibilidade (Precedente Administrativo 74 MTE/SIT, em apêndice) e interposição de embargos (Precedente Administrativo 103 MTE/SIT, em apêndice).

STF É inconstitucional a exigência de depósito ou arrolamento prévios de dinheiro ou bens para admissibilidade de recurso administrativo (STF – Súmula Vinculante 21).

TST O parágrafo 1º do art. 636 da CLT, que estabelece a exigência de prova do depósito prévio do valor da multa cominada em razão de autuação administrativa como pressuposto de admissibilidade de recurso administrativo, não foi recepcionado pela Constituição Federal de 1988, ante a sua incompatibilidade com o inciso LV do art. 5º (TST – Súmula 424).

A garantia constitucional da ampla defesa afasta a exigência do depósito como pressuposto de admissibilidade do recurso administrativo (STF, RE 388.359, Marco Aurélio).

Capítulo III
DO DEPÓSITO, DA INSCRIÇÃO E DA COBRANÇA

Art. 639. Não sendo provido o recurso, o depósito se converterá em pagamento.

Art. 640. É facultado às Delegacias Regionais do Trabalho[1]**, na confor-**

midade de instruções expedidas pelo Ministro de Estado, promover a cobrança amigável das multas antes do encaminhamento dos processos à cobrança executiva.

Art. 641. Não comparecendo o infrator ou não depositando a importância da multa ou penalidade, far-se-á a competente inscrição em livro especial, existente nas repartições das quais se tiver originado a multa ou penalidade, ou de onde tenha provindo a reclamação que a determinou, sendo extraída cópia autêntica dessa inscrição e enviada às autoridades competentes para a respectiva cobrança judicial, valendo tal instrumento como título de dívida líquida e certa.

Art. 642. A cobrança judicial das multas impostas pelas autoridades administrativas do trabalho obedecerá ao disposto na legislação aplicável à cobrança da dívida ativa da União, sendo promovida, no Distrito Federal e nas capitais dos Estados em que funcionarem Tribunais Regionais do Trabalho, pela Procuradoria da Justiça do Trabalho, e, nas demais localidades, pelo Ministério Público Estadual, nos termos do Decreto-lei 960, de 17 de dezembro de 1938[2].

Parágrafo único. (Rev. DL 9.509/46).

1 Delegacias Regionais do Trabalho (v. art. 14/3).

2 A cobrança de dívida ativa da União é disciplinada pela L. 6.830/80 (v. Índ. Leg.), que revogou o DL 960/38.

TÍTULO VII-A
DA PROVA DE INEXISTÊNCIA DE DÉBITOS TRABALHISTAS

Art. 642-A. É instituída a Certidão Negativa de Débitos Trabalhistas (CNDT), expedida gratuita e eletronicamente, para comprovar a inexistência de débitos inadimplidos perante a Justiça do Trabalho.

§ 1º O interessado não obterá a certidão quando em seu nome constar:

I – o inadimplemento de obrigações estabelecidas em sentença condenatória transitada em julgado proferida pela Justiça do Trabalho ou em acordos judiciais trabalhistas, inclusive no concernente aos recolhimentos previdenciários, a honorários, a custas, a emolumentos ou a recolhimentos determinados em lei; ou

II – o inadimplemento de obrigações decorrentes de execução de acor-

dos firmados perante o Ministério Público do Trabalho ou Comissão de Conciliação Prévia.

§ 2º Verificada a existência de débitos garantidos por penhora suficiente ou com exigibilidade suspensa, será expedida Certidão Positiva de Débitos Trabalhistas em nome do interessado com os mesmos efeitos da CNDT.

§ 3º A CNDT certificará a empresa em relação a todos os seus estabelecimentos, agências e filiais.

§ 4º O prazo de validade da CNDT é de 180 (cento e oitenta) dias, contado da data de sua emissão (Red. L. 12.440/11).

1 A instituição da CNDT é mais uma forma de obrigar a Reclamada com dívidas trabalhistas a pagar seus débitos. A CNDT informa qual é o tipo de dívida que a Reclamada tem perante a Justiça do Trabalho. A Res. Adm. do TST, 1.470/11, alt. pelos Atos GP 772/11, 1/12 e 317/12, que regulamenta a CNDT, institui o Banco Nacional de Devedores Trabalhistas – BNDT, "composto dos dados necessários à identificação das pessoas naturais e jurídicas, de direito público e privado, inadimplentes perante a Justiça do Trabalho quanto às obrigações".

TÍTULO VIII
DA JUSTIÇA DO TRABALHO

CAPÍTULO I
INTRODUÇÃO

Art. 643. Os dissídios[3], oriundos das relações entre empregados e empregadores[2-4], bem como de trabalhadores avulsos[4] e seus tomadores de serviços, em atividades reguladas na legislação social, serão dirimidos pela Justiça do Trabalho[1], de acordo com o presente Título e na forma estabelecida pelo processo judiciário do trabalho.

§ 1º As questões concernentes à Previdência Social serão decididas pelos órgãos e autoridades previstos no Capítulo V deste Título e na legislação sobre seguro social (rev. LOPS, L. 3.807/60).

§ 2º As questões referentes a acidentes do trabalho continuam sujeitas à justiça ordinária, na forma do Decreto 24.637, de 10 de julho de 1934, e legislação subsequente[3].

§ 3º A Justiça do Trabalho é competente, ainda, para processar e julgar as ações entre trabalhadores portuários e os operadores portuários ou o Órgão Gestor de Mão de Obra – OGMO decorrentes da relação de trabalho (red. MP 2.164-41/01).

1 *O Poder Judiciário*, um dos três Poderes do Estado, tem como órgão de cúpula o Supremo Tribunal Federal, compõe-se de tribunais e juízes, federais e estaduais, e é dividido em várias jurisdições, uma das quais é a Justiça do Trabalho.

A jurisdição laboral é composta pelo Tribunal Superior do Trabalho, Tribunais Regionais do Trabalho e varas do trabalho (ou Juntas de Conciliação e Julgamento, enquanto houver classistas remanescentes; estas são compostas por um Juiz togado de carreira e dois Juízes classistas, que não funcionam na execução). Há ainda os Juízes de Direito, que exercem a jurisdição trabalhista nas comarcas cujo território não seja abrangido pela competência de alguma Vara do Trabalho (CF/88, art. 112 – EC 45/04).

A) **Competência da Justiça do Trabalho em razão da matéria**

2 Diz a Constituição Federal de 1988:

Art. 109. Aos juízes federais compete processar e julgar:

I – as causas em que a União, entidade autárquica ou empresa pública federal forem interessadas na condição de autoras, rés, assistentes ou oponentes, exceto as de falência, as de acidente de trabalho e as sujeitas à Justiça Eleitoral e à Justiça do Trabalho;

II – as causas entre Estado estrangeiro ou organismo internacional e Município ou pessoa domiciliada ou residente no País...

VI – os crimes contra a organização do trabalho e, nos casos determinados por lei, contra o sistema financeiro e a ordem econômico-financeira...

Art. 114. Compete à Justiça do Trabalho processar e julgar (Red. EC 45/04):

I – as ações oriundas da relação de trabalho, abrangidos os entes de direito público externo e da administração pública direta e indireta da União, dos Estados, do Distrito Federal e dos Municípios (Red. EC 45/04);

II – as ações que envolvam exercício do direito de greve (Red. EC 45/04);

III – as ações sobre representação sindical, entre sindicatos, entre sindicatos e trabalhadores, e entre sindicatos e empregadores (Red. EC 45/04);

IV – os mandados de segurança, *habeas corpus* e *habeas data*, quando o ato questionado envolver matéria sujeita à sua jurisdição (Red. EC 45/04);

V – os conflitos de competência entre órgãos com jurisdição trabalhista, ressalvado o disposto no art. 102, I, "o" (Red. EC 45/04);

VI – as ações de indenização por dano moral ou patrimonial, decorrentes da relação de trabalho (Red. EC 45/04);

VII – as ações relativas às penalidades administrativas impostas aos empregadores pelos órgãos de fiscalização das relações de trabalho (Red. EC 45/04);

VIII – a execução, de ofício, das contribuições sociais previstas no art. 195, I, "a", e II, e seus acréscimos legais, decorrentes das sentenças que proferir (Red. EC 45/04);

IX – outras controvérsias decorrentes da relação de trabalho, na forma da lei (Red. EC 45/04).

§ 1º Frustrada a negociação coletiva, as partes poderão eleger árbitros.

§ 2º Recusando-se qualquer das partes à negociação coletiva ou à arbitragem, é facultado às mesmas, de comum acordo, ajuizar dissídio coletivo de natureza econômica, podendo a Justiça do Trabalho decidir o conflito, respeitadas as disposições mínimas legais de proteção ao trabalho, bem como as convencionadas anteriormente (Red. EC 45/04).

§ 3º Em caso de greve em atividade essencial, com possibilidade de lesão do interesse público, o Ministério Público do Trabalho poderá ajuizar dissídio coletivo, competindo à Justiça do Trabalho decidir o conflito (Red. EC 45/04).

Art. 195. A seguridade social será financiada... mediante recursos provenientes dos orçamentos da União ... das seguintes contribuições sociais:

I – do empregador, da empresa e da entidade a ela equiparada na forma da lei, incidentes sobre:

a) folha de salários e demais rendimentos do trabalho pagos ou creditados, a qualquer título, à pessoa física que lhe preste serviços, mesmo sem vínculo empregatício;

b) a receita ou o faturamento;

c) o lucro;

II – do trabalhador e dos demais segurados da previdência social, não incidindo contribuição sobre aposentadoria e pensão concedidas pelo regime geral de previdência social de que trata o art. 201; (redação incisos, EC 20/98).

A competência típica da Justiça do Trabalho é a de compor as lides referentes à relação de emprego (o chamado trabalho subordinado ou de integração na empresa), não eventual, entre os próprios interessados singulares (dissídios individuais) ou entre uma categoria profissional e a categoria econômica ou a respectiva empresa (dissídios coletivos). Fato não observado, pela nova redação dada à CF/88, art. 114, pela EC 45/04.

Competência material. Relação de emprego cuja declaração se pleiteia. A Justiça do Trabalho é competente, pela Constituição Federal, sempre que o empregado assim se declara e pleiteia verbas laborais (Proc. TRT/SP 20.678/96, Valentin Carrion, Ac. 9ª T. 63.679/97).

3 *O dissídio individual* tem por objeto os direitos e obrigações individuais de um ou vários empregados determinados e seu empregador, resultantes do vínculo de emprego, e de um ou vários trabalhadores em face de seus contratantes, resultantes da relação de trabalho.

Excluem-se as ações de competência da Justiça Comum, nas demais relações que possam surgir entre trabalhadores e seus contratantes (criminais, possessórias, de despejo, ou outras), assim como aquelas que, decorrentes da relação laboral, não têm quem contrata como parte; é o caso das ações da Previdência Social (Justiça Federal, CF, art. 109); ressalvam-se as referentes às comarcas onde, residindo o segurado, inexistir sede dessa jurisdição e que pertencem à Justiça Comum em primeira instância e, em segunda, aos Tribunais Regionais Federais (art. 109, § 3º). Os crimes contra a organização do trabalho são da competência da Justiça Federal (art. 109, VI). É da competência da Justiça do Trabalho executar débitos previdenciários nos autos em que se depare com tais débitos (CF, art. 114, VIII – EC 45/04).

As ações de indenização decorrente do *acidente do trabalho* pertencem à Justiça do Trabalho, quando se postula verba de natureza trabalhista, decorrente da EC 45/04, CF, art. 114, I. Não pertencem a esta Justiça especializada quando se postula verba previdenciária (Justiça Federal ou Justiça Estadual). Têm o mesmo rito das demais ações da Justiça do Trabalho. Legislação (art. 12/3). Assim, o STF, Súmula Vinculante 22. Contribuição referente ao seguro-desemprego, v. art. 643/05.

A nova redação dada à CF/88, art. 114, pela EC 45/04, substitui a expressão "relação de emprego" (que corresponde ao trabalho subordinado) pela expressão "relação de trabalho" (que corresponde a qualquer relação que envolva trabalho), trazendo para a competência da Justiça do Trabalho a relação civil do trabalhador. Só são excluídas as relações de consumo (Código do Consumidor).

Rito processual (art. 643/4, *i*).

Servidor e funcionários públicos, v. competência, art. 643/15, e greve de servidor, art. 723/5.

A ação de reparação de dano moral, quando o litígio tem origem na relação de trabalho, é da competência da Justiça do Trabalho (CF/88, art. 114, VI – EC 45/04) – ver art. 223-A/1.

Os dissídios coletivos têm por objeto os direitos trabalhistas de uma categoria profissional, considerada como grupo (art. 856 e segs.). Classificação das ações (art. 840/2 e segs.).

STF A Justiça do Trabalho é competente para processar e julgar ação possessória ajuizada em decorrência do exercício do direito de greve pelos trabalhadores da iniciativa privada (STF – Súmula Vinculante 23).

STF A Justiça do Trabalho é competente para processar e julgar as ações de indenização por danos morais e patrimoniais decorrentes de acidente de trabalho propostas por empregado contra empregador, inclusive aquelas que ainda não possuíam sentença de mérito em primeiro grau quando da promulgação da Emenda Constitucional 45/04 (STF – Súmula Vinculante 22).

STF Compete à Justiça Ordinária Estadual o processo e o julgamento, em ambas as instâncias, das causas de acidente do trabalho, ainda que promovidas contra a União, suas autarquias, empresas públicas ou sociedades de economia mista (STF – Súmula 501).

STJ CANCELADA. Compete à Justiça Estadual processar e julgar ação indenizatória proposta por viúva e filhos de empregado falecido em acidente de trabalho (STJ – Súmula 366, cancelada pela decisão do CComp 101.977-SP).

STJ Compete à Justiça Estadual processar e julgar os litígios decorrentes de acidente do trabalho (STJ – Súmula 15).

TST A Justiça do Trabalho é competente para apreciar reclamação de empregado que tenha por objeto direito fundado no quadro de carreira (TST – Súmula 19).

A competência da Justiça do Trabalho para julgar as ações que versem sobre indenizações decorrentes de acidente de trabalho foi consolidada após a promulgação da Emenda Constitucional n. 45/04, especialmente como efeito do julgamento do Conflito de Competência n. 7.204/MG pelo STF. Na esteira dos precedentes da SBDI-1 desta Corte, o prazo prescricional – previsto no art. 7º, XXIX, da Constituição Federal, incidirá apenas nos casos em que a lesão ocorrer em data posterior à vigência da Emenda, aplicando-se o prazo previsto no Código Civil para as lesões anteriores. No presente caso, a ciência da doença ocupacional equiparada a acidente de trabalho ocorreu em 9.11.2004, antes, portanto, da vigência da EC n. 45/2004 e sob a regência do atual Código Civil. Aplicável, assim, a prescrição trienal do art. 206, § 3º, do mesmo Texto. Ajuizada a ação em 13.11.2007, prescrita está a pretensão de indenização por dano moral devido em decorrência do acidente de trabalho. Agravo de instrumento conhecido e desprovido (TST, AIRR 16887-77.2010.5.04.0000, Alberto Luiz Bresciani de Fontan Pereira).

1.1. Diante do conteúdo do art. 114, inciso VI, da Constituição Federal, compete à Justiça do Trabalho julgar as ações de indenização por dano moral ou patrimonial, decorrentes das relações de trabalho, aí incluídas aquelas fundadas em acidente do trabalho (Súmula 392 do TST). 1.2. A competência, no caso, se estabelece em razão da matéria (STF, Conflito de Competência 7.204/MG, Rel. Min. Carlos Ayres Britto). 1.3. Com efeito, foge ao propósito das regras definidoras da competência da Justiça do Trabalho pretender que a qualidade das partes modifique o juízo competente para a apreciação da causa. Se a lide está calcada na relação de trabalho, se a controvérsia depende da análise dos contornos e do conteúdo dessa relação, a competência é da Justiça especial (STF, RE-AgR 503.043/SP, Rel. Min. Carlos Ayres Britto). 1.4. A competência para processar e julgar ação de indenização por danos morais, decorrentes de acidente do trabalho, ainda que ajuizada pela viúva e dependentes do trabalhador falecido, é da Justiça do Trabalho. Recurso de revista conhecido e desprovido (TST, RR-1341/2005-015-03-00, Alberto Bresciani, *DJ*, 25.4.08).

Em se tratando de recurso extraordinário interposto contra acórdão que julgou conflito de competência, não tem sentido que se deixe de aplicar a lei superveniente à interposição desse recurso, para dar-se como competente juízo que o era antes da citada lei, mas que deixou de sê-lo com o advento dela (STF, RE 140.723-9-SP, Moreira Alves, Ac. 1ª T.).

Reclamatória versando retenção de Imposto de Renda na fonte sobre as verbas indenizatórias. ... compete à Justiça Laboral conhecer e julgar a causa, ainda que para declarar sua inadmissibilidade. A competência da Justiça Federal tem assento constitucional e é restrita às hipóteses em que "a União, entidade autárquica ou empresa pública federal forem interessadas na condição de autoras, rés, assistentes ou oponentes" (STJ, CComp 14.709-RJ, Sálvio de Figueiredo Teixeira, Reg. 95/0039431-6).

Se a hipótese diz com a validade de norma geral disciplinadora do sistema do FGTS, não se tratando de contraditório acerca de mero dissídio entre empregado e empregador, a participação compulsória da Caixa Econômica Federal desloca a competência para a Justiça Federal, a teor do que preceitua o art. 109, inciso I, da CF (STJ, CComp 15.527-RS, Demócrito Reinaldo, Reg. 95.0057263-0).

■ Nesta ação de indenização decorrente de acidente de trabalho se postula verba de natureza trabalhista, que não se confunde com a de natureza previdenciária em relação a acidente de trabalho, cuja competência está prevista no artigo 109, inciso I, da Constituição da República e no § 2º do artigo 643 da CLT. A matriz da competência da Justiça do Trabalho para a presente ação, consoante a Emenda Constitucional n. 45/2004, está no inciso I do artigo 114 da Constituição da República, pelo qual compete à Justiça do Trabalho "processar e julgar as ações oriundas da relação de trabalho". Recurso de Revista provido (TST-RR-07628/2000-034-12-00.6, Carlos Alberto Reis de Paula).

4 *Litígios em que não há relação de emprego* permanente e subordinado entre as partes litigantes também pertencem à Justiça do Trabalho. A EC 45/04 ampliou a atuação desta justiça especializada quando substituiu a afirmação "julgar os dissídios individuais e coletivos entre trabalhadores e empregadores (CF/88, art. 114)", para "julgar as ações oriundas da relação de trabalho", mantendo ainda a permissão à lei ordinária que assim opte, quando se refere a "outras controvérsias decorrentes da relação de trabalho" (art. 114 e inciso IX). É o caso de:

a) certos trabalhadores eventuais, habitualmente denominados avulsos, prestando serviços agrupados em sindicatos ou similares (estivadores e capatazes; arrumadores etc., art. 254 e s.). Quando se trata de ação movida pelos trabalhadores avulsos e seus sindicatos contra os armadores ou empresas que operam terminais, por direitos nitidamente trabalhistas, a competência é da Justiça do Trabalho; essa jurisprudência já era pacífica no STF quando não havia lei expressa (hoje há: a atual redação do art. 643, *caput*), não obstante inexistisse relação de emprego. No entanto, quando se trata de litígio entre os trabalhadores avulsos e seus sindicatos, a Suprema Corte já entendia que a competência pertencia à Justiça Comum estadual (CJ 6.029, rel. Moreira Alves, *RTJ* 84/78 e CJ 6.090, Xavier de Albuquerque, *RTJ* 43/615); com o estabelecimento da "igualdade de direitos entre o trabalhador com vínculo empregatício permanente e o trabalhador avulso" pela CF (art. 7º, XXXIV), alguns tribunais entenderam ser competente a Justiça do Trabalho. Mas não há lei que determine a competência da Justiça do Trabalho para conciliar e julgar os dissídios entre os avulsos e seus respectivos sindicatos; a igualdade preconizada pela nova CF (art. 7º, XXXIV) refere-se ao direito material (Título II, Dos Direitos e Garantias Fundamentais) e não ao processual. O novo art. 114 trata de ações oriundas da relação de trabalho e não só da relação de emprego, não mais só a relação de trabalhadores e empregadores, mas sim toda relação de trabalho;

■ A lei, ao criar um tipo de organização de trabalho, onde é pressuposto a participação dos sindicatos, nas atividades portuárias, delimitou, mesmo que indiretamente, a competência dos órgãos desta Justiça especializada (TST, EIEDDC 168.741, Antonio Ribeiro, Ac. SDC 1.304/97, Federação Nac. dos Estivadores x Cias. Docas).

■ Inexistente a relação de emprego entre os avulsos e o sindicato revela-se a incompetência da Justiça do Trabalho para apreciar os dissídios respectivos (TST, RR 8.094, Armando de Brito, Ac. 5ª T. 167.500/95, Valmir Silva x Sindicato dos Arrumadores – ES).

b) de empreiteiro operário ou artífice (CLT, art. 652, III);

c) de empreiteiro principal, quando do inadimplemento das obrigações do subempreiteiro (art. 455);

d) de as controvérsias entre empregados e empregadores resultantes da aplicação de convenção coletiva ou dissídio coletivo, que são da competência típica da Justiça do Trabalho; as mais frequentes são as chamadas ações de cumprimento (art. 872 e segs.). A Carta Magna é expressa nessa natural abrangência;

e) de *cobrança de contribuições sindicais*, que é da competência da Justiça do Trabalho quando tiveram por fundamento acordo coletivo por ela homologado ou sentença normativa, também as convenções ou acordos coletivos mesmo entre sindicatos (L. 8.984/95, v. Índice da Legislação). O litígio movido pelos empregados contra o seu empregador em razão de convenção mesmo não homologada também pertence a esse ramo do Judiciário (STF, RE 140.998-3/210-SP, Sepúlveda Pertence, Ac. 1ª T.). Espécies de contribuição (art. 545/2);

STJ Compete à Justiça Comum Estadual processar e julgar ação de cumprimento fundada em acordo ou convenção coletiva não homologada pela Justiça do Trabalho (STJ – Súmula 57).

SDI CANCELADA. É incompetente a Justiça do Trabalho para apreciar lide entre o sindicato patronal e a respectiva categoria econômica, objetivando cobrar a contribuição assistencial (TST, SDI-1, Orientação Jurisprudencial 290, CJPN, DJ. 5.7.05).

Compete à Justiça do Trabalho a execução, de ofício, da contribuição social do empregador referente ao seguro de acidente de trabalho – SAT, incidente sobre a remuneração e destinado ao financiamento da seguridade social, nos moldes dos arts. 114, VIII, e 195, I, *a*, e II, da Carta Política. Por outro lado, à luz da jurisprudência desta Corte, a exação da contribuição social de terceiros, de interesse das categorias profissional ou econômica (CF, art. 149), que constituem o denominado sistema "S", refoge à competência material desta Justiça Especializada, porquanto não se enquadra na hipótese constitucional de execução *ex officio* das contribuições previdenciárias *stricto sensu*, assim entendidas as compreendidas pelo art. 195, I, *a*, e II, da Constituição da República e decorrentes de condenação ou de sentença homologatória de acordo, nos termos do art. 114, VIII, da Carta Magna (RR 176700-36.2008.5.09.0659, Rosa Maria Weber Candiota da Rosa).

De acordo com a jurisprudência majoritária desta Corte, a Justiça do Trabalho é incompetente para executar, de ofício, as contribuições sociais devidas a terceiros, mas competente em relação às devidas ao Seguro de Acidente de Trabalho – SAT (TST, RR 2164240-37.2001.5.09.0009, j. em 2.2.11, Márcio Eurico).

Nos termos da Súmula n. 368, item I, mantida pelo Pleno do Eg. TST na sessão de 17.11.2008, não se inclui na competência da Justiça do Trabalho a execução das contribuições previdenciárias decorrentes do vínculo de emprego reconhecido em juízo (RR 181940-65.2007.5.02.0261, j. em 2.2.11, Maria Cristina Irigoyen Peduzzi).

Competência: demanda de trabalhadores contra o empregador e o sindicato a que filiados, na qual se discute cláusula de convenção coletiva celebrada pelos dois últimos (obrigação da empresa de descontar do salário dos seus empregados e recolher contribuição social em favor do sindicato; inaplicabilidade à espécie da jurisprudência do STF que afasta a competência da Justiça do Trabalho para ações entre sindicato e empregador relativas ao cumprimento de convenção ou acordo coletivos de trabalho (STF, RE 140.998-3/210-SP, Sepúlveda Pertence, Ac. 1ª T.).

Não estão compreendidos na competência da Justiça do Trabalho o processamento e julgamento de demanda que envolva entidade sindical e empregador, cujo objeto seja a cobrança de contribuições assistenciais (STF, RE 130.545.2-DF, Marco Aurélio Mendes, Ac. 2ª T.).

Justiça do Trabalho: incompetência: ação de sindicato de trabalhadores contra empregador de membros da categoria, pleiteando direito próprio da entidade sindical, decorrente de convenções ou acordos coletivos, sequer homologados em juízo: CF, art. 114, inteligência (STF, RE 135440-2-DF, Sepúlveda Pertence, Ac. 1ª T.).

Contribuição social resultante de acordo homologado em autos de dissídio coletivo. Hipótese em que a competência é da Justiça do Trabalho. Procedentes do STF. Conflito conhecido, declarando-se a competência do Tribunal Superior do Trabalho para prosseguir no julgamento da causa (STF, CComp 7.006-4, Néri da Silveira).

Tratando-se de ação proposta por Sindicato contra outro, não há como dar-se por competente a Justiça Federal posto que não figura como interessado na lide qualquer dos entes elencados no inc. I, art. 109, da CF. Conflito conhecido. Declarado competente o Juiz de Direito, suscitado (STJ, CComp 1.501-MG, Reg. 90.101840, Geraldo Sobral, Ac. 1ª Seção).

Não se pode reconhecer como de natureza trabalhista a relação havida entre os trabalhadores avulsos e a administração do porto, que eventualmente os contratava, mediante contrato civil formado, para serviços intermitentes. Falece, pois, à Justiça do Trabalho competência para apreciar e julgar a demanda. Intacto o artigo 114 da Constituição da República (TST, RR 97.919/93.5, Indalécio Gomes Neto, Ac. 1ª T. 3.059/94).

À Justiça Estadual compete processar e julgar ação de consignação em pagamento ajuizada para definir quem deva receber contribuição sindical disputada por mais de um sindicato (STJ, CComp 14.805-PR, Ari Pargendler, Reg. 95.40579-2).

Compete à justiça estadual processar e julgar ação de consignação que visa o pagamento da contribuição sindical instituída pela CLT, não se justificando a competência da Justiça do Trabalho, já que não diz respeito à relação de emprego (STJ, CComp 14.053-6-SP, Cesar Asfor Rocha, Reg. 95.0030163-6).

A Justiça do Trabalho é competente para julgar ação de cumprimento em que sindicato pleiteia o recebimento de taxa assistencial estabelecida em sentença normativa. Inteligência do art. 114 da Constituição (TST, RR 118.930/94.1, Orlando Teixeira da Costa, Ac. 5ª T. 1.149/96).

f) a Justiça do Trabalho é competente para julgar ação referente ao saque do FGTS, quando se tratar de litígio entre empregado e empregador. Se a ação se dirigir contra o órgão gestor, a Caixa Econômica Federal, a competência será da Justiça Federal (CF, art. 109, I, e L. 8.036/90, art. 26, v. Índ. Leg.);

STJ Compete à Justiça do Trabalho processar e julgar reclamação de servidor público relativamente a vantagens trabalhistas anteriores à instituição do regime jurídico único (STJ – Súmula 97).

STJ Compete à Justiça Federal, excluídas as reclamações trabalhistas, processar e julgar os feitos relativos a movimentação do FGTS (STJ – Súmula 82).

TST CANCELADA – A cessação do contrato de trabalho em razão de aposentadoria espontânea do empregado exclui o direito ao recebimento de indenização relativa ao período anterior à opção. A realização de depósito na conta do Fundo de Garantia do Tempo de Serviço, de que trata o § 3º do art. 14 da Lei n. 8.036, de 11.5.1990, é faculdade atribuída ao empregador (TST – Súmula 295, cancelada Res. 152/08).

TST Salvo na hipótese de dispensa do empregado por justa causa, a extinção do contrato de trabalho sujeita o empregador ao pagamento da remuneração das férias proporcionais, ainda que incompleto o período aquisitivo de 12 (doze) meses (art. 142, parágrafo único, combinado com o art. 132 da CLT) (TST – Súmula 176, cancelada Res. TST 130/05).

Cabe à Justiça Federal processar e julgar ação promovida para levantamento do FGTS. Há interesse da Caixa Econômica Federal, centralizadora dos recursos e gestora do Fundo de Garantia (STJ, CComp 11.277-0-RJ, Anselmo Santiago, Reg. 94.0033539-3).

Servidores públicos estaduais. Cobrança de depósitos fundiários não efetuados e correção monetária. Período celetista. Competência da Justiça do Trabalho e não do juízo federal (art. 26 da Lei n. 8.036/90) (STJ, CComp 14.889-BA, Adhemar Maciel, Reg. 95.041885-1).

Versando a causa sobre pretensão de natureza trabalhista, onde será decidido sobre o alegado direito do não optante ao regime do FGTS, a competência é da Justiça do Trabalho (STJ, CComp 14.388-PE, Ruy Rosado de Aguiar, Reg. 95.348586).

g) *do advogado*, para receber honorários da condenação, nos próprios autos;

h) trabalhadores de bloco (art. 255/6);

i) o rito processual: as ações trazidas para a Justiça do Trabalho, decorrentes da nova competência (EC 45/04), tramitarão "pelo rito ordinário ou sumaríssimo, conforme previsto na CLT, excepcionando-se, apenas, as que, por disciplina legal expressa, estejam sujeitas a rito especial, tais como o Mandado de Segurança, *Habeas Corpus, Habeas Data*, Ação Rescisória, Ação Cautelar e Ação de Consignação em Pagamento" (IN TST 27/05, alterada Res. TST 133/05);

j) *profissional liberal*, onde não há relação de emprego permanente e subordinado entre as partes litigantes. Também podem pertencer à Justiça do Trabalho. A CF de 1988, antes da EC 45/04, permitiu à lei ordinária que assim opte, quando se refere a "outras controvérsias decorrentes da relação de trabalho" (art. 114). À época se sedimentou o pensamento de que existia a necessidade de inferioridade na relação jurídica, que o prestador de serviço se encontrasse em condição de inferioridade na relação jurídica (seja pelo critério da subordinação, seja pela dependência econômica). Passados 16 anos, novamente foi ampliada a competência desta justiça especializada. O legislador não manteve o mesmo pensamento de hipossuficiência, trazendo para a competência da Justiça do Trabalho ações em que não existe a relação de emprego (sindicatos), não existe a inferioridade entre as partes (multas administrativas), mas sim considerando temas que envolvam relações de trabalho. Quando uma pessoa física contrata um profissional liberal, na relação de trabalho, existe o *intuitu personae*, pelo qual não se busca apenas o serviço prestado, mas que ele seja realizado pelo profissional contratado, uma relação jurídica de natureza contratual entre trabalhador (sempre pessoa física) e aquele para quem presta serviço (empregador ou tomador dos serviços, pessoas físicas ou jurídicas), que tem como objeto o trabalho remunerado em suas mais diferentes formas. Na prestação de serviço regida pelo Código de Defesa do Consumidor (relação de consumo), o objeto não é o trabalho realizado, mas o produto ou serviço consumível, tendo como polos o fornecedor (art. 3º) e o consumidor (art. 2º), que podem ser pessoas físicas ou jurídicas. Neste contexto, já pacificado no âmbito do TST, em decorrência da CF/1988 (ou seja antes da EC 45/04), é no sentido de que a atual competência da Justiça do Trabalho abrange as controvérsias relativas ao pagamento de honorários advocatícios decorrentes da atuação do advogado em juízo, por se tratar de ação oriunda de relação de trabalho – assim ensina o Min. Guilherme Caputo Bastos.

Não seria intenção do Legislador de manter nos dias de hoje a figura da inferioridade para ditar a competência ou não da Justiça do Trabalho, mas sim da Relação de Trabalho, em que o objeto é o trabalho realizado. Não se escolhe um profissional como se escolhe um bem de consumo, a escolha é sempre naquele em quem se confia, em quem se acredita.

STJ Compete à Justiça Estadual processar e julgar a ação de cobrança ajuizada por profissional liberal contra cliente (STJ – Súmula 363).

1. Com a promulgação da EC n. 45/2004, o artigo 114, I, da Constituição Federal passou a instituir à Justiça do Trabalho a competência para processar e julgar as ações oriundas das relações de trabalho. Dessa forma, tal competência, que antes se restringia a questões trabalhistas contra empregadores, foi ampliada para abarcar demandas de prestadores contra tomadores do trabalho da pessoa física (TST, RR 1975/2007-611-04-40, Caputo Bastos, *DEJT*, 14.8.09).

Não se insere na competência da Justiça do Trabalho a tarefa de dirimir controvérsia relativa à prestação dos serviços levada a cabo por profissional autônomo que, senhor dos meios e das condições da prestação contratada, coloca-se em patamar de igualdade (senão de vantagem) em relação àquele que o contrata. Tal é o caso típico dos profissionais da engenharia, advocacia, arquitetura e medicina que exercem seus misteres de forma autônoma, mediante utilização de meios próprios e em seu próprio favor. Recurso de revista não provido (TST, RR 1110/2007-075-02-00, Relator Lelio Bentes Corrêa, *DEJT*, 5.6.09).

1. Mesmo com a ampliação da competência da Justiça do Trabalho em decorrência da alteração da expressão "relação de emprego" para "relação de trabalho", a Emenda Constitucional n. 45/04 não retirou a atribuição da Justiça Estadual para

processar e julgar ação alusiva a relações contratuais de caráter eminentemente civil, diversa da relação de trabalho. 2. A competência *ratione materiae* define-se pela natureza jurídica da controvérsia, delimitada pelo pedido e pela causa de pedir. 3. A ação de cobrança de honorários profissionais supostamente devidos pela prestação de serviços advocatícios não se insere no termo "relação de trabalho", dado o caráter civil da controvérsia, o que afasta a competência da Justiça laboral (STJ, CComp 65.575-MG, 2006/0141748-8, Castro Meira).

1. Não se enquadra na competência da Justiça do Trabalho, nem mesmo com a ampliação da sua competência promovida pela EC n. 45/04, causa relativa à cobrança de honorários profissionais previstos em contrato de prestação de serviços advocatícios, movida por advogada contra cliente. Além de a relação jurídica que se estabelece entre as partes ser disciplinada pelo direito civil, não há vínculo trabalhista entre os sujeitos da relação jurídica litigiosa, nem qualquer espécie de relação de trabalho. Por isso, a competência é da Justiça (STJ, CComp – 93.055-MG 2008/0003258-9, Teori Albino Zavascki).

5 *Interesse da Previdência Social*. A coisa julgada, que se produz no processo trabalhista entre o empregado e o empregador, não alcança o INSS, que não é parte no feito e não obriga a autarquia. A anotação de contrato de trabalho na Carteira de Trabalho por sentença da Justiça do Trabalho só é aceita pela Previdência Social se baseada em início de prova material; perfila-se orientação jurisprudencial em contrário; é o caso do julgado STJ, Ediv. REsp 63.074-4-SP, Reg. 95.0030590-9; esse entendimento poderá acobertar a fraude e trazer graves danos à Previdência, violando a letra da lei; esta não permite prova meramente testemunhal, para cômputo do tempo de serviço (L. 8.213/91, art. 55, alterado pela LC 123/06, e art. 108); a gravidade é maior nos casos de empresas extintas, de revelias forjadas ou de contribuições previdenciárias prescritas. Ações contra a Previdência Social (competência, art. 643/3).

A apresentação de início razoável de prova material é suficiente para o reconhecimento de tempo de serviço de trabalhador urbano (STJ, REsp 58.182-6-SP, Vicente Leal, Reg. 94.00398970-2).

Contribuições sociais. A Emenda Constitucional 20/98 (v. Texto da Legislação) conferiu à Justiça do Trabalho executar de ofício as contribuições sociais previstas no art. 195, I, *a*, e II, e seus acréscimos legais decorrentes das sentenças que proferir. Situação que foi mantida pela EC 45/04. A norma é atravancadora, mas é texto constitucional. Contribuição, Seguro de Acidente de Trabalho TST Súmula 454.

TST Compete à Justiça do Trabalho a execução, de ofício, da contribuição referente ao Seguro de Acidente de Trabalho (SAT), que tem natureza de contribuição para a seguridade social (arts. 114, VIII, e 195, I, *a*, da CF), pois se destina ao financiamento de benefícios relativos à incapacidade do empregado decorrente de infortúnio no trabalho (arts. 11 e 22 da Lei n. 8.212/91) (TST – Súmula 454, conversão da Orientação Jurisprudencial 414 da SBDI-1, Res. 194/14).

SDI CANCELADA – Compete à Justiça do Trabalho a execução, de ofício, da contribuição referente ao Seguro de Acidente de Trabalho (SAT), que tem natureza de contribuição para a seguridade social (arts. 114, VIII, e 195, I, "a", da CF), pois se destina ao financiamento de benefícios relativos à incapacidade do empregado decorrente de infortúnio no trabalho (arts. 11 e 22 da Lei n. 8.212/1991) (TST, SDI-1, Orientação Jurisprudencial 414, convertida na Súmula 454, Res. 194/14).

A SBDI-1 desta Corte possui o firme entendimento de que esta justiça e Especializada é competente para executar, de ofício, as contribuições sociais relativas ao SAT – Seguro Acidente de Trabalho, decorrentes das sentenças que proferir, uma vez que essas contribuições são destinadas ao custeio dos benefícios concedidos pela Previdência Social em decorrência do risco inerente à atividade laboral, razão pela qual se incluem no disposto no art. 114, VIII, da Constituição Federal. Precedentes desta Corte: E-ED-RR – 62740-84.2003.5.17.0003, Relator Ministro Renato de Lacerda Paiva, *DEJT*, 29.7.2011; ED-E-RR – 77500-71.2005.5.08.0115, Relator Ministro: Horácio Raymundo de Senna Pires, *DEJT*, 24.6.2011; E-ED-RR – 234600-96.2004.5.09.0018, Relator Ministro Aloysio Corrêa da Veiga, *DEJT*, 20.5.2011; E-RR – 470100-30.2003.5.09.0002, Relator Ministro Aloysio Corrêa da Veiga, *DEJT*, 10.12.10. Recurso de embargos não conhecido (TST, E-RR-24300-40.2004.5.09.0089, julgado em 27.10.11, Milton de Moura França, *DEJT*, 10.12.10).

6 *Empregado aposentado* continua vinculado a seu empregador quanto às obrigações previstas no contrato para vigorarem após a jubilação; é o caso da complementação da aposentadoria. A circunstância de estar já extinto o contrato de trabalho não desloca a competência jurisdicional trabalhista; tal como acontece quando o autor da ação a propõe, depois que foi despedido; o que importa é que o direito subjetivo pleiteado encontre sua fonte na relação de emprego (Russomano, *DJU*, 27.3.73). Mas, se o direito pretendido decorre de disposição legal e não de obrigação assumida pelo ex-empregador, a Justiça do Trabalho é incompetente (v. longo debate dos Ministros do STF, *LTr* 40/1413, 1976, RE 78.212). Complementação, aposentadoria, direito material, 468/3.

TST CANCELADA – É incompetente a Justiça do Trabalho para julgar ação ajuizada em face da Rede Ferroviária Federal, em que ex-empregado desta pleiteie complementação de aposentadoria, elaboração ou alteração de folhas de pagamento de aposentados, se por essas obrigações responde Órgão de Previdência Social (TST – Súmula 106, Res. TST 157).

SDI A Justiça do Trabalho é competente para apreciar pedido de complementação de pensão postulada por viúva de ex-empregado, por se tratar de pedido que deriva do contrato de trabalho (TST, SDI-1, Orientação Jurisprudencial 26).

SDI Havendo previsão em cláusula de norma coletiva de trabalho de pagamento mensal de auxílio cesta-alimentação somente a empregados em atividade, dando-lhe caráter indenizatório, é indevida a extensão desse benefício aos aposentados e pensionistas. Exegese do art. 7º, XXVI, da Constituição Federal (TST, SDI-1, Orientação Jurisprudencial Transitória 61).

■ Com a ampliação da competência operada pela EC 45/2004, a Justiça do Trabalho passou a julgar as ações oriundas da relação de trabalho (art. 114, I, da CF). Tratando a demanda de complementação de aposentadoria, sendo esta, comprovadamente, devida pela CAPAF e decorrente do contrato de trabalho havido entre o reclamante e o Banco da Amazônia, indiscutível é a competência da Justiça do Trabalho, nos termos do aludido dispositivo constitucional. Ademais, de acordo com a jurisprudência desta Corte, é competente a Justiça do Trabalho para processar e julgar controvérsias relativas à complementação de aposentadoria que decorre do contrato de trabalho, independentemente da transferência da responsabilidade pela complementação dos proventos a outra entidade, visto ser o contrato de adesão vinculado ao de trabalho. Recurso de embargos conhecido e não provido (TST, E-ED-RR 55400-29.2003.5.08.0007, Rel. Augusto César Leite de Carvalho).

■ Instituída a complementação de aposentadoria em decorrência do pacto laboral, evidencia-se a competência material da Justiça do Trabalho. Embora se trate de verba de natureza previdenciária, paga por empresa com personalidade jurídica diversa daquela onde trabalhou o empregado, verifica-se que o direito que deu origem à obrigação foi estabelecido somente em razão da existência do contrato de trabalho (E-ED-RR 56100-48.2006.5.05.0018, j. em 3.2.11, Lelio Bentes Corrêa).

■ O pleito de diferenças da complementação de aposentadoria, por força do reflexo da parcela participação nos lucros (PL-DL 1971), tem origem no vínculo empregatício mantido entre autores e antiga empregadora (Petrobrás), ainda que se trate de matéria pós-contratual. Insere-se, assim, a causa na competência da Justiça do Trabalho, nos limites do art. 114 da Constituição da República de 1988 (TST, RR 769.699/2001.8, João Carlos Ribeiro de Souza).

■ Competência. Complementação de aposentadoria. Se não se discutiu em torno de cláusula integrante de contrato de trabalho, mas a respeito do valor de complementação, em razão de disposições legais, competente a Justiça Comum para o processo e julgamento (STJ, CComp 22.348-SP, 98/0034521-3, Paulo Roberto Saraiva da Costa Leite, 3.5.99).

* Sobre o tema *supra*, v. www.institutocarrion.com.br.

7 Empregado de cartório de notas ou ofício judicial que não goze de situação análoga à dos funcionários públicos (v. art. 2º/10).

8 A *falência* pertence, no terreno da competência, ao juízo universal que a decreta na Justiça Comum. Há, entretanto, divergência jurisprudencial minoritária (v. art. 880/2). A declaração dos créditos trabalhistas controversos compete à Justiça do Trabalho. Falência (v. art. 449, notas).

A cobrança das *multas* aplicadas pelo Ministério do Trabalho (art. 634) agora é da competência da Justiça do Trabalho (EC 45/04). A multa não envolve o trabalhador, mas normas que a empresa é obrigada a cumprir. A lide não envolve questões do "Direito do Trabalho", mas as chamadas "normas burocráticas" (o empregador e suas obrigações em face do Estado e não em face direta com o trabalhador). Não cumprindo as normas trabalhistas, o empregador terá duas obrigações a cumprir: a) pagar os direitos do empregado (empregador em face do trabalhador);

b) e ser punido por não ter cumprido tais normas (empregador em face do Estado). Portanto, ações com objetos e matérias diferentes. Posição contrária a de Estevão Mallet, que acredita, por se tratar de normas que envolvem a relação de emprego, nada mais certo do que ser decidido por quem domina a matéria.

Os *crimes* contra a organização do trabalho são da competência da Justiça Federal (CF/88, art. 109, VI).

O concurso de credores de devedor insolvente por seu caráter universal pertence à Justiça Comum (nesse sentido Lamarca, *Livro da competência*).

Suspensão ou não das execuções trabalhistas (v. art. 880/2).

Concurso de credores contra devedor não declarado insolvente (v. art. 883/8).

■ Havendo o juízo trabalhista deferido o levantamento da quantia correspondente ao crédito trabalhista, encontrando-se, pois, encerrada ou extinta a execução, inexistente é o conflito de competência (CComp 23.993-RJ, 98/0086319-2, Raphael de Barros Monteiro Filho).

9 *A habilitação incidente "causa mortis"* dos dependentes registrados perante a Previdência (L. 6.858/80 e 8.036/90, art. 20, IV, ambas no Índice da Legislação) ou dos herdeiros pela lei civil pode processar-se, independentemente de inventário, nos autos da ação trabalhista, na forma do art. 687 do CPC/15 (prosseguimento, v. art. 793/4). O juiz requisitará as informações constantes na Previdência Social, quanto a dependentes e, não as havendo, determinará aos que se habilitaram a declaração de inexistência de outros herdeiros necessários. Impugnada aquela condição e sendo matéria de alta indagação, será a controvérsia decidida no juízo comum. A *consignação em pagamento* pelo empregador, perante a dúvida sobre quem possa ser o credor legítimo, deve subordinar-se ao CPC/15 (arts. 539 a 549). Valores não recebidos em vida pelo empregado (FGTS, levantamento extrajudicial pelos sucessores, v. art. 477/12). Representação e processo (v. art. 791/5).

■ O cônjuge supérstite, como administrador provisório (CPC, art. 986), está legitimado a representar os filhos ativamente em reclamatória trabalhista, eis que os valores acaso devidos na ação serão entregues na forma prevista na Lei 6.858/80. Recurso a que se nega provimento (TST, RO-R 303/87, Ermes Pedrassani, Ac. SDI 3.157/89).

■ É de competência da Justiça estadual decidir sobre pedido de levantamento do saldo do FGTS pelos herdeiros do empregado falecido. Na hipótese, por inexistir lide, aplica-se o rito estabelecido pela Lei n. 6.858/80 (STJ, CComp 16.213-SC, José Delgado, Reg. 96.0002286-0).

10 *Liquidação extrajudicial de instituição financeira*. Diz a Constituição Federal de 1988, Ato das Disposições Transitórias:

Art. 46. São sujeitos à correção monetária desde o vencimento, até seu efetivo

pagamento, sem interrupção ou suspensão, os créditos junto a entidades submetidas aos regimes de intervenção ou liquidação extrajudicial, mesmo quando esses regimes sejam convertidos em falência.

Parágrafo único. O disposto neste artigo aplica-se também:

I – às operações realizadas posteriormente à decretação dos regimes referidos no *caput* deste artigo;

II – às operações de empréstimo, financiamento, refinanciamento, assistência financeira de liquidez, cessão ou sub-rogação de créditos ou cédulas hipotecárias, efetivação de garantia de depósitos do público ou de compra de obrigações passivas, inclusive as realizadas com recursos de fundos que tenham essas destinações;

III – aos créditos anteriores à promulgação da Constituição;

IV – aos créditos das entidades da administração pública anteriores à promulgação da Constituição, não liquidados até 1º de janeiro de 1988.

São definidos como instituições financeiras os bancos, sociedades de crédito, financiamento e investimentos, caixas econômicas, cooperativas de crédito etc. (L. 4.595/64). A intervenção e liquidação extrajudicial trouxe gravíssimas consequências (L. 6.024/74 e D. 92.061/85), determinando a suspensão indefinida das ações e execuções propostas, além da eliminação da contagem de juros e correção monetária. Alguns julgados aplicaram a correção monetária judicial comum (L. 6.899/81). A legislação posterior terminou concedendo-a expressamente (DL 2.278/85 e 2.284/86, art. 33); a CF/88 (ADCT, art. 46, III e IV) definitivamente determina sua aplicação, inclusive aos créditos anteriores à sua promulgação (v. Súmula TST 304). Entendemos que a determinação de sustar as ações e execuções já era inconstitucional pela Carta anterior e o é pela nova, quando promulgada, violando o princípio do *due process of law* (contido no art. 5º, XXXV, da CF: "A lei não excluirá da apreciação do Poder Judiciário lesão ou ameaça a direito"); já estava revogada tacitamente pela CF/69 ("o ingresso em juízo poderá ser condicionado a que se exauram previamente as vias administrativas, desde que não exigida garantia de instâncias, nem ultrapassado o prazo de 180 dias para a decisão sobre o pedido", art. 153, § 4º, 2ª parte, Emenda 7/77). Mesmo a primeira parte não era entendida apenas como simples direito a uma prestação jurisdicional. Representava uma garantia constitucional, cujo conteúdo é o *direito ao processo*, o devido processo legal. A segunda parte acrescentada reforçava o que se disse. Ainda havia o art. 153, § 36 (semelhante ao atual art. 5º, § 2º): "A especificação dos direitos e garantias expressos nesta Constituição não exclui outros direitos e garantias, decorrentes do regime e dos princípios que ela adota". Entre os pressupostos que informam a atividade do Poder Judiciário, entende-se que a proteção judiciária tem de ser efetiva e não fictícia. Não há maior violação a esses dois postulados do que sustar, indefinidamente, não apenas a futura execução, mas o próprio processo de cognição. Entendemos, por isso, que a mencionada lei não foi recepcionada pela CF, sendo inaplicável. Correção monetária (v. art. 833/3). Custas e depósito recursal (v. art. 899/2). Liquidação extrajudicial em falência (DL 1.477/76). Sucessão em liquidação extrajudicial (v. art. 10/1). Soc. de Seguros (DL 2.420/88). Competência para execuções conexas de débitos trabalhistas de empresas em liquidação extrajudicial (Prov. TST 5/00, revogado Prov. Correg. 3/02).

STJ A restituição de adiantamento de contrato de câmbio, na falência, deve ser atendida antes de qualquer crédito (STJ – Súmula 307).

STJ É descabida a prisão civil do depositário quando, decretada a falência da empresa, sobrevém a arrecadação do bem pelo síndico (STJ – Súmula 305).

STJ É ilegal a decretação da prisão civil daquele que não assume expressamente o encargo de depositário judicial (STJ – Súmula 304).

TST Os débitos trabalhistas das entidades submetidas aos regimes de intervenção ou liquidação extrajudicial estão sujeitos a correção monetária desde o respectivo vencimento até seu efetivo pagamento, sem interrupção ou suspensão, não incidindo, entretanto, sobre tais débitos, juros de mora (TST – Súmula 304).

TST Não ocorre deserção de recurso da massa falida por falta de pagamento de custas ou de depósito do valor da condenação. Esse privilégio, todavia, não se aplica à empresa em liquidação extrajudicial (TST – Súmula 86, conversão da Orientação Jurisprudencial SDI-1 31).

SDI É direta a execução de crédito trabalhista contra empresa em liquidação extrajudicial (TST, SDI-1, Orientação Jurisprudencial, 143).

SDI A Minascaixa tem legitimidade passiva *ad causam* para figurar nas demandas contra ela ajuizadas enquanto não tiver concluído o processo de liquidação extrajudicial ao qual se encontra submetida (TST, SDI-1, Orientação Jurisprudencial Transitória 37, conversão da Orientação Jurisprudencial SDI-1 109).

SDI A liquidação extrajudicial de sociedade cooperativa não suspende a execução dos créditos trabalhistas existentes contra ela (TST, SDI-2, Orientação Jurisprudencial 53).

Juros – Empresa em liquidação extrajudicial. Enquanto perdurar a liquidação fica suspensa a incidência de juros. Inteligência da Lei 6.024/74, que continua em plena vigência, já que foi alterada em parte, mas não no tocante à fluência de juros (TST, RR 22.829/91.7, Marco Giacomini, Ac. 1ª T. 3.290/91).

A execução trabalhista deve prosseguir perante a Justiça do Trabalho mesmo após a decretação da liquidação extrajudicial. Lei 6.830/80, arts. 5º e 29. CF/88, art. 114 (TST, RO-MS 215.137/95.9, João Oreste Dalazen, Ac. SBDI-2 1.008/97).

Bancos. Liquidação extrajudicial. O direito ao ajuizamento de ação ou prosseguimento daquelas em curso não se suspende ou interrompe, conforme regra constitucional (artigo 5º, XXXV). Inaplicável o disposto na Lei 6.024/74, artigo 18, revogado por incompatibilidade com a Carta Magna (Proc. TRT/SP 34.879/96, Valentin Carrion, Ac. 9ª T. 55.943/97).

Financeira. Liquidação extrajudicial. O direito ao ajuizamento de ação ou prosseguimento daquelas em curso não se suspende ou interrompe, conforme regra constitucional (artigo 5º, XXXV). Inaplicável o disposto na Lei 6.024/74, artigo 18, revogado por incompatibilidade com a Carta Magna (Proc. TRT/SP 26.102/96, Valentin Carrion, Ac. 9ª T. 42.906/97).

A decretação de liquidação extrajudicial da reclamada não caracteriza motivo de força maior para a extinção da empresa, uma vez que a irresistibilidade e imprevisibilidade não se enquadram nesta hipótese, porquanto os fatores que levam à liquidação não ocorrem repentinamente, mas sim em virtude de um processo gradativo decorrente da má administração da empresa, provocado pela imprevidência do empregador, sendo nesse caso o único responsável pelos riscos da atividade econômica (art. 2º da CLT). Devida, portanto, a diferença de 20% da multa do FGTS (TST, RR 298.954/96, Ronaldo José Lopes Leal, Ac. 1ª T./99).

11 *"Factum principis"*. As indenizações contra os cofres públicos, decorrentes de ato estatal que impossibilite a atividade empresarial, não são da competência trabalhista (v. art. 486/1).

12 *Servidor público*. Conceito (v. art. 7º, nota 16). Competência (v. art. 643/15).

13 Entes de direito público externo (v. art. 643/14). Competência normativa: dissídios coletivos (v. art. 856/2 e 3). Crimes contra a organização do trabalho (v. art. 634/3 e 4). Ações judiciais trabalhistas (v. art. 837). Conflitos de jurisdição (v. art. 803, notas). FGTS (v. art. 477/12). PIS, competência (v. art. 457/10). Greve (v. art. 723). Cobrança de contribuições sindicais, competência (v. art. 643/4, "e"). Parceria rural (v. art. 7º/9).

B) Competência em razão da condição das pessoas

14 *Os entes de direito público externo* são as pessoas jurídicas de direito internacional, ou seja, os Estados soberanos, e os organismos internacionais a eles equiparados (a OIT, por exemplo). Nas edições anteriores, havíamos dito que os agentes do serviço consular e do serviço diplomático usufruíam do princípio de imunidade de jurisdição, pelo que não estavam sujeitos a serem julgados, civil ou criminalmente, pelos tribunais do país alheio. Essa imunidade alcançava os bens e os atos de seus agentes. Nesse sentido são lei no Brasil a Convenção de Havana de 1928 (Código de Bustamante) e as de Viena (1961 e 1963). O que não estava abrangido por esses acordos, a imunidade do próprio Estado estrangeiro, estava coberto pelo direito consuetudinário antiquíssimo das nações; as ações reais contra o Estado e aquelas em que ele atuasse empresarialmente eram exceções. É verdade que, para os que defendem a teoria monista (só há uma ordem jurídica, a interna, que recebe o direito internacional e o revoga quando lhe aprouver), a lei nacional poderia revogar a internacional e os tratados que assinou anteriormente. Mas, para pensar que o art. 114, I, da CF/88 com seis palavras suprimiu toda uma longa construção costumeira, legislativa e judiciária, que respeita a soberania, seria necessário que o dissesse expressa e taxativamente, o que não se depreende do texto. Ainda mais que o Brasil se rege nas suas relações internacionais pela "igualdade entre os Estados" (art. 4º, V) e a "solução pacífica dos conflitos" (VI). A igualdade é a origem do brocardo, consagrado desde a Idade Média, "par in parem non habet imperium" (o igual não tem império sobre o semelhante). A simples afirmação de competência para julgamento não afastaria o princípio da imunidade. A Constituição anterior dava à Justiça Federal competência genérica para julgar as ações de estados estrangeiros (art. 122, II), e o princípio nunca deixou de ser respeitado. Assim, o art. 114 poderia ter o efeito de afastar a competência de outra jurisdição nacional para conhecer de ação trabalhista, superando, assim, a Súmula 83 do antigo TFR:

a) "Compete à Justiça Federal processar e julgar reclamação trabalhista movida contra representação diplomática de país estrangeiro, inclusive para decidir sobre a preliminar de imunidade de jurisdição"; b) a Justiça do Trabalho teria competência para dizer e declarar se há ou não imunidade, que pode deixar de existir por não se tratar de hipótese de aplicação, por exemplo, atos negociais do agente estrangeiro, ou renúncia expressa da imunidade do Estado-réu.

Em edições anteriores salientamos que o conceito de imunidade absoluta de que gozavam os Estados estrangeiros, seus representantes e atividades, que os colocava ao abrigo de qualquer chamamento a juízo, está superado pela complexidade das atividades, crescimento numérico, econômico, propagandístico etc., que as representações diplomáticas desenvolvem. Salientando-se a distinção entre a imunidade do próprio Estado contra os funcionários que do próprio país se deslocam e, de outro lado, aqueles empregados contratados no país acreditado, em serviços que poderiam ser entregues a atividades privadas. Isso porque a Convenção de Viena, de 1961, aprovada no Brasil (DLeg. 103/64, promulgada pelo D. 56.435/66), adotou princípios nítidos: os funcionários diplomáticos e as respectivas famílias não estão sujeitas à legislação social do Estado acreditado, mas os funcionários e empregados nacionais do Estado acreditado, ou nele residentes em caráter permanente, acham-se sujeitos à referida legislação previdenciária (Nascimento e Silva, apud Gérson Boson, *LTr* 35/599, 1971).

O voto do Min. Francisco Rezek no STF rompeu com essa jurisprudência. As razões desse entendimento (ApC 9.696, j. 31.5.89) são: a imunidade do Estado estrangeiro, antiga e sólida regra costumeira do Direito das Gentes, foi rompida pela Convenção Europeia de 1974, reservando a imunidade aos atos de império e não aos de mera gestão; estes são os que decorrem da interação entre o órgão diplomático e o meio ambiente, e de natureza contratual ou correlata; a Convenção de 1974 expressamente retira a imunidade das demandas trabalhistas "contra representação diplomática estrangeira". O magistrado ainda mostra que os Estados Unidos da América, em 1976, por lei, retiraram imunidade a inúmeras causas, entre elas as trabalhistas; o mesmo fez a Inglaterra, quanto aos atos de natureza contratual trabalhista; "o único fundamento que tínhamos... desapareceu", arremata o Min. Francisco Rezek.

Restam outras dificílimas questões: se a imunidade abandonada abrange a execução e não se considerarem as convenções que se referem à impenhorabilidade dos bens, não se poderá permitir a violação do território da representação diplomática pelo oficial de Justiça para penhorar e remover; se se adotar a Carta Rogatória, poderá o Estado estrangeiro rejeitá-la. O membro da representação (pessoalmente, não seu Estado), na ação trabalhista de sua empregada doméstica, não possui a imunidade da Convenção de Viena.

Há os que entendem que a Constituição não pretendeu revogar e não revogou os tratados internacionais, assinados pelo Brasil, que garantem mútua imunidade aos países acordantes (Georgenor de Sousa Franco Filho, *Jurisdição e Competência Internacional*..., cit.).

SDI As organizações ou organismos internacionais gozam de imunidade absoluta de jurisdição quando amparados por norma internacional incorporada ao ordenamento jurídico brasileiro, não se lhes aplicando a regra do Direito Consuetudinário relativa à natureza dos atos praticados. Excepcionalmente, prevalecerá a jurisdição brasileira na hipótese de renúncia expressa à cláusula de imunidade jurisdicional (TST, SDI-1, Orientação Jurisprudencial 416).

A jurisprudência desta Corte Trabalhista é pacífica no sentido de que os estados estrangeiros e os organismos internacionais não gozam de imunidade de jurisdição quando atuam no âmbito das relações privadas (atos de gestão), especialmente na área do Direito do Trabalho. Recurso de revista conhecido e provido, no particular (TST, RR 1045/2004-001-10-00, Relatora Dora Maria da Costa, *DEJT*, 21.8.09).

Não há imunidade judiciária para o Estado estrangeiro, em causa de natureza trabalhista. Em princípio, esta deve ser processada e julgada pela Justiça do Trabalho, se ajuizada depois do advento da Constituição Federal de 1988 (art. 114). Na hipótese, porém, permanece a competência da Justiça Federal, em face do disposto no § 10 do art. 27 do ADCT da CF/88, c/c art. 125, II, da EC 1/69. Recurso ordinário conhecido e provido pelo Supremo Tribunal Federal para se afastar a imunidade judiciária reconhecida pelo Juízo Federal de primeiro grau, que deve prosseguir no julgamento da causa, como de direito (STF, Ac. 9.696-3-SP, Sydney Sanches).

Estado estrangeiro. Reclamação trabalhista ajuizada por empregados de Embaixada. Imunidade de jurisdição. Caráter relativo. Reconhecimento da jurisdição doméstica dos juízes e tribunais brasileiros (STF, AgRg 139.671.8-DF, Celso de Mello, 1ª T.).

15 *Servidores públicos.* A relação de emprego com os Estados-Membros e com os Municípios (Administração Pública direta e indireta) pertencia à competência da Justiça do Trabalho. Mas não a dos *empregados da União Federal*, suas autarquias e empresas públicas, que a Constituição anterior havia reservado para a chamada Justiça Federal (juízes federais e antigo Tribunal Federal de Recursos). A Carta Magna de 1988 devolveu à Justiça do Trabalho a competência natural para conhecimento dessas ações (art. 114, antes da EC 45/04), que, pelo critério *ratione personae*, lhe havia sido retirada.

Adotado o *regime único* estatutário para seus servidores (L. 8.112/90, art. 243), resultou na competência jurisdicional federal, salvo para os servidores das empresas públicas e sociedades de economia mista, que permaneceram no regime de emprego.

Revogado o regime único da L. 8.112/90, art. 243, pela EC 19/98, art. 39, a espécie de vínculo entre o servidor e a Administração é escolhida pelo Conselho de Política de Administração e Remuneração de Pessoal (CF, art. 39).

Com a EC 45/04, a Justiça do Trabalho perde sua característica principal, perde a sua vocação, a relação de trabalho subordinado. Com a substituição do termo "relação de emprego" por "relação de trabalho" aumenta a sua competência, que agora abrange a solução de todo conflito do universo das relações de trabalho, incluindo as relações do funcionário público ("celetistas" ou não). Fato que vem de encontro a toda e qualquer tentativa de agilizar as soluções rápidas dos conflitos trabalhistas (também concorda o Desembargador José Pitas, TRT-15).

O Estatuto dos Funcionários Públicos (L. 8.112/90) concedeu-lhes direito à negociação coletiva e de ajuizamento, individual e coletivamente, perante a Justiça do Trabalho (art. 240, partes vetadas, mantidas pelo Congresso Nacional e julgadas inconstitucionais pelo STF).

O STF julgou inconstitucional a negociação coletiva e a competência da Justiça do Trabalho para os funcionários públicos; esta por entender que "trabalhador", na CF, não abrange o "servidor público" (STF, ADIn 492-1, RDT 80/168). O que a jurisprudência já tinha como pacífico tornou-se letra morta, com a redação dada à CF, art. 114, pela EC 45/04.

Funcionário público cedido à empresa de economia mista. Em face da duplicidade de situações que paradoxalmente se entrelaçam, agora mais do que antes a Justiça do Trabalho será competente em razão da matéria, para os dois contratos. Direitos anteriores (v. art. 7º/20).

O presidente do STF, Ministro Nelson Jobim, restabeleceu, desde o dia 27.01.05, por liminar, a competência da Justiça Federal para julgar ações envolvendo as relações de trabalho de servidores estatutários, alterando o texto da EC 45/04. A liminar foi concedida na ADIn 3.395, movida pela AJUFE. O presidente da Associação dos Juízes Federais, Jorge Maurique, constatou a existência de duas redações diferentes para o mesmo inciso I do art. 114 da proposta da EC 45/04. A liminar foi concedida com efeito *ex tunc* (retroativo) para dar interpretação conforme a Constituição ao inciso I do art. 114 da CF, na redação da EC 45/04. "Suspendo toda e qualquer interpretação dada ao inciso, que inclua na competência da Justiça do Trabalho a apreciação de causas que sejam instauradas entre o poder público e seus servidores, a ele vinculados por típica relação de ordem estatutária ou de caráter jurídico-administrativo". Ainda segundo o presidente do STF, "as demandas relacionadas aos servidores, regidos pela Lei 8.112/90 e pelo Direito Administrativo, são diversas dos contratos de trabalho instituídos com base na Consolidação das Leis do Trabalho (CLT)". "Não há que se entender que Justiça Trabalhista, a partir do texto promulgado, possa analisar questões relativas aos servidores públicos." Caso seja mantida tal decisão, a Justiça do Trabalho volta a ter competência somente sobre o servidor público "celetista".

STJ Compete à Justiça Federal processar e julgar o pedido de reintegração em cargo público federal, ainda que o servidor tenha sido dispensado antes da instituição do Regime Jurídico Único (STJ – Súmula 173).

STJ Compete ao juízo onde primeiro for intentada a ação envolvendo acumulação de pedidos, trabalhista e estatutário, decidi-la nos limites da sua jurisdição, sem prejuízo do ajuizamento de nova causa, com o pedido remanescente, no juízo próprio (STJ – Súmula 170).

STJ Compete à Justiça Comum Estadual processar e julgar ação de servidor público municipal, pleiteando direitos relativos ao vínculo estatutário (STJ – Súmula 137).

STJ Compete à Justiça do Trabalho processar e julgar reclamação de servidor público relativamente a vantagens trabalhistas anteriores à instituição do regime jurídico único (STJ – Súmula 97).

SDI Compete à Justiça do Trabalho julgar pedidos de direitos e vantagens previstos na legislação trabalhista referente a período anterior à Lei 8.112/90, mesmo que a ação tenha sido ajuizada após a edição da referida lei. A superveniência de regime estatutário em substituição ao celetista, mesmo após a sentença, limita a execução ao período celetista (TST, SDI-1, Orientação Jurisprudencial 138, conversão da Orientação Jurisprudencial SDI-1 249).

Ante vasta jurisprudência do Supremo Tribunal Federal declarando a incompetência da Justiça do Trabalho para processar e julgar demanda envolvendo o poder público e servidor a ele vinculado por relação administrativa, como no caso de contrato por tempo determinado para atender necessidade temporária de excepcional interesse público, foi cancelada a Orientação Jurisprudencial n. 205 da SBDI-1 do Tribunal Superior do Trabalho. A Suprema Corte concedeu liminar na ADI n. 3395, deu interpretação conforme o inciso I do artigo 114 da Constituição Federal para declarar que referido preceito não abrange as causas instauradas entre o Poder Público e servidor que lhe seja vinculado por relação jurídico-estatutária. Como consequência, e por uma questão de disciplina judiciária, sobreleva o enquadramento do presente caso na hipótese de rescindibilidade prevista no inciso II do artigo 485 do Código de Processo Civil, porque a decisão rescidenda decidiu demanda envolvendo a administração pública direta e servidor contratado temporariamente com base em lei local. Precedentes do Tribunal Superior do Trabalho (TST, ReeNec e RO 154200-44.2009.5.03.0000, j. em 8.2.11, Emmanoel Pereira).

IBGE. Contrato por prazo certo (recenseamento, L. 8.122/90). Prorrogação ilegal. Inexistência de contrato de trabalho pela CLT ou de vínculo estatutário. Relação de trabalho anômala. Condenação apenas na indenização de serviços prestados, para evitar locupletamento ilícito da ré, consistente em salários e seus adicionais (horas extras, adicional noturno e reajustes legais) (TRT/SP, RO 46.321/93.4, Valentin Carrion, Ac. 9ª T. 47.842/95.0).

Servidor público estadual contratado sob o regime da CLT. Diferenças salariais. Justiça do Trabalho. Compete à Justiça do Trabalho dirimir demanda proposta por servidores estaduais contratados sob regime da CLT, ainda que diga respeito a vantagens oriundas de leis estaduais de aplicação própria a funcionários estatutários. Competência que decorre da inteligência do art. 114 da CF (RE 207.374-I-SP). José Néri da Silveira – STF.

* Sobre o tema *supra*, v. www.institutocarrion.com.br.

C) Competência em razão do local

16 Competência territorial (v. art. 650 e s.). Exceções processuais, incompetência, suspeição (v. art. 799 e s.). Conflitos de jurisdição (v. art. 803 e segs.).

A opção concedida ao empregado prevista no § 3º do art. 651 consolidado é devida, ainda que o foro escolhido não tenha sido o último local da prestação dos serviços. A regra geral para a fixação da competência, no processo trabalhista, é a da prestação dos serviços, isso porque – entendimento contrário – se estaria propiciando ao empregador quase que a totalidade do direito de escolha do foro, já que é este detentor, em tese, do direito da transferência do empregado (TST, CComp 499.145/98.9, Francisco Fausto Paula de Medeiros, Ac. SBDI-2/99).

D) **Competência funcional**

17 É a repartição das atividades jurisdicionais entre os diversos órgãos que devem atuar dentro de um mesmo processo. Classifica-se pelas fases do procedimento, grau de jurisdição e objeto do juízo (Humberto Theodoro Júnior, *Curso de Direito Processual Civil*, 1997, v. 1, p. 28); assim, enquanto a competência material e a territorial distribuem os diversos processos entre os diversos órgãos, a funcional distribui atividades dentro de um mesmo processo; exemplo: quem defere o requerimento, quem instrui, quem relata, qual o órgão que declara a inconstitucionalidade de lei etc.

■ Incompetência originária do TST. Lei n. 8.630/93. Preliminar que se acolhe para, declarando a incompetência do TST para julgar o dissídio coletivo, extinguir o processo sem julgamento do mérito (TST, DC 261.167/96.4, José Luiz Vasconcellos, Ac. SDC 596/96).

■ Ação anulatória. Compete aos Tribunais Regionais do Trabalho apreciar, originariamente, ação declaratória ajuizada pelo Ministério Público do Trabalho, objetivando nulidade de cláusula normativa (TST, RO-AA 411.348/97.4, Fernando Eizo Ono, Ac. SDC).

Art. 644. São órgãos da Justiça do Trabalho:

a) o Tribunal Superior do Trabalho;

b) os Tribunais Regionais do Trabalho;

c) as Varas* do Trabalho ou os Juízos de Direito.

Art. 645. O Serviço da Justiça do Trabalho é relevante e obrigatório, ninguém dele podendo eximir-se, salvo motivo justificado.

Art. 646. Os órgãos da Justiça do Trabalho funcionarão perfeitamente coordenados, em regime de mútua colaboração, sob a orientação do presidente do Tribunal Superior do Trabalho.

* (tacitamente revogado pela EC 24/99)

1 Diz a Constituição Federal de 1988:

Art. 111. São órgãos da Justiça do Trabalho:

I – o Tribunal Superior do Trabalho;

II – os Tribunais Regionais do Trabalho;

III – Juízes do Trabalho.

Órgãos judiciários trabalhistas: art. 643/1.

CAPÍTULO II
DAS VARAS DO TRABALHO*

Seção I
Da composição e funcionamento

Art. 647. Cada Vara do Trabalho* terá a seguinte composição[1]:

a) um juiz do trabalho*;

b) 2 juízes classistas, sendo um representante dos empregadores e outro dos empregados[2]*.

Parágrafo único. Haverá um suplente para cada juiz classista*.

Art. 648. São incompatíveis entre si, para os trabalhos da mesma Junta, os parentes consanguíneos e afins até o terceiro grau civil*.

Parágrafo único. A incompatibilidade resolve-se a favor do primeiro juiz classista designado ou empossado, ou por sorteio, se a designação ou posse for da mesma data*.

Art. 649. As Juntas poderão conciliar, instruir ou julgar com qualquer número, sendo, porém, indispensável a presença do Presidente, cujo voto prevalecerá em caso de empate*.

§ 1º No julgamento de embargos[3] deverão estar presentes todos os membros da Junta*.

§ 2º Na execução e na liquidação das decisões funciona apenas o Presidente*.

* (tacitamente alterado pela EC 24/99)

1 *Composição paritária*. Dizia a Constituição Federal de 1988, antes da EC 24/99:

> **Art. 113. A lei disporá sobre a constituição, investidura, jurisdição, competência, garantias e condições de exercício dos órgãos da Justiça do Trabalho, assegurada a paridade de representação de trabalhadores e empregadores...**
>
> **Art. 116. A Junta de Conciliação e Julgamento será composta de um juiz do trabalho, que a presidirá, e dois juízes classistas temporários, representantes dos empregados e dos empregadores.**
>
> **Parágrafo único. Os juízes classistas das Juntas de Conciliação e Julgamento serão nomeados pelo Presidente do Tribunal Regional do Trabalho, na forma da lei, permitida uma recondução ...**
>
> **Art. 117. O mandato dos representantes classistas, em todas as instâncias, é de três anos.**
>
> **Parágrafo único. Os representantes classistas terão suplentes.**

Diz a Constituição Federal de 1988, com a redação dada pela EC 24/99:

Art. 113. A lei disporá sobre a constituição, investidura, jurisdição, competência, garantias e condições de exercício dos órgãos da Justiça do Trabalho.

Art. 116. Nas Varas do Trabalho, a jurisdição será exercida por um juiz singular.

Art. 117. (Revogado).

2 Juiz do Trabalho (art. 654). Juízes classistas (art. 660).

A Carta Magna exigia paridade de representação de empregadores e trabalhadores (antigo art. 113). A constituição do órgão e seu funcionamento eram temas diferentes. A lei ordinária não exigia presença dos vogais (art. 649), provavelmente para evitar que o representante classista pudesse entravar o funcionamento da Junta com sua ausência. Conclui-se que o impedimento de um vogal era causa de nulidade do processo, mas a simples ausência carecia de qualquer efeito processual. A lei tampouco exigia a presença de representantes classistas no TST no ato do julgamento; somente o fazia nos Tribunais Regionais (art. 672). Nenhum dos membros das Juntas estava vinculado à causa para julgamentos futuros, por ter participado de atos processuais anteriores. Juiz classista é gênero de todos os julgadores que representam uma determinada classe (L. 9.697/98).

Os juízes classistas votavam a matéria de fato e de direito; em caso de empate, prevalecia o voto do presidente; vencido o juiz pelo voto dos juízes classistas, remanescia a vontade destes.

Extinta a representação classista, assegurou-se o cumprimento dos mandatos em curso.

3 *Os embargos à Junta de Conciliação e Julgamento*, recurso para o próprio órgão a fim de reformar o julgado, chamados, na teoria geral do processo, embargos de nulidade e infringentes do julgado, a que o texto *supra* se refere, cabiam nas ações de exclusiva alçada das Juntas; foram suprimidos no processo do trabalho (nova redação do art. 894, L. 5.442/68), como também o foram no CPC de 1973. Cabem embargos infringentes contra acórdão não unânime proferidos em apelação ou ação rescisória dirigidos ao próprio tribunal. Restam os embargos de declaração (v. art. 894/5). A exigência de presença de todos os membros não se refere a estes, pois a CLT não os prevê; e, se a composição anterior foi competente para julgar, o será para sanar a imperfeição. Com a mudança na composição da Junta de Conciliação e Julgamento, agora Vara do Trabalho, de decisão monocrática, não cabem embargos.

Seção II
Da jurisdição e competência das Varas do Trabalho*

Art. 650. A jurisdição de cada Vara do Trabalho* abrange todo o terri-

tório da Comarca em que tem sede, só podendo ser estendida ou restringida por lei federal*.

Parágrafo único. As leis locais de Organização Judiciária não influirão sobre a competência de Varas do Trabalho* já criadas, até que lei federal assim determine*.

* (tacitamente alterado pela EC 24/99)

1 Normas para criação de órgãos de primeira instância (L. 6.947/81). Competência territorial dos órgãos de primeira instância em todo o País (L. 6.563/78). A L. 10.770/03 criou novas e definiu a competência territorial das varas de todo o País.

Art. 651. A competência das Varas do Trabalho* é determinada pela localidade[1] onde o empregado, reclamante ou reclamado, prestar serviços ao empregador, ainda que tenha sido contratado noutro local ou no estrangeiro*.

§ 1º Quando for parte no dissídio agente ou viajante comercial, a competência será da Vara do Trabalho* da localidade em que a empresa tenha agência ou filial e a esta o empregado esteja subordinado e, na falta, será competente a Vara do Trabalho* da localização em que o empregado tenha domicílio ou a localidade mais próxima (red. L. 9.851/99).

§ 2º A competência das Varas do Trabalho*, estabelecida neste artigo, estende-se aos dissídios ocorridos em agência ou filial no estrangeiro[2], desde que o empregado seja brasileiro e não haja convenção internacional dispondo em contrário.

§ 3º Em se tratando de empregador que promova realização de atividades fora do lugar do contrato de trabalho, é assegurado ao empregado apresentar reclamação no foro da celebração do contrato ou no da prestação dos respectivos serviços[3].

Art. 652. Compete às Varas do Trabalho*:

a) conciliar e julgar:

I – os dissídios em que se pretenda o reconhecimento da estabilidade de empregado[4];

II – os dissídios concernentes a remuneração, férias e indenizações por motivo de rescisão do contrato individual de trabalho;

III – os dissídios resultantes de contratos de empreitadas em que o empreiteiro seja operário ou artífice[5];

IV – os demais dissídios concernentes ao contrato individual de trabalho;

V – as ações entre trabalhadores portuários e os operadores portuários ou o Órgão Gestor de Mão de Obra – OGMO decorrentes da relação de trabalho (red. MP 2.164-41/01);

b) processar e julgar os inquéritos para apuração de falta grave;

c) julgar os embargos opostos às suas próprias decisões;

d) impor multas e demais penalidades relativas aos atos de sua competência;

e) (suprimida DL 6.353/44);

f) decidir quanto à homologação de acordo extrajudicial[9] em matéria de competência da Justiça do Trabalho. (Red. L. 13.467/17).

Parágrafo único. Terão preferência[8] para julgamento os dissídios sobre pagamento de salário e aqueles que derivarem da falência do empregador, podendo o juiz da Vara do Trabalho*, a pedido do interessado, constituir processo em separado, sempre que a reclamação também versar sobre outros assuntos.

* (tacitamente alterado pela EC 24/99)

1 A *competência em razão do local* no processo trabalhista se rege, como regra genérica, pelo lugar da prestação de serviço.

Na hipótese de ter havido vários locais de trabalho, a competência será a do último. Na hipótese de trabalho simultâneo em diversas comarcas, todas elas são competentes (ressalvada a previsão do viajante); o mesmo se um só local pertence a diversos municípios (propriedade rural, por exemplo). Transferido o empregado, a competência será do último lugar de trabalho, salvo se a transferência era provisória ou não chegou a consumar-se pela recusa do empregado ou se aquela é inquinada de ilegal na própria ação. É prorrogável, por vontade expressa ou tácita das partes. O réu agora poderá alegar a incompetência territorial em petição própria antes da audiência, ver art. 800/8. O TST, na IN 39/16, não aplica o CPC/15, art. 63; não pode haver a eleição do foro, em face do princípio protecionista, o acordo anterior ao litígio, tendente a modificar a competência territorial (foro contratual), não se aplica contra o empregado, e sim a seu favor. O tema, entretanto, é polêmico. Proposta a ação em local antes incompetente, não havendo recusa do réu, este passa a ser competente. Incompetência de foro (matéria) (v. art. 795/3).

STJ A incompetência relativa não pode ser declarada de ofício (STJ – Súmula 33).

SDI Não cabe declaração de ofício de incompetência territorial no caso do uso, pelo trabalhador, da faculdade prevista no art. 651, § 3º, da CLT. Nessa hipótese, resolve-se o conflito pelo reconhecimento da competência do juízo do local onde a ação foi proposta (TST, SDI-2, Orientação Jurisprudencial 149).

Incompetência da Justiça do Trabalho é territorial – Arguição simultânea. A alegação da dupla incompetência que exija instrução em audiência quanto à existência ou inexistência da relação de emprego exige se decida em primeiro lugar a competência territorial posto que é nesta (no lugar onde se deram os fatos) que será instruída a primeira (TRT/SP, RO 886/85, Valentin Carrion, Ac. 8ª T.).

Jurisdição territorial – Exegese do art. 112 da CF. Instalada em determinada comarca, a jurisdição territorial das JCJ se estende a todo município que a integra, ainda que não incluído na relação da lei federal que a instituiu. A omissão da lei, no caso, não significa que remanesça jurisdição trabalhista à Justiça local em comarca onde já se instalou uma JCJ (STF, RE 121.836-3-MG, Moreira Alves, Ac. TP).

■ A fixação da competência para o ajuizamento de demanda contra o ex-empregador se define pela regra geral do *caput* do artigo, isto é, no local onde ocorreu a prestação de serviços de modo definitivo, por ocasião do seu afastamento, em virtude de aposentadoria, que já se estendera por mais de 20 anos (TST, CComp 4/89.5, Ermes Pedrassani, Ac. SDI 1.291/91).

■ Ofende o art. 112, da Constituição, o acórdão que estende a jurisdição de Junta de Conciliação e Julgamento a Município, que não foi incluído na área de sua jurisdição pela respectiva lei, que a criou (STF, RE 121.834.7-MG, Néri da Silveira, Ac. 2ª T.).

■ Conjugando-se o disposto no art. 651 da CLT e no seu § 3º, conclui-se que a transferência definitiva do empregado para localidade diversa daquela em que ocorreu a celebração do contrato faculta-lhe a opção pelo foro da celebração do contrato, sob pena de a transferência, além dos transtornos que lhe pode acarretar, poder constituir instrumento de cerceio ao exercício do direito de ação após a rescisão contratual (TST, CComp 241.495/95.9, Manoel Mendes de Freitas, Ac. SBDI-2 565/96).

■ Impor-se que a reclamação tenha seu curso em juízo distante do domicílio do empregado implica denegação de justiça pela simples impossibilidade de o obreiro deslocar-se de uma região para outra, em que os custos da viagem podem até não compensar o ajuizamento da reclamatória (TST, CComp 113.931/94.6, Vantuil Abdala, Ac. SDI 4.782/94).

■ Se o empregado foi contratado em determinada localidade para a prestação de serviços em outra, incide à hipótese a exceção prevista no art. 651, § 3º, da CLT que prevê a faculdade do empregado de optar entre o foro da celebração do contrato ou o da execução do trabalho (TST, CComp. 139.037/94.3, Armando de Brito, Ac. SDI 2.231/95).

■ A incompetência em razão do lugar, por ser relativa, não pode ser declarada de ofício. Se o reclamado não a argui, tem-se que aceitou o foro escolhido pelo Autor que, em consequência, passa a ser o foro competente por prorrogação (TST, CComp 196.927/95.0, Manoel Mendes de Freitas, Ac. SDI 42/96).

2 *O Direito Internacional Privado* regula o conflito de leis no espaço entre normas de Estados soberanos (v. art. 1º/7 a 10).

O disposto no art. 651, *caput* e § 2º, é norma de direito interno em sua primeira parte e norma de direito internacional privado brasileiro no final.

Ao dizer que a competência das Varas do Trabalho é determinada pela localidade onde o empregado presta serviço, mesmo que tenha sido contratado no estrangeiro, está admitindo a competência brasileira, mesmo que alguma outra norma estrangeira adote o critério da lei do lugar onde se deu a contratação.

Aplica-se a CLT por ser mais específica ao caso do que a Lei de Introdução às Normas do Direito Brasileiro; esta diz "é competente a autoridade judiciária brasileira, quando for o réu domiciliado no Brasil, ou aqui tiver de ser cumprida a obrigação" (art. 12). Quanto ao critério de ser esta ou outra Vara do Trabalho a competente, depois que se fixou a competência nacional, pertence, pelos princípios internacionais, à lei local. Assim, o Código de Bustamante, que é lei no Brasil, dispõe: "Dentro de cada Estado contratante, a competência preferente dos diversos juízes será regulada pelo seu direito nacional" (art. 332).

À margem de tudo isso, recorde-se que o Código de Bustamante prevê a submissão voluntária dos litigantes à Justiça de qualquer país, desde que uma das partes seja nacional ou nele domiciliada (art. 318), o mesmo acontecendo quanto à jurisdição voluntária.

A competência da Justiça brasileira ainda está fixada pela CLT, art. 651, § 2º, quanto "aos dissídios ocorridos em agência ou filial no estrangeiro, desde que o empregado seja brasileiro e não haja convenção internacional dispondo em contrário". O texto deve ser entendido como visando os "litígios decorrentes da prestação de trabalho no estrangeiro" subordinados a "agência ou filial" no exterior. A impropriedade da expressão "em agência ou filial", em vez de "subordinado a", é evidente.

Há outras ressalvas a serem feitas. A proteção ao "empregado brasileiro" em vez de "domiciliado no Brasil" (com o que abrangeria não só os nacionais como os que aqui adotaram o País com ânimo definitivo) viola a tradição nacional. O Código de Bustamante, que é lei no Brasil, determina que "a competência *ratione materiae* e *ratione personae*, na ordem das relações internacionais, não se deve basear, por parte dos Estados contratantes, na condição de nacionais ou estrangeiros das pessoas interessadas, em prejuízo destas" (art. 317). Mesmo que o dispositivo se dirija imediatamente à competência territorial internacional, se se interpretasse literalmente, estar-se-ia criando casos de competência em razão da condição das pessoas.

Mas qualquer brasileiro que trabalhe no exterior, para qualquer empresa, terá direito à jurisdição nacional? Para a resposta, tem de preocupar-se com o "elemento de conexão" e de, como o denomina o direito internacional, "qualificação"; ou seja, determinar-se precisamente a natureza jurídica de uma situação de fato que se liga com dois ou mais sistemas jurídicos (Gama e Silva, apud Strenger, *Curso*, p. 407, Índ. Bibliog.). A indagação agora também é de direito processual, e neste é insuficiente que o trabalhador seja brasileiro para a competência jurisdicional deste País. Pelos princípios e costumes internacionais, impõe-se um nexo maior entre a demanda e a competência; o critério de o demandante ser nacional ou domiciliado em certo país não basta.

A Lei de Introdução às Normas do Direito Brasileiro pode servir de complementação por analogia, em face da duvidosa intenção legal e lacuna (o que não ocorria na hipótese anterior do *caput* do art. 651 da CLT). Diz a Lei de Introdução: "É competente a autoridade judiciária brasileira, quando for o réu domiciliado no Brasil ou aqui tiver de ser cumprida a obrigação" (art. 12). O CPC/15 contém norma de direito internacional privado: "É competente a autoridade judiciária brasileira quando: I – o réu, qualquer que seja a sua nacionalidade, estiver domiciliado no Brasil; ... Parágrafo único. Para o fim do disposto no n. I, reputa-se domiciliada no Brasil a pessoa jurídica estrangeira que aqui tiver agência, filial ou sucursal" (art. 21, *caput*, I e parágrafo único). "Serão representados em juízo, ativa e passivamente: X – a pessoa jurídica estrangeira, pelo gerente, representante ou administrador de sua filial, agência ou sucursal aberta ou instalada no Brasil. ... § 3º O gerente da filial ou agência presume-se autorizado, pela pessoa jurídica estrangeira, a receber citação para qualquer processo" (art. 75, X, § 3º).

Vê-se como é coerente a opinião do mestre Süssekind, que entende estar implícito no dispositivo legal que a empresa tenha domicílio no Brasil (*Conflitos*, p. 62, Índ. Bibliog.). Deduzimos no sentido amplo de domicílio: qualquer agência, filial ou sucursal aberta ou instalada no Brasil, como indica o CPC/15, art. 21, e não apenas matriz da empresa, como alguém já disse.

A norma legal, ainda mais uma vez, necessita de outra matização; o empregado que reside e trabalha no exterior seria obrigado pela lei nacional a propor ação no Brasil, mesmo que não lhe conviesse? A conclusão tem de ser a de que ao trabalhador assiste o direito de opção entre a jurisdição estrangeira e a brasileira (assim, Süssekind, idem, p. 63).

De tudo isso, tem-se de deduzir, com apoio nos textos legislativos mencionados, especialmente o CPC brasileiro, que a competência da Justiça nacional é a mais ampla, desde que o réu-empregador seja domiciliado no Brasil, pela sua matriz, agência, filial ou sucursal, mesmo que o trabalho tenha sido executado no exterior, sem qualquer vínculo com o País. Se as normas internacionais se inspiram na proteção ao trabalhador, não haveria maior contrassenso que obrigá-lo a dirigir-se a um país onde não reside, para poder requerer se lhe faça justiça.

Quanto à forma dos atos jurídicos, provas e seu ônus, assim como homologação da sentença estrangeira, litispendência internacional, há disciplina legal na Lei de Introdução (arts. 13 e 15), CPC/15 (art. 24) e Código de Bustamante (art. 388 e segs.).

Direito material internacional do trabalho (v. art. 1º/7 a 10).

TST CANCELADA – A relação jurídica trabalhista é regida pelas leis vigentes no país da prestação de serviço e não por aquelas do local da contratação (TST – Súmula 207, TST – Res. 181/12).

Carta rogatória. Em se tratando de lide cuja competência da autoridade judiciária brasileira é meramente relativa, a possibilidade de o interessado não aceitar a jurisdição estrangeira não obsta à concessão do *exequatur* para citação. Nessa hipótese, nada impede que, se o citado recusar expressamente sua submissão ao juízo rogante, se noticie a este essa recusa, acentuando-se que tal atitude é amparada pela ordem jurídica brasileira (STF, ECR 4.2198-1-EUA, Moreira Alves, Plenário, *DJU*, 27.9.85, p. 16608).

Contrato de trabalho celebrado no Brasil, com prestação de serviço no exterior. A competência para o conhecimento da ação é a do lugar onde celebrado o contrato, de acordo com a Jurisprudência uniforme do colendo TST. Princípio da *lex executionis*. A relação jurídica trabalhista é regida pelas leis vigentes no país da prestação de serviço e não por aquelas do local da contratação. Revista conhecida e provida para anular os atos decisórios do processo e determinar o retorno dos autos à instância de origem para apreciação do mérito, sob a égide da lei iraquiana (TST, RR 8.481/85-2, Barata Silva, Ac. 2ª T. 847/86).

■ A Justiça brasileira é competente para julgar ação de trabalhador brasileiro contratado no Brasil (CLT, art. 651, § 2º, e CPC, art. 88) por empresa estrangeira para trabalhar no exterior. Isto porque a norma imperativa brasileira impõe a essas empresas a obrigatoriedade de terem domicílio no Brasil e percentual acionário nacional (L. 7.064/82, arts. 13, 19 e 20). Essa conclusão processual não impede que o juiz brasileiro aplique a lei estrangeira de direito do trabalho material, em virtude do princípio de prevalência da norma do lugar da prestação dos serviços: "lex loci laboris" (TRT/SP, RO 5.568/87, Valentin Carrion, Ac. 8ª T.).

■ Contrato de trabalho realizado no Brasil e cumprido no exterior. Competência da Justiça Brasileira para processar e julgar reclamatória trabalhista. Acórdão regional reconhecendo a competência da Justiça Brasileira, em conformidade com o disposto no art. 651, § 2º, da CLT (TST, CNC 27.282/91-2, Ermes Pedrassani, Ac. SDI 1.477/91).

■ Imunidade de jurisdição. Controvérsia de natureza trabalhista. Competência jurisdicional dos tribunais brasileiros. A imunidade de jurisdição do Estado estrangeiro, quando se tratar de litígios trabalhistas, revestir-se-á de caráter meramente relativo e, em consequência, não impedirá que os juízes e tribunais brasileiros conheçam de tais controvérsias e sobre elas exerçam o poder jurisdicional que lhes é inerente. O novo quadro normativo que se delineou no plano do direito internacional, e também no âmbito do direito comparado, permitiu – ante a realidade do sistema de direito positivo dele emergente – que se construísse a teoria da imunidade jurisdicional relativa dos Estados soberanos, tendo-se presente, para esse específico efeito, a natureza do ato motivador da instauração da causa em juízo, de tal modo que deixa de prevalecer, ainda que excepcionalmente, a prerrogativa institucional da imunidade de jurisdição, sempre que o Estado estrangeiro, atuando em matéria de ordem estritamente privada, intervier em domínio estranho àquele em que se praticam os atos *jure imperii*. Doutrina. Legislação comparada. Precedente do STF. A teoria da imunidade limitada ou restrita objetiva institucionalizar solução jurídica que concilie o postulado básico da imunidade jurisdicional do Estado estrangeiro com a necessidade de fazer prevalecer, por decisão do Tribunal do foro, o legítimo direito do particular ao ressarcimento dos prejuízos que venha a sofrer em decorrência de comportamento imputável a agentes diplomáticos, que, agindo ilicitamente, tenham atuado *more privatorum* em nome do país que representam perante o Estado acreditado (o Brasil, no caso). Não se revela viável impor aos súditos brasileiros, ou a pessoas com domicílio no território nacional, o ônus de litigarem, em torno de questões meramente laborais, mercantis, empresariais ou civis, perante tribunais alienígenas, desde que o fato gerador da controvérsia judicial – necessariamente estranho ao específico domínio dos *acta jure imperii* – tenha decorrido da estrita atuação *more privatorum* do Estado estrangeiro. Os Estados Unidos da América – parte ora agravante – já repudiaram a teoria clássica da imunidade absoluta naquelas questões em que o Estado estrangeiro intervém em domínio essencialmente privado. Os Estados Unidos da América – abandonando a posição dogmática que se refletia na doutrina consagrada por sua Corte Suprema em Schooner Exchange v. McFaddon (1812) – fizeram prevalecer, já no início da década de 1950, em típica declaração unilateral de caráter diplomático, e com fundamento nas premissas expostas na Tate Letter, a conclusão de que "tal imunidade, em certos tipos de caso, não deverá continuar sendo concedida". O Congresso americano, em tempos mais recentes, institucionalizou essa orientação que consagra a tese da imunidade relativa de jurisdição, fazendo-a prevalecer, no que concerne a questões de índole meramente privada, no "Foreign Sovereign Immunities Act" (1976) (STF, Ag.-AI 139.671-8-DF, Celso de Mello, Ac. 1ª T.).

3 A *opção concedida* ao empregado, entre o lugar da contratação ou de execução do trabalho (art. 651, § 3º), deve ser interpretada harmonicamente com o *caput* do mesmo artigo, que aparentemente diz o contrário; o parágrafo é uma exceção que não revoga a regra geral do *caput*; assim, a opção do empregado só pode ser entendida nas raras hipóteses em que o empregador desenvolve seu trabalho em locais incertos, eventuais ou transitórios, como é o caso das atividades circenses, artísticas, feiras, exposições, promoções etc.; obviamente que, nessa hipótese, distingue-se o juízo competente (o órgão desse local) daquele que realizará a citação, mediante precatória.

■ A opção concedida ao empregado prevista no § 3º do art. 651 consolidado é devida, ainda que o foro escolhido não tenha sido o último local da prestação dos serviços. A regra geral para a fixação da competência, no processo trabalhista, é a da prestação dos serviços, isso porque – entendimento contrário – se estaria propiciando ao empregador quase que a totalidade do direito de escolha do foro, já que é este detentor, em tese, do direito de transferência do empregado (TST, CComp 449.145/98.9, Francisco Fausto Paula de Medeiros, Ac. SBDI-2/99).

■ Competência territorial. É determinada pela localidade onde o empregado prestar serviços "ainda que tenha sido contratado noutro local" (CLT, art. 651, *caput*). O § 3º não revoga o *caput*, obviamente. Refere-se a atividades em locais incertos, eventuais ou transitórios, como os circenses, feiras regionais etc. A expressão "deverá ser declarada *ex officio* a nulidade fundada em incompetência de foro" (CLT, art. 795, § 1º) refere-se a "foro civil", "foro criminal", ou seja, competência material, que é a mais grave, a improrrogável, a constitucional e não a territorial, que é a única prorrogável. Arguida a incompetência e desprezada pelo Juízo, não há prorrogação e a sentença é passível de anulação. Mas esta só se declara "quando resultar... manifesto prejuízo" à parte (CLT, art. 794). Este não se reconhece sem prova (TRT/SP, RO 1.559/84, Valentin Carrion, Ac. 8ª T. 14.669/85).

■ Se o empregado foi contratado em determinada localidade para a prestação de serviços em outra, incide à hipótese a exceção prevista no art. 651, § 3º, da CLT que prevê a faculdade do empregado de optar entre o foro da celebração do contrato ou o da execução do trabalho (TST, CComp 139.037/94.3, Armando de Brito, Ac. SDI 2.231/95).

4 O *reconhecimento de estabilidade* é processado como qualquer outra reclamação. A ação de inquérito judicial para resolução do contrato, por falta grave cometida por estável, é prevista no art. 854.

5 *Operário ou artífice*: a competência da Justiça do Trabalho esgota-se no conteúdo do que as partes tenham contratado (especialmente a remuneração), sem que a lei confira direitos trabalhistas. Se o artífice possuir firma devidamente organizada, trata-se de atividade empresarial, mesmo modesta, que escapa à previsão legislativa mencionada. Diversa é a situação do trabalhador autônomo.

O art. 652, "a", III, não foi revogado pelo art. 123 da CF/46 (STF, CJ 6.452/84, *RTJ* 110/531).

No conflito negativo instaurado entre a Justiça Laboral e a Justiça Comum, importa perquirir a *causa petendi* e o pedido para aferir-se a natureza da tutela jurisdicional pretendida. Versando a espécie sobre relação jurídica contratual, em face do pedido indenizatório por inadimplemento de acordo verbal, a competência é da Justiça Comum. Conflito conhecido para declarar competente a Justiça Comum (STJ, CComp 411-MS, Sálvio de Figueiredo, Ac. 2ª Seção).

6 *Multas aplicáveis pelas Varas do Trabalho.* É insustentável defender aplicação de multas, por parte da primeira instância, pela infringência de normas materiais do Direito do Trabalho, que são da exclusividade dos órgãos de fiscalização do Ministério do Trabalho. No texto legal, na expressão "multas... relativas aos atos da sua competência", não se vislumbra outra atribuição senão a dos atos próprios da magistratura no processo e da administração específica de seu mister judiciário; para as demais, o magistrado oficia aos órgãos competentes (Previdência Social, Fazenda Nacional, Ministério Público etc.). As específicas de sua competência estão no Título VIII (Justiça do Trabalho) e são previstas para o caso de *lock-out*, greve, desrespeito a decisão judicial que determina reintegração, represália de empregador contra empregado, testemunha, violação de dissídio coletivo, recusa a depor, além de outras (art. 722 e s.). Se é permitido à primeira instância impor tais multas, também o será aos Tribunais, pois têm eles a atribuição de reformar, anular, acrescer ou reduzir os atos da instância inferior. Assim, podemos enumerar as sanções previstas na CLT, além das processuais (arts. 652, IV, "d", e 903), as do Ministério do Trabalho pelas violações do direito material (art. 626) e as aplicáveis aos próprios juízes (art. 904). *Astreintes* (art. 876/3-A).

Compete a esta Justiça Especializada a aplicação de sanção judicial, decorrente da condenação do empregador ao pagamento dos direitos trabalhistas do obreiro, sendo-lhe defesa a imposição de multa de caráter administrativo, por falta de previsão no ordenamento jurídico. A sua imposição fere o princípio da reserva legal, consubstanciado no art. 5º, inc. II, da CF (TST, RR 92.011/93.5, Leonaldo Silva, Ac. 4ª T. 3.372/94).

Multa pelo não cumprimento da obrigação trabalhista na época própria. O juiz do Tribunal Regional do Trabalho não pode impor multas ao empregador, pois somente às Juntas de Conciliação e Julgamento é que compete esta aplicação, segundo o art. 652, alínea "d", da Consolidação das Leis do Trabalho (TST, RR 134.290/94.2, José Luiz Vasconcellos, Ac. 3ª T. 645/97).

Multa de 45% aplicada pelo regional pela não satisfação de créditos trabalhistas. A aplicação de multa pela Justiça do Trabalho está limitada ao desatendimento de norma de caráter processual, não cabendo, pois, ao tribunal regional fixar multas de caráter administrativo como a de 45% por não satisfação de obrigação trabalhista, máxime quando estabelece o preceito legal a competência das JCJS (TST, RR 153.291/94.9, José Luiz Vasconcellos, Ac. 3ª T. 782/97).

7 Exceção de incompetência (art. 799). Conflito de jurisdição (art. 803). Antigos embargos à Junta (art. 649/3). Multas administrativas da fiscalização do MTE (art. 904).

8 *Idoso.* O CPC/15, art. 1.048, I, dá preferência ao idoso, maior de 60 anos, e ao portador de doença grave. Impõe simplesmente que, respeitado o procedimento do processo do trabalho, se dê preferência à realização dos atos e diligências necessários ao seu andamento. As audiências deverão ser designadas com interstícios menores, as notificações e os mandados deverão ser feitos mais rapidamente do que nos demais processos. Os recursos, distribuídos mais rapidamente etc. A concretização dessa preferência ficará a cargo da autoridade judiciária, que, para tanto, organizará livremente o serviço forense, devendo, porém, observar critérios impessoais e padrões que não esvaziem o benefício legal. Assim também o Estatuto do Idoso, L. 10.741/03. O fato de haver a participação de idosos em ambos os polos da relação processual não gera preferência dobrada (Estêvão Mallet, Preferência nos procedimentos envolvendo idosos, *LTr*, 65, fev. 01).

9 Permite a Vara do Trabalho que o acordo extrajudicial seja homologado na Justiça do Trabalho. Para fazer esse mesmo acordo era necessário o ajuizamento da reclamação trabalhista, muitos empregadores deixavam de fazer o acordo, pois temiam que o empregado mesmo após de feito o acordo proporia uma ação e o acordo perderia a validade. Formalidades (arts. 855-B e segs.).

Art. 653. Compete, ainda, às Varas do Trabalho*:

a) requisitar às autoridades competentes a realização das diligências necessárias ao esclarecimento dos feitos sob sua apreciação, representando contra aquelas que não atenderem a tais requisições;

b) realizar as diligências e praticar os atos processuais ordenados pelos Tribunais Regionais do Trabalho ou pelo Tribunal Superior do Trabalho;

c) julgar as suspeições arguidas contra os seus membros;

d) julgar as exceções de incompetência que lhes forem opostas;

e) expedir precatórias e cumprir as que lhes forem deprecadas;

f) exercer, em geral, no interesse da Justiça do Trabalho, quaisquer outras atribuições que decorram da sua jurisdição.

* (tacitamente alterado pela EC 24/99)

1 Suspeição e impedimento dos órgãos jurisdicionais; exceções de incompetência e preliminares (art. 799).

Seção III
Dos Juízes do Trabalho*

Art. 654. O ingresso na magistratura do trabalho far-se-á para o cargo de Juiz do Trabalho Substituto[1]. As nomeações subsequentes por promoção, alternadamente, por antiguidade e merecimento.

§ 1º Nas 7ª e 8ª Regiões da Justiça do Trabalho, nas localidades fora das respectivas sedes, haverá suplentes de juiz do trabalho*, sem direito a acesso, nomeados pelo Presidente da República, dentre brasileiros, bacharéis em direito, de reconhecida idoneidade moral, especializados em direito do trabalho, pelo período de 2 anos, podendo ser reconduzidos.

§ 2º Os suplentes de juiz do trabalho receberão, quando em exercício, vencimentos iguais aos dos juízes que substituíram (§§ 1º e 2º revogados tacitamente pela L. 7.221/84)[2]**.**

§ 3º Os juízes substitutos serão nomeados após aprovação em concurso público de provas e títulos realizado perante o Tribunal Regional do Trabalho da Região, válido por 2 anos e prorrogável, a critério do mesmo órgão, por igual período, uma só vez, e organizado de acordo com as instruções expedidas pelo Tribunal Superior do Trabalho.

§ 4º Os candidatos inscritos só serão admitidos ao concurso após apreciação prévia, pelo Tribunal Regional do Trabalho da respectiva Região, dos seguintes requisitos:

a) idade maior de 25 anos e menor de 45 anos[1];

b) idoneidade para o exercício das funções.

§ 5º O preenchimento dos cargos de juiz do trabalho, vagos ou criados por lei, será feito dentro de cada Região:

a) pela remoção de outro juiz*, prevalecendo a antiguidade no cargo, caso haja mais de um pedido, desde que a remoção tenha sido requerida, dentro de 15 dias, contados da abertura da vaga, ao Presidente do Tribunal Regional, a quem caberá expedir o respectivo ato;

b) pela promoção do substituto, cuja aceitação será facultativa, obedecido o critério alternado de antiguidade e merecimento.

§ 6º Os juízes do trabalho* e os juízes substitutos* tomarão posse perante o presidente do Tribunal da respectiva Região. Nos Estados que não forem sede de Tribunal Regional do Trabalho, a posse dar-se-á perante o presidente do Tribunal de Justiça, que remeterá o termo ao presidente do Tribunal Regional da jurisdição do empossado. Nos Territórios, a posse dar-se-á perante o presidente do Tribunal Regional do Trabalho da respectiva Região[2].

* (tacitamente alterado pela EC 24/99)

1 Juiz do Trabalho. Diz a Constituição Federal de 1988:

Art. 93. Lei complementar, de iniciativa do Supremo Tribunal Federal, disporá sobre o Estatuto da Magistratura, observados os seguintes princípios:

I – ingresso na carreira, cujo cargo inicial será o de juiz substituto, mediante concurso público de provas e títulos, com a participação da Ordem dos Advogados do Brasil em todas as fases, exigindo-se do bacharel em direito, no mínimo, 3 anos de atividade jurídica e obedecendo-se, nas nomeações, à ordem de classificação (Red. EC 45/04);

II – promoção de entrância para entrância, alternadamente, por antiguidade e merecimento, atendidas as seguintes normas:

a) é obrigatória a promoção do juiz que figure por 3 vezes consecutivas ou 5 alternadas em lista de merecimento;

b) a promoção por merecimento pressupõe 2 anos de exercício na respectiva entrância e integrar o juiz a primeira quinta parte da lista de antiguidade desta, salvo se não houver com tais requisitos quem aceite o lugar vago;

c) aferição do merecimento conforme o desempenho e pelos critérios objetivos de produtividade e presteza no exercício da jurisdição e pela frequência e aproveitamento em cursos oficiais ou reconhecidos de aperfeiçoamento (Red. EC 45/04);

d) na apuração de antiguidade, o tribunal somente poderá recusar o juiz mais antigo pelo voto fundamentado de 2/3 de seus membros, conforme procedimento próprio, e assegurada ampla defesa, repetindo-se a votação até fixar-se a indicação (Red. EC 45/04);

e) não será promovido o juiz que, injustificadamente, retiver autos em seu poder além do prazo legal, não podendo devolvê-los ao cartório sem o devido despacho ou decisão (Red. EC 45/04);

III – o acesso aos tribunais de segundo grau far-se-á por antiguidade e merecimento, alternadamente, apurados na última ou única entrância (Red. EC 45/04);

IV – previsão de cursos oficiais de preparação, aperfeiçoamento e promoção de magistrados, constituindo etapa obrigatória do processo de vitaliciamento a participação em curso oficial ou reconhecido por escola nacional de formação e aperfeiçoamento de magistrados (Red. EC 45/04);

V – o subsídio dos Ministros dos Tribunais Superiores corresponderá a 95% por cento do subsídio mensal fixado para os Ministros do Supremo Tribunal Federal e os subsídios dos demais magistrados serão fixados em lei e escalonados, em nível federal e estadual, conforme as respectivas categorias da estrutura judiciária nacional, não podendo a diferença entre uma e outra ser superior a 10% ou inferior a 5%, nem exceder a 95% do subsídio mensal dos Ministros dos Tribunais Superiores, obedecido, em qualquer caso, o disposto nos arts. 37, XI, e 39, § 4º (Red. EC 19/98);

VI – a aposentadoria dos magistrados e a pensão de seus dependentes observarão o disposto no art. 40 (Red. EC 20/98);

VII – o juiz titular residirá na respectiva comarca, salvo autorização do tribunal (Red. EC 45/04);

VIII – o ato de remoção, disponibilidade e aposentadoria do magistrado, por

interesse público, fundar-se-á em decisão por voto da maioria absoluta do respectivo tribunal ou do Conselho Nacional de Justiça, assegurada ampla defesa (Red. EC 45/04);

VIII-A – a remoção a pedido ou a permuta de magistrados de comarca de igual entrância atenderá, no que couber, ao disposto nas alíneas "a", "b", "c" e "e" do inciso II (Red. EC 45/04). **(...).**

Art. 95. Os juízes gozam das seguintes garantias:

I – vitaliciedade, que, no primeiro grau, só será adquirida após 2 anos de exercício, dependendo da perda do cargo, nesse período, de deliberação do tribunal a que o juiz estiver vinculado, e, nos demais casos, de sentença judicial transitada em julgado;

II – inamovibilidade, salvo por motivo de interesse público, na forma do art. 93, VIII;

III – irredutibilidade de subsídio, ressalvado o disposto nos arts. 37, X e XI, 39, § 4º, 150, II, 153, III, e 153, § 2º, I.

Parágrafo único. Aos juízes é vedado:

I – exercer, ainda que em disponibilidade, outro cargo ou função, salvo uma de magistério;

II – receber, a qualquer título ou pretexto, custas ou participação em processo;

III – dedicar-se à atividade político-partidária;

IV – receber, a qualquer título ou pretexto, auxílios ou contribuições de pessoas físicas, entidades públicas ou privadas, ressalvadas as exceções previstas em lei (Red. EC 45/04);

V – exercer a advocacia no juízo ou tribunal do qual se afastou, antes de decorridos três anos do afastamento do cargo por aposentadoria ou exoneração (Red. EC 45/04).

Concurso público para o cargo de Juiz do Trabalho substituto (TST, RA 907/02). Cargos da Magistratura da Justiça do Trabalho (LOM, LC 35/79, art. 91); idade mínima: restrição não recepcionada pela CF, arts. 7º, XXX, e 39, § 2º (STF, RE 197.847/3-MG e 216.929/3-RS, Moreira Alves, *DJU*, 7.8.98); ingresso, estabilidade, remoção e promoção (LC 35/79, arts. 22, 30, 80, 86 e 92); punições (idem, arts. 40 a 48). Os cargos de juiz suplente se extinguiram quando vagaram (L. 7.221/84). Permuta entre juízes de primeira instância (IN/TST 5/01).

STF O provimento em cargos de Juízes Substitutos do Trabalho deve ser feito independentemente de lista tríplice, na ordem de classificação dos candidatos (STF – Súmula 478).

Remoção de juiz. Consequências. A remoção por permuta de juiz do trabalho é forma derivada de provimento de cargo similar em outro registro. Por isso, passa o removido "a integrar o quadro de carreira da nova região, posicionando-se em: último lugar da respectiva classe, independentemente do tempo de magistratura contado na região de origem" (item 8 da IN-05/95-TST). Recurso em Matéria Administrativa conhecido, mas não provido (TST, RMA 471.264/98.4, Armando de Brito, Ac. Órgão Especial).

Magistrado – Pena disciplinar – Censura. Não obstante preconize o art. 48 da LOMAN que os regimentos internos dos Tribunais estabelecerão o procedimento para a apuração de faltas puníveis com advertência ou censura, válida é a instauração do processo disciplinar por decisão do Colegiado, uma vez que competente para o julgamento dos recursos cabíveis contra as decisões monocráticas, tanto mais o será para a abertura do próprio processo (TST, RMA 252.916/96.6, Ursulino Santos Filho, Ac. Órgão Especial/99).

2 Em face da autonomia dos tribunais, a posse do Juiz ocorre perante o Presidente de sua própria Corte.

Art. 655. Os juízes do trabalho e os juízes substitutos* tomarão posse do cargo perante o presidente do Tribunal Regional da respectiva jurisdição.

§ 1º Nos Estados em que não houver sede de tribunais regionais a posse dar-se-á perante o presidente do Tribunal de Justiça, que remeterá o respectivo termo ao presidente do Tribunal Regional da Jurisdição do empossado[1].

§ 2º Nos Territórios a posse dar-se-á perante o Juiz de Direito da capital, que procederá na forma prevista no § 1º (artigo e §§ revogados tacitamente pelo DL 229/67).

Art. 656. O Juiz do Trabalho Substituto, sempre que não estiver substituindo o titular da Vara*, poderá ser designado para atuar nas Varas do Trabalho*[2].

§ 1º Para o fim mencionado no *caput* deste artigo, o território da Região poderá ser dividido em zonas, compreendendo a jurisdição de uma ou mais Varas do Trabalho*, a juízo do Tribunal Regional do Trabalho respectivo.

§ 2º A designação referida no *caput* deste artigo será de atribuição do Juiz-Presidente do Tribunal Regional do Trabalho ou, não havendo disposição regimental específica, de quem este indicar.

§ 3º Os Juízes do Trabalho Substitutos, quando designados[2] ou estiverem substituindo os titulares das Varas do Trabalho*, perceberão os vencimentos destes.

§ 4º O Juiz Presidente do Tribunal Regional do Trabalho ou, não havendo disposição regimental específica, que este indicar, fará a lotação e a movimentação dos Juízes Substitutos entre as diferentes zonas da Região na hipótese de terem sido criadas na forma do § 1º deste artigo.

Art. 657. Os juízes do trabalho e os juízes substitutos perceberão a remuneração ou os vencimentos fixados em lei.

Art. 658. São deveres[7] precípuos dos juízes do trabalho*, além dos que decorram do exercício de sua função:

a) manter perfeita conduta pública e privada;

b) abster-se de atender a solicitações ou recomendações relativa-

mente aos feitos que hajam sido ou tenham de ser submetidos à sua apreciação;

c) residir dentro dos limites de sua jurisdição, não podendo ausentar-se sem licença do Presidente do Tribunal Regional;

d) despachar e praticar todos os atos decorrentes de suas funções, dentro dos prazos estabelecidos, sujeitando-se ao desconto correspondente a um dia de vencimento para cada dia de retardamento.

Art. 659. Competem privativamente aos juízes do trabalho*, além das que lhes forem conferidas neste Título e das decorrentes de seu cargo, as seguintes atribuições:

I – presidir às audiências das varas do trabalho*[5];

II – executar as suas próprias decisões*, e aquelas cuja execução lhes for deprecada[5];

III – dar posse aos juízes classistas nomeados para a Junta, ao chefe de Secretaria e aos demais funcionários da Secretaria*[5];

IV – convocar os suplentes dos juízes classistas, no impedimento destes*[5];

V – representar ao presidente do Tribunal Regional da respectiva jurisdição, no caso de falta de qualquer vogal a 3 reuniões consecutivas, sem motivo justificado, para os fins do art. 727 (tacitamente revogado pela EC 24/99)[5];

VI – despachar os recursos interpostos pelas partes, fundamentando a decisão recorrida[3] antes da remessa ao Tribunal Regional, ou submetendo-os à decisão da Vara do Trabalho*, no caso do art. 894;

VII – assinar as folhas de pagamento dos membros e funcionários da Vara do Trabalho*;

VIII – apresentar ao presidente do Tribunal Regional, até 15 de fevereiro de cada ano, o relatório dos trabalhos do ano anterior[1];

IX – conceder medida liminar, até decisão final do processo, em reclamações trabalhistas que visem a tornar sem efeito transferência disciplinada pelos parágrafos do art. 469 desta Consolidação (red. L. 6.203/75)[4];

X – conceder medida liminar[6], até decisão final do processo, em reclamações trabalhistas que visem reintegrar no emprego dirigente sindical afastado, suspenso ou dispensado pelo empregador.

* (tacitamente alterado pela EC 24/99)

1 Autonomia dos tribunais (art. 654/1). Redação do art. 656 (L. 5.442/68); do art. 654, § 3º (L. 6.087/74); do art. 654, § 5º, alínea "a" (L. 6.090/74); do art. 659, inciso IV (L. 6.203/75). Informações relativas à movimentação processual e atividades judiciais (Prov./TST 3, *DJU*, 24.10.97).

2 A designação para substituir, assegurado o rodízio obrigatório dos integrantes, como dizia a redação anterior do art. 656, não foi reproduzida no novo texto.

■ Remuneração do juiz designado para auxiliar é a mesma do Juiz Presidente, a partir da L. 8.432/92 (TST, R-MA 390-607/97-2, José Luiz Vasconcellos, 7.5.98).

3 Fundamentar as sentenças já proferidas, contra as razões do recurso interposto pela parte vencida (art. 659, VI), não é obrigação do juiz, mas simples faculdade. Recurso do art. 894, mencionado no inciso VI: eram os embargos à Junta, suprimidos (v. art. 649, § 1º/3).

4 *Medida liminar* por transferência (v. art. 840/16).

■ Nos termos do artigo 1º da Lei n. 9.270/96, de 17.4.96, cabe concessão de medida cautelar liminar, até a decisão final do processo, em reclamações trabalhistas que visem a reintegrar no emprego dirigente sindical afastado, suspenso ou dispensado pelo empregador (TST, RO-MS 139.872/94.3, Francisco Fausto, Ac. SBDI-2 1.057/97).

5 Representação classista (v. art. 647/2).

6 Medida liminar. Reintegração. Dirigente sindical (v. art. 840/16).

7 Aplica-se ao Processo do Trabalho, em face de omissão e compatibilidade, o preceito estabelecido no art. 139 do CPC/15, que trata dos deveres, poderes e responsabilidade do juiz. Uma única ressalva é feita na parte final do inciso V do referido artigo, que trata do auxílio de conciliadores e mediadores ao promover a conciliação pelo magistrado (TST, IN/39, art. 3º, III).

Seção IV
Dos juízes classistas das Juntas*

Art. 660. Os juízes classistas das Juntas são designados pelo presidente do Tribunal Regional da respectiva jurisdição*[1].

Art. 661. Para o exercício da função de juiz classista da Junta ou suplente deste são exigidos os seguintes requisitos:

a) ser brasileiro;

b) ter reconhecida idoneidade moral;

c) ser maior de 25 anos e ter menos de 70 anos;

d) estar no gozo dos direitos civis e políticos;

e) estar quite com o serviço militar;

f) contar mais de dois anos de efetivo exercício na profissão e ser sindicalizado.

Parágrafo único. A prova da qualidade profissional a que se refere a alínea "f" deste artigo é feita mediante declaração do respectivo sindicato*.

Art. 662. A escolha dos juízes classistas das Juntas e seus suplentes far-se-á dentre os nomes constantes das listas que, para esse efeito, forem encaminhadas pelas associações sindicais de primeiro grau ao presidente do Tribunal Regional[1].

§ 1º Para esse fim, cada Sindicato de empregadores e de empregados, com base territorial extensiva à área de jurisdição da Junta, no todo ou em parte, procederá, na ocasião determinada pelo Presidente do Tribunal Regional, à escolha de 3 nomes que comporão a lista[2], aplicando-se à eleição o disposto no art. 524 e seus §§ 1º a 3º.

§ 2º Recebidas as listas pelo presidente do Tribunal Regional, designará este, dentro de 5 dias, os nomes dos juízes classistas e dos respectivos suplentes, expedindo para cada um deles um título, mediante a apresentação do qual será empossado.

§ 3º Dentro de 15 dias, contados da data da posse, pode ser contestada a investidura do juiz classista ou do suplente, por qualquer interessado, sem efeito suspensivo, por meio de representação escrita, dirigida ao presidente do Tribunal Regional.

§ 4º Recebida a contestação, o Presidente do Tribunal designará imediatamente relator, o qual, se houver necessidade de ouvir testemunhas ou de proceder a quaisquer diligências, providenciará para que tudo se realize com a maior brevidade, submetendo, por fim, a contestação ao parecer do Tribunal, na primeira sessão.

§ 5º Se o Tribunal julgar procedente a contestação, o Presidente providenciará a designação de novo juiz classista ou suplente.

§ 6º Em falta de indicação pelos Sindicatos, de nomes para representantes das respectivas categorias profissionais e econômicas nas Juntas de Conciliação e Julgamento, ou nas localidades onde não existirem sindicatos, serão esses representantes livremente designados pelo Presidente do Tribunal Regional do Trabalho, observados os requisitos exigidos para o exercício da função*[1].

Art. 663. A investidura dos juízes classistas das Juntas e seus suplentes é de 3 anos, podendo, entretanto, ser dispensado, a pedido, aquele que tiver servido, sem interrupção, durante metade desse período[1].

§ 1º Na hipótese da dispensa do juiz classista a que alude este artigo, assim como nos casos de impedimento, morte ou renúncia, sua substituição far-se-á pelo suplente, mediante convocação do Presidente da Junta.

§ 2º Na falta do suplente, por impedimento, morte, ou renúncia, serão designados novo juiz classista e o respectivo suplente, dentre os nomes

constantes das listas a que se refere o art. 662, servindo os designados até o fim do período*[1].

Art. 664. Os juízes classistas das Juntas e seus suplentes tomam posse perante o presidente da Junta em que têm de funcionar*[2].

Art. 665. Enquanto durar sua investidura, gozam os juízes classistas das Juntas e seus suplentes das prerrogativas asseguradas aos jurados*[3].

Art. 666. Por audiência a que comparecerem, até o máximo de 20 por mês, os juízes classistas das Juntas e seus suplentes perceberão a gratificação fixada em lei*[1].

Art. 667. São prerrogativas dos juízes classistas das Juntas, além das referidas no art. 665:

a) tomar parte nas reuniões do Tribunal a que pertençam;

b) aconselhar às partes a conciliação;

c) votar no julgamento dos feitos e nas matérias de ordem interna do tribunal, submetidas às suas deliberações;

d) pedir vista dos processos pelo prazo de vinte e quatro horas;

e) formular, por intermédio do presidente, aos litigantes, testemunhas e peritos, as perguntas que quiserem fazer, para esclarecimento do caso*[1].

* (tacitamente alterado pela EC 24/99)

1 *Composição paritária*. Dizia a Constituição Federal de 1988:

Art. 113. A lei disporá sobre a constituição, investidura, jurisdição, competência, garantias e condições de exercício dos órgãos da Justiça do Trabalho, assegurada a paridade de representação de trabalhadores e empregadores (...)

Art. 116. A Junta de Conciliação e Julgamento será composta de um juiz do trabalho, que a presidirá, e dois juízes classistas temporários, representantes dos empregados e dos empregadores.

Parágrafo único. Os juízes classistas das Juntas de Conciliação e Julgamento serão nomeados pelo Presidente do Tribunal Regional do Trabalho, na forma da lei, permitida uma recondução (...)

Art. 117. O mandato dos representantes classistas, em todas as instâncias, é de três anos.

Parágrafo único. Os representantes classistas terão suplentes.

Redação atual, dada pela EC 24/99:

Art. 113. A lei disporá sobre a constituição, investidura, jurisdição, competência, garantias e condições de exercício dos órgãos da Justiça do Trabalho (...)

Art. 116. Nas Varas do Trabalho, a jurisdição será exercida por um juiz singular.

Art. 117. (Revogado).

Denominação: juiz classista ou vogal (art. 647/2).

A Lei Orgânica da Magistratura (LC 35/79, art. 14) vedava a recondução por mais de 2 períodos consecutivos. Procedimentos para habilitação e provimento de cargos de juiz classista de 1ª e 2ª instâncias (TST IN 12/97).

A EC 24/99 (art. 2º), que extinguiu a representação classista na Justiça do Trabalho, assegurou o cumprimento dos mandatos dos atuais ministros classistas temporários do TST e dos atuais juízes classistas temporários dos TRTs e das Juntas de Conciliação e Julgamento.

2 *Escolha de nomes.* Redação do art. 662, § 1º (L. 5.657/71). Os juízes classistas tomavam posse perante o Presidente do Tribunal. Requisitos para a posse, referentes à inacumulabilidade de cargos e inspeção médica (Res. TST 333/96, *DOU*, 11.12.96). Servidor estatutário não podia ser juiz classista; assim o Órgão Especial do TST (RO-Ag. 210.428/95.8, Orlando Teixeira da Costa, Ac. OE 11/96).

TST Das decisões proferidas pelos Tribunais Regionais, em processo de impugnação ou contestação à investidura de vogal, cabe recurso para o Tribunal Superior do Trabalho (TST – Súmula 167).

Agente comercial autônomo (art. 1º da Lei n. 4.886/65). Sem ser empregado (como também não é empregador), mas sim trabalhador autônomo, não lhe cabe integrar a representação paritária da Justiça do Trabalho (STF, MS 21.076-1/RJ, Octavio Gallotti).

Ocupando cargo, como titular ou suplente, o juiz classista de primeiro grau não poderá ser investido em outro cargo de juiz classista (ainda que na condição de Suplente) em Junta de Conciliação e Julgamento ou em Tribunal do Trabalho (TST, RO-MA 184.711/95.4, Manoel Mendes de Freitas, Ac. OE 125/96).

Nem o princípio da unicidade sindical, nem o sistema confederativo, mantidos pela Constituição, impõem que os sindicatos se filiem à federação que pretenda abranger-lhe a categoria-base; por isso, nenhuma federação pode arrogar-se âmbito de representatividade maior que o resultante da soma das categorias e respectivas bases territoriais dos sindicatos que a ela se filiem. Sindicato não filiado à federação alguma pode indicar candidatos a juiz classista do TRT de jurisdição correspondente à sua base territorial (STF, MS 21.549-6-MA, Sepúlveda Pertence, Ac. TP).

A publicação dos editais de convocação da Diretoria da entidade sindical para escolha da lista tríplice e de divulgação dos resultados da reunião deve ser feita no Diário Oficial dos Estados jurisdicionados pela Região da Justiça do Trabalho (alíneas "a" e "b", do item I, do art. 2º, do Ato TST n. 594/95) (TST, RO-MS 195.381/95.1, Valdir Righetto, Ac. OE 128/96).

Ainda que formalmente correto, o ato de nomeação do Juiz Classista pode ser anulado em procedimento administrativo, caso não tenham sido atendidos os requisitos legais por parte do interessado (TST, RO-IJ 258.346/96.7, Valdir Righetto, Ac. OE 137/96).

A publicação dos editais de convocação da Diretoria da entidade e da divulgação do resultado deve ser feita no Diário Oficial do Estado jurisdicionado pela Região da Justiça do Trabalho que for base territorial da entidade sindical interessada (alíneas *a* e *b*, do item I, do art. 2º do Ato TST n. 594/95) (TST, RO-Ag. 271.213/96.1, Valdir Righetto, Ac. OE 92/96).

Os juízes classistas têm direito apenas a cumprir um mandato e alcançar uma outra recondução, nada mais. Qualquer outra investidura, além de duas nomeações em qualquer tempo, viola o texto constitucional e vai de encontro ao interesse público (TST, RO-IJ 147.393/94.5, Francisco Fausto, Ac. OE 132/96).

O provimento de cargo de Juiz classista de 2º Grau, ou seja, do TRT, exige tão somente a convocação da Diretoria da Entidade Sindical concorrente, não sendo necessária a convocação de Assembleia Geral para escolha de lista tríplice (alínea *a*, do item I, do art. 2º do Ato TST n. 594/95) (TST, RO-Ag. 271.212/96.3, Valdir Righetto, Ac. OE 91/96).

... juiz classista representante dos empregados que não é empregado *stricto sensu*, mas servidor público regido pelo sistema do estatuto estadual (TST, ROIJC 376.139/97.0, Ronaldo José Lopes Leal).

... é de trinta (30) dias a duração das férias anuais a que fazem "juz" os juízes classistas de primeiro grau e de sessenta (60) a dos juízes classistas de segundo grau. Exegese do art. 66 da Lei Complementar n. 35/79 (TST, R-MA 421.472/98.6, Armando de Brito).

Renunciando o Juiz Classista, titular de Junta de Conciliação e Julgamento, será ele substituído pelo seu suplente, vedada a designação de suplente de outra JCJ para ocupar seu cargo (TST, RXOF 302.957/96.9, Ursulino Santos Filho, Ac. OE 318/97).

Tanto a jurisprudência do colendo Supremo Tribunal Federal quanto a desta Corte são no sentido de que os juízes classistas apenas fazem jus aos benefícios e vantagens que lhes tenham sido destinados em legislação específica. O caso em que o artigo 250 da Lei n. 8.112/90 prevê direito a adicional de tempo de serviço outorgado a "servidor público" que laborou 30/35 anos de serviço público, não se confunde com a representação classista que exerce mandato, sendo considerado apenas como "funcionário público civil" enquanto no exercício do mandato (TST R-MA 314.116/96.7, Francisco Fausto).

3 Os representantes classistas empregados não tinham direito aos salários de seu empregador pelas ausências do comparecimento às sessões; nesse sentido Rezende Puech em *O Estado de S. Paulo*, 15.10.80, e acórdão (TST, Ac. TP 1.552/80, *LTr* 45/337, 1981), não se lhes aplicando o art. 441 do CPP. Quanto às demais prerrogativas, CPP, art. 437. Aplicava-se-lhes o art. 543 (*caput* e § 2º), gozando das prerrogativas dos ocupantes de encargo público (cf. CLT, art. 472, *caput*). Impedimento (art. 801/2). Aposentadoria dos juízes temporários da União (L. 9.528/97, v. Índ. Leg.). Adicional por tempo de serviço (IN TST 13/97, *DJU*, 3.11.97). Os classistas, a partir de 14.10.96, retornaram para o regime previdenciário dos trabalhadores em geral (TST IN 10/97, alt. TST Res. 66/97); férias de classista de 1ª Instância, 30 dias; de 2ª, 60 dias (Res. Adm. TST 386/97, revogado pela Res. Adm. TST 568/98).

Os representantes classistas da Justiça do Trabalho, ainda que ostentem títulos privativos da magistratura e exerçam função jurisdicional nos órgãos cuja composição integram, não se equiparam e nem se submetem, só por isso, ao mesmo regime jurídico-constitucional e legal aplicável aos magistrados togados. A Especificidade da condição jurídico-funcional dos juízes classistas autoriza o legislador a reservar-lhes tratamento normativo diferenciado daquele conferido aos magistrados togados. O juiz classista, em consequência, apenas faz jus aos benefícios e vantagens que lhe tenham sido expressamente outorgados em legislação específica. A interpretação dada pelo STF, no julgamento da Rp. 1.490-DF, ao art. 65, VIII, da LOMAN e ao art. 1º do DL 2.019/79 concerne, estritamente, aos magistrados togados (STF, MS 21.466-0-DF, Celso de Mello, Ac. TP).

Capítulo III
DOS JUÍZOS DE DIREITO

Art. 668. Nas localidades não compreendidas na jurisdição das Varas do Trabalho*, os Juízos de Direito são os órgãos de administração da Justiça do Trabalho, com a jurisdição que lhes for determinada pela lei de organização judiciária local.

Art. 669. A competência dos Juízos de Direito, quando investidos na administração da Justiça do Trabalho, é a mesma das Varas do Trabalho*, na forma da Seção II do Capítulo II.

§ 1º Nas localidades onde houver mais de um Juízo de Direito a competência é determinada, entre os juízes do cível, por distribuição ou pela divisão judiciária local, na conformidade da lei de organização respectiva.

§ 2º Quando o critério de competência da lei de organização judiciária for diverso do previsto no parágrafo anterior, será competente o juiz do cível mais antigo.

* (tacitamente alterado pela EC 24/99)

1 Diz a Constituição Federal de 1988:

> **Art. 112. A lei criará varas da Justiça do Trabalho, podendo, nas comarcas não abrangidas por sua jurisdição, atribuí-la aos juízes de direito, com recurso para o respectivo Tribunal Regional do Trabalho** (Red. EC 45/04).

O art. 669 quis referir-se ao art. 654 e s. O órgão corregedor funcional é o Tribunal de Justiça. Das sentenças proferidas pelos Juízes de Direito cabe recurso para o Tribunal Regional do Trabalho. Permissivo para a competência trabalhista dos Juízes de Direito (LOM, LC 35/79, art. 14); gratificações (idem, art. 65).

Conflito de competência. Ação reclamatória trabalhista. Exegese do art. 112 da Constituição Federal. Comarca integrada por mais de um Município. Instituída na sede da comarca Junta de Conciliação e Julgamento, sua jurisdição abrange todos os Municípios que integrem a mesma comarca, ainda que a lei ordinária, que criou a JCJ, não os tenha a todos expressamente mencionado. Não remanesce jurisdição trabalhista alguma ao Juiz de Direito de comarca onde regularmente funcione órgão da Justiça especializada. Votos vencidos (STJ, CComp 110-MG, Nilson Naves, Ac. 2ª Seção).

■ Competência. Execução. Julgado trabalhista proferido por Juiz de Direito. Instalação de Junta de Conciliação e Julgamento. Instalada Junta de Conciliação e Julgamento, extingue-se por completo a competência da Justiça Comum para o processo e julgamento de feitos trabalhistas. Na Justiça especializada far-se-á a execução de sentenças prolatadas por Juiz de Direito (STJ, CComp 168-GO, Nilson Naves, Ac. 2ª Seção).

■ Compete ao Tribunal Regional do Trabalho da respectiva região dirimir conflito de competência entre juízes do trabalho e juízes estaduais investidos de competência trabalhista, a respeito de seus limites territoriais (STJ, CComp 18091/99, Reg. 96/0051483-6, Romildo Bueno de Souza).

Capítulo IV

DOS TRIBUNAIS REGIONAIS DO TRABALHO

Seção I
Da composição e do funcionamento

Art. 670. Os Tribunais Regionais do Trabalho compor-se-ão de: 1ª Região: 54 Juízes; **2ª Região:** 90 Juízes; **3ª, 4ª Regiões:** 36 Juízes; **5ª Região:** 29 Juízes; **6ª e 12ª Regiões:** 18 Juízes; **7ª e 11ª Regiões:** 14 Juízes; **13ª, 14ª, 16ª, 19ª, 20ª, 21ª, 22ª, 23ª e 24ª Regiões:** 8 Juízes; **8ª Região:** 23 Juízes; **9ª Região:** 28 Juízes; **10ª Região:** 17 Juízes; **15ª Região:** 55 Juízes; **17ª Região:** 12 Juízes; **18ª Região:** 13 Juízes; (texto livre adaptado às alterações) (tácita e parcialmente revogado pelas EC 2 e 4/99).

§ 1º (Vetado.)

§ 2º Nos Tribunais Regionais constituídos por seis ou mais Juízes togados, e menos de 11, um deles será escolhido dentre advogados, um dentre membros do Ministério Público da União junto à Justiça do Trabalho e os demais dentre Juízes do Trabalho* da respectiva Região, na forma prevista no parágrafo anterior[1].

§ 3º (Vetado.)

§ 4º Os Juízes classistas* referidos neste artigo representarão, paritariamente, empregadores e empregados.

§ 5º Haverá um suplente para cada juiz classista*.

§ 6º Os Tribunais Regionais, no respectivo regimento interno, disporão

sobre a substituição de seus Juízes, observados, na convocação de Juízes inferiores, os critérios de livre escolha e antiguidade, alternadamente (revogado tacitamente, Loman)[2].

§ 7º Dentre os seus Juízes togados, os Tribunais Regionais elegerão os respectivos Presidente e Vice-Presidente, assim como os Presidentes de Turmas, onde as houver (alterado, CF, art. 115)[1-3].

§ 8º Os Tribunais Regionais da 1ª e 2ª Regiões dividir-se-ão em Turmas, facultada essa divisão aos constituídos de, pelo menos, 12 Juízes. Cada Turma se comporá de 3 Juízes togados e 2 classistas*, um representante dos empregados e outro dos empregadores[4].

Art. 671. Para os trabalhos dos Tribunais Regionais existe a mesma incompatibilidade prevista no art. 648, sendo idêntica a forma de sua resolução.

Art. 672. Os Tribunais Regionais, em sua composição plena[2]**, deliberarão com a presença, além do Presidente, da metade e mais um do número de seus Juízes, dos quais, no mínimo, um representante dos empregados e outro dos empregadores.**

§ 1º As Turmas somente poderão deliberar presentes, pelo menos, 3 dos seus Juízes, entre eles os 2 classistas*. Para a integração desse *quorum*, poderá o Presidente de uma Turma convocar juízes de outra, da classe a que pertencer o ausente ou impedido.

§ 2º Nos Tribunais Regionais, as decisões tomar-se-ão pelo voto da maioria dos Juízes presentes, ressalvada, no Tribunal Pleno, a hipótese de declaração de inconstitucionalidade de lei ou ato do poder público (art. 97 da Constituição)[5].

§ 3º O Presidente do Tribunal Regional, excetuada a hipótese de declaração de inconstitucionalidade de lei ou ato do poder público, somente terá voto de desempate. Nas sessões administrativas, o Presidente votará como os demais juízes, cabendo-lhe, ainda, o voto de qualidade.

§ 4º No julgamento de recursos contra decisão ou despacho do Presidente, do Vice-Presidente ou do Relator, ocorrendo empate, prevalecerá a decisão ou despacho recorrido.

Art. 673. A ordem das sessões dos Tribunais Regionais será estabelecida no respectivo regimento interno[6].

* (tacitamente alterado pela EC 24/99)

1 Tribunais Regionais do Trabalho. V., na Legislação em apêndice, o texto da CF/88:

Art. 93. (Ingresso na carreira; promoção; acesso aos Tribunais).

Art. 96. (Competência privativa dos tribunais).

Art. 97. (Maioria absoluta no julgamento de inconstitucionalidade).

Art. 111. São órgãos da Justiça do Trabalho: ...
II – os Tribunais Regionais do Trabalho: ...

Art. 112. A lei criará varas da Justiça do Trabalho, podendo, nas comarcas não abrangidas por sua jurisdição, atribuí-la aos juízes de direito, com recurso para o respectivo Tribunal Regional do Trabalho (Red. EC 45/04).

Art. 113. A lei disporá sobre a constituição, investidura, jurisdição, competência, garantias e condições de exercício dos órgãos da Justiça do Trabalho (Red. EC 24/99).

Art. 115. Os Tribunais Regionais do Trabalho compõem-se de, no mínimo, 7 juízes, recrutados, quando possível, na respectiva região, e nomeados pelo Presidente da República dentre brasileiros com mais de 30 e menos de 65 anos, sendo (Red. EC 45/04):

I – 1/5 dentre advogados com mais de 10 anos de efetiva atividade profissional e membros do Ministério Público do Trabalho com mais de 10 anos de efetivo exercício, observado o disposto no art. 94 (Red. EC 45/04);

II – os demais, mediante promoção de juízes do trabalho por antiguidade e merecimento, alternadamente (Red. EC 45/04).

§ 1º Os Tribunais Regionais do Trabalho instalarão a justiça itinerante, com a realização de audiências e demais funções de atividade jurisdicional, nos limites territoriais da respectiva jurisdição, servindo-se de equipamentos públicos e comunitários (Red. EC 45/04).

§ 2º Os Tribunais Regionais do Trabalho poderão funcionar descentralizadamente, constituindo Câmaras regionais, a fim de assegurar o pleno acesso do jurisdicionado à justiça em todas as fases do processo (Red. EC 45/04).

Escolha de seis nomes para integrar a lista dos escolhidos pelas secções da OAB para preenchimento de vaga constitucional de advogado (Prov. Cons. Fed. da OAB 80/96, *DOE/SP*, 16.9.98).

2 Nos Tribunais com mais de 25 julgadores, poderá ser constituído Órgão Especial, com número de 11 a 25 membros, com a competência delegada pelo Tribunal Pleno, provendo-se metade por antiguidade e metade por eleição do Tribunal Pleno (CF, art. 93, XI – EC 45/04). A Lei Orgânica da Magistratura (LC 35/79) permite em caso de vaga ou afastamento por prazo superior a 30 dias a convocação de juízes das Varas do Trabalho da sede da região (art. 118, V). O critério anterior de sorteio entre os juízes da sede foi revogado tacitamente (a LC 54/86 deu nova redação à LC 35/79, art. 118, *caput*), pois aquele critério conflita com o de escolha por maioria absoluta, tendo a nova norma silenciado quanto à lotação dos convocados.

Juiz convocado. *Quorum*. O § 1º do art. 118 da LC 35/79 fora derrogado em virtude do sistema estabelecido com a nova redação dada a este artigo pela LC 54/86. Via de consequência, não mais subsiste o inciso V daquele § 1º, pelo que a convocação de juízes presidentes de Junta de Conciliação e Julgamento para substituírem em TRT não se limita apenas àqueles da sede da região respectiva (TST, RR 40.377/91.4, Vantuil Abdala, Ac. 2ª T. 2.062/95).

3 A eleição para os cargos de direção dos tribunais deve ser realizada tendo em vista os juízes mais antigos em número correspondente ao dos cargos, proibida a reeleição. Quem já foi presidente é inelegível. Vice-presidente e Vice-corregedor não são considerados cargos de direção (LOM, LC 35/79, arts. 94 e 102, e IN TST 8/96).

■ Eleição de dirigentes de Tribunal Regional do Trabalho. Das decisões proferidas pelos Tribunais Regionais em processo administrativo cabe recurso para o TST. A LOM (LC 35/79) foi recepcionada pela ordem constitucional vigente (CF, art. 93). É nula a resolução de TRT que implique alteração do respectivo Regimento Interno, com desacato ao art. 102 da LC 35/79. Havendo *quorum* regimental para a escolha de dirigentes de TRT, tem-se por válida a eleição, ainda que o candidato elegível só tenha um voto, sendo todos os demais em branco. Declara-se nulo segundo escrutínio realizado mediante artifício de homologação de resultado negativo do primeiro, com burla à proibição legal de reeleição de candidatos inelegíveis. Determina-se a imediata eleição e posse do Vice-Presidente. O início do mandato de dois anos, do Presidente, deve coincidir com a data de sua investidura no cargo, assegurada por determinação judicial. O mandato do Vice-Presidente acompanhará o do Presidente, terminando na mesma data deste (TST, RMA 220.887/95.0, Ursulino Santos, Ac. Órgão Especial 40/96).

■ O juiz de Tribunal do Trabalho que já exerceu o cargo de Presidente é inelegível para o cargo de Corregedor e para qualquer outro de direção do Tribunal, tendo em vista o disposto no art. 102 da Lei Orgânica da Magistratura Nacional, observado, quando for o caso, o contido no seu parágrafo único (TST, RO-MA 241.486/96.2, Manoel Mendes de Freitas, Ac. Órgão Especial 54/96).

4 Composição do Grupo de Turmas (art. 678/3).

5 A declaração de inconstitucionalidade exige o voto da maioria absoluta dos membros dos Tribunais (CF/88, art. 97). Remetida a cópia do acórdão a todos os juízes, o Presidente do Tribunal designará a sessão de julgamento (CPC/15, art. 950). Mas os órgãos fracionários dos tribunais não submeterão ao plenário, ou ao órgão especial, a arguição de inconstitucionalidade, quando já houver pronunciamento destes ou do plenário do STF sobre a questão (CPC/15, art. 949, parágrafo único).

■ Nulo o acórdão que deixa de aplicar um preceito normativo por entendê-lo contrário à Constituição, sem que o Plenário do Tribunal tenha declarado, previamente, a inconstitucionalidade deste preceito (TST/RR 47.116/92.5, Ney Doyle, Ac. 2ª T. 1.135/93).

■ A jurisprudência do STF firmou-se no sentido de proclamar incabível a medida liminar nos casos de ação direta de inconstitucionalidade por omissão (RTJ 133/569, Rel. Min. Marco Aurélio; ADIn 267-DF, Rel. Min. Celso de Mello), eis que não se pode pretender que mero provimento cautelar antecipe efeitos positivos inalcançáveis pela própria decisão final emanada do STF. A procedência da ação direta de inconstitucionalidade por omissão, importando em reconhecimento judicial do estado de inércia do Poder Público, confere ao STF, unicamente, o poder de cientificar o legislador inadimplente, para que este adote as medidas necessárias à concretização do texto constitucional. Não assiste ao STF, contudo, em face dos próprios limites fixados pela Carta Política em tema de inconstituccionalidade por omissão (CF, art. 103, § 2º), a prerrogativa de expedir provimentos normativos com o objetivo de suprir a inatividade do órgão legislativo inadimplente (STF, ADIn 1.458-7-DF, Celso de Mello, Ac. TP).

6 A harmonização do art. 96, I, "a", da CF (competência dos tribunais para autogovernar-se pela elaboração de seus regimentos internos) é muito delicada ao exigir o respeito às normas naquilo que têm de efeitos tipicamente processuais, cuja competência é do Poder Legislativo da União (CF, art. 22, I). O Regimento Interno dos Tribunais Regionais, por lei, deve dispor sobre a Súmula de sua jurisprudência dominante e o incidente de uniformização (L. 7.701/88, alt. L. 11.496/07, v. Índ. Leg.). Regimento Interno do TRT/SP (*DOE/SP*, 7.5.96, com alterações posteriores).

Seção II
Da jurisdição e competência

Art. 674. Para efeito da Jurisdição dos Tribunais Regionais, o território nacional é dividido nas 24 regiões seguintes: 1ª Reg., Rio de Janeiro; 2ª Reg., São Paulo (Capital, área metropolitana e demais municípios mencionados na L. 7.520/86, em apêndice, ressalvada a competência da 15ª Reg.)**; 3ª Reg., Minas Gerais; 4ª Reg., Rio Grande do Sul; 5ª Reg., Bahia; 6ª Reg., Pernambuco; 7ª Reg., Ceará; 8ª Reg., Pará e Amapá; 9ª Reg., Paraná; 10ª Reg., Distrito Federal e Tocantins; 11ª Reg., Amazonas e Roraima; 12ª Reg., Santa Catarina; 13ª Reg., Paraíba; 14ª Reg., Rondônia e Acre; 15ª Reg., Estado de São Paulo** (excluída a área territorial da Capital, área metropolitana e demais municípios mencionados na L. 7.520/86, em apêndice)**; 16ª Reg., Maranhão; 17ª Reg., Espírito Santo; 18ª Reg., Goiás; 19ª Reg., Alagoas; 20ª Reg., Sergipe; 21ª Reg., Rio Grande do Norte; 22ª Reg., Piauí; 23ª Reg., Mato Grosso e 24ª Reg., Mato Grosso do Sul.**

Parágrafo único. Os Tribunais têm sede nas cidades: Rio de Janeiro (1ª Reg.), São Paulo (2ª Reg.), Belo Horizonte (3ª Reg.), Porto Alegre (4ª Reg.), Salvador (5ª Reg.), Recife (6ª Reg.), Fortaleza (7ª Reg.), Belém (8ª Reg.), Curitiba (9ª Reg.), Brasília (10ª Reg.), Manaus (11ª Reg.), Florianópolis (12ª Reg.), João Pessoa (13ª Reg.), Porto Velho (14ª Reg.), Campinas/SP (15ª Reg.), São Luís (16ª Reg.), Vitória (17ª Reg.), Goiânia (18ª Reg.), Maceió (19ª Reg.), Aracaju (20ª Reg.), Natal (21ª Reg.), Teresina (22ª Reg.), Cuiabá (23ª Reg.) e Campo Grande (24ª Reg.) (texto adaptado às alterações).

Art. 675. (Rev. L. 5.442/68).

Art. 676. O número de regiões, a jurisdição e a categoria dos Tribunais Regionais estabelecidos nos artigos anteriores, somente podem ser alterados pelo Presidente da República (revogado tacitamente)[1].

Art. 677. A competência dos Tribunais Regionais determina-se pela

forma indicada no art. 651 e seus parágrafos e, nos casos de dissídio coletivo, pelo local onde este ocorrer[2-3].

Art. 678. Aos Tribunais Regionais, quando divididos em Turmas, compete[1]**:**

I – ao Tribunal Pleno, especialmente (competência dos Grupos de Turmas/3, *infra*) (alterado em parte)[3]**:**

a) processar, conciliar e julgar originariamente os dissídios coletivos[3]**;**

b) processar e julgar originariamente[6]**:**

1) as revisões de sentenças normativas;

2) a extensão das decisões proferidas em dissídios coletivos;

3) os mandados de segurança[4]**;**

4) as impugnações à investidura de juízes classistas e seus suplentes nas Juntas de Conciliação e Julgamento*;

c) processar e julgar em última instância:

1) os recursos das multas impostas pelas Turmas;

2) as ações rescisórias das decisões das Varas do Trabalho*, dos juízes de direito investidos na jurisdição trabalhista, das Turmas e de seus próprios acórdãos[4]**;**

3) os conflitos de jurisdição entre as suas Turmas, os juízes de direito investidos na jurisdição trabalhista, as Varas do Trabalho*, ou entre aqueles e estas;

d) julgar em única ou última instância:

1) os processos e os recursos de natureza administrativa atinentes aos seus serviços auxiliares e respectivos servidores[5]**;**

2) as reclamações contra atos administrativos de seu presidente ou de qualquer de seus membros, assim como dos juízes de primeira instância e de seus funcionários[5]**;**

II – às Turmas:

a) julgar os recursos ordinários previstos no art. 895, alínea "a";

b) julgar os agravos de petição e de instrumento, estes de decisões denegatórias de recursos de sua alçada;

c) impor multas e demais penalidades relativas a atos de sua competência jurisdicional, e julgar os recursos interpostos das decisões das Varas do Trabalho* e dos Juízes de Direito que as impuserem.

Parágrafo único. Das decisões das Turmas não caberá recurso para o Tribunal Pleno, exceto no caso do item 1, alínea "c", inciso I, deste artigo.

Art. 679. Aos Tribunais Regionais não divididos em Turmas, compete o julgamento das matérias a que se refere o artigo anterior, exceto a de que trata o inciso I da alínea "c" do item 1, como os conflitos de jurisdição entre Turmas.

Art. 680. Compete, ainda, aos Tribunais Regionais, ou suas Turmas:

a) determinar às Varas do Trabalho* e aos Juízes de direito a realização dos atos processuais e diligências necessárias ao julgamento dos feitos sob sua apreciação;

b) fiscalizar o cumprimento de suas próprias decisões;

c) declarar a nulidade dos atos praticados com infração de suas decisões;

d) julgar as suspeições arguidas contra seus membros;

e) julgar as exceções de incompetência que lhes forem opostas;

f) requisitar às autoridades competentes as diligências necessárias ao esclarecimento dos feitos sob apreciação, representando contra aquelas que não atenderem a tais requisições;

g) exercer, em geral, no interesse da Justiça do Trabalho, as demais atribuições que decorram de sua jurisdição.

* (tacitamente alterado pela EC 24/99)

1 Diz a Constituição Federal de 1988:

Art. 96. Compete privativamente:

I – aos tribunais:

a) eleger seus órgãos diretivos e elaborar seus regimentos internos, com observância das normas de processo e das garantias processuais das partes, dispondo sobre a competência e o funcionamento dos respectivos órgãos jurisdicionais e administrativos;

b) organizar suas secretarias e serviços auxiliares e os dos juízos que lhes forem vinculados, velando pelo exercício da atividade correicional respectiva;

c) prover, na forma prevista nesta Constituição, os cargos de juiz de carreira da respectiva jurisdição;

d) propor a criação de novas varas judiciárias;

e) prover, por concurso público de provas, ou de provas e títulos, obedecido o disposto no art. 169, parágrafo único, os cargos necessários à administração da Justiça, exceto os de confiança assim definidos em lei;

f) conceder licença, férias e outros afastamentos a seus membros e aos juízes e servidores que lhes forem imediatamente vinculados; (...)

Art. 113. A lei disporá sobre a constituição, investidura, jurisdição, competência, garantias e condições de exercício dos órgãos da Justiça do Trabalho, assegurada a paridade de representação de trabalhadores e empregadores.

A atribuição para modificar a jurisdição e competência não pertence ao Presidente da República (CLT, art. 676), como quando a Justiça do Trabalho integrava o Poder Executivo, mas à Constituição e à Lei Ordinária, por se tratar de órgãos judiciários (CF, art. 113).

2 Competência para julgamento de dissídio coletivo de associações sindicais com base territorial cumulativa na 2ª e 15ª Regs. é da 2ª Reg. (L. 7.520/86, alterada pela L. 9.254/96, em apêndice). Grupo normativo (nota 3, *infra*).

3 O *Órgão Especial*, facultado pela CF (art. 93, XI – EC 45/04), quando instalado, absorve a competência administrativa e jurisdicional que o Tribunal Pleno assim delimitar. As leis preveem o funcionamento dos TRTs em Tribunal Pleno, Turmas, Grupos de Turmas e Seções Especializadas (L. 7.701/88, em apêndice, alt. L. 11.496/07). Na 2ª Região, extintos os Grupos de Turmas (L. 8.480/92). O Regimento Interno dispõe sobre o número, composição e funcionamento daqueles órgãos, ressalvada a competência exclusiva da seção normativa.

4 Mandado de segurança (v. art. 840/9). Ação rescisória (art. 836).

5 Recursos administrativos.

TST CANCELADA. Das decisões proferidas pelos Tribunais Regionais, em processo administrativo, cabe recurso para o Tribunal Superior do Trabalho tão somente para o exame da legalidade do ato (TST – Súmula 321, cancelada, Res. 135/05).

Da decisão proferida em autos de processo administrativo perante o colegiado de Tribunal Regional do Trabalho, cabível é o Recurso Ordinário para o TST, a teor do Enunciado 321/TST. Destarte, *in casu*, proibitivo pelo ordenamento jurídico vigente o ajuizamento do Mandado de Segurança, porque impetrado contra decisão transitada em julgado e recorrível, à época própria, por intermédio de Recurso Ordinário (TST, RO-MS 172.522/95.2, Cnéa Moreira, Ac. SBDI-2 568/96).

O Recurso em Matéria Administrativa não apresentado no prazo de oito dias é intempestivo (TST, RMA 534.450/99.1, Armando de Brito, Ac. Órgão Especial/99).

6 O Regimento Interno do TRT disporá sobre a Súmula da respectiva jurisprudência predominante e sobre o incidente de uniformização, inclusive os pertinentes às leis estaduais e normas coletivas (L. 7.701/88, art. 14). V. art. 896/4.

Seção III
Dos presidentes dos Tribunais Regionais

Art. 681. Os presidentes e vice-presidentes dos Tribunais Regionais do Trabalho tomarão posse perante os respectivos Tribunais (red. L. 6.320/76, que também revogou o parágrafo único).

Art. 682. Competem privativamente aos presidentes dos Tribunais Regionais, além das que forem conferidas neste e no título e das decorrentes do seu cargo, as seguintes atribuições:

I – (rev. L. 5.442/68)[1];

II – designar os juízes classistas* das Juntas e seus suplentes*;

III – dar posse aos presidentes de Juntas e presidentes substitutos, aos juízes classistas e suplentes e funcionários do próprio Tribunal e conceder férias e licenças aos mesmos e aos juízes classistas e suplentes das Juntas*;

IV – presidir às sessões do Tribunal;

V – presidir às audiências de conciliação nos dissídios coletivos[2];

VI – executar suas próprias decisões e as proferidas pelo Tribunal;

VII – convocar suplentes[4] dos juízes do Tribunal, nos impedimentos destes;

VIII – representar ao presidente do Tribunal Superior do Trabalho contra os presidentes, juízes classistas* e juízes representantes classistas* nos casos previstos no art. 727 e seu parágrafo único;

IX – despachar os recursos interpostos pelas partes;

X – requisitar às autoridades competentes, nos casos de dissídio coletivo, a força necessária, sempre que houver ameaça de perturbação da ordem;

XI – exercer correição, pelo menos uma vez por ano, sobre as Varas do Trabalho*, ou parcialmente sempre que se fizer necessário, e solicitá-la, quando julgar conveniente, ao presidente do Tribunal de Justiça, relativamente aos juízes de Direito investidos na administração da Justiça do Trabalho[3];

XII – distribuir os feitos, designando os juízes que os devem relatar;

XIII – designar, dentre os funcionários do Tribunal e das Varas do Trabalho* existentes em uma mesma localidade, o que deve exercer a função de distribuidor;

XIV – assinar as folhas de pagamento dos juízes e servidores do Tribunal.

§ 1º Na falta ou impedimento do titular da Vara do Trabalho* e do substituto da mesma localidade, é facultado ao presidente do Tribunal Regional designar substituto de outra localidade, observada a ordem de antiguidade entre os substitutos desimpedidos*[4].

§ 2º Na falta ou impedimento do Juiz classista da Junta e do respectivo suplente, é facultado ao presidente do Tribunal Regional designar suplente de outra Junta, respeitada a categoria profissional ou econômica do representante e a ordem de antiguidade dos suplentes desimpedidos*[4].

§ 3º Na falta ou impedimento de qualquer Juiz representante classista e seu respectivo suplente, é facultado ao Presidente do Tribunal Regional designar um dos Juízes classistas de Junta de Conciliação e Julgamento para funcionar nas sessões do Tribunal, respeitada a categoria profissional ou econômica do representante*.

Art. 683. Na falta ou impedimento dos Presidentes dos Tribunais Regionais, e como auxiliares destes, sempre que necessário, funcionarão seus substitutos.

§ 1º Nos casos de férias, por 30 dias, licença, morte ou renúncia, a convocação competirá diretamente ao Presidente do Tribunal Superior do Trabalho[5].

§ 2º Nos demais casos, mediante convocação do próprio Presidente do Tribunal ou comunicação do secretário deste, o Presidente Substituto assumirá imediatamente o exercício, ciente o Presidente do Tribunal Superior do Trabalho.

* (tacitamente alterado pela EC 24/99)

1 O revogado inc. I do art. 682 outorgava competência ao Presidente para julgamento dos agravos.

2 Grupo normativo (art. 677/3).

3 Criação dos cargos de Corregedor e Vice-Corregedor na 2ª Região (L. 6.904/81). Regimento Interno do TRT/SP (*DOE*, 7.5.96).

4 Suplente de juiz do Tribunal (L. Compl. 35/79, Loman, art. 118, V, com redação da L. Compl. 54/86). Inexiste "substituto de outra localidade" (art. 682, § 1º) ou "juiz suplente"; o primeiro servirá em qualquer órgão judicante da Região, por designação do Presidente do Tribunal; o juiz suplente, nomeado "sem concurso", teve seu cargo extinto por lei.

■ Juiz convocado – *Quorum* – Lei Orgânica da Magistratura (LOMAN). O § 1º do art. 118 da Lei Complementar n. 35, de 14-3-1979, fora derrogado em virtude do sistema estabelecido com a nova redação dada a este artigo pela Lei Complementar n. 54, de 22-12-1986. Via de consequência, não mais subsiste o inciso V daquele § 1º, pelo que a convocação de juízes presidentes de Junta de Conciliação e Julgamento para substituírem em TRT não se limita apenas àqueles da sede da região respectiva (TST, RR 40.377/91.4, Vantuil Abdala, Ac. 2ª T. 2.062/95).

5 O Presidente do TST não exerce atividade administrativa sobre os Regionais, em face da autonomia dos Tribunais Judiciários.

Seção IV

Dos juízes representantes classistas dos Tribunais Regionais*

Art. 684. Os juízes representantes classistas* dos Tribunais Regionais são designados pelo Presidente da República.

Parágrafo único. Aos Juízes representantes classistas* dos empregados e dos empregadores, nos Tribunais Regionais, aplicam-se as disposições do art. 661.

Art. 685. A escolha dos juízes e suplentes dos Tribunais Regionais, representantes dos empregadores e empregados, é feita dentre os nomes constantes das listas para esse fim encaminhadas ao presidente do Tribunal Superior do Trabalho pelas associações sindicais de grau superior com sede nas respectivas regiões.

§ 1º Para o efeito deste artigo, o conselho de representantes de cada associação sindical de grau superior, na ocasião determinada pelo Presidente do Tribunal Superior do Trabalho, organizará, por maioria de votos, uma lista de 3 nomes.

§ 2º O Presidente do Tribunal Superior do Trabalho submeterá os nomes constantes das listas ao Presidente da República, por intermédio do Ministro da Justiça.

Art. 686. (Rev. DL 9.797/46).

Art. 687. Os juízes representantes classistas dos Tribunais Regionais tomam posse perante o respectivo presidente.

Art. 688. Aos juízes representantes classistas* dos Tribunais Regionais aplicam-se as disposições do art. 663, sendo a nova escolha feita dentre os nomes constantes das listas a que se refere o art. 685 e, bem assim, as dos arts. 665 e 667.

Art. 689. Por sessão a que comparecerem, até o máximo de 15 por mês, perceberão os Juízes representantes classistas e suplentes dos Tribunais Regionais a gratificação fixada em lei.

Parágrafo único. Os Juízes representantes classistas* que retiverem processos além dos prazos estabelecidos no Regimento Interno dos Tribunais Regionais sofrerão, automaticamente, na gratificação mensal a que teriam direito, desconto equivalente a 1/30 por processo retido.

* (tacitamente alterado pela EC 24/99)

1 Diz a Constituição Federal de 1988:

Art. 115. Os Tribunais Regionais do Trabalho compõem-se de, no mínimo, 7 juízes, recrutados, quando possível, na respectiva região, e nomeados pelo Presidente da República dentre brasileiros com mais de 30 e menos de 65 anos, sendo (Red. EC 45/04):

I – 1/5 dentre advogados com mais de 10 anos de efetiva atividade profissional e membros do Ministério Público do Trabalho com mais de dez anos de efetivo exercício, observado o disposto no art. 94 (Red. EC 45/04);

II – os demais, mediante promoção de juízes do trabalho por antiguidade e merecimento, alternadamente (Red. EC 45/04).

§ 1º Os Tribunais Regionais do Trabalho instalarão a justiça itinerante, com a realização de audiências e demais funções de atividade jurisdicional, nos limites

territoriais da respectiva jurisdição, servindo-se de equipamentos públicos e comunitários (Red. EC 45/04).

§ 2º Os Tribunais Regionais do Trabalho poderão funcionar descentralizadamente, constituindo Câmaras regionais, a fim de assegurar o pleno acesso do jurisdicionado à justiça em todas as fases do processo (Red. EC 45/04).

Capítulo V

DO TRIBUNAL SUPERIOR DO TRABALHO

Seção I

Disposições preliminares

Art. 690. O Tribunal Superior do Trabalho, com sede na Capital da República e jurisdição em todo o território nacional, é a instância superior da Justiça do Trabalho.

Parágrafo único. O Tribunal funciona[1] na plenitude de sua composição ou dividido em Turmas, com observância da paridade de representação de empregados e empregadores.

Arts. 691 e 692. (Rev. DL 8.737/46).

1 V. nota ao art. 693/1.

Seção II

Da composição e funcionamento do Tribunal Superior do Trabalho

Art. 693. O Tribunal Superior do Trabalho compõe-se de... (revogado tacitamente pela CF, art. 111)[1].

a) e b) (Revogadas).

§ 1º Dentre os Juízes togados do Tribunal Superior do Trabalho, alheios aos interesses profissionais, serão eleitos o Presidente, o Vice-Presidente e o Corregedor, além dos Presidentes das Turmas, na forma estabelecida em seu regimento interno[3].

§ 2º Para nomeação trienal dos juízes classistas*, o presidente do Tribunal Superior do Trabalho publicará edital, com antecedência mínima de 15 dias, convocando as associações sindicais de grau superior, para que cada uma, mediante maioria de votos do respectivo conselho de representantes, organize uma lista de 3 nomes, que será encaminhada, por intermédio daquele Tribunal, ao Ministro da Justiça, dentro do prazo que for fixado no edital.

§ 3º Na lista de que trata o parágrafo anterior figurarão somente brasileiros natos, de reconhecida idoneidade, maiores de 25 anos, quites com o

serviço militar, que estejam no gozo de seus direitos civis e políticos e contem mais de dois anos de efetivo exercício da profissão ou se encontrem no desempenho de representação profissional prevista em lei*.

Art. 694. Os juízes togados escolher-se-ão: sete, dentre magistrados da Justiça do Trabalho, 2, dentre advogados no efetivo exercício da profissão, e 2, dentre membros do Ministério Público da União junto à Justiça do Trabalho (Red. L. 5.442/68) (Rev. RI, tacitamente)[1].

Art. 695. (Rev. DL 9.797/46).

Art. 696. Importará em renúncia o não comparecimento do membro do Tribunal, sem motivo justificado, a mais de 3 sessões ordinárias consecutivas. (Red. DL. 8.737/46).

§ 1º Ocorrendo a hipótese prevista neste artigo, o presidente do Tribunal comunicará imediatamente o fato ao ministro da Justiça, a fim de que seja feita a substituição do juiz renunciante, sem prejuízo das sanções cabíveis (Red. DL. 8.737/46) (Rev. tacitamente LOM, art. 26 e segs.).

§ 2º Para os efeitos do parágrafo anterior, a designação do substituto será feita dentre os nomes constantes das listas de que trata o § 2º do art. 693.

Art. 697. Em caso de licença superior a 30 dias, ou de vacância, enquanto não for preenchido o cargo, os Ministros do Tribunal poderão ser substituídos mediante convocação de Juízes, de igual categoria, de qualquer dos Tribunais Regionais do Trabalho, na forma que dispuser o Regimento do Tribunal Superior do Trabalho (red. L. 6.289/75)[3].

Art. 698. (Rev. DL 8.737/46).

Art. 699. O Tribunal Superior do Trabalho não poderá deliberar, na plenitude de sua composição, senão com a presença de, pelo menos, 9 dos seus juízes, além do presidente (Rev. tacitamente)[1].

Parágrafo único. As turmas do Tribunal, compostas de 5 juízes, só poderão deliberar com a presença de, pelo menos, três de seus membros, além do respectivo presidente, cabendo também a este funcionar como relator ou revisor nos feitos que lhe forem distribuídos, conforme estabelecer o regimento interno[1-4].

Art. 700. O Tribunal reunir-se-á em dias previamente fixados pelo Presidente, o qual poderá, sempre que for necessário, convocar sessões extraordinárias. (Red. DL. 8.737/46).

Art. 701. As sessões do Tribunal serão públicas e começarão às 14 horas, terminando às 17 horas, mas poderão ser prorrogadas pelo Presidente em caso de manifesta necessidade.

§ 1º As sessões extraordinárias do Tribunal só se realizarão quando forem comunicadas aos seus membros com 24 horas, no mínimo, de antecedência.

§ 2º Nas sessões do Tribunal, os debates poderão tornar-se secretos, desde que, por motivo de interesse público, assim resolver a maioria de seus membros[5].

* (tacitamente alterado pela EC 24/99)

1 Tribunal Superior do Trabalho.

Diz a Constituição Federal:

Art. 111. São órgãos da Justiça do Trabalho:

I – o Tribunal Superior do Trabalho;

II – os Tribunais Regionais do Trabalho;

III – Juízes do Trabalho (red. EC 24/99).

§ 1º (Rev. EC 45/04);

§ 2º (Rev. EC 45/04);

§ 3º (Rev. EC 45/04).

Art. 111-A. O Tribunal Superior do Trabalho compor-se-á de 27 Ministros, escolhidos dentre brasileiros com mais de 35 e menos de 65 anos, nomeados pelo Presidente da República após aprovação pela maioria absoluta do Senado Federal, sendo (Red. EC 45/04):

I – 1/5 dentre advogados com mais de 10 anos de efetiva atividade profissional e membros do Ministério Público do Trabalho com mais de 10 anos de efetivo exercício, observado o disposto no art. 94;

II – os demais dentre juízes dos Tribunais Regionais do Trabalho, oriundos da magistratura da carreira, indicados pelo próprio Tribunal Superior.

§ 1º A lei disporá sobre a competência do Tribunal Superior do Trabalho.

§ 2º Funcionarão junto ao Tribunal Superior do Trabalho:

I – a Escola Nacional de Formação e Aperfeiçoamento de Magistrados do Trabalho, cabendo-lhe, dentre outras funções, regulamentar os cursos oficiais para o ingresso e promoção na carreira;

II – o Conselho Superior da Justiça do Trabalho, cabendo-lhe exercer, na forma da lei, a supervisão administrativa, orçamentária, financeira e patrimonial da Justiça do Trabalho de primeiro e segundo graus, como órgão central do sistema, cujas decisões terão efeito vinculante. (...)

Art. 113. A lei disporá sobre a constituição, investidura, jurisdição, competência, garantias e condições de exercício dos órgãos da Justiça do Trabalho.

O TST se compõe de 27 Ministros (RI, art. 3º), que funcionam em Tribunal Pleno ou distribuídos em: Presidência, Vice-Presidência, Corregedoria-Geral, Órgão Especial, uma Seção Especializada em Dissídios Coletivos, duas Seções Especializadas em Dissídios Individuais, divididas em 2 subseções e 8 Turmas (CF/88, art. 111-A, alterada pela EC 45/04 e TST, RI, art. 64, RA 1.937/17). Competência (art. 702 e s.).

2 Redação do art. 700 (DL 8.737/46); art. 694 (L. 5.442/68); art. 696 e art. 701 (DL 8.737/46) e art. 697 (L. 6.289/75).

3 Regimento Interno do TST, RA 1.937/17, arts. 30 e 91.

4 Turmas com 3 Ministros (RI, art. 73, RA 1.937/17). Seções Especializadas em Dissídios Coletivos e Individuais (L. 7.701/88 e TST, RI, art. 73, RA 1.937/17).

5 A CF diz que todos os julgamentos dos órgãos do Poder Judiciário serão públicos, e fundamentadas todas as decisões, sob pena de nulidade, podendo a lei limitar a presença (art. 93, IX).

6 O *Conselho Superior da Justiça do Trabalho* exerce a supervisão administrativa, orçamentária, financeira e patrimonial, bem como promove a integração e o desenvolvimento dos Tribunais Regionais do Trabalho e das Varas do Trabalho. Exerce a supervisão administrativa, orçamentária, financeira e patrimonial da Justiça do Trabalho de primeiro e segundo graus. As decisões do CSJT têm efeito vinculante. Com relação a sua composição, o CSJT é integrado pelos Presidente e Vice-Presidente do Tribunal Superior do Trabalho e pelo Corregedor-Geral da Justiça do Trabalho, membros natos. Também compõem o Conselho três ministros eleitos pelo Pleno do Tribunal Superior do Trabalho e cinco presidentes de Tribunais Regionais do Trabalho, cada um deles representando uma das cinco Regiões geográficas do País (Sul, Sudeste, Centro-Oeste, Nordeste e Norte). Regimento Interno do CSJT, Res. Adm. 1.909/17.

Seção III
Da competência do Tribunal Pleno

Art. 702. Ao Tribunal Pleno compete (revogado tacitamente)[1 e 2]**:**

I – em única instância (revogado tacitamente)[2]**:**

a) decidir sobre matéria constitucional, quando arguido, para invalidar lei ou ato do poder público;

b) conciliar e julgar os dissídios coletivos que excedam a jurisdição dos Tribunais Regionais do Trabalho, bem como estender ou rever suas próprias decisões normativas, nos casos previstos em lei;

c) homologar os acordos celebrados em dissídios de que trata a alínea anterior;

d) julgar os agravos dos despachos do presidente, nos casos previstos em lei;

e) julgar as suspeições arguidas contra o presidente e demais juízes do Tribunal, nos feitos pendentes de sua decisão;

f) estabelecer ou alterar súmulas e outros enunciados de jurisprudência uniforme[6]**, pelo voto de pelo menos dois terços de seus membros, caso a mesma matéria já tenha sido decidida de forma idêntica por unanimidade em, no mínimo, dois terços das turmas em pelo menos dez sessões di-**

ferentes em cada uma delas, podendo, ainda, por maioria de dois terços de seus membros, restringir os efeitos daquela declaração ou decidir que ela só tenha eficácia a partir de sua publicação no Diário Oficial; (Red. L. 13.467/17)

g) aprovar tabela de custas e emolumentos, nos termos da lei (revogado pela Constituição)[3]**;**

h) elaborar o Regimento Interno do Tribunal e exercer as atribuições administrativas previstas em lei, ou decorrentes da Constituição Federal[4]**;**

II – em última instância (revogado tacitamente)[2]**:**

a) julgar os recursos ordinários das decisões proferidas pelos Tribunais Regionais, em processos de sua competência originária;

b) julgar os embargos opostos às decisões de que tratam as alíneas "b" e "c" do inciso I deste artigo;

c) julgar embargos das decisões das Turmas, quando estas divirjam entre si ou de decisão proferida pelo próprio Tribunal Pleno, ou que forem contrárias à letra da lei federal;

d) julgar os agravos de despachos denegatórios dos presidentes de turmas, em matéria de embargos, na forma estabelecida no regimento interno;

e) julgar os embargos de declaração opostos aos seus acórdãos.

§ 1º Quando adotada pela maioria de 2/3 dos juízes do Tribunal Pleno, a decisão proferida nos embargos de que trata o inciso II, alínea "c", deste artigo, terá força de prejulgado, nos termos dos §§ 2º e 3º do art. 902[4 e 5]**.**

§ 2º É da competência de cada uma das Turmas do Tribunal (revogado tacitamente)[2]**:**

a) julgar, em única instância, os conflitos de jurisdição entre Tribunais Regionais do Trabalho e os que se suscitarem entre Juízes de Direito ou Varas do Trabalho* de regiões diferentes (tacitamente alterado pela EC 24/99)**;**

b) julgar, em última instância, os recursos de revista interpostos de decisões dos Tribunais Regionais e das Varas do Trabalho ou juízes de Direito, nos casos previstos em lei (tacitamente alterado pela EC 24/99)**;**

c) julgar os agravos de instrumento dos despachos que denegarem a interposição de recursos ordinários ou de revista;

d) julgar os embargos de declaração opostos aos seus acórdãos;

e) julgar as habilitações incidentes e arguições de falsidade, suspeição e outras, nos casos pendentes de sua decisão.

§ 3º As sessões de julgamento sobre estabelecimento ou alteração de súmulas e outros enunciados de jurisprudência deverão ser públicas, divul-

gadas com, no mínimo, trinta dias de antecedência, e deverão possibilitar a sustentação oral pelo Procurador-Geral do Trabalho, pelo Conselho Federal da Ordem dos Advogados do Brasil, pelo Advogado-Geral da União e por confederações sindicais ou entidades de classe de âmbito nacional. (red. L. 13.467/17).(revogado tacitamente)[6]

§ 4º O estabelecimento ou a alteração de súmulas e outros enunciados de jurisprudência pelos Tribunais Regionais do Trabalho deverão observar o disposto na alínea *f* do inciso I e no § 3º deste artigo, com rol equivalente de legitimados para sustentação oral, observada a abrangência de sua circunscrição judiciária. (Red. L. 13.467/17). (revogado tacitamente)[6]

1 *Competência do Tribunal.* Diz a Constituição Federal de 1988:

Art. 96. Compete privativamente:

I - aos tribunais:

a) eleger seus órgãos diretivos e elaborar seus regimentos internos, com observância das normas de processo e das garantias processuais das partes, dispondo sobre a competência e o funcionamento dos respectivos órgãos jurisdicionais e administrativos; ...

Art. 111-A. ...

§ 1º A lei disporá sobre a competência do Tribunal Superior do Trabalho (Red. EC 45/04). **(...)**

Art. 113. A lei disporá sobre a constituição, investidura, jurisdição, competência, garantias e condições de exercício dos órgãos da Justiça do Trabalho.

2 O *Tribunal Pleno e Órgão Especial* têm competência em matéria judiciária e administrativa, p. ex.: decidir arguição de inconstitucionalidade de lei ou ato normativo do Poder Público (v. art. 670/5); julgar incidentes de uniformização da jurisprudência (CPC/15, arts. 926 a 928, 947, 976 a 987 e 1.036 a 1.041, transfere aos tribunais a obrigação de uniformizar a jurisprudência, TST, RI, arts. 169 a 172, RA 1.937/17, v. art. 896/4); aprovar, modificar ou revogar enunciado da Súmula, orientações jurisprudenciais ou precedentes normativos; julgar mandado de segurança impetrado contra atos do Presidente ou de Ministros do Tribunal; aprovar e emendar o Regimento Interno; decidir sobre a composição, competência, criação ou extinção de órgãos do Tribunal etc.; dar posse aos membros eleitos para cargos de direção e aos Ministros nomeados para o Tribunal (TST, RI, arts. 75 e 76, RA 1.937/17).

A *Seção Especializada em Dissídios Individuais*

Art. 78. À Seção Especializada em Dissídios Individuais, em composição plena ou dividida em duas Subseções, compete:

I – em composição plena: a) julgar, em caráter de urgência e com preferência

na pauta, os processos nos quais tenha sido estabelecida, na votação, divergência entre as Subseções I e II da Seção Especializada em Dissídios Individuais, quanto à aplicação de dispositivo de lei federal ou da Constituição da República; b) processar e julgar as reclamações destinadas à preservação de sua competência, à garantia da autoridade de suas decisões e à observância obrigatória de tese jurídica firmada em decisão com eficácia de precedente judicial de cumprimento obrigatório, por ela proferida; II - à Subseção I: a) julgar os embargos interpostos contra decisões divergentes das Turmas, ou destas que divirjam de decisão da Seção de Dissídios Individuais, de súmula ou de orientação jurisprudencial; b) processar e julgar as reclamações destinadas à preservação de sua competência, à garantia da autoridade de suas decisões e à observância obrigatória de tese jurídica firmada em decisão com eficácia de precedente judicial de cumprimento obrigatório, por ela proferida; c) julgar os agravos internos interpostos contra decisão monocrática exarada em processos de sua competência ou decorrentes do juízo de admissibilidade da Presidência de Turmas do Tribunal; d) processar e julgar os incidentes de recursos repetitivos que lhe forem afetados; III - à Subseção II: a) originariamente: I - julgar as ações rescisórias propostas contra suas decisões, as da Subseção I e as das Turmas do Tribunal; II - julgar os mandados de segurança contra os atos praticados pelo Presidente do Tribunal, ou por qualquer dos Ministros integrantes da Seção Especializada em Dissídios Individuais, nos processos de sua competência; III - julgar os pedidos de concessão de tutelas provisórias e demais medidas de urgência; IV - julgar os *habeas corpus*; V - processar e julgar os Incidentes de Resolução de Demandas Repetitivas suscitados nos processos de sua competência originária; VI - processar e julgar as reclamações destinadas à preservação de sua competência, à garantia da autoridade de suas decisões e à observância obrigatória de tese jurídica firmada em decisão com eficácia de precedente judicial de cumprimento obrigatório, por ela proferida; b) em única instância: I - julgar os agravos internos interpostos contra decisão monocrática exarada em processos de sua competência; II - julgar os conflitos de competência entre Tribunais Regionais e os que envolvam Desembargadores dos Tribunais de Justiça, quando investidos da jurisdição trabalhista, e Juízes do Trabalho em processos de dissídios individuais; c) em última instância: I - julgar os recursos ordinários interpostos contra decisões dos Tribunais Regionais em processos de dissídio individual de sua competência originária; II - julgar os agravos de instrumento interpostos contra decisão denegatória de recurso ordinário em processos de sua competência (TST, RI, art. 78, RA 1.937/17).

A *Seção Especializada em Dissídios Coletivos* tem competência para conhecer e julgar as ações coletivas e seus incidentes processuais no TST.

Art. 77. À Seção Especializada em Dissídios Coletivos compete:
I – originariamente: a) julgar os dissídios coletivos de natureza econômica e jurídica, de sua competência, ou rever suas próprias sentenças normativas, nos casos previstos em lei; b) homologar as conciliações firmadas nos dissídios coletivos; c) julgar as ações anulatórias de acordos e convenções coletivas; d) julgar as ações rescisórias propostas contra suas sentenças normativas; e) jul-

gar os agravos internos contra decisões não definitivas, proferidos pelo Presidente do Tribunal, ou por qualquer dos Ministros integrantes da Seção Especializada em Dissídios Coletivos; f) julgar os conflitos de competência entre Tribunais Regionais do Trabalho em processos de dissídio coletivo; g) processar e julgar as tutelas provisórias antecedentes ou incidentes nos processos de dissídio coletivo; h) processar e julgar as ações em matéria de greve, quando o conflito exceder a jurisdição de Tribunal Regional do Trabalho; i) processar e julgar as reclamações destinadas à preservação de sua competência e à garantia da autoridade de suas decisões;

II – em última instância, julgar: a) os recursos ordinários interpostos contra as decisões proferidas pelos Tribunais Regionais do Trabalho em dissídios coletivos de natureza econômica ou jurídica; b) os recursos ordinários interpostos contra decisões proferidas pelos Tribunais Regionais do Trabalho em ações rescisórias, reclamações e mandados de segurança pertinentes a dissídios coletivos e em ações anulatórias de acordos e convenções coletivas; c) os embargos infringentes interpostos contra decisão não unânime proferida em processo de dissídio coletivo de sua competência originária, salvo se a decisão embargada estiver em consonância com precedente normativo do Tribunal Superior do Trabalho, ou com Súmula de sua jurisprudência predominante; e d) os agravos de instrumento interpostos contra decisão denegatória de recurso ordinário nos processos de sua competência. (L. 7.701/88, art. 2º, em apêndice, alt. L. 11.496/07 e TST, RI, art. 77, RA 1.937/17).

A cada uma das Turmas cabe julgar os recursos de revista interpostos contra as decisões dos Tribunais Regionais, assim como os respectivos agravos e embargos de declaração (TST, RI, art. 79, RA 1.937/17, e L. 7.701/88, art. 5º, em apêndice, alt. L. 11.496/07).

3 Emolumentos, inconstitucionalidade da fixação pelos Tribunais (art. 789/8).

4 Prejulgado vinculativo para os outros órgãos judiciários, inconstitucionalidade (art. 902/1).

5 Agravo de instrumento (art. 897/2). Agravo regimental (art. 897/3). O § 1º do art. 702 está tacitamente revogado (ou, se se quiser, mais tecnicamente, perdeu fundamento de validade) desde a CF/46, mantida pela CF/88, art. 96, I (v. art. 902 e notas).

6 A uniformização da jurisprudência é competência originária do TST, o RI, art. 169, determina que seu procedimento terá que ser o determinado pela CLT, art. 702, I, *f*, e pelo CPC/15, arts. 926 a 928, 947, 976 a 987 e 1.036 a 1.041, a aprovação de súmulas (RI, art. 172, RA 1.937/17). CF/88, art. 96, I, *a*: "eleger seus órgãos diretivos e elaborar seus regimentos internos, com observância das normas de processo e das garantias processuais das partes, dispondo sobre a competência e o funcionamento dos respectivos órgãos jurisdicionais e administrativos".

Seção IV
Da competência da Câmara de Justiça do Trabalho

Arts. 703 a 705. (Rev. DL 8.737/46).

Seção V
Da competência da Câmara de Previdência Social

Art. 706. (Rev. DL 8.737/46).

1 O TST (art. 690) substituiu a antiga Câmara de Justiça.

2 Prejulgados: requisitos e inconstitucionalidade (v. art. 902).

Seção VI
Das atribuições do presidente do Tribunal Superior do Trabalho

Art. 707. Compete ao Presidente do Tribunal[1]**:**

a) presidir às sessões do Tribunal, fixando os dias para a realização das sessões ordinárias e convocando as extraordinárias;

b) superintender todos os serviços do Tribunal;

c) expedir instruções e adotar as providências necessárias para o bom funcionamento do Tribunal e dos demais órgãos da Justiça do Trabalho;

d) fazer cumprir as decisões originárias do Tribunal, determinando aos Tribunais Regionais e aos demais órgãos da Justiça do Trabalho a realização dos atos processuais e das diligências necessárias;

e) submeter ao Tribunal os processos em que tenha de deliberar e designar, na forma do Regimento Interno, os respectivos relatores;

f) despachar os recursos interpostos pelas partes e os demais papéis em que deva deliberar;

g) determinar as alterações que se fizerem necessárias na lotação do pessoal da Justiça do Trabalho, fazendo remoções *ex officio* de servidores entre os Tribunais Regionais, Varas do Trabalho* e outros órgãos, bem como conceder as requeridas que julgar convenientes ao serviço, respeitada a lotação de cada órgão;

h) conceder licenças e férias aos servidores do Tribunal, bem como impor-lhes as penas disciplinares que excederem da alçada das demais autoridades;

i) dar posse e conceder licença aos membros do Tribunal, bem como conceder licenças e férias aos Presidentes dos Tribunais Regionais;

j) apresentar ao Ministro da Justiça, até 31 de março de cada ano, o relatório das atividades do Tribunal e dos demais órgãos da Justiça do Trabalho.

Parágrafo único. O Presidente terá um secretário, por ele designado

dentre os funcionários lotados no Tribunal, e será auxiliado por servidores designados nas mesmas condições.

* (tacitamente alterado pela EC 24/99)

1 Ver art. 702/1.

Presidência da Seção Normativa (L. 7.701/88, art. 1º). Atuais atribuições (TST, RI, art. 41, RA 1.937/17).

Seção VII

Das atribuições do vice-presidente

Art. 708. Compete ao Vice-Presidente do Tribunal:

a) substituir o Presidente e o Corregedor em suas faltas e impedimentos;

b) (rev. L. 2.244/54).

Parágrafo único. Na ausência do Presidente e do Vice-Presidente, será o Tribunal presidido pelo Juiz togado mais antigo, ou pelo mais idoso quando igual a antiguidade.

1 Participação do Vice-Presidente no julgamento da Seção Normativa (L. 7.701/88, art. 1º). Atribuições do Vice-Presidente (TST, RI, art. 42, RA 1.937/17).

Seção VIII

Das atribuições do corregedor

Art. 709. Compete ao Corregedor, eleito dentre os Ministros togados do Tribunal Superior do Trabalho:

I – exercer funções de inspeção e correição permanente com relação aos Tribunais Regionais e seus Presidentes;

II – decidir reclamações[1] contra os atos atentatórios da boa ordem processual praticados pelos Tribunais Regionais e seus Presidentes, quando inexistir recurso específico;

III – (rev. L. 5.442/68).

§ 1º Das decisões proferidas pelo Corregedor, nos casos do artigo, caberá o agravo regimental, para o Tribunal Pleno.

§ 2º O Corregedor[2] não integrará as Turmas do Tribunal, mas participará, com voto, das sessões do Tribunal Pleno, quando não se encontrar em correição ou em férias, embora não relate nem revise processos, ca-

bendo-lhe, outrossim, votar em incidente de inconstitucionalidade, nos processos administrativos e nos feitos em que estiver vinculado por visto anterior à sua posse na Corregedoria (red. L. 7.121/83).

1 Participação do Corregedor no julgamento da Seção Normativa (L. 7.701/88, art. 1º). Atribuições do Corregedor-Geral (TST, RI, arts. 45 a 47, RA 1.937/17). Correição parcial (art. 893/11).

A natureza administrativa da reclamação correicional não enseja outro recurso senão o de agravo regimental para o Pleno. Conforme previsão legal a Corregedoria--Geral atua como primeira instância, já que tem a competência originária para julgar a respectiva ação; exaurindo-se a atuação jurisdicional com a apreciação do Tribunal Pleno, a ser provocado por agravo regimental e funcionando como segunda instância (TST, AI-RO 123.251/94.7, Leonaldo Silva, Ac. SDI 174/96).

2 Para Coqueijo Costa (*LTr* 47/1289), o § 2º do art. 709 se aplicaria a todo Tribunal que viesse ter Corregedor, o que parece inexato, por causa da inserção do dispositivo na Seção da CLT que é exclusiva do TST, sem que o legislador lhe tenha conferido redação generalizadora. Regimento interno do TST (v. notas, art. 693).

Capítulo VI

DOS SERVIÇOS AUXILIARES DA JUSTIÇA DO TRABALHO

Seção I

Da secretaria das Varas do Trabalho*[1]

Art. 710. Cada Vara do Trabalho* terá uma secretaria, sob a direção de funcionário que o juiz[2] designar, para exercer a função de diretor de secretaria[3], e que receberá, além dos vencimentos correspondentes ao seu padrão, a gratificação de função fixada em lei (texto adaptado às alterações).

Art. 711. Compete à secretaria das Varas do Trabalho*:

a) o recebimento, a autuação, o andamento, a guarda e a conservação dos processos e outros papéis que lhe forem encaminhados;

b) a manutenção do protocolo de entrada e saída dos processos e demais papéis;

c) o registro das decisões;

d) a informação, às partes interessadas e seus procuradores, do andamento dos respectivos processos, cuja consulta lhes facilitará;

e) a abertura de vista dos processos às partes, na própria secretaria;

f) a contagem das custas devidas pelas partes, nos respectivos processos;

g) o fornecimento de certidões sobre o que constar dos livros ou do arquivamento da secretaria;

h) a realização das penhoras e demais diligências processuais;

i) o desempenho dos demais trabalhos que lhe forem cometidos pelo juiz do trabalho*, para melhor execução dos serviços que lhe estão afetos.

Art. 712. Compete especialmente aos diretores* de secretaria[3] das Varas do Trabalho*:

a) superintender os trabalhos da secretaria, velando pela boa ordem do serviço;

b) cumprir e fazer cumprir as ordens emanadas do juiz* e das autoridades superiores;

c) submeter a despacho e assinatura do juiz* o expediente e os papéis que devam ser por ele despachados e assinados;

d) abrir a correspondência oficial dirigida à Vara do Trabalho* e ao juiz*, a cuja deliberação será submetida;

e) tomar por termo as reclamações verbais nos casos de dissídios individuais;

f) promover o rápido andamento dos processos, especialmente na fase de execução, e a pronta realização dos atos e diligências deprecadas pelas autoridades superiores;

g) secretariar as audiências da Junta, lavrando as respectivas atas;

h) subscrever as certidões e os termos processuais;

i) dar aos litigantes ciência das reclamações e demais atos processuais de que devam ter conhecimento, assinando as respectivas notificações;

j) executar os demais trabalhos que lhe forem atribuídos pelo juiz da Vara do Trabalho*.

Parágrafo único. Os serventuários que, sem motivo justificado, não realizarem os atos, dentro dos prazos fixados, serão descontados em seus vencimentos, em tantos dias quantos os do excesso.

* (tacitamente alterado pela EC 24/99)

1 Organização da Justiça do Trabalho (L. 409/48, 5.794/72 e LOM, LC 35/79).

A Constituição confere competência aos tribunais para "organizar suas secretarias e serviços auxiliares" (art. 96, *b*), incluindo-se nessa atribuição a possibilidade de fixar o horário dos seus órgãos para atendimento ao público (TST, Ag.-RC 49.738/92.0, Orlando Teixeira da Costa, Ac. SDI 2886/92).

2 Compete ao Presidente do TRT dar posse aos funcionários das Varas do Trabalho (CLT, art. 682).

3 Diretor de Secretaria é o nome do cargo do antigo Chefe de Secretaria (L. 6.563/78).

4 Assessor de juiz (L. 6.904/81 e 7.119/83).

Seção II
Dos distribuidores

Art. 713. Nas localidades em que existir mais de uma Vara do Trabalho* haverá um distribuidor.

Art. 714. Compete ao distribuidor:

a) a distribuição, pela ordem rigorosa de entrada, e sucessivamente a cada Vara*, dos feitos que, para esse fim, lhe forem apresentados pelos interessados;

b) o fornecimento, aos interessados, do recibo correspondente a cada feito distribuído;

c) a manutenção de dois fichários dos feitos distribuídos, sendo um organizado pelos nomes dos reclamantes e o outro dos reclamados, ambos por ordem alfabética;

d) o fornecimento a qualquer pessoa que o solicite, verbalmente ou por certidão, de informações sobre os feitos distribuídos;

e) a baixa na distribuição dos feitos, quando isto lhe for determinado pelos juízes do trabalho*, formando, com as fichas correspondentes, fichários à parte, cujos dados poderão ser consultados pelos interessados, mas não serão mencionados em certidões.

Art. 715. Os distribuidores são designados pelo presidente do Tribunal Regional, dentre os funcionários das Varas do Trabalho* e do Tribunal Regional, existentes na mesma localidade, e ao mesmo presidente diretamente subordinados.

* (tacitamente alterado pela EC 24/99)

Seção III
Do cartório dos Juízos de Direito

Art. 716. Os cartórios dos Juízos de Direito, investidos na administração da Justiça do Trabalho, têm, para esse fim, as mesmas atribuições e obrigações conferidas na Seção I às secretarias das Varas do Trabalho*.

Parágrafo único. Nos Juízos em que houver mais de um cartório, far-se-á entre eles a distribuição alternada e sucessiva das reclamações.

Art. 717. Aos escrivães dos Juízos de Direito, investidos na administração da Justiça do Trabalho, competem especialmente as atribuições e obrigações dos diretores de secretaria das Varas do Trabalho*; e aos demais funcionários dos cartórios, as que couberem nas respectivas funções,

dentre as que competem às secretarias das Varas do Trabalho*, enumeradas no art. 711.

* (tacitamente alterado pela EC 24/99)

Seção IV
Das secretarias dos Tribunais Regionais

Art. 718. Cada Tribunal Regional tem uma secretaria, sob a direção do funcionário designado para exercer a função de secretário, com a gratificação de função fixada em lei.

Art. 719. Competem à secretaria dos Tribunais, além das atribuições estabelecidas no art. 711, para a secretaria das Varas do Trabalho*, mais as seguintes:

a) a conclusão dos processos ao presidente e sua remessa, depois de despachados, aos respectivos relatores;

b) a organização e a manutenção de um fichário de jurisprudência do Tribunal, para consulta dos interessados.

Parágrafo único. No regimento interno dos Tribunais Regionais serão estabelecidas as demais atribuições, o funcionamento e a ordem dos trabalhos de suas secretarias.

Art. 720. Competem aos secretários dos Tribunais Regionais as mesmas atribuições conferidas no art. 712 aos chefes de Secretaria das Varas do Trabalho*, além das que lhes forem fixadas no regimento interno dos Tribunais.

* (tacitamente alterado pela EC 24/99)

Seção V
Dos Oficiais de Justiça

Art. 721. Incumbe aos Oficiais de Justiça e Oficiais de Justiça Avaliadores da Justiça do Trabalho a realização dos atos decorrentes da execução dos julgados das Varas do Trabalho* e dos Tribunais Regionais do Trabalho, que lhes forem cometidos pelos respectivos Presidentes.

§ 1º Para efeito de distribuição dos referidos atos, cada Oficial de Justiça ou Oficial de Justiça Avaliador funcionará perante uma Vara do Trabalho*, salvo quando da existência, nos Tribunais Regionais do Trabalho, de órgão específico, destinado à distribuição de mandados judiciais.

§ 2º Nas localidades onde houver mais de uma Vara*, respeitado o disposto no parágrafo anterior, a atribuição para o cumprimento do ato deprecado ao Oficial de Justiça ou Oficial de Justiça Avaliador será transferida a outro Oficial, sempre que, após o decurso de 9 dias, sem razões que o justifiquem, não tiver sido cumprido o ato, sujeitando-se o serventuário às penalidades da lei.

§ 3º No caso de avaliação, terá o Oficial de Justiça Avaliador, para cumprimento do ato, o prazo previsto no art. 888.

§ 4º É facultado aos Presidentes dos Tribunais Regionais do Trabalho cometer a qualquer Oficial de Justiça ou Oficial de Justiça Avaliador a realização dos atos de execução das decisões desses Tribunais.

§ 5º Na falta ou impedimento do Oficial de Justiça ou Oficial de Justiça Avaliador, o juiz da Vara* poderá atribuir a realização do ato a qualquer serventuário.

* (tacitamente alterado pela EC 24/99)

1 Redação do art. 721 de acordo com a L. 5.442/68.

CAPÍTULO VII
DAS PENALIDADES

Seção I
Do *lock-out*[1] e da greve

Art. 722. Os empregadores que, individual ou coletivamente, suspenderem os trabalhos[1] dos seus estabelecimentos, sem prévia autorização do tribunal competente, ou que violarem, ou se recusarem a cumprir decisão proferida em dissídio coletivo, incorrerão nas seguintes penalidades:

a) multa de trezentos a 3.000 valores de referência regionais[2] (L. 6.205/75 e 6.986/82);

b) perda do cargo de representação profissional em cujo desempenho estiverem;

c) suspensão, pelo prazo de 2 a 5 anos, do direito de serem eleitos para cargos de representação profissional.

§ 1º Se o empregador for pessoa jurídica, as penas previstas nas alíneas "b" e "c" incidirão sobre os administradores responsáveis.

§ 2º Se o empregador for concessionário de serviço público, as penas serão aplicadas em dobro. Nesse caso, se o concessionário for pessoa jurídica, o presidente do tribunal que houver proferido a decisão poderá, sem prejuízo do cumprimento desta e da aplicação das penalidades cabíveis, ordenar o afastamento dos administradores responsáveis, sob pena de ser cassada a concessão.

§ 3º Sem prejuízo das sanções cominadas neste artigo, os empregadores ficarão obrigados a pagar os salários devidos aos seus empregados, durante o tempo de suspensão do trabalho.

1 O *lock-out* é o fechamento de uma ou várias empresas até que os trabalhadores tenham aceitado a atitude que o empregador pretenda impor. Privados do trabalho e salários, os operários podem, depois de um certo tempo, ver-se constrangidos a capitular. O mecanismo é idêntico ao da greve, mas aqui é o patrão quem toma a iniciativa da prova de força (Jean Rivero e Jean Savatier, *Droit du Travail*). O fechamento definitivo, por razões econômicas ou financeiras, ou o provisório, pela força maior ou por necessidade, não são considerados *lock-out*.

O direito comparado considera o *lock-out* em pé de igualdade com a greve e algumas Constituições iberoamericanas assim o reconhecem (Alfredo Ruprecht, *Conflitos Coletivos de Trabalho*).

Também, como a greve, o *lock-out* pode ser considerado ilegítimo e abusivo (por inadequado ou sem aviso). O *lock-out* defensivo é o mais comum e ocorre como reação a uma greve iminente, para quebrar a combatividade dos grevistas, ou como simples forma de defender o patrimônio e as instalações da empresa na imediatidade de greve (Rivero e Savatier, cit.). Nos países em que assim ocorre, os salários são indevidos se a hipótese concreta de *lock-out* for considerada lícita.

Na Espanha, a Constituição reconhece o *lock-out* com "un cierto pudor" (Alfredo Montoya Melgar, *Derecho del Trabajo*, Madrid), e o Tribunal Constitucional o aceita como defesa, não como meio de esvaziar ou impedir o direito de greve. No Brasil é vedada a paralisação das atividades por iniciativa do empregador para frustrar a negociação ou dificultar as reivindicações (L. 7.783/89, art. 17).

2 Multas, atualização de valores (art. 626/3); aplicação pelo Juiz ou Tribunal (art. 903).

Arts. 723 a 725. (rev. L. 9.842/99)·

1 Diz a Constituição Federal de 1988:

Art. 9º É assegurado o direito de greve, competindo aos trabalhadores decidir sobre a oportunidade de exercê-lo e sobre os interesses que devam por meio dele defender.

§ 1º A lei definirá os serviços ou atividades essenciais e disporá sobre o atendimento das necessidades inadiáveis da comunidade.

§ 2º Os abusos cometidos sujeitam os responsáveis às penas da lei. (...)

Art. 37. A administração pública... obedecerá... ao seguinte: ...

VII – o direito de greve será exercido nos termos e nos limites definidos em lei específica; (...)

Art. 42, § 3º,

IV – ao militar são proibidas a sindicalização e a greve.

2 A *greve* é um fato social de origem antijurídica (pelo inadimplemento do dever de prestar serviço), mas de tal pujança que se tornou incontenível; guarda, entretanto, em seu interior, indisfarçáveis substratos daquela injuricidade, como acontece com o homicídio em legítima defesa, ou outras formas de autocomposição; por isso se diz que "escapa parcialmente ao direito" (Rivero e Savatier, *Droit du Travail*). Os ordenamentos nacionais, que souberam conviver com o fenômeno, triunfaram porque ela age como válvula de segurança, deslocando o ponto de equilíbrio da injustiça social.

O conceito do vocábulo é muito amplo e equívoco; é utilizado em qualquer omissão de comportamento individual (fome) ou coletivo (estudantes), em trabalho autônomo (venda de comerciantes) e mesmo em trabalho subordinado (parede individual). O conceito jurídico mais puro e pacífico é o que entende que a greve é a suspensão concertada e coletiva de trabalho, com a finalidade de obter do empregador certa vantagem; geralmente, novas condições de trabalho. Consiste "nella non esecuzione dell'obligazione scaturente dal contrato di lavoro" (Gino Giugni, *Diritto Sindacalle*). Aquele conceito contém os requisitos para que cada hipótese receba ou não, segundo as normas vigentes em cada país, o atestado de sua juridicidade ou não. Razões fáticas podem levar a matizar alguns desses requisitos; por exemplo, a greve de uma só pessoa em uma empresa não é considerada greve, mas indisciplina ou insubordinação; a jurisprudência francesa, entretanto, admitiu que certo locutor único, de emissora do interior, aderindo à greve nacional de locutores, agira legitimamente.

A doutrina não aceita como greve a omissão ao trabalho quando faltar algum outro requisito nem a sua execução imperfeita ou o trabalho lento (tartaruga). Haveria violação do contrato.

A greve é instituto importantíssimo, mas não é essencial ao direito do trabalho; seria como contemplar a vida apenas pelos seus aspectos patológicos, como certos jornais ou certos advogados de casos (Otto Khan-Freund, *Trabajo y Derecho*).

A *titularidade* da greve, variando de acordo com as normas de cada lugar, pode pertencer genericamente às coletividades ou especificamente só ao sindicato; a primeira hipótese é a que vigora nos Estados Unidos e a que também se depreende da Constituição brasileira de 1988.

O objetivo a ser alcançado pela greve é a convenção coletiva. Pergunta-se se a greve constitui-se em direito ou é regulável por normas. Para os sindicatos, o direito de greve seria insuscetível de submissão (pela sua origem).

Mas há ordenamento jurídico que, por lei ou pela jurisprudência, não deixa de reconhecer a possibilidade de regulamentação, pelo natural respeito aos demais princípios do direito. Na Inglaterra se diz que o direito de greve não pode ser ilimitado (Khan-Freund, cit.). Entretanto, há certa parcimônia legislativa na sua regulamentação, provavelmente por tática política dos legisladores, que termina sendo coberta pela jurisprudência, na qual também há uma grande hesitação. A carência da lei transferiu ao juiz a evolução do direito (Rivero e Savatier, *Droit du Travail*); assim ocorre na França, Inglaterra e Argentina (Julio Martinez Vivot, "La huelga de los empleados públicos y del personal de los servicios públicos").

A *ilicitude da greve* pode advir de ser desconsiderada como greve (por lhe faltarem requisitos para sua tipificação) ou por ser julgada ilícita, ora pelos seus objetivos, ora pelos seus meios.

A ilicitude dos objetivos advém de que a lei a proíba para certas intenções; é o caso da greve de solidariedade, que é, em princípio, ilícita; vislumbra-se na França uma evolução da jurisprudência, no sentido de maior tolerância, quando a solidariedade traduza a defesa de um interesse dos trabalhadores, mesmo que o afetado tenha sido um outro; para alguns, as greves só seriam lícitas se o ato que provocou o movimento é do próprio patrão; a greve política, na Alemanha, se considera inadequada; na Espanha, o Tribunal Constitucional a considerou forma legítima de remover obstáculos de ordem econômica em favor dos trabalhadores (Carlos López-Moníz de Cavo, 39).

Na ilicitude de meios, condena-se a prepotência das atitudes, da mesma forma que, como na guerra real, há lugar para a tipificação do "criminoso de guerra"; também assim se pensa na greve, pois todo o direito transforma-se em abuso quando desaparece o comedimento. Nos Estados Unidos, a greve é ilícita se vigente uma convenção coletiva que a proíba por prazo determinado ou quando não se recorre aos meios de solução previstos na convenção. Quanto à ocupação, algumas legislações distinguem a ocupação do estabelecimento (manutenção) da invasão. A Itália condena o dano injusto (a inutilização de um alto-forno, por exemplo); outros rejeitam a greve em seções vitais, que desarticulam a empresa, e a que é considerada como execução anormal do contrato: os serviços desenvolvidos na greve tartaruga, na atitude de braços caídos e na greve de zelo (inabitual cumprimento do dever); são formas vistas como fraude por não se trabalhar como pactuado e pretender-se receber salários indevidos.

Os efeitos normais da greve consistem na perda do salário, por ser este a contraprestação de contrato sinalagmático. Não há, necessariamente, outras sanções, a não ser a indireta, como seria a perda do prêmio-assiduidade (Lyon-Caen, *Le Salaire*); mas é rara a possibilidade de considerar-se justa causa para despedimento a simples participação. A Espanha considera motivo para despedimento a adesão à greve ilegal, não só dos dirigentes e instigadores, como, mesmo sem participação ativa, a mera ausência ao trabalho de qualquer operário (Montoya Melgar, cit.); alguns admitem a responsabilidade civil do sindicato e dos seus dirigentes. Na participação dos servidores do TST em movimento de greve, terão descontados os dias parados (TST Ato, GP 760/11).

SDC É incompatível com a declaração de abusividade de movimento grevista o estabelecimento de quaisquer vantagens ou garantias a seus partícipes, que assumiram os riscos inerentes à utilização do instrumento de pressão máximo (TST, SDC, Orientação Jurisprudencial 10).

SDC CANCELADA – Não se legitima o Sindicato profissional a requerer judicialmente a qualificação legal de movimento paredista que ele próprio fomentou (TST, SDC, Orientação Jurisprudencial 12, cancelada TST, Res. 166/10).

Não obstante a não comprovação de abusividade da greve, a jurisprudência desta Seção de Dissídios Coletivos é firme no sentido de que, salvo em situações excepcionais, a participação em greve suspende o contrato de trabalho, razão pela qual não é devido o pagamento dos dias parados. Recurso ordinário conhecido e parcialmente provido (TST, RO-DC 87.500-58.2006.5.15.0000, Walmir Oliveira da Costa).

3 *A greve, no Brasil*, após a Constituição de 1988, leva à primeira constatação de que, mais do que nos outros países, o fenômeno, como instituto jurídico nada tem de definitivo, não só por ser extremamente sensível a evolução como pela falta de vivência política e jurídica.

A legislação ordinária passou a disciplinar a greve a partir da L. 7.783/89 (em apêndice).

O texto constitucional reconhece o direito de greve, para as atividades privadas, amplamente, *revogando tacitamente os dispositivos impeditivos* do exercício daquele direito. A L. 9.842, de 7.10.99, veio ratificar esse entendimento. Mas a análise do fenômeno, a vivência dos outros países, desde já valoriza o argumento de que o Estado de Direito não se coaduna com o abuso de qualquer faculdade.

A doutrina e a jurisprudência descobriram limitações, partindo do alcance que se extrai de três expressões contidas na Carta Magna de 1988: os "abusos cometidos", as "penas da lei" (art. 9º, § 2º) e as consequências do desatendimento às "necessidades inadiáveis da comunidade" (§ 1º); estas são as que, não atendidas, colocam em perigo iminente a sobrevivência, a saúde ou a segurança da população (L. 7.783/89, art. 11, parágrafo único; v. Índ. Leg.).

A elasticidade maior ou menor depende da carga política de cada intérprete, de um lado, e dos fatos sociais que permitam um convívio aceitável da greve com a sociedade.

O conceito de *greve abusiva* se aplica sempre que os objetivos, os meios empregados ou os resultados extravasem o mínimo de tolerância da sociedade e aí se construa o alcance da "responsabilidade das penas da lei" (CF, art. 9º, § 2º), cujos efeitos poderão ser penais, civis ou trabalhistas (L. 7.783/89, art. 15). Orlando Teixeira da Costa, com acerto, intui o abuso, como faz o Código Civil português, no exercício de direito que exceda os limites da boa-fé, os bons costumes ou os fins daquele próprio direito; ainda, com apoio na Constituição, quando viole ou constranja direitos ou garantias de outrem; quando não se cumprirem requisitos formais (tentativa de negociação e prazos; terminam configurando abusivos o boicote, a ocupação, a sabotagem e a violência) ("Do abuso de direito na greve", *Rev. Synthesis* 10/124, 1990).

A suspensão do contrato de trabalho durante a greve e a proibição de despedir (L. 7.783/89, art. 7º) retiram do empregador esta última faculdade, salvo nas hipóteses de greve abusiva ou atos abusivos; assim, Amauri Mascaro Nascimento (*Dispensa*..., cit.).

A competência atribuída aos trabalhadores para decidir sobre a *oportunidade do exercício* do direito de greve (CF, art. 9º) não afastou a imposição de prazos (L. 7.783/89, arts. 3º e 13); a eles cabe decidir sobre os *interesses que devam defender*, incluída a greve política, que não poderá ser estigmatizada; está vedada a greve selvagem, assim entendida a que não tenha a aprovação da assembleia (art. 4º). Como "penas da lei podem ser consideradas sanções trabalhistas, inclusive com a ruptura do contrato de trabalho, por justa causa"; o mesmo no caso de "manutenção da paralisação após a celebração de acordo, convenção ou decisão da Justiça do Trabalho" (art. 14), salvo modificação substancial dos fatos ou greve para exigir o cumprimento de cláusula ou condição (art. 14, parágrafo único).

STF A simples adesão à greve não constitui falta grave (STF – Súmula 316).

TST A Justiça do Trabalho é competente para declarar a abusividade, ou não, da greve (TST – Súmula 189).

SDC Greve. Imprescindibilidade de tentativa direta e pacífica da solução do conflito. Etapa negocial prévia. É abusiva a greve levada a efeito sem que as partes hajam tentado, direta e pacificamente, solucionar o conflito que lhe constitui o objeto (TST, SDC, Orientação Jurisprudencial 11).

SDC É incompatível com a declaração de abusividade de movimento grevista o estabelecimento de quaisquer vantagens ou garantias a seus partícipes, que assumiram os riscos inerentes à utilização do instrumento de pressão máxima (TST, SDC, Orientação Jurisprudencial 10).

Tentativa de autocomposição, expressamente prevista no art. 114, §§ 1º e 2º, da Constituição Federal, como pressuposto específico para o ajuizamento de dissídio coletivo, é também consagrada no art. 3º da Lei n. 7.783/89 como antecedente necessário à paralisação do processo produtivo que, enquanto instrumento extremo de pressão, da etapa negocial não pode prescindir, sob pena de caracterizar-se abusivo (TST, RO-DC 265.937/96.7, Armando de Brito, Ac. SDC 48/97).

A participação em movimento grevista suspende o contrato de trabalho, consoante dispõe a L. 7.783/89, razão pela qual ainda que não considerada abusiva não se pode onerar o empregador com o pagamento dos salários pelos dias não trabalhados (TST, RR 247.994/96.7, Ângelo Mário).

Greve. Suspensão do contrato de trabalho. Inexistência de direito ao pagamento dos salários. Nos termos do art. 7º da Lei n. 7.783/89, a participação em movimento grevista importa na suspensão do contrato de trabalho, equivalendo dizer que não há pagamento de salário, dada a ausência de prestação de serviço (TST, RR 253548/96.0, José Luiz Vasconcellos, Ac. 3ª T.).

O que o empregado perderá é o salário dos dias não trabalhados. Não pode ele ser suspenso por não ter trabalhado nos dias de greve. Esta vedação decorre de princípios da lógica mais elementar. Deve ser destacado, neste caso, que não é questionada a participação pacífica do empregado no movimento grevista (TST, RR 262.761/96.6, José Luciano de Castilho Pereira, Ac. 1ª T.).

A greve, como ato jurídico, deve sujeitar-se à regulamentação legal, sendo portanto abusivo o movimento deflagrado sem a observância dos requisitos contidos na Lei n. 7.783/89 (TST, RO-DC 368290/97.5, Antônio Fábio Ribeiro, Ac. SDC 1591/97).

Abusividade. Publicidade da assembleia. A convocação da assembleia para deliberar sobre greve deve ser feita mediante a publicação de edital na imprensa. Irregular a convocação por meio de distribuição de panfletos no local de trabalho, deve ser declarada a abusividade da greve (TST, RO-DC 360.841/97.8, Fernando Eizo Ono, Ac. SDC).

... os meios adotados por empregados e empregadores não poderão violar ou constranger os direitos e garantias individuais (TST, RO-DC 224.807/95.5, Moacyr Roberto Tesch Auersvald, Ac. SDC 790/97).

Aos Tribunais Trabalhistas, no julgamento de dissídio de greve, impõe-se analisar o movimento sob duplo enfoque: o de sua motivação e o da adequação às exigências da Lei n. 7.783/89, exatamente por constituir-se este num meio de pressão extrema, de autotutela, altamente lesivo à sociedade como um todo, pelo que não há falar em exercício absoluto e irrestrito do direito apenas por contar com previsão constitucional (TST, RO-DC 384.225/97.0, Armando de Brito, Ac. SDC).

A greve é direito assegurado em sede constitucional (arts. 9º e 37, inciso VII, da Carta Magna). Inobstante não é direito absoluto, posto que o Estado de Direito é incompatível com a existência de direitos absolutos. É medida extrema e como tal sofre limitações legais, as quais não observadas dão azo à declaração de abusividade do direito de greve, mormente em se tratando de serviços essenciais de transporte coletivo urbano (Lei n. 7.783, de 28 de junho de 1989) (TST, RO-AD 488.299/98.8, Valdir Righetto, Ac. SDC/99).

A garantia de emprego não se projeta além do período de paralisação. Não assegura a lei o direito à reintegração, mas tão somente o pagamento dos salários e das vantagens do período de duração do movimento paredista. Ocorre que não existe no ordenamento jurídico lei que assegure a permanência do trabalhador no emprego em período posterior à greve (TST, E-RR 272.663/96.3, José Luiz Vasconcellos, Ac. SBDI-1/99).

Insistir no julgamento do dissídio como é desejo do Ministério Público do Trabalho, já que houve um consenso entre as partes, correspondendo aos anseios das mesmas, desprestigia o acordo firmado e tem o condão de priorizar o conflito em detrimento do caráter conciliador da Justiça do Trabalho. Recurso Ordinário ao qual se nega provimento (TST, RO-DC 492.331/98.6, José Alberto Rossi, Ac. SDC/99).

4 *A definição de serviços e atividades essenciais* é expressamente reservada à lei pela Constituição. O sentido estrito da expressão não permitiria a greve (como sugere a comissão de especialistas em aplicação de Convênios da OIT) nos serviços cuja interrupção poderia pôr em perigo a vida e segurança ou a saúde da população.

Em sentido lato, considerar-se-iam essenciais tais atividades, mas seria permitida a greve se nelas fossem respeitados certos prazos e serviços mínimos; foi o que fez a L. 7.783/89.

A regulamentação do direito de greve nos países democráticos tem sido tema difícil para o legislador, e também para a jurisprudência. Na Itália, afirma-se que essencial é "o serviço na falta do qual a pessoa veria mais ou menos gravemente lesado ou comprometido um bem ou uma necessidade que conduz ao exercício de um seu direito fundamental" (Rusciano e Santoro Passarelli, ob. cit., v. Índice Bibliográfico); a Federação Unitária dos Trabalhadores de Roma conseguiu evitar a disciplina legislativa, fazendo com que a Confederação Geral só autorize aos seus sindicatos a greve nacional, regional ou municipal, em certas atividades, depois que os mesmos garantam um mínimo de funcionamento considerado indispensável (Gino Giugni, apud Martinez Vivot, "El Derecho", cit.); mas a Lei italiana 146/90 veio regulamentar o exercício do direito de greve nos serviços essenciais e para salvaguarda dos direitos da pessoa constitucionalmente tutelados (Gino Giugni, *Direito sindical*). No Brasil, os Tribunais Trabalhistas tiveram franqueado o caminho para evitar situações de calamidade pública, com a edição de duas ordens judiciais do TST, em greve nacional dos combustíveis (Atos 221 e 243/91, Presidente Luis José Guimarães Falcão, v. Índ. Leg.).

O Ministério Público do Trabalho tem a atribuição, concorrente com a União, Estados e Municípios, da propositura de ação civil pública para garantir a prestação de atividades inadiáveis durante a greve (CF/88, art. 129, III, e Lei Compl. 75/93, art. 83, III; a esse respeito, Raimundo Simão de Melo, Rev. *Trabalho & Processo* n. 4, mar. 1995), bem como de requerer a instauração do dissídio coletivo (CF/88, art. 114, § 3º – EC 45/04).

■ Pagamento dos salários dos dias parados e da garantia de emprego. Tendo a greve ocorrido em atividade essencial, sem a observância das cautelas legais, não se mostra razoável garantir o pagamento dos dias parados e o emprego daqueles que abusam do exercício de um direito em detrimento da sociedade. Ademais, não há nos autos indícios de que o patrão pretendesse despedir trabalhadores em represália à greve, de modo a justificar tal concessão. Recurso provido para excluir a cláusula, visto que tratando-se de greve abusiva, fica a critério do empregador impor ou não as sanções apontadas, e com respaldo da Lei de Greve, ressalte-se (TST, RO-DC 176.964/95.7, Ursulino Santos, Ac. SDC 989/95).

■ Serviços essenciais. Ausência de manutenção de atividades essenciais. Abusividade do movimento. O não atendimento aos requisitos do art. 13 da Lei 7.783/89, bem como o descumprimento da ordem judicial do retorno ao trabalho, torna abusivo o movimento grevista (TST, RO-DC 143.056/94.6, Valdir Righetto, Ac. SDC 424/95).

■ Serviços essenciais. Dever legal de atender às necessidades comunitárias inadiáveis. O poder público poderá agir supletivamente, se os grevistas inobservam tal obrigação, mas não pode o Estado, alheio à lide, ser alcançado por imposição do Judiciário nesse sentido, na apreciação do conflito. Recurso provido para excluir da sentença normativa a cláusula determinante de apreciação de plano emergencial, pelo Estado de São Paulo (TST, RO-DC 265.937/96.7, Armando de Brito, Ac. SDC 48/97).

5 O *servidor público civil* (da administração pública direta, indireta ou fundacional) terá definido o exercício da greve em lei complementar (CF, art. 37, VII) (sobre a legislação ordinária, v. nota 3, *supra*). Greve, servidores públicos federais (D. 1.480/95, v. Índ. Leg.).

■ Mandado de injunção. Direito de greve. Reconhecimento de mora do Congresso Nacional, quanto à elaboração da lei complementar a que se refere o art. 37, VII, da Constituição. Comunicação ao Congresso Nacional e ao Presidente da República (STF, MI 438-2-GO, Néri da Silveira, Ac. TP).

■ É a Justiça do Trabalho competente para decidir quanto à legalidade de greve de servidor público regido pela legislação trabalhista. O servidor público, mesmo regido pela legislação trabalhista, não pode exercitar o direito de greve, pois ainda não existe a lei específica prevista no art. 37, VII, da Constituição Federal (TST, RR 483.786/98, Carlos Alberto Reis de Paula, Ac. 3ª T., 22.8.01).

■ A Constituição da República garante o direito de greve aos funcionários públicos, "nos limites definidos em lei complementar" (art. 37, VII)... chegar-se-ia a um absurdo: a eficácia da Constituição depende de norma hierarquicamente inferior. Não obstante a legalidade, incensurável o desconto dos dias parados... O pagamento depende de negociação (STJ, R-MS 4.635-4-SC, Luiz Vicente Cernicchiaro, Reg. 94.0022279-3).

6 Liberdade dos sindicatos para organizar-se, independentemente de autorização (art. 511 e segs.).

7 Discriminação contra os estrangeiros. Inconstitucionalidade (art. 352/1). Multas, atualização de valores (art. 626/3).

8 Diz a Constituição Federal de 1988:

Art. 114. Compete à Justiça do Trabalho processar e julgar (Red. EC 45/04): ...
II – as ações que envolvam exercício do direito de greve (Red. EC 45/04).

Com a EC 45/04, a greve passa a ser de competência da Justiça do Trabalho, fato que nada modifica, pois sempre que o movimento envolveu empregados celetistas o seu julgamento era decidido por esta Justiça Especializada.

STF A Justiça do Trabalho é competente para processar e julgar Ação Possessória ajuizada em decorrência do exercício do direito de greve pelos trabalhadores da iniciativa privada (STF – Súmula Vinculante 23).

■ Trata-se de recurso extraordinário interposto contra acórdão que entendeu ser da Justiça Comum estadual a competência para julgar ação de interdito proibitório ajuizada por empresa portuária contra sindicato que buscava – no exercício do direito de greve – invadir armazém portuário de desembarque de passageiros. 2. O recorrente alega que o acórdão recorrido violou o disposto no artigo 114, II, da Constituição do Brasil, na redação dada pela EC 45/04. 3. O Plenário do Supremo, no julgamento do CJ 6.959/DF, Redator para o acórdão o Ministro Sepúlveda Pertence, DJ de 19.5.91, assentou a competência da Justiça do Trabalho para julgar demanda cujo fundamento seja a relação trabalhista, ainda que sua solução dependa da apreciação de questões de direito civil. 4. Em caso análogo ao dos autos, decidiu o Ministro Sepúlveda Pertence, no AI 598.457/SP, DJ de 10.11.06, que é da competência da Justiça do Trabalho a apreciação de interdito proibitório ajuizado contra sindicato em campanha salarial que turba ilicitamente a posse sobre as agências bancárias locais. No mesmo sentido decidiu o Ministro Ricardo Lewandowski no RE 537.241/DF, em 27.6.07 (STF, RE 576.803/SP, Eros Grau).

Seção II
Das penalidades contra os membros da Justiça do Trabalho

Art. 726. Aquele que recusar o exercício da função de juiz classista de Junta de Conciliação e Julgamento ou de juiz representante classista de Tribunal Regional, sem motivo justificado, incorrerá nas seguintes penas:

a) sendo representante de empregadores, multa de 6 a 60 valores de referência regionais[2] e suspensão do direito de representação profissional por 2 a 5 anos;

b) sendo representante de empregados, multa de 6 valores de referência regionais e suspensão do direito de representação profissional por 2 a 5 anos (*caput* e alíneas tacitamente revogados pela EC 24/99).

Art. 727. Os juízes classistas das Juntas de Conciliação e Julgamento, ou juízes representantes classistas dos Tribunais Regionais, que faltarem a 3 reuniões ou sessões consecutivas, sem motivo justificado, perderão o cargo, além de incorrerem nas penas do artigo anterior.

Parágrafo único. Se a falta for de presidente, incorrerá ele na pena de perda do cargo, além da perda dos vencimentos correspondentes aos dias em que tiver faltado às audiências ou sessões consecutivas (*caput* e parágrafo único tacitamente revogados pela EC 24/99).

Art. 728. Aos presidentes, membros, juízes, juízes classistas e funcionários auxiliares da Justiça do Trabalho, aplica-se o disposto no Título XI do Código Penal (tacitamente revogado pela EC 24/99).

1 *Código Penal, Título XI.* Arts. 312 a 359, Crimes contra a Administração Pública: praticados por funcionário público contra a administração em geral (peculato, extravio de documento, emprego irregular de verbas públicas, excesso de exação, corrupção passiva, prevaricação, advocacia administrativa etc.), praticados por particular contra a administração em geral e crimes contra a administração da Justiça (falso testemunho ou perícia, coação durante o processo, fraude processual etc.). Garantias e penalidades da magistratura (LOM, LC 35/79).

2 Multas, atualização de valores (art. 626/3); aplicação pelo Juiz ou Tribunal (art. 903).

Seção III
De outras penalidades

Art. 729. O empregador que deixar de cumprir decisão passada em julgado sobre a readmissão ou reintegração de empregado, além do pagamento dos salários deste, incorrerá na multa de 3/5 a 3 valores de referência[1] por dia, até que seja cumprida a decisão.

§ 1º O empregador que impedir ou tentar impedir que empregado seu sirva como vogal em Tribunal de Trabalho, ou que perante este preste depoimento, incorrerá na multa de 30 a 300 valores de referência regionais[4].

§ 2º Na mesma pena do parágrafo anterior incorrerá o empregador que dispensar seu empregado pelo fato de haver servido como vogal ou prestado depoimento como testemunha[2], sem prejuízo da indenização que a lei estabeleça.

Art. 730. Aqueles que se recusarem a depor como testemunhas, sem motivo justificado, incorrerão na multa de 3 a 30 valores de referência[1-2].

Art. 731. Aquele que, tendo apresentado ao distribuidor reclamação verbal[3], não se apresentar, no prazo estabelecido no parágrafo único do art. 786, ao Juízo* para fazê-lo tomar por termo, incorrerá na pena de perda, pelo prazo de 6 meses, do direito de reclamar perante a Justiça do Trabalho.

Art. 732. Na mesma pena do artigo anterior incorrerá o reclamante que, por duas vezes seguidas, der causa ao arquivamento de que trata o art. 844[3].

Art. 733. As infrações de disposições deste Título[4], para as quais não haja penalidades cominadas, serão punidas com a multa de 3 a 300 valores regionais de referência, elevada ao dobro na reincidência.

* (tacitamente revogado pela EC 24/99)

1 Reintegração do empregado estável (art. 495/1); reintegração desaconselhável (art. 496); salários vencidos (art. 855); execução de reintegração: indenização, salários ou conversão (art. 876 e notas). Multas, atualização de valores (art. 626/3).

2 *Multa contra empregador*, por impedir ou tentar impedir que empregado compareça como testemunha: se ficar apurado, no decorrer das provas, deve ser aplicada pela própria Vara do Trabalho que instruir o processo, com fundamento nos arts. 729, §§ 1º e 2º, 730 e 903 da CLT.

3 *Arquivamento da reclamação*. É a extinção do processo sem julgamento do mérito. Após o segundo arquivamento, dá-se a falta de um dos pressupostos processuais (regularidade processual) que é a existência de impedimento legal para propositura da ação, por 6 meses. Reclamação verbal (v. art. 786/2).

4 Multas. Cálculo, v. art. 626/3.

■ A penalidade prevista no art. 732 da CLT há de ser aplicada pela Junta através de processo regular desde o auto de infração até a defesa do infrator (TST, RR 3.702/76, Barata Silva, Ac. 2ª T. 2.813/76).

CAPÍTULO VIII
DISPOSIÇÕES GERAIS

Art. 734. (Rev. DL 72/66).

Art. 735. As repartições públicas e as associações sindicais são obrigadas a fornecer aos juízes e Tribunais do Trabalho e à Procuradoria da Justiça do Trabalho as informações e os dados necessários à instrução e ao julgamento dos feitos submetidos à sua apreciação.

Parágrafo único. A recusa de informações ou dados a que se refere este artigo, por parte de funcionários públicos, importa na aplicação das penalidades previstas pelo Estatuto dos Funcionários Públicos por desobediência.

1 O juiz pode requisitar informações e exercer atribuições em interesse da Justiça, pelo princípio de iniciativa do processo civil moderno, cristalizado no CPC/15 (art. 370) e na CLT (arts. 653, 680 e 765). Concepção publicística do processo (art. 765/1).

■ Sigilo bancário. A lei que o disciplina (4.595/64, art. 38, § 1º) permite ao Juiz determinar às instituições prestarem informações. Mas a ele cabe avaliar em cada caso a conveniência da medida emitindo seu juízo de valor (TRT/SP, CP 277/93, Valentin Carrion, Juiz Corregedor, *DOE-SP*, 30.9.93).

TÍTULO IX
DO MINISTÉRIO PÚBLICO DO TRABALHO

CAPÍTULO I
DISPOSIÇÕES GERAIS

Art. 736. O Ministério Público do Trabalho é constituído por agentes diretos do Poder Executivo, tendo por função zelar pela exata observância da Constituição Federal, das leis e demais atos emanados dos poderes públicos, na esfera de suas atribuições[1].

Parágrafo único. Para o exercício de suas funções, o Ministério Público do Trabalho reger-se-á pelo que estatui esta Consolidação e, na

falta de disposição expressa, pelas normas que regem o Ministério Público Federal.

Art. 737. O Ministério Público do Trabalho compõe-se da Procuradoria da Justiça do Trabalho e da Procuradoria da Previdência Social, aquela funcionando como órgão de coordenação entre a Justiça do Trabalho e o Ministério do Trabalho, ambas diretamente subordinadas ao ministro de Estado (revogado tacitamente)[2].

Art. 738. (Rev. DL 8.024/45).

Art. 739. Não estão sujeitos a ponto os procuradores-gerais e os procuradores.

1 Diz a Constituição Federal de 1988:

Das funções essenciais à Justiça (...)

Art. 127. O Ministério Público é instituição permanente, essencial à função jurisdicional do Estado, incumbindo-lhe a defesa da ordem jurídica, do regime democrático e dos interesses sociais e individuais indisponíveis.

§ 1º São princípios institucionais do Ministério Público a unidade, a indivisibilidade e a independência funcional.

§ 2º Ao Ministério Público é assegurada autonomia funcional e administrativa, podendo, observado o disposto no art. 169, propor ao Poder Legislativo a criação e extinção de seus cargos e serviços auxiliares, provendo-os por concurso público de provas e de provas e títulos; a lei disporá sobre sua organização e funcionamento (...)

Art. 128. O Ministério Público abrange:

I – O Ministério Público da União, que compreende:

a) o Ministério Público Federal;

b) o Ministério Público do Trabalho;

c) o Ministério Público Militar;

d) o Ministério Público do Distrito Federal e Territórios;

(...) garantias e vedações...;

Art. 129. São funções institucionais do Ministério Público:

I – promover, privativamente, a ação penal pública, na forma da lei;

II – zelar pelo efetivo respeito dos Poderes Públicos e dos serviços de relevância pública aos direitos assegurados nesta Constituição, promovendo as medidas necessárias a sua garantia;

III – promover o inquérito civil e a ação civil pública, para a proteção do patrimônio público e social, do meio ambiente e de outros interesses difusos e coletivos; (...)

Ato das Disposições Constitucionais Transitórias:

Art. 29. ...

§ 4º Os atuais integrantes do quadro suplementar dos Ministérios Públicos do Trabalho e Militar que tenham adquirido estabilidade nessas funções passam a integrar o quadro da respectiva carreira.

O Ministério Público é a instituição incumbida da defesa da ordem jurídica, do regime democrático e dos interesses sociais e individuais indisponíveis, como quer a Constituição. A independência que a Carta Magna lhe concedeu leva a considerar superada a expressão que qualificou seus membros como "agentes diretos do Poder Executivo" (CLT, art. 736); o mesmo acontece com a subordinação ao Ministro do Estado (art. 737), pois a Constituição lhe concede autonomia funcional e administrativa (art. 127, § 2º), além da unidade e indivisibilidade. Instituição una e indivisível evidencia que seus membros fazem parte de uma só corporação e que podem ser substituídos um por outro em suas funções, sem alteração subjetiva nos processos (Cintra, Grinover e Dinamarco, apud Costa Machado, cit.).

2 O Estatuto do Ministério Público da União estabelece, como órgãos do Ministério Público do Trabalho: o Procurador-Geral, o Colégio de Procuradores, o Conselho Superior, a Câmara de Coordenação e Revisão, Corregedoria, os Subprocuradores-Gerais, os Procuradores Regionais e os Procuradores do Trabalho (LC 75/93).

3 A competência do Ministério Público do Trabalho é a de promover as ações a ele atribuídas pela Constituição e leis ordinárias; manifestar-se nos processos (Consolidação dos Provimentos, arts. 19 a 22, TST Correg./12, em apêndice); promover ação civil pública (conceito, competência etc., art. 840/9, "e") e de declaração de nulidades de cláusula; recorrer; instaurar instância em casos de greve, para a defesa da ordem e interesse público, e outros (LC 75/93, v. Índ. Leg.). Atua como: 1) *curador à lide*, nas hipóteses de: a) incapaz sem representante legal (substituição processual; CLT, art. 793; LC 75/93, art. 83), b) incapaz em colidência de interesses com seu representante legal (legitimação extraordinária concorrente; CPC art. 72, I; CLT, art. 769; LC 75/93, art. 83, V), c) réu preso (legitimação extraordinária concorrente; CPC/15, art. 72, II; CLT, art. 769; LC 75/93, art. 83, V), d) réu revel citado por edital (substituição processual; CPC/15, art. 72, II; CLT, art. 769; LC 75/93, art. 83, V); 2) curador de incapazes nas lides que envolvam interesses de incapazes (assistente litisconsorcial; CPC/15, art. 178, II; CLT, art. 769; LC 75/93, art. 112); 3) *custos legis* nas causas de interesse público (fiscal da lei; CPC/15, art. 179; CLT, art. 769; LC 75/93, art. 83, II). Estão revogados, assim, tacitamente, os artigos da CLT que tratam da matéria, agora regulada inteiramente pelo Estatuto do Ministério Público. Amauri Mascaro Nascimento propugna entendimento amplíssimo dos novos poderes do Ministério

Público do Trabalho: a) nas atribuições de ampla investigação (atos de má-fé na negociação coletiva ou de abuso contra a liberdade sindical, estas também praticadas por certas diretorias sindicais; igualmente na averiguação de crimes contra a organização do trabalho para oferecer elementos à Justiça Federal); b) nas atribuições para promover ação civil pública, mediante aplicação das leis já vigentes em outras matérias, que nas relações de trabalho visariam a periculosidade, segurança e insalubridade; c) na atuação dos conflitantes em greve nos serviços essenciais (*Iniciativa Processual e Ministério Público*, cit.). O TST considera matéria de ordem pública a existência de vínculo empregatício com sociedade de economia mista ou empresa pública, após a Constituição Federal de 1988 (TST- OJ SDI-I 237). "O Ministério Público na posição de parte na Justiça do Trabalho", Adilson Bassalho, *LTr* 41/448, 1977. Goza de privilégios processuais: prazo em dobro para recorrer e ajuizar ação rescisória e contestar (CPC/15, arts. 180 a 183).

STJ O Ministério Público tem legitimidade para recorrer no processo em que oficiou como fiscal da lei, ainda que não haja recurso da parte (STJ – Súmula 99).

SDI O Ministério Público do Trabalho pode arguir, em parecer, na primeira vez que tenha de se manifestar no processo, a nulidade do contrato de trabalho em favor de ente público, ainda que a parte não a tenha suscitado, a qual será apreciada, sendo vedada, no entanto, qualquer dilação probatória (TST, SDI-1, Orientação Jurisprudencial 350, alterada, TST, Res. 162/09).

SDI CANCELADA – (Convertida na Orientação Jurisprudencial SDI-1 237). Há interesse do Ministério Público do Trabalho para recorrer contra decisão que declara a existência de vínculo empregatício com sociedade de economia mista, após a CF/88, sem a prévia aprovação em concurso público (Res. 210/16, *DEJT*, 30.6.16). (TST, SDI-1, Orientação Jurisprudencial 338).

SDI I - O Ministério Público do Trabalho não tem legitimidade para recorrer na defesa de interesse patrimonial privado, ainda que de empresas públicas e sociedades de economia mista. II – Há legitimidade do Ministério Público do Trabalho para recorrer de decisão que declara a existência de vínculo empregatício com sociedade de economia mista ou empresa pública, após a Constituição Federal de 1988, sem a prévia aprovação em concurso público, pois é matéria de ordem pública. (Res. 210/16, *DEJT*, 30.6.16). (TST, SDI-1, Orientação Jurisprudencial 237).

SDI Ao exarar o parecer na remessa de ofício, na qualidade de *custos legis*, o Ministério Público não tem legitimidade para arguir a prescrição em favor de entidade de direito público, em matéria de direito patrimonial (TST, SDI-1, Orientação Jurisprudencial 130, Res. 209/16).

A Súmula 407 deste Tribunal Superior consolidou o entendimento de que as hipóteses previstas no artigo 487, III, do Código de Processo Civil, que tratam da legitimidade ativa do Ministério Público, são meramente exemplificativas. Ademais, o Ministério Público tem legitimidade para propor a ação, porquanto há interesse público na proteção ao sistema jurídico nacional e na segurança dos jurisdicionados, ainda que a matéria em questão seja unicamente de natureza patrimonial (TST, ROAR 119/2006-000-20-00, Pedro Paulo Manus, Ac. SBDI-2).

1. O Ministério Público do Trabalho não tem legitimidade para atuar na defesa de interesses privados. Nos termos do artigo 83, inciso XIII, da Lei Complementar n. 75/93 e do artigo 127 da Carta Magna, sua atuação só é obrigatória quando for parte pessoa jurídica de direito público, Estado estrangeiro ou organismo internacional ou, ainda, quando existir interesse público que justifique sua intervenção. 2. Na espécie, trata-se de ação de indenização, em defesa de trabalhadora que sofrera acidente de trabalho. Conquanto o Parquet e o Tribunal de origem fundamentem a atuação ministerial na defesa da segurança e saúde do trabalho, constata-se que a controvérsia posta em juízo restringe-se à responsabilidade civil empresarial em um episódio específico, que teve por vítima apenas um indivíduo. 3. O rol de pedidos da inicial limita-se aos benefícios da justiça gratuita, pensão mensal vitalícia, indenização por danos morais, constituição de capital e honorários advocatícios. Como se verifica, sequer se busca a implementação de medidas que evitem acidentes congêneres no futuro, o que poderia, em tese, conferir cunho transindividual aos direitos defendidos na ação. 4. Assim, verificando-se que os direitos postulados não se enquadram como sendo de interesse público, o Ministério Público do Trabalho não tem legitimidade para propor a ação, ante a ausência de autorização legal (TST, RR - 99518/2006-010-09-00, Relator Maria Cristina Irigoyen Peduzzi, *DEJT*, 14.8.09)

1. O Ministério Público do Trabalho tem legitimidade para recorrer de acórdão regional em processo em que figura como parte empresa pública se o faz para resguardar o interesse público concernente à invalidação de contrato de emprego sem prévia aprovação em concurso público, na forma do art. 37, II e § 2º, da Constituição Federal. 2. A Orientação Jurisprudencial n. 237 da SDI-1 afasta tal legitimidade quando a disputa circunscrever-se a interesse estritamente de natureza patrimonial das sociedades de economia mista e empresas públicas. Inexistência de afronta aos arts. 5º, inciso II, 6º, 7º, *caput*, 127 e 193, da Constituição Federal, bem como ao art. 83, inciso IV, da Lei Complementar n. 75/93. 3. Embargos não conhecidos (TST, E-RR 707.131/2000, João O. Dalazen).

A teor do disposto no § 2º do art. 499 do Código de Processo Civil, o Ministério Público tem legitimidade para recorrer quer nos processos em que atue como parte, quer nos que oficie como fiscal da lei (STF, ED-RE 207.405-5, Marco Aurélio Mendes de F. Mello).

A Lei Complementar n. 75, de 20 de maio de 1993, atribui ao Ministério Público a competência para promover Ação Civil Pública para a proteção de interesses individuais indisponíveis, homogêneos, sociais, difusos e coletivos (artigo 6º, alínea "d"). No entanto, especificamente quanto ao Ministério Público do Trabalho, estabelece o artigo 83, em seu inciso III, da Lei Complementar n. 75/93, que "compete a este Órgão promover a Ação Civil Pública no âmbito da Justiça do Trabalho, para defesa de interesses coletivos, quando desrespeitados os direitos sociais, constitucionalmente garantidos". Portanto, não há previsão legal expressa atribuindo legitimidade do Ministério Público do Trabalho para a defesa de direitos individuais homogêneos. Recurso de Revista conhecido e provido para extinguir o processo de acordo com o disposto no inciso IV do artigo 267 do CPC (TST, RR 411.239/97, Carlos Alberto Reis de Paula, Ac. 3ª T., 22.8.01).

4 O Ministério Público dos Estados (Promotores Públicos) tem competência para dar assistência jurídica aos empregados nas comarcas onde não houver Vara ou sindicato (L. 5.584/70, art. 17, em apêndice). Proteção aos índios (art. 3º/14). Multas, execução (art. 642). Menores de 18 anos sem representante legal (art. 793). Representação para aplicação de penalidades (art. 903 e seg.). Lei Orgânica

Nacional do Ministério Público dos Estados, L. 8.625/93. V. Hugo Nigro Mazzilli, *Regime Jurídico do Ministério Público*.

5 O *termo de compromisso de ajuste de conduta* firmado pelo empregador perante o Ministério Público do Trabalho, na qualidade de defensor dos interesses indisponíveis da sociedade, nos autos de inquérito civil público ou procedimento investigatório, é espécie de título executivo extrajudicial; nele o infrator promete que a partir de então modificará seu comportamento (L. 7.347/85, art. 5º, § 6º, alt. L. 13.004/14). Quando o termo não é firmado, o Ministério Público ajuíza ação civil pública pretendendo um comando judicial de cunho coletivo ou difuso, evitando o ajuizamento de uma avalanche de reclamações individuais (L. 7.347/85, art. 5º, alt. L. 13.004/14).

Objetiva coibir a prática de ilegalidades (descumprimento de normas de segurança e medicina do trabalho, coação para que os empregados renunciem ou desistam de direitos trabalhistas, intermediação ilícita de mão de obra, exploração de mão de obra infantil etc.).

A Justiça do Trabalho é competente para executá-lo, bem como a pena pecuniária (que tem natureza de *astreintes*, não sujeita à limitação do CC, art. 412); a CF, art. 114, VII e IX, não põe óbice à criação, por lei, de outros títulos executivos, inclusive extrajudiciais, além da sentença e do acordo homologado não cumprido. A matéria versa sobre interesses difusos e coletivos trabalhistas, decorrentes de relação de emprego.

Se o compromitente for a Fazenda, o descumprimento da obrigação de fazer ou não fazer enseja execução imediata desta parte do termo; já a pena cominatória não comporta execução por quantia certa de título extrajudicial; os pagamentos devidos pela Fazenda Pública devem ser estabelecidos por sentença judiciária e observado o procedimento do precatório.

O termo de ajuste de conduta ou de compromisso celebrado perante órgão do Ministério Público do Trabalho constitui título executivo extrajudicial passível de execução direta perante a Justiça do Trabalho. Solução em sintonia, ademais, com os princípios da economia e celeridade processuais, tão caros ao processo trabalhista (TST, RR 521.584/98.1, Oreste Dalazen, Ac. 1ª T., 16.6.99).

Capítulo II
DA PROCURADORIA DA JUSTIÇA DO TRABALHO

Seção I
Da organização

Art. 740. A Procuradoria da Justiça do Trabalho[1] compreende:

a) uma Procuradoria-Geral, que funcionará junto ao Tribunal Superior do Trabalho;

b) 24 procuradorias regionais, que funcionarão junto aos Tribunais Regionais do Trabalho (red. adaptada às leis que criaram novos TRT)[1].

Art. 741. As procuradorias regionais são subordinadas diretamente ao procurador-geral.

Art. 742. A Procuradoria-Geral é constituída de um procurador-geral e de procuradores.

Parágrafo único. As procuradorias regionais compõem-se de um procurador regional, auxiliado, quando necessário, por procuradores adjuntos.

Art. 743. Haverá, nas procuradorias regionais, substitutos de procurador adjunto ou, quando não houver este cargo, de procurador regional, designados previamente por decreto do Presidente da República, sem ônus para os cofres públicos.

§ 1º O substituto tomará posse perante o respectivo procurador regional, que será a autoridade competente para convocá-lo.

§ 2º O procurador regional será substituído em suas faltas e impedimentos pelo procurador adjunto, quando houver, e, havendo mais de um, pelo que for por ele designado.

§ 3º O procurador adjunto será substituído, em suas faltas e impedimentos, pelo respectivo procurador substituto.

§ 4º Será dispensado, automaticamente, o substituto que não atender à convocação, salvo motivo de doença, devidamente comprovada.

§ 5º Nenhum direito ou vantagem terá o substituto além do vencimento do cargo do substituído e somente durante o seu impedimento legal.

Art. 744. A nomeação do procurador-geral deverá recair em bacharel em ciências jurídicas e sociais, que tenha exercido, por cinco ou mais anos, cargo de magistratura ou de Ministério Público, ou a advocacia.

Art. 745. Para a nomeação dos demais procuradores, atender-se-á aos mesmos requisitos estabelecidos no artigo anterior, reduzido a 2 anos, no mínimo, o tempo de exercício.

1 O STF anulou a nomeação do Procurador-Geral da Justiça do Trabalho pelo Presidente da República sem a participação da Procuradoria-Geral da República; alguns Ministros chegaram a pôr em dúvida se aquele cargo existe, após a CF/88. Hoje, pela LC 75/93, a nomeação e posse do Procurador-Geral do Trabalho compete ao Procurador-Geral da República (arts. 26, IV, e 88).

Ministério Público do Trabalho: competência e órgãos (art. 736, notas).

Seção II

Da competência da Procuradoria-Geral

Art. 746. Compete à Procuradoria-Geral da Justiça do Trabalho:

a) oficiar, por escrito, em todos os processos e questões de trabalho de competência do Tribunal Superior do Trabalho[1] (revogado tacitamente pela LC 75/93);

b) funcionar nas sessões do mesmo Tribunal, opinando verbalmente sobre a matéria em debate e solicitando as requisições e diligências que julgar convenientes, sendo-lhe assegurado o direito de vista do processo em julgamento sempre que for suscitada questão nova, não examinada no parecer exarado;

c) requerer prorrogação das sessões do Tribunal, quando essa medida for necessária para que se ultime o julgamento;

d) exarar, por intermédio do procurador-geral, o seu "ciente" nos acórdãos do Tribunal;

e) proceder às diligências e inquéritos solicitados pelo Tribunal[1]**;**

f) recorrer das decisões do Tribunal, nos casos previstos em lei[1]**;**

g) promover, perante o Juízo competente, a cobrança executiva das multas impostas pelas autoridades administrativas e judiciárias do trabalho;

h) representar às autoridades competentes contra os que não cumprirem as decisões do Tribunal;

i) prestar às autoridades do Ministério do Trabalho as informações que lhe forem solicitadas sobre os dissídios submetidos à apreciação do Tribunal e encaminhar aos órgãos competentes cópia autenticada das decisões que por eles devam ser atendidas ou cumpridas;

j) requisitar de quaisquer autoridades inquéritos, exames periciais, diligências, certidões e esclarecimentos que se tornem necessários no desempenho de suas atribuições;

l) defender a jurisdição dos órgãos da Justiça do Trabalho;

m) suscitar conflitos de jurisdição.

1 Atividade processual (CLT, art. 750/1).

Seção III
Da competência das procuradorias regionais

Art. 747. Compete às procuradorias regionais exercer, dentro da jurisdição do Tribunal Regional respectivo, as atribuições indicadas na seção anterior.

Seção IV
Das atribuições do procurador-geral

Art. 748. Como chefe da Procuradoria-Geral da Justiça do Trabalho, incumbe ao procurador-geral:

a) dirigir os serviços da Procuradoria-Geral, orientar e fiscalizar as procuradorias regionais, expedindo as necessárias instruções;

b) funcionar nas sessões do Tribunal Superior do Trabalho, pessoalmente ou por intermédio do procurador que designar;

c) exarar o seu "ciente" nos acórdãos do Tribunal;

d) designar o procurador que o substitua nas faltas e impedimentos e o chefe da secretaria da Procuradoria;

e) apresentar, até o dia 31 de março, ao Ministro do Trabalho, relatório dos trabalhos da Procuradoria-Geral no ano anterior, com as observações e sugestões que julgar convenientes;

f) conceder férias aos procuradores e demais funcionários que sirvam na Procuradoria e impor-lhes penas disciplinares, observada, quanto aos procuradores, a legislação em vigor para o Ministério Público Federal;

g) funcionar em Juízo, em primeira instância, ou designar os procuradores que o devam fazer[1]**;**

h) admitir e dispensar o pessoal extranumerário da secretaria e prorrogar o expediente remunerado dos funcionários e extranumerários.

1 Funções processuais (CLT, art. 750/1).

Seção V

Das atribuições dos procuradores

Art. 749. Incumbe aos procuradores com exercício na Procuradoria-Geral:

a) funcionar, por designação do procurador-geral, nas sessões do Tribunal Superior do Trabalho;

b) desempenhar os demais encargos que lhes forem atribuídos pelo procurador-geral.

Parágrafo único. Aos procuradores é facultado, nos processos em que oficiarem, requerer ao procurador-geral as diligências e investigações necessárias.

Seção VI

Das atribuições dos procuradores regionais

Art. 750. Incumbe aos procuradores regionais:

a) dirigir os serviços da respectiva Procuradoria;

b) funcionar nas sessões do Tribunal Regional, pessoalmente ou por intermédio do procurador adjunto que designar;

c) apresentar, semestralmente, ao procurador-geral, um relatório das

atividades da respectiva Procuradoria, bem como dados e informações sobre a administração da Justiça do Trabalho na respectiva região;

d) requerer e acompanhar perante as autoridades administrativas ou judiciárias as diligências necessárias à execução das medidas e providências ordenadas pelo procurador-geral;

e) prestar ao procurador-geral as informações necessárias sobre os feitos em andamento e consultá-lo nos casos de dúvida;

f) funcionar em juízo, na sede do respectivo Tribunal Regional;

g) exarar o seu "ciente" nos acórdãos do Tribunal;

h) designar o procurador que o substitua nas faltas e impedimentos e o secretário da Procuradoria.

Art. 751. Incumbe aos procuradores adjuntos das procuradorias regionais:

a) funcionar por designação do procurador regional, nas sessões do Tribunal Regional;

b) desempenhar os demais encargos que lhes forem atribuídos pelo procurador regional.

1 A *manifestação do Ministério Público* em todos os processos (CLT, art. 746) deixou de existir por inútil e atravancadora; a lei a prevê quando solicitada pelo juiz ou por iniciativa da Procuradoria, quando entender existente interesse público que justifique a intervenção (LC 75/93, art. 83, v. Índ. Leg.), sem prejuízo dos processos em que funcionar como fiscal da lei e de sua intervenção obrigatória, nos TRTs e TST, quando for parte pessoa jurídica de Direito Público, Estado Estrangeiro e organismo internacional. Iniciado o julgamento, entendemos que o Ministério Público poderá ter vista dos autos somente quando "for suscitada questão nova"; é que o julgamento é função dos juízes, e o procurador já terá exarado seu parecer ou aposto seu visto nos autos. O TST disciplinou a intervenção do Ministério Público nos processos (TST, RI, art. 119, RA TST 1.295/08, alt. até Emenda Reg. 5/14 e Ato Reg. 6/14), diferentemente do Conselho Superior do Ministério Público do Trabalho (Res. 1/93). Em caso de divergência o TST poderá limitar a maior abrangência genérica desejada pelos procuradores. O prazo para exarar parecer em qualquer hipótese é de 8 dias (L. 5.584/70, art. 5º, v. Índ. Leg.), ultrapassado o prazo, os autos poderão ser requisitados.

Os Procuradores que atuarem junto aos Tribunais Regionais estão autorizados a emitir parecer por cota nos autos, salvo existindo interesse de pessoa jurídica de direito público, dissídios coletivos, incapazes, inconstitucionalidade etc. (Port. do Procurador-Geral da Justiça do Trabalho 225/91, *DJ*, 10.7.91), aplicável em São Paulo (Ofício – Circ. Proc. Reg. 23/92).

A "legitimatio" do órgão do Ministério Público do Trabalho na esfera recursal se verifica nos processos em que atua como parte, bem assim nos que oficia como fiscal da lei. No caso, o que fundamenta a atuação do *Parquet* é a indispensabilidade do interesse público, do qual o Órgão Ministerial é guardião. Distinguem-se o interesse público primário, tutelado pelo Ministério Público, do interesse de ente público, defendido por seus procuradores, em uma mesma lide (TST, RR 57.466/92.4, Indalécio Gomes Neto, Ac. 1ª T. 262/94, *DJU*, 18.3.94).

É obrigatória a intervenção do Ministério Público do Trabalho, antes do julgamento do recurso, quando for parte no processo pessoa jurídica de direito público. Norma regimental, hierarquicamente inferior, não pode subtrair ao Ministério Público do Trabalho prerrogativa que lhe é outorgada em sede de lei complementar à Constituição Federal. Recurso conhecido e provido (TST, RXOF-RO-Ag. 339.986/1997-5, José Carlos Perret Schulte, Ac. SBDI-2/99).

A atual, notória e iterativa jurisprudência desta Corte sedimentou-se no sentido da ilegitimidade do Ministério Público do Trabalho para arguir a prescrição em favor de ente de direito público, em matéria de direito patrimonial, quando atua na qualidade de *custos legis*. Incide à espécie o Enunciado n. 333/TST (TST, RR 324.446/96.8, Leonaldo Silva, Ac. 4ª T./99).

Seção VII
Da secretaria

Art. 752. A secretaria da Procuradoria-Geral funcionará sob a direção de um chefe designado pelo procurador-geral e terá o pessoal designado pelo Ministro do Trabalho.

Art. 753. Compete à secretaria:

a) receber, registrar e encaminhar os processos ou papéis entrados;

b) classificar e arquivar os pareceres e outros papéis;

c) prestar informações sobre os processos ou papéis sujeitos à apreciação da Procuradoria;

d) executar o expediente da Procuradoria;

e) providenciar sobre o suprimento do material necessário;

f) desempenhar os demais trabalhos que lhe forem cometidos pelo procurador-geral, para melhor execução dos serviços a seu cargo.

Art. 754. Nas procuradorias regionais os trabalhos a que se refere o artigo anterior serão executados pelos funcionários para esse fim designados.

Capítulo III
DA PROCURADORIA DE PREVIDÊNCIA SOCIAL

Arts. 755 a 762. (Revogados).

1 Os arts. 755 a 762 estão tacitamente revogados (DL 72/66). Conselho de Recursos da Previdência Social – CRPS (D. 3.048/99, arts. 303 a 305, com várias alterações). Procuradoria da Previdência Social (D. 34/91 e 4.688/03).

TÍTULO X
DO PROCESSO JUDICIÁRIO DO TRABALHO

CAPÍTULO I
DISPOSIÇÕES PRELIMINARES

Art. 763. O processo[2 e 3] da Justiça do Trabalho, no que concerne aos dissídios individuais e coletivos[4] e à aplicação de penalidades, reger-se-á, em todo o território nacional, pelas normas estabelecidas neste Título[5].

1 Diz a Constituição Federal de 1988:

Art. 5º ...

XXXV – a lei não excluirá da apreciação do Poder Judiciário lesão ou ameaça a direito; ...

XXXVII – não haverá juízo ou tribunal de exceção; ...

Art. 22. Compete privativamente à União legislar sobre:

I – direito civil, comercial, penal, processual, eleitoral, agrário, marítimo, aeronáutico, espacial e do trabalho; ...

Parágrafo único. Lei complementar poderá autorizar os Estados a legislar sobre questões específicas das matérias relacionadas neste artigo.

Art. 24. Compete à União, aos Estados e ao Distrito Federal legislar concorrentemente sobre: ...

XI – procedimentos em matéria processual; ...

XIII – assistência jurídica e defensoria pública; ...

§ 1º No âmbito da legislação concorrente, a competência da União limitar-se-á a estabelecer normas gerais.

§ 2º A competência da União para legislar sobre normas gerais não exclui a competência suplementar dos Estados.

§ 3º Inexistindo lei federal sobre normas gerais, os Estados exercerão a competência legislativa plena, para atender a suas peculiaridades.

§ 4º A superveniência de lei federal sobre normas gerais suspende a eficácia da lei estadual, no que lhe for contrário.

2 *O processo* é o complexo dos atos coordenados ao objetivo da atuação da vontade da lei, por parte dos órgãos da jurisdição (Chiovenda, *Instituições*, v. 1). Se se examina o fenômeno pela sua finalidade, tem-se o processo; quando se observam os atos em si que compõem o processo, tem-se o procedimento. O primeiro vocábulo é usado habitual e impropriamente também no segundo sentido.

O processo é "*meio*, não só para chegar ao fim próximo, que é o julgamento, como ao fim remoto, que é a segurança constitucional dos direitos e da execução das leis" (João Mendes Jr., apud Dinamarco, *A instrumentalidade*). O *direito processual constitucional* "não se trata de um ramo autônomo do direito processual, mas sim de uma colocação científica, de um ponto de vista metodológico e sistemático, do qual se pode examinar o processo em suas relações com a Constituição" (Cintra, Grinover e Dinamarco, *Teoria geral do processo*, apud Dinamarco, *A instrumentalidade*).

3 Direito processual em geral (subdivisões e princípios, art. 769). Direito Processual do Trabalho e Direito Processual Civil ou comum (art. 769).

4 Dissídios individuais e coletivos (distinção, art. 643/3; procedimento, art. 843 e segs.).

5 Compete privativamente à União legislar sobre processo (CF, art. 22, I) e, concorrentemente: União, Estados e Distrito Federal sobre procedimentos (CF, art. 24, XI).

Art. 764. Os dissídios individuais ou coletivos submetidos à apreciação da Justiça do Trabalho serão sempre sujeitos à conciliação[1-3].

§ 1º Para os efeitos deste artigo, os juízes e Tribunais do Trabalho empregarão sempre os seus bons ofícios e persuasão[4] no sentido de uma solução conciliatória dos conflitos.

§ 2º Não havendo acordo, o juízo conciliatório converter-se-á obrigatoriamente em arbitral, proferindo decisão na forma prescrita neste Título.

§ 3º É lícito às partes celebrar acordo que ponha termo ao processo, ainda mesmo depois de encerrado o juízo conciliatório.

1 A *conciliação* é a declaração da paz no litígio. Nem sempre significa transação, pois é o gênero de três espécies em que se subdivide: desistência (do direito, não apenas da ação, acrescentamos nós) pelo autor; acordo, que é a sub-rogação contratual da sentença, e o reconhecimento do direito do autor pelo réu (Carnelutti, Couture, *Estudios*).

Sob pena de nulidade, a conciliação tem de ser tentada antes do oferecimento da defesa pelo réu (art. 846, na red. da L. 9.022/95) e também antes do julgamento do feito. O instante próprio era previsto pelo legislador para depois que o autor, conhecendo o teor da defesa, avaliasse o ônus probatório e as dificuldades para o reconhecimento do pleiteado. A alteração havida evidencia a pobreza criativa do legislador e o desconhecimento da realidade da primeira instância. Mas a ausência de registro em ata da última tentativa de conciliação antes da sentença não implica nulidade automática; exige o exame de cada caso; é que a insistência do juiz e até dos funcionários para obter o acordo e aliviar o pesado fardo das pautas, inchadas nos grandes centros, convence do contrário. A homologação judicial do que as partes acordam nos litígios cabe a todos os órgãos jurisdicionais nos feitos em que funcionam; entretanto, é na Justiça do Trabalho que o constituinte dá relevo a essa atividade, referindo-se expressamente à sua competência judiciária para *conciliar e julgar*. O instituto da conciliação judicial não é inovação trabalhista, nem sequer no Brasil: a Constituição do Império não permitia iniciar-se processo sem a tentativa e, para tal missão, foram criados os juízes de paz; mas foi o êxito alcançado aqui que poderá ter levado o legislador de 1973 a torná-lo obrigatório no novo CPC, retirando da redação do anteprojeto o parágrafo que permitia a escusa de comparecer declarando a parte não pretender fazer acordo. No direito espanhol a tentativa de conciliação deve anteceder à propositura da ação perante órgão estatal próprio. É a via pré-processual.

■ Conciliação. Proposta. Obrigatoriedade. A ausência de registro em ata da última tentativa de conciliação antes da sentença não implica nulidade automática. A insistência de cada um dos classistas e do juiz e até dos funcionários para obter o acordo e aliviar o pesado fardo das pautas, inchadas nos grandes centros, convence do contrário. Exame de cada caso. Decisão proferida na presença das partes, que silenciaram, revelando o desinteresse no acordo. Falta de protesto no ato, como exige a CLT, art. 795, convalidaria a nulidade se verdadeira (TRT/SP, RO 18.447/94.4, Valentin Carrion, Ac. 9ª T. 2.666/96.1).

■ A conciliação celebrada em plena fase de liquidação do título sentencial substituiu plenamente a sentença transitada em julgado, passando a constituir novo título executório judicial. Ausente o advogado à audiência em que foi lavrado o termo de conciliação, pretendeu insurgir-se, depois, contra a fixação de seus honorários em 20% sobre o valor do novo título, o que motivou despacho indeferitório do juiz. Contra tal despacho se dirige a alegação de violação do artigo 24, §§ 3º e 4º, da Lei n. 8.906/94. Ademais, pretendeu, em duvidoso litisconsórcio com o empregado, rescindir a conciliação homologada, sem provar vício de vontade dos celebrantes ou qualquer outra causa rescisória. A pretensão de dar prosseguimento à liquidação e à execução, para, então sobre os valores apurados, fazer incidir os honorários estipulados na sentença que transitou em julgado e foi substituída pelo acordo, esbarra na eficácia plena da conciliação, celebrada pessoalmente pelo empregado com a empresa, fazendo uso o trabalhador do seu legítimo *jus postulandi* (TST, RO-AR 598.210/99, Ronaldo Leal, Ac. SBDI-2, 21.8.01).

■ Não autoriza desconstituição, acordo revestido das formalidades legais, homologado em Juízo, e não comprovado qualquer dos vícios do ato jurídico (TST, RO-AR 106.910/94.9, Vantuil Abdala, Ac. SDI 3.496/96).

■ Comprovada na instrução da rescisória a ocorrência de vício de consentimento na manifestação da empregada, bem como configurada pelo Juízo *a quo* a existência de fraude e simulação na transação efetivada, há fundamento suficiente para invalidar o referido acordo, ante sua nulidade, bem como para desconstituir a sentença homologatória que nele se fundou (TST, RO-AR 190.525/95.5, Valdir Righetto, Ac. SBDI-2 783/97).

■ A quitação pelo pedido inicial e também pelo extinto contrato de trabalho significa que o empregado confere recibo não só pelas parcelas mencionadas na inicial como ainda por todas as demais parcelas ou pedidos, que pudesse, eventualmente, reclamar em virtude do contrato de trabalho mencionado na inicial ou no termo de conciliação. Este recibo é mais amplo que aquele e não permite ao empregado reclamar nada mais, mesmo com relação a pedidos não mencionados na inicial (TST, RO-AR 255.945/96.8, Luciano de Castilho, Ac. SBDI-2 5.115/97).

2 A lei autoriza a conciliação entre as partes e, portanto, a renúncia, não estando sujeita aos limites previstos nas quitações extrajudiciais.

3 A atuação do juiz no momento da conciliação deve revelar sua maturidade e experiência de vida e ter a objetividade do promotor de negócios; porém, ele não pode deixar a isenção do juiz e o mutismo do magistrado a fim de não revelar o seu posicionamento quanto ao litígio. Nas palavras de Barbosa Moreira: "abstendo-se, porém, de fazer pressão sobre qualquer das partes para que aceite um acordo em termos a que não se mostra disposta a anuir. Deve o juiz, especialmente, evitar que transpareçam de sua intervenção indícios de um prejulgamento da causa" (*O novo processo civil brasileiro*).

4 Conciliação (fase obrigatória, art. 764; cumprimento e condições, art. 835; momentos em que deve ser proposta, arts. 846 e 850; dissídios coletivos, art. 860 e s.). Efeitos (art. 831). Jurisdição contenciosa e graciosa (art. 840/1).

Art. 765. Os juízos e Tribunais do Trabalho terão ampla liberdade na direção do processo[1 e 2] e velarão pelo andamento rápido das causas[4], podendo determinar qualquer diligência necessária ao esclarecimento delas[5].

1 O processo civil moderno (em sentido lato, ou seja, *não penal*) outorga amplos poderes ao juiz. Não se trata de o processo ser inquisitório ou dispositivo, mas tema ligado à *concepção privatística ou publicística* do processo, que são coisas diferentes, mesmo que possam caminhar juntas, porque se aproximam. O que caracteriza o processo inquisitório é a existência de um interesse que o Estado não permite aos indivíduos extinguir, modificar ou constituir a seu bel-prazer. O processo dispositivo é uma lide sobre um direito deixado à disponibilidade das partes. Maiores ou menores poderes do juiz são coisas diversas que serão vistas em um como noutro processo (Pereira Braga, *Exegese do CPC*, v. 1, p. 110). Em nosso Direito, as partes, nos dissídios individuais, podem livremente dispor de seus direitos (desistência, transação ou renúncia, mesmo no caso de estabilidade no emprego), mas a concepção do processo é publicística. Como no processo civil *stricto sensu*, as partes continuam a ser *domini litis*, não senhores absolutos; senhores, porém, pois podem paralisar o processo, renunciar ao seu conteúdo ou desistir de seu prosseguimento (Lopes da Costa, *Direito Processual Civil*, v. 1, n. 298). Assim, afirma-se que o processo civil começa por iniciativa da parte, mas se desenvolve por impulso oficial (CPC/15, art. 2º).

Poderíamos dizer que o processo laboral é publicístico, em virtude de frequente atuação de iniciativa do juiz; entretanto, não é inquisitório, mas dispositivo, em virtude do poder que cabe às partes para constituir, modificar ou extinguir.

O devido processo legal (cláusula *due process of law*): conjunto de garantias constitucionais que asseguram o regular desenvolvimento da relação processual, ampla possibilidade da parte em se defender, contraditório equilibrado, igualdade de condições processuais (*par conditio*), juiz natural, adequada incidência das normas processuais e substanciais (Ada Grinover, *As garantias*..., 1973, e Sergio Bermudes, *Direito Processual Civil*).

2 Afirma-se haver, no processo laboral, hipótese de *impulso processual* inicial do juiz, no caso da anotação de carteira (art. 39 da CLT) e de derrogação do princípio de se julgar *extra petita*, na conversão de reintegração do estável em indenização (Lamarca, *Ação*, p. 18). Parece, entretanto, que, na primeira hipótese, houve provocação ao juiz (a autoridade administrativa, por sua vez agindo por comparecimento da parte *para apresentar reclamação*, art. 36). A iniciativa judicial, inclusive quanto à instrução, não é prerrogativa da ação trabalhista, mas característica do processo moderno (CPC/15, art. 2º). Poderá vislumbrar-se inovação no impulso inicial do juiz na execução (art. 878 da CLT). A doutrina era pacífica e a jurisprudência também, quando foi promulgado texto legal inócuo, que se fosse levado em consideração poderia interpretar-se como restritivo, mesmo que não o seja ("No dissídio de alçada exclusiva das Varas do Trabalho (tacitamente revogado pela EC 24/99) e naqueles em que os empregados ou empregadores reclamarem pessoalmente, o processo poderá ser impulsionado de ofício pelo juiz", L. 5.584/70, art. 4º).

3 *Celeridade*. É princípio almejado do processo em geral, previsto na CLT (art. 765 e CPC/15, art. 139). Batalha a define como uma das variantes do princípio da economia processual, juntamente com a concentração, eventualidade e saneamento, exigindo prazos exíguos e improrrogáveis (*Tratado*, cit.). A referência à celeridade processual seria cômica, se não fosse trágica; a realidade mostra o substantivo oposto, a parcimônia processual. A causa principal, senão a única, é o volume excessivo de processos submetidos a todos os órgãos de jurisdição nacionais, desde a mais humilde vara do interior até o STF, passando por todos os graus de jurisdição, em todos os ramos do Poder Judiciário, federais ou estaduais. A formação das faculdades de direito, inspirada mais nas Ordenações Filipinas do que na era da cibernética, junto com os preconceitos de nós, juízes, e o corporativismo da advocacia, fez com que a justiça tenha perdido o trem da modernidade; não sendo apenas o exercício de uma espécie de sacerdócio, como a consideramos os juízes, mas um autêntico serviço público, pior não poderia ser a entrega da prestação jurisdicional; e a parcimônia não se reduz apenas à intolerável demora da coisa julgada, mas, por causa da angústia dos juízes, triturados no excesso desumano de processos e o desejo, traço-necessidade de tentar solucionar o impossível encargo, produz o efeito da improvisação e o afogadilho, no juízo singular e nos colegiados e, portanto, a má qualidade frequente dos julgados. Lança-se mão dos mutirões ou das pautas centenárias, além dos procedimentos para sentenças improvisadas de conhecimento incompleto, como é a tutela antecipada e as cautelares satisfativas. Não se aperfeiçoará a justiça com a multiplicação do número de juízes e de Varas do Trabalho, que a carência do país impede, nem com a supressão dos recursos, nem com a simplificação das leis processuais, que já o estão, mas com uma autêntica transformação da organização judiciária e processual. Em artigos e conferências temos sugerido: a) a exigência da tentativa da conciliação extrajudicial; b) o estímulo à arbitragem voluntária; c) a adoção de súmulas vinculantes do STF e dos Tribunais Superiores, com efetivo procedimento de renovação; d) a substituição do instituto da litigância de má-fé pela simples responsabilidade objetiva do sucumbente (nela é irrelevante a culpa ou dolo, bastando o nexo causal entre o prejuízo e a ação do agente, Álvaro Villaça Azevedo, cit.), quando a parte tiver recursos para arcar com a responsabilidade, com sua fortuna pessoal ou pelas verbas que esteja a receber no próprio processo onde foi parcialmente sucumbente; e) o controle interno do Judiciário dos tribunais sobre os graus inferiores, tendo como cúpula o Conselho Nacional da Magistratura, com participação minoritária do MP e do advogado, escolhido pelo Presidente da República.

A proteção ou demora processual, para caracterizar-se, prescinde da intencionalidade de qualquer das partes para provocá-la. O adiamento do processo é um evento caracterizado pela dilação da respectiva marcha, mediante a falta de agilização ou pela prática de atos desnecessários, que importem em adiar seu desfecho para além do tempo previsto pelas normas processuais. O protraimento do processo pode ser provocado por qualquer das partes (autor, réu ou juiz), porém é ao juiz que compete maior grau de responsabilidade, porque lhe cabe o dever de evitar a incursão de práticas atentatórias aos princípios da celeridade e dinamismo processuais (TST, RO-AR 115.345/94.5, Ronaldo Leal, Ac. SBDI-2 688/96).

Ao Juiz não é dado o direito de impor suas convicções em prejuízo dos interesses alheios, mas, sim, zelar pela segurança das relações jurídicas, pugnando para que sejam eliminadas ou reduzidas a intranquilidade e a instabilidade resultantes da versatilidade de decisões sobre casos idênticos. Para tanto, imprescindível que adote atitude de grandeza intelectual, acatando, com ressalva de entendimento pessoal contrário, os precedentes dos tribunais superiores, mormente os do Supremo Tribunal Federal, último grau de jurisdição e derradeiro intérprete de toda matéria constitucional, sempre que iterativos (TST, RR 300.611/96.8, Milton de Moura França, Ac. 4ª T./99).

4 O juiz pode requisitar informações e exercer atribuições em interesse da Justiça (arts. 653 e 680, *f*).

Art. 766. Nos dissídios sobre estipulação de salários, serão estabelecidas condições que, assegurando justo salário aos trabalhadores, permitam também justa retribuição às empresas interessadas.

1 A estipulação de salários por via judicial ocorre nos dissídios coletivos (CLT, art. 856 e s.). Reajustes salariais (art. 457/13).

Art. 767. A compensação, ou retenção, só poderá ser arguida como matéria de defesa.

1 Compensam-se dívidas líquidas, vencidas e de coisas fungíveis (CC, art. 369). Seria letra morta o art. 767, caso se exigisse aquele requisito do Direito Civil no processo trabalhista; é que mesmo os direitos pleiteados pelo empregado na Justiça do Trabalho habitualmente só se tornam líquidos após a sentença; assim, também se deve permitir a apuração do crédito do empregador (falta de aviso prévio, dano doloso etc.), pois o instituto aqui veste roupagem diferente das do Direito Civil (Lamarca, *Ação*, p. 24). O vocábulo *retenção*, no texto *supra*, tampouco está no sentido civilista da não devolução da coisa alheia (benfeitorias do possuidor, depositário, locação etc.), mas de *retenção do pagamento* (não pago o 13º, pois o empregado não cumpriu o aviso prévio), como, talvez impropriamente, usa o CC, art. 319, se o credor não dá recibo. Como em geral se trata de créditos autônomos, está-se próximo da matéria que pertence mais à reconvenção ou às exceções que derivam de um direito distinto, excludentes (Prieto Castro, *Derecho Procesal Civil*, v. 1, n. 203), mas que o legislador permite seu debate e prova sem formalidade procedimental especial. Quando se homologa a rescisão contratual, a compensação não pode superar um mês de salário (art. 477, § 5º); aquela restrição não se aplica ao processo contencioso. A mera dedução das quantias pagas sob o mesmo título não se confunde com a compensação; pode ser efetuada naturalmente pela sentença de cognição, quando a prova vem aos autos, impedindo o enriquecimento ilícito.

A reconvenção é a ação que o réu move ao autor no mesmo processo que este propôs contra aquele; isso ocorre quando o réu tem ação que modifica ou extingue o direito do autor. A reconvenção é instituto processual, enquanto a compensação é de direito material (Oswaldo da Silva, *Reconvenção e Compensação*).

STF É admissível reconvenção em ação declaratória (STF – Súmula 258).

TST A compensação só poderá ser arguida com a contestação (TST – Súmula 48).

TST A compensação, na Justiça do Trabalho, está restrita a dívidas de natureza trabalhista (TST – Súmula 18).

A compensação só pode ser arguida com a defesa, ficando preclusa a possibilidade de arguição posterior (Enunciado 48/TST). Outrossim, não tendo havido debate a respeito, razão jurídica não há para que se considere abrangida a matéria pelo efeito devolutivo do recurso ordinário (art. 515 do CPC) (TST, RR 42.266/91.3, Manoel Mendes de Freitas, Ac. 3ª T. 4.815/92).

A teor do art. 767 da CLT, a compensação somente pode ser arguida em fase de conhecimento, sendo incabível em fase de execução. A decisão que assim entendeu não afronta o disposto no art. 5º, incisos II e XXVI, da Constituição Federal (TST, ED-AI 167.861/95.1, Francisco Fausto, Ac. 3ª T. 4.505/96).

Acordo. Configuração e licitude. Plano de demissão voluntária. Validade da dedução pactuada para a possibilidade de condenação quando do ajuizamento da ação. Vantagens obtidas pelo empregado (Proc. TRT/SP 6.364/97, Valentin Carrion, Ac. 9ª T. 11.667/98).

* Sobre o tema *supra*, v. www.institutocarrion.com.br.

2 Diz a Constituição Federal de 1988:

Art. 5º...

XXXIV – a) o direito de petição aos Poderes Públicos em defesa de direitos ou contra ilegalidade ou abuso de poder; ...

XXXV – a lei não excluirá da apreciação do Poder Judiciário lesão ou ameaça a direito; ...

Art. 7º... X – proteção do salário na forma da lei, constituindo crime sua retenção dolosa.

O art. 767 é inconstitucional, pois proíbe que o empregador possa mover reclamação contra empregado ou ex-empregado para receber seus créditos, excluindo do Judiciário essa lesão; tratando-se de direitos decorrentes da relação de emprego (hoje ampliada para relação de trabalho), a competência é da Justiça do Trabalho (CF, art. 114 – EC 45/04); é o caso da repetição de pagamento efetuado por erro, da apropriação indébita no exercício do emprego e outros danos.

Art. 768. Terá preferência em todas as fases processuais o dissídio cuja decisão tiver de ser executada perante o juízo da falência.

1 Falência (privilégio, contrato de trabalho etc., v. coment. art. 449). Habilitação: atos que não são afetados pela falência (art. 880/2).

Art. 769. Nos casos omissos, o direito processual comum será fonte subsidiária do direito processual do trabalho, exceto naquilo em que for incompatível com as normas deste Título.

1 *Ao processo laboral* se aplicam as normas, institutos e estudos da doutrina do processo geral (que é o processo civil), desde que: a) não esteja aqui regulado de outro modo ("casos omissos", "subsidiariamente"); b) não ofendam os princípios do processo laboral ("incompatível"); c) se adapte aos mesmos princípios e às peculiaridades deste procedimento; d) não haja impossibilidade material de aplicação (institutos estranhos à relação deduzida no juízo trabalhista); a aplicação de institutos não previstos não deve ser motivo para maior eternização das demandas e tem de adaptá-las às peculiaridades próprias. Perante novos dispositivos do processo comum, o intérprete necessita fazer uma primeira indagação: se, não havendo incompatibilidade, permitir-se-ão a celeridade e a simplificação, que sempre foram almejadas. O CPC/15, art. 190, não se aplica à Justiça do Trabalho; não se permite a autocomposição das normas processuais e a mudança de procedimentos (TST, IN 39/16, art. 1º). Nada de novos recursos, novas formalidades inúteis e atravancadoras.

O direito processual se subdivide em processual penal e processual civil (em sentido lato, ou não penal). As subespécies deste são o processual trabalhista, processual eleitoral etc. Todas as subespécies do direito processual civil se caracterizam por terem em comum a teoria geral do processo; separam-se dos respectivos direitos materiais (direito civil, direito do trabalho etc.) porque seus princípios e institutos são diversos. São direitos instrumentais que, eles sim, possuem os mesmos princípios e estudam os mesmos institutos. Os princípios de todos os ramos do direito não penal são os mesmos (celeridade, oralidade, simplicidade, instrumentalidade, publicidade etc.), e os institutos também (relação jurídica processual, revelia, confissão, coisa julgada, execução definitiva etc.). Assim, do ponto de vista jurídico, a afinidade do direito processual do trabalho com o direito processual comum (civil, em sentido lato) é muito maior (de filho para pai) do que com o direito do trabalho (que é objeto de sua aplicação). Assim acontece com o cirurgião de estômago, cuja formação principal pertence à clínica cirúrgica, mais do que à clínica médica, que estuda o funcionamento e tratamento farmacológico daquele órgão. Isso leva à conclusão de que o direito processual do trabalho não é autônomo com referência ao processual civil e não surge do direito material laboral. O direito processual do trabalho não possui princípio próprio algum, pois todos os que o norteiam são do processo civil (oralidade, celeridade etc.); apenas deu (ou pretendeu dar) a alguns deles maior ênfase e relevo. O princípio de "em dúvida pelo mísero" não pode ser levado a sério, pois, se se tratar de dúvida na interpretação dos direitos materiais, será uma questão de direito do trabalho e não de direito processual. E, se se tratar deste, as dúvidas se resolvem por outros meios: ônus da prova, plausibilidade, fontes de experiência comum, pela observação do que ordinariamente acontece (CPC/15, art. 376) ou contra quem possuía maior facilidade de provar etc. Princípios processuais (art. 765/1 a 4).

Tudo isso sem esquecer que a experiência do direito processual do trabalho já influenciou o processual civil (uniformidade de razões e contrarrazões e o sumário civil, conforme Mendonça Lima, *Processo Civil no Processo do Trabalho*).

Aproximação do processo ao direito material (Barbosa Moreira e José Roberto dos Santos Bedaque, Reis Friede, "Tutela recursal antecipada", Rev. *Trabalho & Doutrina*, mar. 1998).

Estando a aplicação subsidiária do Código de Processo Civil jungida à harmonia com a sistemática adotada pelo legislador consolidado, forçoso é concluir que a definição demanda tarefa interpretativa mediante o cotejo do preceito que se pretenda ver aplicado com a sistemática da CLT (TST, Ag.-E-RR 7.583/85-4, Marco Aurélio, Ac. TP 469/87).

* Sobre o tema *supra*, v. www.institutocarrion.com.br.

2 Ações especiais admissíveis no processo do trabalho (art. 840).

3 Código de Processo Civil (L. 13.105, de 16.3.15), de forma subsidiária e supletivamente, em caso de omissão e desde que haja compatibilidade com as normas e princípios do Direito Processual do Trabalho, na forma dos arts. 769 e 889 da CLT (TST, IN 39/16).

Capítulo II
DO PROCESSO EM GERAL

Seção I
Dos atos, termos e prazos processuais

Art. 770. Os atos processuais serão públicos[1], salvo quando o contrário determinar o interesse social, e realizar-se-ão nos dias úteis das 6 às 20 horas[2].

Parágrafo único. A penhora poderá realizar-se em domingo ou dia feriado, mediante autorização expressa do juiz*.

* (tacitamente alterado pela EC 24/99)

1 Diz a Constituição Federal de 1988:

> **Art. 5º...**
> **LX – a lei só poderá restringir a publicidade dos atos processuais quando a defesa da intimidade ou o interesse social o exigirem.**

A *publicidade*, como princípio do direito processual, se desdobra em dois aspectos: o primeiro, de que qualquer pessoa pode presenciar a realização dos atos processuais, examinar os autos e obter certidão; o segundo, de que os atos das partes e do juiz devem ser levados ao conhecimento da parte contrária (López da Costa, *Direito Processual Civil*). A única exceção é a das ações que corram em segredo de justiça, porque assim o exige o interesse público (CPC/15, art. 189); naquele se inclui o fundamento mais frequente, o decoro. A Justiça deve evitar o segredo, pois a publicidade inspira superior confiança nela.

■ Perícia. Procedimento. Direito da parte de presenciar a realização dos atos processuais (princípio da publicidade). Após a alteração do CPC, art. 427, I (início da diligência), é indispensável o requerimento prévio da parte para poder acompanhar os trabalhos (TRT/SP, CP 49/94, Valentin Carrion, Corregedor).

2 Os atos processuais que incumbem às partes devem ser realizados até o fechamento normal do expediente forense (CPC/15, art. 212, § 1º).

■ O expediente forense é fixado pelas leis que regulam o funcionamento do judiciário ou regimento dos Tribunais. Os atos processuais a que se refere o horário fixado no art. 770 da CLT são aqueles que se realizam fora do edifício-sede do juízo (TST, AI-RO 42.675/92.2, Marcelo Pimentel, Ac. SDC 317/93).

■ É tempestivo o recurso recebido, pelo Tribunal, no último dia do prazo, após o fechamento do protocolo, se dentro do horário determinado no artigo 770 da CLT (TST, AI-RR 351703/97.0, Ac. 3ª T., Lucas Kontavanes).

■ O entendimento que se extrai do disposto no art. 770 da CLT combinado com o art. 172, § 3º, do CPC, é no sentido de que, inobstante os atos processuais, na Justiça do Trabalho, se realizem no horário das 6 às 20h, quando o ato tiver que ser praticado em determinado prazo, por meio de petição, esta deverá ser apresentada no protocolo, dentro do horário de expediente nos termos da lei de organização judiciária local. A apresentação do recurso, no último dia do prazo recursal, às 18h15, quando já encerrado o expediente do protocolo, perante a Diretoria-Geral de Coordenação Judiciária do TRT da 2ª Região, é circunstância que não elide a intempestividade, uma vez que só no dia seguinte, quando já escoado o prazo recursal pode ele, efetivamente, ser protocolado (TST, ED-AI-RR 297.530/97.0, Milton de Moura França, Ac. 4ª T./99).

Art. 771. Os atos e termos processuais poderão ser escritos a tinta, datilografados ou a carimbo[1].

Art. 772. Os atos e termos processuais[1], que devem ser assinados pelas partes interessadas, quando estas, por motivo justificado, não possam fazê-lo, serão firmados a rogo[2], na presença de duas testemunhas, sempre que não houver procurador legalmente constituído.

Art. 773. Os termos relativos ao movimento dos processos constarão de simples notas, datadas e rubricadas pelos chefes de secretaria ou escrivães.

1 Confundiu-se *ato* com *termo*, sendo que este materializa aquele (Lamarca, *Ação*). O progresso técnico tem de ser aproveitado, mesmo que a CLT regulamente a questão mais restritamente. O CPC/15 (arts. 210 e 460) permite a digitação, a taquigrafia, a estenotipia ou outros métodos; assinados pelos interessados, esses registros serão datilografados quando houver recurso ou a requerimento; é permitida às partes a gravação, o que induz maior exatidão e cuidado à ata e documenta os interessados. Está autorizada a transmissão de dados e imagens por fac-símile ou outro similar nos atos processuais que dependem de petição escrita. Transmissão via *e-mail* (IN, TST 30/07 alt. TST Res. 192/13, em apêndice). Os originais devem ser entregues em juízo até 5 dias do prazo da prática do ato. Inexistindo prazo, serão entregues em 5 dias da recepção. O TRT 15 Campinas não mais permite a interposição via fac-símile (TRT 15, Port. GP-VPJ 01/10). Atos praticados por sistema e-Recurso, e-DOC (com certificado digital) v. 771/3. Nenhuma alteração é permitida (L. 9.800/99, v. Índ. Leg.). Atos e termos processuais (CPC/15, art. 188 e segs.).

2 *Firmados a rogo.* Nos atos processuais, os auxiliares de Justiça têm fé pública, sendo dispensável a assinatura da parte ou terceiros que não queiram ou não saibam assinar; a impressão digital, que se costuma colher, é elemento circunstancial acessório, para facilitar a prova em possíveis impugnações futuras; o mesmo acontece quando o oficial de justiça, negando-se a parte a assinar a contrafé ou o auto de penhora, certifica o ocorrido e acrescenta os dados físicos pessoais do interlocutor, para melhor comprovação de verdade.

3 *Atos praticados com certificado digital e-DOC*. A L. 11.419/06, regulamentada pelo TST Res. Adm. 1.589/13 (em apêndice), permite (que se tornarão obrigatórios) que os atos (em qualquer instância e qualquer ato) na Justiça do Trabalho sejam feitos por meio eletrônico, e-DOC, com assinatura digital, enviando os documentos por meio virtual, sem a necessidade de juntar os originais posteriormente, pois os mesmos pela certificação são autênticos. As peças apresentadas por meio físico serão digitalizadas e depois de um ano eliminadas (TST. Ato SEJUD.GP 559/10). No STF, Res. 427/10 alt. até 490/12, em apêndice, regulamenta o processo eletrônico.

4. *Processo Judicial Eletrônico*. Criado pelo Conselho Superior da Justiça do Trabalho, Res. 94/12 alt. 120/13 e 128/13 (em apêndice), que se iniciou por tramitação eletrônica (L. 11.419/06), é um sistema informatizado que visa facilitar o protocolo e a visualização dos documentos e do processo em geral, sem a necessidade da impressão em papel. Será do mesmo acesso por qualquer computador para qualquer advogado. Para o acesso, é obrigatória a assinatura digital. Caso o ato seja urgente, poderá ser feito por meio de servidor público que reduzirá a termo a digitalização.

Art. 774. Salvo disposição em contrário, os prazos[1] previstos neste Título contam-se, conforme o caso, a partir da data em que for feita pessoalmente, ou recebida a notificação, daquela em que for publicado o edital no jornal oficial ou no que publicar o expediente da Justiça do Trabalho, ou, ainda, daquela em que for afixado o edital na sede do Juízo* ou Tribunal.

Parágrafo único. Tratando-se de notificação postal[3], no caso de não ser encontrado o destinatário ou no de recusa de recebimento, o Correio ficará obrigado, sob pena de responsabilidade do servidor, a devolvê-la, no prazo de 48 horas, ao Tribunal de origem.

Art. 775. Os prazos estabelecidos neste Título serão contados em dias úteis[1], com exclusão do dia do começo e inclusão do dia do vencimento (red. L. 13.467/17).

§ 1º Os prazos podem ser prorrogados, pelo tempo estritamente necessário, nas seguintes hipóteses:

I - quando o juízo entender necessário;

II - em virtude de força maior, devidamente comprovada. (Red. L. 13.467/17)

§ 2º Ao juízo incumbe dilatar os prazos processuais e alterar[8] a ordem de produção dos meios de prova, adequando-os às necessidades do conflito de modo a conferir maior efetividade à tutela do direito. (Red. L. 13.467/17)

Art. 775-A. Suspende-se[9] o curso do prazo processual nos dias compreendidos entre 20 de dezembro e 20 de janeiro, inclusive (Red. L. 13.545/17).

§ 1º Ressalvadas as férias individuais e os feriados instituídos por lei, os juízes, os membros do Ministério Público, da Defensoria Pública e da Advocacia Pública e os auxiliares da Justiça exercerão suas atribuições durante o período previsto no *caput* deste artigo (Red. L. 13.545/17).

§ 2º Durante a suspensão do prazo, não se realizarão audiências nem sessões de julgamento (Red. L. 13.545/17).

Art. 776. O vencimento dos prazos será certificado nos processos pelos escrivães ou chefes de secretaria.

* (tacitamente alterado pela EC 24/99)

1 Distingue-se início de prazo (o dia em que o interessado toma ciência do ato) de início de contagem (o primeiro dia que é computado para fins de prazo); se a parte foi cientificada no dia 31, o início de prazo é o próprio dia 31, que se exclui (dia do começo); o primeiro dia de contagem é o primeiro do mês seguinte. A CLT adota agora na contagem do prazo somente os dias úteis, como o CPC/15, art. 219. Como se deduz do texto legal, no processo trabalhista os prazos não se contam, como no processo civil, da juntada aos autos das intimações ou mandados, mas do momento em que o interessado tomou ciência; uma exceção deve ser admitida: a da carta precatória, a fim de que as dificuldades de acesso e distância sejam creditadas à parte. Prazos no CPC/15 (arts. 218 e segs.). Ano civil é o período de 12 meses contados do dia do início ao dia e mês correspondentes do ano seguinte; mês é o período contado do dia do início ao dia correspondente do mês seguinte (L. 810/49). O CPC/15, art. 219, não se aplica ao processo trabalhista (TST, IN 39/16, art. 2º).

Os prazos são: devolução de notificação postal (48 horas, art. 774, parágrafo único); pagamento de custas (comprovação dentro do prazo recursal, arts. 789, § 1º, e 893/5); pagamento de custas em inquérito (789/7), salvo se houver exceção (24 horas, art. 800); contestação em audiência (20 minutos, art. 847); razões finais (10 minutos, art. 850); ajuizamento de inquérito contra estável (30 dias, art. 853); impugnação de cálculos de liquidação (10 dias, art. 879, § 2º); garantia de juízo (48 horas, art. 880); embargos à execução ou impugnação na liquidação (5 dias, art. 884); intimação de praça (20 dias de antecedência, art. 888); complementação da arrematação (24 horas, art. 888, § 4º); recursos (8 dias, art. 895, L. 5.584/70).

Prazos no procedimento sumaríssimo: apreciação da reclamação (15 dias do ajuizamento, art. 852-B, III); manifestação sobre laudo pericial (comum de 5 dias, art. 852-H, § 6º); audiência em prosseguimento (30 dias, art. 852-H, § 7º); embargos (5 dias).

TST O prazo para recurso da parte que, intimada, não comparecer à audiência em prosseguimento para a prolação da sentença conta-se de sua publicação (TST – Súmula 197).

TST Quando não juntada a ata, ao processo, em 48 horas contadas da audiência de julgamento (art. 851, § 2º, da CLT), o prazo para recurso será contado da data em que a parte receber a intimação da sentença (TST – Súmula 30).

TST Quando a intimação tiver lugar na sexta-feira, ou a publicação com efeito de intimação for feita nesse dia, o prazo judicial será contado da segunda-feira imediata, inclusive, salvo se não houver expediente, caso em que fluirá do dia útil que se seguir (TST – Súmula 1).

A contagem do prazo para a interposição de recurso, quando o Diário de Justiça do Estado circula em dia diverso daquele em que foi publicado, conta-se a partir do dia em que circulou aquele, e não do dia da publicação efetiva (TST, RR 275.996/96.1, Lourenço Ferreira do Prado, Ac. 1ª T.).

A mora salarial de que trata o art. 477 da CLT somente se configura a partir do dia em que o pagamento deveria ter sido efetuado, e não o foi. Se o prazo para o pagamento das parcelas rescisórias encerra-se num sábado, dia em que a empresa não funciona, automaticamente, prorroga-se para o primeiro dia útil subsequente, pois, até então, inexiste falar em mora salarial. Embargos providos para excluir da condenação o pagamento da multa do art. 477 da CLT (TST, E-RR 248.682/1996-1, Juraci Candeia de Souza, Ac. SBDI-1).

Na contagem do prazo para pagamento das verbas rescisórias deve-se excluir a data da notificação da demissão e incluir o dia do vencimento, a teor do disposto no art. 125 do Código Civil (TST, RR 292.676/1996-5, Georgenor de Sousa Franco Filho, Ac. 4ª T.).

Razão não assiste à reclamada quando aduz não existir no Texto Consolidado dispositivo que disciplina a forma como deve ser feita a contagem do prazo para o pagamento das parcelas constantes do instrumento de rescisão ou recibo de quitação. Ocorre que a redação da alínea "b" do § 6º do art. 477 da CLT é precisa ao definir o *dies a quo* do prazo ali previsto, qual seja, a data da notificação da demissão (TST, E-RR 265.701/96.8, José Luiz Vasconcellos, Ac. SBDI-1).

Os prazos prescricionais previstos nos arts. 177 e 178 do Código Civil não se aplicam ao Direito do Trabalho, que possui normas específicas acerca da matéria (arts. 11 da CLT e 7º, XXIX, da Constituição). Trata-se, assim, de mera observância à norma contida no art. 8º, *caput* e parágrafo único, da CLT, segundo a qual o Direito Comum somente será fonte subsidiária do Direito do Trabalho naquilo que não for incompatível com os seus princípios fundamentais (TST, ED-RR 410.143/97.9, Milton de Moura França, Ac. 4ª T.).

2 O falecimento da parte ou de seu procurador suspende a instância e o prazo (CPC/15, art. 313, I).

Estando a parte assistida por mais de um advogado, não se cogita de suspensão processual, por incidência do art. 265, inc. I, do CPC. Nestas condições a parte não fica desassistida e o processo pode ter seu curso normal (TRT/PR, RO 8.739/97, Célio Horst Waldraff, Ac. 5ª T. 7.990/98).

3 Notificação, diz o texto; ou citação ou intimação. Quando a via utilizada é a postal, presume-se que o destinatário a recebeu 48 horas depois de expedida, podendo a parte provar o contrário.

TST I – Intimada ou notificada a parte no sábado, o início do prazo se dará no primeiro dia útil imediato e a contagem, no subsequente. II – O recesso forense e as férias coletivas dos Ministros do Tribunal Superior do Trabalho suspendem os prazos recursais (TST – Súmula 262, alt. Res. 194/14).

TST Presume-se recebida a notificação 48 (quarenta e oito) horas depois de sua postagem. O seu não recebimento ou a entrega após o decurso desse prazo constitui ônus de prova do destinatário (TST – Súmula 16).

A presunção de 48 horas para o recebimento da intimação não prevalece quando há prova comprovando o conhecimento do ato processual antes do prazo presumido (TRT/SP, AI 02861058840, Valentin Carrion, Ac. 8ª T.).

A tempestividade dos atos processuais é aferida, no Supremo Tribunal Federal, pela oportuna apresentação das petições respectivas no protocolo de sua Secretaria, único registro dotado de publicidade e eficácia jurídico-legal (RTJ 91/859, 94/1.088). Não afasta a intempestividade a postagem procedida dentro do prazo, nem a notícia de sua realização, se petição do interessado chegou a destempo à Secretaria da Corte (STF, Ag. 129.921-5 AgRg-RJ, Celso de Mello).

O carimbo aposto no verso do aviso de recebimento (AR) refere-se à data em que o remetente tomou ciência da notificação, o que afasta a aplicação do En. 16 do TST, já que a presença do recebimento após o transcurso de 48 horas só é possível quando existe nos autos apenas a data de remessa sem constar a data de recebimento no verso do AR (TST, E-RR 61.855/92.0, Cnéa Moreira, Ac. SDI 2.556/95).

Fato impeditivo, criado por ordem judicial. O prazo recursal deve ser prorrogado quando atinge o interesse da parte interessada (STJ, REsp 62.282-4-MG, Milton Luiz Pereira, Reg. 95.0012452-1).

Se a contagem do prazo recursal excluído o dia do começo, data de publicação da decisão recorrida, recai em dia não útil, prorroga-se o início do decurso do prazo para o primeiro dia útil imediato. Não conhecido o recurso, por suposta intempestividade, ante a incorreta contagem do prazo recursal, acolhem-se os embargos a fim de se determinar o retorno dos autos à Corte de origem para exame das razões recursais, afastada a intempestividade (TST, RR 249467/96.8, Nelson Antônio Daiha, 6.3.98).

A existência nos autos de comprovante de aviso de recebimento da Empresa Brasileira de Correios e Telégrafos (AR) traz, como consequência, a não aplicabilidade do Enunciado n. 16 desta Corte, contando-se o prazo para a interposição de recurso a partir do dia útil imediatamente seguinte ao do recebimento da correspondência (TST, RR 253091/96.9, Leonaldo Silva, 4ª T., 20.3.98).

O recesso forense suspende prazos processuais que recomeçam seu curso, após seu término, no primeiro dia útil. Correta a adequação do curso em tela ao artigo 179 do Código de Processo Civil (TST, RR 183.970/95.2, Lourenço Ferreira do Prado, Ac. 1ª T. 11942/97, 3.4.98).

* Sobre o tema *supra*, v. www.institutocarrion.com.br.

4 *Prorrogados.* CPC/15, art. 224: a) § 1º os dias do começo e do vencimento do prazo serão prorrogados para o primeiro dia útil seguinte, se coincidirem com dia em que o expediente forense for encerrado antes ou iniciado depois da hora normal ou houver indisponibilidade da comunicação eletrônica; b) § 2º considera-se como data de publicação o primeiro dia útil seguinte ao da disponibilização da informação no Diário da Justiça eletrônico; c) § 3º a contagem do prazo terá início no primeiro dia útil que seguir ao da publicação. O juiz poderá prorrogar o prazo, CLT, art. 775: a) § 1º, I, quando entender necessário; b) § 1º, II, por força maior (ver art. 501/1) devidamente comprovada; c) § 2º, para maior efetividade da tutela. Ocorrendo justa causa (evento imprevisto, alheio à vontade da parte e que a impediu de praticar o ato por si ou por mandatário), pode o juiz devolver à parte o prazo a que tinha direito, CPC/15, art. 223.

No Litisconsórcio, com diferentes procuradores (quando o processo não for digital), permite o prazo em dobro, CPC/15, art. 229; não se aplica à Justiça do Trabalho (TST, SDI-1, OJ 310).

STF Não se conta em dobro o prazo para recorrer, quando só um dos litisconsortes haja sucumbido (STF – Súmula 641).

TST I – Intimada ou notificada a parte no sábado, o início do prazo se dará no primeiro dia útil imediato e a contagem, no subsequente. II – O recesso forense e as férias coletivas dos Ministros do Tribunal Superior do Trabalho suspendem os prazos recursais (TST – Súmula 262, alt. Res. 194/14).

TST Quando a intimação tiver lugar na sexta-feira, ou a publicação com efeito de intimação for feita nesse dia, o prazo judicial será contado da segunda-feira imediata, inclusive, salvo se não houver expediente, caso em que fluirá do dia útil que se lhe seguir (TST – Súmula 1).

SDI Inaplicável ao processo do trabalho a norma contida no art. 229, *caput* e §§ 1º e 2º, do CPC de 2015 (art. 191 do CPC de 1973), em razão de incompatibilidade com a celeridade que lhe é inerente (TST, SDI-1, Orientação Jurisprudencial 310, Res. 208/16).

Motivo de força maior não comprovado. Não demonstrado que, no prazo de recurso, o advogado estava impedido de tomar ciência da publicação do despacho que negou seguimento ao agravo de instrumento, e, bem assim, outorgar poderes a colega seu para recorrer do despacho, indefere-se o pedido (STF, Ag. 119.797-8-GO, Carlos Madeira, Ac. 2ª T.).

A superveniência de férias, suspendendo o curso dos prazos, não compreende, na suspensão, os feriados que imediatamente as anteceder. Por isso, do prazo para o recurso não são excluídos esses feriados. Inteligência dos arts. 178 e 179 do CPC. Precedentes do STJ (STJ, RE 19.899-SP, Nilson Naves, Reg. 3ª T. 92.058531).

■ A superveniência de férias suspenderá o curso do prazo, o que lhe sobejar recomeçará a contar do primeiro dia útil seguinte ao termo das férias (TST, RR 102.173/94.4, José Luiz Vasconcellos, Ac. 3ª T. 5.342/95).

* Sobre o tema *supra*, v. www.institutocarrion.com.br.

5 As entidades estatais que não explorem atividade econômica têm o privilégio processual de contar o prazo em quádruplo para defesa (ou seja, 20 dias) e em dobro para recurso (DL 779/69, em apêndice).

6 Início do prazo para recurso (v. arts. 834 e 852).

7 Preclusão é um dos efeitos da inércia da parte, que acarreta a perda da faculdade de praticar o ato processual. A preclusão pode ser temporal (que se forma pelo decurso do tempo), lógica (decorre da incompatibilidade entre o ato praticado e outro, que se queria praticar também) e consumativa (que se origina depois de já ter sido realizado o ato).

8 Pode o juiz alterar os prazos e modificar a ordem das provas, assim o art. 775, § 2º, para uma maior efetividade da decisão do caso, fato este que sempre foi permitido pelo art. 765, onde "os Juízos e Tribunais terão ampla liberdade na direção do processo". Ver art. 765.

9 *Recesso forense, férias do advogado*: Com a suspensão dos prazos e audiências do dia 20 de dezembro até 20 de janeiro, permite ao advogado tirar férias, que agora serão de trinta dias. O recesso forense continua do dia 20 dezembro a 6 de janeiro; os prazos estão suspensos, mas temos expediente forense.

Assim também o CPC/15, art. 220.

Art. 220. Suspende-se o curso do prazo processual nos dias compreendidos entre 20 de dezembro e 20 de janeiro, inclusive.

§ 1º Ressalvadas as férias individuais e os feriados instituídos por lei, os juízes, os membros do Ministério Público, da Defensoria Pública e da Advocacia Pública e os auxiliares da Justiça exercerão suas atribuições durante o período previsto no *caput*.

§ 2º Durante a suspensão do prazo, não se realizarão audiências nem sessões de julgamento.

Art. 777. Os requerimentos e documentos apresentados[1], os atos e termos processuais, as petições ou razões de recursos e quaisquer outros papéis referentes aos feitos formarão os autos dos processos, os quais ficarão sob a responsabilidade dos escrivães ou chefes de secretaria.

Art. 778. Os autos dos processos da Justiça do Trabalho não poderão sair dos cartórios ou secretarias, salvo se solicitados por advogado regularmente constituído por qualquer das partes ou quando tiverem de ser

remetidos aos órgãos competentes, em caso de recurso ou requisição (red. L. 6.598/78).

Art. 779. As partes, ou seus procuradores, poderão consultar, com ampla liberdade, os processos nos cartórios ou secretarias.

Art. 780. Os documentos juntos aos autos poderão ser desentranhados somente depois de findo o processo, ficando traslado.

Art. 781. As partes poderão requerer certidões dos processos em curso ou arquivados, as quais serão lavradas pelos escrivães ou chefes de secretaria.

Parágrafo único. As certidões dos processos que correrem em segredo de justiça dependerão de despacho do juiz*.

Art. 782. São isentos de selo as reclamações, representações, requerimentos, atos e processos relativos à Justiça do Trabalho.

* (tacitamente alterado pela EC 24/99)

1 Os atos meramente ordinatórios, como a juntada e a vista obrigatória, independem de despacho (CPC/15, art. 203, § 4º). O Estatuto da Ordem dos Advogados (L. 8.906/94) permite que qualquer advogado, mesmo sem procuração, examine os autos, assegurada a obtenção de cópias, podendo tomar apontamentos. Quanto à Justiça do Trabalho, vigora a exigência de mandato conferido pela parte (art. 778, com a redação da L. 6.598/78), outorgado na forma do art. 105 do CPC/15; prazo comum (v. art. 901, parágrafo único). Atos praticados por sistema e-Recurso, e-DOC (com certificado digital) v. 771/3.

■ Processo trabalhista. Retirada de autos por advogado. Constitucionalidade da L. 6.598/78, que deu nova redação ao art. 778 da Consolidação das Leis do Trabalho. Improcedência da representação (STF, Rp. 1.019-8-DF, Soares Muñoz, Ac. TP).

■ Não constitui nenhuma ilegalidade a restrição de acesso dos advogados e das respectivas partes além do balcão destinado ao atendimento, observados, contudo, o direito livre e irrestrito aos autos, papéis e documentos específicos, inerentes ao mandato. Disciplinar a forma de acesso aos autos e papéis não é cercear o exercício do direito (STJ, RMS 3.258-2-ES, Garcia Vieira, Reg. 93.0018557-8).

2 Não somente às partes e procuradores como a qualquer pessoa é dado consultar os autos ou obter certidões; é cristalização do princípio de publicidade do processo, plasmado na CF, art. 5º, LX (Consolidação dos Provimentos, art. 44, TST Correg./12, em apêndice).

3 Findo o processo por acordo ou cumprimento da sentença, as partes podem recuperar as peças juntas aos autos: após alguns anos, as dificuldades que os órgãos judiciários encontram para a guarda dos processos arquivados é crucial. Traslado é a cópia fiel lavrada pelo serventuário que, no caso, costuma ser substituído por simples certidão do escrevente, identificando o documento desentranhado.

Seção II
Da distribuição

Art. 783. A distribuição das reclamações será feita entre as Varas do Trabalho*, ou os Juízes de Direito do Cível, nos casos previstos no art. 669, § 1º, pela ordem rigorosa de sua apresentação ao distribuidor, quando o houver.

* (tacitamente alterado pela EC 24/99)

1 *Distribuição* é o meio de fixação de competência, quando há mais de um órgão jurisdicional para conhecer o feito; também há distribuição entre os escrivães, quando mais de um tem atribuições para as ações trabalhistas onde não há Vara do Trabalho. A ordem *rigorosa* da apresentação é ingenuidade legislativa, dependendo sempre da integridade do funcionário encarregado ou mesmo da vivacidade do procurador, verificando a qual juiz foi distribuída a demanda que o precedeu. As irregularidades da distribuição não configuram nulidade (Pontes de Miranda, *Comentários ao CPC*). Defende-se a publicidade do ato (Russomano, *Manual*), o que é princípio salutar que informa o processo moderno; o CPC dá direito à parte ou seu procurador de fiscalizar a distribuição. Inexiste distribuição na chamada *distribuição por dependência*, pois aí o órgão jurisdicional já é certo, em razão da conexão (e da continência, acrescenta o CPC/15, art. 286); as ações são conexas quando lhes for comum o objeto ou a causa de pedir; na continência há identidade de partes e causa de pedir, mas o objeto de uma, por ser mais amplo, abrange o das outras; nesta última hipótese, configurar-se-á a litispendência parcial. Também há necessidade de distribuição nos tribunais. Distribuição (CPC/15, art. 284).

■ Segundo orientação predominante, o art. 105, CPC, deixa ao Juiz certa margem de discricionariedade na avaliação da intensidade da conexão, na gravidade resultante da contradição de julgados e, até, na determinação da oportunidade da reunião de processos (STJ, RE 5.270-SP, Sálvio de Figueiredo, Reg. 90.0009579.4).

■ Cumulação subjetiva de ações (CLT, art. 842). Preceito de natureza dispositiva para a parte, em favor dos autores e vantagens para a administração da Justiça. Necessidade de fundamentação convincente para sua rejeição (TRT/SP, CP 114/92, Valentin Carrion, Corregedor, *DOE-SP*, 10.6.92).

Art. 784. As reclamações serão registradas em livro próprio, rubricado em todas as folhas pela autoridade a que estiver subordinado o distribuidor.

Art. 785. O distribuidor fornecerá ao interessado um recibo, do qual constarão, essencialmente, o nome do reclamante e do reclamado, a data da distribuição, o objeto da reclamação e o Juízo* a que coube a distribuição.

Art. 786. A reclamação verbal será distribuída antes de sua redução a termo.

Parágrafo único. Distribuída a reclamação verbal, o reclamante deverá, salvo motivo de força maior, apresentar-se no prazo de 5 dias, ao cartório ou à secretaria, para reduzi-la a termo, sob a pena estabelecida no art. 731.

* (tacitamente alterado pela EC 24/99)

1 *O objeto da reclamação* significa o objeto da ação; é o pedido do autor, o que este solicita lhe seja assegurado pelo órgão jurisdicional (Amaral Santos, *Primeiras Linhas*).

2 *A reclamação verbal* consiste na propositura da ação pelo próprio autor, sem formalidades nem escrito, perante o distribuidor inicialmente e, após, perante um funcionário da Vara a que é distribuída. *Ius postulandi* (v. notas 1 e 2 ao art. 791 e segs.). Forma atual de processamento das reclamações verbais (v. normas internas dos Tribunais).

3 *A pena do art. 731* consiste na impossibilidade de propor ação durante o prazo de 6 meses, o que passa a constituir ausência de um dos pressupostos da ação (pressuposto extrínseco; inexistência de ato impeditivo); a ocorrência de dois arquivamentos da reclamação por não comparecimento do reclamante às audiências designadas dá lugar à mesma sanção (art. 732).

Art. 787. A reclamação escrita deverá ser formulada em duas vias[1] e desde logo acompanhada dos documentos[2] em que se fundar.

Art. 788. Feita a distribuição, a reclamação será remetida pelo distribuidor ao Juízo* competente, acompanhada do bilhete de distribuição.

* (tacitamente alterado pela EC 24/99)

1 A *petição inicial em duas vias*: ou mais, se os réus forem em maior número, pois a finalidade é integrar a contrafé; esta é a cópia do mandado de citação que, quando é realizado por oficial de justiça, se entrega ao réu. A remessa postal ou entregue pelo oficial de justiça é formalidade essencial da citação, para que o réu conheça o que contra ele se alega.

Requisitos da petição inicial e da citação (art. 837 e segs.). Inépcia (art. 840/22).

2 *Os documentos* devem ser juntados pelo autor com a petição inicial e pelo réu com a defesa (CPC/15, art. 434); essa norma não pode ser ignorada pelas partes, porque o juiz poderá encerrar a instrução sem direito ao adiamento da audiência; mas a regra não é absoluta: em primeiro lugar, porque os fatos que devem ser provados são os controversos (art. 818/2) e, assim, só há o ônus e a faculdade de provar após conhecer-se a contestação. Por isso, o juiz não poderá negar prazo ao autor para oferecer os documentos que a resposta à defesa exige; tal não acontece ao réu, que ao contestar sabe de toda a controvérsia. Em segundo lugar, se a instrução está em andamento e vai continuar, qual seria a justificativa para negar a juntada se inexiste prejuízo para quem quer que seja? Em terceiro lugar, a própria

lei processual trabalhista prevê que, na audiência, se apresentarão testemunhas e "as demais provas" (CLT, art. 845); as demais provas incluem as documentais, que são as mais generalizadas. Entretanto, a exigência de juntada com a petição inicial é específica para as ações de cumprimento (CLT, art. 872, parágrafo único, semelhante ao CPC/15, art. 320). A não ser em caso de força maior, fato superveniente ou "para contrapô-los aos (fatos) produzidos nos autos" (CPC/15, art. 435), os documentos não poderão ser juntados após os depoimentos das partes; estar-se-ia subtraindo ao juiz a possibilidade de apresentá-los a estas e às testemunhas, para ouvi-las em depoimento sobre essas peças. Na fase recursal a excepcionalidade ainda é mais acentuada. Os documentos em língua estrangeira devem ser traduzidos (CPC/15, art. 192). Requisitos para juntada (art. 830).

TST A juntada de documentos na fase recursal só se justifica quando provado o justo impedimento para sua oportuna apresentação ou se referir a fato posterior à sentença (TST – Súmula 8).

Incumbe ao autor instruir a inicial com os documentos destinados a provar os fatos controversos (CLT, art. 787; CPC, art. 396). Se o fato controverso surge na contestação, é lícito ao autor juntar documentos para contrapô-lo (CPC, art. 397). O ilícito indeferimento justifica a juntada na fase recursal (TRT/SP, CP 269/92, Valentin Carrion, Corregedor, *DOE-SP*, 26.10.92).

Documento já existente, que não era ignorado pela parte nem era de difícil obtenção para ser apresentado em tempo hábil, antes do julgamento da lide, não pode ser acolhido como fato novo, capaz de alterar o julgamento do recurso (STF, ED-ED-RE 179.501-8, Maurício Corrêa, Ac. 2ª T.).

Seção III
Das custas e emolumentos

Art. 789. Nos dissídios individuais e nos dissídios coletivos do trabalho, nas ações e procedimentos de competência da Justiça do Trabalho, bem como nas demandas propostas perante a Justiça Estadual, no exercício da jurisdição trabalhista, as custas[1] relativas ao processo de conhecimento incidirão à base de 2%, observado o mínimo de R$ 10,64 (dez reais e sessenta e quatro centavos) e o máximo de quatro vezes o limite máximo dos benefícios do Regime Geral de Previdência Social, e serão calculadas[3]: (Red. L. 13.467/17).

I – quando houver acordo ou condenação, sobre o respectivo valor;

II – quando houver extinção do processo, sem julgamento do mérito, ou julgado totalmente improcedente o pedido, sobre o valor da causa;

III – no caso de procedência do pedido formulado em ação declaratória e em ação constitutiva, sobre o valor da causa;

IV – quando o valor for indeterminado, sobre o que o juiz fixar.

§ 1º As custas serão pagas pelo vencido[3-6], após o trânsito em julgado da decisão. No caso de recurso[4 e 5], as custas serão pagas e comprovado o recolhimento dentro do prazo recursal.

§ 2º Não sendo líquida a condenação, o juízo arbitrar-lhe-á o valor e fixará o montante das custas processuais.

§ 3º Sempre que houver acordo, se de outra forma não for convencionado, o pagamento das custas caberá em partes iguais aos litigantes.

§ 4º Nos dissídios coletivos[10], as partes vencidas responderão solidariamente pelo pagamento das custas, calculadas sobre o valor arbitrado na decisão, ou pelo Presidente do Tribunal. (Red. L. 10.537/02)

Art. 789-A. No processo de execução são devidas custas, sempre de responsabilidade do executado e pagas ao final, de conformidade com a seguinte tabela:

I – autos de arrematação, de adjudicação e de remição: 5% sobre o respectivo valor, até o máximo de R$ 1.915,38;

II – atos dos oficiais de justiça, por diligência certificada:

a) em zona urbana: R$ 11,06;

b) em zona rural: R$ 22,13;

III – agravo de instrumento: R$ 44,26;

IV – agravo de petição: R$ 44,26;

V – embargos à execução, embargos de terceiro e embargos à arrematação: R$ 44,26;

VI – recurso de revista: R$ 55,35;

VII – impugnação à sentença de liquidação: R$ 55,35;

VIII – despesa de armazenagem em depósito judicial – por dia: 0,1% do valor da avaliação;

IX – cálculos de liquidação realizados pelo contador do juízo – sobre o valor liquidado: 0,5% até o limite de R$ 638,46. (Red. L. 10.537/02)

Art. 789-B. Os emolumentos serão suportados pelo Requerente, nos valores fixados na seguinte tabela:

I – autenticação de traslado de peças mediante cópia reprográfica apresentada pelas partes – por folha: R$ 0,55;

II – fotocópia de peças – por folha: R$ 0,28;

III – autenticação de peças – por folha: R$ 0,55;

IV – cartas de sentença, de adjudicação, de remição e de arrematação – por folha: R$ 0,55;

V – certidões – por folha: R$ 5,53. (Red. L. 10.537/02)

Art. 790. Nas Varas do Trabalho, nos Juízos de Direito, nos Tribunais e no Tribunal Superior do Trabalho, a forma de pagamento das custas e emolumentos[1-8] obedecerá às instruções que serão expedidas pelo Tribunal Superior do Trabalho.

§ 1º Tratando-se de empregado que não tenha obtido o benefício da

justiça gratuita, ou isenção de custas, o sindicato que houver intervindo no processo responderá solidariamente[9] **pelo pagamento das custas devidas.**

§ 2º No caso de não pagamento das custas, far-se-á execução da respectiva importância, segundo o procedimento estabelecido no Capítulo V deste Título.

§ 3º É facultado aos juízes, órgãos julgadores e presidentes dos tribunais do trabalho de qualquer instância conceder, a requerimento ou de ofício, o benefício da justiça gratuita[11-12]**, inclusive quanto a traslados e instrumentos, àqueles que perceberem salário igual ou inferior a 40% (quarenta por cento) do limite máximo dos benefícios do Regime Geral de Previdência Social**[11-12]**.** (Red. L. 13.467/17).

§ 4º O benefício da justiça gratuita será concedido à parte que comprovar insuficiência[12] **de recursos para o pagamento das custas do processo.** (Red. L. 13.467/17).

Art. 790-A. São isentos[6] **do pagamento de custas, além dos beneficiários de justiça gratuita:**

I – a União, os Estados, o Distrito Federal, os Municípios e respectivas autarquias e fundações públicas federais, estaduais ou municipais que não explorem atividade econômica;

II – o Ministério Público do Trabalho.

Parágrafo único. A isenção prevista neste artigo não alcança as entidades fiscalizadoras do exercício profissional, nem exime as pessoas jurídicas referidas no inciso I da obrigação de reembolsar as despesas judiciais realizadas pela parte vencedora. (Red. L. 10.537/02)

Art. 790-B. A responsabilidade pelo pagamento dos honorários periciais[15] **é da parte sucumbente na pretensão objeto da perícia, ainda que beneficiária da justiça gratuita.** (Red. L. 13.467/17)

§ 1º Ao fixar o valor dos honorários periciais, o juízo deverá respeitar o limite máximo estabelecido pelo Conselho Superior da Justiça do Trabalho. (Red. L. 13.467/17).

§ 2º O juízo poderá deferir parcelamento dos honorários periciais. (Red. L. 13.467/17).

§ 3º O juízo não poderá exigir adiantamento de valores para realização de perícias. (Red. L. 13.467/17).

§ 4º Somente no caso em que o beneficiário da justiça gratuita não tenha obtido em juízo créditos capazes de suportar a despesa referida no *caput*, ainda que em outro processo, a União responderá pelo encargo. (Red. L. 13.467/17).

1 Diz a Constituição Federal de 1988:

Art. 24. Compete à União, aos Estados e ao Distrito Federal legislar concorrentemente sobre:

IV – custas dos serviços forenses; ...

Art. 95. ...

Parágrafo único. Aos juízes é vedado: ...

II – receber, a qualquer título ou pretexto, custas ou participação em processo.

Custas. Despesas judiciais são os gastos que se fazem em juízo: custas, honorários de advogado, multa às partes, perícias, condução e indenização de testemunhas. Custas são a parte de despesas judiciais, relativas à formação, propulsão e terminação do processo taxadas por lei (Pontes de Miranda, *Comentários*). O CPC de 1973 mantém a diferenciação entre despesas e custas. *Emolumentos* são taxados para os *atos estranhos à instância*, ainda que depois possam ser nela produzidos, referentes a escrituras, registros, traslados, certidões etc. (João Mendes, apud Eliézer Rosa); mas o texto da CLT refere-se expressamente a emolumentos de instrumentos, ou seja, os do agravo de instrumento, carta de sentença, precatórias etc. Sempre se entendeu que as custas proporcionais ao valor, previstas nas alíneas do artigo *supra*, compreendiam todos os atos judiciais necessários à formação, propulsão e terminação do processo de cognição, ou seja, até o trânsito em julgado, mesmo que se multipliquem os atos, autos etc. (Lamarca, *Ação*).

2 O último valor de referência vigente, antes de sua revogação, permanece como base de cálculo, enquanto não for substituído por outro (v. Tabela de salário mínimo e valor de referência). Inconstitucionalidade da fixação de custas ou emolumentos pelo TST (art. 789/8).

3 O princípio vigorante na Justiça Comum é o da condenação do autor em custas, sobre o valor da causa, se improcedente a ação; do réu, se procedente; e proporcional a ambas, se procedente em parte. No processo trabalhista, não: desde que qualquer parcela seja acolhida pela sentença, o reclamante não as pagará, mesmo que sejam improcedentes todas as demais parcelas pleiteadas. Desistindo do prosseguimento, paga-as; a carência da ação equivale, para esse fim, à improcedência. A condenação em custas independe de tê-las pedido. Por falta de legislação expressa, não são devidos emolumentos, salvo no caso de traslados ou instrumentos, nos procedimentos da chamada jurisdição voluntária ou graciosa (homologação de rescisão contratual de estável, opção pelo FGTS, alvará para levantamento de FGTS, notificação ou interpelação). O pagamento de custas pode ser efetuado através de transferência eletrônica de fundos (Consolidação dos Provimentos, arts. 58 a 60 TST Correg./12). Procedimentos para recolhimentos de custas (TST IN 20/02, alt. TST Res. Adm. 902/02 e TST Res. 191/13, em apêndice). Modelo único de guia para pagamentos (TST IN 33/08 alt. TST Ato GP 318/12, em apêndice). As custas na fase conhecimento têm um valor mínimo de R$ 10,64 (dez reais e sessenta e quatro centavos) e um valor máximo de 4 vezes o limite máximo do benefício do RGPS).

O pagamento das custas, para as ações decorrentes da nova competência (EC 45/04), segue a mesma sistemática da CLT: serão pagas ao final pelo sucumbente. Caso a lide não decorra de relação de emprego, é aplicado o princípio da sucumbência recíproca, cada parte paga custas sobre o que foi vencido (IN TST 27/05, em apêndice, alt. Res. TST 133/05).

Na multa imposta por litigância de má-fé (CPC/15, art. 81), não são consideradas custas para o processo trabalhista, assim o são no processo civil (CPC/15, art. 96), não se aplica o CPC, pois as custas na JT estão reguladas pela CLT, art. 789.

STF Viola a garantia constitucional de acesso à jurisdição a taxa judiciária calculada sem limite sobre o valor da causa (STF – Súmula 667).

TST Não ocorre deserção de recurso da massa falida por falta de pagamento de custas ou de depósito do valor da condenação. Esse privilégio, todavia, não se aplica à empresa em liquidação extrajudicial (TST – Súmula 86, conversão da Orientação Jurisprudencial SDI-1 31).

TST Nas ações plúrimas, as custas incidem sobre o respectivo valor global (TST – Súmula 36).

O recolhimento do valor da multa imposta como sanção por litigância de má-fé (art. 81 do CPC de 2015 – art. 18 do CPC de 1973) não é pressuposto objetivo para interposição dos recursos de natureza trabalhista. CLT (TST, SDI-1, Orientação Jurisprudencial 409, Res. 209/16).

A tese adotada por esta Turma é a de que, nos termos do art. 789 da CLT, o único pressuposto recursal é o recolhimento do valor de 2% sobre o valor arbitrado à condenação, cuja responsabilidade pelo pagamento é exclusiva da parte vencida na demanda. Nessa seara, inxiste previsão legal que autorize considerar as chamadas "custas sobre os honorários periciais" como pressuposto recursal. Ao contrário do alegado pela reclamada, é a adoção de sua tese que implicaria em violação aos princípios constitucionais por ela elencados. Ainda que o reclamante não tenha se insurgido contra a condenação ao pagamento de custas sobre os honorários periciais, não poderia o Regional ter considerado seu Recurso Ordinário deserto pelo seu não recolhimento, porque os únicos pressupostos legais para a interposição de recurso são o recolhimento das custas no valor de 2% sobre o valor da condenação e do depósito recursal. Isso quer dizer que a ausência de recurso quanto ao tema implicaria tão somente na manutenção da obrigação de pagar as custas sobre os honorários periciais, mas nunca no reconhecimento da deserção de seu recurso ordinário, já que as referidas "custas" não são pressuposto recursal (TST, ED-RR 17.163/2001-012-09-00.1, Carlos Alberto Reis de Paula).

O art. 789 da CLT somente exige o pagamento antecipado de custas em se tratando de inquérito judicial para a apuração de falta grave. As custas são exigíveis no quinquídio imediato à interposição de recursos. É ilegal e inconstitucional condicionar-se o julgamento de embargos à execução ao pagamento de custas antecipadas, como se fosse um recurso. Mais grave, ainda, quando, sequer, houve notificação para o recolhimento (TRT/SP, 13.077/85, Ac. 8ª T. 12.442/86, Evandro Carneiro).

4 O prazo para pagamento de custas se inicia com o trânsito em julgado, e sua comprovação e/ou seu recolhimento será dentro do prazo recursal. Há quem entenda que a *massa falida* pode interpor recurso, sem efetuar o pagamento de custas (Tostes Malta, *Direito Processual do Trabalho*); assim também entende a Súmula 86 do TST, inclusive (o que é incompreensível) quanto ao depósito recursal. Em caso de nulidade do processo por inexistência de citação, a relação jurídico-processual não se formou e a sentença é juridicamente inexistente; se o feito não for de pronto anulado na primeira instância, como é habitual (de discutível juridicidade, para os mais formalistas), sugere-se o simples depósito para que a parte possa reavê-lo facilmente (Maranhão, *Instituições*, v. 2). A Súmula 25 do TST obriga à parte vencida na segunda instância (que havia sido vencedora na primeira, onde o adversário foi isento) a pagá-las independentemente de intimação. Na inversão do ônus da sucumbência em segundo grau, não se obriga um novo pagamento (se o valor das custas for o mesmo e já estiver recolhido) pela parte agora sucumbente, apenas no final deverá a parte vencida ressarcir a vencedora. O CPC/15, art. 1.007, § 2º, determina a intimação da parte que depositou o preparo insuficientemente; entendemos que o instituto está suficientemente regulado no processo trabalhista, sem abrir esta liberalidade para o devedor descuidado que importa em maiores formalismos para o já parcimonioso andamento da Justiça. Não existe deserção, quando acrescido o valor da condenação, não houve fixação do valor devido e tampouco intimação da parte; as custas serão pagas ao final. Sempre serão reembolsadas à parte vencedora pela parte vencida.

TST Não ocorre deserção de recurso da massa falida por falta de pagamento de custas ou de depósito do valor da condenação. Esse privilégio, todavia, não se aplica à empresa em liquidação extrajudicial (TST – Súmula 86, conversão da Orientação Jurisprudencial SDI-1 31).

TST O prazo para pagamento das custas, no caso de recurso, é contado da intimação do cálculo (TST – Súmula 53).

TST I - A parte vencedora na primeira instância, se vencida na segunda, está obrigada, independentemente de intimação, a pagar as custas fixadas na sentença originária, das quais ficara isenta a parte então vencida; II - No caso de inversão do ônus da sucumbência em segundo grau, sem acréscimo ou atualização do valor das custas e se estas já foram devidamente recolhidas, descabe um novo pagamento pela parte vencida, ao recorrer. Deverá ao final, se sucumbente, reembolsar a quantia (ex-OJ n. 186 da SBDI-I, *DEJT*, 14.5.15) III - Não caracteriza deserção a hipótese em que, acrescido o valor da condenação, não houve fixação ou cálculo do valor devido a título de custas e tampouco intimação da parte para o preparo do recurso, devendo ser as custas pagas ao final (ex-OJ n. 104 da SBDI-I, *DEJT*, 14.5.15) IV - O reembolso das custas à parte vencedora faz-se necessário mesmo na hipótese em que a parte vencida for pessoa isenta do seu pagamento, nos termos do art. 790-A, parágrafo único, da CLT (TST – Súmula 25).

SDI Custas. Mandado de segurança. Recurso ordinário. Exigência do pagamento (TST, SDI-1, Orientação Jurisprudencial 29).

SDI O denominado "Darf Eletrônico" é válido para comprovar o recolhimento de custas por entidades da administração pública federal, emitido conforme a IN-SRF 162, de 4.11.88 (TST, SDI-1, Orientação Jurisprudencial 158).

SDI Deserção. Custas. Carimbo do banco. Validade. O carimbo do banco recebedor na guia de comprovação do recolhimento das custas supre a ausência de autenticação mecânica (Orientação Jurisprudencial TST, SDI-1 33).

SDC A deserção se impõe mesmo não tendo havido intimação, pois incumbe à parte, na defesa do próprio interesse, obter os cálculos necessários para efetivar o preparo (TST, SDC, Orientação Jurisprudencial 27).

O recurso de revista interposto não se encontra deserto, uma vez que o Tribunal reformou a sentença primária, mas não fixou novo valor à condenação, estando o recorrente sujeito apenas ao depósito do valor total da condenação arbitrado pelo Juízo *a quo*, conforme estabelece o item II, da IN n. 03/93, valor efetivamente depositado. Afastada a deserção do recurso de revista, detectada no despacho denegatório, prossegue-se na análise da admissibilidade do recurso de revista, nos termos da OJ n. 282 da SDI-1 do TST (TST, AIRR 884-53.2010.5.19.0057, julgado em 13.6.12, Dora Maria da Costa, 8ª T., *DEJT*, 15.6.12).

O prazo previsto no art. 789, § 4º, da CLT, destina-se ao pagamento das custas, e não à comprovação de sua realização (TST, RR 140.406/94.8, Irany Ferrari, Ac. 2ª T. 2.744/96).

O entendimento que se extrai do § 4º do art. 789 da CLT é no sentido de que as custas serão pagas pelo vencido, depois de transitada em julgado a decisão, ou, no caso de recurso, dentro de 5 dias da data de sua interposição sob pena de deserção, salvo quando se tratar de inquérito, caso em que o pagamento das custas competirá à empresa, antes de seu julgamento pela Junta ou Juízo de Direito (TST, RO-DC 375.538/97.1, Moacyr Roberto Tesch Auersvald, Ac. SDC/98).

5 O prazo para provar o recolhimento de custas não possui norma expressa, como ocorre com o referente ao depósito recursal da condenação. A omissão dessa prova, dentro do mesmo prazo estabelecido para o pagamento, leva à deserção, pois a celeridade do processo é dever das partes. Uma pequena ressalva ao rigor dessa interpretação deve estabelecer-se, e consiste em que, na hipótese de verificar-se a inexistência de qualquer prejuízo para o andamento célere (nem sequer despacho, que declare a deserção), se justifique a tolerância pela juntada efetuada após o prazo: "... nenhuma nulidade sem prejuízo", diz o provérbio instrumental corroborado pelo CPC (reputam-se válidos os atos que, realizados de outro modo, lhe preencham a finalidade essencial, inclusive por meio eletrônico, CPC/15, art. 188 – v. art. 771/3). A mudança do art. 789, pela L. 10.537/02, obriga a que as custas sejam pagas pelo vencido dentro do prazo recursal, no caso de recurso. É vedada a utilização de DARF para recolhimento de tributos e contribuições inferiores a R$ 10,00 (L. 9.430/96, art. 68), este valor poderá ser elevado, a critério do Poder Executivo, até R$ 100,00 (cem reais) (L. 9.430/96, art. 68-A, L. 11.941/09). Comprovação e recolhimento, requisitos (TST IN 20/02, alt. TST Res. Adm. 902/02 e TST Res. 191/13, em apêndice).

O prazo para comprovação do pagamento das custas é de 10 dias, contados da interposição do recurso, já que de 5 dias é o prazo para o recolhimento (CLT, art. 789, § 4º) e os outros 5 dias para a comprovação (CPC, art. 185) (TST, Ag.-E-RR 144.714/94.0, Vantuil Abdala, Ac. SDI 3.516/96).

Custas calculadas e pagas sobre o valor total arbitrado à condenação, por ocasião do recurso ordinário. Inexigibilidade de complementação, por ocasião da revista, se não houve acréscimo da condenação e ainda que o depósito recursal tenha sido complementado (TST, AI-RR 275.870/96.0, Gelson de Azevedo, Ac. 1ª T. 3.494/97).

6 Com a inserção do art. 790-A pela L. 10.537/02, as pessoas jurídicas de direito público interno que não explorem atividade econômica estão isentas do pagamento de custas, revogando parcialmente o DL 779/69 (em apêndice). A CEF, quando representa o FGTS, paga custas. Massa falida (v. nota 4, *supra*).

TST Os privilégios e isenções no foro da Justiça do Trabalho não abrangem as sociedades de economia mista, ainda que gozassem desses benefícios anteriormente ao DL 779/69 (TST – Súmula 170).

STJ Nas ações em que representa o FGTS, a CEF, quando sucumbente, não está isenta de reembolsar as custas antecipadas pela parte vencedora (STJ – Súmula 462).

SDI Tratando-se de embargos de terceiro, incidentes em execução, ajuizados anteriormente à Lei n. 10.537/02, incabível a exigência do recolhimento de custas para a interposição de agravo de petição por falta de previsão legal (TST, SDI-1, Orientação Jurisprudencial Transitória 53, conversão da Orientação Jurisprudencial SDI-1 291).

Fundação de Direito Público Federal se enquadra nas disposições do *caput* do art. 2º do Dec.-lei 779/69, ficando beneficiada dos privilégios inseridos nos itens IV e VI do referido artigo, no que concerne à dispensa de depósito para interposição de recurso e pagamento de custas (TST, RR 3.229/90.9, Heloísa Marques, Ac. 3ª T. 106/91).

Em síntese, só são destinatárias dos privilégios estabelecidos pelo Dec.-lei 779/69 as fundações e autarquias que não exploram atividade econômica, vale dizer, que não dispõem de renda nem de liberdade contábil para resgate de despesas de qualquer natureza e não previstas no orçamento como as com custas e depósito para recurso (TST, RR 8.268/90.0, Manoel de Freitas, Ac. 3ª T. 1.614/91).

INAMPS foi extinto e incorporado à União Federal, não havendo, assim, que se cogitar de pagamento de custas, pois beneficiária dos privilégios constantes do DL 779/69 (TST, RR 120.664/94.6, João Oreste Dalazen, Ac. 1ª T. 4.060/96).

Custas processuais. ECT. A Empresa Brasileira de Correios e Telégrafos – ECT não se beneficia da prerrogativa de pagamento ao final das custas processuais. O art. 12 do Dec.-lei 509/69 encontra-se derrogado, no particular, pelo art. 1º do Dec.-lei 779/69 (TST, AI-RO 252.402/96.6, João Oreste Dalazen, Ac. SBDI-2 1.189/97).

7 *Inquérito judicial.*

O valor da ação para o inquérito judicial, com a nova redação do art. 789 pela L. 10.537/02, revogou o critério anterior, devendo o juiz se reportar aos incisos I a IV para fixar tal valor. Não obriga mais a Lei a que o pagamento seja feito antes do julgamento e a que seja paga pela empresa. Como nos demais processos, as custas devem ser suportadas pelo vencido (art. 789, § 1º), dentro do prazo recursal. Isenção: art. 790-A.

Se não pagas antes do julgamento, deverão as custas processuais de inquérito judicial ser recolhidas por ocasião do recurso ordinário, pena de deserção, art. 789, § 3º, "d", c/c o § 4º da CLT (TRT, 10ª Reg., RO 1.695/85, Francisco Leocádio, Ac. 2ª T. 1.954/86).

O Juízo de Direito *a quo* descumpriu o art. 789, § 4º, *in fine*, da CLT ao omitir-se, ainda que provocado pela parte interessada, quanto à contagem das custas processuais e abertura de prazo para que a empresa as pagasse antes da prolação da sentença. Nulidade absoluta do julgado de origem. Vício declarável de ofício (TRT/DF, RO

2.829/84, Heráclito Pena, Ac. TP 1.894/85).

8 Os emolumentos (v. conceito 1, *supra*) podem ser considerados como sendo uma das espécies do gênero comum: custas. Os despachos do juiz e a intimação dos auxiliares, usando a terminologia imprecisa de custas (5 dias), podem levar as partes a erro, quanto ao prazo, se não lhe indicarem o tempo para pagamento (48 horas). Nessa hipótese, a tolerância apoiada na boa-fé e no erro escusável não é complacência, mas Justiça. A elaboração da tabela de emolumentos era do TST, segundo a CLT (art. 702, I, "g") e a Lei 7.701/88 (art. 4º, "e", em apêndice: "aprovar as tabelas de custas e emolumentos nos termos da lei"). A inconstitucionalidade perante a Carta Magna anterior foi mostrada por Manoel Antônio Teixeira Filho com brilhantismo ("Custas de execução...", *LTr* 50/1196, 1986). Parece-nos que a mesma anomalia (revogação, melhor dizendo) permaneceria perante a CF/88, quando confere à União, Estados e Municípios competência para legislar sobre custas dos serviços forenses (art. 24, IV) e sobre taxas... pela utilização... de serviços públicos... prestados ao contribuinte... (art. 145, II). O STF assim entendeu, por decisão unânime (RE 208-2, *LTr* 54/870, 1990).

Com a nova redação dos arts. 789 e 790, o legislador corrige de forma brilhante a inconstitucionalidade discutida do art. 789, § 2º. Este autorizava o TST a determinar as custas e os emolumentos de traslados por meio de tabelas próprias (competência da União). Agora as custas e os emolumentos já estão no corpo da própria Lei, ficando a cargo da TST IN 20/02, alt. TST Res. Adm. 902/02 e TST Res. 191/13 (em apêndice) estabelecer o procedimento para o recolhimento dessas custas e emolumentos, não ferindo dessa forma a CF.

O pagamento dos emolumentos, para as ações decorrentes da nova competência (EC 45/04), segue a mesma sistemática da CLT (IN TST 27/05).

9 *A condenação solidária* do sindicato nas custas (art. 789, § 7º) exige várias observações. Manoel Antônio Teixeira Filho (*Sistema dos recursos trabalhistas*), com sua séria formação processual, limita a aplicação do dispositivo àqueles casos em que o sindicato é parte secundária (como assistente da parte principal), o que não ocorre quando o sindicato apenas concede assistência judiciária por intermédio de seus advogados; a primeira hipótese ocorreria nos casos de substituição processual. Apesar das dúvidas que suscita esse instituto de substituição processual (art. 872), a lição deve ser seguida. Apenas se poderia ponderar, em acréscimo, que a primeira redação do § 7º era de 1946, quando aqui ainda não se pensava em substituição processual, e nem o art. 872, parágrafo único, autorizava expressamente o sindicato a propor ação de cumprimento, o que só ocorreu em 1954 (L. 2.275). Ainda mais se percebe que não era essa a intenção do legislador ao dar ao § 7º a redação atual – "empregado sindicalizado que não tenha obtido o benefício da justiça gratuita" –, que na redação original não constava. Conclui-se, assim, que a interpretação restritiva de Teixeira Filho é rigorosamente processual e construtiva e que se coaduna com o moderno processo e com o encargo sindical de assistência judiciária, mas que, excepcionalmente, e como única hipótese de aplicação, não impede que o juiz condene nas custas solidariamente o autor e o sindicato, em hipótese de atuação de má-fé processual (procedendo de modo temerário, provocando incidentes infundados etc., na forma do CPC/15, arts. 77 a 81).

STF Concedida a isenção de custas ao empregado, por elas não responde o sindicato que o representa em Juízo (STF – Súmula 223).

A *condenação solidária* das "Reclamadas" não obriga o recolhimento em duplicidade das custas; o que se garante não é o recurso e sim o processo e a execução, que não será dupla, mas única, pois a dívida é solidária.

O princípio da ampla defesa, consubstanciado no art. 5º, LV, da CF/88, compreende a defesa mais abrangente e ampla possível, cujo cerceamento infundado é inaceitável. Tendo havido condenação solidária, pouco importa qual dos litisconsortes pagou as custas fixadas na sentença de origem, ainda que na instância *ad quem* se esteja pleiteando a exclusão de um deles da lide, haja vista que a finalidade das custas não se confunde com a do depósito recursal. Recurso de Revista conhecido e provido (TST, RR 239/2005-751-04-00, José Simpliciano Fontes de F. Fernandes, *DEJT*, 29.5.09).

10 *Nos dissídios coletivos,* a responsabilidade pelo pagamento de custas é solidária de todos os vencidos, não sendo permitido o rateio, ressalvado o direito de ação regressiva, por ser única a dívida (Consolidação dos Provimentos, art. 59 TST Correg./12, em apêndice).

11 Diz a Constituição Federal de 1988:

Art. 5º...
LXXIV – O Estado prestará assistência jurídica integral e gratuita aos que comprovarem insuficiência de recursos; ...

Art. 134. A defensoria pública é instituição essencial à função jurisdicional do Estado, incumbindo-lhe a orientação jurídica e a defesa, em todos os graus, dos necessitados, na forma do art. 5º, LXXIV.
Parágrafo único. Lei complementar organizará a Defensoria Pública...

Assistência judiciária é o benefício concedido ao necessitado de, gratuitamente, movimentar o processo e utilizar os serviços profissionais de advogado e dos demais auxiliares da Justiça, inclusive os peritos. Assistência judiciária é o gênero e *justiça gratuita* a espécie; esta é a isenção de emolumentos dos serventuários, custas e taxas. As origens do instituto remontam a Grécia e Roma. A Lei de Assistência Judiciária (L. 1.060/50, v. Ind. Leg.) e o Estatuto da OAB disciplinam o assunto. A primeira é expressa quanto a sua aplicação ao processo trabalhista; determina ao juiz nomeie o causídico indicado pela OAB; dignifica o instituto, permitindo ainda que o necessitado escolha seu advogado.

A L. 5.584/70, art. 14 (em apêndice), não pode ser interpretada, como vem sendo, no sentido de ter excluído do processo trabalhista a L. 1.060, tornando a assistência uma exclusividade dos sindicatos dos empregados: a) porque o texto não diz (como poderia parecer) que na Justiça do Trabalho a assistência "só será prestada pelo sindicato"; b) porque uma interpretação limitadora, que se deixe levar pela primeira impressão gramatical que transmite o texto, contraria o progresso histórico brasileiro; este é no sentido de seu aperfeiçoamento. Pontes de Miranda afirma mesmo que "a escolha de advogado pela parte marca a evolução da justiça gratuita no Brasil" (*Comentários ao CPC/39*, art. 67); viola ainda os postulados igualitários; significa retrocesso no próprio direito processual comum brasileiro; falta-lhe visão da grandeza da Justiça e da missão do advogado; c) porque, perquirindo-se a finalidade da lei, não há vantagem na discriminação contra o necessitado trabalhista, em cotejo com o necessitado do processo comum; seja o advogado do sindicato, seja o advogado escolhido pelo trabalhador, os honorários serão pagos pelo adversário vencido; d) porque é inconsistente o argumento de que na Justiça do Trabalho o advogado é desnecessário, mesmo reconhecendo-se às partes o direito de postular (v. art. 791/1). E, além do mais, era como dispensar-se assistência médica dizendo--se que o doente pode automedicar-se; e) porque deixariam sem assistência judiciária: os trabalhadores das cidades onde não há sede do sindicato e existe Vara do Trabalho (os promotores nesses casos não têm atribuições); os trabalhadores de sindicatos que não possam organizar a assistência; os servidores públicos estaduais e municipais, que não tenham categoria que os represente; as domésticas e seus patrões; as hipóteses em que o advogado do sindicato está impedido; o pequeno empreiteiro; o cliente deste; o pequeno empregador arruinado; certos humildes reclamados (tão hipossuficientes quanto seus reclamantes); o trabalhador que discorde da orientação adotada pelo sindicato. O remédio não será permitir a aplicação da L. 1.060 a esses casos apenas, mas reconhecer francamente a coexistência das duas, sem limitações. "A defesa dos pobres deve ser igual à de seu adversário" (Gaetano Franceschini, *Il Patrocinio,* Milano, 1903). Maior fundamentação em "A Assistência Judiciária", Valentin Carrion, *LTr* 42/1208.

Para atender ao mandamento constitucional, o juiz não deve aguardar a lei ordinária, nem a complicada rede de cargos públicos de chefias e superchefias (art. 134 da CF). Bastam as normas jurídicas existentes, a aplicação do instituto da sucumbência e o aproveitamento da vontade dos bacharéis que se dispõem, sem grande sacrifício, a aceitar os encargos e as possíveis vantagens profissionais e pecuniárias. O mesmo se diga dos peritos, desde que selecionados e integrados informalmente em cada órgão judiciário.

TST I – A partir de 26.06.2017, para a concessão da assistência judiciária gratuita à pessoa natural, basta a declaração de hipossuficiência econômica firmada pela parte ou por seu advogado, desde que munido de procuração com poderes específicos para esse fim (art. 105 do CPC de 2015; Res. 219/17, *DEJT* 28.06.2017). II – No caso de pessoa jurídica, não basta a mera declaração: é necessária a demonstração cabal de impossibilidade de a parte arcar com as despesas do processo (Res. 219/17, *DEJT* 28.06.2017). (TST – Súmula 463).

TST Mesmo após a promulgação da CF/88, permanece válido o entendimento consubstanciado no Enunciado n. 219 do Tribunal Superior do Trabalho (TST – Súmula 329).

SDI CANCELADA – (Convertida na Súmula 463) Atendidos os requisitos da Lei n. 5.584/70 (art. 14, § 2º), para a concessão da assistência judiciária, basta a simples afirmação do declarante ou de seu advogado, na petição inicial, para se considerar configurada a sua situação econômica (art. 4º, § 1º, da Lei n. 7.510/86, que deu nova redação à Lei n. 1.060/50) (Res. 219/17, *DEJT* 28.06.2017). (TST, SDI-1, Orientação Jurisprudencial 304).

O entendimento consolidado no âmbito desta Corte gravita no sentido de que a simples declaração de hipossuficiência se presta como instrumento hábil ao deferimento do benefício da justiça gratuita, prescindindo do uso da expressão sob as penas da lei. Orientação Jurisprudencial n. 304 da SBDI-I do TST e precedentes (TST, RR 924/2003-255-02-00, Douglas Alencar Rodrigues, *DEJT*, 19.6.09).

12 *Ao benefício da justiça gratuita*, da CLT, tem direito aquele que tem salário igual ou inferior a 40% do limite máximo do benefício do RGPS, e aquele que comprovar a falta de recursos para o pagamento das custas. Quanto ao seu conceito e a seus efeitos, está superado pela legislação posterior. Em primeiro lugar, não é só a justiça gratuita (no sentido estrito) que se concede, mas a assistência judiciária (no sentido lato), na que se incluem, pela L. 1.060/50, custas, emolumentos, advogados, peritos etc.; essa lei, para alguns, ainda está vigente no processo trabalhista; para os demais, ao menos essa lei já revogou a CLT e a extensão dos benefícios que concedem se aplicaria pela expressa remissão que a ela faz a L. 5.584/70, art. 14. Cabe tanto à pessoa física como à jurídica (não basta a declaração, tem que haver prova robusta da impossibilidade do pagamento das custas do processo), pois a finalidade é de permitir o acesso à tutela jurisdicional do Estado. V. TST – Súmula 463. Pode ser requerido em qualquer tempo, na fase recursal até o prazo para a proposição do mesmo. Se indeferido em fase recursal, o relator fixará prazo para o seu pagamento (TST – SDI-1, OJ 269, II).

Verificação do *estado de necessidade* da parte pelo juiz, autorizado implicitamente pela L. 1.060/50. Não é "faculdade do juiz", como diz o texto da CLT (art. 790, § 3º), mas norma cogente. Declaração de pobreza, assinada pelo interessado, ou por procurador bastante "sob as penas da lei" presume-se verdadeira (L. 7.115/83; art. 4º da L. 1.060/50; CLT, art. 790, § 3º).

Assistência judiciária (art. 790/11). Honorários (art. 791-A/1).

STJ Faz jus ao benefício da justiça gratuita a pessoa jurídica com ou sem fins lucrativos que demonstrar sua impossibilidade de arcar com os encargos processuais (STJ – Súmula 481).

SDI CANCELADA. Desnecessária a outorga de poderes especiais ao patrono da causa para firmar declaração de insuficiência econômica, destinada à concessão dos benefícios da justiça gratuita (Res. 210/16, *DEJT* 30.06.16). (TST, SDI-1, Orientação Jurisprudencial 331).

SDI I - O benefício da justiça gratuita pode ser requerido em qualquer tempo ou grau de jurisdição, desde que, na fase recursal, seja o requerimento formulado no prazo alusivo ao recurso; II – Indeferido o requerimento de justiça gratuita formulado na fase recursal, cumpre ao relator fixar prazo para que o recorrente efetue o preparo (art. 99, § 7º, do CPC de 2015). (Res. 219/17, *DEJT* 28.06.2017). (TST – SDI-1, Orientação Jurisprudencial 269).

O benefício da gratuidade – que se qualifica como prerrogativa destinada a viabilizar, dentre outras finalidades, o acesso à tutela jurisdicional do Estado – constitui direito público subjetivo reconhecido tanto à pessoa física quanto à pessoa jurídica de direito privado, independentemente de esta possuir, ou não, fins lucrativos. Tratando-se de entidade de direito privado – com ou sem fins lucrativos –, impõe-se-lhe, para efeito de acesso ao benefício da gratuidade, o ônus de comprovar a sua alegada incapacidade financeira (RT 787/359 – RT 806/129 – RT 833/264 – RF 343/364), não sendo suficiente, portanto, ao contrário do que sucede com a pessoa física ou natural (RTJ 158/963-964 – RT 828/388 – RT 834/296), a mera afirmação de que não está em condições de pagar as custas do processo e os honorários advocatícios (STF, RE 192715, julgado em 21.11.06, Celso de Mello, *DJ*, 9.2.07).

Hipótese em que o Autor requereu o benefício da justiça gratuita, alegando encontrar-se em situação de penúria jurídica, o que, por si só, seria suficiente para autorizar a concessão do benefício em questão, sem qualquer necessidade de prova por parte do declarante. Como a parte contrária não logrou infirmar, mediante comprovação estreme de dúvidas, o estado de miserabilidade declarado pelo Autor, tampouco o juízo "a quo", ao indeferir a postulação, apresentou fundamentação suficientemente convincente, outro caminho não resta a esta instância "ad quem" senão o que leva ao deferimento do benefício. Recurso Ordinário a que se dá provimento, para: 1) deferir ao Autor, ora Recorrente, o benefício da justiça gratuita, isentando-o do depósito prévio a que alude o art. 836 da CLT; 2) considerar equivocada a conclusão de extinção do feito por ausência de depósito prévio; e 3) devolver os autos ao TRT de origem para encerramento da instrução processual e abertura de prazo para apresentação de razões finais, conforme o art. 493 da CLT, procedendo-se ao julgamento do feito, como entender de direito (TST, RO 1303600-79.2008.5.02.0000, j. em 3.5.11, Maria de Assis Calsing).

Em princípio, tem-se por suficiente a declaração da pessoa física de que não tem meios para sustentar o processo sem comprometer a subsistência própria ou da família. Precedentes (REsp 472413/02). Ruy Rosado de Aguiar – STJ.

Não se pode considerar deserto o recurso ordinário, interposto sem o pagamento do depósito recursal, por empregador pessoa física a quem tenham sido conferidas as benesses da gratuidade de justiça (Lei n. 1.060/50, art. 2º, parágrafo único), pois o inciso LXXIV do art. 5º da Constituição Federal assegura a prestação da assistência jurídica integral e gratuita àqueles que comprovem a insuficiência de recursos. Recurso de revista de que se conhece e a que se dá provimento (TST, RR 81/06-008-03-40, Pedro Paulo Manus).

13 *Custas após o julgamento em segunda instância*. Hipóteses: a) o acórdão reforma a sentença elevando a condenação; recolhe-se sobre o acréscimo; b) o Tribunal reforma a sentença de improcedência, condenando; recolhem-se custas; c) o Tribunal reforma a sentença que havia sido procedente, julgando-a improcedente; fixado ou não o novo valor das custas de acordo com o valor da causa, como ocorreria no julgamento inicial, revertem-se as que foram pagas pela ré. Se a reclamada pagou R$ 12,00 e o autor deve pagar R$ 20,00, este recolherá aos cofres públicos apenas R$ 8,00, completando o que já foi pago pela ré, e ao final reembolsará o adversário em R$ 12,00 (TST – Súmula 25).

SDI TST I - A parte vencedora na primeira instância, se vencida na segunda, está obrigada, independentemente de intimação, a pagar as custas fixadas na sentença originária, das quais ficara isenta a parte então vencida. II - No caso de inversão do ônus da sucumbência em segundo grau, sem acréscimo ou atualização do valor das custas e se estas já foram devidamente recolhidas, descabe um novo pagamento pela parte vencida, ao recorrer. Deverá ao final, se sucumbente, reembolsar a quantia (ex-OJ n. 186 da SBDI-I, *DEJT*, 14.5.15). III - Não caracteriza deserção a hipótese em que, acrescido o valor da condenação, não houve fixação ou cálculo do valor devido a título de custas e tampouco intimação da parte para o preparo do recurso, devendo ser as custas pagas ao final (ex-OJ n. 104 da SBDI-I, *DEJT*, 14.5.15). IV - O reembolso das custas à parte vencedora faz-se necessário mesmo na hipótese em que a parte vencida for pessoa isenta do seu pagamento, nos termos do art. 790-A, parágrafo único, da CLT (TST – Súmula 25).

SDI CANCELADA - No caso de inversão do ônus da sucumbência em segundo grau, sem acréscimo ou atualização do valor das custas e se estas já foram devidamente recolhidas, descabe um novo pagamento pela parte vencida, ao recorrer. Deverá ao final, se sucumbente, ressarcir a quantia (TST, SDI-1, Orientação Jurisprudencial 186, Incorporada na Súmula 25, Res. 197/15, *DEJT*, 14.5.15).

O recurso de revista interposto não se encontra deserto, uma vez que o Tribunal reformou a sentença primária, mas não fixou novo valor à condenação, estando o recorrente sujeito apenas ao depósito do valor total da condenação arbitrado pelo Juízo *a quo*, conforme estabelece o item II, da IN n. 03/93, valor efetivamente depositado. Afastada a deserção do recurso de revista, detectada no despacho denegatório, prossegue-se na análise da admissibilidade do recurso de revista, nos termos da OJ n. 282 da SDI-1 do TST (TST, AIRR – 884-53.2010.5.19.0057, Dora Maria da Costa, Ac. 8ª T., *DEJT*, 15.6.12).

14 Depósito da condenação para recurso (art. 899).

15 O juiz não poderá exigir o adiantamento de depósito antecipado dos honorários do perito. A lei estabelece quem deve arcar com os honorários periciais, independentemente de quem a requer: é a parte sucumbente, no objeto da perícia (CLT, art. 790-B). O CSJT (Res. 66/10 em apêndice) permite que o juiz aumente o valor máximo em três vezes, “observados o grau de especialização do tradutor ou intérprete e a complexidade do trabalho". Esse será o maior valor, de acordo com o novo art. 790-B, § 1º. A mesma resolução limita o valor dos honorários periciais em R$ 1.000,00 (um mil reais), nos caso de concessão do benefício da justiça gratuita. Não podemos dizer que esse limite vai dificultar as perícias, pois juízes criativos resolvem o desafio, rodeando-se de um grupo de peritos permanentes que, atuando sempre, poderão receber valores menores em algumas perícias. A perícia será paga por quem foi sucumbente no objeto da perícia, independentemente de quem a requereu. Caso a parte seja beneficiária da justiça gratuita, a responsabilidade será da União, se o "beneficiário da justiça gratuita não tenha obtido em juízo créditos capazes de suportar a despesa referida no *caput*, ainda que em outro processo" (CLT, art. 790-B, § 4º), a União responderá pelo encargo. Quando se tratar de pedido de adicional de insalubridade, periculosidade, de acidente de trabalho ou qualquer outro atinente à segurança e saúde do trabalhador, o juiz poderá valer-se de cópias dos laudos técnicos LTCAT, PCMSO e PPRA e de laudo pericial da atividade ou local de trabalho (prova emprestada). V. art. 826/1.

TST A União é responsável pelo pagamento dos honorários de perito quando a parte sucumbente no objeto da perícia for beneficiária da assistência judiciária gratuita, observado o procedimento disposto nos arts. 1º, 2º e 5º da Resolução n. 66/2010 do Conselho Superior da Justiça do Trabalho – CSJT (TST – Súmula 457, conversão da Orientação Jurisprudencial 387 da SBDI-1, Res. 194/14).

SDI CANCELADA – A União é responsável pelo pagamento dos honorários de perito quando a parte sucumbente no objeto da perícia for beneficiária da assistência judiciária gratuita, observado o procedimento disposto nos arts. 1º, 2º e 5º da Resolução n. 35/07 do Conselho Superior da Justiça do Trabalho – CSJT (TST, SDI-1, Orientação Jurisprudencial 387, convertida na Súmula 457, Res. 194/14).

A responsabilidade pelo pagamento dos honorários periciais está disciplinada no artigo 790-B da CLT, o que afasta a aplicação das regras do CPC sobre essa questão (TST, AIRR 256240-11.2005.5.02.0053, Horácio R. de Senna Pires).

Seção IV
Das partes e dos procuradores

Art. 791. Os empregados e os empregadores poderão reclamar pessoalmente[1-3-8] perante a Justiça do Trabalho e acompanhar as suas reclamações até o final.

§ 1º Nos dissídios individuais os empregados e empregadores poderão fazer-se representar por intermédio do sindicato[5], advogado, solicitador[4], ou provisionado[4], inscrito na Ordem dos Advogados do Brasil.

§ 2º Nos dissídios coletivos é facultada[1] aos interessados a assistência por advogado.

§ 3º A constituição de procurador com poderes para o foro em geral poderá ser efetivada[8]**, mediante simples registro em ata de audiência, a requerimento verbal do advogado interessado, com anuência da parte representada** (Red. 12.437/11).

1 Diz a Constituição Federal de 1988:

Art. 133. O advogado é indispensável à administração da Justiça, sendo inviolável por seus atos e manifestações no exercício da profissão, nos limites da lei.

Ius postulandi. A regra no processo civil é a de que, em juízo, as partes não podem requerer pessoalmente seus direitos, devendo fazê-lo por intermédio de seu advogado. A exceção é o Juizado de Pequenas Causas e alimentos.

Pelo texto da CLT, a parte está autorizada a agir pessoalmente; é uma armadilha que o desconhecimento das leis lhe prepara, posto que ou não é necessitado e poderia pagar, ou, sendo-o, teria direito à assistência judiciária gratuita e fácil da L. 1.060/50 (e não à limitada da L. 5.584/70); v. art. 789/11.

O STF, julgando matéria penal, *habeas corpus*, afirmou que a CF não teria revogado as normas legais especiais que autorizavam expressamente os atos processuais das partes (STF, TP, HC 67.390-2, *DJ*, 6.4.90).

O Estatuto da Advocacia pretendeu tornar privativa dos causídicos a postulação perante qualquer órgão do Poder Judiciário, inclusive os Juizados Especiais (L. 8.906/94, v. Índ. Leg.).

O texto estarreceu o País; corporativista, atraiu contra si a opinião pública e proporcionou a prevalência da interpretação contrária: o *ius postulandi* das partes permanece; o Estatuto quis atingir até o que há de mais moderno, inovador e social na administração de Justiça do Brasil, os Juizados de Pequenas Causas. Visou os tribunais imiscuindo-se e truncando a fase do julgamento e abrindo desnecessária e infantilmente as cancelas; "o legislador ordinário não pode invadir a faixa de competência do Poder Judiciário, disciplinando, sem a sua iniciativa, o processo de julgar" (Miguel Reale, *O Estado de S.Paulo*, 13.8.94); atribuiu ao advogado, além dos honorários convencionados, os concedidos a título de indenização à parte vencedora; violou a representação do sindicato, pretendendo sobrepor-se-lhe; criou "tribunal de exceção", além de privilégios penais.

As contestações à L. 8.906/94 resultaram na suspensão pelo STF de diversos dispositivos: 1) sustentação oral do advogado após o voto do relator; 2) exigência de advogado em litígios de pequenas causas, família e Varas do Trabalho; 3) imunidade em prisão em flagrante de advogado por desacato à autoridade; 4) exigência de representante quando da prisão no exercício da profissão; 5) busca e apreensão acompanhada de representante da Ordem; 6) prévia inspeção da OAB das instalações destinadas à prisão de advogados; 7) instalação de recintos da OAB nos órgãos judiciários; 8) requisição de cópia de processos pelo presidente da OAB; 9) nulidade de disposição, cláusula, regulamento, que retire do advogado o direito aos honorários de sucumbência (v. notas aos artigos respectivos da L. 8.906/94). A nova Súmula do TST, tenta de certa forma ajudar a parte, diminuir a armadilha que ela mesma se faz ao tentar agir nos processos sem a ajuda de um profissional, colocando uma barreira ao *jus postulandi* no TST.

2 *Irregularidade da representação*. Regularização (CPC/15, art. 76). Verificada a irregularidade da representação da parte, o juiz suspenderá o processo e designará prazo razoável para que seja sanado o vício. Descumprida a determinação, o processo será extinto, ou o réu será considerado revel; o terceiro será considerado revel ou excluído do processo, dependendo do polo em que se encontre. Se em fase recursal perante tribunal de justiça, tribunal regional federal ou tribunal superior, o relator não conhecerá do recurso ou determinará o desentranhamento das contrarrazões.

Honorários advocatícios (art. 791-A/1).

STJ É obrigatória a presença de advogado em todas as fases do processo administrativo disciplinar (STJ – Súmula 343).

TST O *jus postulandi* das partes, estabelecido no art. 791 da CLT, limita-se às Varas do Trabalho e aos Tribunais Regionais do Trabalho, não alcançando a ação rescisória, a ação cautelar, o mandado de segurança e os recursos de competência do Tribunal Superior do Trabalho (TST – Súmula 425).

1. O Impetrante (eletricista), em causa própria, impetrou mandado de segurança contra ato do Juiz Corregedor do 3º TRT proferido em sede de reclamação correicional, em que o Impetrante e a empresa Celulose Nipo Brasileira S/A figuram como partes. 2. O Juiz Relator, no 3º TRT, indeferiu liminarmente a inicial do *mandamus*, decisão contra a qual foi interposto agravo regimental, que não foi conhecido pelo Regional, por falta de capacidade postulatória do Impetrante, ao fundamento de que: a) o Autor (eletricista) não está habilitado para atuar em causa própria, sendo certo que não restou configurada nenhuma das exceções previstas na parte final do art. 36 do CPC; b) a faculdade do *jus postulandi*, prevista no art. 791 da CLT, restringe-se aos atos processuais contemplados na própria CLT, e não em procedimentos especiais previstos em leis específicas que devem ser utilizados de acordo com as disposições previstas no CPC, inclusive no tocante à capacidade postulatória, sob pena de revelar-se prejudicial à boa ordem processual e causar tumulto injustificado ao Judiciário, como ocorreu *in casu*, com o uso de diversas vias processuais incabíveis e inadequadas. 3. De plano, sem maiores digressões jurídicas, de modo a evitar o desperdício de tempo na análise de processo inepto fadado ao insucesso, prejudicando, dessa forma, a apreciação de milhares de ações extremamente relevantes que aguardam julgamento nesta Corte, em atenção ao princípio insculpido no art. 5º, LXXVIII, da Carta Política, que garante uma duração razoável do processo e exige a utilização dos meios para se alcançar a tão almejada celeridade processual, tem-se que o presente apelo não merece conhecimento, quer pela falta

de capacidade postulatória do Impetrante (pelos próprios fundamentos jurídicos expendidos pelo acórdão recorrido), quer pela desfundamentação (CPC, art. 514, II, e Súmula 422 do TST), já que não infirmados os fundamentos do aresto regional (TST, ROAG, 1144/2007-000-03-00, Ives Gandra Martins Filho, Ac. SBDI-2).

■ 1. Em sede de ação rescisória, enquanto ação civil admitida no processo do trabalho, na forma do disposto no Capítulo IV do Titulo IX do CPC (CLT, art. 836), a parte somente poderá postular em causa própria se tiver habilitação legal para fazê-lo ou, não a tendo, nos casos de falta de advogado no lugar ou recusa ou impedimento dos que houver, conforme previsão contida no art. 36 do CPC . 2. A ausência de tais condições compromete pressuposto de constituição e desenvolvimento válido e regular do processo (CPC, art. 267, IV) (TST, AR 185359/2007-000-00-00, Alberto Bresciani, Ac. SBDI-2).

■ Sempre foi da tradição do Direito Processual do Trabalho poderem, empregado e empregador, postular e defender pessoalmente seus direitos, independentemente da assistência dos profissionais do Direito, devendo ser destacado que, antes mesmo da atual Constituição prescrever a indispensabilidade do advogado à administração da Justiça (art. 133), idêntica norma já existia na legislação infraconstitucional (art. 62 da Lei n. 4.215, de 27.4.63 – Estatuto da Ordem dos Advogados do Brasil), e nem por isso entendeu-se que fora revogada a norma consolidada (art. 791). Por isso mesmo, ao elevar ao nível constitucional o princípio que consagra a indispensabilidade do advogado à administração da Justiça, o constituinte não pretendeu, por certo, extinguir o *jus postulandi* das partes no Judiciário Trabalhista, visto que condicionou sua aplicação "aos limites da lei" (art. 113 parte final), o que autoriza a conclusão de que, enquanto não sobreviver norma federal dispondo em sentido contrário, a subsistência do art. 791 da CLT, que é federal, revela-se compatível com a nova ordem constitucional (TST, RR 478.885/98.4, Milton de Moura França, Ac. 4ª T.).

3 *Os embargos de terceiro* devem ter a participação de advogado. Igualmente os peritos e depositários particulares, quando recorram das decisões, como auxiliares que são; também o arrematante. Nunca se deve praticar a ignomínia do trancamento do que tenha sido requerido, mas a concessão de prazo para que seja sanada a omissão, com a simples ratificação dos atos praticados (CPC/15, art. 76).

4 *Estagiários e provisionados.* O § 1º do art. 791 havia sido tacitamente revogado em parte, no que se refere ao exercício profissional de advogados, provisionados e solicitadores, hoje estagiários (antigo Estatuto da Ordem dos Advogados, L. 4.215/63). Os provisionados (antigos práticos em Direito, não bacharéis) podiam exercer a advocacia sem restrição (L. 7.346/85). Aos advogados propriamente ditos compete privativamente "a postulação a qualquer órgão do Poder Judiciário e aos Juizados Especiais" (Estatuto da OAB, L. 8.906/94, art. 1º, I, em apêndice). Os estagiários, pelo antigo Estatuto, poderiam praticar os atos judiciais não privativos do advogado e exercer o procuratório extrajudicial; somente poderiam receber procuração em conjunto com advogado e para atuar no Estado ou circunscrição da Faculdade onde matriculados. O estagiário não poderia participar da audiência desacompanhado de advogado, posto que os atos praticados em audiência (contestação à reconvenção, réplica à contestação e às preliminares e razões e memoriais) eram privativos daquele. A norma vigente diz que "o estagiário de advocacia, regularmente inscrito, pode praticar os atos previstos, no art. 1º, na forma do Regulamento Geral, em conjunto com advogado e sob responsabilidade deste" (L. 8.906/94, art. 3º, § 2º, v. em apêndice). Assim, continua impossibilitado de participar de audiência ou postular desacompanhado do advogado. Retirada de processos (RA 940/03, alterada RA 962/02, RA 958/03 e 1.178/06, em apêndice).

5 *A representação* nos dissídios individuais (§ 1º, assim como seu *caput*) trata do direito de postular, enquanto os arts. 792 e 793 contemplam efeitos do direito de estar em juízo (constituir advogado, manifestar a vontade de propor ação, desistir ou transigir, prestar depoimento pessoal). Representação geral do sindicato (art. 513/1).

6 Os promotores públicos (e defensores públicos existentes em alguns Estados) têm a atribuição de prestar assistência judiciária nas comarcas onde inexiste Vara do Trabalho e sindicato da categoria profissional do trabalhador (L. 5.584/70, em apêndice).

A Defensoria Pública (CF, art. 134) está incumbida de prestar assistência jurídica, judicial e extrajudicial, integral e gratuita, aos necessitados, atuando em 1ª Instância (Varas do Trabalho inclusive) pelo Defensor Público da União de 2ª Categoria, 2ª Instância (TRT inclusive) pelo Defensor de 1ª Categoria, Tribunais Superiores pelo Defensor de Categoria Especial e STF pelo Defensor Público-Geral. Tem como prerrogativa a intimação pessoal e todos os prazos em dobro, podendo manifestar-se por cota nos autos, requisitar exames, certidões, perícias, vistorias, diligências, processos, documentos, informações, esclarecimentos e providências necessárias ao exercício de suas atribuições, representando a parte independentemente de mandato, salvo poderes especiais (LC 80/94, alt. LC 132/09, v. Índ. Leg.).

7 O empregador em audiência só pode ser representado por gerente ou outro preposto desde que seja empregado da empresa reclamada (art. 843/2).

TST Exceto quanto à reclamação de empregado doméstico, ou contra micro ou pequeno empresário, o preposto deve ser necessariamente empregado do reclamado. Inteligência do art. 843, § 1º, da CLT e do art. 54 da Lei Complementar n. 123, de 14 de dezembro de 2006 (TST – Súmula 377, Res. 146/08).

8 *Instrumento de mandato*. A lei permite que a outorga de poderes ao advogado seja *apud acta*; a simples presença do causídico acompanhando a parte se considera mandato tácito (a inclusão do § 3º, pela L. 12.437/11, não obriga, mas sugere que seja feita a inclusão do advogado que acompanha a parte na própria ata de audiência), equivalente à procuração na ata de audiência (SDI-1 OJ 286) (Consolidação dos

Provimentos, 47, II TST Correg./12); há aí poderes *ad judicia* simplesmente, não especiais (receber citação inicial, confessar, reconhecer a procedência do pedido, transigir, desistir, renunciar ao direito sobre o qual se funda a ação, receber, dar quitação e firmar compromisso); CPC/15, art. 105 (v. art. 771/3). Entre os poderes *ad judicia* ou "para o foro em geral", como diz o Estatuto da OAB (L. 8.906/94, art. 5º, § 1º, v. Índ. Leg.), estão os de recorrer, não os de substabelecer, nem receber e dar quitação. Há, entretanto, julgados que exigem procuração expressa para a representação da parte. A impressão digital do analfabeto na procuração é ineficaz; há necessidade de instrumento público ou *apud acta* para outorgar poderes especiais; também é admissível o "termo de comparecimento", outorgando o mandato, perante o escrivão ou diretor de secretaria. O reconhecimento de firma no instrumento particular de procuração é desnecessário, podendo a procuração ser feita por meio digital (CPC/15, art. 105). A autenticação da reprodução, por ser irregularidade sanável, deve propiciar prazo para tal fim, não a declaração de invalidade. Por outro lado, a intimação dirigida a qualquer um dos advogados que constam no instrumento é válida, desde que não exista pedido expresso para que seja feita em nome de determinado advogado. Para renunciar ao mandato o advogado deverá provar que cientificou o mandante, e durante os 10 dias seguintes continuará a representá-lo (CPC/15, art. 112). Diferente da revogação, que não exige o substabelecimento, basta a juntada de nova procuração sem reserva de poderes, assim a TST OJ-SDI-1 349; o cartório deve informar ao advogado anterior a existência de novo procurador. Necessidade de data de outorga de poderes (TST OJ – SDI-1 371). Instrumento de procuração em nome de pessoa jurídica, necessidade de identificação da pessoa jurídica e de seu representante (TST, Súmula 456). A procuração para a formação do Agravo de Instrumento, mesmo quando a representação está limitada ao TRT, é legítima à atuação do advogado, pois a mesma é interposta no TRT, para apreciação do TST.

STJ Na instância especial é inexistente recurso interposto por advogado sem procuração nos autos (STJ – Súmula 115).

TST I – É inválido o instrumento de mandato firmado em nome de pessoa jurídica que não contenha, pelo menos, o nome do outorgante e do signatário da procuração, pois estes dados constituem elementos que os individualizam. II – Verificada a irregularidade de representação da parte na instância originária, o juiz designará prazo de 5 (cinco) dias para que seja sanado o vício. Descumprida a determinação, extinguirá o processo, sem resolução de mérito, se a providência couber ao reclamante, ou considerará revel o reclamado, se a providência lhe couber (art. 76, § 1º, do CPC de 2015). III – Caso a irregularidade de representação da parte seja constatada em fase recursal, o relator designará prazo de 5 (cinco) dias para que seja sanado o vício. Descumprida a determinação, o relator não conhecerá do recurso, se a providência couber ao recorrente, ou determinará o desentranhamento das contrarrazões, se a providência couber ao recorrido (art. 76, § 2º, do CPC de 2015) (TST – Súmula 456, Res. 211/16).

TST I – A União, Estados, Municípios e Distrito Federal, suas autarquias e fundações públicas, quando representadas em juízo, ativa e passivamente, por seus procuradores, estão dispensadas da juntada de instrumento de mandato e de comprovação do ato de nomeação (conversão da OJ SDI-1 52, TST, Res. 185/12). II – Para os efeitos do item anterior, é essencial que o signatário ao menos declare-se exercente do cargo de procurador, não bastando a indicação do número de inscrição na Ordem dos Advogados do Brasil (TST, Res. 185/12) (TST – Súmula 436).

TST Havendo pedido expresso de que as intimações e publicações sejam realizadas exclusivamente em nome de determinado advogado, a comunicação em nome de outro profissional constituído nos autos é nula, salvo se constatada a inexistência de prejuízo (TST – Súmula 427).

TST I – Válido é o instrumento de mandato com prazo determinado que contém cláusula estabelecendo a prevalência dos poderes para atuar até o final da demanda (§ 4º do art. 105 do CPC de 2015) (ex – OJ n. 312 da SBDI-1). II – Se há previsão, no instrumento de mandato, de prazo para sua juntada, o mandato só tem validade se anexado ao processo o respectivo instrumento no aludido prazo (ex-OJ n. 313 da SBDI-1). III – São válidos os atos praticados pelo substabelecido, ainda que não haja, no mandato, poderes expressos para substabelecer (art. 667, e parágrafos, do Código Civil de 2002) (ex-OJ n. 108 da SBDI-1). IV – Configura-se a irregularidade de representação se o substabelecimento é anterior à outorga passada ao substabelecente (ex-OJ n. 330 da SBDI-1). V – Verificada a irregularidade de representação nas hipóteses dos itens II e IV, deve o juiz suspender o processo e designar prazo razoável para que seja sanado o vício, ainda que em instância recursal (art. 76 do CPC de 2015) (TST – Súmula 395, Res. 211/16).

TST I – É inadmissível recurso firmado por advogado sem procuração juntada aos autos até o momento da sua interposição, salvo mandato tácito. Em caráter excepcional (art. 104 do CPC de 2015), admite-se que o advogado, independentemente de intimação, exiba a procuração no prazo de 5 (cinco) dias após a interposição do recurso, prorrogável por igual período mediante despacho do juiz. Caso não a exiba, considera-se ineficaz o ato praticado e não se conhece do recurso. II – Verificada a irregularidade de representação da parte em fase recursal, em procuração ou substabelecimento já constante dos autos, o relator ou o órgão competente para julgamento do recurso designará prazo de 5 (cinco) dias para que seja sanado o vício. Descumprida a determinação, o relator não conhecerá do recurso, se a providência couber ao recorrente, ou determinará o desentranhamento das contrarrazões, se a providência couber ao recorrido (art. 76, § 2º, do CPC de 2015) (Res. 210/16, *DEJT* 30.6.16) (TST – Súmula 383).

TST CANCELADA. O não cumprimento das determinações dos §§ 1º e 2º do art. 5º da Lei n. 8.906, de 4.7.1994, e do art. 37, parágrafo único, do Código de Processo Civil importa o não conhecimento de recurso, por inexistente, exceto na hipótese de mandato tácito (Res. 210/16, *DEJT*, 30.6.16). (TST – Súmula 164).

SDI É regular a representação processual do subscritor do agravo de instrumento ou do recurso de revista que detém mandato com poderes de representação limitados ao âmbito do Tribunal Regional do Trabalho, pois, embora a apreciação desse recurso seja realizada pelo Tribunal Superior do Trabalho, a sua interposição é ato praticado perante o Tribunal Regional do Trabalho, circunstância que legitima a atuação do advogado no feito (TST, SDI-1, Orientação Jurisprudencial 374).

SDI CANCELADA – É inválido o instrumento de mandato firmado em nome de pessoa jurídica que não contenha, pelo menos, o nome da entidade outorgante e do signatário da procuração, pois estes dados constituem elementos que os individualizam (TST, SDI-1, Orientação Jurisprudencial 373, convertida na Súmula 456, Res. 194/14).

SDI Não caracteriza a irregularidade de representação a ausência da data da outorga de poderes, pois, no mandato judicial, ao contrário do mandato civil, não é condição de validade do negócio jurídico. Assim, a data a ser considerada é aquela em que o instrumento for juntado aos autos, conforme preceitua o art. 409, IV, do CPC de 2015 (art. 370, IV, do CPC de 1973). Inaplicável o art. 654, § 1º, do Código Civil (TST, SDI-1, Orientação Jurisprudencial 371,TST, Res. 208/16).

SDI A juntada de nova procuração aos autos, sem ressalva de poderes conferidos ao antigo patrono, implica revogação tácita do mandato anterior (TST, SDI-1, Orientação Jurisprudencial 349).

SDI I – Os Estados e os Municípios não têm legitimidade para recorrer em nome das autarquias e das fundações públicas. II – Os procuradores estaduais e municipais podem representar as respectivas autarquias e fundações públicas em juízo somente se designados pela lei da respectiva unidade da federação (art. 75, IV, do CPC de 2015) ou se investidos de instrumento de mandato válido. (TST, SDI-1, Orientação Jurisprudencial 318). (Res. 220/17, *DEJT*, 21.9.17).

SDI I – A juntada da ata de audiência, em que consignada a presença do advogado, desde que não estivesse atuando com mandato expresso, torna dispensável a procuração deste, porque demonstrada a existência de mandato tácito. II – Configurada a existência de mandato tácito fica suprida a irregularidade detectada no mandato expresso (TST, SDI-1, Orientação Jurisprudencial 286).

SDI O art. 75, inciso VIII, do CPC de 2015 (art. 12, VI, do CPC de 1973) não determina a exibição dos estatutos da empresa em juízo como condição de validade do instrumento de mandato outorgado ao seu procurador, salvo se houver impugnação da parte contrária (TST, SDI-1, Orientação Jurisprudencial 255, Res. 208/16).

SDI Mandato tácito. Substabelecimento inválido (TST, SDI-1, Orientação Jurisprudencial 200).

SDI CANCELADA – A existência de instrumento de mandato apenas nos autos de agravo de instrumento, ainda que em apenso, não legitima a atuação de advogado nos processos de que se originou o agravo (TST, SDI-1, Orientação Jurisprudencial 110, Res. 212/16).

SDI CANCELADA – A União, Estados, Municípios e Distrito Federal, suas autarquias e fundações públicas, quando representadas em juízo, ativa e passivamente, por seus procuradores, estão dispensadas da juntada de instrumento de mandato (TST, SDI-1, Orientação Jurisprudencial 52, convertida na Súmula 436, TST, Res. 186/12).

SDI A procuração outorgada com poderes específicos para ajuizamento de reclamação trabalhista não autoriza a propositura de ação rescisória e mandado de segurança. Constatado, todavia, o defeito de representação processual na fase recursal, cumpre ao relator ou ao tribunal conceder prazo de 5 (cinco) dias para a regularização, nos termos da Súmula n. 383, item II, do TST. (TST, SDI-2, Orientação Jurisprudencial 151, Res. 211/16).

Irregularidade de representação processual. Súmula 456 do TST. Recurso calcado em violação de lei e constitucional e em divergência jurisprudencial. Sem instrumento de mandato válido, o advogado não poderá representar a parte em juízo. No caso, o advogado subscritor do recurso de revista não possui mandato válido, pois não consta o nome do representante da empresa recorrente signatário da procuração juntada aos autos, conferindo poderes à Dra. Vergínia Bernardo Jorge, advogada que assinou o substabelecimento que confere poderes ao Dr. Tobias de Macedo, subscritor do recurso de revista, circunstância que atrai a incidência da Súmula 456 do TST, antiga Orientação Jurisprudencial 373 da SBDI-1. A invalidade da procuração torna nulo o substabelecimento conferido ao advogado subscritor do recurso de revista. Recurso de revista não conhecido (TST, RR 459800-07.2006.5.09.0195, julgado em 6.8.14, Alexandre de Souza Agra Belmonte, 3ª T., *DEJT*, 8.8.14).

■ A presunção, não afastada por prova em contrário, é de que o subscritor do recurso não ocupa cargo efetivo do quadro da autarquia, uma vez que, abaixo da sua assinatura, somente consta o número da OAB, não se identificando como procurador do quadro do recorrente. Assim, ante a presunção de que se trata de advogado particular contratado, não se conhece de recurso ordinário subscrito por advogado sem procuração regular nos autos. Recurso ordinário em agravo regimental não conhecido (TST, RO 3158-50.2009.5.09.0009, julgado em 4.6.12, Renato de Lacerda Paiva, Órgão Especial, *DEJT*, 15.6.12).

■ Havendo pedido, específico, de que as intimações e publicações sejam feitas em nome de determinado advogado, a comunicação em nome de outro profissional é nula de pleno direito (art. 236, § 1º, do CPC c/c o art. 5º, LV, da Constituição Federal). Agravo regimental conhecido e provido (TST, AgPt 205240/2009-000-00-00.3, Rel. Milton de Moura França).

■ A prática de atos por advogado sem procuração não configura mandato tácito, já que este decorre de previsão legal e não da reiteração da irregularidade (STF, Ag.-AI 172.455-3-MG, Ilmar Galvão, Ac. 1ª T.).

9 Assistência judiciária (conceito, hipóteses e efeitos, v. art. 789/11). Sindicato (representação geral dos empregados, art. 843). Ação de cumprimento de dissídio coletivo (representação do sindicato, art. 872).

Art. 791-A. Ao advogado, ainda que atue em causa própria, serão devidos honorários de sucumbência[1], fixados entre o mínimo de 5% (cinco por cento) e o máximo de 15% (quinze por cento) sobre o valor que resultar da liquidação da sentença, do proveito econômico obtido ou, não sendo possível mensurá-lo, sobre o valor atualizado da causa. (Red. L. 13.467/17).

§ 1º Os honorários são devidos também nas ações contra a Fazenda Pública e nas ações em que a parte estiver assistida ou substituída pelo sindicato de sua categoria. (Red. L. 13.467/17).

§ 2º Ao fixar os honorários, o juízo observará:

I - o grau de zelo do profissional;

II - o lugar de prestação do serviço;

III - a natureza e a importância da causa;

IV - o trabalho realizado pelo advogado e o tempo exigido para o seu serviço. (Red. L. 13.467/17).

§ 3º Na hipótese de procedência parcial[2], o juízo arbitrará honorários de sucumbência recíproca, vedada a compensação entre os honorários. (Red. L. 13.467/17).

§ 4º Vencido o beneficiário da justiça gratuita[3], desde que não tenha obtido em juízo, ainda que em outro processo, créditos capazes de suportar a despesa, as obrigações decorrentes de sua sucumbência ficarão sob condição suspensiva de exigibilidade e somente poderão ser executadas se, nos dois anos subsequentes ao trânsito em julgado da decisão que as certificou, o credor demonstrar que deixou de existir a situação de insuficiência de recursos que justificou a concessão de gratuidade, extinguindo-se, passado esse prazo, tais obrigações do beneficiário. (Red. L. 13.467/17).

§ 5º São devidos honorários de sucumbência na reconvenção[4]. (Red. L. 13.467/17).

1 *Os honorários de advogado* são devidos no processo trabalhista, tanto a favor do autor como do réu. Hoje, dentro da complexidade dos processos, a substituição do vogal pelo classista e depois a extinção deste torna indispensável a atuação do causídico. O princípio da sucumbência determina ao vencido ressarcir o vencedor dos prejuízos da demanda, seja autor ou réu, não se origina da culpa, mas do risco de ter movido ação ou de tê-la resistido; é semelhante ao princípio da responsabilidade civil (Justino Adriano F. da Silva, "Honorários advocatícios em mandado de segurança"). Esse princípio foi introduzido no processo civil de 1939 pela L. 4.632/65 (e depois pelo CPC de 1973, art. 20), afastando o princípio até então vigente que exigia dolo ou culpa para fundamentar a condenação em honorários. O princípio da sucumbência se baseia na condenação proporcional, a sucumbência exige igualdade para com os litigantes, seja ele empregador ou empregado. Na Justiça do Trabalho os honorários serão de no "mínimo de 5% (cinco por cento) e no máximo de 15% (quinze por cento) sobre o valor que resultar da liquidação da sentença, do proveito econômico obtido ou, não sendo possível mensurá-lo, sobre o valor atualizado da causa". Fica revogada a L. 5.584/70, art. 14, § 1º; a Justiça do Trabalho não deixa de ser gratuita, pois aquele que não puder arcar com os honorários do advogado tem direito à Defensoria Pública ou ao defensor dativo.

O Juiz deverá observar, para a condenação em honorários, o zelo do profissional; o lugar de prestação do serviço; a natureza e a importância da causa e o trabalho realizado pelo advogado e o tempo exigido para o seu serviço.

Honorários para o cumprimento de sentença (STJ – Súmula 517).

2 *Sucumbência parcial*, teremos a sucumbência recíproca, o advogado de cada litigante terá uma parte a receber. Vedada a compensação.

3 O beneficiário da justiça gratuita, caso não tenha recebido neste ou em outros processos, os valores suficientes para "suportar a despesa, as obrigações decorrentes de sua sucumbência ficarão sob condição suspensiva de exigibilidade" e somente poderão ser executadas nos dois anos seguintes, caso o credor demonstre que o mesmo deixou de estar em situação de insuficiência de recursos que justificaram a concessão de gratuidade.

4 Na reconvenção, onde o réu e o autor mudam de posição em relação à "primeira ação", também cabe honorários sucumbenciais, é uma ação como outra qualquer.

STF Os honorários advocatícios incluídos na condenação ou destacados do montante principal devido ao credor consubstanciam verba de natureza alimentar cuja satisfação ocorrerá com a expedição de precatório ou requisição de pequeno valor, observada ordem especial restrita aos créditos dessa natureza (Plenário, 27.05.15, *DJe*, 02.06.15). (STF – Súmula Vinculante 47).

STF CANCELADA. É incabível a condenação em verba honorária nos recursos extraordinários interpostos em processo trabalhista, exceto nas hipóteses previstas na Lei 5.584/70. (STF – Súmula 633).

STF São devidos honorários advocatícios pela Fazenda Pública nas execuções individuais de sentença proferida em ações coletivas, ainda que não embargadas (STF – Súmula 345).

STJ São devidos honorários advocatícios no cumprimento de sentença, haja ou não impugnação, depois de escoado o prazo para pagamento voluntário, que se inicia após a intimação do advogado da parte executada (*DJe*, 2.3.15). (STJ – Súmula 517).

STJ Os honorários sucumbenciais, quando omitidos em decisão transitada em julgado, não podem ser cobrados em execução ou em ação própria (STJ – Súmula 453).

STJ Na ação de mandado de segurança não se admite condenação em honorários advocatícios (STJ – Súmula 105).

TST CANCELADA. Mesmo após a promulgação da CF/88, permanece válido o entendimento consubstanciado no Enunciado 219 do Tribunal Superior do Trabalho (TST – Súmula 329).

TST CANCELADA. I - Na Justiça do Trabalho, a condenação ao pagamento de honorários advocatícios não decorre pura e simplesmente da sucumbência, devendo a parte, concomitantemente: a) estar assistida por sindicato da categoria profissional; b) comprovar a percepção de salário inferior ao dobro do salário mínimo ou encontrar-se em situação econômica que não lhe permita demandar sem prejuízo do próprio sustento ou da respectiva família (art. 14, § 1º, da Lei n. 5.584/1970) (ex-OJ n. 305 da SBDI-I). II - É cabível a condenação ao pagamento de honorários advocatícios em ação rescisória no processo trabalhista. III - São devidos os honorários advocatícios nas causas em que o ente sindical figure como substituto processual e nas lides que não derivem da relação de emprego. IV - Na ação rescisória e nas lides que não derivem de relação de emprego, a responsabilidade pelo pagamento dos honorários advocatícios da sucumbência submete-se à disciplina do Código de Processo Civil (arts. 85, 86, 87 e 90). V - Em caso de assistência judiciária sindical ou de substituição processual sindical, excetuados os processos em que a Fazenda Pública for parte, os honorários advocatícios são devidos entre o mínimo de dez e o máximo de vinte por cento sobre o valor da condenação, do proveito econômico obtido ou, não sendo possível mensurá-lo, sobre o valor atualizado da causa (CPC de 2015, art. 85, § 2º). VI - Nas causas em que a Fazenda Pública for parte, aplicar-se-ão os percentuais específicos de honorários advocatícios contemplados no Código de Processo Civil (TST – Súmula 219, Res. 204/16).

SDI A condenação em honorários advocatícios nos autos de ação de indenização por danos morais e materiais decorrentes de acidente de trabalho ou de doença profissional, remetida à Justiça do Trabalho após ajuizamento na Justiça comum, antes da vigência da Emenda Constitucional n. 45/2004, decorre da mera sucumbência, nos termos do art. 85 do CPC de 2015 (art. 20 do CPC de 1973), não se sujeitando aos requisitos da Lei n. 5.584/1970 (TST, SDI-1, Orientação Jurisprudencial 421, Res. 208/16).

SDI Os honorários advocatícios, arbitrados nos termos do art. 11, § 1º, da Lei n. 1.060, de 5.2.1950, devem incidir sobre o valor líquido da condenação, apurado na fase de liquidação de sentença, sem a dedução dos descontos fiscais e previdenciários (TST, SDI-1, Orientação Jurisprudencial 348).

SDI CANCELADA. Na Justiça do Trabalho, o deferimento de honorários advocatícios sujeita-se à constatação da ocorrência concomitante de dois requisitos: o benefício da justiça gratuita e a assistência por sindicato (TST, SDI-1, Orientação Jurisprudencial 305, convertida na Súmula 219, I, Res. 197/15).

Art. 792. (Rev. L. 13.467/17.)

Art. 793. A reclamação trabalhista do menor de 18 anos será feita por seus representantes legais e, na falta destes, pela Procuradoria da Justiça do Trabalho, pelo sindicato, pelo Ministério Público estadual ou curador nomeado em juízo (red. L. 10.288/01).

1 *A capacidade de estar em juízo* (a) não se confunde com a de ser parte (b) nem com a de postular em juízo (c). Esta última consiste na faculdade de requerer pessoalmente e praticar os atos processuais, que no processo civil normalmente cabe aos advogados com mandato (v. art. 791/1).

A segunda, de ser parte, consiste em ser sujeito de direitos e obrigações; possuem-na as pessoas jurídicas e as pessoas físicas, como é o caso de maior de idade ou mesmo do menor e até do nascituro. Estes dois últimos, entretanto, não podem exercer seus direitos por si, exatamente porque lhes falta a primeira, a capacidade de estar em juízo, que é a capacidade processual, a *legitimatio ad processum*, capacidade de exercício, ou de fato; não a tem o menor de 18 anos, que deve estar assistido por seu responsável legal, nem o louco, interditado ou não, nem aquele que, por doença, acidente ou outra incapacidade física esteja impossibilitado de agir conscientemente ou expressar sua vontade. Depoimento pessoal do menor (art. 819/2). Menor testemunha (art. 829/3). Empregado representado ou substituído pelo sindicato (art. 513/1 e art. 872/4).

Incapacidade processual. Regularização (CPC/15, art. 76). Verificada a incapacidade processual, o juiz suspenderá o processo e designará prazo razoável para que seja sanado o vício. Descumprida a determinação, o processo será extinto, ou o réu será considerado revel; o terceiro será considerado revel ou excluído do processo, dependendo do polo em que se encontre. Se em fase recursal perante tribunal de justiça, tribunal regional federal ou tribunal superior, o relator não conhecerá do recurso ou determinará o desentranhamento das contrarrazões.

2 *O trabalho do menor, a partir de 14 anos*, é autorizado pela CF/88, apenas para a função de aprendiz (CF, art. 7º, XXXIII). Mulher casada (v. art. 446).

3 *O menor de 16 anos*, pelo Direito Civil, é absolutamente incapaz, sendo representado e não simplesmente assistido. No processo do trabalho, entende-se que o legislador fez uma só distinção: maior ou menor de 18 anos; este é sempre assistido (Giglio, *Direito Processual do Trabalho*). A confissão do menor, assim como a renúncia, não pode ser acolhida com a plenitude que muitos defendem, por motivos óbvios: a incapacidade, mas o depoimento prestado, nessas condições, deve ser recebido e pesado, como uma notícia a mais vinda aos autos, a ser analisado em conjunto com as demais provas. Deve ser permitido ao genitor, ou a quem o assiste, que intervenha no depoimento do assistido. A doutrina e a jurisprudência admitem a assistência do menor pela genitora, não estando presente o pai; provada a impossibilidade de comparecimento destes, a Procuradoria da Justiça do Trabalho, o sindicato, o Ministério Público estadual ou curador nomeado em juízo cuidarão de sua assistência.

4 *Contra a massa falida* prosseguem as ações já propostas anteriormente à quebra, podendo o falido estar em juízo, não como parte, mas como assistente litisconsorcial (e não meramente adesivo). Pode, como assistente, recorrer, mesmo que a massa falida não o faça (CPC/15, art. 75, V, e Lei de Falências, Lei n. 11.101/05, art. 103, parágrafo único).

A pessoa jurídica é representada nos atos jurídicos, em geral, na forma de seus estatutos (ver art. 843/6); o espólio, pelo inventariante, quando não dativo.

A representação do condomínio cabe ao administrador ou ao síndico (CPC/15, art. 75, XI); pela L. 2.757/56, ao síndico eleito; para Serson, a empresa administradora do condomínio só poderá fazê-lo se ela mesma tiver sido eleita na forma da lei dos condomínios (L. 4.591/64, art. 22) (Supl. *LTr* 1981/98). O falecimento da parte determina a suspensão do feito até a habilitação dos sucessores (dependentes ou herdeiros), com os quais prossegue, tendo-os como parte; não contestada a condição de herdeiros, estes habilitam-se nos próprios autos de ação trabalhista (Competência e procedimentos, art. 643/9).

A família como empregadora doméstica, em juízo (art. 7º/4).

■ A ausência de solidariedade de interesses econômicos entre as empresas de compra, venda, locação e administração de imóveis (constituídas inegavelmente para auferir lucros) e um condomínio residencial (reunião de residentes em um mesmo conjunto habitacional com o fito de conservar os espaços comuns) é fator determinante para afastar a representação e, por consequência, a vinculação do réu ao sindicato patronal subscritor das Convenções Coletivas de Trabalho anexadas aos autos, o que impede a extensão, ao reclamado, das obrigações convencionais que não assentiu (TRT, Ac. 9.481/04-PATR, Proc. 73/04-ROPS, Olga Aida Joaquim Gomieri).

Sobrevindo à fase executória a decretação da falência da empresa executada, de se sobrestar o andamento dos autos para cientificar-se o síndico do estado do processo. A medida decorre da perda de capacidade processual dos representantes legais da empresa falida, consoante a regra dos arts. 12 e 265 do CPC (TRT/SP 2.187/76, Monreal Júnior, Ac. 2ª T. 8.255/76).

Autarquia federal. Procuração arquivada em cartório. A representação processual há de se fazer em cada processo, não sendo válida a prática de depositar-se em cartório o instrumento de mandato, outorgado a advogado não pertencente ao quadro permanente de autarquia federal (STJ, REsp 49.478-SP, Assis Toledo, Reg. 94.16599-4).

O fato de os procuradores de ente estatal serem detentores de mandato legal não os isenta de comprovar tal condição, seja através de juntada do título de nomeação para o cargo, ou mesmo documento designando-os para representar o órgão que integram em juízo (TST, AI-RR 147.148/94.7, Antonio Maria Thaumaturgo Cortizo, Ac. 5ª T. 5.694/95).

A embargante é pessoa jurídica de direito público e, como tal, detém em seu favor a presunção de validade da representação, até prova em contrário. De outra parte, a condição de procurador é de natureza pública, em razão da sua nomeação se efetivar pelo Diário Oficial (TST, E-RR 88.275/93.8, Regina Rezende Ezequiel, Ac. SBDI-1 927/96).

Constatado que o reclamante falecera e que seus sucessores, ao carrearem aos autos a certidão de óbito, igualmente constituíram novo procurador para representar o espólio em juízo, por certo que era dever do relator providenciar a regular habilitação. A regulação legal da hipótese está no art. 43, art. 265, I, e art. 1.060, todos do Código de Processo Civil (TST, Ag-E-RR 76.915/93.3, Ac. SBDI-1 19/97).

Condomínio. São considerados representantes dos empregadores nas reclamações e dissídios movimentados na Justiça do Trabalho os síndicos eleitos entre os condôminos ou os administradores, na forma preconizada nos arts. 12, inciso IV, do CPC e 2º da L. 2.757/56 (TST, RO-AR 187.626/95.9, Cnéa Moreira, Ac. SBDI-2 555/96).

Seção IV-A
Da responsabilidade por dano processual (Red. L. 13.467/17).

Art. 793-A. Responde por perdas e danos aquele que litigar de má-fé[1] **como reclamante, reclamado ou interveniente.** (Red. L. 13.467/17).

Art. 793-B. Considera-se litigante de má-fé aquele que:

I - deduzir pretensão[2] **ou defesa contra texto expresso de lei ou fato incontroverso;**

II - alterar[3] **a verdade dos fatos;**

III - usar do processo para conseguir objetivo[4] **ilegal;**

IV - opuser resistência injustificada[5] **ao andamento do processo;**

V - proceder de modo temerário[6] **em qualquer incidente ou ato do processo;**

VI - provocar incidente[7] manifestamente infundado;

VII - interpuser recurso com intuito manifestamente protelatório[8]. (Red. L. 13.467/17).

1 *Má-fé*. O dever de verdade impõe que o autor e o réu têm de apresentar fatos verídicos e não alterar, intencionalmente, os fatos apresentados (Pontes de Miranda, *Comentários ao CPC*, tomo I, 1958, p. 409). As partes e, com elas, os seus procuradores e advogados têm o dever de colaborar com o juiz e os outros auxiliares da justiça na realização do direito objetivo, finalidade do processo, na apuração da verdade e no andamento regular dos feitos (Pontes de Miranda, *Comentários ao CPC*, tomo I, 1958, p. 414). Lealdade processual é o princípio de agir com a verdade, sem objetivo ilegal, nem resistir injustificadamente ou provocar incidentes, inclusive recurso manifestamente protelatório. É aplicável nas hipóteses de atuação francamente maliciosa, e não por simples ignorância do autor ou do réu. Trata-se de mecanismo de autodefesa da própria administração da justiça (a do Trabalho mais o necessita) para combater o emperramento crônico das causas e melhor poder dedicar-se às controvérsias razoáveis; entretanto, os magistrados têm sido condescendentes, por tradição, ou, às vezes, por insegurança, não obstante sejam raros os autos onde não se percebe o exagero em pleitear ou em contestar. Toda litigância de má-fé encerra matéria de ordem pública, por isso se permite a aplicação da sanção *ex officio*, podendo e devendo os tribunais aplicar a condenação, mesmo que não o haja feito o órgão *a quo* (Dinamarco, *Reforma*, cit.).

2 *Deduzir pretensão ou defesa*. Se quem afirma ter direito, pretensão e ação não os tem, evidentemente vai ser vencido. Porém a responsabilidade só se irradia de assim ter procedido, se não havia razão para desconhecer ("não possa razoavelmente desconhecer"). O que se supõe é que o autor ou o réu, ou quem intervém no processo, sabia ou tinha de saber (razoavelmente não podia desconhecer) que não havia fundamento para o pedido ou a defesa, ou arguição do interveniente (Pontes de Miranda, *Comentários ao CPC*, tomo I, 1979, p. 507).

3 *Alterar a verdade dos fatos*. Alegar o que não correspondia à verdade dos fatos, "O conhecimento do que era verídico mais com o fito de alterá-la, no todo ou em parte" (Pontes de Miranda, *Comentários ao CPC*, tomo I, 1979, p. 509).

4 *Usar do processo para conseguir objetivo ilegal*. Conseguir outros resultados que não os verdadeiros. O autor, em conluio como o réu, propõe ação de cobrança por dívida inexistente, para que terceiro não possa ir contra o caso.

5 *Resistência injustificada ao andamento do processo*. A prática de atos ou omissões que dificulta ou impede o andamento do processo, tem que existir a intenção.

6 *Proceder de modo temerário*. Temeridade: ato que se pratica com imprudência, arrojo, ousadia, audaciosidade. A consciência da própria sem razão, o litigante espera ganhar a demanda mais por erro do juiz do que por verdade da causa.

7 *Provocar incidente*. Praticar ou provocar incidentes infundados, ou com fundamentos sem qualquer lógica ou motivo, dentro daquele ato.

8 *Interpuser recurso*. Propor um recurso que, mesmo possível, não é cabível, ou por suas razões, ou por seus fundamentos. Não existe qualquer possibilidade de ser aceito.

Atentado à dignidade da justiça na execução (art. 876/6). A tutela antecipada (comentários ao art. 840/25; CPC/15, art. 311) é aplicável na hipótese de abuso do direito de defesa ou propósito protelatório.

LITIGÂNCIA DE MÁ-FÉ. MULTA. RECURSO CONTRA QUESTÃO TRANSITADA EM JULGADO. NÃO OCORRÊNCIA. O Tribunal Regional aplicou a multa do art. 18 do CPC em virtude da insistência da parte em insurgir-se quanto ao tema da competência material da Justiça do Trabalho. Na ocasião, restou consignado no acórdão que o apelo buscava obter a reforma do julgado em discussão já superada. No entanto, não se trata de questão transitada em julgado, mas sobrestada, em função da irrecorribilidade imediata das decisões interlocutórias na Justiça do Trabalho. Nesse sentido, apesar de a veiculação da insurgência quanto ao tema apenas ser cabível, nos autos, perante o TST, em recurso contra decisão definitiva de mérito do Tribunal Regional, a renovação da tese no recurso ordinário do município não configurou má-fé da parte, na medida em que fora levada a engano pela apreciação dúplice do juiz de piso, ao arrepio do art. 471 do CPC. Descabida, pois, a multa aplicada. Recurso de revista conhecido e provido (TST, RR 384-87.2011.5.12.0043, julgado em 4.3.15, Delaíde Miranda Arantes, 2ª Turma, *DEJT* 13.3.15).

1. ALEGAÇÃO RECURSAL CONTRA TEXTO EXPRESSO DE LEI. CARACTERIZAÇÃO DE LITIGÂNCIA DE MÁ-FÉ. Alegar a incompetência do Presidente do Tribunal Regional para negar seguimento a recurso de revista com base na análise de pressupostos intrínsecos é deduzir pretensão contra texto expresso de lei (art. 896, § 1º, da CLT), conduta tipificada como litigância de má-fé (art. 17, I – deduzir pretensão ou defesa contra texto expresso de lei – e VII – interpuser recurso com intuito manifestamente protelatório –, do CPC). Aplicação da multa prevista no *caput* do art. 18 do CPC, em benefício da parte contrária. 2. DIFERENÇA DE COMPLEMENTAÇÃO DE APOSENTADORIA. Inviável o processamento do recurso de revista por ofensa ao art. 114 do CCB, porque a Corte Regional não emitiu tese sobre a matéria nele disciplinada. Incidência do óbice da Súmula 297 do TST. Agravo de instrumento a que se nega provimento (TST, AIRR - 60600-40.2003.5.04.0003, julgado em 25.6.14, Fernando Eizo Ono, 4ª Turma, *DEJT* 4.8.14).

LITIGÂNCIA DE MÁ-FÉ. ACORDO. ADIMPLEMENTO PARCIAL. REQUERIMENTO DE EXECUÇÃO DO VALOR TOTAL DA AVENÇA. CONFIGURADA. Comprovado nos autos que a parte recebeu pessoalmente parte do valor acordado e, ao mesmo tempo, formulou pedido de execução do valor total da avença, negando ter recebido qualquer quantia, resta configurada a litigância de má-fé, diante da clara tentativa de receber em duplicidade valores já adimplidos anteriormente. Agravo de petição ao qual se nega provimento. (TRT/15 - 000221-27.2011.5.15.0075 AP, *DEJT*, 3.10.13, p. 584, Ana Paula Pellegrina Lockmann, 6ª Câm.).

■ DESLEALDADE PROCESSUAL. INDENIZAÇÃO E MULTA. A litigância de má-fé constitui um instituto processual cujo escopo é resguardar uma conduta proba por parte dos que efetuam atos no processo. O ônus processual para quem atua com má-fé, é a multa e a indenização, ambas previstas no art. 18 do CPC. A aplicação da multa, por ser um ônus processual, apenas deve ocorrer mediante uma prova cabal da conduta ímproba. No caso em tela, o Reclamante pleiteou verba já paga no Processo proposto pelo Sindicato, configurando hipótese de deslealdade processual. Aplicação da multa de litigância de má-fé de ofício (TRT-15- 000888-32.2012.5.15.0122 RO, *DEJT* 28.2.14, p. 1751, Helcio Dantas Lobo Junior, 3ª Câm.).

■ 1. A decisão ora agravada denegou seguimento ao agravo de instrumento do Reclamante quanto à competência da Justiça do Trabalho e à prescrição aplicável do pedido de diferenças de complementação de aposentadoria, por óbice das Súmulas 327 e 333 do TST. 2. O agravo não trouxe nenhum argumento que infirmasse os fundamentos do despacho hostilizado, motivo pelo qual este merece ser mantido. 3. Assim, tendo em vista que se revela manifestamente infundado o agravo, impõe-se a este Relator acionar o comando do art. 557, § 2º, do CPC, amparador de ambos os Litigantes, e prestigiar o art. 5º, LXXVIII, da Carta Política, que garante uma duração razoável do processo e exige a utilização dos meios para se alcançar a tão almejada celeridade processual, dentre os quais se destaca a aplicação de multa (TST, Ag-AIRR 669-84.2010.5.06.0010, Ives Gandra Martins Filho, Ac. 7ª T., *DEJT*, 15.6.12).

Art. 793-C. De ofício ou a requerimento, o juízo condenará o litigante de má-fé a pagar multa, que deverá ser superior a 1% (um por cento) e inferior a 10% (dez por cento) do valor corrigido da causa, a indenizar a parte contrária pelos prejuízos que esta sofreu e a arcar com os honorários advocatícios e com todas as despesas que efetuou. (Red. L. 13.467/17).

§ 1º Quando forem dois ou mais os litigantes de má-fé, o juízo condenará cada um na proporção de seu respectivo interesse na causa ou solidariamente aqueles que se coligaram para lesar a parte contrária.

§ 2º Quando o valor da causa for irrisório ou inestimável, a multa poderá ser fixada em até duas vezes o limite máximo dos benefícios do Regime Geral de Previdência Social.

§ 3º O valor da indenização será fixado pelo juízo ou, caso não seja possível mensurá-lo, liquidado por arbitramento ou pelo procedimento comum, nos próprios autos.

Art. 793-D. Aplica-se a multa prevista no art. 793-C desta Consolidação à testemunha que intencionalmente alterar a verdade dos fatos ou omitir fatos essenciais ao julgamento da causa.

Parágrafo único. A execução da multa prevista neste artigo dar-se-á nos mesmos autos. (Red. L. 13.467/17).

O litigante de má-fé causou danos, tem que indenizar a parte lesada. Com multa que pode variar de 1% a 10% do valor da causa corrigido e arcar com os honorários advocatícios e despesas que a parte efetuou; quando o valor da causa for irrisório a multa poderá ser fixada em até duas vezes o limite máximo dos benefícios do RGPS. Quando for mais de um litigante de má-fé, o juiz condenará cada um de forma proporcional ao seu interesse na causa. Cabe também a testemunha que intencionalmente altera a verdade dos fatos.

A execução será nos próprios autos.

Seção V

Das nulidades

Art. 794. Nos processos sujeitos à apreciação da Justiça do Trabalho só haverá nulidade[1] quando resultar dos atos inquinados manifesto prejuízo às partes litigantes.

Art. 795. As nulidades não serão declaradas senão mediante provocação das partes, as quais deverão argui-las à primeira vez[2] em que tiverem de falar em audiência ou nos autos.

§ 1º Deverá, entretanto, ser declarada *ex officio* a nulidade fundada em incompetência de foro[3]. Nesse caso, serão considerados nulos os atos decisórios.

§ 2º O juiz ou tribunal que se julgar incompetente determinará, na mesma ocasião, que se faça remessa do processo, com urgência, à autoridade competente, fundamentando sua decisão.

Art. 796. A nulidade não será pronunciada:

a) quando for possível suprir-se a falta ou repetir-se o ato;

b) quando arguida por quem lhe tiver dado causa.

Art. 797. O juiz ou tribunal que pronunciar a nulidade declarará os atos a que ela se estende.

Art. 798. A nulidade do ato não prejudicará senão os posteriores que dele dependam ou sejam consequência.

1 *Um sistema de nulidades* processuais é necessário para preservar a legalidade e garantir a jurisdição. No sistema chamado legalista, qualquer violação à forma acarretava a invalidade do ato e dos que se lhe seguiam; o sistema pragmático tem em vista o fim prático do ato e da formalidade que o legislador impôs; inexistindo prejuízo, deixa de decretar-se a ineficácia. Mais modernamente, fala-se em teoria teleológica (Buzaid, *Aulas*, p. 86); se a finalidade foi alcançada, é válido o ato, mesmo que o caminho percorrido não seja o previsto. A CLT e os CPC de 1939, 1973 e 2015 (art. 276 e segs.) seguem essa orientação, sendo o último mais explícito que o anterior.

Cerceamento de defesa. Indeferimento de prova testemunhal não o configura, quando os elementos dos autos transmitem convicção suficiente; o juiz tem o dever de indeferir diligências inúteis. CPC, art. 130 (TRT/SP, RO 27.875/93-1, Valentin Carrion, Ac. 9ª T. 20.559/95.8).

Os princípios constitucionais que asseguram o livre acesso ao Poder Judiciário, o contraditório e a ampla defesa, não são absolutos e hão de ser exercidos por meio das normas processuais que regem a matéria, não se constituindo negativa de prestação jurisdicional ou cerceamento de defesa a inadmissão de recursos quando não observados os procedimentos estatuídos nas leis instrumentais (STF, AgRg-RE 189.265-1-DF, Maurício Corrêa, Ac. 2ª T.).

O indeferimento do pedido de adiamento do julgamento, para oferecimento de memoriais, não causa cerceamento de defesa, e a falta do registro desse incidente no acórdão não significa omissão (STJ, REsp 60.220-3-MG, Ruy Rosado de Aguiar, Reg. 95.53608).

Viola o art. 128 do CPC o juízo que profere julgamento fora dos limites da *litiscontestatio* (TST, RR 141.790/94.5, José Luiz Vasconcellos, Ac. 3ª T. 3.177/95).

Processo. Nulidade. Abreviaturas (CPC, art. 169, parágrafo único, é vedado usar abreviaturas). O legislador quis afastar as cabalísticas e não as habituais de notório conhecimento. O próprio autor, que arguiu a ilicitude, as usou na sua petição inicial (Proc. TRT/SP 45.680/96, Valentin Carrion, Ac. 9ª T. 7.390/98).

* Sobre o tema *supra*, v. www.institutocarrion.com.br.

2 A primeira vez que a parte tiver de falar, alegará a nulidade sob pena de preclusão; o CPC é semelhante à CLT; o legislador evita assim não só o esforço inútil dos atos que mais tarde seriam anulados como, principalmente, a procura de irregularidades insinceras com a finalidade de atacar a sentença que contraria a pretensão da parte; a reação desta deve ser imediata ao conhecimento do ato que lhe parece ilegal e prejudicial, sem aguardar momentos especiais ou específicos. Há, entretanto, quem entenda haver momento apropriado: as razões finais ou quando for aberta vista dos autos (Giglio, *Direito Processual do Trabalho*). Eficácia do protesto nos autos (art. 893/6).

A nulidade de citação deve ser arguida pelo revel após a intimação da sentença que o condenou, mediante recurso ordinário ao Tribunal Regional. O meio mais célere e apropriado seria a declaração de inexistência da sentença por ausência de relação jurídica processual anterior; ainda mais que a exigência de depósito recursal e pagamento de custas, como requisito de admissibilidade, constitui empecilho ao direito de quem não foi citado. Esse entendimento, porém, encontra resistência nos tribunais. Revelias forjadas, pelo oferecimento de endereços incorretos ou por outros meios, fazem parte da patologia forense destinada a propiciar acordos vantajosos para o autor. Mas é acertada a declaração de inexistência jurídica da sentença, pelo próprio juiz que a prolatou, porque desprovida de elemento essencial; Barbosa Moreira, sem referir-se precisamente a essa hipótese, assim induz, quando analisa, no cível, os embargos do devedor, "fazendo cair a sentença com o processo" na primeira instância (*Comentários ao CPC*, Forense, v. 5). A provocação do réu e o contraditório são necessários.

Citação circunduta. No processo antigo, o autor deveria comparecer em audiência, para acusar a citação feita ao réu. Se não comparecia, o réu era absolvido de instância, porque a citação ficava circunduta, isto é, nula ou inexistente (João Monteiro, v. Índ. Bibl.). A *absolvição da instância* é a extinção do processo sem resolução do mérito e ocorre: pelo indeferimento da petição inicial, paralisação do processo por mais de um ano, abandono da causa por mais de 30 dias, ausência de pressupostos, perempção, litispendência ou coisa julgada, ausência das condições da ação (possibilidade jurídica, legitimidade das partes ou interesse processual), arbitragem, desistência da ação, ação intransmissível, confusão entre autor e réu etc. (CPC/15, art. 354).

■ A nulidade deve ser arguida no momento processual imediato ao indeferimento da prova e na própria audiência, e não no recurso (TST, E-RR 2.788/87.1, Cnéa Moreira, Ac. SDI 05/93).

■ Havendo oportunidade negligenciada pelo interessado para arguir a nulidade da citação, preclui o direito de alegá-la em recurso ou em ação rescisória (TST, RO-AR 68.918/93.7, Vantuil Abdala, Ac. SDI 3.314/96).

■ As nulidades deverão ser arguidas no primeiro momento em que a parte tiver de falar nos autos, sob pena de preclusão (TST, E-RR 104.921/94.9, Milton de Moura França, Ac. SBDI-1 1.447/97).

* Sobre o tema *supra*, v. www.institutocarrion.com.br.

3 *A incompetência* de foro do texto legal não é a incompetência territorial ou em razão do local, que não é absoluta, mas prorrogável. O legislador teve em mente a incompetência em razão da matéria, que é sempre improrrogável; usou o "foro" no sentido impróprio de foro trabalhista, distinguindo-o de foro comum, foro criminal etc.

■ O texto da CLT (art. 795, § 1º) não se refere à competência territorial mas à incompetência em razão da matéria, no sentido menos técnico de "foro criminal", "foro cível" e "foro eleitoral". De outra forma se concluiria que o legislador apenas entende improrrogável justamente a competência que se prorroga naturalmente (a local) e não as outras que são mais graves (material, funcional etc.). Assim, o silêncio das partes, quanto à incompetência territorial fixa o juízo certo, que poderia ser incompetente inicialmente (TRT/SP, CJ 6.824/85, Valentin Carrion, 4º G.).

■ A incompetência em razão do lugar, por ser relativa, não pode ser declarada de ofício. Se o reclamado não a argui, tem-se que aceitou o foro escolhido pelo Autor que, em consequência, passa a ser o foro competente por prorrogação. O contido no § 1º do art. 795 da CLT não se refere à incompetência de foro, mas à incompetência absoluta em razão da matéria (foro cível, foro criminal) (TST, CC 196.927/95.0, Manoel Mendes de Freitas, Ac. SDI 42/96).

4 Ocorre nulidade quando a publicação no jornal oficial omite o nome do advogado constituído (caso seja indicado outro profissional, e este não esteja previamente cadastrado no Sistema de Processo Judicial Eletrônico, impedindo a serventia judicial de atender ao requerimento de envio de intimação, não será causa de nulidade – TST, IN 39/15, art. 16, CPC/15, art. 272, § 5º); mas é dispensável o nome

de todos os advogados da parte. A falta de assinatura do juiz ou do relator é motivo de nulidade se alegada falsidade da ata que a omitiu. Quando se puder decidir o mérito em proveito de quem a alega, é desnecessária sua declaração. O comparecimento do réu a juízo em citação nula torna-o ciente, devolvendo-lhe o prazo.

TST Havendo pedido expresso de que as intimações e publicações sejam realizadas exclusivamente em nome de determinado advogado, a comunicação em nome de outro profissional constituído nos autos é nula, salvo se constatada a inexistência de prejuízo (TST – Súmula 427).

SDI A despeito da norma então prevista no artigo 56, § 2º, da Lei 4.215/63, a falta de comunicação do advogado à OAB para o exercício profissional em seção diversa daquela na qual tem inscrição não importa nulidade dos atos praticados, constituindo apenas infração disciplinar, que cabe àquela instituição analisar (TST, SDI-1, Orientação Jurisprudencial 7, Res. TST 129/05).

1. É válida a intimação publicada em nome de um dos advogados constantes do instrumento de mandato colacionado aos autos pela parte, sem pedido de exclusividade, ainda que da publicação não constem os profissionais que subscrevem a petição inicial. 2. Fixada tal premissa, tem-se por intempestivo o recurso ordinário interposto pela impetrante quando já transcorrido o prazo recursal, contado da data da regular intimação da parte. 3. Recurso ordinário de que não se conhece (TST, ROMS 391700-25.2006.5.01.0000, Rel. Lelio Bentes Corrêa).

Seção VI
Das exceções

Art. 799. Nas causas da jurisdição da Justiça do Trabalho, somente podem ser opostas[1-4], com suspensão do feito[2], as exceções[1] de suspeição[9] ou incompetência[5-6-10].

§ 1º As demais exceções serão alegadas como matéria de defesa.

§ 2º Das decisões sobre exceções de suspeição e incompetência, salvo, quanto a estas, se terminativas do feito[7], não caberá recurso, podendo, no entanto, as partes alegá-las novamente no recurso que couber da decisão final.

Art. 800. Apresentada exceção de incompetência territorial[8] no prazo de cinco dias a contar da notificação, antes da audiência e em peça que sinalize a existência desta exceção, seguir-se-á o procedimento estabelecido neste artigo (Red. L. 13.467/17).

§ 1º Protocolada a petição, será suspenso o processo e não se realizará a audiência a que se refere o art. 843 desta Consolidação até que se decida a exceção (Red. L. 13.467/17).

§ 2º Os autos serão imediatamente conclusos ao juiz, que intimará o reclamante e, se existentes, os litisconsortes, para manifestação no prazo comum de cinco dias (Red. L. 13.467/17).

§ 3º Se entender necessária a produção de prova oral, o juízo designará

audiência, garantindo o direito de o excipiente e de suas testemunhas serem ouvidos, por carta precatória, no juízo que este houver indicado como competente (Red. L. 13.467/17).

§ 4º Dicidida a exceção de competência territorial, o processo retomará seu curso, com a designação de audiência, a apresentação de defesa e a instrução processual perante o juízo competente (Red. L. 13.467/17).

1 *Exceções*, em sentido amplíssimo (a), são todos os meios de defesa quanto ao mérito ou ao processo que o réu pode opor (Buzaid, *Aulas*). Em sentido menos amplo (b), são os meios de defesa indireta, processual, de rito ou preliminares ao mérito, como às vezes são chamadas; o réu não ataca a matéria de mérito, mas ataca o processo (Buzaid, idem). Em sentido restrito e próprio (c), exceções são somente as processuais que devem ser arguidas pelo réu, não podendo o juiz conhecê-las de ofício (Chiovenda, *Instituições*). O uso doutrinário e legislativo francês é o segundo (b); o mesmo se dá no Brasil (Liebman, notas a Chiovenda) e na Espanha (Prieto-Castro, ob. cit.). No sentido restrito (c), a defesa processual que o juiz conhece de ofício (condições da ação, coisa julgada e litispendência) não é exceção, mas mera objeção (Frederico Marques, *Instituições*). O CPC, tão cioso de sua terminologia científica, não adota o sentido restrito (c). Também há exceções substantivas (*substanciais*) de mérito das que não se cogitam agora; anulam a pretensão: prescrição, compensação, retenção, ato jurídico anulável (Amaral Santos, *Direito processual civil*).

2 *Exceções*, preliminares e objeções. Como se viu, os significados de *objeção* e o de *exceção* são usados sem diferenciação rigorosa; o mesmo se diga quanto ao vocábulo *preliminar*. Estão *abrangidas* na expressão de *exceções* as preliminares referentes às partes: incapacidade, ilegitimidade *ad causam*, ausência de interesse de agir, falta de representação profissional (Eliézer Rosa, ob. cit.) e, acrescentamos nós, todos os demais pressupostos processuais. No processo civil, as exceções de incompetência, impedimento e suspeição devem ser oferecidas em separado para serem autuadas e ficarem em apenso aos autos principais (CPC/15, art. 146); aqui não se processam em separado, posto que apenas são recorríveis quando da sentença final. No processo laboral, todas as exceções podem ser arguidas; as exceções em sentido restrito (c) têm de ser opostas com a contestação; somente paralisam a instrução e julgamento do mérito as exceções de suspeição e incompetência; o juiz, entretanto, antes de julgar o mérito, deve dar resposta às objeções formais, somente chegando àquele se não houver impedimento jurídico ou lógico. O procedimento sumário adotado pelo legislador para as lides trabalhistas e o art. 847 da CLT (refere-se à oportunidade de aduzir defesa, nesta abrangidas a processual e a de mérito, portanto) levam à dedução de que, não obstante as exceções de suspeição e incompetência suspendam o feito, toda a defesa deve ser oferecida simultaneamente, quando do primeiro comparecimento do réu. Se a exceção estiver entrosada ao mérito (fatos de lide), ambos serão instruídos conjuntamente, decidindo a mesma sentença, se for o caso, ambas as defesas; é a hipótese de arguição de incompetência baseada em relação de emprego inexistente.

3 *Exceções peremptórias* são "aquelas por meio das quais se perime a ação do autor" (João Monteiro, *Teoria*). Com elas visa-se a trancar o processo: a) falta de condições da ação (ilegitimidade de parte ou *legitimatio ad causam*; inexistência de vontade de lei em tese e interesse de agir); b) coisa julgada, que é a eficácia que torna imutável uma sentença proferida em outro processo, sobre a mesma ação (CPC/15, art. 503); c) litispendência, que se dá ao repetir-se a ação que está em curso (CPC/15, art. 337, VI); não é dilatória, como se diz às vezes, pois o que se ataca é o processo, que será trancado, se acolhida a exceção; d) certas nulidades insanáveis, arguidas pelo réu (cf. Frederico Marques, *Instituições*).

Em relação ao reclamante ANTÔNIO RIBEIRO DOS SANTOS foi extinto este processo sem resolução do mérito por concluir o juízo de primeiro grau que haveria litispendência quanto à outra ação proposta pela entidade sindical, que atuaria como substituto processual do reclamante em questão. No recurso ordinário e nos embargos de declaração opostos do v. acórdão regional, o reclamante suprarreferido alegou a existência de fato novo no sentido de que o processo que ensejara a declaração de litispendência teria sido, em relação a si, extinto. A egrégia Corte Regional, contudo, entendeu inovatória a alegação, razão pela qual não a analisou. *Prima facie*, o fato narrado apresenta-se como novo, uma vez que surgido após a prolação da sentença. Desta forma, cabe ao egrégio Tribunal Regional, nos termos do artigo 462 do CPC, analisar os argumentos lançados. Ademais, apresenta-se imprescindível o cotejo da matéria fática trazida pelo reclamante, pois, procedente a alegação de que fora excluído da lide que lhe rendeu a declaração de litispendência e sua consequente exclusão também desta lide, o resultado jurídico de sua pretensão – a manutenção na qualidade de litisconsorte nos presentes autos – pode ser totalmente diverso. Assim, a egrégia Corte Regional, ao negar o conhecimento da matéria fática apontada, acabou por impossibilitar o direito da parte em ver suas razões analisadas no âmbito do recurso de revista, apelo de natureza extraordinária que não comporta o reexame do quadro fático-probatório delineado nos autos. Existência de violação do artigo 93, IX, da Constituição Federal (TST, RR 53100-33.2005.5.05.0161, Guilherme Caputo Bastos).

Tanto a falta de legitimação *ad processum* como a *ad causam* são alegáveis pelas partes ou conhecíveis de ofício em qualquer grau e acarretam a extinção do processo sem o julgamento do mérito (CPC, art. 267, IV e VI e § 3º) (TST, RO-MS, 236/79, Coqueijo Costa).

Substituição processual. O fato de na ação movida pelo Sindicato não constar a lista dos substituídos não afasta a litispendência, eis que, se ela não consta do processo é porque o sindicato substituía todos os membros integrantes da categoria, inclusive a reclamante (TST, RR 112.160/91.7, Vantuil Abdala, Ac. 2ª T. 8/96).

A litispendência constitui matéria de defesa direta que deve ser arguida em preliminar de contestação e não autoriza, por si só, a suspensão do andamento do feito, devendo seu julgamento ser efetuado em decisão final, antes, porém, da análise do mérito (TRT/SP, 02950111992, Anélia Li Chum, Ac. 7ª T. 02960388482).

■ Inviável entender presentes os requisitos caracterizadores da litispendência entre uma ação coletiva e uma ação individual; falta-lhes a identidade de natureza (TST, RR 222.095/95.9, João Oreste Dalazen, Ac. 1ª T. 3.819/97).

■ Tanto este Tribunal quanto o Excelso Pretório têm decidido que todas as preliminares, mesmo as de ordem pública, devem ser arguidas nas instâncias ordinárias e renovadas nas instâncias extraordinárias, sob pena de preclusão (TST, RO-AR 126.879/94.4, Leonaldo Silva, Ac. SBDI-2 422/96).

■ Ação. Conexão. A declaração da espécie de liame existente entre as partes (CLT ou especial), sendo apreciada em outra ação, configura litispendência ou continência parcial, face ao pressuposto idêntico do pedido. Em uma ação se discute a existência ou validade de fato jurídico e, noutra, seu efeito. As ações são conexas pois é comum a causa de pedir remota (Proc. TRT/SP 39.973/97, Valentin Carrion, Ac. 9ª T. 52.338/98).

4 *Exceções dilatórias* são as que adiam o conhecimento e julgamento do feito até sua regularização. São as de incompetência, suspeição, impedimento e irregularidade da representação do procurador (esta cf. Amaral Santos, *Direito Processual Civil*). Cremos deverão acrescentar-se todos os demais casos de ausência de algum dos pressupostos da ação sanáveis. A incompetência decretada na Justiça do Trabalho em favor de outra jurisdição (comum, federal etc.) geralmente é peremptória, cf. nota 7, *infra*.

5 *A incompetência na teoria geral do processo*. Os elementos clássicos utilizados para distribuição de competência (*ratione materiae, ratione personae et ratione loci*) foram manipulados pela doutrina moderna em várias classificações. Há uma divisão inicialmente dupla (Carnelutti: material ou funcional; a primeira distribui processos entre os diversos órgãos da jurisdição; a funcional distribui atribuições dos juízes em um mesmo processo). Há outra subdivisão, inicialmente tríplice (Chiovenda, seguido entre nós pela grande maioria da doutrina, nela incluídos Lopes da Costa e Amaral Santos), assim: 1) critério objetivo (em razão da matéria, pessoas e valor da causa); 2) critério territorial; 3) critério funcional (com o mesmo conceito acima citado). Todos são casos de incompetência absoluta, portanto, improrrogável, com exceção da territorial e da do valor (este prorrogável para menos e não para mais, ou seja, para o órgão que extravasa a alçada) (v. art. 643 e notas).

■ O Tribunal *a quo*, verificando a incompetência absoluta quanto ao processo principal, a declara já no julgamento em favor da supressão dos atos inúteis. Assim decide o STF em casos idênticos (TRT/SP, AI 23.896/85, Valentin Carrion, Ac. 8ª T. 2.6.86).

6 *Incompetência no processo laboral*: a) em razão da matéria, ou seja, pela pretensão a ser julgada (Frederico Marques, *Instituições*); exemplo: a relação material entre as partes é de sociedade e não de emprego; o nexo é estatutário, quer dizer, de entidade estatal para com seu servidor funcionário público e não com servidor empregado regido pelo Direito do Trabalho; b) incompetência em razão da condição das pessoas, ainda que a relação de trabalho preencha os requisitos de subordinação e não eventualidade (ex.: ação de empregado público contra a União quando essas reclamações eram da competência da chamada Justiça Federal; empregado dos serviços diplomáticos de Estado estrangeiro; v. coment. art. 643, incompetência da Justiça do Trabalho); c) incompetência em razão do valor da causa: o TRT, julgando recurso ordinário que não supere o valor de alçada; d) incompetência em razão do lugar (v. coment. art. 651); e) incompetência funcional: *verbi gratia*, juiz de tribunal sorteado como revisor, mas despachando como relator; recurso de competência do Tribunal Pleno que foi julgado pela Turma ou vice-versa; o CPC foi corrigido para melhor, afastando-se a falsa impressão de que a competência funcional seria tema exclusivo dos tribunais (art. 93).

■ Acolhimento de exceção de incompetência em razão do lugar, não põe fim ao processo no âmbito da Justiça do Trabalho e, consequentemente, não dá margem à interposição do recurso (TST, RR 4.991/74, Renato Machado, Ac. 2ª T. 1.390/75).

■ Sendo improrrogável a competência em razão da matéria, pode ser conhecida de ofício, em qualquer tempo e grau de jurisdição (arts. 111 e 113 do CPC, aplicado por analogia) (TRT/DF, RO 1.757/85, Satyro e Souza, Ac. 1ª T. 1.767/86).

■ Não há nulidade pelo fato de ter sido a incompetência declarada desde logo pelo Juiz-Presidente e não pela Junta em sua composição colegiada. Sendo absoluta, pode ser declarada de ofício, em qualquer momento processual, apesar da competência pertencer ao órgão coletivo. A celeridade processual, cada dia mais almejada e necessária, apesar de distante, mostra a conveniência de conceder atribuições a uma só pessoa (Presidente ou Relator do órgão julgador de Junta, Turma ou Pleno), para, de pronto, desatravancar a solução do litígio quando é evidente a vontade da lei ou pacífico o entendimento da Jurisprudência. O direito do prejudicado está resguardado pela possibilidade de recurso (TRT/SP, RO 20.418/83, Valentin Carrion, Ac. 8ª T. 6.5.85).

■ Porque inadmissível prorrogação de competência, quando envolvia atuação de um Tribunal Regional, não pode ser julgado por este Regional agravo de petição interposto de sentença prolatada em embargos à execução, no Juízo deprecado, a 33ª JCJ de São Paulo, subordinada, hierarquicamente, ao TRT da 2ª Região, único competente para rever (Ap. 302/86, Carmem Amin, Ac. 2ª T. 1.067/87).

■ Exceção de incompetência. A incompetência relativa é vício sanável e não pode motivar a extinção abrupta do processo (TRT/SP, CP 23/96, Valentin Carrion, Corregedor).

* Sobre o tema *supra*, v. www.institutocarrion.com.br.

7 *Sentenças terminativas do feito*. Todas as sentenças que decretem a incompetência da Justiça do Trabalho, inclusive na hipótese do *factum principis*, art. 486, § 3º, são terminais do feito e estão sujeitas aos recursos previstos no processo do trabalho; o que se proibiu é recurso contra decisões meramente interlocutórias, a fim de que, quando a parte prejudicada recorrer, o faça uma só vez, contra todos os atos que rejeitam suas pretensões (assim, Campos Batalha, *Tratado elementar*; Mendonça Lima, *Recursos trabalhistas*; contrariamente, Russomano, ao referir-se ao *factum principis* do art. 486, e Catharino, *Contrato de Emprego*, na mesma

hipótese). A parte que bateu às portas da Justiça do Trabalho não recebe a prestação jurisdicional, enquanto não transitar em julgado a decisão que as fechou. Recorde-se ainda que, via de regra, o feito não prossegue na outra jurisdição que se presume competente; é que o feito se identifica pelos seus três elementos, partes, objeto do pedido e *causa petendi*; esses elementos deixam de ser os mesmos no caso de *factum principis* (ré a empresa na primeira ação; na segunda, a entidade estatal); tampouco os três elementos coincidem nos demais casos (a *causa petendi* do empregado é sua relação de emprego, do funcionário, seu estado estatutário; o objeto pedido, diferente em cada caso). Viajem os autos ou fiquem, sejam remetidos ou não, nada se modifica na ordem das coisas; são simples documentos, tal como o inquérito policial não prossegue, quando no Judiciário dá lugar à ação penal. Finalmente, recorde-se que, quando se reconhece que a relação entre as partes não é de emprego (mas civil, por exemplo), apesar de ser esse o fundamento do autor, há a improcedência do pedido e não a incompetência (Lamarca, *Ação*; Campos Batalha, *Tratado Elementar*).

TST Na Justiça do Trabalho, nos termos do art. 893, § 1º, da CLT, as decisões interlocutórias não ensejam recurso imediato, salvo na hipótese de decisão: a) de Tribunal Regional do Trabalho contrária à Súmula ou Orientação Jurisprudencial do Tribunal Superior do Trabalho; b) suscetível de impugnação mediante recurso para o mesmo Tribunal; c) que acolhe exceção de incompetência territorial, com a remessa dos autos para Tribunal Regional distinto daquele a que se vincula o juízo excepcionado, consoante o disposto no art. 799, § 2º, da CLT (TST – Súmula 214, Res. TST 127/05).

A Decisão que reforma uma Sentença de 1º Grau, que acolhera prejudicial de prescrição total, é uma decisão interlocutória, uma vez que o feito vai continuar dentro da própria Justiça do Trabalho (TST, ED-AI-RR 228.651/95.4, Lourenço Prado, Ac. 1ª T. 4.510/96).

8 *Exceção de incompetência territorial*. Agora possui um rito próprio, antes era alegada junto com a contestação. O processo poderá ficar mais lento, mas é uma forma de corrigir uma deslealdade processual. O empregado trabalhou o tempo todo em uma região e depois de ir embora, voltar para sua terra natal, propunha a ação no seu "domicílio", obrigando ao empregador providenciar preposto advogado em região distante e desconhecida. Com o novo rito, a exceção é apresentada em petição própria, o processo é suspenso, a audiência não será realizada (não obriga a presença das partes), o juiz intima o reclamante (os litisconsortes caso existam) para a manifestação em cinco dias; caso entenda a necessidade de produzir provas, "designará audiência, garantindo o direito de o excipiente e de suas testemunhas serem ouvidos, por carta precatória, no juízo que este houver indicado como competente. Decidida a exceção, o processo retomará seu curso, com a designação de audiência, a apresentação de defesa e a instrução processual perante o juízo competente". Uma forma nova de corrigir a deslealdade processual. V. art. 651/1 .

9 Suspeição e impedimento do juiz (v. coment. art. 801).

10 Competência (da Justiça do Trabalho em geral, em razão da matéria e em razão das pessoas, art. 643; da primeira instância, em razão do local, art. 650; dos Juízes do Trabalho, art. 654; dos Juízes de Direito, art. 668; dos Tribunais Regionais, art. 674; do TST, art. 702).

Art. 801. O juiz* é obrigado a dar-se por suspeito[1-5], e pode ser recusado, por algum dos seguintes motivos, em relação à pessoa dos litigantes:

a) inimizade pessoal;

b) amizade íntima;

c) parentesco por consanguinidade ou afinidade até o terceiro grau civil;

d) interesse particular na causa.

Parágrafo único. Se o recusante houver praticado algum ato pelo qual haja consentido na pessoa do juiz, não mais poderá alegar exceção de suspeição, salvo sobrevindo novo motivo. A suspeição não será também admitida, se do processo constar que o recusante deixou de alegá-la anteriormente, quando já a conhecia, ou que, depois de conhecida, aceitou o juiz recusado ou, finalmente, se procurou de propósito o motivo de que ela se originou.

Art. 802. Apresentada a exceção[6] de suspeição, o juiz ou Tribunal designará audiência, dentro de 48 horas, para instrução e julgamento da exceção.

§ 1º Nas Varas do Trabalho* e nos Tribunais Regionais, julgada procedente a exceção de suspeição, será logo convocado[6], para a mesma audiência ou sessão, ou para a seguinte, o suplente do membro suspeito, o qual continuará a funcionar no feito até decisão final. Proceder-se-á da mesma maneira quando algum dos membros se declarar suspeito.

§ 2º Se se tratar de suspeição de juiz de direito, será este substituído na forma da organização judiciária local.

* (tacitamente alterado pela EC 24/99)

1 *Impedimento e suspeição*. O CPC de 1939 não os distinguia expressamente. Amaral Santos e outros tentavam a separação, ao estudar o fundamento da ação rescisória (*Primeiras linhas*), enquanto outros a recusavam com fortes argumentos (Lopes da Costa, *Direito Processual Civil*, v. 1). O CPC de 1973 revogou tacitamente o *caput* do art. 801, ao dispor: "Aplicam-se os motivos de impedimento e suspeição aos juízes de todos os tribunais" (art. 137). CPC/15, art. 148.

Se o juiz não se considerar suspeito e a parte não alegar o prazo e forma legais à suspeição, o defeito deixa de produzir qualquer consequência jurídica no processo (TST, RO 17.399/90.9, Hélio Regato, Ac. SDI 520/92).

Não cabe ao Tribunal *ad quem* julgar a causa da suspeição mas ao próprio órgão ao qual pertença o juiz pretensamente suspeito (art. 802/CLT) (TST, AI 155.314/95.0, Aloísio Carneiro, Ac. 2ª T. 8.693/95).

■ A imparcialidade do juiz constitui pressuposto de constituição e desenvolvimento válido da relação processual. A participação em decisão de juiz que se dera por suspeito inquiria de nulidade absoluta o julgamento independentemente de perquirir-se se o voto foi decisivo ou não, pois a simples presença ou mesmo a argumentação expandida na declaração de voto do juiz suspeito pode ter influenciado os demais juízes membros do Tribunal (TST, RO-MS 336.882/97.6, João Oreste Dalazen, Ac. SBDI-2/99).

2 *Causas de impedimento.* É defeso ao juiz exercer as suas funções no processo contencioso ou voluntário de que for parte; em que interveio como mandatário da parte, oficiou como perito, funcionou como órgão do Ministério Público, ou prestou depoimento como testemunha; que conheceu em primeiro grau de jurisdição, tendo-lhe proferido sentença ou decisão; quando nele estiver postulando, como advogado da parte, o seu cônjuge ou qualquer parente seu, consanguíneo ou afim, em linha reta, ou na linha colateral, até o segundo grau; quando cônjuge, parente, consanguíneo ou afim, de alguma das partes, em linha reta ou, na colateral, até o terceiro grau; quando for órgão de direção ou de administração de pessoa jurídica, parte na causa. No caso do advogado, o impedimento só se verifica quando já estava exercendo o patrocínio da causa; é, porém, vedado ao advogado pleitear no processo, a fim de criar o impedimento do juiz (CPC/15, art. 144). Quando dois ou mais juízes forem parentes, consanguíneos ou afins, em linha reta e no segundo grau na linha colateral, o primeiro, que conhecer da causa no tribunal, impede que o outro participe do julgamento; caso em que o segundo se escusará, remetendo o processo ao seu substituto legal (art. 147). *Impedimento de juiz e nulidade por falta de convocação de substituto,* Ildélio Martins, *LTr* 36/515.

■ Nulidade do julgado pela participação no julgamento dos embargos de declaração de juiz que havia se declarado impedido por motivo de foro íntimo. Violação aos arts. 134, 135 e 137 do CPC demonstrada (TST, RR 732/87-7, Mendes Cavaleiro, Ac. 3ª T. 2.458/87).

■ Violação do art. 118 da LOMAN. Participação de juiz impedido no julgamento. Nulidade da decisão regional (TST, RR 4.252/84, Marcelo Pimentel, Ac. 2ª T. 4.464/85).

■ A participação do Juiz no julgamento de 1º grau impede-o de participar do julgamento do Tribunal Regional (TST, RR 0413/85, José Ajuricaba, Ac. 2ª T. 3.676/86).

■ Nos termos dos arts. 134 e 135, do CPC, não tendo a sindicância feição de processo contencioso ou voluntário, mas, apenas, administrativo, não dá lugar à arguição de exceção de suspeição e impedimento (TST, EXSI 471.210/98.7, Ursulino Santos Filho).

3 *Causas de suspeição.* "Reputa-se fundada a suspeição de parcialidade do juiz, quando: amigo íntimo ou inimigo capital de qualquer das partes; alguma das partes for credora ou devedora do juiz, de seu cônjuge ou de parentes destes, em linha reta ou colateral até o terceiro grau; herdeiro presuntivo, donatário ou empregador de alguma das partes; receber dádivas antes ou depois de iniciado o processo; aconselhar alguma das partes acerca do objeto da causa, ou subministrar meios para atender às despesas do litígio; interessado no julgamento da causa em favor de uma das partes; poderá ainda o juiz declarar-se suspeito por motivo íntimo" (CPC/15, art. 145).

O afastamento do magistrado em razão de suspeição por motivo íntimo é circunstância que se esconde em sua alma e só a ele pertence, mesmo que sua origem se possa presumir em certos fatos processuais ocorridos. Para a administração da Justiça isso é mais conveniente do que obrigar o juiz a um esforço de autocontrole que nem sempre e nem todos podem alcançar. Assim se deduz do CPC, art. 135. A declaração de suspeição apenas é eficaz processualmente para cada uma das ações em que se lançar despacho expresso; mas é injurídica quando generalizante para processos presentes ou futuros e até para advogados inominados. Nesse aspecto administrativo, de organização dos serviços públicos, a medida correcional por não atingir o procedimento é competente e elogiável. Mandado de segurança concedido apenas para os autos onde a suspeição tenha sido expressamente declarada (TRT/SP, MS 136/87-P, Valentin Carrion, IV G.).

Se o Juiz levanta o incidente, não pode participar do julgamento, mesmo que na Presidência e sendo unânime, a decisão, sem pairar dúvida sobre a sua influência, inquinando de nulidade o julgamento (TST, RR 1.607/85-1, Ranor Barbosa, Ac. 3ª T. 2.209/86).

É inadmitida a arguição de suspeição na fase recursal, cabendo, por isso mesmo, a aplicação do parágrafo único do art. 801 da CLT que dispõe a respeito (TRT/DF, RO 2.679/84, Câmara Portocarrero, Ac. 2ª T. 661/86).

4 Aplicam-se também os motivos de impedimento e de suspeição: ao órgão do Ministério Público (CPC/15, art. 148, I), quando não for parte, e, sendo parte, nos casos previstos nos n. I a IX do art. 144 do CPC/15; ao serventuário de justiça; ao perito; ao intérprete. Quanto aos assistentes técnicos, v. art. 827/1. A parte interessada deverá arguir o impedimento ou a suspeição, em petição fundamentada e devidamente instruída, na primeira oportunidade em que lhe couber falar nos autos; o juiz mandará processar o incidente em separado (no procedimento trabalhista, será nos próprios autos) e sem suspensão da causa, ouvindo o arguido no prazo de 5 dias, facultando a prova quando necessária e julgando o pedido.

5 A sentença proferida por juiz impedido é fundamento para ação rescisória (CPC/15, art. 966).

6 *Procedimento*. A exceção será dirigida ao juiz da causa, segundo o CPC/15, art. 146, com a diferença que, se a exceção for procedente, o Juiz do Trabalho não arca com as custas do processo, já o Juiz de Direito é obrigado a ressarcir o Estado, ferindo assim o Princípio da Isonomia Constitucional. Procedimento (Consolidação dos Provimentos, arts. 12 e 13, TST Correg./12, em apêndice).

Seção VII
Dos conflitos de jurisdição

Art. 803. Os conflitos de jurisdição podem ocorrer entre:

a) Varas do Trabalho* e Juízes de Direito investidos na administração da Justiça do Trabalho;

b) Tribunais Regionais do Trabalho;

c) Juízos e Tribunais do Trabalho e órgãos da Justiça Ordinária;

d) (rev. DL 8.737/46)[2].

Art. 804. Dar-se-á conflito de jurisdição[1]:

a) quando ambas as autoridades se considerarem competentes;

b) quando ambas as autoridades se considerarem incompetentes.

Art. 805. Os conflitos de jurisdição podem ser suscitados:

a) pelos juízes e Tribunais do Trabalho;

b) pelo procurador-geral e pelos procuradores regionais da Justiça do Trabalho;

c) pela parte interessada, ou seu representante.

Art. 806. É vedado à parte interessada suscitar conflitos de jurisdição quando já houver oposto na causa exceção de incompetência[3].

Art. 807. No ato de suscitar o conflito deverá a parte interessada produzir a prova de existência dele.

* (tacitamente alterado pela EC 24/99)

1 *Conflito positivo ou negativo* de jurisdição, respectivamente, é a denominação do fenômeno processual em que os órgãos judiciais se consideram simultaneamente competentes ou não. Apesar de ser muito mais expressiva, a doutrina prefere denominar o fenômeno de conflito de competência; o mesmo fazem a Constituição Federal de 1988 e o CPC/15; este acrescenta a hipótese de surgir controvérsia entre vários juízes acerca da reunião ou separação de processos (art. 66).

STJ Não há conflito de competência se já existe sentença com trânsito em julgado, proferida por um dos juízos conflitantes (STJ – Súmula 59).

TST Não se configura conflito de competência entre Tribunal Regional do Trabalho e Vara do Trabalho a ele vinculada (TST – Súmula 420, Conversão da Orientação Jurisprudencial SDI-2 115).

Conflito de jurisdição. Mandado de segurança contra ato judicial (imissão na posse de imóvel) praticado por Juiz estadual no exercício de jurisdição trabalhista e no curso de reclamação relativa a dispensa sem justa causa. Conflito conhecido, para declarar-se competente o Tribunal Regional do Trabalho suscitante (STF, CJ 6.228-1-MG, Moreira Alves, Ac. TP).

Conflito de jurisdição. O Juiz competente para dar pela carência de ação é o Juiz competente para julgar, objetivamente, a relação jurídica que lhe foi apresentada como relação trabalhista (STF, CJ 6.366-1-MG, Firmino Paz, Plenário).

O só fato de existir perante a Justiça Comum estadual demanda, entre a reclamada e cedente, relacionada com o mesmo contrato que instrumentaliza a reclamatória, não induz, apesar da afinidade, a vinculação das causas a um mesmo Juízo. O conflito de competência somente ocorre nas hipóteses contempladas no art. 115 do CPC (STJ, CComp 1.602-SP, Sálvio de Figueiredo, Ac. 2ª Seção).

2 A alínea "d" do art. 803 dizia: "Câmara do Conselho Nacional do Trabalho"; foi extinta pelo DL 8.737/46.

3 *Conflito e exceção.* O texto do art. 806 é semelhante ao texto dos CPC de 1939 e de 1973; não pode ser aplicado com a automaticidade que sua simples leitura poderia indicar. Se o réu foi vencido na exceção que arguiu no primeiro processo e, posteriormente, lhe é movido um outro perante outro juízo, que total ou parcialmente abrange o primeiro, há conflito decorrente da litispendência que deve ser arguido. Ainda mais no processo do trabalho, onde, via de regra, sendo simples, os despachos interlocutórios não são recorríveis. Há mesmo quem afirme que o dispositivo somente se aplica enquanto não se repeliu a exceção (Pontes de Miranda, *Comentários*). Diferente é a opinião de Batista Martins, referida por Campos Batalha (*Tratado Elementar*); entretanto, o principal argumento do autor do anteprojeto é a existência de recurso da interlocutória para o mesmo tribunal; mas no processo do trabalho as decisões interlocutórias são irrecorríveis; e, além disso, preocupamo-nos com a diversidade de jurisdições, o que não é previsto no comentário. Ainda, afirma-se a irrecorribilidade da decisão proferida em conflito, ressalvada a via recursal fundamentada em violação à Constituição. Na vigência da Constituição anterior, afirmava-se a impossibilidade de a legislação ordinária limitar o disposto pela Constituição (Pontes de Miranda, ob. cit.), o que se aplica à atual, mesmo em se tratando do TST, cujas sentenças são recorríveis em matéria constitucional, quando contrariarem a Carta Magna. O Regimento Interno do STF não permite recurso das decisões proferidas em conflito, referindo-se obviamente às decisões do próprio tribunal (art. 168, § 2º). O tema não se reduz ao mero aspecto de rapidez processual, mas da conveniência de que um órgão com funções eminentemente jurídicas e políticas, no mais alto sentido, com garantias constitucionais de independência na totalidade de seus membros, dê a última palavra. Havendo jurisprudência dominante do tribunal sobre a questão suscitada, o relator poderá decidir de plano o conflito de competência, cabendo agravo (CPC/15, art. 955, parágrafo único), a não ser que o Regimento Interno do tribunal o considere irrecorrível.

4 Competência da Justiça do Trabalho (art. 643 e s.). Incompetência por *factum principis* e recurso (v. arts. 486/4 e 800/7).

Art. 808. Os conflitos de jurisdição de que trata o art. 803 serão resolvidos:

a) pelos Tribunais Regionais, os suscitados entre Varas do Trabalho* e entre Juízos de Direito, ou entre umas e outras, nas respectivas regiões[2]**;**

b) pelo Tribunal Superior do Trabalho, os suscitados entre Tribunais Regionais, ou entre Varas do Trabalho* e Juízos de Direito sujeitos à jurisdição de Tribunais Regionais diferentes (revogada tacitamente);

c) (rev. DL 9.797/46);

d) pelo Supremo Tribunal Federal, os suscitados entre as autoridades da Justiça do Trabalho e as da Justiça Ordinária (revogada tacitamente pela CF/46).

* (tacitamente alterado pela EC 24/99)

1 Diz a Constituição Federal de 1988:

Art. 102. Compete ao Supremo Tribunal Federal...:
I – processar e julgar, originariamente: ...
o) os conflitos de competência entre o STJ e quaisquer tribunais, entre Tribunais Superiores, ou entre estes e qualquer outro tribunal.

Art. 105. Compete ao Superior Tribunal de Justiça:
I – processar e julgar, originariamente: ...
d) os conflitos de competência entre quaisquer tribunais, ressalvado o disposto no art. 102, I, "o", bem como entre tribunal e juízes a ele não vinculados e entre juízes vinculados a tribunais diversos...

Art. 108. Compete aos Tribunais Regionais Federais:
I – processar e julgar, originariamente: ...
e) os conflitos de competência entre juízes federais vinculados ao Tribunal.

Os conflitos que envolvam o Superior Tribunal de Justiça e outros tribunais (a), ou os Tribunais Superiores entre si (b) ou frente a outro tribunal (c) são da competência do Supremo Tribunal Federal (CF, art. 102).

Os que envolvam os demais tribunais (d) ou tribunal e juiz que não lhe estão subordinados (e) ou juízes vinculados a tribunais diversos (f) são da competência do Superior Tribunal de Justiça (CF, art. 105).

Quanto à competência para julgar conflitos entre dois Tribunais Regionais ou entre um deles e o TST, retificamos o afirmado em edição anterior.

É que o STF decidiu, apesar do texto constitucional, que a hierarquia jurisdicional impede o conflito e decide a favor do órgão mais elevado. Assim, nessa matéria o TST dirá a última palavra, apesar do art. 105, *d*, da Constituição.

STJ Não compete ao Superior Tribunal de Justiça dirimir conflitos de competência entre juízes trabalhistas vinculados a Tribunais do Trabalho diversos (STJ – Súmula 236).

O STF, dentro do sistema normativo consagrado pela Carta da República, não se apresenta investido de atribuição jurisdicional para, em sede originária, dirimir conflito de competência instaurado entre órgãos da Justiça do Trabalho situados no primeiro e no segundo graus de jurisdição (JCJ e TRT), de um lado, e o Tribunal de Justiça dos Estados-membros, de outro. A competência para dirimir esse conflito pertence, originariamente, ao STJ (CF, art. 105, I, *d*) (STF, CComp 7.035-8-SP, Celso de Mello, Ac. TP).

Pertence ao STF a competência para dirimir, originariamente, conflitos de competência instaurados entre qualquer Tribunal Superior da União e magistrado de primeira instância que não esteja a ele vinculado. Precedentes (STF, CComp 7.027-7-PE, Celso de Mello, Ac. TP).

Embora manifestado entre tribunais, o dissídio, em matéria de competência, entre o Tribunal Superior do Trabalho e um Tribunal Regional do Trabalho – que se integram em graus diversos, no escalonamento da mesma justiça especializada – é um problema de hierarquia de jurisdição e não, de conflito: a regra que incumbe o STF de julgar conflitos de competência entre Tribunal Superior e qualquer outro Tribunal não desmente a verdade curial de que, onde haja hierarquia jurisdicional, não há conflito de jurisdição (STF, CJ 6.978-2, Sepúlveda Pertence).

Competência. Conflito. Justiça Estadual e Justiça Federal. Pretensão deduzida por empregado aposentado demandando cumprimento de obrigação concernente ao contrato de trabalho. Competência da Justiça do Trabalho. Pode o Tribunal declarar a competência de outro juízo ou Tribunal que não o suscitante ou suscitado (STJ, CComp 13.855-8-RJ, Sálvio de Figueiredo Teixeira, Reg. 95.0026693-8).

Conflito entre TST e Juiz Federal. Compete ao STF solucionar conflitos de competência entre Tribunal Superior e qualquer outro Tribunal ou juiz a ele não vinculado, *ex vi* do art. 102, I, *o*, da Carta Magna (STJ, CComp 14.298-RJ, Vicente Leal, Reg. 95.0033720-7).

A JCJ, proferindo sentença, resta exaurida sua jurisdição. Ao TRT cabe, no recurso, se achar que houve incompetência, anular julgado. Em seguida, suscitar o conflito. Se não for anulada a sentença e o Juiz Federal for compelido a prolatar outra, haverá duas sentenças, o que é impossível (STJ, CComp 11.889-1-CE, Luiz Vicente Cernicchiaro, Reg. 94.0038022-4).

2 O conflito entre juiz de direito, no exercício da jurisdição trabalhista, e a Vara do Trabalho da mesma Região não é do STJ, mas do TRT; nessa hipótese a Constituição Federal, diferentemente das demais, utilizou a expressão "tribunal e juízes" a ele não vinculados; a vinculação que concerne é a processual (recursal) e não a orgânica, administrativa e correcional.

STJ Na lide trabalhista, compete ao Tribunal Regional do Trabalho dirimir conflito de competência verificado, na respectiva região, entre Juiz Estadual e Junta de Conciliação e Julgamento (STJ – Súmula 180).

STJ Instalada a Junta de Conciliação e Julgamento, cessa a competência do Juiz de Direito em matéria trabalhista, inclusive para a execução das sentenças por ele proferidas (STJ – Súmula 10).

STJ Compete ao STJ dirimir conflito de competência verificado, na respectiva Região, entre Juiz Federal e Juiz Estadual investido de jurisdição federal (STJ – Súmula 3).

O Superior Tribunal de Justiça decide conflito de competência entre juízes vinculados a tribunais diversos (CF, art. 105, I, *d*, *in fine*). Quando o juiz estadual está investido de jurisdição federal, suas decisões são submetidas ao Tribunal Regional Federal, como acontece com o juiz federal. Ambos, pois, submetidos ao mesmo Colegiado, que é o competente para apreciar a matéria (STJ, CComp 416-AM, Vicente Cernicchiaro, Ac. 1ª Seção).

Compete ao Tribunal Regional do Trabalho da respectiva região dirimir conflito de competência entre juízes do trabalho e juízes estaduais investidos de competência trabalhista, a respeito de seus limites territoriais (STJ, CComp 18091, Reg. 96/0051483-6/99, Romildo Bueno de Souza).

* Sobre o tema *supra*, v. www.institutocarrion.com.br.

Art. 809. Nos conflitos de jurisdição entre as Varas do Trabalho* e os Juízos de Direito observar-se-á o seguinte:

I – o juiz* mandará extrair dos autos as provas do conflito, e, com a sua informação, remeterá o processo assim formado, no mais breve prazo possível, ao presidente do Tribunal Regional[1] competente;

II – no Tribunal Regional, logo que der entrada o processo, o presidente determinará a distribuição do feito, podendo o relator ordenar imediatamente aos Juízos*, nos casos de conflito positivo, que sobrestejam o andamento dos respectivos processos e solicitar, ao mesmo tempo, quaisquer informações que julgue convenientes. Seguidamente, será ouvida a Procuradoria, após o que o relator submeterá o feito a julgamento, na primeira sessão;

III – proferida a decisão, será a mesma comunicada, imediatamente, às autoridades em conflito, prosseguindo no foro julgado competente.

* (tacitamente alterado pela EC 24/99)

1 Competência para julgamento de conflito entre Juiz de Direito e Vara do Trabalho (art. 808/1). Havendo jurisprudência dominante do tribunal sobre a questão suscitada, o relator poderá decidir de plano o conflito de competência, cabendo agravo, no prazo de 5 dias, contado da intimação da decisão às partes, para o órgão recursal competente (CPC/15, art. 955, parágrafo único).

■ Processo civil. Competência. Reclamação trabalhista ajuizada por policial militar. A competência, no caso, define-se pela natureza da relação jurídica litigiosa, que é, por sua vez, demarcada pelo pedido inicial. Propositura induvidosa de uma reclamação trabalhista. Conflito conhecido, declarado competente o Juízo suscitado (STJ, CComp 336-RO, Barros Monteiro, Ac. 2ª Seção).

■ Conflito de competência. O Superior Tribunal de Justiça decide conflito de competência entre juízes vinculados a tribunais diversos (CRFB, art. 105, I, "d", *in fine*). Quando o juiz estadual está investido de jurisdição federal, suas decisões são submetidas ao Tribunal Regional Federal, como acontece com o juiz federal. Ambos, pois, submetidos ao mesmo Colegiado, que é o competente para apreciar a matéria (STJ, CComp 703-RJ, Vicente Cernicchiaro, Ac. 1ª Seção).

Art. 810. Aos conflitos de jurisdição entre os Tribunais Regionais aplicar-se-ão as normas estabelecidas no artigo anterior.

Art. 811. Nos conflitos suscitados na Justiça do Trabalho entre as autoridades desta e os órgãos da Justiça Ordinária, o processo do conflito, formado de acordo com o inciso I do art. 809, será remetido diretamente ao presidente do Supremo Tribunal Federal (alterado pela CF/88)[1].

Art. 812. (Rev. DL 9.797/46).

1 Competência do STF e do STJ (art. 808/1). A redação do CPC/15, art. 955, parágrafo único, apesar de mais dinâmica, não se aplica ao processo do trabalho por já estar a matéria aqui regulada.

SDI A Lei n. 7.872/89 que criou o Tribunal Regional do Trabalho da 17ª Região não fixou a sua competência para apreciar as ações rescisórias de decisões oriundas da 1ª Região, o que decorreu do art. 678, I, "c", item 2, da CLT (TST, Orientação Jurisprudencial, SDI-2 7, Res. TST 137/05).

O STF, dentro do sistema normativo consagrado pela Carta da República, não se apresenta investido de atribuição jurisdicional para, em sede originária, dirimir conflito de competência instaurado entre órgãos da Justiça do Trabalho situados no primeiro e no segundo graus de jurisdição (JCJ e TRT), de um lado, e o Tribunal de Justiça dos Estados-membros, de outro. A competência para dirimir esse conflito pertence, originariamente, ao STJ (CF, art. 105, I, *d*) (STF, CComp 7.035-8-SP, Celso de Mello, Ac. TP).

Compete ao Supremo Tribunal Federal – e não ao Superior Tribunal de Justiça – dirimir conflito de jurisdição entre o Tribunal Superior do Trabalho e Juiz federal a ele não vinculado. Procedente (STF, CJ 6.902-2-RJ, Sydney Sanches, Ac. TP).

Pretendendo o autor que tinha vínculo trabalhista com o reclamado e pleiteando os consectários disso, cabe à Justiça do Trabalho o julgamento da causa. Se entender que inexiste aquele liame, poderá julgar improcedente a reclamatória mas não transferir a decisão da causa para a Justiça Comum (STJ, CComp 328-SP, Eduardo Ribeiro, Ac. 1ª Seção).

A competência do STF para dirimir conflitos de jurisdição não os alcança quando travados entre órgãos judiciários de primeiro grau. Conflito não conhecido, com remessa dos autos ao STJ (STF, CJ 6.926-0-RJ, Francisco Rezek, Ac. TP).

2 Conflitos no TST (RI, arts. 200 a 207, irrecorribilidade, art. 208; TST, RA 1.937/17).

Seção VIII
Das audiências

Art. 813. As audiências dos órgãos da Justiça do Trabalho serão públicas[1] e realizar-se-ão na sede do Juízo ou Tribunal em dias úteis previamente fixados, entre 8 e 18 horas, não podendo ultrapassar cinco horas seguidas, salvo quando houver matéria urgente.

§ 1º Em casos especiais, poderá ser designado outro local para a realização das audiências, mediante edital afixado na sede do Juízo ou Tribunal, com antecedência mínima de 24 horas.

§ 2º Sempre que for necessário, poderão ser convocadas audiências extraordinárias, observado o prazo do parágrafo anterior.

Art. 814. Às audiências deverão estar presentes, comparecendo com a necessária antecedência, os escrivães ou chefes de secretaria.

Art. 815. À hora marcada, o juiz* declarará aberta a audiência, sendo feita pelo diretor de secretaria ou escrivão a chamada das partes, testemunhas e demais pessoas que devam comparecer.

Parágrafo único. Se, até 15 minutos após a hora marcada, o juiz* não houver comparecido[2], os presentes poderão retirar-se, devendo o ocorrido constar do livro de registro das audiências.

Art. 816. O juiz* manterá a ordem nas audiências, podendo mandar retirar do recinto os assistentes que a perturbarem[3].

Art. 817. O registro das audiências será feito em livro próprio, constando de cada registro os processos apreciados e a respectiva solução, bem como as ocorrências eventuais.

Parágrafo único. Do registro das audiências poderão ser fornecidas certidões às pessoas que o requererem[1].

* (tacitamente alterado pela EC 24/99)

1 Princípio processual e constitucional da publicidade dos atos (art. 770/1).

2 A tolerância de 15 minutos é concedida pela lei ao juiz, não às partes. O CPC/15, art. 362, III ("A audiência poderá ser adiada: III - por atraso injustificado de seu início em tempo superior a 30 (trinta) minutos do horário marcado"), não se aplica à Justiça do Trabalho (TST, IN 39/16, art. 2º, VI). Um atraso sem qualquer justificativa não pode vigorar.

SDI Inexiste previsão legal tolerando atraso no horário de comparecimento da parte à audiência (TST, SDI-1, Orientação Jurisprudencial 245).

Designada a audiência para determinado horário, deve a parte ser diligente, respeitando a necessária pontualidade para a prática do ato. A lei não prevê tolerância para atraso da parte à audiência (TST, RR 301.014/96.6, Georgenor de Sousa Franco Filho, Ac. 4ª T./99).

3 Exclusão do recinto (L. 8.906/94, art. 7º).

Injúria ou difamação contra Magistrado. Não é beneficiada pela imunidade reconhecida quanto à ofensa em juízo, na discussão da causa, pela parte ou por seu procurador (CP, art. 142, I) (STF, RHC 56.490-90-PR, Ac. 2ª T., Décio Miranda).

Seção IX
Das provas

Art. 818. O ônus da prova[1] incumbe: (Red. L. 13.467/17).

I - ao reclamante, quanto ao fato constitutivo[2] de seu direito;

II - ao reclamado, quanto à existência de fato impeditivo, modificativo ou extintivo[2] do direito do reclamante.

§ 1º Nos casos previstos em lei ou diante de peculiaridades da causa relacionadas à impossibilidade ou à excessiva dificuldade de cumprir o encargo nos termos deste artigo ou à maior facilidade de obtenção da prova do fato contrário, poderá o juízo atribuir o ônus da prova de modo diverso[5], desde que o faça por decisão fundamentada, caso em que deverá dar à parte a oportunidade de se desincumbir do ônus que lhe foi atribuído[6]. (Red. L. 13.467/17).

§ 2º A decisão referida no § 1º deste artigo deverá ser proferida antes da abertura da instrução e, a requerimento da parte, implicará o adiamento da audiência e possibilitará provar os fatos por qualquer meio em direito admitido. (Red. L. 13.467/17).

§ 3º A decisão referida no § 1º deste artigo não pode gerar situação em que a desincumbência do encargo pela parte seja impossível ou excessivamente difícil. (Red. L. 13.467/17).

1 Diz a Constituição Federal de 1988:

Art. 5º ...

LVI – são inadmissíveis, no processo, as provas obtidas por meios ilícitos.

Provas. "Quem não pode provar é como quem nada tem; aquilo que não é provado é como se não existisse; não poder ser provado, ou não ser é a mesma coisa (Mascardus, apud João Mendes de Almeida Jr., *Direito Judiciário Brasileiro*). A falta de provas, quanto a certo fato que interessa ao processo e que poderá ter influência no julgado, prejudica aquele a quem incumbia o ônus da prova, ou seja, quem tinha a responsabilidade de provar: não o tendo feito, a sentença terá o respectivo fato como inexistente. Entretanto, ao juiz é dado, caso o julgue necessário, tomar a iniciativa de procurar novos meios de certeza, mesmo não requeridos pelas partes. Mas nem é seu dever, nem a complexidade da vida moderna o permitem, na maior parte das vezes. Por outro lado, não tem o juiz a missão de instruir as partes sobre que fatos, essenciais e discutíveis, hão de produzir prova, nem a qual delas cabe o ônus; mas sim verificar que fatos não foram provados, para saber a quem prejudica a incerteza (Wach, apud Buzaid, "Do ônus da prova", *Revista de Direito Processual Civil,* 4/16).

2 *Incumbência da prova ou ônus da prova.* A regra de que o ônus pesa sobre quem alega é incompleta, simplista em excesso. O empregado que afirme não ter faltado ao serviço em certo dia terá de prová-lo? Se outro alegar, na petição inicial, que celebrou contrato com a empresa e que esta foi representada no ato por preposto capaz e sem coação, deverá provar as três circunstâncias? É óbvio que não: 1) ao autor cabe o ônus da prova do fato constitutivo de seu direito (CPC/15, art. 373, I); 2) ao réu, o da existência do fato impeditivo, modificativo ou extintivo do direito do autor (CPC, art. 373, II). Fato constitutivo é o fato capaz de produzir o direito que a parte pleiteia; geralmente é formado por vários elementos; desse complexo é que surge o direito (Lopes da Costa, *Direito Processual Civil*). A existência de trabalho subordinado ou de contratação do empregado são fatos constitutivos para quem pretende qualquer direito que deles decorra. Os *fatos impeditivos* são as circunstâncias excepcionais que retiram todos ou alguns efeitos, porque sua ausência constitui uma anomalia, uma vez que costumam acompanhar os fatos constitutivos (Chiovenda, *Instituições*); a lei, quando os prevê expressamente, costuma dizer *exceto se, a não ser que, salvo se* (Lopes da Costa, ibidem). Ao autor cabe provar os fatos constitutivos da demanda, mas não tem de provar todas e cada uma das circunstâncias que normalmente acompanham o fato constitutivo: a seriedade e validade do consentimento, a capacidade das partes, a licitude do objeto, e assim por diante; aquele que negar essas circunstâncias é que está obrigado a provar que, no caso, elas não existiram (Eliézer Rosa, citando Liebman, ob. cit., p. 223). Os *fatos extintivos* são os que fazem desaparecer um direito que se reconhece preexistiu (satisfação da pretensão, pagamento, prescrição, renúncia ou transação). *Fato modificativo* é o que substituiu alguns dos efeitos previstos por outros novos ou os alterou; é o caso da novação, quando o devedor contrai nova dívida com o credor para substituir a antiga. O trabalho em horário extraordinário é fato constitutivo; a existência de quadro de carreira para promoção é fato impeditivo do direito à equiparação; a prescrição do mesmo é causa extintiva. Todas essas distinções não são absolutas, apesar de sua lógica e valor evidente, pois devem ser pesadas dentro da complexidade de cada lide judiciária (como se vê das notas abaixo) para terminarem no princípio da livre convicção do juiz.

3 *Atribuir o ônus da prova de modo diverso*. O TST, IN 39/16, art. 3º, VII, já autorizava o CPC/15, art. 373, §§ 1º e 2º, a "inversão do ônus da prova": agora reproduzidos no art. 818, § 1º, "Nos casos previstos em lei ou diante de peculiaridades da causa relacionadas à impossibilidade ou à excessiva dificuldade de cumprir o encargo nos termos deste artigo ou à maior facilidade de obtenção da prova do fato contrário", podendo a parte se desincumbir do ônus que lhe foi atribuído.

4 *Alteração do ônus de prova por convenção das partes*, continua sem aplicação (TST, IN 39/16, art. 2º, VII, veda aplicação do CPC/15, art. 373, §§ 3º e 4º, que não permite a alteração do ônus de prova por convenção das partes quando tratar de direito indisponível da parte ou tornar excessivamente difícil seu exercício).

TST I – É ônus do empregador que conta com mais de 10 (dez) empregados o registro da jornada de trabalho na forma do art. 74, § 2º, da CLT. A não apresentação injustificada dos controles de frequência gera presunção relativa de veracidade da jornada de trabalho, a qual pode ser elidida por prova em contrário. II – A presunção de veracidade da jornada de trabalho, ainda que prevista em instrumento normativo, pode ser elidida por prova em contrário. III – Os cartões de ponto que demonstram horários de entrada e saída uniformes são inválidos como meio de prova, invertendo-se o ônus da prova, relativo às horas extras, que passa a ser do empregador, prevalecendo a jornada da inicial se dele não se desincumbir (TST – Súmula 338, conversão das Orientações Jurisprudenciais SDI-1 234 e 306).

TST O ônus de provar o término do contrato de trabalho, quando negadas a prestação de serviço e o despedimento, é do empregador, pois o princípio da continuidade da relação de emprego constitui presunção favorável ao empregado (TST – Súmula 212).

SDI CANCELADA – É do empregado o ônus de comprovar que satisfaz os requisitos indispensáveis à obtenção do vale-transporte (TST, SDI-1, Orientação Jurisprudencial 215, cancelada, TST, Res. 175/11).

Embora alegue a reclamada que houve simples negativa do fato constitutivo da pretensão deduzida, tal premissa não condiz com os fundamentos esposados na decisão regional, pois depreende-se desta que a empresa alegou ter pago os reajustes, atraindo assim o ônus da prova, conforme dispõe o art. 818 da CLT e 333 do CPC, uma vez que aduziu o fato extintivo do direito do autor quando afirmou ter efetuado o pagamento das diferenças salariais alegadas (TST, RR 120.339/94.8, Galba Velloso, Ac. 4ª T. 3.757/96).

A prova das alegações incumbe à parte que as fizer (CLT, art. 818). Diferenças pleiteadas devem ser demonstradas pela parte, ainda que por amostragem. Só com esses indícios, se justificam dispendiosas perícias que atrasam o processo e representam despesas desfundamentadas (TRT/SP, RO 23.015/94.8, Valentin Carrion, Ac. 9ª T. 14.835.0/96).

Alegando o autor, em sua Reclamatória, a existência de diferenças de depósitos do FGTS, compete à Reclamada comprovar o adimplemento de obrigação do empregador, vez que a exatidão das parcelas fundiárias depositadas é ônus de quem detém documentos pertinentes, por ter a obrigação de efetuá-los (TST, RR 205.314/95.7, Moacyr Roberto Tesch Auersvald, Ac. 2ª T. 1.160/97).

5 *Há fatos que independem de provas*: a) os não contestados; b) os notórios; c) aqueles que a lei presume. No processo trabalhista, não se admite a contestação por negação geral! O CPC/15 (art. 336) também não.

Presumem-se os fatos não impugnados, salvo se não for admissível a confissão ou se essa presunção contradisser a defesa em seu conjunto (CPC/15, art. 341). No exame da notoriedade de um fato, é necessário que essa circunstância seja geral, e não simplesmente local, em face da duplicidade de instância.

A contestação, por negação total, não é mais admitida. O réu deve responder de maneira precisa, e não limitada a uma defesa genérica (art. 416 do CPC italiano, quando trata do processo de trabalho) ou a uma negação total (Vitório Denti e Guglielmo Simoneschi) (TST, RR 3.357/76, Coqueijo Costa, Ac. 3ª T. 2.645/76).

O Juiz pode e deve indeferir prova pericial quando desnecessária. Somente deve ser realizada quando obrigatória (Insalubridade ou periculosidade) ou nos casos em que a sua conclusão seja fundamental (TST, RO-AR 562/89.0, Ursulino Santos, Ac. SDI 292/91).

O poder de direção do processo, conferido ao Magistrado, faculta-lhe indeferir diligências inúteis, inclusive oitiva do perito em audiência (CLT, art. 765 e CPC, art. 130). A previsão legal (quesitos esclarecedores, CPC, 435), omitida, não impede que o Tribunal defira a diligência se a considerar necessária (TRT/SP, CP 20/96, Valentin Carrion, *DOE*, 19.1.96).

6 As *presunções* auxiliam a solução da lide, sejam de direito processual (omissão de impugnar, confissão ficta etc.) ou material, sejam legais ou simplesmente humanas. Em falta de normas jurídicas particulares, o juiz aplicará as regras de experiência comum subministradas pela observação do que *ordinariamente acontece* (CPC/15, art. 375), o que está muito próximo da presunção humana, muitas vezes adotada pela jurisprudência, quando não há presunção legal; era o caso da Súmula 26 do TST ("presume-se obstativa à estabilidade a despedida, sem justo motivo, do empregado que alcançar nove anos de serviços na empresa"). Tais suposições são numerosas no processo trabalhista, justamente porque se presume o que "ordinariamente acontece". Assim, supõe-se ter havido contrato por tempo indeterminado e não o determinado. Presume-se que o empregado trabalhou ininterruptamente até a rescisão contratual e não se presumem suas faltas. Presume-se o trabalho em jornada normal e não o trabalho em horário extraordinário ou aos domingos. Não se presume o despedimento, mas também não se presume o abandono pela simples ausência ao serviço, senão a partir de 30 dias. A presunção legal absoluta não permite prova em contrário; a relativa prevalece, se os fatos trazidos a exame não a destruírem. O princípio *in dubio pro misero* não existe; o que há é proteção ao hipossuficiente pela própria norma legal, que para isso é posta. Menos ainda em direito processual. Busca-se o ônus da prova; quem o tinha, e não provou, será vencido na sentença. Há vezes em que a facilidade probatória para uma parte transforma-se em ônus; se o empregador alega fato impeditivo em seu favor contra seu empregado, em princípio, a ele cabe o ônus da prova; se esse fato impeditivo é a menoridade do empregado, não é fato constitutivo, e no entanto a prova da maioridade será exigida ao pretenso menor. Pela natural facilidade para manter registros, arquivos e outros meios materiais que a organização burocrática possibilita, o ônus da prova pende às vezes para a empresa, como parte. Isso não poderia ser levado até as últimas consequências, sem uma ponderação de cada caso, como se pretende fazer com o despedimento. Esse rigor probatório, de praxe contra a empresa, não se pode transferir à empregadora doméstica, por motivos óbvios (art. 7º/4).

Os fatos alegados na inicial e não contestados presumem-se verdadeiros – art. 209 do CPC de 1939 e art. 302 do CPC de 1973. Independem de prova os fatos admitidos no processo como incontroversos, art. 334, III, do CPC de 1973. A apresentação, em grau de recurso de documentos destinados a comprovar fatos não contestados, não viola o art. 517 do CPC de 1973 (STF, RE 86.318, Cordeiro Guerra, Ac. 2ª T.).

A ausência de anotação na CTPS do empregado, no que tange às férias, faz prova relativa, admitindo provas em sentido contrário. Cabe ao empregador elidir a presunção *iuris tantum*. Inteligência do art. 333, II, do CPC (TST, RR 240.016/96.1, Antonio Maria Thaumaturgo Cortizo, Ac. 5ª T. 4.085/96; CJ c/ AI-RR 240.016/96.7).

A presunção de veracidade da jornada alegada na inicial só tem aplicabilidade quando tenha havido determinação judicial da juntada dos cartões, e desde que não haja outra prova contrária (TST, RR 207.637/95.5, José Luiz Vasconcellos, Ac. 3ª T. 840/97).

7 Quaisquer provas, desde que legítimas, são admitidas (CPC/15, art. 369, e CF, art. 5º, LVI).

O juiz decide de acordo com sua livre convicção, subordinado à lei e às provas constantes nos autos. Não pode utilizar seus conhecimentos pessoais sobre os fatos da lide e sim apreciar observações alheias de modo imparcial (Buzaid, *Aulas*). As provas repercutem no julgamento, mesmo que não aproveitem à parte que as trouxe (é o chamado ônus objetivo das provas). Prova produzida em outro processo também pode ser admitida (CPC/15, art. 371).

SDI A decisão que defere horas extras com base em prova oral ou documental não ficará limitada ao tempo por ela abrangido, desde que o julgador fique convencido de que o procedimento questionado superou aquele período (TST, SDI-1, Orientação Jurisprudencial 233, Res. TST 129/05).

O art. 462 do CPC permite ao juiz conhecer de ofício do fato constitutivo, modificativo ou extintivo do direito, ocorrido após a propositura da ação. Porém da assertiva não se segue que o juiz deva perseguir a prova do fato, tão somente alegado pela parte. O que o código permite é o conhecimento de ofício de matéria fática posterior ao ajuizamento da ação que influía no julgamento da lide, ainda que não alegado pelas partes, o que pressupõe que o juiz tenha ficado ciente do fato, porque sua existência no processo independa de providências a serem tomadas pelas partes (TST, RO-AR 139.849/94.4, Ronaldo Leal, Ac. SBDI-2 355/96).

O princípio da livre convicção que o direito processual consagra não se pratica com o capricho. Por sua vez, as normas do ônus da prova não constituem uma espécie de fanatismo, pois as circunstâncias podem amortecê-las. Quando as testemunhas são imprestáveis, o mesmo acontecendo com o registro diário de frequência, o pedido inicial do autor tem condições de ser acolhido, se moderado e coerente com o que se aproveitar da prova de audiência, que transparece das declarações suspeitas, desde que utilizadas com prudência (TRT/SP, RO 16.695/87, Valentin Carrion, Revisor, Ac. 7ª T.).

Segundo o princípio dispositivo, ... e o da adscrição da sentença ao pedido, ... deve o juiz decidir a lide nos limites em que foi proposta. ... o princípio da persuasão racional dispõe que o juiz apreciará livremente a prova, atento aos fatos e circunstâncias constantes dos autos, ainda que não alegados pelas partes. A confissão ficta não enseja, necessariamente, a procedência da ação, na medida em que ao julgado é permitido cotejá-la com os demais elementos de prova dos autos (TST, AI-RR 333.378/96.1, Milton França, Ac. 4ª T.).

8 O direito municipal, estadual, estrangeiro ou consuetudinário deve ser provado se o juiz o determinar (CPC/15, art. 377). O federal não tem de ser provado; sim o decorrente de normas coletivas de contratos e dissídios.

9 Confissão (art. 820, nota 1). Documentos, autenticação (art. 830) e juntada (art. 787/2). Prova testemunhal (art. 822 e segs.). Perícia (art. 826).

Art. 819. O depoimento das partes e testemunhas que não souberem falar a língua nacional será feito por meio de intérprete nomeado pelo juiz*.

§ 1º Proceder-se-á da forma indicada neste artigo, quando se tratar de surdo-mudo, ou de mudo que não saiba escrever.

§ 2º Em ambos os casos de que este artigo trata, as despesas correrão por conta da parte a que interessar o depoimento.

Art. 820. As partes e testemunhas serão inquiridas pelo juiz*[3], podendo ser reinquiridas, por seu intermédio, a requerimento das partes*, seus representantes ou advogados.

* (tacitamente alterado pela EC 24/99)

1 *A confissão* é a declaração, pela parte, da verdade dos fatos afirmados pelo adversário e contrários a quem faz; restringe a indagação do juiz; subordina-se a certas condições, pois deve partir de pessoas capazes de se obrigar (Chiovenda, *Instituições*). Presença da parte ao depoimento do adversário (Ribamar da Costa, *D. Processual do Trabalho*, cit., Índ. Bibliog.).

A colaboração de intérprete torna-se necessária quando se trata do depoimento de surdo-mudo que não pode expressar sua vontade, mesmo por escrito (CPC/15, arts. 162 a 164). Impedimento e suspeição (CPC/15, art. 148, III).

2 *Depoimento pessoal do menor de idade*. O menor de 21 anos e maior de 18 é plenamente capaz perante o Direito material do Trabalho e perante o processual (CLT, art. 792), agora também no Direito Civil, art. 5º. Quanto ao tratamento que se dispensa ao menor de 18 anos em juízo, compreende-se uma certa matização entre o Direito comum e o do Trabalho. Isto pela circunstância de que ele é o próprio prestador do serviço, está autorizado legalmente a assinar recibos de salários e é plenamente responsável pelas violações contratuais. Apesar disso, quanto aos efeitos jurídicos de seu depoimento, o menor de 18 anos não pode ser equiparado ao maior. A lei não o considera plenamente capaz, pois exige a assistência em juízo (arts. 792 e 793) e quando da quitação final (art. 439). Impõe-se, assim, colher o depoimento pessoal do menor, ao lado de seu genitor ou responsável, para que este possa fazer-lhe os adendos e retificações que entender, ao cumprir sua função; tais fatos devem ser pesados pelo juiz com as demais provas dos autos, para sua livre convicção, sem a forma vinculante plena que a confissão do absolutamente capaz tem. O depoimento da testemunha

estaria para o do informante, como o do absolutamente capaz está para o do menor de 18 anos. Observe-se que o CPC/15 não permite ao menor de 16 anos nem apenas ser testemunha (art. 447); e isto não obstante permita, em casos especiais, o depoimento de impedidos e suspeitos, como informantes. Testemunha menor de idade (art. 829/3).

3 A testemunha será inquirida pelo juiz (como determina a lei) e não inquirida pela parte como permite o CPC/15, art. 459 (TST, IN 39/16, art. 11). Falso testemunho (DL 2.848/40, art. 342, alt. L. 12.850/13, v. Índ. Leg.).

■ A presunção de confissão que se estabelece no processo não atinge indiscriminadamente todas as alegações manifestadas pela parte; estende-se apenas àquelas que passaram a ser controversas a partir do momento em que se fixaram os limites das pretensões de ambos os litigantes (TRT/SP, RO 8.446/85, Valentin Carrion, Ac. 8ª T.).

■ Da confissão ficta nasce mera presunção, que pode e é destruída quando existir nos autos prova em contrário (TST, RR 166.672/95.7, Francisco Fausto, Ac. 3ª T. 6.786/96).

■ Ao juiz cabe a apreciação do conjunto probatório em face do seu livre convencimento. Não se admitindo, pois, a tese da prevalência absoluta da prova documental sobre a prova testemunhal (TST, RR 218.360/95.3, Galba Velloso, Ac. 4ª T. 2.941/96).

■ Confissão Ficta. Configuração. Comparecimento do réu, antes do depoimento pessoal do autor. Atraso decorrente de fato público imprevisível e devidamente documentado nos autos. Rigor excessivo que viola o direito de defesa. Cerceamento (Proc. TRT/SP 20.605/96, Valentin Carrion, Ac. 9ª T. 51.904/97).

■ Prova. Confissão real. A parte, ainda que sofra os efeitos da confissão ficta, tem o direito de ouvir a parte contrária, onde frequentemente se hospeda a rainha das provas, ainda que parcialmente (Proc. TRT/SP 44.199/97, Valentin Carrion, Ac. 9ª T. 52.344/98).

■ A confissão extrajudicial, feita por escrito à parte ou a quem a represente, tem a mesma eficácia probatória da judicial, consoante preceito legal da lei processual civil (TST, RR 230.466/95.1, Ursulino Santos Filho, Ac. 1ª T.).

Art. 821. Cada uma das partes não poderá indicar mais de 3 testemunhas[1], salvo quando se tratar de inquérito[2], caso em que esse número poderá ser elevado a 6.

Art. 822. As testemunhas não poderão sofrer qualquer desconto[3] pelas faltas ao serviço, ocasionadas pelo seu comparecimento para depor, quando devidamente arroladas ou convocadas.

Art. 823. Se a testemunha for funcionário civil ou militar, e tiver de depor em hora de serviço, será requisitada ao chefe da repartição para comparecer à audiência marcada.

Art. 824. O juiz* providenciará para que o depoimento de uma testemunha não seja ouvido pelas demais que tenham de depor no processo.

Art. 825. As testemunhas comparecerão[4] à audiência independentemente de notificação ou intimação.

Parágrafo único. As que não comparecerem serão intimadas, *ex officio* ou a requerimento da parte, ficando sujeitas a condução coercitiva, além das penalidades do art. 730, caso, sem motivo justificado, não atendam à intimação.

* (tacitamente alterado pela EC 24/99)

1 Nos dissídios individuais plúrimos, ou cumulação subjetiva de ações (art. 842), os reclamantes que propuserem as ações conjuntamente renunciam a seu direito de ouvir três testemunhas para cada um deles. Se o juiz determina a unificação de várias reclamações, juntando os autos, e nada dizem os litisconsortes, renunciam igualmente àquele direito; mas nada obsta a que a parte dê seu assentimento à proposta do adversário ou do juiz, condicionado à ouvida de número de testemunhas superiores a 3. Quando há mais de um réu, cada um deles pode apresentar até três testemunhas.

Prova testemunhal. Iniciativa judicial. O juiz tem o poder-dever de avaliar a sua pertinência (CPC, arts. 130 e 400). A recusa da parte em indicar o seu objeto provoca seu indeferimento, que não caracteriza cerceamento (TRT/SP, RO 47315/94.8, Valentin Carrion, Ac. 9ª T. 21305/96.4).

O juiz trabalhista age dentro dos limites da legalidade quando indefere a oitiva de testemunhas indicadas em número superior a três. O art. 407, parágrafo único, do CPC não tem aplicação subsidiária ao processo trabalhista já que a CLT dispõe expressamente sobre a exceção à regra geral contida em seu art. 821 (TST, RO-MS 99.312/93.4, Francisco Fausto, Ac. SDI 1.563/95).

2 Procedimento em inquérito judicial contra estável (art. 854).

3 A testemunha pode requerer ao juiz o pagamento da despesa que efetuou para comparecimento, que a parte pagará (CPC/15, art. 462); dispositivo elogiável, para evitar à testemunha a afronta de mendigar a despesa à parte.

4 Quando do comparecimento da parte à primeira audiência, a testemunha já deve ter sido convidada para vir depor; se não atendeu ao convite, o nome, qualificação e endereço deve ser do seu conhecimento para oferecê-los ao juízo. No processo do trabalho, como no civil, "se a parte que arrolou a testemunha houver declarado que esta compareceria espontaneamente, e a testemunha faltar, presumir-se-á, ... que a parte 'desistiu de ouvi-la'" ("*rectius*: o não comparecimento não justificará o adiamento da audiência, que se realizará sem o depoimento") (Barbosa Moreira, *O novo processo civil brasileiro*).

TST As horas em que o empregado faltar ao serviço, para comparecimento necessário, como parte, à Justiça do Trabalho, não serão descontadas de seus salários (TST – Súmula 155).

■ Se as testemunhas não se apresentam à audiência, deve a parte requerer, no início desta, a respectiva notificação, a fim de se não cindir a prova. Não constitui cerceio de defesa o indeferimento de tal providência, se formulado ao fim da audiência, já colhida a prova da parte contrária, não se evidenciando nem mesmo a exigência das testemunhas com a indicação de seus nomes e endereços (TST, Ac. TP 1.603/72, Vieira de Mello).

5 Empregador que impede depoimento ou despede empregado por prestar depoimento (multa, art. 729). Recusar-se a depor (multa, art. 730).

Art. 826. É facultado a cada uma das partes apresentar um perito ou técnico (revogado tacitamente)[1].

Art. 827. O juiz* poderá arguir os peritos compromissados ou os técnicos, e rubricará, para ser junto ao processo, o laudo que os primeiros tiverem apresentado.

* (tacitamente alterado pela EC 24/99)

1 Os exames periciais são realizados por perito único nomeado pelo juiz, sendo permitido a cada parte indicar um assistente, que deve apresentar o laudo no mesmo prazo fixado ao perito; o art. 826 foi revogado tacitamente (L. 5.584/70, art. 3º, v. Índ. Leg.). O CPC/15 exige nível universitário e órgão de classe (art. 156, § 1º), mas "a exigência desses dois elementos conjugados depende de a perícia ter por objeto assunto tratado especificamente em curso universitário e também de os profissionais possuírem órgãos legalmente instituídos que os aglutinem" (Antônio Cláudio da Costa Machado, *CPC interpretado*, cit.). Perito engenheiro, habilitação (L. 5.194/66, v. Índ. Leg.). A suspeição e o impedimento do perito são idênticos aos do juiz; os do assistente técnico, não, após a redação dada ao CPC/15, art. 148, III, que, inovando, retirou esse profissional dos impedimentos aplicáveis ao perito; a inovação do CPC/15, art. 464, § 3º, ainda determinou que a perícia poderá consistir apenas na inquirição dos profissionais; é desnecessário o compromisso; a multa pelo inadimplemento do prazo será fixada pelo juiz. A divergência entre a CLT e o CPC quanto ao compromisso é de somenos importância, se houver certeza que o perito aceitou o encargo. A perícia por carta precatória está sob a jurisdição do deprecado (CPC/15, art. 465, § 6º), ressalvadas as determinações do juiz deprecante. Prova pericial (Consolidação dos Provimentos, arts. 48 e 49, TST Correg./12, em apêndice).

O laudo pericial não vincula o juiz, pois este tem o poder de apreciar livremente as provas; mas a fundamentação de sua discordância é indispensável por princípio processual, agora consagrado constitucionalmente (CF/88, art. 93, IX).

Pagamento do perito: v. art. 790-B/15.

TST A indicação do perito assistente é faculdade da parte, a qual deve responder pelos respectivos honorários, ainda que vencedora no objeto da perícia (TST – Súmula 341).

SDI É ilegal a exigência de depósito prévio para custeio dos honorários periciais, dada a incompatibilidade com o processo do trabalho, sendo cabível o mandado de segurança visando à realização da perícia, independentemente do depósito (TST, Orientação Jurisprudencial, SDI-2 98, Res. TST 137/05).

SDI Honorários periciais. Atualização monetária (TST, SDI-1, Orientação Jurisprudencial 198).

Condicionar a realização de perícia destinada a aferir a ocorrência de trabalho em condições insalubres ao pagamento antecipado das despesas honorárias não se revela como solução apropriada à luz da legislação processual trabalhista. Nestes termos, o art. 790-B da CLT dispõe que a responsabilidade pelo pagamento dos honorários periciais é da parte sucumbente na pretensão objeto da perícia, não havendo que se falar, por conseguinte, em pagamento antecipado desta despesa processual. Verificada a irregularidade cometida pelo magistrado de primeiro grau, determina-se a anulação do processo a partir da audiência de fl. 115, devendo os autos retornar à MM. Vara de origem para que, reaberta a instrução processual, seja realizada a perícia em questão e proferida nova decisão, como se entender de direito. Recurso de revista conhecido e provido (TST, RR 436.490/98.7, Maria de Assis Calsing).

Os honorários periciais são da responsabilidade proporcional da parte (reclamante ou reclamado) que lhe deu causa e foi vencida no objeto da indagação, salvo se gozar dos benefícios da assistência judiciária (L. 1.060/50 ou 5.584/70). Nesta última hipótese, o perito deixa de receber seus honorários. Não é a parte inocente quem os suporta (TRT/SP, RO 7.279/83, Valentin Carrion, Ac. 8ª T.).

O arbitramento dos honorários periciais está afeto ao poder discricionário do juiz, e não da parte a quem os ônus caberão, não existindo direito líquido e certo do perito ao pagamento inicialmente ajustado com a parte (TST, RO-Ag. 187.662/95.8, José Luciano de Castilho Pereira, Ac. SBDI-2 87/96).

Condenar ambas as partes ao pagamento dos honorários periciais, em face da sucumbência apenas parcial da reclamada, está em conformidade com o art. 26 do CPC (TST, RR 290.129/96.1, Regina Rezende Ezequiel, Ac. 1ª T. 3.891/97).

O art. 195 da CLT disciplina que a caracterização e classificação da insalubridade e periculosidade far-se-ão através de perícia a cargo de Médico do Trabalho ou Engenheiro do Trabalho, registrados no Ministério do Trabalho e da Administração, não havendo obrigatoriedade de que o médico verifique somente as condições insalubres e o engenheiro as perigosas (TST, RR 467.680/98.1, Carlos Alberto Reis de Paula, Ac. 3ª T.).

É notório que os honorários periciais, apesar de decorrentes de decisão judicial, não são débitos trabalhistas, portanto são atualizados conforme a Lei n. 6.899/81 (TST, ED-RR 205.344/95.6, Milton de Moura França, Ac. 4ª T./99).

2 Perícia para verificação de insalubridade (art. 195).

Art. 828. Toda testemunha, antes de prestar o compromisso legal, será qualificada, indicando o nome, nacionalidade, profissão, idade, residência e, quando empregada, o tempo de serviço prestado ao empregador, ficando sujeita, em caso de falsidade, às leis penais.

Parágrafo único. Os depoimentos das testemunhas serão resumidos, por ocasião da audiência, pelo diretor* de secretaria da Vara do Trabalho*

ou funcionário para esse fim designado, devendo a súmula[6] ser assinada pelo Presidente do Tribunal e pelos depoentes.

Art. 829. A testemunha que for parente até o terceiro grau civil, amigo íntimo ou inimigo de qualquer das partes, não prestará compromisso, e seu depoimento valerá como simples informação[1 a 6].

* (tacitamente revogado pela EC 24/99)

1 *Testemunha incapaz, impedida ou suspeita.* No processo civil, a testemunha é considerada: a) *incapaz* (o demente; o que não podia discernir à época ou não pode transmitir suas percepções; o menor de 16 anos; cego ou surdo, quando a ciência dos fatos depende do sentido que falta); b) *impedida* (certos parentes e o cônjuge, salvo se o exigir o interesse público; a parte; os que intervêm em nome de uma das partes, como o tutor, o representante legal da pessoa jurídica; o juiz; o advogado e outros que assistam ou tenham assistido às partes); ou c) *suspeita* (condenada por falso testemunho; o que por seus costumes não for digno de fé; inimigo capital ou amigo íntimo; o interessado no litígio). Sendo estritamente necessário, o juiz ouvirá testemunhas impedidas ou suspeitas, mas seus depoimentos serão prestados independentemente de compromisso e o juiz lhes atribuirá o valor que possam merecer (CPC/15, art. 447).

O interrogatório do surdo-mudo que sabe ler e escrever pode ser feito por escrito e por escrito dará ele as respostas, não sendo necessária a nomeação de intérprete, na forma do art. 192, inc. III, do CPC (STF, HC 74.019-7-SP, Ilmar Galvão, Ac. 1ª T.).

2 A testemunha que está em litígio contra a mesma empresa deve ser equiparada ao inimigo capital da parte; o embate litigioso é mau ambiente para a prudência e isenção de ânimo que se exigem da testemunha; entender de outra forma é estimular as partes à permuta imoral de vantagens em falsidades testemunhais mútuas, mesmo sobre fatos verdadeiros; extremamente fácil: "reclamante de hoje, testemunha de amanhã".

É ingênuo o argumento contrário de que o litigante deve ser aceito como testemunha (e não como informante) porque tem direito de ação; se assim fosse, a suspeição da esposa para depor contrariaria direito de casar. O impedimento não é à ação, mas à credibilidade. Também não se trata de violação ao princípio constitucional do direito de defesa; a CF admite os meios lícitos mas não atribui força probante ao incapaz, impedido ou suspeito.

TST Não torna suspeita a testemunha o simples fato de estar litigando ou de ter litigado contra o mesmo empregador (TST – Súmula 357).

O mundo do direito não pode dissociar-se do que realmente ocorre na vida prática. Se a testemunha do reclamante move ação contra a empresa, é evidente que tem *animus* contendor, ainda mais no caso vertente, em que a testemunha é, também, paradigma no pleito de equiparação salarial (TST, RR 145.392/94.7, Rider de Brito, Ac. 2ª T. 4.427/96).

■ Testemunha. Impedida ou suspeita. Inexiste suspeição genérica quanto ao chefe do departamento pessoal; a testemunha compromissada se sujeita às penas da lei; a avaliação de seu depoimento poderia deixar de inspirar a convicção do julgador ou atribuir-lhe pouco valor, se em desacordo com a lógica ou as demais provas. Mas quando as perguntas indeferidas poderiam em tese, reverter o quadro, em favor da parte que as formulou, não se justifica o indeferimento *ex officio* da prova (Proc. TRT/SP 18.478/97, Valentin Carrion, Ac. 9ª T. 27.124/98).

■ Testemunha. Impedida ou Suspeita. Informante. O depoimento de quem move outra ação contra a parte contrária deve ser ouvido como informante, sem lhe ser tomado o compromisso. Suas declarações terão ou não valor probante, de acordo com a convicção que inspirarem ao julgador (Proc. TRT/SP, RO 19.915/96, Valentin Carrion, Ac. 9ª T.; Proc. TRT/SP, RO 21.114/96, Valentin Carrion, Ac. 38.155/97, publicado em 13.8.97).

3 O *menor de 18 anos* não pode ser ouvido como testemunha, porque não é penalmente responsável; pode sê-lo como informante, impondo-se aqui uma diferenciação com o processo civil: é que o menor testemunha é, via de regra, um trabalhador, tem maturidade, experiência e percepção para os problemas e fatos ligados ao exercício do trabalho e ao dia a dia da empresa, superior ao que é normal acontecer aos menores para os fatos da vida em geral que podem interessar aos processos cíveis; ouvidos como informantes, podem ser (e frequentemente o são) valiosos portadores de informações que, entretanto, serão cuidadosamente pesadas pelo julgador. O assunto não é pacífico, porém (v. Giglio, *Direito Processual do Trabalho*). No processo civil o menor de 16 anos está incapacitado de ser testemunha (CPC/15, art. 447).

4 Contradita-se a testemunha arguindo-se-lhe a incapacidade, o impedimento ou a suspeição. Se a testemunha negar-se, a parte poderá provar a contradita, com documentos ou com testemunhas, apresentadas no ato ou no prazo fixado pelo juiz e inquiridas em separado. Sendo provados ou confessados os fatos, o juiz dispensará a testemunha, ou lhe tomará o depoimento, se for estritamente necessário, como informante (CPC/15, art. 447).

■ A tese recursal levantada pelo reclamado há muito foi superada no âmbito desta Corte, por meio da Súmula n. 357, que passou a entender que o fato de a testemunha postular em Juízo contra o mesmo demandado, ainda que seja reivindicando pedido idêntico, não implica, por si só, sua suspeição, tampouco torna seus depoimentos carentes de valor probante. Trata-se, ao contrário, do exercício regular de direito constitucionalmente assegurado, no interesse da Justiça (TST, RR 217285-09.2002.5.12.0029, José Roberto Freire Pimenta).

5 Declarações escritas não substituem o depoimento em audiência, por frustrarem ao juiz e ao adversário a possibilidade de reinquiri-las, atentando contra o princípio do contraditório processual.

■ A "informação comercial" preparada por empresa especializada em informações, não constitui meio de prova válido em direito, caracterizando-se como declaração extrajudicial sem valor probante desde que não confirmado em juízo (TRT/SP 6.812/75, Campos Batalha, Ac. 3ª T. 3.801/76).

6 Os processos de alçada exclusiva da primeira instância (art. 895/3) podem ter rito oral nos depoimentos, sendo dispensada a transcrição (art. 851, § 1º). O depoimento, datilografado ou registrado por taquigrafia, estenotipia ou outro método idôneo de documentação, será assinado, facultando às partes a sua gravação (CPC/15, art. 460).

STJ Compete à Justiça Federal processar e julgar crime de falso testemunho cometido no processo trabalhista (STJ – Súmula 165).

Art. 830. O documento em cópia oferecido para prova poderá ser declarado autêntico pelo próprio advogado, sob sua responsabilidade pessoal (Red. L. 11.925/09).

Parágrafo único. Impugnada[1] a autenticidade da cópia, a parte que a produziu será intimada para apresentar cópias devidamente autenticadas ou o original, cabendo ao serventuário competente proceder à conferência e certificar a conformidade entre esses documentos (Red. L. 11.925/09).

1 Os documentos sem autenticação, juntados aos autos, poderão ser impugnados. A lealdade processual e a instrumentalidade dos atos limitam essa exigência ao indispensável. Se a parte não impugna as reproduções não há que desentranhá-las ou menosprezar. Assim também o CPC/15 (art. 411). Quando impugnada a autenticidade da cópia, deve a parte ser intimada para apresentar cópia autêntica. Mesmo as impugnações, quando descabidas, devem ser fundamentadas.

STF Para produzir efeito em juízo não é necessária a inscrição, no registro público, de documentos de procedência estrangeira, autenticados por via consular (STF – Súmula 259).

SDI CANCELADA – (CPC/15). Distintos os documentos contidos no verso e anverso, é necessária a autenticação de ambos os lados da cópia (TST, SDI-1, Orientação Jurisprudencial 287). (Res. 219/17, *DEJT* 28.6.17).

SDI São válidos os documentos apresentados, por pessoa jurídica de direito público, em fotocópia não autenticada, posteriormente à edição da Medida Provisória n. 1.360/96 e suas reedições (TST, SDI-1, Orientação Jurisprudencial 134).

2 Fazem a mesma prova que os originais as certidões, traslados, reproduções, desde que autenticadas por oficial público ou conferidas em cartório com os respectivos originais, ou ainda declaradas como autênticas pelo advogado; também têm validade "os documentos digitais, desde que assim ateste o interessado, sob as penas da lei" (CPC/15, art. 425). Uso de meios eletrônicos na Justiça do Trabalho (v. art. 771/3). O documento de oficial público incompetente, subscrito pelas partes, tem eficácia de documento particular (CPC/15, art. 407). As declarações assinadas presumem-se verdadeiras em relação ao signatário; a declaração de ciência relativa a fato prova a declaração, mas não o fato (CPC/15, art. 408).

É autêntico o documento quando o tabelião reconhece a firma, declarando que foi aposta em sua presença (CPC/15, art. 411). V. CPC/15, arts. 405 a 429.

Documentos (desentranhamento, CLT, art. 780; com a inicial, art. 787; demais provas, em audiência, art. 845). Documentos, juntada pelo autor após a inicial (art. 787/2).

TST A juntada de documentos na fase recursal só se justifica quando provado o justo impedimento para sua oportuna apresentação ou se referir a fato posterior à sentença (TST – Súmula 8).

SDI O instrumento normativo em cópia não autenticada possui valor probante, desde que não haja impugnação ao seu conteúdo, eis que se trata de documento comum às partes (TST, SDI-1, Orientação Jurisprudencial 36).

Da exegese dos arts. 183 e 372, ambos do CPC c/c o art. 830 da CLT, depreende-se que o documento apresentado em cópia não autenticada é válido quando não há impugnação da parte contrária no momento oportuno (TST, RR 15.801/90.7, Ney Doyle, Ac. 2ª T. 2.145/91).

A vida moderna reclama visão participativa do Magistrado na condução do processo, exercitando, sem ingenuidades, os poderes que a lei lhe faculta. Documentos sem autenticação, comuns às partes, propiciam concessão de prazo para a formalidade e o desestímulo à impugnação maliciosa e vazia; melhor do que a abrupta extinção do processo sem julgamento (TRT/SP, RO 08807/94-6, Valentin Carrion, Ac. 9ª T. 39554/95.0).

Seção X

Da decisão e sua eficácia

Art. 831. A decisão[1 a 8] será proferida depois de rejeitada pelas partes a proposta de conciliação[2].

Parágrafo único. No caso de conciliação, o termo que for lavrado valerá como decisão irrecorrível[7], salvo para a Previdência Social quanto às contribuições que lhe forem devidas (red. L. 10.035/00).

1 *As decisões ou sentenças* podem ser definitivas ou interlocutórias; aquelas resolvem o mérito da causa, o litígio, julgando a ação procedente ou improcedente; as segundas resolvem questões incidentes apresentadas no decorrer do processo (interlocutórias simples); a interlocutória pode ter força definitiva, sendo, assim, final, quando põe termo ao processo, sem resolver o mérito, baseada em alguma irregularidade (interlocutórias mistas). Despachos são todos os demais atos do juiz praticados no processo (CPC/15, art. 203, § 3º).

TST Na Justiça do Trabalho, nos termos do art. 893, § 1º, da CLT, as decisões interlocutórias não ensejam recurso imediato, salvo na hipótese de decisão: a) de Tribunal Regional do Trabalho contrária à Súmula ou Orientação Jurisprudencial do Tribunal Superior do Trabalho; b) suscetível de impugnação mediante recurso para o mesmo Tribunal; c) que acolhe exceção de incompetência territorial, com a remessa dos autos para Tribunal Regional distinto daquele a que se vincula o juízo excepcionado, consoante o disposto no art. 799, § 2º, da CLT (TST – Súmula 214, Res. TST 127/05).

■ Decisão que reforma uma Sentença de 1º Grau, que acolhera prejudicial de prescrição total, é uma decisão interlocutória, uma vez que o feito vai continuar dentro da própria Justiça do Trabalho (TST, ED-AI-RR 228.651/95.4, Lourenço Prado, Ac. 1ª T. 4.510/96).

2 A decisão que se profere depois de rejeitada a conciliação após as provas é a sentença definitiva, final. Se o valor da causa for superior à alçada, será recorrível; as sentenças interlocutórias que não têm força de definitivas (simples) são irrecorríveis.

3 É proibido ao juiz proferir sentença a favor do autor, de natureza diversa da pedida, bem como condenar o réu em quantidade superior ou em objeto diverso do que lhe foi demandado. A sentença deve ser certa, ainda quando decida relação jurídica condicional, CPC/15, art. 492 (v. Valentin Carrion, *Sentenças incompletas*).

■ Ofende a norma dos artigos 128 e 460, do CPC, a decisão do Tribunal Regional que afirma existente relação de emprego não postulada na inicial nem deferida na sentença, a qual encerra condenação à responsabilidade solidária das Reclamadas (RR 457391/98). Walmir Oliveira da Costa – TST.

■ Afronta o art. 128 do CPC a exclusão da repercussão da gratificação semestral sobre o FGTS e o 13º salário, por não ter sido objeto de contestação (TST, E-RR 39.311/91.7, Armando de Brito, Ac. SDI 3.351/96).

■ Não se configura julgamento *extra petita* a decisão que, considerando o contexto fático-probatório dos autos, reconhece a relação empregatícia de natureza doméstica, e não de natureza rural, como pretendeu o Reclamante, pois cabe ao julgador analisar a matéria controvertida e dar a solução que entender de direito (TST, AI-RR 219.486/95.9, José Luciano de Castilho Pereira, Ac. 2ª T. 1.816/96).

4 A sentença que julga *ultra petita* (além do pleiteado) e a que o faz *extra petita* (fora do que o autor pretendeu) são reformáveis, mediante recurso; a sentença *citra petita* (que não se manifesta sobre algum dos pedidos) é anulável. Há no processo trabalhista hipóteses legais de substituição do pedido por outro, por vontade de lei, não se tratando, assim, de julgamento patológico *extra* ou *ultra petita* (salários incontroversos em dobro, indenização em lugar de reintegração de estável, pelo art. 496; reintegração em lugar de indenização, porque a lei quer o estável mantido e não indenizado, art. 492). Há outras hipóteses não previstas em lei, que decorrem de sua natureza alternativa legal (a CF de 1967, que assim a apresentava, art. 165, XIII, e assim continua nos direitos adquiridos dos remanescentes); trata-se do pedido de levantamento do FGTS por rescisão contratual sem justa causa, se, contestada, a opção não foi provada ou se, por equívoco, pediu-se uma em lugar de outra. O mesmo se dá se se pleiteia aviso prévio mas se apura a existência de contrato por tempo determinado, quando é devida a metade dos salários do tempo faltante (CLT, art. 479) e não o aviso.

SDI Revelando-se a sentença *citra petita*, o vício processual vulnera os arts. 128 e 460 do CPC, tornando-a passível de desconstituição, ainda que não opostos Embargos Declaratórios (TST, SDI-2, Orientação Jurisprudencial 41).

A reclamada, ao negar o vínculo de emprego, afirmando a existência do sindicato como intermediador da mão de obra por ela utilizada, permitiu a análise do contexto em que se deu a relação de trabalho, restando traçados, portanto, os limites da lide. Dessa forma, não configura julgamento *extra petita* a decisão que afasta a caracterização do vínculo de emprego, ante a constatação de que o reclamante ativava-se como trabalhador avulso, mas responsabiliza a reclamada, de forma solidária, pelo adimplemento das verbas trabalhistas a que faz jus o autor, nos termos da legislação aplicável a essa categoria profissional. O julgador apenas conferiu aos fatos – frise-se, alegados por ambas as partes – o enquadramento jurídico que entendeu incidir na espécie, em consonância com as regras contidas nos brocardos da *mihi factum, dabo tibi ius* (dá-me os fatos, que lhe darei o direito) e *iura novit curia* (o juiz conhece o direito). Por outro lado, se o julgador poderia deferir pedido mais abrangente, isto é, o vínculo de emprego direto com a reclamada, com a satisfação das respectivas verbas trabalhistas, é certo que também poderia condená-la, tão só, ao pagamento das parcelas decorrentes da relação de trabalho avulso evidenciada nos autos (TST, RR 112600-04.2005.5.16.0006, Guilherme Caputo Bastos).

Em se tratando de obrigação que se projete no tempo, dispensável é a formação, na inicial, de pedido quanto às parcelas vincendas, a teor do disposto no art. 290 do CPC (TST, RR 3.407/86-2, Marco Aurélio, Ac. 1ª T. 12/87).

Sentença ou acórdão. Mérito. Limites. Quando é pedido o mais, há de se entender que também foi pedido o menos (Pontes de Miranda). Não se ultrapassa os limites do recurso quando, podendo-se dar o mais, dá-se o menos, ainda que não diferenciado na postulação (TRT/SP, RO 20608/94.7, Valentin Carrion, Ac. 9ª T. 15021/96.4).

Cancelamento de faltas injustificadas. Período certo e determinado. Tendo o autor limitado seu pedido a um período certo e determinado, é *ultra petita* a sentença que o julga procedente mas abrange também alguns dias além do termo final prefixado (STJ, REsp 54.833/SP, Felix Fischer, Reg. 94/29764.5).

Tratando-se de sentença proferida em face de ações conexas (que foram distribuídas por dependência e reunidas para obtenção de julgamento simultâneo), não se tipifica como *extra* ou *ultra petita* pelo simples fato de o órgão jurisdicional haver decidido os pedidos de acordo com as diversas causas de pedir constantes das diversas petições iniciais, quais, de resto, têm base no art. 294 do Código de Processo Civil (TST, PE-RO 3584/97, Nelson Soares da Silva Júnior, Ac. 1ª T.).

A omissão sanável via embargos declaratórios fica caracterizada quando, no exame do recurso, o órgão julgador deixa de enfrentar a matéria diante do quadro fático apresentado pelo Regional, desprezando os dispositivos legais e os textos jurisprudenciais indicados como fundamentação do pedido revisional (TST, ED-RR 33.283/91.6, Francisco Fausto Paula de Medeiros, Ac. 3ª T.).

O juiz está obrigado, na sentença, e o Tribunal, no acórdão, a analisar e resolver as questões de fato e de direito articuladas pelas partes, evidentemente aquelas que sejam relevantes no contexto da causa (CPC, art. 458, II e III); omissa a sentença, ou o acórdão, a respeito de questão relevante, e, não obstante a oposição de embargos de declaração, subsistente o defeito, anula-se o julgado para que outro seja proferido (CPC, art. 535, II) (STJ, REsp 170.844, Ari Pargendler, Ac. 2ª T.).

5 *Sentença líquida* é a que fixa o objeto da condenação e o seu valor, quando a obrigação é de dar coisa mensurável. O CPC veda ao magistrado proferir sentença ilíquida, se o pedido for certo (v. art. 879/2).

A decisão que julga a liquidação deve fixar o valor devido pelo executado, a fim de possibilitar o cumprimento da obrigação. É nula a decisão se não foi estabelecido o *quantum debeatur*, mas apenas os parâmetros para a sua elaboração (TRT/DF, AgPet 319/85, Satyro e Souza, Ac. 1ª T. 790/86).

6 *Coisa julgada material* consiste na exclusão da possibilidade de voltar a tratar da questão já resolvida definitivamente (Prieto Castro, *Derecho Procesal Civil*, v. 1, n. 333). É a eficácia que torna imutável e indiscutível a sentença, não mais sujeita a recurso ordinário ou extraordinário (CPC/15, art. 502). Não fazem coisa julgada: os motivos da sentença, a verdade dos fatos. Coisa julgada formal é a impossibilidade de modificar no processo o que já foi decidido. Ou, como foi dito, em magistral síntese: a coisa julgada substancial consiste na obrigatoriedade nos processos futuros e tem por pressuposto a coisa julgada formal, que se dá com a preclusão das impugnações (Pognoni, *Rivista di Diritto Processuale Civile*, 1953, p. 287). A sentença proferida na Justiça do Trabalho quanto à relação de emprego não vincula a Previdência Social, pois, não sendo parte, não pode ser alcançada por seus efeitos, e porque aquela é incompetente em razão da matéria (previdência). A regulamentação do Poder Executivo, em harmonia com a lei previdenciária, somente a acata quando baseada em razoável início de prova material (L. 8.213/91, arts. 55, § 3º, e 108; D. 3.048/99, arts. 142 a 151).

Juízo de retratação. O CPC/15, art. 485, § 7º, com sua aplicação autorizada pelo TST, IN 39/16, art. 3º, VIII, permite o juízo de retratação, depois de cinco dias da interposição da apelação; a sentença pode ser modificada, caso em que teremos nova publicação e a sentença anterior perde seu efeito; na proposição dos embargos de declaração, a sentença não pode ser reformada e sim corrigida, e aqui temos a sua modificação.

Para a caracterização da coisa julgada é necessário que se demonstre a tríplice identidade a que alude o art. 301, §§ 1º e 2º, do CPC – mesmas partes, pedido e causa de pedir. A circunstância de o paradigma indicado na presente ação ter-se beneficiado de decisão definitiva concessiva de equiparação salarial com terceira pessoa, relativamente à qual o reclamante não conseguiu demonstrar o preenchimento dos requisitos legais em ação anteriormente ajuizada e também transitada em julgado, não configura coisa julgada oblíqua, por isso não impede, que nesta ação, sejam apreciados os pressupostos específicos do art. 461 da CLT (TST, E-RR 445200-86.2008.5.09.0008, j. em 3.2.11, João Batista Brito Pereira).

A ementa não faz coisa julgada, a qual alcança não só a parte dispositiva da sentença ou acórdão, mas também o fato constitutivo do pedido. Abrange a questão última do raciocínio de juiz, a conclusão de seu silogismo, que constitui a premissa essencial objetiva, a base necessária do dispositivo (TST, AI 6.727/86, José Ajuricaba, Ac. 2ª T. 1.957/87).

■ Não fere a coisa julgada a demanda em novo processo, pleiteando os salários do período empregatício se na reclamação anterior a fixação dos salários teve apenas por finalidade estabelecer a base de cálculo das verbas rescisórias (TST, RR 6.934/86-7, Geraldo Guimarães, Ac. 3ª T. 2.261/87).

■ Não faz coisa julgada a decisão de pura índole instrumental, que de nenhum modo significa acolhimento ou rejeição do pedido (STF, RE 101.909-MG, Francisco Rezek, Ac. 2ª T. *RTJ* 114/320).

■ A coisa julgada, como fator impeditivo do julgamento do mérito, ocorre quando, além de idênticas as partes e causa de pedir, também o for o pedido. Embora as partes sejam as mesmas e em ambas as reclamações a causa de pedir tenha origem no Estatuto da CAPAF, constata-se que o pedido formulado é diverso. Na ação que transitou em julgado, objetivou o reclamante obter diferenças de complementação de aposentadoria, no que logrou êxito. Na presente reclamação, a pretensão deduzida é de sustação de descontos para o custeio da CAPAF, entidade privada, e devolução daqueles já efetivados, porque implementada a condição de exigibilidade prevista em seu estatuto, a partir do momento em que o empregado-associado completa 30 anos de contribuição. Nesse contexto, a decisão da Turma, ao declarar a inocorrência de coisa julgada, manteve a incolumidade do artigo 5º, XXXVI, da Constituição Federal (E-RR 339163/97). Milton de Moura França – TST.

■ Configura-se a coisa julgada quando forem idênticas as ações, envolvendo as mesmas partes, com a mesma causa de pedir e idêntico pedido. Não se pode concluir pela identidade de causa de pedir, se uma das ações tem por objeto a concessão de complementação de aposentadoria e a outra postula o exato cumprimento de acordo judicial homologado na primeira reclamação (TST, E-RR 84.611/93.2, José Luciano de Castilho Pereira, Ac. SBDI-1 280/96).

■ A coisa julgada se projeta sobre a parte dispositiva da sentença... Assim, a reforma da decisão de carência para admitir o requisito prévio da existência da relação de emprego não se projeta para efeito da coisa julgada (TST, RO-AR 90.524/93.8, José Luiz Vasconcellos, Ac. SDI 3.691/96).

■ Há coisa julgada quando se repete ação que já foi decidida por sentença, de que não caiba recurso, onde as partes, a causa de pedir e o pedido são os mesmos (art. 301, §§ 2º e 3º, do CPC). A imutabilidade da *res judicata* somente é passível de desconstituição por ação rescisória (art. 5º, XXXVI, da CF). A certeza, a segurança e a estabilidade das relações jurídicas constituem objeto da coisa julgada, ou seja, da prestação jurisdicional não mais suscetível de impugnação via recursal (TST, AI-RR 357.404/97.6, Milton de Moura França, Ac. 4ª T.).

■ Se é certo que, inicialmente, houve acordo extrajudicial... as partes, em processo contencioso, ratificaram "todos os termos do referido acordo"... Logo, ao afastar o instituto da coisa julgada, o v. acórdão recorrido afrontou literalmente o art. 831, § 1º, da CLT (TST, RR 262.966/96.3, Milton de Moura França, Ac. 4ª T.).

7 *Coisa julgada e sentença de homologação*. A conciliação, o acordo de vontades, pode consistir em transação, em submissão do réu à pretensão do autor ou em desistência do direito pelo autor (art. 764/1); a desistência pode ser do direito material que se pleiteia, ou da ação proposta (esta permite a renovação), ou de ambas; a manifestação deve ser precisa. A sentença não se equipara à conciliação (em sentido contrário, Julian González Encabo, *Perspectivas de la conciliación judicial*, Madrid).

A conciliação é um contrato entre as partes, um negócio jurídico, ontologicamente igual ao que possam celebrar extrajudicialmente (mesmo quando no Direito do Trabalho possa ter eficácia diferente). Não há sentença de transação, mas sentença de homologação para que se extinga a relação processual; a decisão não é sobre o mérito. Nosso Direito Positivo parece ratificar esse entendimento (CPC/15, art. 966, § 4º); é verdade que antes o legislador afirmara que se extingue o processo com resolução *de mérito*, quando as partes transigirem (art. 269); mas as coisas são ou não são, independentemente de que alguém, mesmo legislador, o diga; pesam mais os efeitos que a lei dá ao fenômeno e a elaboração doutrinária que a mera frase, e não está nela a cognição do juiz nem ato de sua vontade. Homologada a transação e transcorrido o prazo para recorrer dessa sentença (com força de definitiva), só o despacho formal transita em julgado, pelo que entendemos que, em ação ordinária, poder-se-á discutir o alcance do conteúdo e rescindir o ato jurídico que não constitui coisa julgada; não há lugar para ação rescisória, pois a CLT apenas lhe dá o valor de sentença (art. 831) para o fim de que se possa executar (art. 876), como se fosse. Nesse sentido, Campos Batalha (*Tratado de Direito Judiciário do Trabalho*), não obstante a oposição de Coqueijo Costa (*O Direito Processual do Trabalho e o Direito Processual Civil*) e da jurisprudência na Súmula TST 259. Conciliação; recolhimento de contribuições previdenciárias incontinenti e dever de zelo do juiz (art. 12/8). O CPC/73 permitia que a transação fosse homologada mesmo que não tratasse de questão posta em juízo (CPC/15, art. 515, II e III); ao juiz caberá ouvir ou não o trabalhador e esclarecê-lo, quando se tratar de conciliação.

TST A concessão de liminar ou a homologação de acordo constituem faculdade do juiz, inexistindo direito líquido e certo tutelável pela via do mandado de segurança (ex-OJs SDI-2 120 e 141) (TST – Súmula 418, Res. TST 137/05).

TST Só por ação rescisória é atacável o termo de conciliação previsto no parágrafo único do art. 831 da Consolidação das Leis do Trabalho (TST – Súmula 259).

SDI Não ofende a coisa julgada a limitação à data-base da categoria, na fase executória, da condenação ao pagamento de diferenças salariais decorrentes de planos econômicos, quando a decisão exequenda silenciar sobre a limitação, uma vez que a limitação decorre de norma cogente. Apenas quando a sentença exequenda houver expressamente afastado a limitação à data-base é que poderá ocorrer ofensa à coisa julgada (TST, SDI-1, Orientação Jurisprudencial 262).

SDI Acordo celebrado – homologado judicialmente – em que o empregado dá plena e ampla quitação, sem qualquer ressalva, alcança não só o objeto da inicial, como também todas as demais parcelas referentes ao extinto contrato de trabalho, violando a coisa julgada, a propositura de nova reclamação trabalhista (TST, SDI-2, Orientação Jurisprudencial 132).

A natureza jurídica de qualquer parcela é fixada pelo Direito e não pela vontade individual ou bilateral privada (exceto quando a lei, inequivocamente, conferir tal prerrogativa aos sujeitos de certa relação jurídica). A base de incidência tributária e previdenciária é, pois, fixada pela Constituição (art. 195, CF), pelas leis federais (Lei n. 8.212/90, arts. 10 a 28, por exemplo) e, excepcionalmente (quando se tratar de parcela supralegal e sem afronta a outros preceitos de ordem jurídica imperativa), pela negociação coletiva trabalhista. Sendo os honorários advocatícios parcela tipificada em lei (e não parcela supralegal), manifestamente englobada ao conceito de renda tributável e sujeita a contribuição previdenciária, por ser resultante do trabalho profissional no curso do processo (art. 195, I, *a*, e II, CF; art. 28, III, Lei n. 8.212/91) e não estando, ademais, por exceção, fundada nas excludentes legais do salário de contribuição (art. 28, § 9º, alíneas *a* até *x*, da Lei n. 8.212/1991), não pode ser arrolada como excludente da contribuição previdenciária incidente sobre acordos e condenações processuais trabalhistas. A circunstância de essa verba ter caráter de despesa para o trabalhador reclamante (ou para o empregador reclamado, se fosse o caso) não lhe altera a natureza jurídica tributária *lato sensu*, que deriva da Constituição e de regras legais federais imperativas. Várias outras despesas existem, a propósito, na vida real e processual, não tendo, entretanto, a natureza e a força de excludente tributária. Este enfoque, que impressionou este Relator anteriormente, não é, porém, bastante para fixar natureza tributária ou previdenciária (ou seu contraponto) de qualquer verba no Direito. Inválido, pois, o arrolamento dos honorários advocatícios no rol das verbas que não integram o salário de contribuição previdenciária. Incidência previdenciária devida (RR 3004-41.2010.5.12.0000, Maurício Godinho Delgado).

■ O acordo celebrado entre as partes em reclamação trabalhista e devidamente homologado em Juízo, dando como quitado o objeto do pedido e as verbas oriundas do extinto contrato de trabalho, impede o obreiro de pleitear posteriormente parcelas decorrentes da relação laboral, ainda que não nomeada especificamente na transação, que vale como coisa julgada (TST, RR 121.218/94.6, Leonaldo Silva, Ac. SBDI-1 1.307/97).

■ Contra transação homologada em reclamatória trabalhista, a ação cabível é a rescisória, não se podendo falar em ação anulatória. O objeto da ação nos casos do inciso VIII do art. 485-CPC é a própria transação e, em consequência, o ato homologatório, pois aquela, em sede judicial, inexiste sem a sentença de chancela do acordo (TST, RO-AR 56.348/92.6, Armando de Brito, Ac. SDI 3.931/95).

■ O juiz não tem o poder de negar a homologação sem fundamentar seu ato e nem pode impedir a transação só pela omissão de comparecimento no dia designado (Proc. TRT/SP, RO 8.268/96, Valentin Carrion, Ac. 30.173/97).

■ Homologação. Quitação, perante o Ministério do Trabalho; confere eficácia liberatória apenas aos valores constantes do termo (Súmula TST 41). Diferentemente, deduz-se da Súmula TST 330 que o TST concedeu maior credibilidade à homologação perante o Sindicato, conferindo eficácia liberatória às parcelas (Proc. TRT/SP 45.672/96, Valentin Carrion, Ac. 9ª T. 10.911/98).

8 *Coisa julgada e relação continuativa.* Os efeitos da coisa julgada se produzem em todas as sentenças contenciosas, mas sua vocação de imutabilidade é restrita à permanência dos supostos que lhe deram causa. Aplica-se a qualquer hipótese de condenação futura; a CLT possui exemplo típico (art. 194): "O direito do empregado ao adicional de insalubridade ou de periculosidade cessará com a eliminação do risco a sua saúde ou integridade física...". A lei processual do trabalho nada diz expressamente, quanto ao procedimento. O CPC prevê a alteração dos efeitos das sentenças, mas não identifica o meio processual adequado: "Nenhum Juiz decidirá novamente as questões já decididas, relativas à mesma lide, salvo: I - se, tratando-se de relação jurídica de trato continuado, sobreveio modificação no estado de fato ou de direito, caso em que poderá a parte pedir a revisão do que foi estatuído na sentença" (art. 505). O art. 769 da CLT remete ao processo civil, como fonte complementar ("fonte subsidiária... exceto naquilo em que for incompatível..."). No processo civil a interpretação pacífica do art. 505, I, do CPC/15, acima transcrito, entende genericamente ser necessária a ação revisional. "A ação de revisão ou de modificação deverá ser manifestada em processo distinto do em que foi proferida a sentença revisionada, perante o Juiz de primeiro grau que a proferiu, ainda que esta tenha sido objeto de recurso e por este a final decidida" (Moacyr Amaral Santos, *Comentários ao CPC*). Para chegar a essa conclusão, a doutrina não tem apoio em texto legal algum que assim disponha. Como se viu, o art. 505, I, do CPC/15 apenas diz que "... poderá a parte *pedir* a revisão". Sem dizer o procedimento, é singelo na expressão. Não indica a necessidade de nova ação. Na lei de locações prediais, no que se refere à correção monetária de aluguéis, o art. 19 (L. 8.245/91) prevê a propositura de ação, porque, tratando-se de correção monetária de aluguéis, inexiste o pressuposto necessário de ação anterior, com sentença, pois os aluguéis corrigendos podem ter sido simplesmente convencionados em contrato e não prefixados judicialmente. A Súmula 180 do STF prevê a ação revisional, o que se compreende, posto que não há pressuposto necessário de ação anterior, mas aluguel estabelecido em contrato. A lei de acidente não prevê a forma processual da revisão. A jurisprudência admite a aplicação do art. 505, I, do CPC/15, por ação revisional. Trata-se de situações específicas, de leis especiais, que não permitem a imediata aplicação subsidiária ao processo do trabalho, pela sua especificidade, que não se enquadram no espírito de aplicação prevista pelo art. 769 da CLT. O art. 1.699 do CC prevê que se, "fixados alimentos, sobrevier mudança na situação financeira de... poderá o interessado reclamar do Juiz...". Igualmente não se diz a forma, nem se exige ação. Mas, também aqui, a jurisprudência pacífica opta pela ação revisional. Mesmo assim, na execução das prestações vincendas da ação de alimentos (L. 5.478/68, arts. 13 e 15), a praxe é acomodatícia, sem o rigor que a voz da doutrina pretenderia. Assim é que, mesmo considerando-se necessária a ação revisional, os Juízes da execução não vão até as últimas consequências. Expedido o mandado de execução na ação de alimentos, permite-se ao réu a prova da modificação do estado de fato, quanto à sua fortuna; fica suspenso o cumprimento do mandado de prisão e o procedimento da execução das prestações sucessivas, enquanto se aguarda ou se ignora a necessidade de propor-se ação revisional... Por outro lado, na ação de alimentos, o recurso é recebido no efeito devolutivo apenas (CPC/15, art. 1.012, § 1º, II), o que não é de uso no recurso ordinário laboral.

O caminho da ação revisional teria de ser seguido no processo trabalhista? A dúvida não é nova no processo comum. No processo trabalhista salienta-se que não há lei expressa que imponha tal procedimento. Pontes de Miranda (sem se ocupar em resolver esse ângulo, mas visando somente os aspectos conceituais) menciona o dilema dos embargos à execução ou à ação de revisão: "A questão de poderem concorrer a ação de modificação e os embargos do devedor teve, durante anos, a maior voga. Discutia-se se podiam ser usadas as duas ações, ou se a ação de modificação se subsumia na de embargos do executado, ou se, usada uma, a outra estava excluída. Ora, ambas concernem à eficácia, sendo, porém, a ação de modificação mais ampla. O rito do art. 740 e parágrafo único não seria absurdo, mas os embargos não teriam efeito suspensivo (art. 741). Rigorosamente, a ação de modificação, mandamental, importa 'embargos' à sentença, como se fosse 'ação' de embargos interpretativos do julgado e tal ação existisse, e não embargos ao mandado de execução, com os embargos do devedor. Mas é inegável o fundo comum mandamental negativo, relativo, na ação de modificação, à interpretação ou versão de qualquer eficácia da sentença que interesse ser elidida, e não só, como ocorre aos embargos do devedor, à executividade" (*Comentários ao Código de Processo Civil*). A lição de Chiovenda (*Principii*, p. 1928) parece permitir que a revisão se processe na forma do respectivo processo de liquidação, não obstante o texto seja sintético em demasia: "La revisione è chiesta all'autorità stessa (di primo grado) che ha proveduto alla liquidazione, nelle forme proprie dei rispettivi processi di liquidazione".

No processo trabalhista, é verdade que o art. 769 da CLT, como se disse acima, "remete ao processo civil como fonte subsidiária, com a restrição de múltiplas consequências", "... exceto naquilo em que for incompatível com as normas desse título", ou seja, o título X da CLT, "Do Processo Judiciário do Trabalho". Tal dispositivo deve ser entendido na elevação de que o veem Jaeger, Krotoschin e Campos Batalha, entre nós. Nas palavras de Krotoschin (op. cit., v. 2, p. 85): "El caráter de supletoria debe entenderse en el sentido de que las posibles lagunas han de llenarse en primer término mediante una interpretación derivada del caráter especial del derecho procesal del trabajo y sólo eventualmente se puede y se debe recurrir al derecho procesal común" (v. Campos Batalha, *Tratado de Direito Judiciário do Trabalho*).

Assim, tem-se de concluir que (inexistindo texto legal expresso no processo trabalhista e no CPC, pelos princípios de simplicidade e celeridade no processo trabalhista), ao lado da ação revisional, autônoma, movida por empregador, contra empregado, para provar a modificação de fato de estado de insalubridade do trabalho, deve-se aceitar a arguição em embargos à execução, ou embargos do devedor, na pretensão de execução das parcelas posteriores àquela modificação de fato. Isso porque, estando as partes em Juízo, podendo adotar todos os meios de prova do contraditório e havendo recurso para a 2ª instância, a mesma que julgaria o recurso na ação de revisão autônoma, há o dever de encurtar os caminhos. Pensamos mais: que o empregador pode sustar os pagamentos que está efetuando extrajudicialmente, em folha de pagamento, comunicando por escrito a seu empregado, extrajudicialmente, inclusive por Cartório de Notas, ou dando-lhe ciência, por petição dirigida ao Juízo na ação já finda da modificação da insalubridade do trabalho. Contra a tendenciosidade das afirmações do empregador, sua possível chicana ou qualquer outro procedimento desleal, o adversário e o Juiz têm os meios de combatê-los.

9 A *sentença criminal* não faz coisa julgada no processo civil, salvo quanto à existência do fato, ou quem seja o seu autor (CC, art. 935), ou quanto ao reconhecimento de ter sido o ato praticado em estado de necessidade, legítima defesa, estrito cumprimento de dever legal ou exercício regular de direito (CPP, art. 65).

■ Embora possa ter sido absolvido o funcionário na ação penal a que respondeu, não importa tal ocorrência na sua volta aos quadros do serviço público, se a absolvição se deu por insuficiência de provas, e o servidor foi regularmente submetido a regular inquérito administrativo, no qual foi apurado ter ele praticado o ato pelo qual veio a ser demitido (STF, MS 20.814-7-DF, Aldir Passarinho, Ac. TP).

■ A mera valoração probatória praticada no juízo criminal não tem força suficiente para infirmar a coisa julgada no processo trabalhista (TST, RO-AR 115.421/94.4, Cnéa Moreira, Ac. SBDI-2 213/96).

10 Inadimplemento de sentença de reintegração (CLT, art. 729, e art. 495/1). Irrecorribilidade da interlocutória (art. 893). Efeitos previdenciários da sentença trabalhista (art. 643/15).

Art. 832. Da decisão deverão constar[1] o nome das partes, o resumo do pedido e da defesa, a apreciação das provas, os fundamentos[1] da decisão e a respectiva conclusão.

§ 1º Quando a decisão concluir pela procedência do pedido, determinará o prazo e as condições para o seu cumprimento.

§ 2º A decisão mencionará sempre[2-3] as custas que devam ser pagas pela parte vencida.

§ 3º As decisões cognitivas ou homologatórias deverão sempre indicar a natureza jurídica das parcelas constantes da condenação ou do acordo homologado, inclusive o limite de responsabilidade de cada parte pelo recolhimento da contribuição previdenciária, se for o caso.

§ 4º A União será intimada das decisões homologatórias[5] de acordos que contenham parcela indenizatória, na forma do art. 20 da Lei n. 11.033, de 21 de dezembro de 2004, facultada a interposição de recurso relativo aos tributos que lhe forem devidos (red. L. 11.457/07).

§ 5º Intimada da sentença, a União poderá interpor recurso relativo à discriminação de que trata o § 3º deste artigo (red. L. 11.457/07).

§ 6º O acordo celebrado após o trânsito em julgado da sentença ou após a elaboração dos cálculos de liquidação de sentença não prejudicará os créditos da União (red. L. 11.457/07).

§ 7º O Ministro de Estado da Fazenda poderá, mediante ato fundamentado, dispensar a manifestação da União[5] nas decisões homologatórias

de acordos em que o montante da parcela indenizatória envolvida ocasionar perda de escala decorrente da atuação do órgão jurídico (red. L. 11.457/07).

Art. 833. Existindo na decisão evidentes erros ou enganos[4] de escrita, de datilografia ou de cálculo, poderão os mesmos, antes da execução, ser corrigidos, *ex officio*, ou a requerimento dos interessados ou da Procuradoria da Justiça do Trabalho.

1 As partes que compõem a sentença são o relatório, a fundamentação e, finalmente, o dispositivo, ou *decisum*, onde o Estado, por intermédio do seu juiz, entrega a prestação jurisdicional, acolhendo ou rejeitando a pretensão do autor ou do réu. São elementos essenciais da sentença (CPC/15, art. 489, aplica-se a Justiça do Trabalho, TST, IN 39/16, art. 3º, IX), são formais e imprescindíveis para identificar-se a lide e demais individuações. Os resumos do pedido, da defesa e das demais peças indicadas por lei não são exigências de rigor senão até onde evidenciam que o julgador conheceu dos elementos que vieram aos autos, sem deixá-los de lado, tendo em vista o direito das partes de serem ouvidas em suas pretensões e argumentos trazidos. O limite entre a ilícita cegueira e displicência do juiz, de um lado, e a conveniente capacidade de síntese é perceptível na simples referência contida em uma frase ou uma palavra que evidenciam que a sentença levou em consideração pedidos, argumentos ou provas trazidas. A parte dispositiva da sentença deve explicitar e numerar todas as verbas objeto da condenação; todavia, enquanto não houver disposição expressa, regimental ou legal, tal omissão, ainda que prejudicial à clareza e dinâmica dos recursos e da execução, não deve ser objeto de anulação.

CPC/15:

Art. 489. São elementos essenciais da sentença:

I - o relatório, que conterá os nomes das partes, a identificação do caso, com a suma do pedido e da contestação, e o registro das principais ocorrências havidas no andamento do processo;

II - os fundamentos, em que o juiz analisará as questões de fato e de direito;

III - o dispositivo, em que o juiz resolverá as questões principais que as partes lhe submeterem.

§ 1º Não se considera fundamentada qualquer decisão judicial, seja ela interlocutória, sentença ou acórdão, que:

I - se limitar à indicação, à reprodução ou à paráfrase de ato normativo, sem explicar sua relação com a causa ou a questão decidida;

II - empregar conceitos jurídicos indeterminados, sem explicar o motivo concreto de sua incidência no caso;

III - invocar motivos que se prestariam a justificar qualquer outra decisão;

IV - não enfrentar todos os argumentos deduzidos no processo capazes de, em tese, infirmar a conclusão adotada pelo julgador;

V - se limitar a invocar precedente ou enunciado de súmula, sem identificar seus

fundamentos determinantes nem demonstrar que o caso sob julgamento se ajusta àqueles fundamentos;

VI - deixar de seguir enunciado de súmula, jurisprudência ou precedente invocado pela parte, sem demonstrar a existência de distinção no caso em julgamento ou a superação do entendimento.

TST, IN 39/16, art. 15: "O atendimento à exigência legal de fundamentação das decisões judiciais (CPC, art. 489, § 1º) no Processo do Trabalho observará o seguinte: I - por força dos arts. 332 e 927 do CPC, adaptados ao Processo do Trabalho, para efeito dos incisos V e VI do § 1º do art. 489, considera-se precedente apenas: a) acórdão proferido pelo Supremo Tribunal Federal ou pelo Tribunal Superior do Trabalho em julgamento de recursos repetitivos (CLT, art. 896-B; CPC, art. 1.046, § 4º); b) entendimento firmado em incidente de resolução de demandas repetitivas ou de assunção de competência; c) decisão do Supremo Tribunal Federal em controle concentrado de constitucionalidade; d) tese jurídica prevalecente em Tribunal Regional do Trabalho e não conflitante com súmula ou orientação jurisprudencial do Tribunal Superior do Trabalho (CLT, art. 896, § 6º); e) decisão do plenário, do órgão especial ou de seção especializada competente para uniformizar a jurisprudência do tribunal a que o juiz estiver vinculado ou do Tribunal Superior do Trabalho; II - para os fins do art. 489, § 1º, incisos V e VI, do CPC, considerar-se-ão unicamente os precedentes referidos no item anterior, súmulas do Supremo Tribunal Federal, orientação jurisprudencial e súmula do Tribunal Superior do Trabalho, súmula de Tribunal Regional do Trabalho não conflitante com súmula ou orientação jurisprudencial do TST, que contenham explícita referência aos fundamentos determinantes da decisão (*ratio decidendi*); III - não ofende o art. 489, § 1º, inciso IV, do CPC a decisão que deixar de apreciar questões cujo exame haja ficado prejudicado em razão da análise anterior de questão subordinante; IV - o art. 489, § 1º, IV, do CPC não obriga o juiz ou o Tribunal a enfrentar os fundamentos jurídicos invocados pela parte, quando já tenham sido examinados na formação dos precedentes obrigatórios ou nos fundamentos determinantes de enunciado de súmula; V - decisão que aplica a tese jurídica firmada em precedente, nos termos do item I, não precisa enfrentar os fundamentos já analisados na decisão paradigma, sendo suficiente, para fins de atendimento das exigências constantes no art. 489, § 1º, do CPC, a correlação fática e jurídica entre o caso concreto e aquele apreciado no incidente de solução concentrada; VI - é ônus da parte, para os fins do disposto no art. 489, § 1º, V e VI, do CPC, identificar os fundamentos determinantes ou demonstrar a existência de distinção no caso em julgamento ou a superação do entendimento, sempre que invocar precedente ou enunciado de súmula".

Em determinados casos a correção de erro de escrita ou de cálculo, que possa ser considerado de inexatidão material, deve ser procedida pelo juiz, de ofício ou mediante provocação da parte, ainda que no curso da execução, nos termos do art. 830, da CLT, cuja interpretação literal deve ser desprezada, de modo a que a coisa julgada expresse a vontade real do órgão julgador (TRT-PA, AP 3.936/97, Walmir da Costa, Ac. 3ª T.).

O art. 535 do CPC possibilita à parte objetivar a complementação da prestação jurisdicional para efeito de sanar a existência de erro material na elaboração do acórdão (TST, ED-E-RR 3.747/87.8, Ronaldo José Lopes Leal, Ac. SBDI-1, 20.2.98).

1-A *Sentença sem fundamentação* sempre foi considerada nula, porque o direito de recorrer se alicerça na possibilidade da descoberta da inconsistência do decidido e também porque a sentença sem apoio é manifestação do arbítrio e do capricho, que não se coaduna com o direito. Esse princípio foi elevado à hierarquia constitucional pela Carta Magna de 1988:

Art. 93. ...

IX – todos os julgamentos dos órgãos do Poder Judiciário serão públicos, e fundamentadas todas as decisões, sob pena de nulidade, podendo a lei limitar a presença, em determinados atos, às próprias partes e a seus advogados, ou somente a estes, em casos nos quais a preservação do direito à intimidade do interessado no sigilo não prejudique o interesse público à informação (Red. EC 45/04).

CPC/15:

Art. 489. São elementos essenciais da sentença:

I - o relatório, que conterá os nomes das partes, a identificação do caso, com a suma do pedido e da contestação, e o registro das principais ocorrências havidas no andamento do processo;

II - os fundamentos, em que o juiz analisará as questões de fato e de direito;

III - o dispositivo, em que o juiz resolverá as questões principais que as partes lhe submeterem.

§ 1º Não se considera fundamentada qualquer decisão judicial, seja ela interlocutória, sentença ou acórdão, que:

I - se limitar à indicação, à reprodução ou à paráfrase de ato normativo, sem explicar sua relação com a causa ou a questão decidida;

II - empregar conceitos jurídicos indeterminados, sem explicar o motivo concreto de sua incidência no caso;

III - invocar motivos que se prestariam a justificar qualquer outra decisão;

IV - não enfrentar todos os argumentos deduzidos no processo capazes de, em tese, infirmar a conclusão adotada pelo julgador;

V - se limitar a invocar precedente ou enunciado de súmula, sem identificar seus fundamentos determinantes nem demonstrar que o caso sob julgamento se ajusta àqueles fundamentos;

VI - deixar de seguir enunciado de súmula, jurisprudência ou precedente invocado pela parte, sem demonstrar a existência de distinção no caso em julgamento ou a superação do entendimento.

§ 2º No caso de colisão entre normas, o juiz deve justificar o objeto e os critérios gerais da ponderação efetuada, enunciando as razões que autorizam a interferência na norma afastada e as premissas fáticas que fundamentam a conclusão.

§ 3º A decisão judicial deve ser interpretada a partir da conjugação de todos os seus elementos e em conformidade com o princípio da boa-fé.

A nulidade alcança mortalmente todas as decisões (sentença final, interlocutória ou mero despacho), especialmente quando indefere a pretensão; isto porque o deferimento costuma ter como suporte uma peça ou petição que já é fundamentada, e há uma lógica de que é nesse suporte que a concessão se apoia. Nos despachos, expressões curtíssimas podem bastar para conhecer-se e comprovar-se as razões do indeferimento, às vezes a simples referência ao número de folhas onde se encontra o equívoco ou a sem-razão do pleiteado. Mas, a seco, "nada a deferir" evidencia o arbítrio, que o acúmulo de serviço judiciário não ampara. O vício também pode ocorrer nas sentenças proferidas à revelia, quando se percebe que o órgão judicante nem sequer conheceu das omissões, exageros apreensíveis, contradições, ilicitudes ou pedidos que a doutrina ou jurisprudência tem como controversos no seu cabimento.

Nulidade por negativa de prestação jurisdicional. Cabe recurso de revista em relação aos requisitos "essenciais" da sentença/acordão, quando da violação do art. 832 da CLT, do art. 458 do CPC/73 ou do art. 93, IX, da CF; não se trata de divergência jurisprudencial e sim da não observação desses requisitos pelo órgão julgador. Com o novo CPC, L. 13.105/15, o art. 489 é que trata dos requisitos/elementos, e não mais o art. 458. O recurso poderá ter seu seguimento denegado caso a parte não transcrever na peça recursal o trecho dos embargos declaratórios em que foi pedido o pronunciamento do tribunal sobre questão veiculada no recurso ordinário e o trecho da decisão regional que rejeitou os embargos quanto ao pedido, para cotejo e verificação, de plano, da ocorrência da omissão. CLT, art. 896, § 1º-A, IV. Ver art. 896/2.

TST O conhecimento do recurso de revista, quanto à preliminar de nulidade, por negativa de prestação jurisdicional, supõe indicação de violação do art. 832 da CLT, do art. 489 do CPC de 2015 (art. 458 do CPC de 1973) ou do art. 93, IX, da CF/1988 (Res. 219/17, *DEJT* 28.6.17). (TST – Súmula 459).

AGRAVO DE INSTRUMENTO. RECURSO DE REVISTA. NULIDADE. NEGATIVA DE PRESTAÇÃO JURISDICIONAL. Consoante entendimento jurisprudencial consagrado na OJ 115/SDI-I desta Corte, o conhecimento do recurso de revista, quanto à preliminar de nulidade por negativa de prestação jurisdicional, supõe indicação de violação do art. 832 da CLT, do art. 458 do CPC ou do art. 93, IX, da CF/88. Não se viabiliza, pois, a arguição fundamentada em violação dos arts. 897-A da CLT e 5º, XXXV, LIV e LV, da Lei Maior (TST, AIRR 29100-65.2008.5.01.0034, julgado em 26.2.14, Hugo Carlos Scheuermann, *DEJT*, 7.3.14).

PRELIMINAR DE NULIDADE DA DECISÃO DA TURMA POR NEGATIVA DE PRESTAÇÃO JURISDICIONAL. 1 - Mostra-se inócua a alegação de afronta a dispositivos de lei federal e da Constituição da República, em decorrência da redação do art. 894, II, da CLT conferida pela Lei 11.496/2007, que excluiu das hipóteses de cabimento dos embargos a violação de preceito de lei. 2 - Por divergência jurisprudencial, o recurso tampouco logra êxito, uma vez que, em se tratando de negativa de prestação jurisdicional, na atual sistemática processual, é inviável, em regra, a aferição da especificidade dos arestos transcritos, tendo em vista as particularidades de cada caso. Incidência do óbice contido na Súmula 296, I, do TST. Precedentes desta SBDI-1. Recurso de embargos não conhecido (TST, EEDRR 99100-64.2002.5.15.0114, julgado em 29.9.11, Delaíde Miranda Arantes, *DEJT*, 7.10.11).

2 *Custas, juros legais, correção monetária, Previdência Social e imposto de renda* são devidos pelo vencido, mesmo que o juiz os omita. Os encargos legais que incidem sobre o crédito devem ser garantidos pelo juiz da execução a seus destinatários; mesmo quando não contidos na sentença, exatamente, porque a lei já os prevê (v. art. 12/8). Os créditos do empregado estão sujeitos a desconto da contribuição previdenciária incidente sobre o montante atribuído. A Justiça do Trabalho é competente para aplicar a lei quanto às parcelas legais que oneram as obrigações do empregador ou os descontos no crédito do empregado, autorizando ou não os respectivos descontos, o juiz determinará o "imediato recolhimento" (STF – Súmula Vinculante 53; L. 8.212/91, art. 43, alt. L. 8.620/93, e L. 11.941/09, v. Índ. Leg.). Os descontos devem ser calculados mês a mês, aplicando-se as alíquotas previstas no D. 3.048/99, art. 198, observado o limite máximo do salário de contribuição e a época própria em que os pagamentos deveriam ter sido efetuados; se houver diferença o ônus será do devedor, por causa da mora ocorrida. A incidência de contribuição será sobre os valores totais que integrem a remuneração. A L. 8.212/91, art. 33, § 5º, atribui à empresa a responsabilidade pela arrecadação e recolhimento da contribuição do empregado. Mas em momento algum afasta a obrigação do obreiro em arcar com sua parcela, quando do efetivo pagamento; inexiste a transferência da responsabilidade do encargo do empregado para o empregador; apenas há a confirmação da obrigação pela arrecadação. Não ficam isentos da contribuição previdenciária os acordos homologados sem o reconhecimento de vínculo empregatício. O tomador recolhe 20% e o prestador 11%. A Emenda Constitucional 20/98 acrescentou ao art. 114 (§ 3º, v. Índ. Leg.) a competência da Justiça do Trabalho para executar, de ofício, as contribuições previdenciárias do empregado e do empregador que incidem sobre a remuneração (art. 195, I, *a*, e II). Os descontos do imposto de renda também têm o mesmo destino. O recolhimento se sujeita à L. 7.713/88, art. 12-A, com a redação dada pela L. 12.350/10. O empregado deve arcar com o encargo, mas não pode sofrer prejuízo por culpa do empregador, que deixou de efetuar o recolhimento oportunamente. Assim, incidirão sobre o crédito as alíquotas devidas às épocas dos vencimentos das parcelas e não o do pagamento. A RFB, Inst. Norm. 1.127/11, art. 10, alt. RFB Inst. Norm. 1.145/11, pacifica com justiça ao trabalhador o valor a ser pago de IR sobre as condenações da Justiça do Trabalho; o cálculo será feito levando em consideração os meses e não mais como um único montante. O empregador, culpado pela inadimplência, arcará com a diferença. Reforça tal entendimento o TST, Súmula 368; o empregado, caso o empregador não recolha, tem que pagar sua cota-parte. Incide a contribuição de imposto de renda sobre os salários, férias, licenças especiais recebidas em dinheiro, aviso prévio trabalhado ou à disposição, as horas extras mesmo que indenizadas; e a correção monetária (CSJT, Res. 90/11); estão isentos FGTS, indenização de acidente do trabalho, aviso prévio indenizado (Prov. TST 1/96, em apêndice), férias proporcionais indenizadas e juros de mora. Com a edição da Súmula 498 do STJ, ficam isentas as indenizações por dano moral e material, pois estas não representam aumento de patrimônio, e sim reparação de ato ilícito praticado contra o empregado.

Honorários advocatícios devem constar expressamente da sentença; são devidos, ainda que não pleiteados na inicial (art. 791-A/1).

STF A competência da Justiça do Trabalho prevista no art. 114, VIII, da Constituição Federal alcança a execução de ofício das contribuições previdenciárias relativas ao objeto da condenação constante das sentenças que proferir e acordos por ela homologados (Plenário, 18.06.15, *DJe*, 23.6.15). (STF – Súmula Vinculante 53).

STF Sendo líquida a obrigação, os juros moratórios, contra a Fazenda Pública, incluídas as autarquias, são contados do trânsito em julgado da sentença de liquidação (STF – Súmula 255).

STF Incluem-se os juros moratórios na liquidação, embora omisso o pedido inicial ou a condenação (STF – Súmula 254).

STJ Não incide imposto de renda sobre a indenização por danos morais (STJ – Súmula 498, *DJe*, 13.8.12).

STJ Incide imposto de renda sobre os valores percebidos a título de indenização por horas extraordinárias trabalhadas, ainda que decorrentes de acordo coletivo (STJ – Súmula 463).

STJ São isentas de imposto de renda as indenizações de férias proporcionais e o respectivo adicional (Rel. Min. Eliana Calmon, em 26.8.09). (STJ – Súmula 386).

STJ A indenização recebida pela adesão a programa de incentivo à demissão voluntária não está sujeita à incidência do imposto de renda (STJ – Súmula 215).

TST I - A Justiça do Trabalho é competente para determinar o recolhimento das contribuições fiscais. A competência da Justiça do Trabalho, quanto à execução das contribuições previdenciárias, limita-se às sentenças condenatórias em pecúnia que proferir e aos valores, objeto de acordo homologado, que integrem o salário de contribuição. II - É do empregador a responsabilidade pelo recolhimento das contribuições previdenciárias e fiscais, resultantes de crédito do empregado oriundo de condenação judicial. A culpa do empregador pelo inadimplemento das verbas remuneratórias, contudo, não exime a responsabilidade do empregado pelos pagamentos do imposto de renda devido e da contribuição previdenciária que recaia sobre sua quota-parte. III – Os descontos previdenciários relativos à contribuição do empregado, no caso de ações trabalhistas, devem ser calculados mês a mês, de conformidade com o art. 276, § 4º, do Decreto n. 3.048/1999 que regulamentou a Lei n. 8.212/1991, aplicando-se as alíquotas previstas no art. 198, observado o limite máximo do salário de contribuição. IV - Considera-se fato gerador das contribuições previdenciárias decorrentes de créditos trabalhistas reconhecidos ou homologados em juízo, para os serviços prestados até 4.3.2009, inclusive, o efetivo pagamento das verbas, configurando-se a mora a partir do dia 2 do mês seguinte ao da liquidação (art. 276, "caput", do Decreto n. 3.048/1999). Eficácia não retroativa da alteração legislativa promovida pela Medida Provisória n. 449/2008, posteriormente convertida na Lei n.11.941/2009, que deu nova redação ao art. 43 da Lei n. 8.212/91. V - Para o labor realizado a partir de 5.3.2009, considera-se fato gerador das contribuições previdenciárias decorrentes de créditos trabalhistas reconhecidos ou homologados em juízo a data da efetiva prestação dos serviços. Sobre as contribuições previdenciárias não recolhidas a partir da prestação dos serviços incidem juros de mora e, uma vez apurados os créditos previdenciários, aplica-se multa a partir do exaurimento do prazo de citação para pagamento, se descumprida a obrigação, observado o limite legal de 20% (art. 61, § 2º, da Lei n. 9.430/96). VI – O imposto de renda decorrente de crédito do empregado recebido acumuladamente deve ser calculado sobre o montante dos rendimentos pagos, mediante a utilização de tabela progressiva resultante da multiplicação da quantidade de meses a que se refiram os rendimentos pelos valores constantes da tabela progressiva mensal correspondente ao mês do recebimento ou crédito, nos termos do art. 12-A da Lei n. 7.713, de 22/12/1988, com a redação conferida pela Lei n. 13.149/2015, observado o procedimento previsto nas Instruções Normativas da Receita Federal do Brasil (Res. 219/17, *DEJT* 28.6.17). (TST, Súmula 368).

TST Os descontos previdenciários e fiscais devem ser efetuados pelo juízo executório, ainda que a sentença exequenda tenha sido omissa sobre a questão, dado o caráter de ordem pública ostentado pela norma que os disciplina. A ofensa à coisa julgada somente poderá ser caracterizada na hipótese de o título exequendo, expressamente, afastar a dedução dos valores a título de imposto de renda e de contribuição previdenciária (TST – Súmula 401, conversão da Orientação Jurisprudencial SDI-2 81).

TST Os juros de mora e a correção monetária incluem-se na liquidação, ainda que omisso o pedido inicial ou a condenação (TST – Súmula 211).

TST Nos casos de execução de sentença contra pessoa jurídica de direito público, os juros e a correção monetária serão calculados até o pagamento do valor principal da condenação (TST – Súmula 193).

SDI Os juros de mora decorrentes do inadimplemento de obrigação de pagamento em dinheiro não integram a base de cálculo do imposto de renda, independentemente da natureza jurídica da obrigação inadimplida, ante o cunho indenizatório conferido pelo art. 404 do Código Civil de 2002 aos juros de mora (TST, SDI-1, Orientação Jurisprudencial 400).

SDI Nos acordos homologados em juízo em que não haja o reconhecimento de vínculo empregatício, é devido o recolhimento da contribuição previdenciária, mediante a alíquota de 20% a cargo do tomador de serviços e de 11% por parte do prestador de serviços, na qualidade de contribuinte individual, sobre o valor total do acordo, respeitado o teto de contribuição. Inteligência do § 4º do art. 30 e do inciso III do art. 22, todos da Lei n. 8.212, de 24.07.1991 (TST, SDI-1, Orientação Jurisprudencial 398).

SDI É devida a contribuição previdenciária sobre o valor do acordo celebrado e homologado após o trânsito em julgado de decisão judicial, respeitada a proporcionalidade de valores entre as parcelas de natureza salarial e indenizatória deferidas na decisão condenatória e as parcelas objeto do acordo (TST, SDI-1, Orientação Jurisprudencial 376).

SDI É devida a incidência das contribuições para a Previdência Social sobre o valor total do acordo homologado em juízo, independentemente do reconhecimento de vínculo de emprego, desde que não haja discriminação das parcelas sujeitas à incidência da contribuição previdenciária, conforme parágrafo único do art. 43 da Lei n. 8.212, de 24.07.1991, e do art. 195, I, "a", da CF/1988 (TST, SDI-1, Orientação Jurisprudencial 368).

SDI CANCELADA. (Convertida na Súmula 368). A responsabilidade pelo recolhimento das contribuições social e fiscal, resultante de condenação judicial referente a verbas remuneratórias, é do empregador e incide sobre o total da condenação. Contudo, a culpa do empregador pelo inadimplemento das verbas remuneratórias não exime a responsabilidade do empregado pelos pagamentos do imposto de renda devido e da contribuição previdenciária que recaia sobre sua quota-parte (Res. 219/17, *DEJT* 28.6.17). (TST, SDI-1, Orientação Jurisprudencial 363).

SDI Indenização. Imposto de renda. Não incidência (TST, SDI-1, Orientação Jurisprudencial 207).

Os valores recebidos a título de férias proporcionais e respectivo terço constitucional são indenizações isentas do pagamento do Imposto de Renda. Precedentes: REsp 896.720/SP, Rel. Min. Castro Meira, *DJU* de 01.03.07; REsp 1.010.509/SP, Rel. Min. Teori Albino Zavascki, *DJe* de 28.04.08; AgRg no REsp 1057542/PE, Rel. Min. Francisco Falcão, *DJe* de 01.09.08; Pet 6.243/SP, Rel. Min. Eliana Calmon, *DJe* de 13.10.08; AgRg nos EREsp 916.304/SP, Rel. Ministro Luiz Fux, *DJU* de 08.10.07 (STJ, RE 1.111.223, SP 2009/0018747-3, j. 22.4.09, Castro Meira, *DEJ*, 4.5.09).

O critério de apuração do imposto de renda sobre as decisões judiciais foi modificado pela Medida Provisória n. 497/10, convertida na Lei n. 12.350, de 21.12.10, que acrescentou o artigo 12-A na Lei n. 7.713/88 e determinou a utilização do critério mensal para o cálculo do imposto. Como os descontos fiscais são regidos pela lei vigente na data em que eles são efetuados, evidentemente, se aplica ao caso o referido diploma legal. Não se trata, pois, de aplicação retroativa da lei vigente à época. Desse modo, não mais se aplica o item II da Súmula n. 368 do TST, que adota o critério global para apuração dos descontos fiscais, diante da recente alteração dos dispositivos legais que regem a matéria. Portanto, a decisão regional, em que se determina que os descontos fiscais sejam feitos mês a mês, se coaduna com a legislação tributária atual, razão por que deve ser mantida, não havendo falar em ofensa ao artigo 46, inciso I, § 1º, da Lei n. 8.541/1992, tampouco em contrariedade à Súmula n. 368, item II, do TST. Recurso de revista não conhecido (TST, RR 46800-06.2009.5.09.0096, julgado em 11.10.11, José Roberto Freire Pimenta, *DEJT*, 21.10.12).

A decisão regional, no tocante à exclusão dos juros de mora da base de cálculo do imposto de renda, está em sintonia com a OJ-SDI-1 n. 400 do TST. Relativamente ao critério de apuração do imposto de renda, a IN n. 1.127, editada pela Receita Federal, publicada no *DOU* de 8.2.11, regulamentou o artigo 12-A da Lei n. 7.713/88, recentemente alterado pela Lei n. 12.350/10, e determinou a utilização do critério mensal para o cálculo do imposto de renda. Dessa forma, resta afastada a incidência do critério global outrora adotado por esta Corte e consubstanciado na Súmula 368, II, do TST (TST, RR 103100-31.2008.5.09.0093, julgado em 31.8.11, Sebastião Geraldo de Oliveira, *DEJT*, 2.9.11).

A indenização por danos materiais e morais não é fato gerador do imposto de renda, pois limita-se a recompor o patrimônio material e imaterial da vítima, atingido pelo ato ilícito praticado. 2. A negativa de incidência do imposto de renda não se faz por força de isenção, mas em decorrência da ausência de riqueza nova – oriunda dos frutos do capital, do trabalho ou da combinação de ambos – capaz de caracterizar acréscimo patrimonial. 3. A indenização por danos morais e materiais não aumenta o patrimônio do lesado, apenas o repõe, pela via da substituição monetária, ao *statu quo ante*. 4. Quanto à violação do artigo 535 do CPC, esclareça-se que, em nosso sistema processual, o juiz não está adstrito aos fundamentos legais apontados pelas partes. Exige-se, apenas, que a decisão seja fundamentada, conforme o convencimento do julgador. 5. No caso, o magistrado aplicou a legislação por ele considerada pertinente, fundamentando o seu entendimento e rejeitando as teses defendidas pelo ora recorrente, não havendo que se falar em deficiência na jurisdição prestada. 6. Recurso especial não provido (STJ, REsp 1.068.456/PE, julgado em 18.6.09, Eliana Calmon, *DJe*, 1.7.09).

1. A indenização por dano estritamente moral não é fato gerador do Imposto de Renda, pois limita-se a recompor o patrimônio imaterial da vítima, atingido pelo ato ilícito praticado. 2. *In casu*, a negativa de incidência do Imposto de Renda não se faz

por força de isenção, mas em decorrência da ausência de riqueza nova – oriunda dos frutos do capital, do trabalho ou da combinação de ambos – capaz de caracterizar acréscimo patrimonial. 3. A indenização por dano moral não aumenta o patrimônio do lesado, apenas o repõe, pela via da substituição monetária, *in statu quo ante*. 4. A vedação de incidência do Imposto de Renda sobre indenização por danos morais é também decorrência do princípio da reparação integral, um dos pilares do Direito brasileiro. A tributação, nessas circunstâncias e, especialmente, na hipótese de ofensa a direitos da personalidade, reduziria a plena eficácia material do princípio, transformando o Erário simultaneamente em sócio do infrator e beneficiário do sofrimento do contribuinte. 5. Recurso Especial não provido (STJ, REsp 963.387/RS, julgado em 8.10.08, Herman Benjamin, *DJe*, 5.3.09).

■ Esta Corte Superior, por meio do Órgão Especial, em acórdão majoritário prolatado nos autos do proc. ROAG-2110/1985-002-17-00.4, cuja redação coube ao Exmo. Min. Barros Levenhagen, e que foi publicado no *DEJT* de 4.9.2009, reformulou o entendimento de incidência do imposto de renda sobre os juros de mora, com fundamento no art. 404 do novo Código Civil, o qual passou a considerar os juros como perdas e danos, sem fazer nenhuma diferenciação entre juros de mora incidentes sobre parcelas de natureza remuneratória ou indenizatória, de modo que se exclui da condenação a incidência do imposto de renda sobre os juros de mora. Recurso de revista conhecido e provido (TST, RR-130600-77.2006.5.06.0141, Dora Maria da Costa, Ac. 8ª T).

■ A Subseção Especializada em Dissídios Individuais, no julgamento do E-RR-218/2000-093-15-40.0, firmou posicionamento no sentido de determinar a incidência das contribuições previdenciárias sobre o valor total do acordo respeitando a proporcionalidade das parcelas de natureza salarial e indenizatória declaradas na decisão transitada em julgado (TST, E-RR-406/2002-002-15-00, Vieira De Mello Filho, Ac. SESBDI-1).

■ Esta C. Subseção, analisando situações análogas à presente, firmou o entendimento de que a contribuição previdenciária deve incidir sobre os valores acordados, respeitando-se, contudo, a proporção entre as verbas de natureza salarial e indenizatória definida na decisão judicial transitada em julgado (TST, E-RR-575/2001-002-02-00, Maria Cristina Irigoyen Peduzzi, Ac. SBDI-1).

■ A jurisprudência da C. SDI firmou o entendimento no sentido de que, nas lides que envolvem reconhecimento de vínculo de emprego, em acordo judicial homologado em juízo, o recolhimento da contribuição previdenciária se dá com base nas alíquotas de 20% mais 11%, incidentes sobre o montante total do acordo homologado. Precedentes da C. SDI. Ressalva de entendimento do Relator (TST, E-RR-360300-87.2006.5.02.0089, Aloysio Corrêa da Veiga, Ac. SDI-1).

■ O fato de o reclamado não ter pago na oportunidade correta as verbas pleiteadas não lhe atrai o ônus de recolher sozinho as contribuições previdenciárias. Ambas as partes devem responder pela obrigação, consoante dispõe a Lei n. 8.212/91 (TST, RR-45.565/2002-900-02-00.9, Lelio Bentes Corrêa).

■ A Lei n. 8.212/91 apenas confirma a responsabilidade da empresa em arrecadar e recolher a contribuição, mas não retira do empregado o encargo. Todavia, as alíquotas e teto devem respeitar a época própria em que os pagamentos deveriam ter sido efetuados, a fim de que a inadimplência patronal não resulte em prejuízo para o empregado (TRT/SP, 6.787/97, Valentin Carrion, Ac. 9ª T. 6.247/98).

3 *Correção monetária.* V. art. 879/12.

4 A correção de *evidentes enganos* da sentença pode ser feita a qualquer tempo. O instituto existe igualmente no CPC/15, art. 494, I, e não se confunde com os embargos de declaração, que também são cabíveis no processo trabalhista (art. 897-A).

■ Correção de erro, quanto ao resultado, na primeira sessão seguinte. Legalidade da medida. Ausência de negativa de vigência de lei federal (STF, RO 79.773-RJ, *RT* 481/232).

■ Constatada a existência de inexatidão material na ata, que, de modo equivocado, proclamou o resultado do julgamento, cuja correção o art. 463, I, do CPC autoriza seja feita, a qualquer tempo, de ofício ou a requerimento da parte interessada, acolhem-se os embargos de declaração para os fins apontados (STF, ED-RE 111.184-4-SP, Ilmar Galvão, Ac. 1ª T.).

5 A L. 10.035/00 autorizou o INSS a recorrer nos acordos que contenham parcelas indenizatórias. Com a L. 11.457/07, os processos administrativos-fiscais, inclusive os créditos, já constituídos ou em fase de constituição, as guias e declarações apresentadas ao MPS ou ao INSS, foram transferidos à Secretaria da Receita Federal do Brasil (SRFB), deixando de fazer parte do processo o INSS (que continua com o gerenciamento do instituto) e passando a figurar no processo a União por meio da SRFB. O acordo homologado poderá (não é obrigatório o recurso, art. 832, § 7º, quando devidamente fundamentado) ser modificado por recurso da União (SRFB). Surge uma nova relação processual, *RECLAMANTE* e *RECLAMADA*, agora no mesmo lado, contra a União. Sendo modificada a natureza das parcelas constantes no acordo, este será modificado, cabendo aqui nova decisão. Alçada, custas, acordos e desistências da União (AGU IN 3/97). A União, no prazo de 10 dias (o mesmo já está definido na lei), não se manifestando, sofre preclusão. Nos arts. 832, § 7º, e 879, § 5º, o legislador se utiliza do Princípio da Economia Processual, muito bem aplicado, quando permite que a União não se manifeste, mas a lei não pode ser uma brecha para os conluios e o mau uso das verbas públicas. Os advogados da união podem desistir dos processos no TST, por observância de pressupostos processuais de sua admissibilidade – AGU Port. 171/11, em apêndice.

■ A norma contida no § 4º do artigo 832 da CLT, aplicada em conjunto com a disposição contida no parágrafo único do artigo 831 do mesmo diploma, legitima o INSS a interpor recurso ordinário contra sentença homologatória de acordo, especificamente com relação às contribuições previdenciárias incidentes sobre as parcelas salariais reconhecidas no ajuste (TST, RR 5.907/2002-902-02-00.0, Lélio Bentes Corrêa).

■ O Juiz homologou acordo judicial celebrado entre Reclamante e Reclamada, pondo fim à Reclamação Trabalhista. Impugnado pelo INSS, o acordo foi revisto pelo Eg. Tribunal Regional do Trabalho, que declarou a natureza salarial da totalidade das verbas objeto da conciliação. Interposto Recurso de Revista pelo Reclamado ao acórdão regional, não é exigível a realização do depósito recursal, e por dois fundamentos.

Em primeiro lugar, reveste-se o processo de características de execução, porquanto já encerrada a cognição da matéria alvo da lide entre Reclamante e Reclamado, com a consequente aplicação da Orientação Jurisprudencial n. 189, da C. SBDI-1, que impede a exigência do depósito se já garantida a condenação: adimplido o acordo, nada mais resta a pagar. Em segundo lugar, verifica-se que o acordo judicial acarreta a extinção da primeira relação jurídica processual surgida entre Reclamante e Reclamado, nascendo nova relação quando da impugnação do INSS. Nesse novo momento, Reclamante e Reclamado passam a ter um interesse jurídico em comum, a manutenção de suas vontades, materializada pelo acordo homologado. Integrantes de um mesmo polo na relação jurídica, não seria lógico exigir depósito recursal (TST, RR 18.762/2002-900-12-00.0, Maria Cristina Irigoyen Peduzzi).

Art. 834. Salvo nos casos previstos nesta Consolidação, a publicação[3] das decisões e sua notificação aos litigantes, ou seus patronos[2], consideram-se realizadas nas próprias audiências[1] em que forem as mesmas proferidas.

1 O prazo para recurso se inicia em audiência, mesmo que as partes não compareçam (art. 852), desde que nela a sentença seja juntada ou proferida.

2 Direito de postular (art. 791/1).

3 As publicações dos atos processuais na Justica do Trabalho, desde 5 de junho de 2008, são feitas no *Diário Eletrônico da Justiça do Trabalho – DEJT* (TST.CSJT.SG, Ato Conj. 15/08, alt. Ato Conj. 12/10).

Art. 835. O cumprimento do acordo ou da decisão far-se-á no prazo e condições estabelecidas.

1 A execução definitiva (art. 831) das sentenças depende do trânsito em julgado (art. 876/4), e a provisória, de sua permissão legal (idem). Algumas condenações em dissídio coletivo permitem execução de reajustes salariais, sem que se tenha operado a coisa julgada (art. 872), se o despacho que receber o recurso não lhe concedeu efeito suspensivo (art. 876).

A sentença sujeita a condição ou termo só se executa após provar-se que aquela ou este ocorreram (CPC/15, art. 514).

Art. 836. É vedado aos órgãos da Justiça do Trabalho conhecer de questões já decididas, excetuados os casos expressamente previstos neste Título e a ação rescisória[1 a 4], que será admitida na forma do disposto no Capítulo IV do Título IX da Lei 5.869, de 11 de janeiro de 1973 – Código de Processo Civil, sujeita ao depósito prévio de 20% do valor da causa, salvo prova de miserabilidade jurídica de autor (red. L. 11.495/07).

Parágrafo único. A execução da decisão proferida em ação rescisória far-se-á nos próprios autos da ação que lhe deu origem, e será instruída com o acórdão da rescisória e a respectiva certidão de trânsito em julgado (red. MP 2.180-35/01).

1 *Ação rescisória* é a que pretende a desconstituição da sentença; ou, como prefere Barbosa Moreira, a anulabilidade (*Comentários ao CPC*). Não é recurso, mas ação própria, em face da nova relação processual que se forma, diferente da anterior, já finda, com necessidade de atendimento a pressupostos e condições próprios. Visa desconstituir sentença, de qualquer grau de jurisdição, que até esse momento produzirá efeitos, salvo casos excepcionalíssimos de plausibilidade da procedência da rescisória, quando se permite a suspensão da execução. Aplica-se o poder geral de cautela do art. 301 do CPC/15. O depósito prévio de cinco por cento sobre o valor da causa, que se converterá em multa caso a ação seja, por unanimidade de votos, declarada inadmissível ou improcedente, não será superior 1.000 (mil) salários mínimos. A propositura da ação rescisória não impede o cumprimento da decisão rescindenda, ressalvada a concessão de tutela provisória (CPC/15, art. 969). Valor da causa: é o valor do processo originário, corrigido pelo INPC, caso ocorra na fase de conhecimento; se a rescisão ocorrer na fase de execução, corresponde ao valor da condenação. Caso ocorra a improcedência ou a inadmissibilidade, por votação unânime, o valor será convertido em favor do réu (IN TST 31/07, alt. Res. TST 154/09, e CPC/15, art. 974, parágrafo único).

2 *Sentenças que propiciam rescisória.* As sentenças de mérito transitadas em julgado são as que, no processo de conhecimento, acolhem ou rejeitam o pedido (Barbosa Moreira, *Comentários ao CPC*). Não são de mérito as sentenças que extinguem o processo por questões processuais (pressupostos) ou ausência de requisitos da ação (condições). É que as que extinguem o processo, sem resolução do mérito, podem ser propostas novamente (CPC/15, art. 486), salvo se a extinção se fundou em perempção, litispendência ou coisa julgada. A doutrina permite que a ação que se extinguiu por ausência de uma das condições da ação possa ser novamente proposta, idêntica, o que parece inaceitável (Cândido Rangel Dinamarco aponta julgamento pioneiro que abriria caminho para entendimento contrário, nota 111 ao *Manual de Direito Processual Civil* de Liebman). "É irrelevante – esclarece Barbosa Moreira – que se viole o direito material ou direito processual". Não vê Bueno Vidigal como compatibilizar essa assertiva com a restrição que o art. 966 do CPC/15 impõe à rescindibilidade da sentença de mérito... se o disposto no item V do art. 966 do CPC/15 abrangesse também os erros cometidos pelo juiz *in procedendo*, não haveria razão para os demais itens do mesmo artigo... Hoje, entendemos que só a sentença de mérito é rescindível, mas se o defeito reside em erro *in procedendo* que ela encerra, a rescisória também cabe (Coqueijo Costa, *Direito Processual do Trabalho*).

Na execução. Cabe na sentença de liquidação porque "é complementar de definitiva ilíquida do conhecimento, tendo matéria declarativa" (Gonçalves Neto, "Ação rescisória de sentença de liquidação no processo do trabalho", *Rev. Synthesis* 3/86, 1986). Só há julgamento de mérito quando há cognição (que não se esgotou na sentença exequenda, como na liquidação). É também o caso dos processos cognitivos embutidos na execução, como nos embargos à execução e acolhimento da prescrição (Barbosa Moreira, idem) e embargos de terceiro. Não cabe na adjudicação, arrematação ou remição, por dar-se mera interlocutória (Coqueijo Costa, *Ação Rescisória*).

Não deveriam propiciar rescisão as proferidas em jurisdição voluntária nem as simplesmente homologatórias (pois se anulam como qualquer ato jurídico em geral, CPC, art. 486), mas a jurisprudência é no sentido contrário (v. nota 7 ao art. 831).

3 A sentença pode ser rescindida nos seguintes casos (CPC/15, art. 966): a) sentença proferida por prevaricação (ato indevido de ofício para satisfazer interesse ou sentimento pessoal), concussão (exigência de vantagem) ou corrupção do juiz; b) proferida por juiz impedido ou absolutamente incompetente; c) resultar de dolo ou coação da parte vencedora em detrimento da parte vencida ou, ainda, de simulação ou colusão entre as partes, a fim de fraudar a lei (a sanção e a nulidade da decisão homologatória TST – SDI-2 OJ 158); d) ofender a coisa julgada (refere-se a processos distintos e não conhecimento e execução no mesmo processo TST – SDI-2 OJ 157); e) violar literal disposição legal (cabe contra decisão baseada em enunciado de súmula ou acórdão proferido em julgamento de casos repetitivos que não tenha considerado a existência de distinção entre a questão discutida no processo e o padrão decisório que lhe deu fundamento. O autor, sob pena de inépcia, terá que demonstrar, fundamentadamente, tratar-se de situação particularizada por hipótese fática distinta ou de questão jurídica não examinada); f) fundar-se em prova falsa apurada em processo criminal ou provada na própria ação rescisória; g) o autor obtiver, posteriormente ao trânsito em julgado, documento novo (existente no trânsito em julgado da decisão rescindenda, mas ignorada ou impossível de conseguir), não é prova nova (sentença normativa proferida após a decisão rescindenda e sentença normativa preexistente a sentença rescindenda, mas não exibida por negligência ou não ignorado, TST, Súmula 402); h) for fundada em erro de fato (há erro de fato quando a decisão rescindenda admitir fato inexistente ou quando considerar inexistente fato efetivamente ocorrido, sendo indispensável, em ambos os casos, que o fato não represente ponto controvertido sobre o qual o juiz deveria ter se pronunciado) verificável no exame dos autos. Sob a égide do CPC 73, a sentença pode ser rescindida por questão processual que consista pressuposto de validade de sentença de mérito (TST – Súmula 412). Será rescindível a decisão transitada em julgado que, embora não seja de mérito, impeça: propositura de nova demanda ou admissibilidade do recurso correspondente. O alargamento da ação rescisória foi tal que equivale a uma terceira instância. Haja dinheiro e paciência para litigar. E a rescisória da rescisória? É como uma caixa dentro de uma caixa, dentro de uma caixa... Cabe a instrução à primeira instância. Em caso de julgar-se procedente a ação, proferir-se-á novo julgamento em substituição ao rescindido (CPC/15, art. 974). A nova redação da CLT, art. 836, consagrou o pensamento do TST, alargando inconvenientemente o cabimento da rescisória (quanto às diversas hipóteses de cabimento, v. Barbosa Moreira, *Comentários ao CPC*; Coqueijo Costa, *Ação rescisória*; Sérgio Rizzi, Ação rescisória). Para todas as hipóteses se exige prova do trânsito em julgado (Súmula 299), e, na violação de lei, pronunciamento explícito da matéria na decisão rescindenda (Súmula 298). Com a mudança do termo prequestionamento para pronunciamento na Súmula 298, o TST define o que é necessário para que a decisão seja rescindível. O Tribunal Regional possui competência originária para julgar ação rescisória da sentença das Varas do Trabalho e dos seus próprios acórdãos (art. 678, I, *c*, 2); cabe recurso ordinário para o TST, que não é instância, mas grau de jurisdição. No TST, RI, arts. 233 a 239, TST, RA 1.937/17.

A) Requisitos

STJ Descabe o depósito prévio nas ações rescisórias propostas pelo INSS (STJ – Súmula 175).

TST A ação rescisória calcada em violação de lei não admite reexame de fatos e provas do processo que originou a decisão rescindenda (TST – Súmula 410, conversão da Orientação Jurisprudencial SDI-2 109).

TST Não padece de inépcia a petição inicial de ação rescisória apenas porque omite a subsunção do fundamento de rescindibilidade no art. 966 do CPC de 2015 (art. 485 do CPC de 1973) ou o capitula erroneamente em um de seus incisos. Contanto que não se afaste dos fatos e fundamentos invocados como causa de pedir, ao Tribunal é lícito emprestar-lhes a adequada qualificação jurídica ("iura novit curia"). No entanto, fundando-se a ação rescisória no art. 966, inciso V, do CPC de 2015 (art. 485, inciso V, do CPC de 1973), é indispensável expressa indicação, na petição inicial da ação rescisória, da norma jurídica manifestamente violada (dispositivo legal violado sob o CPC de 1973), por se tratar de causa de pedir da rescisória, não se aplicando, no caso, o princípio "iura novit curia" (ex-OJs n. 32 e 33 da SBDI-2 - inseridas em 20.9.00). (TST – Súmula 408, Res. 208/16).

TST A legitimidade "ad causam" do Ministério Público para propor ação rescisória, ainda que não tenha sido parte no processo que deu origem à decisão rescindenda, não está limitada às alíneas "a", "b" e "c" do inciso III do art. 967 do CPC de 2015 (art. 487, III, "a" e "b", do CPC de 1973), uma vez que traduzem hipóteses meramente exemplificativas (ex-OJ n. 83 da SBDI-2 - inserida em 13.3.02) (TST – Súmula 407, Res. 208/16).

TST I – O litisconsórcio, na ação rescisória, é necessário em relação ao polo passivo da demanda, porque supõe uma comunidade de direitos ou de obrigações que não admite solução díspar para os litisconsortes, em face da indivisibilidade do objeto. Já em relação ao polo ativo, o litisconsórcio é facultativo, uma vez que a aglutinação de autores se faz por conveniência e não pela necessidade decorrente da natureza do litígio, pois não se pode condicionar o exercício do direito individual de um dos litigantes no processo originário à anuência dos demais para retomar a lide. II – O Sindicato, substituto processual e autor da reclamação trabalhista, em cujos autos fora proferida a decisão rescindenda, possui legitimidade para figurar como réu na ação rescisória, sendo descabida a exigência de citação de todos os empregados substituídos, porquanto inexistente litisconsórcio passivo necessário (TST – Súmula 406, conversão das Orientações Jurisprudenciais SDI-2 82 e 110).

TST I – É incabível ação rescisória para impugnar decisão homologatória de adjudicação ou arrematação. II – A decisão homologatória de cálculos apenas comporta rescisão quando enfrentar as questões envolvidas na elaboração da conta de liquidação, quer solvendo a controvérsia das partes quer explicitando, de ofício, os motivos pelos quais acolheu os cálculos oferecidos por uma das partes ou pelo setor de cálculos, e não contestados pela outra (TST – Súmula 399, conversão das Orientações Jurisprudenciais SDI-2 44, 45 e 85).

TST I - É indispensável ao processamento da ação rescisória a prova do trânsito em julgado da decisão rescindenda (ex-Súmula n. 299). II - Verificando o relator que a parte interessada não juntou à inicial o documento comprobatório, abrirá prazo de 15 (quinze) dias para que o faça (art. 321 do CPC de 2015), sob pena de indeferimento (TST, Res. 211/16). III - A comprovação do trânsito em julgado da decisão rescindenda é pressuposto processual indispensável ao tempo do ajuizamento da ação rescisória. Eventual trânsito em julgado posterior ao ajuizamento da ação rescisória não reabilita a ação proposta, na medida em que o ordenamento jurídico não contempla a ação rescisória preventiva (ex-OJ n. 106 da SBDI-2). IV - O pretenso vício de intimação, posterior à decisão que se pretende rescindir, se efetivamente ocorrido, não permite a formação da coisa julgada material. Assim, a ação rescisória deve ser julgada extinta, sem julgamento do mérito, por carência de ação, por inexistir decisão transitada em julgado a ser rescindida (ex-OJ n. 96 da SBDI-2) (TST – Súmula 299, Res. 211/16).

TST I – A conclusão acerca da ocorrência de violação literal a disposição de lei pressupõe pronunciamento explícito, na sentença rescindenda, sobre a matéria veiculada. II – O pronunciamento explícito exigido em ação rescisória diz respeito à matéria e ao enfoque específico da tese debatida na ação, e não, necessariamente, ao dispositivo legal tido por violado. Basta que o conteúdo da norma reputada violada haja sido abordado na decisão rescindenda para que se considere preenchido o pressuposto. III – Para efeito de ação rescisória, considera-se pronunciada explicitamente a matéria tratada na sentença quando, examinando remessa de ofício, o Tribunal simplesmente a confirma. IV – A sentença meramente homologatória, que silencia sobre os motivos de convencimento do juiz, não se mostra rescindível, por ausência de pronunciamento explícito. V – Não é absoluta a exigência de pronunciamento explícito na ação rescisória, ainda que esta tenha por fundamento violação de dispositivo de lei. Assim, prescindível o pronunciamento explícito quando o vício nasce no próprio julgamento, como se dá com a sentença *extra, citra* e *ultra petita* (TST – Súmula 298, alt. Res. TST 177/12).

TST CANCELADA. As ações rescisórias ajuizadas na Justiça do Trabalho serão admitidas, instruídas e julgadas conforme os arts. 485 *usque* 495 do CPC de 1973, sendo, porém, desnecessário o depósito prévio a que aludem os respectivos arts. 488, II, e 494 (TST – Súmula 194, cancelada pela Res. TST 142/07).

TST I – Se não houver o conhecimento de recurso de revista ou de embargos, a competência para julgar ação que vise a rescindir a decisão de mérito é do Tribunal Regional do Trabalho, ressalvado o disposto no item II. II – Acórdão rescindendo do Tribunal Superior do Trabalho que não conhece de recurso de embargos ou de revista, analisando arguição de violação de dispositivo de lei material ou decidindo em consonância com súmula de direito material ou com iterativa, notória e atual jurisprudência de direito material da Seção de Dissídios Individuais (Súmula n. 333), examina o mérito da causa, cabendo ação rescisória da competência do Tribunal Superior do Trabalho. III – Sob a égide do art. 512 do CPC, é juridicamente impossível o pedido explícito de desconstituição de sentença quando substituída por acórdão de Tribunal Regional ou superveniente sentença homologatória de acordo que puser fim ao litígio. IV – Na vigência do CPC de 1973, é manifesta a Impossibilidade jurídica do pedido de rescisão de julgado proferido em agravo de instrumento que, limitando-se a aferir o eventual desacerto do juízo negativo de admissibilidade do recurso de revista, não substitui o acórdão regional, na forma do art. 512 do CPC. V – A decisão proferida pela SDI, em agravo regimental, calcada na Súmula n. 333, substitui acórdão de Turma do TST, porque emite juízo de mérito, comportando, em tese, o corte rescisório (TST – Súmula 192, Res. 212/16).

TST Da decisão do TRT, em ação rescisória, é cabível recurso ordinário para o TST, em face da organização judiciária trabalhista. Ex-prejulgado n. 35 (TST – Súmula 158).

TST I – O prazo de decadência, na ação rescisória, conta-se do dia imediatamente subsequente ao trânsito em julgado da última decisão proferida na causa, seja de mérito ou não. II – Havendo recurso parcial no processo principal, o trânsito em julgado dá-se em momentos e em tribunais diferentes, contando-se o prazo decadencial para a ação rescisória do trânsito em julgado de cada decisão, salvo se o recurso tratar de preliminar ou prejudicial que possa tornar insubsistente a decisão recorrida, hipótese em que flui a decadência a partir do trânsito em julgado da decisão que julgar o recurso parcial. III – Salvo se houver dúvida razoável, a interposição de recurso intempestivo ou a interposição de recurso incabível não protrai o termo inicial do prazo decadencial. IV – O juízo rescindente não está adstrito à certidão de trânsito em julgado juntada com a ação rescisória, podendo formar sua convicção através de outros elementos dos autos quanto à antecipação ou postergação do *dies a quo* do prazo decadencial. V – O acordo homologado judicialmente tem força de decisão irrecorrível, na forma do art. 831 da CLT. Assim sendo, o termo conciliatório transita em julgado na data da sua homologação judicial. VI – Na hipótese de colusão das partes, o prazo decadencial da ação rescisória somente começa a fluir para o Ministério Público, que não interveio no processo principal, a partir do momento em que tem ciência da fraude. VII – Não ofende o princípio do duplo grau de jurisdição a decisão do TST que, após afastar a decadência em sede de recurso ordinário, aprecia desde logo a lide, se a causa versar questão exclusivamente de direito e estiver em condições de imediato julgamento. VIII – A exceção de incompetência, ainda que oposta no prazo recursal, sem ter sido aviado o recurso próprio, não tem o condão de afastar a consumação da coisa julgada e, assim, postergar o termo inicial do prazo decadencial para a ação rescisória. IX – Prorroga-se até o primeiro dia útil, imediatamente subsequente, o prazo decadencial para ajuizamento de ação rescisória quando expira em férias forenses, feriados, finais de semana ou em dia em que não houver expediente forense. Aplicação do art. 775 da CLT. X – Conta-se o prazo decadencial da ação rescisória, após o decurso do prazo legal previsto para a interposição do recurso extraordinário, apenas quando esgotadas todas as vias recursais ordinárias (TST – Súmula 100, conversão das Orientações Jurisprudenciais SDI-2 13, 16, 79, 102, 104, 122 e 145).

SDI A procuração outorgada com poderes específicos para ajuizamento de reclamação trabalhista não autoriza a propositura de ação rescisória e mandado de segurança. Constatado, todavia, o defeito de representação processual na fase recursal, cumpre ao relator ou ao tribunal conceder prazo de 5 (cinco) dias para a regularização, nos termos da Súmula n. 383, item II, do TST (TST, SDI-2, Orientação Jurisprudencial 151, Res. 211/16).

SDI A caracterização do erro de fato como causa de rescindibilidade de decisão judicial transitada em julgado supõe a afirmação categórica e indiscutida de um fato, na decisão rescindenda, que não corresponde à realidade dos autos. O fato afirmado pelo julgador, que pode ensejar ação rescisória calcada no inciso IX do art. 485 do CPC, é apenas aquele que se coloca como premissa fática indiscutida de um silogismo argumentativo, não aquele que se apresenta ao final desse mesmo silogismo, como conclusão decorrente das premissas que especificaram as provas oferecidas, para se concluir pela existência do fato. Esta última hipótese é afastada pelo § 2º do art. 485 do CPC, ao exigir que não tenha havido controvérsia sobre o fato e pronunciamento judicial esmiuçando as provas (TST, SDI-2, Orientação Jurisprudencial 136).

SDI A ação rescisória calcada em violação do art. 37, *caput*, da Constituição Federal, por desrespeito ao princípio da legalidade administrativa exige que ao menos o princípio constitucional tenha sido prequestionado na decisão (TST, SDI-2, Orientação Jurisprudencial 135).

SDI Na hipótese em que a ação rescisória tem como causa de rescindibilidade o inciso II do art. 485 do CPC, a arguição de incompetência absoluta prescinde de prequestionamento (TST, SDI-2, Orientação Jurisprudencial 124).

SDI Para viabilizar a desconstituição do julgado pela causa de rescindibilidade do inciso IV, do art. 966 do CPC de 2015 (inciso IV do art. 485 do CPC de 1973), é necessário que a decisão rescindenda tenha enfrentado as questões ventiladas na ação rescisória, sob pena de inviabilizar o cotejo com o título executivo judicial tido por desrespeitado, de modo a se poder concluir pela ofensa à coisa julgada (TST, SDI-2, Orientação Jurisprudencial 101, Res. 208/16).

SDI São peças essenciais para o julgamento da ação rescisória a decisão rescindenda e/ou a certidão do seu trânsito em julgado, devidamente autenticadas, à exceção de cópias reprográficas apresentadas por pessoa jurídica de direito público, a teor do art. 24 da Lei n. 10.522/2002, ou declaradas autênticas pelo advogado na forma do artigo 830 da CLT com a redação dada pela Lei n. 11.925/2009. Em fase recursal, verificada a ausência de qualquer delas, cumpre ao Relator do recurso ordinário conceder o prazo de 5 (cinco) dias ao recorrente para que seja complementada a documentação exigível, nos termos do art. 932, parágrafo único, do CPC de 2015. (TST, SDI-2, Orientação Jurisprudencial 84). (Res. 220/17, *DEJT*, 21.9.17).

SDI É admissível o ajuizamento de uma única ação rescisória contendo mais de um pedido, em ordem sucessiva, de rescisão da sentença e do acórdão. Sendo inviável a tutela jurisdicional de um deles, o julgador está obrigado a apreciar os demais, sob pena de negativa de prestação jurisdicional (TST, SDI-2, Orientação Jurisprudencial 78).

SDI A data da inclusão da matéria discutida na ação rescisória, na Orientação Jurisprudencial do TST, é o divisor de águas quanto a ser, ou não, controvertida nos Tribunais a interpretação dos dispositivos legais citados na ação rescisória (TST, SDI-2, Orientação Jurisprudencial 77).

SDI O acolhimento de pedido em Ação Rescisória de Plano Econômico, fundada no art. 485, inciso V, do CPC, pressupõe, necessariamente, expressa invocação na petição inicial de afronta ao art. 5º, inciso XXXVI, da Constituição Federal de 1988. A indicação de ofensa literal a preceito de lei ordinária atrai a incidência da Súmula 83 do TST e Súmula 343 do STF (TST, SDI-2, Orientação Jurisprudencial 34).

De acordo com a Súmula n. 407 do Tribunal Superior do Trabalho – A legitimidade *ad causam* do Ministério Público para propor ação rescisória, ainda que não tenha sido parte no processo que deu origem à decisão rescindenda, não está limitada às alíneas *a* e *b* do inciso III do artigo 487 do CPC, uma vez que traduzem hipóteses meramente exemplificativas. De toda sorte, no presente caso, o Autor veicula causa de pedir com base também no inciso III do artigo 485 do Código de Processo Civil, fato a afastar qualquer dúvida acerca da legitimidade ativa *ad causam* do Ministério Público do Trabalho (TST, ROAR 19600-43.2005.5.24.0000, j. em 3.5.11, Emmanoel Pereira).

Revela-se inepta a petição inicial da rescisória que não se fundamenta em quaisquer dos incisos do art. 485 do CPC (TST, RO-AR 270.580/96-4, José Luciano de Castilho, Ac. SBDI-2).

B) Valor da causa

TST Não se aplica a alçada em ação rescisória e em mandado de segurança (TST – Súmula 365, Conversão das Orientações Jurisprudenciais SDI-1 8 e 10).

SDI CANCELADA. Atribuído o valor da casa na inicial da ação rescisória ou do mandado de segurança e não havendo impugnação, nos termos do art. 261 do CPC, é defeso ao Juízo majorá-lo de ofício, ante a ausência de amparo legal. Inaplicável, na hipótese, a Orientação Jurisprudencial da SBDI-2 n. 147 e o art. 2º, II, da Instrução Normativa n. 31 do TST (TST, SDI – 2, Orientação Jurisprudencial 155. Cancelada, TST, Res. 206/16).

SDI CANCELADA. O valor da causa, na ação rescisória de sentença de mérito advinda de processo de conhecimento, corresponde ao valor da causa fixado no processo originário, corrigido monetariamente. No caso de se pleitear a rescisão de decisão proferida na fase de execução, o valor da causa deve corresponder ao montante da condenação (TST, SDI-2, Orientação Jurisprudencial 147, cancelada pela Res. TST 142/07).

Em que pese o artigo 488, I, do CPC preveja expressamente a obrigatoriedade de o autor, na petição inicial, cumular o pedido de rescisão, se for o caso, com o de novo julgamento da causa, a jurisprudência desta Casa é firme no sentido de se abrandar o rigor do mencionado dispositivo legal (TST, ROAR 35700-78.2006.5.01.0000, j. em 8.2.11, Guilherme Caputo Bastos).

O valor da causa na ação rescisória é, de regra, o valor da ação, cujo aresto se pretende rescindir (STF, AR 1.112, Alfredo Buzaid, Ac. TP).

C) Competência

TST I – Se não houver o conhecimento de recurso de revista ou de embargos, a competência para julgar ação que vise a rescindir a decisão de mérito é do Tribunal Regional do Trabalho, ressalvado o disposto no item II. II – Acórdão rescindendo do Tribunal Superior do Trabalho que não conhece de recurso de embargos ou de revista, analisando arguição de violação de dispositivo de lei material ou decidindo em consonância com súmula de direito material ou com iterativa, notória e atual jurisprudência de direito material da Seção de Dissídios Individuais (Súmula n. 333), examina o mérito da causa, cabendo ação rescisória da competência do Tribunal Superior do Trabalho. III – Sob a égide do art. 512 do CPC, é juridicamente impossível o pedido explícito de desconstituição de sentença quando substituída por acórdão de Tribunal Regional ou superveniente sentença homologatória de acordo que puser fim ao litígio. IV – Na vigência do CPC de 1973, é manifesta a Impossibilidade jurídica do pedido de rescisão de julgado proferido em agravo de instrumento que, limitando-se a aferir o eventual desacerto do juízo negativo de admissibilidade do recurso de revista, não substitui o acórdão regional, na forma do art. 512 do CPC. V – A decisão proferida pela SDI, em agravo regimental, calcada na Súmula n. 333, substitui acórdão de Turma do TST, porque emite juízo de mérito, comportando, em tese, o corte rescisório (TST – Súmula 192, Res. 212/16).

Sendo a última decisão de mérito proferida pelo Regional, naquele Tribunal deve ser processada a rescisória (TST, AR 38/89.6, José Luiz Vasconcellos, Ac. SDI 448/92).

D) Cabimento

STF Admite-se ação rescisória contra sentença transitada em julgado ainda que contra ela não se tenham esgotado todos os recursos (STF – Súmula 514).

STF Não cabe ação rescisória por ofensa a literal disposição de lei, quando a decisão rescindenda se tiver baseado em texto legal de interpretação controvertida nos tribunais (STF – Súmula 343).

TST É incabível ação rescisória, por violação do art. 896, "a", da CLT, contra decisão transitada em julgado sob a égide do CPC de 1973 que não conhece de recurso de revista, com base em divergência jurisprudencial, pois não se cuidava de sentença de mérito (art. 485 do CPC de 1973). (ex-OJ n. 47 da SBDI-2 - inserida em 20.9.00) (TST – Súmula 413, Res. 209/16).

TST Sob a égide do CPC de 1973, pode uma questão processual ser objeto de rescisão desde que consista em pressuposto de validade de uma sentença de mérito (Res. 217/17, *DEJT* 20.4.17). (TST – Súmula 412).

TST Se a decisão recorrida, em agravo regimental, aprecia a matéria na fundamentação, sob o enfoque das Súmulas ns. 83 do TST e 343 do STF, constitui sentença de mérito, ainda que haja resultado no indeferimento da petição inicial e na extinção do processo sem julgamento do mérito. Sujeita-se, assim, à reforma pelo TST, a decisão do Tribunal que, invocando controvérsia na interpretação da lei, indefere a petição inicial de ação rescisória (TST – Súmula 411, conversão da Orientação Jurisprudencial SDI-2 43).

TST Não procede ação rescisória calcada em violação do art. 7º, XXIX, da CF/88 quando a questão envolve discussão sobre a espécie de prazo prescricional aplicável aos créditos trabalhistas, se total ou parcial, porque a matéria tem índole infraconstitucional, construída, na Justiça do Trabalho, no plano jurisprudencial (TST – Súmula 409, conversão da Orientação Jurisprudencial SDI-2 119).

TST O art. 485, VIII, do CPC de 1973, ao tratar do fundamento para invalidar a confissão como hipótese de rescindibilidade da decisão judicial, referia-se à confissão real, fruto de erro, dolo ou coação, e não à confissão ficta resultante de revelia (TST – Súmula 404, Res. 209/16).

TST I – Não caracteriza dolo processual, previsto no art. 485, III, do CPC, o simples fato de a parte vencedora haver silenciado a respeito de fatos contrários a ela, porque o procedimento, por si só, não constitui ardil do qual resulte cerceamento de defesa e, em consequência, desvie o juiz de uma sentença não condizente com a verdade. II – Se a decisão rescindenda é homologatória de acordo, não há parte vencedora ou vencida, razão pela qual não é possível a sua desconstituição calcada no inciso III do art. 485 do CPC (dolo da parte vencedora em detrimento da vencida), pois constitui fundamento de rescindibilidade que supõe solução jurisdicional para a lide (TST – Súmula 403, conversão das Orientações Jurisprudenciais SDI-2 111 e 125).

TST I – Sob a vigência do CPC de 2015 (art. 966, inciso VII), para efeito de ação rescisória, considera-se prova nova a cronologicamente velha, já existente ao tempo do trânsito em julgado da decisão rescindenda, mas ignorada pelo interessado ou de impossível utilização, à época, no processo. II – Não é prova nova apta a viabilizar a desconstituição de julgado: a) sentença normativa proferida ou transitada em julgado posteriormente à sentença rescindenda; b) sentença normativa preexistente à sentença rescindenda, mas não exibida no processo principal, em virtude de negligência da parte, quando podia e deveria louvar-se de documento já existente e não ignorado quando emitida a decisão rescindenda (Res. 217/17, *DEJT* 20.4.17). (TST – Súmula 402).

TST Em se tratando de rescisória de rescisória, o vício apontado deve nascer na decisão rescindenda, não se admitindo a rediscussão do acerto do julgamento da rescisória anterior. Assim, não procede rescisória calcada no inciso V do art. 966 do CPC de 2015 (art. 485, V, do CPC de 1973) para discussão, por má aplicação da mesma norma jurídica, tida por violada na rescisória anterior, bem como para arguição de questões inerentes à ação rescisória primitiva (ex-OJ n. 95 da SBDI-2 - inserida em 27.9.02 e alterada *DJ*, 16.4.04) (TST – Súmula 400, Res. 208/16).

TST I – É incabível ação rescisória para impugnar decisão homologatória de adjudicação ou arrematação. II – A decisão homologatória de cálculos apenas comporta rescisão quando enfrentar as questões envolvidas na elaboração da conta de liquidação, quer solvendo a controvérsia das partes, quer explicitando, de ofício, os motivos pelos quais acolheu os cálculos oferecidos por uma das partes ou pelo setor de cálculos, e não contestados pela outra (TST – Súmula 399, conversão das Orientações Jurisprudenciais SDI-2 44, 45 e 85).

TST Não procede ação rescisória calcada em ofensa à coisa julgada perpetrada por decisão proferida em ação de cumprimento, em face de a sentença normativa, na qual se louvava, ter sido modificada em grau de recurso, porque em dissídio coletivo somente se consubstancia coisa julgada formal. Assim, os meios processuais aptos a atacarem a execução da cláusula reformada são a exceção de pré-executividade e o mandado de segurança, no caso de descumprimento do art. 514 do CPC de 2015 (art. 572 do CPC de 1973) (ex-OJ n. 116 da SBDI-2 – *DJ*, 11.8.03) (TST – Súmula 397, Res. 208/16).

TST I - É indispensável ao processamento da ação rescisória a prova do trânsito em julgado da decisão rescindenda (ex-Súmula n. 299). II - Verificando o relator que a parte interessada não juntou à inicial o documento comprobatório, abrirá prazo de 15 (quinze) dias para que o faça (art. 321 do CPC de 2015), sob pena de indeferimento (TST, Res. 211/16). III - A comprovação do trânsito em julgado da decisão rescindenda é pressuposto processual indispensável ao tempo do ajuizamento da ação rescisória. Eventual trânsito em julgado posterior ao ajuizamento da ação rescisória não reabilita a ação proposta, na medida em que o ordenamento jurídico não contempla a ação rescisória preventiva. (ex-OJ n. 106 da SBDI-2). IV - O pretenso vício de intimação, posterior à decisão que se pretende rescindir, se efetivamente ocorrido, não permite a formação da coisa julgada material. Assim, a ação rescisória deve ser julgada extinta, sem julgamento do mérito, por carência de ação, por inexistir decisão transitada em julgado a ser rescindida (ex-OJ n. 96 da SBDI-2) (TST – Súmula 299, Res. 211/16).

TST I – A conclusão acerca da ocorrência de violação literal a disposição de lei pressupõe pronunciamento explícito, na sentença rescindenda, sobre a matéria veiculada. II – O pronunciamento explícito exigido em ação rescisória diz respeito à matéria e ao enfoque específico da tese debatida na ação e não, necessariamente, ao dispositivo legal tido por violado. Basta que o conteúdo da norma reputada violada haja sido abordado na decisão rescindenda para que se considere preenchido o pressuposto. III – Para efeito de ação rescisória, considera-se pronunciada explicitamente a matéria tratada na sentença quando, examinando remessa de ofício, o Tribunal simplesmente a confirma. IV – A sentença meramente homologatória, que silencia sobre os motivos de convencimento do juiz, não se mostra rescindível, por ausência de pronunciamento explícito. V – Não é absoluta a exigência de pronunciamento explícito na ação rescisória, ainda que esta tenha por fundamento violação de dispositivo de lei. Assim, prescindível o pronunciamento explícito quando o vício nasce no próprio julgamento, como se dá com a sentença *extra*, *citra* e *ultra petita* (TST – Súmula 298, alt. Res. TST 177/12).

TST I – Se não houver o conhecimento de recurso de revista ou de embargos, a competência para julgar ação que vise a rescindir a decisão de mérito é do Tribunal Regional do Trabalho, ressalvado o disposto no item II. II – Acórdão rescindendo do Tribunal Superior do Trabalho que não conhece de recurso de embargos ou de revista, analisando arguição de violação de dispositivo de lei material ou decidindo em consonância com súmula de direito material ou com iterativa, notória e atual jurisprudência de direito material da Seção de Dissídios Individuais (Súmula n. 333), examina o mérito da causa, cabendo ação rescisória da competência do Tribunal Superior do Trabalho. III – Sob a égide do art. 512 do CPC, é juridicamente impossível o pedido explícito de desconstituição de sentença quando substituída por acórdão de Tribunal Regional ou superveniente sentença homologatória de acordo que puser fim ao litígio. IV – Na vigência do CPC de 1973, é manifesta a Impossibilidade jurídica do pedido de rescisão de julgado proferido em agravo de instrumento que, limitando-se a aferir o eventual desacerto do juízo negativo de admissibilidade do recurso de revista, não substitui o acórdão regional, na forma do art. 512 do CPC. V – A decisão proferida pela SDI, em agravo regimental, calcada na Súmula n. 333, substitui acórdão de Turma do TST, porque emite juízo de mérito, comportando, em tese, o corte rescisório (TST – Súmula 192, Res. 212/16).

TST I – O prazo de decadência, na ação rescisória, conta-se do dia imediatamente subsequente ao trânsito em julgado da última decisão proferida na causa, seja de mérito ou não. II – Havendo recurso parcial no processo principal, o trânsito em julgado dá-se em momentos e em tribunais diferentes, contando-se o prazo decadencial para a ação rescisória do trânsito em julgado de cada decisão, salvo se o recurso tratar de preliminar ou prejudicial que possa tornar insubsistente a decisão recorrida, hipótese em que flui a decadência a partir do trânsito em julgado da decisão que julgar o recurso parcial. III – Salvo se houver dúvida razoável, a interposição de recurso intempestivo ou a interposição de recurso incabível não protrai o termo inicial do prazo decadencial. IV – O juízo rescindente não está adstrito à certidão de trânsito em julgado juntada com a ação rescisória, podendo formar sua convicção através de outros elementos dos autos quanto à antecipação ou postergação do *dies a quo* do prazo decadencial. V – O acordo homologado judicialmente tem força de decisão irrecorrível, na forma do art. 831 da CLT. Assim sendo, o termo conciliatório transita em julgado na data da sua homologação judicial. VI – Na hipótese de colusão das partes, o prazo decadencial da ação rescisória somente começa a fluir para o Ministério Público, que não interveio no processo principal, a partir do momento em que tem ciência da fraude. VII – Não ofende o princípio do duplo grau de jurisdição a decisão do TST que, após afastar a decadência em sede de recurso ordinário, aprecia desde logo a lide, se a causa versar questão exclusivamente de direito e estiver em condições de imediato julgamento. VIII – A exceção de incompetência, ainda que oposta no prazo recursal, sem ter sido aviado o recurso próprio, não tem o condão de afastar a consumação da coisa julgada e, assim, postergar o termo inicial do prazo decadencial para a ação rescisória. IX – Prorroga-se até o primeiro dia útil, imediatamente subsequente, o prazo decadencial para ajuizamento de ação rescisória quando expira em férias forenses, feriados, finais de semana ou em dia em que não houver expediente forense. Aplicação do art. 775 da CLT. X – Conta-se o prazo decadencial da ação rescisória, após o decurso do prazo legal previsto para a interposição do recurso extraordinário, apenas quando esgotadas todas as vias recursais ordinárias (TST – Súmula 100, conversão das Orientações Jurisprudenciais SDI-2 13, 16, 79, 102, 104, 122 e 145).

TST I – Não procede pedido formulado na ação rescisória por violação literal de lei se a decisão rescindenda estiver baseada em texto legal infraconstitucional de interpretação controvertida nos Tribunais. II – O marco divisor quanto a ser, ou não, controvertida, nos Tribunais, a interpretação dos dispositivos legais citados na ação rescisória é a data da inclusão, na Orientação Jurisprudencial do TST, da matéria discutida (TST – Súmula 83, conversão da Orientação Jurisprudencial SDI-1 77).

SDI A ofensa à coisa julgada de que trata o art. 485, IV, do CPC refere-se apenas a relações processuais distintas. A invocação de desrespeito à coisa julgada formada no processo de conhecimento, na correspondente fase de execução, somente é possível com base na violação do art. 5º, XXXVI, da Constituição da República (TST, SDI-2, Orientação Jurisprudencial 157).

SDI A sentença homologatória de acordo prévio ao ajuizamento de reclamação trabalhista, no qual foi conferida quitação geral do extinto contrato, sujeita-se ao corte rescisório tão somente se verificada a existência de fraude ou vício de consentimento (TST, SDI-2, Orientação Jurisprudencial 154).

SDI Reputa-se juridicamente impossível o pedido de corte rescisório de decisão que, reconhecendo a configuração de coisa julgada, nos termos do art. 267, V, do CPC/73, extingue o processo sem resolução de mérito, o que, ante o seu conteúdo meramente processual, a torna insuscetível de produzir a coisa julgada material (TST, SDI-2, Orientação Jurisprudencial 150, Res. 212/16).

SDI A decisão proferida em embargos à execução ou em agravo de petição que apenas declara preclusa a oportunidade de impugnação da sentença de liquidação não é rescindível, em virtude de produzir tão somente coisa julgada formal. (TST, SDI-2, Orientação Jurisprudencial 134). (Res. 220/17, *DEJT*, 21.9.17).

SDI O acolhimento da ação rescisória calcada em ofensa à coisa julgada supõe dissonância patente entre as decisões exequenda e rescindenda, o que não se verifica quando se faz necessária a interpretação do título executivo judicial para se concluir pela lesão à coisa julgada (TST, Orientação Jurisprudencial, SDI-2 123, Res. TST 137/05).

SDI Para que a violação da lei dê causa à rescisão de decisão de mérito alicerçada em duplo fundamento, é necessário que o Autor da ação rescisória invoque causas de rescindibilidade que, em tese, possam infirmar a motivação dúplice da decisão rescindenda (Parágrafo único do artigo 168 do Regimento Interno do TST) (TST, SDI-2, Orientação Jurisprudencial 112).

SDI Embora não haja atividade cognitiva, a decisão que declara extinta a execução, nos termos do art. 794 c/c 795 do CPC, extingue a relação processual e a obrigacional, sendo passível de corte rescisório (Parágrafo único do artigo 168 do Regimento Interno do TST) (TST, SDI-2, Orientação Jurisprudencial 107).

SDI É cabível a rescisória para corrigir contradição entre a parte dispositiva do acórdão rescindendo e a sua fundamentação, por erro de fato na retratação do que foi decidido (Parágrafo único do artigo 168 do Regimento Interno do TST) (TST, SDI-2, Orientação Jurisprudencial 103).

SDI Os princípios da legalidade, do devido processo legal, do contraditório e da ampla defesa não servem de fundamento para a desconstituição de decisão judicial transitada em julgado, quando se apresentam sob a forma de pedido genérico e desfundamentado, acompanhando dispositivos legais que tratam especificamente da matéria debatida, estes sim, passíveis de fundamentarem a análise do pleito rescisório (TST, Orientação Jurisprudencial, SDI-2 97, Res. TST 137/05).

SDI A decisão ou acordo judicial subjacente à reclamação trabalhista, cuja tramitação deixa nítida a simulação do litígio para fraudar a lei e prejudicar terceiros, enseja ação rescisória, com lastro em colusão. No juízo rescisório, o processo simulado deve ser extinto (TST, SDI-2, Orientação Jurisprudencial 94).

SDI CANCELADA. (Convertida na Súmula 412) Pode uma questão processual ser objeto de rescisão desde que consista em pressuposto de validade de uma sentença de mérito (Res. TST 137/05). (TST, SDI-2, Orientação Jurisprudencial 46).

SDI Acórdão rescindendo do TST que não conhece de Recurso de Embargos ou de Revista, seja examinando a arguição de violação de dispositivo de lei, seja decidindo de acordo com Súmula de direito material ou em consonância com iterativa, notória e atual jurisprudência de direito material da SDI (Súmula 333) examina o mérito da causa, comportando Ação Rescisória da competência do Tribunal Superior do Trabalho (TST, SDI-2, Orientação Jurisprudencial 42).

SDI Revelando-se a sentença *citra petita*, o vício processual vulnera os arts. 128 e 460 do CPC, tornando-a passível de desconstituição, ainda que não opostos Embargos Declaratórios (TST, SDI-2, Orientação Jurisprudencial 41).

SDI A assunção do Professor-Adjunto ao cargo de Professor Titular de universidade pública, sem prévia aprovação em concurso público, viola o art. 206, inciso V, da Constituição Federal. Procedência do pedido de rescisão do julgado (TST, SDI-2, Orientação Jurisprudencial 38).

SDI No julgamento de Ação Rescisória fundada no art. 485, inciso V, do CPC, não se aplica o óbice das Súmulas 83 do TST e 343 do STF quando se tratar de prazo prescricional com assento constitucional (TST, SDI-2, Orientação Jurisprudencial 37).

SDI Não ofende a coisa julgada a limitação à data-base da categoria, na fase executória, da condenação ao pagamento de diferenças salariais decorrentes de planos econômicos, quando a decisão exequenda silenciar sobre a limitação, uma vez que a limitação decorre de norma cogente. Apenas quando a sentença exequenda houver expressamente afastado a limitação à data-base é que poderá ocorrer ofensa à coisa julgada (TST, SDI-2, Orientação Jurisprudencial 35).

SDI Não se acolhe, por violação do art. 920 do Código Civil de 1916 (art. 412 do Código Civil de 2002), pedido de rescisão de julgado que: a) em processo de conhecimento, impôs condenação ao pagamento de multa, quando a decisão rescindenda for anterior à Orientação Jurisprudencial n. 54 da Subseção I Especializada em Dissídios Individuais do TST (30.05.94), incidindo o óbice da Súmula n. 83 do TST; b) em execução, rejeita-se limitação da condenação ao pagamento de multa, por inexistência de violação literal (TST, Orientação Jurisprudencial, SDI-2 30, conversão da Orientação Jurisprudencial SDI-2 31).

SDI No julgamento de Ação Rescisória fundada no art. 485, inciso V, do CPC, não se aplica o óbice das Súmulas 83 do TST e 343 do STF, quando se tratar de matéria constitucional (TST, SDI-2, Orientação Jurisprudencial 29).

SDI CANCELADA. Inviável em sede de Ação Rescisória pleitear condenação relativa à devolução dos valores pagos aos empregados quando ultimada a execução da decisão rescindenda, devendo a empresa buscar por meio de procedimento próprio essa devolução (TST, SDI-2, Orientação Jurisprudencial 28, cancelada Res. 149/08).

SDI A extensão da gratificação instituída pela SUFRAMA aos servidores celetistas exercentes de atividade de nível superior não ofende as disposições contidas nos arts. 37, XIII, e 39, § 1º, da CF/88 (TST, SDI-2, Orientação Jurisprudencial 26).

SDI Não procede pedido de rescisão fundado no art. 485, V, do CPC de 1973 quando se aponta contrariedade à norma de convenção coletiva de trabalho, acordo coletivo de trabalho, portaria do Poder Executivo, regulamento de empresa e súmula ou orientação jurisprudencial de tribunal (ex-OJ 25 da SDI-2, inserida em 20.9.2000, e ex-OJ 118 da SDI-2, *DJ*, 11.8.2003) (TST, Orientação Jurisprudencial, SDI-2 25, Res. 212, *DEJT*, 20.9.16).

SDI Rescinde-se o julgado que reconhece estabilidade provisória e determina a reintegração de empregado, quando já exaurido o respectivo período de estabilidade. Em juízo rescisório, restringe-se a condenação quanto aos salários e consectários até o termo final da estabilidade (TST, SDI-2, Orientação Jurisprudencial 24).

SDI Não procede pedido de rescisão de sentença de mérito que assegura ou nega estabilidade pré-eleitoral, quando a decisão rescindenda for anterior à Orientação Jurisprudencial n. 51, da Seção de Dissídios Individuais do TST (25.11.1996, SBI-2). Incidência da Súmula 83 do TST (TST, SDI-2, Orientação Jurisprudencial 23).

SDI É incabível ação rescisória para a desconstituição de sentença não transitada em julgado porque ainda não submetida ao necessário duplo grau de jurisdição, na forma do Decreto-Lei n. 779/69. Determina-se que se oficie ao Presidente do TRT para que proceda à avocatória do processo principal para o reexame da sentença rescindenda (TST, Orientação Jurisprudencial, SDI-2 21, Res. TST 137/05).

SDI Havendo notória controvérsia jurisprudencial acerca da incidência de imposto de renda sobre parcela paga pelo empregador ("abono pecuniário", SBI-2) a título de "desligamento incentivado", improcede pedido de rescisão do julgado. Incidência da Súmula 83 do TST (TST, SDI-2, Orientação Jurisprudencial 19).

SDI Não se rescinde julgado que acolhe pedido de correção monetária decorrente da implantação tardia do Plano de Classificação de Cargos de Universidade Federal previsto na Lei 7.596/1987, à época em que era controvertida tal matéria na jurisprudência. Incidência da Súmula 83 do TST (TST, SDI-2, Orientação Jurisprudencial 11).

SDI Não se rescinde julgado que reconheceu garantia de emprego com base no Aviso DIREH 02/1984 da CONAB, antes da Súmula 355 do TST, em virtude da notória controvérsia jurisprudencial então reinante. Incidência da Súmula 83 do TST (TST, SDI-2, Orientação Jurisprudencial 9).

SDI Rescinde-se o julgado que nega estabilidade a membro suplente de CIPA, representante de empregado, ainda que se cuide de decisão anterior à Súmula 339 do TST. Ofensa ao art. 10, II, "a", do ADCT da CF/88 (TST, SDI-2, Orientação Jurisprudencial 6).

SDI Não se acolhe pedido de rescisão de julgado que deferiu a empregado do Banco do Brasil S.A. horas extras após a sexta, não obstante o pagamento dos adicionais AP e ADI, ou AFR quando a decisão rescindenda for anterior à Orientação Jurisprudencial n. 17, da Seção de Dissídios Individuais do TST (07.11.94). Incidência das Súmulas 83 do TST e 343 do STF (TST, SDI-2, Orientação Jurisprudencial 5).

SDI Procede, por ofensa ao art. 5º, inciso XXXVI, da CF/88, o pedido de rescisão de julgado que acolheu Adicional de Caráter Pessoal em favor de empregado do Banco do Brasil S.A. (TST, SDI-2, Orientação Jurisprudencial 4).

SDI Viola o art. 192 da CLT decisão que acolhe pedido de adicional de insalubridade com base na remuneração do empregado (TST, SDI-2, Orientação Jurisprudencial 2).

A ação rescisória não se presta a apreciar a justiça ou injustiça da decisão, nem mesmo a promover a revisão dos fatos e das provas dos autos, devidamente apreciados pelo juízo rescindendo, a fim de afastar o entendimento adotado acerca da inexistência do vínculo de emprego. Assim, havendo exame explícito da prova dos autos que, no entender do juízo rescindendo, concluiu pela regularidade da relação jurídica havida entre a cooperativa de trabalhadores e o sócio cooperado e afastou a existência de vínculo de emprego, resta afastada a hipótese de rescindibilidade prevista no art. 485 do CPC. Nesse sentido é o entendimento já consubstanciado na Súmula n. 410 do TST (TST, ROAR 92500-86.2007.5.12.0000, julgado em 3.5.11, Luiz Philippe Viera de Mello Filho).

Não se há de falar em preclusão para o corte rescisório quando a parte interessada não recorre da decisão rescindenda que reconheceu o direito à reintegração, esquecendo-se de deferir as parcelas trabalhistas relativas ao período de afastamento. Trata-se de típico julgamento *citra petita*, com ofensa literal dos arts. 128 e 460 do CPC, em que se dispensa o prequestionamento, pois a violação nasce na própria decisão rescindenda. Nesse sentido encontra-se a jurisprudência pacífica desta Subseção, conforme disciplina a Orientação Jurisprudencial n. 41 da SBDI-2, bem como o entendimento predominante no Supremo Tribunal Federal, consubstanciado na Súmula n. 514 (TST, ROAR 53100-71.2000.5.17.0000, julgado em 3.5.11, Vieira de Mello Filho).

■ 1. Cuidam os autos de ação rescisória em que a autora pretende desconstituir o acórdão proferido nos embargos de terceiro, no qual foi constatada a fraude contra credores e afastada a alegação de que se tratava de bem de família. 2. Verifica-se que a decisão rescindenda limitou-se a analisar a licitude da penhora incidente sobre o bem da autora, encerrando questão eminentemente processual, a qual não faz coisa julgada material, tendo em vista que não há qualquer exame de mérito acerca do direito desta sobre o bem penhorado. 3. Em casos semelhantes, esta Subseção posiciona-se no sentido de extinguir o processo sem resolução do mérito, ante a impossibilidade jurídica do pedido (art. 267, VI, do CPC), uma vez que a decisão rescindenda não é de mérito, insuscetível de produzir coisa julgada material, tal como exige o art. 485, *caput*, do CPC (TST, RO 133600-37.2007.5.15.0000, j. em 8.2.11, Guilherme Caputo Bastos).

■ A materialização judicial do ajuste não se confunde com o próprio ajuste, porquanto são atos de efeitos jurídicos distintos. Os fatos e fundamentos apontados como causa de pedir permitem o enquadramento da ação rescisória na hipótese de rescindibilidade prevista no inciso VIII do art. 485 do CPC, na medida em que, na inicial, há indicação de fundamentos considerados aptos para invalidar o termo de conciliação homologado. Irreparável a decisão recorrida, até porque os seus fundamentos não foram objeto de impugnação nas razões recursais, o que desatende ao disposto no art. 514, II, do Código de Processo Civil. Recurso ordinário a que se nega provimento (TST, ROAR-119/2006-000-20-00, Pedro Paulo Manus, Ac. SBDI-2).

■ O documento novo, apto a ensejar a rescisória, é o cronologicamente antigo, de que a parte não pôde lançar mão, ou cuja existência ignorava (TST, RO-AR 157.686/95.4, João Oreste Dalazen, Ac. SBDI-2 934/97).

■ A Ação Rescisória só é cabível contra as sentenças de mérito, ou seja, aquelas que, julgando procedente ou improcedente a pretensão do autor, resolvem o direito em litígio, produzindo a coisa julgada material (CPC, art. 485, *caput*). Se o ponto que se pretende rescindir cinge-se à representação de uma das partes em juízo, não há como se admitir o corte rescisório (TST, RO-AR 126.918/94.3, João Oreste Dalazen, Ac. SBDI-2 918/97).

■ Por literal violação de preceito legal deve-se entender aquela que se percebe à simples leitura do texto legal, aquela que contraria o comando legal de forma cristalina e estridente (TST, RO-AR 157.585/95.2, João Oreste Dalazen, Ac. SBDI-2 932/97).

■ A cópia da decisão rescindenda e da respectiva certidão do trânsito em julgado são documentos indispensáveis para a propositura da ação rescisória (TST, RXOF-RO-AR 380.516/97.0, Luciano De Castilho).

■ O dolo do inciso III do art. 485 do CPC é o dolo processual consistente no emprego, pelo vencedor em detrimento do vencido, de ardis ou maquinações com vistas a induzir a erro o magistrado. Estes, no entanto, não são absolutamente discerníveis no histórico do libelo, tendo em vista que a decisão rescindenda é um acordo homologado, em que não há vencedor nem vencido. A invalidação da transação judicial remete ao contrário à ocorrência de vício de consentimento. Nesse sentido, os elementos trazidos com a inicial não evidenciam nenhum vício de consentimento, mas a escorreita celebração de ajuste mediante concessões recíprocas livremente manifestadas. Recurso provido (TST, RO-AR 1.403/2002-000-03-00.0, Barros Levenhagen).

Pretensão de ver rescindido acórdão proferido em agravo de petição, no qual se concluiu estar preclusa a oportunidade de impugnação da sentença de liquidação. A decisão em que se declara a preclusão, por ensejar tão somente a formação da coisa julgada formal, não é suscetível de rescisão por meio de ação rescisória. O pedido rescisório, tal como formulado na exordial, apresenta-se juridicamente impossível (TST, RO-AR 695.004/2000, Emmanoel Pereira).

1. A Ação Rescisória calcada em violação de lei não admite reexame de fatos e provas do processo que originou a decisão rescindenda (OJ 109 desta SBDI-2). 2. Havendo controvérsia ou pronunciamento judicial sobre o fato, incabível a Rescisória fundada no art. 485, inciso IX, do Código de Processo Civil (TST, RO-AR 664.020/2000, José Simpliciano).

E) Recurso

TST Havendo recurso ordinário em sede de rescisória, o depósito recursal só é exigível quando for julgado procedente o pedido e imposta condenação em pecúnia, devendo este ser efetuado no prazo recursal, no limite e nos termos da legislação vigente, sob pena de deserção (TST – Súmula 99, conversão da Orientação Jurisprudencial SDI-2 117).

F) Tutela antecipada

TST Em face do que dispõem a MP 1.984-22/2000 e o art. 969 do CPC de 2015, é cabível o pedido de tutela provisória formulado na petição inicial de ação rescisória ou na fase recursal, visando a suspender a execução da decisão rescindenda (TST – Súmula 405, Res. 208/16).

G) Efeitos

SDI A declaração de nulidade de decisão homologatória de acordo, em razão da colusão entre as partes (art. 485, III, do CPC), é sanção suficiente em relação ao procedimento adotado, não havendo que ser aplicada a multa por litigância de má-fé (TST, SDI-2, Orientação Jurisprudencial 158).

Na linguagem jurídica, colusão designa o concerto, o conchavo ou a combinação maliciosa ajustada entre duas ou mais pessoas, com o objetivo de fraudarem ou iludirem uma terceira pessoa, o que se constata por evidências e fortes indícios. As provas produzidas confirmam o convencimento do Juízo, de que houve colusão entre as partes, a ensejar a rescisão da sentença proferida na reclamação trabalhista. Esta Subseção Especializada tem adotado o entendimento de que o fato de ter sido reconhecida a nulidade do acordo homologado, em face de colusão entre as partes, é sanção suficiente com relação ao procedimento adotado, razão pela qual não é o caso de aplicação de multa e indenização por litigância de má-fé. Recurso ordinário a que se dá parcial provimento, para deferir ao recorrente o benefício da Justiça gratuita e excluir a condenação por litigância de má-fé (TST, RO-1232600-82.2009.5.02.0000, julgado em 4.2.12, Pedro Paulo Manus, *DEJT*, 24.2.12).

A desconstituição da decisão de mérito pela procedência do pedido formulado na ação rescisória restabelece a relação jurídico-processual formada na lide originária, cabendo ao órgão prolator do juízo rescindente, ainda que não haja pedido explícito de novo julgamento, finalizar seu ofício jurisdicional, resolvendo a demanda (TST, ROAR 35700-78.2006.5.01.0000, julgado em 8.2.11, Guilherme Caputo Bastos).

4 *Prazo*. Para propor ação: é de 2 anos, contados do trânsito em julgado da última decisão proferida na causa (CPC/15, art. 975; TST – Súmula 100); o Ministério Público (para o Ministério Público, o prazo se inicia quando este toma ciência da fraude), a União, os Estados, o Distrito Federal, os Municípios, bem como suas autarquias e fundações, gozam do prazo em dobro para ajuizar ação rescisória (CPC/15, art. 183). O prazo é decadencial (Barbosa Moreira, *Comentários ao CPC*). Para contestar: entre 15 e 30 dias, fixado pelo relator (CPC/15, art. 970); aplicam-se a este as normas comuns do CPC (contagem, suspensão, prorrogação, restituição).

A revelia na rescisória não produz confissão ficta (CLT, art. 844), porque não há audiência perante o relator; nem a presunção *juris tantum* do art. 344 do CPC/15. Nela, o julgamento antecipado da lide só pode ocorrer nos casos do CPC/15, art. 355, I.

A sentença proferida por juiz absolutamente incompetente, se não for rescindida, prevalece: o vício terá desaparecido de vez (Arruda Alvim, *Manual de Direito Processual Civil*).

STF Verifica-se a prescrição intercorrente pela paralisação da ação rescisória por mais de 5 anos (STF – Súmula 264).

STJ O prazo decadencial da ação rescisória só se inicia quando não for cabível qualquer recurso do último pronunciamento judicial (STJ – Súmula 401).

TST I – O prazo de decadência, na ação rescisória, conta-se do dia imediatamente subsequente ao trânsito em julgado da última decisão proferida na causa, seja de mérito ou não. II – Havendo recurso parcial no processo principal, o trânsito em julgado dá-se em momentos e em tribunais diferentes, contando-se o prazo decadencial para a ação rescisória do trânsito em julgado de cada decisão, salvo se o recurso tratar de preliminar ou prejudicial que possa tornar insubsistente a decisão recorrida, hipótese em que flui a decadência a partir do trânsito em julgado da decisão que julgar o recurso parcial. III – Salvo se houver dúvida razoável, a interposição de recurso intempestivo ou a interposição de recurso incabível não protrai o termo inicial do prazo decadencial. IV – O juízo rescindente não está adstrito à certidão de trânsito em julgado juntada com a ação rescisória, podendo formar sua convicção através de outros elementos dos autos quanto à antecipação ou postergação do *dies a quo* do prazo decadencial. V – O acordo homologado judicialmente tem força de decisão irrecorrível, na forma do art. 831 da CLT. Assim sendo, o termo conciliatório transita em julgado na data da sua homologação judicial. VI – Na hipótese de colusão das partes, o prazo decadencial da ação rescisória somente começa a fluir para o Ministério Público, que não interveio no processo principal, a partir do momento em que tem ciência da fraude. VII – Não ofende o princípio do duplo grau de jurisdição a decisão do TST que, após afastar a decadência em sede de recurso ordinário, aprecia desde logo a lide, se a causa versar questão exclusivamente de direito e estiver em condições de imediato julgamento. VIII – A exceção de incompetência, ainda que oposta no prazo recursal, sem ter sido aviado o recurso próprio, não tem o condão de afastar a consumação da coisa julgada e, assim, postergar o termo inicial do prazo decadencial para a ação rescisória. IX – Prorroga-se até o primeiro dia útil, imediatamente subsequente, o prazo decadencial para ajuizamento de ação rescisória quando expira em férias forenses, feriados, finais de semana ou em dia em que não houver expediente forense. Aplicação do art. 775 da CLT. X – Conta-se o prazo decadencial da ação rescisória, após o decurso do prazo legal previsto para a interposição do recurso extraordinário, apenas quando esgotadas todas as vias recursais ordinárias (TST – Súmula 100, conversão das Orientações Jurisprudenciais SDI-2 13, 16, 79, 102, 104, 122 e 145).

SDI A contestação apresentada em sede de ação rescisória obedece à regra relativa à contagem de prazo constante do art. 774 da CLT, sendo inaplicável o art. 241 do CPC (TST, SDI-2, Orientação Jurisprudencial 146).

SDI Não conhecimento do recurso por deserção não antecipa o *dies a quo* do prazo decadencial para o ajuizamento da ação rescisória, atraindo, na contagem do prazo, a aplicação do Enunciado n. 100 do TST (TST, SDI-2, Orientação Jurisprudencial 80).

SDI O art. 67 da Lei Complementar n. 73/1993 interrompeu todos os prazos, inclusive o de decadência, em favor da União no período compreendido entre 14.02.1993 e 14.08.1993 (TST, SDI-2, Orientação Jurisprudencial 18).

SDI I – A vigência da Medida Provisória n. 1.577/97 e de suas reedições implicou o elastecimento do prazo decadencial para o ajuizamento da ação rescisória a favor dos entes de direito público, autarquias e fundações públicas. Se o biênio decadencial do art. 495 do CPC findou após a entrada em vigor da referida medida provisória e até sua suspensão pelo STF em sede liminar de ação direta de inconstitucionalidade (ADIn 1.753-2), tem-se como aplicável o prazo decadencial elastecido à rescisória. II – A regra ampliativa do prazo decadencial para a propositura de ação rescisória em favor de pessoa jurídica de direito público não se aplica se, ao tempo em que sobreveio a Medida Provisória n. 1.577/97, já se exaurira o biênio do art. 495 do CPC. Preservação do direito adquirido da parte à decadência já consumada sob a égide da lei velha (TST, Orientação Jurisprudencial, SDI-2 12, conversão da Orientação Jurisprudencial SDI-2 17).

Conforme o entendimento contido no item VI da Súmula 100 desta Corte – na hipótese de colusão das partes, o prazo decadencial da ação rescisória somente começa a fluir para o Ministério Público, que não interveio no processo principal, a partir do momento em que tem ciência da fraude (TST, ROAR 19600-43.2005.5.24.0000, j. em 3.5.11, Emmanoel Pereira).

O prazo para ajuizamento da ação rescisória é de dois anos contados do trânsito em julgado da decisão rescindenda (artigo 495 do Código de Processo Civil). Não observado o referido prazo, ressai a decadência do direito de ação, extinguindo-se o processo, com a resolução do mérito (TST, RXOF e ROAR 65900-47.2005.5.21.0000, j. em 3.5.11, Emmanoel Pereira).

Esta Corte, por meio da Súmula n. 100, VI, já consolidou o entendimento de que o prazo decadencial da ação rescisória somente começa a fluir, para o Ministério Público, que não interveio no processo principal, a partir do momento em que ele toma ciência da fraude (TST, ROAR-119/2006-000-20-00, Pedro Paulo Manus, Ac. SBDI-2).

O termo "última decisão proferida na causa, seja de mérito ou não", refere-se ao processo de conhecimento se a questão a ser rescindida referir-se a esse processo; ao processo de execução se a pretensão à rescisão for pertinente à sentença de mérito exarada no processo de execução (TST, RO-AR 270.618/96.6, Ronaldo José Lopes Leal, Ac. SBDI-2 5.301/97).

5 A *suspensão da execução* da sentença rescindenda, pelo fato de ter sido proposta a ação rescisória, é vedada por lei (CPC/15, art. 970). Exceções à regra ocorrem quando o julgador percebe a certeza do êxito da ação rescisória e a dificuldade de repor os valores que seriam levantados pelo exequente. Estas violações à lei, compreensíveis, tornaram-se corriqueiras, em virtude de certa teimosia de alguns magistrados em prosseguir nas condenações ao pagamento da URP, depois que o STF havia manifestado seu entendimento pela inexistência de violação à Constituição e ao direito adquirido do credor. Nas ações propostas pela União, Estados, Distrito Federal, Municípios, autarquias e fundações públicas, se houver plausibilidade jurídica da pretensão, o Tribunal poderá a qualquer tempo suspender os efeitos da sentença rescindenda, mediante cautelar.

TST Em face do que dispõem a MP 1.984-22/2000 e o art. 969 do CPC de 2015, é cabível o pedido de tutela provisória formulado na petição inicial de ação rescisória ou na fase recursal, visando a suspender a execução da decisão rescindenda (TST – Súmula 405, Res. 208/16).

Ação cautelar em ação rescisória. Suspensão da execução. A jurisprudência desta Corte é no sentido de que não cabe medida cautelar em ação rescisória para suspender a execução ante a inteligência do art. 489 do CPC. Só por exceção admite-se o uso da cautelar para suspender o efeito da coisa julgada, quando, de pronto, à primeira vista, ficar demonstrado o *periculum in mora* e o *fumus boni iuris* (TST, RO-MC 84.615/93.6, Francisco Fausto, Ac. SDI 750/96).

A doutrina e a jurisprudência vêm admitindo que, verificados os pressupostos que permitem o deferimento da liminar em ação cautelar, quais sejam, o *fumus boni iuris* e o *periculum in mora*, a execução seja suspensa através da concessão da referida liminar. *In casu*, a matéria tratada no processo principal é acerca de diferenças salariais decorrentes da URP de fevereiro de 1989, matéria cuja jurisprudência é pacífica neste Eg. TST, podendo a requerente vir a obter êxito em sua pretensão rescisória (TST, AC 372.503/97.0, Ângelo Mário, Ac. SBDI-2).

6 *Ação anulatória*. Os atos judiciais (praticados pelas partes, como a arrematação, adjudicação, desde que não tenham sido objeto de embargos, a remição, a renúncia ao direito de recorrer, a desistência do recurso, a procuração, as sentenças meramente homologatórias proferidas em procedimento de jurisdição voluntária, homologação de acordo etc.), que independem de sentença, podem ser anulados como os jurídicos (CPC/15, art. 966). Não serve para reformar ou anular decisão defeituosa, função do recurso ou ação rescisória, mas para que se reconheça como sem efeito ato juridicamente inexistente. A nulidade pode ser alegada em defesa contra quem pretende tirar da sentença um defeito qualquer, assim como em processo principal. Possui natureza de ação cognitiva meramente declaratória. É proposta tanto perante Varas do Trabalho quanto TRTs, dependendo da matéria. Seu procedimento segue o rito comum.

Capítulo III
DOS DISSÍDIOS INDIVIDUAIS

Seção I
Da forma de reclamação e da notificação

Art. 837. Nas localidades em que houver apenas uma Vara do Trabalho*, ou um escrivão do cível, a reclamação será apresentada diretamente à secretaria da Vara do Trabalho*, ou ao cartório do Juízo.

Art. 838. Nas localidades em que houver mais de uma Vara do Trabalho* ou mais de um Juízo, ou escrivão do cível, a reclamação será, preliminarmente, sujeita a distribuição[1], na forma do disposto no Capítulo II, Seção II, deste Título.

Art. 839. A reclamação poderá ser apresentada:

a) pelos empregados e empregadores, pessoalmente[2], ou por seus representantes, e pelos sindicatos de classe[3];

b) por intermédio das Procuradorias Regionais[4] da Justiça do Trabalho.

* (tacitamente alterado pela EC 24/99).

1 *Distribuição:* conceito e efeitos (art. 783).

2 Advogado e possibilidade de postular sem ele, mesmo perante a Constituição de 1988 (v. art. 791/1).

3 O sindicato de classe, mediante advogado (art. 791/1), tem o poder legal de representar os membros da categoria, associados ou não, independentemente de procuração (art. 513/1). Substituição processual (art. 872/4).

4 Ministério Público do Trabalho (art. 736/1).

Art. 840. A reclamação[1 a 21] poderá ser escrita ou verbal[27].

§ 1º Sendo escrita, a reclamação deverá conter[22 a 24] a designação do juízo, a qualificação das partes, a breve exposição dos fatos de que resulte o dissídio, o pedido, que deverá ser certo[23], determinado e com indicação de seu valor, a data e a assinatura do reclamante ou de seu representante. (Red. L. 13.467/17).

§ 2º Se verbal, a reclamação será reduzida a termo, em duas vias datadas e assinadas pelo escrivão ou secretário, observado, no que couber, o disposto no § 1º deste artigo. (Red. L. 13.467/17).

§ 3º Os pedidos que não atendam ao disposto no § 1º deste artigo serão julgados extintos[23] sem resolução do mérito. (Red. L. 13.467/17).

1 *Jurisdição contenciosa, jurisdição voluntária e administração pública dos direitos privados.* Jurisdição contenciosa é a atividade estatal que substitui a atividade das partes na solução dos litígios, aplicando a lei ao processo; o exemplo na jurisdição laboral é a reclamação trabalhista. A jurisdição contenciosa diferencia-se da jurisdição voluntária, em que: 1) não há pretensão em face do adversário; a pretensão não se assenta na afirmação de um direito subjetivo; 2) a atividade do juiz não é substitutiva; 3) exige-se a atividade do juiz para que se realize (Frederico Marques); o exemplo em nossa disciplina é a homologação de pedido de demissão de empregado estável e antiga opção pelo FGTS e, dentro do processo, a homologação da conciliação, que não é jurisdição contenciosa, pois não é substitutiva, nem, cientificamente, opera a coisa julgada. Assim, a jurisdição voluntária não é jurisdição, mas um daqueles atos de administração pública dos direitos privados entregues ao Poder Judiciário (Carnelutti); os demais são de competência do Poder Executivo (homologação de quitação de rescisão contratual de empregado pelo Ministério do Trabalho ou de pedido de demissão do empregado; depósito do instrumento de convenção ou acordo coletivo no Departamento Nacional do Trabalho, CLT, art. 614; aqueles são administrativos judiciais (não jurisdicionais); estes, administrativos praticados pela administração.

Arbitragem. Campos Batalha rejeita a possibilidade do juízo arbitral no processo trabalhista, salvo nas convenções ou acordos coletivos, conforme o permissivo sugerido pelo art. 613 da CLT (*Tratado de Direito Judiciário do Trabalho*). *Arbitragem.* A L. 9.307/96 prevê a arbitragem extrajudicial como meio de solução de conflitos na execução de contratos comerciais. Diante da desigualdade entre empregador e empregado, a homologação da rescisão laboral é feita no Sindicato, e na maioria dos casos se transformam em reclamações trabalhistas. Diante de tais fatos como podemos admitir a arbitragem na solução de conflitos trabalhistas?

■ Embora o artigo 31 da Lei n. 9.307/96 disponha que a sentença arbitral produz, entre as partes e seus sucessores, os mesmos efeitos da sentença proferida pelos órgãos do Poder Judiciário e, sendo condenatória, constitui título executivo, entendo-a inaplicável ao contrato individual de trabalho. Com efeito, o instituto da arbitragem, em princípio, não se coaduna com as normas imperativas do Direito Individual do Trabalho, pois parte da premissa, quase nunca identificada nas relações laborais, de que empregado e empregador negociam livremente as cláusulas que regem o contrato individual de trabalho. Nesse sentido, a posição de desigualdade (jurídica e econômica) existente entre empregado e empregador no contrato de trabalho dificulta sobremaneira que o princípio da livre manifestação da vontade das partes se faça observado. Como reforço de tese, vale destacar que o artigo 114 da Constituição Federal, em seus parágrafos 1º e 2º, alude à possibilidade da arbitragem na esfera do Direito Coletivo do Trabalho, nada mencionando acerca do Direito Individual do Trabalho. Agravo de instrumento a que se nega provimento (TST, AIRR 415/2005-039-02-40, Horácio Senna Pires, *DEJT*, 26.6.09).

1-A *Elementos da ação*: a) partes; b) pedido (como objeto da ação, equivale à matéria sobre a qual a sentença de mérito tem de atuar); é o bem jurídico pretendido pelo autor, perante o réu (Theodoro Jr., *Curso de DPC*, cit.); c) causa de pedir. A *causa petendi* imediata são os fundamentos jurídicos que justificam o pedido; a remota, são os fatos constitutivos (Greco Fº, *DPC Bras.*, cit.).

Pressupostos processuais: são exigências legais para o estabelecimento e desenvolvimento válido do processo, a fim de que a sentença possa apreciar o mérito da causa. Classificam-se em: a) pressupostos de existência (para que a relação processual se constitua); b) desenvolvimento (a fim de que possa ter curso). Podem ser subjetivos (relacionam-se com os sujeitos do processo: juiz e partes, e compreendem: a) competência do juiz; b) capacidade civil das partes; c) representação por advogado) ou objetivos (forma procedimental e ausência de fatos que impeçam a regular constituição do processo): a) forma processual adequada à pretensão; b) instrumento de mandato; c) inexistência de litispendência, coisa julgada, compromisso ou inépcia da inicial; d) inexistência de qualquer nulidade prevista na legislação processual (Theodoro Jr., id., cit.).

Condições da ação (CPC/15, art. 485). São os requisitos de existência da ação, portanto preliminares ao exame do mérito (Liebman, *Manual de DPC*, cit.). São: 1) *possibilidade jurídica*: "admissibilidade da pretensão perante o ordenamento jurídico, ou seja, previsão ou ausência de vedação, no direito vigente, do que se postula na causa" (STJ – *RT* 652/183, Theotonio Negrão, *CPC*, cit.); 2) *legitimidade de parte* ou *legitimidade "ad causam"*: os titulares da relação jurídica material trazida ao processo têm que ser os mesmos da relação processual que se estabelece; 3) *interesse processual*: inafastável necessidade daquela ação para que a parte possa obter a reparação da violação do seu direito. A L. 9.958/00, que acrescentou à CLT os arts. 625-A, B, C, D, E, F, G, H, estabeleceu uma exigência a mais para o ajuizamento da ação trabalhista: a submissão prévia do conflito às Comissões de Conciliação Prévia (v. art. 625-A/1).

Mérito. É a própria lide, o objeto principal da prestação jurisdicional invocada, dando razão a uma parte e negando-a à outra (Buzaid, *Exposição de motivos*, cit.).

2 *Classificação das ações*. Todas visam a uma sentença que possui carga múltipla. Ao classificá-las, leva-se em consideração a carga preponderante: A) cognitivas; B) cautelares ou C) executivas. Razão não há para recusar-se, no processo trabalhista, as ações previstas no processo civil comum, desde que o julgamento da pretensão seja da competência da Justiça do Trabalho. O processo é instrumento; as formas adotadas pelo direito processual civil geral para aperfeiçoar a administração de Justiça devem ser aplicadas aqui sempre que possível; o legislador é expresso na aplicabilidade geral das normas processuais comuns (CLT, art. 8º e seu parágrafo; art. 769).

3 *A) AÇÕES DE COGNIÇÃO*. São as que tendem à determinação da norma a valer no caso concreto, amplamente examinado (Chiovenda). São as jurisdicionais por excelência. A tutela jurisdicional de cognição ou de conhecimento subdivide-se em tutela: a) declaratória; b) condenatória; e c) constitutiva.

4 a) *As ações simplesmente declaratórias* são remédio para as situações de incerteza; pede-se a manifestação jurisdicional do preceito primário da norma (que descreve uma conduta hipotética, simplesmente), sem pretender o secundário (que estipula uma sanção ou consequência, Frederico Marques, *Instituições*). O interesse do autor pode limitar-se à declaração: a) da existência ou inexistência de relação jurídica; b) da autenticidade ou falsidade de documento; é admissível a declaratória, ainda que tenha ocorrido a violação do direito (CPC/15, art. 19). As ações declaratórias não podem servir à prova de simples fatos, a não ser o expressamente previsto (falsidade de documento). A lei processual trabalhista previu uma ação declaratória (simples reconhecimento da estabilidade do empregado, CLT, art. 652), mas muitas outras poderão ser acolhidas (declaração de existência ou não de relação empregatícia, declaração do verdadeiro início da relação empregatícia, por anotação falsa, ação de empregador para provar existência de força maior). Prescrição das declaratórias (art. 11, nota 3).

STF É admissível reconvenção em ação declaratória (STF – Súmula 258).

STJ Cabe ação declaratória para reconhecimento de tempo de serviço para fins previdenciários (STJ – Súmula 242).

SDI É incabível ação declaratória visando a declarar direito à complementação de aposentadoria, se ainda não atendidos os requisitos necessários à aquisição do direito, seja por via regulamentar, ou por acordo coletivo (TST, SDI-1, Orientação Jurisprudencial 276).

A ação declaratória incidental é útil para as hipóteses em que na ação principal se torne controversa a existência ou inexistência da própria relação de emprego (o CPC/15 optou por abolir ação declaratória incidental, conferindo ao juiz a prerrogativa de declarar por sentença, fazendo coisa julgada, relação jurídica cuja existência ou inexistência depender o julgamento da lide, CPC/15, art. 503, § 1º), afastando dúvidas sobre o alcance da coisa julgada em diversas ações entre as mesmas partes. Já rejeitamos a aplicação da declaratória incidental ao processo trabalhista pelo seu pretendido caso de meio procrastinatório, mas reconhecida sua utilidade processual deve ser admitida, desde que não se aplique aqui a suspensão do feito, que no mundo laboral equivale a pecado mortal.

A *ação direta de inconstitucionalidade* e a *declaratória de constitucionalidade* estão previstas na Constituição Federal de 1988 no art. 102, letra *a*; a decisão definitiva de mérito, nestas ações, tem eficácia *erga omnes* e poder vinculante aos demais órgãos do Judiciário e à administração pública direta e indireta, nas esferas federal, estadual e municipal (art. 102, § 2º – EC 45/04); nesse sentido a doutrina anterior à CF/88 (Ada Pellegrini Grinover) e posterior (José Afonso da Silva) (apud Maurício Godinho Delgado, *LTr* 57-10/1197, 1993).

Na área sindical, somente a Confederação tem legitimidade ativa para a ação direta de inconstitucionalidade (inc. IX do art. 103 da Constituição). Não, assim, a Federação, que, mesmo de âmbito nacional, está, até por força de seus estatutos, obrigada a se filiar a uma Confederação (STF, ADIn 17/9-DF, Sydney Sanches, Ac. TP).

O Código de Processo Civil, ao cuidar da ação declaratória, limitou-se à declaração da existência ou inexistência de uma relação jurídica. A declaração, em qualquer sentido, resultará sempre do exame do havido em relação a um período anterior ao ajuizamento da ação. Se se pede declaração a propósito de fato futuro, tem-se por correta a situação de carência da ação (TST, RR 585/87, Manoel Mendes, Ac. 1ª T. 1.645/87).

Não se admite Ação Declaratória se, além de incerteza sobre a relação objeto da demanda, não haja um dano econômico ou moral para o autor (TRT/MG, RO 1.126/91, Nilo Soares, Ac. 4ª T.).

Ação declaratória. Conteúdo. Justiça do Trabalho é competente para instruir e julgar ação declaratória movida pela empresa, onde pretende o reconhecimento da quitação dos valores depositados em conta corrente do empregado, a título de verbas rescisórias (Proc. 2.124/97, Valentin Carrion, Ac. 9ª T. 99/98).

5 b) *Ações condenatórias*. É o grupo mais numeroso das ações de conhecimento. Nelas se pretende o reconhecimento do direito a uma prestação; reconhece-se esse direito e gera-se uma ordem ao vencido para que a cumpra e (cf. Chiovenda, *Instituições*) uma ordem aos órgãos encarregados da execução: esta última ordem será cumprida no processo de execução, caso o vencido não o faça espontaneamente.

É a hipótese de reclamação trabalhista pretendendo o pagamento das indenizações, por despedida injusta.

6 c) *Ações constitutivas:* sem se limitarem a simples declaração de um direito e sem estatuírem condenação ao cumprimento de uma prestação, criam, modificam, ou extinguem uma relação jurídica (Gabriel de Rezende); distinguem-se das declaratórias, em que estas têm por base uma situação que já existia e apenas declaram. Ação típica constitutiva no processo do trabalho é o *inquérito judicial* contra empregado estável (aos 10 anos de serviço, não sendo optante pelo FGTS pelo regime anterior ou, antes, por concessão contratual); não se pretende autorização para rescindir, como se diz, mas pretende-se que a sentença proceda à resolução do contrato, por falta grave (v. arts. 494/2, 853 e segs.).

7 *Ação cominatória*: o CPC/115 não o manteve como ação especial; permite-se a cominação de pena pecuniária para a hipótese de descumprimento da sentença, ou seja, em ação ordinária (CPC/15, art. 499), e é prevista nas obrigações de fazer e de não fazer (CPC/15, arts. 815 e segs.), o que é coisa bem diferente da ação cominatória (Machado Guimarães, "Cominatória", *Revista de Direito Processual Civil* 2/169).

Cominações nas obrigações de fazer (CLT, art. 876/3).

De acordo com a legislação trabalhista, não é o reclamante quem determina a aplicação de multa pelo inadimplemento da obrigação de proceder às devidas anotações na Carteira de Trabalho. Na forma do art. 39, § 1º, da CLT as anotações, quando necessário, serão efetuadas pela Secretaria da JCJ que comunicará a autoridade trabalhista, a fim de aplicar a multa cabível. Portanto, havendo um procedimento previsto na legislação específica acerca de multa, na hipótese dos autos, não há que se falar em aplicação da lei processual civil (TST, RR 2.379/86.7, Francisco Leocádio, Ac. 1ª T. 115/87).

Resta inviável a aplicação subsidiária do direito processual comum (arts. 287 e 644 do CPC), uma vez que a Consolidação das Leis do Trabalho, em seu art. 39 e parágrafos, estabelece que a Junta de Conciliação e Julgamento, na sentença, determinará que seja feita a anotação da CTPS na Secretaria, uma vez transitada em julgado a decisão, afastando a possibilidade de se condenar a empresa a fazê-la de forma cominatória, sob pena de pagamento de multa diária (TST, RR 274.437/96.7, José Carlos Perret Schlte, Ac. 4ª T.).

8 *Ação de consignação em pagamento*: nos casos previstos em lei, poderá o devedor ou o terceiro requerer, com efeito de pagamento, a consignação ou a coisa devida (CPC/15, art. 539); admite-se no processo trabalhista (Campos Batalha, Tostes Malta, Giglio), especialmente na hipótese de negativa do empregado a receber as verbas que lhe são devidas, propositura fora do prazo (Precedente Admi-

nistrativo 37 MTE/SIT, em apêndice). Ainda, sintetizando as hipóteses que Campos Batalha relaciona: a) se o credor não for receber; b) se o credor for declarado ausente, ou residir em lugar incerto ou de acesso perigoso ou difícil; c) ocorrer dúvida sobre quem deva legitimamente receber o objeto do pagamento; d) pender litígio sobre o objeto do pagamento; e) se houver concurso de preferência aberto contra o credor ou se este for incapaz de receber.

A ação de consignação em pagamento do CPC/15, arts. 539 e segs., na prática, constitui um procedimento de extrema complexidade para o trabalhador, pelo que se pode afirmar ser incompatível com a CLT, pela desproteção sindical ou judiciária, e pela omissão ao instituto das homologações e das quitações restritas (CLT, art. 477); referimo-nos especialmente à intromissão de estabelecimento bancário e ao abandono do procedimento simplificado da reclamação trabalhista. Ao contrário, a simplicidade do nosso processo e os efeitos da quitação laboral regulada por lei permitem extraordinária agilização; enquanto não houver necessidade de instrução em audiência (que é a regra geral), um só despacho na petição inicial determina a citação do réu-empregado para vir receber, na audiência (antecipada pelo juiz, alertado pela Secretaria) ou na Secretaria da Vara, no dia e hora designados, a importância oferecida, cujo depósito com correção monetária desde já se efetua. A adaptação do CPC/15, art. 546 (procedente o pedido, não contestado, ou aceito, e extinta a obrigação), é de duvidosos efeitos, mesmo que se norteie pelo dispositivo que considera "válida a quitação, apenas, relativamente às mesmas parcelas" (CLT, art. 477, § 2º). Pelo procedimento simplificado que propomos ao receber a guia de levantamento, nela o advogado do empregado ou o funcionário da Vara aporá a ressalva expressa e específica ao valor dado à parcela ou parcelas impugnadas (Súmula 330 do TST). Duas certezas benéficas indiscutíveis restam desse procedimento, mesmo que se lhe siga a insatisfação de uma ação trabalhista para verificações instrutórias posteriores: a certeza do pagamento, evitando o empregador a mora do que ofereceu, de um lado; e, de outro, a certeza material do empregado que recebeu prontamente o que lhe foi oferecido; tudo sujeito ao crivo da quitação restrita do art. 477. Entretanto, o art. 545 do CPC/15 (título executivo contra o autor da consignação insuficiente), pela sua simplificação e operacionalidade, é admissível no processo trabalhista, autêntica hipótese de reconvenção.

O objetivo precípuo e preponderante da ação consignatória é o de exonerar o devedor, na hipótese a reclamada, do pagamento de juros e correção monetária em relação à quantia devida, liberando-o, ainda, da obrigação. Se a própria reclamada declara nada dever à reclamante, deixando entrever que, na realidade, pretende uma homologação da rescisão contratual levada a efeito, não há como admitir a presente ação de consignação, já que esta pressupõe a existência de débito do consignante com relação ao consignado, bem como a mora deste último (TRT/MS-RO 1604/97, Antônio Carlos Paludo, Ac. TP 883/98).

Ação de consignação em pagamento. É da Justiça Comum a competência para processar e julgar ação de consignação em pagamento de contribuição sindical instituída em lei (art. 578 e segs. da CLT) (STJ, CC 22.148/PR, Ruy Rosado de Aguiar Jr., 98/308156).

9 a) O *mandado de segurança* é disciplinado pela Constituição Federal de 1988:

Art. 5º...

LXIX – conceder-se-á mandado de segurança para proteger direito líquido e certo, não amparado por *habeas corpus* ou *habeas data*, quando o responsável pela ilegalidade ou abuso de poder for autoridade pública ou agente de pessoa jurídica no exercício de atribuições do Poder Público;

LXX – o mandado de segurança coletivo pode ser impetrado por:

a) partido político com representação no Congresso Nacional;

b) organização sindical, entidade de classe ou associação legalmente constituída e em funcionamento há pelo menos um ano, em defesa dos interesses de seus membros ou associados.

Tal ocorre sempre que, ilegalmente ou com abuso de poder, alguém sofrer violação ou houver justo receio de sofrê-la por parte de autoridade, sejam quais forem as funções (L. 12.016/09, em apêndice). "Direito líquido e certo é aquele que se funda em fatos comprovados na inicial... os fatos, a parte os demonstra enquanto o juiz interpreta a norma" (Celso Bastos, *Comentários à Constituição*). A ação é declaratória, constitutiva ou condenatória, conforme o caso (Vidigal, *Processo Civil*, p. 70). Incabível desde que haja recurso ou correição parcial; também em certas hipóteses de urgência com recurso sem efeito suspensivo: cabível em matéria administrativa. Prazo de 120 dias. Prazo para autoridade coatora prestar informações: 10 dias. É admitido o litisconsórcio do adversário do impetrante na ação onde se deu o ato (*LTr* 40/1313, 1976). No processo trabalhista a instância originária é a Vara do Trabalho (contra ato do Delegado Regional do Trabalho, com a ampliação da competência da Justiça do Trabalho, EC 45/04, CF, art. 114, IV), o TRT (contra seus atos e dos órgãos inferiores) ou do TST (contra os seus) ou do STF (em recurso ordinário contra decisão denegatória do TST – CF, art. 102, II, "a"). É obrigatória a remessa de ofício, quando figurar pessoa jurídica de direito público como parte prejudicada pela concessão da ordem.

STF É constitucional lei que fixa o prazo de decadência para a impetração de mandado de segurança (STF – Súmula 632).

STF Extingue-se o processo de mandado de segurança se o impetrante não promove, no prazo assinado, a citação do litisconsorte passivo necessário (STF – Súmula 631).

STF A suspensão da liminar em mandado de segurança, salvo determinação em contrário da decisão que a deferir, vigorará até o trânsito em julgado da decisão definitiva de concessão da segurança ou, havendo recurso, até a sua manutenção pelo Supremo Tribunal Federal, desde que o objeto da liminar deferida coincida, total ou parcialmente, com o da impetração (STF – Súmula 626).

STF Controvérsia sobre matéria de direito não impede concessão de mandado de segurança (STF – Súmula 625).

STF Não compete ao Supremo Tribunal Federal conhecer originariamente de mandado de segurança contra atos de outros tribunais (STF – Súmula 624).

STF Não gera por si só a competência originária do Supremo Tribunal Federal para conhecer do mandado de segurança com base no art. 102, I, *n*, da Constituição, dirigir-se o pedido contra deliberação administrativa do tribunal de origem, da qual haja participado a maioria ou a totalidade de seus membros (STF – Súmula 623).

STF Não há direito líquido e certo amparado pelo mandado de segurança quando se escuda em lei cujos efeitos foram anulados por outra, declarada constitucional pelo STF (STF – Súmula 474).

STF Pedido de reconsideração na via administrativa não interrompe o prazo para mandado de segurança (STF – Súmula 430).

STF Não cabe mandado de segurança contra decisão judicial com trânsito em julgado (STF – Súmula 268).

STF Não cabe mandado de segurança contra ato judicial passível de recurso ou correição (STF – Súmula 267).

STF Não cabe mandado de segurança contra lei em tese (STF – Súmula 266).

TST A homologação de acordo constitui faculdade do juiz, inexistindo direito líquido e certo tutelável pela via do mandado de segurança. (Res. 217/17, *DEJT*, 20.4.17). (TST – Súmula 418).

TST I – A tutela provisória concedida na sentença não comporta impugnação pela via do mandado de segurança, por ser impugnável mediante recurso ordinário. É admissível a obtenção de efeito suspensivo ao recurso ordinário mediante requerimento dirigido ao tribunal, ao relator ou ao presidente ou ao vice-presidente do tribunal recorrido, por aplicação subsidiária ao processo do trabalho do artigo 1.029, § 5º, do CPC de 2015. II – No caso de a tutela provisória haver sido concedida ou indeferida antes da sentença, cabe mandado de segurança, em face da inexistência de recurso próprio. III – A superveniência da sentença, nos autos originários, faz perder o objeto do mandado de segurança que impugnava a concessão ou o indeferimento da tutela provisória (Res. 217/17, *DEJT*, 20.4.17). (TST – Súmula 414).

TST Não se aplica a alçada em ação rescisória e em mandado de segurança (TST – Súmula 365, conversão das Orientações Jurisprudenciais SDI-1 8 e 10).

TST I - Em dissídio individual, está sujeita ao reexame necessário, mesmo na vigência da Constituição Federal de 1988, decisão contrária à Fazenda Pública, salvo quando a condenação não ultrapassar o valor correspondente a: a) 1.000 (mil) salários mínimos para a União e as respectivas autarquias e fundações de direito público; b) 500 (quinhentos) salários mínimos para os Estados, o Distrito Federal, as respectivas autarquias e fundações de direito público e os Municípios que constituam capitais dos Estados; c) 100 (cem) salários mínimos para todos os demais Municípios e respectivas autarquias e fundações de direito público. II – Também não se sujeita ao duplo grau de jurisdição a decisão fundada em: a) súmula ou orientação jurisprudencial do Tribunal Superior do Trabalho; b) acórdão proferido pelo Supremo Tribunal Federal ou pelo Tribunal Superior do Trabalho em julgamento de recursos repetitivos; c) entendimento firmado em incidente de resolução de demandas repetitivas ou de assunção de competência; d) entendimento coincidente com orientação vinculante firmada no âmbito administrativo do próprio ente público, consolidada em manifestação, parecer ou súmula administrativa.

III - Em ação rescisória, a decisão proferida pelo Tribunal Regional do Trabalho está sujeita ao duplo grau de jurisdição obrigatório quando desfavorável ao ente público, exceto nas hipóteses dos incisos anteriores. IV - Em mandado de segurança, somente cabe reexame necessário se, na relação processual, figurar pessoa jurídica de direito público como parte prejudicada pela concessão da ordem. Tal situação não ocorre na hipótese de figurar no feito como impetrante e terceiro interessado pessoa de direito privado, ressalvada a hipótese de matéria administrativa (Res. 211/16, *DEJT*, 24.8.16). (TST – Súmula 303).

SDI A carta de fiança bancária e o seguro-garantia judicial, desde que em valor não inferior ao do débito em execução, acrescido de trinta por cento, equivalem a dinheiro para efeito da gradação dos bens penhoráveis, estabelecida no art. 835 do CPC de 2015 (art. 655 do CPC de 1973) (Res. TST 209/16, *DEJT*, 1.6.16). (TST – SDI - II, Orientação Jurisprudencial 59).

TP Ao Tribunal Superior do Trabalho não compete apreciar, originariamente, mandado de segurança impetrado em face de decisão de TRT (TST, TP, Orientação Jurisprudencial 4).

Competência das Delegacias Regionais do Trabalho para aplicar multa à empresa que mantiver empregado sem registro. Consoante dispõe o art. 47 da CLT, a empresa que mantiver empregado não registrado, nos termos do art. 41 do referido diploma legal, incorrerá em multa que, por sua vez, será aplicada pela Delegacia Regional do Trabalho, conforme preceitua o art. 48 do texto consolidado. De se concluir, pois, não ter havido extrapolamento da competência do fiscal do trabalho ao expedir auto de infração contra o impetrante, por violação do art. 41 da CLT (TRT, RJ, ROMS 00692-2005-033-01-00-4, Alberto Fortes Gil, *DEJT*, 15.10.09).

SDI O mandado de segurança não se presta à obtenção de uma sentença genérica, aplicável a eventos futuros, cuja ocorrência é incerta (TST, Orientação Jurisprudencial, SDI-2 144, Res. TST 137/05).

SDI Não cabe mandado de segurança para impugnar despacho que acolheu ou indeferiu liminar em outro mandado de segurança (TST, SDI-2, Orientação Jurisprudencial 140).

SDI Na contagem do prazo decadencial para ajuizamento de mandado de segurança, o efetivo ato coator é o primeiro em que se firmou a tese hostilizada e não aquele que a ratificou (TST, SDI-2, Orientação Jurisprudencial 127).

SDI Esgotadas as vias recursais existentes, não cabe mandado de segurança (TST, SDI-2, Orientação Jurisprudencial 99).

SDI É ilegal a exigência de depósito prévio para custeio dos honorários periciais, dada a incompatibilidade com o processo do trabalho e com o Enunciado n. 236 do TST, sendo cabível o mandado de segurança visando à realização da perícia independentemente do depósito (TST, SDI-2, Orientação Jurisprudencial 98).

SDI I – Sob a égide do CPC de 1973 é incabível o mandado de segurança contra sentença homologatória de adjudicação, uma vez que existe meio próprio para impugnar o ato judicial, consistente nos embargos à adjudicação (CPC de 1973, art. 746). II – Na vigência do CPC de 2015 também não cabe mandado de segurança, pois o ato judicial pode ser impugnado por simples petição, na forma do artigo 877, *caput*, do CPC de 2015 (Res. 212, *DEJT*, 20.9.16). (TST, SDI –2, Orientação Jurisprudencial 66).

De conformidade com o art. 21, VI, da Lei Orgânica da Magistratura Nacional, compete privativamente aos Tribunais julgar, originariamente, os mandados de segurança contra seus atos, os dos respectivos Presidentes e os de suas Câmaras, Turmas ou Seções. Em razão disso, ao Tribunal Superior do Trabalho não compete apreciar, originariamente, mandado de segurança impetrado em face de decisão de Tribunal Regional do Trabalho. Agravo regimental a que se nega provimento (TST, AgPet 98.256/2003, Francisco Fausto).

Impetrado o *writ* contra ato emanado da Presidência do TRT da 21ª Região, competente é o referido Regional e não o TST (TST, RO-MS 71.516/93.1, José Luiz Vasconcellos, Ac. OE 41/95).

O desligamento da linha telefônica é meio de coerção ínsito ao próprio conceito de penhora. Se a penhora não recai sobre bem corpóreo, mas em direito de uso, a apreensão pode exprimir-se na perda provisória do exercício desse direito (TST, RO-MS 310.170/96.8, João Oreste Dalazen, Ac. SBDI-2).

Considera-se autoridade coatora, como parte legítima no mandado de segurança, aquela que haja decidido sobre a prática do ato. Atacada no *mandamus* a penhora de certa quantia em conta corrente da impetrante, situada em outra jurisdição, somente ao juízo deprecante cabe corrigir eventual ilegalidade, sendo, portanto, a denominada autoridade coatora (TST, ROMS 352.441/97.1, João Oreste Dalazen, Ac. SBDI-2).

b) O *mandado de segurança coletivo* se rege pelos mesmos pressupostos, requisitos e efeitos do comum (Carlos Ari Sundfeld, *Rev. da Procuradoria-Geral* 29/88). A distinção única se verifica nos direitos protegidos: subjetivos, no comum, e direitos não subjetivos, no coletivo (Celso Neves, *LTr* 52/1315, 1998).

STF A entidade de classe tem legitimação para o mandado de segurança ainda quando a pretensão veiculada interesse apenas a uma parte da respectiva categoria (STF – Súmula 630).

STF A impetração de mandado de segurança coletivo por entidade de classe em favor dos associados independe da autorização destes (STF – Súmula 629).

O interesse exigido para a impetração de mandado de segurança coletivo há de ter ligação com o objeto da entidade sindical e, portanto, com o interesse jurídico desta (STF, RE 157.234-5-DF, Marco Aurélio, Ac. 2ª T.).

A associação regularmente constituída, e em funcionamento, pode postular em favor de seus membros ou associados, não carecendo de autorização especial em assembleia geral, bastando a constante do estatuto. Mas como é próprio de toda substituição processual, a legitimação para agir está condicionada à defesa dos direitos ou interesses jurídicos da categoria que representa (STF, RE 141.733-1-SP, Ilmar Galvão, Ac. 1ª T.).

A legitimação das organizações sindicais, entidades de classe ou associações, para a sentença coletiva, é extraordinária, ocorrendo, em tal caso, substituição processual. Não se exige, tratando-se de segurança coletiva, a autorização expressa aludida no inciso XXI do art. 5º da Constituição (STF, RE 212.707-8-DF, Carlos Mário).

Não é apenas na legitimidade ativa para a causa que o Mandado de Segurança Coletivo se distingue do Individual. Celso Agrícola Barbi descobre no Mandado de Segurança Coletivo algo mais do que a postulação coletiva de direitos individuais, apontando até a possibilidade de sua utilização na defesa dos chamados direitos difusos. Lúcia Valle Figueiredo indica a diferença do "ato coator" no Mandado de Segurança Coletivo, que não se equipara, necessariamente, ao ocorrido no Individual; bem assim coloca em debate o tema crucial da coisa julgada, que, segundo ela, deve ter a solução procurada "secundum eventum litis". Por lógica consequência, o Mandado de Segurança Coletivo não pode ser recebido como Individual, sob o argumento de que as pessoas físicas que o ajuizaram também estariam legitimadas para a lide, por serem as "próprias titulares do direito". A singular aplicação do princípio da fungibilidade para as ações implicaria, em verdade, redação de outra inicial (TST, RO-MS 413.077/97.0, José Luciano de Castilho Pereira).

c) O *habeas corpus* é disciplinado pela Constituição Federal de 1988:

Art. 5º...

LXVIII – conceder-se-á *habeas corpus* sempre que alguém sofrer ou se achar ameaçado de sofrer violência ou coação em sua liberdade de locomoção, por ilegalidade ou abuso de poder. ...

Art. 114. Compete à Justiça do Trabalho processar e julgar (Red. EC 45/04)**: ... IV – os mandados de segurança, *habeas corpus* e *habeas data*, quando o ato questionado envolver matéria sujeita à sua jurisdição** (Red. EC 45/04).

No processo do trabalho, as hipóteses de determinação de prisão são: a) de testemunha; b) de depositário infiel (ver 883/10); c) de quem cometeu desacato à autoridade (Campos Batalha, *Tratado de Direito Judiciário do Trabalho*). Para o STF, a natureza do *habeas corpus*, mesmo na prisão civil, é penal (o que parece equivocado; assim o voto vencido do Ministro Carlos Velloso), e a competência é do Tribunal Regional Federal, quando o coator é juiz do trabalho, não o TRT (STF, CComp 6.979-1). Procedimento do *habeas corpus*, no STF e STJ, L. 8.038/90. A competência para julgar e processar o *habeas corpus* é da Justiça do Trabalho (CF, art. 114, IV – EC 45/04). Se o Juiz do Trabalho pode prender, também pode libertar. O legislador com acerto modifica a competência, ou por entender que se trata de uma prisão civil e portanto sem natureza penal ou por todo o contexto da EC 45/04, que traz para competência da Justiça do Trabalho toda matéria que envolva "relação de trabalho". O ajuizamento do *habeas corpus* se dá no TST, quando a decisão definitiva é do TRT, que passa a ser a autoridade coatora.

STF Não compete ao Supremo Tribunal Federal conhecer de *habeas corpus* impetrado contra decisão do Relator que, em *habeas corpus* requerido a tribunal superior, indefere a liminar (STF – Súmula 691).

SDI É cabível ajuizamento de "habeas corpus" originário no Tribunal Superior do Trabalho, em substituição de recurso ordinário em "habeas corpus", de decisão definitiva proferida por Tribunal Regional do Trabalho, uma vez que o órgão colegiado passa a ser a autoridade coatora no momento em que examina o mérito do "habeas corpus" impetrado no âmbito da Corte local (TST, SDI-2, Orientação Jurisprudencial 156).

SDI Não se caracteriza a condição de depositário infiel quando a penhora recair sobre coisa futura e incerta, circunstância que, por si só, inviabiliza a materialização do depósito no momento da constituição do paciente em depositário, autorizando-se a concessão de "habeas corpus" diante da prisão ou ameaça de prisão que sofra (TST, SDI-2, Orientação Jurisprudencial 143, alterada, Res. TST 151/08).

Sendo o *habeas corpus*, desenganadamente, uma ação de natureza penal, a competência para seu processamento e julgamento será sempre de juízo criminal, ainda que a questão material subjacente seja de natureza civil, como no caso de infidelidade de depositário, em execução de sentença (STF, CJ 6.979-1/DF, Ilmar Galvão).

d) O *mandado de injunção* é instituído pela Carta Magna de 1988:

Art. 5º...

LXXI – conceder-se-á mandado de injunção sempre que a falta de norma regulamentadora torne inviável o exercício dos direitos e liberdades constitucionais e das prerrogativas inerentes à nacionalidade, à soberania e à cidadania.

A perplexidade é geral na interpretação do alcance do mandado de injunção e requisitos. Não se poderá aguardar regulamentação legal para sua aplicação pelas características de remédio imediato que possui em sua intencionalidade, mas virá pela via legislativa e jurisdicional. No Direito do Trabalho sua aplicação dificilmente sairá do âmbito da omissão do Poder Legislativo, em legislar sobre direitos sociais, ou do Presidente da República em regulamentar as respectivas leis, com o que a competência originária pertence ao STF (CF/88, art. 102, I, "q"):

... quando a elaboração da norma regulamentadora for atribuição do Presidente da República, do Congresso Nacional, da Câmara dos Deputados, do Senado Federal, das Mesas de uma dessas Casas Legislativas, do Tribunal de Contas da União, de um dos Tribunais Superiores, ou do próprio Supremo Tribunal Federal.

É verdade que a CF menciona a competência recursal ordinária do STF, em mandado de injunção decidido em única instância pelos Tribunais Superiores, se denegatória a decisão (art. 102, II, "a"), e o Superior Tribunal de Justiça possui essa competência quando a norma regulamentadora seja de autoridade federal, excetuada a competência da Justiça do Trabalho (art. 105, I, "h"). Assim, tudo leva a crer que essas atribuições recairão (mesmo assim raramente) no TST, prevendo-se a possibilidade de omissão de autoridade que tenha competência sobre todo o território nacional, que é o hábito no nosso país, de legislação federal única para todo o território nacional. Raramente um Delegado Regional do Trabalho teria atribuições para regulamentar direitos garantidos pela Constituição (a competência seria do TRT), e muito menos um empregador. A participação nos lucros, por exemplo, depende de lei (CF, art. 7º, XI), com o que seria impossível, felizmente, chegarmos à competência diversificada das Juntas de Conciliação e Julgamento. O rito do mandado de injunção poderá ser, como se apregoa, o mesmo do mandado de segurança, mas até certo ponto porque a decisão não será um mandamento para que outro poder regulamente, mas a declaração da própria norma faltante (assim Manoel Antônio Teixeira Filho, *Rev. Synthesis* 8/65, 1989). Poderá defender-se o efeito meramente individual e não *erga omnes* da sentença-norma editada (como fez, com brilho, Floriano Corrêa Vaz da Silva, *Rev. Synthesis* 8/65, 1989), o que levaria milhares de pessoas a proporem milhares de mandados de injunção, contrariando a almejada modernização em um instituto que dá seus primeiros passos.

Mandado de injunção: ausência de lei regulamentadora do direito ao aviso prévio proporcional; ilegitimidade passiva do empregador suprida pela integração ao processo do Congresso Nacional, mora legislativa; critério objetivo de sua verificação;

procedência, para, declarada a mora, notificar o legislador para que a supra (STF, MI 95.6 e 124.3, Sepúlveda Pertence, Ac. TP).

O mandado de injunção pode ser impetrado, apenas, contra pessoas estatais, pois só delas pode emanar a norma regulamentadora reclamada; não é compatível com a natureza do mandado de injunção a formação de litisconsórcio passivo entre particulares e entes estatais. Mandado de injunção parcialmente deferido para comunicar ao Poder Legislativo sobre a mora em que se encontra, cabendo-lhe tomar as providências para suprir a omissão (STF, MI 502-8-SP, Maurício Corrêa, Ac. TP).

* Sobre o tema *supra*, v. www.institutocarrion.com.br.

e) *A ação civil pública* visa a responsabilidade e a proteção do meio ambiente, consumidor, valor artístico, estético, histórico, turístico, paisagístico e qualquer outro interesse difuso ou coletivo, que não se confunde com interesse individual homogêneo (ato concreto e lesivo que permite a determinação imediata de quais os membros da coletividade foram atingidos; Ives Gandra Martins Filho, *Processo Coletivo*, v. Índ. Bibliog.). É cabível nas hipóteses de: a) interesses difusos (impossibilidade de determinação da coletividade atingida, da qual decorre inexistência de vínculo jurídico entre os membros da coletividade atingida ou entre estes e a autora da lesão; idem, v. Índ. Bibliog.); b) interesses coletivos (existência de vínculo jurídico entre os membros da coletividade afetada e a parte contrária, origem de procedimento genérico continuativo, que afeta potencialmente todos os seus membros, presentes e futuros, passíveis de determinação; idem, v. Índ. Bibliog.). A competência para seu julgamento é fixada conforme a matéria. É das Varas do Trabalho, por exemplo, quando se pretendem providências de certa empresa que se recusa a anotar a carteira de trabalho de seus empregados ou os expõe a condições insalubres, perigosas ou degradantes; é dos TRTs, por exemplo, quando este tenha que decidir sobre responsabilidade decorrente de greve abusiva. Pode ser proposta pelo Ministério Público, União, Estados, Municípios, autarquias, empresa pública, fundação, sociedade de economia mista e certas associações (CF, art. 129, III; L. 7.347/85, art. 5º, Red. 11.448/07; LC 75/93, v. Índ. Leg.). O MP poderá promover antes o Inquérito Civil Público (Res. Cons. Sup. do MPT 24/97, *DOU*, 11.3.97).

TST Exigindo o mandado de segurança prova documental pré-constituída, inaplicável o art. 321 do CPC de 2015 (art. 284 do CPC de 1973) quando verificada, na petição inicial do "mandamus", a ausência de documento indispensável ou de sua autenticação (TST – Súmula 415, Res. 208/16).

TST I – A tutela provisória concedida na sentença não comporta impugnação pela via do mandado de segurança, por ser impugnável mediante recurso ordinário. É admissível a obtenção de efeito suspensivo ao recurso ordinário mediante requerimento dirigido ao tribunal, ao relator ou ao presidente ou ao vice-presidente do tribunal recorrido, por aplicação subsidiária ao processo do trabalho do artigo 1.029, § 5º, do CPC de 2015. II – No caso de a tutela provisória haver sido concedida ou indeferida antes da sentença, cabe mandado de segurança, em face da inexistência de recurso próprio. III – A superveniência da sentença, nos autos originários, faz perder o objeto do mandado de segurança que impugnava a concessão ou o indeferimento da tutela provisória (Res. 217/17, *DEJT*, 20.4.17). (TST – Súmula 414).

SDI I – A competência para a Ação Civil Pública fixa-se pela extensão do dano. II – Em caso de dano de abrangência regional, que atinja cidades sujeitas à jurisdição de mais de uma Vara do Trabalho, a competência será de qualquer das varas das localidades atingidas, ainda que vinculadas a Tribunais Regionais do Trabalho distintos. III – Em caso de dano de abrangência suprarregional ou nacional, há competência concorrente para a Ação Civil Pública das varas do trabalho das sedes dos Tribunais Regionais do Trabalho. IV – Estará prevento o juízo a que a primeira ação houver sido distribuída (TST, SDI-2, Orientação Jurisprudencial 130, TST – Res. 186/12).

SDI I – Sob a égide do CPC de 1973 é incabível o mandado de segurança contra sentença homologatória de adjudicação, uma vez que existe meio próprio para impugnar o ato judicial, consistente nos embargos à adjudicação (CPC de 1973, art. 746). II – Na vigência do CPC de 2015 também não cabe mandado de segurança, pois o ato judicial pode ser impugnado por simples petição, na forma do artigo 877, *caput*, do CPC de 2015 (TST, SDI-2, Orientação Jurisprudencial 66, Res. 212/16).

SDI Não fere direito líquido e certo a concessão de tutela antecipada para reintegração de empregado protegido por estabilidade provisória decorrente de lei ou norma coletiva (TST, SDI-2, Orientação Jurisprudencial 64).

SDI Comporta a impetração de Mandado de Segurança o deferimento de reintegração no emprego em Ação Cautelar (TST, SDI-2, Orientação Jurisprudencial 63).

SDI Conceder-se-á Mandado de Segurança para impugnar ato que determina ao INSS o reconhecimento e/ou averbação de tempo de serviço (TST, SDI-2, Orientação Jurisprudencial 57).

SDI Ajuizados embargos de terceiro (art. 674 do CPC de 2015 - art. 1.046 do CPC de 1973) para pleitear a desconstituição da penhora, é incabível mandado de segurança com a mesma finalidade (TST - SDI-2, Orientação Jurisprudencial 54, Res. 208/16, *DEJT*, 1.6.16).

Ação Civil Pública ajuizada pelo Ministério Público do Trabalho perante a 17ª Vara do Trabalho do Rio de Janeiro e na qual se busca, dentre outros pedidos, a condenação da Empresa à obrigação de não praticar atos discriminatórios em desfavor de todos os empregados, nos diversos pontos de trabalho que a Ré mantém no território brasileiro. 2. Nos termos da pacífica jurisprudência desta Corte Superior, para fixação da competência territorial leva-se em conta a regra contida no art. 93 do Código de Defesa do Consumidor, que dispõe, no inciso II, que é competente a justiça do foro do Distrito Federal, quando se visa a reparação de danos de âmbito nacional. 3. *In casu*, não obstante a informação de que os fatos descritos no inquérito civil foram investigados e comprovados com relação aos trabalhadores da Empresa nos Estados do Paraná e de São Paulo, verifica-se que os danos que aqui se objetiva coibir não se limitam à área em que ocorreram as investigações, haja vista que a Empresa-ré atua em outros pontos do território nacional, de modo que aqueles fatos apurados também poderão estar ocorrendo em outras localidades, motivo pelo qual, aplicando-se a regra do Código de Defesa do Consumidor, a competência para o exame da Ação é de uma das Varas do Trabalho do Distrito Federal. 4. Conflito de Competência que se julga procedente (TST, CComp 30.655/2002-000-00-00.2, José Simpliciano).

Se a pretensão deduzida em juízo envolver direitos individuais homogêneos voltados para reparação de lesão concreta de todos os representados do sindicato, é cabível a propositura de "ação civil coletiva" junto ao primeiro grau de jurisdição por inteligência do art. 91 do Código de Defesa do Consumidor, conjugado com a Lei n. 7.347/85, em seu art. 21 (TRT/SP, 361/95-A, Nelson Nazar, Ac. SDC 35/96-A).

Ação civil pública. Não cabimento para anular cláusulas de acordo coletivo de trabalho ou de convenção coletiva de trabalho. A ação adequada à pretensão é a Ação Anulatória, porquanto o art. 83 da Lei Complementar n. 75, de 20/05/93, ao estabelecer a competência do Ministério Público do Trabalho para o exercício de suas atribuições, distingue, por terem finalidades diferentes, a Ação Civil Pública (inciso III) da Ação Anulatória prevista no inciso IV, que cuida das violações de direitos acontecidas no bojo dos acordos ou convenções coletivas (TST, RO-ACP 300.050/96.1, Antônio Fábio Ribeiro, Ac. SDC 87/97).

10 *Ações possessórias:* não são da competência da Justiça do Trabalho, mesmo quando o objeto da ação tenha relação com a prestação laborativa; o inadimplemento das obrigações decorrentes do contrato de emprego poderá ter efeitos trabalhistas (rescisão do contrato por culpa da parte faltosa), penais e civis (a recuperação da coisa); estes dois últimos da competência da Justiça Comum (em sentido contrário, Pires Chaves, cit., Tostes Malta, cit., e Giglio, cit., e Dalazen, cit., Índ. Bibliog.). O que compete ao processo trabalhista é declarar, por exemplo, o direito do empregado à ocupação do imóvel, em virtude da inalterabilidade do contrato (ou o direito de o empregador reavê-lo), e determinar ao empregador que o entregue, sob as penas que do Direito do Trabalho decorrem; nada mais. A Lei do Inquilinato prevê a rescisão da locação pelo empregador, quando houver cessado a relação empregatícia e a ocupação do imóvel estiver relacionada com o emprego e houver "ajuste locatício"; "não há locação quando o empregador cede moradia como parte do pagamento de salário" (Francisco C. Rocha de Barros, *Comentários à Lei do Inquilinato*); o remédio é o despejo (L. 8.245/91, arts. 47, II, e 59, § 1º, II). No juízo cível, a matéria trabalhista poderá ser questão prejudicial que deva ser apreciada *incidenter tantum*.

Não se tratando de controvérsia de conteúdo trabalhista, a competência para processar e julgar ação possessória intentada contra ex-empregado é do juízo cível estadual comum. Precedentes do STJ (STJ, CComp 2.668-0, Barros Monteiro, 2ª Seção, Reg. 92.1008-3).

11 *Ação rescisória* (v. art. 836).

12 *Ação de prestação de contas:* compete a quem tiver o direito de exigi-las ou a obrigação de prestá-las (CPC/15, art. 550). Cabe tanto ao empregado como ao empregador, portanto. Aceitam-na Batalha, Pires Chaves, Tostes Malta e Giglio. Tem natureza cominatória. O STF e o TST já consagraram o cabimento na Justiça do Trabalho, regendo-se aqui pelo CPC.

13 Outras ações, sem rito especial, nem natureza jurídica diferente, não merecem especial referência, por estarem compreendidas nas ações de conhecimento, diferenciando-se apenas pelo pedido; são as ações reintegratórias; de perdas e danos do empregado contra o empregador em geral ou do empregador contra o empregado, na hipótese de contrato de trabalho por tempo determinado rescindido antes do termo; de equiparação salarial; ação do empregado ou dependentes para compelir o empregador aos depósitos do FGTS etc. (v. Pires Chaves, *Ações das Leis do FGTS*); ou contra o empregador e o banco depositário para receber os depósitos etc. Ação de reparação por dano moral, art. 223-A/1.

14 *B) AÇÕES CAUTELARES*. Confere-se-lhes a categoria de ações, mas sem todo esplendor (*meras ações*); são medidas determinadas pelo perigo ou urgência, expedidas antes de declarar-se a vontade concreta da lei, ou antes de realizar-se sua atuação, para garantir-se o efeito prático futuro da sentença (Chiovenda, *Instituições*). Não se confundem com as garantias particulares pactuadas, reais (penhor, hipoteca etc.) ou pessoais, como a fiança (Chiovenda, idem; Lopes da Costa, *Direito Processual Civil*, v. 1, p. 140). Também não se confundem com os atos da jurisdição voluntária, nem com os outros atos da administração pública dos direitos privados (*supra*, nota 1). Nem com outros procedimentos acessórios e especiais: interpelação, vistoria *ad perpetuam rei memoriam* etc. Os Códigos de 1939 e 1973 não quiseram fazer separação entre essas duas modalidades; o de 2015 as engloba sob o título de medidas cautelares (CPC/15, art. 294). Contra a Fazenda Pública aplica-se o disposto na L. 8.437/92, arts. 1º a 4º, e L. 12.016/09, art. 7º, § 2º.

SDI A ação cautelar não perde o objeto enquanto ainda estiver pendente o trânsito em julgado da ação rescisória principal, devendo o pedido cautelar ser julgado procedente, mantendo-se os efeitos da liminar eventualmente deferida, no caso de procedência do pedido rescisório ou, por outro lado, improcedente, se o pedido da ação rescisória principal tiver sido julgado improcedente (TST, SDI-2, Orientação Jurisprudencial 131).

SDI É incabível medida cautelar para imprimir efeito suspensivo a recurso interposto contra decisão proferida em mandado de segurança, pois ambos visam, em última análise, à sustação do ato atacado. Extingue-se, pois, o processo, sem julgamento do mérito, por ausência de interesse de agir, para evitar que decisões judiciais conflitantes e inconciliáveis passem a reger idêntica situação jurídica (TST, SDI-2, Orientação Jurisprudencial 113).

SDI É indispensável a instrução da ação cautelar com as provas documentais necessárias à aferição da plausibilidade de êxito na rescisão do julgado. Assim sendo, devem vir junto com a inicial da cautelar as cópias da petição inicial da ação rescisória principal, da decisão rescindenda, da certidão do trânsito em julgado e informação do andamento atualizado da execução (Res. 220/17, *DEJT*, 21.9.17). (TST, SDI-2, Orientação Jurisprudencial 76).

SDI Nos Tribunais, compete ao relator decidir sobre o pedido de antecipação de tutela, submetendo sua decisão ao Colegiado respectivo, independentemente de pauta, na sessão imediatamente subsequente (TST, SDI-2, Orientação Jurisprudencial 68).

Ação cautelar. Perda do objeto. O Tribunal Regional registra que o concurso relativo ao Edital n. 001/2005 não foi renovado, tendo expirado o prazo antes do ajuizamento desta ação. Se o objetivo desta cautelar era a garantia de acesso aos cargos públicos por meio da participação no citado concurso, que teve o seu prazo expirado, resta encerrada a necessidade da prestação da tutela recursal por este órgão jurisdicional. Processo extinto sem resolução do mérito. Recurso de revista não conhecido (TST, RR 363500-26.2008.5.12.0034, j. em 6.8.14, Alexandre de Souza Agra Belmonte, 3ª T., *DEJT*, 8.8.14).

Não se vislumbra o *fumus boni iuris*, ensejador do deferimento da cautelar requerida, posto que no julgamento da Ação Rescisória sobre a qual incide a presente cautelar, decidiu esta c. SBDI-2, pela improcedência do pedido ali contido. 2. Ação Cautelar julgada improcedente (TST, AC 89.351/2003-000-00-00.2, José Simpliciano).

15 *Medidas cautelares típicas* ou nominadas; das que o Código de Processo Civil prevê, poderão caber, em princípio, no processo do trabalho as seguintes: arresto de bens do devedor perante artifícios fraudulentos; sequestro de determinados bens; caução; busca e apreensão de coisa; exibição de coisa, documento ou livros; produção antecipada de provas; justificação; protestos, notificações e interpelações; e incidente de atentado. Contra o protesto: Coqueijo Costa, "O protesto judicial", *LTr* 35/513, 1971, sem, entretanto, esgotar toda a extensa gama de hipóteses do instituto: "Campos Batalha não justifica a admissibilidade dos protestos, notificações e interpelações, com as amplas finalidades aludidas pelo CPC/73, art. 867; entende que podem formular-se por documento extrajudicial, inclusive através de registro de títulos e documentos (L. 6.015/73, art. 167, alt. até L. 12.810/13); aceita-o para obstar alienação de bens, com as cautelas do art. 869 do CPC, ou seja, não se haver demonstrado legítimo interesse (*Tratado de Direito Processual do Trabalho*, p. 658)".

Eficácia. Concessão da medida "até decisão final do processo". As medidas cautelares têm eficácia, enquanto pendente o processo principal, até que revogadas: a) pelo próprio juiz que as deferiu (CPC/15, art. 309); irrevogáveis entende-as Giglio (*LTr* 41/193, 1977), com apoio na expressão legal utilizada; para nós a frase confirma a substituição natural da decisão proferida na cautelar pela vontade expressa na sentença final; b) pela sentença que julgue improcedente o pedido na ação principal; c) pelos graus de jurisdição superiores que reformarem a concessão da medida ou a sentença na ação principal.

O arresto é medida cautelar que assegura a futura execução, inclusive a futura penhora, e consiste na apreensão judicial de bens indeterminados do patrimônio do devedor, eliminando o perigo da demora (Humberto Theodoro Jr., *Curso de Direito Processual Civil*). O arresto é cabível quando: a) o devedor sem domicílio certo intenta ausentar-se ou alienar seus bens, ou deixa de pagar a obrigação no prazo estipulado; b) ausenta-se ou tenta ausentar-se furtivamente, ou cai em insolvência, aliena seus bens, contrai ou tenta contrair dívida extraordinária, põe ou tenta pôr seus bens em nome de terceiros ou comete outro qualquer artifício fraudulento, a fim de frustrar a execução; c) o devedor que possui bens de raiz intenta aliená-los, hipotecá-los ou dá-los em anticrese, sem ficar com algum ou outros, livres e desembaraçados, equivalentes às dívidas. No CPC/15, com a simplificação do processo cautelar, não existe mais uma seção dedicada ao arresto, mas ele continua como medida processual na tutela de urgência (CPC/15, art. 301). No processo do trabalho pode ocorrer quando se constata que o empregador está fazendo desaparecer os bens, o que frustrará qualquer execução futura. O arresto produz hipoteca judiciária (CPC/15, art. 495, II). Se o devedor alienar bem arrestado, não caracteriza fraude à execução; entretanto, a alienação não tem eficácia em relação ao exequente.

Protesto Judicial. É medida cautelar cabível na Justiça do Trabalho (OJ SDI-1, 392).

SDI O protesto judicial é medida aplicável no processo do trabalho, por força do art. 769 da CLT e do art. 15 do CPC de 2015. O ajuizamento da ação, por si só, interrompe o prazo prescricional, em razão da inaplicabilidade do § 2º do art. 240 do CPC de 2015 (§ 2º do art. 219 do CPC de 1973), incompatível com o disposto no art. 841 da CLT (TST- Orientações Jurisprudenciais SDI-1 – 392, Res. 209/16, *DEJT*, 1.6.16).

Medidas cautelares inominadas ou atípicas. As medidas típicas, expressamente tituladas nas leis processuais, não esgotam a casuística. Além dos procedimentos cautelares específicos, poderá o juiz determinar *as medidas provisórias que julgar adequadas*, quando houver fundado receio de que uma parte, antes do julgamento da lide, cause ao direito da outra lesão grave e de difícil reparação (CPC/15, art. 297).

Plausibilidade. Para a medida cautelar não se exige a certeza do processo de cognição do processo principal, mas há necessidade do *fumus boni iuris* (Carnelutti, *Tratado*; Willard de Castro Villar, *Poder de cautela*); é a plausibilidade. O juiz sentirá aquela *fumaça de bom direito* nas notícias trazidas aos autos, por documentos, manifestações das partes, diligências pessoais etc.; tudo de forma sumária e rápida, concedendo a ordem provisoriamente. Alterações de menor gravidade, toleráveis, apesar de ilegais, prejudiciais e incômodas, não a justificam.

Nas obrigações de fazer. As medidas cautelares são comuns nas ações reais ou nas obrigacionais que têm por objeto coisa determinada; são possíveis também nas obrigações puras; no Direito brasileiro o são tanto as medidas específicas (alimentos, bens do devedor) como as atípicas; o direito comparado ou a doutrina não é omisso. "A amplitude de faculdades que se concedem ao juiz é extraordinária. Pode tomar as medidas que forem necessárias. É que, tratando-se de obrigações de fazer ou de não fazer, dificilmente coercíveis, não há possibilidade de enunciar de antemão medidas cautelares" (Prieto-Castro, *Derecho Procesal Civil*, Madrid, 1969, v. 2, n. 854). Execução de obrigação de fazer (art. 876/3).

Não se confunde execução de sentença condenatória de cognição com a cautelar; mas nada impede que o juiz utilize as coerções ou cominações nas medidas cautelares inominadas "que julgar adequadas" (CPC/15, art. 297); são um instrumento que o legislador colocou em suas mãos, sem indicar-lhe um procedimento detalhado, não só pelo fundamento exposto por Prieto-Castro como também para que o julgador esteja mais livre de adaptar-se a cada caso, quando quiser restabelecer o direito violado. Tutela antecipada e medidas de apoio (v. art. 840/26).

O devedor poderá ser condenado a pagar uma pena pecuniária por dia de atraso no cumprimento, a partir da data fixada pelo juiz, aqui sem a exigência de que a cominação esteja contida em sentença anterior pelas peculiaridades de improvisação que a razão de ser das cautelares têm. Cominações impostas pela sentença (CLT, art. 876/3).

TST I – Em face do que dispõe a MP 1.984-22/00 e reedições e o art. 273, § 7º, do CPC, é cabível o pedido liminar formulado na petição inicial de ação rescisória ou na fase recursal, visando a suspender a execução da decisão rescindenda. II – O pedido de antecipação de tutela, formulado nas mesmas condições, será recebido como medida acautelatória em ação rescisória, por não se admitir tutela antecipada em sede de ação rescisória (TST – Súmula 405, conversão das Orientações Jurisprudenciais SDI-2 1, 3 e 121).

A concessão de medidas liminares, sem ouvir a parte contrária, violenta o próprio direito. O contraditório é um dos princípios mais equânimes do processo legal e sua ausência caracteriza procedimento arbitrário. A lei não a autoriza genericamente. Só quando a citação possa torná-la ineficaz. Se a medida é verdadeiramente urgente, o juiz lança mão de procedimentos excepcionais, criativos e legais: designar audiência para aquele mesmo dia, intimando a parte por oficial de justiça, telex ou telefone ou para alguns dias após (TRT/SP, MS 16.050/86-P, Valentin Carrion, G. IV).

Sendo a exibição de documentos obrigação de fazer e não comportando a mesma execução provisória, a cautela deferida resultaria em execução definitiva, em que o executado não teria o direito de submeter a controvérsia ao segundo grau de jurisdição, justificando, assim, a segurança concedida (TST, RXOF 157.676/95.1, Regina Rezende Ezequiel, Ac. SBDI-2 291/96).

A nova orientação doutrinária e jurisprudencial admite a limitação da abrangência da regra contida no art. 489 do CPC, quando se verificar que, do prosseguimento da execução, pode resultar dano irreparável a qualquer das partes. Admissível, portanto, o ajuizamento de medida cautelar que tem por objetivo sustar execução de decisão transitada em julgado até o julgamento final de ação rescisória (TST, MC 252.936/96.1, Francisco Fausto, Ac. SBDI-2 192/97).

O *fumus boni juris*, que se identifica pela plausibilidade do direito, ou, no dizer dos doutos, "na aparência do bom direito", e o *periculum in mora*, que se consubstancia no fato de se praticar lesão ao direito, impossível de reparação, decorrente do atraso na entrega da tutela jurisdicional assecuratória do direito pleiteado, estão plenamente evidenciados nos autos (TST, AC 486.235/98.3, Milton de Moura França, Ac. SBDI-2).

16 *Medida liminar reintegrando estável ou sustando transferência do empregado.* A utilização do poder cautelar geral pelo juiz é cabível no processo do trabalho, o qual não se confunde com ação cautelar. Já a havíamos defendido, na hipótese de transferência ilegal de empregado não estável, anteriormente às normas que a introduziram, tanto os incisos IX e X do art. 659 da CLT como a antecipação da tutela (*RF* 36/689). Quanto ao direito material, haverá necessidade de indagar-se dos requisitos da estabilidade na primeira hipótese (estabilidade dos membros da

CIPA, gestante etc.) e da intransferibilidade na segunda hipótese (art. 470, especialmente sua nota 6). Por prudência, o magistrado deverá observar várias normas.

Primeira norma: *ouvir*. A expressão "medida liminar" não pode estar no texto no sentido de que há de ser concedida sem se ouvir a parte contrária. Sem ouvir a ré não há como saber da possível existência de razões de comportamento de ambas as partes litigantes que uma delas poderá esconder maliciosamente. O CPC/15 não obriga a citação do "devedor" que sofrerá a medida cautelar. A concessão de medida liminar, sem audiência da parte contrária, só é permitida em "casos excepcionais, expressamente autorizados por lei" no CPC/73, art. 461, § 3º, e, no caso, só pode ocorrer "sem ouvir o réu, quando verificar que este, sendo citado, poderá torná-la ineficaz" (a medida); é muito pobre a força do juiz e da justiça que se fundamenta no monólogo de um dos adversários; inexiste mal irreparável no caso que não justifique a designação de prazo ou audiência urgente após alguns dias. Observa-se que essa atuação é uma violência a dois dos princípios mais belos dos processos, consagrados como princípios constitucionais na Carta Magna de 1988, como direitos e garantias fundamentais:

Art. 5º...

LV – aos litigantes, em processo judicial ou administrativo, e aos acusados em geral são assegurados o contraditório e ampla defesa, com os meios e recursos a ela inerentes.

Vê-se que a violação fundamentaria naturalmente a concessão de mandado de segurança. Há mais, a concessão de liminar de demissão de estável não é cautelar, é satisfativa, no sentido de não conservar a situação, mas concede a prorrogação do pagamento de salários e demais vantagens, que podem não corresponder à apropriada contraprestação necessitada pela empresa. A experiência aponta para uma só hipótese de urgência: a eleição sindical com data iminente, mas só por esse tempo e apenas enquanto se espera pela realização da audiência.

TST A homologação de acordo constitui faculdade do juiz, inexistindo direito líquido e certo tutelável pela via do mandado de segurança (Res. 217/17, *DEJT*, 20.4.17). (TST – Súmula 418).

SDI Inexiste direito líquido e certo a ser oposto contra ato de Juiz que, antecipando a tutela jurisdicional, determina a reintegração do empregado até a decisão final do processo, quando demonstrada a razoabilidade do direito subjetivo material, como nos casos de anistia da Lei n. 8.878/1994, aposentado, integrante de comissão de fábrica, dirigente sindical, portador de doença profissional, portador de vírus HIV ou detentor de estabilidade provisória prevista em norma coletiva (TST, SDI-2, Orientação Jurisprudencial 142).

SDI Não fere direito líquido e certo a concessão de liminar obstativa de transferência de empregado, em face da previsão do inciso IX do art. 659 da CLT (TST, SDI-2, Orientação Jurisprudencial 67).

SDI Ressalvada a hipótese do art. 494 da CLT, não fere direito líquido e certo a determinação liminar de reintegração no emprego de dirigente sindical, em face da previsão do inciso X do art. 659 da CLT (TST, SDI-2, Orientação Jurisprudencial 65).

Tutela antecipativa de mérito concedida liminarmente, determinando a reintegração imediata de empregada, portadora da estabilidade decorrente de doença profissional (art. 118, da Lei n. 8.213/91). 2. Presentes os requisitos constantes do art. 273, do CPC, autorizadores da concessão liminar, ante a razoabilidade do direito subjetivo material, tendo em vista o disposto no art. 118, da Lei n. 8.213/91, aliada ao escopo de conjurar o perigo de dano irreparável advindo do retardamento da solução definitiva da reclamatória. 3. Recurso ordinário a que se nega provimento (TST, ROMS 458.240/1998, João Dalazen).

A antecipação da tutela, prevista no art. 273 do CPC, é instituto do Processo Civil, que deve sofrer adaptação no Processo do Trabalho. Segundo o art. 769 da CLT, o Processo Civil é fonte subsidiária do Processo do Trabalho, sendo que a transposição de seus institutos deve se dar em consonância com as normas, princípios e peculiaridades a ele inerentes. O art. 659 da CLT, que, em seus incisos IX e X, contempla providência cuja natureza é de verdadeira antecipação de tutela, atribui ao juiz-presidente das Juntas a competência privativa para concedê-la (TST, RO-MS 417.142/98.7, Milton de Moura França, Ac. SBDI-2).

Reintegração no emprego. É incabível ação cautelar visando a satisfação de direito material só possível mediante reclamação trabalhista. A medida objetiva a proteção da relação processual, de forma a eliminar a ameaça de perigo ou prejuízo irreparável ao interesse juridicamente tutelado na ação de conhecimento. Medida cautelar para reintegração no emprego é incompatível com a finalidade do instituto, por resultar em antecipação da prestação jurisdicional (TST, RR 237.988/95.7, Antônio Fábio Ribeiro, Ac. 3ª T.).

Segunda norma: convicção do juiz. A lide, ao permitir o deferimento de medidas preventivas, não dispensa a afirmação e a prova do motivo, nem dispensa o elemento de convicção: "não se desatenda que a lei supõe cognição, incompleta sim, mas, em todo caso cognição" (Pontes de Miranda, *Comentários ao CPC*). Após a contestação, e se esta não for suficiente para a rejeição ou deferimento do pedido liminar, o juiz poderá colher o depoimento pessoal das partes, ouvir as testemunhas presentes; está dando início à instrução do pedido principal e da liminar simultaneamente. Convencido, julgará. Se não, determinará outras provas que não dependam do transcurso de longo tempo. O poder de iniciativa do juiz, sua disponibilidade, a pauta do órgão, a urgência que sinta, indicarão os melhores passos. A concessão da medida no início ou no decorrer do processo tem previsão legal, e quem pode o mais, pode o menos; se poderia ser concedida antes de obter certas provas, poder-se-á fazê-lo após. Ainda há aí um princípio processual elevado a constitucional pela Carta de 1988:

Art. 93. ...

IX – todos os julgamentos dos órgãos do Poder Judiciário serão públicos, e fun-

damentadas todas as decisões, sob pena de nulidade, podendo a lei limitar a presença, em determinados atos, às próprias partes e a seus advogados, ou somente a estes, em casos nos quais a preservação do direito à intimidade do interessado no sigilo não prejudique o interesse público à informação (Red. EC 45/04).

Terceira norma: recurso. Pelo sistema recursal da CLT, inexiste recurso contra decisão interlocutória. O recurso cabível no processo civil (agravo de instrumento contra interlocutória, CPC/15, art. 1.015), trazido para a sistemática da CLT, permite a tradução pacífica de que não cabe recurso, mas apenas o ordinário da decisão definitiva. A irremediabilidade da concessão ou rejeição pode atrair a interposição de mandado de segurança ou do monstrengo processual chamado correição parcial.

Quarta norma: impulso judicial e legitimidade. O juiz não poderá conceder a medida sem ter sido requerida, nem transformar o simples pedido de rescisão em conservação do vínculo, aparelhado com liminar. Tem legitimidade ativa o empregado estável ou não, servidor público ou não.

É proibida a concessão de liminar visando a reclassificação, equiparação, concessão de aumento ou extensão de vantagens em mandado de segurança ou medidas cautelares (L. 7.969/89, v. Índ. Leg.). Cautelares contra o Poder Público (Restrições, L. 8.437/92, v. Índ. Leg.). Tutela jurisdicional antecipada (art. 840/25 e 26).

17 *C) AÇÕES EXECUTIVAS.* O CPC/73 adotou procedimento único abrangendo as ações executivas *stricto sensu* (título extrajudicial) e a executória ou execução de sentença (título executivo judicial).

18 *Títulos extrajudiciais.* No processo trabalhista, não se aceita a execução por título extrajudicial; as hipóteses poderiam ocorrer em situações que, mesmo incomuns, não deixam de corresponder às que existem no direito processual civil; tais seriam: a) o caso do empregador que reconhece dívida líquida e certa em favor da outra parte por instrumento público ou particular, assinado por duas testemunhas (CPC/15, art. 784, II); b) empregador que não paga, no vencimento, débito decorrente do contrato de trabalho, por letra de câmbio, nota promissória ou cheque (CPC/15, art. 784, I e II); c) quem deixa de resgatar débito de natureza laboral, oriundo de conta corrente, por ele expressamente reconhecido (como previa o CPC/39, art. 298, XIV; Serafim Lourenço, *apud* Campos Batalha, *Tratado de Direito Judiciário do Trabalho*).

Ação monitória prevê a formação de título executivo, para quem tiver prova escrita (CPC/15, art. 700, II), uma carta do empregador reconhecendo o débito, por exemplo; trata-se de procedimento rápido, que se inicia com a expedição de mandado de pagamento ou entrega da coisa, em harmonia com os ideais do processo trabalhista (CLT, art. 769). Para o processo trabalhista não passa de inutilidade; posto que os embargos do devedor independem de prévia segurança do juízo e serão processados pelo procedimento ordinário (CPC/15, art. 702) e a correspondente sentença é apelável (CPC/15, art. 702, § 9º), ou seja, passiva de recurso ordinário. Se se levar a sério a inovação, os embargos do réu deverão ser oferecidos em audiência, para tanto designada, a fim de possibilitar-se a conciliação.

STJ Cabe ação monitória para haver saldo remanescente oriundo de venda extrajudicial de bem alienado fiduciariamente em garantia (STJ – Súmula 384).

STJ A reconvenção é cabível na ação monitória, após a conversão do procedimento em ordinário (STJ – Súmula 292).

STJ Cabe a citação por edital em ação monitória (STJ – Súmula 282).

19 Execução de sentença (art. 876). Embargos do executado e impugnação à liquidação do exequente (art. 884). Embargos de terceiro (art. 884/8). Normas aplicáveis à execução (art. 889).

20 *Intervenção de terceiros. Chamamento à autoria* é denominação imprópria, frequentemente usada no processo trabalhista para denunciação da lide, que o CPC distingue do chamamento ao processo e de nomeação à autoria. Entre outras hipóteses, pelo CPC, a primeira, a denunciação, é exigida àquele que estiver obrigado (por lei ou contrato) a indenizar em ação regressiva o prejuízo do que perder a demanda; acontece na sucessão de empresas, em que o sucessor deva ressarcir-se do antecessor quanto às verbas referentes a períodos dos trabalhos anteriores à sucessão (CPC/15, art. 125). Haverá *chamamento ao processo* de quem se responsabilizou pelo cumprimento de obrigações trabalhistas do empregador (CPC/15, art. 130, "I - do afiançado, na ação em que o fiador for réu";" "II - dos demais fiadores, na ação proposta contra um ou alguns deles";...). Também se o empregado mover ação contra um dos empregadores, tendo havido mais de um (sociedade de fato), ou se tenham confundido em suas relações com o empregador-autor, ou haja obrigação solidária entre eles (CPC/15, art. 130 : "III - dos demais devedores solidários, quando o credor exigir de um ou de alguns o pagamento da dívida comum"). A hipótese habitual é a do réu que, citado, nega a relação empregatícia e indica um terceiro. A *citação do terceiro* para vir integrar a lide como litisconsorte é salutar e econômica, processualmente; alcança-se mais facilmente a verdade material e é mais célere. A *nomeação à autoria* é prevista para quem detém a coisa em nome alheio (CPC/15, arts. 338 e 339). Oposição: "Quem pretender, no todo ou em parte, a coisa ou o direito sobre que controvertem autor e réu, poderá, até ser proferida sentença, oferecer oposição contra ambos" (CPC/15, art. 682). A hipótese aqui seria a do terceiro que pretende ferramentas ou máquinas, disputadas simultaneamente por empregado e empregador. *Assistência* (art. 841/7).

I – É sabido do cancelamento da Orientação Jurisprudencial n. 227 da SBDI-1 do TST, em razão da ampliação da competência da Justiça do Trabalho levada a efeito pela

Emenda Constitucional n. 45, de 8.12.2004. II – Tal cancelamento, contudo, não significa dizer que o instituto da denunciação à lide será doravante compatível indistintamente com o Processo do Trabalho, devendo ser analisada caso a caso, considerando as implicações do instituto. III – Nesse passo, traga-se à baila ser a denunciação à lide, por definição, hipótese de intervenção de terceiros, por meio de ação incidental, ajuizada pelo autor ou pelo réu, obrigatoriamente, nas três hipóteses delineadas no art. 70 do CPC. Tem-se que a única possível no processo trabalhista seria aquela preconizada pelo inciso III: A denunciação da lide é obrigatória: III – àquele que estiver obrigado, pela lei ou pelo contrato, a indenizar, em ação regressiva, o prejuízo do que perder a demanda. IV – De outro lado, não se pode olvidar que não se admite denunciação, conforme alerta Theotonio Negrão, no caso de mero direito regressivo eventual, a surgir da sentença condenatória do réu, bem como no caso de incompetência absoluta do juízo para julgar ação contra o denunciado. V – À vista de tais considerações, depara-se de imediato com a impossibilidade da denunciação à lide da empresa seguradora, tal qual pretende a recorrente, dada a incompetência absoluta em razão da matéria da Justiça do Trabalho para julgar ação contra a empresa denunciada, por não se tratar de lide de natureza trabalhista (TST, RR 135600-24.2005.5.15.0115, Antônio José de Barros Levenhagen).

Não cabe a denunciação da lide no processo do trabalho pois, segundo o respectivo procedimento, duas lides deverão ser resolvidas quando houver denunciação da lide, a principal e a regressiva (art. 76 do CPC), falecendo à Justiça do Trabalho competência material para compor a lide regressiva (TST, RO-MS 345.883/97.0, Ronaldo José Lopes Leal, Ac. SBDI-2).

O processo trabalhista é, pela sua própria natureza, refratário ao admitir quaisquer das modalidades de intervenção de terceiros reguladas pelo Código de Processo Civil e, por conseguinte, também a denunciação da lide, pois provocaria discrepância com o seu princípio cardeal que é o da celeridade, pela natureza dos interesses em disputa. Além disto, ocorreria incompetência *ex ratione materiae*, pois chamar-se-ia esta Justiça especializada para apreciar questão que escapa ao âmbito das relações empregatícias, e mesmo de trabalho, mas que se trata de questão civil. Assim, desnecessária, além de ilegal, a tentativa de se chamar terceiros para integrar a lide, máxime diante do preconizado nos arts. 10 e 448 da CLT (TST, RR 280.282/96.6, Milton de Moura França, Ac. 4ª T.).

21 A reconvenção, ou seja, a ação que o réu propõe contra o autor, no mesmo processo, ao defender-se, é cabível na Justiça do Trabalho (v. coment. art. 767).

STJ A reconvenção é cabível na ação monitória, após a conversão do procedimento em ordinário (STJ – Súmula 292).

Segundo a *mens legis*, os embargos na ação monitória não têm "natureza jurídica de ação", mas se identificam com a contestação. Não se confundem com os embargos do devedor, em execução fundada em título judicial ou extrajudicial, vez que inexiste ainda título executivo a ser desconstituído. Não pagando o devedor o mandado monitório, abre-se-lhe a faculdade de defender-se, oferecendo qualquer das espécies de respostas admitidas em direito para fazer frente à pretensão do autor. Os embargos ao decreto injuncional ordinarizam o procedimento monitório e propiciam a instauração da cognição exauriente, regrado pelas disposições de procedimento comum. Por isso, não se vislumbra qualquer incompatibilidade com a possibilidade de o réu oferecer reconvenção, desde que seja esta conexa com a ação principal ou com o fundamento da defesa. A tutela diferenciada introduzida pela ação monitória, que busca atingir, no menor espaço de tempo possível, a satisfação do direito lesado, não é incompatível com a ampla defesa do réu, que deve ser assegurada, inclusive pela via reconvencional. Recurso provido, na parte em que conhecido (STJ, REsp 222937/SP, Nancy Andrighi).

No processo trabalhista, a reconvenção é a ação do reclamado em face do reclamante promovida no bojo da reclamatória em que está sendo demandado. Não se trata, portanto, de ação acessória, mas sim de ação autônoma, tanto assim que, se houver desistência da reclamatória, a reconvenção correrá normalmente. Deve ser aplicado, desta feita, o disposto no art. 317 do CPC: a desistência da ação, ou a existência de qualquer causa que a extinga, não obsta ao prosseguimento da reconvenção (TST, RO-AR 90.517/93.7, Armando de Brito, Ac. SDI 3.320/96).

22 A reclamação deverá (o sentido de "deverá" é de obrigação e não de ser opcional) conter a designação do juízo, a qualificação das partes, a breve exposição dos fatos, o pedido, que tem que ser certo e determinado e com valor (caso contrário será extinta, art. 840, § 3º), a data e a assinatura do reclamante ou de seu representante. Os vícios da petição inicial podem torná-la defeituosa (CPC/15, art. 321) ou inepta parcial ou totalmente: faltando-lhe o pedido ou a causa de pedir, se da narração dos fatos não decorrer logicamente a conclusão, se o pedido for juridicamente impossível e se contiver pedidos incompatíveis entre si (CPC/15, art. 330). É permitida toda e qualquer cumulação de pedidos (objetiva) ou de ações de vários autores (subjetiva, art. 842; v. observação, art. 821/1). O juiz pode julgar inepta a inicial, indeferindo-a; ou, usando de seus poderes saneadores amplos, determinar que o autor a emende ou a complete em 10 dias (CPC/15, art. 321); se indeferida a inicial e o autor apelar, o juiz poderá reformar sua decisão (CPC/15, art. 331); em nenhuma hipótese está aplicando penalidade propriamente; está praticando ato legal de efeito dinâmico para o processo; poderá extirpar inúmeras incertezas da caminhada que se inicia. A oportunidade de tal medida no processo do trabalho é a audiência, por provocação do réu ou sem ela. É ato do juiz, à semelhança de tantas faculdades que o juiz relator ou o presidente do tribunal possui; o mesmo quanto à faculdade de reformar sua decisão (CPC/15, art. 331).

TST Não padece de inépcia a petição inicial de ação rescisória apenas porque omite a subsunção do fundamento de rescindibilidade no art. 485 do CPC ou o capitula erroneamente em um de seus incisos. Contanto que não se afaste dos fatos e fundamentos invocados como causa de pedir, ao Tribunal é lícito emprestar-lhes a adequada qualificação jurídica (*iura novit curia*). No entanto, fundando-se a ação rescisória no art. 485, V, do CPC, é indispensável expressa indicação, na petição inicial da ação rescisória, do dispositivo legal violado, por se tratar de causa de pedir da rescisória, não se aplicando, no caso, o princípio *iura novit curia* (TST – Súmula 408, conversão das Orientações Jurisprudenciais SDI-2 32 e 33).

TST Salvo nas hipóteses do art. 330 do CPC de 2015 (art. 295 do CPC de 1973), o indeferimento da petição inicial, por encontrar-se desacompanhada de documento indispensável à propositura da ação ou não preencher outro requisito legal, somente é cabível se, após intimada para suprir a irregularidade em 15 (quinze) dias, mediante indicação precisa do que deve ser corrigido ou completado, a parte não o fizer (art. 321 do CPC de 2015) (TST – Súmula 263, Res. 208/16).

SDI O acolhimento de pedido em Ação Rescisória de Plano Econômico, fundada no art. 485, inciso V, do CPC, pressupõe, necessariamente, expressa invocação na petição inicial de afronta ao art. 5º, inciso XXXVI, da Constituição Federal de 1988. A indicação de ofensa literal a preceito de lei ordinária atrai a incidência da Súmula 83 do TST e Súmula 343 do STF (TST, SDI-2, Orientação Jurisprudencial 34).

Inépcia da inicial. Atendidas as diretrizes do art. 840 da CLT, não há que se cogitar da incidência do art. 282 do CPC, pois a lei processual do trabalho não é omissa no particular (TST, RR 162.214/95.4, Indalécio Gomes Neto, Ac. 1ª T. 2.968/95).

A possibilidade de compreensão dos fatos e da pretendida consequência jurídica traduzida no pedido servem para afastar o reconhecimento da inépcia da inicial... Sendo possível a emenda da inicial o juiz deve favorecê-la pela espia do art. 284, parágrafo único, do CPC (STJ, REsp 52.537-3-RN, Milton Luiz Pereira, Reg. 94.0024575-0).

Petição Inicial. Inépcia. Caracterização. Ocorre quando as alegações do autor impedem ou põem obstáculos à elaboração satisfatória da defesa (Proc. TRT/SP 25.006/96, Valentin Carrion, Ac. 9ª T. 61.670/97).

23 *O pedido.* Deverá ser certo, determinado e com indicação de seu valor. No procedimento sumaríssimo (art. 852-B), já era obrigatório, uma forma de fazer com que as petições fiquem mais coerentes, que, no ato de pedir, o valor da causa e os pedidos fiquem mais próximos da realidade, facilitando a contestação. O pedido genérico fica sem valor. O CPC/15, art. 321, permite que o juiz, verificando a falta de algum requisito, determine que o autor emende a petição inicial. Aqui, caso o pedido não seja certo, determinado e tenha valor, será julgado extinto sem resolução de mérito (art. 840, § 3º).

O pedido pode ser alternativo ou sucessivo. A petição inicial é alterável até a citação (CPC/15, art. 329); depois, somente com a concordância do réu.

TST A verificação mediante perícia de prestação de serviços em condições nocivas, considerado agente insalubre diverso do apontado na inicial, não prejudica o pedido de adicional de insalubridade (TST – Súmula 293).

24 *Valor da causa.* É a importância pecuniária que se atribui ao pedido. Não sendo conhecido, é calculado por estimativa. O valor da causa não se confunde com o da condenação, nem com o do depósito necessário para recurso, nem com o estimado à condenação para fins de custas (depósito, art. 899). Na petição inicial, o autor da ação é obrigado a indicar o valor da causa (CPC/15, art. 291). O juiz poderá determinar à Secretaria lhe venham conclusos os autos, mesmo antes da designação da audiência, para que julgue da oportunidade de determinar-se ao reclamante indicar o valor da causa; isto em face dos poderes de direção concedidos ao juiz para zelar pelo andamento do processo, evitando assim incidentes desnecessários. Entretanto, caso tenha passado despercebida essa omissão, o juiz deverá agir após a propositura da conciliação, fixando o valor da causa (TST, IN 39/16, acolhe o CPC/15, art. 292, § 3º, permitindo que o juiz, de ofício, altere o valor da causa); em razões finais, a parte inconformada impugnará o valor que, quando mantido, ensejará pedido de revisão, em 48 horas, ao Presidente do TRT (L. 5.584/70, em apêndice). No processo comum, o valor da alçada somente é mutável no caso de cumulação de ações que haviam sido ajuizadas separadamente. No processo do trabalho, justifica-se solução diferente. Aqui, a audiência é extremamente dinâmica; nela, a oralidade atinge maior esplendor que em outros procedimentos; o momento posterior à contestação é uma espécie de *fase saneadora*, na qual se resolvem exceções, sanam-se irregularidades; o autor aditou a inicial ou desistiu de parte do pedido, o réu satisfez algumas das pretensões da ação e os procuradores estão presentes. Nada obsta a que, nesse instante, retifique-se o valor da causa, para que corresponda à realidade. A questão das custas é problema diferente, pois no processo trabalhista o cálculo não é proporcional à sucumbência; o que é inaceitável é a manutenção de rótulo desproporcionado primitivo. Mas a alteração deve ser expressa, determinando-se à Secretaria que a faça constar na atuação e registro; é injurídica a indicação de novo valor da causa na sentença ou depois dela, o que deixa a alçada recursal e o direito de apelar aparentemente sujeitos ao arbítrio do juiz. O TST, IN 39/16, acolhe o CPC/15, art. 292, V, determinando que o valor da causa, nas ações de indenização e nas fundadas em dano moral, será o mesmo pretendido na ação.

Valor da causa para fins de irrecorribilidade (art. 895/2) e depoimentos sem registro em ata (art. 851).

TST A alçada é fixada pelo valor dado à causa na data do seu ajuizamento, desde que não impugnado, sendo inalterável no curso do processo (TST – Súmula 71).

SDI Incabível a impetração de mandado de segurança contra ato judicial que, de ofício, arbitrou novo valor à causa, acarretando a majoração das custas processuais, uma vez que cabia à parte, após recolher as custas, calculadas com base no valor dado à causa na inicial, interpor recurso ordinário e, posteriormente, agravo de instrumento no caso de o recurso ser considerado deserto (TST, SDI-2, Orientação Jurisprudencial 88).

Inexistindo impugnação da parte contrária quanto ao valor atribuído à causa, presume-se aceito o valor indicado na petição inicial (artigo 261, parágrafo único, do CPC), de modo que não cabe ao Órgão Julgador, "ex ofício", alterá-la (TST, ROMS-211100-97.2008.5.06.0000, Emmanoel Pereira, Ac. SBDI-2).

Assiste razão ao recorrente quanto à majoração, de ofício, pelo TRT, do valor atribuído à causa, com a condenação ao pagamento de custas processuais sobre esse montante. Isso porque o valor dado à causa na inicial, além de razoável, não foi impugnado nos termos do art. 261 do CPC, não existindo amparo legal para a determinação de recolhimento das custas sobre importância superior àquela indicada pelo impetrante. Recurso provido para restabelecer o valor original da causa, reduzindo, consequentemente, a importância devida a título de custas processuais, ficando o ora recorrente autorizado a pleitear junto à Receita Federal a restituição do que recolheu a maior (ROMS-209200-79.2008.5.06.0000, Rel. Min. Renato de Lacerda Paiva, *DEJT* 13.03.2009).

No processo do trabalho, salvo se versarem sobre matéria constitucional, não cabe recurso algum das decisões proferidas nos dissídios de alçada, ou seja, naqueles cujo valor não exceda a duas vezes o salário mínimo vigente na sede do juízo à data da propositura da ação (TST, RR 161.163/95.0, Francisco Fausto, Ac. 3ª T. 1.739/96).

■ Valor fixado com base no Salário Mínimo. Inexistência de incompatibilidade da Lei n. 7.402, de 5.11.85, com o art. 7º, inciso IV, da Carta Constitucional (TST, E-RR 3.549/93.8, Ac. SBDI-1 3.534/96).

25 *D) TUTELA JURISDICIONAL ANTECIPADA* (geral). Não é uma quarta espécie de ação, a ser acrescida às anteriores (de cognição, condenação e cautelares). Trata-se da faculdade concedida ao juiz de antecipar a tutela, o provimento pleiteado, que é objeto de uma determinada ação, garantindo a pretensão provisoriamente.

O CPC/73, art. 273, autorizava desde que houvesse: a) prova inequívoca que convencesse da verossimilhança da alegação; b) receio de dano irreparável ou de difícil reparação; c) abuso de direito de defesa ou propósito protelatório; d) certeza da reversibilidade do provimento que fosse antecipado. O novo CPC/15 separa a tutela antecipada, em tutela de urgência e tutela de evidência (CPC/15, art. 294 – A tutela provisória pode fundamentar-se em urgência ou evidência). A primeira (CPC/15, art. 300) quando seja evidente a probabilidade do direito e o perigo de dano ou o risco ao resultado útil do processo; e a segunda (CPC/15, art. 311) independente da demonstração de perigo de dano ou de risco ao resultado útil do processo, quando a) caracterizado o abuso do direito de defesa; b) manifesto propósito protelatório da parte; c) as alegações de fato puderem ser comprovadas apenas documentalmente e houver tese firmada em julgamento de casos repetitivos ou em súmula vinculante; d) pedido reipersecutório fundado em prova documental adequada do contrato de depósito, caso em que será decretada a ordem de entrega do objeto custodiado, sob cominação de multa. Não se concede: a) se houver perigo de irreversibilidade do provimento que foi antecipado (CPC/15, art. 300, § 3º); b) alienação do domínio, ou levantamento de dinheiro sem caução idônea (CPC/15, art. 300, §1º).

A tutela pode ser parcial ou total, e é revogável a qualquer tempo (CPC/15, art. 296). O processo prosseguirá para julgamento final (TST, IN 39/16, art. 3º, VI (tutela provisória), acolhe o CPC/15, art. 294 ao art. 311).

A tutela antecipada não é tutela cautelar, que apenas assegura, não o direito, mas a possibilidade de sua realização efetiva, efeito prático futuro da sentença (Chiovenda, cit.). A tutela antecipada é satisfativa, mesmo que revogável, e, como se disse, protege, não o processo, mas o próprio bem da vida que se pleiteia.

O juiz deve ter certeza, após uma instrução sumária, de não expor o réu aos males da irreversibilidade expressamente vedados pela lei (Dinamarco, "Reforma...", cit.). O ato concessivo não é sentença, mas decisão interlocutória (idem); no cível sujeita a recurso de agravo (CPC/15, art. 1.015, I); aqui, só a mandado de segurança, se for o caso. O instituto é o resultado, bem-intencionado, de colocar algum remédio para o mal do excesso de processos que pesa sobre cada juiz no País, desde o STF à mais humilde das Varas do Trabalho do interior; na prática, é um paliativo inútil que já tem sido concedido, para descrédito da Justiça, ou sem instrução suficiente, ou sem contraditório (inclusive contra a Fazenda Nacional) ou sem perigo de mora.

No processo do trabalho, o instituto oferece muitas dificuldades para a sua aplicação, apesar das promessas que sugere. A maioria das ações trabalhistas pretende condenações em dinheiro. A lei não permite o levantamento se não com caução. O juiz não poderá conceder a tutela sem que haja abuso do direito de defesa ou manifesto propósito protelatório, portanto após a audiência e nunca sem o contraditório, o que seria mais do que ilegal: inconstitucional. Não pode concedê-la sem instrução sumária; sumária por sumária, para nossas pautas seria mais produtivo fazer a instrução completa, em uma só sessão (a abençoada audiência una, tão eficiente), e prolatar a sentença, enquanto está na mente do juiz o arcabouço de sua decisão. Assim, estando com a sentença nos autos, melhor que a tutela antecipada, por que não a execução provisória, encaminhando a liquidação da sentença com seus percalços, a penhora, a remoção, a espera do edital, enquanto os autos não retornam? Tais medidas são um estímulo sério ao entendimento das partes.

Não se concede tutela antecipada contra atos do Poder Público, no procedimento cautelar ou em quaisquer outras ações de natureza cautelar ou preventiva, toda vez que providência semelhante não puder ser concedida em ações de mandado de segurança, em virtude de vedação legal; mandado de segurança impetrado visando à reclassificação ou equiparação de servidores públicos ou à concessão de aumento ou extensão de vantagens; recurso voluntário ou *ex officio* interposto de decisão concessiva de mandado de segurança que importe outorga ou adição de vencimento ou ainda reclassificação funcional; para efeito de pagamento de vencimentos e vantagens pecuniárias; processo de ação popular; ação cautelar inominada e ação civil pública (L. 9.494/97).

TST I – A tutela provisória concedida na sentença não comporta impugnação pela via do mandado de segurança, por ser impugnável mediante recurso ordinário. É admissível a obtenção de efeito suspensivo ao recurso ordinário mediante requerimento dirigido ao tribunal, ao relator ou ao presidente ou ao vice-presidente do tribunal recorrido, por aplicação subsidiária ao processo do trabalho do artigo 1.029, § 5º, do CPC de 2015. II – No caso de a tutela provisória haver sido concedida ou indeferida antes da sentença, cabe mandado de segurança, em face da inexistência de recurso próprio. III – A superveniência da sentença, nos autos originários, faz perder o objeto do mandado de segurança que impugnava a concessão ou o indeferimento da tutela provisória (Res. 217/17, *DEJT*, 20.4.17). (TST – Súmula 414).

O instituto processual da "antecipação da tutela" não se confunde com o do processo cautelar. Ambos têm natureza e efeitos jurídicos específicos. Quando a concessão de liminar em ação cautelar tem por efeito a satisfação de obrigação de fazer, torna-se imprópria a via escolhida, já que, sem dúvida, o provimento liminar (ou final), pela natureza satisfativa, passa a traduzir autêntica antecipação de tutela, como previsto, analogicamente, no art. 659, incisos IX e X, da CLT (TST, RO-MS 178.124/95.9, Manoel Mendes de Freitas, Ac. SBDI-2 459/96).

No Processo Civil, a antecipação da tutela não está sujeita a apelação, sendo atacável por agravo de instrumento. No Processo do Trabalho, não há recurso ordinário contra tal antecipação. Assim, o Despacho que antecipou a tutela era mesmo atacável por Mandado de Segurança, no que a Impetrante deveria provar o dano irreparável que sofreu (TST, RO-MS 358.686/97.7, José Luciano de Castilho Pereira, Ac. SBDI-2).

A antecipação da tutela, prevista no art. 273 do CPC, é instituto do Processo Civil, que deve sofrer adaptação no Processo do Trabalho. O art. 659 da CLT que, em seus incisos IX e X, contempla providência cuja natureza é de verdadeira antecipação de tutela, atribui ao juiz presidente das Juntas a competência privativa para concedê-la. Em harmonia com esta diretriz, a competência para conceder a tutela antecipada, tal como prevista nos arts. 273 e 461 do CPC, no âmbito do Processo do Trabalho, de igual forma, deve ser atribuída ao juiz presidente da JCJ, de modo a adequar o instituto ao mandamento contido no art. 769 consolidado (TST, RO-MS 417.142/98-7, Milton de Moura França, Ac. SBDI-2).

26 *Obrigações de fazer e não fazer, tutela antecipada e medidas de apoio.* A lei concede poderes ao juiz de: a) Antecipar a tutela à pretensão de que alguém faça ou se abstenha de determinado ato (CPC/15, arts. 497 e 501); a entrega de coisa (CPC/15, art. 498). O fundamento da demanda tem de ser relevante e haver justificado receio de ineficácia final, mediante justificação prévia ou liminarmente; a última hipótese, com frequência, será motivo de abuso judicial, praticado sem sequer ouvir a parte contrária ou permitir-lhe mínima prova, o que viola não só o senso de prudência como o próprio contraditório; há faculdade para impor multa diária. b) Determinar medidas necessárias, tais como busca e apreensão, remoção de pessoas e coisas, desfazimento de obras, impedimento de atividade nociva, além de requisição de força policial. c) Podendo ainda o juiz modificar o valor da multa e sua periodicidade, caso verifique que se tornou ineficiente ou excessiva (CPC/15, art. 537, § 1º). O CPC/15, art. 536, permite que o juiz tome as medidas necessárias a à satisfação do exequente. No processo do trabalho não há recurso contra tais medidas, que são consideradas interlocutórias, ao contrário do que ocorre no CPC/15, art. 1.015. A intenção da lei é que as obrigações de fazer ou não fazer sejam efetivamente cumpridas e não convertidas em perdas e danos. As medidas de apoio não são de antecipação, mas de resguardo à eficácia das decisões judiciárias (Dinamarco, *Reforma*..., cit.). O TST, IN 39/16, art. 3º, XII, indica aplicação do CPC/15, arts. 536 a 538, em caso de cumprimento de sentença que reconheça a exigibilidade de obrigação de fazer, onde o juiz pode determinar de ofício para a efetivação da tutela específica: 1) a imposição de multa, 2) a busca e apreensão, 3) a remoção de pessoas e coisas, 4) o desfazimento de obras, 5) o impedimento de atividade nociva, 6) requisitar o auxílio de força policial entre outros. Pode aumentar ou diminuir a multa. Não cumprida a obrigação de entregar coisa no prazo estabelecido na sentença, será expedido mandado de busca e apreensão ou de imissão na posse em favor do credor, conforme se tratar de coisa móvel ou imóvel.

■ Não encontra respaldo legal a antecipação da tutela com nítida natureza satisfativa, visto que fere o direito líquido e certo do impetrante ao devido processo legal (TST, RO-MS 109.063/94.2, Francisco Fausto, Ac. SBDI-2 008/96).

27 *Reclamação verbal* (art. 786/2). Pedido, pretensão ou objeto (art. 785/1).

Art. 841. Recebida e protocolada a reclamação, o escrivão ou chefe de secretaria, dentro de 48 horas, remeterá a segunda via da petição, ou do termo, ao reclamado, notificando-o[1] ao mesmo tempo, para comparecer à audiência de julgamento, que será a primeira desimpedida, depois de cinco dias[1-2].

§ 1º A notificação será feita em registro postal[3] com franquia. Se o reclamado criar embaraços ao seu recebimento ou não for encontrado, far-se-á a notificação por edital[5], inserto no jornal oficial ou no que publicar o expediente forense, ou, na falta, afixado na sede do Juízo*.

§ 2º O reclamante será notificado no ato da apresentação da reclamação ou na forma do parágrafo anterior.

§ 3º Oferecida a contestação, ainda que eletronicamente, o reclamante não poderá, sem o consentimento do reclamado, desistir da ação. (Red. L. 13.467/17).

Art. 842. Sendo várias as reclamações e havendo identidade de matéria, poderão ser acumuladas num só processo[6], se se tratar de empregados da mesma empresa ou estabelecimento.

* (tacitamente revogado pela EC 24/99)

1 *Citação inicial.* É o ato pelo qual o juízo dá ciência ao réu de que contra ele foi proposta uma ação, para que venha defender-se, querendo; o processo trabalhista notifica-o simultaneamente para comparecer à audiência; nela será tentada a conciliação e serão oferecidas a defesa e provas. *Improcedência liminar do pedido.* CPC/15, art. 332, aplica-se ao Processo do Trabalho, com as necessárias adaptações à legislação processual trabalhista (TST, IN 39/16, art. 7º). O juiz julgará liminarmente improcedente o pedido que contrariar: I - enunciado de súmula do STF ou do TST (CPC/15, art. 927, V); II - acórdão proferido pelo STF ou pelo TST em julgamento de recursos repetitivos (CLT, art. 896-B; CPC/15, art. 1.046, § 4º); III - entendimento firmado em incidente de resolução de demandas repetitivas ou de assunção de competência; IV - enunciado de súmula de TRT sobre direito local, convenção coletiva de trabalho, acordo coletivo de trabalho, sentença normativa ou regulamento empresarial de observância obrigatória em área territorial que não exceda à jurisdição do respectivo Tribunal (CLT, art. 896, "b", *a contrario sensu*). Poderá também julgar liminarmente improcedente se verificar a decadência. V. art. 832/1.

Considera-se prazo mínimo para a parte preparar sua defesa o de 5 dias (art. 841), apesar de não ter sido essa a intenção da CLT; outro entendimento levaria à ilogicidade de conceder-se prazo para falar nos autos, para recorrer, para praticar qualquer outro ato e não concedê-lo para a contestação, que é o ato mais importante da defesa, prejudicada às vezes por ter havido grandes surpresas para o réu. Esse entendimento é mais vigoroso e imperativo, não apenas por harmonizar-se com princípio processual, como por estar consagrado pela CF/88:

Art. 5º...
LV – aos litigantes, em processo judicial ou administrativo, e aos acusados em geral são assegurados o contraditório e ampla defesa, com os meios e recursos a ela inerentes.

Lei posterior à CLT, ao conceder prazo à Fazenda Pública, considerou tal espaço de tempo como sendo para defesa (DL 779/69, em apêndice). O CPC/15, art. 335, dá o prazo de 15 dias para a contestação. Para o TST, IN 39/16, art. 2º, V, este não se aplica; a CLT tem o prazo de cinco dias.

Sentença juridicamente inexistente por ausência de citação (art. 794/2).

Deve-se respeitar o quinquídio estatuído no art. 841 da CLT, como prazo para a parte contestar (TST, RR 187.917/95.3, Armando de Brito, Ac. 5ª T. 3.688/96).

2 O prazo para a audiência inicial, sendo parte a União, Estados, Municípios, autarquias ou fundações de direito público federais, estaduais ou municipais que não explorem atividade econômica conta-se em quádruplo, ou seja, 20 dias (DL 779/69; em apêndice. O CPC/15, art. 183, fixa esse prazo em dobro, 10 dias.

TST Os privilégios e isenções no foro da Justiça do Trabalho não abrangem as sociedades de economia mista, ainda que gozassem desses benefícios anteriormente ao DL 779/69 (TST – Súmula 170).

O Dec.-lei 779/69 beneficia todas as Fundações criadas e mantidas pelo Poder Público, desde que não explorem atividade econômica (TST, RR 2.717/89.7, Wagner Pimenta, Ac. 3ª T. 3.101/91).

3 A citação ou notificação postal presume-se realizada quando tenha sido entregue na empresa a empregado do réu, a zelador de prédio comercial ou depositada em caixa postal de empresa; incumbe à parte provar o não recebimento sem sua culpa; deixando o réu de recolher a notificação na caixa postal, não fica eximido dos efeitos da revelia (contrariamente, Campos Batalha, *Tratado*). Tratando-se de empresa extinta, ou do empresário sem empregados, exigem-se maiores cautelas por motivos óbvios; nesses casos, a entrega postal só será eficaz se efetuada ao destinatário em pessoa. O julgador deve situar-se a salvo das chicanas e das iniquidades, simultaneamente. Lamarca defende, com absoluta lógica jurídica, mas sem apoio jurisprudencial, a nomeação de curador à lide ao citado por edital, ao preso e ao demente (*Roteiro*, p. 8).

TST Presume-se recebida a notificação 48 (quarenta e oito) horas depois de sua postagem. O seu não recebimento ou a entrega após o decurso desse prazo constitui ônus de prova do destinatário (TST – Súmula 16).

A intimação exclusiva ao advogado para a primeira audiência é válida para o arquivamento se o reclamante não comparecer. Assim entende a praxe forense laboral, pela celeridade, eficácia e ausência de prejuízo grave aos reclamantes. Ocorre o arquivamento. Mas se já contestada a ação não seria válida para a confissão ficta, que é consequência irreversível (TRT/SP, RO 7.276/86, Valentin Carrion, Ac. 8ª T.).

Comprovando a empresa que não mais residia no endereço onde fora notificada há mais de um ano antes da propositura da ação, a ela não pode ser imputada a pena de confissão (TST, RO-AR 696/89.4, José Ajuricaba, Ac. SDI 45/91).

A notificação ou citação inicial por via postal (art. 841, § 1º, da CLT) presume-se realizada quando tenha sido entregue na empresa a empregado do réu, a zelador do prédio comercial ou depositada em caixa postal da empresa, como admite a jurisprudência, já que não há previsão legal de pessoalidade na entrega da comunicação (TST, E-RR 73.124/93.7, Vantuil Abdala, Ac. SBDI-1 2.144/96).

4 *A citação postal* para outra comarca é lícita, por interpretação ampliativa do CPC/15, arts. 247 e 248. Este permite a citação pelo correio quando o réu for comerciante ou industrial domiciliado no Brasil, indicando expressamente que visa a intimar o destinatário, carta registrada com aviso de recepção, iniciando-se o prazo após a juntada aos autos do aviso de recebimento (CPC/15, art. 231). Lamarca (*Roteiro*), Campos Batalha (*Tratado*) e Giglio (*Direito Processual do Trabalho*) expressamente indicam a carta precatória como meio de citação em comarca diferente da do ajuizamento. Acontece que, na prática, as Varas do Trabalho das grandes capitais, pelo excesso de serviço dos oficiais de Justiça, citam o réu por via postal; a precatória volta ao juízo deprecante sem aviso de recebimento e sem qualquer certeza de seu real cumprimento. Verifica-se, pois, que a citação com aviso de recebimento expedida pela própria deprecante, na forma do CPC, aporta maior certeza ao processo e garantia ao réu do que a precatória para os órgãos judiciários que não a cumprem pelo oficial de Justiça. A intimação dos demais atos do processo, pelo escrivão, com aviso de recebimento, pode ser realizada por carta, como sempre foi, ou ainda por meio digital (CPC/15, art. 273). Carta rogatória (CPC/15, arts. 237 e 260 e segs.; Convenção Interamericana sobre Cartas Rogatórias, promulgada pelo D. 1.899/96).

STJ A citação postal, quando autorizada por lei, exige o aviso de recebimento (STJ – Súmula 429).

É válida a notificação postal, no âmbito da Justiça do Trabalho, ao destinatário que embora domiciliado fora da competência territorial do Juízo, a tenha recebido. Não se conhece do recurso de revista que não satisfaz os pressupostos de admissibilidade, exigidos pelo art. 896 da CLT (TST, RR 4.687/86.5, Barata Silva, Ac. 2ª T. 5.326/86).

5 *A citação por edital* (CPC/15, art. 257) se constitui em ato de conteúdo ineficiente, meramente formal, que deixa o réu indefeso; a nulidade dessa caricatura deve ser decretada não só quando se perceber malícia ou deslealdade processual, mas também se inexistir prova nos autos de tentativas frustradas de indagação pelo oficial de justiça, junto aos vizinhos, sócios, lista telefônica etc. A citação por oficial de justiça, inclusive por hora certa, não é prevista no processo do trabalho para a fase de conhecimento, mas é aconselhável quando o juiz, cauteloso, perceber fortes indícios de equívoco no momento da entrega da notificação postal pelo carteiro. A citação com hora certa é menos onerosa do que a por edital e mais certa quanto ao seu resultado. Citação ou intimação por oficial de justiça recusada (CPC/15, art. 275, § 1º, III).

STJ A citação por edital na execução fiscal é cabível quando frustradas as demais modalidades (STJ – Súmula 414).

A recusa do porteiro da empresa em receber a notificação postal da ação caracteriza a expressão "criar embaraços" a que se refere a CLT (art. 841, § 1º). Citação por edital válida, face à responsabilidade da atuação do seu zelador (TRT/SP, 45.888/94, Valentin Carrion, Ac. 9ª T. 9.047/96).

6 *A cumulação subjetiva de ações*, litisconsórcio ativo ou reclamação plúrima só é lícita se o réu for o mesmo e houver "identidade de matéria"; a ambiguidade da expressão permite ao juiz, com prudente parcimônia, analisar a complexidade da prova para deferir ou não a pretensão das partes quando se houver impugnado a junção de autos ou de pretensões na mesma petição inicial. Número de testemunhas na cumulação de ações (art. 821, nota 1). O juiz poderá limitar o litisconsórcio facultativo quanto ao número de litigantes, quando este comprometer a rápida solução do litígio ou dificultar a defesa (CPC/15, art. 113, § 1º); mas aqui não se trata de interromper o prazo para defesa, como diz a norma civil, já que não há prazo para a contestação, mas oportunidade, que é a abertura da audiência.

STF Não se conta em dobro o prazo para recorrer, quando só um dos litisconsortes haja sucumbido (STF – Súmula 641).

TST I – O litisconsórcio, na ação rescisória, é necessário em relação ao polo passivo da demanda, porque supõe uma comunidade de direitos ou de obrigações que não admite solução díspar para os litisconsortes, em face da indivisibilidade do objeto. Já em relação ao polo ativo, o litisconsórcio é facultativo, uma vez que a aglutinação de autores se faz por conveniência, e não pela necessidade decorrente da natureza do litígio, pois não se pode condicionar o exercício do direito individual de um dos litigantes no processo originário à anuência dos demais para retomar a lide. II – O Sindicato, substituto processual e autor da reclamação trabalhista, em cujos autos fora proferida a decisão rescindenda, possui legitimidade para figurar como réu na ação rescisória, sendo descabida a exigência de citação de todos os empregados substituídos, porquanto inexistente litisconsórcio passivo necessário (TST – Súmula 406, conversão das Orientações Jurisprudenciais SDI-2 82 e 110).

■ O art. 191 do CPC tem aplicação subsidiária nos processos que tramitam nesta Justiça Especializada, vez que não é incompatível com as normas trabalhistas (art. 769 da CLT). Logo, quando os litisconsortes forem representados por diferentes procuradores, ser-lhes-ão contados em dobro os prazos para contestar, recorrer e, de modo geral, para manifestar-se nos autos (TST, RR 476.391/98.4, Antônio Fábio Ribeiro, Ac. 5ª T.).

7 *Assistência*: terceiro que tiver interesse jurídico em que a sentença seja favorável a uma das partes poderá intervir no processo como assistente; atuará como auxiliar da parte e terá os mesmos poderes e obrigações. Será litisconsorcial se a sentença houver de influir na relação jurídica entre ele e o adversário do assistido (CPC/115, art. 119 e segs.).

Seção II
Da audiência de julgamento

Art. 843. Na audiência de julgamento deverão estar presentes o reclamante e o reclamado, independentemente do comparecimento de seus representantes[1], salvo nos casos de Reclamatórias Plúrimas ou Ações de Cumprimento, quando os empregados poderão fazer-se representar pelo Sindicato de sua categoria[5].

§ 1º É facultado ao empregador fazer-se substituir pelo gerente, ou qualquer outro preposto[2] que tenha conhecimento do fato, e cujas declarações obrigarão o proponente.

§ 2º Se por doença ou qualquer outro motivo poderoso, devidamente comprovado, não for possível ao empregado comparecer pessoalmente, poderá fazer-se representar[5] por outro empregado que pertença à mesma profissão, ou pelo seu sindicato.

§ 3º O preposto a que se refere o § 1º deste artigo não precisa ser empregado da parte reclamada. (Red. L. 13.467/17).

Art. 844. O não comparecimento do reclamante à audiência importa o arquivamento[6-7] da reclamação, e o não comparecimento do reclamado importa revelia[3], além de confissão[4] quanto à matéria de fato.

§ 1º Ocorrendo motivo relevante, poderá o juiz suspender o julgamento, designando nova audiência. (Red. L. 13.467/17)

§ 2º Na hipótese de ausência[8] do reclamante, este será condenado ao pagamento das custas[8] calculadas na forma do art. 789 desta Consolidação, ainda que beneficiário da justiça gratuita, salvo se comprovar, no prazo de quinze dias, que a ausência ocorreu por motivo legalmente justificável. (Red. L. 13.467/17)

§ 3º O pagamento das custas a que se refere o § 2º é condição para a propositura de nova demanda[8]. (Red. L. 13.467/17)

§ 4º A revelia[3] não produz o efeito mencionado no *caput* deste artigo se: (Red. L. 13.467/17)

I - havendo pluralidade de reclamados, algum deles contestar a ação;

II - o litígio versar sobre direitos indisponíveis;

III - a petição inicial não estiver acompanhada de instrumento que a lei considere indispensável à prova do ato;

IV - as alegações de fato formuladas pelo reclamante forem inverossímeis ou estiverem em contradição com prova constante dos autos. (Red. L. 13.467/17).

§ 5º Ainda que ausente o reclamado, presente o advogado na audiência, serão aceitos a contestação[3] e os documentos eventualmente apresentados. (Red. L. 13.467/17).

1 Incapacidade das partes para postular em juízo, sem advogado (art. 791/1). Conceito de capacidade de ser parte, de estar em juízo e de postular (art. 792/1).

2 A *representação da pessoa jurídica* por preposto em audiência não necessita que este seja empregado da empresa. Por interpretação jurisprudencial e não por determinação da lei, se obrigava que o preposto fosse sócio, diretor ou empregado da representada (art. 793/4). O menor de idade, de 16 a 18 anos, não encontra expressa restrição da lei para agir como preposto do empregador. Os limites que a lei impõe ao menor de 18 anos, quanto a assinar distratos ou modificar os pactos, poderá levar à sua rejeição como preposto. Perante a inexistência de proibição legal expressa, será permitido ao juiz, em contato direto com o menor, deduzir a capacidade de descortínio do preposto indicado, contornando a aplicação de revelia, que é sempre um mal processual.

A carta de preposição é documento hábil para prova do mandato outorgado. A sua ausência não deve atrair a aplicação da revelia, quando possível. Com frequência, o próprio empregado, autor da ação, interrogado, tem condições de esclarecer a identidade funcional ou patrimonial do preposto.

TST CANCELADA – (A L. 13.467/17 permite que o preposto não seja empregado, CLT, art. 843, § 3º). Exceto quanto à reclamação de empregado doméstico, ou contra micro ou pequeno empresário, o preposto deve ser necessariamente empregado do reclamado. Inteligência do art. 843, § 1º, da CLT e do art. 54 da Lei Complementar n. 123, de 14 de dezembro de 2006 (TST – Súmula 377).

Não se verifica a alegada contrariedade à Súmula n. 377 desta Corte, porquanto o verbete não faz nenhuma alusão ao limite temporal do contrato de trabalho do preposto se este deve ser um empregado atual da empresa, ou se é permitido à Reclamada fazer-se representar por um empregado que, à época dos acontecimentos, tinha ciência dos fatos tratados na Reclamatória, já que seu próprio contrato de trabalho ultrapassou os limites da relação empregatícia havida entre a Reclamada e o Reclamante. Ademais, ao afastar a confissão ficta baseou-se o Regional em outras provas constantes dos autos para indeferir as horas extras, o que lhe era permitido fazer ainda que mantida a pena de confissão. Revista não conhecida (TST, AIRR e RR 733473, Maria de Assis Calsing).

É dispensável a juntada de procuração pelo procurador da União, Estados, Municípios e Distrito Federal, suas Autarquias e Fundações Públicas (TST, E-RR 105.724/94.8, Leonaldo Silva, Ac. SBDI-1 640/97).

3 *A revelia* é a contumácia do réu que não oferece contestação às pretensões do autor. Não é pena, mas simples consequência de não se impugnar a ação no momento apropriado. Não se espera pelo réu nem se manda chamá-lo novamente. A revelia, como um mal necessário, caricatura de Justiça, não deve ser ampliada. Comparecendo o advogado da parte, art. 844, § 5º, ou mesmo qualquer pessoa com a contestação assinada pelo réu (*ius postulandi*, v. art. 791/1), inexiste revelia; decisões isoladas, mas acertadas, já admitiam a presença do advogado para elidir a revelia (não a confissão), por constituir tal ato evidente manifestação de ânimo de defesa, que se coaduna com um dos grandes direitos e garantias fundamentais da CF/88, art. 5º, LV: "aos litigantes, em processo judicial ou administrativo, e aos acusados em geral são assegurados o contraditório e ampla defesa, com os meios e recursos a ela inerentes...". O Provimento da OAB 60/87 e o Regulamento Geral do Estatuto da Advocacia e da OAB (*DJU*, 25.10.94) proíbem ao advogado funcionar no mesmo processo como empregado preposto e como advogado; a conclusão é tão falaciosa quanto o fundamento ("não pode acumular porque não pode ouvir o depoimento do empregado..."), razão pela qual a sua observância não vincula o Judiciário; também inexiste quando a contestação foi entregue na Secretaria e simplesmente protocolada; é que em todas as hipóteses há manifestação da vontade do réu em defender-se; a jurisprudência é, porém, em sentido contrário. Qualquer que seja a interpretação do que se disse, é certo que o pretenso representante recusado não poderá requerer, tomar ciência, prestar depoimento pessoal etc., e se presumirá o conhecimento dos atos realizados em audiência. Comparecendo o revel, poderá participar do processo, tomando-o no estado em que estiver; aplicar-se-lhe-ão os efeitos da confissão no momento apropriado, ou seja, após o depoimento pessoal do autor, e não antes, a não ser que o juiz já tenha dispensado o depoimento do autor e, nesse caso, a confissão já se lhe terá seguido. É que, igualmente, a confissão não é pena, como se diz, mas consequência lógica e jurídica do não comparecimento para prestar depoimento pessoal, que, no processo trabalhista, independe de ter sido requerido pelas partes. O processo não é meio punitivo nem forma de vingança contra o indefeso. A pressa ou o acúmulo de processos em pauta não justificam o excesso de autoritarismo; o acúmulo de processo nas pautas não é problema do juiz, mas do Estado em seu conjunto. A jurisprudência, entretanto, ainda não alcançou o caminho das decisões uniformes nessa importante questão. Frequentemente, o revel é tratado da mesma forma que um fora da lei, como se sua ausência indicasse realmente um desrespeito ao magistrado; a experiência mostra que revelia não corresponde à rebeldia, e que,

por trás daquela, está o pequeno-grande drama dos desencontros de horários ou de datas, do humilde empregador ignorante, da citação que não chegou senão formalmente ao seu verdadeiro destinatário, ou dos impedimentos que jamais poderão ser provados. E nem se argumente com possíveis abusos generalizáveis, pois tais abusos são extremamente perigosos para que as partes sejam tentadas a adotá-los; paga-se muito caro. Com a nova redação, o legislador quer evitar a revelia ao máximo e com isso enumera outras situações que, se ocorrem, se evita a revelia no sentido amplo: a) quando mais de um réu, um deles contestar a ação; b) quando se tratar de direitos indisponíveis; c) faltar algum documento indispensável na petição inicial; d) os fatos alegados pelo reclamante forem inverossímeis ou estiverem em contradição.

Nas palavras de Cândido Rangel Dinamarco: "Outra relevantíssima ilustração da afirmada infiltração de valores na vida dos processos é dada pelo modo prudente como os tribunais brasileiros dimensionaram o efeito da revelia: nem mesmo a intenção manifesta do legislador, em preceitos trazidos ao ordenamento positivo no corpo do Código de Processo Civil, foi capaz de determinar a aplicação rígida dessa rigorosíssima sanção processual, com as injustiças e distorções a que daria causa e sem o fiel cumprimento dos propósitos a que institucionalmente voltado o processo e o exercício da jurisdição" (*A instrumentalidade do processo*). A revelia alcança também as pessoas jurídicas de Direito Público, se se observar que a MP 941/95 impossibilitava a revelia da União, sendo que a L. 9.028/95, alt. L. 12.767/12, que a substituiu, não repetiu a proibição. Entretanto, pelo CPC/15, as pessoas jurídicas de direito público não se sujeitam aos efeitos da confissão, ficta ou real (arts. 345 e 392, a revelia não ocorre em litígio sobre direitos indisponíveis; não vale como confissão a admissão de fatos relativos a direitos indisponíveis); os direitos públicos são irrenunciáveis pela indisponibilidade do interesse público, que somente pode ser disposto pelo Estado e não pelos órgãos da Administração, que têm apenas a guarda. Na ação rescisória, o que se ataca é a decisão, ato oficial do Estado, é questão de ordem pública, a revelia não produz confissão.

STF O revel, em processo civil, pode produzir provas, desde que compareça em tempo oportuno (STF – Súmula 231).

TST Na ação rescisória, o que se ataca é a decisão, ato oficial do Estado, acobertado pelo manto da coisa julgada. Assim, e considerando que a coisa julgada envolve questão de ordem pública, a revelia não produz confissão na ação rescisória (Res. 219/17, *DEJT* 28.6.17). (TST – Súmula 398).

TST A reclamada, ausente à audiência em que deveria apresentar defesa, é revel, ainda que presente seu advogado munido de procuração, podendo ser ilidida a revelia mediante a apresentação de atestado médico, que deverá declarar, expressamente, a impossibilidade de locomoção do empregador ou do seu preposto no dia da audiência (TST – Súmula 122, conversão da Orientação Jurisprudencial SDI-1 74).

SDI Pessoa jurídica de direito público sujeita-se à revelia prevista no art. 844 da CLT (TST, SDI-1, Orientação Jurisprudencial 152, Res. TST 129/05).

SDI CANCELADA – (Convertida na Súmula 398) Na ação rescisória, o que se ataca na ação é a sentença, ato oficial do Estado, acobertado pelo manto da coisa julgada. Assim sendo, e considerando que a coisa julgada envolve questão de ordem pública, a revelia não produz confissão na ação rescisória (*DJ*, 9.12.03). (Res. 137/05, *DJ*, 22.8.05) (TST, SDJ–2, Orientação jurisprudencial 126).

Audiência. Ausência do reclamado. Presença de advogado munido de procuração, defesa e documentos. Ânimo de defender-se. Revelia afastada. Nulidade. Confissão. Evidenciado o ânimo de defesa pelo comparecimento do advogado munido de procuração, contestação e outros documentos, cuja juntada foi indeferida, anula-se o processo a partir da audiência inaugural. Nada obstante, por força do art. 844 da CLT, impõe-se a presunção de veracidade dos fatos alegados na exordial (TRT – 15ª, ROS 1950-1998-094-15-00-3, Rel. Juíza Maria Cecília Fernandes Alvares Leite, Campinas-SP, 11ª Câm.).

Inexiste previsão legal jurisprudencial absoluta quanto às hipóteses que elidem a revelia decretada. Prevalece a desconfiança natural e lógica quanto aos frequentes pretextos. A fatalidade do acontecimento alegado, o afastamento das declarações graciosas (mesmo atestados) e a provada impossibilidade de avisar antecipadamente o Juízo ou de substituir o representante impedido é que decidirão o incidente (TRT/SP, RO 25.637/85, Valentin Carrion, Ac. 8ª T.).

A presença do advogado na audiência inaugural, com a procuração da parte, e a juntada de defesa escrita demonstram o ânimo de defesa, o que afasta a revelia aplicada à parte ausente, mas não a confissão quanto a matéria de fato (TST, RR 96.894/93.2, Vantuil Abdala, Ac. 2ª T. 2.621/95).

O revel, mesmo nesta condição, tem direito a ter seu recurso conhecido (TST, RR 241.744/96.8, José Luiz Vasconcellos, Ac. 3ª T. 4.465/96).

4 *A confissão presumida* estabelece-se no processo contra a parte que não comparece para prestar depoimento pessoal; não é prova absoluta contra ela, pois a convicção do julgador se forma também com base nas demais provas que tenham vindo ou venham aos autos. O antigo CPC era expresso; o novo, não; mas isso não significa tenha havido recuo; a Justiça mais atinge sua grandeza quando procura a verdade real; o juiz deve levar em conta a confissão presumida, porque se subtraiu ao processo a oportunidade de tomar o depoimento pessoal da parte, mas sem deixar de levar em conta as demais provas dos autos. A ficção, a presunção e a cominação não vão além da realidade, de modo que havendo prova contrária no processo o seu valor se reduz (Pontes de Miranda, *Comentários ao CPC*, 1974). Confissão, efeito sobre a prova (art. 819/1).

TST I - Aplica-se a confissão à parte que, expressamente intimada com aquela cominação, não comparecer à audiência em prosseguimento, na qual deveria depor. (ex-Súmula n. 74 - RA 69/1978, DJ 26.09.1978); II - A prova pré-constituída nos autos pode ser levada em conta para confronto com a confissão ficta (arts. 442 e 443, do CPC de 2015 - art. 400, I, do CPC de 1973), não implicando cerceamento de defesa o indeferimento de provas posteriores. (ex-OJ n. 184 da SBDI-1 - inserida em 8.11.00); III- A vedação à produção de prova posterior pela parte confessa somente a ela se aplica, não afetando o exercício, pelo magistrado, do poder/dever de conduzir o processo (TST – Súmula 74, Res. 208/16).

Órgão Público. O representante... declarou nos autos não ter conhecimento dos fatos... princípio constitucional da igualdade entre as partes, autoriza a cominação da pena ao ente público (TST, RR 133.532/94.6, Galba Velloso, Ac. 4ª T. 1.131/97).

5 *A representação do empregado* por um companheiro ou por seu sindicato é eficaz para requerer o adiamento da sessão, impedindo o arquivamento. O depoimento pessoal, entretanto, deve ser prestado pela própria parte pessoalmente (Lamarca, *Ação na Justiça do Trabalho*; Giglio, *Direito Processual do Trabalho*); impossibilitado o reclamante de comparecer, deve ser aguardada a oportunidade em que possa fazê-lo, ou ser tomado o depoimento onde se encontre. Na ação de cumprimento, se as provas se anteveem irrelevantes, a presença do sindicato, em face do texto legal, justifica o prosseguimento. Representação do empregado pelo sindicato (art. 513/1).

Reclamante ausente do país por longo tempo. Motivo poderoso. Cabimento da representação do reclamante por companheiro ou por seu sindicato, na forma da CLT (art. 843, § 2º), se a ré dispensa o depoimento ou requer carta rogatória (TRT/SP, RO 03344/95.4, Valentin Carrion, Ac. 9ª T. 24.179/96.1).

6 *Ausência do reclamante*. A contestação, antes da era digital, era entregue em audiência, agora tem que ser entregue eletronicamente. Antes, caso o autor não comparecesse à audiência, a reclamação era arquivada, o réu não havia contestado a ação, até então. Com a era digital, a contestação tem que ser protocolada eletronicamente, até a data da audiência. Caso isso ocorra não pode mais o autor desistir da ação sem a autorização do réu (art. 841, § 3º). Contestada a ação, se o autor não comparecer para prestar depoimento, arquiva-se a reclamação, caso o requeira o réu; a ação poderá ser renovada pelo autor. Se o réu o requerer, a ação terá prosseguimento, pois o contrário seria permitir a desistência da ação pelo autor, depois de contestado o feito. O reclamante e o reclamado devem estar presentes em todas as sessões que se designem, independentemente de qualquer requerimento para serem ouvidos: a lei somente lhes permite a retirada após o interrogatório (CLT, art. 848, § 1º). A aplicação dos efeitos da confissão ao empregado que não comparece a prestar seu depoimento pessoal, depois que a ação já foi contestada, lógica medida de igualdade processual, encontra sérias resistências em parte ponderável da jurisprudência e da doutrina. É impossível, entretanto, ignorar que o autor privou o réu da possibilidade de ouvi-lo em depoimento pessoal e dele obter a confissão ou o reconhecimento de certos fatos, que facilitariam a prova do adversário. A única solução legal e justa é, como se defendeu no caso da confissão ficta do réu, reconhecer a existência de confissão mas sujeita ao exame das demais provas (caso tenham vindo ou venham aos autos, porque as partes as tenham trazido ou porque o juiz, usando o seu poder, as determine). A jurisprudência é conflitante. A Súmula 74 do TST exige, para a confissão ficta do reclamante, que tenha sido intimado com essa cominação; o requisito está em desacordo com a lei que, como se disse, não permite a ausência das partes enquanto não tiverem prestado seus depoimentos (art. 848, § 1º). Nesse sentido, Campos Batalha.

7 Ausência do reclamante após o segundo arquivamento (art. 732/3), perda temporária do direito à ação.

TST I - Aplica-se a confissão à parte que, expressamente intimada com aquela cominação, não comparecer à audiência em prosseguimento, na qual deveria depor (ex-Súmula n. 74 - RA 69/1978, DJ 26.09.1978); II - A prova pré-constituída nos autos pode ser levada em conta para confronto com a confissão ficta (arts. 442 e 443, do CPC de 2015 - art. 400, I, do CPC de 1973), não implicando cerceamento de defesa o indeferimento de provas posteriores. (ex-OJ n. 184 da SBDI-1 - inserida em 8.11.00); III - A vedação à produção de prova posterior pela parte confessa somente a ela se aplica, não afetando o exercício, pelo magistrado, do poder/dever de conduzir o processo (TST – Súmula 74, Res. 208/16).

TST A ausência do reclamante, quando adiada a instrução após contestada a ação em audiência, não importa em arquivamento do processo (TST – Súmula 9).

O arquivamento só será decretado quando houver a real ausência do autor. A presença do autor sem "capacidade de agir", é vício sanável e motivo relevante que encontra fundamento na lei (CLT, art. 844, parágrafo único) (TRT/SP, RO 4.660/86, Valentin Carrion, Ac. 8ª T. 31.8.87).

Atestado médico. Não se admite atestado médico para justificar ausência de reclamante à audiência se não contiver o CID e se sua juntada ocorreu após 10 (dez) dias da data da realização da audiência (TST, RR 157.095/95.3, Rider de Brito, Ac. 2ª T. 4.771/96).

O depoimento pessoal é também um meio de prova garantido às partes. Eximir o reclamante de qualquer consequência quanto à sua ausência para depor implicaria esvaziar aquele direito, acabando por configurar o cerceamento de defesa (TST, RR 109.863/94.7, Vantuil Abdala, Ac. 2ª T. 701/96).

8 Ocorrendo o arquivamento, o reclamante/autor será obrigado a pagar custas, mesmo sendo ele beneficiário da justiça gratuita. O que é condição para propor nova demanda. Ficará isento das custas, se provar em quinze dias que a ausência ocorreu por um motivo legal.

Art. 845. O reclamante e o reclamado comparecerão[1] à audiência acompanhados das suas testemunhas, apresentando, nessa ocasião, as demais provas[2].

Art. 846. Aberta a audiência, o juiz* proporá a conciliação[3].

§ 1º Se houver acordo[3], lavrar-se-á termo, assinado pelo juiz* e pelos litigantes, consignando-se o prazo e demais condições para seu cumprimento.

§ 2º Entre as condições a que se refere o parágrafo anterior, poderá ser estabelecida a de ficar a parte que não cumprir o acordo obrigada[4] a satis-

fazer integralmente o pedido ou pagar uma indenização convencionada, sem prejuízo do cumprimento do acordo.

Art. 847. Não havendo acordo, o reclamado terá 20 minutos para aduzir sua defesa, após a leitura da reclamação, quando esta não for dispensada por ambas as partes[2 a 4] (Red. L. 9.022/95).

Parágrafo único. A parte poderá apresentar defesa escrita pelo sistema de processo judicial eletrônico até a audiência[5]. (Red. L. 13.467/17).

* (tacitamente alterado pela EC 24/99)

1 O *comparecimento* à audiência das partes independe de requerimento do adversário (art. 843); a parte tem o direito a que a outra seja ouvida em depoimento pessoal e a propor as indagações que se contenham nos limites do pleiteado e do contestado. Representação, arquivamento, revelia e confissão (art. 843 e seg.).

O art. 344, parágrafo único, do CPC não se aplica à processualística trabalhista, considerando-se que existe regra processual própria – art. 848, § 1º, da CLT, que só permite a retirada de quaisquer dos litigantes após "findo o interrogatório". Tal procedimento é o único que se coaduna com o instituto do *jus postulandi*; caso contrário, a parte, que comparece desacompanhada, ao ausentar-se da audiência, teria prejudicada a faculdade de reinquirição, e comprometido fica o princípio do contraditório (TRT, 10ª Reg., RO 564/85, Heloísa Marques, Ac. 2ª T. 924/86).

2 O *princípio da concentração* exige que todas as provas sejam oferecidas na audiência de instrução e julgamento. Ressalvam-se as que, requeridas oportunamente, dependam de atos mais demorados: a perícia, o depoimento de testemunhas por intermédio de precatórias e a que deve ser ouvida em outra sessão, por não ter comparecido, caso assista à parte o direito de obter a condução coercitiva ou na hipótese de impedimento. Prova (art. 818). Petição inicial (art. 787/2). Quando se tratar de documento novo, o mesmo deve ser juntado na primeira oportunidade.

TST O art. 493 do CPC de 2015 (art. 462 do CPC de 1973), que admite a invocação de fato constitutivo, modificativo ou extintivo do direito, superveniente à propositura da ação, é aplicável de ofício aos processos em curso em qualquer instância trabalhista. Cumpre ao juiz ou tribunal ouvir as partes sobre o fato novo antes de decidir (TST – Súmula 394, Res. 208/16).

A dedução de questão de fato novo após a prolação da sentença e interposição de recurso ordinário apenas será legítima se disser respeito a fato ocorrido após o ajuizamento da ação (CPC, art. 462 c/c a Súmula 394 do TST). Estará preclusa a oportunidade para essa arguição, todavia, quando não efetivada no primeiro instante de que dispuser a parte interessada para fazê-lo. Afinal, disciplinando a atuação dos órgãos jurisdicionais do Estado, conferindo estabilidade e segurança aos jurisdicionados, o procedimento judicial é compreendido como o conjunto de atos processuais ordenados em caráter sequencial e preclusivo, direcionados ao resultado final, qual seja, o julgamento. Não se compadece, pois, com a incúria dos litigantes na defesa adequada de suas posições jurídicas, especialmente em situações de exceção, como no caso dos chamados fatos novos, que produzem efeitos diretos para a justa e adequada composição da lide. Detectada, assim, a perda da oportunidade para a arguição da matéria nova, restam incólumes o art. 462 do CPC e a Súmula 394 do TST. Recurso não conhecido (TST, RR 2287-2001-461-02-00-3, Douglas Alencar Rodrigues, *DEJT*, 12.6.09).

■ O autor deve apresentar a prova documental quando da propositura da ação (art. 787 da CLT) e a reclamada, juntamente, com a contestação (art. 396 do CPC) (TRT/DF, RO 833/85, Marco Giacomini, Ac. 2ª T. 567/86).

3 *Conciliação*. O termo de acordo é assinado pelo juiz e pelos litigantes. A lei já dispensava a assinatura dos classistas antes da EC 24/99, que os extinguiu, até porque o acordo não é ato de vontade do colegiado, mas das partes; assim Campos Batalha (*Tratado*, cit. *Conciliação*). Natureza e efeitos, tentativa obrigatória e nulidade (art. 764/1).

4 Execução de prestações sucessivas (arts. 890 e s.).

5 *Contestação*. A lei não obriga que a contestação seja escrita, mas, se assim for, permite ("poderá") que a mesma seja entregue por meio eletrônico (sistema de processo judicial eletrônico) até a audiência. Os fatos não contestados presumem-se verdadeiros. A contestação por negação geral, no processo do trabalho, como no cível, é ineficaz. Com a contestação devem ser oferecidas as exceções, reconvenções e documentos do réu. Defesa e exceções (arts. 799 e 800). Ônus da prova (art. 818 e notas). CF/88, art. 5º, LV.

■ A impugnação da reclamada à relação de emprego pleiteada, não isenta a ré de contestar especificamente os demais pleitos do reclamante, sob a pena de, reconhecido o vínculo, estar precluso o direito de defesa das parcelas consequentes (TST, RR 6.453/86.0, Norberto Silveira, Ac. 3ª T. 1.724/87).

■ Nos termos do art. 302 do CPC, aplicado subsidiariamente, cabe à reclamada manifestar-se precisamente sobre os fatos narrados na petição inicial. O que não foi contestado é admitido como verdadeiro (TRT/DF, RO 2.777/84, Satyro e Souza, Ac. 1ª T. 2.922/85).

6 *Após o oferecimento da contestação* (mesmo que eletronicamente, art. 841, § 3º), ao reclamante é vedado desistir da ação, sem consentimento do réu (art. 844/6). O mesmo ocorre quanto ao aditamento da inicial ou qualquer forma de sua modificação; a dinâmica processual trabalhista, assim, recomenda que tais modificações sejam feitas antes que o autor tenha tomado conhecimento da defesa, apresentada pelo réu; se o réu o requerer, a audiência será adiada para permitir-se a ele preparar a sua resposta. Esse procedimento é infinitamente mais prático do que levar-se o autor a propor uma segunda reclamação. Batalha e Manoel Antônio Teixeira Filho têm outras opiniões (respectivamente *Tratado*... e *Curso*, cit.). Reconvenção, admissibilidade (art. 767/1).

■ Salvo nas hipóteses do art. 295 do CPC, o indeferimento da petição inicial, por encontrar-se desacompanhada de documento indispensável à propositura da ação ou não preencher outro requisito legal, somente é cabível se, após intimada para suprir a irregularidade em 10 (dez) dias, a parte não o fizer (Súmula/TST n. 263). Recurso de revista conhecido e provido (TST, RR 137555/2004-900-04-00, Renato de Lacerda Paiva, *DEJT*, 29.5.09).

A desistência da ação só pode ser formulada até antes da prolação da sentença de 1º grau, pois com ela encerrou-se a prestação jurisdicional. Após a sentença, só pode haver desistência do curso, que implica a formação imediata da coisa julgada. Revista conhecida e provida em parte (TST, RR 4.871/86, Coqueijo Costa, Ac. 3ª T. 1.856/87).

O entendimento no sentido de que há a possibilidade de o autor desistir da ação após contestada e com oposição do réu, vulnera o disposto no art. 267, § 4º, do CPC. Ocorre o erro de procedimento autorizado o provimento da revista para em reformando o acórdão regional concluir pela impossibilidade de homologação da desistência e, com isto, determinar o retorno dos autos à JCJ, a fim de que prossiga no processamento do feito, como entender de direito (TST, RR 5.242/86.2, José Carlos da Fonseca, Ac. 1ª T. 2.269/87).

7 Improcedência liminar do pedido. V. art. 841/1.

8 Julgamento antecipado do mérito. Dentro do capítulo Do julgamento conforme o estado do processo, o CPC/15, art. 356, permite que o juiz decida parcialmente o mérito quando um ou mais pedidos: a) mostrar-se incontroverso; b) estiver em condições de imediato julgamento (não necessitar de produção de novas provas; o réu for revel, não contestar os fatos). O TST, IN 39/16, art. 5º, autoriza a sua aplicação. Na JT o juiz toma contato com o processo em audiência, na presença das partes. Após a tentativa de conciliação, não sendo a mesma profícua, pode o juiz aplicar o julgamento antecipado do mérito, com toda a cautela, se constatada alguma das situações acima. No § 2º do mesmo artigo, é permitido à parte liquidar ou executar, desde logo, a obrigação reconhecida. Pode ser processado em autos apartados e pode ser impugnável por agravo de instrumento.

Art. 848. Terminada a defesa, seguir-se-á a instrução do processo, podendo o presidente, *ex officio* ou a requerimento de qualquer juiz temporário*, interrogar os litigantes[1].

§ 1º Findo o interrogatório, poderá qualquer dos litigantes retirar-se[2], prosseguindo a instrução com o seu representante.

§ 2º Serão, a seguir, ouvidas as testemunhas[2-A], os peritos e os técnicos, se houver.

Art. 849. A audiência de julgamento será contínua[6]; mas, se não for possível, por motivo de força maior, concluí-la no mesmo dia, o juiz* marcará a sua continuação para a primeira desimpedida, independentemente de nova notificação.

Art. 850. Terminada a instrução, poderão as partes aduzir razões finais[3], em prazo não excedente de 10 minutos para cada uma. Em seguida, o juiz* renovará a proposta de conciliação[4], e não se realizando esta, será proferida a decisão.

Parágrafo único. (Revogado tacitamente EC 24/99).

* (tacitamente alterado pela EC 24/99)

1 *O interrogatório dos litigantes* é, com frequência, peça fundamental da instrução. Dificilmente a parte deixa de confessar algum ou muitos aspectos da controvérsia, seja por sinceridade, inadvertência ou definição de generalidades da pretensão. Equivoca-se o magistrado que, por excesso de serviço e desejo de celeridade e simplicidade, dispensa o depoimento da parte, que poderá simplificar-lhe e às vezes tornar desnecessário o das testemunhas. O texto do art. 848 "podendo o presidente..." contraria o mínimo senso de lógica e do princípio geral do processo. O depoimento dos litigantes é a mais pura e direta fonte de informação e convicção; o ônus da prova que pesa sobre cada uma das partes não pode depender da disposição do juiz em ouvir ou não o adversário, e seu indeferimento constitui gravíssimo cerceamento de defesa.

2 *A retirada da sala de audiências* da parte que ainda não depôs, impedindo-a de assistir ao interrogatório do adversário (CPC/15, art. 385, § 2º), é incompatível com o processo do trabalho. A CLT disciplina por completo a sequência em torno do interrogatório, o que mostra que não há omissão para recorrer-se à subsidiariedade do CPC, mas exclusão proposital; a tradição cinquentenária do processo trabalhista sem aplicação desse procedimento o evidencia; aqui sempre se prestigiou a presença constante das partes na audiência; não se viola a igualdade das partes, seja porque se exerce o *ius postulandi*, seja porque o advogado necessita das informações que o constituinte possui sobre as minúcias fáticas do depoimento adversário. Já no século XII, o filósofo judeu-espanhol disse: "um juiz não pode ouvir uma das partes, na ausência da outra, na maioria dos casos o que um dos litigantes alega, enquanto o outro não está presente" (Moshé ben Maimon, *Tariag*, cit.).

Depoimento pessoal. Retirada da sala de audiências da parte que ainda não depôs, impedindo-a de assistir o interrogatório do adversário (CPC, art. 344, § único). A CLT (art. 848) disciplina a sequência em torno do interrogatório sem violar a igualdade das partes; o advogado necessita das informações que o constituinte possui sobre as minúcias fáticas do depoimento adversário. Não há omissão (CLT, art. 769) para recorrer à subsidiariedade do CPC, mas incompatibilidade, como a tradição cinquentenária do processo trabalhista mostra e pelo *ius postulandi* da parte (TRT/SP, RO 28.287/94.5, Valentin Carrion, Ac. 9ª T. 2.587/96.8).

2-A *Testemunhas* (CPC/15, art. 361, III). Carta precatória inquiritória (CPC/15, art. 260). Por meio eletrônico, IN TST 30/07, em apêndice.

3 As *razões finais das partes* não são atos indispensáveis ao processo; a própria lei afirma que as partes *poderão* aduzi-las e não que *deverão*. Se a audiência é suspensa para permitir ao juiz compulsar mais detalhadamente as peças dos autos, a jurisprudência ou a doutrina, e assim alcançar a convicção amadurecidamente, poderão as partes oferecer os memoriais por escrito; não necessitava dizê-lo o CPC/15 ("quando a causa apresentar questões complexas...", art. 364, § 2º), porque é óbvio; no processo do trabalho assiste-lhes, porém, o direito de produzi-las verbalmente, antes do julgamento, o que não ocorre no cível, onde inexiste esse direito subjetivo das partes (Barbosa Moreira, *O novo processo civil brasileiro*); nesse caso, há o inconveniente de que o juiz, tendo estudado os autos antes da sessão de julgamento, já tenha formado sua convicção, lendo apenas os argumentos trazidos pela outra parte. Não se pode afirmar que as razões orais sejam preferíveis às escritas. Em princípio, as questões complexas preferem a comunicação impressa, pois permitem ao leitor voltar atrás nos pontos que o exijam. E nem se pode afirmar que, através das razões orais, se obtém a atenção do julgador com mais segurança; não é estranho em órgãos coletivos ou singulares que, enquanto a parte aduz suas longas argumentações, algum ou alguns dos membros do órgão consultem anotações, se comuniquem, cochilem ou, dirigindo seu olhar ao orador, deixem passear sua atenção por temas distintos do que é objeto da peroração. Não há, assim, motivo para considerar-se nulidade o oferecimento de razões escritas, a não ser que a parte, tendo requerido as verbais, veja sua pretensão rejeitada.

Até que se proclame o resultado, poderão os vogais mudar de voto, de acordo com o seu livre convencimento. O próprio juiz presidente pode desempenhar por força dos debates havidos, em seu sentido contrário à proposta que apresentara. O que não se admite é a intervenção dos advogados no momento em que os votos são proferidos. O advogado intervém anteriormente ao julgamento, quando das razões finais, salvo os casos excepcionais em que um dos julgadores lhe solicita algum esclarecimento (TRT/SP 9.781/74, Roberto Barreto Prado, Ac. 2ª T. 11.904/75).

4 Conciliação (art. 764/1).

5 A *solução do dissídio* que o Juiz do Trabalho propõe, na terminologia legal, é o seu voto, que prevalece em caso de empate (art. 649); o magistrado, como relator nato, diretor do processo e da prova e imparcial por requisito, está mais apto a manifestar sua convicção científica, técnica e fática do que a desempatar. A redação do texto é anterior à integração da Justiça no Poder Judiciário e violenta a natureza das coisas. Com a EC 24/99, esta solução não mais ocorre, pois não existe mais a Junta e sim um único Juiz titular.

6 Na literalidade da lei, a audiência é una e contínua (CLT, art. 849; CPC/15, art. 365, parágrafo único: "Diante da impossibilidade de realização da instrução, do debate e do julgamento no mesmo dia, o juiz marcará seu prosseguimento para a data mais próxima possível, em pauta preferencial"). Na prática, ela foi fragmentada em inicial, instrução e julgamento. Na inicial, as partes comparecem, o juiz fará a primeira tentativa de conciliação; frustrada essa tentativa, a reclamada oferecerá contestação. Na continuação (em data próxima) será a audiência de instrução, onde serão ouvidas as partes, as testemunhas, ofertadas as provas e no final as razões finais. Na audiência de julgamento, normalmente as partes são intimadas da solução dada pelo juiz. O CPC/15, art. 334, dá ao autor e ao réu a possibilidade da tentativa de conciliação. Caso não seja do interesse do autor, este deverá informar na petição inicial (CPC/15, art. 344, § 5º), já o réu (não tendo interesse na conciliação) deverá manifestar-se 10 dias antes da audiência. Na audiência de conciliação não será necessário ofertar a contestação; esta só será obrigatória 15 dias depois da audiência. Este artigo não se aplica na Justiça do Trabalho (TST, IN 39/16, art. 2º, IV), visto que existe a tentativa de conciliação antes da entrega da contestação e antes das razões finais. Obrigar as partes a irem à Justiça do Trabalho sem a contestação é criar mais um procedimento que em vez de agilizar prejudica a celeridade. A audiência que é una seria dividida em mais uma parte. As partes podem conciliar; no entanto, se assim não for possível, deve se apresentar a contestação para que a parte contrária possa se preparar para a audiência de instrução.

Art. 851. Os trâmites de instrução e julgamento da reclamação serão resumidos em ata[2], de que constará, na íntegra, a decisão.

§ 1º Nos processos de exclusiva alçada[1] das Varas do Trabalho*, será dispensável, a juízo do magistrado*, o resumo dos depoimentos, devendo constar da ata a conclusão do Tribunal quanto à matéria de fato.

§ 2º A ata será, pelo presidente ou juiz, junta ao processo, devidamente assinada, no prazo improrrogável de 48 horas, contado da audiência de julgamento, e assinada pelos juízes classistas presentes à mesma audiência.

* (tacitamente alterado pela EC 24/99)

1 Processos de exclusiva alçada da primeira instância (art. 895/2). Valor da causa (art. 840/24 e segs.). A faculdade de dispensa dos depoimentos foi repetida na L. 5.584/70, art. 2º, em apêndice. Cerceamento de defesa, registro em ata e recorribilidade contida (art. 893/6).

2 A *ata de audiência*, onde constam o comparecimento das partes, sua representação, a notícia dos atos nela praticados, os incidentes havidos etc., assim como os documentos que tenham sido oferecidos na audiência, podem, segundo a lei, ser juntados aos autos até 48 horas após a audiência. Nada impede, mas tudo aconselha, que o juiz determine à Secretaria a juntada da ata acima referida, assim como dos documentos trazidos imediatamente após o encerramento da audiência; estar-se-á, assim, evitando seu possível extravio. Poderá acontecer que o relatório, fundamentação e parte dispositiva da sentença sejam juntados aos autos em outro dia. Há Súmula do TST mandando que, nesses casos, o prazo para recurso se conte a partir da audiência de julgamento e não do momento em que a Secretaria juntar aos autos a sentença e a colocar à disposição das partes; o entendimento é flagrantemente ilegal, posto que subtrai às partes uma parcela do exíguo prazo que lhes é concedido para recorrer, sem desmerecer a possibilidade de, por lapso ou displicência, certificar-se a juntada da sentença em dia que não o foi. Pior ainda: viola-se o princípio da publicidade, pois, mesmo recorrendo da parte dispositiva, só se pode atacá-la logicamente conhecendo os fundamentos. Há necessidade, pois, de intimação. Anomalia semelhante foi adotada no recurso contra sentença normativa (L. 7.701/88, art. 7º, § 4º), mas aí, justificadamente, por tratar-se de processo de grande urgência social.

TST Quando não juntada a ata ao processo, em 48 horas contadas da audiência de julgamento (art. 851, § 2º, da CLT), o prazo para recurso será contado da data em que a parte receber a intimação da sentença (TST – Súmula 30).

Art. 852. Da decisão serão os litigantes notificados, pessoalmente, ou por seu representante, na própria audiência[1]. No caso de revelia[2], a notificação far-se-á pela forma estabelecida no § 1º do art. 841.

1 *Sentença proferida em audiência.* A parte que não comparece à audiência não tem de ser intimada dos atos nela realizados; presume-se que deles está ciente. Essa é a regra geral. Quanto à sentença, a norma é a mesma; a CLT repetiu em dois artigos a mesma determinação, não só no art. 852 como no 834: "salvo nos casos previstos..., a publicação das decisões e sua notificação... consideram-se realizadas nas próprias audiências em que forem as mesmas proferidas". O texto mencionado é de 1943; tem-se como intimada a parte que não comparece no processo civil comum. "A publicação é como notificação das partes, ainda que estejam ausentes" (Pontes de Miranda, *Comentários*, v. 4, p. 94). Assim determinavam o CPC de 1939 e de 1973 e assim também o determina o CPC/15, art. 1.003, § 1º: "Os sujeitos previstos no *caput* considerar-se-ão intimados em audiência quando nesta for proferida a decisão". No processo do trabalho, permitia-se que a parte que tem ciência da realização da audiência aguardasse no corredor para não ficar intimada, e ganhar prazo, aumentando o serviço burocrático; mas a jurisprudência que contrariava a lei terminou cedendo.

TST O prazo para recurso da parte que, intimada, não comparecer à audiência em prosseguimento para a prolação da sentença, conta-se de sua publicação (TST – Súmula 197).

TST Quando não juntada a ata ao processo, em 48 horas contadas da audiência de julgamento (art. 851, § 2º, da CLT), o prazo para recurso será contado da data em que a parte receber a intimação da sentença (TST – Súmula 30).

TST Presume-se recebida a notificação 48 (quarenta e oito) horas depois de sua postagem. O seu não recebimento ou a entrega após o decurso desse prazo constitui ônus de prova do destinatário (TST – Súmula 16).

Sentença publicada na audiência designada para ciência das partes. Dela se conta o prazo para recurso (STF, RE 91.518-4-CE, Cordeiro Guerra, Ac. 2ª T.).

Sendo a intimação dos membros da Advocacia-Geral da União pessoal, conforme o disposto na Medida Provisória n. 485/94, no seu art. 6º, *caput* e parágrafo único, tempestivo é o recurso de revista (TST, AI 136.934/94.0, Leonaldo Silva, Ac. 4ª T. 6.353/95).

2 *A intimação do revel* é dispensada se o considera ciente de todos os atos posteriores praticados no processo em audiência ou fora dela. A lei estabelece uma exceção: deve ser cientificado da sentença terminativa do feito; a medida é salutar e traz certeza ao processo; se a revelia se originou da inexistência ou defeito de citação inicial, o réu, vindo a juízo para pleitear a nulidade, evitará outros atos inúteis. Diferente o CPC/15, art. 346, onde o revel não será intimado nem mesmo da sentença.

Seção II-A
Do procedimento sumaríssimo

Art. 852-A. Os dissídios individuais cujo valor não exceda a 40 vezes o salário mínimo vigente na data do ajuizamento da reclamação ficam submetidos ao procedimento sumaríssimo.

Parágrafo único. Estão excluídas do procedimento sumaríssimo as demandas em que é parte a Administração Pública direta, autárquica e fundacional.

Art. 852-B. Nas reclamações enquadradas no procedimento sumaríssimo:

I – o pedido deverá ser certo ou determinado e indicará o valor correspondente;

II – não se fará citação por edital, incumbindo ao autor a correta indicação do nome e endereço do reclamado;

III – a apreciação da reclamação deverá ocorrer no prazo máximo de 15 dias do seu ajuizamento, podendo constar de pauta especial, se necessário, de acordo com o movimento judiciário da Vara* do Trabalho.

§ 1º O não atendimento, pelo reclamante, do disposto nos incisos I e II deste artigo importará no arquivamento da reclamação e condenação ao pagamento de custas sobre o valor da causa.

§ 2º As partes e advogados comunicarão ao juízo as mudanças de endereço ocorridas no curso do processo, reputando-se eficazes as intimações enviadas ao local anteriormente indicado, na ausência de comunicação.

Art. 852-C. As demandas sujeitas a rito sumaríssimo serão instruídas e julgadas em audiência única, sob a direção de juiz presidente e substituto, que poderá ser convocado para atuar simultaneamente com o titular.

Art. 852-D. O juiz dirigirá o processo com liberdade para determinar as provas a serem produzidas, considerado o ônus probatório de cada litigante, podendo limitar ou excluir as que considerar excessivas, impertinentes ou protelatórias, bem como para apreciá-las e dar especial valor às regras de experiência comum ou técnica.

Art. 852-E. Aberta a sessão, o juiz esclarecerá as partes presentes sobre as vantagens da conciliação e usará os meios adequados de persuasão para a solução conciliatória do litígio, em qualquer fase da audiência.

Art. 852-F. Na ata de audiência serão registrados resumidamente os atos essenciais, as afirmações fundamentais das partes e as informações úteis à solução da causa trazidas pela prova testemunhal.

Art. 852-G. Serão decididos, de plano, todos os incidentes e exceções que possam interferir no prosseguimento da audiência e do processo. As demais questões serão decididas na sentença.

Art. 852-H. Todas as provas serão produzidas na audiência de instrução e julgamento, ainda que não requeridas previamente.

§ 1º Sobre os documentos apresentados por uma das partes manifestar-se-á imediatamente a parte contrária, sem interrupção da audiência, salvo absoluta impossibilidade, a critério do juiz.

§ 2º As testemunhas, até o máximo de 2 para cada parte, comparecerão à audiência de instrução e julgamento independentemente de intimação.

§ 3º Só será deferida intimação de testemunha que, comprovadamente convidada, deixar de comparecer. Não comparecendo a testemunha intimada, o juiz poderá determinar sua imediata condução coercitiva.

§ 4º Somente quando a prova do fato o exigir, ou for legalmente imposta, será deferida prova técnica, incumbindo ao juiz, desde logo, fixar o prazo, o objeto da perícia e nomear perito.

§ 5º (Vetado).

§ 6º As partes serão intimadas a manifestar-se sobre o laudo, no prazo comum de 5 dias.

§ 7º Interrompida a audiência, o seu prosseguimento e a solução do processo dar-se-ão no prazo máximo de 30 dias, salvo motivo relevante justificado nos autos pelo juiz da causa.

Art. 852-I. A sentença mencionará os elementos de convicção do juízo, com resumo dos fatos relevantes ocorridos em audiência, dispensado o relatório.

§ 1º O juízo adotará em cada caso a decisão que reputar mais justa e equânime, atendendo aos fins sociais da lei e às exigências do bem comum.

§ 2º (Vetado).

§ 3º As partes serão intimadas da sentença na própria audiência em que prolatada (Seção II-A acrescentada pela L. 9.957/00).

* (tacitamente alterado pela EC 24/99)

1 O procedimento sumaríssimo vem dar maior rapidez às ações trabalhistas, obrigando a parte a fazer um pedido certo e líquido, mais realista. Aplica-se às lides que não ultrapassem o limite de 40 salários mínimos, excluídos os entes da Administração Pública direta, autárquica e fundacional.

Várias medidas foram introduzidas: não cabe citação por edital; registro resumido dos atos processuais; solução imediata de incidentes e exceções que interfiram no prosseguimento do processo; prazo comum de 5 dias para manifestação sobre laudo pericial; comparecimento de, no máximo, 2 testemunhas, independente de intimação.

A audiência é una e será realizada em 15 dias do ajuizamento. Na hipótese de interrupção, o prosseguimento e a solução dar-se-ão no prazo máximo de 30 dias. Admite-se a criação de pauta especial.

O juiz tem ampliado seu poder na condução do processo: pode adiar a sessão em caso de absoluta impossibilidade de a parte manifestar-se sobre documentos. Também está dispensado de elaborar relatório, quando da prolação da sentença, que será publicada em audiência. Recurso ordinário v. art. 895/1-A, recurso de revista v. art. 896/2.

SDI I – É inaplicável o rito sumaríssimo aos processos iniciados antes da vigência da Lei n. 9.957/2000. II – No caso de o despacho denegatório de recurso de revista invocar, em processo iniciado antes da Lei n. 9.957/2000, o § 6º do art. 896 da CLT (rito sumaríssimo), como óbice ao trânsito do apelo calcado em divergência jurisprudencial ou violação de dispositivo infraconstitucional, o Tribunal superará o obstáculo, apreciando o recurso sob esses fundamentos (TST, SDI-1, Orientação Jurisprudencial 260).

A lei nova não tem o condão de atingir situações processuais já constituídas sob o império da lei antiga, sob pena de ferir direitos processuais adquiridos. A inovação introduzida pela Lei n. 9.957/00, que alterou o procedimento vigente, com a criação do Rito Sumaríssimo, somente pode incidir sobre as ações propostas após a sua vigência, ou seja, sessenta dias da publicação (artigo 2º). O que define a adoção do Procedimento Sumaríssimo é a liquidez do pedido, acrescido do valor inferior a quarenta vezes o salário mínimo vigente na data do ajuizamento da Reclamação Trabalhista. Dados mencionados na Petição Inicial, que, por isso, define o momento processual para que se estabeleça o procedimento a ser adotado (AI-RR 727749/01). Carlos Alberto Reis de Paula – TST.

A indicação separada do valor de cada pedido é pressuposto das ações de Rito Sumaríssimo porque é justamente esse o diferencial que lhes imprime a desejada celeridade, com a consequência da imediata execução dos que forem acolhidos (TRT/SP, 20000531523, Ac. 200005832, Marcos Emanuel Canhete).

O pedido de reconhecimento de relação empregatícia não é incompatível com o procedimento sumaríssimo, e não há falar-se em formulação de valor líquido para o pedido declaratório. Os valores líquidos devem corresponder aos títulos da pretensão condenatória (TRT/SP, 20000531590, Ac. 20000582926, Rafael Pugliese Ribeiro).

A lei impede no sumaríssimo a citação por edital (CLT, art. 852-B, II), mas não priva a oportunidade para indicação do novo endereço do réu, cuja mudança pode inclusive ser superveniente ao ajuizamento da ação (TRT/SP, 20000408420, Ac. 20000460855, Rafael Pugliese Ribeiro).

As regras de procedimento são de ordem pública, não permitindo escolha pela livre vontade do litigante (TRT/SP, 20000421876, Ac. 20000468392, Rafael Pugliese Ribeiro).

Reputa-se ilegal decisão judicial que, nas ações propostas antes de 13.3.2000, determina adequação ao novo rito sumaríssimo sob pena de extinção do feito. A lei processual nova alcança os processos pendentes, mas respeita os atos já realizados na vigência da lei anterior. A Lei 9.957/2000 somente será aplicável às ações propostas a partir de 13.3.2000. Assim, ainda que se determine a adaptação ao rito sumaríssimo para atos futuros, não se pode impor a penalidade de extinção do feito, posto que o parágrafo 1º do art. 852-B da CLT prevê o arquivamento e não a extinção, sendo consabido que o arquivamento se dá antes da apresentação da defesa e nunca após esta. Pedido de segurança que se concede parcialmente (TRT/SP, 00563/2000, Ac. 2000018074, Ricardo Patah).

A petição inicial que traz pedidos cujos valores líquidos ultrapassem o limite de quarenta salários mínimos deve ser processada pelo rito ordinário, ainda que tenha o reclamante atribuído à causa importe inferior. Deve o Juízo *ex officio* adequar o valor da causa, observando o previsto no art. 259, II, do CPC, o que se justifica para que não haja desvio do rito procedimental (TRT/SP, 20000474082, Ac. 20000526732, Sonia Aparecida Gindro).

Seção III

Do inquérito para apuração de falta grave

Art. 853. Para a instauração do inquérito[1] para apuração de falta grave contra empregado garantido com estabilidade[2], o empregador apresentará reclamação por escrito à Vara* do Trabalho ou Juízo de Direito, dentro de 30 dias, contados da data da suspensão do empregado.

Art. 854. O processo do inquérito[3] perante a Vara* do Trabalho ou Juízo obedecerá às normas estabelecidas no presente Capítulo, observadas as disposições desta Seção.

Art. 855. Se tiver havido prévio reconhecimento da estabilidade do empregado, o julgamento do inquérito pela Vara* do Trabalho ou Juízo não prejudicará a execução para pagamento dos salários devidos[4] ao empregado, até a data da instauração do mesmo inquérito.

* (tacitamente alterado pela EC 24/99)

1 *Inquérito*, também denominado inquérito administrativo para despedimento de estável, é a denominação originária desse procedimento, quando a Justiça do Trabalho não pertencia ao Poder Judiciário, mas ao executivo federal; trata-se de ação judicial de conhecimento, tendo o empregador como autor no processo originário ou como reconvinte, se o empregado tomou a dianteira. Falta grave (art. 493).

2 A estabilidade que exige inquérito para o despedimento é a definitiva, decorrente do contrato de trabalho por 10 anos (art. 442/8), sem a antiga opção pelo FGTS e anterior à CF/88 (art. 477/2) ou os que alcançaram o privilégio por tê-lo pactuado com o empregador (art. 492/2). Não alcançaria a estabilidade provisória, tais como a dos membros da CIPA (art. 164), cooperativa (art. 492), gestante (art. 391) ou sindical (art. 543); a jurisprudência dominante, entretanto, vê no inquérito formalidade indispensável.

3 O procedimento e o pagamento de custas (não são mais pagas antecipadamente) são os de qualquer ação trabalhista (art. 789, *caput*), podendo ter maior número de testemunhas (art. 821). Prazo de decadência de 30 dias para propositura, a partir da suspensão do empregado (art. 853).

STF É de decadência o prazo de 30 dias para instauração de inquérito judicial, a contar da suspensão, por falta grave, de empregado estável (STF – Súmula 403).

TST O prazo de decadência do direito do empregador de ajuizar inquérito em face do empregado que incorre em abandono de emprego é contado a partir do momento em que o empregado pretendeu seu retorno ao serviço (TST – Súmula 62).

A decadência do direito de intentar inquérito contra estabilitário só tem lugar, pela inobservância do prazo para a propositura do inquérito judicial, quando o afastamento do obreiro se dá por ato patronal, via da suspensão prevista em lei. Não incide a regra que se contém no art. 853 da CLT, se a paralisação do trabalho é de iniciativa do empregado (TST, RR 563/86.6, Vieira de Mello, Ac. 1ª T. 4.376/86).

É de decadência o prazo de 30 dias para instauração do inquérito judicial a contar da suspensão, por falta grave, de empregado estável (TST, Ac. 3ª T. 521/72, Barata Silva).

4 *Salários devidos até o inquérito*. A interpretação do art. 855 é muito controvertida: a) alguns deduziam a possibilidade de prosseguimento do inquérito ajuizado após 30 dias de suspensão, porém os salários seriam exequíveis; adotada pela jurisprudência a tese de ser prazo de decadência o conferido para promover o inquérito, é insustentável essa interpretação; b) há quem veja obrigatoriedade de pagamento imediato de salários anteriores ao inquérito, mesmo que tenha havido suspensão do empregado (Russomano, *Comentários à CLT*, art. 855), o que contraria a tradição jurisprudencial brasileira e o entendimento do vocábulo *suspensão* (pena disciplinar ou desaparecimento temporário das obrigações dos contratantes); c) a única interpretação possível é a de que os salários exigíveis são os anteriores à suspensão ou aos de todo o tempo se o trabalhador não foi suspenso; isto é, nem a falta grave nem a suspensão adiam ou fazem desaparecer a obrigação de pagar os salários anteriores; neste caso, *execução* deve ser admitida como *reclamação*, ou seja, ação trabalhista.

Seção IV

Do incidente de desconsideração da personalidade jurídica

Art. 855-A. Aplica-se ao processo do trabalho o incidente de desconsideração da personalidade jurídica previsto nos arts. 133 a 137 da Lei n. 13.105, de 16 de março de 2015 – Código de Processo Civil. (Red. L. 13.467/17).

§ 1º Da decisão interlocutória que acolher ou rejeitar o incidente: (Red. L. 13.467/17

I - na fase de cognição, não cabe recurso de imediato, na forma do § 1º do art. 893 desta Consolidação;

II - na fase de execução, cabe agravo de petição, independentemente de garantia do juízo;

III - cabe agravo interno se proferida pelo relator em incidente instaurado originariamente no tribunal.

§ 2º A instauração do incidente suspenderá o processo, sem prejuízo de concessão da tutela de urgência de natureza cautelar de que trata o art. 301 da Lei n. 13.105, de 16 de março de 2015 (Código de Processo Civil). (Red. L. 13.467/17).

1 Assim o CPC/15:

Capítulo IV

DO INCIDENTE DE DESCONSIDERAÇÃO DA PERSONALIDADE JURÍDICA

Art. 133. O incidente de desconsideração da personalidade jurídica será instaurado a pedido da parte ou do Ministério Público, quando lhe couber intervir no processo.

§ 1º O pedido de desconsideração da personalidade jurídica observará os pressupostos previstos em lei.

§ 2º Aplica-se o disposto neste Capítulo à hipótese de desconsideração inversa da personalidade jurídica.

Art. 134. O incidente de desconsideração é cabível em todas as fases do processo de conhecimento, no cumprimento de sentença e na execução fundada em título executivo extrajudicial.

§ 1º A instauração do incidente será imediatamente comunicada ao distribuidor para as anotações devidas.

§ 2º Dispensa-se a instauração do incidente se a desconsideração da personalidade jurídica for requerida na petição inicial, hipótese em que será citado o sócio ou a pessoa jurídica.

§ 3º A instauração do incidente suspenderá o processo, salvo na hipótese do § 2º.

§ 4º O requerimento deve demonstrar o preenchimento dos pressupostos legais específicos para desconsideração da personalidade jurídica.

Art. 135. Instaurado o incidente, o sócio ou a pessoa jurídica será citado para manifestar-se e requerer as provas cabíveis no prazo de 15 (quinze) dias.

Art. 136. Concluída a instrução, se necessária, o incidente será resolvido por decisão interlocutória.

Parágrafo único. Se a decisão for proferida pelo relator, cabe agravo interno.

Art. 137. Acolhido o pedido de desconsideração, a alienação ou a oneração de bens, havida em fraude de execução, será ineficaz em relação ao requerente.

2 A teoria da desconsideração da personalidade jurídica da sociedade (*Disregard of legal entity doctrine*) foi pela primeira vez reconhecida pela legislação civil com a promulgação do Código de Defesa do Consumidor (L. 8.078/90, art. 28). No Direito do Trabalho, tem sido aplicada nas hipóteses de abuso de direito, excesso de poder, como casos de violação da lei ou do contrato, meios fraudulentos e insuficiência de bens da empresa. Amador Paes de Almeida admite-a quando os administradores utilizam a pessoa jurídica, aparentemente na forma da lei, com desvio de sua exata função: 1) uso abusivo da sociedade; 2) fraude, como artifício para prejudicar terceiros, levados a efeito "dentro de presumida legalidade"; 3) confusão patrimonial; 4) insuficiência do capital social "para o exercício de sua atividade empresarial" (ob. cit.). O incidente de desconsideração da personalidade jurídica do novo CPC/15, art. 133, poderá ser utilizado no processo do trabalho, assim o art. 855-A e assim já indicava o TST (IN 39/16, art. 6º). Pode ser instaurado a pedido da parte ou do Ministério Público, quando lhe couber intervir no processo. É cabível em qualquer fase do processo, inclusive pode ser pedido na petição inicial. Instaurado, será citado o sócio ou a pessoa jurídica.

3 O incidente será resolvido por decisão interlocutória. Se acolhida ou rejeitada na fase de cognição, não cabe recurso de imediato (CLT, art. 855-A, § 1º, II, e art. 893, § 1º), se na fase de execução, cabe agravo de petição independentemente da garantia do juízo (CLT, art. 855-A, § 1º, II) e se proferida pelo relator, agravo interno (CLT, art. 855-A, § 1º, III; CPC/15, art. 932, VI). A instauração do incidente suspenderá o processo (CLT, art. 855-A, § 2º). Procedimento que deve ser adotado pelos juízes da execução (Consolidação dos Provimentos, arts. 78 e 79, TST, CGJT/16, em apêndice).

Capítulo III-A
DO PROCESSO DE JURISDIÇÃO VOLUNTÁRIA PARA HOMOLOGAÇÃO DE ACORDO EXTRAJUDICIAL

(Red. L. 13.467/17)

Art. 855-B. O processo de homologação de acordo extrajudicial terá início por petição[1] conjunta, sendo obrigatória a representação das partes por advogado. (Red. L. 13.467/17)

§ 1º As partes não poderão ser representadas por advogado[2] comum. (Red. L. 13.467/17

§ 2º Faculta-se ao trabalhador ser assistido pelo advogado do sindicato de sua categoria. (Red. L. 13.467/17).

Art. 855-C. O disposto neste Capítulo não prejudica o prazo estabelecido no § 6º do art. 477 desta Consolidação e não afasta a aplicação da multa prevista no § 8º art. 477 desta Consolidação. (Red. L. 13.467/17).

Art. 855-D. No prazo de quinze[3] dias a contar da distribuição da petição, o juiz analisará o acordo, designará audiência se entender necessário e proferirá sentença. (Red. L. 13.467/17).

Art. 855-E. A petição de homologação de acordo extrajudicial suspende[3] o prazo prescricional da ação quanto aos direitos nela especificados.

Parágrafo único. O prazo prescricional[3] voltará a fluir no dia útil seguinte ao do trânsito em julgado da decisão que negar a homologação do acordo. (Red. L. 13.467/17).

1 Uma nova modalidade de acordo, que não era permitido na Justiça do Trabalho (v. art. 652/9). Para fazer o acordo entre empregado e empregador era necessário que o empregado propusesse a reclamação trabalhista e, em audiência, o acordo poderia ser homologado. Agora, com uma petição conjunta de empregado e empregador, o acordo extrajudicial pode ser homologado.

2 A lei obriga a presença de advogado, que não pode ser o mesmo para patrão e empregado. Nada muda quanto ao prazo de pagamento das verbas rescisórias e a entrega dos documentos previstos no art. 477, §§ 6º e 8º.

3 O juiz terá o prazo de 15 dias para analisar o acordo (se não existem vícios, se a vontade das partes for respeitada), marcar audiência, se achar necessário, e proferir sentença. O prazo prescricional, dos direitos ali discutidos, fica suspenso enquanto o juiz não homologar o acordo, que volta a fluir no dia seguinte ao do trânsito em julgado da decisão que negar a homologação do acordo. Dos demais direitos o prazo não ficará suspenso.

4 A lei nada fala sobre as custas, do processo, que serão as mesmas que as demais ações trabalhistas e calculadas de acordo com o art. 789. Com a natureza jurídica de cada parcela definida (art. 832, § 3º).

TST A homologação de acordo constitui faculdade do juiz, inexistindo direito líquido e certo tutelável pela via do mandado de segurança (Res. 217/17, *DEJT* 20.4.2017). (TST, Súmula 418).

Capítulo IV
DOS DISSÍDIOS COLETIVOS[1-3]

Seção I
Da instauração da instância

Art. 856. A instância será instaurada mediante representação escrita[4] ao Presidente do Tribunal[5]. Poderá ser também instaurada por iniciativa do

presidente[7], ou, ainda, a requerimento da Procuradoria da Justiça do Trabalho, sempre que ocorrer suspensão do trabalho[6 e 7].

Art. 857. A representação[7] para instaurar a instância em dissídio coletivo constitui prerrogativa das associações sindicais, excluídas as hipóteses aludidas no art. 856, quando ocorrer suspensão do trabalho.

Parágrafo único. Quando não houver sindicato representativo da categoria econômica ou profissional, poderá a representação ser instaurada pelas federações correspondentes e, na falta destas, pelas confederações respectivas, no âmbito de sua representação.

Art. 858. A representação será apresentada em tantas vias quantos forem os reclamados e deverá conter:

a) designação e qualificação dos reclamantes e dos reclamados e a natureza do estabelecimento ou do serviço;

b) os motivos do dissídio e as bases da conciliação.

Art. 859. A representação dos sindicatos[7] para instauração da instância fica subordinada à aprovação de assembleia, da qual participem os associados interessados na solução do dissídio coletivo, em primeira convocação, por maioria de 2/3 dos mesmos, ou, em segunda convocação[7], por 2/3 dos presentes.

Parágrafo único. (Rev. DL 7.321/45).

1 Diz a Constituição Federal de 1988:

Art. 7º ...

XXVI – reconhecimento das convenções e acordos coletivos de trabalho; ...

Art. 8º, III – ao sindicato cabe a defesa dos direitos e interesses coletivos ou individuais da categoria, inclusive em questões judiciais ou administrativas; ...

VI – é obrigatória a participação dos sindicatos nas negociações coletivas de trabalho; ...

Art. 9º É assegurado o direito de greve, competindo aos trabalhadores decidir sobre a oportunidade de exercê-lo e sobre os interesses que devam por meio dele defender.

§ 1º A lei definirá os serviços ou atividades essenciais e disporá sobre o atendimento das necessidades inadiáveis da comunidade.

§ 2º Os abusos cometidos sujeitam os responsáveis às penas da lei ...

Art. 114. Compete à Justiça do Trabalho processar e julgar (Red. EC 45/04)**:**

I – as ações oriundas da relação de trabalho, abrangidos os entes de direito público externo e da administração pública direta e indireta da União, dos Estados, do Distrito Federal e dos Municípios (Red. EC 45/04);

II – as ações que envolvam exercício do direito de greve (Red. EC 45/04);

III – as ações sobre representação sindical, entre sindicatos, entre sindicatos e trabalhadores, e entre sindicatos e empregadores (Red. EC 45/04);

IV – os mandados de segurança, *habeas corpus* e *habeas data*, quando o ato questionado envolver matéria sujeita à sua jurisdição (Red. EC 45/04);

V – os conflitos de competência entre órgãos com jurisdição trabalhista, ressalvado o disposto no art. 102, I, *o* (Red. EC 45/04);

VI – as ações de indenização por dano moral ou patrimonial, decorrentes da relação de trabalho (Red. EC 45/04);

VII – as ações relativas às penalidades administrativas impostas aos empregadores pelos órgãos de fiscalização das relações de trabalho (Red. EC 45/04);

VIII – a execução, de ofício, das contribuições sociais previstas no art. 195, I, *a*, e II, e seus acréscimos legais, decorrentes das sentenças que proferir (Red. EC 45/04);

IX – outras controvérsias decorrentes da relação de trabalho, na forma da lei (Red. EC 45/04).

§ 1º Frustrada a negociação coletiva, as partes poderão eleger árbitros.

§ 2º Recusando-se qualquer das partes à negociação coletiva ou à arbitragem, é facultado às mesmas, de comum acordo, ajuizar dissídio coletivo de natureza econômica, podendo a Justiça do Trabalho decidir o conflito, respeitadas as disposições mínimas legais de proteção ao trabalho, bem como as convencionadas anteriormente (Red. EC 45/04).

SDC Dissídio coletivo contra empresa. Legitimação da entidade sindical. Autorização dos trabalhadores diretamente envolvidos no conflito (TST, SDC, Orientação Jurisprudencial 19).

2 *Os dissídios*, como os denomina a CLT, na acepção de "processo", ou seja, o meio de exercer uma ação para compor a lide, podem ser individuais ou coletivos. Aqueles têm por objeto direitos individuais subjetivos, de um empregado (dissídio individual singular) ou vários (dissídio individual plúrimo). O dissídio coletivo visa direitos coletivos, ou seja, contém as pretensões de um grupo, coletividade ou categoria profissional de trabalhadores, sem distinção dos membros que a compõem, de forma genérica.

Os dissídios coletivos são de *natureza jurídica quando objetivam* a aplicação de uma norma jurídica convencional ou legal; esta última deve ser norma de interesse delimitado a uma categoria profissional ou econômica e que se encontre totalmente representada na ação a ser julgada; trata-se de mera interpretação, decidindo-se da existência ou inexistência de uma relação jurídica com referência aos fatos da categoria profissional; têm, como se vê, as características de uma ação declaratória, cujo desfecho obrigará aos membros daquela categoria e respectivos empregadores em suas relações individuais.

Os dissídios coletivos de *natureza econômica* visam alterar as normas legais ou contratuais dos membros da categoria, obtendo novas condições de trabalho em geral (salários, jornada etc.). Têm as características das ações constitutivas que visam criar, alterar ou extinguir uma situação jurídica ou, melhor, de uma lei não geral.

TST Empregado integrante de categoria profissional diferenciada não tem o direito de haver de seu empregador vantagens previstas em instrumento coletivo no qual a empresa não foi representada por órgão de classe de sua categoria (TST – Súmula 374, conversão da Orientação Jurisprudencial SDI-1 55).

SDC Viola o art. 8º, V, da CF/1988 cláusula de instrumento normativo que estabelece a preferência, na contratação de mão de obra, do trabalhador sindicalizado sobre os demais (TST, SDC, Orientação Jurisprudencial 20).

SDC A ata da assembleia de trabalhadores que legitima a atuação da entidade sindical respectiva em favor de seus interesses deve registrar, obrigatoriamente, a pauta reivindicatória, produto da vontade expressa da categoria (TST, SDC, Orientação Jurisprudencial 8).

SDC Não se presta o dissídio coletivo de natureza jurídica para interpretação de normas de caráter genérico, a teor do disposto no art. 313 do RITST (TST, SDC, Orientação Jurisprudencial 7).

É insatisfatória a afirmação de que a violação de direitos trabalhistas deve ser objeto de respectivos dissídios individuais. Pulverizar a irresignação geral através de dezenas ou centenas de ações individuais, com a morosidade dos procedimentos judiciais, é omissão de Justiça e negação do direito coletivo. A violação grave e genérica de direitos individuais se transforma em violação do direito coletivo, que tem que ser decidido dentro do âmbito desse ramo do direito. A maleabilidade da ação coletiva, adotada pelo legislador nacional, admite essa via (TRT/SP, DC 231/87-A, Valentin Carrion, G. IV).

Não se admite dissídio de natureza jurídica sobre o alcance de determinada norma legal, porque atingiria sua conclusão a universalidade dos trabalhadores, mesmo daqueles que não são parte no processo. Só se admite interpretação sobre a constitucionalidade da lei (TST, RO-DC 239.927/96.8, Moacyr Auersvald, Ac. SDC 718/97).

A atuação dos Órgãos Públicos na negociação entre as categorias profissional e patronal para estabelecer novas relações de trabalho deve se dar por exceção, isto tanto na ingerência da Delegacia Regional do Trabalho quanto do Poder Judiciário, na instauração da instância, pois somente devem intervir quando já esgotados todos os meios de negociação autônoma (TST, RO-DC 492.313/98-4, Carlos Alberto Reis de Paula, Ac. SDC/99).

É juridicamente impossível a instauração de dissídio coletivo contra pessoa jurídica de direito público interno (TST, RO-DC 432.325/98.2, Antônio Fábio Ribeiro, Ac. SDC).

3 *Poder normativo* da Justiça do Trabalho é o exercício dessa competência de proferir sentenças em dissídios coletivos.

O poder normativo judicial nos dissídios coletivos de natureza econômica é uma antiguidade do fascismo, já abolida nos países democráticos, inclusive na Itália. Neles, os dissídios coletivos simplesmente não existem (só havendo lugar para a autocomposição plena ou estimulada pela mediação ou a arbitragem, todas voluntárias). Na Espanha, o Poder Normativo da época franquista, que restaria apenas para a competência do Executivo, foi condenado pelo Tribunal Constitucional. O Poder Judiciário só conhece os dissídios coletivos jurídicos (Montoya Melgar, *Derecho del Trabajo*).

A CF/88 manteve o poder normativo da Justiça do Trabalho, pois, "frustrada a negociação coletiva, as partes poderão *eleger árbitro*", e, se recusadas as vias do entendimento, "é facultado aos respectivos sindicatos ajuizar dissídio coletivo..." (art. 114, § 1º).

É a intromissão do Estado no livre jogo da negociação. A negociação coletiva é inconcebível sem a pressão da greve ou de sua ameaça, como o mostra o Direito Comparado nas democracias. E a greve só deve terminar com a vitória ou a derrota das pretensões, pela negociação ("tratado de paz", como disse Planiol).

O recurso ao Poder Judiciário contraria a doutrina e a experiência internacionais. Em nosso país, só se justifica pela existência de comunidades sem qualquer tradição gregária trabalhista e sem poder de negociação.

O Poder Normativo, como hoje existe, é uma dura provocação que as Constituições têm imposto à Justiça do Trabalho. Os dissídios coletivos são julgados sem que se ofereça, aos seus Juízes, qualquer conhecimento objetivo da realidade fática referente à categoria interessada. A lei ou a jurisprudência terão de exigir nos autos laudo circunstanciado quanto à realidade setorial da categoria profissional que está litigando.

Pela Constituição de 1988, o âmbito do novo Poder Normativo da Justiça do Trabalho passa a ser aparentemente ilimitado. Sem aquele laudo técnico ou instrução real, as decisões normativas proferidas como até aqui o foram poderão cair, à falta de justificativa na reprovação constitucional, quando determinam que sejam "fundamentadas todas as suas decisões, sob pena de nulidade".

A questão não é meramente formal, mas consequência de que, de um lado, as concessões normativas não podem ser mero capricho judiciário; de outro, que a Justiça está concebida para decidir com base na lei e nos princípios e não para criar a norma do legislador. Se assim ocorrer, haverá colisão com a competência do Poder Legislativo, expressamente lembrada na Carta Magna: "É da competência exclusiva do Congresso Nacional... zelar pela preservação de sua competência legislativa em face da atribuição normativa dos outros Poderes" (art. 49, XI).

Nas palavras de Marco Aurélio Mendes de Farias Mello: "no campo dos conflitos coletivos, os esforços devem ser desenvolvidos no sentido de privilegiar a 'autocomposição' em detrimento da intervenção do Estado, sendo com aquela incompatível o poder ilimitado que se quer atribuir à Justiça do Trabalho" (*Rev. Synthesis* 6/540). "Justiça do Trabalho deve legislar?"

O que tem havido é o que o Prof. João Carlos Casella chamou de "jurisprudencialização" das cláusulas contratuais. Concedem-se estas ou aquelas apenas por hábito. Descaracteriza-se a função de "terno sob medida" que a convenção coletiva ou a sentença normativa tem de ser. Por outro lado, o STF (RE 197.911-9-PE), apreciando a legalidade de cláusulas de sentença normativa, sobre piso salarial atrelado ao salário mínimo, garantia de emprego de 90 dias, aviso prévio de 60 dias, antecipação do 13º salário e outras, reafirmou os limites do Poder Normativo, que não pode se sobrepor ou contrariar a lei, em especial a Constituição Federal e todo um sistema jurídico por ela construído.

Poder normativo e o Real. Desindexação (art. 457/13).

TST Decidindo ação coletiva ou homologando acordo nela havido, o TST exerce o poder normativo constitucional, não podendo criar ou homologar condições de trabalho que o STF julgue iterativamente inconstitucionais (TST – Súmula 190).

TST Os trabalhadores agrícolas das usinas de açúcar integram categoria profissional de industriários, beneficiando-se dos aumentos normativos obtidos pela referida categoria (TST – Súmula 57).

SDC Não fere o princípio da isonomia salarial (art. 7º, XXX, da CF/88) a previsão de salário normativo tendo em vista o fator tempo de serviço (TST, SDC, Orientação Jurisprudencial 25).

Refoge ao poder normativo da Justiça do Trabalho o exame e julgamento da cláusula denominada de "Contribuição Assistencial das Empresas", a teor do art. 114 da Carta Magna, por não constituir norma ou condição de trabalho (TST, RO-DC 241.259/96.7, Lourenço Prado, Ac. SDC 905/96).

O poder normativo da Justiça do Trabalho, instituído pelo art. 114 da Lei Maior, não pode ultrapassar os limites de sua própria competência, isto é, criar normas que, afinal, se opõem aos preceitos da Constituição e das leis comuns (TST, RO-DC 166.999/95.5, Lourenço Prado, Ac. SDC 733/95).

A sentença normativa firmada ante os pressupostos legais então vigentes pode ser derrogada por normas posteriores que venham a imprimir nova política econômico-monetária, por ser de ordem pública, de aplicação imediata e geral (STF, AgRg-AI 138.553-7-RS, Maurício Corrêa, Ac. 2ª T.).

Norma coletiva. Objeto. Anulação de cláusula convencional. Incompetência da 1ª instância para ação *erga omnes*, que pertence ao Tribunal. Competência das Juntas *incidenter tantum* apenas para os casos concretos (Proc. TRT/SP, RO 5.361/96, Valentin Carrion, Ac. 9ª T. 37.954/97, publicado em 26.8.97).

4 *A tentativa de negociação* seria, segundo alguns, requisito indispensável para o ajuizamento do dissídio coletivo. Essa interpretação, que não parece deduzir-se necessariamente do art. 114, § 2º, da CF (EC 45/04), está entretanto em consonância com os princípios de negociação entre os interessados adotados em parte pela Carta Magna. Se assim se entender, parece que o melhor procedimento, e natural fonte de prova, seria aproveitar-se a estrutura do Ministério do Trabalho, em sua função mediadora (Port. 3.122/88, que coordena a Mediação e Negociação). Mediação em convenção coletiva, regulamento (D. 1.572/95, em apêndice).

SDC É contrária ao espírito da lei (art. 477, § 7º, da CLT) e da função precípua do Sindicato a cláusula coletiva que estabelece taxa para homologação de rescisão contratual (TST, SDC, Orientação Jurisprudencial 16).

Somente após o esgotamento da via preparatória é que o sindicato poderá propor, em juízo, o processo de dissídio coletivo (art. 114 e parágrafos da Constituição Federal). O art. 8º, VI, por sua vez, traz a obrigatoriedade da participação do sindicato nas negociações coletivas, o que leva, necessariamente, a ser feito através de autorização pela assembleia geral, convocada na forma da lei para este fim. Do mesmo modo, deve ser observado o *quorum* legal para representar a vontade da categoria e não apenas dos dirigentes sindicais (TST, RO-DC 215.120/95.3, Ursulino Santos, Ac. SDC 214/97).

O acordo intercorrente tem duvidosa legitimidade, quando não trazidos aos autos o edital de convocação e a lista de trabalhadores que o aprovaram e ausentes da ata da assembleia os seus exatos termos... extinguindo-se o feito sem o julgamento do mérito (TST, RO-DC 384.218/97.7, Armando de Brito, Ac. SDC).

* Sobre o tema *supra*, v. www.institutocarrion.com.br.

5 Competência para conhecer dos dissídios coletivos, do TST (art. 702/2) e do TRT (v. art. 674/3). Competência territorial do TRT de São Paulo quando o dissídio exceder o de Campinas (15ª Reg.), L. 7.520/86. O TST tem seção especializada para julgamento de dissídios coletivos (L. 7.701/88, art. 1º, e RI, art. 77, TST, RA 1.937/17), assim como os Tribunais Regionais do Trabalho.

6 Greve (art. 723/1 a 5).

7 A titularidade da ação coletiva é do sindicato dos trabalhadores e do MP, o mesmo ocorrendo quanto à categoria econômica. O acordo coletivo vigente obsta o processamento de novo acordo (art. 861/1). A CF, art. 114, § 2º (EC 45/04), não revogou o art. 856, nem o 877 (última parte do *caput*). A hipótese da CF mencionada (recusa de negociação) não é a mesma que a da greve. Será instaurada a instância por iniciativa de qualquer das partes ou do Ministério Público do Trabalho (L. 7.783/89, art. 8º), não pelo presidente; na segunda hipótese, ainda que se julgue a pretensão improcedente, esse procedimento pode ser benéfico, seja para viabilizar um entendimento, seja em favor da população (serviços públicos), seja para propiciar a declaração de greve abusiva. *Quorum* para assembleia: o art. 859 teria perdido eficácia em face do art. 612 da CLT, red. DL 229/67 (TST, RO-DC 100.374/93.5, Almir Pazzianotto, Ac. SDC 820/94).

Ainda que se trate de categoria não organizada em sindicato, a vontade dos trabalhadores diretamente interessados na negociação coletiva, manifestada em assembleia geral, não poderá ser substituída pela deliberação do Conselho de Representantes da Federação (TST, RO-DC 197.158/95.5, Orlando Teixeira da Costa, Ac. SDC 809/96).

A categoria tem poderes para autorizar a negociação e o dissídio coletivo intersindical. Acordo coletivo e dissídio contra empresa dependem de autorização dos interessados, isto é, dos seus empregados. Irregular a representação do suscitante para o dissídio coletivo contra empresa, se houve convocação de toda a categoria para assembleia geral, e não apenas dos empregados da suscitada, como também pelo fato de não ser possível a identificação dos trabalhadores que assinaram a lista de presença. Indispensável, para a legitimação do suscitante, prova do comparecimento dos empregados da suscitada, em número que atinja o *quorum* previsto no art. 612 da CLT (TST, RO-DC 180.090/95.6, Almir Pazzianotto Pinto, Ac. SDC 758/95).

Seção II
Da conciliação e do julgamento

Art. 860. Recebida e protocolada a representação, e estando na devida forma, o Presidente do Tribunal designará a audiência de conciliação, dentro do prazo de 10 dias, determinando a notificação dos dissidentes, com observância do disposto no art. 841.

Parágrafo único. Quando a instância for instaurada *ex officio*, a audiência deverá ser realizada dentro do prazo mais breve possível, após o reconhecimento do dissídio.

Art. 861. É facultado ao empregador[1] fazer-se representar na audiência pelo gerente, ou por qualquer outro preposto que tenha conhecimento do dissídio, e por cujas declarações será sempre responsável.

Art. 862. Na audiência designada, comparecendo ambas as partes ou seus representantes, o Presidente do Tribunal as convidará para se pronunciarem sobre as bases da conciliação. Caso não sejam aceitas as bases propostas, o Presidente submeterá aos interessados a solução que lhe pareça capaz de resolver o dissídio.

Art. 863. Havendo acordo[2], o Presidente o submeterá à homologação do Tribunal na primeira sessão.

Art. 864. Não havendo acordo, ou não comparecendo ambas as partes ou uma delas, o presidente submeterá o processo a julgamento, depois de realizadas as diligências[3] que entender necessárias e ouvida a Procuradoria[4].

Art. 865. Sempre que, no decorrer do dissídio, houver ameaça de perturbação da ordem[5], o presidente requisitará à autoridade competente as providências que se tornarem necessárias.

Art. 866. Quando o dissídio ocorrer fora da sede do Tribunal, poderá o Presidente, se julgar conveniente, delegar à autoridade local as atribuições de que tratam os arts. 860 e 862. Nesse caso, não havendo conciliação, a autoridade delegada encaminhará o processo ao Tribunal, fazendo exposição circunstanciada dos fatos e indicando a solução que lhe parecer conveniente.

Art. 867. Da decisão[6] do Tribunal serão notificadas as partes, ou seus representantes, em registrado postal, com franquia, fazendo-se, outrossim, a sua publicação no jornal oficial, para ciência dos demais interessados.

Parágrafo único. A sentença normativa vigorará[7]:

a) a partir da data de sua publicação, quando ajuizado o dissídio após o prazo do art. 616, § 3º, ou, quando não existir acordo, convenção ou sentença normativa em vigor, da data do ajuizamento;

b) a partir do dia imediato ao termo final de vigência do acordo, convenção ou sentença normativa, quando ajuizado o dissídio no prazo do art. 616, § 3º.

1 Parece discutível que a participação única indispensável do sindicato patronal seja efetiva intenção da Carta Magna (CF, arts. 8º, VI, e 114, § 2º – EC 45/04, e CLT, art. 867). O sindicato de empregadores, inexistente na maior parte das legislações estrangeiras, não tem necessidade nem razão de participar em certas hipóteses, e a limitação à liberdade de atuação no processo ofende o amplo direito de defesa, consagrado como garantia constitucional (CF/88, art. 5º, LV); duas hipóteses têm de ser acolhidas como exceções na legitimidade ativa e passiva da parte patronal: a) as relações coletivas que habitualmente se desenvolvem entre o sindicato de empregados e uma só grande empresa, inclusive com épocas regidas por acordo coletivo; b) os entes públicos que não têm por que se sindicalizar. O CPC/15, art. 165, determina: "Os tribunais criarão centros judiciários de solução consensual de conflitos, responsáveis pela realização de sessões e audiências de conciliação e mediação e pelo desenvolvimento de programas destinados a auxiliar, orientar e estimular a autocomposição". O TST, IN 39/16, art. 14, aceita sua aplicação para conflitos coletivos de natureza econômica.

Abrangência de sentenças normativas de bancários. A Súmula 55 equipara as empresas de crédito, financiamento ou investimento aos estabelecimentos bancários, apenas para os efeitos do art. 224 da CLT, não autorizando, nem mesmo implicitamente, a extensão das sentenças normativas proferidas em dissídios coletivos suscitados contra a categoria econômica dos Bancos (TST, RR 233/86.1, José Ajuricaba, Ac. 2ª T. 38/87).

Acordo coletivo. Intangibilidade pela via da reclamatória individual. Ao trabalhador que se considera lesado ou prejudicado em razão de cláusula de acordo coletivo em vigor, a legislação assegura duas vias para a defesa do direito individual supostamente ofendido, conforme haja o produto negocial resultado do procedimento previsto no art. 863 ou do art. 614 da CLT. No primeiro caso, cabível, segundo a orientação dominante, apenas a Ação Rescisória, na forma do art. 485, inc. V, do CPC. Para a segunda hipótese, o art. 615, consolidado o processo de revisão ou revogação. Qualquer que seja o instrumento processual eleito, entretanto, a reclamatória individual... Por outro lado, o princípio do conglobamento inviabiliza a análise isolada de uma ou outra cláusula coletivamente pactuada, sendo imperioso observar-se, ainda, o princípio da autonomia privada coletiva e a garantia constitucional expressa de sua preservação, quando formalmente manifesta (art. 7º, XXVI) (TST, RR 214.981/95.9, Armando de Brito, Ac. 5ª T. 910/97).

2 Homologado o acordo, só cabe recurso por parte do Ministério Público (L. 7.701/88, art. 7º, § 5º, em apêndice). Recurso do Ministério Público em dissídio coletivo que afete empresa de serviços públicos e, em qualquer caso, as proferidas em revisão (CLT, art. 898).

Acordo homologado. O Ministério Público, no exercício de suas funções institucionais, defende a ordem jurídica, o regime democrático, podendo, para tanto, recorrer até de decisões homologatórias de acordo (TST, RO-DC 296.103/96.8, Antônio Fábio Ribeiro, Ac. SDC 203/97).

3 O procedimento da ação coletiva é de total flexibilidade, em virtude de ausência de normas formais.

O oferecimento da defesa, no dissídio individual, caracteriza a pretensão resistida, instaura a lide e discute-se o interesse individual; assim, o conflito deve ser necessariamente dirimido por ato das partes, restando ao Estado apenas uma função tutelar jurisdicional. Conquanto, no dissídio coletivo, porque em debate o interesse abstrato de toda uma categoria profissional ou econômica, a solução transcende à iniciativa das partes, porque se busca o exercício do poder normativo, manifestado pela criação de regras jurídicas, instituídas a partir do contexto jurídico-econômico e social da Nação (TRT, 10ª Reg., DC 31/86, Heloísa Marques, Ac. TP. 3.897/86).

Inadmissível é a reconvenção no dissídio suscitado pelo sindicato da categoria profissional (TST, RO-DC 139.840/94.7, José Luiz Vasconcellos, Ac. SDC 277/95).

4 O Ministério Público emitirá parecer escrito ou protestará pelo pronunciamento oral na audiência ou sessão de julgamento (L. 7.701/88, art. 11). Diz a Constituição Federal de 1988:

> **Todos os julgamentos dos órgãos do Poder Judiciário serão públicos (...) podendo a lei, se o interesse público o exigir, limitar a presença, em determinados atos, às próprias partes e a seus advogados, ou somente a estes (CF/88, art. 93, IX).**

5 O juiz exerce o poder de polícia, competindo-lhe: (...) II – ordenar que se retirem da sala da audiência os que se comportarem inconvenientemente; III – requisitar, quando necessário, a força policial (CPC/15, art. 360).

6 O juiz relator disporá de 10 dias para redigir acórdão; não publicado nos 20 dias seguintes ao julgamento, poderão os litigantes ou o Ministério Público interpor recurso ordinário, fundado apenas na certidão do julgamento, inclusive com pedido de efeito suspensivo, pagas as custas; publicado, reabre-se o prazo para aditamento (L. 7.701/88, art. 7º).

Considerando que todo julgamento deve ser fundamentado (art. 93, IX, da CF) não basta que o CCE explicite um percentual determinado para conciliação. Se esta não prospera são necessários os elementos determinantes de tal proposta que não pode resultar tão só de um alvitre desfundamentado. No escamoteamento de dados concretos sobre a situação econômico-financeira da empresa e dos reflexos que um determinado reajuste pode trazer à coletividade, o Tribunal fica compelido a aceitar os elementos fornecidos pela administração da empresa como retrato fiel de suas circunstâncias (TST, DC 343.411/97.7, José Luiz Vasconcellos, Ac. SDC 500/97).

7 Vigência das cláusulas adotadas pelas sentenças normativas extintas (art. 613/4).

8 Salários coletivos (reajuste geral, art. 457/13). Convenção ou acordo coletivos (art. 611 e segs.).

Seção III
Da extensão das decisões

Art. 868. Em caso de dissídio coletivo que tenha por motivo novas condições de trabalho e no qual figure como parte apenas uma fração de empregados de uma empresa, poderá o Tribunal competente, na própria decisão, estender[1] tais condições de trabalho, se julgar justo e conveniente, aos demais empregados da empresa que forem da mesma profissão dos dissidentes.

Parágrafo único. O Tribunal fixará a data em que a decisão deve entrar em execução, bem como o prazo de sua vigência, o qual não poderá ser superior a 4 anos.

Art. 869. A decisão sobre novas condições de trabalho poderá também ser estendida a todos os empregados da mesma categoria profissional compreendida na jurisdição do Tribunal:

a) por solicitação de um ou mais empregadores, ou de qualquer sindicato destes;

b) por solicitação de um ou mais sindicatos de empregados;

c) *ex officio*, pelo Tribunal que houver proferido a decisão;

d) por solicitação da Procuradoria da Justiça do Trabalho.

Art. 870. Para que a decisão possa ser estendida, na forma do artigo anterior, torna-se preciso que 3/4 dos empregadores e 3/4 dos empregados, ou os respectivos sindicatos, concordem com a extensão da decisão.

§ 1º O Tribunal competente marcará prazo, não inferior a 30 nem superior a 60 dias, a fim de que se manifestem os interessados.

§ 2º Ouvidos os interessados e a Procuradoria da Justiça do Trabalho[2], será o processo submetido ao julgamento do Tribunal.

Art. 871. Sempre que o Tribunal estender a decisão, marcará a data em que a extensão deva entrar em vigor.

1 V. legislação mencionada após o art. 859.

Há quem interprete a L. 4.725/65 (art. 10, em apêndice) como tendo revogado o permissivo para extensão das decisões, o que parece duvidoso.

SDC É inviável aplicar condições constantes de acordo homologado nos autos de dissídio coletivo, extensivamente, às partes que não subscreveram, exceto se observado o procedimento previsto nos arts. 868 e s., da CLT (TST, SDC, Orientação Jurisprudencial 2).

Dissídio Coletivo. A extensão, como prevista nos arts. 868 e s. da CLT, só se admite em caso de decisão coletiva (TRT/SP, DC 457/90-A, Carlos de Araújo, Ac. G. III 41/91).

2 Recurso voluntário do Presidente do Tribunal e do Ministério Público em sentença de revisão (CLT, art. 898).

Seção IV
Do cumprimento das decisões

Art. 872. Celebrado o acordo[1], ou transitada em julgado[2-3] a decisão, seguir-se-á o seu cumprimento, sob as penas estabelecidas neste Título.

Parágrafo único. Quando os empregadores deixarem de satisfazer o pagamento de salários, na conformidade da decisão proferida, poderão os empregados ou seus sindicatos[4], independente de outorga de poderes de seus associados, juntando certidão de tal decisão, apresentar reclamação à Vara do Trabalho* ou Juízo competente, observado o processo previsto no Capítulo II deste Título, sendo vedado, porém, questionar sobre a matéria de fato e de direito já apreciada na decisão.

*(tacitamente alterado pela EC 24/99)

1 Acordo (art. 863).

2 Está revogado o art. 872, *caput*, quando exige para execução o trânsito em julgado. A sentença normativa poderá ser objeto de ação de cumprimento: a) quando do TRT, a partir do 20º dia subsequente ao do julgamento, fundada no acórdão ou na certidão de julgamento (L. 7.701/88, art. 7º); b) quando do TST, a partir da publicação da certidão de julgamento (L. 7.701/88, art. 10). O recurso tem efeito só devolutivo e a execução é definitiva, pois o provimento do recurso não importa na restituição das vantagens (L. 4.725/65, art. 6º, § 3º). Das decisões do TRT em dissídio coletivo cabe recurso ordinário (L. 7.701/88, art. 7º). O Presidente do TST poderá marcar audiência de conciliação (IN 24/03, em apêndice), antes de conferir efeito suspensivo às sentenças normativas "na medida e extensão" que entender (L. 10.192/01, art. 14). No TRT, o juiz relator disporá de 10 dias para redigir o acórdão; não publicado nos 20 dias seguintes ao julgamento, poderão os litigantes ou o Ministério Público interpor recurso ordinário, fundado apenas na certidão de julgamento, inclusive com pedido de efeito suspensivo, pagas as custas; publicado, reabre-se o prazo para aditamento (L. 7.701/88, art. 7º). Recurso do Ministério Público (art. 898). Efeitos dos recursos (art. 899/3).

TST É dispensável o trânsito em julgado da sentença normativa para propositura da ação de cumprimento (TST – Súmula 246).

SDI A coisa julgada produzida na ação de cumprimento é atípica, pois dependente de condição resolutiva, ou seja, da não modificação da decisão normativa por eventual recurso. Assim, modificada a sentença normativa pelo TST, com a consequente extinção do processo, sem julgamento do mérito, deve-se extinguir a execução em andamento, uma vez que a norma sobre a qual se apoiava o título exequendo deixou de existir no mundo jurídico (TST, SDI-1, Orientação Jurisprudencial 277).

SDC São incompatíveis com a natureza e finalidade do dissídio coletivo as pretensões de provimento judicial de arresto, apreensão ou depósito (TST, SDC, Orientação Jurisprudencial 3).

3 *Empresa que não foi parte* nem integra a categoria suscitada, como, por exemplo, a que contratou membro de categoria diferenciada, está isenta do cumprimento de seus dispositivos. Incapacidade econômica da empresa (L. 7.238/84, art. 11, em apêndice). Redução de jornada (CF, art. 7º, XIII; L. 4.923/65).

TST Empregado integrante de categoria profissional diferenciada não tem o direito de haver de seu empregador vantagens previstas em instrumento coletivo no qual a empresa não foi representada por órgão de classe de sua categoria (TST – Súmula 374, conversão da Orientação Jurisprudencial SDI-1 55).

SDC É inviável aplicar condições constantes de acordo homologado nos autos de dissídio coletivo, extensivamente, às partes que não subscreveram, exceto se observado o procedimento previsto nos arts. 868 e seguintes, da CLT (TST, SDC, Orientação Jurisprudencial 2).

Categoria diferenciada. Se o empregador não integrou a relação coletiva negocial ou processual, diretamente ou representado pela associação sindical de sua classe, de que se originou a suposta fonte normativa da pretensão do empregado, destituída de suporte jurídico é a sua condenação (TST, RR 431/89.0, Ermes Pedrassani, Ac. 2ª T. 784/91).

Empresa não integrante de categoria econômica representada pelos sindicatos que celebraram convenção coletiva de trabalho, cujo descumprimento ensejou a eclosão de movimento paredista, não é parte legítima para figurar no polo passivo de dissídio coletivo de greve, porquanto a ela não cabe, sequer, negociar com os grevistas, nem o atendimento de suas reivindicações, ainda que o sucesso das negociações anteriores à deflagração da parede pudesse depender também dela, indiretamente, como contratante das empreiteiras empregadoras (TST, RO-DC 176.960/95.7, Rider Nogueira de Brito, Ac. SDC 799/96).

Norma coletiva. Extensão. A empresa que não foi suscitada em dissídio coletivo promovido por sindicato de categoria diferenciada não se submete à solução do litígio (sentença normativa ou convenção coletiva) (Proc. TRT/SP, RO 34.871/96, Valentin Carrion, Ac. 9ª T. 55.940/97).

4 *Representação* do sindicato para ajuizar ação de cumprimento.

Diz a Constituição Federal de 1988:

Art. 8º ...

III – ao sindicato cabe a defesa dos direitos e interesses coletivos ou individuais da categoria, inclusive em questões judiciais ou administrativas.

Estipula a CLT, no art. 872 e parágrafo único, que "poderão... os sindicatos, independente de outorga de poderes de seus associados... apresentar reclamação...". Entendemos ser hipótese de representação presumida outorgada pela lei ao sindicato, que não se confunde com a substituição processual (v. art. 514/1).

SDI Falta interesse de agir para a ação individual, singular ou plúrima, quando o direito já foi reconhecido através de decisão normativa, cabendo, no caso, ação de cumprimento (TST, SDI-1, Orientação Jurisprudencial 188).

5 A *anulação de cláusula coletiva*, por iniciativa do empregado ou do empregador, pertence à competência dos Tribunais e não à da primeira instância. Dissídios coletivos (art. 856 e segs.). Com a revogação da Portaria MT/GM 865/95, pode o Estado fiscalizar o conteúdo das cláusulas das convenções e acordos coletivos (Port. MT/GM 143/04, v. Índ. Leg.).

■ Os princípios da autonomia privada coletiva e da flexibilização, abrigados pela Constituição de 1988 no art. 7º, VI, ampliaram a liberdade de negociação das representações sindicais, a fim de que possam, por meio de concessões recíprocas, chegar à solução de conflitos e a concretização de anseios, razão pela qual o produto da autocomposição não pode ser avaliado pelos seus dispositivos em um enfoque sectário, sem considerar a totalidade do conjunto, conforme pretende o recorrente, sob pena de quebra do equilíbrio dos interesses que o motivaram, desestimulando, dessa forma, o processo de negociação e composição autônoma tão preconizado pela Lei Maior e por esta corte (RO-AA 696737/00, Ronaldo Leal – TST).

■ Ação anulatória. Compete aos Tribunais Regionais do Trabalho apreciar, originariamente, ação declaratória ajuizada pelo Ministério Público do Trabalho, objetivando nulidade de cláusula normativa (TST, RO-AA 411.348/97.4, Fernando Eizo Ono, Ac. SDC).

■ Acordo coletivo. A legislação assegura duas vias para a defesa do direito individual supostamente ofendido, conforme haja o produto negocial resultado do procedimento previsto no art. 863 ou do art. 614 da CLT. No primeiro caso, cabível, segundo a orientação dominante, apenas a Ação Rescisória, na forma do art. 485, inc. V, do CPC. Para a segunda hipótese, o art. 615, consolidado o processo de revisão ou revogação. Qualquer que seja o instrumento processual eleito, entretanto, a reclamatória individual não se inclui entre eles, sendo do Tribunal, e não da Junta, a competência material e funcional para apreciar o pedido (art. 678, inc. I, "c", 2, da CLT). Por outro lado, o princípio do conglobamento inviabiliza a análise isolada de uma ou outra cláusula coletivamente pactuada, sendo imperioso observar-se, ainda, o princípio da autonomia privada coletiva e a garantia constitucional expressa de sua preservação, quando formalmente manifesta (art. 7º, XXVI) (TST, RR 214.981/95.9, Armando de Brito, Ac. 5ª T. 910/97).

Seção V
Da revisão

Art. 873. Decorrido mais de um ano de sua vigência, caberá revisão das decisões que fixarem condições de trabalho, quando se tiverem modificado as circunstâncias que as ditaram, de modo que tais condições se hajam tornado injustas ou inaplicáveis.

Art. 874. A revisão poderá ser promovida por iniciativa do Tribunal prolator, da Procuradoria da Justiça do Trabalho, das associações sindicais ou de empregador ou empregadores interessados no cumprimento da decisão.

Parágrafo único. Quando a revisão for promovida por iniciativa do Tribunal prolator ou da Procuradoria, as associações sindicais e o empregador

ou empregadores interessados serão ouvidos no prazo de 30 dias. Quando promovida por uma das partes interessadas, serão as outras ouvidas também por igual prazo.

Art. 875. A revisão será julgada pelo Tribunal que tiver proferido a decisão, depois de ouvida a Procuradoria da Justiça do Trabalho.

Capítulo V
DA EXECUÇÃO

Seção I
Das disposições preliminares

Art. 876. As decisões[2-3] passadas em julgado[4] ou das quais não tenha havido recurso com efeito suspensivo[4]; os acordos[7], quando não cumpridos; os termos de ajuste de conduta firmados perante o Ministério Público do Trabalho e os termos de conciliação firmados perante as Comissões de Conciliação Prévia serão executados[1] pela forma estabelecida neste Capítulo[5-6 e 8-9] (Red. L. 9.958/00).

Parágrafo único. A Justiça do Trabalho executará, de ofício, as contribuições sociais[10] previstas na alínea *a* do inciso I e no inciso II do *caput* do art. 195 da Constituição Federal, e seus acréscimos legais, relativas ao objeto da condenação constante das sentenças que proferir e dos acordos que homologar. (Red. L. 13.467/17).

1 *A execução forçada* é a realização da sanção estatuída pela lei (Liebman, *Processo de Execução*). A norma jurídica se compõe de um preceito de conduta e uma sanção. Antes de realizar a sanção (pela execução), o juiz tem de extraí-la concretamente do conjunto da organização jurídica, onde jaz de forma abstrata (José Alberto dos Reis, *Processo de Execução*). A doutrina considera ações autônomas a ação de cognição que se encerra com a sentença condenatória transitada em julgado e a ação de execução de sentença que se lhe segue. Não importa que esta se processe nos mesmos autos. Se isso se constata no processo comum (Teoria Geral do Processo), o mesmo se percebe no processo do trabalho; as simplificações do procedimento não alteram a substância, assim como não a altera o poder concedido ao juiz de promover *ex officio* a execução (arts. 878 e 659, II, da CLT) e que integra o poder genérico de iniciativa judicial trabalhista (art. 765). O fundamental, sob o ponto de vista conceitual, é que a finalidade do processo de cognição é uma (o reconhecimento de uma obrigação de dar ou de fazer, geralmente) e a do de execução é outra (realização forçada de um interesse de que já é certa a tutela).

A expressão usada pela CLT (art. 879, § 1º), referindo-se à intangibilidade da causa principal, converge para essa distinção. Em sentido contrário, Maranhão, Lamarca, Giglio e outros.

2 *Executa-se o título judicial* (a sentença); a execução de título extrajudicial não tinha previsão legal no processo trabalhista (salvo a ação monitória, CLT, art. 840/18). Com a L. 9.958/2000, a Justiça do Trabalho passa a ter competência também para executar título executivo extrajudicial. A única exigência é a vinculação à matéria, ou seja, deve decorrer de relação de emprego (v. arts. 625-E e 736/5). Admitem execução as sentenças condenatórias e, para o acessório, todas as demais, inclusive as declaratórias, quanto a custas, honorários advocatícios e periciais, sanções processuais impostas e demais despesas judiciais, assim como o que decorrer do direito à documentação nos registros públicos ou privados (carteira de trabalho, previdência etc.). A prestação pode ser alternativa (CPC/15, art. 800), subordinada a condição ou termo (CPC/15, art. 514) ou à obrigação prévia do credor (CPC/15, art. 787 e parágrafo único), como é a hipótese de prestações vincendas dependentes do efetivo trabalho do empregado. Quando a relação jurídica continua a produzir efeitos que dependem da manutenção das circunstâncias que lhe deram causa, a coisa julgada não cobre a imutabilidade do futuro (CLT, art. 831 e notas). A obrigação pode consistir em dar quantia em dinheiro (pagamento) ou coisa (ferramenta, máquina ou produto decorrente do contrato de trabalho), de fazer ou de abster-se (CPC/15, art. 815). O CPC/15, art. 806, autoriza a execução de título extrajudicial para as obrigações de entrega de coisa certa. A L. 9.958/00 trouxe a competência para a Justiça do Trabalho executar tais títulos, mas foi omissa quanto ao tipo da obrigação referida. Portanto, entendemos que tal norma também pode ser aqui aplicada.

3 *A obrigação de fazer* (praticar ato, exemplo: reintegrar) ou de não fazer, quando desatendida, se grave e se ainda estiver vigente a relação de trabalho, poderá fundamentar a rescisão contratual por culpa do inadimplente: não se trata de execução, mas dos efeitos materiais do comportamento que violam aquilo que foi definitivamente determinado em sentença. Processualmente, a obrigação de fazer, contida na sentença, transforma-se em perdas e danos, em decorrência da lei, e independe de sentença expressa, inclusive quando o ato deva ser praticado pessoalmente pelo devedor (CPC/15, art. 821, parágrafo único: havendo recusa ou mora do devedor, a obrigação pessoal do devedor converter-se-á em perdas e danos...): a liquidação dessa conversão se dá nos autos principais, após a decisão do juiz da execução que constatar o inadimplemento, mediante artigos de liquidação (CLT, art. 879; o CPC/15, art. 509, utiliza o procedimento comum, e não mais a expressão por artigo do CPC/73, art. 475-E).

As obrigações de fazer não pessoais (que podem ser praticadas por terceiro diverso do devedor), as de não fazer e as de entregar seguem o CPC/15 (satisfação à custa do credor – art. 816, abstenção por lei ou por contrato – art. 822 e coisa determinada – art. 811). Se o credor pedir o cumprimento da obrigação, o juiz fixará multa diária, podendo reduzi-la ou aumentá-la (CPC/15, art. 814). Mas todas somente se convertem em perdas e danos se o autor o requerer ou se impossível a obtenção do resultado, conforme o CPC/15, art. 499 (art. 840/26). O CPC/15, arts. 497 a 501, trata do julgamento das Ações Relativas às Prestações de Fazer, de Não Fazer e de Entregar Coisa (julgamento das ações de tutelas específicas), todos aplicáveis à Justiça do Trabalho (TST, IN 39/16, art. 3º, XI).

A execução da obrigação de fazer inicia-se pela citação do réu para que cumpra a sentença no prazo nela previsto ou designado pelo juiz da execução (CPC/15, art. 815).

STJ A prévia intimação pessoal do devedor constitui condição necessária para a cobrança de multa pelo descumprimento de obrigação de fazer ou não fazer (STJ – Súmula 417).

Obrigação de fazer não é susceptível de execução provisória (TST, RXOF 141.638/94.4, Manoel Mendes de Freitas, Ac. SBDI-2 830/96).

3-A *A coação contra quem descumpre a obrigação de fazer* ou de abster-se, a fim de que realize o ato ou a omissão, pode ser atingida, em certos casos, mediante as *astreintes* ou cominações pecuniárias diárias, de tal peso que, tornando-se insuportáveis, desestimulam a resistência. Assemelham-se às penas pecuniárias, com a diferença de que aquelas não têm a finalidade de satisfazer a obrigação, ou seja, substituí-la, mas de constranger o devedor: não estão, por isso, limitadas, como as sanções, ao valor da obrigação principal.

Justificam-se porque o resultado ideal de uma condenação está em chegar a suprimir o dano causado, em vez de substituir esse dano, procurando para a vítima um simples equivalente monetário (Mazeaud et Mazeaud, *Traité de la Responsabilité Civile*); para isso o juiz deve deferir os meios de coerção sobre a vontade de quem não cumpre a obrigação, meios que, respeitando sua pessoa física e sua liberdade, possam levá-lo coativamente ao cumprimento (ob. cit., n. 2.3l3). Esse meio de defesa do direito obrigacional descumprido é corriqueiro em outros ordenamentos (Liebman, *Processo de Execução*). Tais cominações, entretanto, podem ser concedidas pelo juiz, mesmo não pleiteadas no pedido inicial da ação de conhecimento nem acolhidas na sentença (CPC/15, art. 497); são possíveis em qualquer obrigação de fazer, tolerar ou abster-se (CPC/15, art. 822), praticáveis por terceiro (mas que dependem do custeio do devedor, art. 816) ou pessoais (art. 821). Tutela nas obrigações de fazer (CPC/15, art. 497). Cautelar no Tribunal (CPC/15, art. 299, parágrafo único).

3-B *A reintegração do empregado estável*, mediante força física, *manu militari*, é odiosa e desnecessária. A execução das perdas e danos, que consiste na execução das prestações sucessivas salariais, enquanto não ocorrer a readmissão, já é uma sanção real. Quanto à multa, a CLT tem dispositivo expresso (art. 729). Trata-se de multa administrativa diária, que reverte aos cofres da União, onde se obedece ao procedimento próprio, mediante "executivo fiscal", atribuindo-se legitimidade ativa apenas à Procuradoria (não à parte) e competência da Fazenda Federal. Como se vê, parece injurídico somar-se essa sanção do diploma específico a outro meramente subsidiário (CPC/15, art. 497). A reintegração do empregado nas grandes empresas é menos traumática que nas pequenas, pela despersonalização. Salienta-se que a reintegração mais consiste em obrigação de abster-se do que de fazer (Alonso Olea, *El despido*, apud Ermida Uriarte, *La estabilidad...*). Wagner Giglio é pela reintegração *manu militari* pelo oficial de justiça, com soldados e arrombamento, convertendo-se em perdas e danos só com nova ação (*Direito Processual do Trabalho*).

■ A omissão de retorno ao emprego quando posto à disposição implica renúncia à reintegração e extingue direito às verbas indenizadas (TRT/SP, RO 13.352/85, Valentin Carrion, Ac. 8ª T.).

■ Reconhecida a nulidade da despedida do empregado eleito membro da CIPA, somente serão devidos os salários e vantagens do período da garantia do emprego, assegurada no art. 10, inciso II, do ADCT, entendendo-se cessado o vínculo quando do término do período de estabilidade provisória. Incabível, portanto, a reintegração pleiteada, principalmente porque cessado o período estabilitário (TST, RR 175.620/95.7, Antonio Maria Thaumaturgo Cortizo, Ac. 5ª T. 4.110/96).

3-C *O pedido de entrega de guias* para levantamento dos depósitos de FGTS e sua consequente condenação se constitui em uma imprecisão técnica evidente, de mau hábito. A real pretensão do autor não é obrigação de fazer mas de pagar, ou seja, de receber coisa fungível, pois o dinheiro é considerado mercadoria. A guia nada mais é do que o documento necessário para o saque extrajudicial: havendo litígio, a sentença do juiz, mediante mandado, alvará ou simples ofício, cumpre a verdadeira pretensão do autor; nenhuma razão há, assim, para que não se dê toda força finalística contida no pedido, inclusive para que, se frustrado o levantamento, por inexistência de depósito, ou por insuficiência, não se calculem na execução, mediante liquidação e respeitado o contraditório, as importâncias faltantes, independentemente das meras palavras utilizadas na petição inicial ou na sentença de cognição. O mesmo ocorre quando se trata de executar acordo em que o executado pactuou a entrega das guias e não há depósito ou é incompleto. A execução cobrirá as diferenças legais que vierem a se apurar, salvo se ficou estipulado apenas o levantamento do que houver, renunciando o empregado às diferenças, ou se as partes arbitrarem uma quantia mínima.

■ FGTS. Inexistência. A decisão que acolhe levantamento dos depósitos pelo código 01 está deferindo ao autor valores do FGTS, incidentes sobre as verbas de natureza salarial pagas durante o contrato ou por ocasião da rescisão, judicial ou extrajudicialmente, além do acréscimo de 10% sobre ambas. A execução que assim atue, nos estritos e expressos limites previstos em lei, não inova nem constitui julgamento *extra petita* (TRT/SP, Ap. 14.339/85, Valentin Carrion, Ac. 8ª T. 14.4.86).

3-D *A anotação de carteira de trabalho* quanto à existência de relação de emprego ou outra circunstância poderá permitir a condenação em perdas e danos, mas não como *astreinte*, com multa diária, para constranger o devedor à anotação; isto em virtude de que a providência poderá ser efetuada por terceiro (a secretaria do juízo, CLT, art. 39), e a sentença supre a emissão de declaração de vontade; assim, também, o CPC/15, art. 501 (Consolidação dos Provimentos, arts. 50 e 51, TST Correg./12, em apêndice).

■ Anotação na CTPS. O inadimplemento das obrigações de anotação na CTPS possui pena cominada e normas para a sua aplicação, previstas pela própria CLT em seus arts. 39, §§ 1º e 2º, 48 e 54. Não é, pois, caso de aplicação subsidiária dos arts. 287 e 644, do CPC (TST, RR 6.778/85, José Ajuricaba, Ac. 2ª T. 4.538/86).

■ Multa diária por inadimplemento de obrigação de fazer é vício *extra petita* se não foi pleiteada na inicial (CPC, art. 287, se o autor pedir a condenação...). O defeito não se dá na conversão em perdas e danos, que independe de ser acolhida pela sentença de cognição e é fixada nos próprios autos na execução (CPC, art. 633, em sintonia com o Código Civil, art. 880) (TRT/SP, RO 20.537/85, Valentin Carrion, Ac. 8ª T.).

4 *A sentença passa em julgado* quando inexiste recurso, porque a lei não o prevê ou, porque, havendo-o, a parte deixou de interpô-lo. O recurso remete ao Tribunal para o qual se recorre (*ad quem*) o reexame das questões visadas pelo inconformismo da parte; esse é o efeito devolutivo (CLT, art. 899) que todo recurso tem: "devolver" é remeter. Se o recurso tiver *efeito suspensivo*, as consequências materiais da sentença não são exigíveis, enquanto o Tribunal não proferir julgamento. Coisa julgada (art. 831/6).

A *execução provisória* é permitida se a lei não conceder efeito suspensivo ao recurso (nada impede que a execução provisória torne líquida a sentença, fazendo-se todos os cálculos para que quando o recurso seja julgado os valores já estejam definidos e a sentença esteja líquida); vai apenas até a penhora e depósito da coisa (CLT, art. 899); permite a liquidação da condenação ilíquida e o registro da sentença, mesmo genérica, mediante hipoteca judiciária (CPC/15, art. 495), na forma da lei dos registros públicos; permite, também, a apresentação e julgamento dos embargos à execução e "realizar todos os atos que têm função preparatória" (Liebman, *Processo de Execução*, 1963). A execução provisória, inclusive a liquidação, faz-se por mera petição, correrá em autos apartados e receberá numeração própria, TST/CGJT, Prov. 2/13. De acordo com o CPC/15, art. 522, que não utiliza o já consagrado termo carta de sentença, o requerimento da execução provisória será feito por mera petição, mas para tanto será necessária a extração de vários documentos, que já eram utilizados na carta de sentença; pode o advogado declarar a autenticidade dos documentos. Não ocorrendo a extração antes da subida do processo ao TRT, por ocasião do RO, só poderá ser feita no seu retorno, deixando assim a execução paralisada até a volta do recurso. Quanto à liquidação da sentença, o CPC/15, art. 512, dispõe que "a liquidação poderá ser realizada na pendência de recurso, processando-se em autos apartados no juízo de origem, cumprindo ao liquidante instruir o pedido com cópias das peças processuais pertinentes". Pendente o recurso extraordinário, pensamos que a execução é definitiva (v. art. 893, § 2º/7). Também não é provisória a execução da sentença contra a qual foi proposta ação rescisória (CPC/15, art. 969). O recurso ordinário, assim como o agravo de instrumento, permite a execução provisória (CLT, art. 899, efeito devolutivo). O recurso de revista, até o advento da L. 9.756/98, admitia efeito suspensivo concedido pela autoridade que o recebesse (Presidente do Tribunal ou Turma do TST). Entretanto, a reforma só permite o efeito devolutivo (art. 896, § 1º). Ressarcimento de despesas pela reforma da sentença (CPC/15, art. 776). Agravo de petição e execução imediata (CLT, art. 897, § 1º). Execução de sentença coletiva (art. 872 e notas). Embargos à execução provisória (v. art. 884/2).

STJ É definitiva a execução de título extrajudicial, ainda que pendente apelação contra sentença que julgue improcedentes os embargos (STJ – Súmula 317).

Poderá caber execução provisória da sentença, não obstante estar pendente o recurso ordinário se se entender que ele tem efeito devolutivo, apenas. Isso com apoio na CLT, art. 899: os recursos serão interpostos por simples petição e terão efeito meramente devolutivo, salvo as exceções previstas neste título, permitida a execução provisória até a penhora (TRT/SP, RO 22.050/85, Valentin Carrion, Ac. 8ª T.).

A execução da parte incontroversa não impugnada no recurso ordinário, é definitiva (TRT/SP, CP 327/93, Valentin Carrion, Juiz Corregedor, *DOE-SP*, 24.11.93).

A regra geral da devolutibilidade dos recursos trabalhistas dirige-se à execução provisória, ou seja, à prática dos atos preparatórios da execução propriamente dita, tendente à alienação do bem penhorado. Ora, não existe, quanto às obrigações de fazer ou de não fazer, constantes do título judicial, atos preparatórios da execução, pois que não há penhora, salvo cominação pecuniária, o que não é o caso. Assim, não há que se falar em efeito devolutivo como elemento autorizador da determinação de reintegração imediata, do que resultaria, inafastavelmente, a concretização da condenação sem o trânsito em julgado, dada a sua natureza satisfativa (TST, RO-MS 89.635/93.0, José Luiz Vasconcellos, Ac. SDI 3.969/95).

A execução provisória é garantia legal, conferida ao credor pelo art. 899 da CLT, cujo texto contém norma genérica, não ficando excetuadas de sua abrangência as entidades sindicais, quando atuam na condição de substituto processual (TST, RO-MS 97.009/93.2, Francisco Fausto, Ac. SDI 1.667/96).

A obrigação de fazer, em princípio, não enseja execução provisória. Segurança concedida para obstar reintegração antes do trânsito em julgado da decisão da reclamação trabalhista (TST, RO-MS 253.880/96.5, Manoel Mendes de Freitas, Ac. SBDI-2 1.802/97).

Sentença. Duplo grau de jurisdição. Todas as questões suscitadas no processo, ainda que a sentença não as tenha julgado por inteiro, serão apreciadas pelo Tribunal (CPC, 515, § 1º). O órgão superior está impossibilitado de pronunciar-se sobre o mérito da causa, se não o fez o inferior, mas é dispensável que tenha "esgotado" a matéria; basta que estivesse em condições de resolvê-la no momento em que proferiu a sentença. É desnecessário o retorno à Junta de origem quando o processo já está maduro e, de 23 pedidos distintos, apenas um, já instruído, escapou à perspicácia da Primeira Instância (Proc. TRT/SP 18.489/97, Valentin Carrion, Ac. 9ª T. 27.127/98).

5 A *fraude contra credores* e a fraude à execução possuem conceituação, requisitos e efeitos diferentes. Aquela é de Direito material (CC/02, art. 158), prejudica apenas interesses privados, necessita de prova do dano causado ao credor pela alienação do bem e de prova da intenção de fraudar e depende de ação revocatória (ação pauliana); os atos praticados são anuláveis. A fraude à execução é de Direito processual (CPC/15, art. 792). Não só prejudica o credor mas atenta contra a atividade jurisdicional do Estado (Liebman, *Processo de Execução*; Theodoro Jr., *Processo de Execução*); dispensa qualquer ideia de culpa (P. Miranda, *Comentários ao CPC 73*), sendo suficiente a insolvência e a existência da demanda, mesmo sem penhora, sem registro, ao menos contra o primeiro adquirente que recebeu o bem do executado; prescinde de qualquer ação especial ou sentença, não produzindo qualquer efeito sobre a execução; os atos praticados são nulos.

STJ O reconhecimento da fraude à execução depende do registro da penhora do bem alienado ou da prova de má-fé do terceiro adquirente (STJ – Súmula 375).

STJ Em embargos de terceiro não se anula ato jurídico, por fraude contra credores (STJ – Súmula 195).

Para que se configure fraude à execução não é suficiente o ajuizamento da demanda, mas a citação válida. Aventada afronta aos arts. 135 e 530 do CC e 167, I, 9º e 172 da L. 6.015/73: falta de prequestionamento (Súmulas 282 e 356) (STF, RE 105.846-3-SP, Francisco Rezek, Ac. 2ª T. 6.9.85, p. 14876).

Fraude à execução não configurada. Instrumento de compromisso de venda e compra não registrado anteriormente ao ajuizamento da reclamação e da execução contra os sócios executados. O Instrumento de Compromisso de Venda e Compra, ainda que desprovido de registro, constitui instrumento hábil a demonstrar a posse adquirida em data anterior à própria propositura da reclamação trabalhista e da inclusão dos sócios na execução. Na atualidade, tem-se como necessária prova de que o adquirente do bem, sabia ou deveria saber da situação fática causadora da ineficácia do negócio jurídico engendrado. Não nos parece razoável que os adquirentes tenham que tomar cautelas fora dos padrões normais do homem médio, ou seja, averiguarem se as pessoas físicas que se apresentam como proprietárias vendedoras do imóvel, integram uma sociedade de empresas, fazendo busca em todo o território nacional e depois certificarem-se de possíveis ações ajuizadas contra essas pessoas jurídicas. Ausente tal comprovação, deve ser admitida a presunção de boa-fé dos adquirentes. Não há que se falar em fraude à execução quando no momento do compromisso particular não existia a constrição (Ac. 20898/14-PATR, Proc. 000945-59.2013.5.15.0043 AP, Lorival Ferreira dos Santos, 5ª C., *DEJT*, 27.3.14, p. 1403).

Fraude à execução. Para configurá-la, mister se faz que já haja litispendência, isto é, já tenha sido o executado validamente citado. Venda de imóvel antes da propositura da execução, e registro imobiliário consumado antes da citação do devedor. Não houve, assim, frustração da atuação da Justiça, que é o fundamento essencial da fraude: a execução (STF, RE 111.490-8-SP, Carlos Madeira, Ac. 2ª T.).

■ A fraude à execução somente se caracteriza se o ato de alienação ocorre depois de citação válida (STJ, REsp 63.003-GO, Ruy Rosado de Aguiar, Reg. 95.149575).

■ Impenhorabilidade – Lei n. 8.009/90 – Fraude de execução. O reconhecimento da fraude importa ineficácia da alienação, relativamente à execução. Em assim sendo, não pode o adquirente invocar os benefícios daquela lei. O comparecimento do citado supre a falta de citação. Desse modo, havendo o executado oferecido embargos, há de entender-se que atendido o disposto no art. 593, II, ao exigir que, ao tempo da venda, havia ação em curso (STJ, REsp 65.536-6-SP, Eduardo Ribeiro, Reg. 95.0022607-3).

■ Para que se configure a fraude à execução, não basta o ajuizamento da demanda; é necessária a citação válida (STJ, REsp 62.732-0-SP, Barros Monteiro, Reg. 95.14024-1).

■ Penhora não registrada. Falta de prova da ciência da execução. Segundo o acórdão recorrido, "Tratando-se de bens hipotecados à Caixa Econômica Federal, adquiridos pela embargante com a aquiescência desta, a penhora posterior dos mesmos, por dívida por ex-proprietário, torna-se insubsistente". Inocorrência de fraude, donde improcedente a alegação de ofensa ao art. 593-II do CPC. Precedentes da 2ª Seção do STJ: REsp 2.653, 3.259 e 26.866 (STJ, REsp 60.660-PR, Nilson Naves, Reg. 95.066777).

6 *São atos atentatórios à dignidade da Justiça*: fraudar a execução, opor-se maliciosamente a ela, resistir injustificadamente às ordens judiciais, não indicar em 5 dias onde se encontram os bens sujeitos à execução (CPC/15, art. 774.). O devedor incidirá em multa até 20% do valor atualizado, sem prejuízo de outras sanções (CPC/15, art. 774, parágrafo único), multa essa que reverterá em proveito do credor, exigível na própria execução.

7 *Acordos.* Conceitos, efeitos, homologação e rescisão (art. 831/7). Obrigatoriedade (art. 764). Momento e condições (arts. 847 e 850). Execução de prestações sucessivas (art. 890). Dissídio coletivo (art. 860 e segs.).

8 *Normas que disciplinam a execução* (art. 889/1).

9 Ações cautelares (art. 840/14). Medidas cautelares (art. 840/15). Medida liminar sustando transferência (arts. 659, IX; 840/16). Despedimento de dirigente sindical (art. 543/1). Tutela antecipada de obrigação de fazer (art. 840/26).

10 Serão executadas *ex officio* as contribuições sociais (art. 878/4).

Art. 877. É competente para a execução das decisões o Juiz ou Presidente do Tribunal que tiver conciliado ou julgado originariamente o dissídio.

Art. 877-A. É competente para a execução de título executivo extrajudicial o juiz que teria competência para o processo de conhecimento relativo à matéria (red. L. 9.958/00).

1 Juiz que tiver conciliado ou julgado o dissídio significa o juízo perante o qual se processou a ação em primeiro grau, não a pessoa física deste ou daquele magistrado. A cumulação de várias execuções judiciais apenas pode ocorrer se o juiz for competente para todas, tal como se dá no processo civil (CPC/15, art. 780), ou seja, dentro da mesma Vara. A unificação indiscriminada de execuções, de Varas do Trabalho diversas, pela lei de execução fiscal (L. 6.830/80, art. 28, que em outros dispositivos se aplica à execução trabalhista), aqui é impossível, em face do art. 877 da CLT. Os recursos, providos ou não, não alteram a competência executória do órgão judicante originário. O CPC/15, art. 516, permite a "escolha do juízo da execução", fato que afronta a CLT, art. 877, pois este diz que é competente o "juiz que tiver conciliado ou julgado o dissídio".

STJ Pode execução fundar-se em mais de um título extrajudicial relativos ao mesmo negócio (STJ – Súmula 27).

A execução só pode abranger o período em que as exequentes estavam regidas pela CLT, pois a livre opção pelo regime estatutário faz cessar a competência desta Justiça Especializada. Não caracterizados os pressupostos de admissibilidade (TST, RR 5.715/86.1, Hélio Regato, Ac. 2ª T. 1.243/87).

A edição de lei superveniente, antes de iniciada a execução da sentença, redefinindo a jurisdição da Junta que atuou na fase de conhecimento, não modifica a competência (TST, CComp 82.981/93.9, Ney Doyle, Ac. SDI 2.045/94).

Seja no processo civil (art. 575, II, CPC), seja no processo trabalhista (art. 877, CLT), é competente para a execução da sentença o juízo que decidiu a causa em primeiro grau de jurisdição. O comando jurisprudencial expresso na Súmula n. 59, deste Tribunal, que proclama a inexistência de "conflito de competência se já existe sentença com trânsito em julgado, proferida por um dos juízos conflitantes", há de ser concebido na contextura das regras processuais que definem a competência do juízo da causa para a execução do título judicial (STJ, CComp 7.564-RJ, Vicente Leal, Reg. 94.0004242-6).

Art. 878. A execução será promovida[1] pelas partes, permitida a execução de ofício pelo juiz ou pelo Presidente do Tribunal apenas nos casos em que as partes não estiverem representadas por advogado. (Red. L. 13.467/17).

Parágrafo único. (Revogado). (Red. L. 13.467/17).

Art. 878-A. Faculta-se ao devedor o pagamento imediato da parte que entender devida à Previdência Social, sem prejuízo da cobrança de eventuais diferenças encontradas na execução *ex officio* (red. L. 10.035/00).

1 *Promover a execução não é apenas dar-lhe* o início, mas todo o impulso, até final.

2 *Legitimação ativa.* Podem promover a execução trabalhista o autor e, se falecido, o seu dependente (L. 6.858/80, v. Índice da Legislação) e, na sua falta, o herdeiro, habilitado na ação, se não houver impugnação, ou o inventariante,

se não for dativo, caso tenha sido aberto inventário. Diferente do processo civil (CPC/15, art. 778), não pode haver cessão de crédito na Justiça do Trabalho. Antônio Lamarca menciona as hipóteses do sócio solidário que paga, exemplo de sub-rogação legal; pagamento de terceiro a quem o credor transmite seus direitos ou sub-rogação do credor; terceiro que empresta ao devedor, sub-rogando-se nos direitos ou sub-rogação do devedor (*Execução,* p. 50). Pires Chaves entende que é competente a Justiça do Trabalho para a ação regressiva, quando o débito tiver origem trabalhista e foi discutido no curso da sentença trabalhista (*Execução,* p. 41 e 112), o que parece jurídico; se assim não fosse, e pela mesma circunstância de que não há "lide entre empregado e empregador", como diz a Constituição, teríamos de excluir daqui a cobrança de custas, de honorários de advogado e de perito, do depositário infiel quando não é o empregador, o arrematante que paga débitos que oneram a coisa arrematada e pretende o ressarcimento etc. Contrariamente à competência da Justiça do Trabalho para a ação regressiva, Campos Batalha (*Tratado DJT,* p. 862). Quando há menores sem assistência, tem legitimidade postulatória o Ministério Público ou a pessoa nomeada pelo juiz (CLT, art. 793), a quem, se advogado, serão arbitrados honorários suportados pelo executado. Também o devedor poderá dar andamento à execução, livrando-se de maiores ônus. Os credores de quaisquer direitos decorrentes da condenação, que propriamente não são parte da lide principal, podem promover a execução, nos próprios autos do processo principal ou dos processos dependentes (embargos de terceiro ou outros): honorários de advogado, perito, custas devidas aos serventuários ou aos Estados (inclusive de precatória), honorários de depositário etc. Esses credores passam a ser parte na lide acessória. O advogado pode executar os honorários profissionais a que foi condenada a parte contrária nos próprios autos; o acordo feito pelo seu cliente não lhe prejudica os honorários reconhecidos na sentença (Estatuto da Ordem dos Advogados, art. 24, § 1º).

Perito. Direito a recorrer e a contra-arrazoar a controvérsia estabelecida nos autos se constitui em lide acessória, que deve ser julgada no mesmo processo, dentro do mesmo procedimento, pelos mesmos órgãos jurisdicionais. Assim se deduz de Liebman, do Tribunal de Justiça de SP (desembargador Cantidiano de Almeida) e do STF (TRT/SP, AP 12.778/86, Valentin Carrion, rel. designado, Ac. 8ª T.).

3 *Legitimação passiva* (art. 880).

4 *Serão executadas "ex officio"* a) as execuções dos processos onde as partes exerçam pessoalmente o direito de postular; b) as *contribuições sociais* (previstas na CF/88, art. 195, I, *a*, e II), ou seja, independentemente da vontade das partes e por se tratar de créditos da União, eles serão cobrados por impulso do juiz, as resultantes de condenação e/ou acordo homologados, perante a Justiça do Trabalho. Art. 876, parágrafo único. Perde um dos mais importantes e bem-sucedidos princípios do direito processual trabalhista, que é a automaticidade da rotina procedimental.

5 *A execução pela Procuradoria.* A lei nova revogou o parágrafo único do art. 878, ou seja, retirou o poder de execução da Procuradoria. Os Tribunais Regionais têm competência originária para julgamento de ação rescisória, mandado de segurança, *habeas corpus* e dissídio coletivo, pela prevalência dos interesses individuais e pela complexidade das ações, as partes costumam contar com advogado, posto que seu *jus postulandi* é irreal. As três primeiras não justificariam a intervenção da Procuradoria, assoberbada com suas funções habituais. As sentenças normativas se efetivam através de dissídios individuais, logo também estão no âmbito da natural iniciativa das partes, o que, entretanto, não impediria hipoteticamente que o Procurador (Ministério Público, CLT, art. 736 e segs.) tome a iniciativa da execução, se vislumbrar especial interesse público; mesmo que a norma tenha tirado esse poder da Procuradoria, o interesse público é maior que o individual. Nas sentenças normativas, que, além de sua carga constitutiva típica, de novas condições de trabalho para os empregados da categoria, tenham carga condenatória acessória, como custas e sanções processuais e mesmo obrigacionais, dirigidas às partes da ação coletiva (as associações sindicais, por exemplo), tais como as de não reivindicar, sancionadas com multa (Vilhena, *Particularidades da Execução*). Nas execuções de eventuais determinações judiciárias, quanto ao comportamento das partes em dissídios coletivos, especialmente na paralisação do trabalho, e quem seriam as destinatárias do texto legislativo; tais determinações e sua constrição pela ação do Ministério Público, em princípio, não se coadunam com a concepção pluralista democrática e liberal da livre negociação, salvo em hipóteses de grande comoção social e, mesmo assim, mais para encaminhar as informações às autoridades competentes que devam conhecer dos ilícitos cometidos, se os houver. Ministério Público como assistente do menor (CLT, art. 793).

6 Execução (art. 876/1).

Art. 879. Sendo ilíquida[1-2] a sentença exequenda, ordenar-se-á, previamente, a sua liquidação, que poderá ser feita por cálculo[3], por arbitramento[4] ou por artigos[5].

§ 1º Na liquidação, não se poderá modificar, ou inovar[6], a sentença liquidanda, nem discutir matéria pertinente à causa principal.

§ 1º-A. A liquidação abrangerá, também, o cálculo das contribuições previdenciárias devidas.

§ 1º-B. As partes deverão ser previamente intimadas para a apresen-

tação do cálculo de liquidação, inclusive da contribuição previdenciária incidente (§§ 1º-A e 1º-B, red. L. 10.035/00).

§ 2º Elaborada a conta e tornada líquida[7], o juízo deverá abrir às partes prazo comum de oito dias para impugnação fundamentada[8] com a indicação dos itens e valores objeto da discordância, sob pena de preclusão[8]. (Red. L. 13.467/17).

§ 3º Elaborada a conta pela parte ou pelos órgãos auxiliares da Justiça do Trabalho, o juiz procederá à intimação da União[10] para manifestação, no prazo de 10 dias, sob pena de preclusão (red. L. 11.457/07).

§ 4º A atualização do crédito devido à Previdência Social observará os critérios estabelecidos na legislação previdenciária (red. L. 10.035/00).

§ 5º O Ministro de Estado da Fazenda poderá, mediante ato fundamentado, dispensar a manifestação da União[10] quando o valor total das verbas que integram o salário de contribuição, na forma do art. 28 da Lei n. 8.212, de 24 de julho de 1991, ocasionar perda de escala decorrente da atuação do órgão jurídico (red. L. 11.457/07).

§ 6º Tratando-se de cálculos de liquidação complexos, o juiz poderá nomear perito[11] para a elaboração e fixará, depois da conclusão do trabalho, o valor dos respectivos honorários com observância, entre outros, dos critérios de razoabilidade e proporcionalidade (Red. L. 12.405/11).

§ 7º A atualização dos créditos decorrentes de condenação judicial será feita pela Taxa Referencial[12] (TR), divulgada pelo Banco Central do Brasil, conforme a Lei n. 8.177, de 1º de março de 1991. (Red. L. 13.467/17).

1 *A sentença ilíquida* é a que, tendo condenado ao pagamento de algum crédito, não lhe fixou seu valor; também quando, tratando-se de frutos, coisas fungíveis ou genéricas, não lhe individuou o objeto (CPC/15, art. 509). A execução deve fundar-se em título líquido, certo e exigível (CPC/15, art. 783), pena de nulidade (CPC/15, art. 803). Não obstante seja preparatório dela (Liebman e a maioria dos autores; contra Frederico Marques, *Manual*), a lei a insere no processo de execução, posto que é posterior à coisa julgada, que encerra o processo de cognição e inexiste uma espécie de processo intermediário na classificação habitual das sentenças. Seu objeto é de cognição, que ficou incompleto no processo de conhecimento originário. A doutrina é taxativa ao considerar simplesmente declaratória a sentença de liquidação (Liebman, *Processo de Execução*); Frederico Marques, sem contrariar essa afirmação, a configura com toda lógica como "processo condenatório complementar" da sentença inicial de condenação (idem). O CPC/15 deixa claro que não existem dois processos e sim um único em fase de execução. A iliquidez não exime o magistrado de declarar e fundamentar a certeza da existência da obrigação; assim, é nula a sentença condenatória a "eventuais" horas extras; em casos assim, o juiz tem de prosseguir na instrução ou julgar de acordo com o ônus da prova ou rejeitar o pedido. Tudo isso não impede que verificações minuciosas posteriores, já na liquidação,

terminem constatando a inexistência de qualquer crédito efetivo (*non liquet*), o que nada tem de injurídico.

> Esta Segunda Turma firmou entendimento no sentido de que, das horas extraordinárias deferidas na condenação, devem ser deduzidos os valores já quitados pelo empregador sob o mesmo título, observado o período imprescrito, a fim de evitar o enriquecimento sem causa do trabalhador, vedado em nosso ordenamento jurídico pelo artigo 884 do Código Civil. Possibilita-se, assim, o abatimento de valores efetivamente pagos pelo empregador, no período contratual imprescrito, a título de horas extraordinárias, ainda que o seu pagamento tenha ocorrido em momento posterior ao mês em que foram prestadas. Precedentes do TST (TST, RR 1953800-86.2003.5.09.0011, Guilherme Caputo Bastos).

O *caput* do art. 879 não foi revogado pela L. 8.432/92. Permanece vigente porque a citada norma não o disse e porque ele continua indispensável.

A omissão de resposta às pretensões arguidas pelo exequente não tem os mesmos efeitos da revelia ou da confissão (v. art. 879/8).

2 *Sentença ilíquida em pedido certo* e *Sentença ilíquida proferida em pedido líquido*. Com o CPC/15, nos arts. 490 a 492, o legislador não se atém ao fato do pedido ser certo ou genérico, apenas afirmando que quando o pedido for de condenação a obrigação por quantia, esta, quando possível, deverá ser líquida e quando genérica contenha os elementos necessários à determinação da extensão da obrigação (Humberto Theodoro Jr., *CPC Anotado*, 2016, p. 565, Gen). Trazendo um pouco de paz para essa discussão, mantenho os comentários anteriores relacionados ao CPC/73.

Sentença ilíquida em pedido certo. Quando o autor tiver formulado pedido certo é vedado ao juiz proferir sentença ilíquida, diz o CPC/73 (art. 459, parágrafo único). A interpretação desse texto não é pacífica na doutrina. Mas a jurisprudência abandona caminhos de nulidades e retrocessos. O texto não constava do Projeto Buzaid. Foi introduzido pelo Senado como complemento lógico à faculdade atribuída ao autor da ação de formular pedido genérico ou não: se oferecesse pedido certo (líquido, no caso), o juiz lhe concederia sentença líquida. Athos Gusmão Carneiro (*RF* 251/86) entende que a decisão que não atende a determinação de liquidez seria *extra petita*. Para o referido autor, sendo insuperável a dificuldade, o juiz deveria extinguir o processo sem resolução de mérito (CPC/73, art. 267, II) ou julgar improcedente o pedido. Por sua vez, Wellington Moreira Pimentel acredita que, se o autor formular pedido certo, mas não conseguir provar o *quantum*, haverá a improcedência total ou parcial do pedido (*Comentários*).

Parece que muitas ponderações levam a outros posicionamentos; assim, não parece rigorosamente exato: é que o vício aqui examinado não corresponde ao conceito de *extra petita*, já que condenação não se afasta do pedido do autor, mas dele faz parte e o integra, mesmo que não o faça por completo.

Sentença ilíquida proferida em pedido líquido (CPC/73, art. 459, parágrafo único) não é nula porque não se afasta do pedido, mesmo sem completá-lo integralmente; ainda, inexiste no texto cominação de nulidade (CPC/73, art. 244) e se aplica o princípio da aproveitabilidade dos atos (CPC/73, art. 250); justifica-se não só a impossibilidade de liquidação como também a inconveniência de efetuá-la; quando atos demorados de averiguação mais se coadunem com momento posterior à coisa julgada, o pedido certo pode tornar-se quantitativamente indeterminado, em face da defesa, obrigando o juiz, por falta de elementos suficientes, a deixar sua apuração para o processo de execução. Não vigora aqui o que outros países adotaram, da obrigatoriedade de o juiz trabalhista proferir sempre sentença líquida (*Ley del Procedimiento Laboral Español*, art. 92).

A decisão que julga a liquidação deve fixar o valor devido pelo executado, a fim de possibilitar o cumprimento da obrigação. É nula a decisão se não foi estabelecido o *quantum debeatur*, mas apenas os parâmetros para a sua elaboração (TRT, 10ª Reg., AgPet 319/85, Satyro e Souza, Ac. 1ª T. 790/86).

3 *A liquidação por cálculo* poderá ser feita pelas partes ou por perito nomeado pelo juízo (CPC/15, art. 509 e segs.). A CLT disse apenas "por cálculo", sem acrescentar "contador". Essa simplificação permite admitir-se que o cálculo possa ser realizado pelo contador do juízo ou Tribunal, quando houver, e também pelas partes, ou por laudo pericial contábil. O aplicador tem a opção pela escolha do meio mais apropriado a cada hipótese. Aquela simplificação torna desnecessária a distinção anterior do processo civil, da liquidação "por conta" e da liquidação "por cálculo" (Troiano Neto, *RT* 539/244).

Por exclusão, quando não há fatos novos a serem provados (por artigos), nem é caso de arbitramento, proceder-se-á à liquidação por cálculo; diz-se que esta ocorre quando os elementos necessários já estão nos autos; mas a dinâmica eficiente do procedimento permite que a verificação abranja elementos que não se encontram nas peças processuais, mas em provas pré-constituídas de fácil constatação, onde quer que estejam, tais como livros contábeis da empresa, estabelecimento bancário, repartições públicas etc. O CPC/15, art. 798, *b*, não destoa da prática diária do processo trabalhista quando determina ao credor que apresente o demonstrativo de seu crédito (Valder Luiz Palombo Alberto, *Perícia Contábil*, cit.).

Desde que o valor executado ultrapasse o limite da razoabilidade, autorizando que se presuma a ocorrência de graves equívocos na sua elaboração, não há falar em preclusão, devendo prevalecer o princípio constitucional da moralidade administrativa, que visa a proteção, entre outras coisas, da *res* pública, ainda que esta esteja ameaçada pela incúria de procuradores do Estado. Caracteriza subversão da boa ordem processual a decretação de sequestro sem que, antes, se tenha ouvido o MP (TST, Ag.-RC 239.613/96.5, Wagner Pimenta, Ac. OE 8/96).

■ Apenas enseja o cabimento do Mandado de Segurança o ato de homologação dos cálculos eivado de erro material, ao passo que este não transita em julgado (TST, RO-MS 200.530/95.5, Cnéa Moreira, Ac. SBDI-2 858/96).

4 *Por arbitramento* se liquida a sentença, quando a apuração não depende de simples cálculos, nem de prova de fatos novos, mas seja necessário o "juízo ou parecer de profissionais ou técnicos" (Almeida Amazonas, *Do arbitramento*). Arbitrar está aqui não no sentido de julgar, mas no de estimar. Em princípio, o arbitrador será um perito, mas pode ocorrer que, na impossibilidade de calcular-se com exatidão o débito, a estimativa não tenha outro fundamento que o bom-senso, o prudente arbítrio de um cidadão ou até do próprio juiz; isto para que a ausência de elementos não impeça a reparação, quando não há possibilidade de encontrar elementos bastantes (José Rodrigues Pinto, com acerto, em *Execução trabalhista*). O arbitramento está expressamente previsto para quando for determinado pela sentença, o exigir a natureza da liquidação ou convencionado pelas partes (CPC/15, arts. 509, I, e 510). Se as partes escolhem esta forma, excluem-se outras e passa a ser uma solução de transigência dos interessados em seu desfecho (Rodrigues Pinto, ibidem). O princípio do contraditório é garantia de defesa e baliza de Justiça, que deve ser respeitado também na liquidação por arbitramento, ouvindo-se as partes (José Augusto Rodrigues Pinto, ibidem, como opinião contrária, pelo fato de haver recurso posterior; o que é coisa diferente, a nosso ver e na lição de Humberto Theodoro Jr., *Digesto de Processo*; "Liquidação de sentença", v. 3).

■ A liquidação por arbitramento só se justifica quando impossível fazê-la por artigos, forma em que podem ser utilizados todos os meios de prova em direito admitidos e não apenas a testemunhal. Revista provida nesta parte para determinar que a apuração das horas *in itinere*, em execução, se faça por artigos de liquidação (TST, RR 9.461/85, José Ajuricaba, Ac. 2ª T. 203/87).

5 *Por artigos* se liquida a sentença, quando há necessidade de provar fato novo. O novo CPC/15, art. 509, II, passa a adotar o procedimento comum, mesmo quando houver fato novo. Não é qualquer fato, mas aquele que influencia a fixação do valor da condenação ou a individuação do seu objeto (Amaral Santos, *Primeiras Linhas*). A sentença é de mérito e enseja ação rescisória (Coqueijo Costa, *Tratado*). O que caracteriza essa forma de liquidação não é o nome, por artigos, ou seja, petição articulada, mas a necessidade de provar-se certo fato para chegar-se ao valor. Algumas liquidações, pela clareza e simplicidade da indagação, dispensariam até a referida petição, mas se trata de que o autor manifeste sua pretensão, nessa fase da lide, o que leva Antônio Lamarca a dizer que quem elabora os artigos é a própria parte e não o juiz (*Execução*). Aqui é que se pode lançar distinção entre causas de alçada da Junta e causas que a superam,

com a aplicação da L. 5.584/70, art. 4º (em apêndice). Só aqui se justifica a restrição (causas de pouco valor ou sem advogado) e a concessão de poderes de iniciativa ao juiz, excepcionais, para que deduza as possíveis e razoáveis pretensões de liquidação do autor e as lance não como prejulgamento, mas para que passem pelo crivo de investigação.

O procedimento dos artigos não está expressamente indicado na CLT. Como se trata de processo de conhecimento, devem aplicar-se as normas do procedimento ordinário trabalhista, que são as da própria CLT, quanto a número de testemunhas, perícia com perito do juízo, nulidade etc. Assim, deve ser em matéria de prazo para contestação, principalmente na atualidade, quando o prazo do art. 841, de 5 dias, é considerado, até por lei (DL 779/69, § 1º, II), como prazo mínimo de defesa. Mas, levando-se em conta que a doutrina adota prazo do CPC/15 (15 dias, art. 335), se se adotar o prazo de 5 dias (que mais se coaduna com o sistema de prazos da CLT), há necessidade de despacho expresso do juiz, para afastar surpresas e inseguranças à parte.

Não há citação pessoal na execução trabalhista a não ser no cumprimento do mandado para pagamento ou nomeação de bens em 48 horas (CLT, art. 880), e para a realização da praça (pelo correio ou pelo oficial, mas pessoal à parte e não ao procurador, art. 888/1); a citação no início da ação e da execução que o CPC/15 consagrava (art. 239) foi substituída, no caso de liquidação de sentença, pela citação ao advogado (CPC/15, art. 511) ou pelo cálculo direto (CPC/15, art. 509). Na execução trabalhista há a simples intimação à parte ou ao procurador, a fim de que pratique os atos que devam ser realizados.

A preclusão de impugnar e a coisa julgada se chocam.

Não há revelia ou confissão tácita se o executado deixa de contestar os artigos, ou não opõe embargos à execução (art. 883/5), porque já existe a "vontade concreta da lei" acolhida pela sentença, que deve ser respeitada. Mas a plenitude dessa constatação, na ausência de impugnação, opõe-se ao dever das partes de arguirem suas pretensões, reforçado pelo novo texto do art. 879, § 2º (L. 8.432/92), que expressamente menciona a preclusão. Entre esses dois limites contraditórios, o Magistrado deve estabelecer a decisão de razoável investigação, sem que isso o obrigue a debruçar-se nas minúcias das investigações perante o descaso do interessado. Operando-se a preclusão, a parte perde o direito de arguir; mas o juiz não fica impedido de agir com ponderação e justiça, desde que o faça fundamentadamente.

A improcedência dos artigos apenas constata não se ter esclarecido o valor devido (*non liquet*) e, se não for terminativa (extintiva), é irrecorrível, não precluindo o direito a outras tentativas do exequente; o abandono do procedimento deixa fluir a prescrição intercorrente (CLT, art. 11/9).

Liquidação por artigos. Não se encontrando nos autos todos os elementos necessários à apuração do montante da condenação, é obrigatória a liquidação por artigos, que dá ao executado a oportunidade de alegar e provar fato novo (TST, RR 5.272/86.2, Coqueijo Costa, Ac. 3ª T. 698/87).

Em sendo necessário provar fato novo – períodos trabalhados nos locais de difícil acesso – a liquidação deve fazer-se por artigos e não por arbitramento. Esta última espécie cabe apenas quando indispensável a colaboração de *expert*, o que não é a hipótese (TST, RR 9.373/85-5, Marco Aurélio, Ac. 1ª T. 2.514/86).

6 *A sentença exequenda é intocável* no processo de liquidação. Só o tribunal em grau superior poderá modificá-la, se não houver trânsito em julgado ou através da ação rescisória. A CLT, art. 879, § 1º, diz o mesmo que o CPC/15, art. 509, § 4º (discutir de novo ou modificar).

Entretanto as obrigações vincendas, com modificação do estado de fato em relação jurídica continuativa, são uma hipótese especialíssima, porque a coisa julgada tem pressupostos específicos (art. 831/8).

STJ A liquidação por forma diversa estabelecida na sentença não ofende a coisa julgada (STJ – Súmula 344).

7 *Elaborada a conta e tornada líquida,* por qualquer uma das três formas acima previstas, se o juiz abrir prazo para impugnação, as partes deverão fazê-lo sob pena de preclusão; ou seja, se se omitirem, as partes não se poderão valer dos embargos à execução para esse fim (art. 884, § 3º). Entretanto, se a parte não for atendida, não há como impedir que renove seu inconformismo naqueles embargos. A impugnação da conta não invalida a restrição de que a sentença só pode ser impugnada nos embargos (art. 884, § 3º). O prazo agora é comum de oito dias. A parte da conta não devidamente impugnada é exequível após os embargos, mesmo que se interponha agravo (CLT, art. 897, § 1º). O CPC/15, art. 525, permite a impugnação da sentença, em momento posterior à sua liquidação e em momento posterior à interposição do agravo (CPC/15, art. 1.015, parágrafo único). No capítulo do *cumprimento da sentença*, nesta fase, não há mais que discutir o inconformismo da parte; tais discussões já terminaram, não seria mais o momento de impugnação. Não cabe a utilização de tal impugnação no processo trabalhista, pois temos os embargos à execução, para discutir tudo que não foi atendido na impugnação da liquidação (CLT, art. 879, § 2º); até este momento (embargos à execução) não está encerrada a liquidação.

8 *A impugnação fundamentada* e a preclusão do art. 879, § 2º, aquela repetida quando do agravo de petição (art. 897, § 1º), evidenciam a decidida vontade da lei de tornar objetiva, rápida e livre de resistências a execução. A contrariedade tem de ser direta, precisa e evidente. É absolutamente conveniente que assim seja; apesar de abrir-se um campo de certa subjetividade, o magistrado não pode cair no oposto de acobertar execuções tomadas pela ig-

nomínia exagerada que a toda evidência violem a coisa julgada, o bom senso e o equilíbrio sereno da Justiça. A letra da lei não diz que o executado deverá, além de indicar os itens e valores que impugna, oferecer também seus cálculos exatos, ou seja, sua conta. Mas não é injurídico que assim se interprete a intenção do legislador; tal exegese recomenda ao juiz ponderado que, na intimação à parte, o faça saber, para que posteriormente não possa transparecer arbitrariedade ou cesarismo. A homologação judicial de uma das contas deve ser igualmente fundamentada, se houve impugnação, sob pena de nulidade (CF, art. 93, IX – EC 45/04).

■ Em caso de simples dúvida de interpretação, pode a 1ª instância, quando de cálculos em execução, socorrer-se também dos termos de fundamentação do v. acórdão regional, para adequação e sintonia com o que foi deferido, embora somente a conclusão, ou dispositivo, transite em julgado (TRT/PR, AP 403/87, Ricardo Sampaio, Ac. 1ª T. 921/88).

9 Modalidade de execução (art. 876/2). Impugnação à sentença de liquidação (art. 884, § 3º). Prestações sucessivas (art. 891).

10 União (art. 832/5).

11 *Perito para a liquidação de sentença*. Com a inserção do § 6º no art. 879, a lei autoriza o que já se praticava. Agora "legalmente" pode o juiz determinar a elaboração dos cálculos da execução pelo perito, que ao final terá fixado seus honorários pelo juiz que o nomeou.

12 Os débitos trabalhistas serão corrigidos pela TR (taxa referencial), L. 8.177/91 (O Banco Central divulgará, para cada dia útil, a Taxa Referencial Diária – TRD), correspondendo seu valor diário à distribuição *pro rata die* da TR fixada para o mês corrente; será por estimativa enquanto não divulgada a TR para o mês corrente; divulgada a TR do mês, a fixação da TRD dos dias restantes será de tal forma que a TRD acumulada entre o 1º dia útil do mês e o 1º dia útil do mês subsequente seja igual à TR do mês corrente.

A "época própria" para o cômputo da correção monetária se dá a partir do 1º dia do mês seguinte ao vencido para aqueles que recebem salário por mês; de acordo com o critério ("mês subsequente ao trabalhado") adotado pela CLT (art. 459). Além da lógica da afirmação, já determinava a L. 6.899/81: "Art. 1º A correção monetária incide sobre qualquer débito resultante de decisão judicial, inclusive sobre custas e honorários advocatícios. § 1º Nas execuções de títulos de dívida líquida e certa, a correção será calculada a contar do respectivo vencimento". O Dec. 86.649/81, que regulamentou a referida lei, também menciona a época própria para incidência da correção monetária: "no mês do vencimento do título"; o favor legal do pagamento até o 5º dia útil, previsto no art. 459, parágrafo único, é aplicável para os casos de regular adimplemento da obrigação pelo devedor; a norma, de proteção ao salário, não prevê a liberalidade quando o empregador já está em mora no pagamento; ainda havia julgados que faziam incidir a correção sobre os créditos processuais de credores não empregados (custas, emolumentos, honorários periciais ou advocatícios e crédito do empregador) pela L. 6.899/81.

Os débitos trabalhistas, judiciais ou extrajudiciais, contavam correção monetária a partir da mora ("épocas próprias"), quando não liquidados em 90 dias, na forma do DL 75/66. Posteriormente, a lei determinou que toda correção se fizesse com base na variação da ORTN (L. 6.423/77). Formaram-se duas correntes: uma que aplicava aos débitos trabalhistas o DL 75, exclusivamente, e a outra que, aceitando esse decreto-lei para a configuração da mora (época própria e trimestre), determinava o reajuste em ORTN.

A legislação mencionada no início não foi revogada pelo DL 2.284/86 e posteriores, que alterou o reajuste monetário. As proibições expressas visavam o mercado de capitais (art. 11 e segs.), os aluguéis e outros. A partir de março de 1986, convivendo com o DL 75, o reajuste monetário trabalhista único passou a ser o valor nominal da OTN (DL 2.284/86 até o DL 2.322/87). Durante o período que aquele valor nominal permaneceu inalterado, nenhum reajuste produziu.

O Plano Verão (MP 38, de 3.2.89, L. 7.738/89), inalterado o valor da OTN, a) modificou o DL 75/66 (incidência da correção apenas quando não liquidados em 90 dias), para qualquer mora ("não pagos no dia do vencimento"); b) atualização monetária pelos mesmos índices dos saldos dos depósitos de poupança (as chamadas cadernetas de poupança).

Com a extinção da TRD (L. 8.660/93, v. Índ. Leg.), a remuneração da correção monetária passou a ser feita pela TR da data do vencimento da obrigação (mantida pela URV). Os efeitos da lei não podem retroagir, nem tacitamente (§ 1º) nem quando a lei expressamente se refere ao mês anterior à vigência (§ 2º). Juros dos débitos trabalhistas (art. 883/14). *Falência*: entendemos que a L. 6.899/81 (que revogou tacitamente o então urgente DL 7.661/45) protege contra a inflação qualquer crédito resultante de decisão judicial. O princípio hermenêutico de que a lei geral não revoga a especial não se aplica à hipótese; aqui pesa menos a razão de ser do princípio (mais especificidade legal do fato) do que a existência de uma lei nova, idealizada para as circunstâncias conjunturais e de direitos que necessitam de maior proteção, como são os trabalhistas, de caráter alimentar, que desapareceriam pela voracidade da desvalorização; quanto aos juros, inexiste amparo legal semelhante. A jurisprudência, entretanto, não acompanha essa fundamentação. Real. Correção monetária. Desindexação (art. 457/13).

A correção monetária aplica-se, também, às dívidas em que o credor é o empregador (repetição do indébito, dano exigível etc.), em virtude de toda a legislação genérica (inclusive a de condenações judiciais, L. 6.899/81); o TST entende contrariamente. Liquidação extrajudicial (art. 643/10). Assim, os critérios de correção monetária: a) dívidas trabalhistas (TR – taxa referencial) e b) dívidas não trabalhistas (L. 6.899/81). Dano moral, a correção desde a decisão (constituição do débito), apesar de o fato gerador ter acontecido antes, e os juros como qualquer ação desde o ajuizamento, TST, Súmula 439, v. art. 223-A/1.

Frutos percebidos na posse de má-fé: CC, art. 1.216. A norma não é aplicável às relações trabalhistas. A norma do CC se refere a um direito real, as relações de trabalho se encontram no âmbito das relações obrigacionais, daí a sua não aplicação, TST, Súmula 445.

STJ A correção monetária do valor da indenização do dano moral incide desde a data do arbitramento (STJ – Súmula 362).

TST A indenização por frutos percebidos pela posse de má-fé, prevista no art. 1.216 do Código Civil, por tratar-se de regra afeta a direitos reais, mostra-se incompatível com o Direito do Trabalho, não sendo devida no caso de inadimplemento de verbas trabalhistas (TST – Súmula 445).

TST Nas condenações por dano moral, a atualização monetária é devida a partir da data da decisão de arbitramento ou de alteração do valor. Os juros incidem desde o ajuizamento da ação, nos termos do art. 883 da CLT (TST – Súmula 439).

TST O pagamento dos salários até o 5º dia útil do mês subsequente ao vencido não está sujeito à correção monetária. Se essa data limite for ultrapassada, incidirá o índice da correção monetária do mês subsequente ao da prestação dos serviços, a partir do dia 1º (TST – Súmula 381, conversão da Orientação Jurisprudencial SDI-1 124).

TST Nos casos de execução de sentença contra pessoa jurídica de Direito Público, os juros e a correção monetária serão calculados até o pagamento do valor principal da condenação (TST – Súmula 193).

TST A correção monetária não incide sobre o débito do trabalhador reclamante (TST – Súmula 187).

A indenização por frutos percebidos na posse por má-fé, prevista no art. 1.216 do Código Civil, por referir-se a direito real, revela-se incompatível com o direito de trabalho, porquanto o contrato de trabalho ostenta conteúdo obrigacional. Acresce que a posse de má-fé deve ser comprovada, não constituindo justificativa suficiente para configurá-la o fato de ser a empregadora instituição financeira, sendo certo que as verbas postuladas e deferidas judicialmente eram controvertidas, especialmente as horas extraordinárias, uma vez que o reclamado sustentava o enquadramento do autor na exceção do art. 224, § 2º, da CLT. Ressalte-se, ainda, que a legislação específica e a jurisprudência pacificada determinam a aplicação da correção monetária e dos juros de mora como forma de recompor o valor das parcelas reconhecidas em Juízo. Precedentes do TST (TST, RR 306500-62.2006.5.02.0084, Walmir Oliveira da Costa, *DEJT*, 9.4.12).

A legislação aplicada ao direito do trabalho estabelece as hipóteses de incidência de correção monetária (*caput* do art. 39 da Lei n. 8.177/1991) e juros (conforme a Súmula n. 200 do TST), com vista à recomposição do valor de condenações reconhecidas em juízo, não sendo possível invocar parâmetros legais alheios à seara trabalhista com o fito de obtê-la. Recurso de revista a que se nega provimento (TST, RR 54185-67.2004.5.12.0008, Kátia Magalhães Arruda, Ac. 5ª T., *DEJT*, 28.10.11).

A correção monetária incidente sobre o valor devido deve ser aplicada a partir do fato gerador da obrigação, no caso, o mês efetivamente trabalhado (TST, RR 285.344/96.8, Ângelo Mário, Ac. 2ª T. 422/97).

A incidência da correção monetária deve ser fixada, a partir do quinto dia útil do mês subsequente ao trabalhado (TST, RR 227.885/95.2, Ursulino Santos, Ac. 1ª T. 3.635/97).

* Sobre o tema supra, v. www.institutocarrion.com.br.

Seção II
Do mandado e da penhora

Art. 880. Requerida a execução[7-8], o juiz ou presidente do tribunal mandará expedir mandado de citação[4-5] do executado[1-3], a fim de que cumpra a decisão[9] ou o acordo[10] no prazo, pelo modo[11] e sob as cominações[12] estabelecidas ou, quando se tratar de pagamento em dinheiro[6], inclusive de contribuições sociais devidas à União[14], para que o faça em 48 horas ou garanta[6] a execução, sob pena de penhora[13] (red. L. 11.457/07).

§ 1º O mandado de citação deverá conter[4] a decisão exequenda ou o termo de acordo não cumprido.

§ 2º A citação será feita pelos oficiais de justiça.

§ 3º Se o executado, procurado por duas vezes no espaço de 48 horas, não for encontrado, far-se-á a citação por edital[5], publicado no jornal oficial ou, na falta deste, afixado na sede da Vara do Trabalho* ou Juízo, durante cinco dias.

Art. 881. No caso de pagamento[6] da importância reclamada, será este feito perante o escrivão ou diretor* de secretaria, lavrando-se termo de quitação, em duas vias, assinadas pelo exequente, pelo executado e pelo mesmo escrivão ou diretor* de secretaria, entregando-se a segunda via ao executado e juntando-se a outra ao processo.

Parágrafo único. Não estando presente o exequente, será depositada[6] a importância, mediante guia, em estabelecimento oficial de crédito ou, em falta deste, em estabelecimento bancário idôneo.

* (tacitamente revogado pela EC 24/99)

1 Execução. Legitimidade passiva. A execução se dirige contra os réus condenados na sentença (únicos, solidários ou subsidiários), seus sucessores *causa mortis* (espólio, herdeiro, CPC/15, arts. 779 e 771), civis (quem assumiu a obrigação, fiador ou responsável, CPC/15, art. 779) e empresariais (CLT, arts. 2º, 10 e 448);

às vezes, contra os bens dos sócios (art. 883/2) ou do cônjuge (art. 883/3) e em geral contra os mencionados no CPC/15, art. 779. A execução contra a Fazenda Pública tem procedimento especial (art. 880/3).

O devedor pode ser solvente, insolvente civil (CLT, art. 883/8) ou insolvente comerciante (falido, art. 880/2). Legitimação ativa (art. 883/2). Bens sujeitos à execução (CPC/15, art. 790). Bens do sócio (CLT, art. 883/2). Bens do cônjuge (CLT, art. 883/3).

A execução contra empresa do mesmo grupo econômico decorre da solidariedade legal (CLT, art. 2º, § 2º). A jurisprudência iterativa do TST exige que a empresa que se executa tenha sido incluída na sentença exequenda. Mas isso não decorre da lei e se afasta de sua finalidade, exatamente no momento em que, na execução, o empregado descobre que sua empregadora não mais possui bens.

Responsabilidade solidária ou subsidiária. Empresa, alteração ou sucessão (arts. 10 e 448). Grupo econômico (art. 2º/15). Subempreiteiro e locador de mão de obra (art. 455/1). Estrangeiro, trabalho no (L. 7.064/82, alt. L. 11.962/09, em apêndice). Rural (art. 7º; parceiro/7; pau de arara/10). Trabalhador temporário (art. 443/6).

Responsabilidade do tomador na execução (v. TST – Súmula 331).

Execução Trabalhista. Insolvência civil. Concurso universal de credores. Os atos de execução devem ser praticados no juízo em que se processa a insolvência (STJ, CComp 19.049, Proc. 97/0002164-5, Eduardo Andrade Ribeiro de Oliveira).

2 *Falência*. Decretada a quebra, o processo de cognição e o de liquidação prosseguem na Justiça do Trabalho, após a intimação do síndico, que representará a massa falida. A decretação da quebra, com efeito retroativo, não atinge as arrematações realizadas, ressalvada a fraude, que depende de ação própria. A Lei de Falências (L. 11.101/05, art. 84, III) respeita a praça já designada (determina a arrecadação do produto) e a realizada (recolhe-se a sobra). A controvérsia está em a execução trabalhista ser sustada ou não, para dar passo à competência exclusiva e universal do juízo falimentar. Essa é a doutrina tradicional. Mas há entendimento minoritário no sentido de que o juízo universal da falência não atinge a execução trabalhista baseado na Lei de Falências (art. 6º, § 2º) e que não susta as ações por títulos não sujeitos a rateio. Para ele: a) as execuções laborais não seriam sustadas; b) o juiz trabalhista poderia penhorar e arrematar bens arrecadados pela massa; c) a habilitação na falência seria facultativa. Essa interpretação ignora as hipóteses de diversos credores trabalhistas (sujeitos a rateio entre si) em juízos diferentes, em comarcas distintas ou não, e não se preocupa com a falta de publicidade dessas execuções marginais e o desconhecimento pelos demais credores da massa, para o contraditório (v. Amador Paes de Almeida, *Os direitos trabalhistas na falência*, p. 105, v. Índice Bibliográfico). Contra esse entendimento está a própria lei ordinária (CLT, art. 768), a discordância unânime do TST e da doutrina (não obstante algumas vozes ilustres isoladas, favoráveis, Calmon de Passos, *LTr* 46/519, 1982; Amaral Santos, *DPC*) e se assenta no que se disse acima e na circunstância de que a CF não opõe à Justiça do Trabalho a universalidade do juízo falimentar, como faz quanto à Justiça Federal (art. 109, I). O entendimento do STJ, nessa divergência, é importante por ter competência para decidir o conflito entre o juiz falimentar e o juiz da execução trabalhista; o espírito da Súmula 44 (apenas em matéria fiscal) do antigo TFR poderíamos sintetizar assim: os bens penhorados antes da declaração da falência não são arrecadáveis pelo juízo falimentar, mas após a decretação da falência não há lugar para penhoras trabalhistas. Falências: competência (art. 643/8); preferência (art. 883/8); correção (art. 833/3); custas (art. 789); depósito (art. 899); liquidação extrajudicial (art. 643/10). Crédito privilegiado (art. 449/1).

TST A Massa Falida não se sujeita à penalidade do art. 467 e nem à multa do § 8º do art. 477, ambos da CLT (TST – Súmula 388, conversão das Orientações Jurisprudenciais SDI-1 201 e 314).

Na execução que envolver os créditos denominados de superprivilegiados por Martins Catharino (in *Contrato de Emprego*, p. 74), deve prevalecer a competência da própria Justiça do Trabalho para processá-lo, por desaparecerem as razões que recomendam a universalização do juízo falimentar para um estabelecimento uniforme do quadro de credores concorrentes ao rateio do ativo líquido da massa... (TST, RO-MS 39.833/91.0, Cnéa Moreira, Ac. SDI 705/93).

Decretada a falência, a execução dos julgados, mesmo os trabalhistas, terá início ou prosseguimento no juízo falimentar, ainda que já tenha efetuado a penhora em data anterior (STJ, CComp 21.820/ES, Sálvio Figueiredo Teixeira, Reg. 98.0014665.2).

Falência. Execução. Prosseguimento. A decretação da falência, ainda quando já efetivada a penhora pelo juízo trabalhista, implica a habilitação do crédito junto ao Juízo Universal (Proc. TRT/SP 32.106/97-2, Valentin Carrion, Ac. 9ª T. 27.141/98).

A massa falida é impedida de satisfazer crédito fora do Juízo universal da falência, ante os termos da Lei n. 7.661/45. Diante deste quadro, seus débitos só poderão ser saldados pelas vias legais, a fim de que sejam devidamente obedecidas as preferenciais e rateios próprios da lei (TST, RR 423.098/98.8, Galba Magalhães Velloso, Ac 4ª T.).

3 *Execução contra a Fazenda Pública*: inicia-se pela citação determinada pelo juiz, para que a ré oponha embargos (CPC/15, art. 535); aqui não se segura o juízo, pois os bens públicos são impenhoráveis. O prazo é de 10 dias (v. art. 844/3). Transcorrido o prazo sem manifestação da Fazenda, ou rejeitados os embargos, com trânsito em julgado (não há recurso *ex officio* no caso), o Presidente do Tribunal Regional determina simples atualização do cálculo irrecorrível, dá vista às partes para simples correção de erro material e remete o precatório (até 1º de julho) à Fazenda Federal, Estadual ou Municipal para inclusão no próximo orçamento (CF, art. 100, alt. EC 62/09; ADCT, art. 33). Obrigações definidas em lei como de pequeno valor (CF, art. 100, § 3º, alt. EC 62/09) serão pagas pela Fazenda Federal, Estadual ou Municipal. Uma vez que as parcelas devem ser atualizadas (STF, RE-AI 158.794-7, 1993), o precatório único deve conter determinação em tal sentido. Procedimento na Justiça do Trabalho (IN TST 32/07, em apêndice). Os créditos trabalhistas são considerados de natureza alimentar; estão sujeitos a espera na ordem cronológica, entre os demais de igual natureza, sendo que toda a despesa pública necessita de previsão orçamentária (CF, art. 167). O pagamento deverá ser realizado na ordem de apresentação dos respectivos precatórios de natureza alimentícia; se houver preterição, o Presidente do Tribunal Regional, ouvido o chefe do Ministério Público, ordenará o sequestro da quantia necessária (CF, art. 100, § 6º, alt. EC 62/09, ADCT, art. 33, OJ TP 13). A omissão de incluir no respectivo orçamento a verba necessária para pagamento de precatório havia sido considerada pelo TST (IN TST 32/07, em apêndice) como preterição, autorizando o sequestro; entretanto o STF concedeu liminar suspendendo a vigência dos itens III e XII (pagamento por meio inidôneo, a menos, sem a devida atualização ou fora do prazo legal); ainda, deferiu a cautelar para dar às expressões "correção de inexatidões materiais ou a retificação de erros de cálculo", do inciso VIII, "b", interpretação conforme a CF, ou seja, a correção somente deve referir-se a diferenças resultantes de erros materiais ou aritméticos ou inexatidões dos cálculos, não podendo, porém, dizer respeito ao critério adotado para a elaboração do cálculo ou a índices de atualização diversos dos que foram utilizados em primeira instância (STF, ADIn 1662/97, rel. Maurício Corrêa). Precatório federal (L. 9.469/97, art. 6º, em apêndice). INSS, prerrogativas da Fazenda Pública – inalienabilidade e impenhorabilidade (L. 8.620/93, art. 8º, em apêndice). A atividade desenvolvida pelo Presidente do Tribunal no processamento do precatório não é jurisdicional, mas administrativa (STF, RE-AgRg-209.737, rel. Carlos Velloso), cabendo, portanto, contra suas decisões agravo interno ao TP ou Órgão Especial. Crime de responsabilidade (CF, art. 100, § 7º, alt. EC 62/09, OJ TP 12). O precatório do servidor público deve ser limitado ao período anterior à Lei 8.112/90, enquanto este se submetia a legislação trabalhista. Responsabilidade na contratação de terceiros (art. 455/1).

STF Durante o período previsto no parágrafo 1º do artigo 100 da Constituição, não incidem juros de mora sobre precatórios que nele sejam pagos. (STF – Súmula Vinculante 17).

STF A exceção prevista no art. 100, *caput*, da Constituição, em favor dos créditos de natureza alimentícia, não dispensa a expedição de precatório, limitando-se a isentá-los da observância da ordem cronológica dos precatórios decorrentes de condenações de outra natureza (STF – Súmula 655).

STJ É cabível execução por título extrajudicial contra a Fazenda Pública (STJ – Súmula 279).

STJ Os créditos de natureza alimentícia gozam de preferência, desvinculados os precatórios da ordem cronológica dos créditos de natureza diversa (STJ – Súmula 144).

TP É indevido o sequestro de verbas públicas quando o exequente/requerente não se encontra em primeiro lugar na lista de ordem cronológica para pagamento de precatórios ou quando não demonstrada essa condição (TST, Orientação Jurisprudencial Tribunal Pleno 13).

TP Presidente do TRT, em sede de precatório, não tem competência funcional para declarar a inexigibilidade do título judicial exequendo, com fundamento no art. 884, §

5º, da CLT, ante a natureza meramente administrativa do procedimento (TST, Orientação Jurisprudencial Tribunal Pleno 12).

TP É cabível mandado de segurança contra atos praticados pela Presidência dos Tribunais Regionais em precatório em razão de sua natureza administrativa, não se aplicando o disposto no inciso II do art. 5º da Lei n. 1.533, de 31.12.1951 (TST, TP, Orientação Jurisprudencial 10).

TP Tratando-se de reclamações trabalhistas plúrimas, a aferição do que vem a ser obrigação de pequeno valor, para efeito de dispensa de formação de precatório e aplicação do disposto no § 3º do art. 100 da CF/88, deve ser realizada considerando-se os créditos de cada reclamante (TST, TP, Orientação Jurisprudencial 9).

TP I – Nas condenações impostas à Fazenda Pública, incidem juros de mora segundo os seguintes critérios: a) 1% (um por cento) ao mês, até agosto de 2001, nos termos do § 1º do art. 39 da Lei n. 8.177, de 1.3.1991; b) 0,5% (meio por cento) ao mês, de setembro de 2001 a junho de 2009, conforme determina o art. 1º-F da Lei n. 9.494, de 10.9.1997, introduzido pela Medida Provisória n. 2.180-35, de 24. 8.2001; II – A partir de 30 de junho de 2009, atualizam-se os débitos trabalhistas da Fazenda Pública, mediante a incidência dos índices oficiais de remuneração básica e juros aplicados à caderneta de poupança, por força do art. 5º da Lei n. 11.960, de 29.6.2009. III – A adequação do montante da condenação deve observar essa limitação legal, ainda que em sede de precatório (TST, TP, Orientação Jurisprudencial 7, alt. TST Res. 175/11).

TP Em sede de precatório, não configura ofensa à coisa julgada a limitação dos efeitos pecuniários da sentença condenatória ao período anterior ao advento da Lei n. 8.112, de 11.12.1990, em que o exequente submetia-se à legislação trabalhista, salvo disposição expressa em contrário na decisão exequenda (TST, TP, Orientação Jurisprudencial 6).

TP O sequestro de verbas públicas para satisfação de precatórios trabalhistas só é admitido na hipótese de preterição do direito de precedência de credor, a ela não se equiparando as situações de não inclusão da despesa no orçamento ou de não pagamento do precatório até o final do exercício, quando incluído no orçamento (TST, TP, Orientação Jurisprudencial 3).

TP O pedido de revisão dos cálculos, em fase de precatório, previsto no art. 1º-E da Lei n. 9.494/1997, apenas poderá ser acolhido desde que: a) o requerente aponte e especifique claramente quais são as incorreções existentes nos cálculos, discriminando o montante que seria correto, pois do contrário a incorreção torna-se abstrata; b) o defeito nos cálculos esteja ligado à incorreção material ou à utilização de critério em descompasso com a lei ou com o título executivo judicial; e c) o critério legal aplicável ao débito não tenha sido objeto de debate nem na fase de conhecimento, nem na fase de execução (TST, TP, Orientação Jurisprudencial 2).

TP Há dispensa da expedição de precatório, na forma do art. 100, § 3º, da CF/1988, quando a execução contra a Fazenda Pública não exceder os valores definidos, provisoriamente, pela Emenda Constitucional n. 37/2002, como obrigações de pequeno valor, inexistindo ilegalidade, sob esse prisma, na determinação de sequestro da quantia devida pelo ente público (TST, TP, Orientação Jurisprudencial 1).

SDI A Fazenda Pública, quando condenada subsidiariamente pelas obrigações trabalhistas devidas pela empregadora principal, não se beneficia da limitação dos juros, prevista no art. 1º-F da Lei n. 9.494, de 10.9.97 (TST, SDI-1, Orientação Jurisprudencial 382).

SDI É direta a execução contra a APPA e MINASCAIXA (§ 1º do art. 173 da CF/1988) (TST, SDI-1, Orientação Jurisprudencial 87).

Nos termos da Orientação Jurisprudencial 13 do Tribunal Pleno, é indevido o sequestro de verbas públicas quando o exequente/requerente não se encontra em primeiro lugar na lista de ordem cronológica para pagamento de precatórios ou quando não demonstrada essa condição. Recurso Ordinário conhecido e provido para cassar a ordem de sequestro (TST, RO 12400-87.2005.5.15.0047, j. em 2.5.11, Márcio Eurico).

A questão relativa ao percentual diferenciado de juros de mora a incidir nos créditos trabalhistas em execução contra a Fazenda Pública não comporta maiores discussões no âmbito desta Corte Superior, em face do entendimento consubstanciado na Orientação Jurisprudencial n. 7 do Tribunal Pleno, no sentido de que se aplica o percentual previsto no art. 1º-F da Lei n. 9.494/97, a partir da vigência da Medida Provisória n. 2.180-35/2001, em setembro de 2001 (TST, RR 42000-36.2007.5.15.0031, j. em 2.2.11, Dora Maria da Costa).

Firmou-se a jurisprudência do STF no sentido de não ser possível determinar o Tribunal de Justiça que o precatório fosse expedido fixando a obrigação, para a Fazenda Estadual, de efetuar o pagamento do débito à base de um determinado número de OTNs. Contrariedade ao art. 117, § 1º, da CF então em vigor, atual art. 100, § 1º, da nova Carta Política (STF, RE 129.883.9-SP, Aldir Passarinho, Ac. 2ª T.).

A jurisprudência iterativa do STF, ao menos ao abrigo da Constituição Federal anterior, é no sentido da impossibilidade de a requisição e pagamento dos precatórios fazerem-se considerado fator de indexação monetária (STF, RE 117.964-3-SP, Marco Aurélio, Ac. 2ª T.).

A exceção estabelecida pela Constituição Federal em favor dos chamados créditos de natureza alimentícia não chega ao ponto de abolir, em relação a eles, os princípios orçamentários inerentes à despesa pública, limitando-se apenas a isentá-los da observância da ordem cronológica em relação aos de natureza geral. Precedente do Supremo Tribunal Federal: Ação Direta de Inconstitucionalidade n. 47 (STF, RE 163.246.1-SP, Ilmar Galvão, Ac. 1ª T.).

A atividade desenvolvida pelo Presidente do Tribunal, no processamento do precatório, não é jurisdicional, mas administrativa. Também é administrativa a decisão do Tribunal tomada em agravo regimental interposto contra despacho do Presidente na mencionada atividade. ADIn 1098-SP (STF, AgRg-RE 209.737-3-SP, Carlos Mário da Silva Veloso).

Não contraria os arts. 100 e 165, § 8º, da Constituição da República o art. 57, § 3º, da Constituição do Estado de São Paulo, segundo o qual "os créditos de natureza alimentícia" – cujos precatórios observarão ordem cronológica própria – "serão pagos de uma só vez, devidamente atualizados até a data do efetivo pagamento" (STF, RE 189.942-5, TP, Rel. Sepúlveda Pertence, *DJU*, 24.11.95).

Ofício Requisitório. Ordem cronológica. Sequestro. Competência da Presidência do Tribunal. Não tem o juiz de 1º grau competência constritiva sobre a Fazenda (STJ, R-MS 1.129-0-SP, Reg. 91.0013249-7).

Não obstante a qualidade de Empresa Pública com personalidade jurídica de direito privado, sendo esta responsável por serviço que constitui um dos monopólios da União (Serviços Postais), a execução contra a Empresa Brasileira de Correios e Telégrafos – ECT não é direta, mas mediante precatório, pois, nos termos do art. 12 do Decreto-lei n. 509/69, ela se equipara à Fazenda Pública para fins de impenhorabilidade de seus bens, rendas e serviços, foro, prazos e custas processuais, tendo sido o referido dispositivo recepcionado pela Constituição da República de 1988. Recurso de

Revista conhecido por ofensa ao art. 100 da Constituição da República e provido para determinar que a execução se proceda mediante precatório (TST, RR 713.812/00, João Batista Brito Pereira, Ac. 5ª T., 26.9.01).

4 *O mandado de citação* deve conter a decisão exequenda; é tolerável que, no juízo da execução, a sentença ou acordo sejam transcritos somente em sua parte dispositiva, onde se contém o ato de vontade judicial concreto. Tratando-se de execução por carta precatória em outra comarca, tal hábito é inaceitável, pois viola o direito do executado de ter fácil conhecimento integral da sentença, cujo cumprimento se pretende. É nula a execução assim iniciada se constar prejuízo, o que pode ocorrer quando houve revelia e intimações duvidosas referentes à sentença exequenda. A citação se cumpre pelo oficial de justiça. Omissão do "ciente" (CPC/15, art. 275, III). Não se aplica a inovação da lei de execução fiscal (L. 6.830/80, art. 8º, em apêndice) quanto à citação pelo correio nem quanto ao prazo para pagamento; essa lei é apenas subsidiária à CLT. A cópia do mandado que será entregue pelo oficial ao executado, assinando, constitui a contrafé. Perante a negativa o auxiliar certificará a circunstância (nota de ciente ou certidão, CPC/15, art. 275, III), presumindo-se a veracidade de seu conteúdo.

5 *A citação por edital* é um mal necessário para obstar que o executado, escondendo-se, impeça o cumprimento da sentença; entretanto, pela sua evidente imperfeição, pode constituir um ato de violência contra o réu; o juiz tem o dever de fiscalizar os atos dos auxiliares, determinando novas diligências e anulando os atos que prejudiquem a plena defesa sempre que se vislumbrar possibilidade de citar-se o executado pessoalmente. Os requisitos e forma do edital não foram alterados pela mencionada lei (art. 8º), pois esta é apenas subsidiária da CLT. Dá-se o *arresto* de bens do devedor, independentemente de despacho expresso, se o executado não tiver domicílio ou dele se ocultar (Lei de Execução Fiscal, 6.830/80, art. 7º, em apêndice, aplicável à execução trabalhista). Arresto e sequestro (CLT, art. 840/15).

6 *O pagamento de importância em dinheiro* objeto da execução, entregue ao escrevente ou ao auxiliar de justiça, pode ter duas finalidades diferentes: a de saldar o débito ou a de constituir o depósito para ser penhorado (CLT, art. 882) para garantir a execução ("garantir o juízo") que permite apresentar embargos à execução; se se tratar de obrigação de dar coisa certa, segura-se o juízo entregando-a em depósito. O escrevente ou o oficial de justiça devem fazer constar a finalidade que a parte persegue, pois, se se tratar da primeira hipótese (pagamento satisfativo), o levantamento será ordenado de imediato; na segunda, não. A Lei de Execução Fiscal determina se efetue o depósito em estabelecimento oficial de crédito, que assegure atualização monetária (L. 6.830/80, arts. 9º e 32, em apêndice). O juiz velará (e as partes fiscalizarão) para que não haja prejuízo para o exequente, protegendo o depósito contra a desvalorização da moeda, já que o exequente sempre terá direito à atualização. Ao executado é facultado pagar a parte que entenda ser incontroversa, garantindo a execução do saldo devedor (L. 6.830/80, art. 9º). Correção monetária (art. 833/3). A importância para pagamento ou garantia deve cobrir todo o débito (art. 882/4). Procedimento para pagamento (TST, IN 33/08, alt. Ato/GP 318/12, em apêndice). A CLT, art. 884, § 6º, isenta as entidades filantrópicas da garantia e/ou penhora, uma decisão justa, pois as mesmas estão sempre em dificuldades financeiras e ficam sem qualquer possibilidade de recorrer.

SDI A carta de fiança bancária e o seguro-garantia, desde que não inferior ao débito e acrescido de 30%, equivalem ao dinheiro (TST, SDI-2, Orientação Jurisprudencial 56).

Recurso sem garantia do juízo contra sentença que indefere ou julga improcedente a liquidação e a extingue (art. 884/6).

SDI A carta de fiança bancária e o seguro-garantia judicial, desde que em valor não inferior ao do débito em execução, acrescido de trinta por cento, equivalem a dinheiro para efeito da gradação dos bens penhoráveis, estabelecida no art. 835 do CPC de 2015 (art. 655 do CPC de 1973) (TST, SDI-2, Orientação Jurisprudencial 59, Res. 209/16).

Execução. Depósito. Guia expedida com a expressão "para pagamento do principal". Inexiste certeza de que essa simples frase telegráfica possa ser interpretada com o rigor do vernáculo, de modo a expressar a desistência do direito de recorrer, em documento preenchido por funcionário e não pela própria parte (Proc. TRT/SP 41.545/97, Valentin Carrion, Ac. 9ª T. 11.579/98).

Havendo oposição do credor, o executado, mesmo se enquadrando no rol do inciso I, do art. 666, do Código de Processo Civil, não tem direito líquido e certo de ser nomeado depositário do dinheiro oferecido para garantia da execução, em face do contido no *caput* do artigo supracitado, reforçado pelo princípio, retratado no art. 612 do mesmo Código, de que a execução se realiza no interesse do credor (TST, ROMS 359.833/97.0, Ângelo Mário de Carvalho e Silva, Ac. SBDI-2).

7 *Execução* (conceito e espécies, art. 876).

8 Atos atentatórios à Justiça (art. 876/6). Solicitação de informações à Fazenda (art. 883/9). Fraude (art. 876/5).

9 *Decisão* (título judicial, art. 876/2).

10 *Acordo* (art. 876/7).

11 *Pelo modo estabelecido* (art. 876/7).

12 *As cominações estabelecidas* na sentença para a hipótese de descumprimento podem referir-se a obrigações de fazer ou de abster-se (CLT, art. 876/3) ou de pagar.

13 Não podemos utilizar o CPC/15, art. 523, ou seja, cobrar multa de 10% pelo não pagamento, pois a pena imposta pela CLT é a penhora e não a multa, portanto não existe omissão que justifique a aplicação subsidiária do CPC/15, e ainda que caso fosse de omissão a norma a ser aplicada seria a Lei de Execução Fiscal – L. 6.830/80, CLT, art. 889. Penhora (art. 883/1).

■ MULTA. CPC ART. 475-J. A disposição contida no artigo 475-J do CPC é inaplicável ao processo do trabalho, tendo em vista a existência de regramento próprio, no âmbito do direito processual do trabalho, contido nos artigos 880 e 883 da Consolidação das Leis do Trabalho, acerca dos efeitos do não pagamento espontâneo pelo executado de quantia certa oriunda de condenação judicial. Além disso, a norma do Código de Processo Civil é manifestamente incompatível com a regra contida no artigo 880 da Consolidação das Leis do Trabalho, a qual contém o prazo de 48 horas para que se proceda ao pagamento da execução, após a citação, sem que haja cominação de multa pelo não pagamento, mas sim de penhora. Ao contrário da regra processual civil, em que o prazo para cumprimento da obrigação é mais dilatado (15 dias) e há a cominação da referida multa, o que também impede a aplicação do artigo 475-J do CPC, nos exatos termos do artigo 769 da Consolidação das Leis do Trabalho. Recurso de revista conhecido e provido (TST, RR 646500-37.2006.5.09.0892, Renato de Lacerda Paiva, *DEJT*, 14.12.12).

■ HONORÁRIOS DE ADVOGADO. "Na Justiça do Trabalho, a condenação ao pagamento de honorários advocatícios, nunca superiores a 15% (quinze por cento), não decorre pura e simplesmente da sucumbência, devendo a parte estar assistida por sindicato da categoria profissional e comprovar a percepção de salário inferior ao dobro do salário mínimo ou encontrar-se em situação econômica que não lhe permita demandar sem prejuízo do próprio sustento ou da respectiva família" (Súmula n. 219, item I, desta Corte). Recurso de revista conhecido e provido (TST, RR 24100-69.2008.5.16.0001, Renato de Lacerda Paiva, *DEJT*, 1.7.13).

■ Na sistemática trabalhista, conforme esclarece o art. 769 da CLT, cabe a aplicação de norma de caráter supletivo somente quando duas condições simultâneas se apresentam: a) há omissão na CLT quanto à matéria em questão; e b) há compatibilidade entre a norma aplicada e os princípios do direito do trabalho. No que diz respeito à execução, não há omissão no texto da CLT a respeito da matéria, pois nele se encontra regramento específico sobre a execução dos créditos trabalhistas (arts. 876 a 892), inclusive com prazos próprios e diferenciados. Assim, havendo normas específicas regentes da execução trabalhista, não há como aplicar, de forma subsidiária, o estabelecido no art. 475-J do CPC, nem mesmo no tocante aos itens da condenação que se apresentam líquidos. Precedentes. Recurso de revista de que se conhece e a que se dá provimento (TST, RR 40500-02.2006.5.04.0701, Fernando Eizo Ono, *DEJT*, 15.3.13).

■ A referida inovação do Processo Civil, introduzida pela Lei 11.232/05, não se aplica ao Processo do Trabalho, já que tem regramento próprio (arts. 880 e seguintes da CLT) e a nova sistemática do Processo Comum não é compatível com aquela existente no Processo do Trabalho, onde o prazo de pagamento ou penhora é de apenas 48 horas. Assim, inexiste omissão justificadora da aplicação subsidiária do Processo Civil, nos termos do art. 769 da CLT, não havendo como pinçar do dispositivo apenas a multa, aplicando, no mais, a sistemática processual trabalhista. 3.

Cumpre destacar que, nos termos do art. 889 da CLT, a norma subsidiária para a execução trabalhista é a Lei 6.830/80 (Lei de Execução Fiscal), pois os créditos trabalhistas e fiscais têm a mesma natureza de créditos privilegiados em relação aos demais créditos. Somente na ausência de norma específica nos dois diplomas anteriores, o Processo Civil passa a ser fonte informadora da execução trabalhista, naqueles procedimentos compatíveis com o Processo do Trabalho (art. 769 da CLT). 4. Nesse contexto, merece reforma o acórdão recorrido, para que seja excluída da condenação a aplicação do disposto no art. 475-J do CPC (TST-RR-2/2007-038-03-00.0, Ives Gandra Martins Filho, *DJ*, 23.5.08).

14 União (art. 832/5).

Art. 882. O executado[1] que não pagar a importância reclamada poderá garantir a execução[2-3] mediante depósito da quantia correspondente, atualizada e acrescida das despesas processuais[4], apresentação de seguro-garantia judicial[7] ou nomeação de bens à penhora, observada[5] a ordem preferencial estabelecida no art. 835 da Lei n. 13.105, de 16 de março de 2015 – Código de Processo Civil. (Red. L. 13.467/17).

1 Executado. Legitimação passiva (art. 880/1).

2 Pagamento ou garantia da execução (art. 880/6).

3 Na execução de fazer ou omitir-se, não há como segurar-se o juízo (CLT, art. 876/3 e segs.).

4 O depósito para garantir a execução deve cobrir todo o débito, ou seja, o principal corrigido, com seus acessórios (juros, art. 883/14), honorários advocatícios, se contidos na sentença exequenda, despesas periciais e sanções. Procedimento TST IN 33/08, alt. Ato/GP 318/12, em apêndice.

5 *A nomeação de bens à penhora,* para ser eficaz, deve obedecer a certos requisitos: a) a indicação dos bens tem de sujeitar-se à ordem legal, só se aceitando os subsequentes se não houver os que antecedem a relação (dinheiro, veículos, bens móveis, bens imóveis, navios e aeronaves, ações e cotas de sociedades, percentual de faturamento de empresa devedora, pedras e metais preciosos, títulos da dívida pública, títulos e valores mobiliários e outros direitos), bem como plantações ou edifícios em construção (L. 6.830/80, arts. 9º e 11, § 1º, em apêndice). Mas em qualquer fase do processo é permitido ao executado substituir a penhora por dinheiro ou fiança e ao exequente requerer a substituição dos bens penhorados por outros, independentemente da ordem enumerada, bem como o reforço da penhora (L. 6.830/80, art. 15); tal pretensão não poderá ser motivada pelo simples capricho, mas por evidente interesse da execução célere; b) indicação do título aquisitivo, situação, identificação etc.; c) que não haja bens na própria comarca se o executado nomeou outros. Se, apesar de obedecida a nomeação prevista, o juiz se convencer da inconveniência de executar os bens nomeados, poderá determinar a penhora de outros que melhor e mais rapidamente atendam à satisfação do julgamento. A ordem legal só é obrigatória para o executado (em sentido contrário, Lamarca, *Execução*). O exequente e o oficial de justiça devem escolher bens fáceis de serem arrematados em praça (qualquer bem, exceto os absolutamente impenhoráveis, diz a L. 6.830/80, art. 10). Ao executado se faculta, ainda, oferecer fiança bancária (de acordo com as normas do Conselho Monetário Nacional, art. 9º) e indicar bens oferecidos por terceiros e aceitos pelo exequente; tratando-se de imóvel, é requisito o consentimento expresso do cônjuge (art. 9º). A fiança bancária produz os mesmos efeitos da penhora quanto ao depósito (CLT, art. 883/10). A L. 6.830/80 não exige que o devedor atribua valores aos bens, como fez o CPC. A penhora deve observar a ordem de preferência do CPC/15, art. 835 (TST, IN 39/15, art. 3º, XVI), e os bens impenhoráveis, CLT, art. 884/4.

Admite-se a penhora em dinheiro de banco executado, desde que não se trate de reserva bancária. A L. 9.069/95, art. 68, prevê a impenhorabilidade dos depósitos efetuados na conta de Reserva Bancária do Banco Central: "Os depósitos das instituições financeiras bancárias mantidos no Banco Central do Brasil e contabilizados na conta 'Reservas Bancárias' são impenhoráveis e não responderão por qualquer tipo de dívida civil, comercial, fiscal, previdenciária, trabalhista ou de outra natureza, contraída por essas instituições ou quaisquer outras a elas ligadas. Parágrafo único. A impenhorabilidade de que trata o 'caput' deste artigo não se aplica aos débitos contratuais efetuados pelo Banco Central do Brasil e aos decorrentes das relações das instituições financeiras com o Banco Central do Brasil". Todavia, a penhora no numerário existente no caixa não sofre tal restrição, pois classifica-se como depósito irregular, aplicando-se-lhes a regra do mútuo. O dinheiro passa à propriedade do depositário, contra quem o depositante terá um crédito, que será resgatado com o uso do cheque ou cartão magnético. Por não se tratar de instrumento necessário ao exercício profissional, mas mercadoria, pode ser objeto de arrepio à ordem preferencial de penhora. Romita (*Rev. T&D* 17, cit.). A execução se fará, quando possível, pelo modo menos gravoso para o devedor (CPC/15, art. 805, TST, IN 39/16, art. 3º, XIV). Incumbe ao executado indicar meios mais eficazes e menos onerosos, sob pena de manutenção dos atos executivos já determinados.

STJ Na execução civil, a penhora de dinheiro na ordem de nomeação de bens não tem caráter absoluto (STJ – Súmula 417).

STJ Na execução contra instituição financeira, é penhorável o numerário disponível, excluídas as reservas bancárias mantidas no Banco Central (STJ – Súmula 328).

Credor hipotecário – Alienação Judicial da metade ideal de bem penhorado em ação de cobrança. Embargos de terceiro de credor hipotecário, que fora intimado da penhora do bem hipotecado e da arrematação, só interposto após a segunda praça, visando a anular a arrematação da metade ideal do imóvel hipotecado. Embargos improcedentes. Inocorre a pretendida impenhorabilidade do bem hipotecado – CPC, arts. 1.047, II, 1.054 e 649; CC, art. 826. Negativa de vigência desses dispositivos, que não se verifica. Também não vulnera o aresto o art. 758 do CCb. Inadmissibilidade, no caso, do recurso extraordinário pelos fundamentos das alíneas "a" e "d", do permissivo constitucional (STF, RE 103.425-4, Néri da Silveira, Ac. 1ª T.).

A gradação legal estabelecida para efetivação da penhora pode ser recusada pelo juiz, desde que o credor tenha disponibilidades em espécie ou possua outros bens mais facilmente transformáveis em dinheiro (TST, RO-MS 115.378/94.7, Armando de Brito, Ac. SDI 3.772/95).

Dinheiro é, há séculos, a mercadoria por excelência de todos os Bancos do mundo. Nada justifica, portanto, que ao arrepio da lei e desobedecendo expressamente à ordem de gradação legal, a penhora com execução contra banco deva recair sobre quaisquer tipos de papéis, títulos ou outros bens, que não o dinheiro (TST, RO-MS 78.965/93, Armando de Brito, Ac. SDI 1.510/94).

Devedor que desenvolve atividade bancária tem, certamente, disponibilidade em dinheiro para garantir a penhora. Inocorre violação de direito líquido e certo do Banco devedor, se obrigado a efetivar penhora em dinheiro (TST, RO-MS 74.865/93, Vantuil Abdala, Ac. SDI 3.386/94).

6 *Penhora "on line"*. Não sendo encontrados bens para a garantia da execução, pode o Juízo fazer uso do bloqueio via Sistema Bacen Judicial (Consolidação dos Provimentos, arts. 85 a 90, TST Correg./12, em apêndice), CPC/15, art. 854 (TST, IN 39/15, art. 3º, XIX). O devedor, pessoa física ou jurídica, poderá cadastrar uma única conta apta para o bloqueio judicial, obrigando-se a manter recurso suficiente para atendimento da ordem judicial.

7 O seguro garantia judicial é a dívida do devedor, garantida por terceiro, permitindo que a empresa não precise desembolsar capital para garantir a execução; é um seguro.

Art. 883. Não pagando o executado, nem garantindo[12] a execução, seguir-se-á penhora[1] dos bens[2 a 10], tantos quantos bastem[11] ao pagamento da importância da condenação, acrescida[12] de custas e juros de mora[14], sendo estes, em qualquer caso, devidos a partir da data em que for ajuizada a reclamação inicial.

Diz o CPC/15 sobre a responsabilidade patrimonial (TST, IN 39/16, art. 3º, XIII):

Art. 789. O devedor responde com todos os seus bens presentes e futuros para o cumprimento de suas obrigações, salvo as restrições estabelecidas em lei.

Art. 790. São sujeitos à execução os bens:

I - do sucessor a título singular, tratando-se de execução fundada em direito real ou obrigação reipersecutória;
II - do sócio, nos termos da lei;
III - do devedor, ainda que em poder de terceiros;
IV - do cônjuge ou companheiro, nos casos em que seus bens próprios ou de sua meação respondem pela dívida;
V - alienados ou gravados com ônus real em fraude à execução;
VI - cuja alienação ou gravação com ônus real tenha sido anulada em razão do reconhecimento, em ação autônoma, de fraude contra credores;
VII - do responsável, nos casos de desconsideração da personalidade jurídica.

Art. 791. Se a execução tiver por objeto obrigação de que seja sujeito passivo o proprietário de terreno submetido ao regime do direito de superfície, ou o superficiário, responderá pela dívida, exclusivamente, o direito real do qual é titular o executado, recaindo a penhora ou outros atos de constrição exclusivamente sobre o terreno, no primeiro caso, ou sobre a construção ou a plantação, no segundo caso.

§ 1º Os atos de constrição a que se refere o *caput* serão averbados separadamente na matrícula do imóvel, com a identificação do executado, do valor do crédito e do objeto sobre o qual recai o gravame, devendo o oficial destacar o bem que responde pela dívida, se o terreno, a construção ou a plantação, de modo a assegurar a publicidade da responsabilidade patrimonial de cada um deles pelas dívidas e pelas obrigações que a eles estão vinculadas.

§ 2º Aplica-se, no que couber, o disposto neste artigo à enfiteuse, à concessão de uso especial para fins de moradia e à concessão de direito real de uso.

1 *A penhora* é um ato de afetação, de destinação, enquanto a venda será um ato de desapropriação, e o pagamento posterior, um ato de satisfação (José Alberto dos Reis, *Processo de Execução*). Assim, a penhora identifica os bens e lhes dá uma destinação específica, preparando a desapropriação. Por isso, o executado está impedido de qualquer ato que prejudique a execução ou desvalorize o objeto; não obstante não tenha perdido a propriedade, perde a disponibilidade naquilo que prejudicar a penhora, pois seus atos não terão eficácia contra ela; poderá vendê-lo, mas o adquirente se sujeita aos efeitos da penhora. O exequente obtém, pela penhora, a prioridade sobre os demais credores que não tenham melhor privilégio. A penhora é ato próprio do oficial de justiça, com arrombamento, se necessário (CPC/15, art. 846). Execução definitiva, penhora *on line* (v. art. 882/6). A autorização, na lei, para que o oficial de justiça faça a avaliação (CPC/15, art. 154, V), é utilizada na Justiça do Trabalho desde a L. 5.442/68. O executado será intimado da penhora, CPC/15, art. 841 (TST, IN 39/15, art. 3º, XVIII).

STJ Na execução civil, a penhora de dinheiro na ordem de nomeação de bens não tem caráter absoluto (STJ – Súmula 417).

TST I – Não fere direito líquido e certo do impetrante o ato judicial que determina penhora em dinheiro do executado para garantir crédito exequendo, pois é prioritária e obedece à gradação prevista no art. 835 do CPC de 2015 (art. 655 do CPC de 1973). II – Havendo discordância do credor, em execução definitiva, não tem o executado direito líquido e certo a que os valores penhorados em dinheiro fiquem depositados no próprio banco, ainda que atenda aos requisitos do art. 840, I, do CPC de 2015 (art. 666, I, do CPC de 1973) (TST – Súmula 417, Res. 212/16).

SDI É admissível a penhora sobre a renda mensal ou faturamento de empresa, limitada a determinado percentual, desde que não comprometa o desenvolvimento regular de suas atividades (TST, SDI-2 – Orientação Jurisprudencial 93).

SDI É válida a penhora em bens de pessoa jurídica de direito privado, realizada anteriormente à sucessão pela União ou por Estado membro, não podendo a execução prosseguir mediante precatório. A decisão que a mantém não viola o art. 100 da CF/1988 (TST, SDI-1, Orientação Jurisprudencial 343).

SDI Diferentemente da cédula de crédito industrial garantida por alienação fiduciária, na cédula rural pignoratícia ou hipotecária o bem permanece sob o domínio do devedor (executado), não constituindo óbice à penhora na esfera trabalhista (Decreto-Lei n. 167/67, art. 69; CLT, arts. 10 e 30 e Lei n. 6.830/80) (TST, SDI-1, Orientação Jurisprudencial 226, Res. TST 129/05).

Ato impugnado pelo qual a autoridade coatora determina constrição sobre pecúnia em execução definitiva. 2. A jurisprudência da SBDI-2/TST firmou-se no sentido de que, em execução definitiva, a penhora sobre dinheiro não fere direito líquido e certo. Inteligência da Súmula n. 417, I, do TST (TST, ROMS 211100-97.2008.5.06.0000, Emmanoel Pereira, Ac. SBDI-2).

Considerando-se que, na época em que foi realizada a penhora, a Companhia de Navegação Bahiana ainda não havia sido sucedida pelo Estado da Bahia, é legítima a penhora de seus bens, no que resulta inadmissível a alegação de afronta ao artigo 100 da Constituição Federal. Recurso de revista não conhecido (TST, RR 1.783/1988-002-05-00.5, Milton de Moura França).

2 *Os bens do sócio* (CPC/15, art. 790, II), nas sociedades anônimas e nas de responsabilidade limitada, somente podem ser objeto de execução, nas hipóteses de retiradas abusivas ou em prejuízo do capital social ou pela parte do capital não integralizado (D. 3.708, de 10.1.19, art. 2º). Responsabilidade do acionista controlador, dos administradores, dos membros do conselho fiscal nas sociedades por ações (L. 6.404/76, arts. 117, 158 e 165). Mas firmou-se a jurisprudência presumindo a responsabilidade dos sócios-gerentes de sociedade limitada, quando não houver dissolução formalmente válida, cuja prova incumbe ao sócio que quer livrar-se da execução, ou mesmo sem dissolução formal, quando a empresa não possuir bens para penhora. A medida encontra inspiração no Código Tributário Nacional, art. 135 (responsabilidade dos administradores por infração de lei). Caracterização de sócio (CC, art. 981). Com a inclusão no CC/02, art. 2º, do inciso IV e do art. 980-A pela L. 12.441/11, surge a empresa individual, com responsabilidade limitada aos valores integralizados no seu capital. Facilita a grande maioria de pequenos autônomos que agora podem abrir suas empresas sem a necessidade de sócios (microssócio com 1% do capital). Quanto à responsabilidade nada muda, sempre recai sobre o sócio-gerente, no caso o único sócio. Sócio retirante, art. 10/5.

Teoria da desconsideração da personalidade jurídica da sociedade, v. art. 855-A/ notas.

A sujeição dos bens do sócio-gerente, na execução por dívida tributária da sociedade, nos casos e condições previstos em lei, reclama a citação dele para a constituição da relação processual, facultando-lhe o oferecimento de embargos de devedor (STF, RE 108.318-SP, Rafael Mayer).

É inviável responsabilizar, por dívidas trabalhistas da sociedade, os sócios que se retiraram da sociedade antes do ajuizamento da ação, se não provado que deixaram de integralizar suas quotas, nem demonstrado que exerceram a gerência da sociedade e praticaram atos com violação do contrato ou da lei, em prejuízo dos credores (TRT/RS, RO 4.355/86, Ermes Pedrassani, Ac. 1ª T. 21.1.87).

Execução. Bens do sócio. Não são os sócios que respondem pela execução trabalhista, inexistindo bens da sociedade limitada, mas os "sócio-gestores". Assim se conclui pela fundamentação que se dá a tal responsabilidade dos administradores por infração da lei (com apoio no art. 135 do Código Tributário Nacional e outros semelhantes). Na sociedade de responsabilidade limitada, presume-se a culpa do sócio-administrador, face à liberdade de ação que possui, a sua autonomia, à imediatidade que há entre seus atos e seus efeitos e à frequente comunhão de fato de seus haveres próprios e os da sociedade. O mesmo não acontece na sociedade anônima onde, por inexistir essas circunstâncias, a responsabilidade do administrador não se presume (TRT/SP, AP 15.296/84, Valentin Carrion, Ac. 8ª T. 8.4.85).

Respondem pelos débitos da sociedade por quotas limitadas os sócios-gerentes, independentemente da limitação do capital da empresa, quando esta não possui bens passíveis de constrição e tais débitos decorrem de atos praticados com violação de contrato ou da lei, conforme arts. 10 do Dec. 3.708/19 e 4º da L. 6.830/80 (TRT/PR, AgPet. 0022/86, Ac. 2ª T. 1.004/86, Leonardo Abagge).

Representando as cotas os direitos do cotista sobre o patrimônio líquido da sociedade, a penhora que recai sobre elas pode ser atacada pela sociedade via dos embargos de terceiro... Os efeitos da penhora incidente sobre as cotas sociais hão de ser determinados em atenção aos princípios societários, considerando-se haver, ou não, no contrato social proibição à livre alienação das mesmas. Havendo restrição contratual, deve ser facultado à sociedade, na qualidade de terceira interessada, remir a execução, remir o bem ou conceder-se a ela e aos demais sócios a preferência na aquisição das cotas, a tanto por tanto (CPC, arts. 1.117, 1.118 e 1.119). Não havendo limitação no ato constitutivo, nada impede que a cota seja arrematada com inclusão de todos os direitos a ele inerentes, inclusive o *status* de sócio (STJ, RE 30.854-2 SP, Sálvio de Figueiredo).

O sócio que se desliga da sociedade ainda permanece responsável pelos débitos de natureza trabalhista dos empregados que prestaram serviços na época em que mantinha referido *status*, aplicando-se, de forma subsidiária, o quanto disposto no art. 1.003, parágrafo único, do novo Código Civil Brasileiro (TRT-00464-2003-103-15-00-2, Elency Pereira Neves).

É terceiro na relação processual e não pode ter seus bens penhorados, o sócio que se retirou da empresa, comprovadamente antes do início do pacto laboral (TRT/SP, 2.940.294.830, Nelson Nazar, Ac. SDI 17.622/95).

3 Os bens do cônjuge estão sujeitos à execução, nos casos em que respondem pela dívida (CPC/15, art. 790, IV). Mesmo que o art. 246 do CC/16 não tenha correspondente no CC/02, a meação de qualquer dos cônjuges continua preservada e não responde pela dívida do outro; só a dívida para a economia doméstica (CC, art. 1.643) é solidária. O CPC/15, art. 674, autoriza os embargos para defesa da meação. Entretanto, é de presumir-se que o produto da atividade empresarial sempre é usufruído por ambos os cônjuges; o contrário necessita de prova.

STJ Embora intimado da penhora em imóvel do casal, o cônjuge do executado pode opor embargos de terceiro para defesa de sua meação (STJ – Súmula 134).

Presume-se que as obrigações trabalhistas descumpridas pelo marido revertem em benefício da comunhão do casal. A meação da mulher responde pela satisfação do débito, salvo se destruir aquela presunção (TRT/SP, AP 1.029/84, Valentin Carrion, Ac. 8ª T.).

Movida a execução apenas contra o marido, não é imprescindível que do praceamento seja intimada a mulher do executado – STJ (STJ, REsp 58.541-4-SC, Barros Monteiro, Reg. 95.55-5).

4 *Há bens absolutamente impenhoráveis* (bens inalienáveis, o alimento necessário para manutenção durante um mês, os vencimentos e salário, os instrumentos necessários ou úteis ao exercício de qualquer profissão, as pensões e montepios, o imóvel rural até um módulo, se único bem e outros, CPC/15, art. 833, aplica-se a Justiça do Trabalho, TST, IN 39/16, art. 3º, XV); há bens penhoráveis na falta de outros. A impenhorabilidade da cédula de crédito industrial (DL 413/69) não atinge o débito fiscal, pois não se trata da impenhorabilidade absoluta do CTN, art. 184 (STF, *RTJ* 80/628). Com maior razão se aplica ao crédito trabalhista. Assim também a lei de executivos fiscais, aplicável aqui (art. 30). São impenhoráveis, salvo exceções, o imóvel, único, utilizado para residência permanente, e seus equipamentos, assim como os móveis do prédio locado (bem de família, L. 8.009/90). Impenhorabilidade dos depósitos (conta "reservas bancárias"; v. art. 882/5) das instituições financeiras no Banco Central (L. 9.069/95, art. 68).

CPC/15:

Art. 833. São impenhoráveis:

I - os bens inalienáveis e os declarados, por ato voluntário, não sujeitos à execução;

II - os móveis, os pertences e as utilidades domésticas que guarnecem a residência do executado, salvo os de elevado valor ou os que ultrapassem as necessidades comuns correspondentes a um médio padrão de vida;

III - os vestuários, bem como os pertences de uso pessoal do executado, salvo se de elevado valor;

IV - os vencimentos, os subsídios, os soldos, os salários, as remunerações, os proventos de aposentadoria, as pensões, os pecúlios e os montepios, bem como as quantias recebidas por liberalidade de terceiro e destinadas ao sustento do de-

vedor e de sua família, os ganhos de trabalhador autônomo e os honorários de profissional liberal, ressalvado o § 2º;

V - os livros, as máquinas, as ferramentas, os utensílios, os instrumentos ou outros bens móveis necessários ou úteis ao exercício da profissão do executado;

VI - o seguro de vida;

VII - os materiais necessários para obras em andamento, salvo se essas forem penhoradas;

VIII - a pequena propriedade rural, assim definida em lei, desde que trabalhada pela família;

IX - os recursos públicos recebidos por instituições privadas para aplicação compulsória em educação, saúde ou assistência social;

X - a quantia depositada em caderneta de poupança, até o limite de 40 (quarenta) salários mínimos;

XI - os recursos públicos do fundo partidário recebidos por partido político, nos termos da lei;

XII - os créditos oriundos de alienação de unidades imobiliárias, sob regime de incorporação imobiliária, vinculados à execução da obra.

§ 1º A impenhorabilidade não é oponível à execução de dívida relativa ao próprio bem, inclusive àquela contraída para sua aquisição.

§ 2º O disposto nos incisos IV e X do *caput* não se aplica à hipótese de penhora para pagamento de prestação alimentícia, independentemente de sua origem, bem como às importâncias excedentes a 50 (cinquenta) salários mínimos mensais, devendo a constrição observar o disposto no art. 528, § 8º, e no art. 529, § 3º.

§ 3º Incluem-se na impenhorabilidade prevista no inciso V do *caput* os equipamentos, os implementos e as máquinas agrícolas pertencentes a pessoa física ou a empresa individual produtora rural, exceto quando tais bens tenham sido objeto de financiamento e estejam vinculados em garantia a negócio jurídico ou quando respondam por dívida de natureza alimentar, trabalhista ou previdenciária.

STJ O conceito de impenhorabilidade de bem de família abrange também o imóvel pertencente a pessoas solteiras, separadas e viúvas (STJ – Súmula 364).

SDI Ofende direito líquido e certo decisão que determina o bloqueio de numerário existente em conta-salário, para satisfação de crédito trabalhista, ainda que seja limitado a determinado percentual dos valores recebidos ou a valor revertido para fundo de aplicação ou poupança, visto que o art. 649, IV, do CPC contém norma imperativa que não admite interpretação ampliativa, sendo a exceção prevista no art. 649, § 2º, do CPC espécie e não gênero de crédito de natureza alimentícia, não englobando o crédito trabalhista (Res. 220/17, *DEJT*, 21.9.17). (TST, SDI-2, Orientação Jurisprudencial 153).

O bem objeto de alienação fiduciária, que passa a pertencer à esfera patrimonial do credor fiduciário, não pode ser objeto de penhora no processo de execução, porquanto o domínio da coisa já não pertence ao executado, mas a um terceiro, alheio à relação jurídica. Admite-se, entretanto, que a penhora recaia sobre os direitos do fiduciante, representados pelas parcelas já pagas do contrato de alienação fiduciária (TRT/SP, AP 00004694820125020421, Ac. 17ª T. Maria de Lourdes Antônio, *DOE*, 11.10.12).

Impenhorabilidade do bem de família. Lei 8.009/90, retroatividade da aplicação da lei em penhoras realizadas anteriormente à sua edição. Inocorrência de ofensa ao art. 5º, XXXVI (STF, AgRg-RE 204.659-1-MG, Nelson Jobim).

O imóvel rural impenhorável, de até um módulo, a que se refere o art. 649, X, do CPC é o que tem as dimensões mínimas que assegurem ao pequeno agricultor e à sua família condições de sobrevivência (STJ, REsp 66.672-4-RS, Ruy Rosado de Aguiar, Reg. 95.254492).

Demonstrado que o imóvel penhorado é aquele onde os recorridos mantêm sua residência, é inafastável a conclusão acerca da sua impenhorabilidade, sendo irrelevante a circunstância de ele não ter sido inscrito como bem de família no cartório de registro de imóveis, uma vez que tal exigência não consta da Lei n. 8.009/90. Por outro lado, a alegação de que os recorridos são proprietários de vários bens imóveis não tem o condão de afastar a conclusão sobre a procedência da ação, diante do disposto no parágrafo único do art. 5º do referido diploma legal, que prevê a impenhorabilidade do bem destinado à residência até mesmo na hipótese de a entidade familiar ser proprietária de outros imóveis utilizados como moradia. Recurso a que se nega provimento (TST-RO-AR-100195/2003-900-02-00.8, Barros Levenhagen).

São impenhoráveis os bens necessários ao exercício da profissão, pelo que mesas, cadeiras e bancos dispostos para funcionamento de um escritório de advogado que vive do trabalho pessoal e próprio não podem ser objeto de constrição judicial (TRT/MG, AP 1.967/95, Deoclécia Dias, Ac. 4ª T.).

5 A *penhora de crédito* do exequente contra terceiro se procede por simples intimação ao devedor (CPC/15, art. 855); do que é referente a título de câmbio, pela apreensão (CPC/115, art. 856); do direito litigioso, pela penhora *no rosto dos autos* mediante indicação na folha de autuação (pelo escrevente que funciona na própria ação movida pelo executado) e averbação da penhora no verso. O oficial de justiça dará ciência ao executado e ao adversário, impedidos, a partir daquele instante, de fazerem acordo etc., podendo o exequente funcionar como litisconsorte (Eliézer Rosa).

6 O estabelecimento de empresa, como unidade de produção, pode ser objeto de penhora; nessa hipótese o juiz nomeará depositário que o administrará (CPC/15, art. 862).

STJ É legítima a penhora da sede do estabelecimento comercial (STJ – Súmula 451).

7 O *registro da penhora* ou arresto se efetua na repartição competente do bem apreendido: registro imobiliário, o que emite certificado de propriedade de veículos, Junta Comercial, Bolsa de Valores a Sociedades Comerciais (quanto a ações, cotas-parte ou outros direitos). Pela Lei dos Registros Públicos, há necessidade de mandado ou certidão do cartório. Pela lei das execuções da dívida ativa, aplicável

ao processo trabalhista, o oficial de justiça entregará no registro correspondente cópia do auto de penhora e da sentença exequenda, caso não esteja transcrita em breve relatório no auto (esta, em lugar da contrafé, a que a lei fiscal se refere), além da ordem judicial de registro. De acordo com a lei, o registro independe de pagamento de custas (L. 6.830/80, arts. 7º e 14), o que não quer dizer esteja o executado isento de pagá-las; o contador as incluirá na liquidação para oportuno pagamento ao serventuário. O Registro de Imóveis poderá solicitar os requisitos e informações previstas (Lei dos Registros Públicos, L. 6.015/73, art. 167, I, 5) e ainda o nome do juiz, do depositário, das partes e a natureza do processo. A Corregedoria Permanente da Justiça Comum sobre o Registro Público é função administrativa e não pode cercear as determinações de outros juízes, contidas em seus mandados (v. *Registros públicos*, Francisco de Paula Sena Rebouças), mas as normas genéricas que disciplinam indiscriminadamente os registros têm de ser atendidas.

8 *Mais de uma penhora sobre os mesmos bens*: cada credor conserva seu título de preferência (CPC/15, art. 797, parágrafo único); essa preferência tem origem na anterioridade da penhora (CPC/15, art. 908). A preferência para o exequente que "promoveu a execução" é desconsiderada pela jurisprudência; ressalva-se, porém, a do que a tem em virtude de título legal (CPC/15, art. 908). A inovação da norma processual comum é sensível sobre a anterior que determinava o concurso automático, no juízo da primeira penhora. É verdade que, mesmo no CPC/39, era reputada válida a penhora sobre os mesmos bens sem instauração de concurso, assim como a validade da arrematação havida no juízo da segunda penhora (TASP, 6ª Câm. Civ., AP 84.450, *RT* 379/291). O concurso universal de credores (CPC/15, art. 1.052, mantém o CPC/73, art. 751) compete exclusivamente ao juízo cível (Calmon de Passos, *LTr* 46/519, 1982) e raramente repercutirá na execução trabalhista, por ser privativo do devedor não comerciante. Presume-se a insolvência do devedor civil que não possui bens para nomear à penhora (CPC/15, art. 1.052, mantém o CPC/73, art. 750). O devedor que não paga nem nomeia bens à penhora é passível de falência (Lei de Falências, L. 11.101/05, art. 94, II). O art. 29 da L. 6.830/80 dá preferência aos créditos da União sobre os Estados e estes sobre os Municípios. O STJ, com a Súmula 497, *mantém essa preferência quando coexistir a penhora sobre o mesmo bem*.

STJ Os créditos das autarquias federais preferem aos créditos da Fazenda estadual desde que coexistam penhoras sobre o mesmo bem (STJ – Súmula 497).

Processo civil. Princípio da anterioridade da penhora (CPC, arts. 612 e 711). Em face do princípio *prior tempore potiur iure* no direito luso-brasileiro até meados do século XVIII, e que retornou no CPC/73, regendo a execução por quantia certa contra devedor solvente, a prioridade na fase de pagamento, inexistindo título legal de preferência, é de quem primeiro penhorou e não daquele que primeiro promoveu a execução.

Em interpretação sistemática, é de ter-se por abrangida na expressão "penhora" do art. 612, CPC, as figuras de arresto contempladas nos arts. 653/654 e 813/821 do mesmo diploma legal (STJ, REsp 2.435-0, Bueno de Souza, Reg. 90.0002336-0).

9 *Execução frustrada. Expedição de ofícios. Informações da Fazenda Nacional* sobre o patrimônio de executado. A efetividade da execução é de interesse imediato do credor e, também, do próprio direito reconhecido e da atividade jurisdicional. Por isso, o sigilo que protege a declaração de rendimentos e bens referentes ao imposto de renda não impede que, após a inútil busca de bens, o Juiz da execução solicite informações à Receita Federal, desde que se cerque de todas as garantias para que os dados revelados sejam oferecidos apenas ao exequente e não ultrapassem os dados que sejam absolutamente indispensáveis; não devem ser juntados aos autos (L. 5.172/96, art. 198; DL 5.844/93, arts. 201 e 202). O bem de comum aceitação na praça vinha sendo a linha telefônica. Mas, com a privatização dos serviços de telecomunicação e a mudança da natureza do direito de uso das linhas, os valores alcançados são irrisórios. Medida que também se mostra eficiente para garantir eficácia às decisões judiciais é a expedição de ofício ao Serviço Central de Proteção ao Crédito (SCPC), cujo regulamento nacional garante ao Poder Judiciário acesso ao seu banco de dados (art. 22, § 2º). Não se encontrando bens, deve o oficial descrever os bens que guarnecem a casa e ou estabelecimento do executado, nomeando este depositário provisório, CPC/15, art. 836 (TST, IN 39/15, art. 3º, XVII).

Somente em hipóteses excepcionais, quando infrutíferos os esforços diretos envidados pelo exequente, admite-se a requisição pelo juiz de informações a órgãos da Administração Pública sobre a existência e localização de bens do devedor (STJ, REsp 71.180-PA, Barros Monteiro, Reg. 95.38124-9).

10 *O depósito completa a penhora*; sem aquele, esta não está perfeita e acabada (salvo em certos casos de depósito de crédito, quando há simples intimação, CPC/15, art. 855). Depositário dos bens será preferencialmente o depositário público, ou o particular nomeado (CPC/15, art. 840); nada impede que seja o próprio exequente, desde que assim concorde o juiz. Para remoção é indispensável o requerimento do autor, tendo em vista o princípio do impulso processual *ex officio*. Não sendo o executado o depositário, deverá ser intimado pessoalmente por via postal, se já não o foi pelo oficial de justiça. A intimação pelo *Diário Oficial* (L. 6.830/80, art. 12) é iniquidade que fere o direito de defesa da parte, se ela tiver endereço nos autos. Quando se tratar de imóveis, tem de ser intimado o cônjuge (CPC/15, art. 842). Campos Batalha repele o âmbito da Justiça do Trabalho para a ação de depósito do arrematante contra o *depositário infiel* (*Tratado*). A prisão administrativa do depositário infiel não mais subsiste, STF, Súmula Vinculante 25. É ilícita a sua prisão. O reclamante, não recebeu quando trabalhou, propôs ação para receber, teve sentença favorável, encontrou bens, para penhora, penhorou. Foi indicado o "fiel depositário", foi retirar o bem, o "fiel", sumiu com o mesmo, agora move nova ação contra o "fiel", pois este teve sua pena abrandada e não mais responde na prisão.

Na hipótese de depositário nomeado (transformado em auxiliar do juízo) já existe controle judicial e cognição processual, o que não ocorre naquele.

Habeas corpus (CLT, art. 840/9).

Avaliação (art. 887/2).

STF É ilícita a prisão civil de depositário infiel, qualquer que seja a modalidade do depósito (STF – Súmula Vinculante 25).

STF REVOGADA. A prisão do depositário judicial pode ser decretada no próprio processo em que se constitui o encargo, independentemente da propositura da ação de depósito (STF – Súmula 619).

STJ Descabe a prisão civil do depositário judicial infiel (STJ – Súmula 419).

STJ O encargo de depositário de bens penhorados pode ser expressamente recusado (STJ – Súmula 319).

SDI Não se caracteriza a condição de depositário infiel quando a penhora recair sobre coisa futura e incerta, circunstância que, por si só, inviabiliza a materialização do depósito no momento da constituição do paciente em depositário, autorizando-se a concessão de *habeas corpus* diante da prisão ou ameaça de prisão que sofra (TST, SDI-2, Orientação Jurisprudencial 143, alterada Res. TST 151/08).

SDI A investidura no encargo de depositário depende da aceitação do nomeado que deve assinar termo de compromisso no auto de penhora, sem o que, é inadmissível a restrição de seu direito de liberdade (TST, SDI-2 – Orientação Jurisprudencial 89).

Não mais subsiste, no sistema normativo brasileiro, a prisão civil por infidelidade depositária, independentemente da modalidade de depósito, trate-se de depósito voluntário (convencional) ou cuide-se de depósito necessário, como o é o depósito judicial. Precedentes. Revogação da Súmula 619/STF (STF, HC 96.772 / SP – São Paulo, Celso Mello).

11 O *excesso de penhora* ocorre quando se alcançar um volume de bens que supera (CPC/15, art. 874) o indispensável para a satisfação do credor ("tantos quantos bastem", diz a lei). A importância da condenação deve ser acrescida de custas (em sentido amplo, todas as despesas processuais, inclusive honorários de advogado e perito), juros e correção monetária. Entretanto, seu valor pode ser discretamente superior à conta para prever que normalmente a praça não alcança o valor da avaliação e há sempre despesas acrescidas como depositário, condução do oficial de justiça etc. O excesso de penhora deve ser arguido nos embargos à execução e corrigido pelo juiz para excluir os bens desnecessários. Excesso de execução (CLT, art. 884/4).

Em se verificando o excesso de execução, em desalinho com o comando judicial, necessário limitar aquela para o devido prestígio à coisa julgada (TST, RR 229.827/95.2, José Luiz Vasconcellos, Ac. 3ª T. 4.451/96).

12 Pagamento ou garantia da execução com seus acréscimos (art. 880/6).

13 *Penhora em domingo* ou feriado necessita de autorização judicial (CLT, art. 770, parágrafo único).

14 *Juros de mora.* Mora é o atraso no cumprimento da obrigação. Pode ser do credor (*mora accipiendi*) ou do devedor (*mora solvendi*). Os juros moratórios consistem na remuneração do capital pelo atraso e são devidos a partir do ajuizamento da ação, de acordo com a previsão legal; até 27.2.87, 6% ao ano, de forma simples, sobre o capital corrigido; a partir de 27.2.87, na taxa de 1% ao mês, capitalizados mensalmente sobre o capital corrigido (DL 2.322/87); a partir de 1.3.91, juros simples de 1% ao mês (L. 8.177/91). Correção monetária (art. 833/3). Imposto de renda (v. art. 832/2).

STF Incluem-se os juros moratórios na liquidação, embora omisso o pedido inicial ou a condenação (STF – Súmula 254).

TST A fórmula de cálculo de juros prevista no Decreto-Lei n. 2.322/87 somente é aplicável a partir de 27 de fevereiro de 1987. Quanto ao período anterior, deve-se observar a legislação então vigente (TST – Súmula 307).

TST Os juros da mora incidem sobre a importância da condenação já corrigida monetariamente (TST – Súmula 200).

SDI É devida a incidência de juros de mora em relação aos débitos trabalhistas de empresa em liquidação extrajudicial sucedida nos moldes dos arts. 10 e 448 da CLT. O sucessor responde pela obrigação do sucedido, não se beneficiando de qualquer privilégio a este destinado (TST, SDI-1, Orientação Jurisprudencial 408).

SDI Os juros de mora decorrentes do inadimplemento de obrigação de pagamento em dinheiro não integram a base de cálculo do imposto de renda, independentemente da natureza jurídica da obrigação inadimplida, ante o cunho indenizatório conferido pelo art. 404 do Código Civil de 2002 aos juros de mora (TST, SDI-1, Orientação Jurisprudencial 400).

Juros reais. O Supremo Tribunal entende que o § 3º do art. 192 da Constituição não é autoaplicável (ADIn 4-7) (STF, RE 149.002-1-RS, Francisco Rezek, Ac. 2ª T.).

Os juros de mora são regidos pela legislação em vigor nas épocas de incidência próprias. A aplicação imediata da legislação aos processos pendentes não se confunde com a retroativa e pressupõe a fase de conhecimento. Os efeitos ocorrem a partir da respectiva vigência, sendo que o trânsito em julgado de sentença prolatada à luz da legislação pretérita obstaculiza totalmente a incidência da lei nova. Decisão em sentido contrário conflita com a garantia constitucional relativa ao direito adquirido e à coisa julgada, ensejando o conhecimento do extraordinário e acolhida do pedido nele formulado (STF, RE 141.287-9-RJ, Marco Aurélio, Ac. 2ª T.).

Como uma forma de efetivação da execução, o TST, IN/39/15, art. 17, aplica ao processo do trabalho, em face da omissão e compatibilidade, as normas do CPC/15, art. 495, hipoteca judiciária, art. 517, protesto de decisão judicial, e art. 782, §§ 3º, 4º e 5º, inclusão do nome do executado em cadastro de inadimplentes.

15 *Hipoteca judiciária* (CPC/15, art. 495). A decisão que condenar o réu produz a hipoteca judiciária, mesmo que a condenação seja genérica; mesmo que o credor possa promover o cumprimento provisório da sentença; mesmo que impugnada por recurso dotado de efeito suspensivo. Basta a apresentação da cópia da sentença perante o cartório de registro imobiliário; a parte tem que informar o juízo em 15 dias, que determinará a intimação da outra parte para que tome ciência do ato; uma vez constituída, implicará, para o credor hipotecário, o direito de preferência, quanto ao pagamento, em relação a outros credores, observada a prioridade no registro. Havendo reforma ou a invalidação da decisão que impôs o pagamento de quantia, a parte responderá, independentemente de culpa, pelos danos que a outra parte tiver sofrido em razão da constituição da garantia, devendo o valor da indenização ser liquidado e executado nos próprios autos.

16 *Protesto da decisão* (CPC/15, art. 517). A decisão judicial transitada em julgado poderá ser levada a protesto, depois de transcorrido o prazo para pagamento. O exequente terá que apresentar certidão de teor da decisão, que deverá conter o nome e a qualificação do exequente e do executado, o número do processo, o valor da dívida e a data de decurso do prazo para pagamento voluntário. O executado que tiver proposto ação rescisória para impugnar a decisão exequenda pode requerer, a suas expensas e sob sua responsabilidade, a anotação da propositura da ação à margem do título protestado. A pedido do executado, o protesto será cancelado por determinação do juiz, mediante ofício a ser expedido ao cartório, no prazo de 3 (três) dias, contado da data de protocolo do requerimento, desde que comprovada a satisfação integral da obrigação.

17 *Inclusão do nome do executado em cadastro de inadimplentes* (CPC/15, art. 782). A requerimento da parte, o juiz pode determinar a inclusão do nome do executado em cadastros de inadimplentes. Será cancelada imediatamente se for efetuado o pagamento, se for garantida a execução ou se a execução for extinta por qualquer outro motivo. Aplica-se à execução definitiva de título judicial.

Art. 883-A. A decisão judicial transitada em julgado somente poderá ser levada a protesto, gerar inscrição do nome do executado em órgãos de proteção ao crédito ou no Banco Nacional de Devedores Trabalhistas (BNDT), nos termos da lei, depois de transcorrido o prazo de quarenta e cinco dias a contar da citação do executado, se não houver garantia do juízo. (Red. L. 13.467/17).

O devedor só será considerado um mal pagador depois de 45 dias contados da citação do executado, podendo a decisão judicial ser levada a protesto e seu nome ser inscrito nos órgão de proteção ao crédito e no BNDT (Banco Nacional de Devedores Trabalhistas).

Seção III
Dos embargos à execução e da sua impugnação

Art. 884. Garantida[9] a execução ou penhorados[10] os bens, terá o executado[12] 5 dias[2-3] para apresentar embargos[1-4], cabendo igual prazo ao exequente para impugnação[5].

§ 1º A matéria de defesa[4] será restrita às alegações de cumprimento da decisão ou do acordo, quitação ou prescrição da dívida.

§ 2º Se na defesa tiverem sido arroladas testemunhas, poderá o juiz ou o presidente do tribunal, caso julgue necessários seus depoimentos, marcar audiência para a produção das provas[7], a qual deverá realizar-se dentro de 5 dias.

§ 3º Somente nos embargos à penhora poderá o executado impugnar a sentença de liquidação[6], cabendo ao exequente igual direito e no mesmo prazo.

§ 4º Julgar-se-ão na mesma sentença os embargos e as impugnações à liquidação apresentadas pelos credores trabalhista e previdenciário (Red. L. 10.035/00).

§ 5º Considera-se inexigível o título judicial fundado em lei ou ato normativo declarados inconstitucionais pelo Supremo Tribunal Federal ou em aplicação ou interpretação tidas por incompatíveis com a Constituição Federal (Red. MP 2.180-35/01).

§ 6º A exigência da garantia[9] ou penhora não se aplica às entidades filantrópicas[9] e/ou àqueles que compõem ou compuseram a diretoria dessas instituições. (Red. L. 13.467/17).

1 A doutrina atribui aos *embargos à execução* caráter de verdadeira ação (e não de simples defesa), onde o embargante é autor e o embargado réu (Liebman, *Embargos do executado e processo de execução*; Lopes da Costa, *Direito Processual Civil*; Amaral Santos, *Primeiras linhas*). Daí decorrem vários efeitos práticos quanto aos prazos e quanto a não ser lícito exigir pagamento de custas recursais para conhecimento dos embargos à execução (por não ser recurso), nem as custas próprias de verdadeira ação, por falta de previsão legislativa. Com a alteração do art. 789 e o novo art. 789-A, foram criadas custas específicas, que serão pagas no final (inciso V). Trata-se de ação de cognição incidental de caráter constitutivo, conexa à execução, que pretende extinguir o processo ou desconstituir a eficácia do título executivo, a relação jurídica líquida e certa (Liebman e Amaral Santos, apud Humberto Theodoro Jr., *Processo de execução*). O CPC determina que os embargos sejam autuados em apenso aos autos do processo principal, mas a inovação não se aplica ao processo trabalhista, no qual a mesma sentença deverá julgar a impugnação à liquidação e os embargos e no qual, expressamente, a lei os prevê nos mesmos autos (CLT, art. 884, § 4º), deixando a critério do juiz remetê-los ou informar o tribunal *ad quem.* Se não foi impugnada a execução ou a liquidação, prossegue-se *ex officio*, sendo desnecessária qualquer sentença que julgue expressamente subsistente a penhora ou chancele os atos praticados ou ouça o exequente sobre a garantia do juízo, como dispõe a Lei de Execução Fiscal (L. 6.830/80, art. 18, nesta parte inaplicável ao

processo laboral). O CPC/15, art. 918, deve ser aplicado à Justiça do Trabalho (TST, IN 39/16, art. 3º, XXII), que permite que o juiz indefira liminarmente os embargos quando: 1) intempestivos; 2) nos casos de indeferimento da petição inicial e de improcedência liminar do pedido; 3) manifestamente protelatórios; estes serão considerados atentado à dignidade da justiça (CPC/15, art. 918, parágrafo único).

Se o nome do recorrente não constava do ato dos exequentes, o meio próprio não seria o mandado de segurança e sim os embargos à execução que os autos não noticiam tenham sido interpostos (TST, RO-MS 127.639/94.9, Regina Rezende Ezequiel, Ac. SBDI-2 319/96).

O depósito garantidor da execução inaugura o prazo para os embargos, sendo desnecessária a formalização de penhora para esse fim (TRT/SP, CP 19/96, Valentin Carrion, *DOE*, 23.1.96).

2 *Na execução provisória* (876/4), a regra é de que o processo se detém na penhora (CLT, art. 899), mas os embargos poderão ser interpostos e julgados: do contrário seria impossível corrigir ilegalidades que permaneceriam indeterminadamente (em sentido contrário, Lamarca, *Execução*, e Manoel A. Teixeira Filho, *Execução no Processo do Trabalho*) e que são capazes de causar prejuízo indefinido à parte, tais como excesso de penhora ou de execução, remoção ilegal etc. A afirmação corrente de que a execução provisória vai até a penhora é uma restrição contra o credor, no sentido de que ele não poderá prosseguir, inclusive para promover atos de alienação (CPC/15, art. 520, IV), mas não é obstáculo para o direito de defesa do devedor. A circunstância de não ser possível, na execução provisória, a prática de atos de alienação não obsta, inclusive, a apreciação imediata dos embargos, do mesmo modo que a execução definitiva (CPC/15, art. 520) (nesse sentido, Liebman, *Processo de Execução*, 1963).

A circunstância de não ser possível, em execução provisória, a prática de atos de alienação, não obsta a apreciação imediata dos embargos do devedor, do mesmo modo que na execução definitiva (CPC, art. 588, "caput") (TRT/SP, CP 375/93, Valentin Carrion, Juiz Corregedor, *DOE-SP*, 24.11.93).

3 *O prazo para embargos à penhora* volta a ser de 5 dias, pois o TST declarou inconstitucional a MP 2.180-35, que alterava a L. 9.494/97; a L. 5.584/70, que fixou prazos genéricos de 8 dias, refere-se expressamente aos recursos (L. 5.584/70, em apêndice); e os embargos do executado são meio de impugnação e não recurso, que não se confundem com os embargos mencionados nos arts. 893 e s.; e nem se aplica o prazo da Lei de Execução Fiscal (arts. 16 e 17), pois essa norma é meramente subsidiária à CLT. O início do prazo conta-se do depósito da coisa penhorada ou de sua intimação; a Lei de Execução Fiscal ainda se refere ao início do prazo no momento da juntada da prova de fiança bancária (L. 6.830/80, art. 16). Nos casos em que o executado ignora o momento do depósito, torna-se necessário cientificá-lo para que se inicie o prazo. Como o exequente também pode interpor embargos (impugnação), a partir do mesmo instante, deve ser intimado; se não o foi, deverá interpô-los na primeira oportunidade em que tomar conhecimento da penhora. Entretanto, se o juiz tiver aberto prazo para impugnação, e a parte se omitiu, não poderá mais fazê-lo (CLT, art. 879, § 2º). Se levantou a contrariedade e foi vencido, é-lhe dado repetir para agravar de petição (CLT, art. 879/7). Embargos à execução em precatória (CLT, art. 885/1). Voltamos ao *status quo* anterior; as pessoas de direito público já se utilizam de forma subsidiária do CPC/73, art. 730 (antes da alteração do prazo pela MP 2.180-35/01), obtendo um prazo maior (10 dias) do que o prazo da CLT (5 dias). O TST retira um erro, declarando inconstitucional a MP, que foi de encontro com a celeridade de que necessitamos no processo trabalhista.

■ O depósito em garantia de execução marca o início da contagem do prazo para embargos (TRT/SP, RO 02870072036, José Serson, Ac. 6ª T. 11.373/86).

■ A intimação da penhora deve ser feita através do Oficial de Justiça e a quem tenha a representação legal do executado, para que possa fluir o prazo do art. 884 da CLT, que conta a partir da intimação da penhora (TST, RO-MS 18.534/90.1, Cnéa Moreira, Ac. SDI 1.570/91).

■ O depósito garantidor da execução inaugura o prazo para os embargos, sendo desnecessária a formalização de penhora para esse fim (TRT/SP, CP 19/96, Valentin Carrion, Corregedor).

■ Concedida vista dos cálculos para a executada se manifestar, consoante diretriz estampada na Lei n. 8.432/92, e deixando esta de apresentar sua impugnação no decêndio previsto, precluso está o seu direito de voltar a questionar a exatidão da conta de liquidação em embargos executórios (TST, ED-AI 146.515/94.9, Ursulino Santos, Ac. 1ª T. 4.342/95).

4 *Conteúdo dos embargos do executado*: é restrito; veda-se debater questões já decididas pela sentença do processo de cognição e as que nele deveriam ter sido alegadas. Se a sentença proferida contra o revel era nula por falta de citação, por exemplo, quando intimado da mesma deveria ter interposto recurso ordinário ao TRT: se não o fez, perdeu a oportunidade para sua anulação. A alegação de cumprimento da decisão ou do acordo, assim como quitação, devem referir-se a fatos posteriores à sentença. A prescrição que se menciona é a do direito de executar a própria sentença, obviamente posterior, intercorrente. Entretanto, não é tão restrita a matéria quanto pode fazer crer a leitura do texto legal. Além dessas, há outras hipóteses de direito material (acordo entre as partes e compensação com débito proveniente de outra execução). Mas não há como fugir à teoria geral do processo, que contempla os embargos nas controvérsias quanto ao próprio processo de execução e quanto ao direito pretendido pelo credor; ou embargos aos atos de execução e embargos ao direito de execução (Theodoro Jr., *Processo de Execução*). As possibilidades de impugnação à execução, por razões formais, são ainda mais numerosas que as do direito material: a) nulidades referentes ao título em si (falta de peças essenciais na carta de sentença ou de assinatura do juiz e até falta de citação no processo de conhecimento, à revelia – conforme o CPC/15, art. 535, I, salvo se foi validamente intimado da sentença, CLT, art. 852 –, exercendo função de rescisória, segundo Coqueijo Costa, *Ação Rescisória*); b) falta de capacidade processual do exequente (menoridade, alienação mental, CPC/15, art. 535, II); c) falta de legitimação para a causa (não ser o próprio da relação formada no processo de cognição o autor ou o réu); falta de qualidade em caso de sucessão do autor (falecimento, cessão) ou do réu (falecimento; empresa que não o sucedeu ou que não é a mesma contra a que foi pronunciada a sentença nem responde pelos ônus trabalhistas daquela); d) incompetência do juízo (CPC/15, art. 917, V); e) suspeição do juiz (CPC/15, art. 917, V); f) nulidade da citação ou da penhora (CPC/15, art. 537, I); g) inexistência do depósito (CPC/15, art. 916); h) excesso de execução (CPC/15, art. 917, III – v. nota *infra*); i) decretação de falência, onde o crédito deverá ser habilitado. Nesta parte, nenhuma alteração trouxe a Lei de Execução Fiscal: "No prazo dos embargos, o executado deverá alegar toda matéria útil à defesa, requerer provas e juntar aos autos os documentos e rol de testemunhas, até três, ou a critério do juiz, até o dobro desse limite" (L. 6.830/80, art. 16, em apêndice). O número máximo de testemunhas que o juiz poderá ouvir por sua própria iniciativa não está a limite legal algum, desde que não encontre elementos para formar sua própria convicção.

■ Se a garantia se der através de depósito e este não for completo ou apresentar irregularidades, não será possível conhecer de embargos à execução, à falta de um dos pressupostos processuais para sua admissibilidade (TRT, 10ª Reg., AP 349/85, Fernando Damasceno, Ac. 1ª T. 1.131/86).

■ Contra a decisão que deixa de homologar acordo na fase executória, o qual implica quitação da dívida por devedor solidário, e homologa cálculos de liquidação, cabem embargos à execução. Art. 884, §§ 1º e 3º, da CLT. Não se conhece do agravo de petição concernente a essa matéria sem a oposição prévia de embargos (TRT/RS, AP 7.184/84, José Ehlers, Ac. 2ª T.).

■ A compensação não deferida na sentença exequenda não pode ser efetuada no processo de execução, sob pena de violar-se a coisa julgada (art. 879, parágrafo único, da CLT) (TRT, 10ª Reg., Ap. 195/86, Wilson Rodrigues, Ac. 1ª T. 125/87).

Dispõe a Lei de Execução Fiscal: não será admitida reconvenção, nem compensação, e as exceções, salvo as de suspeição, incompetência e impedimentos, serão arguidas como matéria preliminar e serão processadas e julgadas com os embargos (art. 16, § 3º, da L. 6.830/80).

Como se vê, o dispositivo é inaplicável aqui, pois se compensam os pagamentos posteriores à sentença de cognição (art. 884, § 1º, da CLT); as exceções de suspeição e incompetência serão alegadas na mesma oportunidade, nos mesmos autos, suspendendo o andamento do feito, de acordo com a CLT, art. 799; nada impede que na mesma sessão de audiência se instrua o mérito, ou de que a mesma sentença que rejeite aquelas arguições julgue este; o legislador quer dar instrumentos céleres ao magistrado.

Excesso de execução: quando se exige quantia superior à do título, quando se processa de forma diferente do que foi determinado na sentença e quando o credor, sem cumprir a prestação que lhe corresponde, exige o adimplemento da do devedor (CPC/15, art. 917, § 2º). No processo trabalhista, esta última hipótese pode ocorrer quando se condena a prestações vincendas, de diferenças salariais, por exemplo, e o empregado deixou de prestar serviço ou o prestou de forma a não fazer jus a seu recebimento. Assim, não se confunde excesso de execução com excesso de penhora (art. 883/11).

Na esteira da jurisprudência da Eg. Subseção II Especializada em Dissídios Individuais, é cabível mandado de segurança com o escopo de possibilitar a verificação de teratologia do ato judicial e, posteriormente, a eventual existência de direito líquido e certo da impetrante. Na hipótese dos autos, a autoridade coatora, após proceder à penhora *online* das contas da executada, ora impetrante, determinou a transferência do numerário excedente ao valor da condenação para a satisfação de outras execuções pendentes nas Varas do Trabalho de Vitória/ES. Não obstante o ato impugnado comportar agravo de petição, na forma do artigo 897, *a*, da CLT, é indene de dúvidas que tal remédio jurídico não se revelaria eficaz para proteger o direito líquido e certo em ter penhorado seus bens no limite da execução por quantia certa, não sendo a executada compelida a garantir em um processo execuções trabalhistas que correm em outros juízos. Precedente desta Eg. Subseção (TST, RO 42500-73.2009.5.17.0000, j. em 8.2.11, Emmanoel Pereira).

5 *A impugnação do exequente*, aos embargos, situa-se em área cinzenta que não se identifica com os efeitos da *litiscontestatio* do processo de conhecimento. Aqui, a ausência de contestação tem efeitos diferentes, em virtude de haver o mandamento da sentença transitada em julgado. Cruzam-se, assim, os princípios do respeito à coisa julgada, da preclusão das alegações, da livre convicção do juiz e dos poderes conferidos a este, no processo em geral e mais no processo de execução, onde se acentua o ideal da verdade real sobre a formal (v. art. 879/5).

6 *A impugnação à sentença de liquidação*, pelo exequente ou pelo executado, deve ser apresentada no mesmo prazo e julgada pela mesma decisão que os embargos, salvo se o juiz abriu prazo após a conta (CLT, art. 879/7). A natureza jurídica da impugnação e dos embargos do executado é diferente. A primeira deseja atingir a extensão da sentença de condenação; os segundos desejam desconstituir o direito de execução ou os atos de execução. Se a sentença não liquidou, apreciando o mérito, ou decidiu pela incompetência da Justiça do Trabalho, cabe agravo de petição (Pires Chaves, *Recursos*); mesmo assim, há um juízo de retratação, quando do recebimento desse recurso pelo juiz de primeira instância (art. 659, VI). A alçada de irrecorribilidade é da lei trabalhista (CLT, art. 895/2), e não da Lei de Execução Fiscal (L. 6.830/80, art. 34, em apêndice); o valor da causa continua a ser o do processo de cognição. Se o juízo fixou qualquer quantia, o exequente deverá aguardar para impugnar.

■ Quando o Juízo indefere o prosseguimento da execução rejeitando totalmente a liquidação pleiteada pelo autor, não se pode pretender aguardar a interposição de embargos ou impugnação como requisito para o agravo de petição; este é cabível imediatamente (TRT/SP, Ap. 107.377/86, Valentin Carrion, Ac. 8ª T.).

■ A impugnação da conta (CLT, 879, 2º) não invalida a restrição de que a sentença só pode ser impugnada nos embargos (CLT, 884, 3º) (TRT/SP, CP 333/93, Valentin Carrion, Juiz Corregedor, *DOE-SP*, 3.11.93).

■ O juiz da execução não está subordinado aos cálculos das partes..., principalmente quando uma das partes é ente público. Por essa razão, desde que o valor executado ultrapasse o limite da razoabilidade,... não há falar em preclusão, devendo prevalecer o princípio constitucional da moralidade administrativa... (TST, Ag.-RC 239.613/96.5, Wagner Pimenta, Ac. OE 8/96).

7 A *instrução dos embargos* à execução está subordinada à teoria das provas, de seus ônus, controvérsia, pertinência e contraditório, estando todos os atos submetidos à direção do processo que incumbe ao juiz, cujo arbítrio obedece à lei. Audiência poderá ter a finalidade de ouvir testemunhas, como diz a lei, assim como todas as demais provas permitidas em juízo, prova documental, ofícios etc. Aplicam-se no que couber os dispositivos legais da CLT, referentes às provas, audiências, nulidades etc. Desistência da execução, após a apresentação de embargos (CPC/15, art. 775).

8 *Os embargos de terceiro* são oponíveis por quem, não sendo parte no processo, sofrer turbação ou esbulho na posse de seus bens por ato de apreensão judicial, em casos como o de penhora, depósito, arresto, sequestro, alienação judicial, arrecadação, arrolamento, inventário ou partilha. Processam-se de acordo com o CPC/15, art. 674 e segs. Equipara-se a terceiro a parte que, pelo título ou pela qualidade em que possuir os bens, estes não devam ser atingidos; também o cônjuge. Pode ocorrer que alguém, mesmo não figurando nominalmente como réu na sentença, deva ser alcançado por ela; é o que Pontes de Miranda menciona como "Zonas objetivas, onde o terceiro é envolvido"; é o caso da sucessão de empresas (oculta ou não) ou da responsabilidade solidária ou subsidiária; é hipótese de interpretação dos efeitos materiais da sentença exequenda, e melhor cabe nos embargos à execução do que nos embargos de terceiro. Assim, se o terceiro foi citado para pagar, porque o juiz o incluiu no processo, o remédio seria o primeiro e não o segundo (assim, Frederico Marques, apud Hamilton de Moraes Barros, *Comentários*); o mestre cearense alerta para o perigo da confusão. O melhor é que, na dúvida, se entenda que foi proposto o meio adequado; assim, ele mesmo sugere para a hipótese algo diferente (ibidem, p. 14). Mas o princípio permanece: quem teve incluído seu nome na execução (equivocadamente ou não) deve interpor embargos do executado; quem vê seus bens apreendidos, sem ordem nominal expressa, tem os embargos de terceiro como remédio específico.

Nos embargos de terceiro podem ser arguidos o dolo, a simulação e a fraude.

São ação própria, e não recurso, conexa à execução, incidental (Pontes de Miranda) e acessória (Liebman, *Processo de execução*), que não impede ao terceiro defendê-los em processo ordinário.

São dirigidos contra o Estado, mas o réu formal é o exequente; o executado será litisconsorte necessário se indicou os bens ou os deu em pagamento; nos demais casos, caberá ao embargante requerer ou não a intervenção do executado (Pontes de Miranda, ibidem), sendo dispensável a citação pessoal, conforme entende o STF, assim mantido no novo CPC/15, art. 677, que cristaliza o já entendimento do STF (não necessidade de citação pessoal, mas sim do advogado).

Mesmo que nos embargos de terceiro o "trabalhador e o empregador" possam não ser parte, o STF já havia afastado a pretensa incompetência à luz da Constituição de 1969, afirmando tratar-se de processo consequente de outro e por persistir a figura do empregado como parte e onde nem sempre estará ausente a repercussão da conduta do empregador (STF, RE 108.015-9, Néri da Silveira).

Podem ser opostos até 5 dias após a arrematação, adjudicação ou remição, mas sempre antes da assinatura da respectiva carta; correm em autos perante o juiz que ordenou a apreensão; versando sobre todos os bens, suspende-se o curso do processo principal; o prazo de contestação é de 15 dias (CPC/15, art. 679).

Em carta precatória, a competência para julgamento dos embargos de terceiro pertence ao juízo deprecante. Há um paralelismo com o que ocorre na competência para julgamento de embargos do devedor (CPC/15, art. 914, § 2º), coincidindo com o que dispôs a lei de executivos fiscais ("serão oferecidos no juízo deprecado, que os remeterá ao juízo deprecante"; "quando os embargos tiverem por objeto vícios ou irregularidades de atos do próprio juízo deprecado, caber-lhe-á unicamente o julgamento dessa matéria", art. 20). Os embargos de terceiro são conexos à ação principal, apesar de se constituírem em novo juízo, conexidade essa que resulta da causalidade entre a solução do incidente e o êxito da execução; e assim, nada mais natural que sejam julgados pelo juiz deprecante, como ensinava Amílcar de Castro (*Comentários ao CPC de 1939*, apud ac. TJMT, AI 2.383, rel. Ernani de Souza). No processo trabalhista, levantam questões de alta indagação, ligadas à legitimidade passiva da parte, em virtude de possível sucessão empresarial ou de responsabilidade solidária ou subsidiária. A competência do juiz deprecado não se coaduna com essas questões: a) por fugir a sua função meramente instrumental; b) por exigir a interpretação da sentença de cognição; c) por natural desconhecimento dos fatos e peças dos autos da ação principal e embargos do executado, se houver, com possível existência de preclusão ou coisa julgada quanto aos mesmos aspectos levantados; d) pela possibilidade de, havendo várias precatórias para juízos deprecados diversos, com bens em comarcas diferentes, o mesmo terceiro embargante receber decisões contraditórias. A Súmula 33 do TFR tem de ser entendida com essas ponderações e paralelamente à Súmula 32 ("Embargos de terceiro. Competência do juízo deprecante", *Rev. Synthesis* 3/86, Valentin Carrion).

Cabe agravo de petição contra a sentença proferida em embargos de terceiro, em virtude do art. 897 da CLT. O fato de os embargos serem considerados verdadeira ação não impede que tenha natureza incidental e acessória (Liebman, *Processo de execução*; Pontes de Miranda, idem; Mendonça Lima, *Dicionário do CPC*) e que, pelo fato de esta ação ocorrer na execução, se aplique o recurso para ela previsto genericamente pelo legislador. O agravo de petição, sem tirar simplicidade do procedimento, conserva duplo grau de jurisdição. A lei proíbe o recurso de revista na execução, inclusive nos embargos de terceiro, salvo se houver ofensa "direta" à Constituição (L. 9.756/98).

STF Não enseja embargos de terceiro à penhora a promessa de compra e venda não inscrita no registro de imóveis (STF – Súmula 621).

STJ Em embargos de terceiro não se anula ato jurídico, por fraude contra credores (STJ – Súmula 195).

STJ Embora intimado da penhora em imóvel do casal, o cônjuge do executado pode opor embargos de terceiro para defesa de sua meação (STJ – Súmula 134).

STJ A terceiro de boa-fé não é oponível a alienação fiduciária não anotada no Certificado de Registro do veículo automotor (STJ – Súmula 92).

TST Na execução por carta precatória, os embargos de terceiro serão oferecidos no juízo deprecado, salvo se indicado pelo juízo deprecante o bem constrito ou se já devolvida a carta (art. 676, parágrafo único, do CPC de 2015). (TST – Súmula 419, Res. 212, *DEJT*, 20.9.16).

SDI Ajuizados embargos de terceiro (art. 1.046 do CPC) para pleitear a desconstituição da penhora, é incabível a interposição de mandado de segurança com a mesma finalidade (TST, Orientação Jurisprudencial, SDI-2 54, Res. TST 137/05).

SDI Tratando-se de embargos de terceiro, incidentes em execução, ajuizados anteriormente à Lei n. 10.537/02, incabível a exigência do recolhimento de custas para a interposição de agravo de petição por falta de previsão legal (TST, SDI-1, Orientação Jurisprudencial Transitória 53, conversão da Orientação Jurisprudencial SDI-1 291).

O STF tem admitido que, em embargos de terceiro, possa ser apreciada a arguição de fraude a credor (STF, RE 81.455, Bilac Pinto, Ac. 1ª T. *DJU*, 1.7.77, p. 4457).

Desnecessidade da citação pessoal do embargado, em face da natureza incidental e acessória dos embargos de terceiro (STF, RE 81.629-8-SP, Soares Muñoz, Ac. 1ª T. *DJU*, 4.5.79, p. 3519).

Competente a Justiça do Trabalho para dirimir embargos de terceiro contra penhora de bens, em execução de sentença trabalhista cumpre considerar esse feito atraído, em toda a sua extensão, ao âmbito da jurisdição especializada, inclusive no que concerne ao recurso extraordinário, regido pela norma do art. 143, da Constituição Federal. Precedente do Plenário do STF, no RE 107.495-7-AM, a 28.5.86 (STF, RE 108.015-9-AM, Néri da Silveira, Ac. 1ª T.).

A competência para julgamento de embargos de terceiro é, em regra, do juízo deprecado (art. 1.049 do CPC). Do juízo deprecante é a competência, em suma, para julgamento de matéria que possa afetar a sentença de liquidação (§ 1º do art. 884 da CLT). Contudo, se o Juízo Deprecante determina a penhora de bem pertencente a sócio da Executada, devidamente especificado, a competência passa a ser dele, em face da especial relevância da matéria (TST, CC 316.825/96.4, Manoel Mendes de Freitas, Ac. SBDI-2 1.033/97).

Possuidor. O § 1º, art. 1.046, CPC, abrange tanto a posse direta como a indireta, do bem penhorado, resguardando, assim, de forma abrangente o direito do possuidor (TRT/SP, 2.940.230.603, João Carlos de Araújo, Ac. SDI 17.612/95).

Execução. Não recebimento liminar de embargos de terceiro. Ato ilegal que desafia mandado de segurança. Decisão regional mantida (TST, RXOF 144.397/94.2, Euclides Alcides Rocha, Ac. SDI 5.405/95).

Comprovada a venda e cessão de direitos através de documento particular devidamente registrado no Cartório competente, onde não consta qualquer ônus sobre o imóvel, o comprador cessionário tem legitimidade para opor embargos de terceiros à penhora procedida na execução fiscal (STJ, REsp 36.250-SP, Peçanha Martins, Reg. 93.0017653-6).

Penhora não inscrita no registro imobiliário. É da doutrina e da jurisprudência que não revelada a litispendência ou litigiosidade da coisa constritada, via inscrição da penhora no registro imobiliário, legítimo é o reclamo de terceiro, um dos adquirentes sucessivos do bem litigioso, de livrá-lo da constrição, quando de boa-fé o comprou (STJ, REsp 68.212-6-SP, Waldemar Zveiter, Reg. 95/0030437-6).

Na execução por carta, em se tratando de defeitos ou irregularidades dos atos processuais, a competência para julgar os embargos de Terceiro é do Juízo Deprecado (arts. 747 do Código de Processo Civil e 20, *caput* e parágrafo único, da Lei n. 6.830/80) (TST, CComp 445.030/98-9, Carlos Alberto Reis de Paula, Ac. SBDI-2).

9 Garantia de execução (art. 880/6).

10 Penhora de bens (art. 882 e segs.).

11 Executado. Legitimidade passiva (art. 880/1).

12 Liquidação extrajudicial de bancos, seguros e investimento (art. 643/10).

Seção IV

Do julgamento e dos trâmites finais da execução

Art. 885. Não tendo sido arroladas testemunhas na defesa, o juiz*[1], conclusos os autos, proferirá sua decisão, dentro de 5 dias, julgando subsistente[4] ou insubsistente a penhora.

Art. 886. Se tiverem sido arroladas testemunhas[5], finda sua inquirição em audiência, o escrivão ou secretário fará, dentro de 48 horas, conclusos os autos ao juiz*, que proferirá sua decisão, na forma prevista no artigo anterior.

§ 1º Proferida a decisão[3], serão da mesma notificadas as partes interessadas, em registrado postal, com franquia.

§ 2º Julgada subsistente[4] a penhora, o juiz mandará proceder logo à avaliação[2] dos bens penhorados (texto revogado tacitamente).

Art. 887. A avaliação[2] dos bens penhorados em virtude da execução de decisão condenatória, será feita por avaliador escolhido[2] de comum acordo pelas partes, que perceberá as custas arbitradas pelo juiz, ou presidente do tribunal trabalhista, de conformidade com a tabela a ser expedida pelo Tribunal Superior do Trabalho (texto revogado tacitamente).

§ 1º Não acordando as partes quanto à designação de avaliador[2], dentro de 5 dias após o despacho que determinou a avaliação, será o avaliador designado livremente pelo juiz ou presidente do tribunal (texto revogado tacitamente).

§ 2º Os servidores da Justiça do Trabalho não poderão ser escolhidos ou designados para servir de avaliador[2] (texto revogado tacitamente).

1 *Juiz deprecante e embargos à execução.* A competência para deferir, dirigir a instrução e julgar os embargos do executado e as impugnações (do autor ou do réu) à sentença de liquidação cabe ao juízo da ação de conhecimento, cuja sentença se executa. Na execução que se processa em carta precatória, de ordem ou rogatória, os embargos do executado devem ser interpostos perante o juiz deprecado, mas julgados pelo juiz deprecante, salvo os incidentes que se refiram aos atos praticados pelo juízo deprecado (irregularidade da penhora, avaliação, arrematação, adjudicação e remição); tal entendimento de doutrina e de jurisprudência foi consagrado pelo texto da Lei de Execução Fiscal (L. 6.830/80, art. 20, v. Índ. Leg.).

STJ Na execução por carta, os embargos do devedor serão decididos no juízo deprecante, salvo se versarem unicamente vícios ou defeitos da penhora, avaliação ou alienação de bens (STJ – Súmula 46).

Na execução por carta a competência para apreciar os embargos à execução é do juízo deprecante, salvo se o embargante se insurgir contra deliberação do juízo deprecado (TST, CC 199.597/95.1, Regina Rezende Ezequiel, Ac. SDI 1.253/96).

2 A avaliação dos bens penhorados é realizada por oficiais de justiça avaliadores (CLT, art. 721, § 3º) no prazo de 10 dias. Está revogado tacitamente o art. 887. Em caso de impedimento do funcionário, o juiz nomeará qualquer serventuário (CLT, art. 721, § 5º). Aqui não se aplicam os parágrafos do art. 13 da L. 6.830/80 (nomeação obrigatória de avaliador oficial, quando impugnado o valor); isto porque a norma própria do processo trabalhista não introduziu esse procedimento. O juiz lançará mão livremente das provas de que necessite para formar sua convicção (perícia, inclusive), que poderá ser atacada, como os demais atos da execução. Se o valor dos bens for insuficiente para satisfazer o débito principal e acessórios, haverá nova penhora, em reforço da anterior. A reavaliação do bem, do processo civil (CPC/15, art. 873, por erro, dolo, redução ou majoração do valor ou dúvida), somente se dará em razão de motivo justificado, não por pretexto protelatório.

3 *Recurso.* Proferida a sentença que julga os embargos à execução e as impugnações à liquidação, poderão as partes atacar quaisquer atos da liquidação ou execução que tenham sido mantidos pela sentença de embargos e que até aí eram irrecorríveis (CLT, art. 884, § 3º): o remédio é o agravo de petição para o TRT, onde será julgado por uma das turmas. A alçada para a irrecorribilidade é da lei trabalhista (art. 895/2), por ser específica, e não da Lei de Execução Fiscal (L. 6.830/80, art. 34, em apêndice): para esse efeito, à falta de norma legal, continua o mesmo valor da causa de quando se ajuizou o processo de cognição.

■ O Agravo de Petição não se presta ao reexame de prescrição e confissão apreciadas na fase de conhecimento e já abrangidas pela coisa julgada. Caberia à Autora ter oposto Embargos Declaratórios a fim de que o órgão julgador apreciasse as matérias na fase cognitiva (TST, RO-AR 200.074/95.1, José Zito Calasãs Rodrigues, Ac. SBDI-2 1.259/97).

■ Inexiste lei dispondo acerca da exigência da efetivação do depósito recursal, em execução, a cada novo recurso (TST, RR 160.540/95.5, José Luiz Vasconcellos, Ac. 3ª T. 7.322/95).

4 A *subsistência ou insubsistência da penhora* é decorrência lógica de que tenha sido impugnada ou não e da decisão que aprecie os obstáculos levantados. É desnecessária manifestação expressa nesse sentido, que se depreende da sentença, que rejeita ou não os embargos do executado ou de terceiro, quando houver.

5 Instrução dos embargos do executado (art. 884/7).

Art. 888. Concluída a avaliação, dentro de 10 dias, contados da data da nomeação do avaliador[1], seguir-se-á a arrematação[4] que será anunciada por edital afixado na sede do Juízo ou Tribunal e publicado no jornal local, se houver, com a antecedência de 20 dias.

§ 1º A arrematação[1 a 5] far-se-á em dia, hora e lugar anunciados e os bens serão vendidos pelo maior lance, tendo o exequente preferência para a adjudicação[2 a 5].

§ 2º O arrematante deverá garantir o lance com o sinal correspondente a 20% do seu valor.

§ 3º Não havendo licitante, e não requerendo o exequente a adjudicação[2 a 5] dos bens penhorados, poderão os mesmos ser vendidos por leiloeiro[4] nomeado pelo juiz ou Presidente.

§ 4º Se o arrematante, ou seu fiador, não pagar dentro de 24 horas o preço da arrematação[1 a 5], perderá, em benefício da execução, o sinal de que trata o § 2º deste artigo, voltando à praça os bens executados.

1 *Arrematação*: é a desapropriação forçada dos bens do executado ou de seu fiador; não é uma venda, pois inexiste contrato pela ausência de vontade do réu (Paula Batista). Foi suprimida a exigência de uma segunda praça, para a hipótese de o maior lanço oferecido não alcançar o valor da avaliação; qualquer preço, mesmo inferior à avaliação, desde que não seja considerado vil pelo juiz (CPC/ 15, art. 891, parágrafo único: Considera-se vil o preço inferior ao mínimo estipulado pelo juiz e constante do edital, e, não tendo sido fixado preço mínimo, considera-se vil o preço inferior a cinquenta por cento do valor da avaliação). É evidente o interesse e direito do executado de tomar ciência do dia em que será realizado o ato; não se justifica o argumento de que poderá tomar ciência da mesma pela publicação do edital; essa espécie de comunicação só se admite para a parte que estiver em lugar incerto. O CPC/15 determina que o devedor seja intimado por intermédio de seu advogado, caso não tenha procurador, por mandado, carta ou outro meio, do dia e hora da realização da praça ou leilão (art. 889); no processo trabalhista, onde até a citação inicial é realizada por intermédio dos correios, a intimação poderá sê-lo pela mesma via. Presumir-se a ciência da parte pela publicação do edital é uma ignomínia que ofende o direito de defesa, a realidade da vida e o princípio do contraditório e da publicidade dos atos processuais à parte. A praça é uma fase processual, conjunto de atos processuais de consequências graves para o executado e de grande interesse para o exequente; os atos que se praticarem naquele momento judiciário obrigam a todos, inclusive o executado, mas só se tiver ciência pessoalmente do local, dia e hora de sua realização. Não tem de ser intimado da arrematação *a posteriori*, mas anteriormente, sob pena de nulidade. Aliás, o poder de iniciativa que cabe ao juiz e a experiência acumulada no exercício de sua função deveriam levá-lo (não obstante a dispensabilidade legislativa e sem caráter de obrigatoriedade) a intimar pessoalmente o exequente também; a presença deste, junto com seu procurador, trará inúmeras vantagens à moralização das arrematações e adjudicações, em benefício da execução e até da própria economia do executado. O § 2º do art. 22 da Lei de Execução Fiscal, determinando apenas a intimação pessoal do representante da Fazenda Pública, quanto ao leilão, é inconstitucional e fere basilares princípios processuais e de justiça, se não for aplicado em consonância com o CPC/15, art. 887, § 1º, que é subsidiário também àquele instituto; nesse sentido a Súmula 121 do STJ. Os bens poderão ser praceados ou leiloados englobadamente ou em lotes (L. 6.830/80, art. 23), posto que a execução deverá ser o menos ruinosa possível para o executado. A presença do juiz não é ao lado do pregoeiro, mas em local onde possa atender os requerimentos das partes (assim, TJMG, in A. de Paula, art. 686, *Código de Processo Civil Anotado*, v. 3, p. 328, 1980). Fraude na arrematação (CP, DL 2.848/40, art. 358).

A arrematação poderá ser anulada se no edital não constou a existência de ônus, bem como de recurso pendente de julgamento (CPC/15, art. 886, VI) ou de qualquer outra nulidade. A arrematação poderá ser: I - invalidada, quando realizada por preço vil ou com outro vício; II - considerada ineficaz, se não observado o disposto no art. 804 (bem de promessa de compra e venda ou cessão registrada; bem instituído direito de superfície); III - resolvida, se não for pago o preço ou se não for prestada a caução (CPC/15, art. 903). Poderá ainda o arrematante desistir da arrematação, sendo-lhe imediatamente devolvido o depósito que tiver feito: I - se provar, nos 10 (dez) dias seguintes, a existência de ônus real ou gravame não mencionado no edital; II - se, antes de expedida a carta de arrematação ou a ordem de entrega, o executado alegar alguma das situações previstas acima. Com igual razão se o bem desapareceu ou tem características gravemente diferentes do que se anunciou. O prazo é de três dias (CPC/15, art. 886).

A fiança bancária e a garantia de bens oferecidas por terceiros exigem a intimação destes para que paguem em 15 dias, sob pena de contra ele prosseguir a execução (Lei de Execução Fiscal, 6.830/80, art. 19). Adquirir o bem penhorado com pagamento parcelado, pagamento de 25% à vista e o restante parcelado em até 30 meses (CPC/15, art. 895).

STJ Na execução fiscal o devedor deverá ser intimado, pessoalmente, do dia e hora da realização do leilão (STJ – Súmula 121).

O arrematante não está obrigado a pagar os tributos devidos pelo executado, uma vez que o preço responde pelos tributos por ele devidos. A lei não pode ter sentido tão iníquo, deixando os que se fiam na seriedade dos leilões judiciais na singular posição de não poderem reaver o preço da arrematação, nem conseguir a respectiva carta (STF, RE 87.550-6, Cordeiro Guerra, Ac. 2ª T.).

Somente após a citação do devedor (ainda que ficta) é que terá lugar a arrematação. Porém, o fato de o bem localizado pelo credor possuir valor inferior ao crédito não impede que se proceda a arrematação (TRT/SP, CP 36/96, Valentin Carrion, Corregedor).

A penhora e posterior arrematação não precedida de intimação do proprietário do bem, principalmente quando se trata de terceiro a responder por débito trabalhista de outrem, obsta a oposição, por aquele, dos embargos, restando-lhe porém o ajuizamento da ação anulatória (art. 486, CPC) (TST, RO-MS 93.873/93.3, Ney Doyle, Ac. SDI 5.409/94).

Incabível é a ação rescisória contra a sentença que homologa a arrematação, por não constituir decisão de mérito, que se entende como aquela que decide a lide, a controvérsia originária de direito material, qualificada pela pretensão resistida. Quer se volte contra a carta de arrematação, quer tenha por objeto a decisão que homologa esse ato executivo, a rescisória não pode lograr conhecimento, já que, efetivamente, não pertine a decisão de mérito. Na fase de execução não há sentença que aprecie o mérito da execução, com exceção dos embargos do devedor e dos embargos de terceiro, ações autônomas incidentais ao processo de cognição e de execução. Em ditos processos, inequivocamente, examina-se a subsistência do crédito, ou seu montante, ou a eventual responsabilidade executiva de terceiro. Vale dizer: em tais processos de cognição, conexos ao de execução, há visos de sentença de mérito, suscetível de rescisão, em tese (TST, RO-AR 70.553/93.4, José Luiz Vasconcellos, Ac. SDI 3.548/96).

■ Rescindida carta de arrematação por meio de acórdão proferido em ação rescisória, impõe-se o restabelecimento da situação anterior pelo juízo onde tramitou a execução, devendo ser reintegrados na posse do imóvel os proprietários ora impetrantes do presente *writ* (TST, RO-MS 110.057/94.2, Regina Rezende Ezequiel, Ac. SBDI-2 154/96).

■ Arrematação. Não é vil, o lanço que atinge 20% do valor da avaliação, principalmente quando o objeto da penhora é perecível e já houvera hasta negativa anterior (Proc. TRT/SP, AP 22.006/97, Valentin Carrion, Ac. 9ª T. 55.962/97).

■ A arrematação do bem penhorado em outro processo, torna insubsistente outras penhoras. O Juízo não mais se encontra garantido. Inocorreu ato ou intenção da executada em fraudar a segunda execução, ainda mais que chegou a alertar o último (Proc. TRT/SP 12.487/97, Valentin Carrion, Ac. 9ª T. 42.964/97).

2 *Adjudicação*: por ela o exequente recebe os bens em pagamento parcial ou total de seu crédito. Retifica-se o que se afirmara anteriormente (edição de 1975).

Ao instituto da adjudicação trabalhista não se aplica a Lei de Execução Fiscal (L. 6.830/80, art. 24, em apêndice), porque o disposto expressamente na lei trabalhista não necessita da norma fiscal, que até com ela se choca. Assim é: a) o exequente não pode adjudicar antes da praça porque a CLT, art. 888, diz que após a avaliação seguir-se-á a arrematação; b) o prazo de 30 dias para adjudicação violaria a celeridade do processo trabalhista; esse prazo, na L. 6.830/80, lá se justifica pelas exigências burocráticas que a conveniência de adjudicar necessita no âmbito do erário público; aqui inexiste qualquer prazo semelhante ou aproximado; recorde-se que uma lei especial trabalhista foi promulgada especialmente para reduzir os prazos recursais que antes eram pouco mais dilatados; c) a remição não é prevista.

A experiência repetida nas tormentosas caminhadas das execuções veio convencer de como é salutar o entendimento de que o exequente terá sempre preferência para adjudicação, como quer o art. 888, § 1º, da CLT, mas deve participar da arrematação, igualando o maior lanço. Tal atitude poderá levar os demais lançadores a continuar oferecendo preço maior, em benefício da execução. Assim, contribui-se à moralização e eficiência das arrematações que às vezes são prejudicadas pelo credor, com vista na adjudicação, para que os lanços não se elevem e também pelo desinteresse do público em participar, em face da burocracia inócua (guias, requerimentos etc.) e da inutilidade de seu trabalho perante uma simples petição de adjudicação. Em momento inoportuno e posterior, sem se falar em situações em que o próprio credor sub-repticiamente divulga entre os presentes seu propósito de adjudicar futuramente, para ficar só, frente a um lanço vil. O juiz que preside a execução deveria intimar pessoalmente as partes, recordando ao reclamante a oportunidade de adjudicar. O certo é que, comunicando-lhes o dia da praça e suas consequências, o momento para requerer a adjudicação é o da praça, antes que ela se finde e não depois. É um momento processual público como a audiência, do qual devem participar as partes, considerando-se-as cientes do que nela se passou mesmo que por desídia não tenham comparecido. As partes não são obrigadas a comparecer, mas preclui seu direito de requerer. Tal entendimento se deduz da letra dos §§ 1º e 3º do art. 888, que não apontam outro dia ou outro prazo para pedido de adjudicação. Nem se pense que esse prazo seria o de 24 horas para assinatura do auto; esse prazo é para o arrematante depositar o restante do preço e o executado remir a execução; o prazo para a remição no CPC não se limita a 24 horas, mas sim "antes de adjudicados ou alienados os bens" (CPC/15, art. 826). Mesmo que não se considerem as normas do CPC nesta parte como normas positivas aplicáveis ao processo trabalhista, são fonte de interpretação e de bom direito. A arrematação ou adjudicação independe de intimação da lavratura do auto (CPC/15, art. 903). A adjudicação no processo comum aplica-se aos móveis e aos imóveis, como se depreende da generalização do CPC/15, art. 905, II.

Após a adjudicação, se o valor não foi suficiente, prossegue-se na execução para receber o restante, penhorando-se outros bens.

A adjudicação compulsória pleiteada pelo compromissário comprador nada tem que ver com a adjudicação do exequente aqui estudada; aquela é meio de execução específica e coativa de obrigação de emitir declaração de vontade, que sana a omissão do promitente vendedor (Ricardo Credie, *Adjudicação compulsória*).

SDI I – Sob a égide do CPC de 1973 é incabível o mandado de segurança contra sentença homologatória de adjudicação, uma vez que existe meio próprio para impugnar o ato judicial, consistente nos embargos à adjudicação (CPC de 1973, art. 746). II – Na vigência do CPC de 2015 também não cabe mandado de segurança, pois o ato judicial pode ser impugnado por simples petição, na forma do artigo 877, *caput*, do CPC de 2015 (TST – SDI-2, Orientação Jurisprudencial 66, Res. 212/16)

SDI Incabível Ação Rescisória para impugnar decisão homologatória de arrematação (TST, SDI-2, Orientação Jurisprudencial 45).

SDI Incabível Ação Rescisória para impugnar decisão homologatória de adjudicação (TST, SDI-2, Orientação Jurisprudencial 44).

Adjudicação. Deve ser requerida antes que se finde a praça. É o que se deduz da CLT (art. 888, §§ 1º e 2º). O STF entende que a decisão que indefere o pedido formulado no dia seguinte não nega vigência ao art. 714 do CPC (*RTJ* 84/350). Outras vozes a admitem 24h após, mas nunca 15 dias depois (TRT/SP, CP 166/94, Valentin Carrion, Corregedor).

Desconstituição de sentença homologatória de adjudicação. A adjudicação é anulável por ação ordinária e não por rescisória (TST, RO-AR 905/89.3, Almir Pazzianotto, Ac. SDI 366/91).

3 A *remição dos bens* (ou seja, sua liberação mediante pagamento do valor do lanço ou da avaliação pelo executado) não é permitida no processo trabalhista; somente é permitida a remição da execução, se este efetuar o pagamento de todo o débito da execução (L. 5.584/70, art. 13, em apêndice), quando se liberarão todos os bens. O cônjuge, ascendente ou descendente perdem o direito a remição, que antes era permitido. Determina-se a lavratura e assinatura do auto de arrematação somente após 24 horas de sua ocorrência; entretanto, o acontecido na praça ou leilão tem de ser levado aos autos, seja por um "auto de praça" completado com o de arrematação no dia seguinte, ou por um auto de arrematação apenas iniciado, e sem assinatura do juiz, para ser completado 24 horas após certificar-se a forma adotada; nem se concebe que a eficácia do acontecido fique na simples memória do funcionário ou leiloeiro, sujeito à eventualidade do desaparecimento dos que participaram do ato. A remição tem preferência sobre a adjudicação. Não há óbice à *remissão* (*sic*) da dívida, que é o perdão da dívida pelo exequente (CPC/15, art. 924, III).

STF O processo de execução trabalhista não exclui a remição pelo executado (STF – Súmula 458).

Bem hipotecado e penhorado em outras execuções. Aquele que promove a remição do imóvel não ficará em situação inferior ao arrematante. Em princípio, desfazem-se outras penhoras, sub-rogando-se os credores no produto da arrematação ou remição. Desaparecerá, também, o ônus hipotecário, se houver regular intimação do credor (STJ, REsp 57.093-0-GO, Eduardo Ribeiro, Reg. 94.0035584-0).

Execução. Remição. Admite-se na execução trabalhista apenas quando a executada solve toda sua dívida (Proc. TRT/SP, AP 22.006/97, Valentin Carrion, Ac. 9ª T. 55.962/97).

4 *Leilão*. É a forma de alienação de bens, pelo maior lanço, por leiloeiro oficial, no lugar designado pelo juiz; a praça, ao contrário, é realizada no átrio do fórum, por um serventuário de justiça. No processo comum, o leilão é próprio dos móveis; no processo laboral, o leilão é previsto facultativamente, quando não houve licitante na praça. No CPC/73, art. 706, a escolha do leiloeiro era do credor (exequente), no CPC/15, art. 883, sua escolha passa a ser do juiz; essa exigência não se aplica ao processo laboral. Se não houver leiloeiro oficial na localidade ou o juiz trabalhista não o julgar conveniente ("poderão os mesmos..."), o leilão será realizado pelo oficial porteiro. É que o legislador do art. 888 deixa ampla iniciativa ao juiz, para melhor adaptar-se às circunstâncias próprias dos bens penhorados, do tempo e do lugar; inexiste assim qualquer irregularidade do hábito de que o leilão seja efetuado pelo próprio aparelho judiciário, constituindo-se na verdade em uma praça. Aquela mesma intenção, de permitir a iniciativa do juiz, impede que se aplique aqui, necessariamente, o prazo que deve mediar entre a praça e o leilão e que foi adotado pela Lei de Execução Fiscal (L. 6.830/80, art. 22, § 1º, em apêndice) e pelo CPC. Despesas indicadas no edital e de comissão do leiloeiro, por conta do arrematante (idem, art. 23, § 2º), o que não ocorre na praça. Na hipótese de venda de valores com cotação na bolsa, será nomeado um corretor oficial (CPC/15, art. 881, § 2º). O interessado em adquirir o bem penhorado em prestações deve apresentar por escrito, até o primeiro leilão, por valor não inferior ao da avaliação, e até o segundo leilão, por valor que não seja considerado vil, CPC/15, art. 895 (TST, IN 39/15, art. 3º, XX).

SDI Incabível Ação Rescisória para impugnar decisão homologatória de arrematação (TST, SDI-2, Orientação Jurisprudencial 45).

5 *Inexistência de embargos à arrematação ou adjudicação*. O CPC/15, art. 917, os admite fundado em nulidade de execução, pagamento, novação, transação ou prescrição, independentemente da penhora, CPC/15, art. 914. No processo do trabalho haver-se-ia que levar em conta a preclusão, quanto às nulidades que não foram alegadas na primeira vez em que deveria falar nos autos (CLT, art. 795, c/c o CPC/15, art. 278): não havendo outra determinação explícita, o prazo para prática de ato processual a cargo da parte é de 5 dias. Entretanto, os *embargos à arrematação não são cabíveis no processo do trabalho*, pois o art. 897, "a", da CLT, simplificando o procedimento, concedeu agravo de petição contra as decisões do juiz na execução. Prevalece a norma específica laboral e não a do processo comum. O arrematante deve ser intimado, pois ele é titular do interesse tornado litigioso (H. Theodoro Jr., *Com. CPC*, cit., Índ. Bibliog.). O prazo para impugnação aos atos de arrematação, adjudicação ou remição correm da própria praça, sem necessidade de intimação, pois ela é um ato processual complexo, solene, público e de conhecimento das partes; do que nessa oportunidade se passa, presumem-se as partes cientes, como acontece em audiência. Assim, Pontes de Miranda, não obstante faça correr o prazo da assinatura do auto (*Comentários ao CPC*).

6 *Embargos de terceiro* (art. 884/8).

Art. 889. Aos trâmites e incidentes do processo da execução são aplicáveis, naquilo em que não contravierem ao presente Título, os preceitos que regem o processo dos executivos fiscais para a cobrança judicial da dívida ativa da Fazenda Pública Federal.

Art. 889-A. Os recolhimentos das importâncias devidas, referentes às contribuições sociais, serão efetuados nas agências locais da Caixa Econômica Federal ou do Banco do Brasil S. A., por intermédio de documento de arrecadação da Previdência Social, dele se fazendo constar o número do processo.

§ 1º Concedido parcelamento pela Secretaria da Receita Federal do Brasil[2], o devedor juntará aos autos a comprovação do ajuste, ficando a execução da contribuição social correspondente suspensa até a quitação de todas as parcelas (red. L. 11.457/07).

§ 2º As Varas do Trabalho encaminharão mensalmente à Secretaria da Receita Federal do Brasil[2] informações sobre os recolhimentos efetivados nos autos, salvo se outro prazo for estabelecido em regulamento (red. L. 11.457/07).

1 O procedimento dos executivos fiscais foi regulado pelo DL 960/38; depois pelo CPC de 1973; agora pela L. 6.830/80 (em apêndice). Assim, a execução, quanto ao procedimento trabalhista, é regulada: a) em primeiro lugar, pelo que determinam a CLT e as leis específicas que a complementam (L. 5.584/70, DL 779/69, privilégio de atividades de entidades estatais, e DL 858/69, correção monetária em falência); b) em segundo lugar, e, subsidiariamente, pela mencionada L. 6.830/80, da cobrança da dívida pública, por remissão, do art. 889 da CLT; c) em terceiro lugar, pelo CPC (em virtude da remissão dos arts. 655 e 769 da CLT e da própria L. 6.830/80, cujo art. 1º remete àquele Código). Extinção da execução (CPC/15, art. 924). Dívida ativa da União. Inscrição de valores superiores a R$ 1.000,00 (L. 7.799/89, DL 1.569/77, MF Port. 49/04, MF Port. alt. 75/12 e MF Port. 130/12).

2 *Secretaria da Receita Federal do Brasil.* A L. 11.457/07, art. 2º, transferiu a competência do INSS, referente a fiscalização, arrecadação, cobrança e recolhimento das contribuições sociais para a nova Secretaria.

3 O Código de Processo Civil (L. 13.105, de 16.3.15) se aplica ao processo do trabalho de forma subsidiária e supletivamente, em caso de omissão e desde que haja compatibilidade com as normas e princípios do Direito Processual do Trabalho, na forma dos arts. 769 e 889 da CLT, TST, IN 39/16.

■ Execução. Requisitos. A impossibilidade de tornar líquida a sentença, a torna inexequível, por falta de liquidez e exigibilidade (CPC, art. 586) (Proc. TRT/SP 27.053/97, Valentin Carrion, Ac. 9ª T. 3.442/98).

Seção V
Da execução por prestações sucessivas

Art. 890. A execução para pagamento de prestações sucessivas[1] far-se-á com observância das normas constantes desta Seção, sem prejuízo das demais estabelecidas[2] neste Capítulo.

Art. 891. Nas prestações sucessivas por tempo determinado[1], a execução pelo não pagamento de uma prestação compreenderá as que lhe sucederem.

Art. 892. Tratando-se de prestações sucessivas por tempo indeterminado[1], a execução compreenderá inicialmente as prestações devidas até a data do ingresso na execução.

1 As *prestações sucessivas* correspondem a obrigações contínuas ou de trato sucessivo. O contrato de trabalho é um exemplo típico. A execução por parcelas diversas decorre de contraprestações recíprocas, mutuamente dependentes, que se vencem em oportunidades diversas, por estarem assim previstas no contrato ou por determinação legal; também porque tenha havido acordo entre as partes, sobre quantia única, que se subdividiu em várias para facilitar o pagamento ao devedor ou por cláusula contratual que assim o previa. O CPC/15, art. 916 (TST, IN 39/15, art. 3º, XXI), indica o pagamento de 30%, e o restante em 6 parcelas. Vejo aqui dois obstáculos, para a sua aplicação: 1) na Justiça do Trabalho, não cabe na maioria dos casos o pagamento de honorários advocatícios; 2) o parcelamento como foi dito acima pode deve ser feito de forma que o executado possa pagar, cada caso é um caso, a limitação em 30% e 6 parcelas pode dificultar o pagamento. A negociação deve ser feita no prazo dos embargos, cinco dias (art. 884/3). Daí a distinção legal em prestações por tempo determinado (art. 891) e indeterminado (art. 892). O vencimento antecipado das primeiras, pelo inadimplemento, independe de que, no acordo, tenha sido prevista tal cláusula. As segundas se vencerão automaticamente, de acordo com a ocorrência dos fatos que lhes são requisito.

No caso das prestações por tempo indeterminado, Russomano afirma que a execução somente atingiria as prestações vencidas (o que é certo), e acrescenta que, encerrada essa execução, far-se-á nova execução (*Comentários à CLT*). Manoel Antônio Teixeira Filho, discordando, acredita que estarão compreendidas também as parcelas que se vencerem no ínterim que vai da produção da sentença ao momento dos cálculos para a execução (*Liquidação da Sentença...*). O debate não nos parece transcendental: a autorização legislativa é permissiva, deixando ao poder de iniciativa judicial e às conveniências táticas das partes a opção entre dar celeridade à execução do que já se venceu, se calculou e se penhorou, ficando para o futuro as novas impugnações e novas penhoras.

As prestações vincendas devem ser concedidas pela sentença de cognição independentemente de que o autor as tenha pedido (CPC/15, art. 323) e "enquanto durar a obrigação". Aí poderão surgir controvérsias relativas à inocorrência de condição (quando o credor deverá provar que ocorreu, CPC/15, arts. 514, 787, 798, *b*, e 803) ou de o credor não ter ainda cumprido sua obrigação (CPC/15, art. 798, I, *d*); nesta última hipótese há menção expressa à ocorrência do vício de excesso de execução, "quando o credor, sem cumprir a prestação que lhe corresponde, exige o adimplemento da do devedor" (CPC/15, art. 917, § 2º, IV). No Direito do Trabalho, seria o caso da condenação de diferenças salariais vincendas, ou mesmo de salários, quando o empregado não tenha prestado seu trabalho na proporção prevista.

Outra hipótese de possível controvérsia é a da alteração das circunstâncias fáticas que fundamentaram a condenação para o futuro; por exemplo, sentença deferiu adicional de insalubridade e tal fator foi eliminado posteriormente.

Entendemos que em ambas as hipóteses tais circunstâncias podem e devem ser apreciadas e instruídas dentro da própria execução, na liquidação da sentença (conforme *supra*, art. 831/6).

Nas prestações vincendas que correspondem a obrigações decorrentes de contrato comutativo, ou seja, onde há equivalência de prestações ou ao menos sua ostensiva correspondência, costuma haver, mesmo que a sentença não o diga expressamente, dois requisitos ocultos: o de que a prestação do credor ocorra para que possa ser exigida a do devedor e a de que não haja modificação no estado de fato que foi pressuposto da condenação. Não havendo esses dois requisitos, a execução é impossível. E não há desrespeito à coisa julgada, como se vê do CPC/15, art. 505, I.

O CPC/15, no seu art. 533, "garante" a execução de prestações sucessivas quando: a) obriga ao executado a constituir capital; b) há substituição deste pela inclusão na folha de pagamento quando da empresa sólida; ou c) por fiança bancária ou garantia real. Tornando assim os bens impenhoráveis, que só poderão ser "liberados" com o fim da obrigação, seriam garantias bem melhores para serem aplicadas no processo trabalhista, nas ações de acidentes de trabalho, nas de prestações periódicas e nos acordos intermináveis.

Se se tratar de relação jurídica continuativa, e houver sobrevindo modificação no estado de fato ou de direito, que promova o executado a revisão do estatuído na sentença exequenda (art. 741, I, do CPC) (TRT/RJ, Ap. 927/79, Geraldo Magella, Ac. 1ª T.).

Na ausência de explicitação de condenação em prestações vincendas não pode a execução presumir na sentença o que se presume no pedido. A sentença será executada nos limites com que foi proferida (TST, RR 119.279/94.1, José Luiz Vasconcellos, Ac. 3ª T. 3.975/95).

Não há que se falar em ilegalidade da decisão que, em sede de execução, determina a inclusão em folha de pagamento do adicional de insalubridade a que foi condenada a Impetrante no processo de conhecimento (TST, RO-MS 188.996/95.4, Leonaldo Silva, Ac. SBDI-2 853/96).

2 As demais normas estabelecidas para as execuções em geral aplicam-se às das prestações sucessivas. Assim, as referentes à liquidação (art. 879), inclusão do acessório (art. 880/6), garantia do juízo (idem), obrigações de fazer, se for o caso (art. 876/3), embargos do executado (art. 884) e execução provisória (art. 876/4).

3 A extinção da fase de execução ocorre quando verificada uma das hipóteses contempladas no CPC/15, art. 924, incisos II ou III ou IV; só então poderá o processo ser arquivado definitivamente. O arquivamento definitivo do processo decorre da declaração, por sentença, da extinção do processo, TST, Ato GCJT 17/11, art. 2º. E o arquivamento provisório "por não ter sido encontrado o devedor ou bens penhoráveis" correspondendo à suspensão da execução, CPC/15, art. 921, III, e L. 6.830/80, art. 40, TST, Ato GCJT 17/11, art. 1º.

CAPÍTULO VI

DOS RECURSOS

Art. 893. Das decisões são admissíveis os seguintes recursos[1 a 5; 7 a 11]:

I – embargos;

II – recurso ordinário;

III – recurso de revista;

IV – agravo.

§ 1º Os incidentes do processo são resolvidos pelo próprio Juízo ou Tribunal, admitindo-se a apreciação do merecimento das decisões interlocutórias[6] somente em recursos da decisão definitiva[6].

§ 2º A interposição de recurso para o Supremo Tribunal Federal[7] não prejudicará a execução do julgado.

1 Recurso é a pretensão de reexame da causa, em regra por outro órgão, diverso do anterior, com o fim de que a sentença seja reformada ou tornada sem efeito.

Princípios gerais dos recursos: a) no que lhes foi adversa a sentença, podem interpor recurso as partes e o terceiro prejudicado, alcançado pelos seus efeitos; também pode fazê-lo o Ministério Público; b) somente são cabíveis os recursos previstos expressamente em lei; logo, o "recurso adesivo" (v. CLT, art. 897/4) não seria admissível aqui (autorizado pela Súmula 283), e o prazo para interposição é o da parte para responder (CPC/15, art. 997, § 2º); c) a interposição fora de prazo, o não pagamento das despesas processuais e a omissão do depósito da condenação, quando devidos, impedem o recebimento do recurso no juízo *a quo* ou, se indevidamente recebido neste, determinam o não conhecimento no tribunal *ad quem*; d) no caso de litisconsórcio necessário (quando há indivisibilidade de direitos e incindibilidade das relações jurídicas), o recurso de um litisconsorte aproveita aos demais; a desistência, entretanto, também os afeta, não dependendo da concordância do outro para produzir efeitos; e) os recursos têm sempre efeito devolutivo, devolve todas as questões suscitadas e discutidas no processo (em caso de força maior, o CPC/15, art. 1.014, permite que questões que não foram propostas na inicial poderão ser suscitadas na apelação), ainda que não tenham sido solucionadas, desde que relativas ao capítulo impugnado. Quando o pedido ou a defesa tiver mais de um fundamento e o juiz acolher apenas um deles, a apelação devolverá ao tribunal o conhecimento dos demais que, às vezes, terá efeito suspensivo (art. 876/4); f) a parte da sentença contra a qual não houve recurso transita em julgado; é exequível imediatamente, extraindo-se carta de sentença; g) a desistência do recurso independe da aceitação pela parte contrária; a homologação do tribunal abrange exclusivamente os aspectos formais para garantia do próprio recorrente; h) o julgamento do recurso não pode prejudicar a situação material de quem o interpôs; é a proibição de *refor-*

matio in pejus; i) a mesma capacidade de ser parte, de estar em juízo e de postular que se exigiu para a ação (arts. 791 e 792) exige-se para o recurso; j) quanto ao direito de postular (v. art. 791/1), o advogado deve ter procuração nos autos; o mero comparecimento à audiência, acompanhando a parte, constando em ata, deve ser tido como procuração *ad judicia*, desnecessárias outras formalidades; o CPC/15 estimula aquela orientação, menos formalista (art. 76); k) o princípio da fungibilidade dos recursos permite seu recebimento, inexistindo erro grosseiro, má-fé ou transcurso do prazo; o dispositivo contido no CPC/39, expresso, não foi reproduzido no de 1973, mas volta no CPC/15, Embargos de Declaração em agravo interno (art. 1.024, § 3º), Recurso especial em Recurso Extraordinário (art. 1.032), Recurso Extraordinário em Recurso Especial (art. 1.033); alguns acreditam na sua revogação, o que é de ser repelido pela aproveitabilidade dos atos que aqui se cristalizam no art. 794 da CLT; l) transcorrido o prazo recursal, transita em julgado a sentença; o recebimento da intimação desta a destempo deve ser provado quando da interposição ou, ao menos, antes do julgamento; m) algumas entidades públicas gozam de privilégios processuais, inclusive nos recursos (art. 895/3). Serão apreciadas pelo Tribunal todas as questões suscitadas, ainda que a sentença não as tenha julgado por inteiro, assim como as questões anteriores à sentença, ainda não decididas (CPC/15, arts. 1.013 e 1.014). Quanto à matéria recursal, v. o excelente *Sistema dos recursos trabalhistas*, cit. (Manoel Antônio Teixeira Filho). Todo acórdão conterá ementa (CPC/15, art. 943, § 1º). A questão preliminar será decidida antes do mérito.

1-A Os pressupostos de admissibilidade dos recursos em geral são interesse, sucumbência, legitimidade, tempestividade e, quando for o caso, pagamento de custas, depósito recursal e que não seja "manifestamente inadmissível, improcedente, prejudicado ou em confronto com súmula ou com jurisprudência dominante do respectivo tribunal, do Supremo Tribunal Federal, ou de Tribunal Superior" (CPC/15, art. 932). A Jurisprudência dos Tribunais terá que ser respeitada nas decisões inferiores, com a imposição de multa para o agravo manifestamente inadmissível ou improcedente, uma norma absolutamente revolucionária, que poderá dinamizar o atravancamento dos tribunais, se aproveitada com rigor. O TST, OJ 389 da SDI-1, reforça a aplicação da multa, muito bem criada, no CPC/73, art. 557, e mantida no CPC/15, art. 1.021, § 4º, para com isso tentar diminuir a quantidade de recursos infundados propostos nos Tribunais. O CPC/15, art. 1.021, tem sua aplicação subsidiária na Justiça do Trabalho, TST, IN 39/16, art. 3º, XXIX; a multa por litigância de má-fé não é considerada pressuposto para a interposição do recurso (TST – SDI-1, OJ 409); o prazo é o definido na CLT, art. 897. De acordo com o CPC/15, art. 932, parágrafo único, o relator, antes de considerar o recurso inadmissível, tem que conceder o prazo de cinco dias para que o vício (SDI-1, OJ 120 trata, como vício sanável, a ausência de assinatura) seja sanado ou a complementação da documentação. O recurso será considerado inadmissível quando lhe faltarem um ou mais de seus pressupostos, subjetivos ou objetivos, como a legitimidade e interesse recursal, a sucumbência, a recorribilidade, a tempestividade, o preparo e a regularidade formal. O recorrente pode, no prazo de 5 dias, corrigir a fundamentação e juntar documentos; os demais pressupostos não podem ser modificados. Não foi dado um novo prazo para o recurso e sim cinco dias para que seja corrigido. Todo vício que for sanável deve ser corrigido (CPC/15, art. 938, §§1º e 2º). Os §§ 3º e 4º do mesmo artigo do novo CPC permitem a realização de provas, caso necessárias; o relator converterá o julgamento em diligência para a conclusão da instrução, que se realizará no tribunal ou em primeiro grau de jurisdição, para depois retornar para julgamento. Aplicação do CPC/15, arts. 932 e 938, no processo do trabalho, TST, IN 39/16, art. 10.

STJ Tribunal Regional Federal não é competente para julgar recurso de decisão proferida por juiz estadual não investido de jurisdição federal (STJ – Súmula 55).

TST Aplica-se subsidiariamente ao processo do trabalho o art. 932 do CPC de 2015 (art. 557 do CPC de 1973) (TST – Súmula 435, Res. 208/16).

TST A juntada de documentos na fase recursal só se justifica quando provado o justo impedimento para sua oportuna apresentação ou se referir a fato posterior à sentença (TST – Súmula 8).

SDI O recolhimento do valor da multa imposta como sanção por litigância de má-fé (art. 81 do CPC de 2015 – art. 18 do CPC de 1973) não é pressuposto objetivo para interposição dos recursos de natureza trabalhista. CLT. (Res. TST 209/16, *DEJT*, 1.6.16) (TST – SDI-1, Orientação Jurisprudencial 409).

SDI Constitui ônus da parte recorrente, sob pena de deserção, depositar previamente a multa aplicada com fundamento nos §§ 4º e 5º, do art. 1.021, do CPC de 2015 (§ 2º do art. 557 do CPC de 1973), à exceção da Fazenda Pública e do beneficiário de justiça gratuita, que farão o pagamento ao final (TST, SDI-1, Orientação Jurisprudencial 389, Res. 209/16).

O ato judicial de recorrer praticado pela parte, como a oposição de embargos de declaração, somente produz efeitos se for realizado no tempo e no modo corretos. Em consequência, caso não observados esses requisitos, o recurso não merecerá conhecimento, pois ele é juridicamente inexistente ou ineficaz. Em ambas as hipóteses, a conclusão é a mesma: o recurso inexistente ou ineficaz não produz os efeitos legais a que se destina. *In casu*, os Embargos de Declaração foram opostos ao despacho por meio do qual foi denegado seguimento ao Recurso de Revista. Tratava-se de recurso absolutamente incabível, configurando manifesto erro grosseiro, visto que os embargos de declaração são oponíveis a sentença ou a acórdão, sendo o despacho denegatório isento de conteúdo decisório. Os vícios eventualmente existentes poderiam ser impugnados diretamente por agravo de instrumento, única via apta para se pretender a desconstituição do referido despacho. Assim, a oposição dos Embargos de Declaração ao despacho denegatório não tem o efeito de interromper o prazo para a interposição do Agravo de Instrumento (TST, E-AIRR 1827/2000-005-05-40, João Batista Brito Pereira, Ac. SBDI-1).

Em se tratando a decisão recorrida de despacho monocrático do Relator que denega seguimento a Agravo de Instrumento, dispõe o Regimento Interno desta Corte, em seu art. 239, ser o Recurso de Agravo o remédio processual adequado para atacá-la. Na hipótese dos autos, veiculando a parte Recurso de Embargos, constata-se a ocorrência de erro grosseiro, que impede a aplicação do princípio da fungibilidade recursal, mesmo porque dirigido o Apelo a órgão julgador que não detém competência para apreciar o Recurso adequado (TST, E-AIRR 98638/2006-011-09-40, Maria de Assis Calsing, Ac. SBDI-1).

A aplicação do princípio da fungibilidade dos recursos está, atualmente, autorizada pelo art. 250 do CPC, sendo certo que, ao utilizá-lo, o julgador deverá estar atento à ocorrência do pressuposto objetivo da adequação, pois, em qualquer hipótese, o instituto só pode ser invocado se houver simples erro de nomenclatura cometido pela parte, ou seja, permite-se nominação de forma equivocada, mas exige-se que o arrazoado recursal seja aviado de forma a atender os pressupostos específicos do recurso adequado (TST, Ag.-AI 71.927/93.3, Francisco Fausto, Ac. SBDI-1 264/96).

Incumbe ao autor instruir a inicial com os documentos destinados a provar os fatos controversos (CLT, art. 787; CPC, art. 396). Se o fato controverso surge na contestação, é lícito ao autor juntar documentos para contrapô-lo (CPC, art. 397). O ilícito indeferimento justifica a juntada na fase recursal (TRT/SP, CP 269/92, Valentin Carrion, *DOE*, 26.10.92).

É deficiente a fundamentação do recurso que se limita a enumerar repositórios oficiais de jurisprudência, e não expõe as razões do pedido de reforma da decisão dissentida (STF, AgRg-AI 172.441-3, Maurício Corrêa, Ac. 2ª T.).

Os obstáculos determinados pelo juiz na condução da audiência, que desfavoreçam a parte, só têm momento adequado para impugnação por ocasião do recurso ordinário, já que se tratam de decisões interlocutórias (TST, RR 158.345/95.0, José Luiz Vasconcellos, Ac. 3ª T. 3.380/96).

Válida a utilização do sistema fac-símile (fax) para a interposição de recursos, desde que apresentados os originais em tempo oportuno, vale dizer, no prazo do recurso (STF, AgRg-AI 141.810-0-SP, Carlos Velloso, Ac. 2ª T.).

Chancela mecânica. O protocolo do TRT constitui único registro hábil à aferição da tempestividade dos atos processuais praticados naquela Corte (TST, RO-AR 157.549/95.8, Cnéa Moreira, Ac. SBDI-2 513/96).

A aposição da assinatura do advogado na petição de encaminhamento da revista afasta a pecha de apócrifa imposta ao recurso (TST, AI 138.191/94.0, João Cardoso, Ac. 1ª T. 3.084/96).

Inaplicável o princípio da fungibilidade recursal quando inexistente dúvida objetiva acerca do recurso cabível na hipótese (TST, Ag.-RO-AR 293.314/96.9, Ermes Pedro Pedrassani, Ac. SBDI-2).

De acordo com o princípio da eventualidade, a parte deve trazer no bojo dos autos, no momento da interposição do recurso, todos os elementos da convicção para que todas as questões concernentes aos seus pressupostos extrínsecos e intrínsecos possam ser apreciadas pelo julgador. Por outro lado, segundo ilação que se extrai do art. 337 do CPC, ao Juiz só é dado conhecer de lei federal e da Constituição Federal, devendo o direito municipal, estadual ou consuetudinário ser provado pela parte, o que inocorreu. Assim, a ocorrência de feriado, *in casu*, não era fato público e notório a fim de dilatar o prazo recursal (TST, E-AI-RR 421.045/1998.1, José Luiz Vasconcellos, Ac. SBDI-1/99).

A exigência de depósito dos honorários periciais a que foi condenado o Reclamante, como requisito de admissibilidade recursal, não encontra amparo no ordenamento jurídico nacional (TST, RR 342.162/97.9, Valdir Righetto, Ac. 2ª T./99).

Reputa-se apócrifo não apenas o recurso não assinado pelo advogado, como também o recurso cuja assinatura, além de ininteligível, não se mostra acompanhada de referência por meio da qual se possa identificar o seu subscritor. O Eg. Tribunal Superior do Trabalho cristalizou jurisprudência no sentido de ser inexistente o recurso apócrifo, tal como ocorre com o recurso subscrito por advogado desprovido de poderes nos autos (TST, RR 301.203/96.6, João Oreste Dalazen, Ac. 1ª T./99).

* Sobre o tema *supra*, v. www.institutocarrion.com.br.

2 *Custas e recurso*. A parte que goza dos benefícios da justiça gratuita ou da assistência judiciária está isenta de pagar custas. Há decisões que decretam a deserção do recurso porque a parte (que havia sido vencedora em primeira instância), contra quem goza da assistência judiciária, deixa de pagar as custas de que o outro ficou isento ao interpor recurso contra o acórdão que reformou aquela sentença (TST, Súmula 25, I). O entendimento é ilegal, a própria Súmula 25, III, afirma que ou as custas trabalhistas estão na sentença, expressamente calculadas, ou deve haver intimação comunicando à parte o seu valor; com a nova redação, as custas só são exigíveis quando calculadas. Existem julgados afirmando que é desnecessária a intimação para o pagamento; por tratar-se de custas que correspondiam à outra parte, normalmente esta não chega a saber seu montante, em primeira instância. Há mais: é que as custas na Justiça do Trabalho são calculadas de forma diferente do que na Justiça Comum; assim, pode acontecer que, julgada a ação totalmente improcedente em primeira instância (pois, se não, não haveria necessidade de isenção do reclamante pobre), as custas tenham incidido sobre o valor do pedido integral, ou seja, todas as verbas; entretanto, se for dado provimento ao recurso, é provável que a condenação seja apenas sobre uma parte do pedido; nesse caso, deverá a outra parte depositar a importância das custas isentas em primeira instância, quando a importância por ela devida seria outra menor. Essa orientação ainda se choca com a própria Súmula 53, o prazo para pagamento das custas e da intimação do cálculo. A OJ SDI-1 140 afirma que caso o recolhimento das custas e/ou depósito recursal seja insuficiente, será concedido o prazo de cinco dias (CPC/15, art. 1.007, § 2º) à parte para fazê-lo. V. art. 899/5.

TST O prazo para pagamento das custas, no caso de recurso, é contado da intimação do cálculo (TST – Súmula 53).

TST I - A parte vencedora na primeira instância, se vencida na segunda, está obrigada, independentemente de intimação, a pagar as custas fixadas na sentença originária, das quais ficará isenta a parte então vencida. II - No caso de inversão do ônus da sucumbência em segundo grau, sem acréscimo ou atualização do valor das custas e se estas já foram devidamente recolhidas, descabe um novo pagamento pela parte vencida, ao recorrer. Deverá ao final, se sucumbente, reembolsar a quantia. III - Não caracteriza deserção a hipótese em que, acrescido o valor da condenação, não houve fixação ou cálculo do valor devido a título de custas e tampouco intimação da parte para o preparo do recurso, devendo ser as custas pagas ao final. IV - O reembolso das custas à parte vencedora faz-se necessário mesmo na hipótese em que a parte vencida for pessoa isenta do seu pagamento, nos termos do art. 790-A, parágrafo único, da CLT (TST – Súmula 25).

TST Em caso de recolhimento insuficiente das custas processuais ou do depósito recursal, somente haverá deserção do recurso se, concedido o prazo de 5 (cinco) dias previsto no § 2º do art. 1.007 do CPC de 2015, o recorrente não complementar e comprovar o valor devido (Res. 217/17, *DEJT*, 20.4.17). (TST, SDI-1, Orientação Jurisprudencial 140).

SDI CANCELADA – Não caracteriza deserção a hipótese em que, acrescido o valor da condenação, não houve fixação ou cálculo do valor devido a título de custas e tampouco intimação da parte para o preparo do recurso, devendo, pois, as custas ser pagas ao final (TST, SDI-1, Orientação Jurisprudencial 104, Incorporada à Súmula 25, Res. 197, *DEJT*, 14.5.15).

Constatando-se que a Reclamada, ao interpor o recurso ordinário, juntamente com os comprovantes do depósito recursal e do recolhimento de custas processuais, por meio de fac-símile, procedeu à juntada dos originais no prazo de cinco dias, nos termos da Lei n. 9.800/99, inviável se torna a aplicação de deserção àquele recurso. 2. Recurso de revista conhecido e provido (TST-RR-595/1999-611-04-00.8, Emmanoel Pereira).

Ação coletiva. Sindicato de categoria profissional não é isento de preparo de recurso (TST, AI-RO 347.394/97.4, Gelson de Azevedo, Ac. SDC).

O rito do depósito recursal, como o de todo ato processual, deve ser estritamente observado pela parte, sob pena do não conhecimento do recurso. Constatada a existência de "diferença ínfima", no depósito, tem-se como irregular o preparo (TST, RR 386.253/1997.0, Moacyr Auersvald).

Em caso de condenação solidária, o depósito recursal efetuado por uma das reclamadas aproveita à outra, pois a solidariedade de que compartilham implica a responsabilidade solidária pela dívida em sua integralidade. Assim sendo, se é única a dívida oriunda da condenação, único deve ser o depósito recursal para garantia da eficácia executiva da mesma (TST, RR 296.740/96.5, Regina Ezequiel, Ac. 1ª T./99).

* Sobre o tema *supra*, v. www.institutocarrion.com.br.

3 *Custas e despesas processuais*. É considerado deserto o recurso pelo não pagamento das despesas processuais; deve a parte pagá-las todas ou somente as custas devidas à União (ou a quem de direito na Justiça Comum)? A questão é controversa; mas, se a sentença já negou razão à parte vencida, mesmo que sem trânsito em julgado, não se compreende se lhe permita o direito de continuar litigando, enquanto os demais (parte vencedora, perito, escrivão) devam continuar a financiar o debate. O depósito recursal, no processo do trabalho, tem norma própria (L. 5.584/70, art. 7º, e CLT, art. 899, § 4º). E o § 7º do mesmo artigo permite caso haja algum equívoco no preenchimento da guia de custas, o relator, na hipótese de dúvida quanto ao recolhimento, intimar o recorrente para sanar o vício também no prazo de cinco dias. Deserção, art. 899/2.

TST O prazo para comprovação do pagamento das custas, sempre a cargo da parte, é de cinco dias contados do seu recolhimento (CLT, art. 789, § 4º, CPC, art. 185) (TST – Súmula 352).

TST O prazo para pagamento das custas, no caso de recurso, é contado da intimação no cálculo (TST – Súmula 53).

TST I - A parte vencedora na primeira instância, se vencida na segunda, está obrigada, independentemente de intimação, a pagar as custas fixadas na sentença originária, das quais ficará isenta a parte então vencida. II - No caso de inversão do ônus da sucumbência em segundo grau, sem acréscimo ou atualização do valor das custas e se estas já foram devidamente recolhidas, descabe um novo pagamento pela parte vencida, ao recorrer. Deverá ao final, se sucumbente, reembolsar a quantia (ex-OJ n. 186 da SBDI-I). III - Não caracteriza deserção a hipótese em que, acrescido o valor da condenação, não houve fixação ou cálculo do valor devido a título de custas e tampouco intimação da parte para o preparo do recurso, devendo ser as custas pagas ao final (ex-OJ n. 104 da SBDI-I). IV - O reembolso das custas à parte vencedora faz-se necessário mesmo na hipótese em que a parte vencida for pessoa isenta do seu pagamento, nos termos do art. 790-A, parágrafo único, da CLT (TST – Súmula 25, Res. 197, *DEJT*, 14.5.15).

SDI CANCELADA – Não caracteriza deserção a hipótese em que, acrescido o valor da condenação, não houve fixação ou cálculo do valor devido a título de custas e tampouco intimação da parte para o preparo do recurso, devendo, pois, as custas ser pagas ao final (TST, SDI-1, Orientação Jurisprudencial 104, Incorporada na Súmula 25, Res. 197/15, *DEJT*, 14.5.15).

SDI Deserção. Custas. Carimbo do banco. Validade. O carimbo do banco recebedor na guia de comprovação do recolhimento das custas supre a ausência de autenticação mecânica (TST, SDI-1, Orientação Jurisprudencial 33).

A CLT exige, apenas, o pagamento das custas (§ 4º do art. 789) e do depósito recursal (art. 899, § 1º) para a parte recorrer e o entendimento predominante na Jurisprudência trabalhista é de que os honorários do perito não constituem custas (TST, RR 6.438/86.1, José Ajuricaba, Ac. 2ª T. 2.310/87).

* Sobre o tema *supra*, v. www.institutocarrion.com.br.

4 *Direito intertemporal.* O recurso apropriado a ser interposto, assim como o prazo, é o previsto no momento de sua interposição na forma do princípio *tempus regit actum*, pois a norma processual tem efeito imediato; somente se aplica a norma anterior na hipótese de ter-se encurtado o prazo pela lei nova de forma a impedir o recurso. Não há direito adquirido a recorrer se for suprimida a via recursal; o ordenamento jurídico, através da lei, julga desnecessário aquele recurso naquela hipótese e o extingue: não há o que julgar.

A antiga norma, que ressalvava os recursos interpostos, de acordo com a lei anterior (CPC/39, art. 1.048), não foi conservada pelo CPC/73, art. 1.211. Não se atende o que dispõe o art. 915 da CLT, mas ao CPC/15, art.1.046, que segue o princípio geral de imediatidade da lei nova processual, que, por ser nova, se presume mais justa. Afirma-se que a lei aplicável é a do tempo em que a sentença foi prolatada; mas, se o recurso foi suprimido, a alçada reduzida, o órgão extinto etc., como se poderá sustentar a lei do tempo da sentença, se não ressalvada, como o foi, pelo legislador da CLT em 1943? O que não é possível é procurar surpresas contra a parte.

Se a lei trouxe novas exigências que se aplicam aos processos em andamento e o tribunal entender serem exigíveis, deve notificar a parte para que as cumpra, sob pena de trancamento do recurso (CLT, art. 796).

Nega prestação jurisdicional, com violação ao § 4º do art. 153 da Constituição, a decisão que veda seguimento a recurso de revista, por considerar questão fática controvérsia eminentemente jurídica, em torno da prescrição bienal do direito pleiteado. No caso, se a lei nova (L. 6.514/77) passou a admitir a prescrição bienal que o DL 389/68 não admitia, em tema de efeitos pecuniários relativos ao trabalho insalubre ou perigoso, e a ação foi proposta na vigência do decreto-lei, não havia por que reconhecer a prescrição bienal, pois o art. 2º da lei estabelece que a retroação dos efeitos pecuniários decorrentes do trabalho naquelas condições terá como limite a data da vigência da lei, enquanto não decorridos dois anos de sua vigência (STF, RE 113.877-7-SP, Carlos Madeira, Ac. 2ª T.).

Prazo. Direito Intertemporal. A nova lei processual atinge o processo no ponto em que se encontrar (Amaral Santos). A forma de contagem do prazo dos embargos de declaração, se o suspendem ou interrompem (CPC, art. 538), se faz segundo a lei em vigor à época de sua apresentação (TRT/SP, RO 23888/94.4, Valentin Carrion, Ac. 9ª T. 15039/96.7).

A lei de conversão só produzirá, validamente, os efeitos jurídicos que lhe são peculiares, se a medida provisória que lhe deu origem houver sido transformada em ato legislativo no prazo constitucional de trinta dias. A inobservância, pelo Congresso Nacional, do prazo a que se refere o parágrafo único do art. 62 da Carta Política gera uma consequência de ordem radical: a perda *ex tunc* de eficácia da medida provisória não convertida em lei. Jurisprudência do STF (STF, RE 178.503-9-DF, Celso de Mello, Ac. 1ª T.).

Se, antes da lei entrar em vigor, ocorrer nova publicação de seu texto, destinada a correção, o prazo deste artigo e dos parágrafos anteriores começará a correr da nova publicação (TST, AI-RR 427.959/98.8, Carlos Alberto Reis de Paula, Ac. 3ª T./99).

5 O prazo dos recursos trabalhistas, geral, é de 8 dias (L. 5.584/70, art. 6º) (art. 774/1). A norma referiu-se expressamente aos recursos do art. 893. Não são recursos os embargos do executado ou embargos à penhora (art. 884), os embargos de terceiros (art. 884/8), nem a ação rescisória (art. 836) (TST, IN 39/16, art. 1º, § 2º). O prazo para interpor e contra-arrazoar todos os recursos trabalhistas, inclusive agravo interno/regimental, é de oito dias (art. 6º da L. 5.584/70 e art. 893 da CLT, RI, art. 265, RA 1.937/17), exceto embargos de declaração (CLT, art. 897-A). O prazo tem início com a publicação do acórdão, e serão intempestivos recursos interpostos antes da publicação do acórdão impugnado. No caso de feriado local, cabe à parte provar, TST, Súmula 385.

TST I – É extemporâneo recurso interposto antes de publicado o acórdão impugnado. II – A interrupção do prazo recursal em razão da interposição de embargos de declaração pela parte adversa não acarreta qualquer prejuízo àquele que apresentou seu recurso tempestivamente (TST – Súmula 434, conversão da Orientação Jurisprudencial SDI-1 357, Res. TST 177/12).

TST I – Incumbe à parte o ônus de provar, quando da interposição do recurso, a existência de feriado local que autorize a prorrogação do prazo recursal (art. 1.003, § 6º, do CPC de 2015). No caso de o recorrente alegar a existência de feriado local e não o comprovar no momento da interposição do recurso, cumpre ao relator conceder o prazo de 5 (cinco) dias para que seja sanado o vício (art.

932, parágrafo único, do CPC de 2015), sob pena de não conhecimento se da comprovação depender a tempestividade recursal. II – Na hipótese de feriado forense, incumbirá à autoridade que proferir a decisão de admissibilidade certificar o expediente nos autos. III – Admite-se a reconsideração da análise da tempestividade do recurso, mediante prova documental superveniente, em agravo de instrumento, agravo interno, agravo regimental, ou embargos de declaração, desde que, em momento anterior, não tenha havido a concessão de prazo para a comprovação da ausência de expediente forense (TST – Súmula 385). (Res. 220/17, *DEJT*, 21.9.17).

SDI CANCELADA – É extemporâneo recurso interposto antes de publicado o acórdão impugnado (TST, SDI-1, Orientação Jurisprudencial 357, convertida na Súmula TST 434, Res. TST 178/12).

O lapso temporal para interposição de recurso segue, de ordinário, a regra legal de sua contagem. Exclui-se o *dies a quo* e inclui-se o *ad quem*. A prorrogação do prazo legal a protrair a data do vencimento é exceção. Interposto agravo de instrumento em data outra e comprovado, *a posteriori*, pelo recorrente, a prorrogação do prazo por ato da Corte *a quo*, não pode esta c. Corte, ignorando a comprovação, reputar intempestivo o recurso. Este, aliás, é o entendimento que, também, vem adotando o Excelso Supremo Tribunal Federal. Afasta-se o óbice levantado pelo r. despacho, passando à apreciação do apelo, por medida de economia e celeridade processual. Embargos de declaração acolhidos (TST, EDAgAIRR 83200-86.2009.5.02.0072, j. em 22.8.12, Aloysio Corrêa da Veiga, *DEJT*, 24.8.12).

A finalidade dos embargos de declaração é integrativa e sua interposição provoca a imediata interrupção do prazo para outros recursos, nos termos do artigo 538 do Código de Processo Civil. Sendo assim, não poderia a mesma parte que opôs embargos de declaração apresentar embargos para exame da c. SBDI-1, pois o prazo deste recurso somente teve início após a publicação da decisão que julgou os aludidos embargos de declaração. O recurso de embargos mostra-se, assim, prematuro, nos exatos termos em que vem decidindo o Pleno desta Corte Superior, conforme se depreende da certidão de julgamento do EDROAR 11607/2002-000-02-00.4. Embargos não conhecidos (TST, E-RR-494.519-82.1998.5.21.5555, j. em 11.6.07, Aloysio Corrêa da Veiga, *DEJT*, 3.8.07).

6 As *sentenças interlocutórias* simples (v. art. 831/1) somente são recorríveis quando da sentença terminativa; não há uma norma expressa que determine se consigne o inconformismo da parte, por intermédio do *protesto nos autos*; este vem a ser como que o antigo agravo retido no auto do processo do CPC/73, agora substituído, no CPC/15, por uma manifestação, quando da contestação (art. 1.009). O CPC/15 mantém a ideia de celeridade do processo trabalhista, assim o TST, IN 39/16, art. 1º, § 1º, o princípio da irrecorribilidade em separado das decisões interlocutórias. Mas o silêncio da parte, a ausência de qualquer requerimento contrário ao decidido, implica concordância tácita, acarretando preclusão e impossibilidade de justificar a reforma na instância superior, pelo que o protesto tem juridicidade e razão de ser. As perguntas que o juiz indeferir serão obrigatoriamente transcritas no termo, se a parte o requerer (CPC/15, art. 459, § 3º). O "pedido de revisão" do valor da causa (recurso ao Presidente do Tribunal), da L. 5.584/70, art. 2º, é exceção à regra do art. 893, § 1º, da CLT.

TST Na Justiça do Trabalho, nos termos do art. 893, § 1º, da CLT, as decisões interlocutórias não ensejam recurso imediato, salvo nas hipóteses de decisão: a) de Tribunal Regional do Trabalho contrária à Súmula ou Orientação Jurisprudencial do Tribunal Superior do Trabalho; b) suscetível de impugnação mediante recurso para o mesmo Tribunal; c) que acolhe exceção de incompetência territorial, com a remessa dos autos para Tribunal Regional distinto daquele a que se vincula o juízo excepcionado, consoante o disposto no art. 799, § 2º, da CLT (TST – Súmula 214, Res. TST 127/05).

As decisões interlocutórias, na Justiça do Trabalho, só são recorríveis de imediato quando terminativas do feito, podendo ser impugnadas na oportunidade da interposição de recurso contra decisão definitiva, salvo quando proferidas em acórdão sujeito a recurso para o mesmo Tribunal (TST, RR 134.573/94.3, José Luiz Vasconcellos, Ac. 3ª T. 651/97).

* Sobre o tema *supra*, v. www.institutocarrion.com.br.

7 Diz a Constituição Federal de 1988:

Art. 102. Compete ao Supremo Tribunal Federal, precipuamente, a guarda da Constituição, cabendo-lhe: ...

III – julgar, mediante recurso extraordinário, as causas decididas em única ou última instância, quando a decisão recorrida: a) contrariar dispositivo desta Constituição; b) declarar a inconstitucionalidade de tratado ou lei federal; c) julgar válida lei ou ato de governo local contestado em face desta Constituição; d) julgar válida lei local contestada em face de lei federal (NRed. EC 45/04).

O *recurso extraordinário para o STF*: a) as sentenças proferidas em primeira instância, em causas de alçada, são irrecorríveis, "salvo se versarem sobre matéria constitucional" (art. 895/2); pela CF/69, art. 119, III, teriam de caber todos os recursos para chegar-se ao STF; a CF/88, art. 102, III, diz "única ou última instância" sem acrescentar, como a anterior, "por outros Tribunais". Evidencia-se, assim, o acerto dos que entendem estar suprimida a exigência dos recursos intermediários, quebrando o propósito da instância única; assim, Estêvão Mallet (manifestação em 23.11.93), citando acórdão: "... a existência de contencioso constitucional... viabiliza a interposição de recurso extraordinário contra decisão de juízes de primeiro grau" (STF, 1ª T., Ilmar Galvão, *DJU*, 30.12.92, p. 19518); b) as decisões proferidas "em última instância", no processo trabalhista de cognição, são as do TST (das Turmas, Seções Especializadas ou Órgão Especial, esgotando todos os recursos admissíveis, como quer a Súmula 281 do STF); esgotar todos os recursos no TST significa que a impugnação à decisão da Turma seja apreciada pela Seção Especializada respectiva, ou pelo Órgão Especial nas matérias, de competência deste; o não cabimento do recurso a um desses órgãos implica dizer que, em tese, o acórdão da Turma pode ser objeto de recurso extraordinário (assim, Manoel Antônio Teixeira Filho, *Sistema dos recursos*); c) no processo de execução, são de "última instância" os acórdãos das Turmas dos Tribunais Regionais que julgam os agravos de petição, salvo se houver matéria constitucional; deles não cabe recurso para o TST; a L. 9.756/98 tornou expresso o que já era tácito no sentido de não permitir o recurso de revista, salvo ofensa direta à CF

(L. 9.756/98, v. Índ. Leg.); d) em princípio, deve caber recurso extraordinário em qualquer uma das quatro hipóteses do art. 102, III, da Constituição/88 – EC 45/04, que não restringiu o recurso extraordinário na Justiça do Trabalho à mera inconstitucionalidade, como fez a Emenda de 1977; e) não há mais cabimento do extraordinário pela divergência na interpretação de lei federal; f) é incabível, igualmente, contra decisão interlocutória (CLT, art. 893, § 1º); g) não cabe recurso, quando a questão constitucional nele versada não oferecer repercussão geral, do ponto de vista econômico, político, social ou jurídico (CPC/15, art. 1.035). Admitido o recurso extraordinário, o STF julgará o processo, aplicando o direito. Admitido o recurso extraordinário por um fundamento, devolve-se ao TST o conhecimento dos demais fundamentos para a solução do capítulo impugnado, CPC/15, art. 1.034, parágrafo único, aplica-se ao processo do trabalho, TST, IN 39/15, art. 12.

Os fatos que não forem incontroversos e o prequestionamento apenas implícito não servem para fundamentar o recurso extraordinário, pelo que os embargos de declaração se impõem contra o acórdão que se quer impugnar; prequestionamento explícito é inconstitucionalidade direta e não reflexa, como lembra Barata Silva (*Recurso de revista*). Quanto ao depósito recursal, se não foi efetuado nos graus de jurisdição inferiores, haverá de ser satisfeito (segundo Barata Silva, idem), não obstante a L. 7.701/88 não se tenha lembrado do recurso extraordinário e nem lhe tenha aumentado o valor.

A *execução de sentença, pendente o recurso extraordinário*, é definitiva no processo do trabalho. Deve continuar prevalecendo o entendimento da velha Súmula 228 do STF, específica exegese da CLT, art. 893, § 2º. O novo CPC/15, art. 1.029, § 5º, afirma que a parte pode pedir o efeito suspensivo ao recurso; o mesmo pode ter os dois efeitos, devolutivo e suspensivo; dessa forma a execução pode deixar de ser definitiva.

Recurso ordinário para o STF. Diz a Constituição Federal de 1988:

> **Art. 102. Compete ao Supremo Tribunal Federal...**
>
> **II – julgar, em recurso ordinário: a) o *habeas corpus*, o mandado de segurança, o *habeas data* e o mandado de injunção decididos em única instância pelos Tribunais Superiores, se denegatória a decisão;...**

Aqui interessa esse recurso, quando se tratar de decisão do TST.

Recurso ordinário para o STF entre Estado estrangeiro e pessoa residente no País não abrange ações trabalhistas, em face do que dispõe a CF, art. 114 (as ações oriundas da relação de trabalho, abrangidos os entes de direito público externo).

STF Não cabe recurso extraordinário por contrariedade ao princípio constitucional da legalidade, quando a sua verificação pressuponha rever a interpretação dada a normas infraconstitucionais pela decisão recorrida (STF – Súmula 636).

STF Cabe ao Presidente do Tribunal de origem decidir o pedido de medida cautelar em recurso extraordinário ainda pendente do seu juízo de admissibilidade (STF – Súmula 635).

STF Não compete ao Supremo Tribunal Federal conceder medida cautelar para dar efeito suspensivo a recurso extraordinário que ainda não foi objeto de juízo de admissibilidade na origem (STF – Súmula 634).

STF Se a decisão contiver partes autônomas, a admissão parcial, pelo Presidente do Tribunal *a quo* de recurso extraordinário que, sobre qualquer delas se manifestar, não limitará apreciação de todas pelo STF, independentemente de interposição de agravo de instrumento (STF – Súmula 528).

STF Salvo quando contrariarem a Constituição, não cabe recurso para o STF de quaisquer decisões da Justiça do Trabalho, inclusive dos presidentes de seus Tribunais (STF – Súmula 505).

STF Simples interpretação de cláusulas contratuais não dá lugar a recurso extraordinário (STF – Súmula 454).

STF Não cabe recurso extraordinário com fundamento no art. 101, III, "d", da CF quando a divergência alegada for entre decisões da Justiça do Trabalho (STF – Súmula 432).

STF O ponto omisso da decisão, sobre o qual não foram opostos embargos declaratórios, não pode ser objeto de recurso extraordinário, por faltar o requisito do prequestionamento (STF – Súmula 356).

STF É inadmissível o recurso extraordinário, quando a decisão recorrida assenta em mais de um fundamento suficiente e o recurso não abrange todos eles (STF – Súmula 283).

STF É inadmissível o recurso extraordinário, quando não ventilada, na decisão recorrida, a questão federal suscitada (STF – Súmula 282).

STF Por ofensa a direito local não cabe recurso extraordinário (STF – Súmula 280).

STF Para simples reexame de prova não cabe recurso extraordinário (STF – Súmula 279).

STF Não é provisória a execução na pendência de recurso extraordinário, ou de agravo destinado a fazê-lo admitir (STF – Súmula 228) ("Com a vigência do CPC de 1973, reputa-se fora de vigor" esse enunciado – Dinamarco, "Execução").

SDI Não há direito líquido e certo à execução definitiva na pendência de Recurso Extraordinário, ou de Agravo de Instrumento visando a destrancá-lo (TST, SDI-2, Orientação Jurisprudencial 56).

1. O E. Supremo Tribunal Federal, nos autos do Recurso Extraordinário n. 598.365 RG/MG, decidiu que não há repercussão geral de questão atinente a requisitos de admissibilidade de recursos de competência de outros tribunais, por se tratar de matéria infraconstitucional. Bem assim, ao decidir Questão de Ordem no Agravo de Instrumento n. 791.292 RG/PE, firmou o entendimento de que o art. 93, IX, da Constituição Federal exige que o acórdão ou decisão sejam fundamentados, ainda que sucintamente, sem determinar, contudo, o exame pormenorizado de cada uma das alegações ou provas, nem que sejam corretos os fundamentos da decisão. 2. Decisão que nega seguimento a Recurso Extraordinário por ausência de repercussão geral e/ou conformidade do acórdão recorrido com o entendimento firmado pelo E. STF em matéria com repercussão geral reconhecida encontra-se em consonância com a sistemática institui-

da pela Emenda Constitucional n. 45/2004 e Lei n. 11.418/2006 (TST, Ag-ED-A-AIRR 105240-93.2002.5.02.0432, j. em 2.5.11, Maria Cristina Irigoyen Peduzzi).

■ É firme o entendimento desta Corte no sentido de que não cabe recurso extraordinário quando a alegada ofensa à Constituição é reflexa ou indireta, porquanto, a prevalecer o entendimento contrário, toda a alegação de negativa de vigência de lei ou até de má interpretação desta passa a ser ofensa a princípios constitucionais genéricos como o da reserva legal, o do devido processo legal ou o da ampla defesa, tornando-se, assim, o recurso extraordinário – ao contrário do que pretende a Constituição – meio de ataque à aplicação da legislação infraconstitucional (STF, Ag.-AI 146.611-2-RJ, Moreira Alves, Ac. 1ª T.).

■ O art. 895, alínea "b", da CLT, estabelece que cabe Recurso Ordinário das decisões definitivas dos Tribunais Regionais. Por conseguinte, não há dúvida de que é o Recurso Ordinário o meio hábil à impugnação da decisão proferida no Agravo Regimental em realce, considerando a competência originária do Egrégio Tribunal Regional do Trabalho para apreciar o feito de forma definitiva, e pelo órgão colegiado, pois, nos termos da referida norma legal, somente cabe Recurso Ordinário a esta Colenda Corte de decisões definitivas proferidas pelo Regional, o que significa a hipótese de julgamento efetuado pelos respectivos juízes, enquanto componentes de um órgão colegiado, e não a hipótese de decisão emitida pelo Relator, isoladamente (TST, AI-RO 295.265/96.1, José Zito Calasãs Rodrigues, Ac. SBDI-2 574/97).

■ O recurso extraordinário é cabível de decisão proferida em única ou última instância (CF, art. 102, III). Por isso, é inadmissível o RE, quando couber, na Justiça de origem, recurso da decisão impugnada. Súmula 281 (STF, AgRg-AI 167.752-0-MG, Carlos Velloso, Ac. 2ª T.).

■ A alegação de vulneração a preceito constitucional, capaz de viabilizar a instância extraordinária, há de ser direta e frontal, e não aquela que demandaria interpretação de disposições de normas ordinárias e reapreciação da matéria fática (STF, AgRg-AI 137.412-9-DF, Maurício Corrêa, Ac. 2ª T.).

■ É pacífica a jurisprudência do STF, no sentido de não admitir, em RE, alegação de ofensa indireta à Constituição Federal, por má interpretação de normas infraconstitucionais, como as trabalhistas e processuais (STF, AgRg-AI 176.513-5, Sydney Sanches, Ac. 1ª T.).

■ A resolução judicial do conflito, que se revela contrária ao interesse de quem a postula, não se equipara e nem se identifica, para efeito de acesso à via recursal extraordinária, com a ausência de prestação jurisdicional (STF, Ag.-AI 145.985-0-PR, Celso de Mello, Ac. 1ª T.).

8 *Entidades públicas*. A União, Estados, Municípios e as autarquias ou fundações de direito público federais, estaduais ou municipais que não explorem atividade econômica usufruem de prazo em dobro para recurso, da dispensa de depósito recursal, de recurso *ex officio* e de pagamento de custas a final, salvo a União, que não as pagará (DL 779/69, em apêndice; CPC/15, art. 183). V. art. 895/3. De 15.3.04 a 13.5.04 foram suspensos os prazos em que a União, as autarquias e fundações públicas federais fossem parte. Greve dos membros da Advocacia da União. Ato da Presidência 117/04 e 219/04.

STJ No reexame necessário, é defeso, ao Tribunal, agravar a condenação imposta à Fazenda Pública (STJ – Súmula 45).

SDI É em dobro o prazo para a interposição de embargos declaratórios por Pessoa Jurídica de Direito Público (TST, SDI-1, Orientação Jurisprudencial 192).

Fundações públicas. Inexiste qualquer incompatibilidade do Decreto-Lei n. 779/69, que permanece em vigor, com o artigo 475, inciso II, do Código de Processo Civil; este por se tratar de norma geral, não revoga a específica, sendo cabível a remessa necessária contra as decisões contrárias (TST, RR 206.804/95.6, Lourenço Prado, Ac. 1ª T. 834/97).

Incabível a remessa necessária quando a parte a quem foi concedida a segurança é uma sociedade de economia mista, não estando, assim, abrangida pelo art. 1º do Decreto-Lei n. 779/69 (TST, RXOF 180.767/95.4, José Luciano de Castilho Pereira, Ac. SBDI-276/96).

Está sujeita ao duplo grau de jurisdição, mesmo na vigência da CF de 1988, decisão contrária à Fazenda Pública (TST, RR 111.221/94.0, Aloísio Carneiro, Ac. 2ª T. 3.407/95).

IBGE é fundação pública sem fins lucrativos. Desse modo, ela goza dos privilégios previstos no Decreto-Lei n. 779/69 (TST, RR 115.184/94.4, Wagner Pimenta, Ac. 5ª T. 3.355/95).

LBA. A todos os entes públicos citados no Decreto-Lei n. 779/69 está assegurado o reexame necessário das decisões judiciais que lhes forem contrárias (TST, RO-AR 96.994/93.3, Armando de Brito, Ac. SDI-2 107/95).

FEBEM. Fundação de direito público que goza dos privilégios do DL 779/69. Direito a recurso *ex officio*, não processado. Inexistência de trânsito em julgado da sentença. Nulidade da execução reconhecida *ex officio* pela Primeira Instância com remessa dos autos ao Tribunal (TRT/SP, CP 11/96, Valentin Carrion, *DOE* 16.1.96).

O prazo recursal somente se inicia quando o membro da Advocacia-Geral da União é intimado, pessoalmente (TST, AI 151.977/94.5, Libânio Cardoso, Ac. 2ª T. 7.973/95).

9 Os §§ 1º e 2º do art. 893 estão vigentes; não foram revogados pela L. 861/49, que somente pretendeu, nessa parte, substituir a expressão "recurso extraordinário" (que era a antiga denominação do recurso de revista para o TST) por "recurso de revista"; nesse sentido, Puech, *O Estado de S. Paulo*, 4.9.77.

10 Entidades públicas; privilégios processuais e recurso *ex officio* (art. 895/3). Recurso em ação cautelar (art. 840/16).

11 *Correição parcial.* É uma espécie de recurso camuflado, atentatório aos princípios processuais, inclusive àquele do Estado de Direito, que proíbe que a jurisdição seja avocada pela hierarquia superior, salvo em recurso previsto expressamente. Essa deformação advém de não ter sido expressa e minuciosamente regulada pela lei processual. A correição parcial deve ser considerada como sendo medida exclusivamente *censória*, portanto administrativa, que não deve extravasar a intocável superfície contenciosa, ou processual. São tantas e tão luminares as vozes processualistas que se manifestam (no sentido de que a correição é meramente administrativa) que se pode dizer ser unânime a doutrina (v. a longa relação de Moniz de Aragão, *A correição* *parcial*). Essa doutrina é contrariada apenas por um cochilo legislativo isolado e por casuísmos paternalistas de decisões judiciárias, que representam o indesejado perigo de criar uma nova e ilegal linha recursal: sobrecarga procedimental, menor celeridade, maior trabalho para as corregedorias e para os tribunais, com os indefectíveis agravos regimentais e mandados de segurança subsequentes, além da indevida interferência no juízo diretor do processo. "A chamada 'reclamação' é correição disciplinar, ou figura intrusa, ditatorialiforme, como a chamou Pontes de Miranda" (apud *A correição parcial*, E. D. Moniz de Aragão). Ressalta-se que cada ato do juiz, em princípio, está sujeito simultaneamente a duas ordens: a disciplinar e a processual. "A diferença entre atos disciplinares e atos não disciplinares está ligada ao dever de organização dos serviços públicos, do qual emanam poderes aos responsáveis pelos serviços" (Pontes de Miranda, *Comentários ao CPC de 1939*). No processo *trabalhista* ainda é mais injurídico o uso da correição para fins contenciosos, porque se refere à ação em que é proferida a decisão interlocutória, e só está sob reforma do próprio Tribunal, em recurso contencioso. Assim diz a CLT, art. 893, § 1º: "Os incidentes do processo serão resolvidos pelo próprio Juízo ou Tribunal, admitindo-se a apreciação do merecimento das decisões interlocutórias *somente em recurso da decisão definitiva*".

Porque a correição parcial é disciplinar apenas e porque a norma procedimental o prevê expressamente, é intocável o ato do juízo, nos autos.

A CF/88, pelo seu texto e pelos temas de que tratou na mesma alínea, tacitamente adota o instituto no âmbito que aqui se defende.

Art. 96. Compete privativamente:

I – aos tribunais: ...

b) organizar suas secretarias e serviços auxiliares e os dos juízos que lhes forem vinculados, velando pelo exercício da atividade correicional respectiva.

Leis esparsas lhe reconhecem a existência; por exemplo, não se concede mandado de segurança se houver recurso ou couber correição parcial (L. 12.016/09, art. 5º). Na Justiça Comum Federal haverá correição parcial contra ato ou despacho do juiz de que não caiba recurso; ou omissão que importe erro de ofício; ou abuso de poder (L. 5.010/66); aprecia-o o Conselho de Justiça Federal, podendo o relator suspender o ato impugnado até 30 dias. No processo trabalhista, a monstruosidade processual aparece na competência do Corregedor-Geral. No TST, para "decidir reclamações contra atos atentatórios à boa ordem processual praticados pelos Tribunais Regionais e seus presidentes" (nada mais!), de acordo com o art. 709 da CLT, mas que não pode olvidar o art. 893, § 1º, interlocutórias e a autonomia dos Tribunais; há agravo interno contra o ato do Corregedor, para o Tribunal Pleno. O Regimento Interno da Corregedoria-Geral da Justiça do Trabalho (como recorda Coqueijo Costa, *O Direito Processual do Trabalho e o CPC*) reza que a reclamação correicional "corrige erros e abusos contra a boa ordem processual que importem em atentados a fórmulas legais de processo, quando, para o caso, não haja recurso específico". Esses elementos (erros e abusos contra a boa ordem processual) poderão servir de baliza para a censura aos juízes, jamais para justificar a modificação por via de um homem só daquilo que um órgão coletivo tiver decidido; para a reforma existem os remédios processuais normais e os extraordinários. A correição parcial, nas Varas do Trabalho, compete ao Presidente do TRT (CLT, art. 682, XI) ou a Corregedor Regional, onde tenha sido criado por lei, em cinco dias a partir do conhecimento do ato. A CLT atribui competência ao Presidente do TRT para solicitar correição ao Presidente do Tribunal de Justiça contra atos de Juízes de Direito na jurisdição trabalhista.

SDI Não cabe recurso ordinário contra decisão em agravo regimental interposto em reclamação correicional ou em pedido de providência (TST, Orientação Jurisprudencial Tribunal Pleno 5, conversão da Orientação Jurisprudencial SDI-1 70 – Res. TST 129/05).

Os princípios de celeridade e simplicidade do processo estão plasmados na irrecorribilidade provisória das sentenças interlocutórias (CLT, arts. 893, § 1º, e 799, § 2º). A introdução da correição parcial, a título de recurso inexistente, viola a lei e aqueles princípios processuais (TRT/SP, AR 10.999/86, Valentin Carrion, Ac. 4º Gr., GT).

Se a questão foi submetida pela parte ao devido processo legal e este transcorre normalmente, com a garantia legal de recurso, não há razão para que a Corregedoria-Geral interfira no processo, antecipando decisão que deverá ser regularmente pronunciada por instância judiciária prevista em lei (TST, Ag.-RC 16.071/90.6, Orlando da Costa, Ac. SDI 7/91).

É incabível contra decisão que deixa de conhecer embargos à execução; hipótese de agravo de petição (CLT, art. 897, *a*) (TRT/SP, CP 14/96, Valentin Carrion, *DOE*, 18.1.96).

O pedido de reconsideração não suspende nem interrompe o prazo para sua propositura (TRT/SP, CP 26/96, Valentin Carrion, *DOE*, 23.1.96).

O Corregedor Regional, ao decidir reclamação correicional, atua dentro de sua competência originária e, portanto, como órgão judicante de primeiro grau. Interposto agravo regimental para o Tribunal Regional, este atua em segundo grau, exaurindo-se, aí, a atuação jurisdicional e sendo, em consequência, incabível recurso ordinário para o TST (CLT, art. 895) (TST, AI-RO 213.642/95.7, Manoel Mendes de Freitas, Ac. SDI 2.935/96).

12 A sistemática recursal das ações trazidas pela nova competência dada à Justiça do Trabalho pela EC 45/04 "é a prevista na Consolidação das Leis do Trabalho, inclusive no tocante à nomenclatura, à alçada, aos prazos e às competências" (IN TST 27/05, art. 2º). Depósito recursal (art. 899) é requisito extrínseco, sempre exigível quando houver condenação em pecúnia (TST, Res. 126/05 e IN 27).

13 *Reclamação*: Uma ação originária nos tribunais, para garantir que as decisões dos tribunais sejam devidamente cumpridas e respeitadas e também evitar que as competências sejam usurpadas, quando estas decisões estejam garantidas por súmulas ou em decisões de casos repetitivos. Caberá reclamação da parte interessada ou do Ministério Público para: I - preservar a competência do tribunal; II – garantir a autoridade das decisões do tribunal; III – garantir a observância de enunciado de súmula vinculante e de decisão do Supremo Tribunal Federal em controle concentrado de constitucionalidade; IV – garantir a observância de acórdão proferido em julgamento de incidente de resolução de demandas repetitivas ou de incidente de assunção de competência. Pode ser proposta em qualquer tribunal, e seu julgamento compete ao órgão jurisdicional cuja competência se busca preservar ou cuja autoridade se pretenda garantir. Deve ser instruída com prova documental e dirigida ao presidente do tribunal (CPC/15, arts. 988 a 993), garantida sua aplicação pelo TST, IN 39/16. Regimento Interno do STF, arts. 9º, c, 70 e 156 e segs.

Art. 894. No Tribunal Superior do Trabalho cabem embargos[1 e 2], no prazo de 8 dias: (red. L. 11.496/07)

I – de decisão não unânime de julgamento que: (red. L. 11.496/07)

a) conciliar, julgar ou homologar conciliação em dissídios coletivos que excedam a competência territorial dos Tribunais Regionais do Trabalho e estender ou rever as sentenças normativas do Tribunal Superior do Trabalho, nos casos previstos em lei; e (red. L. 11.496/07)

b) (vetado) (red. L 11.496/07);

II – das decisões das Turmas que divergirem entre si ou das decisões proferidas pela Seção de Dissídios Individuais, ou contrárias a súmula ou orientação jurisprudencial do Tribunal Superior do Trabalho ou súmula vinculante do Supremo Tribunal Federal (red. L. 13.015/14).

Parágrafo único. (Revogado pela L. 13.015/14).

§ 2º A divergência apta a ensejar os embargos[3] deve ser atual, não se considerando tal a ultrapassada por súmula do Tribunal Superior do Trabalho ou do Supremo Tribunal Federal, ou superada por iterativa e notória jurisprudência do Tribunal Superior do Trabalho (red. L. 13.015/14).

§ 3º O Ministro Relator denegará[4] seguimento aos embargos: (red. L. 13.015/14)

I – se a decisão recorrida estiver em consonância com súmula da jurisprudência do Tribunal Superior do Trabalho ou do Supremo Tribunal Federal, ou com iterativa, notória e atual jurisprudência do Tribunal Superior do Trabalho, cumprindo-lhe indicá-la (red. L. 13.015/14);

II – nas hipóteses de intempestividade, deserção, irregularidade de representação ou de ausência de qualquer outro pressuposto extrínseco de admissibilidade (red. L. 13.015/14).

§ 4º Da decisão denegatória dos embargos caberá agravo[7], no prazo de 8 (oito) dias (red. L. 13.015/14).

1 Diz a Constituição Federal de 1988:

Art. 96. Compete privativamente:

I – aos tribunais:

a) eleger seus órgãos diretivos e elaborar seus regimentos internos, com observância das normas de processo e das garantias processuais das partes, dispondo sobre a competência e o funcionamento dos respectivos órgãos jurisdicionais e administrativos; ...

Art. 113. A lei disporá sobre a constituição, investidura, jurisdição, competência, garantias e condições de exercício dos órgãos da Justiça do Trabalho.

A teoria geral do processo classifica os embargos "em infringentes" (vício de fundo) e "de nulidade" (vício de forma) e, modernamente, "de divergência", como fez o CPC/15 (art. 1.029); "a Lei 7.701/88 eliminou a figura dos embargos para o Pleno do TST, passando a atribuir a competência para julgar os embargos infringentes, de divergência e de nulidade às Seções Especializadas em dissídios coletivos e em dissídios individuais daquele Tribunal (arts. 2º, II, 'c', e 3º, III, 'b', respectivamente)" (Manoel Antônio Teixeira Filho, Sistema dos Recursos).

2 *Os embargos infringentes* (L. 7.701/88, art. 2º, II, "c", TST, RI, arts. 262 a 264, RA 1.937/17), como os denomina a L. 7.701/88, são cabíveis na seção normativa do TST "contra decisão não unânime proferida em processo de dissídio coletivo de sua competência originária, salvo se a decisão atacada estiver em consonância com precedente jurisprudencial do Tribunal Superior do Trabalho ou da Súmula de sua jurisprudência predominante"; como se vê, trata-se de recurso para o mesmo órgão que prolatou a decisão recorrida. As decisões do art. 702, I, "b" e "c", são as proferidas em dissídios coletivos, ou homologação de acordos, que excedam a jurisdição territorial de algum Tribunal Regional. A alteração na CLT, art. 894, I, "a", feita pela L. 11.496/07 é mera adequação do texto da CLT, pois assim já obrigava a L. 7.701/88 art. 2º, I, "a".

3 *São cabíveis embargos (de divergência)* (L. 7.701/88, art. 3º, III, "b", alt. L. 11.496/07, TST, RI, art. 258, RA 1.937/17). São internos do TST e corretivos; um remédio para uma divergência já ocorrida. Ficam restritos: a) divergências entre as Turmas; b) divergências entre as Turmas e Seção de Dissídios Individuais; c) decisões das Turmas contrárias a Súmula do TST; d) contrárias a orientação jurisprudencial do TST; e) contrárias a súmula vinculante do STF. Não cabem quando contrariarem lei federal e ou Constituição Federal. Levando para o STF a contrariedade destas matérias. A Súmula 353 continua em vigência, pois ela só permitia os embargos no item "f", contra decisão do agravo quando esta estiver nos termos da CLT, art. 894, II (alt. pela L. 13.015/14); os demais itens tratam dos pressu-

postos extrínsecos do agravo. Com a nova Súmula 433, pacifica o TST a discussão trazida com a L. 11.496/07. O art. 896, § 2º, só permite em fase de execução o recurso de revista, "*salvo na hipótese de ofensa direta e literal de norma da Constituição Federal*"; por consequência lógica, também a admissibilidade dos embargos estará adstrita à demonstração de divergência em matéria constitucional. No procedimento sumaríssimo, cabem embargos, nas mesmas situações, a divergência e ou contrariedade e contra as Súmulas do TST e STF (vinculantes) e orientações jurisprudenciais e não contra Lei Federal. Prazo de 8 dias. Não se aplica o CPC/15, arts. 1.043 e 1.044, TST, IN 39/16, pois seu procedimento e cabimento é ditado pelo regimento interno do TST. Pessoas jurídicas de direito público que não explorem atividade econômica contam o prazo recursal em dobro (DL 779/69, em apêndice). Obrigatório o número do CPF das partes, TST, Ato SEGJUD.GP 713/12, alt. TST, Ato SEGJUD.GP 725/12. Distinção entre embargos de divergência e incidente de uniformização de jurisprudência ver art. 896/4.

4 Admissibilidade é do Relator (CLT, art. 894, § 3º) e o Presidente da Turma pode denegar seguimento (TST, RI, art. 81, IX, TST, Ato 491/SEGJUD.GP/14, art. 2º alt. IN 38/15 em apêndice). O embargo será denegado quando a decisão recorrida estiver em consonância com súmula da jurisprudência do TST ou do STF, ou com iterativa, notória e atual jurisprudência do TST; quando a divergência apresentada não for atual (TST, Ato 491/SEGJUD.GP/14, art. 2º, alt. IN 38/15); quando for intempestivo, quando ocorrer a deserção, irregularidade de representação ou de ausência de qualquer outro pressuposto extrínseco de admissibilidade.

TST Em causas sujeitas ao procedimento sumaríssimo, em que pese a limitação imposta no art. 896, § 6º, da CLT à interposição de recurso de revista, admitem-se os embargos interpostos na vigência da Lei n. 11.496, de 22.6.2007, que conferiu nova redação ao art. 894 da CLT, quando demonstrada a divergência jurisprudencial entre Turmas do TST, fundada em interpretações diversas acerca da aplicação de mesmo dispositivo constitucional ou de matéria sumulada (TST – Súmula 458, conversão da Orientação Jurisprudencial 405 da SBDI-1, Res. 194/14).

TST A admissibilidade do recurso de embargos contra acórdão de Turma em recurso de revista em fase de execução, publicado na vigência da Lei n. 11.496, de 26.06.2007, condiciona-se à demonstração de divergência jurisprudencial entre Turmas ou destas e a Seção Especializada em Dissídios Individuais do Tribunal Superior do Trabalho em relação à interpretação de dispositivo constitucional (TST, Súmula 433, Res. TST 177/12).

TST Não cabem embargos para a Seção de Dissídios Individuais de decisão de Turma proferida em agravo, salvo: a) da decisão que não conhece de agravo de instrumento ou de agravo pela ausência de pressupostos extrínsecos; b) da decisão que nega provimento a agravo contra decisão monocrática do Relator, em que se proclamou a ausência de pressupostos extrínsecos de agravo de instrumento; c) para revisão dos pressupostos extrínsecos de admissibilidade do recurso de revista, cuja ausência haja sido declarada originariamente pela Turma no julgamento do agravo; d) para impugnar o conhecimento de agravo de instrumento; e) para impugnar a imposição de multas previstas nos arts. 1.021, § 4º, do CPC de 2015 ou 1.026, § 2º, do CPC de 2015 (art.

538, parágrafo único, do CPC de 1973, ou art. 557, § 2º, do CPC de 1973); f) contra decisão de Turma proferida em agravo em recurso de revista, nos termos do art. 894, II, da CLT (TST – Súmula 353, Res. 208/16).

TST Não ensejam recurso de revista decisões superadas por iterativa, notória e atual jurisprudência do Tribunal Superior do Trabalho (TST – Súmula 333, alt. Res. TST, 155/09).

TST Ocorre preclusão se não forem opostos embargos declaratórios para suprir omissão apontada em recurso de revista ou de embargos (TST – Súmula 184).

TST Incabível o recurso de revista ou de embargos (arts. 896 e 894, "b", da CLT) para reexame de fatos e provas (TST – Súmula 126).

TST Não se conhece de recurso de revista ou dos embargos, se a decisão recorrida resolver determinado item do pedido por diversos fundamentos e a jurisprudência transcrita não abranger a todos (TST – Súmula 23).

SDI CANCELADA. Em causas sujeitas ao procedimento sumaríssimo, em que pese a limitação imposta no art. 896, § 6º, da CLT à interposição de recurso de revista, admitem-se os embargos interpostos na vigência da Lei n. 11.496, de 22.06.2007, que conferiu nova redação ao art. 894 da CLT, quando demonstrada a divergência jurisprudencial entre Turmas do TST, fundada em interpretações diversas acerca da aplicação de mesmo dispositivo constitucional ou de matéria sumulada (TST, SDI-1, Orientação Jurisprudencial 405, convertida na Súmula 458, Res. 194/14).

SDI Não encontra amparo no art. 894 da CLT, quer na redação anterior quer na redação posterior à Lei n. 11.496, de 22.6.2007, recurso de embargos interposto à decisão monocrática exarada nos moldes do art. 932 do CPC de 2015 (art. 557 do CPC de 1973), pois o comando legal restringe seu cabimento à pretensão de reforma de decisão colegiada proferida por Turma do Tribunal Superior do Trabalho (TST, SDI-1, Orientação Jurisprudencial 378, Res. 208/16, *DEJT*, 25.4.16).

SDI CANCELADA. A SDI, ao conhecer dos Embargos por violação do art. 896 – por má aplicação de súmula ou de orientação jurisprudencial pela Turma –, julgará desde logo o mérito, caso conclua que a revista merecia conhecimento e que a matéria de fundo se encontra pacificada neste Tribunal (TST, SDI-1, Orientação Jurisprudencial 295, convertida na Orientação Jurisprudencial transitória 79 SDI-1, Res. 194/14).

SDI CANCELADA. Para a admissibilidade e conhecimento de embargos, interpostos contra decisão mediante a qual não foi conhecido o recurso de revista pela análise dos pressupostos intrínsecos, necessário que a parte embargante aponte expressamente a violação ao art. 896 da CLT (TST, SDI-1, Orientação Jurisprudencial 294, convertida na Orientação Jurisprudencial transitória 78 SDI-1, Res. 194/14).

SDI CANCELADA. São cabíveis Embargos para a SDI contra decisão de Turma proferida em Agravo interposto de decisão monocrática do relator, baseada no art. 557, § 1º, do CPC (TST, SDI-1, Orientação Jurisprudencial 293, convertida na letra "f" da Súmula 353).

SDI A SDI, ao conhecer dos embargos, interpostos antes da vigência da Lei n. 11.496/2007, por violação do art. 896 – por má aplicação de súmula ou de orientação jurisprudencial pela Turma –, julgará desde logo o mérito, caso conclua que a revista merecia conhecimento e que a matéria de fundo se encontra pacificada neste Tribunal (TST, SDI-1, Orientação Jurisprudencial transitória 79, conversão da Orientação Jurisprudencial 295 da SDI-1, Res. 194/14).

SDI Para a admissibilidade e conhecimento de embargos, interpostos antes da vigência da Lei n. 11.496/2007, contra decisão mediante a qual não foi conhecido o recurso de revista pela análise dos pressupostos intrínsecos, necessário que a parte embargante aponte expressamente a violação ao art. 896 da CLT (TST, SDI-1, Orientação Jurisprudencial transitória 78, conversão da Orientação Jurisprudencial 294 da SDI-1, Res. 194/14).

■ Recurso de embargos em recurso de revista. 1. A teor do art. 894, II, da CLT, com a redação que lhe foi conferida pela Lei n. 11.496/2007, em vigor desde 24.9.2007, o conhecimento do recurso de embargos no âmbito do Tribunal Superior do Trabalho depende da demonstração de divergência entre Turmas ou destas com decisões proferidas pela Seção de Dissídios Individuais do TST, condicionando-se, ainda, ao fato de não versar sobre matéria superada por súmula ou orientação jurisprudencial editada por esta Corte ou pelo Supremo Tribunal Federal. 2. De outro lado, entendo autorizado pelo art. 894, II, da CLT, com a redação que lhe foi conferida pela Lei 11.496/2007, o conhecimento de embargos à SDI lastreados em contrariedade a súmula ou orientação jurisprudencial do TST, convicção que decorre de interpretação sistemática e teleológica da atual redação do referido permissivo recursal, prestigiadora da função desta Seção como órgão de uniformização interna do Tribunal Superior do Trabalho. 3. *In casu*, todavia, não há falar na indigitada contrariedade aos verbetes invocados (OJ 26/SDI-I – Transitória e Súmula 322/TST), ante a inexistência de tese de mérito, no acórdão turmário, sobre a matéria disciplinada nos verbetes tidos pelo embargante como contrariados, a ser com eles confrontada. Recurso de embargos não conhecido (TST, E-ED-AIRR 685866-94.2000.5.01.5555, j. em 19.5.08, Rosa Maria Weber, *DEJT*, 8.5.08).

■ 1. Em se tratando de Embargos interpostos em execução de sentença e também sob a égide da Lei n. 11.496/2007, a SBDI-1 tem entendido que o seu cabimento encontra-se adstrito à hipótese de divergência jurisprudencial, desde que envolva matéria diretamente constitucional. 2. No caso vertente, o presente Recurso de Embargos assenta-se na contrariedade às Orientações Jurisprudenciais n. 19, transitória, e 255 da SBDI-1, bem assim na divergência com um julgado da Terceira Turma do TST, que espelha tese da possibilidade de aferir a regular representação processual por outros elementos dos autos. 3. À evidência, a discussão que ora se trava em torno de requisito de admissibilidade de recurso reveste-se de caráter eminentemente infraconstitucional, não sendo fora de propósito acentuar que o processo em questão se encontra na fase de execução. 4. Embargos de que não se conhece (TST, E-AIRR-622/2000-001-23-40.1, Guilherme Augusto Caputo Bastos, *DEJT* 2.10.09).

■ A fim de merecer enquadramento no permissivo do artigo 894, II, da Consolidação das Leis do Trabalho, com a nova redação conferida pela Lei n. 11.496/2007, os embargos devem demonstrar a existência de divergência jurisprudencial entre decisões proferidas por Turmas desta Corte superior, ou destas com julgados da Seção de Dissídios Individuais. A partir do advento da nova lei, não se conhece de recurso de embargos com base em violação de dispositivo de lei (TST, E-ED-RR 114700-46.2006.5.02.0018, j. em 3.2.11, Lelio Bentes Corrêa).

■ A fim de merecer enquadramento no permissivo do artigo 894, II, da Consolidação das Leis do Trabalho, com a nova redação conferida pela Lei n. 11.496/2007, os embargos devem demonstrar a existência de divergência jurisprudencial entre decisões proferidas por Turmas desta Corte superior, ou destas com julgados da Seção de Dissídios Individuais. A partir do advento da nova lei, não se conhece de recurso de embargos com base em violação de dispositivo da Constituição da República. 2. Inviável, de outro lado, o conhecimento de embargos, por divergência jurisprudencial, quando inespecíficos os arestos colacionados, nos termos da Súmula n. 296, I, do Tribunal Superior do Trabalho (TST, E-RR 753800-49.2001.5.09.0021, j. em 3.2.11, Lelio Bentes Corrêa).

■ No âmbito deste Colendo Tribunal Superior do Trabalho, a matéria já se encontra pacificada no sentido de que não cabe recurso de embargos contra decisão proferida por Turma do TST em sede de agravo de instrumento, salvo a presença de uma das hipóteses previstas na Súmula 353/TST, o que não resta demonstrado (TST, Ag-E-ED-Ag-AIRR 115240-47.2008.5.24.0007, j. em 3.2.11, Aloysio Silva Corrêa da Veiga).

■ Hipótese em que as razões do Recurso de Embargos, por guardarem pertinência com a matéria de fundo (base de cálculo do adicional de insalubridade), não atacam a Súmula n. 422 do Tribunal Superior do Trabalho, fundamento adotado na decisão recorrida. Reitera-se, portanto, a aplicação da Súmula n. 422 deste Tribunal Superior, agora como óbice ao conhecimento do presente Recurso de Embargos (TST, E-AIRR 78140-93.2006.5.15.0099, j. em 3.2.11, Maria de Assis Calsing).

■ A partir da vigência da Lei 11.496/2007, os embargos à SDI passaram a ter como finalidade precípua uniformizar a jurisprudência deste Tribunal de modo que esse recurso se habilita apenas por dissenso jurisprudencial. Assim, a indicação de violação de lei não impulsiona o processamento dos embargos. Também inviável o conhecimento do apelo por divergência jurisprudencial. No Diário da Justiça são publicadas a ementa e a parte dispositiva dos acórdãos. Portanto, o confronto de teses somente se faz possível pela ementa. Considerando que a matéria examinada no aresto paradigma trata da compatibilidade da hora noturna com o regime de trabalho em turnos ininterruptos de revezamento, enquanto o objeto da presente controvérsia diz respeito ao reenquadramento funcional, conclui-se não demonstrado o conflito de teses. Incidência das Súmulas 296, I, e 337, I, do TST (TST, E-RR 126500-49.1999.5.04.0701, j. em 3.2.11, Augusto Cesar Leite de Carvalho).

■ Incabível o recurso de embargos por violação de preceito constitucional, ante os termos da nova redação do art. 894 da CLT, conferida pela Lei n. 11.496/07. O recurso, no tema em epígrafe, também não alcança conhecimento, porquanto o único paradigma colacionado não ataca os fundamentos da decisão ora embargada, como exige a Súmula 296, I, do TST (TST, E-RR 1616/2006-052-15-00, Horácio Senna Pires, Ac. SBDI-1).

5 *Recurso de embargos para própria Junta de Conciliação e Julgamento* ou juiz de direito nas ações de alçada foram suprimidos (art. 649/3).

6 *Embargos de declaração* (CLT, art. 897/5).

7 *Agravo* (art. 897/2).

Art. 895. Cabe recurso ordinário para a instância superior:

I – das decisões definitivas ou terminativas das Varas e Juízos, no prazo de 8 dias; e (Red. L. 11.925/09)

II – das decisões definitivas ou terminativas dos Tribunais Regionais, em processos de sua competência originária, no prazo de 8 dias, quer nos dissídios individuais, quer nos dissídios coletivos. (Red. L. 11.925/09)

§ 1º Nas reclamações sujeitas ao procedimento sumaríssimo, o recurso ordinário (Red. L. 9.957/00):

I – (vetado);

II – será imediatamente distribuído, uma vez recebido no Tribunal, devendo o relator liberá-lo no prazo máximo de 10 dias, e a Secretaria do Tribunal ou Turma colocá-lo imediatamente em pauta para julgamento, sem revisor;

III – terá parecer oral do representante do Ministério Público presente à sessão de julgamento, se este entender necessário o parecer, com registro na certidão;

IV – terá acórdão consistente unicamente na certidão de julgamento com a indicação suficiente do processo e parte dispositiva, e das razões de decidir do voto prevalente. Se a sentença for confirmada pelos próprios fundamentos, a certidão de julgamento, registrando tal circunstância, servirá de acórdão.

§ 2º Os Tribunais Regionais, divididos em Turmas, poderão designar Turma para o julgamento dos recursos ordinários interpostos das sentenças prolatadas nas demandas sujeitas ao procedimento sumaríssimo (Red. L. 9.957/00).

1 O *recurso ordinário* devolve ao tribunal de segunda instância todas as questões recorridas, de direito e de fato; é o princípio do duplo grau de jurisdição, que não é absoluto nem constitucional; por isso felizmente há leis que determinam a instância única. Ao apreciar o apelo interposto, o tribunal deve reconhecer, mesmo sem provocação, pressupostos e prejudiciais que independem de requerimento da parte (CPC/15, art. 337), como é o caso da competência absoluta, das condições da ação, da coisa julgada, da litispendência e da prescrição, além dos pressupostos do recurso. Tampouco se exige, pelo duplo grau de jurisdição, que todos e qualquer um dos pedidos tenham sido julgados integralmente pela primeira instância; é suficiente que o juiz que adentrou o mérito tivesse condições de julgar determinada questão que não apreciou, ou seja, que as provas que tinham de ser oferecidas o foram e que a questão foi debatida; é o que autoriza o CPC/15, art. 1.013: "Serão, porém, objeto de apreciação e julgamento pelo tribunal todas as questões suscitadas e discutidas no processo, ainda que a sentença não as tenha julgado por inteiro". Chega-se ao extremo de, tendo sido apreciado o mérito apenas para acolher a prescrição (CPC/15, art. 487, II), o tribunal, rejeitando a prescrição, julgar todo o mérito restante, se a causa já estava madura para ser decidida; assim, Barbosa Moreira, *Comentários ao CPC*, cit. O recurso ordinário é o equivalente à apelação do processo civil. Salvo nos dissídios individuais de valor inferior à alçada, tanto é cabível contra a sentença da Vara do Trabalho como contra a dos Tribunais Regionais nos casos de competência originária (ação anulatória, cautelar, declaratória, rescisória, agravo interno, dissídio coletivo; mandado de segurança, *habeas corpus* e *habeas data* – RI, art. 245, TST, RA 1.937/17).

Na primeira hipótese, a competência é do Tribunal Pleno, se não dividido, ou das turmas, nos que a lei as criou. Na segunda hipótese, o TST julga o recurso ordinário na Seção especializada (L. 7.701/88, art. 3º, III, "a", v. Índ. Leg.).

Nos dissídios coletivos de natureza jurídica ou econômica, de competência originária do TRT, contra seu grupo normativo (L. 7.701/88, art. 7º), o recurso ordinário é julgado pela Seção Normativa (art. 2º, II, "a"), e os atos posteriores ao julgamento estão disciplinados pela mesma citada lei e pela CLT, no que permaneça inalterada (CLT, arts. 856 e segs. e notas).

1-A No procedimento sumaríssimo, o recurso ordinário será imediatamente distribuído, devendo o relator liberá-lo em 10 dias, sendo imediatamente colocado em pauta, sem revisor. O Ministério Público, se entender necessário, terá parecer oral durante a sessão. O acórdão que o julgar está dispensado de relatório, bastando a indicação suficiente do processo, parte dispositiva e razões de decidir do voto vencedor. Se a sentença for confirmada pelos próprios fundamentos, bastará esse registro na certidão de julgamento, que servirá de acórdão. O CPC/15, art. 1.013, § 3º, trouxe mais celeridade processual, aplicável também à Justiça do Trabalho. O parágrafo inserido autoriza o Tribunal, entendendo de forma diferente e "sendo a matéria de direito e estiver em condições de imediato julgamento", a reformar a sentença, decidindo o mérito, sem a obrigação de remetê-lo ao Juiz *a quo*. Por ser matéria de direito, caberia em tal situação recurso de revista, com fundamento na CLT, art. 896.

TST I - O efeito devolutivo em profundidade do recurso ordinário, que se extrai do § 1° do art. 1.013 do CPC de 2015 (art. 515, § 1º, do CPC de 1973), transfere ao Tribunal a apreciação dos fundamentos da inicial ou da defesa, não examinados pela sentença, ainda que não renovados em contrarrazões, desde que relativos ao capítulo impugnado. II - Se o processo estiver em condições, o tribunal, ao julgar o recurso ordinário, deverá decidir desde logo o mérito da causa, nos termos do § 3º do art. 1.013 do CPC de 2015, inclusive quando constatar a omissão da sentença no exame de um dos pedidos (TST – Súmula 393, Res. 208/16).

TST Das decisões proferidas pelos Tribunais Regionais do Trabalho, em processo administrativo, cabe recurso para o Tribunal Superior do Trabalho tão somente para o exame da legalidade do ato (TST – Súmula 321).

TST I – O prazo de decadência, na ação rescisória, conta-se do dia imediatamente subsequente ao trânsito em julgado da última decisão proferida na causa, seja de mérito ou não. II – Havendo recurso parcial no processo principal, o trânsito em julgado dá-se em momentos e em tribunais diferentes, contando-se o prazo decadencial para a ação rescisória do trânsito em julgado de cada decisão, salvo se o recurso tratar de preliminar ou prejudicial que possa tornar insubsistente a decisão recorrida, hipótese em que flui a decadência a partir do trânsito em julgado da decisão que julgar o recurso parcial. III – Salvo se houver dúvida razoável, a interposição de recurso intempestivo ou a interposição de recurso incabível não protrai o termo inicial do prazo decadencial. IV – O juízo rescindente não está adstrito à certidão de trânsito em julgado juntada com a ação rescisória, podendo formar sua convicção através de outros elementos dos autos quanto à antecipação ou postergação do *dies a quo* do prazo decadencial. V – O acordo homologado judicialmente tem força de decisão irrecorrível, na forma do art. 831 da CLT. Assim sendo, o termo conciliatório transita em julgado na data da sua homologação judicial. VI – Na hipótese de colusão das partes, o prazo decadencial da ação rescisória somente começa a fluir para o Ministério Público, que não interveio no processo principal, a partir do momento em que tem ciência da fraude. VII – Não ofende o princípio do duplo grau de jurisdição a decisão do TST que, após afastar a decadência em sede de recurso ordinário, aprecia desde logo a lide, se a causa versar questão exclusivamente de direito e estiver em condições de imediato julgamento. VIII – A exceção de incompetência, ainda que oposta no prazo recursal, sem ter sido aviado o recurso próprio, não tem o condão de afastar a consumação da coisa julgada e, assim, postergar o termo inicial do prazo decadencial para a ação rescisória. IX – Prorroga-se até o primeiro dia útil, imediatamente subsequente, o prazo decadencial para ajuizamento de ação rescisória quando expira em férias forenses, feriados, finais de semana ou em dia em que não houver expediente forense. Aplicação do art. 775 da CLT. X – Conta-se o prazo decadencial da ação rescisória, após o decurso do prazo legal previsto para a interposição do recurso extraordinário, apenas quando esgotadas todas as vias recursais ordinárias (TST – Súmula 100, conversão das Orientações Jurisprudenciais SDI-2 13, 16, 79, 102, 104, 122 e 145).

SDI Não cabe recurso ordinário para o TST de decisão proferida pelo Tribunal Regional do Trabalho em agravo regimental interposto contra despacho que concede ou não liminar em ação cautelar ou em mandado de segurança, uma vez que o processo ainda pende de decisão definitiva do Tribunal *a quo* (TST, SDI-2 – Orientação Jurisprudencial 100).

SDI Recurso Ordinário. Cabimento. Não cabe recurso ordinário contra decisão de agravo regimental interposto em reclamação correicional (TST, SDI-1, Orientação Jurisprudencial 77).

Sendo a reclamação trabalhista julgada improcedente em primeiro grau, por óbvio, desobrigada estava a sentença de pronunciar-se sobre a prescrição arguida na contestação. Porém, o Tribunal Regional do Trabalho, ao dar provimento ao recurso ordinário do empregado, deve, ainda que não reavivada nas contrarrazões, manifestar-se sobre a prescrição oportunamente arguida, por força do princípio da ampla devolutividade contemplada no art. 515, *caput*, §§ 1º e 2º, do CPC, que preconiza a devolução do conhecimento de toda a matéria impugnada, ainda que não analisada na primeira instância, independentemente de qualquer manifestação da parte. Trata-se do aspecto vertical do princípio da ampla devolutividade do recurso, que devolve ao tribunal o exame de questão que o órgão *a quo*, embora pudesse ou devesse apreciar, de fato não apreciou. Nesse contexto, o silêncio do Tribunal de origem a respeito da prescrição, embora oportunamente provocado nos embargos declaratórios para suprir essa omissão, importou em desrespeito ao art. 515, §§ 1º e 2º, do CPC. Contudo, em atenção ao princípio da economia e da celeridade processual, há que se acolher a prescrição quinquenal arguida em contestação, para determinar a sua observância, contando-se o prazo a partir da data de interposição da reclamatória. Recurso de revista conhecido e provido (TST, RR 590.029/1999, José Antônio Pancotti).

Duplo grau de jurisdição. Todas as questões suscitadas no processo, ainda que a sentença não as tenha julgado por inteiro, serão apreciadas pelo Tribunal (CPC, 515, § 1º). O órgão superior está impossibilitado de pronunciar-se sobre o mérito da causa, se não o fez o inferior; mas é dispensável que este tenha "esgotado" a matéria, basta que estivesse em condições de resolvê-la no momento em que proferiu a sentença (TRT/SP, RO 35637/92.7, Valentin Carrion, Ac. 9ª T. 2602/96.5).

2 *Ações de exclusiva alçada* da Vara do Trabalho (ou juízes de direito) são as que não superam o dobro do valor de referência e não permitem qualquer recurso, salvo se houver violação da CF (L. 5.584/70, art. 2º, §§ 3º e 4º, este último com a red. da L. 7.402/85). A Lei Magna não obsta que a lei ordinária trabalhista dispense os demais recursos, pois prevê o extraordinário em quaisquer causas decididas em única ou última instância (CF, art. 102, III, v. nota 7 ao art. 893). As ações de alçada dispensam a transcrição dos depoimentos (art. 851, § 1º, repetido no art. 2º da L. 5.584/70, com a red. da L. 7.402/85, adaptada à CF, art. 7º, IV). Valor da causa (art. 840/24).

TST Não se aplica a alçada em ação rescisória e em mandado de segurança (TST – Súmula 365, conversão das Orientações Jurisprudenciais SDI-1 8 e 10).

TST O art. 2º, § 4º, da Lei n. 5.584/70 foi recepcionado pela CF/88, sendo lícita a fixação do valor da alçada com base no salário mínimo (TST – Súmula 356).

TST I - Em dissídio individual, está sujeita ao reexame necessário, mesmo na vigência da Constituição Federal de 1988, decisão contrária à Fazenda Pública, salvo quando a condenação não ultrapassar o valor correspondente a: a) 1.000 (mil) salários mínimos para a União e as respectivas autarquias e fundações de direito público; b) 500 (quinhentos) salários mínimos para os Estados, o Distrito Federal, as respectivas autarquias e fundações de direito público e os Municípios que constituam capitais dos Estados; c) 100 (cem) salários mínimos para todos os demais Municípios e respectivas autarquias e fundações de direito público. II – Também não se sujeita ao duplo grau de jurisdição a decisão fundada em: a) súmula ou orientação jurisprudencial do Tribunal Superior do Trabalho; b) acórdão proferido pelo Supremo Tribunal Federal ou pelo Tribunal Superior do Trabalho em julgamento de recursos repetitivos; c) entendimento firmado em incidente de resolução de demandas repetitivas ou de assunção de competência; d) entendimento coincidente com orientação vinculante firmada no âmbito administrativo do próprio ente público, consolidada em manifestação, parecer ou súmula administrativa. III - Em ação rescisória, a decisão proferida pelo Tribunal Regional do Trabalho está sujeita ao duplo grau de jurisdição obrigatório quando desfavorável ao ente público, exceto nas hipóteses dos incisos anteriores. IV - Em mandado de segurança, somente cabe reexame necessário se, na relação processual, figurar pessoa jurídica de direito público como parte prejudicada pela concessão da ordem. Tal situação não ocorre na hipótese de figurar no feito como impetrante e terceiro interessado pessoa de direito privado, ressalvada a hipótese de matéria administrativa (Res. 211/16, *DEJT*, 24.8.16) (TST – Súmula 303).

SDI Alçada. Vinculação ao salário mínimo. Recorribilidade. O art. 5º, LV, e o art. 7º, IV, da CF/88 não revogaram o art. 2º, § 4º, da Lei n. 5.584/70 (TST, SDI-1, Orientação Jurisprudencial 11).

SDI Alçada. Cabimento apenas da remessa de ofício. DL 779/69 e Lei n. 5.584/70 (TST, SDI-1, Orientação Jurisprudencial 9).

Não tem razão o recorrente quando pretende que, em face do disposto no art. 5º, LV e parágrafo 1º, da Constituição Federal, esta constitucionalizou o princípio do duplo grau de jurisdição, não mais admitindo decisões de única instância, razão por que não foi recebida pela nova ordem constitucional a Lei 5.584/70. A vedação da vinculação do salário mínimo contida na parte final do artigo 7º, IV, da Constituição não tem sentido absoluto, mas deve ser entendida como vinculação de natureza econômica, para impedir que, com essa vinculação, se impossibilite ou se dificulte o cumprimento da norma na fixação do salário mínimo compatível com as necessidades aludidas nesse dispositivo, bem como na concessão dos reajustes periódicos que lhe preservem o poder aquisitivo. A vinculação do valor da alçada ao salário mínimo, para estabelecer quais são as causas de pequeno valor e que, portanto, devem ser decididas com a presteza de rito simplificado e com decisão de única instância ordinária, não se enquadra na finalidade a que visa a Constituição com a vedação por ela prevista, razão por que não é proibida constitucionalmente (RE 201297/97-DF). Moreira Alves – STF.

Quando não indicado, na inicial, o valor da alçada, deve o Juiz Presidente da Junta ou o Juiz fixá-lo, isto não tendo ocorrido, vulnera a literalidade do art. 2º da Lei n. 5.584/70 decisão que não conhece de recurso ordinário, entendendo necessária impugnação e inviabilizando o duplo grau de jurisdição (TST, RR 522.648/98.0, Carlos Alberto Reis de Paula, Ac. 3ª T./99).

* Sobre o tema *supra*, v. www.institutocarrion.com.br.

3 O recurso *ex officio* é interposto pelo próprio juízo que prolata a sentença e é a exigência de duplo grau de jurisdição, quando forem vencidas, total ou parcialmente, as pessoas jurídicas de direito público que não explorem atividades econômicas (DL 779/69, v. Índ. Leg.). Ocorrendo essa hipótese em causa de alçada exclusiva, há um conflito aparente entre os dois princípios, o de proteção à Fazenda Pública (DL 779/69) e o da celeridade processual (L. 5.584/70, art. 2º, § 3º). O CPC/15, art. 496, que trata da remessa necessária, aplica-se na Justiça do Trabalho (TST, IN 39/16, art. 3º, X), excluindo os casos quando a condenação ou o proveito econômico for de valor inferior a: I - 1.000 (mil) salários mínimos para a União e as respectivas autarquias e fundações de direito público; II - 500 (quinhentos) salários mínimos para os Estados, o Distrito Federal, as respectivas autarquias e fundações de direito público e os Municípios que constituam capitais dos Estados; III - 100 (cem) salários mínimos para todos os demais Municípios e respectivas autarquias e fundações de direito público. A L. 9.469/97, art. 2º, alterada pela L. 13.140/15, permite que o Procurador-Geral da União, o Procurador-Geral Federal, o Procurador-Geral do Banco Central do Brasil e os dirigentes das empresas públicas federais mencionadas no *caput* do art. 1º poderão autorizar, diretamente ou mediante delegação, a realização de acordos para prevenir ou terminar, judicial ou extrajudicialmente, litígio que envolver valores inferiores aos fixados em regulamento. A Súmula 303, em concordância com a celeridade processual, não obriga a interposição do recurso quando: a) condenação menor que 60 salários mínimos; b) decisão em consonância com STF ou súmulas e OJ do TST. Recursos, não interposição ou desistência pela União, perante jurisprudência adversa (L. 9.469/97, v. Índ. Leg., e D. 2.346/97).

STF A sentença proferida contra Autarquias não está sujeita a reexame necessário, salvo quando sucumbente em execução da dívida ativa (STF – Súmula 620).

TST I - Em dissídio individual, está sujeita ao reexame necessário, mesmo na vigência da Constituição Federal de 1988, decisão contrária à Fazenda Pública, salvo quando a condenação não ultrapassar o valor correspondente a: a) 1.000 (mil) salários mínimos para a União e as respectivas autarquias e fundações de direito público; b) 500 (quinhentos) salários mínimos para os Estados, o Distrito Federal, as respectivas autarquias e fundações de direito público e os Municípios que constituam capitais dos Estados; c) 100 (cem) salários mínimos para todos os demais Municípios e respectivas autarquias e fundações de direito público. II – Também não se sujeita ao duplo grau de jurisdição a decisão fundada em: a) súmula ou orientação jurisprudencial do Tribunal Superior do Trabalho; b) acórdão proferido pelo Supremo Tribunal Federal ou pelo Tribunal Superior do Trabalho em julgamento de recursos repetitivos; c) entendimento firmado em incidente de resolução de demandas repetitivas ou de assunção de competência; d) entendimento coincidente com orientação vinculante firmada no âmbito administrativo do próprio ente público, consolidada em manifestação, parecer ou súmula administrativa. III - Em ação rescisória, a decisão proferida pelo Tribunal Regional do Trabalho está sujeita ao duplo grau de jurisdição obrigatório quando desfavorável ao ente público, exceto nas hipóteses dos incisos anteriores. IV - Em mandado de segurança, somente cabe reexame necessário se, na relação processual, figurar pessoa jurídica de direito público como parte prejudicada pela concessão da ordem. Tal situação não ocorre na hipótese de figurar no feito como impetrante e terceiro interessado pessoa de direito privado, ressalvada a hipótese de matéria administrativa (Res. 211/16, *DEJT*, 24.8.16) (TST – Súmula 303).

SDI Incabível recurso de revista de ente público, que não interpôs recurso ordinário voluntário da decisão de primeira instância, ressalvada a hipótese de ter sido agravada, na segunda instância, a condenação imposta (TST, SDI-1, Orientação Jurisprudencial 334).

Nos termos do artigo 475, § 2º, do Código de Processo Civil, para que as decisões proferidas contra a Fazenda Pública estejam sujeitas ao duplo grau de jurisdição é necessário que a condenação ou o direito controvertido seja valor certo ou superior a 60 (sessenta) salários mínimos. Na hipótese dos autos, o direito apontado na inicial como o pretendido pela parte autora está aquém do montante exigido legalmente para o conhecimento da remessa necessária. Inteligência da letra *a*, item I, da Súmula n. 303 do Tribunal Superior do Trabalho (TST, ReeNec e RO 140300-91.2009.5.03.0000, j. em 8.2.11, Emmanoel Pereira).

1. Encontra-se pacificado nesta Corte o entendimento no sentido de que o artigo 475, § 2º, do CPC, introduzido pela Lei 10.352, de 26 de dezembro de 2001, aplica-se subsidiariamente ao Processo do Trabalho. 2. Assim, nas decisões proferidas contra a União, os Estados, o Distrito Federal, os Municípios e as respectivas autarquias e fundações de direito público, não haverá reexame necessário quando a condenação, ou o direito controvertido, for de valor certo não excedente a 60 (sessenta) salários mínimos. Inteligência da Súmula 303 (TST, ReeNec e RO 55900-09.2009.5.08.0000, j. em 3.5.11, Guilherme Caputo Bastos).

Liquidação de sentença equivalente a 25 milhões de dólares, contra a Fazenda Pública do Estado de São Paulo, em favor de simples médica plantonista de hospital encampado. Administrador de hospital arruinado, com salário mensal de 92.000 dólares mensais. Cálculos astronômicos, sem documentos nem justificações. Revelia e ausência de recurso *ex officio* suspeitas. Temor justificado de conluio ou grave omissão. Oportuno uso do poder judicial de reprimir ato atentatório à dignidade da Justiça (CPC, art. 125, III). Precatórios tornados ineficazes (TRT/SP, CP 239/91 e 240/91, Valentin Carrion, Corregedor, Sent. *DOE*, 27.11.91).

4 A *competência originária dos Tribunais Regionais* ocorre nos dissídios coletivos (inclusive revisão e extensão), mandados de segurança, ações rescisórias, *habeas corpus* e conflitos de competência. Caso a decisão seja contrária ao interesse da parte, o recurso cabível é o Recurso Ordinário, a sua confusão com o Recurso de Revista é erro grosseiro, insuscetível, havendo impossibilidade de aplicação do princípio da fungibilidade.

STF É competente o Supremo Tribunal Federal para a ação rescisória quando, embora não tendo conhecido do recurso extraordinário, ou havendo negado provimento ao agravo, tiver apreciado a questão federal controvertida (STF – Súmula 249).

TST CANCELADA. Das decisões proferidas pelos Tribunais Regionais do Trabalho, em processo administrativo, cabe recurso para o Tribunal Superior do Trabalho tão somente para o exame da legalidade do ato (TST – Súmula 321, cancelada Res. TST 135/05).

TST Da decisão do Tribunal Regional do Trabalho em mandado de segurança cabe recurso ordinário, no prazo de oito dias, para o Tribunal Superior do Trabalho, correspondendo igual dilação para o recorrido e interessados apresentarem razão de contrariedade (TST – Súmula 201).

TST I – Se não houver o conhecimento de recurso de revista ou de embargos, a competência para julgar ação que vise a rescindir a decisão de mérito é do Tribunal Regional do Trabalho, ressalvado o disposto no item II. II – Acórdão rescindendo do Tribunal Superior do Trabalho que não conhece de recurso de embargos ou de revista, analisando arguição de violação de dispositivo de lei material ou decidindo em consonância com súmula de direito material ou com iterativa, notória e atual jurisprudência de direito material da Seção de Dissídios Individuais (Súmula n. 333), examina o mérito da causa, cabendo ação rescisória da competência do Tribunal Superior do Trabalho. III – Sob a égide do art. 512 do CPC de 1973, é juridicamente impossível o pedido explícito de desconstituição de sentença quando substituída por acórdão do Tribunal Regional ou superveniente sentença homologatória de acordo que puser fim ao litígio. IV – Na vigência do CPC de 1973, é manifesta a impossibilidade jurídica do pedido de rescisão de julgado proferido em agravo de instrumento que, limitando-se a aferir o eventual desacerto do juízo negativo de admissibilidade do recurso de revista, não substitui o acórdão regional, na forma do art. 512 do CPC. V – A decisão proferida pela SBDI, em agravo regimental, calcada na Súmula n. 333, substitui acórdão de Turma do TST, porque emite juízo de mérito, comportando, em tese, o corte rescisório (TST, Res. 212, *DEJT*, 20.9.16). (TST – Súmula 192).

TST Da decisão do Tribunal Regional do Trabalho, em ação rescisória, é cabível recurso ordinário para o Tribunal Superior do Trabalho, em face da organização judiciária trabalhista (TST – Súmula 158).

SDI A interposição de recurso de revista de decisão definitiva de Tribunal Regional do Trabalho em ação rescisória ou em mandado de segurança, com fundamento em violação legal e divergência jurisprudencial e remissão expressa ao art. 896 da CLT, configura erro grosseiro, insuscetível de autorizar o seu recebimento como recurso ordinário, em face do disposto no art. 895, "b", da CLT (TST, SDI-2, Orientação Jurisprudencial 152).

SDI Sob a égide do CPC de 1973, o manifesto equívoco da parte em ajuizar ação rescisória no TST para desconstituir julgado proferido pelo TRT, ou vice-versa, implica a extinção do processo sem julgamento do mérito por inépcia da inicial (Res. 220/17, *DEJT*, 21.9.17) (TST, SDI-2, Orientação Jurisprudencial 70).

SDI Recurso Ordinário interposto contra despacho monocrático indeferitório da petição inicial de Ação Rescisória ou de Mandado de Segurança pode, pelo princípio de fungibilidade recursal, ser recebido como Agravo Regimental. Hipótese de não conhecimento do recurso pelo TST e devolução dos autos ao TRT, para que aprecie o apelo como Agravo Regimental (TST, SDI-2, Orientação Jurisprudencial 69).

Art. 896. Cabe Recurso de Revista[2] para Turma do Tribunal Superior do Trabalho[1] das decisões proferidas em grau de recurso ordinário, em dissídio individual, pelos Tribunais Regionais do Trabalho, quando:

a) derem ao mesmo dispositivo de lei federal interpretação diversa[2 e 3] da que lhe houver dado outro Tribunal Regional do Trabalho, no seu Pleno ou Turma, ou a Seção de Dissídios Individuais do Tribunal Superior do Trabalho, ou contrariarem súmula de jurisprudência uniforme dessa Corte ou súmula vinculante do Supremo Tribunal Federal; (red. L. 13.015/14)

b) derem ao mesmo dispositivo de lei estadual, Convenção Coletiva de Trabalho, Acordo Coletivo, sentença normativa ou regulamento empresarial de observância obrigatória em área territorial que exceda a jurisdição do Tribunal Regional prolator da decisão recorrida, interpretação divergente[2 e 3], na forma da alínea *a*;

c) proferidas com violação literal de disposição de lei federal[5] ou afronta direta e literal à Constituição Federal[2].

§ 1º O recurso de revista, dotado de efeito apenas devolutivo[7], será interposto perante o Presidente do Tribunal Regional do Trabalho, que, por decisão fundamentada, poderá recebê-lo ou denegá-lo. (red. L. 13.015/14).

§ 1º-A. Sob pena de não conhecimento[2], é ônus da parte: (red. L. 13.015/14)

I – indicar o trecho da decisão recorrida que consubstancia o prequestionamento da controvérsia objeto do recurso de revista; (red. L. 13.015/14)

II – indicar, de forma explícita e fundamentada, contrariedade a dispositivo de lei, súmula ou orientação jurisprudencial do Tribunal Superior do Trabalho que conflite com a decisão regional; (red. L. 13.015/14)

III – expor as razões do pedido de reforma, impugnando todos os fundamentos jurídicos da decisão recorrida, inclusive mediante demonstração analítica de cada dispositivo de lei, da Constituição Federal, de súmula ou orientação jurisprudencial cuja contrariedade aponte; (red. L. 13.015/14)

IV - transcrever na peça recursal, no caso de suscitar preliminar de nulidade de julgado por negativa de prestação jurisdicional[12], o trecho dos embargos declaratórios em que foi pedido o pronunciamento do tribunal sobre questão veiculada no recurso ordinário e o trecho da decisão regional que rejeitou os embargos quanto ao pedido, para cotejo e verificação, de plano, da ocorrência da omissão. (red. L. 13.467/17).

§ 2º Das decisões proferidas pelos Tribunais Regionais do Trabalho ou

por suas Turmas, em execução de sentença[6], inclusive em processo incidente de embargos de terceiro, não caberá Recurso de Revista, salvo na hipótese de ofensa direta e literal de norma da Constituição Federal[2].

§ 3º (Rev. L. 13.467/17).

§ 4º (Rev. L. 13.467/17).

§ 5º (Rev. L. 13.467/17).

§ 6º (Rev. L. 13.467/17).

§ 7º A divergência[3] apta a ensejar o recurso de revista deve ser atual, não se considerando como tal a ultrapassada por súmula do Tribunal Superior do Trabalho ou do Supremo Tribunal Federal, ou superada por iterativa e notória jurisprudência do Tribunal Superior do Trabalho (red. L. 13.015/14).

§ 8º Quando o recurso fundar-se em dissenso de julgados[3], incumbe ao recorrente o ônus de produzir prova da divergência jurisprudencial, mediante certidão, cópia ou citação do repositório de jurisprudência, oficial ou credenciado, inclusive em mídia eletrônica, em que houver sido publicada a decisão divergente, ou ainda pela reprodução de julgado disponível na internet, com indicação da respectiva fonte, mencionando, em qualquer caso, as circunstâncias que identifiquem ou assemelhem os casos confrontados (red. L. 13.015/14).

§ 9º Nas causas sujeitas ao procedimento sumaríssimo[3], somente será admitido recurso de revista por contrariedade a súmula de jurisprudência uniforme do Tribunal Superior do Trabalho ou a súmula vinculante do Supremo Tribunal Federal e por violação direta da Constituição Federal (red. L. 13.015/14).

§ 10. Cabe recurso de revista por violação a lei federal, por divergência jurisprudencial e por ofensa à Constituição Federal nas execuções fiscais[6] e nas controvérsias da fase de execução que envolvam a Certidão Negativa de Débitos Trabalhistas (CNDT), criada pela Lei n. 12.440, de 7 de julho de 2011 (red. L. 13.015/14).

§ 11. Quando o recurso tempestivo contiver defeito formal[3] que não se repute grave, o Tribunal Superior do Trabalho poderá desconsiderar o vício ou mandar saná-lo, julgando o mérito (red. L. 13.015/14).

§ 12. Da decisão denegatória caberá agravo[9], no prazo de 8 (oito) dias (red. L. 13.015/14).

§ 13. Dada a relevância[11] da matéria, por iniciativa de um dos membros da Seção Especializada em Dissídios Individuais do Tribunal Superior do Trabalho, aprovada pela maioria dos integrantes da Seção, o julgamento[4] a que se refere o § 3º poderá ser afeto ao Tribunal Pleno (red. L. 13.015/14).

§ 14. O relator do recurso de revista poderá denegar-lhe seguimento[2], em decisão monocrática, nas hipóteses de intempestividade, deserção, irregularidade de representação ou de ausência de qualquer outro pressuposto extrínseco ou intrínseco de admissibilidade. (Red. L. 13.467/17).

Art. 896-A. O Tribunal Superior do Trabalho, no recurso de revista, examinará previamente se a causa oferece transcendência[10] **com relação aos reflexos gerais de natureza econômica, política, social ou jurídica** (red. MP 2.226/01).

§ 1º São indicadores de transcendência, entre outros: (Red. L. 13.467/17).

I - econômica, o elevado valor da causa;

II - política, o desrespeito da instância recorrida à jurisprudência sumulada do Tribunal Superior do Trabalho ou do Supremo Tribunal Federal;

III - social, a postulação, por reclamante-recorrente, de direito social constitucionalmente assegurado;

IV - jurídica, a existência de questão nova em torno da interpretação da legislação trabalhista.

§ 2º Poderá o relator, monocraticamente, denegar seguimento ao recurso de revista que não demonstrar transcendência, cabendo agravo desta decisão para o colegiado. (Red. L. 13.467/17).

§ 3º Em relação ao recurso que o relator considerou não ter transcendência, o recorrente poderá realizar sustentação oral sobre a questão da transcendência, durante cinco minutos em sessão. (Red. L. 13.467/17).

§ 4º Mantido o voto do relator quanto à não transcendência do recurso, será lavrado acórdão com fundamentação sucinta, que constituirá decisão irrecorrível no âmbito do tribunal. (Red. L. 13.467/17).

§ 5º É irrecorrível a decisão monocrática do relator que, em agravo de instrumento em recurso de revista, considerar ausente a transcendência da matéria. (Red. L. 13.467/17).

§ 6º O juízo de admissibilidade do recurso de revista exercido pela Presidência dos Tribunais Regionais do Trabalho limita-se à análise dos pressupostos intrínsecos e extrínsecos do apelo, não abrangendo o critério da transcendência das questões nele veiculadas. (Red. L. 13.467/17).

1 Diz a Constituição Federal de 1988:

Art. 111-A. ...

§ 1º A lei disporá sobre a competência do Tribunal Superior do Trabalho (red. EC 45/04).

2 O recurso de revista não se destina a corrigir injustiças ou reapreciar a prova, mas basicamente a: a) uniformizar a jurisprudência; b) restabelecer a norma nacional violada; é o antigo recurso trabalhista da CLT, chamado extraordinário, para distingui-lo do ordinário, e que acertadamente perdeu essa denominação, evitando rótulos equívocos.

Com a nova redação da CLT, art. 896, "a" (L. 13.015/14), cabe recurso de revista, quando: a) a interpretação do TRT de Lei Federal na decisão recorrida for divergente do julgado de outro Tribunal, na Turma ou no Pleno ou da Seção Especializada de Dissídios Individuais do TST; b) a decisão no TRT contrariar súmula do TST ou súmula vinculante do STF; o legislador acrescenta, no texto da Lei, a palavra "contrariar", criando mais uma opção ao cabimento do Recurso de Revista, divergência nas decisões e agora contrariedade às súmulas do TST e às súmulas vinculantes do STF; c) a divergência ocorrer na interpretação de lei estadual ou de norma coletiva (convenção, acordo ou sentença) ou regulamento empresarial quando sua aplicação exceder a jurisdição do TRT divergente; d) violar literalmente lei federal; e) violar direta e literalmente a Constituição Federal. A súmula regional ou da tese jurídica prevalecente no TRT e não conflitante com súmula ou orientação jurisprudencial do TST servirá para efeitos do art. 896, "a", da CLT (TST – Ato 491/SEGJUD.GP/14, art. 4º alt. IN 38/15).

Não cabe em execução de sentença (salvo se diretamente inconstitucional), v. art. 896/6.

Suprimiu-se a expressão "decisões de última instância", que permitia o recurso de revista contra decisão proferida por JCJ de sua alçada exclusiva (art. 895/2).

O juízo de admissibilidade provisória (pode ser modificado pelo Tribunal *ad quem*) pertence ao Presidente do Tribunal recorrido (CLT, art. 896, § 1º). O recebimento pelo Regional por um fundamento não vincula o tribunal ad quem. Os requisitos de admissibilidade serão apreciados não só pelo Presidente do Tribunal recorrido, como pelo relator do órgão a quem se dirige o apelo, por despacho (contra o qual cabe agravo) ou por seu voto em sessão. O mesmo poderá não ser conhecido, por falta de indicação do prequestionamento da decisão recorrida, da lei, a súmula ou orientação jurisprudencial do TST, em conflito com a decisão do TRT, expor as razões do pedido de reforma impugnando todos os fundamentos jurídicos e deixar de transcrever a parte dos embargos em que foi pedido o pronunciamento do tribunal, por nulidade de julgado (CLT, art. 896, §§ 1º, 1º-A, I, II, III, IV, alt. L. 13.015/14 e L. 13.467/17). Quando "manifestamente inadmissível, improcedente, prejudicado ou em confronto com súmula ou com jurisprudência dominante do respectivo tribunal, do Supremo Tribunal Federal, ou de Tribunal Superior" (CPC/15, art. 932, III, IV, TST, IN 17/99, alt. TST Res. 184/12) v. art. 983/1-A. Pode também o relator denegar seu seguimento nas hipóteses de intempestividade, deserção, irregularidade de representação ou de ausência de qualquer outro pressuposto extrínseco ou intrínseco de admissibilidade (art. 896, § 14, red. L. 13.467/17). O TST, IN 39/16, não permite a aplicação do CPC/15, art. 1.010, com muita coerência, pois na Justiça do Trabalho o juízo de admissibilidade é feito em duas etapas, juízo *a quo* e juízo *ad quem*. Sobre petições e procedimentos do RR, v. IN/TST 23/03, em apêndice, Consolidação dos Provimentos, arts. 63 a 65, TST Correg./12, em apêndice, padrões formais.

Defeito formal, desde que não grave, o TST poderá desconsiderá-lo ou mandar que seja sanado.

Fundamentação do recurso. Com a nova redação dada à Súmula 422, o TST explica os pontos principais da fundamentação: I) as razões do recurso têm que impugnar os fundamentos da decisão recorrida; II) não obrigatoriedade de insurgência contra todos os fundamentos do despacho denegatório. Se a finalidade da fundamentação não é reformar a decisão objeto do recurso, basta que a parte apresente argumentos para comprovar que o recurso denegado mereceria processamento apenas por um dos fundamentos; III) no RO de competência de TRT, deve o Tribunal enfrentar o mérito da lide, de modo que não se aplica o item I da Súmula 422, pois prevalece a devolutividade ampla; toda matéria pode ser discutida, o recurso não foi denegado. Quando o mesmo é denegado, temos duas fundamentações: a denegação e a matéria de fato e de direito que originou a insatisfação do recorrente.

O *prequestionamento* (CLT, art. 896, § 1º-A, I) dos fundamentos ensejadores do recurso de revista é requisito para seu conhecimento; esse prequestionamento ocorre quando a questão foi levantada e rejeitada; se não o foi expressamente, exige-se a interposição de embargos declaratórios (CPC/15, art. 1.022, parágrafo único, Súmula 297 do TST). O instituto é abertura para alcançar os graus de jurisdição extraordinários, como a revista, embargos no TST, e não da primeira para a segunda instância. Entretanto, há julgados isolados no sentido da preclusão, mesmo no STF. Entende-se prequestionada a matéria: 1) se houver referência expressa a dispositivo legal violado; 2) suscitada em embargos declaratórios, ainda que estes sejam rejeitados ou inadmitidos; 3) quando o TRT provocado recusar a emitir tese (CPC/15, art. 1.025).

A competência para julgamento do recurso de revista é das turmas do TST, delas cabendo recurso de embargos para a seção de dissídios individuais (art. 894/3).

No procedimento sumaríssimo, o recurso de revista só será admitido (CLT, art. 896, § 9º) em três hipóteses: a) contrariedade a súmula do TST; b) contrariedade a súmula vinculante do STF; c) violação direta da CF. Não é admitido em contrariedade a orientação jurisprudencial, Súmula 442.

A decisão do Tribunal Regional que tenha efeitos apenas interlocutórios não é recorrível.

A competência para julgamento do recurso de revista é das turmas do TST, delas cabendo recurso de embargos para a seção de dissídios individuais (art. 894/3).

TST Nas causas sujeitas ao procedimento sumaríssimo, a admissibilidade de recurso de revista está limitada à demonstração de violação direta a dispositivo da Constituição Federal ou contrariedade a Súmula do Tribunal Superior do Trabalho, não se admitindo o recurso por contrariedade a Orientação Jurisprudencial deste Tribunal (Livro II, Título II, Capítulo III, do RITST), ante a ausência de previsão no art. 896, § 6º, da CLT (TST – Súmula 442, ex-OJ SDI-1 352, Res. TST 185/12).

TST I – Não se conhece de recurso para o Tribunal Superior do Trabalho se as razões do recorrente não impugnam os fundamentos da decisão recorrida, nos termos em que proferida. II – O entendimento referido no item anterior não se aplica em relação à motivação secundária e impertinente, consubstanciada em despacho de admissibilidade de recurso ou em decisão monocrática. III – Inaplicável a exigência do item I relativamente ao recurso ordinário da competência de Tribunal Regional do Trabalho, exceto em caso de recurso cuja motivação é inteiramente dissociada dos fundamentos da sentença (TST – Súmula 422, Res. 199/15).

TST Não ensejam recurso de revista decisões superadas por iterativa, notória e atual jurisprudência do Tribunal Superior do Trabalho (TST – Súmula 333, alt. Res. TST 155/09).

TST É constitucional a alínea *b* do art. 896 da CLT, com a redação dada pela Lei n. 7.701, de 21 de dezembro de 1988 (TST – Súmula 312).

TST 1. Diz-se prequestionada a matéria ou questão quando na decisão impugnada haja sido adotada, explicitamente, tese a respeito. 2. Incumbe à parte interessada, desde que a matéria haja sido invocada no recurso principal, opor embargos declaratórios objetivando o pronunciamento sobre o tema, sob pena de preclusão. 3. Considera-se prequestionada a questão jurídica invocada no recurso principal sobre a qual se omite o Tribunal de pronunciar tese, não obstante opostos embargos de declaração (TST – Súmula 297).

TST CANCELADA – O fato de o juízo primeiro de admissibilidade do recurso de revista entendê-lo cabível apenas quanto à parte das matérias veiculadas não impede a apreciação integral pela turma do Tribunal Superior do Trabalho, sendo imprópria a interposição de agravo de instrumento (TST – Súmula 285, Res. 204/16).

TST É incabível recurso de revista contra acórdão regional prolatado em agravo de instrumento (TST – Súmula 218).

TST Ocorre preclusão se não forem opostos embargos declaratórios para suprir omissão apontada em recurso de revista ou de embargos (TST – Súmula 184).

TST Incabível o recurso de revista ou de embargos (arts. 896 e 894, "b", da CLT) para reexame de fatos e provas (TST – Súmula 126).

TST I – Não procede pedido formulado na ação rescisória por violação literal de lei se a decisão rescindenda estiver baseada em texto legal infraconstitucional de interpretação controvertida nos Tribunais. II – O marco divisor quanto a ser, ou não, controvertida, nos Tribunais, a interpretação dos dispositivos legais citados na ação rescisória é a data da inclusão, na Orientação Jurisprudencial do TST, da matéria discutida (TST – Súmula 83, conversão da Orientação Jurisprudencial SDI-1 77).

TST Não se conhece de recurso de revista ou dos embargos, se a decisão recorrida resolver determinado item do pedido por diversos fundamentos, e a jurisprudência transcrita não abranger a todos (TST – Súmula 23).

SDI CANCELADA – Nas causas sujeitas ao procedimento sumaríssimo, a admissibilidade de recurso de revista está limitada à demonstração de violação direta a dispositivo da Constituição Federal ou contrariedade a Súmula do Tribunal Superior do Trabalho, não se admitindo o recurso por contrariedade a Orientação Jurisprudencial deste Tribunal (Livro II, Título II, Capítulo III, do RITST), ante a ausência de previsão no art. 896, § 6º, da CLT (TST, SDI-1, Orientação Jurisprudencial 352, convertida na Súmula 442, TST Res. 186/12).

SDI No julgamento de Agravo de Instrumento ao afastar o óbice apontado pelo TRT para o processamento do recurso de revista, pode o juízo "ad quem" prosseguir no exame dos demais pressupostos extrínsecos e intrínsecos do recurso de revista, mesmo que não apreciados pelo TRT (TST, SDI-1, Orientação Jurisprudencial 282).

SDI A invocação expressa no recurso de revista dos preceitos legais ou constitucionais tidos como violados não significa exigir da parte a utilização das expressões "contrariar", "ferir", "violar" etc. (TST, SDI-1, Orientação Jurisprudencial 257, Res. TST 182/12).

SDI Para fins do requisito do prequestionamento de que trata o Enunciado n. 297, há necessidade de que haja, no acórdão, de maneira clara, elementos que levem à conclusão de que o Regional adotou uma tese contrária à lei ou a enunciado (TST, SDI-1 – Orientação Jurisprudencial 256).

SDI Decisão regional que simplesmente adota os fundamentos da decisão de primeiro grau não preenche a exigência do prequestionamento, tal como previsto no En. 297 (TST, SDI-1, Orientação Jurisprudencial 151).

SDI I – É inadmissível o recurso de revista fundado tão somente em divergência jurisprudencial, se a parte não comprovar que a lei estadual, a norma coletiva ou o regulamento da empresa extrapolam o âmbito do TRT prolator da decisão recorrida; II – É imprescindível a arguição de afronta ao art. 896 da CLT para o conhecimento de embargos interpostos em face de acórdão de Turma que conhece indevidamente de recurso de revista, por divergência jurisprudencial, quanto a tema regulado por lei estadual, norma coletiva ou norma regulamentar de âmbito restrito ao Regional prolator da decisão (TST, SDI-1, Orientação Jurisprudencial 147).

SDI É inexigível o prequestionamento quando a violação indicada houver nascido na própria decisão recorrida. Inaplicável a Súmula n. 297 do TST (TST, SDI-1, Orientação Jurisprudencial 119).

SDI Prequestionamento. Havendo tese explícita sobre a matéria, na decisão recorrida, desnecessário contenha nela referência expressa do dispositivo legal para ter-se como prequestionado este. Inteligência do En. 297 (TST, SDI-1, Orientação Jurisprudencial 118).

SDI Não é servível ao conhecimento de recurso de revista aresto oriundo de mesmo Tribunal Regional do Trabalho, salvo se o recurso houver sido interposto anteriormente à vigência da Lei n. 9.756/98 (TST, SDI-1, Orientação Jurisprudencial 111).

SDI É necessário o prequestionamento como pressuposto de admissibilidade em recurso de natureza extraordinária, ainda que se trate de incompetência absoluta (TST, SDI-1, Orientação Jurisprudencial 62).

Carência de prequestionamento. A argumentação da reclamada no sentido de que a cláusula convencional não impediria a aplicação da referida súmula carece do indispensável prequestionamento, visto que o acórdão regional não apresentou fundamentação neste sentido e tampouco foi instigado a fazê-lo através da apresentação de embargos de declaração. Aplicação da Súmula n. 297. Recurso de revista não conhecido (TST, RR 1370-25.2011.5.15.0086, j. em 25.6.14, Guilherme Augusto Caputo Bastos, 5ª T., *DEJT*, 4.8.14).

O recurso de revista se concentra na avaliação do direito posto em discussão. Assim, em tal via, já não são revolvidos fatos e provas. Diante de tal peculiaridade, o deslinde do apelo considerará, apenas, a realidade que o acórdão atacado revelar (Súmula 126 do TST) (TST, AIRR 55100-36.2011.5.13.0011, Alberto Luiz Bresciani de Fontan Pereira, Ac. 3ª T., *DEJT*, 15.6.12).

Traduz-se o requisito do prequestionamento, para fins de admissibilidade do recurso de revista, pela emissão de tese expressa, por parte do órgão julgador, em torno dos temas destacados pela parte, em suas razões de insurreição. Desrespeitado pressuposto de admissibilidade, não prospera o recurso de revista. Incidência da Súmula 297 do TST (TST, AIRR 383-17.2010.5.15.0088, Alberto Luiz Bresciani de Fontan Pereira, *DEJT*, 15.6.12).

Esta Corte, em Sessão do Tribunal Pleno, de 24.6.04, adotou entendimento no sentido de não ser cabível Recurso de Revista em procedimento sumaríssimo, por contrariedade a Orientação Jurisprudencial da SBDI-1. Recurso de Embargos não conhecido (TST, ERR 5391300-50.2001.5.09.0008, j. em 12.12.05, Carlos Alberto Reis de Paula, *DEJT*, 17.2.06).

O Tribunal Pleno desta Corte, apreciando incidente de uniformização, que teve por objeto o Processo ERR-973/2002-001-03-00.9, na sessão de 24.6.2004, por unanimidade, decidiu não ser cabível recurso de revista, em procedimento sumaríssimo, por contrariedade à Orientação Jurisprudencial do Tribunal Superior do Trabalho. Agravo não provido (TST, AERR 120200-83.2000.5.19.0001, j. em 18.2.05, José Antônio Pancoti, *DEJT*, 11.3.05).

I – Os recorrentes não indicaram quais dispositivos dos artigos 114 e 202 da Constituição (compostos por *caput* e vários parágrafos) teriam sido vulnerados pela decisão recorrida, deixando de observar a exigência da Súmula 221, I, do TST. II – O aresto de fls. 525/526, a seu turno, não observa a Súmula 337 do TST, não só por não ter havido transcrição do trecho pertinente ao dissídio em questão, mas igualmente por não ter sido observado o requisito da demonstração do conflito analítico de teses. III – De outro lado, ainda que se considerasse apontada mácula ao *caput* do artigo 202 da Constituição, o recurso não lograria admissibilidade, já que o preceito ali contido não versa sobre competência material, tanto quanto dela não trata o artigo 68 da Lei Complementar 109/2001, desautorizando assim a sua alegada violação. IV – Já a insistente versão de o Judiciário Trabalhista carecer de competência material para julgamento da lide parte da premissa de que ela teria cunho previdenciário, devendo ser discutida no foro competente. V – Ocorre que, reportando-se ao acórdão recorrido, constata-se ter o Colegiado a reputado marginal, uma vez que a complementação da aposentadoria ora discutida deriva direta e exclusivamente do contrato havido entre os autores e a primeira ré, a dar o tom da competência desta Justiça Especializada, infirmando-se a suposta ofensa do artigo 114 da Constituição. VI – A jurisprudência desta Corte, de resto, vem sufragando a tese de o Judiciário do Trabalho deter competência para conhecer e julgar ação proposta por empregado contra a ex-empregadora e instituição de previdência privada, cuja pretensão diga respeito à complementação de aposentadoria. VII – Desse modo, o recurso não se credencia ao conhecimento deste Tribunal, na esteira da Súmula n. 333, em que os precedentes da SBDI-1 foram erigidos à condição de requisitos negativos de admissibilidade do apelo extraordinário, mesmo à guisa de divergência jurisprudencial com arestos eventualmente servíveis como paradigma, por já se encontrarem superados (TST, RR 56300-23.2008.5.02.0033, Antônio José de Barros Levenhagen).

3 A divergência jurisprudencial deve revelar teses conflitantes sobre fatos idênticos (TST, Súmula 296). Tem que ser atual e não superada por súmula do TST e ou do STF, ou por interativa e notória jurisprudência do TST (CLT, art. 896, § 7º). A comprovação da existência da súmula regional ou da tese jurídica prevalecente no Tribunal Regional do Trabalho ou conjunto de julgados é do recorrente. Terá de produzir prova, mediante certidão, cópia ou citação do repositório de jurisprudência, oficial ou credenciado, inclusive em mídia eletrônica, em que houver sido publicada a decisão divergente, ou ainda pela reprodução de julgado disponível na internet, com indicação da respectiva fonte ou documento em formato pdf, com o devido código de autenticidade, mencionando, em qualquer caso, as circunstâncias que identifiquem ou assemelhem os casos confrontados (CLT, art. 896, § 8º, e TST – Ato 491/SEGJUD, GP/14, art. 4º, alt. IN 38/15).

TST I – Para comprovação da divergência justificadora do recurso, é necessário que o recorrente. a) Junte certidão ou cópia autenticada do acórdão paradigma ou cite a fonte oficial ou o repositório autorizado em que foi publicado; e b) Transcreva, nas razões recursais, as ementas e/ou trechos dos acórdãos trazidos à configuração do dissídio, demonstrando o conflito de teses que justifique o conhecimento do recurso, ainda que os acórdãos já se encontrem nos autos ou venham a ser juntados com o recurso. II – A concessão de registro de publicação como repositório autorizado de jurisprudência do TST torna válidas todas as suas edições anteriores. III – A mera indicação da data de publicação, em fonte oficial, de aresto paradigma é inválida para comprovação de divergência jurisprudencial, nos termos do item I, "a", desta súmula, quando a parte pretende demonstrar o conflito de teses mediante a transcrição de trechos que integram a fundamentação do acórdão divergente, uma vez que só se publicam o dispositivo e a ementa dos acórdãos. IV – É válida para a comprovação da divergência jurisprudencial justificadora do recurso a indicação de aresto extraído de repositório oficial na internet, desde que o recorrente: a) transcreva o trecho divergente; b) aponte o sítio de onde foi extraído; e c) decline o número do processo, o órgão prolator do acórdão e a data da respectiva publicação no Diário Eletrônico da Justiça do Trabalho. V – A existência do código de autenticidade na cópia, em formato pdf, do inteiro teor do aresto paradigma, juntada aos autos, torna-a equivalente ao documento original e também supre a ausência de indicação da fonte oficial de publicação (TST – Súmula 337). (Res. 220/17, *DEJT*, 21.9.17).

TST 1. Diz-se prequestionada a matéria ou questão quando na decisão impugnada haja sido adotada, explicitamente, tese a respeito. 2. Incumbe à parte interessada, desde que a matéria haja sido invocada no recurso principal, opor embargos declaratórios objetivando o pronunciamento sobre o tema, sob pena de preclusão. 3. Considera-se prequestionada a questão jurídica invocada no recurso principal sobre a qual se omite o Tribunal de pronunciar tese, não obstante opostos embargos de declaração (TST – Súmula 297).

TST I – A divergência jurisprudencial ensejadora da admissibilidade, do prosseguimento e do conhecimento do recurso há de ser específica, revelando a existência de teses diversas na interpretação de um mesmo dispositivo legal, embora idênticos os fatos que as ensejaram. II – Não ofende o art. 896 da CLT decisão de Turma que, examinando premissas concretas de especificidade da divergência colacionada no apelo revisional, conclui pelo conhecimento ou desconhecimento do recurso (TST – Súmula 296, conversão da Orientação Jurisprudencial SDI-1 37).

TST A admissibilidade do recurso de revista por violação tem como pressuposto a indicação expressa do dispositivo de lei ou da Constituição tido como violado (TST – Súmula 221, NRed. 185/12).

SDI Estando a decisão recorrida em conformidade com orientação jurisprudencial, desnecessário o exame das divergências e das violações de lei e da Constituição alegadas em embargos interpostos antes da vigência da Lei n. 11.496/2007, salvo nas hipóteses em que a orientação jurisprudencial não fizer qualquer citação do dispositivo constitucional (TST, SDI-1, Orientação Jurisprudencial 336, alt. Res. TST 178/12).

SDI I – É inadmissível o recurso de revista fundado tão somente em divergência jurisprudencial, se a parte não comprovar que a lei estadual, a norma coletiva ou o regulamento da empresa extrapolam o âmbito do TRT prolator da decisão recorrida. II – É imprescindível a arguição de afronta ao art. 896 da CLT para o conhecimento de embargos interpostos em face de acórdão de Turma que conhece indevidamente de recurso de revista, por divergência jurisprudencial, quanto a tema regulado por lei estadual, norma coletiva ou norma regulamentar de âmbito restrito ao Regional prolator da decisão (TST, SDI-1, Orientação Jurisprudencial 147, conversão da Orientação Jurisprudencial SDI-1 309).

■ A revista não alcança conhecimento, pois os arestos colacionados não servem para demonstrar a divergência jurisprudencial, eis que o primeiro de fls. 424, não indica o Regional de origem, o segundo de fls. 425, não versa sobre a questão da compensação de jornada, restando inespecífico a teor do Enunciado 296 desta corte (TST, RR-654.026/2000.8, João Carlos Ribeiro de Souza).

■ Para comprovação da divergência justificadora do recurso é necessário que o recorrente junte certidão, ou documento equivalente, do acórdão paradigma ou faça transcrição do trecho pertinente à hipótese, indicando sua origem e esclarecendo a fonte da publicação, isto é, órgão oficial ou repertório idôneo de jurisprudência (Enunciado 38) (TST, RR 192.592/95.4, Francisco Fausto, Ac. 3ª T. 6.596/96).

■ Em se tratando de interpretação de lei estadual, é cabível o recurso de revista quando demonstrada a observância obrigatória da norma em área territorial que exceda a jurisdição do órgão prolator da decisão recorrida (art. 896, letra "b", da CLT) (TST, RR 129.364/94.4, José Luciano de Castilho Pereira, Ac. 2ª T. 914/97).

■ Regulamento de empresa. Necessidade da demonstração da divergência e do extravasamento do âmbito jurisdicional. Na forma da alínea "b" do art. 896 da CLT, a divergência apta para a admissibilidade do recurso de revista, nos casos de norma regulamentar, deve se configurar mediante a comprovação de que o dissenso se estabeleceu em torno de regulamento que extravase a jurisdição do Tribunal prolator da decisão recorrida (TST, RR 153.598/94.5, José Luiz Vasconcellos, Ac. 3ª T. 789/97).

* Sobre o tema *supra*, v. www.institutocarrion.com.br.

4 *Incidente de uniformização da jurisprudência dos TRT's*. A CLT, em seu art. 896, §§ 3º, 4º, 5º e 6º, na redação dada pela L. 13.015/14, indicava como os Tribunais deveriam proceder à uniformização da jurisprudência, hoje esses parágrafos foram revogados pela L. 13.467/17. A revogação não acaba com a necessidade de uniformização da jurisprudência, mas deixa para que o Tribunal (competência originária), por meio de seu Regimento Interno, resolva seu procedimento. O TST, IN 40/16, art. 2º, indicava que mesmo com o novo CPC/15, "subsiste o Incidente de Uniformização de Jurisprudência da CLT (art. 896, §§ 3º, 4º, 5º e 6º), observado o procedimento previsto no regimento interno do Tribunal Regional do Trabalho", agora com a revogação dos parágrafos, ficamos com a CLT, art. 702, I, *f*, e com o CPC/15, arts. 926 a 928, 947, 976 a 987 e 1.036 a 1.041, que indicam sua necessidade e não seu procedimento e o Regimento Interno dos TRT's, que determinará seu procedimento. Os tribunais devem uniformizar sua jurisprudência e mantê-la estável, íntegra e coerente, na forma estabelecida em seu Regimento Interno. Editarão enunciados de súmula correspondentes a sua jurisprudência dominante, fazendo com que as decisões jurídicas sejam semelhantes. Os enunciados de súmula, os tribunais devem ater-se às circunstâncias fáticas dos precedentes que motivaram sua criação. Os juízes e os tribunais devem observar as decisões do STF, no controle concentrado de constitucionalidade; os enunciados de súmula vinculante; os acórdãos em incidente de assunção de competência ou de resolução de demandas repetitivas e em julgamento de recursos extraordinário e especial repetitivos; a orientação do plenário ou do órgão especial aos quais estiverem vinculados. Poderá ser modificada por julgamento dos casos repetitivos (art. 893/1-A) (CPC/15, art. 928). Uniformização por decisões conflitantes (CPC/15, arts. 976 a 986; TST, IN 39/15, art. 8º).

A orientação jurisprudencial da Seção de Dissídios Individuais do TST indica a tendência desse órgão em diversos assuntos. Sua materialização (periodicamente renovada) sustenta o cabimento ou rejeição de recursos de revista ou de embargos (Súmula 333). Nestes *Comentários* está destacada pelo sinal gráfico " SDI ".

As oscilações da jurisprudência acerca da interpretação de uma mesma disposição legal afetam a confiança das partes no tocante à isenção e segurança dos órgãos do Poder Judiciário e, em consequência, o clima de respeitabilidade e confiança que deve cercá-los. O incidente de uniformização visa a eliminar a divergência de teses, regendo-se pelo disposto nos arts. 476 a 479 do CPC e 196 do Regimento Interno do TST (TST, E-RR 81.681/93.3, Manoel Mendes de Freitas, Ac. SDI 2.866/95).

O acolhimento e processamento do incidente suscitado pela parte pressupõem a apresentação de requerimento fundamentado em divergência jurisprudencial configurada. O não atendimento à regulação contida no parágrafo único do art. 476 do CPC e § 4º do art. 196 do Regimento Interno do TST implica a rejeição do pedido (TST, Ag.-E-RR 95.474/93.8, Ermes Pedro Pedrassani, Ac. SDI 2.579/95).

4-A *Incidente de assunção de competência*. O CPC/15, art. 947 e §§, admite a assunção de competência quando o julgamento de recurso, de remessa necessária ou de processo de competência originária, envolver relevante questão de direito, com grande repercussão social, sem repetição em múltiplos processos. O relator, de ofício, a requerimento da parte, MP ou Defensoria, proporá que seja o recurso julgado por órgão colegiado de acordo com o regulamento. O julgamento vinculará todos os juízes e órgão fracionários. É mais uma forma de evitar que as decisões sejam contraditórias em processos de relevância, mas deixa que a definição do que é relevância para uma decisão subjetiva do relator, uma decisão muito parecida com a "transcendência", do RR, na Justiça do Trabalho (v. art. 896/10). Sua utilização é dada pelo TST, IN 39/16, art. 3º, XXV.

5 A *violação de lei* deve ser contra a literalidade do texto (frontal) e não pode sê-lo sobre o direito em tese (Barata Silva, "Pressuposto de cabimento", *Rev. Synthesis* 1/71, 1985); necessita de prequestionamento se anterior ao julgado recorrido (Súmula 297). Tampouco é admissível a alegação de inconstitucionalidade indireta, por violação do princípio da legalidade (CF, art. 5º, II), porque aí teria havido violação da lei federal ou estadual e não direta (Greco Filho, v.

Índ. Bibliog.). Mas se por meios indiretos, a decisão de última instância acarreta violação de literal disposição de lei, ou de sentença normativa, cabente é o recurso de revista (Batalha, v. Índ. Bibliog.).

A interpretação razoável da norma não justifica o recurso.

TST A admissibilidade do recurso de revista por violação tem como pressuposto a indicação expressa do dispositivo de lei ou da Constituição tido como violado (TST – Súmula 221, NRed. 185/12).

Segundo a atual, notória e iterativa jurisprudência desta Corte, deve a parte, tanto na Revista quanto nos Embargos, indicar expressamente o dispositivo de Lei ou da Constituição tido como violado, sob pena de não conhecimento do Recurso. Cabe registrar, entretanto, que impor à parte o ônus de indicar expressamente o dispositivo violado não significa exigir dela a utilização de expressões verbais, tais como: e "feriu", "contrariou", "violou", etc. O que se pretende é que ela articule com a matéria e o dispositivo legal ou constitucional pertinente, de modo a que se possa extrair da argumentação a desejada e perseguida violação (TST, E-RR 201.452/95.2, Milton de Moura França, Ac. SBDI-1/99).

* Sobre o tema *supra*, v. www.institutocarrion.com.br.

6 *Recurso de revista e execução de sentença*. A teoria do processo considera a execução de sentença uma verdadeira ação; o conceito não fica desmerecido pelo fato de a execução ter rito distinto das demais ações, de se processar nos mesmos autos ou de ser desnecessária aqui a citação pessoal do devedor, no início. O mesmo se dá com os embargos de terceiro: recebem tratamento procedimental afim à execução de sentença. As construções da ciência do direito nem sempre se desviam porque o legislador use afirmações equivocadas ou adote este ou aquele rito. Do acórdão da turma do TRT que julga agravo de petição na execução não cabe recurso de revista (CLT, 896, § 2º), salvo se violar matéria constitucional; nessa hipótese, entende a jurisprudência que a via do TST é necessária para alcançar-se o mais elevado guardião da Constituição, o STF. Contra a sentença que julga embargos de terceiro cabe agravo de petição (ou recurso ordinário, segundo outros); quanto ao posterior de revista, repete-se o que se disse acima, na execução. Execução provisória (art. 876/4). Cabe na execução fiscal por violação a lei federal, por divergência jurisprudencial e por ofensa à Constituição Federal nas execuções que envolvam a Certidão Negativa de Débitos Trabalhistas (CNDT).

TST A admissibilidade do recurso de revista contra acórdão proferido em agravo de petição, na liquidação de sentença ou em processo incidente na execução, inclusive os embargos de terceiro, depende de demonstração inequívoca de violência direta à Constituição Federal (TST – Súmula 266).

7 *O efeito devolutivo* sem o suspensivo foi introduzido pela nova redação do art. 896, retirando do Presidente do TRT a faculdade de opção assim, a execução provisória (art. 876/4) será a regra.

8 Depósito recursal em recurso de revista (art. 899).

9 *Agravo*. Os arts. 252 e segs. do RI do TST (RA 1.937/17) eram específicos para o art. 896, § 5º, da CLT, e perdeu o sentido de ser, pois a L. 13.015/14 modificou o art. 896 e o § 5º passou a ser o § 12. Permitindo agravar de "instrumento" a decisão que denegar seguimento ao RR, sem outras restrições, basta que seja denegado. V. art. 897/2.

10 *Transcendência*. Com o acréscimo do § 1º ao art. 896-A pela L. 13.467/17, o legislador define "transcendência": 1) econômica, o elevado valor da causa; 2) política, o desrespeito à jurisprudência sumulada do TST ou do STF; 3) social, postulação, de direito social constitucionalmente assegurado; 4) jurídica, a existência de questão nova em torno da interpretação da legislação trabalhista.

A Lei trata a transcendência como um cabimento "maior" para o RR, exigindo que o TST examine previamente o recurso se a causa oferece transcendência (art. 896-A). Da denegação de seu seguimento cabe agravo, cabe defesa oral da parte, mantido o voto e decisão irrecorrível. O juízo de admissibilidade limita-se aos pressupostos intrínsecos e extrínsecos, não abrangendo a transcendência em si.

11 *Relevância*, mais uma matéria que não é de direito, depende do entendimento subjetivo de um Ministro da Seção Especializada em Dissídios Individuais do TST. A "relevância" tem que ser aprovada pela maioria dos integrantes. Somente poderá ocorrer em processo que esteja tramitando na SDI do TST. Independe da quantidade de processos sobre a questão relevante (TST – Ato 491/SEGJUD.GP/14, art. 4º alt. IN 38/15).

12 Nulidade por negativa de prestação jurisdicional. Cabimento, v. art. 832/1-A.

Art. 896-B. Aplicam-se ao recurso de revista, no que couber, as normas da Lei n. 5.869, de 11 de janeiro de 1973 (Código de Processo Civil), relativas ao julgamento dos recursos extraordinário e especial repetitivos[1] (red. L. 13.015/14).

Art. 896-C. Quando houver multiplicidade de recursos de revista fundados em idêntica questão de direito, a questão poderá ser afetada à Seção Especializada em Dissídios Individuais ou ao Tribunal Pleno, por decisão da maioria simples de seus membros, mediante requerimento de um dos Ministros que compõem a Seção Especializada, considerando a relevância da matéria ou a existência de entendimentos divergentes entre os Ministros dessa Seção ou das Turmas do Tribunal (red. L. 13.015/14).

§ 1º O Presidente da Turma ou da Seção Especializada, por indicação dos relatores, afetará um ou mais recursos representativos da controvérsia

para julgamento pela Seção Especializada em Dissídios Individuais ou pelo Tribunal Pleno, sob o rito dos recursos repetitivos (red. L. 13.015/14).

§ 2º O Presidente da Turma ou da Seção Especializada que afetar processo para julgamento sob o rito dos recursos repetitivos deverá expedir comunicação aos demais Presidentes de Turma ou de Seção Especializada, que poderão afetar outros processos sobre a questão para julgamento conjunto, a fim de conferir ao órgão julgador visão global da questão (red. L. 13.015/14).

§ 3º O Presidente do Tribunal Superior do Trabalho oficiará os Presidentes dos Tribunais Regionais do Trabalho para que suspendam os recursos interpostos em casos idênticos aos afetados como recursos repetitivos, até o pronunciamento definitivo do Tribunal Superior do Trabalho (red. L. 13.015/14).

§ 4º Caberá ao Presidente do Tribunal de origem admitir um ou mais recursos representativos da controvérsia, os quais serão encaminhados ao Tribunal Superior do Trabalho, ficando suspensos os demais recursos de revista até o pronunciamento definitivo do Tribunal Superior do Trabalho (red. L. 13.015/14).

§ 5º O relator no Tribunal Superior do Trabalho poderá determinar a suspensão dos recursos de revista ou de embargos que tenham como objeto controvérsia idêntica à do recurso afetado como repetitivo (red. L. 13.015/14).

§ 6º O recurso repetitivo será distribuído a um dos Ministros membros da Seção Especializada ou do Tribunal Pleno e a um Ministro revisor (red. L. 13.015/14).

§ 7º O relator poderá solicitar, aos Tribunais Regionais do Trabalho, informações a respeito da controvérsia, a serem prestadas no prazo de 15 (quinze) dias (red. L. 13.015/14).

§ 8º O relator poderá admitir manifestação de pessoa, órgão ou entidade com interesse na controvérsia, inclusive como assistente simples, na forma da Lei n. 5.869, de 11 de janeiro de 1973 (Código de Processo Civil) (red. L. 13.015/14).

§ 9º Recebidas as informações e, se for o caso, após cumprido o disposto no § 7º deste artigo, terá vista o Ministério Público pelo prazo de 15 (quinze) dias (red. L. 13.015/14).

§ 10. Transcorrido o prazo para o Ministério Público e remetida cópia do relatório aos demais Ministros, o processo será incluído em pauta na Seção Especializada ou no Tribunal Pleno, devendo ser julgado com preferência sobre os demais feitos (red. L. 13.015/14).

§ 11. Publicado o acórdão do Tribunal Superior do Trabalho, os recursos de revista sobrestados na origem: (red. L. 13.015/14)

I – terão seguimento denegado na hipótese de o acórdão recorrido coincidir com a orientação a respeito da matéria no Tribunal Superior do Trabalho; ou (red. L. 13.015/14)

II – serão novamente examinados pelo Tribunal de origem na hipótese

de o acórdão recorrido divergir da orientação do Tribunal Superior do Trabalho a respeito da matéria (red. L. 13.015/14).

§ 12. Na hipótese prevista no inciso II do § 11 deste artigo, mantida a decisão divergente pelo Tribunal de origem, far-se-á o exame de admissibilidade do recurso de revista (red. L. 13.015/14).

§ 13. Caso a questão afetada e julgada sob o rito dos recursos repetitivos também contenha questão constitucional, a decisão proferida pelo Tribunal Pleno não obstará o conhecimento de eventuais recursos extraordinários sobre a questão constitucional (red. L. 13.015/14).

§ 14. Aos recursos extraordinários interpostos perante o Tribunal Superior do Trabalho será aplicado o procedimento previsto no art. 543-B da Lei n. 5.869, de 11 de janeiro de 1973 (Código de Processo Civil), cabendo ao Presidente do Tribunal Superior do Trabalho selecionar um ou mais recursos representativos da controvérsia e encaminhá-los ao Supremo Tribunal Federal, sobrestando os demais até o pronunciamento definitivo da Corte, na forma do § 1º do art. 543-B* da Lei n. 5.869, de 11 de janeiro de 1973 (Código de Processo Civil) (red. L. 13.015/14).

§ 15. O Presidente do Tribunal Superior do Trabalho poderá oficiar os Tribunais Regionais do Trabalho e os Presidentes das Turmas e da Seção Especializada do Tribunal para que suspendam os processos idênticos aos selecionados como recursos representativos da controvérsia e encaminhados ao Supremo Tribunal Federal, até o seu pronunciamento definitivo (red. L. 13.015/14).

§ 16. A decisão firmada em recurso repetitivo não será aplicada aos casos em que se demonstrar que a situação de fato ou de direito é distinta das presentes no processo julgado sob o rito dos recursos repetitivos (red. L. 13.015/14).

§ 17. Caberá revisão da decisão firmada em julgamento de recursos repetitivos quando se alterar a situação econômica, social ou jurídica, caso em que será respeitada a segurança jurídica das relações firmadas sob a égide da decisão anterior, podendo o Tribunal Superior do Trabalho modular os efeitos da decisão que a tenha alterado (red. L. 13.015/14).

* O CPC/73, art. 543-B, corresponde ao CPC/15, art. 1.036.

1 *Recursos repetitivos*: Havendo multiplicidade de RR ou de embargos para a SDI I (SBDI-1) fundados em idêntica questão de direito, a questão poderá ser afetada a essa Subseção ou ao Tribunal Pleno, por decisão da maioria simples de seus membros, considerando a relevância da matéria ou a existência de entendimentos divergentes entre os Ministros dessa Subseção ou das Turmas do Tribunal. O requerimento fundamentado de um dos Ministros da Subseção de Dissídios Individuais I de afetação da questão deverá indicar um ou mais RR ou de embargos representativos da controvérsia. A Turma do TST também pode entender necessária a adoção do procedimento

de julgamento de RR repetitivos. O presidente da Turma deverá submeter ao Presidente da Subseção de Dissídios Individuais I a proposta de afetação do RR. Submetida a proposta de afetação ao colegiado e sendo esta acolhida, por maioria simples, o colegiado também decidirá se a questão será analisada pela própria SBDI-1 ou pelo Tribunal Pleno; acolhida a proposta, a desistência da ação ou do recurso não impede a análise da questão objeto de julgamento de recursos repetitivos; rejeitada a proposta, os autos serão devolvidos ao órgão julgador respectivo, para o julgamento do recurso. Não cabe sustentação oral versando sobre a proposta de afetação. O Presidente da Subseção de Dissídios Individuais I que afetar processo para julgamento sob o rito dos recursos repetitivos deverá expedir comunicação aos demais Presidentes de Turma, que poderão afetar outros processos. Somente poderão ser afetados recursos representativos da controvérsia que sejam admissíveis e que, a critério do relator do incidente de julgamento dos recursos repetitivos, contenham abrangente argumentação e discussão a respeito da questão a ser decidida. Selecionados os recursos, o relator, na Subseção Especializada em Dissídios Individuais ou no Tribunal Pleno, proferirá decisão de afetação, sempre fundamentada. O Presidente do TST oficiará os Presidentes dos Tribunais Regionais do Trabalho, com cópia da decisão de afetação, para que suspendam os RR interpostos em casos idênticos aos afetados, bem como os RO interpostos contra as sentenças proferidas em casos idênticos aos afetados, até o pronunciamento definitivo do TST. As partes deverão ser intimadas da decisão de suspensão de seu processo, a ser proferida pelo respectivo relator. A parte poderá requerer o prosseguimento de seu processo se demonstrar a intempestividade do recurso nele interposto ou a existência de distinção entre a questão de direito a ser decidida no seu processo e aquela a ser julgada sob o rito dos recursos repetitivos. A decisão é irrecorrível de imediato. Com requerimento, ao juiz, se o processo sobrestado estiver em primeiro grau; ao relator, se o processo sobrestado estiver no tribunal de origem; ao relator, no TST, do recurso de revista ou de embargos cujo processamento houver sido sobrestado. A outra parte deverá ser ouvida, no prazo de cinco dias. Para instruir o procedimento, pode o relator fixar data para, em audiência pública, ouvir depoimentos de pessoas com experiência e conhecimento na matéria, a manifestação, como *amicus curiae* (Intervenção assistencial em processos de controle de constitucionalidade por parte de entidades que tenham representatividade adequada para se manifestar nos autos sobre questão de direito pertinente à controvérsia constitucional. Não são partes dos processos; atuam apenas como interessados na causa. Plural: *amici curiae* – amigos da Corte) (CPC/15, art. 138, TST, IN 39/15, art. 3º, II), de pessoas, órgãos ou entidades com interesse na controvérsia, considerando a relevância da matéria e assegurando o contraditório e a isonomia de tratamento. Tais manifestações serão admitidas até a inclusão do processo em pauta. Os recursos afetados deverão ser julgados no prazo de um ano e terão preferência sobre os demais feitos. Caso o julgamento não ocorra no prazo, cessam automaticamente, em todo o território nacional, a afetação e a suspensão dos processos, que retomarão seu curso normal. Poderá ocorrer a formulação de outra proposta de afetação de processos representativos da controvérsia para instauração e julgamento de recursos repetitivos. O conteúdo do acórdão abrangerá a análise de todos os fundamentos da tese jurídica discutida, favoráveis ou contrários. É vedado ao órgão colegiado decidir questão não delimitada na decisão de afetação. Decidido o recurso representativo da controvérsia, os órgãos jurisdicionais respectivos declararão prejudicados os demais recursos versando sobre idêntica controvérsia ou os decidirão, aplicando a tese firmada. Quando os recursos requisitados do TRT contiverem outras questões além daquela que é objeto da afetação, caberá ao órgão jurisdicional competente, em acórdão específico para cada processo, decidir esta em primeiro lugar e depois as demais. Publicado o acórdão paradigma, os processos porventura suspensos retomarão o curso para julgamento e aplicação da tese firmada pelo TST. Para fundamentar a decisão de manutenção do entendimento, o órgão que proferiu o acórdão recorrido deverá demonstrar a existência de distinção, por se tratar de caso particularizado por hipótese fática distinta ou questão jurídica não examinada, a impor solução diversa. O RR será submetido a novo exame de sua admissibilidade, retomando o processo o seu curso normal. Realizado o juízo de retratação, com alteração do acórdão divergente, o Tribunal de origem decidirá as demais questões ainda não decididas, cujo enfrentamento se tornou necessário em decorrência da alteração. Alterado o acórdão divergente e o recurso anteriormente interposto versar sobre outras questões, independentemente de ratificação do recurso, haverá novo juízo de admissibilidade, retomando o processo o seu curso normal. A parte poderá desistir (independentemente do consentimento do reclamado, § 2º) da ação em curso no primeiro grau de jurisdição, antes de proferida a sentença, se a questão nela discutida for idêntica à resolvida pelo recurso representativo da controvérsia. Se a desistência ocorrer antes de oferecida a defesa, a parte, se for o caso, ficará dispensada do pagamento de custas e de honorários de advogado. Caberá revisão da decisão firmada em julgamento de recursos repetitivos quando se alterar a situação econômica, social ou jurídica; será respeitada a segurança jurídica das relações firmadas sob a égide da decisão anterior. Caso a questão afetada contenha questão constitucional, a decisão não obstará o conhecimento de eventuais recursos extraordinários. Aos recursos extraordinários interpostos perante o TST será aplicado o procedimento previsto no CPC para o julgamento dos recursos extraordinários repetitivos; cabendo ao Presidente do TST selecionar um ou mais recursos representativos da controvérsia e encaminhá-los ao STF, sobrestando os demais até o pronunciamento definitivo da Corte, na forma ali prevista. Quando o julgamento dos embargos à SBDI-1 envolver relevante questão de direito, com grande repercussão social, mesmo sem repetição em múltiplos processos, mas a respeito da qual seja conveniente a prevenção ou a composição de divergência entre as turmas ou os demais órgãos fracionários do TST, poderá a SBDI-1, por iniciativa de um de seus membros e após a aprovação da maioria de seus integrantes, afetar o seu julgamento ao Tribunal Pleno (TST, IN 38/15). O CPC/15, nos arts. 976 a 986 (TST, IN 39/15, art. 8º), afirma que cabe o IRDR quando houver: I - efetiva repetição de processos que contenham controvérsia sobre a mesma questão unicamente de direito; II - risco de ofensa à isonomia e à segurança jurídica. O mérito pode ser examinado mesmo quando exista a desistência ou abandono do processo, nesses casos o MP intervirá obrigatoriamente no incidente, é incabível o incidente de resolução de demandas repetitivas mesmo que um dos tribunais superiores já tenha afetado recurso para definição de tese sobre questão de direito material ou processual repetitiva. Deve ser julgado no prazo de um ano e terá preferência sobre os demais feitos. Julgado o incidente, a tese jurídica será aplicada: nos processos individuais ou coletivos que versem sobre idêntica questão de direito e que tramitem na área de jurisdição do respectivo tribunal; aos casos futuros que versem idêntica questão de direito; não observada a tese adotada no incidente, caberá reclamação (CPC/15, arts. 988 a 933), v. art. 993/13; caberá recurso extraordinário ou especial, apreciado pelo STF (conforme o caso terá efeito suspensivo) ou TST, será aplicada no território nacional a todos os processos individuais ou coletivos que versem sobre idêntica questão de direito (RI, arts. 280 a 297, RA 1.937/17).

Art. 897. Cabe agravo, no prazo de 8 dias:

a) de petição[1], das decisões do juiz ou Presidente, nas execuções;

b) de instrumento[2], dos despachos que denegarem a interposição de recursos.

§ 1º O agravo de petição[1] só será recebido quando o agravante delimitar, justificadamente, as matérias e os valores impugnados, permitida a execução imediata da parte remanescente até o final, nos próprios autos ou por carta de sentença.

§ 2º O agravo de instrumento[3] interposto contra o despacho que não receber agravo de petição não suspende a execução da sentença.

§ 3º Na hipótese da alínea "a" deste artigo, o agravo será julgado pelo próprio tribunal, presidido pela autoridade recorrida, salvo se se tratar de decisão de Juiz do Trabalho de 1ª Instância ou do Juiz de Direito, quando o julgamento competirá a uma das Turmas do Tribunal Regional a que estiver subordinado o prolator da sentença, observado o disposto no art. 679, a quem este remeterá as peças necessárias para o exame da matéria controvertida, em autos apartados, ou nos próprios autos, se tiver sido determinada a extração de carta de sentença (red. L. 10.035/00).

§ 4º Na hipótese da alínea "b" deste artigo, o agravo será julgado pelo Tribunal que seria competente para conhecer o recurso cuja interposição foi denegada.

§ 5º Sob pena de não conhecimento, as partes promoverão a formação do instrumento do agravo de modo a possibilitar, caso provido, o imediato julgamento do recurso denegado, instruindo a petição de interposição[5]:

I – obrigatoriamente, com cópias da decisão agravada, da certidão da respectiva intimação, das procurações outorgadas aos advogados do agravante e do agravado, da petição inicial, da contestação, da decisão

originária, do depósito recursal referente ao recurso que se pretende destrancar, da comprovação do recolhimento das custas e do depósito recursal a que se refere o § 7º do art. 899 desta Consolidação (red. L. 12.275/10);

II – facultativamente, com outras peças que o agravante reputar úteis ao deslinde da matéria de mérito controvertida.

§ 6º O agravado será intimado para oferecer resposta ao agravo e ao recurso principal, instruindo-a com as peças que considerar necessárias ao julgamento de ambos os recursos.

§ 7º Provido o agravo, a Turma deliberará sobre o julgamento do recurso principal, observando-se, se for o caso, daí em diante, o procedimento relativo a esse recurso (§§ 5º a 7º, red. L. 9.756/98).

§ 8º Quando o agravo de petição versar apenas sobre as contribuições sociais, o juiz da execução determinará a extração de cópias das peças necessárias, que serão autuadas em apartado, conforme dispõe o § 3º, parte final, e remetidas à instância superior para apreciação, após contraminuta (red. L. 10.035/00).

Art. 897-A. Caberão embargos de declaração[5] da sentença ou acórdão, no prazo de cinco dias, devendo seu julgamento ocorrer na primeira audiência ou sessão subsequente a sua apresentação, registrado na certidão, admitido efeito modificativo da decisão, nos casos de omissão e contradição no julgado e manifesto equívoco no exame dos pressupostos extrínsecos do recurso.

§ 1º Os erros materiais poderão ser corrigidos de ofício ou a requerimento de qualquer das partes (red. L. 13.015/14).

§ 2º Eventual efeito modificativo dos embargos de declaração somente poderá ocorrer em virtude da correção de vício na decisão embargada e desde que ouvida a parte contrária[5], no prazo de 5 (cinco) dias (red. L. 13.015/14).

§ 3º Os embargos de declaração interrompem o prazo para interposição de outros recursos, por qualquer das partes, salvo quando intempestivos, irregular a representação da parte ou ausente a sua assinatura (red. L. 13.015/14).

1 O *agravo de petição* é o recurso específico contra qualquer decisão do juiz na execução, após o julgamento de embargos do executado (art. 884). Com base no art. 893, § 1º, da CLT, que somente admite recurso das decisões definitivas, pretendeu-se limitar sua interposição apenas a essa espécie de sentenças; mas tal restrição não tem apoio em lei, decisão definitiva ou sentença definitiva, na terminologia do CPC/39, art. 820, quando nasceu aquele parágrafo da CLT, equivale a sentença de mérito ou sentença terminativa sem ser de mérito (Pontes de Miranda, *Coment. ao CPC de 1939*); porém, o processo de execução não visa a uma sentença, mas a atuação de uma sanção já declarada, a satisfação do direito do exequente: se for pagamento (hipótese mais comum aqui), a rigor, o processo de execução aponta para o momento em que o exequente receberá em seu patrimônio a importância monetária; assim, parece forçado querer ver uma sentença definitiva, após cada um dos atos cruciais da execução (edital de praça, arrematação etc.). O próprio texto do art. 897 (... "das decisões do juiz ou presidente nas execuções"), pela sua abertura, desencoraja aquela limitação; só há um requisito que a lei impôs: estar seguro o juízo (art. 884 e § 3º); e, se se tratar de impugnação ao *quantum*, esta deve ser delimitada e justificada (CLT, art. 897, § 1º). Quando não for caso de impugnação ao valor, desde que a "matéria" esteja delimitada, a lei não permite a rejeição. Quanto ao perigo, fundamentado, de recursos procrastinadores, poderá ser combatido com a arma legal: tipificação da litigância de má-fé.

Efeito suspensivo. Pela redação anterior da CLT não era provisória a execução trabalhista, pendente o agravo de petição, quando o juiz não tivesse "sobrestado o andamento do feito", antigo § 2º do art. 897. Isto porque o agravo de petição previsto só cabe quando o débito já é líquido e se procedeu à penhora, e "não sobrestar o andamento do feito" significava passar ao ato natural seguinte: levar os bens à praça. O legislador permitia, para acelerar a execução e desestimular a procrastinação, os atos que importassem em alienação do domínio. Isso nem impedia que o juiz, chegando até a obtenção do valor da condenação e seus acessórios, em efetivo depósito em dinheiro à sua disposição, expungidas as manobras possíveis, sustasse o levantamento, por cautela, já que a caução não se coaduna com o processo laboral. A jurisprudência mais cautelosa resistia a essa interpretação. A parte líquida não devidamente impugnada é exequível imediatamente, após os embargos, mesmo que contra aquela parte, ou contra o todo, se tenha interposto agravo.

O agravo de petição é cabível, mesmo sem estar seguro o juízo, nas hipóteses em que o juiz considerar não provada a liquidação ou quando trancar a execução, julgando-a extinta.

Há ainda *outros recursos de agravos*, que nada têm em comum com os regulados no art. 897 (Lamarca, "Novo CPC e a sistemática dos recursos", *Revista de Direito do Trabalho* 1/65): 1) agravos dos despachos do presidente do TST, "nos casos previstos em lei" ao Pleno (CLT, art. 702, I, *d*); 2) agravo contra o relator que no TST negar prosseguimento ao recurso que pretenda contrariar prejulgado ou súmula (L. 5.584/70, art. 9º, em apêndice); 3) agravos regimentais no TST (v. nota 3, *infra*). Entendemos que a L. 5.584/70, em apêndice, não revogou a aplicação da L. 1.060/50, art. 2º (assistência judiciária no processo trabalhista, v. art. 789, n. 11); o agravo de petição previsto no art. 17 da L. 1.060 foi substituído pela apelação, ou seja, recurso ordinário aqui.

TST Devendo o agravo de petição delimitar justificadamente a matéria e os valores objeto de discordância, não fere direito líquido e certo o prosseguimento da execução quanto aos tópicos e valores não especificados no agravo (TST – Súmula 416, conversão da Orientação Jurisprudencial SDI-2 55).

SDI Devendo o Agravo de Petição delimitar justificadamente a matéria e os valores objeto de discordância, não fere direito líquido e certo o prosseguimento da execução quanto aos tópicos e valores não especificados no agravo (TST, SDI-2, Orientação Jurisprudencial 55).

Aos olhos da lei, o Agravo de Petição não possui efeito suspensivo, contudo é facultado ao juiz, quando julgar conveniente, sobrestar o andamento do feito (art. 897, § 1º, da CLT). No caso em apreço, não há como inquinar de ilegal o despacho atacado, uma vez que o julgador não tem a obrigação de determinar suspensão do feito até o julgamento do Agravo de Petição (TST, RO-MS 21.462/91.7, Cnéa Moreira, Ac. SDI 1.572/91).

Execução legítima e definitiva da parte incontroversa e trânsita em julgado, não obstante agravo de petição quanto ao restante. Procedência da correição parcial (TRT/SP, CP 112/92, Valentin Carrion, Corregedor, *DOE-SP*, 10.6.92).

Normatizando o TST somente a exceção à regra (alínea c, item IV, da Instrução Normativa n. 3/93), tem-se que inexiste lei dispondo acerca da exigência da efetivação do depósito recursal, em execução, a cada novo recurso (TST, RR 160.540/95.5, José Luiz Vasconcellos, Ac. 3ª T. 7.322/95).

Se houve a garantia integral do juízo na oposição de embargos à execução e inexistindo elevação do valor do débito, não há por que exigir depósito em "qualquer recurso subsequente do devedor" (item IV, *c*) (TST, RR 272.967/96.8, Armando de Brito, Ac. 5ª T. 4.055/96).

Execução. Recurso. Não se conhece de agravo de petição que deixa de delimitar justificadamente os valores e matérias controversos. O oferecimento de novas contas, em lugar de atacar um a um os dados apresentados pela parte, juiz ou perito, embaralha a liquidação e não supre a necessidade de impugnação específica, como a lei deseja (Proc. TRT/SP 30.604/97, Valentin Carrion, Ac. 9ª T. 66.736/97).

Execução. Recurso. Não se conhece de agravo de petição interposto contra decisão proferida em embargos à execução apócrifos e, por isso, havidos por inexistentes (Proc. TRT/SP, RO 8.474/97, Valentin Carrion, Ac. 9ª T. 58.162/97).

2 *Agravo de instrumento*. Ao juízo agravado não se permite obstar seguimento ao agravo de instrumento; tal competência é exclusiva do Tribunal que deveria apreciar o recurso denegado (CPC/15, art. 1.016). A rejeição pelo juízo recorrido somente é lícita em caso excepcional de flagrante erro grosseiro ou litigância de má-fé. O agravo de instrumento cabe no prazo de 8 dias (não se aplica o prazo do CPC/15, art. 1.070, TST, IN39/16, art. 2º, XIII) nas Varas do Trabalho para fazer subir o recurso ordinário ou agravo de petição; no TRT, contra o despacho de seu presidente, que indeferiu interposição ou seguimento de recurso de revista etc.; no TST, para recebimento do recurso de competência do TST (RI, art. 227, RA/TST 1.295/08, alt. até Emenda Reg. 7/16 e Ato Reg. 8/16). Aplicam-se ao processo laboral os arts. 1.015 e segs. do CPC/15, inclusive quanto à possibilidade de o juiz reformar a decisão agravada. A IN/TST 16/99 e alterações, a RA/TST 928/03 e a RA/TST 1.340/09 (todas em apêndice) uniformizam o seu procedimento. O CPC/15, art. 1.019, I e II, não se aplica à Justiça do Trabalho, tendo em vista norma própria (CLT, art. 897, § 7º, e IN/TST 16/99). Negativa de seguimento a recurso extraordinário: lei processual comum, prazo de 15 dias

(CPC/15, art. 1.042, e Res./STF 140/96, *DJU*, 5.2.96). O agravo (CPC/15 no art. 1.021) e o agravo interno têm seu cabimento restrito a decisões monocráticas, conforme previsão do Regimento Interno do Tribunal Superior (arts. 265 e 266) e agora da OJ SDI-1 412.

Admitido parcialmente o RR, é ônus da parte impugnar, mediante agravo de instrumento, a parte que foi denegada, sob pena de preclusão. No caso de omissão, na admissão do RR quanto a um ou mais temas, é ônus da parte interpor embargos de declaração para o órgão prolator da decisão, para que este se manifeste sobre as demais (CPC, art. 1.024, § 2º), sob pena de preclusão. Incorre em nulidade a decisão regional que se abstiver de exercer controle de admissibilidade sobre qualquer tema objeto de RR, não obstante interpostos embargos de declaração (CF/88, art. 93, IX e § 1º do art. 489 do CPC de 2015). A recusa do Presidente do TRT de emitir juízo de admissibilidade sobre qualquer tema equivale à decisão denegatória. Caso ocorra, é ônus da parte, quando intimada da decisão dos embargos de declaração, impugná-la mediante agravo de instrumento (CLT, art. 896, § 12), sob pena de preclusão. Pode o Ministro Relator, por decisão irrecorrível (CLT, art. 896, § 5º, por analogia), determinar a restituição do agravo de instrumento ao Presidente do TRT de origem para que complemente o juízo de admissibilidade, desde que interpostos embargos de declaração (TST, IN 40/16).

O agravo de instrumento contra despacho que não recebe agravo de petição não suspende a execução, diz o art. 897, § 2º. Repelidas fundamentadamente as manobras protelatórias, o juiz poderá praticar todos os atos seguintes, inclusive a alienação de bens, e, por cautela, sustar apenas o levantamento da quantia apurada. Não será sustado o levantamento na hipótese de ser matéria incontroversa (remanescente, art. 897, § 1º).

A complicada formação do instrumento e o possível julgamento imediato do mérito do recurso denegado, introduzido pela L. 9.756/98 para os §§ 5º e s. do art. 897 da CLT, evidencia a ineficiência do legislador para dinamizar o lerdo procedimento. Os agravos de instrumento são milhares e os providos somente centenas. Assim, complicou-se a formação do instrumento em muitos processos, para desespero geral, inclusive das secretarias das Varas, visando a ínfima vantagem da celeridade de poucos. O redator da proposta certamente nunca visitou um órgão de primeira instância para sentir a angústia da burocracia. O Órgão Especial do TST, com a Res. Adm. 1.418/10, facilita a interposição do agravo de instrumento, "de despacho que negar seguimento a recurso para o TST deve ser processado nos mesmos autos do recurso denegado", não são necessários novos autos. Quando a procuração estiver limitada ao TRT, a representação é aceita para interposição de agravo; o recurso é para apreciação do TST mas é interposto no TRT; é legítima a atuação do advogado (TST, SDI-1, OJ 374). Ainda sobre a procuração, a OJ 286 aceita o mandato tácito para a proposição do agravo, poderes *ad judicia* simplesmente, consignada a presença do advogado na ata de audiência, desde que não exista mandato expresso em nome de outrem ou do próprio advogado com poderes limitados (v. art. 791/8). Com a L. 12.275/10, uma nova tentativa (pessoal do presidente do TST, Ministro Moura França) para diminuir a quantidade de recursos sem fundamentos; a inclusão do § 7º no art. 899 obriga o pagamento de novo depósito recursal, o do Recurso interposto e outro do Agravo de Instrumento que será interposto para destrancar a subida do recurso, 50% do valor do depósito do recurso anterior.

STF Nega-se provimento ao agravo para subida de recurso extraordinário, quando faltar no traslado o despacho agravado, a decisão recorrida, a petição de recurso extraordinário, ou qualquer peça essencial à compreensão da controvérsia (STF – Súmula 288).

TST Aplica-se subsidiariamente ao processo do trabalho o art. 932 do CPC de 2015 (art. 557 do CPC de 1973) (TST – Súmula 435, Res. 208/16).

SDI É incabível agravo interno (art. 1.021 do CPC de 2015, art. 557, § 1º, do CPC de 1973) ou agravo regimental (art. 235 do RITST) contra decisão proferida por Órgão colegiado. Tais recursos destinam-se, exclusivamente, a impugnar decisão monocrática nas hipóteses previstas. Inaplicável, no caso, o princípio da fungibilidade ante a configuração de erro grosseiro (TST, SDI-1, Orientação Jurisprudencial 412, Res. 209/16).

SDI É regular a representação processual do subscritor do agravo de instrumento ou do recurso de revista que detém mandato com poderes de representação limitados ao âmbito do Tribunal Regional do Trabalho, pois, embora a apreciação desse recurso seja realizada pelo Tribunal Superior do Trabalho, a sua interposição é ato praticado perante o Tribunal Regional do Trabalho, circunstância que legitima a atuação do advogado no feito (TST, SDI-1, Orientação Jurisprudencial 374).

SDI I – A juntada da ata de audiência, em que consignada a presença do advogado, desde que não estivesse atuando com mandato expresso, torna dispensável a procuração deste, porque demonstrada a existência de mandato tácito. II – Configurada a existência de mandato tácito fica suprida a irregularidade detectada no mandato expresso (TST, SDI-1, Orientação Jurisprudencial 286).

SDI CANCELADA - O carimbo do protocolo da petição recursal constitui elemento indispensável para aferição da tempestividade do apelo, razão pela qual deverá estar legível, pois um dado ilegível é o mesmo que a inexistência do dado (Res. 217/17, *DEJT*, 20.4.17). (TST, SDI-1, Orientação Jurisprudencial 285).

SDI CANCELADA - A etiqueta adesiva na qual consta a expressão "no prazo" não se presta à aferição de tempestividade do recurso, pois sua finalidade é tão somente servir de controle processual interno do TRT e sequer contém a assinatura do funcionário responsável por sua elaboração (Res. 217/17, *DEJT*, 20.4.17). (TST, SDI-1, Orientação Jurisprudencial 284).

SDI É válido o traslado de peças essenciais efetuado pelo agravado, pois sua regular formação incumbe às partes e não somente ao agravante (TST, SDI-1, Orientação Jurisprudencial 283).

SDI No julgamento de Agravo de Instrumento, ao afastar o óbice apontado pelo TRT para o processamento do recurso de revista, pode o juízo *ad quem* prosseguir no exame dos demais pressupostos extrínsecos e intrínsecos do recurso de revista, mesmo que não apreciados pelo TRT (TST, SDI-1, Orientação Jurisprudencial 282).

SDI Para a formação do Agravo de Instrumento, não é necessária a juntada de comprovantes de recolhimento de custas e de depósito recursal relativamente ao Recurso Ordinário, desde que não seja objeto de controvérsia no Recurso de Revista a validade daqueles recolhimentos (TST, SDI-1, Orientação Jurisprudencial 217).

SDI CANCELADA – Não há como se cogitar da inconstitucionalidade do art. 557 do CPC, meramente pelo fato de a decisão ser exarada pelo Relator, sem a participação do Colegiado, porquanto o princípio da publicidade insculpido no inciso IX do art. 93 da CF/88 não está jungido ao julgamento pelo colegiado e sim o acesso ao processo pelas partes, seus advogados ou terceiros interessados, direito preservado pela Lei n. 9.756/98, ficando, outrossim, assegurado o acesso ao colegiado através de agravo (TST, SDI-2, Orientação Jurisprudencial 73, convertida na Súmula 435).

SDI Não há direito líquido e certo à execução definitiva na pendência de Recurso Extraordinário, ou de Agravo de Instrumento visando a destrancá-lo (TST, SDI-2, Orientação Jurisprudencial 56).

SDI Nos agravos de instrumento interpostos anteriormente à edição da Instrução Normativa n. 16/99, a ausência de assinatura na cópia não a torna inválida, desde que conste o carimbo aposto pelo servidor certificando que confere com o original (TST, SDI-1, Orientação Jurisprudencial Transitória 52, conversão da Orientação Jurisprudencial SDI-1 281).

O Tribunal Pleno do Supremo Tribunal Federal decidiu que o Agravo de Instrumento em Recurso Extraordinário não é o meio adequado para questionar suposto equívoco na aplicação do regime da repercussão geral (STF, Tribunal Pleno, Questão de Ordem no Agravo de Instrumento n. 760358/SE, Rel. Min. Gilmar Mendes, DJ-e de 19/2/2010). 2. Reputou cabível Agravo Regimental no Tribunal de origem para dirimir suposto erro na aplicação do precedente de repercussão geral ao caso concreto. 3. Em observância a recentes decisões desse jaez, oriundas do Supremo Tribunal Federal, e com fundamento no art. 557, § 1º, do CPC, admite-se como Agravo o Agravo de Instrumento em Recurso Extraordinário interposto contra decisão que denegou seguimento ao Recurso Extraordinário (TST Ag-ED-ED-ED-E-ED-AIRR 57041-63.2004.5.03.0037, j. em 2.5.11, João Oreste Dalazen, *DEJT*, 13.5.11).

Recurso de revista que não merece admissibilidade em face da aplicação da Súmula n. 126 desta Corte e do que dispõe o artigo 896, alínea c, da CLT, bem como porque não foi configurada a ofensa ao artigo 169, § 1º, incisos I e II, da Constituição Federal, pelo que, não infirmados os fundamentos do despacho denegatório do recurso de revista, mantém-se a decisão agravada por seus próprios fundamentos. Ressalta-se que, conforme entendimento pacificado da Suprema Corte (MS 27.350/DF, Rel. Min. Celso de Mello, *DJ*, 4.6.2008), não configura negativa de prestação jurisdicional ou inexistência de motivação a decisão do Juízo *ad quem* pela qual se adotam, como razões de decidir, os próprios fundamentos constantes da decisão da instância recorrida (motivação *per relationem*), uma vez que atendida a exigência constitucional e legal da motivação das decisões emanadas do Poder Judiciário (TST, AIRR 222640-89.2005.5.02.0023, j. em 4.5.11, José Roberto Freire Pimenta).

À luz do Regimento Interno desta Corte (art. 239), o agravo não é o recurso próprio para impugnar decisão colegiada, porquanto expressamente assegurado para desafiar decisões proferidas monocraticamente. Em sendo assim, incorre em manifesto erro grosseiro, apto a afastar a aplicação do princípio da fungibilidade recursal, a parte que indevidamente se utiliza do agravo para impugnar acórdão prolatado pela SBDI-1 do TST em sede de embargos (TST, AG-ED-E-ED-AIRR-214540-73.2001.5.02.0060, j. em 25.2.10, Caputo Bastos, *DEJT*, 5.3.10).

■ Se o advogado do Agravado atuou com poderes expressos, esses poderes não podem ser transmudados em tácitos para suprir regularidade no traslado, decorrente da não juntada do instrumento de procuração do Agravado (art. 897, § 5º, I, da CLT). No caso, constata-se que havia procuração expressa nos autos principais, pois o Reclamante, na petição inicial, faz referência à juntada de procuração (fl. 11) e o próprio Reclamado, na petição de Agravo de Instrumento, pede o traslado das peças principais dos autos, fazendo referência ao instrumento de mandato (fl. 10) (TST, E-AI-RR-735.362/2001.5, Rider de Brito, Ac. SBDI-1).

■ Nega-se provimento ao agravo de instrumento quando o agravante não desconstitui os fundamentos contidos no despacho denegatório do recurso de revista (TST, AIRR-1189/2002-009-01-40, Ac. 5ª T.) Emmanoel Pereira.

■ Não rende ensejo ao conhecimento do recurso de revista amparado na alínea "b" do artigo 896 da CLT a alegação de ofensa pela decisão do Regional a cláusula de norma coletiva, uma vez que o dispositivo legal em foco trata unicamente da hipótese de demonstração de divergência jurisprudencial, na espécie, a ser demonstrada em torno da interpretação da referida cláusula. Agravo de instrumento a que se nega provimento (TST-AIRR-1450/2000-026-02-40.4, Guilherme Bastos).

■ A fundamentação adotada pela eg. Corte Regional baseou-se no perfil fático dos autos para concluir pela perda de parte da capacidade laborativa da Autora, assim como pela indenização por danos patrimoniais, físicos, biológicos e morais, de forma que novo exame da matéria só será possível mediante o revolvimento de fatos e provas dos autos, providência inadmissível em grau de Agravo de Instrumento em Recurso de Revista, pelo óbice do Enunciado n. 126 deste Tribunal Superior (TST, AIRR 00147/2002-046-03-40.5, Maria de Assis Calsing).

■ Agravo de instrumento. Subida indeferida. Erro grosseiro ou litigância de má-fé da parte, que reclamam medidas legislativas para impor continência à liberdade de requerer ilegalmente. Hipótese diversa da imperatividade da subida (CPC, art. 598) (TRT/SP, CP 73/92, Valentin Carrion, Corregedor, *DOE-SP*, 24.4.92).

3 *Agravo interno (antigo regimental).* "O agravo interno leva ao juízo *ad quem* (tribunal, câmaras ou turmas) as questões examinadas na fase de processamento do recurso nos tribunais (indeferimento ou apreciação de petições, decisões monocráticas). A solução prévia dessas questões pode obstar à própria interposição ou seguimento do recurso, subtraindo-o ao conhecimento do Tribunal, ou pode apenas resolver, por antecipação e com prejuízo do ulterior exame do juízo *ad quem*, certos aspectos processuais (Seabra Fagundes)" (Coqueijo Costa, "Agravo regimental", *Rev. do TST* 1.976/13). Cabe contra, RI, art. 265: "Cabe agravo interno contra decisão dos Presidentes do Tribunal e das Turmas, do Vice-Presidente, do Corregedor-Geral da Justiça do Trabalho ou de relator, nos termos da legislação processual, no prazo de 8 (oito) dias úteis, pela parte que se considerar prejudicada. Parágrafo único. Ressalvam-se os casos em que haja recurso próprio ou decisão de caráter irrecorrível, nos termos do Regimento ou da lei".

STF Não cabe agravo regimental contra decisão do relator que concede ou indefere liminar em mandado de segurança (STF – Súmula 622).

TST Se a decisão recorrida, em agravo regimental, aprecia a matéria na fundamentação, sob o enfoque das Súmulas ns. 83 do TST e 343 do STF, constitui sentença de mérito, ainda que haja resultado no indeferimento da petição inicial e na extinção do processo sem julgamento do mérito. Sujeita-se, assim, à reforma pelo TST, a decisão do Tribunal que, invocando controvérsia na interpretação da lei, indefere a petição inicial de ação rescisória (TST – Súmula 411, conversão da Orientação Jurisprudencial SDI-2 43).

SDI É incabível agravo inominado (art. 557, § 1º, do CPC) ou agravo regimental (art. 235 do RITST) contra decisão proferida por Órgão colegiado. Tais recursos destinam-se, exclusivamente, a impugnar decisão monocrática nas hipóteses expressamente previstas. Inaplicável, no caso, o princípio da fungibilidade ante a configuração de erro grosseiro (TST, SDI-1, Orientação Jurisprudencial 412).

SDI Inexistindo lei que exija a tramitação do AG em autos apartados, tampouco previsão no Regimento Interno do Regional, não pode o agravante ver-se apenado por não haver colecionado cópia de peças dos autos principais, quando o AG deveria fazer parte dele (TST, SDI-1, Orientação Jurisprudencial 132).

SDI Recurso Ordinário interposto contra despacho monocrático indeferitório da petição inicial de Ação Rescisória ou de Mandado de Segurança pode, pelo princípio de fungibilidade recursal, ser recebido como Agravo Regimental. Hipótese de não conhecimento do recurso pelo TST e devolução dos autos ao TRT, para que aprecie o apelo como Agravo Regimental (TST, SDI-2, Orientação Jurisprudencial 69).

Considerando que o acórdão embargado foi claro ao negar provimento ao agravo regimental da Impetrante ao fundamento de que esta não trouxe nenhum argumento que infirmasse a fundamentação do despacho hostilizado que julgou extinto o processo sem resolução de mérito, com esteio nos arts. 557, *caput*, e 267, IV e § 3º, do CPC e na Súmula 415 do TST, uma vez que o ato coator foi juntado aos autos em cópia extraída da internet, que não possui validade jurídica, conforme precedentes específicos da SBDI-2 do TST, não há de se falar na existência de omissão e nem esclarecimentos detalhados a serem prestados (TST, ED-AgR-RO 79900-77.2010.5.03.0000, j. em 3.5.11, Maria Doralice Novaes).

Reputou cabível Agravo Regimental no Tribunal de origem para dirimir suposto erro na aplicação do precedente de repercussão geral ao caso concreto. 3. Em observância a recentes decisões desse jaez, oriundas do Supremo Tribunal Federal, e com fundamento no art. 557, § 1º, do CPC, admite-se como Agravo o Agravo de Instrumento em Recurso Extraordinário interposto contra decisão que denegou seguimento ao Recurso Extraordinário (TST, Ag-ED-ED-ED-E-ED-AIRR 57041-63.2004.5.03.0037, j. em 2.5.11, João Oreste Dalazen).

O agravo regimental é o remédio processual cabível à impugnação do despacho de indeferimento dos embargos. Todavia, a modificação do ato agravado, orientada no sentido de permitir a admissão dos Embargos anteriormente indeferidos, depende de que a argumentação da parte agravante revele-se juridicamente centrada no art. 894 da CLT e demonstrativa de que as razões recursais denegadas eram afirmativas quanto à satisfação dos pressupostos processuais previstos na norma específica, a ponto de justificar a remoção dos obstáculos fundamentais do despacho (TST, Ag.-E-RR 149.740/94.5, Ronaldo Leal, Ac. SBDI-1 2.776/97).

* Sobre o tema *supra*, v. www.institutocarrion.com.br.

4 *Recurso adesivo*. Inexistente na CLT, foi importado do CPC. Um erro de hermenêutica. Resultou em um complicador processual, que nada simplificou. Abre um segundo prazo para a parte que não tinha a intenção de recorrer. A jurisprudência foi sedimentada com a revogação da Súmula 175 e restabelecimento da de número 283. Por ora, aplica-se o CPC/15, art. 997; sua interposição deve ocorrer no prazo de oito dias, ou seja, no prazo que a parte possui para responder ao recurso principal.

TST O recurso adesivo é compatível com o processo do trabalho e cabe, no prazo de oito dias, nas hipóteses de interposição de recurso ordinário, de agravo de petição, de revista e de embargos, sendo desnecessário que a matéria nele veiculada esteja relacionada com a do recurso interposto pela parte contrária (TST – Súmula 283).

Recurso adesivo. A importação de institutos dispensáveis, do CPC para a CLT, novos ou velhos, viola a intenção do legislador quanto à simplicidade e pretensa celeridade do processo laboral. O hermeneuta deve afastar aquela tentação. Enquanto a jurisprudência iterativa não recua, afastando esse deslize e esse recurso, inexistente na CLT, permanecem as demais exigências para o recurso adesivo. A primeira delas, pagamento de custas (art. 789, § 4º, "pena de deserção"). A segunda, depósito da condenação (art. 899, § 1º, "só será admitido o recurso, inclusive o extraordinário...") (TRT/SP, RO 15.162/85, Valentin Carrion, Ac. 8ª T.).

Recurso. Adesivo. Não se conhece quando interposto com a finalidade de contornar a intempestividade de recurso ordinário. Assim, o STJ e Barbosa Moreira (TRT/SP, RO 5990/94.4, Valentin Carrion, Ac. 9ª T. 40.975/95.4).

Não tendo sido conhecida a revista do reclamado, inviável é o conhecimento da revista do reclamante. Revista não conhecida (TST, RR 188.284/95.4, Regina Rezende Ezequiel, Ac. 1ª T. 4.350/96).

O exame do recurso de revista adesivo depende do conhecimento do recurso principal. Não conhecido este, resta prejudicado o exame daquele (TST, RR 130.676/94.2, José Luciano de Castilho Pereira, Ac. 2ª T. 924/97).

Recurso Adesivo. Cabimento. É admissível quando a decisão que apreciou os embargos de declaração da parte contrária, tenha modificado a sentença sobre a qual já pendia recurso ordinário, desde que a matéria invocada seja aquela discutida nos embargos e inexista recurso complementar da parte (Proc. TRT/SP, RO 4.128/96, Valentin Carrion, Ac. 9ª T. 60.134/97).

* Sobre o tema *supra*, v. www.institutocarrion.com.br.

5 *Embargos declaratórios*. Apesar de serem classificados frequentemente como recurso, o tratamento que se lhes dá mostra que não o são. Assim, são admitidos contra todas as sentenças, mesmo nos casos não expressamente previstos, que é requisito comum a qualquer recurso (não cabem contra decisão em admissibilidade do recurso de revista); ainda: é vedado aqui o que é característica de todo recurso, a modificação do julgado (a modificação, entretanto, ocorrerá se for necessária para remediar a omissão ou a contradição); há sistemas processuais que permitem a emenda do julgado como providência natural, sem querer dar-lhe nome algum (*Ley de Enjuiciamiento*, espanhola, art. 363), e a doutrina também a estende a todas as manifestações de vontade judicial, sem lei expressa (Prieto-Castro, *Derecho procesal*); o mesmo se permite no Direito francês, sem que haja qualquer autorização legal (Cuche et Vicent, *Procédure civile*). Entre nós, a denominação indica que se trata de providência de movimento horizontal, contra os próprios juízes ou os juízes do mesmo grau (Pontes de Miranda, *Comentários ao CPC de 1939*). O CPC/15, art. 994, classifica-os como recurso. Parece que é mais importante a sedimentação jurisprudencial e doutrinária do instituto do que a simples denominação do legislador. Aquela frasezinha do CPC nada muda no processo trabalhista. São cabíveis quando houver na sentença, ou no acórdão, obscuridade, contradição ou omissão (CPC/15, art. 1.022); foi excluída a hipótese de "dúvida", que é um estado subjetivo de difícil verificação ou comprovação e duvidosa relevância jurídica (Dinamarco, *Reforma*..., cit.); interpõem-se em 5 dias, inclusive na primeira instância (CPC/15, art. 1.023), e interrompem (art. 897-A, § 3º, inserido pela L. 13.015/14, CPC/15, art 1.026, *caput*) (antes suspendiam) o prazo para outro recurso por qualquer das partes; nos tribunais (e nas Varas do Trabalho, portanto) são postos em mesa para julgamento sem intimação às partes, pauta ou outras formalidades; entretanto, sem apoio em lei, mas razoavelmente para os casos extremos. Com a inserção do § 2º ao art. 897-A pela L. 13.015/14, tornou obrigatória a intimação da outra parte em 5 dias, o TST já entendia como obrigatória a intimação, quando do efeito modificativo (Seção Dis. Indiv., Plena, TST-E-RR-91599/93.8)(SDI-1 – OJ 142). Quando manifestamente protelatórios, poderá haver condenação em multa não excedente de 2% sobre o valor da causa em favor do embargado; na reiteração, multa de até 10%, ficando condicionada a interposição de outro recurso à efetivação do depósito (CPC/15, art. 1.026). A primeira das penas é tão ínfima, enquanto é tão imperioso coibir a sobrecarga desnecessária com a lentidão, que a interpretação do dispositivo deve ser a menos ingênua; assim, o termo "protelatório" deve aplicar-se a ambas as partes, pois também o autor protela, quando atravanca com embargos impensados ou caprichosos; o valor da causa para esse fim indenizatório deve ser atualizado e de acordo com a realidade. O TST, IN 39/15, art. 9º, autoriza a aplicação supletiva do CPC/15, arts. 1.022 a 1.025, excluído o § 1º do art. 1.026. Não é permitido o prazo em dobro para o litisconsorte. Obrigatório o número do CPF das partes, TST, Ato SEGJUD.GP 440/12, alt. TST, Ato SEGJUD.GP 713/12, alt. TST, Ato SEGJUD.GP 725/12.

Embargos declaratórios com caráter infringente. Em hipóteses excepcionais, alguns tribunais eliminam erros processuais, quando a verificação de sua existência é insofismável e sua correção fácil e imediata. Nesse sentido, há precedentes cíveis na concessão de mandado de segurança e de admissão de embargos declaratórios; nestes se afirma a existência de contradição entre a contagem de prazo e a realidade existente nos autos. Assim já entenderam o STF, pela voz do eminente Min. Orozimbo Nonato, os Tribunais de Justiça de São Paulo e antigo Distrito Federal, além de outras Cortes, juntamente com a lição de Seabra Fagundes e os *Comentários ao Código de Processo Civil* de Sergio Bermudes (Bibliografia, cit.). Em casos assim, afirma Dinamarco ser inconstitucional, violando o contraditório, o julgamento sem oportunidade para a resposta do embargado (*Reforma*..., cit.); seria conveniente, acrescentaríamos nós, que o relator, ao perceber a iminência do provimento dos embargos com tais características, intimasse o embargado para manifestar-se, mesmo superando o prazo previsto. Prequestionamento e embargos declaratórios (art. 896/2).

Embargos declaratórios no procedimento sumaríssimo. São cabíveis em 5 dias, devendo ser julgados na primeira audiência ou sessão subsequente à sua apresentação, nos seguintes casos: a) omissão; b) contradição; c) manifesto equívoco no exame dos pressupostos extrínsecos do recurso. Os erros materiais podem ser corrigidos de ofício ou a requerimento das partes (v. art. 897-A). Embargos, no procedimento sumaríssimo (v. art. 894/3).

STJ Embargos de declaração manifestados com notório propósito de prequestionamento não têm caráter protelatório (STJ – Súmula 98).

TST I – Cabem embargos de declaração da decisão monocrática do relator prevista no art. 932 do CPC de 2015 (art. 557 do CPC de 1973), se a parte pretende tão somente juízo integrativo retificador da decisão e, não, modificação do julgado. II – Se a parte postular a revisão no mérito da decisão monocrática, cumpre ao relator converter os embargos de declaração em agravo, em face dos princípios da fungibilidade e celeridade processual, submetendo-o ao pronunciamento do Colegiado, após a intimação do recorrente para, no prazo de 5 (cinco) dias, complementar as razões recursais, de modo a ajustá-las às exigências do art. 1.021, § 1º, do CPC de 2015 (TST – Súmula 421, Res. 208/16).

TST I – Extemporâneo recurso interposto antes de publicado o acórdão impugnado. II – A interrupção do prazo recursal em razão da interposição de embargos de declaração pela parte adversa não acarreta qualquer prejuízo àquele que apresentou seu recurso tempestivamente (TST – Súmula 434, conversão da Orientação Jurisprudencial SDI-1 357, Res. TST 177/12).

TST 1. Diz-se prequestionada a matéria ou questão quando na decisão impugnada haja sido adotada, explicitamente, tese a respeito. 2. Incumbe à parte interessada, desde que a matéria haja sido invocada no recurso principal, opor embargos declaratórios objetivando o pronunciamento sobre o tema, sob pena de preclusão. 3. Considera-se prequestionada a questão jurídica invocada no recurso principal sobre a qual se omite o Tribunal de pronunciar tese, não obstante opostos embargos de declaração (TST – Súmula 297).

TST A natureza da omissão suprida pelo julgamento de embargos declaratórios pode ocasionar efeito modificativo no julgado (TST – Súmula 278).

TST Ocorre preclusão se não forem opostos embargos declaratórios para suprir omissão apontada em recurso de revista ou de embargos (TST – Súmula 184).

SDI CANCELADA – Não cabem embargos de declaração interpostos contra decisão de admissibilidade do recurso de revista, não tendo o efeito de interromper qualquer prazo recursal (TST, SDI-1, Orientação Jurisprudencial 377, Res. 204/16).

SDI É passível de nulidade decisão que acolhe embargos de declaração com efeito modificativo sem que seja concedida oportunidade de manifestação prévia à parte contrária. (Res. 214/16, *DEJT* 28.11.16). (TST, SDI-1, Orientação Jurisprudencial 142).

■ Embargos de declaração. Efeito modificativo. Não concessão de vista à parte contrária. Nos termos do item I da Orientação Jurisprudencial 142 da SBDI-1, é passível de nulidade decisão que acolhe embargos de declaração com efeito modificativo sem que seja concedida oportunidade de manifestação prévia à parte contrária. *In casu*, a concessão de efeito modificativo ao julgado sem assegurar manifestação à parte contrária implicou cerceamento do direito de defesa do autor, com manifesto prejuízo, em contrariedade à jurisprudência desta Corte, consubstanciada na Orientação Jurisprudencial 142 da SDBI-1. Recurso de revista do autor conhecido por contrariedade à Orientação Jurisprudencial 142 da SBDI-1 e provido. Prejudicada a análise dos demais temas e sobrestados os demais recursos interpostos (TST, RR 17400-85.2009.5.03.0007, j. em 6.8.14, Alexandre de Souza Agra Belmonte, 3ª T., *DEJT*, 8.8.14).

■ O ato judicial de recorrer praticado pela parte, como a oposição de embargos de declaração, somente produz efeitos se for realizado no tempo e no modo corretos. Em consequência, caso não observados esses requisitos, o recurso não merecerá conhecimento, pois ele é juridicamente inexistente ou ineficaz. Em ambas as hipóteses, a conclusão é a mesma: o recurso inexistente ou ineficaz não produz os efeitos legais a que se destina. *In casu*, os Embargos de Declaração foram opostos ao despacho por meio do qual foi denegado seguimento ao Recurso de Revista. Tratava-se de recurso absolutamente incabível, configurando manifesto erro grosseiro, visto que os embargos de declaração são oponíveis a sentença ou a acórdão, sendo o despacho denegatório isento de conteúdo decisório. Os vícios eventualmente existentes poderiam ser impugnados diretamente por agravo de instrumento, única via apta para se pretender a desconstituição do referido despacho. Assim, a oposição dos Embargos de Declaração ao despacho denegatório não tem o efeito de interromper o prazo para a interposição do Agravo de Instrumento (TST, E-AIRR 1827/2000-005-05-40, João Batista Brito Pereira, Ac. SBDI-1).

■ Conforme jurisprudência iterativa desta Corte, são incabíveis embargos declaratórios contra despacho de admissibilidade de recurso de revista prolatado no âmbito do Tribunal Regional do Trabalho. Assim, esses embargos de declaração não têm o condão de interromper o prazo para a interposição do agravo de instrumento. Dessa forma, não se pode afastar a intempestividade do agravo de instrumento, restando incólumes os arts. 538 do CPC e 897, alínea *b*, e 897-A da CLT. Embargos não conhecidos (TST, E-AIRR 2136/2001-001-05-40, Vantuil Abdala, Ac. SBDI-1).

■ A matéria alusiva à multa diária por descumprimento da obrigação, que dá suporte ao pedido de nulidade por julgamento *ultra petita*, somente foi fixada na sentença, não tendo o Regional se pronunciado a respeito. Não tendo sido instado a fazê-lo mediante embargos declaratórios, o recurso de revista carece do devido prequestionamento nos moldes da Súmula 297 desta Corte, razão pela qual prejudicada a alegação de violação legal ou divergência jurisprudencial. Recurso não conhecido (TST, RR 2287-2001-461-02-00-3, Douglas Alencar Rodrigues, *DEJT*, 12.6.09).

■ Não podem ser acolhidos embargos de declaração quando inexistente contradição, omissão ou obscuridade. Sob o pretexto de ver prequestionamento objetiva a parte na verdade o reexame da matéria (TST, ED-RR 476.808/98.6, Aloysio Corrêa da Veiga).

■ Embargos de Declaração. Obrigatoriedade. "Prequestionar" não significa que o objeto de eventual recurso de revista deva ser obrigatoriamente discutido em sede de embargos declaratórios; a exigência diz respeito tão somente à inexistência de omissão.

Os embargos declaratórios somente são cabíveis nas hipóteses previstas no CPC, art. 535 (Proc. TRT/SP 41.555/97, Valentin Carrion, Ac. 9ª T. 51.885/98).

* Sobre o tema supra, v. www.institutocarrion.com.br.

Art. 898. Das decisões proferidas em dissídio coletivo que afete empresa de serviço público, ou, em qualquer caso, das proferidas em revisão, poderão recorrer, além dos interessados, o presidente do Tribunal e a Procuradoria da Justiça do Trabalho.

1 O recurso da União contra as decisões proferidas nos dissídios coletivos será suspensivo quanto à parte que exceder o índice governamental (L. 5.584/70, em apêndice). Revisão das decisões (art. 873). Recurso do Ministério Público (art. 872/2). Recurso ordinário (art. 872/2).

Art. 899. Os recursos serão interpostos por simples petição[1] e terão efeito meramente devolutivo, salvo as exceções previstas neste Título, permitida a execução provisória[6] até a penhora.

§ 1º Sendo a condenação de valor até 10 vezes o valor de referência regional[3], nos dissídios individuais, só será admitido o recurso, inclusive o extraordinário[6], mediante prévio depósito[2] da respectiva importância. Transitada em julgado a decisão recorrida, ordenar-se-á o levantamento imediato da importância do depósito, em favor da parte vencedora, por simples despacho do juiz (valores, v. Tabela de depósito recursal)[3].

§ 2º Tratando-se de condenação de valor indeterminado, o depósito corresponderá ao que for arbitrado para efeito de custas, pela Vara do Trabalho (tacitamente alterado pela EC 24/99) ou Juízo de Direito, até o limite de 10 vezes o valor de referência regional[3].

§ 3º (Rev. L. 7.033/82).

§ 4º O depósito recursal será feito[3] em conta vinculada ao juízo e corrigido com os mesmos índices da poupança. (Red. L. 13.467/17).

§ 5º (Rev. L. 13.467/17).

§ 6º Quando o valor da condenação, ou o arbitrado para fins de custas, exceder o limite de 10 vezes o valor de referência regional[3], o depósito para fins de recurso será limitado a este valor.

§ 7º No ato de interposição do agravo de instrumento[2], o depósito recursal corresponderá a 50% (cinquenta por cento) do valor do depósito do recurso ao qual se pretende destrancar (red. L. 12.275/10).

§ 8º Quando o agravo de instrumento tem a finalidade de destrancar recurso de revista que se insurge contra decisão que contraria a jurisprudência uniforme do Tribunal Superior do Trabalho, consubstanciada nas suas súmulas ou em orientação jurisprudencial, não haverá obrigatoriedade de se efetuar o depósito[8] referido no § 7º deste artigo (red. L. 13.015/14).

§ 9º O valor do depósito recursal será reduzido pela metade[4] para entidades sem fins lucrativos, empregadores domésticos, microempreendedores individuais, microempresas e empresas de pequeno porte. (Red. L. 13.467/17).

§ 10. São isentos[4] do depósito recursal os beneficiários da justiça gratuita, as entidades filantrópicas e as empresas em recuperação judicial. (Red. L. 13.467/17).

§ 11. O depósito recursal poderá ser substituído por fiança bancária[3] ou seguro garantia judicial. (Red. L. 13.467/17).

1 A *interposição dos recursos* dispensa formalidades. As razões do inconformismo da parte são requisitos para apreciação do mérito e até para o seu recebimento pelo Juízo recorrido ou simples conhecimento prefacial pelo Juízo *a quo*. A interposição "por simples petição" (CLT, art. 899) significa não haver necessidade de outras formalidades, como, por exemplo, o "termo de agravo no auto", que era exigido no CPC/39, art. 852, vigente quando promulgada a CLT. Mas a fundamentação é indispensável, não só para saber quais as partes da sentença recorrida que transitaram em julgado, como para analisar as razões que o Tribunal deverá examinar, convencendo-se ou não, para reformar o julgado. O processo é um instrumento técnico; os injustiçados só têm a ganhar com seu maior aperfeiçoamento técnico e lógico. O apelo está sujeito aos requisitos contidos nos princípios gerais dos recursos (art. 893/1), quanto a sua precisão legal, sucumbência, oportunidade, legitimidade etc. É admissível a interposição via fax, desde que o original seja entregue em cinco dias após o término do prazo recursal. Mesmo que o Recurso, por motivos técnicos (queda da ligação do fax), foi enviado parcialmente, e juntado por inteiro dentro do prazo de 5 dias, o mesmo está dentro do prazo (vale a intenção e a boa-fé). O TRT-15 Campinas não mais permite a interposição via fac-símile (TRT 15, Port. GP-VPJ 01/10).

TST I - A Lei n. 9.800, de 26.5.1999, é aplicável somente a recursos interpostos após o início de sua vigência. (ex-OJ n. 194 da SBDI-1 - inserida em 8.11.2000); II - A contagem do quinquídio para apresentação dos originais de recurso interposto por intermédio de fac-símile começa a fluir do dia subsequente ao término do prazo recursal, nos termos do art. 2º da Lei n. 9.800, de 26.5.1999, e não do dia seguinte à interposição do recurso, se esta se deu antes do termo final do prazo (ex-OJ n. 337 da SBDI-1 - primeira parte – DJ, 4.5.2004). III - Não se tratando a juntada dos originais de ato que dependa de notificação, pois a parte, ao interpor o recurso, já tem ciência de seu ônus processual, não se aplica a regra do art. 224 do CPC de 2015 (art. 184 do CPC de 1973) quanto ao "dies a quo", podendo coincidir com sábado, domingo ou feriado (ex-OJ n. 337 da SBDI-1 - "in fine" – DJ, 4.5.2004). IV - A autorização para utilização do fac-símile, constante do art. 1º da Lei n. 9.800, de 26.5.1999, somente alcança as hipóteses em que o documento é dirigido diretamente ao órgão jurisdicional, não se aplicando à transmissão ocorrida entre particulares (TST – Súmula 387, Res. 208/16).

SDI I - Verificada a total ausência de assinatura no recurso, o juiz ou o relator concederá prazo de 5 (cinco) dias para que seja sanado o vício. Descumprida a determinação, o recurso será reputado inadmissível (art. 932, parágrafo único, do CPC de 2015). II - É válido o recurso assinado, ao menos, na petição de apresentação ou nas razões recursais (TST, SDI-1, Orientação Jurisprudencial 120, Res. 212/16).

■ Consoante entendimento jurisprudencial desta Corte Superior a juntada de cópia da guia do depósito recursal, sem a devida autenticação, desatende o disposto no artigo 830 da CLT, antes do advento da Lei n. 11.925/2009, sobretudo, quando se trata de cópia simples de fax acostada com a petição original do recurso ordinário, o que acarreta, irremediavelmente, a deserção daquele recurso. Precedentes da SBDI-1. Recurso de revista conhecido e provido (TST, RR 66600-79.2005.5.03.0111, Rel. Caputo Bastos).

■ A Lei n. 9.800/99, em seu artigo 4º, prevê que aquele que utilizar o sistema de transmissão eletrônica se responsabiliza pela qualidade e fidelidade da transmissão e por sua entrega ao órgão judiciário. Neste caso, verifica-se que a petição de recurso de embargos enviada via fac-símile encontra-se incompleta, constituindo, portanto, um ato processual ineficaz. Diante disso, tem-se que os embargos à SBDI apresentados em seguida pelo embargante são intempestivos, pois ultrapassado o prazo legal de oito dias, que se iniciou com a publicação da decisão da Turma (TST, E-AIRR 120540-84.2009.5.03.0024, j. em 3.2.11, Vieira de Mello Filho).

■ É deficiente a fundamentação do recurso que se limita a enumerar repositórios oficiais de jurisprudência e não expõe as razões do pedido de reforma da decisão dissentida (STF, AgRg-AI 172.441-3, Maurício Corrêa, Ac. 2ª T.).

■ Na interposição de recurso via telex, há de se observar a formalidade prevista no art. 374 do CPC. A transmissão terá a mesma força do original desde que noticie a assinatura deste pelo profissional da advocacia e o reconhecimento da respectiva firma (STF, AgRg-AI 165.803-8-SP, Marco Aurélio, Ac. 2ª T.).

■ O art. 2º da Lei n. 9.800/99 prevê que, quando a Recorrente opta por interpor recurso via fac-símile, ela deve apresentar os originais no interstício de cinco dias, contados do término do prazo recursal. O prazo pode começar a fluir em sábado, uma vez que não se trata de notificação para a prática de ato, mas hipótese em que a parte já tem ciência de seu ônus processual. Assim, não tendo a Reclamante apresentado o original do agravo regimental no prazo legal, o recurso está intempestivo, não ultrapassando, assim, a barreira do conhecimento. Agravo regimental não conhecido (TST, Ag.-AI-RR 12.243/2002-900-17-00.1, Ives Gandra).

■ Inexistindo sucumbência, não se conhece do recurso interposto (TST, RR 187.383/95.5, José Luiz Vasconcellos, Ac. 3ª T. 5.228/96).

■ Prazo. Recurso. O recebimento do recurso, após o encerramento do horário de funcionamento do setor responsável, não o torna tempestivo (CPC, art. 172, § 3º) (Proc. TRT/SP 18.469/97, Valentin Carrion, Ac. 9ª T. 37.110/98).

■ Prazo. Recurso. Intempestividade. O despacho do juiz que recebe o recurso após o encerramento do horário de funcionamento do setor responsável não torna o apelo tempestivo (CPC, art. 172, § 3º) (Proc. TRT/SP 42.591/96, Valentin Carrion, Ac. 9ª T. 73.006/97).

* Sobre o tema *supra*, v. www.institutocarrion.com.br.

2 O *depósito recursal* é requisito de conhecimento do recurso ordinário, de revista, embargos infringentes no TST e extraordinário para o STF, inclusive no adesivo, nas condenações, pelo valor da condenação ou seu arbitramento, até o limite máximo previsto. Havendo acréscimo na condenação, haverá complementação. A liminar em ação direta de inconstitucionalidade proposta contra a L. 8.542/92 (art. 8º) foi rejeitada pelo STF (ADIn. 836-6/93, Min. Rezek, e ADIn 884-6/DF). O TST corajosamente a interpretou como sendo "garantia de execução", com o que afastou o encarniçado debate que se preparava pela possível inconstitucionalidade (TST, IN 3/93, I, em apêndice, alt. TST Res. 168/10, Res. 180/12 e Res. 190/13). É indevido quando o juízo já estiver garantido de qualquer forma (TST, IN 3/93, II, *b*, em apêndice, alt. TST Res. 168/10 e Res.180/12). O depósito recursal deixou de ser "prévio" quanto a sua interposição, mas prévio no que se refere ao conhecimento do apelo. Com a inclusão feita pela L.12.275/10 do § 7º ao art. 899 da CLT, para a interposição de Agravo de Instrumento é necessário fazer um novo depósito recursal no valor de 50% do recurso que se quer destrancar.

3 *Procedimento*. O depósito era feito em conta vinculada do empregado (L. 5.107/66, art. 2º), agora será depositado em conta vinculada ao juízo e corrigido como os mesmos índices da poupança (Consolidação dos Provimentos, arts. 61 e 62, TST Correg./12, em apêndice, alt. Ato TST/GCGJT 06/09, em apêndice) (IN TST 15/98, v. Índ. Leg.). Os valores iniciais (Cr$ 20 milhões para o recurso ordinário e 40 milhões para a revista e embargos infringentes) serão atualizados bimestralmente (L. 8.177/91, Red. L. 8.542/92, v. Tabelas, Depósito recursal). A lei exige a comprovação do depósito no prazo para interposição (L. 5.584/70, v. Índ. Leg.). O depósito recursal deve ser efetuado de acordo com as Instruções Normativas TST 15/98, normas, 18/99, comprovação, e 26/04, guia (em apêndice). Levantamento do depósito, TST, IN 36/12 (em apêndice). Custas (v. art. 789/1). Poderá ser substituído por fiança bancária ou seguro garantia judicial.

4 *Isentos*. A L. 9.494/97, art. 1º-A, Red. MP 2.180-35, de 24.8.01, ampliou a isenção para todas as pessoas jurídicas de direito público federais, estaduais, distritais e municipais, sem impor qualquer exigência. A União, Estados, Municípios e suas autarquias e fundações de direito público, que não explorem atividade econômica, estão isentas de depósito (DL 779/69, v. Índ. Leg.); a massa falida também, pela Súmula 86 do TST; as empresas em liquidação extrajudicial, não. O valor do depósito será reduzido pela metade para as entidades sem fins lucrativos, empregadores domésticos, microempreendedores individuais, microempresas e empresas de pequeno porte. E estão isentos os beneficiários da justiça gratuita, as entidades filantrópicas e as empresas em recuperação judicial. Abandona-se a diferenciação da natureza jurídica entre custas (despesas processuais) e depósito recursal (garantia do juízo).

5 *Deserção*. O CPC/15, art. 1.007, § 2º, diz: "A insuficiência no valor do preparo implicará deserção, se o recorrente, intimado, não vier supri-lo no prazo de 5 dias". O TST, com a OJ-SDI-140, adotou a mesma regra, a parte deverá ser intimada em cinco dias para efetuar o pagamento de custas e/ou do depósito recursal, feito a menor. O TST, IN 39/16, art. 10. A L. 5.584/70, art. 7º (v. Índ. Leg.), prescreve, especificamente para o processo do trabalho, que a comprovação do depósito terá de ser feita dentro do prazo para interposição do recurso, sob pena de ser esse considerado deserto; sendo esta norma especial para o processo do trabalho, como o é o art. 899 da CLT, que regula seu instituto, não abre a liberalidade de intimar-se o recorrente descuidado, para fazer o pagamento das custas e/ou do depósito. A nova OJ não intima quem não fez o pagamento das custas e/ou depósito, mas quem fez a menor. Não existe contradição, falta parte do recolhimento e não o recolhimento.

TST Nos dissídios individuais o depósito recursal será efetivado mediante a utilização da Guia de Recolhimento do FGTS e Informações à Previdência Social – GFIP, nos termos dos §§ 4º e 5º do art. 899 da CLT, admitido o depósito judicial, realizado na sede do juízo e à disposição deste, na hipótese de relação de trabalho não submetida ao regime do FGTS (TST – Súmula 426).

TST O depósito recursal deve ser feito e comprovado no prazo alusivo ao recurso. A interposição antecipada deste não prejudica a dilação legal (TST – Súmula 245).

TST O credenciamento dos Bancos para o fim de recebimento do depósito recursal é fato notório, independendo de prova (TST – Súmula 217).

TST Os privilégios e isenções no foro da Justiça do Trabalho não abrangem as sociedades de economia mista, ainda que gozassem desses benefícios anteriormente ao DL 779/69 (TST – Súmula 170).

TST O depósito, para fins de recurso, realizado fora da conta vinculada do trabalhador desde que feito na sede do Juízo, ou realizado na conta vinculada do trabalhador, apesar de fora da sede do Juízo, uma vez que permaneça à disposição deste, não impedirá o conhecimento do apelo (TST – Súmula 165).

TST Não havendo condenação a pagamento em pecúnia, descabe o depósito de que tratam os §§ 1º e 2º do art. 899 da CLT (TST – Súmula 161).

TST I – É ônus da parte recorrente efetuar o depósito legal, integralmente, em relação a cada novo recurso interposto, sob pena de deserção. Atingido o valor da condenação, nenhum depósito mais é exigido para qualquer recurso. II – Garantido o juízo, na fase executória, a exigência de depósito para recorrer de qualquer decisão viola os incisos II e LV do art. 5º da CF/1988. Havendo, porém, elevação do valor do débito, exige-se a complementação da garantia do juízo. III – Havendo condenação solidária de duas ou mais empresas, o depósito recursal efetuado por uma delas aproveita as demais, quando a empresa que efetuou o depósito não pleiteia sua exclusão da lide (TST – Súmula 128, conversão das Orientações Jurisprudenciais SDI-1 139, 189 e 190).

TST Havendo recurso ordinário em sede de rescisória, o depósito recursal só é exigível quando for julgado procedente o pedido e imposta condenação em pecúnia, devendo este ser efetuado no prazo recursal, no limite e nos termos da legislação vigente, sob pena de deserção (TST – Súmula 99, conversão da Orientação Jurisprudencial SDI-2 17).

TST Não ocorre deserção de recurso da massa falida por falta de pagamento de custas ou de depósito do valor da condenação. Esse privilégio, todavia, não se aplica à empresa em liquidação extrajudicial (TST – Súmula 86, conversão da Orientação Jurisprudencial SDI-1 31).

SDI Não é essencial para a validade da comprovação do depósito recursal a indicação do número do PIS/PASEP na guia respectiva (TST, SDI-1, Orientação Jurisprudencial 264).

SDI Garantido o juízo, na fase executória, a exigência de depósito para recorrer de qualquer decisão viola os incisos II e LV do art. 5º da CF/88. Havendo, porém, elevação do valor do débito, exige-se a complementação da garantia do juízo (TST, SDI-1, Orientação Jurisprudencial 189).

SDI Em caso de recolhimento insuficiente das custas processuais ou do depósito recursal, somente haverá deserção do recurso se, concedido o prazo de 5 (cinco) dias previsto no § 2º do art. 1.007 do CPC de 2015, o recorrente não complementar e comprovar o valor devido (Res. 217/17, *DEJT*, 20.4.17). (TST, SDI-1, Orientação Jurisprudencial 140).

SDI Deserção. Custas. Carimbo do banco. Validade. O carimbo do banco recebedor na guia de comprovação do recolhimento das custas supre a ausência de autenticação mecânica (TST, SDI-1, Orientação Jurisprudencial 33).

SDC A deserção se impõe mesmo não tendo havido intimação, pois incumbe à parte, na defesa do próprio interesse, obter os cálculos necessários para efetivar o preparo (TST, SDC, Orientação Jurisprudencial 27).

A ausência do pagamento dos honorários periciais pela parte obreira não caracteriza deserção, tendo em vista que a exigência para a admissibilidade do recurso se restringe ao recolhimento de custas processuais e do depósito recursal (TST, AIRR 21840-85.2006.5.03.0054, Guilherme Caputo Bastos).

Nos dissídios individuais o depósito recursal será efetivado pelo recorrente, mediante a utilização da Guia de Recolhimento do FGTS e Informações à Previdência Social – GFIP, nos termos dos §§ 4º e 5º do artigo 899 da CLT, admitido o depósito judicial, realizado na sede do juízo e à disposição deste, na hipótese de relação de trabalho não submetida ao regime do FGTS. II – proceder à correspondente adequação da redação do inciso II, alínea *e*, da Instrução Normativa n. 3 desta Corte superior (TST, IUJ 91700-09.2006.5.18.0006, Rel. Lelio Bentes Corrêa).

As empresas em liquidação extrajudicial não se beneficiam da dispensa do preparo do recurso de que trata a orientação jurisprudencial sistematizada no Enunciado 86 desta Corte, relativa à massa falida (TST, ED-RR 6.146/89.6, Ermes Pedro Pedrassani, Ac. SDI 568/92).

Havendo solidariedade passiva, se um dos litisconsortes efetuar o depósito *ad recursum*, os outros dele aproveitam (TST, RR 178.396/95.9, Lourenço Ferreira do Prado, Ac. 1ª T. 13.964/97).

O depósito recursal tem a função de garantir o juízo para efeito de execução. Ao recorrer, o reclamado deve efetuar o depósito vigente na data da interposição do recurso. O advento de novo valor não deve ter o efeito de modificar a base de cálculo do depósito já realizado, pois a medida não seria pragmática e tornaria inexistente a segurança das partes quanto ao cumprimento da lei, comprometendo a credibilidade dos institutos legais (TST, E-RR 69.050/93.6, Ronaldo José Lopes Leal, Ac SBDI-1).

6 *Efeitos dos recursos*. A sentença passa em julgado quando inexiste recurso, seja porque a lei não o prevê, seja porque, prevendo-o, a parte deixou de interpô-lo. O recurso remete ao Tribunal para o qual se recorre (*ad quem*) o reexame das questões visadas pelo inconformismo da parte; esse é o efeito devolutivo (CLT, art. 899), que todo recurso tem: "devolver" é remeter. Se o recurso tiver *efeito suspensivo*, as consequências materiais da sentença não são exigíveis enquanto o Tribunal não proferir julgamento. Ao recurso ordinário em dissídio individual, além do efeito devolutivo, o juiz, ao recebê-lo, poderá dar efeito suspensivo, caso em que impedirá a execução provisória (art. 899); o mesmo ocorre quanto ao recurso de revista (art. 896, § 2º), ao agravo de petição (art. 897, § 3º) e à sentença em mandado de segurança (L. 12.016/09, art. 14, v. Índ. Leg.). Entretanto só admite efeito devolutivo o agravo de instrumento (art. 897, § 2º). O mesmo entendemos quanto ao recurso extraordinário para o STF (art. 893/7). Ocorre que os efeitos da decisão atacada poderão, em tese, ser suspensos mediante ação cautelar. Efeito suspensivo às sentenças em dissídio coletivo (art. 872/2). Coisa julgada (art. 831/6). Recurso ordinário (art. 895/1). Execução provisória (art. 876/4).

7 L. 5.107/66 (FGTS), revogada pela L. 7.839/89 e substituída pela L. 8.036/90. Execução provisória e efeito devolutivo (art. 876/4; CPC/15, art. 520). Juntada de documentos na fase recursal (art. 787/2). Recurso extraordinário (art. 893/7).

8 *O depósito recursal não será dispensado*, quando a matéria do agravo de instrumento se refira ao menos a uma parcela que não seja objeto de arguição de contrariedade a súmula ou a orientação jurisprudencial do TST. E quando a arguição revelar-se manifestamente infundada, temerária ou artificiosa, o agravo de instrumento será considerado deserto. Com a gratuidade, o TST incentiva o recurso que tem fundamento que tem razão para sua interposição.

Art. 900. Interposto o recurso, será notificado o recorrido para oferecer as suas razões, em prazo igual ao que tiver o recorrente.

1 A apresentação de contrarrazões é facultativa; quando do julgamento no tribunal *ad quem* as partes poderão não só sustentar o que afirmaram como arguir novas questões (preliminares de inconstitucionalidade, incompetência absoluta, coisa julgada, litispendência, intempestividade, questões de ordem etc.), assim como arrazoar, sem tê-las juntado, quando da impetração (Coqueijo Costa, "Contrarrazões", *LTr* 41/323, 1977).

Art. 901. Sem prejuízo dos prazos previstos neste Capítulo, terão as partes vistas dos autos em cartório ou na secretaria.

Parágrafo único. Salvo quando estiver correndo prazo comum, aos procuradores das partes será permitido ter vista dos autos fora do cartório ou secretaria.

1 O CPC/15, art. 107, permite que os advogados em comum acordo e com pedido nos autos poderão retirar os autos. Podendo ainda mesmo sem acordo a retirada dos autos por um período de 1 (uma) hora para cópias. Retirada dos autos pelos procuradores (v. art. 778/2).

Art. 902. (Rev. L. 7.033/82).

1 Os *antigos prejulgados do TST* obrigariam os Juízes do Trabalho e os Juízes de Direito. O dispositivo estava revogado tacitamente pela CF de 1946. O TST levara 17 anos para emitir o primeiro prejulgado (1963). O instituto trabalhista em nada se assemelhava ao prejulgado do processo comum; este é proferido para o caso concreto (CPC/15, art. 976, tendo perdido aquela denominação). O prejulgado trabalhista, como o texto *supra* pretendia e vigorou, não obrigava os tribunais inferiores, nem os juízes, que só devem obedecer à lei e a sua própria consciência. Não obstante sua utilidade em alguns casos, descabia-lhe superar a autoridade de simples súmula, pois usurpava a função específica do Poder Legislativo. É verdade que muitos juízes expressa e repetidamente rejeitaram sua aplicação em sentenças, sem qualquer censura dos tribunais superiores. Por seu turno o STF demorou mais 14 anos para declarar revogado pela CF o art. 902 da CLT (v. ementa do STF, *infra*, acórdão completo, *LTr* 41/1033, 1977; Rezende Puech, Os prejulgados, *OESP*, 12.6.77; "Ressurreição da inconstitucionalidade", Russomano, *LTr* 41/1015, 1977). As normas legislativas que cogitavam dos prejulgados foram conservadas, visando as súmulas (trancamento da revista e dos embargos previstos na L. 5.584/70, art. 9º, em apêndice; admissão do recurso de embargos, art. 894, *b*; admissão do recurso de revista, art. 896, *a*); somente não prevaleceu a faculdade de levantamento do depósito recursal, havendo prejulgado, em face da revogação do art. 899, § 3º. O texto dos prejulgados foi enunciado e renumerado como súmula (n. 130 a 179). Quanto aos prejulgados visando as sentenças a serem proferidas em dissídios coletivos, sustentava Russomano sua constitucionalidade com fundamento na CF de 1946, art. 142, § 1º, concessiva de competência à Justiça do Trabalho, para estabelecer normas em dissídios coletivos nas hipóteses especificadas por lei; seria o caso do ex-Prejulgado 56, com base na CF, art. 181, III, e DL 15 e 17 (*LTr* 41/1015, 1977). Esse prejulgado foi adotado pelo TST, como sua Instrução 1, pela Res. 102/82.

■ Prejulgado do Tribunal do Trabalho. Não constituindo *ato normativo* – dado que o art. 902, § 1º, da CLT, que lhe atribuía tal caráter, foi revogado pela Constituição de 1946 – não pode ser objeto de representação por inconstitucionalidade (STF, RP 946, Xavier de Albuquerque, Plenário).

■ Só se declara, *incidenter tantum*, a inconstitucionalidade de lei (no caso, o § 1º do art. 902 da CLT), quando indispensável para julgar a causa. No caso, não o é, pois o acórdão recorrido é do TST, para o qual o citado dispositivo legal não torna obrigatória a observância dos prejulgados (STF, RE 89.762-3-RS, Thompson Flores, Ac. TP).

2 *Súmulas* consubstanciam a jurisprudência uniforme dos Tribunais (TST, RI, art. 172, RA 1.937/17). O Regimento Interno do TRT deve dispor sobre a súmula da respectiva jurisprudência predominante e incidente de uniformização (L. 7.701/88, alt. L. 11.496/07, v. Índ. Leg.). A L. 13.467/17 acrescentou ao art. 8º o § 2º, onde afirma que os Tribunais, ao editarem Súmulas e outros enunciados de jurisprudência, não poderão restringir direitos legalmente previstos nem criar obrigações que não estejam previstas em lei. A súmula não é uma Lei, é interpretação majoritária da norma. E por ser fonte do direito, na lacuna da Lei, pode criar interpretações para essas lacunas, mas nunca ir de encontro com a Lei.

Precedentes normativos são o registro de decisões em dissídios coletivos, adotados com o ânimo de uniformizá-las, o que é contrassenso, posto que o dissídio coletivo nasceu para adaptar-se a cada categoria e a cada situação; estão afetos à competência normativa. As *orientações jurisprudenciais* representam a reiterada jurisprudência manifestada em decisões proferidas em ações coletivas ou individuais, sem a uniformidade exigida para sua elevação a súmula.

Súmulas e ex-prejulgados do TST, precedentes normativos e orientações jurisprudenciais individuais e coletivas (relação completa, em apêndice). Divergência jurisprudencial, incidente de uniformização e recurso de revista (art. 896/3, 4 e 6).

O enunciado de súmula deste TST não tem as feições de lei que lhe tenciona imprimir o embargante. Este, isto sim, constitui-se no substrato do entendimento dominante da Corte em um dado contexto histórico-social, servindo como orientação, tanto para a Casa, como para os demais órgãos da Justiça do Trabalho. Desta forma, não há como vislumbrar-se ter um enunciado vigência no tempo (TST, ED-RR 113.599/94.0, José Luiz Vasconcellos, Ac. 3ª T. 5.666/96).

A aplicação dos enunciados de súmula desta Corte de forma alguma priva a parte do devido processo legal, porquanto os Verbetes Sumulares são editados levando-se em consideração o entendimento cediço da Corte a respeito de determinada norma legal, não sendo crível que a sua observância contrarie quaisquer preceitos legais ou constitucionais (TST, Ag.-E-RR 177.597/95.0, Wagner Pimenta, Ac. SBDI-1 1.752/96).

Os enunciados, embora não tenham efeito vinculante, consubstanciam a pacificação do entendimento do Tribunal sobre as matérias neles versadas (TST, AIRR 251.759/96.0, Ursulino Santos, Ac. 1ª T. 950/97).

Ao Juiz não é dado o direito de impor suas convicções em prejuízo dos interesses alheios, mas, sim, zelar pela segurança das relações jurídicas, pugnando para que sejam eliminadas ou reduzidas a intranquilidade e a instabilidade resultantes da versatilidade de decisões sobre casos idênticos. Para tanto, imprescindível que adote atitude de grandeza intelectual, acatando, com ressalva de entendimento pessoal contrário, os precedentes dos tribunais superiores, mormente os do Supremo Tribunal Federal, último grau de jurisdição e derradeiro intérprete de toda matéria constitucional, sempre que iterativos (TST, RR 300.611/96.8, Milton de Moura França, Ac. 4ª T.).

CAPÍTULO VII

DA APLICAÇÃO DAS PENALIDADES

Art. 903. As penalidades estabelecidas no Título anterior serão aplicadas pelo Juiz, ou Tribunal, que tiver de conhecer da desobediência, violação,

recusa, falta ou coação, *ex officio*, ou mediante representação de qualquer interessado ou da Procuradoria da Justiça do Trabalho.

1 Houve equívoco na redação do texto *supra*, pois o título anterior (IX) é dedicado ao Ministério Público. No título VIII (Justiça do Trabalho) estão previstas sanções em caso de *lockout*, greve, desrespeito a decisão judicial que determina reintegração, represália de empregador contra empregado testemunha, violação de dissídio coletivo, recusa a depor, além de outras (art. 722 e segs.). Classificação das multas e sanções: judiciais, administrativas e sanções aos juízes (art. 652/6). Multas por infração ao direito material do trabalho (art. 626).

Art. 904. As sanções em que incorrerem as autoridades da Justiça do Trabalho serão aplicadas pela autoridade ou Tribunal imediatamente superior, conforme o caso, *ex officio*, ou mediante representação de qualquer interessado ou da Procuradoria.

Parágrafo único. Tratando-se de membro do Tribunal Superior do Trabalho será competente para a imposição de sanções o Senado Federal (rev. CF, art. 105)[1].

Art. 905. Tomando conhecimento do fato imputado, o juiz, ou tribunal competente, mandará notificar o acusado, para apresentar, no prazo de quinze dias, defesa por escrito (revogado)[2].

§ 1º É facultado ao acusado, dentro do prazo estabelecido neste artigo, requerer a produção de testemunhas, até ao máximo de 5. Nesse caso, será marcada audiência para a inquirição.

§ 2º Findo o prazo de defesa, o processo será imediatamente concluso para julgamento, que deverá ser proferido no prazo de 10 dias.

Art. 906. Da imposição das penalidades a que se refere este Capítulo, caberá recurso ordinário para o tribunal superior, no prazo de dez dias, salvo se a imposição resultar de dissídio coletivo, caso em que o prazo será de 20 dias.

Art. 907. Sempre que o infrator incorrer em pena criminal far-se-á remessa das peças necessárias à autoridade competente.

Art. 908. A cobrança das multas estabelecidas neste Título será feita mediante executivo fiscal, perante o juiz competente para a cobrança de dívida ativa da Fazenda Pública Federal.

Parágrafo único. A cobrança das multas será promovida, no Distrito Federal e nos Estados em que funcionarem os Tribunais Regionais, pela Procuradoria da Justiça do Trabalho, e, nos demais Estados, de acordo com o disposto no Decreto-Lei 960, de 17 de dezembro de 1938 (revogado)[3].

1 Os membros da primeira instância estão subordinados disciplinarmente aos Tribunais Regionais do Trabalho. Os da segunda instância quanto à competência penal são julgados pelo Superior Tribunal de Justiça; de acordo com a CF e a Lei Orgânica da Magistratura (arts. 40 a 47). Os membros do TST são julgados pelo STF (CF/88, art. 102, I, "c", red. EC 23/99).

2 Lei Orgânica da Magistratura – Loman (Lei Complementar 35/79).

3 Lei de Execução Fiscal (L. 6.830/80, v. Índ. Leg.).

■ O disposto no art. 652, "d", da CLT, a par de se dirigir ao juízo de primeiro grau, consagra uma norma programática que nunca foi regulamentada nem aplicada, sendo tão antigo quanto a CLT. De resto, referido preceito não estabelece qualquer parâmetro para a fixação de multa, não se podendo admitir que a matéria fique na interpretação subjetiva de cada aplicador da norma (TST, RR 87.268/93.0, Indalécio Gomes Neto, Ac. 1ª T. 824/94).

Capítulo VIII
DISPOSIÇÕES FINAIS

Art. 909. A ordem dos processos no Tribunal Superior do Trabalho será regulada em seu regimento interno.

1 TST: Competência (art. 702), composição e funcionamento (art. 693), presidente (art. 707), corregedor (art. 897/3), inconstitucionalidade do prejulgado (nota ao art. 902). Súmulas e ex-prejulgados (relação em apêndice). Regimento Interno (art. 693/3).

Art. 910. Para os efeitos deste Título, equiparam-se aos serviços públicos os de utilidade pública, bem como os que forem prestados em armazéns de gêneros alimentícios, açougues, padarias, leiterias, farmácias, hospitais, minas, empresas de transportes e comunicações, bancos e estabelecimentos que interessem à segurança nacional.

1 Greve (art. 723/2).

TÍTULO XI
DISPOSIÇÕES FINAIS E TRANSITÓRIAS

Art. 911. Esta Consolidação entrará em vigor em 10 de novembro de 1943.

Art. 911-A. O empregador efetuará[4] o recolhimento das contribuições previdenciárias próprias e do trabalhador e o depósito do FGTS com base nos valores pagos no período mensal e fornecerá ao empregado comprovante do cumprimento dessas obrigações (Red. MP 808/17).

§ 1º Os segurados[5] enquadrados como empregados que, no somatório de remunerações auferidas de um ou mais empregadores no período de um mês, independentemente do tipo de contrato de trabalho, receberem remuneração inferior ao salário mínimo mensal, poderão recolher ao Regime Geral de Previdência Social a diferença entre a remuneração recebida e o valor do salário mínimo mensal, em que incidirá a mesma

alíquota aplicada à contribuição do trabalhador retida pelo empregador (Red. MP 808/17).

§ 2º Na hipótese de não ser feito o recolhimento complementar previsto no § 1º, o mês em que a remuneração total recebida pelo segurado de um ou mais empregadores for menor que o salário mínimo mensal não será considerado para fins de aquisição e manutenção de qualidade[5] de segurado do Regime Geral de Previdência Social nem para cumprimento dos períodos de carência para concessão dos benefícios previdenciários (Red. MP 808/17).

Art. 912. Os dispositivos de caráter imperativo terão aplicação imediata às relações iniciadas, mas não consumadas, antes da vigência desta Consolidação.

Art. 913. O Ministro do Trabalho expedirá instruções, quadros, tabelas e modelos que se tornarem necessários à execução desta Consolidação.

Parágrafo único. O Tribunal Superior do Trabalho adaptará o seu regimento interno e o dos Tribunais Regionais do Trabalho às normas contidas nesta Consolidação (tacitamente revogado)[1].

Art. 914. Continuarão em vigor os quadros, tabelas e modelos, aprovados em virtude de dispositivos não alterados pela presente Consolidação.

Art. 915. Não serão prejudicados os recursos interpostos[2] com apoio em dispositivos alterados ou cujo prazo para interposição esteja em curso à data da vigência desta Consolidação.

Art. 916. Os prazos de prescrição[3] fixados pela presente Consolidação começarão a correr da data da vigência desta, quando menores do que os previstos pela legislação anterior.

1 O parágrafo único do art. 913 está tacitamente revogado pela Constituição na parte em que determina que o TST adapte o regimento interno dos Tribunais Regionais. A Constituição vigente atribui competência aos tribunais para eleger presidente e direção, organizar seus serviços auxiliares, propor ao legislativo criação e extinção de cargos, elaborar regimentos internos, distribuir sua competência interna e conceder licença e férias (art. 96, I).

2 Os recursos têm sua interposição de acordo com a lei vigente no momento de sua interposição (coment. art. 893).

3 Prescrição: art. 11.

4 O empregador tem a obrigação de fazer o recolhimento das contribuições previdenciárias, da empresa e do trabalhador e fazer o depósito do FGTS, mês a mês e agora tem também que comprovar ao empregado que os valores foram recolhidos.

5 Caso o empregado, no somatório de suas remunerações (mesmo que com empregadores e contratos diferentes), receber remuneração menor que um salário mínimo, poderá recolher ao Regime Geral de Previdência Social a diferença entre a remuneração recebida e o salário mínimo, com a mesma alíquota aplicada à contribuição do trabalhador retida pelo empregador. Caso o empregado não faça o recolhimento da diferença perde a qualidade segurado da previdência social.

Art. 917. O Ministro do Trabalho marcará prazo para adaptação dos atuais estabelecimentos às exigências contidas no Capítulo "Da Segurança e da Medicina do Trabalho". Compete ainda àquela autoridade fixar os prazos dentro dos quais, em cada Estado, entrará em vigor a obrigatoriedade do uso da Carteira de Trabalho e Previdência Social, para os atuais empregados.

Parágrafo único. O Ministro do Trabalho fixará, para cada Estado e quando julgar conveniente, o início da vigência de parte ou de todos os dispositivos contidos no Capítulo "Da Segurança e da Medicina do Trabalho".

Art. 918. Enquanto não for expedida a Lei Orgânica da Previdência Social[1], competirá ao presidente do Tribunal Superior do Trabalho julgar os recursos interpostos com apoio no art. 1º, "c", do Decreto-Lei 3.710, de 14 de outubro de 1941, cabendo recurso de suas decisões, nos termos do disposto no art. 734, "b", desta Consolidação.

Parágrafo único. Ao diretor do Departamento Nacional de Previdência Social incumbirá presidir às eleições para a constituição do Conselho Fiscal do Instituto Nacional do Seguro Social (INSS) e julgar, com recurso para a instância superior, os recursos sobre matéria técnico-administrativa dessa instituição.

Art. 919. Ao empregado bancário, admitido até a data da vigência da presente Lei, fica assegurado o direito à aquisição da estabilidade nos termos do art. 15 do Decreto 24.615, de 9 de julho de 1934.

Art. 920. Enquanto não forem constituídas as confederações ou, na falta destas, a representação de classes, econômicas ou profissionais, que derivar da indicação desses órgãos ou dos respectivos presidentes, será suprida por equivalente designação ou eleição realizada pelas correspondentes federações.

Art. 921. As empresas que não estiverem incluídas no enquadramento sindical[2] de que trata o art. 577 poderão firmar contratos coletivos de trabalho com os sindicatos representativos da respectiva categoria profissional.

Art. 922. O disposto no art. 301 regerá somente as relações de emprego iniciadas depois da vigência desta Consolidação.

1 A legislação previdenciária posterior revogou tacitamente os dispositivos da CLT referentes à matéria, inclusive quanto aos recursos. Também a matéria de Medicina e Segurança do Trabalho (art. 154 e s.) e carteira de trabalho (art. 13 e segs.) tem novas normas. Seguro Social e Previdência (v. notas ao art. 12).

2 Enquadramento sindical (v. arts. 577 e 618).

APÊNDICE

CONSTITUIÇÃO FEDERAL

LEGISLAÇÃO COMPLEMENTAR

TABELAS

SÚMULAS

CONSTITUIÇÃO FEDERAL

de 5 de outubro de 1988[1]

TÍTULO I
DOS PRINCÍPIOS FUNDAMENTAIS

Art. 1º A República Federativa do Brasil, formada pela união indissolúvel dos Estados e Municípios e do Distrito Federal, constitui-se em Estado Democrático de Direito e tem como fundamentos:

I – a soberania;

II – a cidadania;

III – a dignidade da pessoa humana;

IV – os valores sociais do trabalho e da livre iniciativa;

V – o pluralismo político.

Parágrafo único. Todo o poder emana do povo, que o exerce por meio de representantes eleitos ou diretamente, nos termos desta Constituição.

Art. 2º São Poderes da União, independentes e harmônicos entre si, o Legislativo, o Executivo e o Judiciário.

Art. 3º Constituem objetivos fundamentais da República Federativa do Brasil:

I – construir uma sociedade livre, justa e solidária;

II – garantir o desenvolvimento nacional;

III – erradicar a pobreza e a marginalização e reduzir as desigualdades sociais e regionais;

IV – promover o bem de todos, sem preconceitos de origem, raça, sexo, cor, idade e quaisquer outras formas de discriminação.

Art. 4º A República Federativa do Brasil rege-se nas suas relações internacionais pelos seguintes princípios:

I – independência nacional;

II – prevalência dos direitos humanos;

III – autodeterminação dos povos;

IV – não intervenção;

V – igualdade entre os Estados;

VI – defesa da paz;

VII – solução pacífica dos conflitos;

VIII – repúdio ao terrorismo e ao racismo;

IX – cooperação entre os povos para o progresso da humanidade;

X – concessão de asilo político.

Parágrafo único. A República Federativa do Brasil buscará a integração econômica, política, social e cultural dos povos da América Latina, visando à formação de uma comunidade latino-americana de nações.

TÍTULO II
DOS DIREITOS E GARANTIAS FUNDAMENTAIS

CAPÍTULO I
DOS DIREITOS E DEVERES INDIVIDUAIS E COLETIVOS

Art. 5º Todos são iguais perante a lei, sem distinção de qualquer natureza, garantindo-se aos brasileiros e aos estrangeiros residentes no País a inviolabilidade do direito à vida, à liberdade, à igualdade, à segurança e à propriedade, nos termos seguintes:

I – homens e mulheres são iguais em direitos e obrigações, nos termos desta Constituição;

II – ninguém será obrigado a fazer ou deixar de fazer alguma coisa senão em virtude de lei;

III – ninguém será submetido a tortura nem a tratamento desumano ou degradante;

IV – é livre a manifestação do pensamento, sendo vedado o anonimato;

1. *Artigos referidos nos comentários à CLT.*

V – é assegurado o direito de resposta, proporcional ao agravo, além da indenização por dano material, moral ou à imagem;

VI – é inviolável a liberdade de consciência e de crença, sendo assegurado o livre exercício dos cultos religiosos e garantida, na forma da lei, a proteção aos locais de culto e suas liturgias;

VII – é assegurada, nos termos da lei, a prestação de assistência religiosa nas entidades civis e militares de internação coletiva;

VIII – ninguém será privado de direitos por motivo de crença religiosa ou de convicção filosófica ou política, salvo se as invocar para eximir-se de obrigação legal a todos imposta e recusar-se a cumprir prestação alternativa, fixada em lei;

IX – é livre a expressão da atividade intelectual, artística, científica e de comunicação, independentemente de censura ou licença;

X – são invioláveis a intimidade, a vida privada, a honra e a imagem das pessoas, assegurado o direito a indenização pelo dano material ou moral decorrente de sua violação;

XI – a casa é asilo inviolável do indivíduo, ninguém nela podendo penetrar sem consentimento do morador, salvo em caso de flagrante delito ou desastre, ou para prestar socorro, ou, durante o dia, por determinação judicial;

XII – é inviolável o sigilo da correspondência e das comunicações telegráficas, de dados e das comunicações telefônicas, salvo, no último caso, por ordem judicial, nas hipóteses e na forma que a lei estabelecer para fins de investigação criminal ou instrução processual penal;

XIII – é livre o exercício de qualquer trabalho, ofício ou profissão, atendidas as qualificações profissionais que a lei estabelecer;

XIV – é assegurado a todos o acesso à informação e resguardado o sigilo da fonte, quando necessário ao exercício profissional;

XV – é livre a locomoção no território nacional em tempo de paz, podendo qualquer pessoa, nos termos da lei, nele entrar, permanecer ou dele sair com seus bens;

XVI – todos podem reunir-se pacificamente, sem armas, em locais abertos ao público, independentemente de autorização, desde que não frustrem outra reunião anteriormente convocada para o mesmo local, sendo apenas exigido prévio aviso à autoridade competente;

XVII – é plena a liberdade de associação para fins lícitos, vedada a de caráter paramilitar;

XVIII – a criação de associações e, na forma da lei, a de cooperativas independem de autorização, sendo vedada a interferência estatal em seu funcionamento;

XIX – as associações só poderão ser compulsoriamente dissolvidas ou ter suas atividades suspensas por decisão judicial, exigindo-se, no primeiro caso, o trânsito em julgado;

XX – ninguém poderá ser compelido a associar-se ou a permanecer associado;

XXI – as entidades associativas, quando expressamente autorizadas, têm legitimidade para representar seus filiados judicial ou extrajudicialmente;

XXII – é garantido o direito de propriedade;

XXIII – a propriedade atenderá a sua função social;

XXIV – a lei estabelecerá o procedimento para desapropriação por necessidade ou utilidade pública, ou por interesse social, mediante justa e prévia indenização em dinheiro, ressalvados os casos previstos nesta Constituição;

XXV – no caso de iminente perigo público, a autoridade competente poderá usar de propriedade particular, assegurada ao proprietário indenização ulterior, se houver dano;

XXVI – a pequena propriedade rural, assim definida em lei, desde que trabalhada pela família, não será objeto de penhora para pagamento de débitos decorrentes de sua atividade produtiva, dispondo a lei sobre os meios de financiar o seu desenvolvimento;

XXVII – aos autores pertence o direito exclusivo de utilização, publicação ou reprodução de suas obras, transmissível aos herdeiros pelo tempo que a lei fixar;

XXVIII – são assegurados, nos termos da lei:

a) a proteção às participações individuais em obras coletivas e à reprodução da imagem e voz humanas, inclusive nas atividades desportivas;

b) o direito de fiscalização do aproveitamento econômico das obras que criarem ou de que participarem aos criadores, aos intérpretes e às respectivas representações sindicais e associativas;

XXIX – a lei assegurará aos autores de inventos industriais privilégio temporário para sua utilização, bem como proteção às criações industriais, à propriedade das marcas, aos nomes de empresas e a outros signos distintivos, tendo em vista o interesse social e o desenvolvimento tecnológico e econômico do País;

XXX – é garantido o direito de herança;

XXXI – a sucessão de bens de estrangeiros situados no País será regulada pela lei brasileira em benefício do cônjuge ou dos filhos brasileiros, sempre que não lhes seja mais favorável a lei pessoal do *de cujus*;

XXXII – o Estado promoverá, na forma da lei, a defesa do consumidor;

XXXIII – todos têm direito a receber dos órgãos públicos informações de seu interesse particular, ou de interesse coletivo ou geral, que serão prestadas no prazo da lei, sob pena de responsabilidade, ressalvadas aquelas cujo sigilo seja imprescindível à segurança da sociedade e do Estado;

XXXIV – são a todos assegurados, independentemente do pagamento de taxas:

a) o direito de petição aos Poderes Públicos em defesa de direito ou contra ilegalidade ou abuso de poder;

b) a obtenção de certidões em repartições públicas, para defesa de direitos e esclarecimento de situações de interesse pessoal;

XXXV – a lei não excluirá da apreciação do Poder Judiciário lesão ou ameaça a direito;

XXXVI – a lei não prejudicará o direito adquirido, o ato jurídico perfeito e a coisa julgada;

XXXVII – não haverá juízo ou tribunal de exceção;

XXXVIII – é reconhecida a instituição do júri, com a organização que lhe der a lei, assegurados:

a) a plenitude de defesa;

b) o sigilo das votações;

c) a soberania dos veredictos;

d) a competência para o julgamento dos crimes dolosos contra a vida;

XXXIX – não há crime sem lei anterior que o defina, nem pena sem prévia cominação legal;

XL – a lei penal não retroagirá, salvo para beneficiar o réu;

XLI – a lei punirá qualquer discriminação atentatória dos direitos e liberdades fundamentais;

XLII – a prática do racismo constitui crime inafiançável e imprescritível, sujeito à pena de reclusão, nos termos da lei;

XLIII – a lei considerará crimes inafiançáveis e insuscetíveis de graça ou anistia a prática da tortura, o tráfico ilícito de entorpecentes e drogas afins, o terrorismo e os definidos como crimes hediondos, por eles respondendo os mandantes, os executores e os que, podendo evitá-los, se omitirem;

XLIV – constitui crime inafiançável e imprescritível a ação de grupos armados, civis ou militares, contra a ordem constitucional e o Estado Democrático;

XLV – nenhuma pena passará da pessoa do condenado, podendo a obrigação de reparar o dano e a decretação do perdimento de bens ser, nos termos da lei, estendidas aos sucessores e contra eles executadas, até o limite do valor do patrimônio transferido;

XLVI – a lei regulará a individualização da pena e adotará, entre outras, as seguintes:

a) privação ou restrição da liberdade;

b) perda de bens;

c) multa;

d) prestação social alternativa;

e) suspensão ou interdição de direitos;

XLVII – não haverá penas:

a) de morte, salvo em caso de guerra declarada, nos termos do art. 84, XIX;

b) de caráter perpétuo;

c) de trabalhos forçados;

d) de banimento;

e) cruéis;

XLVIII – a pena será cumprida em estabelecimentos distintos, de acordo com a natureza do delito, a idade e o sexo do apenado;

XLIX – é assegurado aos presos o respeito à integridade física e moral;

L – às presidiárias serão asseguradas condições para que possam permanecer com seus filhos durante o período de amamentação;

LI – nenhum brasileiro será extraditado, salvo o naturalizado, em caso de crime comum, praticado antes da naturalização, ou de comprovado envolvimento em tráfico ilícito de entorpecentes e drogas afins, na forma da lei;

LII – não será concedida extradição de estrangeiro por crime político ou de opinião;

LIII – ninguém será processado nem sentenciado senão pela autoridade competente;

LIV – ninguém será privado da liberdade ou de seus bens sem o devido processo legal;

LV – aos litigantes, em processo judicial ou administrativo, e aos acusados em geral são assegurados o contraditório e ampla defesa, com os meios e recursos a ela inerentes;

LVI – são inadmissíveis, no processo, as provas obtidas por meios ilícitos;

LVII – ninguém será considerado culpado até o trânsito em julgado de sentença penal condenatória;

LVIII – o civilmente identificado não será submetido a identificação criminal, salvo nas hipóteses previstas em lei;

LIX – será admitida ação privada nos crimes de ação pública, se esta não for intentada no prazo legal;

LX – a lei só poderá restringir a publicidade dos atos processuais quando a defesa da intimidade ou o interesse social o exigirem;

LXI – ninguém será preso senão em flagrante delito ou por ordem escrita e fundamentada de autoridade judiciária competente, salvo nos casos de transgressão militar ou crime propriamente militar, definidos em lei;

LXII – a prisão de qualquer pessoa e o local onde se encontre serão comunicados imediatamente ao juiz competente e à família do preso ou à pessoa por ele indicada;

LXIII – o preso será informado de seus direitos, entre os quais o de permanecer calado, sendo-lhe assegurada a assistência da família e de advogado;

LXIV – o preso tem direito à identificação dos responsáveis por sua prisão ou por seu interrogatório policial;

LXV – a prisão ilegal será imediatamente relaxada pela autoridade judiciária;

LXVI – ninguém será levado à prisão ou nela mantido, quando a lei admitir a liberdade provisória, com ou sem fiança;

LXVII – não haverá prisão civil por dívida, salvo a do responsável pelo inadimplemento voluntário e inescusável de obrigação alimentícia e a do depositário infiel;

LXVIII – conceder-se-á *habeas corpus* sempre que alguém sofrer ou se achar ameaçado de sofrer violência ou coação em sua liberdade de locomoção, por ilegalidade ou abuso de poder;

LXIX – conceder-se-á mandado de segurança para proteger direito líquido e certo, não amparado por *habeas corpus* ou *habeas data*, quando o responsável pela ilegalidade ou abuso de poder for autoridade pública ou agente de pessoa jurídica no exercício de atribuições do Poder Público;

LXX – o mandado de segurança coletivo pode ser impetrado por:

a) partido político com representação no Congresso Nacional;

b) organização sindical, entidade de classe ou associação legalmente constituída e em funcionamento há pelo menos um ano, em defesa dos interesses de seus membros ou associados;

LXXI – conceder-se-á mandado de injunção sempre que a falta de norma regulamentadora torne inviável o exercício dos direitos e liberdades constitucionais e das prerrogativas inerentes à nacionalidade, à soberania e à cidadania;

LXXII – conceder-se-á *habeas data*:

a) para assegurar o conhecimento de informações relativas à pessoa do impetrante, constantes de registros ou bancos de dados de entidades governamentais ou de caráter público;

b) para a retificação de dados, quando não se prefira fazê-lo por processo sigiloso, judicial ou administrativo;

LXXIII – qualquer cidadão é parte legítima para propor ação popular que vise a anular ato lesivo ao patrimônio público ou de entidade de que o Estado participe, à moralidade administrativa, ao meio ambiente e ao patrimônio histórico e cultural, ficando o autor, salvo comprovada má-fé, isento de custas judiciais e do ônus da sucumbência;

LXXIV – o Estado prestará assistência jurídica integral e gratuita aos que comprovarem insuficiência de recursos;

LXXV – o Estado indenizará o condenado por erro judiciário, assim como o que ficar preso além do tempo fixado na sentença;

LXXVI – são gratuitos para os reconhecidamente pobres, na forma da lei:

a) o registro civil de nascimento;

b) a certidão de óbito;

LXXVII – são gratuitas as ações de *habeas corpus* e *habeas data*, e, na forma da lei, os atos necessários ao exercício da cidadania;

LXXVIII – a todos, no âmbito judicial e administrativo, são assegurados a razoável duração do processo e os meios que garantam a celeridade de sua tramitação (red. EC 45/04).

§ 1º As normas definidoras dos direitos e garantias fundamentais têm aplicação imediata.

§ 2º Os direitos e garantias expressos nesta Constituição não excluem outros decorrentes do regime e dos princípios por ela adotados, ou dos tratados internacionais em que a República Federativa do Brasil seja parte.

§ 3º Os tratados e convenções internacionais sobre direitos humanos que forem aprovados, em cada Casa do Congresso Nacional, em dois turnos, por três quintos dos votos dos respectivos membros, serão equivalentes às emendas constitucionais (red. EC 45/04).

§ 4º O Brasil se submete à jurisdição de Tribunal Penal Internacional a cuja criação tenha manifestado adesão (red. EC 45/04).

CAPÍTULO II
DOS DIREITOS SOCIAIS

Art. 6º São direitos sociais a educação, a saúde, a alimentação, o trabalho, a moradia, o transporte, o lazer, a segurança, a previdência social, a proteção à maternidade e à infância, a assistência aos desamparados, na forma desta Constituição (NRed. EC 90/15).

Art. 7º São direitos dos trabalhadores urbanos e rurais, além de outros que visem à melhoria de sua condição social:

I – relação de emprego protegida contra despedida arbitrária ou sem justa causa, nos termos de lei complementar, que preverá indenização compensatória, dentre outros direitos;

II – seguro-desemprego, em caso de desemprego involuntário;

III – fundo de garantia do tempo de serviço;

IV – salário mínimo, fixado em lei, nacionalmente unificado, capaz de atender a suas necessidades vitais básicas e às de sua família com moradia, alimentação, educação, saúde, lazer, vestuário, higiene, transporte e previdência social, com reajustes periódicos que lhe preservem o poder aquisitivo, sendo vedada sua vinculação para qualquer fim;

V – piso salarial proporcional à extensão e à complexidade do trabalho;

VI – irredutibilidade do salário, salvo o disposto em convenção ou acordo coletivo;

VII – garantia de salário, nunca inferior ao mínimo, para os que percebem remuneração variável;

VIII – décimo terceiro salário com base na remuneração integral ou no valor da aposentadoria;

IX – remuneração do trabalho noturno superior à do diurno;

X – proteção do salário na forma da lei, constituindo crime sua retenção dolosa;

XI – participação nos lucros, ou resultados, desvinculada da remuneração, e, excepcionalmente, participação na gestão da empresa, conforme definido em lei;

XII – salário-família pago em razão do dependente do trabalhador de baixa renda nos termos da lei (red. EC 20/98);

XIII – duração do trabalho normal não superior a 8 horas diárias e 44 semanais, facultada a compensação de horários e a redução da jornada, mediante acordo ou convenção coletiva de trabalho;

XIV – jornada de seis horas para o trabalho realizado em turnos ininterruptos de revezamento, salvo negociação coletiva;

XV – repouso semanal remunerado, preferencialmente aos domingos;

XVI – remuneração do serviço extraordinário superior, no mínimo, em 50% à do normal;

XVII – gozo de férias anuais remuneradas com, pelo menos, 1/3 a mais do que o salário normal;

XVIII – licença à gestante, sem prejuízo do emprego e do salário, com a duração de cento e vinte dias;

XIX – licença-paternidade, nos termos fixados em lei;

XX – proteção do mercado de trabalho da mulher, mediante incentivos específicos, nos termos da lei;

XXI – aviso prévio proporcional ao tempo de serviço, sendo no mínimo de 30 dias, nos termos da lei;

XXII – redução dos riscos inerentes ao trabalho, por meio de normas de saúde, higiene e segurança;

XXIII – adicional de remuneração para as atividades penosas, insalubres ou perigosas, na forma da lei;

XXIV – aposentadoria;

XXV – assistência gratuita aos filhos e dependentes desde o nascimento até 5 anos de idade em creches e pré-escolas (red. EC 53/06);

XXVI – reconhecimento das convenções e acordos coletivos de trabalho;

XXVII – proteção em face da automação, na forma da lei;

XXVIII – seguro contra acidentes de trabalho, a cargo do empregador, sem excluir a indenização a que este está obrigado, quando incorrer em dolo ou culpa;

XXIX – ação, quanto aos créditos resultantes das relações de trabalho, com prazo prescricional de cinco anos para os trabalhadores urbanos e rurais, até o limite de 2 anos após a extinção do contrato de trabalho (red. EC 28/00);

XXX – proibição de diferença de salários, de exercício de funções e de critério de admissão por motivo de sexo, idade, cor ou estado civil;

XXXI – proibição de qualquer discriminação no tocante a salário e critérios de admissão do trabalhador portador de deficiência;

XXXII – proibição de distinção entre trabalho manual, técnico e intelectual ou entre os profissionais respectivos;

XXXIII – proibição de trabalho noturno, perigoso ou insalubre a menores de 18 e de qualquer trabalho a menores de dezesseis anos, salvo na condição de aprendiz, a partir de 14 anos (red. EC 20/98);

XXXIV – igualdade de direitos entre o trabalhador com vínculo empregatício permanente e o trabalhador avulso.

Parágrafo único. São assegurados à categoria dos trabalhadores domésticos os direitos previstos nos incisos IV, VI, VII, VIII, X, XIII, XV, XVI, XVII, XVIII, XIX, XXI, XXII, XXIV, XXVI, XXX, XXXI e XXXIII e, atendidas as condições estabelecidas em lei e observada a simplificação do cumprimento das obrigações tributárias, principais e acessórias, decorrentes da relação de trabalho e suas peculiaridades, os previstos nos incisos I, II, III, IX, XII, XXV e XXVIII, bem como a sua integração à previdência social (NRed. EC 72/13).

Art. 8º É livre a associação profissional ou sindical, observado o seguinte:

I – a lei não poderá exigir autorização do Estado para a fundação de sindicato, ressalvado o registro no órgão competente, vedadas ao Poder Público a interferência e a intervenção na organização sindical;

II – é vedada a criação de mais de uma organização sindical, em qualquer grau, representativa de categoria profissional ou econômica, na mesma base territorial, que será definida pelos trabalhadores ou empregadores interessados, não podendo ser inferior à área de um Município;

III – ao sindicato cabe a defesa dos direitos e interesses coletivos ou individuais da categoria, inclusive em questões judiciais ou administrativas;

IV – a assembleia geral fixará a contribuição que, em se tratando de categoria profissional, será descontada em folha, para custeio do sistema confederativo da representação sindical respectiva, independentemente da contribuição prevista em lei;

V – ninguém será obrigado a filiar-se ou a manter-se filiado a sindicato;

VI – é obrigatória a participação dos sindicatos nas negociações coletivas de trabalho;

VII – o aposentado filiado tem direito a votar e ser votado nas organizações sindicais;

VIII – é vedada a dispensa do empregado sindicalizado a partir do registro da candidatura a cargo de direção ou representação sindical e, se eleito, ainda que suplente, até um ano após o final do mandato, salvo se cometer falta grave nos termos da lei.

Parágrafo único. As disposições deste artigo aplicam-se à organização de sindicatos rurais e de colônias de pescadores, atendidas as condições que a lei estabelecer.

Art. 9º É assegurado o direito de greve, competindo aos trabalhadores decidir sobre a oportunidade de exercê-lo e sobre os interesses que devam por meio dele defender.

§ 1º A lei definirá os serviços ou atividades essenciais e disporá sobre o atendimento das necessidades inadiáveis da comunidade.

§ 2º Os abusos cometidos sujeitam os responsáveis às penas da lei.

Art. 10. É assegurada a participação dos trabalhadores e empregadores nos colegiados dos órgãos públicos em que seus interesses profissionais ou previdenciários sejam objeto de discussão e deliberação.

Art. 11. Nas empresas de mais de duzentos empregados, é assegurada a eleição de um representante destes com a finalidade exclusiva de promover-lhes o entendimento direto com os empregadores.

....

TÍTULO III
DA ORGANIZAÇÃO DO ESTADO

....

Capítulo VII
DA ADMINISTRAÇÃO PÚBLICA

Seção I
Disposições Gerais

Art. 37. A administração pública direta e indireta de qualquer dos Poderes da União, dos Estados, do Distrito Federal e dos Municípios obedecerá aos princípios de legalidade, impessoalidade, moralidade, publicidade e eficiência e, também, ao seguinte (red. EC 19/98):

I – os cargos, empregos e funções públicas são acessíveis aos brasileiros que preencham os requisitos estabelecidos em lei, assim como aos estrangeiros, na forma da lei (red. EC 19/98);

II – a investidura em cargo ou emprego público depende de aprovação prévia em concurso público de provas ou de provas e títulos, de acordo com a natureza e a complexidade do cargo ou emprego, na forma prevista em lei, ressalvadas as nomeações para cargo em comissão declarado em lei de livre nomeação e exoneração (red. EC 19/98);

III – o prazo de validade do concurso público será de até 2 anos, prorrogável uma vez, por igual período;

IV – durante o prazo improrrogável previsto no edital de convocação, aquele aprovado em concurso público de provas ou de provas e títulos será convocado com prioridade sobre novos concursados para assumir cargo ou emprego, na carreira;

V – as funções de confiança, exercidas exclusivamente por servidores ocupantes de cargo efetivo, e os cargos em comissão, a serem preenchidos por servidores de carreira nos casos, condições e percentuais mínimos previstos em lei, destinam-se apenas às atribuições de direção, chefia e assessoramento (red. EC 19/98);

VI – é garantido ao servidor público civil o direito à livre associação sindical;

VII – o direito de greve será exercido nos termos e nos limites definidos em lei específica (red. EC 19/98);

VIII – a lei reservará percentual dos cargos e empregos públicos para as pessoas portadoras de deficiência e definirá os critérios de sua admissão;

IX – a lei estabelecerá os casos de contratação por tempo determinado para atender a necessidade temporária de excepcional interesse público;

X – a remuneração dos servidores públicos e o subsídio de que trata o § 4º do art. 39 somente poderão ser fixados ou alterados por lei específica, observada a iniciativa privativa em cada caso, assegurada revisão geral anual, sempre na mesma data e sem distinção de índices (red. EC 19/98);

XI – a remuneração e o subsídio dos ocupantes de cargos, funções e empregos públicos da administração direta, autárquica e fundacional, dos membros de qualquer dos Poderes da União, dos Estados, do Distrito Federal e dos Municípios, dos detentores de mandato eletivo e dos demais agentes políticos e os proventos, pensões ou outra espécie remuneratória, percebidos cumulativamente ou não, incluídas as vantagens pessoais ou de qualquer outra natureza, não poderão exceder o subsídio mensal, em espécie, dos Ministros do Supremo Tribunal Federal, aplicando-se como limite, nos Municípios, o subsídio do Prefeito, e nos Estados e no Distrito Federal, o subsídio mensal do Governador no âmbito do Poder Executivo, o subsídio dos Deputados Estaduais e Distritais no âmbito do Poder Legislativo e o subsídio dos Desembargadores do Tribunal de Justiça, limitado a 90,25% do subsídio mensal, em espécie, dos Ministros do Supremo Tribunal Federal, no âmbito do Poder Judiciário, aplicável este limite aos membros do Ministério Público, aos Procuradores e aos Defensores Públicos (NRed. EC 41/03);

XII – os vencimentos dos cargos do Poder Legislativo e do Poder Judiciário não poderão ser superiores aos pagos pelo Poder Executivo;

XIII – é vedada a vinculação ou equiparação de quaisquer espécies remuneratórias para o efeito de remuneração de pessoal do serviço público (red. EC 19/98);

XIV – os acréscimos pecuniários percebidos por servidor público não serão computados nem acumulados para fins de concessão de acréscimos ulteriores (red. EC 19/98);

XV – o subsídio e os vencimentos dos ocupantes de cargos e empregos públicos são irredutíveis, ressalvado o disposto nos incisos XI e XIV deste artigo e nos arts. 39, § 4º, 150, II, 153, III, e 153, § 2º, I (red. EC 19/98);

XVI – é vedada a acumulação remunerada de cargos públicos, exceto, quando houver compatibilidade de horários, observado em qualquer caso o disposto no inciso XI (red. EC 19/98):

a) a de dois cargos de professor;

b) a de um cargo de professor com outro, técnico ou científico;

c) a de dois cargos ou empregos privativos de profissionais de saúde, com profissões regulamentadas (red. EC 34/01);

XVII – a proibição de acumular estende-se a empregos e funções e abrange autarquias, fundações, empresas públicas, sociedades de economia mista, suas subsidiárias, e sociedades controladas, direta ou indiretamente, pelo poder público (red. EC 19/98);

XVIII – a administração fazendária e seus servidores fiscais terão, dentro de suas áreas de competência e jurisdição, precedência sobre os demais setores administrativos, na forma da lei;

XIX – somente por lei específica poderá ser criada autarquia e autorizada a instituição de empresa pública, de sociedade de economia mista e de fundação, cabendo à lei complementar, neste último caso, definir as áreas de sua atuação (red. EC 19/98);

XX – depende de autorização legislativa, em cada caso, a criação de subsidiárias das entidades mencionadas no inciso anterior, assim como a participação de qualquer delas em empresa privada;

XXI – ressalvados os casos especificados na legislação, as obras, serviços, compras e alienações serão contratados mediante processo de licitação pública que assegure igualdade de condições a todos os concorrentes, com cláusulas que estabeleçam obrigações de pagamento, mantidas as condições efetivas da proposta, nos termos da lei, o qual somente permitirá as exigências de qualificação técnica e econômica indispensáveis à garantia do cumprimento das obrigações.

§ 1º A publicidade dos atos, programas, obras, serviços e campanhas dos órgãos públicos deverá ter caráter educativo, informativo ou de orientação social, dela não podendo constar nomes, símbolos ou imagens que caracterizem promoção pessoal de autoridades ou servidores públicos.

§ 2º A não observância do disposto nos incisos II e III implicará a nulidade do ato e a punição da autoridade responsável, nos termos da lei.

§ 3º A lei disciplinará as formas de participação do usuário na administração pública direta e indireta, regulando especialmente:

I – as reclamações relativas à prestação dos serviços públicos em geral, asseguradas a manutenção de serviços de atendimento ao usuário e a avaliação periódica, externa e interna, da qualidade dos serviços;

II – o acesso dos usuários a registros administrativos e a informações sobre atos de governo, observado o disposto no art. 5º, X e XXXIII;

III – a disciplina da representação contra o exercício negligente ou abusivo de cargo, emprego ou função na administração pública (§ 3º e incs. I a III, red. EC 19/98).

§ 4º Os atos de improbidade administrativa importarão a suspensão dos direitos políticos, a perda da função pública, a indisponibilidade dos bens e o ressarcimento ao erário, na forma e gradação previstas em lei, sem prejuízo da ação penal cabível.

§ 5º A lei estabelecerá os prazos de prescrição para ilícitos praticados por qualquer agente, servidor ou não, que causem prejuízos ao erário, ressalvadas as respectivas ações de ressarcimento.

§ 6º As pessoas jurídicas de direito público e as de direito privado prestadoras de serviços públicos responderão pelos danos que seus agentes, nessa qualidade, causarem a terceiros, assegurado o direito de regresso contra o responsável nos casos de dolo ou culpa.

§ 7º A lei disporá sobre os requisitos e as restrições ao ocupante de cargo ou emprego da administração direta e indireta que possibilite o acesso a informações privilegiadas (red. EC 19/98).

§ 8º A autonomia gerencial, orçamentária e financeira dos órgãos e entidades da administração direta e indireta poderá ser ampliada mediante contrato, a ser firmado entre seus administradores e o poder público, que tenha por objeto a fixação de metas de desempenho para o órgão ou entidade, cabendo à lei dispor sobre:

I – o prazo de duração do contrato;

II – os controles e critérios de avalição de desempenho, direitos, obrigações e responsabilidade dos dirigentes;

III – a remuneração do pessoal (§ 8º e incs. I a III, red. EC 19/98).

§ 9º O disposto no inciso XI aplica-se às empresas públicas e às sociedades de economia mista, e suas subsidiárias, que receberem recursos da União, dos Estados, do Distrito Federal ou dos Municípios para pagamento de despesas de pessoal ou de custeio em geral (red. EC 19/98).

§ 10. É vedada a percepção simultânea de proventos de aposentadoria decorrentes do art. 40 ou dos arts. 42 e 142 com a remuneração de cargo, emprego ou função pública, ressalvados os cargos acumuláveis na forma desta Constituição, os cargos eletivos e os cargos em comissão declarados em lei de livre nomeação e exoneração (red. EC 20/98).

§ 11. Não serão computadas, para efeito dos limites remuneratórios de que trata o inciso XI do *caput* deste artigo, as parcelas de caráter indenizatório previstas em lei (red. EC 47/05).

§ 12. Para os fins do disposto no inciso XI do *caput* deste artigo, fica facultado aos Estados e ao Distrito Federal fixar, em seu âmbito, mediante emenda às respectivas Constituições e Lei Orgânica, como limite único, o subsídio mensal dos Desembargadores do respectivo Tribunal de Justiça, limitado a 90,25% do subsídio mensal dos Ministros do Supremo Tribunal Federal, não se aplicando o disposto neste parágrafo aos subsídios dos Deputados Estaduais e Distritais e dos Vereadores (red. EC 47/05).

Art. 38. Ao servidor público da administração direta, autárquica e fundacional, no exercício de mandato eletivo, aplicam-se as seguintes disposições (red. EC 19/98):

I – tratando-se de mandato eletivo federal, estadual ou distrital, ficará afastado de seu cargo, emprego ou função;

II – investido no mandato de Prefeito, será afastado do cargo, emprego ou função, sendo-lhe facultado optar pela sua remuneração;

III – investido no mandato de Vereador, havendo compatibilidade de horários, perceberá as vantagens de seu cargo, emprego ou função, sem prejuízo da remuneração do cargo eletivo, e, não havendo compatibilidade, será aplicada a norma do inciso anterior;

IV – em qualquer caso que exija o afastamento para o exercício de mandato eletivo, seu tempo de serviço será contado para todos os efeitos legais, exceto para promoção por merecimento;

V – para efeito de benefício previdenciário, no caso de afastamento, os valores serão determinados como se no exercício estivesse.

Seção II
Dos servidores públicos (red. EC 18/98)

Art. 39. A União, os Estados, o Distrito Federal e os Municípios instituirão conselho de política de administração e remuneração de pessoal, integrado por servidores designados pelos respectivos Poderes (red. EC 19/98).

§ 1º A fixação dos padrões de vencimento e dos demais componentes do sistema remuneratório observará:

I – a natureza, o grau de responsabilidade e a complexidade dos cargos componentes de cada carreira;

II – os requisitos para a investidura;

III – as peculiaridades dos cargos (§ 1º e incs. I a III, red. EC 19/98).

§ 2º A União, os Estados e o Distrito Federal manterão escolas de governo para a formação e o aperfeiçoamento dos servidores públicos, constituindo-se a participação nos cursos um dos requisitos para a promoção na carreira, facultada, para isso, a celebração de convênios ou contratos entre os entes federados (red. EC 19/98).

§ 3º Aplica-se aos servidores ocupantes de cargo público o disposto no art. 7º, IV, VII, VIII, IX, XII, XIII, XV, XVI, XVII, XVIII, XIX, XX, XXII e XXX, podendo a lei estabelecer requisitos diferenciados de admissão quando a natureza do cargo o exigir (red. EC 19/98).

§ 4º O membro de Poder, o detentor de mandato eletivo, os Ministros de Estado e os Secretários Estaduais e Municipais serão remunerados exclusivamente por subsídio fixado em parcela única, vedado o acréscimo de qualquer gratificação, adicional, abono, prêmio, verba de representação ou outra espécie remuneratória, obedecido, em qualquer caso, o disposto no art. 37, X e XI (red. EC 19/98).

§ 5º Lei da União, dos Estados, do Distrito Federal e dos Municípios poderá estabelecer a relação entre a maior e a menor remuneração dos servidores públicos, obedecido, em qualquer caso, o disposto no art. 37, XI (red. EC 19/98).

§ 6º Os Poderes Executivo, Legislativo e Judiciário publicarão anualmente os valores do subsídio e da remuneração dos cargos e empregos públicos (red. EC 19/98).

§ 7º Lei da União, dos Estados, do Distrito Federal e dos Municípios disciplinará a aplicação de recursos orçamentários provenientes da economia com despesas correntes em cada órgão, autarquia e fundação, para aplicação no desenvolvimento de programas de qualidade e produtividade, treinamento e desenvolvimento, modernização, reaparelhamento e racionalização do serviço público, inclusive sob a forma de adicional ou prêmio de produtividade (red. EC 19/98).

§ 8º A remuneração dos servidores públicos organizados em carreira poderá ser fixada nos termos do § 4º (red. EC 19/98).

Art. 40. Aos servidores titulares de cargos efetivos da União, dos Estados, do Distrito Federal e dos Municípios, incluídas suas autarquias e fundações, é assegurado regime de previdência de caráter contributivo e solidário, mediante contribuição do respectivo ente público, dos servidores ativos e inativos e dos pensionistas, observados critérios que preservem o equilíbrio financeiro e atuarial e o disposto neste artigo (NRed. EC 41/03).

§ 1º Os servidores abrangidos pelo regime de previdência de que trata este artigo serão aposentados, calculados os seus proventos a partir dos valores fixados na forma dos §§ 3º e 17 (NRed. EC 41/03):

I – por invalidez permanente, sendo os proventos proporcionais ao tempo de contribuição, exceto se decorrente de acidente em serviço, moléstia profissional ou doença grave, contagiosa ou incurável, na forma da lei (NRed. EC 41/03);

II – compulsoriamente, com proventos proporcionais ao tempo de contribuição, aos 70 anos de idade, ou aos 75 anos de idade, na forma de lei complementar (NRed. EC 88/15);

III – voluntariamente, desde que cumprido tempo mínimo de 10 anos de efetivo exercício no serviço público e 5 anos no cargo efetivo em que se dará a aposentadoria, observadas as seguintes condições:

a) 60 anos de idade e 35 de contribuição, se homem, e 55 anos de idade e 30 de contribuição, se mulher;

b) 65 anos de idade, se homem, e 60 anos de idade, se mulher, com proventos proporcionais ao tempo de contribuição (§ 1º, incisos e alíneas red. EC 20/98).

§ 2º Os proventos de aposentadoria e as pensões, por ocasião de sua concessão, não poderão exceder a remuneração do respectivo servidor, no cargo efetivo em que se deu a aposentadoria ou que serviu de referência para a concessão da pensão (red. EC 20/98).

§ 3º Para o cálculo dos proventos de aposentadoria, por ocasião da sua concessão, serão consideradas as remunerações utilizadas como base para as contribuições do servidor aos regimes de previdência de que tratam este artigo e o art. 201, na forma da lei (NRed. EC 41/03).

§ 4º É vedada a adoção de requisitos e critérios diferenciados para a concessão de aposentadoria aos abrangidos pelo regime de que trata este artigo, ressalvados, nos termos definidos em leis complementares, os casos de servidores:

I – portadores de deficiência;

II – que exerçam atividades de risco;

III – cujas atividades sejam exercidas sob condições especiais que prejudiquem a saúde ou a integridade física (NRed. EC 47/05).

§ 5º Os requisitos de idade e de tempo de contribuição serão reduzidos em 5 anos, em relação ao disposto no § 1º, III, *a*, para o professor que comprove exclusivamente tempo de efetivo exercício das funções de magistério na educação infantil e no ensino fundamental e médio (red. EC 20/98).

§ 6º Ressalvadas as aposentadorias decorrentes dos cargos acumuláveis na forma desta Constituição, é vedada a percepção de mais de uma aposentadoria à conta do regime de previdência previsto neste artigo (red. EC 20/98).

§ 7º Lei disporá sobre a concessão do benefício de pensão por morte, que será igual (NRed. EC 41/03):

I – ao valor da totalidade dos proventos do servidor falecido, até o limite máximo estabelecido para os benefícios do regime geral de previdência social de que trata o art. 201, acrescido de 70% da parcela excedente a este limite, caso aposentado à data do óbito; ou

II – ao valor da totalidade da remuneração do servidor no cargo efetivo em que se deu o falecimento, até o limite máximo estabelecido para os benefícios do regime geral de previdência social de que trata o art. 201, acrescido de 70% da parcela excedente a este limite, caso em atividade na data do óbito.

§ 8º É assegurado o reajustamento dos benefícios para preservar-lhes, em caráter permanente, o valor real, conforme critérios estabelecidos em lei (NRed. EC 41/03).

§ 9º O tempo de contribuição federal, estadual ou municipal será contado para efeito de aposentadoria e o tempo de serviço correspondente para efeito de disponibilidade (red. EC 20/98).

§ 10. A lei não poderá estabelecer qualquer forma de contagem de tempo de contribuição fictício (red. EC 20/98).

§ 11. Aplica-se o limite fixado no art. 37, XI, à soma total dos proventos de inatividade, inclusive quando decorrentes da acumulação de cargos ou empregos públicos, bem como de outras atividades sujeitas a contribuição para o regime geral de previdência social, e ao montante resultante da adição de proventos de inatividade com remuneração de cargo acumulável na forma desta Constituição, cargo em comissão declarado em lei de livre nomeação e exoneração, e de cargo eletivo (red. EC 20/98).

§ 12. Além do disposto neste artigo, o regime de previdência dos servidores públicos titulares de cargo efetivo observará, no que couber, os requisitos e critérios fixados para o regime geral de previdência social (red. EC 20/98).

§ 13. Ao servidor ocupante, exclusivamente, de cargo em comissão declarado em lei de livre nomeação e exoneração bem como de outro cargo temporário ou de emprego público, aplica-se o regime geral de previdência social (red. EC 20/98).

§ 14. A União, os Estados, o Distrito Federal e os Municípios, desde que instituam regime de previdência complementar para os seus respectivos servidores titulares de cargo efetivo, poderão fixar, para o valor das aposentadorias e pensões a serem concedidas pelo regime de que trata este artigo, o limite máximo estabelecido para os benefícios do regime geral de previdência social de que trata o art. 201 (red. EC 20/98).

§ 15. O regime de previdência complementar de que trata o § 14 será instituído por lei de iniciativa do respectivo Poder Executivo, observado o disposto no art. 202 e seus parágrafos, no que couber, por intermédio de entidades fechadas de previdência complementar, de natureza pública, que oferecerão aos respectivos participantes planos de benefícios somente na modalidade de contribuição definida (NRed. EC 41/03).

§ 16. Somente mediante sua prévia e expressa opção, o disposto nos §§ 14 e 15 poderá ser aplicado ao servidor que tiver ingressado no serviço público até a data da publicação do ato de instituição do correspondente regime de previdência complementar (red. EC 20/98).

§ 17. Todos os valores de remuneração considerados para o cálculo do benefício previsto no § 3º serão devidamente atualizados, na forma da lei (NRed. EC 41/03).

§ 18. Incidirá contribuição sobre os proventos de aposentadorias e pensões concedidas pelo regime de que trata este artigo que superem o limite máximo estabelecido para os benefícios do regime geral de previdência social de que trata o art. 201, com percentual igual ao estabelecido para os servidores titulares de cargos efetivos (NRed. EC 41/03).

§ 19. O servidor de que trata este artigo que tenha completado as exigências para aposentadoria voluntária estabelecidas no

§ 1º, III, *a*, e que opte por permanecer em atividade fará jus a um abono de permanência equivalente ao valor da sua contribuição previdenciária até completar as exigências para aposentadoria compulsória contidas no § 1º, II (NRed. EC 41/03).

§ 20. Fica vedada a existência de mais de um regime próprio de previdência social para os servidores titulares de cargos efetivos, e de mais de uma unidade gestora do respectivo regime em cada ente estatal, ressalvado o disposto no art. 142, § 3º, X (NRed. EC 41/03).

§ 21. A contribuição prevista no § 18 deste artigo incidirá apenas sobre as parcelas de proventos de aposentadoria e de pensão que superem o dobro do limite máximo estabelecido para os benefícios do regime geral de previdência social de que trata o art. 201 desta Constituição, quando o beneficiário, na forma da lei, for portador de doença incapacitante (red. EC 47/05).

Art. 41. São estáveis após 3 anos de efetivo exercício os servidores nomeados para cargo de provimento efetivo em virtude de concurso público (red. EC 19/98).

§ 1º O servidor público estável só perderá o cargo:

I – em virtude de sentença judicial transitada em julgado;

II – mediante processo administrativo em que lhe seja assegurada ampla defesa;

III – mediante procedimento de avaliação periódica de desempenho, na forma de lei complementar, assegurada ampla defesa (§ 1º e incs. I a III, red. EC 19/98).

§ 2º Invalidada por sentença judicial a demissão do servidor estável, será ele reintegrado, e o eventual ocupante da vaga, se estável, reconduzido ao cargo de origem, sem direito a indenização, aproveitado em outro cargo ou posto em disponibilidade com remuneração proporcional ao tempo de serviço (red. EC 19/98).

§ 3º Extinto o cargo ou declarada sua desnecessidade, o servidor estável ficará em disponibilidade, com remuneração proporcional ao tempo de serviço, até seu adequado aproveitamento em outro cargo (red. EC/98).

§ 4º Como condição para a aquisição da estabilidade, é obrigatória a avaliação especial de desempenho por comissão instituída para essa finalidade (red. EC 19/98).

Seção III
Dos militares dos Estados, do Distrito Federal e dos Territórios (red. EC 18/98)

Art. 42. Os membros das Polícias Militares e Corpos de Bombeiros Militares, instituições organizadas com base na hierarquia e disciplina, são militares dos Estados, do Distrito Federal e dos Territórios (red. EC 18/98).

§ 1º Aplicam-se aos militares dos Estados, do Distrito Federal e dos Territórios, além do que vier a ser fixado em lei, as disposições do art. 14, § 8º; do art. 40, § 9º; e do art. 142, §§ 2º e 3º, cabendo a lei estadual específica dispor sobre as matérias do art. 142, § 3º, X, sendo as patentes dos oficiais conferidas pelos respectivos governadores (red. EC 20/98).

§ 2º Aos pensionistas dos militares dos Estados, do Distrito Federal e dos Territórios aplica-se o que for fixado em lei específica do respectivo ente estatal (NRed. EC 41/03).

TÍTULO IV
DA ORGANIZAÇÃO DOS PODERES

CAPÍTULO I
DO PODER LEGISLATIVO

....

Seção II
Das atribuições do Congresso Nacional

Art. 48. Cabe ao Congresso Nacional, com a sanção do Presidente da República, não exigida esta para o especificado nos arts. 49, 51 e 52, dispor sobre todas as matérias de competência da União, especialmente sobre:

....

IX – organização administrativa, judiciária, do Ministério Público e da Defensoria Pública da União e dos Territórios e organização judiciária e do Ministério Público do Distrito Federal (red. EC 69/12);

X – criação, transformação e extinção de cargos, empregos e funções públicas, observado o que estabelece o art. 84, VI, "b" (red. EC 32/01);

XI – criação e extinção de Ministérios e órgãos da administração pública (red. EC 32/01);

....

XV – fixação do subsídio dos Ministros do Supremo Tribunal Federal, observado o que dispõem os arts. 39, § 4º; 150, II; 153, III; e 153, § 2º, I (NRed. EC 41/03).

Art. 49. É da competência exclusiva do Congresso Nacional:

....

XI – zelar pela preservação de sua competência legislativa em face da atribuição normativa dos outros Poderes;

....

Seção VIII
Do Processo Legislativo

....

Subseção III
Das Leis

....

Art. 62. Em caso de relevância e urgência, o Presidente da República poderá adotar medidas provisórias, com força de lei, devendo submetê-las de imediato ao Congresso Nacional (red. EC 32/01).

§ 1º É vedada a edição de medidas provisórias sobre matéria:

I – relativa a:

....

b) direito penal, processual penal e processual civil (red. EC 32/01);

c) organização do Poder Judiciário e do Ministério Público, a carreira e a garantia de seus membros (red. EC 32/01);

....

III – reservada a lei complementar (red. EC 32/01);

IV – já disciplinada em projeto de lei aprovado pelo Congresso Nacional e pendente de sanção ou veto do Presidente da República (red. EC 32/01);

....

§ 3º As medidas provisórias, ressalvado o disposto nos §§ 11 e 12 perderão eficácia, desde a edição, se não forem convertidas em lei no prazo de 60 dias, prorrogável, nos termos do § 7º, uma vez por igual período, devendo o Congresso Nacional disciplinar, por decreto legislativo, as relações jurídicas delas decorrentes (red. EC 32/01).

§ 4º O prazo a que se refere o § 3º contar-se-á da publicação da medida provisória, suspendendo-se durante os períodos de recesso do Congresso Nacional (red. EC 32/01).

§ 5º A deliberação de cada uma das Casas do Congresso Nacional sobre o mérito das medidas provisórias dependerá de juízo prévio sobre o atendimento de seus pressupostos constitucionais (red. EC 32/01).

§ 6º Se a medida provisória não for apreciada em até 45 dias contados de sua publicação, entrará em regime de urgência, subsequentemente, em cada uma das Casas do Congresso Nacional, ficando sobrestadas, até que se ultime a votação, todas as demais deliberações legislativas da Casa em que estiver tramitando (red. EC 32/01).

§ 7º Prorrogar-se-á uma única vez por igual período a vigência de medida provisória que, no prazo de 60 dias, contado de sua publicação, não tiver a sua votação encerrada nas duas Casas do Congresso Nacional (red. EC 32/01).

§ 8º As medidas provisórias terão sua votação iniciada na Câmara dos Deputados (red. EC 32/01).

§ 9º Caberá à comissão mista de Deputados e Senadores examinar as medidas provisórias e sobre elas emitir parecer, antes de serem apreciadas, em sessão separada, pelo plenário de cada uma das Casas do Congresso Nacional (red. EC 32/01).

§ 10. É vedada a reedição, na mesma sessão legislativa, de medida provisória que tenha sido rejeitada ou que tenha perdido sua eficácia por decurso de prazo (red. EC 32/01).

§ 11. Não editado o decreto legislativo a que se refere o § 3º até 60 dias após a rejeição ou perda de eficácia de medida provisória, as relações jurídicas constituídas e decorrentes de atos praticados durante sua vigência conservar-se-ão por ela regidas (red. EC 32/01).

§ 12. Aprovado projeto de lei de conversão alterando o texto original da medida provisória, esta manter-se-á integralmente em vigor até que seja sancionado ou vetado o projeto (red. EC 32/01).

....

Capítulo III
DO PODER JUDICIÁRIO

Seção I
Disposições Gerais

Art. 92. São órgãos do Poder Judiciário:

I – o Supremo Tribunal Federal;

I-A – o Conselho Nacional de Justiça (red. EC 45/04);

II – o Superior Tribunal de Justiça;

II-A – o Tribunal Superior do Trabalho (red. EC 92/16);

III – os Tribunais Regionais Federais e Juízes Federais;

IV – os Tribunais e Juízes do Trabalho;

V – os Tribunais e Juízes Eleitorais;

VI – os Tribunais e Juízes Militares;

VII – os Tribunais e Juízes dos Estados e do Distrito Federal e Territórios.

§ 1º O Supremo Tribunal Federal, o Conselho Nacional de Justiça e os Tribunais Superiores têm sede na Capital Federal (red. EC 45/04).

§ 2º O Supremo Tribunal Federal e os Tribunais Superiores têm jurisdição em todo o território nacional (red. EC 45/04).

Art. 93. Lei complementar, de iniciativa do Supremo Tribunal Federal, disporá sobre o Estatuto da Magistratura, observados os seguintes princípios:

I – ingresso na carreira, cujo cargo inicial será o de juiz substituto, mediante concurso público de provas e títulos, com a participação da Ordem dos Advogados do Brasil em todas as fases, exigindo-se do bacharel em direito, no mínimo, 3 anos de atividade jurídica e obedecendo-se, nas nomeações, à ordem de classificação (NRed. EC 45/04);

II – promoção de entrância para entrância, alternadamente, por antiguidade e merecimento, atendidas as seguintes normas:

a) é obrigatória a promoção do juiz que figure por 3 vezes consecutivas ou 5 alternadas em lista de merecimento;

b) a promoção por merecimento pressupõe 2 anos de exercício na respectiva entrância e integrar o juiz a primeira quinta parte da lista de antiguidade desta, salvo se não houver com tais requisitos quem aceite o lugar vago;

c) aferição do merecimento conforme o desempenho e pelos critérios objetivos de produtividade e presteza no exercício da jurisdição e pela frequência e aproveitamento em cursos oficiais ou reconhecidos de aperfeiçoamento (NRed. EC 45/04);

d) na apuração de antiguidade, o tribunal somente poderá recusar o juiz mais antigo pelo voto fundamentado de 2/3 de seus membros, conforme procedimento próprio, e assegurada ampla defesa, repetindo-se a votação até fixar-se a indicação (NRed. EC 45/04);

e) não será promovido o juiz que, injustificadamente, retiver autos em seu poder além do prazo legal, não podendo devolvê-los ao cartório sem o devido despacho ou decisão (red. EC 45/04);

III – o acesso aos tribunais de segundo grau far-se-á por antiguidade e merecimento, alternadamente, apurados na última ou única entrância (NRed. EC 45/04);

IV – previsão de cursos oficiais de preparação, aperfeiçoamento e promoção de magistrados, constituindo etapa obrigatória do processo de vitaliciamento a participação em curso oficial ou reconhecido por escola nacional de formação e aperfeiçoamento de magistrados (NRed. EC 45/04);

V – o subsídio dos Ministros dos Tribunais Superiores corresponderá a 95% do subsídio mensal fixado para os Ministros do Supremo Tribunal Federal e os subsídios dos demais magistrados serão fixados em lei e escalonados, em nível federal e estadual, conforme as respectivas categorias da estrutura judiciária nacional, não podendo a diferença entre uma e outra ser superior a 10% ou inferior a 5%, nem exceder a 95% do subsídio mensal dos Ministros dos Tribunais Superiores, obedecido, em qualquer caso, o disposto nos arts. 37, XI, e 39, § 4º (red. EC 19/98);

VI – a aposentadoria dos magistrados e a pensão de seus dependentes observarão o disposto no art. 40 (red. EC 20/98);

VII – o juiz titular residirá na respectiva comarca, salvo autorização do tribunal (NRed. EC 45/04);

VIII – o ato de remoção, disponibilidade e aposentadoria do magistrado, por interesse público, fundar-se-á em decisão por voto da maioria absoluta do respectivo tribunal ou do Conselho Nacional de Justiça, assegurada ampla defesa (NRed. EC 45/04);

VIII-A – a remoção a pedido ou a permuta de magistrados de comarca de igual entrância atenderá, no que couber, ao disposto nas alíneas "a", "b", "c" e "e" do inciso II (red. EC 45/04);

IX – todos os julgamentos dos órgãos do Poder Judiciário serão públicos, e fundamentadas todas as decisões, sob pena de nulidade, podendo a lei limitar a presença, em determinados atos, às próprias partes e a seus advogados, ou somente a estes, em casos nos quais a preservação do direito à intimidade do interessado no sigilo não prejudique o interesse público à informação (NRed. EC 45/04);

X – as decisões administrativas dos tribunais serão motivadas e em sessão pública, sendo as disciplinares tomadas pelo voto da maioria absoluta de seus membros (NRed. EC 45/04);

XI – nos tribunais com número superior a 25 julgadores, poderá ser constituído órgão especial, com o mínimo de 11 e o máximo de 25 membros, para o exercício das atribuições administrativas e jurisdicionais delegadas da competência do tribunal pleno, provendo-se metade das vagas por antiguidade e a outra metade por eleição pelo tribunal pleno (NRed. EC 45/04);

XII – a atividade jurisdicional será ininterrupta, sendo vedado férias coletivas nos juízos e tribunais de segundo grau, funcionando, nos dias em que não houver expediente forense normal, juízes em plantão permanente (red. EC 45/04);

XIII – o número de juízes na unidade jurisdicional será proporcional à efetiva demanda judicial e à respectiva população (red. EC 45/04);

XIV – os servidores receberão delegação para a prática de atos de administração e atos de mero expediente sem caráter decisório (red. EC 45/04);

XV – a distribuição de processos será imediata, em todos os graus de jurisdição (red. EC 45/04).

Art. 94. Um quinto dos lugares dos Tribunais Regionais Federais, dos Tribunais dos Estados, e do Distrito Federal e Territórios será composto de membros do Ministério Público, com mais de 10 anos de carreira, e de advogados de notório saber jurídico e de reputação ilibada, com mais de 10 anos de efetiva atividade profissional, indicados em lista sêxtupla pelos órgãos de representação das respectivas classes.

Parágrafo único. Recebidas as indicações, o tribunal formará lista tríplice, enviando-a ao Poder Executivo, que, nos 20 dias subsequentes, escolherá um de seus integrantes para nomeação.

Art. 95. Os juízes gozam das seguintes garantias:

I – vitaliciedade, que, no primeiro grau, só será adquirida após 2 anos de exercício, dependendo a perda do cargo, nesse período, de deliberação do tribunal a que o juiz estiver vinculado, e, nos demais casos, de sentença judicial transitada em julgado;

II – inamovibilidade, salvo por motivo de interesse público, na forma do art. 93, VIII;

III – irredutibilidade de subsídio, ressalvado o disposto nos arts. 37, X e XI, 39, § 4º, 150, II, 153, III, e 153, § 2º, I (red. EC 19/98).

Parágrafo único. Aos juízes é vedado:

I – exercer, ainda que em disponibilidade, outro cargo ou função, salvo uma de magistério;

II – receber, a qualquer título ou pretexto, custas ou participação em processo;

III – dedicar-se à atividade político-partidária;

IV – receber, a qualquer título ou pretexto, auxílios ou contribuições de pessoas físicas, entidades públicas ou privadas, ressalvadas as exceções previstas em lei (red. EC 45/04);

V – exercer a advocacia no juízo ou tribunal do qual se afastou, antes de decorridos 3 anos do afastamento do cargo por aposentadoria ou exoneração (red. EC 45/04).

Art. 96. Compete privativamente:

I – aos tribunais:

a) eleger seus órgãos diretivos e elaborar seus regimentos internos, com observância das normas de processo e das garantias processuais das partes, dispondo sobre a competência e o funcionamento dos respectivos órgãos jurisdicionais e administrativos;

b) a criação e a extinção de cargos e a remuneração dos seus serviços auxiliares e dos juízos que lhes forem vinculados, bem

CONSTITUIÇÃO FEDERAL

como a fixação do subsídio de seus membros e dos juízes, inclusive dos tribunais inferiores, onde houver, ressalvado o disposto no art. 48, XV (red. EC 19/98);

c) prover, na forma prevista nesta Constituição, os cargos de juiz de carreira da respectiva jurisdição;

d) propor a criação de novas varas judiciárias;

e) prover, por concurso público de provas, ou de provas e títulos, obedecido o disposto no art. 169, parágrafo único, os cargos necessários à administração da Justiça, exceto os de confiança assim definidos em lei;

f) conceder licença, férias e outros afastamentos a seus membros e aos juízes e servidores que lhes forem imediatamente vinculados;

II – ao Supremo Tribunal Federal, aos Tribunais Superiores e aos Tribunais de Justiça propor ao Poder Legislativo respectivo, observado o disposto no art. 169:

a) a alteração do número de membros dos tribunais inferiores;

b) a criação e a extinção de cargos e a remuneração dos seus serviços auxiliares e dos juízos que lhes forem vinculados, bem como a fixação do subsídio de seus membros e dos juízes, inclusive dos tribunais inferiores, onde houver (NRed. EC 41/03);

c) a criação ou extinção dos tribunais inferiores;

d) a alteração da organização e da divisão judiciárias;

III – aos Tribunais de Justiça julgar os juízes estaduais e do Distrito Federal e Territórios, bem como os membros do Ministério Público, nos crimes comuns e de responsabilidade, ressalvada a competência da Justiça Eleitoral.

Art. 97. Somente pelo voto da maioria absoluta de seus membros ou dos membros do respectivo órgão especial poderão os tribunais declarar a inconstitucionalidade de lei ou ato normativo do Poder Público.

....

Art. 100. Os pagamentos devidos pelas Fazendas Públicas Federal, Estaduais, Distrital e Municipais, em virtude de sentença judiciária, far-se-ão exclusivamente na ordem cronológica de apresentação dos precatórios e à conta dos créditos respectivos, proibida a designação de casos ou de pessoas nas dotações orçamentárias e nos créditos adicionais abertos para este fim (red. EC 62/09).

§ 1º Os débitos de natureza alimentícia compreendem aqueles decorrentes de salários, vencimentos, proventos, pensões e suas complementações, benefícios previdenciários e indenizações por morte ou por invalidez, fundadas em responsabilidade civil, em virtude de sentença judicial transitada em julgado, e serão pagos com preferência sobre todos os demais débitos, exceto sobre aqueles referidos no § 2º deste artigo (red. EC 62/09).

§ 2º Os débitos de natureza alimentícia cujos titulares tenham 60 anos de idade ou mais na data de expedição do precatório, ou sejam portadores de doença grave, definidos na forma da lei, serão pagos com preferência sobre todos os demais débitos, até o valor equivalente ao triplo do fixado em lei para os fins do disposto no § 3º deste artigo, admitido o fracionamento para essa finalidade, sendo que o restante será pago na ordem cronológica de apresentação do precatório (red. EC 62/09).

§ 3º O disposto no *caput* deste artigo relativamente à expedição de precatórios não se aplica aos pagamentos de obrigações definidas em leis como de pequeno valor que as Fazendas referidas devam fazer em virtude de sentença judicial transitada em julgado (red. EC 62/09).

§ 4º Para os fins do disposto no § 3º, poderão ser fixados, por leis próprias, valores distintos às entidades de direito público, segundo as diferentes capacidades econômicas, sendo o mínimo igual ao valor do maior benefício do regime geral de previdência social (red. EC 62/09).

§ 5º É obrigatória a inclusão, no orçamento das entidades de direito público, de verba necessária ao pagamento de seus débitos, oriundos de sentenças transitadas em julgado, constantes de precatórios judiciários apresentados até 1º de julho, fazendo-se o pagamento até o final do exercício seguinte, quando terão seus valores atualizados monetariamente (red. EC 62/09).

§ 6º As dotações orçamentárias e os créditos abertos serão consignados diretamente ao Poder Judiciário, cabendo ao Presidente do Tribunal que proferir a decisão exequenda determinar o pagamento integral e autorizar, a requerimento do credor e exclusivamente para os casos de preterimento de seu direito de precedência ou de não alocação orçamentária do valor necessário à satisfação do seu débito, o sequestro da quantia respectiva (red. EC 62/09).

§ 7º O Presidente do Tribunal competente que, por ato comissivo ou omissivo, retardar ou tentar frustrar a liquidação regular de precatórios incorrerá em crime de responsabilidade e responderá, também, perante o Conselho Nacional de Justiça (incluído EC 62/09).

§ 8º É vedada a expedição de precatórios complementares ou suplementares de valor pago, bem como o fracionamento, repartição ou quebra do valor da execução para fins de enquadramento de parcela do total ao que dispõe o § 3º deste artigo (incluído EC 62/09).

§ 9º No momento da expedição dos precatórios, independentemente de regulamentação, deles deverá ser abatido, a título de compensação, valor correspondente aos débitos líquidos e certos, inscritos ou não em dívida ativa e constituídos contra o credor original pela Fazenda Pública devedora, incluídas parcelas vincendas de parcelamentos, ressalvados aqueles cuja execução esteja suspensa em virtude de contestação administrativa ou judicial (incluído EC 62/09).

§ 10. Antes da expedição dos precatórios, o Tribunal solicitará à Fazenda Pública devedora, para resposta em até 30 dias, sob pena de perda do direito de abatimento, informação sobre os débitos que preencham as condições estabelecidas no § 9º, para os fins nele previstos (incluído EC 62/09).

§ 11. É facultada ao credor, conforme estabelecido em lei da entidade federativa devedora, a entrega de créditos em precatórios para compra de imóveis públicos do respectivo ente federado (incluído EC 62/09).

§ 12. A partir da promulgação desta Emenda Constitucional, a atualização de valores de requisitórios, após sua expedição, até o efetivo pagamento, independentemente de sua natureza, será feita pelo índice oficial de remuneração básica da caderneta de poupança, e, para fins de compensação da mora, incidirão juros simples no mesmo percentual de juros incidentes sobre a caderneta de poupança, ficando excluída a incidência de juros compensatórios (incluído EC 62/09).

§ 13. O credor poderá ceder, total ou parcialmente, seus créditos em precatórios a terceiros, independentemente da concordância do devedor, não se aplicando ao cessionário o disposto nos §§ 2º e 3º (incluído EC 62/09).

§ 14. A cessão de precatórios somente produzirá efeitos após comunicação, por meio de petição protocolizada, ao tribunal de origem e à entidade devedora (incluído EC 62/09).

§ 15. Sem prejuízo do disposto neste artigo, lei complementar a esta Constituição Federal poderá estabelecer regime especial para pagamento de crédito de precatórios de Estados, Distrito Federal e Municípios, dispondo sobre vinculações à receita corrente líquida e forma e prazo de liquidação (incluído EC 62/09).

§ 16. A seu critério exclusivo e na forma de lei, a União poderá assumir débitos, oriundos de precatórios, de Estados, Distrito Federal e Municípios, refinanciando-os diretamente (incluído EC 62/09).

Seção II
Do Supremo Tribunal Federal

....

Art. 102. Compete ao Supremo Tribunal Federal, precipuamente, a guarda da Constituição, cabendo-lhe:

I – processar e julgar, originariamente:

a) a ação direta de inconstitucionalidade de lei ou ato normativo federal ou estadual e ação declaratória de constitucionalidade de lei ou ato normativo federal ou estadual (red. EC 3/93);

....

e) o litígio entre Estado estrangeiro ou organismo internacional e a União, o Estado, o Distrito Federal ou o Território;

....

o) os conflitos de competência entre o Superior Tribunal de Justiça e quaisquer tribunais, entre Tribunais Superiores, ou entre estes e qualquer outro tribunal;

....

q) o mandado de injunção, quando a elaboração da norma regulamentadora for atribuição do Presidente da República, do Congresso Nacional, da Câmara dos Deputados, do Senado Federal, das Mesas de uma dessas Casas Legislativas, do Tribunal de Contas da União, de um dos Tribunais Superiores, ou do próprio Supremo Tribunal Federal;

r) as ações contra o Conselho Nacional de Justiça e contra o Conselho Nacional do Ministério Público;

II – julgar, em recurso ordinário:

a) o *habeas corpus*, o mandado de segurança, o *habeas data* e o mandado de injunção decididos em única instância pelos Tribunais Superiores, se denegatória a decisão;

....

III – julgar, mediante recurso extraordinário, as causas decididas em única ou última instância, quando a decisão recorrida:

a) contrariar dispositivo desta Constituição;

b) declarar a inconstitucionalidade de tratado ou lei federal;

c) julgar válida lei ou ato de governo local contestado em face desta Constituição;

d) julgar válida lei local contestada em face de lei federal (red. EC 45/04).

§ 1º A arguição de descumprimento de preceito fundamental decorrente desta Constituição será apreciada pelo Supremo Tribunal Federal, na forma da lei (red. EC 3/93).

§ 2º As decisões definitivas de mérito, proferidas pelo Supremo Tribunal Federal, nas ações diretas de inconstitucionalidade e nas ações declaratórias de constitucionalidade produzirão eficácia contra todos e efeito vinculante, relativamente aos demais órgãos do Poder Judiciário e à administração pública direta e indireta, nas esferas federal, estadual e municipal (NRed. EC 45/04).

§ 3º No recurso extraordinário o recorrente deverá demonstrar a repercussão geral das questões constitucionais discutidas no caso, nos termos da lei, a fim de que o Tribunal examine a admissão do recurso, somente podendo recusá-lo pela manifestação de dois terços de seus membros (red. EC 45/04).

Art. 103. Podem propor a ação direta de inconstitucionalidade e a ação declaratória de constitucionalidade (NRed. EC 45/04):

....

IX – confederação sindical ou entidade de classe de âmbito nacional.

§ 1º O Procurador-Geral da República deverá ser previamente ouvido nas ações de inconstitucionalidade e em todos os processos de competência do Supremo Tribunal Federal.

....

Art. 103-A. O Supremo Tribunal Federal poderá, de ofício ou por provocação, mediante decisão de dois terços dos seus membros, após reiteradas decisões sobre matéria constitucional, aprovar súmula que, a partir de sua publicação na imprensa oficial, terá efeito vinculante em relação aos demais órgãos do Poder Judiciário e à administração pública direta e indireta, nas esferas federal, estadual e municipal, bem como proceder à sua revisão ou cancelamento, na forma estabelecida em lei (red. EC 45/04).

§ 1º A súmula terá por objetivo a validade, a interpretação e a eficácia de normas determinadas, acerca das quais haja controvérsia atual entre órgãos judiciários ou entre esses e a administração pública que acarrete grave insegurança jurídica e relevante multiplicação de processos sobre questão idêntica.

§ 2º Sem prejuízo do que vier a ser estabelecido em lei, a aprovação, revisão ou cancelamento de súmula poderá ser provocada por aqueles que podem propor a ação direta de inconstitucionalidade.

§ 3º Do ato administrativo ou decisão judicial que contrariar a súmula aplicável ou que indevidamente a aplicar, caberá reclamação ao Supremo Tribunal Federal que, julgando-a procedente, anulará o ato administrativo ou cassará a decisão judicial reclamada, e determinará que outra seja proferida com ou sem a aplicação da súmula, conforme o caso.

Art. 103-B. O Conselho Nacional de Justiça compõe-se de 15 membros com mandato de 2 anos, admitida uma recondução, sendo (red. EC 61/09):

I – o Presidente do Supremo Tribunal Federal (red. EC 61/09);

II – um Ministro do Superior Tribunal de Justiça, indicado pelo respectivo tribunal;

III – um Ministro do Tribunal Superior do Trabalho, indicado pelo respectivo tribunal;

IV – um desembargador de Tribunal de Justiça, indicado pelo Supremo Tribunal Federal;

V – um juiz estadual, indicado pelo Supremo Tribunal Federal;

VI – um juiz de Tribunal Regional Federal, indicado pelo Superior Tribunal de Justiça;

VII – um juiz federal, indicado pelo Superior Tribunal de Justiça;

VIII – um juiz de Tribunal Regional do Trabalho, indicado pelo Tribunal Superior do Trabalho;

IX – um juiz do trabalho, indicado pelo Tribunal Superior do Trabalho;

X – um membro do Ministério Público da União, indicado pelo Procurador-Geral da República;

XI – um membro do Ministério Público estadual, escolhido pelo Procurador-Geral da República dentre os nomes indicados pelo órgão competente de cada instituição estadual;

XII – dois advogados, indicados pelo Conselho Federal da Ordem dos Advogados do Brasil;

XIII – dois cidadãos, de notável saber jurídico e reputação ilibada, indicados um pela Câmara dos Deputados e outro pelo Senado Federal.

§ 1º O Conselho será presidido pelo Presidente do Supremo Tribunal Federal e, nas suas ausências e impedimentos, pelo Vice-Presidente do Supremo Tribunal Federal (red. EC 61/09).

§ 2º Os demais membros do Conselho serão nomeados pelo Presidente da República, depois de aprovada a escolha pela maioria absoluta do Senado Federal (red. EC 61/09).

§ 3º Não efetuadas, no prazo legal, as indicações previstas neste artigo, caberá a escolha ao Supremo Tribunal Federal.

§ 4º Compete ao Conselho o controle da atuação administrativa e financeira do Poder Judiciário e do cumprimento dos deveres funcionais dos juízes, cabendo-lhe, além de outras atribuições que lhe forem conferidas pelo Estatuto da Magistratura:

I – zelar pela autonomia do Poder Judiciário e pelo cumprimento do Estatuto da Magistratura, podendo expedir atos regulamentares, no âmbito de sua competência, ou recomendar providências;

II – zelar pela observância do art. 37 e apreciar, de ofício ou mediante provocação, a legalidade dos atos administrativos praticados por membros ou órgãos do Poder Judiciário, podendo desconstituí-los, revê-los ou fixar prazo para que se adotem as providências necessárias ao exato cumprimento da lei, sem prejuízo da competência do Tribunal de Contas da União;

III – receber e conhecer das reclamações contra membros ou órgãos do Poder Judiciário, inclusive contra seus serviços auxiliares, serventias e órgãos prestadores de serviços notariais e de registro que atuem por delegação do poder público ou oficializados, sem prejuízo da competência disciplinar e correicional dos tribunais, podendo avocar processos disciplinares em curso e determinar a remoção, a disponibilidade ou a aposentadoria com subsídios ou proventos proporcionais ao tempo de serviço e aplicar outras sanções administrativas, assegurada ampla defesa;

IV – representar ao Ministério Público, no caso de crime contra a administração pública ou de abuso de autoridade;

V – rever, de ofício ou mediante provocação, os processos disciplinares de juízes e membros de tribunais julgados há menos de um ano;

VI – elaborar semestralmente relatório estatístico sobre processos e sentenças prolatadas, por unidade da Federação, nos diferentes órgãos do Poder Judiciário;

VII – elaborar relatório anual, propondo as providências que julgar necessárias, sobre a situação do Poder Judiciário no País e as atividades do Conselho, o qual deve integrar mensagem do Presidente do Supremo Tribunal Federal a ser remetida ao Congresso Nacional, por ocasião da abertura da sessão legislativa.

§ 5º O Ministro do Superior Tribunal de Justiça exercerá a função de Ministro-Corregedor e ficará excluído da distribuição de processos no Tribunal, competindo-lhe, além das atribuições que lhe forem conferidas pelo Estatuto da Magistratura, as seguintes:

I – receber as reclamações e denúncias, de qualquer interessado, relativas aos magistrados e aos serviços judiciários;

II – exercer funções executivas do Conselho, de inspeção e de correição geral;

III – requisitar e designar magistrados, delegando-lhes atribuições, e requisitar servidores de juízos ou tribunais, inclusive nos Estados, Distrito Federal e Territórios.

§ 6º Junto ao Conselho oficiarão o Procurador-Geral da República e o Presidente do Conselho Federal da Ordem dos Advogados do Brasil.

§ 7º A União, inclusive no Distrito Federal e nos Territórios, criará ouvidorias de justiça, competentes para receber reclamações e denúncias de qualquer interessado contra membros ou órgãos do Poder Judiciário, ou contra seus serviços auxiliares, representando diretamente ao Conselho Nacional de Justiça.

Seção III

Do Superior Tribunal de Justiça

....

Art. 105. Compete ao Superior Tribunal de Justiça:

I – processar e julgar, originariamente:

....

d) os conflitos de competência entre quaisquer tribunais, ressalvado o disposto no art. 102, I, "o", bem como entre tribunal e juízes a ele não vinculados e entre juízes vinculados a tribunais diversos;

....

g) os conflitos de atribuições entre autoridades administrativas e judiciárias da União, ou entre autoridades judiciárias de um Estado e administrativas de outro ou do Distrito Federal, ou entre as deste e da União;

h) o mandado de injunção, quando a elaboração da norma regulamentadora for atribuição de órgão, entidade ou autoridade federal, da administração direta ou indireta, excetuados os casos de competência do Supremo Tribunal Federal e dos órgãos da Justiça Militar, da Justiça Eleitoral, da Justiça do Trabalho e da Justiça Federal;

II – julgar, em recurso ordinário:

....

c) as causas em que forem partes Estado estrangeiro ou organismo internacional, de um lado, e, do outro, Município ou pessoa residente ou domiciliada no País;

....

Seção IV

Dos Tribunais Regionais Federais e dos Juízes Federais

....

Art. 109. Aos juízes federais compete processar e julgar:

I – as causas em que a União, entidade autárquica ou empresa pública federal forem interessadas na condição de autoras, rés, assistentes ou oponentes, exceto as de falência, as de acidentes de trabalho e as sujeitas à Justiça Eleitoral e à Justiça do Trabalho;

II – as causas entre Estado estrangeiro ou organismo internacional e Município ou pessoa domiciliada ou residente no País;

....

VI – os crimes contra a organização do trabalho e, nos casos determinados por lei, contra o sistema financeiro e a ordem econômico-financeira;

VII – os *habeas corpus*, em matéria criminal de sua competência ou quando o constrangimento provier de autoridade cujos atos não estejam diretamente sujeitos a outra jurisdição;

....

§ 3º Serão processadas e julgadas na justiça estadual, no foro do domicílio dos segurados ou beneficiários, as causas em que forem parte instituição de previdência social e segurado, sempre que a comarca não seja sede de vara do juízo federal, e, se verificada essa condição, a lei poderá permitir que outras causas sejam também processadas e julgadas pela justiça estadual.

....

Seção V

Do Tribunal Superior do Trabalho, dos Tribunais Regionais do Trabalho e dos Juízes do Trabalho

Art. 111. São órgãos da Justiça do Trabalho:

I – o Tribunal Superior do Trabalho;

II – os Tribunais Regionais do Trabalho;

III – Juízes do Trabalho (red. EC 24/99).

§ 1º (Rev. EC 45/04.)

§ 2º (Rev. EC 45/04.)

§ 3º (Rev. EC 45/04.)

Art. 111-A. O Tribunal Superior do Trabalho compor-se-á de 27 Ministros, escolhidos dentre brasileiros com mais de 35 e menos de 65 anos, nomeados pelo Presidente da República após aprovação pela maioria absoluta do Senado Federal, sendo (red. EC 45/04):

I – 1/5 dentre advogados com mais de 10 anos de efetiva atividade profissional e membros do Ministério Público do Trabalho com mais de 10 anos de efetivo exercício, observado o disposto no art. 94;

II – os demais dentre juízes dos Tribunais Regionais do Trabalho, oriundos da magistratura da carreira, indicados pelo próprio Tribunal Superior.

§ 1º A lei disporá sobre a competência do Tribunal Superior do Trabalho.

§ 2º Funcionarão junto ao Tribunal Superior do Trabalho:

I – a Escola Nacional de Formação e Aperfeiçoamento de Magistrados do Trabalho, cabendo-lhe, dentre outras funções, regulamentar os cursos oficiais para o ingresso e promoção na carreira;

II – o Conselho Superior da Justiça do Trabalho, cabendo-lhe exercer, na forma da lei, a supervisão administrativa, orçamentária, financeira e patrimonial da Justiça do Trabalho de primeiro e segundo graus, como órgão central do sistema, cujas decisões terão efeito vinculante.

§ 3º Compete ao Tribunal Superior do Trabalho processar e julgar, originariamente, a reclamação para a preservação de sua competência e garantia da autoridade de suas decisões (red. EC 92/16).

Art. 112. A lei criará varas da Justiça do Trabalho, podendo, nas comarcas não abrangidas por sua jurisdição, atribuí-la aos juízes de direito, com recurso para o respectivo Tribunal Regional do Trabalho (NRed. EC 45/04).

Art. 113. A lei disporá sobre a constituição, investidura, jurisdição, competência, garantias e condições de exercício dos órgãos da Justiça do Trabalho (red. EC 24/99).

Art. 114. Compete à Justiça do Trabalho processar e julgar (NRed. EC 45/04):

I – as ações oriundas da relação de trabalho, abrangidos os entes de direito público externo e da administração pública direta e indireta da União, dos Estados, do Distrito Federal e dos Municípios (red. EC 45/04);

II – as ações que envolvam exercício do direito de greve (red. EC 45/04);

III – as ações sobre representação sindical, entre sindicatos, entre sindicatos e trabalhadores, e entre sindicatos e empregadores (red. EC 45/04);

IV – os mandados de segurança, *habeas corpus* e *habeas data*, quando o ato questionado envolver matéria sujeita à sua jurisdição (red. EC 45/04);

V – os conflitos de competência entre órgãos com jurisdição trabalhista, ressalvado o disposto no art. 102, I, "o" (red. EC 45/04);

VI – as ações de indenização por dano moral ou patrimonial, decorrentes da relação de trabalho (red. EC 45/04);

VII – as ações relativas às penalidades administrativas impostas aos empregadores pelos órgãos de fiscalização das relações de trabalho (red. EC 45/04);

VIII – a execução, de ofício, das contribuições sociais previstas no art. 195, I, "a", e II, e seus acréscimos legais, decorrentes das sentenças que proferir (red. EC 45/04);

IX – outras controvérsias decorrentes da relação de trabalho, na forma da lei (red. EC 45/04).

§ 1º Frustrada a negociação coletiva, as partes poderão eleger árbitros.

§ 2º Recusando-se qualquer das partes à negociação coletiva ou à arbitragem, é facultado às mesmas, de comum acordo, ajuizar dissídio coletivo de natureza econômica, podendo a Justiça do Trabalho decidir o conflito, respeitadas as disposições mínimas legais de proteção ao trabalho, bem como as convencionadas anteriormente (NRed. EC 45/04).

§ 3º Em caso de greve em atividade essencial, com possibilidade de lesão do interesse público, o Ministério Público do Trabalho poderá ajuizar dissídio coletivo, competindo à Justiça do Trabalho decidir o conflito (NRed. EC 45/04).

Art. 115. Os Tribunais Regionais do Trabalho compõem-se de, no mínimo, sete juízes, recrutados, quando possível, na respectiva região, e nomeados pelo Presidente da República dentre brasileiros com mais de 30 e menos de 65 anos, sendo (NRed. EC 45/04):

I – 1/5 dentre advogados com mais de 10 anos de efetiva atividade profissional e membros do Ministério Público do Trabalho com mais de 10 anos de efetivo exercício, observado o disposto no art. 94 (NRed. EC 45/04);

II – os demais, mediante promoção de juízes do trabalho por antiguidade e merecimento, alternadamente (NRed. EC 45/04).

§ 1º Os Tribunais Regionais do Trabalho instalarão a justiça itinerante, com a realização de audiências e demais funções de atividade jurisdicional, nos limites territoriais da respectiva jurisdição, servindo-se de equipamentos públicos e comunitários (red. EC 45/04).

§ 2º Os Tribunais Regionais do Trabalho poderão funcionar descentralizadamente, constituindo Câmaras regionais, a fim de assegurar o pleno acesso do jurisdicionado à justiça em todas as fases do processo (red. EC 45/04).

Art. 116. Nas Varas do Trabalho, a jurisdição será exercida por um juiz singular (red. EC 24/99).

Parágrafo único. (Rev. EC 24/99.)

Art. 117. (Rev. EC 24/99.)

....

Capítulo IV
DAS FUNÇÕES ESSENCIAIS À JUSTIÇA

Seção I
Do Ministério Público

Art. 127. O Ministério Público é instituição permanente, essencial à função jurisdicional do Estado, incumbindo-lhe a defesa da ordem jurídica, do regime democrático e dos interesses sociais e individuais indisponíveis.

§ 1º São princípios institucionais do Ministério Público a unidade, a indivisibilidade e a independência funcional.

§ 2º Ao Ministério Público é assegurada autonomia funcional e administrativa, podendo, observado o disposto no art. 169, propor ao Poder Legislativo a criação e extinção de seus cargos e serviços auxiliares, provendo-os por concurso público de provas ou de provas e títulos, a política remuneratória e os planos de carreira; a lei disporá sobre sua organização e funcionamento (red. EC 19/98).

Art. 128. O Ministério Público abrange:

I – o Ministério Público da União, que compreende:

....

b) o Ministério Público do Trabalho;

....

Art. 129. São funções institucionais do Ministério Público:

....

III – promover o inquérito civil e a ação civil pública, para a proteção do patrimônio público e social, do meio ambiente e de outros interesses difusos e coletivos;

IV – promover a ação de inconstitucionalidade ou representação para fins de intervenção da União e dos Estados, nos casos previstos nesta Constituição;

....

§ 1º A legitimação do Ministério Público para as ações civis previstas neste artigo não impede a de terceiros, nas mesmas hipóteses, segundo o disposto nesta Constituição e na lei.

....

Seção III
Da Advocacia

Art. 133. O advogado é indispensável à administração da justiça, sendo inviolável por seus atos e manifestações no exercício da profissão, nos limites da lei.

....

TÍTULO VI
DA TRIBUTAÇÃO E DO ORÇAMENTO

....

Capítulo II
DAS FINANÇAS PÚBLICAS

....

Seção II
Dos Orçamentos

....

Art. 169. A despesa com pessoal ativo e inativo da União, dos Estados, do Distrito Federal e dos Municípios não poderá exceder os limites estabelecidos em lei complementar (red. EC 19/98).

§ 1º A concessão de qualquer vantagem ou aumento de remuneração, a criação de cargos, empregos e funções ou alteração de estrutura de carreiras, bem como a admissão ou contratação de pessoal, a qualquer título, pelos órgãos e entidades da administração direta ou indireta, inclusive fundações instituídas e mantidas pelo poder público, só poderão ser feitas:

I – se houver prévia dotação orçamentária suficiente para atender às projeções de despesa de pessoal e aos acréscimos dela decorrentes;

II – se houver autorização específica na lei de diretrizes orçamentárias, ressalvadas as empresas públicas e as sociedades de economia mista (§ 1º e incs. I e II, red. EC 19/98).

§ 2º Decorrido o prazo estabelecido na lei complementar referida neste artigo para a adaptação aos parâmetros ali previstos, serão imediatamente suspensos todos os repasses de verbas federais ou estaduais aos Estados, ao Distrito Federal e aos Municípios que não observarem os referidos limites (red. EC 19/98).

§ 3º Para o cumprimento dos limites estabelecidos com base neste artigo, durante o prazo fixado na lei complementar referida no *caput*, a União, os Estados, o Distrito Federal e os Municípios adotarão as seguintes providências:

I – redução em pelo menos 20% das despesas com cargos em comissão e funções de confiança;

II – exoneração dos servidores não estáveis (§ 3º e incs. I e II, red. EC 19/98).

§ 4º Se as medidas adotadas com base no parágrafo anterior não forem suficientes para assegurar o cumprimento da determinação da lei complementar referida neste artigo, o servidor estável poderá perder o cargo, desde que ato normativo motivado de cada um dos Poderes especifique a atividade funcional, o órgão ou unidade administrativa objeto de redução de pessoal (red. EC 19/98).

§ 5º O servidor que perder o cargo na forma do parágrafo anterior fará jus a indenização correspondente a um mês de remuneração por ano de serviço (red. EC 19/98).

§ 6º O cargo objeto da redução prevista nos parágrafos anteriores será considerado extinto, vedada a criação de cargo, emprego ou função com atribuições iguais ou assemelhadas pelo prazo de 4 anos (red. EC 19/98).

§ 7º Lei federal disporá sobre as normas gerais a serem obedecidas na efetivação do disposto no § 4º (red. EC 19/98).

TÍTULO VII
DA ORDEM ECONÔMICA E FINANCEIRA

CAPÍTULO I
DOS PRINCÍPIOS GERAIS DA ATIVIDADE ECONÔMICA

Art. 173. Ressalvados os casos previstos nesta Constituição, a exploração direta de atividade econômica pelo Estado só será permitida quando necessária aos imperativos da segurança nacional ou a relevante interesse coletivo, conforme definidos em lei.

§ 1º A lei estabelecerá o estatuto jurídico da empresa pública, da sociedade de economia mista e de suas subsidiárias que explorem atividade econômica de produção ou comercialização de bens ou de prestação de serviços, dispondo sobre:

I – sua função social e formas de fiscalização pelo Estado e pela sociedade;

II – a sujeição ao regime jurídico próprio das empresas privadas, inclusive quanto aos direitos e obrigações civis, comerciais, trabalhistas e tributários;

III – licitação e contratação de obras, serviços, compras e alienações, observados os princípios da administração pública;

IV – a constituição e o funcionamento dos conselhos de administração e fiscal, com a participação de acionistas minoritários;

V – os mandatos, a avaliação de desempenho e a responsabilidade dos administradores (§ 1º e incs. I a V, red. EC 19/98).

§ 2º As empresas públicas e as sociedades de economia mista não poderão gozar de privilégios fiscais não extensivos às do setor privado.

§ 3º A lei regulamentará as relações da empresa pública com o Estado e a sociedade.

§ 4º A lei reprimirá o abuso do poder econômico que vise à dominação dos mercados, à eliminação da concorrência e ao aumento arbitrário dos lucros.

§ 5º A lei, sem prejuízo da responsabilidade individual dos dirigentes da pessoa jurídica, estabelecerá a responsabilidade desta, sujeitando-a às punições compatíveis com sua natureza, nos atos praticados contra a ordem econômica e financeira e contra a economia popular.

....

TÍTULO VIII
DA ORDEM SOCIAL

....

Capítulo II
DA SEGURIDADE SOCIAL

....

Seção I
Disposições Gerais

Art. 195. A seguridade social será financiada... mediante recursos provenientes dos orçamentos da União... das seguintes contribuições sociais:

I – do empregador, da empresa e da entidade a ela equiparada na forma da lei, incidentes sobre:

a) a folha de salários e demais rendimentos do trabalho pagos ou creditados, a qualquer título, à pessoa física que lhe preste serviços, mesmo sem vínculo empregatício;

b) a receita ou o faturamento;

c) o lucro;

II – do trabalhador e dos demais segurados da previdência social, não incidindo contribuição sobre aposentadoria e pensão concedidas pelo regime geral de previdência social de que trata o art. 201 (incs. I e II, red. EC 20/98);

....

§ 8º O produtor, o parceiro, o meeiro e o arrendatário rurais e o pescador artesanal, bem como os respectivos cônjuges, que exerçam suas atividades em regime de economia familiar, sem empregados permanentes, contribuirão para a seguridade social mediante a aplicação de uma alíquota sobre o resultado da comercialização da produção e farão jus aos benefícios nos termos da lei (red. EC 20/98).

§ 9º As contribuições sociais previstas no inciso I do *caput* deste artigo poderão ter alíquotas ou bases de cálculo diferenciadas, em razão da atividade econômica, da utilização intensiva de mão de obra, do porte da empresa ou da condição estrutural do mercado de trabalho (NRed. EC 47/05).

§ 10. A lei definirá os critérios de transferência de recursos para o sistema único de saúde e ações de assistência social da União para os Estados, o Distrito Federal e os Municípios, e dos Estados para os Municípios, observada a respectiva contrapartida de recursos (red. EC 20/98).

§ 11. É vedada a concessão de remissão ou anistia das contribuições sociais de que tratam os incisos I, "a", e II deste artigo, para débitos em montante superior ao fixado em lei complementar (red. EC 20/98).

....

Seção III
Da Previdência Social

Art. 201. A previdência social será organizada sob a forma de regime geral, de caráter contributivo e de filiação obrigatória, observados critérios que preservem o equilíbrio financeiro e atuarial, e atenderá, nos termos da lei, a (red. EC 20/98):

I – cobertura dos eventos de doença, invalidez, morte e idade avançada;

II – proteção à maternidade, especialmente à gestante;

III – proteção ao trabalhador em situação de desemprego involuntário;

IV – salário-família e auxílio-reclusão para os dependentes dos segurados de baixa renda;

V – pensão por morte do segurado, homem ou mulher, ao cônjuge ou companheiro e dependentes, observado o disposto no § 2º (incs. I a V, red. EC 20/98).

§ 1º É vedada a adoção de requisitos e critérios diferenciados para a concessão de aposentadoria aos beneficiários do regime geral de previdência social, ressalvados os casos de atividades exercidas sob condições especiais que prejudiquem a saúde ou a integridade física e quando se tratar de segurados portadores de deficiência, nos termos definidos em lei complementar (NRed. EC 47/05).

§ 2º Nenhum benefício que substitua o salário de contribuição ou o rendimento do trabalho do segurado terá valor mensal inferior ao salário mínimo (red. EC 20/98).

§ 3º Todos os salários de contribuição considerados para o cálculo de benefício serão devidamente atualizados, na forma da lei (red. EC 20/98).

§ 4º É assegurado o reajustamento dos benefícios para preservar-lhes, em caráter permanente, o valor real, conforme critérios definidos em lei (red. EC 20/98).

§ 5º É vedada a filiação ao regime geral de previdência social, na qualidade de segurado facultativo, de pessoa participante de regime próprio de previdência (red. EC 20/98).

§ 6º A gratificação natalina dos aposentados e pensionistas terá por base o valor dos proventos do mês de dezembro de cada ano (red. EC 20/98).

§ 7º É assegurada aposentadoria no regime geral de previdência social, nos termos da lei, obedecidas as seguintes condições:

I – 35 anos de contribuição, se homem, e 30 anos de contribuição, se mulher;

II – 65 anos de idade, se homem, e 60 anos de idade, se mulher, reduzido em 5 anos o limite para os trabalhadores rurais de ambos os sexos e para os que exerçam suas atividades em regime de economia familiar, nestes incluídos o produtor rural, o garimpeiro e o pescador artesanal (§ 7º e incs. I e II, red. EC 20/98).

§ 8º Os requisitos a que se refere o inciso I do parágrafo anterior serão reduzidos em 5 anos, para o professor que comprove exclusivamente tempo de efetivo exercício das funções de magistério na educação infantil e no ensino fundamental e médio (red. EC 20/98).

§ 9º Para efeito de aposentadoria, é assegurada a contagem recíproca do tempo de contribuição na administração pública e na atividade privada, rural e urbana, hipótese em que os diversos regimes de previdência social se compensarão financeiramente, segundo critérios estabelecidos em lei (red. EC 20/98).

§ 10. Lei disciplinará a cobertura do risco de acidente do trabalho, a ser atendida concorrentemente pelo regime geral de previdência social e pelo setor privado (red. EC 20/98).

§ 11. Os ganhos habituais do empregado, a qualquer título, serão incorporados ao salário para efeito de contribuição previdenciária e consequente repercussão em benefícios, nos casos e na forma da lei (red. EC 20/98).

§ 12. Lei disporá sobre sistema especial de inclusão previdenciária para atender a trabalhadores de baixa renda e àqueles sem renda própria que se dediquem exclusivamente ao trabalho doméstico no âmbito de sua residência, desde que pertencentes a famílias de baixa renda, garantindo-lhes acesso a benefícios de valor igual a um salário mínimo (NRed. EC 47/05).

§ 13. O sistema especial de inclusão previdenciária de que trata o § 12 deste artigo terá alíquotas e carências inferiores às vigentes para os demais segurados do regime geral de previdência social (red. EC 47/05).

Art. 202. O regime de previdência privada, de caráter complementar e organizado de forma autônoma em relação ao regime geral de previdência social, será facultativo, baseado na constituição de reservas que garantam o benefício contratado, e regulado por lei complementar (red. EC 20/98).

§ 1º A lei complementar de que trata este artigo assegurará ao participante de planos de benefícios de entidades de previdência privada o pleno acesso às informações relativas à gestão de seus respectivos planos (red. EC 20/98).

§ 2º As contribuições do empregador, os benefícios e as condições contratuais previstas nos estatutos, regulamentos e planos de benefícios das entidades de previdência privada não integram o contrato de trabalho dos participantes, assim como, à exceção dos benefícios concedidos, não integram a remuneração dos participantes, nos termos da lei (red. EC 20/98).

§ 3º É vedado o aporte de recursos a entidade de previdência privada pela União, Estados, Distrito Federal e Municípios, suas autarquias, fundações, empresas públicas, sociedades de economia mista e outras entidades públicas, salvo na qualidade de patrocinador, situação na qual, em hipótese alguma, sua contribuição normal poderá exceder a do segurado (red. EC 20/98).

§ 4º Lei complementar disciplinará a relação entre a União, Estados, Distrito Federal ou Municípios, inclusive suas autarquias, fundações, sociedades de economia mista e empresas controladas direta ou indiretamente, enquanto patrocinadoras de entidades fechadas de previdência privada, e suas respectivas entidades fechadas de previdência privada (red. EC 20/98).

§ 5º A lei complementar de que trata o parágrafo anterior aplicar-se-á, no que couber, às empresas privadas permissionárias ou concessionárias de prestação de serviços públicos, quando patrocinadoras de entidades fechadas de previdência privada (red. EC 20/98).

§ 6º A lei complementar a que se refere o § 4º deste artigo estabelecerá os requisitos para a designação dos membros das diretorias das entidades fechadas de previdência privada e disciplinará a inserção dos participantes nos colegiados e instâncias de decisão em que seus interesses sejam objeto de discussão e deliberação (red. EC 20/98).

....

CAPÍTULO III
DA EDUCAÇÃO, DA CULTURA E DO DESPORTO

Seção I
Da educação

....

Art. 206. O ensino será ministrado com base nos seguintes princípios:

....

V – valorização dos profissionais da educação escolar, garantidos, na forma da lei, planos de carreira, com ingresso exclusivamente por concurso público de provas e títulos, aos das redes públicas (red. EC 53/06).

....

Art. 207. As universidades gozam de autonomia didático-científica, administrativa e de gestão financeira e patrimonial, e obedecerão ao princípio de indissociabilidade entre ensino, pesquisa e extensão.

§ 1º É facultado às universidades admitir professores, técnicos e cientistas estrangeiros, na forma da lei (red. EC 11/96).

§ 2º O disposto neste artigo aplica-se às instituições de pesquisa científica e tecnológica (red. EC 11/96).

....

Seção III
Do desporto

Art. 217. ....

§ 1º O Poder Judiciário só admitirá ações relativas à disciplina e às competições desportivas após esgotarem-se as instâncias da justiça desportiva, reguladas em lei.

§ 2º A justiça desportiva terá o prazo máximo de sessenta dias, contados da instauração do processo, para proferir decisão final.

....

CAPÍTULO IV
DA CIÊNCIA E TECNOLOGIA

Art. 218. O Estado promoverá e incentivará o desenvolvimento científico, a pesquisa, a capacitação científica e tecnológica e a inovação.

....

§ 4º A lei apoiará e estimulará as empresas que invistam em pesquisa, criação de tecnologia adequada ao País, formação e aperfeiçoamento de seus recursos humanos e que pratiquem sistemas de remuneração que assegurem ao empregado, desvinculada do salário, participação nos ganhos econômicos resultantes da produtividade de seu trabalho.

....

CAPÍTULO VII
DA FAMÍLIA, DA CRIANÇA, DO ADOLESCENTE, DO JOVEM E DO IDOSO

....

Art. 227. É dever da família, da sociedade e do Estado assegurar à criança, ao adolescente e ao jovem, com absoluta prioridade, o direito à vida, à saúde, à alimentação, à educação, ao lazer, à profissionalização, à cultura, à dignidade, ao respeito, à liberdade e à convivência familiar e comunitária, além de colocá-los a salvo de toda forma de negligência, discriminação, exploração, violência, crueldade e opressão (NRed. EC 65/10).

....

§ 3º O direito a proteção especial abrangerá os seguintes aspectos:

I – idade mínima de 14 anos para admissão ao trabalho, observado o disposto no art. 7º, XXXIII;

II – garantia de direitos previdenciários e trabalhistas;

III – garantia de acesso do trabalhador adolescente e jovem à escola (NRed. EC 65/10);

....

TÍTULO IX
DAS DISPOSIÇÕES CONSTITUCIONAIS GERAIS

....

Art. 246. É vedada a adoção de medida provisória na regulamentação de artigo da Constituição cuja redação tenha sido alterada por meio de emenda promulgada entre 1º de janeiro de 1995 até a promulgação desta emenda, inclusive (red. EC 32/01).

Art. 247. As leis previstas no inciso III do § 1º do art. 41 e no § 7º do art. 169 estabelecerão critérios e garantias especiais para a perda do cargo pelo servidor público estável que, em decorrência das atribuições de seu cargo efetivo, desenvolva atividades exclusivas de Estado (red. EC 19/98).

Parágrafo único. Na hipótese de insuficiência de desempenho, a perda do cargo somente ocorrerá mediante processo administrativo em que lhe sejam assegurados o contraditório e a ampla defesa (red. EC 19/98).

....

ATO DAS DISPOSIÇÕES CONSTITUCIONAIS TRANSITÓRIAS

....

Art. 8º É concedida anistia aos que, no período de 18 de setembro de 1946 até a data da promulgação da Constituição, foram atingidos, em decorrência de motivação exclusivamente política, por atos de exceção, institucionais ou complementares, aos que foram abrangidos pelo Decreto Legislativo n. 18, de 15 de dezembro de 1961, e aos atingidos pelo Decreto-Lei n. 864, de 12 de setembro de 1969, asseguradas as promoções, na inatividade, ao cargo, emprego, posto ou graduação a que teriam direito se estivessem em serviço ativo, obedecidos os prazos de permanência em atividade previstos nas leis e regulamentos vigentes, respeitadas as características e peculiaridades das carreiras dos servidores públicos civis e militares e observados os respectivos regimes jurídicos.

§ 1º O disposto neste artigo somente gerará efeitos financeiros a partir da promulgação da Constituição, vedada a remuneração de qualquer espécie em caráter retroativo.

§ 2º Ficam assegurados os benefícios estabelecidos neste artigo aos trabalhadores do setor privado, dirigentes e representantes sindicais que, por motivos exclusivamente políticos, tenham sido punidos, demitidos ou compelidos ao afastamento das atividades remuneradas que exerciam, bem como aos que foram impedidos de exercer atividades profissionais em virtude de pressões ostensivas ou expedientes oficiais sigilosos.

§ 3º Aos cidadãos que foram impedidos de exercer, na vida civil, atividade profissional específica, em decorrência das Portarias Reservadas do Ministério da Aeronáutica n. S-50-GM5, de 19 de junho de 1964, e n. S-285-GM5 será concedida reparação de natureza econômica, na forma que dispuser lei de iniciativa do Congresso Nacional e a entrar em vigor no prazo de 12 meses a contar da promulgação da Constituição.

§ 4º Aos que, por força de atos institucionais, tenham exercido gratuitamente mandato eletivo de vereador, serão computados, para efeito de aposentadoria no serviço público e previdência social, os respectivos períodos.

§ 5º A anistia concedida nos termos deste artigo aplica-se aos servidores públicos civis e aos empregados em todos os níveis de governo ou em suas fundações, empresas públicas ou empresas mistas sob controle estatal, exceto nos Ministérios militares, que tenham sido punidos ou demitidos por atividades profissionais interrompidas em virtude de decisão de seus trabalhadores, bem como em decorrência do Decreto-Lei n. 1.632, de 4 de agosto de 1978, ou por motivos exclusivamente políticos, assegurada a readmissão dos que foram atingidos a partir de 1979, observado o disposto no § 1º.

Art. 9º Os que, por motivos exclusivamente políticos, foram cassados ou tiveram seus direitos políticos suspensos no período de 15 de julho a 31 de dezembro de 1969, por ato do então Presidente da República, poderão requerer ao Supremo Tribunal Federal o reconhecimento dos direitos e vantagens interrompidos pelos atos punitivos, desde que comprovem terem sido estes eivados de vício grave.

....

Parágrafo único. O Supremo Tribunal Federal proferirá a decisão no prazo de 120 dias, a contar do pedido do interessado.

Art. 10. Até que seja promulgada a lei complementar a que se refere o art. 7º, I, da Constituição:

I – fica limitada a proteção nele referida ao aumento, para 4 vezes, da porcentagem prevista no art. 6º, *caput* e § 1º, da Lei n. 5.107, de 13 de setembro de 1966;

II – fica vedada a dispensa arbitrária ou sem justa causa:

a) do empregado eleito para cargo de direção de comissões internas de prevenção de acidentes, desde o registro de sua candidatura até um ano após o final de seu mandato;

b) da empregada gestante, desde a confirmação da gravidez até 5 meses após o parto.

§ 1º Até que a lei venha a disciplinar o disposto no art. 7º, XIX, da Constituição, o prazo da licença-paternidade a que se refere o inciso é de 5 dias.

§ 2º Até ulterior disposição legal, a cobrança das contribuições para o custeio das atividades dos sindicatos rurais será feita juntamente com a do imposto territorial rural, pelo mesmo órgão arrecadador.

§ 3º Na primeira comprovação do cumprimento das obrigações trabalhistas pelo empregador rural, na forma do art. 233, após a promulgação da Constituição, será certificada perante a Justiça do Trabalho a regularidade do contrato e das atualizações das obrigações trabalhistas de todo o período.

....

Art. 18. Ficam extintos os efeitos jurídicos de qualquer ato legislativo ou administrativo, lavrado a partir da instalação da Assembleia Nacional Constituinte, que tenha por objeto a concessão de estabilidade a servidor admitido sem concurso público, da administração direta ou indireta, inclusive das fundações instituídas e mantidas pelo Poder Público.

Art. 19. Os servidores públicos civis da União, dos Estados, do Distrito Federal e dos Municípios, da administração direta, autárquica e das fundações públicas, em exercício na data da promulgação da Constituição, há pelo menos 5 anos continuados, e que não tenham sido admitidos na forma regulada no art. 37, da Constituição, são considerados estáveis no serviço público.

....

Art. 24. A União, os Estados, o Distrito Federal e os Municípios editarão leis que estabeleçam critérios para a compatibilização de seus quadros de pessoal ao disposto no art. 39 da Constituição e à reforma administrativa dela decorrente, no prazo de 18 meses, contados da sua promulgação.

....

Art. 27. O Superior Tribunal de Justiça será instalado sob a Presidência do Supremo Tribunal Federal.

....

§ 10. Compete à Justiça Federal julgar as ações nela propostas até a data da promulgação da Constituição, e aos Tribunais Regionais Federais bem como ao Superior Tribunal de Justiça julgar as ações rescisórias das decisões até então proferidas pela Justiça Federal, inclusive daquelas cuja matéria tenha passado à competência de outro ramo do Judiciário.

....

Art. 29. Enquanto não aprovadas as leis complementares relativas ao Ministério Público e à Advocacia-Geral da União, o Ministério Público Federal, a Procuradoria-Geral da Fazenda Nacional, as Consultorias Jurídicas dos Ministérios, as Procuradorias e Departamentos Jurídicos de autarquias federais com representação própria e os membros das Procuradorias das Universidades fundacionais públicas continuarão a exercer suas atividades na área das respectivas atribuições.

§ 1º O Presidente da República, no prazo de 120 dias, encaminhará ao Congresso Nacional projeto de lei complementar dispondo sobre a organização e o funcionamento da Advocacia-Geral da União.

§ 2º Aos atuais Procuradores da República, nos termos da lei complementar, será facultada a opção, de forma irretratável, entre as carreiras do Ministério Público Federal e da Advocacia-Geral da União.

§ 3º Poderá optar pelo regime anterior, no que respeita às garantias e vantagens, o membro do Ministério Público admitido antes da promulgação da Constituição, observando-se, quanto às vedações, a situação jurídica na data desta.

§ 4º Os atuais integrantes do quadro suplementar dos Ministérios Públicos do Trabalho e Militar que tenham adquirido estabilidade nessas funções passam a integrar o quadro da respectiva carreira.

§ 5º Cabe à atual Procuradoria-Geral da Fazenda Nacional, diretamente ou por delegação, que pode ser ao Ministério Público Estadual, representar judicialmente a União nas causas de natureza fiscal, na área da respectiva competência, até a promulgação das leis complementares previstas neste artigo.

....

Art. 33. Ressalvados os créditos de natureza alimentar, o valor dos precatórios judiciais pendentes de pagamento na data da promulgação da Constituição, incluído o remanescente de juros e correção monetária, poderá ser pago em moeda corrente, com atualização, em prestações anuais, iguais e sucessivas, no prazo máximo de 8 anos, a partir de 1º de julho de 1989, por decisão editada pelo Poder Executivo até 180 dias da promulgação da Constituição.

Parágrafo único. Poderão as entidades devedoras, para o cumprimento do disposto neste artigo, emitir, em cada ano, no exato montante do dispêndio, títulos de dívida pública não computáveis para efeito do limite global de endividamento.

....

Art. 46. São sujeitos à correção monetária desde o vencimento, até seu efetivo pagamento, sem interrupção ou suspensão, os créditos junto a entidades submetidas aos regimes de intervenção ou liquidação extrajudicial, mesmo quando esses regimes sejam convertidos em falência.

Parágrafo único. O disposto neste artigo aplica-se também:

....

III – aos créditos anteriores à promulgação da Constituição;

IV – aos créditos das entidades da administração pública anteriores à promulgação da Constituição, não liquidados até 1º de janeiro de 1988.

....

Art. 78. Ressalvados os créditos definidos em lei como de pequeno valor, os de natureza alimentícia, os de que trata o art. 33 deste Ato das Disposições Constitucionais Transitórias e suas complementações e os que já tiverem os seus respectivos recursos liberados ou depositados em juízo, os precatórios pendentes na data de promulgação desta Emenda e os que decorram de ações iniciais ajuizadas até 31 de dezembro de 1999 serão liquidados pelo seu valor real, em moeda corrente, acrescido de juros legais, em prestações anuais, iguais e sucessivas, no prazo máximo de 10 anos, permitida a cessão dos créditos (red. EC 30/00).

§ 1º É permitida a decomposição de parcelas, a critério do credor (red. EC 30/00).

§ 2º As prestações anuais a que se refere o *caput* deste artigo terão, se não liquidadas até o final do exercício a que se referem, poder liberatório do pagamento de tributos da entidade devedora (red. EC 30/00).

§ 3º O prazo referido no *caput* deste artigo fica reduzido para 2 anos, nos casos de precatórios judiciais originários de desapropriação de imóvel residencial do credor, desde que comprovadamente único à época da imissão na posse (red. EC 30/00).

§ 4º O Presidente do Tribunal competente deverá, vencido o prazo ou em caso de omissão no orçamento, ou preterição ao direito de precedência, a requerimento do credor, requisitar ou determinar o sequestro de recursos financeiros da entidade executada, suficientes à satisfação da prestação (red. EC 30/00).

EMENDAS À CONSTITUIÇÃO

Emenda Constitucional 19, de 4 de junho de 1998

Administração Pública, servidores e agentes políticos.

....

Art. 28. É assegurado o prazo de 2 anos de efetivo exercício para aquisição da estabilidade aos atuais servidores em estágio probatório, sem prejuízo da avaliação a que se refere o § 4º do art. 41 da Constituição Federal.

Art. 29. Os subsídios, vencimentos, remuneração, proventos da aposentadoria e pensões e quaisquer outras espécies remuneratórias adequar-se-ão, a partir da promulgação desta Emenda, aos limites decorrentes da Constituição Federal, não se admitindo a percepção de excesso a qualquer título.

....

Art. 31. Os servidores públicos federais da administração direta e indireta, os servidores municipais e os integrantes da carreira policial militar dos ex-Territórios Federais do Amapá e de Roraima que comprovadamente encontravam-se no exercício regular de suas funções prestando serviços àqueles ex-Territórios na data em que foram transformados em Estados, os servidores e os policiais militares admitidos regularmente pelos governos dos Estados do Amapá e de Roraima no período entre a transformação e a efetiva instalação desses Estados em outubro de 1993 e, ainda, os servidores nesses Estados com vínculo funcional já reconhecido pela União integrarão, mediante opção, quadro em extinção da administração federal.

§ 1º O enquadramento referido no *caput* para os servidores ou para os policiais militares admitidos regularmente entre a transformação e a instalação dos Estados em outubro de 1993 deverá dar-se no cargo em que foram originariamente admitidos ou em cargo equivalente.

§ 2º Os integrantes da carreira policial militar a que se refere o *caput* continuarão prestando serviços aos respectivos Estados, na condição de cedidos, submetidos às disposições estatutárias a que estão sujeitas as corporações das respectivas Polícias Militares, observados as atribuições de função compatíveis com seu grau hierárquico e o direito às devidas promoções.

§ 3º Os servidores a que se refere o *caput* continuarão prestando serviços aos respectivos Estados e a seus Municípios, na condição de cedidos, até seu aproveitamento em órgão ou entidade da administração federal direta, autárquica ou fundacional. (EC 79/14)

....

Art. 33. Consideram-se servidores não estáveis, para os fins do art. 169, § 3º, II, da Constituição Federal aqueles admitidos na administração direta, autárquica e fundacional sem concurso público de provas ou de provas e títulos após o dia 5 de outubro de 1983.

.... (*DOU*, 5.6.98)

Emenda Constitucional 20, de 15 de dezembro de 1998

Previdência Social.

....

Art. 3º É assegurada a concessão de aposentadoria e pensão, a qualquer tempo, aos servidores públicos e aos segurados do regime geral de previdência social, bem como aos seus dependentes, que, até a data da publicação desta Emenda, tenham cumprido os requisitos para a obtenção destes benefícios, com base nos critérios da legislação então vigente.

§ 1º O servidor de que trata este artigo, que tenha completado as exigências para aposentadoria integral e que opte por permanecer em atividade fará jus à isenção da contribuição previdenciária até completar as exigências para aposentadoria contidas no art. 40, § 1º, III, *a*, da Constituição Federal.

§ 2º Os proventos da aposentadoria a ser concedida aos servidores públicos referidos no *caput*, em termos integrais ou proporcionais ao tempo de serviço já exercido até a data de publicação desta Emenda, bem como as pensões de seus dependentes, serão calculados de acordo com a legislação em vigor à época em que foram atendidas as prescrições nela estabelecidas para a concessão destes benefícios ou nas condições da legislação vigente.

§ 3º São mantidos todos os direitos e garantias assegurados nas disposições constitucionais vigentes à data de publicação desta Emenda aos servidores e militares, inativos e pensionistas, aos anistiados e aos ex-combatentes, assim como àqueles que já cumpriram, até aquela data, os requisitos para usufruírem tais direitos, observado o disposto no art. 37, XI, da Constituição Federal.

....

Art. 4º Observado o disposto no art. 40, § 10, da Constituição Federal, o tempo de serviço considerado pela legislação vigente para efeito de aposentadoria, cumprido até que a lei discipline a matéria, será contado como tempo de contribuição.

Art. 5º O disposto no art. 202, § 3º, da Constituição Federal, quanto à exigência de paridade entre a contribuição da patrocinadora e a contribuição do segurado, terá vigência no prazo de 2 anos a partir da publicação desta Emenda, ou, caso ocorra antes, na data de publicação da lei complementar a que se refere o § 4º do mesmo artigo.

Art. 6º As entidades fechadas de previdência privada patrocinadas por entidades públicas, inclusive empresas públicas e sociedades de economia mista, deverão rever, no prazo de 2 anos, a contar da publicação desta Emenda, seus planos de benefícios e serviços, de modo a ajustá-los atuarialmente a seus ativos, sob pena de intervenção, sendo seus dirigentes e os de suas respectivas patrocinadoras responsáveis civil e criminalmente pelo descumprimento do disposto neste artigo.

Art. 7º Os projetos das leis complementares previstos no art. 202 da Constituição Federal deverão ser apresentados ao Congresso Nacional no prazo máximo de 90 dias após a publicação desta Emenda.

....

Art. 9º Observado o disposto no art. 4º desta Emenda e ressalvado o direito de opção a aposentadoria pelas normas por ela estabelecidas para o regime geral de previdência social, é assegurado o direito à aposentadoria ao segurado que se tenha filiado ao regime geral de previdência social, até a data de publicação desta Emenda, quando, cumulativamente, atender aos seguintes requisitos:

I – contar com 53 anos de idade, se homem, e 48 anos de idade, se mulher; e

II – contar tempo de contribuição igual, no mínimo, à soma de:

a) 35 anos, se homem, e 30 anos, se mulher; e

b) um período adicional de contribuição equivalente a 20% do tempo que, na data da publicação desta Emenda, faltaria para atingir o limite de tempo constante da alínea anterior.

§ 1º O segurado de que trata este artigo, desde que atendido o disposto no inciso I do *caput*, e observado o disposto no art. 4º desta Emenda, pode aposentar-se com valores proporcionais ao tempo de contribuição, quando atendidas as seguintes condições:

I – contar tempo de contribuição igual, no mínimo, à soma de:

a) 30 anos, se homem, e 25 anos, se mulher; e

b) um período adicional de contribuição equivalente a 40% do tempo que, na data da publicação desta Emenda, faltaria para atingir o limite de tempo constante da alínea anterior;

II – o valor da aposentadoria proporcional será equivalente a 70% do valor da aposentadoria a que se refere o *caput*, acrescido de 5% por ano de contribuição que supere a soma a que se refere o inciso anterior, até o limite de 100%.

§ 2º O professor que, até a data da publicação desta Emenda, tenha exercido atividade de magistério e que opte por aposentar-se na forma do disposto no *caput* , terá o tempo de serviço exercido até a publicação desta Emenda contado com o acréscimo de 17%, se homem, e de 20%, se mulher, desde que se aposente, exclusivamente, com tempo de efetivo exercício de atividade de magistério.

....

Art. 11. A vedação prevista no art. 37, § 10, da Constituição Federal, não se aplica aos membros de poder e aos inativos, servidores e militares, que, até a publicação desta Emenda, tenham ingressado novamente no serviço público por concurso público de provas ou de provas e títulos, e pelas demais formas previstas na Constituição Federal, sendo-lhes proibida a percepção de mais de uma aposentadoria pelo regime de previdência a que se refere o art. 40 da Constituição Federal, aplicando-se-lhes, em qualquer hipótese, o limite de que trata o § 11 deste mesmo artigo.

Art. 12. Até que produzam efeitos as leis que irão dispor sobre as contribuições de que trata o art. 195 da Constituição Federal, são exigíveis as estabelecidas em lei, destinadas ao custeio da seguridade social e dos diversos regimes previdenciários.

Art. 13. Até que a lei discipline o acesso ao salário-família e auxílio-reclusão para os servidores, segurados e seus dependentes, esses benefícios serão concedidos apenas àqueles que tenham renda bruta mensal igual ou inferior a R$ 360,00 que, até a publicação da lei, serão corrigidos pelos mesmos índices aplicados aos benefícios do regime geral de previdência social.

Art. 14. O limite máximo para o valor dos benefícios do regime geral de previdência social de que trata o art. 201 da Constituição Federal é fixado em R$ 1.200,00 devendo, a partir da data da publicação desta Emenda, ser reajustado de forma a preservar, em caráter permanente, seu valor real, atualizado pelos mesmos índices aplicados aos benefícios do regime geral de previdência social.

Art. 15. Até que a lei complementar a que se refere o art. 201, § 1º, da Constituição Federal, seja publicada, permanece em vigor o disposto nos arts. 57 e 58 da Lei n. 8.213, de 24 de julho de 1991, na redação vigente à data da publicação desta Emenda.

................................(*DOU*, 16.12.98).

Emenda Constitucional 24, de 9 de dezembro de 1999

Representação Classista.

....

Art. 2º É assegurado o cumprimento dos mandatos dos atuais ministros classistas temporários do Tribunal Superior do Trabalho e dos atuais juízes classistas temporários dos Tribunais Regionais do Trabalho e das Juntas de Conciliação e Julgamento.

................................(*DOU*, 10.12.99).

Emenda Constitucional 32, de 11 de setembro de 2001

Congresso Nacional. Processo Legislativo, Medida Provisória.

....

Art. 2º As medidas provisórias editadas em data anterior à da publicação desta emenda continuam em vigor até que medida provisória ulterior as revogue explicitamente ou até deliberação definitiva do Congresso Nacional.

................................(*DOU*, 12.9.01).

Emenda Constitucional 41, de 19 de dezembro de 2003

Aposentadoria, servidor público.

....

Art. 2º Observado o disposto no art. 4º da Emenda Constitucional n. 20, de 15 de dezembro de 1998, é assegurado o direito de opção pela aposentadoria voluntária com proventos calculados de acordo com o art. 40, §§ 3º e 17, da Constituição Federal, àquele que tenha ingressado regularmente em cargo efetivo na Administração Pública direta, autárquica e fundacional, até a data de publicação daquela Emenda, quando o servidor, cumulativamente:

I – tiver 53 anos de idade, se homem, e 48 anos de idade, se mulher;

II – tiver 5 anos de efetivo exercício no cargo em que se der a aposentadoria;

III – contar tempo de contribuição igual, no mínimo, à soma de:

a) 35 anos, se homem, e 30 anos, se mulher; e

b) um período adicional de contribuição equivalente a 20% do tempo que, na data de publicação daquela Emenda, faltaria para atingir o limite de tempo constante da alínea *a* deste inciso.

§ 1º O servidor de que trata este artigo que cumprir as exigências para aposentadoria na forma do *caput* terá os seus proventos de inatividade reduzidos para cada ano antecipado em relação aos limites de idade estabelecidos pelo art. 40, § 1º, III, *a*, e § 5º da Constituição Federal, na seguinte proporção:

I – 3,05% por cento, para aquele que completar as exigências para aposentadoria na forma do *caput* até 31 de dezembro de 2005;

II – 5%, para aquele que completar as exigências para aposentadoria na forma do *caput* a partir de 1º de janeiro de 2006.

§ 2º Aplica-se ao magistrado e ao membro do Ministério Público e de Tribunal de Contas o disposto neste artigo.

§ 3º Na aplicação do disposto no § 2º deste artigo, o magistrado ou o membro do Ministério Público ou de Tribunal de Contas, se homem, terá o tempo de serviço exercido até a data de publicação da Emenda Constitucional n. 20, de 15 de dezembro de 1998, contado com acréscimo de 17%, observado o disposto no § 1º deste artigo.

§ 4º O professor, servidor da União, dos Estados, do Distrito Federal e dos Municípios, incluídas suas autarquias e fundações, que, até a data de publicação da Emenda Constitucional n. 20, de 15 de dezembro de 1998, tenha ingressado, regularmente, em cargo efetivo de magistério e que opte por aposentar-se na forma do disposto no *caput*, terá o tempo de serviço exercido até a publicação daquela Emenda contado com o acréscimo de 17%, se homem, e de 20%, se mulher, desde que se aposente, exclusivamente, com tempo de efetivo exercício nas funções de magistério, observado o disposto no § 1º.

§ 5º O servidor de que trata este artigo, que tenha completado as exigências para aposentadoria voluntária estabelecidas no *caput* , e que opte por permanecer em atividade, fará jus a um abono de permanência equivalente ao valor da sua contribuição previdenciária até completar as exigências para aposentadoria compulsória contidas no art. 40, § 1º, II, da Constituição Federal.

§ 6º Às aposentadorias concedidas de acordo com este artigo aplica-se o disposto no art. 40, § 8º, da Constituição Federal.

Art. 3º É assegurada a concessão, a qualquer tempo, de aposentadoria aos servidores públicos, bem como pensão aos seus dependentes, que, até a data de publicação desta Emenda, tenham cumprido todos os requisitos para obtenção desses benefícios, com base nos critérios da legislação então vigente.

§ 1º O servidor de que trata este artigo que opte por permanecer em atividade tendo completado as exigências para aposentadoria voluntária e que conte com, no mínimo, 25 anos de contribuição, se mulher, ou 30 anos de contribuição, se homem, fará jus a um abono de permanência equivalente ao valor da sua contribuição previdenciária até completar as exigências para aposentadoria compulsória contidas no art. 40, § 1º, II, da Constituição Federal.

§ 2º Os proventos da aposentadoria a ser concedida aos servidores públicos referidos no *caput*, em termos integrais ou proporcionais ao tempo de contribuição já exercido até a data de publicação desta Emenda, bem como as pensões de seus dependentes, serão calculados de acordo com a legislação em vigor à época em que foram atendidos os requisitos nela estabelecidos para a concessão desses benefícios ou nas condições da legislação vigente.

Art. 4º Os servidores inativos e os pensionistas da União, dos Estados, do Distrito Federal e dos Municípios, incluídas suas autarquias e fundações, em gozo de benefícios na data de publicação desta Emenda, bem como os alcançados pelo disposto no seu art. 3º, contribuirão para o custeio do regime de que trata o art. 40 da Constituição Federal com percentual igual ao estabelecido para os servidores titulares de cargos efetivos.

Parágrafo único. A contribuição previdenciária a que se refere o *caput* incidirá apenas sobre a parcela dos proventos e das pensões que supere:

I – 50% do limite máximo estabelecido para os benefícios do regime geral de previdência social de que trata o art. 201 da Constituição Federal, para os servidores inativos e os pensionistas dos Estados, do Distrito Federal e dos Municípios;

II – 60% do limite máximo estabelecido para os benefícios do regime geral de previdência social de que trata o art. 201 da Constituição Federal, para os servidores inativos e os pensionistas da União.

Art. 5º O limite máximo para o valor dos benefícios do regime geral de previdência social de que trata o art. 201 da Constituição Federal é fixado em R$ 2.400,00 devendo, a partir da data de publicação desta Emenda, ser reajustado de forma a preservar, em caráter permanente, seu valor real, atualizado pelos mesmos índices aplicados aos benefícios do regime geral de previdência social.

Art. 6º Ressalvado o direito de opção à aposentadoria pelas normas estabelecidas pelo art. 40 da Constituição Federal ou pelas regras estabelecidas pelo art. 2º desta Emenda, o servidor da União, dos Estados, do Distrito Federal e dos Municípios, incluídas suas autarquias e fundações, que tenha ingressado no serviço público até a data de publicação desta Emenda poderá aposentar-se com proventos integrais, que corresponderão à totalidade da remuneração do servidor no cargo efetivo em que se der a aposentadoria, na forma da lei, quando, observadas as reduções de idade e tempo de contribuição contidas no § 5º do art. 40 da Constituição Federal, vier a preencher, cumulativamente, as seguintes condições:

I – 60 anos de idade, se homem, e 55 anos de idade, se mulher;

II – 35 anos de contribuição, se homem, e 30 anos de contribuição, se mulher;

III – 20 anos de efetivo exercício no serviço público; e

IV – 10 anos de carreira e 5 anos de efetivo exercício no cargo em que se der a aposentadoria.

Parágrafo único. Os proventos das aposentadorias concedidas conforme este artigo serão revistos na mesma proporção e na mesma data, sempre que se modificar a remuneração dos servidores em atividade, na forma da lei, observado o disposto no art. 37, XI, da Constituição Federal. (Rev. EC 47/05)

Art. 6º-A. O servidor da União, dos Estados, do Distrito Federal e dos Municípios, incluídas suas autarquias e fundações, que tenha ingressado no serviço público até a data de publicação desta Emenda Constitucional e que tenha se aposentado ou venha a se aposentar por invalidez permanente, com fundamento no inciso I do § 1º do art. 40 da Constituição Federal, tem direito a proventos de aposentadoria calculados com base na remuneração do cargo efetivo em que se der a aposentadoria, na forma da lei, não sendo aplicáveis as disposições constantes dos §§ 3º, 8º e 17 do art. 40 da Constituição Federal (red. EC 70/12).

Parágrafo único. Aplica-se ao valor dos proventos de aposentadorias concedidas com base no *caput* o disposto no art. 7º desta Emenda Constitucional, observando-se igual critério de revisão às pensões derivadas dos proventos desses servidores (red. EC 70/12).

Art. 7º Observado o disposto no art. 37, XI, da Constituição Federal, os proventos de aposentadoria dos servidores públicos titulares de cargo efetivo e as pensões dos seus dependentes pagos pela União, Estados, Distrito Federal e Municípios, incluídas suas autarquias e fundações, em fruição na data de publicação desta Emenda, bem como os proventos de aposentadoria dos servidores e as pensões dos dependentes abrangidos pelo art. 3º desta Emenda, serão revistos na mesma proporção e na mesma data, sempre que se modificar a remuneração dos servidores em atividade, sendo também estendidos aos aposentados e pensionistas quaisquer benefícios ou vantagens posteriormente concedidos aos servidores em atividade, inclusive quando decorrentes da transformação ou reclassificação do cargo ou função em que se deu a aposentadoria ou que serviu de referência para a concessão da pensão, na forma da lei.

Art. 8º Até que seja fixado o valor do subsídio de que trata o art. 37, XI, da Constituição Federal, será considerado, para os fins do limite fixado naquele inciso, o valor da maior remuneração atribuída por lei na data de publicação desta Emenda a Ministro do Supremo Tribunal Federal, a título de vencimento, de representação mensal e da parcela recebida em razão de tempo de serviço, aplicando-se como limite, nos Municípios, o subsídio do Prefeito, e nos Estados e no Distrito Federal, o subsídio mensal do Governador no âmbito do Poder Executivo, o subsídio dos Deputados Estaduais e Distritais no âmbito do Poder Legislativo e o subsídio dos Desembargadores do Tribunal de Justiça, limitado a 90,25% da maior remuneração mensal de Ministro do Supremo Tribunal Federal a que se refere este artigo, no âmbito do Poder Judiciário, aplicável este limite aos membros do Ministério Público, aos Procuradores e aos Defensores Públicos.

Art. 9º Aplica-se o disposto no art. 17 do Ato das Disposições Constitucionais Transitórias aos vencimentos, remunerações e subsídios dos ocupantes de cargos, funções e empregos públicos da administração direta, autárquica e fundacional, dos membros de qualquer dos Poderes da União, dos Estados, do Distrito Federal e dos Municípios, dos detentores de mandato eletivo e dos demais agentes políticos e os proventos, pensões ou outra espécie remuneratória percebidos cumulativamente ou não, incluídas as vantagens pessoais ou de qualquer outra natureza.

Art. 10. Revogam-se o inciso IX do § 3º do art. 142 da Constituição Federal, bem como os arts. 8º e 10 da Emenda Constitucional n. 20, de 15 de dezembro de 1998.

..............................(*DOU*, 31.12.03).

Emenda Constitucional 45, de 8 de dezembro de 2004

Reforma do Judiciário.

Altera dispositivos dos arts. 5º, 36, 52, 92, 93, 95, 98, 99, 102, 103, 104, 105, 107, 109, 111, 112, 114, 115, 125, 126, 127, 128, 129, 134 e 168 da Constituição Federal, e acrescenta os arts. 103-A, 103-B, 111-A e 130-A, e dá outras providências. (As alterações já foram processadas na Constituição Federal, *supra*.)

Emenda Constitucional 47, de 5 de julho de 2005

Previdência Social.

....

Art. 2º Aplica-se aos proventos de aposentadorias dos servidores públicos que se aposentarem na forma do *caput* do art. 6º da Emenda Constitucional n. 41, de 2003, o disposto no art. 7º da mesma Emenda.

Art. 3º Ressalvado o direito de opção à aposentadoria pelas normas estabelecidas pelo art. 40 da Constituição Federal ou pelas regras estabelecidas pelos arts. 2º e 6º da Emenda Constitucional n. 41, de 2003, o servidor da União, dos Estados, do Distrito Federal e dos Municípios, incluídas suas autarquias e fundações, que tenha ingressado no serviço público até 16 de dezembro de 1998 poderá aposentar-se com proventos integrais, desde que preencha, cumulativamente, as seguintes condições:

I – 35 anos de contribuição, se homem, e 30 anos de contribuição, se mulher;

II – 25 anos de efetivo exercício no serviço público, 15 anos de carreira e 5 anos no cargo em que se der a aposentadoria;

III – idade mínima resultante da redução, relativamente aos limites do art. 40, § 1º, inciso III, alínea "a", da Constituição Federal, de um ano de idade para cada ano de contribuição que exceder a condição prevista no inciso I do *caput* deste artigo.

Parágrafo único. Aplica-se ao valor dos proventos de aposentadorias concedidas com base neste artigo o disposto no art. 7º da Emenda Constitucional n. 41, de 2003, observando-se igual critério de revisão às pensões derivadas dos proventos de servidores falecidos que tenham se aposentado em conformidade com este artigo.

Art. 4º Enquanto não editada a lei a que se refere o § 11 do art. 37 da Constituição Federal, não será computada, para efeito dos limites remuneratórios de que trata o inciso XI do *caput* do mesmo artigo, qualquer parcela de caráter indenizatório, assim definida pela legislação em vigor na data de publicação da Emenda Constitucional n. 41, de 2003.

Art. 5º Revoga-se o parágrafo único do art. 6º da Emenda Constitucional n. 41, de 19 de dezembro de 2003.

..................................(*DOU*, 6.7.05).

LEIS COMPLEMENTARES

Lei Complementar 7, de 7 de setembro de 1970[2]

Programa de Integração Social (PIS).

Art. 1º É instituído, na forma prevista nesta lei, o Programa de Integração Social, destinado a promover a integração do empregado na vida e no desenvolvimento das empresas.

§ 1º Para os fins desta Lei, entende-se por empresa a pessoa jurídica, nos termos da legislação do Imposto de Renda, e por empregado todo aquele assim definido pela Legislação Trabalhista.

§ 2º A participação dos trabalhadores avulsos, assim definidos os que prestam serviços a diversas empresas, sem relação empregatícia, no Programa de Integração Social, far-se-á nos termos do Regulamento a ser baixado, de acordo com o art. 11 desta Lei.

Art. 2º O Programa de que trata o artigo anterior será executado mediante Fundo de Participação, constituído por depósitos efetuados pelas empresas na Caixa Econômica Federal.

Parágrafo único. A Caixa Econômica Federal poderá celebrar convênios com estabelecimentos da rede bancária nacional, para o fim de receber os depósitos a que se refere este artigo.

Art. 3º O Fundo de Participação será constituído por duas parcelas:

a) a primeira, mediante dedução do Imposto de Renda devido, na forma estabelecida no § 1º, deste artigo, processando-se o seu recolhimento ao Fundo juntamente com o pagamento do Imposto de Renda;

b) a segunda, com recursos próprios da empresa, calculados com base no faturamento, como segue:

1) no exercício de 1971, 0,15%;

2) no exercício de 1972, 0,25%;

3) no exercício de 1973, 0,40%;

4) no exercício de 1974 e subsequentes, 0,50%.

§ 1º A dedução a que se refere a alínea "a" deste artigo será feita sem prejuízo do direito de utilização dos incentivos fiscais previstos na legislação em vigor e calculada com base no valor do Imposto de Renda devido, nas seguintes proporções:

a) no exercício de 1971, 2%;

b) no exercício de 1972, 3%;

c) no exercício de 1973 e subsequentes, 5%.

§ 2º As instituições financeiras, sociedades seguradoras e outras empresas que não realizam operações de vendas de mercadorias, participarão do Programa de Integração Social com uma contribuição ao Fundo de Participação de recursos próprios de valor idêntico do que for apurado na forma do parágrafo anterior.

§ 3º As empresas que a título de incentivos fiscais estejam isentas, ou venham a ser isentadas, do pagamento do Imposto de Renda, contribuirão para o Fundo de participação, na base de cálculo como se aquele tributo fosse devido, obedecidas as percentagens previstas neste artigo.

§ 4º As entidades de fins não lucrativos, que tenham empregados assim definidos pela Legislação Trabalhista, contribuirão para o Fundo na forma da lei.

§ 5º A Caixa Econômica Federal resolverá os casos omissos, de acordo com os critérios fixados pelo Conselho Monetário Nacional.

Art. 4º O Conselho Monetário Nacional poderá alterar, até 50%, para mais ou para menos, os percentuais de contribuição de

2. Alterada pelas LC 17/73 e 26/75, CF, art. 239, e L. 7.859/89.

que trata o § 2º do art. 3º, tendo em vista a proporcionalidade das contribuições.

Art. 5º A Caixa Econômica Federal emitirá, em nome de cada empregado, uma Caderneta de Participação – Programa de Integração Social – movimentável na forma dos arts. 8º e 9º desta Lei.

Art. 6º A efetivação dos depósitos no Fundo correspondente à contribuição referida na alínea "b" do art. 3º será processada mensalmente a partir de 1º de julho de 1971.

Parágrafo único. A contribuição de julho será calculada com base no faturamento de janeiro; a de agosto, com base no faturamento de fevereiro; e assim sucessivamente.

Art. 7º A participação do empregado no Fundo far-se-á mediante depósitos efetuados em contas individuais abertas em nome de cada empregado, obedecidos os seguintes critérios:

a) 50% do valor destinado ao Fundo será dividido em partes proporcionais ao montante de salários recebidos no período;

b) os 50% restantes serão divididos em partes proporcionais aos quinquênios de serviços prestados pelo empregado.

§ 1º Para os fins deste artigo, a Caixa Econômica Federal, com base nas informações fornecidas pelas empresas, no prazo de 180 dias, contados da publicação desta lei, organizará um Cadastro Geral dos participantes do Fundo, na forma que for estabelecida em regulamento.

§ 2º A omissão dolosa de nome de empregado entre os participantes do Fundo sujeitará a empresa a multa, em benefício do Fundo, no valor de 10 meses de salários, devidos ao empregado cujo nome houver sido omitido.

§ 3º Igual penalidade será aplicada em caso de declaração falsa sobre o valor do salário e do tempo de serviço do empregado na empresa.

Art. 8º (Rev. LC 26/75.)

Art. 9º (Rev. LC 26/75.)

Art. 10. As obrigações das empresas, decorrentes desta lei, são de caráter exclusivamente fiscal, não gerando direitos de natureza trabalhista nem incidência de qualquer contribuição previdenciária em relação a quaisquer prestações devidas, por lei ou por sentença judicial, ao empregado.

Parágrafo único. As importâncias incorporadas ao Fundo não se classificam como rendimento do trabalho, para qualquer efeito da Legislação Trabalhista, de Previdência Social ou Fiscal e não se incorporam aos salários ou gratificações, nem estão sujeitas ao imposto sobre a renda e proventos de qualquer natureza.

Art. 11. Dentro de 120 dias, a contar da vigência desta Lei, a Caixa Econômica Federal submeterá à aprovação do Conselho Monetário Nacional o regulamento do Fundo, fixando as normas para o recolhimento e a distribuição dos recursos, assim como as diretrizes e os critérios para a sua aplicação.

Parágrafo único. O Conselho Monetário Nacional pronunciar-se-á, no prazo de 60 dias, a contar do seu recebimento, sobre o Projeto de regulamento do Fundo.

Art. 12. As disposições desta Lei não se aplicam a quaisquer entidades integrantes da administração pública federal, estadual ou municipal, dos Territórios e do Distrito Federal, direta ou indireta, adotando-se, em todos os níveis, para efeito de conceituação, como entidades da Administração Indireta, os critérios constantes dos Decretos-Leis 200, de 25 de fevereiro de 1967, e 900, de 29 de setembro de 1969.

Art. 13. Esta Lei Complementar entrará em vigor na data de sua publicação.

Art. 14. Revogam-se as disposições em contrário (*DOU*, 8.9.70, retificado em 10.9.70).

Lei Complementar 16, de 30 de outubro de 1973

Prorural.

Art. 1º A Lei Complementar 11, de 25 de maio de 1971, passa a vigorar com as seguintes alterações:

"Art. 9º O auxílio-funeral, no importe de um salário mínimo de maior valor vigente no País, será devido por morte do trabalhador rural, chefe ou arrimo da unidade familiar, ou de seu cônjuge dependente, e pago a quem, dependente ou não, houver, comprovadamente, promovido, às suas expensas, o sepultamento.

Art. 11. A concessão das prestações pecuniárias asseguradas por esta Lei Complementar será devida a partir do mês de janeiro de 1972, arredondando-se os respectivos valores globais para a unidade de cruzeiro imediatamente superior, quando for o caso.

Art. 15. ....

I —...

b) pelo produtor, quando ele próprio industrializar seus produtos, vendê-los ao consumidor, no varejo, ou a adquirente domiciliado no exterior.

§ 1º Entende-se como produto rural todo aquele que, não tendo sofrido qualquer processo de industrialização, provenha de origem vegetal ou animal inclusive as espécies aquáticas, ainda que haja sido submetido a beneficiamento, assim compreendidos os processos primários de preparação do produto para consumo imediato ou posterior industrialização, tais como descaroçamento, pilagem, descascamento, limpeza, abate e seccionamento de árvores, pasteurização, resfriamento, secagem, aferventação e outros do mesmo teor, estendendo-se aos subprodutos e resíduos obtidos através dessas operações a qualificação de "produtos rurais".

Art. 2º A habilitação do trabalhador rural e seus dependentes aos benefícios em dinheiro do PRORURAL será feita diretamente pelo beneficiário salvo nos casos de moléstia contagiosa ou impossibilidade de locomoção, quando poderá ser promovida por procurador, mediante autorização expressa do FUNRURAL, que, no entanto, fica com o direito de negá-la se o beneficiário puder ser representado por órgão de serviço social ou entidade de classe rural.

Parágrafo único. O disposto neste artigo aplica-se ao recebimento das prestações pecuniárias, estendendo-se aos casos de ausência.

Art. 3º A aposentadoria por idade concedida ao trabalhador rural, na forma da mencionada Lei Complementar n. 11 e sua regulamentação, não acarreta a rescisão do respectivo contrato de trabalho, nem constitui justa causa para a dispensa.

§ 1º Constitui justa causa, para efeito do disposto neste artigo, além de outras razões devidamente apuradas em inquérito administrativo a cargo do Ministério do Trabalho e Previdência Social, a incapacidade total e permanente, resultante de idade avançada, enfermidade ou lesão orgânica, comprovada mediante perícia médica requerida à Delegacia Regional do Trabalho.

§ 2º O trabalhador rural que houver sido dispensado antes da publicação desta Lei Complementar, após lhe ter sido concedida a aposentadoria por velhice, deverá ser reintegrado, aplicando-se-lhe, igualmente, o disposto no parágrafo anterior.

Art. 4º Os empregados que prestam exclusivamente serviços de natureza rural às empresas agroindustriais e agrocomerciais são considerados beneficiários do PRORURAL, ressalvado o disposto no parágrafo único deste artigo.

Parágrafo único. Aos empregados referidos neste artigo que, pelo menos, desde a data da Lei Complementar 11, de 25 de maio de 1971, vêm sofrendo, em seus salários, o desconto da contribuição devida ao INPS, é garantida a condição de segurados desse Instituto não podendo ser dispensados senão por justa causa, devidamente comprovada em inquérito administrativo a cargo do Ministério do Trabalho e Previdência Social.

Art. 5º A caracterização da qualidade de trabalhador rural, para efeito da concessão das prestações pecuniárias do PRORURAL, dependerá da comprovação de sua atividade pelo menos nos 3 últimos anos anteriores à data do pedido do benefício, ainda que de forma descontínua.

Art. 6º É fixada, a partir de janeiro de 1974, em 50% do salário mínimo de maior valor vigente no País, a mensalidade da pensão de que trata o art. 6º da Lei Complementar 11, de 25 de maio de 1971.

§ 1º A pensão não será diminuída por redução do número de dependentes do trabalhador rural chefe ou arrimo da unidade familiar falecido, e o seu pagamento será sempre efetuado, pelo valor global, ao dependente que assumir a qualidade de novo chefe ou arrimo da unidade familiar.

§ 2º Fica vedada a acumulação do benefício da pensão com o da aposentadoria por velhice ou por invalidez de que tratam os arts. 4º e 5º da Lei Complementar 11, de 25 de maio de 1971, ressalvado ao novo chefe ou arrimo da unidade familiar o direito de optar pela aposentadoria quando a ela fizer jus, sem prejuízo do disposto no parágrafo anterior.

Art. 7º O Poder Executivo, por intermédio do Ministério do Trabalho e Previdência Social, constituirá Comissão para avaliar os resultados do PRORURAL, estudar e planejar a majoração das percentagens relativas aos benefícios referidos no art. 8º e a criação de novos benefícios.

Art. 8º São fixadas com datas em que passam a ser devidas as mensalidades relativas aos benefícios de que tratam os arts. 4º, 5º e 6º da Lei Complementar 11, de 25 de maio de 1971, a da entrada do requerimento para a aposentadoria por velhice, a do respectivo laudo médico no que respeita à aposentadoria por invalidez, e aquela da ocorrência do óbito, quanto à pensão.

§ 1º Ficam ressalvados os direitos daqueles que, mediante documentos hábeis, originários de assentos lavrados antes de 31 de dezembro de 1971, comprovem haver atingido a idade de 65 anos até a data da publicação desta Lei Complementar.

§ 2º Em relação àqueles que não possam fazer prova, na forma estabelecida no parágrafo anterior, fica a critério do FUNRURAL, aceitar outros elementos de convicção para a concessão da aposentadoria por velhice.

Art. 9º Esta Lei Complementar entrará em vigor em 1º de janeiro de 1974, ressalvados os §§ 1º e 2º do art. 6º e o art. 8º, os quais terão vigência a partir da data da publicação desta Lei.

Art. 10. Revogam-se os arts. 29 e 31 da Lei Complementar 11, de 25 de maio de 1971, e demais disposições em contrário (*DOU*, 31.10.73, republicado em 10.12.73).

Lei Complementar 17, de 12 de dezembro de 1973

Programa de Integração Social (PIS) de que trata a Lei Complementar 7, de 7 de setembro de 1970.

Art. 1º A parcela destinada ao Fundo de Participação do PIS, relativa à contribuição com recursos próprios da empresa, de que trata o art. 3º, "b", da Lei Complementar 7, de 7 de setembro de 1970, é acrescida de um adicional a partir do exercício financeiro de 1975.

Parágrafo único. O adicional de que trata este artigo será calculado com base no faturamento da empresa, como segue:

a) no exercício de 1975 – 0,125%;

b) no exercício de 1976 e subsequentes – 0,25%.

Art. 2º O adicional a que se refere o artigo anterior será incorporado ao Fundo de Participação, aplicando-se os recursos de sua arrecadação, preferencialmente, na concessão de financiamentos aos Estados, mediante garantia de obrigações do Tesouro Estadual, reajustáveis.

Art. 3º O Conselho Monetário Nacional poderá autorizar, para efeito dos recolhimentos devidos, o ajustamento das alíquotas indicadas nos arts. 2º e 3º da Lei Complementar 8, de 3 de dezembro de 1970, para o fim de equiparar as contribuições das empresas públicas e sociedades de economia mista às empresas privadas.

..................................(*DOU*, 14.12.73).

Lei Complementar 26, de 11 de setembro de 1975[3]

PIS-PASEP.

Art. 1º A partir do exercício financeiro a iniciar-se em 1º de julho de 1976, serão unificados, sob a denominação de PIS-PASEP, os fundos constituídos com os recursos do Programa de Integração Social – PIS e do Programa de Formação do Patrimônio do Servidor Público – PASEP, instituídos pelas Leis Complementares 7 e 8, de 7 de setembro e de 3 de dezembro de 1970, respectivamente.

Parágrafo único. A unificação de que trata este artigo não afetará os saldos das contas individuais existentes em 30 de junho de 1976.

Art. 2º Ressalvado o disposto no parágrafo único deste artigo, são mantidos os critérios de participação dos empregados e servidores estabelecidos nos arts. 7º e 4º, respectivamente, das Leis Complementares 7 e 8, referidas, passando a ser considerado, para efeito do cálculo dos depósitos efetuados nas contas individuais, o valor global dos

3. Alterada pela CF/88, art. 239. V. L. 7.859/89.

LEIS COMPLEMENTARES

recursos que passarem a integrar o PIS-PASEP.

Parágrafo único. Aos participantes cadastrados há pelo menos 5 anos e que percebem salário mensal igual ou inferior a 5 vezes o respectivo salário mínimo regional, será assegurado, ao final de cada exercício financeiro, depósito mínimo equivalente ao salário mínimo regional mensal, vigente, respeitada a disponibilidade de recursos.

Art. 3º Após a unificação determinada no art. 1º, as contas individuais dos participantes passarão a ser creditadas:

a) pela correção monetária anual do saldo credor, obedecidos os índices aplicáveis às Obrigações Reajustáveis do Tesouro Nacional (ORTN);

b) pelos juros mínimos de 3% calculados anualmente sobre o saldo credor corrigido;

c) pelo resultado líquido adicional das operações realizadas com recursos do PIS-PASEP, deduzidas as despesas administrativas e as provisões de reserva cuja constituição seja indispensável.

Art. 4º As importâncias creditadas nas contas individuais dos participantes do PIS-PASEP são inalienáveis, impenhoráveis e, ressalvado o disposto nos parágrafos deste artigo, indisponíveis por seus titulares.

§ 1º Ocorrendo casamento, aposentadoria, transferência para a reserva remunerada, reforma ou invalidez do titular da conta individual, poderá ele receber o respectivo saldo, o qual, no caso de morte, será pago a seus dependentes, de acordo com a legislação da Previdência Social e com a legislação específica de servidores civis e militares ou, na falta daqueles, aos sucessores do titular, nos termos da lei civil.

§ 2º Será facultada, no final de cada exercício financeiro posterior ao da abertura da conta individual, a retirada das parcelas correspondentes aos créditos de que tratam as alíneas "b" e "c" do art. 3º.

§ 3º Aos participantes cadastrados há pelo menos 5 anos e que percebam salário mensal igual ou inferior a 5 vezes o respectivo salário mínimo regional, será facultada, ao final de cada exercício financeiro, retirada complementar que permita perfazer valor igual ao do salário mínimo regional vigente, respeitadas as disponibilidades de suas contas individuais.

Art. 5º É mantido, para os recursos do PIS-PASEP, inclusive aqueles a que se refere o art. 1º da Lei Complementar 17, de 12 de dezembro de 1972, o sistema de aplicação unificada estabelecido na Lei Complementar 19, de 25 de junho de 1974.

Art. 6º O Poder Executivo regulamentará esta Lei Complementar dentro de 120 dias, contados de sua publicação.

Art. 7º Esta Lei Complementar entrará em vigor em 1º de julho de 1976, revogados os arts. 8º e seu parágrafo, e 9º, e seus §§ 1º e 2º da Lei Complementar 7, de 7 de setembro de 1970, e os §§ 2º, 3º, 4º e 5º do art. 5º da Lei Complementar 8, de 3 de dezembro de 1970, e as demais disposições em contrário (*DOU*, 12.9.75).

Lei Complementar 75, de 20 de maio de 1993

Estatuto do Ministério Público da União.

....

Art. 83. Compete ao Ministério Público do Trabalho o exercício das seguintes atribuições junto aos órgãos da Justiça do Trabalho:

I – promover as ações que lhe sejam atribuídas pela Constituição Federal e pelas leis trabalhistas;

II – manifestar-se em qualquer fase do processo trabalhista, acolhendo solicitação do juiz ou por sua iniciativa, quando entender existente interesse público que justifique a intervenção;

III – promover a ação civil pública no âmbito da Justiça do Trabalho, para defesa de interesses coletivos, quando desrespeitados os direitos sociais constitucionalmente garantidos;

IV – propor as ações cabíveis para declaração de nulidade de cláusula de contrato, acordo coletivo ou convenção coletiva que viole as liberdades individuais ou coletivas ou os direitos individuais indisponíveis dos trabalhadores;

V – propor as ações necessárias à defesa dos direitos e interesses dos menores, incapazes e índios, decorrentes das relações de trabalho;

VI – recorrer das decisões da Justiça do Trabalho, quando entender necessário, tanto nos processos em que for parte, como naqueles em que oficiar como fiscal da lei, bem como pedir revisão dos Enunciados da Súmula de Jurisprudência do Tribunal Superior do Trabalho;

VII – funcionar nas sessões dos Tribunais Trabalhistas, manifestando-se verbalmente sobre a matéria em debate, sempre que entender necessário, sendo-lhe assegurado o direito de vista dos processos em julgamento, podendo solicitar as requisições e diligências que julgar convenientes;

VIII – instaurar instância em caso de greve, quando a defesa da ordem jurídica ou o interesse público assim o exigir;

IX – promover ou participar da instrução e conciliação em dissídios decorrentes da paralisação de serviços de qualquer natureza, oficiando obrigatoriamente nos processos, manifestando sua concordância ou discordância, em eventuais acordos firmados antes da homologação, resguardado o direito de recorrer em caso de violação à lei e à Constituição Federal;

X – promover mandado de injunção, quando a competência for da Justiça do Trabalho;

XI – atuar como árbitro, se assim for solicitado pelas partes, nos dissídios de competência da Justiça do Trabalho;

XII – requerer as diligências que julgar convenientes para o correto andamento dos processos e para a melhor solução das lides trabalhistas;

XIII – intervir obrigatoriamente em todos os feitos nos segundo e terceiro graus de jurisdição da Justiça do Trabalho, quando a parte for pessoa jurídica de Direito Público, Estado estrangeiro ou organismo internacional.

..................................(*DOU*, 21.5.93).

Lei Complementar 101, de 4 de maio de 2000

Estabelece normas de finanças públicas voltadas para a responsabilidade na gestão fiscal e dá outras providências.

Capítulo I
DISPOSIÇÕES PRELIMINARES

Art. 1º Esta Lei Complementar estabelece normas de finanças públicas voltadas para a responsabilidade na gestão fiscal, com amparo no Capítulo II do Título VI da Constituição.

§ 1º A responsabilidade na gestão fiscal pressupõe a ação planejada e transparente, em que se previnem riscos e corrigem desvios capazes de afetar o equilíbrio das contas públicas, mediante o cumprimento de metas de resultados entre receitas e despesas e a obediência a limites e condições no que tange a renúncia de receita, geração de despesas com pessoal, da seguridade social e outras, dívidas consolidada e mobiliária, operações de crédito, inclusive por antecipação de receita, concessão de garantia e inscrição em Restos a Pagar.

§ 2º As disposições desta Lei Complementar obrigam a União, os Estados, o Distrito Federal e os Municípios.

§ 3º Nas referências:

I – à União, aos Estados, ao Distrito Federal e aos Municípios, estão compreendidos:

a) o Poder Executivo, o Poder Legislativo, neste abrangidos os Tribunais de Contas, o Poder Judiciário e o Ministério Público;

b) as respectivas administrações diretas, fundos, autarquias, fundações e empresas estatais dependentes;

II – a Estados entende-se considerado o Distrito Federal;

III – a Tribunais de Contas estão incluídos: Tribunal de Contas da União, Tribunal de Contas do Estado e, quando houver, Tribunal de Contas dos Municípios e Tribunal de Contas do Município.

Art. 2º Para os efeitos desta Lei Complementar, entende-se como:

I – ente da Federação: a União, cada Estado, o Distrito Federal e cada Município;

II – empresa controlada: sociedade cuja maioria do capital social com direito a voto pertença, direta ou indiretamente, a ente da Federação;

III – empresa estatal dependente: empresa controlada que receba do ente controlador recursos financeiros para pagamento de despesas com pessoal ou de custeio em geral ou de capital, excluídos, no último caso, aqueles provenientes de aumento de participação acionária;

IV – receita corrente líquida: somatório das receitas tributárias, de contribuições, patrimoniais, industriais, agropecuárias, de serviços, transferências correntes e outras receitas também correntes, deduzidos:

a) na União, os valores transferidos aos Estados e Municípios por determinação constitucional ou legal, e as contribuições mencionadas na alínea *a* do inciso I e no inciso II do art. 195, e no art. 239 da Constituição;

b) nos Estados, as parcelas entregues aos Municípios por determinação constitucional;

c) na União, nos Estados e nos Municípios, a contribuição dos servidores para o custeio do seu sistema de previdência e assistência social e as receitas provenientes da compensação financeira citada no § 9º do art. 201 da Constituição.

§ 1º Serão computados no cálculo da receita corrente líquida os valores pagos e recebidos em decorrência da Lei Complementar n. 87, de 13 de setembro de 1996, e do fundo previsto pelo art. 60 do Ato das Disposições Constitucionais Transitórias.

§ 2º Não serão considerados na receita corrente líquida do Distrito Federal e dos Estados do Amapá e de Roraima os recursos recebidos da União para atendimento das despesas de que trata o inciso V do § 1º do art. 19.

§ 3º A receita corrente líquida será apurada somando-se as receitas arrecadadas no mês em referência e nos onze anteriores, excluídas as duplicidades.

....

Seção II

Das despesas com pessoal

Subseção I

Definições e limites

Art. 18. Para os efeitos desta Lei Complementar, entende-se como despesa total com pessoal: o somatório dos gastos do ente da Federação com os ativos, os inativos e os pensionistas, relativos a mandatos eletivos, cargos, funções ou empregos, civis, militares e de membros de Poder, com quaisquer espécies remuneratórias, tais como vencimentos e vantagens, fixas e variáveis, subsídios, proventos da aposentadoria, reformas e pensões, inclusive adicionais, gratificações, horas extras e vantagens pessoais de qualquer natureza, bem como encargos sociais e contribuições recolhidas pelo ente às entidades de previdência.

§ 1º Os valores dos contratos de terceirização de mão de obra que se referem à substituição de servidores e empregados públicos serão contabilizados como "Outras Despesas de Pessoal".

§ 2º A despesa total com pessoal será apurada somando-se a realizada no mês em referência com as dos onze imediatamente anteriores, adotando-se o regime de competência.

Art. 19. Para os fins do disposto no *caput* do art. 169 da Constituição, a despesa total com pessoal, em cada período de apuração e em cada ente da Federação, não poderá exceder os percentuais da receita corrente líquida, a seguir discriminados:

I – União: 50%;

II – Estados: 60%;

III – Municípios: 60%.

§ 1º Na verificação do atendimento dos limites definidos neste artigo, não serão computadas as despesas:

I – de indenização por demissão de servidores ou empregados;

II – relativas a incentivos à demissão voluntária;

III – derivadas da aplicação do disposto no inciso II do § 6º do art. 57 da Constituição;

IV – decorrentes de decisão judicial e da competência de período anterior ao da apuração a que se refere o § 2º do art. 18;

V – com pessoal, do Distrito Federal e dos Estados do Amapá e Roraima, custeadas com recursos transferidos pela União na forma dos incisos XIII e XIV do art. 21 da Constituição e do art. 31 da Emenda Constitucional n. 19;

VI – com inativos, ainda que por intermédio de fundo específico, custeadas por recursos provenientes:

a) da arrecadação de contribuições dos segurados;

b) da compensação financeira de que trata o § 9º do art. 201 da Constituição;

c) das demais receitas diretamente arrecadadas por fundo vinculado a tal finalidade, inclusive o produto da alienação de bens, direitos e ativos, bem como seu superávit financeiro.

§ 2º Observado o disposto no inciso IV do § 1º, as despesas com pessoal decorrentes de sentenças judiciais serão incluídas no limite do respectivo Poder ou órgão referido no art. 20.

Art. 20. A repartição dos limites globais do art. 19 não poderá exceder os seguintes percentuais:

I – na esfera federal:

a) 2,5% para o Legislativo, incluído o Tribunal de Contas da União;

b) 6% para o Judiciário;

c) 40,9% para o Executivo, destacando-se 3% (três por cento) para as despesas com pessoal decorrentes do que dispõem os incisos XIII e XIV do art. 21 da Constituição e o art. 31 da Emenda Constitucional n. 19, repartidos de forma proporcional à média das despesas relativas a cada um destes dispositivos, em percentual da receita corrente líquida, verificadas nos três exercícios financeiros imediatamente anteriores ao da publicação desta Lei Complementar;

d) 0,6% para o Ministério Público da União;

II – na esfera estadual:

a) 3% para o Legislativo, incluído o Tribunal de Contas do Estado;

b) 6% para o Judiciário;

c) 49% para o Executivo;

d) 2% para o Ministério Público dos Estados;

III – na esfera municipal:

a) 6% para o Legislativo, incluído o Tribunal de Contas do Município, quando houver;

b) 54% para o Executivo.

§ 1º Nos Poderes Legislativo e Judiciário de cada esfera, os limites serão repartidos entre seus órgãos de forma proporcional à média das despesas com pessoal, em percentual da receita corrente líquida, verificadas nos três exercícios financeiros imediatamente anteriores ao da publicação desta Lei Complementar.

§ 2º Para efeito deste artigo entende-se como órgão:

I – o Ministério Público;

II – no Poder Legislativo:

a) Federal, as respectivas Casas e o Tribunal de Contas da União;

b) Estadual, a Assembleia Legislativa e os Tribunais de Contas;

c) do Distrito Federal, a Câmara Legislativa e o Tribunal de Contas do Distrito Federal;

d) Municipal, a Câmara de Vereadores e o Tribunal de Contas do Município, quando houver;

III – no Poder Judiciário:

a) Federal, os tribunais referidos no art. 92 da Constituição;

b) Estadual, o Tribunal de Justiça e outros, quando houver.

§ 3º Os limites para as despesas com pessoal do Poder Judiciário, a cargo da União por força do inciso XIII do art. 21 da Constituição, serão estabelecidos mediante aplicação da regra do § 1º.

§ 4º Nos Estados em que houver Tribunal de Contas dos Municípios, os percentuais definidos nas alíneas *a* e *c* do inciso II do *caput* serão, respectivamente, acrescidos e reduzidos em 0,4% (quatro décimos por cento).

§ 5º Para os fins previstos no art. 168 da Constituição, a entrega dos recursos financeiros correspondentes à despesa total com pessoal por Poder e órgão será a resultante da aplicação dos percentuais definidos neste artigo, ou aqueles fixados na lei de diretrizes orçamentárias.

§ 6º (Vetado.)

Subseção II
Do controle da despesa total com pessoal

Art. 21. É nulo de pleno direito o ato que provoque aumento da despesa com pessoal e não atenda:

I – as exigências dos arts. 16 e 17 desta Lei Complementar, e o disposto no inciso XIII do art. 37 e no § 1º do art. 169 da Constituição;

II – o limite legal de comprometimento aplicado às despesas com pessoal inativo.

Parágrafo único. Também é nulo de pleno direito o ato de que resulte aumento da despesa com pessoal expedido nos cento e oitenta dias anteriores ao final do mandato do titular do respectivo Poder ou órgão referido no art. 20.

Art. 22. A verificação do cumprimento dos limites estabelecidos nos arts. 19 e 20 será realizada ao final de cada quadrimestre.

Parágrafo único. Se a despesa total com pessoal exceder a 95% do limite, são vedados ao Poder ou órgão referido no art. 20 que houver incorrido no excesso:

I – concessão de vantagem, aumento, reajuste ou adequação de remuneração a qualquer título, salvo os derivados de sentença judicial ou de determinação legal ou contratual, ressalvada a revisão prevista no inciso X do art. 37 da Constituição;

II – criação de cargo, emprego ou função;

III – alteração de estrutura de carreira que implique aumento de despesa;

IV – provimento de cargo público, admissão ou contratação de pessoal a qualquer título, ressalvada a reposição decorrente de aposentadoria ou falecimento de servidores das áreas de educação, saúde e segurança;

V – contratação de hora extra, salvo no caso do disposto no inciso II do § 6º do art. 57 da Constituição e as situações previstas na lei de diretrizes orçamentárias.

Art. 23. Se a despesa total com pessoal, do Poder ou órgão referido no art. 20, ultrapassar os limites definidos no mesmo artigo, sem prejuízo das medidas previstas no art. 22, o percentual excedente terá de ser eliminado nos dois quadrimestres seguintes, sendo pelo menos 1/3 no primeiro, adotando-se, entre outras, as providências previstas nos §§ 3º e 4º do art. 169 da Constituição.

§ 1º No caso do inciso I do § 3º do art. 169 da Constituição, o objetivo poderá ser alcançado tanto pela extinção de cargos e funções quanto pela redução dos valores a eles atribuídos.

§ 2º É facultada a redução temporária da jornada de trabalho com adequação dos vencimentos à nova carga horária.

§ 3º Não alcançada a redução no prazo estabelecido, e enquanto perdurar o excesso, o ente não poderá:

I – receber transferências voluntárias;

II – obter garantia, direta ou indireta, de outro ente;

III – contratar operações de crédito, ressalvadas as destinadas ao refinanciamento da dívida mobiliária e as que visem à redução das despesas com pessoal.

§ 4º As restrições do § 3º aplicam-se imediatamente se a despesa total com pessoal exceder o limite no primeiro quadrimestre do último ano do mandato dos titulares de Poder ou órgão referidos no art. 20.

....

Art. 74. Esta Lei Complementar entra em vigor na data da sua publicação.

Art. 75. Revoga-se a Lei Complementar n. 96, de 31 de maio de 1999.

......................................(*DOU*, 4.5.00).

Lei Complementar 103, de 14 de julho de 2000

Piso salarial. Estados e Distrito Federal.

Art. 1º Os Estados e o Distrito Federal ficam autorizados a instituir, mediante lei de iniciativa do Poder Executivo, o piso salarial de que trata o inciso V do art. 7º da Constituição Federal para os empregados que não tenham piso salarial definido em lei federal, convenção ou acordo coletivo de trabalho.

§ 1º A autorização de que trata este artigo não poderá ser exercida:

I – no segundo semestre do ano em que se verificar eleição para os cargos de Governador dos Estados e do Distrito Federal e de Deputados Estaduais e Distritais;

II – em relação à remuneração de servidores públicos municipais.

§ 2º O piso salarial a que se refere o *caput* poderá ser estendido aos empregados domésticos.

......................................(*DOU*, 17.7.00).

Lei Complementar 123, de 14 de dezembro de 2006

Institui o Estatuto da Microempresa e da Empresa de Pequeno Porte.

....

Art. 3º Para os efeitos desta Lei Complementar, consideram-se microempresas ou empresas de pequeno porte a sociedade empresária, a sociedade simples e o empresário a que se refere o art. 966 da Lei 10.406, de 10 de janeiro de 2002, devidamente registrados no Registro de Empresas Mercantis ou no Registro Civil de Pessoas Jurídicas, conforme o caso, desde que:

I – no caso das microempresas, o empresário, a pessoa jurídica, ou a ela equiparada, aufira, em cada ano-calendário, receita bruta igual ou inferior a R$ 240.000,00;

II – no caso das empresas de pequeno porte, o empresário, a pessoa jurídica, ou a ela equiparada, aufira, em cada ano-calendário, receita bruta superior a R$ 240.000,00 e igual ou inferior a R$ 2.400.000,00.

§ 1º Considera-se receita bruta, para fins do disposto no *caput* deste artigo, o produto da venda de bens e serviços nas operações de conta própria, o preço dos serviços prestados e o resultado nas operações em conta alheia, não incluídas as vendas canceladas e os descontos incondicionais concedidos.

§ 2º No caso de início de atividade no próprio ano-calendário, o limite a que se refere o *caput* deste artigo será proporcional ao número de meses em que a microempresa ou a empresa de pequeno porte houver exercido atividade, inclusive as frações de meses.

§ 3º O enquadramento do empresário ou da sociedade simples ou empresária como microempresa ou empresa de pequeno porte bem como o seu desenquadramento não implicarão alteração, denúncia ou qualquer restrição em relação a contratos por elas anteriormente firmados.

§ 4º Não se inclui no regime diferenciado e favorecido previsto nesta Lei Complementar, para nenhum efeito legal, a pessoa jurídica:

I – de cujo capital participe outra pessoa jurídica;

II – que seja filial, sucursal, agência ou representação, no País, de pessoa jurídica com sede no exterior;

III – de cujo capital participe pessoa física que seja inscrita como empresário ou seja sócia de outra empresa que receba tratamento jurídico diferenciado nos termos desta Lei Complementar, desde que a receita bruta global ultrapasse o limite de que trata o inciso II do *caput* deste artigo;

IV – cujo titular ou sócio participe com mais de 10% do capital de outra empresa não beneficiada por esta Lei Complementar, desde que a receita bruta global ultrapasse o limite de que trata o inciso II do *caput* deste artigo;

V – cujo sócio ou titular seja administrador ou equiparado de outra pessoa jurídica com fins lucrativos, desde que a receita bruta global ultrapasse o limite de que trata o inciso II do *caput* deste artigo;

VI – constituída sob a forma de cooperativas, salvo as de consumo;

VII – que participe do capital de outra pessoa jurídica;

VIII – que exerça atividade de banco comercial, de investimentos e de desenvolvimento, de caixa econômica, de sociedade de crédito, financiamento e investimento ou de crédito imobiliário, de corretora ou de distribuidora de títulos, valores mobiliários e câmbio, de empresa de arrendamento mercantil, de seguros privados e de capitalização ou de previdência complementar;

IX – resultante ou remanescente de cisão ou qualquer outra forma de desmembramento de pessoa jurídica que tenha ocorrido em um dos 5 anos-calendário anteriores;

X – constituída sob a forma de sociedade por ações;

XI – cujos titulares ou sócios guardem, cumulativamente, com o contratante do serviço, relação de pessoalidade, subordinação e habitualidade (incluído LC 147/14).

§ 5º O disposto nos incisos IV e VII do § 4º deste artigo não se aplica à participação no capital de cooperativas de crédito, bem como em centrais de compras, bolsas de subcontratação, no consórcio previsto nesta Lei Complementar, e associações assemelhadas, sociedades de interesse econômico, sociedades de garantia solidária e outros tipos de sociedade, que tenham como objetivo social a defesa exclusiva dos interesses econômicos das microempresas e empresas de pequeno porte.

§ 6º Na hipótese de a microempresa ou empresa de pequeno porte incorrer em alguma das situações previstas nos incisos do § 4º deste artigo, será excluída do regime de que trata esta Lei Complementar, com efeitos a partir do mês seguinte ao que incorrida a situação impeditiva.

§ 7º Observado o disposto no § 2º deste artigo, no caso de início de atividades, a microempresa que, no ano-calendário, exceder o limite de receita bruta anual previsto no inciso I do *caput* deste artigo passa, no ano-calendário seguinte, à condição de empresa de pequeno porte.

§ 8º Observado o disposto no § 2º deste artigo, no caso de início de atividades, a empresa de pequeno porte que, no ano-calendário, não ultrapassar o limite de receita bruta anual previsto no inciso I do *caput* deste artigo passa, no ano-calendário seguinte, à condição de microempresa.

§ 9º A empresa de pequeno porte que, no ano-calendário, exceder o limite de receita bruta anual previsto no inciso II do *caput* deste artigo fica excluída, no ano-calendário seguinte, do regime diferenciado e favorecido previsto por esta Lei Complementar para todos os efeitos legais.

§ 10. A microempresa e a empresa de pequeno porte que no decurso do ano-calendário de início de atividade ultrapassarem o limite de R$ 200.000,00 multiplicados pelo número de meses de funcionamento nesse período estarão excluídas do regime desta Lei Complementar, com efeitos retroativos ao início de suas atividades.

§ 11. Na hipótese de o Distrito Federal, os Estados e seus respectivos Municípios adotarem o disposto nos incisos I e II do *caput* do art. 19 e no art. 20 desta Lei Complementar, caso a receita bruta auferida durante o ano-calendário de início de atividade ultrapasse o limite de R$ 100.000,00 ou R$ 150.000,00, respectivamente, multiplicados pelo número de meses de funcionamento nesse período, estará excluída do regime tributário previsto nesta Lei Complementar em relação ao pagamento dos tributos estaduais e municipais, com efeitos retroativos ao início de suas atividades.

§ 12. A exclusão do regime desta Lei Complementar de que tratam os §§ 10 e 11 deste artigo não retroagirá ao início das atividades se o excesso verificado em relação à receita bruta não for superior a 20% dos respectivos limites referidos naqueles parágrafos, hipóteses em que os efeitos da exclusão dar-se-ão no ano-calendário subsequente.

§ 13. O impedimento de que trata o § 11 não retroagirá ao início das atividades se o excesso verificado em relação à receita bruta não for superior a 20% (vinte por cento) dos respectivos limites referidos naquele parágrafo, hipótese em que os efeitos do impedimento ocorrerão no ano-calendário subsequente.

§ 14. Para fins de enquadramento como microempresa ou empresa de pequeno porte, poderão ser auferidas receitas no mercado interno até o limite previsto no inciso II do *caput* ou no § 2º, conforme o caso, e, adicionalmente, receitas decorrentes da exportação de mercadorias ou serviços, inclusive quando realizada por meio de comercial exportadora ou da sociedade de propósito específico prevista no art. 56 desta Lei Complementar, desde que as receitas de exportação também não excedam os referidos limites de receita bruta anual (red. LC 147/14).

§ 15. Na hipótese do § 14, para fins de determinação da alíquota de que trata o § 1º do art. 18, da base de cálculo prevista em seu § 3º e das majorações de alíquotas previstas em seus §§ 16, 16-A, 17 e 17-A, serão consideradas separadamente as receitas brutas auferidas no mercado interno e aquelas decorrentes da exportação (red. LC 147/14).

§ 16. O disposto neste artigo será regulamentado por resolução do CGSN (red. LC 147/14)

Art. 3º-A. Aplica-se ao produtor rural pessoa física e ao agricultor familiar conceituado na Lei n. 11.326, de 24 de julho de 2006, com situação regular na Previdência Social e no Município que tenham auferido receita bruta anual até o limite de que trata o inciso II do *caput* do art. 3º o disposto nos arts. 6º e 7º, nos Capítulos V a X, na Seção IV do Capítulo XI e no Capítulo XII desta Lei Complementar, ressalvadas as disposições da Lei n. 11.718, de 20 de junho de 2008 (red. LC 147/14).

Parágrafo único. A equiparação de que trata o *caput* não se aplica às disposições do Capítulo IV desta Lei Complementar (red. LC 147/14).

Art. 3º-B. Os dispositivos desta Lei Complementar, com exceção dos dispostos no Capítulo IV, são aplicáveis a todas as microempresas e empresas de pequeno porte, assim definidas pelos incisos I e II do *caput* e § 4º do art. 3º, ainda que não enquadradas no regime tributário do Simples Nacional, por vedação ou por opção (red. LC 147/14).

....

Art. 50. As microempresas e as empresas de pequeno porte serão estimuladas pelo poder público e pelos Serviços Sociais Autônomos a formar consórcios para acesso a serviços especializados em segurança e medicina do trabalho (red. LC 127/07).

Art. 51. As microempresas e as empresas de pequeno porte são dispensadas:

I – da afixação de Quadro de Trabalho em suas dependências;

II – da anotação das férias dos empregados nos respectivos livros ou fichas de registro;

III – de empregar e matricular seus aprendizes nos cursos dos Serviços Nacionais de Aprendizagem;

IV – da posse do livro intitulado "Inspeção do Trabalho"; e

V – de comunicar ao Ministério do Trabalho e Emprego a concessão de férias coletivas.

Art. 52. O disposto no art. 51 desta Lei Complementar não dispensa as microempresas e as empresas de pequeno porte dos seguintes procedimentos:

I – anotações na Carteira de Trabalho e Previdência Social – CTPS;

II – arquivamento dos documentos comprobatórios de cumprimento das obrigações trabalhistas e previdenciárias, enquanto não prescreverem essas obrigações;

III – apresentação da Guia de Recolhimento do Fundo de Garantia do Tempo de Serviço e Informações à Previdência Social – GFIP;

IV – apresentação das Relações Anuais de Empregados e da Relação Anual de Informações Sociais – RAIS e do Cadastro Geral de Empregados e Desempregados – CAGED.

Parágrafo único. (Vetado.)

Art. 53. (Rev. LC 127/07.)

Art. 54. É facultado ao empregador de microempresa ou de empresa de pequeno porte fazer-se substituir ou representar perante a Justiça do Trabalho por terceiros que conheçam dos fatos, ainda que não possuam vínculo trabalhista ou societário.

Art. 55. A fiscalização, no que se refere aos aspectos trabalhista, metrológico, sanitário, ambiental, de segurança e de uso e ocupação do solo das microempresas e empresas de pequeno porte deverá ter natureza prioritariamente orientadora, quando a atividade ou situação, por sua natureza, comportar grau de risco compatível com esse procedimento (red. LC 147/14).

§ 1º Será observado o critério de dupla visita para lavratura de autos de infração, salvo quando for constatada infração por falta de registro de empregado ou anotação da Carteira de Trabalho e Previdência Social – CTPS, ou, ainda, na ocorrência de reincidência, fraude, resistência ou embaraço à fiscalização.

§ 2º (Vetado.)

§ 3º Os órgãos e entidades competentes definirão, em 12 (doze) meses, as atividades e situações cujo grau de risco seja considerado alto, as quais não se sujeitarão ao disposto neste artigo.

§ 4º O disposto neste artigo não se aplica ao processo administrativo fiscal relativo a tributos, que se dará na forma dos arts. 39 e 40 desta Lei Complementar.

§ 5º O disposto no § 1º aplica-se à lavratura de multa pelo descumprimento de obrigações acessórias relativas às matérias do *caput*, inclusive quando previsto seu cumprimento de forma unificada com matéria de outra natureza, exceto a trabalhista (red. LC 147/14).

§ 6º A inobservância do critério de dupla visita implica nulidade do auto de infração lavrado sem cumprimento ao disposto neste artigo, independentemente da natureza principal ou acessória da obrigação (red. LC 147/14).

§ 7º Os órgãos e entidades da administração pública federal, estadual, distrital e municipal deverão observar o princípio do tratamento diferenciado, simplificado e favorecido por ocasião da fixação de valores decorrentes de multas e demais sanções administrativas (red. LC 147/14).

§ 8º A inobservância do disposto no *caput* deste artigo implica atentado aos direitos e garantias legais assegurados ao exercício profissional da atividade empresarial (red. LC 147/14).

§ 9º O disposto no *caput* deste artigo não se aplica a infrações relativas à ocupação irregular da reserva de faixa não edificável, de área destinada a equipamentos urbanos, de áreas de preservação permanente e nas faixas de domínio público das rodovias, ferrovias e dutovias ou de vias e logradouros públicos (red. LC 147/14).

..............................(*DOU*, 15.12.06).

Lei Complementar 142, de 8 de maio de 2013

Regulamenta o § 1º do art. 201 da Constituição Federal, no tocante à aposentadoria da pessoa com deficiência segurada do Regime Geral de Previdência Social – RGPS.

Art. 1º Esta Lei Complementar regulamenta a concessão de aposentadoria da pessoa com deficiência segurada do Regime Geral de Previdência Social – RGPS de que trata o § 1º do art. 201 da Constituição Federal.

Art. 2º Para o reconhecimento do direito à aposentadoria de que trata esta Lei Complementar, considera-se pessoa com deficiência aquela que tem impedimentos de longo prazo de natureza física, mental, intelectual ou sensorial, os quais, em interação com diversas barreiras, podem obstruir sua participação plena e efetiva na sociedade em igualdade de condições com as demais pessoas.

Art. 3º É assegurada a concessão de aposentadoria pelo RGPS ao segurado com deficiência, observadas as seguintes condições:

I – aos 25 (vinte e cinco) anos de tempo de contribuição, se homem, e 20 (vinte) anos, se mulher, no caso de segurado com deficiência grave;

II – aos 29 (vinte e nove) anos de tempo de contribuição, se homem, e 24 (vinte e quatro) anos, se mulher, no caso de segurado com deficiência moderada;

III – aos 33 (trinta e três) anos de tempo de contribuição, se homem, e 28 (vinte e oito) anos, se mulher, no caso de segurado com deficiência leve; ou

IV – aos 60 (sessenta) anos de idade, se homem, e 55 (cinquenta e cinco) anos de idade, se mulher, independentemente do grau de deficiência, desde que cumprido tempo mínimo de contribuição de 15 (quinze) anos e comprovada a existência de deficiência durante igual período.

Parágrafo único. Regulamento do Poder Executivo definirá as deficiências grave, moderada e leve para os fins desta Lei Complementar.

Art. 4º A avaliação da deficiência será médica e funcional, nos termos do Regulamento.

Art. 5º O grau de deficiência será atestado por perícia própria do Instituto Nacional do Seguro Social – INSS, por meio de instrumentos desenvolvidos para esse fim.

Art. 6º A contagem de tempo de contribuição na condição de segurado com deficiência será objeto de comprovação, exclusivamente, na forma desta Lei Complementar.

§ 1º A existência de deficiência anterior à data da vigência desta Lei Complementar deverá ser certificada, inclusive quanto ao seu grau, por ocasião da primeira avaliação, sendo obrigatória a fixação da data provável do início da deficiência.

§ 2º A comprovação de tempo de contribuição na condição de segurado com deficiência em período anterior à entrada em vigor desta Lei Complementar não será admitida por meio de prova exclusivamente testemunhal.

Art. 7º Se o segurado, após a filiação ao RGPS, tornar-se pessoa com deficiência, ou tiver seu grau de deficiência alterado, os parâmetros mencionados no art. 3º serão proporcionalmente ajustados, considerando-se o número de anos em que o segurado exerceu atividade laboral sem deficiência e com deficiência, observado o grau de deficiência correspondente, nos termos do regulamento a que se refere o parágrafo único do art. 3º desta Lei Complementar.

Art. 8º A renda mensal da aposentadoria devida ao segurado com deficiência será calculada aplicando-se sobre o salário de benefício, apurado em conformidade com o disposto no art. 29 da Lei n. 8.213, de 24 de julho de 1991, os seguintes percentuais:

I – 100% (cem por cento), no caso da aposentadoria de que tratam os incisos I, II e III do art. 3º; ou

II – 70% (setenta por cento) mais 1% (um por cento) do salário de benefício por grupo de 12 (doze) contribuições mensais até o máximo de 30% (trinta por cento), no caso de aposentadoria por idade.

Art. 9º Aplicam-se à pessoa com deficiência de que trata esta Lei Complementar:

I – o fator previdenciário nas aposentadorias, se resultar em renda mensal de valor mais elevado;

II – a contagem recíproca do tempo de contribuição na condição de segurado com deficiência relativo à filiação ao RGPS, ao regime próprio de previdência do servidor público ou a regime de previdência militar, devendo os regimes compensar-se financeiramente;

III – as regras de pagamento e de recolhimento das contribuições previdenciárias contidas na Lei n. 8.212, de 24 de julho de 1991;

IV – as demais normas relativas aos benefícios do RGPS;

V – a percepção de qualquer outra espécie de aposentadoria estabelecida na Lei n. 8.213, de 24 de julho de 1991, que lhe seja mais vantajosa do que as opções apresentadas nesta Lei Complementar.

Art. 10. A redução do tempo de contribuição prevista nesta Lei Complementar não poderá ser acumulada, no tocante ao mesmo período contributivo, com a redução assegurada aos casos de atividades exercidas sob condições especiais que prejudiquem a saúde ou a integridade física.

Art. 11. Esta Lei Complementar entra em vigor após decorridos 6 (seis) meses de sua publicação oficial.

....................................(*DOU*, 9.5.13).

Lei Complementar 146, de 25 de junho de 2014

Estende a estabilidade provisória da gestante, nos casos de morte desta, a quem detiver a guarda de seu filho.

....

Art. 1º O direito prescrito na alínea *b* do inciso II do art. 10 do Ato das Disposições Constitucionais Transitórias, nos casos em que ocorrer o falecimento da genitora, será assegurado a quem detiver a guarda do seu filho.

....................................(*DOU* 26.6.14)

Lei Complementar 150, de 1º de junho de 2015

Empregado doméstico.

Capítulo I
DO CONTRATO DE TRABALHO DOMÉSTICO

Art. 1º Ao empregado doméstico, assim considerado aquele que presta serviços de forma contínua, subordinada, onerosa e pessoal e de finalidade não lucrativa à pessoa ou à família, no âmbito residencial destas, por mais de 2 (dois) dias por semana, aplica-se o disposto nesta Lei.

Parágrafo único. É vedada a contratação de menor de 18 (dezoito) anos para desempenho de trabalho doméstico, de acordo com a Convenção n. 182, de 1999, da Organização Internacional do Trabalho (OIT) e com o Decreto n. 6.481, de 12 de junho de 2008.

Art. 2º A duração normal do trabalho doméstico não excederá 8 (oito) horas diárias e 44 (quarenta e quatro) semanais, observado o disposto nesta Lei.

§ 1º A remuneração da hora extraordinária será, no mínimo, 50% (cinquenta por cento) superior ao valor da hora normal.

§ 2º O salário-hora normal, em caso de empregado mensalista, será obtido dividindo-se o salário mensal por 220 (duzentas e vinte) horas, salvo se o contrato estipular jornada mensal inferior que resulte em divisor diverso.

§ 3º O salário-dia normal, em caso de empregado mensalista, será obtido dividindo-se o salário mensal por 30 (trinta) e servirá de base para pagamento do repouso remunerado e dos feriados trabalhados.

§ 4º Poderá ser dispensado o acréscimo de salário e instituído regime de compensação de horas, mediante acordo escrito entre empregador e empregado, se o excesso de horas de um dia for compensado em outro dia.

§ 5º No regime de compensação previsto no § 4º:

I - será devido o pagamento, como horas extraordinárias, na forma do § 1º, das primeiras 40(quarenta) horas mensais excedentes ao horário normal de trabalho;

II - das 40 (quarenta) horas referidas no inciso I, poderão ser deduzidas, sem o correspondente pagamento, as horas não trabalhadas, em função de redução do horário normal de trabalho ou de dia útil não trabalhado, durante o mês;

III - o saldo de horas que excederem as 40 (quarenta) primeiras horas mensais de que trata o inciso I, com a dedução prevista no inciso II, quando for o caso, será compensado no período máximo de 1 (um) ano.

§ 6º Na hipótese de rescisão do contrato de trabalho sem que tenha havido a compensação integral da jornada extraordinária, na forma do § 5º, o empregado fará jus ao pagamento das horas extras não compensadas, calculadas sobre o valor da remuneração na data de rescisão.

§ 7º Os intervalos previstos nesta Lei, o tempo de repouso, as horas não trabalhadas, os feriados e os domingos livres em que o empregado que mora no local de trabalho nele permaneça não serão computados como horário de trabalho.

§ 8º O trabalho não compensado prestado em domingos e feriados deve ser pago em dobro, sem prejuízo da remuneração relativa ao repouso semanal.

Art. 3º Considera-se trabalho em regime de tempo parcial aquele cuja duração não exceda 25 (vinte e cinco) horas semanais.

§ 1º O salário a ser pago ao empregado sob regime de tempo parcial será proporcional a sua jornada, em relação ao empregado que cumpre, nas mesmas funções, tempo integral.

§ 2º A duração normal do trabalho do empregado em regime de tempo parcial poderá ser acrescida de horas suplementares, em número não excedente a 1 (uma) hora diária, mediante acordo escrito entre empregador e empregado, aplicando-se-lhe, ainda, o disposto nos §§ 2º e 3º do art. 2º, com o limite máximo de 6 (seis) horas diárias.

§ 3º Na modalidade do regime de tempo parcial, após cada período de 12 (doze) meses de vigência do contrato de trabalho, o empregado terá direito a férias, na seguinte proporção:

I - 18 (dezoito) dias, para a duração do trabalho semanal superior a 22 (vinte e duas) horas, até 25 (vinte e cinco) horas;

II - 16 (dezesseis) dias, para a duração do trabalho semanal superior a 20 (vinte) horas, até 22 (vinte e duas) horas;

III - 14 (quatorze) dias, para a duração do trabalho semanal superior a 15 (quinze) horas, até 20 (vinte) horas;

IV - 12 (doze) dias, para a duração do trabalho semanal superior a 10 (dez) horas, até 15 (quinze) horas;

V - 10 (dez) dias, para a duração do trabalho semanal superior a 5 (cinco) horas, até 10 (dez) horas;

VI - 8 (oito) dias, para a duração do trabalho semanal igual ou inferior a 5 (cinco) horas.

Art. 4º É facultada a contratação, por prazo determinado, do empregado doméstico:

I - mediante contrato de experiência;

II - para atender necessidades familiares de natureza transitória e para substituição temporária de empregado doméstico com contrato de trabalho interrompido ou suspenso.

Parágrafo único. No caso do inciso II deste artigo, a duração do contrato de trabalho é limitada ao término do evento que motivou a contratação, obedecido o limite máximo de 2 (dois) anos.

Art. 5º O contrato de experiência não poderá exceder 90 (noventa) dias.

§ 1º O contrato de experiência poderá ser prorrogado 1 (uma) vez, desde que a soma dos 2 (dois) períodos não ultrapasse 90 (noventa) dias.

§ 2º O contrato de experiência que, havendo continuidade do serviço, não for prorrogado após o decurso de seu prazo previamente estabelecido ou que ultrapassar o período de 90 (noventa) dias passará a vigorar como contrato de trabalho por prazo indeterminado.

Art. 6º Durante a vigência dos contratos previstos nos incisos I e II do art. 4º, o empregador que, sem justa causa, despedir o empregado é obrigado a pagar-lhe, a título de indenização, metade da remuneração a que teria direito até o termo do contrato.

Art. 7º Durante a vigência dos contratos previstos nos incisos I e II do art. 4º, o empregado não poderá se desligar do contrato sem justa causa, sob pena de ser obrigado a indenizar o empregador dos prejuízos que desse fato lhe resultarem.

Parágrafo único. A indenização não poderá exceder aquela a que teria direito o empregado em idênticas condições.

Art. 8º Durante a vigência dos contratos previstos nos incisos I e II do art. 4º, não será exigido aviso prévio.

Art. 9º A Carteira de Trabalho e Previdência Social será obrigatoriamente apresentada, contra recibo, pelo empregado ao empregador que o admitir, o qual terá o prazo de 48 (quarenta e oito) horas para nela anotar, especificamente, a data de admissão, a remuneração e, quando for o caso, os contratos previstos nos incisos I e II do art. 4º.

Art. 10. É facultado às partes, mediante acordo escrito entre essas, estabelecer horário de trabalho de 12 (doze) horas seguidas por 36 (trinta e seis) horas ininterruptas de descanso, observados ou indenizados os intervalos para repouso e alimentação.

§ 1º A remuneração mensal pactuada pelo horário previsto no *caput* deste artigo abrange os pagamentos devidos pelo descanso semanal remunerado e pelo descanso em feriados, e serão considerados compensados os feriados e as prorrogações de trabalho noturno, quando houver, de que tratam o art. 70 e o § 5º do art. 73 da Consolidação das Leis do Trabalho (CLT), aprovada pelo Decreto-Lei n. 5.452, de 1º de maio de 1943, e o art. 9º da Lei n. 605, de 5 de janeiro de 1949.

§ 2º (Vetado.)

Art. 11. Em relação ao empregado responsável por acompanhar o empregador prestando serviços em viagem, serão consideradas apenas as horas efetivamente trabalhadas no período, podendo ser compensadas as horas extraordinárias em outro dia, observado o art. 2º.

§ 1º O acompanhamento do empregador pelo empregado em viagem será condicionado à prévia existência de acordo escrito entre as partes.

§ 2º A remuneração-hora do serviço em viagem será, no mínimo, 25% (vinte e cinco por cento) superior ao valor do salário-hora normal.

§ 3º O disposto no § 2º deste artigo poderá ser, mediante acordo, convertido em acréscimo no banco de horas, a ser utilizado a critério do empregado.

Art. 12. É obrigatório o registro do horário de trabalho do empregado doméstico por qualquer meio manual, mecânico ou eletrônico, desde que idôneo.

Art. 13. É obrigatória a concessão de intervalo para repouso ou alimentação pelo período de, no mínimo, 1 (uma) hora e, no máximo, 2 (duas) horas, admitindo-se, mediante prévio acordo escrito entre empregador e empregado, sua redução a 30 (trinta) minutos.

§ 1º Caso o empregado resida no local de trabalho, o período de intervalo poderá ser desmembrado em 2 (dois) períodos, desde que cada um deles tenha, no mínimo, 1 (uma) hora, até o limite de 4 (quatro) horas ao dia.

§ 2º Em caso de modificação do intervalo, na forma do § 1º, é obrigatória a sua anotação no registro diário de horário, vedada sua prenotação.

Art. 14. Considera-se noturno, para os efeitos desta Lei, o trabalho executado entre as 22 horas de um dia e as 5 horas do dia seguinte.

§ 1º A hora de trabalho noturno terá duração de 52 (cinquenta e dois) minutos e 30 (trinta) segundos.

§ 2º A remuneração do trabalho noturno deve ter acréscimo de, no mínimo, 20% (vinte por cento) sobre o valor da hora diurna.

§ 3º Em caso de contratação, pelo empregador, de empregado exclusivamente para desempenhar trabalho noturno, o acréscimo será calculado sobre o salário anotado na Carteira de Trabalho e Previdência Social.

§ 4º Nos horários mistos, assim entendidos os que abrangem períodos diurnos e noturnos, aplica-se às horas de trabalho noturno o disposto neste artigo e seus parágrafos.

Art. 15. Entre 2 (duas) jornadas de trabalho deve haver período mínimo de 11 (onze) horas consecutivas para descanso.

Art. 16. É devido ao empregado doméstico descanso semanal remunerado de, no mínimo, 24 (vinte e quatro) horas consecutivas, preferencialmente aos domingos, além de descanso remunerado em feriados.

Art. 17. O empregado doméstico terá direito a férias anuais remuneradas de 30 (trinta) dias, salvo o disposto no § 3º do art. 3º, com acréscimo de, pelo menos, um terço do salário normal, após cada período de 12 (doze) meses de trabalho prestado à mesma pessoa ou família.

§ 1º Na cessação do contrato de trabalho, o empregado, desde que não tenha sido demitido por justa causa, terá direito à remuneração relativa ao período incompleto de férias, na proporção de um doze avos por mês de serviço ou fração superior a 14 (quatorze) dias.

§ 2º O período de férias poderá, a critério do empregador, ser fracionado em até 2 (dois) períodos, sendo 1 (um) deles de, no mínimo, 14 (quatorze) dias corridos.

§ 3º É facultado ao empregado doméstico converter um terço do período de férias a que tiver direito em abono pecuniário, no valor da remuneração que lhe seria devida nos dias correspondentes.

§ 4º O abono de férias deverá ser requerido até 30 (trinta) dias antes do término do período aquisitivo.

§ 5º É lícito ao empregado que reside no local de trabalho nele permanecer durante as férias.

§ 6º As férias serão concedidas pelo empregador nos 12 (doze) meses subsequentes à data em que o empregado tiver adquirido o direito.

Art. 18. É vedado ao empregador doméstico efetuar descontos no salário do empregado por fornecimento de alimentação, vestuário, higiene ou moradia, bem como por despesas com transporte, hospedagem e alimentação em caso de acompanhamento em viagem.

§ 1º É facultado ao empregador efetuar descontos no salário do empregado em caso de adiantamento salarial e, mediante acordo escrito entre as partes, para a inclusão do empregado em planos de assistência médico-hospitalar e odontológica, de seguro e de previdência privada, não podendo a dedução ultrapassar 20% (vinte por cento) do salário.

§ 2º Poderão ser descontadas as despesas com moradia de que trata o *caput* deste artigo quando essa se referir a local diverso da residência em que ocorrer a prestação de serviço, desde que essa possibilidade tenha sido expressamente acordada entre as partes.

§ 3º As despesas referidas no *caput* deste artigo não têm natureza salarial nem se incorporam à remuneração para quaisquer efeitos.

§ 4º O fornecimento de moradia ao empregado doméstico na própria residência ou em morada anexa, de qualquer natureza, não gera ao empregado qualquer direito de posse ou de propriedade sobre a referida moradia.

Art. 19. Observadas as peculiaridades do trabalho doméstico, a ele também se aplicam as Leis n. 605, de 5 de janeiro de 1949, n. 4.090, de 13 de julho de 1962, n. 4.749, de 12 de agosto de 1965, e n. 7.418, de 16 de dezembro de 1985, e, subsidiariamente, a Consolidação das Leis do Trabalho (CLT), aprovada pelo Decreto-Lei n. 5.452, de 1º de maio de 1943.

Parágrafo único. A obrigação prevista no art. 4º da Lei n. 7.418, de 16 de dezembro de 1985, poderá ser substituída, a critério do empregador, pela concessão, mediante recibo, dos valores para a aquisição das passagens necessárias ao custeio das despesas decorrentes do deslocamento residência-trabalho e vice-versa.

Art. 20. O empregado doméstico é segurado obrigatório da Previdência Social, sendo-lhe devidas, na forma da Lei n. 8.213, de 24 de julho de 1991, as prestações nela arroladas, atendido o disposto nesta Lei e observadas as características especiais do trabalho doméstico.

Art. 21. É devida a inclusão do empregado doméstico no Fundo de Garantia do Tempo de Serviço (FGTS), na forma do regulamento a ser editado pelo Conselho Curador e pelo agente operador do FGTS, no âmbito de suas competências, conforme disposto nos arts. 5º e 7º da Lei n. 8.036, de 11 de maio de 1990, inclusive no que tange aos aspectos técnicos de depósitos, saques, devolução de valores e emissão de extratos, entre outros determinados na forma da lei.

Parágrafo único. O empregador doméstico somente passará a ter obrigação de promover a inscrição e de efetuar os recolhimentos referentes a seu empregado após a entrada em vigor do regulamento referido no *caput*.

Art. 22. O empregador doméstico depositará a importância de 3,2% (três inteiros e dois décimos por cento) sobre a remuneração devida, no mês anterior, a cada empregado, destinada ao pagamento da indenização compensatória da perda do emprego, sem justa causa ou por culpa do empregador, não se aplicando ao empregado doméstico o disposto nos §§ 1º a 3º do art. 18 da Lei n. 8.036, de 11 de maio de 1990.

§ 1º Nas hipóteses de dispensa por justa causa ou a pedido, de término do contrato de trabalho por prazo determinado, de aposentadoria e de falecimento do empregado doméstico, os valores previstos no *caput* serão movimentados pelo empregador.

§ 2º Na hipótese de culpa recíproca, metade dos valores previstos no *caput* será movimentada pelo empregado, enquanto a outra metade será movimentada pelo empregador.

§ 3º Os valores previstos no *caput* serão depositados na conta vinculada do empregado, em variação distinta daquela em que se encontrarem os valores oriundos dos depósitos de que trata o inciso IV do art. 34 desta Lei, e somente poderão ser movimentados por ocasião da rescisão contratual.

§ 4º À importância monetária de que trata o *caput*, aplicam-se as disposições da Lei n. 8.036, de 11 de maio de 1990, e da Lei n. 8.844, de 20 de janeiro de 1994, inclusive quanto a sujeição passiva e equiparações, prazo de recolhimento, administração, fiscalização, lançamento, consulta, cobrança, garantias, processo administrativo de determinação e exigência de créditos tributários federais.

Art. 23. Não havendo prazo estipulado no contrato, a parte que, sem justo motivo, quiser rescindi-lo deverá avisar a outra de sua intenção.

§ 1º O aviso prévio será concedido na proporção de 30 (trinta) dias ao empregado que conte com até 1 (um) ano de serviço para o mesmo empregador.

§ 2º Ao aviso prévio previsto neste artigo, devido ao empregado, serão acrescidos 3 (três) dias por ano de serviço prestado para o mesmo empregador, até o máximo de 60 (sessenta) dias, perfazendo um total de até 90 (noventa) dias.

§ 3º A falta de aviso prévio por parte do empregador dá ao empregado o direito aos salários correspondentes ao prazo do aviso, garantida sempre a integração desse período ao seu tempo de serviço.

§ 4º A falta de aviso prévio por parte do empregado dá ao empregador o direito de descontar os salários correspondentes ao prazo respectivo.

§ 5º O valor das horas extraordinárias habituais integra o aviso prévio indenizado.

Art. 24. O horário normal de trabalho do empregado durante o aviso prévio, quando a rescisão tiver sido promovida pelo empregador, será reduzido de 2 (duas) horas diárias, sem prejuízo do salário integral.

Parágrafo único. É facultado ao empregado trabalhar sem a redução das 2 (duas) horas diárias previstas no *caput* deste artigo, caso em que poderá faltar ao serviço, sem prejuízo do salário integral, por 7 (sete) dias corridos, na hipótese dos §§ 1º e 2º do art. 23.

Art. 25. A empregada doméstica gestante tem direito a licença-maternidade de 120 (cento e vinte) dias, sem prejuízo do emprego e do salário, nos termos da Seção V do Capítulo III do Título III da Consolidação das Leis do Trabalho (CLT), aprovada pelo Decreto-Lei n. 5.452, de 1º de maio de 1943.

Parágrafo único. A confirmação do estado de gravidez durante o curso do contrato de trabalho, ainda que durante o prazo do aviso prévio trabalhado ou indenizado, garante à empregada gestante a estabilidade provisória prevista na alínea "b" do inciso II do art. 10 do Ato das Disposições Constitucionais Transitórias.

Art. 26. O empregado doméstico que for dispensado sem justa causa fará jus ao benefício do seguro-desemprego, na forma da Lei n. 7.998, de 11 de janeiro de 1990, no valor de 1 (um) salário mínimo, por período máximo de 3 (três) meses, de forma contínua ou alternada.

§ 1º O benefício de que trata o *caput* será concedido ao empregado nos termos do regulamento do Conselho Deliberativo do Fundo de Amparo ao Trabalhador (Codefat).

§ 2º O benefício do seguro-desemprego será cancelado, sem prejuízo das demais sanções cíveis e penais cabíveis:

I - pela recusa, por parte do trabalhador desempregado, de outro emprego condizente com sua qualificação registrada ou declarada e com sua remuneração anterior;

II - por comprovação de falsidade na prestação das informações necessárias à habilitação;

III - por comprovação de fraude visando à percepção indevida do benefício do seguro-desemprego; ou

IV - por morte do segurado.

Art. 27. Considera-se justa causa para os efeitos desta Lei:

I - submissão a maus-tratos de idoso, de enfermo, de pessoa com deficiência ou de criança sob cuidado direto ou indireto do empregado;

II - prática de ato de improbidade;

III - incontinência de conduta ou mau procedimento;

IV - condenação criminal do empregado transitada em julgado, caso não tenha havido suspensão da execução da pena;

V - desídia no desempenho das respectivas funções;

VI - embriaguez habitual ou em serviço;

VII - (vetado);

VIII - ato de indisciplina ou de insubordinação;

IX - abandono de emprego, assim considerada a ausência injustificada ao serviço por, pelo menos, 30 (trinta) dias corridos;

X - ato lesivo à honra ou à boa fama ou ofensas físicas praticadas em serviço contra qualquer pessoa, salvo em caso de legítima defesa, própria ou de outrem;

XI - ato lesivo à honra ou à boa fama ou ofensas físicas praticadas contra o empregador doméstico ou sua família, salvo em caso de legítima defesa, própria ou de outrem;

XII - prática constante de jogos de azar.

Parágrafo único. O contrato de trabalho poderá ser rescindido por culpa do empregador quando:

I - o empregador exigir serviços superiores às forças do empregado doméstico, defesos por lei, contrários aos bons costumes ou alheios ao contrato;

II - o empregado doméstico for tratado pelo empregador ou por sua família com rigor excessivo ou de forma degradante;

III - o empregado doméstico correr perigo manifesto de mal considerável;

IV - o empregador não cumprir as obrigações do contrato;

V - o empregador ou sua família praticar, contra o empregado doméstico ou pessoas de sua família, ato lesivo à honra e à boa fama;

VI - o empregador ou sua família ofender o empregado doméstico ou sua família fisicamente, salvo em caso de legítima defesa, própria ou de outrem;

VII - o empregador praticar qualquer das formas de violência doméstica ou familiar contra mulheres de que trata o art. 5o da Lei n. 11.340, de 7 de agosto de 2006.

Art. 28. Para se habilitar ao benefício do seguro-desemprego, o trabalhador doméstico deverá apresentar ao órgão competente do Ministério do Trabalho e Emprego:

I - Carteira de Trabalho e Previdência Social, na qual deverão constar a anotação do contrato de trabalho doméstico e a data de dispensa, de modo a comprovar o vínculo empregatício, como empregado doméstico, durante pelo menos 15 (quinze) meses nos últimos 24 (vinte e quatro) meses;

II - termo de rescisão do contrato de trabalho;

III - declaração de que não está em gozo de benefício de prestação continuada da Previdência Social, exceto auxílio-acidente e pensão por morte; e

IV - declaração de que não possui renda própria de qualquer natureza suficiente à sua manutenção e de sua família.

Art. 29. O seguro-desemprego deverá ser requerido de 7 (sete) a 90 (noventa) dias contados da data de dispensa.

Art. 30. Novo seguro-desemprego só poderá ser requerido após o cumprimento de novo período aquisitivo, cuja duração será definida pelo Codefat.

Capítulo II
DO SIMPLES DOMÉSTICO

Art. 31. É instituído o regime unificado de pagamento de tributos, de contribuições e dos demais encargos do empregador doméstico (Simples Doméstico), que deverá ser regulamentado no prazo de 120 (cento e vinte) dias a contar da data de entrada em vigor desta Lei.

Art. 32. A inscrição do empregador e a entrada única de dados cadastrais e de informações trabalhistas, previdenciárias e fiscais no âmbito do Simples Doméstico dar-se-ão mediante registro em sistema eletrônico a ser disponibilizado em portal na internet, conforme regulamento.

Parágrafo único. A impossibilidade de utilização do sistema eletrônico será objeto de regulamento, a ser editado pelo Ministério da Fazenda e pelo agente operador do FGTS.

Art. 33. O Simples Doméstico será disciplinado por ato conjunto dos Ministros de Estado da Fazenda, da Previdência Social e do Trabalho e Emprego que disporá sobre a apuração, o recolhimento e a distribuição dos recursos recolhidos por meio do Simples Doméstico, observadas as disposições do art. 21 desta Lei.

§ 1º O ato conjunto a que se refere o *caput* deverá dispor também sobre o sistema eletrônico de registro das obrigações trabalhistas, previdenciárias e fiscais e sobre o cálculo e o recolhimento dos tributos e encargos trabalhistas vinculados ao Simples Doméstico.

§ 2º As informações prestadas no sistema eletrônico de que trata o § 1º:

I - têm caráter declaratório, constituindo instrumento hábil e suficiente para a exigência dos tributos e encargos trabalhistas delas resultantes e que não tenham sido recolhidos no prazo consignado para pagamento; e

II - deverão ser fornecidas até o vencimento do prazo para pagamento dos tributos e encargos trabalhistas devidos no Simples Doméstico em cada mês, relativamente aos fatos geradores ocorridos no mês anterior.

§ 3º O sistema eletrônico de que trata o § 1º deste artigo e o sistema de que trata o *caput* do art. 32 substituirão, na forma regulamentada pelo ato conjunto previsto no *caput*, a obrigatoriedade de entrega de todas as informações, formulários e declarações a que estão sujeitos os empregadores domésticos, inclusive os relativos ao recolhimento do FGTS.

Art. 34. O Simples Doméstico assegurará o recolhimento mensal, mediante documento único de arrecadação, dos seguintes valores:

I - 8% (oito por cento) a 11% (onze por cento) de contribuição previdenciária, a cargo do segurado empregado doméstico, nos termos do art. 20 da Lei n. 8.212, de 24 de julho de 1991;

II - 8% (oito por cento) de contribuição patronal previdenciária para a seguridade social, a cargo do empregador doméstico, nos termos do art. 24 da Lei n. 8.212, de 24 de julho de 1991;

III - 0,8% (oito décimos por cento) de contribuição social para financiamento do seguro contra acidentes do trabalho;

IV - 8% (oito por cento) de recolhimento para o FGTS;

V - 3,2% (três inteiros e dois décimos por cento), na forma do art. 22 desta Lei; e

VI - imposto sobre a renda retido na fonte de que trata o inciso I do art. 7º da Lei n. 7.713, de 22 de dezembro de 1988, se incidente.

§ 1º As contribuições, os depósitos e o imposto arrolados nos incisos I a VI incidem sobre a remuneração paga ou devida no mês anterior, a cada empregado, incluída na remuneração a gratificação de Natal a que se refere a Lei n. 4.090, de 13 de julho de 1962, e a Lei n. 4.749, de 12 de agosto de 1965.

§ 2º A contribuição e o imposto previstos nos incisos I e VI do *caput* deste artigo serão descontados da remuneração do empregado pelo empregador, que é responsável por seu recolhimento.

§ 3º O produto da arrecadação das contribuições, dos depósitos e do imposto de que trata o *caput* será centralizado na Caixa Econômica Federal.

§ 4º A Caixa Econômica Federal, com base nos elementos identificadores do recolhimento, disponíveis no sistema de que trata o § 1º do art. 33, transferirá para a Conta Única do Tesouro Nacional o valor arrecadado das contribuições e do imposto previstos nos incisos I, II, III e VI do *caput*.

§ 5º O recolhimento de que trata o *caput* será efetuado em instituições financeiras integrantes da rede arrecadadora de receitas federais.

§ 6º O empregador fornecerá, mensalmente, ao empregado doméstico cópia do documento previsto no *caput*.

§ 7º O recolhimento mensal, mediante documento único de arrecadação, e a exigência das contribuições, dos depósitos e do imposto, nos valores definidos nos incisos I a VI do *caput*, somente serão devidos após 120 (cento e vinte) dias da data de publicação desta Lei.

Art. 35. O empregador doméstico é obrigado a pagar a remuneração devida ao empregado doméstico e a arrecadar e a recolher a contribuição prevista no inciso I do art. 34, assim como a arrecadar e a recolher as contribuições, os depósitos e o imposto a seu cargo discriminados nos incisos II, III,

IV, V e VI do *caput* do art. 34, até o dia 7 do mês seguinte ao da competência.

§ 1º Os valores previstos nos incisos I, II, III e VI do *caput* do art. 34 não recolhidos até a data de vencimento sujeitar-se-ão à incidência de encargos legais na forma prevista na legislação do imposto sobre a renda.

§ 2º Os valores previstos nos incisos IV e V, referentes ao FGTS, não recolhidos até a data de vencimento serão corrigidos e terão a incidência da respectiva multa, conforme a Lei n. 8.036, de 11 de maio de 1990.

Capítulo III
DA LEGISLAÇÃO PREVIDENCIÁRIA E TRIBUTÁRIA

Art. 36. O inciso V do art. 30 da Lei n. 8.212, de 24 de julho de 1991, passa a vigorar com a seguinte redação:

"Art. 30 ....

V - o empregador doméstico é obrigado a arrecadar e a recolher a contribuição do segurado empregado a seu serviço, assim como a parcela a seu cargo, até o dia 7 do mês seguinte ao da competência;

...." (NRed.)

Art. 37. A Lei n. 8.213, de 24 de julho de 1991, passa a vigorar com as seguintes alterações:

"Art.18 ....

§ 1º Somente poderão beneficiar-se do auxílio-acidente os segurados incluídos nos incisos I, II, VI e VII do art. 11 desta Lei.

...." (NRed.)

"Art. 19. Acidente do trabalho é o que ocorre pelo exercício do trabalho a serviço de empresa ou de empregador doméstico ou pelo exercício do trabalho dos segurados referidos no inciso VII do art. 11 desta Lei, provocando lesão corporal ou perturbação funcional que cause a morte ou a perda ou redução, permanente ou temporária, da capacidade para o trabalho.

...." (NRed.)

"Art. 21-A. A perícia médica do Instituto Nacional do Seguro Social (INSS) considerará caracterizada a natureza acidentária da incapacidade quando constatar ocorrência de nexo técnico epidemiológico entre o trabalho e o agravo, decorrente da relação entre a atividade da empresa ou do empregado doméstico e a entidade mórbida motivadora da incapacidade elencada na Classificação Internacional de Doenças (CID), em conformidade com o que dispuser o regulamento.

....

§ 2º A empresa ou o empregador doméstico poderão requerer a não aplicação do nexo técnico epidemiológico, de cuja decisão caberá recurso, com efeito suspensivo, da empresa, do empregador doméstico ou do segurado ao Conselho de Recursos da Previdência Social." (NRed.)

"Art. 22. A empresa ou o empregador doméstico deverão comunicar o acidente do trabalho à Previdência Social até o primeiro dia útil seguinte ao da ocorrência e, em caso de morte, de imediato, à autoridade competente, sob pena de multa variável entre o limite mínimo e o limite máximo do salário de contribuição, sucessivamente aumentada nas reincidências, aplicada e cobrada pela Previdência Social.

...." (NRed.)

"Art. 27. Para cômputo do período de carência, serão consideradas as contribuições:

I - referentes ao período a partir da data de filiação ao Regime Geral de Previdência Social (RGPS), no caso dos segurados empregados, inclusive os domésticos, e dos trabalhadores avulsos;

II - realizadas a contar da data de efetivo pagamento da primeira contribuição sem atraso, não sendo consideradas para este fim as contribuições recolhidas com atraso referentes a competências anteriores, no caso dos segurados contribuinte individual, especial e facultativo, referidos, respectivamente, nos incisos V e VII do art. 11 e no art. 13." (NRed.)

"Art. 34. No cálculo do valor da renda mensal do benefício, inclusive o decorrente de acidente do trabalho, serão computados:

I - para o segurado empregado, inclusive o doméstico, e o trabalhador avulso, os salários de contribuição referentes aos meses de contribuições devidas, ainda que não recolhidas pela empresa ou pelo empregador doméstico, sem prejuízo da respectiva cobrança e da aplicação das penalidades cabíveis, observado o disposto no § 5º do art. 29-A;

II - para o segurado empregado, inclusive o doméstico, o trabalhador avulso e o segurado especial, o valor mensal do auxílio-acidente, considerado como salário de contribuição para fins de concessão de qualquer aposentadoria, nos termos do art. 31;

...." (NRed.)

"Art. 35. Ao segurado empregado, inclusive o doméstico, e ao trabalhador avulso que tenham cumprido todas as condições para a concessão do benefício pleiteado, mas não possam comprovar o valor de seus salários de contribuição no período básico de cálculo, será concedido o benefício de valor mínimo, devendo esta renda ser recalculada quando da apresentação de prova dos salários de contribuição." (NRed.)

"Art. 37. A renda mensal inicial, recalculada de acordo com o disposto no art. 35, deve ser reajustada como a dos benefícios correspondentes com igual data de início e substituirá, a partir da data do requerimento de revisão do valor do benefício, a renda mensal que prevalecia até então." (NRed.)

"Art. 38. Sem prejuízo do disposto no art. 35, cabe à Previdência Social manter cadastro dos segurados com todos os informes necessários para o cálculo da renda mensal dos benefícios." (NRed.)

"Art. 63. O segurado empregado, inclusive o doméstico, em gozo de auxílio-doença será considerado pela empresa e pelo empregador doméstico como licenciado.

...." (NRed.)

"Art. 65. O salário-família será devido, mensalmente, ao segurado empregado, inclusive o doméstico, e ao segurado trabalhador avulso, na proporção do respectivo número de filhos ou equiparados nos termos do § 2º do art. 16 desta Lei, observado o disposto no art. 66.

...." (NRed.)

"Art. 67 ....

Parágrafo único. O empregado doméstico deve apresentar apenas a certidão de nascimento referida no *caput*." (NRed.)

"Art. 68. As cotas do salário-família serão pagas pela empresa ou pelo empregador doméstico, mensalmente, junto com o salário, efetivando-se a compensação quando do recolhimento das contribuições, conforme dispuser o Regulamento.

§ 1º A empresa ou o empregador doméstico conservarão durante 10 (dez) anos os comprovantes de pagamento e as cópias das certidões correspondentes, para fiscalização da Previdência Social.

...." (NRed.)

Art. 38. O art. 70 da Lei n. 11.196, de 21 de novembro de 2005, passa a vigorar com a seguinte redação:

"Art.70 ....

I - ....

d) até o dia 7 do mês subsequente ao mês de ocorrência dos fatos geradores, no caso de pagamento de rendimentos provenientes do trabalho assalariado a empregado doméstico; e

e) até o último dia útil do segundo decêndio do mês subsequente ao mês de ocorrência dos fatos geradores, nos demais casos;

...." (NRed.)

Capítulo IV
DO PROGRAMA DE RECUPERAÇÃO PREVIDENCIÁRIA DOS EMPREGADORES DOMÉSTICOS (REDOM)

Art. 39. É instituído o Programa de Recuperação Previdenciária dos Empregadores Domésticos (Redom), nos termos desta Lei.

Art. 40. Será concedido ao empregador doméstico o parcelamento dos débitos com o Instituto Nacional do Seguro Social (INSS) relativos à contribuição de que tratam os arts. 20 e 24 da Lei n. 8.212, de 24 de julho de 1991, com vencimento até 30 de abril de 2013.

§ 1º O parcelamento abrangerá todos os débitos existentes em nome do empregado e do empregador, na condição de contribuinte, inclusive débitos inscritos em dívida ativa, que poderão ser:

I - pagos com redução de 100% (cem por cento) das multas aplicáveis, de 60% (sessenta por cento) dos juros de mora e de 100% (cem por cento) sobre os valores dos encargos legais e advocatícios;

II - parcelados em até 120 (cento e vinte) vezes, com prestação mínima no valor de R$ 100,00 (cem reais).

§ 2º O parcelamento deverá ser requerido no prazo de 120 (cento e vinte) dias após a entrada em vigor desta Lei.

§ 3º A manutenção injustificada em aberto de 3 (três) parcelas implicará, após comunicação ao sujeito passivo, a imediata rescisão do parcelamento e, conforme o caso, o prosseguimento da cobrança.

§ 4º Na hipótese de rescisão do parcelamento com o cancelamento dos benefícios concedidos:

I - será efetuada a apuração do valor original do débito, com a incidência dos acréscimos legais, até a data de rescisão;

II - serão deduzidas do valor referido no inciso I deste parágrafo as parcelas pagas, com a incidência dos acréscimos legais, até a data de rescisão.

Art. 41. A opção pelo Redom sujeita o contribuinte a:

I - confissão irrevogável e irretratável dos débitos referidos no art. 40;

II - aceitação plena e irretratável de todas as condições estabelecidas;

III - pagamento regular das parcelas do débito consolidado, assim como das contribuições com vencimento posterior a 30 de abril de 2013.

Capítulo V
DISPOSIÇÕES GERAIS

Art. 42. É de responsabilidade do empregador o arquivamento de documentos comprobatórios do cumprimento das obrigações fiscais, trabalhistas e previdenciárias, enquanto essas não prescreverem.

Art. 43. O direito de ação quanto a créditos resultantes das relações de trabalho prescreve em 5 (cinco) anos até o limite de 2 (dois) anos após a extinção do contrato de trabalho.

Art. 44. A Lei n. 10.593, de 6 de dezembro de 2002, passa a vigorar acrescida do seguinte art. 11-A:

"Art. 11-A. A verificação, pelo Auditor-Fiscal do Trabalho, do cumprimento das normas que regem o trabalho do empregado doméstico, no âmbito do domicílio do empregador, dependerá de agendamento e de entendimento prévios entre a fiscalização e o empregador.

§ 1º A fiscalização deverá ter natureza prioritariamente orientadora.

§ 2º Será observado o critério de dupla visita para lavratura de auto de infração, salvo quando for constatada infração por falta de anotação na Carteira de Trabalho e Previdência Social ou, ainda, na ocorrência de reincidência, fraude, resistência ou embaraço à fiscalização.

§ 3º Durante a inspeção do trabalho referida no *caput*, o Auditor-Fiscal do Trabalho far-se-á acompanhar pelo empregador ou por alguém de sua família por este designado".

Art. 45. As matérias tratadas nesta Lei Complementar que não sejam reservadas constitucionalmente a lei complementar poderão ser objeto de alteração por lei ordinária.

Art. 46. Revogam-se o inciso I do art. 3º da Lei n. 8.009, de 29 de março de 1990, e a Lei n. 5.859, de 11 de dezembro de 1972.

Art. 47. Esta Lei entra em vigor na data de sua publicação. (*DOU*, 2.6.15)

LEIS

Lei 605, de 5 de janeiro de 1949

Repouso semanal remunerado e pagamento de salário, nos feriados civis e religiosos.

Art. 1º Todo empregado tem direito ao repouso semanal remunerado de 24 horas consecutivas, preferentemente aos domingos e, nos limites das exigências técnicas, das empresas, nos feriados civis e religiosos de acordo com a tradição local.

Art. 2º Entre os empregados a que se refere esta Lei, incluem-se os trabalhadores rurais, salvo os que operem em qualquer regime de parceria, meação, ou forma semelhante de participação na produção.

Art. 3º O regime desta Lei será extensivo àqueles que, sob forma autônoma, trabalhem agrupados, por intermédio de Sindicato, Caixa Portuária ou entidade congênere. A remuneração do repouso obrigatório, neste caso, consistirá no acréscimo de 1/6 calculado sobre os salários efetivamente percebidos pelo trabalhador e paga juntamente com os mesmos.

Art. 4º É devido o repouso semanal remunerado, nos termos desta Lei, aos trabalhadores das autarquias e de empresas industriais, ou sob administração da União, dos Estados e dos Municípios, ou incorporados nos seus patrimônios, que não estejam subordinados ao regime do funcionalismo público.

Art. 5º Esta Lei não se aplica às seguintes pessoas:

a) (rev. L. 11.324/06);

b) aos funcionários públicos da União, dos Estados e dos Municípios e aos respectivos extranumerários em serviços nas próprias repartições;

c) aos servidores de autarquias paraestatais, desde que sujeitos a regime próprio de proteção ao trabalho que lhes assegure situação análoga à dos funcionários públicos.

Parágrafo único. São exigências técnicas, para os efeitos desta Lei, as que pelas condições peculiares às atividades da empresa, ou em razão do interesse público, tornem indispensável a continuidade do serviço.

Art. 6º Não será devida a remuneração quando, sem motivo justificado, o empregado não tiver trabalhado durante toda a semana anterior, cumprindo integralmente o seu horário de trabalho.

§ 1º São motivos justificados:

a) os previstos no art. 473 e seu parágrafo único da CLT;

b) ausência do empregado, devidamente justificada, a critério da administração do estabelecimento;

c) a paralisação do serviço nos dias em que, por conveniência do empregador, não tenha havido trabalho;

d) a ausência do empregado, até 3 dias consecutivos, em virtude de seu casamento;

e) falta ao serviço com fundamento na lei sobre acidente do trabalho;

f) a doença do empregado, devidamente comprovada.

§ 2º A doença será comprovada mediante atestado de médico da instituição de previdência social a que estiver filiado o empregado, e, na falta deste e sucessivamente, de médico do Serviço Social do Comércio ou da Indústria; de médico da empresa ou por ela designado; de médico a serviço de repartição federal, estadual ou municipal, incumbida de assuntos de higiene ou de saúde pública; ou não existindo estes, na localidade em que trabalhar, de médico de sua escolha (red. L. 2.761/56).

§ 3º Nas empresas em que vigorar regime de trabalho reduzido, a frequência exigida corresponderá ao número de dias em que o empregado tiver de trabalhar.

Art. 7º A remuneração do repouso semanal corresponderá:

a) para os que trabalham por dia, semana, quinzena ou mês, à de um dia de serviço, computadas as horas extraordinárias habitualmente prestadas (red. L. 7.415/85);

b) para os que trabalham por hora, à de sua jornada de trabalho, computadas as horas extraordinárias habitualmente prestadas (red. L. 7.415/85);

c) para os que trabalham por tarefa ou peça, o equivalente ao salário correspondente às tarefas ou peças feitas durante a semana, no horário normal de trabalho, dividido pelos dias de serviço efetivamente prestados ao empregador;

d) para o empregado em domicílio, o equivalente ao quociente da divisão por 6 da importância total da sua produção na semana.

§ 1º Os empregados cujos salários não sofram descontos por motivo de feriados civis ou religiosos são considerados já remunerados nesses mesmos dias de repouso, conquanto tenham direito à remuneração dominical.

§ 2º Consideram-se já remunerados os dias de repouso semanal do empregado mensalista ou quinzenalista, cujo cálculo de salário mensal ou quinzenal, ou cujos descontos por falta sejam efetuados na base do número de dias do mês ou de 30 e 15 diárias, respectivamente.

Art. 8º Excetuados os casos em que a execução do serviço for imposta pelas exigências técnicas das empresas, e vedado o trabalho em dias feriados, civis e religiosos, garantida, entretanto, aos empregados a remuneração respectiva, observados os dispositivos dos arts. 6º e 7º desta lei.

Art. 9º Nas atividades em que não for possível, em virtude das exigências técnicas das empresas, a suspensão do trabalho, nos dias feriados civis e religiosos, a remuneração será paga em dobro, salvo se o empregador determinar outro dia de folga.

Art. 10. Na verificação das exigências técnicas a que se referem os artigos anteriores, ter-se-ão em vista as de ordem econômica, permanente ou ocasionais, bem como as peculiaridades locais.

Parágrafo único. O Poder Executivo, em decreto especial ou no regulamento que expedir para fiel execução desta lei, definirá as mesmas exigências e especificará, tanto quanto possível, as empresas a elas sujeitas, ficando desde já incluídas entre elas as de serviços públicos e de transportes.

Art. 11. (Rev. L. 9.093/95; v. CLT, art. 67/10.)

Art. 12. As infrações ao disposto nesta Lei serão punidas, com multa de R$ 40,25 (quarenta reais e vinte e cinco centavos) a R$ 4.025,33 (quatro mil e vinte e cinco reais e trinta e três centavos), segundo a natureza da infração, sua extensão e a intenção de quem a praticou, aplicada em dobro no caso de reincidência e oposição à fiscalização ou desacato à autoridade. (Red. L. 12.544/11)

Art. 13. Serão originariamente competentes, para a imposição das multas de que trata a presente lei, os delegados regionais do Ministério do Trabalho, Indústria e Comércio, nos Estados e territórios, o diretor da Divisão de Fiscalização do Departamento Nacional do Trabalho, no Distrito Federal, e, nos Estados, onde houver delegação de atribuições, a autoridade delegada.

Art. 14. A fiscalização da execução da presente lei, o processo de autuação dos seus infratores, os recursos e a cobrança das multas reger-se-ão pelo disposto no Título VII da CLT.

Art. 15. A presente lei entrará em vigor na data de sua publicação.

Art. 16. Revogam-se as disposições em contrário (*DOU*, 14.1.49).

Lei 1.060, de 5 de fevereiro de 1950

Assistência judiciária aos necessitados.

Art. 1º Os poderes públicos federal e estadual, independentemente da colaboração que possam receber dos municípios e da Ordem dos Advogados do Brasil – OAB, concederão assistência judiciária aos necessitados, nos termos desta lei (red. L. 7.510/86).

Arts. 2º a 4º (Revogados pela L. 13.105/15.)

Art. 5º O juiz, se não tiver fundadas razões para indeferir o pedido, deverá julgá-lo de plano, motivando ou não o deferimento dentro do prazo de setenta e duas horas.

§ 1º Deferido o pedido, o juiz determinará que o serviço de assistência judiciária, organizado e mantido pelo Estado, onde houver, indique, no prazo de dois dias úteis, o advogado que patrocinará a causa do necessitado.

§ 2º Se no Estado não houver serviço de assistência judiciária, por ele mantido, caberá a indicação à Ordem dos Advogados, por suas Seções Estaduais, ou Subseções Municipais.

§ 3º Nos municípios em que não existirem subseções da Ordem dos Advogados do Brasil, o próprio juiz fará a nomeação do advogado que patrocinará a causa do necessitado.

§ 4º Será preferido para a defesa da causa o advogado que o interessado indicar e que declare aceitar o encargo.

§ 5º Nos Estados onde a Assistência Judiciária seja organizada e por eles mantida, o Defensor Público, ou quem exerça cargo equivalente, será intimado pessoalmente de todos os atos do processo, em ambas as Instâncias, contando-se-lhes em dobro todos os prazos (red. L. 7.871/89).

Arts. 6º e 7º (Revogados pela L.13.105/15.)

Art. 8º Ocorrendo as circunstâncias mencionadas no artigo anterior, poderá o juiz, *ex officio*, decretar a revogação dos benefícios, ouvida a parte interessada dentro de quarenta e oito horas improrrogáveis.

Art. 9º Os benefícios da assistência judiciária compreendem todos os atos do processo até decisão final do litígio, em todas as instâncias.

Art. 10. São individuais e concedidos em cada passo ocorrente os benefícios de assistência judiciária, que se não transmitem ao cessionário de direito e se extinguem pela morte do beneficiário, podendo, entretanto, ser concedidos aos herdeiros que continuarem a demanda e que necessitarem de tais favores, na forma estabelecida nesta lei.

Arts. 11 e 12 . (Revogados pela L.13.105 /15.)

Art. 13. Se o assistido puder atender, em parte, as despesas do processo, o juiz mandará pagar as custas que serão rateadas entre os que tiverem direito ao seu recebimento.

Art. 14. Os profissionais liberais designados para o desempenho do encargo de defensor ou de perito, conforme o caso, salvo justo motivo previsto em lei ou, na sua omissão, a critério da autoridade judiciária competente, são obrigados ao respectivo cumprimento, sob pena de multa de Cr$ 1.000 a Cr$ 10.000, sujeita ao reajustamento estabelecido na Lei n. 6.205, de 29 de abril de 1975, sem prejuízo da sanção disciplinar cabível.

§ 1º Na falta de indicação pela assistência ou pela própria parte, o juiz solicitará a do órgão de classe respectivo.

§ 2º A multa prevista neste artigo reverterá em benefício do profissional que assumir o encargo na causa (*caput* e parágrafos, red. L. 6.465/77).

Art. 15. São motivos para a recusa do mandato pelo advogado designado ou nomeado:

1) estar impedido de exercer a advocacia;

2) ser procurador constituído pela parte contrária ou ter com ela relações profissionais de interesse atual;

3) ter necessidade de se ausentar da sede do juízo para atender a outro mandato anteriormente outorgado ou para defender interesses próprios inadiáveis;

4) já haver manifestado por escrito sua opinião contrária ao direito que o necessitado pretende pleitear;

5) haver dado à parte contrária parecer escrito sobre a contenda.

Parágrafo único. A recusa será solicitada ao juiz, que, de plano, a concederá, temporária ou definitivamente, ou a denegará.

Art. 16. Se o advogado, ao comparecer em juízo, não exibir o instrumento do mandato outorgado pelo assistido, o juiz determinará que se exarem na ata da audiência os termos da referida outorga.

Parágrafo único. O instrumento de mandato não será exigido, quando a parte for representada em juízo por advogado integrante de entidade de direito público incumbido, na forma da lei, de prestação de assistência judiciária gratuita, ressalvados:

a) os atos previstos no art. 38 do Código de Processo Civil;

b) o requerimento de abertura de inquérito por crime de ação privada, a proposição de ação penal privada ou o oferecimento de representação por crime de ação pública condicionada (acrescentada pela L. 6.248/75).

Art. 17. (Revogado pela L.13.105/15.)

Art. 18. Os acadêmicos de direito, a partir da 4ª série, poderão ser indicados pela assistência judiciária, ou nomeados pelo juiz para auxiliar o patrocínio das causas dos necessitados, ficando sujeitos às mesmas obrigações impostas por esta lei aos advogados.

Art. 19. Esta lei entrará em vigor 30 dias depois da sua publicação no *Diário Oficial da União*, revogadas as disposições em contrário (*DOU*, 8.4.74).

Lei 2.757, de 23 de abril de 1956

Empregados porteiros, zeladores, faxineiros e serventes de prédios de apartamentos residenciais.

Art. 1º São excluídos das disposições da letra *a* do art. 7º do Decreto-lei 5.452, de 1º de maio de 1943, e do art. 1º do Decreto-lei 3.078, de 27 de fevereiro de 1941, os empregados porteiros, zeladores, faxineiros e serventes de prédios de apartamentos residenciais, desde que a serviço da administração do edifício e não de cada condômino em particular.

Art. 2º São considerados representantes dos empregadores nas reclamações ou dissídios movimentados na Justiça do Trabalho os síndicos eleitos entre os condôminos.

Art. 3º Os condôminos responderão, proporcionalmente, pelas obrigações previstas nas leis trabalhistas, inclusive as judiciais e extrajudiciais.

Art. 4º Esta lei entrará em vigor na data de sua publicação, revogadas as disposições em contrário (*DOU*, 26.4.56).

Lei 2.959, de 17 de novembro de 1956

Contratos por obra ou serviço certo.

Art. 1º No contrato individual de trabalho por obra certa, as inscrições na carteira profissional do empregado serão feitas pelo construtor, desse modo constituído em empregador, desde que exerça a atividade em caráter permanente.

Art. 2º Rescindido o contrato de trabalho em face do término da obra ou serviço, tendo o empregado mais de 12 meses de serviço, ficar-lhe-á assegurada a indenização por tempo de trabalho na forma do art. 478 da CLT, com 30% de redução.

Art. 3º O empregador que deixar de atender à exigência do art. 1º desta lei, ficará sujeito à multa de Cr$ 500,00 a Cr$ 5.000,00, além da suspensão de suas atividades até que satisfaça a obrigação legal.

Art. 4º Esta lei entrará em vigor na data da sua publicação, revogadas as disposições em contrário (*DOU*, 21.11.56).

Lei 3.030, de 19 de dezembro de 1956

Descontos por fornecimento de alimentação, quando preparada pelo próprio empregador.

Art. 1º Para os efeitos do art. 82 do Decreto-lei 5.452, de 1º de maio de 1943 (Consolidação das Leis do Trabalho), os descontos por fornecimento de alimentação, quando preparada pelo próprio empregador, não poderão exceder a 25% do salário mínimo.

Art. 2º A disposição do art. 1º será aplicada aos trabalhadores em geral, desde que as refeições sejam preparadas e fornecidas no próprio estabelecimento empregador.

Art. 3º Esta lei entrará em vigor na data de sua publicação, revogadas as disposições em contrário (*DOU*, 19.12.56).

Lei 3.207, de 18 de julho de 1957

Empregados vendedores, viajantes ou pracistas.

Art. 1º As atividades dos empregados vendedores, viajantes ou pracistas, serão reguladas pelos preceitos desta lei, sem prejuízo das normas estabelecidas na CLT – Decreto-lei 5.452, de 1º de maio de 1943 – no que lhes for aplicável.

Art. 2º O empregado vendedor terá direito à comissão avençada sobre as vendas que realizar. No caso de lhe ter sido reservada, expressamente, com exclusividade, uma zona de trabalho, terá esse direito sobre as vendas ali realizadas diretamente pela empresa ou por um preposto desta.

§ 1º A zona de trabalho do empregado vendedor poderá ser ampliada ou restringida de acordo com a necessidade da empresa, respeitados os dispositivos desta lei quanto à irredutibilidade da remuneração.

§ 2º Sempre que, por conveniência da empresa empregadora, for o empregado viajante transferido da zona de trabalho, com redução de vantagens, ser-lhe-á assegurado, como mínimo de remuneração, um salário correspondente à média dos 12 últimos meses, anteriores à transferência.

Art. 3º A transação será considerada aceita se o empregador não a recusar por escrito, dentro de 10 dias, contados da data da proposta. Tratando-se de transação a ser concluída com comerciante ou empresa estabelecida noutro Estado ou no estrangeiro, o prazo para aceitação ou recusa da proposta de venda será de 90 dias podendo, ainda, ser prorrogado, por tempo determinado, mediante comunicação escrita feita ao empregado.

Art. 4º O pagamento de comissões e percentagens deverá ser feito mensalmente, expedindo a empresa, no fim de cada mês, a conta respectiva com as cópias das faturas correspondentes aos negócios concluídos.

Parágrafo único. Ressalva-se às partes interessadas fixar outra época para o pagamento de comissões e percentagens, o que, no entanto, não poderá exceder a um trimestre, contado da aceitação do negócio, sendo sempre obrigatória expedição, pela empresa, da conta referida neste artigo.

Art. 5º Nas transações em que a empresa se obrigar por prestações sucessivas, o pagamento das comissões e percentagens será exigível de acordo com a ordem de recebimento das mesmas.

Art. 6º A cessação das relações de trabalho, ou a inexecução voluntária do negócio pelo empregador, não prejudicará percepção das comissões e percentagens devidas.

Art. 7º Verificada a insolvência do comprador, cabe ao empregador o direito de estornar a comissão que houver pago.

Art. 8º Quando for prestado serviço de inspeção e fiscalização pelo empregado vendedor, ficará a empresa vendedora obrigada ao pagamento adicional de 1/10 da remuneração atribuída ao mesmo.

Art. 9º O empregado vendedor viajante não poderá permanecer em viagem por tempo superior a 6 meses consecutivos. Em seguida a cada viagem haverá um intervalo para descanso, calculada na base de 3 dias por mês da viagem realizada, não podendo, porém, ultrapassar o limite de 15 dias.

Art. 10. Caracterizada a relação de emprego, aplicam-se os preceitos desta lei, a quantos exercerem funções iguais, semelhantes ou equivalentes aos empregados-viajantes, embora sob outras designações.

Art. 11. Esta lei entrará em vigor na data de sua publicação, revogadas as disposições em contrário (*DOU*, 22.7.57).

Lei 3.270, de 30 de setembro de 1957

Trabalho diário dos cabineiros de elevador.

Art. 1º É fixado em 6 o número de horas de trabalho diário dos cabineiros de elevador.

Parágrafo único. É vedado a empregador e empregado qualquer acordo visando ao aumento das horas de trabalho fixadas no art. 1º desta lei.

Art. 2º Esta lei entrará em vigor na data de sua publicação, revogadas as disposições em contrário (*DOU*, 3.10.57).

Lei 3.999, de 15 de dezembro de 1961

Salário mínimo dos médicos e cirurgiões dentistas.

Art. 1º O salário mínimo dos médicos passa a vigorar nos níveis e da forma estabelecida na presente lei.

Art. 2º A classificação de atividades ou tarefas, desdobrando-se por funções, será a seguinte:

a) médicos (seja qual for a especialidade);

b) auxiliares (auxiliar de laboratorista, radiologista e internos). (Obs.: v. Índice Alfabético, médicos e afins, técnico em radiologia.)

Art. 3º Não se compreende na classificação de atividades ou tarefas, prevista nesta lei (obrigando ao pagamento de remuneração), o estágio efetuado para especialização ou melhoria de tirocínio, desde que não exceda ao prazo máximo de seis meses e permita a sucessão regular no quadro de beneficiados.

Art. 4º É salário mínimo dos médicos a remuneração mínima permitida por lei, pelos serviços profissionais prestados por médicos, com relação de emprego, as pessoas físicas ou jurídicas de direito privado.

Art. 5º Fica fixado o salário mínimo dos médicos em quantia igual a três vezes e o dos auxiliares a duas vezes mais o salário mínimo comum das regiões ou sub-regiões em que exercerem a profissão.

Art. 6º O disposto no art. 5º aplica-se aos médicos que, não sujeitos ao horário previsto na alínea "a" do art. 8º, prestam assistência domiciliar por conta de pessoas físicas ou jurídicas de direito privado, como empregados destas, mediante remuneração por prazo determinado.

Art. 7º Sempre que forem alteradas as tabelas do salário mínimo comum, nas localidades onde o salário mínimo geral corresponder ao valor inferior à metade da soma do mais alto e do mais baixo salário mínimo em vigor do país, o salário mínimo dos médicos será reajustado para valor correspondente a três vezes e o dos auxiliares para duas vezes mais esta metade.

Art. 8º A duração normal do trabalho, salvo acordo escrito que não fira de modo algum o disposto no art. 12, será:

a) para médicos no mínimo de 2 horas e no máximo de 4 horas diárias;

b) para os auxiliares será de 4 horas diárias.

§ 1º Para cada 90 minutos de trabalho gozará o médico de um repouso de 10 minutos.

§ 2º Aos médicos e auxiliares que contratarem com mais de um empregador, é vedado o trabalho além de 6 horas diárias.

§ 3º Mediante acordo escrito, ou por motivo de força maior, poderá ser o horário normal acrescido de horas suplementares, em número não excedente de 2.

§ 4º A remuneração da hora suplementar não será nunca inferior a 25% à hora normal.

Art. 9º O trabalho noturno terá remuneração superior à do diurno e, para esse efeito, sua remuneração terá o acréscimo de 20%, pelo menos, sobre a hora diurna.

Art. 10. O profissional, designado para servir fora da cidade ou vila para a qual tenha sido contratado não poderá:

a) perceber importância inferior à do nível mínimo de remuneração que vigore naquela localidade;

b) sofrer redução, caso se observe nível inferior.

Art. 11. As modificações futuras de critério territorial para a fixação dos salários mínimos comuns, em tabelas, aproveitarão, também, para os dos médicos.

Art. 12. Na hipótese do ajuste ou contrato de trabalho ser concluído à base-hora o total da remuneração devida não poderá perfazer quantia inferior a 25 vezes o valor da soma das 2 primeiras horas, conforme o valor horário calculado para a respectiva localidade.

Art. 13. São aplicáveis ao salário mínimo dos médicos as disposições de caráter geral, sobre o salário mínimo, constantes do Decreto-lei 5.452, de 1º de maio de 1943 (CLT).

Art. 14. A aplicação da presente lei não poderá ser motivo de redução de salário, nem prejudicará a situação de direito adquirido.

Art. 15. Os cargos ou funções de chefias de serviços médicos somente poderão ser exercidos por médicos, devidamente habilitados na forma da lei.

Art. 16. A partir da vigência da presente lei, o valor das indenizações estatuídas na CLT, que venham a ser devidas, será desde logo calculado e pago de conformidade com os níveis de remunerações nela fixados.

Art. 17. (Rev. DL 66/66.)

Art. 18. Aos médicos que exerçam a profissão como empregados de mais de um empregador é permitido contribuir, cumulativamente, na base dos salários efetivamente recebidos nos diversos empregos, até o máximo de 10 vezes o maior salário mínimo geral vigente para os trabalhadores não abrangidos por esta lei, cabendo aos respectivos empregadores recolher as suas cotas, na proporção dos salários pagos[4].

Art. 19. Às instituições de fins beneficentes e caritativos, que demonstrem não poder suportar o pagamento dos níveis mínimos de salários instituídos na presente lei, será facultado requerer ao Conselho Nacional do Serviço Social isenção total ou redução dos mesmos salários.

4 V. D. 3.048/99 e L. 8.212/91, art. 28.

§ 1º A isenção, para ser concedida, deve subordinar-se à audiência do órgão sindical e da Associação Médica Brasileira, por intermédio de sua federada regional e, bem assim, do Serviço de Estatística da Previdência e do Trabalho, do Ministério do Trabalho e Previdência Social.

§ 2º A isenção poderá ser declarada, em cada caso, na fase de execução da sentença proferida em litígio trabalhista, pelo Juízo ou Tribunal competente, podendo, contudo, a execução ser reaberta, independente de qualquer prazo prescricional, sempre que o interessado prove alteração superveniente das condições econômicas da instituição.

Art. 20. Os benefícios desta lei estendem-se aos profissionais da medicina e seus auxiliares que trabalham ou venham a trabalhar em organizações industriais e agrícolas, localizadas em zonas urbanas e rurais.

§ 1º As empresas que já tenham serviço médico-social organizado, conservarão seus médicos e auxiliares com as vantagens decorrentes desta lei, levando-se em consideração o tempo de serviço, as distâncias e outros fatores que possam influir na organização do horário, de acordo com as necessidades do serviço.

....

Art. 21. São automaticamente nulos todos os contratos de trabalho que, de qualquer forma, visem a elidir a presente lei.

Art. 22. As disposições desta lei são extensivas aos cirurgiões-dentistas, inclusive os que trabalham em organizações sindicais.

Art. 23. Esta lei entrará em vigor na data de sua publicação, revogadas as disposições em contrário (*DOU*, 21.12.61).

Lei 4.090, de 13 de julho de 1962[5]

Gratificação de Natal.

Art. 1º No mês de dezembro de cada ano, a todo empregado será paga, pelo empregador, uma gratificação salarial, independentemente da remuneração a que fizer jus.

§ 1º A gratificação corresponderá a 1/12 da remuneração devida em dezembro, por mês de serviço, do ano correspondente.

§ 2º A fração igual ou superior a 15 dias de trabalho será havida como mês integral para os efeitos do parágrafo anterior.

§ 3º A gratificação será proporcional:

I – na extinção dos contratos a prazo, entre estes incluídos os de safra, ainda que a relação de emprego haja findado antes de dezembro; e

II – na cessação da relação de emprego resultante da aposentadoria do trabalhador, ainda que verificada antes de dezembro (red. L. 9.011/95).

Art. 2º As faltas legais e justificadas ao serviço não serão deduzidas para os fins previstos no § 1º, do art. 1º, desta lei.

Art. 3º Ocorrendo rescisão, sem justa causa, do contrato de trabalho, o empregado receberá a gratificação devida nos termos dos §§ 1º e 2º, do art. 1º desta lei, calculada sobre a remuneração do mês de rescisão.

Art. 4º Esta lei entrará em vigor na data de sua publicação, revogadas as disposições em contrário (*DOU*, 26.7.62).

Lei 4.725, de 13 de julho de 1965

Processo dos dissídios coletivos.

Art. 1º A Justiça do Trabalho, no processo dos dissídios coletivos, entre categorias profissionais e econômicas, observará as normas previstas na CLT (arts. 856 a 874), com alterações subsequentes e as constantes desta lei.

Art. 2º A sentença tomará por base o índice resultante da reconstituição do salário real médio da categoria nos últimos 24 meses anteriores ao término da vigência do último acordo ou sentença normativa (vetado) adaptados às situações configuradas pela ocorrência conjunta ou separadamente dos seguintes fatores:

a) repercussão dos reajustamentos salariais na comunidade e na economia nacional;

b) adequação do reajuste às necessidades mínimas de sobrevivência do assalariado e de sua família;

c) (vetado);

d) perda do poder aquisitivo médio real

---

5. V. L. 4.749/65 e D. 57.155/65 (Regulamentação), *infra*.

LEIS

ocorrido entre a data da entrada da representação e a da sentença;

e) necessidade de considerar a correção de distorções salariais para assegurar adequada hierarquia salarial na categoria profissional dissidente e, subsidiariamente, no conjunto das categorias profissionais, como medida de equidade social (red. L. 4.903/65).

§ 1º A partir de 1º de julho de 1966 se acrescentará ao índice referido neste artigo o percentual que traduza o aumento da produtividade nacional no ano anterior, segundo os dados do Conselho Nacional de Economia, observando o seu ajustamento ao aumento da produtividade da empresa ou empresas componentes da respectiva categoria econômica (red. L. 4.903/65).

§ 2º (Vetado.)

§ 3º As normas e condições estabelecidas por sentença terão vigência a partir da data da publicação de suas conclusões no órgão oficial da Justiça do Trabalho (red. L. 4.903/65).

Art. 3º A Justiça do Trabalho e o Ministério Público do Trabalho poderão solicitar a colaboração dos seguintes órgãos:

1 – Conselho Nacional de Economia;

2 – Fundação Getúlio Vargas;

3 – Ministério do Trabalho e Previdência Social, por seus departamentos competentes, especialmente:

a) Serviço de Estatística da Previdência e Trabalho;

b) Conselho Nacional de Política Salarial;

c) Departamento Nacional de Emprego e Salário.

Art. 4º Sendo partes, nos dissídios coletivos, empresas que dependam, para atendimento dos novos encargos salariais resultantes da sentença, da decisão de órgãos do Poder Executivo competentes para a fixação das tarifas e taxas, o Juiz solicitará àqueles órgãos os cálculos de incidência de majoração salarial nos valores de taxas, como elemento elucidativo da sentença a ser proferida.

Parágrafo único. O órgão competente, para efetuar o cálculo de que trata este artigo, terá o prazo de 15 dias para atender à solicitação do Juiz.

Art. 5º Na apreciação de dissídios coletivos suscitados pelos empregados da Marinha Mercante, dos portos e da Rede Ferroviária Federal S/A, os Tribunais do Trabalho observarão as seguintes normas:

a) serão excluídos aqueles que não estão sujeitos aos preceitos da Consolidação das Leis do Trabalho (Lei 3.115, de 1957, art. 16; Lei 3.780, de 1960; Lei 4.564, de 1964) e tenham a sua remuneração fixada por lei;

b) (vetado);

c) não será concedido aumento salarial, se a empresa se encontrar em regime deficitário (...vetado).

Art. 6º Os recursos das decisões proferidas nos dissídios coletivos terão efeito meramente devolutivo.

§ 1º O Presidente do Tribunal Superior do Trabalho poderá dar efeito suspensivo ao recurso, a requerimento do recorrente, em petição fundamentada. Do despacho caberá agravo para o Pleno, no prazo de 5 dias, de conformidade com o disposto no Regimento Interno do Tribunal (red. L. 4.903/65).

§ 2º O Tribunal *ad quem* deverá julgar o recurso no prazo de 60 dias, improrrogavelmente.

§ 3º O provimento do recurso não importará na restituição dos salários ou vantagens pagos, em execução do julgado (red. do art. 6º e §§ da L. 4.903/65).

Art. 7º (Rev. L. 5.451/68; *DOU*, 16.6.68.)

Art. 8º O Conselho Nacional de Política Salarial, que funcionará sob a presidência do Ministro do Trabalho e Previdência Social, como órgão de assessoria do Poder Executivo na formulação e execução de sua política salarial, e cuja composição e atribuições constarão de decreto do Presidente da República, poderá, para execução dos serviços de sua Secretaria Executiva, requisitar servidores públicos nos termos da legislação em vigor, bem como admitir pessoal temporário, sujeito às normas da Consolidação das Leis do Trabalho.

Parágrafo único. A remuneração do pessoal admitido nos termos deste artigo, bem como as gratificações a serem pagas ao pessoal requisitado, constarão na tabela anualmente aprovada pelo Ministro do Trabalho e Previdência Social, dentro do limite dos recursos atribuídos ao Conselho Nacional de Política Salarial.

Art. 9º Para atender às despesas com o

funcionamento da Secretaria Executiva do Conselho Nacional de Política Salarial, fica o Poder Executivo autorizado a abrir ao Ministério do Trabalho e Previdência Social o crédito especial de Cr$ 60.000.000,00.

Art. 10. Os ajustamentos de salários fixados em decisões da Justiça do Trabalho, aprovados em julgamento de dissídios coletivos ou em acordos homologados, serão aplicados, automaticamente, nas mesmas condições estabelecidas para os integrantes das categorias profissionais litigantes ou interessadas, aos empregados das próprias entidades suscitantes e suscitadas, observadas as peculiaridades que lhe sejam inerentes, ficando, desde logo, autorizado o reajustamento das respectivas verbas orçamentárias.

Art. 11. A assistência aos trabalhadores prevista no art. 500 da CLT, aprovada pelo Decreto-lei 5.452, de 1º de maio de 1943, e na Lei 4.066, de 28 de maio de 1962, será gratuita, vedada aos órgãos e autoridades a quem for solicitada a cobrança de qualquer importância para o atendimento de custas, taxas, emolumentos, remuneração ou a qualquer título.

Art. 12. Nenhum reajustamento de salário será homologado ou determinado pela Justiça do Trabalho antes de decorrido um ano do último acordo ou dissídio coletivo, não sendo possível a inclusão da cláusula de antecipação do aumento salarial durante o prazo de vigência da sentença normativa.

Parágrafo único. (Rev. DL 424/69.)

Art. 13. Esta lei entrará em vigor na data de sua publicação, revogadas as disposições em contrário (*DOU*, 14.7.65. Red. L. 4.903/65).

Lei 4.749, de 12 de agosto de 1965

13º salário.

Art. 1º A gratificação salarial instituída pela Lei 4.090, de 13 de julho de 1962, será paga pelo empregador até o dia 20 de dezembro de cada ano, compensada a importância que, a título de adiantamento, o empregado houver recebido na forma do artigo seguinte.

Parágrafo único. (Vetado.)

Art. 2º Entre os meses de fevereiro e novembro de cada ano, o empregador pagará, como adiantamento da gratificação referida no artigo precedente, de uma só vez, metade do salário recebido pelo respectivo empregado no mês anterior.

§ 1º O empregador não estará obrigado a pagar o adiantamento, no mesmo mês, a todos os seus empregados.

§ 2º O adiantamento será pago ao ensejo das férias do empregado, sempre que este o requerer no mês de janeiro do correspondente ano.

Art. 3º Ocorrendo a extinção do contrato de trabalho antes do pagamento de que trata o art. 1º desta lei, o empregador poderá compensar o adiantamento mencionado com a gratificação devida nos termos do art. 3º da Lei 4.090, de 13 de julho de 1962, e, se não bastar, com outro crédito de natureza trabalhista que possua o respectivo empregado.

Art. 4º As contribuições devidas aos Institutos de Aposentadoria e Pensões, que incidem sobre a gratificação salarial referida nesta lei, ficam sujeitas ao limite estabelecido na legislação de Previdência Social.

Art. 5º Aplica-se, no corrente ano, a regra estatuída no art. 2º desta lei, podendo o empregado usar da faculdade estatuída no seu § 2º no curso dos primeiros 30 dias de vigência desta lei.

Art. 6º O Poder Executivo, no prazo de 30 dias, adaptará o Regulamento aprovado pelo Decreto 1.881, de 14 de dezembro de 1962, aos preceitos desta lei.

Art. 7º Esta lei entra em vigor na data de sua publicação.

Art. 8º Revogam-se as disposições em contrário (*DOU*, 13.8.65).

Lei 4.886, de 9 de dezembro de 1965[6]

Representantes comerciais autônomos.

Art. 1º Exerce a representação comercial autônoma a pessoa jurídica ou a pessoa física, sem relação de emprego que desempenha, em caráter não eventual por conta de uma ou mais pessoas, a mediação para a realização de negócios mercantis, agencian-

6. Com as alterações da L. 8.420/92.

do propostas ou pedidos, para transmiti-los aos representados, praticando ou não atos relacionados com a execução dos negócios.

Parágrafo único. Quando a representação comercial incluir poderes atinentes ao mandato mercantil, serão aplicáveis, quanto ao exercício deste, os preceitos próprios da legislação comercial.

Art. 2º É obrigatório o registro dos que exerçam a representação comercial autônoma nos Conselhos Regionais criados pelo art. 6º desta Lei.

Parágrafo único. As pessoas que, na data da publicação da presente Lei, estiverem no exercício da atividade, deverão registrar-se nos Conselhos Regionais, no prazo de 90 dias a contar da data em que estes forem instalados.

....

Art. 27. Do contrato de representação comercial, além dos elementos comuns e outros a juízo dos interessados, constarão obrigatoriamente (red. L. 8.420/92):

a) condições e requisitos gerais da representação;

b) indicação genérica ou específica dos produtos ou artigos objeto da representação;

c) prazo certo ou indeterminado da representação;

d) indicação da zona ou zonas em que será exercida a representação (red. L. 8.420/92);

e) garantia ou não, parcial ou total, ou por certo prazo, da exclusividade de zona ou setor de zona;

f) retribuição e época do pagamento, pelo exercício da representação;

g) os casos em que se justifique a restrição de zona concedida com exclusividade;

h) obrigações e responsabilidades das partes contratantes;

i) exercício exclusivo ou não da representação a favor do representado;

j) indenização devida ao representante pela rescisão do contrato fora dos casos previstos no art. 35, cujo montante não poderá ser inferior a 1/12 do total da retribuição auferida durante o tempo em que exerceu a representação (red. L. 8.420/92).

§ 1º Na hipótese de contrato a prazo certo, a indenização corresponderá à importância equivalente à média mensal da retribuição auferida até a data da rescisão, multiplicada pela metade dos meses resultantes do prazo contratual (red. L. 8.420/92).

§ 2º O contrato com prazo determinado, uma vez prorrogado o prazo inicial, tácita ou expressamente, torna-se a prazo indeterminado (red. L. 8.420/92).

§ 3º Considera-se por prazo indeterminado todo contrato que suceder, dentro de 6 meses, a outro contrato, com ou sem determinação de prazo (red. L. 8.420/92).

Art. 28. O representante comercial fica obrigado a fornecer ao representado, segundo as disposições do contrato ou, sendo este omisso, quando lhe for solicitado, informações detalhadas sobre o andamento dos negócios a seu cargo, devendo dedicar-se à representação, de modo a expandir os negócios do representado e promover os seus produtos.

Art. 29. Salvo autorização expressa, não poderá o representante conceder abatimentos, descontos ou dilações, nem agir em desacordo com as instruções do representado.

Art. 30. Para que o representante possa exercer a representação em Juízo, em nome do representado, requer-se mandato expresso. Incumbir-lhe-á porém, tomar conhecimento das reclamações atinentes aos negócios, transmitindo-as ao representado e sugerindo as providências acauteladoras do interesse deste.

Parágrafo único. O representante, quanto aos atos que praticar, responde segundo as normas do contrato e, sendo este omisso, na conformidade do direito comum.

Art. 31. Prevendo o contrato de representação a exclusividade de zona ou zonas, ou quando este for omisso, fará jus o representante à comissão pelos negócios aí realizados, ainda que diretamente pelo representado ou por intermédio de terceiros (red. L. 8.420/92).

Parágrafo único. A exclusividade de representação não se presume na ausência de ajustes expressos (red. L. 8.420/92).

Art. 32. O representante comercial adquire o direito às comissões quando do pagamento dos pedidos ou propostas (red. L. 8.420/92).

§ 1º O pagamento das comissões deverá ser efetuado até o dia 15 do mês subsequente ao da liquidação da fatura, acompanhada das respectivas cópias das notas fiscais (red. L. 8.420/92).

§ 2º As comissões pagas fora do prazo

previsto no parágrafo anterior deverão ser corrigidas monetariamente (red. L. 8.420/92).

§ 3º É facultado ao representante comercial emitir títulos de créditos para cobrança de comissões (red. L. 8.420/92).

§ 4º As comissões deverão ser calculadas pelo valor total das mercadorias (red. L. 8.420/92).

§ 5º Em caso de rescisão injusta do contrato por parte do representando, a eventual retribuição pendente, gerada por créditos em carteira ou em fase de execução e recebimento, terá vencimento na data da rescisão (red. L. 8.420/92).

§ 6º (Vetado) (cf. L. 8.420/92).

§ 7º São vedadas na representação comercial alterações que impliquem, direta ou indiretamente, a diminuição da média dos resultados auferidos pelo representante nos últimos seis meses de vigência (red. L. 8.420/92).

Art. 33. Não sendo previstos, no contrato de representação, os prazos para recusa das propostas ou pedidos, que hajam sido entregues pelo representante, acompanhados dos requisitos exigíveis, ficará o representado obrigado a creditar-lhe a respectiva comissão, se não manifestar a recusa, por escrito, nos prazos de 15, 30, 60 ou 120 dias, conforme se trate de comprador domiciliado, respectivamente, na mesma praça, em outra do mesmo Estado, em outro Estado ou no estrangeiro.

§ 1º Nenhuma retribuição será devida ao representante comercial, se a falta de pagamento resultar de insolvência do comprador, bem como se o negócio vier a ser por ele desfeito ou for sustada a entrega de mercadorias devido à situação comercial do comprador, capaz de comprometer ou tornar duvidosa a liquidação.

§ 2º Salvo ajuste em contrário, as comissões devidas serão pagas mensalmente, expedindo o representado a conta respectiva, conforme cópias das faturas remetidas aos compradores, no respectivo período.

§ 3º Os valores das comissões para efeito tanto do pré-aviso como da indenização, prevista nesta Lei, deverão ser corrigidos monetariamente (red. L. 8.420/92).

Art. 34. A denúncia, por qualquer das partes, sem causa justificada, do contrato de representação, ajustado por tempo indeterminado e que haja vigorado por mais de 6 meses, obriga o denunciante, salvo outra garantia prevista no contrato, à concessão de pré-aviso, com antecedência mínima de 30 dias, ou ao pagamento de importância igual a 1/3 das comissões auferidas pelo representante, nos três meses anteriores.

Art. 35. Constituem motivos justos para rescisão do contrato de representação comercial, pelo representado:

a) a desídia do representante no cumprimento das obrigações decorrentes do contrato;

b) a prática de atos que importem em descrédito comercial do representado;

c) a falta de cumprimento de quaisquer obrigações inerentes ao contrato de representação comercial;

d) a condenação definitiva por crime considerado infamante;

e) força maior.

Art. 36. Constituem motivos justos para rescisão do contrato de representação comercial, pelo representante:

a) redução de esfera de atividade do representante em desacordo com as cláusulas do contrato;

b) a quebra, direta ou indireta, da exclusividade, se prevista em contrato;

c) a fixação abusiva de preços em relação à zona do representante, com o exclusivo escopo de impossibilitar-lhe ação regular;

d) o não pagamento de sua retribuição na época devida;

e) força maior.

Art. 37. Somente ocorrendo motivo justo para a rescisão do contrato, poderá o representado reter comissões devidas ao representante, com o fim de ressarcir-se de danos por este causados e, bem assim, nas hipóteses previstas no art. 35, a título de compensação.

Art. 38. Não serão prejudicados os direitos dos representantes comerciais quando, a título de cooperação, desempenhem, temporariamente, a pedido do representado, encargos ou atribuições diversos dos previstos no contrato de representação.

Art. 39. Para julgamento das controvérsias que surgirem entre representante e representado, é competente a Justiça Comum (red. L. 8.420/92).

Art. 40. Dentro de 180 dias da publicação da presente Lei, serão formalizadas, entre representado e representantes, em documento escrito, as condições de representações comerciais vigentes.

Parágrafo único. A indenização devida pela rescisão dos contratos de representação comercial vigentes na data desta Lei, fora dos casos previstos no art. 35, e quando as partes não tenham usado da faculdade prevista neste artigo, será calculada, sobre a retribuição percebida, pelo representante, nos últimos cinco anos anteriores à vigência desta Lei.

....

Art. 47. Compete ao Conselho Federal dos Representantes Comerciais fiscalizar a execução da presente Lei (red. L. 8.420/92).

Parágrafo único. Em caso de inobservância das prescrições legais, caberá intervenção do Conselho Federal nos Conselhos Regionais, por decisão da Diretoria do primeiro, *ad referendum* da reunião plenária, assegurado, em qualquer caso, o direito de defesa. A intervenção cessará quando do cumprimento da Lei (red. L. 8.420/92).

....................................(*DOU*, 10.12.65).

Lei 4.923, de 23 de dezembro de 1965

Cadastro permanente das admissões e dispensas de empregados, medidas contra o desemprego e de assistência aos desempregados.

Art. 1º Fica instituído, em caráter permanente, no Ministério do Trabalho e Previdência Social, o registro das admissões e dispensas de empregados nas empresas abrangidas pelo sistema da CLT.

§ 1º As empresas que dispensarem ou admitirem empregados ficam obrigadas a fazer a respectiva comunicação às Delegacias Regionais do Trabalho, mensalmente, até o dia 7 do mês subsequente ou como estabelecido em regulamento, em relação nominal por estabelecimento, da qual constará também a indicação da Carteira de Trabalho e Previdência Social ou, para os que ainda não a possuírem, nos termos da lei, os dados indispensáveis à sua identificação pessoal[7] (red. MP 2.164-41/01).

§ 2º O cumprimento do prazo fixado no parágrafo anterior será exigido a partir de 1º de janeiro de 2001 (red. MP 2.164-41/01).

Art. 2º A empresa que, em face de conjuntura econômica, devidamente comprovada, se encontrar em condições que recomendem, transitoriamente, a redução da jornada normal ou do número de dias do trabalho, poderá fazê-lo, mediante prévio acordo com a entidade sindical representativa dos seus empregados, homologado pela Delegacia Regional do Trabalho, por prazo certo, não excedente de 3 meses, prorrogável, nas mesmas condições, se ainda indispensável, e sempre de modo que a redução do salário mensal resultante não seja superior a 25% do salário contratual, respeitado o salário mínimo regional e reduzidas proporcionalmente a remuneração e as gratificações de gerentes e diretores.

§ 1º Para o fim de deliberar sobre o acordo, a entidade sindical profissional convocará assembleia geral dos empregados diretamente interessados, sindicalizados ou não, que decidirão por maioria de votos, obedecidas as normas estatutárias.

§ 2º Não havendo acordo, poderá a empresa submeter o caso à Justiça do Trabalho[8] por intermédio da Junta de Conciliação e Julgamento ou, em sua falta, do Juiz de Direito, com jurisdição na localidade. Da decisão de primeira instância caberá recurso ordinário, no prazo de 10 dias[9], para o Tribunal Regional do Trabalho da correspondente Região, sem efeito suspensivo.

§ 3º A redução de que trata o artigo não é considerada alteração unilateral do contrato individual de trabalho para os efeitos do disposto no art. 468 da CLT.

Art. 3º As empresas que tiverem autorização para redução de tempo de trabalho, nos termos do art. 2º e seus parágrafos, não poderão, até 6 meses depois da cessação desse regime admitir novos empregados, antes de readmitirem os que tenham sido dispensados pelos motivos que hajam justificado a citada redução ou comprovarem que

7. Substituído pelo Documento de Informações Sociais — DIS, criado pelo D. 97.936/89, art. 5º, enquanto norma inferior pretende o contrário (Resol. Codefat, 18/91, art. 4º, *DOU*, 12.8.91).

8. CF/88, art. 7º, VI: só convenção ou acordo coletivo.

9. L. 5.584/70, prazo de 8 dias.

não atenderam, no prazo de 8 dias, ao chamado para readmissão.

§ 1º O empregador notificará diretamente o empregado para reassumir o cargo, ou, por intermédio da sua entidade sindical, se desconhecida sua localização, correndo o prazo de 8 (oito) dias a partir da data do recebimento da notificação pelo empregado ou pelo órgão de classe, conforme o caso.

§ 2º O disposto neste artigo não se aplica aos cargos de natureza técnica.

Art. 4º É igualmente vedado às empresas mencionadas no art. 3º, nas condições e prazos nele contidos, trabalhar em regime de horas extraordinárias, ressalvadas estritamente as hipóteses previstas no art. 61, e seus §§ 1º e 2º, da CLT.

Art. 5º Fica o Poder Executivo autorizado a instituir, de acordo com o disposto nos artigos seguintes e na forma que for estabelecida em regulamento, um plano de assistência aos trabalhadores que, após 120 dias consecutivos de serviço na mesma empresa, se encontrem desempregados ou venham a se desempregar, por dispensa sem justa causa ou por fechamento total ou parcial da empresa.

§ 1º A assistência a que se refere este artigo será prestada pelas Delegacias Regionais do Trabalho e consistirá num auxílio em dinheiro, não excedente de 80% do salário mínimo local devido, até o prazo máximo de 6 meses, a partir do mês seguinte àquele a que corresponder o número de meses computados no cálculo da indenização paga na forma da legislação trabalhista, observadas as bases que forem estabelecidas no regulamento, dentro das possibilidades do Fundo de que se trata o art. 6º.

§ 2º Será motivo de cancelamento do pagamento do auxílio a recusa, por parte do empregado desempregado de outro emprego apropriado ou de readmissão, na hipótese prevista no art. 3º na empresa de que tiver sido dispensado.

§ 3º O auxílio a que se refere o § 1º não é acumulável com salário nem com quaisquer dos benefícios concedidos pela Previdência Social, não sendo, outrossim, devido quando o trabalhador tiver renda própria de qualquer natureza que lhe assegure a subsistência.

§ 4º É condição essencial à percepção do auxílio a que se refere o § 1º, o registro do desempregado no órgão competente, conforme estabelecer o regulamento desta lei.

§ 5º Nos casos de emergência ou de grave situação social, poderá o Fundo de Assistência ao Desempregado, a que se refere o art. 6º e mediante expressa autorização do Ministro do Trabalho e Previdência Social, prestar ajuda financeira a trabalhadores desempregados, na hipótese da impossibilidade do seu reemprego imediato (parágrafo acrescentado pelo DL 1.107/70).

Art. 6º Para atender ao custeio do plano a que se refere o art. 5º fica o Poder Executivo autorizado a constituir um Fundo de Assistência ao Desempregado, pelo qual exclusivamente correrão as respectivas despesas.

Parágrafo único. A integralização do Fundo de que se trata este artigo far-se-á conforme dispuser o regulamento de que trata o art. 5º:

a) (contribuição extinta pela L. 5.107/66);

b) por 2/3 da conta "Emprego e Salário" a que alude o art. 18 da Lei 4.589, de 11.12.64.

Art. 7º O atual Departamento Nacional de Emprego e Salário do Ministério do Trabalho e Previdência Social, criado pelo art. 2º da Lei 4.589, de 11.12.64, fica desdobrado em Departamento Nacional de Mão de Obra (DNMO) e Departamento Nacional de Salário (DNS).

§ 1º Caberão ao DNMO as atribuições referidas nos itens V a X do art. 4º e no art. 20 da Lei mencionada neste artigo; ao DNS as referidas nos itens I a IV e a ambos a referida no item XI do art. 4º da mesma Lei.

§ 2º Caberão ainda ao DNMO as atribuições transferidas ao Ministério do Trabalho e Previdência Social, segundo o disposto nos arts. 115, item V, e 116, da Lei 4.504, de 30.11.64 (Estatuto da Terra), na forma que se dispuser em regulamento.

§ 3º Aplica-se ao DNMO o disposto no parágrafo único do art. 3º da Lei 4.589, ficando criado um cargo de Diretor-Geral em comissão, símbolo 2-C, processando-se o respectivo custeio pela forma prevista no art. 26 da mesma Lei.

§ 4º Passa a denominar-se Conselho Consultivo de Mão de Obra (CCMO), o Conselho

LEIS

referido no art. 5º da Lei 4.589, o qual funcionará junto ao DNMO, sob a presidência do respectivo Diretor-Geral, para os assuntos relativos a emprego.

§ 5º A atribuição mencionada no art. 6º da Lei 4.589 passa a ser exercida pelo Conselho Nacional de Política Salarial (CNPS), criado pelo art. 8º da Lei 4.725, de 13.7.65, o qual, quando reunido para exercê-la, terá a composição acrescida com os representantes das categorias econômicas e profissionais, que integram a CCMO, de que trata o § 1º deste artigo.

§ 6º Enquanto as Delegacias Regionais do Trabalho não estiverem convenientemente aparelhadas, a atribuição mencionada no item I, letras "e" e "f" do art. 14 da Lei 4.589, continuará a cargo do IBGE, com o qual se articularão os órgãos respectivos do Ministério.

§ 7º As Delegacias Regionais do Trabalho no Estado da Guanabara e no Estado de São Paulo passarão à categoria especial, alterados os atuais cargos de Delegado Regional, símbolos 4-C e 3-C, respectivamente, para símbolo 2-C, do mesmo modo que o cargo de Diretor, símbolo 5-C, do Serviço de Estatística da Previdência e Trabalho, para símbolo 3-C.

Art. 8º O Ministério do Trabalho e Previdência Social, através do Departamento Nacional de Mão de Obra, organizará agências de colocação de mão de obra, sobretudo nas regiões mais atingidas pelo desemprego, com a colaboração, para isto, do INDA, do IBRA, das entidades sindicais de empregados e empregadores e suas delegacias, do Sesi, Sesc, Senai, Senac e LBA.

Art. 9º Ressalvada a decisão que vier a ser tomada consoante o disposto no art. 16 da Lei 4.589, de 11.12.64, a conta especial "Emprego e Salário" de que trata o seu art. 18, inclusive os saldos transferidos de um para outro exercício, continuará a ser utilizada, nos exercícios de 1966 e seguintes, pela forma nele prevista, revogado seu parágrafo único, com exclusão, porém, das despesas com vencimentos e vantagens fixas do pessoal, já incluídas, de acordo com o art. 19 da mesma Lei, na lei orçamentária do exercício de 1966 e observado o disposto nos parágrafos deste artigo.

§ 1º Da conta de que trata este artigo, destinar-se-ão:

a) 2/3 ao custeio do "Fundo de Assistência ao Desempregado", de acordo com o disposto no art. 6º da presente Lei.

b) 1/3, para completar a instalação e para funcionamento dos órgãos criados, transformados ou atingidos pela mencionada Lei 4.589, com alterações referidas no art. 7º desta Lei, e, em especial, para o reaparelhamento das Delegacias Regionais do Trabalho com o respectivo Serviço de Coordenação dos Órgãos Regionais e das Delegacias de Trabalho Marítimo, assim como para complementar a confecção e distribuição das Carteiras Profissionais de Trabalho de modo que se lhes assegure a plena eficiência dos serviços, notadamente os da Inspeção do Trabalho, com a mais ampla descentralização local dos mesmos.

§ 2º A partir de 1º.1.66, as atribuições referidas no art. 17 da Lei 4.589, passarão a ser exercidas pelo Departamento de Administração do Ministério do Trabalho e Previdência Social, através de seus órgãos administrativos, cabendo ao respectivo Diretor-Geral a de que trata a letra "d" do mesmo artigo.

§ 3º O Grupo de Trabalho de que trata o art. 17 da Lei 4.589, no prazo de 120 dias, após o encerramento do exercício, apresentará sua prestação de contas para encaminhamento ao Tribunal de Contas, de acordo com o disposto no § 1º do art. 16 do regulamento aprovado pelo Decreto 55.784, de 19.2.65, promovendo no mesmo prazo a transferência de seu acervo aos órgãos competentes do Ministério.

Art. 10. A falta de comunicação a que se refere o parágrafo único do art. 1º desta lei, no prazo ali estipulado, importará na aplicação automática de multa no valor de 1/3 do salário mínimo regional, por empregado, de competência da Delegacia Regional do Trabalho.

Parágrafo único. A multa prevista no artigo ficará reduzida para 1/9 e 1/6 do salário mínimo regional por empregado, quando, antes de qualquer procedimento fiscal por parte do Ministério do Trabalho e Previdência Social, a comunicação for feita, respectivamente, dentro de 30 ou 60 dias após o término do prazo fixado (red. DL 193/67).

Art. 11. A empresa que mantiver empregado, não registrado, nos termos do art. 41 e seu parágrafo único da CLT, incorrerá na multa de valor[10] igual a um salário míni-

10. Multas: valores atualizados, v. CLT, art. 626, nota 3.

mo regional, por trabalhador não registrado, acrescido de igual valor em cada reincidência.

Art. 12. Dentro de 30 dias da publicação desta lei será constituída uma Comissão de Estudo do Seguro-Desemprego, com 3 representantes dos trabalhadores, 3 dos empregadores, indicados em conjunto pelas confederações nacionais respectivas, e 3 do Poder Executivo cada qual com o direito a um voto, sob a presidência do Diretor-Geral do DNMO, para elaborar, no prazo de 120 dias improrrogáveis, anteprojeto de lei de Seguro-Desemprego.

§ 1º A Comissão, tão logo instalada, utilizando os Fundos a que se refere a letra "a" do § 1º do art. 9º, contratará uma Assessoria, composta de sociólogos, atuários, economistas, estatísticos e demais pessoal que se faça preciso, para fazer os estudos técnicos apropriados, que permitam delimitar as necessidades de seguro e possibilidades de seu funcionamento.

§ 2º O disposto nos arts. 5º, 6º, 9º e § 1º vigorará até que o Seguro-Desemprego seja estabelecido por lei federal.

§ 3º Os Fundos referidos nas letras "a" e "b" do § 1º do art. 9º, que apresentem saldos, serão transferidos à entidade que ficar com os encargos decorrentes do Seguro-Desemprego, quando este for estabelecido por lei federal.

Art. 13. O regulamento a que se refere o art. 5º será expedido pelo Poder Executivo, no prazo de 30 dias, a contar da vigência desta lei.

Art. 14. Esta lei entra em vigor na data de sua publicação.

Art. 15. Revogam-se as disposições em contrário (*DOU*, 29.12.65, retificada em 26.1.66).

Lei 4.950-A, de 22 de abril de 1966

Remuneração de profissionais diplomados em Engenharia, Química, Arquitetura, Agronomia e Veterinária.

Art. 1º O salário mínimo dos diplomados pelos cursos regulares superiores mantidos pelas Escolas de Engenharia, de Química, de Arquitetura, de Agronomia e de Veterinária é o fixado pela presente lei[11-12].

Art. 2º O salário mínimo fixado pela presente lei é remuneração mínima obrigatória por serviços prestados pelos profissionais definidos no art. 1º, com relação de emprego ou função, qualquer que seja a fonte pagadora.

Art. 3º Para os efeitos desta lei as atividades ou tarefas desempenhadas pelos profissionais enumerados no art. 1º são classificadas em:

a) atividades ou tarefas com exigência de 6 horas diárias de serviço;

b) atividades ou tarefas com exigência de mais de 6 horas diárias de serviço.

Parágrafo único. A jornada de trabalho é fixada no contrato de trabalho ou determinação legal vigente.

Art. 4º Para os efeitos desta lei os profissionais citados no art. 1º são classificados em:

a) diplomados pelos cursos regulares superiores mantidos pelas Escolas de Engenharia, de Química, de Arquitetura, de Agronomia e de Veterinária com curso universitário de 4 anos ou mais;

b) diplomados pelos cursos regulares superiores mantidos pelas Escolas de Engenharia, de Química, de Arquitetura, de Agronomia e de Veterinária com curso universitário de menos de 4 anos.

Art. 5º Para a execução das atividades e tarefas classificadas na alínea "a" do art. 3º, fica fixado o salário-base mínimo de 6 vezes o maior salário mínimo comum vigente no País, para os profissionais relacionados na alínea "a" do art. 4º, e de 5 vezes o maior salário mínimo comum vigente no País, para os profissionais da alínea "b" do art. 4º[13].

---

11. Os servidores públicos estatutários não se beneficiam com a aplicação desta lei (inconstitucionalidade parcial), conforme Res. do Senado Federal (12/71).

12. A lei também se aplica aos engenheiros de produção (DL 241/67).

13. Diversidade salarial revogada pela L. 5.194/66, art. 82.

LEIS

Art. 6º Para a execução de atividades e tarefas classificadas na alínea "b" do art. 3º, a fixação do salário-base mínimo será feito tomando-se por base o custo da hora fixado no art. 5º desta lei, acrescido de 25% as horas excedentes das 6 diárias de serviço.

Art. 7º A remuneração do trabalho noturno será feita na base da remuneração do trabalho diurno, acrescida de 25%.

Art. 8º Esta lei entrará em vigor na data de sua publicação, revogadas as disposições em contrário (*DOU*, 29.4.66).

Lei 5.194, de 24 de dezembro de 1966

Engenheiro, arquiteto e engenheiro agrônomo. Regulamentação profissional.

Art. 1º As profissões de engenheiro, arquiteto e engenheiro agrônomo são caracterizadas pelas realizações de interesse social e humano que importem na realização dos seguintes empreendimentos:

a) aproveitamento e utilização de recursos naturais;

b) meios de locomoção e comunicações;

c) edificações, serviços e equipamentos urbanos, rurais e regionais, nos seus aspectos técnicos e artísticos;

d) instalações e meios de acesso às costas, cursos e massas de água e extensões terrestres;

e) desenvolvimento industrial e agropecuário.

Art. 2º O exercício, no País, da profissão de engenheiro, arquiteto ou engenheiro agrônomo, observadas as condições de capacidade e demais exigências legais, é assegurado:

a) aos que possuam, devidamente registrado, diploma de faculdade ou escola superior de engenharia, arquitetura ou agronomia, oficiais ou reconhecidas, existentes no País;

....

Art. 82. As remunerações iniciais dos engenheiros, arquitetos ou engenheiros agrônomos, qualquer que seja a fonte pagadora, não poderão ser inferiores a 6 vezes o salário mínimo da respectiva região[14].

..................................(*DOU*, 27.12.66).

14. Artigo mantido pelo Congresso Nacional após veto presidencial (*DOU*, 24.4.76).

Lei 5.553, de 6 de dezembro de 1968

Apresentação e uso de documentos de identificação pessoal.

Art. 1º A nenhuma pessoa física, bem como a nenhuma pessoa jurídica, de direito público ou de direito privado, é lícito reter qualquer documento de identificação pessoal, ainda que apresentado por fotocópia autenticada ou pública-forma, inclusive comprovante de quitação com o serviço militar, título de eleitor, carteira profissional, certidão de registro de nascimento, certidão de casamento, comprovante de naturalização e carteira de identidade de estrangeiro.

Art. 2º Quando, para a realização de determinado ato, for exigida a apresentação de documento de identificação, a pessoa que fizer a exigência fará extrair, no prazo de até 5 dias, os dados que interessarem, devolvendo em seguida o documento ao seu exibidor.

§ 1º Além do prazo previsto neste artigo, somente por ordem judicial poderá ser retido qualquer documento de identificação pessoal (red. L. 9.453/97).

§ 2º Quando o documento de identidade for indispensável para a entrada de pessoa em órgãos públicos ou particulares, serão seus dados anotados no ato e devolvido o documento imediatamente ao interessado (red. L. 9.453/97).

Art. 3º Constitui contravenção penal, punível com pena de prisão simples de 1 a 3 meses ou multa de Cr$ 0,50 a Cr$ 3,00, a retenção de qualquer documento a que se refere esta lei.

Parágrafo único. Quando a infração for praticada por preposto ou agente de pessoa jurídica, considerar-se-á responsável quem houver ordenado o ato que ensejou a retenção, a menos que haja, pelo executante, desobediência ou inobservância de ordens ou instruções expressas, quando, então, será este o infrator.

Art. 4º O Poder Executivo regulamentará a presente lei dentro do prazo de 60 dias, a contar da data de sua publicação.

Art. 5º Revogam-se as disposições em contrário (*DOU*, 10.12.68, retificada em 20.12.68).

Lei 5.584, de 26 de junho de 1970

Normas de Direito Processual do Trabalho, alteram dispositivos da Consolidação das Leis do Trabalho. Concessão e prestação de assistência judiciária na Justiça do Trabalho.

Art. 1º Nos processos perante a Justiça do Trabalho, observar-se-ão os princípios estabelecidos nesta lei.

Art. 2º Nos dissídios individuais, proposta a conciliação, e não havendo acordo, o Presidente da Junta, ou o Juiz, antes de passar à instrução da causa, fixar-lhe-á o valor para a determinação da alçada, se este for indeterminado no pedido.

§ 1º Em audiência, ao aduzir razões finais, poderá qualquer das partes, impugnar o valor fixado e, se o Juiz o mantiver, pedir revisão da decisão, no prazo de 48 horas, ao Presidente do Tribunal Regional.

§ 2º O pedido de revisão, que não terá efeito suspensivo deverá ser instruído com a petição inicial e a Ata da Audiência, em cópia autenticada pela Secretaria da Junta, e será julgado em 48 horas, a partir do seu recebimento pelo Presidente do Tribunal Regional.

§ 3º Quando o valor fixado para a causa, na forma deste artigo, não exceder de 2 vezes o salário mínimo vigente na sede do Juízo, será dispensável o resumo dos depoimentos, devendo constar da Ata a conclusão da Junta quanto à matéria de fato.

§ 4º Salvo se versarem sobre matéria constitucional, nenhum recurso caberá das sentenças proferidas nos dissídios da alçada a que se refere o parágrafo anterior, considerado, para esse fim, o valor do salário mínimo à data do ajuizamento da ação (red. L. 7.402/85).

Art. 3º Os exames periciais serão realizados por perito único designado pelo Juiz, que fixará o prazo para entrega do laudo.

Parágrafo único. Permitir-se-á a cada parte a indicação de um assistente, cujo laudo terá de ser apresentado no mesmo prazo assinado para o perito, sob pena de ser desentranhado dos autos.

Art. 4º Nos dissídios de alçada exclusiva das juntas e naqueles em que os empregados ou empregadores reclamarem pessoalmente, o processo poderá ser impulsionado de ofício pelo Juiz.

Art. 5º Para exarar parecer, terá o órgão do Ministério Público da União, junto à Justiça do Trabalho, o prazo de 8 dias, contados da data em que lhe for distribuído o processo.

Art. 6º Será de 8 dias o prazo para interpor e contra-arrazoar qualquer recurso (CLT, art. 893).

Art. 7º A comprovação do depósito da condenação (CLT, art. 899, §§ 1º a 5º) terá que ser feita dentro do prazo para interposição do recurso, sob pena de ser este considerado deserto.

Art. 8º Das decisões proferidas nos dissídios coletivos poderá a União interpor recurso, o qual será sempre recebido no efeito suspensivo quanto à parte que exceder o índice fixado pela política salarial do governo.

Art. 9º No Tribunal Superior do Trabalho, quando o pedido do recorrente contrariar súmula de jurisprudência uniforme deste Tribunal já compendiada, poderá o Relator negar prosseguimento ao recurso, indicada a correspondente súmula (red. L. 7.033/82).

....

Art. 13. Em qualquer hipótese, a remição só será deferível ao executado se este oferecer preço igual ao valor da condenação.

Da assistência judiciária

Art. 14. Na Justiça do Trabalho, assistência judiciária a que se refere a Lei 1.060, de 5 de fevereiro de 1950, será prestada pelo sindicato da categoria profissional a que pertencer o trabalhador.

§ 1º A assistência é devida a todo aquele que perceber salário igual ou inferior ao dobro do mínimo legal, ficando assegurado igual benefício ao trabalhador de maior salário, uma vez provado que sua situação econômica não lhe permite demandar, sem prejuízo do sustento próprio ou da família.

§ 2º A situação econômica do trabalhador será comprovada em atestado fornecido pela autoridade local do Ministério do Trabalho e Previdência Social, mediante diligência sumária, que não poderá exceder de 48 horas.

§ 3º Não havendo no local a autoridade

referida no parágrafo anterior, o atestado deverá ser expedido pelo Delegado de Polícia da circunscrição onde resida o empregado.

Art. 15. Para auxiliar no patrocínio das causas, observados os arts. 50 e 72 da Lei 4.215, de 17 de abril de 1963, poderão ser designados pelas Diretorias dos Sindicatos, Acadêmicos de Direito, a partir da 4ª Série, comprovadamente matriculados em estabelecimento de ensino oficial ou sob fiscalização do Governo Federal.

Art. 16. Os honorários do advogado pagos pelo vencido reverterão em favor do sindicato assistente.

Art. 17. Quando, nas respectivas comarcas, não houver Juntas de Conciliação e Julgamento ou não existir sindicato da categoria profissional do trabalhador, é atribuído aos Promotores Públicos ou Defensores Públicos o encargo de prestar a assistência judiciária prevista nesta lei.

Parágrafo único. Na hipótese prevista neste artigo, a importância proveniente da condenação nas despesas processuais será recolhida ao Tesouro do respectivo Estado.

Art. 18. A assistência judiciária, nos termos da presente lei, será prestada ao trabalhador ainda que não seja associado do respectivo sindicato.

Art. 19. Os diretores de sindicatos que, sem comprovado motivo de ordem financeira, deixarem de dar cumprimento às disposições desta lei ficarão sujeitos à penalidade prevista no art. 553, alínea "a", da CLT.

Art. 20. Esta lei entra em vigor na data de sua publicação, revogadas as disposições em contrário (*DOU*, 29.6.1970).

Lei 5.725, de 27 de outubro de 1971

Desconto no salário. Prestações do SFH.

Art. 1º É permitido o desconto, no salário do empregado, das prestações correspondentes ao pagamento de dívidas contraídas para a aquisição de unidade habitacional, no Sistema Financeiro da Habitação.

Art. 2º O desconto a que se refere o artigo anterior será obrigatoriamente feito pelo empregador, a requerimento, por escrito, do empregado, constituindo garantia complementar na operação de financiamento.

Parágrafo único. Para os efeitos do art. 4º da Lei n. 1.046, de 2 de janeiro de 1950, e a nova redação que lhe foi dada pela Lei n. 2.853/56, poderão ser consignatárias as entidades integrantes do Sistema Financeiro da Habitação.

Art. 3º Os Ministérios do Interior e do Trabalho e Previdência Social expedirão as instruções de regulamento da presente Lei, que também se aplica aos contratos vigentes.

Art. 4º A presente Lei entra em vigor na data de sua publicação.

Art. 5º Revogam-se as disposições em contrário (*DOU*, 29.10.1971).

Lei 5.811, de 11 de outubro de 1972

Empregados na indústria petroquímica e transporte de petróleo e seus derivados.

Art. 1º O regime de trabalho regulado nesta lei é aplicável aos empregados que prestam serviços em atividades de exploração, perfuração, produção e refinação de petróleo, bem como na industrialização do xisto, na indústria petroquímica e no transporte de petróleo e seus derivados por meio de dutos.

Art. 2º Sempre que for imprescindível à continuidade operacional, o empregado será mantido em seu posto de trabalho em regime de revezamento.

§ 1º O regime de revezamento em turno de 8 horas será adotado nas atividades previstas no art. 1º, ficando a utilização do turno de 12 horas restrita às seguintes situações especiais:

a) atividades de exploração, perfuração, produção e transferência de petróleo no mar;

b) atividades de exploração, perfuração e produção de petróleo em áreas terrestres distantes ou de difícil acesso.

§ 2º Para garantir a normalidade das operações ou para atender a imperativos de segurança industrial, poderá ser exigida, mediante o pagamento previsto no item II do art. 3º, a disponibilidade do empregado no local de trabalho ou nas suas proximidades, durante o intervalo destinado a repouso e alimentação.

Art. 3º Durante o período em que o empregado permanecer no regime de revezamento em turno de 8 horas, ser-lhe-ão assegurados os seguintes direitos:

I – pagamento do adicional de trabalho noturno na forma do art. 73 da Consolidação das Leis do Trabalho;

II – pagamento em dobro da hora de repouso e alimentação suprimida nos termos do § 2º do art. 2º;

III – alimentação gratuita, no posto de trabalho, durante o turno em que estiver em serviço;

IV – transporte gratuito para o local de trabalho;

V – direito a um repouso de 24 horas consecutivas para cada 3 turnos trabalhados.

Parágrafo único. Para os empregados que já venham percebendo habitualmente da empresa pagamento à conta de horas de repouso e alimentação ou de trabalho noturno, os respectivos valores serão compensados nos direitos a que se referem os itens I e II deste artigo.

Art. 4º Ao empregado que trabalhe no regime de revezamento em turno de 12 horas, ficam assegurados, além dos já previstos nos itens I, II, III e IV do art. 3º, os seguintes direitos:

I – alojamento coletivo gratuito e adequado ao seu descanso e higiene;

II – repouso de 24 horas consecutivas para cada turno trabalhado.

Art. 5º Sempre que for imprescindível à continuidade operacional durante as 24 horas do dia, o empregado com responsabilidade de supervisão das operações previstas no art. 1º, ou engajado em trabalhos de geologia de poço, ou, ainda, em trabalhos de apoio operacional às atividades enumeradas nas alíneas "a" e "b" do § 1º do art. 2º, poderá ser mantido no regime de sobreaviso.

§ 1º Entende-se por regime de sobreaviso aquele em que o empregado permanece à disposição do empregador por um período de 24 horas para prestar assistência aos trabalhos normais ou atender a necessidades ocasionais de operação.

§ 2º Em cada jornada de sobreaviso, o trabalho efetivo não excederá de 12 horas.

Art. 6º Durante o período em que permanecer no regime de sobreaviso, serão assegurados ao empregado, além dos já previstos nos itens III e IV do art. 3º e I do art. 4º, os seguintes direitos:

I – repouso de 24 horas consecutivas para cada período de 24 horas em que permanecer de sobreaviso;

II – remuneração adicional correspondente a, no mínimo, 20% do respectivo salário-básico, para compensar a eventualidade de trabalho noturno ou a variação de horário para repouso e alimentação.

Parágrafo único. Considera-se salário-básico a importância fixa mensal correspondente à retribuição do trabalho prestado pelo empregado na jornada normal de trabalho, antes do acréscimo de vantagens, incentivos ou benefícios, a qualquer título.

Art. 7º A concessão de repouso na forma dos itens V do art. 3º, II do art. 4º e I do art. 6º quita a obrigação patronal relativa ao repouso semanal remunerado de que trata a Lei 605, de 5 de janeiro de 1949.

Art. 8º O empregado não poderá permanecer em serviço, no regime de revezamento previsto para as situações especiais de que tratam as alíneas "a" e "b" do § 1º do art. 2º, nem no regime estabelecido no art. 5º, por período superior a 15 dias consecutivos.

Art. 9º Sempre que, por iniciativa do empregador, for alterado o regime de trabalho do empregado, com a redução ou supressão das vantagens inerentes nos regimes instituídos nesta lei, ser-lhe-á assegurado o direito à percepção de uma indenização.

Parágrafo único. A indenização de que trata o presente artigo corresponderá a um só pagamento, igual à média das vantagens previstas nesta lei, percebidas nos últimos 12 meses anteriores à mudança, para cada ano ou fração igual ou superior a 6 meses de permanência no regime de revezamento ou de sobreaviso.

Art. 10. A variação de horário, em escalas de revezamento diurno, noturno ou misto, será estabelecida pelo empregador com obediência aos preceitos desta lei.

Parágrafo único. Não constituirá alteração ilícita a exclusão do empregado do regime de revezamento, cabendo-lhe exclusivamente, nesta hipótese, o pagamento previsto no art. 9º.

Art. 11. Os atuais regimes de trabalho, nas atividades previstas no art. 1º, bem como as vantagens a eles inerentes, serão ajustados às condições estabelecidas nesta lei, de forma que não ocorra redução de remuneração.

Parágrafo único. A aplicação do disposto neste artigo ao empregado que cumpra jornada inferior a 8 horas dependerá de acordo individual ou coletivo, assegurados, em tal caso, exclusivamente, os direitos constantes desta lei.

Art. 12. As disposições desta lei se aplicam a situações análogas, definidas em regulamento.

Art. 13. Esta lei entrará em vigor na data de sua publicação, revogadas as disposições em contrário (*DOU*, 16.10.72).

Lei 5.889, de 8 de junho de 1973

Trabalho rural.

Art. 1º As relações de trabalho rural serão reguladas por esta lei e, no que com ela não colidirem, pelas normas da CLT, aprovada pelo Decreto-lei 5.452, de 1º de maio de 1943[15].

Parágrafo único. Observadas as peculiaridades do trabalho rural, a ele também se aplicam as Leis 605, de 5 de janeiro de 1949, 4.090, de 13 de julho de 1962, 4.725, de 13 de julho de 1965, com as alterações da Lei 4.093, de 16 de setembro de 1965, e os Decretos-leis 15, de 29 de julho de 1966, e 17, de 22 de agosto de 1966, e 368, de 19 de dezembro de 1968.

Art. 2º Empregado rural é toda pessoa física que, em propriedade rural ou prédio rústico, presta serviços de natureza não eventual a empregador rural, sob a dependência deste e mediante salário.

Art. 3º Considera-se empregador rural, para os efeitos desta lei, a pessoa física ou jurídica, proprietário ou não, que explore atividade agroeconômica, em caráter permanente ou temporário, diretamente ou através de prepostos e com auxílio de empregados.

§ 1º Inclui-se na atividade econômica referida no *caput* deste artigo, além da exploração industrial em estabelecimento agrário não compreendido na Consolidação das Leis do Trabalho – CLT, aprovada pelo Decreto-Lei n. 5.452, de 1º de maio de 1943, a exploração do turismo rural ancilar à exploração agroeconômica (red. L. 13.171/15).

§ 2º Sempre que uma ou mais empresas, embora tendo cada uma delas personalidade jurídica própria, estiverem sob direção, controle ou administração de outra, ou ainda quando, mesmo guardando cada uma sua autonomia, integrem grupo econômico ou financeiro rural, serão responsáveis solidariamente nas obrigações decorrentes da relação do emprego.

Art. 4º Equipara-se ao empregador rural, a pessoa física ou jurídica que, habitualmente, em caráter profissional, e por conta de terceiros, execute serviços de natureza agrária, mediante utilização do trabalho de outrem.

Art. 5º Em qualquer trabalho contínuo de duração superior a seis horas, será obrigatória a concessão de um intervalo para repouso ou alimentação, observados os usos e costumes da região, não se computando este intervalo na duração do trabalho. Entre duas jornadas de trabalho haverá um período mínimo de onze horas consecutivas para descanso.

Art. 6º Nos serviços, caracteristicamente intermitentes, não serão computados, como de efetivo exercício, os intervalos entre uma e outra parte da execução da tarefa diária, desde que tal hipótese seja expressamente ressalvada na Carteira de Trabalho e Previdência Social.

Art. 7º Para os efeitos desta lei, considera-se trabalho noturno o executado entre as 21 horas de um dia e as 5 horas do dia seguinte, na lavoura, e entre as 20 horas de um dia e as 4 horas do dia seguinte, na atividade pecuária.

Parágrafo único. Todo trabalho noturno será acrescido de 25% sobre a remuneração normal.

Art. 8º Ao menor de 18 anos é vedado o trabalho noturno.

Art. 9º Salvo as hipóteses de autorização legal ou decisão judiciária, só poderão ser descontadas do empregado rural as seguintes parcelas, calculadas sobre o salário mínimo:

a) até o limite de 20% pela ocupação da morada;

b) até 25% pelo fornecimento de alimentação sadia e farta, atendidos os preços vigentes na região;

c) adiantamentos em dinheiro.

§ 1º As deduções acima especificadas deverão ser previamente autorizadas, sem o que serão nulas de pleno direito.

§ 2º Sempre que mais de um empregado residir na mesma morada, o desconto, previsto na letra "a" deste artigo, será dividido proporcionalmente ao número de empregados, vedada, em qualquer hipótese, a moradia coletiva de famílias.

§ 3º Rescindido ou findo o contrato de

---

15. V. CLT, art. 7º, notas 7 e segs.

trabalho, o empregado será obrigado a desocupar a casa dentro de 30 dias.

§ 4º O regulamento desta lei especificará os tipos de morada para fins de educação.

§ 5º A cessão pelo empregador, de moradia e de sua infraestrutura básica, assim como bens destinados a produção para sua subsistência e de sua família, não integram o salário do trabalhador rural, desde que caracterizados como tais, em contrato escrito celebrado entre as partes, com testemunhas e notificação obrigatória ao respectivo sindicato de trabalhadores rurais (red. L. 9.300/96, *DOU*, 30.8.96).

Art. 10. A prescrição dos direitos assegurados por esta lei aos trabalhadores rurais só ocorrerá após 2 anos de cessação do contrato de trabalho.

Parágrafo único. Contra o menor de 18 anos não corre qualquer prescrição.

Art. 11. Ao empregado rural maior de 16 anos é assegurado salário mínimo igual ao do empregado adulto[16].

Parágrafo único. Ao empregado menor de 16 anos é assegurado salário mínimo fixado em valor correspondente à metade do salário mínimo estabelecido para o adulto.

Art. 12. Nas regiões em que se adota a plantação subsidiária ou intercalar (cultura secundária), a cargo do empregado rural, quando autorizada ou permitida, será objeto de contrato em separado.

Parágrafo único. Embora devendo integrar o resultado anual a que tiver direito o empregado rural, a plantação subsidiária ou intercalar não poderá compor a parte correspondente ao salário mínimo na remuneração geral do empregado, durante o ano agrícola.

Art. 13. Nos locais de trabalho rural serão observadas as normas de segurança e higiene estabelecidas em portaria do Ministro do Trabalho e Previdência Social.

Art. 14. Expirado normalmente o contrato, a empresa pagará ao safrista, a título de indenização do tempo de serviço, importância correspondente a 1/12 do salário mensal, por mês de serviço ou fração superior a 14 dias.

Parágrafo único. Considera-se contrato de safra o que tenha sua duração dependente de variações estacionais da atividade agrária.

Art.14-A. O produtor rural pessoa física poderá realizar contratação de trabalhador rural por pequeno prazo para o exercício de atividades de natureza temporária (red. L. 11.718/08).

§ 1º A contratação de trabalhador rural por pequeno prazo que, dentro do período de 1 ano, superar 2 meses fica convertida em contrato de trabalho por prazo indeterminado, observando-se os termos da legislação aplicável (red. L. 11.718/08).

§ 2º A filiação e a inscrição do trabalhador de que trata este artigo na Previdência Social decorrem, automaticamente, da sua inclusão pelo empregador na Guia de Recolhimento do Fundo de Garantia do Tempo de Serviço e Informações à Previdência Social – GFIP, cabendo à Previdência Social instituir mecanismo que permita a sua identificação (red. L. 11.718/08).

§ 3º O contrato de trabalho por pequeno prazo deverá ser formalizado mediante a inclusão do trabalhador na GFIP, na forma do disposto no § 2º deste artigo, e (red. L. 11.718/08):

I – mediante a anotação na Carteira de Trabalho e Previdência Social e em Livro ou Ficha de Registro de Empregados ou (red. L. 11.718/08)

II – mediante contrato escrito, em 2 vias, uma para cada parte, onde conste, no mínimo (red. L. 11.718/08):

a) expressa autorização em acordo coletivo ou convenção coletiva (red. L. 11.718/08);

b) identificação do produtor rural e do imóvel rural onde o trabalho será realizado e indicação da respectiva matrícula (red. L. 11.718/08);

c) identificação do trabalhador, com indicação do respectivo Número de Inscrição do Trabalhador – NIT (red. L. 11.718/08).

§ 4º A contratação de trabalhador rural por pequeno prazo só poderá ser realizada por produtor rural pessoa física, proprietário ou não, que explore diretamente atividade agroeconômica (red. L. 11.718/08).

§ 5º A contribuição do segurado trabalhador rural contratado para prestar serviço na forma deste artigo é de 8% sobre o respectivo salário de contribuição definido no inciso I do *caput* do art. 28 da Lei n. 8.212, de 24 de julho de 1991 (red. L. 11.718/08).

§ 6º A não inclusão do trabalhador na GFIP pressupõe a inexistência de contratação na forma deste artigo, sem prejuízo de comprovação, por qualquer meio admitido em direito, da existência de relação jurídica diversa (red. L. 11.718/08).

§ 7º Compete ao empregador fazer o recolhimento das contribuições previdenciá-

16. Art. 402, nota 1.

rias nos termos da legislação vigente, cabendo à Previdência Social e à Receita Federal do Brasil instituir mecanismos que facilitem o acesso do trabalhador e da entidade sindical que o representa às informações sobre as contribuições recolhidas (red. L. 11.718/08).

§ 8º São assegurados ao trabalhador rural contratado por pequeno prazo, além de remuneração equivalente à do trabalhador rural permanente, os demais direitos de natureza trabalhista (red. L. 11.718/08).

§ 9º Todas as parcelas devidas ao trabalhador de que trata este artigo serão calculadas dia a dia e pagas diretamente a ele mediante recibo (red. L. 11.718/08).

§ 10. O Fundo de Garantia do Tempo de Serviço – FGTS deverá ser recolhido e poderá ser levantado nos termos da Lei n. 8.036, de 11 de maio de 1990 (red. L. 11.718/08).

Art. 15. Durante o prazo do aviso prévio, se a rescisão tiver sido promovida pelo empregador, o empregado rural terá direito a um dia por semana, sem prejuízo do salário integral, para procurar outro trabalho[17].

Art. 16. Toda propriedade rural, que mantenha a seu serviço ou trabalhando em seus limites mais de 50 famílias de trabalhadores de qualquer natureza, é obrigada a possuir e conservar em funcionamento escola primária, inteiramente gratuita, para os filhos destes, com tantas classes quantos sejam os grupos de 40 crianças em idade escolar.

Parágrafo único. A matrícula da população em idade escolar será obrigatória, sem qualquer outra exigência, além da certidão de nascimento, para cuja obtenção o empregador proporcionará todas as facilidades aos responsáveis pelas crianças.

Art. 17. As normas da presente lei são aplicáveis, no que couber, aos trabalhadores rurais não compreendidos na definição do art. 2º, que prestem serviços a empregador rural.

Art. 18. As infrações aos dispositivos desta Lei serão punidas com multa de R$ 380,00 por empregado em situação irregular (red. MP 2.164-41/01).

§ 1º As infrações aos dispositivos da Consolidação das Leis do Trabalho – CLT e legislação esparsa, cometidas contra o trabalhador rural, serão punidas com as multas nelas previstas.

§ 2º As penalidades serão aplicadas pela autoridade competente do Ministério do Trabalho e Emprego, de acordo com o disposto no Título VII da CLT.

§ 3º A fiscalização do Ministério do Trabalho e Emprego exigirá dos empregadores rurais ou produtores equiparados a comprovação do recolhimento da Contribuição Sindical Rural das categorias econômica e profissional (§§ 1º a 3º, red. MP 2.164-41/01).

Art. 19. O enquadramento e a contribuição sindical rurais continuam regidos pela legislação ora em vigor; o seguro social e o seguro contra acidente do trabalho rurais serão regulados por lei especial.

Art. 20. Lei especial disporá sobre a aplicação ao trabalhador rural, no que couber, do regime do FGTS.

Art. 21. Esta lei entra em vigor na data de sua publicação, revogadas as disposições em contrário, em especial a Lei 4.214, de 2 de março de 1963, e o Decreto-lei 761, de 14 de agosto de 1969 (*DOU*, 11.6.73, retificada em 30.10.73).

Lei 6.001, de 19 de dezembro de 1973

Estatuto do Índio.

TÍTULO I
DOS PRINCÍPIOS E DEFINIÇÕES

....

Art. 3º Para os efeitos de lei ficam estabelecidas as definições a seguir discriminadas:

I – Índio ou Silvícola – É todo indivíduo de origem e ascendência pré-colombiana que se identifica e é identificado como pertencente a um grupo étnico cujas características culturais o distinguem da sociedade nacional.

II – Comunidade Indígena ou Grupo Tribal – É um conjunto de famílias ou comunidades índias, quer vivendo em estado de completo isolamento em relação aos outros setores da comunhão nacional, quer em contatos intermitentes ou permanentes, sem contudo estarem neles integrados.

Art. 4º Os índios são considerados:

I – Isolados – Quando vivem em grupos desconhecidos ou de que se possuem poucos

17. Quanto à vigência, v. CLT, art. 7º, nota 8.

e vagos informes através de contatos eventuais com elementos da comunhão nacional;

II – Em vias de integração – Quando, em contato intermitente ou permanente com grupos estranhos, conservam menor ou maior parte das condições de sua vida nativa, mas aceitam algumas práticas e modos de existência comuns aos demais setores da comunhão nacional, da qual vão necessitando cada vez mais para o próprio sustento;

III – Integrados – Quando incorporados à comunhão nacional e reconhecidos no pleno exercício dos direitos civis, ainda que conservem usos, costumes e tradições característicos da sua cultura.

....

CAPÍTULO IV
DAS CONDIÇÕES DE TRABALHO

Art. 14. Não haverá discriminação entre trabalhadores indígenas e os demais trabalhadores, aplicando-se-lhes todos os direitos e garantias das leis trabalhistas e de previdência social.

Parágrafo único. É permitida a adaptação de condições de trabalho aos usos e costumes da comunidade a que pertencer o índio.

Art. 15. Será nulo o contrato de trabalho ou de locação de serviços realizados com os índios de que trata o art. 4º, I.

Art. 16. Os contratos de trabalho ou de locação de serviços realizados com indígenas em processo de integração ou habitantes de parques ou colônias agrícolas, dependerão de prévia aprovação do órgão de proteção ao índio, obedecendo, quando necessário, a normas próprias.

§ 1º Será estimulada a realização de contratos por equipe, ou a domicílio, sob a orientação do órgão competente, de modo a favorecer a continuidade da vida comunitária.

§ 2º Em qualquer caso de prestação de serviços por indígenas não integrados, o órgão de proteção ao índio exercerá permanente fiscalização das condições de trabalho, denunciando os abusos e providenciando a aplicação das sanções cabíveis.

§ 3º O órgão de assistência ao indígena propiciará o acesso, aos seus quadros, de índios integrados, estimulando a sua especialização indigenista ....(*DOU*, 21.12.73).

Lei 6.019, de 3 de janeiro de 1974

Trabalho temporário nas empresas urbanas.

Art. 1º As relações de trabalho na empresa de trabalho temporário, na empresa de prestação e serviços e nas respectivas tomadoras de serviço e contratante regem-se por esta Lei. (Red. L. 13.429/17)

Art. 2º Trabalho temporário é aquele prestado por pessoa física contratada por uma empresa de trabalho temporário que a coloca à disposição de uma empresa tomadora de serviços, para atender à necessidade de substituição transitória de pessoal permanente ou à demanda complementar de serviços. (Red. L. 13.429/17)

§ 1º É proibida a contratação de trabalho temporário para a substituição de trabalhadores em greve, salvo nos casos previstos em lei. (Incluído pela L. 13.429/17)

§ 2º Considera-se complementar a demanda de serviços que seja oriunda de fatores imprevisíveis ou, quando decorrente de fatores previsíveis, tenha natureza intermitente, periódica ou sazonal. (Incluído pela L. 13.429/17)

Art. 3º É reconhecida a atividade da empresa de trabalho temporário que passa a integrar o plano básico do enquadramento sindical a que se refere o art. 577 da Consolidação da Leis do Trabalho.

Art. 4º Empresa de trabalho temporário é a pessoa jurídica, devidamente registrada no Ministério do Trabalho, responsável pela colocação de trabalhadores à disposição de outras empresas temporariamente. (Red. L. 13.429/17)

Art. 4º-A. Considera-se prestação de serviços a terceiros a transferência feita pela contratante da execução de quaisquer de suas atividades, inclusive sua atividade principal, à pessoa jurídica de direito privado prestadora de serviços que possua capacidade econômica compatível com a sua execução. (Red. L. 13.467/17)

Art. 4º-B. São requisitos para o funcionamento da empresa de prestação de serviços a terceiros: (Incluído pela L. 13.429/17)

I - prova de inscrição no Cadastro Nacional da Pessoa Jurídica (CNPJ); (Incluído pela L. 13.429/17)

II - registro na Junta Comercial; (Incluído pela L. 13.429/17)

III - capital social compatível com o

número de empregados, observando-se os seguintes parâmetros: (Incluído pela L. 13.429/17)

a) empresas com até dez empregados - capital mínimo de R$ 10.000,00 (dez mil reais); (Incluído pela L. 13.429/17)

b) empresas com mais de dez e até vinte empregados - capital mínimo de R$ 25.000,00 (vinte e cinco mil reais); (Incluído pela L. 13.429/17)

c) empresas com mais de vinte e até cinquenta empregados - capital mínimo de R$ 45.000,00 (quarenta e cinco mil reais); (Incluído pela L. 13.429/17)

d) empresas com mais de cinquenta e até cem empregados - capital mínimo de R$ 100.000,00 (cem mil reais); e (Incluído pela L. 13.429/17)

e) empresas com mais de cem empregados - capital mínimo de R$ 250.000,00 (duzentos e cinquenta mil reais). (Incluído pela L. 13.429/17)

Art. 4º-C. São asseguradas aos empregados da empresa prestadora de serviços a que se refere o art. 4º-A desta Lei, quando e enquanto os serviços, que podem ser de qualquer uma das atividades da contratante, forem executados nas dependências da tomadora, as mesmas condições: (Incluído pela L. 13.467/17)

I - relativas a:

a) alimentação garantida aos empregados da contratante, quando oferecida em refeitórios;

b) direito de utilizar os serviços de transporte;

c) atendimento médico ou ambulatorial existente nas dependências da contratante ou local por ela designado;

d) treinamento adequado, fornecido pela contratada, quando a atividade o exigir;

II - sanitárias, de medidas de proteção à saúde e de segurança no trabalho e de instalações adequadas à prestação do serviço.

§ 1º Contratante e contratada poderão estabelecer, se assim entenderem, que os empregados da contratada farão jus a salário equivalente ao pago aos empregados da contratante, além de outros direitos não previstos neste artigo. (Incluído pela L. 13.467/17)

§ 2º Nos contratos que impliquem mobilização de empregados da contratada em número igual ou superior a 20% (vinte por cento) dos empregados da contratante, esta poderá disponibilizar aos empregados da contratada os serviços de alimentação e atendimento ambulatorial em outros locais apropriados e com igual padrão de atendimento, com vistas a manter o pleno funcionamento dos serviços existentes. (Incluído pela L. 13.467/17)

Art. 5º Empresa tomadora de serviços é a pessoa jurídica ou entidade a ela equiparada que celebra contrato de prestação de trabalho temporário com a empresa definida no art. 4º desta Lei. (Red. L. 13.429/17)

Art. 5º-A. Contratante é a pessoa física ou jurídica que celebra contrato com empresa de prestação de serviços relacionados a quaisquer de suas atividades, inclusive sua atividade principal. (Red. L. 13.467/17)

§ 1º É vedada à contratante a utilização dos trabalhadores em atividades distintas daquelas que foram objeto do contrato com a empresa prestadora de serviços. (Incluído pela L. 13.429/17)

§ 2º Os serviços contratados poderão ser executados nas instalações físicas da empresa contratante ou em outro local, de comum acordo entre as partes. (Incluído pela L. 13.429/17)

§ 3º É responsabilidade da contratante garantir as condições de segurança, higiene e salubridade dos trabalhadores, quando o trabalho for realizado em suas dependências ou local previamente convencionado em contrato. (Incluído pela L. 13.429/17)

§ 4º A contratante poderá estender ao trabalhador da empresa de prestação de serviços o mesmo atendimento médico, ambulatorial e de refeição destinado aos seus empregados, existente nas dependências da contratante, ou local por ela designado. (Incluído pela L. 13.429/17)

§ 5º A empresa contratante é subsidiariamente responsável pelas obrigações trabalhistas referentes ao período em que ocorrer a prestação de serviços, e o recolhimento das contribuições previdenciárias observará o disposto no art. 31 da Lei n. 8.212, de 24 de julho de 1991. (Incluído pela L. 13.429/17)

Art. 5º-B. O contrato de prestação de serviços conterá: (Incluído pela L. 13.429/17)

I - qualificação das partes; (Incluído pela L. 13.429/17)

II - especificação do serviço a ser prestado; (Incluído pela L. 13.429/17)

III - prazo para realização do serviço, quando for o caso; (Incluído pela L. 13.429/17)

IV - valor. (Incluído pela L. 13.429/17)

Art. 5º-C. Não pode figurar como contratada, nos termos do art. 4º-A desta Lei, a pessoa jurídica cujos titulares ou sócios tenham, nos últimos dezoito meses, prestado serviços à contratante na qualidade de empregado ou trabalhador sem vínculo empregatício, exceto se os referidos titulares ou sócios forem aposentados. (Incluído pela L. 13.467/17)

Art. 5º-D. O empregado que for demitido não poderá prestar serviços para esta mesma empresa na qualidade de empregado de empresa prestadora de serviços antes do decurso de prazo de dezoito meses, contados a partir da demissão do empregado. (Incluído pela L. 13.467/17)

Art. 6º São requisitos para funcionamento e registro da empresa de trabalho temporário no Ministério do Trabalho: (Red. L. 13.429/17)

a) (rev. L. 13.429/17)

b) (rev. L. 13.429/17)

c) (rev. L. 13.429/17)

d) (rev. L. 13.429/17)

e) (rev. L. 13.429/17)

f) (rev. L. 13.429/17)

I - prova de inscrição no Cadastro Nacional da Pessoa Jurídica (CNPJ), do Ministério da Fazenda; (Incluído pela L. 13.429/17)

II - prova do competente registro na Junta Comercial da localidade em que tenha sede; (Incluído pela L. 13.429/17)

III - prova de possuir capital social de, no mínimo, R$ 100.000,00 (cem mil reais). (Incluído pela L. 13.429/17)

Parágrafo único. (Rev. L. 13.429/17)

Art. 7º A empresa de trabalho temporário que estiver funcionando na data da vigência desta Lei terá o prazo de noventa dias para o atendimento das exigências contidas no artigo anterior.

Parágrafo único. A empresa infratora do presente artigo poderá ter o seu funcionamento suspenso, por ato do Diretor-Geral do Departamento Nacional de Mão de Obra, cabendo recurso ao Ministro de Estado, no prazo de dez dias, a contar da publicação do ato no *Diário Oficial da União*.

Art. 8º A empresa de trabalho temporário é obrigada a fornecer ao Departamento Nacional de Mão de Obra, quando solicitada, os elementos de informação julgados necessários ao estudo do mercado de trabalho.

Art. 9º O contrato celebrado pela empresa de trabalho temporário e a tomadora de serviços será por escrito, ficará à disposição da autoridade fiscalizadora no estabelecimento da tomadora de serviços e conterá: (Red. L. 13.429/17)

I - qualificação das partes; (Incluído pela L. 13.429/17)

II - motivo justificador da demanda de trabalho temporário; (Incluído pela L. 13.429/17)

III - prazo da prestação de serviços; (Incluído pela L. 13.429/17.)

IV - valor da prestação de serviços; (Incluído pela L. 13.429/17)

V - disposições sobre a segurança e a saúde do trabalhador, independentemente do local de realização do trabalho. (Incluído pela L. 13.429/17)

§ 1º É responsabilidade da empresa contratante garantir as condições de segurança, higiene e salubridade dos trabalhadores, quando o trabalho for realizado em suas dependências ou em local por ela designado. (Incluído pela L. 13.429/17)

§ 2º A contratante estenderá ao trabalhador da empresa de trabalho temporário o mesmo atendimento médico, ambulatorial e de refeição destinado aos seus empregados, existente nas dependências da contratante, ou local por ela designado. (Incluído pela L. 13.429/17)

§ 3º O contrato de trabalho temporário pode versar sobre o desenvolvimento de atividades-meio e atividades-fim a serem executadas na empresa tomadora de serviços. (Incluído pela L. 13.429/17)

Art. 10. Qualquer que seja o ramo da empresa tomadora de serviços, não existe vínculo de emprego entre ela e os trabalhadores contratados pelas empresas de trabalho temporário. (Red. L. 13.429/17)

§ 1º O contrato de trabalho temporário, com relação ao mesmo empregador, não poderá exceder ao prazo de cento e oitenta dias, consecutivos ou não. (Incluído pela L. 13.429/17)

§ 2º O contrato poderá ser prorrogado por até noventa dias, consecutivos ou não, além do prazo estabelecido no § 1º deste artigo, quando comprovada a manutenção das condições que o ensejaram. (Incluído pela L. 13.429/17)

§ 3º (Vetado). (Incluído pela L. 13.429/17)

§ 4º Não se aplica ao trabalhador temporário, contratado pela tomadora de serviços, o contrato de experiência previsto no parágrafo único do art. 445 da Consolidação das Leis do Trabalho (CLT), aprovada pelo Decreto-Lei n. 5.452, de 1º de maio de 1943. (Incluído pela L. 13.429/17)

§ 5º O trabalhador temporário que cumprir o período estipulado nos §§ 1º e 2º deste artigo somente poderá ser colocado à disposição da mesma tomadora de serviços em novo contrato temporário, após noventa dias do término do contrato anterior. (Incluído pela L. 13.429/17)

§ 6º A contratação anterior ao prazo previsto no § 5º deste artigo caracteriza vínculo empregatício com a tomadora.

§ 7º A contratante é subsidiariamente responsável pelas obrigações trabalhistas referentes ao período em que ocorrer o trabalho temporário, e o recolhimento das contribuições previdenciárias observará o disposto no art. 31 da Lei n. 8.212, de 24 de julho de 1991. (Incluído pela L. 13.429/17)

Art. 11. O contrato de trabalho celebrado entre empresa de trabalho temporário e cada um dos assalariados colocados à disposição de uma empresa tomadora ou cliente será, obrigatoriamente, escrito e dele deverão constar, expressamente, os direitos conferidos aos trabalhadores por esta Lei.

Parágrafo único. Será nula de pleno direito qualquer cláusula de reserva, proibindo a contratação do trabalhador pela empresa tomadora ou cliente ao fim do prazo em que tenha sido colocado à sua disposição pela empresa de trabalho temporário.

Art. 12. Ficam assegurados ao trabalhador temporário os seguintes direitos:

a) remuneração equivalente à percebida pelos empregados de mesma categoria da empresa tomadora ou cliente calculados à base horária, garantida, em qualquer hipótese, a percepção do salário mínimo regional;

b) jornada de oito horas, remuneradas as horas extraordinárias não excedentes de duas, com acréscimo de 20% (vinte por cento);

c) férias proporcionais, nos termos do art. 25 da Lei n. 5.107, de 13 de setembro de 1966;

d) repouso semanal remunerado;

e) adicional por trabalho noturno;

f) indenização por dispensa sem justa causa ou término normal do contrato, correspondente a 1/12 (um doze avos) do pagamento recebido;

g) seguro contra acidente do trabalho;

h) proteção previdenciária nos termos do disposto na Lei Orgânica da Previdência Social, com as alterações introduzidas pela Lei n. 5.890, de 8 de junho de 1973 (art. 5º, item III, letra "c", do Decreto n. 72.771, de 6 de setembro de 1973).

§ 1º Registrar-se-á na Carteira de Trabalho e Previdência Social do trabalhador sua condição de temporário.

§ 2º A empresa tomadora ou cliente é obrigada a comunicar à empresa de trabalho temporário a ocorrência de todo acidente cuja vítima seja um assalariado posto à sua disposição, considerando-se local de trabalho, para efeito da legislação específica, tanto aquele onde se efetua a prestação do trabalho, quanto a sede da empresa de trabalho temporário.

Art. 13. Constituem justa causa para rescisão do contrato do trabalhador temporário os atos e circunstâncias mencionados nos arts. 482 e 483 da Consolidação das Leis do Trabalho, ocorrentes entre o trabalhador e a empresa de trabalho temporário ou entre aquele e a empresa cliente onde estiver prestando serviço.

Art. 14. As empresas de trabalho temporário são obrigadas a fornecer às empresas tomadoras ou clientes, a seu pedido, comprovante da regularidade de sua situação com o Instituto Nacional de Previdência Social.

Art. 15. A Fiscalização do Trabalho poderá exigir da empresa tomadora ou cliente a apresentação do contrato firmado com a empresa de trabalho temporário, e, desta última o contrato firmado com o trabalhador, bem como a comprovação do respectivo recolhimento das contribuições previdenciárias.

Art. 16. No caso de falência da empresa de trabalho temporário, a empresa tomadora ou cliente é solidariamente responsável pelo recolhimento das contribuições previdenciárias, no tocante ao tempo em que o trabalhador esteve sob suas ordens, assim como em referência ao mesmo período, pela remuneração e indenização previstas nesta Lei.

Art. 17. É defeso às empresas de prestação de serviço temporário a contratação de estrangeiros com visto provisório de permanência no País.

Art. 18. É vedado à empresa do trabalho temporário cobrar do trabalhador qualquer importância, mesmo a título de mediação, podendo apenas efetuar os descontos previstos em Lei.

Parágrafo único. A infração deste artigo importa no cancelamento do registro para funcionamento da empresa de trabalho temporário, sem prejuízo das sanções administrativas e penais cabíveis.

Art. 19. Competirá à Justiça do Trabalho dirimir os litígios entre as empresas de serviço temporário e seus trabalhadores.

Art. 19-A. O descumprimento do disposto

nesta Lei sujeita a empresa infratora ao pagamento de multa. (Incluído pela L. 13.429/17)

Parágrafo único. A fiscalização, a autuação e o processo de imposição das multas reger-se-ão pelo Título VII da Consolidação das Leis do Trabalho (CLT), aprovada pelo Decreto-Lei n. 5.452, de 1º de maio de 1943.

Art. 19-B. O disposto nesta Lei não se aplica às empresas de vigilância e transporte de valores, permanecendo as respectivas relações de trabalho reguladas por legislação especial, e subsidiariamente pela Consolidação das Leis do Trabalho (CLT), aprovada pelo Decreto-Lei n. 5.452, de 1º de maio de 1943. (Incluído pela L. 13.429/17)

Art. 19-C. Os contratos em vigência, se as partes assim acordarem, poderão ser adequados aos termos desta Lei. (Incluído pela L. 13.429/17)

Art. 20. Esta Lei entrará em vigor sessenta dias após sua publicação, revogadas as disposições em contrário. (*DOU*, 4.1.74.)

Lei 6.184, de 11 de dezembro de 1974[18]

Integração de funcionários públicos nos quadros de sociedades de economia mista, empresas públicas e fundações.

Art. 1º Os funcionários públicos de órgãos da Administração Federal Direta e autarquias que se transformaram ou venham a transformar-se em sociedades de economia mista, empresas públicas ou fundações poderão ser integrados, mediante opção, nos quadros de pessoal dessas entidades.

§ 1º A integração prevista neste artigo somente se aplica a ocupantes de cargos de provimento efetivo e aos agregados existentes nos quadros dos órgãos e autarquias à data da transformação, excluídos os que tenham sido redistribuídos ou transferidos para quadros de outros órgãos da Administração.

§ 2º A integração se efetivará mediante contratação, por prazo indeterminado, no regime da legislação trabalhista, para emprego compatível com as atribuições do cargo ocupado pelo funcionário quando da opção.

§ 3º Efetivada a integração na forma do parágrafo anterior, considerar-se-á extinto e automaticamente suprimido o cargo que o funcionário venha ocupando no regime estatutário.

Art. 2º Será computado, para o gozo dos direitos assegurados na legislação trabalhista e de previdência social, inclusive para efeito de carência, o tempo de serviço anteriormente prestado à Administração Pública pelo funcionário que, por motivo de que trata o art. 1º, integre ou venha a integrar quadro de pessoal de sociedade de economia mista, empresa pública ou fundação.

Parágrafo único. A contagem de tempo de serviço de que trata este artigo far-se-á segundo as normas pertinentes ao regime estatutário, inclusive computando-se em dobro, para fins de aposentadoria, os períodos de licença especial não gozada, cujo direito tenha sido adquirido sob o mesmo regime.

Art. 3º Os funcionários que permanecerem no regime estatutário poderão concorrer à inclusão no Plano de Classificação de Cargos de que trata a Lei 5.645, de 10 de dezembro de 1970, para o preenchimento de claros na lotação dos Ministérios, órgãos integrantes da Presidência da República e Autarquias Federais, na conformidade das normas legais e regulamentares pertinentes.

Parágrafo único. Os funcionários de que trata este artigo que não satisfizerem os requisitos da Lei 5.645, de 10 de dezembro de 1970, passarão a integrar Quadro Suplementar, na forma e para os efeitos do disposto, no parágrafo único do art. 14, da referida lei.

Art. 4º A União custeará nos casos dos funcionários a que se refere o art. 1º, a parcela da aposentadoria correspondente ao tempo de serviço prestado sob o regime estatutário, mediante inclusão no orçamento, anualmente, de dotação específica em favor do INPS.

Art. 5º A relação das entidades transformadas e o prazo para o exercício da opção a que se refere o art. 1º constarão de ato regulamentar a ser expedido pelo Poder Executivo.

..................................(*DOU*, 13.12.74).

Lei 6.185, de 11 de dezembro de 1974[19]

Servidores públicos civis da Administração Federal direta e autárquica, segundo a natureza jurídica do vínculo empregatício.

Art. 1º Os servidores públicos civis da Administração Federal direta e autárquica

18. V. L. 8.112/90, Índice da Legislação.

19. V. L. 8.112/90, Índice da Legislação.

LEIS

reger-se-ão por disposições estatutárias ou pela legislação trabalhista em vigor.

Art. 2º Para as atividades inerentes ao Estado como Poder Público, sem correspondência no Setor privado, compreendidas nas áreas de Segurança Pública, Diplomacia, Tributação, Arrecadação e Fiscalização de Tributos Federais e contribuições previdenciárias, e no Ministério Público só se nomearão servidores cujos deveres, direitos e vantagens sejam os definidos em Estatuto próprio, na forma do art. 109 da Constituição Federal (red. L. 6.856/80).

Art. 3º Para as atividades não compreendidas no artigo precedente só se admitirão servidores regidos pela legislação trabalhista, sem os direitos de greve e sindicalização, aplicando-se-lhes as normas que disciplinam o Fundo de Garantia por Tempo de Serviço.

Parágrafo único. Os servidores a que se refere este artigo serão admitidos para cargos integrantes do Plano de Classificação, com a correspondente remuneração.

Art. 4º A juízo do Poder Executivo, nos casos e condições que especificar, inclusive quanto à fonte de custeio, os funcionários públicos estatutários poderão optar pelo regime do art. 3º.

§ 1º Será computado, para o gozo dos direitos assegurados na legislação trabalhista e de previdência social, inclusive para efeito de carência, o tempo de serviço anteriormente prestado à Administração Pública pelo funcionário que fizer a opção referida neste artigo.

§ 2º A contagem do tempo de serviço de que trata o parágrafo anterior far-se-á segundo as normas pertinentes ao regime estatutário, computando-se em dobro, para fins de aposentadoria, os períodos de licença especial não gozada, cujo direito haja sido adquirido sob o mesmo regime.

Art. 5º Os encargos sociais de natureza contributiva, da União e das respectivas autarquias, em relação ao pessoal regido pela legislação trabalhista, restringir-se-ão às contribuições para o Instituto de Previdência Social, inclusive as incidentes sobre o 13º salário, às cotas do salário-família e aos depósitos para o Fundo de Garantia por Tempo de Serviço, nos termos das respectivas legislações.

Parágrafo único. Dos orçamentos da União e das autarquias deverão constar as dotações necessárias ao custeio dos encargos de que trata este artigo.

Art. 6º Os atuais funcionários que não fizerem a opção prevista no artigo 4º serão mantidos no regime estatutário.

Art. 7º Esta lei entrará em vigor na data de sua publicação, revogados os §§ 1º e 2º do art. 3º da Lei 5.886, de 31 de maio de 1973; o parágrafo único do art. 3º da Lei 5.914, de 31 de agosto de 1973; o parágrafo único do art. 3º da Lei 5.921, de 19 de setembro de 1973; o parágrafo único do art. 4º da Lei 5.968, de 11 de dezembro de 1973; o parágrafo único do art. 3º da Lei 5.990, de 17 de dezembro de 1973, demais disposições em contrário (*DOU*, 13.12.74).

Lei 6.205, de 29 de abril de 1975

Descaracterização do salário mínimo como fator de correção monetária.

Art. 1º Os valores monetários fixados com base no salário mínimo não serão considerados para quaisquer fins de direito.

§ 1º Fica excluída da restrição de que trata o *caput* deste artigo a fixação de quaisquer valores salariais, bem como os seguintes valores ligados à legislação da previdência social, que continuam vinculados ao salário mínimo:

I – os benefícios mínimos estabelecidos no art. 3º da Lei 5.890, de 8 de junho de 1973;

II – a cota do salário-família a que se refere o art. 2º da Lei 4.266, de 3 de outubro de 1963;

III – os benefícios do PRORURAL (Leis Complementares 11, de 26 de maio de 1971, e 16, de 30 de outubro de 1973), pagos pelo FUNRURAL;

IV – o salário-base e os benefícios da Lei 5.859, de 11 de dezembro de 1972;

V – o benefício instituído pela Lei 6.179, de 11 de dezembro de 1974;

VI – (vetado).

§ 2º (Vetado.)

§ 3º Para os efeitos do disposto no art. 5º da Lei 5.890/73, os montantes atualmente correspondentes a 10 e 20 vezes o maior salário mínimo vigente serão corrigidos de acordo com o Índice Nacional de Preços ao Consumidor (red. L. 6.708/79).

§ 4º Aos contratos com prazo determinado, vigente na data da publicação desta lei, inclusive os de locação, não se aplicarão, até o respectivo término, as disposições deste artigo.

Art. 2º Em substituição à correção pelo salário mínimo, o Poder Executivo estabelecerá sistema especial de atualização monetária.

Parágrafo único. O coeficiente de atualização monetária, segundo o disposto neste artigo, será baseado no fator de reajustamento salarial a que se referem os arts. 1º e 2º da Lei 6.147/74, excluído o coeficiente de aumento de produtividade. Poderá estabelecer-se como limite, para a variação do coeficiente, a variação das Obrigações Reajustáveis do Tesouro Nacional (ORTN).

Art. 3º (Rev. L. 6.708/79.)

.................................(*DOU*, 30.4.75).

Lei 6.423, de 17 de junho de 1977

Correção monetária.

Art. 1º A correção, em virtude de disposição legal ou estipulação de negócio jurídico, da expressão monetária de obrigação pecuniária somente poderá ter por base a variação nominal da Obrigação Reajustável do Tesouro Nacional (ORTN).

§ 1º O disposto neste artigo não se aplica:

a) aos reajustamentos salariais de que trata a Lei 6.147, de 29 de novembro de 1974;

b) ao reajustamento dos benefícios da previdência social, a que se refere o § 1º do art. 1º da Lei 6.205, de 29 de abril de 1975; e

c) às correções contratualmente prefixadas nas operações de instituições financeiras.

§ 2º Respeitadas as exceções indicadas no parágrafo anterior, quaisquer outros índices ou critérios de correção monetária previstos nas leis em vigor ficam substituídos pela variação nominal da ORTN.

§ 3º Considerar-se-á de nenhum efeito a estipulação, na vigência desta lei, de correção monetária com base em índice diverso da variação nominal da ORTN.

Art. 2º O disposto nesta lei não se aplica aos contratos pelos quais a empresa se obrigue a vender bens para entrega futura ou a prestar ou fornecer serviços a serem produzidos, cujo preço poderá reajustar-se em função do custo de produção ou da variação no preço de insumos utilizados.

Art. 3º Esta lei entrará em vigor na data de sua publicação.

Art. 4º Revogam-se as disposições em contrário (*DOU*, 21.6.77).

Lei 6.514, de 22 de dezembro de 1977

Segurança e Medicina do Trabalho: altera a CLT.

Art. 1º O Capítulo V do Título II da Consolidação das Leis do Trabalho, aprovada pelo Decreto-lei 5.452, de 1º de maio de 1943, passa a vigorar com a seguinte redação:

(V. novo texto dos arts. 154 e segs. da CLT.)

Art. 2º A retroação dos efeitos pecuniários decorrentes do trabalho em condições de insalubridade ou periculosidade, de que trata o art. 196 da Consolidação das Leis do Trabalho, com a nova redação dada por esta lei, terá como limite a data da vigência desta lei, enquanto não decorridos 2 anos da sua vigência.

Art. 3º As disposições contidas nesta lei aplicam-se, no que couber, aos trabalhadores avulsos, às entidades ou empresas que lhes tomem o serviço e aos sindicatos representativos das respectivas categorias profissionais.

§ 1º Ao Delegado de Trabalho Marítimo ou ao Delegado Regional do Trabalho, conforme o caso, caberá promover a fiscalização do cumprimento das normas de segurança e medicina do trabalho em relação ao trabalhador avulso, adotando as medidas necessárias inclusive as previstas na Seção II, do Capítulo V, do Título II da Consolidação das Leis do Trabalho, com a redação que lhe for conferida pela presente lei.

§ 2º Os exames de que tratam os §§ 1º e 3º, do art. 168 da Consolidação das Leis do Trabalho, com a redação desta lei, ficarão a cargo do Instituto Nacional de Assistência Médica da Previdência Social – INAMPS, ou dos serviços médicos das entidades sindicais correspondentes.

Art. 4º O Ministro do Trabalho relacionará os artigos do Capítulo V do Título II da Consolidação das Leis do Trabalho, cuja aplicação será fiscalizada exclusivamente por engenheiros de segurança e médicos do trabalho.

Art. 5º Esta lei entrará em vigor na data de sua publicação, ficando revogados os arts. 202 a 223 da Consolidação das Leis do Trabalho; a Lei 2.573, de 15 de agosto de 1955; o Decreto-lei 389, de 26 de dezembro de 1968 e demais disposições em contrário (*DOU*, 23.12.77).

Lei 6.830, de 22 de setembro de 1980

Cobrança judicial da Dívida Ativa da Fazenda Pública.

Art. 1º A execução judicial para cobrança da Dívida Ativa da União, dos Estados, do Distrito Federal, dos Municípios e respectivas autarquias será regida por esta lei e, subsidiariamente, pelo Código de Processo Civil.

Art. 2º Constitui Dívida Ativa da Fazenda Pública aquela definida como tributária ou não tributária na Lei 4.320, de 17 de março de 1964, com as alterações posteriores, que estatui normas gerais de direito financeiro para elaboração e controle dos orçamentos e balanços da União, dos Estados, dos Municípios e do Distrito Federal.

§ 1º Qualquer valor, cuja cobrança seja atribuída por lei às entidades de que trata o art. 1º, será considerado Dívida Ativa da Fazenda Pública.

§ 2º A Dívida Ativa da Fazenda Pública, compreendendo a tributária e a não tributária, abrange atualização monetária, juros e multa de mora e demais encargos previstos em lei ou contrato.

§ 3º A inscrição, que se constitui no ato de controle administrativo da legalidade, será feita pelo órgão competente para apurar a liquidez e certeza do crédito e suspenderá a prescrição, para todos os efeitos de direito, por 180 dias ou até a distribuição da execução fiscal se esta ocorrer antes de findo aquele prazo.

§ 4º A Dívida Ativa da União será apurada e inscrita na Procuradoria da Fazenda Nacional.

§ 5º O Termo de Inscrição de Dívida Ativa deverá conter: I – o nome do devedor, dos corresponsáveis e, sempre que conhecido, o domicílio ou residência de um e de outros; II – o valor originário da dívida, bem como o termo inicial e a forma de calcular os juros de mora e demais encargos previstos em lei ou contrato; III – a origem, a natureza e o fundamento legal ou contratual da dívida; IV – a indicação, se for o caso, de estar a dívida sujeita à atualização monetária, bem como o respectivo fundamento legal e o termo inicial para o cálculo; V – a data e o número da inscrição, no Registro de Dívida Ativa; e VI – o número do processo administrativo ou do auto de infração, se neles estiver apurado o valor da dívida.

§ 6º A Certidão de Dívida Ativa conterá os mesmos elementos do Termo de Inscrição e será autenticada pela autoridade competente.

§ 7º O Termo de Inscrição e a Certidão de Dívida Ativa poderão ser preparados e numerados por processo manual, mecânico ou eletrônico.

§ 8º Até a decisão de primeira instância, a Certidão de Dívida Ativa poderá ser emendada ou substituída, assegurada ao executado a devolução do prazo para embargos.

§ 9º O prazo para a cobrança das contribuições previdenciárias continua a ser o estabelecido no art. 144 da Lei 3.807, de 26 de agosto de 1960.

Art. 3º A Dívida Ativa regularmente inscrita goza da presunção de certeza e liquidez.

Parágrafo único. A presunção a que se refere este artigo é relativa e pode ser ilidida por prova inequívoca, a cargo do executado ou de terceiro, a quem aproveite.

Art. 4º A execução fiscal poderá ser promovida contra: I – o devedor; II – o fiador; III – o espólio; IV – a massa; V – o responsável, nos termos da lei, por dívida, tributária ou não, de pessoas físicas ou pessoas jurídicas de direito privado; e VI – os sucessores a qualquer título.

§ 1º Ressalvado o disposto no art. 31, o síndico, o comissário, o liquidante, o inventariante e o administrador, nos casos de falência, concordata, liquidação, inventário, insolvência ou concurso de credores, se, antes de garantidos os créditos da Fazenda Pública, alienarem ou derem em garantia quaisquer dos bens administrados, respondem, solidariamente, pelo valor desses bens.

§ 2º À Dívida Ativa da Fazenda Pública, de qualquer natureza, aplicam-se as normas relativas à responsabilidade prevista na legislação tributária, civil e comercial.

§ 3º Os responsáveis, inclusive as pessoas indicadas no § 1º deste artigo, poderão nomear bens livres e desembaraçados do devedor, tantos quantos bastem para pagar a dívida. Os bens dos responsáveis ficarão, porém, sujeitos à execução, se os do devedor forem insuficientes à satisfação da dívida.

§ 4º Aplica-se à Dívida Ativa da Fazenda Pública de natureza não tributária o disposto nos arts. 186 e 188 a 192 do Código Tributário Nacional.

Art. 5º A competência para processar e julgar a execução da Dívida Ativa da Fazenda Pública exclui a de qualquer outro juízo, inclusive o da falência, da concordata, da liquidação, da insolvência ou do inventário.

Art. 6º A petição inicial indicará apenas: I – o Juiz a quem é dirigida; II – o pedido; e III – o requerimento para a citação.

§ 1º A petição inicial será instruída com a Certidão da Dívida Ativa, que dela fará parte integrante, como se estivesse transcrita.

§ 2º A petição inicial e a Certidão de Dívida Ativa poderão constituir um único documento, preparado inclusive por processo eletrônico.

§ 3º A produção de provas pela Fazenda Pública independe de requerimento na petição inicial.

§ 4º O valor da causa será o da dívida constante da certidão, com os encargos legais.

Art. 7º O despacho do Juiz que deferir a inicial importa em ordem para: I – citação, pelas sucessivas modalidades previstas no art. 8º; II – penhora, se não for paga a dívida, nem garantida a execução, por meio de depósito, fiança ou seguro garantia; III – arresto, se o executado não tiver domicílio ou dele se ocultar; IV – registro da penhora ou do arresto, independentemente do pagamento de custas ou outras despesas, observado o disposto no art. 14; e V – avaliação dos bens penhorados ou arrestados.

Art. 8º O executado será citado para, no prazo de 5 dias, pagar a dívida com os juros e multa de mora e encargos indicados na Certidão de Dívida Ativa, ou garantir a execução, observadas as seguintes normas: I – a citação será feita pelo correio, com aviso de recepção, se a Fazenda Pública não a requerer por outra forma; II – a citação pelo correio considera-se feita na data da entrega da carta no endereço do executado; ou, se a data for omitida, no aviso de recepção, 10 dias após a entrega da carta à agência postal; III – se o aviso de recepção não retornar no prazo de 15 dias da entrega da carta à agência postal, a citação será feita por Oficial de Justiça ou por edital; IV – o edital de citação será afixado na sede do Juízo, publicado uma só vez no órgão oficial, gratuitamente, como expediente judiciário, com o prazo de 30 dias, e conterá, apenas, a indicação da exequente, o nome do devedor e dos corresponsáveis, a quantia devida, a natureza da dívida, a data e o número da inscrição no Registro da Dívida Ativa, o prazo e o endereço da sede do Juízo.

§ 1º O executado ausente do País será citado por edital, com prazo de 60 dias.

§ 2º O despacho do Juiz, que ordenar a citação, interrompe a prescrição.

Art. 9º Em garantia da execução, pelo valor da dívida, juros e multa de mora e encargos indicados na Certidão da Dívida Ativa, o executado poderá: I – efetuar depósito em dinheiro, à ordem do Juízo em estabelecimento oficial de crédito, que assegure atualização monetária; II – oferecer fiança bancária ou seguro garantia; III – nomear bens à penhora, observada a ordem do artigo 11; ou IV – indicar à penhora bens oferecidos por terceiros e aceitos pela Fazenda Pública.

§ 1º O executado só poderá indicar e o terceiro oferecer bem imóvel à penhora com o consentimento expresso do respectivo cônjuge.

§ 2º Juntar-se-á aos autos a prova do depósito, da fiança bancária, do seguro garantia ou da penhora dos bens do executado ou de terceiros.

§ 3º A garantia da execução, por meio de depósito em dinheiro ou fiança bancária, ou seguro garantia, produz os mesmos efeitos da penhora.

§ 4º Somente o depósito em dinheiro, na forma do art. 32, faz cessar a responsabilidade pela atualização monetária e juros de mora.

§ 5º A fiança bancária prevista no inc. II obedecerá às condições preestabelecidas pelo Conselho Monetário Nacional.

§ 6º O executado poderá pagar parcela da dívida, que julgar incontroversa, e garantir a execução do saldo devedor.

Art. 10. Não ocorrendo o pagamento, nem a garantia da execução de que trata o art. 9º, a penhora poderá recair em qualquer bem do executado, exceto os que a lei declare absolutamente impenhoráveis.

Art. 11. A penhora ou arresto de bens obedecerá à seguinte ordem: I – dinheiro; II – título da dívida pública, bem como título de crédito, que tenham cotação em bolsa; III – pedras e metais preciosos; IV – imóveis; V – navios e aeronaves; VI – veículos; VII – móveis ou semoventes; e VIII – direitos e ações.

§ 1º Excepcionalmente, a penhora poderá recair sobre estabelecimento comercial, industrial ou agrícola, bem como em plantações ou edifícios em construção.

§ 2º A penhora efetuada em dinheiro será convertida no depósito de que trata o inc. I do art. 9º.

§ 3º O Juiz ordenará a remoção do bem penhorado para depósito judicial, particular ou da Fazenda Pública exequente, sempre que esta o requerer, em qualquer fase do processo.

Art. 12. Na execução fiscal, far-se-á a intimação da penhora ao executado, mediante publicação, no órgão oficial, do ato de juntada do termo ou do auto de penhora.

§ 1º Nas Comarcas do interior dos Estados, a intimação poderá ser feita pela remessa de cópia do termo ou do auto de penhora, pelo correio, na forma estabelecida no art. 8º, I e II, para citação.

§ 2º Se a penhora recair sobre imóvel, far-se-á a intimação ao cônjuge, observadas as normas previstas para a citação.

§ 3º Far-se-á a intimação da penhora pessoalmente ao executado se, na citação feita pelo correio, o aviso de recepção não contiver a assinatura do próprio executado, ou de seu representante legal.

Art. 13. O termo ou auto de penhora conterá, também, a avaliação dos bens penhorados, efetuada por quem o lavrar.

§ 1º Impugnada a avaliação, pelo executado, ou pela Fazenda Pública, antes de publicado o edital de leilão, o Juiz, ouvida a outra parte, nomeará avaliador oficial para proceder a nova avaliação dos bens penhorados.

§ 2º Se não houver, na Comarca, avaliador oficial ou este não puder apresentar o laudo de avaliação no prazo de 15 dias, será nomeada pessoa ou entidade habilitada, a critério do Juiz.

§ 3º Apresentado o laudo, o Juiz decidirá de plano sobre a avaliação.

Art. 14. O Oficial de Justiça entregará contrafé e cópia do termo ou do auto de penhora ou arresto, com a ordem de registro de que trata o art. 7º, IV: I – no Ofício próprio, se o bem for imóvel ou a ele equiparado; II – na repartição competente para emissão de certificado de registro, se for veículo; III – na Junta Comercial, na Bolsa de Valores, e na sociedade comercial, se forem ações, debênture, parte beneficiária, cota ou qualquer outro título, crédito ou direito societário nominativo.

Art. 15. Em qualquer fase do processo, será deferida pelo Juiz: I – ao executado, a substituição da penhora por depósito em dinheiro, fiança bancária ou seguro garantia; e II – à Fazenda Pública, a substituição dos bens penhorados por outros, independentemente da ordem enumerada no art. 11, bem como o reforço da penhora insuficiente.

Art. 16. O executado oferecerá embargos, no prazo de 30 dias, contados: I – do depósito; II – da juntada da prova da fiança bancária ou do seguro garantia; III – da intimação da penhora.

§ 1º Não são admissíveis embargos do executado antes de garantida a execução.

§ 2º No prazo dos embargos, o executado deverá alegar toda matéria útil à defesa, requerer provas e juntar aos autos os documentos e rol de testemunhas, até três, ou, a critério do Juiz, até o dobro desse limite.

§ 3º Não será admitida reconvenção, nem compensação, e as exceções, salvo as de suspeição, incompetência e impedimentos, serão arguidas como matéria preliminar e serão processadas e julgadas com os embargos.

Art. 17. Recebidos os embargos, o Juiz mandará intimar a Fazenda, para impugná-

-los no prazo de 30 dias, designando, em seguida, audiência de instrução e julgamento.

Parágrafo único. Não se realizará audiência, se os embargos versarem sobre matérias de direito ou, sendo de direito e fato, a prova for exclusivamente documental, caso em que o Juiz proferirá a sentença no prazo de 30 dias.

Art. 18. Caso não sejam oferecidos os embargos, a Fazenda Pública manifestar-se-á sobre a garantia da execução.

Art. 19. Não sendo embargada a execução ou sendo rejeitados os embargos, no caso de garantia prestada por terceiro, será este intimado, sob pena de contra ele prosseguir a execução nos próprios autos, para, no prazo de 15 dias: I – remir o bem, se a garantia for real; ou II – pagar o valor da dívida, juros e multa de mora e demais encargos, indicados na Certidão de Dívida Ativa, pelos quais se obrigou, se a garantia for fidejussória.

Art. 20. Na execução por carta, os embargos do executado serão oferecidos no Juízo deprecado, que os remeterá ao juízo deprecante, para instrução e julgamento.

Parágrafo único. Quando os embargos tiverem por objeto vícios ou irregularidades de atos do próprio juízo deprecado, caber-lhe-á unicamente o julgamento dessa matéria.

Art. 21. Na hipótese de alienação antecipada dos bens penhorados, o produto será depositado em garantia da execução, nos termos previstos no art. 9º, I.

Art. 22. A arrematação será precedida de edital, afixado no local do costume, na sede do Juízo, e publicado, em resumo, uma só vez, gratuitamente, como expediente judiciário, no órgão oficial.

§ 1º O prazo entre as datas de publicação do edital e do leilão não poderá ser superior a 30, nem inferior a 10 dias.

§ 2º O representante judicial da Fazenda Pública será intimado, pessoalmente, da realização do leilão, com a antecedência prevista no parágrafo anterior.

Art. 23. A alienação de quaisquer bens penhorados será feita em leilão público, no lugar designado pelo Juiz.

§ 1º A Fazenda Pública e o executado poderão requerer que os bens sejam leiloados englobadamente ou em lotes que indicarem.

§ 2º Cabe ao arrematante o pagamento da comissão do leiloeiro e demais despesas indicadas no edital.

Art. 24. A Fazenda Pública poderá adjudicar os bens penhorados: I – antes do leilão, pelo preço da avaliação, se a execução não for embargada ou se rejeitados os embargos; II – findo o leilão: a) se não houver licitante, pelo preço da avaliação; b) havendo licitantes, com preferência, em igualdade de condições com a melhor oferta, no prazo de 30 dias.

Parágrafo único. Se o preço da avaliação ou o valor da melhor oferta for superior ao dos créditos da Fazenda Pública, a adjudicação somente será deferida pelo Juiz, se a diferença for depositada, pela exequente, à ordem do Juízo, no prazo de 30 dias.

Art. 25. Na execução fiscal, qualquer intimação ao representante judicial da Fazenda Pública será feita pessoalmente.

Parágrafo único. A intimação de que trata este artigo poderá ser feita mediante vista dos autos, com imediata remessa ao representante judicial da Fazenda Pública, pelo cartório ou secretaria.

Art. 26. Se, antes da decisão de primeira instância, a inscrição de Dívida Ativa for, a qualquer título, cancelada, a execução fiscal será extinta, sem qualquer ônus para as partes.

Art. 27. As publicações de atos processuais poderão ser feitas resumidamente ou reunir num só texto os de diferentes processos.

Parágrafo único. As publicações farão sempre referência ao número do processo no respectivo Juízo e ao número da correspondente inscrição de Dívida Ativa, bem como ao nome das partes e de seus advogados, suficientes para a sua identificação.

Art. 28. O Juiz, a requerimento das partes, poderá por conveniência da unidade da garantia da execução, ordenar a reunião de processos contra o mesmo devedor.

Parágrafo único. Na hipótese deste artigo, os processos serão redistribuídos ao Juízo da primeira distribuição.

Art. 29. A cobrança judicial da Dívida Ativa da Fazenda Pública não é sujeita a concurso de credores ou habilitação em falência, concordata, liquidação, inventário ou arrolamento.

Parágrafo único. O concurso de preferência somente se verifica entre Pessoas Jurídicas de Direito Público, na seguinte ordem: I – União e suas autarquias; II – Estados, Distrito Federal e Territórios e suas autarquias, conjuntamente e *pro rata*; III – Municípios e suas autarquias, conjuntamente e *pro rata*.

Art. 30. Sem prejuízo dos privilégios especiais sobre determinados bens, que sejam previstos em lei, responde pelo pagamento da Dívida Ativa da Fazenda Pública a totalidade dos bens e das rendas, de qualquer origem ou natureza, do sujeito passivo, seu espólio ou sua massa, inclusive os gravados por ônus real ou cláusula de inalienabilidade ou impenhorabilidade, seja qual for a data da constituição do ônus ou da cláusula, excetuados unicamente os bens e rendas que a lei declara absolutamente impenhoráveis.

Art. 31. Nos processos de falência, concordata, liquidação, inventário, arrolamento ou concurso de credores, nenhuma alienação será judicialmente autorizada sem a prova de quitação da Dívida Ativa ou a concordância da Fazenda Pública.

Art. 32. Os depósitos judiciais em dinheiro serão obrigatoriamente feitos: I – na Caixa Econômica Federal, de acordo com o Decreto-lei 1.737, de 20 de dezembro de 1979, quando relacionados com a execução fiscal proposta pela União ou suas autarquias; II – na Caixa Econômica ou no banco oficial da Unidade Federativa ou, à sua falta, na Caixa Econômica Federal, quando relacionados com execução fiscal proposta pelo Estado, Distrito Federal, Municípios e suas autarquias.

§ 1º Os depósitos de que trata este artigo estão sujeitos à atualização monetária, segundo os índices estabelecidos para os débitos tributários federais.

§ 2º Após o trânsito em julgado da decisão, o depósito, monetariamente atualizado, será devolvido ao depositante ou entregue à Fazenda Pública, mediante ordem do Juízo competente.

Art. 33. O Juízo, do Ofício, comunicará à repartição competente da Fazenda Pública, para fins de averbação no Registro da Dívida Ativa, a decisão final, transitada em julgado, que der por improcedente a execução, total ou parcialmente.

Art. 34. Das sentenças de primeira instância proferidas em execuções de valor igual ou inferior a 50 Obrigações Reajustáveis do Tesouro Nacional – ORTN, só se admitirão embargos infringentes e de declaração.

§ 1º Para os efeitos deste artigo, considerar-se-á o valor da dívida monetariamente atualizado e acrescido de multa e juros de mora e demais encargos legais, na data da distribuição.

§ 2º Os embargos infringentes, instruídos, ou não, com documentos novos, serão deduzidos, no prazo de 10 dias perante o mesmo Juízo, em petição fundamentada.

§ 3º Ouvido o embargado, no prazo de 10 dias, serão os autos conclusos ao Juiz, que, dentro de 20 dias, os rejeitará ou reformará a sentença.

Art. 35. Nos processos regulados por esta lei, poderá ser dispensada a audiência de Revisor, no julgamento das apelações.

Art. 36. Compete à Fazenda Pública baixar normas sobre o recolhimento da Dívida Ativa respectiva, em juízo ou fora dele, e aprovar, inclusive, os modelos de documentos de arrecadação.

Art. 37. O Auxiliar de Justiça que, por ação ou omissão, culposa ou dolosa, prejudicar a execução, será responsabilizado, civil, penal e administrativamente.

Parágrafo único. O Oficial de Justiça deverá efetuar, em 10 dias, as diligências que lhe forem ordenadas, salvo motivo de força maior devidamente justificado perante o Juízo.

Art. 38. A discussão judicial da Dívida Ativa da Fazenda Pública só é admissível em execução, na forma desta Lei, salvo as hipóteses de mandado de segurança, ação de repetição do indébito ou ação anulatória do ato declarativo da dívida, esta precedida do depósito preparatório do valor do débito, monetariamente corrigido e acrescido dos juros e multa de mora e demais encargos.

Parágrafo único. A propositura, pelo contribuinte, da ação prevista neste artigo importa em renúncia ao poder de recorrer na esfera administrativa e desistência do recurso acaso interposto.

Art. 39. A Fazenda Pública não está sujeita ao pagamento de custas e emolumentos. A prática dos atos judiciais de seu interesse independerá de preparo ou de prévio depósito.

Parágrafo único. Se vencida, a Fazenda Pública ressarcirá o valor das despesas feitas pela parte contrária.

Art. 40. O Juiz suspenderá o curso da execução, enquanto não for localizado o devedor ou encontrados bens sobre os quais possa recair a penhora, e, nesses casos, não correrá o prazo de prescrição.

§ 1º Suspenso o curso da execução, será aberta vista dos autos ao representante judicial da Fazenda Pública.

§ 2º Decorrido o prazo máximo de 1 ano, sem que seja localizado o devedor ou encontrados bens penhoráveis, o Juiz ordenará o arquivamento dos autos.

§ 3º Encontrados que sejam, a qualquer tempo, o devedor ou os bens, serão desarquivados os autos para prosseguimento da execução.

§ 4º Se da decisão que ordenar o arquivamento tiver decorrido o prazo prescricional, o juiz, depois de ouvida a Fazenda Pública, poderá, de ofício, reconhecer a prescrição intercorrente e decretá-la de imediato (red. L. 11.051/04).

§ 5º A manifestação prévia da Fazenda Pública prevista no § 4º deste artigo será dispensada no caso de cobranças judiciais cujo valor seja inferior ao mínimo fixado por ato do Ministro de Estado da Fazenda (red. L. 11.960/09).

Art. 41. O processo administrativo correspondente à inscrição de Dívida Ativa, à execução fiscal ou à ação proposta contra a Fazenda Pública será mantido na repartição competente, dele se extraindo as cópias autenticadas ou certidões, que forem requeridas pelas partes ou requisitadas pelo Juiz ou pelo Ministério Público.

Parágrafo único. Mediante requisição do Juiz à repartição competente, com dia e hora previamente marcados, poderá o processo administrativo ser exibido na sede do Juízo, pelo funcionário para este fim designado, lavrando o serventuário termo da ocorrência, com indicação, se for o caso, das peças a serem trasladadas.

Art. 42. Revogadas as disposições em contrário, esta lei entrará em vigor 90 dias após a data de sua publicação (*DOU*, 24.9.80).

Lei 6.858, de 24 de novembro de 1980

Pagamento, aos dependentes ou sucessores, de valores não recebidos em vida pelos respectivos titulares.

Art. 1º Os valores devidos pelos empregadores aos empregados e os montantes das contas individuais do Fundo de Garantia por Tempo de Serviço e do Fundo de Participação PIS-PASEP, não recebidos em vida pelos respectivos titulares, serão pagos, em cotas iguais, aos dependentes habilitados perante a Previdência Social ou na forma da legislação específica dos servidores civis e militares, e, na sua falta, aos sucessores previstos na lei civil, indicados em alvará judicial, independentemente de inventário ou arrolamento.

§ 1º As cotas atribuídas a menores ficarão depositadas em caderneta de poupança, rendendo juros e correção monetária, e só serão disponíveis após o menor completar 18 anos, salvo autorização do juiz para aquisição de imóvel destinado à residência do menor e de sua família ou para dispêndio necessário à subsistência e educação do menor.

§ 2º Inexistindo dependentes ou sucessores, os valores de que trata este artigo reverterão em favor, respectivamente, do Fundo de Previdência e Assistência Social, do Fundo de Garantia por Tempo de Serviço ou do Fundo de Participação PIS-PASEP, conforme se tratar de quantias devidas pelo empregador ou de contas de FGTS e do Fundo PIS-PASEP.

Art. 2º O disposto nesta lei se aplica às restituições relativas ao imposto sobre renda e outros tributos, recolhidos por pessoa física, e não existindo outros bens sujeitos a inventário, aos saldos bancários e de contas de cadernetas de poupança e fundos de investimento de valor até 500 Obrigações Reajustáveis do Tesouro Nacional.

Parágrafo único. Na hipótese de inexistirem dependentes ou sucessores do titular, os valores referidos neste artigo reverterão em favor do Fundo de Previdência e Assistência Social.

Art. 3º Esta lei entrará em vigor na data de sua publicação.

Art. 4º Revogam-se as disposições em contrário (*DOU*, 25.11.80 – ret. 26.11.80).

Lei 6.919, de 2 de junho de 1981[20]

Fundo de Garantia do Tempo de Serviço a diretores não empregados.

Art. 1º As empresas sujeitas ao regime da legislação trabalhista poderão estender a seus diretores não empregados o regime do Fundo de Garantia do Tempo de Serviço (FGTS).

§ 1º As empresas que exercerem a faculdade prevista neste artigo ficarão obrigadas a depositar, até o último dia de expediente bancário do 1º decêndio de cada mês, em nome de cada um dos Diretores abrangidos pela decisão, importância correspondente a 8% da remuneração paga ou devida no mês anterior, aplicando-se, no que não contrariar esta Lei, o disposto na Lei n. 5.107, de 13 de setembro de 1966 (red. L. 7.794/89).

§ 2º O disposto neste artigo se aplica às sociedades comerciais e civis, às empresas públicas e sociedades de economia mista, às associações e fundações, inclusive as instituídas ou mantidas pelo Poder Público, bem como as autarquias em regime especial relativamente a seus diretores não empregados.

§ 3º A aplicação desta lei às empresas públicas, sociedades de economia mista, fundações instituídas ou mantidas pelo Poder Público e autarquias em regime especial que possuem diretores não empregados fica sujeita a normas e diretrizes expedidas pelo Poder Executivo.

Art. 2º Para os efeitos desta lei, considera-se diretor aquele que exerça cargo de administração previsto em lei, estatuto ou contrato social, independentemente da denominação do cargo.

Art. 3º Ao deixar o cargo por término do mandato sem que haja reeleição ou por deliberação do órgão ou da autoridade competente, o diretor poderá movimentar livremente a sua conta vinculada.

Art. 4º Se o diretor deixar o cargo por sua iniciativa, a conta vinculada poderá ser utilizada parcial ou totalmente, nas seguintes situações:

I – aposentadoria concedida pela previdência social;

II – necessidade grave e premente, pessoal ou familiar, por motivo de doença;

III – aquisição de moradia própria, observado o disposto no art. 10 da Lei 5.107, de 13 de setembro de 1966;

IV – aplicação de capital em atividade comercial, industrial ou agropecuária, em que se haja estabelecido;

V – aquisição de equipamento destinado ao exercício de atividade autônoma.

Parágrafo único. Mesmo sem deixar o cargo, o diretor poderá utilizar a sua conta vinculada na ocorrência das hipóteses previstas nos itens II e III deste artigo.

Art. 5º Na ocorrência de falecimento do diretor, aplicar-se-á ao valor da sua conta o disposto na Lei 6.858, de 24 de novembro de 1980.

Art. 6º No caso de o diretor ser destituído do cargo por motivo justo, a parcela da sua conta vinculada correspondente à correção monetária e aos juros capitalizados reverterá a favor do FGTS.

Parágrafo único. Ocorrendo a hipótese de que trata este artigo, o valor dos depósitos somente poderá ser utilizado nos casos previstos nos arts. 4º e 5º desta lei.

Art. 7º O disposto nesta lei não implica em criação ou alteração de quaisquer direitos ou deveres decorrentes da relação existente entre a entidade e o diretor, salvo quanto ao nela expressamente previsto.

Art. 8º Esta lei entrará em vigor na data de sua publicação (*DOU*, 3.6.81).

Lei 6.932, de 7 de julho de 1981

Médico-residente.

Art. 1º A Residência Médica constitui modalidade de ensino de pós-graduação, destinada a médicos, sob a forma de cursos de especialização, caracterizada por treinamento em serviço, funcionando sob a responsabilidade de instituições de saúde, universitárias ou não, sob a orientação de profissionais médicos de elevada qualificação ética e profissional.

§ 1º As instituições de saúde de que trata este artigo somente poderão oferecer programas de Residência Médica depois de credenciadas pela Comissão Nacional de Residência Médica.

§ 2º É vedado o uso da expressão "resi-

20. V. L. 8.036/90, arts. 16 (diretor), 18 (saque) e 32.

dência médica" para designar qualquer programa de treinamento médico que não tenha sido aprovado pela Comissão Nacional de Residência Médica.

§ 3º A Residência Médica constitui modalidade de certificação das especialidades médicas no Brasil (red. L. 12.871/13).

§ 4º As certificações de especialidades médicas concedidas pelos Programas de Residência Médica ou pelas associações médicas submetem-se às necessidades do Sistema Único de Saúde (SUS) (red. L. 12.871/13).

§ 5º As instituições de que tratam os §§ 1º a 4º deste artigo deverão encaminhar, anualmente, o número de médicos certificados como especialistas, com vistas a possibilitar o Ministério da Saúde a formar o Cadastro Nacional de Especialistas e parametrizar as ações de saúde pública (red. L. 12.871/13).

Art. 2º Para a sua admissão em qualquer curso de Residência Médica o candidato deverá submeter-se ao processo de seleção estabelecido pelo programa aprovado pela Comissão Nacional de Residência Médica.

Art. 3º O médico-residente admitido no programa terá anotado no contrato padrão de matrícula:

a) a qualidade de médico-residente, com a caracterização da especialidade que cursa;

b) o nome da instituição responsável pelo programa;

c) a data de início e a prevista para o término da residência;

d) o valor da bolsa paga pela instituição responsável pelo programa.

Art. 4º Ao médico-residente é assegurado bolsa no valor de R$ 2.384,82 (dois mil, trezentos e oitenta e quatro reais e oitenta e dois centavos), em regime especial de treinamento em serviço de 60 (sessenta) horas semanais (red. L. 12.514/11).

§ 1º O médico-residente é filiado ao Regime Geral de Previdência Social – RGPS como contribuinte individual (red. L. 12.514/11).

§ 2º O médico-residente tem direito, conforme o caso, à licença-paternidade de 5 (cinco) dias ou à licença-maternidade de 120 (cento e vinte) dias (red. L. 12.514/11).

§ 3º A instituição de saúde responsável por programas de residência médica poderá prorrogar, nos termos da Lei n. 11.770, de 9 de setembro de 2008, quando requerido pela médica-residente, o período de licença-maternidade em até 60 (sessenta) dias (red. L. 12.514/11).

§ 4º O tempo de residência médica será prorrogado por prazo equivalente à duração do afastamento do médico-residente por motivo de saúde ou nas hipóteses dos §§ 2º e 3º (red. L. 12.514/11).

§ 5º A instituição de saúde responsável por programas de residência médica oferecerá ao médico-residente, durante todo o período de residência (red. L. 12.514/11).

I – condições adequadas para repouso e higiene pessoal durante os plantões;

II – alimentação; e

III – moradia, conforme estabelecido em regulamento.

§ 6º O valor da bolsa do médico-residente poderá ser objeto de revisão anual (NRed. L. 12.514/11).

Art. 5º Os programas dos cursos de Residência Médica respeitarão o máximo de 60 horas semanais, nelas incluídas um máximo de 24 horas de plantão.

§ 1º O médico-residente fará jus a um dia de folga semanal e a 30 dias consecutivos de repouso, por ano de atividade.

§ 2º Os programas dos cursos de Residência Médica compreenderão, num mínimo de 10% e num máximo de 20% de sua carga horária, atividades teórico-práticas, sob a forma de sessões atualizadas, seminários, correlações clínico-patológicas ou outras, de acordo com os programas preestabelecidos.

Art. 6º Os programas de Residência Médica credenciados na forma desta lei conferirão títulos de especialistas em favor dos médicos-residentes neles habilitados, os quais constituirão comprovante hábil para fins legais junto ao sistema federal de ensino e ao Conselho Federal de Medicina.

Art. 7º A interrupção do programa de Residência Médica por parte do médico-residente, seja qual for a causa, justificada ou não, não o exime da obrigação de, posteriormente, completar a carga horária total de atividade prevista para o aprendizado, a fim de obter o comprovante referido no artigo anterior, respeitadas as condições iniciais de sua admissão.

Art. 8º A partir da publicação desta lei, as instituições de saúde que mantenham programas de Residência Médica terão um prazo máximo de 6 meses para submetê-los à aprovação da Comissão Nacional de Residência Médica.

Art. 9º Esta lei será regulamentada no prazo de 90 dias contados de sua publicação.

Art. 10. Esta lei entrará em vigor na data de sua publicação (*DOU*, 9.7.81).

Lei 6.986, de 13 de abril de 1982

Denominação da categoria funcional de Inspetor do Trabalho. Eleva as multas previstas na CLT.

....

Art. 7º As multas por infração aos preceitos da Consolidação das Leis do Trabalho ficam elevadas em 10 vezes o seu valor.

...................................(*DOU*, 14.4.82).

Lei 7.002, de 14 de junho de 1982

Jornada noturna especial nos portos organizados.

Art. 1º A administração do porto, mediante prévia aprovação da Empresa de Portos do Brasil S/A – PORTOBRÁS, poderá adotar, para serviços de capatazias realizados no período noturno, jornada especial de trabalho de 6 horas ininterruptas, de 60 minutos cada.

Art. 2º A remuneração básica da jornada especial será a mesma da jornada ordinária diurna, acrescida de adicional noturno de até 50%, incidente sobre as 6 horas trabalhadas e sua eventual hora de prorrogação.

Parágrafo único. Os valores do adicional noturno e do acréscimo da hora extraordinária serão estabelecidos em acordo coletivo de trabalho, homologado pelo Conselho Nacional de Política Salarial.

...................................(*DOU*, 15.6.82).

Lei 7.064, de 6 de dezembro de 1982[21]

Trabalhadores contratados ou transferidos para prestar serviços no exterior.

Capítulo I
INTRODUÇÃO

Art. 1º Esta lei regula a situação de trabalhadores contratados no Brasil ou transferidos por seus empregadores para prestar serviço no exterior (NRed. L. 11.962/09).

Parágrafo único. Fica excluído do regime desta lei o empregado designado para prestar serviços de natureza transitória, por período não superior a 90 dias, desde que:

a) tenha ciência expressa dessa transitoriedade;

b) receba, além da passagem de ida e volta, diárias durante o período de trabalho no exterior, as quais, seja qual for o respectivo valor, não terão natureza salarial.

Capítulo II
DA TRANSFERÊNCIA

Art. 2º Para os efeitos desta lei, considera-se transferido:

I – o empregado removido para o exterior, cujo contrato estava sendo executado no território brasileiro;

II – o empregado cedido a empresa sediada no estrangeiro, para trabalhar no exterior, desde que mantido o vínculo trabalhista com o empregador brasileiro;

III – o empregado contratado por empresa sediada no Brasil para trabalhar a seu serviço no exterior.

Art. 3º A empresa responsável pelo contrato de trabalho do empregado transferido assegurar-lhe-á, independentemente da observância da legislação do local da execução dos serviços:

I – os direitos previstos nesta lei;

II – a aplicação da legislação brasileira de proteção ao trabalho, naquilo que não for incompatível com o disposto nesta lei, quando mais favorável do que a legislação territorial, no conjunto de normas e em relação a cada matéria.

Parágrafo único. Respeitadas as disposições especiais desta lei, aplicar-se-á a legislação brasileira sobre Previdência Social, Fundo de Garantia por Tempo de Serviço (FGTS) e Programa de Integração Social (PIS/PASEP).

Art. 4º Mediante ajuste escrito, empre-

---

21. Regulamento: D. 89.339/84, v. Índice da Legislação.

gador e empregado fixarão os valores do salário-base e do adicional de transferência.

§ 1º O salário-base ajustado na forma deste artigo fica sujeito aos reajustes e aumentos compulsórios previstos na legislação brasileira.

§ 2º O valor do salário-base não poderá ser inferior ao mínimo estabelecido para a categoria profissional do empregado.

§ 3º Os reajustes e aumentos compulsórios previstos no § 1º incidirão exclusivamente sobre os valores ajustados em moeda nacional.

Art. 5º O salário-base do contrato será obrigatoriamente estipulado em moeda nacional, mas a remuneração devida durante a transferência do empregado, computado o adicional de que trata o artigo anterior, poderá, no todo ou em parte, ser paga no exterior, em moeda estrangeira.

§ 1º Por opção escrita do empregado, a parcela da remuneração a ser paga em moeda nacional poderá ser depositada em conta bancária.

§ 2º É assegurada ao empregado, enquanto estiver prestando serviços no exterior, a conversão e remessa dos correspondentes valores para o local de trabalho, observado o disposto em regulamento (regulamentado D. 89.339/84).

Art. 6º Após 2 anos de permanência no exterior, será facultado ao empregado gozar anualmente férias no Brasil, correndo por conta da empresa empregadora, ou para a qual tenha sido cedido, o custeio da viagem.

§ 1º O custeio de que trata este artigo se estende ao cônjuge e aos demais dependentes do empregado com ele residentes.

§ 2º O disposto neste artigo não se aplicará ao caso de retorno definitivo do empregado antes da época do gozo das férias.

Art. 7º O retorno do empregado ao Brasil poderá ser determinado pela empresa quando:

I – não se tornar mais necessário ou conveniente o serviço do empregado no exterior;

II – der o empregado justa causa para a rescisão do contrato.

Parágrafo único. Fica assegurado ao empregado seu retorno ao Brasil, ao término do prazo da transferência ou, antes deste, na ocorrência das seguintes hipóteses:

a) após 3 anos de trabalho contínuo;

b) para atender a necessidade grave de natureza familiar, devidamente comprovada;

c) por motivo de saúde, conforme recomendação constante de laudo médico;

d) quando der o empregador justa causa para a rescisão do contrato;

e) na hipótese prevista no inciso I deste artigo.

Art. 8º Cabe à empresa o custeio do retorno do empregado.

Parágrafo único. Quando o retorno se verificar, por iniciativa do empregado, ou quando der justa causa para rescisão do contrato, ficará ele obrigado ao reembolso das respectivas despesas, ressalvados os casos previstos no parágrafo único do artigo anterior.

Art. 9º O período de duração da transferência será computado no tempo de serviço do empregado para todos os efeitos da legislação brasileira, ainda que a lei local de prestação do serviço considere essa prestação como resultante de um contrato autônomo e determine a liquidação dos direitos oriundos da respectiva cessação.

§ 1º Na hipótese de liquidação de direitos prevista neste artigo, a empresa empregadora fica autorizada a deduzir esse pagamento dos depósitos do FGTS em nome do empregado, existentes na conta vinculada de que trata o art. 2º da Lei 5.107, de 13 de setembro de 1966.

§ 2º Se o saldo da conta a que se refere o parágrafo anterior não comportar a dedução ali mencionada, a diferença poderá ser novamente deduzida do saldo dessa conta quando da cessação, no Brasil, do respectivo contrato de trabalho.

§ 3º As deduções acima mencionadas, relativamente ao pagamento em moeda estrangeira, serão calculadas mediante conversão em cruzeiros ao câmbio do dia em que se operar o pagamento.

§ 4º O levantamento pelo empregador, decorrente da dedução acima prevista, dependerá de homologação judicial (*caput* e §§ regulamentados pelo D. 89.339/84).

Art. 10. O adicional de transferência, as prestações *in natura*, bem como quaisquer outras vantagens a que fizer jus o empregado em função de sua permanência no exterior, não serão devidos após seu retorno ao Brasil.

Art. 11. Durante a prestação de serviços

no exterior não serão devidas, em relação aos empregados transferidos, as contribuições referentes a: Salário-Educação, Serviço Social da Indústria, Serviço Social do Comércio, Serviço Nacional de Aprendizagem Comercial, Serviço Nacional de Aprendizagem Industrial e Instituto Nacional de Colonização e de Reforma Agrária.

Capítulo III
DA CONTRATAÇÃO POR EMPRESA ESTRANGEIRA

Art. 12. A contratação de trabalhador, por empresa estrangeira, para trabalhar no exterior está condicionada à prévia autorização do Ministério do Trabalho.

Art. 13. A autorização a que se refere o art. 12 somente poderá ser dada à empresa de cujo capital participe, em pelo menos 5%, pessoa jurídica domiciliada no Brasil.

Art. 14. Sem prejuízo da aplicação das leis do país da prestação dos serviços, no que respeita a direitos, vantagens e garantias trabalhistas e previdenciárias, a empresa estrangeira assegurará ao trabalhador os direitos a ele conferidos neste Capítulo.

Art. 15. Correrão obrigatoriamente por conta da empresa estrangeira as despesas de viagem de ida e volta do trabalhador ao exterior, inclusive a dos dependentes com ele residentes.

Art. 16. A permanência do trabalhador no exterior não poderá ser ajustada por período superior a 3 anos, salvo quando for assegurado a ele e a seus dependentes o direito de gozar férias anuais no Brasil, com despesas de viagem pagas pela empresa estrangeira.

Art. 17. A empresa estrangeira assegurará o retorno definitivo do trabalhador ao Brasil quando:

I – houver terminado o prazo de duração do contrato, ou for o mesmo rescindido;

II – por motivo de saúde do trabalhador, devidamente comprovado por laudo médico oficial que o recomende.

Art. 18. A empresa estrangeira manterá no Brasil procurador bastante, com poderes especiais de representação, inclusive o de receber citação.

Art. 19. A pessoa jurídica domiciliada no Brasil a que alude o art. 13 será solidariamente responsável com a empresa estrangeira por todas as obrigações decorrentes da contratação do trabalhador.

Art. 20. O aliciamento de trabalhador domiciliado no Brasil, para trabalhar no exterior, fora do regime desta lei, configurará o crime previsto no art. 206 do Código Penal Brasileiro.

Capítulo IV
DISPOSIÇÕES COMUNS E FINAIS

Art. 21. As empresas de que trata esta lei farão, obrigatoriamente, seguro de vida e acidentes pessoais a favor do trabalhador, cobrindo o período a partir do embarque para o exterior, até o retorno ao Brasil.

Parágrafo único. O valor do seguro não poderá ser inferior a 12 vezes o valor da remuneração mensal do trabalhador.

Art. 22. As empresas a que se refere esta lei garantirão ao empregado, no local de trabalho no exterior ou próximo a ele, serviços gratuitos e adequados de assistência médica e social.

Art. 23. Serão regulamentadas no prazo de 90 dias as disposições dos arts. 5º, § 2º, § 9º, §§ 1º a 4º, e 12.

Art. 24. Esta lei entra em vigor na data de sua publicação, revogadas as disposições em contrário (*DOU* de 7.12.82).

Lei 7.102, de 20 de junho de 1983[22]

Segurança para estabelecimentos financeiros, empresas de vigilância e transporte de valores.

Art. 1º É vedado o funcionamento de qualquer estabelecimento financeiro onde haja guarda de valores ou movimentação de numerário, que não possua sistema de segurança com parecer favorável à sua aprovação, elaborado pelo Ministério da Justiça, na forma desta Lei (red. L. 9.017/95).

§ 1º Os estabelecimentos financeiros

22. Regulamento: D. 89.056/83, v. Índice da Legislação.

referidos neste artigo compreendem bancos oficiais ou privados, caixas econômicas, sociedades de crédito, associações de poupança, suas agências, postos de atendimento, subagências e seções, assim como as cooperativas singulares de crédito e suas respectivas dependências (NRed. L. 11.718/08).

§ 2º O Poder Executivo estabelecerá, considerando a reduzida circulação financeira, requisitos próprios de segurança para as cooperativas singulares de crédito e suas dependências que contemplem, entre outros, os seguintes procedimentos (NRed. L. 11.718/08):

I – dispensa de sistema de segurança para o estabelecimento de cooperativa singular de crédito que se situe dentro de qualquer edificação que possua estrutura de segurança instalada em conformidade com o art. 2º desta Lei (red. L. 11.718/08);

II – necessidade de elaboração e aprovação de apenas um único plano de segurança por cooperativa singular de crédito, desde que detalhadas todas as suas dependências (red. L. 11.718/08);

III – dispensa de contratação de vigilantes, caso isso inviabilize economicamente a existência do estabelecimento (red. L. 11.718/08).

§ 3º Os processos administrativos em curso no âmbito do Departamento de Polícia Federal observarão os requisitos próprios de segurança para as cooperativas singulares de crédito e suas dependências (red. L. 11.718/08).

Art. 2º O sistema de segurança referido no artigo anterior inclui pessoas adequadamente preparadas, assim chamadas vigilantes; alarme capaz de permitir, com segurança, comunicação entre o estabelecimento financeiro e outro da mesma instituição, empresa de vigilância ou órgão policial mais próximo; e, pelo menos, mais um dos seguintes dispositivos:

I – equipamentos elétricos, eletrônicos e de filmagens que possibilitem a identificação dos assaltantes;

II – artefatos que retardem a ação dos criminosos, permitindo sua perseguição, identificação ou captura; e

III – cabina blindada com permanência ininterrupta de vigilante durante o expediente para o público e enquanto houver movimentação de numerário no interior do estabelecimento.

Parágrafo único. (Rev. L. 9.017/95).

Art. 3º A vigilância ostensiva e o transporte de valores serão executados:

I – por empresa especializada contratada; ou

II – pelo próprio estabelecimento financeiro, desde que organizado e preparado para tal fim, com pessoal próprio, aprovado em curso de formação de vigilante autorizado pelo Ministério da Justiça e cujo sistema de segurança tenha parecer favorável à sua aprovação emitido pelo Ministério da Justiça.

Parágrafo único. Nos estabelecimentos financeiros estaduais, o serviço de vigilância ostensiva poderá ser desempenhado pelas Polícias Militares, a critério do Governo da respectiva Unidade da Federação (*caput* e parágrafo único red. L. 9.017/95).

....

Art. 10. São consideradas como segurança privada as atividades desenvolvidas em prestação de serviços com a finalidade de:

I – proceder a vigilância patrimonial das instituições financeiras e de outros estabelecimentos, públicos ou privados, bem como a segurança de pessoas físicas;

II – realizar o transporte de valores ou garantir o transporte de qualquer outro tipo de carga (red. L. 8.863/94).

§ 1º Os serviços de vigilância e de transporte de valores poderão ser executados por uma mesma empresa.

§ 2º As empresas especializadas em prestação de serviços de segurança, vigilância e transporte de valores, constituídas sob a forma de empresas privadas, além das hipóteses previstas nos incisos do *caput* deste artigo, poderão se prestar ao exercício das atividades de segurança privada a pessoas; a estabelecimentos comerciais, industriais, de prestação de serviços e residenciais; a entidades sem fins lucrativos; e órgãos e empresas públicas.

§ 3º Serão regidas por esta Lei, pelos regulamentos dela decorrentes e pelas disposições da legislação civil, comercial, trabalhista, previdenciária e penal, as empresas definidas no parágrafo anterior.

§ 4º As empresas que tenham objeto econômico diverso da vigilância ostensiva e do transporte de valores, que utilizem pes-

LEIS

soal de quadro funcional próprio, para execução dessas atividades, ficam obrigadas ao cumprimento do disposto nesta Lei e demais legislações pertinentes (antigo parágrafo único renumerado para 1º; §§ 2º a 4º acrescidos pela Lei 8.863/94).

....

Art. 15. Vigilante, para os efeitos desta Lei, é o empregado contratado para a execução das atividades definidas nos incisos I e II do *caput* e §§ 2º, 3º e 4º do art. 10 (red. L. 8.863/94).

Art. 16. Para o exercício da profissão, o vigilante preencherá os seguintes requisitos:

I – ser brasileiro;

II – ter idade mínima de 21 anos;

III – ter instrução correspondente à quarta série do primeiro grau;

IV – ter sido aprovado em curso de formação de vigilante, realizado em estabelecimento com funcionamento autorizado nos termos desta Lei (red. L. 8.863/94);

V – ter sido aprovado em exame de saúde física, mental e psicotécnico;

VI – não ter antecedentes criminais registrados; e

VII – estar quite com as obrigações eleitorais e militares.

Parágrafo único. O requisito previsto no inc. III deste artigo não se aplica aos vigilantes admitidos até a publicação da presente lei.

Art. 17. O exercício da profissão de vigilante requer prévio registro no Departamento de Polícia Federal, que se fará após a apresentação dos documentos comprobatórios das situações enumeradas no art. 16 (red. MP 2.184-23/01).

Art. 18. O vigilante usará uniforme somente quando em efetivo serviço.

Art. 19. É assegurado ao vigilante:

I – uniforme especial às expensas da empresa a que se vincular;

II – porte de arma, quando em serviço;

III – prisão especial por ato decorrente do serviço;

IV – seguro de vida em grupo, feito pela empresa empregadora.

....

Art. 21. As armas destinadas ao uso dos vigilantes serão de propriedade e responsabilidade:

I – das empresas especializadas;

II – dos estabelecimentos financeiros quando dispuserem de serviço organizado de vigilância, ou mesmo quando contratarem empresas especializadas.

....

Art. 27. Revogam-se os Decretos-leis 1.034, de 21 de outubro de 1969, e 1.103, de 6 de abril de 1970, e as demais disposições em contrário (*DOU*, 21.6.83).

Lei 7.115, de 29 de agosto de 1983

Prova documental de vida, residência, pobreza, etc.

Art. 1º A declaração destinada a fazer prova de vida, residência, pobreza, dependência econômica, homonímia ou bons antecedentes, quando firmada pelo próprio interessado ou por procurador bastante, e sob as penas da lei, presume-se verdadeira.

Parágrafo único. O disposto neste artigo não se aplica para fins de prova em processo penal.

Art. 2º Se comprovadamente falsa a declaração, sujeitar-se-á o declarante às sanções civis, administrativas e criminais previstas na legislação aplicável.

Art. 3º A declaração mencionará expressamente a responsabilidade do declarante.

..................................(*DOU*, 30.8.83).

Lei 7.119, de 30 de agosto de 1983

Altera a composição de Tribunais Regionais do Trabalho.

Arts. 1º a 3º ....[23]

Art. 4º Os Tribunais Regionais do Trabalho compostos de 4 ou mais Turmas serão obrigatoriamente divididos em Grupos de Turmas.

§ 1º Na composição dos Grupos de Turmas será respeitada, sempre, a paridade da representação de empregados e empregadores.

§ 2º Os Juízes classistas que não integrarem a composição efetiva dos Grupos de

23. Nova composição dos Tribunais da 1ª, 4ª e 6ª Regiões; redação incorporada ao art. 670 da CLT, desta edição. Texto integral da lei no *DOU* e na *LTr* 47/1268.

Turmas funcionarão como substitutos em quaisquer delas.

§ 3º Os Grupos de Turmas terão a competência atualmente atribuída ao Tribunal Pleno, excluída a apreciação de matéria de natureza administrativa, que continuará reservada ao Tribunal Pleno.

Art. 5º O Presidente do Grupo de Turmas será um dos seus membros efetivos, eleito entre seus pares, na forma do que dispõe a Lei Orgânica da Magistratura Nacional e o Regimento Interno do Tribunal Regional respectivo.

Art. 6º Os Grupos de Turmas funcionarão com a presença de, no mínimo, a metade mais um do número de Juízes que os compõem.

...................................(*DOU*, 31.8.83).

Lei 7.183, de 5 de abril de 1984

Aeronauta.

Capítulo I
DAS DISPOSIÇÕES PRELIMINARES

Seção I
Do aeronauta e da sua classificação

Art. 1º O exercício da profissão de aeronauta é regulado pela presente lei.

Art. 2º Aeronauta é o profissional habilitado pelo Ministério da Aeronáutica, que exerce atividade a bordo de aeronave civil nacional, mediante contrato de trabalho.

Parágrafo único. Considera-se também aeronauta, para os efeitos desta lei, quem exerce atividade a bordo de aeronave estrangeira, em virtude de contrato de trabalho regido pelas leis brasileiras.

Art. 3º Ressalvados os casos previstos no Código Brasileiro do Ar, a profissão de aeronauta é privativa de brasileiros.

Parágrafo único. As empresas brasileiras que operam em linhas internacionais poderão utilizar comissários estrangeiros, desde que o número destes não exceda a 1/3 dos comissários existentes a bordo da aeronave.

Art. 4º O aeronauta no exercício de função específica a bordo de aeronave, de acordo com as prerrogativas da licença de que é titular, tem a designação de tripulante.

Art. 5º O aeronauta de empresa de transporte aéreo regular que se deslocar, a serviço desta, sem exercer função a bordo de aeronave tem a designação de tripulante extra.

Parágrafo único. O aeronauta de empresa de transporte aéreo não regular ou serviço especializado tem a designação de tripulante extra somente quando se deslocar em aeronave da empresa, a serviço desta.

Art. 6º São tripulantes:

a) Comandante: piloto responsável pela operação e segurança da aeronave – exerce a autoridade que a legislação aeronáutica lhe atribui;

b) Copiloto: piloto que auxilia o Comandante na operação da aeronave;

c) Mecânico de Voo: auxiliar do Comandante, encarregado da operação e controle de sistemas diversos conforme especificação dos manuais técnicos da aeronave;

d) Navegador: auxiliar do Comandante, encarregado da navegação da aeronave quando a rota e o equipamento o exigirem, a critério do órgão competente do Ministério da Aeronáutica;

e) Radioperador de Voo: auxiliar do Comandante, encarregado do serviço de radiocomunicações nos casos previstos pelo órgão competente do Ministério da Aeronáutica; e

f) Comissário: é o auxiliar do Comandante, encarregado do cumprimento das normas relativas à segurança e atendimento dos passageiros a bordo e da guarda de bagagens, documentos, valores e malas postais que lhe tenham sido confiados pelo Comandante.

§ 1º A guarda dos valores fica condicionada à existência de local apropriado e seguro na aeronave, sendo responsabilidade do empregador atestar a segurança do local.

§ 2º A guarda de cargas e malas postais em terra somente será confiada ao comissário quando no local inexistir serviço próprio para essa finalidade.

Art. 7º Consideram-se também tripulantes, para os efeitos desta lei, os operadores de equipamentos especiais instalados em aeronaves homologadas para serviços aéreos especializados, devidamente autorizados pelo Ministério da Aeronáutica.

Seção II
Das tripulações

Art. 8º Tripulação é o conjunto de tripulantes que exercem função a bordo de aeronave.

Art. 9º Uma tripulação poderá ser: mínima, simples, composta e de revezamento.

Art. 10. Tripulação mínima é a determinada na forma da certificação de tipo de aeronave e a constante do seu manual de operação, homologada pelo órgão competente do Ministério da Aeronáutica, sendo permitida sua utilização em voos: locais, de instrução, de experiência, de vistoria e de traslado.

Art. 11. Tripulação simples é constituída basicamente de uma tripulação mínima acrescida, quando for o caso, dos tripulantes necessários à realização do voo.

Art. 12. Tripulação composta é a constituída basicamente de uma tripulação simples, acrescida de um piloto qualificado a nível de piloto em comando, um mecânico de voo, quando o equipamento assim o exigir, e o mínimo de 25% do número de comissários.

Parágrafo único. Aos tripulantes acrescidos à tripulação simples serão asseguradas, pelo empregador, poltronas reclináveis.

Art. 13. Tripulação de revezamento é a constituída basicamente de uma tripulação simples, acrescida de mais um piloto qualificado a nível de piloto em comando, um copiloto, um mecânico de voo, quando o equipamento assim o exigir, e de 50% do número de comissários.

Parágrafo único. Aos pilotos e mecânicos de voo acrescidos à tripulação simples serão asseguradas, pelo empregador, acomodações para o descanso horizontal e, para os comissários, número de assentos reclináveis igual à metade do seu número com aproximação para o inteiro superior.

Art. 14. O órgão competente do Ministério da Aeronáutica, considerando o interesse da segurança de voo, as características da rota e do voo e a programação a ser cumprida, poderá determinar a composição da tripulação ou as modificações que se tornarem necessárias.

Art. 15. As tripulações compostas ou de revezamento só poderão ser empregadas em voos internacionais e nas seguintes hipóteses:

a) mediante programação;

b) para atender a atrasos ocasionados por condições meteorológicas ou por trabalhos de manutenção; e

c) em situações excepcionais, mediante autorização do Ministério da Aeronáutica.

Parágrafo único. Uma tripulação composta poderá ser utilizada em voos domésticos para atender a atrasos ocasionados por condições meteorológicas desfavoráveis ou por trabalhos de manutenção.

Art. 16. Um tipo de tripulação só poderá ser transformado na origem do voo e até o limite de 3 horas, contados a partir da apresentação da tripulação previamente escalada.

Parágrafo único. A contagem de tempo para limite da jornada será a partir da hora da apresentação da tripulação original ou do tripulante de reforço, considerando o que ocorrer primeiro.

Capítulo II
DO REGIME DE TRABALHO

Seção I
Da escala de serviço

Art. 17. A determinação para a prestação de serviço dos aeronautas, respeitados os períodos de folgas e repousos regulamentares, será feita:

a) por intermédio de escala especial ou de convocação, para realização de cursos, exames relacionados com o adestramento e verificação de proficiência técnica;

b) por intermédio de escala, no mínimo semanal, divulgada com antecedência mínima de 2 dias para a primeira semana de cada mês e 7 dias para as semanas subsequentes, para os voos de horário, serviço de reserva sobreaviso e folga; e

c) mediante convocação, por necessidade de serviço.

Art. 18. A escala deverá observar, como princípio, a utilização do aeronauta em regime de rodízio e em turnos compatíveis com a higiene e segurança do trabalho.

Art. 19. É de responsabilidade do aeronauta manter em dia seus certificados de habilitação técnica e de capacidade física estabelecidos na legislação em vigor, cabendo-lhe informar ao serviço de escala, com antecedência de 30 dias, as respectivas datas de vencimento, a fim de que lhe seja possibilitada a execução dos respectivos exames.

Seção II

Da jornada de trabalho

Art. 20. Jornada é a duração do trabalho do aeronauta, contada entre a hora da apresentação no local de trabalho e a hora em que o mesmo é encerrado.

§ 1º A jornada na base domiciliar será contada a partir da hora de apresentação do aeronauta no local de trabalho.

§ 2º Fora da base domiciliar, a jornada será contada a partir da hora de apresentação do aeronauta no local estabelecido pelo empregador.

§ 3º Nas hipóteses previstas nos parágrafos anteriores, a apresentação no aeroporto não deverá ser inferior a 30 minutos da hora prevista para o início do voo.

§ 4º A jornada será considerada encerrada 30 minutos após a parada final dos motores.

Art. 21. A duração da jornada de trabalho do aeronauta será de:

a) 11 horas, se integrante de uma tripulação mínima ou simples;

b) 14 horas, se integrante de uma tripulação composta; e

c) 20 horas, se integrante de uma tripulação de revezamento.

§ 1º Nos voos de empresa de táxi-aéreo, de serviços especializados, de transporte aéreo regional ou em voos internacionais regionais de empresas de transporte aéreo regular realizados por tripulação simples, se houver interrupção programada da viagem por mais 4 horas consecutivas, e forem proporcionadas pelo empregador acomodações adequadas para repouso dos tripulantes, a jornada terá a duração acrescida da metade do tempo de interrupção, mantendo-se inalterados os limites prescritos na alínea "a" do art. 29 desta lei.

§ 2º Nas operações com helicópteros a jornada poderá ter a duração acrescida de até 1 hora para atender exclusivamente a trabalhos de manutenção.

Art. 22. Os limites da jornada de trabalho poderão ser ampliados de 60 minutos, a critério exclusivo do Comandante da aeronave e nos seguintes casos:

a) inexistência, em local de escala regular, de acomodações apropriadas para o repouso da tripulação e dos passageiros;

b) espera demasiadamente longa, em local de espera regular intermediária, ocasionada por condições meteorológicas desfavoráveis ou por trabalho de manutenção; e

c) por imperiosa necessidade.

§ 1º Qualquer ampliação dos limites das horas de trabalho deverá ser comunicada pelo Comandante ao empregador, 24 horas após a viagem, o qual, no prazo de 15 dias, a submeterá à apreciação do Ministério da Aeronáutica.

§ 2º Para as tripulações simples, o trabalho noturno não excederá de 10 horas.

§ 3º Para as tripulações simples nos horários mistos, assim entendidos os que abrangem períodos diurnos e noturnos, a hora de trabalho noturno será computada como de 52 minutos e 30 segundos.

Art. 23. A duração do trabalho do aeronauta, computados os tempos de voo, de serviço em terra durante a viagem, de reserva e de 1/3 do sobreaviso, assim como o tempo do deslocamento, como tripulante extra, para assumir voo ou retornar à base após o voo e os tempos de adestramento em simulador, não excederá a 60 horas semanais e 176 horas mensais.

§ 1º O limite semanal estabelecido neste artigo não se aplica ao aeronauta que estiver sob o regime estabelecido no art. 24 desta lei.

§ 2º O tempo gasto no transporte terrestre entre o local de repouso ou da apresentação, e vice-versa, ainda que em condução fornecida pela empresa, na base do aeronauta ou fora dela, não será computado como de trabalho para fins desta lei.

Art. 24. Para o aeronauta pertencente à empresa de táxi-aéreo ou serviços especializados, o período máximo de trabalho consecutivo será de 21 dias, contados do dia de saída do aeronauta de sua base contratual até o dia do regresso à mesma, observado o disposto no art. 34 desta lei.

Parágrafo único. O período consecutivo de trabalho, no local de operação, não poderá exceder a 17 dias.

Seção III
Do sobreaviso e reserva

Art. 25. Sobreaviso é o período de tempo não excedente a 12 horas, em que o aeronauta permanece em local de sua escolha, à disposição do empregador, devendo apresentar-se no aeroporto ou outro local determinado, até 90 minutos após receber comunicação para o início de nova tarefa.

§ 1º O número de sobreavisos que o aeronauta poderá concorrer não deverá exceder a 2 semanais e 8 mensais.

§ 2º O número de sobreavisos estabelecidos no parágrafo anterior não se aplica aos aeronautas de empresas de táxi-aéreo ou serviço especializado.

Art. 26. Reserva é o período de tempo em que o aeronauta permanece, por determinação do empregador, em local de trabalho à sua disposição.

§ 1º O período de reserva para aeronautas de empresas de transporte aéreo regular não excederá de 6 horas.

§ 2º O período de reserva para aeronautas de empresas de táxi-aéreo ou de serviços especializados não excederá de 10 horas.

§ 3º Prevista a reserva, por prazo superior a 3 horas, o empregador deverá assegurar ao aeronauta acomodações adequadas para o seu descanso.

Seção IV
Das viagens

Art. 27. Viagem é o trabalho realizado pelo tripulante, contado desde a saída de sua base até o regresso à mesma.

§ 1º Uma viagem pode compreender uma ou mais jornadas.

§ 2º É facultado ao empregador fazer com que o tripulante cumpra uma combinação de voos, passando por sua base, sem ser dispensado do serviço, desde que obedeça à programação prévia, observadas as limitações estabelecidas nesta lei.

§ 3º Pode o empregador exigir do tripulante uma complementação de voo para atender à realização ou à conclusão de serviços inadiáveis, sem trazer prejuízo da sua programação subsequente, respeitadas as demais disposições desta lei.

Seção V
Dos limites de voo e de pouso

Art. 28. Denomina-se "hora de voo" ou "tempo de voo" o período compreendido entre o início do deslocamento, quando se tratar de aeronave de asa fixa, ou entre a "partida" dos motores, quando se tratar de aeronave de asa rotativa, em ambos os casos para fins de decolagem até o momento em que respectivamente, se imobiliza ou se efetua o "corte" dos motores, ao término do voo (calço a calço).

Art. 29. Os limites de voo e pousos permitidos para uma jornada serão os seguintes:

a) 9 horas e 30 minutos de voo e 5 pousos, na hipótese de integrante de tripulação mínima ou simples;

b) 12 horas de voo e 6 pousos, na hipótese de integrante de tripulação composta;

c) 15 horas de voo e 4 pousos, na hipótese de integrante de tripulação de revezamento; e

d) 8 horas sem limite de pousos, na hipótese de integrante de tripulação de helicópteros.

§ 1º O número de pousos na hipótese da alínea "a" deste artigo, poderá ser estendido a 6, a critério do empregador; neste caso o repouso que precede a jornada deverá ser aumentado de 1 hora.

§ 2º Em caso de desvio para alternativa, é permitido o acréscimo de mais 1 pouso aos limites estabelecidos nas alíneas "a", "b" e "c" deste artigo.

§ 3º As empresas de transporte aéreo regional que operam com aeronaves convencionais e turboélice poderão acrescentar mais 4 pousos, aos limites estabelecidos neste artigo.

§ 4º Os limites de pousos estabelecidos nas alíneas "a", "b" e "c" deste artigo, não serão aplicados às empresas de táxi-aéreo e de serviços especializados.

§ 5º O Ministério da Aeronáutica, tendo em vista as peculiaridades dos diferentes tipos de operação, poderá reduzir os limites estabelecidos na alínea "d" deste artigo.

Art. 30. Os limites de tempo de voo do tripulante não poderão exceder em cada mês, trimestre ou ano, respectivamente:

a) em aviões convencionais: 100 – 270 – 1.000 horas;

b) em aviões turboélices: 100 – 255 – 935 horas;

c) em aviões a jato: 85 – 230 – 850 horas; e

d) em helicópteros: 90 – 260 – 960 horas.

§ 1º Quando o aeronauta tripular diferentes tipos de aeronave será observado o menor limite.

§ 2º Os limites de tempo de voo para aeronautas de empresas de transporte aéreo regular, em espaço inferior a 30 dias serão proporcionais ao limite mensal mais 10 horas.

Art. 31. As horas realizadas como tripulante extra serão computadas para os limites de jornada, semanais e mensais de trabalho, não sendo as mesmas consideradas para os limites de horas de voo previstos no art. 30 desta lei.

Seção VI
Dos períodos de repouso

Art. 32. Repouso é o espaço de tempo ininterrupto após uma jornada, em que o tripulante fica desobrigado da prestação de qualquer serviço.

Art. 33. São assegurados ao tripulante, fora de sua base domiciliar, acomodações para seu repouso, transporte ou ressarcimento deste, entre o aeroporto e o local de repouso e vice-versa.

§ 1º O previsto neste artigo não será aplicado ao aeronauta de empresas de táxi-aéreo ou de serviços especializados quando o custeio do transporte e a hospedagem, ou somente esta, for por elas ressarcido.

§ 2º Quando não houver disponibilidade de transporte ao término da jornada, o período de repouso será computado a partir da colocação do mesmo à disposição da tripulação.

Art. 34. O repouso terá a duração diretamente relacionada ao tempo da jornada anterior, observando-se os seguintes limites:

a) 12 horas de repouso, após jornada de até 12 horas;

b) 16 horas de repouso, após jornada de mais de 12 horas e até 15 horas; e

c) 24 horas de repouso, após jornada de mais de 15 horas.

Art. 35. Quando ocorrer o cruzamento de 3 ou mais fusos horários em um dos sentidos da viagem, o tripulante terá, na sua base domiciliar, o repouso acrescido de 2 horas por fuso cruzado.

Art. 36. Ocorrendo o regresso de viagem de uma tripulação simples entre 23:00 e 6:00 horas, tendo havido pelo menos 3 horas de jornada, o tripulante não poderá ser escalado para trabalho dentro desse espaço de tempo no período noturno subsequente.

Seção VII
Da folga periódica

Art. 37. Folga é o período de tempo não inferior a 24 horas consecutivas em que o aeronauta, em sua base contratual, sem prejuízo de remuneração, está desobrigado de qualquer atividade relacionada com seu trabalho.

§ 1º A folga deverá ocorrer, no máximo, após o 6º período consecutivo de até 24 horas à disposição do empregador, contado a partir da sua apresentação, observados os limites estabelecidos nos arts. 21 e 34 desta lei.

§ 2º No caso de voos internacionais de longo curso, que não tenham sido previamente programados, o limite previsto no parágrafo anterior poderá ser ampliado de 24 horas, ficando o empregador obrigado a conceder ao tripulante mais 48 horas de folga além das previstas no art. 34 desta lei.

§ 3º A folga do tripulante que estiver sob o regime estabelecido no art. 24 desta lei será igual ao período despendido no local da operação, menos 2 dias.

Art. 38. O número de folgas não será inferior a 8 períodos de 24 horas por mês.

§ 1º Do número de folgas estipulado neste artigo, serão concedidos 2 períodos consecutivos de 24 horas devendo pelo menos um destes incluir um sábado ou um domingo.

§ 2º A folga só terá início após a conclusão do repouso da jornada.

Art. 39. Quando o tripulante for designado para curso fora da base, sua folga poderá ser gozada nesse local, devendo a empresa assegurar, no regresso, uma licença remunerada de 1 dia para cada 15 dias fora da base.

Parágrafo único. A licença remunerada não deverá coincidir com sábado, domingo ou feriado, se a permanência do tripulante fora da base for superior a 30 dias.

Capítulo III
DA REMUNERAÇÃO E DAS CONCESSÕES

Seção I
Da remuneração

Art. 40. Ressalvada a liberdade contratual, a remuneração do aeronauta corresponderá à soma das quantias por ele percebidas da empresa.

Parágrafo único. Não se consideram integrantes da remuneração as importâncias pagas pela empresa a título de ajudas de custo, assim como as diárias de hospedagem, alimentação e transporte.

Art. 41. A remuneração da hora de voo noturno, assim como as horas de voo como tripulante extra, será calculada na forma da legislação em vigor, observados os acordos e condições contratuais.

§ 1º Considera-se voo noturno o realizado entre o pôr e o nascer do sol.

§ 2º A hora de voo noturno para efeito de remuneração é contada à razão de 52'30".

Art. 42. As frações de hora serão computadas para efeito de remuneração.

Seção II
Da alimentação

Art. 43. Durante a viagem, o tripulante terá direito à alimentação, em terra ou em voo, de acordo com as instruções técnicas dos Ministérios do Trabalho e da Aeronáutica.

§ 1º A alimentação assegurada ao tripulante deverá:

a) quando em terra, ter a duração mínima de 45' e a máxima de 60'; e

b) quando em voo, ser servida com intervalos máximos de 4 horas.

§ 2º Para tripulante de helicópteros a alimentação será servida em terra ou a bordo de unidades marítimas com duração de 60', período este que não será computado na jornada de trabalho.

§ 3º Nos voos realizados no período de 22:00 às 6:00 horas, deverá ser servida uma refeição se a duração do voo for igual ou superior a 3 horas.

Art. 44. É assegurada alimentação ao aeronauta na situação de reserva ou em cumprimento de uma programação de treinamento entre 12:00 e 14:00 horas, e entre 19:00 e 21:00 horas, com duração de 60'.

§ 1º Os intervalos para alimentação não serão computados na duração da jornada de trabalho.

§ 2º Os intervalos para alimentação de que trata este artigo não serão observados, na hipótese de programação de treinamento em simulador.

Seção III
Da assistência médica

Art. 45. Ao aeronauta em serviço fora da base contratual, a empresa deverá assegurar assistência médica em casos de urgência, bem como remoção por via aérea, de retorno à base ou ao local de tratamento.

Seção IV
Do uniforme

Art. 46. O aeronauta receberá gratuitamente da empresa, quando não forem de uso comum, as peças de uniforme e os equipamentos exigidos para o exercício de sua atividade profissional, estabelecidos por ato da autoridade competente.

Seção V
Das férias

Art. 47. As férias anuais do aeronauta serão de 30 dias.

Art. 48. A concessão de férias será participada ao aeronauta, por escrito, com a antecedência mínima de 30 dias, devendo o empregado assinar a respectiva notificação.

Art. 49. A empresa manterá atualizado um quadro de concessão de férias, devendo existir um rodízio entre os tripulantes do mesmo equipamento quando houver concessão nos meses de janeiro, fevereiro, julho e dezembro.

Art. 50. Ressalvados os casos de rescisão de contrato, as férias não poderão se converter em abono pecuniário.

CAPÍTULO IV
DAS TRANSFERÊNCIAS

Art. 51. Para efeito de transferência, provisória ou permanente, considera-se base do aeronauta a localidade onde o mesmo está obrigado a prestar serviços e na qual deverá ter domicílio.

§ 1º Entende-se como:

a) transferência provisória o deslocamento do aeronauta de sua base, por período mínimo de 30 dias e não superior a 120 dias, para prestação de serviços temporários, sem mudança de domicílio, a qual retorna tão logo cesse a incumbência que lhe foi cometida; e

b) transferência permanente, o deslocamento do aeronauta de sua base, por período superior a 120 dias, com mudança de domicílio.

§ 2º Após cada transferência provisória o aeronauta deverá permanecer na sua base pelo menos 180 dias.

§ 3º O interstício entre transferências permanentes será de 2 anos.

§ 4º Na transferência provisória serão assegurados ao aeronauta acomodações, alimentação e transporte a serviço e, ainda, transporte aéreo de ida e volta, e no regresso uma licença remunerada de 2 dias para o 1º mês, mais 1 dia para cada mês ou fração subsequente, sendo que no mínimo 2 dias não deverão coincidir com o sábado, domingo ou feriado.

§ 5º Na transferência permanente serão assegurados ao aeronauta pela empresa:

a) uma ajuda de custo, para fazer face às despesas de instalação na nova base, não inferior a 4 vezes o valor do salário mensal, calculado o salário variável por sua taxa atual multiplicada pela média do correspondente trabalho, em horas ou quilômetros de voo, nos últimos 12 meses;

b) o transporte aéreo para si e seus dependentes;

c) a translação da respectiva bagagem; e

d) uma dispensa de qualquer atividade relacionada com o trabalho pelo período de 8 dias, a ser fixado por sua opção, com aviso prévio de 8 dias, à empresa, dentro dos 60 dias seguintes à sua chegada à nova base.

§ 6º Na forma que dispuser o regulamento desta lei, poderá ser a transferência provisória transformada em transferência permanente.

Art. 52. O aeronauta deverá ser notificado pelo empregador com a antecedência mínima de 60 dias na transferência permanente e 15 dias na provisória.

CAPÍTULO V
DAS DISPOSIÇÕES FINAIS

Art. 53. Além dos casos previstos nesta lei, as responsabilidades do aeronauta são definidas no Código Brasileiro do Ar, nas leis e regulamentos em vigor e no que decorrer do contrato de trabalho, acordos e convenções internacionais.

Art. 54. Os tripulantes das aeronaves das categorias administrativa e privada de indústria e comércio ficam equiparados, para os efeitos desta lei, aos de aeronaves empregadas em serviços de táxi-aéreo.

Art. 55. Os Ministros de Estado do Trabalho e da Aeronáutica expedirão as instruções que se tornarem necessárias à execução desta lei.

Art. 56. Esta lei entra em vigor na data de sua publicação.

Art. 57. Revogam-se as disposições em contrário (*DOU*, 6.4.84).

Lei 7.195, de 12 de junho de 1984

Empregados domésticos. Responsabilidade civil das agências.

Art. 1º As agências especializadas na indicação de empregados domésticos são civilmente responsáveis pelos atos ilícitos cometidos por estes no desempenho de suas atividades.

Art. 2º No ato de contratação, a agência firmará compromisso com o empregador, obrigando-se a reparar qualquer dano que venha a ser praticado pelo empregado contratado, no período de 1 ano.

Art. 3º Esta lei entra em vigor na data de sua publicação.

Art. 4º Revogam-se as disposições em contrário (*DOU*, 13.6.84).

Lei 7.290, de 19 de dezembro de 1984

Transportador rodoviário autônomo.

Art. 1º Considera-se Transportador Rodoviário Autônomo de Bens a pessoa física, proprietário ou coproprietário de um só veículo, sem vínculo empregatício, devidamente cadastrado em órgão disciplinar competente, que, com seu veículo, contrate serviço de transporte a frete, de carga ou de passageiro, em caráter eventual ou continuado, com empresa de transporte rodoviário de bens, ou diretamente com os usuários desse serviço.

Art. 2º A prestação de serviços de que trata o artigo anterior compreende o transporte efetuado pelo contratado ou seu preposto, em vias públicas ou rodovias.

Art. 3º Esta lei entra em vigor na data de sua publicação.

Art. 4º Revogam-se as disposições em contrário (*DOU*, 20.12.84).

Lei 7.316, de 28 de maio de 1985

Entidades sindicais da Confederação Nacional das Profissões Liberais. Representação.

Art. 1º Nas ações individuais e coletivas de competência da Justiça do Trabalho, as entidades sindicais que integram a Confederação Nacional das Profissões Liberais terão o mesmo poder de representação dos trabalhadores-empregados atribuído, pela legislação em vigor, aos sindicatos representativos das categorias profissionais diferenciadas.

Art. 2º Esta lei entra em vigor na data de sua publicação.

Art. 3º Revogam-se as disposições em contrário (*DOU*, 30.5.85).

Lei 7.347, de 24 de julho de 1985

Ação civil pública.

Art. 1º Regem-se pelas disposições desta Lei, sem prejuízo da ação popular, as ações de responsabilidade por danos morais e patrimoniais causados (NRed. L. 12.529/11):

I – ao meio ambiente;

II – ao consumidor;

III – a bens e direitos de valor artístico, estético, histórico, turístico e paisagístico;

IV – a qualquer outro interesse difuso ou coletivo;

V – por infração da ordem econômica (NRed. L. 12.529/11);

VI – à ordem urbanística (red. MP 2.180-35/01).

Parágrafo único. Não será cabível ação civil pública para veicular pretensões que envolvam tributos, contribuições previdenciárias, o Fundo de Garantia do Tempo de Serviço – FGTS ou outros fundos de natureza institucional cujos beneficiários podem ser individualmente determinados (red. MP 2.180-35/01).

....

Art. 6º Qualquer pessoa poderá e o servidor público deverá provocar a iniciativa do Ministério Público, ministrando-lhe informações sobre fatos que constituam objeto da ação civil e indicando-lhe os elementos de convicção.

Art. 7º Se, no exercício de suas funções, os juízes e tribunais tiverem conhecimento de fatos que possam ensejar a propositura da ação civil, remeterão peças ao Ministério Público para as providências cabíveis.

..............................(*DOU*, 25.7.85).

Lei 7.394, de 29 de outubro de 1985

Técnico em radiologia.

Art. 1º Os preceitos desta lei regulam o exercício da profissão de Técnico em Radiologia, conceituando-se como tal todos os Operadores de Raios X que, profissionalmente, executam as técnicas:

I – radiológica, no setor de diagnóstico;

II – radioterápica, no setor de terapia;

III – radioisotópica, no setor de radioisótopos;

IV – industrial, no setor industrial;

V – de medicina nuclear.

Art. 2º São condições para o exercício da profissão de Técnico em Radiologia:

I – ser portador de certificado de conclusão do ensino médio e possuir formação profissional mínima de nível técnico em Radiologia (red. L. 10.508/02);

II – possuir diploma de habilitação profissional, expedido por Escola Técnica de Radiologia, registrado no órgão federal (vetado).

Parágrafo único. (Vetado.)

Art. 3º Toda entidade, seja de caráter público ou privado, que se propuser a instituir Escola Técnica de Radiologia, deverá solicitar o reconhecimento prévio (vetado).

Art. 4º As Escolas Técnicas de Radiologia só poderão ser reconhecidas se apresentarem condições de instalação satisfatórias e corpo docente de reconhecida idoneidade profissional, sob a orientação de Físico Tecnólogo, Médico Especialista e Técnico em Radiologia.

§ 1º Os programas serão elaborados pela autoridade federal competente e válidos para todo o Território Nacional, sendo sua adoção indispensável ao reconhecimento de tais cursos.

§ 2º Em nenhuma hipótese poderá ser matriculado candidato que não comprovar a conclusão de curso em nível de 2º grau ou equivalente.

§ 3º O ensino das disciplinas será ministrado em aulas teóricas, práticas e estágios a serem cumpridos, no último ano do currículo escolar, de acordo com a especialidade escolhida pelo aluno.

Art. 5º Os centros de estágios serão constituídos pelos serviços de saúde e de pesquisa físicas, que ofereçam condições essenciais à prática da profissão na especialidade requerida.

Art. 6º A admissão à 1ª série da Escola Técnica de Radiologia dependerá:

I – do cumprimento do disposto no § 2º do art. 4º desta lei;

II – de aprovação em exame de saúde, obedecidas as condições estatuídas no parágrafo único do art. 46 do Decreto 29.155, de 17 de janeiro de 1951.

Art. 7º As Escolas Técnicas de Radiologia existentes, ou a serem criadas, deverão remeter ao órgão competente (vetado), para fins de controle e fiscalização de registros, cópia da ata relativa aos exames finais, na qual constem os nomes dos alunos aprovados e as médias respectivas.

Art. 8º Os diplomas expedidos por Escolas Técnicas de Radiologia, devidamente reconhecidos, têm âmbito nacional e validade para o registro de que trata o inciso II do art. 2º desta lei.

Parágrafo único. Concedido o diploma, fica o Técnico de Radiologia obrigado a registrá-lo, nos termos desta lei.

Art. 9º (Vetado.)

Art. 10. Os trabalhos de supervisão das aplicações de técnicas em radiologia, em seus respectivos setores, são da competência do Técnico em Radiologia.

Art. 11. Ficam assegurados todos os direitos aos denominados Operadores de Raios X, devidamente registrados no órgão competente (vetado), que adotarão a denominação referida no art. 1º, desta lei.

§ 1º Os profissionais que se acharem devidamente registrados na Divisão Nacional de Vigilância Sanitária de Medicamentos – DIMED, não possuidores do certificado de conclusão de curso em nível de 2º grau, poderão matricular-se nas escolas criadas, na categoria de ouvinte, recebendo, ao terminar o curso, certificado de presença, observadas as exigências regulamentares das Escolas de Radiologia.

§ 2º Os dispositivos desta lei aplicam-se, no que couber, aos Auxiliares de Radiologia que trabalham com câmara clara e escura.

Art. 12. Ficam criados o Conselho Nacional e os Conselhos Regionais de Técnicos em Radiologia (vetado), que funcionarão nos mesmos moldes de Conselhos Federal e Regionais de Medicina, obedecida igual sistemática para sua estrutura, e com as mesmas finalidades de seleção disciplinar e defesa da classe dos Técnicos em Radiologia.

Art. 13. (Vetado.)

Art. 14. A jornada de trabalho dos profissionais abrangidos por esta lei será de 24 horas semanais (vetado).

Art. 15. (Vetado.)

Art. 16. O salário mínimo dos profissionais, que executam as técnicas definidas no art. 1º desta lei, será equivalente a 2 salários mínimos profissionais[24] da região, incidindo sobre esses vencimentos 40% de risco de vida e insalubridade.

Art. 17. O Poder Executivo regulamentará esta lei no prazo de até 180 dias[25].

Art. 18. Esta lei entra em vigor na data de sua publicação (*DOU*, 30.10.85).

Lei 7.418, de 16 de dezembro de 1985

Vale-transporte.

Art. 1º Fica instituído o Vale-Transporte, (vetado) que o empregador, pessoa física ou jurídica, antecipará ao empregado

24. V. CLT, art. 76, nota 5.

25. O D. 92.790/86, *DOU*, 18.6.86, repetiu fielmente o texto dos arts. 14 e 16 da lei.

LEIS

para utilização efetiva em despesas de deslocamento residência-trabalho e vice-versa, através do sistema de transporte coletivo público, urbano ou intermunicipal e/ou interestadual com características semelhantes aos urbanos, geridos diretamente ou mediante concessão ou permissão de linhas regulares e com tarifas fixadas pela autoridade competente, excluídos os serviços seletivos e os especiais (red. L. 7.619/87).

§ 1º (Rev. MP 2.165-36/01.)

§ 2º (Rev. L. 7.619/87.)

§ 3º (V. MP 280/06.)

Art. 2º (Rev. L. 7.619/87.)

Art. 2º (Renumerado L. 7.619/87) – O Vale-Transporte, concedido nas condições e limites definidos nesta Lei, no que se refere à contribuição do empregador:

a) não tem natureza salarial, nem se incorpora à remuneração para quaisquer efeitos;

b) não constitui base de incidência de contribuição previdenciária ou de Fundo de Garantia por Tempo de Serviço;

c) não se configura como rendimento tributável do trabalhador.

Parágrafo único. (V. MP 280/06.)

Art. 3º (Renumerado L. 7.619/87.) (Rev. L. 9.532/97. V. MP 2.189-49/01.)

Parágrafo único. A dedução a que se refere este artigo, em conjunto com as de que tratam as Leis n. 6.297, de 15 de dezembro de 1975, e 6.321, de 14 de abril de 1976, não poderá reduzir o imposto devido em mais de 10%, observado o que dispõe o § 3º do art. 1º do Decreto-lei n. 1.704, de 23 de outubro de 1979, podendo o eventual excesso ser aproveitado por 2 exercícios subsequentes.

Art. 4º (Renumerado L. 7.619/87) – A concessão do benefício ora instituído implica a aquisição pelo empregador dos Vales-Transporte necessários aos deslocamentos do trabalhador no percurso residência-trabalho e vice-versa, no serviço de transporte que melhor se adequar (Rev. L. 9.532/97, restabelecido MP 2.189-49/01).

Parágrafo único. O empregador participará dos gastos de deslocamento do trabalhador com a ajuda de custo equivalente à parcela que exceder a 6% de seu salário básico (Rev. L. 9.532/97, restabelecido MP 2.189-49/01).

Art. 5º (Renumerado L. 7.619/87) – A empresa operadora do sistema de transporte coletivo público fica obrigada a emitir e a comercializar o Vale-Transporte, ao preço da tarifa vigente, colocando-o à disposição dos empregadores em geral e assumindo os custos dessa obrigação, sem repassá-los para a tarifa dos serviços.

§ 1º Nas regiões metropolitanas, aglomerações urbanas e microrregiões, será instalado, pelo menos, um posto de vendas para cada grupo de 100 mil habitantes na localidade, que comercializarão todos os tipos de Vale-Transporte (red. L. 7.855/89).

§ 2º Fica facultado à empresa operadora delegar a emissão e a comercialização do Vale-Transporte, bem como consorciar-se em central de vendas, para efeito de cumprimento do disposto nesta Lei.

§ 3º Para fins de cálculo do valor do Vale--Transporte, será adotada a tarifa integral do deslocamento do trabalhador, sem descontos, mesmo que previstos na legislação local.

Art. 6º (Renumerado L. 7.619/87) – O poder concedente fixará as sanções a serem aplicadas à empresa operadora que comercializar o vale diretamente ou através de delegação, no caso de falta ou insuficiência de estoque de Vales-Transporte necessários ao atendimento da demanda e ao funcionamento do sistema.

Art. 7º Ficam resguardados os direitos adquiridos do trabalhador, se superiores aos instituídos nesta Lei, vedada a cumulação de vantagens (red. L. 7.619/87).

Art. 8º (Renumerado L. 7.619/87) – Asseguram-se os benefícios desta Lei ao empregador que proporcionar, por meios próprios ou contratados, em veículos adequados ao transporte coletivo, o deslocamento integral de seus trabalhadores.

Art. 9º (Renumerado L. 7.619/87) – Os Vales-Transporte anteriores perdem sua validade decorridos 30 dias da data de reajuste tarifário.

Art. 10. (Renumerado L. 7.619/87) – O Poder Executivo regulamentará a presente Lei no prazo de 45 dias.

Art. 11. (Renumerado L. 7.619/87) –

Esta Lei entra em vigor na data de sua publicação.

Art. 12. (Renumerado L. 7.619/87) – Revogam-se as disposições em contrário (*DOU*, 17.12.85).

Lei 7.520, de 15 de julho de 1986

15ª Região da Justiça do Trabalho (Campinas).

Art. 1º Fica criada, por esta Lei, a 15ª Região da Justiça do Trabalho, abrangendo a área territorial definida no § 2º deste artigo, e, com jurisdição sobre ela, o Tribunal Regional do Trabalho da 15ª Região, com sede em Campinas, no Estado de São Paulo.

....

Art. 12. Compete exclusivamente ao Tribunal Regional do Trabalho da 2ª Região processar, conciliar e julgar os dissídios coletivos nos quais a decisão a ser proferida deva produzir efeitos em área territorial alcançada, em parte, pela jurisdição desse mesmo Tribunal e, em outra parte, pela jurisdição do Tribunal Regional do Trabalho da 15ª Região (red. L. 9.254/96).

..................................(*DOU*, 16.7.86).

Lei 7.644, de 18 de dezembro de 1987

Mãe social.

Art. 1º As instituições sem finalidade lucrativa, ou de utilidade pública de assistência ao menor abandonado, e que funcionem pelo sistema de casas-lares, utilizarão mães sociais visando a propiciar ao menor as condições familiares ideais ao seu desenvolvimento e reintegração social.

....

Art. 5º À mãe social ficam assegurados os seguintes direitos:

I – anotação na Carteira de Trabalho e Previdência Social;

II – remuneração, em valor não inferior ao salário mínimo;

III – repouso semanal remunerado de 24 horas consecutivas;

IV – apoio técnico, administrativo e financeiro no desempenho de suas funções;

V – 30 dias de férias anuais remuneradas nos termos do que dispõe o Capítulo IV da Consolidação das Leis do Trabalho;

VI – benefícios e serviços previdenciários, inclusive, em caso de acidente do trabalho, na qualidade de segurada obrigatória;

VII – gratificação de Natal (13º salário);

VIII – Fundo de Garantia do Tempo de Serviço ou indenização, nos termos da legislação pertinente.

..................................(*DOU*, 21.12.87).

Lei 7.670, de 8 de setembro de 1988

Estende benefícios aos portadores da AIDS.

Art. 1º A Síndrome da Imunodeficiência Adquirida – SIDA/AIDS fica considerada, para os efeitos legais, causa que justifica;

I – a concessão de:

a) licença para tratamento de saúde prevista nos arts. 104 e 105 da Lei n. 1.711, de 28 de outubro de 1952;

b) aposentadoria, nos termos do art. 178, inciso I, alínea "b", da Lei n. 1.711, de 28 de outubro de 1952;

c) reforma militar, na forma do disposto no art. 108, inciso V, da Lei n. 6.880, de 9 de dezembro de 1980;

d) pensão especial nos termos do art. 1º da Lei n. 3.738, de 4 de abril de 1960;

e) auxílio-doença ou aposentadoria, independentemente do período de carência, para o segurado que, após filiação à Previdência Social, vier a manifestá-la, bem como a pensão por morte aos seus dependentes;

II – levantamento dos valores correspondentes ao Fundo de Garantia do Tempo de Serviço – FGTS, independentemente de rescisão do contrato individual de trabalho ou de qualquer outro tipo de pecúlio a que o paciente tenha direito.

Parágrafo único. O exame pericial para os fins deste artigo será realizado no local em que se encontre a pessoa, desde que impossibilitada de se locomover.

..................................(*DOU*, 9.9.88).

Lei 7.701, de 21 de dezembro de 1988

TST. Competência. Dissídio Coletivo. Recurso de Revista. TRT e Grupo normativo. Depósito Recursal.

Art. 1º O Tribunal Superior do Trabalho,

nos processos de sua competência, será dividido em Turmas e seções especializadas para a conciliação e julgamento de dissídios coletivos de natureza econômica ou jurídica e de dissídios individuais, respeitada a paridade da representação classista.

Parágrafo único. O Regimento Interno do Tribunal disporá sobre a constituição e o funcionamento de cada uma das seções especializadas do Tribunal Superior do Trabalho, bem como sobre o número, composição e funcionamento das respectivas Turmas do Tribunal. Caberá ao Presidente do Tribunal Superior do Trabalho presidir os atos de julgamento das seções especializadas, delas participando o Vice-Presidente e o Corregedor-Geral, este quando não estiver ausente em função corregedora.

Art. 2º Compete à seção especializada em dissídios coletivos, ou seção normativa:

I – originariamente:

a) conciliar e julgar os dissídios coletivos que excedam a jurisdição dos Tribunais Regionais do Trabalho e estender ou rever suas próprias sentenças normativas, nos casos previstos em lei;

b) homologar as conciliações celebradas nos dissídios coletivos de que trata a alínea anterior;

c) julgar as ações rescisórias propostas contra suas sentenças normativas;

d) julgar os mandados de segurança contra os atos praticados pelo Presidente do Tribunal ou por qualquer dos Ministros integrantes da seção especializada em processo de dissídio coletivo; e

e) julgar os conflitos de competência entre Tribunais Regionais do Trabalho em processos de dissídio coletivo;

II – em última instância julgar:

a) os recursos ordinários interpostos contra as decisões proferidas pelos Tribunais Regionais do Trabalho em dissídios coletivos de natureza econômica ou jurídica;

b) os recursos ordinários interpostos contra as decisões proferidas pelos Tribunais Regionais do Trabalho em ações rescisórias e mandados de segurança pertinentes a dissídios coletivos;

c) os embargos infringentes interpostos contra decisão não unânime proferida em processo de dissídio coletivo de sua competência originária, salvo se a decisão atacada estiver em consonância com precedente jurisprudencial do Tribunal Superior do Trabalho ou da Súmula de sua jurisprudência predominante;

d) os embargos de declaração opostos aos seus acórdãos e os agravos regimentais pertinentes aos dissídios coletivos;

e) as suspeições arguidas contra o Presidente e demais Ministros que integram a seção, nos feitos pendentes de sua decisão; e

f) os agravos de instrumento interpostos contra despacho denegatório de recurso ordinário nos processos de sua competência.

Art. 3º Compete à Seção de Dissídios Individuais julgar:

I – originariamente:

a) as ações rescisórias propostas contra decisões das Turmas do Tribunal Superior do Trabalho e suas próprias, inclusive as anteriores à especialização em seções; e

b) os mandados de segurança de sua competência originária, na forma da lei;

II – em única instância:

a) os agravos regimentais interpostos em dissídios individuais; e

b) os embargos das decisões das Turmas que divergirem entre si, ou das decisões proferidas pela Seção de Dissídios Individuais (NRed. L. 11.496/07);

III – em última instância:

a) os recursos ordinários interpostos contra decisões dos Tribunais Regionais em processos de dissídio individual de sua competência originária;

b) os embargos das decisões das Turmas que divergirem entre si, ou das decisões proferidas pela Seção de Dissídios Individuais (red. L. 11.496/07);

c) os agravos regimentais de despachos denegatórios dos Presidentes das Turmas, em matéria de embargos, na forma estabelecida no Regimento Interno;

d) os Embargos de Declaração opostos aos seus acórdãos;

e) as suspeições arguidas contra o Presidente e os demais Ministros que integram a seção, nos feitos pendentes de julgamento;

f) os agravos de instrumento interpostos contra despacho denegatório de recurso ordinário em processo de sua competência.

Art. 4º É da competência do Tribunal Pleno do Tribunal Superior do Trabalho:

a) a declaração de inconstitucionalidade ou não de lei ou de ato normativo do Poder Público;

b) aprovar os enunciados da Súmula da jurisprudência predominante em dissídios individuais;

c) julgar os incidentes de uniformização da jurisprudência em dissídios individuais;

d) aprovar os precedentes da jurisprudência predominante em dissídios coletivos;

e) aprovar as tabelas de custas e emolumentos, nos termos da lei; e

f) elaborar o Regimento Interno do Tribunal e exercer as atribuições administrativas previstas em lei ou na Constituição Federal.

Art. 5º As Turmas do Tribunal Superior do Trabalho terão, cada uma, a seguinte competência:

a) julgar os recursos de revista interpostos de decisões dos Tribunais Regionais do Trabalho, nos casos previstos em lei;

b) julgar, em última instância, os agravos de instrumento dos despachos de Presidente de Tribunal Regional que denegarem seguimento a recurso de revista, explicitando em que efeito a revista deve ser processada, caso providos; (Ab-rogado pela L. 9.756/98, que acabou com o efeito suspensivo do recurso de revista.)

c) julgar, em última instância, os agravos regimentais; e

d) julgar os embargos de declaração opostos aos seus acórdãos.

Art. 6º Os Tribunais Regionais do Trabalho que funcionarem divididos em Grupos de Turmas promoverão a especialização de um deles com a competência exclusiva para a conciliação e julgamento de dissídios coletivos, na forma prevista no *caput* do art. 1º desta Lei.

Parágrafo único. O Regimento Interno disporá sobre a constituição e funcionamento do Grupo Normativo, bem como dos demais Grupos de Turmas de Tribunal Regional do Trabalho.

Art. 7º Das decisões proferidas pelo Grupo Normativo dos Tribunais Regionais do Trabalho, caberá recurso ordinário para o Tribunal Superior do Trabalho.

§ 1º O Juiz relator ou o redator designado disporá de 10 dias para redigir o acórdão.

§ 2º Não publicado o acórdão nos 20 dias subsequentes ao julgamento, poderá qualquer dos litigantes ou o Ministério Público do Trabalho interpor recurso ordinário, fundado, apenas, na certidão de julgamento, inclusive com pedido de efeito suspensivo, pagas as custas, se for o caso. Publicado o acórdão, reabrir-se-á o prazo para o aditamento do recurso interposto.

§ 3º Interposto o recurso na forma do parágrafo anterior, deverão os recorrentes comunicar o fato à Corregedoria-Geral, para as providências legais cabíveis.

§ 4º Publicado o acórdão, quando as partes serão consideradas intimadas, seguir-se-á o procedimento recursal como previsto em lei, com a intimação pessoal do Ministério Público, por qualquer dos seus procuradores.

§ 5º Formalizado o acordo pelas partes e homologado pelo Tribunal, não caberá qualquer recurso, salvo por parte do Ministério Público.

§ 6º A sentença normativa poderá ser objeto de ação de cumprimento a partir do 20º dia subsequente ao do julgamento, fundada no acórdão ou na certidão de julgamento, salvo se concedido efeito suspensivo pelo Presidente do Tribunal Superior do Trabalho.

Art. 8º O disposto no art. 7º e respectivos parágrafos desta lei aplica-se aos demais Tribunais Regionais do Trabalho não divididos em Grupos de Turmas.

Art. 9º O efeito suspensivo deferido pelo Presidente do Tribunal Superior do Trabalho terá eficácia pelo prazo improrrogável de 120 dias contados da publicação, salvo se o recurso ordinário for julgado antes do término do prazo.

Art. 10. Nos dissídios coletivos de natureza econômica ou jurídica de competência originária ou recursal da seção normativa do Tribunal Superior do Trabalho, a sentença poderá ser objeto de ação de cumprimento com a publicação da certidão de julgamento.

Art. 11. Nos processos de dissídio coletivo, o Ministério Público emitirá parecer escrito, ou protestará pelo pronunciamento oral, na audiência ou sessão de julgamento.

Art. 12. O art. 896 da Consolidação das Leis do Trabalho – CLT, aprovada pelo Decreto-lei 5.452, de 1º de maio de 1943, passa a ter a seguinte redação:

"Art. 896. Cabe recurso de revista das decisões de última instância para o Tribunal Superior do Trabalho, quando:

a) derem ao mesmo dispositivo de lei federal interpretação diversa da que lhe

LEIS

houver dado o mesmo ou outro Tribunal Regional, através do Pleno ou de Turmas, ou a Seção de Dissídios Individuais do Tribunal Superior do Trabalho, salvo se a decisão recorrida estiver em consonância com enunciado da Súmula de Jurisprudência Uniforme do Tribunal Superior do Trabalho;

b) derem ao mesmo dispositivo de lei estadual, Convenção Coletiva de Trabalho, Acordo Coletivo, sentença normativa ou regulamento empresarial de observância obrigatória em área territorial que exceda a jurisdição do Tribunal Regional prolator interpretação divergente, na forma da alínea 'a'; e

c) proferidas com violação de literal dispositivo da lei federal, ou da Constituição da República.

§ 1º O recurso de revista será apresentado no prazo de 8 dias ao Presidente do Tribunal recorrido, que poderá recebê-lo ou denegá-lo, fundamentando, em qualquer caso, o despacho.

§ 2º Recebido o recurso, a autoridade recorrida declarará o efeito em que o recebe, podendo a parte interessada requerer carta de sentença para a execução provisória, salvo se for dado efeito suspensivo ao recurso.

§ 3º Denegado seguimento ao recurso, poderá o recorrente interpor agravo de instrumento no prazo de 8 dias para o Tribunal Superior do Trabalho.

§ 4º Das decisões proferidas pelos Tribunais Regionais do Trabalho, ou por suas Turmas, em execução de sentença, inclusive em processo incidente de embargos de terceiro, não caberá o recurso de revista, salvo na hipótese de ofensa direta à Constituição Federal.

§ 5º Estando a decisão recorrida em consonância com enunciado da Súmula da Jurisprudência do Tribunal Superior do Trabalho, poderá o Ministro Relator, indicando-o, negar seguimento ao recurso de revista, aos embargos, ou ao agravo de instrumento. Será denegado seguimento ao recurso nas hipóteses de intempestividade, deserção, falta de alçada e ilegitimidade de representação, cabendo a interposição de agravo".

Art. 13. Depósito recursal. (Revogado pela L. 8.177/91, art. 40, e L. 8.542/92, art. 8º, *infra*. V. índice da legislação.)

Art. 14. O Regulamento Interno dos Tribunais Regionais do Trabalho deverá dispor sobre a Súmula da respectiva jurisprudência predominante e sobre o incidente de uniformização, inclusive os pertinentes às leis estaduais e normas coletivas.

Art. 15. Esta lei entra em vigor na data de sua publicação.

Art. 16. Revogam-se as disposições em contrário da Consolidação das Leis do Trabalho e da legislação especial (*DOU*, 22.12.88).

Lei 7.783, de 28 de junho de 1989

Direito de greve, atividades essenciais e atendimento das necessidades inadiáveis da comunidade.

Art. 1º É assegurado o direito de greve, competindo aos trabalhadores decidir sobre a oportunidade de exercê-lo e sobre os interesses que devam por meio dele defender.

Parágrafo único. O direito de greve será exercido na forma estabelecida nesta Lei.

Art. 2º Para os fins desta Lei, considera-se legítimo exercício do direito de greve a suspensão coletiva, temporária e pacífica, total ou parcial, de prestação pessoal de serviços a empregador.

Art. 3º Frustrada a negociação ou verificada a impossibilidade de recurso via arbitral, é facultada a cessação coletiva do trabalho.

Parágrafo único. A entidade patronal correspondente ou os empregadores diretamente interessados serão notificados, com antecedência mínima de 48 horas, da paralisação.

Art. 4º Caberá à entidade sindical correspondente convocar, na forma do seu estatuto, assembleia geral que definirá as reivindicações da categoria e deliberará sobre a paralisação coletiva da prestação de serviços.

§ 1º O estatuto da entidade sindical deverá prever as formalidades de convocação e o *quorum* para a deliberação, tanto da deflagração quanto da cessação da greve.

§ 2º Na falta de entidade sindical, a assembleia geral dos trabalhadores interessados deliberará para os fins previstos no *caput*, constituindo comissão de negociação.

Art. 5º A entidade sindical ou comissão especialmente eleita representará os interesses dos trabalhadores nas negociações ou na Justiça do Trabalho.

Art. 6º São assegurados aos grevistas, dentre outros direitos:

I – o emprego de meios pacíficos tendentes a persuadir ou aliciar os trabalhadores a aderirem à greve;

II – a arrecadação de fundos e a livre divulgação do movimento.

§ 1º Em nenhuma hipótese, os meios adotados por empregados e empregadores poderão violar ou constranger os direitos e garantias fundamentais de outrem.

§ 2º É vedado às empresas adotar meios para constranger o empregado ao comparecimento ao trabalho, bem como capazes de frustrar a divulgação do movimento.

§ 3º As manifestações e atos de persuasão utilizados pelos grevistas não poderão impedir o acesso ao trabalho nem causar ameaça ou dano à propriedade ou pessoa.

Art. 7º Observadas as condições previstas nesta Lei, a participação em greve suspende o contrato de trabalho, devendo as relações obrigacionais durante o período ser regidas pelo acordo, convenção, laudo arbitral ou decisão da Justiça do Trabalho.

Parágrafo único. É vedada a rescisão do contrato de trabalho durante a greve, bem como a contratação de trabalhadores substitutos, exceto na ocorrência das hipóteses previstas nos arts. 9º e 14.

Art. 8º A Justiça do Trabalho, por iniciativa de qualquer das partes ou do Ministério Público do Trabalho, decidirá sobre a procedência, total ou parcial, ou improcedência das reivindicações, cumprindo ao Tribunal publicar, de imediato, o competente acórdão.

Art. 9º Durante a greve, o sindicato ou a comissão de negociação, mediante acordo com a entidade patronal ou diretamente com o empregador, manterá em atividade equipes de empregados com o propósito de assegurar os serviços cuja paralisação resultem em prejuízo irreparável, pela deterioração irreversível de bens, máquinas e equipamentos, bem como a manutenção daqueles essenciais à retomada das atividades da empresa quando da cessação do movimento.

Parágrafo único. Não havendo acordo, é assegurado ao empregador, enquanto perdurar a greve, o direito de contratar diretamente os serviços necessários a que se refere este artigo.

Art. 10. São considerados serviços ou atividades essenciais:

I – tratamento e abastecimento de água; produção e distribuição de energia elétrica, gás e combustíveis;

II – assistência médica e hospitalar;

III – distribuição e comercialização de medicamentos e alimentos;

IV – funerários;

V – transporte coletivo;

VI – captação e tratamento de esgoto e lixo;

VII – telecomunicações;

VIII – guarda, uso e controle de substâncias radioativas, equipamentos e materiais nucleares;

IX – processamento de dados ligados a serviços essenciais;

X – controle de tráfego aéreo;

XI – compensação bancária.

Art. 11. Nos serviços ou atividades essenciais, os sindicatos, os empregadores e os trabalhadores ficam obrigados, de comum acordo, a garantir, durante a greve, a prestação dos serviços indispensáveis ao atendimento das necessidades inadiáveis da comunidade.

Parágrafo único. São necessidades inadiáveis da comunidade aquelas que, não atendidas, coloquem em perigo iminente a sobrevivência, a saúde ou a segurança da população.

Art. 12. No caso de inobservância do disposto no artigo anterior, o Poder Público assegurará a prestação dos serviços indispensáveis.

Art. 13. Na greve em serviços ou atividades essenciais, ficam as entidades sindicais ou os trabalhadores, conforme o caso, obrigados a comunicar a decisão aos empregadores e aos usuários com antecedência mínima de 72 horas da paralisação.

Art. 14. Constitui abuso do direito de greve a inobservância das normas contidas na presente Lei, bem como a manutenção da paralisação após a celebração de acordo, convenção ou decisão da Justiça do Trabalho.

Parágrafo único. Na vigência de acordo, convenção ou sentença normativa não constitui abuso do exercício do direito de greve a paralisação que:

I – tenha por objetivo exigir o cumprimento de cláusula ou condição;

II – seja motivada pela superveniência de fato novo ou acontecimento imprevisto que modifique substancialmente a relação de trabalho.

LEIS

Art. 15. A responsabilidade pelos atos praticados, ilícitos ou crimes cometidos, no curso da greve, será apurada, conforme o caso, segundo a legislação trabalhista, civil ou penal.

Parágrafo único. Deverá o Ministério Público, de ofício, requisitar a abertura do competente inquérito e oferecer denúncia quando houver indício da prática de delito.

Art. 16. Para os fins previstos no art. 37, inciso VII, da Constituição, lei complementar definirá os termos e os limites em que o direito de greve poderá ser exercido.

Art. 17. Fica vedada a paralisação das atividades, por iniciativa do empregador, com o objetivo de frustrar negociação ou dificultar o atendimento de reivindicações dos respectivos empregados (*lockout*).

Parágrafo único. A prática referida no *caput* assegura aos trabalhadores o direito à percepção dos salários durante o período de paralisação.

Art. 18. Ficam revogados a Lei n. 4.330, de 1º de junho de 1964, o Decreto-lei n. 1.632, de 4 de agosto de 1978, e demais disposições em contrário.

Art. 19. Esta Lei entra em vigor na data de sua publicação (*DOU*, 29.6.89).

Lei 7.789, de 3 de julho de 1989

Salário mínimo.

Art. 1º (Rev. L. 11.321/06.)

Art. 2º (Rev. L. 8.030/90.)

Art. 3º Fica vedada a vinculação do salário mínimo para qualquer fim, ressalvados os benefícios de prestação continuada pela Previdência Social.

Art. 4º O salário mínimo horário é igual ao quociente do valor do salário mínimo de que trata esta Lei por 220 e o salário mínimo diário, por 30.

Parágrafo único. Para os trabalhadores que tenham por disposição legal o máximo de jornada diária de trabalho em menos de 8 horas, o salário mínimo será igual àquele definido no *caput* deste artigo, multiplicado por 8 e dividido por aquele máximo legal.

Art. 5º A partir da publicação desta Lei, deixa de existir o salário mínimo de referência e o piso nacional de salários, vigorando apenas o salário mínimo.

Art. 6º Na hipótese de esta Lei ter vigência após a data de 1º de junho de 1989, o valor estabelecido em seu art. 1º será corrigido na forma prevista no art. 2º.

Art. 7º Esta lei entra em vigor na data de sua publicação.

Art. 8º Revogam-se as disposições em contrário (*DOU*, 4.7.89).

Lei 7.859, de 25 de outubro de 1989

PIS (abono previsto no § 3º do art. 239 da CF).

Art. 1º É assegurado o recebimento do abono anual, no valor de 1 salário mínimo vigente na data do respectivo pagamento, aos empregados que[26]:

I – perceberem de empregadores, que contribuem para o Programa de Integração Social (PIS), ou para o Programa de Formação do Patrimônio do Servidor Público (PASEP), até 2 salários mínimos médios de remuneração mensal no período trabalhado, e que tenham exercido atividade remunerada pelo menos durante 30 dias no ano-base;

II – estejam cadastrados, há pelo menos 5 anos (art. 4º, § 3º, da Lei Complementar n. 26, de 11 de setembro de 1975) no Fundo de Participação PIS-PASEP ou no Cadastro Nacional do Trabalhador.

Parágrafo único. No caso de beneficiários integrantes do Fundo de Participação PIS-PASEP, o abono anual será pago com os rendimentos das contas individuais, a cargo do Fundo, e complementado, quando for o caso, com recursos oriundos da arrecadação das contribuições dos programas mencionados neste artigo.

Art. 2º O abono será pago pelo Banco do Brasil S.A. e pela Caixa Econômica Federal, mediante:

I – depósito em nome do trabalhador;

II – saque em espécie; ou

III – folha de salários.

§ 1º Ao Banco do Brasil S.A. caberá o pagamento aos servidores e empregados dos contribuintes mencionados no art. 14 do Decreto-lei n. 2.052, de 3 de agosto de 1983, e à Caixa Econômica Federal, aos empregados dos contribuintes a que se refere o art. 15 do mesmo Decreto-lei.

26. V. CLT, art. 457, nota 7.

§ 2º Os recursos financeiros, necessários à complementação prevista no parágrafo único do art. 1º serão consignados no Orçamento da União e repassados ao Banco do Brasil S.A. e à Caixa Econômica Federal, de acordo com as datas de desembolsos previstas nos respectivos cronogramas.

§ 3º As instituições financeiras pagadoras manterão em seu poder, à disposição das autoridades fazendárias, por processo que possibilite a sua imediata recuperação, os comprovantes de pagamentos efetuados.

Art. 3º O Ministro da Fazenda expedirá as instruções necessárias à execução desta Lei, relacionadas com:

I – a aprovação do cronograma de pagamento e de desembolso;

II – os procedimentos para operacionalização do abono; e

III – a remuneração dos agentes.

Art. 4º Esta Lei entra em vigor na data de sua publicação.

Art. 5º Revogam-se as disposições em contrário (*DOU*, 26.10.89).

Lei 7.998, de 11 de janeiro de 1990

Seguro-Desemprego. Abono salarial. Fundo de Amparo ao Trabalhador – FAT.

Art. 1º Esta Lei regula o Programa do Seguro-Desemprego e o Abono de que tratam o inciso II do art. 7º, o inciso IV do art. 201 e o art. 239, da Constituição Federal, bem como institui o Fundo de Amparo ao Trabalhador – FAT.

DO PROGRAMA DE SEGURO-DESEMPREGO

Art. 2º O Programa do Seguro-Desemprego tem por finalidade:

I - prover assistência financeira temporária ao trabalhador desempregado em virtude de dispensa sem justa causa, inclusive a indireta, e ao trabalhador comprovadamente resgatado de regime de trabalho forçado ou da condição análoga à de escravo; (Red. L. 10.608/02)

II - auxiliar os trabalhadores na busca ou preservação do emprego, promovendo, para tanto, ações integradas de orientação, recolocação e qualificação profissional. (Red. MP 2.164-41/01)

Art. 2º-A. Para efeito do disposto no inciso II do art. 2º, fica instituída a bolsa de qualificação profissional, a ser custeada pelo Fundo de Amparo ao Trabalhador – FAT, à qual fará jus o trabalhador que estiver com o contrato de trabalho suspenso em virtude de participação em curso ou programa de qualificação profissional oferecido pelo empregador, em conformidade com o disposto em convenção ou acordo coletivo celebrado para este fim. (Red. MP 2.164-41/01)

Art. 2º-B. (Rev. L. 13.134/15.)

Art. 2º-C. O trabalhador que vier a ser identificado como submetido a regime de trabalho forçado ou reduzido a condição análoga à de escravo, em decorrência de ação de fiscalização do Ministério do Trabalho e Emprego, será dessa situação resgatado e terá direito à percepção de três parcelas de seguro-desemprego no valor de um salário mínimo cada, conforme o disposto no § 2º deste artigo. (Red. L. 10.608/02)

§ 1º O trabalhador resgatado nos termos do *caput* deste artigo será encaminhado, pelo Ministério do Trabalho e Emprego, para qualificação profissional e recolocação no mercado de trabalho, por meio do Sistema Nacional de Emprego – SINE, na forma estabelecida pelo Conselho Deliberativo do Fundo de Amparo ao Trabalhador – CODEFAT. (Red. L. 10.608/02)

§ 2º Caberá ao CODEFAT, por proposta do Ministro de Estado do Trabalho e Emprego, estabelecer os procedimentos necessários ao recebimento do benefício previsto no *caput* deste artigo, observados os respectivos limites de comprometimento dos recursos do FAT, ficando vedado ao mesmo trabalhador o recebimento do benefício, em circunstâncias similares, nos doze meses seguintes à percepção da última parcela. (Red. L. 10.608/02)

Art. 3º Terá direito à percepção do seguro-desemprego o trabalhador dispensado sem justa causa que comprove:

I - ter recebido salários de pessoa jurídica ou de pessoa física a ela equiparada, relativos a: (Red. L. 13.134/15)

a) pelo menos 12 (doze) meses nos últimos 18 (dezoito) meses imediatamente anteriores à data de dispensa, quando da primeira solicitação; (Red. L. 13.134/15)

LEIS

b) pelo menos 9 (nove) meses nos últimos 12 (doze) meses imediatamente anteriores à data de dispensa, quando da segunda solicitação; e (Red. L. 13.134/15)

c) cada um dos 6 (seis) meses imediatamente anteriores à data de dispensa, quando das demais solicitações; (Red. L. 13.134/15)

II - (rev. 13.134/15);

III - não estar em gozo de qualquer benefício previdenciário de prestação continuada, previsto no Regulamento dos Benefícios da Previdência Social, excetuado o auxílio-acidente e o auxílio suplementar previstos na Lei n. 6.367, de 19 de outubro de 1976, bem como o abono de permanência em serviço previsto na Lei n. 5.890, de 8 de junho de 1973;

IV - não estar em gozo do auxílio-desemprego; e

V - não possuir renda própria de qualquer natureza suficiente à sua manutenção e de sua família;

VI - matrícula e frequência, quando aplicável, nos termos do regulamento, em curso de formação inicial e continuada ou de qualificação profissional habilitado pelo Ministério da Educação, nos termos do art. 18 da Lei n. 12.513, de 26 de outubro de 2011, ofertado por meio da Bolsa-Formação Trabalhador concedida no âmbito do Programa Nacional de Acesso ao Ensino Técnico e Emprego (Pronatec), instituído pela Lei n. 12.513, de 26 de outubro de 2011, ou de vagas gratuitas na rede de educação profissional e tecnológica. (Red. L. 13.134/15)

§ 1º A União poderá condicionar o recebimento da assistência financeira do Programa de Seguro-Desemprego à comprovação da matrícula e da frequência do trabalhador segurado em curso de formação inicial e continuada ou qualificação profissional, com carga horária mínima de 160 (cento e sessenta) horas. (Red. L. 12.513/11)

§ 2º O Poder Executivo regulamentará os critérios e requisitos para a concessão da assistência financeira do Programa de Seguro-Desemprego nos casos previstos no § 1º, considerando a disponibilidade de bolsas-formação no âmbito do Pronatec ou de vagas gratuitas na rede de educação profissional e tecnológica para o cumprimento da condicionalidade pelos respectivos beneficiários. (Red. L. 12.513/11)

§ 3º A oferta de bolsa para formação dos trabalhadores de que trata este artigo considerará, entre outros critérios, a capacidade de oferta, a reincidência no recebimento do benefício, o nível de escolaridade e a faixa etária do trabalhador. (Red. L. 12.513/11)

Art. 3º-A. A periodicidade, os valores, o cálculo do número de parcelas e os demais procedimentos operacionais de pagamento da bolsa de qualificação profissional, nos termos do art. 2º-A desta Lei, bem como os pré-requisitos para habilitação serão os mesmos adotados em relação ao benefício do Seguro-Desemprego, exceto quanto à dispensa sem justa causa. (Red. MP 2.164-41/01)

Art. 4º O benefício do seguro-desemprego será concedido ao trabalhador desempregado, por período máximo variável de 3 (três) a 5 (cinco) meses, de forma contínua ou alternada, a cada período aquisitivo, contados da data de dispensa que deu origem à última habilitação, cuja duração será definida pelo Conselho Deliberativo do Fundo de Amparo ao Trabalhador (Codefat). (Red. L. 13.134/15)

§ 1º O benefício do seguro-desemprego poderá ser retomado a cada novo período aquisitivo, satisfeitas as condições arroladas nos incisos I, III, IV e V do *caput* do art. 3º. (Red. L. 13.134/15)

§ 2º A determinação do período máximo mencionado no *caput* observará a seguinte relação entre o número de parcelas mensais do benefício do seguro-desemprego e o tempo de serviço do trabalhador nos 36 (trinta e seis) meses que antecederem a data de dispensa que originou o requerimento do seguro-desemprego, vedado o cômputo de vínculos empregatícios utilizados em períodos aquisitivos anteriores: (Red. L. 13.134/15)

I - para a primeira solicitação: (Red. L. 13.134/15)

a) 4 (quatro) parcelas, se o trabalhador comprovar vínculo empregatício com pessoa jurídica ou pessoa física a ela equiparada de, no mínimo, 12 (doze) meses e, no máximo, 23 (vinte e três) meses, no período de referência; ou (Red. L. 13.134/15)

b) 5 (cinco) parcelas, se o trabalhador comprovar vínculo empregatício com pessoa jurídica ou pessoa física a ela equiparada de, no mínimo, 24 (vinte e quatro) meses, no período de referência; (Red. L. 13.134/15)

II - para a segunda solicitação: (Red. L. 13.134/15)

a) 3 (três) parcelas, se o trabalhador comprovar vínculo empregatício com pessoa jurídica ou pessoa física a ela equiparada de, no mínimo, 9 (nove) meses e, no máximo, 11 (onze) meses, no período de referência; (Red. L. 13.134/15)

b) 4 (quatro) parcelas, se o trabalhador comprovar vínculo empregatício com pessoa jurídica ou pessoa física a ela equiparada de, no mínimo, 12 (doze) meses e, no máximo, 23 (vinte e três) meses, no período de referência; ou (Red. L. 13.134/15)

c) 5 (cinco) parcelas, se o trabalhador comprovar vínculo empregatício com pessoa jurídica ou pessoa física a ela equiparada de, no mínimo, 24 (vinte e quatro) meses, no período de referência; (Red. L. 13.134/15)

III - a partir da terceira solicitação: (Red. L. 13.134/15)

a) 3 (três) parcelas, se o trabalhador comprovar vínculo empregatício com pessoa jurídica ou pessoa física a ela equiparada de, no mínimo, 6 (seis) meses e, no máximo, 11 (onze) meses, no período de referência; (Red. L. 13.134/15)

b) 4 (quatro) parcelas, se o trabalhador comprovar vínculo empregatício com pessoa jurídica ou pessoa física a ela equiparada de, no mínimo, 12 (doze) meses e, no máximo, 23 (vinte e três) meses, no período de referência; ou (Red. L. 13.134/15)

c) 5 (cinco) parcelas, se o trabalhador comprovar vínculo empregatício com pessoa jurídica ou pessoa física a ela equiparada de, no mínimo, 24 (vinte e quatro) meses, no período de referência. (Red. L. 13.134/15)

§ 3º A fração igual ou superior a 15 (quinze) dias de trabalho será havida como mês integral para os efeitos do § 2º. (Red. L. 13.134/15)

§ 4º Nos casos em que o cálculo da parcela do seguro-desemprego resultar em valores decimais, o valor a ser pago deverá ser arredondado para a unidade inteira imediatamente superior. (Red. L. 13.134/15)

§ 5º O período máximo de que trata o *caput* poderá ser excepcionalmente prolongado por até 2 (dois) meses, para grupos específicos de segurados, a critério do Codefat, desde que o gasto adicional representado por esse prolongamento não ultrapasse, em cada semestre, 10% (dez por cento) do montante da reserva mínima de liquidez de que trata o § 2º do art. 9º da Lei n. 8.019, de 11 de abril de 1990. (Red. L. 13.134/15)

§ 6º Na hipótese de prolongamento do período máximo de percepção do benefício do seguro-desemprego, o Codefat observará, entre outras variáveis, a evolução geográfica e setorial das taxas de desemprego no País e o tempo médio de desemprego de grupos específicos de trabalhadores. (Red. L. 13.134/15)

§ 7º O Codefat observará as estatísticas do mercado de trabalho, inclusive o tempo médio de permanência no emprego, por setor, e recomendará ao Ministro de Estado do Trabalho e Emprego a adoção de políticas públicas que julgar adequadas à mitigação da alta rotatividade no emprego. (Red. L. 13.134/15)

Art. 4º-A. (Vetado.)

Art. 5º O valor do benefício será fixado em Bônus do Tesouro Nacional (BTN), devendo ser calculado segundo 3 (três) faixas salariais, observados os seguintes critérios:

I - até 300 (trezentos) BTN, multiplicar-se-á o salário médio dos últimos 3 (três) meses pelo fator 0,8 (oito décimos);

II - de 300 (trezentos) a 500 (quinhentos) BTN aplicar-se-á, até o limite do inciso anterior, a regra nele contida e, no que exceder, o fator 0,5 (cinco décimos);

III - acima de 500 (quinhentos) BTN, o valor do benefício será igual a 340 (trezentos e quarenta) BTN.

§ 1º Para fins de apuração do benefício, será considerada a média dos salários dos últimos 3 (três) meses anteriores à dispensa, devidamente convertidos em BTN pelo valor vigente nos respectivos meses trabalhados.

§ 2º O valor do benefício não poderá ser inferior ao valor do salário mínimo.

§ 3º No pagamento dos benefícios, considerar-se-á:

I - o valor do BTN ou do salário mínimo do mês imediatamente anterior, para benefícios colocados à disposição do beneficiário até o dia 10 (dez) do mês;

II - o valor do BTN ou do salário mínimo do próprio mês, para benefícios colocados à disposição do beneficiário após o dia 10 (dez) do mês.

Art. 6º O seguro-desemprego é direito pessoal e intransferível do trabalhador, podendo ser requerido a partir do sétimo dia subsequente à rescisão do contrato de trabalho.

Art. 7º O pagamento do benefício do seguro-desemprego será suspenso nas seguintes situações:

I - admissão do trabalhador em novo emprego;

II - início de percepção de benefício de prestação continuada da Previdência Social, exceto o auxílio-acidente, o auxílio suplementar e o abono de permanência em serviço;

III - início de percepção de auxílio-desemprego;

IV - recusa injustificada por parte do trabalhador desempregado em participar de ações de recolocação de emprego, conforme regulamentação do Codefat. (Red. L. 13.134/15)

Art. 7º-A. O pagamento da bolsa de qualificação profissional será suspenso se ocorrer a rescisão do contrato de trabalho. (Red. MP 2.164-41/01)

Art. 8º O benefício do seguro-desemprego será cancelado: (Red. L. 12.513/11)

I - pela recusa por parte do trabalhador desempregado de outro emprego condizente com sua qualificação registrada ou declarada e com sua remuneração anterior; (Red. L. 12.513/11)

II - por comprovação de falsidade na prestação das informações necessárias à habilitação; (Red. L. 12.513/11)

III - por comprovação de fraude visando à percepção indevida do benefício do seguro-desemprego; ou (Red. L. 12.513/11)

IV - por morte do segurado. (Red. L. 12.513/11)

§ 1º Nos casos previstos nos incisos I a III deste artigo, será suspenso por um período de 2 (dois) anos, ressalvado o prazo de carência, o direito do trabalhador à percepção do seguro-desemprego, dobrando-se este período em caso de reincidência. (Red. L. 12.513/11)

§ 2º O benefício poderá ser cancelado na hipótese de o beneficiário deixar de cumprir a condicionalidade de que trata o § 1º do art. 3º desta Lei, na forma do regulamento. (Red. L. 12.513/11)

Art. 8º-A. O benefício da bolsa de qualificação profissional será cancelado nas seguintes situações: (Red. MP 2.164-41/01)

I - fim da suspensão contratual e retorno ao trabalho; (Red. MP 2.164-41/01)

II - por comprovação de falsidade na prestação das informações necessárias à habilitação; (Red. MP 2.164-41/01)

III - por comprovação de fraude visando à percepção indevida da bolsa de qualificação profissional; (Red. MP 2.164-41/01)

IV - por morte do beneficiário. (Red. MP 2.164-41/01)

Art. 8º-B. Na hipótese prevista no § 5º do art. 476-A da Consolidação das Leis do Trabalho – CLT, as parcelas da bolsa de qualificação profissional que o empregado tiver recebido serão descontadas das parcelas do benefício do Seguro-Desemprego a que fizer jus, sendo-lhe garantido, no mínimo, o recebimento de uma parcela do Seguro-Desemprego. (Red. MP 2.164-41/01)

Art. 8º-C. Para efeito de habilitação ao Seguro-Desemprego, desconsiderar-se-á o período de suspensão contratual de que trata o art. 476-A da CLT, para o cálculo dos períodos de que tratam os incisos I e II do art. 3º desta Lei. (Red. MP 2.164-41/01)

Do Abono Salarial

Art. 9º É assegurado o recebimento de abono salarial anual, no valor máximo de 1 (um) salário mínimo vigente na data do respectivo pagamento, aos empregados que: (Red. L. 13.134/15) (Produção de efeitos)

I - tenham percebido, de empregadores que contribuem para o Programa de Integração Social (PIS) ou para o Programa de Formação do Patrimônio do Servidor Público (Pasep), até 2 (dois) salários mínimos médios de remuneração mensal no período trabalhado e que tenham exercido atividade remunerada pelo menos durante 30 (trinta) dias no ano-base;

II - estejam cadastrados há pelo menos 5 (cinco) anos no Fundo de Participação PIS-Pasep ou no Cadastro Nacional do Trabalhador.

§ 1º No caso de beneficiários integrantes do Fundo de Participação PIS-Pasep, serão computados no valor do abono salarial os rendimentos proporcionados pelas respectivas contas individuais. (Red. L. 13.134/15)

§ 2º O valor do abono salarial anual de que trata o *caput* será calculado na proporção de 1/12 (um doze avos) do valor do salário mínimo vigente na data do respectivo pagamento, multiplicado pelo número de meses trabalhados no ano correspondente. (Red. L. 13.134/15) (Produção de efeitos)

§ 3º A fração igual ou superior a 15 (quinze) dias de trabalho será contada como mês integral para os efeitos do § 2º deste artigo. (Red. L. 13.134/15) (Produção de efeitos)

§ 4º O valor do abono salarial será emitido em unidades inteiras de moeda corrente, com a suplementação das partes decimais até a unidade inteira imediatamente superior. (Red. L. 13.134/15) (Produção de efeitos)

Art. 9º-A. O abono será pago pelo Banco do Brasil S.A. e pela Caixa Econômica Federal mediante: (Red. L. 13.134/15)

I - depósito em nome do trabalhador; (Red. L. 13.134/15)

II - saque em espécie; ou (Red. L. 13.134/15)

III - folha de salários. (Red. L. 13.134/15)

§ 1º Ao Banco do Brasil S.A. caberá o pagamento aos servidores e empregados dos contribuintes mencionados no art. 14 do Decreto-Lei n. 2.052, de 3 de agosto de 1983, e à Caixa Econômica Federal, aos empregados dos contribuintes a que se refere o art. 15 desse Decreto-Lei. (Red. L. 13.134/15)

§ 2º As instituições financeiras pagadoras manterão em seu poder, à disposição das autoridades fazendárias, por processo que possibilite sua imediata recuperação, os comprovantes de pagamentos efetuados. (Red. L. 13.134/15)

Do Fundo de Amparo ao Trabalhador

Art. 10. É instituído o Fundo de Amparo ao Trabalhador (FAT), vinculado ao Ministério do Trabalho e Emprego, destinado ao custeio do Programa de Seguro-Desemprego, ao pagamento do abono salarial e ao financiamento de programas de educação profissional e tecnológica e de desenvolvimento econômico. (Red. L. 12.513/11)

Parágrafo único. O FAT é um fundo contábil, de natureza financeira, subordinando-se, no que couber, à legislação vigente.

Art. 11. Constituem recursos do FAT:

I - o produto da arrecadação das contribuições devidas ao PIS e ao Pasep;

II - o produto dos encargos devidos pelos contribuintes, em decorrência da inobservância de suas obrigações;

III - a correção monetária e os juros devidos pelo agente aplicador dos recursos do fundo, bem como pelos agentes pagadores, incidentes sobre o saldo dos repasses recebidos;

IV - o produto da arrecadação da contribuição adicional pelo índice de rotatividade, de que trata o § 4º do art. 239 da Constituição Federal;

V - outros recursos que lhe sejam destinados.

Art. 12. (Vetado.)

Art. 13. (Vetado.)

Art. 14. (Vetado.)

Art. 15. Compete aos Bancos Oficiais Federais o pagamento das despesas relativas ao Programa do Seguro-Desemprego e ao abono salarial conforme normas a serem definidas pelos gestores do FAT.

Parágrafo único. Sobre o saldo de recursos não desembolsados, os agentes pagadores remunerarão o FAT, no mínimo com correção monetária.

Gestão

Art. 18. É instituído o Conselho Deliberativo do Fundo de Amparo ao Trabalhador – CODEFAT, composto por representação de trabalhadores, empregadores e órgãos e entidades governamentais, na forma estabelecida pelo Poder Executivo. (Red. MP 2.216-37/01)

§§ 1º e 2º (Rev. MP 2.216-37/01.)

§ 3º Os representantes dos trabalhadores serão indicados pelas centrais sindicais e confederações de trabalhadores; e os representantes dos empregadores, pelas respectivas confederações.

§ 4º Compete ao Ministro do Trabalho a nomeação dos membros do Codefat.

§ 5º (Rev. MP 2.216-37/01.)

LEIS

§ 6º Pela atividade exercida no Codefat seus membros não serão remunerados.

Art. 19. Compete ao Codefat gerir o FAT e deliberar sobre as seguintes matérias:

I - (vetado);

II - aprovar e acompanhar a execução do Plano de Trabalho Anual do Programa do Seguro-Desemprego e do abono salarial e os respectivos orçamentos;

III - deliberar sobre a prestação de conta e os relatórios de execução orçamentária e financeira do FAT;

IV - elaborar a proposta orçamentária do FAT, bem como suas alterações;

V - propor o aperfeiçoamento da legislação relativa ao seguro-desemprego e ao abono salarial e regulamentar os dispositivos desta Lei no âmbito de sua competência;

VI - decidir sobre sua própria organização, elaborando seu regimento interno;

VII - analisar relatórios do agente aplicador quanto à forma, prazo e natureza dos investimentos realizados;

VIII - fiscalizar a administração do fundo, podendo solicitar informações sobre contratos celebrados ou em vias de celebração e quaisquer outros atos;

IX - definir indexadores sucedâneos no caso de extinção ou alteração daqueles referidos nesta Lei;

X - baixar instruções necessárias à devolução de parcelas do benefício do seguro-desemprego, indevidamente recebidas;

XI - propor alteração das alíquotas referentes às contribuições a que alude o art. 239 da Constituição Federal, com vistas a assegurar a viabilidade econômico-financeira do FAT;

XII - (vetado);

XIII - (vetado);

XIV - fixar prazos para processamento e envio ao trabalhador da requisição do benefício do seguro-desemprego, em função das possibilidades técnicas existentes, estabelecendo-se como objetivo o prazo de 30 (trinta) dias;

XV - (vetado);

XVI - (vetado);

XVII - deliberar sobre outros assuntos de interesses do FAT.

Art. 19-A. O Codefat poderá priorizar projetos das entidades integrantes do Sistema Nacional de Atendimento Socioeducativo (Sinase) desde que: (Red. L. 12.594/12)

I - o ente federado de vinculação da entidade que solicita o recurso possua o respectivo Plano de Atendimento Socioeducativo aprovado; (Red. L. 12.594/12)

II - as entidades governamentais e não governamentais integrantes do Sinase que solicitem recursos tenham se submetido à avaliação nacional do atendimento socioeducativo. (Red. L. 12.594/12)

Art. 20. A Secretaria-Executiva do Conselho Deliberativo será exercida pelo Ministério do Trabalho, e a ela caberão as tarefas técnico-administrativas relativas ao seguro-desemprego e abono salarial.

Art. 21. As despesas com a implantação, administração e operação do Programa do Seguro-Desemprego e do abono salarial, exceto as de pessoal, correrão por conta do FAT.

Art. 22. Os recursos do FAT integrarão o orçamento da seguridade social na forma da legislação pertinente.

Da Fiscalização e Penalidades

Art. 23. Compete ao Ministério do Trabalho a fiscalização do cumprimento do Programa de Seguro-Desemprego e do abono salarial.

Art. 24. Os trabalhadores e empregadores prestarão as informações necessárias, bem como atenderão às exigências para a concessão do seguro-desemprego e o pagamento do abono salarial, nos termos e prazos fixados pelo Ministério do Trabalho.

Art. 25. O empregador que infringir os dispositivos desta Lei estará sujeito a multas de 400 (quatrocentos) a 40.000 (quarenta mil) BTN, segundo a natureza da infração, sua extensão e intenção do infrator, a serem aplicadas em dobro, no caso de reincidência, oposição à fiscalização ou desacato à autoridade.

§ 1º Serão competentes para impor as penalidades as Delegacias Regionais do Trabalho, nos termos do Título VII da Consolidação das Leis do Trabalho (CLT).

§ 2º Além das penalidades administrativas já referidas, os responsáveis por meios fraudulentos na habilitação ou na percepção do seguro-desemprego serão punidos civil e criminalmente, nos termos desta Lei.

Art. 25-A. O trabalhador que infringir o disposto nesta Lei e houver percebido indevidamente parcela de seguro-desemprego sujeitar-se-á à compensação automática do débito com o novo benefício, na forma e no percentual definidos por resolução do Codefat. (Red. L. 13.134/15)

§ 1º O ato administrativo de compensação automática poderá ser objeto de impugnação, no prazo de 10 (dez) dias, pelo trabalhador, por meio de requerimento de revisão simples, o qual seguirá o rito prescrito pela Lei n. 9.784, de 29 de janeiro de 1999. (Red. L. 13.134/15)

§ 2º A restituição de valor devido pelo trabalhador de que trata o *caput* deste artigo será realizada mediante compensação do saldo de valores nas datas de liberação de cada parcela ou pagamento com Guia de Recolhimento da União (GRU), conforme regulamentação do Codefat. (Red. L. 13.134/15)

Das Disposições Finais e Transitórias

Art. 26. (Vetado.)

Art. 27. A primeira investidura do Codefat dar-se-á no prazo de 30 (trinta) dias da publicação desta Lei.

Art. 28. No prazo de trinta dias as contribuições ao PIS e ao Pasep, arrecadadas a partir de 5 de outubro de 1988 e não utilizadas nas finalidades previstas no art. 239 da Constituição Federal, serão recolhidas como receita do FAT. (Red. L. 8.019/90)

Parágrafo único. (Vetado.)

Art. 29. (Rev. L. 8.019/90.)

Art. 30. O Poder Executivo regulamentará esta Lei no prazo de 90 (noventa) dias e apresentará projeto lei regulamentando a contribuição adicional pelo índice de rotatividade, de que trata o § 4º do art. 239 da Constituição Federal, no prazo de 180 (cento e oitenta) dias.

Art. 31. Esta Lei entra em vigor na data de sua publicação.

Art. 32. Revogam-se as disposições em contrário. (*DOU*, 12.1.90)

Lei 8.009, de 29 de março de 1990

Impenhorabilidade do bem de família.

Art. 1º O imóvel residencial próprio do casal, ou da entidade familiar, é impenhorável e não responderá por qualquer tipo de dívida civil, comercial, fiscal, previdenciária ou de outra natureza, contraída pelos cônjuges ou pelos pais ou filhos que sejam seus proprietários e nele residam, salvo nas hipóteses previstas nesta Lei.

Parágrafo único. A impenhorabilidade compreende o imóvel sobre o qual se assentam a construção, as plantações, as benfeitorias de qualquer natureza e todos os equipamentos, inclusive os de uso profissional, ou móveis que guarnecem a casa, desde que quitados.

Art. 2º Excluem-se da impenhorabilidade os veículos de transporte, obras de arte e adornos suntuosos.

Parágrafo único. No caso de imóvel locado, a impenhorabilidade aplica-se aos bens móveis quitados que guarneçam a residência e que sejam de propriedade do locatário, observado o disposto neste artigo.

Art. 3º A impenhorabilidade é oponível em qualquer processo de execução civil, fiscal, previdenciária, trabalhista ou de outra natureza, salvo se movido:

I – em razão dos créditos de trabalhadores da própria residência e das respectivas contribuições previdenciárias; II – pelo titular do crédito decorrente do financiamento destinado à construção ou à aquisição do imóvel, no limite dos créditos e acréscimos constituídos em função do respectivo contrato; III – pelo credor de pensão alimentícia; IV – para cobrança de impostos, predial ou territorial, taxas e contribuições devidas em função do imóvel familiar; V – para execução de hipoteca sobre o imóvel oferecido como garantia real pelo casal ou pela entidade familiar; VI – por ter sido adquirido com produto de crime ou para execução de sentença penal condenatória a ressarcimento, indenização ou perdimento de bens; VII – por obrigação decorrente de fiança concedida em contrato de locação (red. L. 8.245/91).

Art. 4º Não se beneficiará do disposto nesta Lei aquele que, sabendo-se insolvente, adquire de má-fé imóvel mais valioso para transferir a residência familiar, desfazendo-se ou não da moradia antiga.

§ 1º Neste caso poderá o Juiz, na respectiva ação do credor, transferir a impenhorabilidade para a moradia familiar anterior, ou anular-lhe a venda, liberando a mais valiosa para execução ou concurso, conforme a hipótese.

§ 2º Quando a residência familiar constituir-se em imóvel rural, a impenhorabilidade restringir-se-á à sede de moradia, com os respectivos bens móveis, e, nos casos do art. 5º, inciso XXVI, da Constituição, à área limitada como pequena propriedade rural.

Art. 5º Para os efeitos de impenhorabilidade, de que trata esta Lei, considera-se residência um único imóvel utilizado pelo casal ou pela entidade familiar para moradia permanente.

Parágrafo único. Na hipótese de o casal, ou entidade familiar, ser possuidor de vários imóveis utilizados como residência, a impenhorabilidade recairá sobre o de menor valor, salvo se outro tiver sido registrado, para esse fim, no Registro de Imóveis e na forma do art. 70 do Código Civil.

Art. 6º São canceladas as execuções suspensas pela Medida Provisória n. 143, de 8 de março de 1990, que deu origem a esta Lei.

Art. 7º Esta Lei entra em vigor na data de sua publicação.

Art. 8º Revogam-se as disposições em contrário (*DOU*, 30.3.90).

Lei 8.036, de 11 de maio de 1990

Fundo de Garantia do Tempo de Serviço.

Art. 1º O Fundo de Garantia do Tempo de Serviço – FGTS, instituído pela Lei 5.107, de 13 de setembro de 1966, passa a reger-se por esta Lei.

Art. 2º O FGTS é constituído pelos saldos das contas vinculadas a que se refere esta Lei e outros recursos a ele incorporados, devendo ser aplicados com a atualização monetária e juros, de modo a assegurar a cobertura de suas obrigações.

§ 1º Constituem recursos incorporados ao FGTS, nos termos do *caput* deste artigo:

a) eventuais saldos apurados nos termos do art. 12, § 4º;

b) dotações orçamentárias específicas;

c) resultados das aplicações dos recursos do FGTS;

d) multas, correção monetária e juros moratórios devidos;

e) demais receitas patrimoniais e financeiras.

§ 2º As contas vinculadas em nome dos trabalhadores são absolutamente impenhoráveis.

....

Art. 9º..

§ 6º Mantida a rentabilidade média de que trata o § 1º, as aplicações em habitação popular poderão contemplar sistemática de desconto, direcionada em função da renda familiar do beneficiário, onde o valor do benefício seja concedido mediante redução no valor das prestações a serem pagas pelo mutuário ou pagamento de parte da aquisição ou construção de imóvel, dentre outras, a critério do Conselho Curador do FGTS (red. MP 2.197-43/01).

§ 7º Os recursos necessários para a consecução da sistemática de desconto serão destacados, anualmente, do orçamento de aplicação de recursos do FGTS, constituindo reserva específica, com contabilização própria (red. MP 2.197-43/01).

....

Art. 13. Os depósitos efetuados nas contas vinculadas serão corrigidos monetariamente, com base nos parâmetros fixados para atualização dos saldos dos depósitos de poupança, e capitalizarão juros de 3% a.a.

§ 1º Até que ocorra a centralização prevista no item I do art. 7º, a atualização monetária e a capitalização de juros correrão à conta do Fundo, e o respectivo crédito será efetuado na conta vinculada no primeiro dia útil de cada mês, com base no saldo existente no primeiro dia útil do mês anterior, deduzidos os saques ocorridos no período.

§ 2º Após a centralização das contas vinculadas na Caixa Econômica Federal, a atualização monetária e a capitalização de juros correrão à conta do Fundo, e o respectivo crédito será efetuado na conta vinculada, no dia 10 de cada mês, com base no saldo existente no dia dez do mês anterior ou no primeiro dia útil subsequente, caso o dia 10 seja feriado bancário, deduzidos os saques ocorridos no período.

§ 3º Para as contas vinculadas dos trabalhadores optantes existentes à data de 22 de setembro de 1971, a capitalização dos juros dos depósitos continuará a ser feita na seguinte progressão, salvo no caso de mudança de empresa, quando a capitalização dos juros passará a ser feita à taxa de 3% ao ano:

I – 3%, durante os dois primeiros anos de permanência na mesma empresa; II – 4%, do terceiro ao quinto ano de permanência na mesma empresa; III – 5% do sexto ao décimo ano de permanência na mesma empresa; IV – 6%, a partir do décimo primeiro ano de permanência na mesma empresa.

§ 4º O saldo das contas vinculadas é garantido pelo Governo Federal, podendo ser instituído seguro especial para esse fim.

§ 5º O Conselho Curador autorizará a distribuição de parte do resultado positivo auferido pelo FGTS, mediante crédito nas contas vinculadas de titularidade dos trabalhadores, observadas as seguintes condições, entre outras a seu critério:

I – a distribuição alcançará todas as contas vinculadas que apresentarem saldo positivo em 31 de dezembro do exercício base do resultado auferido, inclusive as contas vinculadas de que trata o art. 21;

II – a distribuição será proporcional ao saldo de cada conta vinculada em 31 de dezembro do exercício base e deverá ocorrer até 31 de agosto do ano seguinte ao exercício de apuração do resultado; e

III – a distribuição do resultado auferido será de cinquenta por cento do resultado do exercício (red. § 5º L. 13.446/17).

§ 6º O valor de distribuição do resultado auferido será calculado posteriormente ao valor desembolsado com o desconto realizado no âmbito do Programa Minha Casa, Minha Vida – PMCMV, de que trata a Lei n. 11.977, de 7 de julho de 2009 (red. L. 13.446/17).

§ 7º O valor creditado nas contas vinculadas a título de distribuição de resultado, acrescido de juros e atualização monetária, não integrarão a base de cálculo do depósito da multa rescisória de que tratam o § 1º e o § 2º do art. 18 (red. L. 13.446/17).

Art. 14. Fica ressalvado o direito adquirido dos trabalhadores que, à data da promulgação da Constituição Federal de 1988, já tinham o direito à estabilidade no emprego nos termos do Capítulo V, do Título IV, da CLT.

§ 1º O tempo do trabalhador não optante do FGTS, anterior a 05 de outubro de 1988, em caso de rescisão sem justa causa pelo empregador, reger-se-á pelos dispositivos constantes dos arts. 477, 478 e 497 da CLT.

§ 2º O tempo de serviço anterior à atual Constituição poderá ser transacionado entre empregador e empregado, respeitado o limite mínimo de 60% da indenização prevista.

§ 3º É facultado ao empregador desobrigar-se da responsabilidade da indenização relativa ao tempo de serviço anterior à opção, depositando na conta vinculada do trabalhador, até o último dia útil do mês previsto em lei para o pagamento de salário, o valor correspondente à indenização, aplicando-se ao depósito, no que couber, todas as disposições desta Lei.

§ 4º Os trabalhadores poderão, a qualquer momento, optar pelo FGTS com efeito retroativo a 1º de janeiro de 1967 ou à data de sua admissão, quando posterior àquela.

Art. 15. Para os fins previstos nesta Lei, todos os empregadores ficam obrigados a depositar, até o dia sete de cada mês, em conta bancária vinculada, a importância correspondente a 8% da remuneração paga ou devida, no mês anterior, a cada trabalhador, incluídas na remuneração as parcelas de que tratam os arts. 457 e 458 da CLT e a gratificação de Natal a que se refere a Lei n. 4.090, de 13 de julho de 1962, com as modificações da Lei n. 4.749, de 12 de agosto de 1965.

§ 1º Entende-se por empregador a pessoa física ou a pessoa jurídica de direito privado ou direito público, da Administração Pública Direta, Indireta ou Fundacional de qualquer dos Poderes, da União, dos Estados, do Distrito Federal e dos Municípios, que admitir trabalhadores a seu serviço, bem assim aquele que, regido por legislação especial, encontrar-se nessa condição ou figurar como fornecedor ou tomador de mão de obra, independente da responsabilidade solidária e/ou subsidiária a que eventualmente venha obrigar-se.

§ 2º Considera-se trabalhador toda pessoa física que prestar serviços a empregador, a locador ou tomador de mão de obra, excluídos os eventuais, os autônomos e os servidores públicos civis e militares sujeitos a regime jurídico próprio.

§ 3º Os trabalhadores domésticos poderão ter acesso ao regime do FGTS, na forma que vier a ser prevista em Lei.

§ 4º Consideram-se remuneração as retiradas de diretores não empregados, quando haja deliberação da empresa, garantindo-lhes os direitos decorrentes do contrato de trabalho de que trata o art. 16 (red. L. 9.711/98).

§ 5º O depósito de que trata o *caput* deste artigo é obrigatório nos casos de afastamento para prestação do serviço militar obrigatório e licença por acidente do trabalho (red. L. 9.711/98).

§ 6º Não se incluem na remuneração, para os fins desta Lei, as parcelas elencadas no § 9º do art. 28 da Lei n. 8.212, de 24 de julho de 1991 (red. L. 9.711/98).

§ 7º Os contratos de aprendizagem terão a alíquota a que se refere o *caput* deste artigo reduzida para dois por cento (red. L. 10.097/00).

Art. 16. Para efeito desta Lei, as empresas sujeitas ao regime da legislação trabalhista poderão equiparar seus diretores não empregados aos demais trabalhadores sujeitos ao regime do FGTS. Considera-se diretor aquele que exerça cargo de administração previsto em Lei, estatuto ou contrato social, independente da denominação do cargo.

Art. 17. Os empregadores se obrigam a comunicar mensalmente aos trabalhadores os valores recolhidos ao FGTS e repassar-lhes todas as informações sobre suas contas vinculadas recebidas da Caixa Econômica Federal ou dos Bancos Depositários.

Art. 18. Ocorrendo rescisão do contrato de trabalho, por parte do empregador, ficará este obrigado a depositar na conta vinculada do trabalhador no FGTS os valores relativos aos depósitos referentes ao mês da rescisão e ao imediatamente anterior, que ainda não houver sido recolhido, sem prejuízo das cominações legais (red. L. 9.491/97).

§ 1º Na hipótese de despedida pelo empregador sem justa causa, depositará este, na conta vinculada do trabalhador no FGTS, importância igual a quarenta por cento do montante de todos os depósitos realizados na conta vinculada durante a vigência do contrato de trabalho, atualizados monetariamente e acrescidos dos respectivos juros (red. L. 9.491/97).

§ 2º Quando ocorrer despedida por culpa recíproca ou força maior, reconhecida pela Justiça do Trabalho, o percentual de que trata o § 1º será de 20%.

§ 3º As importâncias de que trata este artigo deverão constar da documentação comprobatória do recolhimento dos valores devidos a título de rescisão do contrato de trabalho, observado o disposto no art. 477 da CLT, eximindo o empregador, exclusivamente, quanto aos valores discriminados (red. L. 9.491/97).

Art. 19. No caso de extinção do contrato de trabalho prevista no art. 14 desta Lei, serão observados os seguintes critérios:

I – havendo indenização a ser paga, o empregador, mediante comprovação do pagamento daquela, poderá sacar o saldo dos valores por ele depositados na conta individualizada do trabalhador;

II – não havendo indenização a ser paga, ou decorrido o prazo prescricional para a reclamação de direitos por parte do trabalhador, o empregador poderá levantar em seu favor o saldo da respectiva conta individualizada, mediante comprovação perante o órgão competente do Ministério do Trabalho e da Previdência Social.

Art. 19-A. É devido o depósito do FGTS na conta vinculada do trabalhador cujo contrato de trabalho seja declarado nulo nas hipóteses previstas no art. 37, § 2º, da Constituição Federal, quando mantido o direito ao salário (red. MP 2.164-41/01).

Parágrafo único. O saldo existente em conta vinculada, oriundo de contrato declarado nulo até 28 de julho de 2001, nas condições do *caput* , que não tenha sido levantado até essa data, será liberado ao trabalhador a partir do mês de agosto de 2002 (red. MP 2.164-41/01).

Art. 20. A conta vinculada do trabalhador no FGTS poderá ser movimentada nas seguintes situações:

I – despedida sem justa causa, inclusive a indireta, de culpa recíproca e de força maior (red. MP 2.197-43/01);

I-A – extinção do contrato de trabalho prevista no art. 484-A da Consolidação das Leis do Trabalho (CLT), aprovada pelo Decreto-Lei n. 5.452, de 1º de maio de 1943; (incluído pela L. 13.467/17)

II – extinção total da empresa, fechamento de quaisquer de seus estabelecimentos, filiais ou agências, supressão de parte de suas atividades, declaração de nulidade do contrato de trabalho nas condições do art. 19-A, ou ainda falecimento do empregador individual sempre que qualquer dessas ocorrências implique rescisão de contrato de trabalho, comprovada por declaração escrita da empresa, suprida, quando for o caso, por decisão judicial transitada em julgado (red. MP 2.164-41/01);

III – aposentadoria concedida pela Previdência Social;

IV – falecimento do trabalhador, sendo o saldo pago a seus dependentes, para esse fim habilitados perante a Previdência Social, segundo o critério adotado para a concessão de pensões por morte. Na falta de dependentes, farão jus ao recebimento do saldo da conta vinculada os seus sucessores previstos na lei civil, indicados em alvará judicial, expedido a requerimento do interessado, independente de inventário ou arrolamento;

V – pagamento de parte das prestações decorrentes de financiamento habitacional concedido no âmbito do Sistema Financeiro da Habitação – SFH, desde que:

a) o mutuário conte com o mínimo de três anos de trabalho sob o regime do FGTS, na mesma empresa ou em empresas diferentes;

b) o valor bloqueado seja utilizado, no mínimo, durante o prazo de 12 (doze) meses;

c) o valor do abatimento atinja, no máximo, 80% do montante da prestação;

VI – liquidação ou amortização extraordinária de saldo devedor de financiamento imobiliário, observadas as condições estabelecidas pelo Conselho Curador, dentre elas a de que o financiamento seja concedido no âmbito do SFH e haja interstício mínimo de 2 anos para cada movimentação;

VII – pagamento total ou parcial do preço de aquisição de moradia própria, ou lote urbanizado de interesse social não construído, observadas as seguintes condições (NRed. L. 11.977/09):

a) o mutuário deverá contar com o mínimo de três anos de trabalho sob o regime do FGTS, na mesma empresa ou empresas diferentes;

b) seja a operação financiável nas condições vigentes para o SFH;

VIII – quando o trabalhador permanecer 3 anos ininterruptos, a partir de 1º de junho de 1990, fora do regime do FGTS, podendo o saque, neste caso, ser efetuado a partir do mês de aniversário do titular da conta (red. L. 8.678/93);

IX – extinção normal do contrato a termo, inclusive o dos trabalhadores temporários regidos pela Lei 6.019, de 3 de janeiro de 1974;

X – suspensão total do trabalho avulso por período igual ou superior a noventa dias, comprovada por declaração do sindicato representativo da categoria profissional;

XI – quando o trabalhador ou qualquer de seus dependentes for acometido de neoplasia maligna (red. L. 8.922/94);

XII – aplicação em cotas de Fundos Mútuos de Privatização, regidos pela Lei n. 6.385, de 7 de dezembro de 1976, permitida a utilização máxima de 50% do saldo existente e disponível em sua conta vinculada do Fundo de Garantia por Tempo de Serviço, na data em que exceder a opção (red. L. 9.491/97; regulamento D. 2.430/97, v. Índ. Leg.);

XIII – quando o trabalhador ou qualquer de seus dependentes for portador do vírus HIV;

XIV – quando o trabalhador ou qualquer de seus dependentes estiver em estágio terminal, em razão de doença grave, nos termos do regulamento;

XV – quando o trabalhador tiver idade igual ou superior a setenta anos (incs. XIII a XV, red. MP 2.164-41/01);

XVI – necessidade pessoal, cuja urgência e gravidade decorra de desastre natural, conforme disposto em regulamento, observadas as seguintes condições (red. L. 10.878/04; regulamento D. 5.113/04, v. Índ. Leg.);

a) o trabalhador deverá ser residente em áreas comprovadamente atingidas de Município ou do Distrito Federal em situação de emergência ou em estado de calamidade pública, formalmente reconhecidos pelo Governo Federal;

b) a solicitação de movimentação da conta vinculada será admitida até 90 dias após a publicação do ato de reconhecimento, pelo Governo Federal, da situação de emergência ou de estado de calamidade pública; e

c) o valor máximo do saque da conta vinculada será definido na forma do regulamento;

XVII – integralização de cotas do FI-FGTS, respeitado o disposto na alínea "i" do inciso XIII do art. 5º desta Lei, permitida a utilização máxima de 30% do saldo existente e disponível na data em que exercer a opção (NRed. L. 12.087/09).

§ 1º A regulamentação das situações previstas nos incisos I e II assegurará que a retirada a que faz jus o trabalhador corresponda aos depósitos efetuados na conta vinculada durante o período de vigência do último contrato de trabalho, acrescida de juros e atualização monetária, deduzidos os saques.

§ 2º O Conselho Curador disciplinará o disposto no inciso V, visando a beneficiar os trabalhadores de baixa renda e a preservar o equilíbrio financeiro do FGTS.

§ 3º O direito de adquirir moradia com recursos do FGTS, pelo trabalhador, só poderá ser exercido para um único imóvel.

§ 4º O imóvel objeto de utilização do FGTS somente poderá ser objeto de outra transação com recursos do Fundo, na forma que vier a ser regulamentada pelo Conselho Curador.

§ 5º O pagamento da retirada, após o período previsto em regulamento, implicará atualização monetária dos valores devidos.

§ 6º Os recursos aplicados em cotas de Fundos Mútuos de Privatização, referidos no inciso XII, serão destinados, nas condições aprovadas pelo CND, a aquisições de valores mobiliários, no âmbito do Programa Nacional de Desestatização, de que trata a Lei n. 9.491, de 1997, e de programas estaduais de desestatização, desde que, em ambos os casos, tais destinações sejam aprovadas pelo CND (red. L. 9.635/98).

§ 7º Ressalvadas as alienações decorrentes das hipóteses de que trata o § 8º, os valores mobiliários a que se refere o parágrafo anterior só poderão ser integralmente vendidos, pelos respectivos Fundos, seis meses após a sua aquisição, podendo ser alienada em prazo inferior parcela equivalente a 10% do valor adquirido, autorizada a livre aplicação do produto dessa alienação, nos termos da Lei n. 6.385, de 7 de dezembro de 1976 (red. L. 9.635/98).

§ 8º As aplicações em Fundos Mútuos de Privatização e no FI-FGTS são nominativas, impenhoráveis e, salvo as hipóteses previstas nos incisos I a XI e XIII a XVI do *caput* deste artigo, indisponíveis por seus titulares (NRed. L. 11.491/07).

§ 9º Decorrido o prazo mínimo de 12 meses, contados da efetiva transferência das cotas para os Fundos Mútuos de Privatização, os titulares poderão optar pelo retorno para sua conta vinculada no Fundo de Garantia do Tempo de Serviço (red. L. 9.491/97).

§ 10. A cada período de seis meses, os titulares das aplicações em Fundos Mútuos de Privatização poderão transferi-las para outro fundo de mesma natureza (red. L. 9.491/97).

§ 11. O montante das aplicações de que trata o § 6º deste artigo ficará limitado ao valor dos créditos contra o Tesouro Nacional de que seja titular o Fundo de Garantia do Tempo de Serviço (red. L. 9.491/97).

§ 12. Desde que preservada a participação individual dos quotistas, será permitida a constituição de clubes de investimento, visando a aplicação em quotas de Fundos Mútuos de Privatização (red. L. 9.491/97).

§ 13. A garantia a que alude o § 4º do art. 13 desta Lei não compreende as aplicações a que se referem os incisos XII e XVII do *caput* deste artigo (NRed. 11.491/07).

§ 14. Ficam isentos do imposto de renda (NRed. L. 11.491/07):

I – a parcela dos ganhos nos Fundos Mútuos de Privatização até o limite da remuneração das contas vinculadas de que trata o art. 13 desta Lei, no mesmo período; e (NRed. L. 11.491/07)

II – os ganhos do FI-FGTS e do Fundo de Investimento em Cotas – FIC, de que trata o § 19 deste artigo (NRed. L. 11.491/07).

§ 15. A transferência de recursos da conta do titular no Fundo de Garantia do Tempo de Serviço em razão da aquisição de ações, nos termos do inciso XII do *caput* deste artigo, ou de cotas do FI-FGTS não afetará a base de cálculo da multa rescisória de que tratam os §§ 1º e 2º do art. 18 desta Lei (NRed. L. 11.491/07).

§ 16. Os clubes de investimento a que se refere o § 12 poderão resgatar, durante os seis primeiros meses da sua constituição, parcela equivalente a 5% das quotas adquiridas, para atendimento de seus desembolsos, autorizada a livre aplicação do produto dessa venda, nos termos da Lei n. 6.385, de 7 de dezembro de 1976 (red. L. 9.635/98).

§ 17. Fica vedada a movimentação da conta vinculada do FGTS nas modalidades previstas nos incisos V, VI e VII deste artigo, nas operações firmadas, a partir de 25 de junho de 1998, no caso em que o adquirente já seja proprietário ou promitente comprador de imóvel localizado no Município onde resida, bem como no caso em que o adquirente já detenha, em qualquer parte do País, pelo menos um financiamento nas condições do SFH (red. MP 2.197-43/01).

§ 18. É indispensável o comparecimento pessoal do titular da conta vinculada para o pagamento da retirada nas hipóteses previstas nos incisos I, II, III, VIII, IX e X deste artigo, salvo em caso de grave moléstia comprovada por perícia médica, quando será paga a procurador especialmente constituído para esse fim (red. MP 2.197-43/01).

§ 19. A integralização das cotas previstas no inciso XVII do *caput* deste artigo será realizada por meio de Fundo de Investimento em Cotas – FIC, constituído pela Caixa Econômica Federal especificamente para essa finalidade (red. L. 11.491/07).

§ 20. A Comissão de Valores Mobiliários estabelecerá os requisitos para a integralização das cotas referidas no § 19 deste artigo, devendo condicioná-la pelo menos ao atendimento das seguintes exigências (red. L. 11.491/07):

I – elaboração e entrega de prospecto ao trabalhador; e (red. L. 11.491/07)

II – declaração por escrito, individual e específica, pelo trabalhador de sua ciência quanto aos riscos do investimento que está realizando (red. L. 11.491/07).

§ 21. As movimentações autorizadas nos incisos V e VI do *caput* serão estendidas aos contratos de participação de grupo de consórcio para aquisição de imóvel residencial, cujo bem já tenha sido adquirido pelo consorciado, na forma a ser regulamentada pelo Conselho Curador do FGTS (red. L. 12.058/09).

§ 22. Na movimentação das contas vinculadas a contrato de trabalho extinto até 31 de dezembro de 2015, ficam isentas as exigências de que trata o inciso VIII do *caput*, podendo o saque, nesta hipótese, ser efetuado segundo cronograma de atendimento estabelecido pelo agente operador do FGTS (red. MP 763/16).

Art. 21. Os saldos das contas não individualizadas e das contas vinculadas que se conservem ininterruptamente sem créditos de depósitos por mais de 5 anos, a partir de 1º de junho de 1990, em razão de o seu titular ter estado fora do regime do FGTS, serão incorporados ao patrimônio do Fundo, resguardado o direito do beneficiário reclamar, a qualquer tempo, a reposição do valor transferido.

Parágrafo único. O valor, quando reclamado, será pago ao trabalhador acrescido da remuneração prevista no § 2º do art. 13 desta Lei (*caput* e parágrafo, red. L. 8.678/93).

Art. 22. O empregador que não realizar os depósitos previstos nesta Lei no prazo fixado no art. 15, responderá pela incidência da Taxa Referencial – TR sobre a importância correspondente (red. L. 9.964/00).

§ 1º Sobre o valor dos depósitos, acrescido da TR, incidirão, ainda, juros de mora de 0,5% a. m. ou fração e multa, sujeitando-se, também, às obrigações e sanções previstas no Decreto-Lei n. 368, de 19 de dezembro de 1968 (red. L. 9.964/00).

§ 2º A incidência da TR de que trata o *caput* deste artigo será cobrada por dia de atraso, tomando-se por base o índice de atualização das contas vinculadas do FGTS (red. L.9.964/00).

§ 2º-A. A multa referida no § 1º deste artigo será cobrada nas condições que se seguem (red. L. 9.964/00):

I – 5% no mês de vencimento da obrigação;

II – 10% a partir do mês seguinte ao do vencimento da obrigação.

§ 3º Para efeito de levantamento de débito para com o FGTS, o percentual de 8% incidirá sobre o valor acrescido da TR até a data da respectiva operação (red. L. 9.964/00).

Art. 23. Competirá ao Ministério do Trabalho e da Previdência Social a verificação, em nome da Caixa Econômica Federal, do cumprimento do disposto nesta Lei, especialmente quanto à apuração dos débitos e das infrações praticadas pelos empregadores ou tomadores de serviços, notificando-os para efetuarem e comprovarem os depósitos correspondentes e cumprirem as demais determinações legais, podendo, para tanto, contar com o concurso de outros órgãos do Governo Federal, na forma que vier a ser regulamentada.

§ 1º Constituem infrações para efeito desta Lei: I – não depositar mensalmente o percentual referente ao FGTS, bem como os valores previstos no art. 18 desta Lei, nos prazos de que trata o § 6º do art. 477 da Consolidação das Leis do Trabalho – CLT (red. MP 2.197-43/01); II – omitir as informações sobre a conta vinculada do trabalhador; III – apresentar as informações ao Cadastro Nacional do Trabalhador, dos trabalhadores beneficiários, com erros ou omissões; IV – deixar de computar, para efeito de cálculo dos depósitos do FGTS, parcela componente da remuneração; V – deixar de efetuar os depósitos e os acréscimos legais após notificado pela fiscalização[27].

§ 2º Pela infração do disposto no § 1º deste artigo, o infrator estará sujeito às seguintes multas por trabalhador prejudicado:

a) de dois a cinco BTN, no caso dos incisos II e III;

b) de dez a cem BTN, no caso dos incisos I, IV e V.

§ 3º Nos casos de fraude, simulação, artifício, ardil, resistência, embaraço ou desacato à fiscalização, assim como na reincidência, a multa especificada no parágrafo anterior será duplicada sem prejuízo das demais cominações legais.

§ 4º Os valores das multas, quando não recolhidas no prazo legal, serão atualizados monetariamente até a data de seu efetivo pagamento, através de sua conversão pelo BTN Fiscal.

§ 5º O processo de fiscalização, de autuação e de imposição de multas reger-se-á pelo disposto no Título VII da CLT, respei-

27. Multas por infração ao FGTS, v. Res. MTPS/CCFGTS 64/91.

LEIS

tado o privilégio do FGTS à prescrição trintenária.

§ 6º Quando julgado procedente o recurso interposto na forma do Título VII da CLT, os depósitos efetuados para garantia de instância serão restituídos com os valores atualizados na forma da lei.

§ 7º A rede arrecadadora e a Caixa Econômica Federal deverão prestar ao Ministério do Trabalho e da Previdência Social as informações necessárias à fiscalização.

Art. 24. Por descumprimento ou inobservância de quaisquer das obrigações que lhe compete como agente arrecadador, pagador e mantenedor do cadastro de contas vinculadas, na forma que vier a ser regulamentada pelo Conselho Curador, fica o banco depositário sujeito ao pagamento de multa equivalente a 10% do montante da conta do empregado, independentemente das demais cominações legais.

Art. 25. Poderá o próprio trabalhador, seus dependentes e sucessores, ou ainda o Sindicato a que estiver vinculado, acionar diretamente a empresa por intermédio da Justiça do Trabalho, para compeli-la a efetuar o depósito das importâncias devidas nos termos desta Lei.

Parágrafo único. A Caixa Econômica Federal e o Ministério do Trabalho e da Previdência Social deverão ser notificados da propositura da reclamação.

Art. 26. É competente a Justiça do Trabalho para julgar os dissídios entre os trabalhadores e os empregadores decorrentes da aplicação desta Lei, mesmo quando a Caixa Econômica Federal e o Ministério do Trabalho e da Previdência Social figurarem como litisconsortes.

Parágrafo único. Nas reclamatórias trabalhistas que objetivam o ressarcimento de parcelas relativas ao FGTS, ou que, direta ou indiretamente, impliquem essa obrigação de fazer, o Juiz determinará que a empresa sucumbente proceda ao recolhimento imediato das importâncias devidas a tal título.

Art. 27. A apresentação do Certificado de Regularidade do FGTS, fornecido pela Caixa Econômica Federal, é obrigatória nas seguintes situações:

a) habilitação em licitação promovida por órgão da Administração Federal, Estadual e Municipal, Direta, Indireta ou Fundacional ou por entidade controlada direta ou indiretamente pela União, Estado e Município;

b) obtenção, por parte da União, Estados e Municípios, ou por órgãos da Administração Federal, Estadual e Municipal, Direta, Indireta ou Fundacional, ou indiretamente pela União, Estados ou Municípios, de empréstimos ou financiamentos junto a quaisquer entidades financeiras oficiais;

c) obtenção de favores creditícios, isenções, subsídios, auxílios, outorga ou concessão de serviços ou quaisquer outros benefícios concedidos por órgão da Administração Federal, Estadual e Municipal, salvo quando destinados a saldar débitos para com o FGTS;

d) transferência de domicílio para o exterior;

e) registro ou arquivamento, nos órgãos competentes, de alteração ou distrato de contrato social, de estatuto, ou de qualquer documento que implique modificação na estrutura jurídica do empregador ou na sua extinção.

Art. 28. São isentos de tributos federais os atos e operações necessárias à aplicação desta Lei, quando praticados pela Caixa Econômica Federal, pelos trabalhadores e seus dependentes ou sucessores, pelos empregadores e pelos estabelecimentos bancários.

Parágrafo único. Aplica-se o disposto neste artigo às importâncias devidas, nos termos desta Lei, aos trabalhadores e seus dependentes ou sucessores.

Art. 29. Os depósitos em conta vinculada, efetuados nos termos desta Lei, constituirão despesas dedutíveis do lucro operacional dos empregadores, e as importâncias levantadas a seu favor implicarão receita tributável.

Art. 29-A. Quaisquer créditos relativos à correção dos saldos das contas vinculadas do FGTS serão liquidados mediante lançamento pelo agente operador na respectiva conta do trabalhador (red. MP 2.197-43/01).

Art. 29-B. Não será cabível medida liminar em mandado de segurança, no procedimento cautelar ou em quaisquer outras ações de natureza cautelar ou preventiva, nem a tutela antecipada prevista nos arts. 273 e 461 do Código de Processo Civil que impliquem saque ou movimentação da conta vinculada do trabalhador no FGTS (red. MP 2.197-43/01).

Art. 29-C. Nas ações entre o FGTS e os titulares de contas vinculadas, bem como naquelas em que figurem os respectivos representantes ou substitutos processuais, não haverá condenação em honorários advocatícios (red. MP 2.164-41/01).

Art. 29-D. A penhora em dinheiro, na

execução fundada em título judicial em que se determine crédito complementar de saldo de conta vinculada do FGTS, será feita mediante depósito de recursos do Fundo em conta vinculada em nome do exequente, à disposição do juízo (red. MP 2.164-41/01).

Parágrafo único. O valor do depósito só poderá ser movimentado, após liberação judicial, nas hipóteses previstas no art. 20 ou para reversão ao Fundo (red. MP 2.164-41/01).

Art. 30. Fica reduzida para 1,5% a contribuição devida pelas empresas ao Serviço Social do Comércio e ao Serviço Social da Indústria, e dispensadas estas entidades da subscrição compulsória a que alude o art. 21 da Lei 4.380, de 21 de agosto de 1964.

Art. 31. O Poder Executivo expedirá o Regulamento desta Lei no prazo de 60 dias a contar da data de sua promulgação.

Art. 32. Esta Lei entra em vigor na data de sua publicação, revogada a Lei 7.839, de 12 de outubro de 1989, e as demais disposições em contrário (*DOU*, 14 e 15.5.90).

Lei 8.038, de 28 de maio de 1990[28]

Recurso extraordinário e outros perante o STF e o STJ.

...

Arts. 1º a 25. (Ação penal obrigatória, Reclamação para preservar autoridade das decisões do STF e TFR, Intervenção Federal, *Habeas corpus* para o STJ e outros procedimentos.)

Título II
RECURSOS

Capítulo I
RECURSO EXTRAORDINÁRIO E RECURSO ESPECIAL

Arts. 26 a 29. (Revogados pela L. 13.105/15.)

Arts. 30 a 37. (Recurso Ordinário perante o STJ em *Habeas Corpus*, Mandado de Segurança e outros.)

Título III
DISPOSIÇÕES GERAIS

Art. 38. (Revogado pela L. 13.105/15.)

Art. 39. Da decisão do Presidente do Tribunal, de Seção, de Turma ou de Relator que causar gravame à parte, caberá agravo para o órgão especial, Seção ou Turma, conforme o caso, no prazo de cinco dias.

Art. 40. Haverá revisão, no Superior Tribunal de Justiça, nos seguintes processos:

I – ação rescisória;

II – ação penal originária;

III – revisão criminal.

Art. 41. Em caso de vaga ou afastamento de Ministro do Superior Tribunal de Justiça, por prazo superior a 30 dias, poderá ser convocado Juiz de Tribunal Regional Federal ou Desembargador, para substituição, pelo voto da maioria absoluta dos seus membros.

Art. 41-A. A decisão de Turma, no Superior Tribunal de Justiça, será tomado pelo voto da maioria absoluta de seus membros (red. L. 9.756/98).

Parágrafo único. Em *habeas corpus* originário ou recursal havendo empate, prevalecerá a decisão mais favorável ao paciente (red. L. 9.756/98).

Art. 41-B. As despesas do porte de remessa e retorno dos autos serão recolhidas mediante documento de arrecadação, de conformidade com instruções e tabela expedidas pelo Supremo Tribunal Federal e pelo Superior Tribunal de Justiça (red. L. 9.756/98).

Parágrafo único. A secretaria do tribunal local zelará pelo recolhimento das despesas postais.

...

Art. 43. Esta Lei entra em vigor na data de sua publicação.

Art. 44. Revogam-se as disposições em contrário, especialmente os arts. 541 e 546 do Código de Processo Civil e a Lei n. 3.396, de 2 de junho de 1958 (*DOU*, 29.5.90).

28. O recurso extraordinário e o especial são regulados pelo CPC/15, arts. 1.029 e segs., e também pela L. 8.038/90; desta foram derrogados, tacitamente, os arts. 33 a 35.

Lei 8.069, de 13 de julho de 1990

Estatuto da Criança e do Adolescente.

....

Art. 60. É proibido qualquer trabalho a menores de 14 anos de idade, salvo na condição de aprendiz.

Art. 61. A proteção ao trabalho dos adolescentes é regulada por legislação especial, sem prejuízo do disposto nesta Lei.

Art. 62. Considera-se aprendizagem a formação técnico-profissional ministrada segundo as diretrizes e bases da legislação de educação em vigor.

Art. 63. A formação técnico-profissional obedecerá aos seguintes princípios: I – garantia de acesso e frequência obrigatória ao ensino regular; II – atividade compatível com o desenvolvimento do adolescente; III – horário especial para o exercício das atividades.

Art. 64. Ao adolescente até 14 anos de idade é assegurada bolsa de aprendizagem.

Art. 65. Ao adolescente aprendiz, maior de 14 anos, são assegurados os direitos trabalhistas e previdenciários.

Art. 66. Ao adolescente portador de deficiência é assegurado trabalho protegido.

Art. 67. Ao adolescente empregado, aprendiz, em regime familiar de trabalho, aluno de escola técnica, assistido em entidade governamental ou não governamental, é vedado trabalho: I – noturno, realizado entre as 22 horas de um dia e as 5 horas do dia seguinte; II – perigoso, insalubre ou penoso; III – realizado em locais prejudiciais à sua formação e ao seu desenvolvimento físico, psíquico, moral e social; IV – realizado em horários e locais que não permitam a frequência à escola.

Art. 68. O programa social que tenha por base o trabalho educativo, sob responsabilidade de entidade governamental ou não governamental sem fins lucrativos, deverá assegurar ao adolescente que dele participe condições de capacitação para o exercício de atividade regular remunerada.

§ 1º Entende-se por trabalho educativo a atividade laboral em que as exigências pedagógicas relativas ao desenvolvimento pessoal e social do educando prevalecem sobre o aspecto produtivo.

§ 2º A remuneração que o adolescente recebe pelo trabalho efetuado ou a participação na venda dos produtos de seu trabalho não desfigura o caráter educativo.

Art. 69. O adolescente tem direito à profissionalização e à proteção no trabalho, observados os seguintes aspectos, entre outros: I – respeito à condição peculiar de pessoa em desenvolvimento; II – capacitação profissional adequada ao mercado de trabalho.

....

Art. 132. Em cada Município e em cada Região Administrativa do Distrito Federal haverá, no mínimo, 1 (um) Conselho Tutelar como órgão integrante da administração pública local, composto de 5 (cinco) membros, escolhidos pela população local para mandato de 4 (quatro) anos, permitida 1 (uma) recondução, mediante novo processo de escolha. (NRed. L. 12.696/12)

....

Art. 134. Lei municipal ou distrital disporá sobre o local, dia e horário de funcionamento do Conselho Tutelar, inclusive quanto à remuneração dos respectivos membros, aos quais é assegurado o direito a: (NRed. L. 12.696/12)

I – cobertura previdenciária; (NRed. L. 12.696/12)

II – gozo de férias anuais remuneradas, acrescidas de 1/3 (um terço) do valor da remuneração mensal; (NRed. L. 12.696/12)

III – licença-maternidade; (NRed. L. 12.696/12)

IV – licença-paternidade; (NRed. L. 12.696/12)

V – gratificação natalina. (NRed. L. 12.696/12)

Parágrafo único. Constará da lei orçamentária municipal e da do Distrito Federal previsão dos recursos necessários ao funcionamento do Conselho Tutelar e à remuneração e formação continuada dos conselheiros tutelares. (NRed. L. 12.696/12)

..................................(*DOU*, 16.7.90).

Lei 8.073, de 30 de julho de 1990

Estabelece a Política Nacional de Salários e dá outras providências.

Arts. 1º e 2º (Vetados.)

Art. 3º As entidades sindicais poderão

atuar como substitutos processuais dos integrantes da categoria.

Parágrafo único. (Vetado.)

Art. 4º Esta Lei entra em vigor na data de sua publicação.

Art. 5º Revogam-se as disposições em contrário (*DOU*, 31.7.90).

Lei 8.076, de 23 de agosto de 1990

Suspende a concessão de liminares.

Art. 1º Nos mandados de segurança e nos procedimentos cautelares de que tratam os arts. 796 e seguintes do Código de Processo Civil, que versem matérias reguladas pelas disposições das Leis ns. 8.012, de 4 de abril de 1990, 8.014, de 6 de abril de 1990, 8.021, 8.023, 8.024, 8.029, 8.030[29], 8.032, 8.033, 8.034, todas de 12 de abril de 1990, 8.036[30], de 11 de maio de 1990, e 8.039, de 30 de maio de 1990, fica suspensa, até 15 de setembro de 1992, a concessão de medidas liminares.

Parágrafo único. Nos feitos referidos neste artigo, a sentença concessiva da segurança, ou aquela que julgue procedente o pedido, sempre estará sujeita ao duplo grau de jurisdição, somente produzindo efeitos após confirmada pelo respectivo tribunal.

Art. 2º Esta Lei entra em vigor na data de sua publicação.

Art. 3º Revogam-se a Medida Provisória n. 197, de 24 de julho de 1990, e demais disposições em contrário (*DOU*, 24.8.90).

Lei 8.112, de 11 de dezembro de 1990

Regime jurídico dos Servidores Públicos Civis da União, das autarquias e das fundações públicas federais.

TÍTULO I

Capítulo Único

DAS DISPOSIÇÕES PRELIMINARES

Art. 1º Esta Lei institui o regime jurídico dos servidores públicos civis da União, das autarquias, inclusive as em regime especial, e das fundações públicas federais.

Art. 2º Para os efeitos desta Lei, servidor é a pessoa legalmente investida em cargo público.

Art. 3º Cargo público é o conjunto de atribuições e responsabilidades previstas na estrutura organizacional que devem ser cometidas a um servidor.

Parágrafo único. Os cargos públicos, acessíveis a todos os brasileiros, são criados por lei, com denominação própria e vencimento pago pelos cofres públicos, para provimento em caráter efetivo ou em comissão.

Art. 4º É proibida a prestação de serviços gratuitos, salvo os casos previstos em lei.

TÍTULO II

DO PROVIMENTO, VACÂNCIA, REMOÇÃO, REDISTRIBUIÇÃO E SUBSTITUIÇÃO

Art. 5º São requisitos básicos para investidura em cargo público:

I – a nacionalidade brasileira;

II – o gozo dos direitos políticos;

III – a quitação com as obrigações militares e eleitorais;

IV – o nível de escolaridade exigido para o exercício do cargo;

V – a idade mínima de 18 anos;

VI – aptidão física e mental.

§ 1º As atribuições do cargo podem justificar a exigência de outros requisitos estabelecidos em lei.

§ 2º Às pessoas portadoras de deficiência é assegurado o direito de se inscrever em concurso público para provimento de cargo cujas atribuições sejam compatíveis com a deficiência de que são portadoras; para tais pessoas serão reservadas até 20% das vagas oferecidas no concurso.

§ 3º As universidades e instituições de pesquisa científica e tecnológica federais poderão prover seus cargos com professores, técnicos e cientistas estrangeiros, de acordo com as normas e os procedimentos desta Lei (red. L. 9.515/97).

....

29. L. 8.030, de 12.4.90: reajustes salariais.

30. L. 8.036, de 11.5.90: FGTS.

Art. 25. Reversão é o retorno à atividade de servidor aposentado:

I – por invalidez, quando junta médica oficial declarar insubsistentes os motivos da aposentadoria; ou

II – no interesse da administração, desde que:

a) tenha solicitado a reversão;

b) a aposentadoria tenha sido voluntária;

c) estável quando na atividade;

d) a aposentadoria tenha ocorrido nos cinco anos anteriores à solicitação;

e) haja cargo vago.

§ 1º A reversão far-se-á no mesmo cargo ou no cargo resultante de sua transformação.

§ 2º O tempo em que o servidor estiver em exercício será considerado para concessão da aposentadoria.

§ 3º No caso do inciso I, encontrando-se provido o cargo, o servidor exercerá suas atribuições como excedente, até a ocorrência de vaga.

§ 4º O servidor que retornar à atividade por interesse da administração perceberá, em substituição aos proventos da aposentadoria, a remuneração do cargo que voltar a exercer, inclusive com as vantagens de natureza pessoal que percebia anteriormente à aposentadoria.

§ 5º O servidor de que trata o inciso II somente terá os proventos calculados com base nas regras atuais se permanecer pelo menos 5 anos no cargo.

§ 6º O Poder Executivo regulamentará o disposto neste artigo (art. 25 e §§ 1º a 6º, red. MP 2.225-45/01).

Art. 26. (Rev. MP 2.225-45/01.)

....

Art. 46. As reposições e indenizações ao erário, atualizadas até 30 de junho de 1994, serão previamente comunicadas ao servidor ativo, aposentado ou ao pensionista, para pagamento, no prazo máximo de 30 dias, podendo ser parceladas, a pedido do interessado.

§ 1º O valor de cada parcela não poderá ser inferior ao correspondente a dez por cento da remuneração, provento ou pensão.

§ 2º Quando o pagamento indevido houver ocorrido no mês anterior ao do processamento da folha, a reposição será feita imediatamente, em uma única parcela.

§ 3º Na hipótese de valores recebidos em decorrência de cumprimento a decisão liminar, a tutela antecipada ou a sentença que venha a ser revogada ou rescindida, serão eles atualizados até a data da reposição (art. 46 e §§ 1º a 3º, red. MP 2.225-45/01).

Art. 47. O servidor em débito com o erário, que for demitido, exonerado ou que tiver sua aposentadoria ou disponibilidade cassada, terá o prazo de 60 dias para quitar o débito (red. MP 2.225-45/01).

Parágrafo único. A não quitação do débito no prazo previsto implicará sua inscrição em dívida ativa (red. MP 2.225-45/01).

....

Art. 61. ....

....

III – (Rev. MP 2.225-45/01).

....

Art. 62-A. Fica transformada em Vantagem Pessoal Nominalmente Identificada – VPNI a incorporação da retribuição pelo exercício de função de direção, chefia ou assessoramento, cargo de provimento em comissão ou de Natureza Especial a que se referem os arts. 3º e 10 da Lei n. 8.911, de 11 de julho de 1994, e o art. 3º da Lei n. 9.624, de 2 de abril de 1998 (red. MP 2.225-45/01).

Parágrafo único. A VPNI de que trata o *caput* deste artigo somente estará sujeita às revisões gerais de remuneração dos servidores públicos federais (red. MP 2.225-45/01).

....

Art. 67. (Rev. MP 2.225-45/01.)

....

Art. 71. O adicional de atividade penosa será devido aos servidores em exercício em zonas de fronteira ou em localidades cujas condições de vida o justifiquem, nos termos, condições e limites fixados em regulamento.

....

Art. 91. A critério da Administração, poderão ser concedidas ao servidor ocupante de cargo efetivo, desde que não esteja em estágio probatório, licenças para o trato de assuntos particulares pelo prazo de até 3 anos consecutivos, sem remuneração (red. MP 2.225-45/01).

Parágrafo único. A licença poderá ser interrompida, a qualquer tempo, a pedido do servidor ou no interesse do serviço (red. MP 2.225-45/01).

....

Art. 117. ....

X – participar de gerência ou administração de sociedade privada, personificada ou não personificada, salvo a participação nos conselhos de administração e fiscal de empresas ou entidades em que a União detenha, direta ou indiretamente, participação no capital social ou em sociedade cooperativa constituída por servidores públicos para prestar serviços a seus membros, e exercer o comércio, exceto na qualidade de acionista, cotista ou comanditário (NRed. MP 210/04);

....

Art. 119. ....

Parágrafo único. O disposto neste artigo não se aplica à remuneração devida pela participação em conselhos de administração e fiscal das empresas públicas e sociedades de economia mista, suas subsidiárias e controladas, bem como quaisquer empresas ou entidades em que a União, direta ou indiretamente, detenha participação no capital social, observado o que, a respeito, dispuser legislação específica (red. MP 2.225-45/01).

....

TÍTULO VIII

Capítulo Único

DAS DISPOSIÇÕES GERAIS

Art. 236. O Dia do Servidor Público será comemorado a vinte e oito de outubro.

Art. 237. Poderão ser instituídos, no âmbito dos Poderes Executivo, Legislativo e Judiciário, os seguintes incentivos funcionais, além daqueles já previstos nos respectivos planos de carreira:

I – prêmios pela apresentação de ideias, inventos ou trabalhos que favoreçam o aumento de produtividade e a redução dos custos operacionais;

II – concessão de medalhas, diplomas de honra ao mérito, condecoração e elogio.

Art. 238. Os prazos previstos nesta lei serão contados em dias corridos, excluindo-se o dia do começo e incluindo-se o do vencimento, ficando prorrogado, para o primeiro dia útil seguinte, o prazo vencido em dia em que não haja expediente.

Art. 239. Por motivo de crença religiosa ou de convicção filosófica ou política, o servidor não poderá ser privado de quaisquer dos seus direitos, sofrer discriminação em sua vida funcional, nem eximir-se do cumprimento de seus deveres.

Art. 240. Ao servidor público civil é assegurado, nos termos da Constituição Federal, o direito à livre associação sindical e os seguintes direitos, entre outros, dela decorrentes:

a) de ser representado pelo sindicato, inclusive como substituto processual;

b) de inamovibilidade do dirigente sindical, até um ano após o final do mandato, exceto se a pedido;

c) se descontar em folha, sem ônus para a entidade sindical a que for filiado, o valor das mensalidades e contribuições definidas em assembleia geral da categoria;

d) (revogada pela L. 9.527/97);

e) (revogada pela L. 9.527/97).

Art. 241. Consideram-se da família do servidor, além do cônjuge e filhos, quaisquer pessoas que vivam às suas expensas e constem do seu assentamento individual.

Parágrafo único. Equipara-se ao cônjuge a companheira ou companheiro, que comprove união estável como entidade familiar.

Art. 242. Para os fins desta lei, considera-se sede o município onde a repartição estiver instalada e onde o servidor tiver exercício, em caráter permanente.

TÍTULO IX

Capítulo Único

DAS DISPOSIÇÕES TRANSITÓRIAS E FINAIS

Art. 243. Ficam submetidos ao regime jurídico instituído por esta Lei, na qualidade de servidores públicos, os servidores dos Poderes da União, dos ex-Territórios, das autarquias, inclusive as em regime especial, e das fundações públicas, regidos pela Lei n. 1.711, de 28 de outubro de 1952 – Estatuto dos Funcionários Públicos Civis da União, ou pela Consolidação das Leis do Trabalho, aprovada pelo Decreto-lei n. 5.452, de 1º de maio de 1943, exceto os contratados por prazo determinado, cujos contratos não poderão ser prorrogados após o vencimento do prazo de prorrogação.

§ 1º Os empregos ocupados pelos servidores incluídos no regime instituído por esta Lei ficam transformados em cargos, na data de sua publicação.

§ 2º As funções de confiança exercidas por pessoas não integrantes de tabela permanente do órgão ou entidade onde têm exercício ficam transformadas em cargos em comissão, e mantidas enquanto não for implantado o plano de cargos dos órgãos ou entidades na forma da lei.

§ 3º As Funções de Assessoramento Superior – FAS, exercidas por servidor integrante de quadro ou tabela de pessoal, ficam extintas na data da vigência desta Lei.

§ 4º (Vetado.)

§ 5º O regime jurídico desta Lei é extensivo aos serventuários da Justiça, remunerados com recursos da União, no que couber.

§ 6º Os empregos dos servidores estrangeiros com estabilidade no serviço público, enquanto não adquirirem a nacionalidade brasileira, passarão a integrar tabela em extinção, do respectivo órgão ou entidade, sem prejuízo dos direitos inerentes aos planos de carreira aos quais se encontrem vinculados os empregos.

§ 7º Os servidores públicos de que trata o *caput* deste artigo, não amparados pelo art. 19 do Ato das Disposições Constitucionais Transitórias, poderão, no interesse da Administração e conforme critérios estabelecidos em regulamento, ser exonerados mediante indenização de um mês de remuneração por ano de efetivo exercício no serviço público federal.

§ 8º Para fins de incidência do imposto de renda na fonte e na declaração de rendimentos, serão considerados como indenizações isentas os pagamentos efetuados a título de indenização prevista no parágrafo anterior.

§ 9º Os cargos vagos em decorrência da aplicação do disposto no § 7º poderão ser extintos pelo Poder Executivo quando considerados desnecessários (§§ 7º a 9º acrescidos pela L. 9.527/97, *DOU*, 11.12.97).

Art. 244. Os adicionais por tempo de serviço, já concedidos aos servidores abrangidos por esta lei, ficam transformados em anuênio.

Art. 245. A licença especial disciplinada pelo art. 116 da Lei n. 1.711, de 1952, ou por outro diploma legal, fica transformada em licença-prêmio por assiduidade, na forma prevista nos arts. 87 a 90.

Art. 246. (Vetado.)

Art. 247. Para efeito do disposto no Título VI desta Lei, haverá ajuste de contas com a Previdência Social, correspondente ao período de contribuição por parte dos servidores celetistas abrangidos pelo art. 243 (red. L. 8.162/91).

Art. 248. As pensões estatutárias, concedidas até a vigência desta Lei, passam a ser mantidas pelo órgão ou entidade de origem do servidor.

Art. 249. Até a edição da lei prevista no § 1º do art. 231, os servidores abrangidos por esta Lei contribuirão na forma e nos percentuais atualmente estabelecidos para o servidor civil da União, conforme regulamento próprio.

Art. 250. O servidor que já tiver satisfeito ou vier a satisfazer, dentro de 1 ano, as condições necessárias para a aposentadoria nos termos do inciso II do art. 184 do antigo Estatuto dos Funcionários Públicos Civis da União, Lei n. 1.711, de 28 de outubro de 1952, aposentar-se-á com a vantagem prevista naquele dispositivo[31].

Art. 251. (Revogado pela L. 9.527/97.)

Art. 252. Esta Lei entra em vigor na data de sua publicação, com efeitos financeiros a partir do primeiro dia do mês subsequente.

Art. 253. Ficam revogadas a Lei n. 1.711, de 28 de outubro de 1952, e respectiva legislação complementar, bem como as demais disposições em contrário (*DOU*, 12.12.90).

Lei 8.162, de 8 de janeiro de 1991

Servidor. Revisão dos vencimentos, salários, proventos etc. FGTS. Contratos de trabalho.

....

31. Vetado pelo Presidente da República, mantido pelo Congresso Nacional (*DOU*, 19.4.91).

Art. 6º O saldo da conta vinculada ao Fundo de Garantia do Tempo de Serviço – FGTS, do servidor a que se aplique o regime da Lei n. 8.112, de 1990, poderá ser sacado nas hipóteses previstas nos incisos III a VII do art. 20 da Lei n. 8.036, de 11 de maio de 1990.

§ 1º (Revogado pela L. 8.678/93.)

§ 2º O saldo da conta individualizada do FGTS, de servidor não optante, reverterá em favor da União ou da entidade depositante.

Art. 7º São considerados extintos, a partir de 12 de dezembro de 1990, os contratos individuais de trabalho dos servidores que passaram ao regime jurídico instituído pela Lei n. 8.112, de 1990, ficando-lhe assegurada a contagem de tempo anterior de serviço público federal para todos os fins, exceto:

I – anuênio;

II – (revogado pela L. 8.911/94);

III – licença-prêmio por assiduidade.

Parágrafo único. No caso do inciso III, o tempo anterior de serviço será contado para efeito da aplicação do disposto no art. 5º.

Art. 8º A partir de 1º de abril de 1991, os servidores qualificados no art. 243 da Lei n. 8.112, de 1990, passam a contribuir mensalmente para o Plano de Seguridade Social do Servidor, instituído pelo art. 183 da mesma Lei.

..................................(*DOU*, 9.1.91).

Lei 8.186, de 21 de maio de 1991

Rede Ferroviária Federal. Complementação de aposentadoria.

Art. 1º É garantida a complementação da aposentadoria paga na forma da Lei Orgânica da Previdência Social – LOPS aos ferroviários admitidos até 31 de outubro de 1969, na Rede Ferroviária Federal S.A. – RFFSA, constituída *ex vi* da Lei n. 3.115, de 16 de março de 1957, suas estradas de ferro, unidades operacionais e subsidiárias.

Art. 2º Observadas as normas de concessão de benefícios da Lei Previdenciária, a complementação da aposentadoria devida pela União é constituída pela diferença entre o valor da aposentadoria paga pelo Instituto Nacional do Seguro Social – INSS e o da remuneração do cargo correspondente ao do pessoal em atividade na RFFSA e suas subsidiárias, com a respectiva gratificação adicional por tempo de serviço.

Parágrafo único. O reajustamento do valor da aposentadoria complementada obedecerá aos mesmos prazos e condições em que for reajustada a remuneração do ferroviário em atividade, de forma a assegurar a permanente igualdade entre eles.

Art. 3º Os efeitos desta lei alcançam também os ferroviários, ex-servidores públicos ou autárquicos que, com base na Lei n. 6.184, de 11 de dezembro de 1974, e no Decreto-lei n. 5, de 4 de abril de 1966, optaram pela integração nos quadros da RFFSA sob o regime da Consolidação das Leis do Trabalho, inclusive os tornados inativos no período de 17 de março de 1975 a 19 de maio de 1980.

Art. 4º Constitui condição essencial para a concessão da complementação de que trata esta lei a detenção, pelo beneficiário, da condição de ferroviário, na data imediatamente anterior ao início da aposentadoria previdenciária.

Art. 5º A complementação da pensão de beneficiário do ferroviário abrangido por esta lei é igualmente devida pela União e continuará a ser paga pelo INSS, observadas as normas de concessão de benefícios da Lei Previdenciária e as disposições do parágrafo único do art. 2º desta lei.

Parágrafo único. Em nenhuma hipótese, a pensão previdenciária complementada poderá ser paga cumulativamente com as pensões especiais previstas nas Leis n. 3.738, de 3 de abril de 1960, e 6.782, de 20 de maio de 1980, ou quaisquer outros benefícios pagos pelo Tesouro Nacional.

Art. 6º O Tesouro Nacional manterá à disposição do INSS, à conta de dotações próprias consignadas no Orçamento da União, os recursos necessários ao pagamento da complementação de que trata esta lei.

Art. 7º Esta lei entra em vigor na data de sua publicação.

Art. 8º Revogam-se as disposições em contrário (*DOU*, 22.5.91).

Lei 8.212, de 24 de julho de 1991

Lei Orgânica da Seguridade Social e Custeio.

....

Art. 22. ....

§ 12. (Vetado.)

§ 13. Não se considera como remuneração direta ou indireta, para os efeitos desta Lei, os valores despendidos pelas entidades religiosas e instituições de ensino vocacional com ministro de confissão religiosa, membros de instituto de vida consagrada, de congregação ou de ordem religiosa em face do seu mister religioso ou para sua subsistência desde que fornecidos em condições que independam da natureza e da quantidade do trabalho executado (red. L. 10.170/00).

....

Art. 22-A. A contribuição devida pela agroindústria, definida, para os efeitos desta Lei, como sendo o produtor rural pessoa jurídica cuja atividade econômica seja a industrialização de produção própria ou de produção própria e adquirida de terceiros, incidente sobre o valor da receita bruta proveniente da comercialização da produção, em substituição às previstas nos incisos I e II do art. 22 desta Lei, é de:

I – dois vírgula cinco por cento destinados à Seguridade Social;

II – zero vírgula um por cento para o financiamento do benefício previsto nos arts. 57 e 58 da Lei n. 8.213, de 24 de julho de 1991, e daqueles concedidos em razão do grau de incidência de incapacidade para o trabalho decorrente dos riscos ambientais da atividade.

§ 1º (Vetado.)

§ 2º O disposto neste artigo não se aplica às operações relativas à prestação de serviços a terceiros, cujas contribuições previdenciárias continuam sendo devidas na forma do art. 22 desta Lei.

§ 3º Na hipótese do § 2º, a receita bruta correspondente aos serviços prestados a terceiros será excluída da base de cálculo da contribuição de que trata o *caput*.

§ 4º O disposto neste artigo não se aplica às sociedades cooperativas e às agroindústrias de piscicultura, carcinicultura, suinocultura e avicultura.

§ 5º O disposto no inciso I do art. 3º da Lei n. 8.315, de 23 de dezembro de 1991, não se aplica ao empregador de que trata este artigo, que contribuirá com o adicional de zero vírgula vinte e cinco por cento da receita bruta proveniente da comercialização da produção, destinado ao Serviço Nacional de Aprendizagem Rural (SENAR). (art. 22-A e §§, red. L. 10.256/01)

§ 6º Não se aplica o regime substitutivo de que trata este artigo à pessoa jurídica que, relativamente à atividade rural, se dedique apenas ao florestamento e reflorestamento como fonte de matéria-prima para industrialização própria mediante a utilização de processo industrial que modifique a natureza química da madeira ou a transforme em pasta celulósica (red. L. 10.684/03).

§ 7º Aplica-se o disposto no § 6º ainda que a pessoa jurídica comercialize resíduos vegetais ou sobras ou partes da produção, desde que a receita bruta decorrente dessa comercialização represente menos de um por cento de sua receita bruta proveniente da comercialização da produção (red. L. 10.684/03).

Art. 22-B. As contribuições de que tratam os incisos I e II do art. 22 desta Lei são substituídas, em relação à remuneração paga, devida ou creditada ao trabalhador rural contratado pelo consórcio simplificado de produtores rurais de que trata o art. 25-A, pela contribuição dos respectivos produtores rurais, calculada na forma do art. 25 desta Lei (red. L. 10.256/01).

....

Art. 25. A contribuição do empregador rural pessoa física, em substituição à contribuição de que tratam os incisos I e II do art. 22, e a do segurado especial, referidos, respectivamente, na alínea *a* do inciso V e no inciso VII do art. 12 desta Lei, destinada à Seguridade Social, é de:

....

§ 9º (Vetado.) (red. L. 10.256/01)

Art. 25-A. Equipara-se ao empregador rural pessoa física o consórcio simplificado de produtores rurais, formado pela união de produtores rurais pessoas físicas, que outorgar a um deles poderes para contratar, gerir e demitir trabalhadores para prestação de serviços, exclusivamente, aos seus integrantes, mediante documento registrado em cartório de títulos e documentos.

§ 1º O documento de que trata o *caput*

deverá conter a identificação de cada produtor, seu endereço pessoal e o de sua propriedade rural, bem como o respectivo registro no Instituto Nacional de Colonização e Reforma Agrária – INCRA ou informações relativas a parceria, arrendamento ou equivalente e a matrícula no Instituto Nacional do Seguro Social – INSS de cada um dos produtores rurais.

§ 2º O consórcio deverá ser matriculado no INSS em nome do empregador a quem hajam sido outorgados os poderes, na forma do regulamento.

§ 3º Os produtores rurais integrantes do consórcio de que trata o *caput* serão responsáveis solidários em relação às obrigações previdenciárias.

§ 4º (Vetado.) (art. 25-A e §§, red. L. 10.256/01)

....

Art. 32. A empresa é também obrigada a:

I – preparar folhas de pagamento das remunerações pagas ou creditadas a todos os segurados a seu serviço, de acordo com os padrões e normas estabelecidos pelo órgão competente da Seguridade Social;

II – lançar mensalmente em títulos próprios de sua contabilidade, de forma discriminada, os fatos geradores de todas as contribuições, o montante das quantias descontadas, as contribuições da empresa e os totais recolhidos;

III – prestar à Secretaria da Receita Federal do Brasil todas as informações cadastrais, financeiras e contábeis de seu interesse, na forma por ela estabelecida, bem como os esclarecimentos necessários à fiscalização (Red. L. 11.941/09);

IV – declarar à Secretaria da Receita Federal do Brasil e ao Conselho Curador do Fundo de Garantia do Tempo de Serviço – FGTS, na forma, prazo e condições estabelecidos por esses órgãos, dados relacionados a fatos geradores, base de cálculo e valores devidos da contribuição previdenciária e outras informações de interesse do INSS ou do Conselho Curador do FGTS (Red. L. 11.941/09);

V – (vetado);

VI – comunicar, mensalmente, aos empregados, por intermédio de documento a ser definido em regulamento, os valores recolhidos sobre o total de sua remuneração ao INSS. (Red. L. 12.692/12)

§ 1º (Rev. L. 11.941/09).

§ 2º A declaração de que trata o inciso IV do *caput* deste artigo constitui instrumento hábil e suficiente para a exigência do crédito tributário, e suas informações comporão a base de dados para fins de cálculo e concessão dos benefícios previdenciários. (Red. L. 11.941/09)

§ 3º (Rev. L. 11.941/09).

§ 4º (Rev. L. 11.941/09).

§ 5º (Rev. L. 11.941/09).

§ 6º (Rev. L. 11.941/09).

§ 7º (Rev. L. 11.941/09).

§ 8º (Rev. L. 11.941/09).

§ 9º A empresa deverá apresentar o documento a que se refere o inciso IV do *caput* deste artigo ainda que não ocorram fatos geradores de contribuição previdenciária, aplicando-se, quando couber, a penalidade prevista no art. 32-A desta Lei.

§ 10. O descumprimento do disposto no inciso IV do *caput* deste artigo impede a expedição da certidão de prova de regularidade fiscal perante a Fazenda Nacional. (Red. L. 11.941/09)

§ 11. Em relação aos créditos tributários, os documentos comprobatórios do cumprimento das obrigações de que trata este artigo devem ficar arquivados na empresa até que ocorra a prescrição relativa aos créditos decorrentes das operações a que se refiram. (Red. L. 11.941/09)

§ 12. (Vetado.)

....

Art. 32-C. O segurado especial responsável pelo grupo familiar que contratar na forma do § 8º do art. 12 apresentará as informações relacionadas ao registro de trabalhadores, aos fatos geradores, à base de cálculo e aos valores das contribuições devidas à Previdência Social e ao Fundo de Garantia do Tempo de Serviço – FGTS e outras informações de interesse da Secretaria da Receita Federal do Brasil, do Ministério da Previdência Social, do Ministério do Trabalho e Emprego e do Conselho Curador do FGTS, por meio de sistema eletrônico com entrada única de dados, e efetuará os reco-

LEIS

lhimentos por meio de documento único de arrecadação (Red. L. 12.873/13).

§ 1º Os Ministros de Estado da Fazenda, da Previdência Social e do Trabalho e Emprego disporão, em ato conjunto, sobre a prestação das informações, a apuração, o recolhimento e a distribuição dos recursos recolhidos e sobre as informações geradas por meio do sistema eletrônico e da guia de recolhimento de que trata o *caput* (Red. L. 12.873/13).

§ 2º As informações prestadas no sistema eletrônico de que trata o *caput* têm caráter declaratório, constituem instrumento hábil e suficiente para a exigência dos tributos e encargos apurados e substituirão, na forma regulamentada pelo ato conjunto que prevê o § 1º, a obrigatoriedade de entrega de todas as informações, formulários e declarações a que está sujeito o grupo familiar, inclusive as relativas ao recolhimento do FGTS (Red. L. 12.873/13).

§ 3º O segurado especial de que trata o *caput* está obrigado a arrecadar as contribuições previstas nos incisos X, XII e XIII do *caput* do art. 30, os valores referentes ao FGTS e os encargos trabalhistas sob sua responsabilidade, até o dia 7 (sete) do mês seguinte ao da competência (Red. L. 12.873/13).

§ 4º Os recolhimentos devidos, nos termos do § 3º, deverão ser pagos por meio de documento único de arrecadação (Red. L. 12.873/13).

§ 5º Se não houver expediente bancário na data indicada no § 3º, o recolhimento deverá ser antecipado para o dia útil imediatamente anterior (Red. L. 12.873/13).

§ 6º Os valores não pagos até a data do vencimento sujeitar-se-ão à incidência de acréscimos e encargos legais na forma prevista na legislação do Imposto sobre a Renda e Proventos de Qualquer Natureza para as contribuições de caráter tributário, e conforme o art. 22 da Lei n. 8.036, de 11 de maio de 1990, para os depósitos do FGTS, inclusive no que se refere às multas por atraso (Red. L. 12.873/13).

§ 7º O recolhimento do valor do FGTS na forma deste artigo será creditado diretamente em conta vinculada do trabalhador, assegurada a transferência dos elementos identificadores do recolhimento ao agente operador do fundo (Red. L. 12.873/13).

§ 8º O ato de que trata o § 1º regulará a compensação e a restituição dos valores dos tributos e dos encargos trabalhistas recolhidos, no documento único de arrecadação, indevidamente ou em montante superior ao devido (Red. L. 12.873/13).

§ 9º A devolução de valores do FGTS, depositados na conta vinculada do trabalhador, será objeto de norma regulamentar do Conselho Curador e do Agente Operador do Fundo de Garantia do Tempo de Serviço (Red. L. 12.873/13).

§ 10. O produto da arrecadação de que trata o § 3º será centralizado na Caixa Econômica Federal (Red. L. 12.873/13).

§ 11. A Caixa Econômica Federal, com base nos elementos identificadores do recolhimento, disponíveis no sistema de que trata o *caput* deste artigo, transferirá para a Conta Única do Tesouro Nacional os valores arrecadados dos tributos e das contribuições previstas nos incisos X, XII e XIII do *caput* do art. 30 (Red. L. 12.873/13).

§ 12. A impossibilidade de utilização do sistema eletrônico referido no *caput* será objeto de regulamento, a ser editado pelo Ministério da Fazenda e pelo Agente Operador do FGTS (Red. L. 12.873/13).

§ 13. A sistemática de entrega das informações e recolhimentos de que trata o *caput* poderá ser estendida pelas autoridades previstas no § 1º para o produtor rural pessoa física de que trata a alínea *a* do inciso V do *caput* do art. 12 (Red. L. 12.873/13).

§ 14. Aplica-se às informações entregues na forma deste artigo o disposto no § 2º do art. 32 e no art. 32-A (Red. L. 12.873/13).

Art. 33. À Secretaria da Receita Federal do Brasil compete planejar, executar, acompanhar e avaliar as atividades relativas à tributação, à fiscalização, à arrecadação, à cobrança e ao recolhimento das contribuições sociais previstas no parágrafo único do art. 11 desta Lei, das contribuições incidentes a título de substituição e das devidas a outras entidades e fundos (Red. L. 11.941/09).

§ 1º É prerrogativa da Secretaria da Receita Federal do Brasil, por intermédio dos Auditores-Fiscais da Receita Federal do Brasil, o exame da contabilidade das empresas, ficando obrigados a prestar todos os esclarecimentos e informações solicitados o segurado e os terceiros responsáveis pelo recolhimento das contribuições previdenciárias e das contribuições devidas a outras entidades e fundos (Red. L. 11.941/09).

§ 2º A empresa, o segurado da Previdência Social, o serventuário da Justiça, o síndico ou seu representante, o comissário e o liquidante de empresa em liquidação judicial ou extrajudicial são obrigados a exibir todos os documentos e livros relacionados com as contribuições previstas nesta Lei (Red.L. 11.941/09).

§ 3º Ocorrendo recusa ou sonegação de qualquer documento ou informação, ou sua apresentação deficiente, a Secretaria da Receita Federal do Brasil pode, sem prejuízo da penalidade cabível, lançar de ofício a importância devida (Red. L. 11.941/09).

§ 4º Na falta de prova regular e formalizada pelo sujeito passivo, o montante dos salários pagos pela execução de obra de construção civil pode ser obtido mediante cálculo da mão de obra empregada, proporcional à área construída, de acordo com critérios estabelecidos pela Secretaria da Receita Federal do Brasil, cabendo ao proprietário, dono da obra, condômino da unidade imobiliária ou empresa corresponsável o ônus da prova em contrário (Red. L. 11.941/09).

§ 5º O desconto de contribuição e de consignação legalmente autorizadas sempre se presume feito oportuna e regularmente pela empresa a isso obrigada, não lhe sendo lícito alegar omissão para se eximir do recolhimento, ficando diretamente responsável pela importância que deixou de receber ou arrecadou em desacordo com o disposto nesta Lei.

§ 6º Se, no exame da escrituração contábil e de qualquer outro documento da empresa, a fiscalização constatar que a contabilidade não registra o movimento real de remuneração dos segurados a seu serviço, do faturamento e do lucro, serão apuradas, por aferição indireta, as contribuições efetivamente devidas, cabendo à empresa o ônus da prova em contrário.

§ 7º O crédito da seguridade social é constituído por meio de notificação de lançamento, de auto de infração e de confissão de valores devidos e não recolhidos pelo contribuinte (Red. L. 11.941/09).

§ 8º Aplicam-se às contribuições sociais mencionadas neste artigo as presunções legais de omissão de receita previstas nos §§ 2º e 3º do art. 12 do Decreto-Lei n. 1.598, de 26 de dezembro de 1977, e nos arts. 40, 41 e 42 da Lei n. 9.430, de 27 de dezembro de 1996 (NRed. L. 11.941/09).

....

Art. 43. Nas ações trabalhistas de que resultar o pagamento de direitos sujeitos à incidência de contribuição previdenciária, o juiz, sob pena de responsabilidade, determinará o imediato recolhimento das importâncias devidas à Seguridade Social (Red. L. 8.620/93).

§ 1º Nas sentenças judiciais ou nos acordos homologados em que não figurarem, discriminadamente, as parcelas legais relativas às contribuições sociais, estas incidirão sobre o valor total apurado em liquidação de sentença ou sobre o valor do acordo homologado (Red. L. 11.941/09).

§ 2º Considera-se ocorrido o fato gerador das contribuições sociais na data da prestação do serviço (Red. L. 11.941/09).

§ 3º As contribuições sociais serão apuradas mês a mês, com referência ao período da prestação de serviços, mediante a aplicação de alíquotas, limites máximos do salário de contribuição e acréscimos legais moratórios vigentes relativamente a cada uma das competências abrangidas, devendo o recolhimento ser efetuado no mesmo prazo em que devam ser pagos os créditos encontrados em liquidação de sentença ou em acordo homologado, sendo que nesse último caso o recolhimento será feito em tantas parcelas quantas as previstas no acordo, nas mesmas datas em que sejam exigíveis e proporcionalmente a cada uma delas (Red. L. 11.941/09).

§ 4º No caso de reconhecimento judicial da prestação de serviços em condições que permitam a aposentadoria especial após 15 (quinze), 20 (vinte) ou 25 (vinte e cinco) anos de contribuição, serão devidos os acréscimos de contribuição de que trata o § 6º do art. 57 da Lei nº 8.213, de 24 de julho de 1991 (Red. L. 11.941/09).

§ 5º Na hipótese de acordo celebrado após ter sido proferida decisão de mérito, a contribuição será calculada com base no valor do acordo (Red. L 11.941/09).

§ 6º Aplica-se o disposto neste artigo aos valores devidos ou pagos nas Comissões de Conciliação Prévia de que trata a Lei n. 9.958, de 12 de janeiro de 2000 (red. L. 11.941/09).

Art. 44. (Rev. L. 11.501/07.)

....

Art. 95. (*Caput* e alíneas *a* a *j* Rev. L. 9.983/00.)

§ 1º (Rev. L. 9.983/00.)

§ 2º (§ 2º e alíneas *a* a *f* Rev. L. 9.964/00.)

§ 3º (Rev. L. 9.983/00.) (*Vide* arts. 168-A, 297 e 337-A do DL 2.848/40.)

§ 4º (Rev. L. 9.983/00.) (*Vide* arts. 168-A, 297 e 337-A do DL 2.848/40.)

§ 5º (Rev. L. 9.983/00.) (*Vide* arts. 168-A, 297 e 337-A do DL 2.848/40.)

.................(*DOU*, 25.7.91; publicação consolidada, *DOU*, 11.4.96; republicação consolidada, *DOU*, 14.8.98).

Lei 8.213, de 24 de julho de 1991[32]

Planos de benefícios da Previdência Social.

....

Art. 15. Mantém a qualidade de segurado, independentemente de contribuições:

I – sem limite de prazo, quem está em gozo de benefício;

II – até 12 meses após a cessação das contribuições, o segurado que deixar de exercer atividade remunerada abrangida pela Previdência Social ou estiver suspenso ou licenciado sem remuneração;

III – até 12 meses após cessar a segregação, o segurado acometido de doença de segregação compulsória;

IV – até 12 meses após o livramento, o segurado retido ou recluso;

V – até 3 meses após o licenciamento, o segurado incorporado às Forças Armadas para prestar serviço militar;

VI – até 6 meses após a cessação das contribuições, o segurado facultativo.

§ 1º O prazo do inciso II será prorrogado para até 24 meses se o segurado já tiver pago mais de 120 contribuições mensais sem interrupção que acarrete a perda da qualidade de segurado.

§ 2º Os prazos do inciso II ou do § 1º serão acrescidos de 12 meses para o segurado, desde que comprovada essa situação pelo registro no órgão próprio do Ministério do Trabalho e da Previdência Social.

§ 3º Durante os prazos deste artigo, o segurado conserva todos os seus direitos perante a Previdência Social.

§ 4º A perda da qualidade de segurado ocorrerá no dia seguinte ao do término do prazo fixado no Plano de Custeio da Seguridade Social para recolhimento da contribuição referente ao mês imediatamente posterior ao do final dos prazos fixados neste artigo e seus parágrafos.

....

DAS ESPÉCIES DE PRESTAÇÕES

....

Art. 19. Acidente do trabalho é o que ocorre pelo exercício do trabalho a serviço de empresa ou de empregador doméstico ou pelo exercício do trabalho dos segurados referidos no inciso VII do art. 11 desta Lei, provocando lesão corporal ou perturbação funcional que cause a morte ou a perda ou redução, permanente ou temporária, da capacidade para o trabalho. (Red. LC 150/15)

§ 1º A empresa é responsável pela adoção e uso das medidas coletivas e individuais de proteção e segurança da saúde do trabalhador.

§ 2º Constitui contravenção penal, punível com multa, deixar a empresa de cumprir as normas de segurança e higiene do trabalho.

§ 3º É dever da empresa prestar informações pormenorizadas sobre os riscos da operação a executar e do produto a manipular.

§ 4º O Ministério do Trabalho e da Previdência Social fiscalizará e os sindicatos e entidades representativas de classe acompanharão o fiel cumprimento do disposto

32. *DOU*, 25.7.91, publicação consolidada, *DOU*, 11.4.96, cf. L. 9.032/95.

nos parágrafos anteriores, conforme dispuser o Regulamento.

Art. 20. Consideram-se acidente do trabalho, nos termos do artigo anterior, as seguintes entidades mórbidas:

I – doença profissional, assim entendida a produzida ou desencadeada pelo exercício do trabalho peculiar a determinada atividade e constante da respectiva relação elaborada pelo Ministério do Trabalho e da Previdência Social;

II – doença do trabalho, assim entendida a adquirida ou desencadeada em função de condições especiais em que o trabalho é realizado e com ele se relacione diretamente, constante da relação mencionada no inciso I.

§ 1º Não são consideradas como doença do trabalho:

a) a doença degenerativa;

b) a inerente a grupo etário;

c) a que não produza incapacidade laborativa;

d) a doença endêmica adquirida por segurado habitante de região em que ela se desenvolva, salvo comprovação de que é resultante de exposição ou contato direto determinado pela natureza do trabalho.

§ 2º Em caso excepcional, constatando-se que a doença não incluída na relação prevista nos incisos I e II deste artigo resultou das condições especiais em que o trabalho é executado e com ele se relaciona diretamente, a Previdência Social deve considerá-la acidente do trabalho.

Art. 21. Equiparam-se também ao acidente do trabalho, para efeitos desta Lei:

I – o acidente ligado ao trabalho que, embora não tenha sido causa única, haja contribuído diretamente para a morte do segurado, para redução ou perda da sua capacidade para o trabalho, ou produzido lesão que exija atenção médica para a sua recuperação;

II – o acidente sofrido pelo segurado no local e no horário do trabalho, em consequência de:

a) ato de agressão, sabotagem ou terrorismo praticado por terceiros ou companheiro de trabalho;

b) ofensa física intencional, inclusive de terceiro, por motivo de disputa relacionada ao trabalho;

c) ato de imprudência, de negligência ou imperícia de terceiro ou de companheiro de trabalho;

d) ato de pessoa privada do uso da razão;

e) desabamento, inundação, incêndio e outros casos fortuitos ou decorrentes de força maior;

III – a doença proveniente de contaminação acidental do empregado no exercício de sua atividade;

IV – o acidente sofrido pelo segurado, ainda que fora do local e horário de trabalho:

a) na execução de ordem ou na realização de serviço sob a autoridade da empresa;

b) na prestação espontânea de qualquer serviço à empresa para lhe evitar prejuízo ou proporcionar proveito;

c) em viagem a serviço da empresa, inclusive para estudo quando financiada por esta dentro de seus planos para melhor capacitação da mão de obra, independentemente do meio de locomoção utilizado, inclusive veículo de propriedade do segurado;

d) no percurso da residência para o local de trabalho ou deste para aquela, qualquer que seja o meio de locomoção, inclusive veículo de propriedade do segurado.

§ 1º Nos períodos destinados a refeição ou descanso, ou por ocasião da satisfação de outras necessidades fisiológicas, no local do trabalho ou durante este, o empregado é considerado no exercício do trabalho.

§ 2º Não é considerada agravação ou complicação de acidente do trabalho a lesão que, resultante de acidente de outra origem, se associe ou se superponha às consequências do anterior.

Art. 21-A. A perícia médica do Instituto Nacional do Seguro Social (INSS) considerará caracterizada a natureza acidentária da incapacidade quando constatar ocorrência de nexo técnico epidemiológico entre o trabalho e o agravo, decorrente da relação entre a atividade da empresa ou do empregado doméstico e a entidade mórbida motivadora da incapacidade elencada na Classificação Internacional de Doenças (CID), em conformidade com o que dispuser o regulamento. (Red. LC 150/15)

§ 1º A perícia médica do INSS deixará de aplicar o disposto neste artigo quando demonstrada a inexistência do nexo de que trata o *caput* deste artigo. (Incluído L. 11.430/06)

LEIS

§ 2º A empresa ou o empregador doméstico poderão requerer a não aplicação do nexo técnico epidemiológico, de cuja decisão caberá recurso, com efeito suspensivo, da empresa, do empregador doméstico ou do segurado ao Conselho de Recursos da Previdência Social. (Red. LC 150/15)

Art. 22. A empresa ou o empregador doméstico deverão comunicar o acidente do trabalho à Previdência Social até o primeiro dia útil seguinte ao da ocorrência e, em caso de morte, de imediato, à autoridade competente, sob pena de multa variável entre o limite mínimo e o limite máximo do salário de contribuição, sucessivamente aumentada nas reincidências, aplicada e cobrada pela Previdência Social. (Red. LC 150/15)

§ 1º Da comunicação a que se refere este artigo receberão cópia fiel o acidentado ou seus dependentes, bem como o sindicato a que corresponda a sua categoria.

§ 2º Na falta de comunicação por parte da empresa, podem formalizá-la o próprio acidentado, seus dependentes, a entidade sindical competente, o médico que o assistiu ou qualquer autoridade pública, não prevalecendo nestes casos o prazo previsto neste artigo.

§ 3º A comunicação a que se refere o § 2º não exime a empresa de responsabilidade pela falta do cumprimento do disposto neste artigo.

§ 4º Os sindicatos e entidades representativas de classe poderão acompanhar a cobrança, pela Previdência Social, das multas previstas neste artigo.

§ 5º A multa de que trata este artigo não se aplica na hipótese do *caput* do art. 21-A (red. L. 11.430/06).

Art. 23. Considera-se como dia do acidente, no caso de doença profissional ou do trabalho, a data do início da incapacidade laborativa para o exercício da atividade habitual, ou o dia da segregação compulsória, ou o dia em que for realizado o diagnóstico, valendo para este efeito o que ocorrer primeiro.

....

DO AUXÍLIO-DOENÇA

Art. 59. O auxílio-doença será devido ao segurado que, havendo cumprido, quando for o caso, o período de carência exigido nesta Lei, ficar incapacitado para o seu trabalho ou para a sua atividade habitual por mais de 15 (quinze) dias consecutivos.

Parágrafo único. Não será devido auxílio-doença ao segurado que se filiar ao Regime Geral de Previdência Social já portador da doença ou da lesão invocada como causa para o benefício, salvo quando a incapacidade sobrevier por motivo de progressão ou agravamento dessa doença ou lesão.

Art. 60. O auxílio-doença será devido ao segurado empregado a contar do 16º (décimo sexto) dia do afastamento da atividade, e, no caso dos demais segurados, a contar da data do início da incapacidade e enquanto ele permanecer incapaz (red. L. 9.876/99).

§ 1º Quando requerido por segurado afastado da atividade por mais de 30 (trinta) dias, o auxílio-doença será devido a contar da data da entrada do requerimento.

....

§ 3º Durante os primeiros 15 (quinze) dias consecutivos ao do afastamento da atividade por motivo de doença, incumbirá à empresa pagar ao segurado empregado o seu salário integral (red. L. 9.876/99).

§ 4º A empresa que dispuser de serviço médico, próprio ou em convênio, terá a seu cargo o exame médico e o abono das faltas correspondentes ao período referido no § 3º, somente devendo encaminhar o segurado à perícia médica da Previdência Social quando a incapacidade ultrapassar 15 (quinze) dias.

§ 5º Nos casos de impossibilidade de realização de perícia médica pelo órgão ou setor próprio competente, assim como de efetiva incapacidade física ou técnica de implementação das atividades e de atendimento adequado à clientela da previdência social, o INSS poderá, sem ônus para os segurados, celebrar, nos termos do regulamento, convênios, termos de execução descentralizada, termos de fomento ou de colaboração, contratos não onerosos ou acordos de cooperação técnica para realização de perícia médica, por delegação ou simples cooperação técnica, sob sua coordenação e supervisão, com: (Incluído L. 13.135/15)

I - órgãos e entidades públicos ou que integrem o Sistema Único de Saúde (SUS); (Incluído L. 13.135/15)

II - (vetado); (Incluído L. 13.135/15)

III - (vetado). (Incluído L. 13.135/15)

§ 6º O segurado que durante o gozo do auxílio-doença vier a exercer atividade que lhe garanta subsistência poderá ter o benefício cancelado a partir do retorno à atividade. (Incluído L. 13.135/15)

§ 7º Na hipótese do § 6º, caso o segurado, durante o gozo do auxílio-doença, venha a exercer atividade diversa daquela que gerou o benefício, deverá ser verificada a incapacidade para cada uma das atividades exercidas. (Incluído L. 13.135/15)

§ 8º Sempre que possível, o ato de concessão ou de reativação de auxílio-doença, judicial ou administrativo, deverá fixar o prazo estimado para a duração do benefício. (Incluído L. 13.135/15)

§ 9º Na ausência de fixação do prazo de que trata o § 8º, o benefício cessará após o prazo de cento e vinte dias, contado da data de concessão ou de reativação, exceto se o segurado requerer a sua prorrogação junto ao INSS, na forma do regulamento, observado o disposto no art. 62. (Incluído MP 739/16)

§ 10. O segurado em gozo de auxílio-doença, concedido judicial ou administrativamente, poderá ser convocado a qualquer momento, para avaliação das condições que ensejaram a sua concessão e a sua manutenção, observado o disposto no art. 101. (Incluído MP 739/16)

....

Art. 63. O segurado empregado, inclusive o doméstico, em gozo de auxílio-doença será considerado pela empresa e pelo empregador doméstico como licenciado. (Red. LC150/15)

Parágrafo único. A empresa que garantir ao segurado licença remunerada ficará obrigada a pagar-lhe durante o período de auxílio-doença a eventual diferença entre o valor deste e a importância garantida pela licença.

....

DO SALÁRIO-FAMÍLIA

Art. 65. O salário-família será devido, mensalmente, ao segurado empregado, inclusive o doméstico, e ao segurado trabalhador avulso, na proporção do respectivo número de filhos ou equiparados nos termos do § 2º do art. 16 desta Lei, observado o disposto no art. 66. (Red. LC150/15)

Parágrafo único. O aposentado por invalidez ou por idade e os demais aposentados com 65 (sessenta e cinco) anos ou mais de idade, se do sexo masculino, ou 60 (sessenta) anos ou mais, se do feminino, terão direito ao salário-família, pago juntamente com a aposentadoria.

Art. 66. O valor da cota do salário-família por filho ou equiparado de qualquer condição, até 14 (quatorze) anos de idade ou inválido de qualquer idade é de:

I – Cr$ 1.360,00 (um mil trezentos e sessenta cruzeiros), para o segurado com remuneração mensal não superior a Cr$ 51.000,00 (cinquenta e um mil cruzeiros);

II – Cr$ 170,00 (cento e setenta cruzeiros), para o segurado com remuneração mensal superior a Cr$ 51.000,00 (cinquenta e um mil cruzeiros).

Art. 67. O pagamento do salário-família é condicionado à apresentação da certidão de nascimento do filho ou da documentação relativa ao equiparado ou ao inválido, e à apresentação anual de atestado de vacinação obrigatória e de comprovação de frequência à escola do filho ou equiparado, nos termos do regulamento. (Red. L. 9.876/99)

Art. 68. As cotas do salário-família serão pagas pela empresa ou pelo empregador doméstico, mensalmente, junto com o salário, efetivando-se a compensação quando do recolhimento das contribuições, conforme dispuser o Regulamento. (Red. LC 150/15)

§ 1º A empresa ou o empregador doméstico conservarão durante 10 (dez) anos os comprovantes de pagamento e as cópias das certidões correspondentes, para fiscalização da Previdência Social. (Red. LC 150/15)

§ 2º Quando o pagamento do salário não for mensal, o salário-família será pago juntamente com o último pagamento relativo ao mês.

Art. 69. O salário-família devido ao trabalhador avulso poderá ser recebido pelo sindicato de classe respectivo, que se incumbirá de elaborar as folhas correspondentes e de distribuí-lo.

Art. 70. A cota do salário-família não será incorporada, para qualquer efeito, ao salário ou ao benefício.

DO SALÁRIO-MATERNIDADE

Art. 71. O salário-maternidade é devido à segurada da Previdência Social, durante cento e vinte dias, com início no período entre vinte e oito dias antes do parto e a data de ocorrência deste, observadas as situações e condições previstas na legislação no que concerne à proteção à maternidade, sendo pago diretamente pela Previdência Social (NRed. L. 10.710/03).

Parágrafo único. (Revogado pela L. 9.528/97.)

Art. 71-A. Ao segurado ou segurada da Previdência Social que adotar ou obtiver guarda judicial para fins de adoção de criança é devido salário-maternidade pelo período de 120 (cento e vinte) dias (NRed. L. 12.873/13).

§ 1º O salário-maternidade de que trata este artigo será pago diretamente pela Previdência Social (NRed. L. 12.873/13).

§ 2º Ressalvado o pagamento do salário-maternidade à mãe biológica e o disposto no art. 71-B, não poderá ser concedido o benefício a mais de um segurado, decorrente do mesmo processo de adoção ou guarda, ainda que os cônjuges ou companheiros estejam submetidos a Regime Próprio de Previdência Social (NRed. L. 12.873/13).

Art. 71-B. No caso de falecimento da segurada ou segurado que fizer jus ao recebimento do salário-maternidade, o benefício será pago, por todo o período ou pelo tempo restante a que teria direito, ao cônjuge ou companheiro sobrevivente que tenha a qualidade de segurado, exceto no caso do falecimento do filho ou de seu abandono, observadas as normas aplicáveis ao salário-maternidade (red. L. 12.873/13).

§ 1º O pagamento do benefício de que trata o *caput* deverá ser requerido até o último dia do prazo previsto para o término do salário-maternidade originário (red. L. 12.873/13).

§ 2º O benefício de que trata o *caput* será pago diretamente pela Previdência Social durante o período entre a data do óbito e o último dia do término do salário-maternidade originário e será calculado sobre: (red. L. 12.873/13)

I – a remuneração integral, para o empregado e trabalhador avulso; (red. L. 12.873/13)

II – o último salário de contribuição, para o empregado doméstico; (red. L.12.873/13)

III – 1/12 (um doze avos) da soma dos 12 (doze) últimos salários de contribuição, apurados em um período não superior a 15 (quinze) meses, para o contribuinte individual, facultativo e desempregado; e

IV – o valor do salário mínimo, para o segurado especial (red. L. 12.873/13).

§ 3º Aplica-se o disposto neste artigo ao segurado que adotar ou obtiver guarda judicial para fins de adoção (red. L. 12.873/13).

Art. 71-C. A percepção do salário-maternidade, inclusive o previsto no art. 71-B, está condicionada ao afastamento do segurado do trabalho ou da atividade desempenhada, sob pena de suspensão do benefício (red. L. 12.873/13).

Art. 72. O salário-maternidade para a segurada empregada ou trabalhadora avulsa consistirá numa renda mensal igual a sua remuneração integral (red. L. 9.876/99).

§ 1º Cabe à empresa pagar o salário-maternidade devido à respectiva empregada gestante, efetivando-se a compensação, observado o disposto no art. 248 da Constituição Federal, quando do recolhimento das contribuições incidentes sobre a folha de salários e demais rendimentos pagos ou creditados, a qualquer título, à pessoa física que lhe preste serviço (NRed. L. 10.710/03).

§ 2º A empresa deverá conservar durante 10 anos os comprovantes dos pagamentos e os atestados correspondentes para exame pela fiscalização da Previdência Social (red. L. 10.710/03).

§ 3º O salário-maternidade devido à trabalhadora avulsa e à empregada do microempreendedor individual de que trata o art. 18-A da Lei Complementar n. 123, de 14 de dezembro de 2006, será pago diretamente pela Previdência Social (red. L. 12.470/11).

Art. 73. Assegurado o valor de um salário mínimo, o salário-maternidade para as demais seguradas, pago diretamente pela Previdência Social, consistirá: (NRed. L. 10.710/03)

I – em um valor correspondente ao do seu último salário de contribuição, para a segurada empregada doméstica;

II – em um doze avos do valor sobre o qual incidiu sua última contribuição anual, para a segurada especial;

III – em um doze avos da soma dos 12 últimos salários de contribuição, apurados em um período não superior a 15 meses, para as demais seguradas.

....

DO AUXÍLIO-ACIDENTE

Art. 86. O auxílio-acidente será concedido, como indenização, ao segurado quando, após a consolidação das lesões decorrentes de acidente de qualquer natureza, resultar sequelas que impliquem redução da capacidade para o trabalho que habitualmente exercia (red. L. 9.528/97).

§ 1º O auxílio-acidente mensal corresponderá a cinquenta por cento do salário de benefício e será devido, observado o disposto no § 5º, até a véspera do início de qualquer aposentadoria ou até a data do óbito do segurado (red. L. 9.528/97).

§ 2º O auxílio-acidente será devido a partir do dia seguinte ao da cessação do auxílio-doença, independentemente de qualquer remuneração ou rendimento auferido pelo acidentado, vedada sua acumulação com qualquer aposentadoria (red. L. 9.528/97).

§ 3º O recebimento de salário ou concessão de outro benefício, exceto de aposentadoria, observado o disposto no § 5º, não prejudicará a continuidade do recebimento do auxílio-acidente (red. L. 9.528/97).

....

DAS DISPOSIÇÕES DIVERSAS RELATIVAS ÀS PRESTAÇÕES

Art. 103. É de 10 anos o prazo de decadência de todo e qualquer direito ou ação do segurado ou beneficiário para a revisão do ato de concessão de benefício, a contar do dia primeiro do mês seguinte ao do recebimento da primeira prestação ou, quando for o caso, do dia em que tomar conhecimento da decisão indeferitória definitiva no âmbito administrativo.

....

Art. 103-A. O direito da Previdência Social de anular os atos administrativos de que decorram efeitos favoráveis para os seus beneficiários decai em 10 anos, contados da data em que foram praticados, salvo comprovada má-fé.

§ 1º No caso de efeitos patrimoniais contínuos, o prazo decadencial contar-se-á da percepção do primeiro pagamento.

§ 2º Considera-se exercício do direito de anular qualquer medida de autoridade administrativa que importe impugnação à validade do ato.

....

Art. 118. O segurado que sofreu acidente do trabalho tem garantida, pelo prazo mínimo de 12 meses, a manutenção do seu contrato de trabalho na empresa, após a cessação do auxílio-doença acidentário, independentemente de percepção de auxílio-acidente.

Parágrafo único. (Rev. L. 9.032/95.)

..................................(*DOU*, 25.7.91).

Lei 8.383, de 30 de dezembro de 1991

UFIR. Multas.

Art. 1º Fica instituída a Unidade Fiscal de Referência – UFIR, como medida de valor e parâmetro de atualização monetária de tributos e de valores expressos em cruzeiros na legislação tributária federal, bem como os relativos a multas e penalidades de qualquer natureza.

§ 1º O disposto neste Capítulo aplica-se a tributos e contribuições sociais, inclusive previdenciárias, de intervenção no domínio econômico e de interesse de categorias profissionais ou econômicas.

§ 2º É vedada a utilização da UFIR em negócio jurídico como referencial de correção monetária do preço de bens ou serviços e de salários, aluguéis ou *royalties*.

Art. 2º A expressão monetária da UFIR mensal será fixa em cada mês-calendário; e da UFIR diária ficará sujeita a variação em cada dia e a do primeiro dia do mês será igual à da UFIR do mesmo mês.

§ 1º O Ministério da Economia, Fazenda e Planejamento, por intermédio do Departamento da Receita Federal, divulgará a expressão monetária da UFIR mensal:

a) até o dia 1º de janeiro de 1992, para esse mês, mediante a aplicação, sobre Cr$ 126,8621, do Índice Nacional de Preços ao

LEIS

Consumidor – INPC acumulado desde fevereiro até novembro de 1991, e do Índice de Preços ao Consumidor Ampliado – IPCA de dezembro de 1991, apurados pelo Instituto Brasileiro de Geografia e Estatística (IBGE);

b) até o primeiro dia de cada mês, a partir de 1º de fevereiro de 1992, com base no IPCA.

§ 2º O IPCA, a que se refere o parágrafo anterior, será constituído por série especial cuja apuração compreenderá o período entre o dia 16 do mês anterior e o dia 15 do mês de referência.

§ 3º Interrompida a apuração ou divulgação da série especial do IPCA, a expressão monetária da UFIR será estabelecida com base nos indicadores disponíveis, observada precedência em relação àqueles apurados por instituições oficiais de pesquisa.

§ 4º No caso do parágrafo anterior, o Departamento da Receita Federal divulgará a metodologia adotada para a determinação da expressão monetária da UFIR.

§ 5º O Departamento da Receita Federal divulgará, com antecedência, a expressão monetária da UFIR diária, com base na projeção da taxa de inflação medida pelo índice de que trata o § 2º deste artigo (Rev. L. 9.069/95).

§ 6º A expressão monetária do Fator de Atualização Patrimonial – FAP, instituído em decorrência da Lei n. 8.200, de 28 de junho de 1991, será igual, no mês de dezembro de 1991, à expressão monetária da UFIR apurada conforme a alínea "a" do § 1º deste artigo.

§ 7º A expressão monetária do coeficiente utilizado na apuração do ganho de capital, de que trata a Lei n. 8.218, de 29 de agosto de 1991, corresponderá, a partir de janeiro de 1992, à expressão monetária de UFIR mensal.

Art. 3º Os valores expressos em cruzeiros na legislação tributária ficam convertidos em quantidade da UFIR, utilizando-se como divisores:

I – o valor de Cr$ 215,6656, se relativos a multas e penalidades de qualquer natureza;

II – o valor de Cr$ 126,8621, nos demais casos.

....

Capítulo VI
DA ATUALIZAÇÃO DE DÉBITOS FISCAIS

Art. 54. Os débitos de qualquer natureza para com a Fazenda Nacional e os decorrentes de contribuições arrecadadas pela União, constituídos ou não, vencidos até 31 de dezembro de 1991 e não pagos até 2 de janeiro de 1992, serão atualizados monetariamente com base na legislação aplicável e convertidos, nessa data, em quantidade de UFIR diária.

§ 1º Os juros de mora calculados até 2 de janeiro de 1992 serão, também, convertidos em quantidade de UFIR, na mesma data.

§ 2º Sobre a parcela correspondente ao tributo ou contribuição, convertida em quantidade de UFIR, incidirão juros moratórios à razão de um por cento, por mês-calendário ou fração, a partir de fevereiro de 1992, inclusive, além da multa de mora ou de ofício.

§ 3º O valor a ser recolhido será obtido multiplicando-se a correspondente quantidade de UFIR pelo valor diário desta na data do pagamento.

....

Capítulo VII
DAS MULTAS E DOS JUROS DE MORA

Art. 59. Os tributos e contribuições administrados pelo Departamento da Receita Federal, que não forem pagos até a data do vencimento, ficarão sujeitos à multa de mora de 20% e a juros de mora de 1% ao mês-calendário ou fração, calculados sobre o valor do tributo ou contribuição corrigido monetariamente.

§ 1º A multa de mora será reduzida a 10%, quando o débito for pago até o último dia útil do mês subsequente ao do vencimento.

§ 2º A multa incidirá a partir do primeiro dia após o vencimento do débito; os juros, a partir do primeiro dia do mês subsequente.

Art. 60. (Rev. L. 11.941/09.)

..................(*DOU*, 31.12.91; ret. *DOU*, 8.11.93).

Lei 8.406, de 9 de janeiro de 1992

FGTS. Informações.

Art. 1º O Ministério do Trabalho e da Previdência Social – MTPS elaborará e imprimirá, após aprovação pelo Conselho Curador do Fundo de Garantia do Tempo de Serviço – FGTS, manual com as informações básicas acerca do Fundo, discriminando especialmente: I – definição dos objetivos do Fundo; II – possibilidades de utilização dos recursos depositados; III – responsáveis pela administração do Fundo e pelas informações a ele relativas; IV – faculdade que tem o trabalhador, ou seus dependentes e sucessores, ou ainda o sindicato de sua categoria profissional para denunciar: a) o empregador omisso no cumprimento da legislação relativa ao Fundo; b) o estabelecimento bancário pela omissão na liberação dos recursos e na prestação das informações devidas na forma da legislação pertinente; V – faculdade para acionar judicialmente a empresa ou o banco omisso; VI – documentos de que dispõe o trabalhador para acompanhar e fiscalizar os pagamentos das contribuições devidas ao Fundo.

Parágrafo único. O manual a que se refere este artigo será distribuído pelo Ministério do Trabalho e da Previdência Social no momento da emissão da Carteira de Trabalho e Previdência Social.

Art. 2º O verso do extrato do Fundo de Garantia do Tempo de Serviço, fornecido pela Caixa Econômica Federal a cada trabalhador por força da Lei n. 8.036, de 11 de maio de 1990, deverá conter informações atualizadas, especialmente quanto: I – às hipóteses de saques; II – aos critérios para atualização dos recursos; III – aos procedimentos para o levantamento dos depósitos.

Parágrafo único. Até que seja concluída a centralização das contas do FGTS na Caixa Econômica Federal, os extratos contendo as informações atualizadas serão fornecidos pelos respectivos bancos depositários.

Art. 3º Esta Lei entra em vigor na data de sua publicação.

Art. 4º Revogam-se as disposições em contrário (*DOU*, 10.1.92).

Lei 8.437, de 30 de junho de 1992

Medida cautelar contra ato do Poder Público.

Art. 1º Não será cabível medida liminar contra atos do Poder Público, no procedimento cautelar ou em quaisquer outras ações de natureza cautelar ou preventiva, toda vez que providência semelhante não puder ser concedida em ações de mandado de segurança, em virtude de vedação legal.

§ 1º Não será cabível, no juízo de primeiro grau, medida cautelar inominada ou a sua liminar, quando impugnado ato de autoridade sujeita, na via de mandado de segurança, à competência originária de tribunal.

§ 2º O disposto no parágrafo anterior não se aplica aos processos de ação popular e de ação civil pública.

§ 3º Não será cabível medida liminar que esgote, no todo ou em parte, o objeto da ação.

§ 4º Nos casos em que cabível medida liminar, sem prejuízo da comunicação ao dirigente do órgão ou entidade, o respectivo representante judicial dela será imediatamente intimado (red. MP 2.180-35/01).

§ 5º Não será cabível medida liminar que defira compensação de créditos tributários ou previdenciários (red. MP 2.180-35/01).

Art. 2º No mandado de segurança coletivo e na ação civil pública, a liminar será concedida, quando cabível, após a audiência do representante judicial da pessoa jurídica de direito público, que deverá se pronunciar no prazo de setenta e duas horas.

Art. 3º O recurso voluntário ou *ex officio*, interposto contra sentença em processo cautelar, proferida contra pessoa jurídica de direito público ou seus agentes, que importe em outorga ou adição de vencimentos ou de reclassificação funcional, terá efeito suspensivo.

Art. 4º Compete ao presidente do tribunal, ao qual couber o conhecimento do respectivo recurso, suspender, em despacho fundamentado, a execução da liminar nas ações movidas contra o Poder Público ou seus agentes, a requerimento do Ministério Público ou da pessoa jurídica de direito público interessada, em caso de manifesto interesse público ou de flagrante ilegitimidade, e para evitar grave lesão à ordem, à saúde, à segurança e à economia públicas.

§ 1º Aplica-se o disposto neste artigo à sentença proferida em processo de ação cautelar inominada, no processo de ação popular e na ação civil pública, enquanto não transitada em julgado.

§ 2º O Presidente do Tribunal poderá ouvir o autor e o Ministério Público, em setenta e duas horas.

§ 3º Do despacho que conceder ou negar a suspensão, caberá agravo, no prazo de 5 dias, que será levado a julgamento na sessão seguinte a sua interposição.

§ 4º Se do julgamento do agravo de que trata o parágrafo anterior resultar a manutenção ou o restabelecimento da decisão que se pretende suspender, caberá novo pedido de suspensão ao Presidente do Tribunal competente para conhecer de eventual recurso especial ou extraordinário.

§ 5º É cabível também o pedido de suspensão a que se refere o parágrafo anterior, quando negado provimento a agravo de instrumento interposto contra a liminar a que se refere este artigo.

§ 6º A interposição do agravo de instrumento contra liminar concedida nas ações movidas contra o Poder Público e seus agentes não prejudica nem condiciona o julgamento do pedido de suspensão a que se refere este artigo.

§ 7º O Presidente do Tribunal poderá conferir ao pedido efeito suspensivo liminar, se constatar, em juízo prévio, a plausibilidade do direito invocado e a urgência na concessão da medida.

§ 8º As liminares cujo objeto seja idêntico poderão ser suspensas em uma única decisão, podendo o Presidente do Tribunal estender os efeitos da suspensão a liminares supervenientes, mediante simples aditamento do pedido original.

§ 9º A suspensão deferida pelo Presidente do Tribunal vigorará até o trânsito em julgado da decisão de mérito na ação principal (§§ 2º a 9º, red. MP 2.180-35/01).

Art. 5º Esta Lei entra em vigor na data de sua publicação.

Art. 6º Revogam-se as disposições em contrário (*DOU*, 1.7.92).

Lei 8.541, de 23 de dezembro de 1992

Imposto de renda (rendimento proveniente de sentença, honorários advocatícios e periciais etc.).

....

Art. 46. O imposto sobre a renda incidente sobre os rendimentos pagos em cumprimento de decisão judicial será retido na fonte pela pessoa física ou jurídica obrigada ao pagamento, no momento em que, por qualquer forma, o recebimento se torne disponível para o beneficiário.

§ 1º Fica dispensada a soma dos rendimentos pagos no mês, para aplicação da alíquota correspondente, nos casos de:

I – juros e indenizações por lucros cessantes;

II – honorários advocatícios;

III – remuneração pela prestação de serviços de engenheiro, médico, contador, leiloeiro, perito, assistente técnico, avaliador, síndico, testamenteiro e liquidante.

§ 2º Quando se tratar de rendimento sujeito a aplicação de tabela progressiva, deverá ser utilizada a tabela vigente no mês de pagamento.

..................................(*DOU*, 24.12.92).

Lei 8.542, de 23 de dezembro de 1992

Política nacional de salários. Depósito recursal.

Art. 1º A política nacional de salários, respeitado o princípio da irredutibilidade, tem por fundamento a livre negociação coletiva e reger-se-á pelas normas estabelecidas nesta Lei.

§§ 1º e 2º (Rev. L. 10.192/01, v. Índ. Leg.)

Arts. 2º a 5º (Rev. L. 8.880/94.)

Art. 6º Salário mínimo é a contraprestação mínima devida e paga diretamente pelo empregador a todo trabalhador, por jornada normal de trabalho, capaz de satisfazer, em qualquer região do País, às suas

necessidades vitais básicas e às de sua família com moradia, alimentação, educação, saúde, lazer, vestuário, higiene, transporte e previdência social.

§ 1º O salário mínimo diário corresponderá a 1/30 do salário mínimo mensal, e o salário mínimo horário a 1/220 do salário mínimo.

§ 2º Para os trabalhadores que tenham por disposição legal a jornada máxima diária de trabalho inferior a oito horas, o salário mínimo será igual ao definido no parágrafo anterior multiplicado por 8 e dividido pelo máximo legal.

Art. 7º (Rev. L. 8.880/94.)

Art. 8º O art. 40 da Lei n. 8.177, de 1º de março de 1991, passa a vigorar com a seguinte redação:

"Art. 40. O depósito recursal de que trata o art. 899 da Consolidação das Leis do Trabalho fica limitado a Cr$ 20.000.000,00, nos casos de interposição de recurso ordinário, e de Cr$ 40.000.000,00, em se tratando de recurso de revista, embargos infringentes e recursos extraordinários, sendo devido a cada novo recurso interposto no decorrer do processo.

§ 1º Em se tratando de condenação imposta em ação rescisória, o depósito recursal terá, como limite máximo, qualquer que seja o recurso, o valor de Cr$ 40.000.000,00.

§ 2º A exigência de depósito aplica-se, igualmente, aos embargos, à execução e a qualquer recurso subsequente do devedor.

§ 3º O valor do recurso ordinário, quando interposto em dissídio coletivo, será equivalente ao quádruplo do previsto no *caput* deste artigo.

§ 4º Os valores previstos neste artigo serão reajustados bimestralmente pela variação acumulada do INPC do IBGE dos dois meses imediatamente anteriores".

Art. 9º (Rev. L. 8.880/94.)

Art. 10. (Rev. L. 8.700/93.)

....

Art. 12. Revogam-se as disposições em contrário, especialmente a Lei n. 8.419, de 7 de maio de 1992, e o inciso II do art. 41 da Lei n. 8.213, de 24 de julho de 1991, mantidos os efeitos financeiros quanto ao reajuste dos benefícios em janeiro (*DOU*, 24.12.92).

Lei 8.620, de 5 de janeiro de 1993

INSS. Privilégios.

....

Art. 8º O Instituto Nacional do Seguro Social – INSS, nas causas em que seja interessado na condição de autor, réu, assistente ou opoente, gozará das mesmas prerrogativas e privilégios assegurados à Fazenda Pública, inclusive quanto à inalienabilidade e impenhorabilidade de seus bens.

§ 1º O INSS é isento do pagamento de custas, traslados, preparos, certidões, registros, averbações e quaisquer outros emolumentos, nas causas em que seja interessado na condição de autor, réu, assistente ou opoente, inclusive nas ações de natureza trabalhista, acidentária e de benefícios.

....

Art. 19. Esta Lei entra em vigor na data de sua publicação.

Art. 20. Revogam-se as disposições em contrário (*DOU*, 5.1.93).

Lei 8.716, de 11 de outubro de 1993

Salário mínimo. Remuneração variável ou mista.

Art. 1º Aos trabalhadores que perceberem remuneração variável, fixada por comissão, peça, tarefa ou outras modalidades, será garantido um salário mensal nunca inferior ao salário mínimo.

Art. 2º A garantia assegurada pelo artigo anterior estende-se também aos trabalhadores que perceberem salário misto, integrado por parte fixa e parte variável.

Art. 3º É vedado ao empregador fazer qualquer tipo de desconto em mês subsequente a título de compensação de eventuais complementações feitas em meses anteriores para cumprimento do disposto nos arts. 1º e 2º (*DOU*, 13.10.93).

Lei 8.906, de 4 de julho de 1994

Estatuto da OAB.

CAPÍTULO I
DA ATIVIDADE DE ADVOCACIA

Art. 1º São atividades privativas de advocacia:

I – a postulação a qualquer órgão do Poder Judiciário e aos juizados especiais[33];

II – as atividades de consultoria, assessoria e direção jurídicas.

§ 1º Não se inclui na atividade privativa de advocacia a impetração de *habeas corpus* em qualquer instância ou tribunal.

§ 2º Os atos e contratos constitutivos de pessoas jurídicas, sob pena de nulidade, só podem ser admitidos a registro, nos órgãos competentes, quando visados por advogados.

§ 3º É vedada a divulgação de advocacia em conjunto com outra atividade.

Art. 2º O advogado é indispensável à administração da justiça.

§ 1º No seu ministério privado, o advogado presta serviço público e exerce função social.

§ 2º No processo judicial, o advogado contribui, na postulação de decisão favorável ao seu constituinte, ao convencimento do julgador, e seus atos constituem múnus público.

§ 3º No exercício da profissão, o advogado é inviolável por seus atos e manifestações, nos limites desta Lei.

Art. 3º O exercício da atividade de advocacia no território brasileiro e a denominação de advogado são privativos dos inscritos na Ordem dos Advogados do Brasil – OAB.

§ 1º Exercem atividade de advocacia, sujeitando-se ao regime desta Lei, além do regime próprio a que se subordinem, os integrantes da Advocacia-Geral da União, da Procuradoria da Fazenda Nacional, da Defensoria Pública e das Procuradorias e Consultorias Jurídicas dos Estados, do Distrito Federal, dos Municípios e das respectivas entidades de administração indireta e fundacional.

§ 2º O estagiário de advocacia, regularmente inscrito, pode praticar os atos previstos no art. 1º, na forma do Regulamento Geral, em conjunto com advogado e sob responsabilidade deste.

Art. 4º São nulos os atos privativos de advogado praticados por pessoa não inscrita na OAB, sem prejuízo das sanções civis, penais e administrativas.

Parágrafo único. São também nulos os atos praticados por advogado impedido – no âmbito do impedimento – suspenso, licenciado ou que passar a exercer atividade incompatível com a advocacia.

Art. 5º O advogado postula, em juízo ou fora dele, fazendo prova do mandato.

§ 1º O advogado, afirmando urgência, pode atuar sem procuração, obrigando-se a apresentá-la no prazo de 15 dias, prorrogável por igual período.

§ 2º A procuração para o foro em geral habilita o advogado a praticar todos os atos judiciais, em qualquer juízo ou instância, salvo os que exijam poderes especiais.

§ 3º O advogado que renunciar ao mandato continuará, durante os 10 dias seguintes à notificação da renúncia, a representar o mandante, salvo se for substituído antes do término desse prazo.

Capítulo II
DOS DIREITOS DO ADVOGADO

Art. 6º Não há hierarquia nem subordinação entre advogados, magistrados e membros do Ministério Público, devendo todos tratar-se com consideração e respeito recíprocos.

Parágrafo único. As autoridades, os servidores públicos e os serventuários da justiça devem dispensar ao advogado, no exercício da profissão, tratamento compatí-

---

33. STF, ADIn 1.127-8 (*DJU*, 14.10.94), suspensão liminar: a) art. 1º, I: *ius postulandi* — suspendeu o dispositivo no que não disser respeito aos juizados especiais previstos no art. 98, I, da CF/88 (excluindo sua aplicação aos Juizados de Pequenas Causas, Justiça do Trabalho e Justiça de Paz); b) art. 7º, II: "e acompanhada de representante da OAB"; c) art. 7º, IV: "ter a presença de representante da OAB, quando preso em flagrante, por motivo ligado ao exercício da advocacia, para lavratura do autor respectivo, sob pena de nulidade"; d) art. 7º, V: "assim reconhecidas pela OAB"; e) art. 7º, § 2º: "ou desacato"; f) art. 7º, § 3º: interpretou o dispositivo como não abrangente de crime de desacato à autoridade judiciária; g) art. 7º, § 4º: "controle"; h) art. 28, II: interpretou o dispositivo como não abrangente dos membros da Justiça Eleitoral e dos juízes suplentes não remunerados. ADIn 1.194-4 (*DJU*, 27.2.96): a) honorários de sucumbência, sociedade de advogados, art. 21, parágrafo único: limitou a sua aplicação "aos casos em que não haja estipulação contratual em contrário"; b) honorários de sucumbência, direito: § 3º do art. 24: suspendeu sua vigência.

vel com a dignidade da advocacia e condições adequadas a seu desempenho.

Art. 7º São direitos do advogado:

I – exercer, com liberdade, a profissão em todo o território nacional;

II – a inviolabilidade de seu escritório ou local de trabalho, bem como de seus instrumentos de trabalho, de sua correspondência escrita, eletrônica, telefônica e telemática, desde que relativas ao exercício da advocacia (NRed. L. 11.767/08);

....

VI – ingressar livremente:

a) nas salas de sessões dos tribunais, mesmo além dos cancelos que separam a parte reservada aos magistrados;

b) nas salas e dependências de audiências, secretarias, cartórios, ofícios de justiça, serviços notariais e de registro, e, no caso de delegacias e prisões, mesmo fora da hora de expediente e independentemente da presença de seus titulares;

c) em qualquer edifício ou recinto em que funcione repartição judicial ou outro serviço público onde o advogado deva praticar ato ou colher prova ou informação útil ao exercício da atividade profissional, dentro do expediente ou fora dele, e ser atendido, desde que se ache presente qualquer servidor ou empregado;

d) em qualquer assembleia ou reunião de que participe ou possa participar o seu cliente, ou perante a qual este deva comparecer, desde que munido de poderes especiais;

VII – permanecer sentado ou em pé e retirar-se de quaisquer locais indicados no inciso anterior, independentemente de licença;

VIII – dirigir-se diretamente aos magistrados nas salas e gabinetes de trabalho, independentemente de horário previamente marcado ou outra condição, observando-se a ordem de chegada;

IX – sustentar oralmente as razões de qualquer recurso ou processo, nas sessões de julgamento, após o voto do relator, em instância judicial ou administrativa, pelo prazo de 15 minutos, salvo se prazo maior for concedido;

X – usar da palavra, pela ordem, em qualquer juízo ou tribunal, mediante intervenção sumária, para esclarecer equívoco ou dúvida surgida em relação a fatos, documentos ou afirmações que influam no julgamento, bem como para replicar acusação ou censura que lhe forem feitas;

XI – reclamar, verbalmente ou por escrito, perante qualquer juízo, tribunal ou autoridade, contra a inobservância de preceito de lei, regulamento ou regimento;

XII – falar, sentado ou em pé, em juízo, tribunal ou órgão de deliberação coletiva da Administração Pública ou do Poder Legislativo;

XIII – examinar, em qualquer órgão dos Poderes Judiciário e Legislativo, ou da Administração Pública em geral, autos de processos findos ou em andamento, mesmo sem procuração, quando não estejam sujeitos a sigilo, assegurada a obtenção de cópias, podendo tomar apontamentos;

XIV – examinar em qualquer repartição policial, mesmo sem procuração, autos de flagrante e de inquérito, findos ou em andamento, ainda que conclusos à autoridade, podendo copiar peças e tomar apontamentos;

XV – ter vista dos processos judiciais ou administrativos de qualquer natureza, em cartório ou na repartição competente, ou retirá-los pelos prazos legais;

XVI – retirar autos de processos findos, mesmo sem procuração, pelo prazo de 10 dias;

....

XIX – recusar-se a depor como testemunha em processo no qual funcionou ou deva funcionar, ou sobre fato relacionado com pessoa de quem seja ou foi advogado, mesmo quando autorizado ou solicitado pelo constituinte, bem como sobre fato que constitua sigilo profissional;

XX – retirar-se do recinto onde se encontre aguardando pregão para ato judicial, após 30 minutos do horário designado e ao qual ainda não tenha comparecido a autoridade que deva presidir a ele, mediante comunicação protocolizada em juízo.

§ 1º Não se aplica o disposto nos incisos XV e XVI:

1) aos processos sob regime de segredo de justiça;

2) quando existirem nos autos documentos de difícil restauração ou ocorrer circunstância relevante que justifique a permanência dos autos no cartório, secretaria ou repartição, reconhecida pela autoridade em despacho motivado, proferido de ofício, mediante representação ou a requerimento da parte interessada;

3) até o encerramento do processo, ao advogado que houver deixado de devolver os

respectivos autos no prazo legal, e só o fizer depois de intimado.

§ 2º O advogado tem imunidade profissional, não constituindo injúria, difamação ou desacato puníveis qualquer manifestação de sua parte, no exercício de sua atividade, em juízo ou fora dele, sem prejuízo das sanções disciplinares perante a OAB, pelos excessos que cometer[34].

§ 3º O advogado somente poderá ser preso em flagrante, por motivo de exercício da profissão, em caso de crime inafiançável, observado o disposto no inciso IV deste artigo[35].

§ 4º O Poder Judiciário e o Poder Executivo devem instalar, em todos os juizados, fóruns, tribunais, delegacias de polícia e presídios, salas especiais permanentes para os advogados, com uso e controle assegurados à OAB.

....

Art. 14. É obrigatória a indicação do nome e do número de inscrição em todos os documentos assinados pelo advogado, no exercício de sua atividade.

....

34. STF, ADIn 1.127-8 (*DJU*, 14.10.94), suspensão liminar: a) art. 1º, I: *ius postulandi* – suspendeu o dispositivo no que não disser respeito aos juizados especiais previstos no art. 98, I, da CF/88 (excluindo sua aplicação aos Juizados de Pequenas Causas, Justiça do Trabalho e Justiça de Paz); b) art. 7º , II: "é acompanhada de representante da OAB"; c) art. 7º, IV: "ter a presença de representante da OAB, quando preso em flagrante, por motivo ligado ao exercício da advocacia, para lavratura do autor respectivo, sob pena de nulidade"; d) art. 7º, V: "assim reconhecidas pela OAB"; e) art. 7º, § 2º: "ou desacato"; f) art. 7º, § 3º: interpretou o dispositivo como não abrangente de crime de desacato à autoridade judiciária; g) art. 7º, § 4º: "controle"; h) art. 28, II: interpretou o dispositivo como não abrangente dos membros da Justiça Eleitoral e dos juízes suplentes não remunerados. ADIn 1.194-4 (*DJU*, 27.2.96): a) honorários de sucumbência, sociedade de advogados, art. 21, parágrafo único: limitou a sua aplicação "aos casos em que não haja estipulação contratual em contrário"; b) honorários de sucumbência, direito: § 3º do art. 24: suspendeu sua vigência.

35. STF, ADIn 1.105-7 (*DJU*, 8.8.94), suspensão liminar.

Capítulo V
DO ADVOGADO EMPREGADO

Art. 18. A relação de emprego, na qualidade de advogado, não retira a isenção técnica nem reduz a independência profissional inerentes à advocacia.

Parágrafo único. O advogado empregado não está obrigado à prestação de serviços profissionais de interesse pessoal dos empregadores, fora da relação de emprego.

Art. 19. O salário mínimo profissional do advogado será fixado em sentença normativa, salvo se ajustado em acordo ou convenção coletiva de trabalho.

Art. 20. A jornada de trabalho do advogado empregado, no exercício da profissão, não poderá exceder a duração diária de quatro horas contínuas e a de 20 horas semanais, salvo acordo ou convenção coletiva ou em caso de dedicação exclusiva.

§ 1º Para efeitos deste artigo, considera-se como período de trabalho o tempo em que o advogado estiver à disposição do empregador, aguardando ou executando ordens, no seu escritório ou em atividades externas, sendo-lhe reembolsadas as despesas feitas com transporte, hospedagem e alimentação.

§ 2º As horas trabalhadas que excederem a jornada normal são remuneradas por um adicional não inferior a 100% sobre o valor da hora normal, mesmo havendo contrato escrito.

§ 3º As horas trabalhadas no período das vinte horas de um dia até as cinco horas do dia seguinte são remuneradas como noturnas, acrescidas do adicional de 25%.

Art. 21. Nas causas em que for parte o empregador, ou pessoa por este representada, os honorários de sucumbência são devidos aos advogados empregados.

Parágrafo único. Os honorários de sucumbência, percebidos por advogado empregado de sociedade de advogados, são partilhados entre ele e a empregadora, na forma estabelecida em acordo.

Capítulo VI
DOS HONORÁRIOS ADVOCATÍCIOS

Art. 22. A prestação de serviço profissional assegura aos inscritos na OAB o direito aos honorários convencionais, aos fixados por arbitramento judicial e aos de sucumbência.

§ 1º O advogado, quando indicado para patrocinar causa de juridicamente necessitado, no caso de impossibilidade da Defensoria Pública no local da prestação de serviço, tem direito aos honorários fixados pelo juiz, segundo tabela organizada pelo Conselho Seccional da OAB, e pagos pelo Estado.

§ 2º Na falta de estipulação ou de acordo, os honorários são fixados por arbitramento judicial, em remuneração compatível com o trabalho e o valor econômico da questão, não podendo ser inferiores aos estabelecidos na tabela organizada pelo Conselho Seccional da OAB.

§ 3º Salvo estipulação em contrário, 1/3 dos honorários é devido no início do serviço, outro terço até a decisão de primeira instância e o restante no final.

§ 4º Se o advogado fizer juntar aos autos o seu contrato de honorários antes de expedir-se o mandado de levantamento ou precatório, o juiz deve determinar que lhe sejam pagos diretamente, por dedução da quantia a ser recebida pelo constituinte, salvo se este provar que já os pagou.

§ 5º O disposto neste artigo não se aplica quando se tratar de mandato outorgado por advogado para defesa em processo oriundo de ato ou omissão praticada no exercício da profissão.

Art. 23. Os honorários incluídos na condenação, por arbitramento ou sucumbência, pertencem ao advogado, tendo este direito autônomo para executar a sentença nesta parte, podendo requerer que o precatório, quando necessário, seja expedido em seu favor.

Art. 24. A decisão judicial que fixar ou arbitrar honorários e o contrato escrito que os estipular são títulos executivos e constituem crédito privilegiado na falência, concordata, concurso de credores, insolvência civil e liquidação extrajudicial.

§ 1º A execução dos honorários pode ser promovida nos mesmos autos da ação em que tenha atuado o advogado, se assim lhe convier.

....

Art. 25-A. Prescreve em cinco anos a ação de prestação de contas pelas quantias recebidas pelo advogado de seu cliente, ou de terceiros por conta dele (art. 34, XXI) (red. L. 11.902/09).

Art. 26. O advogado substabelecido, com reserva de poderes, não pode cobrar honorários sem a intervenção daquele que lhe conferiu o substabelecimento.

....

Art. 34. Constitui infração disciplinar:

....

XIV – deturpar o teor de dispositivo de lei, de citação doutrinária ou de julgado, bem como de depoimentos, documentos e alegações da parte contrária, para confundir o adversário ou iludir o juiz da causa;

....

XXII – reter, abusivamente, ou extraviar autos recebidos com vista ou em confiança;

....

XXIV – incidir em erros reiterados que evidenciem inépcia profissional;

....

Art. 58. Compete privativamente ao Conselho Seccional:

....

XI – determinar, com exclusividade, critérios para o traje dos advogados, no exercício profissional;

....

Art. 87. Revogam-se as disposições em contrário, especialmente a Lei n. 4.215, de 27 de abril de 1963, a Lei n. 5.390, de 23 de fevereiro de 1968, o Decreto-lei n. 505, de 18 de março de 1969, a Lei n. 5.681, de 20 de julho de 1971, a Lei n. 5.842, de 6 de dezembro de 1972, a Lei n. 5.960, de 10 de dezembro de 1973, a Lei n. 6.743, de 5 de dezembro de 1979, a Lei n. 6.884, de 9 de dezembro de 1980, a Lei n. 6.994, de 26 de maio de 1982, mantidos os efeitos da Lei n. 7.346, de 22 de julho de 1985 (*DOU*, 5.7.94).

Lei 8.984, de 7 de fevereiro de 1995

Competência. Justiça do Trabalho. Cumprimento de convenções ou acordos coletivos.

Art. 1º Compete à Justiça do Trabalho conciliar e julgar os dissídios que tenham origem no cumprimento de convenções coletivas de trabalho ou acordos coletivos de trabalho, mesmo quando ocorram entre sindicatos ou entre sindicato de trabalhadores e empregador.

Art. 2º Esta Lei entra em vigor na data de sua publicação.

Art. 3º Revogam-se as disposições em contrário (*DOU*, 8.2.95).

Lei 9.028, de 12 de abril de 1995

União. Representação. Advocacia--Geral da União.

....

Art. 3º Os Procuradores Regionais da União exercerão a coordenação das atividades das Procuradorias da União localizadas em sua área de atuação (red. MP 2.180-35/01).

§ 1º O Advogado-Geral da União, com o objetivo de racionalizar os serviços, poderá desativar Procuradoria da União situada em Capital de Unidade da Federação onde esteja instalada Procuradoria Regional, hipótese em que esta absorverá as atribuições daquela (red. MP 2.180-35/01).

§ 2º Ocorrendo a hipótese de que trata o § 1º, incumbirá ao Advogado-Geral da União dispor sobre a reestruturação da Procuradoria Regional, podendo remanejar cargos e servidores da Procuradoria desativada (red. MP 2.180-35/01).

§ 3º A reestruturação e o remanejamento de que trata o § 2º serão possíveis inclusive na hipótese de coexistência das duas Procuradorias, se conveniente a utilização de estrutura de apoio única para atender a ambas (red. MP 2.180-35/01).

§ 4º Com a mesma finalidade de racionalização de serviços, fica o Advogado-Geral da União igualmente autorizado a desativar ou deixar de instalar Procuradoria Seccional da União, aplicando-se à hipótese, no que couber, o disposto na parte final do § 1º e no § 2º deste artigo (red. MP 2.180-35/01).

Art. 4º ....

§ 4º Mediante requisição do Advogado--Geral da União ou de dirigente de Procuradoria da Advocacia-Geral da União, e para os fins previstos no *caput*, os órgãos e as entidades da Administração Federal designarão servidores para que atuem como peritos ou assistentes técnicos em feitos específicos, aplicáveis a esta requisição as disposições dos §§ 1º e 2º do presente artigo (red. MP 2.180-35/01).

Art. 5º Nas audiências de reclamações trabalhistas em que a União seja parte, será obrigatório o comparecimento de preposto que tenha completo conhecimento do fato objeto da reclamação, o qual, na ausência do representante judicial da União, entregará a contestação subscrita pelo mesmo.

Art. 6º A intimação de membro da Advocacia-Geral da União, em qualquer caso, será feita pessoalmente.

§ 1º O disposto neste artigo se aplica aos representantes judiciais da União designados na forma do art. 69 da Lei Complementar n. 73, de 1993.

§ 2º As intimações a serem concretizadas fora da sede do juízo serão feitas, necessariamente, na forma prevista no art. 237, inciso II, do Código de Processo Civil (red. MP 2.180-35/01).

....

Art. 8º-A. (Rev. L. 10.480/02.)

Art. 8º-B. São instituídas na Advocacia--Geral da União, com funções de integração e coordenação, a Câmara de Atividades de Contencioso e a Câmara de Atividades de Consultoria (red. MP 2.180-35/01).

Parágrafo único. As Câmaras objeto do *caput* terão disciplinamento em ato do Advogado-Geral da União (red. MP 2.180-35/01).

Art. 8º-C. O Advogado-Geral da União, na defesa dos interesses desta e em hipóteses as quais possam trazer reflexos de natureza econômica, ainda que indiretos, ao erário federal, poderá avocar, ou integrar e coordenar, os trabalhos a cargo de órgão jurídico de empresa pública ou sociedade de economia mista, a se desenvolverem em sede judicial ou extrajudicial (red. MP 2.180/35/01).

Parágrafo único. Poderão ser cometidas, à Câmara competente da Advocacia-Geral da União, as funções de executar a integração e a coordenação previstas neste artigo (red. MP 2.180-35/01).

Art. 8º-D. É criado o Departamento de Cálculos e Perícias da Advocacia-Geral da União, integrante da estrutura organizacional da Procuradoria-Geral da União e ao titular desta imediatamente subordinado.

§ 1º Ao Departamento de Cálculos e Perícias compete, especialmente:

I – supervisionar, coordenar, realizar, rever e acompanhar os trabalhos técnicos, de cálculo e periciais, referentes aos feitos de interesse da União, de suas autarquias e fundações públicas, às liquidações de sentença e aos processos de execução; e

II – examinar os cálculos constantes dos precatórios judiciários de responsabilidade da União, das autarquias e fundações públicas federais, antes do pagamento dos respectivos débitos.

§ 2º O Departamento de Cálculos e Perícias participará, nos aspectos de sua competência, do acompanhamento, controle e centralização de precatórios, de interesse da Administração Federal direta e indireta, atribuídos à Advocacia-Geral da União pela Lei n. 9.995, de 25 de julho de 2000.

§ 3º As unidades, das autarquias e fundações públicas, que tenham a seu cargo as matérias de competência do Departamento de Cálculos e Perícias, da Advocacia-Geral da União, atuarão sob a supervisão técnica deste.

§ 4º Os órgãos e entidades da Administração Federal prestarão, ao Departamento de Cálculos e Perícias, o apoio que se faça necessário ao desempenho de suas atividades, inclusive colocando à sua disposição pessoal especializado.

§ 5º O Advogado-Geral da União disporá, nos termos do art. 45 da Lei Complementar n. 73, de 1993, sobre o Departamento de Cálculos e Perícias e editará os demais atos necessários ao cumprimento do disposto neste artigo (art. 8º-D e §§ 1º a 5º, red. MP 2.180-35/01).

Art. 8º-E. É criada, na Procuradoria-Geral da União, a Coordenadoria de Ações de Recomposição do Patrimônio da União, com a finalidade de recuperar perdas patrimoniais sofridas pela União, à qual incumbe também a execução de títulos judiciais e extrajudiciais, inclusive os expedidos pelo Tribunal de Contas da União (red. MP 2.180-35/01).

Parágrafo único. As demais Procuradorias da União poderão ter unidades com semelhantes atribuições, conforme dispuser ato do Advogado-Geral da União (red. MP 2.180-35/01).

Art. 8º-F. O Advogado-Geral da União poderá instalar Núcleos de Assessoramento Jurídico nas Capitais dos Estados e, quando o interesse do serviço recomendar, em outras cidades.

§ 1º Incumbirão aos Núcleos atividades de assessoramento jurídico aos órgãos e autoridades da Administração Federal Direta localizados fora do Distrito Federal, quanto às matérias de competência legal ou regulamentar dos órgãos e autoridades assessorados, sem prejuízo das competências das Consultorias Jurídicas dos respectivos Ministérios.

§ 2º As matérias específicas do Ministério ao qual pertença o órgão ou a autoridade assessorados, que requeiram a manifestação da Consultoria Jurídica, serão a esta encaminhadas pelo Coordenador do Núcleo de Assessoramento Jurídico.

§ 3º O Advogado-Geral da União providenciará a lotação, nos Núcleos de Assessoramento Jurídico, dos Assistentes Jurídicos integrantes da Advocacia-Geral da União, inclusive do quadro suplementar, que estejam em exercício em cidade sede dos referidos Núcleos, respeitados os casos de cessão a outros órgãos ou entidades e os de exercício temporário em órgão vinculado à Advocacia-Geral da União, bem como os de designação como representante judicial da União, de que trata o art. 69 da Lei Complementar n. 73, de 1993.

§ 4º Excepcionalmente, o Advogado-Geral da União poderá designar, para ter exercício nos Núcleos de Assessoramento Jurídico, outros membros efetivos da Advocacia-Geral da União, bem como Procuradores Federais.

§ 5º Os Núcleos de Assessoramento Jurídico integram a Consultoria-Geral da União.

§ 6º Os recursos eventualmente necessários à instalação e manutenção dos Núcleos de Assessoramento Jurídico, correrão à conta de dotações orçamentárias da Advocacia-Geral da União.

§ 7º O Advogado-Geral da União editará ato, nos termos do art. 45 da Lei Complementar n. 73, de 1993, dispondo sobre os Núcleos de Assessoramento Jurídico de que trata este artigo (*caput* e §§, red. MP 2.180-35/01).

Art. 8º-G. São criadas, na Consultoria Jurídica do Ministério da Defesa, as Consultorias Jurídicas-Adjuntas dos Comandos da Marinha, do Exército e da Aeronáutica, ficando extintas as Consultorias Jurídicas dos antigos Ministérios Militares.

§ 1º As Consultorias Jurídicas-Adjuntas

objeto deste artigo terão competência especializada, cabendo-lhes, no respectivo âmbito de atuação e no que couber, os poderes funcionais previstos no art. 11 da Lei Complementar n. 73, de 1993, sem prejuízo da competência geral da Consultoria Jurídica do Ministério da Defesa.

§ 2º Os cargos em comissão de Consultor Jurídico-Adjunto decorrentes do que dispõe este artigo serão DAS 101.4.

§ 3º Na aplicação do disposto no § 2º, são remanejados, dos Comandos da Marinha, do Exército e da Aeronáutica para a Secretaria de Gestão do Ministério do Planejamento, Orçamento e Gestão, três cargos DAS 101.5 das extintas Consultorias Jurídicas, e, da Secretaria de Gestão para o Ministério da Defesa, três cargos DAS 101.4.

§ 4º O Advogado-Geral da União disporá, em ato próprio, editado nos termos do art. 45 da Lei Complementar n. 73, de 1993, sobre a competência, a estrutura e o funcionamento da Consultoria Jurídica do Ministério da Defesa e respectivas Consultorias Jurídicas-Adjuntas (art. 8º-G e §§ 1º a 4º, red. MP 2.180-35/01).

....

Art. 11-A. Fica autorizada a Advocacia-Geral da União a assumir, por suas Procuradorias, temporária e excepcionalmente, a representação judicial de autarquias ou fundações públicas nas seguintes hipóteses:

I – ausência de procurador ou advogado;

II – impedimento dos integrantes do órgão jurídico (art. 11-A e incs., red. MP 2.180-35/01).

§ 1º A representação judicial extraordinária prevista neste artigo poderá ocorrer por solicitação do dirigente da entidade ou por iniciativa do Advogado-Geral da União (red. MP 2.180-35/01).

§ 2º A inexistência de órgão jurídico integrante da respectiva Procuradoria ou Departamento Jurídico, em cidade sede de Órgão judiciário perante o qual corra feito de interesse de autarquia ou fundação da União, configura a hipótese de ausência prevista no inciso I deste artigo (red. MP 2.180-35/01).

§ 3º O Advogado-Geral da União, com a finalidade de suprir deficiências ocasionais de Órgãos Vinculados à Advocacia-Geral da União, poderá designar para prestar-lhes colaboração temporária membros efetivos da Advocacia-Geral da União, Procuradores Autárquicos, Assistentes Jurídicos e Advogados de outras entidades, seja em atividades de representação judicial ou de consultoria e assessoramento jurídicos, estando, enquanto durar a colaboração temporária, investidos dos mesmos poderes conferidos aos integrantes do respectivo Órgão Vinculado (red. MP 2.180-35/01).

§ 4º Nos casos de que trata o § 3º, e naqueles de cessão de Membros efetivos da Advocacia-Geral da União ou de Procuradores Federais para desempenhar funções jurídicas no Ministério Público Federal não se aplica a restrição contida na parte final do art. 20, § 3º, da Lei n. 8.112, de 11 de dezembro de 1990, alterado pela Lei n. 9.527, de 10 de dezembro de 1997 (red. MP 2.180-35/01).

Art. 11-B. A representação judicial da União, quanto aos assuntos confiados às autarquias e fundações federais relacionadas no Anexo V a esta Lei, passa a ser feita diretamente pelos órgãos próprios da Advocacia-Geral da União, permanecendo os Órgãos Jurídicos daquelas entidades responsáveis pelas respectivas atividades de consultoria e assessoramento jurídicos (red. MP 2.180-35/01).

§ 1º Os Procuradores Autárquicos, Assistentes Jurídicos e Advogados integrantes dos quadros das entidades de que trata o *caput* neles permanecerão, até que lei disponha sobre a nova forma de representação judicial, direta e indireta, da União, consideradas as suas entidades autárquicas e fundacionais, bem como sobre a prestação de consultoria e assessoramento jurídicos a essas entidades (red. MP 2.180-35/01).

§ 2º Os órgãos jurídicos das entidades relacionadas no Anexo V desta Lei continuarão, até 7 de julho de 2000, como corresponsáveis pela representação judicial quanto aos assuntos de competência da respectiva autarquia ou fundação (red. MP 2.180-35/01).

§ 3º As citações, intimações e notificações das autarquias e fundações relacionadas no Anexo V desta Lei, bem como nas hipóteses de que trata o art. 11-A, serão feitas às respectivas Procuradorias da Advocacia-Geral da União, asseguradas aos seus membros, no exercício da representação judicial de que trata o art. 11-A e este artigo, as prerrogativas processuais previstas em lei (red. MP 2.180-35/01).

§ 4º Os Órgãos Jurídicos das entidades de que trata o *caput* , juntamente com os respectivos Órgãos da Advocacia-Geral da União, no prazo de 60 dias, farão o levantamento dos processos judiciais em andamento, indicando a fase em que se encontram (red. MP 2.180-35/01).

§ 5º Até o advento da Lei referida no § 1º deste artigo, o Advogado-Geral da União, de ofício ou mediante proposta de dirigente de Procuradoria da União, poderá designar Procuradores Autárquicos, Advogados e Assistentes Jurídicos das entidades relacionadas no Anexo V desta Lei para terem exercício nas Procuradorias da Advocacia-Geral da União (red. MP 2.180-35/01).

§ 6º A Procuradoria-Geral da Fundação Nacional do Índio permanece responsável pelas atividades judiciais que, de interesse individual ou coletivo dos índios, não se confundam com a representação judicial da União (red. MP 2.180-35/01).

§ 7º Na hipótese de coexistirem, em determinada ação, interesses da União e de índios, a Procuradoria-Geral da Fundação Nacional do Índio ingressará no feito juntamente com a Procuradoria da Advocacia-Geral da União (red. MP 2.180-35/01).

....

Art. 19. ....

§ 5º As transposições efetivadas por este artigo alcançaram tão somente servidores estáveis no serviço público, mencionados no item I do *caput* (red. MP 2.180-35/01).

Art. 19-A. São transpostos, para a Carreira de Assistente Jurídico da Advocacia-Geral da União, os atuais cargos efetivos da Administração Federal direta, privativos de bacharel em Direito, cujas atribuições, fixadas em ato normativo hábil, tenham conteúdo eminentemente jurídico e correspondam àquelas de assistência fixadas aos cargos da referida Carreira, ou as abranjam, e os quais:

I – estejam vagos; ou

II – tenham como titulares servidores, estáveis no serviço público, que:

a) anteriormente a 5 de outubro de 1988 já detinham cargo efetivo, ou emprego permanente, privativo de bacharel em Direito, de conteúdo eminentemente jurídico, nos termos do *caput*, na Administração Federal direta, autárquica ou fundacional, conforme as normas constitucionais e legais então aplicáveis;

b) investidos após 5 de outubro de 1988, o tenham sido em decorrência de aprovação em concurso público ou da aplicação do § 3º do art. 41 da Constituição.

§ 1º Nas situações previstas no inciso II, a transposição objeto deste artigo abrange os cargos e seus titulares.

§ 2º A transposição de servidor egresso de autarquia ou fundação pública federal, prevista no inciso II, alíneas *a* e *b*, alcança tão somente aquele que passou a integrar a Administração direta em decorrência da extinção ou da alteração da natureza jurídica da entidade à qual pertencia, e desde que as atribuições da respectiva entidade e o seu quadro de pessoal tenham sido, por lei, absorvidos por órgãos da Administração direta.

§ 3º Às transposições disciplinadas neste artigo aplicam-se, também, a correlação e os procedimentos constantes do art. 19 desta Lei (§§ 2º, 3º e 4º).

§ 4º As transposições de que trata este artigo serão formalizadas em ato declaratório do Advogado-Geral da União.

§ 5º Os eventuais efeitos financeiros, das transposições em referência, somente serão devidos, aos seus beneficiários, a partir da data em que publicado o ato declaratório, objeto do § 4º.

§ 6º Os titulares máximos dos órgãos da Administração Federal direta, nos quais existam cargos na situação descrita no *caput* e inciso I, deverão indicá-los à Advocacia-Geral da União, por intermédio do Ministério do Planejamento, Orçamento e Gestão, explicitando, relativamente a cada cargo vago, sua origem, evolução, atribuições e regência normativa.

§ 7º Cada caso deverá ser instruído pelo órgão de recursos humanos do respectivo Ministério ou Secretaria de Estado, com a documentação necessária a comprovar que o servidor atende ao disposto neste artigo, após o que deverá ser encaminhado ao Advogado-Geral da União, na forma por ele regulamentada, acompanhado de manifestação conclusiva do respectivo órgão de assessoramento jurídico (*caput* e §§, red. MP 2.180-35/01).

....

Art. 21. Aos titulares dos cargos de Advogado da União, de Procurador da Fazenda Nacional e de Assistente Jurídico das respectivas carreiras da Advocacia-Geral da União incumbe representá-la judicial e extrajudicialmente, bem como executar as atividades de assessoramento jurídico do Poder Executivo, conforme dispuser ato normativo do Advogado-Geral da União (red. MP 2.180-35/01).

....

Art. 24-A. A União, suas autarquias e fundações, são isentas de custas e emolumentos e demais taxas judiciárias, bem como de depósito prévio e multa em ação rescisória, em quaisquer foros e instâncias (red. MP 2.180-35/01).

Parágrafo único. Aplica-se o disposto neste artigo a todos os processos administrativos e judiciais em que for parte o Fundo de Garantia do Tempo de Serviço – FGTS, seja no polo ativo ou passivo, extensiva a isenção à pessoa jurídica que o representar em Juízo ou fora dele (red. MP 2.180-35/01).

.................(*DOU*, 13.4.95; ret. 19.4.95).

Lei 9.029, de 13 de abril de 1995

Discriminação no emprego. Exames.

Art. 1º É proibida a adoção de qualquer prática discriminatória e limitativa para efeito de acesso à relação de trabalho, ou de sua manutenção, por motivo de sexo, origem, raça, cor, estado civil, situação familiar, deficiência, reabilitação profissional, idade, entre outros, ressalvadas, nesse caso, as hipóteses de proteção à criança e ao adolescente previstas no inciso XXXIII do art. 7º da Constituição Federal (NRed. L. 13.146/15).

Art. 2º Constituem crime as seguintes práticas discriminatórias:

I – a exigência de teste, exame, perícia, laudo, atestado, declaração ou qualquer outro procedimento relativo à esterilização ou a estado de gravidez;

II – a adoção de quaisquer medidas, de iniciativa do empregador, que configurem:

a) indução ou instigamento à esterilização genética;

b) promoção do controle de natalidade, assim não considerado o oferecimento de serviços e de aconselhamento ou planejamento familiar, realizados através de instituições públicas ou privadas, submetidas às normas do Sistema Único de Saúde – SUS.

Pena: detenção de um a dois anos e multa.

Parágrafo único. São sujeitos ativos dos crimes a que se refere este artigo:

I – a pessoa física empregadora;

II – o representante legal do empregador, como definido na legislação trabalhista;

III – o dirigente, direto ou por delegação, de órgãos públicos e entidades das administrações públicas direta, indireta e fundacional de qualquer dos Poderes da União, dos Estados, do Distrito Federal e dos Municípios.

Art. 3º Sem prejuízo do prescrito no art. 2º desta Lei e nos dispositivos legais que tipificam os crimes resultantes de preconceito de etnia, raça, cor ou deficiência, as infrações ao disposto nesta Lei são passíveis das seguintes cominações (NRed. L. 13.146/15):

I – multa administrativa de 10 vezes o valor do maior salário pago pelo empregador, elevado em 50% em caso de reincidência;

II – proibição de obter empréstimo ou financiamento junto a instituições financeiras oficiais.

Art. 4º O rompimento da relação de trabalho por ato discriminatório, nos moldes desta Lei, além do direito à reparação pelo dano moral, faculta ao empregado optar entre (NRed. L. 12.288/10):

I - a reintegração com ressarcimento integral de todo o período de afastamento, mediante pagamento das remunerações devidas, corrigidas monetariamente e acrescidas de juros legais (NRed. L. 13.146/15);

II – a percepção, em dobro, da remuneração do período de afastamento, corrigida monetariamente e acrescida dos juros legais.

...................................(*DOU*, 17.4.95).

Lei 9.069, de 29 de junho de 1995

Plano Real.

Art. 1º A partir de 1º de julho de 1994, a

unidade do Sistema Monetário Nacional passa a ser o REAL (art. 2º da Lei n. 8.880, de 27 de maio de 1994), que terá curso legal em todo o território nacional.

§ 1º As importâncias em dinheiro serão grafadas precedidas do símbolo R$.

§ 2º A centésima parte do REAL, denominada "centavo", será escrita sob a forma decimal, precedida da vírgula que segue a unidade.

§ 3º A paridade entre o REAL e o Cruzeiro Real, a partir de 1º de julho de 1994, será igual à paridade entre a Unidade Real de Valor – URV e o Cruzeiro Real fixada pelo Banco Central do Brasil para o dia 30 de junho de 1994.

§ 4º A paridade de que trata o parágrafo anterior permanecerá fixa para os fins previstos no art. 3º, § 3º, da Lei n. 8.880, de 27 de maio de 1994, e no art. 2º desta Lei.

....

Art. 12. Na operação de conversão de Cruzeiros Reais para REAL, serão adotadas quatro casas decimais no quociente da divisão.

§ 1º Em todos os pagamentos ou liquidações de soma a receber ou a pagar e registros contábeis, serão desprezados, para todos os efeitos legais, os valores inferiores ao correspondente a um centavo de REAL.

§ 2º Nas instituições financeiras e nas demais entidades autorizadas a funcionar pelo Banco Central do Brasil a soma das parcelas desprezadas, na forma do parágrafo anterior, será recolhida e creditada ao Tesouro Nacional, no prazo a ser fixado pelo Poder Executivo, para ser utilizada em programas emergenciais contra a fome e a miséria, conforme regulamentação a ser baixada pelo Poder Executivo.

Art. 13. A partir de 1º de julho de 1994, todos os valores expressos em URV passam a ser expressos, de pleno direito, em igual número de REAIS.

Art. 14. As obrigações pecuniárias expressas em Cruzeiros Reais que não tenham sido convertidas em URV até 30 de junho de 1994, inclusive, serão, em 1º de julho de 1994, obrigatoriamente convertidas em REAL, de acordo com as normas desta Lei.

Parágrafo único. O disposto no *caput* deste artigo aplica-se às obrigações que tenham sido mantidas em Cruzeiros Reais por força do contido na Lei n. 8.880, de 27 de maio de 1994, em seu art. 16.

....

Art. 16. Observado o disposto nos parágrafos deste artigo, serão igualmente convertidos em REAL, em 1º de julho de 1994, de acordo com a paridade fixada para aquela data:

....

III – os saldos das contas do Fundo de Garantia do Tempo do Serviço – FGTS, do Fundo de Participação PIS/PASEP e do Fundo de Amparo ao Trabalhador – FAT;

....

Art. 27. A correção, em virtude de disposição legal ou estipulação de negócio jurídico, da expressão monetária de obrigação pecuniária contraída a partir de 1º de julho de 1994, inclusive, somente poderá dar-se pela variação acumulada do Índice de Preços ao Consumidor, Série r – IPC-r.

§ 1º O disposto neste artigo não se aplica:

I – às operações e contratos de que tratam o Decreto-lei n. 857, de 11 de setembro de 1969, e o art. 6º da Lei n. 8.880, de 27 de maio de 1994;

II – aos contratos pelos quais a empresa se obrigue a vender bens para entrega futura, prestar ou fornecer serviços a serem produzidos, cujo preço poderá ser reajustado em função do custo de produção ou da variação de índice que reflita a variação ponderada dos custos dos insumos utilizados;

III – às hipóteses tratadas em lei especial.

§ 2º Considerar-se-á de nenhum efeito a estipulação, a partir de 1º de julho de 1994, de correção monetária em desacordo com o estabelecido neste artigo.

§ 3º Nos contratos celebrados ou convertidos em URV, em que haja cláusula de correção monetária por índice de preços ou por índice que reflita a variação ponderada dos custos dos insumos utilizados, o cálculo desses índices, para efeitos de reajuste, deverá ser nesta moeda até a emissão do REAL e, daí em diante, em REAL, observado o art. 38 da Lei n. 8.880, de 27 de maio de 1994.

§ 4º A correção monetária dos contratos convertidos na forma do art. 21 desta Lei será apurada somente a partir do primeiro aniversário da obrigação, posterior à sua conversão em REAIS.

§ 5º A Taxa Referencial – TR somente poderá ser utilizada nas operações realizadas nos mercados financeiros, de valores mobiliários, de seguros, de previdência privada, de capitalização e de futuros.

§ 6º Continua aplicável aos débitos

trabalhistas o disposto no art. 39 da Lei n. 8.177, de 1º de março de 1991.

....

Art. 43. Fica extinta, a partir de 1º de setembro de 1994, a UFIR diária de que trata a Lei n. 8.383, de 30 de dezembro de 1991.

Art. 44. A correção monetária das unidades fiscais estaduais e municipais será feita pelos mesmos índices e com a mesma periodicidade com que será corrigida a Unidade Fiscal de Referência – UFIR, de que trata a Lei n. 8.383, de 30 de dezembro de 1991.

....

Art. 61. A partir de 1º de setembro de 1994, os débitos de qualquer natureza para com a Fazenda Nacional e os decorrentes de contribuições arrecadadas pela União, constituídos ou não, cujos fatos geradores ocorrerem até 31 de agosto de 1994, expressos em UFIR, serão convertidos para REAL com base no valor desta no mês do pagamento.

Art. 62. Os débitos de qualquer natureza para com a Fazenda Nacional e os decorrentes de contribuições arrecadadas pela União, constituídos ou não, cujos fatos geradores ocorram a partir de 1º de setembro de 1994, serão convertidos em quantidade de UFIR, com base no valor desta no mês da ocorrência do fato gerador, e reconvertidos para REAL mediante a multiplicação da quantidade de UFIR pelo valor desta vigente no mês do pagamento.

Parágrafo único. No caso das contribuições sociais arrecadadas pelo INSS, a conversão dos débitos para UFIR terá por base o valor desta no mês subsequente ao de competência da contribuição.

....

Art. 65. O ingresso no País e a saída do País de moeda nacional e estrangeira devem ser realizados exclusivamente por meio de instituição autorizada a operar no mercado de câmbio, à qual cabe a perfeita identificação do cliente ou do beneficiário (NRed. L. 12.865/13).

....

§ 2º O Banco Central do Brasil, segundo diretrizes do Conselho Monetário Nacional, regulamentará o disposto neste artigo, dispondo, inclusive, sobre a forma, os limites e as condições de ingresso no País e saída do País de moeda nacional e estrangeira (NRed. L. 12.865/13).

....

Art. 79. Na aplicação do disposto no § 2º do art. 29 da Lei n. 8.880, de 1994, serão deduzidas as antecipações concedidas a qualquer título no período compreendido entre a conversão dos salários para URV e a data-base.

Parágrafo único. As disposições deste artigo aplicam-se imediatamente, independentemente de regulamentação.

Art. 80. Será aplicado ao salário dos trabalhadores em geral, quando a conversão de seus salários em URV tiver sido efetuada mediante a utilização de URV diversa daquela do efetivo pagamento, o maior dos valores resultantes da aplicação do disposto no art. 27, *caput*, e em seu § 3º, da Lei n. 8.880, de 1994 (*DOU*, 30.6.95).

Lei 9.279, de 14 de maio de 1996

(Regulamentada pelo D. 2.553/98, v. Índ. Leg.)

Invenção do empregado ou prestador de serviço.

....

Art. 88. A invenção e o modelo de utilidade pertencem exclusivamente ao empregador quando decorrerem de contrato de trabalho cuja execução ocorra no Brasil e que tenha por objeto a pesquisa ou a atividade inventiva, ou resulte esta da natureza dos serviços para os quais foi o empregado contratado.

§ 1º Salvo expressa disposição contratual em contrário, a retribuição pelo trabalho a que se refere este artigo limita-se ao salário ajustado.

§ 2º Salvo prova em contrário, consideram-se desenvolvidos na vigência do contrato a invenção ou o modelo de utilidade, cuja patente seja requerida pelo empregado até 1 ano após a extinção do vínculo empregatício.

Art. 89. O empregador, titular da patente, poderá conceder ao empregado, autor de invento ou aperfeiçoamento, participação nos ganhos econômicos resultantes da exploração da patente, mediante negociação com o interessado ou conforme disposto em norma da empresa.

Parágrafo único. A participação referida neste artigo não se incorpora, a qualquer título, ao salário do empregado.

Art. 90. Pertencerá exclusivamente ao empregado a invenção ou modelo de utilidade por ele desenvolvido, desde que desvinculado do contrato de trabalho e não decorrente da utilização de recursos, meios, dados, materiais, instalações ou equipamentos do empregador.

Art. 91. A propriedade de invenção ou de modelo de utilidade será comum, em partes iguais, quando resultar da contribuição pessoal do empregado e de recursos, dados, meios, materiais, instalações ou equipamentos do empregador, ressalvada expressa disposição contratual em contrário.

§ 1º Sendo mais de um empregado, a parte que lhes couber será dividida igualmente entre todos, salvo ajuste em contrário.

§ 2º É garantido ao empregador o direito exclusivo de licença de exploração e assegurada ao empregado a justa remuneração.

§ 3º A exploração do objeto da patente, na falta de acordo, deverá ser iniciada pelo empregador dentro do prazo de 1 ano, contado da data de sua concessão, sob pena de passar à exclusiva propriedade do empregado a titularidade da patente, ressalvadas as hipóteses de falta de exploração por razões legítimas.

§ 4º No caso de cessão, qualquer dos cotitulares, em igualdade de condições, poderá exercer o direito de preferência.

Art. 92. O disposto nos artigos anteriores aplica-se, no que couber, às relações entre o trabalhador autônomo ou o estagiário e a empresa contratante e entre empresas contratantes e contratadas.

Art. 93. Aplica-se o disposto neste Capítulo, no que couber, às entidades da Administração Pública, direta, indireta e fundacional, federal, estadual ou municipal.

Parágrafo único. Na hipótese do art. 88, será assegurada ao inventor, na forma e condições previstas no estatuto ou regimento interno da entidade a que se refere este artigo, premiação de parcela no valor das vantagens auferidas com o pedido ou com a patente, a título de incentivo.

....

Art. 243. Esta Lei entra em vigor na data de sua publicação quanto às matérias disciplinadas nos arts. 230, 231, 232 e 239, e 1 ano após sua publicação quanto aos demais artigos.

Art. 244. Revogam-se a Lei n. 5.772, de 21 de dezembro de 1971, a Lei n. 6.348, de 7 de julho de 1976, os arts. 187 e 196 do Decreto-Lei n. 2.848, de 7 de dezembro de 1940, os arts. 169 e 189 do Decreto-Lei n. 7.903, de 27 de agosto de 1945, e as demais disposições em contrário (*DOU*, 15.5.96).

Lei 9.469, de 10 de julho de 1997[36]

União, autarquias, fundações e empresas públicas federais: transação judicial, intervenção, representação. Precatórios.

Art. 1º O Advogado-Geral da União, diretamente ou mediante delegação, e os dirigentes máximos das empresas públicas federais poderão autorizar a realização de acordos ou transações, em juízo, para terminar o litígio, nas causas de valor até R$ 500.000,00 (NRed. L. 11.941/09).

Art. 2º O Procurador-Geral da União, o Procurador-Geral Federal e os dirigentes máximos das empresas públicas federais e do Banco Central do Brasil poderão autorizar a realização de acordos, homologáveis pelo Juízo, nos autos do processo judicial, para o pagamento de débitos de valores não superiores a R$ 100.000,00 (cem mil reais), em parcelas mensais e sucessivas até o máximo de 60 (sessenta) (NRed. L. 12.716/12).

§ 1º O valor de cada prestação mensal, por ocasião do pagamento, será acrescido de juros equivalentes à taxa referencial do Sistema Especial de Liquidação e de Custódia – SELIC para títulos federais, acumulada mensalmente, calculados a partir do mês subsequente ao da consolidação até o mês anterior ao do pagamento, e de 1% (um por cento) relativamente ao mês em que o pagamento estiver sendo efetuado (red. L. 11.941/09).

§ 2º Inadimplida qualquer parcela, pelo prazo de trinta dias, instaurar-se-á o processo de execução ou nele prosseguir-se-á, pelo saldo (red. L. 11.941/09).

....

Art. 5º A União poderá intervir nas causas em que figurarem, como autoras ou rés, autarquias, fundações públicas, sociedades de economia mista e empresas públicas federais.

Parágrafo único. As pessoas jurídicas de direito público poderão, nas causas cuja decisão possa ter reflexos, ainda que indiretos, de natureza econômica, intervir, inde-

36. Regulamentada pelo D. 2.346/97.

LEIS

pendentemente da demonstração de interesse jurídico, para esclarecer questões de fato e de direito, podendo juntar documentos e memoriais reputados úteis ao exame da matéria e, se for o caso, recorrer, hipótese em que, para fins de deslocamento de competência, serão consideradas partes.

Art. 6º Os pagamentos devidos pela Fazenda Pública federal, estadual ou municipal e pelas autarquias e fundações públicas, em virtude de sentença judiciária, far-se-ão, exclusivamente, na ordem cronológica da apresentação dos precatórios judiciários e à conta do respectivo crédito.

Parágrafo único. É assegurado o direito de preferência aos credores de obrigação de natureza alimentícia, obedecida, entre eles, a ordem cronológica de apresentação dos respectivos precatórios judiciários (NRed. MP 2.226/01).

....

Art. 9º A representação judicial das autarquias e fundações públicas por seus procuradores ou advogados, ocupantes de cargos efetivos dos respectivos quadros, independe da apresentação do instrumento de mandato.

Art. 10. Aplica-se às autarquias e fundações públicas o disposto nos artigos 188 e 475, *caput*, e no seu inciso II, do Código de Processo Civil.

....

Art. 12. Revogam-se a Lei n. 8.197, de 27 de junho de 1991, e a Lei n. 9.081, de 19 de julho de 1995.

..............................(*DOU*, 11.7.97).

Lei 9.528, de 10 de dezembro de 1997

Juízes classistas. Aposentadoria.

....

Art. 5º Os magistrados classistas temporários da Justiça do Trabalho e os magistrados da Justiça Eleitoral nomeados na forma dos incisos II do art. 119 e III do § 1º do art. 120 da Constituição Federal serão aposentados de acordo com as normas estabelecidas pela legislação previdenciária a que estavam submetidos antes da investidura na magistratura, mantida a referida vinculação previdenciária durante o exercício do mandado.

§ 1º O aposentado de qualquer regime previdenciário que exercer a magistratura nos termos deste artigo vincula-se, obrigatoriamente, ao Regime Geral de Previdência Social – RGPS.

..............................(*DOU*, 11.12.97).

Lei 9.601, de 21 de janeiro de 1998

Contrato de trabalho por prazo determinado. Banco de horas.

Art. 1º As convenções e os acordos coletivos de trabalho poderão instituir contrato de trabalho por prazo determinado, de que trata o art. 443 da Consolidação das Leis do Trabalho – CLT, independentemente das condições estabelecidas em seu § 2º em qualquer atividade desenvolvida pela empresa ou estabelecimento, para admissões que representem acréscimo no número de empregados.

§ 1º As partes estabelecerão, na convenção ou acordo coletivo referido neste artigo:

I – a indenização para as hipóteses de rescisão antecipada do contrato de que trata este artigo, por iniciativa do empregador ou do empregado, não se aplicando o disposto nos arts. 479 e 480 da CLT;

II – as multas pelo descumprimento de suas cláusulas.

§ 2º Não se aplica ao contrato de trabalho previsto neste artigo o disposto no art. 451 da CLT.

§ 3º (Vetado.)

§ 4º São garantidas as estabilidades provisórias da gestante; do dirigente sindical, ainda que suplente; do empregado eleito para cargo de direção de comissões internas de prevenção de acidentes; do empregado acidentado, nos termos do art. 118, da Lei n. 8.213, de 24 de julho de 1991, durante a vigência do contrato por prazo determinado, que não poderá ser rescindido antes do prazo estipulado pelas partes.

Art. 2º Para os contratos previstos no art. 1º, são reduzidas, por 60 meses, a contar da data de publicação desta Lei (red. MP 2.164-41/01):

I – a 50% do seu valor vigente em 1º de janeiro de 1996, as alíquotas das contribuições sociais destinadas ao Serviço Social da Indústria – SESI, Serviço Social do Comércio – SESC, Serviço Social do Transporte – SEST,

Serviço Nacional de Aprendizagem Industrial – SENAI, Serviço Nacional de Aprendizagem Comercial – SENAC, Serviço Nacional de Aprendizagem do Transporte – SENAT, Serviço Brasileiro de Apoio às Micro e Pequenas Empresas – SEBRAE e Instituto Nacional de Colonização e Reforma Agrária – INCRA, bem como ao salário-educação e para o financiamento do seguro de acidente do trabalho;

II – para 2%, a alíquota da contribuição para o Fundo de Garantia do Tempo de Serviço – FGTS, de que trata a Lei n. 8.036, de 11 de maio de 1990.

Parágrafo único. As partes estabelecerão, na convenção ou acordo coletivo, obrigação de o empregador efetuar, sem prejuízo do disposto no inciso segundo deste artigo, depósitos mensais vinculados, a favor do empregado, em estabelecimento bancário, com periodicidade determinada de saque.

Art. 3º O número de empregados contratados nos termos do art. 1º desta Lei observará o limite estabelecido no instrumento decorrente da negociação coletiva, não podendo ultrapassar os seguintes percentuais, que serão aplicados cumulativamente:

I – 50% do número de trabalhadores, para a parcela inferior a 50 empregados;

II – 35% do número de trabalhadores, para parcela entre 50 e 199 empregados; e

III – 20% do número de trabalhadores, para parcela acima de 200 empregados.

Parágrafo único. As parcelas referidas nos incisos deste artigo serão calculadas sobre a média aritmética mensal do número de empregados contratados por prazo indeterminado do estabelecimento, nos 6 meses imediatamente anteriores ao da data de publicação desta Lei.

Art. 4º As reduções previstas no art. 2º serão asseguradas desde que, no momento da contratação:

I – o empregador esteja adimplente junto ao Instituto Nacional do Seguro Social – INSS e ao Fundo de Garantia do Tempo de Serviço – FGTS;

II – o contrato de trabalho por prazo determinado e a relação mencionada no § 3º deste artigo tenham sido depositados no Ministério do Trabalho.

§ 1º As reduções referidas neste artigo subsistirão enquanto:

I – o quadro de empregados e a respectiva folha salarial, da empresa ou estabelecimento, forem superiores às respectivas médias mensais dos seis meses imediatamente anteriores ao da data de publicação desta Lei; e

II – o número de empregados contratados por prazo indeterminado for, no mínimo, igual à média referida no parágrafo único do art. 3º.

§ 2º O Ministério do Trabalho tornará disponíveis ao INSS e ao Agente Operador do FGTS as informações constantes da convenção ou acordo coletivo de que trata o art. 1º e do contrato de trabalho depositado, necessárias ao controle do recolhimento das contribuições mencionadas, respectivamente, nos incisos I e II do art. 2º desta Lei.

§ 3º O empregador deverá afixar, no quadro de avisos da empresa, cópias do instrumento normativo mencionado no art. 1º e da relação dos contratados, que conterá, dentre outras informações, o nome do empregado, número da Carteira de Trabalho e Previdência Social, o número de inscrição do trabalhador no Programa de Integração Social – PIS e as datas de início e de término do contrato por prazo determinado.

§ 4º O Ministro do Trabalho disporá sobre as variáveis a serem consideradas e a metodologia de cálculo das médias aritméticas mensais de que trata o § 1º deste artigo.

Art. 5º As empresas que, a partir da data de publicação desta Lei, aumentarem seu quadro de pessoal em relação à média mensal do número de empregos no período de referência mencionado no artigo anterior terão preferência na obtenção de recursos no âmbito dos programas executados pelos estabelecimentos federais de crédito, especialmente junto ao Banco Nacional de Desenvolvimento Econômico e Social – BNDES.

Art. 6º O art. 59 da Consolidação das Leis do Trabalho – CLT, passa a vigorar com a seguinte redação:

"Art. 59. ....

....

§ 2º Poderá ser dispensado o acréscimo de salário se, por força de acordo ou convenção coletiva de trabalho, o excesso de horas em um dia for compensado pela correspondente diminuição em outro dia, de maneira que não exceda, no período máximo de um ano, à soma das jornadas semanais de trabalho previstas, nem seja ultrapassado o limite máximo de 10 horas diárias (red. MP 2.164-41/01).

LEIS

§ 3º Na hipótese de rescisão do contrato de trabalho sem que tenha havido a compensação integral da jornada extraordinária, na forma do parágrafo anterior, fará o trabalhador jus ao pagamento das horas extras não compensadas, calculadas sobre o valor da remuneração na data da rescisão".

Art. 7º O descumprimento pelo empregador, do disposto nos arts. 3º e 4º desta Lei, sujeita-o à multa de 500 Unidades Fiscais de Referência – UFIR, por trabalhador contratado nos moldes do art. 1º, que se constituirá receita adicional do Fundo de Amparo ao Trabalhador – FAT, de que trata a Lei n. 7.998, de 11 de janeiro de 1990.

Art. 8º O Poder Executivo regulamentará esta Lei no prazo de trinta dias, contado a partir da data de sua publicação.

Art. 9º Esta Lei entra em vigor na data de sua publicação.

..................................(*DOU*, 22.1.98).

Lei 9.608, de 18 de fevereiro de 1998

Trabalho voluntário.

Art. 1º Considera-se serviço voluntário, para fins desta Lei, a atividade não remunerada, prestada por pessoa física a entidade pública de qualquer natureza, ou a instituição privada de fins não lucrativos, que tenha objetivos cívicos, culturais, educacionais, científicos, recreativos ou de assistência social, inclusive mutualidade.

Parágrafo único. O serviço voluntário não gera vínculo empregatício, nem obrigação de natureza trabalhista, previdenciária ou afim.

Art. 2º O serviço voluntário será exercido mediante a celebração de termo de adesão entre a entidade pública ou privada, e o prestador do serviço voluntário, dele devendo constar o objeto e as condições de seu exercício.

Art. 3º O prestador do serviço voluntário poderá ser ressarcido pelas despesas que comprovadamente realizar no desempenho das atividades voluntárias.

Parágrafo único. As despesas a serem ressarcidas deverão estar expressamente autorizadas pela entidade a que for prestado o serviço voluntário.

Art. 3º-A. (Rev. L. 11.692/08.)

Art. 4º Esta Lei entra em vigor na data de sua publicação.

..................................(*DOU*, 19.2.98).

Lei 9.615, de 24 de março de 1998

Normas gerais sobre desporto. Atleta profissional.

....

Art. 3º O desporto pode ser reconhecido em qualquer das seguintes manifestações:

....

III – desporto de rendimento, praticado segundo normas gerais desta Lei e regras de prática desportiva, nacionais e internacionais, com a finalidade de obter resultados e integrar pessoas e comunidades do País e estas com as de outras nações.

§ 1º O desporto de rendimento pode ser organizado e praticado:

I – de modo profissional, caracterizado pela remuneração pactuada em contrato formal de trabalho entre o atleta e a entidade de prática desportiva;

II – de modo não profissional, identificado pela liberdade de prática e pela inexistência de contrato de trabalho, sendo permitido o recebimento de incentivos materiais e de patrocínio (NRed. L. 9.981/00):

a) (revogada pela L. 9.981/00);

b) (revogada pela L. 9.981/00).

§ 2º (Vetado pela L. 13.155/15).

Art. 4º O Sistema Brasileiro do Desporto compreende:

I – o Ministério do Esporte (NRed. L. 10.672/03);

II – (revogado pela L. 10.672/03);

III – o Conselho Nacional do Esporte – CNE (NRed. L. 10.672/03);

IV – o sistema nacional do desporto e os sistemas de desporto dos Estados, do Distrito Federal e dos Municípios, organizados de forma autônoma e em regime de colaboração, integrados por vínculos de natureza técnica específicos de cada modalidade desportiva.

§ 1º O Sistema Brasileiro do Desporto tem por objetivo garantir a prática desportiva regular e melhorar-lhe o padrão de qualidade.

§ 2º A organização desportiva do País, fundada na liberdade de associação, integra o patrimônio cultural brasileiro e é considerada de elevado interesse social, inclusive para os fins do disposto nos incisos I e III do art. 5º da Lei Complementar n. 75, de 20 de maio de 1993 (NRed. L. 10.672/03).

§ 3º Poderão ser incluídas no Sistema Brasileiro de Desporto as pessoas jurídicas que desenvolvam práticas não formais, promovam a cultura e as ciências do desporto e formem e aprimorem especialistas.

....

Art. 11. O CNE é órgão colegiado de normatização, deliberação e assessoramento, diretamente vinculado ao Ministro de Estado do Esporte, cabendo-lhe (NRed. L. 10.672/03):

I – zelar pela aplicação dos princípios e preceitos desta Lei;

II – oferecer subsídios técnicos à elaboração do Plano Nacional do Desporto;

III – emitir pareceres e recomendações sobre questões desportivas nacionais;

IV – propor prioridades para o plano de aplicação de recursos do Ministério do Esporte (NRed. L. 10.672/03);

V – exercer outras atribuições previstas na legislação em vigor, relativas a questões de natureza desportiva;

VI - aprovar os Códigos de Justiça Desportiva e suas alterações, com as peculiaridades de cada modalidade (NRed. L. 13.322/16);

VII - aprovar o Código Brasileiro Antidopagem - CBA e suas alterações, no qual serão estabelecidos, entre outros: (Red. L. 13.322/16)

a) as regras antidopagem e as suas sanções; (Incluído L. 13.322/16)

b) os critérios para a dosimetria das sanções; e (Incluído L. 13.322/16)

c) o procedimento a ser seguido para processamento e julgamento das violações às regras antidopagem; e (Incluído L. 13.322, de 2016)

VIII - estabelecer diretrizes sobre os procedimentos relativos ao controle de dopagem exercidos pela Autoridade Brasileira de Controle de Dopagem – ABCD. (Incluído L. 13.322/16)

§ 1º O Ministério do Esporte prestará apoio técnico e administrativo ao CNE. (Incluído L. 13.322/16)

§ 2º No exercício das competências a que se referem os incisos VII e VIII do *caput*, o CNE deverá observar as disposições do Código Mundial Antidopagem editado pela Agência Mundial Antidopagem. (Incluído L. 13.322/16)

§ 3º Enquanto não for exercida a competência referida no inciso VII do *caput*, competirá à ABCD publicar o CBA, que poderá ser referendado pelo CNE no prazo de cento e oitenta dias, contado da data de publicação da Medida Provisória n. 718, de 16 de março de 2016. (Incluído L. 13.322/16)

....

Art. 12-A. (Vetado. L. 12.395/11.)

....

Art. 18. Somente serão beneficiadas com isenções fiscais e repasses de recursos públicos federais da administração direta e indireta, nos termos do inciso II do art. 217 da Constituição Federal, as entidades do Sistema Nacional do Desporto que:

I – possuírem viabilidade e autonomia financeiras;

II – (rev. L. 12.395/11);

III – atendam aos demais requisitos estabelecidos em lei;

IV – estiverem em situação regular com suas obrigações fiscais e trabalhistas (red. L. 12.395/11);

V – demonstrem compatibilidade entre as ações desenvolvidas para a melhoria das respectivas modalidades desportivas e o Plano Nacional do Desporto (red. L. 12.395/11).

Parágrafo único. A verificação do cumprimento das exigências contidas nos incisos I a V deste artigo será de responsabilidade do Ministério do Esporte (red. L. 12.395/11).

....

Art. 23. Os estatutos ou contratos sociais das entidades de administração do desporto, elaborados de conformidade com esta Lei, deverão obrigatoriamente regulamentar, no mínimo (red. L. 13.155/15):

I - instituição do Tribunal de Justiça Desportiva, nos termos desta Lei;

II - inelegibilidade, por dez anos, de seus dirigentes para desempenho de cargos e funções eletivas ou de livre nomeação de (red. L. 13.155/15):

a) condenados por crime doloso em sentença definitiva;

b) inadimplentes na prestação de contas de recursos públicos em decisão administrativa definitiva;

c) inadimplentes na prestação de contas da própria entidade;

d) afastados de cargos eletivos ou de confiança de entidade desportiva ou em virtude de gestão patrimonial ou financeira irregular ou temerária da entidade;

e) inadimplentes das contribuições previdenciárias e trabalhistas;

f) falidos;

III - a garantia de representação, com direito a voto, da categoria de atletas e entidades de prática esportiva das respectivas modalidades, no âmbito dos órgãos e conselhos técnicos incumbidos da aprovação de regulamentos das competições. (Incluído L. 13.155/15)

§ 1º Independentemente de previsão estatutária, é obrigatório o afastamento preventivo e imediato dos dirigentes, eleitos ou nomeados, caso incorram em qualquer das hipóteses do inciso II do *caput* deste artigo, assegurados o processo regular e a ampla defesa para a destituição. (Incluído L. 13.155/15)

§ 2º Os representantes dos atletas de que trata o inciso III do *caput* deste artigo deverão ser escolhidos pelo voto destes, em eleição direta, organizada pela entidade de administração do desporto, em conjunto com as entidades que os representem, observando-se, quanto ao processo eleitoral, o disposto no art. 22 desta Lei. (Incluído L. 13.155/15)

....

Art. 26. Atletas e entidades de prática desportiva são livres para organizar a atividade profissional, qualquer que seja sua modalidade, respeitados os termos desta Lei.

Parágrafo único. Considera-se competição profissional para os efeitos desta Lei aquela promovida para obter renda e disputada por atletas profissionais cuja remuneração decorra de contrato de trabalho desportivo (red. L. 10.672/03).

Art. 27. As entidades de prática desportiva participantes de competições profissionais e as entidades de administração de desporto ou ligas em que se organizarem, independentemente da forma jurídica adotada, sujeitam os bens particulares de seus dirigentes ao disposto no art. 50 da Lei n. 10.406, de 10 de janeiro de 2002, além das sanções e responsabilidades previstas no *caput* do art. 1.017 da Lei n. 10.406, de 10 de janeiro de 2002, na hipótese de aplicarem créditos ou bens sociais da entidade desportiva em proveito próprio ou de terceiros (NRed. L.10.672/03).

§ 1º (Parágrafo único renumerado e revogado pela L. 9.981/00.)

§ 2º A entidade a que se refere este artigo não poderá utilizar seus bens patrimoniais, desportivos ou sociais para integralizar sua parcela de capital ou oferecê-los como garantia, salvo com a concordância da maioria absoluta da assembleia-geral dos associados e na conformidade do respectivo estatuto (red. L. 9.981/00).

§ 3º (Rev. L. 10.672/03.)

§ 4º (Rev. L. 10.672/03.)

§ 5º O disposto no art. 23 aplica-se, no que couber, às entidades a que se refere o *caput* deste artigo (red. L. 10.672/03).

§ 6º Sem prejuízo de outros requisitos previstos em lei, as entidades de que trata o *caput* deste artigo somente poderão obter financiamento com recursos públicos ou fazer jus a programas de recuperação econômico-financeiros se, cumulativamente, atenderem às seguintes condições (red. L. 12.395/11):

I – realizar todos os atos necessários para permitir a identificação exata de sua situação financeira;

II – apresentar plano de resgate e plano de investimento;

III – garantir a independência de seus conselhos de fiscalização e administração, quando houver;

IV – adotar modelo profissional e transparente; e

V – apresentar suas demonstrações financeiras, juntamente com os respectivos relatórios de auditoria, nos termos definidos no inciso I do art. 46-A desta Lei (red. L. 12.395/11).

§ 7º Os recursos do financiamento voltados à implementação do plano de resgate serão utilizados:

I – prioritariamente, para quitação de débitos fiscais, previdenciários e trabalhistas; e (red. L. 10.672/03)

II – subsidiariamente, para construção ou melhoria de estádio próprio ou de que se utilizam para mando de seus jogos, com a finalidade de atender a critérios de segurança, saúde e bem-estar do torcedor.

§ 8º Na hipótese do inciso II do § 7º, a entidade de prática desportiva deverá apresentar à instituição financiadora o orçamento das obras pretendidas (red. L. 10.672/03).

§ 9º É facultado às entidades desportivas profissionais constituírem-se regularmente em sociedade empresária, segundo um dos tipos regulados nos arts. 1.039 a 1.092 da Lei n. 10.406, de 10 de janeiro de 2002 – Código Civil (red. L. 10.672/03).

§ 10. Considera-se entidade desportiva profissional, para fins desta Lei, as entidades de prática desportiva envolvidas em competições de atletas profissionais, as ligas em que se organizarem e as entidades de administração de desporto profissional (red. L. 10.672/03).

§ 11. Os administradores de entidades desportivas profissionais respondem solidária e ilimitadamente pelos atos ilícitos praticados, de gestão temerária ou contrários ao previsto no contrato social ou estatuto, nos termos da Lei n. 10.406, de 10 de janeiro de 2002 – Código Civil (red. L. 12.395/11).

....

§ 13. Para os fins de fiscalização e controle do disposto nesta Lei, as atividades profissionais das entidades de que trata o *caput* deste artigo, independentemente da forma jurídica sob a qual estejam constituídas, equiparam-se às das sociedades empresárias (red. L. 12.395/11).

Art. 27-A. Nenhuma pessoa física ou jurídica que, direta ou indiretamente, seja detentora de parcela do capital com direito a voto ou, de qualquer forma, participe da administração de qualquer entidade de prática desportiva poderá ter participação simultânea no capital social ou na gestão de outra entidade de prática desportiva disputante da mesma competição profissional (red. L. 9.981/00).

§ 1º É vedado que duas ou mais entidades de prática desportiva disputem a mesma competição profissional das primeiras séries ou divisões das diversas modalidades desportivas quando (red. L. 9.981/00):

a) uma mesma pessoa física ou jurídica, direta ou indiretamente, através de relação contratual, explore, controle ou administre direitos que integrem seus patrimônios; ou, (red. L. 9.981/00)

b) uma mesma pessoa física ou jurídica, direta ou indiretamente, seja detentora de parcela do capital com direito a voto ou, de qualquer forma, participe da administração de mais de uma sociedade ou associação que explore, controle ou administre direitos que integrem os seus patrimônios (red. L. 9.981/00).

§ 2º A vedação de que trata este artigo aplica-se (red. L. 9.981/00):

a) ao cônjuge e aos parentes até o segundo grau das pessoas físicas; e (red. L. 9.981/00)

b) às sociedades controladoras, controladas e coligadas das mencionadas pessoas jurídicas, bem como a fundo de investimento, condomínio de investidores ou outra forma assemelhada que resulte na participação concomitante vedada neste artigo (red. L. 9.981/00).

§ 3º Excluem-se da vedação de que trata este artigo os contratos de administração e investimentos em estádios, ginásios e praças desportivas, de patrocínio, de licenciamento de uso de marcas e símbolos, de publicidade e de propaganda, desde que não importem na administração direta ou na cogestão das atividades desportivas profissionais das entidades de prática desportiva, assim como os contratos individuais ou coletivos que sejam celebrados entre as detentoras de concessão, permissão ou autorização para exploração de serviços de radiodifusão sonora e de sons e imagens, bem como de televisão por assinatura, e entidades de prática desportiva para fins de transmissão de eventos desportivos (red. L. 9.981/00).

§ 4º A infringência a este artigo implicará a inabilitação da entidade de prática desportiva para percepção dos benefícios de que trata o art. 18 desta Lei (NRed. L. 10.672/03).

§ 5º As empresas detentoras de concessão, permissão ou autorização para exploração de serviço de radiodifusão sonora e de sons e imagens, bem como de televisão por assinatura, ficam impedidas de patrocinar ou veicular sua própria marca, bem como a de seus canais e dos títulos de seus programas, nos uniformes de competições das entidades desportivas (NRed. L. 10.672/03).

§ 6º A violação do disposto no § 5º implicará a eliminação da entidade de prática desportiva que lhe deu causa da competição ou do torneio em que aquela se verificou, sem prejuízo das penalidades que venham a ser aplicadas pela Justiça Desportiva (red. L. 10.672/03).

Art. 28. A atividade do atleta profissional é caracterizada por remuneração pactuada em contrato especial de trabalho desportivo, firmado com entidade de prática desportiva, no qual deverá constar, obrigatoriamente (red. L. 12.395/11):

I – cláusula indenizatória desportiva, devida exclusivamente à entidade de prática desportiva à qual está vinculado o atleta, nas seguintes hipóteses (NRed. L. 12.395/11):

a) transferência do atleta para outra entidade, nacional ou estrangeira, durante a vigência do contrato especial de trabalho desportivo; ou (NRed. L. 12.395/11)

b) por ocasião do retorno do atleta às atividades profissionais em outra entidade de prática desportiva, no prazo de até 30 (trinta) meses; e (NRed. L. 12.395/11)

II – cláusula compensatória desportiva, devida pela entidade de prática desportiva ao atleta, nas hipóteses dos incisos III a V do § 5º (NRed. L. 12.395/11).

§ 1º O valor da cláusula indenizatória desportiva a que se refere o inciso I do *caput* deste artigo será livremente pactuado pelas partes e expressamente quantificado no instrumento contratual (red. L. 12.395/11):

I – até o limite máximo de 2.000 (duas mil) vezes o valor médio do salário contratual, para as transferências nacionais; e (NRed. L. 12.395/11)

II – sem qualquer limitação, para as transferências internacionais (NRed. L. 12.395/11).

§ 2º São solidariamente responsáveis pelo pagamento da cláusula indenizatória desportiva de que trata o inciso I do *caput* deste artigo o atleta e a nova entidade de prática desportiva empregadora (red. L. 12.395/11).

I – (rev. L. 12.395/11);

II – (rev. L. 12.395/11);

III – (rev. L. 12.395/11).

§ 3º O valor da cláusula compensatória desportiva a que se refere o inciso II do *caput* deste artigo será livremente pactuado entre as partes e formalizado no contrato especial de trabalho desportivo, observando-se, como limite máximo, 400 (quatrocentas) vezes o valor do salário mensal no momento da rescisão e, como limite mínimo, o valor total de salários mensais a que teria direito o atleta até o término do referido contrato (red. L. 12.395/11).

§ 4º Aplicam-se ao atleta profissional as normas gerais da legislação trabalhista e da Seguridade Social, ressalvadas as peculiaridades constantes desta Lei, especialmente as seguintes (red. L. 12.395/11):

I – se conveniente à entidade de prática desportiva, a concentração não poderá ser superior a 3 (três) dias consecutivos por semana, desde que esteja programada qualquer partida, prova ou equivalente, amistosa ou oficial, devendo o atleta ficar à disposição do empregador por ocasião da realização de competição fora da localidade onde tenha sua sede (red. L. 12.395/11);

II – o prazo de concentração poderá ser ampliado, independentemente de qualquer pagamento adicional, quando o atleta estiver à disposição da entidade de administração do desporto (red. L. 12.395/11);

III – acréscimos remuneratórios em razão de períodos de concentração, viagens, pré-temporada e participação do atleta em partida, prova ou equivalente, conforme previsão contratual (red. L. 12.395/11);

IV – repouso semanal remunerado de 24 (vinte e quatro) horas ininterruptas, preferentemente em dia subsequente à participação do atleta na partida, prova ou equivalente, quando realizada no final de semana (red. L. 12.395/11);

V – férias anuais remuneradas de 30 (trinta) dias, acrescidas do abono de férias, coincidentes com o recesso das atividades desportivas (NRed. L. 12.395/11);

VI – jornada de trabalho desportiva normal de 44 (quarenta e quatro) horas semanais (NRed. L. 12.395/11).

§ 5º O vínculo desportivo do atleta com a entidade de prática desportiva contratante constitui-se com o registro do contrato especial de trabalho desportivo na entidade de administração do desporto, tendo natureza acessória ao respectivo vínculo empregatício, dissolvendo-se, para todos os efeitos legais (red. L. 12.395/11):

I – com o término da vigência do contrato ou o seu distrato (NRed. L. 12.395/11).

II – com o pagamento da cláusula indenizatória desportiva ou da cláusula compensatória desportiva (NRed. L. 12.395/11);

III – com a rescisão decorrente do inadimplemento salarial, de responsabilidade da entidade de prática desportiva empregadora, nos termos desta Lei (NRed. L. 12.395/11);

IV – com a rescisão indireta, nas demais hipóteses previstas na legislação trabalhista; e (NRed. L. 12.395/11);

V – com a dispensa imotivada do atleta (NRed. L. 12.395/11).

§ 6º (Rev. L. 10.672/03.)

§ 7º A entidade de prática desportiva poderá suspender o contrato especial de trabalho desportivo do atleta profissional, ficando dispensada do pagamento da remuneração nesse período, quando o atleta for impedido de atuar, por prazo ininterrupto superior a 90 (noventa) dias, em decorrência de ato ou evento de sua exclusiva responsabilidade, desvinculado da atividade profissional, conforme previsto no referido contrato (red. L. 12.395/11).

§ 8º O contrato especial de trabalho desportivo deverá conter cláusula expressa reguladora de sua prorrogação automática na ocorrência da hipótese prevista no § 7º deste artigo (NRed. L. 12.395/11).

§ 9º Quando o contrato especial de trabalho desportivo for por prazo inferior a 12 (doze) meses, o atleta profissional terá direito, por ocasião da rescisão contratual por culpa da entidade de prática desportiva empregadora, a tantos doze avos da remuneração mensal quantos forem os meses da vigência do contrato, referentes a férias, abono de férias e 13º (décimo terceiro) salário (NRed. L. 12.395/11).

§ 10. Não se aplicam ao contrato especial de trabalho desportivo os arts. 479 e 480 da Consolidação das Leis do Trabalho – CLT, aprovada pelo Decreto-Lei n. 5.452, de 1º de maio de 1943 (NRed. L. 12.395/11).

Art. 28-A. Caracteriza-se como autônomo o atleta maior de 16 (dezesseis) anos que não mantém relação empregatícia com entidade de prática desportiva, auferindo rendimentos por conta e por meio de contrato de natureza civil (NRed. L. 12.395/11).

§ 1º O vínculo desportivo do atleta autônomo com a entidade de prática desportiva resulta de inscrição para participar de competição e não implica reconhecimento de relação empregatícia (NRed. L. 12.395/11).

§ 2º A filiação ou a vinculação de atleta autônomo a entidade de administração ou a sua integração a delegações brasileiras partícipes de competições internacionais não caracteriza vínculo empregatício (NRed. L. 12.395/11).

§ 3º O disposto neste artigo não se aplica às modalidades desportivas coletivas (NRed. L. 12.395/11).

Art. 29. A entidade de prática desportiva formadora do atleta terá o direito de assinar com ele, a partir de 16 (dezesseis) anos de idade, o primeiro contrato especial de trabalho desportivo, cujo prazo não poderá ser superior a 5 (cinco) anos (red. L. 12.395/11).

....

§ 2º É considerada formadora de atleta a entidade de prática desportiva que (red. L. 12.395/11):

I – forneça aos atletas programas de treinamento nas categorias de base e complementação educacional; e (NRed. L. 12.395/11).

II – satisfaça cumulativamente os seguintes requisitos (NRed. L. 12.395/11):

a) estar o atleta em formação inscrito por ela na respectiva entidade regional de administração do desporto há, pelo menos, 1 (um) ano (NRed. L. 12.395/11);

b) comprovar que, efetivamente, o atleta em formação está inscrito em competições oficiais (NRed. L. 12.395/11);

c) garantir assistência educacional, psicológica, médica e odontológica, assim como alimentação, transporte e convivência familiar (NRed. L. 12.395/11);

d) manter alojamento e instalações desportivas adequados, sobretudo em matéria de alimentação, higiene, segurança e salubridade (NRed. L. 12.395/11);

e) manter corpo de profissionais especializados em formação técnico-desportiva (NRed. L. 12.395/11);

f) ajustar o tempo destinado à efetiva atividade de formação do atleta, não superior a 4 (quatro) horas por dia, aos horários do currículo escolar ou de curso profissionalizante, além de propiciar-lhe a matrícula escolar, com exigência de frequência e satisfatório aproveitamento (NRed. L. 12.395/11);

g) ser a formação do atleta gratuita e a expensas da entidade de prática desportiva; (NRed. L. 12.395/11);

h) comprovar que participa anualmente de competições organizadas por entidade de administração do desporto em, pelo menos, 2 (duas) categorias da respectiva modalidade desportiva; e (NRed. L. 12.395/11)

i) garantir que o período de seleção não coincida com os horários escolares (NRed. L. 12.395/11).

§ 3º A entidade nacional de administração do desporto certificará como entidade de prática desportiva formadora aquela que comprovadamente preencha os requisitos estabelecidos nesta Lei (red. L. 12.395/11).

§ 4º O atleta não profissional em formação, maior de quatorze e menor de vinte anos de idade, poderá receber auxílio financeiro da entidade de prática desportiva formadora, sob a forma de bolsa de aprendizagem livremente pactuada mediante contrato formal, sem que seja gerado vínculo empregatício entre as partes (NRed. L. 10.672/03).

§ 5º A entidade de prática desportiva formadora fará jus a valor indenizatório se ficar impossibilitada de assinar o primeiro contrato especial de trabalho desportivo por oposição do atleta, ou quando ele se vincular, sob qualquer forma, a outra entidade de prática desportiva, sem autorização expressa da entidade de prática desportiva formadora, atendidas as seguintes condições: (red. L. 12.395/11)

I – o atleta deverá estar regularmente registrado e não pode ter sido desligado da entidade de prática desportiva formadora; (NRed. L. 12.395/11)

II – a indenização será limitada ao montante correspondente a 200 (duzentas) vezes os gastos comprovadamente efetuados com a formação do atleta, especificados no contrato de que trata o § 4º deste artigo (NRed. L. 12.395/11);

III – o pagamento do valor indenizatório somente poderá ser efetuado por outra entidade de prática desportiva e deverá ser efetivado diretamente à entidade de prática desportiva formadora no prazo máximo de 15 (quinze) dias, contados da data da vinculação do atleta à nova entidade de prática desportiva, para efeito de permitir novo registro em entidade de administração do desporto (NRed. L. 12.395/11).

§ 6º O contrato de formação desportiva a que se refere o § 4º deste artigo deverá incluir obrigatoriamente (red. L. 12.395/11):

I – identificação das partes e dos seus representantes legais; (red. L. 12.395/11)

II – duração do contrato; (red. L. 12.395/11)

III – direitos e deveres das partes contratantes, inclusive garantia de seguro de vida e de acidentes pessoais para cobrir as atividades do atleta contratado; e (red. L. 12.395/11)

IV – especificação dos itens de gasto para fins de cálculo da indenização com a formação desportiva (red. L. 12.395/11).

....

Art. 30. O contrato de trabalho do atleta profissional terá prazo determinado, com vigência nunca inferior a 3 meses nem superior a 5 anos (red. L. 9.981/00).

Parágrafo único. Não se aplica ao contrato especial de trabalho desportivo do atleta profissional o disposto nos arts. 445 e 451 da Consolidação das Leis do Trabalho – CLT, aprovada pelo Decreto-Lei n. 5.452, de 1º de maio de 1943 (red. L. 12.395/11).

Art. 31. A entidade de prática desportiva empregadora que estiver com pagamento de salário ou de contrato de direito de imagem de atleta profissional em atraso, no todo ou em parte, por período igual ou superior a três meses, terá o contrato especial de trabalho desportivo daquele atleta rescindido, ficando o atleta livre para transferir-se para qualquer outra entidade de prática desportiva de mesma modalidade, nacional ou internacional, e exigir a cláusula compensatória desportiva e os haveres devidos. (Red. L. 13.155/15)

§ 1º São entendidos como salário, para efeitos do previsto no *caput* , o abono de férias, o décimo terceiro salário, as gratificações, os prêmios e demais verbas inclusas no contrato de trabalho.

§ 2º A mora contumaz será considerada também pelo não recolhimento do FGTS e das contribuições previdenciárias.

§ 3º (Rev. L. 12.395/11.)

§ 4º (Vetado. L. 10.672/03.)

§ 5º O atleta com contrato especial de trabalho desportivo rescindido na forma do *caput* fica autorizado a transferir-se para outra entidade de prática desportiva, inclusive da mesma divisão, independentemente do número de partidas das quais tenha participado na competição, bem como a disputar a competição que estiver em andamento por ocasião da rescisão contratual. (NRed. L. 13.155/15)

Art. 32. É lícito ao atleta profissional recusar competir por entidade de prática desportiva quando seus salários, no todo ou em parte, estiverem atrasados em dois ou mais meses;

Art. 33. (Rev. L. 12.395/11.)

Art. 34. São deveres da entidade de prática desportiva empregadora, em especial (red. L. 9.981/00):

I – registrar o contrato especial de trabalho desportivo do atleta profissional na entidade de administração da respectiva modalidade desportiva (red. L. 12.395/11);

II – proporcionar aos atletas profissionais as condições necessárias à participação nas competições desportivas, treinos e outras atividades preparatórias ou instrumentais (red. L. 9.981/00);

III – submeter os atletas profissionais aos exames médicos e clínicos necessários à prática desportiva (red. L. 9.981/00).

Art. 35. São deveres do atleta profissional, em especial (red. L. 9.981/00):

I – participar dos jogos, treinos, estágios e outras sessões preparatórias de competições com a aplicação e dedicação correspondentes às suas condições psicofísicas e técnicas (red. L. 9.981/00);

II – preservar as condições físicas que lhes permitam participar das competições desportivas, submetendo-se aos exames médicos e tratamentos clínicos necessários à prática desportiva (red. L. 9.981/00);

III – exercitar a atividade desportiva profissional de acordo com as regras da respectiva modalidade desportiva e as normas que regem a disciplina e a ética desportivas (red. L. 9.981/00).

Art. 36. (Rev. L. 9.981/00.)

Art. 37. (Rev. L. 9.981/00.)

Art. 38. Qualquer cessão ou transferência de atleta profissional ou não profissional depende de sua formal e expressa anuência (red. L. 9.981/00).

Art. 39. O atleta cedido temporariamente a outra entidade de prática desportiva que tiver os salários em atraso, no todo ou em parte, por mais de 2 (dois) meses, notificará a entidade de prática desportiva cedente para, querendo, purgar a mora, no prazo de 15 (quinze) dias, não se aplicando, nesse caso, o disposto no *caput* do art. 31 desta Lei (red. L. 12.395/11).

§ 1º O não pagamento ao atleta de salário e contribuições previstas em lei por parte da entidade de prática desportiva cessionária, por 2 (dois) meses, implicará a rescisão do contrato de empréstimo e a incidência da cláusula compensatória desportiva nele prevista, a ser paga ao atleta pela entidade de prática desportiva cessionária (NRed. L. 12.395/11).

§ 2º Ocorrendo a rescisão mencionada no § 1º deste artigo, o atleta deverá retornar à entidade de prática desportiva cedente para cumprir o antigo contrato especial de trabalho desportivo (NRed. L. 12.395/11).

Art. 40. Na cessão ou transferência de atleta profissional para entidade de prática desportiva estrangeira observar-se-ão as instruções expedidas pela entidade nacional de título.

§ 1º As condições para transferência do atleta profissional para o exterior deverão integrar obrigatoriamente os contratos de trabalho entre o atleta e a entidade de prática desportiva brasileira que o contratou (NRed. L. 10.672/03).

§ 2º O valor da cláusula indenizatória desportiva internacional originalmente pactuada entre o atleta e a entidade de prática desportiva cedente, independentemente do pagamento da cláusula indenizatória desportiva nacional, será devido a esta pela entidade de prática desportiva cessionária caso esta venha a concretizar transferência internacional do mesmo atleta, em prazo inferior a 3 (três) meses, caracterizando o conluio com a entidade de prática desportiva estrangeira (red. L. 12.395/11).

Art. 41. A participação de atletas profissionais em seleções será estabelecida na forma como acordarem a entidade de administração convocante e a entidade de prática desportiva cedente.

§ 1º A entidade convocadora indenizará a cedente dos encargos previstos no contrato de trabalho, pelo período em que durar a convocação do atleta, sem prejuízo de eventuais ajustes celebrados entre este e a entidade convocadora.

§ 2º O período de convocação estender-se-á até a reintegração do atleta à entidade que o cedeu, apto a exercer sua atividade.

Art. 42. Pertence às entidades de prática desportiva o direito de arena, consistente na prerrogativa exclusiva de negociar, autorizar ou proibir a captação, a fixação, a emissão, a transmissão, a retransmissão ou a reprodução de imagens, por qualquer meio ou processo, de espetáculo desportivo de que participem (red. L. 12.395/11).

§ 1º Salvo convenção coletiva de trabalho em contrário, 5% (cinco por cento) da receita proveniente da exploração de direitos desportivos audiovisuais serão repassados aos sindicatos de atletas profissionais, e estes distribuirão, em partes iguais, aos atletas profissionais participantes do espetáculo, como parcela de natureza civil (red. L. 12.395/11).

§ 1º A. (Vetado.) (Incluído L. 13.155/15)

§ 2º O disposto neste artigo não se aplica à exibição de flagrantes de espetáculo ou evento desportivo para fins exclusivamente jornalísticos, desportivos ou educativos ou para a captação de apostas legalmente autorizadas, respeitadas as seguintes condições (red. L. 13.155/15):

I – a captação das imagens para a exibição de flagrante de espetáculo ou evento desportivo dar-se-á em locais reservados, nos estádios e ginásios, para não detentores de direitos ou, caso não disponíveis, mediante o fornecimento das imagens pelo detentor de direitos locais para a respectiva mídia (NRed. L. 12.395/11);

II – a duração de todas as imagens do flagrante do espetáculo ou evento desportivo exibidas não poderá exceder 3% (três por cento) do total do tempo de espetáculo ou evento (NRed. L. 12.395/11);

III – é proibida a associação das imagens exibidas com base neste artigo a qualquer forma de patrocínio, propaganda ou promoção comercial (NRed. L. 12.395/11).

§ 3º O espectador pagante, por qualquer meio, de espetáculo ou evento desportivo equipara-se, para todos os efeitos legais, ao consumidor, nos termos do art. 2º da Lei n. 8.078, de 11 de setembro de 1990.

....

Art. 44. É vedada a prática do profissionalismo, em qualquer modalidade, quando se tratar de:

I – desporto educacional, seja nos estabelecimentos escolares de 1º e 2º graus ou superiores;

II – desporto militar;

III – menores até a idade de 16 anos completos.

Art. 45. As entidades de prática desportiva são obrigadas a contratar seguro de vida e de acidentes pessoais, vinculado à atividade desportiva, para os atletas profissionais, com o objetivo de cobrir os riscos a que eles estão sujeitos (red. L. 12.395/11).

§ 1º A importância segurada deve garantir ao atleta profissional, ou ao beneficiário por ele indicado no contrato de seguro, o direito a indenização mínima correspondente ao valor anual da remuneração pactuada (NRed. L. 12.395/11).

§ 2º A entidade de prática desportiva é responsável pelas despesas médico-hospitalares e de medicamentos necessários ao restabelecimento do atleta enquanto a seguradora não fizer o pagamento da indenização a que se refere o § 1º deste artigo (NRed. L. 12.395/11).

Art. 46. Ao estrangeiro atleta profissional de modalidade desportiva, referido no inciso V do art. 13 da Lei n. 6.815, de 19 de agosto de 1980, poderá ser concedido visto, observadas as exigências da legislação específica, por prazo não excedente a 5 (cinco) anos e correspondente à duração fixada no respectivo contrato especial de trabalho desportivo, permitida uma única renovação (red. L. 12.395/11).

§ 1º É vedada a participação de atleta de nacionalidade estrangeira como integrante de equipe de competição de entidade de prática desportiva nacional nos campeonatos oficiais quando o visto de trabalho temporário recair na hipótese do inciso III do art. 13 da Lei n. 6.815, de 19 de agosto de 1980 (red. L. 12.395/11).

§ 2º A entidade de administração do desporto será obrigada a exigir da entidade de prática desportiva o comprovante do visto de trabalho do atleta de nacionalidade estrangeira fornecido pelo Ministério do Trabalho e Emprego, sob pena de cancelamento da inscrição desportiva (red. L. 12.395/11).

Art. 46-A. As ligas desportivas, as entidades de administração de desporto e as de prática desportiva envolvidas em qualquer competição de atletas profissionais, independentemente da forma jurídica adotada, ficam obrigadas a (red. L. 10.672/03):

I – elaborar suas demonstrações financeiras, separadamente por atividade econômica, de modo distinto das atividades recreativas e sociais, nos termos da lei e de acordo com os padrões e critérios estabelecidos pelo Conselho Federal de Contabilidade, e, após terem sido submetidas a auditoria independente, providenciar sua publicação, até o último dia útil do mês de abril do ano subsequente, por período não inferior a 3 (três) meses, em sítio eletrônico próprio e da respectiva entidade de administração ou liga desportiva (red. L. 12.395/11);

II – apresentar suas contas juntamente com os relatórios da auditoria de que trata o inciso I ao Conselho Nacional do Esporte – CNE, sempre que forem beneficiárias de recursos públicos, na forma do regulamento (NRed. L. 10.672/03).

§ 1º Sem prejuízo da aplicação das penalidades previstas na legislação tributária, trabalhista, previdenciária, cambial, e das consequentes responsabilidades civil e penal, a infringência a este artigo implicará (red. L. 10.672/03):

I – para as entidades de administração do desporto e ligas desportivas, a inelegibilidade, por 10 anos, de seus dirigentes para o desempenho de cargos ou funções eletivas ou de livre nomeação, em quaisquer das entidades ou órgãos referidos no parágrafo único do art. 13 desta Lei (red. L. 10.672/03);

II – para as entidades de prática desportiva, a inelegibilidade, por cinco anos, de seus dirigentes para cargos ou funções eletivas ou de livre nomeação em qualquer entidade ou empresa direta ou indiretamente vinculada às competições profissionais da respectiva modalidade desportiva (red. L. 10.672/03).

§ 2º As entidades que violarem o disposto neste artigo ficam ainda sujeitas (red. L. 10.672/03):

I – ao afastamento de seus dirigentes; e (red. L. 10.672/03);

II – à nulidade de todos os atos praticados por seus dirigentes em nome da entidade, após a prática da infração, respeitado o direito de terceiros de boa-fé (red. L. 12.395/11).

§ 3º Os dirigentes de que trata o § 2º serão sempre (red. L. 10.672/03):

I – o presidente da entidade, ou aquele que lhe faça as vezes; e (red. L. 10.672/03)

II – o dirigente que praticou a infração ainda que por omissão (red. L. 10.672/03).

....

Art. 48. Com o objetivo de manter a ordem desportiva, o respeito aos atos emanados de seus poderes internos, poderão ser aplicadas, pelas entidades de administração do desporto e de prática desportiva, as seguintes sanções:

I – advertência;

II – censura escrita;

III – multa;

IV – suspensão;

V – desfiliação ou desvinculação.

§ 1º A aplicação das sanções previstas neste artigo não prescinde do processo administrativo no qual sejam assegurados o contraditório e a ampla defesa.

§ 2º As penalidades de que tratam os incisos IV e V deste artigo somente poderão ser aplicadas após decisão definitiva da Justiça Desportiva.

....

Art. 50. A organização, o funcionamento e as atribuições da Justiça Desportiva, limitadas ao processo e julgamento das infrações disciplinares e às competições desportivas, serão definidos nos Códigos de Justiça Desportiva, facultando-se às ligas constituir seus próprios órgãos judicantes desportivos, com atuação restrita às suas competições (red. L. 12.395/11).

§ 1º As transgressões relativas à disciplina e às competições desportivas sujeitam o infrator a:

I – advertência;

II – eliminação;

III – exclusão de campeonato ou torneio;

IV – indenização;

V – interdição da praça de desportos;

VI – multa;

VII – perda do mando do campo;

VIII – perda de pontos;

IX – perda de renda;

X – suspensão por partida;

XI – suspensão por prazo.

§ 2º As penas disciplinares não serão aplicadas aos menores de quatorze anos.

§ 3º As penas pecuniárias não serão aplicadas a atletas não profissionais.

§ 4º Compete às entidades de administração do desporto promover o custeio do funcionamento dos órgãos da Justiça Desportiva que funcionem junto a si (red. L. 9.981/00).

§ 5º A pena de suspensão de que trata o inciso XI do § 1º deste artigo não poderá ser superior a trinta anos (Incluído L. 13.322/16).

....

Art. 52. Os órgãos integrantes da Justiça Desportiva são autônomos e independentes das entidades de administração do desporto de cada sistema, compondo-se do Superior Tribunal de Justiça Desportiva, funcionando junto às entidades nacionais de administração do desporto; dos Tribunais de Justiça Desportiva, funcionando junto às entidades regionais de administração do desporto; e das Comissões Disciplinares, com competência para processar e julgar as questões previstas nos Códigos de Justiça Desportiva, sempre assegurados a ampla defesa e o contraditório (red. L. 9.981/00).

§ 1º Sem prejuízo do disposto neste artigo, as decisões finais dos Tribunais de Justiça Desportiva são impugnáveis nos termos gerais do direito, respeitados os pressupostos processuais estabelecidos nos §§ 1º e 2º do art. 217 da Constituição Federal.

§ 2º O recurso ao Poder Judiciário não prejudicará os efeitos desportivos validamente produzidos em consequência da decisão proferida pelos Tribunais de Justiça Desportiva.

Art. 53. No Superior Tribunal de Justiça Desportiva, para julgamento envolvendo competições interestaduais ou nacionais, e nos Tribunais de Justiça Desportiva, funcionarão tantas Comissões Disciplinares quantas se fizerem necessárias, compostas cada qual de 5 (cinco) membros que não pertençam aos referidos órgãos judicantes, mas sejam por estes escolhidos (red. L. 12.395/11).

§ 1º (Vetado.)

§ 2º A Comissão Disciplinar aplicará sanções em procedimento sumário, assegurados a ampla defesa e o contraditório.

§ 3º Das decisões da Comissão Disciplinar caberá recurso ao Tribunal de Justiça Desportiva e deste ao Superior Tribunal de Justiça Desportiva, nas hipóteses previstas nos respectivos Códigos de Justiça Desportiva (red. L. 9.981/00).

§ 4º O recurso ao qual se refere o parágrafo anterior será recebido e processado com efeito suspensivo quando a penalidade exceder de duas partidas consecutivas ou quinze dias.

....

Art. 55. O Superior Tribunal de Justiça Desportiva e os Tribunais de Justiça Desportiva serão compostos por 9 membros, sendo (red. L. 9.981/00):

I – 2 indicados pela entidade de administração do desporto (red. L. 9.981/00);

II – 2 indicados pelas entidades de prática desportiva que participem de competições oficiais da divisão principal (red. L. 9.981/00);

III – 2 (dois) advogados com notório saber jurídico desportivo, indicados pela Ordem dos Advogados do Brasil (red. L. 9.981/00);

IV – 1 (um) representante dos árbitros, indicado pela respectiva entidade de classe (red. L. 12.395/11);

V – 2 (dois) representantes dos atletas, indicados pelas respectivas entidades sindicais (red. L. 12.395/11).

§ 1º (Rev. L. 9.981/00.)

§ 2º O mandato dos membros dos Tribunais de Justiça Desportiva terá duração máxima de 4 anos, permitida apenas uma recondução (red. L. 9.981/00).

§ 3º É vedado aos dirigentes desportivos das entidades de administração e das entidades de prática o exercício de cargo ou função na Justiça Desportiva, exceção feita aos membros dos conselhos deliberativos das entidades de prática desportiva (red. L. 9.981/00).

§ 4º Os membros dos Tribunais de Justiça Desportiva poderão ser bacharéis em Direito ou pessoas de notório saber jurídico, e de conduta ilibada (red. L. 9.981/00).

....

Art. 57. Constituirão recursos para a assistência social e educacional aos atletas profissionais, aos ex-atletas e aos atletas em formação os recolhidos (red. L. 12.395/11):

I – diretamente para a federação das associações de atletas profissionais – FAAP, equivalentes a (red. L.12.395/11):

a) 0,5% (cinco décimos por cento) do valor correspondente à parcela ou parcelas que compõem o salário mensal, nos termos do contrato do atleta profissional pertencente ao Sistema Brasileiro do Desporto, a serem pagos mensalmente pela entidade de prática desportiva contratante; e (NRed. L. 12.395/11)

b) 0,8% (oito décimos por cento) do valor correspondente às transferências nacionais e internacionais, a serem pagos pela entidade de prática desportiva cedente; e (NRed. L. 12.395/11)

II – diretamente para a Federação Nacional dos Atletas Profissionais de Futebol – FENAPAF, equivalentes a 0,2% (dois décimos por cento) do valor correspondente às transferências nacionais e internacionais de atletas da modalidade de futebol, a serem pagos no ato do recebimento pela entidade de prática desportiva cedente (red. L. 12.395/11);

III – (rev. L. 12.395/11);

IV – (rev. L. 12.395/11).

§ 1º A entidade responsável pelo registro de transferências de atleta profissional de entidade de prática desportiva para outra deverá exigir, sob pena de sua não efetivação, além dos documentos necessários, o comprovante do recolhimento dos valores fixados neste artigo (NRed. L. 12.395/11).

§ 2º Os recursos de que trata este artigo serão integralmente aplicados em conformidade com programa de assistência social e educacional, previamente aprovado pelas entidades de que tratam os incisos I e II deste artigo, nos termos dos seus estatutos (NRed. L. 12.395/11).

....

Art. 82-A. As entidades de prática desportiva de participação ou de rendimento, profissional ou não profissional, promoverão obrigatoriamente exames periódicos para avaliar a saúde dos atletas, nos termos da regulamentação (red. L. 12.346/10).

....

Art. 84. Será considerado como efetivo exercício, para todos os efeitos legais, o período em que o atleta servidor público civil ou militar, da Administração Pública direta, indireta, autárquica ou fundacional, estiver convocado para integrar representação nacional em treinamento ou competição desportiva no País ou no exterior (red. L. 9.981/00).

§ 1º O período de convocação será definido pela entidade nacional de administração da respectiva modalidade desportiva, cabendo a esta ou aos Comitês Olímpico ou Paraolímpico Brasileiros fazer a devida comunicação e solicitar ao Ministério do Esporte a competente liberação do afastamento do atleta, árbitro e assistente, cabendo ao referido Ministério comunicar a ocorrência ao órgão de origem do servidor ou militar (red. L. 12.395/11).

§ 2º O disposto neste artigo aplica-se, também, aos profissionais especializados e dirigentes, quando indispensáveis à composição da delegação.

Art. 84-A. Todos os jogos das seleções brasileiras de futebol, em competições oficiais, deverão ser exibidos, pelo menos, em uma rede nacional de televisão aberta, com transmissão ao vivo, inclusive para as cidades brasileiras nas quais os mesmos estejam sendo realizados (red. L. 9.981/00).

Parágrafo único. As empresas de televisão de comum acordo, ou por rodízio, ou por arbitramento, resolverão como cumprir o disposto neste artigo, caso nenhuma delas se interesse pela transmissão. O órgão competente fará o arbitramento (red. L. 9.981/00).

....

Art. 88. Os árbitros e auxiliares de arbitragem poderão constituir entidades nacionais, estaduais e do Distrito Federal, por modalidade desportiva ou grupo de modalidades, objetivando o recrutamento, a formação e a prestação de serviços às entidades de administração do desporto (red. L. 12.395/11).

Parágrafo único. Independentemente da constituição de sociedade ou entidades, os árbitros e seus auxiliares não terão qualquer vínculo empregatício com as entidades desportivas diretivas onde atuarem, e sua remuneração como autônomos exonera tais entidades de quaisquer outras responsabilidades trabalhistas, securitárias e previdenciárias.

....

Art. 89-A. As entidades responsáveis pela organização de competições desportivas profisionais deverão disponibilizar equipes para atendimento de emergências entre árbitros e atletas, nos termos da regulamentação (red. L. 12.346/10).

....

Art. 91. (Vetado. L. 12.395/11.)

Art. 92. Os atuais atletas profissionais de futebol, de qualquer idade, que, na data de entrada em vigor desta Lei, estiverem com passe livre, permanecerão nesta situação, e a rescisão de seus contratos de trabalho dar-se-á nos termos dos arts. 479 e 480 da CLT.

Art. 93. O disposto no art. 28, § 2º, desta Lei somente produzirá efeitos jurídicos a partir de 26 de março de 2001, respeitados os direitos adquiridos decorrentes dos contratos de trabalho e vínculos desportivos de atletas profissionais pactuados com base na legislação anterior (red. L. 9.981/00).

Parágrafo único. (Vetado.)

Art. 94. O disposto nos arts. 27, 27-A, 28, 29, 29-A, 30, 39, 43, 45 e no § 1º do art. 41 desta Lei será obrigatório exclusivamente para atletas e entidades de prática profissional da modalidade de futebol (red. L. 12.395/11).

Parágrafo único. É facultado às demais modalidades desportivas adotar os preceitos constantes dos dispositivos referidos no *caput* deste artigo (red. L. 9.981/00).

Art. 94-A. O Poder Executivo regulamentará o disposto nesta Lei, inclusive a distribuição dos recursos, gradação das multas e os procedimentos de sua aplicação (red. L. 9.981/00).

Art. 95. Esta Lei entra em vigor na data de sua publicação.

Art. 96. São revogados, a partir da vigência do disposto no § 2º do art. 28 desta Lei, os incisos II e V e os §§ 1º e 3º do art. 3º, os arts. 4º, 6º, 11 e 13, o § 2º do art. 15, o parágrafo único do art. 16 e os arts. 23 e 26 da Lei n. 6.354, de 2 de setembro de 1976; são revogadas, a partir da data de publicação desta Lei, as Leis n. 8.672, de 6 de julho de 1993, e 8.946, de 5 de dezembro de 1994.

..................................(*DOU*, 25.3.98).

Lei 9.674, de 25 de junho de 1998

Bibliotecário.

Art. 1º O exercício da profissão do Bibliotecário, em todo o território nacional, somente é permitido quando atendidas as qualificações estabelecidas nesta Lei.

Parágrafo único. A designação "Bibliotecário", incluída no Quadro das Profissões Liberais, Grupo 19, da Consolidação das Leis do Trabalho, é privativa dos Bacharéis em Biblioteconomia.

Art. 2º (Vetado.)

Art. 3º O exercício da profissão de Bibliotecário é privativo:

I – dos portadores de diploma de Bacharel em Biblioteconomia, expedido por instituições de ensino superior oficialmente reconhecidas, registradas nos órgãos competentes, de acordo com a legislação em vigor;

II – dos portadores de diploma de graduação em Biblioteconomia, conferido por instituições estrangeiras de ensino superior, reconhecidas pelas leis do país de origem, e revalidadas no Brasil, de acordo com a legislação vigente;

III – dos amparados pela Lei n. 7.504, de 2 de julho de 1986.

....

Art. 4º O exercício da profissão de Bibliotecário, no âmbito das pessoas jurídicas de direito público e privado, é privativo dos Bacharéis em Biblioteconomia.

....

Art. 29. O exercício da função de Bibliotecário é privativo dos bibliotecários inscritos nos quadros do Conselho Regional da respectiva jurisdição, nos termos desta Lei.

§ 1º É obrigatória a citação do número de registros no Conselho Regional, em todos os documentos de responsabilidade profissional.

§ 2º (Vetado.)

....

Art. 33.

§§ 1º e 2º (Vetados.)

§ 3º As Bibliotecas Públicas localizadas em Municípios com até dez mil habitantes e cujo acervo não ultrapasse a duzentos exemplares catalogados poderão funcionar sob a supervisão de um Técnico em Biblioteconomia, devidamente registrado perante o Conselho e, neste caso, deverão comunicar ao respectivo Conselho Regional de Biblioteconomia a criação, o funcionamento e a responsabilidade técnica da Biblioteca, para fins de anotação e controle, sendo isentas de qualquer taxa ou contribuição.

....

Art. 47. São equivalentes, para todos os efeitos, os diplomas de Bibliotecário, de Bacharel em Biblioteconomia e de Bacharel em Biblioteconomia e Documentação, expedidos até a data desta Lei por escolas oficialmente reconhecidas e registradas nos órgãos competentes, de acordo com a legislação em vigor.

Art. 48. As pessoas não portadoras de diploma, que tenham exercido a atividade até 30 de janeiro de 1987, e que já estão devidamente registradas nos quadros dos Conselhos Regionais de Biblioteconomia, estão habilitadas no exercício da profissão.

..............................(*DOU*, 26.6.98).

Lei 9.696, de 1º de setembro de 1998

Profissão de Educação Física.

Art. 1º O exercício das atividades de Educação Física e a designação de Profissional de Educação Física é prerrogativa dos profissionais regularmente registrados nos Conselhos Regionais de Educação Física.

Art. 2º Apenas serão inscritos nos quadros dos Conselhos Regionais de Educação Física os seguintes profissionais:

I – os possuidores de diploma obtido em curso de Educação Física, oficialmente autorizado ou reconhecido;

II – os possuidores de diploma em Educação Física expedido por instituição de ensino superior estrangeira, revalidado na forma da legislação em vigor;

III – os que, até a data do início da vigência desta Lei, tenham comprovadamente exercido atividades próprias dos Profissionais de Educação Física, nos termos a serem estabelecidos pelo Conselho Federal de Educação Física.

Art. 3º Compete ao Profissional de Educação Física coordenar, planejar, programar, supervisionar, dinamizar, dirigir, organizar, avaliar e executar trabalhos, programas, planos e projetos, bem como prestar serviços de auditoria, consultoria e assessoria, realizar treinamentos especializados, participar de equipes multidisciplinares e interdisciplinares e elaborar informes técnicos, científicos e pedagógicos, todos nas áreas de atividades físicas e do desporto.

Art. 4º São criados o Conselho Federal e os Conselhos Regionais de Educação Física.

..............................(*DOU*, 2.9.98).

Lei 9.719, de 27 de novembro de 1998

Trabalho portuário. Normas de proteção.

Art. 1º Observado o disposto nos arts. 18 e seu parágrafo único, 19 e seus parágrafos, 20, 21, 22, 25 e 27 e seus parágrafos, 29, 47, 49 e 56 e seu parágrafo único, da Lei n. 8.630, de 25 de fevereiro de 1993, a mão de obra do trabalho portuário avulso deverá ser requisitada ao órgão gestor de mão de obra.

Art. 2º Para os fins previstos no art. 1º desta Lei:

I – cabe ao operador portuário recolher ao órgão gestor de mão de obra os valores devidos pelos serviços executados, referentes à remuneração por navio, acrescidos dos percentuais relativos a décimo terceiro salário, férias, Fundo de Garantia do Tempo de Serviço – FGTS, encargos fiscais e previdenciários, no prazo de vinte e quatro horas da realização do serviço, para viabilizar o pagamento ao trabalhador portuário avulso;

II – cabe ao órgão gestor de mão de obra efetuar o pagamento da remuneração pelos serviços executados e das parcelas referentes a décimo terceiro salário e férias, diretamente ao trabalhador portuário avulso.

§ 1º O pagamento da remuneração pelos serviços executados será feito no prazo de quarenta e oito horas após o término do serviço.

§ 2º Para efeito do disposto no inciso II, o órgão gestor de mão de obra depositará as parcelas referentes às férias e ao décimo terceiro salário, separada e respectivamente, em contas individuais vinculadas, a serem abertas e movimentadas às suas expensas, especialmente para este fim, em instituição bancária de sua livre escolha, sobre as quais deverão incidir rendimentos mensais com base nos parâmetros fixados para atualização dos saldos dos depósitos de poupança.

§ 3º Os depósitos a que se refere o parágrafo anterior serão efetuados no dia 2 do mês seguinte ao da prestação do serviço, prorrogado o prazo para o primeiro dia útil subsequente se o vencimento cair em dia em que não haja expediente bancário.

§ 4º O operador portuário e o órgão gestor de mão de obra são solidariamente responsáveis pelo pagamento dos encargos trabalhistas, das contribuições previdenciárias e demais obrigações, inclusive acessórias, devidas à Seguridade Social, arrecadadas pelo Instituto Nacional do Seguro Social – INSS, vedada a invocação do benefício de ordem.

§ 5º Os prazos previstos neste artigo podem ser alterados mediante convenção coletiva firmada entre entidades sindicais representativas dos trabalhadores e operadores portuários, observado o prazo legal para recolhimento dos encargos fiscais, trabalhistas e previdenciários.

§ 6º A liberação das parcelas referentes ao décimo terceiro salário e férias, depositadas nas contas individuais vinculadas, e o recolhimento do FGTS e dos encargos fiscais e previdenciários serão efetuados conforme regulamentação do Poder Executivo.

Art. 3º O órgão gestor de mão de obra manterá o registro do trabalhador portuário avulso que:

I – for cedido ao operador portuário para trabalhar em caráter permanente;

II – constituir ou se associar a cooperativa formada para se estabelecer, como operador portuário, na forma do art. 17 da Lei n. 8.630, de 1993.

§ 1º Enquanto durar a cessão ou a associação de que tratam os incisos I e II deste artigo, o trabalhador deixará de concorrer à escala como avulso.

§ 2º É vedado ao órgão gestor de mão de obra ceder trabalhador portuário avulso cadastrado a operador portuário, em caráter permanente.

Art. 4º É assegurado ao trabalhador portuário avulso cadastrado no órgão gestor de mão de obra o direito de concorrer à escala diária complementando a equipe de trabalho do quadro dos registrados.

Art. 5º A escalação do trabalhador portuário avulso, em sistema de rodízio, será feita pelo órgão gestor de mão de obra.

Art. 6º Cabe ao operador portuário e ao órgão gestor de mão de obra verificar a presença, no local de trabalho, dos trabalhadores constantes da escala diária.

Parágrafo único. Somente fará jus à remuneração o trabalhador avulso que, constante da escala diária, estiver em efetivo serviço.

Art. 7º O órgão gestor de mão de obra deverá, quando exigido pela fiscalização do Ministério do Trabalho e do INSS, exibir as listas de escalação diária dos trabalhadores portuários avulsos, por operador portuário e por navio.

Parágrafo único. Caberá exclusivamente ao órgão gestor de mão de obra a responsabilidade pela exatidão dos dados lançados nas listas diárias referidas no *caput* deste artigo, assegurado que não haja preterição do trabalhador regularmente registrado e simultaneidade na escalação.

Art. 8º Na escalação diária do trabalhador portuário avulso deverá sempre ser observado um intervalo mínimo de 11 horas consecutivas entre duas jornadas, salvo em situações excepcionais, constantes de acordo ou convenção coletiva de trabalho.

Art. 9º Compete ao órgão gestor de mão de obra, ao operador portuário e ao empregador, conforme o caso, cumprir e fazer cumprir as normas concernentes a saúde e segurança do trabalho portuário.

Parágrafo único. O Ministério do Trabalho estabelecerá as normas regulamentadoras de que trata o *caput* deste artigo.

Art. 10. O descumprimento do disposto nesta Lei sujeitará o infrator às seguintes multas:

I – de R$ 173,00 a R$ 1.730,00, por infração ao *caput* do art. 7º;

II – de R$ 575,00 a R$ 5.750,00, por infração às normas de segurança do trabalho portuário, e de R$ 345,00 a R$ 3.450,00, por infração às normas de saúde do trabalho, nos termos do art. 9º;

III – de R$ 345,00 a R$ 3.450,00, por trabalhador em situação irregular, por infração ao parágrafo único do art. 7º e aos demais artigos.

Parágrafo único. As multas previstas neste artigo serão graduadas segundo a natureza da infração, sua extensão e a intenção de quem a praticou, e aplicadas em dobro em caso de reincidência, oposição à fiscalização e desacato à autoridade, sem prejuízo das penalidades previstas na legislação previdenciária.

Art. 10-A. É assegurado, na forma do regulamento, benefício assistencial mensal, de até 1 (um) salário mínimo, aos trabalhadores portuários avulsos, com mais de 60 (sessenta) anos, que não cumprirem os requisitos para a aquisição das modalidades de aposentadoria previstas nos arts. 42, 48, 52 e 57 da Lei n. 8.213, de 24 de julho de 1991, e que não possuam meios para prover a sua subsistência.

Parágrafo único. O benefício de que trata este artigo não pode ser acumulado pelo beneficiário com qualquer outro no âmbito da seguridade social ou de outro regime, salvo os da assistência médica e da pensão especial de natureza indenizatória.

Art. 11. (Rev. L. 12.815/13.)

Art. 12. O processo de autuação e imposição das multas previsto nesta Lei obedecerá ao disposto no Título VII da Consolidação das Leis do Trabalho ou na legislação previdenciária, conforme o caso.

Art. 13. Esta Lei também se aplica aos requisitantes de mão de obra de trabalhador portuário avulso junto ao órgão gestor de mão de obra que não sejam operadores portuários.

Art. 14. Compete ao Ministério do Trabalho e ao INSS a fiscalização da observância das disposições contidas nesta Lei, devendo as autoridades de que trata o art. 3º da Lei n. 8.630, de 1993, colaborar com os Agentes da Inspeção do Trabalho e Fiscais do INSS em sua ação fiscalizadora, nas instalações portuárias ou a bordo de navios.

Art. 15. Ficam convalidados os atos praticados com base na Medida Provisória n. 1.679-18, de 26 de outubro de 1998.

Art. 16. Esta Lei entra em vigor na data de sua publicação.

Art. 17. Revoga-se a Medida Provisória n. 1.679-18, de 26 de outubro de 1998 (*DOU*, 30.11.98).

Lei 9.800, de 26 de maio de 1999

Utilização de sistema de transmissão de dados para a prática de atos processuais.

Art. 1º É permitida às partes a utilização de sistema de transmissão de dados e imagens tipo fac-símile ou outro similar, para a prática de atos processuais que dependam de petição escrita.

Art. 2º A utilização de sistema de transmissão de dados e imagens não prejudica o cumprimento dos prazos, devendo os originais ser entregues em juízo, necessariamente, até 5 dias da data de seu término.

Parágrafo único. Nos atos não sujeitos a prazo, os originais deverão ser entregues, necessariamente, até 5 dias da data da recepção do material.

Art. 3º Os juízes poderão praticar atos de sua competência à vista de transmissões efetuadas na forma desta Lei, sem prejuízo do disposto no artigo anterior.

Art. 4º Quem fizer uso de sistema de transmissão torna-se responsável pela qualidade e fidelidade do material transmitido, e por sua entrega ao órgão judiciário.

Parágrafo único. Sem prejuízo de outras sanções, o usuário do sistema será considerado litigante de má-fé se não houver perfeita concordância entre o original remetido pelo fac-símile e o original entregue em juízo.

Art. 5º O disposto nesta Lei não obriga a que os órgãos judiciários disponham de equipamentos para recepção.

Art. 6º Esta Lei entra em vigor 30 dias após a data de sua publicação (*DJU*, 27.5.99).

Lei 9.956, de 12 de janeiro de 2000

Proteção aos empregados de postos de gasolina à vista de automação.

Art. 1º Fica proibido o funcionamento de bombas de autosserviço operadas pelo próprio consumidor, nos postos de abastecimento de combustíveis, em todo o território nacional.

Art. 2º O descumprimento do disposto nesta Lei implicará a aplicação de multa equivalente a 2.000 UFIR ao posto de combustível infrator e à distribuidora à qual o posto estiver vinculado.

Parágrafo único. A reincidência no descumprimento desta Lei implicará o pagamento do dobro do valor da multa estabelecida no *caput* deste artigo, e, em caso de constatação do terceiro descumprimento, no fechamento do posto.

Art. 3º Esta Lei entra em vigor na data de sua publicação (*DOU*, 13.1.2000).

Lei 9.962, de 22 de fevereiro de 2000

Regime de emprego público.

Art. 1º O pessoal admitido para emprego

público na Administração federal direta, autárquica e fundacional terá sua relação de trabalho regida pela Consolidação das Leis do Trabalho, aprovada pelo Decreto-Lei n. 5.452, de 1º de maio de 1943, e legislação trabalhista correlata, naquilo que a lei não dispuser em contrário.

§ 1º Leis específicas disporão sobre a criação dos empregos de que trata esta Lei no âmbito da Administração direta, autárquica e fundacional do Poder Executivo, bem como sobre a transformação dos atuais cargos em empregos.

§ 2º É vedado:

I – submeter ao regime de que trata esta Lei:

a) (vetado);

b) cargos públicos de provimento em comissão;

II – alcançar, nas leis a que se refere o § 1º, servidores regidos pela Lei n. 8.112, de 11 de dezembro de 1990, às datas das respectivas publicações.

§ 3º Estende-se o disposto no § 2º à criação de empregos ou à transformação de cargos em empregos não abrangidos pelo § 1º.

§ 4º (Vetado.)

Art. 2º A contratação de pessoal para emprego público deverá ser precedida de concurso público de provas ou de provas e títulos, conforme a natureza e a complexidade do emprego.

Art 3º O contrato de trabalho por prazo indeterminado somente será rescindido por ato unilateral da Administração pública nas seguintes hipóteses:

I – prática de falta grave, dentre as enumeradas no art. 482 da Consolidação das Leis do Trabalho – CLT;

II – acumulação ilegal de cargos, empregos ou funções públicas;

III – necessidade de redução de quadro de pessoal, por excesso de despesa, nos termos da lei complementar a que se refere o art. 169 da Constituição Federal;

IV – insuficiência de desempenho, apurada em procedimento no qual se assegurem pelo menos um recurso hierárquico dotado de efeito suspensivo, que será apreciado em trinta dias, e o prévio conhecimento dos padrões mínimos exigidos para continuidade da relação de emprego, obrigatoriamente estabelecidos de acordo com as peculiaridades das atividades exercidas.

Parágrafo único. Excluem-se da obrigatoriedade dos procedimentos previstos no *caput* as contratações de pessoal decorrentes da autonomia de gestão de que trata o § 8º do art. 37 da Constituição Federal.

Art. 4º Aplica-se às leis a que se refere o § 1º do art. 1º desta Lei o disposto no art. 246 da Constituição Federal.

..............................(*DOU*, 23.2.00).

Lei 10.101, de 19 de dezembro de 2000

Participação dos trabalhadores nos lucros ou resultados da empresa (convalidou a MP n. 1.982-77/00).

Art. 1º Esta Lei regula a participação dos trabalhadores nos lucros ou resultados da empresa como instrumento de integração entre o capital e o trabalho e como incentivo à produtividade, nos termos do art. 7º, inciso XI, da Constituição.

Art. 2º A participação nos lucros ou resultados será objeto de negociação entre a empresa e seus empregados, mediante um dos procedimentos a seguir descritos, escolhidos pelas partes de comum acordo:

I – comissão paritária escolhida pelas partes, integrada, também, por um representante indicado pelo sindicato da respectiva categoria (NRed. L. 12.832/13);

II – convenção ou acordo coletivo.

§ 1º Dos instrumentos decorrentes da negociação deverão constar regras claras e objetivas quanto à fixação dos direitos substantivos da participação e das regras adjetivas, inclusive mecanismos de aferição das informações pertinentes ao cumprimento do acordado, periodicidade da distribuição, período de vigência e prazos para revisão do acordo, podendo ser considerados, entre outros, os seguintes critérios e condições:

I – índices de produtividade, qualidade ou lucratividade da empresa;

II – programas de metas, resultados e prazos, pactuados previamente.

§ 2º O instrumento de acordo celebrado será arquivado na entidade sindical dos trabalhadores.

§ 3º Não se equipara a empresa, para os fins desta Lei:

I – a pessoa física;

II – a entidade sem fins lucrativos que, cumulativamente:

a) não distribua resultados, a qualquer título, ainda que indiretamente, a dirigentes, administradores ou empresas vinculadas;

b) aplique integralmente os seus recursos em sua atividade institucional e no País;

c) destine o seu patrimônio a entidade congênere ou ao poder público, em caso de encerramento de suas atividades;

d) mantenha escrituração contábil capaz de comprovar a observância dos demais requisitos deste inciso, e das normas fiscais, comerciais e de direito econômico que lhe sejam aplicáveis.

§ 4º Quando forem considerados os critérios e condições definidos nos incisos I e II do § 1º deste artigo (NRed. L. 12.832/13):

I – a empresa deverá prestar aos representantes dos trabalhadores na comissão paritária informações que colaborem para a negociação (NRed. L. 12.832/13);

II – não se aplicam as metas referentes à saúde e segurança no trabalho (NRed. L. 12.832/13).

Art. 3º A participação de que trata o art. 2º não substitui ou complementa a remuneração devida a qualquer empregado, nem constitui base de incidência de qualquer encargo trabalhista, não se lhe aplicando o princípio da habitualidade.

§ 1º Para efeito de apuração do lucro real, a pessoa jurídica poderá deduzir como despesa operacional as participações atribuídas aos empregados nos lucros ou resultados, nos termos da presente Lei, dentro do próprio exercício de sua constituição.

§ 2º É vedado o pagamento de qualquer antecipação ou distribuição de valores a título de participação nos lucros ou resultados da empresa em mais de 2 (duas) vezes no mesmo ano civil e em periodicidade inferior a 1 (um) trimestre civil (NRed. L. 12.832/13).

§ 3º Todos os pagamentos efetuados em decorrência de planos de participação nos lucros ou resultados, mantidos espontaneamente pela empresa, poderão ser compensados com as obrigações decorrentes de acordos ou convenções coletivas de trabalho atinentes à participação nos lucros ou resultados.

§ 4º A periodicidade semestral mínima referida no § 2º poderá ser alterada pelo Poder Executivo, até 31 de dezembro de 2000, em função de eventuais impactos nas receitas tributárias.

§ 5º A participação de que trata este artigo será tributada pelo imposto sobre a renda exclusivamente na fonte, em separado dos demais rendimentos recebidos, no ano do recebimento ou crédito, com base na tabela progressiva anual constante do Anexo e não integrará a base de cálculo do imposto devido pelo beneficiário na Declaração de Ajuste Anual (Red. L. 12.832/13).

§ 6º Para efeito da apuração do imposto sobre a renda, a participação dos trabalhadores nos lucros ou resultados da empresa será integralmente tributada com base na tabela progressiva constante do Anexo (Red. L. 12.832/13).

§ 7º Na hipótese de pagamento de mais de 1 (uma) parcela referente a um mesmo ano-calendário, o imposto deve ser recalculado, com base no total da participação nos lucros recebida no ano-calendário, mediante a utilização da tabela constante do Anexo, deduzindo-se do imposto assim apurado o valor retido anteriormente (Red. L. 12.832/13).

§ 8º Os rendimentos pagos acumuladamente a título de participação dos trabalhadores nos lucros ou resultados da empresa serão tributados exclusivamente na fonte, em separado dos demais rendimentos recebidos, sujeitando-se, também de forma acumulada, ao imposto sobre a renda com base na tabela progressiva constante do Anexo (Red. L. 12.832/13).

§ 9º Considera-se pagamento acumulado, para fins do § 8º, o pagamento da participação nos lucros relativa a mais de um ano-calendário (Red. L. 12.832/13).

§ 10. Na determinação da base de cálculo da participação dos trabalhadores nos lucros ou resultados, poderão ser deduzidas as importâncias pagas em dinheiro a título de pensão alimentícia em face das normas do Direito de Família, quando em cumprimento de decisão judicial, de acordo homologado judicialmente ou de separação ou divórcio consensual realizado por escritura pública, desde que correspondentes a esse rendimento, não podendo ser utilizada a mesma parcela para a determinação da base de cálculo dos demais rendimentos (Red. L. 12.832/13).

§ 11. A partir do ano-calendário de 2014, inclusive, os valores da tabela progres-

LEIS

siva anual constante do Anexo serão reajustados no mesmo percentual de reajuste da Tabela Progressiva Mensal do imposto de renda incidente sobre os rendimentos das pessoas físicas (Red. L. 12.832/13).

Art. 4º Caso a negociação visando à participação nos lucros ou resultados da empresa resulte em impasse, as partes poderão utilizar-se dos seguintes mecanismos de solução do litígio:

I – mediação;

II – arbitragem de ofertas finais, utilizando-se, no que couber, os termos da Lei n. 9.307, de 23 de setembro de 1996 (NRed. L. 12.832/13).

§ 1º Considera-se arbitragem de ofertas finais aquela em que o árbitro deve restringir-se a optar pela proposta apresentada, em caráter definitivo, por uma das partes.

§ 2º O mediador ou o árbitro será escolhido de comum acordo entre as partes.

§ 3º Firmado o compromisso arbitral, não será admitida a desistência unilateral de qualquer das partes.

§ 4º O laudo arbitral terá força normativa, independentemente de homologação judicial.

Art. 5º A participação de que trata o art. 1º desta Lei, relativamente aos trabalhadores em empresas estatais, observará diretrizes específicas fixadas pelo Poder Executivo.

Parágrafo único. Consideram-se empresas estatais as empresas públicas, sociedades de economia mista, suas subsidiárias e controladas e demais empresas em que a União, direta ou indiretamente, detenha a maioria do capital social com direito a voto.

Art. 6º Fica autorizado o trabalho aos domingos nas atividades do comércio em geral, observada a legislação municipal, nos termos do art. 30, inciso I, da Constituição (NRed. L. 11.603/07).

Parágrafo único. O repouso semanal remunerado deverá coincidir, pelo menos uma vez no período máximo de três semanas, com o domingo, respeitadas as demais normas de proteção ao trabalho e outras a serem estipuladas em negociação coletiva (NRed. L. 11.603/07).

Art. 6º-A. É permitido o trabalho em feriados nas atividades do comércio em geral, desde que autorizado em convenção coletiva de trabalho e observada a legislação municipal, nos termos do art. 30, inciso I, da Constituição (NRed. L. 11.603/07).

Art. 6º-B. As infrações ao disposto nos arts. 6º e 6º-A desta Lei serão punidas com a multa prevista no art. 75 da Consolidação das Leis do Trabalho, aprovada pelo Decreto-Lei n. 5.452, de 1º de maio de 1943 (NRed. L. 11.603/07).

Parágrafo único. O processo de fiscalização, de autuação e de imposição de multas reger-se-á pelo disposto no Título VII da Consolidação das Leis do Trabalho (NRed. L. 11.603/07).

Art. 7º Ficam convalidados os atos praticados com base na Medida Provisória n. 1.982-76, de 26 de outubro de 2000.

..............................(*DOU*, 20.12.00).

Lei 10.331, de 18 de dezembro de 2001

Regulamenta o inciso X do art. 37 da CF (revisão geral e anual das remunerações e subsídios dos servidores públicos federais).

Art. 1º As remunerações e os subsídios dos servidores públicos dos Poderes Executivo, Legislativo e Judiciário da União, das autarquias e fundações públicas federais, serão revistos, na forma do inciso X do art. 37 da Constituição, no mês de janeiro, sem distinção de índices, extensivos aos proventos da inatividade e às pensões.

Art. 2º A revisão geral anual de que trata o art. 1º observará as seguintes condições:

I – autorização na lei de diretrizes orçamentárias;

II – definição do índice em lei específica;

III – previsão do montante da respectiva despesa e correspondentes fontes de custeio na lei orçamentária anual;

IV – comprovação da disponibilidade financeira que configure capacidade de pagamento pelo governo, preservados os compromissos relativos a investimentos e despesas continuadas nas áreas prioritárias de interesse econômico e social;

V – compatibilidade com a evolução nominal e real das remunerações no mercado de trabalho; e

VI – atendimento aos limites para despesa com pessoal de que tratam o art. 169

da Constituição e a Lei Complementar n. 101, de 4 de maio de 2000.

Art. 3º (Rev. L. 10.697/03.)

Art. 4º No prazo de 30 dias contados da vigência da lei orçamentária anual ou, se posterior, da lei específica de que trata o inciso II do art. 2º desta Lei, os Poderes farão publicar as novas tabelas de vencimentos que vigorarão no respectivo exercício.

Art. 5º Para o exercício de 2002, o índice de revisão geral das remunerações e subsídios dos servidores públicos federais será de 3,5%.

Parágrafo único. Excepcionalmente, não se aplica ao índice previsto no *caput* a dedução de que trata o art. 3º desta Lei.

Art. 6º Esta Lei entra em vigor na data de sua publicação (*DOU*, 19.12.01).

Lei 10.406, de 10 de janeiro de 2002

Institui o Código Civil.

....

TÍTULO II
DAS PESSOAS JURÍDICAS

CAPÍTULO I
DISPOSIÇÕES GERAIS

....

Art. 44. São pessoas jurídicas de direito privado:

I – as associações;

II – as sociedades;

III – as fundações;

IV – as organizações religiosas (NRed. L. 10.825/03);

V – os partidos políticos (NRed. L. 10.825/03);

VI – as empresas individuais de responsabilidade limitada (NRed. L. 12.441/11).

§ 1º São livres a criação, a organização, a estruturação interna e o funcionamento das organizações religiosas, sendo vedado ao poder público negar-lhes reconhecimento ou registro dos atos constitutivos e necessários ao seu funcionamento (NRed. L. 10.825/03).

§ 2º As disposições concernentes às associações aplicam-se subsidiariamente às sociedades que são objeto do Livro II da Parte Especial deste Código (NRed. L. 10.825/03).

§ 3º Os partidos políticos serão organizados e funcionarão conforme o disposto em lei específica (NRed. L. 10.825/03).

....

TÍTULO I-A
DA EMPRESA INDIVIDUAL DE RESPONSABILIDADE LIMITADA

Art. 980-A. A empresa individual de responsabilidade limitada será constituída por uma única pessoa titular da totalidade do capital social, devidamente integralizado, que não será inferior a 100 (cem) vezes o maior salário mínimo vigente no País (NRed. L. 12.441/11).

§ 1º O nome empresarial deverá ser formado pela inclusão da expressão "EIRELI" após a firma ou a denominação social da empresa individual de responsabilidade limitada (NRed. L. 12.441/11).

§ 2º A pessoa natural que constituir empresa individual de responsabilidade limitada somente poderá figurar em uma única empresa dessa modalidade (NRed. L. 12.441/11).

§ 3º A empresa individual de responsabilidade limitada também poderá resultar da concentração das quotas de outra modalidade societária num único sócio, independentemente das razões que motivaram tal concentração (NRed. L. 12.441/11).

§ 4º (Vetado. L. 12.441/11.)

§ 5º Poderá ser atribuída à empresa individual de responsabilidade limitada constituída para a prestação de serviços de qualquer natureza a remuneração decorrente da cessão de direitos patrimoniais de autor ou de imagem, nome, marca ou voz de que seja detentor o titular da pessoa jurídica, vinculados à atividade profissional (NRed. L. 12.441/11).

§ 6º Aplicam-se à empresa individual de responsabilidade limitada, no que couber, as regras previstas para as sociedades limitadas (NRed. L. 12.441/11)

...................................(*DOU*, 11.02.02)

Lei 10.820, de 17 de dezembro de 2003

Desconto de prestações em folha de pagamento.

Art. 1º Os empregados regidos pela Consolidação das Leis do Trabalho - CLT, aprovada pelo Decreto-Lei n. 5.452, de 1º de maio de 1943, poderão autorizar, de forma irrevogável e irretratável, o desconto em folha de pagamento ou na sua remuneração disponível dos valores referentes ao pagamento de empréstimos, financiamentos, cartões de crédito e operações de arrendamento mercantil concedidos por instituições financeiras e sociedades de arrendamento mercantil, quando previsto nos respectivos contratos. (Red. L. 13.172/15)

§ 1º O desconto mencionado neste artigo também poderá incidir sobre verbas rescisórias devidas pelo empregador, se assim previsto no respectivo contrato de empréstimo, financiamento, cartão de crédito ou arrendamento mercantil, até o limite de 35% (trinta e cinco por cento), sendo 5% (cinco por cento) destinados exclusivamente para:

I - a amortização de despesas contraídas por meio de cartão de crédito; ou

II - a utilização com a finalidade de saque por meio do cartão de crédito. (Red. L. 13.172/15)

§ 2º O regulamento disporá sobre os limites de valor do empréstimo, da prestação consignável para os fins do *caput* e do comprometimento das verbas rescisórias para os fins do § 1º deste artigo.

§ 3º Os empregados de que trata o *caput* poderão solicitar o bloqueio, a qualquer tempo, de novos descontos. (Red. L. 13.097/15)

§ 4º O disposto no § 3º não se aplica aos descontos autorizados em data anterior à da solicitação do bloqueio. (Red. L. 13.097/15)

Art. 2º Para os fins desta Lei, considera-se:

I - empregador, a pessoa jurídica assim definida pela legislação trabalhista e o empresário a que se refere o Título I do Livro II da Parte Especial da Lei n. 10.406, de 10 de janeiro de 2002 – Código Civil; (Red. L. 13.097/15)

II - empregado, aquele assim definido pela legislação trabalhista;

III - instituição consignatária, a instituição autorizada a conceder empréstimo ou financiamento ou realizar operação com cartão de crédito ou de arrendamento mercantil mencionada no *caput* do art. 1º; (red. L. 13.172/15)

IV - mutuário, empregado que firma com instituição consignatária contrato de empréstimo, financiamento, cartão de crédito ou arrendamento mercantil regulado por esta Lei; (red. L. 13.172/15)

V - verbas rescisórias, as importâncias devidas em dinheiro pelo empregador ao empregado em razão de rescisão do seu contrato de trabalho;

VI - instituição financeira mantenedora, a instituição a que se refere o inciso III do *caput* e que mantém as contas para crédito da remuneração disponível dos empregados; (red. L. 13.097/15)

VII - desconto, ato de descontar na folha de pagamento ou em momento anterior ao do crédito devido pelo empregador ao empregado como remuneração disponível ou verba rescisória o valor das prestações assumidas em operação de empréstimo, financiamento, cartão de crédito ou arrendamento mercantil; e (red. L.13.172/15)

VIII - remuneração disponível, os vencimentos, subsídios, soldos, salários ou remunerações, descontadas as consignações compulsórias (red. L. 13.097/15).

§ 1º Para os fins desta Lei, são consideradas consignações voluntárias as autorizadas pelo empregado.

§ 2º No momento da contratação da operação, a autorização para a efetivação dos descontos permitidos nesta Lei observará, para cada mutuário, os seguintes limites:

I - a soma dos descontos referidos no art. 1º não poderá exceder a 35% (trinta e cinco por cento) da remuneração disponível, conforme definido em regulamento, sendo 5% (cinco por cento) destinados exclusivamente para: (red. L. 13.172/15)

a) a amortização de despesas contraídas por meio de cartão de crédito; ou (red. L. 13.172/15)

b) a utilização com a finalidade de saque por meio do cartão de crédito; e (red. L. 13.172/15)

II – o total das consignações voluntárias, incluindo as referidas no art. 1º, não poderá exceder a quarenta por cento da remuneração disponível, conforme definida em regulamento.

Art. 3º Para os fins desta Lei, são obrigações do empregador:

I - prestar ao empregado e à instituição consignatária, mediante solicitação formal do primeiro, as informações necessárias para a contratação da operação de crédito ou arrendamento mercantil;

II - tornar disponíveis aos empregados, bem como às respectivas entidades sindicais que as solicitem, as informações referentes aos custos referidos no § 2º; e (red. L. 13.097/15)

III - efetuar os descontos autorizados pelo empregado, inclusive sobre as verbas rescisórias, e repassar o valor à instituição consignatária na forma e no prazo previstos em regulamento (red. L. 13.097/15).

§ 1º É vedado ao empregador impor ao mutuário e à instituição consignatária escolhida pelo empregado qualquer condição que não esteja prevista nesta Lei ou em seu regulamento para a efetivação do contrato e a implementação dos descontos autorizados.

§ 2º Observado o disposto em regulamento e nos casos nele admitidos, é facultado ao empregador descontar na folha de pagamento do mutuário os custos operacionais decorrentes da realização da operação objeto desta Lei.

§ 3º Cabe ao empregador informar, no demonstrativo de rendimentos do empregado, de forma discriminada, o valor do desconto mensal decorrente de cada operação de empréstimo, financiamento, cartão de crédito ou arrendamento mercantil e os custos operacionais referidos no § 2º. (Red. L. 13.172/15)

§ 4º Os descontos autorizados na forma desta Lei e seu regulamento terão preferência sobre outros descontos da mesma natureza que venham a ser autorizados posteriormente.

Art. 4º A concessão de empréstimo, financiamento, cartão de crédito ou arrendamento mercantil será feita a critério da instituição consignatária, sendo os valores e as demais condições objeto de livre negociação entre ela e o mutuário, observadas as demais disposições desta Lei e seu regulamento. (Red. L. 13.172/15)

§ 1º Poderá o empregador, com a anuência da entidade sindical representativa da maioria dos empregados, sem ônus para estes, firmar, com instituições consignatárias, acordo que defina condições gerais e demais critérios a serem observados nas operações de empréstimo, financiamento, cartão de crédito ou arrendamento mercantil que venham a ser realizadas com seus empregados. (Red. L. 13.172/15)

§ 2º Poderão as entidades e centrais sindicais, sem ônus para os empregados, firmar, com instituições consignatárias, acordo que defina condições gerais e demais critérios a serem observados nas operações de empréstimo, financiamento, cartão de crédito ou arrendamento mercantil que venham a ser realizadas com seus representados (red. L. 13.172/15).

§ 3º Na hipótese de ser firmado um dos acordos a que se referem os §§ 1º ou 2º e sendo observados e atendidos pelo empregado todos os requisitos e condições nele previstos, inclusive as regras de concessão de crédito, não poderá a instituição consignatária negar-se a celebrar a operação de empréstimo, financiamento, cartão de crédito ou arrendamento mercantil (red. L. 13.172/15).

§ 4º Para a realização das operações referidas nesta Lei, é assegurado ao empregado o direito de optar por instituição consignatária que tenha firmado acordo com o empregador, com sua entidade sindical, ou qualquer outra instituição consignatária de sua livre escolha, ficando o empregador obrigado a proceder aos descontos e repasses por ele contratados e autorizados.

§ 5º No caso dos acordos celebrados nos termos do § 2º deste artigo, os custos de que trata o § 2º do art. 3º deverão ser negociados entre o empregador e a entidade sindical, sendo vedada a fixação de custos superiores aos previstos pelo mesmo empregador nos acordos referidos no § 1º deste artigo.

§ 6º Poderá ser prevista nos acordos referidos nos §§ 1º e 2º deste artigo, ou em acordo específico entre a instituição consignatária e o empregador, a absorção dos custos referidos no § 2º do art. 3º pela instituição consignatária.

§ 7º É vedada aos empregadores, entidades e centrais sindicais a cobrança de qualquer taxa ou exigência de contrapartida pela celebração ou pela anuência nos acordos referidos nos §§ 1º e 2º, bem como a inclusão neles de cláusulas que impliquem pagamento em seu favor, a qualquer título, pela realização das operações de que trata esta Lei, ressalvado o disposto no § 2º do art. 3º.

Art. 5º O empregador será o responsável pelas informações prestadas, pelo desconto dos valores devidos e pelo seu repasse às instituições consignatárias, que deverá ser realizado até o quinto dia útil após a data de pagamento ao mutuário de sua remuneração disponível (red. L. 13.097/15).

§ 1º O empregador, salvo disposição contratual em contrário, não será corresponsável pelo pagamento dos empréstimos, financiamentos, cartões de crédito e arrendamentos mercantis concedidos aos seus empregados, mas responderá como devedor principal e solidário perante a instituição consignatária por valores a ela devidos em razão de contratações por ele confirmadas na forma desta Lei e de seu regulamento que deixarem, por sua falha ou culpa, de ser retidos ou repassados (red. L. 13.172/15).

§ 2º Na hipótese de comprovação de que o pagamento mensal do empréstimo, financiamento, cartão de crédito ou arrendamento mercantil tenha sido descontado do mutuário e não tenha sido repassado pelo empregador, ou pela instituição financeira mantenedora, na forma do § 5º, à instituição consignatária, fica esta proibida de incluir o nome do mutuário em cadastro de inadimplentes. (Red. L. 13.172/15)

§ 3º Na hipótese de ocorrência da situação descrita no § 2º, é cabível o ajuizamento de ação de depósito, nos termos do Capítulo II do Título I do Livro IV da Lei n. 5.869, de 11 de janeiro de 1973 - Código de Processo Civil, em face do empregador, ou da instituição financeira mantenedora, se responsável pelo desconto, na forma do § 5º, e de seus representantes legais (red. L. 13.097/15).

§ 4º No caso de falência do empregador, antes do repasse das importâncias descontadas dos mutuários, fica assegurado à instituição consignatária o direito de pedir, na forma prevista em lei, a restituição das importâncias retidas.

§ 5º O acordo firmado entre o empregador e a instituição financeira mantenedora poderá prever que a responsabilidade pelo desconto de que trata o *caput* será da instituição financeira mantenedora (red. L. 13.097/15).

Art. 6º Os titulares de benefícios de aposentadoria e pensão do Regime Geral de Previdência Social poderão autorizar o Instituto Nacional do Seguro Social – INSS a proceder aos descontos referidos no art. 1º e autorizar, de forma irrevogável e irretratável, que a instituição financeira na qual recebam seus benefícios retenha, para fins de amortização, valores referentes ao pagamento mensal de empréstimos, financiamentos, cartões de crédito e operações de arrendamento mercantil por ela concedidos, quando previstos em contrato, nas condições estabelecidas em regulamento, observadas as normas editadas pelo INSS. (Red. L. 13.172/15)

§ 1º Para os fins do *caput*, fica o INSS autorizado a dispor, em ato próprio, sobre:

I - as formalidades para habilitação das instituições e sociedades referidas no art. 1º;

II - os benefícios elegíveis, em função de sua natureza e forma de pagamento;

III - as rotinas a serem observadas para a prestação aos titulares de benefícios em manutenção e às instituições consignatárias das informações necessárias à consecução do disposto nesta Lei;

IV - os prazos para o início dos descontos autorizados e para o repasse das prestações às instituições consignatárias;

V - o valor dos encargos a serem cobrados para ressarcimento dos custos operacionais a ele acarretados pelas operações; e

VI - as demais normas que se fizerem necessárias.

§ 2º Em qualquer circunstância, a responsabilidade do INSS em relação às operações referidas no *caput* deste artigo restringe-se à: (NRed. L. 10.953/04)

I - retenção dos valores autorizados pelo beneficiário e repasse à instituição consignatária nas operações de desconto, não cabendo à autarquia responsabilidade solidária pelos débitos contratados pelo segurado; e

II - manutenção dos pagamentos do titular do benefício na mesma instituição financeira enquanto houver saldo devedor nas operações em que for autorizada a retenção, não cabendo à autarquia responsabilidade solidária pelos débitos contratados pelo segurado.

§ 3º É vedado ao titular de benefício que

realizar qualquer das operações referidas nesta Lei solicitar a alteração da instituição financeira pagadora, enquanto houver saldo devedor em amortização (NRed. L. 10.953/04).

§ 4º É facultada a transferência da consignação do empréstimo, financiamento ou arrendamento firmado pelo empregado na vigência do seu contrato de trabalho quando de sua aposentadoria, observadas as condições estabelecidas nesta Lei.

§ 5º Os descontos e as retenções mencionados no *caput* não poderão ultrapassar o limite de 35% (trinta e cinco por cento) do valor dos benefícios, sendo 5% (cinco por cento) destinados exclusivamente para (red. L. 13.172/15):

I - a amortização de despesas contraídas por meio de cartão de crédito; ou (Red. L. 13.172/15)

II - a utilização com a finalidade de saque por meio do cartão de crédito (red. L. 13.172/15).

§ 6º A instituição financeira que proceder à retenção de valor superior ao limite estabelecido no § 5º deste artigo perderá todas as garantias que lhe são conferidas por esta Lei. (NRed. L. 10.953/04)

Art. 6º-A Equiparam-se, para os fins do disposto nos arts. 1º e 6º, às operações neles referidas as que são realizadas com entidades abertas ou fechadas de previdência complementar pelos respectivos participantes ou assistidos (red. L. 13.183/15).

....

Art. 9º Esta Lei entra em vigor na data de sua publicação (*DOU*, 18.12.03).

Lei 10.936, de 12 de agosto de 2004

FGTS, condições especiais para o crédito, da Lei Complementar 110.

Art. 1º O art. 2º da Lei n. 10.555, de 13 de novembro de 2002, passa a vigorar com a seguinte redação:

"Art. 2º O titular de conta vinculada do FGTS, com idade igual ou superior a sessenta anos ou que vier a completar essa idade a qualquer tempo, fará jus ao crédito do complemento de atualização monetária de que trata a Lei Complementar n. 110, de 2001, com a redução nela prevista, em parcela única, desde que tenha firmado o termo de adesão de que trata o art. 6º da mencionada Lei Complementar".

Art. 2º Fica acrescentado o art. 2º-A à Lei n. 10.555, de 2002, com a seguinte redação:

"Art. 2º-A. O beneficiário de titular de conta vinculada do FGTS, falecido, terá direito ao crédito do complemento de atualização monetária de que trata a Lei Complementar n. 110, de 2001, com a redução nela prevista, em parcela única, desde que tenha sido firmado pelo beneficiário ou pelo próprio titular o termo de adesão de que trata o art. 6º da mencionada Lei Complementar".

Art. 3º O titular de que trata o art. 2º da Lei n. 10.555, de 2002, terá direito ao crédito nele referido no mês seguinte ao de publicação desta Lei ou no mês subsequente ao que completar sessenta anos.

Art. 4º O beneficiário de que trata o art. 2º-A da Lei n. 10.555, de 2002, terá direito ao crédito nele referido após trinta dias da publicação desta Lei ou de falecimento do titular da conta vinculada do FGTS.

Art. 5º Esta Lei entra em vigor na data de sua publicação (*DOU*, 13.8.04).

Lei 11.101, de 9 de fevereiro de 2005

Regula a recuperação judicial, a extrajudicial e a falência do empresário e da sociedade empresária.

Art. 1º Esta Lei disciplina a recuperação judicial, a recuperação extrajudicial e a falência do empresário e da sociedade empresária, doravante referidos simplesmente como devedor.

Art. 2º Esta Lei não se aplica a:

I – empresa pública e sociedade de economia mista;

II – instituição financeira pública ou privada, cooperativa de crédito, consórcio, entidade de previdência complementar, sociedade operadora de plano de assistência à saúde, sociedade seguradora, sociedade de capitalização e outras entidades legalmente equiparadas às anteriores.

....

Art. 83. A classificação dos créditos na falência obedece à seguinte ordem:

I – os créditos derivados da legislação do

trabalho, limitados a 150 salários mínimos por credor, e os decorrentes de acidentes de trabalho;

II – créditos com garantia real até o limite do valor do bem gravado;

III – créditos tributários, independentemente da sua natureza e tempo de constituição, excetuadas as multas tributárias;

IV – créditos com privilégio especial, a saber:

a) os previstos no art. 964 da Lei n. 10.406, de 10 de janeiro de 2002;

b) os assim definidos em outras leis civis e comerciais, salvo disposição contrária desta Lei;

c) aqueles a cujos titulares a lei confira o direito de retenção sobre a coisa dada em garantia;

d) aqueles em favor dos microempreendedores individuais e das microempresas e empresas de pequeno porte de que trata a Lei Complementar n. 123, de 14 de dezembro de 2006 (red. LC 147/14);

V – créditos com privilégio geral, a saber:

a) os previstos no art. 965 da Lei n. 10.406, de 10 de janeiro de 2002;

b) os previstos no parágrafo único do art. 67 desta Lei;

c) os assim definidos em outras leis civis e comerciais, salvo disposição contrária desta Lei;

VI – créditos quirografários, a saber:

a) aqueles não previstos nos demais incisos deste artigo;

b) os saldos dos créditos não cobertos pelo produto da alienação dos bens vinculados ao seu pagamento;

c) os saldos dos créditos derivados da legislação do trabalho que excederem o limite estabelecido no inciso I do *caput* deste artigo;

VII – as multas contratuais e as penas pecuniárias por infração das leis penais ou administrativas, inclusive as multas tributárias;

VIII – créditos subordinados, a saber:

a) os assim previstos em lei ou em contrato;

b) os créditos dos sócios e dos administradores sem vínculo empregatício.

§ 1º Para os fins do inciso II do *caput* deste artigo, será considerado como valor do bem objeto de garantia real a importância efetivamente arrecadada com sua venda, ou, no caso de alienação em bloco, o valor de avaliação do bem individualmente considerado.

§ 2º Não são oponíveis à massa os valores decorrentes de direito de sócio ao recebimento de sua parcela do capital social na liquidação da sociedade.

§ 3º As cláusulas penais dos contratos unilaterais não serão atendidas se as obrigações neles estipuladas se vencerem em virtude da falência.

§ 4º Os créditos trabalhistas cedidos a terceiros serão considerados quirografários.

Art. 84. Serão considerados créditos extraconcursais e serão pagos com precedência sobre os mencionados no art. 83 desta Lei, na ordem a seguir, os relativos a:

I – remunerações devidas ao administrador judicial e seus auxiliares, e créditos derivados da legislação do trabalho ou decorrentes de acidentes de trabalho relativos a serviços prestados após a decretação da falência;

II – quantias fornecidas à massa pelos credores;

III – despesas com arrecadação, administração, realização do ativo e distribuição do seu produto, bem como custas do processo de falência;

IV – custas judiciais relativas às ações e execuções em que a massa falida tenha sido vencida;

V – obrigações resultantes de atos jurídicos válidos praticados durante a recuperação judicial, nos termos do art. 67 desta Lei, ou após a decretação da falência, e tributos relativos a fatos geradores ocorridos após a decretação da falência, respeitada a ordem estabelecida no art. 83 desta Lei.

....

Art. 141. Na alienação conjunta ou separada de ativos, inclusive da empresa ou de suas filiais, promovida sob qualquer das modalidades de que trata este artigo:

I – todos os credores, observada a ordem de preferência definida no art. 83 desta Lei, sub-rogam-se no produto da realização do ativo;

II – o objeto da alienação estará livre de qualquer ônus e não haverá sucessão do arrematante nas obrigações do devedor, inclusive as de natureza tributária, as derivadas da legislação do trabalho e as decorrentes de acidentes de trabalho.

§ 1º O disposto no inciso II do *caput* deste artigo não se aplica quando o arrematante for:

I – sócio da sociedade falida, ou sociedade controlada pelo falido;

II – parente, em linha reta ou colateral até o 4º (quarto) grau, consanguíneo ou afim, do falido ou de sócio da sociedade falida; ou

III – identificado como agente do falido com o objetivo de fraudar a sucessão.

§ 2º Empregados do devedor contratados pelo arrematante serão admitidos mediante novos contratos de trabalho e o arrematante não responde por obrigações decorrentes do contrato anterior.

....

Art. 151. Os créditos trabalhistas de natureza estritamente salarial vencidos nos 3 meses anteriores à decretação da falência, até o limite de 5 salários mínimos por trabalhador, serão pagos tão logo haja disponibilidade em caixa.

Art. 152. Os credores restituirão em dobro as quantias recebidas, acrescidas dos juros legais, se ficar evidenciado dolo ou má-fé na constituição do crédito ou da garantia.

Art. 153. Pagos todos os credores, o saldo, se houver, será entregue ao falido.

..................................(*DOU*, 9.2.05).

Lei 11.324, de 19 de julho de 2006

Altera dispositivos das Leis ns. 9.250, de 26 de dezembro de 1995, 8.212, de 24 de julho de 1991, 8.213, de 24 de julho de 1991, e 5.859, de 11 de dezembro de 1972; e revoga dispositivo da Lei n. 605, de 5 de janeiro de 1949.

O Presidente da República

Faço saber que o Congresso Nacional decreta e eu sanciono a seguinte Lei:

Art. 1º O art. 12 da Lei n. 9.250, de 26 de dezembro de 1995, passa a vigorar com a seguinte redação:

"Art. 12. ....

VII – até o exercício de 2019, ano-calendário de 2018, a contribuição patronal paga à Previdência Social pelo empregador doméstico incidente sobre o valor da remuneração do empregado; e (red. L. 13.097/15)

....

§ 3º A dedução de que trata o inciso VII do *caput* deste artigo:

I – está limitada:

a) a 1 (um) empregado doméstico por declaração, inclusive no caso da declaração em conjunto;

b) ao valor recolhido no ano-calendário a que se referir a declaração;

II – aplica-se somente ao modelo completo de Declaração de Ajuste Anual;

III – não poderá exceder:

a) ao valor da contribuição patronal calculada sobre 1 salário mínimo mensal, sobre o 13º salário e sobre a remuneração adicional de férias, referidos também a 1 salário mínimo;

b) ao valor do imposto apurado na forma do art. 11 desta Lei, deduzidos os valores de que tratam os incisos I a III do *caput* deste artigo;

IV – fica condicionada à comprovação da regularidade do empregador doméstico perante o regime geral de previdência social quando se tratar de contribuinte individual".

Art. 2º (Rev. L. 13.202/15.)

Art. 3º (Vetado.)

..................................(*DOU*, 20.7.06).

Lei 11.788, de 25 de setembro de 2008

Estágios de estudantes.

Art. 1º Estágio é ato educativo escolar supervisionado, desenvolvido no ambiente de trabalho, que visa à preparação para o trabalho produtivo de educandos que estejam frequentando o ensino regular em instituições de educação superior, de educação profissional, de ensino médio, da educação especial e dos anos finais do ensino fundamental, na modalidade profissional da educação de jovens e adultos.

§ 1º O estágio faz parte do projeto pedagógico do curso, além de integrar o itinerário formativo do educando.

§ 2º O estágio visa ao aprendizado de competências próprias da atividade profissional e à contextualização curricular, objetivando o desenvolvimento do educando para a vida cidadã e para o trabalho.

Art. 2º O estágio poderá ser obrigatório ou não obrigatório, conforme determinação das diretrizes curriculares da etapa, modalidade e área de ensino e do projeto pedagógico do curso.

§ 1º Estágio obrigatório é aquele definido como tal no projeto do curso, cuja carga horária é requisito para aprovação e obtenção de diploma.

§ 2º Estágio não obrigatório é aquele desenvolvido como atividade opcional, acrescida à carga horária regular e obrigatória.

§ 3º As atividades de extensão, de monitorias e de iniciação científica na educação superior, desenvolvidas pelo estudante, somente poderão ser equiparadas ao estágio em caso de previsão no projeto pedagógico do curso.

Art. 3º O estágio, tanto na hipótese do § 1º do art. 2º desta Lei quanto na prevista no § 2º do mesmo dispositivo, não cria vínculo empregatício de qualquer natureza, observados os seguintes requisitos:

I – matrícula e frequência regular do educando em curso de educação superior, de educação profissional, de ensino médio, da educação especial e nos anos finais do ensino fundamental, na modalidade profissional da educação de jovens e adultos e atestados pela instituição de ensino;

II – celebração de termo de compromisso entre o educando, a parte concedente do estágio e a instituição de ensino;

III – compatibilidade entre as atividades desenvolvidas no estágio e aquelas previstas no termo de compromisso.

§ 1º O estágio, como ato educativo escolar supervisionado, deverá ter acompanhamento efetivo pelo professor orientador da instituição de ensino e por supervisor da parte concedente, comprovado por vistos nos relatórios referidos no inciso IV do *caput* do art. 7º desta Lei e por menção de aprovação final.

§ 2º O descumprimento de qualquer dos incisos deste artigo ou de qualquer obrigação contida no termo de compromisso caracteriza vínculo de emprego do educando com a parte concedente do estágio para todos os fins da legislação trabalhista e previdenciária.

Art. 4º A realização de estágios, nos termos desta Lei, aplica-se aos estudantes estrangeiros regularmente matriculados em cursos superiores no País, autorizados ou reconhecidos, observado o prazo do visto temporário de estudante, na forma da legislação aplicável.

....

Art. 10. A jornada de atividade em estágio será definida de comum acordo entre a instituição de ensino, a parte concedente e o aluno estagiário ou seu representante legal, devendo constar do termo de compromisso ser compatível com as atividades escolares e não ultrapassar:

I – 4 horas diárias e 20 horas semanais, no caso de estudantes de educação especial e dos anos finais do ensino fundamental, na modalidade profissional de educação de jovens e adultos;

II – 6 horas diárias e 30 horas semanais, no caso de estudantes do ensino superior, da educação profissional de nível médio e do ensino médio regular.

§ 1º O estágio relativo a cursos que alternam teoria e prática, nos períodos em que não estão programadas aulas presenciais, poderá ter jornada de até 40 horas semanais, desde que isso esteja previsto no projeto pedagógico do curso e da instituição de ensino.

§ 2º Se a instituição de ensino adotar verificações de aprendizagem periódicas ou finais, nos períodos de avaliação, a carga horária do estágio será reduzida pelo menos à metade, segundo estipulado no termo de compromisso, para garantir o bom desempenho do estudante.

Art. 11. A duração do estágio, na mesma parte concedente, não poderá exceder 2 anos, exceto quando se tratar de estagiário portador de deficiência.

Art. 12. O estagiário poderá receber bolsa ou outra forma de contraprestação que venha a ser acordada, sendo compulsória a sua concessão, bem como a do auxílio-transporte, na hipótese de estágio não obrigatório.

§ 1º A eventual concessão de benefícios relacionados a transporte, alimentação e saúde, entre outros, não caracteriza vínculo empregatício.

§ 2º Poderá o educando inscrever-se e

contribuir como segurado facultativo do Regime Geral de Previdência Social.

Art. 13. É assegurado ao estagiário, sempre que o estágio tenha duração igual ou superior a 1 ano, período de recesso de 30 dias, a ser gozado preferencialmente durante suas férias escolares.

§ 1º O recesso de que trata este artigo deverá ser remunerado quando o estagiário receber bolsa ou outra forma de contraprestação.

§ 2º Os dias de recesso previstos neste artigo serão concedidos de maneira proporcional, nos casos de o estágio ter duração inferior a 1 ano.

Art. 14. Aplica-se ao estagiário a legislação relacionada à saúde e segurança no trabalho, sendo sua implementação de responsabilidade da parte concedente do estágio.

Art. 15. A manutenção de estagiários em desconformidade com esta Lei caracteriza vínculo de emprego do educando com a parte concedente do estágio para todos os fins da legislação trabalhista e previdenciária.

§ 1º A instituição privada ou pública que reincidir na irregularidade de que trata este artigo ficará impedida de receber estagiários por 2 (dois) anos, contados da data da decisão definitiva do processo administrativo correspondente.

§ 2º A penalidade de que se trata o § 1º deste artigo limita-se à filial ou agência em que for cometida a irregularidade.

Art. 16. O termo de compromisso deverá ser firmado pelo estagiário ou com seu representante ou assistente legal e pelos representantes legais da parte concedente e da instituição de ensino, vedada a atuação dos agentes de integração a que se refere o art. 5º desta Lei como representante de qualquer das partes.

Art. 17. O número máximo de estagiários em relação ao quadro de pessoal das entidades concedentes de estágio deverá atender às seguintes proporções:

I – de 1 (um) a 5 (cinco) empregados: 1 (um) estagiário;

II – de 6 (seis) a 10 (dez) empregados: até 2 (dois) estagiários;

III – de 11 (onze) a 25 (vinte e cinco) empregados: até 5 (cinco) estagiários;

IV – acima de 25 (vinte e cinco) empregados: até 20% (vinte por cento) de estagiários.

§ 1º Para efeito desta Lei, considera-se quadro de pessoal o conjunto de trabalhadores empregados existentes no estabelecimento do estágio.

§ 2º Na hipótese de a parte concedente contar com várias filiais ou estabelecimentos, os quantitativos previstos nos incisos deste artigo serão aplicados a cada um deles.

§ 3º Quando o cálculo do percentual disposto no inciso IV do *caput* deste artigo resultar em fração, poderá ser arredondado para o número inteiro imediatamente superior.

§ 4º Não se aplica o disposto no *caput* deste artigo aos estágios de nível superior e de nível médio profissional.

§ 5º Fica assegurado às pessoas portadoras de deficiência o percentual de 10% (dez por cento) das vagas oferecidas pela parte concedente do estágio.

Art. 18. A prorrogação dos estágios contratados antes do início da vigência desta Lei apenas poderá ocorrer se ajustada às suas disposições.

....

Art. 21. Esta Lei entra em vigor na data de sua publicação.

..................................(*DOU*, 26.9.08).

Lei 12.016, de 7 de agosto de 2009

Mandado de segurança.

Art. 1º Conceder-se-á mandado de segurança para proteger direito líquido e certo, não amparado por *habeas corpus* ou *habeas data*, sempre que, ilegalmente ou com abuso de poder, qualquer pessoa física ou jurídica sofrer violação ou houver justo receio de sofrê-la por parte de autoridade, seja de que categoria for e sejam quais forem as funções que exerça.

§ 1º Equiparam-se às autoridades, para os efeitos desta Lei, os representantes ou órgãos de partidos políticos e os administradores de entidades autárquicas, bem como os dirigentes de pessoas jurídicas ou as pessoas naturais no exercício de atribuições do poder público, somente no que disser respeito a essas atribuições.

§ 2º Não cabe mandado de segurança contra os atos de gestão comercial praticados pelos administradores de empresas públicas, de sociedade de economia mista e de concessionárias de serviço público.

§ 3º Quando o direito ameaçado ou violado couber a várias pessoas, qualquer delas poderá requerer o mandado de segurança.

Art. 2º Considerar-se-á federal a autoridade coatora se as consequências de ordem patrimonial do ato contra o qual se requer o mandado houverem de ser suportadas pela União ou entidade por ela controlada.

Art. 3º O titular de direito líquido e certo decorrente de direito, em condições idênticas, de terceiro poderá impetrar mandado de segurança a favor do direito originário, se o seu titular não o fizer, no prazo de 30 dias, quando notificado judicialmente.

Parágrafo único. O exercício do direito previsto no *caput* deste artigo submete-se ao prazo fixado no art. 23 desta Lei, contado da notificação.

Art. 4º Em caso de urgência, é permitido, observados os requisitos legais, impetrar mandado de segurança por telegrama, radiograma, fax ou outro meio eletrônico de autenticidade comprovada.

§ 1º Poderá o juiz, em caso de urgência, notificar a autoridade por telegrama, radiograma ou outro meio que assegure a autenticidade do documento e a imediata ciência pela autoridade.

§ 2º O texto original da petição deverá ser apresentado nos 5 dias úteis seguintes.

§ 3º Para os fins deste artigo, em se tratando de documento eletrônico, serão observadas as regras da Infraestrutura de Chaves Públicas Brasileira – ICP-Brasil.

Art. 5º Não se concederá mandado de segurança quando se tratar:

I – de ato do qual caiba recurso administrativo com efeito suspensivo, independentemente de caução;

II – de decisão judicial da qual caiba recurso com efeito suspensivo;

III – de decisão judicial transitada em julgado.

Parágrafo único. (Vetado.)

Art. 6º A petição inicial, que deverá preencher os requisitos estabelecidos pela lei processual, será apresentada em 2 vias com os documentos que instruírem a primeira reproduzidos na segunda e indicará, além da autoridade coatora, a pessoa jurídica que esta integra, à qual se acha vinculada ou da qual exerce atribuições.

§ 1º No caso em que o documento necessário à prova do alegado se ache em repartição ou estabelecimento público ou em poder de autoridade que se recuse a fornecê-lo por certidão ou de terceiro, o juiz ordenará, preliminarmente, por ofício, a exibição desse documento em original ou em cópia autêntica e marcará, para o cumprimento da ordem, o prazo de 10 dias. O escrivão extrairá cópias do documento para juntá-las à segunda via da petição.

§ 2º Se a autoridade que tiver procedido dessa maneira for a própria coatora, a ordem far-se-á no próprio instrumento da notificação.

§ 3º Considera-se autoridade coatora aquela que tenha praticado o ato impugnado ou da qual emane a ordem para a sua prática.

§ 4º (Vetado.)

§ 5º Denega-se o mandado de segurança nos casos previstos pelo art. 267 da Lei n. 5.869, de 11 de janeiro de 1973 – Código de Processo Civil.

§ 6º O pedido de mandado de segurança poderá ser renovado dentro do prazo decadencial, se a decisão denegatória não lhe houver apreciado o mérito.

Art. 7º Ao despachar a inicial, o juiz ordenará:

I – que se notifique o coator do conteúdo da petição inicial, enviando-lhe a segunda via apresentada com as cópias dos documentos, a fim de que, no prazo de 10 dias, preste as informações;

II – que se dê ciência do feito ao órgão de representação judicial da pessoa jurídica interessada, enviando-lhe cópia da inicial sem documentos, para que, querendo, ingresse no feito;

III – que se suspenda o ato que deu motivo ao pedido, quando houver fundamento relevante e do ato impugnado puder resultar a ineficácia da medida, caso seja finalmente deferida, sendo facultado exigir do impetrante caução, fiança ou depósito, com o objetivo de assegurar o ressarcimento à pessoa jurídica.

§ 1º Da decisão do juiz de primeiro grau que conceder ou denegar a liminar caberá agravo de instrumento, observado o disposto na Lei n. 5.869, de 11 de janeiro de 1973 – Código de Processo Civil.

§ 2º Não será concedida medida liminar que tenha por objeto a compensação de créditos tributários, a entrega de mercadorias e bens provenientes do exterior, a reclassificação ou equiparação de servidores públicos e a concessão de aumento ou a extensão de vantagens ou pagamento de qualquer natureza.

§ 3º Os efeitos da medida liminar, salvo se revogada ou cassada, persistirão até a prolação da sentença.

§ 4º Deferida a medida liminar, o processo terá prioridade para julgamento.

§ 5º As vedações relacionadas com a concessão de liminares previstas neste artigo se estendem à tutela antecipada a que se referem os arts. 273 e 461 da Lei n. 5.869, de 11 de janeiro de 1973 – Código de Processo Civil.

Art. 8º Será decretada a perempção ou caducidade da medida liminar *ex officio* ou a requerimento do Ministério Público quando, concedida a medida, o impetrante criar obstáculo ao normal andamento do processo ou deixar de promover, por mais de 3 dias úteis, os atos e as diligências que lhe cumprirem.

Art. 9º As autoridades administrativas, no prazo de 48 horas da notificação da medida liminar, remeterão ao Ministério ou órgão a que se acham subordinadas e ao Advogado-Geral da União ou a quem tiver a representação judicial da União, do Estado, do Município ou da entidade apontada como coatora cópia autenticada do mandado notificatório, assim como indicações e elementos outros necessários às providências a serem tomadas para a eventual suspensão da medida e defesa do ato apontado como ilegal ou abusivo de poder.

Art. 10. A inicial será desde logo indeferida, por decisão motivada, quando não for o caso de mandado de segurança ou lhe faltar algum dos requisitos legais ou quando decorrido o prazo legal para a impetração.

§ 1º Do indeferimento da inicial pelo juiz de primeiro grau caberá apelação e, quando a competência para o julgamento do mandado de segurança couber originariamente a um dos tribunais, do ato do relator caberá agravo para o órgão competente do tribunal que integre.

§ 2º O ingresso de litisconsorte ativo não será admitido após o despacho da petição inicial.

Art. 11. Feitas as notificações, o serventuário em cujo cartório corra o feito juntará aos autos cópia autêntica dos ofícios endereçados ao coator e ao órgão de representação judicial da pessoa jurídica interessada, bem como a prova da entrega a estes ou da sua recusa em aceitá-los ou dar recibo e, no caso do art. 4º desta Lei, a comprovação da remessa.

Art. 12. Findo o prazo a que se refere o inciso I do *caput* do art. 7º desta Lei, o juiz ouvirá o representante do Ministério Público, que opinará, dentro do prazo improrrogável de 10 dias.

Parágrafo único. Com ou sem o parecer do Ministério Público, os autos serão conclusos ao juiz, para a decisão, a qual deverá ser necessariamente proferida em 30 dias.

Art. 13. Concedido o mandado, o juiz transmitirá em ofício, por intermédio do oficial do juízo, ou pelo correio, mediante correspondência com aviso de recebimento, o inteiro teor da sentença à autoridade coatora e à pessoa jurídica interessada.

Parágrafo único. Em caso de urgência, poderá o juiz observar o disposto no art. 4º desta Lei.

Art. 14. Da sentença, denegando ou concedendo o mandado, cabe apelação.

§ 1º Concedida a segurança, a sentença estará sujeita obrigatoriamente ao duplo grau de jurisdição.

§ 2º Estende-se à autoridade coatora o direito de recorrer.

§ 3º A sentença que conceder o mandado de segurança pode ser executada provisoriamente, salvo nos casos em que for vedada a concessão da medida liminar.

§ 4º O pagamento de vencimentos e vantagens pecuniárias assegurados em sentença concessiva de mandado de segurança a servidor público da administração direta ou autárquica federal, estadual e municipal somente será efetuado relativamente às prestações que se vencerem a contar da data do ajuizamento da inicial.

Art. 15. Quando, a requerimento de pessoa jurídica de direito público interessada ou do Ministério Público e para evitar grave lesão à ordem, à saúde, à segurança e à economia públicas, o presidente do tribunal ao qual couber o conhecimento do respectivo recurso suspender, em decisão fundamentada, a execução da liminar e da sentença, dessa decisão caberá agravo, sem efeito suspensivo, no prazo de 5 dias, que será levado a julgamento na sessão seguinte à sua interposição.

LEIS

§ 1º Indeferido o pedido de suspensão ou provido o agravo a que se refere o *caput* deste artigo, caberá novo pedido de suspensão ao presidente do tribunal competente para conhecer de eventual recurso especial ou extraordinário.

§ 2º É cabível também o pedido de suspensão a que se refere o § 1º deste artigo, quando negado provimento a agravo de instrumento interposto contra a liminar a que se refere este artigo.

§ 3º A interposição de agravo de instrumento contra liminar concedida nas ações movidas contra o poder público e seus agentes não prejudica nem condiciona o julgamento do pedido de suspensão a que se refere este artigo.

§ 4º O presidente do tribunal poderá conferir ao pedido efeito suspensivo liminar se constatar, em juízo prévio, a plausibilidade do direito invocado e a urgência na concessão da medida.

§ 5º As liminares cujo objeto seja idêntico poderão ser suspensas em uma única decisão, podendo o presidente do tribunal estender os efeitos da suspensão a liminares supervenientes, mediante simples aditamento do pedido original.

Art. 16. Nos casos de competência originária dos tribunais, caberá ao relator a instrução do processo, sendo assegurada a defesa oral na sessão do julgamento.

Parágrafo único. Da decisão do relator que conceder ou denegar a medida liminar caberá agravo ao órgão competente do tribunal que integre.

Art. 17. Nas decisões proferidas em mandado de segurança e nos respectivos recursos, quando não publicado, no prazo de 30 dias, contado da data do julgamento, o acórdão será substituído pelas respectivas notas taquigráficas, independentemente de revisão.

Art. 18. Das decisões em mandado de segurança proferidas em única instância pelos tribunais cabe recurso especial e extraordinário, nos casos legalmente previstos, e recurso ordinário, quando a ordem for denegada.

Art. 19. A sentença ou o acórdão que denegar mandado de segurança, sem decidir o mérito, não impedirá que o requerente, por ação própria, pleiteie os seus direitos e os respectivos efeitos patrimoniais.

Art. 20. Os processos de mandado de segurança e os respectivos recursos terão prioridade sobre todos os atos judiciais, salvo *habeas corpus*.

§ 1º Na instância superior, deverão ser levados a julgamento na primeira sessão que se seguir à data em que forem conclusos ao relator.

§ 2º O prazo para a conclusão dos autos não poderá exceder de 5 dias.

Art. 21. O mandado de segurança coletivo pode ser impetrado por partido político com representação no Congresso Nacional, na defesa de seus interesses legítimos relativos a seus integrantes ou à finalidade partidária, ou por organização sindical, entidade de classe ou associação legalmente constituída e em funcionamento há, pelo menos, 1 ano, em defesa de direitos líquidos e certos da totalidade, ou de parte, dos seus membros ou associados, na forma dos seus estatutos e desde que pertinentes às suas finalidades, dispensada, para tanto, autorização especial.

Parágrafo único. Os direitos protegidos pelo mandado de segurança coletivo podem ser:

I – coletivos, assim entendidos, para efeito desta Lei, os transindividuais, de natureza indivisível, de que seja titular grupo ou categoria de pessoas ligadas entre si ou com a parte contrária por uma relação jurídica básica;

II – individuais homogêneos, assim entendidos, para efeito desta Lei, os decorrentes de origem comum e da atividade ou situação específica da totalidade ou de parte dos associados ou membros do impetrante.

Art. 22. No mandado de segurança coletivo, a sentença fará coisa julgada limitadamente aos membros do grupo ou categoria substituídos pelo impetrante.

§ 1º O mandado de segurança coletivo não induz litispendência para as ações individuais, mas os efeitos da coisa julgada não beneficiarão o impetrante a título individual se não requerer a desistência de seu mandado de segurança no prazo de 30 dias a contar da ciência comprovada da impetração da segurança coletiva.

§ 2º No mandado de segurança coletivo, a liminar só poderá ser concedida após a audiência do representante judicial da pessoa jurídica de direito público, que deverá se pronunciar no prazo de 72 horas.

Art. 23. O direito de requerer mandado de segurança extinguir-se-á decorridos 120 dias, contados da ciência, pelo interessado, do ato impugnado.

Art. 24. Aplicam-se ao mandado de segurança os arts. 46 a 49 da Lei n. 5.869, de 11 de janeiro de 1973 – Código de Processo Civil.

Art. 25. Não cabem, no processo de mandado de segurança, a interposição de embargos infringentes e a condenação ao pagamento dos honorários advocatícios, sem prejuízo da aplicação de sanções no caso de litigância de má-fé.

Art. 26. Constitui crime de desobediência, nos termos do art. 330 do Decreto-Lei n. 2.848, de 7 de dezembro de 1940, o não cumprimento das decisões proferidas em mandado de segurança, sem prejuízo das sanções administrativas e da aplicação da Lei n. 1.079, de 10 de abril de 1950, quando cabíveis.

Art. 27. Os regimentos dos tribunais e, no que couber, as leis de organização judiciária deverão ser adaptados às disposições desta Lei no prazo de 180 dias, contado da sua publicação.

..................................(*DOU*, 10.8.09).

Lei 12.023, de 27 de agosto de 2009

Atividades de movimentação de mercadorias e trabalho avulso.

Art. 1º As atividades de movimentação de mercadorias em geral exercidas por trabalhadores avulsos, para os fins desta Lei, são aquelas desenvolvidas em áreas urbanas ou rurais sem vínculo empregatício, mediante intermediação obrigatória do sindicato da categoria, por meio de Acordo ou Convenção Coletiva de Trabalho para execução das atividades.

Parágrafo único. A remuneração, a definição das funções, a composição de equipes e as demais condições de trabalho serão objeto de negociação entre as entidades representativas dos trabalhadores avulsos e dos tomadores de serviços.

Art. 2º São atividades da movimentação de mercadorias em geral:

I – cargas e descargas de mercadorias a granel e ensacados, costura, pesagem, embalagem, enlonamento, ensaque, arrasto, posicionamento, acomodação, reordenamento, reparação da carga, amostragem, arrumação, remoção, classificação, empilhamento, transporte com empilhadeiras, paletização, ova e desova de vagões, carga e descarga em feiras livres e abastecimento de lenha em secadores e caldeiras;

II – operações de equipamentos de carga e descarga;

III – pré-limpeza e limpeza em locais necessários à viabilidade das operações ou à sua continuidade.

Parágrafo único. (Vetado.)

Art. 3º As atividades de que trata esta Lei serão exercidas por trabalhadores com vínculo empregatício ou em regime de trabalho avulso nas empresas tomadoras do serviço.

Art. 4º O sindicato elaborará a escala de trabalho e as folhas de pagamento dos trabalhadores avulsos, com a indicação do tomador do serviço e dos trabalhadores que participaram da operação, devendo prestar, com relação a estes, as seguintes informações:

I – os respectivos números de registros ou cadastro no sindicato;

II – o serviço prestado e os turnos trabalhados;

III – as remunerações pagas, devidas ou creditadas a cada um dos trabalhadores, registrando-se as parcelas referentes a:

a) repouso remunerado;

b) Fundo de Garantia por Tempo de Serviço;

c) 13º salário;

d) férias remuneradas mais 1/3 constitucional;

e) adicional de trabalho noturno;

f) adicional de trabalho extraordinário.

Art. 5º São deveres do sindicato intermediador:

I – divulgar amplamente as escalas de trabalho dos avulsos, com a observância do rodízio entre os trabalhadores;

II – proporcionar equilíbrio na distribuição das equipes e funções, visando à remuneração em igualdade de condições de trabalho para todos e a efetiva participação dos trabalhadores não sindicalizados;

III – repassar aos respectivos beneficiários, no prazo máximo de 72 horas úteis, contadas a partir do seu arrecadamento, os valores devidos e pagos pelos tomadores do serviço, relativos à remuneração do trabalhador avulso;

IV – exibir para os tomadores da mão de obra avulsa e para as fiscalizações competentes os documentos que comprovem o efetivo pagamento das remunerações devidas aos trabalhadores avulsos;

V – zelar pela observância das normas de segurança, higiene e saúde no trabalho;

VI – firmar Acordo ou Convenção Coletiva de Trabalho para normatização das condições de trabalho.

§ 1º Em caso de descumprimento do disposto no inciso III deste artigo, serão responsáveis, pessoal e solidariamente, os dirigentes da entidade sindical.

§ 2º A identidade de cadastro para a escalação não será a carteira do sindicato e não assumirá nenhuma outra forma que possa dar ensejo à distinção entre trabalhadores sindicalizados e não sindicalizados para efeito de acesso ao trabalho.

Art. 6º São deveres do tomador de serviços:

I – pagar ao sindicato os valores devidos pelos serviços prestados ou dias trabalhados, acrescidos dos percentuais relativos a repouso remunerado, 13º salário e férias acrescidas de 1/3, para viabilizar o pagamento do trabalhador avulso, bem como os percentuais referentes aos adicionais extraordinários e noturnos;

II – efetuar o pagamento a que se refere o inciso I, no prazo máximo de 72 horas úteis, contadas a partir do encerramento do trabalho requisitado;

III – recolher os valores devidos ao Fundo de Garantia por Tempo de Serviço, acrescido dos percentuais relativos ao 13º salário, férias, encargos fiscais, sociais e previdenciários, observando o prazo legal.

Art. 7º A liberação das parcelas referentes ao 13º salário e às férias, depositadas nas contas individuais vinculadas e o recolhimento do FGTS e dos encargos fiscais e previdenciários serão efetuados conforme regulamentação do Poder Executivo.

Art. 8º As empresas tomadoras do trabalho avulso respondem solidariamente pela efetiva remuneração do trabalho contratado e são responsáveis pelo recolhimento dos encargos fiscais e sociais, bem como das contribuições ou de outras importâncias devidas à Seguridade Social, no limite do uso que fizerem do trabalho avulso intermediado pelo sindicato.

Art. 9º As empresas tomadoras do trabalho avulso são responsáveis pelo fornecimento dos Equipamentos de Proteção Individual e por zelar pelo cumprimento das normas de segurança no trabalho.

Art. 10. A inobservância dos deveres estipulados nos arts. 5º e 6º sujeita os respectivos infratores à multa administrativa no valor de R$ 500,00 por trabalhador avulso prejudicado.

Parágrafo único. O processo de fiscalização, notificação, autuação e imposição de multas reger-se-á pelo disposto no Título VII da Consolidação das Leis do Trabalho – CLT, aprovada pelo Decreto-Lei 5.452, de 1º de maio de 1943.

Art. 11. Esta Lei não se aplica às relações de trabalho regidas pela Lei 8.630, de 25 de fevereiro de 1993, e pela Lei 9.719, de 27 de novembro de 1998.

..................................(*DOU*, 28.8.09).

Lei 12.288, de 20 de julho de 2010

Institui o Estatuto da Igualdade Racial; altera as Leis 7.716, de 5 de janeiro de 1989, 9.029, de 13 de abril de 1995, 7.347, de 24 de julho de 1985, e 10.778, de 24 de novembro de 2003.

TÍTULO I
DISPOSIÇÕES PRELIMINARES

Art. 1º Esta Lei institui o Estatuto da Igualdade Racial, destinado a garantir à população negra a efetivação da igualdade de oportunidades, a defesa dos direitos étnicos individuais, coletivos e difusos e o combate à discriminação e às demais formas de intolerância étnica.

Parágrafo único. Para efeito deste Estatuto, considera-se:

I – discriminação racial ou étnico-racial: toda distinção, exclusão, restrição ou preferência baseada em raça, cor, descendência ou origem nacional ou étnica que tenha por objeto anular ou restringir o reconhecimento, gozo ou exercício, em igualdade de condições, de direitos humanos e liberdades fundamentais nos campos político, econômico, social, cultural ou em qualquer outro campo da vida pública ou privada;

II – desigualdade racial: toda situação injustificada de diferenciação de acesso e fruição de bens, serviços e oportunidades, nas esferas pública e privada, em virtude de raça, cor, descendência ou origem nacional ou étnica;

III – desigualdade de gênero e raça: assimetria existente no âmbito da sociedade que acentua a distância social entre mulheres negras e os demais segmentos sociais;

IV – população negra: o conjunto de pessoas que se autodeclaram pretas e pardas, conforme o quesito cor ou raça usado pela Fundação Instituto Brasileiro de Geografia e Estatística (IBGE), ou que adotam autodefinição análoga;

V – políticas públicas: as ações, iniciativas e programas adotados pelo Estado no cumprimento de suas atribuições institucionais;

VI – ações afirmativas: os programas e medidas especiais adotados pelo Estado e pela iniciativa privada para a correção das desigualdades raciais e para a promoção da igualdade de oportunidades.

Art. 2º É dever do Estado e da sociedade garantir a igualdade de oportunidades, reconhecendo a todo cidadão brasileiro, independentemente da etnia ou da cor da pele, o direito à participação na comunidade, especialmente nas atividades políticas, econômicas, empresariais, educacionais, culturais e esportivas, defendendo sua dignidade e seus valores religiosos e culturais.

Art. 3º Além das normas constitucionais relativas aos princípios fundamentais, aos direitos e garantias fundamentais e aos direitos sociais, econômicos e culturais, o Estatuto da Igualdade Racial adota como diretriz político-jurídica a inclusão das vítimas de desigualdade étnico-racial, a valorização da igualdade étnica e o fortalecimento da identidade nacional brasileira.

Art. 4º A participação da população negra, em condição de igualdade de oportunidade, na vida econômica, social, política e cultural do País será promovida, prioritariamente, por meio de:

I – inclusão nas políticas públicas de desenvolvimento econômico e social;

II – adoção de medidas, programas e políticas de ação afirmativa;

III – modificação das estruturas institucionais do Estado para o adequado enfrentamento e a superação das desigualdades étnicas decorrentes do preconceito e da discriminação étnica;

IV – promoção de ajustes normativos para aperfeiçoar o combate à discriminação étnica e às desigualdades étnicas em todas as suas manifestações individuais, institucionais e estruturais;

V – eliminação dos obstáculos históricos, socioculturais e institucionais que impedem a representação da diversidade étnica nas esferas pública e privada;

VI – estímulo, apoio e fortalecimento de iniciativas oriundas da sociedade civil direcionadas à promoção da igualdade de oportunidades e ao combate às desigualdades étnicas, inclusive mediante a implementação de incentivos e critérios de condicionamento e prioridade no acesso aos recursos públicos;

VII – implementação de programas de ação afirmativa destinados ao enfrentamento das desigualdades étnicas no tocante à educação, cultura, esporte e lazer, saúde, segurança, trabalho, moradia, meios de comunicação de massa, financiamentos públicos, acesso à terra, à Justiça, e outros.

Parágrafo único. Os programas de ação afirmativa constituir-se-ão em políticas públicas destinadas a reparar as distorções e desigualdades sociais e demais práticas discriminatórias adotadas, nas esferas pública e privada, durante o processo de formação social do País.

Art. 5º Para a consecução dos objetivos desta Lei, é instituído o Sistema Nacional de Promoção da Igualdade Racial (Sinapir), conforme estabelecido no Título III.

....

CAPÍTULO V
DO TRABALHO

Art. 38. A implementação de políticas voltadas para a inclusão da população negra no mercado de trabalho será de responsabilidade do poder público, observando-se:

I – o instituído neste Estatuto;

II – os compromissos assumidos pelo Brasil ao ratificar a Convenção Internacional sobre a Eliminação de Todas as Formas de Discriminação Racial, de 1965;

III – os compromissos assumidos pelo Brasil ao ratificar a Convenção n. 111, de 1958, da Organização Internacional do Trabalho (OIT), que trata da discriminação no emprego e na profissão;

IV – os demais compromissos formalmente assumidos pelo Brasil perante a comunidade internacional.

Art. 39. O poder público promoverá ações que assegurem a igualdade de oportunidades no mercado de trabalho para a população negra, inclusive mediante a implementação de medidas visando à promoção da igualdade nas contratações do setor público e o incentivo à adoção de medidas similares nas empresas e organizações privadas.

§ 1º A igualdade de oportunidades será lograda mediante a adoção de políticas e programas de formação profissional, de emprego e de geração de renda voltados para a população negra.

§ 2º As ações visando a promover a igualdade de oportunidades na esfera da administração pública far-se-ão por meio de normas estabelecidas ou a serem estabelecidas em legislação específica e em seus regulamentos.

§ 3º O poder público estimulará, por meio de incentivos, a adoção de iguais medidas pelo setor privado.

§ 4º As ações de que trata o *caput* deste artigo assegurarão o princípio da proporcionalidade de gênero entre os beneficiários.

§ 5º Será assegurado o acesso ao crédito para a pequena produção, nos meios rural e urbano, com ações afirmativas para mulheres negras.

§ 6º O poder público promoverá campanhas de sensibilização contra a marginalização da mulher negra no trabalho artístico e cultural.

§ 7º O poder público promoverá ações com o objetivo de elevar a escolaridade e a qualificação profissional nos setores da economia que contem com alto índice de ocupação por trabalhadores negros de baixa escolarização.

Art. 40. O Conselho Deliberativo do Fundo de Amparo ao Trabalhador (Codefat) formulará políticas, programas e projetos voltados para a inclusão da população negra no mercado de trabalho e orientará a destinação de recursos para seu financiamento.

Art. 41. As ações de emprego e renda, promovidas por meio de financiamento para constituição e ampliação de pequenas e médias empresas e de programas de geração de renda, contemplarão o estímulo à promoção de empresários negros.

Parágrafo único. O poder público estimulará as atividades voltadas ao turismo étnico com enfoque nos locais, monumentos e cidades que retratem a cultura, os usos e os costumes da população negra.

Art. 42. O Poder Executivo federal poderá implementar critérios para provimento de cargos em comissão e funções de confiança destinados a ampliar a participação de negros, buscando reproduzir a estrutura da distribuição étnica nacional ou, quando for o caso, estadual, observados os dados demográficos oficiais.

....

DISPOSIÇÕES FINAIS

Art. 58. As medidas instituídas nesta Lei não excluem outras em prol da população negra que tenham sido ou venham a ser adotadas no âmbito da União, dos Estados, do Distrito Federal ou dos Municípios.

Art. 59. O Poder Executivo federal criará instrumentos para aferir a eficácia social das medidas previstas nesta Lei e efetuará seu monitoramento constante, com a emissão e a divulgação de relatórios periódicos, inclusive pela rede mundial de computadores.

....

Art. 65. Esta Lei entra em vigor 90 (noventa) dias após a data de sua publicação.

..................................(*DOU*, 21.7.10).

Lei 12.378, de 31 de dezembro de 2010

Exercício da Arquitetura e Urbanismo; cria CAU/BR e CAU.

Art. 1º O exercício da profissão de arquiteto e urbanista passa a ser regulado por esta Lei.

Atribuições de Arquitetos e Urbanistas

Art. 2º As atividades e atribuições do arquiteto e urbanista consistem em:

I – supervisão, coordenação, gestão e orientação técnica;

II – coleta de dados, estudo, planejamento, projeto e especificação;

III – estudo de viabilidade técnica e ambiental;

IV – assistência técnica, assessoria e consultoria;

V – direção de obras e de serviço técnico;

VI – vistoria, perícia, avaliação, monitoramento, laudo, parecer técnico, auditoria e arbitragem;

VII – desempenho de cargo e função técnica;

VIII – treinamento, ensino, pesquisa e extensão universitária;

IX – desenvolvimento, análise, experimentação, ensaio, padronização, mensuração e controle de qualidade;

X – elaboração de orçamento;

XI – produção e divulgação técnica especializada; e

XII – execução, fiscalização e condução de obra, instalação e serviço técnico.

Parágrafo único. As atividades de que trata este artigo aplicam-se aos seguintes campos de atuação no setor:

I – da Arquitetura e Urbanismo, concepção e execução de projetos;

II – da Arquitetura de Interiores, concepção e execução de projetos de ambientes;

III – da Arquitetura Paisagística, concepção e execução de projetos para espaços externos, livres e abertos, privados ou públicos, como parques e praças, considerados isoladamente ou em sistemas, dentro de várias escalas, inclusive a territorial;

IV – do Patrimônio Histórico Cultural e Artístico, arquitetônico, urbanístico, paisagístico, monumentos, restauro, práticas de projeto e soluções tecnológicas para reutilização, reabilitação, reconstrução, preservação, conservação, restauro e valorização de edificações, conjuntos e cidades;

V – do Planejamento Urbano e Regional, planejamento físico-territorial, planos de intervenção no espaço urbano, metropolitano e regional fundamentados nos sistemas de infraestrutura, saneamento básico e ambiental, sistema viário, sinalização, tráfego e trânsito urbano e rural, acessibilidade, gestão territorial e ambiental, parcelamento do solo, loteamento, desmembramento, remembramento, arruamento, planejamento urbano, plano diretor, traçado de cidades, desenho urbano, sistema viário, tráfego e trânsito urbano e rural, inventário urbano e regional, assentamentos humanos e requalificação em áreas urbanas e rurais;

VI – da Topografia, elaboração e interpretação de levantamentos topográficos cadastrais para a realização de projetos de arquitetura, de urbanismo e de paisagismo, fotointerpretação, leitura, interpretação e análise de dados e informações topográficas e sensoriamento remoto;

VII – da Tecnologia e resistência dos materiais, dos elementos e produtos de construção, patologias e recuperações;

VIII – dos sistemas construtivos e estruturais, estruturas, desenvolvimento de estruturas e aplicação tecnológica de estruturas;

IX – de instalações e equipamentos referentes à arquitetura e urbanismo;

X – do Conforto Ambiental, técnicas referentes ao estabelecimento de condições climáticas, acústicas, lumínicas e ergonômicas, para a concepção, organização e construção dos espaços;

XI – do Meio Ambiente, estudo e avaliação dos impactos ambientais, licenciamento ambiental, utilização racional dos recursos disponíveis e desenvolvimento sustentável.

Art. 3º Os campos da atuação profissional para o exercício da arquitetura e urbanismo são definidos a partir das diretrizes curriculares nacionais que dispõem sobre a formação do profissional arquiteto e urbanista nas quais os núcleos de conhecimentos de fundamentação e de conhecimentos profissionais caracterizam a unidade de atuação profissional.

§ 1º O Conselho de Arquitetura e Urbanismo do Brasil – CAU/BR especificará, atentando para o disposto no *caput*, as áreas de atuação privativas dos arquitetos e urbanistas e as áreas de atuação compartilhadas com outras profissões regulamentadas.

§ 2º Serão consideradas privativas de profissional especializado as áreas de atuação nas quais a ausência de formação superior exponha o usuário do serviço a qualquer risco ou danos materiais à segurança, à saúde ou ao meio ambiente.

§ 3º No exercício de atividades em áreas de atuação compartilhadas com outras áreas profissionais, o Conselho de Arquitetura e Urbanismo – CAU do Estado ou do Distrito Federal fiscalizará o exercício profissional da Arquitetura e Urbanismo.

§ 4º Na hipótese de as normas do CAU/BR sobre o campo de atuação de arquitetos e urbanistas contradizerem normas de outro Conselho profissional, a controvérsia será resolvida por meio de resolução conjunta de ambos os conselhos.

§ 5º Enquanto não editada a resolução conjunta de que trata o § 4º ou, em caso de impasse, até que seja resolvida a controvérsia, por arbitragem ou judicialmente, será aplicada a norma do Conselho que garanta ao profissional a maior margem de atuação.

Art. 4º O CAU/BR organizará e manterá atualizado cadastro nacional das escolas e faculdades de arquitetura e urbanismo, incluindo o currículo de todos os cursos oferecidos e os projetos pedagógicos.

Registro do arquiteto e urbanista no Conselho

Art. 5º Para uso do título de arquiteto e urbanista e para o exercício das atividades profissionais privativas correspondentes, é obrigatório o registro do profissional no CAU do Estado ou do Distrito Federal.

Parágrafo único. O registro habilita o profissional a atuar em todo o território nacional.

Art. 6º São requisitos para o registro:

I – capacidade civil; e

II – diploma de graduação em arquitetura e urbanismo, obtido em instituição de ensino superior oficialmente reconhecida pelo poder público.

§ 1º Poderão obter registro no CAU dos Estados e do Distrito Federal os portadores de diploma de graduação em Arquitetura e Urbanismo ou de diploma de arquiteto ou arquiteto e urbanista, obtido em instituição estrangeira de ensino superior reconhecida no respectivo país e devidamente revalidado por instituição nacional credenciada.

§ 2º Cumpridos os requisitos previstos nos incisos I e II do *caput*, poderão obter registro no CAU dos Estados ou do Distrito Federal, em caráter excepcional e por tempo determinado, profissionais estrangeiros sem domicílio no País.

§ 3º A concessão do registro de que trata o § 2º é condicionada à efetiva participação de arquiteto e urbanista ou sociedade de arquitetos, com registro no CAU Estadual ou no Distrito Federal e com domicílio no País, no acompanhamento em todas as fases das atividades a serem desenvolvidas pelos profissionais estrangeiros.

Art. 7º Exerce ilegalmente a profissão de arquiteto e urbanista a pessoa física ou jurídica que realizar atos ou prestar serviços, públicos ou privados, privativos dos profissionais de que trata esta Lei ou, ainda, que, mesmo não realizando atos privativos, se apresenta como arquiteto e urbanista ou como pessoa jurídica que atue na área de arquitetura e urbanismo sem registro no CAU.

Art. 8º A carteira profissional de arquiteto e urbanista possui fé pública e constitui prova de identidade civil para todos os fins legais.

Da Interrupção e do Cancelamento do registro profissional

Art. 9º É facultada ao profissional e à pessoa jurídica, que não estiver no exercício de suas atividades, a interrupção de seu registro profissional no CAU por tempo indeterminado, desde que atenda as condições regulamentadas pelo CAU/BR.

Sociedade de arquitetos e urbanistas

Art. 10. Os arquitetos e urbanistas, juntamente com outros profissionais, poder-se-ão reunir em sociedade de prestação de serviços de arquitetura e urbanismo, nos termos das normas de direito privado, desta Lei e do Regimento Geral do CAU/BR.

Parágrafo único. Sem prejuízo do registro e aprovação pelo órgão competente, a sociedade que preste serviços de arquitetura e urbanismo dever-se-á cadastrar no CAU da sua sede, o qual enviará as informações ao CAU/BR para fins de composição de cadastro unificado nacionalmente.

Art. 11. É vedado o uso das expressões "arquitetura" ou "urbanismo" ou designação similar na razão social ou no nome fantasia de sociedade que não possuir arquiteto e urbanista entre os sócios com poder de gestão ou entre os empregados permanentes.

Dos Acervos Técnicos

Art. 12. O acervo técnico constitui propriedade do profissional arquiteto e urbanista e é composto por todas as atividades por ele desenvolvidas, conforme discriminado nos arts. 2º e 3º, resguardando-se a legislação do Direito Autoral.

Art. 13. Para fins de comprovação de autoria ou de participação e de formação de acervo técnico, o arquiteto e urbanista deverá registrar seus projetos e demais trabalhos técnicos ou de criação no CAU do ente da Federação onde atue.

Parágrafo único. A qualificação técnica de sociedade com atuação nos campos da arquitetura e do urbanismo será demonstrada por meio dos acervos técnicos dos arquitetos e urbanistas comprovadamente a ela vinculados.

Art. 14. É dever do arquiteto e urbanista ou da sociedade de prestação de serviços de arquitetura e urbanismo indicar em documentos, peças publicitárias, placas ou outro elemento de comunicação dirigido a cliente, ao público em geral e ao CAU local:

I – o nome civil ou razão social do(s) autor(es) e executante(s) do serviço, completo ou abreviado, ou pseudônimo ou nome fantasia, a critério do profissional ou da sociedade de prestação de serviços de arquitetura e urbanismo, conforme o caso;

II – o número do registro no CAU local; e

III – a atividade a ser desenvolvida.

Parágrafo único. Quando se tratar de atividade desenvolvida por mais de um arquiteto e urbanista ou por mais de uma sociedade de prestação de serviços de arquitetura e urbanismo e não sendo especificados diferentes níveis de responsabilidade, todos serão considerados indistintamente coautores e corresponsáveis.

Art. 15. Aquele que implantar ou executar projeto ou qualquer trabalho técnico de criação ou de autoria de arquiteto e urbanista deve fazê-lo de acordo com as especificações e o detalhamento constantes do trabalho, salvo autorização em contrário, por escrito, do autor.

Parágrafo único. Ao arquiteto e urbanista é facultado acompanhar a implantação ou execução de projeto ou trabalho de sua autoria, pessoalmente ou por meio de preposto especialmente designado com a finalidade de averiguar a adequação da execução ao projeto ou concepção original.

Art. 16. Alterações em trabalho de autoria de arquiteto e urbanista, tanto em projeto como em obra dele resultante, somente poderão ser feitas mediante consentimento por escrito da pessoa natural titular dos direitos autorais, salvo pactuação em contrário.

§ 1º No caso de existência de coautoria, salvo pactuação em contrário, será necessária a concordância de todos os coautores.

§ 2º Em caso de falecimento ou de incapacidade civil do autor do projeto original, as alterações ou modificações poderão ser feitas pelo coautor ou, em não havendo coautor, por outro profissional habilitado, independentemente de autorização, que assumirá a responsabilidade pelo projeto modificado.

§ 3º Ao arquiteto e urbanista que não participar de alteração em obra ou trabalho de sua autoria é permitido o registro de laudo no CAU de seu domicílio, com o objetivo de garantir a autoria e determinar os limites de sua responsabilidade.

§ 4º Na hipótese de a alteração não ter sido concebida pelo autor do projeto original, o resultado final terá como coautores o arquiteto e urbanista autor do projeto original e o autor do projeto de alteração, salvo decisão expressa em contrário do primeiro, caso em que a autoria da obra passa a ser apenas do profissional que houver efetuado as alterações.

Ética

Art. 17. No exercício da profissão, o arquiteto e urbanista deve pautar sua conduta pelos parâmetros a serem definidos no Código de Ética e Disciplina do CAU/BR.

Parágrafo único. O Código de Ética e Disciplina deverá regular também os deveres do arquiteto e urbanista para com a comunidade, a sua relação com os demais profissionais, o dever geral de urbanidade e, ainda, os respectivos procedimentos disciplinares, observado o disposto nesta Lei.

Art. 18. Constituem infrações disciplinares, além de outras definidas pelo Código de Ética e Disciplina:

I – registrar projeto ou trabalho técnico ou de criação no CAU, para fins de comprovação de direitos autorais e formação de acervo técnico, que não haja sido efetivamente concebido, desenvolvido ou elaborado por quem requerer o registro;

II – reproduzir projeto ou trabalho técnico ou de criação, de autoria de terceiros, sem a devida autorização do detentor dos direitos autorais;

III – fazer falsa prova de quaisquer documentos exigidos para o registro no CAU;

IV – delegar a quem não seja arquiteto e urbanista a execução de atividade privativa de arquiteto e urbanista;

V – integrar sociedade de prestação de serviços de arquitetura e urbanismo sem nela atuar, efetivamente, com objetivo de viabilizar o registro da empresa no CAU, de utilizar o nome "arquitetura" ou "urbanismo" na razão jurídica ou nome fantasia ou ainda de simular para os usuários dos serviços de arquitetura e urbanismo a existência de profissional do ramo atuando;

VI – locupletar-se ilicitamente, por qualquer meio, às custas de cliente, diretamente ou por intermédio de terceiros;

VII – recusar-se, injustificadamente, a prestar contas a cliente de quantias que houver recebido dele, diretamente ou por intermédio de terceiros;

VIII – deixar de informar, em documento ou peça de comunicação dirigida a cliente, ao público em geral, ao CAU/BR ou aos CAUs, os dados exigidos nos termos desta Lei;

IX – deixar de observar as normas legais e técnicas pertinentes na execução de atividades de arquitetura e urbanismo;

X – ser desidioso na execução do trabalho contratado;

XI – deixar de pagar a anuidade, taxas, preços de serviços e multas devidos ao CAU/BR ou aos CAUs, quando devidamente notificado;

XII – não efetuar Registro de Responsabilidade Técnica quando for obrigatório.

Art. 19. São sanções disciplinares:

I – advertência;

II – suspensão entre 30 (trinta) dias e 1 (um) ano do exercício da atividade de arquitetura e urbanismo em todo o território nacional;

III – cancelamento do registro; e

IV – multa no valor entre 1 (uma) a 10 (dez) anuidades.

§ 1º As sanções deste artigo são aplicáveis à pessoa natural dos arquitetos e urbanistas.

§ 2º As sanções poderão ser aplicadas às sociedades de prestação de serviços com atuação nos campos da arquitetura e do urbanismo, sem prejuízo da responsabilização da pessoa natural do arquiteto e urbanista.

§ 3º No caso em que o profissional ou sociedade de arquitetos e urbanistas deixar de pagar a anuidade, taxas, preços de serviços e multas devidos ao CAU/BR ou aos CAUs, quando devidamente notificado, será aplicada suspensão até a regularização da dívida.

§ 4º A sanção prevista no inciso IV pode incidir cumulativamente com as demais.

§ 5º Caso constatado que a infração disciplinar teve participação de profissional vinculado ao conselho de outra profissão, será comunicado o conselho responsável.

Art. 20. Os processos disciplinares do CAU/BR e dos CAUs seguirão as regras constantes da Lei n. 9.784, de 29 de janeiro de 1999, desta Lei e, de forma complementar, das resoluções do CAU/BR.

Art. 21. O processo disciplinar instaura-se de ofício ou mediante representação de qualquer autoridade ou pessoa interessada.

§ 1º A pedido do acusado ou do acusador, o processo disciplinar poderá tramitar em sigilo, só tendo acesso às informações e documentos nele contidos o acusado, o eventual acusador e os respectivos procuradores constituídos.

§ 2º Após a decisão final, o processo tornar-se-á público.

Art. 22. Caberá recurso ao CAU/BR de todas as decisões definitivas proferidas pelos CAUs, que decidirá em última instância administrativa.

Parágrafo único. Além do acusado e do acusador, o Presidente e os Conselheiros do CAU são legitimados para interpor o recurso previsto neste artigo.

Art. 23. Prescreve em 5 (cinco) anos a pretensão de punição das sanções disciplinares, a contar da data do fato.

Parágrafo único. A prescrição interrompe-se pela intimação do acusado para apresentar defesa.

Criação e organização do CAU/BR e dos CAUs

Art. 24. Ficam criados o Conselho de Arquitetura e Urbanismo do Brasil – CAU/BR e os Conselhos de Arquitetura e Urbanismo dos Estados e do Distrito Federal – CAUs, como autarquias dotadas de personalidade jurídica de direito público, com autonomia administrativa e financeira e estrutura federativa, cujas atividades serão custeadas exclusivamente pelas próprias rendas.

§ 1º O CAU/BR e os CAUs têm como função orientar, disciplinar e fiscalizar o exercício da profissão de arquitetura e urbanismo, zelar pela fiel observância dos princípios de ética e disciplina da classe em todo o território nacional, bem como pugnar pelo aperfeiçoamento do exercício da arquitetura e urbanismo.

§ 2º O CAU/BR e o CAU do Distrito Federal terão sede e foro em Brasília.

§ 3º Cada CAU terá sede e foro na capital do Estado, ou de um dos Estados de sua área de atuação, a critério do CAU/BR.

Art. 25. O CAU/BR e os CAUs gozam de imunidade a impostos (art. 150, inciso VI, alínea *a*, da Constituição Federal).

Art. 26. O Plenário do Conselho do CAU/BR será constituído por:

I – 1 (um) Conselheiro representante de cada Estado e do Distrito Federal;

II – 1 (um) Conselheiro representante das instituições de ensino de arquitetura e urbanismo.

§ 1º Cada membro do CAU/BR terá 1 (um) suplente.

§ 2º Os Conselheiros do CAU/BR serão eleitos pelo voto direto e obrigatório dos profissionais do Estado que representam ou do Distrito Federal.

§ 3º O Presidente será eleito entre seus pares por maioria de votos dos conselheiros, em votação secreta, e terá direito apenas a voto de qualidade nas deliberações do CAU/BR.

§ 4º As instituições de ensino de arquitetura e urbanismo oficialmente reconhecidas serão representadas por 1 (um) conselheiro, por elas indicado, na forma do Regimento Geral do CAU/BR.

Art. 27. O CAU/BR tem sua estrutura e funcionamento definidos pelo seu Regimento Geral, aprovado pela maioria absoluta dos conselheiros federais.

Parágrafo único. A prerrogativa de que trata o *caput* será exercida com estrita observância às possibilidades efetivas de seu custeio com os recursos próprios do Conselho Federal de Arquitetura e Urbanismo, considerados ainda seus efeitos nos exercícios subsequentes.

Art. 28. Compete ao CAU/BR:

I – zelar pela dignidade, independência, prerrogativas e valorização da arquitetura e do urbanismo;

II – editar, alterar o Regimento Geral, o Código de Ética, as Normas Eleitorais e os provimentos que julgar necessários;

III – adotar medidas para assegurar o funcionamento regular dos CAUs;

IV – intervir nos CAUs quando constatada violação desta Lei ou do Regimento Geral;

V – homologar os regimentos internos e as prestações de contas dos CAUs;

VI – firmar convênios com entidades públicas e privadas, observada a legislação aplicável;

VII – autorizar a oneração ou a alienação de bens imóveis de sua propriedade;

VIII – julgar, em grau de recurso, as questões decididas pelos CAUs;

IX – inscrever empresas ou profissionais estrangeiros de arquitetura e urbanismo sem domicílio no País;

X – criar órgãos colegiados com finalidades e funções específicas;

XI – deliberar sobre assuntos administrativos e financeiros, elaborando programas de trabalho e orçamento;

XII – manter relatórios públicos de suas atividades;

XIII – representar os arquitetos e urbanistas em colegiados de órgãos públicos federais que tratem de questões de exercício profissional referentes à arquitetura e ao urbanismo;

XIV – aprovar e divulgar tabelas indicativas de honorários dos arquitetos e urbanistas;

XV – contratar empresa de auditoria para auditar o CAU/BR e os CAUs, conforme dispuser o Regimento Geral.

§ 1º O *quorum* necessário para a deliberação e aprovação das diferentes matérias será definido no Regimento.

§ 2º O exercício das competências enumeradas nos incisos V, VI, VII, X, XI e XV do *caput* terá como limite para seu efetivo custeio os recursos próprios do Conselho Federal de Arquitetura e Urbanismo, considerados os seus efeitos nos exercícios subsequentes, observadas as normas de ordem pública quanto à alienação de bens patrimoniais e à contratação de serviços.

Art. 29. Compete ao Presidente do CAU/BR, entre outras questões que lhe forem atribuídas pelo Regimento Geral do CAU/BR:

I – representar judicialmente e extrajudicialmente o CAU/BR;

II – presidir as reuniões do Conselho do CAU/BR, podendo exercer o voto de desempate;

III – cuidar das questões administrativas do CAU/BR, ouvindo previamente o Conselho quando exigido pelo Regimento Geral.

Art. 30. Constituem recursos do Conselho Federal de Arquitetura e Urbanismo – CAU/BR:

I – 20% (vinte por cento) da arrecadação prevista no inciso I do art. 37;

II – doações, legados, juros e receitas patrimoniais;

III – subvenções;

IV – resultados de convênios;

V – outros rendimentos eventuais.

Parágrafo único. A alienação de bens e a destinação de recursos provenientes de receitas patrimoniais serão aprovadas previamente pelo Plenário do Conselho Federal de Arquitetura e Urbanismo – CAU/BR.

Art. 31. Será constituído um CAU em cada Estado da Federação e no Distrito Federal.

§ 1º A existência de CAU compartilhado por mais de um Estado da Federação somente será admitida na hipótese em que o número limitado de inscritos inviabilize a instalação de CAU próprio para o Estado.

§ 2º A existência de CAU compartilhado depende de autorização do CAU/BR em decisão que será reavaliada, no máximo, a cada 6 (seis) anos.

Art. 32. O Plenário do CAU de cada Estado da Federação e do Distrito Federal é constituído de 1 (um) presidente e de conselheiros.

§ 1º Os conselheiros, e respectivos suplentes, serão eleitos na seguinte proporção:

I – até 499 (quatrocentos e noventa e nove) profissionais inscritos: 5 (cinco) conselheiros;

II – de 500 (quinhentos) a 1.000 (mil) profissionais inscritos: 7 (sete) conselheiros;

III – de 1.001 (mil e um) a 3.000 (três mil) profissionais inscritos: 9 (nove) conselheiros;

IV – acima de 3.000 (três mil) profissionais inscritos: 9 (nove) conselheiros mais 1 (um) para cada 1.000 (mil) inscritos ou fração, descontados os 3.000 (três mil) iniciais.

§ 2º O Presidente será eleito entre seus pares em Plenário pelo voto direto por maioria de votos dos conselheiros e terá direito apenas a voto de qualidade nas deliberações dos CAUs.

§ 3º Na hipótese de compartilhamento de CAU, nos termos do § 2º do art. 31:

I – as eleições serão realizadas em âmbito estadual;

II – o número de membros do conselho será definido na forma do § 1º; e

III – a divisão das vagas por Estado do Conselho compartilhado será feita segundo o número de profissionais inscritos no Estado, garantido o número mínimo de 1 (um) conselheiro por Estado.

Art. 33. Os CAUs terão sua estrutura e funcionamento definidos pelos respectivos Regimentos Internos, aprovados pela maioria absoluta dos conselheiros.

Art. 34. Compete aos CAUs:

I – elaborar e alterar os respectivos Regimentos Internos e demais atos administrativos;

II – cumprir e fazer cumprir o disposto nesta Lei, no Regimento Geral do CAU/BR, nos demais atos normativos do CAU/BR e nos próprios atos, no âmbito de sua competência;

III – criar representações e escritórios descentralizados no território de sua jurisdição, na forma do Regimento Geral do CAU/BR;

IV – criar colegiados com finalidades e funções específicas;

V – realizar as inscrições e expedir as carteiras de identificação de profissionais e pessoas jurídicas habilitadas, na forma desta Lei, para exercerem atividades de arquitetura e urbanismo, mantendo o cadastro atualizado;

VI – cobrar as anuidades, as multas e os Registros de Responsabilidade Técnica;

VII – fazer e manter atualizados os registros de direitos autorais, de responsabilidade e os acervos técnicos;

VIII – fiscalizar o exercício das atividades profissionais de arquitetura e urbanismo;

IX – julgar em primeira instância os processos disciplinares, na forma que determinar o Regimento Geral do CAU/BR;

X – deliberar sobre assuntos administrativos e financeiros, elaborando programas de trabalho e orçamento;

XI – sugerir ao CAU/BR medidas destinadas a aperfeiçoar a aplicação desta Lei e a promover o cumprimento de suas finalidades e a observância aos princípios estabelecidos;

XII – representar os arquitetos e urbanistas em colegiados de órgãos públicos estaduais e municipais que tratem de questões de exercício profissional referentes à arquitetura e ao urbanismo, assim como em órgãos não governamentais da área de sua competência;

XIII – manter relatórios públicos de suas atividades; e

XIV – firmar convênios com entidades públicas e privadas.

§ 1º O exercício das competências enumeradas nos incisos III, IV, X e XIV do *caput* terá como limite para seu efetivo custeio os recursos próprios do respectivo Conselho Regional de Arquitetura e Urbanismo, considerados os seus efeitos nos exercícios subsequentes, observadas as normas de ordem pública relativas à contratação de serviços e à celebração de convênios.

§ 2º Excepcionalmente, serão considerados recursos próprios os repasses recebidos do Conselho Federal de Arquitetura e Urbanismo pelo Conselho Regional de Arquitetura e Urbanismo, a conta do fundo especial a que se refere o art. 60.

Art. 35. Compete ao presidente do CAU, entre outras questões que lhe forem atribuídas pelo Regimento Geral do CAU/BR e pelo Regimento Interno do CAU respectivo:

I – representar judicialmente e extrajudicialmente o CAU;

II – presidir as reuniões do Conselho do CAU, podendo exercer o voto de desempate;

III – cuidar das questões administrativas do CAU, ouvindo previamente o Conselho quando exigido pelo Regimento Geral do CAU/BR ou pelo Regimento Interno do CAU respectivo.

Art. 36. É de 3 (três) anos o mandato dos conselheiros do CAU/BR e dos CAUs sendo permitida apenas uma recondução.

§ 1º O mandato do presidente será coincidente com o mandato do conselheiro.

§ 2º Perderá o mandato o conselheiro que:

I – sofrer sanção disciplinar;

II – for condenado em decisão transitada em julgado por crime relacionado com o exercício do mandato ou da profissão; ou

III – ausentar-se, sem justificativa, a 3 (três) reuniões do Conselho, no período de 1 (um) ano.

§ 3º O presidente do CAU/BR e os presidentes dos CAUs serão destituídos pela perda do mandato como conselheiro, nos termos do § 2º ou pelo voto de 3/5 (três quintos) dos conselheiros.

Art. 37. Constituem recursos dos Conselhos Regionais de Arquitetura e Urbanismo – CAUs:

I – receitas com anuidades, contribuições, multas, taxas e tarifas de serviços;

II – doações, legados, juros e rendimentos patrimoniais;

III – subvenções;

IV – resultados de convênios;

V – outros rendimentos eventuais.

Art. 38. Os presidentes do CAU/BR e dos CAUs prestarão, anualmente, suas contas ao Tribunal de Contas da União.

§ 1º Após aprovação pelo respectivo Plenário, as contas dos CAUs serão submetidas ao CAU/BR para homologação.

§ 2º As contas do CAU/BR, devidamente homologadas, e as dos CAUs serão submetidas à apreciação do Tribunal de Contas da União.

§ 3º Cabe aos presidentes do CAU/BR e de cada CAU a responsabilidade pela prestação de contas.

Art. 39. Cabe ao CAU/BR dirimir as questões divergentes entre os CAUs baixando normas complementares que unifiquem os procedimentos.

Art. 40. O exercício das funções de presidente e de conselheiro do CAU/BR e dos CAUs não será remunerado.

Art. 41. Os empregados do CAU/BR e dos demais CAUs Estaduais e do Distrito Federal serão contratados mediante aprovação em concurso público, sob o regime da Consolidação das Leis do Trabalho.

Anuidade devida para os CAUs

Art. 42. Os profissionais e as pessoas jurídicas inscritas no CAU pagarão anuidade no valor de R$ 350,00 (trezentos e cinquenta reais).

§ 1º Os valores das anuidades serão reajustados de acordo com a variação integral do Índice Nacional de Preços ao Consumidor – INPC, calculado pela Fundação Instituto Brasileiro de Geografia e

Estatística – IBGE, nos termos de ato do CAU/BR.

§ 2º A data de vencimento, as regras de parcelamento e o desconto para pagamento à vista serão estabelecidos pelo CAU/BR.

§ 3º Os profissionais formados há menos de 2 (dois) anos e acima de 30 (trinta) anos de formados pagarão metade do valor da anuidade.

§ 4º A anuidade deixará de ser devida após 40 (quarenta) anos de contribuição da pessoa natural.

Art. 43. A inscrição do profissional ou da pessoa jurídica no CAU não está sujeita ao pagamento de nenhum valor além da anuidade, proporcionalmente ao número de meses restantes no ano.

Art. 44. O não pagamento de anuidade no prazo, sem prejuízo da responsabilização pessoal pela violação ética, sujeita o infrator ao pagamento de multa de 20% (vinte por cento) sobre o valor devido e à incidência de correção com base na variação da Taxa Referencial do Sistema Especial de Liquidação e de Custódia – SELIC até o efetivo pagamento.

Registro de Responsabilidade Técnica – RRT

Art. 45. Toda realização de trabalho de competência privativa ou de atuação compartilhadas com outras profissões regulamentadas será objeto de Registro de Responsabilidade Técnica – RRT.

§ 1º Ato do CAU/BR detalhará as hipóteses de obrigatoriedade da RRT.

§ 2º O arquiteto e urbanista poderá realizar RRT, mesmo fora das hipóteses de obrigatoriedade, como meio de comprovação da autoria e registro de acervo.

Art. 46. O RRT define os responsáveis técnicos pelo empreendimento de arquitetura e urbanismo, a partir da definição da autoria e da coautoria dos serviços.

Art. 47. O RRT será efetuado pelo profissional ou pela pessoa jurídica responsável, por intermédio de seu profissional habilitado legalmente no CAU.

Art. 48. Não será efetuado RRT sem o prévio recolhimento da Taxa de RRT pela pessoa física do profissional ou pela pessoa jurídica responsável.

Art. 49. O valor da Taxa de RRT é, em todas as hipóteses, de R$ 60,00 (sessenta reais).

Parágrafo único. O valor referido no *caput* será atualizado, anualmente, de acordo com a variação integral do Índice Nacional de Preços ao Consumidor – INPC, calculado pela Fundação Instituto Brasileiro de Geografia e Estatística – IBGE, nos termos de ato do CAU/BR.

Art. 50. A falta do RRT sujeitará o profissional ou a empresa responsável, sem prejuízo da responsabilização pessoal pela violação ética e da obrigatoriedade da paralisação do trabalho até a regularização da situação, à multa de 300% (trezentos por cento) sobre o valor da Taxa de RRT não paga corrigida, a partir da autuação, com base na variação da Taxa Referencial do Sistema Especial de Liquidação e de Custódia – SELIC, acumulada mensalmente, até o último dia do mês anterior ao da devolução dos recursos, acrescido este montante de 1% (um por cento) no mês de efetivação do pagamento.

Parágrafo único. Não se aplica o disposto no *caput* no caso de trabalho realizado em resposta a situação de emergência se o profissional ou a pessoa jurídica diligenciar, assim que possível, na regularização da situação.

Da cobrança de valores pelos CAUs

Art. 51. A declaração do CAU de não pagamento de multas por violação da ética ou pela não realização de RRT, após o regular processo administrativo, constitui título executivo extrajudicial.

Parágrafo único. Na hipótese do *caput*, os valores serão executados na forma da Lei n. 5.869, de 11 de janeiro de 1973 – Código de Processo Civil.

Art. 52. O atraso no pagamento de anuidade sujeita o responsável à suspensão do exercício profissional ou, no caso de pessoa jurídica, à proibição de prestar trabalhos na área da arquitetura e do urbanismo, mas não haverá cobrança judicial dos valores em atraso, protesto de dívida ou comunicação aos órgãos de proteção ao crédito.

Art. 53. A existência de dívidas pendentes não obsta o desligamento do CAU.

Art. 54. Os valores devidos aos CAUs referentes a multa por violação da ética, multa pela não realização de RRT ou anuidades em atraso, prescrevem no prazo de 5 (cinco) anos.

Instalação do CAU/BR e dos CAUs

Art. 55. Os profissionais com título de arquitetos e urbanistas, arquitetos e engenheiro arquiteto, com registro nos atuais Conselhos Regionais de Engenharia, Arquitetura e Agronomia – CREAs terão, automaticamente, registro nos CAUs com o título único de arquiteto e urbanista.

Parágrafo único. Os CREAs enviarão aos CAUs a relação dos arquitetos e urbanistas, arquitetos e engenheiro arquiteto inscritos, no prazo de 30 (trinta) dias da instalação do CAU, bem como os prontuários, dados profissionais, registros e acervo de todas as ARTs emitidas pelos profissionais e todos os processos em tramitação.

Art. 56. As Coordenadorias das Câmaras de Arquitetura dos atuais CREAs e a Coordenadoria Nacional das Câmaras de Arquitetura do atual CONFEA gerenciarão o processo de transição e organizarão o primeiro processo eleitoral para o CAU/BR e para os CAUs dos Estados e do Distrito Federal.

§ 1º Na primeira eleição para o CAU/BR o representante das instituições de ensino será estabelecido pela Coordenadoria Nacional das Câmaras de Arquitetura.

§ 2º A eleição para os conselheiros do CAU/BR e dos CAUs dar-se-á entre 3 (três) meses e 1 (um) ano da publicação desta Lei.

§ 3º Realizada a eleição e instalado o CAU/BR, caberá a ele decidir os CAUs que serão instalados no próprio Estado e os Estados que compartilharão CAU por insuficiência de inscritos.

§ 4º As entidades nacionais dos arquitetos e urbanistas participarão do processo de transição e organização do primeiro processo eleitoral.

Art. 57. Os atuais Conselhos Regionais de Engenharia, Arquitetura e Agronomia a contar da publicação desta Lei passarão a depositar mensalmente em conta específica, 90% (noventa por cento) do valor das anuidades, das anotações de responsabilidade técnicas e de multas recebidas das pessoas físicas e jurídicas de arquitetos e urbanistas, arquitetos e engenheiros arquitetos até que ocorra a instalação do CAU/BR.

Parágrafo único. A quantia a que se refere o *caput* deverá ser usada no custeio do processo eleitoral de que trata o art. 56, sendo repassado o restante para o CAU/BR utilizar no custeio da sua instalação e da instalação dos CAUs.

Art. 58. (Vetado.)

Art. 59. O CAU/BR e os CAUs poderão manter convênio com o CONFEA e com os CREAs, para compartilhamento de imóveis, de infraestrutura administrativa e de pessoal, inclusive da estrutura de fiscalização profissional.

Art. 60. O CAU/BR instituirá fundo especial destinado a equilibrar as receitas e despesas dos CAUs, exclusivamente daqueles que não conseguirem arrecadação suficiente para a manutenção de suas estruturas administrativas, sendo obrigatória a publicação dos dados de balanço e do planejamento de cada CAU para fins de acompanhamento e controle dos profissionais.

Parágrafo único. Resolução do CAU/BR, elaborada com a participação de todos os presidentes dos CAUs, regulamentará este artigo.

Art. 61. Em cumprimento ao disposto no inciso X do art. 28 e no inciso IV do art. 34, o CAU/BR instituirá colegiado permanente com participação das entidades nacionais dos arquitetos e urbanistas, para tratar das questões do ensino e do exercício profissional.

§ 1º No âmbito das unidades da federação os CAUs instituirão colegiados similares com participação das entidades regionais dos arquitetos e urbanistas.

§ 2º Fica instituída a Comissão Permanente de Ensino e Formação, no âmbito dos CAUs em todas as Unidades da Federação que se articulará com o CAU/BR por intermédio do conselheiro federal representante das instituições de ensino superior.

Art. 62. O CAU/BR e os CAUs serão fiscalizados pelo Tribunal de Contas da União e auditados, anualmente, por auditoria independente e os resultados divulgados para conhecimento público.

Mútuas de assistência dos profissionais vinculados aos CAUs

Art. 63. Os arquitetos e urbanistas que por ocasião da publicação desta Lei se encontravam vinculados à Mútua de que trata a Lei 6.496, de 7 de dezembro de 1977, poder-se-ão se manter associados.

Adaptação do CONFEA e dos CREAs

Art. 64. O Conselho Federal de Engenharia, Arquitetura e Agronomia – CONFEA passa a se denominar Conselho Federal de Engenharia e Agronomia – CONFEA.

Art. 65. Os Conselhos Regionais de Engenharia, Arquitetura e Agronomia – CREAs passam a se denominar Conselhos Regionais de Engenharia e Agronomia – CREAs.

....

Art. 68. Esta Lei entra em vigor:

I – quanto aos arts. 56 e 57, na data de sua publicação; e

II – quanto aos demais dispositivos, após a posse do Presidente e dos Conselheiros do CAU/BR.

Brasília, 31 de dezembro de 2010; 189º da Independência e 122º da República.

................................(*DOU*, 31.12.10)

Lei 12.506, de 11 de outubro de 2011

Dispõe sobre o aviso prévio e dá outras providências.

Art. 1º O aviso prévio, de que trata o Capítulo VI do Título IV da Consolidação das Leis do Trabalho – CLT, aprovada pelo Decreto-Lei n. 5.452, de 1º de maio de 1943, será concedido na proporção de 30 (trinta) dias aos empregados que contem até 1 (um) ano de serviço na mesma empresa.

Parágrafo único. Ao aviso prévio previsto neste artigo serão acrescidos 3 (três) dias por ano de serviço prestado na mesma empresa, até o máximo de 60 (sessenta) dias, perfazendo um total de até 90 (noventa) dias.

Art. 2º Esta Lei entra em vigor na data de sua publicação.

Brasília, 11 de outubro de 2011; 190º da Independência e 123º da República.

................................(*DOU*, 13.10.11)

Lei 12.813, de 16 de maio de 2013

Conflito de interesses no exercício de cargo ou emprego do Poder Executivo federal e impedimentos posteriores ao exercício do cargo ou emprego.

Capítulo I
DISPOSIÇÕES GERAIS

Art. 1º As situações que configuram conflito de interesses envolvendo ocupantes de cargo ou emprego no âmbito do Poder Executivo federal, os requisitos e restrições a ocupantes de cargo ou emprego que tenham acesso a informações privilegiadas, os impedimentos posteriores ao exercício do cargo ou emprego e as competências para fiscalização, avaliação e prevenção de conflitos de interesses regulam-se pelo disposto nesta Lei.

Art. 2º Submetem-se ao regime desta Lei os ocupantes dos seguintes cargos e empregos:

I – de ministro de Estado;

II – de natureza especial ou equivalentes;

III – de presidente, vice-presidente e diretor, ou equivalentes, de autarquias, fundações públicas, empresas públicas ou sociedades de economia mista; e

IV – do Grupo-Direção e Assessoramento Superiores – DAS, níveis 6 e 5 ou equivalentes.

Parágrafo único. Além dos agentes públicos mencionados nos incisos I a IV, sujeitam-se ao disposto nesta Lei os ocupantes de cargos ou empregos cujo exercício proporcione acesso a informação privilegiada capaz de trazer vantagem econômica ou financeira para o agente público ou para terceiro, conforme definido em regulamento.

Art. 3º Para os fins desta Lei, considera-se:

I – conflito de interesses: a situação gerada pelo confronto entre interesses públicos e privados, que possa comprometer o interesse coletivo ou influenciar, de maneira imprópria, o desempenho da função pública; e

II – informação privilegiada: a que diz respeito a assuntos sigilosos ou aquela relevante ao processo de decisão no âmbito do Poder Executivo federal que tenha repercussão econômica ou financeira e que não seja de amplo conhecimento público.

Art. 4º O ocupante de cargo ou emprego no Poder Executivo federal deve agir de modo a prevenir ou a impedir possível conflito de interesses e a resguardar informação privilegiada.

§ 1º No caso de dúvida sobre como prevenir ou impedir situações que configurem conflito de interesses, o agente público deverá consultar a Comissão de Ética Pública, criada no âmbito do Poder Executivo federal, ou a Controladoria-Geral da União, conforme o disposto no parágrafo único do art. 8º desta Lei.

§ 2º A ocorrência de conflito de interesses independe da existência de lesão ao patrimônio público, bem como do recebimento de qualquer vantagem ou ganho pelo agente público ou por terceiro.

CAPÍTULO II
DAS SITUAÇÕES QUE CONFIGURAM CONFLITO DE INTERESSES NO EXERCÍCIO DO CARGO OU EMPREGO

Art. 5º Configura conflito de interesses no exercício de cargo ou emprego no âmbito do Poder Executivo federal:

I – divulgar ou fazer uso de informação privilegiada, em proveito próprio ou de terceiro, obtida em razão das atividades exercidas;

II – exercer atividade que implique a prestação de serviços ou a manutenção de relação de negócio com pessoa física ou jurídica que tenha interesse em decisão do agente público ou de colegiado do qual este participe;

III – exercer, direta ou indiretamente, atividade que em razão da sua natureza seja incompatível com as atribuições do cargo ou emprego, considerando-se como tal, inclusive, a atividade desenvolvida em áreas ou matérias correlatas;

IV – atuar, ainda que informalmente, como procurador, consultor, assessor ou intermediário de interesses privados nos órgãos ou entidades da administração pública direta ou indireta de qualquer dos Poderes da União, dos Estados, do Distrito Federal e dos Municípios;

V – praticar ato em benefício de interesse de pessoa jurídica de que participe o agente público, seu cônjuge, companheiro ou parentes, consanguíneos ou afins, em linha reta ou colateral, até o terceiro grau, e que possa ser por ele beneficiada ou influir em seus atos de gestão;

VI – receber presente de quem tenha interesse em decisão do agente público ou de colegiado do qual este participe fora dos limites e condições estabelecidos em regulamento; e

VII – prestar serviços, ainda que eventuais, a empresa cuja atividade seja controlada, fiscalizada ou regulada pelo ente ao qual o agente público está vinculado.

Parágrafo único. As situações que configuram conflito de interesses estabelecidas neste artigo aplicam-se aos ocupantes dos cargos ou empregos mencionados no art. 2º ainda que em gozo de licença ou em período de afastamento.

CAPÍTULO III
DAS SITUAÇÕES QUE CONFIGURAM CONFLITO DE INTERESSES APÓS O EXERCÍCIO DO CARGO OU EMPREGO

Art. 6º Configura conflito de interesses após o exercício de cargo ou emprego no âmbito do Poder Executivo federal:

I – a qualquer tempo, divulgar ou fazer uso de informação privilegiada obtida em razão das atividades exercidas; e

II – no período de 6 (seis) meses, contado da data da dispensa, exoneração, destituição, demissão ou aposentadoria, salvo quando expressamente autorizado, conforme o caso, pela Comissão de Ética Pública ou pela Controladoria-Geral da União:

a) prestar, direta ou indiretamente, qualquer tipo de serviço a pessoa física ou jurídica com quem tenha estabelecido relacionamento relevante em razão do exercício do cargo ou emprego;

b) aceitar cargo de administrador ou conselheiro ou estabelecer vínculo profissional com pessoa física ou jurídica que desempenhe atividade relacionada à área de competência do cargo ou emprego ocupado;

c) celebrar com órgãos ou entidades do Poder Executivo federal contratos de serviço, consultoria, assessoramento ou atividades similares, vinculados, ainda que indiretamente, ao órgão ou entidade em que tenha ocupado o cargo ou emprego; ou

d) intervir, direta ou indiretamente, em favor de interesse privado perante órgão ou entidade em que haja ocupado cargo ou emprego ou com o qual tenha estabelecido relacionamento relevante em razão do exercício do cargo ou emprego.

Art. 7º (Vetado.)

CAPÍTULO IV
DA FISCALIZAÇÃO E DA AVALIAÇÃO DO CONFLITO DE INTERESSES

Art. 8º Sem prejuízo de suas competências institucionais, compete à Comissão de Ética Pública, instituída no âmbito do Poder Executivo federal, e à Controladoria-Geral da União, conforme o caso:

I – estabelecer normas, procedimentos e mecanismos que objetivem prevenir ou impedir eventual conflito de interesses;

II – avaliar e fiscalizar a ocorrência de situações que configuram conflito de interesses e determinar medidas para a prevenção ou eliminação do conflito;

III – orientar e dirimir dúvidas e controvérsias acerca da interpretação das normas que regulam o conflito de interesses, inclusive as estabelecidas nesta Lei;

IV – manifestar-se sobre a existência ou não de conflito de interesses nas consultas a elas submetidas;

V – autorizar o ocupante de cargo ou emprego no âmbito do Poder Executivo federal a exercer atividade privada, quando verificada a inexistência de conflito de interesses ou sua irrelevância;

VI – dispensar a quem haja ocupado cargo ou emprego no âmbito do Poder Executivo federal de cumprir o período de impedimento a que se refere o inciso II do art. 6º, quando verificada a inexistência de conflito de interesses ou sua irrelevância;

VII – dispor, em conjunto com o Ministério do Planejamento, Orçamento e Gestão, sobre a comunicação pelos ocupantes de cargo ou emprego no âmbito do Poder Executivo federal de alterações patrimoniais relevantes, exercício de atividade privada ou recebimento de propostas de trabalho, contrato ou negócio no setor privado; e

VIII – fiscalizar a divulgação da agenda de compromissos públicos, conforme prevista no art. 11.

Parágrafo único. A Comissão de Ética Pública atuará nos casos que envolvam os agentes públicos mencionados nos incisos I a IV do art. 2º e a Controladoria-Geral da União, nos casos que envolvam os demais agentes, observado o disposto em regulamento.

Art. 9º Os agentes públicos mencionados no art. 2º desta Lei, inclusive aqueles que se encontram em gozo de licença ou em período de afastamento, deverão:

I – enviar à Comissão de Ética Pública ou à Controladoria-Geral da União, conforme o caso, anualmente, declaração com informações sobre situação patrimonial, participações societárias, atividades econômicas ou profissionais e indicação sobre a existência de cônjuge, companheiro ou parente, por consanguinidade ou afinidade, em linha reta ou colateral, até o terceiro grau, no exercício de atividades que possam suscitar conflito de interesses; e

II – comunicar por escrito à Comissão de Ética Pública ou à unidade de recursos humanos do órgão ou entidade respectivo, conforme o caso, o exercício de atividade privada ou o recebimento de propostas de trabalho que pretende aceitar, contrato ou negócio no setor privado, ainda que não vedadas pelas normas vigentes, estendendo-se esta obrigação ao período a que se refere o inciso II do art. 6º.

Parágrafo único. As unidades de recursos humanos, ao receber a comunicação de exercício de atividade privada ou de recebimento de propostas de trabalho, contrato ou negócio no setor privado, deverão informar ao servidor e à Controladoria-Geral da União as situações que suscitem potencial conflito de interesses entre a atividade pública e a atividade privada do agente.

CAPÍTULO V
DISPOSIÇÕES FINAIS

Art. 10. As disposições contidas nos arts. 4º e 5º e no inciso I do art. 6º estendem-se a todos os agentes públicos no âmbito do Poder Executivo federal.

Art. 11. Os agentes públicos mencionados nos incisos I a IV do art. 2º deverão, ainda, divulgar, diariamente, por meio da rede mundial de computadores – internet, sua agenda de compromissos públicos.

Art. 12. O agente público que praticar os atos previstos nos arts. 5º e 6º desta Lei incorre em improbidade administrativa, na forma do art. 11 da Lei n. 8.429, de 2 de junho de 1992, quando não caracterizada qualquer das condutas descritas nos arts. 9º e 10 daquela Lei.

Parágrafo único. Sem prejuízo do disposto no *caput* e da aplicação das demais sanções cabíveis, fica o agente público que se encontrar em situação de conflito de interesses sujeito à aplicação da penalidade disciplinar de demissão, prevista no inciso III do art. 127 e no art. 132 da Lei 8.112, de 11 de dezembro de 1990, ou medida equivalente.

Art. 13. O disposto nesta Lei não afasta a aplicabilidade da Lei 8.112, de 11 de dezembro de 1990, especialmente no que se refere à apuração das responsabilidades e possível aplicação de sanção em razão de prática de ato que configure conflito de interesses ou ato de improbidade nela previstos.

..................................(*DOU*, 17.5.13).

Lei 12.815, de 5 de junho de 2013

Portos e instalações portuárias e sobre as atividades desempenhadas pelos operadores portuários, e dá outras providências.

Capítulo I
DEFINIÇÕES E OBJETIVOS

Art. 1º Esta Lei regula a exploração pela União, direta ou indiretamente, dos portos e instalações portuárias e as atividades desempenhadas pelos operadores portuários.

§ 1º A exploração indireta do porto organizado e das instalações portuárias nele localizadas ocorrerá mediante concessão e arrendamento de bem público.

§ 2º A exploração indireta das instalações portuárias localizadas fora da área do porto organizado ocorrerá mediante autorização, nos termos desta Lei.

§ 3º As concessões, os arrendamentos e as autorizações de que trata esta Lei serão outorgados a pessoa jurídica que demonstre capacidade para seu desempenho, por sua conta e risco.

Art. 2º Para os fins desta Lei, consideram-se:

I – porto organizado: bem público construído e aparelhado para atender a necessidades de navegação, de movimentação de passageiros ou de movimentação e armazenagem de mercadorias, e cujo tráfego e operações portuárias estejam sob jurisdição de autoridade portuária;

II – área do porto organizado: área delimitada por ato do Poder Executivo que compreende as instalações portuárias e a infraestrutura de proteção e de acesso ao porto organizado;

III – instalação portuária: instalação localizada dentro ou fora da área do porto organizado e utilizada em movimentação de passageiros, em movimentação ou armazenagem de mercadorias, destinadas ou provenientes de transporte aquaviário;

IV – terminal de uso privado: instalação portuária explorada mediante autorização e localizada fora da área do porto organizado;

V – estação de transbordo de cargas: instalação portuária explorada mediante autorização, localizada fora da área do porto organizado e utilizada exclusivamente para operação de transbordo de mercadorias em embarcações de navegação interior ou cabotagem;

VI – instalação portuária pública de pequeno porte: instalação portuária explorada mediante autorização, localizada fora do porto organizado e utilizada em movimentação de passageiros ou mercadorias em embarcações de navegação interior;

VII – instalação portuária de turismo: instalação portuária explorada mediante arrendamento ou autorização e utilizada em embarque, desembarque e trânsito de passageiros, tripulantes e bagagens, e de insumos para o provimento e abastecimento de embarcações de turismo;

VIII – (vetado);

IX – concessão: cessão onerosa do porto organizado, com vistas à administração e à exploração de sua infraestrutura por prazo determinado;

X – delegação: transferência, mediante convênio, da administração e da exploração do porto organizado para Municípios ou Estados, ou a consórcio público, nos termos da Lei 9.277, de 10 de maio de 1996;

XI – arrendamento: cessão onerosa de área e infraestrutura públicas localizadas dentro do porto organizado, para exploração por prazo determinado;

XII – autorização: outorga de direito à exploração de instalação portuária localizada fora da área do porto organizado e formalizada mediante contrato de adesão; e

XIII – operador portuário: pessoa jurídica pré-qualificada para exercer as atividades de movimentação de passageiros ou movimentação e armazenagem de mercadorias, destinadas ou provenientes de transporte aquaviário, dentro da área do porto organizado.

Art. 3º A exploração dos portos organizados e instalações portuárias, com o objetivo de aumentar a competitividade e o desenvolvimento do País, deve seguir as seguintes diretrizes:

I – expansão, modernização e otimização da infraestrutura e da superestrutura que integram os portos organizados e instalações portuárias;

II – garantia da modicidade e da publicidade das tarifas e preços praticados no setor, da qualidade da atividade prestada e da efetividade dos direitos dos usuários;

III – estímulo à modernização e ao aprimoramento da gestão dos portos organizados e instalações portuárias, à valorização e à qualificação da mão de obra portuária e à eficiência das atividades prestadas;

IV – promoção da segurança da navegação na entrada e na saída das embarcações dos portos; e

V – estímulo à concorrência, incentivando a participação do setor privado e assegurando o amplo acesso aos portos organizados, instalações e atividades portuárias.

....

CAPÍTULO VI
DO TRABALHO PORTUÁRIO

Art. 32. Os operadores portuários devem constituir em cada porto organizado um órgão de gestão de mão de obra do trabalho portuário, destinado a:

I – administrar o fornecimento da mão de obra do trabalhador portuário e do trabalhador portuário avulso;

II – manter, com exclusividade, o cadastro do trabalhador portuário e o registro do trabalhador portuário avulso;

III – treinar e habilitar profissionalmente o trabalhador portuário, inscrevendo-o no cadastro;

IV – selecionar e registrar o trabalhador portuário avulso;

V – estabelecer o número de vagas, a forma e a periodicidade para acesso ao registro do trabalhador portuário avulso;

VI – expedir os documentos de identificação do trabalhador portuário; e

VII – arrecadar e repassar aos beneficiários os valores devidos pelos operadores portuários relativos à remuneração do trabalhador portuário avulso e aos correspondentes encargos fiscais, sociais e previdenciários.

Parágrafo único. Caso celebrado contrato, acordo ou convenção coletiva de trabalho entre trabalhadores e tomadores de serviços, o disposto no instrumento precederá o órgão gestor e dispensará sua intervenção nas relações entre capital e trabalho no porto.

Art. 33. Compete ao órgão de gestão de mão de obra do trabalho portuário avulso:

I – aplicar, quando couber, normas disciplinares previstas em lei, contrato, convenção ou acordo coletivo de trabalho, no caso de transgressão disciplinar, as seguintes penalidades:

a) repreensão verbal ou por escrito;

b) suspensão do registro pelo período de 10 (dez) a 30 (trinta) dias; ou

c) cancelamento do registro;

II – promover:

a) a formação profissional do trabalhador portuário e do trabalhador portuário avulso, adequando-a aos modernos processos de movimentação de carga e de operação de aparelhos e equipamentos portuários;

b) o treinamento multifuncional do trabalhador portuário e do trabalhador portuário avulso; e

c) a criação de programas de realocação e de cancelamento do registro, sem ônus para o trabalhador;

III – arrecadar e repassar aos beneficiários contribuições destinadas a incentivar o cancelamento do registro e a aposentadoria voluntária;

IV – arrecadar as contribuições destinadas ao custeio do órgão;

V – zelar pelas normas de saúde, higiene e segurança no trabalho portuário avulso; e

VI – submeter à administração do porto propostas para aprimoramento da operação portuária e valorização econômica do porto.

§ 1º O órgão não responde por prejuízos causados pelos trabalhadores portuários avulsos aos tomadores dos seus serviços ou a terceiros.

§ 2º O órgão responde, solidariamente com os operadores portuários, pela remuneração devida ao trabalhador portuário avulso e pelas indenizações decorrentes de acidente de trabalho.

§ 3º O órgão pode exigir dos operadores portuários garantia prévia dos respectivos pagamentos, para atender a requisição de trabalhadores portuários avulsos.

§ 4º As matérias constantes nas alíneas *a* e *b* do inciso II deste artigo serão discutidas em fórum permanente, composto, em caráter paritário, por representantes do governo e da sociedade civil.

§ 5º A representação da sociedade civil no fórum previsto no § 4º será paritária entre trabalhadores e empresários.

Art. 34. O exercício das atribuições previstas nos arts. 32 e 33 pelo órgão de gestão de mão de obra do trabalho portuário avulso não implica vínculo empregatício com trabalhador portuário avulso.

Art. 35. O órgão de gestão de mão de obra pode ceder trabalhador portuário avulso, em caráter permanente, ao operador portuário.

Art. 36. A gestão da mão de obra do trabalho portuário avulso deve observar as normas do contrato, convenção ou acordo coletivo de trabalho.

Art. 37. Deve ser constituída, no âmbito do órgão de gestão de mão de obra, comissão paritária para solucionar litígios decorrentes da aplicação do disposto nos arts. 32, 33 e 35.

§ 1º Em caso de impasse, as partes devem recorrer à arbitragem de ofertas finais.

§ 2º Firmado o compromisso arbitral, não será admitida a desistência de qualquer das partes.

§ 3º Os árbitros devem ser escolhidos de comum acordo entre as partes, e o laudo arbitral proferido para solução da pendência constitui título executivo extrajudicial.

§ 4º As ações relativas aos créditos decorrentes da relação de trabalho avulso prescrevem em 5 (cinco) anos até o limite de 2 (dois) anos após o cancelamento do registro ou do cadastro no órgão gestor de mão de obra.

Art. 38. O órgão de gestão de mão de obra terá obrigatoriamente 1 (um) conselho de supervisão e 1 (uma) diretoria executiva.

§ 1º O conselho de supervisão será composto por 3 (três) membros titulares e seus suplentes, indicados na forma do regulamento, e terá como competência:

I – deliberar sobre a matéria contida no inciso V do *caput* do art. 32;

II – editar as normas a que se refere o art. 42; e

III – fiscalizar a gestão dos diretores, examinar, a qualquer tempo, os livros e papéis do órgão e solicitar informações sobre quaisquer atos praticados pelos diretores ou seus prepostos.

§ 2º A diretoria executiva será composta por 1 (um) ou mais diretores, designados e destituíveis na forma do regulamento, cujo prazo de gestão será de 3 (três) anos, permitida a redesignação.

§ 3º Até 1/3 (um terço) dos membros do conselho de supervisão poderá ser designado para cargos de diretores.

§ 4º No silêncio do estatuto ou contrato social, competirá a qualquer diretor a representação do órgão e a prática dos atos necessários ao seu funcionamento regular.

Art. 39. O órgão de gestão de mão de obra é reputado de utilidade pública, sendo-lhe vedado ter fins lucrativos, prestar serviços a terceiros ou exercer qualquer atividade não vinculada à gestão de mão de obra.

Art. 40. O trabalho portuário de capatazia, estiva, conferência de carga, conserto de carga, bloco e vigilância de embarcações, nos portos organizados, será realizado por trabalhadores portuários com vínculo empregatício por prazo indeterminado e por trabalhadores portuários avulsos.

§ 1º Para os fins desta Lei, consideram-se:

I – capatazia: atividade de movimentação de mercadorias nas instalações dentro do porto, compreendendo o recebimento, conferência, transporte interno, abertura de volumes para a conferência aduaneira, manipulação, arrumação e entrega, bem como o carregamento e descarga de embarcações, quando efetuados por aparelhamento portuário;

II – estiva: atividade de movimentação de mercadorias nos conveses ou nos porões das embarcações principais ou auxiliares, incluindo o transbordo, arrumação, peação e despeação, bem como o carregamento e a descarga, quando realizados com equipamentos de bordo;

III – conferência de carga: contagem de volumes, anotação de suas características, procedência ou destino, verificação do estado das mercadorias, assistência à pesagem, conferência do manifesto e demais serviços correlatos, nas operações de carregamento e descarga de embarcações;

IV – conserto de carga: reparo e restauração das embalagens de mercadorias, nas operações de carregamento e descarga de embarcações, reembalagem, marcação, remarcação, carimbagem, etiquetagem, abertura de volumes para vistoria e posterior recomposição;

V – vigilância de embarcações: atividade de fiscalização da entrada e saída de pessoas a bordo das embarcações atracadas ou fundeadas ao largo, bem como da movimentação de mercadorias nos portalós, rampas, porões, conveses, plataformas e em outros locais da embarcação; e

VI – bloco: atividade de limpeza e conservação de embarcações mercantes e de seus tanques, incluindo batimento de ferrugem, pintura, reparos de pequena monta e serviços correlatos.

§ 2º A contratação de trabalhadores portuários de capatazia, bloco, estiva, conferência de carga, conserto de carga e vigilância de embarcações com vínculo empregatício por prazo indeterminado será feita exclusivamente dentre trabalhadores portuários avulsos registrados.

§ 3º O operador portuário, nas atividades a que alude o *caput* , não poderá locar ou tomar mão de obra sob o regime de trabalho temporário de que trata a Lei n. 6.019, de 3 de janeiro de 1974.

§ 4º As categorias previstas no *caput* constituem categorias profissionais diferenciadas.

Art. 41. O órgão de gestão de mão de obra:

I – organizará e manterá cadastro de trabalhadores portuários habilitados ao desempenho das atividades referidas no § 1º do art. 40; e

II – organizará e manterá o registro dos trabalhadores portuários avulsos.

§ 1º A inscrição no cadastro do trabalhador portuário dependerá exclusivamente de prévia habilitação profissional do trabalhador interessado, mediante treinamento realizado em entidade indicada pelo órgão de gestão de mão de obra.

§ 2º O ingresso no registro do trabalhador portuário avulso depende de prévia seleção e inscrição no cadastro de que trata o inciso I do *caput*, obedecidas a disponibilidade de vagas e a ordem cronológica de inscrição no cadastro.

§ 3º A inscrição no cadastro e o registro do trabalhador portuário extinguem-se por morte ou cancelamento.

Art. 42. A seleção e o registro do trabalhador portuário avulso serão feitos pelo órgão de gestão de mão de obra avulsa, de acordo com as normas estabelecidas em contrato, convenção ou acordo coletivo de trabalho.

Art. 43. A remuneração, a definição das funções, a composição dos ternos, a multifuncionalidade e as demais condições do trabalho avulso serão objeto de negociação entre as entidades representativas dos trabalhadores portuários avulsos e dos operadores portuários.

Parágrafo único. A negociação prevista no *caput* contemplará a garantia de renda mínima inserida no item 2 do Artigo 2 da Convenção n. 137 da Organização Internacional do Trabalho – OIT.

Art. 44. É facultada aos titulares de instalações portuárias sujeitas a regime de autorização a contratação de trabalhadores a prazo indeterminado, observado o disposto no contrato, convenção ou acordo coletivo de trabalho.

Art. 45. (Vetado.)

Capítulo VII
DAS INFRAÇÕES E PENALIDADES

Art. 46. Constitui infração toda ação ou omissão, voluntária ou involuntária, que importe em:

I – realização de operações portuárias com infringência ao disposto nesta Lei ou com inobservância dos regulamentos do porto;

II – recusa injustificada, por parte do órgão de gestão de mão de obra, da distribuição de trabalhadores a qualquer operador portuário; ou

III – utilização de terrenos, área, equipamentos e instalações portuárias, dentro ou fora do porto organizado, com desvio de finalidade ou com desrespeito à lei ou aos regulamentos.

Parágrafo único. Responde pela infração, conjunta ou isoladamente, qualquer pessoa física ou jurídica que, intervindo na operação portuária, concorra para sua prática ou dela se beneficie.

Art. 47. As infrações estão sujeitas às seguintes penas, aplicáveis separada ou cumulativamente, de acordo com a gravidade da falta:

I – advertência;

II – multa;

III – proibição de ingresso na área do porto por período de 30 (trinta) a 180 (cento e oitenta) dias;

IV – suspensão da atividade de operador portuário, pelo período de 30 (trinta) a 180 (cento e oitenta) dias; ou

V – cancelamento do credenciamento do operador portuário.

Parágrafo único. Sem prejuízo do disposto nesta Lei, aplicam-se subsidiariamente às infrações previstas no art. 46 as penalidades estabelecidas na Lei n. 10.233, de 5 de junho de 2001, separada ou cumulativamente, de acordo com a gravidade da falta.

Art. 48. Apurada, no mesmo processo, a prática de 2 (duas) ou mais infrações pela mesma pessoa física ou jurídica, aplicam-se cumulativamente as penas a elas cominadas, se as infrações não forem idênticas.

§ 1º Serão reunidos em um único processo os diversos autos ou representações de infração continuada, para aplicação da pena.

§ 2º Serão consideradas continuadas as infrações quando se tratar de repetição de falta ainda não apurada ou objeto do processo, de cuja instauração o infrator não tenha conhecimento, por meio de intimação.

Art. 49. Na falta de pagamento de multa no prazo de 30 (trinta) dias, contado da ciência pelo infrator da decisão final que impuser a penalidade, será realizado processo de execução.

Art. 50. As importâncias pecuniárias resultantes da aplicação das multas previstas nesta Lei reverterão para a Antaq, na forma do inciso V do *caput* do art. 77 da Lei n. 10.233, de 5 de junho de 2001.

Art. 51. O descumprimento do disposto nos arts. 36, 39 e 42 desta Lei sujeitará o infrator à multa prevista no inciso I do art. 10 da Lei n. 9.719, de 27 de novembro de 1998, sem prejuízo das demais sanções cabíveis.

Art. 52. O descumprimento do disposto no *caput* e no § 3º do art. 40 desta Lei sujeitará o infrator à multa prevista no inciso III do art. 10 da Lei n. 9.719, de 27 de novembro de 1998, sem prejuízo das demais sanções cabíveis.

....................................(*DOU*, 5.6.13).

Lei 12.842, de 10 de julho de 2013

Dispõe sobre o exercício da Medicina.

Art. 1º O exercício da Medicina é regido pelas disposições desta Lei.

Art. 2º O objeto da atuação do médico é a saúde do ser humano e das coletividades humanas, em benefício da qual deverá agir com o máximo de zelo, com o melhor de sua capacidade profissional e sem discriminação de qualquer natureza.

Parágrafo único. O médico desenvolverá suas ações profissionais no campo da atenção à saúde para:

I – a promoção, a proteção e a recuperação da saúde;

II – a prevenção, o diagnóstico e o tratamento das doenças;

III – a reabilitação dos enfermos e portadores de deficiências.

Art. 3º O médico integrante da equipe de saúde que assiste o indivíduo ou a coletividade atuará em mútua colaboração com os demais profissionais de saúde que a compõem.

Art. 4º São atividades privativas do médico:

I – (vetado);

II – indicação e execução da intervenção cirúrgica e prescrição dos cuidados médicos pré e pós-operatórios;

III – indicação da execução e execução de procedimentos invasivos, sejam diagnósticos, terapêuticos ou estéticos, incluindo os acessos vasculares profundos, as biópsias e as endoscopias;

IV – intubação traqueal;

V – coordenação da estratégia ventilatória inicial para a ventilação mecânica invasiva, bem como das mudanças necessárias diante das intercorrências clínicas, e do programa de interrupção da ventilação mecânica invasiva, incluindo a desintubação traqueal;

VI – execução de sedação profunda, bloqueios anestésicos e anestesia geral;

VII – emissão de laudo dos exames endoscópicos e de imagem, dos procedimentos diagnósticos invasivos e dos exames anatomopatológicos;

VIII – (vetado);

IX – (vetado);

X – determinação do prognóstico relativo ao diagnóstico nosológico;

XI – indicação de internação e alta médica nos serviços de atenção à saúde;

XII – realização de perícia médica e exames médico-legais, excetuados os exames laboratoriais de análises clínicas, toxicológicas, genéticas e de biologia molecular;

XIII – atestação médica de condições de saúde, doenças e possíveis sequelas;

XIV – atestação do óbito, exceto em casos de morte natural em localidade em que não haja médico.

§ 1º Diagnóstico nosológico é a determinação da doença que acomete o ser humano, aqui definida como interrupção, cessação ou distúrbio da função do corpo, sistema ou órgão, caracterizada por, no mínimo, 2 (dois) dos seguintes critérios:

I – agente etiológico reconhecido;

II – grupo identificável de sinais ou sintomas;

III – alterações anatômicas ou psicopatológicas.

§ 2º (Vetado.)

§ 3º As doenças, para os efeitos desta Lei, encontram-se referenciadas na versão atualizada da Classificação Estatística Internacional de Doenças e Problemas Relacionados à Saúde.

§ 4º Procedimentos invasivos, para os efeitos desta Lei, são os caracterizados por quaisquer das seguintes situações:

I – (vetado);

II – (vetado);

III – invasão dos orifícios naturais do corpo, atingindo órgãos internos.

§ 5º Excetuam-se do rol de atividades privativas do médico:

I – (vetado);

II – (vetado);

III – aspiração nasofaringeana ou orotraqueal;

IV – (vetado);

V – realização de curativo com desbridamento até o limite do tecido subcutâneo, sem a necessidade de tratamento cirúrgico;

VI – atendimento à pessoa sob risco de morte iminente;

VII – realização de exames citopatológicos e seus respectivos laudos;

VIII – coleta de material biológico para realização de análises clínico-laboratoriais;

IX – procedimentos realizados através de orifícios naturais em estruturas anatômicas visando à recuperação físico-funcional e não comprometendo a estrutura celular e tecidual.

§ 6º O disposto neste artigo não se aplica ao exercício da Odontologia, no âmbito de sua área de atuação.

§ 7º O disposto neste artigo será aplicado de forma que sejam resguardadas as competências próprias das profissões de assistente social, biólogo, biomédico, enfermeiro, farmacêutico, fisioterapeuta, fonoaudiólogo, nutricionista, profissional de educação física, psicólogo, terapeuta ocupacional e técnico e tecnólogo de radiologia.

Art. 5º São privativos de médico:

I – (vetado);

II – perícia e auditoria médicas; coordenação e supervisão vinculadas, de forma imediata e direta, às atividades privativas de médico;

III – ensino de disciplinas especificamente médicas;

IV – coordenação dos cursos de graduação em Medicina, dos programas de residência médica e dos cursos de pós-graduação específicos para médicos.

Parágrafo único. A direção administrativa de serviços de saúde não constitui função privativa de médico.

Art. 6º A denominação de "médico" é privativa dos graduados em cursos superiores de Medicina, e o exercício da profissão, dos inscritos no Conselho Regional de Medicina com jurisdição na respectiva unidade da Federação.

Art. 7º Compreende-se entre as competências do Conselho Federal de Medicina editar normas para definir o caráter experimental de procedimentos em Medicina, autorizando ou vedando a sua prática pelos médicos.

Parágrafo único. A competência fiscalizadora dos Conselhos Regionais de Medicina abrange a fiscalização e o controle dos procedimentos especificados no *caput* , bem como a aplicação das sanções pertinentes em caso de inobservância das normas determinadas pelo Conselho Federal.

Art. 8º Esta Lei entra em vigor 60 (sessenta) dias após a data de sua publicação.

..................................(*DOU*, 11.7.13)

Lei 13.103, de 2 de março de 2015

Dispõe sobre o exercício da profissão de motorista.

Art. 1º É livre o exercício da profissão de motorista profissional, atendidas as condições e qualificações profissionais estabelecidas nesta Lei.

Parágrafo único. Integram a categoria profissional de que trata esta Lei os motoristas de veículos automotores cuja condução exija formação profissional e que exerçam a profissão nas seguintes atividades ou categorias econômicas:

I - de transporte rodoviário de passageiros;

II - de transporte rodoviário de cargas.

Art. 2º São direitos dos motoristas profissionais de que trata esta Lei, sem prejuízo de outros previstos em leis específicas:

I - ter acesso gratuito a programas de formação e aperfeiçoamento profissional, preferencialmente mediante cursos técnicos e especializados previstos no inciso IV do art. 145 da Lei n. 9.503, de 23 de setembro de 1997 – Código de Trânsito Brasileiro, normatizados pelo Conselho Nacional de Trânsito – CONTRAN, em cooperação com o poder público;

II - contar, por intermédio do Sistema Único de Saúde – SUS, com atendimento profilático, terapêutico, reabilitador, especialmente em relação às enfermidades que mais os acometam;

III - receber proteção do Estado contra ações criminosas que lhes sejam dirigidas no exercício da profissão;

IV - contar com serviços especializados de medicina ocupacional, prestados por entes públicos ou privados à sua escolha;

V - se empregados:

a) não responder perante o empregador por prejuízo patrimonial decorrente da ação de terceiro, ressalvado o dolo ou a desídia do motorista, nesses casos mediante comprovação, no cumprimento de suas funções;

b) ter jornada de trabalho controlada e registrada de maneira fidedigna mediante anotação em diário de bordo, papeleta ou ficha de trabalho externo, ou sistema e meios eletrônicos instalados nos veículos, a critério do empregador; e

c) ter benefício de seguro de contratação obrigatória assegurado e custeado pelo empregador, destinado à cobertura de morte natural, morte por acidente, invalidez total ou parcial decorrente de acidente, traslado e auxílio para funeral referentes às suas atividades, no valor mínimo correspondente a 10 (dez) vezes o piso salarial de sua categoria ou valor superior fixado em convenção ou acordo coletivo de trabalho.

Art. 3º Aos motoristas profissionais dependentes de substâncias psicoativas é assegurado o pleno atendimento pelas unidades de saúde municipal, estadual e federal, no âmbito do Sistema Único de Saúde, podendo ser realizados convênios com entidades privadas para o cumprimento da obrigação.

Art. 4º O § 5º do art. 71 da Consolidação das Leis do Trabalho – CLT passa a vigorar com a seguinte redação:

...(alteração já processada no corpo da obra).

Art. 5º O art. 168 da Consolidação das Leis do Trabalho – CLT passa a vigorar com a seguinte redação:.

...(alteração já processada no corpo da obra).

Art. 6º A Seção IV-A do Capítulo I do Título III da Consolidação das Leis do Trabalho – CLT passa a vigorar com a seguinte redação:

...(alteração já processada no corpo da obra).

Art. 7º O Capítulo III-A da Lei n. 9.503, de 23 de setembro de 1997 – Código de Trânsito Brasileiro passa a vigorar com as seguintes alterações:

"CAPÍTULO III-A

....

Art. 67-A. O disposto neste Capítulo aplica-se aos motoristas profissionais:

LEIS

I - de transporte rodoviário coletivo de passageiros;

II - de transporte rodoviário de cargas.

§§ 1º ao 7º (Revogados.)

....

Art. 67-C. É vedado ao motorista profissional dirigir por mais de 5 (cinco) horas e meia ininterruptas veículos de transporte rodoviário coletivo de passageiros ou de transporte rodoviário de cargas.

§ 1º Serão observados 30 (trinta) minutos para descanso dentro de cada 6 (seis) horas na condução de veículo de transporte de carga, sendo facultado o seu fracionamento e o do tempo de direção desde que não ultrapassadas cinco horas e meia contínuas no exercício da condução.

§ 1º-A. Serão observados 30 (trinta) minutos para descanso a cada 4 (quatro) horas na condução de veículo rodoviário de passageiros, sendo facultado o seu fracionamento e o do tempo de direção.

§ 2º Em situações excepcionais de inobservância justificada do tempo de direção, devidamente registradas, o tempo de direção poderá ser elevado pelo período necessário para que o condutor, o veículo e a carga cheguem a um lugar que ofereça a segurança e o atendimento demandados, desde que não haja comprometimento da segurança rodoviária.

§ 3º O condutor é obrigado, dentro do período de 24 (vinte e quatro) horas, a observar o mínimo de 11 (onze) horas de descanso, que podem ser fracionadas, usufruídas no veículo e coincidir com os intervalos mencionados no § 1º, observadas no primeiro período 8 (oito) horas ininterruptas de descanso.

§ 4º Entende-se como tempo de direção ou de condução apenas o período em que o condutor estiver efetivamente ao volante, em curso entre a origem e o destino.

§ 5º Entende-se como início de viagem a partida do veículo na ida ou no retorno, com ou sem carga, considerando-se como sua continuação as partidas nos dias subsequentes até o destino.

§ 6º O condutor somente iniciará uma viagem após o cumprimento integral do intervalo de descanso previsto no § 3º deste artigo.

§ 7º Nenhum transportador de cargas ou coletivo de passageiros, embarcador, consignatário de cargas, operador de terminais de carga, operador de transporte multimodal de cargas ou agente de cargas ordenará a qualquer motorista a seu serviço, ainda que subcontratado, que conduza veículo referido no *caput* sem a observância do disposto no § 6º.

....

Art. 67-E. O motorista profissional é responsável por controlar e registrar o tempo de condução estipulado no art. 67-C, com vistas à sua estrita observância.

§ 1º A não observância dos períodos de descanso estabelecidos no art. 67-C sujeitará o motorista profissional às penalidades daí decorrentes, previstas neste Código.

§ 2º O tempo de direção será controlado mediante registrador instantâneo inalterável de velocidade e tempo e, ou por meio de anotação em diário de bordo, ou papeleta ou ficha de trabalho externo, ou por meios eletrônicos instalados no veículo, conforme norma do Contran.

§ 3º O equipamento eletrônico ou registrador deverá funcionar de forma independente de qualquer interferência do condutor, quanto aos dados registrados.

§ 4º A guarda, a preservação e a exatidão das informações contidas no equipamento registrador instantâneo inalterável de velocidade e de tempo são de responsabilidade do condutor".

Art. 8º A Lei n. 9.503, de 23 de setembro de 1997 – Código de Trânsito Brasileiro, passa a vigorar com as seguintes alterações:

"Art. 148-A. Os condutores das categorias C, D e E deverão submeter-se a exames toxicológicos para a habilitação e renovação da Carteira Nacional de Habilitação.

§ 1º O exame de que trata este artigo buscará aferir o consumo de substâncias psicoativas que, comprovadamente, comprometam a capacidade de direção e deverá ter janela de detecção mínima de 90 (noventa) dias, nos termos das normas do CONTRAN.

§ 2º Os condutores das categorias C, D e E com Carteira Nacional de Habilitação com validade de 5 (cinco) anos deverão fazer o exame previsto no § 1º no prazo de 2 (dois) anos e 6 (seis) meses a contar da realização do disposto no *caput*.

§ 3º Os condutores das categorias C, D

e E com Carteira Nacional de Habilitação com validade de 3 (três) anos deverão fazer o exame previsto no § 1º no prazo de 1 (um) ano e 6 (seis) meses a contar da realização do disposto no *caput*.

§ 4º É garantido o direito de contraprova e de recurso administrativo no caso de resultado positivo para o exame de que trata o *caput*, nos termos das normas do CONTRAN.

§ 5º A reprovação no exame previsto neste artigo terá como consequência a suspensão do direito de dirigir pelo período de 3 (três) meses, condicionado o levantamento da suspensão ao resultado negativo em novo exame, e vedada a aplicação de outras penalidades, ainda que acessórias.

§ 6º O resultado do exame somente será divulgado para o interessado e não poderá ser utilizado para fins estranhos ao disposto neste artigo ou no § 6º do art. 168 da Consolidação das Leis do Trabalho – CLT, aprovada pelo Decreto-Lei n. 5.452, de 1º de maio de 1943.

§ 7º O exame será realizado, em regime de livre concorrência, pelos laboratórios credenciados pelo Departamento Nacional de Trânsito – DENATRAN, nos termos das normas do CONTRAN, vedado aos entes públicos:

I - fixar preços para os exames;

II - limitar o número de empresas ou o número de locais em que a atividade pode ser exercida; e

III - estabelecer regras de exclusividade territorial".

"Art. 230. ....

XXIII - em desacordo com as condições estabelecidas no art. 67-C, relativamente ao tempo de permanência do condutor ao volante e aos intervalos para descanso, quando se tratar de veículo de transporte de carga ou coletivo de passageiros:

Infração - média;

Penalidade - multa;

Medida administrativa - retenção do veículo para cumprimento do tempo de descanso aplicável.

....

§ 1º Se o condutor cometeu infração igual nos últimos 12 (doze) meses, será convertida, automaticamente, a penalidade disposta no inciso XXIII em infração grave.

§ 2º Em se tratando de condutor estrangeiro, a liberação do veículo fica condicionada ao pagamento ou ao depósito, judicial ou administrativo, da multa."

"Art. 259. ....

§ 4º Ao condutor identificado no ato da infração será atribuída pontuação pelas infrações de sua responsabilidade, nos termos previstos no § 3º do art. 257, excetuando-se aquelas praticadas por passageiros usuários do serviço de transporte rodoviário de passageiros em viagens de longa distância transitando em rodovias com a utilização de ônibus, em linhas regulares intermunicipal, interestadual, internacional e aquelas em viagem de longa distância por fretamento e turismo ou de qualquer modalidade, excetuadas as situações regulamentadas pelo Contran a teor do art. 65 da Lei n. 9.503, de 23 de setembro de 1997 – Código de Trânsito Brasileiro."

Art. 9º As condições de segurança, sanitárias e de conforto nos locais de espera, de repouso e de descanso dos motoristas profissionais de transporte rodoviário de passageiros e rodoviário de cargas terão que obedecer ao disposto em normas regulamentadoras pelo ente competente. (Regulamento)

§ 1º É vedada a cobrança ao motorista ou ao seu empregador pelo uso ou permanência em locais de espera sob a responsabilidade de:

I - transportador, embarcador ou consignatário de cargas;

II - operador de terminais de cargas;

III - aduanas;

IV - portos marítimos, lacustres, fluviais e secos;

V - terminais ferroviários, hidroviários e aeroportuários.

§ 2º Os locais de repouso e descanso dos motoristas profissionais serão, entre outros, em:

I - estações rodoviárias;

II - pontos de parada e de apoio;

III - alojamentos, hotéis ou pousadas;

IV - refeitórios das empresas ou de terceiros;

V - postos de combustíveis.

§ 3º Será de livre iniciativa a implantação de locais de repouso e descanso de que trata este artigo.

§ 4º A estrita observância às Normas Regulamentadoras do Ministério do Trabalho e Emprego, no que se refere aos incisos II, III, IV e V do § 2º, será considerada apenas quando o local for de propriedade do transportador, do embarcador ou do consignatário de cargas, bem como nos casos em que esses mantiverem com os proprietários destes locais contratos que os obriguem a disponibilizar locais de espera e repouso aos motoristas profissionais.

Art. 10. O poder público adotará medidas, no prazo de até 5 (cinco) anos a contar da vigência desta Lei, para ampliar a disponibilidade dos espaços previstos no art. 9º, especialmente:

I - a inclusão obrigatória de cláusulas específicas em contratos de concessão de exploração de rodovias, para concessões futuras ou renovação;

II - a revisão das concessões de exploração das rodovias em vigor, de modo a adequá-las à previsão de construção de pontos de parada de espera e descanso, respeitado o equilíbrio econômico-financeiro dos contratos;

III - a identificação e o cadastramento de pontos de paradas e locais para espera, repouso e descanso que atendam aos requisitos previstos no art. 9º desta Lei;

IV - a permissão do uso de bem público nas faixas de domínio das rodovias sob sua jurisdição, vinculadas à implementação de locais de espera, repouso e descanso e pontos de paradas, de trevos ou acessos a esses locais;

V - a criação de linha de crédito para apoio à implantação dos pontos de paradas.

Parágrafo único. O poder público apoiará ou incentivará, em caráter permanente, a implantação pela iniciativa privada de locais de espera, pontos de parada e de descanso.

Art. 11. Atos do órgão competente da União ou, conforme o caso, de autoridade do ente da federação com circunscrição sobre a via publicarão a relação de trechos das vias públicas que disponham de pontos de parada ou de locais de descanso adequados para o cumprimento desta Lei.

§ 1º A primeira relação dos trechos das vias referidas no *caput* será publicada no prazo de até 180 (cento e oitenta) dias a contar da data da publicação desta Lei.

§ 2º As relações de trechos das vias públicas de que trata o *caput* deverão ser ampliadas e revisadas periodicamente.

§ 3º Os estabelecimentos existentes nas vias poderão requerer no órgão competente com jurisdição sobre elas o seu reconhecimento como ponto de parada e descanso.

Art. 12. O disposto nos §§ 2º e 3º do art. 235-C do Capítulo I do Título III da Consolidação das Leis do Trabalho – CLT, aprovada pelo Decreto-Lei n. 5.452, de 1º de maio de 1943, e no *caput* e nos §§ 1º e 3º do art. 67-C do Capítulo III-A da Lei n. 9.503, de 23 de setembro de 1997 – Código de Trânsito Brasileiro, produzirá efeitos:

I - a partir da data da publicação dos atos de que trata o art. 11, para os trechos das vias deles constantes;

II - a partir da data da publicação das relações subsequentes, para as vias por elas acrescidas.

Parágrafo único. Durante os primeiros 180 (cento e oitenta) dias de sujeição do trecho ao disposto na Consolidação das Leis do Trabalho – CLT, aprovada pelo Decreto-Lei n. 5.452, de 1º de maio de 1943, e na Lei n. 9.503, de 23 de setembro de 1997 – Código de Trânsito Brasileiro, com as alterações constantes desta Lei, a fiscalização do seu cumprimento será meramente informativa e educativa.

Art. 13. O exame toxicológico com janela de detecção mínima de 90 (noventa) dias de que tratam o art. 148-A da Lei n. 9.503, de 23 de setembro de 1997 – Código de Trânsito Brasileiro, os §§ 6º e 7º do art. 168 e o inciso VII do art. 235-B da Consolidação das Leis do Trabalho – CLT, aprovada pelo Decreto-Lei n. 5.452, de 1º de maio de 1943, será exigido:

I - em 90 (noventa) dias da publicação desta Lei, para a renovação e habilitação das categorias C, D e E;

II - em 1 (um) ano a partir da entrada em vigor desta Lei, para a admissão e a demissão de motorista profissional;

III - em 3 (três) anos e 6 (seis) meses a partir da entrada em vigor desta Lei, para o disposto no § 2º do art. 148-A da Lei n. 9.503, de 23 de setembro de 1997;

IV - em 2 (dois) anos e 6 (seis) meses a partir da entrada em vigor desta Lei, para o disposto no § 3º do art. 148-A da Lei n. 9.503, de 23 de setembro de 1997.

Parágrafo único. Caberá ao CONTRAN estabelecer adequações necessárias ao cronograma de realização dos exames.

Art. 14. Decorrido o prazo de 3 (três)

anos a contar da publicação desta Lei, os seus efeitos dar-se-ão para todas as vias, independentemente da publicação dos atos de que trata o art. 11 ou de suas revisões.

Art. 15. A Lei n. 11.442, de 5 de janeiro de 2007, passa a vigorar com as seguintes alterações:

"Art. 4º ....

§ 3º Sem prejuízo dos demais requisitos de controle estabelecidos em regulamento, é facultada ao TAC a cessão de seu veículo em regime de colaboração a outro profissional, assim denominado TAC - Auxiliar, não implicando tal cessão a caracterização de vínculo de emprego.

§ 4º O Transportador Autônomo de Cargas Auxiliar deverá contribuir para a previdência social de forma idêntica à dos Transportadores Autônomos.

§ 5º As relações decorrentes do contrato estabelecido entre o Transportador Autônomo de Cargas e seu Auxiliar ou entre o transportador autônomo e o embarcador não caracterizarão vínculo de emprego".

"Art. 5º-A. O pagamento do frete do transporte rodoviário de cargas ao Transportador Autônomo de Cargas – TAC deverá ser efetuado por meio de crédito em conta mantida em instituição integrante do sistema financeiro nacional, inclusive poupança, ou por outro meio de pagamento regulamentado pela Agência Nacional de Transportes Terrestres – ANTT, a critério do prestador do serviço.

....

§ 7º As tarifas bancárias ou pelo uso de meio de pagamento eletrônico relativas ao pagamento do frete do transporte rodoviário de cargas ao Transportador Autônomo de Cargas – TAC correrão à conta do responsável pelo pagamento".

"Art. 11. ....

§ 5º O prazo máximo para carga e descarga do Veículo de Transporte Rodoviário de Cargas será de 5 (cinco) horas, contadas da chegada do veículo ao endereço de destino, após o qual será devido ao Transportador Autônomo de Carga – TAC ou à ETC a importância equivalente a R$ 1,38 (um real e trinta e oito centavos) por tonelada/hora ou fração.

§ 6º A importância de que trata o § 5º será atualizada, anualmente, de acordo com a variação do Índice Nacional de Preços ao Consumidor – INPC, calculado pela Fundação Instituto Brasileiro de Geografia e Estatística – IBGE ou, na hipótese de sua extinção, pelo índice que o suceder, definido em regulamento.

§ 7º Para o cálculo do valor de que trata o § 5º, será considerada a capacidade total de transporte do veículo.

§ 8º Incidente o pagamento relativo ao tempo de espera, este deverá ser calculado a partir da hora de chegada na procedência ou no destino.

§ 9º O embarcador e o destinatário da carga são obrigados a fornecer ao transportador documento hábil a comprovar o horário de chegada do caminhão nas dependências dos respectivos estabelecimentos, sob pena de serem punidos com multa a ser aplicada pela Agência Nacional de Transportes Terrestres – ANTT, que não excederá a 5% (cinco por cento) do valor da carga".

"Art. 13-A. É vedada a utilização de informações de bancos de dados de proteção ao crédito como mecanismo de vedação de contrato com o TAC e a ETC devidamente regulares para o exercício da atividade do Transporte Rodoviário de Cargas".

Art. 16. O art. 1º da Lei n. 7.408, de 25 de novembro de 1985, passa a vigorar com a seguinte redação:

"Art. 1º Fica permitida, na pesagem de veículos de transporte de carga e de passageiros, a tolerância máxima de:

I - 5% (cinco por cento) sobre os limites de peso bruto total;

II - 10% (dez por cento) sobre os limites de peso bruto transmitido por eixo de veículos à superfície das vias públicas.

Parágrafo único. Os limites de peso bruto não se aplicam aos locais não abrangidos pelo disposto no art. 2º da Lei n. 9.503, de 23 de setembro de 1997 – Código de Trânsito Brasileiro, incluindo-se as vias particulares sem acesso à circulação pública".

Art. 17. Os veículos de transporte de cargas que circularem vazios não pagarão taxas de pedágio sobre os eixos que mantiverem suspensos. (Regulamento)

Art. 18. O embarcador indenizará o transportador por todos os prejuízos decorrentes de infração por transporte de carga com excesso de peso em desacordo com a nota fiscal, inclusive as despesas com transbordo de carga.

Art. 19. Fica instituído o Programa de Apoio ao Desenvolvimento do Transporte de Cargas Nacional – PROCARGAS, cujo objetivo principal é estimular o desenvolvimento da atividade de transporte terrestre nacional de cargas.

Parágrafo único. O PROCARGAS tem como finalidade o desenvolvimento de programas visando à melhoria do meio ambiente de trabalho no setor de transporte de cargas, especialmente as ações de medicina ocupacional para o trabalhador.

Art. 20. Fica permitida a concessão de Autorização Especial de Trânsito – AET para composição de veículos boiadeiros articulados (Romeu e Julieta) com até 25m de comprimento, sendo permitido a estes veículos autorização para transitar em qualquer horário do dia.

Art. 21. Ficam revogados os arts. 1º, 2º e 9º da Lei n. 12.619, de 30 de abril de 2012.

Art. 22. Ficam convertidas em sanção de advertência:

I - as penalidades decorrentes de infrações ao disposto na Lei n. 12.619, de 30 de abril de 2012, que alterou a Consolidação das Leis do Trabalho – CLT, aprovada pelo Decreto-Lei n. 5.452, de 1º de maio de 1943, e a Lei n. 9.503, de 23 de setembro de 1997 – Código de Trânsito Brasileiro, aplicadas até a data da publicação desta Lei; e

II - as penalidades por violação do inciso V do art. 231 da Lei 9.503, de 23 de setembro de 1997 – Código de Trânsito Brasileiro, aplicadas até 2 (dois) anos antes da entrada em vigor desta Lei. (V. Decreto 8.433/15 – as penalidades foram convertidas em advertências.)

..................................(*DOU*, 3.3.15).

Lei 13.105, de 16 de março de 2015

Código de Processo Civil.

....

LITIGÂNCIA DE MÁ-FÉ

Art. 80. Considera-se litigante de má-fé aquele que:

I - deduzir pretensão ou defesa contra texto expresso de lei ou fato incontroverso;

II - alterar a verdade dos fatos;

III - usar do processo para conseguir objetivo ilegal;

IV - opuser resistência injustificada ao andamento do processo;

V - proceder de modo temerário em qualquer incidente ou ato do processo;

VI - provocar incidente manifestamente infundado;

VII - interpuser recurso com intuito manifestamente protelatório.

Art. 81. De ofício ou a requerimento, o juiz condenará o litigante de má-fé a pagar multa, que deverá ser superior a um por cento e inferior a dez por cento do valor corrigido da causa, a indenizar a parte contrária pelos prejuízos que esta sofreu e a arcar com os honorários advocatícios e com todas as despesas que efetuou.

§ 1º Quando forem 2 (dois) ou mais os litigantes de má-fé, o juiz condenará cada um na proporção de seu respectivo interesse na causa ou solidariamente aqueles que se coligaram para lesar a parte contrária.

§ 2º Quando o valor da causa for irrisório ou inestimável, a multa poderá ser fixada em até 10 (dez) vezes o valor do salário mínimo.

§ 3º O valor da indenização será fixado pelo juiz ou, caso não seja possível mensurá-lo, liquidado por arbitramento ou pelo procedimento comum, nos próprios autos.

.... (*DOU*, 17.3.15).

Lei 13.189, de 19 de novembro de 2015

Institui o Programa Seguro-Emprego – PSE. (red. L. 13.456/17)

Art. 1º Fica instituído o Programa Seguro-Emprego (PSE), com os seguintes objetivos: (red. L. 13.456/17)

I - possibilitar a preservação dos empregos em momentos de retração da atividade econômica;

II - favorecer a recuperação econômico-financeira das empresas;

III - sustentar a demanda agregada durante momentos de adversidade, para facilitar a recuperação da economia;

IV - estimular a produtividade do trabalho por meio do aumento da duração do vínculo empregatício; e

V - fomentar a negociação coletiva e aperfeiçoar as relações de emprego.

Parágrafo único. O PSE consiste em ação para auxiliar os trabalhadores na preservação do emprego, nos termos do inciso II do *caput* do art. 2º da Lei n. 7.998, de 11 de janeiro de 1990. (red. L. 13.456/17)

Art. 2º Podem aderir ao PSE as empresas de todos os setores em situação de dificuldade econômico-financeira que celebrarem acordo coletivo de trabalho específico de redução de jornada e de salário. (red. L. 13.456/17)

§ 1º A adesão ao PSE pode ser feita perante o Ministério do Trabalho até o dia 31 de dezembro de 2017, observado o prazo máximo de permanência de vinte e quatro meses, na forma definida em regulamento, respeitada a data de extinção do programa. (red. L. 13.456/17)

§ 2º Têm prioridade de adesão ao PSE, observados os critérios definidos pelo Poder Executivo federal: (red. L. 13.456/17)

I - a empresa que demonstre observar a cota de pessoas com deficiência; (incluído L. 13.456/17)

II - as microempresas e empresas de pequeno porte; e (incluído L. 13.456/17)

III - a empresa que possua em seus quadros programa de reinserção profissional de egressos do sistema penitenciário. (incluído L. 13.456/17)

§ 3º As microempresas e as empresas de pequeno porte poderão contar com o apoio técnico do Serviço Brasileiro de Apoio às Micro e Pequenas Empresas (Sebrae), conforme disposto em regulamento. (incluído L. 13.456/17)

Art. 3º Poderão aderir ao PSE as empresas que se enquadrem nas condições estabelecidas pelo Comitê do Programa de Proteção ao Emprego, criado pelo Decreto n. 8.479, de 6 de julho de 2015, independentemente do setor econômico, e que cumprirem os seguintes requisitos: (red. L. 13.456/17)

I - celebrar e apresentar acordo coletivo de trabalho específico, nos termos do art. 5º;

II - apresentar ao Ministério do Trabalho solicitação de adesão ao PSE; (red. L. 13.456/17)

III - apresentar a relação dos empregados abrangidos, especificando o salário individual;

IV - ter registro no Cadastro Nacional da Pessoa Jurídica - CNPJ há, no mínimo, dois anos;

V - comprovar a regularidade fiscal, previdenciária e relativa ao Fundo de Garantia do Tempo de Serviço – FGTS; e

VI - comprovar a situação de dificuldade econômico-financeira, fundamentada no Indicador Líquido de Empregos (ILE), considerando-se nesta situação a empresa cujo ILE seja igual ou inferior ao percentual a ser definido em ato do Poder Executivo federal, apurado com base nas informações disponíveis no Cadastro Geral de Empregados e Desempregados (CAGED), consistindo o ILE no percentual representado pela diferença entre admissões e demissões acumulada nos doze meses anteriores ao da solicitação de adesão ao PSE dividida pelo número de empregados no mês anterior ao início desse período. (red. L. 13.456/17)

§ 1º Para fins do disposto no inciso IV do *caput*, em caso de solicitação de adesão por filial de empresa, pode ser considerado o tempo de registro no CNPJ da matriz.

§ 2º A regularidade de que trata o inciso V do *caput* deste artigo deverá ser observada durante o período de adesão do PSE, como condição para permanência no Programa. (red. L. 13.456/17)

§ 3º No cálculo do indicador de que trata o inciso VI do *caput* deste artigo, não serão computados os eventos de transferência por entrada, de transferência por saída e de admissão ou desligamento de aprendizes. (incluído L. 13.456/17)

Art. 4º Os empregados de empresas que aderirem ao PSE e que tiverem o seu salário reduzido, nos termos do art. 5º desta Lei, fazem jus à compensação pecuniária equivalente a 50% (cinquenta por cento) do valor da redução salarial e limitada a 65% (sessenta e cinco por cento) do valor máximo da parcela do seguro-desemprego, enquanto perdurar o período de redução temporária da jornada de trabalho. (red. L. 13.456/17)

§ 1º Ato do Poder Executivo federal deve dispor sobre a forma de pagamento da compensação pecuniária de que trata o *caput*, custeada pelo Fundo de Amparo ao Trabalhador – FAT.

§ 2º O valor do salário pago pelo empregador, após a redução de que trata o *caput* do art. 5º, não pode ser inferior ao valor do salário mínimo.

Art. 5º O acordo coletivo de trabalho específico para adesão ao PSE, celebrado

LEIS

entre a empresa e o sindicato de trabalhadores representativo da categoria da atividade econômica preponderante da empresa, pode reduzir em até 30% (trinta por cento) a jornada e o salário. (red. L. 13.456/17)

§ 1º O acordo deve ser aprovado em assembleia dos trabalhadores abrangidos pelo programa e deve dispor sobre:

I - número total de empregados abrangidos pela redução e sua identificação;

II - estabelecimentos ou setores específicos da empresa abrangidos;

III - percentual de redução da jornada e redução proporcional ou menor do salário;

IV - período pretendido de adesão ao PSE e de redução temporária da jornada de trabalho, que deve ter duração de até seis meses, podendo ser prorrogado por períodos de seis meses, desde que o período total não ultrapasse vinte e quatro meses; (red. L. 13.456/17)

V - período de garantia no emprego, que deve ser equivalente, no mínimo, ao período de redução de jornada acrescido de um terço;

VI - constituição de comissão paritária, composta por representantes do empregador e dos empregados abrangidos pelo PSE, para acompanhar e fiscalizar o cumprimento do acordo e do Programa, exceto nas microempresas e empresas de pequeno porte. (red. L. 13.456/17)

§ 2º O acordo coletivo de trabalho específico de que trata este artigo não disporá sobre outras condições de trabalho que não aquelas decorrentes da adesão ao PSE. (red. L. 13.456/17)

§ 3º A empresa deve demonstrar ao sindicato que foram esgotados os bancos de horas, além de fornecer as informações econômico-financeiras.

§ 4º É facultada a celebração de acordo coletivo múltiplo de trabalho específico a grupo de microempresas e empresas de pequeno porte, do mesmo setor econômico, com o sindicato de trabalhadores representativo da categoria da atividade econômica preponderante.

§ 5º Na hipótese do § 4º, a comissão paritária de que trata o inciso VI do § 1º será composta por representantes do empregador e do sindicato de trabalhadores que celebrar o acordo coletivo múltiplo de trabalho específico.

§ 6º Para fins dos incisos I e II do § 1º, o acordo deve abranger todos os empregados da empresa ou, no mínimo, os empregados de setor ou estabelecimento específico.

§ 7º Para fins do disposto no § 4º deste artigo, cada microempresa ou empresa de pequeno porte deverá demonstrar individualmente o cumprimento dos requisitos exigidos para adesão ao PSE, com o apoio técnico do Serviço Brasileiro de Apoio às Micro e Pequenas Empresas (Sebrae). (red. L. 13.456/17)

§ 8º A redução de que trata o *caput* está condicionada à celebração de acordo coletivo de trabalho específico com o sindicato de trabalhadores representativo da categoria, observado o disposto no art. 511 da Consolidação das Leis do Trabalho – CLT, aprovada pelo Decreto-Lei n. 5.452, de 1º de maio de 1943.

§ 9º O número total de trabalhadores e de setores abrangidos pelo Programa de que tratam os incisos I e II do § 1º deste artigo e a redução do percentual de que trata o inciso III do § 1º deste artigo poderão ser alterados durante o período de adesão ao Programa, desde que aprovados em assembleia dos trabalhadores abrangidos pelo Programa, dispensada a formalização de termo aditivo ao acordo, observados os critérios a serem estabelecidos em ato do Poder Executivo federal. (incluído L. 13.456/17)

Art. 6º A empresa que aderir ao PSE fica proibida de: (red. L. 13.456/17)

I - dispensar arbitrariamente ou sem justa causa os empregados que tiverem sua jornada de trabalho temporariamente reduzida enquanto vigorar a adesão ao PSE e, após o seu término, durante o prazo equivalente a um terço do período de adesão; e (red. L. 13.456/17)

II - contratar empregado para executar, total ou parcialmente, as mesmas atividades exercidas por empregado abrangido pelo programa, exceto nas hipóteses de:

a) reposição;

b) aproveitamento de concluinte de curso de aprendizagem na empresa, nos termos do art. 429 da Consolidação das Leis do Trabalho – CLT, aprovada pelo Decreto-Lei n. 5.452, de 1º de maio de 1943;

c) efetivação de estagiário; (incluído L. 13.456/17)

d) contratação de pessoas com deficiência ou idosas; e (incluído L. 13.456/17)

e) contratação de egresso dos sistemas prisional e de medidas socioeducativas. (incluído L. 13.456/17)

§ 1º Nas hipóteses de contratação previstas no inciso II do *caput* deste artigo, o empregado deve ser abrangido pelo acordo coletivo de trabalho específico. (red. L. 13.456/17)

§ 2º Durante o período de adesão, é proibida a realização de horas extraordinárias pelos empregados abrangidos pelo programa.

Art. 7º A empresa pode denunciar o PSE a qualquer momento, desde que comunique o ato ao sindicato que celebrou o acordo coletivo de trabalho específico, aos seus trabalhadores e ao Poder Executivo federal, com antecedência mínima de trinta dias, demonstrando as razões e a superação da situação de dificuldade econômico-financeira. (red. L. 13.456/17)

§ 1º Somente após o prazo de trinta dias, pode a empresa exigir o cumprimento da jornada integral de trabalho.

§ 2º Deve ser mantida a garantia de emprego, nos termos da adesão original ao PSE e aos seus acréscimos. (red. L. 13.456/17)

§ 3º Somente após seis meses da denúncia, pode a empresa aderir novamente ao PSE, caso demonstre que enfrenta nova situação de dificuldade econômico-financeira. (red. L. 13.456/17)

Art. 8º Fica excluída do PSE e impedida de aderir ao Programa novamente a empresa que: (red. L. 13.456/17)

I - descumprir os termos do acordo coletivo de trabalho específico relativo à redução temporária da jornada de trabalho ou qualquer outro dispositivo desta Lei ou de sua regulamentação;

II - cometer fraude no âmbito do PSE, assim entendida como a situação em que empresa obtiver, para si ou para outrem, vantagem ilícita, em prejuízo alheio, induzindo ou mantendo alguém em erro, mediante artifício, ardil ou qualquer outro meio fraudulento, relativamente ao Programa, como atos praticados quanto à burla das condições e dos critérios para adesão e permanência no Programa, fornecimento de informações não verídicas, apresentação de documentos falsos ou desvio dos recursos da compensação financeira do Programa destinada aos empregados abrangidos; ou (red. L. 13.456/17)

III - for condenada por decisão judicial transitada em julgado ou autuada administrativamente após decisão final no processo administrativo por prática de trabalho análogo ao de escravo, trabalho infantil ou degradante.

§ 1º A empresa que descumprir o acordo coletivo ou as normas relativas ao PSE fica obrigada a restituir ao FAT os recursos recebidos, devidamente corrigidos, e a pagar multa administrativa correspondente a 100% (cem por cento) desse valor, calculada em dobro no caso de fraude, a ser aplicada conforme o Título VII da Consolidação das Leis do Trabalho – CLT, aprovada pelo Decreto-Lei n. 5.452, de 1º de maio de 1943, e revertida ao FAT. (red. L. 13.456/17)

§ 2º Para fins do disposto no inciso I do *caput*, a denúncia de que trata o art. 7º não é considerada descumprimento dos termos do acordo coletivo de trabalho específico.

§ 3º Para fins da correção dos recursos de que trata o § 1º deste artigo, o valor a ser restituído ao FAT, por ocasião do pagamento, será acrescido de juros equivalentes à taxa referencial do Sistema Especial de Liquidação e de Custódia (Selic) para títulos federais, calculada na forma de capitalização simples, ou seja, pela soma aritmética dos valores mensais da taxa Selic, adicionando-se 1% (um por cento) no último mês de atualização e utilizando-se para o cálculo do débito o Sistema Débito Web disponibilizado no sítio eletrônico do Tribunal de Contas da União. (incluído L. 13.456/17)

Art. 9º A compensação pecuniária integra as parcelas remuneratórias para efeito do disposto no inciso I do art. 22 e no § 8º do art. 28 da Lei n. 8.212, de 24 de julho de 1991, e do disposto no art. 15 da Lei n. 8.036, de 11 de maio de 1990.

Art. 10. Permanecem regidas pela Medida Provisória n. 680, de 6 de julho de 2015, as adesões ao PPE já aprovadas, aplicando-se esta Lei às solicitações de adesão ou de prorrogação em tramitação na data de sua publicação ou protocoladas a partir dessa data, sendo facultadas às empresas a prorrogação dos prazos e a adoção das demais condições previstas nesta Lei mediante aditivo ao acordo coletivo de trabalho específico.

Art. 11. O PSE extingue-se em 31 de dezembro de 2018. (red. L. 13.456/17)

Art. 11-A. Até o final do mês de fevereiro de cada exercício, o Poder Executivo federal estabelecerá o limite máximo anual para as despesas totais do PSE, observados os parâmetros econômicos oficiais utilizados na gestão fiscal. (incluído L. 13.456/17)

§ 1º Para fins de estimativa do cálculo das despesas totais referidas no *caput* deste artigo, será considerado o somatório do estoque de benefícios concedidos com os novos benefícios a serem desembolsados no exercício. (incluído L. 13.456/17)

§ 2º A gestão fiscal de que trata o *caput* deste artigo compreende a elaboração dos orçamentos anuais e as avaliações de receitas e despesas para cumprimento do disposto no art. 9º da Lei Complementar n. 101, de 4 de maio de 2000. (incluído L. 13.456/17)

§ 3º O Poder Executivo federal, por meio de regulamento, poderá fixar orçamento do PSE dedicado exclusivamente a microempresas e empresas de pequeno porte. (incluído L. 13.456/17)

Art. 11-B. O Ministério do Trabalho enviará semestralmente, pelo período de duração do PSE, aos Ministérios da Fazenda e do Planejamento, Desenvolvimento e Gestão e à Casa Civil da Presidência da República, informações que permitam avaliar a efetividade do PSE como política pública em relação aos objetivos pretendidos. (incluído L. 13.456/17)

Art. 12. Esta Lei entra em vigor na data de sua publicação, com exceção do disposto no art. 9º, quanto à Lei n. 8.212, de 24 de julho de 1991, que entra em vigor no dia 1º de novembro de 2015.

Brasília, 19 de novembro de 2015; 194º da Independência e 127º da República.

LEI ESTADUAL

Lei 15.624, de 19 de dezembro de 2014

Pisos salariais mensais dos trabalhadores do Estado de São Paulo.

....

"I – R$ 905,00 (novecentos e cinco reais), para os trabalhadores domésticos, serventes, trabalhadores agropecuários e florestais, pescadores, contínuos, mensageiros e trabalhadores de serviços de limpeza e conservação, trabalhadores de serviços de manutenção de áreas verdes e de logradouros públicos, auxiliares de serviços gerais de escritório, empregados não especializados do comércio, da indústria e de serviços administrativos, cumins, "barboys", lavadeiros, ascensoristas, "motoboys", trabalhadores de movimentação e manipulação de mercadorias e materiais e trabalhadores não especializados de minas e pedreiras, operadores de máquinas e implementos agrícolas e florestais, de máquinas da construção civil, de mineração e de cortar e lavrar madeira, classificadores de correspondência e carteiros, tintureiros, barbeiros, cabeleireiros, manicures e pedicures, dedetizadores, vendedores, trabalhadores de costura e estofadores, pedreiros, trabalhadores de preparação de alimentos e bebidas, de fabricação e confecção de papel e papelão, trabalhadores em serviços de proteção e segurança pessoal e patrimonial, trabalhadores de serviços de turismo e hospedagem, garçons, cobradores de transportes coletivos, "barmen", pintores, encanadores, soldadores, chapeadores, montadores de estruturas metálicas, vidreiros e ceramistas, fiandeiros, tecelões, tingidores, trabalhadores de curtimento, joalheiros, ourives, operadores de máquinas de escritório, datilógrafos, digitadores, telefonistas, operadores de telefone e de "telemarketing", atendentes e comissários de serviços de transporte de passageiros, trabalhadores de redes de energia e de telecomunicações, mestres e contramestres, marceneiros, trabalhadores em usinagem de metais, ajustadores mecânicos, montadores de máquinas, operadores de instalações de processamento químico e supervisores de produção e manutenção industrial. (NR)

II – R$ 920,00 (novecentos e vinte reais), para os administradores agropecuários e florestais, trabalhadores de serviços de higiene e saúde, chefes de serviços de transportes e de comunicações, supervisores de compras e de vendas, agentes técnicos em vendas e representantes comerciais, operadores de estação de rádio e de estação de televisão, de equipamentos de sonorização e de projeção cinematográfica". (NR)

II – o artigo 2º: "Artigo 2º – Os pisos salariais fixados nesta lei não se aplicam aos trabalhadores que tenham outros pisos definidos em lei federal, em convenção ou acordo coletivo de trabalho, bem como aos servidores públicos estaduais e municipais, e, ainda, aos contratos de aprendizagem regidos pela Lei federal n. 10.097, de 19 de dezembro de 2000". (NR)

Art. 2º Esta Lei entra em vigor na data de sua publicação, devendo produzir efeitos a partir de 1º de janeiro de 2015.

Palácio dos Bandeirantes, 19 de dezembro de 2014.

.... (*DO*, 20.12.14)

DECRETOS-LEIS

Decreto-lei 2.848, de 7 de dezembro de 1940

Código Penal.

....

Art. 132. Expor a vida ou a saúde de outrem a perigo direto e iminente:

Pena – detenção, de 3 meses a 1 ano, se o fato não constitui crime mais grave.

Parágrafo único. A pena é aumentada de um sexto a um terço se a exposição da vida ou da saúde de outrem a perigo decorre do transporte de pessoas para a prestação de serviços em estabelecimentos de qualquer natureza, em desacordo com as normas legais (red. L. 9.777/98).

....

Art. 153. ....

§ 1º-A. Divulgar, sem justa causa, informações sigilosas ou reservadas, assim definidas em lei, contidas ou não nos sistemas de informações ou banco de dados da Administração Pública:

Pena – detenção, de 1 a 4 anos, e multa (red. L. 9.983/00).

....

§ 2º Quando resultar prejuízo para a Administração Pública, a ação penal será incondicionada (red. L. 9.983/00).

....

Art. 168-A. Deixar de repassar à previdência social as contribuições recolhidas dos contribuintes, no prazo e forma legal ou convencional:

Pena – reclusão, de 2 a 5 anos, e multa.

§ 1º Nas mesmas penas incorre quem deixar de:

I – recolher, no prazo legal, contribuição ou outra importância destinada à previdência social que tenha sido descontada de pagamento efetuado a segurados, a terceiros ou arrecadada do público;

II – recolher contribuições devidas à previdência social que tenham integrado despesas contábeis ou custos relativos à venda de produtos ou à prestação de serviços;

III – pagar benefício devido a segurado, quando as respectivas cotas ou valores já tiverem sido reembolsados à empresa pela previdência social (red. L. 9.983/00).

§ 2º É extinta a punibilidade se o agente, espontaneamente, declara, confessa e efetua o pagamento das contribuições, importâncias ou valores e presta as informações devidas à previdência social, na forma definida em lei ou regulamento, antes do início da ação fiscal (red. L. 9.983/00).

§ 3º É facultado ao juiz deixar de aplicar a pena ou aplicar somente a de multa se o agente for primário e de bons antecedentes, desde que:

I – tenha promovido, após o início da ação fiscal e antes de oferecida a denúncia, o pagamento da contribuição social previdenciária, inclusive acessórios; ou

II – o valor das contribuições devidas, inclusive acessórios, seja igual ou inferior àquele estabelecido pela previdência social, administrativamente, como sendo o mínimo para o ajuizamento de suas execuções fiscais (red. L. 9.983/00).

....

Art. 203. Frustrar, mediante fraude ou violência, direito assegurado pela legislação do trabalho:

Pena – detenção de 1 ano a 2 anos, e multa, além da pena correspondente à violência (corrigida pela L. 9.777/98).

§ 1º Na mesma pena incorre quem:

I – obriga ou coage alguém a usar mercadorias de determinado estabelecimento, para impossibilitar o desligamento do serviço em virtude de dívida;

II – impede alguém de se desligar de serviços de qualquer natureza, mediante coação ou por meio da retenção de seus documentos pessoais ou contratuais.

§ 2º A pena é aumentada de 1/6 a 1/3 se a vítima é menor de 18 anos, idosa, gestante, indígena ou portadora de deficiência física ou mental.

....

Art. 207. Aliciar trabalhadores, com o fim de levá-los de uma para outra localidade do território nacional:

Pena – detenção de 1 a 3 anos, e multa (corrigida pela L. 9.777/98).

§ 1º Incorre na mesma pena quem recrutar trabalhadores fora da localidade de execução do trabalho, dentro do território nacional, mediante fraude ou cobrança de qualquer quantia do trabalhador, ou, ainda, não assegurar condições do seu retorno ao local de origem (red. L. 9.777/98).

§ 2º A pena é aumentada de 1/6 a 1/3 se a vítima é menor de 18 anos, idosa, gestante, indígena ou portadora de deficiência física ou mental (red. L. 9.777/98).

....

Art. 216-A. Constranger alguém com o intuito de obter vantagem ou favorecimento sexual, prevalecendo-se o agente da sua condição de superior hierárquico ou ascendência inerentes ao exercício de emprego, cargo ou função.

Pena – detenção, de 1 a 2 anos (red. L. 10.224/01).

Parágrafo único. (Vetado.)

§ 2º A pena é aumentada em até 1/3 se a vítima é menor de 18 anos (red. L. 12.015/09).

....

Art. 296. ....

III – quem altera, falsifica ou faz uso indevido de marcas, logotipos, siglas ou quaisquer outros símbolos utilizados ou identificadores de órgãos ou entidades da Administração Pública (red. L. 9.983/00).

....

Art. 297. Falsificar, no todo ou em parte, documento público, ou alterar documento público verdadeiro:

Pena – reclusão, de 2 a 6 anos, e multa.

§ 1º Se o agente é funcionário público, e comete o crime prevalecendo-se do cargo, aumenta-se a pena de sexta parte.

§ 2º Para os efeitos penais, equiparam-se a documento público o emanado de entidade paraestatal, o título ao portador ou transmissível por endosso, as ações de sociedade comercial, os livros mercantis e o testamento particular.

§ 3º Nas mesmas penas incorre quem insere ou faz inserir:

I – na folha de pagamento ou em documento de informações que seja destinado a fazer prova perante a previdência social, pessoa que não possua a qualidade de segurado obrigatório;

II – na Carteira de Trabalho e Previdência Social do empregado ou em documento que deva produzir efeito perante a previdência social, declaração falsa ou diversa da que deveria ter sido escrita;

III – em documento contábil ou em qualquer outro documento relacionado com as obrigações da empresa perante a previdência social, declaração falsa ou diversa da que deveria ter constado.

§ 4º Nas mesmas penas incorre quem omite, nos documentos mencionados no § 3º, nome do segurado e seus dados pessoais, a remuneração, a vigência do contrato de trabalho ou de prestação de serviços (red. L. 9.983/00).

....

Inserção de dados falsos em sistema de informações

Art. 313-A. Inserir ou facilitar, o funcionário autorizado, a inserção de dados falsos, alterar ou excluir indevidamente dados corretos nos sistemas informatizados ou bancos de dados da Administração Pública com o fim de obter vantagem indevida para si ou para outrem ou para causar dano:

Pena – reclusão, de 2 a 12 anos, e multa (red. L. 9.983/00).

Modificação ou alteração não autorizada de sistema de informações

Art. 313-B. Modificar ou alterar, o funcionário, sistema de informações ou programa de informática sem autorização ou solicitação de autoridade competente:

Pena – detenção, de 3 meses a 2 anos, e multa (red. L. 9.983/00).

Parágrafo único. As penas são aumentadas de um terço até a metade se da modificação ou alteração resulta dano para a Administração Pública ou para o administrado (red. L. 9.983/00).

....

Art. 325. ....

§ 1º Nas mesmas penas deste artigo incorre quem:

I – permite ou facilita, mediante atribuição, fornecimento e empréstimo de senha ou qualquer outra forma, o acesso de pessoas não autorizadas a sistema de informações ou banco de dados da Administração Pública;

II – se utiliza, indevidamente, do acesso restrito.

§ 2º Se da ação ou omissão resulta dano à Administração Pública ou a outrem:

Pena – reclusão, de 2 a 6 anos, e multa (red. L. 9.983/00).

....

Art. 327. ....

§ 1º Equipara-se a funcionário público quem exerce cargo, emprego ou função em entidade paraestatal, e quem trabalha para empresa prestadora de serviço contratada ou conveniada para a execução de atividade típica da Administração Pública (red. L. 9.983/00).

....

Art. 337-A. Suprimir ou reduzir contribuição social previdenciária e qualquer acessório, mediante as seguintes condutas:

I – omitir de folha de pagamento da empresa ou de documento de informações previsto pela legislação previdenciária segurados empregado, empresário, trabalhador avulso ou trabalhador autônomo ou a este equiparado que lhe prestem serviços;

II – deixar de lançar mensalmente nos títulos próprios da contabilidade da empresa as quantias descontadas dos segurados ou as devidas pelo empregador ou pelo tomador de serviços;

III – omitir, total ou parcialmente, receitas ou lucros auferidos, remunerações pagas ou creditadas e demais fatos geradores de contribuições sociais previdenciárias:

Pena – reclusão, de 2 a 5 anos, e multa (red. L. 9.983/00).

§ 1º É extinta a punibilidade se o agente, espontaneamente, declara e confessa as contribuições, importâncias ou valores e presta as informações devidas à previdência social, na forma definida em lei ou regulamento, antes do início da ação fiscal.

§ 2º É facultado ao juiz deixar de aplicar a pena ou aplicar somente a de multa se o agente for primário e de bons antecedentes, desde que:

I – (vetado);

II – o valor das contribuições devidas, inclusive acessórios, seja igual ou inferior àquele estabelecido pela previdência social, administrativamente, como sendo o mínimo para o ajuizamento de suas execuções fiscais (red. L. 9.983/00).

§ 3º Se o empregador não é pessoa jurídica e sua folha de pagamento mensal não ultrapassar R$ 1.510,00, o juiz poderá reduzir a pena de um terço até a metade ou aplicar apenas a de multa (red. L. 9.983/00).

§ 4º O valor a que se refere o parágrafo anterior será reajustado nas mesmas datas e nos mesmos índices do reajuste dos benefícios da previdência social (red. L. 9.983/00).

Corrupção ativa em transação comercial internacional

Art. 337-B. Prometer, oferecer ou dar, direta ou indiretamente, vantagem indevida a funcionário público estrangeiro, ou a terceira pessoa, para determiná-lo a praticar, omitir ou retardar ato de ofício relacionado à transação comercial internacional:

Pena – reclusão, de 1 a 8 anos, e multa.

Parágrafo único. A pena é aumentada de 1/3, se, em razão da vantagem ou promessa, o funcionário público estrangeiro retarda ou omite o ato de ofício, ou o pratica infringindo dever funcional.

Tráfico de influência em transação comercial internacional

Art. 337-C. Solicitar, exigir, cobrar ou obter, para si ou para outrem, direta ou indiretamente, vantagem ou promessa de vantagem a pretexto de influir em ato praticado por funcionário público estrangeiro no exercício de suas funções, relacionado a transação comercial internacional:

Pena – reclusão, de 2 a 5 anos, e multa.

Parágrafo único. A pena é aumentada da metade, se o agente alega ou insinua que a vantagem é também destinada a funcionário estrangeiro.

Funcionário público estrangeiro

Art. 337-D. Considera-se funcionário público estrangeiro, para os efeitos penais, quem, ainda que transitoriamente ou sem remuneração, exerce cargo, emprego ou função pública em entidades estatais ou em representações diplomáticas de país estrangeiro.

Parágrafo único. Equipara-se a funcionário público estrangeiro quem exerce cargo, emprego ou função em empresas controladas, diretamente ou indiretamente, pelo Poder Público de país estrangeiro ou em organizações públicas internacionais (red. L. 10.467/02).

....

Art. 339. Dar causa à instauração de investigação policial, de processo judicial, instauração de investigação administrativa, inquérito civil ou ação de improbidade administrativa contra alguém, imputando-lhe crime de que o sabe inocente (red. L. 10.028/00):

Pena – reclusão, de 2 a 8 anos, e multa.

....

Art. 342. Fazer afirmação falsa, ou negar ou calar a verdade como testemunha, perito, contador, tradutor ou intérprete em processo judicial, ou administrativo, inquérito policial, ou em juízo arbitral:

Pena – reclusão, de 2 (dois) a 4 (quatro) anos, e multa (NRed. L. 12.850/13).

....

§ 1º As penas aumentam-se de 1/6 a 1/3, se o crime é praticado mediante suborno ou se cometido com o fim de obter prova destinada a produzir efeito em processo penal, ou em processo civil em que for parte entidade da administração pública direta ou indireta (red. L. 10.268/01).

§ 2º O fato deixa de ser punível se, antes da sentença no processo em que ocorreu o ilícito, o agente se retrata ou declara a verdade (red. L. 10.268/01).

Art. 343. Dar, oferecer ou prometer dinheiro ou qualquer outra vantagem a testemunha, perito, contador, tradutor ou intérprete, para fazer afirmação falsa, negar ou calar a verdade em depoimento, perícia, cálculos, tradução ou interpretação:

Pena – reclusão, de 3 a 4 anos, e multa (red. L. 10.268/01).

Parágrafo único. As penas aumentam-se de um sexto a um terço, se o crime é cometido com o fim de obter prova destinada a produzir efeito em processo penal ou em processo civil em que for parte entidade da administração pública direta ou indireta (red. L. 10.268/01).

Coação no curso do processo

Art. 344. Usar de violência ou grave ameaça, com o fim de favorecer interesse próprio ou alheio, contra autoridade, parte, ou qualquer outra pessoa que funciona ou é chamada a intervir em processo judicial, policial ou administrativo, ou em juízo arbitral:

Pena – reclusão, de 1 a 4 anos, e multa, de um conto a cinco contos de réis, além da pena correspondente à violência.

....

Fraude processual

Art. 347. Inovar artificiosamente, na pendência de processo civil ou administrativo, o estado de lugar, de coisa ou de pessoa, com o fim de induzir a erro o juiz ou o perito:

Pena – detenção, de 3 meses a 2 anos, e multa, de um conto a dez contos de réis.

Parágrafo único. Se a inovação se destina a produzir efeito em processo penal, ainda que não iniciado, as penas aplicam-se em dobro.

....

Patrocínio infiel

Art. 355. Trair, na qualidade de advogado ou procurador, o dever profissional, prejudicando interesse, cujo patrocínio, em juízo, lhe é confiado:

Pena – detenção, de 6 meses a 3 anos e multa, de dois a quinze contos de réis.

Patrocínio simultâneo ou tergiversação

Parágrafo único. Incorre na pena deste artigo o advogado ou procurador judicial que defende na mesma causa, simultânea ou sucessivamente, partes contrárias.

Sonegação de papel ou objeto de valor probatório

Art. 356. Inutilizar, total ou parcialmente, ou deixar de restituir autos, documento ou objeto de valor probatório, que recebeu na qualidade de advogado ou procurador:

Pena – detenção, de 6 meses a 3 anos, e multa, de dois contos a dez contos de réis.

....

Violência ou fraude em arrematação judicial

Art. 358. Impedir, perturbar ou fraudar arrematação judicial; afastar ou procurar afastar concorrente ou licitante, por meio de violência, grave ameaça, fraude ou oferecimento de vantagem:

Pena – detenção de 2 meses a 1 ano, ou multa, de quinhentos mil réis a cinco contos de réis, além da pena correspondente à violência.

..................................(*DOU*, 31.12.40).

Decreto-lei 368, de 19 de dezembro de 1968[37]

Débitos salariais.

Art. 1º A empresa em débito salarial com seus empregados não poderá:

I – pagar honorário, gratificação, *pro labore* ou qualquer outro tipo de retribuição ou retirada a seus diretores, sócios, gerentes ou titulares de firma individual;

II – distribuir quaisquer lucros, bonificações, dividendos ou interesses a seus sócios, titulares, acionistas, ou membros de órgãos dirigentes, fiscais ou consultivos;

III – ser dissolvida.

Parágrafo único. Considera-se em débito salarial a empresa que não paga, no prazo e nas condições da lei ou contrato, o salário devido a seus empregados.

Art. 2º A empresa em mora contumaz relativamente a salários não poderá, além do disposto no art. 1º, ser favorecida com qualquer benefício de natureza fiscal, tributária, ou financeira, por parte de órgãos da União, dos Estados ou dos Municípios, ou de que estes participem.

§ 1º Considera-se mora contumaz o atraso ou sonegação de salários devidos aos empregados, por período igual ou superior a três meses, sem motivo grave e relevante, excluídas as causas pertinentes ao risco do empreendimento.

§ 2º Não se incluem na proibição do artigo as operações de crédito destinadas à liquidação dos débitos salariais existentes, o que deverá ser expressamente referido em documento firmado pelo responsável legal da empresa, como justificação do crédito.

Art. 3º A mora contumaz e a infração ao art. 1º serão apuradas mediante denúncia de empregado da empresa ou entidade sindical da respectiva categoria profissional, pela Delegacia Regional do Trabalho, em processo sumário, assegurada ampla defesa ao interessado.

§ 1º Encerrado o processo, o Delegado Regional do Trabalho submeterá ao Ministro do Trabalho e Previdência Social parecer conclusivo para decisão.

§ 2º A decisão que concluir pela mora contumaz será comunicada às autoridades fazendárias locais pelo Delegado Regional do Trabalho, sem prejuízo da comunicação que deverá ser feita ao Ministro da Fazenda.

Art. 4º Os diretores, sócios, gerentes, membros de órgãos fiscais ou consultivos, titulares de firma individual ou quaisquer outros dirigentes de empresa responsável pela infração do disposto no art. 1º, incisos I e II, estarão sujeitos a pena de detenção de um mês a um ano.

Parágrafo único. Apurada a infração prevista neste artigo, o Delegado Regional do Trabalho representará, sob pena de responsabilidade, ao Ministério Público, para a instauração da competente ação penal.

Art. 5º No caso do inciso III do art. 1º, a empresa requererá a expedição de Certidão Negativa de Débito Salarial, a ser passada pela Delegacia Regional do Trabalho mediante prova bastante do cumprimento, pela empresa, das obrigações salariais respectivas.

Art. 6º Considera-se salário devido, para os efeitos deste decreto-lei, a retribuição de responsabilidade direta da empresa, inclusive comissões, percentagens, gratificações, diárias para viagens e abonos, quando a sua liquidez e certeza não sofram contestação nem estejam pendentes de decisão judicial.

Art. 7º As infrações descritas no art. 1º, incisos I e II, e seu parágrafo único, sujeitam a empresa infratora à multa variável de 10 a 50% do débito salarial, a ser aplicada pelo Delegado Regional do Trabalho, mediante o processo previsto no art. 626 e seguintes da CLT, sem prejuízo da responsabilidade criminal das pessoas implicadas.

Art. 8º O Ministério do Trabalho e Previdência Social expedirá as instruções necessárias à execução deste decreto-lei.

................................(*DOU*, 20.12.68).

37. V. Port. MTPS 3.055/69 (*DOU*, 23.1.69).

Decreto-lei 546, de 18 de abril de 1969

Trabalho noturno em estabelecimentos bancários.

Art. 1º É permitido, inclusive à mulher, o trabalho noturno em estabelecimento bancário, para a execução de tarefa pertinente ao movimento de compensação de cheques ou à computação eletrônica, respeitado o disposto no art. 73, e seus parágrafos, da CLT.

§ 1º A designação para o trabalho noturno dependerá de concordância expressa do empregado.

§ 2º O trabalho após as 22 horas será realizado em turnos especiais, não podendo ultrapassar 6 horas.

§ 3º É vedado aproveitar em outro horário o bancário que trabalhar no período da noite, bem como utilizar em tarefa noturna o que trabalhar durante o dia, facultada, contudo, a adoção de horário misto, na forma prevista no § 4º do precitado art. 73 da CLT.

§ 4º O disposto neste artigo poderá ser estendido, em casos especiais, a atividade bancária de outra natureza, mediante autorização do Ministro do Trabalho e Previdência Social.

.................................(*DOU*, 22.4.69).

Decreto-lei 691, de 18 de julho de 1969

Técnicos estrangeiros, com estipulação de pagamento de salários em moeda estrangeira.

Art. 1º Os contratos de técnicos estrangeiros domiciliados ou residentes no exterior, para execução, no Brasil, de serviços especializados e, em caráter provisório, com estipulação de salários em moeda estrangeira, serão, obrigatoriamente, celebrados por prazo determinado e prorrogáveis sempre a termo certo, ficando excluídos da aplicação do disposto nos arts. 451, 452, 453 no Capítulo VII do Título IV da CLT e na Lei 5.107, de 13 de dezembro de 1966, com as alterações do Decreto-lei 20, de 14 de setembro de 1966, e legislação subsequente.

Parágrafo único. A rescisão dos contratos de que trata este artigo reger-se-á pelas normas estabelecidas nos arts. 479, 480 e seu § 1º, e 481 da CLT.

Art. 2º Aos técnicos estrangeiros contratados nos termos deste decreto-lei serão asseguradas, além das vantagens previstas no contrato, apenas as garantias relativas a salário mínimo, repouso semanal remunerado, férias anuais, duração, segurança e higiene do trabalho, seguro contra acidente do trabalho e previdência social deferidas ao trabalhador que perceba salário exclusivamente em moeda nacional.

Parágrafo único. É vedada a estipulação contratual de participação nos lucros da empresa.

Art. 3º A taxa de conversão da moeda estrangeira será, para todos os efeitos, a data do vencimento da obrigação.

Art. 4º A competência para dirimir as controvérsias oriundas das relações estabelecidas sob o regime deste decreto-lei será da Justiça do Trabalho.

Art. 5º O presente decreto-lei entrará em vigor na data de sua publicação, aplicando-se às relações em curso.

Art. 6º Revogam-se as disposições em contrário (*DOU*, 21.7.69, retificado em 23.7.69).

Decreto-lei 779, de 21 de agosto de 1969

Aplicação de normas processuais trabalhistas à União Federal, aos Estados, Municípios, Distrito Federal e Autarquias ou Fundações de direito público que não explorem atividades econômicas.

Art. 1º Nos processos perante a Justiça do Trabalho, constituem privilégio da União, dos Estados, do Distrito Federal, dos Municípios e das autarquias ou fundações de direito público federais, estaduais ou municipais que não explorem atividade econômica:

I – a presunção relativa de validade dos recibos de quitação ou pedidos de demissão de seus empregados ainda que não homologados nem submetidos à assistência mencionada nos §§ 1º, 2º e 3º do art. 477 da CLT;

II – o quádruplo do prazo fixado no art. 841, *in fine*, da CLT;

III – o prazo em dobro para recurso;

IV – a dispensa de depósito para interposição de recurso;

V – o recurso ordinário *ex officio* das decisões que lhe sejam total ou parcialmente contrárias;

VI – o pagamento de custas a final, salvo quanto à União Federal, que não as pagará.

Art. 2º O disposto no artigo anterior aplica-se aos processos em curso mas não acarretará a restituição dos depósitos ou custas pagas para efeito de recurso até decisão passada em julgado.

..................................(*DOU*, 25.8.69).

Decreto-lei 1.873, de 27 de maio de 1981

Adicionais de insalubridade e de periculosidade aos servidores públicos federais. Gratificação de interiorização.

Art. 1º Os adicionais de insalubridade e de periculosidade serão concedidos aos servidores públicos federais nas condições disciplinadas pela legislação trabalhista.

Parágrafo único. O adicional de insalubridade por trabalhos com Raios X ou substâncias radioativas continuará a ser deferido nos termos do art. 11 do Decreto-lei 1.445, de 13 de fevereiro de 1976, e nas demais normas em vigor na data de vigência deste decreto-lei.

Art. 2º Fica incluída no Anexo II do Decreto-lei 1.341, de 22 de agosto de 1974, a Gratificação de Interiorização, com a definição, beneficiários e bases de concessão estabelecidos no Anexo I deste decreto-lei.

Art. 3º A Gratificação de Interiorização será calculada com base no vencimento ou salário-base correspondente ao cargo efetivo ou emprego permanente, não sendo considerada para efeito de qualquer vantagem ou indenização.

Art. 4º A gratificação de que trata este decreto-lei será concedida aos servidores que se encontrarem em efetivo exercício em cidades do interior do País.

Parágrafo único. Considerar-se-ão como de efetivo exercício, para os efeitos deste decreto-lei, exclusivamente, os afastamentos em virtude de:

I – férias; II – casamento; III – luto; IV – licenças para tratamento da própria saúde, a gestante ou em decorrência de acidente em serviço; V – prestação eventual de serviço por prazo inferior a 30 dias, em localidade não abrangida por este decreto-lei.

Art. 5º É vedada, a qualquer título, a concessão da gratificação a que se refere o art. 3º deste decreto-lei, a servidores em exercício em Capitais de Estados, Distrito Federal e em Municípios com população superior a 60.000 habitantes, bem como nas cidades distantes até 50 km das capitais.

Art. 6º O parágrafo único do art. 7º, do Decreto-lei 1.820, de 11 de dezembro de 1980, passa a ter a seguinte redação:

"Parágrafo único. A gratificação a que se refere este artigo é também devida, na mesma base de cálculo, ao ocupante de cargo ou emprego incluído em categoria funcional de nível superior do Plano de Classificação de Cargos de que trata a Lei 5.645, de 10 de dezembro de 1970, e que, por força da legislação em vigor, estiver sujeito à jornada de trabalho inferior a 40 horas semanais".

Art. 7º O Anexo IV do Decreto-lei 1.820/80 fica alterado na forma do Anexo II deste decreto-lei.

Art. 8º O Poder Executivo baixará os atos necessários ao cumprimento deste decreto-lei.

Art. 9º Os efeitos financeiros deste decreto-lei vigoram a partir de 1º de junho de 1981.

Art. 10. A despesa resultante da aplicação deste decreto-lei correrá à conta das dotações orçamentárias específicas da União e de suas Autarquias.

..................................(*DOU*, 25.8.81).

MEDIDAS PROVISÓRIAS

Medida Provisória 2.164-41, de 24 de agosto de 2001

Trabalho a tempo parcial, programa de qualificação e suspensão de contrato de trabalho.

....

Art. 11. Ao empregado com contrato de trabalho suspenso nos termos do disposto no art. 476-A da Consolidação das Leis do Trabalho – CLT aplica-se o disposto no art. 15, inciso II, da Lei n. 8.213, de 24 de julho de 1991.

Art. 12. Cabe ao Ministério do Trabalho e Emprego a adoção das providências administrativas necessárias à implementação da bolsa de qualificação profissional, disponibilizando o acesso ao benefício a partir de 1º de janeiro de 1999.

...................................(*DOU*, 25.8.01)

Medida Provisória 2.197-43, de 24 de agosto de 2001

Sistema Financeiro da Habitação.

Art. 1º Será admitida, no âmbito do Sistema Financeiro da Habitação – SFH, a celebração de contratos de financiamento com planos de reajustamento do encargo mensal diferentes daqueles previstos na Lei n. 8.692, de 28 de julho de 1993.

Parágrafo único. Nas operações de financiamento habitacional realizadas com recursos do Fundo de Garantia do Tempo de Serviço – FGTS, o Conselho Curador do FGTS poderá definir os planos de reajustamento do encargo mensal a serem nelas aplicados.

Art. 2º (Rev. L. 12.424/11.)

...................................(*DOU*, 27.8.01).

CONVENÇÕES INTERNACIONAIS

Convenção OIT 158[38-39]

Término da Relação de Trabalho.

PARTE I
MÉTODOS DE APLICAÇÃO, ÁREA DE APLICAÇÃO E DEFINIÇÕES

Artigo 1

Dever-se-á dar efeito às disposições da presente Convenção através da legislação nacional, exceto na medida em que essas disposições sejam aplicadas por meio de contratos coletivos, laudos arbitrais ou sentenças judiciais, ou de qualquer outra forma de acordo com a prática nacional.

Artigo 2

1. A presente Convenção aplica-se a todas as áreas de atividade econômica e a todas as pessoas empregadas.

2. Todo Membro poderá excluir da totalidade algumas das disposições da presente Convenção as seguintes categorias de pessoas empregadas:

a) os trabalhadores de um contrato de trabalho de duração determinada ou para realizar uma determinada tarefa;

b) os trabalhadores que estejam num período de experiência ou que não tenham o tempo de serviço exigido, sempre que, em qualquer um dos casos, a duração tenha sido fixada previamente e for razoável;

c) os trabalhadores contratados em caráter ocasional durante um período de curta duração.

3. Deverão ser previstas garantias adequadas contra o recurso a contratos de trabalho de duração determinada cujo objetivo seja o de iludir a proteção prevista nesta Convenção.

4. Na medida que for necessário, e com a prévia consulta das organizações de empregadores e de trabalhadores interessadas, quando tais organizações existirem, a autoridade competente ou o organismo apropriado de cada país poderá tomar medidas para excluir da aplicação da presente Convenção, ou de algumas de suas disposições, certas categorias de pessoas empregadas, cujas condições de emprego forem regidas por disposições especiais que, no seu conjunto, proporcionem uma proteção pelo menos equivalente à prevista nesta Convenção.

5. Na medida que for necessário, e com a prévia consulta das organizações de empregadores e trabalhadores interessadas, quando tais organizações existirem, a autoridade competente ou o organismo apropriado de cada país poderá tomar medidas para excluir da aplicação da presente Convenção ou de algumas de suas disposições, outras categorias limitadas de pessoas empregadas, a cujo respeito apresentam-se problemas especiais que assumam certa importância, levando em consideração as condições de emprego particulares dos trabalhadores interessados ou a dimensão ou natureza da empresa que os emprega.

6. Todo Membro que ratificar a presente Convenção deverá enumerar, no primeiro

---

38. Assinada em Genebra em 22.6.82, aprovada pelo Congresso Nacional pelo DLeg. 68, de 16.9.92, depositado em 5.1.95 e promulgado em 10.4.96 (D. 1.855/96, republicado, *DOU*, 26.9.96), e denunciada pelo Brasil, deixa de vigorar a partir de 20.11.97 (D. 2.100/96, *DOU*, 23.12.96).

39. Sobre a inaplicabilidade: v. CLT, art. 477, nota 1.

relatório sobre a aplicação da Convenção que submeter em virtude do artigo 22 da Constituição da Organização Internacional do Trabalho, as categorias que tiverem sido excluídas em virtude dos parágrafos 4 e 5 do presente artigo, explicando os motivos para essa exclusão, e deverá indicar nos relatórios subsequentes à situação da sua legislação e prática com relação às categorias excluídas e a medida em que é aplicada ou se tenciona aplicar a Convenção a essas categorias.

Artigo 3

Para os efeitos da presente Convenção as expressões "término" e "término da relação de trabalho" significam término da relação de trabalho por iniciativa do empregador.

PARTE II
NORMAS DE APLICAÇÃO GERAL

Seção A
Justificação do término

Artigo 4

Não se dará término à relação de trabalho de um trabalhador a menos que exista para isso uma causa justificada relacionada com sua capacidade ou seu comportamento ou baseada nas necessidades de funcionamento da empresa, estabelecimento ou serviço.

Artigo 5

Entre os motivos que não constituirão causa justificada para o término da relação de trabalho constam os seguintes:

a) a filiação a um sindicato ou a participação em atividades sindicais fora das horas de trabalho ou, com o consentimento de empregador, durante as horas de trabalho;

b) ser candidato a representante dos trabalhadores ou atuar ou ter atuado nessa qualidade;

c) apresentar uma queixa ou participar de um procedimento estabelecido contra um empregador por supostas violações de leis ou regulamentos, ou recorrer perante as autoridades administrativas competentes;

d) a raça, a cor, o sexo, o estado civil, as responsabilidades familiares, a gravidez, a religião, as opiniões políticas, a ascendência nacional ou a origem social;

e) a ausência do trabalho durante a licença-maternidade.

Artigo 6

1. A ausência temporária do trabalho por motivo de doença ou lesão não deverá constituir causa justificada de término da relação de trabalho.

2. A definição do que constitui uma ausência temporária do trabalho, a medida na qual será exigido um certificado médico e as possíveis limitações à aplicação do parágrafo 1º do presente artigo serão determinadas em conformidade com os métodos de aplicação mencionados no artigo 1º da presente Convenção.

Seção B
Procedimentos prévios ao término por ocasião do mesmo

Artigo 7

Não deverá ser terminada a relação de trabalho de um trabalhador por motivos relacionados com seu comportamento ou seu desempenho antes de se dar ao mesmo a possibilidade de se defender das acusações feitas contra ele, a menos que não seja possível pedir ao empregador, razoavelmente, que lhe conceda essa possibilidade.

Seção C
Recurso contra o término

Artigo 8

1. O trabalhador que considerar injustificado o término de sua relação de trabalho terá o direito de recorrer contra o mesmo perante um organismo neutro, como, por exemplo, um tribunal, um tribunal do trabalho, uma junta de arbitragem ou um árbitro.

2. Se uma autoridade competente tiver autorizado o término, a aplicação do parágrafo 1º do presente artigo poderá variar em conformidade com a legislação e a prática nacionais.

3. Poder-se-á considerar que o trabalhador renunciou a seu direito de recorrer contra o término de sua relação de trabalho

se não tiver exercido tal direito dentro de um prazo razoável após o término.

Artigo 9

1. Os organismos mencionados no artigo 8º da presente Convenção estarão habilitados para examinarem as causas alegadas para justificar o término da relação de trabalho e todas as demais circunstâncias relacionadas com o caso, e para se pronunciar sobre o término ser ou não justificado.

2. A fim do trabalhador não estar obrigado a assumir por si só o peso da prova de que seu término foi injustificado, os métodos de aplicação mencionados no artigo 1º da presente Convenção deverão prever uma ou outra das seguintes possibilidades, ou ambas:

a) caberá ao empregador o peso da prova da existência de uma causa justificada para o término, tal como foi definido no artigo 4 da presente Convenção;

b) os organismos mencionados no artigo 8º da presente Convenção estarão habilitados para decidir acerca das causas alegadas para justificar o término, levando em conta as provas apresentadas pelas partes e em conformidade com os procedimentos estabelecidos pela legislação e a prática nacionais.

3. Nos casos em que forem alegadas, para o término da relação de trabalho, razões baseadas em necessidades de funcionamento da empresa, estabelecimento ou serviço, os organismos mencionados no artigo 8º da presente Convenção estarão habilitados para verificar se o término foi devido realmente a essas razões, mas a medida em que esses organismos estarão habilitados também para decidirem se tais razões seriam suficientes para justificar o término deverá ser determinada pelos métodos de aplicação mencionados no artigo 1º desta Convenção.

Artigo 10

Se os organismos mencionados no artigo 8º da presente Convenção chegarem à conclusão de que o término da relação de trabalho é injustificado e se, em virtude da legislação e prática nacionais, esses organismos não estiverem habilitados ou não considerarem possível, devido às circunstâncias, anular o término e, eventualmente, ordenar ou propor a readmissão do trabalhador, terão a faculdade de ordenar o pagamento de uma indenização adequada ou outra reparação que for considerada apropriada.

Seção D

Prazo de aviso prévio

Artigo 11

O trabalhador cuja relação de trabalho estiver para ser dada por terminada terá direito a um prazo de aviso prévio razoável ou, em lugar disso, a uma indenização, a não ser que o mesmo seja culpado de uma falta grave de tal natureza que seria irrazoável pedir ao empregador que continuasse a empregá-lo durante o prazo do aviso prévio.

Seção E

Indenização por término de serviços e outras medidas de proteção dos rendimentos

Artigo 12

1. Em conformidade com a legislação e a prática nacionais, todo trabalhador cuja relação de trabalho tiver sido terminada terá direito:

a) a uma indenização por término de serviços ou a outras compensações análogas, cuja importância será fixada em função, entre outras coisas, do tempo de serviço e do montante do salário, pagáveis diretamente pelo empregador ou por um fundo constituído através de cotizações dos empregadores; ou

b) a benefícios do seguro-desemprego, de um sistema de assistência aos desempregados ou de outras formas de previdência social, tais como benefícios por velhice ou por invalidez, sob as condições normais às quais esses benefícios estão sujeitos; ou

c) a uma combinação de tais indenizações ou benefícios.

2. Quando o trabalhador não reunir as condições de qualificação, para ter direito aos benefícios de um seguro-desemprego ou de assistência aos desempregados em virtude de um sistema de alcance geral, não será exigível o pagamento das indenizações ou benefícios mencionados no parágrafo 1º, item a), do presente artigo, pelo único fato do trabalhador não receber benefícios de

desemprego em virtude do item b) do parágrafo mencionado.

3. No caso de término devido a falta grave, poder-se-á prever a perda do direito a desfrutar das indenizações ou benefícios mencionados no parágrafo 1º, item a), do presente artigo pelos métodos de aplicação mencionados no artigo 1º da presente Convenção.

PARTE III
DISPOSIÇÕES COMPLEMENTARES SOBRE O TÉRMINO DA RELAÇÃO DE TRABALHO POR MOTIVOS ECONÔMICOS, TECNOLÓGICOS, ESTRUTURAIS OU ANÁLOGOS

Seção A
Consulta aos representantes dos trabalhadores

Artigo 13

1. Quando o empregador prever términos da relação de trabalho por motivos econômicos, tecnológicos, estruturais ou análogos:

a) proporcionará aos representantes dos trabalhadores interessados, em tempo oportuno, a informação pertinente, incluindo os motivos dos términos previstos, o número e categorias dos trabalhadores que poderiam ser afetados pelos mesmos e o período durante o qual seriam efetuados esses términos;

b) em conformidade com a legislação e a prática nacionais, oferecerá aos representantes dos trabalhadores interessados, o mais breve que for possível, uma oportunidade para realizarem consultas sobre as medidas que deverão ser adotadas para evitar ou limitar os términos e as medidas para atenuar as consequências adversas de todos os términos para os trabalhadores afetados, por exemplo, achando novos empregos para os mesmos.

2. A aplicação do parágrafo 1º do presente artigo poderá ser limitada, mediante os métodos de aplicação mencionados no artigo 1º da presente Convenção, àqueles casos em que o número de trabalhadores, cuja relação de trabalho tiver previsão de ser terminada, for pelo menos igual a uma cifra ou uma porcentagem determinadas do total do pessoal.

3. Para os efeitos do presente artigo, a expressão "representantes dos trabalhadores interessados" aplica-se aos representantes dos trabalhadores reconhecidos como tais pela legislação ou a prática nacionais, em conformidade com a Convenção sobre os Representantes dos Trabalhadores, 1971.

Seção B
Notificação à autoridade competente

Artigo 14

1. Em conformidade com a legislação e a prática nacionais, o empregador que prever términos por motivos econômicos, tecnológicos, estruturais ou análogos, deverá notificá-los o mais breve possível à autoridade competente, comunicando-lhe a informação pertinente, incluindo uma exposição, por escrito, dos motivos dos términos previstos, o número e as categorias dos trabalhadores que poderiam ser afetados e o período durante o qual serão efetuados esses términos.

2. A legislação nacional poderá limitar a aplicabilidade do parágrafo 1º do presente artigo àqueles casos nos quais o número de trabalhadores, cuja relação de trabalho tiver previsão de ser terminada, for pelo menos igual a uma cifra ou uma porcentagem determinadas do total do pessoal.

3. O empregador notificará às autoridades competentes os términos referidos no parágrafo 1 do presente artigo com um prazo mínimo de antecedência da data em que seriam efetuados os términos, prazo que será especificado pela legislação nacional.

PARTE IV
DISPOSIÇÕES FINAIS

....

Artigo 17

1. Todo Membro que tiver ratificado a presente Convenção poderá denunciá-lo no fim de um período de dez anos, a partir da

data da entrada em vigor inicial, mediante um ato comunicado, para ser registrado, ao Diretor-Geral da Repartição Internacional do Trabalho. A denúncia tornar-se-á efetiva somente um ano após a data de seu registro.

2. Todo Membro que tiver ratificado esta Convenção e que, no prazo de um ano após a expiração do período de 10 anos, mencionado no parágrafo precedente, não fizer uso do direito de denúncia previsto neste artigo ficará obrigado por mais um período de dez anos, e, sucessivamente, poderá denunciar esta Convenção no fim de cada período de 10 anos, nas condições previstas neste artigo (*DOU*, 11.4.96; rep. 26.9.96).

....

Convenção OIT 167

Segurança e Saúde na Construção. Aprovada D. 6.271.

I. ÁREA DE APLICAÇÃO E DEFINIÇÕES

Artigo 1

1. A presente Convenção aplica-se a todas as atividades de construção, isto é, os trabalhos de edificação, as obras públicas e os trabalhos de montagem e desmonte, inclusive qualquer processo, operação e transporte nas obras, desde a preparação das obras até a conclusão do projeto.

2. Todo membro que ratificar a presente Convenção poderá, mediante prévia consulta com as organizações mais representativas de empregadores e de trabalhadores interessadas, se houver, excluir da aplicação da Convenção ou de algumas das suas aplicações determinados ramos de atividade econômica ou empresas a respeito das quais sejam expostos problemas especiais que possuam certa importância, sob a condição de se garantir mais um meio ambiente de trabalho seguro e saudável.

3. A presente Convenção aplica-se também aos trabalhadores autônomos que a legislação nacional possa designar.

Artigo 2

Para os fins da presente Convenção:

(a) a expressão "construção" abrange:

i) a edificação, incluídas as escavações e a construção, as transformações estruturais, a renovação, o reparo, a manutenção (incluindo os trabalhos de limpeza e pintura) e a demolição de todo tipo de edifícios e estruturas;

ii) as obras públicas, inclusive os trabalhos de escavações e a construção, transformação estrutural, reparo, manutenção e demolição de, por exemplo, aeroportos, embarcadouros, portos, canais, reservatórios, obras de prevenção contra as águas fluviais e marítimas ou contra avalanches, estradas e autoestradas, ferrovias, pontes, túneis, viadutos e obras relacionadas com a prestação de serviços, como comunicações, captação de águas pluviais, esgotos e fornecimentos de água e energia;

iii) a montagem e o desmonte de edifícios e estruturas a base de elementos pré-fabricados, bem como a fabricação desses elementos nas obras ou nas suas imediações;

(b) a expressão "obras" designa qualquer lugar onde sejam realizados quaisquer dos trabalhos ou operações descritos no item (a), anterior;

(c) a expressão "local de trabalho" designa todos os sítios onde os trabalhadores devem estar ou para onde devam estar ou para onde devam se dirigir devido ao seu trabalho e que se encontrem sob o controle de um empregador no sentido do item (e);

(d) a expressão "trabalhador" designa qualquer pessoa empregada na construção;

(e) a expressão "empregador" designa:

i) qualquer pessoa física ou jurídica que emprega um ou vários trabalhadores em uma obra; e

ii) segundo for o caso, o empreiteiro principal, o empreiteiro e o subempreiteiro;

(f) a expressão "pessoa competente" designa a pessoa possuidora de qualificações adequadas, tais como formação apropriada e conhecimentos, experiência e aptidões suficientes para executar funções específicas em condições de segurança. As autoridades competentes poderão definir os critérios para a designação dessas pessoas e determinar as obrigações que devam ser a elas atribuídas;

(g) a expressão "andaimes" designa toda estrutura provisória fixa, suspensa ou móvel, e os componentes em que ela se apoie, a qual sirva de suporte para os trabalhadores e materiais ou permita o acesso a essa estrutura, excluindo-se os aparelhos elevadores definidos no item (h);

(h) a expressão "aparelho elevador" designa todos os aparelhos, fixos ou móveis, utilizados para içar ou descer pessoas ou cargas;

(i) a expressão "acessório de içamento" designa todo mecanismo ou equipamento por meio do qual seja possível segurar uma carga ou um aparelho elevador, mas que não seja parte integrante do aparelho nem da carga.

II. DISPOSIÇÕES GERAIS

Artigo 3

Dever-se-á consultar as organizações mais representativas de empregadores e de trabalhadores acerca das medidas que serão necessárias adotar para levar a efeito as disposições do presente Convênio.

Artigo 4

Todo membro que ratificar a presente Convenção compromete-se, com base em uma avaliação dos riscos que existam para a segurança e a saúde, a adotar e manter em vigor legislação que assegure a aplicação das disposições da Convenção.

Artigo 5

1. A legislação que for adotada em conformidade com o Artigo 4º da presente Convenção poderá prever a sua aplicação prática mediante normas técnicas ou repertórios de recomendações práticas ou por outros métodos apropriados, em conformidade com as condições e a prática nacionais.

2. Ao levar a efeito o Artigo 4º da presente Convenção e o parágrafo 1 do presente Artigo, todo membro deverá levar na devida conta as normas pertinentes adaptadas pelas organizações internacionais reconhecidas na área de normalização.

Artigo 6

Deverão ser adotadas medidas para assegurar a cooperação entre empregadores e trabalhadores, em conformidade com as modalidades que a legislação nacional definir, a fim de fomentar a segurança e a saúde nas obras.

Artigo 7

A legislação nacional deverá prever que os empregadores e os trabalhadores autônomos estarão obrigados a cumprir no local de trabalho as medidas prescritas em matéria de segurança e saúde.

Artigo 8

1. Quando dois ou mais empregadores estiverem realizando atividades simultaneamente na mesma obra:

(a) a coordenação das medidas prescritas em matéria de segurança e saúde e, na medida em que for compatível com a legislação nacional, a responsabilidade de zelar pelo cumprimento efetivo de tais medidas recairá sobre o empreiteiro principal ou sobre outra pessoa ou organismo que estiver exercendo controle efetivo ou tiver a principal responsabilidade pelo conjunto de atividades na obra;

(b) quando o empreiteiro principal, ou a pessoa ou organismo que estiver exercendo o controle efetivo ou tiver a responsabilidade principal pela obra não estiver presente no local de trabalho deverá, na medida em que isso for compatível com a legislação nacional, atribuir a uma pessoa ou um organismo competente, presente na obra, a autoridade e os meios necessários para assegurar no seu nome a coordenação e a aplicação das medidas no item (a);

(c) cada empregador será responsável pela aplicação das medidas prescritas aos trabalhadores sob a sua autoridade.

2. Quando empregadores ou trabalhadores autônomos realizarem atividades simultaneamente em uma mesma obra terão a obrigação de cooperarem na aplicação das medidas prescritas em matéria de segurança e saúde que a legislação nacional determinar.

Artigo 9

As pessoas responsáveis pela concepção e o planejamento de um projeto de construção deverão levar em consideração a segurança e a saúde dos trabalhadores da construção, em conformidade com a legislação e a prática nacionais.

Artigo 10

A legislação nacional deverá prever que em qualquer local de trabalho os trabalhadores terão o direito e o dever de participarem no estabelecimento de condições seguras de trabalho na medida em que eles controlem o equipamento e os métodos de trabalho adotados, naquilo que estes possam afetar a segurança e a saúde.

Artigo 11

A legislação nacional deverá estipular que os trabalhadores terão a obrigação de:

(a) cooperar da forma mais estreita possível com seus empregadores na aplicação das medidas prescritas em matéria de segurança e de saúde;

(b) zelar razoavelmente pela sua própria segurança e saúde e aquela de outras pessoas que possam ser afetadas pelos seus atos ou omissões no trabalho;

(c) utilizar os meios colocados à sua disposição e não utilizar de forma indevida nenhum dispositivo que lhes tiver sido proporcionado para sua própria proteção ou proteção dos outros;

(d) informar sem demora ao seu superior hierárquico imediato e ao delegado de segurança dos trabalhadores, se houver, sobre qualquer situação que a seu ver possa conter riscos e que não possam contornar adequadamente eles mesmos;

(e) cumprir as medidas prescritas em matéria de segurança e saúde.

Artigo 12

1. A legislação nacional deverá estabelecer que todo trabalhador terá o direito de se afastar de uma situação de perigo quando tiver motivos razoáveis para acreditar que essa situação contém risco imediato e grave para a sua segurança e sua saúde, e a obrigação de informar o fato sem demora ao seu superior hierárquico.

2. Quando existir um risco iminente para a segurança dos trabalhadores, o empregador deverá adotar medidas imediatas para interromper as atividades e, se for necessário, providenciar a evacuação dos trabalhadores.

III. MEDIDAS DE PREVENÇÃO E PROTEÇÃO

Artigo 13

Segurança nos locais de trabalho

1. Deverão ser adotadas todas as precauções adequadas para garantir que todos os locais de trabalho sejam seguros e estejam isentos de riscos para a segurança e saúde dos trabalhadores.

2. Deverão ser facilitados, mantidos em bom estado e sinalizados, onde for preciso, meios seguros de acesso e de saída em todos os locais de trabalho.

3. Deverão ser adotadas todas a precauções adequadas para proteger as pessoas presentes em uma obra, ou em suas imediações, de todos os riscos que possam se derivar da mesma.

Artigo 14

Andaimes e escadas de mão

1. Quando o trabalho não puder ser executado com plena segurança no nível do chão ou a partir do chão ou de uma parte de um edifício ou de outra estrutura permanente, deverão ser montados e mantidos em bom estado andaimes seguros e adequados ou se recorrer a qualquer outro meio igualmente seguro e adequado.

2. Havendo falta de outros meios seguros de acesso a locais de trabalho em pontos elevados, deverão ser proporcionadas escadas de mão adequadas e de boa qualidade. Elas deverão estar convenientemente presas para impedir todo movimento involuntário.

3. Todos os andaimes e escadas de mão deverão ser construídos e utilizados em conformidade com a legislação nacional.

4. Os andaimes deverão ser inspecionados por uma pessoa competente nos casos e nos momentos prescritos pela legislação nacional.

Artigo 15

Aparelhos elevadores e acessórios de içamento

1. Todo aparelho elevador e todo acessório de içamento, inclusive seus elementos constitutivos, peças para fixação e ancoragem e suportes deverão:

(a) ser bem projetados e construídos, estar fabricados com materiais de boa qualidade e ter a resistência apropriada para o uso ao qual estejam destinados;

(b) ser instalados e utilizados corretamente;

(c) ser mantidos em bom estado de funcionamento;

(d) ser examinados e submetidos a teste por pessoa competente nos momentos e nos casos prescritos pela legislação nacional; os resultados dos exames e testes devem ser registrados;

(e) ser manipulados pelos trabalhadores que tiverem recebido treinamento adequado em conformidade com a legislação nacional.

2. Não deverão ser içadas, descidas nem transportadas pessoas por meio de nenhum aparelho elevador, a não ser que ele tenha sido construído e instalado com esse objetivo, em conformidade com a legislação nacional, exceto no caso de uma situação de urgência em que for preciso evitar riscos de ferimentos graves ou acidente mortal, quando o aparelho elevador puder ser utilizado com absoluta segurança.

Artigo 16

Veículos de transporte e maquinaria de movimentação de terra e de manipulação de materiais

1. Todos os veículos e toda a maquinaria de movimentação de terra e de manipulação de materiais deverão:

(a) ser bem projetados e construídos, levando em conta, na medida do possível, os princípios de ergonomia;

(b) ser mantidos em bom estado;

(c) ser corretamente utilizados;

(d) ser manipulados por trabalhadores que tiverem recebido treinamento adequado em conformidade com a legislação nacional.

2. Em todas as obras em que forem utilizados veículos e maquinaria de movimentação de terra ou de manipulação de materiais:

(a) deverão ser facilitadas vias de acesso seguras e apropriadas para eles;

(b) deverá ser organizado e controlado o trânsito de forma a garantir sua utilização em condições de segurança.

Artigo 17

Instalações, máquinas, equipamentos e ferramentas manuais

1. As instalações, as máquinas e os equipamentos, inclusive as ferramentas manuais, sejam ou não acionadas por motor, deverão:

(a) ser bem projetadas e construídas, levando em conta, na medida do possível, os princípios de ergonomia;

(b) ser mantidos em bom estado;

(c) ser utilizados exclusivamente nos trabalhos para os quais foram concebidos, a não ser que a sua utilização para outros fins, diversos daqueles inicialmente previstos, tenha sido objeto de uma avaliação completa por parte de pessoa competente que tenha concluído que essa utilização não apresente riscos;

(d) ser manipulados pelos trabalhadores que tenham recebido treinamento apropriado.

2. Nos casos apropriados, o fabricante ou o empregador fornecerá instruções adequadas para uma utilização segura, em forma inteligível para os usuários.

3. As instalações e os equipamentos a pressão deverão ser examinados e submetidos a teste por pessoa competente, nos casos e momentos prescritos pela legislação nacional.

Artigo 18

Trabalhos nas alturas, incluindo os telhados

1. Sempre que for necessário para prevenir um risco, ou quando a altura da estrutura ou seu declive ultrapassarem o que for determinado pela legislação nacional, deverão ser adotadas medidas preventivas para evitar quedas de trabalhadores e de ferramentas ou outros materiais ou objetos.

2. Quando os trabalhadores precisarem trabalhar próximos ou sobre telhados ou qualquer outra superfície revestida com material frágil através do qual possam cair, deverão ser adotadas medidas preventivas para que eles não pisem inadvertidamente nesse material frágil ou possam cair através dele.

Artigo 19

Escavações, poços, aterros, obras subterrâneas e túneis

Nas escavações, poços, aterros, obras subterrâneas ou túneis deverão ser tomadas precauções adequadas:

(a) colocando o escoramento adequado ou recorrendo a outros meios para evitar que os trabalhadores tenham risco de desabamento ou desprendimento de terra, rochas ou outros materiais;

(b) para prevenir os perigos de quedas de pessoas, materiais ou objetos, ou irrupção de água na escavação, poço, aterro, obra subterrânea ou túnel;

(c) para assegurar ventilação suficiente em todos os locais de trabalho a fim de se manter uma atmosfera pura, apta para a respiração, e de se manter a fumaça, gases, vapores, poeira ou outras impurezas em níveis que não sejam perigosos ou nocivos para a saúde e estejam de acordo com os limites fixados pela legislação nacional;

(d) para que os trabalhadores possam se colocar a salvo no caso de incêndio ou de uma irrupção de água ou de materiais;

(e) para evitar aos trabalhadores riscos derivados de eventuais perigos subterrâneos, particularmente a circulação de fluídos ou a existência de bolsões de gás, procedendo à realização de pesquisas apropriadas a fim de localizá-los.

Artigo 20

Pré-barragens e caixões de ar comprimido

1. As pré-barragens e os caixões de ar comprimido deverão:

(a) ser bem construídos, estar fabricados com materiais apropriados e sólidos e ter suficiente resistência;

(b) estar providos de meios que permitam aos trabalhadores se pôr a salvo no caso de irrupção de água ou de materiais.

2. A construção, a colocação, a modificação ou o desmonte de uma pré-barragem ou caixão de ar comprimido deverão ser realizados exclusivamente sob a supervisão direta de pessoa competente.

3. Todas as pré-barragens e os caixões de ar comprimido serão examinados por pessoa competente, a intervalos prescritos.

Artigo 21

Trabalhos em ar comprimido

1. Os trabalhos em ar comprimido deverão ser realizados exclusivamente nas condições prescritas pela legislação nacional.

2. Os trabalhos em ar comprimido deverão ser realizados exclusivamente por trabalhadores cuja aptidão física tiver sido comprovada mediante exame médico, e na presença de pessoa competente para supervisionar o desenvolvimento das operações.

Artigo 22

Armações e formas

1. A montagem de armações e dos seus elementos, de formas, de escoras e de escapamentos somente deverá ser realizada sob a supervisão de pessoa competente.

2. Deverão ser tomadas precauções adequadas para proteger os trabalhadores dos riscos devidos à fragilidade ou instabilidade temporárias de uma estrutura.

3. As formas, os escoramentos e os escapamentos deverão ser projetados, construídos e conservados de maneira a sustentarem com segurança todas as cargas a que possam ser submetidos.

Artigo 23

Trabalhos por cima de uma superfície de água

Quando forem realizados trabalhos por cima ou na proximidade de uma superfície de água deverão ser adotadas disposições adequadas para:

(a) impedir que os trabalhadores possam cair na água;

(b) salvar qualquer trabalhador em perigo de afogamento;

(c) proporcionar meios de transporte seguros e suficientes.

Artigo 24

Trabalhos de demolição

Quando a demolição de um prédio ou estrutura possa conter riscos para os trabalhadores ou para o público:

(a) serão tomadas precauções e serão adotadas métodos e procedimentos apropriados, inclusive aqueles necessários para a remoção de rejeitos ou resíduos, em conformidade com a legislação nacional;

(b) os trabalhos deverão ser planejados e executados exclusivamente sob a supervisão de pessoa competente.

Artigo 25
Iluminação

Em todos os locais de trabalho ou em qualquer outro local de obra por onde o trabalhador tiver que passar deverá haver iluminação suficiente e apropriada, incluindo, quando for o caso, luminárias portáteis.

Artigo 26
Eletricidade

1. Todos os equipamentos e instalações elétricas deverão ser construídos, instalados e conservados por pessoa competente, e utilizados de maneira a prevenir qualquer perigo.

2. Antes de se iniciar obras de construção, bem como durante a sua execução, deverão ser adotadas medidas adequadas para verificar a existência de algum cabo ou aparelho elétrico sob tensão nas obras, por cima ou sob elas, e prevenir qualquer risco que a sua existência possa implicar para os trabalhadores.

3. A colocação e a manutenção de cabos e aparelhos elétricos nas obras deverão responder às normas e regras técnicas aplicadas em nível nacional.

Artigo 27
Explosivos

Os explosivos somente deverão ser guardados, transportados, manipulados ou utilizados:

(a) nas condições prescritas pela legislação nacional;

(b) por pessoa competente, que deverá adotar as medidas necessárias para evitar qualquer risco de lesões para os trabalhadores e para outras pessoas.

Artigo 28
Riscos para a saúde

1. Quando um trabalhador possa estar exposto a qualquer risco químico, físico, ou biológico, em grau que possa resultar perigoso para sua saúde, deverão ser tomadas medidas apropriadas de prevenção à exposição.

2. A exposição referida no parágrafo 1 do presente Artigo deverá ser prevenida:

(a) substituindo as substâncias perigosas por substâncias inofensivas ou menos perigosas, sempre que isso for possível; ou

(b) aplicando medidas técnicas à instalação, à maquinaria, aos equipamentos ou aos processos; ou

(c) quando não for possível aplicar os itens (a) nem (b), recorrendo a outras medidas eficazes, particularmente ao uso de roupas e equipamentos de proteção pessoal.

3. Quando trabalhadores precisarem penetrar em uma zona onde possa haver uma substância tóxica ou nociva, ou cuja atmosfera possa ser deficiente em oxigênio ou ser inflamável, deverão ser adotadas medidas adequadas para prevenir todos os riscos.

4. Não deverão ser destruídos nem eliminados de outra forma os materiais residuais nas obras se isso puder ser prejudicial para a saúde.

Artigo 29
Precauções contra incêndios

1. O empregador deverá adotar todas as medidas adequadas para:

(a) evitar o risco de incêndio;

(b) extinguir rápida e eficazmente qualquer surto de incêndio;

(c) assegurar a evacuação rápida e segura das pessoas.

2. Deverão ser previstos meios suficientes e apropriados para se armazenar líquidos, sólidos e gases inflamáveis.

Artigo 30
Roupas e equipamentos de proteção pessoal

1. Quando não for possível garantir por outros meios a proteção adequada contra riscos de acidentes ou danos para a saúde, inclusive aqueles derivados da exposição a condições adversas, o empregador deverá proporcionar e manter, sem custo para os trabalhadores, roupas e equipamentos de proteção pessoal adequados aos tipos de trabalho e riscos, em conformidade com a legislação nacional.

2. O empregador deverá proporcionar aos trabalhadores os meios adequados para

possibilitar o uso dos equipamentos de proteção pessoal e assegurar a correta utilização dos mesmos.

3. As roupas e os equipamentos de proteção pessoal deverão estar ajustados às normas estabelecidas pela autoridade competente, levando em conta, na medida do possível, os princípios de ergonomia.

4. Os trabalhadores terão a obrigação de utilizar e tratar de maneira adequada as roupas e os equipamentos de proteção pessoal que lhes sejam fornecidos.

Artigo 31
Primeiros socorros

O empregador será responsável por garantir em todo momento a disponibilidade de meios adequados e de pessoal com formação adequada para prestar os primeiros socorros. Deverão ser tomadas as providências necessárias para garantir a remoção dos trabalhadores feridos, no caso de acidentes, ou tomados de mal súbito para poder proporcionar aos mesmos a assistência médica necessária.

Artigo 32
Bem-estar

1. Em toda obra ou a distância razoável da mesma dever-se-á dispor de abastecimento suficiente de água potável.

2. Em toda obra ou a distância razoável da mesma, e em função do número de trabalhadores e da duração do trabalho, deverão ser proporcionados e mantidos os seguintes serviços.

(a) instalações sanitárias e de higiene pessoal;

(b) instalação para mudar de roupa e para guardá-la e secá-la;

(c) locais para refeições e para o abrigo durante interrupções do trabalho provocadas pela intempérie.

3. Deveriam ser previstas instalações sanitárias e de higiene pessoal separadamente para os trabalhadores e as trabalhadoras.

Artigo 33
Informação e formação

Dever-se-á facilitar aos trabalhadores, de maneira suficiente e adequada:

(a) informação sobre os riscos para sua segurança e sua saúde aos quais possam estar expostos nos locais de trabalho;

(b) instrução e formação sobre os meios disponíveis para prevenirem e controlarem esses riscos e se protegerem dos mesmos.

Artigo 34
Notificação de acidentes e doenças

A legislação nacional deverá estipular que os acidentes e doenças profissionais sejam notificados à autoridade competente dentro de um prazo.

IV. APLICAÇÃO

Artigo 35

Cada Membro deverá:

(a) adotar as medidas necessárias, inclusive o estabelecimento de sanções e medidas corretivas apropriadas, para garantir a aplicação efetiva das disposições da presente Convenção;

(b) organizar serviços de inspeção apropriados para supervisionar a aplicação das medidas que forem adotadas em conformidade com a Convenção e dotar esses serviços com os meios necessários para realizar a sua tarefa, ou verificar que inspeções adequadas estejam sendo efetuadas.

V. DISPOSIÇÕES GERAIS

Artigo 36

A presente Convenção revisa a Convenção sobre as prescrições de segurança (edificação), 1937.

Artigo 37

As ratificações formais da presente Convenção serão comunicadas para seu registro, ao Diretor-Geral da Repartição Internacional do Trabalho.

Artigo 38

1. Esta Convenção obrigará somente àqueles Membros da Organização Interna-

cional do Trabalho cujas retificações tenham sido registradas pelo Diretor-Geral.

2. Entrará em vigor 12 meses após a data em que as ratificações de dois Membros tenham sido registradas pelo Diretor-Geral.

3. A partir do referido momento, esta Convenção entrará em vigor, para cada Membro, 12 meses após a data em que tiver sido registrada a sua ratificação.

Artigo 39

1. Todo Membro que tenha ratificado esta Convenção poderá denunciá-la no final de um período de 10 anos, a partir da data em que tiver entrado inicialmente em vigor, mediante ato comunicado ao Diretor-Geral da Repartição Internacional do Trabalho e por ele registrada. A denúncia só surtirá efeito um ano após a data em que tiver sido registrada.

2. Todo Membro que tenha ratificado esta Convenção e que, no prazo de um ano após a expiração do período de 10 anos, mencionado no parágrafo precedente, não fizer uso do direito de denúncia previsto neste Artigo, ficará obrigado durante um novo período de 10 anos e, posteriormente, poderá denunciar a presente Convenção ao expirar cada período de 10 anos, nas condições previstas no presente Artigo.

Artigo 40

1. O Diretor-Geral da Repartição Internacional do Trabalho notificará a todos os Membros da Organização Internacional do Trabalho o registro de todas as ratificações, declarações e denúncias que lhe sejam comunicadas pelos Membros da Organização.

2. Ao notificar aos Membros da Organização o registro da segunda ratificação que lhe tenha sido comunicada, o Diretor-Geral chamará a atenção dos Membros da Organização para a data de entrada em vigor da presente Convenção.

Artigo 41

O Diretor-Geral da Repartição Internacional do Trabalho comunicará ao Secretário-Geral das Nações Unidas, para fins de registro e em conformidade com o Artigo 102 da Carta das Nações Unidas, as informações completas referentes a quaisquer ratificações, declarações e atos de denúncia.

Artigo 42

Sempre que o julgar necessário, o Conselho de Administração da Repartição Internacional do Trabalho apresentará à Conferência um relatório sobre a aplicação da Convenção e considerará a conveniência de incluir na agenda da Conferência a questão da sua revisão total ou parcial.

Artigo 43

1. Se a Conferência adotar uma nova Convenção que revise total ou parcialmente a presente Convenção, e a menos que a nova Convenção disponha contrariamente:

(a) a ratificação, por um Membro, da nova Convenção revista implicará, de pleno direito, não obstante o disposto pelo Artigo 34, a denúncia imediata da presente Convenção, desde que a nova Convenção revista tenha entrado em vigor;

(b) a partir da entrada em vigor da Convenção revista, a presente Convenção deixará de estar aberta à ratificação dos Membros.

2. A presente Convenção continuará em vigor em qualquer caso, em sua forma e teor atuais, para os Membros que a tiverem ratificado e não ratificarem a Convenção revista.

Artigo 44

As versões inglesa e francesa do texto da presente Convenção são igualmente autênticas.

................................(*DOU*, 23.11.07).

Convenção OIT 176

Segurança e saúde nas minas.

Aprovada D. 6.270.

I. DEFINIÇÕES

Artigo 1

1. Aos efeitos da presente Convenção, o termo "mina" engloba:

(a) as instalações, subterrâneas ou de superfície, nas que se realizam, em particular, as seguintes atividades:

(i) a exploração de minérios, excluídos o gás e o petróleo, que implique a alteração do solo por meios mecânicos;

(ii) a exploração de minérios, excluídos gás e petróleo;

(iii) a preparação, incluídas a trituração, a moagem, a concentração ou a lavagem do material extraído, e

(b) todas as máquinas, equipamentos, acessórios, instalações, edifícios e estruturas de engenharia civil utilizados em relação com as atividades a que se refere a alínea (a) anterior.

2. Aos efeitos da presente Convenção, o termo "empregador" designa a toda pessoa física ou jurídica que emprega um ou mais trabalhadores em uma mina, e conforme o caso, ao encarregado da exploração, ao empreiteiro principal, ao empreiteiro ou ao subempreiteiro.

II. ALCANCE E MEIOS DE APLICAÇÃO

Artigo 2

1. A presente Convenção se aplica a todas as minas.

2. Prévia consulta com as organizações mais representativas de empregadores e de trabalhadores interessadas, a autoridade competente de um Membro que ratifique a Convenção:

(a) poderá excluir da aplicação da Convenção, ou de algumas de suas disposições, certas categorias de minas se a proteção conferida em seu conjunto nessas minas, de conformidade com a legislação e a prática nacionais, não é inferior a que resultaria da aplicação integral das disposições da Convenção;

(b) deverá estabelecer, em caso de exclusão de certas categorias de minas em virtude da alínea (a) anterior, planos para estender progressivamente a cobertura a todas as minas.

3. Todo Membro que ratifique a presente Convenção e se acolha à possibilidade prevista na alínea (a) do parágrafo 2 anterior deverá indicar, nos relatórios sobre a aplicação da Convenção que apresente em virtude do artigo 22 da Constituição da Organização Internacional do Trabalho, toda categoria específica de minas que tenha sido excluída e os motivos desta exclusão.

Artigo 3

Considerando as condições e práticas nacionais e prévia consulta com as organizações mais representativas de empregadores e trabalhadores interessadas, o Membro deverá formular, aplicar e revisar periodicamente uma política nacional coerente em matéria de segurança e saúde nas minas, em especial no concernente às medidas adotadas para fazer as disposições da presente Convenção.

Artigo 4

1. As medidas destinadas a garantir a aplicação da Convenção deverão estabelecer-se por meio da legislação nacional.

2. Quando procedente, esta legislação nacional deverá ser completada com:

a) normas técnicas, diretrizes ou repertórios de recomendações práticas; ou

(b) outros meios de aplicação de acordo com a prática nacional, segundo estabeleça a autoridade competente.

Artigo 5

1. A legislação nacional mencionada no parágrafo 1 do Artigo 4º deverá designar a autoridade competente encarregada de vigiar e regular os diversos aspectos de segurança e saúde nas minas.

2. Esta legislação nacional deverá conter disposições relativas a:

(a) a vigilância da segurança e saúde nas minas;

(b) a inspeção das minas por inspetores designados para esse efeito pela autoridade competente;

(c) os procedimentos para a notificação e a investigação dos acidentes fatais ou graves, os incidentes perigosos e desastres acontecidos nas minas, segundo sejam definidos na legislação nacional;

(d) a compilação e publicação de estatísticas sobre os acidentes, doenças profissionais e os incidentes perigosos, segundo sejam definidos na legislação nacional;

(e) a possibilidade da autoridade competente suspender ou restringir, por motivos de segurança e saúde, as atividades mineradoras, enquanto não houverem sido corrigidas as circunstâncias causantes da suspensão ou da restrição; e

(f) o estabelecimento de procedimentos eficazes que garantam o exercício dos direitos dos trabalhadores e seus representantes, a serem consultados acerca das questões e a participar nas medidas relativas a segurança e saúde no local de trabalho.

3. Esta legislação nacional deverá dispor que a fabricação, o armazenamento, o transporte e o uso de explosivos e detonadores de minas sejam realizados por pessoas competentes e autorizadas, ou sob sua supervisão direta.

4. Esta legislação nacional deverá especificar:

(a) as exigências em matéria de salvamento nas minas, primeiros socorros e serviços médicos adequados;

(b) a obrigação de proporcionar e manter em condições apropriadas respiradores de salvamento àqueles que trabalham em minas subterrâneas de carvão e, em caso necessário, em outras minas subterrâneas;

(c) as medidas de proteção que garantam a segurança das explorações mineiras abandonadas, a fim de eliminar ou reduzir ao mínimo os riscos que apresentam para a segurança e saúde;

(d) os requisitos para o armazenamento, o transporte e a eliminação, em condições de segurança, das substâncias perigosas utilizadas no processo de produção e dos resíduos produzidos nas minas; e

(e) quando proceda, a obrigação de facilitar e manter em condições higiênicas um número suficiente de equipamentos sanitários e de instalações para lavar-se, trocar de roupas e comer.

III. MEDIDAS DE PREVENÇÃO E PROTEÇÃO NA MINA

A. RESPONSABILIDADES DOS EMPREGADORES

Artigo 6

Ao adotar as medidas de prevenção e proteção previstas nessa parte da Convenção, o empregador deverá avaliar os riscos e tratá-los na seguinte ordem de prioridade:

(a) eliminar os riscos;

(b) controlar os riscos em sua fonte;

(c) reduzir os riscos ao mínimo mediante medidas que incluam a elaboração de métodos de trabalho seguros;

(d) enquanto perdure a situação de risco, prever a utilização de equipamentos de proteção pessoal, levando em consideração o que seja razoável, praticável e factível e o que esteja em consonância com a prática e o exercício da devida diligência.

Artigo 7

O empregador deverá adotar as disposições necessárias para eliminar ou reduzir ao mínimo os riscos para a segurança e saúde presentes nas minas que estão sob seu controle e, em particular:

(a) assegurar-se de que a mina é desenhada, construída e dotada de equipamentos elétricos, mecânicos e de outra índole, incluindo um sistema de comunicação, de tal maneira que seja garantida uma exploração segura e um meio ambiente de trabalho salubre;

(b) assegurar-se de que a mina seja posta em serviço, seja explorada, seja mantida e seja clausurada de modo que os trabalhadores possam realizar tarefas encomendadas sem pôr em perigo sua segurança e saúde e nem as de terceiras pessoas;

(c) adotar medidas para manter a estabilidade do terreno nas áreas as que as pessoas têm acesso por razões de trabalho;

(d) estabelecer, sempre que possível, duas vias de saída de qualquer lugar subterrâneo do trabalho, cada uma delas comunicada com uma via independente de saída à superfície;

(e) assegurar a vigilância, a avaliação e a inspeção periódicas do meio ambiente de trabalho para identificar os diferentes riscos a que possam estar expostos os trabalhadores, e avaliar o grau de exposição a tais riscos;

(f) assegurar um sistema de ventilação adequado em todas as explorações subterrâneas às que esteja permitido o acesso;

(g) nas zonas expostas a riscos especiais, preparar e aplicar um plano de ação e procedimentos que garantam a segurança do sistema de trabalho e proteção dos trabalhadores;

(h) adotar medidas e precauções adequadas à índole da exploração mineradora para prevenir, detectar e combater o início e a propagação de incêndios e explosões; e

(i) garantir a interrupção das atividades e a evacuação dos trabalhadores para um lugar seguro em caso de grave perigo para a segurança e a saúde dos mesmos.

Artigo 8

O empregador deverá preparar um plano de ação de urgência específica, para cada mina, destinado a enfrentar os desastres naturais e industriais razoavelmente previsíveis.

Artigo 9

Quando os trabalhadores estiverem expostos a riscos físicos, químicos ou biológicos, o empregador deverá:

(a) informar os trabalhadores de maneira compreensível dos riscos relacionados com seu trabalho, dos perigos que estes implicam para sua saúde e dos meio de prevenção e proteção aplicáveis;

(b) tomar as medidas necessárias para eliminar ou reduzir ao mínimo os perigos derivados da exposição a estes riscos;

(c) proporcionar e manter, sem nenhum custo para os trabalhadores, o equipamento, roupa, caso seja necessário, e outros dispositivos de proteção adequados que se definam na legislação nacional, quando a proteção contra os riscos de acidente ou dano para a saúde, incluída a exposição a condições adversas, não possa ser garantida por outros meios; e

(d) proporcionar aos trabalhadores que tenham sofrido uma lesão ou doença no local de trabalho primeiros socorros *in situ*, um meio adequado de transporte desde o local de trabalho e acesso a serviços médicos adequados.

Artigo 10

O empregador deverá velar para que:

(a) os trabalhadores disponham, sem nenhum custo para eles, de programas apropriados de formação e readaptação e de instruções compreensíveis em matéria de segurança e saúde, bem como em relação às tarefas que lhe são atribuídas;

(b) sejam realizadas, de acordo com a legislação nacional, a vigilância e o controle adequados em cada turno que permitam garantir que a exploração da mina se efetue em condições de segurança;

(c) seja estabelecido um sistema que permita saber com precisão e em qualquer momento, os nomes de todas as pessoas que estão sob terra, assim como a localização provável das mesmas;

(d) sejam investigados todos os acidentes e incidentes perigosos, de conformidade com a legislação nacional, e sejam adotadas as medidas corretivas apropriadas; e

(e) seja apresentado à autoridade competente relatório sobre os acidentes e incidentes perigosos, de acordo com o disposto na legislação nacional.

Artigo 11

De acordo com os princípios gerais de saúde no trabalho e de acordo com a legislação nacional, o empregador deverá assegurar que seja realizada de maneira sistemática a vigilância da saúde dos trabalhadores expostos aos riscos próprios das atividades mineradoras.

Artigo 12

Quando dois ou mais empregadores realizem atividades numa mesma mina, o empregador responsável pela mina deverá coordenar a aplicação de todas as medidas relativas a segurança e saúde dos trabalhadores e terá igualmente a responsabilidade principal no que concerne a segurança das operações. O anterior não isentará a cada um dos empregadores da responsabilidade de aplicar todas as medidas relativas à segurança e à saúde dos trabalhadores.

B. DIREITOS E OBRIGAÇÕES DOS TRABALHADORES E SEUS REPRESENTANTES

Artigo 13

1. A legislação nacional a que se refere o Artigo 4 deverá conceder aos trabalhadores o direito a:

(a) notificar os acidentes, os incidentes perigosos e os riscos ao empregador e à autoridade competente;

(b) pedir e obter, sempre que existir um motivo de preocupação em matéria de segurança e saúde, que o empregador e a autoridade competente efetuem inspeções e investigações;

(c) conhecer os riscos existentes no local de trabalho que possam afetar sua saúde ou segurança, e estar informado a respeito;

(d) obter informação relativa a sua segurança ou saúde que esteja sob a responsabilidade do empregador ou da autoridade competente;

(e) retirar-se de qualquer setor da mina

quando houver motivos razoavelmente fundados para pensar que a situação apresenta um perigo para sua segurança ou saúde; e

(f) eleger, coletivamente, os representantes de segurança e saúde.

2. Os representantes de segurança e saúde aludidos na alínea (f) do parágrafo 1 acima citado deverão ter, de acordo com a legislação nacional, direito a:

(a) representar os trabalhadores em todos os aspectos relativos a segurança e saúde no local de trabalho, incluindo, nesse caso, o exercício dos direitos que figuram no parágrafo 1 acima citado:

(i) participar em inspeções e investigações realizadas pelos empregadores e pela autoridade competente no local de trabalho; e

(ii) supervisionar e investigar assuntos relativos a segurança e saúde.

(b) recorrer a conselheiros e peritos independentes;

(c) fazer oportunamente consultas com o empregador acerca de questões relativas a segurança e a saúde, incluídas as políticas e os procedimentos nesta matéria;

(d) consultar a autoridade competente; e

(e) receber notificação dos acidentes e incidentes perigosos pertinentes aos setores para os quais tenham sido eleitos.

3. Os procedimentos para o exercício dos direitos previstos nos parágrafos 1 e 2 anteriores deverão determinar-se:

(a) na legislação nacional; e

(b) mediante consultas entre os empregadores e trabalhadores e seus representantes.

4. A legislação nacional deverá garantir que os direitos previstos nos parágrafos 1 e 2 anteriores possam exercer-se sem dar lugar a discriminação nem represálias.

Artigo 14

A legislação nacional deverá prever que os trabalhadores tenham, em função de sua formação, a obrigação de:

(a) acatar as medidas de segurança e saúde prescritas;

(b) velar, de maneira razoável, pela própria segurança e saúde e pelas das pessoas que possam vir a ser afetadas por suas ações ou omissões no trabalho, incluídos a utilização e o cuidado adequados da roupa de proteção, as instalações e os equipamentos postos a sua disposição com esse fim;

(c) informar no ato ao seu chefe direto de qualquer situação que considere que possa representar um risco para sua saúde e segurança ou para as de outras pessoas e que não possam resolver adequadamente eles mesmos; e

(d) cooperar com o empregador para permitir que sejam cumpridos os deveres e as responsabilidades assinados a este em virtude das disposições da presente Convenção.

C. COOPERAÇÃO

Artigo 15

Deverão adotar-se medidas, de acordo com a legislação nacional, para fomentar a cooperação entre os empregadores e os trabalhadores e seus representantes, destinadas a promover a segurança e a saúde nas minas.

IV. APLICAÇÃO

Artigo 16

O Membro deverá:

(a) adotar todas as medidas necessárias, incluídas sanções e medidas corretivas apropriadas para garantir a aplicação efetiva das disposições da Convenção; e

(b) facilitar serviços de inspeção adequados com objetivo de supervisionar a aplicação das medidas que se adotarão em virtude da Convenção, e dotar recursos necessários para o cumprimento de suas tarefas.

V. DISPOSIÇÕES FINAIS

Artigo 17

As ratificações formais da presente Convenção serão comunicadas, para seu registro, ao Diretor-Geral da Repartição Internacional do Trabalho.

Artigo 18

1. Esta Convenção obrigará unicamente aqueles Membros da Organização Interna-

cional do Trabalho cujas ratificações houver registrado o Diretor-Geral da Repartição Internacional do Trabalho.

2. Entrará em vigor 12 meses depois da data em que as ratificações de dois Membros houverem sido registradas pelo Diretor-Geral.

3. Desde este momento, esta Convenção entrará em vigor, para cada Membro, 12 meses depois da data em que houver sido registrada sua ratificação.

Artigo 19

1. Todo Membro que tenha ratificado esta Convenção poderá denunciá-la à expiração do período de 10 anos, a partir da data em que foi posto inicialmente em vigor, mediante uma ata comunicada, para seu registro, ao Diretor-Geral da Repartição Internacional do Trabalho. A denúncia não surtirá efeito até um ano depois da data em que foi registrada.

2. Todo Membro que tiver ratificado esta Convenção e que, no prazo de um ano depois da expiração do período de 10 anos mencionado no parágrafo procedente, não faça uso do direito de denúncia previsto nesse artigo ficará obrigado durante novo período de 10 anos, e o sucessivo poderá denunciar esta Convenção a expiração de cada período de 10 anos, nas condições previstas nesse artigo.

Artigo 20

1. O Diretor-Geral da Repartição Internacional do Trabalho notificará a todos os Membros da Organização Internacional do Trabalho o registro de quantas ratificações, declarações e denúncias lhe comuniquem os Membros da Organização.

2. Ao notificar aos Membros da Organização o registro da segunda ratificação que lhe houver sido comunicada, o Diretor-Geral chamará a atenção dos Membros da Organização sobre a data em que entrará em vigor a presente Convenção.

Artigo 21

O Diretor-Geral da Repartição Internacional do Trabalho comunicará ao Secretário-Geral das Nações Unidas para efeito de registro e de conformidade com o artigo 12 da Carta das Nações Unidas, uma informação completa sobre todas as ratificações, declarações e atas de denúncia que houverem sido registradas de acordo com os artigos precedentes.

Artigo 22

Cada vez que o estime necessário, o Conselho de Administração da Repartição Internacional do Trabalho apresentará à Conferência um relatório sobre a aplicação da Convenção, e considerará a conveniência de incluir na ordem do dia da Conferência a questão de sua revisão total ou parcial.

Artigo 23

1. Em caso da Conferência adotar uma nova Convenção que implique uma revisão total ou parcial da presente, e a menos que a nova convenção contenha disposições em contrário:

(a) a ratificação, por um Membro, da nova convenção revista implicará, *ipso jure*, a denúncia imediata desta Convenção, não obstante as disposições contidas no Artigo 19, sempre que a nova convenção revista haja entrado em vigor;

(b) a partir da data em que entrar em vigor a nova convenção revista, a presente Convenção cessará de estar aberta a ratificação por seus Membros.

2. Esta Convenção continuará em vigor em todo caso, em sua forma e conteúdo atuais, para os Membros que não houverem ratificado e os que tiverem ratificado a convenção revista.

...............................(*DOU*, 23.11.07).

Convenção OIT 178

Condições de vida e de trabalho dos trabalhadores marítimos. Aprovada D. 6.766.

PARTE I. ESCOPO E DEFINIÇÕES

Artigo 1

1. Reservadas as disposições contrárias que figurem neste artigo, esta Convenção se aplica a todo navio utilizado para navegação

marítima, de propriedade pública ou privada, que esteja registrado no território de um país Membro para o qual a Convenção esteja em vigor e que esteja destinado a fins comerciais para o transporte de mercadorias ou de passageiros ou que seja utilizado para qualquer outro fim comercial. Para fins dessa Convenção, um navio registrado no território de dois países Membros será considerado como registrado no território do país Membro cuja bandeira esteja portando.

2. As legislações nacionais deverão determinar quais navios deverão ser considerados como de utilização para navegação marítima para fins desta Convenção.

3. Esta Convenção se aplica a reboques de alto-mar.

4. Esta Convenção não se aplica a embarcações de menos de 500 toneladas brutas, nem às que não sejam utilizadas para navegação, como plataformas de perfuração e de extração de petróleo. A autoridade de coordenação central ficará encarregada de decidir, em consulta com as organizações mais representativas de armadores e de trabalhadores marítimos, quais embarcações deverão ser incluídas neste dispositivo.

5. Na medida em que a autoridade de coordenação central considere factível, após haver consultado as organizações representativas dos proprietários de navios pesqueiros e dos pescadores, as disposições desta Convenção deverão ser aplicadas às embarcações utilizadas para a pesca marítima comercial.

6. No caso de dúvida quanto à utilização de um navio para operações marítimas comerciais ou para a pesca marítima comercial para fins desta Convenção, a questão será resolvida pela autoridade de coordenação central, após haver consultado com as organizações interessadas de armadores, trabalhadores marítimos e pescadores.

7. Para fins desta Convenção:

(a) o termo *autoridade de coordenação central* refere-se aos ministros, departamentos do governo ou outras autoridades públicas com poder para determinar e supervisionar a aplicação de regulamentos, ordens ou outras instruções legais, que se refiram à inspeção das condições de vida e de trabalho dos trabalhadores marítimos em qualquer navio registrado no território do país Membro;

(b) o termo *inspetor* significa qualquer servidor público ou outro funcionário público encarregdo da inspeção de qualquer aspecto das condições de vida e de trabalho dos trabalhadores marítimos, assim como toda e qualquer pessoa devidamente credenciada que realize trabalhos de inspeção para uma instituição ou organização autorizada pela autoridade de coordenação central, de acordo com o disposto no páragrafo 3 do Artigo 2;

(c) o termo *disposições legais* inclui, além das leis e regulamentações, os laudos arbitrais e os acordos coletivos que tenham força de lei;

(d) o termo *trabalhadores marítimos* refere-se a qualquer pessoa empregada a qualquer título a bordo de um navio utilizado para navegação marítima e ao qual se aplique esta Convenção. No caso de dúvida sobre que categorias de pessoas deverão ser consideradas trabalhadores marítimos para fins desta Convenção, a questão será resolvida pela autoridade de coordenação central, após consultar as organizações interessadas de armadores e trabalhadores marítimos;

(e) o termo *condições de vida e de trabalho dos trabalhadores marítimos* refere-se a condições tais como as relativas aos padrões de manutenção e limpeza das áreas de alojamento e trabalho no navio, de idade mínima, itens acordados, alimentação e serviço de bordo, acomodação da tripulação, recrutamento, guarnições, nível de qualificação, horas de trabalho, exames médicos, prevenção de acidentes de trabalho, cuidados médicos, afastamento por doença ou acidente, bem-estar social e questões afins, repatriação, condições de emprego e de trabalho regidos pela legislação nacional e a liberdade de associação conforme definida na Convenção da Organização do Trabalho sobre a Liberdade de Associação e a Proteção do Direito de Organização Sindical, 1948.

II. ORGANIZAÇÃO DA INSPEÇÃO

Artigo 2

1. Todo país Membro para o qual a presente Convenção esteja em vigor deverá ter em funcionamento um sistema de inspe-

ção das condições de vida e de trabalho dos trabalhadores marítimos.

2. A autoridade de coordenação central se encarregará de coordenar as inspeções pertinentes, de maneira exclusiva ou em parte, sobre as condições de vida e de trabalho dos trabalhadores marítimos, assim como de fixar os princípios que devam ser observados.

3. A autoridade de coordenação central será responsável, em todos os casos, pela inspeção das condições de vida e de trabalho dos trabalhadores marítimos. Poderá autorizar instituições públicas ou outras organizações, as quais reconheça como competentes e independentes, para que efetuem, em seu nome, inspeções das condições de vida e de trabalho dos trabalhadores marítimos e deverá ter atualizada e disponível para o público uma lista dessas instituições ou organizações autorizadas.

Artigo 3

1. Todo país Membro deverá assegurar-se de que todos os navios registrados em seu território sejam inspecionados em intervalos que não excedam o prazo máximo de 3 anos, ou anualmente se possível for, para verificar que as condições de trabalho e de vida dos trabalhadores marítimos a bordo estejam em conformidade com a legislação nacional.

2. Se um país Membro receber uma denúncia ou obtiver provas de que um navio registrado em seu território não esteja em conformidade com a legislação nacional em relação às condições de trabalho e de vida dos trabalhadores marítimos, deverá o país Membro tomar as medidas cabíveis para inspecionar o navio dentro do menor prazo possível.

3. Nos casos de alterações substanciais na construção do navio ou nos alojamentos, o navio deverá ser inspecionado no prazo de 3 meses a partir da realização das referidas alterações.

Artigo 4

Cada país Membro deverá designar inspetores que estejam qualificados para o exercício de suas funções e deverá adotar as medidas necessárias para assegurar-se de que o número de inspetores seja suficiente para cumprir com os requisitos desta Convenção.

Artigo 5

1. Os inspetores deverão ter o *status* jurídico e as condições de trabalho necessários para garantir sua independência em relação às mudanças no governo e a qualquer influência exterior indevida.

2. Os inspetores devidamente credenciados estarão autorizados para:

(a) subir a bordo de um navio registrado no território do país Membro e entrar nos locais necessários para realizar a inspeção;

(b) realizar quaisquer exames, testes ou investigação que considerem necessários para certificar-se do estrito cumprimento das disposições legais;

(c) exigir que sejam reparadas as deficiências;

(d) quando tenham motivos para acreditar que uma deficiência representa um sério risco para a segurança e a saúde dos trabalhadores marítimos, proibir, reservado o direito de recorrer a uma autoridade judicial ou administrativa, que um navio abandone o porto até que tenham sido adotadas as medidas necessárias, não devendo ser este impedido de sair ou detido além do tempo necessário e justificável.

Artigo 6

1. No caso de realização de uma inspeção ou da adoção de medidas com base nesta Convenção, deve ser feito tudo o possível para evitar que o navio seja detido ou retido indevidamente.

2. No caso de que um navio seja detido ou retido indevidamente, o armador ou o comandante do navio terá direito a uma indenização para compensar quaisquer perdas ou prejuízos sofridos. Sempre que sejam alegadas a detenção ou retenção indevidas de um navio, o ônus da prova recairá sobre o armador ou comandante do navio.

III. SANÇÕES

Artigo 7

1. A legislação nacional estipulará sanções adequadas, que serão devidamente aplicadas, nos casos de violação das disposições legais aplicadas pelos inspetores e em casos de obstrução a seu trabalho quando no exercício de sua função.

2. Os inspetores terão poder discricionário para advertir e aconselhar, em lugar de instituir ou recomendar um procedimento.

IV. RELATÓRIOS

Artigo 8

1. A autoridade de coordenação central fará registros das inspeções sobre as condições de vida e de trabalho dos trabalhadores marítimos.

2. A autoridade de coordenação central publicará um relatório anual sobre as atividades de inspeção, incluindo uma lista das instituições e organizações autorizadas a realizar inspeções em seu nome. Este relatório será publicado dentro de um prazo razoável, que não deverá ser superior a seis meses contados do fim do ano a que se refira.

Artigo 9

1. Os inspetores apresentarão um relatório de cada inspeção à autoridade de coordenação central. O capitão do navio deverá receber uma cópia do referido relatório em inglês ou no idioma utilizado no navio e outra cópia deverá ficar exposta no quadro de avisos do navio para informação dos trabalhadores marítimos ou ser enviada aos seus representantes.

2. No caso de realização de uma investigação relativa a um incidente maior, o relatório será apresentado no menor prazo possível, e sempre dentro do prazo máximo de um mês a partir do término da inspeção.

V. DISPOSIÇÕES FINAIS

Artigo 10

Esta Convenção substitui a Recomendação sobre a Inspeção do Trabalho (Trabalhadores Marítimos), 1926.

Artigo 11

As ratificações formais desta Convenção serão comunicadas ao Diretor-Geral do Escritório Internacional do Trabalho, para efetuação de seus registros.

Artigo 12

1. Esta Convenção será obrigatória apenas para os países Membros da Organização Internacional do Trabalho cujas ratificações tenham sido registradas com o Diretor-Geral do Escritório Internacional do Trabalho.

2. Entrará em vigor 12 meses após a data em que as ratificações de dois países Membros tenham sido registradas pelo Diretor-Geral.

3. Subsequentemente, a Convenção entrará em vigor, para cada país Membro, 12 meses após a data em que sua ratificação tenha sido registrada.

Artigo 13

1. Todo país Membro que tenha ratificado esta Convenção poderá denunciá-la após um período de 10 anos, a partir da data em que tenha inicialmente entrado em vigor, mediante um ato comunicado ao Diretor-Geral do Escritório Internacional do Trabalho, para que seja efetuado seu registro. A denúncia não terá efeito até um ano após a data em que tenha sido registrada.

2. Todo país Membro que tenha ratificado esta Convenção e que, no prazo de um ano após o término do período de dez anos, mencionado no parágrafo anterior, não tenha exercido seu direito de denúncia, previsto neste artigo, ficará obrigado a cumprir um novo prazo de 10 anos, quando então poderá denunciar esta Convenção ao término de cada período de 10 anos, com base nos termos deste artigo.

Artigo 14

1. O Diretor-Geral do Escritório Internacional do Trabalho notificará todos os países Membros da Organização Internacional do Trabalho sobre o registro de todas as ratificações e denúncias que lhe forem comunicadas pelos países Membros da Organização.

2. Ao notificar os países Membros da Organização sobre o registro da segunda ratificação que lhe tenha sido comunicada, o Diretor-Geral chamará a atenção dos países Membros da Organização sobre a data em que entrará em vigor esta Convenção.

Artigo 15

O Diretor-Geral do Escritório Internacional do Trabalho comunicará ao Secretário-Geral das Nações Unidas, para fins de registro, conforme estipulado no Artigo 102 da Carta das Nações Unidas, as informações detalhadas sobre todas as ratificações e denúncias que tenham sido registradas de acordo com os artigos anteriores.

Artigo 16

O Conselho Administrativo do Escritório Internacional do Trabalho apresentará à Conferência, sempre que considerar necessário, um relatório sobre a aplicação da Convenção, e avaliará a conveniência de incluir na ordem do dia da Conferência a questão de sua revisão total ou parcial.

Artigo 17

1. Caso a Conferência adote uma nova convenção que implique em uma revisão total ou parcial desta Convenção, e a menos que a nova convenção contenha disposições em contrário:

(a) a ratificação, por parte de um país Membro, da nova convenção revisora implicará, *ipso jure*, a denúncia imediata desta Convenção, não obstante as disposições contidas no Artigo 13, acima, quando da entrada em vigor da nova convenção revisora;

(b) a partir da data em que entre em vigor a nova convenção revisora, esta Convenção não mais estará aberta à ratificação de países Membros.

2. Esta Convenção permanecerá em vigor, em sua forma e conteúdo efetivos, para os países Membros que a tenham ratificado e que não ratifiquem a convenção revisora.

Artigo 18

As versões em inglês e francês do texto desta Convenção são igualmente válidas.

...................................(*DOU*, 11.2.09).

DECRETOS

Decreto 1.232, de 22 de junho de 1962

Aeroviário – regulamenta a profissão de aeroviário.

Capítulo I
DO AEROVIÁRIO E SUA CLASSIFICAÇÃO

Art. 1º É aeroviário o trabalhador que, não sendo aeronauta, exerce função remunerada nos serviços terrestres de Empresa de Transportes Aéreos.

Parágrafo único. É também considerado aeroviário o titular de licença e respectivo certificado válido de habilitação técnica expedidos pela Diretoria de Aeronáutica Civil para prestação de serviços em terra, que exerça função efetivamente remunerada em aeroclubes, escolas de aviação civil, bem como o titular ou não, de licença e certificado, que preste serviço de natureza permanente na conservação, manutenção e despacho de aeronaves.

Art. 2º O aeroviário só poderá exercer função, para a qual se exigir licença e certificado de habilitação técnica expedidos pela Diretoria de Aeronáutica Civil e outros órgãos competentes, quando estiver devidamente habilitado.

Art. 3º Os ajudantes são os aeroviários que auxiliam os técnicos, não lhes sendo facultada a execução de mão de obra especializada, sob sua responsabilidade quando for exigido certificado de habilitação oficial para o técnico de quem é auxiliar.

Art. 4º Qualquer outra denominação dada aos trabalhadores enquadrados no art. 1º e seu parágrafo único, não lhes retirará a classificação de aeroviário, exceção única para aquelas atividades diferenciadas, expressamente previstas em lei e que dispuserem, nessa conformidade, de Estatuto próprio.

Art. 5º A profissão de aeroviário compreende os que trabalham nos serviços:

a) de manutenção
b) de operações
c) de auxiliares
d) gerais.

Art. 6º Nos serviços de Manutenção estão incluídos, além de outros aeroviários que exerçam funções relacionadas com a manutenção de aeronaves, Engenheiros, Mecânicos de Manutenção nas diversas especializações designadas pela Diretoria de Aeronáutica Civil, tais como:

I) Motores Convencionais ou Turbinas
II) Eletrônica
III) Instrumentos
IV) Rádio Manutenção
V) Sistemas Elétricos
VI) Hélices
VII) Estruturas
VIII) Sistema Hidráulico
IX) Sistemas diversos.

Art. 7º Nos serviços de Operações estão incluídas, geralmente, as funções relacionadas com o tráfego, as telecomunicações e a meteorologia, compreendendo despachantes e controladores de voo, gerentes, balconistas, recepcionistas, radiotelegrafistas, radiotelefonistas, radioteletipistas, meteorologistas e outros aeroviários que exerçam funções relacionadas com as operações.

Art. 8º Nos serviços Auxiliares, estão incluídas as atividades compreendidas pelas profissões liberais, instrução, escrituração, contabilidade e outras relacionadas com a organização técnica e comercial da empresa.

Art. 9º Nos serviços gerais, estão incluídas as atividades compreendidas pela limpeza e vigilância de edifícios, hangares, pistas, rampas, aeronaves e outras relacionadas com a conservação do Patrimônio Empresarial.

Capítulo II
DO REGIME DE TRABALHO

Art. 10. A duração normal do trabalho do aeroviário não excederá de 44 horas semanais.

§ 1º A prorrogação do horário diário de 8 horas é permitida até o máximo de 2 horas, só podendo ser excedido este limite nas exceções previstas em lei ou acordo.

§ 2º Nos trabalhos contínuos que excedam de 6 horas, será obrigatória a concessão de um descanso de no mínimo, 1 hora e, máximo de 2 para refeição.

§ 3º Nos trabalhos contínuos que ultrapassem de 4 horas será obrigatório um intervalo de 15 minutos para descanso.

Art. 11. Para efeito de remuneração, será considerado como jornada normal, o período de trânsito gasto pelo aeroviário em viagem a serviço da empresa, independente das diárias, se devidas.

Art. 12. É assegurada ao aeroviário uma folga semanal remunerada de 24 horas contínuas, de preferência aos domingos.

Parágrafo único. Nos serviços executados por turno, a escala será organizada, de preferência de modo a evitar que a folga iniciada a 0 hora de um dia termine às 24 horas do mesmo dia.

Art. 13. Havendo trabalho aos domingos por necessidade de serviço, será organizada uma escala mensal de revezamento que favoreça um repouso dominical por mês.

Art. 14. O trabalho nos dias feriados nacionais, estaduais e municipais, será pago em dobro, ou compensado com o repouso em outro dia da semana, não podendo este coincidir com o dia de folga.

Parágrafo único. Além do salário integral, será garantido ao aeroviário, a vantagem de que trata este artigo, quando escalado pela empresa, mesmo que não complete as horas diárias de trabalho, por conveniência ou determinação da Empresa.

Art. 15. As férias anuais dos aeroviários serão de 30 dias corridos.

Art. 16. Os aeroviários só poderão exercer outra função diferente daquela para a qual foram contratados, quando previamente e com sua anuência expressa, for procedida a respectiva anotação na Carteira Profissional.

Parágrafo único. O aeroviário chamado a ocupar cargo diverso do constante do seu contrato de trabalho, em comissão ou em substituição, terá direito a perceber salário que competir ao novo cargo, enquanto ao seu desempenho, bem como contagem de tempo de serviço para todos os efeitos e retorno à função anterior com as vantagens outorgadas à categoria que detinha.

Capítulo III
DA REMUNERAÇÃO

Art 17. O salário é contraprestação do serviço.

§ 1º Integram o salário a importância fixa estipulada, com as percentagens, gratificações ajustadas, abonos, excluídas ajuda de custo e diárias, quando em viagem ou em serviço fora da base.

§ 2º Quando se tratar de aeroviário que perceba salários acrescidos de comissões, percentagens, ajudas de custo e diárias, estas integram igualmente o salário, sendo que as duas últimas só serão computadas quando não excederem 50% do salário percebido.

§ 3º O trabalho noturno terá remuneração superior à do diurno e, para esse efeito será acrescido de 20% pelo menos, sobre a hora diurna.

§ 4º A hora de trabalho noturno será computada com 52 minutos e 30 segundos.

§ 5º Considera-se noturno, para os efeitos deste artigo, o trabalho executado entre as 22 horas de um dia e as 5 horas do dia seguinte.

§ 6º Nos horários mistos, assim entendidos os que abrangem períodos diurnos e noturnos, aplica-se às horas de trabalho noturno o disposto neste artigo e seus parágrafos.

Art. 18. O trabalho em atividades insalubres ou perigosas, assim consideradas pelas autoridades competentes, será remunerado na forma da lei.

Art. 19. A remuneração das horas excedentes à prorrogação que se refere o § 3º do art. 17 será paga pelo menos 25% superior à hora normal, salvo acordo escrito entre as partes.

Parágrafo único. Poderá ser dispensado o acréscimo de salário se, por força de acordo com assistência do Sindicato ou contrato coletivo, excesso de horas em um dia for compensado pela correspondente diminuição em outro dia, de maneira que não exceda o horário normal da semana nem seja ultrapassado o limite máximo de 10 horas diárias.

Art. 20. A duração normal do trabalho do aeroviário, habitual e permanentemente empregado na execução ou direção em serviço de pista, é de 6 horas.

Parágrafo único. Os serviços de pista, a que se refere este artigo, serão os assim considerados, em portaria baixada pela Diretoria de Aeronáutica Civil.

Capítulo IV
DA HIGIENE E DA SEGURANÇA DO TRABALHO

Art. 21. O aeroviário portador da licença expedida pela Diretoria de Aeronáutica Civil será submetido periodicamente a inspeção de saúde, atendidos os requisitos da legislação em vigor.

Art. 22. As peças de vestuário e respectivos equipamentos individuais, de proteção, quando exigidos pela autoridade competente, serão fornecidos pela empresa sem ônus para o aeroviário.

Parágrafo único. Se, para o desempenho normal da função, for exigida pela empresa, peça de vestuário que a identifique, será a mesma também fornecida sem ônus para o aeroviário.

Art. 23. O Ministério do Trabalho e Previdência Social, por sua Divisão de Higiene e Segurança do Trabalho, classificará os serviços e locais considerados insalubres ou perigosos na forma da legislação vigente, e desse fato dará ciência à Diretoria de Aeronáutica Civil do Ministério da Aeronáutica e notificará a Empresa.

Art. 24. As Empresas, o Ministério do Trabalho e Previdência Social e o Ministério da Aeronáutica, dentro de suas atribuições, deverão providenciar para que os aeroviários possam adquirir suas refeições a preços populares em todas as bases onde ainda não existam restaurantes do SAPS.

Capítulo V
DAS TRANSFERÊNCIAS

Art. 25. Para efeito de transferência, considera-se base de aeroviário, a localidade onde tenha sido admitido.

Art. 26. É facultado à empresa designar o aeroviário para prestar serviço fora de sua base, em caráter permanente ou a título transitório até 120 dias.

§ 1º Na transferência, por período superior a 120 dias, considerada em caráter permanente, será assegurada ao aeroviário a gratuidade de sua viagem, dos que vivem sob sua dependência econômica, reconhecida pela instituição de previdência social e respectivos pertences.

§ 2º O prazo fixado neste artigo, para efeito de transferência a título transitório, poderá ser dilatado, quando para serviços de inspeção fora da base e mediante acordo.

§ 3º É assegurada ao aeroviário em serviço fora da base, também a gratuidade de sua viagem e do transporte de sua bagagem.

§ 4º Enquanto perdurar a transferência transitória, o empregador é ainda obrigado a pagar diárias compatíveis com os respectivos níveis salariais e de valor suficiente a cobrir as despesas de estadias e alimentação, nunca inferiores, entretanto, a 1 dia do menor salário da categoria profissional da base de origem.

§ 5º Quando o empregador fornecer estadia ou alimentação, é-lhe facultado reduzir até 50% o valor da diária fixada no parágrafo anterior, arbitrada em 25% cada utilidade.

§ 6º Ao aeroviário transferido em caráter permanente é assegurado o pagamento de uma ajuda de custo de 2 meses de seu salário fixo.

Art. 27. A transferência para o exterior será precedida de contrato específico entre o empregado e o empregador.

Art. 28. Ao aeroviário transferido dentro do território nacional fica assegurado por 90 dias o direito do seu retorno e de sua família, ao local anterior ou à base de origem quando dispensado sem justa causa, confirmada pelo Juízo de 2ª Instância.

Parágrafo único. No caso de demissão ou morte do aeroviário brasileiro transferido para o exterior, fica também assegurado pela Empresa o prazo de 60 dias o seu repatriamento, pela Empresa, bem como o de seus dependentes.

Capítulo VI
DO TRABALHO DA MULHER E DO MENOR

Art. 29. É proibido o trabalho da mulher e do menor, aeroviário, nas atividades perigosas ou insalubres, especificadas nos quadros para esse fim aprovados pelo Ministério do Trabalho e Previdência Social.

Parágrafo único. Em virtude de exame e parecer da autoridade competente, o Ministério do Trabalho e Previdência Social poderá estabelecer derrogações totais ou parciais às proibições a que alude este artigo, quando tiver desaparecido, nos serviços considerados perigosos ou insalubres, todo e qualquer caráter perigoso ou prejudicial, mediante aplicação de novos métodos de trabalho ou pelo emprego de medidas de ordem preventiva.

Art. 30. É proibido o trabalho noturno da aeroviária, considerando este trabalho, o que for executado dentro dos limites estabelecidos neste Regulamento.

Parágrafo único. Estão excluídas desta proibição as maiores de 18 anos que executem serviços de radiotelefonia ou radiotelegrafia, telefonia, enfermagem, recepção e nos bares ou restaurantes, e ainda as que não participando de trabalho contínuo ocupem postos de direção.

Art. 31. Em caso de aborto não criminoso, comprovado por atestado médico oficial, a aeroviária terá direito a um repouso remunerado de 2 (duas) semanas, ficando-lhe assegurado ainda o retorno à função que ocupava.

Art. 32. Para amamentar o próprio filho, até que este complete 6 (seis) meses de idade, terá também direito, durante a jornada de trabalho, a 2 descansos especiais, de meia hora cada um.

Parágrafo único. Quando o exigir a saúde do filho, este período poderá ser dilatado a critério da autoridade médica competente.

Art. 33. É proibido o trabalho de aeroviário menor de 18 anos em serviços noturnos e em atividades exercidas nas ruas, praças e outros logradouros, sem prévia autorização do Juiz de Menores.

Art. 34. É proibida a prorrogação da duração normal de trabalho dos menores de 18 anos, salvo nas exceções previstas em lei.

Art. 35. A empresa que empregar menores, fica obrigada a conceder-lhes o tempo que for necessário para a frequência às aulas e na forma da lei.

Art. 36. À empresa é vedado empregar mulher em serviço que demande força muscular superior a 20 quilos, para trabalho contínuo, ou 25 quilos para o trabalho ocasional.

Parágrafo único. Não está compreendida na proibição deste artigo a remoção de material feita por impulsão e tração mecânica ou manual sobre rodas.

Art. 37. Não constitui justo motivo para a rescisão do contrato de trabalho da aeroviária, o fato de haver contraído matrimônio ou de encontrar-se em estado de gravidez.

Parágrafo único. Não serão permitidas, em regulamentos de qualquer natureza, contratos coletivos ou individuais de trabalho, restrições ao direito da aeroviária, por motivo de casamento ou gravidez.

Art. 38. É proibido o trabalho da aeroviária grávida no período de 6 semanas antes e de 6 semanas depois do parto.

§ 1º Para fins previstos neste artigo, o afastamento da aeroviária de seu trabalho será determinado pelo atestado médico a que alude o art. 375 da CLT, que deverá ser visado pelo empregador.

§ 2º Em casos excepcionais os períodos de repouso antes e depois do parto poderão ser aumentados de mais 2 semanas cada um, mediante atestado médico, dado na forma do parágrafo anterior.

Art. 39. Durante o período a que se refere o artigo anterior, a aeroviária terá direito aos salários integrais, calculados de acordo com a média dos 6 últimos meses de trabalho, sendo-lhe ainda facultado reverter à função que anteriormente ocupava.

Parágrafo único. A concessão do auxílio-maternidade por parte de instituição de previdência, não isenta a empregadora da obrigação a que alude este artigo.

Capítulo VII
DAS DISPOSIÇÕES FINAIS

Art. 40. Além dos casos previstos neste Decreto, os direitos, vantagens e deveres do aeroviário são os definidos na legislação, contratos e acordos.

Art. 41. O aeroviário escalado para prestar serviços em voo será obrigatoriamente segurado contra acidentes na mesma base do seguro de passageiros.

Art. 42. É facultado ao empregador, conceder descontos até 90% no preço das passagens ao aeroviário, esposa e filhos menores que queiram gozar suas férias fora da base, respeitado o disposto nas Condições Gerais do Transporte Aéreo.

Art. 43. Será alterado o Decreto n. 50.660, de 29.5.61, a fim de que os aeroviários participem da Comissão Permanente de Estudos Técnicos de Aviação Civil.

Art. 44. Os infratores deste Decreto são passíveis das penalidades estabelecidas pelas autoridades competentes, dentro de suas atribuições específicas, de acordo com a legislação vigente.

Art. 45. O presente Decreto entrará em vigor 30 dias após a data de sua publicação, revogadas as disposições em contrário.

Decreto 57.155, de 3 de novembro de 1965

Nova regulamentação da Lei 4.090, de 1962. Gratificação de Natal com as alterações introduzidas pela Lei 4.749/65.

Art. 1º O pagamento da gratificação salarial, instituída pela Lei 4.090, de 13 de julho de 1962, com as alterações constantes da Lei 4.749, de 12 de agosto de 1965, será efetuado pelo empregador até o dia 20 de dezembro de cada ano, tomando-se por base a remuneração devida nesse mês, de acordo com o tempo de serviço do empregado no ano em curso.

Parágrafo único. A gratificação corresponderá a 1/12 da remuneração devida em dezembro, por mês de serviço, do ano correspondente, sendo que a fração igual ou superior a 15 dias de trabalho será havida como mês integral.

Art. 2º Para os empregados que recebem salário variável, a qualquer título, a gratificação será calculada na base de 1/11 da soma das importâncias variáveis devidas nos meses trabalhados até novembro de cada ano. A essa gratificação se somará a que corresponder à parte do salário contratual fixo.

Parágrafo único. Até o dia 10 de janeiro de cada ano, computada a parcela do mês de dezembro, o cálculo da gratificação será revisto para 1/12 do total devido no ano anterior, processando-se a correção do valor da respectiva gratificação com o pagamento ou compensação das possíveis diferenças.

Art. 3º Entre os meses de fevereiro e novembro de cada ano, o empregador pagará, como adiantamento da gratificação, de uma só vez, metade do salário recebido pelo empregado no mês anterior.

§ 1º Tratando-se de empregados que recebem apenas salário variável, a qualquer título, o adiantamento será calculado na base da soma das importâncias variáveis devidas nos meses trabalhados até o anterior àquele em que se realizar o mesmo adiantamento.

§ 2º O empregador não estará obrigado a pagar o adiantamento no mesmo mês a todos os seus empregados.

§ 3º A importância que o empregado houver recebido a título de adiantamento será deduzida do valor da gratificação devida.

§ 4º Nos casos em que o empregado for admitido no curso do ano, ou durante este, não permanecer à disposição do empregador durante todos os meses, o adiantamento corresponderá à metade de 1/12 da remuneração, por mês de serviço ou fração superior a 15 dias.

Art. 4º O adiantamento será pago ao ensejo das férias do empregado, sempre que este o requerer no mês de janeiro do correspondente ano.

Art. 5º Quando parte da remuneração for paga em utilidades, o valor da quantia efetivamente descontada e correspondente a essas será computado para fixação da respectiva gratificação.

Art. 6º As faltas legais e as justificadas ao serviço não serão deduzidas para os fins previstos no art. 2º deste decreto.

Art. 7º Ocorrendo a extinção do contrato de trabalho, salvo na hipótese de rescisão com justa causa, o empregado receberá a gratificação devida, nos termos do art. 1º, calculada sobre a remuneração do respectivo mês.

Parágrafo único. Se a extinção do contrato de trabalho ocorrer antes do pagamento de que trata o art. 1º, o empregador poderá compensar o adiantamento mencionado no art. 3º, com o valor da gratificação devida na hipótese da rescisão.

Art. 8º As contribuições devidas aos Institutos de Aposentadoria e Pensões que incidem sobre a gratificação salarial serão descontadas levando-se em conta o seu valor total e sobre este aplicando-se o limite estabelecido na Previdência Social.

Parágrafo único. O desconto, na forma deste artigo, incidirá sobre o pagamento da gratificação efetuado no mês de dezembro.

Art. 9º O presente decreto entrará em vigor na data de sua publicação, revogadas as disposições em contrário (*DOU*, 4.11.65).

Decreto 73.626, de 12 de fevereiro de 1974

Regulamenta o trabalho rural.

....

Art. 2º Considera-se empregador rural, para os efeitos deste Regulamento, a pessoa física ou jurídica, proprietária ou não, que explore atividade agroeconômica, em caráter permanente ou temporário, diretamente ou através de prepostos e com auxílio de empregados.

§ 1º Equipara-se ao empregador rural a pessoa física ou jurídica que, habitualmente, em caráter profissional, e por conta de terceiros, execute serviços de natureza agrária, mediante utilização do trabalho de outrem.

§ 2º Sempre que uma ou mais empresas, embora tendo cada uma delas personalidade jurídica própria, estiverem sob direção, controle ou administração de outra, ou ainda quando, mesmo guardando cada uma sua autonomia, integrem grupo econômico ou financeiro rural, serão responsáveis solidariamente nas obrigações decorrentes da relação de emprego.

§ 3º Inclui-se na atividade econômica referida no *caput* deste artigo a exploração industrial em estabelecimento agrário.

§ 4º Consideram-se como exploração industrial em estabelecimento agrário, para os fins do parágrafo anterior, as atividades que compreendem o primeiro tratamento dos produtos agrários *in natura* sem transformá-los em sua natureza, tais como:

I – o beneficiamento, a primeira modificação e o preparo dos produtos agropecuários e hortigranjeiros e das matérias-primas de origem animal ou vegetal para posterior venda ou industrialização;

II – o aproveitamento dos subprodutos oriundos das operações de preparo e modificação dos produtos *in natura*, referidos no item anterior.

§ 5º Para os fins previstos no § 3º, não será considerada indústria rural aquela que, operando a primeira transformação do produto agrário altere a sua natureza, retirando-lhe a condição de matéria-prima.

Art. 3º Empregado rural é toda pessoa física que, em propriedade rural ou prédio rústico, presta serviços de natureza não eventual a empregador rural, sob a dependência deste e mediante salário.

....

Art. 5º Os contratos de trabalho, individuais ou coletivos, estipularão conforme os usos, praxes e costumes de cada região, o início e o término normal da jornada de trabalho, que não poderá exceder de 8 horas por dia.

§ 1º Será obrigatória, em qualquer trabalho contínuo de duração superior a 6 horas, a concessão de um intervalo mínimo de 1 hora para repouso ou alimentação, observados os usos e costumes da região.

§ 2º Os intervalos para repouso ou alimentação não serão computados na duração do trabalho.

Art. 6º Entre duas jornadas de trabalho haverá um período mínimo de 11 horas consecutivas para descanso.

Art. 7º A duração normal do trabalho poderá ser acrescida de horas suplementares, em número não excedente de 2, mediante acordo escrito entre o empregador e o empregado ou mediante contrato coletivo de trabalho, observado o disposto no artigo anterior.

§ 1º Do acordo ou do contrato coletivo de trabalho deverá constar, obrigatoriamente, a importância da remuneração da hora suplementar que será, pelo menos, 20% superior à da hora normal.

§ 2º Poderá ser dispensado o acréscimo de salário se, por força de acordo ou contrato coletivo, o excesso de horas em um dia for compensado pela correspondente redução em outro dia, de maneira que não exceda o horário normal da semana.

Art. 8º A duração da jornada de trabalho poderá exceder do limite legal ou convencionado para terminar serviços que, pela sua natureza, não possam ser adiados, ou para fazer face a motivo de força maior.

§ 1º O excesso, nos casos deste artigo, poderá ser exigido independentemente de acordo ou contrato coletivo e deverá ser comunicado, dentro de 10 dias, à Delegacia Regional do Trabalho, ou, antes desse prazo, justificado aos agentes fiscais, sem prejuízo daquela comunicação.

§ 2º Nos casos de excesso de horário por motivo de força maior, a remuneração da hora excedente não será inferior à da hora normal. Nos demais casos de excesso previsto neste artigo, a remuneração será, pelo menos, 25% superior à da hora normal, e o trabalho não poderá exceder de 12 horas.

Art. 9º A duração da jornada de trabalho poderá igualmente exceder do limite legal ou convencionado, até o máximo de 2 horas, durante o número de dias necessários, para compensar interrupções do trabalho decorrentes de causas acidentais ou de força maior, desde que a jornada diária não exceda de 10 horas.

Parágrafo único. A prorrogação a que se refere este artigo não poderá exceder de 45 dias por ano, condicionada à prévia autorização da autoridade competente.

Art. 10. Nos serviços intermitentes não serão computados, como de efetivo exercício, os intervalos entre uma e outra parte da execução da tarefa diária, devendo essa característica ser expressamente ressalvada na Carteira de Trabalho e Previdência Social.

Parágrafo único. Considera-se serviço intermitente aquele que, por sua natureza, seja normalmente executado em duas ou mais etapas diárias distintas, desde que haja interrupção do trabalho de, no mínimo, 5 horas, entre uma e outra parte da execução da tarefa.

Art. 11. Todo trabalho noturno acarretará acréscimo de 25% sobre a remuneração normal da hora diurna.

Parágrafo único. Considera-se trabalho noturno, para os efeitos deste artigo, o executado entre as 21 horas de um dia e as 5 horas do dia seguinte, na lavoura, e entre as 20 horas de um dia e as 4 horas do dia seguinte, na atividade pecuária.

Art. 12. Ao menor de 18 anos é vedado o trabalho noturno.

Art. 13. Ao menor de 12 anos é proibido qualquer trabalho.

Art. 14. As normas referentes à jornada de trabalho, trabalho noturno, trabalho do menor e outras compatíveis com a modalidade das respectivas atividades aplicam-se aos avulsos e outros trabalhadores rurais que, sem vínculo de emprego, prestam serviços a empregadores rurais.

Art. 15. Ao empregado maior de 16 anos é assegurado o salário mínimo regional de adulto.

Parágrafo único. Ao empregado menor de 16 anos é assegurado salário mínimo igual à metade do salário mínimo regional de adulto.

....

Art. 19. Considera-se safreiro ou safrista o trabalhador que se obriga à prestação de serviços mediante contrato de safra.

Parágrafo único. Contrato de safra é aquele que tenha sua duração dependente de variações estacionais das atividades agrárias, assim entendidas as tarefas normalmente executadas no período compreendido entre o preparo do solo para o cultivo e a colheita.

Art. 20. Expirado normalmente o contrato de safra, o empregador pagará ao safreiro, a título de indenização do tempo de serviço, a importância correspondente a 1/12 do salário mensal, por mês de serviço ou fração superior a 14 dias.

Art. 21. Não havendo prazo estipulado, a parte que, sem justo motivo, quiser rescindir o contrato de trabalho, deverá avisar à outra da sua resolução com a antecedência mínima de:

I – 8 dias, se o pagamento for efetuado por semana ou tempo inferior;

II – 30 dias, se o pagamento for efetuado por quinzena ou mês, ou se o empregado contar mais de 12 meses de serviço na empresa.

Art. 22. Durante o prazo do aviso prévio, se a rescisão tiver sido promovida, pelo empregador, o empregado rural terá direito a 1 dia por semana, sem prejuízo do salário integral, para procurar outro emprego.

....

Art. 27. A prescrição dos direitos assegurados aos trabalhadores rurais só ocorrerá após 2 anos da rescisão ou término do contrato de trabalho.

Parágrafo único. Contra o menor de 18 anos não corre qualquer prescrição (*DOU*, 12.2.74).

Decreto 82.385, de 5 de outubro de 1978

Regulamenta a Lei n. 6.533/78, que dispõe sobre as profissões de artista e técnico em espetáculos de diversões.

....

Art. 2º Para os efeitos da Lei n. 6.533, de 24 de maio de 1978, é considerado:

I – Artista, o profissional que cria, interpreta ou executa obra de caráter cultural de qualquer natureza para efeito de exibição ou divulgação pública, através de meios de comunicação de massa ou em locais onde se realizam espetáculos de diversões públicas;

II – Técnico em Espetáculos de Diversões, o profissional que, mesmo em caráter auxiliar, participa, individualmente ou em grupo, de atividade profissional ligada diretamente à elaboração, registro, apresentação ou conservação de programas, espetáculos e produções.

Parágrafo único. As denominações e descrições das funções em que se desdobram as atividades de Artista e de Técnico em Espetáculos de Diversões constam do Quadro anexo a este Regulamento.

....

Art. 6º Não se incluem no disposto neste Regulamento os Técnicos em Espetáculos de Diversões que prestam serviços a empresa de radiodifusão.

....

Art. 25. O contrato de trabalho conterá obrigatoriamente:

I – qualificação das partes contratantes;

II – prazo de vigência;

III – natureza da função profissional, com definição das obrigações respectivas;

IV – título do programa, espetáculo ou produção, ainda que provisório, com indicação do personagem nos casos de contrato por tempo determinado;

V – locais onde atuará o contratado, inclusive os opcionais;

VI – jornada de trabalho, com especificação do horário e intervalo de repouso;

VII – remuneração e sua forma de pagamento;

VIII – disposição sobre eventual inclusão do nome do contratado no crédito de apresentação, cartazes, impressos, e programas;

IX – dia de folga semanal;

X – ajuste sobre viagens e deslocamentos;

XI – período de realização de trabalhos complementares, inclusive dublagem, quando posteriores à execução do trabalho de interpretação, objeto do contrato de trabalho;

XII – número da Carteira de Trabalho e Previdência Social.

Art. 26. Nos contratos de trabalho por tempo indeterminado deverá constar, ainda, cláusula relativa ao pagamento de adicional devido em caso de deslocamento para prestação de serviço fora da cidade ajustada no contrato de trabalho.

Art. 27. A cláusula de exclusividade não impedirá o Artista ou Técnico em Espetáculos de Diversões de prestar serviços a outro empregador em atividade diversa da ajustada no contrato de trabalho, desde que em outro meio de comunicação, e sem que se caracterize prejuízo para o contratante com o qual foi assinada a cláusula de exclusividade.

....

Art. 44. A jornada normal de trabalho dos profissionais de que trata este Regulamento terá, nos setores e atividades respectivos, as seguintes durações:

I – radiodifusão, fotografia e gravação: 6 horas diárias, com limitação de 30 semanais;

II – cinema, inclusive publicitário, quando em estúdio: 6 horas diárias;

III – teatro: a partir da estreia do espetáculo terá a duração das sessões, com 8 sessões semanais;

IV – circo e variedades: 6 horas diárias, com limitação de 36 horas semanais;

V – dublagem: 6 horas diárias, com limitação de 40 horas semanais.

§ 1º O trabalho prestado além das limitações diárias ou das sessões previstas neste artigo será considerado extraordinário, aplicando-se-lhe o disposto nos artigos 59 a 61 da Consolidação das Leis do Trabalho.

§ 2º A jornada normal será dividida em 2 turnos, nenhum dos quais poderá exceder 4 horas, respeitado o intervalo previsto na Consolidação das Leis do Trabalho.

§ 3º Nos espetáculos teatrais e circenses, desde que sua natureza ou tradição o exijam, o intervalo poderá, em benefício do rendimento artístico, ser superior a 2 horas.

Art. 45. Será computado como trabalho efetivo o tempo em que o empregado estiver à disposição do empregador, a contar de sua apresentação no local de trabalho, inclusive o período destinado a ensaios, gravações, dublagens, fotografias, caracterização, e todo aquele que exija a presença do Artista, assim como o destinado à preparação do ambiente, em termos de cenografia, iluminação e montagem de equipamento.

Art. 46. Para o Artista integrante do elenco teatral, a jornada de trabalho poderá ser de 8 horas, durante o período de ensaio e reensaio, respeitado o intervalo previsto na Consolidação das Leis do Trabalho.

....

Art. 61. Os profissionais de que trata este Regulamento têm penhor legal sobre o equipamento e todo o material de propriedade do empregador, utilizado na realização de programa, espetáculo ou produção, pelo valor das obrigações não cumpridas pelo empregador (*DOU*, 6.10.78).

Decreto 87.497, de 18 de agosto de 1982

Regulamenta a Lei 6.494, de 7 de dezembro de 1977, estágio de estudantes de ensino superior e de 2º grau regular e supletivo.

Art. 1º O estágio curricular de estudantes regularmente matriculados e com frequência efetiva nos cursos vinculados ao ensino oficial e particular, em nível superior e de 2º grau regular e supletivo, obedecerá às presentes normas.

Art. 2º Considera-se estágio curricular, para os efeitos deste decreto, as atividades de aprendizagem social, profissional e cultural, proporcionadas ao estudante pela participação em situações reais de vida e trabalho de seu meio, sendo realizada na comunidade em geral ou junto a pessoas jurídicas de direito público ou privado, sob responsabilidade e coordenação de instituição de ensino.

Art. 3º O estágio curricular, como procedimento didático-pedagógico, é atividade de competência da instituição de ensino a quem cabe a decisão sobre a matéria, e dele participam pessoas jurídicas de direito público e privado, oferecendo oportunidade e campos de estágio, outras formas de ajuda e colaborando no processo educativo.

Art. 4º As instituições de ensino regularão a matéria contida neste decreto e disporão sobre:

a) inserção do estágio curricular na programação didático-pedagógica;

b) carga-horária, duração e jornada de estágio curricular, que não poderá ser inferior a um semestre letivo;

c) condições imprescindíveis, para caracterização e definição dos campos de estágios curriculares, referidas nos §§ 1º e 2º do art. 1º da Lei 6.494, de 7 de dezembro de 1977;

d) sistemática de organização, orientação, supervisão e avaliação de estágio curricular.

Art. 5º Para caracterização e definição do estágio curricular é necessária, entre a instituição de ensino e pessoas jurídicas de direito público e privado, a existência de instrumento jurídico, periodicamente reexaminado, onde estarão acordadas todas as condições de realização daquele estágio, inclusive transferência de recursos à instituição de ensino, quando for o caso.

Art. 6º A realização do estágio curricular, por parte de estudante, não acarretará vínculo empregatício de qualquer natureza.

§ 1º O Termo de Compromisso será celebrado entre o estudante e a parte concedente da oportunidade do estágio curricular, com a interveniência da instituição de ensino, e constituirá comprovante exigível, pela autoridade competente, da inexistência de vínculo empregatício.

§ 2º O Termo de Compromisso de que trata o parágrafo anterior deverá mencionar

DECRETOS

necessariamente o instrumento jurídico a que se vincula, nos termos do art. 5º.

§ 3º Quando o estágio curricular não se verificar em qualquer entidade pública e privada, inclusive como prevê o § 2º do art. 3º da Lei 6.494/77, não ocorrerá a celebração do Termo de Compromisso.

Art. 7º A instituição de ensino poderá recorrer aos serviços de agentes de integração públicos e privados, entre o sistema de ensino e os setores de produção, serviços, comunidade e governo, mediante condições acordadas em instrumento jurídico adequado.

Parágrafo único. Os agentes de integração mencionados neste artigo atuarão com a finalidade de:

a) identificar para a instituição de ensino as oportunidades de estágios curriculares junto a pessoas jurídicas de direito público e privado;

b) facilitar o ajuste das condições de estágios curriculares, a constarem do instrumento jurídico mencionado no art. 5º;

c) prestar serviços administrativos de cadastramento de estudantes, campos e oportunidades de estágios curriculares, bem como de execução do pagamento de bolsas, e outros solicitados pela instituição de ensino;

d) coparticipar, com a instituição de ensino, no esforço de captação de recursos para viabilizar estágios curriculares.

Art. 8º A instituição de ensino ou a entidade pública ou privada concedente da oportunidade de estágio curricular, diretamente, ou através de atuação conjunta com agentes de integração, referidos no *caput* do artigo anterior, providenciará seguro de acidentes pessoais em favor do estudante (red. D. 2.080/96).

Art. 9º O disposto neste decreto não se aplica ao menor aprendiz, sujeito à formação profissional metódica do ofício em que exerça seu trabalho e vinculado à empresa por contrato de aprendizagem, nos termos da legislação trabalhista.

Art. 10. Em nenhuma hipótese poderá ser cobrada ao estudante qualquer taxa adicional referente às providências administrativas para a obtenção e realização do estágio curricular.

Art. 11. As disposições deste decreto aplicam-se aos estudantes estrangeiros, regularmente matriculados em instituições de ensino oficial ou reconhecidas.

Art. 12. No prazo máximo de 4 semestres letivos, a contar do primeiro semestre posterior à data da publicação deste decreto, deverão estar ajustadas às presentes normas todas as situações hoje ocorrentes, com base em legislação anterior.

Parágrafo único. (Revogado pelo D. 89.467/84.)

Art. 13. Este decreto entrará em vigor na data de sua publicação, revogados o Decreto 66.546, de 11 de maio de 1970, e o Decreto 75.778, de 26 de maio de 1975, bem como as disposições gerais e especiais que regulem em contrário ou de forma diversa a matéria (*DOU*, 19.8.82).

Decreto 89.056, de 24 de novembro de 1983

Segurança para estabelecimentos financeiros, empresas de vigilância e de transporte de valores.

....

Art. 5º Vigilância ostensiva, para os efeitos deste Regulamento, consiste em atividade exercida no interior dos estabelecimentos e em transporte de valores, por pessoas uniformizadas e adequadamente preparadas para impedir ou inibir ação criminosa.

....

Art. 15. Vigilante, para os efeitos deste Regulamento, é o empregado contratado para a execução das atividades definidas nos incisos I e II, e § 2º, do art. 30, e no art. 31, *caput*, deste Regulamento (red. D. 1.592/95).

Art. 16. Para o exercício da profissão, o vigilante deverá registrar-se na Delegacia Regional do Trabalho do Ministério do Trabalho, comprovando:

I – ser brasileiro;

II – ter idade mínima de 21 anos;

III – ter instrução correspondente à 4ª série do ensino do 1º Grau;

IV – ter sido aprovado em curso de formação de vigilante, realizado em estabelecimento com funcionamento autorizado (red. inc. IV D. 1.592/95);

V – ter sido aprovado em exame de saúde física, mental e psicotécnico;

VI – não ter antecedentes criminais registrados; e

VII – estar quite com as obrigações eleitorais e militares.

§ 1º O requisito previsto no inciso III deste artigo não se aplica aos vigilantes em exercício da profissão, desde que admitidos por empresa especializada até o dia 21 de junho de 1983.

§ 2º O exame de sanidade física e mental será realizado de acordo com o disposto em norma regulamentadora do Ministério do Trabalho.

§ 3º O exame psicotécnico será realizado conforme instruções do Ministério do Trabalho.

Art. 17. O registro de que trata o artigo anterior poderá ser promovido pela entidade realizadora do curso de formação de vigilantes.

Art. 18. O vigilante deverá submeter-se anualmente a rigoroso exame de saúde física e mental, bem como manter-se adequadamente preparado para o exercício da atividade profissional.

Art. 19. O vigilante usará uniforme somente quando em efetivo serviço.

Parágrafo único. Para os efeitos deste artigo, considera-se efetivo serviço o exercício da atividade de vigilância ostensiva no local de trabalho, conforme o disposto no art. 5º.

Art. 20. É assegurado ao vigilante:

I – uniforme especial aprovado pelo Ministério da Justiça, às expensas do empregador;

II – porte de arma, quando no exercício da atividade de vigilância no local de trabalho;

III – prisão especial por ato decorrente do exercício da atividade de vigilância; e

IV – seguro de vida em grupo, feito pelo empregador.

..................................(*DOU*, 25.11.83).

Decreto 89.339, de 31 de janeiro de 1984

Regulamenta a Lei 7.064/82, trabalhadores contratados ou transferidos para prestar serviços no exterior.

Art. 1º O empregado contratado no Brasil ou transferido por empresa prestadora de serviços de engenharia, inclusive consultoria, projetos, obras, montagens, gerenciamento e congêneres, para prestar serviços no exterior, enquanto estiver prestando serviços no estrangeiro, poderá converter e remeter para o local de trabalho, no todo ou em parte, os valores correspondentes à remuneração paga em moeda nacional.

Art. 2º As remessas referidas no art. 1º serão feitas através de instituição bancária autorizada a operar em câmbio, mediante requerimento escrito do empregado ou seu procurador, instruído com declaração da empresa empregadora indicando o valor da remuneração paga ao empregado, o local da prestação de serviços no exterior e os números da Carteira de Trabalho e de inscrição do empregado no cadastro de contribuintes.

Parágrafo único. As remessas a que se refere o artigo estarão sujeitas à fiscalização do Banco Central do Brasil.

Art. 3º Os valores pagos pela empresa empregadora prestadora dos serviços a que se refere o art. 1º, na liquidação de direitos determinados pela lei do local da prestação de serviços no exterior, poderão ser deduzidos dos depósitos do Fundo de Garantia por Tempo de Serviço – FGTS – em nome do empregado, existentes na conta vinculada de que trata o art. 2º da Lei 5.107, de 13 de setembro de 1966.

§ 1º O levantamento, pela empresa empregadora, dos valores correspondentes à liquidação de direitos, efetuada de conformidade com a lei do local da prestação de serviços no exterior, efetivar-se-á à vista do alvará expedido em decorrência da homologação judicial.

§ 2º A homologação dos valores a serem deduzidos dar-se-á mediante a apresentação, pela empresa empregadora, de cópia autêntica da documentação comprobatória da liquidação dos direitos do empregado no exterior, traduzida oficialmente.

§ 3º Requerida a homologação, o Juiz determinará ao Banco depositário da conta vinculada que informe, no prazo de 3 dias úteis, o valor existente na conta vinculada do empregado, na data do pedido de homologação.

Art. 4º A homologação deverá consignar a importância, em moeda estrangeira, a ser deduzida e o alvará autorizará o levantamento do seu valor correspondente em cruzeiros, junto ao Banco depositário, que efetuará a conversão ao câmbio do dia em que efetivar o pagamento, utilizando o dólar dos Estados Unidos da América como moeda de conversão, nos casos em que a liquidação de direitos do empregado tenha sido efetuada em moeda com a qual o cruzeiro não tenha paridade direta.

Parágrafo único. A empresa empregadora deverá apresentar o alvará a que se refere o artigo no prazo de dois dias úteis da sua expedição, sob pena de correrem à sua conta as variações cambiais posteriores à data do alvará.

Art. 5º Caso o saldo existente na conta vinculada do FGTS, em nome do empregado, não seja suficiente para a dedução integral dos valores correspondentes aos direitos liquidados pela empresa no exterior, a diferença poderá ser levantada mediante nova dedução dessa conta, quando da cessação, no Brasil, do contrato de trabalho, mediante a expedição de novo alvará e independentemente de nova homologação.

Art. 6º A contratação de trabalhador por empresa estrangeira, para trabalhar no exterior, está condicionada à autorização do Ministério do Trabalho, nos termos de regulamento baixado pelo Ministro do Trabalho e observado o disposto no art. 7º deste decreto.

Art. 7º A empresa requerente da autorização a que se refere o art. 6º deverá comprovar:

I – sua existência jurídica, segundo as leis do país no qual é sediada;

II – a participação de pessoa jurídica domiciliada no Brasil, em pelo menos 5% do seu capital social;

III – a existência de procurador legalmente constituído no Brasil, com poderes especiais de representação, inclusive o de receber citação;

IV – a solidariedade da pessoa jurídica a que se refere o inciso II deste artigo no cumprimento das obrigações da empresa estrangeira decorrentes da contratação do empregado.

Art. 8º Este decreto entra em vigor na data da sua publicação, revogadas as disposições em contrário (*DOU*, 1.2.84).

Decreto 95.247, de 17 de novembro de 1987

Vale-transporte. Regulamenta as Leis 7.418/85 e 7.619/87.

Capítulo I
DOS BENEFICIÁRIOS E DO BENEFÍCIO DO VALE-TRANSPORTE

Art. 1º São beneficiários do Vale-Transporte, nos termos da Lei 7.418, de 16 de dezembro de 1985, os trabalhadores em geral, tais como (red. D. 2.880/98):

I – os empregados, assim definidos no art. 3º da Consolidação das Leis do Trabalho;

II – os empregados domésticos, assim definidos na Lei 5.859, de 11 de dezembro de 1972;

III – os trabalhadores de empresas de trabalho temporário, de que trata a Lei 6.019, de 3 de janeiro de 1974;

IV – os empregados a domicílio, para os deslocamentos indispensáveis à prestação do trabalho, percepção de salários e os necessários ao desenvolvimento das relações com o empregador;

V – os empregados do subempreiteiro, em relação a este e ao empreiteiro principal, nos termos do art. 455 da Consolidação das Leis do Trabalho;

VI – os atletas profissionais de que trata a Lei 6.354, de 2 de setembro de 1976;

VII – (rev. D. 2.880/98).

Parágrafo único. Para efeito deste decreto, adotar-se-á a denominação beneficiário para identificar qualquer uma das categorias mencionadas nos diversos incisos deste artigo.

Art. 2º O Vale-Transporte constitui benefício que o empregador antecipará ao trabalhador para utilização efetiva em despesas de deslocamento residência-trabalho e vice-versa.

Parágrafo único. Entende-se como deslocamento a soma dos segmentos componentes da viagem do beneficiário, por um ou mais meios de transporte, entre sua residência e o local de trabalho.

Art. 3º O Vale-Transporte é utilizável em todas as formas de transporte coletivo público urbano ou, ainda, intermunicipal e interestadual com características semelhantes ao urbano, operado diretamente pelo poder público ou mediante delegação, em linhas regulares e com tarifas fixadas pela autoridade competente.

Parágrafo único. Excluem-se do disposto neste artigo os serviços seletivos e os especiais.

Art. 4º Está exonerado da obrigatoriedade do Vale-Transporte o empregador que proporcionar, por meios próprios ou contratados, em veículos adequados ao transporte coletivo, o deslocamento, residência-trabalho e vice-versa, de seus trabalhadores.

Parágrafo único. Caso o empregador forneça ao beneficiário transporte próprio ou fretado que não cubra integralmente os deslocamentos deste, o Vale-Transporte deverá ser aplicado para os segmentos da viagem não abrangidos pelo referido transporte.

Art. 5º É vedado ao empregador substituir o Vale-Transporte por antecipação em dinheiro ou qualquer outra forma de pagamento, ressalvado o disposto no parágrafo único deste artigo.

Parágrafo único. No caso de falta ou insuficiência de estoque de Vale-Transporte, necessário ao atendimento da demanda e ao funcionamento do sistema, o beneficiário será ressarcido pelo empregador, na folha de pagamento imediata, da parcela correspondente, quando tiver efetuado, por conta própria, a despesa para seu deslocamento.

Art. 6º O Vale-Transporte, no que se refere a contribuição do empregador:

I – não tem natureza salarial, nem se incorpora à remuneração do beneficiário para quaisquer efeitos;

II – não constitui base de incidência de contribuição previdenciária ou do Fundo de Garantia do Tempo de Serviço;

III – não é considerado para efeito de pagamento da gratificação de Natal (Lei 4.090, de 13 de julho de 1962, e art. 7º do Decreto-lei 2.310, de 22 de dezembro de 1986);

IV – não configura rendimento tributável do beneficiário.

Capítulo II
DO EXERCÍCIO DO DIREITO DO VALE-TRANSPORTE

Art. 7º Para o exercício do direito de receber o Vale-Transporte o empregado informará ao empregador, por escrito:

I – seu endereço residencial;

II – os serviços e meios de transporte mais adequados ao seu deslocamento residência-trabalho e vice-versa.

§ 1º A informação de que trata este artigo será atualizada anualmente ou sempre que ocorrer alteração das circunstâncias mencionadas nos itens I e II, sob pena de suspensão do benefício até o cumprimento dessa exigência.

§ 2º O beneficiário firmará compromisso de utilizar o Vale-Transporte exclusivamente para seu efetivo deslocamento residência-trabalho e vice-versa.

§ 3º A declaração falsa ou o uso indevido do Vale-Transporte constituem falta grave.

Art. 8º É vedada a acumulação do benefício com outras vantagens relativas ao transporte do beneficiário, ressalvado o disposto no parágrafo único do art. 4º deste decreto.

Art. 9º O Vale-Transporte será custeado:

I – pelo beneficiário, na parcela equivalente a 6% de seu salário básico ou vencimento, excluídos quaisquer adicionais ou vantagens;

II – pelo empregador, no que exceder à parcela referida no item anterior.

Parágrafo único. A concessão do Vale-Transporte autorizará o empregador a descontar, mensalmente do beneficiário que exercer o respectivo direito, o valor da parcela de que trata o item I deste artigo.

Art. 10. O valor da parcela a ser suportada pelo beneficiário será descontado proporcionalmente à quantidade de Vale-Transporte concedida para o período a que se refere o salário ou vencimento e por ocasião de seu pagamento, salvo estipulação em contrário, em convenção ou acordo coletivo de trabalho, que favoreça o beneficiário.

Art. 11. No caso em que a despesa com o deslocamento do beneficiário for inferior a 6%

do salário básico ou vencimento, o empregado poderá optar pelo recebimento antecipado do Vale-Transporte, cujo valor será integralmente descontado por ocasião do pagamento do respectivo salário ou vencimento.

Art. 12. A base de cálculo para determinação da parcela a cargo do beneficiário será:

I – o salário básico ou vencimento mencionado no item I do art. 9º deste Decreto; e

II – o montante percebido no período, para os trabalhadores remunerados por tarefa ou serviço feito ou quando se tratar de remuneração constituída exclusivamente de comissões, percentagens, gratificações, gorjetas ou equivalentes.

..................................(*DOU*, 18.11.87).

Decreto 97.936, de 10 de julho de 1989

Cadastro Nacional do Trabalhador.

Art. 1º Fica instituído o Cadastro Nacional do Trabalhador – CNT, destinado a registrar informações de interesse do trabalhador, do Ministério do Trabalho e da Previdência Social – MTPS e da Caixa Econômica Federal – CEF (red. D. 99.378/90).

Art. 2º O CNT, composto pelo sistema de identificação do trabalhador e pelo sistema de coleta de informações sociais, compreenderá os trabalhadores:

I – já inscritos no Programa de Integração Social – PIS e no Programa de Formação do Patrimônio do Servidor Público – PASEP;

II – cadastrados no sistema de contribuinte individual da Previdência Social;

III – que vierem a ser cadastrados no CNT.

Parágrafo único. A organização inicial do CNT será feita a partir de informações constantes dos Cadastros do PIS e do PASEP.

Art. 3º Para efeito de identificação do trabalhador junto ao CNT ficam instituídos:

I – o Número de Identificação do Trabalhador – NIT;

II – o Documento de Cadastramento do Trabalhador – DCT.

§ 1º O DCT substituirá a Ficha de Declaração de que trata o § 2º do art. 13 da Consolidação das Leis do Trabalho – CLT.

§ 2º O DCT será preenchido:

a) pelos postos competentes, a cada emissão da Carteira de Trabalho e Previdência Social – CTPS;

b) no caso de contribuintes individuais, pela Previdência Social, que poderá utilizar-se dos serviços da rede bancária.

§ 3º Os órgãos e entidades da Administração Pública identificarão os trabalhadores do serviço público não regidos pela CLT, ainda não inscritos no CNT.

§ 4º A cada trabalhador será atribuído um NIT, que lhe facultará o acesso às informações referentes aos seus direitos trabalhistas e previdenciários.

Art. 4º A coleta de informações sociais será feita por meio do Documento de Informações Sociais – DIS, a ser preenchido pelos empregadores, que deverão:

I – identificar-se pelo número de inscrição no Cadastro Geral de Contribuintes do Ministério da Fazenda – CGC/MF;

II – identificar cada trabalhador pelo respectivo NIT.

§ 1º O empregador não inscrito no CGC/MF se identificará na forma a ser disciplinada pelo Grupo Gestor no CNT (art. 6º).

§ 2º O DIS conterá informações relativas:

a) à nacionalização do trabalho (CLT, art. 360);

b) ao controle dos registros relativos ao Fundo de Garantia do Tempo de Serviço – FGTS (Lei n. 5.107, de 13 de setembro de 1966);

c) ao salário de contribuição do trabalhador, para concessão e manutenção de benefícios por parte da Previdência Social;

d) ao pagamento do abono previsto pelo § 3º do art. 239 da Constituição;

e) ao pagamento e controle do seguro-desemprego (Decreto-lei n. 2.284, de 10 de março de 1986);

f) à admissão e dispensa de empregados (Lei n. 4.923, de 23 de dezembro de 1965).

§ 3º As informações sociais referentes aos trabalhadores contribuintes individuais da Previdência Social serão prestadas ao CNT pelo MPAS.

Art. 5º O DIS substituirá os seguintes documentos:

I – Relação Anual de Informações Sociais – RAIS (Decreto n. 76.900, de 23 de dezembro de 1975);

II – formulário de comunicação de admissão e dispensa (Lei n. 4.923, de 1965);

III – Relação de Empregados – RE (Lei n. 5.107, de 1966);

IV – Relação de Salários e Contribuições – RSC da Previdência Social;

V – Comunicação de Dispensa – CD (Decreto n. 92.608, de 30 de abril de 1986).

....

Art. 8º Pelo descumprimento do disposto no art. 4º deste Decreto, os infratores estarão sujeitos, conforme a infração, às penalidades previstas nos seguintes dispositivos legais:

I – art. 364 da CLT;

II – art. 10 da Lei n. 4.923, de 1965.

Parágrafo único. No caso de mais de uma infração, as respectivas penalidades serão aplicadas cumulativamente.

Art. 9º As contribuições devidas à Previdência Social, ao Programa de Integração Social – PIS, ao Programa de Formação do Patrimônio do Servidor Público – PASEP, bem assim os depósitos relativos ao Fundo de Garantia do Tempo de Serviço – FGTS, continuarão a ser recolhidos mediante documento próprio.

Art. 10. O Secretário da Administração Federal expedirá as instruções necessárias à execução do disposto neste Decreto (redação D. s/n. 25.6.91).

Art. 11. Este Decreto entra em vigor na data de sua publicação.

Art. 12. Revogam-se as disposições em contrário.

Brasília, 10 de julho de 1989; 168º da Independência e 101º da República (*DOU*, 11.7.89).

Decreto 99.684, de 8 de novembro de 1990

Regulamento do FGTS.

Capítulo I
DISPOSIÇÕES PRELIMINARES

Art. 1º Nas relações jurídicas pertinentes ao Fundo de Garantia do Tempo de Serviço – FGTS será observado o disposto neste Regulamento.

Art. 2º Para os efeitos deste Regulamento considera-se:

I – empregador, a pessoa natural ou jurídica de direito público ou privado, da Administração Pública direta, indireta ou fundacional de qualquer dos Poderes, da União, dos Estados, do Distrito Federal e dos Municípios, que admitir trabalhadores a seu serviço, bem assim aquele que, regido por legislação especial, encontrar-se nessa condição ou figurar como fornecedor ou tomador de mão de obra;

II – trabalhador, a pessoa natural que prestar serviços a empregador, excluídos os eventuais, os autônomos e os servidores públicos civis e militares sujeitos a regime jurídico próprio.

Capítulo II
DIREITO AO FGTS

Art. 3º A partir de 5 de outubro de 1988, o direito ao regime do FGTS é assegurado aos trabalhadores urbanos e rurais, exceto aos domésticos, independentemente de opção.

Parágrafo único. Os trabalhadores domésticos poderão ter acesso ao regime do FGTS, na forma que vier a ser prevista em lei.

Art. 4º A opção pelo regime de que trata este Regulamento somente é admitida para o tempo de serviço anterior a 5 de outubro de 1988, podendo os trabalhadores, a qualquer tempo, optar pelo FGTS com efeito retroativo a 1º de janeiro de 1967, ou à data de sua admissão, quando posterior.

Parágrafo único. O disposto neste artigo não se aplica ao trabalhador rural (Lei 5.889, de 8 de junho de 1973), bem assim àquele:

a) que tenha transacionado com o empregador o direito à indenização, quanto ao período que foi objeto da transação; ou

b) cuja indenização pelo tempo anterior à opção já tenha sido depositada na sua conta vinculada.

Art. 5º A opção com efeito retroativo será feita mediante declaração escrita do trabalhador, com indicação do período de retroação.

§ 1º O empregador, no prazo de quarenta e oito horas, fará as devidas anotações na Carteira de Trabalho e Previdência Social e no registro do trabalhador, comunicando ao banco depositário.

§ 2º O valor da conta vinculada em nome do empregador e individualizada em relação ao trabalhador, relativo ao período abrangido pela retroação, será transferido pelo banco depositário para conta vinculada em nome do trabalhador.

Art. 6º O tempo de serviço anterior à opção ou a 5 de outubro de 1988 poderá ser transacionado entre empregador e empregado, respeitado o limite mínimo de sessenta por cento da indenização simples ou em dobro, conforme o caso.

Parágrafo único. Na hipótese de que trata este artigo, a transação deverá ser homologada pelo sindicato da categoria profissional, mesmo quando não houver extinção do contrato de trabalho.

Art. 7º O direito ao FGTS se estende aos diretores não empregados de empresas públicas e sociedades controladas direta ou indiretamente pela União (Lei 6.919, de 2 de junho de 1981).

Art. 8º As empresas sujeitas ao regime da legislação trabalhista poderão equiparar seus diretores não empregados aos demais trabalhadores sujeitos ao regime do FGTS.

Parágrafo único. Considera-se diretor aquele que exerça cargo de administração previsto em lei, estatuto ou contrato social, independentemente da denominação do cargo.

Capítulo III
DOS EFEITOS DA RESCISÃO OU EXTINÇÃO DO CONTRATO DE TRABALHO

Art. 9º Ocorrendo despedida sem justa causa, ainda que indireta, com culpa recíproca, por força maior ou extinção normal do contrato de trabalho a termo, inclusive a do trabalhador temporário, deverá o empregador depositar, na conta vinculada do trabalhador no FGTS, os valores relativos aos depósitos referentes ao mês da rescisão e ao imediatamente anterior, que ainda não houver sido recolhido, sem prejuízo das cominações legais cabíveis.

§ 1º No caso de despedida sem justa causa, ainda que indireta, o empregador depositará, na conta vinculada do trabalhador no FGTS, importância igual a quarenta por cento do montante de todos os depósitos realizados na conta vinculada durante a vigência do contrato de trabalho, atualizados monetariamente e acrescidos dos respectivos juros, não sendo permitida, para este fim, a dedução dos saques ocorridos.

§ 2º Ocorrendo despedida por culpa recíproca ou força maior, reconhecida pela Justiça do Trabalho, o percentual de que trata o parágrafo precedente será de vinte por cento.

§ 3º Na determinação da base de cálculo para a aplicação dos percentuais de que tratam os parágrafos precedentes, serão computados os valores dos depósitos relativos aos meses da rescisão e o imediatamente anterior, recolhidos na forma do *caput* deste artigo.

§ 4º O recolhimento das importâncias de que trata este artigo deverá ser comprovado quando da homologação das rescisões contratuais que exijam o pagamento da multa rescisória, bem como quando da habilitação ao saque, sempre que não for devida a homologação da rescisão, observado o disposto no art. 477 da Consolidação das Leis do Trabalho – CLT, eximindo o empregador, exclusivamente, quanto aos valores discriminados.

§ 5º Os depósitos de que tratam o *caput* e os §§ 1º e 2º deste artigo deverão ser efetuados nos seguintes prazos:

a) até o primeiro dia útil imediato ao término do contrato; ou

b) até o décimo dia, contado da data da notificação da demissão, quando da ausência do aviso prévio, indenização do mesmo ou dispensa de seu cumprimento. (§ 5º e alíneas, red. D. 2.582/98, v. Índ. Leg.)

§ 6º O empregador que não realizar os

depósitos previstos neste artigo, no prazo especificado no parágrafo anterior, sujeitar-se-á às cominações previstas no art. 30.

§ 7º O depósito dos valores previstos neste artigo deverá ser efetuado, obrigatoriamente, na CEF ou nas localidades onde não existam unidades daquela empresa, nos bancos conveniados, aplicando-se a estes depósitos o disposto no art. 32.

§ 8º A CEF terá prazo de 10 dias úteis, após o recolhimento, para atender às solicitações de saque destes valores.

§ 9º A CEF, para fins de remuneração como Agente Operador do FGTS, considerará o recolhimento desses depósitos, da multa rescisória e dos saques desses valores como movimentações distintas. (§§ 1º, 3º, 4º e 6º a 9º, red. D. 2.430/97, v. Índ. Leg.)

Art. 10. Caberá ao banco depositário e, após a centralização, à Caixa Econômica Federal – CEF, prestar ao empregador, no prazo máximo de 5 dias úteis da solicitação, as informações necessárias ao cumprimento do disposto nos §§ 1º e 2º do artigo precedente.

§ 1º As informações deverão discriminar os totais de depósitos efetuados pelo empregador, acrescidos dos respectivos juros e correção monetária.

§ 2º Caberá ao empregador comprovar o efetivo depósito dos valores devidos que não tenham ingressado na conta até a data da rescisão do contrato de trabalho.

Art. 11. Fica ressalvado o direito adquirido dos trabalhadores que, em 5 de outubro de 1988, já tinham o direito à estabilidade no emprego, nos termos do Capítulo V do Título IV da CLT.

Art. 12. Ocorrendo rescisão do contrato de trabalho, para a qual não tenha o trabalhador dado causa, fica assegurado, na forma do disposto nos arts. 477 a 486 e 497 da CLT, o direito à indenização relativa ao tempo de serviço anterior a 5 de outubro de 1988, que não tenha sido objeto de opção.

Art. 13. No caso de rescisão ou extinção do contrato de trabalho de empregado que conte tempo de serviço anterior a 5 de outubro de 1988 na qualidade de não optante, o empregador poderá levantar o saldo da respectiva conta individualizada, mediante:

I – comprovação do pagamento da indenização devida, quando for o caso; ou II – autorização do Instituto Nacional de Seguro Social – INSS, quando não houver indenização a ser paga ou houver decorrido o prazo prescricional para reclamação de direitos por parte do trabalhador.

Parágrafo único. Nas hipóteses previstas neste artigo, os recursos serão liberados no prazo de 5 dias úteis, contado da apresentação do comprovante de pagamento da indenização ou da autorização conferida pelo INSS.

Art. 14. No caso de contrato a termo, a rescisão antecipada, sem justa causa ou com culpa recíproca, equipara-se às hipóteses previstas nos §§ 1º e 2º do art. 9º, respectivamente, sem prejuízo do disposto no art. 479 da CLT.

Art. 15. Ocorrendo rescisão do contrato de trabalho, pelo empregador, por justa causa, o trabalhador demitido somente terá direito ao saque de sua conta vinculada nas hipóteses previstas nos incisos III a VIII do art. 35.

Art. 16. Equipara-se a extinção normal do contrato a termo o término do mandato do diretor não empregado (arts. 7º e 8º) não reconduzido.

Capítulo IV
CONTAS

Art. 17. As importâncias creditadas nas contas vinculadas em nome dos trabalhadores são impenhoráveis.

Art. 18. O saldo das contas vinculadas é garantido pelo Governo Federal, podendo ser instituído seguro especial para esse fim.

Art. 19. Os depósitos efetuados nas contas vinculadas serão corrigidos monetariamente com base nos parâmetros fixados para atualização dos saldos dos depósitos de poupança e capitalizarão juros de três por cento ao ano.

§ 1º A correção monetária e os juros correrão à conta do FGTS.

§ 2º Para as contas vinculadas dos trabalhadores optantes, existentes em 22 de setembro de 1971, a capitalização dos juros dos depósitos continuará a ser feita levando-se em conta o período de permanência na mesma empresa, na seguinte progressão:

a) 3%, durante os dois primeiros anos;

b) 4%, do terceiro ao quinto ano; c) 5%, do sexto ao décimo ano; d) 6%, a partir do décimo primeiro ano.

§ 3º O disposto no parágrafo precedente deixará de ser aplicado quando o trabalhador mudar de empresa, hipótese em que a capitalização dos juros passará a ser feita à taxa de 3% ao ano.

Art. 20. O crédito da atualização monetária e dos juros será efetuado na conta do trabalhador:

I – no primeiro dia útil de cada mês, com base no saldo existente no primeiro dia útil do mês anterior, até que ocorra a centralização das contas na CEF; e II – no dia 10 de cada mês, com base no saldo existente no dia 10 do mês anterior, após a centralização prevista neste artigo.

§ 1º O saldo existente no mês anterior será utilizado como base para o cálculo dos juros e da atualização monetária após a dedução dos saques ocorridos no período, exceto os efetuados no dia do crédito.

§ 2º Caso no dia 10 não haja expediente bancário, considerar-se-á o primeiro dia útil subsequente, tanto para a realização do crédito quanto para a definição do saldo-base.

Art. 21. Até o dia 14 de maio de 1991, a CEF assumirá o controle de todas as contas vinculadas, passando os demais estabelecimentos bancários, findo esse prazo, à condição de agentes recebedores e pagadores do FGTS, mediante recebimento de tarifa a ser fixada pelo Conselho Curador.

§ 1º Até que a CEF implemente as disposições deste artigo, a conta vinculada continuará sendo aberta em nome do trabalhador, em estabelecimento bancário escolhido pelo empregador.

§ 2º Verificando-se mudança de emprego, a conta vinculada será transferida para o estabelecimento bancário da escolha do novo empregador.

Art. 22. A partir do segundo mês após a centralização das contas na CEF, fica assegurado ao trabalhador o direito de receber, bimestralmente, extrato informativo da conta vinculada.

Parágrafo único. A qualquer tempo a CEF, mediante solicitação, fornecerá ao trabalhador informações sobre sua conta vinculada.

Art. 23. O banco depositário é responsável pelos lançamentos efetuados nas contas vinculadas durante o período em que estiverem sob sua administração.

Art. 24. Por ocasião da centralização na CEF, caberá ao banco depositário emitir o último extrato das contas vinculadas sob sua responsabilidade, que deverá conter, inclusive, o registro dos valores transferidos e a discriminação dos depósitos efetuados na vigência do último contrato de trabalho.

Art. 25. Após a centralização das contas na CEF o saldo de conta não individualizada e de conta vinculada sem depósito há mais de cinco anos será incorporado ao patrimônio do FGTS, resguardado o direito do beneficiário de reclamar, a qualquer tempo, a reposição do valor transferido, mediante comprovação de ter a conta existido.

Art. 26. A empresa anotará na Carteira de Trabalho e Previdência Social o nome e endereço da agência do banco depositário.

Parágrafo único. Após a centralização das contas na CEF, a empresa ficará desobrigada da anotação de que trata este artigo.

Capítulo V
DEPÓSITOS

Art. 27. O empregador, ainda que entidade filantrópica, é obrigado a depositar, até o dia 7 de cada mês, em conta bancária vinculada, a importância correspondente a oito por cento da remuneração paga ou devida no mês anterior, a cada trabalhador, incluídas as parcelas de que tratam os arts. 457 e 458 da CLT e a gratificação de Natal a que se refere a Lei 4.090, de 13 de julho de 1962, com as modificações da Lei 4.749, de 12 de agosto de 1965.

Parágrafo único. Não integram a base de cálculo para incidência do percentual de que trata este artigo:

a) a contribuição do empregador para o Vale-Transporte (Decreto 95.247, de 17 de novembro de 1987); e

b) os gastos efetuados com bolsas de aprendizagem (Lei 8.069, de 13 de julho de 1990, art. 64).

Art. 28. O depósito na conta vinculada do FGTS é obrigatório também nos casos de interrupção do contrato de trabalho prevista em lei, tais como: I – prestação de serviço militar; II – licença para tratamento de saúde de até 15 dias; III – licença por acidente de trabalho; IV – licença à gestante; e V – licença-paternidade.

Parágrafo único. Na hipótese deste artigo, a base de cálculo será revista sempre que ocorrer aumento geral na empresa ou na categoria profissional a que pertencer o trabalhador.

Art. 29. O depósito a que se refere o art. 27 é devido, ainda, quando o empregado passar a exercer cargo de diretoria, gerência ou outro de confiança imediata do empregador.

Art. 30. O empregador que não realizar os depósitos previstos no prazo fixado no art. 27 sujeitar-se-á às obrigações e sanções previstas nos arts. 50 a 52 e responderá:

I – pela atualização monetária da importância correspondente; e II – pelos juros de mora de1% ao mês e multa de 20%, incidentes sobre o valor atualizado.

§ 1º A atualização monetária será cobrada por dia de atraso, tomando-se por base os índices de variação do Bônus do Tesouro Nacional Fiscal (BTN Fiscal) ou, na falta deste, do título que vier a sucedê-lo, ou, ainda, a critério do Conselho Curador, por outro indicador da inflação diária.

§ 2º Se o débito for pago até o último dia útil do mês em que o depósito deveria ter sido efetuado, a multa será reduzida para 10%.

§ 3º O disposto neste artigo se aplica aos depósitos decorrentes de determinação judicial.

Art. 31. Até a centralização das contas na CEF, a apropriação na conta vinculada, para fins de atualização monetária e capitalização de juros, será feita:

I – no primeiro dia útil do mês subsequente, quando o depósito ocorrer no próprio mês em que se tornou devido; II – no primeiro dia útil do mês de depósito, quando este ocorrer no mês subsequente àquele em que se tornou devido; e III – no primeiro dia útil do mês do depósito, quando este ocorrer a partir do segundo mês subsequente ao em que se tornou devido, atualizado monetariamente e acrescido de juros, contados da data em que a apropriação deveria ter sido feita.

Art. 32. Os depósitos relativos ao FGTS, efetuados na rede bancária, serão transferidos à CEF no segundo dia útil subsequente à data em que tenham sido efetuados.

Art. 33. Os empregadores deverão comunicar mensalmente aos trabalhadores os valores recolhidos ao FGTS e repassar-lhes todas as informações, recebidas da CEF ou dos bancos depositários, sobre as respectivas contas vinculadas.

Art. 34. Os depósitos em conta vinculada constituirão despesas dedutíveis do lucro operacional dos empregadores e as importâncias levantadas a seu favor, receita tributável (Lei 8.036, de 11 de maio de 1990).

Capítulo VI
SAQUES

Art. 35. A conta vinculada do trabalhador no FGTS poderá ser movimentada nas seguintes situações:

I – despedida sem justa causa, inclusive a indireta, de culpa recíproca e por força maior, comprovada com o depósito dos valores de que tratam os §§ 1º e 2º do art. 9º (red. D. 2.430/97, v. Índ. Leg.); II – extinção da empresa, fechamento de quaisquer de seus estabelecimentos, filiais ou agências, supressão de parte de suas atividades, ou, ainda, falecimento do empregador individual, sempre que qualquer dessas ocorrências implique rescisão do contrato de trabalho, comprovada por declaração escrita da empresa, suprida, quando for o caso, por decisão judicial transitada em julgado; III – aposentadoria concedida pela Previdência Social; IV – falecimento do trabalhador; V – pagamento de parte das prestações decorrentes de financiamento habitacional concedido no âmbito do Sistema Financeiro da Habitação – SFH, desde que: a) o mutuário conte com o mínimo de três anos de trabalho sob o regime do FGTS, na mesma empresa ou em empresas diferentes; b) o valor bloqueado seja utilizado, no mínimo, durante o prazo de 12 meses; e c) o valor de cada parcela a ser movimentada não exceda a 80% do montante da prestação; VI – liquidação ou amortização extraordinária do saldo devedor de financiamento imobiliário concedido no âmbito do SFH, desde que haja interstício mínimo de dois anos para cada movimentação, sem prejuízo de outras condições estabelecidas pelo Conselho Curador; VII – pagamento total ou parcial do preço de aquisição de moradia própria, observadas as seguintes condições: a) conte o mutuário com o mínimo de 3 anos de trabalho sob o regime do FGTS, na mesma empresa ou empresas diferentes; e b) seja a operação financiada pelo SFH ou, se realizada fora do Sistema, preencha os requisitos para ser por ele financiada; VIII – quando permanecer 3 anos ininterruptos, a partir de 14 de maio de 1990, sem crédito de depósitos; IX – extinção normal do contrato a termo, inclusive o dos trabalhadores temporários regidos pela Lei n. 6.019, de 1974 (NRed. D. 5.860/06); X – suspensão do trabalho avulso por período igual ou superior a 90 dias (NRed. D. 5.860/06); XI – quando o trabalhador ou qualquer de seus dependentes for acometido de neoplasia maligna (NRed. D. 5.860/06); XII – aplicação, na forma individual ou por intermédio de Clubes de investimento – CI-FGTS, em quotas de Fundos Mútuos de Privatização – FMP-FGTS, conforme disposto no inciso XII do art. 20 da Lei n. 8.036, de 11 de maio de 1990 (red. D. 5.860/06); XIII – quando o trabalhador ou qualquer de seus dependentes for portador do vírus HIV (red. D. 5.860/06); e XIV – quando o trabalhador ou qualquer de seus dependentes estiver em estágio terminal, em razão de doença grave (red. D. 5.860/06).

§ 1º Os depósitos em conta vinculada em nome de aposentado, em razão de novo vínculo empregatício, poderão ser sacados também no caso de rescisão do contrato de trabalho a seu pedido.

§ 2º Nas hipóteses previstas nos incisos I e II, o trabalhador somente poderá sacar os valores relativos ao último contrato de trabalho.

§ 3º O Conselho Curador disciplinará o disposto no inciso V, visando a beneficiar os trabalhadores de baixa renda e a preservar o equilíbrio financeiro do FGTS.

§ 4º A garantia a que alude o art. 18 deste Regulamento não compreende as aplicações a que se refere o inciso XII deste artigo.

§ 5º Os recursos automaticamente transferidos da conta do titular no FGTS em razão da aquisição de ações, bem como os ganhos ou perdas dela decorrentes, observado o disposto na parte final do § 1º do art. 9º, não afetarão a base de cálculo da indenização de que tratam os §§ 1º e 2º do art. 9º deste Regulamento.

§ 6º Os resgates de quotas dos FMP-FGTS e dos CI-FGTS, para os casos previstos nos incisos I a IV e VI a X deste artigo, somente poderão ocorrer com autorização prévia do Agente Operador do FGTS (NRed. D. 5.860/06).

§ 7º Nos casos previstos nos incisos IV, VI e VII, o resgate de quotas implicará retorno à conta vinculada do trabalhador do valor resultante da aplicação.

§ 8º O limite de 50% a que se refere o inciso XII deste artigo será observado a cada aplicação e após deduzidas as utilizações anteriores que não tenham retornado ao FGTS, de modo que o somatório dos saques da espécie, atualizados, não poderá ser superior à metade do saldo atual da respectiva conta (§§ 4º e 8º acrescidos pelo D. 2.430/97, v. Índ. Leg.).

Art. 36. O saque poderá ser efetuado mediante:

I – apresentação do recibo de quitação de verbas rescisórias, nos casos dos incisos I e II do artigo precedente; II – apresentação de documento expedido pelo Instituto Nacional do Seguro Social – INSS que: a) declare a condição de inativo, no caso de aposentadoria; ou b) contenha a identificação e a data de nascimento de cada dependente, no caso de falecimento do trabalhador; III – requerimento dirigido ao agente financeiro, nas hipóteses dos incisos V e VI, ou ao banco arrecadador, nos casos dos incisos VII e VIII, todos do artigo anterior; IV – apresentação de cópia do instrumento contratual, no caso de contrato a termo; V – declaração do sindicato representativo da categoria profissional, no caso de suspensão do trabalho avulso por período igual ou superior a 90 dias (NRed. D. 5.860/06); VI – comprovação da rescisão e da sua condição de aposentado, no caso do § 1º do art. 35 (NRed. D. 5.860/06); VII – requerimento formal do trabalhador ao Administrador do FMP-FGTS, ou do CI-FGTS, ou por meio de outra forma estabelecida pelo Agente Operador do FGTS, no caso previsto no inciso XII do art. 35, garantida, sempre, a aquiescência do titular da conta vinculada (NRed. D. 5.860/06); e VIII – atestado de diagnóstico assinado por médico, devidamente identificado por seu registro profissional, emitido na conformidade das normas dos Conselhos Federal e Regional de Medicina, com identificação de patologia consignada no Código Internacional de Doenças – CID, e descritivo dos sintomas ou do histórico patológico pelo qual se identifique que o trabalhador ou dependente seu é portador de neoplasia maligna, do vírus HIV ou que caracterize estágio terminal de vida em razão de doença grave, nos casos dos incisos XI, XIII e XIV do art. 35 (red. D. 5.860/06).

Parágrafo único. A apresentação dos documentos de que tratam os incisos I e IV do *caput* deste artigo poderá ser suprida pela comunicação para fins de autorização da movimentação da conta vinculada do trabalhador, realizada com uso de certificação digital e em conformidade com os critérios estabelecidos pelo Agente Operador do FGTS (red. D. 5.860/06).

Art. 37. O saque de recursos na conta vinculada incluirá, obrigatoriamente, os valores nela depositados no mês do evento, mesmo que ainda não tenham sido creditados.

Art. 38. O saldo da conta vinculada do trabalhador que vier a falecer será pago a seu dependente, para esse fim habilitado perante a Previdência Social, independentemente de autorização judicial.

§ 1º Havendo mais de um dependente habilitado, o pagamento será feito de acordo com os critérios adotados pela Previdência Social para a concessão de pensão por morte.

§ 2º As quotas atribuídas a menores ficarão depositadas em caderneta de poupança e, salvo autorização judicial, só serão disponíveis após o menor completar 18 anos.

§ 3º Na falta de dependentes, farão jus ao recebimento do saldo da conta vinculada os sucessores do trabalhador, na forma prevista no Código Civil, indicados em alvará judicial, expedido a requerimento do interessado, independentemente de inventário ou arrolamento.

Art. 39. O direito de utilizar os recursos creditados em conta vinculada em nome do trabalhador não poderá ser exercido simultaneamente para a aquisição de mais de um imóvel.

Art. 40. O imóvel, adquirido com a utilização do FGTS, somente poderá ser objeto de outra operação com recursos do Fundo na forma que vier a ser disciplinada pelo Conselho Curador.

Art. 41. A solicitação de saque da conta vinculada será atendida no prazo de 5 dias úteis, quando o documento for entregue na agência onde o empregador tenha efetuado o depósito do FGTS.

§ 1º Compete à CEF expedir instruções fixando prazo para os casos em que a entrega do documento não ocorra na agência mantenedora da conta ou quando o sacador solicitar que o saque seja liberado em outra agência, ou, ainda, quando o sacador optar pelo saque após o crédito de juros e atualização monetária relativos ao mês em que se verificar o pedido.

§ 2º Decorrido o prazo, sobre o valor do saque incidirá atualização monetária com base nos índices de variação do BTN Fiscal, ou outro que vier a sucedê-lo, ou, ainda, a critério do Conselho Curador, por outro indicador da inflação diária.

§ 3º No caso de valor aplicado em FMP--FGTS, e para os fins previstos nos incisos IV, VI e VII do art. 35, o prazo de cinco dias contar-se-á a partir do retorno do valor resultante da aplicação à conta vinculada e não da data da solicitação (acrescido pelo D. 2.430/97, v. Índ. Leg.).

Art. 42. A movimentação da conta vinculada do FGTS por menor de dezoito anos dependerá da assistência do responsável legal.

Capítulo VII
CERTIFICADO DE REGULARIDADE

Art. 43. A regularidade da situação do empregador perante o FGTS será comprovada pelo Certificado de Regularidade do FGTS, com validade em todo o território nacional, a ser fornecido pela CEF, mediante solicitação.

Art. 44. A apresentação do Certificado de Regularidade do FGTS é obrigatória para:

I – habilitação em licitação promovida por órgãos da Administração Pública direta, indireta ou fundacional e por empresas controladas direta ou indiretamente pela União, pelos Estados, pelo Distrito Federal e pelos Municípios; II – obtenção de empréstimos ou financiamentos junto a quaisquer instituições financeiras públicas, por parte de órgãos e entidades da Administração Pública direta, indireta ou fundacional, bem assim empresas controladas direta ou indiretamente pela União, pelos Estados, pelo Distrito Federal e pelos Municípios; III – obtenção de favores creditícios, isenções, subsídios, auxílios, outorga ou concessão de serviços ou quaisquer outros benefícios concedidos por órgão da Administração Pública Federal, dos Estados, do Distrito Federal e dos Municípios, salvo quando destinados a saldar débitos para com o FGTS; IV – transferência de domicílio para o exterior; e V – registro ou arquivamento, nos órgãos competentes, de alteração ou distrato de contrato social, de estatuto, ou de qualquer documento que implique modificação na estrutura jurídica do empregador ou na extinção da empresa.

Art. 45. Para obter o Certificado de Regularidade, o empregador deverá satisfazer as seguintes condições: I – estar em dia com as obrigações para com o FGTS; e II – estar em dia com o pagamento de prestação de empréstimos lastreados em recursos do FGTS.

Art. 46. O Certificado de Regularidade terá validade de até seis meses contados da data da sua emissão.

§ 1º No caso de parcelamento de débito, a validade será de trinta dias.

§ 2º Havendo antecipação no pagamento de parcelas, o Certificado terá validade igual ao período correspondente às prestações antecipadas, observado o prazo máximo de 6 meses.

Capítulo VIII
INFRAÇÕES E PENALIDADES

Art. 47. Constituem infrações à Lei n. 8.036, de 1990:

I – não depositar mensalmente a parcela referente ao FGTS; II – omitir informações sobre a conta vinculada do trabalhador; III – apresentar informações ao Cadastro Nacional do Trabalhador, dos trabalhadores beneficiários, com erros ou omissões; IV – deixar de computar, para efeito de cálculo dos depósitos do FGTS, parcela componente da remuneração; V – deixar de efetuar os depósitos com os acréscimos legais, após notificado pela fiscalização.

Parágrafo único. Por trabalhador prejudicado o infrator estará sujeito às seguintes multas:

a) de dois a cinco BTN, nos casos dos incisos II e III; e b) de dez a cem BTN, nos casos dos incisos I, IV e V.

Art. 48. Nos casos de fraude, simulação, artifício, ardil, resistência, embaraço ou desacato à fiscalização, assim como na reincidência, a multa especificada no artigo anterior será duplicada, sem prejuízo das demais cominações legais.

Art. 49. Os valores das multas, quando não recolhidas no prazo legal, serão atualizados monetariamente pelo BTN Fiscal até a data de seu efetivo pagamento.

Art. 50. O empregador em mora para com o FGTS não poderá, sem prejuízo de outras disposições legais (Decreto-lei n. 368, de 19 de dezembro de 1968, art. 1º): I – pagar honorários, gratificação, "pro labore", ou qualquer tipo de retribuição ou retirada a seus diretores, sócios, gerentes ou titulares de firma individual; e II – distribuir quaisquer lucros, bonificações, dividendos ou interesses a seus sócios, titulares, acionistas, ou membros de órgãos dirigentes, fiscais e consultivos.

Art. 51. O empregador em mora contumaz com o FGTS não poderá receber qualquer benefício de natureza fiscal, tributária ou financeira, por parte de órgão da União, dos Estados, do Distrito Federal ou dos Municípios, ou de que estes participem (Decreto-lei n. 368, de 1968, art. 2º).

§ 1º Considera-se mora contumaz o não pagamento de valores devidos ao FGTS por período igual ou superior a 3 meses, sem motivo grave ou relevante, excluídas as causas pertinentes ao risco do empreendimento.

§ 2º Não se incluem na proibição deste artigo as operações destinadas à liquidação dos débitos existentes para com o FGTS, o que deverá ser expressamente consignado em documento firmado pelo responsável legal da empresa, como justificação do crédito.

Art. 52. Pela infração ao disposto nos incisos I e II do art. 50, os diretores, sócios, gerentes, membros de órgãos fiscais ou consultivos, titulares de firma individual ou quaisquer outros dirigentes de empresa estão sujeitos à pena de detenção de um mês a um ano (Decreto-lei n. 368, de 1968, art. 4º).

Parágrafo único. Apurada a infração prevista neste artigo, a autoridade competente do INSS representará, sob pena de responsabilidade, ao Ministério Público, para a instauração da competente ação penal.

Art. 53. Por descumprimento ou inobservância de quaisquer das obrigações que lhe compete como agente arrecadador, pagador ou mantenedor do cadastro de contas vinculadas, na forma que vier a ser disciplinada pelo Conselho Curador, fica o banco depositário sujeito ao pagamento de multa equivalente a dez por cento do montante da conta do empregado, independentemente das demais cominações legais.

Capítulo IX
FISCALIZAÇÃO

Art. 54. Compete ao Ministério do Trabalho e da Previdência Social – MTPS, por intermédio do INSS, exercer a fiscalização do cumprimento do disposto na Lei n. 8.036, de 1990, de acordo com este regulamento e os arts. 626 a 642 da CLT, especialmente quanto à apuração dos débitos e das infrações praticadas pelos empregadores.

Art. 55. O processo de fiscalização, de autuação e de imposição de multas reger-se-á pelo disposto no Título VII da CLT, respeitado o privilégio do FGTS à prescrição trintenária.

Art. 56. A penalidade de multa será aplicada pelo Gerente de Atendimento de Relações de Emprego, do INSS, mediante decisão fundamentada, lançada em processo administrativo, assegurada ampla defesa ao autuado.

Parágrafo único. Na fixação da penalidade a autoridade administrativa levará em conta as circunstâncias e consequências da infração, bem como ser o infrator primário ou reincidente, a sua situação econômico-financeira e os meios ao seu alcance para cumprir a lei.

Art. 57. Quando julgado procedente o recurso interposto na forma do art. 636 da CLT, os depósitos efetuados para garantia de instância serão restituídos com os valores atualizados na forma da lei.

Art. 58. A rede arrecadadora e a CEF deverão prestar ao MTPS as informações necessárias à fiscalização.

....

Art. 67. Cabe à CEF, na qualidade de Agente Operador do FGTS:

....

XIII – expedir atos normativos referentes aos procedimentos administrativo-operacionais a serem observados pelos agentes administradores dos FMP-FGTS e dos CI-FGTS, no que se refere às questões relacionadas ao cadastramento, ao fluxo de informações das movimentações e a resgates de quotas;

XIV – determinar aos administradores dos FMP-FGTS e dos CI-FGTS o retorno das aplicações ao FGTS, nos casos de falecimento do titular, de aquisição de casa própria, de amortização ou liquidação de saldo devedor de financiamento do SFH e para o cumprimento de ordem judicial (incisos XIII e XIV acrescidos pelo D. 2.430/97, v. Índ. Leg).

....

Capítulo XV
DISPOSIÇÕES GERAIS

Art. 69. É competente a Justiça do Trabalho para julgar os dissídios entre os trabalhadores e os empregadores, decorrentes de aplicação da Lei n. 8.036, de 1990, mesmo quando a União e a CEF figurarem como litisconsortes.

Parágrafo único. Nas reclamatórias trabalhistas que objetivem o ressarcimento de parcelas relativas ao FGTS, ou que, direta ou indiretamente, impliquem essa obrigação, o juiz determinará que a empresa sucumbente proceda ao recolhimento imediato das importâncias devidas a tal título.

Art. 70. Poderá o próprio trabalhador, seus dependentes e sucessores, ou, ainda, o sindicato a que estiver vinculado, acionar diretamente a empresa para compeli-la a efetuar o depósito das importâncias devidas nos termos da Lei n. 8.036, de 1990.

Parágrafo único. A União e a CEF deverão ser notificadas da propositura da reclamação.

....

Art. 72. É facultado à entidade sindical representar os trabalhadores junto ao empregador, ao banco depositário ou à CEF, para obtenção de informações relativas ao FGTS.

....

Art. 76. Os trabalhadores admitidos a termo e os temporários, cujos contratos se extinguiram durante a vigência da Lei n. 7.839, de 12 de outubro de 1989, poderão movimentar suas contas vinculadas relativas a esses contratos, cabendo aos então empregadores fornecer os documentos necessários para o levantamento dos respectivos valores.

Art. 77. O disposto no art. 7º se aplica aos diretores não empregados das autarquias em regime especial e fundações sob supervisão ministerial (Lei n. 6.919, de 1981).

..............................(*DOU*, 12.11.90).

Decreto 1.480, de 3 de maio de 1995

Greve. Servidores públicos federais.

Art. 1º Até que seja editada a lei complementar a que alude o art. 37, inciso VII, da Constituição, as faltas decorrentes de participação de servidor público federal, regido pela Lei n. 8.112, de 11 de dezembro de 1990, em movimento de paralisação de serviços públicos não poderão, em nenhuma hipótese, ser objeto de:

I – abono;

II – compensação; ou

III – cômputo, para fins de contagem de tempo de serviço ou de qualquer vantagem que o tenha por base.

§ 1º Para os fins de aplicação do disposto neste artigo, a chefia imediata do servidor transmitirá ao órgão de pessoal respectivo a relação dos servidores cujas faltas se enquadrem na hipótese nele prevista, discriminando, dentre os relacionados, os ocupantes de cargos em comissão e os que percebam função gratificada.

§ 2º A inobservância do disposto no parágrafo precedente implicará na exoneração ou dispensa do titular da chefia imediata, sem prejuízo do ressarcimento ao Tesouro Nacional dos valores por este despendidos em razão do ato comissivo ou omissivo, apurado em processo administrativo regular.

Art. 2º Serão imediatamente exonerados ou dispensados os ocupantes de cargos em comissão ou de funções gratificadas constantes da relação a que alude o artigo precedente.

Art. 3º No caso em que a União, autarquia ou fundação pública for citada em causa cujo objeto seja a indenização por interrupção, total ou parcial, da prestação dos serviços desenvolvidos pela Administração Pública Federal, em decorrência de movimento de paralisação, será obrigatória a denunciação à lide dos servidores que tiverem concorrido para o dano.

Parágrafo único. Compete ao Advogado-Geral da União expedir as instruções necessárias ao cumprimento do disposto neste artigo.

..................................(*DOU*, 4.5.95).

Decreto 1.572, de 28 de julho de 1995

Mediação na negociação coletiva de natureza trabalhista.

Art. 1º A mediação na negociação coletiva de natureza trabalhista será exercida de acordo com o disposto neste Decreto.

Art. 2º Frustrada a negociação direta, na respectiva data-base anual, as partes poderão escolher, de comum acordo, mediador para composição do conflito.

§ 1º Caso não ocorra a escolha na forma do *caput* deste artigo, as partes poderão solicitar, ao Ministério do Trabalho, a designação de mediador.

§ 2º A parte que se considerar sem as condições adequadas para, em situação de equilíbrio, participar de negociação direta, poderá, desde logo, solicitar ao Ministério do Trabalho a designação de mediador.

§ 3º A designação de que tratam os parágrafos anteriores poderá recair em:

a) mediador previamente cadastrado nos termos do art. 4º, desde que as partes concordem quanto ao pagamento dos honorários por ele proposto por ocasião da indicação; ou

b) servidor do quadro do Ministério do Trabalho, sem ônus para as partes.

Art. 3º Nos casos previstos nos §§ 1º e 2º do artigo anterior, a designação do mediador competirá:

I – ao Delegado Regional do Trabalho, quando se tratar de negociação de âmbito local ou regional; ou

II – ao Secretário de Relações do Trabalho do Ministério do Trabalho, na hipótese de negociação de âmbito nacional.

Art. 4º O Ministério do Trabalho manterá cadastro de profissionais para o exercício da função de mediador, para subsidiar a escolha pelas partes.

§ 1º A inscrição no cadastro far-se-á, mediante requerimento do interessado, perante a Delegacia Regional do Trabalho, desde que o requerente demonstre:

a) comprovada experiência na composição dos conflitos de natureza trabalhista;

b) conhecimentos técnicos relativos às questões de natureza trabalhista.

§ 2º Preenchidos os requisitos referidos no parágrafo anterior, caberá ao Delegado Regional do Trabalho expedir o competente ato declaratório, que será publicado no *Diário Oficial da União*.

§ 3º O credenciamento terá validade pelo prazo de três anos contados da data de sua publicação, facultado ao Delegado Regional do Trabalho o respectivo cancelamento, mediante despacho fundamentado.

§ 4º É vedado o credenciamento de servidores públicos ativos.

Art. 5º O mediador designado terá o prazo máximo de trinta dias para a conclusão do processo de negociação, salvo acordo expresso com as partes interessadas.

Parágrafo único. Tendo em vista circunstâncias de ordem pública, o Delegado Regional do Trabalho poderá solicitar redução no prazo de negociação.

Art. 6º Não alcançado o entendimento entre as partes, na negociação direta ou por intermédio de mediador, lavrar-se-á, de imediato, ata contendo:

I – as causas motivadoras do conflito;

II – as reivindicações de natureza econômica.

Art. 7º O Ministro de Estado do Trabalho expedirá as instruções necessárias ao cumprimento do disposto neste Decreto... (*DOU*, 31.7.95).

Decreto 1.886, de 29 de abril de 1996

Trabalhador portuário.

Art. 1º A partir de 2 de maio de 1996, a requisição da mão de obra do trabalho portuário avulso só poderá ser realizada aos órgãos de gestão de mão de obra, salvo disposição em contrário pactuada em contrato, acordo ou convenção coletiva de trabalho.

§ 1º Para os fins previstos no *caput* deste artigo, cabe aos órgãos de gestão de mão de obra arrecadar e repassar, aos respectivos beneficiários, os valores devidos pelos operadores portuários, relativos a remuneração do trabalhador portuário avulso e providenciar o recolhimento dos encargos fiscais, sociais e previdenciários correspondentes.

§ 2º O descumprimento das disposições deste artigo, pelas concessionárias ou entidades delegadas do serviço público de exploração de portos marítimos, fluviais e lacustres, caracteriza infringência às normas do contrato de concessão ou de delegação, acarretando, respectivamente, a aplicação das penalidades cabíveis e a revogação da delegação.

§ 3º No caso do operador portuário, o descumprimento das disposições deste artigo acarretará a desqualificação do mesmo, mediante revogação do ato administrativo de pré-qualificação.

§ 4º O disposto neste artigo se aplica também aos titulares de instalações portuárias, localizadas dentro ou fora da área dos portos organizados, que utilizam a mão de obra do trabalhador portuário avulso, nos termos do parágrafo único do art. 56 da Lei n. 8.630, de 25 de fevereiro de 1993.

Art. 2º Os órgãos de gestão de mão de obra deverão ter disponíveis, para uso da fiscalização do Ministério do Trabalho, as listas de escalação diárias dos trabalhadores portuários avulsos, por tomadores da mão de obra e por navio.

§ 1º Caberá exclusivamente ao órgão de gestão de mão de obra a responsabilidade pela verificação da exatidão dos dados lançados nas listas diárias referidas neste artigo assegurando que não haja simultaneidade de escalação no mesmo turno de trabalho.

§ 2º Os tomadores da mão de obra serão os responsáveis exclusivos pela verificação da presença, no local de trabalho, dos trabalhadores constantes das listas de escalação, diárias de cada navio.

Art. 3º A partir do dia 15 de junho de 1996, só poderão realizar operações portuárias, conforme definidas no inciso II do § 1º do art. 1º da Lei n. 8.630, de 25 de fevereiro de 1993, os operadores portuários pré-qualificados pela Administração do Porto, desde que se mantenham em dia com as suas contribuições para o órgão de gestão de mão de obra e no recolhimento dos encargos sociais relativos ao trabalho portuário avulso.

Art. 4º A partir de 1º de julho de 1996, somente serão escalados para a prestação do trabalho portuário avulso os trabalhadores que estejam devidamente registrados ou cadastrados nos órgãos locais de gestão de mão de obra.

Art. 5º A partir da data estabelecida no artigo anterior, o ingresso de trabalhador portuário avulso na área do porto organizado só será autorizado mediante a apresentação de carteira de identificação expedida pelo órgão local de gestão de mão de obra.

Parágrafo único. Cabe à Administração do Porto proceder à identificação dos operadores portuários e seus prepostos, bem como das demais pessoas, por ocasião do ingresso na área do porto organizado.

Art. 6º As autoridades aduaneira, marítima, sanitária, de saúde e de polícia marítima ajustarão o despacho das mercadorias e embarcações e a concessão de livre prática às disponibilidades da mão de obra inscrita nos órgãos de gestão de mão de obra.

Art. 7º Compete ao Ministério do trabalho a fiscalização das condições gerais do trabalho portuário, adotando as medidas regulamentares previstas na hipótese de descumprimento da legislação (*DOU*, 30.4.96).

Decreto 2.490, de 4 de fevereiro de 1998

Regulamenta a Lei n. 9.601, de 21 de janeiro de 1998, que dispõe sobre o contrato de trabalho por prazo determinado.

Art. 1º As convenções e os acordos coletivos de trabalho poderão instituir contrato de trabalho por prazo determinado, de que trata o art. 443 da Consolidação das Leis do Trabalho – CLT, independentemente das condições estabelecidas em seu § 2º, em qualquer atividade desenvolvida pela empresa ou estabelecimento, para admissões que representem acréscimo no número de empregados.

Parágrafo único. É vedada a contratação de empregados por prazo determinado, na forma do *caput*, para substituição de pessoal regular e permanente contratado por prazo indeterminado.

Art. 2º Fica o empregador obrigado a anotar na Carteira de Trabalho e Previdência Social – CTPS do empregado a sua condição de contratado por prazo determinado, com indicação do número da lei de regência, e a discriminar em separado na folha de pagamento tais empregados.

Art. 3º Em relação ao mesmo empregado, o contrato por prazo determinado na forma da Lei n. 9.601, de 21 de janeiro de 1998, será de no máximo dois anos, permitindo-se, dentro deste período, sofrer sucessivas prorrogações, sem acarretar o efeito previsto no art. 451 da CLT.

Parágrafo único. O contrato por prazo determinado poderá ser sucedido por outro por prazo indeterminado.

Art. 4º Os depósitos mensais vinculados previstos no art. 2º, parágrafo único, da Lei n. 9.601/98, serão estipulados pelas partes nas convenções ou acordos coletivos.

§ 1º As partes deverão pactuar sobre o valor dos depósitos mensais vinculados, o estabelecimento bancário receptor, a periodicidade de saque e as demais condições inerentes.

§ 2º O pacto acerca dos depósitos mensais vinculados não desonera o empregador de efetuar os depósitos para o Fundo de Garantia do Tempo de Serviço – FGTS.

§ 3º Os depósitos de que trata o *caput* deste artigo não têm natureza salarial.

Art. 5º A média aritmética prevista no art. 3º, parágrafo único, da Lei n. 9.601/98, abrangerá o período de 1º de julho a 31 de dezembro de 1997.

§ 1º Para se alcançar a média aritmética, adotar-se-ão os seguintes procedimentos:

a) apurar-se-á a média mensal, somando-se o número de empregados com vínculo empregatício por prazo indeterminado de cada dia do mês e dividindo-se o seu somatório pelo número de dias do mês respectivo;

b) apurar-se-á a média semestral pela soma das médias mensais dividida por seis.

§ 2º Os estabelecimentos instalados ou os que não possuíam empregados contratados por prazo indeterminado a partir de 1º de julho de 1997 terão sua média aritmética aferida contando-se o prazo de 6 meses a começar do primeiro dia do mês subsequente à data da primeira contratação por prazo indeterminado.

Art. 6º Fixada a média semestral, para se alcançar o número máximo de empregados que poderão ser contratados na modalidade do contrato por prazo determinado nos termos da Lei n. 9.601/98, proceder-se-á da seguinte forma:

I – para estabelecimentos com média semestral até 49 empregados, aplicar-se-á o percentual de cinquenta por cento;

II – para estabelecimentos com média semestral de cinquenta a 199 empregados, subtrair-se-á 49 empregados, aplicando-se o percentual de 35% sobre o remanescente, somando-se ao resultado 24,5 empregados;

III – para estabelecimentos com média semestral igual ou superior a duzentos empregados, subtrair-se-á 199 empregados e aplicar-se-á o percentual de 20% sobre o remanescente, somando-se ao resultado 77 empregados.

Parágrafo único. No resultado obtido nos termos deste artigo, as frações decimais até 0,4% serão desprezadas, considerando-se o número inteiro, e para as frações decimais iguais ou superiores a 0,5 considerar-se-á o número inteiro imediatamente superior.

Art. 7º A redução de alíquotas prevista no art. 2º da Lei n. 9.601/98, será assegurada mediante depósito no órgão regional do Ministério do Trabalho do contrato escrito firmado entre empregado e empregador.

§ 1º Para efetuar o depósito, o interessado apresentará os seguintes documentos:

a) requerimento de depósito, dirigido ao Delegado Regional do Trabalho, onde o empregador declarará, sob as penas da lei, que no momento da contratação se encontra adimplente junto ao Instituto Nacional do Seguro Social – INSS e FGTS e que as admissões representam acréscimo no número de empregados e obedecem aos percentuais legais;

b) cópia da convenção ou acordo coletivo;

c) segunda via dos contratos de trabalho por prazo determinado;

d) relação dos empregados contratados, que conterá, dentre outras informações, o número da CTPS, o número de inscrição do trabalhador no Programa de Integração Social – PIS e as datas de início e de término do contrato especial por prazo determinado.

§ 2º Para a prorrogação do contrato de trabalho, exigir-se-á depósito do novo instrumento no órgão regional do Ministério do Trabalho.

Art. 8º O Ministério do Trabalho, por intermédio de cada Delegacia Regional do Trabalho, comunicará mensalmente ao órgão regional do INSS e ao agente operador do FGTS, para fins de controle do recolhimento das contribuições mencionadas nos incisos I e II do art. 2º da Lei n. 9.601/98, os dados disponíveis nos contratos depositados, principalmente:

I – qualificação da empresa;

II – nome, número da CTPS e número do PIS do empregado;

III – data de início e de término dos contratos de trabalho;

IV – outras informações relevantes da convenção ou acordo coletivo.

Art. 9º Os sindicatos ou empregados prejudicados poderão denunciar ao órgão regional do Ministério do Trabalho situações de descumprimento da Lei n. 9.601/98.

Art. 10. A inobservância de quaisquer dos requisitos previstos na Lei n. 9.601/98 e neste Decreto descaracteriza o contrato por prazo determinado na forma do art. 1º da referida Lei, que passa a gerar os efeitos próprios dos contratos por prazo indeterminado.

Art. 11. Caberá à fiscalização do Ministério do Trabalho e do INSS, no âmbito de suas competências, observar o fiel cumprimento das disposições contidas na Lei n. 9.601/98 e neste Decreto.

Art. 12. As penalidades previstas no art. 7º da Lei n. 9.601/98, serão aplicadas pela autoridade competente do Ministério do Trabalho, de acordo com o disposto no Título VII da CLT, e pela autoridade competente do INSS, de acordo com o Decreto n. 2.173, de 5 de março de 1997.

Art. 13. Caberá ao INSS e ao agente operador do FGTS expedir atos normativos referentes aos recolhimentos da sua área de competência, previstos nos incisos I e II do art. 2º da Lei n. 9.601/98.

Art. 14. Este Decreto entra em vigor na data de sua publicação (*DOU*, 5.2.98).

Decreto 3.597, de 12 de setembro de 2000

Trabalho infantil (Convenção OIT/182)

Art. 1º A Convenção 182 e a Recomendação 190 da Organização Internacional do Trabalho (OIT) sobre a Proibição das Piores Formas de Trabalho Infantil e a Ação Imediata para sua Eliminação, concluídas em Genebra, em 17 de junho de 1999, apenas por cópia a este Decreto, deverão ser executadas e cumpridas tão inteiramente como nelas se contém.

Parágrafo único. São sujeitos à aprovação do Congresso Nacional quaisquer atos que possam resultar em revisão da referida Convenção, bem como quaisquer ajustes complementares que, nos termos do art. 49, I, da Constituição, acarretem encargos ou compromissos gravosos ao patrimônio nacional.

....................................(*DOU*, 13.9.00)

Decreto 4.085, de 15 de janeiro de 2002

Prevenção de Acidentes Industriais Maiores (Convenção OIT/174 e Recomendação OIT/181).

Art. 1º A Convenção n. 174 da OIT sobre a Prevenção de Acidentes Industriais Maiores, complementada pela Recomendação n. 181, apensa por cópia ao presente Decreto, será executada e cumprida tão inteiramente como nela se contém.

Art. 2º São sujeitos à aprovação do Congresso Nacional quaisquer atos que possam resultar em revisão da referida Convenção, assim como quaisquer ajustes complementares que, nos termos do art. 49, inciso I, da Constituição, acarretem encargos ou compromissos gravosos ao patrimônio nacional.

Art. 3º Este Decreto entra em vigor na data de sua publicação (*DOU*, 16.1.02).

Decreto 4.134, de 15 de fevereiro de 2002

Idade Mínima de Admissão ao Emprego (Convenção OIT/138 e Recomendação OIT/146).

Art. 1º A Convenção n. 138 da Organização Internacional do Trabalho (OIT) sobre Idade Mínima de Admissão ao Emprego e a Recomendação n. 146, apensas por cópia ao presente Decreto, serão executadas e cumpridas tão inteiramente como nelas se contém.

Art. 2º Para os efeitos do art. 2º, item 1, da Convenção, fica estabelecido que a idade mínima para admissão a emprego ou trabalho é de dezesseis anos.

Art. 3º Em virtude do permissivo contido no art. 5º, itens 1 e 3, da Convenção, o âmbito de aplicação desta restringe-se inicialmente a minas e pedreiras, indústrias manufatureiras, construção, serviços de eletricidade, gás e água, saneamento, transporte e armazenamento, comunicações e plantações e outros empreendimentos agrícolas que produzam principalmente para o comércio, excluídas as empresas familiares ou de pequeno porte que trabalhem para o mercado local e que não empreguem regularmente trabalhadores assalariados.

Art. 4º São sujeitos à aprovação do Congresso Nacional quaisquer atos que possam resultar em revisão da referida Convenção, assim como quaisquer ajustes complementares que, nos termos do art. 49, inciso I, da Constituição, acarretem encargos ou compromissos gravosos ao patrimônio nacional.

Art. 5º Este Decreto entra em vigor na data de sua publicação (*DOU*, 18.02.02).

Decreto 4.840, de 17 de setembro de 2003

Regulamenta desconto de prestações em folha de pagamento, e dá outras providências.

Art. 1º Regem-se por este Decreto os procedimentos para autorização de desconto em folha de pagamento dos valores referentes ao pagamento das prestações de empréstimos, financiamentos e operações de arrendamento mercantil concedidos por instituições financeiras e sociedades de arrendamento mercantil a empregados regidos pela Consolidação das Leis do Trabalho, aprovada pelo Decreto-Lei n. 5.452, de 1º de maio de 1943.

Art. 2º Para os fins deste Decreto, considera-se:

I – empregador, a pessoa jurídica assim definida pela legislação trabalhista;

II – empregado, aquele assim definido pela legislação trabalhista;

III – instituição consignatária, a instituição mencionada no art. 1º autorizada a conceder empréstimo ou financiamento ou realizar operação de arrendamento mercantil;

IV – mutuário, empregado que firma com instituição consignatária contrato de empréstimo, financiamento ou arrendamento mercantil regulado por este Decreto; e

V – verbas rescisórias, as importâncias devidas em dinheiro pelo empregador ao empregado em razão de rescisão do seu contrato de trabalho.

§ 1º Para os fins deste Decreto, considera-se remuneração básica a soma das parcelas pagas ou creditadas mensalmente em dinheiro ao empregado, excluídas:

I – diárias;

II – ajuda de custo;

III – adicional pela prestação de serviço extraordinário;

IV – gratificação natalina;

V – auxílio-natalidade;

VI – auxílio-funeral;

VII – adicional de férias;

VIII – auxílio-alimentação, mesmo se pago em dinheiro;

IX – auxílio-transporte, mesmo se pago em dinheiro; e

X – parcelas referentes a antecipação de remuneração de competência futura ou pagamento em caráter retroativo.

§ 2º Para os fins deste Decreto, considera-se remuneração disponível a parcela remanescente da remuneração básica após a dedução das consignações compulsórias, assim entendidas as efetuadas a título de:

I – contribuição para a Previdência Social oficial;

II – pensão alimentícia judicial;

III – imposto sobre rendimentos do trabalho;

IV – decisão judicial ou administrativa;

V – mensalidade e contribuição em favor de entidades sindicais;

VI – outros descontos compulsórios instituídos por lei ou decorrentes de contrato de trabalho.

§ 3º Para os fins deste Decreto, são consideradas consignações voluntárias as autorizadas pelo empregado e não relacionadas no § 2º.

Art. 3º No momento da contratação da operação, a autorização para a efetivação dos descontos permitidos neste Decreto observará, para cada mutuário, os seguintes limites:

I – a soma dos descontos referidos no art. 1º deste Decreto não poderá exceder a trinta por cento da remuneração disponível definida no § 2º do art. 2º; e

II – o total das consignações voluntárias, incluindo as referidas no art. 1º, não poderá exceder a 40% da remuneração disponível definida no § 2º do art. 2º.

Art. 4º A concessão de empréstimo, financiamento ou arrendamento será feita a critério da instituição consignatária, sendo os valores e demais condições objeto de livre negociação entre ela e o mutuário, observadas as demais disposições deste Decreto.

§ 1º Poderá o empregador, com a anuência da entidade sindical representativa da maioria dos empregados, firmar, com uma ou mais instituições consignatárias, acordo que defina condições gerais e demais critérios a serem observados nos empréstimos, financiamentos ou arrendamentos que venham a ser realizados com seus empregados.

§ 2º Poderão as entidades e centrais sindicais firmar, com uma ou mais instituições consignatárias, acordo que defina condições gerais e demais critérios a serem observados nos empréstimos, financiamentos ou arrendamentos que venham a ser realizados com seus representados.

§ 3º Uma vez observados pelo empregado todos os requisitos e condições definidos no acordo firmado segundo o disposto no § 1º ou no § 2º, não poderá a instituição concedente negar-se a celebrar o empréstimo, financiamento ou arrendamento mercantil.

§ 4º Para a realização das operações referidas neste Decreto, é assegurado ao empregado o direito de optar por instituição consignatária que tenha firmado acordo com o empregador, com sua entidade sindical, ou qualquer outra instituição consignatária de sua livre escolha, ficando o empregador obrigado a proceder aos descontos e repasses por ele contratados e autorizados.

§ 5º Os acordos mencionados nos §§ 1º

e 2º poderão definir critérios mínimos, parâmetros e condições financeiras diferenciados por situação cadastral e demais características individuais do empregado.

§ 6º Dos acordos referidos no § 2º poderá constar, ainda, a diferenciação por empresa de critérios mínimos, parâmetros e condições financeiras.

§ 7º Os contratos de empréstimo, financiamento ou arrendamento celebrados ao amparo deste Decreto preverão obrigatoriamente prestações fixas ao longo de todo o período de amortização.

§ 7º-A. Nas hipóteses de concessão, ao amparo deste Decreto, de empréstimo ou financiamento imobiliário no âmbito do Sistema Financeiro da Habitação ou de outros sistemas ou programas destinados à aquisição de imóveis residenciais, as prestações e seus reajustamentos obedecerão às disposições contratuais celebradas entre as partes, sendo permitida a estipulação de prestações variáveis (red. D. 5.892/06).

§ 8º Os acordos referidos nos §§ 1º e 2º deste artigo poderão delegar à instituição consignatária a responsabilidade de receber, processar e encaminhar ao empregador as autorizações referidas no inciso III do § 3º do art. 5º.

Art. 5º Para os fins deste Decreto, são obrigações do empregador:

I – prestar ao empregado e à instituição consignatária, mediante solicitação formal do primeiro, as informações necessárias para a contratação da operação de crédito ou arrendamento mercantil, inclusive:

a) a data habitual de pagamento mensal do salário;

b) o total já consignado em operações preexistentes;

c) as demais informações necessárias para o cálculo da margem disponível para consignação;

II – tornar disponíveis aos empregados, bem assim às respectivas entidades sindicais, as informações referentes aos custos referidos no art. 10;

III – efetuar os descontos autorizados pelo empregado em folha de pagamento e repassar o valor à instituição consignatária na forma e prazo previstos em regulamento.

§ 1º É vedado ao empregador impor ao mutuário e à instituição consignatária qualquer condição que não esteja prevista neste Decreto para a efetivação do contrato e a implementação dos descontos autorizados.

§ 2º Os descontos autorizados na forma deste Decreto terão preferência sobre outros descontos da mesma natureza que venham a ser autorizados posteriormente.

§ 3º A liberação do crédito ao mutuário somente ocorrerá após:

I – a confirmação do empregador, por escrito ou por meio eletrônico certificado, quanto à possibilidade da realização dos descontos, em função dos limites referidos no art. 3º;

II – a assinatura, por escrito ou por meio eletrônico certificado, do contrato entre o mutuário e a instituição consignatária; e

III – a outorga ao empregador, por parte do mutuário, de autorização, em caráter irrevogável e irretratável, para a consignação das prestações contratadas em folha de pagamento.

§ 4º A autorização referida no inciso III do § 3º será outorgada por escrito ou por meio eletrônico certificado, podendo a instituição consignatária processar o documento e mantê-lo sob sua guarda, na condição de fiel depositária, transmitindo as informações ao empregador por meio seguro.

§ 5º Exceto quando diversamente previsto em contrato com a anuência do empregador, a efetivação do desconto em folha de pagamento do mutuário deverá ser iniciada pelo empregador no mínimo trinta dias e no máximo sessenta dias após o recebimento da autorização referida no inciso III do § 3º.

§ 6º A autorização referida no inciso III do § 3º é nula de pleno direito na hipótese da não liberação do crédito ou do bem arrendado ao mutuário no prazo máximo de 5 dias úteis contados da data da outorga.

§ 7º A repactuação do contrato de empréstimo, financiamento ou operação de arrendamento mercantil que implique alteração do número ou do valor das prestações consignadas em folha observará o procedimento referido no § 3º.

Art. 6º O empregador é o responsável pela retenção dos valores devidos e pelo repasse às instituições consignatárias, o qual deverá ser realizado até o quinto dia útil após a data de pagamento, ao mutuário, de sua remuneração mensal.

Art. 7º O empregador, salvo disposição contratual em sentido contrário, não será corresponsável pelo pagamento dos empréstimos, financiamentos ou arrendamentos concedidos aos mutuários, mas responderá sempre, como devedor principal e solidário, perante a instituição consignatária, por valores a ela devidos, em razão de contratações por ele confirmadas na forma deste Decreto, que deixarem, por sua falha ou culpa, de ser retidos ou repassados.

Art. 8º Caberá à instituição consignatária informar ao mutuário, por escrito ou meio eletrônico por ele indicado no ato da celebração do contrato, toda vez que o empregador deixar de repassar o valor exato do desconto mensal.

Art. 9º Na hipótese de comprovação de que o pagamento mensal do empréstimo, financiamento ou arrendamento foi descontado do mutuário e não foi repassado pelo empregador à instituição consignatária, fica ela proibida de incluir o nome do mutuário em qualquer cadastro de inadimplentes.

Art. 10. É facultado ao empregador descontar na folha de pagamento do mutuário os custos operacionais decorrentes da realização da operação objeto deste Decreto.

§ 1º Consideram-se custos operacionais do empregador:

I – tarifa bancária cobrada pela instituição financeira referente à transferência dos recursos da conta-corrente do empregador para a conta-corrente da instituição consignatária;

II – despesa com alteração das rotinas de processamento da folha de pagamento para realização da operação.

§ 2º As tarifas bancárias mencionadas no inciso I do § 1º deste artigo deverão ser iguais ou inferiores às praticadas pela instituição financeira mantenedora da conta-corrente do empregador em transações da mesma natureza.

§ 3º Cabe ao empregador, mediante comunicado interno ou mediante solicitação de empregado ou de entidade sindical, dar publicidade aos seus empregados dos custos operacionais mencionados no § 1º deste artigo previamente à realização da operação de empréstimo ou financiamento, os quais serão mantidos inalterados durante todo o período de duração da operação.

§ 4º Poderá ser prevista nos acordos referidos nos §§ 1º e 2º do art. 4º, ou em acordo específico entre o empregador e a instituição consignatária, a absorção total ou parcial dos custos referidos no § 1º pela instituição consignatária, hipótese na qual não caberá o desconto na folha do mutuário.

§ 5º No caso dos acordos celebrados nos termos do § 2º do art. 4º, os custos de que trata o inciso II do § 1º deste artigo deverão ser negociados entre o empregador e a entidade sindical, vedada a cobrança de custos superiores aos previstos nos acordos celebrados pelo mesmo empregador nos termos do § 1º do art. 4º.

Art. 11. Cabe ao empregador informar no demonstrativo de rendimentos do empregado, de forma discriminada, o valor do desconto mensal decorrente de cada operação de empréstimo ou financiamento, bem como os custos operacionais definidos no art. 10 deste Decreto.

Art. 12. Até o integral pagamento do empréstimo ou financiamento, as autorizações dos descontos somente poderão ser canceladas mediante prévia aquiescência da instituição consignatária e do empregado.

Art. 13. Em caso de rescisão do contrato de trabalho do empregado antes do término da amortização do empréstimo, ressalvada disposição contratual em contrário, serão mantidos os prazos e encargos originalmente previstos, cabendo ao mutuário efetuar o pagamento mensal das prestações diretamente à instituição consignatária.

Art. 14. Na hipótese de entrada em gozo de benefício previdenciário temporário pelo mutuário, com suspensão do pagamento de sua remuneração por parte do empregador, cessa a obrigação deste efetuar a retenção e o repasse das prestações à instituição consignatária.

Parágrafo único. O contrato de empréstimo, financiamento ou operação de arrendamento mercantil celebrado nos termos deste Decreto conterá, obrigatoriamente, cláusula que regulamente as relações entre o mutuário e a instituição consignatária na situação prevista no *caput*.

Art. 15. O desconto da prestação para pagamento do empréstimo, financiamento ou arrendamento concedido com base neste Decreto será feito diretamente em folha de pagamento e o valor correspondente creditado a favor da instituição consignatária, independentemente de crédito e débito na conta-corrente dos mutuários.

Art. 16. Os contratos de empréstimo, financiamento ou arrendamento de que trata este Decreto poderão prever a incidência de desconto de até 30% das verbas rescisórias referidas no inciso V do art. 2º para a amortização total ou parcial do saldo devedor líquido para quitação na data de rescisão do contrato de trabalho do empregado.

§ 1º Para os fins do *caput* , considera-se saldo devedor líquido para quitação o valor presente das prestações vincendas na data da amortização, descontado à taxa de juros contratualmente fixada referente ao período não utilizado em função da quitação antecipada.

§ 2º Na hipótese referida no *caput* , deverá a instituição consignatária informar ao mutuário e ao empregador, por escrito ou meio eletrônico certificado, o valor do saldo devedor líquido para quitação.

§ 3º Quando o saldo devedor líquido para quitação exceder o valor comprometido das verbas rescisórias, caberá ao mutuário efetuar o pagamento do restante diretamente à instituição consignatária, assegurada a manutenção das condições de número de prestações vincendas e taxa de juros originais, exceto se houver previsão contratual em contrário.

§ 4º Havendo previsão de vinculação de verbas rescisórias em mais de um contrato, será observada a ordem cronológica das autorizações referidas no inciso III do § 3º do art. 5º.

Art. 17. É facultada a contratação pelo mutuário de seguro em favor da instituição consignatária, junto a ela própria ou a outra instituição de sua escolha, para cobertura do risco de inadimplência nas operações de que trata este Decreto em caso de morte, desemprego involuntário ou redução de rendimentos.

Art. 18. Este Decreto entra em vigor na data de sua publicação (*DOU*, 18.9.03).

Decreto 4.862, de 21 de outubro de 2003

Altera dispositivos do Regulamento da Previdência Social.

Art. 1º Os arts. 40, 93, 93-A, 94, 96, 100, 101, 154, 201-A, 206, 255, 283 e 306 do Regulamento da Previdência Social, aprovado pelo Decreto n. 3.048, de 6 de maio de 1999, passam a vigorar com as seguintes alterações:

"Art. 40. ....

....

§ 2º Os benefícios devem ser pagos do primeiro ao décimo dia útil do mês seguinte ao de sua competência, até março de 2004 e do primeiro ao quinto dia útil, a partir do mês de abril de 2004, observando-se a distribuição proporcional do número de beneficiários por dia de pagamento.

...." (NR)

"Art. 93. O salário-maternidade é devido à segurada da previdência social, durante 120 dias, com início vinte e oito dias antes e término noventa e um dias depois do parto, podendo ser prorrogado na forma prevista no § 3º.

...." (NR)

"Art. 93-A. ....

....

§ 6º O salário-maternidade de que trata este artigo é pago diretamente pela previdência social." (NR)

"Art. 94. O salário-maternidade para a segurada empregada consiste numa renda mensal igual à sua remuneração integral e será pago pela empresa, efetivando-se a compensação, observado o disposto no art. 248 da Constituição, quando do recolhimento das contribuições incidentes sobre a folha de salários e demais rendimentos pagos ou creditados, a qualquer título, à pessoa física que lhe preste serviço, devendo aplicar-se à renda mensal do benefício o disposto no art. 198.

....

§ 3º A empregada deve dar quitação à empresa dos recolhimentos mensais do salário-maternidade na própria folha de pagamento ou por outra forma admitida, de modo que a quitação fique plena e claramente caracterizada.

§ 4º A empresa deve conservar, durante dez anos, os comprovantes dos pagamentos e os atestados ou certidões correspondentes para exame pela fiscalização do INSS, conforme o disposto no § 7º do art. 225." (NR)

"Art. 96. O início do afastamento do trabalho da segurada empregada será determinado com base em atestado médico ou certidão de nascimento do filho.

...." (NR)

"Art. 100. O salário-maternidade da segurada trabalhadora avulsa, pago diretamente pela previdência social, consiste numa renda mensal igual à sua remuneração integral equivalente a um mês de trabalho, devendo aplicar-se à renda mensal do benefício o disposto no art. 198." (NR)

"Art. 101. O salário-maternidade, observado o disposto nos arts. 35 e 198 ou 199, pago diretamente pela previdência social, consistirá:

...." (NR)

"Art. 154. ....

....

VI – pagamento de empréstimos, financiamentos e operações de arrendamento mercantil concedidos por instituições financeiras e sociedades de arrendamento mercantil, públicas ou privadas, quando expressamente autorizado pelo beneficiário, até o limite de 30% do valor do benefício.

....

§ 6º O INSS disciplinará, em ato próprio, o desconto de valores de benefícios com fundamento no inciso VI do *caput* , observadas as seguintes condições:

I – a habilitação das instituições consignatárias deverá ser definida de maneira objetiva e transparente;

II – o desconto somente poderá incidir sobre os benefícios de aposentadoria, qualquer que seja sua espécie, ou de pensão por morte, recebidos pelos seus respectivos titulares;

III – a prestação de informações aos titulares de benefícios em manutenção e às instituições consignatárias necessária à realização do desconto deve constar de rotinas próprias;

IV – os prazos para o início dos descontos autorizados e para o repasse das prestações às instituições consignatárias devem ser definidos de forma justa e eficiente;

V – o valor dos encargos a serem cobrados pelo INSS deverá corresponder, apenas, ao ressarcimento dos custos operacionais, que serão absorvidos integralmente pelas instituições consignatárias;

VI – o próprio titular do benefício deverá firmar autorização expressa para o desconto;

VII – o valor do desconto não poderá exceder a trinta por cento do valor disponível do benefício, assim entendido o valor do benefício após a dedução das consignações de que tratam os incisos I a V do *caput*, correspondente à última competência paga, excluída a que contenha o décimo terceiro salário, estabelecido no momento da contratação;

VIII – o empréstimo deverá ser concedido pela instituição consignatária responsável pelo pagamento do benefício, sendo facultado ao titular beneficiário solicitar alteração da instituição financeira pagadora antes da realização da operação financeira;

IX – os beneficiários somente poderão realizar as operações previstas no inciso VI do *caput* se receberem o benefício no Brasil e com instituições consignatárias conveniadas com o INSS;

X – a retenção recairá somente sobre as parcelas mensais fixas integrais, vedada a administração de eventual saldo devedor;

XI – o titular de benefício poderá autorizar mais de um desconto em favor da mesma instituição consignatária, respeitados o limite consignável e a prevalência de retenção em favor dos contratos mais antigos;

XII – a eventual modificação no valor do benefício ou das consignações de que tratam os incisos I a V do *caput* que resulte margem consignável inferior ao valor da parcela pactuada, poderá ensejar a reprogramação da retenção, alterando-se o valor e o prazo do desconto, desde que solicitado pela instituição consignatária e sem acréscimo de custos operacionais; e

XIII – outras que se fizerem necessárias.

§ 7º Na hipótese de coexistência de descontos relacionados nos incisos II e VI do *caput*, prevalecerá o desconto do inciso II.

§ 8º É vedado ao titular do benefício que realizar operação referida no inciso VI do *caput* solicitar alteração da instituição financeira pagadora enquanto houver saldo devedor em amortização." (NR)

"Art. 201-A. ....

....

§ 4º O disposto neste artigo não se aplica:

I – às sociedades cooperativas e às agroindústrias de piscicultura, carcinicultura, suinocultura e avicultura; e

II – à pessoa jurídica que, relativamente à atividade rural, se dedique apenas ao florestamento e reflorestamento como fonte de matéria-prima para industrialização própria mediante a utilização de processo industrial que modifique a natureza química da madeira ou a transforme em pasta celulósica.

§ 5º Aplica-se o disposto no inciso II do § 4º ainda que a pessoa jurídica comercialize resíduos vegetais ou sobras ou partes da produção, desde que a receita bruta decorrente dessa comercialização represente menos de 1% de sua receita bruta proveniente da comercialização da produção." (NR)

"Art. 206. ....

§ 8º ....

....

IV – cancelada a isenção, a pessoa jurídica de direito privado beneficente terá o prazo de trinta dias contados da ciência da decisão, para interpor recurso com efeito suspensivo ao Conselho de Recursos da Previdência Social.

...." (NR)

"Art. 255. A empresa será reembolsada pelo pagamento do valor bruto do salário-maternidade, observado o disposto no art. 248 da Constituição, incluída a gratificação natalina proporcional ao período da correspondente licença e das cotas do salário-família pago aos segurados a seu serviço, de acordo com este Regulamento, mediante dedução do respectivo valor, no ato do recolhimento das contribuições devidas, na forma estabelecida pelo INSS.

...." (NR)

"Art. 283. Por infração a qualquer dispositivo das Leis n. 8.212 e 8.213, ambas de 1991, e 10.666, de 8 de maio de 2003, para a qual não haja penalidade expressamente cominada neste Regulamento, fica o responsável sujeito a multa variável de R$ 636,17 a R$ 63.617,35, conforme a gravidade da infração, aplicando-se-lhe o disposto nos arts. 290 a 292, e de acordo com os seguintes valores:

I – ....

....

g) deixar a empresa de efetuar os descontos das contribuições devidas pelos segurados a seu serviço;

h) deixar a empresa de elaborar e manter atualizado perfil profissiográfico abrangendo as atividades desenvolvidas pelo trabalhador e de fornecer a este, quando da rescisão do contrato de trabalho, cópia autêntica deste documento; e

...." (NR)

"Art. 306. Em se tratando de processo que tenha por objeto a discussão de crédito previdenciário, o recurso de que trata esta Subseção somente terá seguimento se o recorrente pessoa jurídica ou sócio desta instruí-lo com prova de depósito, em favor do INSS, de valor correspondente a 30% da exigência fiscal definida na decisão.

...." (NR)

Art. 2º O Instituto Nacional do Seguro Social – INSS editará, no prazo de até 30 dias, contados da data de publicação deste Decreto, o ato de que trata o § 6º do art. 154 do Regulamento da Previdência Social, aprovado pelo Decreto n. 3.048, de 1999.

Art. 3º Este Decreto entra em vigor na data da sua publicação (*DOU*, 22.10.03).

Decreto 5.113, de 22 de junho de 2004

Regulamenta saque no FGTS, por motivo de necessidade pessoal, cuja urgência e gravidade decorram de desastre natural.

Art. 1º O titular de conta vinculada do Fundo de Garantia do Tempo de Serviço – FGTS que resida em área do Distrito Federal ou de Município, em situação de emergência ou estado de calamidade pública objeto de decreto do respectivo Governo, poderá movimentar a referida conta por motivo de necessidade pessoal, cuja urgência e gravidade decorram de desastre natural.

§ 1º Para os fins da movimentação de que trata este artigo, o decreto municipal ou do Distrito Federal que declare a situação de emergência ou o estado de calamidade pública deverá ser publicado no prazo máximo de trinta dias, contados do primeiro dia útil seguinte ao da ocorrência do desastre natural.

§ 2º A movimentação da conta vinculada de que trata o *caput* só poderá ocorrer após o reconhecimento da situação de emergência ou do estado de calamidade pública em portaria do Ministro de Estado da Integração Nacional.

§ 3º A solicitação de movimentação será admitida até noventa dias da publicação do ato de reconhecimento de que trata o § 2º.

Art. 2º Para os fins do disposto neste Decreto, considera-se desastre natural:

I – vendavais ou tempestades;

II – vendavais muito intensos ou ciclones extratropicais;

III – vendavais extremamente intensos, furacões, tufões ou ciclones tropicais;

IV – tornados e trombas d'água;

V – precipitações de granizos;

VI – enchentes ou inundações graduais;

VII – enxurradas ou inundações bruscas;

VIII – alagamentos; e

IX – inundações litorâneas provocadas pela brusca invasão do mar.

Art. 3º A comprovação da área atingida de que trata o *caput* do art. 1º será realizada mediante fornecimento à Caixa Econômica Federal, pelo Município ou pelo Distrito Federal, de declaração das áreas atingidas por desastres naturais, que deverá conter a descrição da área no seguinte padrão:

I – nome do distrito, cidade e unidade da Federação, caso todas as unidades residenciais existentes no distrito tenham sido atingidas;

II – nome do bairro, cidade e unidade da Federação, caso todas as unidades residenciais existentes no bairro tenham sido atingidas;

III – nome do logradouro, bairro ou distrito, cidade e unidade da Federação, caso a área atingida se restrinja às unidades residenciais existentes naquele logradouro; ou

IV – identificação da unidade residencial, nome do logradouro, bairro ou distrito, cidade e unidade da Federação, caso a área atingida se restrinja a determinada unidade residencial.

§ 1º Para elaboração da declaração referida no *caput*, deverá ser observada a avaliação realizada pelos órgãos de defesa civil municipal e do Distrito Federal.

§ 2º A declaração referida no *caput* deverá conter a identificação do Município atingido pelo desastre natural, as informações relativas ao decreto municipal ou do Distrito Federal e à portaria do Ministro de Estado da Integração Nacional que reconheceu a situação de emergência ou o estado de calamidade pública, e a Codificação de Desastre, Ameaças e Riscos – CODAR.

Art. 4º O valor do saque será equivalente ao saldo existente na conta vinculada, na data da solicitação, limitado à quantia correspondente a R$ 6.220,00 (seis mil, duzentos e vinte reais), por evento caracterizado como desastre natural, desde que o intervalo entre uma movimentação e outra não seja inferior a doze meses (red. D. 7.664/12).

Art. 5º O titular da conta vinculada que não dispuser de meios para comprovação do endereço residencial poderá fazê-la com apresentação de declaração emitida pelo Governo municipal ou do Distrito Federal.

Art. 6º A Caixa Econômica Federal expedirá, no prazo de até dez dias contados da data de publicação deste Decreto, atos normativos referentes aos procedimentos administrativos e operacionais a serem observados para a movimentação de que trata o art. 1º.

Art. 7º Este Decreto entra em vigor na data da sua publicação.

Art. 8º Fica revogado o Decreto n. 5.014, de 12 de março de 2004.

Brasília, 22 de junho de 2004; 183º da Independência e 116º da República (*DOU*, 23.6.04).

Decreto 5.313, de 16 de dezembro de 2004

Regulamenta o art. 3º-A da Lei n. 9.608/98 sobre o serviço voluntário.

Art. 1º Este Decreto regulamenta o art. 3º-A da Lei n. 9.608, de 18 de fevereiro de 1998, que autoriza a União a conceder auxílio financeiro ao prestador de serviço voluntário com idade de 16 a 24 anos, integrante de família com renda mensal *per capita* de até meio salário mínimo.

Art. 2º O auxílio financeiro de que trata o art. 3º-A da Lei n. 9.608, de 1998, terá valor de até R$ 150,00 e será pago por um período máximo de 6 meses.

Parágrafo único. Cabe ao órgão ou entidade pública responsável pelo custeio do auxílio financeiro estabelecer o valor e o número de parcelas que serão pagas.

Art. 3º A concessão do auxílio financeiro de que trata o art. 3º-A da Lei n. 9.608, de 1998, no âmbito do Programa Nacional de Estímulo ao Primeiro Emprego para os Jovens – PNPE, obedecerá, além dos requisitos estabelecidos no art. 2º da Lei n. 10.748, de 22 de outubro de 2003, ao seguinte:

I — o voluntário deve estar em atividade de qualificação social e profissional; e

II — deve prestar de 6 a 10 horas semanais de serviço voluntário.

§ 1º É obrigação das entidades conveniadas fiscalizar e comprovar, perante o Ministério do Trabalho e Emprego, o cumprimento da carga horária ajustada com o voluntário.

§ 2º As demais condições de exercício do serviço voluntário serão fixadas no termo de adesão a ser celebrado entre a entidade, pública ou privada, e o voluntário.

Art. 4º O órgão ou entidade pública ou a instituição privada sem fins lucrativos, previamente cadastrado no Ministério do Trabalho e Emprego, efetuará o pagamento do auxílio financeiro de que trata o art. 3º-A da Lei n. 9.608, de 1998.

Parágrafo único. O Ministério do Trabalho e Emprego poderá firmar convênio com instituição financeira para que esta entregue o auxílio financeiro ao jovem voluntário.

Art. 5º Este Decreto entra em vigor na data de sua publicação.

Brasília, 16 de dezembro de 2004; 183º da Independência e 116º da República (*DOU*, 17.12.04).

Decreto 5.598, de 1º de dezembro de 2005

Regulamenta a contratação de aprendizes e dá outras providências.

....

Art. 2º Aprendiz é o maior de 14 anos e menor de 24 anos que celebra contrato de aprendizagem, nos termos do art. 428 da Consolidação das Leis do Trabalho – CLT.

Parágrafo único. A idade máxima prevista no *caput* deste artigo não se aplica a aprendizes portadores de deficiência.

Capítulo II
DO CONTRATO DE APRENDIZAGEM

Art. 3º Contrato de aprendizagem é o contrato de trabalho especial, ajustado por escrito e por prazo determinado não superior a dois anos, em que o empregador se compromete a assegurar ao aprendiz, inscrito em programa de aprendizagem, formação técnico-profissional metódica compatível com o seu desenvolvimento físico, moral e psicológico, e o aprendiz se compromete a executar com zelo e diligência as tarefas necessárias a essa formação.

Parágrafo único. Para fins do contrato de aprendizagem, a comprovação da escolaridade de aprendiz portador de deficiência mental deve considerar, sobretudo, as habilidades e competências relacionadas com a profissionalização.

Art. 4º A validade do contrato de aprendizagem pressupõe anotação na Carteira de Trabalho e Previdência Social, matrícula e frequência do aprendiz à escola, caso não haja concluído o ensino fundamental, e inscrição em programa de aprendizagem desenvolvido sob a orientação de entidade qualificada em formação técnico-profissional metódica.

Art. 5º O descumprimento das disposições legais e regulamentares importará a nulidade do contrato de aprendizagem, nos termos do art. 9º da CLT, estabelecendo-se o vínculo empregatício diretamente com o empregador responsável pelo cumprimento da cota de aprendizagem.

Parágrafo único. O disposto no *caput* não se aplica, quanto ao vínculo, a pessoa jurídica de direito público.

....

Seção I

Da formação técnico-profissional

Art. 6º Entendem-se por formação técnico-profissional metódica para os efeitos do contrato de aprendizagem as atividades teóricas e práticas, metodicamente organizadas em tarefas de complexidade progressiva desenvolvidas no ambiente de trabalho.

Parágrafo único. A formação técnico-profissional metódica de que trata o *caput* deste artigo realiza-se por programas de aprendizagem organizados e desenvolvidos sob a orientação e responsabilidade de entidades qualificadas em formação técnico-profissional metódica definidas no art. 8º deste Decreto.

Art. 7º A formação técnico-profissional do aprendiz obedecerá aos seguintes princípios:

I – garantia de acesso e frequência obrigatória ao ensino fundamental;

II – horário especial para o exercício das atividades; e

III – capacitação profissional adequada ao mercado de trabalho.

Parágrafo único. Ao aprendiz com idade inferior a 18 anos é assegurado o respeito à sua condição peculiar de pessoa em desenvolvimento.

Seção II

Das entidades qualificadas em formação técnico-profissional metódica

Art. 8º Consideram-se entidades qualificadas em formação técnico-profissional metódica:

I – os Serviços Nacionais de Aprendizagem, assim identificados:

a) Serviço Nacional de Aprendizagem Industrial – SENAI;

b) Serviço Nacional de Aprendizagem Comercial – SENAC;

c) Serviço Nacional de Aprendizagem Rural – SENAR;

d) Serviço Nacional de Aprendizagem do Transporte – SENAT; e

e) Serviço Nacional de Aprendizagem do Cooperativismo – SESCOOP;

II – as escolas técnicas de educação, inclusive as agrotécnicas; e

III – as entidades sem fins lucrativos, que tenham por objetivos a assistência ao adolescente e à educação profissional, registradas no Conselho Municipal dos Direitos da Criança e do Adolescente.

§ 1º As entidades mencionadas nos incisos deste artigo deverão contar com estrutura adequada ao desenvolvimento dos programas de aprendizagem, de forma a manter a qualidade do processo de ensino, bem como acompanhar e avaliar os resultados.

§ 2º O Ministério do Trabalho e Emprego editará, ouvido o Ministério da Educação, normas para avaliação da competência das entidades mencionadas no inciso III.

CAPÍTULO IV

Seção I

Da obrigatoriedade da contratação de aprendizes

Art. 9º Os estabelecimentos de qualquer natureza são obrigados a empregar e matricular nos cursos dos Serviços Nacionais de Aprendizagem número de aprendizes equivalente a 5%, no mínimo, e 15%, no máximo, dos trabalhadores existentes em cada estabelecimento, cujas funções demandem formação profissional.

§ 1º No cálculo da percentagem de que trata o *caput* deste artigo, as frações de unidade darão lugar à admissão de um aprendiz.

§ 2º Entende-se por estabelecimento todo complexo de bens organizado para o exercício de atividade econômica ou social do empregador, que se submeta ao regime da CLT.

Art. 10. Para a definição das funções que demandem formação profissional, deverá ser considerada a Classificação Brasileira de Ocupações (CBO), elaborada pelo Ministério do Trabalho e Emprego.

§ 1º Ficam excluídas da definição do *caput* deste artigo as funções que demandem, para o seu exercício, habilitação profissional de nível técnico ou superior, ou, ainda, as funções que estejam caracterizadas como cargo de direção, de gerência ou de confiança, nos termos do inciso II e do parágrafo único do art. 62 e do § 2º do art. 224 da CLT.

§ 2º Deverão ser incluídas na base de cálculo todas as funções que demande formação profissional, independentemente de serem proibidas para menores de 18 anos.

Art. 11. A contratação de aprendizes deverá atender, prioritariamente, aos adolescentes entre 14 e 18 anos, exceto quando:

I – as atividades práticas de aprendizagem ocorrerem no interior do estabelecimento, sujeitando os aprendizes à insalubridade ou à periculosidade, sem que se possa elidir o risco ou realizá-las integralmente em ambiente simulado;

II – a lei exigir, para o desempenho das atividades práticas, licença ou autorização vedada para pessoa com idade inferior a 18 anos; e

III – a natureza das atividades práticas for incompatível com o desenvolvimento físico, psicológico e moral dos adolescentes aprendizes.

Parágrafo único. A aprendizagem para as atividades relacionadas nos incisos deste artigo deverá ser ministrada para jovens de 18 a 24 anos.

....

Art. 13. Na hipótese de os Serviços Nacionais de Aprendizagem não oferecerem cursos ou vagas suficientes para atender à demanda dos estabelecimentos, esta poderá ser suprida por outras entidades qualificadas em formação técnico-profissional metódica previstas no art. 8º.

Parágrafo único. A insuficiência de cursos ou vagas a que se refere o *caput* será verificada pela inspeção do trabalho.

Art. 14. Ficam dispensadas da contratação de aprendizes:

I – as microempresas e as empresas de pequeno porte; e

II – as entidades sem fins lucrativos que tenham por objetivo a educação profissional.

Seção II
Das espécies de contratação do aprendiz

Art. 15. A contratação do aprendiz deverá ser efetivada diretamente pelo estabelecimento que se obrigue ao cumprimento da cota de aprendizagem ou, supletivamente, pelas entidades sem fins lucrativos mencionadas no inciso III do art. 8º deste Decreto.

§ 1º Na hipótese de contratação de aprendiz diretamente pelo estabelecimento que se obrigue ao cumprimento da cota de aprendizagem, este assumirá a condição de empregador, devendo inscrever o aprendiz em programa de aprendizagem a ser ministrado pelas entidades indicadas no art. 8º deste Decreto.

§ 2º A contratação de aprendiz por intermédio de entidade sem fins lucrativos, para efeito de cumprimento da obrigação estabelecida no *caput* do art. 9º, somente deverá ser formalizada após a celebração de contrato entre o estabelecimento e a entidade sem fins lucrativos, no qual, dentre outras obrigações recíprocas, se estabelecerá as seguintes:

I – a entidade sem fins lucrativos, simultaneamente ao desenvolvimento do programa de aprendizagem, assume a condição de empregador, com todos os ônus dela decorrentes, assinando a Carteira de Trabalho e Previdência Social do aprendiz e anotando, no espaço destinado às anotações gerais, a informação de que o específico contrato de trabalho decorre de contrato firmado com determinado estabelecimento para efeito do cumprimento de sua cota de aprendizagem; e

II – o estabelecimento assume a obrigação de proporcionar ao aprendiz a experiência prática da formação técnico-profissional metódica a que este será submetido.

Art. 16. A contratação de aprendizes por empresas públicas e sociedades de economia mista dar-se-á de forma direta, nos termos do § 1º do art. 15, hipótese em que será realizado processo seletivo mediante edital, ou nos termos do § 2º daquele artigo.

Parágrafo único. A contratação de aprendizes por órgãos e entidades da administração direta, autárquica e fundacional observará regulamento específico, não se aplicando o disposto neste Decreto.

Capítulo V
DOS DIREITOS TRABALHISTAS E OBRIGAÇÕES ACESSÓRIAS

Seção I
Da remuneração

Art. 17. Ao aprendiz, salvo condição mais favorável, será garantido o salário mínimo hora.

Parágrafo único. Entende-se por condição mais favorável aquela fixada no contrato de aprendizagem ou prevista em convenção ou acordo coletivo de trabalho, onde se especifique o salário mais favorável ao aprendiz, bem como o piso regional de que trata a Lei Complementar n. 103, de 14 de julho de 2000.

Seção II
Da jornada

Art. 18. A duração do trabalho do aprendiz não excederá seis horas diárias.

§ 1º O limite previsto no *caput* deste artigo poderá ser de até oito horas diárias para os aprendizes que já tenham concluído o ensino fundamental, se nelas forem computadas as horas destinadas à aprendizagem teórica.

§ 2º A jornada semanal do aprendiz, inferior a vinte e cinco horas, não caracteriza trabalho em tempo parcial de que trata o art. 58-A da CLT.

Art. 19. São vedadas a prorrogação e a compensação de jornada.

Art. 20. A jornada do aprendiz compreende as horas destinadas às atividades teóricas e práticas, simultâneas ou não, cabendo à entidade qualificada em formação técnico-profissional metódica fixá-las no plano do curso.

Art. 21. Quando o menor de dezoito anos for empregado em mais de um estabelecimento, as horas de trabalho em cada um serão totalizadas.

Parágrafo único. Na fixação da jornada de trabalho do aprendiz menor de 18 anos, a entidade qualificada em formação técnico-profissional metódica levará em conta os direitos assegurados na Lei n. 8.069, de 13 de julho de 1990.

....

Seção IV
Do Fundo de Garantia do Tempo de Serviço

Art. 24. Nos contratos de aprendizagem, aplicam-se as disposições da Lei n. 8.036, de 11 de maio de 1990.

Parágrafo único. A Contribuição ao Fundo de Garantia do Tempo de Serviço corresponderá a 2% da remuneração paga ou devida, no mês anterior, ao aprendiz.

Seção V
Das férias

Art. 25. As férias do aprendiz devem coincidir, preferencialmente, com as férias escolares, sendo vedado ao empregador fixar período diverso daquele definido no programa de aprendizagem.

Seção VI
Dos efeitos dos instrumentos coletivos de trabalho

Art. 26. As convenções e acordos coletivos apenas estendem suas cláusulas sociais ao aprendiz quando expressamente previsto e desde que não excluam ou reduzam o alcance dos dispositivos tutelares que lhes são aplicáveis.

Seção VII
Do vale-transporte

Art. 27. É assegurado ao aprendiz o direito ao benefício da Lei n. 7.418, de 16 de dezembro de 1985, que institui o vale-transporte.

Seção VIII

Das hipóteses de extinção e rescisão do contrato de aprendizagem

Art. 28. O contrato de aprendizagem extinguir-se-á no seu termo ou quando o aprendiz completar 24 anos, exceto na hipótese de aprendiz deficiente, ou, ainda antecipadamente, nas seguintes hipóteses:

I – desempenho insuficiente ou inadaptação do aprendiz;

II – falta disciplinar grave;

III – ausência injustificada à escola que implique perda do ano letivo; e

IV – a pedido do aprendiz.

Parágrafo único. Nos casos de extinção ou rescisão do contrato de aprendizagem, o empregador deverá contratar novo aprendiz, nos termos deste Decreto, sob pena de infração ao disposto no art. 429 da CLT.

Art. 29. Para efeito das hipóteses descritas nos incisos do art. 28 deste Decreto, serão observadas as seguintes disposições:

I – o desempenho insuficiente ou inadaptação do aprendiz referente às atividades do programa de aprendizagem será caracterizado mediante laudo de avaliação elaborado pela entidade qualificada em formação técnico-profissional metódica;

II – a falta disciplinar grave caracteriza-se por quaisquer das hipóteses descritas no art. 482 da CLT; e

III – a ausência injustificada à escola que implique perda do ano letivo será caracterizada por meio de declaração da instituição de ensino.

Art. 30. Não se aplica o disposto nos arts. 479 e 480 da CLT às hipóteses de extinção do contrato mencionadas nos incisos do art. 28 deste Decreto.

....

Capítulo VII

DAS DISPOSIÇÕES FINAIS

Art. 32. Compete ao Ministério do Trabalho e Emprego organizar cadastro nacional das entidades qualificadas em formação técnico-profissional metódica e disciplinar a compatibilidade entre o conteúdo e a duração do programa de aprendizagem, com vistas a garantir a qualidade técnico-profissional.

Art. 33. Este Decreto entra em vigor na data de sua publicação.

Art. 34. Revoga-se o Decreto n. 31.546, de 6 de outubro de 1952 (*DOU*, 02.12.05).

Decreto 6.968, de 29 de setembro de 2009

Dispõe sobre a aplicação da Convenção n. 166 da OIT.

Art. 1º Todo marítimo que labore a bordo de embarcação dedicada à navegação comercial, registrada no Brasil, terá direito a ser repatriado, às expensas do armador, nas seguintes circunstâncias:

I – quando o contrato de trabalho expire, ou seja rescindido, enquanto a embarcação se encontrar no exterior;

II – em caso de doença ou acidente ou por qualquer outra razão médica ocorrida no exterior que exija a repatriação, se houver autorização médica para viajar;

III – em caso de naufrágio da embarcação no exterior;

IV – quando o armador abandone a embarcação ou não possa seguir cumprindo suas obrigações legais ou contratuais como empregador por causa de insolvência, venda da embarcação, troca de matrícula da embarcação, em caso de arresto da embarcação ou qualquer outro motivo análogo;

V – quando a embarcação se dirigir à zona de guerra à qual o marítimo não aceite ir; e

VI – quando o navio se encontrar no exterior após nove meses consecutivos de embarque do trabalhador marítimo, sem prejuízo do que for estabelecido em convenção ou acordo coletivo de trabalho.

§ 1º Para fins de aplicação deste Decreto, considera-se "armador" a pessoa física ou jurídica responsável pelos contratos de trabalho dos trabalhadores marítimos, e considera-se "marítimo" todo trabalhador certificado pela Autoridade Marítima para operar embarcações em caráter profissional ou todas as pessoas empregadas, com qualquer cargo, a bordo de navio dedicado à navegação marítima comercial.

§ 2º Quando a repatriação se verificar por iniciativa do trabalhador marítimo, salvo nas hipóteses previstas neste artigo, ou quando ele der justa causa para rescisão do contrato, ficará obrigado ao reembolso das respectivas despesas do armador.

§ 3º A repatriação será considerada efetuada quando o marítimo chegar no destino por ele escolhido, entre aqueles previstos no art. 2º, inciso I, ou quando o marítimo não reivindicar a repatriação dentro de 60 dias após a ocorrência das situações elencadas nos incisos IV e V do *caput* deste artigo.

Art. 2º Os custos de repatriação, de responsabilidade do armador, devem incluir:

I – a passagem, por via aérea, salvo exceção plenamente justificada, até o destino escolhido pelo trabalhador marítimo para repatriação, entre os a seguir elencados:

a) a cidade onde foi contratado;

b) o local estipulado em acordo ou convenção coletiva de trabalho;

c) o país de residência do marítimo; ou

d) qualquer outro lugar acordado entre as partes no contrato de trabalho;

II – o alojamento e alimentação desde o momento que o marítimo deixa a embarcação até sua chegada ao local escolhido para repatriação;

III – a remuneração e os benefícios do marítimo desde o momento em que deixa a embarcação até sua chegada ao local escolhido para repatriação, período este que está incluído no tempo de trabalho para as hipóteses legais, salvo quando a repatriação for motivada por pedido de demissão ou por justa causa;

IV – o transporte de até 30 quilos de bagagem pessoal do marítimo até o ponto escolhido para repatriação;

V – o tratamento médico, se necessário, até que o estado de saúde do marítimo permita viajar até o ponto escolhido para repatriação.

Art. 3º Se o armador de embarcação brasileira no exterior não efetuar as providências necessárias para a repatriação, serão adotadas as seguintes medidas:

I – as denúncias de membro da tripulação, de sindicato ou de qualquer pessoa ou organização interessada nas condições contratuais de trabalho dos marítimos deverão ser encaminhadas ao Ministério do Trabalho e Emprego para que providencie imediata fiscalização trabalhista no armador, visando verificar a situação da empresa e do navio, instando à repatriação quando presentes as situações previstas no art. 1º;

II – caso a fiscalização do trabalho verifique ocorrência de quaisquer situações previstas no art. 1º e o armador continue a se recusar a providenciar a repatriação dos marítimos, relatório circunstanciado deverá ser encaminhado à Secretaria de Inspeção do Trabalho do Ministério do Trabalho e Emprego em 48 horas, para que, sem prejuízo das demais penalidades previstas em lei, esta o remeta aos órgãos competentes para serem tomadas medidas judiciais cabíveis visando a que o armador promova a repatriação;

III – se o armador não providenciar a repatriação decorridos 15 dias após a denúncia de ocorrência das situações elencadas nos incisos I a VI do art. 1º, ou não seja localizado, o Ministério do Trabalho e Emprego informará ao Ministério das Relações Exteriores, que deverá providenciar a repatriação dos marítimos, conforme previsto na Convenção n. 166 sobre a Repatriação dos Trabalhadores Marítimos (revisada), de 1987, da Organização Internacional do Trabalho; e

IV – ocorrendo a hipótese do inciso III, o armador deverá efetuar o ressarcimento ao Tesouro Nacional das despesas incorridas pela União com a repatriação dos marítimos, diretamente ou compelido em juízo.

Parágrafo único. A autoridade brasileira no exterior, desde que tome conhecimento do abandono do trabalhador marítimo, deverá a ele prestar toda a assistência necessária para garantir sua sobrevivência e segurança, procurando o ressarcimento das despesas decorrentes junto ao armador, diretamente ou por meio de ação judicial.

Art. 4º Na ocorrência de quaisquer situações previstas nos incisos I a VI do art. 1º em relação a trabalhador marítimo bra-

DECRETOS

sileiro integrante de tripulação em embarcação de bandeira estrangeira e caso o armador não adote as medidas necessárias à repatriação, as seguintes providências deverão ser adotadas:

I – as denúncias de membro da tripulação, de sindicato ou de qualquer pessoa ou organização interessada nas condições contratuais de trabalho dos marítimos deverão ser encaminhadas ao Ministério das Relações Exteriores, que promoverá contatos com as autoridades responsáveis do país da bandeira da embarcação, para que seja providenciada a imediata repatriação dos marítimos brasileiros;

II – se as autoridades responsáveis do país da bandeira da embarcação não providenciarem a repatriação nos trinta dias seguintes à denúncia recebida, e caso as autoridades responsáveis do país em cujas águas jurisdicionais esteja o navio também não tenham providenciado a repatriação do trabalhador marítimo, o Ministério das Relações Exteriores deverá providenciar a repatriação, conforme previsto na Convenção n. 166 sobre a Repatriação dos Trabalhadores Marítimos (revisada), de 1987, da Organização Internacional do Trabalho;

III – ocorrendo a hipótese do inciso II, e caso o armador estrangeiro seja empresa controlada, coligada ou pertencente ao mesmo grupo econômico de empresa brasileira, esta deverá efetuar o ressarcimento ao Tesouro Nacional das despesas incorridas pela União com a repatriação dos marítimos, diretamente ou compelida em juízo; e

IV – caso não seja possível o ressarcimento ao Tesouro Nacional das despesas incorridas pela União com a repatriação dos marítimos por empresa brasileira, o Ministério das Relações Exteriores e a Advocacia-Geral da União envidarão esforços para que o país da bandeira da embarcação efetue o ressarcimento dessas despesas.

Parágrafo único. O Ministério das Relações Exteriores manterá o Ministério do Trabalho e Emprego informado sobre os casos de repatriação de trabalhadores marítimos brasileiros tripulantes de embarcações estrangeiras.

Art. 5º Na hipótese de abandono de embarcação estrangeira em águas jurisdicionais brasileiras, será facilitada a repatriação desses marítimos pelo armador estrangeiro ou pelo agente de navegação representante.

§ 1º Caso haja denúncia de membro da tripulação, de sindicato ou de qualquer pessoa ou organização interessada nas condições contratuais de trabalho dos marítimos ao Ministério do Trabalho e Emprego de que o armador ou seu representante não providenciaram a repatriação, serão adotadas as seguintes medidas:

I – o Ministério do Trabalho e Emprego deverá providenciar a imediata fiscalização trabalhista no agente de navegação, representante do armador no Brasil, visando verificar a situação do navio e seus tripulantes, instando à repatriação quando presentes as situações previstas no art. 1º;

II – caso a fiscalização do trabalho verifique a ocorrência de quaisquer situações previstas no art. 1º e o armador ou seu representante continue a se recusar a providenciar a repatriação dos marítimos, relatório circunstanciado deverá ser encaminhado à Secretaria de Inspeção do Trabalho em quarenta e oito horas, para que, sem prejuízo das demais penalidades previstas em lei, esta o remeta aos órgãos competentes para serem tomadas as medidas judiciais cabíveis visando a que o armador promova a repatriação;

III – se a repatriação não for providenciada em até 15 dias da denúncia de abandono da embarcação estrangeira e não havendo condições de segurança e saúde no ambiente de trabalho para permanência da tripulação a bordo, o armador ou seu representante deverá providenciar alojamento e alimentação em terra para os membros da tripulação, pelo tempo necessário à repatriação dos marítimos estrangeiros;

IV – sem prejuízo do previsto no inciso III, se o armador da embarcação ou seu representante legal não providenciar a repatriação nos 30 dias seguintes à denúncia recebida, e caso as autoridades responsáveis do país da bandeira da embarcação também não tenham providenciado a repatriação do trabalhador marítimo, o Ministério das Relações Exteriores deverá providenciar a repatriação, conforme previsto na Convenção n. 166 sobre a Repatriação dos

Trabalhadores Marítimos (revisada), de 1987, da Organização Internacional do Trabalho;

V – ocorrendo a hipótese do inciso IV, e caso o armador estrangeiro seja empresa controlada, coligada ou pertencente ao mesmo grupo econômico de empresa brasileira, esta deverá efetuar o ressarcimento ao Tesouro Nacional das despesas incorridas pela União com a repatriação dos marítimos, diretamente ou compelida em juízo; e

VI – caso não seja possível o ressarcimento ao Tesouro Nacional das despesas incorridas pela União com a repatriação dos marítimos nos termos do inciso V, o Ministério das Relações Exteriores e a Advocacia-Geral da União envidarão esforços para que o país da bandeira da embarcação efetue o ressarcimento dessas despesas.

§ 2º O Ministério das Relações Exteriores manterá o Ministério do Trabalho e Emprego informado sobre os casos de repatriação de trabalhadores marítimos estrangeiros retidos em águas jurisdicionais brasileiras.

Art. 6º O Governo brasileiro deverá fornecer informações referentes à aplicação no País da Convenção n. 166 sobre a Repatriação dos Trabalhadores Marítimos (revisada), de 1987, à Organização Internacional do Trabalho.

....................................(*DOU*, 30.9.09).

Decreto 8.433, de 16 de abril de 2015

Regulamenta os arts. 9º a 12, art. 17 e art. 22 da L. 13.103/15.

Art. 1º Este Decreto regulamenta a Lei n. 13.103, de 2 de março de 2015, que dispõe sobre o exercício da profissão de motorista.

Art. 2º Os veículos de transporte de carga que circularem vazios ficam isentos da cobrança de pedágio sobre os eixos que mantiverem suspensos.

§ 1º Os órgãos ou entidades competentes da União, dos Estados, do Distrito Federal e dos Municípios disporão sobre as medidas técnicas e operacionais para viabilizar a isenção de que trata o *caput*.

§ 2º Até a implementação das medidas a que se refere o § 1º, consideram-se vazios os veículos de transporte de carga que transpuserem as praças de pedágio com um ou mais eixos que mantiverem suspensos, ressalvada a fiscalização da condição pela autoridade com circunscrição sobre a via ou ao seu agente designado na forma do § 4º do art. 280 da Lei n. 9.503, de 23 de setembro de 1997 – Código de Trânsito Brasileiro.

§ 3º Para as vias rodoviárias federais concedidas, a regulamentação de que trata o § 1º será publicada pela Agência Nacional de Transportes Terrestres – ANTT no prazo máximo de cento e oitenta dias, contado da publicação deste Decreto, observada a viabilidade econômica e o interesse público.

§ 4º Regulamentações específicas fixarão os prazos para o cumprimento das medidas pelas concessionárias de rodovias.

Art. 3º As penalidades a que se refere o art. 22 da Lei n. 13.103, de 2015, ficam convertidas em advertências, conforme os procedimentos estabelecidos:

I - pelo Ministério do Trabalho e Emprego, no caso das infrações ao disposto na Lei n. 12.619, de 30 de abril de 2012, de que trata o inciso I do *caput* do art. 22 da Lei n. 13.103, de 2015; e

II - pelos órgãos competentes para aplicar penalidades, no caso das infrações ao Código de Trânsito Brasileiro de que tratam os incisos I e II do *caput* do art. 22 da Lei n. 13.103, de 2015.

§ 1º As penalidades decorrentes das infrações de trânsito de que tratam os incisos I e II do *caput* do art. 22 da Lei n. 13.103, de 2015, são aquelas previstas no inciso XXIII do *caput* do art. 230 e no inciso V do *caput* do art. 231 do Código de Trânsito Brasileiro, respectivamente.

§ 2º A restituição de valores pagos pelas penalidades referidas no *caput* deverá ser solicitada por escrito e autuada em processo administrativo específico junto ao órgão responsável pelo recolhimento.

Art. 4º Compete ao Ministério do Trabalho e Emprego regulamentar as condições de segurança, sanitárias e de conforto nos locais de espera, de repouso e de descanso dos motoristas profissionais de transporte rodoviário de passageiros e de cargas, conforme disposto no art. 9º da Lei n. 13.103, de 2 de março de 2015.

Parágrafo único. Para os procedimentos de reconhecimento como ponto de parada e descanso, os órgãos de que trata o § 3º do art. 11 da Lei n. 13.103, de 2015, observarão o cumprimento da regulamentação de que trata o *caput*.

Art. 5º Compete ao Conselho Nacional de Trânsito – CONTRAN regulamentar:

I - os modelos de sinalização, de orientação e de identificação dos locais de espera, de repouso e de descanso dos motoristas profissionais de transporte rodoviário de passageiros e de cargas, observadas as disposições do § 3º do art. 11 da Lei n. 13.103, de 2015; e

II - o uso de equipamentos para a verificação se o veículo se encontra vazio e os demais procedimentos a serem adotados para a fiscalização de trânsito e o cumprimento das disposições do art. 17 da Lei n. 13.103, de 2015, no prazo máximo de cento e oitenta dias, contado da publicação deste Decreto.

Art. 6º A regulamentação das disposições dos incisos I ao IV do *caput* do art. 10, do art. 11 e do art. 12 da Lei n. 13.103, de 2015, compete:

I - à ANTT, para as rodovias por ela concedidas; e

II - ao Departamento Nacional de Infraestrutura de Transportes - DNIT, para as demais rodovias federais.

Parágrafo único. A outorga de permissão de uso de bem público nas faixas de domínio a que se refere o inciso IV do *caput* do art. 10 da Lei n. 13.103, de 2015, compete ao órgão com jurisdição sobre a via, observados os requisitos e as condições por ele estabelecidos.

Art. 7º Este Decreto entra em vigor na data de sua publicação.

.................(*DOU*, 17.4.15, ret. 20.4.15).

PORTARIAS, INSTRUÇÕES E OUTRAS NORMAS ADMINISTRATIVAS

Portaria MTb/GM 3.339, de 23 de setembro de 1986

Anotações na Carteira de Trabalho e Previdência Social.

Art. 1º O empregador deverá anotar, na Carteira de Trabalho e Previdência Social, além dos elementos expressos no art. 16 da Consolidação das Leis do Trabalho, o código do Cadastro Geral de Contribuintes do Ministério da Fazenda – CGC/MF, a cada registro de Contrato de Trabalho efetuado.

§ 1º A anotação a que se refere o *caput* deste artigo poderá ser efetuada mediante aposição de carimbo padronizado do CGC/MF, nas folhas referentes a Anotações Gerais.

§ 2º O empregador obriga-se a cumprir o disposto no *caput* deste artigo, quando solicitado pelo trabalhador interessado.

Art. 2º O empregador deverá anotar na Carteira de Trabalho e Previdência Social, ao efetuar a rescisão de contrato de trabalho por dispensa sem justa causa ou por paralisação, total ou parcial, de suas atividades, o número da Comunicação de Dispensa – CD referente ao trabalhador dispensado.

Parágrafo único. No caso de recusa da empresa em proceder à anotação, aplica-se o disposto no art. 36 da Consolidação das Leis do Trabalho (*DOU*, 25.9.86).

Portaria MTPS/GM 3.626, de 13 de novembro de 1991

Registro de empregados. Anotações na Carteira de Trabalho e Previdência Social. Registro de horário.

Capítulo I
DO REGISTRO DE EMPREGADOS

Art. 1º (Rev. Port. MTE 41/07).

Art. 2º (Rev. Port. MTE 41/07).

Art. 3º O empregador poderá utilizar controle único e centralizado dos documentos sujeitos à inspeção do trabalho, à exceção do registro de empregados, do registro de horário de trabalho e do Livro de Inspeção do Trabalho, que deverão permanecer em cada estabelecimento.

§ 1º A exibição dos documentos passíveis de centralização deverá ser feita no prazo de 2 a 8 dias, segundo determinação do agente da inspeção do trabalho.

§ 2º (Rev. Port. MTE 41/07).

§ 3º (Rev. Port. MTE 41/07).

Capítulo II
DO REGISTRO INFORMATIZADO DE EMPREGADOS

Art. 4º (Rev. Port. MTPS/GM 1.121/95.)

Art. 5º (Rev. Port. MTPS/GM 1.121/95.)

Art. 6º (Rev. Port. MTPS/GM 1.121/95.)

Art. 7º (Rev. Port. MTPS/GM 1.121/95.)

Art. 8º (Rev. Port. MTPS/GM 1.121/95.)

Art. 9º (Rev. Port. MTPS/GM 1.121/95.)

Art. 10. (Rev. Port. MTPS/GM 1.121/95.)

Capítulo III
DAS ANOTAÇÕES NA CARTEIRA DE TRABALHO E PREVIDÊNCIA SOCIAL

Art. 11. (Rev. Port. MTE 41/07).

Art. 12. (Rev. Port. MTE 41/07).
Art. 12-A. (Rev. Port. MTE 41/07).

Capítulo IV
DO REGISTRO DE HORÁRIO DE TRABALHO

Art. 13. A empresa que adotar registros manuais, mecânicos ou eletrônicos individualizados de controle de horário de trabalho, contendo a hora de entrada e de saída, bem como a pré-assinalação do período de repouso ou alimentação, fica dispensada do uso de quadro de horário (art. 74 da CLT).

Parágrafo único. Quando a jornada de trabalho for executada integralmente fora do estabelecimento do empregador, o horário de trabalho constará também de ficha, papeleta ou registro de ponto, que ficará em poder do empregado.

Art. 14. Permanece como modelo único de quadro de horário de trabalho o aprovado pela Portaria n. 576, de 6 de janeiro de 1941.

Capítulo V
DISPOSIÇÕES FINAIS

Art. 15. Esta Portaria entra em vigor na data de sua publicação, revogadas as portarias n. 5, de 21 de janeiro de 1944; 161, de 11 de outubro de 1946; 3, de 7 de janeiro de 1952; 43, de 19 de abril de 1956; 308, de 1º de outubro de 1962; GB-195, de 10 de maio de 1968; 96, de 26 de março de 1969; 3.378, de 14 de dezembro de 1971; 3.560, de 10 de outubro de 1979; 3.088, de 28 de abril de 1980; 3.162, de 8 de setembro de 1982; 3.163, de 8 de setembro de 1982; 3.081, de 11 de abril de 1984; 3.082, de 11 de abril de 1984; 3.022, de 7 de janeiro de 1985; 3.035, de 26 de fevereiro de 1985; 3.044, de 8 de março de 1985; 3.288, de 23 de setembro de 1987 e demais disposições em contrário (*DOU*, 14.11.91).

Resolução MTPS/CCFGTS 64, de 17 de dezembro de 1991

Repasse de extratos. Multa.

I – O empregador que, no prazo de 72 horas, não repassar aos empregados os extratos de contas vinculadas encaminhadas pela Caixa Econômica Federal – CEF, relativamente às contas já centralizadas, fica sujeito a multa de Cr$ 860,00 e Cr$ 2.150,00, em favor do trabalhador prejudicado, a ser cobrada judicialmente, pelo interessado ou pelo respectivo sindicato profissional, na condição de substituto processual.

II – O valor da multa, cuja fixação a Justiça do Trabalho decidirá de acordo com a intensidade e reincidência da falta, será reajustado mensalmente pela variação do índice de remuneração básica dos depósitos de poupança.

III – Aplica-se o disposto no item anterior aos extratos encaminhados pelos bancos depositários aos empregadores, relativamente às contas ainda não centralizadas na CEF.

IV – Ficam suspensos os efeitos do item II da Resolução n. 49, de 12 de novembro de 1991, até posterior deliberação.

V – Esta Resolução entra em vigor na data de sua publicação (*DOU*, 13.1.92).

Instrução Normativa MTPS/SNT 2, de 12 de março de 1992

Secretaria Nacional do Trabalho

Assistência ao empregado na rescisão.

Capítulo I
DISPOSIÇÃO PRELIMINAR

Art. 1º A assistência gratuita ao empregado, a que se refere o art. 477 e parágrafos da CLT, quando da rescisão do contrato de trabalho, consiste em orientar e esclarecer as partes sobre o cumprimento da lei e será prestada nos termos desta Instrução Normativa.

Capítulo II
DA COMPETÊNCIA

Art. 2º São competentes para assistir o empregado na rescisão do contrato de trabalho, cuja vigência tenha ultrapassado o período de um ano:

I – o sindicato profissional respectivo;

II – a autoridade local do Ministério do Trabalho e da Previdência Social.

Parágrafo único. Na falta da entidade ou órgão referidos neste artigo, são competentes:

a) o representante do Ministério Público ou defensor, onde houver; e

b) o juiz de Paz, na falta ou impedimento das autoridades referidas na alínea anterior.

Capítulo III
DAS PARTES

Art. 3º O ato da rescisão assistida exigirá a presença do empregado e do empregador.

§ 1º O empregador poderá ser representado por preposto formalmente credenciado e o empregado, excepcionalmente, por procurador legalmente constituído, com poderes expressos para receber e dar quitação.

§ 2º Tratando-se de empregado menor, será obrigatória, também, a presença e assinatura do pai ou da mãe, ou de seu representante legal, que comprovará esta qualidade.

Capítulo IV
DOS DOCUMENTOS

Art. 4º Os documentos necessários à rescisão assistida são:

I – o Termo de Rescisão do Contrato de Trabalho, em 4 (quatro) vias;

II – a Carteira de Trabalho e Previdência Social – CTPS, com as anotações devidamente atualizadas;

III – o Registro de Empregado, em livro, ficha, ou cópia dos dados obrigatórios do registro de empregados, quando informatizados, nos termos da Portaria MTPS n. 3.626/91;

IV – o comprovante do aviso prévio, se tiver sido dado, ou do pedido de demissão, quando for o caso;

V – a cópia do acordo ou convenção coletiva de trabalho ou sentença normativa, se houver;

VI – as duas últimas Guias de Recolhimento – GR, do Fundo de Garantia do Tempo de Serviço – FGTS, ou extrato bimestral atualizado da conta vinculada;

VII – a Comunicação da Dispensa – CD, para fins de habilitação ao Seguro-Desemprego, na hipótese de rescisão do contrato de trabalho sem justa causa;

VIII – o Requerimento do Seguro-Desemprego, na hipótese já mencionada no item anterior.

Parágrafo único. As vias do termo a que se refere o inciso I deste artigo, depois de assinadas, serão assim distribuídas:

a) as três primeiras vias para o empregado, sendo uma para sua documentação pessoal e as outras duas para movimentação do FGTS junto ao Banco depositário;

b) a quarta via para o empregador.

Capítulo V
DOS PRAZOS

Art. 5º Ressalvada a disposição mais favorável prevista em acordo, convenção coletiva de trabalho ou sentença normativa, a formalização da rescisão assistida, a que se refere esta Instrução Normativa, não poderá exceder:

I – ao primeiro dia útil imediato ao término do contrato, quando o aviso prévio tiver sido cumprido em serviço;

II – ao décimo dia, subsequente à data da comunicação da demissão, no caso de ausência do aviso prévio, indenização deste ou dispensa do seu cumprimento.

Parágrafo único. A inobservância dos prazos previstos neste artigo, salvo quando, comprovadamente, o trabalhador tiver dado causa à mora, sujeitará o empregador:

a) à multa de 160 UFIR, por trabalhador, em favor da União, e;

b) ao pagamento, em favor do empregado, do valor equivalente ao seu salário, corrigido pela variação diária da UFIR, salvo o disposto em acordo coletivo, convenção coletiva ou sentença normativa.

CAPÍTULO VI
DAS FORMAS DE PAGAMENTO

Art. 6º O pagamento das verbas salariais e indenizatórias constantes do Termo de Rescisão de Contrato de Trabalho será efetuado no ato da rescisão assistida, preferencialmente em moeda corrente ou cheque visado, ou mediante comprovação de depósito bancário em conta corrente do empregado, ordem bancária de pagamento ou ordem bancária de crédito, desde que o estabelecimento bancário esteja situado na mesma cidade do local de trabalho.

Parágrafo único. Tratando-se de empregado menor ou analfabeto, o pagamento somente poderá ser feito em dinheiro.

CAPÍTULO VII
DO MODELO

Art. 7º Fica aprovado o modelo de Termo de Rescisão constante do Anexo à presente Instrução Normativa.

Parágrafo único. O modelo aprovado pela Portaria MTPS n. 3.750, de 23 de novembro de 1990, poderá continuar a ser utilizado até que se esgotem os atuais estoques, acrescentando-se no rodapé destes, em CAIXA ALTA, a seguinte observação: A ASSISTÊNCIA NA RESCISÃO CONTRATUAL É GRATUITA.

CAPÍTULO VIII
DA INDENIZAÇÃO

Art. 8º Na ocorrência de despedida arbitrária ou sem justa causa, além das parcelas salariais devidas, o empregado receberá:

I – as parcelas porventura não recolhidas do FGTS;

II – indenização igual a 40% (quarenta por cento) sobre o montante dos depósitos efetuados ao FGTS, ou pagos diretamente ao empregado (item I, *supra*), acrescidos da correção monetária e dos juros capitalizados;

III – a indenização referente ao período anterior ao regime do FGTS, em conformidade com as hipóteses previstas nos arts. 478, 479 e 498 da CLT, bem como no art. 51 da Lei 8.213, de 24 de julho de 1991.

Parágrafo único. Caso o empregado tenha efetuado saque na conta vinculada, o percentual de 40% a que se refere o inciso II incidirá sobre o total corrigido da conta, como se saque algum tivesse ocorrido.

Art. 9º Nos contratos a prazo determinado, com cláusula assecuratória do direito recíproco de rescisão antecipada, desde que executada, caberá o pagamento do aviso prévio, de, no mínimo, 30 dias. Não existindo esta cláusula, a indenização será equivalente à metade dos salários devidos até o final do contrato, como previsto no art. 479 da CLT e no Enunciado 125 do TST.

Art. 10. Será devido o pagamento de uma indenização adicional equivalente a um salário mensal, no valor deste à data da comunicação do despedimento, na hipótese de dispensa do empregado sem justa causa, no período de 30 dias que antecede à data-base, conforme previsto no art. 9º da Lei n. 7.238, de 29 de outubro de 1984.

Parágrafo único. Para fins de cálculo da indenização adicional, o salário mensal será acrescido de adicionais legais ou convencionais, correlacionados à unidade de tempo mês, não sendo computável a gratificação natalina.

CAPÍTULO IX
DO AVISO PRÉVIO

Art. 11. Na falta do aviso prévio por parte do empregador, o empregado terá direito aos salários correspondentes ao prazo do aviso que será, no mínimo, de 30 dias.

Parágrafo único. O direito ao aviso prévio é irrenunciável pelo empregado. O pedido de dispensa de seu cumprimento não exime o empregador de pagar o valor respectivo, salvo comprovação de haver o trabalhador obtido novo emprego.

Art. 12. A falta do aviso prévio por parte do empregado dá ao empregador o direito de descontar dos salários correspondentes ao prazo respectivo.

Art. 13. O aviso prévio, inclusive quando indenizado, integra o tempo de serviço para todos os efeitos legais.

Art. 14. Será facultado ao empregado despedido arbitrariamente ou sem justa causa, reduzir, durante o aviso prévio, a jornada diária em duas horas ou faltar durante 7 dias corridos, sem prejuízo do salário.

CAPÍTULO X
DAS FÉRIAS

Art. 15. O pagamento das férias em dobro, simples ou proporcionais, conforme o caso, será calculado na forma do art. 130 da CLT, salvo disposição mais benéfica prevista em regulamento, convenção ou acordo coletivo.

Parágrafo único. O pagamento das férias simples ou em dobro será acrescido de, pelo menos, 1/3 a mais do que o salário normal.

CAPÍTULO XI
DO 13º SALÁRIO

Art. 16. O pagamento do 13º salário corresponderá a 1/12 da remuneração devida em dezembro, ou no mês da rescisão, por mês de serviço. A fração igual ou superior a 15 dias de trabalho será havida como um mês integral. Essa gratificação é devida, inclusive, na rescisão contratual por iniciativa do empregado.

CAPÍTULO XII
DOS DEMAIS DIREITOS

Art. 17. Na rescisão assistida deverá ser observado ainda o seguinte:

I – o empregado perceberá:

a) o saldo salarial correspondente aos dias trabalhados e não pagos, inclusive as horas extras e outros adicionais;

b) demais vantagens ou benefícios concedidos, acima do mínimo de lei, por cláusula do contrato, regulamento interno, acordo, convenção coletiva ou sentença normativa, observados os limites e condições estipulados;

II – quando o empregado perceber por tarefa ou peça, a remuneração que se tomará por base para cálculo será a média dos ganhos percebidos no período aquisitivo respectivo. Tratando-se de comissões, levar-se-á em conta a média percebida nos doze últimos meses, ou período inferior;

III – o demonstrativo das médias deverá constar no verso do Termo da Rescisão de Contrato de Trabalho ou em documento anexo.

CAPÍTULO XIII
DA PRESCRIÇÃO

Art. 18. Os créditos resultantes das relações de trabalho urbano prescrevem em 5 anos, enquanto vigente o contrato, ou em até 2 anos após sua extinção.

Parágrafo único. Tratando-se de empregado rural, a prescrição ocorrerá em 2 anos após a extinção do contrato, ou, enquanto vigente, até o quinquênio seguinte à constatação judicial do cumprimento das obrigações trabalhistas a que alude o art. 233 da Constituição Federal.

CAPÍTULO XIV
DAS DISPOSIÇÕES GERAIS

Art. 19. São impedimentos legais para a rescisão contratual arbitrária ou sem justa causa:

I – a gestação da empregada desde a confirmação da gravidez até o quinto mês após o parto;

II – a candidatura do empregado para o cargo de direção de Comissões Internas de Prevenção de Acidentes – CIPA, desde o registro da candidatura e, se eleito, até um ano após o final do mandato;

III – a candidatura do empregado sindicalizado, a partir do registro da candidatura a cargo de direção ou representação sindical e, se eleito, ainda que suplente, até um ano após o final do mandato;

IV – a garantia de emprego decorrente de lei, acordo, convenção coletiva ou sentença normativa;

V – a suspensão contratual.

Art. 20. Os descontos obedecerão aos dispositivos legais e/ou convencionais.

Art. 21. No momento de ser formalizada a rescisão, o assistente verificará se não existe impedimento legal para a rescisão e se não há incorreção ou omissão quanto a parcelas vencidas e valores constantes do Termo de Rescisão de Contrato de Trabalho. Se constatar impedimento, incorreção ou omissão de parcela devida, o assistente tentará solucionar a controvérsia, orientando e esclarecendo as partes, e buscará persuadir a que estiver em erro.

§ 1º O assistente não poderá impedir ou obstar que a rescisão seja formalizada, quando o empregado com ela concordar, na medida em que essa concordância só vale como quitação relativamente ao exato valor de cada verba especificada no Termo de Rescisão, conforme consta do Enunciado 41 do TST e art. 477, § 2º, da CLT.

§ 2º Caracterizado o descumprimento de direito do empregado, por ocasião da rescisão assistida, e não aceita a orientação prestada no sentido de persuadir o empregador quanto à correção devida, o assistente procederá como segue:

a) comunicará o fato ao órgão regional de fiscalização do trabalho para que este providencie a fiscalização da empresa, quanto aos atributos de rotina;

b) se for fiscal do trabalho, sem prejuízo da providência indicada na alínea anterior, lavrará desde logo o respectivo auto, correspondente à infração encontrada nos documentos de rescisão, fazendo constar nesse auto que a sua lavratura ocorreu por infração conhecida no momento da assistência.

Art. 22. É vedada a cobrança de qualquer taxa ou encargo pela prestação da assistência na rescisão contratual tanto ao trabalhador quanto ao empregador (art. 477, § 7º, da CLT).

Art. 23. As dúvidas e omissões na aplicação da presente Instrução Normativa deverão ser submetidas ao Diretor do Departamento de Inspeção e das Relações do Trabalho, desta Secretaria Nacional de Trabalho, que dará a orientação quanto à uniformização de procedimentos.

Art. 24. Esta Instrução Normativa entrará em vigor na data de sua publicação, revogando-se a Portaria n. 3.283, de 11 de outubro de 1988, a Portaria MTPS n. 3.750, de 23 de novembro de 1990, ambas do MTPS, e demais disposições em contrário (*DOU*, 16.3.92).

Portaria MT/GM 925, de 28 de setembro de 1995

Cooperativa de trabalho. Fiscalização.

Art. 1º O agente da Inspeção do Trabalho, quando da fiscalização na empresa tomadora de serviços de sociedade cooperativa, no meio urbano ou rural, procederá a levantamento físico objetivando detectar a existência dos requisitos da relação de emprego entre a empresa tomadora e os cooperados nos termos do art. 3º da CLT.

§ 1º Presentes os requisitos do art. 3º da CLT, ensejará a lavratura de auto de infração.

§ 2º Sem prejuízo do disposto neste artigo e seu § 1º, o Agente da Inspeção do Trabalho verificará junto à sociedade cooperativa se a mesma se enquadra no regime jurídico estabelecido pela Lei n. 5.764, de 16 de dezembro de 1971, mediante a análise das seguintes características:

a) número mínimo de vinte associados;

b) capital variável, representado por quota-parte, para cada associado, inacessíveis a terceiros, estranhos à sociedade;

c) limitação do número de quota-partes para cada associado;

d) singularidade de voto, podendo as cooperativas centrais, federações e confederações de cooperativas, exceção feita às de crédito, optar pelo critério de proporcionalidade;

e) *quorum* para as assembleias, baseado no número de associados e não no capital;

f) retorno das sobras líquidas do exercício, proporcionalmente às operações realizadas pelo associado;

g) prestação de assistência ao associado; e

h) fornecimento de serviços a terceiros atendendo a seus objetivos sociais (*DOU*, 29.9.95).

Portaria MTE/GM 60, de 4 de fevereiro de 1999

FGTS. Rescisões.

Art. 1º O agente homologador, ao constatar o não recolhimento pelo empregador da multa rescisória de que trata o art. 18 da Lei n. 8.036, de 11 de maio de 1990, que deve ser depositada na conta vinculada do FGTS do trabalhador, na hipótese de despedida sem justa causa, inclusive a indireta, de culpa recíproca e de força maior, deverá adverti-lo quanto aos prazos e às penalidades a que está sujeito, em conformidade com o disposto no art. 477 da Consolidação das Leis do Trabalho – CLT e no art. 23 da Lei n. 8.036/90.

§ 1º Caso o empregador não efetue o referido depósito na conta vinculada do FGTS do trabalhador, a homologação será efetuada com ressalva, relatando-se o fato no Termo de Rescisão do Contrato de Trabalho – TRCT.

§ 2º Na homologação realizada na Delegacia Regional do Trabalho – DRT, a não exibição do comprovante do referido depósito ensejará imediata lavratura de auto de infração para fins de imposição de multa.

§ 3º Em se tratando de homologação realizada pelo Sindicato e na hipótese de ocorrência do previsto no § 1º, será encaminhada denúncia à DRT, para a adoção das devidas providências.

§ 4º O TRCT, contendo a ressalva quanto ao não recolhimento da referida multa rescisória, é documento comprobatório para efeito de movimentação da conta vinculada pelo trabalhador perante o agente operador do FGTS, além dos demais requisitos exigidos pelas normas em vigor.

Art. 2º No caso de rescisão do contrato de trabalho com menos de um ano, sem justa causa, inclusive a indireta, de culpa recíproca e de força maior, diante do não recolhimento da multa rescisória, a DRT, por solicitação do trabalhador ou mediante comunicação do agente operador do FGTS sobre a referida ocorrência, adotará os procedimentos de fiscalização cabíveis para apuração da infração denunciada, sem prejuízo da movimentação da conta vinculada do FGTS pelo trabalhador.

Art. 3º Esta Portaria entra em vigor na data de sua publicação, revogadas as disposições em contrário (*DOU*, 28.2.99).

Portaria MTE/SIT 6, de 5 de fevereiro de 2001

Proteção do trabalho do menor. Insalubridade e periculosidade.

Art. 1º O trabalho do menor de 18 anos fica proibido nas atividades constantes do Anexo I desta Portaria.

Parágrafo único. A classificação de locais ou serviços como perigosos ou insalubres decorre do princípio da proteção integral à criança e ao adolescente, não sendo extensiva aos trabalhadores maiores de 18 anos.

Art. 2º Os trabalhos técnico-administrativos são permitidos, desde que realizados fora das áreas de risco, inclusive nas atividades constantes do Anexo I.

....(*DOU*, 7.2.01).

ANEXO I

QUADRO DESCRITIVO DOS LOCAIS E SERVIÇOS CONSIDERADOS PERIGOSOS OU INSALUBRES PARA MENORES DE 18 (DEZOITO) ANOS

1. trabalhos de afiação de ferramentas e instrumentos metálicos em afiadora, rebolo ou esmeril, sem proteção coletiva contra partículas volantes.

2. trabalhos de direção de veículos automotores e direção, operação, manutenção ou limpeza de máquinas ou equipamentos,

quando motorizados e em movimento, a saber: tratores e máquinas agrícolas, máquinas de laminação, forja e de corte de metais, máquinas de padaria como misturadores e cilindros de massa, máquinas de fatiar, máquinas em trabalhos com madeira, serras circulares, serras de fita e guilhotinas, esmeris, moinhos, cortadores e misturadores, equipamentos em fábricas de papel, guindastes ou outros similares, sendo permitido o trabalho em veículos, máquinas ou equipamentos parados, quando possuírem sistema que impeça o seu acionamento acidental.

3. trabalhos na construção civil ou pesada.

4. trabalhos em cantarias ou no preparo de cascalho.

5. trabalhos na lixa nas fábricas de chapéu ou feltro.

6. trabalhos de jateamento em geral, exceto em processos enclausurados.

7. trabalhos de douração, prateação, niquelação, galvanoplastia, anodização de alumínio, banhos metálicos ou com desprendimento de fumos metálicos.

8. trabalhos na operação industrial de reciclagem de papel, plástico ou metal.

9. trabalhos no preparo de plumas ou crinas.

10. trabalhos com utilização de instrumentos ou ferramentas de uso industrial ou agrícola com riscos de perfurações e cortes, sem proteção capaz de eliminar o risco.

11. trabalhos no plantio, com exceção de limpeza, nivelamento de solo e desbrote; na colheita, beneficiamento ou industrialização do fumo.

12. trabalhos em fundições em geral.

13. trabalhos no plantio, colheita, beneficiamento ou industrialização do sisal.

14. trabalhos em tecelagem.

15. trabalhos na coleta, seleção ou beneficiamento de lixo.

16. trabalhos no manuseio ou aplicação de produtos químicos de uso agrícola ou veterinário, incluindo limpeza de equipamentos, descontaminação, disposição ou retorno de recipientes vazios.

17. trabalhos na extração ou beneficiamento de mármores, granitos, pedras preciosas, semipreciosas ou outros bens minerais.

18. trabalhos de lavagem ou lubrificação de veículos automotores em que se utilizem solventes orgânicos ou inorgânicos, óleo diesel, desengraxantes ácidos ou básicos ou outros produtos derivados de óleos minerais.

19. trabalhos com exposição a ruído contínuo ou intermitente, superiores a 80 db (a) ou a ruído de impacto.

20. trabalhos com exposição a radiações ionizantes.

21. trabalhos que exijam mergulho.

22. trabalhos em condições hiperbáricas.

23. trabalhos em atividades industriais com exposição a radiações não ionizantes (micro-ondas, ultravioleta ou *laser*).

24. trabalhos com exposição ou manuseio de arsênico e seus compostos, asbestos, benzeno, carvão mineral, fósforo e seus compostos, hidrocarbonetos ou outros compostos de carbono, metais pesados (cádmio, chumbo, cromo e mercúrio) e seus compostos, silicatos, ou substâncias cancerígenas conforme classificação da Organização Mundial de Saúde.

25. trabalhos com exposição ou manuseio de ácido oxálico, nítrico, sulfúrico, bromídrico, fosfórico e pícrico.

26. trabalhos com exposição ou manuseio de álcalis cáusticos.

27. trabalhos com retirada, raspagem a seco ou queima de pinturas.

28. trabalhos em contato com resíduos de animais deteriorados ou com glândulas, vísceras, sangue, ossos, couros, pelos ou dejeções de animais.

29. trabalhos com animais portadores de doenças infecto-contagiosas.

30. trabalhos na produção, transporte, processamento, armazenamento, manuseio ou carregamento de explosivos, inflamáveis líquidos, gasosos ou liquefeitos.

31. trabalhos na fabricação de fogos de artifícios.

32. trabalhos de direção e operação de máquinas ou equipamentos elétricos de grande porte, de uso industrial.

33. trabalhos de manutenção e reparo de máquinas e equipamentos elétricos, quando energizados.

34. trabalhos em sistemas de geração, transmissão ou distribuição de energia elétrica.

35. trabalhos em escavações, subterrâneos, pedreiras, garimpos ou minas em subsolo ou a céu aberto.

36. trabalhos em curtumes ou industrialização do couro.

37. trabalhos em matadouros ou abatedouros em geral.

38. trabalhos de processamento ou empacotamento mecanizado de carnes.

39. trabalhos em locais em que haja livre desprendimento de poeiras minerais.

40. trabalhos em locais em que haja livre desprendimento de poeiras de cereais (arroz, milho, trigo, sorgo, centeio, aveia, cevada, feijão ou soja) e de vegetais (cana, linho, algodão ou madeira).

41. trabalhos em casas de farinha de mandioca.

42. trabalhos em indústrias cerâmicas.

43. trabalhos em olarias nas áreas de fornos ou com exposição à umidade excessiva.

44. trabalhos na fabricação de botões ou outros artefatos de nácar, chifre ou osso.

45. trabalhos em fábricas de cimento ou cal.

46. trabalhos em colchoarias.

47. trabalhos na fabricação de cortiças, cristais, esmaltes, estopas, gesso, louças, vidros ou vernizes.

48. trabalhos em peleterias.

49. trabalhos na fabricação de porcelanas ou produtos químicos.

50. trabalhos na fabricação de artefatos de borracha.

51. trabalhos em destilarias ou depósitos de álcool.

52. trabalhos na fabricação de bebidas alcoólicas.

53. trabalhos em oficinas mecânicas em que haja risco de contato com solventes orgânicos ou inorgânicos, óleo diesel, desengraxantes ácidos ou básicos ou outros produtos derivados de óleos minerais.

54. trabalhos em câmaras frigoríficas.

55. trabalhos no interior de resfriadores, casas de máquinas, ou junto de aquecedores, fornos ou alto-fornos.

56. trabalhos em lavanderias industriais.

57. trabalhos em serralherias.

58. trabalhos em indústria de móveis.

59. trabalhos em madeireiras, serrarias ou corte de madeira.

60. trabalhos em tinturarias ou estamparias.

61. trabalhos em salinas.

62. trabalhos em carvoarias.

63. trabalhos em esgotos.

64. trabalhos em hospitais, serviços de emergências, enfermarias, ambulatórios, postos de vacinação ou outros estabelecimentos destinados ao cuidado da saúde humana em que se tenha contato direto com os pacientes ou se manuseie objetos de uso destes pacientes não previamente esterilizados.

65. trabalhos em hospitais, ambulatórios ou postos de vacinação de animais, quando em contato direto com os animais.

66. trabalhos em laboratórios destinados ao preparo de soro, de vacinas ou de outros produtos similares, quando em contato com animais.

67. trabalhos em cemitérios.

68. trabalhos em borracharias ou locais onde sejam feitos recapeamento ou recauchutagem de pneus.

69. trabalhos em estábulos, cavalariças, currais, estrebarias ou pocilgas.

70. trabalhos com levantamento, transporte ou descarga manual de pesos superiores a 20 quilos para o gênero masculino e superiores a 15 quilos para o gênero feminino, quando realizado raramente, ou superiores a 11 quilos para o gênero masculino e superiores a 7 quilos para o gênero feminino, quando realizado frequentemente.

71. trabalhos em espaços confinados.

72. trabalhos no interior ou junto a silos de estocagem de forragem ou grãos com atmosferas tóxicas, explosivas ou com deficiência de oxigênio.

73. trabalhos em alturas superiores a 2,0 metros.

74. trabalhos com exposição a vibrações localizadas ou de corpo inteiro.

75. trabalhos como sinalizador na aplicação aérea de produtos ou defensivos agrícolas.

76. trabalhos de desmonte ou demolição de navios e embarcações em geral.

77. trabalhos em porão ou convés de navio.

78. trabalhos no beneficiamento da castanha de caju.

79. trabalhos na colheita de cítricos.

80. trabalhos em manguezais ou lamaçais.

81. trabalhos no plantio, colheita, beneficiamento ou industrialização da cana-de-açúcar.

Portaria MTE 143, de 5 de abril de 2004

Revoga a Portaria Ministerial 865, de 14 de setembro de 1995.

O Ministro do Trabalho e Emprego, no uso das atribuições que lhe conferem o art. 87, parágrafo único, inciso II, da Constituição Federal e art. 913 da Consolidação das Leis do Trabalho, aprovada pelo Decreto-Lei n. 5.452, de 1º de maio de 1943, e

CONSIDERANDO que a *Portaria Ministerial n.* 865, de 14 de setembro de 1995, impossibilita a democratização das relações de trabalho;

CONSIDERANDO a necessidade de uniformização do procedimento administrativo para depósito, registro e arquivo das convenções, dos acordos coletivos de trabalho e respectivas alterações;

CONSIDERANDO a necessidade de uniformização da coleta dos dados necessários à alimentação do banco de dados do Ministério do Trabalho, resolve:

Art. 1º Fica revogada a Portaria Ministerial n. 865, de 14 de setembro de 1995, publicada no *Diário Oficial da União* de 15.9.1995, Seção 1, páginas 14303/14304, que proibia o Ministério do Trabalho e Emprego de fiscalizar o conteúdo das cláusulas das convenções e acordos coletivos de trabalho.

Art. 2º Esta Portaria entrará em vigor na data de sua publicação (*DOU*, 6.4.04).

Resolução CODEFAT 393, de 8 de junho de 2004

Aprova formulários para a concessão do seguro-desemprego.

Art. 1º Aprovar os formulários destinados ao requerimento do Seguro-Desemprego e compostos dos documentos a seguir:

I – Requerimento de Seguro-Desemprego – SD (1ª via, cor verde); e

II – Comunicação de Dispensa – CD (2ª via, cor marrom).

Art. 2º Os formulários de que trata esta Resolução só poderão ser confeccionados de acordo com o modelo e numeração específicos, fornecidos pelo Ministério do Trabalho e Emprego, mediante autorização da Secretaria de Políticas Públicas de Emprego – SPPE, a requerimento do interessado.

Art. 3º Os formulários poderão ser adquiridos em papelarias, por pessoa jurídica de direito público ou privado ou por pessoa física equiparada à jurídica, às quais caberá a obrigatoriedade do seu preenchimento, de acordo com as instruções contidas no próprio formulário, no ato da dispensa do trabalhador.

Art. 4º O formulário de que trata o inciso I do art. 1º (Requerimento do Seguro-Desemprego, 1ª via) contém informações referentes ao trabalhador e ao empregador na parte superior da Comunicação de Dispensa – CD (2ª via):

I – declaração do dispensado, a ser firmada por ocasião do Requerimento de Seguro-Desemprego; e

II – espaço reservado para a relação de pessoas jurídicas ou físicas equiparadas às jurídicas que pagaram os últimos 6 (seis) salários ao trabalhador requerente.

§ 1º O requerimento e a concessão do Seguro-Desemprego serão efetuados com a observância do que estabelece a Resolução do CODEFAT n. 392, de 8 de junho de 2004.

§ 2º O empregador que deixar de entregar ao trabalhador o Formulário de Requerimento do Seguro-Desemprego (1ª e 2ª vias), ou outra informação necessária ao pagamento do benefício, estará sujeito às penalidades previstas no art. 25 da Lei n. 7.998, de 11 de janeiro de 1990.

Art. 5º O Formulário de que trata o inciso II do art. 1º (Comunicação de Dispensa – CD, 2ª via) consistirá de duas partes:

I – parte superior, contendo todas as informações necessárias à habilitação do trabalhador dispensado, ao Seguro-Desemprego, que será o comprovante do trabalhador relativo à entrega do Requerimento de Seguro-Desemprego (2ª via); e

II – parte inferior, destacável, que será o comprovante do empregador, relativo à entrega da Comunicação de Dispensa – CD (2ª via) e o requerimento de Seguro-Desemprego – SD (1ª via), ao trabalhador dispensado.

Parágrafo único. Os comprovantes de entrega da Comunicação de Dispensa – CD e do Requerimento do Seguro-Desemprego – SD deverão ser conservados pelo empregador, juntamente com a ficha de registro do trabalhador dispensado, pelo prazo de 5 anos, contados a partir da data de dispensa.

Art. 6º O preenchimento dos formulários destinados ao Seguro-Desemprego previstos nesta Resolução não desobriga o empregador de fornecer ao Ministério do Trabalho e Emprego as informações de admissões e dispensas previstas na Lei n. 4.923/65, destinadas a alimentar o Cadastro Geral de Empregados e Desempregados.

Art. 7º Esta Resolução entra em vigor na data de sua publicação, ficando revogada a Resolução do CODEFAT n. 71, de 26 de outubro de 1994.

Parágrafo único. Permanecem válidos e passíveis de serem usados os estoques ainda existentes do formulário instituído pela Resolução do CODEFAT n. 71, de 26 de outubro de 1994, por um período de até 3 meses, ficando, no entanto, expressamente proibida a confecção de novos formulários diferentes do modelo de que trata o art. 1º desta Resolução.

.... (*DJ*, 24.6.04).

Instrução Normativa SRF 491, de 12 de janeiro de 2005

Incidência do imposto de renda sobre os rendimentos pagos em decisões da Justiça Federal e da Justiça do Trabalho.

Art. 1º O imposto de renda incidente sobre os rendimentos pagos em cumprimento de decisão da Justiça Federal, mediante precatório ou requisição de pequeno valor, deve ser retido na fonte pela instituição financeira responsável pelo pagamento e incidirá à alíquota de 3% sobre o montante pago, sem quaisquer deduções, no momento do pagamento ao beneficiário ou seu representante legal.

§ 1º Fica dispensada a retenção do imposto quando o beneficiário declarar à instituição financeira responsável pelo pagamento que os rendimentos recebidos são isentos ou não tributáveis, ou que, em se tratando de pessoa jurídica, esteja inscrita no Sistema Integrado de Pagamento de Impostos e Contribuições das Microempresas e das Empresas de Pequeno Porte (Simples).

§ 2º O imposto retido na fonte de acordo com o *caput* é:

I – considerado antecipação do imposto apurado na Declaração de Ajuste Anual do Imposto de Renda das pessoas físicas; ou

II – deduzido do apurado no encerramento do período de apuração ou na data da extinção, no caso de beneficiário pessoa jurídica.

§ 3º A instituição financeira deverá, na forma, prazo e condições estabelecidas pela Secretaria da Receita Federal, fornecer à pessoa física ou jurídica beneficiária o Comprovante de Rendimentos Pagos e de Retenção do Imposto de Renda na Fonte, bem como apresentar à Secretaria da Receita Federal declaração contendo informações sobre:

I – os pagamentos efetuados à pessoa física ou jurídica beneficiária e o respectivo imposto de renda retido na fonte;

II – os honorários pagos a perito e o respectivo imposto de renda retido na fonte;

III – a indicação do advogado da pessoa física ou jurídica beneficiária;

IV – o número do processo judicial, a vara e a seção ou subseção judiciária.

§ 4º O disposto neste artigo não se aplica aos depósitos efetuados pelos Tribunais Regionais Federais antes de 1º de fevereiro de 2004.

Art. 2º Para fins do disposto no § 1º do art. 1º, o beneficiário dos rendimentos deve apresentar à instituição financeira responsável pelo pagamento declaração, na forma do Anexo Único, assinada pelo próprio ou por seu representante legal.

Parágrafo único. A declaração de que trata o *caput* deve ser emitida em duas vias, devendo a instituição financeira responsável pelo pagamento arquivar a primeira via e devolver a segunda via ao interessado, como recibo.

Rendimentos Pagos por Decisão da Justiça do Trabalho

Art. 3º Cabe à fonte pagadora, no prazo de 15 dias da data da retenção de que trata o *caput* do art. 46 da Lei n. 8.541, de 23 de dezembro de 1992, comprovar, nos respectivos autos, o recolhimento do imposto de renda na fonte incidente sobre os rendimentos pagos em cumprimento de decisão da Justiça do Trabalho.

§ 1º Na hipótese de omissão da fonte pagadora relativamente à comprovação de que trata o *caput*, e nos pagamentos de honorários periciais, competirá ao Juízo do Trabalho calcular o imposto de renda na fonte e determinar o seu recolhimento à instituição financeira depositária do crédito.

§ 2º A não indicação pela fonte pagadora da natureza jurídica das parcelas objeto de acordo homologado perante a Justiça do Trabalho acarretará a incidência do imposto de renda na fonte sobre o valor total da avença.

§ 3º A instituição financeira deve, na forma, prazo e condições estabelecidas pela Secretaria da Receita Federal, fornecer à pessoa física beneficiária o Comprovante de Rendimentos Pagos e de Retenção do Imposto de Renda na Fonte, bem como apresentar à Secretaria da Receita Federal declaração contendo informações sobre:

I – os pagamentos efetuados à reclamante e o respectivo imposto de renda retido na fonte, na hipótese do § 1º;

II – os honorários pagos a perito e o respectivo imposto de renda retido na fonte;

III – as importâncias pagas a título de honorários assistenciais de que trata o art. 16 da Lei n. 5.584, de 26 de junho de 1970;

IV – a indicação do advogado da reclamante;

V – o número do processo judicial, a vara e a cidade ou comarca.

Art. 4º Esta Instrução Normativa entra em vigor na data de sua publicação, produzindo efeitos a partir de 1º de janeiro de 2005.

Art. 5º Fica formalmente revogada, sem interrupção de sua força normativa, a Instrução Normativa SRF n. 392, de 30 de janeiro de 2004.

................................(*DOU*, 13.1.05).

Resolução MTE/CODEFAT 467, de 21 de dezembro de 2005

Concessão do Seguro-Desemprego.

Art. 1º Estabelecer critérios relativos à integração das ações de concessão do Seguro-Desemprego e de assistência aos trabalhadores dispensados face às alterações introduzidas na Lei n. 7.998/90 e na legislação trabalhista.

Art. 2º O Programa do Seguro-Desemprego tem por finalidade:

I – prover assistência financeira temporária ao trabalhador desempregado em virtude de dispensa sem justa causa, inclusive a indireta; e

II – auxiliar os trabalhadores na busca de emprego, promovendo, para tanto, ações integradas de orientação, recolocação e qualificação profissional.

Art. 3º Terá direito a perceber o Seguro-Desemprego o trabalhador dispensado sem justa causa, inclusive a indireta, que comprove:

I – ter recebido salários consecutivos no período de 6 meses imediatamente anteriores à data da dispensa, de uma ou mais pessoas jurídicas ou físicas equiparadas às jurídicas;

II – ter sido empregado de pessoa jurídica ou pessoa física equiparada à jurídica durante, pelo menos, 6 meses nos últimos 36 meses que antecederam a data de dispensa que deu origem ao requerimento do Seguro-Desemprego;

III – não estar em gozo de qualquer benefício previdenciário de prestação continuada, previsto no Regulamento de Benefícios da Previdência Social, excetuando o auxílio-acidente e a pensão por morte; e

IV – não possuir renda própria de qualquer natureza suficiente a sua manutenção e de sua família.

§ 1º Considera-se pessoa física equiparada à jurídica, os profissionais liberais inscritos no Cadastro Específico do Instituto Nacional do Seguro Social (CEI).

§ 2º Considera-se 1 mês de atividade, para efeito do inciso II deste artigo, a fração igual ou superior a 15 dias, nos termos da Consolidação das Leis do Trabalho.

Art. 4º A comprovação dos requisitos de que trata o artigo anterior deverá ser feita:

I – mediante as anotações da Carteira de Trabalho e Previdência Social – CTPS;

II – pela apresentação do Termo de Rescisão do Contrato de Trabalho – TRCT, homologado quando o período trabalhado for superior a 1 ano;

III – mediante documento utilizado para levantamento dos depósitos do FGTS ou extrato comprobatório dos depósitos;

IV – pela apresentação da sentença judicial transitada em julgado, acórdão ou certidão judicial, onde constem os dados do trabalhador, da empresa e se o motivo da dispensa for sem justa causa; e

V – mediante verificação a cargo da Auditoria Fiscal do Trabalho, quando for o caso.

Parágrafo único. A comprovação dos demais requisitos será feita mediante declaração firmada pelo trabalhador, no Requerimento do Seguro-Desemprego – RSD.

Art. 5º O Seguro-Desemprego será concedido ao trabalhador desempregado, por um período máximo variável de 3 a 5 meses, de forma contínua ou alternada, a cada período aquisitivo de 16 meses, observando-se a seguinte relação:

I – 3 parcelas, se o trabalhador comprovar vínculo empregatício com pessoa jurídica ou pessoa física a ela equiparada de no mínimo 6 meses e no máximo 11 meses, nos últimos 36 meses;

II – 4 parcelas, se o trabalhador comprovar vínculo empregatício com pessoa jurídica ou pessoa física a ela equiparada de no mínimo 12 meses e no máximo 23 meses no período de referência; e

III – 5 parcelas, se o trabalhador comprovar vínculo empregatício com pessoa jurídica ou pessoa física a ela equiparada, de no mínimo 24 meses no período de referência.

§ 1º O período aquisitivo de que trata este artigo será contado da data de dispensa que deu origem à última habilitação, não podendo ser interrompido quando a concessão do benefício estiver em curso.

§ 2º A primeira dispensa que habilitar o trabalhador determinará o número de parcelas a que este terá direito no período aquisitivo.

Art. 6º A adesão a Planos de Demissão Voluntária ou similar não dará direito ao benefício, por não caracterizar demissão involuntária.

Art. 7º O valor do benefício será fixado em moeda corrente na data de sua concessão e corrigido anualmente por índice oficial, não podendo ser inferior ao valor do salário mínimo.

Art. 8º O valor do benefício do Seguro-Desemprego será calculado com base no art. 5º da Lei n. 7.998/90 e reajustado de acordo com a legislação em vigor.

Art. 9º Para fins de apuração do benefício, será considerada a média aritmética dos salários dos últimos três meses anteriores à dispensa. (NRed. Res. MTE 699/12)

§ 1º Os salários dos três últimos meses utilizados para o cálculo da média aritmética de que trata o *caput* deste artigo, referem-se aos salários de contribuição estabelecido no inciso I, art. 28 da Lei 8.212, de 24 de julho de 1991, informados no Cadastro Nacional de Informações Sociais – CNIS. (NRed. Res. MTE 699/12)

§ 2º Se, excepcionalmente, o salário de contribuição de que trata o parágrafo primeiro deste artigo não constar na base CNIS, este deverá ser obtido na Carteira de Trabalho e Previdência Social – CTPS, atualizado, no contracheque ou, ainda, nos documentos decorrentes de determinação judicial. Nestes casos, as cópias dos documentos deverão ser arquivadas junto ao Requerimento de Seguro-Desemprego. (NRed. Res. MTE 699/12)

§ 3º O salário será calculado com base no mês completo de trabalho, mesmo que o trabalhador não tenha trabalhado integralmente em qualquer dos três últimos meses. (NRed. Res. MTE 699/12)

§ 4º O valor do Seguro-Desemprego será calculado com base no salário mensal, tomando-se por parâmetro o mês de 30 (trinta) dias ou 220 (duzentos e vinte) horas, exceto para quem tem horário especial, inferior a 220 horas mensais. (NRed. Res. MTE 699/12)

Art. 10. Para o trabalhador em gozo de auxílio-doença ou convocado para prestação do serviço militar, bem assim na hipótese de não ter percebido do mesmo empregador os 3 últimos salários, o valor do benefício basear-se-á na média dos 2 últimos ou, ainda, no valor do último salário.

Art. 11. O benefício Seguro-Desemprego é direito pessoal e intransferível, nos termos da Lei n. 7.998/1990, e será pago diretamente ao beneficiário, salvo em caso de morte do segurado, ausência, moléstia contagiosa e beneficiário preso, observadas as seguintes condições (red. Res. MTE/CODEFAT 665/11):

I – morte do segurado, quando serão pagas parcelas vencidas até a data do óbito, aos sucessores, mediante apresentação de Alvará Judicial (red. Res. MTE/CODEFAT 665/11);

II – grave moléstia do segurado, comprovada pela perícia médica do Instituto Nacional de Seguridade Social – INSS, quando serão pagas parcelas vencidas ao seu curador legalmente designado ou representante legal, mediante apresentação de Mandato outorgado por instrumento público, com finalidade específica para o benefício a ser recebido (red. Res. MTE/CODEFAT 665/11);

III – moléstia contagiosa ou impossibilidade de locomoção, devidamente comprovada mediante perícia médica do Instituto Nacional de Seguridade Social – INSS, quando serão pagas parcelas vencidas a procurador designado em instrumento público, com poderes específicos para receber o benefício (NRed. Res. MTE/CODEFAT 665/11);

IV – ausência civil, quando serão pagas parcelas vencidas ao curador designado pelo Juiz, mediante certidão judicial de nomeação do curador habilitado à prática do ato (NRed. Res. MTE/CODEFAT 665/11);

V – beneficiário preso, impossibilitado de comparecer pessoalmente à instituição financeira responsável pelo pagamento, quando as parcelas vencidas serão pagas por meio de instrumento público com poderes específicos para o ato (NRed. Res. MTE/CODEFAT 665/11).

§ 1º O Requerimento do Seguro-Desemprego somente poderá ser firmado pelo trabalhador, admitindo-se, excepcionalmente, sua apresentação pelos representantes mencionados nos incisos I a V deste artigo, desde que instruído com os documentos mencionados nos arts. 4º e 5º da Resolução n. 253/2000, nos arts. 13 e 15 da Resolução n. 467/2005 e no art. 3º da Resolução n. 657/2010 (NRed. Res. MTE/CODEFAT 665/11).

§ 2º Em qualquer caso, o mandato deverá ser individual e outorgado por instrumento público, especificando a modalidade de benefício Seguro-Desemprego a qual o Requerimento faz referência e à dispensa que lhe deu causa, cujo direito foi adquirido pelo trabalhador em função de demissão sem justa causa, ou no caso do pescador artesanal relativo ao defeso a ser requerido, vedada sua utilização posterior para outros benefícios da mesma espécie (NRed. Res. MTE/CODEFAT 665/11).

Art. 12. A concessão do Seguro-Desemprego poderá ser retomada a cada novo período aquisitivo desde que, atendidas as condições estabelecidas no art. 3º desta Resolução.

Art. 13. O Requerimento do Seguro-Desemprego – RSD, e a Comunicação de Dispensa – CD devidamente preenchidas com as informações constantes da Carteira de Trabalho e Previdência Social, serão fornecidas pelo empregador no ato da dispensa, ao trabalhador dispensado sem justa causa.

Art. 14. Os documentos de que trata o artigo anterior deverão ser encaminhados pelo trabalhador a partir do 7º e até o 120º dias subsequentes à data da sua dispensa ao Ministério do Trabalho e Emprego por intermédio dos postos credenciados das suas Delegacias, do Sistema Nacional de Emprego – SINE e Entidades Parceiras.

Parágrafo único. Nas localidades onde não existam os Órgãos citados no *caput* deste artigo, o Requerimento de Seguro--Desemprego – RSD poderá ser encaminhado por outra entidade autorizada pelo Ministério do Trabalho e Emprego.

Art. 15. O trabalhador, para requerer o benefício, deverá apresentar os seguintes documentos:

a) documento de identificação – Carteira de Identidade ou Certidão de Nascimento, Certidão de Casamento com o protocolo de requerimento da identidade (somente para recepção), Carteira Nacional de Habilitação (modelo novo), Carteira de Trabalho (modelo novo), Passaporte e Certificado de Reservista;

b) Cadastro de Pessoa Física – CPF;

c) Carteira de Trabalho e Previdência Social;

d) Documento de Identificação no Programa de Integração Social – PIS ou Programa de Formação do Patrimônio do Servidor Público – PASEP;

e) Requerimento do Seguro-Desemprego – RSD e Comunicação de Dispensa – CD;

f) Termo de Rescisão do Contrato de Trabalho – TRCT, homologado quando o período de vínculo for superior a 1 ano;

g) documentos de levantamento dos depósitos no Fundo de Garantia por Tempo de Serviço – FGTS ou extrato comprobatório dos depósitos; e

h) no caso do requerente não ter recebido as verbas rescisórias deverá apresentar certidão das Comissões de Conciliação Prévia / Núcleos Intersindicais (certidão da justiça ou relatório da fiscalização).

§ 1º No ato da entrega do requerimento, o agente credenciado junto ao Programa do Seguro-Desemprego conferirá os critérios de habilitação e fornecerá ao trabalhador comprovante de recepção.

§ 2º Se atendidos os requisitos de habilitação o Ministério do Trabalho e Emprego enviará a autorização de pagamento do benefício do Seguro-Desemprego ao agente pagador.

§ 3º Caso não sejam atendidos os critérios e na hipótese de não ser concedido o Seguro-Desemprego, o trabalhador será comunicado dos motivos do indeferimento.

§ 4º Do indeferimento do pedido do Seguro-Desemprego, caberá recurso ao Ministério do Trabalho e Emprego por intermédio das Delegacias Regionais do Trabalho, no prazo de 2 anos, contados a partir da data de dispensa que deu origem ao benefício, bem como para os casos de notificações e reemissões.

Art. 16. Ressalvados os casos previstos no artigo 11, o pagamento do benefício poderá ser efetuado mediante crédito em *Conta Simplificada* ou *Conta Poupança* em favor de beneficiário correntista da Caixa Econômica Federal, sem qualquer ônus para o trabalhador, ou em espécie, por meio da apresentação do Cartão do Cidadão ou documentos abaixo relacionados (NRed. Res. 651/10):

a) documento de identificação (Carteira de Identidade ou Carteira Nacional de Habilitação – Modelo novo ou Carteira de Identificação Profissional ou que contenha o número do PIS/PASEP); e

b) comprovante de inscrição no PIS/PASEP.

§ 1º Os pagamentos efetuados nas agências da CAIXA, sem utilização do Cartão do Cidadão ou mediante crédito em conta em favor de segurado correntista, terão sua comprovação por meio de autenticação em documento próprio ou registro eletrônico, arquivado na CAIXA, que deverá ficar à disposição do MTE durante o prazo de cinco anos (NRed. Res. 651/10).

§ 2º Os pagamentos efetuados com a utilização do Cartão do Cidadão terão sua comprovação por meio do registro eletrônico da transação, ficando à disposição para consulta pelo MTE durante o prazo de 5 anos.

§ 3º O Cartão do Cidadão será fornecido ao segurado pela CAIXA. No ato do cadastramento da senha o caixa executivo solicitará identificação pessoal do segurado, assinatura no formulário, "Termo de Responsabilidade para uso do Cartão/Senha do Cidadão" e cadastramento da senha, que é pessoal e intransferível.

§ 4º O valor a ser pago ao segurado corresponderá ao valor total da parcela disponível. Caso haja impedimento para o pagamento, será impresso comprovante contendo mensagem impeditiva (notificação), que ficará à disposição para consulta pelo MTE, durante o prazo de 5 anos.

§ 5º O beneficiário que não desejar receber as parcelas do Seguro-Desemprego por meio de crédito em *Conta Simplificada* ou *Conta Poupança* deverá solicitar formalmente ao agente pagador a sua suspensão, por meio de agências bancárias, no prazo máximo de até dez dias após o recebimento da parcela. (Red. Res. 651/10).

§ 6º As parcelas creditadas indevidamente pelo agente pagador em conta corrente reverterão automaticamente ao Programa do Seguro-Desemprego.(Red. Res. 651/10).

Art. 17. O pagamento da primeira parcela corresponderá aos 30 dias de desemprego, a contar da data da dispensa.

§ 1º O trabalhador fará jus ao pagamento integral das parcelas subsequentes para cada mês, por fração igual ou superior a 15 dias de desemprego.

§ 2º A primeira parcela será liberada 30 dias após a data do requerimento e as demais a cada intervalo de 30 dias, contados da emissão da parcela anterior.

§ 3º Em caso de liberação por recurso, a primeira parcela será liberada no lote imediatamente posterior ao processamento do recurso, desde que, a data do recurso tenha pelo menos 30 dias da data do requerimento.

§ 4º Para os casos de processos judiciais em que são expedidos mandados judiciais para liberação do seguro-desemprego, as parcelas serão liberadas em um único lote.

Art. 18. O pagamento do Seguro-Desemprego será suspenso nas seguintes situações:

I – admissão do trabalhador em novo emprego; e

II – início de percepção de benefício de prestação continuada da Previdência Social, exceto o auxílio-acidente e a pensão por morte.

Parágrafo único. Será assegurado o direito ao recebimento do benefício e/ou retomada do saldo de parcelas quando ocorrer à suspensão motivada por reemprego em contrato temporário, experiência, tempo determinado, desde que o motivo da dispensa não seja a pedido ou por justa causa, observando que o término do contrato ocorra dentro do mesmo período aquisitivo e tenha pelo menos 1 dia de desemprego de um contrato para outro.

Art. 19. O Seguro-Desemprego será cancelado:

I – pela recusa, por parte do trabalhador desempregado de outro emprego condizente com sua qualificação e remuneração anterior;

II – por comprovação da falsidade na prestação de informações necessárias à habilitação;

III – por comprovação de fraude visando à percepção indevida do benefício do Seguro-Desemprego; e

IV – por morte do segurado.

§ 1º Para efeito do Seguro-Desemprego, considerar-se-á emprego condizente com a vaga ofertada, aquele que apresente tarefas semelhantes ao perfil profissional do trabalhador, declarado/comprovado no ato do seu cadastramento.

§ 2º Para definição do salário compatível, deverá ser tomado como base o último salário recebido pelo trabalhador.

§ 3º No caso de recusa de novo emprego sem justificativa, no ato do cadastramento, o benefício será cancelado.

§ 4º Caso o trabalhador seja convocado para um novo posto de trabalho e não atender à convocação por 3 vezes consecutivas, o benefício será suspenso.

§ 5º Após o cancelamento do benefício em decorrência de recusa pelo trabalhador de novo emprego, o trabalhador poderá recorrer através de Processo Administrativo, no prazo de 2 anos, contados a partir da data de dispensa que deu origem ao benefício.

§ 6º Nos casos previstos nos incisos I, II e III deste artigo, o Seguro-Desemprego será suspenso por 2 anos, dobrando-se este prazo em caso de reincidência.

Art. 20. O encaminhamento do trabalhador ao mercado de trabalho, no ato do requerimento, não representará impedimento para a concessão do benefício nem afetará a sua tramitação, salvo por comprovação de reemprego e quando não houver resposta do encaminhamento para a vaga ofertada, no prazo de 30 dias, a contar da data do requerimento.

Art. 21. (Rev. Res. 619/09).

Art. 22. Nos casos de contrato em aberto na CTPS, o trabalhador poderá requerer o benefício do Seguro-Desemprego, desde que o empregador não seja localizado pela fiscalização do trabalho, nem apresente movimento há mais de 2 anos no CAGED, observando que o período relativo à situação de contrato em aberto, não será considerado para a contagem de tempo de serviço para fins de obtenção do Seguro-Desemprego.

Art. 23. Esta Resolução entra em vigor na data de sua publicação, ficando revogada a Resolução do CODEFAT n. 392, de 8 de junho de 2004 (*DOU*, 26.12.05).

Portaria MTE 193, de 23 de novembro de 2006

Multa Administrativa variável pelo não cumprimento das obrigações do seguro-desemprego.

Fixa parâmetros para a gradação da multa administrativa variável prevista no art. 25 da Lei n. 7.998, de 11 de janeiro de 1990, pelo não cumprimento das obrigações relativas ao programa do seguro-desemprego.

....

Art. 1º Fixar parâmetros para a gradação da multa administrativa variável prevista no art. 25 da Lei n. 7.998, de 11 de janeiro de 1990, pelo não cumprimento das obrigações relativas ao programa do seguro-desemprego.

Art. 2º O empregador que, no ato da dispensa, deixar de fornecer ao empregado, devidamente preenchidos, o requerimento do seguro-desemprego – SD e a Comunicação de Dispensa – CD, ficará sujeito à multa prevista no art. 25 da Lei n. 7.998, de 1990, a ser cobrada em valores monetários a partir de R$ 425,64, por empregado prejudicado.

Parágrafo único. O valor monetário previsto no *caput* deste artigo deverá ser acrescido de percentuais, a critério da autoridade julgadora, na seguinte proporção:

I – até 20% – para empresas com até 25 empregados;

II – de 21% a 40% – para empresas com 25 a 50 empregados;

III – de 41% a 60% – para empresas com 51 a 100 empregados;

IV – de 61% a 80% – para empresas com 101 a 500 empregados; e

V – de 81% a 100% – para empresas com mais de 500 empregados.

Art. 3º A aplicação das penalidades a que se refere esta Portaria fica sujeita às agravantes previstas no art. 5º da Lei n. 7.855, de 24 de outubro de 1989, e no art. 25 da Lei n. 7.998, de 1990 (*DOU*, 27.11.06).

Portaria MTE 41, de 28 de março de 2007

Disciplina o registro e a anotação de Carteira de Trabalho e Previdência Social de empregados.

Art. 1º Proibir ao empregador que, na contratação ou na manutenção do emprego do trabalhador, faça a exigência de quaisquer documentos discriminatórios ou obstativos para a contratação, especialmente certidão negativa de reclamatória trabalhista, teste, exame, perícia, laudo, atestado ou declaração relativos à esterilização ou a estado de gravidez.

Art. 2º O registro de empregados de que trata o art. 41 da CLT conterá as seguintes informações:

I – nome do empregado, data de nascimento, filiação, nacionalidade e naturalidade;

II – número e série da Carteira de Trabalho e Previdência Social – CTPS;

III – número de identificação do cadastro no Programa de Integração Social – PIS ou no Programa de Formação do Patrimônio do Serviço Público – PASEP;

IV – data de admissão;

V – cargo e função;

VI – remuneração;

VII – jornada de trabalho;

VIII – férias; e

IX – acidente do trabalho e doenças profissionais, quando houver.

Parágrafo único. O registro de empregado deverá estar atualizado e obedecer à numeração sequencial por estabelecimento.

Art. 3º O empregador poderá adotar controle único e centralizado do registro de empregados, desde que os empregados portem cartão de identificação contendo seu nome completo, número de inscrição no PIS/PASEP, horário de trabalho e cargo ou função.

§ 1º O registro de empregados de prestadores de serviços poderá permanecer na sede da contratada caso atendida a exigência contida no *caput* deste artigo.

§ 2º A exibição dos documentos passíveis de centralização deverá ser feita no prazo de dois a 8 dias, a critério do Auditor Fiscal do Trabalho.

Art. 4º O empregador poderá efetuar o registro de empregados em sistema informatizado que garanta a segurança, inviolabilidade, manutenção e conservação das informações e que:

I – mantenha registro individual em relação a cada empregado;

II – mantenha registro original, individualizado por empregado, acrescentando-lhe as retificações ou averbações, quando for o caso; e

III – assegure, a qualquer tempo, o acesso da fiscalização trabalhista às informações, por meio de tela, impressão de relatório e meio magnético.

§ 1º O sistema deverá conter rotinas autoexplicativas, para facilitar o acesso e o conhecimento dos dados registrados.

§ 2º As informações e relatórios deverão conter data e hora do lançamento, atestada a sua veracidade por meio de rubrica e identificação do empregador ou de seu representante legal nos documentos impressos.

§ 3º O sistema deverá possibilitar à fiscalização o acesso às informações e dados dos últimos doze meses.

§ 4º As informações anteriores a 12 meses poderão ser apresentadas no prazo de 2 a 8 dias via terminal de vídeo ou relatório ou por meio magnético, a critério do Auditor Fiscal do Trabalho.

Art. 5º O empregador anotará na CTPS do empregado, no prazo de 48 horas contadas da admissão, os seguintes dados:

I – data de admissão;

II – remuneração; e

III – condições especiais do contrato de trabalho, caso existentes.

§ 1º As demais anotações deverão ser realizadas nas oportunidades mencionadas no art. 29 da CLT.

§ 2º As anotações poderão ser feitas mediante o uso de carimbo ou etiqueta gomada, bem como de qualquer meio mecânico ou eletrônico de impressão, desde que autorizado pelo empregador ou seu representante legal.

Art. 6º O empregador poderá adotar ficha de anotações, exceto quanto às datas de admissão e de extinção do contrato de trabalho, que deverão ser anotadas na própria CTPS.

Parágrafo único. O empregado poderá, a qualquer tempo, solicitar a atualização e o fornecimento, impressos, de dados constantes na ficha de anotações.

Art. 7º As anotações deverão ser feitas sem abreviaturas, ressalvando-se, ao final de cada assentamento, as emendas, entrelinhas, rasuras ou qualquer circunstância que possa gerar dúvida.

Art. 8º É vedado ao empregador efetuar anotações que possam causar dano à imagem do trabalhador, especialmente referentes a sexo ou sexualidade, origem, raça, cor, estado civil, situação familiar, idade, condição de autor em reclamações trabalhistas, saúde e desempenho profissional ou comportamento.

Art. 9º Esta Portaria entra em vigor na data de sua publicação.

Art. 10. Revogam-se as Portarias n. 3.024, de 22 de janeiro de 1992; 402, de 18 de abril de 1995; 1.121, de 8 de novembro de 1995; 739, de 29 de agosto de 1997; 628, de 10 de agosto de 2000; 376, de 18 de setembro de 2002 e os arts. 1º e 2º, §§ 2º e 3º, do art. 3º; e arts. 11, 12 e 12-A da Portaria n. 3.626, de novembro de 1991.

.... (*DOU*, 30.3.07).

Portaria MTE 1.095, de 19 de maio de 2010

Disciplina os requisitos para a redução do intervalo intrajornada.

Art. 1º A redução do intervalo intrajornada de que trata o art. 71, § 3º, da Consolidação das Leis do Trabalho – CLT poderá ser deferida por ato de autoridade do Ministério do Trabalho e Emprego quando prevista em convenção ou acordo coletivo de trabalho, desde que os estabelecimentos abrangidos pelo seu âmbito de incidência atendam integralmente às exigências concernentes à organização dos refeitórios, e quando os respectivos empregados não estiverem sob regime de trabalho prorrogado a horas suplementares.

§ 1º Fica delegada, privativamente, aos Superintendentes Regionais do Trabalho e Emprego a competência para decidir sobre o pedido de redução de intervalo para repouso ou refeição.

§ 2º Os instrumentos coletivos que estabeleçam a possibilidade de redução deverão especificar o período do intervalo intrajornada.

§ 3º Não será admitida a supressão, diluição ou indenização do intervalo intrajornada, respeitado o limite mínimo de trinta minutos.

Art. 2º O pedido de redução do intervalo intrajornada formulado pelas empresas com fulcro em instrumento coletivo far-se-ão acompanhar de cópia deste e serão dirigidos ao Superintendente Regional do Trabalho e Emprego, com a individualização dos estabelecimentos que atendam os requisitos indicados no *caput* do art. 1º desta Portaria, vedado o deferimento de pedido genérico.

§ 1º Deverá também instruir o pedido, conforme modelo previsto no anexo desta Portaria, documentação que ateste o cumprimento, por cada estabelecimento, dos requisitos previstos no *caput* do art. 1º desta Portaria.

§ 2º O Superintendente Regional do Trabalho e Emprego poderá deferir o pedido formulado, independentemente de inspeção prévia, após verificar a regularidade das condições de trabalho nos estabelecimentos pela análise da documentação apresentada, e pela extração de dados do Sistema Federal de Inspeção do Trabalho, da Relação Anual de Informações Sociais – RAIS e do Cadastro Geral de Empregados e Desempregados – CAGED.

Art. 3º O ato de que trata o art. 1º desta Portaria terá a vigência máxima de dois anos e não afasta a competência dos agentes da Inspeção do Trabalho de verificar, a qualquer tempo, *in loco*, o cumprimento dos requisitos legais.

Parágrafo único. O descumprimento dos requisitos torna sem efeito a redução de intervalo, procedendo-se às autuações por descumprimento do previsto no *caput* do art. 71 da CLT, bem como das outras infrações que forem constatadas.

Art. 4º Esta Portaria entra em vigor na data de sua publicação.

Art. 5º Revoga-se a Portaria n. 42, de 28 de março de 2007 (*DOU*, 20.5.10).

Portaria MTE 373, de 25 de fevereiro de 2011

Jornada de trabalho. Controle.

Art. 1º Os empregadores poderão adotar sistemas alternativos de controle da jornada de trabalho, desde que autorizados por Convenção ou Acordo Coletivo de Trabalho.

§ 1º O uso da faculdade prevista no *caput* implica a presunção de cumprimento integral pelo empregado da jornada de trabalho contratual, convencionada ou acordada vigente no estabelecimento.

§ 2º Deverá ser disponibilizada ao empregado, até o momento do pagamento da remuneração referente ao período em que está sendo aferida a frequência, a informação sobre qualquer ocorrência que ocasione alteração de sua remuneração em virtude da adoção de sistema alternativo.

Art. 2º Os empregadores poderão adotar sistemas alternativos eletrônicos de controle de jornada de trabalho, mediante autorização em Acordo Coletivo de Trabalho.

Art. 3º Os sistemas alternativos eletrônicos não devem admitir:

I – restrições à marcação do ponto;

II – marcação automática do ponto;

III – exigência de autorização prévia para marcação de sobrejornada; e

IV – a alteração ou eliminação dos dados registrados pelo empregado.

§ 1º Para fins de fiscalização, os sistemas alternativos eletrônicos deverão:

I – estar disponíveis no local de trabalho;

II – permitir a identificação de empregador e empregado; e

III – possibilitar, através da central de dados, a extração eletrônica e impressa do registro fiel das marcações realizadas pelo empregado.

Art. 4º Fica constituído Grupo de Trabalho com a finalidade de elaborar estudos com vistas à revisão e ao aperfeiçoamento do Sistema de Registro Eletrônico de Ponto – SREP.

Art. 5º Em virtude do disposto nesta Portaria, o início da utilização obrigatória do Registrador Eletrônico de Ponto – REP, previsto no art. 31 da Portaria n. 1.510, de 21 de agosto de 2009, será no dia 1º de setembro de 2011.

..................................(*DOU*, 28.2.11).

Portaria AGU 171, de 29 de março de 2011

Desistência de recursos no âmbito do Tribunal Superior do Trabalho.

Art. 1º Os Advogados da União em exercício no Departamento Trabalhista da Procuradoria-Geral da União ficam autorizados a desistir de processos que tramitam no âmbito do Tribunal Superior do Trabalho (TST), quando houver:

I – enunciado de súmula da Advocacia-Geral da União, na forma do Ato Regimental n. 1/AGU, de 2 de julho de 2008;

II – súmula vinculante do Supremo Tribunal Federal;

III – questão não prequestionada na forma da Súmula n. 297 do TST;

IV – deficiência de traslado em agravo de instrumento segundo as regras da Instrução Normativa TST n. 16, de 15 de maio de 2003;

V – recurso de revista ou recurso de embargos com o objetivo de reexame de fatos e provas, na forma da Súmula n. 126 do TST;

VI – recurso de revista que não demonstre violação direta à lei ou à Constituição Federal;

VII – recurso de revista interposto contra acórdão proferido em agravo de petição, na liquidação de sentença ou em processo incidente na execução, inclusive os embargos de terceiro, sem que tenha sido abordada violação direta à Constituição Federal, na forma da Súmula n. 266 do TST; ou

VIII – recurso de revista interposto contra acórdão regional proferido em agravo de instrumento, na forma da Súmula n. 218 do TST.

Parágrafo único. Os Advogados da União deverão justificar a desistência do recurso prevista neste artigo por meio de manifestação simplificada, registrada no Sistema Integrado de Controle das Ações da União (SICAU), com a prévia aprovação do Diretor ou dos Coordenadores-Gerais do Departamento Trabalhista da Procuradoria-Geral da União.

Art. 2º O disposto na presente Portaria não se aplica às ações consideradas relevantes, nos termos da Portaria n. 87/AGU, de 17 de fevereiro de 2003, e aos processos nos quais a representação judicial da União compete à Procuradoria-Geral da Fazenda Nacional ou à Procuradoria-Geral Federal.

Art. 3º Esta Portaria entra em vigor na data da sua publicação.

.... (*DOU*, 30.3.11).

Resolução CNRM 1, de 16 de junho de 2011

Dispõe sobre o estabelecimento e condições de descanso obrigatório para o residente que tenha cumprido plantão noturno.

Art. 1º Estabelecer o descanso obrigatório para o residente que tenha cumprido plantão noturno.

§ 1º O plantão noturno a que se refere o *caput* terá duração de, no mínimo, 12 (doze) horas.

§ 2º O descanso obrigatório terá seu início imediatamente após o cumprimento do plantão noturno.

Art. 2º O descanso obrigatório terá início, logo após o residente plantonista transferir a outro profissional médico, de igual competência, a responsabilidade pela continuidade da assistência médica.(Red. CNRM, Res. 01/13)

Art. 3º Não será permitido o acúmulo de horas de descanso para serem gozadas *a posteriori*.

...................................(*DOU*, 22.9.11).

Instrução Normativa MTE/SIT 97, de 30 de julho de 2012

Fiscalização das condições de trabalho no âmbito dos programas de aprendizagem.

Art. 1º Estabelecer diretrizes e disciplinar a fiscalização da aprendizagem prevista no Capítulo IV do Título III da Consolidação das Leis do Trabalho – CLT, aprovada pelo Decreto-lei n. 5.452, de 1º de maio de 1943, em conformidade com o disposto no Decreto n. 5.598, de 1º de dezembro de 2005, e com a Portaria n. 723, de 23 de abril de 2012.

Seção I
Da Obrigatoriedade de Contratação de Aprendizes

Art. 2º Conforme determina o art. 429 da CLT, os estabelecimentos de qualquer natureza são obrigados a contratar e matricular aprendizes nos cursos de aprendizagem, no percentual mínimo de cinco e máximo de quinze por cento das funções que exijam formação profissional.

§ 1º Na conformação numérica de aplicação do percentual, ficam obrigados a contratar aprendizes os estabelecimentos que tenham pelo menos sete empregados contratados nas funções que demandam formação profissional, nos termos do art. 10 do Decreto n. 5.598, de 2005, devendo ser respeitado o limite máximo de quinze por cento previsto no art. 429 da CLT.

§ 2º Entende-se por estabelecimento todo complexo de bens organizado para o exercício de atividade econômica ou social do empregador, que se submeta ao regime da CLT.

§ 3º São incluídas na base de cálculo do número de aprendizes a serem contratados o total de trabalhadores existentes em cada estabelecimento, cujas funções demandem formação profissional, independentemente de serem proibidas para menores de dezoito anos, excluindo-se:

I – as funções que, em virtude de lei, exijam formação profissional de nível técnico ou superior;

II – as funções caracterizadas como cargos de direção, de gerência ou de confiança, nos termos do inciso II do art. 62 e § 2º do art. 224 da CLT;

III – os trabalhadores contratados sob o regime de trabalho temporário instituído pela Lei n. 6.019, de 3 de janeiro de 1973; e

IV – os aprendizes já contratados.

§ 4º As funções e atividades executadas por terceiros, dentro dos parâmetros legais, serão computadas para o cálculo da cota cabível à empresa prestadora de serviços.

Art. 3º Estão legalmente dispensadas do cumprimento da cota de aprendizagem:

I – as microempresas e empresas de pequeno porte, optantes ou não pelo Regime Especial Unificado de Arrecadação de Tributos e Contribuições devidos pelas Microempresas e Empresas de Pequeno Porte – Simples Nacional;

II – entidade sem fins lucrativos que tenha por objetivo a educação profissional e contrate aprendizes na forma do art. 431 da CLT.

Parágrafo único. As microempresas e empresas de pequeno porte que contratem aprendizes devem observar o limite máximo de quinze por cento estabelecido no art. 429 da CLT.

Seção II
Do Contrato de Aprendizagem

Art. 4º O contrato de trabalho de aprendizagem possui natureza especial e tem por principal característica, segundo o art. 428 da CLT, o compromisso de o empregador assegurar ao maior de quatorze e menor de vinte e quatro anos, inscrito em programa de aprendizagem, formação técnico-profissional metódica, compatível com o seu desenvolvimento físico, moral e psicológico, e do aprendiz de executar com zelo e diligência as tarefas necessárias a essa formação.

Art. 5º O contrato de aprendizagem deve

ser pactuado por escrito e por prazo determinado, e para sua validade exige-se:

I – registro e anotação na Carteira de Trabalho e Previdência Social – CTPS;

II – matrícula e frequência do aprendiz à escola, caso não tenha concluído o ensino médio;

III – inscrição do aprendiz em programa de aprendizagem, desenvolvido sob a orientação de entidade qualificada em formação técnico-profissional metódica, quais sejam:

a) entes do Sistema Nacional de Aprendizagem;

b) escolas técnicas de educação; e

c) entidades sem fins lucrativos que tenham por objetivo a assistência ao adolescente e à educação profissional, devidamente inscritas no Cadastro Nacional de Aprendizagem e registradas no Conselho Municipal dos Direitos da Criança e do Adolescente CMDCA, quando atender a menores de dezoito anos;

IV – programa de aprendizagem desenvolvido em conformidade com as diretrizes da Portaria n. 723, de 2012.

Parágrafo único. A falta de cumprimento dos itens I a IV e demais normas que regulamentam a aprendizagem descaracteriza o contrato de aprendizagem e importa a sua nulidade, estabelecendo-se vínculo com o estabelecimento que deve cumprir a cota, conforme disposto no art. 18.

Art. 6º O contrato de aprendizagem poderá ser firmado por até dois anos, com correspondência obrigatória ao programa constante do Cadastro Nacional de Aprendizagem e deverá indicar expressamente:

I – o termo inicial e final, coincidentes com o prazo do programa de aprendizagem, exceto quando a contratação ocorrer após o início das atividades teóricas, podendo o empregador, neste caso, providenciar o registro retroativo;

II – o programa em que o aprendiz está vinculado e matriculado, com indicação da carga horária teórica e prática, e obediência aos critérios estabelecidos na Portaria n. 723, de 2012;

III – a função, a jornada diária e semanal, de acordo com a carga horária estabelecida no programa de aprendizagem, o horário de trabalho; e

IV – a remuneração pactuada.

Parágrafo único. O prazo máximo de dois anos do contrato de aprendizagem não se aplica às pessoas com deficiência, desde que o tempo adicional seja, nesses casos, fundamentado em aspectos relacionados à deficiência, vedada em qualquer caso a contratação de pessoa com deficiência na qualidade de aprendiz por prazo indeterminado.

Art. 7º A contratação de aprendizes por entidades sem fins lucrativos que tenham por objetivo a assistência ao adolescente e à educação profissional, conforme faculdade prevista no art. 431 da CLT, exige a formalização prévia de contrato ou convênio entre o estabelecimento que deve cumprir a cota e a entidade.

§ 1º Na hipótese de contratação indireta prevista no *caput*, a entidade sem fins lucrativos assume a condição de empregador de forma simultânea ao desenvolvimento do programa de aprendizagem, cabendo-lhe:

I – o cumprimento da legislação trabalhista em sua totalidade e no que concerne à aprendizagem;

II – assinar a Carteira de Trabalho e Previdência Social do aprendiz e anotar, no espaço destinado às anotações gerais, informação de que se trata de contratação decorrente de contrato firmado com estabelecimento para fins de cumprimento de sua cota;

III – promover o desenvolvimento do programa de aprendizagem constante do Cadastro Nacional de Aprendizagem;

§ 2º O estabelecimento, na contratação indireta, obriga-se a proporcionar a experiência prática para a formação técnico-profissional do aprendiz e em ambiente adequado, com atenção ao disposto no art. 9º.

§ 3º O contrato ou convênio mencionado no *caput* pode conter cláusula específica com a indicação da parte responsável pela elaboração e consecução dos programas de segurança e saúde no trabalho previstos nas Normas Regulamentadoras n. 7 e 9, aprovadas pela Portaria n. 3.214, de 8 de dezembro de 1978, para os aprendizes pertencentes à cota do estabelecimento e contratados por intermédio da entidade sem fins lucrativos.

Art. 8º A idade máxima de vinte e quatro anos é condição de extinção automática do contrato de aprendizagem, não se aplicando tal critério às pessoas com deficiência, para as quais a contratação é possível mesmo após essa idade.

Art. 9º Nos estabelecimentos em que sejam desenvolvidas atividades em ambientes ou funções proibidas a menores de dezoito anos devem ser atendidas as seguintes regras:

I – para a aprendizagem das funções proibidas para menores de dezoitos anos, devem ser contratados aprendizes da faixa etária entre dezoito e vinte e quatro anos ou aprendizes com deficiência maiores de dezoito anos;

II – excepcionalmente, é permitida a contratação de aprendizes na faixa etária entre quatorze e dezoito anos para desempenharem tais funções ou exercerem suas funções no local, desde que o empregador:

a) apresente previamente, na unidade descentralizada do MTE da circunscrição onde ocorrerem as referidas atividades, parecer técnico circunstanciado, assinado por profissional legalmente habilitado em segurança e saúde no trabalho, que ateste a não exposição a riscos que possam comprometer a saúde, a segurança e a moral dos adolescentes, o qual deve ser renovado quando houver alterações nos locais de trabalho ou nos serviços prestados; ou

b) opte pela execução das atividades práticas dos adolescentes nas instalações da própria entidade encarregada da formação técnico-profissional, em ambiente protegido.

Art. 10. O contrato de aprendizagem extinguir-se-á:

I – no seu termo final;

II – quando o aprendiz completar vinte e quatro anos, observado o disposto no art. 8º;

III – antecipadamente, nas seguintes hipóteses:

a) desempenho insuficiente ou inadaptação do aprendiz, que devem ser comprovados mediante laudo de avaliação elaborado pela entidade executora da aprendizagem, a quem cabe a sua supervisão e avaliação, após consulta ao estabelecimento onde se realiza a aprendizagem;

b) falta disciplinar grave prevista no art. 482 da CLT;

c) ausência injustificada à escola que implique perda do ano letivo, comprovada por meio de declaração do estabelecimento de ensino;

d) a pedido do aprendiz;

e) fechamento da empresa em virtude de falência, encerramento das atividades da empresa e morte do empregador constituído em empresa individual.

§ 1º Não se aplica o disposto nos arts. 479 e 480 da CLT às hipóteses de extinção do contrato previstas nas alíneas do inciso III, exceto na hipótese prevista na alínea "e", em que o aprendiz fará jus, além das verbas rescisórias, à indenização prevista no art. 479 da CLT.

§ 2º A diminuição do quadro de pessoal da empresa, ainda que em razão de dificuldades financeiras ou de conjuntura econômica desfavorável, não autoriza a rescisão antecipada dos contratos de aprendizagem em curso, que devem ser cumpridos até o seu termo final.

§ 3º A contratação do aprendiz como empregado regular da empresa, após o término do contrato de aprendizagem, implica a rescisão deste em razão da hipótese prevista no inciso I do *caput*, com o consequente pagamento das verbas rescisórias devidas e assinatura de novo contrato de trabalho.

Seção III
Dos Direitos Trabalhistas

Art. 11. Ao aprendiz é garantido, preservada a condição mais benéfica:

I – o salário mínimo hora, considerado para tal fim o valor do salário mínimo nacional ou salário mínimo regional fixado em lei;

II – o piso da categoria previsto em instrumento normativo, quando houver previsão de aplicabilidade ao aprendiz; e

III – o valor pago por liberalidade do empregador, superior aos valores previstos nos incisos I e II.

Parágrafo único. O aprendiz maior de dezoito anos que labore em ambiente insalubre ou perigoso ou cuja jornada seja cumprida em horário noturno faz jus ao recebimento do respectivo adicional.

Art. 12. A duração da jornada de trabalho do aprendiz não excederá de seis horas diárias, durante a qual poderão ser desenvolvidas atividades teóricas e práticas ou apenas uma delas, dentro e no limite dos parâmetros estabelecidos no programa de aprendizagem.

§ 1º A jornada de até oito horas diárias é permitida para os aprendizes que completaram o ensino fundamental, desde que nela sejam incluídas atividades teóricas, na proporção prevista no contrato e no programa de aprendizagem.

§ 2º Ao aprendiz são vedadas, em qualquer caso, a prorrogação e a compensação da jornada de trabalho, e não se aplicam as hipóteses previstas nos incisos I e II do art. 413 da Consolidação das Leis do Trabalho.

§ 3º A fixação do horário do aprendiz deverá ser feita pela empresa em conjunto com a entidade formadora, com respeito à carga horária estabelecida no programa de aprendizagem.

§ 4º As atividades devem ser desenvolvidas em horário que não prejudique a frequência do aprendiz com idade inferior a dezoito anos à escola, nos termos do art. 427 da CLT e do inciso III do art. 63 da Lei 8.069, de 1990 – Estatuto da Criança e do Adolescente, devendo ser considerado, nesse caso, o tempo necessário para seu deslocamento.

§ 5º Aplica-se à jornada do aprendiz, nas atividades práticas ou teóricas, o disposto nos arts. 66 a 72 da CLT.

Art. 13. O período de férias do aprendiz deve ser definido no programa de aprendizagem, conforme estabelece a Portaria n. 723, de 2012, observado o seguinte:

I – as férias do aprendiz com idade inferior a dezoito anos devem coincidir, obrigatoriamente, com um dos períodos de férias escolares, sendo vedado o parcelamento, em conformidade com o disposto no § 2º do art. 136 e § 2º do art. 134 da CLT.

II – as férias do aprendiz com idade igual ou superior a dezoito anos devem coincidir, preferencialmente, com as férias escolares, em conformidade com o art. 25 do Decreto n. 5.598, de 2005.

Art. 14. A alíquota do depósito ao Fundo de Garantia por Tempo de Serviço – FGTS nos contratos de aprendizagem é de dois por cento da remuneração paga ou devida ao aprendiz conforme previsto no art. 15 da Lei n. 8.036, de 11 de maio de 1990.

Seção IV

Dos Programas de Aprendizagem

Art. 15. Para fins da formação técnico-profissional, e nos termos dos arts. 429 e 430 da CLT, os cursos e programas de aprendizagem devem ser oferecidos preferencialmente pelos entes dos Serviços Nacionais de Aprendizagem.

Parágrafo único. Não sendo oferecidos pelos entes referidos no *caput* cursos ou vagas suficientes, ou ainda programa de aprendizagem que atenda às necessidades dos estabelecimentos, a demanda poderá ser atendida pelas seguintes entidades qualificadas em formação profissional metódica:

I – escolas técnicas de educação;

II – entidades sem fins lucrativos, que tenham por objetivo a assistência ao adolescente e à educação profissional, inscritas no Cadastro Nacional de Aprendizagem do MTE e registradas no Conselho Municipal do Direito da Criança e do Adolescente – CMDCA quando atenderem menores de dezoito anos.

Art. 16. Cabe à inspeção do trabalho verificar a insuficiência de vagas ou inexistência de cursos junto aos Serviços Nacionais de Aprendizagem, nos termos do parágrafo único do art. 13 do Decreto n. 5.598, 2005.

§ 1º Confirmada a insuficiência de vagas ou inexistência de cursos, a empresa poderá matricular os aprendizes nas escolas técnicas de educação e nas entidades sem fins lucrativos.

§ 2º O auditor-fiscal do trabalho poderá utilizar os elementos de convicção que entender suficientes para comprovar a inexistência ou insuficiência de vagas a que se referem o § 1º.

Art. 17. As atividades teóricas e práticas da aprendizagem devem ser realizadas em ambientes adequados ao desenvolvimento dos respectivos programas, cabendo às empresas e às entidades responsáveis pelos cursos de aprendizagem oferecer aos aprendizes condições de segurança e saúde e acessibilidade nos ambientes de aprendizagem, observadas as disposições dos arts. 157 e 405 da CLT, do art. 29 do Decreto n. 3.298, de 20 de dezembro de 1999, do art. 2º do Decreto n. 6.481, de 12 de junho de 2008, e das Normas Regulamentadoras de

Segurança e Saúde no Trabalho aprovadas pela Portaria n. 3.214, de 1978.

Seção V
Da Inspeção do Trabalho

Art. 18. A descaracterização do contrato de aprendizagem acarreta sua nulidade e ocorre:

I – quando houver descumprimento das disposições legais e regulamentares relativas à aprendizagem;

II – na ausência de correlação entre as atividades práticas executadas pelo aprendiz e as previstas no programa de aprendizagem;

III – pela contratação de entidades sem fins lucrativos não inscritas no Cadastro Nacional de Aprendizagem ou com parâmetro em programa de aprendizagem não constante do Cadastro; e

IV – quando houver descumprimento da legislação trabalhista na execução do contrato de aprendizagem.

§ 1º Descaracterizada a aprendizagem, caberá a lavratura dos autos de infração pertinentes, e o contrato de trabalho passará a ser considerado por prazo indeterminado, com as consequências jurídicas e financeiras dele decorrentes, a incidirem sobre todo o período contratual.

§ 2º Quando a contratação for por intermédio de entidade sem fins lucrativos, o ônus cabe ao estabelecimento responsável pelo cumprimento da cota de aprendizagem, com quem o vínculo empregatício será estabelecido diretamente.

§ 3º A nulidade do contrato de aprendizagem firmado com menor de dezesseis anos implica a imediata rescisão contratual, sem prejuízo da aplicação das sanções pertinentes e do pagamento das verbas rescisórias devidas.

§ 4º O disposto no § 1º não se aplica, quanto ao vínculo, aos órgãos da Administração Pública.

Art. 19. Na fiscalização da aprendizagem, o auditor-fiscal do trabalho deve verificar:

I – o cumprimento, pelos estabelecimentos, da cota prevista no art. 429 da CLT para contratação de aprendizes;

II – a adequação do contrato de aprendizagem à legislação vigente;

III – a conformação do programa de aprendizagem com as atividades desenvolvidas pelo aprendiz no estabelecimento, com observância, dentre outros aspectos, da;

a) compatibilidade do programa do curso com as funções do aprendiz;

b) supervisão da entidade sem fins lucrativos;

c) formação específica dos instrutores; e

d) compatibilidade da duração do curso com a função desempenhada;

IV – a existência de vagas ou cursos nos entes do Sistema Nacional de Aprendizagem;

V – a regularidade da entidade sem fins lucrativos junto ao Cadastro Nacional de Aprendizagem e ao Conselho Municipal dos Direitos da Criança e do Adolescente;

VI – as condições ambientais da execução da aprendizagem, tanto na entidade responsável pelo programa quanto no estabelecimento empregador;

VII – a regularidade dos contratos firmados entre o estabelecimento e a entidade sem fins lucrativos;

VIII – o cumprimento da legislação trabalhista, especialmente no que diz respeito à aprendizagem, pelo estabelecimento empregador ou entidade sem fins lucrativos que assumiu a condição de empregador;

IX – a adequação do ambiente de aprendizagem às normas de proteção ao trabalho e à formação profissional prevista no programa de aprendizagem.

§ 1º Nos estabelecimentos com atividades sazonais ou com grande rotatividade de mão de obra, o auditor-fiscal do trabalho deve exigir o cumprimento da cota com base no quantitativo de empregados existentes à época da fiscalização.

§ 2º A falta de cumprimento, pelas entidades sem fins lucrativos, dos incisos do *caput* e da legislação referente à aprendizagem, bem como a inadequação de seus programas ao contexto da atividade desenvolvida pelo aprendiz no que concerne à sua formação técnico-profissional e irregularidades na contratação devem ser relatadas de forma circunstanciada pelo auditor-fiscal do trabalho no relatório a que se refere o art. 7º da Portaria n. 723, de 2012.

Art. 20. Nas entidades sem fins lucrativos que contratam aprendizes, conforme previsto no art. 7º, o auditor-fiscal do trabalho deve verificar, além do disposto no art. 19:

I – a inserção e a regularidade da entidade sem fins lucrativos empregadora no Cadastro Nacional de Aprendizagem, na forma da Portaria n. 723, de 2012;

II – a existência de programa de aprendizagem compatível com a função e atividades dos aprendizes contratados e sua adequação aos requisitos estabelecidos na Portaria n. 723, de 2012;

III – a existência de certificado de registro da entidade sem fins lucrativos no CMDCA como entidade que objetiva a assistência ao adolescente e a educação profissional, quando algum de seus cursos se destinar a aprendizes menores de dezoito anos, bem como a comprovação do depósito do programa de aprendizagem naquele Conselho;

IV – a existência de declaração de frequência do aprendiz na escola, quando esta for obrigatória;

V – contrato ou convênio firmado entre a entidade responsável por ministrar o curso de aprendizagem e o estabelecimento tomador dos serviços; e

VI – os contratos de aprendizagem firmados entre a entidade e os aprendizes.

§ 1º Dos registros e contratos de aprendizagem firmados pelas entidades sem fins lucrativos devem constar a razão social, o endereço e o número de inscrição no Cadastro Nacional de Pessoa Jurídica – CNPJ do estabelecimento responsável pelo cumprimento da cota.

§ 2º Verificada a inadequação da entidade sem fins lucrativos, na forma do art. 20, o auditor-fiscal do trabalho, sem prejuízo da lavratura de autos de infrações cabíveis, deve adotar as providências previstas no art. 7º da Portaria n. 723, de 2012.

Art. 21. Os indícios de irregularidades relacionadas à segurança e saúde no trabalho devem ser informados pelo auditor-fiscal do trabalho à chefia imediata, para comunicação ao setor competente a fim de ser realizada a ação fiscal pertinente.

Parágrafo único. Constatada a inadequação dos ambientes de aprendizagem às condições de proteção ao trabalho do adolescente e às condições de acessibilidade ao aprendiz com deficiência, ou divergências apuradas entre as condições reais das instalações da entidade formadora e aquelas informadas no Cadastro Nacional da Aprendizagem, o auditor-fiscal do trabalho promoverá ações destinadas a regularizar a situação, sem prejuízo da lavratura de autos de infrações cabíveis, adotando, caso não sejam sanadas as irregularidades, as providências indicadas no art. 7º da Portaria n. 723, de 2012.

Seção VI
Do Planejamento da Fiscalização da Aprendizagem

Art. 22. Na elaboração do planejamento da fiscalização da contratação de aprendizes, a Superintendência Regional do Trabalho e Emprego deve observar as diretrizes expedidas pela Secretaria de Inspeção do Trabalho.

Art. 23. O planejamento da fiscalização da aprendizagem deve compreender as ações previstas nos arts. 19, 20 e 21 e ainda a fiscalização, se necessária, das entidades sem fins lucrativos que solicitarem inserção no Cadastro Nacional de Aprendizagem, nos termos dos arts. 3º e 4º da Portaria n. 723, de 2012.

§ 1º A fiscalização da aprendizagem, da execução e regularidade dos contratos de aprendizagens firmados pelos estabelecimentos e entidades sem fins lucrativos deve ser precedida de emissão de ordem de serviço específica.

§ 2º Para a fiscalização do cumprimento da obrigação de contratação de aprendizes, caberá à Superintendência Regional do Trabalho e Emprego, por meio de servidores designados pela chefia da fiscalização, identificar a oferta de cursos e vagas pelas instituições de aprendizagem e a demanda de aprendizes por parte dos empregadores.

§ 3º A oferta de cursos e vagas poderá ser verificada por meio dos programas de aprendizagem validados e inseridos no Cadastro Nacional de Aprendizagem ou contratos com os entes do Sistema Nacional de Aprendizagem, escolas técnicas e entidades qualificadas em formação profissional, inclusive durante eventos e palestras promovidos pela Superintendência Regional do Trabalho e Emprego.

§ 4º A demanda potencial por aprendizes será identificada por atividade econômica, em cada município, a partir das informações disponíveis nos bancos de dados oficiais, tais como a Relação Anual de Informações Sociais – RAIS e o Cadastro Geral de Empregados e Desempregados – CAGED, ou outros sistemas disponíveis aos auditores-fiscais do trabalho, observado o disposto no art. 3º desta Instrução Normativa.

Art. 24. Para acesso ao Cadastro Nacional de Aprendizagem deve ser solicitada senha de acesso, diretamente pela Superintendência Regional do Trabalho e Emprego à Coordenação-Geral de Preparação de Mão de obra Juvenil do Departamento de Políticas de Trabalho e Emprego para a Juventude da Secretaria de Políticas Públicas de Emprego – SPPE.

Art. 25. Poderá ser adotada, sem prejuízo da ação fiscal *in loco*, a notificação para apresentação de documentos – NAD via postal – modalidade de fiscalização indireta – para convocar, individual ou coletivamente, os empregadores a apresentarem documentos, em dia e hora previamente fixados, a fim de comprovarem a regularidade da contratação de empregados aprendizes, conforme determina o art. 429 da CLT.

§ 1º No procedimento de notificação via postal poderá ser utilizado, como suporte instrumental, sistema informatizado de dados destinado a facilitar a identificação dos estabelecimentos obrigados a contratar aprendizes.

§ 2º No caso de convocação coletiva, a Superintendência Regional do Trabalho e Emprego poderá realizar, a seu critério, evento em que seja feita explanação acerca da temática da aprendizagem, visando conscientizar, orientar e esclarecer dúvidas em relação à aprendizagem.

§ 3º Caso o auditor-fiscal do trabalho, no planejamento da fiscalização ou no curso desta, conclua pela ocorrência de motivo grave ou relevante que impossibilite ou dificulte a imediata contratação dos aprendizes, poderá instaurar, com a anuência da chefia imediata e desde que o estabelecimento esteja sendo fiscalizado pela primeira vez, procedimento especial para ação fiscal, nos termos do art. 27 a 30 do Regulamento da Inspeção do Trabalho – RIT, aprovado pelo Decreto n. 4.552, de 27 de dezembro de 2002, explicitando os motivos que determinaram essa medida.

§ 4º O procedimento especial para a ação fiscal poderá resultar na lavratura de termo de compromisso que estipule as obrigações assumidas pelo compromissado e os prazos para seu cumprimento.

§ 5º Durante o prazo fixado no termo, o estabelecimento compromissado poderá ser fiscalizado para verificação de seu cumprimento, sem prejuízo da ação fiscal em atributos não contemplados no referido termo.

Art. 26. A chefia de fiscalização deve designar auditores-fiscais do trabalho para realizar a fiscalização indireta, prevista no art. 25 e, quando for o caso, verificar o cumprimento dos termos de cooperação técnica firmados no âmbito do Ministério do Trabalho e Emprego.

Parágrafo único. No caso de convocação coletiva, devem ser designados auditores-fiscais do trabalho em número suficiente para o atendimento de todas as empresas notificadas.

Art. 27. Esgotada a atuação da inspeção do trabalho, sem a correção das irregularidades relativas à aprendizagem, o auditor-fiscal do trabalho, sem prejuízo da lavratura de autos de infração cabíveis, deve elaborar relatório circunstanciado e encaminhá-lo à chefia imediata, a qual adotará as providências que julgar cabíveis conforme o caso.

....................................(*DOU* 31.7.12).

Instrução Normativa MTE/SRT 16, de 15 de outubro de 2013

Depósito, registro e arquivo de convenções e acordos coletivos no MTE.

Art. 1º Disciplinar os procedimentos para depósito, registro e arquivo de convenções e acordos coletivos de trabalho e seus respectivos termos aditivos nos órgãos do Ministério do Trabalho e Emprego – MTE, e para a solicitação de mediação coletiva de conflitos trabalhistas.

Capítulo I

DA SOLICITAÇÃO DE DEPÓSITO, REGISTRO E ARQUIVO DE CONVENÇÕES E ACORDOS COLETIVOS DE TRABALHO

Art. 2º Para os fins desta Instrução Normativa considera-se:

I – Instrumento coletivo: convenção ou acordo coletivo de trabalho e seus respectivos termos aditivos, previstos no art. 611 e seguintes da CLT;

II – Depósito: ato de entrega do requerimento de registro do instrumento transmitido via internet, por meio do Sistema MEDIADOR, no protocolo dos órgãos do MTE, para fins de registro;

III – Registro: ato administrativo de assentamento da norma depositada;

IV – Arquivo sem registro: situação em que o processo não atende aos requisitos previstos nesta Instrução Normativa;

V – Signatário: pessoa legitimada a firmar o instrumento coletivo;

VI – Solicitante: pessoa legitimada a solicitar o registro no Sistema MEDIADOR;

VII – CNES – Cadastro Nacional de Entidades Sindicais.

Art. 3º Os requerimentos de registro de convenções e acordos coletivos de trabalho e seus respectivos termos aditivos deverão ser efetuados por meio do Sistema MEDIADOR, disponível no endereço eletrônico do MTE na internet (www.mte.gov.br), observados os requisitos formais e de legitimidade previstos na Consolidação das Leis do Trabalho – CLT, aprovada pelo Decreto-Lei n. 5.452, de 1º de maio de 1943, e nesta Instrução Normativa.

Da elaboração

Art. 4º Os instrumentos coletivos de trabalho deverão observar as disposições do Título VI da CLT, os requisitos de validade dos atos e negócios jurídicos em geral e demais normas vigentes.

Art. 5º O Sistema MEDIADOR permitirá apenas a elaboração de instrumento coletivo cuja(s) entidade(s) sindical(is) signatária(s) esteja(m) devidamente cadastrada(s) e atualizada(s) no CNES.

Art. 6º O Sistema MEDIADOR extrairá do CNES as informações das entidades sindicais signatárias referentes à base territorial, ao mandato de diretoria, à legitimidade de representação dos dirigentes sindicais, conforme o grupo a que pertençam, se empregado ou empregador.

§ 1º Tratando-se de convenção coletiva, o Sistema MEDIADOR fará o cruzamento das bases territoriais das entidades sindicais signatárias e exibirá a base territorial comum entre as partes.

§ 2º Quando se tratar de acordo coletivo, o Sistema MEDIADOR exibirá toda a base territorial da(s) entidade(s) sindical(is) signatária(s).

§ 3º Quando os dados de diretoria de qualquer entidade sindical signatária estiverem desatualizados no CNES, o Sistema MEDIADOR não permitirá a transmissão do instrumento coletivo, que ficará aguardando atualização das informações, observando-se o disposto no parágrafo único do art. 8º desta Instrução Normativa.

§ 4º As Federações ou, na falta destas, as Confederações representativas de categorias econômicas ou profissionais são legítimas para celebrar instrumento coletivo de trabalho para reger as relações das categorias a elas vinculadas ou filiadas, quando:

I – Inorganizadas em sindicatos, no âmbito de suas representações, conforme o § 2º do art. 611 da CLT;

II – Houver recusa de pactuação pela entidade sindical respectiva, conforme o § 1º do art. 617 da CLT;

III – Comprovadamente autorizadas pelas respectivas entidades sindicais representadas para pactuar em seu nome.

Art. 7º As cláusulas do instrumento coletivo em elaboração deverão ser inseridas sem numeração e separadamente, sendo necessário informar para cada cláusula o Grupo, Subgrupo e o título específico a que pertence.

Art. 8º Concluída a elaboração do instrumento coletivo no Sistema MEDIADOR, deverá ser feita sua transmissão.

Parágrafo único. Os instrumentos coletivos em elaboração no Sistema MEDIADOR que permanecerem pendentes de transmissão por mais de 60 dias, a contar da sua última movimentação, serão arquivados automaticamente.

Art. 9º Após a transmissão a que se refere o art. 8º desta IN, o Sistema MEDIADOR gerará o requerimento de registro do instrumento coletivo, que deverá ser assinado pelos solicitantes.

Art. 10. Serão permitidas alterações no instrumento coletivo:

I – Durante a sua fase de elaboração, por acesso direto ao formulário do sistema;

II – Após a sua transmissão e registro, desde que formalizadas mediante Termo Aditivo, ao qual se aplicam todas as regras da negociação e celebração do instrumento coletivo a que se refere.

Do Termo Aditivo

Art. 11. Poderá ser elaborado Termo Aditivo pelas partes signatárias do instrumento coletivo, seja para alterá-lo ou complementá-lo, o qual deverá também ser incluído no sistema MEDIADOR.

Art. 12. Aplicam-se ao Termo Aditivo todas as regras previstas nesta IN para inclusão e solicitação de registros dos instrumentos coletivos a que se refere.

Do Protocolo

Art. 13. O requerimento de registro, emitido por meio do Sistema MEDIADOR, deverá ser protocolado em qualquer unidade do MTE.

Da Análise

Art. 14. O requerimento de registro será analisado:

I – pela Secretaria de Relação do Trabalho, quando se tratar de instrumento coletivo com abrangência nacional ou interestadual; e

II – pelo Serviço/Seção de Relações do Trabalho da unidade descentralizada do MTE da Unidade Federativa abrangida pelo instrumento coletivo, nos demais casos.

Das Retificações

Art. 15. Após o protocolo, as solicitações de registro de instrumento coletivo serão passíveis de retificação nas seguintes situações:

I – Rasura no requerimento de registro;

II – Ausência de assinatura no requerimento de registro;

III – Requerimento de registro diverso do original;

IV – Ausência de comprovação, por Federação ou Confederação, de outorga para negociar em nome da entidade sindical que lhe é vinculada, na hipótese do inciso III do § 4º do art. 6º desta IN;

V – Ausência de comprovação de representação válida e legítima do solicitante;

VI – Indicação de categoria não representada pelos signatários.

§ 1º A outorga de que trata o inciso IV deste artigo pode ser comprovada mediante previsão de delegação da entidade representada constante de seu estatuto, ou de ata de assembleia da categoria que aprove a referida representação.

§ 2º As partes signatárias serão notificadas para sanar as irregularidades, permanecendo o processo na situação "aguardando retificação" até que se verifiquem as correções necessárias.

Do Arquivamento sem Registro

Art. 16. As solicitações serão arquivadas sem o devido registro do instrumento coletivo nas seguintes situações:

I – Instrumento elaborado sem observância ao disposto no art. 6º desta IN;

II – Instrumento coletivo inserido no Sistema MEDIADOR sem formatação de texto, de forma que impossibilite sua leitura;

III – Quando expirada a vigência de instrumento coletivo pendente de retificação, sem que tenham sido efetuadas as retificações necessárias; ou

IV – Quando a solicitação de registro se referir a instrumento coletivo com vigência expirada.

Da Consulta

Art. 17. Os instrumentos coletivos registrados ficarão disponíveis para consulta de qualquer interessado na página eletrônica do MTE (www.mte.gov.br).

Capítulo II
DA SOLICITAÇÃO DE MEDIAÇÃO DE NEGOCIAÇÃO COLETIVA DE NATUREZA TRABALHISTA

Art. 18. Poderá ser solicitada mediação de negociação coletiva de natureza trabalhista, nos casos de:

I – Pactuação de instrumento coletivo de trabalho;

II – Descumprimento de norma contida em instrumento coletivo; ou

III – Descumprimento de legislação trabalhista.

Art. 19. As solicitações de mediação coletiva de natureza trabalhista deverão ser efetuadas por meio do Sistema MEDIADOR, disponível no endereço eletrônico do MTE na internet (www.mte.gov.br), por qualquer das partes interessadas, observados os requisitos formais e de legitimidade previstos nesta Instrução Normativa.

Art. 20. A solicitação de mediação deverá ser dirigida:

I – Ao Serviço/Seção de Relações do Trabalho da unidade descentralizada do MTE correspondente, quando se tratar de negociação de âmbito municipal, intermunicipal ou estadual; ou

II – À Secretaria de Relações do Trabalho do Ministério do Trabalho e Emprego, na hipótese de negociação de âmbito nacional ou interestadual.

Art. 21. Para efeitos de verificação de legitimidade das partes para negociar, o Sistema MEDIADOR extrairá do CNES as informações das entidades sindicais, referentes à base territorial, mandato de diretoria e identificação dos dirigentes sindicais.

Art. 22. O solicitante deverá preencher o "Formulário de solicitação de mediação" disponível no Sistema MEDIADOR, conforme as instruções nele constantes, e, após, transmiti-lo através do mesmo sistema.

Art. 23. Concluída a transmissão, o sistema MEDIADOR emitirá o "Requerimento de mediação", o qual deverá ser protocolado em até sessenta dias na unidade do MTE selecionada pelo solicitante.

Parágrafo único. O requerimento de que trata o *caput* deste artigo deve ser assinado pelo solicitante.

Art. 24. As solicitações deverão ser analisadas pelo órgão do MTE correspondente, no prazo de até trinta dias do seu recebimento.

Parágrafo único. Entendendo que, face à importância do tema ou ao impacto social da mediação, o Serviço/Seção de Relações do Trabalho da unidade descentralizada do MTE poderá solicitar que mediações a ele solicitadas sejam realizadas pela Secretaria de Relações do Trabalho, a qual analisará a proposta.

Art. 25. Deferida a solicitação, o órgão do MTE correspondente realizará o agendamento da mediação e fará a devida comunicação às partes envolvidas.

Art. 26. O não comparecimento injustificado da parte solicitante à reunião de mediação ensejará o arquivamento do processo, exceto se a outra solicitar a sua continuidade.

Art. 27. As fases de tramitação do processo de solicitação de mediação ficarão disponíveis no Sistema MEDIADOR.

Capítulo III
DAS DISPOSIÇÕES GERAIS

Art. 28. Os casos omissos serão resolvidos pela SRT.

..................................(*DOU*, 16.10.13).

Portaria MTE 789, de 2 de junho de 2014

Estabelece instruções para o contrato de trabalho temporário e o fornecimento de dados relacionados ao estudo do mercado de trabalho.

O Ministro de Estado do Trabalho e Emprego, no uso das atribuições que lhe confere o art. 87, parágrafo único, inciso II, da Constituição Federal, e tendo em vista o disposto nos arts. 8º a 10 da Lei n. 6.019, de 3 de janeiro de 1974, e no art. 27 do Decreto n. 73.841, de 13 de março de 1974, resolve:

Art. 1º Estabelecer instruções para o contrato de trabalho temporário por período superior a três meses e o fornecimento de dados relacionados ao estudo do mercado de trabalho.

I – AUTORIZAÇÃO PARA CELEBRAÇÃO DE CONTRATO DE TRABALHO TEMPORÁRIO POR PRAZO SUPERIOR A TRÊS MESES

Art. 2º Na hipótese legal de substituição transitória de pessoal regular e permanente, o contrato poderá ser pactuado por mais de três meses com relação a um mesmo empregado, nas seguintes situações:

I – quando ocorrerem circunstâncias, já conhecidas na data da sua celebração, que justifiquem a contratação de trabalhador temporário por período superior a três meses; ou

II – quando houver motivo que justifique a prorrogação de contrato de trabalho temporário, que exceda o prazo total de três meses de duração.

Parágrafo único. Observadas as condições estabelecidas neste artigo, a duração do contrato de trabalho temporário, incluídas as prorrogações, não pode ultrapassar um período total de nove meses.

Art. 3º Na hipótese legal de acréscimo extraordinário de serviços, será permitida prorrogação do contrato de trabalho temporário por até três meses além do prazo previsto no art. 10 da Lei 6.019, de 3 de janeiro de 1974, desde que perdure o motivo justificador da contratação.

Art. 4º A empresa de trabalho temporário deverá solicitar as autorizações previstas nos arts. 2º e 3º desta Portaria por meio da página eletrônica do MTE, conforme instruções previstas no Sistema de Registro de Empresa de Trabalho Temporário – SIRETT, disponível no endereço www.mte.gov.br.

§ 1º Quando se tratar de celebração de contrato de trabalho temporário com prazo superior a três meses, a solicitação de autorização deve ser feita com antecedência mínima de cinco dias de seu início.

§ 2º Quando se tratar de prorrogação de contrato de trabalho temporário, a solicitação de autorização deve ser feita até cinco dias antes do termo final inicialmente previsto.

§ 3º Independe de autorização do órgão regional do MTE a prorrogação de contrato de trabalho temporário, quando, somada à duração inicial do contrato, este não exceder a três meses.

Art. 5º O requerimento das autorizações previstas nos arts. 2º e 3º desta Portaria será analisado pela Seção de Relações do Trabalho – SERET da Superintendência Regional do Trabalho e Emprego do Estado da Federação onde o trabalhador temporário prestará seus serviços.

§ 1º Compete ao Chefe da Seção de Relações do Trabalho, de forma fundamentada, decidir sobre a autorização solicitada.

§ 2º A competência estabelecida no § 1º deste artigo poderá ser delegada pela chefia aos servidores lotados na Seção de Relações do Trabalho da respectiva unidade.

§ 3º A decisão sobre a autorização constará de termo gerado pelo SIRETT, que será disponibilizado no próprio sistema.

Art. 6º Será denegada a autorização quando não preenchidas as condições previstas nesta Portaria.

§ 1º A concessão das autorizações previstas no art. 2º ou no art. 3º desta Portaria é realizada com base na análise formal e objetiva da documentação e das declarações prestadas pelos requerentes, não implicando responsabilidade da autoridade concedente caso as condições fáticas do contrato divirjam das informações prestadas pelo solicitante.

§ 2º Compete à Inspeção do Trabalho a verificação da regularidade das condições do contrato de trabalho temporário, inclusive quanto a seus motivos, a ser realizada de acordo com o planejamento de cada regional.

II – INFORMAÇÕES DESTINADAS AO ESTUDO DE MERCADO

Art. 7º Para fins de cumprimento do

disposto no art. 8º da Lei n. 6.019, de 1974, as empresas de trabalho temporário deverão informar, até o dia sete de cada mês, os dados relativos aos contratos de trabalho temporário celebrados no mês anterior.

§ 1º As informações serão prestadas no SIRETT, por meio de preenchimento do formulário eletrônico ou pela transmissão de arquivo digital com formato padronizado.

§ 2º Em caso de prorrogação de contrato de trabalho temporário que independa de autorização, a empresa de trabalho temporário deverá informar a nova data de encerramento, por meio do SIRETT, até o último dia do período inicialmente pactuado.

§ 3º Em caso de rescisão antecipada do contrato de trabalho temporário, a empresa de trabalho temporário deverá informar a nova data de rescisão, por meio do SIRETT, em até dois dias após o término do contrato.

§ 4º A solicitação de autorização para contratação por período superior a três meses, prevista no art. 4º, supre a obrigação de informação contida no *caput* deste artigo.

III – DISPOSIÇÕES GERAIS

Art. 8º Para efeitos desta Portaria, considera-se:

I – Hipótese legal para a contratação de trabalho temporário: necessidade transitória de substituição de pessoal regular e permanente ou acréscimo extraordinário de serviços;

II – Motivo justificador: fato determinado que, no caso concreto, justifica a hipótese legal para a contratação de trabalho temporário.

Art. 9º A falta de envio das informações previstas no art. 7º desta Portaria, bem como as incorreções ou omissões em sua prestação, consiste em infração ao art. 8º da Lei n. 6.019, de 1974, a ser apurada na forma do Título VII da Consolidação das Leis do Trabalho.

Art. 10. O contrato de trabalho temporário será considerado nulo de pleno direito, nos termos do art. 9º da Consolidação das Leis do Trabalho, quando comprovada, pela Inspeção do Trabalho, a inexistência do motivo justificador da contratação nele indicado, sujeitando os infratores às cominações legais correspondentes.

Art. 11. A atividade de locação de mão de obra temporária é exclusiva da empresa de trabalho temporário e não pode ser transferida a terceiros.

Art. 12. Os casos omissos serão resolvidos pela Secretaria de Relações do Trabalho.

Art. 13. Fica revogada a Portaria n. 550, de 12 de março de 2010.

Art. 14. Esta Portaria entra em vigor em 1º de julho de 2014. (*DOU*, 3.6.14).

Instrução Normativa MTE 18, de 7 de novembro de 2014

Registro de empresas de trabalho temporário e solicitação de prorrogação de contrato de trabalho temporário.

Art. 1º Os procedimentos de registro de empresa de trabalho temporário e os de autorização de contratação e prorrogação de contratos de trabalho temporário que excedam três meses obedecerão ao disposto nesta Instrução Normativa.

Capítulo I
DO REGISTRO DAS EMPRESAS DE TRABALHO TEMPORÁRIO

Art. 2º O funcionamento da Empresa de Trabalho Temporário – ETT dependerá de registro efetuado junto ao Ministério do Trabalho e Emprego – MTE, conforme previsto no art. 5º da Lei n. 6.019/74 e no art. 4º do Decreto n. 73.841/74.

Parágrafo único. O registro para funcionamento da ETT é pessoal e intransferível, sendo vedada a execução das atividades de locação de mão de obra temporária por terceiros.

Art. 3º O contrato de trabalho temporário – CTT firmado com ETT sem registro no Ministério do Trabalho e Emprego será considerado nulo de pleno direito, nos termos do artigo 9º da Consolidação das Leis do Trabalho – CLT.

Art. 4º A ETT fica autorizada a exercer suas atividades nas localidades onde possuir matriz, filiais, agências ou escritórios, devidamente registrados no MTE.

§ 1º A ETT poderá exercer suas atividades em localidades onde não possua filial, agência ou escritório, desde que informe no Sistema de Registro de Empresa de Trabalho Temporário – SIRETT os dados de contrato firmado com a empresa tomadora ou cliente.

§ 2º O recrutamento e a seleção de trabalhadores temporários são atividades exclusivas da ETT, ainda que em local onde não tenha filial, agência ou escritório.

Art. 5º A solicitação de registro de ETT deverá ser realizada por meio do SIRETT, disponível no endereço eletrônico do MTE, em www.mte.gov.br.

Art. 6º Após o preenchimento do formulário eletrônico e a transmissão dos dados, o SIRETT emitirá requerimento, que deverá ser protocolado na unidade descentralizada do MTE da localidade da ETT, acompanhado dos seguintes documentos:

I – requerimento de empresa no ou contrato social e suas alterações ou versão consolidada, devidamente registrados na Junta Comercial, no qual conste o nome empresarial e o nome de fantasia, se houver;

II – comprovação de integralização do capital social previsto na alínea *b* do art. 6º da Lei n. 6.019, de 1974, para o qual poderão ser considerados imóveis de propriedade da empresa, desde que devidamente registrados em cartório.

III – prova de entrega da última Relação Anual de Informações Sociais – RAIS, positiva ou negativa;

IV – certidão negativa de débito previdenciário – CND;

V – prova de recolhimento da contribuição sindical patronal;

VI – prova de propriedade do imóvel sede ou contrato de locação firmado em nome da ETT ou autorização de sublocação, se for o caso, e eventuais aditamentos e comprovantes de prorrogação da locação, acompanhado do recibo de aluguel do mês imediatamente anterior à data do pedido;

VII – inscrição no Cadastro Nacional da Pessoa Jurídica – CNPJ, em que conste como atividade principal a locação de mão de obra temporária; e

VIII – identificação dos sócios por meio dos seguintes documentos, dentre outros que se fizerem necessários:

a) para sócios pessoas físicas: identificação pessoal que contenha o número da carteira de identidade e o número do Cadastro de Pessoa Física – CPF; e

b) para sócios pessoas jurídicas: contrato social ou requerimento de empresário e inscrição no CNPJ.

Parágrafo único. Os documentos devem ser apresentados em cópia autenticada, a qual poderá ser efetuada por servidor do MTE, desde que os originais respectivos lhe sejam apresentados juntamente com as cópias, para conferência.

Art. 7º Compete ao Secretário de Relações do Trabalho decidir sobre o deferimento da solicitação de registro.

Art. 8º A Divisão de Registro de Empresa de Trabalho Temporário – DITT, da Coordenação Geral de Relações do Trabalho – CGRT, da Secretaria de Relações do Trabalho – SRT, é a unidade competente para analisar as solicitações de registro de ETT.

§ 1º Havendo falta ou constatada irregularidade nos documentos previstos no art. 6º, a DITT notificará a empresa para saneamento do processo no prazo de dez dias.

§ 2º As irregularidades não sanadas ensejarão a declaração de inépcia do pedido pelo chefe do DITT e o consequente arquivamento do processo.

§ 3º Da decisão de arquivamento a que se refere o parágrafo anterior caberá recurso, no prazo de dez dias.

§ 4º O recurso será dirigido ao chefe da DITT, o qual, caso não reconsidere sua decisão, o encaminhará ao Secretário de Relações do Trabalho, para decisão final.

Art. 9º Deferido o pedido, o processo será encaminhado à unidade regional do MTE onde foi protocolada a solicitação para entrega do certificado de registro à ETT, mediante recibo.

Art. 10. Havendo alteração contratual, mudança de sede ou abertura de filiais, agências ou escritórios, a ETT deverá seguir os procedimentos previstos nos artigos 5º e 6º.

§ 1º A solicitação de alteração de dados gerada pelo SIRETT deverá ser protocolada na unidade regional do MTE da localidade onde está situada sua sede ou filial, juntamente com cópia dos seguintes documentos:

I – requerimento de empresário ou contrato social e respectivas alterações ou versão consolidada devidamente registrados na Junta Comercial, do qual conste a mudança de sede ou abertura de filiais, agências ou escritórios;

II – inscrição no CNPJ, em que conste como atividade principal a locação de mão de obra temporária e o novo nome empresarial, endereço da sede ou da filial, agência ou escritório;

III – certificado de registro de ETT; e

IV – prova de propriedade do imóvel, conforme previsto no inciso VI do art. 6º.

§ 2º A solicitação de alteração relativa a mudanças de endereço, abertura de filiais ou alteração de razão social, implicará na expedição de novo certificado e seguirá os mesmos procedimentos previstos para a de registro.

§ 3º O novo certificado deverá ser entregue à ETT pela Seção ou Setor de Relações do Trabalho da unidade regional do MIE onde foi efetuado o protocolo do pedido, mediante recibo e devolução do certificado original para anexação aos autos.

Art. 11. No caso de extravio, perda, roubo ou inutilização do certificado original, a ETT poderá solicitar a emissão de segunda via por meio de requerimento dirigido à DITT, acompanhado de boletim de ocorrência policial, se for o caso.

Art. 12. O registro de ETT será cancelado nas seguintes hipóteses:

I – a pedido da ETT, para o qual devem ser observados os procedimentos constantes nos artigos 5º e 6º, *caput*;

II – de ofício, quando for comprovada cobrança de qualquer importância ao trabalhador, conforme parágrafo único do art. 18 da Lei n. 6.019/74;

III – de oficio, quando a ETT deixar de cumprir quaisquer dos requisitos constantes no artigo 6º, da Lei n. 6.019/74.

§ 1º O pedido de cancelamento feito pela ETT deverá vir acompanhado dos seguintes documentos:

a) cópia do requerimento de empresário ou do contrato social e suas alterações ou versão consolidada, devidamente registrados na Junta Comercial, no qual conste o nome empresarial e o nome de fantasia, se houver; e

b) original do certificado de registro de empresa de trabalho temporário.

§ 2º A ETT será notificada do início do processo de cancelamento de oficio do registro e poderá apresentar defesa escrita à DITT, no prazo de dez dias, acompanhada de documentos que a sustentem.

§ 3º O cancelamento de oficio será realizado pelo Secretário de Relações do Trabalho, com base em análise feita pela DITT.

§ 4º Da decisão de cancelamento de oficio caberá pedido de reconsideração, sem efeito suspensivo, no prazo de dez dias.

Capítulo II
DA AUTORIZAÇÃO DE CONTRATAÇÃO DE TRABALHO TEMPORÁRIO POR PERÍODO SUPERIOR A TRÊS MESES

Art. 13. O CTT poderá exceder o prazo de três meses, desde que autorizado pelo MTE, atendidas as condições previstas nos artigos 2º a 6º da Portaria MTE n. 7.891/14.

Art. 14. Na hipótese legal de substituição transitória de pessoal regular e permanente, o CTT poderá ser pactuado por mais de três meses com relação a um mesmo empregado, nas seguintes situações:

I – quando ocorrerem circunstâncias, já conhecidas na data da sua celebração, que justifiquem a contratação de trabalhador temporário por período superior a três meses; ou

II – quando houver motivo que justifique a prorrogação de contrato de trabalho temporário, que exceda o prazo total de três meses de duração.

§ 1º Observadas as condições estabelecidas neste artigo, a duração do CTT, incluídas as prorrogações, não pode ultrapassar um período total de nove meses.

§ 2º Na hipótese prevista no *caput*, caberá à ETT, ao descrever o motivo justificador, identificar o trabalhador substituído e o motivo do seu afastamento.

Art. 15. Na hipótese legal de acréscimo extraordinário de serviços será permitida a prorrogação do CTT por até três meses além do prazo previsto no art. 10 da Lei 6.019, de 3 de janeiro de 1974, desde que perdure o motivo justificador da contratação.

§ 1º Acréscimo extraordinário de serviços é o aumento excepcional da atividade da empresa ou de setor dela, provocado por um fato determinado e identificável;

§ 2º Não se consideram extraordinários os acréscimos de serviço comuns do ramo de negócio do tomador e que façam parte do risco do empreendimento, bem como os decorrentes do crescimento da empresa, da expansão de seus negócios ou da abertura de filiais;

§ 3º Demandas sazonais, entendidas como aquelas que, embora previsíveis, representam um aumento expressivo e significativo na atividade da empresa para atender a um evento episódico no decorrer do ano, justificam a contratação por acréscimo extraordinário de serviços.

Art. 16. Para efeitos desta Instrução Normativa, considera-se:

I – Hipótese legal para a contratação de trabalho temporário: necessidade transitória de substituição de pessoal regular e permanente ou acréscimo extraordinário de serviços;

II – Motivo justificador: fato determinado que, no caso concreto, justifica a hipótese legal para a contratação de trabalho temporário.

§ 1º É vedada a indicação de mais de uma hipótese legal para o mesmo CTT, bem como a sua alteração no decorrer do contrato.

§ 2º A alteração do motivo justificador da contratação implica em celebração de novo CTT.

Art. 17. As solicitações de autorização para contratação ou prorrogação deverão observar os seguintes prazos, sob pena de indeferimento do pedido:

I – até cinco dias antes de seu início, quando se tratar de celebração de CTT com prazo superior a três meses;

II – até cinco dias antes do termo final inicialmente previsto, quando se tratar de prorrogação de CTT.

Art. 18. A ETT deverá efetuar a solicitação de autorização de prorrogação do CTT ou de sua contratação pelo prazo superior a três meses por meio do SIRETT.

§ 1º As prorrogações de CTT cujo tempo total de contratação não exceda três meses independem de autorização;

§ 2º O CTT pode ser prorrogado mais de uma vez, desde que o motivo justificador da contratação perdure e seja suficiente para abranger todo o período permitido;

§ 3º Para solicitação de autorização de prorrogação de CTT é necessário que conste no SIRETT a informação prévia do respectivo contrato, na forma do artigo 7º da Portaria MTE n. 789/14.

Art. 19. Compete ao Chefe da Seção de Relações do Trabalho, da Superintendência Regional do Trabalho e Emprego da Unidade da Federação onde o trabalhador temporário prestará seus serviços, decidir de forma fundamentada sobre a autorização solicitada.

§ 1º A decisão será proferida com base na análise formal e objetiva da documentação e das declarações prestadas pelos requerentes, não implicando em responsabilidade da autoridade concedente caso as condições fáticas do contrato divirjam das informações prestadas pelo solicitante.

§ 2º A competência estabelecida neste artigo poderá ser delegada pela chefia aos servidores lotados na Seção de Relações do Trabalho da respectiva unidade.

Art. 20. A decisão sobre o pedido de autorização constará de termo gerado pelo SIRETT, que será disponibilizado no próprio sistema.

Art. 21. Será denegado o pedido de autorização quando não preenchidas as condições previstas na Portaria MTE n. 789/14 e nesta Instrução Normativa.

§ 1º Será denegado o pedido, ainda, quando o motivo justificador constituir-se em alegações abstratas e inespecíficas ou simples remissão às hipóteses legais.

Art. 22. Em caso de indeferimento do pedido de autorização, o interessado poderá, em até dez dias, apresentar pedido de reconsideração à autoridade que proferiu a decisão, a qual, se não a reconsiderar, a encaminhará de ofício à autoridade superior para análise em grau de recurso, sem efeito suspensivo.

CAPÍTULO III
DISPOSIÇÕES GERAIS

Art. 23. Havendo a celebração de um único contrato com um mesmo trabalhador temporário para substituir mais de um empregado do quadro permanente, sucessivamente, tal condição deverá ser informada expressamente no SIRETT, com a indicação dos trabalhadores substituídos e o motivo da substituição, devendo o prazo contratual ser compatível com a substituição de todos os empregados.

Art. 24. O local da efetiva prestação de serviços pelo trabalhador temporário colocado à disposição da empresa tomadora ou cliente é o endereço do espaço físico em que ele desempenhará suas atividades, seja o próprio estabelecimento do tomador, seja o estabelecimento de cliente do tomador do serviço ou um local externo determinado.

§ 1º Quando, pela própria natureza do trabalho, o local da prestação de serviços externo for variável ou indeterminado, como nos casos de atendimento a diversos clientes do tomador ou serviço prestado em via pública, a ETT deverá indicar tal condição no SIRETT.

§ 2º Em qualquer caso, a ETT deverá informar o CNPJ vinculado, entendido como o da unidade do tomador – matriz ou filial – que exerce o poder diretivo sobre o trabalhador durante o contrato.

Art. 25. A ETT deverá indicar as datas de início e término do contrato no SIRETT, sendo vedada a celebração de CTT por prazo indeterminado ou sujeito a condição para seu encerramento.

§ 1º A data de término do contrato deve ser determinada no momento da assinatura do CTT.

§ 2º Eventuais alterações na data de término de contrato implicarão sua rescisão antecipada ou sua prorrogação e estarão sujeitas aos respectivos procedimentos legais, bem como à obrigação de atualização no SIRETT.

Art. 26. A contagem dos prazos a que se refere esta Instrução Normativa se dá excluindo-se o dia do início e incluindo-se o do final.

Art. 27. Os casos omissos serão resolvidos pela Secretaria de Relações do Trabalho.

Art. 28. Esta Instrução Normativa entra em vigor na data de sua publicação.

Art. 29. Fica revogada a Instrução Normativa n. 14, de 17 de novembro de 2009.

..................................(*DOU*, 13.11.14).

Portaria MTE 702, de 28 de maio de 2015

Estabelece requisitos para a prorrogação de jornada em atividade insalubre.

Art. 1º Nas atividades insalubres, quaisquer prorrogações de jornada só poderão ser praticadas mediante autorização da chefia da unidade de segurança e saúde no trabalho da Superintendência Regional do Trabalho e Emprego correspondente.

Art. 2º O pedido de autorização para a prorrogação de jornada em atividade insalubre deverá ser apresentado com as seguintes informações:

a) identificação do empregador e do estabelecimento, contendo razão social, CNPJ, endereço, CNAE e número de empregados;

b) indicação das funções, setores e turnos cuja jornada será prorrogada, com o número de empregados alcançados pela prorrogação;

c) descrição da jornada de trabalho ordinária e a indicação do tempo de prorrogação pretendido; e

d) relação dos agentes insalubres, com identificação da fonte, nível ou concentração e descrição das medidas de controle adotadas.

Art. 3º A análise do pedido deve considerar o possível impacto da prorrogação na saúde dos trabalhadores alcançados.

Art. 4º O deferimento do pedido está condicionado ao atendimento dos seguintes requisitos:

a) inexistência de infrações às Normas Regulamentadoras que possam comprometer a saúde ou a integridade física dos trabalhadores;

b) adoção de sistema de pausas durante o trabalho, quando previstas em Norma Regulamentadora, e as condições em que são concedidas;

c) rigoroso cumprimento dos intervalos previstos na legislação; e

d) anuência da representação de trabalhadores, por meio de Acordo ou Convenção Coletiva de Trabalho.

Art. 5º Os pedidos de empregadores que apresentarem números elevados de acidentes ou doenças do trabalho devem ser indeferidos.

Art. 6º Não será admitida prorrogação em atividades com exposição a agentes cuja caracterização da insalubridade se dá por meio de avaliação quantitativa, salvo em situações transitórias, por curto período de tempo e desde que sejam implementadas medidas adicionais de proteção do trabalhador contra a exposição ao agente nocivo.

Art. 7º A análise do pedido será feita por meio de análise documental e consulta aos sistemas de informação da inspeção do trabalho, referentes a ações fiscais anteriormente realizadas e, caso seja necessário, complementada por inspeção no estabelecimento do empregador.

Art. 8º A validade da autorização será determinada pela autoridade que a conceder, nunca superior a 5 (cinco) anos.

Art. 9º A autorização deve ser cancelada:

I - sempre que for verificado o não atendimento às condições estabelecidas no art. 4º;

II - quando ocorrer a situação prevista no art. 5º; ou

III - em situação que gere impacto negativo à saúde do trabalhador.

Art. 10. Esta Portaria entra em vigor na data de sua publicação. (*DOU* de 29.5.15).

Portaria MTE 944, de 8 de julho de 2015

Estabelece as condições de segurança, sanitárias e de conforto nos locais de espera, de repouso e de descanso dos motoristas profissionais de transporte rodoviário de passageiros e de cargas.

Art. 1º As condições de segurança, sanitárias e de conforto nos locais de espera, de repouso e de descanso dos motoristas profissionais de transporte rodoviário de passageiros e de cargas devem atender ao disposto nesta Portaria.

Art. 2º As instalações sanitárias devem:

a) ser localizadas a uma distância máxima de 250 (duzentos e cinquenta) metros do local de estacionamento do veículo;

b) ser separadas por sexo;

c) possuir gabinetes sanitários privativos, dotados de portas de acesso que impeçam o devassamento, com dispositivo de fechamento, além de cesta de lixo e papel higiênico;

d) dispor de lavatórios dotados de espelhos, material para higienização e para secagem das mãos;

e) ser dotadas de chuveiros com água fria e quente;

f) seguir a proporção mínima de 1 (um) gabinete sanitário, 1 (um) lavatório e 1 (um) chuveiro, por sexo, para cada 20 (vinte) vagas ou fração, considerando a quantidade total de vagas existentes no estacionamento;

g) ser providos de rede de iluminação; e

h) ser mantidas em adequadas condições de higiene, conservação, funcionamento e organização.

§ 1º Os vasos sanitários devem possuir assento com tampa.

§ 2º O local dos chuveiros pode ser separado daquele destinado às instalações com gabinetes sanitários e lavatórios.

§ 3º Nas instalações sanitárias masculinas é permitida a instalação adicional de mictórios.

§ 4º As instalações sanitárias femininas podem ser reduzidas em até 70% da proporção prevista na alínea *f*, nos locais em que houver baixa demanda de usuárias, desde que assegurada a existência de pelo menos uma instalação sanitária feminina.

§ 5º Para cumprimento do disposto nesta Portaria, não é permitida a utilização de banheiros químicos.

Art. 3º Os compartimentos destinados aos chuveiros devem:

a) ser individuais;

b) ser dotados de portas de acesso que impeçam o devassamento, com dispositivo de fechamento;

c) possuir ralos sifonados com sistema de escoamento que impeça a comunicação das águas servidas entre os compartimentos e que escoe toda a água do piso;

d) dispor de suporte para sabonete e cabide para toalha;

e) ter área mínima de 1,20m²; e

f) possuir estrado removível em material lavável e impermeável.

Art. 4º Medidas adequadas devem ser adotadas para garantir que o esgotamento das águas utilizadas não seja fonte de contaminação.

Art. 5º Os ambientes para refeições podem ser de uso exclusivo ou compartilhado com o público em geral, devendo sempre:

a) ser dotados de mesas e assentos;

b) ser mantidos em adequadas condições de higiene, limpeza e conforto; e

c) permitir acesso fácil às instalações sanitárias e às fontes de água potável.

Art. 6º É permitido que os usuários dos locais de espera, de repouso e de descanso utilizem a própria caixa de cozinha ou equipamento similar para preparo de suas refeições.

Art. 7º Deve ser disponibilizada gratuitamente água potável em quantidade suficiente, por meio de copos descartáveis individuais, bebedouro de jato inclinado ou equipamento similar que garanta as mesmas condições.

Art. 8º Todo local de espera, de repouso e de descanso deve conter sinalização vertical e horizontal informando as regras de movimentação, as áreas destinadas ao estacionamento e o pátio de manobra de veículos, bem como a indicação da localização das instalações sanitárias e dos ambientes para refeições.

Art. 9º Os locais de espera, de repouso e de descanso situados em rodovia pavimentada devem possuir pavimentação ou calçamento.

Art. 10. Todo local de espera, de repouso e de descanso deve possuir sistema de vigilância e/ou monitoramento eletrônico.

Parágrafo único. O local de espera, de repouso e de descanso que exija dos usuários pagamento de taxa para permanência do veículo deve ser cercado e possuir controle de acesso.

Art. 11. É proibida a venda, o fornecimento e o consumo de bebidas alcoólicas nos locais de espera, de repouso e de descanso.

Art. 12. É vedado o ingresso e a permanência de crianças e adolescentes nos locais de espera, de repouso e de descanso, salvo quando acompanhados pelos responsáveis ou por eles autorizados.

Art. 13. Aos estabelecimentos de propriedade do transportador, do embarcador ou do consignatário de cargas, bem como nos casos em que esses mantiverem com os proprietários destes locais contratos que os obriguem a disponibilizar locais de espera, de repouso e de descanso aos motoristas profissionais aplicam-se as Normas Regulamentadoras do Ministério do Trabalho e Emprego.

Art. 14. Os locais de espera, de repouso e de descanso já existentes na data publicação desta Portaria, terão o prazo de 1 (um) ano, a contar da citada publicação, para se adequarem ao disposto na alínea *a* do art. 2º e ao art. 9º.

Art. 15. Revoga-se a Portaria MTE n. 510, de 17 de abril de 2015, publicada no *DOU* de 20.4.2015 – Seção 1.

Art. 16. Esta Portaria entra em vigor na data de sua publicação (*DOU*, 9.7.15).

Resolução CODEFAT 754, de 26 de agosto de 2015

Regulamenta os procedimentos para habilitação e concessão de Seguro-Desemprego para empregados domésticos dispensados sem justa causa.

O Conselho Deliberativo do Fundo de Amparo ao Trabalhador – CODEFAT, no uso das atribuições que lhe confere o inciso V do art. 19 da Lei n. 7.998, de 11 de janeiro de 1990, e conforme o disposto no art. 26, § 1º, da Lei Complementar n. 150, de 1º de junho de 2015, resolve:

Art. 1º Estabelecer os critérios relativos ao processamento de requerimentos e habilitação no Programa do Seguro-Desemprego na forma do que dispõe o art. 26, § 1º, da Lei Complementar n. 150, de 1º de junho de 2015, e a Lei n. 7.998, de 11 de janeiro de 1990, no que couber.

Art. 2º O Programa do Seguro-Desemprego tem por finalidade:

I – prover assistência financeira temporária ao trabalhador desempregado em virtude de dispensa sem justa causa, inclusive a indireta;

II – auxiliar os trabalhadores na busca ou preservação do emprego, promovendo, para tanto, ações integradas de orientação, recolocação e qualificação profissional na forma da Lei.

Art. 3º Terá direito a perceber o Seguro-Desemprego o empregado doméstico dispensado sem justa causa ou de forma indireta, que comprove:

I - ter sido empregado doméstico, por pelo menos quinze meses nos últimos vinte e quatro meses que antecedem à data da dispensa que deu origem ao requerimento do Seguro-Desemprego;

II - não estar em gozo de qualquer benefício previdenciário de prestação continuada da previdência social, exceto auxílio-acidente e pensão por morte;

III - não possuir renda própria de qualquer natureza, suficiente à sua manutenção e de sua família.

§ 1º Os requisitos de que trata este artigo serão verificados a partir das informações registradas no CNIS e, se insuficientes, por meio das anotações na Carteira de Trabalho e Previdência Social – CTPS, por meio de contracheques ou documento que contenha decisão judicial que detalhe a data de admissão, demissão, remuneração, empregador e função exercida pelo empregado.

§ 2º Considera-se um mês de atividade, para efeito do inciso I deste artigo, a fração igual ou superior a 15 (quinze) dias, conforme previsão do art. 4º, § 3º, da Lei n. 7.998/90.

Art. 4º Para requerer sua habilitação no Programa do Seguro-Desemprego, o empregado doméstico deverá comparecer perante uma das Unidades da rede de atendimento vinculadas ou autorizadas pelo Ministério do Trabalho e Emprego – MTE munido dos seguintes documentos:

I - Carteira de Trabalho e Previdência Social - CTPS, na qual deverão constar a anotação do contrato de trabalho doméstico e a data de admissão e a data da dispensa, de modo a comprovar o vínculo empregatício doméstico, durante pelo menos 15 (quinze) meses nos últimos 24 (vinte e quatro) meses;

II - Termo de Rescisão do Contrato de Trabalho – TRCT atestando a dispensa sem justa causa;

III - declaração de que não está em gozo de benefício de prestação continuada da previdência social, exceto auxílio-acidente e pensão por morte; e

IV - declaração de que não possui renda própria de qualquer natureza suficiente à sua manutenção e de sua família.

§ 1º As declarações de que tratam os incisos III e IV deste artigo serão firmadas pelo trabalhador no documento de Requerimento do Seguro-Desemprego do Empregado Doméstico – RSDED fornecido pelo MTE na unidade de atendimento.

§ 2º Os documentos descritos nos incisos I e II serão substituídos por sentença judicial com força executiva, decisão liminar ou antecipatória de tutela, ata de audiência realizada na Justiça do Trabalho ou acórdão de Tribunal onde constem os dados do trabalhador, tais como a data de admissão, demissão e salário, dados do empregador e o motivo da rescisão, se direta sem justa causa ou indireta.

Art. 5º É obrigatória a identificação do empregado doméstico no NIS, NIT ou no Programa de Integração Social – PIS, cujo número de inscrição deverá ser indicado em campo próprio do requerimento de habilitação e do formulário de Comunicado de Dispensa do Empregado Doméstico – CDED.

Parágrafo único. O agente público ou atendente vinculado ao Ministério do Trabalho e Emprego – MTE deverá conferir se o requerente preenche os critérios de habilitação no Programa do Seguro-Desemprego e, em caso afirmativo, fornecerá ao trabalhador a Comunicação de Dispensa do Empregado Doméstico – CDED, devidamente preenchida.

Art. 6º O valor do benefício do Seguro-Desemprego do empregado doméstico corresponderá a 1 (um) salário mínimo e será concedido por um período máximo de 3 (três) meses, de forma contínua ou alternada, a cada período aquisitivo de 16 (dezesseis) meses, contados da data da dispensa que originou habilitação anterior.

§ 1º O requerimento de habilitação no Programa do Seguro-Desemprego só poderá ser proposto a cada novo período aquisitivo, desde que cumpridos todos os requisitos estabelecidos na Lei Complementar n. 150/15 e nesta Resolução.

§ 2º A contagem do prazo do período aquisitivo não se interrompe, nem se suspende.

Art. 7º O direito de requerer a habilitação no Programa do Seguro-Desemprego, bem como o de receber o benefício, tem caráter pessoal e intransferível, exceto para os seguintes casos:

I - morte do trabalhador, para efeito de recebimento das parcelas legalmente adquiridas que abrangem o período que vai da data da dispensa à data do óbito do segurado, mediante a apresentação pelos sucessores de decisão oriunda do Poder Judiciário ou alvará judicial;

II - grave moléstia do segurado, comprovada pela perícia médica do Instituto Nacional de Seguridade Social – INSS, quando serão pagas parcelas legalmente adquiridas ao seu curador legalmente designado ou representante legal, mediante apresentação de mandato outorgado por instrumento público, com finalidade específica para o benefício a ser recebido;

III - moléstia contagiosa ou impossibilidade de locomoção, devidamente comprovada mediante perícia médica do Instituto Nacional de Seguridade Social – INSS, quando serão pagas parcelas vencidas a procurador designado em instrumento público, com poderes específicos para receber o benefício;

IV - ausência civil, quando serão pagas parcelas vencidas ao curador designado pelo Juiz, mediante certidão judicial de nomeação do curador habilitado à prática do ato;

V - beneficiário preso, impossibilitado de comparecer pessoalmente à instituição financeira responsável pelo pagamento, quando as parcelas legalmente adquiridas serão pagas ao dependente, segundo a ordem preferencial de que trata o art. 16, da Lei n. 8.213, de 24 de julho de 1991, indicado por meio de instrumento público com poderes específicos para o ato.

§ 1º Nas excepcionais hipóteses elencadas nos incisos I a V, o mandatário deverá instruir o requerimento de habilitação no Programa do Seguro-Desemprego com os documentos exigidos no art. 4º desta Resolução.

§ 2º O mandato deverá ser outorgado em caráter individual, especificando a modalidade de benefício de Seguro-Desemprego a qual o requerimento faz referência e à dispensa que lhe deu causa.

§ 3º Será permitido o processamento de requerimento de parcelas legalmente adquiridas por beneficiário que se encontre preso na forma especificada na Resolução n. 745, de 27 de maio de 2015.

Art. 8º A habilitação no Programa do Seguro-Desemprego deverá ser requerida perante as unidades de atendimento do Ministério do Trabalho e Emprego – MTE ou aos órgãos autorizados no prazo de 7 (sete) a 90 (noventa) dias contados da data da dispensa.

§ 1º No ato do atendimento o agente público verificará se o requerente reúne os requisitos legais e os estabelecidos nesta Resolução, bem como se está munido dos documentos listados no art. 4º, necessários à habilitação no Programa do Seguro-Desemprego.

§ 2º Sempre que viável, o requerente será incluído nas ações integradas de intermediação de mão de obra com o objetivo de recolocá-lo no mercado de trabalho ou, não sendo possível, encaminhado a curso qualificador disponível ofertado no âmbito do Programa Nacional de Acesso ao Ensino Técnico de Emprego – PRONATEC.

Art. 9º O pagamento da primeira parcela será agendado para trinta dias após a data do protocolo do RSDED e as demais a cada intervalo de trinta dias, contados da emissão da parcela anterior.

Art. 10. O trabalhador fará jus ao pagamento integral das parcelas subsequentes para cada mês, quando contar com fração igual ou superior a quinze dias de desemprego de forma que:

I - O segurado terá direito a 1 (uma) parcela se ficar desempregado até 44 dias após a demissão;

II - O segurado terá direito a 2 (duas) parcelas se ficar desempregado até 60 dias após a demissão; e

III - O segurado terá direito a 3 (três) parcelas se ficar desempregado por 75 dias ou mais após a demissão.

Art. 11. A quantidade de parcelas adquiridas são obtidas a partir do cálculo feito entre a data da demissão e a data do reemprego, a data do implemento do benefício previdenciário, data do óbito ou da data da prisão do segurado.

Art. 12. O pagamento do benefício poderá ser efetuado mediante crédito em conta simplificada ou conta poupança na Caixa Econômica Federal – CEF ou, ainda, a partir de apresentação do cartão cidadão ou outro documento de identificação com foto.

Parágrafo único. As parcelas creditadas indevidamente pelo agente pagador em conta corrente reverterão automaticamente ao Programa do Seguro-Desemprego.

Art. 13. O segurado deverá promover o recebimento de cada parcela no prazo de 67 (sessenta e sete) dias a contar de sua disponibilização para saque.

§ 1º Passado o período estabelecido no *caput* deste artigo, as parcelas não sacadas serão devolvidas para o Fundo de Amparo ao Trabalhador – FAT.

§ 2º As parcelas devolvidas somente poderão ser reemitidas a partir de solicitação do beneficiário ou por meio de decisão proferida pelo Poder Judiciário.

§ 3º A reemissão da parcela devolvida poderá ser solicitada no prazo de 2 (dois) anos contados da data da sua devolução individualmente considerada.

§ 4º Na hipótese de não ser concedido o benefício do Seguro-Desemprego ao empregado doméstico, o Ministério do Trabalho e Emprego notificará o requerente quanto aos motivos do indeferimento.

Art. 14. O requerente que não satisfizer os requisitos legais e os estabelecidos nesta Resolução, terá o pedido de habilitação indeferido.

Parágrafo único. O agente público ou agente credenciado informará ao requerente que este poderá interpor recurso administrativo da decisão de indeferimento.

Art. 15. A habilitação do trabalhador no Programa do Seguro-Desemprego do Empregado Doméstico será suspensa nas seguintes situações:

I - admissão do empregado doméstico em novo emprego;

II - início de percepção de benefício de prestação continuada da Previdência Social, exceto aqueles permitidos pelo art. 28, III, da Lei Complementar n. 150, de 1º de junho de 2015; e

III - recusa injustificada por parte do trabalhador desempregado em participar de ações de recolocação de emprego, conforme regulamentação do CODEFAT.

Art. 16. A habilitação do empregado doméstico no Programa do Seguro-Desemprego será cancelada:

I - pela recusa por parte do trabalhador desempregado de outro emprego condizente com sua qualificação registrada ou declarada e com sua remuneração anterior;

II - por comprovação de falsidade na prestação das informações necessárias à habilitação;

III - por comprovação de fraude visando à percepção indevida do benefício do seguro-desemprego; ou

IV - por morte do segurado.

§ 1º Nos casos previstos nos incisos I a III deste artigo, será suspenso por um período de 2 (dois) anos o direito do trabalhador à percepção de parcelas de Seguro-Desemprego, dobrando-se este período em caso de reincidência.

§ 2º O ato de cancelamento consiste no impedimento de recebimento de parcelas liberadas ou emitidas que serão devolvidas ao Fundo de Amparo ao Trabalhador – FAT.

§ 3º Para efeito do Seguro-Desemprego, considerar-se-á emprego condizente com a vaga ofertada, aquele que apresente tarefas semelhantes ao perfil profissional do trabalhador, declarado ou comprovado no ato do seu cadastramento;

§ 4º Para aferição de salário compatível, leva-se em consideração o piso salarial da categoria, a média do mercado baseado em dados de que dispõe o Sistema Nacional de Emprego – SINE e salário pretendido pelo requerente.

§ 5º O cancelamento do benefício em decorrência de recusa de novo emprego, ocorrerá após análise por parte do Órgão competente das justificativas apresentadas pelo trabalhador.

Art. 17. As parcelas do Seguro-Desemprego do Empregado Doméstico, recebidas irregularmente pelos segurados, serão restituídas mediante Guia de Recolhimento da União – GRU ou por meio de compensação automática consoante previsão do art. 25-A da Lei n. 7.998/90, com redação dada pela Lei n. 13.134, de 16 de junho de 2015 e na forma regulamentada em resolução específica do CODEFAT.

Art. 18. Fica revogada a Resolução n. 253, de 4 de outubro de 2000.

Art. 19. Esta Resolução entra em vigor na data de sua publicação (*DOU*, 28.8.15).

Portaria MTE 116, de 13 de novembro de 2015

Regulamenta a realização dos exames toxicológicos previstos nos §§ 6º e 7º do art. 168 da CLT.

Art. 1º Regulamentar a realização dos exames toxicológicos previstos nos §§6º e 7º do art. 168 da CLT por meio do Anexo – Diretrizes para realização de exame toxicológico em motoristas profissionais do transporte rodoviário coletivo de passageiros e do transporte rodoviário de cargas, aprovado com a redação constante no Anexo desta Portaria.

Art. 2º Esta Portaria entra em vigor em 2 de março de 2016 (*DOU*, 16.11.15 – Seção 1).

ANEXO

Diretrizes para realização de exame toxicológico em motoristas profissionais do transporte rodoviário coletivo de passageiros e do transporte rodoviário de cargas.

1. Os motoristas profissionais do transporte rodoviário coletivo de passageiros e do transporte rodoviário de cargas devem ser submetidos a exame toxicológico em conformidade com este Anexo.

1.1 Os exames toxicológicos devem ser realizados:

a) previamente à admissão;

b) por ocasião do desligamento.

1.2 Os exames toxicológicos devem: (Ret. 19.11.15)

a) ter janela de detecção para consumo de substâncias psicoativas, com análise retrospectiva mínima de 90 (noventa) dias;

b) ser avaliados em conformidade com os parâmetros estabelecidos no Quadro I.

1.3 Os exames toxicológicos não devem: (Ret. 19.11.15)

a) ser parte integrantes do PCMSO;

b) constar de atestados de saúde ocupacional;

c) estar vinculados à definição de aptidão do trabalhador.

2. A validade do exame toxicológico será de 60 dias, a partir da data da coleta da amostra, podendo seu resultado ser utilizado neste período para todos os fins de que trata o item 1.1 deste Anexo.

2.1 O exame toxicológico previsto pela Lei n. 9.503, de 23 de setembro de 1997 - Código de Trânsito Brasileiro, desde que realizado nos últimos 60 (sessenta) dias, poderá ser utilizado para todos os fins de que trata o item 1.1 deste Anexo.

3. O exame toxicológico de que trata esta Portaria somente poderá ser realizado por laboratórios acreditados pelo CAP-FDT - Acreditação forense para exames toxicológicos de larga janela de detecção do Colégio Americano de Patologia - ou por Acreditação concedida pelo INMETRO de acordo com a Norma ABNT NBR ISO/IEC 17025, com requisitos específicos que incluam integralmente as "Diretrizes sobre o Exame de Drogas em Cabelos e Pelos: Coleta e Análise" da Sociedade Brasileira de Toxicologia, além de requisitos adicionais de toxicologia forense reconhecidos internacionalmente.

3.1 O exame toxicológico deve possuir todas suas etapas protegidas por cadeia de custódia, garantindo a rastreabilidade de todo o processo além de possuir procedimento com validade forense para todas as etapas analíticas (descontaminação, extração, triagem e confirmação).

3.2 Os laboratórios devem entregar ao trabalhador laudo laboratorial detalhado em que conste a relação de substâncias testadas, bem como seus respectivos resultados.

3.3 Os resultados detalhados dos exames e da cadeia de custódia devem ficar armazenados em formato eletrônico pelo laboratório executor por no mínimo 5 (cinco) anos.

3.4 É assegurado ao trabalhador:

a) o direito à contraprova e à confidencialidade dos resultados dos exames;

b) o acesso à trilha de auditoria do seu exame.

4. Os laboratórios devem disponibilizar Médico Revisor - MR para proceder a interpretação do laudo laboratorial e emissão do relatório médico, sendo facultado ao empregador optar por outro Médico Revisor de sua escolha.

4.1 Cabe ao MR emitir relatório médico, concluindo pelo uso indevido ou não de substância psicoativa.

4.1.1 O MR deve considerar, dentre outras situações, além dos níveis da substância detectada no exame, o uso de medicamento prescrito, devidamente comprovado.

4.2 O MR deve possuir conhecimentos para interpretação dos resultados laboratoriais.

4.3 O relatório médico emitido pelo MR deve conter:

a) nome e CPF do trabalhador;

b) data da coleta da amostra;

c) número de identificação do exame;

d) identificação do laboratório que realizou o exame;e) data da emissão do laudo laboratorial;

f) data da emissão do relatório;

g) assinatura e CRM do Médico Revisor - MR.

4.3.1 O relatório médico deve concluir pelo uso indevido ou não de substância psicoativa, sem indicação de níveis ou tipo de substância.

4.3.2 O trabalhador deve entregar ao empregador o relatório médico emitido pelo

MR em até 15 dias após o recebimento.

5. Os exames toxicológicos devem testar, no mínimo, a presença das seguintes substâncias:

a) maconha e derivados;

b) cocaína e derivados, incluindo crack e merla;

c) opiáceos, incluindo codeína, morfina e heroína;

d) anfetaminas e metanfetaminas;

e) *"ecstasy"* (MDMA e MDA);

f) anfepramona;

g) femproporex;

h) mazindol.

5.1 Para a realização dos exames toxicológicos devem ser coletadas duas amostras, conforme procedimentos de custódia indicados pelo laboratório executor, com as seguintes finalidades:

a) para proceder ao exame completo, com triagem e exame confirmatório,

b) para armazenar no laboratório, por no mínimo 5 (cinco) anos, a fim de se dirimirem eventuais litígios.

6. Os laboratórios executores de exames toxicológicos de que trata esta Portaria devem encaminhar, semestralmente, ao Departamento de Segurança e Saúde no Trabalho da Secretaria de Inspeção do Trabalho, dados estatísticos detalhados dos exames toxicológicos realizados, resguardando a confidencialidade dos trabalhadores.

QUADRO I - Valores de corte (*cut-off*)

ANFETAMINAS	Triagem	Confirmação
Anfetamina	200ng/g	200ng/g
Metanfetamina	200ng/g	200ng/g
MDMA	200ng/g	200ng/g
MDA	200ng/g	200ng/g
Anfepramona	200ng/g	200ng/g
Femproporex	200ng/g	200ng/g
Mazindol	500ng/g	500ng/g

MACONHA	Triagem	Confirmação
THC	50ng/g	50ng/g
CarboxyTHC (THC-COOH)	0,2ng/g	0,2ng/g

COCAÍNA	Triagem	Confirmação
Cocaína	500ng/g	500ng/g
Benzoilecgonina	50ng/g	50ng/g
Cocaetileno	50ng/g	50ng/g
Norcocaína	50ng/g	50ng/g

OPIÁCEOS	Triagem	Confirmação
Morfina	200ng/g	200ng/g
Codeína	200ng/g	200ng/g
Heroína (metabólito)	200ng/g	200ng/g

Fonte: adaptado de Sociedade Brasileira de Toxicologia (SBTOX - http://www.sbtox.org.br/); Associação Brasileira de Provedores de Serviços Toxicológicos de Larga Janela de Detecção (ABRATOX - http://www.abratox.org.br/); e SoHT - Society of Hair Testing (http://www.soht.org/).

Nota 1: Em relação à maconha, na triagem qualquer uma das substâncias pode resultar em um presumido positivo. Na confirmação apenas o THC-COOH é aceito.

Nota 2: Em relação à cocaína, na triagem qualquer uma das substâncias pode resultar em um presumido positivo. A confirmação deve incluir cocaína e, pelo menos, um dos metabólitos.

Nota 3: Em relação às anfetaminas e opiáceos, todas as substâncias devem ser testadas na triagem e, quanto houver um presumido positivo, na confirmação.

NORMAS REGULAMENTADORAS

NR-1 – Disposições Gerais

(Alterada pelas Port. MTE/ SSMT 06/83; Port. MTE/SSMT 03/88; Port. MTE/SSST 13/93 e Port. MTE/S 84/09.)

1.1. As Normas Regulamentadoras – NR, relativas à segurança e medicina do trabalho, são de observância obrigatória pelas empresas privadas e públicas e pelos órgãos públicos da administração direta e indireta, bem como pelos órgãos dos poderes legislativo e judiciário, que possuam empregados regidos pela Consolidação das Leis do Trabalho – CLT.

1.1.1. As disposições contidas nas Normas Regulamentadoras – NR aplicam-se, no que couber, aos trabalhadores avulsos, às entidades ou empresas que lhes tomem o serviço e aos sindicatos representativos das respectivas categorias profissionais.

1.2. A observância das Normas Regulamentadoras – NR não desobriga as empresas do cumprimento de outras disposições que, com relação à matéria, sejam incluídas em códigos de obras ou regulamentos sanitários dos Estados ou Municípios, e outras, oriundas de convenções e acordos coletivos de trabalho.

1.3. A Secretaria de Segurança e Saúde no Trabalho – SSST é o órgão de âmbito nacional competente para coordenar, orientar, controlar e supervisionar as atividades relacionadas com a segurança e medicina do trabalho, inclusive a Campanha Nacional de Prevenção de Acidentes do Trabalho – CANPAT, o Programa de Alimentação do Trabalhador – PAT, e ainda a fiscalização do cumprimento dos preceitos legais e regulamentares sobre segurança e medicina do trabalho em todo o território nacional.

1.3.1. Compete, ainda, à Secretaria de Segurança e Saúde no Trabalho – SSST conhecer, em última instância, dos recursos voluntários ou de ofício, das decisões proferidas pelos Delegados Regionais do Trabalho, em matéria de segurança e saúde no trabalho.

1.4. A Delegacia Regional do Trabalho – DRT, nos limites de sua jurisdição, é o órgão regional competente para executar as atividades relacionadas com a segurança e medicina do trabalho, inclusive à Campanha Nacional de Prevenção dos Acidentes do Trabalho – CANPAT, o Programa de Alimentação do Trabalhador – PAT e ainda a fiscalização do cumprimento dos preceitos legais e regulamentares sobre segurança e medicina do trabalho.

1.4.1. Compete, ainda, à Delegacia Regional do Trabalho – DRT ou à Delegacia do Trabalho Marítimo – DTM, nos limites de sua jurisdição:

a) adotar medidas necessárias à fiel observância dos preceitos legais e regulamentares sobre segurança e medicina do trabalho;

b) impor as penalidades cabíveis por descumprimento dos preceitos legais e regulamentares sobre segurança e medicina do trabalho;

c) embargar obra, interditar estabelecimento, setor de serviço, canteiro de obra, frente de trabalho, locais de trabalho, máquinas e equipamentos;

d) notificar as empresas, estipulando prazos, para eliminação e/ou neutralização de insalubridade;

e) atender requisições judiciais para a realização de perícias sobre segurança e medicina do trabalho nas localidades onde não houver Médico do Trabalho ou Engenheiro de Segurança do Trabalho, registrado no MTb.

1.5. Podem ser delegadas a outros órgãos federais, estaduais e municipais, mediante convênio autorizado pelo Ministro do Trabalho, atribuições de fiscalização e/ou orientação às empresas, quanto ao cumprimento dos preceitos legais e regulamentares sobre segurança e medicina do trabalho.

1.6. Para fins de aplicação das Normas Regulamentadoras – NR, considera-se:

a) empregador, a empresa individual ou coletiva, que, assumindo os riscos da atividade econômica, admite, assalaria e dirige a prestação pessoal de serviços. Equiparam-se ao empregador os profissionais liberais, as instituições de beneficência, as associações recreativas ou outras instituições sem fins lucrativos, que admitem trabalhadores como empregados;

b) empregado, a pessoa física que presta serviços de natureza não eventual a empregador, sob a dependência deste e mediante salário;

c) empresa, o estabelecimento ou o conjunto de estabelecimentos, canteiros de obra, frente de trabalho, locais de trabalho e outras, constituindo a organização de que se utiliza o empregador para atingir seus objetivos;

d) estabelecimento, cada uma das unidades da empresa, funcionando em lugares diferentes, tais como: fábrica, refinaria, usina, escritório, loja, oficina, depósito, laboratório;

e) setor de serviço, a menor unidade administrativa ou operacional compreendida no mesmo estabelecimento;

f) canteiro de obra, a área de trabalho fixa e temporária, onde se desenvolvem operações de apoio e execução, construção, demolição ou reparo de uma obra;

g) frente de trabalho, a área de trabalho móvel e temporária, onde se desenvolvem operações de apoio e execução à construção, demolição ou reparo de uma obra;

h) local de trabalho, a área onde são executados os trabalhos.

1.6.1. Sempre que uma ou mais empresas, tendo, embora, cada uma delas, personalidade jurídica própria, estiverem sob a direção, controle ou administração de outra, constituindo grupo industrial, comercial ou de qualquer outra atividade econômica, serão, para efeito de aplicação das Normas Regulamentadoras – NR, solidariamente responsáveis a empresa principal e cada uma das subordinadas.

1.6.2. Para efeito de aplicação das Normas Regulamentadoras – NR, a obra de engenharia, compreendendo ou não canteiro de obra ou frentes de trabalho, será considerada como um estabelecimento, a menos que se disponha, de forma diferente, em NR específica.

1.7. Cabe ao empregador:

a) cumprir e fazer cumprir as disposições legais e regulamentares sobre segurança e medicina do trabalho;

b) elaborar ordens de serviço sobre segurança e saúde no trabalho, dando ciência aos empregados por comunicados, cartazes ou meios eletrônicos (NRed. Port. 84/09):

c) informar aos trabalhadores:

I – os riscos profissionais que possam originar-se nos locais de trabalho;

II – os meios para prevenir e limitar tais riscos e as medidas adotadas pela empresa;

III – os resultados dos exames médicos e de exames complementares de diagnóstico aos quais os próprios trabalhadores forem submetidos;

IV – os resultados das avaliações ambientais realizadas nos locais de trabalho;

d) permitir que representantes dos trabalhadores acompanhem a fiscalização dos preceitos legais e regulamentares sobre segurança e medicina do trabalho.

1.8. Cabe ao empregado:

a) cumprir as disposições legais e regulamentares sobre segurança e saúde do trabalho, inclusive as ordens de serviço expedidas pelo empregador (NRed. Port. 84/09);

b) usar o EPI fornecido pelo empregador;

c) submeter-se aos exames médicos previstos nas Normas Regulamentadoras – NR;

d) colaborar com a empresa na aplicação das Normas Regulamentadoras – NR.

1.8.1. Constitui ato faltoso a recusa injustificada do empregado ao cumprimento do disposto no item anterior.

1.9. O não cumprimento das disposições legais e regulamentares sobre segurança e medicina do trabalho acarretarão ao empregador a aplicação das penalidades previstas na legislação pertinente.

1.10. As dúvidas suscitadas e os casos omissos verificados na execução das Normas Regulamentadoras – NR serão decididos pela Secretaria de Segurança e Medicina do Trabalho – SSMT.

NR 4 – Serviços Especializados em Engenharia de Segurança e em Medicina do Trabalho

(Alterada pelas Port. MTE/SSMT 33/83; Port. MTE/SSMT 34/83; Port. MTE/SSMT 34/87; Port. MTE/DSST 11/90; Port. MTE/DSST 04/91; Port. MTE/SNT 04/92; Port. MTE/SSST 08/93; Port. MTE/SSST 01/95; Port. MTE/SIT 17/07; Port. MTE/SIT 76/08 e Port. MTE/SIT 128/09.)

4.1. As empresas privadas e públicas, os órgãos públicos da administração direta e indireta e dos poderes Legislativo e Judiciário, que possuam empregados regidos pela Consolidação das Leis do Trabalho – CLT, manterão, obrigatoriamente, Serviços Especializados em Engenharia de Segurança e em Medicina do Trabalho, com a finalidade de promover a saúde e proteger a integridade do trabalhador no local de trabalho.

4.2. O dimensionamento dos Serviços Especializados em Engenharia de Segurança e em Medicina do Trabalho vincula-se à gradação do risco da atividade principal e ao número total de empregados do estabelecimento, constantes dos Quadros I e II, anexos, observadas as exceções previstas nesta NR.

4.2.1. Para fins de dimensionamento, os canteiros de obras e as frentes de trabalho com menos de 1 mil empregados e situados no mesmo estado, território ou Distrito Federal não serão considerados como estabelecimentos, mas como integrantes da empresa de engenharia principal responsável, a quem caberá organizar os Serviços Especializados em Engenharia de Segurança e em Medicina do Trabalho.

4.2.1.1. Neste caso, os engenheiros de segurança do trabalho, os médicos do trabalho e os enfermeiros do trabalho poderão ficar centralizados.

4.2.1.2. Para os técnicos de segurança do trabalho e auxiliares de enfermagem do trabalho, o dimensionamento será feito por canteiro de obra ou frente de trabalho, conforme o Quadro II, anexo.

4.2.2. As empresas que possuam mais de 50% de seus empregados em estabelecimentos ou setor com atividade cuja gradação de risco seja de grau superior ao da atividade principal deverão dimensionar os Serviços Especializados em Engenharia de Segurança e em Medicina do Trabalho, em função do maior grau de risco, obedecido o disposto no Quadro II desta NR.

4.2.3. A empresa poderá constituir Serviço Especializado em Engenharia de Segurança e em Medicina do Trabalho centralizado para atender a um conjunto de estabelecimentos pertencentes a ela, desde que a distância a ser percorrida entre aquele em que se situa o serviço e cada um dos demais não ultrapasse a 5.000 metros, dimensionando-o em função do total de empregados e do risco, de acordo com o Quadro II, anexo, e o subitem 4.2.2.

4.2.4. Havendo, na empresa, estabelecimento(s) que se enquadre(m) no Quadro II, desta NR, e outro(s) que não se enquadre(m), a assistência a este(s) será feita pelos serviços especializados daquele(s), dimensionados conforme os subitens 4.2.5.1 e 4.2.5.2 e desde que localizados no mesmo Estado, Território ou Distrito Federal.

4.2.5. Havendo, na mesma empresa, apenas estabelecimentos que, isoladamente, não se enquadrem no Quadro II, anexo, o cumprimento desta NR será feito através de Serviços Especializados em Engenharia de Segurança e em Medicina do Trabalho centralizados em cada estado, território ou Distrito Federal, desde que o total de empregados dos estabelecimentos no estado, território ou Distrito Federal alcance os limites previstos no Quadro II, anexo, aplicado o disposto no subitem 4.2.2.

4.2.5.1. Para as empresas enquadradas no grau de risco 1 o dimensionamento dos serviços referidos no subitem 4.2.5 obedecerá ao Quadro II, anexo, considerando-se como número de empregados o somatório dos empregados existentes no estabelecimento que possua o maior número e a média aritmética do número de empregados dos demais estabelecimentos, devendo todos os profissionais integrantes dos Serviços Especializados em Engenharia de Segurança e em Medicina do Trabalho, assim constituídos, cumprirem tempo integral.

4.2.5.2. Para as empresas enquadradas nos graus de risco 2, 3 e 4, o dimensionamento dos serviços referidos no subitem 4.2.5 obedecerá o Quadro II, anexo, considerando-se como número de empregados o somatório dos empregados de todos os estabelecimentos.

4.3. As empresas enquadradas no grau de risco 1 obrigadas a constituir Serviços Especializados em Engenharia de Segurança e em Medicina do Trabalho e que possuam outros serviços de medicina e engenharia poderão integrar estes serviços com os Serviços Especializados em Engenharia de Segurança e em Medicina do Trabalho constituindo um serviço único de engenharia e medicina.

4.3.1. As empresas que optarem pelo serviço único de engenharia e medicina ficam obrigadas a elaborar e submeter à aprovação da Secretaria de Segurança e Medicina do Trabalho, até o dia 30 de março, um programa bienal de segurança e medicina do trabalho a ser desenvolvido.

4.3.1.1. As empresas novas que se instalarem após o dia 30 de março de cada exercício poderão constituir o serviço único de que trata o subitem 4.3.1 e elaborar o programa respectivo a ser submetido à Secretaria de Segurança e Medicina do Trabalho, no prazo de 90 dias a contar de sua instalação.

4.3.1.2. As empresas novas, integrantes de grupos empresariais que já possuam serviço único, poderão ser assistidas pelo referido serviço, após comunicação à DRT.

4.3.2. À Secretaria de Segurança e Medicina do Trabalho fica reservado o direito de controlar a execução do programa e aferir a sua eficácia.

4.3.3. O serviço único de engenharia e medicina deverá possuir os profissionais especializados previstos no Quadro II, anexo, sendo permitido aos demais engenheiros e médicos exercerem Engenharia de Segurança e Medicina do Trabalho, desde que habilitados e registrados conforme estabelece a NR-27.

4.3.4. O dimensionamento do serviço único de engenharia e medicina deverá obedecer ao disposto no Quadro II desta NR, no tocante aos profissionais especializados.

4.4. Os Serviços Especializados em Engenharia de Segurança e em Medicina do Trabalho deverão ser integrados por Médico do Trabalho, Engenheiro de Segurança do Trabalho, Técnico de Segurança do Trabalho, Enfermeiro do Trabalho e Auxiliar de Enfermagem do Trabalho, obedecido o Quadro II, anexo.

4.4.1. Para fins desta NR, as empresas obrigadas a constituir Serviços Especializados em Engenharia de Segurança e em Medicina do Trabalho deverão exigir dos profissionais que os integram comprovação de que satisfazem os seguintes requisitos:

a) Engenheiro de Segurança do Trabalho – engenheiro ou arquiteto portador de certificado de conclusão de curso de especialização em Engenharia de Segurança do Trabalho, em nível de pós-graduação;

b) Médico do Trabalho – médico portador de certificado de conclusão de curso de especialização em Medicina do Trabalho, em nível de pós-graduação, ou portador de certificado de residência médica em área de concentração em saúde do trabalhador ou denominação equivalente, reconhecida pela Comissão Nacional de Residência Médica, do Ministério da Educação, ambos ministrados por universidade ou faculdade que mantenha curso de graduação em Medicina;

c) Enfermeiro do Trabalho – enfermeiro portador de certificado de conclusão de curso de especialização em Enfermagem do Trabalho, em nível de pós-graduação, ministrado por universidade ou faculdade que mantenha curso de graduação em enfermagem;

d) Auxiliar de Enfermagem do Trabalho – auxiliar de enfermagem ou técnico de enfermagem portador de certificado de conclusão de curso de qualificação de auxiliar de enfermagem do trabalho, ministrado por instituição especializada reconhecida e autorizada pelo Ministério da Educação;

e) Técnico de Segurança do Trabalho: técnico portador de comprovação de Registro Profissional expedido pelo Ministério do Trabalho.

4.4.1.1. Em relação às Categorias mencionadas nas alíneas "a" e "c", observar-se-á o disposto na Lei n. 7.410, de 27 de novembro de 1985.

4.4.2. Os profissionais integrantes dos Serviços Especializados em Engenharia de Segurança e em Medicina do Trabalho deverão ser empregados da empresa, salvo os casos previstos nos itens 4.14 e 4.15.

4.5. A empresa que contratar outra(s) para prestar serviços em estabelecimentos enquadrados no Quadro II, anexo, deverá estender a assistência de seus Serviços Especializados em Engenharia de Segurança e em Medicina do Trabalho aos empregados da(s) contratada(s), sempre que o número de empregados desta(s), exercendo atividade naqueles estabelecimentos, não alcançar os limites previstos no Quadro II, devendo, ainda, a contratada cumprir o disposto no subitem 4.2.5.

4.5.1. Quando a empresa contratante e as outras por ela contratadas não se enquadrarem no Quadro II, anexo, mas que pelo número total de empregados de ambos, no estabelecimento, atingirem os limites dispostos no referido quadro, deverá ser constituído um serviço especializado em Engenharia de Segurança e em Medicina do Trabalho comum, nos moldes do item 4.14.

4.5.2. Quando a empresa contratada não se enquadrar no Quadro II, anexo, mesmo considerando-se o total de empregados nos estabelecimentos, a contratante deve estender aos empregados da contratada a assistência de seus Serviços Especializados em Engenharia de Segurança e em Medicina do Trabalho, sejam estes centralizados ou por estabelecimento.

4.5.3. A empresa que contratar outras para prestar serviços em seu estabelecimento pode constituir SESMT comum para assistência aos empregados das contratadas, sob gestão própria, desde que previsto em Convenção ou Acordo Coletivo de Trabalho.

4.5.3.1. O dimensionamento do SESMT organizado na forma prevista no subitem 4.5.3 deve considerar o somatório dos trabalhadores assistidos e a atividade econômica do estabelecimento da contratante.

4.5.3.2. No caso previsto no item 4.5.3, o número de empregados da empresa contratada no estabelecimento da contratante, assistidos pelo SESMT comum, não integra a base de cálculo para dimensionamento do SESMT da empresa contratada.

4.5.3.3. O SESMT organizado conforme o subitem 4.5.3 deve ter seu funcionamento avaliado semestralmente, por Comissão composta de representantes da empresa contratante, do sindicato de trabalhadores e da Delegacia Regional do Trabalho, ou na forma e periodicidade previstas na Convenção ou Acordo Coletivo de Trabalho.

4.6. Os Serviços Especializados em Engenharia de Segurança e em Medicina do Trabalho das empresas que operem em regime sazonal deverão ser dimensionados, tomando-se por base a média aritmética do número de trabalhadores do ano civil anterior e obedecidos os Quadros I e II anexos.

4.7. Os Serviços Especializados em Engenharia de Segurança e em Medicina do Trabalho deverão ser chefiados por profissional qualificado, segundo os requisitos especificados no subitem 4.4.1 desta Norma Regulamentadora.

4.8. O técnico de segurança do trabalho e o auxiliar de enfermagem do trabalho deverão dedicar 8 horas por dia para as atividades dos Serviços Especializados em Engenharia de Segurança e em Medicina do Trabalho, de acordo com o estabelecido no Quadro II, anexo.

4.9. O engenheiro de segurança do trabalho, o médico do trabalho e o enfermeiro do trabalho deverão dedicar, no mínimo, 3 horas (tempo parcial) ou 6 horas (tempo integral) por dia para as atividades dos Serviços Especializados em Engenharia de Segurança e em Medicina do Trabalho, de acordo com o estabelecido no Quadro II, anexo, respeitada a legislação pertinente em vigor.

4.10. Ao profissional especializado em Segurança e em Medicina do Trabalho é vedado o exercício de outras atividades na empresa, durante o horário de sua atuação nos Serviços Especializados em Engenharia de Segurança e em Medicina do Trabalho.

4.11. Ficará por conta exclusiva do empregador todo o ônus decorrente da instalação e manutenção dos Serviços Especializados em Engenharia de Segurança e em Medicina do Trabalho.

4.12. Compete aos profissionais integrantes dos Serviços Especializados em Engenharia de Segurança e em Medicina do Trabalho:

a) aplicar os conhecimentos de engenharia de segurança e de medicina do trabalho ao ambiente de trabalho e a todos os seus componentes, inclusive máquinas e equipamentos, de modo a reduzir até eliminar os riscos ali existentes à saúde do trabalhador;

b) determinar, quando esgotados todos os meios conhecidos para a eliminação do risco e este persistir, mesmo reduzido, a utilização, pelo trabalhador, de Equipamentos de Proteção Individual – EPI, de acordo com o que determina a NR 6, desde que a concentração, a intensidade ou característica do agente assim o exija;

c) colaborar, quando solicitado, nos projetos e na implantação de novas instalações físicas e tecnológicas da empresa, exercendo a competência disposta na alínea "a";

d) responsabilizar-se tecnicamente, pela orientação quanto ao cumprimento do disposto nas NR aplicáveis às atividades executadas pela empresa e/ou seus estabelecimentos;

e) manter permanente relacionamento com a CIPA, valendo-se ao máximo de suas observações, além de apoiá-la, treiná-la e atendê-la, conforme dispõe a NR 5;

f) promover a realização de atividades de conscientização, educação e orientação dos trabalhadores para a prevenção de acidentes do trabalho e doenças ocupacionais, tanto através de campanhas quanto de programas de duração permanente;

g) esclarecer e conscientizar os empregadores sobre acidentes do trabalho e doenças ocupacionais, estimulando-os em favor da prevenção;

h) analisar e registrar em documento(s) específico(s) todos os acidentes ocorridos na empresa ou estabelecimento, com ou sem vítima, e todos os casos de doença ocupacional, descrevendo a história e as características do acidente e/ou da doença ocupacional, os fatores ambientais, as características do agente e as condições do(s) indivíduo(s) portador(es) de doença ocupacional ou acidentado(s);

i) registrar mensalmente os dados atualizados de acidentes do trabalho, doenças ocupacionais e agentes de insalubridade, preenchendo, no mínimo, os quesitos descritos nos modelos de mapas constantes nos Quadros III, IV, V e VI, devendo a empresa encaminhar um mapa contendo avaliação anual dos mesmos dados à Secretaria de Segurança e Medicina do Trabalho até o dia 31 de janeiro, através do órgão regional do MTb;

j) manter os registros de que tratam as alíneas "h" e "i" na sede dos Serviços Especializados em Engenharia de Segurança e em Medicina do Trabalho ou facilmente alcançáveis a partir da mesma, sendo de livre escolha da empresa o método de arquivamento e recuperação, desde que sejam asseguradas condições de acesso aos registros e entendimento de seu conteúdo, devendo ser guardados somente os mapas anuais dos dados correspondentes às alíneas "h" e "i" por um período não inferior a 5 anos;

l) as atividades dos profissionais integrantes dos Serviços Especializados em Engenharia de Segurança e em Medicina do Trabalho são essencialmente prevencionistas, embora não seja vedado o atendimento de emergência, quando se tornar necessário. Entretanto, a elaboração de planos de controle de efeitos de catástrofes, de disponibilidade de meios que visem ao combate a incêndios e ao salvamento e de imediata atenção à vítima deste ou de qualquer outro tipo de acidente estão incluídos em suas atividades.

4.13. Os Serviços Especializados em Engenharia de Segurança e em Medicina do Trabalho deverão manter entrosamento permanente com a CIPA, dela valendo-se como agente multiplicador, e deverão estudar suas observações e solicitações, propondo soluções corretivas e preventivas, conforme o disposto no subitem 5.14.1 da NR 5.

4.14. As empresas cujos estabelecimentos não se enquadrem no Quadro II, anexo a esta NR, poderão dar assistência na área de segurança e medicina do trabalho a seus empregados através de Serviços Especializados em Engenharia de Segurança e em Medicina do Trabalho comuns, organizados pelo sindicato ou associação da categoria econômica correspondente ou pelas próprias empresas interessadas.

4.14.1. A manutenção desses Serviços Especializados em Engenharia de Segurança e em Medicina do Trabalho deverá ser feita pelas empresas usuárias, que participarão das despesas em proporção ao número de empregados de cada uma.

4.14.2. Os Serviços Especializados em Engenharia de Segurança e em Medicina do Trabalho previstos no item 4.14 deverão ser dimensionados em função do somatório dos empregados das empresas participantes, obedecendo ao disposto nos Quadros I e II e no subitem 4.2, desta NR.

4.14.3. As empresas de mesma atividade econômica, localizadas em um mesmo município, ou em municípios limítrofes, cujos estabelecimentos se enquadrem no Quadro II, podem constituir SESMT comum, organizado pelo sindicato patronal correspondente ou pelas próprias empresas interessadas, desde que previsto em Convenção ou Acordo Coletivo de Trabalho.

4.14.3.1. O SESMT comum pode ser estendido a empresas cujos estabelecimentos não se enquadrem no Quadro II, desde que atendidos os demais requisitos do subitem 4.14.3.

4.14.3.2. O dimensionamento do SESMT organizado na forma do subitem 4.14.3 deve considerar o somatório dos trabalhadores assistidos.

4.14.3.3. No caso previsto no item 4.14.3, o número de empregados assistidos pelo SESMT comum não integra a base de cálculo para dimensionamento do SESMT das empresas.

4.14.3.4. O SESMT organizado conforme o subitem 4.14.3 deve ter seu funcionamento avaliado semestralmente, por Comissão composta de representantes das empresas, do sindicato de trabalhadores e da Delegacia Regional do Trabalho, ou na forma e periodicidade previstas na Convenção ou Acordo Coletivo de Trabalho.

4.14.4. As empresas que desenvolvem suas atividades em um mesmo polo industrial ou comercial podem constituir SESMT comum, organizado pelas próprias empresas interessadas, desde que previsto nas Convenções ou Acordos Coletivos de Trabalho das categorias envolvidas.

4.14.4.1. O dimensionamento do SESMT comum organizado na forma do subitem 4.14.4 deve considerar o somatório dos trabalhadores assistidos e a atividade econômica que empregue o maior número entre os trabalhadores assistidos.

4.14.4.2. No caso previsto no item 4.14.4, o número de empregados assistidos pelo SESMT comum não integra a base de cálculo para dimensionamento do SESMT das empresas.

4.14.4.3. O SESMT organizado conforme o subitem 4.14.4 deve ter seu funcionamento avaliado semestralmente, por Comissão composta de representantes das empresas, dos sindicatos de trabalhadores e da Delegacia Regional do Trabalho, ou na forma e periodicidade previstas nas Convenções ou Acordos Coletivos de Trabalho.

4.15. As empresas referidas no item 4.14 poderão optar pelos Serviços Especializados em Engenharia de Segurança e em Medicina do Trabalho de instituição oficial ou instituição privada de utilidade pública, cabendo às empresas o custeio das despesas, na forma prevista no subitem 4.14.1.

4.16. As empresas cujos Serviços Especializados em Engenharia de Segurança e em Medicina do Trabalho não possuam médico do trabalho e/ou engenheiro de segurança do trabalho, de acordo com o Quadro II desta NR, poderão se utilizar dos serviços destes profissionais existentes nos Serviços Especializados em Engenharia de Segurança e em Medicina do Trabalho mencionados no item 4.14 e subitem 4.14.1 ou no item 4.15, para atendimento do disposto nas Normas Regulamentadoras.

4.16.1. O ônus decorrente dessa utilização caberá à empresa solicitante.

4.17. Os serviços Especializados em Engenharia de Segurança e em Medicina do Trabalho de que trata esta NR deverão ser registrados no órgão regional do MTb.

4.17.1. O registro referido no item 4.17 deverá ser requerido ao órgão regional do MTb e o requerimento deverá conter os seguintes dados:

a) nome dos profissionais integrantes dos Serviços Especializados em Engenharia de Segurança e em Medicina do Trabalho;

b) número de registro dos profissionais na Secretaria de Segurança e Medicina do Trabalho do MTb;

c) número de empregados da requerente e grau de risco das atividades, por estabelecimento;

d) especificação dos turnos de trabalho, por estabelecimento;

e) horário de trabalho dos profissionais dos Serviços Especializados em Engenharia de Segurança e em Medicina do Trabalho.

4.18. Os Serviços Especializados em Engenharia de Segurança e em Medicina do Trabalho, já constituídos, deverão ser redimensionados nos termos desta NR e a empresa terá 90 (noventa) dias de prazo, a partir da publicação desta Norma, para efetuar o redimensionamento e o registro referido no item 4.17.

4.19. A empresa é responsável pelo cumprimento da NR, devendo assegurar, como um dos meios para concretizar tal responsabilidade, o exercício profissional dos componentes dos Serviços Especializados em Engenharia de Segurança e em Medicina do Trabalho. O impedimento do referido exercício profissional, mesmo que parcial e o desvirtuamento ou desvio de funções constituem, em conjunto ou separadamente, infrações classificadas no grau I4, se devidamente comprovadas, para os fins de aplicação das penalidades previstas na NR-28.

4.20. Quando se tratar de empreiteiras ou empresas prestadoras de serviços, considera-se estabelecimento, para fins de aplicação desta NR, o local em que os seus empregados estiverem exercendo suas atividades.

NR-5 – Comissão Interna de Prevenção de Acidentes

(Alterada pelas Port. MTE/SSMT 33/83; Port. MTE/SSST 25/94; Port. MTE/SSST 08/99; Port. MTE/SSST 15/99; Port. MTE/SSST 24/99; Port. MTE/SSST 25/99; Port. MTE/SSST 16/01; Port. MTE/SIT 14/07 e Port. MTE/SIT 247/11.)

5.1. A Comissão Interna de Prevenção de Acidentes – CIPA – tem como objetivo a prevenção de acidentes e doenças decorrentes do trabalho, de modo a tornar compatível permanentemente o trabalho com a preservação da vida e a promoção da saúde do trabalhador.

5.2. Devem constituir CIPA, por estabelecimento, e mantê-la em regular funcionamento as empresas privadas, públicas, sociedades de economia mista, órgãos da administração direta e indireta, instituições beneficentes, associações recreativas, cooperativas, bem como outras instituições que admitam trabalhadores como empregados.

5.3. As disposições contidas nesta NR aplicam-se, no que couber, aos trabalhadores avulsos e às entidades que lhes tomem serviços, observadas as disposições estabelecidas em Normas Regulamentadoras de setores econômicos específicos.

5.4. (Rev. Port. MTE/SIT 247/11.)

5.5. As empresas instaladas em centro comercial ou industrial estabelecerão, através de membros de CIPA ou designados, mecanismos de integração com objetivo de promover o desenvolvimento de ações de prevenção de acidentes e doenças decorrentes do ambiente e instalações de uso coletivo, podendo contar com a participação da administração do mesmo.

5.6. A CIPA será composta de representantes do empregador e dos empregados, de acordo com o dimensionamento previsto no Quadro I desta NR, ressalvadas as alterações disciplinadas em atos normativos para setores econômicos específicos.

5.6.1. Os representantes dos empregadores, titulares e suplentes, serão por eles designados.

5.6.2. Os representantes dos empregados, titulares e suplentes, serão eleitos em escrutínio secreto, do qual participem, independentemente de filiação sindical, exclusivamente os empregados interessados.

5.6.3. O número de membros titulares e suplentes da CIPA, considerando a ordem decrescente de votos recebidos, observará o dimensionamento previsto no Quadro I desta NR, ressalvadas as alterações disciplinadas em atos normativos de setores econômicos específicos.

5.6.4. Quando o estabelecimento não se enquadrar no Quadro I, a empresa designará um responsável pelo cumprimento dos objetivos desta NR, podendo ser adotados mecanismos de participação dos empregados, através de negociação coletiva.

5.7. O mandato dos membros eleitos da CIPA terá a duração de 1 ano, permitida uma reeleição.

5.8. É vedada a dispensa arbitrária ou sem justa causa do empregado eleito para cargo de direção de Comissões Internas de Prevenção de Acidentes desde o registro de sua candidatura até 1 ano após o final de seu mandato.

5.9. Serão garantidas aos membros da CIPA condições que não descaracterizem suas atividades normais na empresa, sendo vedada a transferência para outro estabelecimento sem a sua anuência, ressalvado o disposto nos parágrafos primeiro e segundo do artigo 469, da CLT.

5.10. O empregador deverá garantir que seus indicados tenham a representação necessária para a discussão e encaminhamento das soluções de questões de segurança e saúde no trabalho analisadas na CIPA.

5.11. O empregador designará entre seus representantes o Presidente da CIPA, e os representantes dos empregados escolherão entre os titulares o vice-presidente.

5.12. Os membros da CIPA, eleitos e designados, serão empossados no primeiro dia útil após o término do mandato anterior.

5.13. Será indicado, de comum acordo com os membros da CIPA, um secretário e seu substituto, entre os componentes ou não da comissão, sendo neste caso necessária a concordância do empregador.

5.14. A documentação referente ao processo eleitoral da CIPA, incluindo as atas de eleição e de posse e o calendário anual das reuniões ordinárias, deve ficar no estabelecimento à disposição da fiscalização do Ministério do Trabalho e Emprego. (red. Port. MTE/SIT 247/11).

5.14.1. A documentação indicada no item 5.14 deve ser encaminhada ao Sindicato dos Trabalhadores da categoria, quando solicitada. (NRed. Port. MTE/SIT 247/11).

5.14.2. O empregador deve fornecer cópias das atas de eleição e posse aos membros titulares e suplentes da CIPA, mediante recibo. (NRed. Port. MTE/SIT 247/11)

5.15. A CIPA não poderá ter seu número de representantes reduzido, bem como não poderá ser desativada pelo empregador, antes do término do mandato de seus membros, ainda que haja redução do número de empregados da empresa, exceto no caso de encerramento das atividades do estabelecimento. (NRed. Port. MTE/SIT 247/11).

5.16. A CIPA terá por atribuição:

a) identificar os riscos do processo de trabalho, e elaborar o mapa de riscos, com a participação do maior número de trabalhadores, com assessoria do SESMT, onde houver;

b) elaborar plano de trabalho que possibilite a ação preventiva na solução de problemas de segurança e saúde no trabalho;

c) participar da implementação e do controle da qualidade das medidas de prevenção necessárias, bem como da avaliação das prioridades de ação nos locais de trabalho;

d) realizar, periodicamente, verificações nos ambientes e condições de trabalho visando a identificação de situações que venham a trazer riscos para a segurança e saúde dos trabalhadores;

e) realizar, a cada reunião, avaliação do cumprimento das metas fixadas em seu plano de trabalho e discutir as situações de risco que foram identificadas;

f) divulgar aos trabalhadores informações relativas à segurança e saúde no trabalho;

g) participar, com o SESMT, onde houver, das discussões promovidas pelo empregador, para avaliar os impactos de alterações no ambiente e processo de trabalho relacionados à segurança e saúde dos trabalhadores;

h) requerer ao SESMT, quando houver, ou ao empregador, a paralisação de máquina ou setor onde considere haver risco grave e iminente à segurança e saúde dos trabalhadores;

i) colaborar no desenvolvimento e implementação do PCMSO e PPRA e de outros programas relacionados à segurança e saúde no trabalho;

j) divulgar e promover o cumprimento das Normas Regulamentadoras, bem como cláusulas de acordos e convenções coletivas de trabalho, relativas à segurança e saúde no trabalho;

l) participar, em conjunto com o SESMT, onde houver, ou com o empregador, da análise das causas das doenças e acidentes de trabalho e propor medidas de solução dos problemas identificados;

m) requisitar ao empregador e analisar as informações sobre questões que tenham interferido na segurança e saúde dos trabalhadores;

n) requisitar à empresa as cópias das CAT emitidas;

o) promover, anualmente, em conjunto com o SESMT, onde houver, a Semana Interna de Prevenção de Acidentes do Trabalho – SIPAT;

p) participar, anualmente, em conjunto com a empresa, de Campanhas de Prevenção da AIDS.

5.17. Cabe ao empregador proporcionar aos membros da CIPA os meios necessários ao desempenho de suas atribuições, garantindo tempo suficiente para a realização das tarefas constantes do plano de trabalho.

5.18. Cabe aos empregados:

a) participar da eleição de seus representantes;

b) colaborar com a gestão da CIPA;

c) indicar à CIPA, ao SESMT e ao empregador situações de riscos e apresentar sugestões para melhoria das condições de trabalho;

d) observar e aplicar no ambiente de trabalho as recomendações quanto à prevenção de acidentes e doenças decorrentes do trabalho.

5.19. Cabe ao Presidente da CIPA:

a) convocar os membros para as reuniões da CIPA;

b) coordenar as reuniões da CIPA, encaminhando ao empregador e ao SESMT, quando houver, as decisões da comissão;

c) manter o empregador informado sobre os trabalhos da CIPA;

d) coordenar e supervisionar as atividades de secretaria;

e) delegar atribuições ao Vice-Presidente.

5.20. Cabe ao Vice-Presidente:

a) executar atribuições que lhe forem delegadas;

b) substituir o Presidente nos seus impedimentos eventuais ou nos seus afastamentos temporários;

5.21. O Presidente e o Vice-Presidente da CIPA, em conjunto, terão as seguintes atribuições:

a) cuidar para que a CIPA disponha de condições necessárias para o desenvolvimento de seus trabalhos;

b) coordenar e supervisionar as atividades da CIPA, zelando para que os objetivos propostos sejam alcançados;

c) delegar atribuições aos membros da CIPA;

d) promover o relacionamento da CIPA com o SESMT, quando houver;

e) divulgar as decisões da CIPA a todos os trabalhadores do estabelecimento;

f) encaminhar os pedidos de reconsideração das decisões da CIPA;

g) constituir a comissão eleitoral.

5.22. O Secretário da CIPA terá por atribuição:

a) acompanhar as reuniões da CIPA e redigir as atas apresentando-as para aprovação e assinatura dos membros presentes;

b) preparar as correspondências; e

c) outras que lhe forem conferidas.

5.23. A CIPA terá reuniões ordinárias mensais, de acordo com o calendário preestabelecido.

5.24. As reuniões ordinárias da CIPA serão realizadas durante o expediente normal da empresa e em local apropriado.

5.25. As reuniões da CIPA terão atas assinadas pelos presentes com encaminhamento de cópias para todos os membros.

5.26. As atas devem ficar no estabelecimento à disposição da fiscalização do Ministério do Trabalho e Emprego. (Red. Port. MTE/SIT 247/11).

5.27. Reuniões extraordinárias deverão ser realizadas quando:

a) houver denúncia de situação de risco grave e iminente que determine aplicação de medidas corretivas de emergência;

b) ocorrer acidente do trabalho grave ou fatal;

c) houver solicitação expressa de uma das representações.

5.28. As decisões da CIPA serão preferencialmente por consenso.

5.28.1. Não havendo consenso, e frustradas as tentativas de negociação direta ou com mediação, será instalado processo de votação, registrando-se a ocorrência na ata da reunião.

5.29. Das decisões da CIPA caberá pedido de reconsideração, mediante requerimento justificado.

5.29.1. O pedido de reconsideração será apresentado à CIPA até a próxima reunião ordinária, quando será analisado, devendo o Presidente e o Vice-Presidente efetivar os encaminhamentos necessários.

5.30. O membro titular perderá o mandato, sendo substituído por suplente, quando faltar a mais de quatro reuniões ordinárias sem justificativa.

5.31. A vacância definitiva de cargo, ocorrida durante o mandato, será suprida por suplente, obedecida a ordem de colocação decrescente que consta na ata de eleição, devendo os motivos ser registrados em ata de reunião (Red. Port. MTE/SIT 247/11).

5.31.1. No caso de afastamento definitivo do presidente, o empregador indicará o substituto, em 2 dias úteis, preferencialmente entre os membros da CIPA.

5.31.2. No caso de afastamento definitivo do vice-presidente, os membros titulares da representação dos empregados, escolherão o substituto, entre seus titulares, em 2 dias úteis.

5.32. A empresa deverá promover treinamento para os membros da CIPA, titulares e suplentes, antes da posse.

5.32.1. O treinamento de CIPA em primeiro mandato será realizado no prazo máximo de 30 dias, contados a partir da data da posse.

5.32.2. As empresas que não se enquadrem no Quadro I, promoverão anualmente treinamento para o designado responsável pelo cumprimento do objetivo desta NR.

5.33. O treinamento para a CIPA deverá contemplar, no mínimo, os seguintes itens:

a) estudo do ambiente, das condições de trabalho, bem como dos riscos originados do processo produtivo;

b) metodologia de investigação e análise de acidentes e doenças do trabalho;

c) noções sobre acidentes e doenças do trabalho decorrentes de exposição aos riscos existentes na empresa;

d) noções sobre a Síndrome da Imunodeficiência Adquirida – AIDS, e medidas de prevenção;

e) noções sobre as legislações trabalhista e previdenciária relativas à segurança e saúde no trabalho;

f) princípios gerais de higiene do trabalho e de medidas de controle dos riscos;

g) organização da CIPA e outros assuntos necessários ao exercício das atribuições da Comissão.

5.34. O treinamento terá carga horária de 20 horas, distribuídas em no máximo 8 horas diárias e será realizado durante o expediente normal da empresa.

5.35. O treinamento poderá ser ministrado pelo SESMT da empresa, entidade patronal, entidade de trabalhadores ou por profissional que possua conhecimentos sobre os temas ministrados.

NR-6 – Equipamento de Proteção Individual – EPI

(Alterada pelas Port. MTE/SSMT 05/82; Port. MTE/SSMT 06/83; Port. MTE/DSST 05/91; Port. MTE/DSST 03/92; Port. MTE/DSST 02/92; Port. MTE/DNSST 06/92; Port. MTE/SSST 26/94; Port. MTE/SIT 25/01; Port. MTE/SIT 48/03; Port. MTE/SIT 108/04; Port. MTE/SIT 191/06; Port. MTE/SIT 194/06; Port. MTE/SIT 107/09; Port. MTE/SIT 125/09; Port. MTE/SIT 194/10 e Port. MTE/SIT 292/11.)

6.1. Para os fins de aplicação desta Norma Regulamentadora – NR, considera-se Equipamento de Proteção Individual – EPI, todo dispositivo ou produto, de uso individual utilizado pelo trabalhador, destinado à proteção de riscos suscetíveis de ameaçar a segurança e a saúde no trabalho.

6.1.1. Entende-se como Equipamento Conjugado de Proteção Individual, todo aquele composto por vários dispositivos, que o fabricante tenha associado contra um ou mais riscos que possam ocorrer simultaneamente e que sejam suscetíveis de ameaçar a segurança e a saúde no trabalho.

6.2. O equipamento de proteção individual, de fabricação nacional ou importado, só poderá ser posto à venda ou utilizado com a indicação do Certificado de Aprovação – CA, expedido pelo órgão nacional competente em matéria de segurança e saúde no trabalho do Ministério do Trabalho e Emprego.

6.3. A empresa é obrigada a fornecer aos empregados, gratuitamente, EPI adequado ao risco, em perfeito estado de conservação e funcionamento, nas seguintes circunstâncias:

a) sempre que as medidas de ordem geral não ofereçam completa proteção contra os riscos de acidentes do trabalho ou de doenças profissionais e do trabalho;

b) enquanto as medidas de proteção coletiva estiverem sendo implantadas; e,

c) para atender a situações de emergência.

6.4. Atendidas as peculiaridades de cada atividade profissional, e observado o disposto no item 6.3, o empregador deve fornecer aos trabalhadores os EPI adequados, de acordo com o disposto no ANEXO I desta NR.

6.4.1. As solicitações para que os produtos que não estejam relacionados no ANEXO I, desta NR, sejam considerados como EPI, bem como as propostas para reexame daqueles ora elencados, deverão ser avaliadas por comissão tripartite a ser constituída pelo órgão nacional competente em matéria de segurança e saúde no trabalho, após ouvida a CTPP, sendo as conclusões submetidas àquele órgão do Ministério do Trabalho e Emprego para aprovação.

....

6.6. Responsabilidades do empregador (NRed. Port. MTE/SIT 194/10).

6.6.1. Cabe ao empregador quanto ao EPI:

a) adquirir o adequado ao risco de cada atividade;

b) exigir seu uso;

c) fornecer ao trabalhador somente o aprovado pelo órgão nacional competente em matéria de segurança e saúde no trabalho;

d) orientar e treinar o trabalhador sobre o uso adequado, guarda e conservação;

e) substituir imediatamente, quando danificado ou extraviado;

f) responsabilizar-se pela higienização e manutenção periódica; e,

g) comunicar ao MTE qualquer irregularidade observada.

h) registrar o seu fornecimento ao trabalhador, podendo ser adotados livros, fichas ou sistema eletrônico (red. Port. MTE/SIT 107/09).

6.7. Responsabilidades do trabalhador (NRed. Port. MTE/SIT 194/10).

6.7.1. Cabe ao empregado quanto ao EPI:

a) usar, utilizando-o apenas para a finalidade a que se destina;

b) responsabilizar-se pela guarda e conservação;

c) comunicar ao empregador qualquer alteração que o torne impróprio para uso; e,

d) cumprir as determinações do empregador sobre o uso adequado.

....

6.12. (Rev. Port. MTE/SIT 125/09.)

NR-10 – Segurança em Instalações e Serviços em Eletricidade

(Alterada pelas Port. MTE/SSMT 12/83; Port. MTE/GM 598/04.)

10.1. Objetivo e campo de aplicação.

10.1.1. Esta Norma Regulamentadora – NR estabelece os requisitos e condições mínimas objetivando a implementação de medidas de controle e sistemas preventivos, de forma a garantir a segurança e a saúde dos trabalhadores que, direta ou indiretamente, interajam em instalações elétricas e serviços com eletricidade.

10.1.2. Esta NR se aplica às fases de geração, transmissão, distribuição e consumo, incluindo as etapas de projeto, construção, montagem, operação, manutenção das instalações elétricas e quaisquer trabalhos realizados nas suas proximidades, observando-se as normas técnicas oficiais estabelecidas pelos órgãos competentes e, na ausência ou omissão destas, as normas internacionais cabíveis.

10.2. Medidas de controle.

10.2.1. Em todas as intervenções em instalações elétricas devem ser adotadas medidas preventivas de controle do risco elétrico e de outros riscos adicionais, mediante técnicas de análise de risco, de forma a garantir a segurança e a saúde no trabalho.

10.2.2. As medidas de controle adotadas devem integrar-se às demais iniciativas da empresa, no âmbito da preservação da segurança, da saúde e do meio ambiente do trabalho.

10.2.3. As empresas estão obrigadas a manter esquemas unifilares atualizados das instalações elétricas dos seus estabelecimentos com as especificações do sistema de aterramento e demais equipamentos e dispositivos de proteção.

10.2.4. Os estabelecimentos com carga instalada superior a 75 kW devem constituir e manter o Prontuário de Instalações Elétricas, contendo, além do disposto no subitem 10.2.3, no mínimo:

a) conjunto de procedimentos e instruções técnicas e administrativas de segurança e saúde, implantadas e relacionadas a esta NR e descrição das medidas de controle existentes;

b) documentação das inspeções e medições do sistema de proteção contra descargas atmosféricas e aterramentos elétricos;

c) especificação dos equipamentos de proteção coletiva e individual e o ferramental, aplicáveis conforme determina esta NR;

d) documentação comprobatória da qualificação, habilitação, capacitação, autorização dos trabalhadores e dos treinamentos realizados;

e) resultados dos testes de isolação elétrica realizados em equipamentos de proteção individual e coletiva;

f) certificações dos equipamentos e materiais elétricos em áreas classificadas; e

g) relatório técnico das inspeções atualizadas com recomendações, cronogramas de adequações, contemplando as alíneas de "a" a "f".

10.2.5. As empresas que operam em

instalações ou equipamentos integrantes do sistema elétrico de potência devem constituir prontuário com o conteúdo do item 10.2.4 e acrescentar ao prontuário os documentos a seguir listados:

a) descrição dos procedimentos para emergências;

b) certificações dos equipamentos de proteção coletiva e individual.

10.2.5.1. As empresas que realizam trabalhos em proximidade do Sistema Elétrico de Potência devem constituir prontuário contemplando as alíneas "a", "c", "d" e "e", do item 10.2.4 e alíneas "a" e "b" do item 10.2.5.

10.2.6. O Prontuário de Instalações Elétricas deve ser organizado e mantido atualizado pelo empregador ou pessoa formalmente designada pela empresa, devendo permanecer à disposição dos trabalhadores envolvidos nas instalações e serviços em eletricidade.

10.2.7. Os documentos técnicos previstos no Prontuário de Instalações Elétricas devem ser elaborados por profissional legalmente habilitado.

10.2.8. Medidas de proteção coletiva.

10.2.8.1. Em todos os serviços executados em instalações elétricas devem ser previstas e adotadas, prioritariamente, medidas de proteção coletiva aplicáveis, mediante procedimentos, às atividades a serem desenvolvidas, de forma a garantir a segurança e a saúde dos trabalhadores.

10.2.8.2. As medidas de proteção coletiva compreendem, prioritariamente, a desenergização elétrica conforme estabelece esta NR e, na sua impossibilidade, o emprego de tensão de segurança.

10.2.8.2.1. Na impossibilidade de implementação do estabelecido no subitem 10.2.8.2, devem ser utilizadas outras medidas de proteção coletiva, tais como: isolação das partes vivas, obstáculos, barreiras, sinalização, sistema de seccionamento automático de alimentação, bloqueio do religamento automático.

10.2.8.3. O aterramento das instalações elétricas deve ser executado conforme regulamentação estabelecida pelos órgãos competentes e, na ausência desta, deve atender às Normas Internacionais vigentes.

10.2.9. Medidas de proteção individual.

10.2.9.1. Nos trabalhos em instalações elétricas, quando as medidas de proteção coletiva forem tecnicamente inviáveis ou insuficientes para controlar os riscos, devem ser adotados equipamentos de proteção individual específicos e adequados às atividades desenvolvidas, em atendimento ao disposto na NR 6.

10.2.9.2. As vestimentas de trabalho devem ser adequadas às atividades, devendo contemplar a condutibilidade, inflamabilidade e influências eletromagnéticas.

10.2.9.3. É vedado o uso de adornos pessoais nos trabalhos com instalações elétricas ou em suas proximidades.

10.3. Segurança em projetos.

10.3.1. É obrigatório que os projetos de instalações elétricas especifiquem dispositivos de desligamento de circuitos que possuam recursos para impedimento de reenergização, para sinalização de advertência com indicação da condição operativa.

10.3.2. O projeto elétrico, na medida do possível, deve prever a instalação de dispositivo de seccionamento de ação simultânea, que permita a aplicação de impedimento de reenergização do circuito.

10.3.3. O projeto de instalações elétricas deve considerar o espaço seguro, quanto ao dimensionamento e a localização de seus componentes e as influências externas, quando da operação e da realização de serviços de construção e manutenção.

10.3.3.1. Os circuitos elétricos com finalidades diferentes, tais como: comunicação, sinalização, controle e tração elétrica devem ser identificados e instalados separadamente, salvo quando o desenvolvimento tecnológico permitir compartilhamento, respeitadas as definições de projetos.

10.3.4. O projeto deve definir a configuração do esquema de aterramento, a obrigatoriedade ou não da interligação entre o condutor neutro e o de proteção e a conexão à terra das partes condutoras não destinadas à condução da eletricidade.

10.3.5. Sempre que for tecnicamente viável e necessário, devem ser projetados dispositivos de seccionamento que incorporem recursos fixos de equipotencialização e aterramento do circuito seccionado.

10.3.6. Todo projeto deve prever condições para a adoção de aterramento temporário.

10.3.7. O projeto das instalações elétricas deve ficar à disposição dos trabalhadores autorizados, das autoridades competentes e de outras pessoas autorizadas pela empresa e deve ser mantido atualizado.

10.3.8. O projeto elétrico deve atender ao que dispõem as Normas Regulamentadoras de Saúde e Segurança no Trabalho, as regulamentações técnicas oficiais estabelecidas, e ser assinado por profissional legalmente habilitado.

10.3.9. O memorial descritivo do projeto deve conter, no mínimo, os seguintes itens de segurança:

a) especificação das características relativas à proteção contra choques elétricos, queimaduras e outros riscos adicionais;

b) indicação de posição dos dispositivos de manobra dos circuitos elétricos: (Verde – "D", desligado e Vermelho – "L", ligado);

c) descrição do sistema de identificação de circuitos elétricos e equipamentos, incluindo dispositivos de manobra, de controle, de proteção, de intertravamento, dos condutores e os próprios equipamentos e estruturas, definindo como tais indicações devem ser aplicadas fisicamente nos componentes das instalações;

d) recomendações de restrições e advertências quanto ao acesso de pessoas aos componentes das instalações;

e) precauções aplicáveis em face das influências externas;

f) o princípio funcional dos dispositivos de proteção, constantes do projeto, destinados à segurança das pessoas; e

g) descrição da compatibilidade dos dispositivos de proteção com a instalação elétrica.

10.3.10. Os projetos devem assegurar que as instalações proporcionem aos trabalhadores iluminação adequada e uma posição de trabalho segura, de acordo com a NR 17 – Ergonomia.

10.4. Segurança na construção, montagem, operação e manutenção.

10.4.1. As instalações elétricas devem ser construídas, montadas, operadas, reformadas, ampliadas, reparadas e inspecionadas de forma a garantir a segurança e a saúde dos trabalhadores e dos usuários, e serem supervisionadas por profissional autorizado, conforme dispõe esta NR.

10.4.2. Nos trabalhos e nas atividades referidas devem ser adotadas medidas preventivas destinadas ao controle dos riscos adicionais, especialmente quanto a altura, confinamento, campos elétricos e magnéticos, explosividade, umidade, poeira, fauna e flora e outros agravantes, adotando-se a sinalização de segurança.

10.4.3. Nos locais de trabalho só podem ser utilizados equipamentos, dispositivos e ferramentas elétricas compatíveis com a instalação elétrica existente, preservando-se as características de proteção, respeitadas as recomendações do fabricante e as influências externas.

10.4.3.1. Os equipamentos, dispositivos e ferramentas que possuam isolamento elétrico devem estar adequados às tensões envolvidas, e serem inspecionados e testados de acordo com as regulamentações existentes ou recomendações dos fabricantes.

10.4.4. As instalações elétricas devem ser mantidas em condições seguras de funcionamento e seus sistemas de proteção devem ser inspecionados e controlados periodicamente, de acordo com as regulamentações existentes e definições de projetos.

10.4.4.1. Os locais de serviços elétricos, compartimentos e invólucros de equipamentos e instalações elétricas são exclusivos para essa finalidade, sendo expressamente proibido utilizá-los para armazenamento ou guarda de quaisquer objetos.

10.4.5. Para atividades em instalações elétricas deve ser garantida ao trabalhador iluminação adequada e uma posição de trabalho segura, de acordo com a NR 17 – Ergonomia, de forma a permitir que ele disponha dos membros superiores livres para a realização das tarefas.

10.4.6. Os ensaios e testes elétricos laboratoriais e de campo ou comissionamento de instalações elétricas devem atender à regulamentação estabelecida nos itens 10.6 e 10.7, e somente podem ser realizados por trabalhadores que atendam às condições de qualificação, habilitação, capacitação e autorização estabelecidas nesta NR.

10.5. Segurança em instalações elétricas desenergizadas.

10.5.1. Somente serão consideradas desenergizadas as instalações elétricas liberadas para trabalho, mediante os procedimentos apropriados, obedecida a sequência abaixo:

a) seccionamento;

b) impedimento de reenergização;

c) constatação da ausência de tensão;

d) instalação de aterramento temporário com equipotencialização dos condutores dos circuitos;

e) proteção dos elementos energizados existentes na zona controlada (Anexo I); e

f) instalação da sinalização de impedimento de reenergização.

10.5.2. O estado de instalação desenergizada deve ser mantido até a autorização para reenergização, devendo ser reenergizada respeitando a sequência de procedimentos abaixo:

a) retirada das ferramentas, utensílios e equipamentos;

b) retirada da zona controlada de todos os trabalhadores não envolvidos no processo de reenergização;

c) remoção do aterramento temporário, da equipotencialização e das proteções adicionais;

d) remoção da sinalização de impedimento de reenergização; e

e) destravamento, se houver, e religação dos dispositivos de seccionamento.

10.5.3. As medidas constantes das alíneas apresentadas nos itens 10.5.1 e 10.5.2 podem ser alteradas, substituídas, ampliadas ou eliminadas, em função das peculiaridades de cada situação, por profissional legalmente habilitado, autorizado e mediante justificativa técnica previamente formalizada, desde que seja mantido o mesmo nível de segurança originalmente preconizado.

10.5.4. Os serviços a serem executados em instalações elétricas desligadas, mas com possibilidade de energização, por qualquer meio ou razão, devem atender ao que estabelece o disposto no item 10.6.

10.6. Segurança em instalações elétricas energizadas.

10.6.1. As intervenções em instalações elétricas com tensão igual ou superior a 50 Volts em corrente alternada ou superior a 120 Volts em corrente contínua somente podem ser realizadas por trabalhadores que atendam ao que estabelece o item 10.8 desta Norma.

10.6.1.1. Os trabalhadores de que trata o item anterior devem receber treinamento de segurança para trabalhos com instalações elétricas energizadas, com currículo mínimo, carga horária e demais determinações estabelecidas no Anexo II desta NR.

10.6.1.2. As operações elementares como ligar e desligar circuitos elétricos, realizadas em baixa tensão, com materiais e equipamentos elétricos em perfeito estado de conservação, adequados para operação, podem ser realizadas por qualquer pessoa não advertida.

10.6.2. Os trabalhos que exigem o ingresso na zona controlada devem ser realizados mediante procedimentos específicos respeitando as distâncias previstas no Anexo I.

10.6.3. Os serviços em instalações energizadas, ou em suas proximidades devem ser suspensos de imediato na iminência de ocorrência que possa colocar os trabalhadores em perigo.

10.6.4 Sempre que inovações tecnológicas forem implementadas ou para a entrada em operações de novas instalações ou equipamentos elétricos devem ser previamente elaboradas análises de risco, desenvolvidas com circuitos desenergizados, e respectivos procedimentos de trabalho.

10.6.5. O responsável pela execução do serviço deve suspender as atividades quando verificar situação ou condição de risco não prevista, cuja eliminação ou neutralização imediata não seja possível.

10.7. Trabalhos envolvendo alta tensão (AT).

10.7.1. Os trabalhadores que intervenham em instalações elétricas energizadas com alta tensão, que exerçam suas atividades dentro dos limites estabelecidos como zonas controladas e de risco, conforme Anexo I, devem atender ao disposto no item 10.8 desta NR.

10.7.2. Os trabalhadores de que trata o item 10.7.1 devem receber treinamento de segurança, específico em segurança no Sistema Elétrico de Potência (SEP) e em suas proximidades, com currículo mínimo, carga horária e demais determinações estabelecidas no Anexo II desta NR.

10.7.3. Os serviços em instalações elétricas energizadas em AT, bem como aqueles executados no Sistema Elétrico de Potência – SEP, não podem ser realizados individualmente.

10.7.4. Todo trabalho em instalações elétricas energizadas em AT, bem como aquelas que interajam com o SEP, somente pode ser realizado mediante ordem de serviço específica para data e local, assinada por superior responsável pela área.

10.7.5. Antes de iniciar trabalhos em circuitos energizados em AT, o superior imediato e a equipe, responsáveis pela execução do serviço, devem realizar uma avaliação prévia, estudar e planejar as atividades e ações a serem desenvolvidas de forma a atender os princípios técnicos básicos e as melhores técnicas de segurança em eletricidade aplicáveis ao serviço.

10.7.6. Os serviços em instalações elétricas energizadas em AT somente podem ser realizados quando houver procedimentos específicos, detalhados e assinados por profissional autorizado.

10.7.7. A intervenção em instalações elétricas energizadas em AT dentro dos limites estabelecidos como zona de risco, conforme Anexo I desta NR, somente pode ser realizada mediante a desativação, também conhecida como bloqueio, dos conjuntos e dispositivos de religamento automático do circuito, sistema ou equipamento.

10.7.7.1. Os equipamentos e dispositivos desativados devem ser sinalizados com identificação da condição de desativação, conforme procedimento de trabalho específico padronizado.

10.7.8. Os equipamentos, ferramentas e dispositivos isolantes ou equipados com materiais isolantes, destinados ao trabalho em alta tensão, devem ser submetidos a testes elétricos ou ensaios de laboratório periódicos, obedecendo-se as especificações do fabricante, os procedimentos da empresa e na ausência desses, anualmente.

10.7.9. Todo trabalhador em instalações elétricas energizadas em AT, bem como aqueles envolvidos em atividades no SEP devem dispor de equipamento que permita a comunicação permanente com os demais membros da equipe ou com o centro de operação durante a realização do serviço.

10.8. Habilitação, qualificação, capacitação e autorização dos trabalhadores.

10.8.1. É considerado trabalhador qualificado aquele que comprovar conclusão de curso específico na área elétrica reconhecido pelo Sistema Oficial de Ensino.

10.8.2. É considerado profissional legalmente habilitado o trabalhador previamente qualificado e com registro no competente conselho de classe.

10.8.3. É considerado trabalhador capacitado aquele que atenda às seguintes condições, simultaneamente:

a) receba capacitação sob orientação e responsabilidade de profissional habilitado e autorizado; e b) trabalhe sob a responsabilidade de profissional habilitado e autorizado.

10.8.3.1. A capacitação só terá validade para a empresa que o capacitou e nas condições estabelecidas pelo profissional habilitado e autorizado responsável pela capacitação.

10.8.4. São considerados autorizados os trabalhadores qualificados ou capacitados e os profissionais habilitados, com anuência formal da empresa.

10.8.5. A empresa deve estabelecer sistema de identificação que permita a qualquer tempo conhecer a abrangência da autorização de cada trabalhador, conforme o item 10.8.4.

10.8.6. Os trabalhadores autorizados a trabalhar em instalações elétricas devem ter essa condição consignada no sistema de registro de empregado da empresa.

10.8.7. Os trabalhadores autorizados a intervir em instalações elétricas devem ser submetidos a exame de saúde compatível com as atividades a serem desenvolvidas, realizado em conformidade com a NR 7 e registrado em seu prontuário médico.

10.8.8. Os trabalhadores autorizados a intervir em instalações elétricas devem possuir treinamento específico sobre os riscos decorrentes do emprego da energia elétrica e as principais medidas de prevenção de acidentes em instalações elétricas, de acordo com o estabelecido no Anexo II desta NR.

10.8.8.1. A empresa concederá autorização na forma desta NR aos trabalhadores capacitados ou qualificados e aos profissionais habilitados que tenham participado com avaliação e aproveitamento satisfatórios dos cursos constantes do Anexo II desta NR.

10.8.8.2. Deve ser realizado um treinamento de reciclagem bienal e sempre que ocorrer alguma das situações a seguir:

a) troca de função ou mudança de empresa;

b) retorno de afastamento ao trabalho ou inatividade, por período superior a três meses; e

c) modificações significativas nas instalações elétricas ou troca de métodos, processos e organização do trabalho.

10.8.8.3. A carga horária e o conteúdo programático dos treinamentos de reciclagem destinados ao atendimento das alíneas "a", "b" e "c" do item 10.8.8.2 devem atender as necessidades da situação que o motivou.

10.8.8.4. Os trabalhos em áreas classificadas devem ser precedidos de treinamento específico de acordo com risco envolvido.

10.8.9. Os trabalhadores com atividades não relacionadas às instalações elétricas desenvolvidas em zona livre e na vizinhança da zona controlada, conforme define esta NR, devem ser instruídos formalmente com conhecimentos que permitam identificar e avaliar seus possíveis riscos e adotar as precauções cabíveis.

10.9. Proteção contra incêndio e explosão.

10.9.1. As áreas onde houver instalações ou equipamentos elétricos devem ser dotadas de proteção contra incêndio e explosão, conforme dispõe a NR 23 – Proteção Contra Incêndios.

10.9.2. Os materiais, peças, dispositivos, equipamentos e sistemas destinados à aplicação em instalações elétricas de ambientes com atmosferas potencialmente explosivas devem ser avaliados quanto à sua conformidade, no âmbito do Sistema Brasileiro de Certificação.

10.9.3. Os processos ou equipamentos susceptíveis de gerar ou acumular eletricidade estática devem dispor de proteção específica e dispositivos de descarga elétrica.

10.9.4. Nas instalações elétricas de áreas classificadas ou sujeitas a risco acentuado de incêndio ou explosões, devem ser adotados dispositivos de proteção, como alarme e seccionamento automático para prevenir sobretensões, sobrecorrentes, falhas de isolamento, aquecimentos ou outras condições anormais de operação.

10.9.5. Os serviços em instalações elétricas nas áreas classificadas somente poderão ser realizados mediante permissão para o trabalho com liberação formalizada, conforme estabelece o item 10.5 ou supressão do agente de risco que determina a classificação da área.

10.10. Sinalização de segurança.

10.10.1. Nas instalações e serviços em eletricidade deve ser adotada sinalização adequada de segurança, destinada à advertência e à identificação, obedecendo ao disposto na NR 26 – Sinalização de Segurança, de forma a atender, dentre outras, as situações a seguir:

a) identificação de circuitos elétricos;

b) travamentos e bloqueios de dispositivos e sistemas de manobra e comandos;

c) restrições e impedimentos de acesso;

d) delimitações de áreas;

e) sinalização de áreas de circulação, de vias públicas, de veículos e de movimentação de cargas;

f) sinalização de impedimento de energização;

g) identificação de equipamento ou circuito impedido.

10.11. Procedimentos de trabalho.

10.11.1. Os serviços em instalações elétricas devem ser planejados e realizados em conformidade com procedimentos de trabalho específicos, padronizados, com descrição detalhada de cada tarefa, passo a passo, assinados por profissional que atenda ao que estabelece o item 10.8 desta NR.

10.11.2. Os serviços em instalações elétricas devem ser precedidos de ordens de serviço específicas, aprovadas por trabalhador autorizado, contendo, no mínimo, o tipo, a data, o local e as referências aos procedimentos de trabalho a serem adotados.

10.11.3. Os procedimentos de trabalho devem conter, no mínimo, objetivo, campo de aplicação, base técnica, competências e responsabilidades, disposições gerais, medidas de controle e orientações finais.

10.11.4. Os procedimentos de trabalho, o treinamento de segurança e saúde e a autorização de que trata o item 10.8 devem ter a participação em todo processo de desenvolvimento do Serviço Especializado de Engenharia de Segurança e Medicina do Trabalho – SESMT, quando houver.

10.11.5. A autorização referida no item 10.8 deve estar em conformidade com o treinamento ministrado, previsto no Anexo II desta NR.

10.11.6. Toda equipe deverá ter um de seus trabalhadores indicado e em condições de exercer a supervisão e condução dos trabalhos.

10.11.7. Antes de iniciar trabalhos em equipe os seus membros, em conjunto com o responsável pela execução do serviço, devem realizar uma avaliação prévia, estudar e planejar as atividades e ações a serem desenvolvidas no local, de forma a atender os princípios técnicos básicos e as melhores técnicas de segurança aplicáveis ao serviço.

10.11.8. A alternância de atividades deve considerar a análise de riscos das tarefas e a competência dos trabalhadores envolvidos, de forma a garantir a segurança e a saúde no trabalho.

10.12. Situação de emergência.

10.12.1. As ações de emergência que envolvam as instalações ou serviços com eletricidade devem constar do plano de emergência da empresa.

10.12.2. Os trabalhadores autorizados devem estar aptos a executar o resgate e prestar primeiros socorros a acidentados, especialmente por meio de reanimação cardiorrespiratória.

10.12.3. A empresa deve possuir métodos de resgate padronizados e adequados às suas atividades, disponibilizando os meios para a sua aplicação.

10.12.4. Os trabalhadores autorizados devem estar aptos a manusear e operar equipamentos de prevenção e combate a incêndio existentes nas instalações elétricas.

10.13. Responsabilidades.

10.13.1. As responsabilidades quanto ao cumprimento desta NR são solidárias aos contratantes e contratados envolvidos.

10.13.2. É de responsabilidade dos contratantes manter os trabalhadores informados sobre os riscos a que estão expostos, instruindo-os quanto aos procedimentos e medidas de controle contra os riscos elétricos a serem adotados.

10.13.3. Cabe à empresa, na ocorrência de acidentes de trabalho envolvendo instalações e serviços em eletricidade, propor e adotar medidas preventivas e corretivas.

10.13.4. Cabe aos trabalhadores:

a) zelar pela sua segurança e saúde e a de outras pessoas que possam ser afetadas por suas ações ou omissões no trabalho;

b) responsabilizar-se junto com a empresa pelo cumprimento das disposições legais e regulamentares, inclusive quanto aos procedimentos internos de segurança e saúde; e

c) comunicar, de imediato, ao responsável pela execução do serviço as situações que considerar de risco para sua segurança e saúde e a de outras pessoas.

10.14. Disposições finais.

10.14.1. Os trabalhadores devem interromper suas tarefas exercendo o direito de recusa, sempre que constatarem evidências de riscos graves e iminentes para sua segurança e saúde ou a de outras pessoas, comunicando imediatamente o fato a seu superior hierárquico, que diligenciará as medidas cabíveis.

10.14.2. As empresas devem promover ações de controle de riscos originados por outrem em suas instalações elétricas e oferecer, de imediato, quando cabível, denúncia aos órgãos competentes.

10.14.3. Na ocorrência do não cumprimento das normas constantes nesta NR, o MTE adotará as providências estabelecidas na NR 3.

10.14.4. A documentação prevista nesta NR deve estar permanentemente à disposição dos trabalhadores que atuam em serviços e instalações elétricas, respeitadas as abrangências, limitações e interferências nas tarefas.

10.14.5. A documentação prevista nesta NR deve estar, permanentemente, à disposição das autoridades competentes.

10.14.6. Esta NR não é aplicável a instalações elétricas alimentadas por extrabaixa tensão.

NR-15 – Atividades e Operações Insalubres

(Alterada pelas Port. MTE/SSMT 12/79; Port. MTE/SSMT 01/80; Port. MTE/SSMT 05/83; Port. MTE/SSMT 12/83; Port. MTE/SSMT 24/83; Port. MTE/GM 3.751/90; Port. MTE/DSST 01/91; Port. MTE/DNSST 08/92; Port. MTE/DNSST 09/92; Port. MTE/SSST 04/94; Port. MTE/SSST 22/94; Port. MTE/SSST 14/95; Port. MTE/SIT 99/04; Port. MTE/SIT 43/08; Port. MTE/

SIT 203/11; Port. MTE/SIT 291/11 e Port. MTE/SIT 413/13.)

15.1. São consideradas atividades ou operações insalubres as que se desenvolvem:

15.1.1. Acima dos limites de tolerância previstos nos anexos n. 1, 2, 3, 5, 11 e 12.

15.1.2. Revogado pela Portaria n. 3.751, de 23/11/90.

15.1.3. Nas atividades mencionadas nos anexos n. 5, 6, 13 e 14.

15.1.4. Comprovadas através de laudo de inspeção do local de trabalho, constantes dos Anexos n. 7, 8, 9 e 10.

15.1.5. Entende-se por Limite de Tolerância, para os fins desta Norma, a concentração ou intensidade máxima ou mínima, relacionada com a natureza e o tempo de exposição ao agente, que não causará dano à saúde do trabalhador, durante a sua vida laboral.

15.2. O exercício de trabalho em condições de insalubridade, de acordo com os subitens do item anterior, assegura ao trabalhador a percepção de adicional, incidente sobre o salário mínimo da região, equivalente a:

15.2.1. 40%, para insalubridade de grau máximo;

15.2.2. 20%, para insalubridade de grau médio;

15.2.3. 10%, para insalubridade de grau mínimo.

15.3. No caso de incidência de mais de um fator de insalubridade, será apenas considerado o de grau mais elevado, para efeito de acréscimo salarial, sendo vedada a percepção cumulativa.

15.4. A eliminação ou neutralização da insalubridade determinará a cessação do pagamento do adicional respectivo.

15.4.1. A eliminação ou neutralização da insalubridade deverá ocorrer:

a) com a adoção de medidas de ordem geral que conservem o ambiente de trabalho dentro dos limites de tolerância;

b) com a utilização de equipamento de proteção individual.

15.4.1.1. Cabe à autoridade regional competente em matéria de segurança e saúde do trabalhador, comprovada a insalubridade por laudo técnico de engenheiro de segurança do trabalho ou médico do trabalho, devidamente habilitado:

a) notificar a empresa, estipulando prazo para a eliminação ou neutralização do risco, quando possível;

b) fixar adicional devido aos empregados expostos à insalubridade quando impraticável sua eliminação ou neutralização.

15.4.1.2. A eliminação ou neutralização da insalubridade ficará caracterizada através de avaliação pericial por órgão competente, que comprove a inexistência de risco à saúde do trabalhador.

15.5. É facultado às empresas e aos sindicatos das categorias profissionais interessadas requererem ao Ministério do Trabalho, através das DRTs, a realização de perícia em estabelecimento ou setor deste, com o objetivo de caracterizar e classificar ou determinar atividade insalubre.

15.5.1. Nas perícias requeridas às Delegacias Regionais do Trabalho, desde que comprovada a insalubridade, o perito do Ministério do Trabalho indicará o adicional devido.

15.6. O perito descreverá no laudo a técnica e a aparelhagem utilizadas.

15.7. O disposto no item 15.5 não prejudica a ação fiscalizadora do MTb, nem a realização *ex officio* da perícia, quando solicitado pela Justiça, nas localidades onde não houver perito. (A NR-15 foi promulgada com 15 anexos.)

....

NR-16 – Atividades e Operações Perigosas

(Alterada pelas Port. MTE/SSMT 02/79; Port. MTE/GM 3.393/87; Port. MTE/SSST 25/94; Port. MTE/GM 545/00; Port. MTE/SIT 26/00; Port. MTE/GM 496/02; Port. MTE/GM 518/03; Port. MTE/SIT 312/12 e Port. MTE/GM 1.885/13.)

16.1. São consideradas atividades e operações perigosas as constantes dos Anexos n. 1 e 2 desta Norma Regulamentadora (NR).

16.2. O exercício de trabalho em condições de periculosidade assegura ao trabalhador a percepção de adicional de 30%, incidente sobre o salário, sem os acréscimos resultantes de gratificações, prêmios ou participações nos lucros da empresa.

16.2.1. O empregado poderá optar pelo adicional de insalubridade que porventura lhe seja devido.

16.3. É facultado às empresas e aos sindicatos das categorias profissionais interessadas requererem ao Ministério do Trabalho, através das Delegacias Regionais do Trabalho, a realização de perícia em estabelecimento ou setor da empresa, com o objetivo de caracterizar e classificar ou determinar atividade perigosa.

16.4. O disposto no item 16.3 não prejudica ação fiscalizadora do Ministério do Trabalho, nem a realização *ex officio* da perícia.

16.5. Para os fins desta Norma Regulamentadora (NR) são consideradas atividades ou operações perigosas as executadas com explosivos sujeitos a:

a) degradação química ou autocatalítica;

b) ação de agentes exteriores, tais como calor, umidade, faíscas, fogo, fenômenos sísmicos, choque e atritos.

16.6. As operações de transporte de inflamáveis líquidos ou gasosos liquefeitos, em quaisquer vasilhames e a granel, são consideradas em condições de periculosidade, com exclusão para o transporte em pequenas quantidades, até o limite de 200 litros para os inflamáveis líquidos e 135 quilos para os inflamáveis gasosos liquefeitos.

16.6.1. As quantidades de inflamáveis, contidas nos tanques de consumo próprio dos veículos não serão consideradas para efeito desta Norma.

16.7. Para efeito desta Norma Regulamentadora considera-se líquido combustível todo aquele que possua ponto de fulgor maior que 60ºC (sessenta graus Celsius) e inferior ou igual a 93ºC (noventa e três graus Celsius). (NRed. Port. MTE/SIT 312/12)

16.8. Todas as áreas de risco previstas nesta NR devem ser delimitadas, sob responsabilidade do empregador. (A NR-16 foi promulgada com 2 Anexos)

NR-18 – Condições e Meio Ambiente de Trabalho na Indústria da Construção

(Alterada pelas Port. DSST 02/92; Port. SSST 04/95; Port. SSST 07/97; Port. SSST 12/97; Port. SSST 20/98; Port. SSST 63/98; Port. SIT 30/00; Port. SIT 30/01; Port. SIT 13/02; Port. SIT 114/05; Port. SIT 157/06; Port. SIT 15/07; Port. SIT 40/08; Port. SIT 201/11; Port. SIT 224/11; Port. SIT 237/11; Port. SIT 254/11; Port. SIT 296/11; Port. SIT 318/12 e Port. MTE 644/13.)

18.1. Objetivo e Campo de Aplicação

18.1.1. Esta Norma Regulamentadora – NR estabelece diretrizes de ordem administrativa, de planejamento e de organização, que objetivam a implementação de medidas de controle e sistemas preventivos de segurança nos processos, nas condições e no meio ambiente de trabalho na Indústria da Construção.

18.1.2. Consideram-se atividades da Indústria da Construção as constantes do Quadro I, Código da Atividade Específica, da NR 4 – Serviços Especializados em Engenharia de Segurança e em Medicina do Trabalho e as atividades e serviços de demolição, reparo, pintura, limpeza e manutenção de edifícios em geral, de qualquer número de pavimentos ou tipo de construção, inclusive manutenção de obras de urbanização e paisagismo (NRed. Port. SSST 63/98).

18.1.3. É vedado o ingresso ou a permanência de trabalhadores no canteiro de obras, sem que estejam assegurados pelas medidas previstas nesta NR e compatíveis com a fase da obra.

18.1.4. A observância do estabelecido nesta NR não desobriga os empregadores do cumprimento das disposições relativas às condições e meio ambiente de trabalho, determinadas na legislação federal, estadual e/ou municipal, e em outras estabelecidas em negociações coletivas de trabalho.

18.2. Comunicação Prévia

18.2.1. É obrigatória a comunicação à Delegacia Regional do Trabalho, antes do início das atividades, das seguintes informações:

a) endereço correto da obra;

b) endereço correto e qualificação (CEI, CGC ou CPF) do contratante, empregador ou condomínio;

c) tipo de obra;

d) datas previstas do início e conclusão da obra;

e) número máximo previsto de trabalhadores na obra.

18.3. Programa de Condições e Meio

Ambiente de Trabalho na Indústria da Construção – PCMAT

18.3.1. São obrigatórios a elaboração e o cumprimento do PCMAT nos estabelecimentos com 20 (vinte) trabalhadores ou mais, contemplando os aspectos desta NR e outros dispositivos complementares de segurança.

18.3.1.1. O PCMAT deve contemplar as exigências contidas na NR 9 – Programa de Prevenção e Riscos Ambientais.

18.3.1.2. O PCMAT deve ser mantido no estabelecimento à disposição do órgão regional do Ministério do Trabalho e Emprego – MTE. (NR Port. SIT 296/11)

18.3.2. O PCMAT deve ser elaborado por profissional legalmente habilitado na área de segurança do trabalho. (NR Port. SIT 296/11)

18.3.3. A implementação do PCMAT nos estabelecimentos é de responsabilidade do empregador ou condomínio.

18.3.4. Integram o PCMAT (NRed Port. SIT 296/11):

a) memorial sobre condições e meio ambiente de trabalho nas atividades e operações, levando-se em consideração riscos de acidentes e de doenças do trabalho e suas respectivas medidas preventivas;

b) projeto de execução das proteções coletivas em conformidade com as etapas de execução da obra;

c) especificação técnica das proteções coletivas e individuais a serem utilizadas;

d) cronograma de implantação das medidas preventivas definidas no PCMAT em conformidade com as etapas de execução da obra (NRed Port. SIT 296/11);

e) *layout* inicial e atualizado do canteiro de obras e/ou frente de trabalho, contemplando, inclusive, previsão de dimensionamento das áreas de vivência (NRed Port. SIT 296/11);

f) programa educativo contemplando a temática de prevenção de acidentes e doenças do trabalho, com sua carga horária.

18.4. Áreas de Vivência

18.4.1. Os canteiros de obras devem dispor de:

a) instalações sanitárias;

b) vestiário;

c) alojamento;

d) local de refeições;

e) cozinha, quando houver preparo de refeições;

f) lavanderia;

g) área de lazer;

h) ambulatório, quando se tratar de frentes de trabalho com 50 (cinquenta) ou mais trabalhadores.

18.4.1.1. O cumprimento do disposto nas alíneas "c", "f" e "g" é obrigatório nos casos onde houver trabalhadores alojados.

18.4.1.2. As áreas de vivência devem ser mantidas em perfeito estado de conservação, higiene e limpeza.

18.4.1.3. Instalações móveis, inclusive contêineres, serão aceitas em áreas de vivência de canteiro de obras e frentes de trabalho, desde que, cada módulo (NRed. Port. SIT 30/00):

a) possua área de ventilação natural, efetiva, de no mínimo 15% (quinze por cento) da área do piso, composta por, no mínimo, duas aberturas adequadamente dispostas para permitir eficaz ventilação interna;

b) garanta condições de conforto térmico;

c) possua pé-direito mínimo de 2,40 m (dois metros e quarenta centímetros);

d) garanta os demais requisitos mínimos de conforto e higiene estabelecidos nesta NR;

e) possua proteção contra riscos de choque elétrico por contatos indiretos, além do aterramento elétrico.

18.4.1.3.1. Nas instalações móveis, inclusive contêineres, destinadas a alojamentos com camas duplas, tipo beliche, a altura livre entre uma cama e outra é, no mínimo, de 0,90m (noventa centímetros) (red. Port. SIT 30/00).

18.4.1.3.2. Tratando-se de adaptação de contêineres, originalmente utilizados no transporte ou acondicionamento de cargas, deverá ser mantido no canteiro de obras, à disposição da fiscalização do trabalho e do sindicato profissional, laudo técnico elaborado por profissional legalmente habilitado, relativo a ausência de riscos químicos, biológicos e físicos (especificamente para radiações) com a identificação da empresa responsável pela adaptação (red. Port. SIT 30/00).

18.4.2. Instalações Sanitárias

18.4.2.1. Entende-se como instalação sanitária o local destinado ao asseio corporal e/ou ao atendimento das necessidades fisiológicas de excreção.

18.4.2.2. É proibida a utilização das instalações sanitárias para outros fins que não aqueles previstos no subitem 18.4.2.1.

18.4.2.3. As instalações sanitárias devem:

a) ser mantidas em perfeito estado de conservação e higiene;

b) ter portas de acesso que impeçam o devassamento e ser construídas de modo a manter o resguardo conveniente;

c) ter paredes de material resistente e lavável, podendo ser de madeira;

d) ter pisos impermeáveis, laváveis e de acabamento antiderrapante;

e) não se ligar diretamente com os locais destinados às refeições;

f) ser independente para homens e mulheres, quando necessário;

g) ter ventilação e iluminação adequadas;

h) ter instalações elétricas adequadamente protegidas;

i) ter pé-direito mínimo de 2,50 m (dois metros e cinquenta centímetros), ou respeitando-se o que determina o Código de Obras do Município da obra;

j) estar situadas em locais de fácil e seguro acesso, não sendo permitido um deslocamento superior a 150 (cento e cinquenta) metros do posto de trabalho aos gabinetes sanitários, mictórios e lavatórios.

18.4.2.4. A instalação sanitária deve ser constituída de lavatório, vaso sanitário e mictório, na proporção de 1 (um) conjunto para cada grupo de 20 (vinte) trabalhadores ou fração, bem como de chuveiro, na proporção de 1 (uma) unidade para cada grupo de 10 (dez) trabalhadores ou fração.

18.4.2.5. Lavatórios

18.4.2.5.1. Os lavatórios devem:

a) ser individual ou coletivo, tipo calha;

b) possuir torneira de metal ou de plástico;

c) ficar a uma altura de 0,90 m (noventa centímetros);

d) ser ligados diretamente à rede de esgoto, quando houver;

e) ter revestimento interno de material liso, impermeável e lavável;

f) ter espaçamento mínimo entre as torneiras de 0,60 m (sessenta centímetros), quando coletivos;

g) dispor de recipiente para coleta de papéis usados.

18.4.2.6. Vasos sanitários

18.4.2.6.1. O local destinado ao vaso sanitário (gabinete sanitário) deve:

a) ter área mínima de 1,00 m² (um metro quadrado);

b) ser provido de porta com trinco interno e borda inferior de, no máximo, 0,15 m (quinze centímetros) de altura;

c) ter divisórias com altura mínima de 1,80m (um metro e oitenta centímetros);

d) ter recipiente com tampa, para depósito de papéis usados, sendo obrigatório o fornecimento de papel higiênico.

18.4.2.6.2. Os vasos sanitários devem:

a) ser do tipo bacia turca ou sifonado;

b) ter caixa de descarga ou válvula automática;

c) ser ligado à rede geral de esgotos ou à fossa séptica, com interposição de sifões hidráulicos.

18.4.2.7. Mictórios

18.4.2.7.1. Os mictórios devem:

a) ser individual ou coletivo, tipo calha;

b) ter revestimento interno de material liso, impermeável e lavável;

c) ser providos de descarga provocada ou automática;

d) ficar a uma altura máxima de 0,50 m (cinquenta centímetros) do piso;

e) ser ligado diretamente à rede de esgoto ou à fossa séptica, com interposição de sifões hidráulicos.

18.4.2.7.2. No mictório tipo calha, cada segmento de 0,60 m (sessenta centímetros) deve corresponder a um mictório tipo cuba.

18.4.2.8. Chuveiros

18.4.2.8.1. A área mínima necessária para utilização de cada chuveiro é de 0,80 m² (oitenta centímetros quadrados), com altura de 2,10m (dois metros e dez centímetros) do piso.

18.4.2.8.2. Os pisos dos locais onde forem instalados os chuveiros devem ter caimento que assegure o escoamento da água para a rede de esgoto, quando houver, e ser de material antiderrapante ou provido de estrados de madeira.

18.4.2.8.3. Os chuveiros devem ser de metal ou plástico, individuais ou coletivos, dispondo de água quente.

18.4.2.8.4. Deve haver um suporte para sabonete e cabide para toalha, correspondente a cada chuveiro.

18.4.2.8.5. Os chuveiros elétricos devem ser aterrados adequadamente.

18.4.2.9. Vestiário

18.4.2.9.1. Todo canteiro de obra deve possuir vestiário para troca de roupa dos trabalhadores que não residem no local.

18.4.2.9.2. A localização do vestiário deve ser próxima aos alojamentos e/ou à entrada da obra, sem ligação direta com o local destinado às refeições.

18.4.2.9.3. Os vestiários devem:

a) ter paredes de alvenaria, madeira ou material equivalente;

b) ter pisos de concreto, cimentado, madeira ou material equivalente;

c) ter cobertura que proteja contra as intempéries;

d) ter área de ventilação correspondente a 1/10 (um décimo) de área do piso;

e) ter iluminação natural e/ou artificial;

f) ter armários individuais dotados de fechadura ou dispositivo com cadeado;

g) ter pé-direito mínimo de 2,50 m (dois metros e cinquenta centímetros), ou respeitando-se o que determina o Código de Obras do Município, da obra;

h) ser mantidos em perfeito estado de conservação, higiene e limpeza;

i) ter bancos em número suficiente para atender aos usuários, com largura mínima de 0,30 m (trinta centímetros).

18.4.2.10. Alojamento

18.4.2.10.1. Os alojamentos dos canteiros de obra devem:

a) ter paredes de alvenaria, madeira ou material equivalente;

b) ter piso de concreto, cimentado, madeira ou material equivalente;

c) ter cobertura que proteja das intempéries;

d) ter área de ventilação de, no mínimo, 1/10 (um décimo) da área do piso;

e) ter iluminação natural e/ou artificial;

f) ter área mínima de 3,00 m² (três metros quadrados) por módulo cama/armário, incluindo a área de circulação;

g) ter pé-direito de 2,50 m (dois metros e cinquenta centímetros) para cama simples e de 3,00 m (três metros) para camas duplas;

h) não estar situados em subsolos ou porões das edificações;

i) ter instalações elétricas adequadamente protegidas.

18.4.2.10.2. É proibido o uso de 3 (três) ou mais camas na mesma vertical.

18.4.2.10.3. A altura livre permitida entre uma cama e outra e entre a última e o teto é de, no mínimo, 1,20 m (um metro e vinte centímetros).

18.4.2.10.4. A cama superior do beliche deve ter proteção lateral e escada.

18.4.2.10.5. As dimensões mínimas das camas devem ser de 0,80 m (oitenta centímetros) por 1,90 m (um metro e noventa centímetros) e distância entre o ripamento do estrado de 0,05 m (cinco centímetros), dispondo ainda de colchão com densidade 26 (vinte e seis) e espessura mínima de 0,10 m (dez centímetros).

18.4.2.10.6. As camas devem dispor de lençol, fronha e travesseiro em condições adequadas de higiene, bem como cobertor, quando as condições climáticas assim o exigirem.

18.4.2.10.7. Os alojamentos devem ter armários duplos individuais com as seguintes dimensões mínimas:

a) 1,20 m (um metro e vinte centímetros) de altura por 0,30 m (trinta centímetros) de largura e 0,40 m (quarenta centímetros) de profundidade, com separação ou prateleira, de modo que um compartimento, com a altura de 0,80 m (oitenta centímetros), se destine a abrigar a roupa de uso comum e o outro compartimento, com a altura de 0,40 m (quarenta centímetros), a guardar a roupa de trabalho; ou

b) 0,80 m (oitenta centímetros) de altura por 0,50 m (cinquenta centímetros) de largura e 0,40 m (quarenta centímetros) de profundidade com divisão no sentido vertical, de forma que os compartimentos, com largura de 0,25 m (vinte e cinco centímetros), estabeleçam, rigorosamente, o isolamento das roupas de uso comum e de trabalho.

18.4.2.10.8. É proibido cozinhar e aquecer qualquer tipo de refeição dentro do alojamento.

18.4.2.10.9. O alojamento deve ser mantido em permanente estado de conservação, higiene e limpeza.

18.4.2.10.10. É obrigatório no alojamento o fornecimento de água potável, filtrada e fresca, para os trabalhadores por meio de bebedouros de jato inclinado ou equipamento similiar que garanta as mesmas condições, na proporção de 1 (um) para cada grupo de 25 (vinte e cinco) trabalhadores ou fração.

18.4.2.10.11. É vedada a permanência de pessoas com moléstia infectocontagiosa nos alojamentos.

18.4.2.11. Local para refeições

18.4.2.11.1. Nos canteiros de obra é obrigatória a existência de local adequado para refeições.

18.4.2.11.2. O local para refeições deve:

a) ter paredes que permitam o isolamento durante as refeições;

b) ter piso de concreto, cimentado ou de outro material lavável;

c) ter cobertura que proteja das intempéries;

d) ter capacidade para garantir o atendimento de todos os trabalhadores no horário das refeições;

e) ter ventilação e iluminação natural e/ou artificial;

f) ter lavatório instalado em suas proximidades ou no seu interior;

g) ter mesas com tampos lisos e laváveis;

h) ter assentos em número suficiente para atender aos usuários;

i) ter depósito, com tampa, para detritos;

j) não estar situado em subsolos ou porões das edificações;

k) não ter comunicação direta com as instalações sanitárias;

l) ter pé-direito mínimo de 2,80 m (dois metros e oitenta centímetros), ou respeitando-se o que determina o Código de Obras do Município, da obra.

18.4.2.11.3. Independentemente do número de trabalhadores e da existência ou não de cozinha, em todo canteiro de obra deve haver local exclusivo para o aquecimento de refeições, dotado de equipamento adequado e seguro para o aquecimento.

18.4.2.11.3.1. É proibido preparar, aquecer e tomar refeições fora dos locais estabelecidos neste subitem.

18.4.2.11.4. É obrigatório o fornecimento de água potável, filtrada e fresca, para os trabalhadores, por meio de bebedouro de jato inclinado ou outro dispositivo equivalente, sendo proibido o uso de copos coletivos.

18.4.2.12. Cozinha

18.4.2.12.1. Quando houver cozinha no canteiro de obra, ela deve:

a) ter ventilação natural e/ou artificial que permita boa exaustão;

b) ter pé-direito mínimo de 2,80 m (dois metros e oitenta centímetros), ou respeitando-se o Código de Obras do município, da obra;

c) ter paredes de alvenaria, concreto, madeira ou material equivalente;

d) ter piso de concreto, cimentado ou de outro material de fácil limpeza;

e) ter cobertura de material resistente ao fogo;

f) ter iluminação natural e/ou artificial;

g) ter pia para lavar os alimentos e utensílios;

h) possuir instalações sanitárias que não se comuniquem com a cozinha, de uso exclusivo dos encarregados de manipular gêneros alimentícios, refeições e utensílios, não devendo ser ligadas à caixa de gordura;

i) dispor de recipiente, com tampa, para coleta de lixo;

j) possuir equipamento de refrigeração para preservação dos alimentos;

k) ficar adjacente ao local para refeições;

l) ter instalações elétricas adequadamente protegidas;

m) quando utilizado GLP, os botijões devem ser instalados fora do ambiente de utilização, em área permanentemente ventilada e coberta.

18.4.2.12.2. É obrigatório o uso de aventais e gorros para os que trabalham na cozinha.

18.4.2.13. Lavanderia

18.4.2.13.1. As áreas de vivência devem possuir local próprio, coberto, ventilado e iluminado para que o trabalhador alojado possa lavar, secar e passar suas roupas de uso pessoal.

18.4.2.13.2. Este local deve ser dotado de tanques individuais ou coletivos em número adequado.

18.4.2.13.3. A empresa poderá contratar serviços de terceiros para atender ao disposto no item 18.4.2.13.1, sem ônus para o trabalhador.

18.4.2.14. Área de lazer

18.4.2.14.1. Nas áreas de vivência devem ser previstos locais para recreação dos trabalhadores alojados, podendo ser utilizado o local de refeições para este fim.

18.5. Demolição

18.5.1. Antes de se iniciar a demolição, as linhas de fornecimento de energia elétrica, água, inflamáveis líquidos e gasosos liquefeitos, substâncias tóxicas, canalizações de esgoto e de escoamento de água devem ser desligadas, retiradas, protegidas ou isoladas, respeitando-se as normas e determinações em vigor.

18.5.2. As construções vizinhas à obra de demolição devem ser examinadas, prévia e periodicamente, no sentido de ser preservada sua estabilidade e a integridade física de terceiros.

18.5.3. Toda demolição deve ser programada e dirigida por profissional legalmente habilitado.

18.5.4. Antes de se iniciar a demolição, devem ser removidos os vidros, ripados, estuques e outros elementos frágeis.

18.5.5. Antes de se iniciar a demolição de um pavimento devem ser fechadas todas as aberturas existentes no piso, salvo as que forem utilizadas para escoamento de materiais, ficando proibida a permanência de pessoas nos pavimentos que possam ter sua estabilidade comprometida no processo de demolição.

18.5.6. As escadas devem ser mantidas desimpedidas e livres para a circulação de emergência e somente serão demolidas à medida em que forem sendo retirados os materiais dos pavimentos superiores.

18.5.7. Objetos pesados ou volumosos devem ser removidos mediante o emprego de dispositivos mecânicos, ficando proibido o lançamento em queda livre de qualquer material.

18.5.8. A remoção dos entulhos, por gravidade, deve ser feita em calhas fechadas de material resistente, com inclinação máxima de 45° (quarenta e cinco graus), fixadas à edificação em todos os pavimentos.

18.5.9. No ponto de descarga da calha deve existir dispositivo de fechamento.

18.5.10. Durante a execução de serviços de demolição, devem ser instaladas, no máximo, a 2 (dois) pavimentos abaixo do que será demolido, plataformas de retenção de entulhos, com dimensão mínima de 2,50 m (dois metros e cinquenta centímetros) e inclinação de 45° (quarenta e cinco graus), em todo o perímetro da obra.

18.5.11. Os elementos da construção em demolição não devem ser abandonados em posição que torne possível o seu desabamento.

18.5.12. Os materiais das edificações, durante a demolição e remoção, devem ser previamente umedecidos.

18.5.13. As paredes somente podem ser demolidas antes da estrutura, quando esta for metálica ou de concreto armado.

18.6. Escavações, Fundações e Desmonte de Rochas

18.6.1. A área de trabalho deve ser previamente limpa, devendo ser retirados ou escorados solidamente árvores, rochas, equipamentos, materiais e objetos de qualquer natureza, quando houver risco de comprometimento de sua estabilidade durante a execução de serviços.

18.6.2. Muros, edificações vizinhas e todas as estruturas que possam ser afetadas pela escavação devem ser escorados.

18.6.3. Os serviços de escavação, fundação e desmonte de rochas devem ter responsável técnico legalmente habilitado.

18.6.4. Quando existir cabo subterrâneo de energia elétrica nas proximidades das escavações, as mesmas só poderão ser iniciadas quando o cabo estiver desligado.

18.6.4.1. Na impossibilidade de desligar o cabo, devem ser tomadas medidas especiais junto à concessionária.

18.6.5. Os taludes instáveis das escavações com profundidade superior a 1,25 m (um metro e vinte e cinco centímetros) devem ter sua estabilidade garantida por meio de estruturas dimensionadas para este fim.

18.6.6. Para elaboração do projeto e execução das escavações a céu aberto, serão observadas as condições exigidas na NBR 9061/85 – Segurança de Escavação a Céu Aberto, da ABNT.

18.6.7. As escavações com mais de 1,25 m (um metro e vinte e cinco centímetros) de profundidade devem dispor de escadas ou rampas, colocadas próximas aos postos de trabalho, a fim de permitir, em caso de emergência, a saída rápida dos trabalhadores, independentemente do previsto no subitem 18.6.5.

18.6.8. Os materiais retirados da escavação devem ser depositados a uma distância superior à metade da profundidade, medida a partir da borda do talude.

18.6.9. Os taludes com altura superior a 1,75 m (um metro e setenta e cinco centímetros) devem ter estabilidade garantida.

18.6.10. Quando houver possibilidade de infiltração ou vazamento de gás, o local deve ser devidamente ventilado e monitorado.

18.6.10.1. O monitoramento deve ser efetivado enquanto o trabalho estiver sendo realizado para, em caso de vazamento, ser acionado o sistema de alarme sonoro e visual.

18.6.11. As escavações realizadas em vias públicas ou canteiros de obras devem ter sinalização de advertência, inclusive noturna, e barreira de isolamento em todo o seu perímetro.

18.6.12. Os acessos de trabalhadores, veículos e equipamentos às áreas de escavação devem ter sinalização de advertência permanente.

18.6.13. É proibido o acesso de pessoas não autorizadas às áreas de escavação e cravação de estacas.

18.6.14. O operador de bate-estacas deve ser qualificado e ter sua equipe treinada.

18.6.15. Os cabos de sustentação do pilão devem ter comprimento para que haja, em qualquer posição de trabalho, um mínimo de 6 (seis) voltas sobre o tambor.

18.6.16. Na execução de escavações e fundações sob ar comprimido, deve ser obedecido o disposto no Anexo n. 6 da NR 15 – Atividades e Operações Insalubres.

18.6.17. Na operação de desmonte de rocha a fogo, fogacho ou mista, deve haver um bláster, responsável pelo armazenamento, preparação das cargas, carregamento das minas, ordem de fogo, detonação e retirada das que não explodiram, destinação adequada das sobras de explosivos e pelos dispositivos elétricos necessários às detonações.

18.6.18. A área de fogo deve ser protegida contra projeção de partículas, quando expuser a risco trabalhadores e terceiros.

18.6.19. Nas detonações é obrigatória a existência de alarme sonoro.

18.6.20. Na execução de tubulões a céu aberto, aplicam-se as disposições constantes no item 18.20 – Locais Confinados.

18.6.20.1. Toda escavação somente pode ser iniciada com a liberação e autorização do Engenheiro responsável pela execução da fundação, atendendo o disposto na NBR 6122: 2010 ou alterações posteriores. (Red. Port. MTE 644/13)

18.6.21. Os tubulões a céu aberto devem ser encamisados, exceto quando houver projeto elaborado por profissional legalmente habilitado que dispense o encamisamento, devendo atender os seguintes requisitos: (Red. Port. MTE 644/13)

a) sondagem ou estudo geotécnico local, para profundidade superior a 3 metros;

b) todas as medidas de proteção coletiva e individual exigidas para a atividade devem estar descritas no Programa de Condições e Meio Ambiente de Trabalho na Indústria da Construção – PCMAT, bem como plano de resgate e remoção em caso de acidente, modelo de *check list* a ser aplicado diariamente, modelo de programa de treinamento destinado aos envolvidos na atividade contendo as atividades operacionais, de resgate e noções de primeiros socorros, com carga horária mínima de 8 horas;

c) as ocorrências e as atividades sequenciais das escavações dos tubulões a céu aberto devem ser registradas diariamente em livro próprio pelo engenheiro responsável;

d) é proibido o trabalho simultâneo em bases alargadas em tubulões adjacentes, sejam estes trabalhos de escavação e/ou de concretagem;

e) é proibida a abertura simultânea de bases tangentes;

f) a escavação manual só pode ser executada acima do nível d'água ou abaixo dele nos casos em que o solo se mantenha estável, sem risco de desmoronamento, e seja possível controlar a água no interior do tubulão;

g) o diâmetro mínimo para escavação de tubulão a céu aberto é de 0,80 m;

h) o diâmetro de 0,70 m somente poderá ser utilizado com justificativa técnica do Engenheiro responsável pela fundação.

18.6.22. O equipamento de descida e içamento de trabalhadores e materiais utilizado na execução de tubulões a céu aberto deve ser dotado de sistema de segurança com travamento, atendendo aos seguintes requisitos para a sua operação: (NRed. Port. MTE 644/13)

a) liberação de serviço em cada etapa (abertura de fuste e alargamento de base) registrado no livro de registro diário de escavação de tubulões a céu aberto;

b) dupla trava de segurança no sarilho, sendo uma de cada lado;

c) corda de cabo de fibra sintética que atenda as recomendações do item 18.16 da NR-18, tanto da corda de içamento do balde como do cabo-guia para o trabalhador;

d) corda de sustentação do balde deve ter comprimento para que haja, em qualquer posição de trabalho, no mínimo de 6 (seis) voltas sobre o tambor;

e) gancho com trava de segurança na extremidade da corda do balde;

f) sistema de ventilação por insuflação de ar por duto, captado em local isento de fontes de poluição, e em caso contrário, adotar processo de filtragem do ar;

g) sistema de sarilho fixado no terreno, fabricado em material resistente e com rodapé de 0,20 m em sua base, dimensionado conforme a carga e apoiado com no mínimo 0,50 m de afastamento em relação à borda do tubulão;

h) depositar materiais afastados da borda do tubulão com distância determinada pelo estudo geotécnico;

i) cobertura translúcida tipo tenda, com película ultravioleta, sobre montantes fixados no solo;

j) possuir isolamento de área e placas de advertência;

k) isolar, sinalizar e fechar os poços nos intervalos e no término da jornada de trabalho;

l) impedir o trânsito de veículos nos locais de trabalho;

m) paralisação imediata das atividades de escavação dos tubulões no início de chuvas;

n) utilização de iluminação blindada e a prova de explosão.

18.6.23. (Rev. Port. MTE 644/13.)

18.6.23.1. (Rev. Port. MTE 644/13.)

18.7. Carpintaria

18.7.1. As operações em máquinas e equipamentos necessários à realização da atividade de carpintaria somente podem ser realizadas por trabalhador qualificado nos termos desta NR.

18.7.2. A serra circular deve atender às disposições a seguir:

a) ser dotada de mesa estável, com fechamento de suas faces inferiores, anterior e posterior, construída em madeira resistente e de primeira qualidade, material metálico ou similar de resistência equivalente, sem irregularidades, com dimensionamento suficiente para a execução das tarefas;

b) ter a carcaça do motor aterrada eletricamente;

c) o disco deve ser mantido afiado e travado, devendo ser substituído quando apresentar trincas, dentes quebrados ou empenamentos;

d) as transmissões de força mecânica devem estar protegidas obrigatoriamente por anteparos fixos e resistentes, não podendo ser removidos, em hipótese alguma, durante a execução dos trabalhos;

e) ser provida de coifa protetora do disco e cutelo divisor, com identificação do fabricante e ainda coletor de serragem.

18.7.3. Nas operações de corte de madeira, devem ser utilizados dispositivo empurrador e guia de alinhamento.

18.7.4. As lâmpadas de iluminação da carpintaria devem estar protegidas contra impactos provenientes da projeção de partículas.

18.7.5. A carpintaria deve ter piso resistente, nivelado e antiderrapante, com cobertura capaz de proteger os trabalhadores contra quedas de materiais e intempéries.

18.8. Armações de Aço

18.8.1. A dobragem e o corte de vergalhões de aço em obra devem ser feitos sobre bancadas ou plataformas apropriadas e estáveis, apoiadas sobre superfícies resistentes, niveladas e não escorregadias, afastadas da área de circulação de trabalhadores.

18.8.2. As armações de pilares, vigas e outras estruturas verticais devem ser apoiadas e escoradas para evitar tombamento e desmoronamento.

18.8.3. A área de trabalho onde está situada a bancada de armação deve ter cobertura resistente para proteção dos trabalhadores contra a queda de materiais e intempéries.

18.8.3.1. As lâmpadas de iluminação da área de trabalho da armação de aço devem estar protegidas contra impactos provenientes da projeção de partículas ou de vergalhões.

18.8.4. É obrigatória a colocação de pranchas de madeira firmemente apoiadas sobre as armações nas formas, para a circulação de operários.

18.8.5. É proibida a existência de pontas verticais de vergalhões de aço desprotegidas.

18.8.6. Durante a descarga de vergalhões de aço a área deve ser isolada.

18.9. Estruturas de Concreto

18.9.1. As formas devem ser projetadas e construídas de modo que resistam às cargas máximas de serviço.

18.9.2. O uso de formas deslizantes deve ser supervisionado por profissional legalmente habilitado.

18.9.3. Os suportes e escoras de formas devem ser inspecionados antes e durante a concretagem por trabalhador qualificado.

18.9.4. Durante a desforma devem ser viabilizados meios que impeçam a queda livre de seções de formas e escoramentos, sendo obrigatórios a amarração das peças e o isolamento e sinalização ao nível do terreno.

18.9.5. As armações de pilares devem ser estaiadas ou escoradas antes do cimbramento.

18.9.6. Durante as operações de protensão de cabos de aço é proibida a permanência de trabalhadores atrás dos macacos ou sobre estes, ou outros dispositivos de protensão, devendo a área ser isolada e sinalizada.

18.9.7. Os dispositivos e equipamentos usados em protensão devem ser inspecionados por profissional legalmente habilitado antes de serem iniciados os trabalhos e durante os mesmos.

18.9.8. As conexões dos dutos transportadores de concreto devem possuir dispositivos de segurança para impedir a separação das partes, quando o sistema estiver sob pressão.

18.9.9. As peças e máquinas do sistema transportador de concreto devem ser inspecionadas por trabalhador qualificado, antes do início dos trabalhos.

18.9.10. No local onde se executa a concretagem somente deve permanecer a equipe indispensável para a execução dessa tarefa.

18.9.11. Os vibradores de imersão e de placas devem ter dupla isolação e os cabos de ligação ser protegidos contra choques mecânicos e cortes pela ferragem, devendo ser inspecionados antes e durante a utilização.

18.9.12. As caçambas transportadoras de concreto devem ter dispositivos de segurança que impeçam o seu descarregamento acidental.

18.10 Estruturas Metálicas

18.10.1. As peças devem estar previamente fixadas antes de serem soldadas, rebitadas ou parafusadas.

18.10.2. Na edificação de estrutura metálica, abaixo dos serviços de rebitagem, parafusagem ou soldagem, deve ser mantido piso provisório, abrangendo toda a área de trabalho situada no piso imediatamente inferior.

18.10.3. O piso provisório deve ser montado sem frestas, a fim de se evitar queda de materiais ou equipamentos.

18.10.4. Quando necessária a complementação do piso provisório, devem ser instaladas redes de proteção junto às colunas.

18.10.5. Deve ficar à disposição do trabalhador, em seu posto de trabalho, recipiente adequado para depositar pinos, rebites, parafusos e ferramentas.

18.10.6. As peças estruturais pré-fabricadas devem ter pesos e dimensões compatíveis com os equipamentos de transportar e guindar.

18.10.7. Os elementos componentes da estrutura metálica não devem possuir rebarbas.

18.10.8. Quando for necessária a montagem, próximo às linhas elétricas energizadas, deve-se proceder ao desligamento da rede, afastamento dos locais energizados, proteção das linhas, além do aterramento da estrutura e equipamentos que estão sendo utilizados.

18.10.9. A colocação de pilares e vigas deve ser feita de maneira que, ainda suspensos pelo equipamento de guindar, se executem a prumagem, marcação e fixação das peças.

18.11. Operações de Soldagem e Corte a Quente

18.11.1. As operações de soldagem e corte a quente somente podem ser realizadas por trabalhadores qualificados.

18.11.2. Quando forem executadas operações de soldagem e corte a quente em chumbo, zinco ou materiais revestidos de cádmio, será obrigatória a remoção por ventilação local exaustora dos fumos originados no processo de solda e corte, bem como na utilização de eletrodos revestidos.

18.11.3. O dispositivo usado para manusear eletrodos deve ter isolamento adequado à corrente usada, a fim de se evitar a formação de arco elétrico ou choques no operador.

18.11.4. Nas operações de soldagem e corte a quente, é obrigatória a utilização de anteparo eficaz para a proteção dos trabalhadores circunvizinhos. O material utilizado nesta proteção deve ser do tipo incombustível.

18.11.5. Nas operações de soldagem ou corte a quente de vasilhame, recipiente, tanque ou similar, que envolvam geração de gases confinados ou semiconfinados, é obrigatória a adoção de medidas preventivas adicionais para eliminar riscos de explosão e intoxicação do trabalhador, conforme mencionado no item 18.20 – Locais Confinados.

18.11.6. As mangueiras devem possuir mecanismos contra o retrocesso das chamas na saída do cilindro e chegada do maçarico.

18.11.7. É proibida a presença de substâncias inflamáveis e/ou explosivas próximo às garrafas de O^2 (oxigênio).

18.11.8. Os equipamentos de soldagem elétrica devem ser aterrados.

18.11.9. Os fios condutores dos equipamentos, as pinças ou os alicates de soldagem devem ser mantidos longe de locais com óleo, graxa ou umidade, e devem ser deixados em descanso sobre superfícies isolantes.

18.12. Escadas, Rampas e Passarelas

18.12.1. A madeira a ser usada para construção de escadas, rampas e passarelas deve ser de boa qualidade, sem apresentar nós e rachaduras que comprometam sua resistência, estar seca, sendo proibido o uso de pintura que encubra imperfeições.

18.12.2. As escadas de uso coletivo, rampas e passarelas para a circulação de pessoas e materiais devem ser de construção sólida e dotadas de corrimão e rodapé.

18.12.3. A transposição de pisos com diferença de nível superior a 0,40 m (quarenta centímetros) deve ser feita por meio de escadas ou rampas.

18.12.4. É obrigatória a instalação de rampa ou escada provisória de uso coletivo para transposição de níveis como meio de circulação de trabalhadores.

18.12.5. Escadas.

18.12.5.1. As escadas provisórias de uso coletivo devem ser dimensionadas em função do fluxo de trabalhadores, respeitando-se a largura mínima de 0,80 m (oitenta centímetros), devendo ter pelo menos a cada 2,90 m (dois metros e noventa centímetros) de altura um patamar intermediário.

18.12.5.1.1. Os patamares intermediários devem ter largura e comprimento, no mínimo, iguais à largura da escada.

18.12.5.2. A escada de mão deve ter seu uso restrito para acessos provisórios e serviços de pequeno porte.

18.12.5.3. As escadas de mão poderão ter até 7,00m (sete metros) de extensão e o espaçamento entre os degraus deve ser uniforme, variando entre 0,25 m (vinte e cinco centímetros) a 0,30 m (trinta centímetros).

18.12.5.4. É proibido o uso de escada de mão com montante único.

18.12.5.5. É proibido colocar escada de mão:

a) nas proximidades de portas ou áreas de circulação;

b) onde houver risco de queda de objetos ou materiais;

c) nas proximidades de aberturas e vãos.

18.12.5.6. A escada de mão deve:

a) ultrapassar em 1,00 m (um metro) o piso superior;

b) ser fixada nos pisos inferior e superior ou ser dotada de dispositivo que impeça o seu escorregamento;

c) ser dotada de degraus antiderrapantes;

d) ser apoiada em piso resistente.

18.12.5.7. É proibido o uso de escada de mão junto a redes e equipamentos elétricos desprotegidos.

18.12.5.8. A escada de abrir deve ser rígida, estável e provida de dispositivos que a mantenham com abertura constante, devendo ter comprimento máximo de 6,00 m (seis metros), quando fechada.

18.12.5.9. A escada extensível deve ser dotada de dispositivo limitador de curso, colocado no quarto vão a contar da catraca. Caso não haja o limitador de curso, quando estendida, deve permitir uma sobreposição de no mínimo 1,00 m (um metro).

18.12.5.10. A escada fixa, tipo marinheiro, com 6,00 m (seis metros) ou mais de altura, deve ser provida de gaiola protetora a partir de 2,00 m (dois metros) acima da base até 1,00 m (um metro) acima da última superfície de trabalho.

18.12.5.10.1. Para cada lance de 9,00 m (nove metros), deve existir um patamar intermediário de descanso, protegido por guarda-corpo e rodapé.

18.12.6. Rampas e passarelas.

18.12.6.1. As rampas e passarelas provisórias devem ser construídas e mantidas em perfeitas condições de uso e segurança.

18.12.6.2. As rampas provisórias devem ser fixadas no piso inferior e superior, não ultrapassando 30° (trinta graus) de inclinação em relação ao piso.

18.12.6.3. Nas rampas provisórias, com inclinação superior a 18° (dezoito graus), devem ser fixadas peças transversais, espaçadas em 0,40 m (quarenta centímetros), no máximo, para apoio dos pés.

18.12.6.4. As rampas provisórias usadas para trânsito de caminhões devem ter largura mínima de 4,00 m (quatro metros) e ser fixadas em suas extremidades.

18.12.6.5. Não devem existir ressaltos entre o piso da passarela e o piso do terreno.

18.12.6.6. Os apoios das extremidades das passarelas devem ser dimensionados em função do comprimento total das mesmas e das cargas a que estarão submetidas.

18.13. Medidas de Proteção contra Quedas de Altura

18.13.1. É obrigatória a instalação de proteção coletiva onde houver risco de queda de trabalhadores ou de projeção de materiais.

18.13.2. As aberturas no piso devem ter fechamento provisório resistente.

18.13.2.1. As aberturas, em caso de serem utilizadas para o transporte vertical de materiais e equipamentos, devem ser protegidas por guarda-corpo fixo, no ponto de entrada e saída de material, e por sistema de fechamento do tipo cancela ou similar.

18.13.3. Os vãos de acesso às caixas dos elevadores devem ter fechamento provisório de, no mínimo, 1,20 m (um metro e vinte centímetros) de altura, constituído de material resistente e seguramente fixado à estrutura, até a colocação definitiva das portas.

18.13.4. É obrigatória, na periferia da edificação, a instalação de proteção contra queda de trabalhadores e projeção de materiais a partir do início dos serviços necessários à concretagem da primeira laje.

18.13.5. A proteção contra quedas, quando constituída de anteparos rígidos, em sistema de guarda-corpo e rodapé, deve atender aos seguintes requisitos:

a) ser construída com altura de 1,20 m (um metro e vinte centímetros) para o travessão superior e 0,70 m (setenta centímetros) para o travessão intermediário;

b) ter rodapé com altura de 0,20 m (vinte centímetros);

c) ter vãos entre travessas preenchidos com tela ou outro dispositivo que garanta o fechamento seguro da abertura.

18.13.6. Em todo perímetro da construção de edifícios com mais de 4 (quatro) pavimentos ou altura equivalente, é obrigatória a instalação de uma plataforma principal de proteção na altura da primeira laje que esteja, no mínimo, um pé-direito acima do nível do terreno.

18.13.6.1. Essa plataforma deve ter, no mínimo, 2,50 m (dois metros e cinquenta centímetros) de projeção horizontal da face externa da construção e 1 (um) complemento de 0,80m (oitenta centímetros) de extensão, com inclinação de 45° (quarenta e cinco graus), a partir de sua extremidade.

18.13.6.2. A plataforma deve ser instalada logo após a concretagem da laje a que se refere e retirada, somente, quando o revestimento externo do prédio acima dessa plataforma estiver concluído.

18.13.7. Acima e a partir da plataforma principal de proteção, devem ser instaladas, também, plataformas secundárias de proteção, em balanço, de 3 (três) em 3 (três) lajes.

18.13.7.1. Essas plataformas devem ter, no mínimo, 1,40 m (um metro e quarenta centímetros) de balanço e um complemento de 0,80 m (oitenta centímetros) de extensão, com inclinação de 45° (quarenta e cinco graus), a partir de sua extremidade.

18.13.7.2. Cada plataforma deve ser instalada logo após a concretagem da laje a que se refere e retirada, somente, quando a vedação da periferia, até a plataforma imediatamente superior, estiver concluída.

18.13.8 Na construção de edifícios com pavimentos no subsolo, devem ser instaladas, ainda, plataformas terciárias de proteção, de 2 (duas) em 2 (duas) lajes, contadas em direção ao subsolo e a partir da laje referente à instalação da plataforma principal de proteção.

18.13.8.1 Essas plataformas devem ter, no mínimo, 2,20 m (dois metros e vinte centímetros) de projeção horizontal da face externa da construção e um complemento de 0,80 m (oitenta centímetros) de extensão, com inclinação de 45° (quarenta e cinco graus), a partir de sua extremidade, devendo atender, igualmente, ao disposto no subitem 18.13.7.2.

18.13.9. O perímetro da construção de edifícios, além do disposto nos subitens 18.13.6 e 18.13.7, deve ser fechado com tela a partir da plataforma principal de proteção.

18.13.9.1. A tela deve constituir-se de uma barreira protetora contra projeção de materiais e ferramentas.

18.13.9.2. A tela deve ser instalada entre as extremidades de 2 (duas) plataformas de proteção consecutivas, só podendo ser retirada quando a vedação da periferia, até a plataforma imediatamente superior, estiver concluída.

18.13.10. Em construções em que os pavimentos mais altos forem recuados, deve ser considerada a primeira laje do corpo recuado para a instalação de plataforma principal de proteção e aplicar o disposto nos subitens 18.13.7 e 18.13.9.

18.13.11. As plataformas de proteção devem ser construídas de maneira resistente e mantidas sem sobrecarga que prejudique a estabilidade de sua estrutura.

18.13.12. Redes de segurança (Red. Port. SIT 157/06)

18.13.12.1. Como medida alternativa ao uso de plataformas secundárias de proteção, previstas no item 18.13.7 desta norma regulamentadora, pode ser instalado Sistema Limitador de Quedas de Altura, com a utilização de redes de segurança.

18.13.12.2. O Sistema Limitador de Quedas de Altura deve ser composto, no mínimo, pelos seguintes elementos:

a) rede de segurança;

b) cordas de sustentação ou de amarração e perimétrica da rede;

c) conjunto de sustentação, fixação e ancoragem e acessórios de rede, composto de:

I. Elemento forca;

II. Grampos de fixação do elemento forca;

III. Ganchos de ancoragem da rede na parte inferior.

18.13.12.3. Os elementos de sustentação não podem ser confeccionados em madeira.

18.13.12.4. As cordas de sustentação e as perimétricas devem ter diâmetro mínimo de 16mm (dezesseis milímetros) e carga de ruptura mínima de 30 KN (trinta quilonewtons), já considerado, em seu cálculo, fator de segurança 2 (dois).

18.13.12.5. O Sistema Limitador de Quedas de Altura deve ter, no mínimo, 2,50 m (dois metros e cinquenta centímetros) de projeção horizontal a partir da face externa da construção.

18.13.12.6. Na parte inferior do Sistema Limitador de Quedas de Altura, a rede deve permanecer o mais próximo possível do plano de trabalho.

18.13.12.7. Entre a parte inferior do Sistema Limitador de Quedas de Altura e a superfície de trabalho deve ser observada uma altura máxima de 6,00 m (seis metros).

18.13.12.8. A extremidade superior da rede de segurança deve estar situada, no mínimo, 1,00 m (um metro) acima da superfície de trabalho.

18.13.12.9. As redes devem apresentar malha uniforme em toda a sua extensão.

18.13.12.10. Quando necessárias emendas na panagem da rede, devem ser asseguradas as mesmas características da rede original, com relação à resistência à tração e à deformação, além da durabilidade, sendo proibidas emendas com sobreposições da rede.

18.13.12.10.1. As emendas devem ser feitas por profissionais com qualificação e especialização em redes, sob supervisão de profissional legalmente habilitado.

18.13.12.11. A distância entre os pontos de ancoragem da rede e a face do edifício deve ser no máximo de 0,10 m (dez centímetros).

18.13.12.12. A rede deve ser ancorada à estrutura da edificação, na sua parte inferior, no máximo a cada 0,50 m (cinquenta centímetros).

18.13.12.13. A estrutura de sustentação deve ser projetada de forma a evitar que as peças trabalhem folgadas.

18.13.12.14. A distância máxima entre os elementos de sustentação tipo forca deve ser de 5 m (cinco metros).

18.13.12.15. A rede deve ser confeccionada em cor que proporcione contraste, preferencialmente escura, em cordéis 30/45, com distância entre nós de 0,04 m (quarenta milímetros) a 0,06 m (sessenta milímetros) e altura mínima de 10,00 m (dez metros).

18.13.12.16. A estrutura de sustentação deve ser dimensionada por profissional legalmente habilitado.

18.13.12.16.1. Os ensaios devem ser realizados com base no item 18.13.12.25 desta norma regulamentadora.

18.13.12.17. O Sistema de Proteção Limitador de Quedas de Altura deve ser submetido a uma inspeção semanal, para verificação das condições de todos os seus elementos e pontos de fixação.

18.13.12.17.1. Após a inspeção semanal, devem ser efetuadas as correções necessárias.

18.13.12.18. As redes do Sistema de Proteção Limitador de Quedas de Altura devem ser armazenadas em local apropriado, seco e acondicionadas em recipientes adequados.

18.13.12.19. Os elementos de sustentação do Sistema de Proteção Limitador de Quedas de Altura e seus acessórios devem ser armazenados em ambientes adequados e protegidos contra deterioração.

18.13.12.20. Os elementos de sustentação da rede no Sistema de Proteção Limitador de Quedas em Altura não podem ser utilizados para outro fim.

18.13.12.21. Os empregadores que optarem pelo Sistema de Proteção Limitador de Quedas em Altura devem providenciar projeto que atenda às especificações de dimensionamento previstas nesta Norma Regulamentadora, integrado ao Programa de Condições e Meio Ambiente de Trabalho na Indústria da Construção – PCMAT.

18.13.12.21.1. O projeto deve conter o detalhamento técnico descritivo das fases de montagem, deslocamento do Sistema durante a evolução da obra e desmontagem.

18.13.12.21.2. O projeto deve ser assinado por profissional legalmente habilitado.

18.13.12.22. O Sistema de Proteção Limitador de Quedas em Altura deve ser utilizado até a conclusão dos serviços de estrutura e vedação periférica.

18.13.12.23. As fases de montagem, deslocamento e desmontagem do sistema devem ser supervisionadas pelo responsável técnico pela execução da obra.

18.13.12.24. É facultada a colocação de tecidos sobre a rede, que impeçam a queda de pequenos objetos, desde que prevista no projeto do Sistema Limitador de Quedas de Altura.

18.13.12.25. As redes de segurança devem ser confeccionadas de modo a atender aos testes previstos nas Normas EN 1263-1 e EN 1263-2.

18.13.12.26. Os requisitos de segurança para a montagem das redes devem atender às Normas EN 1263-1 e EN 1263-2.

18.14. Movimentação e Transporte de Materiais e Pessoas. (Red. Port. SIT 224/11)

18.14.1. As disposições deste item aplicam-se à instalação, montagem, desmontagem, operação, teste, manutenção e reparos em equipamentos de transporte vertical de materiais e de pessoas em canteiros de obras ou frentes de trabalho. (Nred. Port. SIT 296/11)

18.14.1.1. Os equipamentos de transporte vertical de materiais e de pessoas devem ser dimensionados por profissional legalmente habilitado.

18.14.1.2. Os equipamentos de transporte vertical de materiais e pessoas devem ser projetados, dimensionados e especificados tecnicamente por profissional legalmente habilitado. (Red. Port. SIT 224/11)

18.14.1.3. Os serviços de instalação, montagem, desmontagem e manutenção devem ser executados por profissionais qualificados e sob a supervisão de profissional legalmente habilitado. (Red. Port. SIT 224/11)

18.14.1.3.1. A qualificação do montador e do responsável pela manutenção deve ser atualizada anualmente e os mesmos devem estar devidamente identificados. (Red. Port. SIT 224/11)

18.14.1.4. Toda empresa fabricante, locadora ou prestadora de serviços em instalação, montagem, desmontagem e manutenção, seja do equipamento em seu conjunto ou de parte dele, deve ser registrada no Conselho Regional de Engenharia, Arquitetura e Agronomia – CREA e estar sob responsabilidade de profissional legalmente habilitado com atribuição técnica compatível. (Red. Port. SIT 224/11)

18.14.1.5. Os elevadores tracionados a cabo, fabricados após doze meses da publicação deste item, devem ter os painéis laterais, os contra-ventos, a cabine, o guincho de tração e o freio de emergência identificados de forma indelével pelo fabricante, importador ou locador. (Red. Port. SIT 224/11)

18.14.1.6. Toda empresa usuária de equipamentos de movimentação e transporte de materiais e ou pessoas deve possuir o seu "Programa de Manutenção Preventiva" conforme recomendação do locador, importador ou fabricante. (Red. Port. SIT 224/11)

18.14.1.6.1. O Programa de Manutenção Preventiva deve ser mantido junto ao Livro de Inspeção do Equipamento. (Red. Port. SIT 224/11)

18.14.1.7. O uso dos elevadores após sua montagem ou manutenções sucessivas deve ser precedido de Termo de Entrega Técnica, elaborado por profissional legalmente habilitado, prevendo a verificação operacional e de segurança, respeitando os parâmetros indicados pelo fabricante, que deverá ser anexado ao Livro de Inspeção do Equipamento. (Red. Port. SIT 224/11)

18.14.1.8. A Entrega Técnica Inicial dos elevadores e respectivos relatórios de manutenção deve ser feita para o responsável técnico da obra e constar do Livro de Inspeção do Equipamento. (NRed. Port. SIT 296/11)

18.14.1.9. Os elevadores tracionados a cabo ou cremalheira devem possuir chave de partida e bloqueio que impeça o seu acionamento por pessoas não autorizadas.

18.14.1.10. (Rev. Port. SIT 296/11.)

18.14.1.11. É proibido o uso de chave do tipo comutadora e/ou reversora para comando elétrico de subida, descida ou parada. (Red. Port. SIT 296/11)

18.14.1.12. Todos os componentes elétricos ou eletrônicos que fiquem expostos ao tempo devem ter proteção contra intempéries. (Red. Port. SIT 296/11)

18.14.1.13. Deve ser realizado teste dos freios de emergência dos elevadores na entrega para início de operação e, no máximo, a cada noventa dias, devendo o laudo referente a estes testes ser devidamente assinado pelo responsável técnico pela manutenção do equipamento e os parâmetros utilizados devem ser anexados ao Livro de Inspeção do Equipamento existente na obra. (Red. Port. SIT 296/11)

18.14.2. Todos os equipamentos de movimentação e transporte de materiais e pessoas só devem ser operados por trabalhador qualificado, o qual terá sua função anotada em carteira de trabalho.

18.14.2.1. Os operadores devem ter ensino fundamental completo e devem receber qualificação e treinamento específico no equipamento, com carga horária mínima de dezesseis horas e atualização anual com carga horária mínima de quatro horas.

18.14.2.1.1. Aos operadores que possuírem experiência comprovada em CTPS, anterior a maio de 2011, é dispensada a exigência de ensino fundamental completo. (Red. Port. SIT 296/11)

18.14.2.2. São atribuições do operador:

a) manter o posto de trabalho limpo e organizado;

b) instruir e verificar a carga e descarga de material e pessoas dentro da cabine;

c) comunicar e registrar ao engenheiro responsável da obra qualquer anomalia no equipamento;

d) acompanhar todos os serviços de manutenção enquanto executados no equipamento.

18.14.3. Devem ser observados os seguintes requisitos de segurança durante a execução dos serviços de montagem, desmontagem, ascensão e manutenção do elevador:

a) isolamento da área de trabalho;

b) proibição da execução de outras atividades nas periferias das fachadas onde estão sendo executados os serviços;

c) proibição de execução deste tipo de serviço em dias de condições meteorológicas não favoráveis como chuva, relâmpagos, ventanias etc.

18.14.4. Quando o local de lançamento de concreto não for visível pelo operador do equipamento de transporte ou bomba de concreto, deve ser utilizado um sistema de sinalização, sonoro ou visual, e, quando isso não for possível deve haver comunicação por telefone ou rádio para determinar o início e o fim do transporte.

18.14.5. No transporte e descarga de materiais, perfis, vigas e elementos estruturais é proibida a circulação ou permanência de pessoas sob a área de movimentação da carga e devem ser adotadas medidas preventivas quanto à sinalização e isolamento da área.

18.14.6. Os acessos da obra devem estar desimpedidos, possibilitando a movimentação dos equipamentos de guindar e transportar.

18.14.7. Os equipamentos de guindar e transportar materiais e pessoas devem ser vistoriados diariamente, antes do início dos serviços, pelo operador, conforme orientação dada pelo responsável técnico do equipamento, atendidas as recomendações do manual do fabricante, devendo ser registrada a vistoria em livro de inspeção do equipamento. (NRed. Port. SIT 296/11)

18.14.8. Na movimentação e transporte de estruturas, placas e outros pré-moldados, bem como cargas em geral, devem ser tomadas todas as medidas preventivas que garantam a sua estabilidade.

18.14.9. Todas as manobras de movimentação devem ser executadas por trabalhador qualificado e por meio de dispositivos eficientes de comunicação e, na impossibilidade ou necessidade, por meio de códigos de sinais.

18.14.10. Devem ser tomadas precauções especiais quando da movimentação de materiais, máquinas e equipamentos próximos às redes elétricas.

18.14.11. O levantamento manual ou semimecanizado de cargas deve ser executado de forma que o esforço físico realizado pelo trabalhador seja compatível com a sua capacidade de força, conforme a NR-17 (Ergonomia).

18.14.12. Os guinchos de coluna ou similar (tipo "Velox") devem ser providos de dispositivo próprios para sua fixação.

18.14.13. O tambor do guincho de coluna deve estar nivelado para garantir o enrolamento adequado do cabo.

18.14.14. A distância entre a roldana livre e o tambor do guincho do elevador tracionado a cabo deve estar compreendida entre 2,5 m e 3,0 m de eixo a eixo.

18.14.15. Deve ser instalada uma proteção resistente desde a roldana livre até o tambor do guincho de forma a evitar o contato acidental com suas partes, sendo a área isolada por anteparos rígidos de modo a impedir a circulação de trabalhadores.

18.14.16. O guincho do elevador deve ser dotado de chave de partida e bloqueio que impeça o seu acionamento por pessoa não autorizada.

18.14.17. Em qualquer posição da cabina do elevador, o cabo de tração deve dispor, no mínimo, de seis voltas enroladas no tambor.

18.14.18. Os elevadores de caçamba devem ser utilizados apenas para o transporte de material a granel.

18.14.19. É proibido o transporte de pessoas por equipamento de guindar não projetado para este fim.

18.14.20. Os equipamentos de transportes de materiais devem possuir dispositivos que impeçam a descarga acidental do material transportado.

18.14.21. Torres de Elevadores.

18.14.21.1. As torres de elevadores devem ser dimensionadas em função das cargas a que estarão sujeitas.

18.14.21.1.1. É proibido o uso de elevadores com torre de elevador e/ou cabine de madeira.

18.14.21.2. As torres dos elevadores devem ser montadas e desmontadas por trabalhadores qualificados.

18.14.21.3. As torres dos elevadores devem estar afastadas das redes elétricas ou estar isoladas conforme normas específicas da concessionária local.

18.14.21.4. As torres dos elevadores devem ser montadas de maneira que a distância entre a face da cabina e a face da edificação seja de, no máximo, sessenta centímetros.

18.14.21.4.1. Para distâncias maiores, as cargas e os esforços solicitantes originados pelas rampas deverão ser considerados no dimensionamento e especificação da torre do elevador.

18.14.21.5. A base onde estão instalados o guincho, o suporte da roldana livre e a torre dos elevadores tracionados a cabo, deve ser de concreto, nivelada, rígida e dimensionada por profissional legalmente habilitado, de modo a suportar as cargas a que estará sujeita.

18.14.21.6. Os elementos estruturais componentes da torre do elevador devem estar em condições de utilização, sem apresentar estado de corrosão ou deformação que possam comprometer sua estabilidade.

18.14.21.7. As torres para elevadores de caçamba devem ser dotadas de dispositivos que mantenham a caçamba em equilíbrio.

18.14.21.8. Os parafusos de pressão dos painéis laterais devem ser apertados e os contraventos contrapinados.

18.14.21.9. Para elevadores tracionados a cabo ou do tipo cremalheira a quantidade e tipo de amarração deve ser especificada pelo fabricante ou pelo profissional legalmente habilitado responsável pelo equipamento.

18.14.21.10. A altura livre para trabalho após amarração na última laje concretada deve ser:

a) nos elevadores tracionados a cabo, com a cabina nivelada no último pavimento concretado, a distância entre a viga da cabina e a viga superior da torre do elevador deve estar compreendida entre quatro e seis metros, sendo que para os elevadores com caçamba automática, esta distância deve ser aumentada em dois metros;

b) nos elevadores do tipo cremalheira, a altura da torre após o último pavimento concretado será determinada pelo fabricante, em função do tipo de torre e seus acessórios de amarração.

18.14.21.11. O trecho da torre do elevador acima da última laje deve ser mantido estaiado observando-se o seguinte:

a) nos elevadores tracionados a cabo, pelos montantes posteriores, de modo a evitar o tombamento da torre no sentido contrário à edificação;

b) nos elevadores do tipo cremalheira, conforme especificações do fabricante.

18.14.21.11.1. Nos elevadores do tipo cremalheira o último elemento da torre do elevador deve ser montado com a régua de cremalheira invertida, de modo a evitar o tracionamento da cabina.

18.14.21.12. A torre e o guincho do elevador devem ser aterrados eletricamente.

18.14.21.13. Em todos os acessos de entrada à torre do elevador deve ser instalada uma barreira que tenha, no mínimo, um metro e oitenta centímetros de altura, impedindo que pessoas exponham alguma parte de seu corpo no interior da mesma.

18.14.21.14. A torre do elevador deve ser dotada de proteção e sinalização, de forma a proibir a circulação de trabalhadores através da mesma.

18.14.21.15. As torres de elevadores de materiais devem ter suas faces revestidas com tela de arame galvanizado ou material de resistência e durabilidade equivalentes.

18.14.21.15.1. Nos elevadores de materiais, onde a cabina for fechada por painéis fixos de, no mínimo, dois metros de altura, e dotada de um único acesso, o entelamento da torre é dispensável.

18.14.21.16. As torres do elevador de material e do elevador de passageiros devem ser equipadas com dispositivo de segurança que impeça a abertura da barreira (cancela), quando o elevador não estiver no nível do pavimento. (NRed. Port. SIT 224/11)

18.14.21.17. As rampas de acesso à torre de elevador devem:

a) ser providas de sistema de guarda-corpo e rodapé, conforme subitem 18.13.5;

b) ter pisos de material resistente, sem apresentar aberturas;

c) não ter inclinação descendente no sentido da torre;

d) ser fixadas à estrutura do prédio ou da torre, nos elevadores tracionados a cabo;

e) nos elevadores de cremalheira a rampa pode estar fixada à cabine de forma articulada.

18.14.21.18. Deve haver altura livre de no mínimo dois metros sobre a rampa.

18.14.21.19. As cabines dos elevadores tracionados a cabo devem possuir sistema de guias que dispensem a utilização de graxa nos tubos-guias da torre do elevador. (NRed. Port. SIT 224/11)

18.14.21.20. Os eixos de saída do redutor e do carretel, nos elevadores tracionados a cabo, devem ser identificados de maneira a permitir sua rastreabilidade. (NRed. Port. SIT 296/11)

18.14.21.21. Devem ser mantidos atualizados os laudos de ensaios não destrutivos dos eixos de saída do redutor e do carretel, nos elevadores de tração a cabo, sendo a periodicidade definida por profissional legalmente habilitado, obedecidos os prazos máximos previstos pelo fabricante no manual de manutenção do equipamento. (NRed. Port. SIT 296/11)

18.14.22. Elevadores de Transporte de Materiais.

18.14.22.1. É proibido o transporte de pessoas nos elevadores de materiais tracionados a cabo, com exceção dos elevadores do tipo cremalheira onde somente o operador e o responsável pelo material a ser transportado podem subir junto com a carga, desde que fisicamente isolados da mesma.

18.14.22.1.1. É proibido:

a) transportar materiais com dimensões maiores que as dimensões internas da cabine no elevador tipo cremalheira;

b) transportar materiais apoiados nas portas da cabine;

c) transportar materiais do lado externo

da cabine, exceto nas operações de montagem e desmontagem do elevador;

d) transportar material a granel sem acondicionamento apropriado;

e) adaptar a instalação de qualquer equipamento ou dispositivo para içamento de materiais em qualquer parte da cabina ou da torre do elevador, salvo se houver projeto específico do fabricante que, neste caso deve estar à disposição da fiscalização no local da utilização do equipamento.

18.14.22.2. Deve ser fixada uma placa no interior do elevador de material, contendo a indicação de carga máxima e a proibição de transporte de pessoas.

18.14.22.3. O posto de trabalho do guincheiro deve ser isolado, dispor de proteção segura contra queda de materiais, e os assentos utilizados devem atender ao disposto na NR-17 (Ergonomia).

18.14.22.4. Os elevadores de materiais tracionados a cabo devem dispor:

a) sistema de frenagem automática;

b) sistema de segurança eletromecânica instalado a dois metros abaixo da viga superior da torre do elevador; (NRed. Port. SIT 224/11)

c) sistema de trava de segurança para mantê-lo parado em altura, além do freio do motor;

d) interruptor de corrente para que só se movimente com portas ou painéis fechados; (NRed. Port. SIT 224/11)

e) sistema que impeça a movimentação do equipamento quando a carga ultrapassar a capacidade permitida. (NRed. Port. SIT 224/11)

18.14.22.5. Todo serviço executado no elevador deve ser registrado no "Livro de Inspeção do Elevador" o qual deverá acompanhar o equipamento e estar sob a responsabilidade do contratante.

18.14.22.6. O elevador deve contar com dispositivo de tração na subida e descida, de modo a impedir a descida da cabina em queda livre (banguela).

18.14.22.7. Os elevadores de materiais devem ser dotados de botão em cada pavimento para acionar lâmpada ou campainha junto ao guincheiro a fim de garantir comunicação única através de painel de controle de identificação de chamada.

18.14.22.8. Os elevadores de materiais devem ser providos, nas laterais, de painéis fixos de contenção com altura em torno de um metro e, nas demais faces, de portas ou painéis removíveis.

18.14.22.9. Os elevadores de materiais de tração a cabo devem ser dotados de cobertura fixa, basculável ou removível.

18.14.23. Elevadores de Passageiros.

18.14.23.1. Nos edifícios em construção com oito ou mais pavimentos a partir do térreo ou altura equivalente é obrigatória a instalação de pelo menos um elevador de passageiros devendo seu percurso alcançar toda a extensão vertical da obra.

18.14.23.1.1. O elevador de passageiros deve ser instalado a partir da conclusão da laje de piso do quinto pavimento ou altura equivalente.

18.14.23.2. É proibido o transporte simultâneo de carga e passageiros nos elevadores tracionados a cabo.

18.14.23.2.1. Quando ocorrer o transporte de carga nos elevadores de tração a cabo, o comando do elevador deve ser externo.

18.14.23.2.2. Em caso de utilização de elevador de passageiros para transporte de cargas ou materiais, não simultâneo, deverá haver sinalização por meio de cartazes em seu interior, onde conste de forma visível, os seguintes dizeres, ou outros que traduzam a mesma mensagem: "É PERMITIDO O USO DESTE ELEVADOR PARA TRANSPORTE DE MATERIAL, DESDE QUE NÃO REALIZADO SIMULTÂNEO COM O TRANSPORTE DE PESSOAS".

18.14.23.2.3. Quando o elevador de passageiros for utilizado para o transporte de cargas e materiais, não simultaneamente, e for o único da obra, será instalado a partir do pavimento térreo.

18.14.23.2.4. O transporte de passageiros terá prioridade sobre o de carga ou de materiais.

18.14.23.3. O elevador de passageiros deve dispor de:

a) interruptor nos fins de curso superior e inferior, conjugado com freio automático eletromecânico; (NRed. Port. SIT 254/11)

b) sistema de frenagem automática, a ser acionado em caso de ruptura do cabo de tração ou, em outras situações que possam gerar a queda livre da cabine;

c) sistema de segurança eletromecânico

situado a dois metros abaixo da viga superior da torre, ou outro sistema que impeça o choque da cabine com esta viga; (NRed. Port. SIT 254/11)

d) interruptor de corrente, para que se movimente apenas com as portas fechadas; (NRed. Port. SIT 254/11)

e) cabina metálica com porta;

f) freio manual situado na cabina, interligado ao interruptor de corrente que quando acionado desligue o motor;

g) sistema que impeça a movimentação do equipamento quando a carga ultrapassar a capacidade permitida. (NRed. Port. SIT 224/11)

18.14.23.4. Todo serviço executado no elevador deve ser registrado no Livro de Inspeção do Elevador, o qual deverá acompanhar o equipamento e estar sob a responsabilidade do contratante.

18.14.23.5. A cabina do elevador automático de passageiros deve ter iluminação e ventilação natural ou artificial durante o uso e indicação do número máximo de passageiros e peso máximo equivalente em quilogramas (Kg).

18.14.23.6. É proibido o uso de frenagem da cabina por sistema do tipo viga flutuante para elevadores de materiais e ou passageiros, cujo princípio de acionamento ocorra por monitoramento da tensão do cabo de aço de tração.

18.14.23.7. São permitidas por 12 meses, contados da publicação desta portaria, a instalação e a utilização de elevador de passageiros tracionado com um único cabo, desde que atendidas as disposições da NR-18. (Red. Port. MTE 644/13)

18.14.23.7.1. Terminado o prazo estabelecido no subitem 18.14.23.7 os elevadores de passageiros tracionados a cabo somente poderão ser utilizados nas seguintes condições: (Red. Port. MTE 644/13)

a) as obras que já tenham instalados elevadores de passageiros tracionados com um único cabo poderão continuar utilizando por mais 12 meses, desde que atendam às disposições desta NR;

b) somente podem ser instalados elevadores de passageiros tracionados a cabo que atendam ao disposto na norma ABNT NBR 16.200:2013, ou alteração posterior, além das disposições desta NR.

18.14.23.7.2. As disposições do item 18.14.23.7 e seus subitens não se aplicam a elevadores definitivos tracionados a cabo utilizados para transporte vertical de pessoas, nem a elevadores provisórios tracionados a cabo para transporte de materiais. (Red. Port. MTE 644/13)

18.14.24. Gruas

18.14.24.1. A ponta da lança e o cabo de aço de levantamento da carga devem ficar, no mínimo, a 3, 00 m (três metros) de qualquer obstáculo e ter afastamento da rede elétrica que atenda à orientação da concessionária local.

18.14.24.1.1. Para distanciamentos inferiores a 3 m (três metros), a interferência deverá ser objeto de análise técnica, por profissional habilitado, dentro do plano de cargas. (Red. Port. SIT 114/05)

18.14.24.1.2. A área de cobertura da grua, bem como interferências com áreas além do limite da obra, deverão estar previstas no plano de cargas respectivo. (Red. Port. SIT 114/05)

18.14.24.2. É proibida a utilização de gruas para o transporte de pessoas. (NRed. Port. SIT 114/05)

18.14.24.3. O posicionamento da primeira ancoragem, bem como o intervalo entre ancoragens posteriores, deve seguir as especificações do fabricante, fornecedor ou empresa responsável pela montagem do equipamento, mantendo disponível no local as especificações atinentes aos esforços atuantes na estrutura da ancoragem e do edifício. (NRed. Port. SIT 114/05)

18.14.24.4. Antes da entrega ou liberação para início de trabalho com utilização de grua, deve ser elaborado um Termo de Entrega Técnica prevendo a verificação operacional e de segurança, bem como o teste de carga, respeitando-se os parâmetros indicados pelo fabricante. (NRed. Port. SIT 114/05)

18.14.24.5. A operação da grua deve se desenvolver de conformidade com as recomendações do fabricante.

18.14.24.5.1. Toda grua deve ser operada através de cabine acoplada à parte giratória do equipamento exceto em caso de gruas automontantes ou de projetos específicos ou de operação assistida. (NRed. Port. SIT 114/05)

18.14.24.6. É proibido qualquer trabalho sob intempéries ou outras condições desfavoráveis que exponham os trabalhadores a risco. (NRed. Port. SIT 114/05)

18.14.24.6.1. A grua deve dispor de dispositivo automático com alarme sonoro que indique a ocorrência de ventos superiores a 42 km/h. (Red. Port. SIT 114/05)

18.14.24.6.2. Deve ser interrompida a operação com a grua quando da ocorrência de ventos com velocidade superior a 42 km/h. (Red. Port. SIT 114/05)

18.14.24.6.3. Somente poderá ocorrer trabalho sob condições de ventos com velocidade acima de 42 km/h mediante operação assistida. (Red. Port. SIT 114/05)

18.14.24.6.4. Sob nenhuma condição é permitida a operação com gruas quando da ocorrência de ventos com velocidade superior a 72 km/h. (Red. Port. SIT 114/05)

18.14.24.7. A estrutura da grua deve estar devidamente aterrada de acordo com a NBR 5410 e procedimentos da NBR 5419 e a respectiva execução de acordo com o item 18.21.1 desta NR. (Red. Port. SIT 114/05)

18.14.24.8. Para operações de telescopagem, montagem e desmontagem de gruas ascensionais, o sistema hidráulico deverá ser operado fora da torre. (NRed. Port. SIT 114/05)

18.14.24.8.1. As gruas ascensionais só poderão ser utilizadas quando suas escadas de sustentação dispuserem de sistema de fixação ou quadro-guia que garantam seu paralelismo. (Red. Port. SIT 114/05)

18.14.24.8.2. Não é permitida a presença de pessoas no interior da torre de grua durante o acionamento do sistema hidráulico. (Red. Port. SIT 114/05)

18.14.24.9. É proibida a utilização da grua para arrastar peças, içar cargas inclinadas ou em diagonal ou potencialmente ancoradas como desforma de elementos pré-moldados. (NRed. Port. SIT 114/05)

18.14.24.9.1. Nesse caso, o içamento por grua só deve ser iniciado quando as partes estiverem totalmente desprendidas de qualquer ponto da estrutura ou do solo. (Red. Port. SIT 114/05)

18.14.24.10. É proibida a utilização de travas de segurança para bloqueio de movimentação da lança quando a grua não estiver em funcionamento.

18.14.24.10.1. Para casos especiais deverá ser apresentado projeto específico dentro das recomendações do fabricante com respectiva ART – Anotação de Responsabilidade Técnica. (Red. Port. SIT 114/05)

18.14.24.11. A grua deve, obrigatoriamente, dispor dos seguintes itens de segurança: (NRed. Port. SIT 114/05)

a) limitador de momento máximo;

b) limitador de carga máxima para bloqueio do dispositivo de elevação;

c) limitador de fim de curso para o carro da lança nas duas extremidades;

d) limitador de altura que permita frenagem segura para o moitão;

e) alarme sonoro para ser acionado pelo operador em situações de risco e alerta, bem como de acionamento automático, quando o limitador de carga ou momento estiver atuando;

f) placas indicativas de carga admissível ao longo da lança, conforme especificado pelo fabricante;

g) luz de obstáculo (lâmpada piloto);

h) trava de segurança no gancho do moitão;

i) cabos-guia para fixação do cabo de segurança para acesso à torre, lança e contralança;

j) limitador de giro, quando a grua não dispuser de coletor elétrico;

k) anemômetro;

l) dispositivo instalado nas polias que impeça o escape acidental do cabo de aço;

m) proteção contra a incidência de raios solares para a cabine do operador conforme disposto no item 18.22.4 desta NR;

n) limitador de curso para o movimento de translação de gruas instaladas sobre trilhos;

o) guarda-corpo, corrimão e rodapé nas transposições de superfície;

p) escadas fixas conforme disposto no item 18.12.5.10 desta NR;

q) limitadores de curso para o movimento da lança – item obrigatório para gruas de lança móvel ou retrátil.

18.14.24.11.1. Para movimentação vertical na torre da grua é obrigatório o uso de dispositivo trava-quedas. (Red. Port. SIT 114/05)

18.14.24.12. As áreas de carga ou descarga devem ser isoladas somente sendo permitido o acesso às mesmas ao pessoal envolvido na operação. (NRed. Port. SIT 114/05)

18.14.24.13. Toda empresa fornecedora, locadora ou de manutenção de gruas deve ser registrada no CREA – Conselho Regional de Engenharia, Arquitetura e Agronomia, para prestar tais serviços técnicos. (NRed. Port. SSST 20/98)

18.14.24.13.1. A implantação, instalação, manutenção e retirada de gruas deve ser supervisionada por engenheiro legalmente habilitado com vínculo à respectiva empresa e, para tais serviços, deve ser emitida ART – Anotação de Responsabilidade Técnica. (Red. Port. SSST 20/98)

18.14.24.14. Todo dispositivo auxiliar de içamento (caixas, garfos, dispositivos mecânicos e outros), independentemente da forma de contratação ou de fornecimento, deve atender aos seguintes requisitos: (Red. Port. SIT 114/05)

a) dispor de maneira clara, quanto aos dados do fabricante e do responsável, quando aplicável;

b) ser inspecionado pelo sinaleiro ou amarrador de cargas, antes de entrar em uso;

c) dispor de projeto elaborado por profissional legalmente, mediante emissão de ART – Anotação de Responsabilidade Técnica – com especificação do dispositivo e descrição das características mecânicas básicas do equipamento.

18.14.24.15. Toda grua que não dispuser de identificação do fabricante, não possuir fabricante ou importador estabelecido ou, ainda, que já tenha mais de 20 (vinte) anos da data de sua fabricação, deverá possuir laudo estrutural e operacional quanto à integridade estrutural e eletromecânica, bem como atender às exigências descritas nesta norma, inclusive com emissão de ART – Anotação de Responsabilidade Técnica – por engenheiro legalmente habilitado. (Red. Port. SIT 114/05)

18.14.24.15.1. Este laudo deverá ser revalidado no máximo a cada 2 (dois) anos. (Red. Port. SIT 114/05)

18.14.24.16. Não é permitida a colocação de placas de publicidade na estrutura da grua, salvo quando especificado pelo fabricante do equipamento. (Red. Port. SIT 114/05)

18.14.24.17. A implantação e a operacionalização de equipamentos de guindar devem estar previstas em um documento denominado "Plano de Cargas" que deverá conter, no mínimo, as informações constantes do Anexo III desta NR – "PLANO DE CARGAS PARA GRUAS". (Red. Port. SIT 114/05)

18.14.24.18. A implantação, instalação, manutenção e retirada de gruas deve ser supervisionada por engenheiro legalmente habilitado com vínculo à respectiva empresa e, para tais serviços, deve ser emitida Anotação de Responsabilidade Técnica – ART. (Red. Port. SIT 224/11)

18.14.25. Elevador de Cremalheira (Red. Port. SIT 224/11)

18.14.25.1. Os elevadores de cremalheira para transporte de pessoas e materiais deverão obedecer às especificações do fabricante para montagem, operação, manutenção e desmontagem, e estar sob responsabilidade de profissional legalmente habilitado.

18.14.25.2. Os manuais de orientação do fabricante deverão estar à disposição, no canteiro de obra.

18.14.25.3. Dentre os requisitos para entrega técnica, devem ser verificados e ou testados os seguintes itens, quando couber:

a) o equipamento deve estar de acordo com o contratado;

b) o equipamento deve estar identificado com placas de forma indelével no interior da cabina.

18.14.25.4. Os elevadores de carga e passageiros devem dispor no mínimo dos seguintes itens de segurança (NRed. Port. SIT 224/11)

a) intertravamento das proteções com o sistema elétrico, através de chaves de segurança com ruptura positiva, que impeça a movimentação da cabine quando:

I. a(s) porta(s) de acesso da cabine não estiver(em) devidamente fechada(s);

II. a rampa de acesso à cabine não estiver devidamente recolhida no elevador do tipo cremalheira; e

III. a porta da cancela de qualquer um dos pavimentos ou do recinto de proteção da base estiver aberta;

b) dispositivo eletromecânico de emergência que impeça a queda livre da cabine, monitorado por interface de segurança, de forma a freá-la quando ultrapassar a velocidade de descida nominal, interrompendo automática e simultaneamente a corrente elétrica da cabine;

c) chave de segurança monitorada através de interface de segurança, ou outro sistema com a mesma categoria de segurança, que impeça que a cabine ultrapasse a última parada superior ou inferior;

d) nos elevadores do tipo cremalheira, de dispositivo mecânico, que impeça que a cabine se desprenda acidentalmente da torre do elevador.

18.14.25.5. Os elevadores do tipo cremalheira devem ser dotados de amortecedores de impacto de velocidade nominal na base caso o mesmo ultrapasse os limites de parada final.

18.14.25.6. (Rev. Port. SIT 296/11.)

18.14.25.7. (Rev. Port. SIT 296/11.)

18.14.25.8. (Rev. Port. SIT 296/11.)

18.15. Andaimes e Plataformas de Trabalho (NRed. Port. SIT 30/01).

18.15.1. O dimensionamento dos andaimes, sua estrutura de sustentação e fixação, deve ser realizado por profissional legalmente habilitado.

18.15.1.1. Os projetos de andaimes do tipo fachadeiro, suspensos e em balanço devem ser acompanhados pela respectiva Anotação de Responsabilidade Técnica. (Red. Port. SIT 201/11)

18.15.2. Os andaimes devem ser dimensionados e construídos de modo a suportar, com segurança, as cargas de trabalho a que estarão sujeitos.

18.15.2.1. Somente empresas regularmente inscritas no CREA, com profissional legalmente habilitado pertencente ao seu quadro de empregados ou societário, podem fabricar andaimes completos ou quaisquer componentes estruturais. (Red. Port. SIT 201/11)

18.15.2.2. Devem ser gravados nos painéis, tubos, pisos e contraventamentos dos andaimes, de forma aparente e indelével, a identificação do fabricante, referência do tipo, lote e ano de fabricação. (Red. Port. SIT 201/11)

18.15.2.3. É vedada a utilização de andaimes sem as gravações previstas no item 18.15.2.2. (Red. Port. SIT 201/11)

18.15.2.4. As montagens de andaimes dos tipos fachadeiros, suspensos e em balanço devem ser precedidas de projeto elaborado por profissional legalmente habilitado. (Red. Port. SIT 201/11)

18.15.2.5. Os fabricantes dos andaimes devem ser identificados e fornecer instruções técnicas por meio de manuais que contenham, dentre outras informações: (Red. Port. SIT 201/11)

a) especificação de materiais, dimensões e posições de ancoragens e estroncamentos; e

b) detalhes dos procedimentos sequenciais para as operações de montagem e desmontagem.

18.15.2.6. As superfícies de trabalho dos andaimes devem possuir travamento que não permita seu deslocamento ou desencaixe. (Red. Port. SIT 201/11)

18.15.2.7. Nas atividades de montagem e desmontagem de andaimes, deve-se observar que: (Red. Port. SIT 201/11)

a) todos os trabalhadores sejam qualificados e recebam treinamento específico para o tipo de andaime em operação;

b) é obrigatório o uso de cinto de segurança tipo paraquedista e com duplo talabarte que possua ganchos de abertura mínima de cinquenta milímetros e dupla trava;

c) as ferramentas utilizadas devem ser exclusivamente manuais e com amarração que impeça sua queda acidental; e

d) os trabalhadores devem portar crachá de identificação e qualificação, do qual conste a data de seu último exame médico ocupacional e treinamento.

18.15.2.8. Os montantes dos andaimes metálicos devem possuir travamento contra o desencaixe acidental. (Red. Port. SIT 201/11)

18.15.3. O piso de trabalho dos andaimes deve ter forração completa, ser antiderrapante, nivelado e fixado ou travado de modo seguro e resistente. (Red. Port. SIT 201/11)

18.15.3.1. O piso de trabalho dos andaimes pode ser totalmente metálico ou misto, com estrutura metálica e forração do piso em material sintético ou em madeira, ou totalmente de madeira. (Red. Port. SIT 201/11)

18.15.3.2. Os pisos dos andaimes devem ser dimensionados por profissional legalmente habilitado. (Red. Port. SIT 201/11)

18.15.4. No PCMAT devem ser inseridas as precauções que devem ser tomadas na montagem, desmontagem e movimentação de andaimes próximos às redes elétricas. (Red. Port. SIT 201/11)

18.15.5. A madeira para confecção de andaimes deve ser de boa qualidade, seca, sem apresentar nós e rachaduras que comprometam a sua resistência, sendo proibido o uso de pintura que encubra imperfeições.

18.15.5.1. É proibida a utilização de aparas de madeira na confecção de andaimes.

18.15.6. Os andaimes devem dispor de sistema guarda-corpo e rodapé, inclusive nas cabeceiras, em todo o perímetro, conforme subitem 18.13.5, com exceção do lado da face de trabalho.

18.15.7. É proibido retirar qualquer dispositivo de segurança dos andaimes ou anular sua ação.

18.15.8. É proibida, sobre o piso de trabalho de andaimes, a utilização de escadas e outros meios para se atingirem lugares mais altos.

18.15.9. O acesso aos andaimes deve ser feito de maneira segura.

18.15.9.1. O acesso aos andaimes tubulares deve ser feito de maneira segura por escada incorporada à sua estrutura, que pode ser: (Red. Port. SIT 201/11)

a) escada metálica, incorporada ou acoplada aos painéis com dimensões de quarenta centímetros de largura mínima e a distância entre os degraus uniforme e compreendida entre vinte e cinco e trinta e cinco centímetros;

b) escada do tipo marinheiro, montada externamente à estrutura do andaime conforme os itens 18.12.5.10 e 18.12.5.10.1; ou

c) escada para uso coletivo, montada interna ou externamente ao andaime, com largura mínima de oitenta centímetros, corrimãos e degraus antiderrapantes.

18.15.9.1.1. O acesso pode ser ainda por meio de portão ou outro sistema de proteção com abertura para o interior do andaime e com dispositivo contra abertura acidental. (Red. Port. SIT 201/11)

ANDAIMES SIMPLESMENTE APOIADOS

18.15.10. Os montantes dos andaimes devem ser apoiados em sapatas sobre base sólida e nivelada capazes de resistir aos esforços solicitantes e às cargas transmitidas. (Red. Port. SIT 201/11)

18.15.11. É proibido trabalho em andaimes apoiados sobre cavaletes que possuam altura superior a 2,00 m (dois metros) e largura inferior a 0,90 m (noventa centímetros).

18.15.12. É proibido o trabalho em andaimes na periferia da edificação sem que haja proteção tecnicamente adequada, fixada a estrutura da mesma. (NRed. Port. SIT 201/11)

18.15.13. É proibido o deslocamento das estruturas dos andaimes com trabalhadores sobre os mesmos.

18.15.14. Os andaimes cujos pisos de trabalho estejam situados a mais de um metro de altura devem possuir escadas ou rampas. (NRed. Port. SIT 201/11)

18.15.15. O ponto de instalação de qualquer aparelho de içar materiais deve ser escolhido, de modo a não comprometer a estabilidade e segurança do andaime.

18.15.16. Os andaimes de madeira somente podem ser utilizados em obras de até três pavimentos ou altura equivalente e devem ser projetados por profissional legalmente habilitado. (NRed. Port. SIT 224/11)

18.15.17. O andaime deve ser fixado à estrutura da construção, edificação ou instalação, por meio de amarração e estroncamento, de modo a resistir aos esforços a que estará sujeito. (NRed. Port. SIT 201/11)

18.15.18. As torres de andaimes não podem exceder, em altura, 4 (quatro) vezes a menor dimensão da base de apoio, quando não estaiadas.

ANDAIMES FACHADEIROS

18.15.19. Os andaimes fachadeiros não devem receber cargas superiores às especificadas pelo fabricante. Sua carga deve ser distribuída de modo uniforme, sem obstruir a circulação de pessoas e ser limitada pela resistência da forração da plataforma de trabalho.

18.15.20. Os acessos verticais ao andaime fachadeiro devem ser feitos em escada incorporada a sua própria estrutura ou por meio de torre de acesso.

18.15.21. A movimentação vertical de

componentes e acessórios para a montagem e/ou desmontagem de andaime fachadeiro deve ser feita por meio de cordas ou por sistema próprio de içamento.

18.15.22. Os montantes do andaime fachadeiro devem ter seus encaixes travados com parafusos, contrapinos, braçadeiras ou similar.

18.15.23. Os painéis dos andaimes fachadeiros destinados a suportar os pisos e/ou funcionar como travamento, após encaixados nos montantes, devem ser contrapinados ou travados com parafusos, braçadeiras ou similar.

18.15.24. As peças de contraventamento devem ser fixadas nos montantes por meio de parafusos, braçadeiras ou por encaixe em pinos, devidamente travados ou contrapinados, de modo que assegurem a estabilidade e a rigidez necessárias ao andaime.

18.15.25. Os andaimes fachadeiros devem ser externamente cobertos por tela de material que apresente resistência mecânica condizente com os trabalhos e que impeça a queda de objetos. (NRed. Port. SIT 201/11)

18.15.25.1. A tela prevista no subitem 18.15.25 deve ser completa e ser instalada desde a primeira plataforma de trabalho até dois metros acima da última. (Red. Port. SIT 201/11)

ANDAIMES MÓVEIS

18.15.26. Os rodízios dos andaimes devem ser providos de travas, de modo a evitar deslocamentos acidentais.

18.15.27. Os andaimes tubulares móveis podem ser utilizados sobre superfície plana, que resista a seus esforços e permita a sua segura movimentação através de rodízios. (Red. Port. SIT 201/11)

ANDAIMES EM BALANÇO

18.15.28. Os andaimes em balanço devem ter sistema de fixação à estrutura da edificação capaz de suportar três vezes os esforços solicitantes.

18.15.29. A estrutura do andaime deve ser convenientemente contraventada e ancorada, de tal forma a eliminar quaisquer oscilações.

ANDAIMES SUSPENSOS (NRed. Port. SIT 30/01)

18.15.30. Os sistemas de fixação e sustentação e as estruturas de apoio dos andaimes suspensos devem ser precedidos de projeto elaborado e acompanhado por profissional legalmente habilitado. (NRed. Port. SIT 201/11)

18.15.30.1. Os andaimes suspensos devem possuir placa de identificação, colocada em local visível, onde conste a carga máxima de trabalho permitida. (NRed. Port. SIT 201/11)

18.15.30.2. A instalação e a manutenção dos andaimes suspensos devem ser feitas por trabalhador qualificado, sob supervisão e responsabilidade técnica de profissional legalmente habilitado obedecendo, quando de fábrica, as especificações técnicas do fabricante. (Red. Port. SIT 30/01)

18.15.30.3. Deve ser garantida a estabilidade dos andaimes suspensos durante todo o período de sua utilização, através de procedimentos operacionais e de dispositivos ou equipamentos específicos para tal fim. (Red. Port. SIT 30/01)

18.15.31. O trabalhador deve utilizar cinto de segurança tipo paraquedista, ligado ao trava-quedas de segurança este, ligado a cabo-guia fixado em estrutura independente da estrutura de fixação e sustentação do andaime suspenso. (Red. Port. SIT 30/01)

18.15.32. A sustentação dos andaimes suspensos deve ser feita por meio de vigas, afastadores ou outras estruturas metálicas de resistência equivalente a, no mínimo, três vezes o maior esforço solicitante. (Red. Port. SIT 30/01)

18.15.32.1. A sustentação dos andaimes suspensos somente pode ser apoiada ou fixada em elemento estrutural. (NRed. Port. SIT 201/11)

18.15.32.1.1. Em caso de sustentação de andaimes suspensos em platibanda ou beiral da edificação, essa deve ser precedida de estudos de verificação estrutural sob responsabilidade de profissional legalmente habilitado. (NRed. Port. SIT 201/11)

18.15.32.1.2. A verificação estrutural e as especificações técnicas para a sustentação dos andaimes suspensos em platibanda ou beiral de edificação devem permanecer no local de realização dos serviços. (NRed. Port. SIT 201/11)

18.15.32.2. A extremidade do dispositivo de sustentação, voltada para o interior da construção, deve ser adequadamente fixada, constando essa especificação do projeto emitido. (Red. Port. SIT 30/01)

18.15.32.3. É proibida a fixação de sistemas de sustentação dos andaimes por meio de sacos com areia, pedras ou qualquer outro meio similar.

18.15.32.4. Na utilização do sistema contrapeso como forma de fixação da estrutura de sustentação dos andaimes suspensos, este deve atender as seguintes especificações mínimas: (NRed. Port. SIT 201/11)

a) ser invariável quanto à forma e peso especificados no projeto;

b) ser fixado à estrutura de sustentação dos andaimes;

c) ser de concreto, aço ou outro sólido não granulado, com seu peso conhecido e marcado de forma indelével em cada peça; e,

d) ter contraventamentos que impeçam seu deslocamento horizontal.

18.15.33. É proibido o uso de cabos de fibras naturais ou artificiais para sustentação dos andaimes suspensos.

18.15.34. Os cabos de suspensão devem trabalhar na vertical e o estrado na horizontal.

18.15.35. Os dispositivos de suspensão devem ser diariamente verificados pelos usuários e pelo responsável pela obra, antes de iniciados os trabalhos. (NRed. Port. SIT 30/01)

18.15.35.1. Os usuários e o responsável pela verificação devem receber treinamento e manual de procedimentos para a rotina de verificação diária. (NRed. Port. SIT 201/11)

18.15.36. Os cabos de aço utilizados nos guinchos tipo catraca dos andaimes suspensos devem: (NRed. Port. SIT 201/11)

a) ter comprimento tal que para a posição mais baixa do estrado restem pelo menos seis voltas sobre cada tambor; e

b) passar livremente na roldana, devendo o respectivo sulco ser mantido em bom estado de limpeza e conservação.

18.15.37. Os andaimes suspensos devem ser convenientemente fixados à edificação na posição de trabalho. (NRed. Port. SIT 30/01)

18.15.38. É proibido acrescentar trechos em balanço ao estrado de andaimes suspensos. (NRed. Port. SIT 30/01)

18.15.39. É proibida a interligação de andaimes suspensos para a circulação de pessoas ou execução de tarefas. (NRed. Port. SIT 30/01)

18.15.40. Sobre os andaimes suspensos somente é permitido depositar material para uso imediato. (NRed. Port. SIT 30/01)

18.15.40.1. É proibida a utilização de andaimes suspensos para transporte de pessoas ou materiais que não estejam vinculados aos serviços em execução.

18.15.41. Os quadros dos guinchos de elevação devem ser providos de dispositivos para fixação de sistema guarda-corpo e rodapé, conforme subitem 18.13.5. (NRed. Port. SIT 30/01)

18.15.41.1. O estrado do andaime deve estar fixado aos estribos de apoio e o guarda-corpo ao seu suporte.

18.15.41.2. É vedada a utilização de guinchos tipo catraca dos andaimes suspenso para prédios acima de oito pavimentos, a partir do térreo, ou altura equivalente. (Red. Port. SIT 201/11)

18.15.42. Os guinchos de elevação para acionamento manual devem observar os seguintes requisitos: (NRed. Port. SIT 30/01)

a) ter dispositivo que impeça o retrocesso do tambor para catraca;

b) ser acionado por meio de alavancas, manivelas ou automaticamente, na subida e na descida do andaime;

c) possuir segunda trava de segurança para catraca; e,

d) ser dotado da capa de proteção da catraca.

18.15.43. A largura mínima útil da plataforma de trabalho dos andaimes suspensos deve ser de sessenta e cinco centímetros. (NRed. Port. SIT 30/01)

18.15.43.1. A largura máxima útil da plataforma de trabalho dos andaimes suspensos, quando utilizado um guincho em cada armação, deve ser de noventa centímetros. (Red. Port. SIT 201/11)

18.15.43.2.) (Rev. Port. SIT 157/06).

18.15.43.3. Os estrados dos andaimes suspensos mecânicos podem ter comprimento máximo de 8,00 m (oito metros).

18.15.44. Quando utilizado apenas um guincho de sustentação por armação é obrigatório o uso de um cabo de segurança adicional de aço, ligado a dispositivo de bloqueio mecânico automático, observando-

-se a sobrecarga indicada pelo fabricante do equipamento. (NRed. Port. SIT 30/01)

ANDAIMES SUSPENSOS MOTORIZADOS

18.15.45. Na utilização de andaimes suspensos motorizados deverá ser observada a instalação dos seguintes dispositivos: (NRed. Port. SIT 30/01)

a) cabos de alimentação de dupla isolação;

b) plugs/tomadas blindadas;

c) aterramento elétrico;

d) dispositivo Diferencial Residual (DR); e,

e) fim de curso superior e batente.

18.15.45.1. O conjunto motor deve ser equipado com dispositivo mecânico de emergência, que acionará automaticamente em caso de pane elétrica de forma a manter a plataforma de trabalho parada em altura e, quando acionado, permitir a descida segura até o ponto de apoio inferior.

18.15.45.2. Os andaimes motorizados devem ser dotados de dispositivos que impeçam sua movimentação, quando sua inclinação for superior a 15° (quinze graus), devendo permanecer nivelados no ponto de trabalho.

18.15.45.3. O equipamento deve ser desligado e protegido quando fora de serviço. (NRed. Port. SIT 201/11)

PLATAFORMA DE TRABALHO COM SISTEMA DE MOVIMENTAÇÃO VERTICAL EM PINHÃO E CREMALHEIRA E PLATAFORMAS HIDRÁULICAS

18.15.46. As plataformas de trabalho com sistema de movimentação vertical em pinhão e cremalheira e as plataformas hidráulicas devem observar as especificações técnicas do fabricante quanto à montagem, operação, manutenção, desmontagem e às inspeções periódicas, sob responsabilidade técnica de profissional legalmente habilitado. (NRed. Port. SIT 201/11)

18.15.47. Em caso de equipamento importado, os projetos, especificações técnicas e manuais de montagem, operação, manutenção, inspeção e desmontagem devem ser revisados e referendados por profissional legalmente habilitado no país, atendendo ao previsto nas normas técnicas da Associação Brasileira de Normas Técnicas – ABNT ou de entidades internacionais por ela referendadas, ou ainda, outra entidade credenciada pelo Conselho Nacional de Metrologia, Normalização e Qualidade Industrial – CONMETRO. (NRed. Port. SIT 201/11)

18.15.47.1. Os manuais de orientação do fabricante, em língua portuguesa, devem ficar à disposição no canteiro de obras ou frentes de trabalho. (NRed. Port. SIT 201/11)

18.15.47.2. A instalação, manutenção e inspeção periódica dessas plataformas de trabalho devem ser feitas por trabalhador qualificado, sob supervisão e responsabilidade técnica de profissional legalmente habilitado.

18.15.47.3. O equipamento deve ser operado por trabalhador qualificado. (NRed. Port. SIT 201/11)

18.15.47.4. Os trabalhadores usuários de plataformas devem receber orientação quanto ao correto carregamento e posicionamento dos materiais na plataforma. (NRed. Port. SIT 201/11)

18.15.47.4.1. O responsável pela verificação diária das condições de uso do equipamento deve receber manual de procedimentos para a rotina de verificação diária. (N. Red. Port. SIT 201/11)

18.15.47.4.1.1. Os usuários devem receber treinamento para a operação dos equipamentos. (NRed. Port. SIT 201/11)

18.15.47.5. Os trabalhadores devem utilizar cinto de segurança tipo paraquedista ligado a um cabo guia fixado em estrutura independente do equipamento, salvo situações especiais tecnicamente comprovadas por profissional legalmente habilitado. (NRed. Port. SIT 201/11)

18.15.47.6. O equipamento deve estar afastado das redes elétricas ou estas estarem isoladas conforme as normas específicas da concessionária local.

18.15.47.7. A capacidade de carga mínima no piso de trabalho deve ser de cento e cinquenta quilogramas-força por metro quadrado. (NRed. Port. SIT 201/11)

18.15.47.8. As extensões telescópicas, quando utilizadas, devem oferecer a mesma resistência do piso da plataforma. (NRed. Port. SIT 201/11)

18.15.47.9. São proibidas a improvisação na montagem de trechos em balanço e a interligação de plataformas.

18.15.47.10. É responsabilidade do fabricante ou locador a indicação dos esforços na estrutura e apoios da plataforma, bem como a indicação dos pontos que resistam a esses esforços. (Red. Port. SIT 30/01)

18.15.47.11. A área sob a plataforma de trabalho deve ser devidamente sinalizada e delimitada, sendo proibida a circulação de trabalhadores dentro daquele espaço. (NRed. Port. SIT 201/11)

18.15.47.12. A plataforma deve dispor de sistema de sinalização sonora acionado automaticamente durante sua subida e descida.

18.15.47.13. A plataforma deve possuir no painel de comando botão de parada de emergência.

18.15.47.14. O equipamento deve ser dotado de dispositivos de segurança que garantam o perfeito nivelamento da plataforma no ponto de trabalho, não podendo exceder a inclinação máxima indicada pelo fabricante.

18.15.47.15. No percurso vertical da plataforma não pode haver interferências que possam obstruir o seu livre deslocamento. (NRed. Port. SIT 201/11)

18.15.47.16. Em caso de pane elétrica o equipamento deve possuir dispositivos mecânicos de emergência que mantenham a plataforma parada permitindo o alívio manual por parte do operador para descida segura da mesma até sua base. (NRed. Port. SIT 201/11)

18.15.47.17. O último elemento superior da torre deve ser cego, não podendo possuir engrenagens de cremalheira, de forma a garantir que os roletes permaneçam em contato com as guias. (NRed. Port. SIT 201/11)

18.15.47.18. Os elementos de fixação utilizados no travamento das plataformas devem ser devidamente dimensionados para suportar os esforços indicados em projeto. (Red. Port. SIT 30/01)

18.15.47.19. O espaçamento entre as ancoragens ou estroncamentos deve obedecer às especificações do fabricante e serem indicadas no projeto. (NRed. Port. SIT 201/11)

18.15.47.19.1. A ancoragem da torre é obrigatória quando a altura desta for superior a nove metros. (NRed. Port. SIT 201/11)

18.15.47.20. A utilização das plataformas sem ancoragem ou estroncamento deve seguir rigorosamente as condições de cada modelo indicadas pelo fabricante. (NRed. Port. SIT 201/11)

18.15.47.21. No caso de utilização de plataforma com chassi móvel, este deve ficar devidamente nivelado, patolado ou travado no início de montagem das torres verticais de sustentação da plataforma, permanecendo dessa forma durante seu uso e desmontagem. (NRed. Port. SIT 201/11)

18.15.47.22. Os guarda-corpos, inclusive nas extensões telescópicas, devem atender ao previsto no item 18.13.5 e observar as especificações do fabricante, não sendo permitido o uso de cordas, cabos, correntes ou qualquer outro material flexível. (NRed. Port. SIT 201/11)

18.15.47.23. O equipamento, quando fora de serviço, deve ficar no nível da base, desligado e protegido contra acionamento não autorizado. (NRed. Port. SIT 201/11)

18.15.47.24. A plataforma de trabalho deve ter seus acessos dotados de dispositivos eletroeletrônicos que impeçam sua movimentação quando abertos.

18.15.47.25. É proibido realizar qualquer trabalho sob intempéries ou outras condições desfavoráveis que exponham a risco os trabalhadores.

18.15.47.26. É proibida a utilização das plataformas de trabalho para o transporte de pessoas e materiais não vinculados aos serviços em execução.

PLATAFORMAS POR CREMALHEIRA (Red. Port. SIT 30/01)

18.15.48. As plataformas por cremalheira devem dispor dos seguintes dispositivos: (NRed. Port. SIT 201/11)

a) cabos de alimentação de dupla isolação;

b) plugs/tomadas blindadas;

c) aterramento elétrico;

d) dispositivo Diferencial Residual (DR);

e) limites elétricos de percurso superior e inferior;

f) motofreio;

g) freio automático de segurança; e,

h) botoeira de comando de operação com atuação por pressão contínua.

CADEIRA SUSPENSA (Red. Port. SIT 13/02)

18.15.49. Em quaisquer atividades em que não seja possível a instalação de andaimes, é permitida a utilização de cadeira suspensa (balancim individual).

18.15.50. A sustentação da cadeira

suspensa deve ser feita por meio de cabo de aço ou cabo de fibra sintética. (NRed. Port. SIT 13/02)

18.15.51. A cadeira suspensa deve dispor de:

a) sistema dotado com dispositivo de subida e descida com dupla trava de segurança, quando a sustentação for através de cabo de aço; (NRed. Port. SIT 13/02)

b) sistema dotado com dispositivo de descida com dupla trava de segurança, quando a sustentação for por meio de cabo de fibra sintética; (NRed. Port. SIT 13/02)

c) requisitos mínimos de conforto previstos na NR 17 – Ergonomia;

d) sistema de fixação do trabalhador por meio de cinto. (NRed. Port. SIT 13/02)

18.15.52. O trabalhador deve utilizar cinto de segurança tipo paraquedista, ligado ao trava-quedas em cabo-guia independente.

18.15.53. A cadeira suspensa deve apresentar na sua estrutura, em caracteres indeléveis e bem visíveis, a razão social do fabricante e o número de registro respectivo no Cadastro Nacional de Pessoa Jurídica – CNPJ. (NRed. Port. SIT 13/02)

18.15.54. É proibida a improvisação de cadeira suspensa.

18.15.55. O sistema de fixação da cadeira suspensa deve ser independente do cabo-guia do trava-quedas.

18.15.56. Ancoragem (NRed. Port. SIT 157/06)

18.15.56.1. Nas edificações com, no mínimo, quatro pavimentos ou altura de 12 m (doze metros) a partir do nível do térreo devem ser instalados dispositivos destinados à ancoragem de equipamentos de sustentação de andaimes e de cabos de segurança para o uso de proteção individual a serem utilizados nos serviços de limpeza, manutenção e restauração de fachadas. (NRed. Port. SIT 318/12)

18.15.56.2. Os pontos de ancoragem devem:

a) estar dispostos de modo a atender todo o perímetro da edificação;

b) suportar uma carga pontual de 1.500 Kgf (mil e quinhentos quilogramas-força); (NRed. Port. SIT 318/12)

c) constar do projeto estrutural da edificação;

d) ser constituídos de material resistente às intempéries, como aço inoxidável ou material de características equivalentes.

18.15.56.3. Os pontos de ancoragem de equipamentos e dos cabos de segurança devem ser independentes.

18.15.56.4. O item 18.15.56.1 desta norma regulamentadora não se aplica às edificações que possuírem projetos específicos para instalação de equipamentos definitivos para limpeza, manutenção e restauração de fachadas.

18.15.56.5. A ancoragem deve apresentar na sua estrutura, em caracteres indeléveis e bem visíveis: (NRed. Port. SIT 318/12)

a) razão social do fabricante e o seu CNPJ;

b) indicação da carga de 1.500 Kgf;

c) material da qual é constituído;

d) número de fabricação/série.

PLATAFORMAS DE TRABALHO AÉREO (Red. Port. SIT 40/08)

18.15.57. As plataformas de trabalho aéreo devem atender ao disposto no Anexo IV desta Norma Regulamentadora. (Red. Port. SIT 40/08)

18.16. Cabos de Aço e Cabos de Fibra Sintética

18.16.1. É obrigatória a observância das condições de utilização, dimensionamento e conservação dos cabos de aço utilizados em obras de construção, conforme o disposto na norma técnica vigente NBR 6327/83 – Cabo de Aço/Usos Gerais da ABNT.

18.16.2. Os cabos de aço de tração não podem ter emendas nem pernas quebradas que possam vir a comprometer sua segurança. (NRed. Port. SIT 13/02)

18.16.2.1. Os cabos de aço devem ter carga de ruptura equivalente a, no mínimo, 5 (cinco) vezes a carga máxima de trabalho a que estiverem sujeitos e resistência à tração de seus fios de, no mínimo, 160 kgf/mm² (cento e sessenta quilogramas-força por milímetro quadrado). (Red. Port. SIT 13/02)

18.16.3. Os cabos de aço e de fibra sintética devem ser fixados por meio de dispositivos que impeçam seu deslizamento e desgaste. (NRed. Port. SIT 13/02)

18.16.4 Os cabos de aço e de fibra sintética devem ser substituídos quando apresentarem condições que comprometam a sua integridade em face da utilização a que estiverem submetidos. (NRed. Port. SIT 13/02)

18.16.5. Os cabos de fibra sintética utilizados para sustentação de cadeira suspensa ou como cabo-guia para fixação do trava-quedas do cinto de segurança tipo paraquedista, deverá ser dotado de alerta visual amarelo. (Red. Port. SIT 13/02)

18.16.6. Os cabos de fibra sintética deverão atender as especificações constantes do Anexo I – Especificações de Segurança para Cabos de Fibra Sintética, desta NR. (Red. Port. SIT 13/02)

Anexo I – Especificações de Segurança para Cabos de Fibra Sintética (Red. Port. SIT 13/02)

1. O Cabo de fibra sintética utilizado nas condições previstas do subitem 18.16.5 deverá atender as especificações previstas a seguir:

a) Deve ser constituído em trançado triplo e alma central.

b) Trançado externo em multifilamento de poliamida.

c) Trançado intermediário e o alerta visual de cor amarela em multifilamento de polipropileno ou poliamida na cor amarela com o mínimo de 50% de identificação, não podendo ultrapassar 10%(dez por cento) da densidade linear.

d) Trançado interno em multifilamento de poliamida.

e) Alma central torcida em multifilamento de poliamida.

f) Construção dos trançados em máquina com 16, 24, 32 ou 36 fusos.

g) Número de referência: 12 (diâmetro nominal em mm).

h) Densidade linear 95 + 5 KTEX(igual a 95 + 5 g/m).

i) Carga de ruptura mínima 20 KN.

j) Carga de ruptura mínima de segurança sem o trançado externo 15 KN.

2. O cabo de fibra sintética utilizado nas condições previstas no subitem 18.16.5 deverá atender as prescrições de identificação a seguir:

a) Marcação com fita inserida no interior do trançado interno gravado NR 18.16.5 ISO 1140 1990 e fabricante com CNPJ.

b) Rótulo fixado firmemente contendo as seguintes informações:

I. Material constituinte: poliamida

II. Número de referência: diâmetro de 12 mm

III. Comprimentos em metros

c) Incluir o aviso: "CUIDADO: CABO PARA USO ESPECÍFICO EM CADEIRAS SUSPENSAS E CABO-GUIA DE SEGURANÇA PARA FIXAÇÃO DE TRAVA-QUEDAS".

3. O cabo sintético deverá ser submetido a Ensaio conforme Nota Técnica ISO 2307/1990, ter avaliação de carga, ruptura e material constituinte pela rede brasileira de laboratórios de ensaios e calibração do Sistema Brasileiro de Metrologia e Qualidade Industrial.

18.17. Alvenaria, Revestimentos e Acabamentos

18.17.1. Devem ser utilizadas técnicas que garantam a estabilidade das paredes de alvenaria da periferia.

18.17.2. Os quadros fixos de tomadas energizadas devem ser protegidos sempre que no local forem executados serviços de revestimento e acabamento.

18.17.3. Os locais abaixo das áreas de colocação de vidro devem ser interditados ou protegidos contra queda de material.

18.17.3.1. Após a colocação, os vidros devem ser marcados de maneira visível.

18.17.4. Os serviços de aquecimento, transporte e aplicação de impermeabilizante a quente e a frio devem estar previstos no PCMAT e/ou no PPRA e atender a NBR 9574:2008 ou alteração posterior. (Red. Port. SIT 644/13)

18.17.4.1. O equipamento para aquecimento deve ser metálico, possuir tampa com respiradouro de segurança, termômetro ou termostato, bem como possuir nome da empresa fabricante ou importadora e CNPJ em caracteres indeléveis e visíveis. (Red. Port. SIT 644/13)

18.17.4.2. O Manual Técnico de Operação do equipamento deve acompanhar qualquer serviço de impermeabilização. (Red. Port. SIT 644/13)

18.17.4.3. Não é permitido o aquecimento a lenha nos serviços de impermeabilização. (Red. Port. SIT 644/13)

18.17.4.4. O local de instalação do equipamento para aquecimento deve: (Red. Port. SIT 644/13)

a) possuir ventilação natural e/ou artificial;

b) ter piso nivelado e incombustível;

c) ter sinalização de advertência e isolamento;

d) ser mantido limpo e em ordem.

18.17.4.5. O transporte do material a quente deve ser feito através de recipiente metálico, com tampa e alça, utilizando no máximo ¾ de sua capacidade. (Red. Port. SIT 644/13)

18.17.4.6. Os trabalhadores envolvidos na atividade devem possuir treinamento específico nos termos desta NR, com carga horária mínima de 4h anuais e o seguinte conteúdo mínimo: (Red. Port. SIT 644/13)

a) operação do equipamento para aquecimento com segurança;

b) manuseio e transporte da massa asfáltica quente;

c) primeiros socorros;

d) isolamento da área e sinalização de advertência.

18.17.4.7. O fornecimento dos Equipamentos de Proteção Individual – EPI deve atender o disposto no item 18.23 desta NR. (Red. Port. SIT 644/13)

18.17.4.8. As operações em Espaços Confinados devem atender os itens 18.20 e 18.26.4 da NR-18 e a NR-33. (Red. Port. SIT 644/13)

18.17.4.9. A armazenagem dos produtos utilizados nas operações de impermeabilização, inclusive os cilindros de gás, deve ser feita em local isolado, sinalizado, ventilado e isento de risco de incêndios, sendo proibida sua armazenagem no local de operação do equipamento de aquecimento. (Red. Port. SIT 644/13)

18.17.5. Não é permitida a utilização de cilindros de GLP inferiores a 8 quilos em qualquer operação de impermeabilização. (Red. Port. SIT 644/13)

18.17.5.1. Os cilindros de GLP de 45 quilos devem estar sobre rodas e afastados no mínimo 3 metros do equipamento de aquecimento. (Red. Port. SIT 644/13)

18.17.5.1.1. Devem ser utilizados tubos ou mangueiras flexíveis, previstos nas normas técnicas brasileiras, de no mínimo 5 metros em qualquer operação, quando do uso do equipamento de aquecimento a gás. (Red. Port. SIT 644/13)

18.17.6. Quanto ao funcionamento do equipamento de aquecimento, devem ser observados os seguintes itens: (Red. Port. SIT 644/13)

a) manter o trabalhador próximo ao recipiente quando o mesmo estiver em aquecimento;

b) possuir abertura da válvula para escoar o asfalto derretido de forma lenta;

c) manter a tampa fechada;

d) proibir qualquer movimentação com a tampa destravada.

18.17.7. Após o uso, a manutenção e a limpeza do equipamento de aquecimento devem seguir as recomendações do fabricante. (Red. Port. SIT 644/13)

18.17.8. O Contratante deve manter no canteiro de obras a cópia da Ficha de Informações de Segurança de Produto Químico – FISPQ, bem como o Plano de Emergência. (Red. Port. SIT 644/13)

18.17.9. Os equipamentos de aquecimento elétrico e seus componentes devem ser aterrados nos termos da NR-10. (Red. Port. SIT 644/13)

18.17.10. O equipamento de aquecimento a gás deve ser verificado a cada nova conexão do cilindro com solução de água e sabão para identificação de eventuais vazamentos no queimador, regulador e válvulas. (Red. Port. SIT 644/13)

18.17.11. É proibida atividade que envolva o equipamento de aquecimento em locais sujeitos à ocorrência de ventos fortes e chuva. (Red. Port. SIT 644/13)

18.18. Telhados e Coberturas (NRed. Port. SIT 114/05)

18.18.1. Para trabalho em telhados e coberturas devem ser utilizados dispositivos dimensionados por profissional legalmente habilitado e que permitam a movimentação segura dos trabalhadores.

18.18.1.1. É obrigatória a instalação de cabo-guia ou cabo de segurança para fixação de mecanismo de ligação por talabarte acoplado ao cinto de segurança tipo paraquedista. (NRed. Port. SIT 114/05)

18.18.1.2. O cabo de segurança deve ter sua(s) extremidade(s) fixada(s) à estrutura definitiva da edificação, por meio de espera(s) de ancoragem, suporte ou grampo(s) de fixação de aço inoxidável ou outro material de resistência, qualidade e durabilidade equivalentes. (Red. Port. SIT 114/05)

18.18.2. Nos locais sob as áreas onde se desenvolvam trabalhos em telhados e ou coberturas, é obrigatória a existência de sinalização de advertência e de isolamento da área capazes de evitar a ocorrência de acidentes por eventual queda de materiais, ferramentas e ou equipamentos. (NRed. Port. SIT 114/05)

18.18.3. É proibida a realização de trabalho ou atividades em telhados ou coberturas sobre fornos ou qualquer equipamento do qual possa haver emanação de gases, provenientes ou não de processos industriais. (NRed. Port. SIT 114/05)

18.18.3.1. Havendo equipamento com emanação de gases, o mesmo deve ser desligado previamente à realização de serviços ou atividades em telhados ou coberturas. (Red. Port. SIT 114/05)

18.18.4. É proibida a realização de trabalho ou atividades em telhados ou coberturas em caso de ocorrência de chuvas, ventos fortes ou superfícies escorregadias. (NRed. Port. SIT 114/05)

18.18.5. Os serviços de execução, manutenção, ampliação e reforma em telhados ou coberturas devem ser precedidos de inspeção e de elaboração de Ordens de Serviço ou Permissões para Trabalho, contendo os procedimentos a serem adotados. (Red. Port. SIT 114/05)

18.18.5.1. É proibida a concentração de cargas em um mesmo ponto sobre telhado ou cobertura. (Red. Port. SIT 114/05)

18.19. Serviços em Flutuantes

18.19.1. Na execução de trabalhos com risco de queda n'água, devem ser usados coletes salva-vidas ou outros equipamentos de flutuação.

18.19.2. Deve haver sempre, nas proximidades e em local de fácil acesso, botes salva-vidas em número suficiente e devidamente equipados.

18.19.3. As plataformas de trabalho devem ser providas de linhas de segurança ancoradas em terra firme, que possam ser usadas quando as condições meteorológicas não permitirem a utilização de embarcações.

18.19.4. Na execução de trabalho noturno sobre a água, toda a sinalização de segurança da plataforma e o equipamento de salvamento devem ser iluminados com lâmpadas à prova d'água.

18.19.4.1. O sistema de iluminação deve ser estanque.

18.19.5. As superfícies de sustentação das plataformas de trabalho devem ser antiderrapantes.

18.19.6. É proibido deixar materiais e ferramentas soltos sobre as plataformas de trabalho.

18.19.7. Ao redor das plataformas de trabalho devem ser instalados guarda-corpos, firmemente fixados à estrutura.

18.19.8. Em quaisquer atividades é obrigatória a presença permanente de profissional em salvamento, primeiros socorros e ressuscitamento cardiorrespiratório.

18.19.9. Os serviços em flutuantes devem atender às disposições constantes no Regulamento para o Tráfego Marítimo e no Regulamento Internacional para Evitar Abalroamentos no Mar – RIPEAM – 72, do Ministério da Marinha.

18.19.10. Os coletes salva-vidas devem ser de cor laranja, conter o nome da empresa e a capacidade máxima representada em Kg (quilograma).

18.19.11. Os coletes salva-vidas devem ser em número idêntico ao de trabalhadores e tripulantes.

18.19.12. É proibido conservar a bordo trapos embebidos em óleo ou qualquer outra substância volátil.

18.19.13. É obrigatória a instalação de extintores de incêndio em número e capacidade adequados.

18.19.14. É obrigatório o uso de botas com elástico lateral.

18.20. Locais Confinados

18.20.1. Nas atividades que exponham os trabalhadores a riscos de asfixia, explosão, intoxicação e doenças do trabalho devem ser adotadas medidas especiais de proteção, a saber:

a) treinamento e orientação para os trabalhadores quanto aos riscos a que estão submetidos, a forma de preveni-los e o procedimento a ser adotado em situação de risco;

b) nos serviços em que se utilizem produtos químicos, os trabalhadores não poderão realizar suas atividades sem a utilização de EPI adequado;

c) a realização de trabalho em recintos confinados deve ser precedida de inspeção prévia e elaboração de ordem de serviço com os procedimentos a serem adotados;

d) monitoramento permanente de substância que cause asfixia, explosão e intoxicação no interior de locais confinados, realizado por trabalhador qualificado sob supervisão de responsável técnico;

e) proibição de uso de oxigênio para ventilação de local confinado;

f) ventilação local exaustora eficaz que faça a extração dos contaminantes e ventilação geral que execute a insuflação de ar para o interior do ambiente, garantindo de forma permanente a renovação contínua do ar;

g) sinalização com informação clara e permanente durante a realização de trabalhos no interior de espaços confinados;

h) uso de cordas ou cabos de segurança e armaduras para amarração que possibilitem meios seguros de resgate;

i) acondicionamento adequado de substâncias tóxicas ou inflamáveis utilizadas na aplicação de laminados, pisos, papéis de parede ou similares;

j) a cada grupo de 20 (vinte) trabalhadores, dois deles devem ser treinados para resgate;

k) manter ao alcance dos trabalhadores ar mandado e/ou equipamento autônomo para resgate;

l) no caso de manutenção de tanque, providenciar desgaseificação prévia antes da execução do trabalho.

18.21. Instalações Elétricas

18.21.1. A execução e manutenção das instalações elétricas devem ser realizadas por trabalhador qualificado e a supervisão por profissional legalmente habilitado.

18.21.2. Somente podem ser realizados serviços nas instalações quando o circuito elétrico não estiver energizado.

18.21.2.1. Quando não for possível desligar o circuito elétrico, o serviço somente poderá ser executado após terem sido adotadas as medidas de proteção complementares, sendo obrigatório o uso de ferramentas apropriadas e equipamentos de proteção individual.

18.21.3. É proibida a existência de partes vivas expostas de circuitos e equipamentos elétricos.

18.21.4. As emendas e derivações dos condutores devem ser executadas de modo que assegurem a resistência mecânica e contato elétrico adequado.

18.21.4.1. O isolamento de emendas e derivações deve ter característica equivalente à dos condutores utilizados.

18.21.5. Os condutores devem ter isolamento adequado, não sendo permitido obstruir a circulação de materiais e pessoas.

18.21.6. Os circuitos elétricos devem ser protegidos contra impactos mecânicos, umidade e agentes corrosivos.

18.21.7. Sempre que a fiação de um circuito provisório se tornar inoperante ou dispensável deve ser retirada pelo eletricista responsável.

18.21.8. As chaves blindadas devem ser convenientemente protegidas de intempéries e instaladas em posição que impeça o fechamento acidental do circuito.

18.21.9. Os porta-fusíveis não devem ficar sob tensão quando as chaves blindadas estiverem na posição aberta.

18.21.10. As chaves blindadas somente devem ser utilizadas para circuitos de distribuição, sendo proibido o seu uso como dispositivo de partida e parada de máquinas.

18.21.11. As instalações elétricas provisórias de um canteiro de obras devem ser constituídas de:

a) chave geral do tipo blindada de acordo com a aprovação da concessionária local, localizada no quadro principal de distribuição;

b) chave individual para cada circuito de derivação;

c) chave faca blindada em quadro de tomadas;

d) chaves magnéticas e disjuntores, para os equipamentos.

18.21.12. Os fusíveis das chaves blindadas devem ter capacidade compatível com o circuito a proteger, não sendo permitida sua substituição por dispositivos improvisados ou por outros fusíveis de capacidade superior, sem a correspondente troca da fiação.

18.21.13. Em todos os ramais destinados à ligação de equipamentos elétricos devem ser instalados disjuntores ou chaves magnéticas, independentes, que possam ser acionados com facilidade e segurança.

18.21.14. As redes de alta-tensão devem ser instaladas de modo a evitar contatos acidentais com veículos, equipamentos e trabalhadores em circulação, só podendo ser instaladas pela concessionária.

18.21.15. Os transformadores e estações

abaixadoras de tensão devem ser instalados em local isolado, sendo permitido somente acesso do profissional legalmente habilitado ou trabalhador qualificado.

18.21.16. As estruturas e carcaças dos equipamentos elétricos devem ser eletricamente aterradas.

18.21.17. Nos casos em que haja possibilidade de contato acidental com qualquer parte viva energizada deve ser adotado isolamento adequado.

18.21.18. Os quadros gerais de distribuição devem ser mantidos trancados, sendo seus circuitos identificados.

18.21.19. Ao religar chaves blindadas no quadro geral de distribuição, todos os equipamentos devem estar desligados.

18.21.20. Máquinas ou equipamentos elétricos móveis só podem ser ligados por intermédio de conjunto de plugue e tomada.

18.22. Máquinas, Equipamentos e Ferramentas Diversas

18.22.1. A operação de máquinas e equipamentos que exponham o operador ou terceiros a riscos só pode ser feita por trabalhador qualificado e identificado por crachá.

18.22.2. Devem ser protegidas todas as partes móveis dos motores, transmissões e partes perigosas das máquinas ao alcance dos trabalhadores.

18.22.3. As máquinas e os equipamentos que ofereçam risco de ruptura de suas partes móveis, projeção de peças ou de partículas de materiais devem ser providos de proteção adequada.

18.22.4. As máquinas e equipamentos de grande porte devem proteger adequadamente o operador contra a incidência de raios solares e intempéries.

18.22.5. O abastecimento de máquinas e equipamentos com motor à explosão deve ser realizado por trabalhador qualificado, em local apropriado, utilizando-se de técnicas e equipamentos que garantam a segurança da operação.

18.22.6. Na operação de máquinas e equipamentos com tecnologia diferente da que o operador estava habituado a usar, deve ser feito novo treinamento, de modo a qualificá-lo à utilização dos mesmos.

18.22.7. As máquinas e os equipamentos devem ter dispositivo de acionamento e parada localizado de modo que:

a) seja acionado ou desligado pelo operador na sua posição de trabalho;

b) não se localize na zona perigosa da máquina ou do equipamento;

c) possa ser desligado em caso de emergência por outra pessoa que não seja o operador;

d) não possa ser acionado ou desligado, involuntariamente, pelo operador ou por qualquer outra forma acidental;

e) não acarrete riscos adicionais.

18.22.8. Toda máquina deve possuir dispositivo de bloqueio para impedir seu acionamento por pessoa não autorizada.

18.22.9. As máquinas, equipamentos e ferramentas devem ser submetidos à inspeção e manutenção de acordo com as normas técnicas oficiais vigentes, dispensando-se especial atenção a freios, mecanismos de direção, cabos de tração e suspensão, sistema elétrico e outros dispositivos de segurança.

18.22.10. Toda máquina ou equipamento deve estar localizado em ambiente com iluminação natural e/ou artificial adequada à atividade, em conformidade com a NBR 5.413/91 – Níveis de Iluminância de Interiores da ABNT.

18.22.11. As inspeções de máquinas e equipamentos devem ser registradas em documento específico, constando as datas e falhas observadas, as medidas corretivas adotadas e a indicação de pessoa, técnico ou empresa habilitada que as realizou.

18.22.12. Nas operações com equipamentos pesados, devem ser observadas as seguintes medidas de segurança:

a) para encher/esvaziar pneus, não se posicionar de frente para eles, mas atrás da banda de rodagem, usando uma conexão de autofixação para encher o pneu. O enchimento só deve ser feito por trabalhadores qualificados, de modo gradativo e com medições sucessivas da pressão;

b) em caso de superaquecimento de pneus e sistema de freio, devem ser tomadas precauções especiais, prevenindo-se de possíveis explosões ou incêndios;

c) antes de iniciar a movimentação ou dar partida no motor, é preciso certificar-se de que não há ninguém trabalhando sobre, debaixo ou perto dos mesmos;

d) os equipamentos que operam em marcha à ré devem possuir alarme sonoro acoplado ao sistema de câmbio e retrovisores em bom estado;

e) o transporte de acessórios e materiais por içamento deve ser feito o mais próximo possível do piso, tomando-se as devidas precauções de isolamento da área de circulação, transporte de materiais e de pessoas;

f) as máquinas não devem ser operadas em posição que comprometa sua estabilidade;

g) é proibido manter sustentação de equipamentos e máquinas somente pelos cilindros hidráulicos quando em manutenção;

h) devem ser tomadas precauções especiais quando da movimentação de máquinas e equipamentos próximos a redes elétricas.

18.22.13. As ferramentas devem ser apropriadas ao uso a que se destinam, proibindo-se o emprego das defeituosas, danificadas ou improvisadas, devendo ser substituídas pelo empregador ou responsável pela obra.

18.22.14. Os trabalhadores devem ser treinados e instruídos para a utilização segura das ferramentas, especialmente os que irão manusear as ferramentas de fixação a pólvora.

18.22.15. É proibido o porte de ferramentas manuais em bolsos ou locais inapropriados.

18.22.16. As ferramentas manuais que possuam gume ou ponta devem ser protegidas com bainha de couro ou outro material de resistência e durabilidade equivalentes, quando não estiverem sendo utilizadas.

18.22.17. As ferramentas pneumáticas portáteis devem possuir dispositivo de partida instalado de modo a reduzir ao mínimo a possibilidade de funcionamento acidental.

18.22.17.1. A válvula de ar deve fechar-se automaticamente, quando cessar a pressão da mão do operador sobre os dispositivos de partida.

18.22.17.2. As mangueiras e conexões de alimentação das ferramentas pneumáticas devem resistir às pressões de serviço, permanecendo firmemente presas aos tubos de saída e afastadas das vias de circulação.

18.22.17.3. O suprimento de ar para as mangueiras deve ser desligado e aliviada a pressão, quando a ferramenta pneumática não estiver em uso.

18.22.17.4. As ferramentas de equipamentos pneumáticos portáteis devem ser retiradas manualmente e nunca pela pressão do ar comprimido.

18.22.18. As ferramentas de fixação a pólvora devem ser obrigatoriamente operadas por trabalhadores qualificados e devidamente autorizados.

18.22.18.1. É proibido o uso de ferramenta de fixação a pólvora por trabalhadores menores de 18 (dezoito) anos.

18.22.18.2. É proibido o uso de ferramenta de fixação a pólvora em ambientes contendo substâncias inflamáveis ou explosivas.

18.22.18.3 .É proibida a presença de pessoas nas proximidades do local do disparo, inclusive o ajudante.

18.22.18.4. As ferramentas de fixação a pólvora devem estar descarregadas (sem o pino e o finca-pino) sempre que forem guardadas ou transportadas.

18.22.19. Os condutores de alimentação das ferramentas portáteis devem ser manuseados de forma que não sofram torção, ruptura ou abrasão, nem obstruam o trânsito de trabalhadores e equipamentos.

18.22.20. É proibida a utilização de ferramentas elétricas manuais sem duplo isolamento.

18.22.21. Devem ser tomadas medidas adicionais de proteção quando da movimentação de superestruturas por meio de ferragens hidráulicas, prevenindo riscos relacionados ao rompimento dos macacos hidráulicos.

18.23. Equipamentos de Proteção Individual

18.23.1. A empresa é obrigada a fornecer aos trabalhadores, gratuitamente, EPI adequado ao risco e em perfeito estado de conservação e funcionamento, consoante as disposições contidas na NR 6 – Equipamento de Proteção Individual – EPI.

18.23.2. O cinto de segurança tipo abdominal somente deve ser utilizado em serviços de eletricidade e em situações em que funcione como limitador de movimentação.

18.23.3. O cinto de segurança tipo paraquedista deve ser utilizado em atividades a mais de 2,00 m (dois metros) de altura do piso, nas quais haja risco de queda do trabalhador.

18.23.3.1. O cinto de segurança deve ser dotado de dispositivo trava-quedas e estar ligado a cabo de segurança independente da estrutura do andaime. (Red. Port. SSST 63/98)

18.23.4. Os cintos de segurança tipo abdominal e tipo paraquedista devem possuir argolas e mosquetões de aço forjado, ilhoses de material não ferroso e fivela de aço forjado ou material de resistência e durabilidade equivalentes.

18.23.5. Em serviços de montagem industrial, montagem e desmontagem de gruas, andaimes, torres de elevadores, estruturas metálicas e assemelhados onde haja necessidade de movimentação do trabalhador e não seja possível a instalação de cabo-guia de segurança, é obrigatório o uso de duplo talabarte, mosquetão de aço inox com abertura mínima de cinquenta milímetros e dupla trava. (Red. Port. SIT 201/11)

18.24. Armazenagem e Estocagem de Materiais

18.24.1. Os materiais devem ser armazenados e estocados de modo a não prejudicar o trânsito de pessoas e de trabalhadores, a circulação de materiais, o acesso aos equipamentos de combate a incêndio, não obstruir portas ou saídas de emergência e não provocar empuxos ou sobrecargas nas paredes, lajes ou estruturas de sustentação, além do previsto em seu dimensionamento.

18.24.2. As pilhas de materiais, a granel ou embalados, devem ter forma e altura que garantam a sua estabilidade e facilitem o seu manuseio.

18.24.2.1. Em pisos elevados, os materiais não podem ser empilhados a uma distância de suas bordas menor que a equivalente à altura da pilha. Exceção feita quando da existência de elementos protetores dimensionados para tal fim.

18.24.3. Tubos, vergalhões, perfis, barras, pranchas e outros materiais de grande comprimento ou dimensão devem ser arrumados em camadas, com espaçadores e peças de retenção, separados de acordo com o tipo de material e a bitola das peças.

18.24.4. O armazenamento deve ser feito de modo a permitir que os materiais sejam retirados obedecendo à sequência de utilização planejada, de forma a não prejudicar a estabilidade das pilhas.

18.24.5. Os materiais não podem ser empilhados diretamente sobre piso instável, úmido ou desnivelado.

18.24.6. A cal virgem deve ser armazenada em local seco e arejado.

18.24.7. Os materiais tóxicos, corrosivos, inflamáveis ou explosivos devem ser armazenados em locais isolados, apropriados, sinalizados e de acesso permitido somente a pessoas devidamente autorizadas. Estas devem ter conhecimento prévio do procedimento a ser adotado em caso de eventual acidente.

18.24.8. As madeiras retiradas de andaimes, tapumes, fôrmas e escoramentos devem ser empilhadas, depois de retirados ou rebatidos os pregos, arames e fitas de amarração.

18.24.9. Os recipientes de gases para solda devem ser transportados e armazenados adequadamente, obedecendo-se às prescrições quanto ao transporte e armazenamento de produtos inflamáveis.

18.25. Transporte de Trabalhadores em Veículos Automotores

18.25.1. O transporte coletivo de trabalhadores em veículos automotores dentro do canteiro ou fora dele deve observar as normas de segurança vigentes.

18.25.2. O transporte coletivo dos trabalhadores deve ser feito através de meios de transportes normalizados pelas entidades competentes e adequados às características do percurso.

18.25.3. O transporte coletivo dos trabalhadores deve ter autorização prévia da autoridade competente, devendo o condutor mantê-la no veículo durante todo o percurso.

18.25.4. A condução do veículo deve ser feita por condutor habilitado para o transporte coletivo de passageiros.

18.25.5. A utilização de veículos, a título precário para transporte de passageiros, somente será permitida em vias que não apresentem condições de tráfego para ônibus. Neste caso, os veículos devem apresentar as seguintes condições mínimas de segurança:

a) carroceria em todo o perímetro do veículo, com guardas altas e cobertura de altura livre de 2,10 m (dois metros e dez centímetros) em relação ao piso da carroceria, ambas com material de boa qualidade e resistência estrutural que evite o esmagamento e não permita a projeção de pessoas em caso de colisão e/ou tombamento do veículo;

b) assentos com espuma revestida de 0,45 m (quarenta e cinco centímetros) de largura por 0,35 m (trinta e cinco centímetros) de profundidade e 0,45 m (quarenta e cinco centímetros) de altura com encosto e cinto de segurança tipo 3 (três) pontos;

c) barras de apoio para as mãos a 0,10 m (dez centímetros) da cobertura e para os braços e mãos entre os assentos;

d) a capacidade de transporte de trabalhadores será dimensionada em função da área dos assentos acrescida do corredor de passagem de pelo menos 0,80 m (oitenta centímetros) de largura;

e) o material transportado, como ferramentas e equipamentos, deve estar acondicionado em compartimentos separados dos trabalhadores, de forma a não causar lesões aos mesmos numa eventual ocorrência de acidente com o veículo;

f) escada, com corrimão, para acesso pela traseira da carroceria, sistemas de ventilação nas guardas altas e de comunicação entre a cobertura e a cabine do veículo;

g) só será permitido o transporte de trabalhadores acomodados nos assentos acima dimensionados.

18.26. Proteção contra Incêndio

18.26.1. É obrigatória a adoção de medidas que atendam, de forma eficaz, às necessidades de prevenção e combate a incêndio para os diversos setores, atividades, máquinas e equipamentos do canteiro de obras.

18.26.2. Deve haver um sistema de alarme capaz de dar sinais perceptíveis em todos os locais da construção.

18.26.3. É proibida a execução de serviços de soldagem e corte a quente nos locais onde estejam depositadas, ainda que temporariamente, substâncias combustíveis, inflamáveis e explosivas.

18.26.4 Nos locais confinados e onde são executados pinturas, aplicação de laminados, pisos, papéis de parede e similares, com emprego de cola, bem como nos locais de manipulação e emprego de tintas, solventes e outras substâncias combustíveis, inflamáveis ou explosivas, devem ser tomadas as seguintes medidas de segurança:

a) proibir fumar ou portar cigarros ou assemelhados acesos, ou qualquer outro material que possa produzir faísca ou chama;

b) evitar, nas proximidades, a execução de operação com risco de centelhamento, inclusive por impacto entre peças;

c) utilizar obrigatoriamente lâmpadas e luminárias à prova de explosão;

d) instalar sistema de ventilação adequado para a retirada de mistura de gases, vapores inflamáveis ou explosivos do ambiente;

e) colocar nos locais de acesso placas com a inscrição “Risco de Incêndio” ou “Risco de Explosão”;

f) manter cola e solventes em recipientes fechados e seguros;

g) quaisquer chamas, faíscas ou dispositivos de aquecimento devem ser mantidos afastados de formas, restos de madeiras, tintas, vernizes ou outras substâncias combustíveis, inflamáveis ou explosivas.

18.26.5. Os canteiros de obra devem ter equipes de operários organizadas e especialmente treinadas no correto manejo do material disponível para o primeiro combate ao fogo.

18.27. Sinalização de Segurança

18.27.1. O canteiro de obras deve ser sinalizado com o objetivo de:

a) identificar os locais de apoio que compõem o canteiro de obras;

b) indicar as saídas por meio de dizeres ou setas;

c) manter comunicação através de avisos, cartazes ou similares;

d) advertir contra perigo de contato ou acionamento acidental com partes móveis das máquinas e equipamentos.

e) advertir quanto a risco de queda;

f) alertar quanto à obrigatoriedade do uso de EPI, específico para a atividade executada, com a devida sinalização e advertência próximas ao posto de trabalho;

g) alertar quanto ao isolamento das áreas de transporte e circulação de materiais por grua, guincho e guindaste;

h) identificar acessos, circulação de veículos e equipamentos na obra;

i) advertir contra risco de passagem de trabalhadores onde o pé-direito for inferior a 1,80m (um metro e oitenta centímetros);

j) identificar locais com substâncias tóxicas, corrosivas, inflamáveis, explosivas e radioativas.

18.27.2. É obrigatório o uso de colete ou tiras refletivas na região do tórax e costas quando o trabalhador estiver a serviço em vias públicas, sinalizando acessos ao canteiro de obras e frentes de serviços ou em movimentação e transporte vertical de materiais.

18.27.3. A sinalização de segurança em vias públicas deve ser dirigida para alertar os motoristas, pedestres e em conformidade com as determinações do órgão competente.

18.28. Treinamento

18.28.1. Todos os empregados devem receber treinamentos admissional e periódico, visando a garantir a execução de suas atividades com segurança.

18.28.2. O treinamento admissional deve ter carga horária mínima de 6 (seis) horas, ser ministrado dentro do horário de trabalho, antes de o trabalhador iniciar suas atividades, constando de:

a) informações sobre as condições e meio ambiente de trabalho;

b) riscos inerentes a sua função;

c) uso adequado dos Equipamentos de Proteção Individual – EPI;

d) informações sobre os Equipamentos de Proteção Coletiva – EPC, existentes no canteiro de obra.

18.28.3. O treinamento periódico deve ser ministrado:

a) sempre que se tornar necessário;

b) ao início de cada fase da obra.

18.28.4. Nos treinamentos, os trabalhadores devem receber cópias dos procedimentos e operações a serem realizadas com segurança.

18.29. Ordem e Limpeza

18.29.1. O canteiro de obras deve apresentar-se organizado, limpo e desimpedido, notadamente nas vias de circulação, passagens e escadarias.

18.29.2. O entulho e quaisquer sobras de materiais devem ser regularmente coletados e removidos. Por ocasião de sua remoção, devem ser tomados cuidados especiais, de forma a evitar poeira excessiva e eventuais riscos.

18.29.3. Quando houver diferença de nível, a remoção de entulhos ou sobras de materiais deve ser realizada por meio de equipamentos mecânicos ou calhas fechadas.

18.29.4. É proibida a queima de lixo ou qualquer outro material no interior do canteiro de obras.

18.29.5. É proibido manter lixo ou entulho acumulado ou exposto em locais inadequados do canteiro de obras.

18.30. Tapumes e Galerias

18.30.1. É obrigatória a colocação de tapumes ou barreiras sempre que se executarem atividades da indústria da construção, de forma a impedir o acesso de pessoas estranhas aos serviços.

18.30.2. Os tapumes devem ser construídos e fixados de forma resistente, e ter altura mínima de 2,20 m (dois metros e vinte centímetros) em relação ao nível do terreno.

18.30.3. Nas atividades da indústria da construção com mais de 2 (dois) pavimentos a partir do nível do meio-fio, executadas no alinhamento do logradouro, é obrigatória a construção de galerias sobre o passeio, com altura interna livre de no mínimo 3,00 m (três metros).

18.30.3.1. Em caso de necessidade de realização de serviços sobre o passeio, a galeria deve ser executada na via pública, devendo neste caso ser sinalizada em toda sua extensão, por meio de sinais de alerta aos motoristas nos dois extremos e iluminação durante a noite, respeitando-se a legislação do Código de Obras Municipal e de trânsito em vigor.

18.30.4. As bordas da cobertura da galeria devem possuir tapumes fechados com altura mínima de 1,00 m (um metro), com inclinação de aproximadamente 45° (quarenta e cinco graus).

18.30.5. As galerias devem ser mantidas sem sobrecargas que prejudiquem a estabilidade de suas estruturas.

18.30.6. Existindo risco de queda de materiais nas edificações vizinhas, estas devem ser protegidas.

18.30.7. Em se tratando de prédio construído no alinhamento do terreno, a obra deve ser protegida, em toda a sua extensão, com fechamento por meio de tela.

18.30.8. Quando a distância da demolição ao alinhamento do terreno for inferior a 3,00 m (três metros), deve ser feito um tapume no alinhamento do terreno, de acordo com o subitem 18.30.1.

18.31. Acidente Fatal

18.31.1. Em caso de ocorrência de acidente fatal, é obrigatória a adoção das seguintes medidas:

a) comunicar o acidente fatal, de imediato, à autoridade policial competente e ao órgão regional do Ministério do Trabalho, que repassará imediatamente ao sindicato da categoria profissional do local da obra;

b) isolar o local diretamente relacionado ao acidente, mantendo suas características até sua liberação pela autoridade policial competente e pelo órgão regional do Ministério do Trabalho.

18.31.1.1. A liberação do local poderá ser concedida após a investigação pelo órgão regional competente do Ministério do Trabalho, que ocorrerá num prazo máximo de 72 (setenta e duas) horas, contado do protocolo de recebimento da comunicação escrita ao referido órgão, podendo, após esse prazo, serem suspensas as medidas referidas na alínea "b" do subitem 18.31.1.

18.32. (Rev. Port. SIT 237/11.)

18.32.1. (Rev. Port. SIT 237/11.)

18.32.1.1. (Rev. Port. SIT 237/11.)

18.32.1.2. (Rev. Port. SIT 237/11.)

18.32.2. (Rev. Port. SIT 237/11.)

18.33. Comissão Interna de Prevenção de Acidentes – CIPA nas Empresas da Indústria da Construção

18.33.1. A empresa que possuir na mesma cidade 1 (um) ou mais canteiros de obra ou frentes de trabalho, com menos de 70 (setenta) empregados, deve organizar CIPA centralizada.

18.33.2. A CIPA centralizada será composta de representantes do empregador e dos empregados, devendo ter pelo menos 1 (um) representante titular e 1 (um) suplente, por grupo de até 50 (cinquenta) empregados em cada canteiro de obra ou frente de trabalho, respeitando-se a paridade prevista na NR 5.

18.33.3. A empresa que possuir 1 (um) ou mais canteiros de obra ou frente de trabalho com 70 (setenta) ou mais empregados em cada estabelecimento, fica obrigada a organizar CIPA por estabelecimento.

18.33.4. Ficam desobrigadas de constituir CIPA os canteiros de obra cuja construção não exceda a 180 (cento e oitenta) dias, devendo, para o atendimento do disposto neste item, ser constituída comissão provisória de prevenção de acidentes, com eleição paritária de 1 (um) membro efetivo e 1 (um) suplente, a cada grupo de 50 (cinquenta) trabalhadores.

18.33.5. As empresas que possuam equipes de trabalho itinerantes deverão considerar como estabelecimento a sede da equipe.

18.33.6. As subempreiteiras que pelo número de empregados não se enquadrarem no subitem 18.33.3 participarão com, no mínimo, 1 (um) representante das reuniões, do curso da CIPA e das inspeções realizadas pela CIPA da contratante.

18.33.7. Aplicam-se às empresas da indústria da construção as demais disposições previstas na NR 5, naquilo em que não conflitar com o disposto neste item.

18.34. Comitês Permanentes sobre Condições e Meio Ambiente do Trabalho na Indústria da Construção

18.34.1. Fica criado o Comitê Permanente Nacional sobre Condições e Meio Ambiente do Trabalho na Indústria da Construção, denominado CPN, e os Comitês Permanentes Regionais sobre Condições e Meio Ambiente do Trabalho na Indústria da Construção, denominados CPR (Unidade(s) da Federação).

18.34.2. O CPN será composto de 3 (três) a 5 (cinco) representantes titulares do governo, dos empregadores e dos empregados, sendo facultada a convocação de representantes de entidades técnico-científicas ou de profissionais especializados, sempre que necessário. (NRed. Port. SIT 63/98)

18.34.2.1. No primeiro mandato anual, o coordenador do CPN será indicado pela Secretaria de Segurança e Saúde no Trabalho, no segundo pela FUNDACENTRO e, nos mandatos subsequentes, a coordenação será indicada pelos membros da Comissão, dentre seus pares.

18.34.2.2. À coordenação do CPN cabe convocar pelo menos uma reunião semestral, destinada a analisar o trabalho desenvolvido no período anterior e traçar diretrizes para o ano seguinte.

18.34.2.3. O CPN pode ser convocado por qualquer de seus componentes, através da coordenação, com antecedência mínima de 30 (trinta) dias, reunindo-se com a presença de pelo menos metade dos membros.

18.34.2.4. Os representantes integrantes do grupo de apoio técnico-científico do CPN não terão direito a voto, garantido o direito de voz.

18.34.2.5. As disposições anteriores aplicam-se aos Comitês Regionais, observadas as representações em âmbito estadual.

18.34.2.6. São atribuições do CPN:

a) deliberar a respeito das propostas apresentadas pelos CPR, ouvidos os demais CPR;

b) encaminhar ao Ministério do Trabalho as propostas aprovadas;

c) justificar aos CPR a não aprovação das propostas apresentadas;

d) elaborar propostas, encaminhando cópia aos CPR;

e) aprovar os Regulamentos Técnicos de Procedimentos – RTP.

18.34.3. O CPR será composto de 3 (três) a 5 (cinco) representantes titulares e suplentes do Governo, dos trabalhadores, dos empregadores e de 3 (três) a 5 (cinco) titulares e suplentes de entidades de profissionais especializados em segurança e saúde do trabalho como apoio técnico-científico.

18.34.3.1. As propostas resultantes dos trabalhos de cada CPR serão encaminhadas ao CPN. Aprovadas, serão encaminhadas ao Ministério do Trabalho, que dará andamento às mudanças, por meio de dispositivos legais pertinentes, no prazo máximo de 90 (noventa) dias.

18.34.3.2. Nos estados onde funcionarem organizações tripartites que atendem às atribuições estabelecidas para os CPR, presume-se que aquelas sejam organismos substitutivos destes.

18.34.3.3. São atribuições dos Comitês Regionais – CPR:

a) estudar e propor medidas para o controle e a melhoria das condições e dos ambientes de trabalho na indústria da construção;

b) implementar a coleta de dados sobre acidentes de trabalho e doenças ocupacionais na indústria da construção, visando estimular iniciativas de aperfeiçoamento técnico de processos construtivos, de máquinas, equipamentos, ferramentas e procedimentos nas atividades da indústria da construção;

c) participar e propor campanhas de prevenção de acidentes para a indústria da construção;

d) incentivar estudos e debates visando ao aperfeiçoamento permanente das normas técnicas, regulamentadoras e de procedimentos na indústria da construção;

e) encaminhar o resultado de suas propostas ao CPN;

f) apreciar propostas encaminhadas pelo CPN, sejam elas oriundas do próprio CPN ou de outro CPR;

g) negociar cronograma para gradativa implementação de itens da Norma que não impliquem em grave e iminente risco, atendendo às peculiaridades e dificuldades regionais, desde que sejam aprovadas por consenso e homologados pelo Comitê Permanente Nacional – CPN. (Red. Port. SSST 20/98)

18.34.3.3.1. As propostas resultantes de negociações do CPR, conduzidas na forma do disposto na alínea "g" do subitem 18.34.3.3, serão encaminhadas à autoridade regional competente do Ministério do Trabalho, que dará garantias ao seu cumprimento por meio de dispositivos legais pertinentes, de acordo com as prerrogativas que lhe são atribuídas pelo subitem 28.1.4.3, da Norma Regulamentadora n. 28. (Red. Port. SSST 20/98)

18.34.4. O CPN e os CPR funcionarão na forma que dispuserem os regulamentos internos a serem elaborados após sua constituição.

18.35. Recomendações Técnicas de Procedimentos – RTP

18.35.1. O Ministério do Trabalho, através da Fundação Jorge Duprat de Figueiredo de Segurança e Medicina do Trabalho – FUNDACENTRO, publicará "Recomendações Técnicas de Procedimentos – RTP", após sua aprovação pelo Comitê Permanente Nacional sobre Condições e Meio Ambiente de Trabalho na Indústria da Construção – CPN, visando subsidiar as empresas no cumprimento desta Norma. (NRed. Port. SSST 07/97)

18.36. Disposições Gerais

18.36.1. São de observância, ainda, as disposições constantes dos subitens 18.36.2 a 18.36.7. (NRed. Port. SSST 07/97)

18.36.2. Quanto às máquinas, equipamentos e ferramentas diversas:

a) os protetores removíveis só podem ser retirados para limpeza, lubrificação, reparo e ajuste, e após devem ser, obrigatoriamente, recolocados;

b) os operadores não podem se afastar da área de controle das máquinas ou equipamentos sob sua responsabilidade, quando em funcionamento;

c) nas paradas temporárias ou prolongadas, os operadores de máquinas e equipamentos devem colocar os controles em posição neutra, acionar os freios e adotar outras medidas com o objetivo de eliminar riscos provenientes de funcionamento acidental;

d) inspeção, limpeza, ajuste e reparo somente devem ser executados com a máquina ou o equipamento desligado, salvo se o movimento for indispensável à realização da inspeção ou ajuste;

e) quando o operador de máquinas ou equipamentos tiver a visão dificultada por obstáculos, deve ser exigida a presença de um sinaleiro para orientação do operador;

f) as ferramentas manuais não devem ser deixadas sobre passagens, escadas, andaimes e outras superfícies de trabalho ou de circulação, devendo ser guardadas em locais apropriados, quando não estiverem em uso;

g) antes da fixação de pinos por ferramenta de fixação a pólvora, devem ser verificados o tipo e a espessura da parede ou laje, o tipo de pino e finca-pino mais adequados, e a região oposta à superfície de aplicação deve ser previamente inspecionada;

h) o operador não deve apontar a ferramenta de fixação a pólvora para si ou para terceiros.

18.36.3. Quanto à escavação, fundação e desmonte de rochas:

a) antes de ser iniciada uma obra de escavação ou de fundação, o responsável deve procurar se informar a respeito da existência de galerias, canalizações e cabos, na área onde serão realizados os trabalhos, bem como estudar o risco de impregnação do subsolo por emanações ou produtos nocivos;

b) os escoramentos devem ser inspecionados diariamente;

c) quando for necessário rebaixar o lençol d'água (freático), os serviços devem ser executados por pessoas ou empresas qualificadas;

d) cargas e sobrecargas ocasionais, bem como possíveis vibrações, devem ser levadas em consideração para determinar a inclinação das paredes do talude, a construção do escoramento e o cálculo dos elementos necessários;

e) a localização das tubulações deve ter sinalização adequada;

f) as escavações devem ser realizadas por pessoal qualificado, que orientará os operários, quando se aproximarem das tubulações até a distância mínima de 1,50 m (um metro e cinquenta centímetros);

g) o tráfego próximo às escavações deve ser desviado e, na sua impossibilidade, reduzida a velocidade dos veículos;

h) devem ser construídas passarelas de largura mínima de 0,60 m (sessenta centímetros), protegidas por guarda-corpos, quando for necessário o trânsito sobre a escavação;

i) quando o bate-estacas não estiver em operação, o pilão deve permanecer em repouso sobre o solo ou no fim da guia de seu curso;

j) para pilões a vapor, devem ser dispensados cuidados especiais às mangueiras e conexões, devendo o controle de manobras das válvulas estar sempre ao alcance do operador;

k) para trabalhar nas proximidades da rede elétrica, a altura e/ou distância dos bate-estacas deve atender à distância mínima exigida pela concessionária;

l) para a proteção contra a projeção de pedras, deve ser coberto todo o setor (área entre as minas, carregadas) com malha de ferro de 1/4" a 3/16", de 0,15 m (quinze centímetros) e pontiada de solda, devendo ser arrumados sobre a malha pneus para formar uma camada amortecedora.

18.36.4. Quanto a estruturas de concreto:

a) antes do início dos trabalhos deve ser designado um encarregado experiente para acompanhar o serviço e orientar a equipe de retirada de formas quanto às técnicas de segurança a serem observadas;

b) durante a descarga de vergalhões de aço a área deve ser isolada para evitar a circulação de pessoas estranhas ao serviço;

c) os feixes de vergalhões de aço que forem deslocados por guinchos, guindastes ou gruas, devem ser amarrados de modo a evitar escorregamento;

d) durante os trabalhos de lançamento e vibração de concreto, o escoramento e a resistência das formas devem ser inspecionados por profissionais qualificados.

18.36.5. Quanto a escadas:

a) as escadas de mão portáteis e corrimão de madeira não devem apresentar farpas, saliências ou emendas;

b) as escadas fixas, tipo marinheiro, devem ser presas no topo e na base;

c) as escadas fixas, tipo marinheiro, de

altura superior a 5,00 m (cinco metros), devem ser fixadas a cada 3,00 m (três metros).

18.36.6. Quanto à movimentação e transporte de materiais e de pessoas:

a) o código de sinais recomendado é o seguinte:

I. elevar carga: antebraço na posição vertical; dedo indicador para mover a mão em pequeno círculo horizontal;

II. abaixar carga: braço estendido na horizontal; palma da mão para baixo; mover a mão para cima e para baixo;

III. parar: braço estendido; palma da mão para baixo; manter braço e mão rígidos na posição;

IV. parada de emergência: braço estendido; palma da mão para baixo; mover a mão para a direita e a esquerda rapidamente;

V. suspender a lança: braço estendido; mão fechada, polegar apontado para cima; mover a mão para cima e para baixo;

VI. abaixar a lança: braço estendido; mão fechada; polegar apontado para baixo; erguer a mão para cima e para baixo;

VII. girar a lança: braço estendido; apontar com o indicador no sentido do movimento;

VIII. mover devagar: o mesmo que em I ou II, porém com a outra mão colocada atrás ou abaixo da mão de sinal;

IX. elevar lança e abaixar carga: usar III e V com as duas mãos simultaneamente;

X. abaixar lança e elevar carga: usar I e VI, com as duas mãos, simultaneamente;

b) deve haver um código de sinais afixado em local visível, para comandar as operações dos equipamentos de guindar;

c) os diâmetros mínimos para roldanas e eixos em função dos cabos usados são:

Diâmetro do Cabo (mm)	Diâmetro da Roldana (cm)	Diâmetro do Eixo (mm)
12,70	30	30
15,80	35	40
19,00	40	43
22,20	46	49
25,40	51	55

d) peças com mais de 2,00 m (dois metros) de comprimento devem ser amarradas na estrutura do elevador;

e) as caçambas devem ser construídas de chapas de aço e providas de corrente de segurança ou outro dispositivo que limite sua inclinação por ocasião da descarga.

18.36.7. Quanto a estruturas metálicas:

a) os andaimes utilizados na montagem de estruturas metálicas devem ser suportados por meio de vergalhões de ferro, fixados à estrutura, com diâmetro mínimo de 0,018 m (dezoito milímetros);

b) em locais de estrutura, onde, por razões técnicas, não se puder empregar os andaimes citados na alínea anterior, devem ser usadas plataformas com tirantes de aço ou vergalhões de ferro, com diâmetro mínimo de 0,012 m (doze milímetros), devidamente fixados a suportes resistentes;

c) os andaimes referidos na alínea "a" devem ter largura mínima de 0,90 m (noventa centímetros) e proteção contra quedas conforme subitem 18.13.5;

d) as escadas de mão somente podem ser usadas quando apoiadas no solo.

18.37. Disposições Finais

18.37.1. Devem ser colocados, em lugar visível para os trabalhadores, cartazes alusivos à prevenção de acidentes e doenças de trabalho.

18.37.2. É obrigatório o fornecimento de água potável, filtrada e fresca para os trabalhadores por meio de bebedouros de jato inclinado ou equipamento similar que garanta as mesmas condições, na proporção de 1 (um) para cada grupo de 25 (vinte e cinco) trabalhadores ou fração.

18.37.2.1. O disposto neste subitem deve ser garantido de forma que, do posto de trabalho ao bebedouro, não haja deslocamento superior a 100 (cem) metros, no plano horizontal e 15 (quinze) metros no plano vertical.

18.37.2.2. Na impossibilidade de instalação de bebedouro dentro dos limites referidos no subitem anterior, as empresas devem garantir, nos postos de trabalho, suprimento de água potável, filtrada e fresca fornecida em recipientes portáteis hermeticamente fechados, confeccionados em material apropriado, sendo proibido o uso de copos coletivos.

18.37.2.3. Em regiões do país ou estações do ano de clima quente deve ser garantido o fornecimento de água refrigerada.

18.37.2.4. A área do canteiro de obra deve ser dotada de iluminação externa adequada.

18.37.2.5. Nos canteiros de obras, inclusive nas áreas de vivência, deve ser previsto escoamento de águas pluviais.

18.37.2.6. Nas áreas de vivência dotadas de alojamento, deve ser solicitada à concessionária local a instalação de um telefone comunitário ou público.

18.37.3. É obrigatório o fornecimento gratuito pelo empregador de vestimenta de trabalho, e sua reposição, quando danificada.

18.37.4. Para fins da aplicação desta NR, são considerados trabalhadores habilitados aqueles que comprovem perante o empregador e a inspeção do trabalho uma das seguintes condições:

a) capacitação, mediante curso específico do sistema oficial de ensino;

b) capacitação, mediante curso especializado ministrado por centros de treinamento e reconhecido pelo sistema oficial de ensino.

18.37.5. Para fins da aplicação desta NR, são considerados trabalhadores qualificados aqueles que comprovem perante o empregador e a inspeção do trabalho uma das seguintes condições:

a) capacitação mediante treinamento na empresa;

b) capacitação mediante curso ministrado por instituições privadas ou públicas, desde que conduzido por profissional habilitado;

c) ter experiência comprovada em Carteira de Trabalho de pelo menos 6 (seis) meses na função.

18.37.6. Aplicam-se à indústria da construção, nos casos omissos, as disposições constantes nas demais Normas Regulamentadoras da Portaria n. 3.214/78 e suas alterações posteriores.

18.37.7. É facultada às empresas construtoras, regularmente registradas no Sistema CONFEA/CREA, sob responsabilidade de profissional de Engenharia, em situações especiais não previstas nesta NR, mediante cumprimento dos requisitos previstos nos subitens seguintes, a adoção de soluções alternativas referentes às medidas de proteção coletiva, a adoção de técnicas de trabalho e uso de equipamentos, tecnologias e outros dispositivos que (NRed. Port. SIT 237/11):

a) propiciem avanço tecnológico em segurança, higiene e saúde dos trabalhadores;

b) objetivem a implementação de medidas de controle e de sistemas preventivos de segurança nos processos, nas condições e no meio ambiente de trabalho na Indústria da Construção;

c) garantam a realização das tarefas e atividades de modo seguro e saudável.

18.37.7.1. Os procedimentos e meios de proteção adotados devem estar sob responsabilidade de Engenheiro legalmente habilitado e de Engenheiro de Segurança do Trabalho com a devida emissão de Anotação de Responsabilidade Técnica – ART. (NRed. Port. SIT 237/11)

18.37.7.2. As tarefas a serem executadas mediante a adoção de soluções alternativas devem estar expressamente previstas em procedimentos de segurança do trabalho, nos quais devem constar (NRed. Port. SIT 237/11);

a) os riscos aos quais os trabalhadores estarão expostos;

b) a descrição dos equipamentos e das medidas de proteção coletiva a serem implementadas;

c) a identificação e a indicação dos equipamentos de proteção individual – EPI a serem utilizados;

d) a descrição de uso e a indicação de procedimentos quanto aos Equipamentos de Proteção Coletiva – EPC e EPI, conforme as etapas das tarefas a serem realizadas;

e) a descrição das ações de prevenção a serem observadas durante a execução dos serviços, dentre outras medidas a serem previstas e prescritas pelo Engenheiro de Segurança responsável.

18.37.7.3. Os equipamentos utilizados, observado o disposto na NR-12, devem possuir (NRed. Port. SIT 237/11):

a) manual do proprietário ou de instruções de uso emitido pelo fabricante;

b) manual de manutenção, montagem e desmontagem.

18.37.7.4. As tarefas envolvendo soluções alternativas somente devem ser iniciadas com autorização especial, precedida de Análise Preliminar de Risco – APR e Permissão de Trabalho – PT, que contemplem os treinamentos, os procedimentos operacionais, os materiais, as ferramentas e outros dispositivos necessários à execução segura da tarefa. (NRed. Port. SIT 237/11)

18.37.7.4.1. A APR poderá ser elaborada

por profissional ou por equipe multidisciplinar, desde que aprovada por Engenheiro de Segurança do Trabalho, com emissão de ART específica. (Red. Port. SIT 237/11)

18.37.7.5. A documentação relativa à adoção de soluções alternativas integra o PCMAT, devendo ser mantida no estabelecimento – canteiro de obras ou frente de trabalho ou serviço – acompanhada das respectivas memórias de cálculo, especificações técnicas e procedimentos de trabalho, e ser disponibilizada para conhecimento dos trabalhadores e do Sindicato da categoria. (Red. Port. SIT 237/11)

18.37.7.6. As soluções alternativas adotadas na forma do subitem 18.37.7 e as respectivas memórias de cálculo, especificações técnicas e memoriais descritivos devem ser mantidas no estabelecimento – canteiro de obras ou frente de trabalho ou serviço, à disposição da fiscalização do Ministério do Trabalho e Emprego. (Red. Port. SIT 237/11)

18.37.8. A FUNDACENTRO fará publicar anualmente e comunicará ao órgão regional competente do Ministério do Trabalho, até no máximo 30 de junho de cada ano, os resultados estatísticos a ela encaminhados, relativos ao exercício anterior.

18.38. Disposições Transitórias

18.38.1. O Programa de Condições e Meio Ambiente de Trabalho na Indústria da Construção – PCMAT, referido no subitem 18.3.1, deverá ser elaborado e implantado nos dois primeiros anos, a partir da vigência desta Norma, conforme abaixo discriminado:

a) no primeiro ano de vigência desta NR, nos estabelecimentos com 100 (cem) ou mais trabalhadores;

b) no segundo ano de vigência desta NR, nos estabelecimentos com 50 (cinquenta) ou mais trabalhadores.

18.38.2. O elevador de passageiros referido no subitem 18.14.23.1.1 será exigido após 4 (quatro) anos de vigência desta Norma, desde que haja pelo menos 30 (trinta) ou mais trabalhadores.

18.38.3. No terceiro e quarto anos de vigência desta Norma, o elevador de passageiros deve ser instalado a partir da sétima laje dos edifícios em construção com 10 (dez) ou mais pavimentos ou altura equivalente cujo canteiro de obras possua, pelo menos, 40 (quarenta) trabalhadores.

18.38.4. As empresas que fabricam, locam, comercializam ou utilizam os andaimes referidos no subitem 18.15.47, devem adequar os referidos equipamentos, em um prazo máximo de 1 (um) ano, a partir da vigência desta Norma.

....

NR-20 – Segurança e Saúde no Trabalho com Inflamáveis e Combustíveis

(Alterada pela Port. SIT 308/12.)

20.1. Introdução

20.1.1. Esta Norma Regulamentadora – NR estabelece requisitos mínimos para a gestão da segurança e saúde no trabalho contra os fatores de risco de acidentes provenientes das atividades de extração, produção, armazenamento, transferência, manuseio e manipulação de inflamáveis e líquidos combustíveis.

20.2. Abrangência

20.2.1. Esta NR se aplica às atividades de:

a) extração, produção, armazenamento, transferência, manuseio e manipulação de inflamáveis, nas etapas de projeto, construção, montagem, operação, manutenção, inspeção e desativação da instalação;

b) extração, produção, armazenamento, transferência e manuseio de líquidos combustíveis, nas etapas de projeto, construção, montagem, operação, manutenção, inspeção e desativação da instalação.

20.2.2. Esta NR não se aplica:

a) às plataformas e instalações de apoio empregadas com a finalidade de exploração e produção de petróleo e gás do subsolo marinho, conforme definido no Anexo II, da Norma Regulamentadora 30 (Port. TEM/SIT 183, de 11 de maio de 2010);

b) às edificações residenciais unifamiliares.

20.3. Definições

20.3.1. Líquidos inflamáveis: são líquidos que possuem ponto de fulgor ≤ 60ºC.

20.3.2. Gases inflamáveis: gases que inflamam com o ar a 20ºC e a uma pressão padrão de 101,3 kPa.

20.3.3. Líquidos combustíveis: são líquidos com ponto de fulgor > 60ºC e ≤ 93ºC.

20.4. Classificação das Instalações

20.4.1. Para efeito desta NR, as instalações são divididas em classes, conforme Tabela 1.

Classe I

a) Quanto à atividade:

a.1 – postos de serviço com inflamáveis e/ou líquidos combustíveis.

b) Quanto à capacidade de armazenamento, de forma permanente e/ou transitória:

b.1 – gases inflamáveis: acima de 2 ton até 60 ton;

b.2 – líquidos inflamáveis e/ou combustíveis: acima de 10 m^3 até 5.000 m^3.

Classe II

a) Quanto à atividade:

a.1 – engarrafadoras de gases inflamáveis;

a.2 – atividades de transporte dutoviário de gases e líquidos inflamáveis e/ou combustíveis.

b) Quanto à capacidade de armazenamento, de forma permanente e/ou transitória:

b.1 – gases inflamáveis: acima de 60 ton até 600 ton;

b.2 – líquidos inflamáveis e/ou combustíveis: acima de 5.000 m^3 até 50.000 m^3.

Classe III

a) Quanto à atividade:

a.1 – refinarias;

a.2 – unidades de processamento de gás natural;

a.3 – instalações petroquímicas;

a.4 – usinas de fabricação de etanol e/ou unidades de fabricação de álcool.

b) Quanto à capacidade de armazenamento, de forma permanente e/ou transitória:

b.1 – gases inflamáveis: acima de 600 ton;

b.2 – líquidos inflamáveis e/ou combustíveis: acima de 50.000 m^3.

Tabela 1

20.4.1.1. Para critérios de classificação, o tipo de atividade enunciada possui prioridade sobre a capacidade de armazenamento.

20.4.1.2. Quando a capacidade de armazenamento da instalação se enquadrar em duas classes distintas, por armazenar líquidos inflamáveis e/ou combustíveis e gases inflamáveis, deve-se utilizar a classe de maior gradação.

20.4.2. Esta NR estabelece dois tipos de instalações que constituem exceções e estão definidas no Anexo I, não devendo ser aplicada a Tabela 1.

20.5. Projeto da Instalação

20.5.1. As instalações para extração, produção, armazenamento, transferência, manuseio e manipulação de inflamáveis e líquidos combustíveis devem ser projetadas considerando os aspectos de segurança, saúde e meio ambiente que impactem sobre a integridade física dos trabalhadores previstos nas Normas Regulamentadoras, normas técnicas nacionais e, na ausência ou omissão destas, nas normas internacionais, convenções e acordos coletivos, bem como nas demais regulamentações pertinentes em vigor.

20.5.2. No projeto das instalações classes II e III devem constar, no mínimo, e em língua portuguesa:

a) descrição das instalações e seus respectivos processos através do manual de operações;

b) planta geral de locação das instalações;

c) características e informações de segurança, saúde e meio ambiente relativas aos inflamáveis e líquidos combustíveis, constantes nas fichas com dados de segurança de produtos químicos, de matérias-primas, materiais de consumo e produtos acabados;

d) fluxograma de processo;

e) especificação técnica dos equipamentos, máquinas e acessórios críticos em termos de segurança e saúde no trabalho estabelecidos pela análise de riscos;

f) plantas, desenhos e especificações técnicas dos sistemas de segurança da instalação;

g) identificação das áreas classificadas da instalação, para efeito de especificação dos equipamentos e instalações elétricas;

h) medidas intrínsecas de segurança identificadas na análise de riscos do projeto.

20.5.2.1. No projeto das instalações classe I deve constar o disposto nas alíneas "a", "b", "c", "f" e "g" do item 20.5.2.

20.5.2.2. No projeto, devem ser observadas as distâncias de segurança entre instalações, edificações, tanques, máquinas, equipamentos, áreas de movimentação e fluxo, vias de circulação interna, bem como dos limites da propriedade em relação a áreas circunvizinhas e vias públicas, estabelecidas em normas técnicas nacionais.

20.5.2.3. O projeto deve incluir o estabelecimento de mecanismos de controle para interromper e/ou reduzir uma possível cadeia de eventos decorrentes de vazamentos, incêndios ou explosões.

20.5.3. Os projetos das instalações existentes devem ser atualizados com a utilização de metodologias de análise de riscos para a identificação da necessidade de adoção de medidas de proteção complementares.

20.5.4. Todo sistema pressurizado deve possuir dispositivos de segurança definidos em normas técnicas nacionais e, na ausência ou omissão destas, em normas internacionais.

20.5.5. Modificações ou ampliações das instalações passíveis de afetar a segurança e a integridade física dos trabalhadores devem ser precedidas de projeto que contemple estudo de análise de riscos.

20.5.6. O projeto deve ser elaborado por profissional habilitado.

20.5.7. No processo de transferência, enchimento de recipientes ou de tanques, devem ser definidas em projeto as medidas preventivas para:

a) eliminar ou minimizar a emissão de vapores e gases inflamáveis;

b) controlar a geração, acúmulo e descarga de eletricidade estática.

20.6. Segurança na Construção e Montagem

20.6.1. A construção e montagem das instalações para extração, produção, armazenamento, transferência, manuseio e manipulação de inflamáveis e líquidos combustíveis devem observar as especificações previstas no projeto, bem como nas Normas Regulamentadoras e nas normas técnicas nacionais e, na ausência ou omissão destas, nas normas internacionais.

20.6.2. As inspeções e os testes realizados na fase de construção e montagem e no comissionamento devem ser documentados de acordo com o previsto nas Normas Regulamentadoras, nas normas técnicas nacionais e, na ausência ou omissão destas, nas normas internacionais, e nos manuais de fabricação dos equipamentos e máquinas.

20.6.3. Os equipamentos e as instalações devem ser identificados e sinalizados, de acordo com o previsto pelas Normas Regulamentadoras e normas técnicas nacionais.

20.7. Segurança Operacional

20.7.1. O empregador deve elaborar, documentar, implementar, divulgar e manter atualizados procedimentos operacionais que contemplem aspectos de segurança e saúde no trabalho, em conformidade com as especificações do projeto das instalações classes I, II e III e com as recomendações das análises de riscos.

20.7.1.1. Nas instalações industriais classes II e III, com unidades de processo, os procedimentos referidos no item 20.7.1 devem possuir instruções claras para o desenvolvimento de atividades em cada uma das seguintes fases:

a) pré-operação;

b) operação normal;

c) operação temporária;

d) operação em emergência;

e) parada normal;

f) parada de emergência;

g) operação pós-emergência.

20.7.2. Os procedimentos operacionais referidos no item 20.7.1 devem ser revisados e/ou atualizados, no máximo trienalmente para instalações classes I e II e quinquenalmente para instalações classe III ou em uma das seguintes situações:

a) recomendações decorrentes do sistema de gestão de mudanças;

b) recomendações decorrentes das análises de riscos;

c) modificações ou ampliações da instalação;

d) recomendações decorrentes das análises de acidentes e/ou incidentes nos trabalhos relacionados com inflamáveis e líquidos combustíveis;

e) solicitações da CIPA ou SESMT.

20.7.3. Nas operações de transferência de inflamáveis, enchimento de recipientes ou de tanques, devem ser adotados procedimentos para:

a) eliminar ou minimizar a emissão de vapores e gases inflamáveis;

b) controlar a geração, acúmulo e descarga de eletricidade estática.

20.7.4. No processo de transferência de inflamáveis e líquidos combustíveis, deve-se implementar medidas de controle operacional e/ou de engenharia das emissões fugitivas, emanadas durante a carga e descarga de tanques fixos e de veículos transportadores, para a eliminação ou minimização dessas emissões.

20.7.5. Na operação com inflamáveis e líquidos combustíveis, em instalações de processo contínuo de produção e de Classe III, o empregador deve dimensionar o efetivo de trabalhadores suficiente para a realização das tarefas operacionais com segurança.

20.7.5.1. Os critérios e parâmetros adotados para o dimensionamento do efetivo de trabalhadores devem estar documentados.

20.8. Manutenção e Inspeção das Instalações

20.8.1. As instalações classes I, II e III para extração, produção, armazenamento, transferência, manuseio e manipulação de inflamáveis e líquidos combustíveis devem possuir plano de inspeção e manutenção devidamente documentado.

20.8.2. O plano de inspeção e manutenção deve abranger, no mínimo:

a) equipamentos, máquinas, tubulações e acessórios, instrumentos;

b) tipos de intervenção;

c) procedimentos de inspeção e manutenção;

d) cronograma anual;

e) identificação dos responsáveis;

f) especialidade e capacitação do pessoal de inspeção e manutenção;

g) procedimentos específicos de segurança e saúde;

h) sistemas e equipamentos de proteção coletiva e individual.

20.8.3. Os planos devem ser periodicamente revisados e atualizados, considerando o previsto nas Normas Regulamentadoras, nas normas técnicas nacionais e, na ausência ou omissão destas, nas normas internacionais, nos manuais de inspeção, bem como nos manuais fornecidos pelos fabricantes.

20.8.3.1. Todos os manuais devem ser disponibilizados em língua portuguesa.

20.8.4. A fixação da periodicidade das inspeções e das intervenções de manutenção deve considerar:

a) o previsto nas Normas Regulamentadoras e normas técnicas nacionais e, na ausência ou omissão destas, nas normas internacionais;

b) as recomendações do fabricante, em especial dos itens críticos à segurança e saúde do trabalhador;

c) as recomendações dos relatórios de inspeções de segurança e de análise de acidentes e incidentes do trabalho, elaborados pela CIPA ou SESMT;

d) as recomendações decorrentes das análises de riscos;

e) a existência de condições ambientais agressivas.

20.8.5. O plano de inspeção e manutenção e suas respectivas atividades devem ser documentados em formulário próprio ou sistema informatizado.

20.8.6. As atividades de inspeção e manutenção devem ser realizadas por trabalhadores capacitados e com apropriada supervisão.

20.8.7. As recomendações decorrentes das inspeções e manutenções devem ser registradas e implementadas, com a determinação de prazos e de responsáveis pela execução.

20.8.7.1. A não implementação da recomendação no prazo definido deve ser justificada e documentada.

20.8.8. Deve ser elaborada permissão de trabalho para atividades não rotineiras de intervenção nos equipamentos, baseada em análise de risco, nos trabalhos:

a) que possam gerar chamas, calor, centelhas ou ainda que envolvam o seu uso;

b) em espaços confinados, conforme Norma Regulamentadora n. 33;

c) envolvendo isolamento de equipamentos e bloqueio/etiquetagem;

d) em locais elevados com risco de queda;

e) com equipamentos elétricos, conforme Norma Regulamentadora n. 10;

f) cujas boas práticas de segurança e saúde recomendem.

20.8.8.1. As atividades rotineiras de inspeção e manutenção devem ser precedidas de instrução de trabalho.

20.8.9. O planejamento e a execução de paradas para manutenção de uma instalação devem incorporar os aspectos relativos à segurança e saúde no trabalho.

20.9. Inspeção em Segurança e Saúde no Ambiente de Trabalho

20.9.1. As instalações classes I, II e III para extração, produção, armazenamento, transferência, manuseio e manipulação de inflamáveis e líquidos combustíveis devem ser periodicamente inspecionadas com enfoque na segurança e saúde no ambiente de trabalho.

20.9.2. Deve ser elaborado, em articulação com a CIPA, um cronograma de inspeções em segurança e saúde no ambiente de trabalho, de acordo com os riscos das atividades e operações desenvolvidas.

20.9.3. As inspeções devem ser documentadas e as respectivas recomendações implementadas, com estabelecimento de prazos e de responsáveis pela sua execução.

20.9.3.1. A não implementação da recomendação no prazo definido deve ser justificada e documentada.

20.9.4. Os relatórios de inspeção devem ficar disponíveis às autoridades competentes e aos trabalhadores.

20.10. Análise de Riscos

20.10.1. Nas instalações classes I, II e III, o empregador deve elaborar e documentar as análises de riscos das operações que envolvam processo ou processamento nas atividades de extração, produção, armazenamento, transferência, manuseio e manipulação de inflamáveis e de líquidos combustíveis.

20.10.2. As análises de riscos da instalação devem ser estruturadas com base em metodologias apropriadas, escolhidas em função dos propósitos da análise, das características e complexidade da instalação.

20.10.2.1. As análises de riscos devem ser coordenadas por profissional habilitado.

20.10.2.2. As análises de riscos devem ser elaboradas por equipe multidisciplinar, com conhecimento na aplicação das metodologias, dos riscos e da instalação, com participação de, no mínimo, um trabalhador com experiência na instalação, ou em parte desta, que é objeto da análise.

20.10.3. Nas instalações classe I, deve ser elaborada Análise Preliminar de Perigos/Riscos (APP/APR).

20.10.4. Nas instalações classes II e III, devem ser utilizadas metodologias de análise definidas pelo profissional habilitado, devendo a escolha levar em consideração os riscos, as características e complexidade da instalação.

20.10.4.1. O profissional habilitado deve fundamentar tecnicamente e registrar na própria análise a escolha da metodologia utilizada.

20.10.5. As análises de riscos devem ser revisadas:

a) na periodicidade estabelecida para as renovações da licença de operação da instalação;

b) no prazo recomendado pela própria análise;

c) caso ocorram modificações significativas no processo ou processamento;

d) por solicitação do SESMT ou da CIPA;

e) por recomendação decorrente da análise de acidentes ou incidentes relacionados ao processo ou processamento;

f) quando o histórico de acidentes e incidentes assim o exigir.

20.10.6. O empregador deve implementar as recomendações resultantes das análises de riscos, com definição de prazos e de responsáveis pela execução.

20.10.6.1. A não implementação das recomendações nos prazos definidos deve ser justificada e documentada.

20.10.7. As análises de riscos devem estar articuladas com o Programa de Prevenção de Riscos Ambientais (PPRA) da instalação.

20.11. Capacitação dos Trabalhadores

20.11.1. Toda capacitação prevista nesta NR deve ser realizada a cargo e custo do empregador e durante o expediente normal da empresa. (V. prazo no art. 3º da Portaria n. 308/12.)

20.11.1.1. Os critérios estabelecidos nos itens 20.11.2 a 20.11.9 encontram-se resumidos no Anexo II.

20.11.2. Os trabalhadores que laboram em instalações classes I, II ou III e não adentram na área ou local de extração, produção, armazenamento, transferência, manuseio e manipulação de inflamáveis e líquidos combustíveis devem receber informações sobre os perigos, riscos e sobre procedimentos para situações de emergências.

20.11.3. Os trabalhadores que laboram em instalações classes I, II ou III e adentram na área ou local de extração, produção, armazenamento, transferência, manuseio e manipulação de inflamáveis e líquidos combustíveis, mas não mantêm contato direto com o processo ou processamento, devem realizar o curso de Integração.

20.11.4. Os trabalhadores que laboram em instalações classes I, II ou III, adentram na área ou local de extração, produção, armazenamento, transferência, manuseio e manipulação de inflamáveis e líquidos combustíveis e mantêm contato direto com o processo ou processamento, realizando atividades específicas, pontuais e de curta duração, devem realizar curso Básico.

20.11.5. Os trabalhadores que laboram em instalações classes I, II e III, adentram na área ou local de extração, produção, armazenamento, transferência, manuseio e manipulação de inflamáveis e líquidos combustíveis e mantêm contato direto com o processo ou processamento, realizando atividades de manutenção e inspeção, devem realizar curso Intermediário.

20.11.6. Os trabalhadores que laboram em instalações classe I, adentram na área ou local de extração, produção, armazenamento, transferência, manuseio e manipulação de inflamáveis e líquidos combustíveis e mantêm contato direto com o processo ou processamento, realizando atividades de operação e atendimento a emergências, devem realizar curso Intermediário.

20.11.7. Os trabalhadores que laboram em instalações classe II, adentram na área ou local de extração, produção, armazenamento, transferência, manuseio e manipulação de inflamáveis e líquidos combustíveis e mantêm contato direto com o processo ou processamento, realizando atividades de operação e atendimento a emergências, devem realizar curso Avançado I.

20.11.8. Os trabalhadores que laboram em instalações classe III, adentram na área ou local de extração, produção, armazenamento, transferência, manuseio e manipulação de inflamáveis e líquidos combustíveis e mantêm contato direto com o processo ou processamento, realizando atividades de operação e atendimento a emergências, devem realizar curso Avançado II.

20.11.9. Os profissionais de segurança e saúde no trabalho que laboram em instalações classes II e III, adentram na área ou local de extração, produção, armazenamento, transferência, manuseio e manipulação de inflamáveis e líquidos combustíveis e mantêm contato direto com o processo ou processamento devem realizar o curso Específico.

20.11.10. Os trabalhadores que realizaram o curso Básico, caso venham a necessitar do curso Intermediário, devem fazer complementação com carga horária de 8 horas, nos conteúdos estabelecidos pelos itens 6, 7 e 8 do curso Intermediário, incluindo a parte prática.

20.11.11. Os trabalhadores que realizaram o curso Intermediário, caso venham a necessitar do curso Avançado I, devem fazer complementação com carga horária de 8 horas, nos conteúdos estabelecidos pelos itens 9 e 10 do curso Avançado I, incluindo a parte prática.

20.11.12. Os trabalhadores que realizaram o curso Avançado I, caso venham a necessitar do curso Avançado II, devem fazer complementação com carga horária de 8 horas, no item 11 e 12 do curso Avançado II, incluindo a parte prática.

20.11.13. O trabalhador deve participar de curso de Atualização, cujo conteúdo será estabelecido pelo empregador e com a seguinte periodicidade:

a) curso Básico: a cada 3 anos com carga horária de 4 horas;

b) curso Intermediário: a cada 2 anos com carga horária de 4 horas;

c) cursos Avançado I e II: a cada ano com carga horária de 4 horas.

20.11.13.1. Deve ser realizado, de imediato, curso de Atualização para os trabalhadores envolvidos no processo ou processamento, onde:

a) ocorrer modificação significativa;

b) ocorrer morte de trabalhador;

c) ocorrerem ferimentos em decorrência de explosão e/ou queimaduras de 2º ou 3º grau, que implicaram em necessidade de internação hospitalar;

d) o histórico de acidentes e/ou incidentes assim o exigir.

20.11.14. Os instrutores da capacitação dos cursos de Integração, Básico, Intermediário, Avançados I e II e Específico devem ter proficiência no assunto.

20.11.15. Os cursos de Integração, Básico e Intermediário devem ter um responsável por sua organização técnica, devendo ser um dos instrutores.

20.11.16. Os cursos Avançados I e II e Específico devem ter um profissional habilitado como responsável técnico.

20.11.17. Para os cursos de Integração, Básico, Intermediário, Avançados I e II e Específico, a emissão do certificado se dará para os trabalhadores que, após avaliação, tenham obtido aproveitamento satisfatório.

20.11.17.1. O certificado deve conter o nome do trabalhador, conteúdo programático, carga horária, data, local, nome do(s) instrutor(es), nome e assinatura do responsável técnico ou do responsável pela organização técnica do curso.

20.11.17.2. O certificado deve ser fornecido ao trabalhador, mediante recibo, e uma cópia arquivada na empresa.

20.11.18. Os participantes da capacitação devem receber material didático, que pode ser em meio impresso, eletrônico ou similar.

20.11.19. O empregador deve estabelecer e manter sistema de identificação que permita conhecer a capacitação de cada trabalhador, cabendo a este a obrigação de utilização visível do meio identificador.

20.12. Prevenção e Controle de Vazamentos, Derramamentos, Incêndios, Explosões e Emissões Fugitivas.

20.12.1. O empregador deve elaborar plano que contemple a prevenção e controle de vazamentos, derramamentos, incêndios e explosões e, nos locais sujeitos à atividade de trabalhadores, a identificação das fontes de emissões fugitivas.

20.12.2. O plano deve contemplar todos os meios e ações necessárias para minimizar os riscos de ocorrência de vazamento, derramamento, incêndio e explosão, bem como para reduzir suas consequências em caso de falha nos sistemas de prevenção e controle.

20.12.2.1. Para emissões fugitivas, após a identificação das fontes nos locais sujeitos à atividade de trabalhadores, o plano deve incluir ações para minimização dos riscos, de acordo com viabilidade técnica. (*Vide* prazo no art. 3º da Portaria n. 308/22)

20.12.3. O plano deve ser revisado:

a) por recomendações das inspeções de segurança e/ou da análise de riscos;

b) quando ocorrerem modificações significativas nas instalações;

c) quando da ocorrência de vazamentos, derramamentos, incêndios e/ou explosões.

20.12.4. Os sistemas de prevenção e controle devem ser adequados aos perigos/riscos dos inflamáveis e líquidos combustíveis.

20.12.5. Os tanques que armazenam líquidos inflamáveis e combustíveis devem possuir sistemas de contenção de vazamentos ou derramamentos, dimensionados e construídos de acordo com as normas técnicas nacionais.

20.12.5.1. No caso de bacias de contenção, é vedado o armazenamento de materiais, recipientes e similares em seu interior, exceto nas atividades de manutenção e inspeção.

20.13. Controle de Fontes de Ignição

20.13.1. Todas as instalações elétricas e equipamentos elétricos fixos, móveis e portáteis, equipamentos de comunicação, ferramentas e similares utilizados em áreas classificadas, assim como os equipamentos de controle de descargas atmosféricas, devem estar em conformidade com a Norma Regulamentadora n. 10.

20.13.2. O empregador deve implementar medidas específicas para controle da geração, acúmulo e descarga de eletricidade estática em áreas sujeitas à existência de atmosferas inflamáveis.

20.13.3. Os trabalhos envolvendo o uso de equipamentos que possam gerar chamas, calor ou centelhas, nas áreas sujeitas à existência de atmosferas inflamáveis, devem ser precedidos de permissão de trabalho.

20.13.4. O empregador deve sinalizar a proibição do uso de fontes de ignição nas áreas sujeitas à existência de atmosferas inflamáveis.

20.13.5. Os veículos que circulem nas áreas sujeitas à existência de atmosferas inflamáveis devem possuir características apropriadas ao local e ser mantidos em perfeito estado de conservação.

20.14. Plano de Resposta a Emergências da Instalação

20.14.1. O empregador deve elaborar e implementar plano de resposta a emergências que contemple ações específicas a serem adotadas na ocorrência de vazamentos ou derramamentos de inflamáveis e líquidos combustíveis, incêndios ou explosões.

20.14.2. O plano de resposta a emergências das instalações classes I, II e III deve ser elaborado considerando as características e a complexidade da instalação e conter, no mínimo:

a) nome e função do(s) responsável(eis) técnico(s) pela elaboração e revisão do plano;

b) nome e função do responsável pelo gerenciamento, coordenação e implementação do plano;

c) designação dos integrantes da equipe de emergência, responsáveis pela execução de cada ação e seus respectivos substitutos;

d) estabelecimento dos possíveis cenários de emergências, com base nas análises de riscos;

e) descrição dos recursos necessários para resposta a cada cenário contemplado;

f) descrição dos meios de comunicação;

g) procedimentos de resposta à emergência para cada cenário contemplado;

h) procedimentos para comunicação e acionamento das autoridades públicas e desencadeamento da ajuda mútua, caso exista;

i) procedimentos para orientação de visitantes, quanto aos riscos existentes e como proceder em situações de emergência;

j) cronograma, metodologia e registros de realização de exercícios simulados.

20.14.3. Nos casos em que os resultados das análises de riscos indiquem a possibilidade de ocorrência de um acidente cujas consequências ultrapassem os limites da instalação, o empregador deve incorporar no plano de emergência ações que visem à proteção da comunidade circunvizinha, estabelecendo mecanismos de comunicação e alerta, de isolamento da área atingida e de acionamento das autoridades públicas.

20.14.4. O plano de resposta a emergências deve ser avaliado após a realização de exercícios simulados e/ou na ocorrência de situações reais, com o objetivo de testar a sua eficácia, detectar possíveis falhas e proceder aos ajustes necessários.

20.14.5. Os exercícios simulados devem ser realizados durante o horário de trabalho, com periodicidade, no mínimo, anual, podendo ser reduzida em função das falhas detectadas ou se assim recomendar a análise de riscos.

20.14.5.1. Os trabalhadores na empresa devem estar envolvidos nos exercícios simulados, que devem retratar, o mais fielmente possível, a rotina de trabalho.

20.14.5.2. O empregador deve estabelecer critérios para avaliação dos resultados dos exercícios simulados.

20.14.6. Os integrantes da equipe de resposta a emergências devem ser submetidos a exames médicos específicos para a função que irão desempenhar, conforme estabelece a Norma Regulamentadora 7, incluindo os fatores de riscos psicossociais, com a emissão do respectivo atestado de saúde ocupacional.

20.14.7. A participação do trabalhador nas equipes de resposta a emergências é voluntária, salvo nos casos em que a natureza da função assim o determine.

20.15. Comunicação de Ocorrências

20.15.1. O empregador deve comunicar ao órgão regional do Ministério do Trabalho e Emprego e ao sindicato da categoria profissional predominante no estabelecimento a ocorrência de vazamento, incêndio ou explosão envolvendo inflamáveis e líquidos combustíveis que tenha como consequência qualquer das possibilidades a seguir:

a) morte de trabalhador(es);

b) ferimentos em decorrência de explosão e/ou queimaduras de 2º ou 3º grau, que implicaram em necessidade de internação hospitalar;

c) acionamento do plano de resposta a emergências que tenha requerido medidas de intervenção e controle.

20.15.1.1. A comunicação deve ser encaminhada até o segundo dia útil após a ocorrência e deve conter:

a) Nome da empresa, endereço, local, data e hora da ocorrência;

b) Descrição da ocorrência, incluindo informações sobre os inflamáveis, líquidos combustíveis e outros produtos envolvidos;

c) Nome e função da vítima;

d) Procedimentos de investigação adotados;

e) Consequências;

f) Medidas emergenciais adotadas.

20.15.1.2. A comunicação pode ser feita por ofício ou meio eletrônico ao sindicato da categoria profissional predominante no estabelecimento e ao setor de segurança e saúde do trabalho do órgão regional do Ministério do Trabalho e Emprego.

20.15.2. O empregador deve elaborar relatório de investigação e análise da ocorrência descrita no item 20.15.1, contendo as causas básicas e medidas preventivas adotadas, e mantê-lo no local de trabalho a disposição da autoridade competente, dos trabalhadores e seus representantes.

20.16. Contratante e Contratadas

20.16.1. A contratante e as contratadas são solidariamente responsáveis pelo cumprimento desta Norma Regulamentadora.

20.16.2. Das responsabilidades da Contratante.

20.16.2.1. Os requisitos de segurança e saúde no trabalho adotados para os empregados das contratadas devem ser, no mínimo, equivalentes aos aplicados para os empregados da contratante.

20.16.2.2. A empresa contratante, visando atender ao previsto nesta NR, deve verificar e avaliar o desempenho em segurança e saúde no trabalho nos serviços contratados.

20.16.2.3. Cabe à contratante informar às contratadas e a seus empregados os riscos existentes no ambiente de trabalho e as respectivas medidas de segurança e de resposta a emergências a serem adotadas.

20.16.3. Da Responsabilidade das Contratadas.

20.16.3.1. A empresa contratada deve cumprir os requisitos de segurança e saúde no trabalho especificados pela contratante, por esta e pelas demais Normas Regulamentadoras.

20.16.3.2. A empresa contratada deve assegurar a participação dos seus empregados nas capacitações em segurança e saúde no trabalho promovidas pela contratante, assim como deve providenciar outras capacitações específicas que se façam necessárias.

20.17. Tanque de líquidos inflamáveis no interior de edifícios

20.17.1. Os tanques para armazenamento de líquidos inflamáveis somente poderão ser instalados no interior dos edifícios sob a forma de tanque enterrado e destinados somente a óleo diesel.

20.17.2. Excetuam-se da aplicação do item 20.17.1 os tanques de superfície que armazenem óleo diesel destinados à alimentação de motores utilizados para a geração de energia elétrica em situações de emergência ou para o funcionamento das bombas de pressurização da rede de água para combate a incêndios, nos casos em que seja comprovada a impossibilidade de instalá-lo enterrado ou fora da projeção horizontal do edifício.

20.17.2.1. A instalação do tanque no interior do edifício deve ser precedida de Projeto e de Análise Preliminar de Perigos/Riscos (APP/APR), ambos elaborados por profissional habilitado, contemplando os aspectos de segurança, saúde e meio ambiente previstos nas Normas Regulamentadoras, normas técnicas nacionais e, na ausência ou omissão destas, nas normas internacionais, bem como nas demais regulamentações pertinentes, e deve obedecer aos seguintes critérios (v. prazo no art. 3º da Portaria 308/212):

a) localizar-se no pavimento térreo, subsolo ou pilotis, em área exclusivamente destinada para tal fim;

b) deve dispor de sistema de contenção de vazamentos;

c) deve conter até 3 tanques separados entre si e do restante da edificação por paredes resistentes ao fogo por no mínimo 2 horas e porta do tipo corta-fogo;

d) possuir volume total de armazenagem de no máximo 3.000 litros, em cada tanque;

e) possuir aprovação pela autoridade competente;

f) os tanques devem ser metálicos;

g) possuir sistemas automáticos de detecção e combate a incêndios, bem como saídas de emergência dimensionadas conforme normas técnicas;

h) os tanques devem estar localizados de forma a não bloquear, em caso de emergência, o acesso às saídas de emergência e aos sistemas de segurança contra incêndio;

i) os tanques devem ser protegidos contra vibração, danos físicos e da proximidade de equipamentos ou dutos geradores de calor;

j) a estrutura da edificação deve ser protegida para suportar um eventual incêndio originado nos locais que abrigam os tanques;

k) devem ser adotadas as medidas necessárias para garantir a ventilação dos tanques para alívio de pressão, bem como para a operação segura de abastecimento e destinação dos gases produzidos pelos motores à combustão.

20.17.2.2. O responsável pela segurança do edifício deve designar responsável técnico pela instalação, operação, inspeção e manutenção, bem como pela supervisão dos procedimentos de segurança no processo de abastecimento do tanque.

20.17.2.3. Os trabalhadores envolvidos nas atividades de operação, inspeção, manutenção e abastecimento do tanque devem ser capacitados com curso Intermediário, conforme Anexo II.

20.17.3. Aplica-se para tanques enterrados o disposto no item 20.17.2.1, *caput*, alíneas “b”, “e”, “f”, “g”, “h”, “i”, “j” e “k”, item 20.17.2.2 e 20.17.2.3, bem como o previsto nas normas técnicas nacionais e, na sua ausência ou omissão, nas normas técnicas internacionais.

20.18. Desativação da instalação

20.18.1. Cessadas as atividades da instalação, o empregador deve adotar os procedimentos necessários para a sua desativação.

20.18.2. No processo de desativação das instalações de extração, produção, armazenagem, transferência, manuseio e manipulação de inflamáveis e líquidos combustíveis, devem ser observados os aspectos de segurança, saúde e meio ambiente previstos nas Normas Regulamentadoras, normas técnicas nacionais e, na ausência ou omissão destas, nas normas internacionais, bem como nas demais regulamentações pertinentes em vigor.

20.19. Prontuário da Instalação

20.19.1. O Prontuário da instalação deve ser organizado, mantido e atualizado pelo empregador e constituído pela seguinte documentação:

a) Projeto da Instalação;

b) Procedimentos Operacionais;

c) Plano de Inspeção e Manutenção;

d) Análise de Riscos;

e) Plano de prevenção e controle de vazamentos, derramamentos, incêndios e explosões e identificação das fontes de emissões fugitivas;

f) Certificados de capacitação dos trabalhadores;

g) Análise de Acidentes;

h) Plano de Resposta a Emergências.

20.19.2. O Prontuário das instalações classe I devem conter um índice e ser constituído em documento único.

20.19.2.1. Os documentos do Prontuário das instalações classes II ou III podem estar separados, desde que seja mencionado no índice a localização destes na empresa e o respectivo responsável.

20.19.3. O Prontuário da Instalação deve estar disponível às autoridades competentes, bem como para consulta aos trabalhadores e seus representantes.

20.19.3.1. As análises de riscos devem estar disponíveis para consulta aos trabalhadores e seus representantes, exceto nos aspectos ou partes que envolvam informações comerciais confidenciais.

20.20. Disposições finais

20.20.1. Quando em uma atividade de extração, produção, armazenamento, manuseio e manipulação de inflamáveis e líquidos combustíveis for caracterizada situação de risco grave e iminente aos trabalhadores, o empregador deve adotar as medidas necessárias para a interrupção e a correção da situação.

20.20.2. Os trabalhadores, com base em sua capacitação e experiência, devem interromper suas tarefas, exercendo o direito de recusa, sempre que constatarem evidências de riscos graves e iminentes para sua segurança e saúde ou de outras pessoas, comunicando imediatamente o fato a seu superior hierárquico, que diligenciará as medidas cabíveis.

20.20.3. Os tanques, vasos e tubulações que armazenem/transportam inflamáveis e líquidos combustíveis devem ser identificados e sinalizados conforme a Norma Regulamentadora 26.

20.20.4. Nas operações de soldagem e corte a quente com utilizações de gases inflamáveis, as mangueiras devem possuir mecanismos contra o retrocesso das chamas na saída do cilindro e chegada do maçarico.

....

NR-21 – Trabalhos a Céu Aberto

(Alterada pela Port. GM 2.037/79.)

21.1. Nos trabalhos realizados a céu aberto, é obrigatória a existência de abrigos, ainda que rústicos, capazes de proteger os trabalhadores contra intempéries.

21.2. Serão exigidas medidas especiais que protejam os trabalhadores contra a insolação excessiva, o calor, o frio, a umidade e os ventos inconvenientes.

21.3. Aos trabalhadores que residirem no local do trabalho, deverão ser oferecidos alojamentos que apresentem adequadas condições sanitárias.

21.4. Para os trabalhos realizados em regiões pantanosas ou alagadiças, serão imperativas as medidas de profilaxia de endemias, de acordo com as normas de saúde pública.

21.5. Os locais de trabalho deverão ser mantidos em condições sanitárias compatíveis com o gênero de atividade.

21.6. Quando o empregador fornecer ao empregado moradia para si e sua família, esta deverá possuir condições sanitárias adequadas.

21.6.1. É vedada, em qualquer hipótese, a moradia coletiva da família.

21.7. A moradia deverá ter:

a) capacidade dimensionada de acordo com o número de moradores;

b) ventilação e luz direta suficiente;

c) as paredes caiadas e os pisos construídos de material impermeável.

21.8. As casas de moradia serão construídas em locais arejados, livres de vegetação e afastadas no mínimo 50,00 m (cinquenta metros) dos depósitos de feno ou estercos, currais, estábulos, pocilgas e quaisquer viveiros de criação.

21.9. As portas, janelas e frestas deverão ter dispositivos capazes de mantê-las fechadas, quando necessário.

21.10. O poço de água será protegido contra a contaminação.

21.11. A cobertura será sempre feita de material impermeável, imputrecível, não combustível.

21.12. Toda moradia disporá de, pelo menos, um dormitório, uma cozinha e um compartimento sanitário.

21.13. As fossas negras deverão estar, no mínimo, 15,00 m (quinze metros) do poço; 10,00 m (dez metros) da casa, em lugar livre de enchentes e à jusante do poço.

21.14. Os locais destinados às privadas serão arejados, com ventilação abundante, mantidos limpos, em boas condições sanitárias e devidamente protegidos contra a proliferação de insetos, ratos, animais e pragas.

....

NR-31 – Segurança e Saúde no Trabalho na Agricultura, Pecuária, Silvicultura, Exploração Florestal e Aquicultura

(Alterada pela Port. MTE 2.546/11 e Port. MTE 1.896/13.)

31.1. Objetivo

31.1.1. Esta Norma Regulamentadora tem por objetivo estabelecer os preceitos a serem observados na organização e no ambiente de trabalho, de forma a tornar compatível o planejamento e o desenvolvimento das atividades da agricultura, pecuária, silvicultura, exploração florestal e aquicultura com a segurança e saúde e meio ambiente do trabalho.

31.2. Campos de Aplicação

31.2.1. Esta Norma Regulamentadora se aplica a quaisquer atividades da agricultura, pecuária, silvicultura, exploração florestal e aquicultura, verificadas as formas de relações de trabalho e emprego e o local das atividades.

31.2.2. Esta Norma Regulamentadora também se aplica às atividades de exploração industrial desenvolvidas em estabelecimentos agrários.

31.3. Disposições Gerais – Obrigações e Competências – Das Responsabilidades

31.3.1. Compete à Secretaria de Inspeção do Trabalho – SIT, através do Departamento de Segurança e Saúde no Trabalho – DSST, definir, coordenar, orientar e implementar a política nacional em segurança e saúde no trabalho rural para:

a) identificar os principais problemas de segurança e saúde do setor, estabelecendo as prioridades de ação, desenvolvendo os métodos efetivos de controle dos riscos e de melhoria das condições de trabalho;

b) avaliar periodicamente os resultados da ação;

c) prescrever medidas de prevenção dos riscos no setor observado os avanços tecnológicos, os conhecimentos em matéria de segurança e saúde e os preceitos aqui definidos;

d) avaliar permanentemente os impactos das atividades rurais no meio ambiente de trabalho;

e) elaborar recomendações técnicas para os empregadores, empregados e para trabalhadores autônomos;

f) definir máquinas e equipamentos cujos riscos de operação justifiquem estudos e procedimentos para alteração de suas características de fabricação ou de concepção;

g) criar um banco de dados com base nas informações disponíveis sobre acidentes, doenças e meio ambiente de trabalho, dentre outros.

31.3.1.1. Compete ainda à SIT, através do DSST, coordenar, orientar e supervisionar as atividades preventivas desenvolvidas pelos órgãos regionais do MTE e realizar com a participação dos trabalhadores e empregadores, a Campanha Nacional de Prevenção de Acidentes do Trabalho Rural – CANPATR e implementar o Programa de Alimentação do Trabalhador – PAT.

31.3.2. A SIT é o órgão competente para executar, através das Delegacias Regionais do Trabalho – DRT, as atividades definidas na política nacional de segurança e saúde no trabalho, bem como as ações de fiscalização.

31.3.3. Cabe ao empregador rural ou equiparado:

a) garantir adequadas condições de trabalho, higiene e conforto, definidas nesta Norma Regulamentadora, para todos os trabalhadores, segundo as especificidades de cada atividade;

b) realizar avaliações dos riscos para a segurança e saúde dos trabalhadores e, com base nos resultados, adotar medidas de prevenção e proteção para garantir que todas as atividades, lugares de trabalho, máquinas, equipamentos, ferramentas e processos produtivos sejam seguros e em conformidade com as normas de segurança e saúde;

c) promover melhorias nos ambientes e nas condições de trabalho, de forma a preservar o nível de segurança e saúde dos trabalhadores;

d) cumprir e fazer cumprir as disposições legais e regulamentares sobre segurança e saúde no trabalho;

e) analisar, com a participação da Comissão Interna de Prevenção de Acidentes no Trabalho Rural – CIPATR, as causas dos acidentes e das doenças decorrentes do trabalho, buscando prevenir e eliminar as possibilidades de novas ocorrências;

f) assegurar a divulgação de direitos, deveres e obrigações que os trabalhadores devam conhecer em matéria de segurança e saúde no trabalho;

g) adotar os procedimentos necessários quando da ocorrência de acidentes e doenças do trabalho;

h) assegurar que se forneça aos trabalhadores instruções compreensíveis em matéria de segurança e saúde, bem como toda orientação e supervisão necessárias ao trabalho seguro;

i) garantir que os trabalhadores, através da CIPATR, participem das discussões sobre o controle dos riscos presentes nos ambientes de trabalho;

j) informar aos trabalhadores:

1. os riscos decorrentes do trabalho e as medidas de proteção implantadas, inclusive em relação a novas tecnologias adotadas pelo empregador;

2. os resultados dos exames médicos e complementares a que foram submetidos, quando realizados por serviço médico contratado pelo empregador;

3. os resultados das avaliações ambientais realizadas nos locais de trabalho.

k) permitir que representante dos trabalhadores, legalmente constituído, acompanhe a fiscalização dos preceitos legais e regulamentares sobre segurança e saúde no trabalho;

l) adotar medidas de avaliação e gestão dos riscos com a seguinte ordem de prioridade:

1. eliminação dos riscos;

2. controle de riscos na fonte;

3. redução do risco ao mínimo através da introdução de medidas técnicas ou organizacionais e de práticas seguras inclusive através de capacitação;

4. adoção de medidas de proteção pessoal, sem ônus para o trabalhador, de forma a complementar ou caso ainda persistam temporariamente fatores de risco.

31.3.3.1. Responderão solidariamente pela aplicação desta Norma Regulamentadora as empresas, empregadores, cooperativas de produção ou parceiros rurais que se congreguem para desenvolver tarefas, ou que constituam grupo econômico.

31.3.3.2. Sempre que haja dois ou mais empregadores rurais ou trabalhadores autônomos que exerçam suas atividades em um mesmo local, estes deverão colaborar na aplicação das prescrições sobre segurança e saúde.

31.3.4. Cabe ao trabalhador:

a) cumprir as determinações sobre as formas seguras de desenvolver suas atividades, especialmente quanto às Ordens de Serviço para esse fim;

b) adotar as medidas de proteção determinadas pelo empregador, em conformidade com esta Norma Regulamentadora, sob pena de constituir ato faltoso a recusa injustificada;

c) submeter-se aos exames médicos previstos nesta Norma Regulamentadora;

d) colaborar com a empresa na aplicação desta Norma Regulamentadora.

31.3.5. São direitos dos trabalhadores:

a) ambientes de trabalho, seguros e

saudáveis, em conformidade com o disposto nesta Norma Regulamentadora;

b) ser consultados, através de seus representantes na CIPATR, sobre as medidas de prevenção que serão adotadas pelo empregador;

c) escolher sua representação em matéria de segurança e saúde no trabalho;

d) quando houver motivos para considerar que exista grave e iminente risco para sua segurança e saúde, ou de terceiros, informar imediatamente ao seu superior hierárquico, ou membro da CIPATR ou diretamente ao empregador, para que sejam tomadas as medidas de correção adequadas, interrompendo o trabalho se necessário;

e) receber instruções em matéria de segurança e saúde, bem como orientação para atuar no processo de implementação das medidas de prevenção que serão adotadas pelo empregador.

31.4. Comissões Permanentes de Segurança e Saúde no Trabalho Rural

31.4.1. A instância nacional encarregada das questões de segurança e saúde no trabalho rural, estabelecidas nesta Norma Regulamentadora será a Comissão Permanente Nacional Rural – CPNR, instituída pela Portaria SIT/MTE n. 18, de 30 de maio de 2001.

31.4.2. Fica criada a Comissão Permanente Regional Rural – CPRR, no âmbito de cada Delegacia Regional do Trabalho.

31.4.3. A Comissão Permanente Regional Rural – CPRR terá as seguintes atribuições:

a) estudar e propor medidas para o controle e a melhoria das condições e dos ambientes de trabalho rural;

b) realizar estudos, com base nos dados de acidentes e doenças decorrentes do trabalho rural, visando estimular iniciativas de aperfeiçoamento técnico de processos de concepção e produção de máquinas, equipamentos e ferramentas;

c) propor e participar de Campanhas de Prevenção de Acidentes no Trabalho Rural;

d) incentivar estudos e debates visando o aperfeiçoamento permanente desta Norma Regulamentadora e de procedimentos no trabalho rural;

e) encaminhar as suas propostas à CPNR;

f) apresentar, à CPNR, propostas de adequação ao texto desta Norma Regulamentadora;

g) encaminhar à CPNR, para estudo e avaliação, proposta de cronograma para gradativa implementação de itens desta Norma Regulamentadora que não impliquem grave e iminente risco, atendendo às peculiaridades e dificuldades regionais.

31.4.4. A CPRR terá a seguinte composição paritária mínima:

a) três representantes do governo;

b) três representantes dos trabalhadores;

c) três representantes dos empregadores.

31.4.4.1. Os representantes dos trabalhadores e dos empregadores, bem como os seus suplentes, serão indicados por suas entidades representativas.

31.4.4.2. Os representantes titulares e suplentes serão designados pela autoridade regional competente do Ministério do Trabalho e Emprego.

31.4.5. A coordenação da CPRR será exercida por um dos representantes titulares da Delegacia Regional do Trabalho.

31.5. Gestão de Segurança, Saúde e Meio Ambiente de Trabalho Rural

31.5.1. Os empregadores rurais ou equiparados devem implementar ações de segurança e saúde que visem a prevenção de acidentes e doenças decorrentes do trabalho na unidade de produção rural, atendendo a seguinte ordem de prioridade:

a) eliminação de riscos através da substituição ou adequação dos processos produtivos, máquinas e equipamentos;

b) adoção de medidas de proteção coletiva para controle dos riscos na fonte;

c) adoção de medidas de proteção pessoal.

31.5.1.1. As ações de segurança e saúde devem contemplar os seguintes aspectos:

a) melhoria das condições e do meio ambiente de trabalho;

b) promoção da saúde e da integridade física dos trabalhadores rurais;

c) campanhas educativas de prevenção de acidentes e doenças decorrentes do trabalho.

31.5.1.2. As ações de melhoria das condições e meio ambiente de trabalho devem abranger os aspectos relacionados a:

a) riscos químicos, físicos, mecânicos e biológicos;

b) investigação e análise dos acidentes e das situações de trabalho que os geraram;

c) organização do trabalho.

31.5.1.3. As ações de preservação da saúde ocupacional dos trabalhadores, prevenção e controle dos agravos decorrentes do trabalho, devem ser planejadas e implementadas com base na identificação dos riscos e custeadas pelo empregador rural ou equiparado.

31.5.1.3.1. O empregador rural ou equiparado deve garantir a realização de exames médicos, obedecendo aos prazos e periodicidade previstos nas alíneas abaixo:

a) exame médico admissional, que deve ser realizado antes que o trabalhador assuma suas atividades;

b) exame médico periódico, que deve ser realizado anualmente, salvo o disposto em acordo ou convenção coletiva de trabalho, resguardado o critério médico;

c) exame médico de retorno ao trabalho, que deve ser realizado no primeiro dia do retorno à atividade do trabalhador ausente por período superior a trinta dias devido a qualquer doença ou acidente;

d) exame médico de mudança de função, que deve ser realizado antes da data do início do exercício na nova função, desde que haja a exposição do trabalhador a risco específico diferente daquele a que estava exposto;

e) exame médico demissional, que deve ser realizado até a data da homologação, desde que o último exame médico ocupacional tenha sido realizado há mais de noventa dias, salvo o disposto em acordo ou convenção coletiva de trabalho, resguardado o critério médico.

31.5.1.3.2. Os exames médicos compreendem a avaliação clínica e exames complementares, quando necessários em função dos riscos a que o trabalhador estiver exposto.

31.5.1.3.3. Para cada exame médico deve ser emitido um Atestado de Saúde Ocupacional – ASO, em duas vias, contendo no mínimo:

a) nome completo do trabalhador, o número de sua identidade e sua função;

b) os riscos ocupacionais a que está exposto;

c) indicação dos procedimentos médicos a que foi submetido e a data em que foram realizados;

d) definição de apto ou inapto para a função específica que o trabalhador vai exercer, exerce ou exerceu;

e) data, nome, número de inscrição no Conselho Regional de Medicina e assinatura do médico que realizou o exame.

31.5.1.3.4. A primeira via do ASO deverá ficar arquivada no estabelecimento, à disposição da fiscalização e a segunda será obrigatoriamente entregue ao trabalhador, mediante recibo na primeira via.

31.5.1.3.5. Outras ações de saúde no trabalho devem ser planejadas e executadas, levando-se em consideração as necessidades e peculiaridades.

31.5.1.3.6. Todo estabelecimento rural, deverá estar equipado com material necessário à prestação de primeiros socorros, considerando-se as características da atividade desenvolvida.

31.5.1.3.7. Sempre que no estabelecimento rural houver dez ou mais trabalhadores o material referido no subitem anterior ficará sob cuidado da pessoa treinada para esse fim.

31.5.1.3.8. O empregador deve garantir remoção do acidentado em caso de urgência, sem ônus para o trabalhador.

31.5.1.3.9. Deve ser possibilitado o acesso dos trabalhadores aos órgãos de saúde com fins a:

a) prevenção e a profilaxia de doenças endêmicas;

b) aplicação de vacina antitetânica.

31.5.1.3.10. Em casos de acidentes com animais peçonhentos, após os procedimentos de primeiros socorros, o trabalhador acidentado deve ser encaminhado imediatamente à unidade de saúde mais próxima do local.

31.5.1.3.11. Quando constatada a ocorrência ou agravamento de doenças ocupacionais, através dos exames médicos, ou sendo verificadas alterações em indicador biológico com significado clínico, mesmo sem sintomatologia, caberá ao empregador rural ou equiparado, mediante orientação formal, através de laudo ou atestado do médico encarregado dos exames:

a) emitir a Comunicação de Acidentes do Trabalho – CAT;

b) afastar o trabalhador da exposição ao risco, ou do trabalho;

c) encaminhar o trabalhador à previdência social para estabelecimento de nexo causal, avaliação de incapacidade e definição da conduta previdenciária em relação ao trabalho.

31.6. Serviço Especializado em Segurança e Saúde no Trabalho Rural – SESTR

31.6.1. O SESTR, composto por profissionais especializados, consiste em um serviço destinado ao desenvolvimento de ações técnicas, integradas às práticas de gestão de segurança, saúde e meio ambiente de trabalho, para tornar o ambiente de trabalho compatível com a promoção da segurança e saúde e a preservação da integridade física do trabalhador rural.

31.6.2. São atribuições do SESTR:

a) assessorar tecnicamente os empregadores e trabalhadores;

b) promover e desenvolver atividades educativas em saúde e segurança para todos os trabalhadores;

c) identificar e avaliar os riscos para a segurança e saúde dos trabalhadores em todas as fases do processo de produção, com a participação dos envolvidos;

d) indicar medidas de eliminação, controle ou redução dos riscos, priorizando a proteção coletiva;

e) monitorar periodicamente a eficácia das medidas adotadas;

f) analisar as causas dos agravos relacionados ao trabalho e indicar as medidas corretivas e preventivas pertinentes;

g) participar dos processos de concepção e alterações dos postos de trabalho, escolha de equipamentos, tecnologias, métodos de produção e organização do trabalho, para promover a adaptação do trabalho ao homem;

h) intervir imediatamente nas condições de trabalho que estejam associadas a graves e iminentes riscos para a segurança e saúde dos trabalhadores;

i) estar integrado com a CIPATR, valendo-se, ao máximo, de suas observações, além de apoiá-la, treiná-la e atendê-la nas suas necessidades e solicitações;

j) manter registros atualizados referentes a avaliações das condições de trabalho, indicadores de saúde dos trabalhadores, acidentes e doenças do trabalho e ações desenvolvidas pelo SESTR.

31.6.3. Cabe aos empregadores rurais ou equiparados proporcionar os meios e recursos necessários para o cumprimento dos objetivos e atribuições dos SESTR.

31.6.3.1. Os empregadores rurais ou equiparados devem constituir uma das seguintes modalidades de SESTR:

a) Próprio – quando os profissionais especializados mantiverem vínculo empregatício;

b) Externo – quando o empregador rural ou equiparado contar com consultoria externa dos profissionais especializados;

c) Coletivo – quando um segmento empresarial ou econômico coletivizar a contratação dos profissionais especializados.

31.6.4. O SESTR deverá ser composto pelos seguintes profissionais legalmente habilitados:

a) de nível superior:

1. Engenheiro de Segurança do Trabalho;
2. Médico do Trabalho;
3. Enfermeiro do Trabalho;

b) de nível médio:

1. Técnico de Segurança do Trabalho;
2. Auxiliar de Enfermagem do Trabalho.

31.6.4.1. A inclusão de outros profissionais especializados será estabelecida em acordo ou convenção coletiva.

31.6.5. O dimensionamento do SESTR vincula-se ao número de empregados contratados por prazo indeterminado.

31.6.5.1. Sempre que um empregador rural ou equiparado proceder à contratação de trabalhadores, por prazo determinado, que atinja o número mínimo exigido nesta Norma Regulamentadora para a constituição de SESTR, deve contratar SESTR Próprio ou Externo (Coletivo) durante o período de vigência da contratação.

31.6.6. O estabelecimento com mais de dez até cinquenta empregados fica dispensado de constituir SESTR, desde que o empregador rural ou preposto tenha formação sobre prevenção de acidentes e doenças relacionadas ao trabalho, necessária ao cumprimento dos objetivos desta Norma Regulamentadora.

31.6.6.1. O não atendimento ao disposto no subitem 31.6.6 obriga o empregador rural ou equiparado a contratar um técnico de segurança do trabalho ou SESTR Externo, observado o disposto no subitem 31.6.12 desta NR.

31.6.6.2. A capacitação prevista no subitem 31.6.6 deve atender, no que couber, ao conteúdo estabelecido no subitem 31.7.20.1 desta Norma Regulamentadora.

31.6.7. Será obrigatória a constituição de SESTR, Próprio ou Externo, para os estabelecimentos com mais de cinquenta empregados.

31.6.8. Do SESTR Externo

31.6.8.1. Para fins de credenciamento junto a unidade regional do Ministério do Trabalho e Emprego, o SESTR Externo deverá:

a) ser organizado por instituição ou possuir personalidade jurídica própria;

b) exercer exclusivamente atividades de prestação de serviços em segurança e saúde no trabalho;

c) apresentar a relação dos profissionais que compõem o SESTR.

31.6.8.2. O SESTR Externo deverá comunicar à autoridade regional competente do MTE no prazo de quinze dias da data da efetivação do contrato, a identificação dos empregadores rurais ou equiparados para os quais prestará serviços.

31.6.8.3. A autoridade regional competente do MTE, no prazo de trinta dias, avaliará, ouvida a CPRR, sem prejuízo dos serviços, neste período, a compatibilidade entre a capacidade instalada e o número de contratados.

31.6.8.4. O SESTR Externo poderá ser descredenciado pela autoridade regional do MTE competente, ouvida a CPRR, sempre que os serviços não atenderem aos critérios estabelecidos nesta Norma Regulamentadora.

31.6.8.5. Os empregadores rurais ou equiparados que contratarem SESTR Externo devem manter à disposição da fiscalização, em todos os seus estabelecimentos, documento atualizado comprobatório da contratação do referido serviço.

31.6.9. Do SESTR Coletivo

31.6.9.1. Os empregadores rurais ou equiparados, que sejam obrigados a constituir SESTR Próprio ou Externo, poderão optar pelo SESTR Coletivo, desde que estabelecido em acordos ou convenções coletivos de trabalho e se configure uma das seguintes situações:

a) vários empregadores rurais ou equiparados instalados em um mesmo estabelecimento;

b) empregadores rurais ou equiparados, que possuam estabelecimentos que distem entre si menos de cem quilômetros;

c) vários estabelecimentos sob controle acionário de um mesmo grupo econômico, que distem entre si menos de cem quilômetros;

d) consórcio de empregadores e cooperativas de produção.

31.6.9.2. A Delegacia Regional do Trabalho, ouvida a CPRR, credenciará o SESTR Coletivo, que deverá apresentar:

a) a comprovação do disposto no subitem 31.6.9.1;

b) a relação dos profissionais que compõem o serviço, mediante comprovação da habilitação requerida.

31.6.9.3. O SESTR Coletivo poderá ser descredenciado pela autoridade regional competente do MTE, ouvida a CPRR sempre que não atender aos critérios estabelecidos nesta Norma Regulamentadora.

31.6.9.4. Responderão solidariamente pelo SESTR Coletivo todos os seus integrantes.

31.6.10. As empresas que mantiverem atividades agrícolas e industriais, interligadas no mesmo espaço físico e obrigados a constituir SESTR e serviço equivalente previsto na Consolidação das Leis do Trabalho – CLT, poderão constituir apenas um desses Serviços, considerando o somatório do número de empregados, desde que estabelecido em convenção ou acordo coletivo.

31.6.11. O dimensionamento do SESTR Próprio ou Coletivo obedecerá ao disposto no Quadro I desta Norma Regulamentadora.

31.6.12. O empregador rural ou equiparado deve contratar os profissionais constantes no Quadro I, em jornada de trabalho compatível com a necessidade de elaboração e implementação das ações de gestão em segurança, saúde e meio ambiente do trabalho rural.

31.6.13. O SESTR Externo dever ter a seguinte composição mínima:

N. de Trabalhadores	Profissionais Legalmente Habilitados				
	Eng. Seg.	Méd. Trab.	Téc. Seg.	Enf. Trab.	Aux. Enf.
Até 500	1	1	2	1	1
500 a 1000	1	1	3	1	2
Acima de 1000	2	2	4	2	3

31.7. Comissão Interna de Prevenção de Acidentes do Trabalho Rural – CIPATR

31.7.1. A CIPATR tem como objetivo a prevenção de acidentes e doenças relacionados ao trabalho, de modo a tornar compatível permanentemente o trabalho com a preservação da vida do trabalhador.

31.7.2. O empregador rural ou equiparado que mantenha vinte ou mais empregados contratados por prazo indeterminado, fica obrigado a manter em funcionamento, por estabelecimento, uma CIPATR.

31.7.2.1. Nos estabelecimentos com número de onze a dezenove empregados, nos períodos de safra ou de elevada concentração de empregados por prazo determinado, a assistência em matéria de segurança e saúde no trabalho será garantida pelo empregador diretamente ou através de preposto ou de profissional por ele contratado, conforme previsto nos subitens 31.6.6 e 31.6.6.1 desta Norma Regulamentadora.

31.7.3. A CIPATR será composta por representantes indicados pelo empregador e representantes eleitos pelos empregados de forma paritária, de acordo com a seguinte proporção mínima:

N. de Membros	N. de Trabalhadores					
	20 a 35	36 a 70	71 a 100	101 a 500	501 a 1000	Acima de 1000
Representantes dos trabalhadores	1	2	3	4	5	6
Representantes do empregador	1	2	3	4	5	6

31.7.4. Os membros da representação dos empregados na CIPATR serão eleitos em escrutínio secreto.

31.7.5. Os candidatos votados e não eleitos deverão ser relacionados na ata de eleição, em ordem decrescente de votos, possibilitando a posse como membros da CIPATR em caso de vacância.

31.7.5.1. O coordenador da CIPATR será escolhido pela representação do empregador, no primeiro ano do mandato, e pela representação dos trabalhadores, no segundo ano do mandato, dentre seus membros.

31.7.6. O mandato dos membros da CIPATR terá duração de dois anos, permitida uma recondução.

31.7.7. Organizada a CIPATR, as atas de eleição e posse e o calendário das reuniões devem ser mantidas no estabelecimento à disposição da fiscalização do trabalho.

31.7.8. A CIPATR não poderá ter seu número de representantes reduzido, bem como, não poderá ser desativada pelo empregador antes do término do mandato de seus membros, ainda que haja redução do número de empregados, exceto no caso de encerramento das atividades do estabelecimento.

31.7.8.1. Os casos em que ocorra redução do número de empregados, por mudanças na atividade econômica, devem ser encaminhados à Delegacia Regional do Trabalho, que decidirá sobre a redução ou não da quantidade de membros da CIPATR.

31.7.8.2. Nas Unidades da Federação com Comissão Permanente Regional Rural – CPRR em funcionamento esta será ouvida antes da decisão referida no subitem 31.7.8.1 desta Norma Regulamentadora.

31.7.9. A CIPATR terá por atribuição:

a) acompanhar a implementação das medidas de prevenção necessárias, bem como da avaliação das prioridades de ação nos locais de trabalho;

b) identificar as situações de riscos para a segurança e saúde dos trabalhadores, nas instalações ou áreas de atividades do estabelecimento rural, comunicando-as ao empregador para as devidas providências;

c) divulgar aos trabalhadores informações relativas à segurança e saúde no trabalho;

d) participar, com o SESTR, quando houver, das discussões promovidas pelo empregador, para avaliar os impactos de alterações nos ambientes e processos de trabalho relacionados à segurança e saúde dos trabalhadores, inclusive quanto à introdução de novas tecnologias e alterações nos métodos, condições e processos de produção;

e) interromper, informando ao SESTR, quando houver, ou ao empregador rural ou equiparado, o funcionamento de máquina ou setor onde considere haver risco grave e iminente à segurança e saúde dos trabalhadores;

f) colaborar no desenvolvimento e implementação das ações da Gestão de Segurança, Saúde e Meio Ambiente de Trabalho Rural;

g) participar, em conjunto com o SESTR, quando houver, ou com o empregador, da análise das causas das doenças e acidentes de trabalho e propor medidas de solução dos problemas encontrados;

h) requisitar à empresa cópia das CAT emitidas;

i) divulgar e zelar pela observância desta Norma Regulamentadora;

j) propor atividades que visem despertar o interesse dos trabalhadores pelos assuntos de prevenção de acidentes de trabalho, inclusive a semana interna de prevenção de acidentes no trabalho rural;

k) propor ao empregador a realização de cursos e treinamentos que julgar necessários para os trabalhadores, visando a melhoria das condições de segurança e saúde no trabalho;

l) elaborar o calendário anual de reuniões ordinárias;

m) convocar, com conhecimento do empregador, trabalhadores para prestar informações por ocasião dos estudos dos acidentes de trabalho;

n) encaminhar ao empregador, ao SESTR e às entidades de classe as recomendações aprovadas, bem como acompanhar as respectivas execuções;

o) constituir grupos de trabalho para o estudo das causas dos acidentes de trabalho rural.

31.7.9.1. No exercício das atribuições elencadas no subitem 31.7.11, a CIPATR contemplará os empregados contratados por prazo determinado e indeterminado.

31.7.10. Cabe ao empregador rural ou equiparado:

a) convocar as reuniões ordinárias e extraordinárias da CIPATR;

b) conceder aos componentes da CIPATR os meios necessários ao desempenho de suas atribuições;

c) estudar as recomendações e determinar a adoção das medidas necessárias, mantendo a CIPATR informada;

d) promover para todos os membros da CIPATR, em horário de expediente normal do estabelecimento rural, treinamento sobre prevenção de acidentes de trabalho previsto no subitem 31.7.20.1 desta Norma Regulamentadora.

31.7.11. Cabe aos trabalhadores indicar à CIPATR situações de risco e apresentar sugestões para a melhoria das condições de trabalho.

31.7.12. A CIPATR reunir-se-á uma vez por mês, ordinariamente, em local apropriado e em horário normal de expediente, obedecendo ao calendário anual.

31.7.13. Em caso de acidentes com consequências de maior gravidade ou prejuízo de grande monta, a CIPATR se reunirá em caráter extraordinário, com a presença do responsável pelo setor em que ocorreu o acidente, no máximo até cinco dias após a ocorrência.

31.7.14. Quando o empregador rural ou equiparado contratar empreiteiras, a CIPATR da empresa contratante deve, em conjunto com a contratada, definir mecanismos de integração e participação de todos os trabalhadores em relação às decisões da referida comissão.

31.7.15. Os membros da CIPATR não poderão sofrer despedida arbitrária, entendendo-se como tal a que não se fundar em motivo disciplinar, técnico, econômico ou financeiro.

31.7.16. Do Processo Eleitoral

31.7.16.1. A eleição para o novo mandato da CIPATR deverá ser convocada pelo empregador, pelo menos quarenta e cinco dias antes do término do mandato e realizada com antecedência mínima de trinta dias do término do mandato.

31.7.16.2. O processo eleitoral observará as seguintes condições:

a) divulgação de edital, em locais de fácil acesso e visualização, por todos os empregados do estabelecimento, no prazo mínimo de quarenta e cinco dias antes do término do mandato em curso;

b) comunicação do início do processo eleitoral ao sindicato dos empregados e dos empregadores, por meio do envio de cópia do edital de convocação;

c) inscrição e eleição individual, sendo que o período mínimo para inscrição será de quinze dias;

d) liberdade de inscrição para todos os empregados do estabelecimento, independentemente de setores ou locais de trabalho, com fornecimento de comprovante;

e) garantia de emprego para todos os inscritos até a eleição;

f) realização da eleição no prazo mínimo de trinta dias antes do término do mandato da CIPATR, quando houver;

g) realização de eleição em dia normal de trabalho, respeitando os horários de turnos e em horário que possibilite a participação da maioria dos empregados;

h) voto secreto;

i) apuração dos votos imediatamente após o término da eleição, em horário normal de trabalho, com acompanhamento de um representante dos empregados e um do empregador;

j) guarda, pelo empregador, de todos os documentos relativos à eleição, por um período mínimo de cinco anos.

31.7.16.3. Havendo participação inferior a cinquenta por cento dos empregados na votação, não haverá a apuração dos votos e deverá ser organizada outra votação que ocorrerá no prazo máximo de dez dias.

31.7.16.4. As denúncias sobre o processo eleitoral devem ser encaminhadas à Delegacia Regional do Trabalho, até trinta dias após a divulgação do resultado da eleição.

31.7.16.4.1. O processo eleitoral é passível de anulação quando do descumprimento de qualquer das alíneas do subitem 31.7.19 desta Norma Regulamentadora.

31.7.16.4.2. Compete à Delegacia Regional do Trabalho, confirmadas irregularidades no processo eleitoral, determinar a sua correção ou proceder à anulação quando for o caso.

31.7.16.4.3. Em caso de anulação, o empregador rural ou equiparado, deve iniciar novo processo eleitoral no prazo de quinze dias, a contar da data de ciência da decisão da Delegacia Regional do Trabalho, garantidas as inscrições anteriores.

31.7.16.4.4. Sempre que houver denúncia formal de irregularidades no processo eleitoral, deve ser mantida a CIPATR anterior, quando houver, até a decisão da Delegacia Regional do Trabalho.

31.7.16.4.5. Cabe à Delegacia Regional do Trabalho informar ao empregador rural ou equiparado sobre a existência de denúncia de irregularidade na eleição da CIPATR.

31.7.16.4.6. Em caso de anulação da eleição, deve ser mantida a CIPATR anterior, quando houver, até a complementação do processo eleitoral.

31.7.17. A posse dos membros da CIPATR se dará no primeiro dia útil após o término do mandato anterior.

31.7.17.1. Em caso de primeiro mandato a posse será realizada no prazo máximo de quarenta e cinco dias após a eleição.

31.7.18. Assumirão a condição de membros, os candidatos mais votados.

31.7.19. Em caso de empate, assumirá aquele que tiver maior tempo de serviço no estabelecimento.

31.7.20. Do Treinamento

31.7.20.1. O empregador rural ou equiparado deverá promover treinamento em segurança e saúde no trabalho para os membros da CIPATR antes da posse, de acordo com o conteúdo mínimo:

a) noções de organização, funcionamento, importância e atuação da CIPATR;

b) estudo das condições de trabalho com análise dos riscos originados do processo produtivo no campo, bem como medidas de controle (por exemplo, nos temas agrotóxicos, máquinas e equipamentos, riscos com eletricidade, animais peçonhentos, ferramentas, silos e armazéns, transporte de trabalhadores, fatores climáticos e topográficos, áreas de vivência, ergonomia e organização do trabalho);

c) caracterização e estudo de acidentes ou doenças do trabalho, metodologia de investigação e análise;

d) noções de primeiros socorros;

e) noções de prevenção de DST, AIDS e dependências químicas;

f) noções sobre legislação trabalhista e previdenciária relativa à Segurança e Saúde no Trabalho;

g) noções sobre prevenção e combate a incêndios;

h) princípios gerais de higiene no trabalho;

i) relações humanas no trabalho;

j) proteção de máquinas e equipamentos;

k) noções de ergonomia.

31.7.20.2. O empregador rural ou equiparado deve promover o treinamento previsto no subitem 31.7.20.1 desta Norma Regulamentadora para os empregados mais votados e não eleitos, limitado ao número de membros eleitos da CIPATR.

31.7.20.3. O treinamento para os membros da CIPATR terá carga horária mínima de vinte horas, distribuídas em no máximo oito horas diárias e será realizado durante o expediente normal, abordando os principais riscos a que estão expostos os trabalhadores em cada atividade que desenvolver.

31.8. Agrotóxicos, Adjuvantes e Produtos Afins

31.8.1. Para fins desta norma são considerados:

a) trabalhadores em exposição direta, os que manipulam os agrotóxicos, adjuvantes e produtos afins, em qualquer uma das etapas de armazenamento, transporte, preparo, aplicação, descarte, e descontaminação de equipamentos e vestimentas;

b) trabalhadores em exposição indireta, os que não manipulam diretamente os agrotóxicos, adjuvantes e produtos afins, mas circulam e desempenham suas atividades de trabalho em áreas vizinhas aos locais onde se faz a manipulação dos agrotóxicos em qualquer uma das etapas de armazenamento, transporte, preparo, aplicação e descarte, e descontaminação de equipamentos e vestimentas, e ou ainda os que desempenham atividades de trabalho em áreas recém-tratadas.

31.8.2. É vedada a manipulação de quaisquer agrotóxicos, adjuvantes e produtos afins que não estejam registrados e autorizados pelos órgãos governamentais competentes.

31.8.3. É vedada a manipulação de quaisquer agrotóxicos, adjuvantes e produtos afins por menores de dezoito anos, maiores de sessenta anos e por gestantes.

31.8.3.1. O empregador rural ou equiparado afastará a gestante das atividades com exposição direta ou indireta a agrotóxicos imediatamente após ser informado da gestação.

31.8.4. É vedada a manipulação de quaisquer agrotóxico, adjuvantes e produtos afins, nos ambientes de trabalho, em desacordo com a receita e as indicações do rótulo e bula, previstos em legislação vigente.

31.8.5. É vedado o trabalho em áreas recém-tratadas, antes do término do intervalo de reentrada estabelecido nos rótulos dos produtos, salvo com o uso de equipamento de proteção recomendado.

31.8.6. É vedada a entrada e permanência de qualquer pessoa na área a ser tratada durante a pulverização aérea.

31.8.7. O empregador rural ou equiparado, deve fornecer instruções suficientes aos que manipulam agrotóxicos, adjuvantes e afins, e aos que desenvolvam qualquer atividade em áreas onde possa haver exposição direta ou indireta a esses produtos, garantindo os requisitos de segurança previstos nesta norma.

31.8.8. O empregador rural ou equiparado, deve proporcionar capacitação sobre prevenção de acidentes com agrotóxicos a todos os trabalhadores expostos diretamente.

31.8.8.1. A capacitação prevista nesta norma deve ser proporcionada aos trabalhadores em exposição direta mediante programa, com carga horária mínima de vinte horas, distribuídas em no máximo oito horas diárias, durante o expediente normal de trabalho, com o seguinte conteúdo mínimo:

a) conhecimento das formas de exposição direta e indireta aos agrotóxicos;

b) conhecimento de sinais e sintomas de intoxicação e medidas de primeiros socorros;

c) rotulagem e sinalização de segurança;

d) medidas higiênicas durante e após o trabalho;

e) uso de vestimentas e equipamentos de proteção pessoal;

f) limpeza e manutenção das roupas, vestimentas e equipamentos de proteção pessoal.

31.8.8.2. O programa de capacitação deve ser desenvolvido a partir de materiais escritos ou audiovisuais e apresentado em linguagem adequada aos trabalhadores e assegurada a atualização de conhecimentos para os trabalhadores já capacitados.

31.8.8.3. São considerados válidos os programas de capacitação desenvolvidos por órgãos e serviços oficiais de extensão rural, instituições de ensino de nível médio e superior em ciências agrárias e Serviço Nacional de Aprendizagem Rural – SENAR, entidades sindicais, associações de produtores rurais, cooperativas de produção agropecuária ou florestal e associações de profissionais, desde que obedecidos os critérios estabelecidos por esta norma, garantindo-se a livre escolha de quaisquer destes pelo empregador.

31.8.8.4. O empregador rural ou equiparado deve complementar ou realizar novo programa quando comprovada a insuficiência da capacitação proporcionada ao trabalhador.

31.8.9. O empregador rural ou equiparado, deve adotar, no mínimo, as seguintes medidas:

a) fornecer equipamentos de proteção individual e vestimentas adequadas aos riscos, que não propiciem desconforto térmico prejudicial ao trabalhador;

b) fornecer os equipamentos de proteção individual e vestimentas de trabalho em perfeitas condições de uso e devidamente higienizados, responsabilizando-se pela descontaminação dos mesmos ao final de cada jornada de trabalho, e substituindo-os sempre que necessário;

c) orientar quanto ao uso correto dos dispositivos de proteção;

d) disponibilizar um local adequado para a guarda da roupa de uso pessoal;

e) fornecer água, sabão e toalhas para higiene pessoal;

f) garantir que nenhum dispositivo de proteção ou vestimenta contaminada seja levado para fora do ambiente de trabalho;

g) garantir que nenhum dispositivo ou vestimenta de proteção seja reutilizado antes da devida descontaminação;

h) vedar o uso de roupas pessoais quando da aplicação de agrotóxicos.

31.8.10. O empregador rural ou equiparado deve disponibilizar a todos os trabalhadores informações sobre o uso de agrotóxicos no estabelecimento, abordando os seguintes aspectos:

a) área tratada: descrição das características gerais da área da localização, e do tipo de aplicação a ser feita, incluindo o equipamento a ser utilizado;

b) nome comercial do produto utilizado;

c) classificação toxicológica;

d) data e hora da aplicação;

e) intervalo de reentrada;

f) intervalo de segurança/período de carência;

g) medidas de proteção necessárias aos trabalhadores em exposição direta e indireta;

h) medidas a serem adotadas em caso de intoxicação.

31.8.10.1. O empregador rural ou equiparado deve sinalizar as áreas tratadas, informando o período de reentrada.

31.8.11. O trabalhador que apresentar sintomas de intoxicação deve ser imediatamente afastado das atividades e transportado para atendimento médico, juntamente com as informações contidas nos rótulos e bulas dos agrotóxicos aos quais tenha sido exposto.

31.8.12. Os equipamentos de aplicação dos agrotóxicos, adjuvantes e produtos afins, devem ser:

a) mantidos em perfeito estado de conservação e funcionamento;

b) inspecionados antes de cada aplicação;

c) utilizados para a finalidade indicada;

d) operados dentro dos limites, especificações e orientações técnicas.

31.8.13. A conservação, manutenção, limpeza e utilização dos equipamentos só poderão ser realizadas por pessoas previamente treinadas e protegidas.

31.8.13.1. A limpeza dos equipamentos será executada de forma a não contaminar poços, rios, córregos e quaisquer outras coleções de água.

31.8.14. Os produtos devem ser mantidos em suas embalagens originais, com seus rótulos e bulas.

31.8.15. É vedada a reutilização, para qualquer fim, das embalagens vazias de agrotóxicos, adjuvantes e produtos afins, cuja destinação final deve atender à legislação vigente.

31.8.16. É vedada a armazenagem de agrotóxicos, adjuvantes e produtos afins a céu aberto.

31.8.17. As edificações destinadas ao armazenamento de agrotóxicos, adjuvantes e produtos afins devem:

a) ter paredes e cobertura resistentes;

b) ter acesso restrito aos trabalhadores devidamente capacitados a manusear os referidos produtos;

c) possuir ventilação, comunicando-se exclusivamente com o exterior e dotada de proteção que não permita o acesso de animais;

d) ter afixadas placas ou cartazes com símbolos de perigo;

e) estar situadas a mais de trinta metros das habitações e locais onde são conservados ou consumidos alimentos, medicamentos ou outros materiais, e de fontes de água;

f) possibilitar limpeza e descontaminação.

31.8.18. O armazenamento deve obedecer as normas da legislação vigente, as especificações do fabricante constantes dos rótulos e bulas, e as seguintes recomendações básicas:

a) as embalagens devem ser colocadas sobre estrados, evitando contato com o piso, com as pilhas estáveis e afastadas das paredes e do teto;

b) os produtos inflamáveis serão mantidos em local ventilado, protegido contra centelhas e outras fontes de combustão.

31.8.19. Os agrotóxicos, adjuvantes e

produtos afins devem ser transportados em recipientes rotulados, resistentes e hermeticamente fechados.

31.8.19.1. É vedado transportar agrotóxicos, adjuvantes e produtos afins, em um mesmo compartimento que contenha alimentos, rações, forragens, utensílios de uso pessoal e doméstico.

31.8.19.2. Os veículos utilizados para transporte de agrotóxicos, adjuvantes e produtos afins, devem ser higienizados e descontaminados, sempre que forem destinados para outros fins.

31.8.19.3. É vedada a lavagem de veículos transportadores de agrotóxicos em coleções de água.

31.8.19.4. É vedado transportar simultaneamente trabalhadores e agrotóxicos, em veículos que não possuam compartimentos estanques projetados para tal fim.

31.9. Meio Ambiente e Resíduos

31.9.1. Os resíduos provenientes dos processos produtivos devem ser eliminados dos locais de trabalho, segundo métodos e procedimentos adequados que não provoquem contaminação ambiental.

31.9.2. As emissões de resíduos para o meio ambiente devem estar de acordo com a legislação em vigor sobre a matéria.

31.9.3. Os resíduos sólidos ou líquidos de alta toxicidade, periculosidade, alto risco biológico e os resíduos radioativos deverão ser dispostos com o conhecimento e a orientação dos órgãos competentes e mantidos sob monitoramento.

31.9.4. Nos processos de compostagem de dejetos de origem animal, deve-se evitar que a fermentação excessiva provoque incêndios no local.

31.10. Ergonomia

31.10.1. O empregador rural ou equiparado deve adotar princípios ergonômicos que visem a adaptação das condições de trabalho às características psicofisiológicas dos trabalhadores, de modo a proporcionar melhorias nas condições de conforto e segurança no trabalho.

31.10.2. É vedado o levantamento e o transporte manual de carga com peso susceptível de comprometer a saúde do trabalhador.

31.10.3. Todo trabalhador designado para o transporte manual regular de cargas deve receber treinamento ou instruções quanto aos métodos de trabalho que deverá utilizar, com vistas a salvaguardar sua saúde e prevenir acidentes.

31.10.4. O transporte e a descarga de materiais feitos por impulsão ou tração de vagonetes sobre trilhos, carros de mão ou qualquer outro aparelho mecânico deverão ser executados de forma que o esforço físico realizado pelo trabalhador seja compatível com sua saúde, segurança e capacidade de força.

31.10.5. Todas as máquinas, equipamentos, implementos, mobiliários e ferramentas devem proporcionar ao trabalhador condições de boa postura, visualização, movimentação e operação.

31.10.6. Nas operações que necessitem também da utilização dos pés, os pedais e outros comandos devem ter posicionamento e dimensões que possibilitem fácil alcance e ângulos adequados entre as diversas partes do corpo do trabalhador, em função das características e peculiaridades do trabalho a ser executado.

31.10.7. Para as atividades que forem realizadas necessariamente em pé, devem ser garantidas pausas para descanso.

31.10.8. A organização do trabalho deve ser adequada às características psicofisiológicas dos trabalhadores e à natureza do trabalho a ser executado.

31.10.9. Nas atividades que exijam sobrecarga muscular estática ou dinâmica devem ser incluídas pausas para descanso e outras medidas que preservem a saúde do trabalhador.

31.11. Ferramentas Manuais

31.11.1. O empregador deve disponibilizar, gratuitamente, ferramentas adequadas ao trabalho e às características físicas do trabalhador, substituindo-as sempre que necessário.

31.11.2. As ferramentas devem ser:

a) seguras e eficientes;

b) utilizadas exclusivamente para os fins a que se destinam;

c) mantidas em perfeito estado de uso.

31.11.3. Os cabos das ferramentas devem permitir boa aderência em qualquer situação de manuseio, possuir formato que favoreça a adaptação à mão do trabalhador, e ser fixados de forma a não se soltar acidentalmente da lâmina.

31.11.4. As ferramentas de corte devem ser:

a) guardadas e transportadas em bainha;

b) mantidas afiadas.

31.12. Segurança no Trabalho em Máquinas e Implementos Agrícolas (Alterado pela Port. MTE 2.546, de 14 de dezembro de 2011.)

Princípios gerais

31.12.1. As máquinas e implementos devem ser utilizados segundo as especificações técnicas do fabricante e dentro dos limites operacionais e restrições por ele indicados, e operados por trabalhadores capacitados, qualificados ou habilitados para tais funções.

31.12.2. As proteções, dispositivos e sistemas de segurança previstos nesta Norma devem integrar as máquinas desde a sua fabricação, não podendo ser considerados itens opcionais para quaisquer fins.

31.12.3. Os procedimentos de segurança e permissão de trabalho, quando necessários, devem ser elaborados e aplicados para garantir de forma segura o acesso, acionamento, inspeção, manutenção ou quaisquer outras intervenções em máquinas e implementos.

31.12.4. É vedado o transporte de pessoas em máquinas autopropelidas e nos seus implementos.

31.12.4.1. Excetuam-se da vedação do subitem 31.12.4 as máquinas autopropelidas e seus implementos que possuam postos de trabalhos projetados para este fim pelo fabricante ou por profissional habilitado, conforme disposto nesta Norma.

31.12.5. É vedada a adaptação de máquinas forrageiras tracionadas e equipadas com sistema de autoalimentação para sistema de alimentação manual.

Dispositivos de partida, acionamento e parada

31.12.6. Os dispositivos de partida, acionamento e parada das máquinas estacionárias e dos equipamentos estacionários devem ser projetados, selecionados e instalados de modo que:

a) não se localizem em suas zonas perigosas;

b) impeçam acionamento ou desligamento involuntário pelo operador ou por qualquer outra forma acidental;

c) não acarretem riscos adicionais;

d) não possam ser burlados; e

e) possam ser acionados ou desligados em caso de emergência por outra pessoa que não seja o operador.

31.12.7. Os comandos de partida ou acionamento das máquinas estacionárias devem possuir dispositivos que impeçam seu funcionamento automático ao serem energizadas.

31.12.8. Nas paradas temporárias ou prolongadas das máquinas autopropelidas, o operador deve colocar os controles em posição neutra ou de estacionamento, acionar os freios e adotar todas as medidas necessárias para eliminar riscos provenientes de deslocamento ou movimentação de implementos ou de sistemas da máquina operada.

31.12.9. As máquinas cujo acionamento por pessoas não autorizadas possa oferecer risco à saúde ou integridade física de qualquer pessoa devem possuir sistema ou, no caso de máquinas autopropelidas, chave de ignição, para o bloqueio de seus dispositivos de acionamento.

Sistemas de segurança em máquinas e implementos

31.12.10. As zonas de perigo das máquinas e implementos devem possuir sistemas de segurança, caracterizados por proteções fixas, móveis e dispositivos de segurança interligados ou não, que garantam a proteção à saúde e à integridade física dos trabalhadores.

31.12.11. A adoção de sistemas de segurança, em especial nas zonas de operação que apresentem perigo, deve considerar as características técnicas da máquina e do processo de trabalho e as medidas e alternativas técnicas existentes, de modo a atingir o nível necessário de segurança previsto nesta Norma.

31.12.11.1. Os componentes funcionais das áreas de processo e trabalho das máquinas autopropelidas e implementos, que necessitem ficar expostos para correta operação, devem ser protegidos adequadamente até a extensão máxima possível, de forma a permitir a funcionalidade operacional a que se destinam, atendendo às normas técnicas vigentes e às exceções constantes do Quadro II do Anexo IV desta Norma.

31.12.12. Cabe ao empregador rural ou equiparado manter os sistemas de segurança em perfeito estado de conservação e funcionamento, sendo a retirada ou neutralização total ou parcial destes sistemas que coloquem em risco a integridade física dos trabalhadores considerada risco grave e iminente.

31.12.13. Para fins de aplicação desta Norma, considera-se proteção o elemento especificamente utilizado para prover segurança por meio de barreira física, podendo ser:

a) proteção fixa, que deve ser mantida em sua posição de maneira permanente ou por meio de elementos de fixação que só permitam sua remoção ou abertura com o uso de ferramentas; (NRed. Port. MTE 1.896/13)

b) proteção móvel, que pode ser aberta sem o uso de ferramentas, geralmente ligada por elementos mecânicos à estrutura da máquina ou a um elemento fixo próximo, e deve se associar a dispositivos de intertravamento.

31.12.14. Para fins de aplicação desta Norma, consideram-se dispositivos de segurança os componentes que, por si só ou interligados ou associados a proteções, reduzam os riscos de acidentes e de outros agravos à saúde, sendo classificados em:

a) comandos elétricos ou interfaces de segurança: dispositivos responsáveis por realizar o monitoramento, que verificam a interligação, posição e funcionamento de outros dispositivos do sistema e impedem a ocorrência de falha que provoque a perda da função de segurança, como relés de segurança, controladores configuráveis de segurança e controlador lógico programável – CLP de segurança;

b) dispositivos de intertravamento: chaves de segurança eletromecânicas, com ação e ruptura positiva, magnéticas e eletrônicas codificadas, optoeletrônicas, sensores indutivos de segurança e outros dispositivos de segurança que possuem a finalidade de impedir o funcionamento de elementos da máquina sob condições específicas;

c) sensores de segurança: dispositivos detectores de presença mecânicos e não mecânicos, que atuam quando uma pessoa ou parte do seu corpo adentra a zona de perigo de uma máquina ou equipamento, enviando um sinal para interromper ou impedir o início de funções perigosas, como cortinas de luz, detectores de presença optoeletrônicos, laser de múltiplos feixes, barreiras óticas, monitores de área, ou scanners, batentes, tapetes e sensores de posição;

d) válvulas e blocos de segurança ou sistemas pneumáticos e hidráulicos de mesma eficácia;

e) dispositivos mecânicos, como: dispositivos de retenção, limitadores, separadores, empurradores, inibidores, defletores e retráteis; e

f) dispositivos de validação: dispositivos suplementares de comando operados manualmente, que, quando aplicados de modo permanente, habilitam o dispositivo de acionamento, como chaves seletoras bloqueáveis e dispositivos bloqueáveis.

31.12.14.1. As máquinas autopropelidas podem possuir dispositivo de intertravamento mecânico de atuação simples e não monitorado para proteção do compartimento do motor.

31.12.15. As proteções devem ser projetadas e construídas de modo a atender aos seguintes requisitos de segurança:

a) cumprir suas funções apropriadamente durante a vida útil da máquina ou possibilitar a reposição de partes deterioradas ou danificadas;

b) ser constituídas de materiais resistentes e adequados à contenção de projeção de peças, materiais e partículas;

c) fixação firme e garantia de estabilidade e resistência mecânica compatíveis com os esforços requeridos;

d) não criar pontos de esmagamento ou agarramento com partes da máquina ou com outras proteções;

e) não possuir extremidades e arestas cortantes ou outras saliências perigosas;

f) resistir às condições ambientais do local onde estão instaladas;

g) impedir que possam ser burladas;

h) proporcionar condições de higiene e limpeza;

i) impedir o acesso à zona de perigo;

j) ter seus dispositivos de intertravamento utilizados para bloqueio de funções perigosas das máquinas protegidos adequadamente contra sujidade, poeiras e corrosão, se necessário (v. prazo no art. 4º da Portaria MTE n. 2.546, de 14.12.11);

k) ter ação positiva, ou seja, atuação de modo positivo;

l) não acarretar riscos adicionais; e

m) possuir dimensões conforme previsto no Item A do Anexo II desta Norma. (v. prazo no art. 4º da Portaria MTE n. 2.546, de 14 .12.11).

31.12.15.1. Quando a proteção for confeccionada com material descontínuo, devem ser observadas as distâncias de segurança para impedir o acesso às zonas de perigo, conforme previsto no Item A do Anexo II desta Norma (v. prazo no art. 4º da Portaria MTE n. 2.546, de 14.12.11).

31.12.16. Os componentes relacionados aos sistemas de segurança e comandos de acionamento e paradas das máquinas estacionárias, inclusive de emergência, devem garantir a manutenção do estado seguro da máquina quando ocorrerem flutuações no nível de energia além dos limites considerados no projeto, incluindo o corte e restabelecimento do fornecimento de energia.

31.12.17. A proteção deve ser móvel quando o acesso a uma zona de perigo for requerido uma ou mais vezes por turno de trabalho, observando-se que:

a) a proteção deve ser associada a um dispositivo de intertravamento quando sua abertura não possibilitar o acesso à zona de perigo antes da eliminação do risco; e

b) a proteção deve ser associada a um dispositivo de intertravamento com bloqueio quando sua abertura possibilitar o acesso à zona de perigo antes da eliminação do risco.

31.12.17.1. Para as máquinas autopropelidas e seus implementos, a proteção deve ser móvel quando o acesso a uma zona de perigo for requerido mais de uma vez por turno de trabalho (v. prazos no art. 4º da Portaria MTE n. 2.546, de 14.12.11.)

31.12.18. As máquinas e implementos dotados de proteções móveis associadas a dispositivos de intertravamento devem:

a) operar somente quando as proteções estiverem fechadas;

b) paralisar suas funções perigosas quando as proteções forem abertas durante a operação; e

c) garantir que o fechamento das proteções por si só não possa dar início às funções perigosas.

31.12.18.1. As máquinas autopropelidas ficam dispensadas do atendimento das alíneas "a" e "b" do subitem 31.12.18 para acesso em operações de manutenção e inspeção, desde que realizadas por trabalhador capacitado ou qualificado.

31.12.19. Os dispositivos de intertravamento com bloqueio associados às proteções móveis das máquinas e implementos devem:

a) permitir a operação somente enquanto a proteção estiver fechada e bloqueada;

b) manter a proteção fechada e bloqueada até que tenha sido eliminado o risco de lesão devido às funções perigosas da máquina ou do equipamento; e

c) garantir que o fechamento e bloqueio da proteção por si só não possa dar início às funções perigosas da máquina ou do equipamento.

31.12.19.1. As máquinas autopropelidas ficam dispensadas do atendimento das alíneas "a" e "b" do subitem 31.12.19 para acesso em operações de manutenção e inspeção, desde que realizadas por trabalhador capacitado ou qualificado.

31.12.20. As transmissões de força e os componentes móveis a elas interligados, acessíveis ou expostos, devem ser protegidos por meio de proteções fixas ou móveis com dispositivos de intertravamento, que impeçam o acesso por todos os lados, ressalvado o disposto no subitem 31.12.11.1 e as exceções previstas no Quadro II do Anexo IV desta Norma.

31.12.21. Quando utilizadas proteções móveis para o enclausuramento de transmissões de força que possuam inércia, devem ser utilizados dispositivos de intertravamento com bloqueio.

31.12.22. O eixo cardã deve possuir proteção adequada, em perfeito estado de conservação em toda a sua extensão, fixada na tomada de força da máquina desde a cruzeta até o acoplamento do implemento ou equipamento.

31.12.23. As máquinas e implementos que ofereçam risco de ruptura de suas partes, projeção de peças ou material em processamento devem possuir proteções que garantam a saúde e a segurança dos trabalhadores, salvo as exceções constantes dos Quadros I e II do Anexo IV desta Norma.

31.12.23.1. As roçadoras devem possuir dispositivos de proteção contra o arremesso de materiais sólidos.

31.12.24. As máquinas de cortar, picar, triturar, moer, desfibrar e similares devem possuir sistemas de segurança que impossibilitem o contato do operador ou demais pessoas com suas zonas de perigo.

31.12.25. Nas proteções distantes de máquinas estacionárias, em que haja possibilidade de alguma pessoa ficar na zona de perigo, devem ser adotadas medidas adicionais de proteção coletiva para impedir a partida da máquina, enquanto houver a presença de pessoas nesta zona.

31.12.26. As aberturas para alimentação de máquinas ou implementos que estiverem situadas ao nível do ponto de apoio do operador ou abaixo dele, devem possuir proteção que impeça a queda de pessoas em seu interior.

31.12.27. Quando as características da máquina ou implemento exigirem que as proteções sejam utilizadas também como meio de acesso, estas devem atender aos requisitos de resistência e segurança adequados a ambas as finalidades.

31.12.28. O fundo dos degraus ou da escada deve possuir proteção – espelho, sempre que uma parte saliente do pé ou da mão do trabalhador possa contatar uma zona perigosa.

31.12.29. As baterias devem atender aos seguintes requisitos mínimos de segurança:

a) localização de modo que sua manutenção e troca possam ser realizadas facilmente a partir do solo ou de uma plataforma de apoio;

b) constituição e fixação de forma a não haver deslocamento acidental; e

c) proteção do terminal positivo, a fim de prevenir contato acidental e curto-circuito.

31.12.30. As máquinas autopropelidas fabricadas a partir de maio de 2008, sob a égide da redação da NR 31 dada pela Portaria n. 86, de 3 de março de 2005, devem possuir faróis, lanternas traseiras de posição, buzina, espelho retrovisor e sinal sonoro automático de ré acoplado ao sistema de transmissão, salvo as exceções previstas no Quadro I do Anexo IV desta Norma.

31.12.30.1. As máquinas autopropelidas fabricadas antes de maio de 2008 devem possuir faróis e buzina.

31.12.31. As máquinas autopropelidas devem possuir Estrutura de Proteção na Capotagem – EPC e cinto de segurança, exceto as constantes do Quadro I do Anexo IV desta Norma, que devem ser utilizadas em conformidade com as especificações e recomendações indicadas nos manuais do fabricante.

31.12.31.1. As máquinas autopropelidas fabricadas antes de maio de 2008 ficam excluídas da obrigação do subitem 31.12.31, desde que utilizadas conforme as recomendações operacionais do fabricante, em especial quanto a limites de declividade, velocidade, carga e aplicação.

31.12.32. Para as máquinas autopropelidas fabricadas a partir de maio de 2008, deve ser consultado o Quadro III do Anexo IV desta Norma para verificação da disponibilidade técnica de EPC.

31.12.33. A EPC deve:

a) ser adquirida do fabricante ou revenda autorizada;

b) ser instalada conforme as recomendações do fabricante; e

c) atender aos requisitos de segurança estabelecidos pelas normas técnicas vigentes.

31.12.34. As máquinas autopropelidas que durante sua operação ofereçam riscos de queda de objetos sobre o posto de trabalho devem possuir Estrutura de Proteção contra Queda de Objetos – EPCO.

31.12.35. Na tomada de potência – TDP dos tratores agrícolas deve ser instalada uma proteção que cubra a parte superior e as laterais, conforme Figura 1 do Anexo IV desta Norma.

31.12.36. As máquinas e implementos tracionados devem possuir sistemas de engate para reboque pelo sistema de tração, de modo a assegurar o acoplamento e desacoplamento fácil e seguro, bem como a impedir o desacoplamento acidental durante a utilização.

31.12.36.1. A indicação de uso dos sistemas de engate mencionados no subitem 31.12.36 deve ficar em local de fácil visualização e afixada em local próximo da conexão.

31.12.36.2. Os implementos tracionados, caso o peso da barra do reboque assim exija, devem possuir dispositivo de apoio que possibilite a redução do esforço e a conexão segura ao sistema de tração.

31.12.36.3. A operação de engate deve ser feita em local apropriado e com o equipamento tracionado imobilizado de forma segura com calço ou similar.

31.12.37. É vedado o trabalho de máquinas e implementos acionados por motores de combustão interna em locais fechados sem ventilação, salvo quando for assegurada a eliminação de gases.

31.12.38. As motosserras devem dispor dos seguintes dispositivos de segurança:

a) freio manual ou automático de corrente;

b) pino pega-corrente;

c) protetor da mão direita;

d) protetor da mão esquerda; e

e) trava de segurança do acelerador.

31.12.38.1. Motopodas e similares devem dispor dos dispositivos do *caput*, quando couber.

31.12.39. Os empregadores ou equiparados devem promover, a todos os operadores de motosserra, motopoda e similares, treinamento para utilização segura da máquina, com carga horária mínima de oito horas e conforme conteúdo programático relativo à utilização constante do manual de instruções.

Meios de acesso

31.12.40. As máquinas, equipamentos e implementos devem dispor de acessos permanentemente fixados e seguros a todos os seus pontos de operação, abastecimento, inserção de matérias-primas e retirada de produtos trabalhados, preparação, manutenção e de intervenção constante.

31.12.41. Consideram-se meios de acesso elevadores, rampas, passarelas, plataformas ou escadas de degraus.

31.12.41.1. Na impossibilidade técnica de adoção dos meios previstos no subitem 31.12.41, poderá ser utilizada escada fixa tipo marinheiro.

31.12.41.2. As máquinas autopropelidas e implementos com impossibilidade técnica de adoção dos meios de acesso dispostos no subitem 31.12.41, onde a presença do trabalhador seja necessária para inspeção e manutenção e que não sejam acessíveis desde o solo devem possuir meios de apoio como manípulos ou corrimãos, barras, apoio para os pés ou degraus com superfície antiderrapante, que garantam ao operador manter contato de apoio em três pontos durante todo o tempo de acesso, de modo a torná-lo seguro, conforme o item 31.12.60 desta Norma.

31.12.41.2.1. Deve-se utilizar uma forma de acesso seguro indicada no manual de operação, nas situações em que não sejam aplicáveis os meios previstos no subitem 31.12.41.2.

31.12.42. Os locais ou postos de trabalho acima do nível do solo em que haja acesso de trabalhadores para comando ou quaisquer outras intervenções habituais nas máquinas e implementos, como operação, abastecimento, manutenção, preparação e inspeção, devem possuir plataformas de trabalho estáveis e seguras.

31.12.42.1. Na impossibilidade técnica de aplicação do previsto no subitem 31.12.42, é permitida a utilização de plataformas móveis ou elevatórias.

31.12.42.1.1. As plataformas móveis devem ser estáveis, de modo a não permitir sua movimentação ou tombamento durante a realização do trabalho.

31.12.43. Devem ser fornecidos meios de acesso se a altura do solo ou do piso ao posto de operação das máquinas for maior que 0,55 m (cinquenta e cinco centímetros).

31.12.44. Em máquinas autopropelidas da indústria de construção com aplicação agroflorestal, os meios de acesso devem ser fornecidos se a altura do solo ao posto de operação for maior que 0,60 m (sessenta centímetros).

31.12.45. Em colhedoras de arroz, colhedoras equipadas com esteiras e outras colhedoras equipadas com sistema de autonivelamento, os meios de acesso devem ser fornecidos se a altura do solo ao posto de operação for maior que 0,70 m (setenta centímetros).

31.12.46. Nas máquinas, equipamentos e implementos os meios de acesso permanentes devem ser localizados e instalados de modo a prevenir riscos de acidente e facilitar sua utilização pelos trabalhadores.

31.12.47. Os meios de acesso de máquinas, exceto escada fixa do tipo marinheiro e elevador, devem possuir sistema de proteção contra quedas com as seguintes características:

a) ser dimensionados, construídos e fixados de modo seguro e resistente, de forma a suportar os esforços solicitantes;

b) ser constituídos de material resistente a intempéries e corrosão;

c) possuir travessão superior de 1,10 m (um metro e dez centímetros) a 1,20 m (um metro e vinte centímetros) de altura em relação ao piso ao longo de toda a extensão, em ambos os lados;

d) o travessão superior não deve possuir superfície plana, a fim de evitar a colocação de objetos;

e) possuir rodapé de, no mínimo, 0,20 m (vinte centímetros) de altura e travessão intermediário a 0,70 m (setenta centímetros) de altura em relação ao piso, localizado entre o rodapé e o travessão superior.

31.12.47.1. Havendo risco de queda de objetos e materiais, o vão entre o rodapé e o travessão superior do guarda corpo deve receber proteção fixa, integral e resistente.

31.12.47.1.1. A proteção mencionada no subitem 31.12.47.1 pode ser constituída de tela resistente, desde que sua malha não permita a passagem de qualquer objeto ou material que possa causar lesões aos trabalhadores.

31.12.47.2. Para o sistema de proteção contra quedas em plataformas utilizadas em operações de abastecimento ou que acumulam sujidades, é permitida a adoção das dimensões da Figura 5 do Anexo III desta Norma.

31.12.48. O emprego dos meios de acesso de máquinas estacionárias deve considerar o ângulo de lance conforme Figura 1 do Anexo III desta Norma.

31.12.49. As passarelas, plataformas, rampas e escadas de degraus devem propiciar condições seguras de trabalho, circulação, movimentação e manuseio de materiais e:

a) ser dimensionadas, construídas e fixadas de modo seguro e resistente, de forma a suportar os esforços solicitantes e movimentação segura do trabalhador;

b) ter pisos e degraus constituídos de materiais ou revestimentos antiderrapantes;

c) ser mantidas desobstruídas; e

d) ser localizadas e instaladas de modo a prevenir riscos de queda, escorregamento, tropeçamento e dispêndio excessivo de esforços físicos pelos trabalhadores ao utilizá-las.

31.12.50. As rampas com inclinação entre 10° (dez) e 20° (vinte) graus em relação ao plano horizontal devem possuir peças transversais horizontais fixadas de modo seguro, para impedir escorregamento, distanciadas entre si 0,40 m (quarenta centímetros) em toda sua extensão.

31.12.50.1. É proibida a construção de rampas com inclinação superior a 20° (vinte) graus em relação ao piso.

31.12.51. As passarelas, plataformas e rampas devem ter as seguintes características:

a) largura útil mínima de 0,60 m (sessenta centímetros) para máquinas, exceto para as autopropelidas e implementos que devem atender a largura mínima determinada conforme norma técnica específica;

b) meios de drenagem, se necessário; e

c) não possuir rodapé no vão de acesso.

31.12.52. Em máquinas estacionárias as escadas de degraus com espelho devem ter:

a) largura mínima de 0,60 m (sessenta centímetros);

b) degraus com profundidade mínima de 0,20 m (vinte centímetros);

c) degraus e lances uniformes, nivelados e sem saliências;

d) altura entre os degraus de 0,20 m (vinte centímetros) a 0,25 m (vinte e cinco centímetros); e

e) plataforma de descanso de 0,60 m (sessenta centímetros) a 0,80 m (oitenta centímetros) de largura e comprimento a intervalos de, no máximo, 3,00 m (três metros) de altura.

31.12.53. Em máquinas estacionárias as escadas de degraus sem espelho devem ter:

a) largura mínima de 0,60 m (sessenta centímetros);

b) degraus com profundidade mínima de 0,15 m (quinze centímetros);

c) degraus e lances uniformes, nivelados e sem saliências;

d) altura máxima entre os degraus de 0,25 m (vinte e cinco centímetros);

e) plataforma de descanso com 0,60 m (sessenta centímetros) a 0,80 m (oitenta centímetros) de largura e comprimento a intervalos de, no máximo, 3,00 m (três metros) de altura;

f) projeção mínima de 0,01 m (dez milímetros) de um degrau sobre o outro; e

g) degraus com profundidade que atendam à fórmula: $600 \leq g + 2h \leq 660$ (dimensões em milímetros), conforme Figura 2 do Anexo III desta Norma.

31.12.54. Em máquinas estacionárias as escadas fixas do tipo marinheiro devem ter:

a) dimensão, construção e fixação seguras e resistentes, de forma a suportar os esforços solicitantes;

b) constituição de materiais ou revestimentos resistentes a intempéries e corrosão, caso estejam expostas em ambiente externo ou corrosivo;

c) gaiolas de proteção, caso possuam altura superior a 3,50 m (três metros e meio), instaladas a partir de 2,0 m (dois metros) do piso, ultrapassando a plataforma de descanso ou o piso superior em pelo menos de 1,10 m (um metro e dez centímetros) a 1,20 m (um metro e vinte centímetros);

d) corrimão ou continuação dos montantes da escada ultrapassando a plataforma de descanso ou o piso superior de 1,10 m (um metro e dez centímetros) a 1,20 m (um metro e vinte centímetros);

e) largura de 0,40 m (quarenta centímetros) a 0,60 m (sessenta centímetros), conforme Figura 3 do Anexo III desta Norma;

f) altura total máxima de 10,00 m (dez metros), se for de um único lance;

g) altura máxima de 6,00 m (seis metros) entre duas plataformas de descanso, se for de múltiplos lances, construídas em lances consecutivos com eixos paralelos, distanciados no mínimo em 0,70 m (setenta centímetros), conforme Figura 3 do Anexo III desta Norma;

h) espaçamento entre barras de 0,25 m (vinte e cinco centímetros) a 0,30 m (trinta centímetros), conforme Figura 3 do Anexo III desta Norma;

i) espaçamento entre o piso da máquina ou da edificação e a primeira barra não superior a 0,55 m (cinquenta e cinco centímetros), conforme Figura 3 do Anexo III desta Norma;

j) distância em relação à estrutura em que é fixada de, no mínimo, 0,15 m (quinze centímetros), conforme Figura 4 do Anexo III desta Norma;

k) barras de 0,025 m (vinte e cinco milímetros) a 0,038 m (trinta e oito milímetros) de diâmetro ou espessura; e

l) barras com superfícies, formas ou ranhuras a fim de prevenir deslizamentos.

31.12.54.1. As gaiolas de proteção devem possuir:

a) diâmetro de 0,65 m (sessenta e cinco centímetros) a 0,80 m (oitenta centímetros), conforme Figura 4 do Anexo III desta Norma; e

b) vãos entre grades protetoras de, no máximo, 0,30 m (trinta centímetros), conforme Figura 3 do Anexo III desta Norma.

31.12.55. Os meios de acesso das máquinas autopropelidas e implementos devem possuir as seguintes características:

a) ser dimensionados, construídos e fixados de modo seguro e resistente, de forma a suportar os esforços solicitantes;

b) ser constituídos de material resistente a intempéries e corrosão; e

c) o travessão superior não deve ter superfície plana, a fim de evitar a colocação de objetos.

31.12.56. A direção não pode ser considerada manípulo de apoio.

31.12.57. Os pneus, cubos, rodas e para-lamas não são considerados degraus para acesso aos postos de trabalho.

31.12.58. Os para-lamas podem ser considerados degraus para acesso desde que projetados para esse fim.

31.12.59. Em máquinas de esteira, as sapatas e a superfície de apoio das esteiras podem ser utilizadas como degraus de acesso desde que projetados para esse fim e se for garantido ao operador apoio em três pontos de contato durante todo tempo de acesso.

31.12.60. As máquinas autopropelidas e implementos devem ser dotados de corrimãos ou manípulos – pega-mãos, em um ou ambos os lados dos meios de acesso que ofereçam risco de queda ou acesso às áreas de perigo, que devem possuir:

a) projeto de forma que o operador possa manter contato de apoio em três pontos durante todo o tempo de acesso;

b) largura da seção transversal entre 0,025 m (vinte e cinco milímetros) e 0,038 m (trinta e oito milímetros);

c) extremidade inferior em pelo menos um corrimão ou manípulo localizada no máximo a 1600 mm (um mil e seiscentos milímetros) da superfície do solo;

d) espaço livre mínimo de 0,050 m (cinquenta milímetros) entre o corrimão ou manípulo e as partes adjacentes para acesso da mão, exceto nos pontos de fixação;

e) um manípulo instalado do último degrau superior do meio de acesso a uma altura de 0,85 m (oitenta e cinco centímetros) a 1,10 m (um metro e dez centímetros); e

f) manípulo com comprimento mínimo de 0,15 m (quinze centímetros).

31.12.60.1. Os pontos de apoio para mãos devem ficar a pelo menos 0,30 m (trinta centímetros) de qualquer elemento de articulação.

31.12.61. As escadas usadas no acesso ao posto de operação das máquinas autopropelidas e implementos devem atender a um dos seguintes requisitos:

a) a inclinação α deve ser entre 70º (setenta graus) e 90º (noventa graus) em relação à horizontal conforme Figura 2 do Anexo III desta Norma; ou

b) no caso de inclinação α menor que 70º (setenta graus), as dimensões dos degraus devem atender à equação (2B + G) ≤ 700 mm, onde B é a distância vertical, em mm, e G a distância horizontal, em mm, entre degraus, permanecendo as dimensões restantes conforme Figura 6 do Anexo III desta Norma.

31.12. 61.1 Os degraus devem possuir:

a) superfície antiderrapante;

b) batentes verticais em ambos os lados;

c) projeção de modo a minimizar o acúmulo de água e de sujidades, nas condições normais de trabalho;

d) altura do primeiro degrau alcançada com os maiores pneus indicados para a máquina;

e) espaço livre adequado na região posterior, quando utilizado sem espelho, de forma a proporcionar um apoio seguro para os pés;

f) dimensões conforme a Figura 6 do Anexo III desta Norma;

g) altura do primeiro deles em relação ao solo de até 700 mm (setecentos milímetros) para colhedoras de arroz ou colhedoras equipadas com esteiras e outras colhedoras equipadas com sistema de autonivelamento; e

h) altura do primeiro deles em relação ao solo de até 600 mm (seiscentos milímetros) para máquinas autopropelidas da indústria da construção com aplicação agroflorestal.

31.12.61.2. A conexão entre o primeiro degrau e o segundo degrau pode ser articulada.

31.12.61.3. Não deve haver riscos de corte, esmagamento ou movimento incontrolável para o operador na movimentação de meios de acesso móveis.

31.12. 62. As plataformas de máquinas autopropelidas e implementos que apresentem risco de queda de trabalhadores devem ser acessados por degraus e possuir sistema de proteção contra quedas conforme as dimensões da Figura 5 do Anexo III desta Norma.

31.12.63. A plataforma de operação ou piso de trabalho das máquinas autopropelidas e implementos deve:

a) ser plana, nivelada e fixada de modo seguro e resistente;

b) possuir superfície antiderrapante;

c) possuir meios de drenagem, se necessário;

d) ser contínua, exceto para tratores denominados "acavalados", em que poderá ser de dois níveis; e

e) não possuir rodapé no vão de entrada da plataforma.

31.12.63.1. Os meios de acesso móveis ou retráteis das plataformas e cabines, para fins de transporte, devem possuir sistema para limitação do vão de acesso.

31.12.64. As máquinas estacionárias, autopropelidas e implementos, fabricadas antes da vigência desta Norma e que possuam plataforma de trabalho, devem possuir escada de acesso e proteção contra quedas, sendo consideradas regulares desde que dimensionadas conforme normas vigentes à época de sua fabricação.

31.12.65. O bocal de abastecimento do tanque de combustível e de outros materiais deve ser localizado, no máximo, a 1,5 m (um metro e cinquenta centímetros) acima do ponto de apoio do operador.

31.12.65.1. Caso não seja possível atender ao disposto no subitem 31.12.65 para as operações de abastecimento de combustível e de outros materiais, nas máquinas autopropelidas deve ser instalado degrau de acesso com manípulos que garantam três pontos de contato durante toda a tarefa.

31.12.65.2. Caso não seja possível atender ao disposto no subitem 31.12.65 para as operações de abastecimento de combustível das máquinas autopropelidas que possuam o tanque localizado na parte traseira ou lateral, poderá ser utilizada plataforma ou escada externa que servirá de apoio para execução segura da tarefa.

31.12.65.3. Para máquinas autopropelidas e implementos fabricados antes da vigência desta Norma poderá ser utilizada plataforma ou escada externa que servirá de apoio para execução segura da tarefa.

Operação e manutenção

31.12.66. As atividades de manutenção e ajuste devem ser feitas por trabalhadores qualificados ou capacitados, com as máquinas paradas e observância das recomendações constantes dos manuais ou instruções de operação e manutenção seguras.

31.12.67. É vedada a execução de serviços de limpeza, lubrificação, abastecimento e ajuste com as máquinas e implementos em funcionamento, salvo se o movimento for indispensável à realização dessas operações, em que devem ser tomadas medidas especiais de treinamento, proteção e sinalização contra acidentes de trabalho, e atendido o subitem 31.12.68, no que couber.

31.12.68. Para situações especiais de manutenção em que houver necessidade de acesso às áreas de risco, os serviços deverão ser realizados com o uso de dispositivo de comando de ação continuada e baixa velocidade ou dispositivo de comando por movimento limitado – passo a passo, selecionados em dispositivo de validação.

31.12.69. Excetuam-se do cumprimento do subitem 31.12.68 as máquinas autopropelidas e seus implementos que devem atender aos procedimentos de segurança e os requisitos indicados no manual do fabricante.

31.12.70. As proteções fixas que podem ser removidas só podem ser retiradas para execução de limpeza, lubrificação, reparo e ajuste, e ao fim dos quais, devem ser obrigatoriamente recolocadas.

31.12.71. Os serviços e substituições de baterias devem ser realizados conforme as orientações constantes do manual de operação.

31.12.72. Nas atividades de montagem e desmontagem de pneumáticos das rodas, que ofereçam riscos de acidentes, devem ser observadas as recomendações do fabricante e as seguintes condições:

a) os pneumáticos devem ser completamente despressurizados, removendo o núcleo da válvula de calibragem antes da desmontagem e de qualquer intervenção que possa acarretar acidentes; e

b) o enchimento de pneumáticos só poderá ser executado dentro de dispositivo de clausura ou gaiola adequadamente dimensionada, até que seja alcançada uma pressão suficiente para forçar o talão sobre o aro e criar uma vedação pneumática.

Transportadores

31.12.73. As correias transportadoras devem possuir:

a) sistema de frenagem ao longo dos trechos em que haja acesso de trabalhadores;

b) dispositivo que interrompa seu acionamento quando necessário;

c) partida precedida de sinal sonoro audível em toda a área de operação que indique seu acionamento;

d) sistema de proteção contra quedas de materiais, quando oferecer risco de acidentes aos trabalhadores que operem ou circulem em seu entorno;

e) sistemas e passarelas que permitam que os trabalhos de manutenção sejam desenvolvidos de forma segura;

f) passarelas com sistema de proteção contra queda ao longo de toda a extensão elevada onde possa haver circulação de trabalhadores; e

g) sistema de travamento para ser utilizado nos serviços de manutenção.

31.12.73.1. Excetuam-se da obrigação do subitem 31.12.73 as correias transportadoras instaladas em máquinas autopropelidas, implementos e em esteiras móveis para carga e descarga.

Capacitação

31.12.74. O empregador rural ou equiparado se responsabilizará pela capacitação dos trabalhadores visando ao manuseio e à operação segura de máquinas e implementos, de forma compatível com suas funções e atividades.

31.12.75. A capacitação deve:

a) ocorrer antes que o trabalhador assuma a função;

b) ser providenciada pelo empregador ou equiparado, sem ônus para o empregado;

c) respeitar o limite diário da jornada de trabalho; e

d) ser ministrada pelo Serviço Especializado em Segurança e Saúde no Trabalho do empregador rural ou equiparado, fabricantes, por órgãos e serviços oficiais de extensão rural, instituições de ensino de nível médio e superior em ciências agrárias, Serviço Nacional de Aprendizagem Rural – SENAR, entidades sindicais, associações de produtores rurais, associação de profissionais, cooperativas de produção agropecuária ou florestal e profissionais qualificados para este fim, com supervisão de profissional habilitado que se responsabilizará pela adequação do conteúdo, forma, carga horária, qualificação dos instrutores e avaliação dos discentes.

31.12.76. O programa deve abranger partes teórica e prática, com o seguinte conteúdo mínimo:

a) descrição e identificação dos riscos associados com cada máquina e as proteções específicas contra cada risco;

b) funcionamento das proteções; como e por que devem ser usadas;

c) como, por quem e em que circunstâncias pode ser removida uma proteção;

d) o que fazer se uma proteção é danificada ou perde sua função, deixando de garantir uma segurança adequada;

e) princípios de segurança na utilização da máquina;

f) segurança para riscos mecânicos, elétricos e outros relevantes;

g) procedimento de trabalho seguro;

h) ordem ou permissão de trabalho; e

i) sistema de bloqueio de funcionamento das máquinas e implementos durante a inspeção e manutenção.

31.12.77. A capacitação de operadores de máquinas autopropelidas e implementos deve atender ao programa de capacitação em etapas teórica e prática, carga horária mínima de vinte e quatro horas distribuídas em no máximo oito horas diárias, com respeito à jornada diária de trabalho ao seguinte conteúdo programático:

a) legislação de segurança e saúde no trabalho e noções de legislação de trânsito;

b) identificação das fontes geradoras dos riscos à integridade física e à saúde do trabalhador;

c) noções sobre acidentes e doenças decorrentes da exposição aos riscos existentes na máquina e implementos;

d) medidas de controle dos riscos: Equipamento Proteção Coletiva e Equipamento de Proteção Individual;

e) operação da máquina e implementos com segurança;

f) inspeção, regulagem e manutenção com segurança;

g) sinalização de segurança;

h) procedimentos em situação de emergência; e

i) noções sobre prestação de primeiros socorros.

31.12.78. A parte prática da capacitação pode ser realizada na máquina que o trabalhador irá operar e deve ter carga horária mínima de doze horas, ser supervisionada e documentada.

31.12.78.1. O material didático escrito ou audiovisual utilizado no treinamento deve ser produzido na língua portuguesa – Brasil, e em linguagem adequada aos trabalhadores.

31.12.79. Será também considerado capacitado o trabalhador que possuir comprovação, por meio de registro, na Carteira de Trabalho e Previdência Social – CTPS ou no registro de empregado, de pelo menos dois anos de experiência na atividade, até a data de publicação desta norma, e que participou da reciclagem prevista no subitem 31.12.80.1.

31.12.80. Deve ser realizada capacitação para reciclagem do trabalhador sempre que ocorrerem modificações significativas nas instalações e na operação de máquinas e implementos ou troca de métodos, processos e organização do trabalho.

31.12.80.1. O conteúdo programático da reciclagem deve atender às necessidades da situação que a motivou, com carga horária mínima de quatro horas que garanta aos trabalhadores executarem suas atividades com segurança, com respeito ao limite diário da jornada de trabalho.

31.12.81. Os operadores de máquinas e implementos devem ser maiores de dezoito anos, salvo na condição de aprendiz, nos termos da legislação vigente.

31.12.82. Os operadores de máquinas autopropelidas e implementos devem portar cartão de identificação, com o nome, função e fotografia.

Manuais

31.12.83. Os manuais das máquinas e implementos devem ser mantidos no estabelecimento, em originais ou cópias, e deve o empregador dar conhecimento aos operadores do seu conteúdo e disponibilizá-lo aos trabalhadores sempre que necessário.

31.12.84. As máquinas e implementos devem possuir manual de instruções fornecido pelo fabricante ou importador, com informações relativas à segurança nas fases de transporte, montagem, instalação, ajuste, operação, limpeza, manutenção, inspeção, desativação e desmonte.

31.12.84.1. Os manuais devem:

a) ser escritos na língua portuguesa – Brasil, com caracteres de tipo e tamanho que possibilitem a melhor legibilidade possível, acompanhado das ilustrações explicativas;

b) ser objetivos, claros, sem ambiguidades e em linguagem de fácil compreensão;

c) ter sinais ou avisos referentes à segurança realçados; e

d) permanecer disponíveis a todos os usuários nos locais de trabalho.

31.12.84.2. Os manuais das máquinas e implementos fabricados no Brasil devem conter, no mínimo, as seguintes informações:

a) razão social, endereço do fabricante ou importador, e CNPJ quando houver;

b) tipo e modelo;

c) número de série ou de identificação, e ano de fabricação;

d) descrição detalhada da máquina ou equipamento e seus acessórios;

e) diagramas, inclusive circuitos elétricos, em particular a representação esquemática das funções de segurança, no que couber, para máquinas estacionárias;

f) definição da utilização prevista para a máquina ou equipamento;

g) riscos a que estão expostos os usuários;

h) definição das medidas de segurança existentes e aquelas a serem adotadas pelos usuários;

i) especificações e limitações técnicas para a sua utilização com segurança, incluindo os critérios de declividade de trabalho para máquinas e implementos, no que couber;

j) riscos que poderiam resultar de adulteração ou supressão de proteções e dispositivos de segurança;

k) riscos que poderiam resultar de utilizações diferentes daquelas previstas no projeto;

l) procedimentos para utilização da máquina ou equipamento com segurança;

m) procedimentos e periodicidade para inspeções e manutenção; e

n) procedimentos básicos a serem adotados em situações de emergência.

31.13. Secadores

31.13.1. Os secadores devem possuir revestimentos com material refratário e anteparos adequados de forma a não gerar riscos à segurança e saúde dos trabalhadores.

31.13.2. Para evitar incêndios nos secadores o empregador rural ou equiparado deverá garantir a:

a) limpeza das colunas e condutos de injeção e tomada de ar quente;

b) verificação da regulagem do queimador, quando existente;

c) verificação do sistema elétrico de aquecimento, quando existente.

31.13.2.1. Os filtros de ar dos secadores devem ser mantidos limpos.

31.13.3. Os secadores alimentados por combustíveis gasosos ou líquidos devem ter sistema de proteção para:

a) não ocorrer explosão por falha da chama de aquecimento ou no acionamento do queimador;

b) evitar retrocesso da chama.

31.14. Silos

31.14.1. Os silos devem ser adequadamente dimensionados e construídos em solo com resistência compatível às cargas de trabalho.

31.14.2. As escadas e as plataformas dos silos devem ser construídas de modo a garantir aos trabalhadores o desenvolvimento de suas atividades em condições seguras.

31.14.3. O revestimento interno dos silos deve ter características que impeçam o acúmulo de grãos, poeiras e a formação de barreiras.

31.14.4. É obrigatória a prevenção dos riscos de explosões, incêndios, acidentes mecânicos, asfixia e dos decorrentes da exposição a agentes químicos, físicos e biológicos em todas as fases da operação do silo.

31.14.5. Não deve ser permitida a entrada de trabalhadores no silo durante a sua operação, se não houver meios seguros de saída ou resgate.

31.14.6. Nos silos hermeticamente fechados, só será permitida a entrada de trabalhadores após renovação do ar ou com proteção respiratória adequada.

31.14.7. Antes da entrada de trabalhadores na fase de abertura dos silos deve ser medida a concentração de oxigênio e o limite de explosividade relacionado ao tipo de material estocado.

31.14.8. Os trabalhos no interior dos silos devem obedecer aos seguintes critérios:

a) realizados com no mínimo dois trabalhadores, devendo um deles permanecer no exterior;

b) com a utilização de cinto de segurança e cabo vida.

31.14.9. Devem ser previstos e controlados os riscos de combustão espontânea e explosões no projeto construtivo, na operação e manutenção.

31.14.10. O empregador rural ou equiparado deve manter à disposição da fiscalização do trabalho a comprovação dos monitoramentos e controles relativos à operação dos silos.

31.14.11. Os elevadores e sistemas de alimentação dos silos devem ser projetados e operados de forma a evitar o acúmulo de poeiras, em especial nos pontos onde seja possível a geração de centelhas por eletricidade estática.

31.14.12. Todas as instalações elétricas e de iluminação no interior dos silos devem ser apropriadas à área classificada.

31.14.13. Serviços de manutenção por processos de soldagem, operações de corte ou que gerem eletricidade estática devem ser precedidas de uma permissão especial onde serão analisados os riscos e os controles necessários.

31.14.14. Nos intervalos de operação dos silos o empregador rural ou equiparado deve providenciar a sua adequada limpeza para remoção de poeiras.

31.14.15. As pilhas de materiais armazenados deverão ser dispostas de forma que não ofereçam riscos de acidentes.

31.15. Acessos e Vias de Circulação

31.15.1. Devem ser garantidos todas as vias de acesso e de circulação internos do estabelecimento em condições adequadas para os trabalhadores e veículos.

31.15.2. Medidas especiais de proteção da circulação de veículos e trabalhadores nas vias devem ser tomadas nas circunstâncias de chuvas que gerem alagamento e escorregamento.

31.15.3. As vias de acesso e de circulação internos do estabelecimento devem ser sinalizadas de forma visível durante o dia e a noite.

31.15.4. As laterais das vias de acesso e de circulação internos do estabelecimento devem ser protegidas com barreiras que impeçam a queda de veículos.

31.16. Transporte de Trabalhadores

31.16.1. O veículo de transporte coletivo de passageiros deve observar os seguintes requisitos:

a) possuir autorização emitida pela autoridade de trânsito competente;

b) transportar todos os passageiros sentados;

c) ser conduzido por motorista habilitado e devidamente identificado;

d) possuir compartimento resistente e fixo para a guarda das ferramentas e materiais, separado dos passageiros.

31.16.2. O transporte de trabalhadores em veículos adaptados somente ocorrerá em situações excepcionais, mediante autorização prévia da autoridade competente em matéria de trânsito, devendo o veículo apresentar as seguintes condições mínimas de segurança:

a) escada para acesso, com corrimão, posicionada em local de fácil visualização pelo motorista;

b) carroceria com cobertura, barras de apoio para as mãos, proteção lateral rígida, com dois metros e dez centímetros de altura livre, de material de boa qualidade e resistência estrutural que evite o esmagamento e a projeção de pessoas em caso de acidente com o veículo;

c) cabina e carroceria com sistemas de ventilação, garantida a comunicação entre o motorista e os passageiros;

d) assentos revestidos de espuma, com encosto e cinto de segurança;

e) compartimento para materiais e ferramentas, mantido fechado e separado dos passageiros.

31.17. Transporte de Cargas

31.17.1. O método de carregamento e descarregamento de caminhões deve ser compatível com o tipo de carroceria utilizado, devendo ser observadas condições de segurança durante toda a operação.

31.17.2. As escadas ou rampas utilizadas pelos trabalhadores, para carregamento e descarregamento de caminhões, devem garantir condições de segurança e evitar esforços físicos excessivos.

31.17.3. Nos caminhões graneleiros abertos deve ser proibido que os trabalhadores subam sobre a carga em descarregamento.

31.18. Trabalho com Animais

31.18.1. O empregador rural ou equiparado deve garantir:

a) imunização, quando necessária, dos trabalhadores em contato com os animais;

b) medidas de segurança quanto à manipulação e eliminação de secreções, excreções e restos de animais, incluindo a limpeza e desinfecção das instalações contaminadas;

c) fornecimento de desinfetantes e de água suficientes para a adequada higienização dos locais de trabalho.

31.18.2. Em todas as etapas dos processos de trabalhos com animais devem ser disponibilizadas aos trabalhadores informações sobre:

a) formas corretas e locais adequados de aproximação, contato e imobilização;

b) maneiras de higienização pessoal e do ambiente;

c) reconhecimento e precauções relativas a doenças transmissíveis.

31.18.3. É proibida a reutilização de águas utilizadas no trato com animais, para uso humano.

31.18.4. No transporte com tração animal devem ser utilizados animais adestrados e treinados por trabalhador preparado para este fim.

31.19. Fatores Climáticos e Topográficos

31.19.1. O empregador rural ou equiparado deve:

a) orientar os seus empregados quanto aos procedimentos a serem adotados na ocorrência de condições climáticas desfavoráveis;

b) interromper as atividades na ocorrência de condições climáticas que comprometam a segurança do trabalhador;

c) organizar o trabalho de forma que as atividades que exijam maior esforço físico, quando possível, sejam desenvolvidas no período da manhã ou no final da tarde.

31.19.2. O empregador rural ou equiparado deve adotar medidas de proteção, para minimizar os impactos sobre a segurança e saúde do trabalhador, nas atividades em terrenos acidentados.

31.20. Medidas de Proteção Pessoal

31.20.1. É obrigatório o fornecimento aos trabalhadores, gratuitamente, de equipamentos de proteção individual (EPI), nas seguintes circunstâncias:

a) sempre que as medidas de proteção coletiva forem tecnicamente comprovadas inviáveis ou quando não oferecerem completa proteção contra os riscos decorrentes do trabalho;

b) enquanto as medidas de proteção coletiva estiverem sendo implantadas;

c) para atender situações de emergência.

31.20.1.1. Os equipamentos de proteção individual devem ser adequados aos riscos e mantidos em perfeito estado de conservação e funcionamento.

31.20.1.2. O empregador deve exigir que os trabalhadores utilizem os EPIs.

31.20.1.3. Cabe ao empregador orientar o empregado sobre o uso do EPI.

31.20.2. O empregador rural ou equiparado, de acordo com as necessidades de cada atividade, deve fornecer aos trabalhadores os seguintes equipamentos de proteção individual:

a) proteção da cabeça, olhos e face:

1. capacete contra impactos provenientes de queda ou projeção de objetos;

2. chapéu ou outra proteção contra o sol, chuva e salpicos;

3. protetores impermeáveis e resistentes para trabalhos com produtos químicos;

4. protetores faciais contra lesões ocasionadas por partículas, respingos, vapores de produtos químicos e radiações luminosas intensas;

5. óculos contra lesões provenientes do impacto de partículas, ou de objetos pontiagudos ou cortantes e de respingos;

b) óculos contra irritação e outras lesões:

1. óculos de proteção contra radiações não ionizantes;

2. óculos contra a ação da poeira e do pólen;

3. óculos contra a ação de líquidos agressivos.

c) proteção auditiva:

1. protetores auriculares para as atividades com níveis de ruído prejudiciais à saúde.

d) proteção das vias respiratórias:

1. respiradores com filtros mecânicos para trabalhos com exposição a poeira orgânica;

2. respiradores com filtros químicos, para trabalhos com produtos químicos;

3. respiradores com filtros combinados, químicos e mecânicos, para atividades em que haja emanação de gases e poeiras tóxicas;

4. aparelhos de isolamento, autônomos ou de adução de ar para locais de trabalho onde haja redução do teor de oxigênio.

e) proteção dos membros superiores:

1. luvas e mangas de proteção contra lesões ou doenças provocadas por:

1.1. materiais ou objetos escoriantes ou vegetais, abrasivos, cortantes ou perfurantes;

1.2. produtos químicos tóxicos, irritantes, alergênicos, corrosivos, cáusticos ou solventes;

1.3. materiais ou objetos aquecidos;

1.4. operações com equipamentos elétricos;

1.5. tratos com animais, suas vísceras e de detritos e na possibilidade de transmissão de doenças decorrentes de produtos infecciosos ou parasitários.

1.6. picadas de animais peçonhentos;

f) proteção dos membros inferiores:

1. botas impermeáveis e antiderrapantes para trabalhos em terrenos úmidos, lamacentos, encharcados ou com dejetos de animais;

2. botas com biqueira reforçada para trabalhos em que haja perigo de queda de materiais, objetos pesados e pisões de animais;

3. botas com solado reforçado, onde haja risco de perfuração.

4. botas com cano longo ou botina com perneira, onde exista a presença de animais peçonhentos;

5. perneiras em atividades onde haja perigo de lesões provocadas por materiais ou objetos cortantes, escoriantes ou perfurantes;

6. calçados impermeáveis e resistentes em trabalhos com produtos químicos;

7. calçados fechados para as demais atividades.

g) proteção do corpo inteiro nos trabalhos que haja perigo de lesões provocadas por agentes de origem térmica, biológica, mecânica, meteorológica e química:

1. aventais;

2. jaquetas e capas;

3. macacões;

4. coletes ou faixas de sinalização;

5. roupas especiais para atividades específicas (apicultura e outras);

h) proteção contra quedas com diferença de nível:

1. cintos de segurança para trabalhos acima de dois metros, quando houver risco de queda.

31.20.3. Cabe ao trabalhador usar os equipamentos de proteção individual indicados para as finalidades a que se destinarem e zelar pela sua conservação.

31.20.4. O Ministério do Trabalho e Emprego poderá determinar o uso de outros equipamentos de proteção individual, quando julgar necessário.

31.21. Edificações Rurais

31.21.1. As estruturas das edificações rurais tais como armazéns, silos e depósitos devem ser projetadas, executadas e mantidas para suportar as cargas permanentes e móveis a que se destinam.

31.21.2. Os pisos dos locais de trabalho internos às edificações não devem apresentar defeitos que prejudiquem a circulação de trabalhadores ou a movimentação de materiais.

31.21.3. As aberturas nos pisos e nas paredes devem ser protegidas de forma que impeçam a queda de trabalhadores ou de materiais.

31.21.4. Nas escadas, rampas, corredores e outras áreas destinadas à circulação de trabalhadores e à movimentação de materiais, que ofereçam risco de escorregamento, devem ser empregados materiais ou processos antiderrapantes.

31.21.5. As escadas, rampas, corredores e outras áreas destinadas à circulação de trabalhadores e à movimentação de materiais, devem dispor de proteção contra o risco de queda.

31.21.6. As escadas ou rampas fixas, que sejam dotadas de paredes laterais, devem dispor de corrimão em toda a extensão.

31.21.7. As coberturas dos locais de trabalho devem assegurar proteção contra as intempéries.

31.21.8. As edificações rurais devem:

a) proporcionar proteção contra a umidade;

b) ser projetadas e construídas de modo a evitar insolação excessiva ou falta de insolação;

c) possuir ventilação e iluminação adequadas às atividades laborais a que se destinam.

d) ser submetidas a processo constante de limpeza e desinfecção, para que se neutralize a ação nociva de agentes patogênicos;

e) ser dotadas de sistema de saneamento básico, destinado à coleta das águas servidas na limpeza e na desinfecção, para que se evite a contaminação do meio ambiente.

31.21.9. Os galpões e demais edificações destinados ao beneficiamento, ao armazenamento de grãos e à criação de animais devem possuir sistema de ventilação.

31.21.10. As edificações rurais devem garantir permanentemente segurança e saúde dos que nela trabalham ou residem.

31.22. Instalações Elétricas

31.22.1. Todas as partes das instalações elétricas devem ser projetadas, executadas e mantidas de modo que seja possível prevenir, por meios seguros, os perigos de choque elétrico e outros tipos de acidentes.

31.22.2. Os componentes das instalações elétricas devem ser protegidos por material isolante.

31.22.3. Toda instalação ou peça condutora que esteja em local acessível a contatos e que não faça parte dos circuitos elétricos deve ser aterrada.

31.22.4. As instalações elétricas que estejam em contato com a água devem ser blindadas, estanques e aterradas.

31.22.5. As ferramentas utilizadas em trabalhos em redes energizadas devem ser isoladas.

31.22.6. As edificações devem ser protegidas contra descargas elétricas atmosféricas.

31.22.7. As cercas elétricas devem ser instaladas de acordo com as instruções fornecidas pelo fabricante.

31.23. Áreas de Vivência

31.23.1. O empregador rural ou equiparado deve disponibilizar aos trabalhadores áreas de vivência compostas de:

a) instalações sanitárias;

b) locais para refeição;

c) alojamentos, quando houver permanência de trabalhadores no estabelecimento nos períodos entre as jornadas de trabalho;

d) local adequado para preparo de alimentos;

e) lavanderias.

31.23.1.1. O cumprimento do disposto nas alíneas "d" e "e" do subitem 31.23.1 somente é obrigatório nos casos onde houver trabalhadores alojados.

31.23.2. As áreas de vivência devem atender aos seguintes requisitos:

a) condições adequadas de conservação, asseio e higiene;

b) paredes de alvenaria, madeira ou material equivalente;

c) piso cimentado, de madeira ou de material equivalente;

d) cobertura que proteja contra as intempéries;

e) iluminação e ventilação adequadas.

31.23.2.1. É vedada a utilização das áreas de vivência para fins diversos daqueles a que se destinam.

31.23.3. Instalações Sanitárias

31.23.3.1. As instalações sanitárias devem ser constituídas de:

a) lavatório na proporção de uma unidade para cada grupo de vinte trabalhadores ou fração;

b) vaso sanitário na proporção de uma unidade para cada grupo de vinte trabalhadores ou fração;

c) mictório na proporção de uma unidade para cada grupo de dez trabalhadores ou fração;

d) chuveiro na proporção de uma unidade para cada grupo de dez trabalhadores ou fração.

31.23.3.1.1. No mictório tipo calha, cada segmento de sessenta centímetros deve corresponder a um mictório tipo cuba.

31.23.3.2. As instalações sanitárias devem:

a) ter portas de acesso que impeçam o devassamento e ser construídas de modo a manter o resguardo conveniente;

b) ser separadas por sexo;

c) estar situadas em locais de fácil e seguro acesso;

d) dispor de água limpa e papel higiênico;

e) estar ligadas a sistema de esgoto, fossa séptica ou sistema equivalente;

f) possuir recipiente para coleta de lixo.

31.23.3.3. A água para banho deve ser disponibilizada em conformidade com os usos e costumes da região ou na forma estabelecida em convenção ou acordo coletivo.

31.23.3.4. Nas frentes de trabalho, devem ser disponibilizadas instalações sanitárias fixas ou móveis compostas de vasos sanitários e lavatórios, na proporção de um conjunto para cada grupo de quarenta trabalhadores ou fração, atendidos os requisitos do item 31.23.3.2, sendo permitida a utilização de fossa seca.

31.23.4. Locais para refeição

31.23.4.1. Os locais para refeição devem atender aos seguintes requisitos:

a) boas condições de higiene e conforto;

b) capacidade para atender a todos os trabalhadores;

c) água limpa para higienização;

d) mesas com tampos lisos e laváveis;

e) assentos em número suficiente;

f) água potável, em condições higiênicas;

g) depósitos de lixo, com tampas.

31.23.4.2. Em todo estabelecimento rural deve haver local ou recipiente para a guarda e conservação de refeições, em condições higiênicas, independentemente do número de trabalhadores.

31.23.4.3. Nas frentes de trabalho devem ser disponibilizados abrigos, fixos ou móveis, que protejam os trabalhadores contra as intempéries, durante as refeições.

31.23.5. Alojamentos

31.23.5.1. Os alojamentos devem:

a) ter camas com colchão, separadas por no mínimo um metro, sendo permitido o uso de beliches, limitados a duas camas na mesma vertical, com espaço livre mínimo de cento e dez centímetros acima do colchão;

b) ter armários individuais para guarda de objetos pessoais;

c) ter portas e janelas capazes de oferecer boas condições de vedação e segurança;

d) ter recipientes para coleta de lixo;

e) ser separados por sexo.

31.23.5.2. O empregador rural ou equiparado deve proibir a utilização de fogões, fogareiros ou similares no interior dos alojamentos.

31.23.5.3. O empregador deve fornecer roupas de cama adequadas às condições climáticas locais.

31.23.5.4. As camas poderão ser substituídas por redes, de acordo com o costume local, obedecendo o espaçamento mínimo de um metro entre as mesmas.

31.23.5.5. É vedada a permanência de pessoas com doenças infectocontagiosas no interior do alojamento.

31.23.6. Locais para preparo de refeições

31.23.6.1. Os locais para preparo de refeições devem ser dotados de lavatórios, sistema de coleta de lixo e instalações sanitárias exclusivas para o pessoal que manipula alimentos.

31.23.6.2. Os locais para preparo de refeições não podem ter ligação direta com os alojamentos.

31.23.7. Lavanderias

31.23.7.1. As lavanderias devem ser instaladas em local coberto, ventilado e adequado para que os trabalhadores alojados possam cuidar das roupas de uso pessoal.

31.23.7.2. As lavanderias devem ser dotadas de tanques individuais ou coletivos e água limpa.

31.23.8. Devem ser garantidas aos trabalhadores das empresas contratadas para a prestação de serviços as mesmas condições de higiene, conforto e alimentação oferecidas aos empregados da contratante.

31.23.9. O empregador rural ou equiparado deve disponibilizar água potável e fresca em quantidade suficiente nos locais de trabalho.

31.23.10. A água potável deve ser disponibilizada em condições higiênicas, sendo proibida a utilização de copos coletivos.

31.23.11. Moradias

31.23.11.1. Sempre que o empregador rural ou equiparado fornecer aos trabalhadores moradias familiares estas deverão possuir:

a) capacidade dimensionada para uma família;

b) paredes construídas em alvenaria ou madeira;

c) pisos de material resistente e lavável;

d) condições sanitárias adequadas;

e) ventilação e iluminação suficientes;

f) cobertura capaz de proporcionar proteção contra intempéries;

g) poço ou caixa de água protegido contra contaminação;

h) fossas sépticas, quando não houver rede de esgoto, afastadas da casa e do poço de água, em lugar livre de enchentes e a jusante do poço.

31.23.11.2. As moradias familiares devem ser construídas em local arejado e afastadas, no mínimo, cinquenta metros de construções destinadas a outros fins.

31.23.11.3. É vedada, em qualquer hipótese, a moradia coletiva de famílias.

....

NR-35 – Trabalho em altura

35.1. Objetivo e Campo de Aplicação

35.1.1. Esta Norma estabelece os requisitos mínimos e as medidas de proteção para o trabalho em altura, envolvendo o planejamento, a organização e a execução, de forma a garantir a segurança e a saúde dos trabalhadores envolvidos direta ou indiretamente com esta atividade.

35.1.2. Considera-se trabalho em altura toda atividade executada acima de 2,00 m (dois metros) do nível inferior, onde haja risco de queda.

35.1.3. Esta norma se complementa com as normas técnicas oficiais estabelecidas pelos Órgãos competentes e, na ausência ou omissão dessas, com as normas internacionais aplicáveis.

35.2. Responsabilidades

35.2.1. Cabe ao empregador:

a) garantir a implementação das medidas de proteção estabelecidas nesta Norma;

b) assegurar a realização da Análise de Risco – AR e, quando aplicável, a emissão da Permissão de Trabalho – PT;

c) desenvolver procedimento operacional para as atividades rotineiras de trabalho em altura;

d) assegurar a realização de avaliação prévia das condições no local do trabalho em altura, pelo estudo, planejamento e implementação das ações e das medidas complementares de segurança aplicáveis;

e) adotar as providências necessárias para acompanhar o cumprimento das medidas de proteção estabelecidas nesta Norma pelas empresas contratadas;

f) garantir aos trabalhadores informações atualizadas sobre os riscos e as medidas de controle;

g) garantir que qualquer trabalho em altura só se inicie depois de adotadas as medidas de proteção definidas nesta Norma;

h) assegurar a suspensão dos trabalhos em altura quando verificar situação ou condição de risco não prevista, cuja eliminação ou neutralização imediata não seja possível;

i) estabelecer uma sistemática de autorização dos trabalhadores para trabalho em altura;

j) assegurar que todo trabalho em altura seja realizado sob supervisão, cuja forma será definida pela análise de riscos de acordo com as peculiaridades da atividade;

k) assegurar a organização e o arquivamento da documentação prevista nesta Norma.

35.2.2. Cabe aos trabalhadores:

a) cumprir as disposições legais e regulamentares sobre trabalho em altura, inclusive os procedimentos expedidos pelo empregador;

b) colaborar com o empregador na implementação das disposições contidas nesta Norma;

c) interromper suas atividades exercendo o direito de recusa, sempre que constatarem evidências de riscos graves e iminentes para sua segurança e saúde ou a de outras pessoas, comunicando imediatamente o fato a seu superior hierárquico, que diligenciará as medidas cabíveis;

d) zelar pela sua segurança e saúde e a de outras pessoas que possam ser afetadas por suas ações ou omissões no trabalho.

35.3. Capacitação e Treinamento

35.3.1. O empregador deve promover programa para capacitação dos trabalhadores à realização de trabalho em altura.

35.3.2. Considera-se trabalhador capacitado para trabalho em altura aquele que foi submetido e aprovado em treinamento, teórico e prático, com carga horária mínima de oito horas, cujo conteúdo programático deve, no mínimo, incluir:

a) normas e regulamentos aplicáveis ao trabalho em altura;

b) análise de risco e condições impeditivas;

c) riscos potenciais inerentes ao trabalho em altura e medidas de prevenção e controle;

d) sistemas, equipamentos e procedimentos de proteção coletiva;

e) equipamentos de Proteção Individual para trabalho em altura: seleção, inspeção, conservação e limitação de uso;

f) acidentes típicos em trabalhos em altura;

g) condutas em situações de emergência, incluindo noções de técnicas de resgate e de primeiros socorros.

35.3.3. O empregador deve realizar treinamento periódico bienal e sempre que ocorrer quaisquer das seguintes situações:

a) mudança nos procedimentos, condições ou operações de trabalho;

b) evento que indique a necessidade de novo treinamento;

c) retorno de afastamento ao trabalho por período superior a noventa dias;

d) mudança de empresa.

35.3.3.1. O treinamento periódico bienal deve ter carga horária mínima de oito horas, conforme conteúdo programático definido pelo empregador.

35.3.3.2. Nos casos previstos nas alíneas "a", "b", "c" e "d", a carga horária e o conteúdo programático devem atender a situação que o motivou.

35.3.4. Os treinamentos inicial, periódico e eventual para trabalho em altura podem ser ministrados em conjunto com outros treinamentos da empresa.

35.3.5. A capacitação deve ser realizada preferencialmente durante o horário normal de trabalho.

35.3.5.1. O tempo despendido na capacitação deve ser computado como tempo de trabalho efetivo.

35.3.6. O treinamento deve ser ministrado por instrutores com comprovada proficiência no assunto, sob a responsabilidade de profissional qualificado em segurança no trabalho.

35.3.7. Ao término do treinamento deve ser emitido certificado contendo o nome do trabalhador, conteúdo programático, carga horária, data, local de realização do treinamento, nome e qualificação dos instrutores e assinatura do responsável.

35.3.7.1. O certificado deve ser entregue ao trabalhador e uma cópia arquivada na empresa.

35.3.8. A capacitação deve ser consignada no registro do empregado.

35.4. Planejamento, Organização e Execução

35.4.1. Todo trabalho em altura deve ser planejado, organizado e executado por trabalhador capacitado e autorizado.

35.4.1.1. Considera-se trabalhador autorizado para trabalho em altura aquele capacitado, cujo estado de saúde foi avaliado, tendo sido considerado apto para executar essa atividade e que possua anuência formal da empresa.

35.4.1.2. Cabe ao empregador avaliar o estado de saúde dos trabalhadores que exercem atividades em altura, garantindo que:

a) os exames e a sistemática de avaliação sejam partes integrantes do Programa de Controle Médico de Saúde Ocupacional – PCMSO, devendo estar nele consignados;

b) a avaliação seja efetuada periodicamente, considerando os riscos envolvidos em cada situação;

c) seja realizado exame médico voltado às patologias que poderão originar mal súbito e queda de altura, considerando também os fatores psicossociais.

35.4.1.2.1. A aptidão para trabalho em altura deve ser consignada no atestado de saúde ocupacional do trabalhador.

35.4.1.3. A empresa deve manter cadastro atualizado que permita conhecer a abrangência da autorização de cada trabalhador para trabalho em altura.

35.4.2. No planejamento do trabalho devem ser adotadas, de acordo com a seguinte hierarquia:

a) medidas para evitar o trabalho em altura, sempre que existir meio alternativo de execução;

b) medidas que eliminem o risco de queda dos trabalhadores, na impossibilidade de execução do trabalho de outra forma;

c) medidas que minimizem as consequências da queda, quando o risco de queda não puder ser eliminado.

35.4.3. Todo trabalho em altura deve ser realizado sob supervisão, cuja forma será definida pela análise de risco de acordo com as peculiaridades da atividade.

35.4.4. A execução do serviço deve considerar as influências externas que possam alterar as condições do local de trabalho já previstas na análise de risco.

35.4.5. Todo trabalho em altura deve ser precedido de Análise de Risco.

35.4.5.1. A Análise de Risco deve, além dos riscos inerentes ao trabalho em altura, considerar:

a) o local em que os serviços serão executados e seu entorno;

b) o isolamento e a sinalização no entorno da área de trabalho;

c) o estabelecimento dos sistemas e pontos de ancoragem;

d) as condições meteorológicas adversas;

e) a seleção, inspeção, forma de utilização e limitação de uso dos sistemas de proteção coletiva e individual, atendendo às normas técnicas vigentes, às orientações dos fabricantes e aos princípios da redução do impacto e dos fatores de queda;

f) o risco de queda de materiais e ferramentas;

g) os trabalhos simultâneos que apresentem riscos específicos;

h) o atendimento aos requisitos de segurança e saúde contidos nas demais normas regulamentadoras;

i) os riscos adicionais;

j) as condições impeditivas;

k) as situações de emergência e o planejamento do resgate e primeiros socorros, de forma a reduzir o tempo da suspensão inerte do trabalhador;

l) a necessidade de sistema de comunicação;

m) a forma de supervisão.

35.4.6. Para atividades rotineiras de trabalho em altura a análise de risco pode estar contemplada no respectivo procedimento operacional.

35.4.6.1. Os procedimentos operacionais para as atividades rotineiras de trabalho em altura devem conter, no mínimo:

a) as diretrizes e requisitos da tarefa;

b) as orientações administrativas;

c) o detalhamento da tarefa;

d) as medidas de controle dos riscos características à rotina;

e) as condições impeditivas;

f) os sistemas de proteção coletiva e individual necessários;

g) as competências e responsabilidades.

35.4.7. As atividades de trabalho em altura não rotineiras devem ser previamente autorizadas mediante Permissão de Trabalho.

35.4.7.1. Para as atividades não rotineiras as medidas de controle devem ser evidenciadas na Análise de Risco e na Permissão de Trabalho.

35.4.8. A Permissão de Trabalho deve ser emitida, aprovada pelo responsável pela autorização da permissão, disponibilizada no local de execução da atividade e, ao final, encerrada e arquivada de forma a permitir sua rastreabilidade.

35.4.8.1. A Permissão de Trabalho deve conter:

a) os requisitos mínimos a serem atendidos para a execução dos trabalhos;

b) as disposições e medidas estabelecidas na Análise de Risco;

c) a relação de todos os envolvidos e suas autorizações.

35.4.8.2. A Permissão de Trabalho deve ter validade limitada à duração da atividade, restrita ao turno de trabalho, podendo ser revalidada pelo responsável pela aprovação nas situações em que não ocorram mudanças nas condições estabelecidas ou na equipe de trabalho.

35.5. Equipamentos de Proteção Individual, Acessórios e Sistemas de Ancoragem

35.5.1. Os Equipamentos de Proteção Individual – EPI, acessórios e sistemas de ancoragem devem ser especificados e selecionados considerando-se a sua eficiência, o conforto, a carga aplicada aos mesmos e o respectivo fator de segurança, em caso de eventual queda.

35.5.1.1. Na seleção dos EPI devem ser considerados, além dos riscos a que o trabalhador está exposto, os riscos adicionais.

35.5.2. Na aquisição e periodicamente devem ser efetuadas inspeções dos EPI, acessórios e sistemas de ancoragem, destinados à proteção de queda de altura, recusando-se os que apresentem defeitos ou deformações.

35.5.2.1. Antes do início dos trabalhos deve ser efetuada inspeção rotineira de todos os EPI, acessórios e sistemas de ancoragem.

35.5.2.2. Deve ser registrado o resultado das inspeções:

a) na aquisição;

b) periódicas e rotineiras quando os EPI, acessórios e sistemas de ancoragem forem recusados.

35.5.2.3. Os EPI, acessórios e sistemas de ancoragem que apresentarem defeitos, degradação, deformações ou sofrerem impactos de queda devem ser inutilizados e descartados, exceto quando sua restauração for prevista em normas técnicas nacionais ou, na sua ausência, normas internacionais.

35.5.3. O cinto de segurança deve ser do tipo paraquedista e dotado de dispositivo para conexão em sistema de ancoragem.

35.5.3.1. O sistema de ancoragem deve ser estabelecido pela Análise de Risco.

35.5.3.2. O trabalhador deve permanecer conectado ao sistema de ancoragem durante todo o período de exposição ao risco de queda.

35.5.3.3. O talabarte e o dispositivo trava-quedas devem estar fixados acima do nível da cintura do trabalhador, ajustados de modo a restringir a altura de queda e assegurar que, em caso de ocorrência, minimize as chances do trabalhador colidir com estrutura inferior.

35.5.3.4. É obrigatório o uso de absorvedor de energia nas seguintes situações:

a) fator de queda for maior que 1;

b) comprimento do talabarte for maior que 0,9 m.

35.5.4. Quanto ao ponto de ancoragem, devem ser tomadas as seguintes providências:

a) ser selecionado por profissional legalmente habilitado;

b) ter resistência para suportar a carga máxima aplicável;

c) ser inspecionado quanto à integridade antes da sua utilização.

35.6. Emergência e Salvamento

35.6.1. O empregador deve disponibilizar equipe para respostas em caso de emergências para trabalho em altura.

35.6.1.1. A equipe pode ser própria, externa ou composta pelos próprios trabalhadores que executam o trabalho em altura, em função das características das atividades.

35.6.2. O empregador deve assegurar que a equipe possua os recursos necessários para as respostas a emergências.

35.6.3. As ações de respostas às emergências que envolvam o trabalho em altura devem constar do plano de emergência da empresa.

35.6.4. As pessoas responsáveis pela execução das medidas de salvamento devem estar capacitadas a executar o resgate, prestar primeiros socorros e possuir aptidão física e mental compatível com a atividade a desempenhar.

Glossário

Absorvedor de energia: dispositivo destinado a reduzir o impacto transmitido ao corpo do trabalhador e sistema de segurança durante a contenção da queda.

Análise de Risco – AR: avaliação dos riscos potenciais, suas causas, consequências e medidas de controle.

Atividades rotineiras: atividades habituais, independente da frequência, que fazem parte do processo de trabalho da empresa.

Cinto de segurança tipo paraquedista: Equipamento de Proteção Individual utilizado para trabalhos em altura onde haja risco de queda, constituído de sustentação na parte inferior do peitoral, acima dos ombros e envolto nas coxas.

Condições impeditivas: situações que impedem a realização ou continuidade do serviço que possam colocar em risco a saúde ou a integridade física do trabalhador.

Fator de queda: razão entre a distância que o trabalhador percorreria na queda e o comprimento do equipamento que irá detê-lo.

Influências Externas: variáveis que devem ser consideradas na definição e seleção das medidas de proteção, para segurança das pessoas, cujo controle não é possível implementar de forma antecipada.

Permissão de Trabalho – PT: documento escrito contendo conjunto de medidas de controle visando o desenvolvimento de trabalho seguro, além de medidas de emergência e resgate.

Ponto de ancoragem: ponto destinado a suportar carga de pessoas para a conexão de dispositivos de segurança, tais como cordas, cabos de aço, trava-queda e talabartes.

Profissional legalmente habilitado: trabalhador previamente qualificado e com registro no competente conselho de classe.

Riscos adicionais: todos os demais grupos ou fatores de risco, além dos existentes no trabalho em altura, específicos de cada ambiente ou atividade que, direta ou indiretamente, possam afetar a segurança e a saúde no trabalho.

Sistemas de ancoragem: componentes definitivos ou temporários, dimensionados para suportar impactos de queda, aos quais o trabalhador possa conectar seu Equipamento de Proteção Individual, diretamente ou através de outro dispositivo, de modo a que permaneça conectado em caso de perda de equilíbrio, desfalecimento ou queda.

Suspensão inerte: situação em que um trabalhador permanece suspenso pelo sistema de segurança, até o momento do socorro.

Talabarte: dispositivo de conexão de um sistema de segurança, regulável ou não, para sustentar, posicionar e/ou limitar a movimentação do trabalhador.

Trabalhador qualificado: trabalhador que comprove conclusão de curso específico para sua atividade em instituição reconhecida pelo sistema oficial de ensino.

Trava-queda: dispositivo de segurança para proteção do usuário contra quedas em operações com movimentação vertical ou horizontal, quando conectado com cinturão de segurança para proteção contra quedas.

....

NR-36 – Segurança e saúde no trabalho em empresas de abate e processamento de carnes e derivados

36.1. Objetivos

36.1.1. O objetivo desta Norma é estabelecer os requisitos mínimos para a avaliação, controle e monitoramento dos riscos existentes nas atividades desenvolvidas na indústria de abate e processamento de carnes e derivados destinados ao consumo humano, de forma a garantir permanentemente a segurança, a saúde e a qualidade de vida no trabalho, sem prejuízo da observância do disposto nas demais Normas Regulamentadoras – NR do Ministério do Trabalho e Emprego.

36.2. Mobiliário e postos de trabalho

36.2.1. Sempre que o trabalho puder ser executado alternando a posição de pé com a posição sentada, o posto de trabalho deve ser planejado ou adaptado para favorecer a alternância das posições.

36.2.2. Para possibilitar a alternância do trabalho sentado com o trabalho em pé, referida no item 36.2.1, o empregador deve fornecer assentos para os postos de trabalho estacionários, de acordo com as recomendações da Análise Ergonômica do Trabalho – AET, assegurando, no mínimo, um assento para cada três trabalhadores (v. prazo no art. 3º da Portaria 555/2013.)

36.2.3. O número de assentos dos postos de trabalho cujas atividades possam ser efetuadas em pé e sentado deve ser suficiente para garantir a alternância das posições, observado o previsto no item 36.2.2.

36.2.4. Para o trabalho manual sentado ou em pé, as bancadas, esteiras, nórias, mesas ou máquinas devem proporcionar condições de boa postura, visualização e operação, atendendo, no mínimo:

a) altura e características da superfície de trabalho compatíveis com o tipo de atividade, com a distância requerida dos olhos ao campo de trabalho e com a altura do assento;

b) características dimensionais que possibilitem posicionamento e movimentação adequados dos segmentos corporais isentas de amplitudes articulares excessivas, tanto para o trabalho na posição sentada quanto na posição em pé;

c) área de trabalho dentro da zona de alcance manual permitindo o posicionamento adequado dos segmentos corporais;

d) ausência de quinas vivas ou rebarbas.

36.2.5. As dimensões dos espaços de trabalho devem ser suficientes para que o trabalhador possa movimentar os segmentos corporais livremente, de forma segura, de maneira a facilitar o trabalho, reduzir o esforço do trabalhador e não exigir a adoção de posturas extremas ou nocivas.

36.2.6. Para o trabalho realizado sentado:

36.2.6.1. Além do previsto no item 17.3.3 da NR-17 (Ergonomia), os assentos devem:

a) possuir sistemas de ajustes de fácil manuseio;

b) ser construídos com material que priorize o conforto térmico, obedecidas as características higiênico-sanitárias legais.

36.2.6.2. Deve ser fornecido apoio para os pés que se adapte ao comprimento das pernas do trabalhador, nos casos em que os pés do operador não alcançarem o piso, mesmo após a regulagem do assento, com as seguintes características:

a) dimensões que possibilitem o posicionamento e a movimentação adequada dos segmentos corporais, permitindo as mudanças de posição e o apoio total das plantas dos pés;

b) altura e inclinação ajustáveis e de fácil acionamento;

c) superfície revestida com material antiderrapante, obedecidas as características higiênico-sanitárias legais.

36.2.6.3. O mobiliário utilizado nos postos de trabalho onde o trabalhador pode trabalhar sentado deve:

a) possuir altura do plano de trabalho e altura do assento compatíveis entre si;

b) ter espaços e profundidade suficientes para permitir o posicionamento adequado das coxas, a colocação do assento e a movimentação dos membros inferiores.

36.2.7. Para o trabalho realizado exclusivamente em pé, devem ser atendidos os seguintes requisitos mínimos:

a) zonas de alcance horizontal e vertical que favoreçam a adoção de posturas adequadas, e que não ocasionem amplitudes articulares excessivas, tais como elevação dos ombros, extensão excessiva dos braços e da nuca, flexão ou torção do tronco;

b) espaço suficiente para pernas e pés na base do plano de trabalho, para permitir que o trabalhador se aproxime o máximo possível do ponto de operação e possa posicionar completamente a região plantar;

c) barras de apoio para os pés para alternância dos membros inferiores, quando a atividade permitir;

d) existência de assentos ou bancos próximos ao local de trabalho para as pausas permitidas pelo trabalho, atendendo no mínimo 50% do efetivo que usufruirá dessas pausas (v. prazo no art. 3º da Portaria 555/13.)

36.2.8. Para as atividades que necessitam do uso de pedais e comandos acionados com os pés ou outras partes do corpo de forma permanente e repetitiva, os trabalhadores devem efetuar alternância com atividades que demandem diferentes exigências físico-motoras.

36.2.8.1. Caso os comandos sejam acionados por outras partes do corpo, devem ter posicionamento e dimensões que possibilitem alcance fácil e seguro e movimentação adequada dos segmentos corporais.

36.2.9. Os postos de trabalho devem possuir:

a) pisos com características antiderrapantes, obedecidas as características higiênico-sanitárias legais;

b) sistema de escoamento de água e resíduos;

c) áreas de trabalho e de circulação dimensionadas de forma a permitir a movimentação segura de materiais e pessoas;

d) proteção contra intempéries quando as atividades ocorrerem em área externa, obedecida a hierarquia das medidas previstas no item 36.11.7;

e) limpeza e higienização constantes.

36.2.10. Câmaras Frias

36.2.10.1. As câmaras frias devem possuir dispositivo que possibilite abertura das portas pelo interior sem muito esforço, e alarme ou outro sistema de comunicação, que possa ser acionado pelo interior, em caso de emergência.

36.2.10.1.1. As câmaras frias cuja temperatura for igual ou inferior a -18ºC devem possuir indicação do tempo máximo de permanência no local.

36.3. Estrados, passarelas e plataformas

36.3.1. Os estrados utilizados para adequação da altura do plano de trabalho ao trabalhador nas atividades realizadas em pé, devem ter dimensões, profundidade, largura e altura que permitam a movimentação segura do trabalhador.

36.3.2. É vedado improvisar a adequação da altura do posto de trabalho ao trabalhador com materiais não destinados para este fim.

36.3.3. As plataformas, escadas fixas e passarelas devem atender ao disposto na NR-12 (Segurança e Saúde no Trabalho em Máquinas e Equipamentos).

36.3.3.1. Caso seja tecnicamente inviável a colocação de guarda-corpo, tais como nas fases de evisceração e espostejamento de animais de grande e médio porte, em plataformas elevadas, devem ser adotadas medidas preventivas que garantam a segurança dos trabalhadores e o posicionamento adequado dos segmentos corporais.

36.3.4. A altura, posicionamento e dimensões das plataformas devem ser adequadas às características da atividade, de maneira a facilitar a tarefa a ser exercida com segurança, sem uso excessivo de força e sem exigência de adoção de posturas extremas ou nocivas de trabalho.

36.4. Manuseio de produtos

36.4.1. O empregador deve adotar meios técnicos e organizacionais para reduzir os esforços nas atividades de manuseio de produtos.

36.4.1.1. O manuseio de animais ou produtos não deve propiciar o uso de força muscular excessiva por parte dos trabalhadores, devendo ser atendidos, no mínimo, os seguintes requisitos:

a) os elementos a serem manipulados, devem estar dispostos dentro da área de alcance principal para o trabalhador, tanto para a posição sentada como em pé;

b) a altura das esteiras ou de outro mecanismo utilizado para depósito de produtos e de partes dos produtos manuseados, deve ser dimensionada de maneira a não propiciar extensões e/ou elevações excessivas dos braços e ombros;

c) as caixas e outros continentes utilizados para depósito de produtos devem estar localizados de modo a facilitar a pega e não propiciar a adoção excessiva e continuada de torção e inclinações do tronco, elevação e/ou extensão dos braços e ombros.

36.4.1.2. Os elementos a serem manipulados, tais como caixas, bandejas, engradados, devem:

a) possuir dispositivos adequados ou formatos para pega segura e confortável;

b) estar livres de quinas ou arestas que possam provocar irritações ou ferimentos;

c) ter dimensões e formato que não provoquem o aumento do esforço físico do trabalhador;

d) ser estáveis.

36.4.1.2.1. O item 36.4.1.2 não se aplica a caixas de papelão ou produtos finais selados.

36.4.1.3. Os sistemas utilizados no transporte de produtos a serem espostejados em linha, trilhagem aérea mecanizada e esteiras, devem ter características e dimensões que evitem a adoção de posturas excessivas e continuadas dos membros superiores e da nuca.

36.4.1.4. Não devem ser efetuadas atividades que exijam manuseio ou carregamento manual de peças, volumosas ou pesadas, que possam comprometer a segurança e a saúde do trabalhador.

36.4.1.5. Caso a peça não seja de fácil manuseio, devem ser utilizados meios técnicos que facilitem o transporte da carga.

36.4.1.5.1. Sendo inviável tecnicamente a mecanização do transporte, devem ser adotadas medidas, tais como redução da frequência e do manuseio dessas cargas.

36.4.1.6. Devem ser implementadas medidas de controle que evitem que os trabalhadores, ao realizar suas atividades, sejam obrigados a efetuar de forma contínua e repetitiva:

a) movimentos bruscos de impacto dos membros superiores;

b) uso excessivo de força muscular;

c) frequência de movimentos dos membros superiores que possam comprometer a segurança e saúde do trabalhador;

d) exposição prolongada a vibrações;

e) imersão ou contato permanente das mãos com água.

36.4.1.7. Nas atividades de processamento de animais, principalmente os de grande e médio porte, devem ser adotados:

a) sistemas de transporte e ajudas mecânicas na sustentação de cargas, partes de animais e ferramentas pesadas;

b) medidas organizacionais e administrativas para redução da frequência e do tempo total nas atividades de manuseio, quando a mecanização for tecnicamente inviável;

c) medidas técnicas para prevenir que a movimentação do animal durante a realização da tarefa possa ocasionar riscos de acidentes, tais como corte, tombamento e prensagem do trabalhador.

36.5. Levantamento e transporte de produtos e cargas

36.5.1. O empregador deve adotar medidas técnicas e organizacionais apropriadas e fornecer os meios adequados para reduzir a necessidade de carregamento manual constante de produtos e cargas cujo peso possa comprometer a segurança e saúde dos trabalhadores.

36.5.2. O levantamento, transporte, descarga, manipulação e armazenamento de produtos, partes de animais e materiais devem ser executados de forma que o esforço físico realizado pelo trabalhador seja compatível com sua segurança, saúde e capacidade de força.

36.5.3. O empregador deve efetuar análise ergonômica do trabalho para avaliar a compatibilidade do esforço físico dos trabalhadores com a sua capacidade de força, nas atividades que exijam levantamento, transporte, descarga, manipulação e armazenamento de animais, produtos e materiais de forma constante e repetitiva.

36.5.4. A duração e a frequência da tarefa de carregamento manual de cargas que possa comprometer a segurança e saúde do trabalhador devem ser limitadas, devendo-se efetuar alternância com outras atividades ou pausas adequadas, entre períodos não superiores a duas horas, ressalvadas outras disposições legais.

36.5.5. Devem ser adotadas medidas para adequação do peso e do tamanho da carga, do número de movimentos a serem efetuados, da frequência de levantamento e carregamento e das distâncias a percorrer com cargas que possam comprometer a segurança e saúde dos trabalhadores.

36.5.6. Os pisos e as passagens onde são efetuadas operações de levantamento, carregamento e transporte manual de cargas devem estar em perfeito estado de conservação e desobstruídos.

36.5.7. No levantamento, manuseio e transporte individual de cargas deve ser observado, além do disposto no item 17.2 da NR-17 (Ergonomia), os seguintes requisitos:

a) os locais para pega e depósito das cargas devem ser organizados de modo que as cargas, acessos, espaços para movimentação, alturas de pega e deposição não obriguem o trabalhador a efetuar flexões, extensões e rotações excessivas do tronco e outros posicionamentos e movimentações forçadas e nocivas aos segmentos corporais;

b) a estocagem dos materiais e produtos deve ser organizada em função dos pesos e da frequência de manuseio, de maneira a não exigir manipulação constante de carga com pesos que possam comprometer a segurança e saúde do trabalhador;

c) devem ser adotadas medidas, sempre que tecnicamente possível, para que quaisquer materiais e produtos a serem erguidos, retirados, armazenados ou carregados de forma frequente não estejam localizados próximos ao solo ou acima dos ombros;

d) cargas e equipamentos devem ser posicionadas o mais próximo possível do trabalhador, resguardando espaços suficientes para os pés, de maneira a facilitar o alcance, não atrapalhar os movimentos ou ocasionar outros riscos.

36.5.7.1. É vedado o levantamento não eventual de cargas quando a distância de alcance horizontal da pega for superior a 60 cm em relação ao corpo.

36.5.8. Devem ser adotados meios técnicos, administrativos e organizacionais, a fim de evitar esforços contínuos e prolongados do trabalhador, para impulsão e tração de cargas.

36.5.8.1. Sempre que tecnicamente possível, devem ser disponibilizados vagonetes com rodas apropriadas ou movidos a eletricidade ou outro sistema de transporte por impulsão ou tração que facilite a movimentação e reduza o esforço do trabalhador.

36.5.9. O transporte e a descarga de materiais feitos por impulsão ou tração de vagonetes sobre trilhos, carros de mão ou qualquer outro aparelho mecânico devem ter mecanismos que propiciem posicionamento e movimentação adequados dos segmentos corporais, de forma que o esforço físico realizado pelo trabalhador seja compatível com sua capacidade de força e não comprometa a sua segurança ou saúde.

36.5.10. As alças, empunhaduras ou pontos de apoio de vagonetes ou outros equipamentos para transporte por impulsão devem ter formato anatômico, para facilitar a pega, e serem posicionadas em altura adequada, de modo a não induzir a adoção de posturas forçadas, tais como a flexão do tronco.

36.5.11. Os equipamentos de transporte devem ser submetidos a manutenções periódicas.

36.6. Recepção e descarga de animais

36.6.1. As atividades de descarga e recepção de animais devem ser devidamente organizadas e planejadas, devendo envolver, no mínimo:

a) procedimentos específicos e regras de segurança na recepção e descarga de animais para os trabalhadores e terceiros, incluindo os motoristas e ajudantes;

b) sinalização e/ou separação das áreas de passagem de veículos, animais e pessoas;

c) plataformas de descarregamento de animais isoladas de outros setores ou locais de trabalho;

d) postos de trabalho, da recepção até o curral de animais de grande porte, protegidos contra intempéries;

e) medidas de proteção contra a movimentação intempestiva e perigosa dos animais de grande porte que possam gerar risco aos trabalhadores;

f) passarelas para circulação dos trabalhadores ao lado ou acima da plataforma quando o acesso aos animais assim o exigir;

g) informação aos trabalhadores sobre os riscos e as medidas de prevenção no trabalho com animais vivos;

h) estabelecimento de procedimentos de orientação aos contratados e terceiros acerca das disposições relativas aos riscos ocupacionais.

36.6.1.1. Para a atividade de descarga de animais de grande porte é proibido o trabalho isolado.

36.6.2. Nas áreas de recepção e descarga de animais devem permanecer somente trabalhadores devidamente informados e treinados.

36.6.3. Na recepção e descarga de aves devem ser adotadas medidas de controle de poeiras de maneira a garantir que os níveis não sejam prejudiciais à saúde dos trabalhadores.

36.6.4. O box de atordoamento de animais – acesso ao local e ao animal, e as posições e uso dos comandos, devem permitir a execução segura da atividade para qualquer tipo, tamanho e forma de abate do animal.

36.6.5. Devem ser previstos dispositivos para reter o animal de médio e grande porte no caso de um atordoamento falho ou de procedimentos de não atordoamento que possam gerar riscos ao trabalhador devido à movimentação dos animais.

36.6.6. A atividade de verificação de animais de grande porte deve ser realizada de maneira que as condições do local e dos acessos garantam o posicionamento adequado e seguro dos segmentos corporais dos trabalhadores.

36.6.7. Devem ser adotadas medidas de prevenção para que as atividades de segurar e degolar animais sejam efetuadas de modo a permitir a movimentação adequada e segura dos trabalhadores.

36.6.7.1. Devem ser adotados rodízios ou pausas ou outras medidas preventivas para minimizar a exposição dos trabalhadores nas atividades descritas no item 36.6.7 e na sangria manual.

36.7. Máquinas

36.7.1. As máquinas e equipamentos utilizados nas empresas de abate e processamento de carnes e derivados devem atender ao disposto na NR-12 (Segurança no Trabalho em Máquinas e Equipamentos).

36.7.2. O efetivo de trabalhadores da manutenção deve ser compatível com a quantidade de máquinas e equipamentos existentes na empresa.

36.7.3. Os sistemas de trilhagem aérea, esteiras transportadoras, roscas sem fim ou nórias devem estar equipados com um ou mais dispositivos de parada de emergência, que permitam a interrupção do seu funcionamento por segmentos curtos, a partir de qualquer um dos operadores em seus postos de trabalho.

36.7.4. Os elevadores, guindastes ou quaisquer outras máquinas e equipamentos devem oferecer garantias de resistência, segurança e estabilidade.

36.7.5. As atividades de manutenção e higienização de máquinas e equipamentos que possam ocasionar riscos de acidentes devem ser realizadas por mais de um trabalhador, desde que a análise de risco da máquina ou equipamento assim o exigir.

36.7.6. As instalações elétricas das máquinas e equipamentos devem ser projetadas e mantidas de modo a prevenir, por meios seguros, os riscos de choque elétrico e todos os outros tipos de acidentes, atendendo as disposições contidas nas NR-12 (Segurança no Trabalho em Máquinas e Equipamentos) e NR-10 (Segurança em Instalações e Serviços em Eletricidade).

36.7.7. Devem ser adotadas medidas de controle para proteger os trabalhadores dos riscos adicionais provenientes:

a) da emissão ou liberação de agentes físicos ou químicos pelas máquinas e equipamentos;

b) das emanações aquecidas de máquinas, equipamentos e tubulações;

c) do contato do trabalhador com superfícies quentes de máquinas e equipamentos que possam ocasionar queimaduras.

36.7.8. Nos locais fechados e sem ventilação é proibida a utilização de máquinas e equipamentos movidos a combustão interna, salvo se providos de dispositivos neutralizadores adequados.

36.8. Equipamentos e ferramentas

36.8.1. Os equipamentos e ferramentas disponibilizados devem favorecer a adoção de posturas e movimentos adequados, facilidade de uso e conforto, de maneira a não obrigar o trabalhador ao uso excessivo de força, pressão, preensão, flexão, extensão ou torção dos segmentos corporais.

36.8.2. O tipo, formato e a textura da empunhadura das facas devem ser apropriados à tarefa, à mão do trabalhador e ao eventual uso de luvas.

36.8.3. As ferramentas devem ser específicas e adequadas para cada tipo de atividade e tão leves e eficientes quanto possível.

36.8.4. Devem ser adotadas medidas preventivas para permitir o uso correto de ferramentas ou equipamentos manuais de forma a evitar a compressão da palma da mão ou de um ou mais dedos em arestas ou quinas vivas dos equipamentos.

36.8.4.1. As medidas preventivas devem incluir, no mínimo:

a) afiação e adequação de ferramentas e equipamentos;

b) treinamento e orientação, na admissão e periodicamente.

36.8.5. Os equipamentos manuais, cujos pesos forem passíveis de comprometer a segurança e saúde dos trabalhadores, devem ser dotados de dispositivo de sustentação.

36.8.6. Os equipamentos devem estar posicionados dentro dos limites de alcance manual e visual do operador, permitindo a movimentação adequada e segura dos membros superiores e inferiores e respeitando a natureza da tarefa.

36.8.7. Os equipamentos e ferramentas elétricas devem estar aterrados e as fiações e cabos devem ser submetidos a revisões periódicas para verificação de sinais de desgaste ou outros defeitos que possam comprometer a segurança.

36.8.8. As ferramentas e equipamentos de trabalho devem ter sistema de manutenção constante.

36.8.9. Devem ser consideradas as sugestões dos trabalhadores na escolha das ferramentas e dos equipamentos manuais.

36.8.10. Os empregadores devem:

a) estabelecer critérios de exigências para a escolha das características das facas, com a participação dos trabalhadores, em função das necessidades das tarefas existentes na empresa;

b) implementar sistema para controle de afiação das facas;

c) estabelecer mecanismos de reposição constante de facas afiadas, em quantidade adequada em função da demanda de produção;

d) instruir os supervisores sobre a importância da reposição de facas afiadas;

e) treinar os trabalhadores, especialmente os recém-admitidos ou nos casos de mudança de função, no uso da chaira, quando aplicável à atividade.

36.8.11. O setor ou local destinado a afiação de facas, onde houver, deve possuir espaço físico e mobiliário adequado e seguro.

36.9. Condições ambientais de trabalho

36.9.1. Ruído

36.9.1.1. Para controlar a exposição ao ruído ambiental devem ser adotadas medidas que priorizem a sua eliminação, a redução da sua emissão e a redução da exposição dos trabalhadores, nesta ordem.

36.9.1.2. Todas as condições de trabalho com níveis de ruído excessivo devem ser objeto de estudo para determinar as mudanças estruturais necessárias nos equipamentos e no modo de produção, a fim de eliminar ou reduzir os níveis de ruído.

36.9.1.3. As recomendações para adequações e melhorias devem ser expressas em programas claros e objetivos, com definição de datas de implantação.

36.9.1.4. Caso não seja possível tecnicamente eliminar ou reduzir a emissão do ruído ou quando as medidas de proteção adotadas não forem suficientes ou encontrarem-se em fase de estudo, planejamento ou implantação, ou ainda em caráter complementar ou emergencial, devem ser adotadas medidas para redução da exposição dos trabalhadores obedecendo à seguinte hierarquia:

a) medidas de caráter administrativo ou de organização do trabalho;

b) utilização de equipamento de proteção individual – EPI.

36.9.2. Qualidade do ar nos ambientes artificialmente climatizados

36.9.2.1. As empresas devem efetuar o controle do ar nos ambientes artificialmente climatizados a fim de manter a boa qualidade do ar interno e garantir a prevenção de riscos à saúde dos trabalhadores.

36.9.2.2. Para atender o disposto no item 36.9.2.1 deve ser adotado, no mínimo, o seguinte:

a) limpeza dos componentes do sistema de climatização de forma a evitar a difusão ou multiplicação de agentes nocivos à saúde humana;

b) verificação periódica das condições físicas dos filtros mantendo-os em condições de operação e substituindo-os quando necessário;

c) adequada renovação do ar no interior dos ambientes climatizados.

36.9.2.3. Deve ser observado, como indicador de renovação de ar interno, uma concentração de dióxido de carbono (CO_2) igual ou inferior a 1000 ppm;

36.9.2.3.1. Uma medição de CO_2 acima de 1000 ppm não indica que o critério não é satisfeito, desde que a medição não ultrapasse em mais de 700 ppm a concentração no ar exterior.

36.9.2.3.2. Para aferição do parâmetro indicado no item 36.9.2.3 deve ser adotada a metodologia constante na Norma Técnica 002 da Resolução RE n. 9 da ANVISA, de 16 de janeiro de 2003.

36.9.2.4. Os procedimentos de manutenção, operação e controle dos sistemas de climatização e limpeza dos ambientes climatizados não devem trazer riscos à saúde dos trabalhadores que os executam, nem aos ocupantes dos ambientes climatizados.

36.9.3. Agentes químicos

36.9.3.1. A empresa deve adotar medidas de prevenção coletivas e individuais quando da utilização de produtos químicos.

36.9.3.2. As medidas de prevenção coletivas a serem adotadas quando da utilização de amônia devem envolver, no mínimo:

a) manutenção das concentrações ambientais aos níveis mais baixos possíveis e sempre abaixo do nível de ação (NR-9), por meio de ventilação adequada;

b) implantação de mecanismos para a detecção precoce de vazamentos nos pontos críticos, acoplados a sistema de alarme;

c) instalação de painel de controle do sistema de refrigeração;

d) instalação de chuveiros de segurança e lava-olhos;

e) manutenção de saídas de emergência desobstruídas e adequadamente sinalizadas;

f) manutenção de sistemas apropriados de prevenção e combate a incêndios, em perfeito estado de funcionamento;

g) instalação de chuveiros ou *sprinklers* acima dos grandes vasos de amônia, para mantê-los resfriados em caso de fogo, de acordo com a análise de risco;

h) manutenção das instalações elétricas à prova de explosão, próximas aos tanques;

i) sinalização e identificação dos componentes, inclusive as tubulações;

j) permanência apenas das pessoas autorizadas para realizar atividades de inspeção, manutenção ou operação de equipamentos na sala de máquinas.

36.9.3.2.1. Em caso de vazamento de amônia, o painel de controle do sistema de refrigeração deve:

a) acionar automaticamente o sistema de alarme;

b) acionar o sistema de controle e eliminação da amônia.

36.9.3.3. O empregador deve elaborar Plano de Resposta a Emergências que contemple ações específicas a serem adotadas na ocorrência de vazamentos de amônia.

36.9.3.3.1. O Plano de Resposta a Emergências deve conter, no mínimo:

a) nome e função do responsável técnico pela elaboração e revisão do plano;

b) nome e função do responsável pelo gerenciamento e execução do plano;

c) designação dos integrantes da equipe de emergência, responsáveis pela execução de cada ação;

d) estabelecimento dos possíveis cenários de emergências, com base na análise de riscos;

e) descrição das medidas necessárias para resposta a cada cenário contemplado;

f) descrição dos procedimentos de resposta à emergência, incluindo medidas de evacuação das áreas, remoção das fontes de ignição, quando necessário, formas de redução da concentração de amônia e procedimentos de contenção de vazamento;

g) descrição das medidas de proteção coletiva e individual;

h) indicação dos EPI adequados ao risco;

i) registro dos exercícios simulados realizados com periodicidade mínima anual envolvendo todos os empregados da área.

36.9.3.4. Sempre que ocorrer acidente que implique vazamento de amônia nos ambientes de trabalho, deve ser efetuada a medição da concentração do produto no ambiente para que seja autorizado o retorno dos trabalhadores às suas atividades.

36.9.3.4.1. Deve ser realizada avaliação das causas e consequências do acidente, com registro das ocorrências, postos e locais afetados, identificação dos trabalhadores expostos, resultados das avaliações clínicas e medidas de prevenção a serem adotadas.

36.9.4. Agentes biológicos

36.9.4.1. Devem ser identificadas as atividades e especificadas as tarefas suscetíveis de expor os trabalhadores a contaminação biológica, através de:

a) estudo do local de trabalho, considerando as medidas de controle e higiene estabelecidas pelas Boas Práticas de Fabricação – BPF;

b) controles mitigadores estabelecidos pelos serviços de inspeção sanitária, desde a criação até o abate;

c) identificação dos agentes patogênicos e meios de transmissão;

d) dados epidemiológicos referentes ao agente identificado, incluindo aqueles constantes dos registros dos serviços de inspeção sanitária;

e) acompanhamento de quadro clínico ou subclínico dos trabalhadores, conforme Programa de Controle Médico de Saúde Ocupacional – PCMSO.

36.9.4.2. Caso seja identificada exposição a agente biológico prejudicial à saúde do trabalhador, conforme item anterior, deverá ser efetuado o controle destes riscos, utilizando-se, no mínimo, das seguintes medidas:

a) procedimentos de limpeza e desinfecção;

b) medidas de biossegurança envolvendo a cadeia produtiva;

c) medidas adotadas no processo produtivo pela própria empresa;

d) fornecimento de equipamentos de proteção individual adequados;

e) treinamento e informação aos trabalhadores.

36.9.4.2.1. O treinamento indicado no item 36.9.4.2, alínea "e", deve contemplar:

a) os riscos gerados por agentes biológicos;

b) as medidas preventivas existentes e necessárias;

c) o uso adequado dos EPI;

d) procedimentos em caso de acidente.

36.9.4.3. Nas atividades que possam expor o trabalhador ao contato com excrementos, vísceras e resíduos animais, devem ser adotadas medidas técnicas, administrativas e organizacionais a fim de eliminar, minimizar ou reduzir o contato direto do trabalhador com estes produtos ou resíduos.

36.9.5. Conforto térmico

36.9.5.1. Devem ser adotadas medidas preventivas individuais e coletivas – técnicas, organizacionais e administrativas, em razão da exposição em ambientes artificialmente refrigerados e ao calor excessivo, para propiciar conforto térmico aos trabalhadores.

36.9.5.1.1. As medidas de prevenção devem envolver, no mínimo:

a) controle da temperatura, da velocidade do ar e da umidade;

b) manutenção constante dos equipamentos;

c) acesso fácil e irrestrito a água fresca;

d) uso de EPI e vestimenta de trabalho compatível com a temperatura do local e da atividade desenvolvida;

e) outras medidas de proteção visando o conforto térmico.

36.9.5.1.2. Quando as condições do ambiente forem desconfortáveis, em virtude da exposição ao calor, além do previsto no subitem 36.9.5.1.1 devem ser adotadas as seguintes medidas:

a) alternância de tarefas, buscando a redução da exposição ao calor;

b) medidas técnicas para minimizar os esforços físicos.

36.9.5.2. Deve ser disponibilizado sistema para aquecimento das mãos próximo dos sanitários ou dos locais de fruição de pausas, quando as atividades manuais forem realizadas em ambientes frios ou exijam contato constante com superfícies e produtos frios.

36.9.5.3. Devem ser adotadas medidas de controle da ventilação ambiental para minimizar a ocorrência de correntes de ar aplicadas diretamente sobre os trabalhadores.

36.10. Equipamentos de Proteção Individual – EPI e Vestimentas de Trabalho

36.10.1. Os Equipamentos de proteção individual – EPI devem ser selecionados de forma a oferecer eficácia necessária para o controle da exposição ao risco e o conforto, atendendo o previsto nas NR-6 (Equipamentos de proteção Individual – EPI) e NR-9 (Programa de Prevenção dos Riscos Ambientais – PPRA).

36.10.1.1. Os EPI usados concomitantemente, tais como capacete com óculos e/

ou proteção auditiva, devem ser compatíveis entre si, confortáveis e não acarretar riscos adicionais.

36.10.1.2. Nas atividades com exposição ao frio devem ser fornecidas meias limpas e higienizadas diariamente.

36.10.1.3. As luvas devem ser:

a) compatíveis com a natureza das tarefas, com as condições ambientais e o tamanho das mãos dos trabalhadores;

b) substituídas, quando necessário, a fim de evitar o comprometimento de sua eficácia.

36.10.1.4. Nas atividades onde as mãos dos trabalhadores ficam totalmente molhadas e não seja possível a utilização de luvas em razão da geração de riscos adicionais, deve ser efetuado rodízio com outras tarefas.

36.10.2. O empregador deve fornecer vestimentas de trabalho de maneira que:

a) os trabalhadores possam dispor de mais de uma peça de vestimenta, para utilizar de maneira sobreposta, a seu critério, e em função da atividade e da temperatura do local, atendendo às características higiênico-sanitárias legais e ao conforto térmico;

b) as extremidades sejam compatíveis com a atividade e o local de trabalho;

c) sejam substituídas quando necessário, a fim de evitar o comprometimento de sua eficácia.

36.10.2.1. As vestimentas devem ser trocadas diariamente, sendo sua higienização responsabilidade do empregador.

36.11. Gerenciamento dos riscos

36.11.1. O empregador deve colocar em prática uma abordagem planejada, estruturada e global da prevenção, por meio do gerenciamento dos fatores de risco em Segurança e Saúde no Trabalho – SST, utilizando-se de todos os meios técnicos, organizacionais e administrativos para assegurar o bem-estar dos trabalhadores e garantir que os ambientes e condições de trabalho sejam seguros e saudáveis.

36.11.2. A estratégia de prevenção em SST e meio ambiente de trabalho deve:

a) integrar as ações de prevenção às atividades de gestão e à dinâmica da produção, levando-se em consideração a competência e experiência dos trabalhadores e de um representante indicado pelo sindicato da categoria preponderante, a fim de aperfeiçoar de maneira contínua os níveis de proteção e desempenho no campo da segurança e saúde no trabalho;

b) integrar a prevenção nas atividades de capacitação e treinamento dos trabalhadores, incluindo os níveis gerenciais.

36.11.3. No planejamento da prevenção devem ser definidos métodos, técnicas e ferramentas adequadas para a avaliação de riscos, incluindo parâmetros e critérios necessários para tomada de decisão.

36.11.4. A avaliação dos riscos tem como objetivo introduzir medidas de prevenção para a sua eliminação ou redução, assim como para determinar se as medidas previstas ou existentes são adequadas, de forma a minimizar o impacto desses riscos à segurança e saúde dos trabalhadores.

36.11.5. As ações de avaliação, controle e monitoração dos riscos devem:

a) constituir um processo contínuo e interativo;

b) integrar todos os programas de prevenção e controle previstos nas demais NR;

c) abranger a consulta e a comunicação às partes envolvidas, com participação dos trabalhadores.

36.11.6. As ações em SST devem abranger todos os riscos à segurança e saúde e abordar, no mínimo:

a) riscos gerados por máquinas, equipamentos, instalações, eletricidade, incêndios, entre outros;

b) riscos gerados pelo ambiente de trabalho, entre eles os decorrentes da exposição a agentes físicos, químicos e biológicos, como definidos na NR-9 (Programa de Prevenção de Riscos Ambientais);

c) riscos de natureza ergonômica e outros gerados pela organização do trabalho.

36.11.7 As medidas preventivas e de proteção devem ser implementadas de acordo com a seguinte ordem de prioridade:

a) eliminação dos fatores de risco;

b) minimização e controle dos fatores de risco, com a adoção de medidas coletivas – técnicas, administrativas e organizacionais;

c) uso de Equipamentos de Proteção Individual – EPI.

36.11.8. A implementação de projetos de novas instalações, métodos ou processos de trabalho, ou de modificação dos já existentes e das medidas de controle, deve envolver a análise das repercussões sobre a segurança e saúde dos trabalhadores.

36.11.9. Quando ocorrer a implementação ou introdução de alterações nos ambientes e nos processos de trabalho deve-se assegurar que os trabalhadores envolvidos tenham sido adequadamente informados e treinados.

36.12. Programas de Prevenção dos Riscos Ambientais e de Controle Médico de Saúde Ocupacional.

36.12.1. O Programa de Prevenção de Riscos Ambientais – PPRA e o Programa de Controle Médico de Saúde Ocupacional – PCMSO devem estar articulados entre si e com as demais normas, em particular com a NR-17.

36.12.2. Para fins de elaboração de programas preventivos devem ser considerados, entre outros, os seguintes aspectos da organização do trabalho:

a) compatibilização das metas com as condições de trabalho e tempo oferecidas;

b) repercussões sobre a saúde do trabalhador de todo e qualquer sistema de avaliação de desempenho para efeito de remuneração e vantagens de qualquer espécie;

c) períodos insuficientes para adaptação e readaptação de trabalhadores à atividade.

36.12.3. Deve ser utilizado, no PCMSO, instrumental clinicoepidemiológico que oriente as medidas a serem implementadas no PPRA e nos programas de melhorias ergonômicas e de condições gerais de trabalho, por meio de tratamento de informações coletivas e individuais, incluindo, no mínimo:

a) vigilância passiva, através do estudo causal em trabalhadores que procurem o serviço médico;

b) vigilância ativa, por meio da utilização de questionários, análise de séries históricas dos exames médicos, avaliações clínicas e resultados dos exames complementares.

36.12.4. O médico coordenador do PCMSO deve informar aos responsáveis pelo PPRA e ao empregador, as situações geradoras de riscos aos trabalhadores, especialmente quando observar, no controle médico ocupacional, nexo causal entre as queixas e agravos à saúde dos trabalhadores e as situações de trabalho a que ficam expostos.

36.12.5. Deve ser implementado um Programa de Conservação Auditiva, para os trabalhadores expostos a níveis de pressão sonora acima dos níveis de ação, contendo no mínimo:

a) controles técnicos e administrativos da exposição ao ruído;

b) monitoramento periódico da exposição e das medidas de controle;

c) treinamento e informação aos trabalhadores;

d) determinação dos Equipamentos de Proteção Individual – EPI;

e) audiometrias conforme Anexo I da NR-7;

f) histórico clínico e ocupacional do trabalhador.

36.12.6. O coordenador do PCMSO deve elaborar o Relatório anual com os dados da evolução clínica e epidemiológica dos trabalhadores, contemplando as medidas administrativas e técnicas a serem adotadas na comprovação do nexo causal entre as alterações detectadas nos exames e a atividade exercida.

36.12.6.1. As medidas propostas pelo Médico do Trabalho devem ser apresentadas e discutidas com os responsáveis pelo PPRA, com os responsáveis pelas melhorias ergonômicas na empresa e com membros da Comissão Interna de Prevenção de Acidentes – CIPA.

36.12.7. Além do previsto na NR-7, o Relatório Anual do PCMSO deve discriminar número e duração de afastamentos do trabalho, estatísticas de queixas dos trabalhadores, estatísticas de alterações encontradas em avaliações clínicas e exames complementares, com a indicação dos setores e postos de trabalho respectivos.

36.12.8. Sendo constatados a ocorrência ou o agravamento de doenças ocupacionais, através de exames médicos que incluam os definidos na NR-7 ou sendo verificadas alterações que revelem qualquer tipo de disfunção de órgão ou sistema biológico, através dos exames médicos constantes nos quadros I e II e do item 7.4.2.3 da NR-7, mesmo sem sintomatologia, caberá ao Médico coordenador ou encarregado:

a) emitir a CAT;

b) indicar, quando necessário, o afastamento do trabalhador da exposição ao risco ou do trabalho;

c) encaminhar o trabalhador à Previdência Social para estabelecimento de nexo causal, avaliação de incapacidade e definição da conduta previdenciária em relação ao trabalho;

d) adotar as medidas de controle no ambiente de trabalho.

36.12.9. Cabe ao empregador, conforme orientação do coordenador do PCMSO, proceder, quando necessário, à readaptação funcional em atividade compatível com o grau de incapacidade apresentada pelo trabalhador.

36.12.10. Devem ser estabelecidos critérios e mecanismos de avaliação da eficácia das medidas de prevenção implantadas, considerando os dados obtidos nas avaliações e estudos realizados e no controle médico de saúde ocupacional.

36.13. Organização Temporal do Trabalho

36.13.1. Para os trabalhadores que exercem suas atividades em ambientes artificialmente frios e para os que movimentam mercadorias do ambiente quente ou normal para o frio e vice-versa, depois de uma hora e quarenta minutos de trabalho contínuo, será assegurado um período mínimo de vinte minutos de repouso, nos termos do art. 253 da CLT.

36.13.1.1. Considera-se artificialmente frio, o que for inferior, na primeira, segunda e terceira zonas climáticas a 15ºC, na quarta zona a 12ºC, e nas zonas quinta, sexta e sétima, a 10ºC, conforme mapa oficial do Instituto Brasileiro de Geografia e Estatística – IBGE.

36.13.2. Para os trabalhadores que desenvolvem atividades exercidas diretamente no processo produtivo, ou seja, desde a recepção até a expedição, onde são exigidas repetitividade e/ou sobrecarga muscular estática ou dinâmica do pescoço, ombros, dorso e membros superiores e inferiores, devem ser asseguradas pausas psicofisiológicas distribuídas, no mínimo, de acordo com o seguinte quadro:

Jornada de Trabalho	Tempo de tolerância para aplicação da pausa	Tempo de Pausa
até 6h	até 6h20	20 minutos
até 7h20	até 7h40	45 minutos
até 8h48	até 9h10	60 minutos

36.13.2.1. Caso a jornada ultrapasse 6h20, excluído o tempo de troca de uniforme e de deslocamento até o setor de trabalho, deve ser observado o tempo de pausa da jornada de até 7h20.

36.13.2.2. Caso a jornada ultrapasse 7h40, excluído o tempo de troca de uniforme e de deslocamento até o setor de trabalho, deve ser observado o tempo de pausa da jornada de até 8h48.

36.13.2.3. Caso a jornada ultrapasse 9h10, excluído o tempo de troca de uniforme e de deslocamento até o setor de trabalho, deve ser concedida pausa de 10 minutos após as 8h48 de jornada.

36.13.2.3.1. Caso a jornada ultrapasse 9h58, excluído o tempo de troca de uniforme e de deslocamento até o setor de trabalho, devem ser concedidas pausas de 10 minutos a cada 50 minutos trabalhados.

36.13.2.4. A empresa deve medir o tempo de troca de uniforme e de deslocamento até o setor de trabalho e consigná-lo no PPRA ou nos relatórios de estudos ergonômicos.

36.13.2.4.1. Caso a empresa não registre o tempo indicado nos documentos citados no item 36.13.2.4, presume-se, para fins de aplicação da tabela prevista no quadro I do item 36.13.2, os registros de ponto do trabalhador.

36.13.2.5. Os períodos unitários das pausas, distribuídas conforme quadro 1, devem ser de no mínimo 10 minutos e máximo 20 min.

36.13.2.6. A distribuição das pausas deve ser de maneira a não incidir na primeira hora de trabalho, contíguo ao intervalo de refeição e no final da última hora da jornada.

36.13.3. Constatadas a simultaneidade das situações previstas nos itens 36.13.1 e 36.13.2, não deve haver aplicação cumulativa das pausas previstas nestes itens.

36.13.4. Devem ser computadas como trabalho efetivo as pausas previstas nesta NR.

36.13.5. Para que as pausas possam propiciar a recuperação psicofisiológica dos trabalhadores, devem ser observados os seguintes requisitos:

a) a introdução de pausas não pode ser acompanhada do aumento da cadência individual;

b) as pausas previstas no item 36.13.1 devem ser obrigatoriamente usufruídas fora dos locais de trabalho, em ambientes que ofereçam conforto térmico e acústico, disponibilidade de bancos ou cadeiras e água potável;

c) As pausas previstas no item 36.13.2 devem ser obrigatoriamente usufruídas fora dos postos de trabalho, em local com disponibilidade de bancos ou cadeiras e água potável.

36.13.6. A participação em quaisquer modalidades de atividade física, quando ofertada pela empresa, pode ser realizada apenas em um dos intervalos destinado a pausas, não sendo obrigatória a participação do trabalhador, e a sua recusa em praticá-la não é passível de punição.

36.13.7. No local de repouso deve existir relógio de fácil visualização pelos trabalhadores, para que eles possam controlar o tempo das pausas.

36.13.8. Fica facultado o fornecimento de lanches durante a fruição das pausas, resguardadas as exigências sanitárias.

36.13.9. As saídas dos postos de trabalho para satisfação das necessidades fisiológicas dos trabalhadores devem ser asseguradas a qualquer tempo, independentemente da fruição das pausas.

36.14. Organização das Atividades

36.14.1. Devem ser adotadas medidas técnicas de engenharia, organizacionais e administrativas com o objetivo de eliminar ou reduzir os fatores de risco, especialmente a repetição de movimentos dos membros superiores.

36.14.1.1. Os empregadores devem elaborar um cronograma com prazos para implementação de medidas que visem promover melhorias e, sempre que possível, adequações no processo produtivo nas situações de risco identificado.

36.14.2. A organização das tarefas deve ser efetuada com base em estudos e procedimentos de forma a atender os seguintes objetivos:

a) a cadência requerida na realização de movimentos de membros superiores e inferiores não deve comprometer a segurança e a saúde dos trabalhadores;

b) as exigências de desempenho devem ser compatíveis com as capacidades dos trabalhadores, de maneira a minimizar os esforços físicos estáticos e dinâmicos que possam comprometer a sua segurança e saúde;

c) o andamento da atividade deve ser efetuado de forma menos árdua e mais confortável aos trabalhadores;

d) facilitar a comunicação entre trabalhadores, entre trabalhadores e supervisores, e com outros setores afins.

36.14.3. A empresa deve possuir contingente de trabalhadores em atividade, compatível com as demandas e exigências de produção, bem como mecanismos para suprir eventuais faltas de trabalhadores, e exigências relacionadas ao aumento de volume de produção, de modo a não gerar sobrecarga excessiva aos trabalhadores.

36.14.4. Mudanças significativas no processo produtivo com impacto no dimensionamento dos efetivos devem ser efetuadas com a participação do Serviço Especializado em Engenharia de Segurança e em Medicina do Trabalho – SESMT e da CIPA, em conjunto com os supervisores imediatos.

36.14.5. Na organização do processo e na velocidade da linha de produção deve ser considerada a variabilidade temporal requerida por diferentes demandas de produção e produtos, devendo ser computados, pelo menos, os tempos necessários para atender as seguintes tarefas:

a) afiação/chairação das facas;

b) limpeza das mesas;

c) outras atividades complementares à tarefa, tais como mudança de posto de trabalho, troca de equipamentos e ajuste dos assentos.

36.14.6. Os mecanismos de monitoramento da produtividade ou outros aspectos da produção não podem ser usados para aceleração do ritmo individual de trabalho para além dos limites considerados seguros.

36.14.7. Rodízios.

36.14.7.1. O empregador, observados os aspectos higiênico-sanitários, deve implementar rodízios de atividades dentro da jornada diária que propicie o atendimento de pelo menos uma das seguintes situações:

a) alternância das posições de trabalho, tais como postura sentada com a postura em pé;

b) alternância dos grupos musculares solicitados;

c) alternância com atividades sem exigências de repetitividade;

d) redução de exigências posturais, tais como elevações, flexões/extensões extremas dos segmentos corporais, desvios cúbito-radiais excessivos dos punhos, entre outros;

e) redução ou minimização dos esforços estáticos e dinâmicos mais frequentes;

f) alternância com atividades cuja exposição ambiental ao ruído, umidade, calor, frio, seja mais confortável;

g) redução de carregamento, manuseio e levantamento de cargas e pesos;

h) redução da monotonia.

36.14.7.1.1. A alternância de atividades deve ser efetuada, sempre que possível, entre as tarefas com cadência estabelecida por máquinas, esteiras, nórias e outras tarefas em que o trabalhador possa determinar livremente seu ritmo de trabalho.

36.14.7.1.2. Os trabalhadores devem estar treinados para as diferentes atividades que irão executar.

36.14.7.2. Os rodízios devem ser definidos pelos profissionais do SESMT e implantados com a participação da CIPA e dos trabalhadores envolvidos.

36.14.7.3. O SESMT e o Comitê de Ergonomia da empresa, quando houver, devem avaliar os benefícios dos rodízios implantados e monitorar a eficácia dos procedimentos na redução de riscos e queixas dos trabalhadores, com a participação dos mesmos.

36.14.7.4. Os rodízios não substituem as pausas para recuperação psicofisiológica previstas nesta NR.

36.14.8. Aspectos psicossociais.

36.14.8.1. Os superiores hierárquicos diretos dos trabalhadores da área industrial devem ser treinados para buscar no exercício de suas atividades:

a) facilitar a compreensão das atribuições e responsabilidades de cada função;

b) manter aberto o diálogo de modo que os trabalhadores possam sanar dúvidas quanto ao exercício de suas atividades;

c) facilitar o trabalho em equipe;

d) conhecer os procedimentos para prestar auxílio em caso de emergência ou mal-estar;

e) estimular tratamento justo e respeitoso nas relações pessoais no ambiente de trabalho.

36.15. Análise Ergonômica do Trabalho

36.15.1. As análises ergonômicas do trabalho devem ser realizadas para avaliar a adaptação das condições de trabalho às características psicofisiológicas dos trabalhadores e subsidiar a implementação das medidas e adequações necessárias conforme previsto na NR-17.

36.15.2. As análises ergonômicas do trabalho devem incluir as seguintes etapas:

a) discussão e divulgação dos resultados com os trabalhadores e instâncias hierárquicas envolvidas, assim como apresentação e discussão do documento na CIPA;

b) recomendações ergonômicas específicas para os postos e atividades avaliadas;

c) avaliação e revisão das intervenções efetuadas com a participação dos trabalhadores, supervisores e gerentes;

d) avaliação e validação da eficácia das recomendações implementadas.

36.16. Informações e Treinamentos em Segurança e Saúde no Trabalho

36.16.1. Todos os trabalhadores devem receber informações sobre os riscos relacionados ao trabalho, suas causas potenciais, efeitos sobre a saúde e medidas de prevenção.

36.16.1.1. Os superiores hierárquicos, cuja atividade influencie diretamente na linha de produção operacional devem ser informados sobre:

a) os eventuais riscos existentes;

b) as possíveis consequências dos riscos para os trabalhadores;

c) a importância da gestão dos problemas;

d) os meios de comunicação adotados pela empresa na relação empregado-empregador.

36.16.1.2. Os trabalhadores devem estar treinados e suficientemente informados sobre:

a) os métodos e procedimentos de trabalho;

b) o uso correto e os riscos associados à utilização de equipamentos e ferramentas;

c) as variações posturais e operações manuais que ajudem a prevenir a sobrecarga osteomuscular e reduzir a fadiga, especificadas na AET;

d) os riscos existentes e as medidas de controle;

e) o uso de EPI e suas limitações;

f) as ações de emergência.

36.16.1.3. Os trabalhadores que efetuam limpeza e desinfecção de materiais, equipamentos e locais de trabalho devem, além do exposto acima, receber informações sobre os eventuais fatores de risco das atividades, quando aplicável, sobre:

a) agentes ambientais físicos, químicos, biológicos;

b) riscos de queda;

c) riscos biomecânicos;

d) riscos gerados por máquinas e seus componentes;

e) uso de equipamentos e ferramentas.

36.16.2. As informações e treinamentos devem incluir, além do abordado anteriormente, no mínimo, os seguintes itens:

a) noções sobre os fatores de risco para a segurança e saúde nas atividades;

b) medidas de prevenção indicadas para minimizar os riscos relacionados ao trabalho;

c) informações sobre riscos, sinais e sintomas de danos à saúde que possam estar relacionados às atividades do setor;

d) instruções para buscar atendimento clínico no serviço médico da empresa ou terceirizado, sempre que houver percepção de sinais ou sintomas que possam indicar agravos a saúde;

e) informações de segurança no uso de produtos químicos, quando necessário, incluindo, no mínimo, dados sobre os produtos, grau de nocividade, forma de contato, procedimentos para armazenamento e forma adequada de uso;

f) informações sobre a utilização correta dos mecanismos de ajuste do mobiliário e dos equipamentos dos postos de trabalho, incluindo orientação para alternância de posturas.

36.16.3. Em todas as etapas dos processos de trabalhos com animais que antecedem o serviço de inspeção sanitária, devem ser disponibilizadas aos trabalhadores informações sobre:

a) formas corretas e locais adequados de aproximação, contato e imobilização;

b) maneiras de higienização pessoal e do ambiente;

c) precauções relativas a doenças transmissíveis.

36.16.4. Deve ser realizado treinamento na admissão com, no mínimo, quatro horas de duração.

36.16.4.1. Deve ser realizado treinamento periódico anual com carga horária de, no mínimo, duas horas.

36.16.5. Os trabalhadores devem receber instruções adicionais ao treinamento obrigatório referido no item anterior quando forem introduzidos novos métodos, equipamentos, mudanças no processo ou procedimentos que possam implicar em novos fatores de riscos ou alterações significativas.

36.16.6. A elaboração do conteúdo, a execução e a avaliação dos resultados dos treinamentos em SST devem contar com a participação de:

a) representante da empresa com conhecimento técnico sobre o processo produtivo;

b) integrantes do Serviço Especializado em Segurança e Medicina do Trabalho, quando houver;

c) membros da Comissão Interna de Prevenção de Acidentes;

d) médico coordenador do Programa de Controle Médico de Saúde Ocupacional;

e) responsáveis pelo Programa de Prevenção de Riscos Ambientais.

36.16.6.1. O empregador deve disponibilizar material contendo, no mínimo, o conteúdo dos principais tópicos abordados nos treinamentos aos trabalhadores e, quando solicitado, disponibilizar ao representante sindical.

36.16.6.1.1. A representação sindical pode encaminhar sugestões para melhorias dos treinamentos ministrados pelas empresas e tais sugestões devem ser analisadas.

36.16.7. As informações de SST devem ser disponibilizadas aos trabalhadores terceirizados.

ATOS DO TRIBUNAL SUPERIOR DO TRABALHO

Ato Presidência TST 243, de 15 de março de 1991

Ordem Judicial complementar. Serviços indispensáveis. Greve nas atividades essenciais.

....

Resolve expedir a presente ordem......

a) nos 30% da equipe normal de produção de combustíveis e gás de que trata a Ordem Judicial n. 221/91, de 13 de março do corrente, deverão estar incluídos trabalhadores na quantidade necessária e com a correspondente qualificação técnica, para fazerem funcionar com total segurança os setores operacionais essenciais das refinarias, como por exemplo, a destilação atmosférica e a vácuo, o craqueamento catalítico, o laboratório, a segurança industrial, o apoio de manutenção e suprimento, a transferência e estocagem, a casa de força e demais utilidades, dentre outros que, embora não mencionados, não possam funcionar com uma quantidade inadequada de trabalhadores especializados;

b) na hipótese de o efetivo a ser fornecido ultrapassar o percentual de 30% sobre o total de trabalhadores dos setores operacionais de apoio operacional, o percentual deve ser desprezado;

c) a Petrobras deverá fornecer aos sindicatos boletim diário de sua produção de GLP, diesel, gasolina e querosene, para que possam constatar que estão sendo atendidas exclusivamente as necessidades inadiáveis da comunidade;

d) ficam mantidas as demais disposições da Ordem Judicial n. 221/91, inclusive a que estipula a cessação dos seus efeitos. Publique-se e intimem-se as partes e os demais interessados. Ministro Luiz José Guimarães Falcão (*DJU*, 18.3.91).

Instrução Normativa TST 3/93

Depósito recursal.

O Tribunal Superior do Trabalho, em sua composição plena, sob a Presidência do Excelentíssimo Senhor Ministro Orlando Teixeira da Costa, considerando o advento da Lei n. 8.542/92, que em seu art. 8º deu nova redação ao art. 40 da Lei n. 8.177/91, que altera o contido nos parágrafos do art. 899 da CLT, baixa esta Instrução para definir a sua interpretação quanto ao depósito recursal a ser feito nos recursos interpostos perante a Justiça do Trabalho.

I – Os depósitos de que trata o art. 40, e seus parágrafos, da Lei n. 8.177/91, com a redação dada pelo art. 8º da Lei n. 8.542/92, e o depósito de que tratam o § 5º, I, do art. 897 e o § 7º do art. 899, ambos da CLT, com a redação dada pela Lei n. 12.275, de 29.6.2010, não têm natureza jurídica de taxa de recurso, mas de garantia do juízo recursal, que pressupõe decisão condenatória ou executória de obrigação de pagamento em pecúnia, com valor líquido ou arbitrado (NRed. Res. TST 168/10).

II – No processo de conhecimento dos dissídios individuais o valor do depósito é limitado a R$ 5.889,50 (cinco mil, oitocentos e oitenta e nove reais e cinquenta centavos), ou novo valor corrigido, para o recurso ordinário, e a R$ 11.779,02 (onze mil, setecentos e setenta e nove reais e dois centavos), ou novo valor corrigido, para cada um dos recursos subsequentes, isto é, de revista, de embargos (ditos impropriamente infringentes) e extraordinário, para o Supremo Tribunal Federal, observando-se o seguinte (NRed. Res. TST 168/10):

a) para o recurso de agravo de instrumento, o valor do depósito recursal corresponderá a 50% (cinquenta por cento) do valor do depósito do recurso ao qual se pretende destrancar (Red. Res. TST 168/10);

b) depositado o valor total da condenação, nenhum depósito será exigido nos recursos das decisões posteriores, salvo se o valor da condenação vier a ser ampliado (NRed. Res. TST 168/10);

c) se o valor constante do primeiro depósito, efetuado no limite legal, é inferior ao da condenação, será devida complementação de depósito em recurso posterior, observado o valor nominal remanescente da condenação e/ou os limites legais para cada novo recurso (NRed. Res. TST 168/10);

d) havendo acréscimo ou redução da condenação em grau recursal, o juízo prolator da decisão arbitrará novo valor à condenação, quer para a exigibilidade de depósito ou complementação do já depositado, para o caso de recurso subsequente, quer para liberação do valor excedente decorrente da redução da condenação (NRed. Res. TST 168/10);

e) nos dissídios individuais singulares o depósito será efetivado pelo recorrente, mediante a utilização das guias correspondentes, na conta do empregado no FGTS – Fundo de Garantia do Tempo de Serviço, em conformidade com os §§ 4º e 5º do art. 899 da CLT, ou fora dela, desde que feito na sede do juízo e permaneça à disposição deste, mediante guia de depósito judicial extraída pela Secretaria Judiciária (NRed. Res. TST 168/10);

f) nas reclamatórias plúrimas e nas em que houver substituição processual, será arbitrado o valor total da condenação, para o atendimento da exigência legal do depósito recursal, em conformidade com as alíneas anteriores, mediante guia de depósito judicial extraída pela Secretaria Judiciária do órgão em que se encontra o processo (NRed. Res. TST 168/10);

g) a expedição de Mandado de Citação Penhora e Avaliação em fase definitiva ou provisória de execução deverá levar em conta a dedução dos valores já depositados nos autos, em especial o depósito recursal (NRed. Res. TST 180/12);

h) com o trânsito em julgado da decisão que absolveu o demandado da condenação, ser-lhe-á autorizado o levantamento do valor depositado e seus acréscimos (NRed. Res. TST 168/10).

III – Julgada procedente ação rescisória e imposta condenação em pecúnia, será exigido um único depósito recursal, até o limite máximo de R$ 11.779,02 (onze mil, setecentos e setenta e nove reais e dois centavos), ou novo valor corrigido, dispensado novo depósito para os recursos subsequentes, salvo o depósito do agravo de instrumento, previsto na Lei n. 12.275/2010, observando-se o seguinte (NRed. Res. TST 168/10):

a) o depósito será efetivado pela parte recorrente vencida, mediante guia de depósito judicial expedida pela Secretaria Judiciária, à disposição do Juízo da causa;

b) com o trânsito em julgado da decisão, se condenatória, o valor depositado e seus acréscimos serão considerados na execução; se absolutória, será liberado o levantamento do valor depositado e seus acréscimos.

IV – A exigência de depósito no processo de execução observará o seguinte:

a) a inserção da vírgula entre as expressões "... aos embargos" e "à execução..." é atribuída a erro de redação, devendo ser considerada a locução "embargos à execução";

b) dada a natureza jurídica dos embargos à execução não será exigido depósito para a sua oposição quando estiver suficientemente garantida a execução por depósito recursal, já existente nos autos, efetivado no processo de conhecimento, que permaneceu vinculado à execução, e/ou pela nomeação ou apreensão judicial de bens do devedor, observada a ordem preferencial estabelecida em lei;

c) garantida integralmente a execução nos embargos, só haverá exigência de depósito em qualquer recurso subsequente do devedor se tiver havido elevação do valor do débito, hipótese em que o depósito recursal corresponderá ao valor do acréscimo, sem qualquer limite;

d) o depósito previsto no item anterior será efetivado pelo executado recorrente, mediante guia de depósito judicial expedida pela Secretaria Judiciária, à disposição do Juízo da execução;

e) com o trânsito em julgado da decisão que liquidar a sentença condenatória, serão liberados em favor do exequente os valores disponíveis, no limite da quantia exequenda, prosseguindo, se for o caso, a execução por crédito remanescente, e autorizando-se o levantamento, pelo executado, dos valores que acaso sobejarem.

V – Nos termos da redação do § 3º do art. 40, não é exigido depósito para recurso ordinário interposto em dissídio coletivo, eis que a regra aludida atribui apenas valor ao recurso, com efeitos limitados, portanto, ao cálculo das custas processuais.

VI – Os valores alusivos aos limites de depósito recursal serão reajustados *anualmente* pela variação acumulada do INPC do IBGE dos doze meses imediatamente anteriores, e serão calculados e publicados no *Diário Eletrônico da Justiça do Trabalho* por ato do Presidente do Tribunal Superior do Trabalho, tornando-se obrigatória a sua observância a partir do quinto dia seguinte ao da publicação (NRed. Res. TST 168/10).

VII – Toda decisão condenatória ilíquida deverá conter o arbitramento do valor da condenação. O acréscimo de condenação em grau recursal, quando ilíquido, deverá ser arbitrado também para fins de depósito.

VIII – O depósito judicial, realizado na conta do empregado no FGTS ou em estabelecimento bancário oficial, mediante guia à disposição do juízo, será da responsabilidade da parte quanto à exatidão dos valores depositados e deverá ser comprovado, nos autos, pelo recorrente, no prazo do recurso a que se refere, independentemente da sua antecipada interposição, observado o limite do valor vigente na data da efetivação do depósito, bem como o contido no item VI, *salvo no que se refere à comprovação do depósito recursal em agravo de instrumento, que observará o disposto no art. 899, § 7º, da CLT, com a redação da Lei n. 12.275/2010* (NRed. Res. TST 168/10).

IX – É exigido depósito recursal para o recurso adesivo, observados os mesmos critérios e procedimentos do recurso principal previsto nesta Instrução Normativa.

X – Não é exigido depósito recursal, em qualquer fase do processo ou grau de jurisdição, dos entes de direito público externo e das pessoas de direito público contempladas no Decreto-Lei n. 779, de 21.08.69, bem assim da massa falida e da herança jacente (NRed. Res. TST 190/13).

XI – Não se exigirá a efetivação de depósito em qualquer fase ou grau recursal do processo, fora das hipóteses previstas nesta Instrução Normativa.

XII – Os processos em curso no período intercorrente entre 24 de dezembro de 1992 e 15 de março de 1993, data da vigência desta Instrução Normativa, serão a ela adequados quanto ao depósito para recurso, por iniciativa do Juiz ou Órgão Julgador competente, que determinará, quando for o caso, a intimação da parte para que regularize o depósito no prazo de 8 dias.

XIII – Havendo acordo para extinção do processo, as partes disporão sobre o valor depositado. Na ausência de expressa estipulação dos interessados, o valor disponível será liberado em favor da parte depositante.

XIV – Esta Instrução Normativa entrará em vigor no dia 15 de março de 1993 e será reexaminada, no que couber, para guardar conformidade com o que vier a ser decidido pelo Supremo Tribunal Federal na Ação Direta de Inconstitucionalidade – 836-6-DF, ficando revogada a Instrução Normativa n. 02, de 30 de abril de 1991, deste Tribunal (*DJU*, 10.3.93).

Provimento Corregedoria TST 1/96

Imposto de Renda. Contribuições ao INSS. Retenções.

Art. 1º Cabe, unicamente, ao empregador calcular, deduzir e recolher ao Tesouro Nacional o Imposto de Renda relativo às importâncias pagas aos reclamantes por força de liquidação de sentenças trabalhistas (Rev. Prov. Correg. 03/05).

Art. 2º Na forma do disposto pelo art. 46, § 1º, incisos I, II e III da Lei 8.541, de 1992, o imposto incidente sobre os rendimentos pagos (Imposto de Renda), em execução judicial, será retido na fonte pela pessoa física ou jurídica obrigada ao pagamento, no momento em que, por qualquer forma, esses rendimentos se tornarem disponíveis para o reclamante.

Art. 3º Compete ao juiz da execução determinar as medidas necessárias ao cálculo, dedução e recolhimento das contribuições devidas pelo empregado ao Instituto Nacional de Seguro Social, em razão de parcelas que lhe vierem a ser pagas por força de decisão proferida em reclamação trabalhista (art. 43 da Lei n. 8.212/91, com redação dada pela Lei n. 8.620/93).

§ 1º Homologado o acordo ou o cálculo de liquidação, o juiz determinará a intimação do executado para comprovar, nos autos, haver feito o recolhimento dos valores devidos pelo empregado à Previdência Social.

§ 2º Havendo pagamento de parcelas de direitos trabalhistas, não comprovado o recolhimento previsto no § 1º, o juiz dará imediata ciência ao representante do Instituto Nacional de Seguridade Social, determinando a remessa do rol dos inadimplentes, procedendo da mesma maneira em caso de alienação de bens em execução de sentença.

Art. 4º Este Provimento entra em vigor na data da sua publicação, revogado o Provimento n. 01/93 e demais disposições em contrário .... (*DJU*, 10.12.96).

Instrução Normativa TST 15/98

Depósito recursal.

O Órgão Especial do TST, no uso das suas atribuições legais e regimentais, considerando o cancelamento dos Enunciados 216 e 165; considerando a necessidade de uniformização de entendimentos quanto à regularidade do depósito recursal na Justiça do Trabalho, resolve: a validade de depósito recursal na Justiça do Trabalho condiciona-se à observância das exigências contidas no item 5 e seus subitens, da Circular n. 149/98, da Caixa Econômica Federal, a seguir transcrita:

"5. DO DEPÓSITO RECURSAL

5.1. Depósito, referente a causas trabalhistas, previsto no art. 899 da Consolidação das Leis do Trabalho – CLT, efetuado como condição necessária à interposição de recurso contra decisão proferida pela Justiça do Trabalho.

5.2. Deve ser efetivado em conta vinculada do FGTS, aberta para este fim específico, mediante GRE, avulsa e apresentada em 3 vias, com a seguinte destinação: 1-via caixa/banco; 2-via empregador; 3-via processo/JCJ.

5.3. Cada GRE abrigará o depósito recursal relativo a apenas um processo, identificado no campo 17, e poderá ser autenticada em qualquer agência bancária, no ato da efetivação do depósito.

5.4. São informações indispensáveis à qualificação dos recolhimentos referentes ao depósito recursal.

5.4.1. Do Depositante (Empregador): Razão Social/Nome do Empregador (campo 03); CGC/CNPJ/CEI (campo 04); Endereço (campos 05 a 09).

5.4.1.1. Na inexistência por impossibilidade de cadastramento do empregador junto ao CGC/CNPJ/CEI, admite-se, excepcionalmente, a indicação do CPF do empregador.

5.4.1.2. No caso de empregado doméstico deverá ser indicado o número do CPF do empregador.

5.4.2. Do Trabalhador: Nome (campo 21); Número PIS/PASEP (campo 23).

5.4.2.1. No caso de Sindicato, Federação ou Confederação atuando como substituto processual, deverá ser informada, no campo 21, o nome/razão social do mesmo.

5.4.2.2. Tratando-se de ação conjunta, deverá ser indicado, no campo 21, o nome de um dos reclamantes, seguido da expressão "E OUTROS".

5.4.2.3. Na hipótese da inexistência, por impossibilidade de cadastramento do trabalhador junto ao cadastro do PIS/PASEP e para aqueles cujas relações trabalhistas tenham encerrado anteriormente a 1.1.72, admite-se, excepcionalmente, a indicação do número do Processo/Juízo.

5.4.3. Do Processo: Informações complementares (campo 17); deverá ser preenchido com o número de processo, bem como do Juízo correspondente (na forma: n. do processo, Seção, Vara etc.).

5.4.4. Do Depósito: Competência (campo 18) – deverá ser preenchido no formato MM/AA correspondente ao mês/ano em que o recolhimento está sendo efetuado; Código de recolhimento (campo 19); deverá ser preenchido sempre com o código 418; Valor (campo 27); deverá ser preenchido com o valor determinado pelo Juízo.

5.5. A movimentação da conta aberta para abrigar depósito recursal dar-se-á, exclusivamente, através de Alvará Judicial, em qualquer Agência da CAIXA ou, não estando esta presente na localidade, em qualquer banco integrante da rede arrecadadora e pagadora do FGTS.

5.5.1. O Alvará deverá ser dirigido à Caixa Econômica Federal (mantenedora legal das contas vinculadas do FGTS), devendo nele constar: identificação do processo; identificação do depositante; nome(s) do(s) beneficiário(s) e forma de rateio (percentual/valor), quando for o caso" (*DJU*, 15.10.98).

Instrução Normativa TST 16/99

Uniformiza a interpretação da Lei n. 9.756, de 17 de dezembro de 1998, com relação a agravo de instrumento.

I – O Agravo de Instrumento se rege, na Justiça do Trabalho, pelo art. 897, alínea *b*, §§ 2º, 4º, 5º, 6º e 7º, da Consolidação das Leis do Trabalho, pelos demais dispositivos do direito processual do trabalho e, no que omisso, pelo direito processual comum, desde que compatível com as normas e princípios daquele, na forma desta Instrução.

a) Não se aplicam aos agravos de instrumento opostos antes de 18 de dezembro de 1998, data da publicação da Lei n. 9.756, as disposições desse diploma legal, salvo aquelas relativas ao cancelamento da possibilidade de concessão de efeito suspensivo à revista.

II – Limitado o seu cabimento, no processo do trabalho, aos despachos que denegarem a interposição de recurso (art. 897, alínea *b*, da CLT), o agravo de instrumento será dirigido à autoridade judiciária prolatora do despacho agravado, no prazo de 8 dias de sua intimação, e processado em autos apartados (NRed. Res. TST 113/02).

§ 1º (Rev. Res. TST 930/03).

§ 2º (Rev. Res. TST 930/03).

III – O agravo não será conhecido se o instrumento não contiver as peças necessárias para o julgamento do recurso denegado, incluindo a cópia do respectivo arrazoado e da comprovação de satisfação de todos os pressupostos extrínsecos do recurso principal.

IV – O agravo de instrumento, protocolizado e autuado, será concluso ao juiz prolator do despacho agravado, para reforma ou confirmação da decisão impugnada, observada a competência estabelecida nos arts. 659, inciso VI, e 682, inciso IX, da CLT.

V – Será certificada nos autos principais a interposição do agravo de instrumento e a decisão que determina o seu processamento ou a decisão que reconsidera o despacho agravado.

VI – Mantida a decisão agravada, será intimado o agravado a apresentar contrarrazões relativas ao agravo e, simultaneamente, ao recurso principal, juntando as peças que entender necessárias para o julgamento de ambos, encaminhando-se, após, os autos do agravo ao Juízo competente.

VII – Provido o agravo, o órgão julgador deliberará quanto ao julgamento do recurso destrancado, observando-se, daí em diante, o procedimento relativo a tal recurso, com designação de relator e de revisor, se for o caso.

VIII – Da certidão de julgamento do agravo provido constará o resultado da deliberação relativa à apreciação do recurso destrancado.

IX – As peças trasladadas conterão informações que identifiquem o processo do qual foram extraídas, autenticadas uma a uma, no anverso ou verso. Tais peças poderão ser declaradas autênticas pelo próprio advogado, sob sua responsabilidade. Não será válida a cópia de despacho ou decisão que não contenha a assinatura do juiz prolator, nem as certidões subscritas por serventuário sem as informações acima exigidas (NRed. Res. TST 113/02).

X – Cumpre às partes providenciar a correta formação do instrumento, não comportando a omissão em conversão em diligência para suprir a ausência de peças, ainda que essenciais.

XI – O agravo de instrumento não requer preparo.

XII – A tramitação e o julgamento de agravo de instrumento no Juízo competente obedecerão à disciplina legal e ao constante dos respectivos Regimentos Internos.

XIII – O agravo de instrumento de despacho denegatório de recurso extraordinário obedecerá à disciplina especial, na forma de Resolução da Suprema Corte.

XIV – Fica revogada a Instrução Normativa n. 06 (*DJU*, 10.11.00).

Instrução Normativa TST 17/99

Uniformiza a interpretação da Lei n. 9.756, de 17 de dezembro de 1998, com relação ao recurso de revista.

I – Aplica-se ao Processo do Trabalho o disposto no parágrafo único do art. 120

do Código de Processo Civil segundo a redação dada pela Lei n. 9.756/98, relativo ao conflito de competência, nos seguintes termos: Havendo jurisprudência dominante no Tribunal sobre a questão suscitada, o relator poderá decidir de plano o conflito de competência, cabendo agravo, no prazo de 8 dias, contado da intimação às partes, para o órgão recursal competente.

II – Aplica-se ao Processo do Trabalho o parágrafo único acrescido ao art. 481 do CPC, conforme redação dada pela Lei n. 9.756/98, no que tange à declaração de inconstitucionalidade, nos seguintes termos: Os órgãos fracionários dos Tribunais não submeterão ao plenário, ou ao órgão especial, a arguição de inconstitucionalidade, quando já houver pronunciamento destes ou do plenário do Supremo Tribunal Federal sobre a questão.

III – Aplica-se ao Processo do Trabalho o artigo 557, *caput* e §§ 1º-A, 1º e 2º do Código de Processo Civil, segundo a redação dada pela Lei n. 9.756/98, adequando-se o prazo do agravo ao prazo de oito dias. (NRed. Res. TST 184/12)

IV – Os beneficiários da justiça gratuita estão dispensados do recolhimento antecipado da multa prevista no § 2º do art. 557 do CPC (NRed. Res. TST 131/05).

V – As demais disposições oriundas de alteração do processo civil, resultantes da Lei n. 9.756/98, consideram-se inaplicáveis ao processo do trabalho, especialmente o disposto no art. 511, *caput*, e seu § 2º (*DJU*, 9.6.05).

Instrução Normativa TST 18/99

Depósito recursal. Comprovação.

Considera-se válida para comprovação do depósito recursal na Justiça do Trabalho a guia respectiva em que conste pelo menos o nome do Recorrente e do Recorrido; o número do processo; a designação do juízo por onde tramitou o feito e a explicitação do valor depositado, desde que autenticada pelo Banco recebedor.

Revogam-se as disposições em contrário (*DJU*, 12.1.00).

Instrução Normativa TST 20/02

Procedimentos para o recolhimento de custas e emolumentos devidos à União no âmbito da Justiça do Trabalho.

I – O pagamento das custas e dos emolumentos no âmbito da Justiça do Trabalho deverá ser realizado, exclusivamente, mediante Guia de Recolhimento da União – GRU Judicial, em 4 (quatro) vias, sendo ônus da parte interessada realizar seu correto preenchimento, observando-se as seguintes instruções:

a) o preenchimento da GRU Judicial será *online*, no sítio da Secretaria do Tesouro Nacional na internet;

b) o pagamento da GRU Judicial poderá ser efetivado em dinheiro, na Caixa Econômica Federal e no Banco do Brasil S/A, ou em cheque, apenas no Banco do Brasil S/A;

c) o campo inicial da GRU Judicial, denominado Unidade Gestora (UG), será preenchido com o código correspondente ao Tribunal Superior do Trabalho ou ao Tribunal Regional do Trabalho onde se encontra o processo. Os códigos constam do Anexo I;

d) o campo denominado Gestão será preenchido, sempre, com a seguinte numeração: 00001 – Tesouro Nacional (NRed. Res. TST 191/13).

II – As 4 vias serão assim distribuídas: uma ficará retida no banco arrecadador; a segunda deverá ser anexada ao processo mediante petição do interessado; a terceira será entregue pelo interessado na secretaria do órgão judicante; a quarta ficará na posse de quem providenciou o recolhimento.

III – É ônus da parte zelar pela exatidão do recolhimento das custas e/ou dos emolumentos, bem como requerer a juntada aos autos dos respectivos comprovantes.

IV – (Rev. Res. TST 191/13).

V – O recolhimento das custas e emolumentos será realizado nos seguintes códigos:

a) 18740-2 – STN – CUSTAS JUDICIAIS (CAIXA/BB);

b) 18770-4 – STN – EMOLUMENTOS (CAIXA/BB).

Para esses códigos de arrecadação, os pagamentos não estão submetidos à restrição de valores inferiores a R$ 10,00 (dez reais), de conformidade com a Nota SRF/Corat/Codac/Dirar/n. 174, de 14 de outubro de 2002 (NRed. Res. TST 191/13).

VI – As secretarias das Varas do Trabalho e dos Tribunais Regionais do Trabalho informarão, mensalmente, aos setores encarregados pela elaboração da estatística do órgão, os valores de arrecadação de custas e emolumentos, baseando-se nas GRUs Judiciais que deverão manter arquivadas (NRed. Res. TST 191/13).

VII – (Rev. Res. TST 191/13).

VIII – O comprovante de pagamento efetuado por meio de transferência eletrônica de fundos deverá ser apresentado pela parte em duas vias: a primeira será anexada ao processo, a segunda ficará arquivada na secretaria.

VIII-A – O requerimento de restituição dos valores indevidamente recolhidos por meio de GRU Judicial, de forma total ou parcial, a título de custas processuais e/ou emolumentos, deverá ser formalizado pelo interessado na Unidade Judiciária em que tramita o processo, acompanhado dos documentos comprobatórios das alegações, juntamente com o número do CNPJ ou CPF e dos respectivos dados bancários (Red. Res. TST 191/13).

IX – Nos dissídios coletivos, as partes vencidas responderão solidariamente pelo pagamento das custas (NRed. Res. TST 191/13).

X – Não serão fixadas, no processo de conhecimento, custas inferiores a R$ 10,64, ainda que o resultado do cálculo seja inferior a este valor.

XI – As custas serão satisfeitas pelo vencido, após o trânsito em julgado da decisão. Em caso de recurso, a parte deverá recolher as custas e comprovar o seu pagamento no prazo recursal.

XII – O preparo de recurso da competência do Supremo Tribunal Federal será feito no prazo e na forma do disposto no Regimento Interno daquela Corte e segundo a sua "Tabela de Custas".

XIII – No processo de execução, as custas não serão exigidas por ocasião do recurso, devendo ser suportadas pelo executado ao final.

XIV – A tabela de custas da Justiça do Trabalho, referente ao processo de execução, vigorará com os seguintes valores:

a) AUTOS DE ARREMATAÇÃO, DE ADJUDICAÇÃO E DE REMIÇÃO:

5% sobre o respectivo valor, até o máximo de R$ 1.915,38;

b) ATOS DOS OFICIAIS DE JUSTIÇA, POR DILIGÊNCIA CERTIFICADA:

*b*1) em zona urbana: R$ 11,06;

*b*2) em zona rural: R$ 22,13;

c) AGRAVO DE INSTRUMENTO:

R$ 44,26;

d) AGRAVO DE PETIÇÃO:

R$ 44,26;

e) EMBARGOS À EXECUÇÃO, EMBARGOS DE TERCEIRO E EMBARGOS À ARREMATAÇÃO:

R$ 44,26;

f) RECURSO DE REVISTA:

R$ 55,35;

g) IMPUGNAÇÃO À SENTENÇA DE LIQUIDAÇÃO:

R$ 55,35;

h) DESPESA DE ARMAZENAGEM EM DEPÓSITO JUDICIAL:

por dia: 0,1% do valor da avaliação;

i) CÁLCULOS DE LIQUIDAÇÃO REALIZADOS PELO CONTADOR DO JUÍZO:

sobre o valor liquidado: 0,5% até o limite de R$ 638,46.

XV – A tabela de emolumentos da Justiça do Trabalho vigorará com os seguintes valores:

a) AUTENTICAÇÃO DE TRASLADO DE PEÇAS MEDIANTE CÓPIA REPROGRÁFICA APRESENTADA PELAS PARTES:

por folha: R$ 0,55;

b) FOTOCÓPIA DE PEÇAS:

por folha: R$ 0,28;

c) AUTENTICAÇÃO DE PEÇAS:

por folha: R$ 0,55;

d) CARTAS DE SENTENÇA, DE ADJUDICAÇÃO, DE REMIÇÃO E DE ARREMATAÇÃO:

por folha: R$ 0,55;

e) CERTIDÕES:

por folha: R$ 5,53.

XVI – Os emolumentos serão suportados pelo requerente.

XVII – Os órgãos da Justiça do Trabalho não estão obrigados a manter serviços de reprografia para atendimento ao público externo, tampouco autenticar fotocópias apresentadas pelas partes.

XVIII – As requisições de traslados serão atendidas sem o comprometimento das atividades normais das secretarias (Red. Res. 112/02, *DJU*, 25.9.02).

Resolução Administrativa 928/03

Agravo de instrumento. Atuação. Distribuição e Julgamento.

Art. 1º Processado o agravo de instrumento nos autos principais, e havendo recurso de revista admitido da parte contrária, o processo será autuado como AGRAVO DE INSTRUMENTO EM RECURSO DE REVISTA e RECURSO DE REVISTA – AIRR e RR, recebendo um único número, observada a numeração originária do processo.

Art. 2º Tratando-se de agravo de instrumento processado nos autos principais, nos quais se encontra sobrestado o julgamento de recurso de revista, na autuação será considerado o número originário do recurso de revista sobrestado, classificando-se o processo como AGRAVO DE INSTRUMENTO EM RECURSO DE REVISTA e RECURSO DE REVISTA – AIRR e RR:

I – o processo será distribuído ao relator do recurso de revista cujo julgamento foi sobrestado;

II – não estando o relator em exercício no Órgão prevento, em decorrência de seu afastamento temporário ou definitivo, será observado o disposto nos arts. 92, § 1º, e 93, inciso I, do RITST.

Art. 3º Provido o agravo de instrumento, processado em autos apartados, que tramita conjuntamente ao recurso de revista, será publicada a respectiva certidão, para efeito de intimação das partes, na qual deverá constar que o julgamento dos recursos de revista dar-se-á na primeira sessão ordinária subsequente à data da publicação da certidão.

§ 1º Os autos do agravo de instrumento serão apensados aos do processo principal, com a alteração dos registros referentes às partes, permanecendo a numeração dos autos principais.

§ 2º Julgados os recursos de revista, será lavrado acórdão único, no qual também ficarão consignados os fundamentos do provimento do agravo de instrumento.

§ 3º Fluirá a partir da data da publicação do acórdão o prazo para interposição de embargos declaratórios e/ou embargos para a Subseção I Especializada em Dissídios Individuais.

Art. 4º Interposto apenas agravo de instrumento, processado mediante traslado de peças ou nos autos principais, se a ele for dado provimento, observar-se-ão os procedimentos do art. 3º, *caput*, e § 2º.

§ 1º O processo, na hipótese do *caput*, será reautuado como recurso de revista, mantendo-se a numeração do agravo de instrumento.

§ 2º Não conhecido ou não provido o agravo de instrumento, será lavrado o respectivo acórdão.

Art. 5º Havendo mais de um agravo de instrumento processado nos autos principais e provendo-se apenas um deles, o processo será reautuado como recurso de revista, preservando-se a numeração do agravo de instrumento.

Parágrafo único. Julgado o recurso de revista, será lavrado acórdão único, no qual também ficarão consignados os fundamentos, respectivamente, do desprovimento e do provimento dos agravos de instrumento, observando-se, quanto aos prazos, o disposto no art. 3º, § 3º.

Art. 6º Nas hipóteses previstas nos arts. 1º, 2º e 3º desta Resolução Administrativa, se o agravo de instrumento não for conhecido ou não for provido, o recurso de revista será julgado na mesma sessão.

Parágrafo único. Nos casos dos arts. 1º e 2º será lavrado acórdão único, enquanto na hipótese do art. 3º haverá um acórdão para cada processo, caso não seja conhecido ou não seja provido o agravo de instrumento.

Art. 7º Julgado o processo autuado como AIRR e RR e havendo interposição de embargos apenas em relação a um daqueles recursos (AIRR ou RR), o processo será reautuado como EMBARGOS EM AGRAVO DE INSTRUMENTO EM RECURSO DE REVISTA (E-AIRR) ou EMBARGOS EM RECURSO DE REVISTA (E-RR), conforme for o caso (*DJ*, 15.5.03).

Resolução Administrativa TST 940/03

Credenciamento dos estagiários e carga de processos.

1. Os processos serão entregues, com carga, ao advogado com poderes de representação nos autos ou a estagiário inscrito na Ordem dos Advogados do Brasil, desde que credenciado, nos termos do art. 29, § 1º, inciso I, do Regulamento-Geral do Estatuto da Advocacia e da OAB.

2. O credenciamento do estagiário será feito observando-se os seguintes critérios:

2.1. deverá ser solicitado por advogado, mediante petição dirigida ao Presidente desta Corte, informando o nome e o número de inscrição do estagiário na OAB.

2.2. na petição de credenciamento, o advogado declarará ser o responsável pelos atos praticados pelo estagiário no processo, inclusive os relacionados à retirada e devolução de autos.

2.3. deferido o pedido de credenciamento, o gabinete da Diretoria-Geral de Coordenação Judiciária fará os registros correspondentes no Sistema de Informações Judiciárias do Tribunal, arquivando, em seguida, a petição.

2.4. o credenciamento do estagiário vigorará até o momento em que o advogado, mediante petição, requeira ao Presidente do Tribunal o seu cancelamento.

3. Deverá o servidor, no momento da retirada dos autos da Secretaria ou Subsecretaria, registrar no Sistema de Informações Judiciárias – SIJ os dados do processo, o nome do advogado e do estagiário, os respectivos números de inscrição na OAB, o endereço e telefone do escritório, bem assim a data da entrega dos autos e o dia em que deverão ser restituídos ao Tribunal.

3.1. Na entrega e na devolução dos autos, a guia emitida deverá ser assinada pelo servidor e pelo advogado ou estagiário, a fim de se resguardarem responsabilidades.

3-A. As Secretarias e Subsecretarias desta Corte, quando da entrega de autos em carga a estagiário devidamente credenciado, deverão observar se o advogado credenciante possui poderes de representação nos autos (NRed. RA 1.178/06).

4. Caso os autos sejam restituídos ao Tribunal em desconformidade com os parâmetros da lei (fora do prazo, faltando volumes, autos danificados etc.), a ocorrência deverá ser certificada, para a adoção das providências cabíveis e o imediato descredenciamento do estagiário perante esta Corte, por 60 dias (NRed. RA 962/03).

4.1. Transcorrido o prazo, o advogado responsável poderá solicitar o recadastramento do estagiário, vedando-se o recredenciamento por mais de uma vez (NRed. RA 962/03).

5. Havendo acórdão ou despacho pendente de publicação, o advogado constituído no processo poderá ter ciência do inteiro teor do decidido, desde que assine o respectivo Termo de Contrafé (Red. RA 1.178/06).

5.1. Do termo lavrado constará advertência no sentido de que a contrafé possui eficácia de intimação.

5-A. Os autos não poderão ser retirados da Secretaria quando estiver correndo prazo comum às partes (Nred. RA 1.178/06).

6. Fica revogada a Resolução Administrativa n. 250/95 (*DJ*, 2.7.03).

Instrução Normativa 23/03

Dispõe sobre os padrões formais a serem observados nas petições de recurso de revista.

I – Recomendar sejam destacados os tópicos do recurso e, ao demonstrar o preenchimento dos seus pressupostos extrínsecos, sejam indicadas as folhas dos autos em que se encontram:

a) a procuração e, no caso de elevado número de procuradores, a posição em que se encontra(m) o(s) nome(s) do(s) subscritor(es) do recurso;

b) a ata de audiência em que o causídico atuou, no caso de mandato tácito;

c) o depósito recursal e as custas, caso já satisfeitos na instância ordinária;

d) os documentos que comprovam a tempestividade do recurso (indicando o início e o termo do prazo, com referência aos documentos que o demonstram).

II – Explicitar que é ônus processual da parte demonstrar o preenchimento dos pressupostos intrínsecos do recurso de revista, indicando:

a) qual o trecho da decisão recorrida que consubstancia o prequestionamento da controvérsia trazida no recurso;

b) qual o dispositivo de lei, súmula, orientação jurisprudencial do TST ou ementa (com todos os dados que permitam identificá-la) que atrita com a decisão regional.

III – Reiterar que, para comprovação da divergência justificadora do recurso, é necessário que o recorrente:

a) junte certidão ou cópia autenticada do acórdão paradigma ou cite a fonte oficial ou repositório em que foi publicado;

b) transcreva, nas razões recursais, as ementas e/ou trechos dos acórdãos trazidos à configuração do dissídio, demonstrando os conflitos de teses que justifiquem o conhecimento do recurso, ainda que os acórdãos já se encontrem nos autos ou venham a ser juntados com o recurso.

IV – Aplica-se às contrarrazões o disposto nesta Instrução, no que couber (*DJ*, 14.8.03).

Resolução Administrativa TST 958/03

Advogado. Devolução de processos.

1) autorizar advogados, estagiários e credenciados a restituírem os autos às secretarias dos Órgãos Judicantes até 2 dias úteis após o término do prazo legal de devolução;

2) decorrido o prazo de prorrogação, e não restituídos os autos, as secretarias dos Órgãos Judicantes tomarão medidas no intuito de recuperá-los, comunicando o fato ao Presidente do Órgão Judicante, para adoção das providências cabíveis, e

3) havendo necessidade, o Presidente do Órgão Judicante requisitará os autos ao final do prazo legal de restituição (*DJU*, 9.10.03).

Instrução Normativa 24/03

Audiência de conciliação, no caso de pedido de efeito suspensivo a recurso ordinário interposto à decisão normativa da Justiça do Trabalho.

I – Ao Presidente do Tribunal Superior do Trabalho é facultada a designação de audiência de conciliação relativamente a pedido de concessão de efeito suspensivo a recurso ordinário interposto à decisão normativa da Justiça do Trabalho.

II – Poderá o Presidente do Tribunal Superior do Trabalho, antes de designar audiência prévia de conciliação, conceder ao requerido o prazo de 5 dias, para, querendo, manifestar-se sobre o pedido de efeito suspensivo.

III – O Ministério Público do Trabalho, por intermédio da Procuradoria-Geral do Trabalho, será comunicado do dia, hora e local da realização da audiência, enquanto as partes serão notificadas.

IV – Havendo transação nessa audiência, as condições respectivas constarão de ata, facultando-se ao Ministério Público do Trabalho emitir parecer oral, sendo, em seguida, sorteado Relator, que submeterá o acordo à apreciação da Seção Especializada em Dissídios Coletivos, na primeira sessão ordinária subsequente ou em sessão extraordinária designada para esse fim.

V – O Presidente do Tribunal Superior do Trabalho poderá submeter o pedido de efeito suspensivo à apreciação da Seção Especializada em Dissídios Coletivos, desde que repute a matéria de alta relevância (*DJ*, 9.10.03).

Instrução Normativa 27/05

Normas procedimentais aplicáveis ao processo do trabalho em decorrência da EC 45/04.

Art. 1º As ações ajuizadas na Justiça do Trabalho tramitarão pelo rito ordinário ou sumaríssimo, conforme previsto na Consolidação das Leis do Trabalho, excepcionando-se, apenas, as que, por disciplina legal expressa, estejam sujeitas a rito especial, tais como o Mandado de Segurança, *Habeas Corpus, Habeas Data*, Ação Rescisória, Ação Cautelar e Ação de Consignação em Pagamento.

Art. 2º A sistemática recursal a ser observada é a prevista na Consolidação das Leis do Trabalho, inclusive no tocante à nomenclatura, à alçada, aos prazos e às competências.

Parágrafo único. O depósito recursal a que se refere o art. 899 da CLT é sempre exigível como requisito extrínseco do recurso, quando houver condenação em pecúnia.

Art. 3º Aplicam-se quanto às custas as disposições da Consolidação das Leis do Trabalho.

§ 1º As custas serão pagas pelo vencido, após o trânsito em julgado da decisão.

§ 2º Na hipótese de interposição de recurso, as custas deverão ser pagas e comprovado seu recolhimento no prazo recursal (arts. 789, 789-A, 790 e 790-A da CLT).

§ 3º Salvo nas lides decorrentes da relação de emprego, é aplicável o princípio da sucumbência recíproca, relativamente às custas.

Art. 4º Aos emolumentos aplicam-se as regras previstas na Consolidação das Leis do Trabalho, conforme previsão dos arts. 789-B e 790 da CLT.

Parágrafo único. Os entes públicos mencionados no art. 790-A da CLT são isentos do pagamento de emolumentos (Red. Res. TST 133/05).

Art. 5º Exceto nas lides decorrentes da relação de emprego, os honorários advocatícios são devidos pela mera sucumbência.

Art. 6º Os honorários periciais serão suportados pela parte sucumbente na pretensão objeto da perícia, salvo se beneficiária da justiça gratuita.

Parágrafo único. Faculta-se ao juiz, em relação à perícia, exigir depósito prévio dos honorários, ressalvadas as lides decorrentes da relação de emprego.

..................................(*DOU*, 5.7.05).

Instrução Normativa 29/05

Prioridade nos processos em que é parte pessoa portadora de deficiência.

Art. 1º Assegurar, no Tribunal Superior do Trabalho, prioridade na tramitação dos processos cuja parte ou interveniente seja pessoa portadora de deficiência, desde que a causa discutida em juízo tenha como fundamento a própria deficiência.

Parágrafo único. Considera-se pessoa portadora de deficiência a que se enquadra nas categorias definidas no art. 4º do Decreto n. 3.298, de 20 de dezembro de 1999.

Art. 2º A prioridade será concedida mediante requerimento da parte ou interveniente, que deverá juntar ao pedido atestado médico comprovando sua condição.

I – O pedido será dirigido ao Presidente do Tribunal Superior do Trabalho, ao Presidente de Turma ou ao relator do processo, conforme as normas de competência.

II – O atestado médico referido no *caput* deste artigo deverá indicar a deficiência, de acordo com os critérios constantes do art. 4º do Decreto n. 3.298/99 e art. 5º do Decreto n. 5.296/2004.

Art. 3º A garantia de prioridade estende-se ao atendimento imediato, nas Secretarias e Subsecretarias desta Corte, da pessoa portadora de deficiência.

Art. 4º Esta Instrução Normativa entra em vigor na data de sua publicação (*DJU*, 9.8.05).

Instrução Normativa 30/07

Sistema Integrado de Protocolização e Fluxo de Documentos Eletrônicos da Justiça do Trabalho (e-DOC).

Art. 1º O uso de meio eletrônico na tramitação de processos judiciais, comunicação de atos e transmissão de peças processuais, na Justiça do Trabalho, será disciplinado pela presente instrução normativa.

Art. 2º Os Tribunais Regionais do Trabalho disponibilizarão em suas dependências e nas Varas do Trabalho, para os usuários dos serviços de peticionamento eletrônico que necessitarem, equipamentos de acesso à rede mundial de computadores e de digitalização do processo, para a distribuição de peças processuais.

Parágrafo único. Os Tribunais Regionais do Trabalho terão o prazo de um ano da publicação da presente instrução normativa para atenderem ao disposto no presente artigo.

....

Capítulo II
ASSINATURA ELETRÔNICA

Art. 3º No âmbito da Justiça do Trabalho, o envio de petições, de recursos e a prática de atos processuais em geral por meio eletrônico serão admitidos mediante uso de assinatura eletrônica.

Art. 4º A assinatura eletrônica, no âmbito da Justiça do Trabalho, será admitida sob as seguintes modalidades:

I – assinatura digital, baseada em certificado digital emitido pelo ICP-Brasil, com uso de cartão e senha;

II – assinatura cadastrada, obtida perante o Tribunal Superior do Trabalho ou Tribunais Regionais do Trabalho, com fornecimento de *login* e senha.

§ 1º Para o uso de qualquer das duas modalidades de assinatura eletrônica, o usuário deverá se credenciar previamente perante o Tribunal Superior do Trabalho ou o Tribunal Regional do Trabalho com jurisdição sobre a cidade em que tenha domicílio, mediante o preenchimento de formulário eletrônico, disponibilizado no Portal da Justiça do Trabalho (Portal-JT).

§ 2º No caso de assinatura digital, em que a identificação presencial já se realizou perante a Autoridade Certificadora, o credenciamento se dará pela simples identificação do usuário por meio de seu certificado digital e remessa do formulário devidamente preenchido.

§ 3º No caso da assinatura cadastrada, o interessado deverá comparecer, pessoalmente, perante o órgão do Tribunal no qual deseje cadastrar sua assinatura eletrônica, munido do formulário devidamente preenchido, obtendo senhas e informações para a operacionalização de sua assinatura eletrônica.

§ 4º Ao credenciado será atribuído registro e meio de acesso ao sistema, de modo a preservar o sigilo (mediante criptografia de senha), a identificação e a autenticidade de suas comunicações.

§ 5º Alterações de dados cadastrais poderão ser feitas pelos usuários, a qualquer momento, na seção respectiva do Portal-JT.

§ 6º O credenciamento implica a aceitação das normas estabelecidas nesta Instrução Normativa e a responsabilidade do credenciado pelo uso indevido da assinatura eletrônica.

Capítulo III
SISTEMA DE PETICIONAMENTO ELETRÔNICO

Art. 5º A prática de atos processuais por meio eletrônico pelas partes, advogados e peritos será feita, na Justiça do Trabalho, através do Sistema Integrado de Protocolização e Fluxo de Documentos Eletrônicos (e-DOC).

§ 1º O e-DOC é um serviço de uso facultativo, disponibilizado no Portal-JT, na Internet.

§ 2º É vedado o uso do e-DOC para o envio de petições destinadas ao Supremo Tribunal Federal.

§ 3º O sistema do e-DOC deverá buscar identificar, dentro do possível, os casos de ocorrência de prevenção, litispendência e coisa julgada.

§ 4º A parte desassistida de advogado que desejar utilizar o sistema do e-DOC deverá se cadastrar, antes, nos termos desta Instrução Normativa.

Art. 6º As petições, acompanhadas ou não de anexos, apenas serão aceitas em formato PDF (*Portable Document Format*), no tamanho máximo, por operação, de 2 *Megabytes*.

Parágrafo único. Não se admitirá o fracionamento de petição, tampouco dos documentos que a acompanham, para fins de transmissão.

Art. 7º O envio da petição por intermédio do e-DOC dispensa a apresentação posterior dos originais ou de fotocópias autenticadas, inclusive aqueles destinados à comprovação de pressupostos de admissibilidade do recurso.

Art. 8º O acesso ao e-DOC depende da utilização, pelo usuário, da sua assinatura eletrônica.

Parágrafo único. Salvo impossibilidade que comprometa o acesso à justiça, a parte deverá informar, ao distribuir a petição inicial de qualquer ação judicial em meio eletrônico, o número no cadastro de pessoas físicas ou jurídicas, conforme o caso, perante a Secretaria da Receita Federal.

Art. 9º O Sistema Integrado de Protocolização e Fluxo de Documentos Eletrônicos (e-DOC), no momento do recebimento da petição, expedirá recibo ao remetente, que servirá como comprovante de entrega da petição e dos documentos que a acompanharam.

§ 1º Constarão do recibo as seguintes informações:

I – o número de protocolo da petição gerado pelo Sistema;

II – o número do processo e o nome das partes, se houver, o assunto da petição e o órgão destinatário da petição, informados pelo remetente;

III – a data e o horário do recebimento da petição no Tribunal, fornecidos pelo Observatório Nacional;

IV – as identificações do remetente da petição e do usuário que assinou eletronicamente o documento.

§ 2º A qualquer momento o usuário poderá consultar no e-DOC as petições e documentos enviados e os respectivos recibos.

Art. 10. Incumbe aos Tribunais, por intermédio das respectivas unidades administrativas responsáveis pela recepção das petições transmitidas pelo e-DOC:

I – imprimir as petições e seus documentos, caso existentes, anexando-lhes o comprovante de recepção gerado pelo Sistema, enquanto não generalizada a virtualização do processo, que dispensará os autos físicos;

II – verificar, diariamente, no sistema informatizado, a existência de petições eletrônicas pendentes de processamento.

Art. 11. São de exclusiva responsabilidade dos usuários:

I – o sigilo da assinatura digital, não sendo oponível, em qualquer hipótese, alegação de seu uso indevido;

II – a equivalência entre os dados informados para o envio (número do processo e unidade judiciária) e os constantes da petição remetida;

III – as condições das linhas de comunicação e acesso ao seu provedor da Internet;

IV – a edição da petição e anexos em conformidade com as restrições impostas pelo serviço, no que se refere à formatação e tamanho do arquivo enviado;

V – o acompanhamento da divulgação dos períodos em que o serviço não estiver disponível em decorrência de manutenção no sítio do Tribunal.

§ 1º A não obtenção, pelo usuário, de acesso ao Sistema, além de eventuais defeitos de transmissão ou recepção de dados, não serve de escusa para o descumprimento dos prazos legais.

§ 2º Deverão os Tribunais informar, nos respectivos sítios, os períodos em que, eventualmente, o sistema esteve indisponível.

Art. 12. Consideram-se realizados os atos processuais por meio eletrônico no dia e hora do seu recebimento pelo sistema do e-DOC.

§ 1º Quando a petição eletrônica for enviada para atender prazo processual, serão consideradas tempestivas as transmitidas até as 24 horas do seu último dia.

§ 2º Incumbe ao usuário observar o horário estabelecido como base para recebimento, como sendo o do Observatório Nacional, devendo atender para as diferenças de fuso horário existente no país.

§ 3º Não serão considerados, para efeito de tempestividade, o horário da conexão do usuário à Internet, o horário do acesso ao sítio do Tribunal, tampouco os horários consignados nos equipamentos do remetente e da unidade destinatária, mas o de recebimento no órgão da Justiça do Trabalho.

Art. 13. O uso inadequado do e-DOC que venha a causar prejuízo às partes ou à atividade jurisdicional importa bloqueio do cadastramento do usuário, a ser determinado pela autoridade judiciária competente.

Capítulo IV
COMUNICAÇÃO E INFORMAÇÃO DOS ATOS PROCESSUAIS NO PORTAL DA JUSTIÇA DO TRABALHO

Art. 14. O Portal da Justiça do Trabalho

(Portal-JT) é o sítio corporativo da instituição, abrangendo todos os Tribunais trabalhistas do país, gerenciado pelo Conselho Superior da Justiça do Trabalho e operado pelo Tribunal Superior do Trabalho e pelos Tribunais Regionais do Trabalho, incluindo, entre outras funcionalidades:

I – o Diário da Justiça do Trabalho Eletrônico (DJT), para publicação de atos judiciais e administrativos dos Tribunais e Varas do Trabalho;

II – sistemas de Pesquisa de Jurisprudência, de Legislação Trabalhista e Atos Normativos da Justiça do Trabalho, de acompanhamento processual, de acervo bibliográfico, com Banco de Dados Geral integrado pelos julgados e atos administrativos de todos os Tribunais trabalhistas do país;

III – informações gerais sobre os Tribunais e Varas do Trabalho, incluindo memória da Justiça do Trabalho, dados estatísticos, magistrados, concursos e licitações, entre outros;

IV – informações sobre o Conselho Superior da Justiça do Trabalho (CSJT), incluindo seu Regimento Interno, suas resoluções e decisões, além de seus integrantes e estrutura do órgão;

V – informações sobre a Escola Nacional de Formação e Aperfeiçoamento de Magistrados do Trabalho (ENAMAT), incluindo quadro diretivo, de professores, de alunos e de cursos, bem como disponibilizando ambiente para o ensino à distância;

VI – sistemas de Assinatura Eletrônica, Peticionamento Eletrônico (e-DOC) e de Carta Eletrônica (CE);

VII – informações sobre a Corregedoria-Geral da Justiça do Trabalho.

Parágrafo único. O conteúdo das publicações de que trata este artigo deverá ser assinado digitalmente, na forma desta Instrução Normativa.

Art. 15. A publicação eletrônica no DJT substitui qualquer outro meio e publicação oficial, para quaisquer efeitos legais, à exceção dos casos que, por lei, exigem intimação ou vista pessoal.

§ 1º Os atos processuais praticados pelos magistrados trabalhistas a serem publicados no DJT serão assinados digitalmente no momento de sua prolação.

§ 2º Considera-se como data da publicação o primeiro dia útil seguinte ao da disponibilização da informação no DJT.

§ 3º Os prazos processuais terão início no primeiro dia útil que seguir ao considerado como data da publicação.

Art. 16. As intimações serão feitas por meio eletrônico no Portal-JT aos que se credenciarem na forma desta Instrução Normativa, dispensando-se a publicação no órgão oficial, inclusive eletrônico.

§ 1º Considerar-se-á realizada a intimação no dia em que o intimando efetivar a consulta eletrônica ao teor da intimação, certificando-se nos autos a sua realização.

§ 2º Na hipótese do § 1º deste artigo, nos casos em que a consulta se dê em dia não útil, a intimação será considerada como realizada no primeiro dia útil seguinte.

§ 3º A consulta referida nos §§ 1º e 2º deste artigo deverá ser feita em até 10 dias corridos contados da data do envio da intimação, sob pena de considerar-se a intimação automaticamente realizada na data do término desse prazo.

§ 4º A intimação de que trata este artigo somente será realizada nos processos em que todas as partes estejam credenciadas na forma desta Instrução Normativa, de modo a uniformizar a contagem dos prazos processuais.

§ 5º Nos casos urgentes em que a intimação feita na forma deste artigo possa causar prejuízo a quaisquer das partes ou nos casos em que for evidenciada qualquer tentativa de burla ao sistema, o ato processual deverá ser realizado por outro meio que atinja a sua finalidade, conforme determinado pelo juiz.

§ 6º As intimações feitas na forma deste artigo, inclusive da Fazenda Pública, serão consideradas pessoais para todos os efeitos legais.

§ 7º Observadas as formas e as cautelas deste artigo, as citações, inclusive da Fazenda Pública, poderão ser feitas por meio eletrônico, desde que a íntegra dos autos seja acessível ao citando.

Art. 17. As cartas precatórias, rogatórias e de ordem, no âmbito da Justiça do Trabalho, serão transmitidas exclusivamente de forma eletrônica, através do Sistema de Carta Eletrônica (CE) já referido, com dispensa da remessa física de documentos.

§ 1º A utilização do Sistema de Carta Eletrônica fora do âmbito da Justiça do Trabalho dependerá da aceitação pelos demais órgãos do Poder Judiciário.

§ 2º Eventuais falhas na transmissão eletrônica dos dados não desobriga os magistrados e serventuários do cumprimento dos prazos legais, cabendo, nesses casos, a utilização de outros meios previstos em lei para a remessa das cartas.

Art. 18. As petições e demais documentos referentes às cartas precatórias, rogatórias e de ordem, não apresentados pelas partes em meio eletrônico, serão digitalizados e inseridos no Sistema de Carta Eletrônica.

Art. 19. Os documentos em meio físico, em poder do Juízo deprecado, deverão ser adequadamente organizados e arquivados, obedecidos os critérios estabelecidos na Lei n. 8.159, de 8 de janeiro de 1991, e no Decreto n. 4.073, de 3 de janeiro de 2002.

Parágrafo único. Poderá o Juízo deprecante, em casos excepcionais, solicitar o documento físico em poder do Juízo deprecado.

Art. 20. Serão certificados nos autos principais todos os fatos relevantes relativos ao andamento da carta, obtidos junto ao sistema Carta Eletrônica (CE), com impressão e juntada apenas dos documentos essenciais à instrução do feito, nos casos de autos em papel.

Art. 21. Os Tribunais Regionais do Trabalho ficarão obrigados a comunicar à Presidência do Conselho Superior da Justiça do Trabalho qualquer alteração na competência territorial de suas Varas do Trabalho.

CAPÍTULO V
PROCESSO ELETRÔNICO

Art. 22. Na Justiça do Trabalho, os atos processuais do processo eletrônico serão assinados eletronicamente na forma estabelecida nesta Instrução Normativa.

Art. 23. No processo eletrônico, todas as citações, intimações e notificações, inclusive da Fazenda Pública, serão feitas por meio eletrônico.

§ 1º As citações, intimações, notificações e remessas que viabilizem o acesso à íntegra do processo correspondente serão consideradas vista pessoal do interessado para todos os efeitos legais.

§ 2º Quando, por motivo técnico, for inviável o uso do meio eletrônico para a realização de citação, intimação ou notificação, esses atos processuais poderão ser praticados segundo as regras ordinárias, digitalizando-se o documento físico, que deverá ser posteriormente destruído.

Art. 24. A distribuição da petição inicial e a juntada da contestação, dos recursos e das petições em geral, todos em formato digital, nos autos de processo eletrônico, podem ser feitas diretamente pelos advogados públicos e privados, sem necessidade da intervenção do cartório ou secretaria judicial, situação em que a autuação deverá se dar de forma automática, fornecendo-se o recibo eletrônico de protocolo.

§ 1º Quando o ato processual tiver que ser praticado em determinado prazo, por meio de petição eletrônica, serão considerados tempestivos os efetivados até as 24 horas do último dia.

§ 2º No caso do § 1º deste artigo, se o serviço respectivo do Portal-JT se tornar indisponível por motivo técnico que impeça a prática do ato no termo final do prazo, este fica automaticamente prorrogado para o primeiro dia útil seguinte à resolução do problema.

Art. 25. Os documentos produzidos eletronicamente e juntados aos processos eletrônicos com garantia da origem e de seu signatário, na forma estabelecida nesta Instrução Normativa, serão considerados originais para todos os efeitos legais.

§ 1º Os extratos digitais e os documentos digitalizados e juntados aos autos pelos órgãos da Justiça do Trabalho e seus auxiliares, pelo Ministério Público e seus auxiliares, pelas procuradorias, pelas autoridades policiais, pelas repartições públicas em geral e por advogados públicos e privados têm a mesma força probante dos originais, ressalvada a alegação motivada e fundamentada de adulteração antes ou durante o processo de digitalização.

§ 2º A arguição de falsidade do documento original será processada eletronicamente na forma da lei processual em vigor.

§ 3º Os originais dos documentos digitalizados, mencionados no § 1º deste artigo, deverão ser preservados pelo seu detentor até o trânsito em julgado da sentença ou, quando admitida, até o final do prazo para interposição de ação rescisória.

§ 4º Os documentos cuja digitalização seja tecnicamente inviável devido ao grande volume ou por motivo de ilegibilidade deverão ser apresentados ao cartório ou secretaria no prazo de 10 dias contados do envio de petição eletrônica comunicando o fato, os quais serão devolvidos à parte após o trânsito em julgado.

§ 5º Os documentos digitalizados juntados em processo eletrônico somente estarão disponíveis para acesso por meio da rede externa para suas respectivas partes processuais e para o Ministério Público, respeitado o disposto em lei para as situações de sigilo e de segredo de justiça.

Art. 26. A conservação dos autos do processo poderá ser efetuada total ou parcialmente por meio eletrônico.

§ 1º Os autos dos processos eletrônicos serão protegidos por meio de sistemas de segurança de acesso e armazenados de forma a preservar a integridade dos dados, sendo dispensada a formação de autos suplementares.

§ 2º Os autos de processos eletrônicos que tiverem de ser remetidos a outro juízo ou instância superior que não disponham de sistema compatível deverão ser impressos em papel e autuados na forma dos arts. 166 a 168 do CPC.

§ 3º No caso do § 2º deste artigo, o escrivão ou o chefe de secretaria certificará os autores ou a origem dos documentos produzidos nos autos, acrescentando, ressalvada a hipótese de existir segredo de justiça, a forma pela qual o banco de dados poderá ser acessado para aferir a autenticidade das peças e das respectivas assinaturas digitais.

§ 4º Feita a autuação na forma estabelecida no § 2º deste artigo, o processo seguirá a tramitação legalmente estabelecida para os processos físicos.

§ 5º A digitalização de autos em mídia não digital, em tramitação ou já arquivados, será precedida de publicação de editais de intimações ou da intimação pessoal das partes e de seus procuradores, para que, no prazo preclusivo de 30 dias, se manifestem sobre o desejo de manterem pessoalmente a guarda de algum dos documentos originais.

Art. 27. O magistrado poderá determinar que sejam realizados por meio eletrônico a exibição e o envio de dados e de documentos necessários à instrução do processo.

§ 1º Consideram-se cadastros públicos, para os efeitos deste artigo, dentre outros existentes ou que venham a ser criados, ainda que mantidos por concessionárias de serviço público ou empresas privadas, os que contenham informações indispensáveis ao exercício da função judicante.

§ 2º O acesso de que trata este artigo dar-se-á por qualquer meio tecnológico disponível, preferentemente o de menor custo, considerada sua eficiência.

Capítulo VI
DISPOSIÇÕES GERAIS, FINAIS E TRANSITÓRIAS

Art. 28. Os credenciamentos de assinatura eletrônica já feitos pelos Tribunais Regionais do Trabalho antes da publicação desta Instrução Normativa e que estejam em desacordo com as regras nela estabelecidas terão validade por 180 dias da última publicação desta Resolução, devendo os interessados promover o credenciamento adequado até essa data.

Art. 29. Os casos omissos desta Instrução Normativa serão resolvidos pelos Presidentes dos Tribunais, no âmbito de suas esferas de competência.

Art. 30. Para efeito do disposto no § 5º do art. 4º da Lei n. 11.419, de 19 de dezembro de 2006, a presente Instrução Normativa será publicada durante 30 dias no Diário Oficial em uso, dando-lhe ampla divulgação.

Art. 31. A presente Instrução Normativa entra em vigor 90 dias após a sua última publicação, revogada a Instrução Normativa n. 28 desta Corte.

..................................(*DJU*, 18.9.07)

Instrução Normativa 31/07

Regulamenta a forma de realização do depósito prévio em ação rescisória de que trata o art. 836 da CLT, com redação dada pela Lei n. 11.495, de 22 de junho de 2007.

Art. 1º O depósito prévio em ação rescisória de que trata o art. 836 da CLT, com redação dada pela Lei n. 11.495, de 22 de junho de 2007, deverá ser realizado na forma preconizada na Instrução Normativa n. 21 desta Corte, observando-se as seguintes peculiaridades quanto ao preenchimento da guia de acolhimento de depósito judicial:

I – nos campos relativos à identificação do processo deverão ser informados os dados do processo em que foi proferida a decisão rescindenda;

II – o campo "Tipo de Depósito" deverá ser preenchido com o número 1 (primeiro depósito), ainda que outros depósitos judiciais tenham sido efetuados no processo originário;

III – o campo "Motivo do Depósito" deverá ser preenchido com o número 4 (Outros).

Art. 2º O valor da causa da ação rescisória que visa desconstituir decisão da fase de conhecimento corresponderá:

I – no caso de improcedência, ao valor dado à causa do processo originário ou aquele que for fixado pelo Juiz;

II – no caso de procedência, total ou parcial, ao respectivo valor arbitrado à condenação.

Art. 3º O valor da causa da ação rescisória que visa desconstituir decisão da fase de execução corresponderá ao valor apurado em liquidação de sentença.

Art. 4º O valor da causa da ação rescisória, quer objetive desconstituir decisão da fase de conhecimento ou decisão da fase de execução, será reajustado pela variação cumulada do INPC do IBGE até a data do seu ajuizamento.

Art. 5º O valor depositado será revertido em favor do réu, a título de multa, caso o pedido deduzido na ação rescisória seja julgado, por unanimidade de votos, improcedente ou inadmissível (Nred. Res. TST 154/09).

Art. 6º O depósito prévio não será exigido da massa falida e quando o autor perceber salário igual ou inferior ao dobro do mínimo legal, ou declarar, sob as penas da lei, que não está em condições de pagar as custas do processo sem prejuízo do sustento próprio ou de sua família.

Art. 7º Esta Instrução Normativa entra em vigor na data de sua publicação.

..................................(*DJU*, 9.10.07)

Instrução Normativa 32/08

Precatórios em virtude de sentença judicial.

Art. 1º Os pagamentos devidos pelas Fazendas Públicas Federal, Estadual, Distrital ou Municipal, em virtude de sentença judicial transitada em julgado, serão realizados exclusivamente na ordem de apresentação dos precatórios e à conta dos créditos respectivos, na forma da lei.

Parágrafo único. Não estão sujeitos à expedição de precatórios os pagamentos de obrigações definidas em lei como de pequeno valor.

Art. 2º É obrigatória a inclusão, no orçamento das entidades de Direito Público, de verba necessária ao pagamento de seus débitos oriundos de sentenças transitadas em julgado, constantes de precatórios judiciários, apresentados até 1º de julho, fazendo-se o pagamento até o final do exercício seguinte, quando terão seus valores atualizados monetariamente.

Art. 3º Reputa-se de pequeno valor o crédito cuja importância atualizada, por beneficiário, seja igual ou inferior a:

I – 60 salários mínimos, se a devedora for a Fazenda Pública Federal;

II – 40 salários mínimos, ou o valor estipulado pela legislação local, se as devedoras forem as Fazendas Públicas Estadual e Distrital; e

III – 30 salários mínimos, ou o valor

estipulado pela legislação local, se a devedora for a Fazenda Pública Municipal.

Art. 4º Ao credor de importância superior à estabelecida na definição de pequeno valor, fica facultado renunciar ao crédito do valor excedente e optar pelo pagamento do saldo dispensando-se o precatório.

§ 1º Não é permitido o fracionamento do valor da execução relativamente ao mesmo beneficiário, de modo que se faça o pagamento, em parte, por intermédio de requisição de pequeno valor e, em parte, mediante expedição de precatório.

§ 2º Na hipótese de crédito de valor aproximado ao de pequeno valor legalmente previsto, o Presidente do Tribunal ou o Juízo Auxiliar de Conciliação de Precatórios consultará o credor quanto ao interesse em renunciar parcialmente ao crédito de modo a afastar a necessidade de expedição do precatório.

Art. 5º As requisições de pagamento que decorram de precatório ou as de pequeno valor, quando a devedora for a União, serão expedidas pelo Juiz da execução e dirigidas ao presidente do Tribunal, a quem compete:

a) examinar a regularidade formal da requisição;

b) corrigir, de ofício ou a requerimento das partes, inexatidões materiais ou retificar erros de cálculos, vinculados à utilização de critério em descompasso com a lei ou com o título executivo judicial, desde que o critério não haja sido objeto de debate quer na fase de conhecimento, quer na fase de execução;

c) expedir o ofício requisitório; e

d) zelar pela obediência à ordem de preferência de pagamento dos créditos, na hipótese de precatórios.

Art. 6º Nos casos de créditos de pequeno valor de responsabilidade das Fazendas Públicas Estadual, Distrital ou Municipal, as requisições serão encaminhadas pelo Juiz da execução ao próprio devedor.

Art. 7º Na hipótese de reclamação plúrima será considerado o valor devido a cada litisconsorte, expedindo-se, simultaneamente, se for o caso:

a) requisições de pequeno valor em favor dos exequentes cujos créditos não ultrapassam os limites definidos no art. 3º desta Instrução; e

b) requisições mediante precatório para os demais credores.

Parágrafo único. Os honorários advocatícios e periciais serão considerados parcela autônoma, não se somando ao crédito dos exequentes para fins de classificação do requisitório de pequeno valor.

Art. 8º É vedado requisitar pagamento em execução provisória.

Art. 9º O Juiz da execução informará na requisição os seguintes dados constantes do processo:

I – número do processo;

II – nomes das partes e de seus procuradores;

III – nomes dos beneficiários e respectivos números no CPF ou no CNPJ, inclusive quando se tratar de advogados, peritos e outros;

IV – natureza do crédito (comum ou alimentar) e espécie da requisição (RPV ou precatório);

VI – valor individualizado por beneficiário e valor total da requisição;

VII – data-base considerada para efeito de atualização monetária dos valores; e

VIII – data do trânsito em julgado da sentença ou acórdão.

Parágrafo único. Ausentes quaisquer dos dados especificados, o Tribunal restituirá a requisição à origem, para regularização.

Art. 10. Os precatórios e as requisições de pequeno valor serão processados nos próprios autos do processo que os originaram.

Art. 11. O pagamento das requisições obedecerá estritamente à ordem cronológica de apresentação nos Tribunais.

Art. 12. Os valores destinados aos pagamentos decorrentes de precatórios e de requisições de pequeno valor serão depositados em instituição bancária oficial, abrindo-se conta remunerada e individualizada para cada beneficiário.

Art. 13. Incumbirá ao Juiz da execução comunicar ao Presidente do Tribunal ou ao Juízo Auxiliar de Conciliação de Precatórios, no prazo de 5 dias, a efetivação do pagamento ao credor.

Art. 14. O Presidente do Tribunal, exclusivamente na hipótese de preterição do direito de precedência do credor, fica autorizado a proceder ao sequestro de verba do devedor, desde que requerido pelo exequente e depois de ouvido o Ministério Público.

Art. 15. As requisições de pequeno valor – RPV encaminhadas ao devedor deverão ser pagas no prazo de 60 dias.

Parágrafo único. Na hipótese de não cumprimento da requisição judicial, o Juiz determinará o sequestro do numerário suficiente ao cumprimento da decisão.

Art. 16. Os Tribunais Regionais do Trabalho instituirão Juízo Auxiliar de Conciliação de Precatórios, com o objetivo de incluir em pauta, observada a ordem cronológica de apresentação, os precatórios e as requisições de pequeno valor (RPV) já consignadas em precatório, para tentativa de acordo.

Parágrafo único. Caberá ao Juízo Auxiliar de Conciliação de Precatórios, sem prejuízo de outras atribuições, o controle da listagem da ordem preferencial dos credores, a realização de cálculos, o acompanhamento de contas bancárias e a celebração de convênios entre os entes públicos devedores e o Tribunal Regional do Trabalho, para repasse mensal de verbas necessárias ao pagamento dos precatórios.

Art. 17. Será designado pelo Presidente do Tribunal um Juiz do Trabalho substituto para atuar no Juízo Auxiliar de Conciliação de Precatórios.

§ 1º O Juízo Auxiliar de Conciliação de Precatórios determinará a inclusão em pauta de todos os precatórios, observada a ordem cronológica, para tentativa de conciliação.

§ 2º As partes e seus procuradores serão convocados para audiência de conciliação, que poderá ser realizada apenas com a presença dos procuradores, desde que possuam poderes para transigir, receber e dar quitação.

§ 3º O Ministério Público do Trabalho será comunicado do dia, local e horário da realização da audiência de conciliação.

Art. 18. As partes poderão, a qualquer tempo, solicitar a reinclusão do precatório em pauta, para nova tentativa de conciliação.

Art. 19. Os precatórios conciliados serão quitados, na ordem cronológica, observando-se o repasse realizado pelo ente público devedor.

Art. 20. Os precatórios que não foram objeto de conciliação serão pagos na ordem cronológica de apresentação.

Art. 21. Frustrada a tentativa de conciliação referente a precatório cujo prazo para pagamento já venceu os autos serão encaminhados à Presidência do Tribunal, para deliberar sobre eventual pedido de intervenção.

Art. 22. O Presidente do Tribunal deverá fundamentar a decisão relativa ao encaminhamento do pedido de intervenção, justificando a necessidade da adoção da medida excepcional.

Art. 23. O pedido de intervenção deverá ser instruído, obrigatoriamente, com as seguintes peças:

a) petição do credor, dirigida ao Presidente do Tribunal Regional do Trabalho, requerendo o encaminhamento do pedido de intervenção ao Supremo Tribunal Federal ou ao Tribunal de Justiça, conforme o caso;

b) impugnação do ente público ao pedido, se houver;

c) manifestação do Ministério Público do Trabalho da Região;

d) decisão fundamentada do Presidente do Tribunal Regional do Trabalho relativa à admissibilidade do encaminhamento do pedido de intervenção; e

e) ofício requisitório que permita a verificação da data de expedição do precatório e o ano de sua inclusão no orçamento.

Parágrafo único. O pedido de intervenção em Estado-membro será encaminhado ao Supremo Tribunal Federal por intermédio da Corregedoria-Geral da Justiça do Trabalho, enquanto o pedido de intervenção em município será enviado diretamente pelo Presidente do Tribunal Regional do Trabalho ao Tribunal de Justiça do respectivo Estado.

Art. 24. Fica revogada a Resolução n. 67, de 10 de abril de 1997, que aprovou a Instrução Normativa 11.

Art. 25. Esta Resolução entra em vigor na data de sua publicação.

..................................(*DJU*, 14.1.08).

Ato Conjunto TST/CSJT GP 15/08

Institui o Diário Eletrônico da Justiça do Trabalho e estabelece normas para envio, publicação e disponibilização de matérias dos Órgãos da Justiça do Trabalho.

Art. 1º Este Ato institui o Diário Eletrônico da Justiça do Trabalho, de âmbito nacional, e estabelece as normas para sua elaboração, disponibilização e publicação (NRed. Ato Conjunto TST/CSJT 13/10).

Seção I
Finalidade do Diário Eletrônico da Justiça do Trabalho e Endereço de Acesso

Art. 2º O Diário Eletrônico da Justiça do Trabalho é o instrumento de comunicação oficial para disponibilização e publicação dos atos dos Órgãos da Justiça do Trabalho, do Conselho Superior da Justiça do Trabalho e da Escola Nacional de Formação e Aperfeiçoamento de Magistrados do Trabalho, e estará acessível nos respectivos portais na rede mundial de computadores, possibilitando a qualquer interessado o acesso gratuito, independentemente de cadastro prévio.

Parágrafo único. O Diário Eletrônico da Justiça do Trabalho é composto pelos seguintes cadernos:

I – Caderno Judiciário: destinado à publicação de atos judiciais; e

II – Caderno Administrativo: destinado à publicação de atos do Conselho Superior da Justiça do Trabalho e da Escola Nacional de Formação e Aperfeiçoamento de Magistrados do Trabalho, bem como dos atos de gestão administrativa do Tribunal Superior do Trabalho e dos Tribunais Regionais do Trabalho (NRed. Ato Conjunto TST/CSJT 37/13).

Seção II
Do Início da Publicação de Matérias no Diário Eletrônico da Justiça do Trabalho

Art. 3º A publicação de matérias no Diário Eletrônico da Justiça do Trabalho terá início em 9 de junho de 2008, com a disponibilização dos expedientes do Tribunal Superior do Trabalho, do Conselho Superior da Justiça do Trabalho, da Escola Nacional de Formação e Aperfeiçoamento de Magistrados do Trabalho e de Tribunais Regionais do Trabalho (NRed. Ato Conjunto TST/CSJT 13/10).

Parágrafo único. A publicação dos expedientes dos Tribunais Regionais do Trabalho será feita gradualmente, na forma do cronograma a ser fixado pela Presidência do Conselho Superior da Justiça do Trabalho.

Art. 4º Os Órgãos da Justiça do Trabalho que iniciarem a publicação no Diário Eletrônico da Justiça do Trabalho manterão, simultaneamente, as versões atuais de publicação por no mínimo trinta dias.

Art. 5º A publicação eletrônica na forma deste artigo substitui qualquer outro meio e publicação oficial, para quaisquer efeitos legais, à exceção dos casos que, por lei, exigirem:

I – intimação ou vista pessoal; ou

II – publicação por meio da Imprensa Nacional ou jornais de circulação local, regional ou nacional (NRed. Ato Conjunto TST/CSJT 37/13).

Art. 6º Considera-se como data da publicação o primeiro dia útil seguinte ao da disponibilização do Diário Eletrônico no Portal da Justiça do Trabalho (NRed. Ato Conjunto TST/CSJT 13/10).

Parágrafo único. Os prazos processuais terão início no primeiro dia útil que seguir ao considerado como data da publicação.

Seção III
Da Periodicidade, da Disponibilização e dos Feriados

Art. 7º O Diário Eletrônico da Justiça do Trabalho será disponibilizado diariamente, de segunda a sexta-feira, a partir das dezenove horas, exceto nos feriados nacionais (NRed. Ato Conjunto TST/CSJT 13/10).

§ 1º Na hipótese de problemas técnicos que impossibilitem a disponibilização das matérias até as vinte e três horas, a disponibilização não será efetivada e o fato será comunicado aos gestores do sistema, pelo gestor nacional, para que providenciem o reagendamento das matérias (NRed. Ato Conjunto TST/CSJT 13/10).

§ 2º Caso o Diário Eletrônico do dia corrente se torne indisponível para consulta no Portal da Justiça do Trabalho, entre 19h e 23h59, por período superior a quatro horas, considerar-se-á como data de disponibilização o primeiro dia útil subsequente (NRed. Ato Conjunto TST/CSJT 13/10).

§ 3º Na hipótese do parágrafo anterior, e sendo necessário, o presidente do Órgão publicador baixará ato de invalidação e determinará nova data para disponibilização das matérias (NRed. Ato Conjunto TST/CSJT 13/10).

Art. 8º Na hipótese de feriados serão observadas as seguintes regras:

I – no caso de cadastramento de feriado de âmbito nacional:

a) as matérias já agendadas para data coincidente serão automaticamente reagendadas para o primeiro dia útil subsequente, cabendo ao gestor do Órgão publicador intervir para alterá-las ou excluí-las;

b) serão enviadas mensagens eletrônicas aos gestores, gerentes e publicadores dos Órgãos e unidades atingidas;

II – na hipótese de cadastramento de feriado regional, a disponibilização de matérias já agendadas para a mesma data será mantida, cabendo ao gestor do Órgão atingido intervir para alterá-la ou excluí-la (NRed. Ato Conjunto TST/CSJT 13/10);

III – o agendamento de matérias para disponibilização em dia cadastrado como feriado nacional será rejeitado (NRed. Ato Conjunto TST/CSJT 13/10);

IV – o agendamento de matérias para disponibilização nos feriados regionais será prerrogativa do Órgão publicador (NRed. Ato Conjunto TST/CSJT 13/10).

Seção IV
Da Permanência das Edições no Portal da Justiça do Trabalho

Art. 9º Serão mantidas no Portal para acesso público, consulta e *download*, todas as edições do Diário Eletrônico da Justiça do Trabalho.

Parágrafo único. O Tribunal Superior do Trabalho e os Tribunais Regionais do Trabalho definirão os procedimentos para guarda e conservação dos diários (NRed. Ato Conjunto TST/CSJT 37/13).

Seção V
Da Assinatura Digital, da Segurança e da Numeração Sequencial

Art. 10. As edições do Diário Eletrônico da Justiça do Trabalho serão assinadas digitalmente, atendendo aos requisitos de autenticidade, integridade, validade jurídica e interoperabilidade da Infraestrutura de Chaves Públicas Brasileiras – ICP/Brasil.

Art. 11. O Diário Eletrônico da Justiça do Trabalho será identificado por numeração sequencial para cada edição, pela data da publicação e pela numeração da página.

Seção VI
Do Comitê Gestor, dos Gestores Nacionais e Regionais, dos Gerentes e dos Publicadores

Art. 11-A. O Diário Eletrônico da Justiça do Trabalho será administrado por um Comitê Gestor, com as seguintes atribuições (Red. Ato Conjunto TST/CSJT 13/10):

I – realizar estudos, pesquisas e levantamentos de informações com a finalidade de promover a adoção de novas tecnologias, adequadas ao sistema e às necessidades dos Órgãos da Justiça do Trabalho, do Conselho Superior da Justiça do Trabalho e da Escola Nacional de Formação e Aperfeiçoamento de Magistrados do Trabalho (Red. Ato Conjunto TST/CSJT 13/10);

II – analisar as demandas e as necessidades de atualização e alteração do sistema (Red. Ato Conjunto TST/CSJT 13/10);

III – colaborar com a equipe técnica para a definição das premissas e estratégias utilizadas para o desenvolvimento, homologação, implantação e integridade de operação do sistema (Red. Ato Conjunto TST/CSJT 13/10);

IV – elaborar propostas de projetos para a especificação, aquisição, implantação e suporte ao sistema (Red. Ato Conjunto TST/CSJT 13/10);

V – indicar membros para a composição das equipes de projeto, incluindo os gerentes do projeto e as equipes de requisitos, submetendo-os à aprovação da Coordenação Executiva, que será exercida pela Secretaria Especial de Integração Tecnológica do Conselho Superior da Justiça do Trabalho (NRed. Ato Conjunto TST/CSJT 37/13);

VI – apoiar o desenvolvimento de projetos relacionados ao Diário Eletrônico da Justiça do Trabalho, atendendo às solicitações encaminhadas pelos respectivos gerentes de projetos (Red. Ato Conjunto TST/CSJT 13/10);

VII – divulgar os resultados de suas atividades pelos meios ou mecanismos designados pela Coordenação Executiva (Red. Ato Conjunto TST/CSJT 13/10);

VIII – definir os tipos de matéria utilizados no sistema (Red. Ato Conjunto TST/CSJT 37/13).

Art. 12. O gestor nacional do Diário Eletrônico da Justiça do Trabalho terá as seguintes atribuições (NRed. Ato Conjunto TST/CSJT 13/10):

I – registrar e manter atualizado o calendário dos feriados nacionais;

II – incluir, alterar e excluir gestores designados pelo Tribunal Superior do Trabalho, pelo Conselho Superior da Justiça do Trabalho, pela Escola Nacional de Formação e Aperfeiçoamento de Magistrados do Trabalho e pelos Tribunais Regionais do Trabalho (NRed. Ato Conjunto TST/CSJT 13/10);

III – incluir, alterar ou excluir tipos de matérias utilizados no sistema; e

IV – registrar, em livro eletrônico de acesso público, as indisponibilidades do Diário Eletrônico da Justiça do Trabalho e outras ocorrências de caráter relevante (NRed. Ato Conjunto TST/CSJT 13/10).

Parágrafo único. O Presidente do Conselho Superior da Justiça do Trabalho e do Tribunal Superior do Trabalho designará o gestor nacional e o respectivo substituto.

Art. 13. Ao gestor regional, além das atribuições conferidas aos gerentes, compete:

I – cadastrar as unidades publicadoras do respectivo regional;

II – incluir, alterar e excluir os gerentes das unidades publicadoras e os gestores regionais substitutos;

III – incluir, alterar e excluir do calendário os dias de feriados regionais;

IV – incluir, alterar ou excluir subtipos de matérias utilizados no sistema (Red. Ato Conjunto TST/CSJT 37/13).

Art. 14. Cada unidade publicadora designará os seus gerentes e publicadores responsáveis pelo envio das matérias para disponibilização no Diário Eletrônico da Justiça do Trabalho (NRed. Ato Conjunto TST/CSJT 13/10).

Art. 15. Aos gerentes, além das prerrogativas conferidas aos publicadores, compete:

I – excluir matérias enviadas por sua unidade ou alterar a data de disponibilização previamente agendada (NRed. Ato Conjunto TST/CSJT 13/10);

II – incluir e excluir os gerentes substitutos e os publicadores no âmbito de sua unidade.

Art. 16. Publicador é o servidor credenciado pelo gerente de sua unidade e habilitado para enviar matérias.

Seção VII
Do Horário para Envio e para Exclusão de Matérias

Art. 17. O horário-limite para o envio de matérias será 15 horas do dia da disponibilização (NRed. Ato Conjunto TST/CSJT 37/13).

Parágrafo único. A alteração da data de disponibilização e a exclusão de matérias enviadas somente serão possíveis até uma hora após o horário-limite estabelecido para envio (NRed. Ato Conjunto TST/CSJT 13/10).

Art. 18. (Rev. Ato Conjunto TST/CSJT 13/10).

Seção VIII
Do Conteúdo, das Formas de Envio de Matérias e da Confirmação da Disponibilização

Art. 19. O conteúdo ou a duplicidade das matérias disponibilizadas no Diário Eletrônico da Justiça do Trabalho é de responsabilidade exclusiva da unidade que o produziu, não havendo nenhuma crítica ou editoração da matéria enviada (NRed. Ato Conjunto TST/CSJT 13/10).

Art. 20. As matérias enviadas para publicação deverão obedecer aos padrões de formatação estabelecidos pela Secretaria de Tecnologia da Informação do Tribunal Superior do Trabalho.

Parágrafo único. Nos casos em que se exija publicação de matérias com formatação fora dos padrões estabelecidos, essas deverão ser enviadas como anexos por meio de funcionalidade existente no sistema do Diário Eletrônico da Justiça do Trabalho.

Art. 21. Após a disponibilização no Diário Eletrônico da Justiça do Trabalho, não poderão ocorrer modificações ou supressões nos documentos. Eventuais retificações deverão constar de nova publicação (NRed. Ato Conjunto TST/CSJT 13/10).

Art. 22. (Rev. Ato Conjunto TST/CSJT 13/10).

Seção IX
Disposições Finais e Transitórias

Art. 23. Compete à Secretaria de Tecnologia da Informação do Tribunal Superior do Trabalho:

I – a manutenção e o funcionamento da infraestrutura e dos sistemas e programas informatizados relativamente ao Diário Eletrônico da Justiça do Trabalho (NRed. Ato Conjunto TST/CSJT 13/10);

II – o suporte técnico e o atendimento dos usuários do Tribunal Superior do Trabalho, do Conselho Superior da Justiça do Trabalho e da Escola Nacional de Formação e Aperfeiçoamento de Magistrados do Trabalho (NRed. Ato Conjunto TST/CSJT 13/10);

III – a guarda e conservação das cópias de segurança do Diário Eletrônico da Justiça do Trabalho;

IV – o atendimento de segundo nível demandado pelas Secretarias de Informática e dos Gestores Regionais (NRed. Ato Conjunto TST/CSJT 13/10).

Art. 24. Serão de guarda permanente, para fins de arquivamento, as publicações no Diário Eletrônico da Justiça do Trabalho.

Art. 25. No período referido no art. 4º deste Ato deverá constar informação da data do início da publicação exclusiva no Diário Eletrônico da Justiça do Trabalho (NRed. Ato Conjunto TST/CSJT 13/10).

Parágrafo único. Enquanto durar a publicação simultânea no Diário Eletrônico da Justiça do Trabalho e no Diário da Justiça ou versão utilizada pelo Órgão publicador, os prazos serão aferidos pelo sistema antigo de publicação (NRed. Ato Conjunto TST/CSJT 13/10).

Art. 26. Os horários mencionados neste Ato corresponderão ao horário oficial de Brasília, independentemente do fuso horário local.

Art. 27. Os casos omissos serão resolvidos pela Presidência do Tribunal Superior do Trabalho e do Conselho Superior da Justiça do Trabalho.

Art. 28. Este Ato entra em vigor na data de sua publicação, revogadas as disposições em contrário.

..................................(*DJU*, 24.9.08)

CONSOLIDAÇÃO DOS PROVIMENTOS DA CORREGEDORIA-GERAL DA JUSTIÇA DO TRABALHO

TÍTULO I
DISPOSIÇÃO INICIAL

....

Art. 1º A Consolidação dos Provimentos da Corregedoria-Geral da Justiça do Trabalho tem por finalidade o disciplinamento sistematizado de regras procedimentais a serem observadas no âmbito do Judiciário do Trabalho de primeiro e segundo graus de jurisdição.

....

Seção IV
Dever de Comunicação à OAB de Incompatibilidade ou Impedimento ao Exercício da Advocacia

....

Art. 14. O magistrado que tiver conhecimento de incompatibilidade ou impedimento para o exercício da advocacia, nos termos dos artigos 27 a 30 da Lei n. 8.906/1994, comunicará à Ordem dos Advogados do Brasil – OAB.

Parágrafo único. A comunicação será limitada à descrição dos fatos ensejadores da incompatibilidade ou do impedimento, sendo vedado ao magistrado externar sobre eles juízo de valor.

....

Capítulo III
DO MINISTÉRIO PÚBLICO DO TRABALHO

Art. 19. Os membros do Ministério Público do Trabalho serão cientificados pessoalmente das decisões proferidas pela Justiça do Trabalho nas causas em que o órgão haja atuado como parte ou como fiscal da lei.

Parágrafo único. As intimações serão pessoais, mediante envio dos autos às respectivas sedes das Procuradorias Regionais do Trabalho, ou da forma como for ajustado entre o Presidente do Tribunal e o Procurador-Chefe Regional.

Art. 20. À Procuradoria Regional do Trabalho serão remetidos processos para parecer nas seguintes hipóteses:

I – obrigatoriamente, quando for parte pessoa jurídica de Direito Público, Estado estrangeiro ou organismo internacional;

II – facultativamente, e de forma seletiva, por iniciativa do relator, quando a matéria, por sua relevância, recomendar a prévia manifestação do Ministério Público;

III – por iniciativa do Ministério Público do Trabalho, quando este reputar presente interesse público que justifique a sua intervenção;

IV – por determinação legal, os mandados de segurança, de competência originária ou em grau recursal, as ações civis coletivas, os dissídios coletivos, caso não haja sido emitido parecer na instrução, e os processos em que forem parte indígena ou respectivas comunidades e organizações.

Parágrafo único. Os processos nos quais figure como parte pessoa jurídica de direito público, Estado estrangeiro ou organismo internacional serão encaminhados às Procuradorias Regionais do Trabalho imediatamente após os registros de autuação, salvo se houver necessidade de pronta manifestação do desembargador do trabalho relator.

Art. 21. É permitida a presença dos membros do Ministério Público do Trabalho em sessão convertida em conselho pelos Tribunais Regionais do Trabalho.

Art. 22. Será assegurado aos membros do Ministério Público do Trabalho assento à direita da presidência no julgamento de qualquer processo, judicial ou administrativo, em curso perante Tribunais Regionais do Trabalho.

Parágrafo único. Igual prerrogativa será assegurada nas audiências das varas do trabalho a que comparecer o membro do Ministério Público do Trabalho, na condição de parte ou na de fiscal da lei, desde que haja disponibilidade de espaço ou possibilidade de adaptação das unidades judiciárias.

....

Capítulo IV
NORMAS PROCEDIMENTAIS DO PROCESSO

....

Seção II
Procedimentos em Autos Físicos

Subseção I
Juntada de Documento de Tamanho Irregular

Art. 37. Para que todas as folhas dos autos do processo apresentem a mesma dimensão, os documentos de tamanho irregular serão previamente afixados em folha de papel proporcional aos autos.

....

Subseção V

Da Autenticação de Cópias e Peças

Art. 42. As fotocópias de acórdãos expedidas pelos serviços competentes dos tribunais regionais do trabalho conterão a indispensável autenticação.

§ 1º Autenticada a cópia, a fotocópia que se extrair dessa peça também deverá estar autenticada.

§ 2º As cópias reprográficas, xerográficas e similares de peças processuais poderão ser autenticadas por chancela mecânica, indicativa do órgão emitente, servidor responsável, cargo e data, sendo desnecessária a existência de rubrica nas referidas peças processuais.

Art. 43. O documento em cópia oferecido para prova, a partir da vigência da Lei n. 11.926/2009, de 17.4.09, poderá ser declarado autêntico pelo próprio advogado, sob sua responsabilidade pessoal.

Subseção VI

Carga dos Autos. Prazo Comum

Art. 44. Os autos dos processos que não tramitem em segredo de justiça poderão ser confiados em carga temporária de até 45 (quarenta e cinco) minutos a advogado, mesmo sem procuração, para exame e obtenção de cópias, mediante exibição de documento de identificação profissional e registro no livro de carga (artigo 7º, inciso XIII, da Lei n. 8.906/94).

Parágrafo único. Idêntica providência poderá ser adotada em favor de advogado regularmente constituído nos autos, no caso prazo comum.

....

Seção IV

Audiências – Normas procedimentais no Dissídio Individual

Art. 47. Constarão da ata ou termo de audiência:

I – o motivo determinante do adiamento da audiência na vara do trabalho, inclusive daquele requerido de comum acordo pelas partes;

II – o registro da outorga, pela parte, em audiência, de poderes de representação ao advogado que a esteja acompanhando.

Parágrafo único. As secretarias dos tribunais regionais do trabalho e das varas do trabalho, quando solicitadas, fornecerão às partes certidão da outorga de procuração *apud acta*.

....

Seção V

Prova pericial

Art. 48. Aplica-se à prova pericial o disposto no artigo 420, parágrafo único, incisos I a III, do CPC (artigo 769 da CLT).

Parágrafo único. Sempre que ordenada a realização de perícia, o diretor de secretaria registrará o respectivo objeto no sistema.

Art. 49. Em caso de concessão do benefício da justiça gratuita, os honorários periciais a cargo do reclamante sucumbentearbitrados pelo juiz poderão ser suportados por recursos do orçamento dos tribunais regionais do trabalho, nos limites e condições estabelecidos nas normas regulamentares vigentes.

Seção VI

Anotação na Carteira de Trabalho e Previdência Social

Art. 50. Na falta de registros obrigatórios na Carteira de Trabalho e Previdência Social do empregado ou nos casos de retificação de dados, o juiz determinará à secretaria da vara do trabalho, na sentença ou no termo de homologação de acordo, que proceda às anotações ausentes.

Art. 51. Na hipótese de anotação de verba com repercussão no cálculo da contribuição previdenciária, a vara do trabalho comunicará o fato à Secretaria da Receita Federal do Brasil, no prazo de 48 (quarenta e oito) horas, mediante o preenchimento do formulário constante do Anexo III desta Consolidação.

Parágrafo único. Em caso de anotação decorrente de sentença judicial, a comunicação será feita apenas após o trânsito em julgado da decisão.

....

Seção IX
Custas processuais

Art. 58. Constará das decisões proferidas pelo Judiciário do Trabalho de primeiro e segundo graus de jurisdição, nos dissídios individuais, o valor das custas processuais, a ser calculado, no caso de improcedência da reclamação, sobre o valor dado à causa, e, no caso de procedência sobre o valor arbitrado à condenação, a cargo do reclamante ou do reclamado, dependendo de quem tenha sucumbido na ação.

§ 1º A isenção quanto ao pagamento de custas não exime o magistrado de fixar na decisão o respectivo valor.

§ 2º Nos acordos, o rateio das custas processuais será proporcional entre as partes, se de outra forma não for convencionado.

Art. 59. Nos dissídios coletivos, as partes vencidas responderão solidariamente pelo pagamento das custas.

Art. 60. Nos dissídios coletivos de natureza econômica em que for instituída norma ou condição de trabalho em favor da categoria profissional, o pagamento integral das custas processuais caberá à empresa ou à entidade sindical patronal que integrou a relação processual.

Seção X
Depósito Judicial Trabalhista – Guias

Art. 61. As guias de depósito judicial para pagamentos, garantia de execução, encargos processuais e levantamento de valores, excetuados os depósitos recursais, seguirão o modelo único padrão estabelecido na Instrução Normativa n. 33 do Tribunal Superior do Trabalho, ou outra que venha a substituí-la.

§ 1º Os valores relativos à atualização dos créditos exequendos serão recolhidos por meio da guia de depósito judicial.

§ 2º As guias de depósito judicial baixadas da Internet serão impressas em papel tamanho A4 com orientação no modo paisagem.

Art. 62. As vias destinadas ao alvará deverão ser preenchidas após a autorização judicial para o levantamento do depósito realizado.

§ 1º O juiz deverá dar ciência ao devedor-executado ou ao seu sucessor da decisão ou despacho que autorizar a liberação total ou parcial do depósito judicial a favor da parte vencedora.

§ 2º A decisão ou despacho que autorizar o levantamento, total ou parcial, do depósito judicial, deverá também autorizar o recolhimento, pela fonte pagadora, dos valores apurados a título de imposto de renda, de responsabilidade da parte vencedora, a serem deduzidos do seu crédito, destinados ao recolhimento na forma da lei.

Seção XI
Recurso de Revista

Art. 63. As decisões de admissibilidade do recurso de revista contemplarão a identificação da especificidade ou a inespecificidade dos arestos paradigmas e/ou a vulneração ou não de dispositivo de lei e/ou da Constituição da República, em atenção aos lindes do juízo de prelibação dos recursos, delineados no artigo 896, § 1º, da CLT, tudo de tal modo que elas não se mostrem excessivamente concisas nem excessivamente elásticas.

Parágrafo único. Excetua-se do *caput* deste artigo a hipótese de admissão do recurso de revista por um dos itens que o integram, caso em que terá lugar a incidência do precedente da Súmula n. 285, relegando ao Tribunal Superior do Trabalho o exame dos demais tópicos das razões recursais.

Art. 64. Para efeito de intimação das decisões de admissibilidade dos recursos de revista, basta sua divulgação no órgão oficial.

Art. 65. Ao presidente do tribunal regional do trabalho caberá avaliar a conveniência e a oportunidade de implantação de juízo conciliatório em recurso de revista.

Seção XII
Execução

Subseção I
Normas Procedimentais na Fase de Execução

Art. 66. Cabe ao juiz na fase de execução:

I – ordenar a pronta liberação do depósito recursal, em favor do reclamante, de ofício ou a requerimento do interessado, após o trânsito em julgado da sentença condenatória, desde que o valor do crédito trabalhista seja inequivocamente superior ao do depósito recursal, prosseguindo a execução depois pela diferença;

II – promover a realização semanal de audiências de conciliação em processos na fase de execução, independentemente de requerimento das partes, selecionando-se aqueles com maior possibilidade de êxito na composição;

III – determinar a revisão periódica dos processos em execução que se encontrem em arquivo provisório, com a execução suspensa, a fim de renovar providências coercitivas, por meio da utilização dos Sistemas BACEN JUD, INFOJUD e RENAJUD, valendo-se, se for o caso, da aplicação subsidiária dos artigos 599, 600 e 601 do CPC.

Art. 67. Encetadas em vão as referidas medidas coercitivas, ultimadas de ofício pelo magistrado, a remessa ao arquivo provisório de autos de processo em execução será precedida de lavratura de certidão do diretor de secretaria, da qual constará o insucesso dessas medidas complementares e a inexistência de depósito judicial ou recursal, conforme modelo constante do Anexo IV.

....

Subseção VII
BACEN JUD – Bloqueio, Desbloqueio e Transferência de Valores

Art. 85. Em execução definitiva por quantia certa, se o executado, regularmente citado, não efetuar o pagamento do débito nem garantir a execução, conforme dispõe o artigo 880 da CLT, o juiz deverá, de ofício ou a requerimento da parte, emitir ordem judicial de bloqueio mediante o Sistema BACEN JUD, com precedência sobre outras modalidades de constrição judicial.

Art. 86. Relativamente ao Sistema BACEN JUD, cabe ao juiz do trabalho:

I – abster-se de emitir ordem judicial de bloqueio promovida em face de Estado estrangeiro ou organismo internacional;

II – não encaminhar às instituições financeiras, por intermédio de ofício-papel, solicitação de informações e ordens judiciais de bloqueio, desbloqueio e transferência de valores quando for possível a prática do ato por meio do Sistema BACEN JUD;

III – velar diariamente para que, em caso de bloqueio efetivado, haja pronta emissão de ordem de transferência dos valores para uma conta em banco oficial ou emissão de ordem de desbloqueio;

IV – proceder à correta identificação dos executados quando da expedição das ordens de bloqueio de numerário em contas bancárias mediante o Sistema BACEN JUD, informando o registro do número de inscrição no CPF ou CNPJ, a fim de evitar a indevida constrição de valores de titularidade de pessoas físicas ou jurídicas homônimas.

Art. 87. O acesso do juiz ao Sistema BACEN JUD ocorrerá por meio de senhas pessoais e intransferíveis, após o cadastramento realizado pelo gerente setorial de segurança da informação do respectivo tribunal, denominado Máster.

Parágrafo único. As operações de bloqueio, desbloqueio, transferência de valores e solicitação de informações são restritas às senhas dos juízes.

Art. 88. O presidente do tribunal regional do trabalho indicará dois Másteres, no mínimo, ao Banco Central do Brasil.

§ 1º Os Másteres do Sistema manterão atualizados os dados dos juízes cadastrados junto ao Banco Central do Brasil.

§ 2º O descredenciamento de Máster ou de qualquer usuário do Sistema BACEN JUD será imediatamente comunicado, pelo presidente do tribunal regional do trabalho, ao Banco Central do Brasil.

Art. 89. O juiz, ao receber as respostas das instituições financeiras, emitirá ordem judicial eletrônica de transferência do valor da condenação para conta judicial, em estabelecimento oficial de crédito, ou providenciará o desbloqueio do valor.

Parágrafo único. O termo inicial do prazo para oposição de embargos à execução é a data da intimação da parte, pelo juiz, de que se efetivou bloqueio de numerário em sua conta.

Art. 90. É obrigatória a observância pelos juízes das normas sobre o BACEN JUD estabelecidas no regulamento que integra o convênio firmado entre o Banco Central do Brasil e os tribunais do trabalho.

Subseção VIII

BACEN JUD – Cadastramento e Conta Única

Art. 91. As pessoas físicas e jurídicas poderão requerer, por si ou por seus representantes estatutários, ou mesmo por advogado devidamente constituído, mediante exibição de instrumento de procuração, o cadastramento de conta única apta a acolher bloqueios eletrônicos realizados por meio do sistema BACEN JUD.

Art. 92. O requerimento será dirigido ao Corregedor-Geral da Justiça do Trabalho, conforme formulário eletrônico disponibilizado pela Corregedoria-Geral da Justiça do Trabalho, na página do Tribunal Superior do Trabalho na Internet, do qual constará declaração expressa de ciência e concordância do requerente com as normas relativas ao cadastramento de contas previstas na presente Consolidação e na Resolução n. 61/2008 do CNJ.

§ 1º O requerimento de cadastramento de conta única será instruído com:

I – cópia do cartão do CNPJ ou do CPF;

II – comprovante da conta bancária indicada para acolher o bloqueio, expedido pela instituição financeira, contendo, obrigatoriamente:

a) titularidade (nome da empresa e número do CNPJ ou do CPF);

b) nome do banco;

c) código da agência (com quatro dígitos, sem o dígito verificador);

d) número da conta corrente (com o dígito verificador);

III – instrumento de procuração que habilite o subscritor do pedido a atuar, ainda que administrativamente, em nome da empresa requerente, ou cópia do contrato social do qual constem os dados do representante legal da empresa.

§ 2º As instituições integrantes do Sistema Financeiro Nacional que solicitarem cadastramento de conta única não estão obrigadas a fornecer o número da conta indicada para o bloqueio, podendo informar apenas o nome do Banco ou o número da agência que cumprirá a ordem.

Art. 93. Tratando-se de grupo econômico, empresa com filiais e situações análogas, faculta-se o cadastramento de uma conta única para mais de uma pessoa jurídica ou natural.

§ 1º Nessa hipótese, o titular da conta indicada apresentará:

I – cópias dos cartões do CNPJ ou do CPF;

II – declaração de plena concordância com a efetivação de bloqueio de valores decorrente de ordem judicial expedida contra as pessoas por ele relacionadas;

III – declaração dos representantes legais das pessoas jurídicas e das pessoas naturais de plena concordância com o direcionamento das ordens judiciais de bloqueio para a conta especificada;

IV – declaração de instituição financeira de que está ciente e apta a direcionar, para a conta especificada, as ordens judiciais de bloqueio expedidas contra as pessoas arroladas.

§ 2º No caso de grupo econômico, a empresa titular da conta deverá também apresentar:

I – requerimento explicitando se a conta única indicada, de sua própria titularidade, é extensiva às empresas relacionadas na declaração do banco;

II – documentação que comprove a existência do alegado grupo econômico em relação ao universo das empresas noticiadas na declaração apresentada.

Art. 94. O deferimento do cadastramento de conta única no Sistema BACEN JUD valerá para todos os órgãos da Justiça Comum dos Estados e Distrito Federal, Justiça Federal, Justiça Militar da União e Justiça do Trabalho.

Art. 95. A pessoa física ou jurídica

TRIBUNAL SUPERIOR DO TRABALHO

obriga-se a manter na conta indicada numerário suficiente para o cumprimento da ordem judicial.

Subseção IX

BACEN JUD – Descadastramento, Recadastramento e Alteração de Conta Única

Art. 96. Caberá Pedido de Providências de iniciativa do juiz que preside a execução ao constatar que a pessoa física ou jurídica não mantém numerário suficiente na conta única cadastrada no sistema BACEN JUD para o atendimento à ordem judicial de bloqueio.

§ 1º Em ofício dirigido ao Ministro Corregedor-Geral da Justiça do Trabalho, o juiz indicará os dados do executado que possui conta única cadastrada no Sistema BACEN JUD (nome e CNPJ ou CPF) e anexará cópia do Detalhamento da Ordem Judicial de Bloqueio de Valores que obteve resposta negativa da instituição financeira.

§ 2º Autuado o Pedido de Providências, será aberto o prazo de 15 (quinze) dias para apresentação de justificativa para a ausência de numerário.

Art. 97. Não cabe Pedido de Providências na hipótese de suposta recusa da instituição financeira em acatar a ordem judicial de transferência do numerário bloqueado.

Art. 98. Na ausência de numerário bastante para atender à ordem judicial de bloqueio, a ordem será direcionada às demais instituições financeiras e a conta única poderá ser descadastrada.

Parágrafo único. Ao responder à intimação para se manifestar no Pedido de Providências apresentado a Corregedoria-Geral da Justiça do Trabalho, nos termos do § 2º do artigo 96 desta Consolidação, a parte interessada apresentará as justificativas que entender cabíveis.

Art. 99. Na hipótese de a solicitação de cadastramento ter sido efetivada por outro Tribunal, o Corregedor-Geral comunicará a desabilitação da conta única ao respectivo Tribunal.

Art. 100. O executado poderá requerer o recadastramento da conta ou indicar outra para o bloqueio após 6 (seis) meses da data de publicação da decisão de descredenciamento no *Diário Eletrônico da Justiça do Trabalho*.

Art. 101. A reincidência quanto à ausência de fundos para o atendimento das ordens judiciais de bloqueio implicará novo descadastramento, desta vez pelo prazo de 1 (um) ano.

§ 1º O executado, após o prazo referido no *caput*, poderá postular novo recadastramento.

§ 2º Em caso de nova reincidência, o descadastramento será definitivo.

Art. 102. A inatividade da instituição financeira mantenedora da conta única cadastrada implicará a desabilitação automática do cadastramento.

Art. 103. Os pedidos de recadastramento, bem como os de alteração da conta cadastrada, serão dirigidos ao Corregedor-Geral da Justiça do Trabalho, instruindo-se a petição com os mesmos documentos exigidos para o cadastramento originário da conta.

Parágrafo único. No caso de pedido de alteração de conta única cadastrada em outro local, o interessado deverá dirigir-se ao órgão onde foi efetuado o cadastro originário.

Art. 104. O cadastramento poderá ser cancelado mediante requerimento do titular da conta única à autoridade que o tenha deferido, a qual determinará seu cancelamento em até 30 dias contados a partir da data do respectivo protocolo.

Art. 105. Constitui ônus da pessoa física ou jurídica titular de conta única cadastrada no Sistema BACEN JUD zelar pela regularidade dos dados cadastrados, requerendo em tempo oportuno as alterações que se fizerem necessárias, de forma a manter a conta apta ao recebimento de ordens judiciais de bloqueios eletrônicos.

....

CAPÍTULO V
NORMAS PROCEDIMENTAIS ADMINISTRATIVAS

Seção I

Disponibilização dos Despachos e Decisões na Internet

Art. 112. Juntamente com o andamento

do processo, os tribunais regionais do trabalho disponibilizarão, na Internet, o inteiro teor dos despachos, decisões e sentenças proferidas nos autos e as datas em que foram divulgados na imprensa oficial.

Parágrafo único. Os tribunais regionais do trabalho observarão, no mais, as disposições contidas nas Resoluções n. 121/2010 e n. 143/2011, do CNJ.

....

TÍTULO IV
DISPOSIÇÕES FINAIS

Art. 124. Esta Consolidação dos Provimentos entrará em vigor na data de sua publicação no *Diário Eletrônico da Justiça do Trabalho*.

Art. 125. Ficam revogadas as disposições em contrário.

...................................(*DEJT*, 17.8.12)

Resolução Administrativa TST 1.340/09

Referenda ato da Presidência que autoriza o Presidente do Tribunal a decidir, monocraticamente, os agravos de instrumento em recurso de revista e os recursos de revista pendentes de distribuição, nas hipóteses que especifica.

Art. 1º Fica o Presidente do Tribunal autorizado a decidir, monocraticamente, os agravos de instrumento em recurso de revista e os recursos de revista pendentes de distribuição que não preencham os pressupostos extrínsecos de admissibilidade.

Art. 2º Compete, ainda, ao Presidente, antes da distribuição:

I – negar provimento a agravo de instrumento manifestamente incabível;

II – negar provimento ao agravo de instrumento na hipótese de o recurso de revista não atender os pressupostos extrínsecos de admissibilidade;

III – negar provimento ao agravo de instrumento para manter o despacho que denegou seguimento ao recurso de revista, por estar a decisão do Tribunal Regional em conformidade com súmula ou orientação jurisprudencial de direito material, da Corte.

Art. 3º Os embargos de declaração serão julgados pelo Presidente.

Parágrafo único. Postulando o embargante efeito modificativo, os embargos de declaração serão convertidos em agravo, em face dos princípios da fungibilidade e celeridade processual, e distribuídos no âmbito das Turmas do Tribunal.

Art. 4º Havendo interposição de agravo contra a decisão da Presidência, o processo será distribuído no âmbito das Turmas do Tribunal.

Art. 5º Este Ato entra em vigor na data de sua publicação, ficando revogadas as Resoluções Administrativas n. 1171/2006, 1185/2006 e 1242/2007.

....(*DEJT*, 8.6.09)

Resolução TST/CSJT 66/10

Regulamenta, no âmbito da Justiça do Trabalho de primeiro e segundo graus, a responsabilidade pelo pagamento e antecipação de honorários do perito, do tradutor e do intérprete, no caso de concessão à parte do benefício de justiça gratuita.

Art. 1º Os Tribunais Regionais do Trabalho deverão destinar recursos orçamentários para:

I – o pagamento de honorários periciais, sempre que à parte sucumbente na pretensão for concedido o benefício da justiça gratuita;

II – o pagamento de honorários a tradutores e intérpretes, que será realizado após atestada a prestação dos serviços pelo juízo processante, de acordo com a tabela constante do Anexo.

§ 1º Os valores serão consignados sob a rubrica "Assistência Judiciária a Pessoas Carentes", em montante estimado que atenda à demanda da Região, segundo parâmetros que levem em conta o movimento processual.

§ 2º O juiz poderá ultrapassar em até 3 (três) vezes os valores fixados na tabela constante do Anexo, observados o grau de especialização do tradutor ou intérprete e a complexidade do trabalho, comunicando-se ao Corregedor do Tribunal.

Art. 2º A responsabilidade da União pelo pagamento de honorários periciais, em caso de concessão do benefício da justiça gratuita, está condicionada ao atendimento simultâneo dos seguintes requisitos:

I – fixação judicial de honorários periciais;

II – sucumbência da parte na pretensão objeto da perícia;

III – trânsito em julgado da decisão.

§ 1º A concessão da justiça gratuita a empregador, pessoa física, dependerá da comprovação de situação de carência que inviabilize a assunção dos ônus decorrentes da demanda judicial.

§ 2º O pagamento dos honorários poderá ser antecipado, para despesas iniciais, em valor máximo equivalente a R$ 350,00 (trezentos e cinquenta reais), efetuando-se o pagamento do saldo remanescente após o trânsito em julgado da decisão, se a parte for beneficiária de justiça gratuita.

§ 3º No caso de reversão da sucumbência, quanto ao objeto da perícia, caberá ao reclamado-executado ressarcir o erário dos honorários periciais adiantados, mediante o recolhimento da importância adiantada em GRU – Guia de Recolhimento da União, em código destinado ao Fundo de "assistência judiciária a pessoas carentes", sob pena de execução específica da verba. (NR)

Art. 3º Em caso de concessão do benefício da justiça gratuita, o valor dos honorários periciais, observado o limite de R$ 1.000,00 (um mil reais), será fixado pelo juiz, atendidos:

I – a complexidade da matéria;

II – o grau de zelo profissional;

III – o lugar e o tempo exigidos para a prestação do serviço;

IV – as peculiaridades regionais.

§ 1º Os Tribunais Regionais do Trabalho poderão fixar, por meio de atos regulamentares, os valores passíveis de reembolso pela União, a título de honorários periciais, até o montante máximo previsto no *caput* do art. 3º desta Resolução, ou seja, até R$1.000,00 (mil reais) (Red. Res. TST/CSJT 78/11);

§ 2º A fixação dos honorários periciais, em valor maior do que o limite estabelecido neste artigo e observada a ressalva que consta do *caput*, deverá ser devidamente fundamentada (Red. Res. TST/CSJT 78/11).

Art. 4º Havendo disponibilidade orçamentária, os valores fixados nesta Resolução serão reajustados anualmente no mês de janeiro, com base na variação do IPCA-E do ano anterior ou outro índice que o substitua, por ato normativo do Presidente do Tribunal.

Art. 5º O pagamento dos honorários efetuar-se-á mediante determinação do presidente do Tribunal, após requisição expedida pelo Juiz do feito, observando-se, rigorosamente, a ordem cronológica de apresentação das requisições e as deduções das cotas previdenciárias e fiscais, sendo o valor líquido depositado em conta bancária indicada pelo perito, tradutor ou intérprete.

Parágrafo único. O valor dos honorários será atualizado pelo IPCA-E ou outro índice que o substitua, a partir da data do arbitramento até o seu efetivo pagamento.

Art. 6º As requisições deverão indicar, obrigatoriamente: o número do processo e o nome das partes; o valor dos honorários, especificando se de adiantamento ou se finais; o número da conta bancária para crédito; natureza e característica da atividade desempenhada pelo auxiliar do Juízo; declaração expressa de reconhecimento, pelo Juiz, do direito à justiça gratuita; certidão do trânsito em julgado e da sucumbência na perícia, se for o caso; e o endereço, telefone e inscrição no INSS do perito, tradutor ou intérprete. (NRed. Res. TST/CSJT 115/12)

Art. 7º Os Tribunais Regionais do Trabalho poderão manter sistema de credenciamento de peritos, tradutores e intérpretes para fins de designação, preferencialmente, de profissionais inscritos nos órgãos de classe competentes e que comprovem sua especialidade na matéria sobre a qual deverão opinar, a ser atestada por meio de certidão do órgão profissional a que estiverem vinculados.

Art. 8º As Presidências de Tribunais Regionais do Trabalho ficam autorizadas a celebrar convênios com instituições com notória experiência em avaliação e consultoria nas áreas de Meio Ambiente, Promoção da Saúde, Segurança e Higiene do Trabalho, e outras, capazes de realizar as perícias requeridas pelos Juízes.

Art. 9º O pagamento dos honorários está condicionado à disponibilidade orçamentária, transferindo-se para o exercício financeiro subsequente as requisições não atendidas.

Art. 10. Nas ações contendo pedido de adicional de insalubridade, de periculosidade, de indenização por acidente do trabalho ou qualquer outro atinente à segurança e saúde do trabalhador, o Juiz poderá determinar a notificação da empresa reclamada para trazer aos autos cópias dos LTCAT (Laudo Técnico de Condições Ambientais de Trabalho), PCMSO (Programa de Controle Médico de Saúde Ocupacional) e PPRA (Programa de Prevenção de Riscos Ambientais), e de laudo pericial da atividade ou local de trabalho, passível de utilização como prova emprestada, referentes ao período em que o reclamante prestou serviços na empresa.

Art. 11. Fica revogada a Resolução n. 35/2007.

Art. 12. Esta Resolução entra em vigor na data de sua publicação.

TABELA

HONORÁRIOS DOS TRADUTORES E DOS INTÉRPRETES

ATIVIDADES

VALOR (R$)

Tradução/versão de textos: valor até as três primeiras laudas* 35,22

Tradução/versão, por lauda excedente às três primeiras 9,39

Interpretação em audiências/sessões com até três horas de duração 58,70

Interpretação em audiências/sessões, por hora excedente às três primeiras 23,48

*Nota: na tradução/versão, cada lauda terá a configuração mínima de trinta e cinco linhas e cada linha terá, pelo menos, setenta toques.

....................................(*DEJT*, 15.6.10)

Ato Conjunto TST/CSJT 10, de 28 de junho de 2010

Transmissão de peças processuais, por meio eletrônico, entre os Tribunais Regionais do Trabalho e o Tribunal Superior do Trabalho e dá outras providências.

Art. 1º Os Tribunais Regionais do Trabalho e o Tribunal Superior do Trabalho transmitirão as peças processuais digitalizadas ou produzidas em ambiente eletrônico por meio do Sistema de Remessa de Peças Processuais – e-Remessa.

§ 1º O Sistema estará disponível na Rede Corporativa de Serviços de Dados para Acesso IP do Judiciário (Rede JT).

§ 2º O Sistema poderá ser acessado pelos órgãos usuários 24 horas por dia, para envio de peças processuais e consulta de informações.

§ 3º A remessa de peças processuais deverá ser, preferencialmente, diária, a fim de permitir melhor desempenho do sistema e-Remessa.

Art. 2º As peças processuais a serem transmitidas pelo e-Remessa deverão estar no formato *Portable Document Format* (PDF).

Parágrafo único. As peças processuais deverão ser digitalizadas com a utilização do *software* VRS e armazenadas em arquivo monocromático, com resolução de trezentos pontos por polegada, sendo facultados o reconhecimento ótico de caracteres de texto nas imagens e a indicação dos marcadores que identificam as peças.

Art. 3º Os arquivos relativos a processos serão identificados com a classe processual no órgão remetente, o número do processo no formato definido pela Resolução n. 65 do CNJ e a qualificação, nessa ordem, separados por pontos (Classe.Numeração_CNJ. Qualificação).

§ 1º O Tribunal remetente utilizará, no campo relativo à qualificação, as seguintes letras identificadoras: "P" para arquivo principal das peças processuais; "A" para arquivo relativo aos apensos; "D" para arquivo de documentos; "L" para arquivo de processo em diligência; "N" para o arquivo de processos retornando para novo julgamento.

§ 2º Em todos os arquivos deverá constar certidão que identifique o órgão responsável pela produção, criação ou geração do documento para remessa eletrônica.

Art. 4º O arquivo relativo à petição será identificado na forma do *caput* do artigo anterior, tendo a letra "T" como identificador da qualificação.

Parágrafo único. Cada petição deverá ser remetida em arquivo único, e, no caso de várias petições relativas ao mesmo processo, cada uma deverá ser remetida em arquivo separado.

Art. 5º A baixa de processos transitados em julgado será feita com as peças produzidas no TST, sendo facultado ao TRT optar pelo recebimento da íntegra do processo.

Parágrafo único. Nos processos em diligência serão transmitidas as peças produzidas no TST e o seu retorno será realizado com a remessa das peças geradas pelo TRT.

Art. 6º O e-Remessa estará disponível a partir da publicação deste ato, cabendo aos Tribunais Regionais do Trabalho providenciar a adequação de seus sistemas informatizados, com suporte técnico da Secretaria de Tecnologia da Informação – SETIN do Tribunal Superior do Trabalho.

§ 1º A partir de 2 de agosto de 2010, todos os processos deverão ser enviados ao TST apenas por meio do e-Remessa.

§ 2º O TST poderá solicitar o envio de autos físicos, no caso de ilegibilidade dos documentos digitalizados.

Art. 7º Os processos de todas as classes deverão ser enviados na íntegra, à exceção do Recurso de Revista, que poderá ser remetido ao TST sem as peças relativas às provas.

Art. 8º Qualquer erro no envio de arquivos, seja por remessa indevida ou incompleta, deverá ser comunicado oficialmente ao órgão destinatário, preferencialmente através do Sistema de Malote Digital.

Parágrafo único. No âmbito do TST, a comunicação deverá ser dirigida à Coordenadoria de Processos Eletrônicos – CPE.

Art. 9º Os processos físicos em tramitação no TST que forem digitalizados e incluídos no fluxo eletrônico serão devolvidos ao TRT de origem.

Art. 10. O presente Ato entrará em vigor na data de sua publicação e revoga os Atos n. 673/GDGSET.GP, de 29 de outubro de 2009; 740/GDGSET.GP, de 25 de novembro de 2008; 494/GDGSET.GP, de 16 de julho de 2008, 182/GDGSET.GP, de 4 de março de 2008.

..................................(*DEJT*, 29.6.10)

Ato Presidência TST/SEJUD 342, de 27 de julho de 2010

Processo judicial eletrônico no âmbito do Tribunal Superior do Trabalho.

Da Tramitação do Processo Eletrônico no TST

Art. 1º Os processos judiciais que ingressarem no Tribunal Superior do Trabalho, a partir de 2 de agosto de 2010, tramitarão em meio eletrônico.

Art. 2º O processo judicial eletrônico, para os fins deste Ato, será formado pelos arquivos enviados pelos Tribunais Regionais do Trabalho, na forma prevista no Ato Conjunto TST/CSJT n. 10/2010, petições e documentos apresentados pelas partes, atos processuais praticados nesta Corte e pareceres emitidos pelo Ministério Público do Trabalho.

Art. 3º Os atos processuais praticados pelos Ministros e servidores do TST serão assinados eletronicamente, nos termos da Lei n. 11.419/2006.

Art. 4º As peças processuais apresentadas pelas partes continuarão a ser protocoladas pelos meios hoje disponíveis, até o desenvolvimento de ferramentas eletrônicas específicas.

Art. 5º As petições apresentadas em meio físico, vinculadas a processos eletrônicos, serão digitalizadas pela Coordenadoria de Cadastramento Processual e mantidas em guarda provisória por um ano, podendo ser retiradas pelas partes após o sexto mês.

§ 1º Transcorrido o prazo de um ano de sua apresentação, as petições serão eliminadas (Red. Ato TST/SEJUD. GP 559/10).

§ 2º As peças em meio físico apresentadas pelas partes da tribuna das salas de sessões, vinculadas a processos eletrônicos, serão encaminhadas à Coordenadoria de Cadastramento Processual para os procedimentos descritos no *caput* e no § 1º (Red. Ato TST/SEJUD. GP 559/10).

Art. 6º A remessa do processo eletrônico ao TRT de origem para diligências ou baixa definitiva obedecerá ao disposto no Ato Conjunto TST/CSJT n. 10/2010, de 28 de junho de 2010.

Da Visualização dos Processos por Usuários Externos

Art. 7º A visualização dos processos eletrônicos é um serviço disponível no sítio do TST a advogados e procuradores, mediante cadastro, e não possui efeito de intimação.

Art. 8º São considerados usuários externos os advogados, procuradores e demais representantes judiciais dos entes públicos.

Parágrafo único. As procuradorias poderão indicar servidores para acessar o sistema de visualização de processos eletrônicos.

Art. 9º Os procuradores do Ministério Público do Trabalho deverão anexar, por meio eletrônico, o seu parecer.

Parágrafo único. Os pareceres anexados aos processos serão assinados eletronicamente, na forma da Lei n. 11.419/2006.

Art. 10. As secretarias dos órgãos judicantes e a Coordenadoria de Recursos manterão, em suas dependências, terminais de computadores disponíveis para visualização do processo eletrônico, sendo facultada a gravação da íntegra do processo em dispositivo eletrônico.

Parágrafo único. A visualização dos processos eletrônicos que tramitam em segredo de justiça estará disponível apenas às partes e aos seus procuradores constituídos no feito.

Do Cadastro de Advogados

Art. 11. O cadastro de advogado regularmente inscrito na OAB será realizado com o preenchimento de formulário disponível no sistema de visualização de peças, no sítio do TST (www.tst.jus.br) (Nred. Res. TST/SEJUD 415/10).

§ 1º A validação é realizada mediante o comparecimento do usuário à Secretaria Judiciária do TST, munido do original dos documentos indicados no formulário, vedada a possibilidade da validação por despachante ou procurador (Nred. Res. TST/SEJUD 415/10).

§ 2º O usuário que preencher o cadastro utilizando o certificado digital (ICP-Brasil) fica dispensado da validação presencial (Nred. Res. TST/SEJUD 415/10).

§ 3º Validado o cadastro, o advogado será credenciado e receberá, no endereço eletrônico indicado no formulário, o login e a senha para acesso ao sistema (Nred. Res. TST/SEJUD 415/10).

Do Cadastro de Procuradores e Servidores Autorizados

Art. 12. As procuradorias deverão encaminhar previamente à Secretaria Judiciária, por meio do endereço eletrônico pe_cadastro@tst.jus.br, a relação de procuradores e de servidores autorizados a realizar o cadastro com os dados constantes da tabela contida no Anexo deste Ato.

Art. 13. O cadastro de procuradores e de servidores autorizados será realizado com a inserção do respectivo CPF em campo específico do sistema de visualização de peças disponível no sítio do TST.

Parágrafo único. Após a validação do cadastro pela Secretaria Judiciária, o procurador ou o servidor autorizado será credenciado e, receberá, no endereço eletrônico corporativo indicado, o login e a senha para visualização dos processos.

Disposições Finais e Transitórias

Art. 14. Os esclarecimentos sobre o conteúdo ilegível de peças digitalizadas ou a sua ausência no arquivo eletrônico, desde que comprometam a análise do processo, deverão ser solicitados, via Malote Digital, pelas Secretarias dos Órgãos Judicantes, Secretaria da Corregedoria-Geral da Justiça do Trabalho, Secretaria Judiciária ou Coordenadoria de Recursos, por determinação dos Ministros, ao Tribunal que mantém a guarda dos processos físicos (Nred. Ato TST/SEJUD. GP 559/10).

Art. 15. As intimações pessoais, exigidas por força de lei, serão realizadas pelo meio hoje disponível até o desenvolvimento de ferramenta própria para intimação eletrônica.

Parágrafo único. As peças a que se refere o *caput* serão digitalizadas e anexadas ao processo eletrônico pela unidade responsável pela expedição do ofício.

Art. 16. As alterações no cadastro de advogados, procuradores e servidores das procuradorias deverão ser comunicadas à Secretaria Judiciária do TST por meio do endereço eletrônico pe_cadastro@tst.jus.br.

Art. 17. Os feitos pendentes na data do início de vigência deste Ato continuarão a tramitar em autos físicos, permitida a sua conversão para meio eletrônico, mediante a digitalização dos autos.

§ 1º Realizada a conversão, o processo passa a tramitar exclusivamente em meio eletrônico.

§ 2º A conversão deverá ser certificada nos autos eletrônicos e nos físicos.

§ 3º Os processos físicos em tramitação no TST que forem incluídos no fluxo eletrônico serão devolvidos ao TRT de origem e aqueles relativos à competência originária desta Corte serão arquivados.

§ 4º O processo físico que tramite conjuntamente com o processo eletrônico deverá ser digitalizado e incluído no fluxo eletrônico pelas Secretarias dos Órgãos Judicantes, Secretaria da Corregedoria-Geral da Justiça do Trabalho ou Coordenadoria de Recursos, mediante despacho dos Ministros (Red. Ato TST/SEJUD.GP 559/10).

Art. 18. Os casos não previstos neste Ato deverão ser submetidos, formalmente, à apreciação da Presidência do Tribunal.

Art. 19. Este Ato entra em vigor em 2 de agosto de 2010 e revoga o Ato n. 677/TST.SEJUD.GP, de 4 de novembro de 2009.

....................................(*DEJT*, 29.7.10)

Instrução Normativa TST 35, de 1º de outubro de 2012

Dispõe sobre a admissibilidade do recurso de Embargos à Subseção I da Seção Especializada em Dissídios Individuais por decisão do Presidente de Turma do Tribunal Superior do Trabalho.

Art. 1º A Secretaria da Turma deverá observar os seguintes procedimentos quando da interposição do recurso de Embargos à Subseção I da Seção Especializada em Dissídios Individuais:

I – autuação;

II – conclusão ao Presidente da Turma para proferir despacho.

Art. 2º O Presidente da Turma procederá ao exame prévio de admissibilidade do recurso de Embargos, proferindo despacho fundamentado.

§ 1º Recebido o recurso de Embargos, deverá ser enviado à Secretaria da Turma, com o fim de intimação da parte embargada para impugnação.

§ 2º Do despacho que não admitir o recurso de Embargos, caberá Agravo, observando-se os seguintes procedimentos:

I – autuação do Agravo em Embargos pela Secretaria da Turma;

II – intimação ao embargado para impugnação aos Embargos e contrarrazões ao Agravo.

§ 3º Após exaurido o prazo para impugnação/contrarrazões, os autos deverão ser remetidos para a distribuição.

Art. 3º Provido o Agravo, publicar-se-á a certidão para efeito de intimação das partes, dela constando que o julgamento dos Embargos dar-se-á na primeira sessão ordinária subsequente à data da publicação.

Art. 4º No caso de interposição simultânea dos Embargos e de Recurso Extraordinário, seguirá o fluxo objeto da presente Instrução Normativa apenas após o trâmite relacionado com o Recurso Extraordinário.

....................................(*DEJT*, 5.10.12)

Resolução Administrativa 1.589, de 4 de fevereiro de 2013

Institui o Sistema de Processo Judicial Eletrônico da Justiça do Trabalho – PJe-JT no Tribunal Superior do Trabalho e estabelece os parâmetros para a sua implementação e funcionamento, na forma a seguir:

Capítulo I
DO PROCESSO JUDICIAL ELETRÔNICO DA JUSTIÇA DO TRABALHO

Seção I
Das Disposições Gerais

Art. 1º A tramitação do processo judicial no âmbito do Tribunal Superior do Trabalho, a prática de atos processuais e sua representação por meio eletrônico, nos termos da Lei n. 11.419, de 19 de dezembro de 2006, serão realizadas por intermédio do Sistema Processo Judicial Eletrônico da Justiça do Trabalho – PJe-JT regulamentado por esta Resolução.

Parágrafo único. A implantação do sistema mencionado no *caput* deste artigo ocorrerá de forma gradual, conforme cronograma definido pela Presidência do Tribunal Superior do Trabalho – TST.

Art. 2º O PJe-JT compreenderá o controle do sistema judicial trabalhista nos seguintes aspectos:

I – o controle da tramitação do processo;

II – a padronização de todos os dados e informações compreendidas pelo processo judicial;

III – a produção, registro e publicidade dos atos processuais; e

IV – o fornecimento de dados essenciais à gestão das informações necessárias aos diversos órgãos de supervisão, controle e uso do sistema judiciário trabalhista.

Art. 3º Para o disposto nesta Resolução, considera-se:

I – assinatura digital: assinatura em meio eletrônico, que permite aferir a origem e a integridade do documento, baseada em certificado digital, padrão ICP-BRASIL, tipo A-3 ou A-4, emitido por Autoridade Certificadora Credenciada, na forma de lei específica;

II – autos do processo eletrônico ou autos digitais: conjunto de documentos digitais correspondentes a todos os atos, termos e informações do processo;

III – digitalização: processo de conversão de um documento originalmente confeccionado em papel para o formato digital por meio de dispositivo apropriado;

IV – documento digital: documento codificado em dígitos binários, acessível por meio de sistema computacional;

V – meio eletrônico: qualquer forma de armazenamento ou tráfego de documentos e arquivos digitais;

VI – transmissão eletrônica: toda forma de comunicação à distância com a utilização de redes de comunicação, preferencialmente a rede mundial de computadores;

VII – usuários internos: Ministros e servidores do Tribunal Superior do Trabalho, bem como outros a que se reconhecer acesso às funcionalidades internas do sistema de processamento em meio eletrônico (estagiários, prestadores de serviço, etc.);

VIII – usuários externos: todos os demais usuários, incluídos partes, advogados, membros do Ministério Público, peritos e leiloeiros.

§ 1º Os usuários terão acesso às funcionalidades do PJe-JT, de acordo com o perfil que lhes for atribuído no sistema e em razão de sua natureza na relação jurídico-processual.

§ 2º A Presidência do Tribunal Superior do Trabalho adotará as providências necessárias para fornecer, pelo menos, dois certificados digitais para cada Ministro e pelo menos um para os demais usuários internos.

Art. 4º Os atos processuais terão registro, visualização, tramitação e controle exclusivamente em meio eletrônico e serão assinados digitalmente, contendo elementos que permitam identificar o usuário responsável pela sua prática.

§ 1º A cópia de documento extraída dos autos digitais deverá conter elementos que permitam verificar a sua autenticidade no endereço referente à consulta pública do PJe-JT, cujo acesso também será disponibilizado no sítio do Tribunal Superior do Trabalho na Rede Mundial de Computadores.

§ 2º O usuário é responsável pela exatidão das informações prestadas, quando de seu credenciamento, assim como pela guarda, sigilo e utilização da assinatura eletrônica, não sendo oponível, em qualquer hipótese, alegação de uso indevido, nos termos da Medida Provisória n. 2.200-2, de 24 de agosto de 2001.

Seção II
Do Acesso ao Sistema

Art. 5º Para acesso ao PJe-JT é obrigatória a utilização de assinatura digital a que se refere o inciso I do art. 3º desta Resolução.

Parágrafo único. No caso de ato urgente em que o usuário externo não possua certificado digital para o peticionamento, a prática será viabilizada por intermédio de unidade vinculada à Secretaria Geral Judiciária – SEGJUD.

Art. 6º Para o uso da assinatura digital

o credenciamento dar-se-á pela simples identificação do usuário por meio de seu certificado digital e remessa do formulário eletrônico, devidamente preenchido, disponibilizado no portal de acesso ao PJe-JT.

§ 1º Alterações de dados cadastrais poderão ser feitas pelos usuários, a qualquer momento, na seção respectiva do portal de acesso ao PJe-JT.

§ 2º O credenciamento implica a aceitação das normas estabelecidas nesta Resolução, assim como nas demais normas que vierem a regulamentar o uso do processo eletrônico no âmbito do TST, e a responsabilidade do credenciado pelo uso indevido da assinatura digital.

Art. 7º O PJe-JT estará disponível 24 horas por dia, ininterruptamente, ressalvados os períodos de manutenção do sistema.

Parágrafo único. As manutenções programadas do sistema serão sempre informadas com antecedência e realizadas, preferencialmente, no período das 00h dos sábados às 22h do domingo, ou no horário entre 00h e 06h nos demais dias da semana.

Art. 8º Considera-se indisponibilidade dos sistemas de tramitação eletrônica de processos a falta de oferta ao público externo de qualquer um dos seguintes serviços:

I – consulta aos autos digitais;

II – transmissão eletrônica de atos processuais; ou

III – citações, intimações ou notificações eletrônicas.

§ 1º As falhas de transmissão de dados entre as estações de trabalho do público externo e a rede de comunicação pública, assim como a impossibilidade técnica que decorra de falhas nos equipamentos ou programas dos usuários, não caracterizam indisponibilidade.

§ 2º É de responsabilidade do usuário:

I – o acesso ao seu provedor da internet e a configuração do computador utilizado nas transmissões eletrônicas;

II – o acompanhamento do regular recebimento das petições e documentos transmitidos eletronicamente.

Art. 9º A indisponibilidade definida no artigo anterior será aferida por sistemas de auditoria estabelecidos por ato do Tribunal Superior do Trabalho.

§ 1º Os sistemas de auditoria verificarão a disponibilidade externa dos serviços referidos no art. 8º com a periodicidade mínima de 5 (cinco) minutos.

§ 2º Toda indisponibilidade dos sistemas de tramitação eletrônica de processos será registrada em relatório de interrupções de funcionamento a ser divulgado ao público na rede mundial de computadores, devendo conter, pelo menos, as seguintes informações:

I – data, hora e minuto de início da indisponibilidade;

II – data, hora e minuto de término da indisponibilidade; e

III – serviços que ficaram indisponíveis.

Art. 10. Os prazos que se vencerem no dia da ocorrência de indisponibilidade de quaisquer dos serviços referidos no art. 8º serão prorrogados para o dia útil seguinte à retomada de funcionamento, quando:

I – a indisponibilidade for superior a 60 minutos, ininterruptos ou não, se ocorrida entre 06h00 e 23h00; e

II – ocorrer indisponibilidade entre 23h00 e 24h00.

§ 1º As indisponibilidades ocorridas entre 00h00 e 06h00 dos dias de expediente forense e as ocorridas em feriados e finais de semana, a qualquer hora, não produzirão o efeito do *caput*.

§ 2º Aos prazos fixados em hora não se aplica a regra prevista no inciso I deste artigo e serão prorrogados na mesma proporção das indisponibilidades ocorridas no intervalo entre 06h00 e 23h00.

§ 3º A prorrogação de que trata este artigo será feita automaticamente nos sistemas que controlem prazo.

Art. 11. A indisponibilidade previamente programada produzirá as consequências definidas pelo Presidente do TST e será ostensivamente comunicada ao público externo com, pelo menos, 5 (cinco) dias de antecedência.

Seção III

Do Funcionamento do Sistema

Art. 12. O sistema receberá arquivos com tamanho máximo de 1,5 megabytes e apenas nos seguintes formatos:

I – arquivos de texto, no formato PDF

(*portable document format*), com resolução máxima de 300 dpi e formatação A4.

II – arquivos de áudio, no formato MPEG-1 ou MP3 (*Moving Picture Experts Group*).

III – arquivos de áudio e vídeo (AV), no formato MPEG-4 (*Moving Picture Experts Group*).

IV – arquivos de imagem, no formato JPEG (*Joint Photographic Experts Group*), com resolução máxima de 300 dpi.

§ 1º Partes ou terceiros interessados desassistidos de advogados poderão apresentar peças processuais e documentos em papel, segundo as regras ordinárias, nos locais competentes para o recebimento, que serão digitalizados e inseridos no processo pela Unidade Judiciária.

§ 2º O sistema de armazenamento dos documentos digitais deverá conter funcionalidades que permitam identificar o usuário que promover exclusão, inclusão e alteração de dados, arquivos baixados, bem como o momento de sua ocorrência.

§ 3º A parte ou o advogado poderá juntar quantos arquivos se fizerem necessários à ampla e integral defesa de seus interesses, desde que cada um desses arquivos observe o limite de tamanho máximo fixado no *caput* deste artigo.

§ 4º O recebimento de arquivos nos formatos definidos nos incisos II, III e IV deste artigo somente ocorrerá a partir da implantação da versão correspondente do sistema.

Art. 13. Os documentos produzidos eletronicamente, os extratos digitais e os documentos digitalizados e juntados aos autos pelos órgãos da Justiça do Trabalho e seus auxiliares, pelos membros do Ministério Público, pelas procuradorias e por advogados públicos e privados têm a mesma força probante dos originais, ressalvada a alegação motivada e fundamentada de adulteração.

§ 1º Incumbirá à parte zelar pela qualidade dos documentos juntados por qualquer meio, especialmente quanto à sua legibilidade, para o que se recomenda não utilizar papel reciclado, em virtude de dificultar a respectiva visualização posterior.

§ 2º Os originais dos documentos digitalizados, mencionados no *caput* deste artigo, deverão ser preservados pelo seu detentor até o trânsito em julgado da sentença ou, quando admitida, até o final do prazo para propositura de ação rescisória.

§ 3º A arguição de falsidade do documento original será processada eletronicamente na forma da lei processual em vigor.

§ 4º Os documentos cuja digitalização mostre-se tecnicamente inviável devido ao grande volume ou por motivo de ilegibilidade deverão ser apresentados em secretaria no prazo de 10 (dez) dias contados do envio de petição eletrônica comunicando o fato. Após o trânsito em julgado, os referidos documentos serão devolvidos, incumbindo-se à parte preservá-los, até o final do prazo para propositura de ação rescisória, quando admitida.

Art. 14. Excetuando-se os documentos referidos no artigo anterior, todos os demais documentos apresentados deverão ser retirados pelos interessados, no prazo de 30 dias, para os efeitos do art. 11, § 3º, da Lei n. 11.419/2006.

Parágrafo único. Findo o prazo estabelecido no *caput*, poderão ser inutilizados os documentos mantidos em meio impresso.

Art. 15. Os documentos que forem juntados eletronicamente em autos digitais e reputados manifestamente impertinentes pelo Juízo terão sua visualização tornada indisponível por expressa determinação judicial.

Art. 16. Os documentos digitalizados e anexados às petições eletrônicas serão adequadamente classificados e organizados de forma a facilitar o exame dos autos eletrônicos, podendo o Ministro determinar a sua reorganização e classificação, caso não atenda ao disposto neste artigo.

Art. 17. O Tribunal Superior do Trabalho manterá instalados equipamentos à disposição das partes, advogados e interessados para consulta ao conteúdo dos autos digitais e envio de peças processuais e documentos em meio eletrônico.

Seção IV
Dos Atos Processuais

Art. 18. No processo eletrônico, todas as citações, intimações e notificações, inclusive da Fazenda Pública, far-se-ão por meio eletrônico, preferencialmente mediante publicação no Portal do PJe, sem prejuízo da publicação no Diário de Justiça Eletrônico, quando necessário.

§ 1º As citações, intimações, notificações e remessas que viabilizem o acesso à íntegra do processo correspondente serão consideradas vista pessoal do interessado para todos os efeitos legais.

§ 2º Quando, por motivo técnico, for inviável o uso do meio eletrônico para a realização de citação, intimação ou notificação, esses atos processuais poderão ser praticados segundo as regras ordinárias, digitalizando-se e destruindo-se posteriormente o documento físico.

Art. 19. No instrumento de notificação ou citação constará indicação da forma de acesso ao inteiro teor da petição inicial no endereço referente à consulta pública do PJe-JT, cujo acesso também disponibilizar-se-á no sítio do Tribunal Superior do Trabalho na Rede Mundial de Computadores.

Art. 20. Para efeito da contagem do prazo de 10 (dez) dias corridos de que trata o art. 5º, § 3º, da Lei n. 11.419/2006, nos sistemas de tramitação eletrônica de processos:

I – o dia inicial da contagem é o dia seguinte ao da disponibilização do ato de comunicação no sistema, independentemente de esse dia ser, ou não, de expediente no órgão comunicante;

II – o dia da consumação da intimação ou comunicação é o décimo dia a partir do dia inicial, caso seja de expediente judiciário, ou o primeiro dia útil seguinte, conforme previsto no art. 5º, § 2º, da Lei n. 11.419/2006.

Parágrafo único. A intercorrência de feriado, interrupção de expediente ou suspensão de prazo entre o dia inicial e o dia final do prazo para conclusão da comunicação não terá nenhum efeito sobre sua contagem, excetuada a hipótese do inciso II.

Art. 21. A distribuição da petição inicial e a juntada da contestação, dos recursos e das petições em geral, todos em formato digital, nos autos de processo eletrônico devem ser feitas diretamente pelos usuários externos, sem necessidade da intervenção da secretaria judicial, situação em que a autuação ocorrerá de forma automática, fornecendo-se o recibo eletrônico de protocolo.

§ 1º No caso de petição inicial, o sistema fornecerá, imediatamente após o envio, juntamente com a comprovação de recebimento, informações sobre o número atribuído ao processo e o Órgão Julgador para o qual foi distribuída a ação.

§ 2º Os dados da autuação automática serão conferidos por unidade judiciária, que procederá à sua alteração em caso de desconformidade com os documentos apresentados, de tudo ficando registro no sistema.

Art. 22. A comprovação da entrega de expedientes por oficiais de justiça será feita por certidão circunstanciada acerca do cumprimento da diligência, dispensando-se a juntada aos autos de contrafé digitalizada e subscrita pelos destinatários.

Art. 23. As atas e termos de audiência serão assinados digitalmente apenas pelo Ministro, assim como o documento digital, no caso de audiências gravadas em áudio e vídeo, os quais passarão a integrar os autos digitais, mediante registro em termo.

Art. 24. Os atos processuais praticados por usuários externos considerar-se-ão realizados na data e horário do seu recebimento no PJe-JT.

§ 1º A postulação encaminhada considerar-se-á tempestiva quando recebida, integralmente, até as vinte e quatro horas do dia em que se encerra o prazo processual, considerado o horário de Brasília.

§ 2º A suspensão dos prazos processuais não impedirá o encaminhamento de petições e a movimentação de processos eletrônicos, podendo a apreciação dos pedidos decorrentes desses prazos ocorrer, a critério do Ministro, após o término do prazo de suspensão, ressalvados os casos de urgência.

§ 3º O sistema fornecerá ao usuário externo recibo eletrônico da prática do ato processual contendo o número do protocolo gerado pelo sistema, a data e o horário da prática do ato, a identificação do processo, o nome do remetente e/ou do usuário que assinou eletronicamente o documento e, se houver, o assunto, o órgão destinatário da petição e as particularidades de cada arquivo eletrônico, conforme informados pelo remetente.

§ 4º Será de integral responsabilidade do remetente a equivalência entre os dados informados para o envio e os constantes da petição remetida.

§ 5º Não serão considerados, para fins de

tempestividade, o horário inicial de conexão do usuário à internet, o horário de acesso do usuário ao sítio eletrônico do Tribunal ou ao PJe-JT, tampouco os horários registrados pelos equipamentos do remetente.

§ 6º A não obtenção de acesso ao PJe-JT e eventual defeito de transmissão ou recepção de dados não imputáveis à indisponibilidade ou impossibilidade técnica do sistema não servirão de escusa para o descumprimento de prazo processual.

Art. 25. A partir da implantação do PJe-JT será dispensada a formação de autos suplementares em casos como de agravos de instrumento, precatórios, agravos regimentais e execução provisória.

Art. 26. Nas classes processuais em que haja a designação de revisor, caberá ao relator determinar a inclusão do processo em pauta, observado o prazo mínimo de 15 (quinze) dias para o revisor preparar o voto.

Parágrafo único. Determinada a inclusão, o revisor será cientificado pelo sistema do início do prazo.

Seção V
Da Consulta e do Sigilo

Art. 27. A consulta ao inteiro teor dos documentos juntados ao PJe-JT somente estará disponível pela rede mundial de computadores, nos termos da Lei n. 11.419/2006 e da Resolução n. 121, de 5 de outubro de 2010, do Conselho Nacional de Justiça – CNJ, para as respectivas partes processuais, advogados em geral, Ministério Público e para os magistrados, sem prejuízo da possibilidade de visualização nas Secretarias dos Órgãos Julgadores, à exceção daqueles que tramitarem em sigilo ou segredo de justiça.

Parágrafo único. Para a consulta de que trata o *caput* deste artigo será exigido o credenciamento no sistema.

Seção VI
Do Uso Inadequado do Sistema

Art. 28. O uso inadequado do sistema que cause prejuízo às partes ou à atividade jurisdicional poderá importar, após determinação da autoridade judiciária competente, no bloqueio provisório do cadastro do usuário, relativamente ao processo em que se deu o evento, ou mesmo ao sistema, dependendo da gravidade do fato, sem prejuízo de outras medidas processuais e legais, observadas as prerrogativas legais, no caso de magistrados, advogados e membros do Ministério Público.

Capítulo II
DA ADMINISTRAÇÃO DO SISTEMA NO TST

Art. 29. A gestão técnica do PJe-JT no âmbito do Tribunal Superior do Trabalho caberá ao Comitê Gestor do TST, que atuará em permanente diálogo e interação com o Comitê Gestor Nacional.

Parágrafo único. Os membros do Comitê Gestor do TST serão designados pelo Presidente e sua coordenação será exercida por um Ministro.

Art. 30. Compete ao Comitê Gestor do TST:

I – administrar o sistema nos aspectos relacionados à sua estrutura, implementação e funcionamento, de acordo com as diretrizes fixadas pelo Comitê Gestor Nacional;

II – avaliar a necessidade de promover a manutenção corretiva e evolutiva;

III – organizar a estrutura de atendimento às demandas de seus usuários internos e externos;

IV – determinar a realização de auditorias no sistema, especialmente no que diz respeito à integridade das suas informações e segurança;

V – garantir a integridade do sistema, no que diz respeito à sua taxonomia e classes processuais;

VI – propor ao Comitê Gestor Nacional alterações visando ao aprimoramento do sistema;

VII – observar as orientações técnicas expedidas pelo Comitê Gestor Nacional.

Capítulo III
DA IMPLANTAÇÃO

Art. 31. A implantação do PJe-JT implicará, para os processos novos, a superação dos atuais sistemas de gestão das informações processuais mantidos pelo TST, observada a graduação prevista no parágrafo único do art. 1º desta Resolução.

Art. 32. A partir da implantação do PJe-JT, o recebimento de petição inicial ou de prosseguimento, relativas aos processos que nele tramitam, somente pode ocorrer no meio eletrônico próprio do sistema, sendo vedada a utilização do e-DOC ou qualquer outro sistema de peticionamento eletrônico.

Art. 33. A implementação das versões atualizadas do sistema ficará a cargo das equipes técnicas do Tribunal Superior do Trabalho, a partir da liberação e sob a supervisão da SETIN e da gerência técnica do PJe-JT nacional.

Parágrafo único. Na atividade a que se refere o *caput* deste artigo está incluída a realização de testes por servidores designados pelo TST.

Capítulo IV
DAS DISPOSIÇÕES FINAIS E TRANSITÓRIAS

Art. 34. As intervenções que impliquem alterações estruturais do sistema somente poderão ser promovidas quando autorizadas pela Presidência do Tribunal Superior do Trabalho.

Art. 35. O TST manterá, no âmbito de suas atribuições, estrutura de atendimento e suporte aos usuários do PJe-JT.

Art. 36. As cartas de ordem expedidas para as unidades judiciárias nas quais tenha sido implantado o PJe-JT tramitarão também em meio eletrônico e, quando da devolução, será encaminhada certidão constando o seu cumprimento com a materialização apenas de peças essenciais à compreensão dos atos realizados.

Art. 37. O TST promoverá investimentos para a formação dos usuários internos, com o objetivo de prepará-los para o aproveitamento adequado do PJe-JT.

Art. 38. Os casos não disciplinados na presente Resolução serão resolvidos pela Presidência do Tribunal Superior do Trabalho.

....(*DEJT*, 8.2.13).

Instrução Normativa TST 36, de 14 de novembro de 2012

Regulamenta, na Justiça do Trabalho, o acolhimento e o levantamento de depósitos judiciais.

TÍTULO I
DO ACOLHIMENTO DE DEPÓSITOS JUDICIAIS

Art. 1º Os depósitos judiciais na Justiça do Trabalho, a exceção dos depósitos recursais, serão realizados em conta judicial pelos seguintes meios disponíveis:

I – depósito direto em espécie ou cheque;

II – boleto bancário;

III – transferência eletrônica disponível – TED;

IV – penhora eletrônica de dinheiro (Sistema BACEN-JUD);

V – cartão de crédito ou débito.

Art. 2º Os depósitos judiciais, de que trata o artigo anterior, serão efetivados pelo interessado diretamente na instituição financeira depositária (Banco do Brasil S.A. e Caixa Econômica Federal), utilizando-se obrigatoriamente dos modelos padronizados de guia constantes dos anexos desta Instrução Normativa.

§ 1º Os valores discriminados em campos de detalhamento na guia são exclusivamente informativos e de responsabilidade do depositante.

§ 2º As responsabilidades do Banco do Brasil S.A. e da Caixa Econômica Federal limitam-se ao processamento e a contabilização do valor global ao depósito.

§ 3º Na hipótese de boleto bancário, o depositante poderá efetuar o depósito em qualquer agência da rede bancária do Brasil ou correspondente bancário.

Art. 3º As guias de depósito poderão ser obtidas pelo interessado na secretaria da Vara do Trabalho ou no Tribunal, quando não houver o serviço de emissão de guia de depósito fornecido pelos Tribunais do Trabalho nos seus portais na Rede Mundial de Computadores – internet.

Parágrafo único. Quando do fornecimento e preenchimento de guia de depósito no portal na rede mundial de computadores – internet, as informações cadastrais e valores disponíveis nas respectivas bases de dados serão capturadas automaticamente dos sistemas dos Tribunais.

Art. 4º É permitido o uso do cartão de crédito ou de débito para recolhimento de depósitos judiciais, sempre sem ônus para os Tribunais e com ônus para o devedor.

Parágrafo único. Em caso de desfazimento de transações por contestação do usuário do cartão de crédito, de acordo com as regras contratuais, os autos do processo serão conclusos ao juízo para decisão.

Art. 5º O depositante que optar pelo recolhimento via transferência eletrônica disponível – TED deverá obter o código "ID" (identificação de depósito) mediante o preenchimento da guia de depósito eletrônico ou boleto bancário nos portais dos Tribunais, do Banco do Brasil S.A. ou da Caixa Econômica Federal.

§ 1º Nesta opção o depositante deverá informar o "ID" ao banco de seu relacionamento que, de posse dele, realizará a transferência do recurso via transferência eletrônica disponível – TED.

§ 2º Realizada a transferência, o Banco do Brasil S.A. ou a Caixa Econômica Federal efetuará o depósito com todos os dados informados e tornará disponível o recibo respectivo via rede mundial de computadores – internet, no sítio do Banco do Brasil S.A. ou da Caixa Econômica Federal.

Art. 6º Uma vez disponível a guia de depósito eletrônica ou o boleto bancário com "ID" no portal do respectivo Tribunal, as instituições financeiras ficam dispensadas de fornecê-la.

Art. 7º Obtido o "ID" no portal do Tribunal, os dados da guia de depósito eletrônico ou do boleto bancário serão encaminhados pelo Tribunal à instituição financeira encarregada do recebimento, por transferência de arquivo via FTP ou de informação via *WebService*, com garantia de autenticidade, conforme previsto nos Manuais anexos a esta Instrução Normativa.

Parágrafo único. Os modelos dos arquivos, as informações trocadas via *WebService* e o cálculo do "ID" das guias ou boletos bancários respeitarão os critérios estabelecidos nos Manuais anexos a esta Instrução Normativa.

Art. 8º O recibo deverá ser apresentado pelo depositante nos autos do processo a que se referir o depósito.

Parágrafo único. A comprovação ficará dispensada quando o depósito for realizado na forma do art. 7º, hipótese em que o Banco do Brasil S.A. e Caixa Econômica Federal, imediatamente após o processamento bancário de cada dia útil, encaminharão aos Tribunais arquivo eletrônico ou fornecerão via *WebService* informações de todos os depósitos do período, devendo a secretaria da Vara do Trabalho ou o Tribunal juntar aos autos do respectivo processo, no mesmo dia do recebimento do arquivo, o comprovante das informações dos depósitos encaminhados eletronicamente pelas instituições financeiras.

Art. 9º Os depósitos judiciais oriundos do sistema BACEN-JUD, cartão de crédito ou débito, bem como os depósitos em lote feitos por empresas conveniadas com o Banco do Brasil S.A. ou Caixa Econômica Federal, deverão ser encaminhados aos tribunais em arquivo próprio ou via *WebService*, após o processamento bancário de cada dia útil, para juntada do comprovante nos autos do respectivo processo.

Parágrafo único. No depósito judicial oriundo do sistema BACEN-JUD, o fornecimento do "ID" será de responsabilidade do Banco Central do Brasil; no depósito judicial feito por empresas conveniadas com o Banco do Brasil S.A. ou a Caixa Econômica Federal o fornecimento do "ID" será de responsabilidade dessas instituições financeiras; e nos demais casos o "ID" será gerado pelo Tribunal.

TÍTULO II
DO LEVANTAMENTO DE DEPÓSITOS JUDICIAIS

Art. 10. O levantamento de depósitos judiciais será feito sempre por alvará de levantamento.

Parágrafo único. Os tribunais deverão utilizar os modelos padronizados de alvarás de levantamento constantes nos anexos desta Instrução Normativa.

Art. 11. A secretaria da Vara do Trabalho ou o Tribunal poderá gerar, a qualquer momento, os alvarás de levantamento, sempre vinculados a uma guia de depósito com saldo confirmado pelo respectivo banco depositário.

Art. 12. Após a geração de um alvará de levantamento, o Tribunal deverá remeter ao banco depositário as informações do alvará gerado através de transferência de arquivo via *WebService*, conforme padrões definidos nos anexos desta Instrução Normativa.

Art. 13. Será de responsabilidade do Tribunal o controle dos usuários autorizados a emitir os alvarás de levantamento, sendo recomendado seguir os padrões de assinatura eletrônica estipulados no art. 1º, § 2º, III, da Lei n. 11.419/2006.

Parágrafo único. No caso de alvarás de levantamento processados via *WebService* pelo BANCO DO BRASIL S.A. será necessário o certificado pessoal (A3) emitido por autoridade certificadora credenciada pelo ICP-Brasil.

Art. 14. Será de responsabilidade do Banco do Brasil S.A. e da Caixa Econômica Federal certificar-se de que os arquivos ou informações de alvarás de levantamento recebidos para cumprimento foram enviados pelo Tribunal que assina o arquivo ou a informação transmitida.

Art. 15. Os valores constantes dos alvarás de levantamento poderão ser sacados em qualquer agência do banco depositário.

§ 1º Os saques reger-se-ão pelas normas aplicáveis aos depósitos bancários, com prazo de até 24 (vinte e quatro) horas para a agência efetuar o pagamento, a contar da apresentação dos documentos de identificação ao gerente.

§ 2º Os saques deverão ser realizados pessoalmente pelo beneficiário indicado como sacador no alvará de levantamento de valores.

§ 3º Diante da necessidade de representação do beneficiário, a eventual habilitação de procurador, tutor ou curador deverá ocorrer nos autos do processo, devendo a Vara do Trabalho ou o Tribunal, quando for o caso, cancelar o alvará de levantamento de valores anteriormente emitido para em seguida emitir um novo alvará figurando o representante como beneficiário.

Art. 16. Os valores constantes dos alvarás de levantamento poderão ser creditados automaticamente em conta corrente ou poupança de titularidade do beneficiário, desde que na mesma instituição financeira onde o depósito esteja custodiado.

Art. 17. O Tribunal poderá enviar à instituição financeira ordem de cancelamento do alvará de levantamento transmitido, devendo aguardar o retorno do cumprimento da ordem para confirmar ou não a operação em seu sistema de gerenciamento de processos.

Parágrafo único. A instituição financeira deverá fornecer retorno imediato do sucesso ou não da execução da ordem de cancelamento.

Art. 18. O valor constante do alvará de levantamento será corrigido pelo índice aplicado à conta objeto do pagamento, a partir da data de atualização nele informada.

Parágrafo único. Caso a data de atualização não seja informada no alvará, o banco depositário pagará o valor nominal informado, sem qualquer atualização.

Art. 19. O Tribunal poderá enviar alvará de levantamento de todo o saldo remanescente na conta, no entanto, deverá controlar em seu sistema de gerenciamento de processos se todas as ordens de levantamento emitidas, referentes àqueles depósitos, já foram cumpridas.

TÍTULO III
DAS DISPOSIÇÕES GERAIS E TRANSITÓRIAS

Art. 20. As instituições financeiras deverão fornecer aos Tribunais ferramenta para consulta dos saldos disponíveis nas contas judiciais ativas e inativas, emitindo relatórios gerenciais consolidados, conforme prazo de inatividade definido pelo respectivo Tribunal.

Art. 21. O Conselho Superior da Justiça do Trabalho designará um Comitê Gestor, que contará com a participação de representantes das instituições financeiras oficiais depositárias, para tratar dos assuntos referentes à integração bancária.

Art. 22. Os Tribunais do Trabalho deverão, no prazo de 60 dias a contar da publicação desta norma, adaptar os seus sistemas internos e portais na Rede Mundial de Computadores – Internet para cumprimento do disposto nesta Instrução Normativa.

Art. 23. O Conselho Superior da Justiça do Trabalho atualizará os anexos desta Instrução Normativa sempre que necessário para a adequada evolução dos controles de acolhimento e levantamento de depósitos judiciais.

Art. 24. Esta Instrução Normativa entrará em vigor na data da sua publicação, revogando-se a Instrução Normativa n. 33/2008.

..................................(*DEJT*, 31.1.13).

Instrução Normativa TST 39, de 16 de março de 2016

Dispõe sobre as normas do Código de Processo Civil de 2015 aplicáveis e inaplicáveis ao Processo do Trabalho, de forma não exaustiva.

Art. 1º Aplica-se o Código de Processo Civil, subsidiária e supletivamente, ao Processo do Trabalho, em caso de omissão e desde que haja compatibilidade com as normas e princípios do Direito Processual do Trabalho, na forma dos arts. 769 e 889 da CLT e do art. 15 da Lei n. 13.105, de 17.3.2015.

§ 1º Observar-se-á, em todo caso, o princípio da irrecorribilidade em separado das decisões interlocutórias, de conformidade com o art. 893, § 1º, da CLT e Súmula n. 214 do TST.

§ 2º O prazo para interpor e contra-arrazoar todos os recursos trabalhistas, inclusive agravo interno e agravo regimental, é de oito dias (art. 6º da Lei n. 5.584/70 e art. 893 da CLT), exceto embargos de declaração (CLT, art. 897-A).

Art. 2º Sem prejuízo de outros, não se aplicam ao Processo do Trabalho, em razão de inexistência de omissão ou por incompatibilidade, os seguintes preceitos do Código de Processo Civil:

I - art. 63 (modificação da competência territorial e eleição de foro);

II - art. 190 e parágrafo único (negociação processual);

III - art. 219 (contagem de prazos em dias úteis);

IV - art. 334 (audiência de conciliação ou de mediação);

V - art. 335 (prazo para contestação);

VI - art. 362, III (adiamento da audiência em razão de atraso injustificado superior a 30 minutos);

VII - art. 373, §§ 3º e 4º (distribuição diversa do ônus da prova por convenção das partes);

VIII - arts. 921, §§ 4º e 5º, e 924, V (prescrição intercorrente);

IX - art. 942 e parágrafos (prosseguimento de julgamento não unânime de apelação);

X - art. 944 (notas taquigráficas para substituir acórdão);

XI - art. 1.010, § 3º (desnecessidade de o juízo *a quo* exercer controle de admissibilidade na apelação);

XII - arts. 1.043 e 1.044 (embargos de divergência);

XIII - art. 1.070 (prazo para interposição de agravo).

Art. 3º Sem prejuízo de outros, aplicam-se ao Processo do Trabalho, em face de omissão e compatibilidade, os preceitos do Código de Processo Civil que regulam os seguintes temas:

I - art. 76, §§ 1º e 2º (saneamento de incapacidade processual ou de irregularidade de representação);

II - art. 138 e parágrafos (*amicus curiae*);

III - art. 139, exceto a parte final do inciso V (poderes, deveres e responsabilidades do juiz);

IV - art. 292, V (valor pretendido na ação indenizatória, inclusive a fundada em dano moral);

V - art. 292, § 3º (correção de ofício do valor da causa);

VI - arts. 294 a 311 (tutela provisória);

VII - art. 373, §§ 1º e 2º (distribuição dinâmica do ônus da prova);

VIII - art. 485, § 7º (juízo de retratação no recurso ordinário);

IX - art. 489 (fundamentação da sentença);

X - art. 496 e parágrafos (remessa necessária);

XI - arts. 497 a 501 (tutela específica);

XII - arts. 536 a 538 (cumprimento de sentença que reconheça a exigibilidade de obrigação de fazer, de não fazer ou de entregar coisa);

XIII - arts. 789 a 796 (responsabilidade patrimonial);

XIV - art. 805 e parágrafo único (obrigação de o executado indicar outros meios mais eficazes e menos onerosos para promover a execução);

XV - art. 833, incisos e parágrafos (bens impenhoráveis);

XVI - art. 835, incisos e §§ 1º e 2º (ordem preferencial de penhora);

XVII - art. 836, §§ 1º e 2º (procedimento quando não encontrados bens penhoráveis);

XVIII - art. 841, §§ 1º e 2º (intimação da penhora);

XIX - art. 854 e parágrafos (BacenJUD);

XX - art. 895 (pagamento parcelado do lanço);

XXI - art. 916 e parágrafos (parcelamento do crédito exequendo);

XXII - art. 918 e parágrafo único (rejeição liminar dos embargos à execução);

XXIII - arts. 926 a 928 (jurisprudência dos tribunais);

XXIV - art. 940 (vista regimental);

XXV - art. 947 e parágrafos (incidente de assunção de competência);

XXVI - arts. 966 a 975 (ação rescisória);

XXVII - arts. 988 a 993 (reclamação);

XXVIII - arts. 1.013 a 1.014 (efeito devolutivo do recurso ordinário - força maior);

XXIX - art. 1.021 (salvo quanto ao prazo do agravo interno).

Art. 4º Aplicam-se ao Processo do Trabalho as normas do CPC que regulam o princípio do contraditório, em especial os artigos 9º e 10, no que vedam a decisão surpresa.

§ 1º Entende-se por "decisão surpresa" a que, no julgamento final do mérito da causa, em qualquer grau de jurisdição, aplicar fundamento jurídico ou embasar-se em fato não submetido à audiência prévia de uma ou de ambas as partes.

§ 2º Não se considera "decisão surpresa" a que, à luz do ordenamento jurídico nacional e dos princípios que informam o Direito Processual do Trabalho, as partes tinham obrigação de prever, concernente às condições da ação, aos pressupostos de admissibilidade de recurso e aos pressupostos processuais, salvo disposição legal expressa em contrário.

Art. 5º Aplicam-se ao Processo do Trabalho as normas do art. 356, §§ 1º a 4º, do CPC que regem o julgamento antecipado parcial do mérito, cabendo recurso ordinário de imediato da sentença.

Art. 6º Aplica-se ao Processo do Trabalho o incidente de desconsideração da personalidade jurídica regulado no Código de Processo Civil (arts. 133 a 137), assegurada a iniciativa também do juiz do trabalho na fase de execução (CLT, art. 878).

§ 1º Da decisão interlocutória que acolher ou rejeitar o incidente:

I - na fase de cognição, não cabe recurso de imediato, na forma do art. 893, § 1º, da CLT;

II - na fase de execução, cabe agravo de petição, independentemente de garantia do juízo;

III - cabe agravo interno se proferida pelo Relator, em incidente instaurado originariamente no tribunal (CPC, art. 932, inciso VI).

§ 2º A instauração do incidente suspenderá o processo, sem prejuízo de concessão da tutela de urgência de natureza cautelar de que trata o art. 301 do CPC.

Art. 7º Aplicam-se ao Processo do Trabalho as normas do art. 332 do CPC, com as necessárias adaptações à legislação processual trabalhista, cumprindo ao juiz do trabalho julgar liminarmente improcedente o pedido que contrariar:

I - enunciado de súmula do Supremo Tribunal Federal ou do Tribunal Superior do Trabalho (CPC, art. 927, inciso V);

II - acórdão proferido pelo Supremo Tribunal Federal ou pelo Tribunal Superior do Trabalho em julgamento de recursos repetitivos (CLT, art. 896-B; CPC, art. 1.046, § 4º);

III - entendimento firmado em incidente de resolução de demandas repetitivas ou de assunção de competência;

IV - enunciado de súmula de Tribunal Regional do Trabalho sobre direito local, convenção coletiva de trabalho, acordo coletivo de trabalho, sentença normativa ou regulamento empresarial de observância obrigatória em área territorial que não exceda à jurisdição do respectivo Tribunal (CLT, art. 896, "b", *a contrario sensu*).

Parágrafo único. O juiz também poderá julgar liminarmente improcedente o pedido se verificar, desde logo, a ocorrência de decadência.

Art. 8º Aplicam-se ao Processo do Trabalho as normas dos arts. 976 a 986 do CPC que regem o incidente de resolução de demandas repetitivas (IRDR).

§ 1º Admitido o incidente, o relator suspenderá o julgamento dos processos pendentes, individuais ou coletivos, que tramitam na Região, no tocante ao tema objeto de IRDR, sem prejuízo da instrução integral das causas e do julgamento dos eventuais pedidos distintos e cumulativos igualmente deduzidos em tais processos, inclusive, se for o caso, do julgamento antecipado parcial do mérito.

§ 2º Do julgamento do mérito do incidente caberá recurso de revista para o Tribunal Superior do Trabalho, dotado de efeito meramente devolutivo, nos termos dos arts. 896 e 899 da CLT.

§ 3º Apreciado o mérito do recurso, a tese jurídica adotada pelo Tribunal Superior do Trabalho será aplicada no território nacional a todos os processos, individuais ou coletivos, que versem sobre idêntica questão de direito.

Art. 9º O cabimento dos embargos de declaração no Processo do Trabalho, para impugnar qualquer decisão judicial, rege-se pelo art. 897-A da CLT e, supletivamente, pelo Código de Processo Civil (arts. 1.022 a 1.025; §§ 2º, 3º e 4º do art. 1.026), excetuada a garantia de prazo em dobro para litisconsortes (§ 1º do art. 1.023).

Parágrafo único. A omissão para fins do prequestionamento ficto a que alude o art. 1.025 do CPC dá-se no caso de o Tribunal Regional do Trabalho, mesmo instado mediante embargos de declaração, recusar-se a emitir tese sobre questão jurídica pertinente, na formada Súmula n. 297, item III, do Tribunal Superior do Trabalho.

Art. 10. Aplicam-se ao Processo do Trabalho as normas do parágrafo único do art. 932 do CPC, §§ 1º a 4º do art. 938 e §§ 2º e 7º do art. 1.007.

Parágrafo único. A insuficiência no valor do preparo do recurso, no Processo do Trabalho, para os efeitos do § 2º do art. 1.007 do CPC, concerne unicamente às custas processuais, não ao depósito recursal.

Art. 11. Não se aplica ao Processo do Trabalho a norma do art. 459 do CPC no que permite a inquirição direta das testemunhas pela parte (CLT, art. 820).

Art. 12. Aplica-se ao Processo do Trabalho o parágrafo único do art. 1.034 do CPC. Assim, admitido o recurso de revista por um fundamento, devolve-se ao Tribunal Superior do Trabalho o conhecimento dos demais fundamentos para a solução apenas do capítulo impugnado.

Art. 13. Por aplicação supletiva do art. 784, I (art. 15 do CPC), o cheque e a nota promissória emitidos em reconhecimento de dívida inequivocamente de natureza trabalhista também são títulos extrajudiciais para efeito de execução perante a Justiça do Trabalho, na forma do art. 876 e segs. da CLT.

Art. 14. Não se aplica ao Processo do Trabalho o art. 165 do CPC, salvo nos conflitos coletivos de natureza econômica (Constituição Federal, art. 114, §§ 1º e 2º).

Art. 15. O atendimento à exigência legal de fundamentação das decisões judiciais (CPC, art. 489, § 1º) no Processo do Trabalho observará o seguinte:

I – por força dos arts. 332 e 927 do CPC, adaptados ao Processo do Trabalho, para efeito dos incisos V e VI do § 1º do art. 489 considera-se "precedente" apenas:

a) acórdão proferido pelo Supremo Tribunal Federal ou pelo Tribunal Superior do Trabalho em julgamento de recursos repetitivos (CLT, art. 896-B; CPC, art. 1.046, § 4º);

b) entendimento firmado em incidente de resolução de demandas repetitivas ou de assunção de competência;

c) decisão do Supremo Tribunal Federal em controle concentrado de constitucionalidade;

d) tese jurídica prevalecente em Tribunal Regional do Trabalho e não conflitante com súmula ou orientação jurisprudencial do Tribunal Superior do Trabalho (CLT, art. 896, § 6º);

e) decisão do plenário, do órgão especial ou de seção especializada competente para uniformizar a jurisprudência do tribunal a que o juiz estiver vinculado ou do Tribunal Superior do Trabalho;

II – para os fins do art. 489, § 1º, incisos V e VI, do CPC, considerar-se-ão unicamente os precedentes referidos no item anterior, súmulas do Supremo Tribunal Federal, orientação jurisprudencial e súmula do Tribunal Superior do Trabalho, súmula de Tribunal Regional do Trabalho não conflitante com súmula ou orientação jurisprudencial do TST, que contenham explícita referência aos fundamentos determinantes da decisão (*ratio decidendi*);

III - não ofende o art. 489, § 1º, inciso IV, do CPC a decisão que deixar de apreciar questões cujo exame haja ficado prejudicado em razão da análise anterior de questão subordinante;

IV - o art. 489, § 1º, IV, do CPC não obriga o juiz ou o Tribunal a enfrentar os fundamentos jurídicos invocados pela parte, quando já tenham sido examinados na formação dos precedentes obrigatórios ou nos fundamentos determinantes de enunciado de súmula;

V - decisão que aplica a tese jurídica firmada em precedente, nos termos do item I, não precisa enfrentar os fundamentos já analisados na decisão paradigma, sendo suficiente, para fins de atendimento das exigências constantes no art. 489, § 1º, do CPC, a correlação fática e jurídica entre o caso concreto e aquele apreciado no incidente de solução concentrada;

VI - é ônus da parte, para os fins do disposto no art. 489, § 1º, V e VI, do CPC, identificar os fundamentos determinantes ou demonstrar a existência de distinção no caso em julgamento ou a superação do entendimento, sempre que invocar precedente ou enunciado de súmula.

Art. 16. Para efeito de aplicação do § 5º do art. 272 do CPC, não é causa de nulidade processual a intimação realizada na pessoa de advogado regularmente habilitado nos autos, ainda que conste pedido expresso para que as comunicações dos atos processuais sejam feitas em nome de outro advogado, se o profissional indicado não se encontra previamente cadastrado no Sistema de Processo Judicial Eletrônico, impedindo a serventia judicial de atender ao requerimento de envio da intimação direcionada. A decretação de nulidade não pode ser acolhida em favor da parte que lhe deu causa (CPC, art. 276).

Art. 17. Sem prejuízo da inclusão do devedor no Banco Nacional de Devedores Trabalhistas (CLT, art. 642-A), aplicam -se à execução trabalhista as normas dos artigos 495, 517 e 782, §§ 3º, 4º e 5º, do CPC, que tratam respectivamente da hipoteca judiciária, do protesto de decisão judicial e da inclusão do nome do executado em cadastros de inadimplentes.

Art. 18. Esta Instrução Normativa entrará em vigor na data da sua publicação.

..................................(*DEJT*, 16.3.16)

Instrução Normativa 40, de 17 de março de 2016

Dispõe sobre o cabimento de agravo de instrumento em caso de admissibilidade parcial de recurso de revista no Tribunal Regional do Trabalho e dá outras providências.

Art. 1º Admitido apenas parcialmente o recurso de revista, constitui ônus da parte impugnar, mediante agravo de instrumento, o capítulo denegatório da decisão, sob pena de preclusão. (Artigo com vigência a partir de 15 de abril de 2016, conforme art. 3º desta Resolução).

§ 1º Se houver omissão no juízo de admissibilidade do recurso de revista quanto a um ou mais temas, é ônus da parte interpor embargos de declaração para o órgão prolator da decisão embargada supri -la (CPC, art. 1.024, § 2º), sob pena de preclusão.

§ 2º Incorre em nulidade a decisão regional que se abstiver de exercer controle de admissibilidade sobre qualquer tema objeto de recurso de revista, não obstante interpostos embargos de declaração (CF/88, art. 93, inciso IX e § 1º do art. 489 do CPC de 2015).

§ 3º No caso do parágrafo anterior, sem prejuízo da nulidade, a recusa do Presidente do Tribunal Regional do Trabalho a emitir juízo de admissibilidade sobre qualquer tema equivale à decisão denegatória. É ônus da parte, assim, após a intimação da decisão dos embargos de declaração, impugná-la mediante agravo de instrumento (CLT, art. 896, § 12), sob pena de preclusão.

§ 4º Faculta -se ao Ministro Relator, por decisão irrecorrível (CLT, art. 896, § 5º, por analogia), determinar a restituição do agravo de instrumento ao Presidente do Tribunal Regional do Trabalho de origem para que complemente o juízo de admissibilidade, desde que interpostos embargos de declaração.

Art. 2º Após a vigência do Código de Processo Civil de 2015, subsiste o Incidente de Uniformização de Jurisprudência da CLT (art. 896, §§ 3º, 4º, 5º e 6º), observado o procedimento previsto no regimento interno do Tribunal Regional do Trabalho.

Art. 3º A presente instrução normativa vigerá a partir de sua publicação, exceto o art. 1º, que vigorará a partir de 15 de abril de 2016.

..................................(*DEJT*, 17.3.16)

ATOS DOS TRIBUNAIS

Resolução STF 427, de 20 de abril de 2010

Meio eletrônico (e-STF). Comunicação de atos e transmissão de peças.

Art. 1º O processo eletrônico no âmbito do Supremo Tribunal Federal fica regulamentado por esta Resolução.

Art. 2º Processo eletrônico, para os fins desta Resolução, é o conjunto de arquivos eletrônicos correspondentes às peças, documentos e atos processuais que tramitam por meio eletrônico, nos termos da Lei n. 11.419, de 19 de dezembro de 2006.

Art. 3º O sistema de processamento eletrônico e-STF, aprovado na Sessão Administrativa realizada em 14 de maio de 2007, nos termos da Lei n. 11.419, de 19 de dezembro de 2006, será utilizado como meio eletrônico de tramitação de processos judiciais, comunicação de atos e transmissão de peças processuais.

Parágrafo único. Ao Presidente cabe autorizar alteração ou atualização no e-STF.

Art. 4º O acesso ao e-STF será feito:

I – no sítio eletrônico do Tribunal, por qualquer pessoa credenciada, mediante uso de certificação digital (ICP-Brasil);

II – via *webservice*, pelos entes conveniados, por meio da integração de sistemas;

III – nos sistemas internos, por servidores e funcionários do Tribunal.

Parágrafo único. O uso inadequado do e-STF que venha a causar prejuízo às partes ou à atividade jurisdicional importará bloqueio do cadastro do usuário.

Art. 5º A autenticidade e integridade dos atos e peças processuais deverão ser garantidas por sistema de segurança eletrônica, mediante uso de certificação digital (ICP-Brasil).

§ 1º Os documentos produzidos de forma eletrônica deverão ser assinados digitalmente por seu autor, como garantia da origem e de seu signatário.

§ 2º Os documentos digitalizados deverão ser assinados:

I – no momento da digitalização, para fins de autenticação;

II – no momento da transmissão, caso não tenham sido previamente assinados, como garantia de origem e integridade, permitida a ressalva de autoria.

§ 3º É permitida a aposição de mais de uma assinatura digital a um documento.

Art. 6º É de exclusiva responsabilidade do titular de certificação digital o sigilo da chave privada da sua identidade digital, não sendo oponível, em nenhuma hipótese, alegação de seu uso indevido.

Art. 7º As petições referentes a processos eletrônicos deverão ser produzidas eletronicamente e protocoladas no e-STF.

Parágrafo único. As Seções de Atendimento Presencial e Não Presencial serão responsáveis pela devolução de documentos apresentados em meio físico. (Red. Res. STF 476/11)

Art. 8º Nos casos de indisponibilidade do sistema ou comprovada impossibilidade técnica, serão permitidos o encaminhamento de petições e a prática de outros atos processuais em meio físico.

Parágrafo único. O processo autuado nos termos do *caput* tramitará em meio físico, admitida conversão conforme art. 29. (NRed. Res. STF 476/11)

Art. 9º A correta formação do processo eletrônico é responsabilidade do advogado ou procurador, que deverá:

I – preencher os campos obrigatórios contidos no formulário eletrônico pertinente à classe processual ou ao tipo de petição;

II – fornecer, quando couber, com relação às partes, o número no cadastro de pessoas físicas ou jurídicas perante a Secretaria da Receita Federal;

III – fornecer a qualificação dos procuradores;

IV– carregar, sob pena de rejeição, as peças essenciais da respectiva classe e documentos complementares:

a) em arquivos distintos de, no máximo, 10 MB (dez *megabytes*);

b) na ordem em que deverão aparecer no processo;

c) nomeados de acordo com a listagem estabelecida pelo Presidente em normativo próprio;

d) em formato pdf (*portable document format*);

e) livres de vírus ou ameaças que possam comprometer a confidencialidade, disponibilidade e integridade do e-STF.

§ 1º Caso verifique irregularidade na formação do processo que impeça ou dificulte sua análise, o Relator poderá abrir prazo de 5 (cinco) dias ao peticionário para que promova as correções necessárias.

§ 2º Arquivos de áudio e vídeo terão formato e tamanho regrados por ato normativo próprio. (NRed. Res. STF 476/11)

§ 3º O Relator determinará o desentranhamento de peças juntadas indevidamente aos autos.

§ 4º O desentranhamento de peças determinado pelo Relator será realizado pela Secretaria Judiciária, que procederá à sua exclusão lógica – impedindo o acesso à íntegra da peça –, bem como à certificação nos autos eletrônicos e à notificação da parte interessada. (Red. Res. STF 489/12)

Art. 10. O protocolo, a autuação e a juntada de petições eletrônicas serão feitos automaticamente, sem intervenção da Secretaria Judiciária.

Parágrafo único. As petições incidentais protocoladas por quem não seja parte ou procurador habilitado, no e-STF, a atuar no processo serão juntadas pela Secretaria Judiciária.

Art. 11. As publicações e intimações pessoais serão realizadas por meio eletrônico, nos termos da legislação específica.

Art. 12. Os atos processuais das partes consideram-se realizados no dia e na hora de seu recebimento no e-STF.

Parágrafo único. A petição enviada para atender a prazo processual será considerada tempestiva quando recebida até as vinte e quatro horas do seu último dia, considerada a hora legal de Brasília.

Art. 13. Será fornecido, pelo sistema, recibo eletrônico dos atos processuais praticados pelas partes ou pelos peticionários, e que conterá as informações relativas à data e à hora da prática do ato, à sua natureza, à identificação do processo e às particularidades de cada arquivo eletrônico enviado.

Art. 14. O e-STF estará ininterruptamente disponível para acesso, salvo nos períodos de manutenção do sistema.

Art. 15. A suspensão dos prazos processuais não impedirá o encaminhamento de petições e a movimentação de processos eletrônicos.

Parágrafo único. Os pedidos decorrentes dos atos praticados durante a suspensão dos prazos processuais serão apreciados após seu término, ressalvados os casos de urgência.

Art. 16. A consulta à íntegra dos autos de processos eletrônicos poderá ser realizada por qualquer pessoa credenciada no e--STF, sem prejuízo do atendimento pela Secretaria Judiciária.

§ 1º É livre a consulta, no sítio do Tribunal, às certidões e aos atos decisórios proferidos por esta Corte em processos eletrônicos.

§ 2º Todas as consultas realizadas no e-STF ficarão registradas no sistema e, se necessário, poderão ser atestadas pela Secretaria de Tecnologia da Informação. (NRed. Res. STF 476/11)

Art. 17. Será considerada original a versão armazenada no servidor do Supremo Tribunal Federal, enquanto o processo estiver em tramitação ou arquivado na Corte.

Art. 18. Os processos que tramitam em segredo de justiça só podem ser consultados pelas partes e procuradores habilitados no e-STF a atuar no processo.

§ 1º A indicação de que um processo deve estar submetido a segredo de justiça deverá ser incluída no e-STF:

I – no ato do ajuizamento, quando se tratar de processo originário, pelo advogado ou procurador;

II – no ato da transmissão, quando se tratar de recurso, pelo órgão judicial de origem.

§ 2º A indicação implica impossibilidade de consulta dos autos por quem não seja parte no processo, nos termos da legislação específica, e é presumida válida, até posterior análise.

Art. 19. As seguintes classes processuais serão recebidas e processadas, exclusivamente, de forma eletrônica: (NRed. Res. STF 489/12)

I – Ação Direta de Inconstitucionalidade;

II – Ação Direta de Inconstitucionalidade por Omissão;

III – Ação Declaratória de Constitucionalidade;

IV – Arguição de Descumprimento de Preceito Fundamental;

V – Reclamação;

VI – Proposta de Súmula Vinculante;

VII – Ação Rescisória;

VIII – Ação Cautelar;

IX – *Habeas Corpus*;

X – Mandado de Segurança;

XI – Mandado de Injunção;

XII – Suspensão de Liminar;

XIII – Suspensão de Segurança;

XIV – Suspensão de Tutela Antecipada.

Art. 20. Os pedidos de *habeas corpus* poderão ser encaminhados ao STF em meio físico, caso em que serão digitalizados antes da autuação, para que tramitem de forma eletrônica. (NRed. Res. STF 489/12)

Art. 21. (Rev. Res. STF 442/10.)

Art. 22. (Rev. Res. STF 442/10.)

Parágrafo único. Não será admitido agravo de instrumento com peça ilegível, incompleta, ou com ausência de peça essencial à sua correta formação.

Art. 23. Admitido o recurso extraordinário, caso se trate de processo eletrônico, o órgão judicial de origem deverá transmiti-lo ao Supremo Tribunal Federal, obrigatoriamente, via e-STF.

Parágrafo único. No caso de interposição simultânea de recursos especial e extraordinário, os autos deverão ser remetidos exclusivamente ao Superior Tribunal de Justiça. (Red. Res. STF 476/11)

Art. 24. No ato de transmissão do recurso extraordinário, o órgão judicial de origem deverá:

I – informar os dados referentes ao processo de origem;

II – fornecer, se dispuser, com relação às partes, o número no cadastro de pessoas físicas ou jurídicas perante a Secretaria da Receita Federal; (NRed. Res. STF 489/12)

III – fornecer a qualificação dos procuradores;

IV – carregar as peças e documentos:

a) em arquivos distintos de, no máximo, 10 MB (dez *megabytes*) de tamanho;

b) na ordem em que deverão aparecer no processo;

c) classificados de acordo com a listagem estabelecida pelo Presidente em normativo próprio;

d) nos formatos de arquivo estabelecidos pelo Presidente em normativo próprio;

e) livres de vírus ou ameaças que possam comprometer a confidencialidade, disponibilidade e integridade do e-STF.

Parágrafo único. Ao inserir as peças e documentos para o envio do recurso, o Tribunal de origem escolherá uma das seguintes formas admitidas pelo Supremo Tribunal Federal: (Red. Res. STF 489/12)

I – envio da íntegra do processo, com todas as peças e documentos em ordem cronológica, aglutinadas em tantos arquivos quantos necessários, limitados em 10 MB (dez *megabytes*), preferencialmente com indexação da nomenclatura de peças prevista em normativo próprio; (Red. Res. STF 489/12)

II – envio da íntegra do processo, com cada peça ou documento em um arquivo isolado, limitado em 10 MB (dez *megabytes*) e identificado com a nomenclatura prevista em normativo próprio; (Red. Res. STF 489/12)

III – envio das peças e documentos necessários à apreciação do recurso em arquivos isolados, limitados em 10 MB (dez *megabytes*) e preferencialmente identificados com a nomenclatura prevista em normativo próprio; (Red. Res. STF 489/12)

IV – envio de peças de um mesmo processo, parte na forma do inciso I e as demais na forma do inciso II (Red. Res. STF 489/12)

Art. 25. Serão devolvidos à origem, para diligência, os recursos remetidos ao Supremo Tribunal Federal com arquivo eletrônico corrompido, com peças ilegíveis ou, ainda, quando não observados os requisitos do art. 24 desta Resolução. (Red. Res. STF 476/11)

Parágrafo único. Após o cumprimento da diligência, o recurso somente será recebido com a indicação do número original no Supremo Tribunal Federal.

Art. 26. É vedada a remessa duplicada de um mesmo recurso, em meio físico ou eletrônico.

Art. 27. O Relator poderá requisitar a transmissão de outras peças ou a remessa dos autos físicos.

Art. 28. Caso se trate de processo digitalizado, os autos físicos permanecerão no órgão judicial de origem até o trânsito em julgado do recurso extraordinário eletrônico.

Parágrafo único. Transitado em julgado o recurso extraordinário, os autos virtuais serão transmitidos à origem.

Art. 29. Por determinação, de ofício, do Relator ou do Presidente ou, ainda, a requerimento de uma das partes, processos físicos poderão ser convertidos em eletrônicos, mediante digitalização integral dos autos. (Red. Res. STF 476/11)

§ 1º Realizada a conversão, o processo passa a tramitar exclusivamente em meio eletrônico. (Red. Res. STF 476/11)

§ 2º A conversão deverá ser certificada nos autos eletrônicos e nos físicos. (Red. Res. STF 476/11)

Art. 30. Petições e subsequentes atos e peças referentes aos feitos convertidos para meio eletrônico somente poderão ser encaminhados em meio físico por 2 (dois) meses, contados a partir da publicação da conversão.

§ 1º Petições, atos e peças processuais recebidas fisicamente no período estipulado no *caput* serão digitalizados e autenticados por servidor do Tribunal.

§ 2º Após a digitalização e juntada ao processo, os originais dos documentos descritos no *caput* deste artigo serão juntados aos autos físicos.

§ 3º Durante o período do *caput*, os autos físicos permanecerão na Secretaria Judiciária, após o que serão:

a) arquivados, se feitos originários; (Red. Res. STF 476/11)

b) encaminhados ao juízo de origem, se recursos extraordinários, recursos extraordinários com agravo ou agravos de instrumento. (Red. Res. STF 476/11)

§ 4º Após o período do *caput*, nenhum documento será recebido em meio físico. (Red. Res. STF 476/11)

Art. 30-A. Far-se-á comunicação ao juízo de origem da decisão transitada em julgado proferida em feitos de competência recursal convertidos em eletrônicos. (Red. Res. STF 476/11)

Art. 31. A Resolução n. 179, de 26 de julho de 1999, que trata da utilização do sistema de transmissão de dados e imagens tipo fac-símile (fax) para a prática de atos processuais, não se aplica aos processos que tramitam eletronicamente nesta Corte.

Art. 32. (Rev. Res. STF 489/12.)

Art. 33. (Rev. Res. STF 442/10.)

....

Art. 35. Esta Resolução entra em vigor na data de sua publicação.

.....................................(*DJE*, 26.4.10).

TABELAS

1. SALÁRIO MÍNIMO E MAIOR VALOR DE REFERÊNCIA

Vigência	Salário Mínimo[1]	Maior Valor de Referência[2]	Vigência	Salário Mínimo[1]	Maior Valor de Referência[2]
1988	Cz$	Cz$	1990	Cr$	Cr$
Jan.	4.500,00	1.488,35	Jan.	1.283,95	195,62
Fev.	5.280,00	1.750,30	Fev.	2.004,27	305,36
Mar.	6.240,00	2.065,35	Mar.	3.674,06	527,66
Abr.	7.260,00	2.397,87			
Maio	8.712,00	2.877,44	Abr.	3.674,06	527,66
Jun.	10.368,00	3.395,38			
Jul.	12.444,00	4.071,06	Jun.	3.857,76	785,69
Ago.	15.552,00	5.084,80	Jul.	4.904,76	861,12
Set.	18.960,00	6.173,00	Ago.	5.203,46	954,03
Out.	23.700,00	7.655,00	Set.	6.056,31	1.054,97
Nov.	30.800,00	9.952,00	Out.	6.425,14	1.190,53
Dez.	40.425,00	12.440,00	Nov.	8.329,55	1.353,75
			Dez.	8.836,82	1.579,01
1989					
Jan.	54.374,00	15.488,00	1991		
	NCz$	NCz$	Jan.	12.325,60	1.885,18
Fev.	63,90	17,86	Fev.	15.895,46	
Maio	81,40	22,74	Mar.	17.000,00	2.266,17
Jun.	120,00	22,74	Abr.	17.000,00	
Jul.	149,80	28,90		+3.000,00[3]	
Ago.	192,88	37,22	Maio	17.000,00	
Set.	249,48	48,13		+3.000,00[3]	
Out.	381,73	65,46		+3.131,68[4]	
Nov.	557,33	90,07	Ago.	17.000,00	
Dez.	788,18	127,36		+3.000,00[3]	
				+16.161,60[5]	

1. Salário mínimo, denominação e uso (CLT, art. 76/1).
2. Valor de referência extinto (L. 8.177/91). Último valor fixado pela Lei 8.178/91.
3. Abono, parcela fixa (L. 8.178/91).
4. Variação da cesta básica ou, se maior, 10% do salário, limitado a Cr$ 17.000,00 (L. 8.178/91).
5. Variação da cesta básica. Até Cr$ 91.245,71 o total do abono é Cr$ 16.161,60. De Cr$ 91.245,72 a Cr$ 170.000,00, 21% do salário de março. Acima de Cr$ 170.000,00, Cr$ 35.700,00 (Portaria MEFP/GM 867, de 9.9.91).

Vigência	Salário Mínimo[1]
1991	
Set.	42.000,00
Out.	42.000,00
	+L. 8.222/91[6-7]
Nov.	42.000,00
Dez.	42.000,00
	+21.000,00[8]
1992	
Jan.	96.037,33
Maio	230.000,00[9]
Set.	522.186,94[10]
1993	
Jan.	1.250.700,00[11]
Mar.	1.709.400,00
Maio	3.303.300,00
Jul.	4.639.800,00
	CR$
Ago.	5.534,00[12]
Set.	9.606,00
Out.	12.024,00
Nov.	15.021,00
Dez.	18.760,00
1994	
Jan.	32.882,00
Fev.	42.829,00
	URV[13]
Mar.	64,79
Abr.	64,79
Maio	64,79
	R$[13]
Jul.	64,79
Set.	70,00
1995	
Jan.	70,00[14]
Maio	100,00
1996	
Maio	112,00
1997	
Maio	120,00[15]
1998	
Maio	130,00[15]
1999	
Maio	136,00[15]
2000	
Maio	151,00[15]
2001	
Abril	180,00[16]
2002	
Abril	200,00[17]
2003	
Abril	240,00[18]
2004	
Maio	260,00[19]
2005	
Abril	300,00[20]
2006	
Julho	350,00[21]
2007	
Abril	380,00[22]
2008	
Março	415,00[23]
2009	
Fev.	465,00[24]
2010	
Jan.	510,00[25]

Vigência	Salário Mínimo[1]
2011	
Jan.	545,00[26]
2012	
Jan.	622,00[27]
2013	
Jan.	678,00[28]
2014	
Jan.	724,00[29]
2015	
Jan.	788,00[30]
2016	
Jan.	880,00[31]
2017	
Jan.	937,00[32]
2018	
Jan.	954,00[33]

6. L. 8.222/91. Política nacional de salários. Divisão dos trabalhadores em Grupos por data-base, estabelecendo reajustes bimestrais à parcela salarial até três salários mínimos, a título de antecipação (v. CLT, art. 457/10).

7. L. 8.238/91. Incorporação dos abonos da L. 8.178/91 aos salários. Para contratos já vigentes (v. CLT, art. 457/10).

8. Desde que o salário não ultrapasse Cr$ 147.000,00 (L. 8.276/91).

9. Reajustável quadrimestralmente a partir de 1.9.92 (L. 8.419/92, art. 7º).

10. Port. MEFP/GM 601, de 28.8.92 (*DOU*, 31.8.92).

11. L. 8.542/92. Política nacional de salários. Manutenção dos Grupos por data-base e antecipações bimestrais (a compensar no reajuste). Reajustes quadrimestrais à parcela salarial até seis salários mínimos. A partir de 1.5.93, inclusive, o salário mínimo terá reajuste quadrimestral pela aplicação do FAS.

12. L. 8.700/93. Política nacional de salários. Antecipação salarial mensal pela variação do IRSM e concessão por Grupos.

13. URV/Real, v. art. 457/10. Conversão (L. 8.880/94, art. 18).

14. Abono de até R$ 15,00, não ultrapassando R$ 85,00 (MP 923, de 24.2.95).

15. L. 9.971, de 18.5.00.

16. MP 2.194-6, de 23.8.01.

17. L. 10.525, de 6.8.02.

18. L. 10.699, de 10.7.03.

19. L. 10.888, de 25.6.04.

20. L. 11.164, de 18.8.05.

21. L. 11.321, de 7.7.06.

22. L. 11.498, de 28.7.07.

23. L. 11.709, de 19.6.08.

24. L. 11.944, de 28.5.09.

25. L. 12.255, de 15.5.10.

26. L. 12.382, de 25.2.11.

27. D. 7.655, de 23.12.11.

28. D. 7.872, de 26.12.12.

29. D. 8.166, de 23.12.13.

30. D. 8.381, de 29.12.14.

31. D. 8.618, de 29.12.15.

32. D. 8.948, de 29.12.16.

33. D. 9.255, de 29.12.17.

2. MULTAS ADMINISTRATIVAS
UFIR, L. 8.383/91

Tabela de acordo com a Portaria do MTE 290/97, *DJ*, 11.4.97

Natureza – Infração – Base legal da multa (CLT)	Quantidade de UFIR Mínimo	Máximo
Aeronauta – Lei 7.183/84 – Lei 7.855/89, 3º	160,0000	160,0000[7]
Anotação indevida CTPS – art. 435 – art. 435	378,2847	378,2847
Atividade petrolífera – Lei 5.811/72 – Lei 7.855/89, 3º	160,0000	160,0000[7]
Atraso comunicação 1 a 30 dias – Lei 4.923/65 – Lei 4.923/65, 10	4,2000	4,2000[16]
Atraso comunicação 31-60 dias – Lei 4.923/65 – Lei 4.923/65, 10	6,3000	6,3000[16]
Atraso comunicação acima de 60 dias – Lei 4.923/65 – Lei 4.923/65, 10	12,6000	12,6000[16]
Atraso pagamento de salário – art. 459, parágrafo único – art. 510	378,2847	378,2847[14]
Cobrança CTPS pelo sindicato – art. 56 – art.56	1134,8541	1134,8541
Contrato indiv. de Trabalho – arts. 442-509 – art. 510	378,2847	378,2847[8]
Contribuição sindical – arts. 578-610 – art. 598	7,5657	7565,6943
13º salário – Lei 4.090/62 – Lei 7.855/69, 3º	160,0000	160,0000[7]
Duração do trabalho – arts. 57-74 – art. 75	37,8285	3782,8472[9]
Duração e cond. esp. de trab. – arts. 224-350 – art. 351	37,6285	3782,8471[8]
Extravio ou inutilização CTPS – art. 52 – art. 52	189,1424	189,1424
Falta de anotação da CTPS – art. 29 – art. 54	378,2847	378,2847
Falta de atualização LRE/FRE – art. 41, § – art. 47, §	189,1424	189,1424[8]
Falta de autenticação LRE/FRE – art. 42 – art. 47, §	189,1424	189,1424
Falta de registro de empregado – art. 41 – art. 47	378,2847	378,2847[7]
Férias – arts. 129-152 – art. 153	160,0000	160,0000[10]
FGTS computar parcela remuner. – Lei 8.036/90 – Lei 8.036/90, 23	10,0000	10,0000[20]
FGTS depósito após notificação – Lei 8.036/90 – Lei 8.036/90, 23	10,0000	10,0000[21]
FGTS falta do depósito – Lei 8.036/90 – Lei 8.036/90, 23	10,0000	100,0000[17]
FGTS informações erro/omissão – Lei 8.036/90 – Lei 8.036/90, 23	2,0000	5,0000[19]
FGTS omitir informações conta – Lei 8.036/90 – Lei 8.036/90, 23	2,0000	5,0000[18]
Fiscalização – arts. 626-642 – art. 630, 6º	189,1424	1891,4286
Medicina do Trabalho – arts. 154-200 – art. 201	378,2847	3782,8471[11]
Nacionalização do trabalho – arts. 352-371 – art. 364	75,6569	7565,6943
Não comparec. Anotação CTPS – art. 54 – art. 54	378,2847	378,2847
Obrigatoriedade da CTPS – art. 13 – art. 55	378,2847	378,2847
Pagto. verbas resc. prazo – art. 477, 6º – art. 477, 8º	160,0000	160,0000[14]
Rais – Dec. 76.900, 7º – Lei 7.998/90, 25	400,0000	4000,0000[15]
Retenção da CTPS – art. 53 – art. 53	189,1424	189,1424
Salário mínimo – arts. 76-126 – art. 120	37,8285	1512,1399[8]
Segurança do trabalho – arts. 154-200 – art. 201	630,4745	6804,7453[11]
Seguro-desemprego – Lei 7.998/90 – Lei 7.998/90, 25	400,0000	40000,0000[9]
Trabalho da mulher – arts. 372-400 – art. 401	75,6569	756,5694[12]
Trabalho do menor – arts. 402-441 – art. 434	378,2847	378,2847[13]
Trabalho temporário – Lei 6.019/74 – Lei 7.855/89, 3º	160,0000	160,0000[7]
Vale-transporte – Lei 7.418/85 – Lei 7.855/89, 3º	160,0000	160,0000[7]
Venda CTPS/Semelhante – art. 51 – art. 51	1134,8541	1134,8541

Observações:

1) Base de cálculo para conversão de cruzeiros para UFIR 215,6656

2) Débitos de multas vencidas até 31.12.91 e não pagos serão convertidos em quantidade de UFIR diária (art. 54, § 1º, L. 2.383/91)

3) Os juros de mora regulam-se pelo art. 59 da referida Lei

4) As multas pagas dentro do prazo da notificação serão cobradas pela UFIR do mês do pagamento

5) As multas não pagas no prazo da notificação serão corrigidas pela UFIR diária

6) As multas aplicadas em cruzeiros e não pagas serão convertidas em UFIR antes da remessa para cobrança executiva

7) Por empregado, dobrado na reincidência

8) Dobrado na reincidência

9) Dobrado na reincidência, oposição ou desacato

10) Por empregado, dobrado na reincidência, embaraço ou resistência

11) Valor máximo na reincidência, embaraço, resistência, artifício, simulação

12) Valor máximo na reincidência

13) Por menor irregular até o máximo de 1891,4226, dobrado na reincidência

14) Por empregado prejudicado

15) Observar o art. 6º da IN 1, de 21.2.92

16) Por empregado

17) Inciso I – Por empregado

18) Inciso II – Por empregado

19) Inciso III – Por empregado

20) Inciso IV – Por empregado

21) Inciso V – Por empregado

22) UFIR extinta em outubro de 2000 pela MP 1.973-67, *DJ*, 26.10.00. Transformada na Lei 10.522/02, *DJ*, 19.7.02

23) Valor da última UFIR/2000 1,0641 – SRF

24) L. 11.944, de 28.5.09

25) L. 12.255, de 15.5.10

26) L. 12.382, de 25.2.11

3. SALÁRIO-UTILIDADE. PERCENTAGENS

Unidades da Federação	Percentagem do salário mínimo para efeito de desconto até a ocorrência de 70% de que trata o art. 82 da Consolidação das Leis do Trabalho				
Regiões	Percentuais (%)				
	Alimentação[1]	Habitação[1]	Vestuário	Higiene	Transporte
1ª: Acre	50	29	11	9	1
2ª: Amazonas, Rondônia e Roraima	43	23	23	5	6
3ª: Pará e Amapá	51	24	16	5	4
4ª: Maranhão	49	29	16	5	1
5ª: Piauí	53	26	13	6	2
6ª: Ceará	51	30	11	5	3
7ª: Rio Grande do Norte	55	27	11	6	1
8ª: Paraíba	55	27	12	5	1
9ª: Pernambuco e Fernando de Noronha	55	27	8	5	5
10ª: Alagoas	56	27	10	6	1
11ª: Sergipe	53	34	8	4	1
12ª: Bahia	54	30	10	5	1

1. V. art. 458.

Unidades da Federação	Percentagem do salário mínimo para efeito de desconto até a ocorrência de 70% de que trata o art. 82 da Consolidação das Leis do Trabalho				
Regiões	Percentuais (%)				
	Alimentação[1]	Habitação[1]	Vestuário	Higiene	Transporte
13ª: Minas Gerais	54	28	11	6	1
14ª: Espírito Santo	51	31	12	5	1
15ª: Rio de Janeiro	50	25	13	6	6
16ª: São Paulo	43	33	14	6	4
17ª: Paraná	55	24	14	6	1
18ª: Santa Catarina	57	24	13	5	1
19ª: Rio Grande do Sul	44	24	22	7	3
20ª: Mato Grosso e Mato Grosso do Sul	49	29	15	7	–
21ª: Goiás	51	22	21	6	–
22ª: Distrito Federal	50	25	13	6	6

TABELAS

4. SALÁRIOS MÍNIMOS PROFISSIONAIS LEGAIS

Obs.: Esvaziamento dos salários profissionais (CLT, art. 76/5).

1. Engenheiros, arquitetos e engenheiros agrônomos: 6 vezes o salário mínimo *regional* (para 6 horas por dia).

2. Químicos e veterinários: 6 vezes o salário mínimo *do país* (com curso de 4 anos ou mais). 5 vezes o salário mínimo *do país* (com curso de menos de 4 anos).

3. Médicos e cirurgiões-dentistas: 3 vezes o salário mínimo *regional* (para 2 até 4 horas diárias).

4. Auxiliares laboratoristas, radiologista ou internos: 2 vezes o salário mínimo *regional* (para 4 horas diárias).

5. Técnicos em radiologia: v. art. 76/5.

5. DEPÓSITO RECURSAL – L. 8.177/91, RED. L. 8.542/92

Publicação[1]	Recurso ordinário	Outros recursos (art. 899/2)
1993	Cr$	Cr$
Janeiro/93	20.000.000,00	40.000.000,00
Março (16.3)	32.138.416,00	64.276.833,20
Maio (29.4)	52.401.688,27	104.803.376,50
Julho (2.7)	84.838.331,31	169.676.666,55
	CR$	CR$
Setembro (13.9)	148.195,59	296.391,18
Novembro (16.11)	269.567,77	539.135,55
1994		
Janeiro (17.1)	504.927,39	1.009.854,79
Março (23.3)	1.003.038,22	2.006.076,54
Maio (16.5)	2.050.210,12	4.100.420,44
	R$	R$
Julho (1.7)[2]	745,53	1.491,06
Julho (4.7)	1.538,10	3.076,21

1. Vigência: 5º dia após.
2. Conversão para real (divisão por Cr$ 2.750,00).

Publicação[1]	Recurso ordinário	Outros recursos (art. 899/2)
Julho (5.8)	1.577,39	3.154,78
1995		
Agosto (30.8)	2.103,92	4.207,84
1996		
Setembro(5.9)	2.446,86	4.893,72
1997		
Agosto (1.8)	2.591,71	5.183,42
1998		
Julho (31.7)	2.709,64	5.419,27
1999		
Agosto (2.8)	2.801,49	5.602,98
2000		
Julho (26.7)	2.957,81	5.915,62
2001		
Agosto (1.8)	3.196,10	6.392,20
2002		
Julho (25.7)	3.485,03	6.970,05
2003		
Julho (31.7)	4.169,33	8.338,66
2004		
Agosto (05.8)	4.401,76	8.803,52
2005		
Julho (29.7)	4.678,13	9.356,25
2006		
Julho (17/7)	4.808,65	9.617,29
2007		
Julho (19/7)	4.993,78	9.987,56
2008		
Julho (21/7)	5.357,25	10.714,51
2009		
Julho (16/7)	5.621,90	11.243,81
2010		
Julho (21/7)	5.889,50	11.779,02
2011		
Julho (26/7)	6.290,00	12.580,00
2012		
Julho (20/7)	6.598,21	13.196,42
2013		
Agosto (20/8)	7.058,11	14.116,21
2014		
Agosto (01.08)	7.485,83	14.971,65
2015		
Agosto (01.08)	8.183,06	16.366,10
2016		
Agosto (01.08)	8.959,63	17.919,26
2017		
Agosto (01.08)	9.189,00	18.378,00

6. BENEFÍCIO SEGURO-DESEMPREGO

O seguro-desemprego será concedido ao trabalhador desempregado, por um período máximo variável de 3 a 5 meses, de forma contínua ou alternada, a cada período aquisitivo de 16 meses, observando-se:

Parcelas	Tempo de Vínculo
03 (três parcelas)	vínculo empregatício de no mínimo 6 meses e no máximo 11 meses, nos últimos 36 meses.
04 (quatro parcelas)	vínculo empregatício de no mínimo 12 meses e no máximo 23 meses no período de referência.
05 (cinco parcelas)	vínculo empregatício com pessoa jurídica ou pessoa física a ela equiparada, de no mínimo 24 meses no período de referência.
Parcelas	**Tempo de Vínculo**
Maio/2005 Até Março/2006 Faixas de Salários Médios	**Valor da Parcela**
Até 495,23	Multiplica-se o salário médio por 0,8 (80%).
De 495,24 Até 825,46	Multiplica-se R$ 495,23 por 0,8 (80%) e o que exceder a R$ 495,23 multiplica-se por 0,5 (50%), e somam-se os resultados.
Acima de 825,47	O valor da parcela será de R$ 561,30, invariavelmente.
Abril/2006 Até Março/2007 Faixas de Salários Médios (R$)	**Valor da Parcela**
Até 577,77	Multiplica-se o salário médio por 0,8 (80%).
De 577,78 Até 963,04	Multiplica-se R$ 577,78 por 0,8 (80%) e o que exceder a R$ 577,78 multiplica-se por 0,5 (50%), e somam-se os resultados.
Acima de 963,05	O valor da parcela será de R$ 654,85 não podendo ultrapassar esse valor.
Abril/2007 Faixas de Salários Médios (R$)	**Valor da Parcela**
Até 627,29	Multiplica-se o salário médio por 0,8 (80%).
De 627,30 Até 1.045,58	O que exceder a 627,29 multiplica-se por 0,5 (50%) e soma-se a 501,83.
Acima de 1.045,58	O valor da parcela será de R$ 710,97 invariavelmente.
Março/2008 Faixas de Salários Médios (R$)	**Valor da Parcela**
Até 685,06	O valor da parcela será o resultado da aplicação do fator 0,8 (oito décimos).
De 685,06 Até 1.141,88	Aplicar-se-á o fator 0,8 (oito décimos) até o limite do inciso anterior e, no que exceder, o fator 0,5 (cinco décimos). O valor da parcela será a soma desses dois valores.
Acima de 1.141,88	O valor da parcela será de R$ 776,46 invariavelmente.

Janeiro/2009 Faixas de Salários Médios (R$)	Valor da parcela
Até 767,60	O valor da parcela será o resultado da aplicação do fator 0,8 (oito décimos).
De 767,61 Até 1.279,46	Aplicar-se-á o fator 0,8 (oito décimos) até o limite do inciso anterior e, no que exceder, o fator 0,5 (cinco décimos). O valor da parcela será a soma desses dois valores.
Acima de 1.279,46	O valor da parcela será, invariavelmente, R$ 870,01.
Janeiro/2010 (Res. CODEFAT, 623/09) Faixas de Salários Médios (R$)	**Valor da parcela**
Até 841,88	O valor da parcela será o resultado da aplicação do fator 0,8 (oito décimos).
De 841,89 Até 1.403,28	Aplicar-se-á o fator 0,8 (oito décimos) até o limite do inciso anterior e, no que exceder, o fator 0,5 (cinco décimos). O valor da parcela será a soma desses dois valores.
Acima de 1.403,28	O valor da parcela será, invariavelmente, R$ 954,21.
Janeiro/2011 (Res. CODEFAT, 658/10) Faixas de Salários Médios (R$)	**Valor da parcela**
Até 891,40	O valor da parcela será o resultado da aplicação do fator 0,8 (oito décimos).
De 891,40 Até 1.485,83	Aplicar-se-á o fator 0,8 (oito décimos) até o limite do inciso anterior e, no que exceder, o fator 0,5 (cinco décimos). O valor da parcela será a soma desses dois valores.
Acima de 1.485,83	O valor da parcela será, invariavelmente, R$ 1.010,4.
Março/2011 (Res. CODEFAT, 663/11) Faixas de Salários Médios (R$)	**Valor da parcela**
Até 899,66	O valor da parcela será o resultado da aplicação do fator 0,8 (oito décimos).
De 899,67 Até 1.499,58	Aplicar-se-á o fator 0,8 (oito décimos) até o limite do inciso anterior e, no que exceder, o fator 0,5 (cinco décimos). O valor da parcela será a soma desses dois valores.
Acima de 1.499,58	O valor da parcela será, invariavelmente, R$ 1.019,70.
Janeiro/2012 (Res. CODEFAT, 685/11) Faixas de Salários Médios (R$)	**Valor da parcela**
Até 1.026,77	O valor da parcela será o resultado da aplicação do fator 0,8 (oito décimos).
De 1.026,78 Até 1.711,45	Aplicar-se-á o fator 0,8 (oito décimos) até o limite do inciso anterior e, no que exceder, o fator 0,5 (cinco décimos). O valor da parcela será a soma desses dois valores.
Acima de 1.711,45	O valor da parcela será, invariavelmente, R$ 1.163,76.

Janeiro/2013 (Res. CODEFAT, 707/13) Reajuste anual do seguro-desemprego (R$)	O reajuste das três faixas salariais necessárias ao cálculo do valor do benefício Seguro-Desemprego, de que trata o art. 5º da L. 7.998/90, observará a variação do Índice Nacional de Preços ao Consumidor – INPC, calculado e divulgado pela Fundação Instituto Brasileiro de Geografia e Estatística – IBGE, acumulado nos doze meses anteriores ao mês de reajuste.
Até R$ 1.090,43	Multiplica-se o salário médio por 0,8 (80%).
Mais de R$ 1.090,44 Até R$ 1.817,56	O que exceder a R$ 1.090,43 multiplica-se por 0,5 (50%) e soma-se a R$ 872,35.
Acima de R$ 1.817,56	O valor da parcela será, invariavelmente, R$ 1.235,91.

Janeiro/2014 Reajuste anual do seguro-desemprego (R$)	Valor reajustado pelo MTE seguindo as recomendações da Resolução CODEFAT 707/13
Até R$ 1.151,06	Multiplica-se o salário médio por 0,8 (80%).
De R$ 1.151,06 até R$ 1.918,62	O que exceder a R$ 1.151,06 multiplica-se por 0,5 (50%) e soma-se a R$ 920,85.
Acima de R$ 1.918,62	O valor da parcela será de R$ 1.304,63 invariavelmente.
Janeiro/2015 Reajuste anual do seguro-desemprego (R$)	Valor reajustado pelo MTE seguindo as recomendações da Resolução CODEFAT 707/13
Até R$ 1.222,77	Multiplica-se salário médio por 0,8 (80%).
De R$ 1.222,78 até R$ 2.038,15	O que exceder a R$ 1.222,77 multiplica-se por 0,5 (50%) e soma-se a R$ 978,22.
Acima de R$ 2.038,15	O valor da parcela será de R$ 1.385,91 invariavelmente.
Janeiro/2016 Faixas de salário	Valor reajustado pelo MTE seguindo as recomendações da Resolução CODEFAT 707/13
Até R$ 1.360,70	Multiplica-se o salário médio por 0,8 (80%)
De R$ 1.360,71 até R$ 2.268,05	O que exceder a R$1.360,70 multiplica-se por 0,5 (50%) e soma-se a R$ 1.088,56
Acima de R$ 2.268,05	O valor da parcela será de R$ 1.542,24 invariavelmente
Janeiro/2017 Faixas de salário	Valor reajustado pelo MTE
Até R$ 1.450,23	Multiplica-se o salário médio por 0,8 (80%)
De R$ 1.450,23 até R$ 2.417,29	O que exceder a R$1.450,23 multiplica-se por 0,5 (50%) e soma-se a R$ 1.160,18
Acima de R$ 2.417,29	O valor da parcela será de R$ 1.643,72 invariavelmente

SÚMULAS

SÚMULAS* DO TRIBUNAL SUPERIOR DO TRABALHO

	TEMA	TEXTO
1	Intimação na sexta-feira	Quando a intimação tiver lugar na sexta-feira, ou a publicação com efeito de intimação for feita nesse dia, o prazo judicial será contado da segunda-feira imediata, inclusive, salvo se não houver expediente, caso em que fluirá no dia útil que se seguir. (RA 28/69, *DO-GB*, 21.8.69)
2	13º salário	CANCELADA – É devida a gratificação natalina proporcional (Lei 4.090, de 1962) na extinção dos contratos a prazo, entre estes incluídos os de safra, ainda que a relação de emprego haja findado antes de dezembro. (RA 28/69, *DO-GB*, 21.8.69) (cancelada, Res. TST 121/03, *DJ*, 21.11.03)
3	13º salário	CANCELADA – É devida a gratificação natalina proporcional (Lei 4.090, de 1962) na cessação da relação de emprego resultante da aposentadoria do trabalhador, ainda que verificada antes de dezembro. (RA 28/69, *DO-GB*, 21.8.69) (cancelada, Res. TST 121/03, *DJ*, 21.11.03)
4	Pessoas jurídicas de direito público	CANCELADA – As pessoas jurídicas de direito público não estão sujeitas a prévio pagamento de custas, nem a depósito da importância da condenação, para o processamento de recurso na Justiça do Trabalho. (RA 28/69, *DO-GB*, 21.8.69) (cancelada, Res. TST 121/03, *DJ*, 21.11.03)
5	Aviso prévio	CANCELADA – O reajustamento salarial coletivo, determinado no curso do aviso prévio, beneficia o empregado pré-avisado da despedida, mesmo que tenha recebido antecipadamente os salários correspondentes ao período do aviso, que integra o seu tempo de serviço para todos os efeitos legais. (RA 28/69, *DO-GB*, 21.8.69) (cancelada, Res. TST 121/03, *DJ*, 21.11.03)
6	Quadro em carreira	I – Para os fins previstos no § 2º do art. 461 da CLT, só é válido o quadro de pessoal organizado em carreira quando homologado pelo Ministério do Trabalho, excluindo-se, apenas, dessa exigência o quadro de carreira das entidads de direito público da administração direta, autárquica e fundacional aprovado por ato administrativo da autoridade competente. (ex-Súmula 6) (Res. TST 129/05, *DJ* 20.4.05)

* Denominação adaptada pela Res. TST 129/05, *DJ*, 20.04.05.

TEMA	TEXTO
	II – Para efeito de equiparação de salários em caso de trabalho igual, conta-se o tempo de serviço na função e não no emprego. (ex-Súmula 135) (Res. TST 129/05, *DJ*, 20.4.05) III – A equiparação salarial só é possível se o empregado e o paradigma exercerem a mesma função, desempenhando as mesmas tarefas, não importando se os cargos têm, ou não, a mesma denominação. (ex-OJ SDI-1 328) (TST, Res. 129/05, *DJ*, 20.4.05) IV – É desnecessário que, ao tempo da reclamação sobre equiparação salarial, reclamante e paradigma estejam a serviço do estabelecimento, desde que o pedido se relacione com situação pretérita. (ex-Súmula 22) (Res. TST 129/05, *DJ*, 20.4.05) V – A cessão de empregados não exclui a equiparação salarial, embora exercida a função em órgão governamental estranho à cedente, se esta responde pelos salários do paradigma e do reclamante. (ex-Súmula 111) (Res. TST 129/05, *DJ*, 20.4.05) VI - Presentes os pressupostos do art. 461 da CLT, é irrelevante a circunstância de que o desnível salarial tenha origem em decisão judicial que beneficiou o paradigma, exceto: a) se decorrente de vantagem pessoal ou de tese jurídica superada pela jurisprudência de Corte Superior; b) na hipótese de equiparação salarial em cadeia, suscitada em defesa, se o empregador produzir prova do alegado fato modificativo, impeditivo ou extintivo do direito à equiparação salarial em relação ao paradigma remoto, considerada irrelevante, para esse efeito, a existência de diferença de tempo de serviço na função superior a dois anos entre o reclamante e os empregados paradigmas componentes da cadeia equiparatória, à exceção do paradigma imediato. (Res. TST 198/15, *DEJT*, 12.6.15) VII – Desde que atendidos os requisitos do art. 461 da CLT, é possível a equiparação salarial de trabalho intelectual, que pode ser avaliado por sua perfeição técnica, cuja aferição terá critérios objetivos. (ex-OJ SDI-1 298) (Res. TST 129/05, *DJ*, 20.4.05) VIII – É do empregador o ônus da prova do fato impeditivo, modificativo ou extintivo da equiparação salarial. (ex-Súmula 68) (Res. TST 129/05, *DJ*, 20.4.05) IX – Na ação de equiparação salarial, a prescrição é parcial e só alcança as diferenças salariais vencidas no período de 5 anos que precedeu o ajuizamento. (ex-Súmula 274) (TST, Res. 129/05, *DJ*, 20.4.05) X – O conceito de "mesma localidade" de que trata o art. 461 da CLT refere-se, em princípio, ao mesmo município, ou a municípios distintos que, comprovadamente, pertençam à mesma região metropolitana. (ex-OJ SDI-1 252) (Res. TST 129/05, *DJ*, 20.4.05)

TEMA	TEXTO
	RED. ANTERIOR – VI - Presentes os pressupostos do art. 461 da CLT, é irrelevante a circunstância de que o desnível salarial tenha origem em decisão judicial que beneficiou o paradigma, exceto se decorrente de vantagem pessoal, de tese jurídica superada pela jurisprudência de Corte Superior ou, na hipótese de equiparação salarial em cadeia, suscitada em defesa, se o empregador produzir prova do alegado fato modificativo, impeditivo ou extintivo do direito à equiparação salarial em relação ao paradigma remoto. (Res. TST 185/12, *DEJT*, 27.9.12)
	RED. ANTERIOR – I – Para os fins previstos no § 2º do art. 461 da CLT, só é válido o quadro de pessoal organizado em carreira quando homologado pelo Ministério do Trabalho, excluindo-se, apenas, dessa exigência o quadro de carreira das entidades de direito público da administração direta, autárquica e fundacional aprovado por ato administrativo da autoridade competente. (ex-Súmula 6) (Res. TST 129/05, *DJ*, 20.4.05)
	II – Para efeito de equiparação de salários em caso de trabalho igual, conta-se o tempo de serviço na função e não no emprego. (ex-Súmula 135) (Res. TST 129/05, *DJ*, 20.4.05)
	III – A equiparação salarial só é possível se o empregado e o paradigma exercerem a mesma função, desempenhando as mesmas tarefas, não importando se os cargos têm, ou não, a mesma denominação. (ex-OJ SDI-1 328) (Res. TST 129/05, *DJ*, 20.4.05)
	IV – É desnecessário que, ao tempo da reclamação sobre equiparação salarial, reclamante e paradigma estejam a serviço do estabelecimento, desde que o pedido se relacione com situação pretérita. (ex-Súmula 22) (Res. TST 129/05, *DJ*, 20.4.05)
	V – A cessão de empregados não exclui a equiparação salarial, embora exercida a função em órgão governamental estranho à cedente, se esta responde pelos salários do paradigma e do reclamante. (ex-Súmula 111) (Res. TST 129/05, *DJ*, 20.4.05)
	VI – Presentes os pressupostos do art. 461 da CLT, é irrelevante a circunstância de que o desnível salarial tenha origem em decisão judicial que beneficiou o paradigma, exceto se decorrente de vantagem pessoal ou de tese jurídica superada pela jurisprudência de Corte Superior. (ex-Súmula 120) (Res. TST 129/05, *DJ*, 20.4.05)
	VII – Desde que atendidos os requisitos do art. 461 da CLT, é possível a equiparação salarial de trabalho intelectual, que pode ser avaliado por sua perfeição técnica, cuja aferição terá critérios objetivos. (ex-OJ SDI-1 298) (Res. TST 129/05, *DJ*, 20.4.05)
	VIII – É do empregador o ônus da prova do fato impeditivo, modificativo ou extintivo da equiparação salarial. (ex-Súmula 68) (Res. TST 129/05, *DJ*, 20.4.05)

TEMA	TEXTO
	IX – Na ação de equiparação salarial, a prescrição é parcial e só alcança as diferenças salariais vencidas no período de 5 anos que precedeu o ajuizamento. (ex-Súmula 274) (Res. TST 129/05, *DJ*, 20.4.05)
	X – O conceito de "mesma localidade" de que trata o art. 461 da CLT refere-se, em princípio, ao mesmo município, ou a municípios distintos que, comprovadamente, pertençam à mesma região metropolitana. (ex-OJ SDI-1 252) (Res. TST 129/05, *DJ*, 20.4.05)
	RED. ANTERIOR – Para os fins previstos no § 2º do art. 461 da CLT, só é válido o quadro de pessoal organizado em carreira quando homologado pelo Ministério do Trabalho e Previdência Social. (RA 28/69, *DO-GB*, 21.8.69)
7 Indenização de férias	A indenização pelo não deferimento das férias no tempo oportuno será calculada com base na remuneração devida ao empregado na época da reclamação ou, se for o caso, na da extinção do contrato. (RA 28/69, *DO-GB*, 21.8.69)
8 Juntada de documento	A juntada de documentos na fase recursal só se justifica quando provado o justo impedimento para sua oportuna apresentação ou se referir a fato posterior à sentença. (RA 28/69, *DO-GB*, 21.8.69)
9 Arquivamento	A ausência do reclamante, quando adiada a instrução após contestada a ação em audiência, não importa arquivamento do processo. (RA 28/69, *DO-GB*, 21.8.69)
10 Professores (férias)	O direito aos salários do período de férias escolares assegurado aos professores (art. 322, *caput* e § 3º da CLT) não exclui o direito ao aviso prévio, na hipótese de dispensa sem justa causa ao término do ano letivo ou no curso das férias escolares. (Res. TST 185/12, *DEJT*, 27.9.12)
	RED. ANTERIOR – É assegurado aos professores o pagamento dos salários no período de férias escolares. Se despedido sem justa causa ao terminar o ano letivo ou no curso dessas férias, faz jus aos referidos salários. (RA 28/69, DO-GB 21.8.69)
11 Honorários de advogado	CANCELADA – É inaplicável na Justiça do Trabalho o disposto no art. 64 do Código de Processo Civil, sendo os honorários de advogado somente devidos nos termos do preceituado na Lei 1.060, de 1950. (RA 28/69, *DO-GB*, 21.8.69) (cancelada, Res. TST 121/03, *DJ*, 21.11.03)
12 Anotações em Carteira de Trabalho	As anotações apostas pelo empregador na carteira profissional do empregado não geram presunção *juris et de jure*, mas apenas *juris tantum*. (RA 28/69, *DO-GB*, 21.8.69)
13 Mora salarial	O só pagamento dos salários atrasados em audiência não ilide a mora capaz de determinar a rescisão do contrato de trabalho. (RA 28/69, *DO-GB*, 21.8.69)
14 Culpa recíproca	Reconhecida a culpa recíproca na rescisão do contrato de trabalho (art. 484 da CLT), o empregado tem direito a 50% do valor do aviso prévio, do décimo terceiro salário e das férias proporcionais. (Res. TST 121/03, *DJ*, 21.11.03)

TEMA	TEXTO
	RED. ANTERIOR – Reconhecida a culpa recíproca na rescisão do contrato de trabalho (art. 484 da CLT), o empregado não fará jus ao aviso prévio, às férias proporcionais e à gratificação natalina do ano respectivo. (RA 28/69, *DO-GB*, 21.8.69)
15 Atestados médicos. Ausência	A justificação da ausência do empregado motivada por doença, para a percepção do salário-enfermidade e da remuneração do repouso semanal, deve observar a ordem preferencial dos atestados médicos estabelecida em lei. (RA 28/69, *DO-GB*, 21.8.69)
16 Notificação postal. Recebimento	Presume-se recebida a notificação 48 horas depois de sua postagem. O seu não recebimento ou a entrega após o decurso desse prazo constitui ônus de prova do destinatário. (Res. TST 121/03, *DJ*, 21.11.03)
	RED. ANTERIOR – Presume-se recebida a notificação 48 horas depois de sua regular expedição. O seu não recebimento ou a entrega após o decurso desse prazo constituem ônus de prova do destinatário. (RA 28/69, *DO-GB*, 21.8.69)
17 Adicional de insalubridade. Cálculo	CANCELADA – O adicional de insalubridade devido a empregado que, por força de lei, convenção coletiva ou sentença normativa, percebe salário profissional será sobre este calculado. (RA 28/69, *DO-GB*, 21.8.69) (restaurada, Res. TST 121/03, *DJ*, 21.11.03) (cancelada, Res. TST 148/08, *DJ*, 10.7.08)
18 Compensação. Cabimento	A compensação, na Justiça do Trabalho, está restrita a dívidas de natureza trabalhista. (RA 28/69, *DO-GB*, 21.8.69)
19 Quadro de carreira. Competência	A Justiça do Trabalho é competente para apreciar reclamação de empregado que tenha por objeto direito fundado em quadro de carreira. (RA 28/69, *DO-GB*, 21.8.69)
20 Readmissão fraudulenta	CANCELADA – Não obstante o pagamento da indenização de antiguidade, presume-se em fraude à lei a resilição contratual, se o empregado permaneceu prestando serviço ou tiver sido, em curto prazo, readmitido. (RA 57/70, *DO-GB*, 27.11.70) (cancelada, Res. TST 106/01, *DJ*, 21.3.01)
21 Aposentado readmitido	CANCELADA – O empregado aposentado tem direito ao cômputo do tempo anterior à aposentadoria, se permanecer a serviço da empresa ou a ela retornar. (RA 57/70, *DO-GB*, 27.11.70) (cancelada, Res. TST 30/94, *DJ*, 12.5.94)
22 Equiparação	CANCELADA – É desnecessário que, ao tempo da reclamação sobre equiparação salarial, reclamante e paradigma estejam a serviço do estabelecimento, desde que o pedido se relacione com situação pretérita. (RA 57/70, *DO-GB*, 27.11.70) (convertida na Súmula 6, Res. TST 129/05, *DJ*, 20.4.05).
23 Recurso. Fundamento. Jurisprudência	Não se conhece de recurso de revista ou de embargos, se a decisão recorrida resolver determinado item do pedido por diversos fundamentos e a jurisprudência transcrita não abranger a todos. (RA 57/70, *DO-GB*, 27.11.70)
24 Indenização (trabalho extraordinário)	Insere-se no cálculo da indenização por antiguidade o salário relativo a serviço extraordinário, desde que habitualmente prestado. (RA 57/70, *DO-GB*, 27.11.70)

	TEMA	TEXTO
25	Inversão do vencido. Custas	I - A parte vencedora na primeira instância, se vencida na segunda, está obrigada, independentemente de intimação, a pagar as custas fixadas na sentença originária, das quais ficara isenta a parte então vencida; II - No caso de inversão do ônus da sucumbência em segundo grau, sem acréscimo ou atualização do valor das custas e se estas já foram devidamente recolhidas, descabe um novo pagamento pela parte vencida, ao recorrer. Deverá ao final, se sucumbente, reembolsar a quantia; (ex-OJ n. 186 da SBDI-I, *DEJT*, 14.5.15) III - Não caracteriza deserção a hipótese em que, acrescido o valor da condenação, não houve fixação ou cálculo do valor devido a título de custas e tampouco intimação da parte para o preparo do recurso, devendo ser as custas pagas ao final; (ex-OJ n. 104 da SBDI-I, *DEJT*, 14.5.15) IV - O reembolso das custas à parte vencedora faz-se necessário mesmo na hipótese em que a parte vencida for pessoa isenta do seu pagamento, nos termos do art. 790-A, parágrafo único, da CLT. (Res. TST 197/15, *DEJT*, 14.5.15).
		RED. ANTERIOR – A parte vencedora na primeira instância, se vencida na segunda, está obrigada, independentemente de intimação, a pagar as custas fixadas na sentença originária, das quais ficara isenta a parte então vencida. (RA 57/70, *DO-GB*, 27.11.70)
26	Despedimento obstativo. Estabilidade	CANCELADA – Presume-se obstativa à estabilidade a despedida, sem justo motivo, do empregado que alcançar nove anos de serviço na empresa. (RA 57/70, *DO-GB*, 27.11.70) (cancelada, Res. TST 121/03, *DJ*, 21.11.03).
27	Comissionista (repouso semanal)	É devida a remuneração do repouso semanal e dos dias feriados ao empregado comissionista, ainda que pracista. (RA 57/70, *DO-GB*, 27.11.70)
28	Rescisão. Estabilidade. Salários	No caso de se converter a reintegração em indenização dobrada, o direito aos salários é assegurado até a data da primeira decisão que determinou essa conversão. (Res. TST 121/03, *DJ*, 21.11.03)
		RED. ANTERIOR – No caso de se converter a reintegração em indenização dobrada, o direito aos salários é assegurado até a data da sentença constitutiva que põe fim ao contrato. (RA 57/70, *DO-GB*, 27.11.70)
29	Transporte. Transferência	Empregado transferido, por ato unilateral do empregador, para local mais distante de sua residência, tem direito a suplemento salarial correspondente ao acréscimo da despesa de transporte. (RA 57/70, *DO-GB*, 27.11.70)
30	Recurso. Início do prazo	Quando não juntada a ata ao processo em 48 horas, contadas da audiência de julgamento (art. 851, § 2º, da CLT), o prazo para recurso será contado da data em que a parte receber a intimação da sentença. (RA 57/70, *DO-GB*, 27.11.70)

	TEMA	TEXTO
31	Despedida indireta. Aviso prévio	CANCELADA – É incabível o aviso prévio na despedida indireta. (RA 57/70, *DO-GB*, 27.11.70) (Referência L. 7.108/83) (Cancelada, Res. TST 31/94, *DJ*, 12.5.94)
32	Abandono. Configuração	Presume-se o abandono de emprego se o trabalhador não retornar ao serviço no prazo de 30 dias após a cessação do benefício previdenciário nem justificar o motivo de não o fazer. (Res. TST 121/03, *DJ*, 21.11.03)
		RED. ANTERIOR – Configura-se o abandono de emprego quando o trabalhador não retornar ao serviço no prazo de 30 dias após a cessação do benefício previdenciário, nem justificar o motivo de não o fazer. (RA 57/70, *DO-GB*, 27.11.70)
33	Mandado de segurança. Cabimento	Não cabe mandado de segurança de decisão judicial transitada em julgado. (RA 57/70, *DO-GB*, 27.11.70)
34	13º salário. Rural	CANCELADA – A gratificação natalina, instituída pela Lei 4.090, de 1962, é devida ao empregado rural. (RA 57/70, *DO-GB*, 27.11.70) (cancelada, Res. TST 121/03, *DJ*, 21.11.03)
35	Depósito recursal. Complementação	CANCELADA – A majoração do salário mínimo não obriga o recorrente a complementar o depósito de que trata o art. 899 da CLT. (RA 57/70, *DO-GB*, 27.11.70) (cancelada, Res. TST 121/03, *DJ*, 21.11.03)
36	Custas. Ação plúrima	Nas ações plúrimas, as custas incidem sobre o respectivo valor global. (RA 57/70, *DO-GB*, 27.11.70)
37	Intimação. Recurso. Prazo	CANCELADA – O prazo para recurso da parte que não comparece à audiência de julgamento, apesar de notificada, conta-se da intimação da sentença. (RA 57/70, *DO-GB*, 27.11.70) (cancelada, Res. TST 32/94, *DJ*, 12.5.94)
38	Recurso. Divergência. Requisitos	CANCELADA – Para comprovação da divergência justificadora do recurso é necessário que o recorrente junte certidão, ou documento equivalente, do acórdão paradigma ou faça transcrição do trecho pertinente à hipótese, indicando sua origem e esclarecendo a fonte da publicação, isto é, órgão oficial ou repertório idôneo de jurisprudência. (RA 57/70, *DO-GB*, 27.11.70) (cancelada, Res. TST 121/03, *DJ*, 21.11.03)
39	Bomba de gasolina. Periculosidade	Os empregados que operam em bomba de gasolina têm direito ao adicional de periculosidade (Lei 2.573, de 15.8.1955). (RA 41/73, *DJ*, 14.6.73)
40	Decisão administrativa TRT. Recurso	CANCELADA – Não cabe recurso ao Tribunal Superior do Trabalho contra decisão em processo administrativo, de interesse de funcionário, proferida por Tribunal Regional do Trabalho. (RA 41/73, *DJ*, 14.6.73) (cancelada, Res. TST 121/03, *DJ*, 21.11.03)
41	Quitação. Valores discriminados	CANCELADA – A quitação, nas hipóteses dos §§ 1º e 2º do art. 477 da CLT, concerne exclusivamente aos valores discriminados no documento respectivo. (RA 41/73, *DJ*, 14.6.73) (cancelada, Res. TST 121/03, *DJ*, 21.11.03).

	TEMA	TEXTO
42	Recurso. Revista ou embargos. Cabimento	CANCELADA – Não ensejam o conhecimento de revista ou de embargos decisões superadas por iterativa, notória e atual jurisprudência do Pleno. (RA 41/73, *DJ*, 14.6.73) (cancelada, Res. TST 121/03, *DJ*, 21.11.03).
43	Transferência. Abusiva	Presume-se abusiva a transferência de que trata o § 1º do art. 469 da CLT, sem comprovação da necessidade do serviço. (RA 41/73, *DJ*, 14.6.73)
44	Aviso prévio. Cessação da atividade	A cessação da atividade da empresa, com o pagamento da indenização, simples ou em dobro, não exclui, por si só, o direito do empregado ao aviso prévio. (RA 41/73, *DJ*, 14.6.73)
45	13º salário. Horas extras. Integração	A remuneração do serviço suplementar, habitualmente prestado, integra o cálculo da gratificação natalina prevista na Lei 4.090, de 13.7.1962. (RA 41/73, *DJ*, 14.6.73)
46	Acidente. Ausências	As faltas ou ausências decorrentes de acidente do trabalho não são consideradas para os efeitos de duração de férias e cálculo da gratificação natalina. (RA 41/73, *DJ*, 14.6.73)
47	Insalubridade. Intermitência	O trabalho executado em condições insalubres, em caráter intermitente, não afasta, só por essa circunstância, o direito à percepção do respectivo adicional. (RA 41/73, *DJ*, 14.6.73)
48	Compensação. Arguição	A compensação só poderá ser arguida com a contestação. (RA 41/73, *DJ*, 14.6.73)
49	Inquérito judicial. Custas	CANCELADA – No inquérito judicial, contadas e não pagas as custas no prazo fixado pelo juízo, será determinado o arquivamento do processo. (RA 41/73, *DJ*, 14.6.73) (cancelada, Res. TST 121/03, *DJ*, 21.11.03)
50	13º salário. Servidor público. Cedido	A gratificação natalina, instituída pela Lei 4.090, de 13.7.1962, é devida pela empresa cessionária ao servidor público cedido enquanto durar a cessão. (RA 41/73, *DJ*, 14.6.73)
51	Regulamento. Alteração. Efeitos	I – As cláusulas regulamentares, que revoguem ou alterem vantagens deferidas anteriormente, só atingirão os trabalhadores admitidos após a revogação ou alteração do regulamento. (ex-Súmula 51) (Res. TST 129/05, *DJ*, 20.4.05) II – Havendo a coexistência de 2 regulamentos da empresa, a opção do empregado por um deles tem efeito jurídico de renúncia às regras do sistema do outro. (ex-OJ SDI-1 163) (Res. TST 129/05, *DJ*, 20.4.05)
		RED. ANTERIOR – As cláusulas regulamentares, que revoguem ou alterem vantagens deferidas anteriormente, só atingirão os trabalhadores admitidos após a revogação ou alteração do regulamento. (RA 41/73, *DJ*, 14.6.73)
52	Quinquênios. Direito	O adicional de tempo de serviço (quinquênio) é devido, nas condições estabelecidas no art. 19 da Lei 4.345, de 26.6.1964, aos contratados sob o regime da CLT, pela empresa a que se refere a mencionada lei, inclusive para o fim de complementação de aposentadoria. (RA 41/73, *DJ*, 14.6.73)

	TEMA	TEXTO
53	Custas. Prazo	O prazo para pagamento das custas, no caso de recurso, é contado da intimação do cálculo. (RA 41/73, *DJ*, 14.6.73)
54	Estável. Rescisão por acordo. Indenização	Rescindindo por acordo seu contrato de trabalho, o empregado estável optante tem direito ao mínimo de 60% do total da indenização em dobro, calculada sobre o maior salário percebido no emprego. Se houver recebido menos do que esse total, qualquer que tenha sido a forma de transação, assegura-se-lhe a complementação até aquele limite. (RA 105/74, *DJ*, 24.10.74)
55	Financeiras. Equiparação com bancos	As empresas de crédito, financiamento ou investimento, também denominadas financeiras, equiparam-se aos estabelecimentos bancários para os efeitos do art. 224 da CLT. (RA 105/74, *DJ*, 24.10.74)
56	Comissionista. Horas extras	CANCELADA – O balconista que recebe comissão tem direito ao adicional de 20% pelo trabalho em horas extras, calculado sobre o valor das comissões referentes a essas horas. (RA 105/1974, *DJ*, 24.10.1974) (Cancelada, Res. TST 121/03, *DJ*, 21.11.03)
57	Usina de açúcar. Categoria industrial	CANCELADA – Os trabalhadores agrícolas das usinas de açúcar integram categoria profissional de industriários, beneficiando-se dos aumentos normativos obtidos pela referida categoria. (RA 105/74, *DJ*, 24.10.74) (Cancelada, Res. TST 3/93, *DJ*, 6.5.93)
58	Pessoal de obra. Regime	Ao empregado admitido como pessoal de obras, em caráter permanente e não amparado pelo regime estatutário, aplica-se a legislação trabalhista. (RA 105/74, *DJ*, 24.10.74)
59	Vigia bancário. Jornada	CANCELADA – Vigia de estabelecimento bancário não se beneficia da jornada de trabalho reduzida prevista no art. 224 da CLT. (RA 105/74, *DJ*, 24.10.74) (cancelada, Res. TST 121/03, *DJ*, 21.11.03)
60	Adicional noturno. Integração	I – O adicional noturno, pago com habitualidade, integra o salário do empregado para todos os efeitos. (ex-Súmula 60) (Res. TST 129/05, *DJ*, 20.4.05) II – Cumprida integralmente a jornada no período noturno e prorrogada esta, devido é também o adicional quanto às horas prorrogadas. Exegese do art. 73, § 5º, da CLT. (ex-OJ SDI-1 6) (Res. TST 129/05, *DJ*, 20.4.05)
		RED. ANTERIOR – O adicional noturno, pago com habitualidade, integra o salário do empregado para todos os efeitos. (RA 105/74, *DJ*, 24.10.74)
61	Ferroviário. Horas extras	Aos ferroviários que trabalham em estação do interior, assim classificada por autoridade competente, não são devidas horas extras (art. 243 da CLT). (RA 105/74, *DJ*, 24.10.74)
62	Inquérito. Abandono. Prazo	O prazo de decadência do direito do empregador de ajuizar inquérito em face do empregado que incorre em abandono de emprego é contado a partir do momento em que o empregado pretendeu seu retorno ao serviço. (RA 105/74, *DJ*, 24.10.74)
63	FGTS. Contribuição. Cálculo	A contribuição para o Fundo de Garantia do Tempo de Serviço incide sobre a remuneração mensal devida ao empregado, inclusive horas extras e adicionais eventuais. (RA 105/74, *DJ*, 24.10.74)

	TEMA	TEXTO
64	CTPS. Anotação. Prazo	CANCELADA – A prescrição para reclamar contra anotação de carteira profissional, ou omissão desta, flui da data de cessação do contrato de trabalho. (RA 52/75, *DJ*, 5.6.75) (cancelada, Res. TST 121/03, *DJ*, 21.11.03)
65	Vigia noturno. Hora noturna	O direito à hora reduzida de 52 minutos e 30 segundos aplica-se ao vigia noturno. (RA 5/76, *DJ*, 26.2.76)
66	Ferroviário. Quinquênios. Cálculo	CANCELADA – Os quinquênios devidos ao pessoal da Rede Ferroviária Federal S.A. serão calculados sobre o salário do cargo efetivo, ainda que o trabalhador exerça cargo ou função em comissão. (RA 7/77, *DJ*, 11.2.77) (cancelada, Res. TST 121/03, *DJ*, 21.11.03)
67	Ferroviário. Gratificação	Chefe de trem, regido pelo estatuto dos ferroviários (Decreto 35.530, de 19.9.59), não tem direito à gratificação prevista no respectivo art. 110. (RA 8/77, *DJ*, 11.2.77)
68	Equiparação. Ônus da prova	CANCELADA – É do empregador o ônus da prova do fato impeditivo, modificativo ou extintivo da equiparação salarial. (RA 9/77, *DJ*, 11.2.77) (convertida na Súmula 6, Res. TST 129/05, *DJ*, 20.4.05)
69	Revel. Rescisão. Multa	A partir da Lei 10.272, de 5.9.01, havendo rescisão do contrato de trabalho e sendo revel e confesso quanto à matéria de fato, deve ser o empregador condenado ao pagamento das verbas rescisórias, não quitadas na primeira audiência, com acréscimo de 50%. (Res. TST 121/03, *DJ*, 21.11.03)
		RED. ANTERIOR – Havendo rescisão contratual e sendo revel e confesso o empregador quanto à matéria de fato, deve ser condenado ao pagamento em dobro dos salários incontroversos (CLT, art. 467). (RA 10/77, *DJ*, 11.2.77)
70	Periculosidade. Petrobras	O adicional de periculosidade não incide sobre os triênios pagos pela Petrobras. (RA 69/78, *DJ*, 26.9.78)
71	Alçada. Fixação	A alçada é fixada pelo valor dado à causa na data de seu ajuizamento, desde que não impugnado, sendo inalterável no curso do processo. (RA 69/78, *DJ*, 26.9.78)
72	Prêmio-aposentadoria. Condição	O prêmio-aposentadoria instituído por norma regulamentar da empresa não está condicionado ao disposto no § 2º do art. 14 da Lei 8.036, de 11.05.90. (Res. TST 121/03, *DJ*, 21.11.03)
		RED. ANTERIOR – O prêmio-aposentadoria instituído por norma regulamentar da empresa não está condicionado ao disposto no § 3º do art. 17 da Lei 5.107/66. (RA 69/78, *DJ*, 26.9.78)
73	Aviso prévio. Justa causa no decurso	A ocorrência de justa causa, salvo a de abandono de emprego, no decurso do prazo do aviso prévio dado pelo empregador, retira do empregado qualquer direito às verbas rescisórias de natureza indenizatória. (Res. TST 121/03, *DJ*, 21.11.03)
		RED. ANTERIOR – Falta grave, salvo a de abandono de emprego, praticada pelo empregado no decurso do prazo do aviso prévio dado pelo empregador, retira àquele qualquer direito a indenização. (RA 69/78, *DJ*, 26.9.78)

	TEMA	TEXTO
74	Confissão. Parte. Não comparecimento	I - Aplica-se a confissão à parte que, expressamente intimada com aquela cominação, não comparecer à audiência em prosseguimento, na qual deveria depor. (ex-Súmula n. 74 - RA 69/1978, *DJ* 26.9.1978) II - A prova pré-constituída nos autos pode ser levada em conta para confronto com a confissão ficta (arts. 442 e 443, do CPC de 2015 - art. 400, I, do CPC de 1973), não implicando cerceamento de defesa o indeferimento de provas posteriores. (ex-OJ 184 da SBDI-1 - inserida em 8.11.2000) III- A vedação à produção de prova posterior pela parte confessa somente a ela se aplica, não afetando o exercício, pelo magistrado, do poder/dever de conduzir o processo. (Res. TST 208/16, *DEJT*, 22.4.16).
		RED. ANTERIOR – I - Aplica-se a confissão à parte que, expressamente intimada com aquela cominação, não comparecer à audiência em prosseguimento, na qual deveria depor. (ex-Súmula 74) (Res. TST 174/11, *DEJT*, 31.5.11) II – A prova pré-constituída nos autos pode ser levada em conta para confronto com a confissão ficta (art. 400, I, CPC), não implicando cerceamento de defesa o indeferimento de provas posteriores. (ex-OJ SDI-1 184) (Res. TST 129/05, *DJ*, 20.4.05) III – A vedação à produção de prova posterior pela parte confessa somente a ela se aplica, não afetando o exercício, pelo magistrado, do poder/dever de conduzir o processo. (Processo TST-IUJEEDRR 801385-77.2001.5.02.0017, Res. TST 174/11, *DEJT*, 31.5.11)
		RED. ANTERIOR – I – Aplica-se a pena de confissão à parte que, expressamente intimada com aquela cominação, não comparecer à audiência em prosseguimento, na qual deveria depor. (ex-Súmula 74) (Res. TST 129/05, *DJ*, 20.4.05)
		II – A prova pré-constituída nos autos pode ser levada em conta para confronto com a confissão ficta (art. 400, I, CPC), não implicando cerceamento de defesa o indeferimento de provas posteriores. (ex-OJ SDI-1 184) (Res. TST 129/05, *DJ*, 20.4.05)
		RED. ANTERIOR – Aplica-se a pena de confissão à parte que, expressamente intimada com aquela cominação, não comparecer à audiência em prosseguimento, na qual deveria depor. (RA 69/78, *DJ*, 26.9.78)
75	Competência. Ferroviário	CANCELADA – É incompetente a Justiça do Trabalho para conhecer de ação de ferroviário oriundo das empresas Sorocabana, São Paulo-Minas e Araraquarense, que mantém a condição de funcionário público. (RA 69/78, *DJ*, 26.9.78) (cancelada, Res. TST 121/03, *DJ*, 21.11.03)

	TEMA	TEXTO
76	Horas extras. Suprimidas. Integração	CANCELADA – O valor das horas suplementares prestadas habitualmente, por mais de 2 anos, ou durante todo o contrato, se suprimidas, integra-se ao salário para todos os efeitos legais. (RA 69/78, *DJ*, 26.9.78) (cancelada, Res. TST 121/03, *DJ*, 21.11.03)
77	Penalidade. Inquérito interno. Requisito	Nula é a punição de empregado se não precedida de inquérito ou sindicância internos a que se obrigou a empresa por norma regulamentar. (RA 69/78, *DJ*, 26.9.78)
78	Gratificação. Integração	CANCELADA – A gratificação periódica contratual integra o salário, pelo seu duodécimo, para todos os efeitos legais, inclusive o cálculo da natalina da Lei 4.090/1962. (RA 69/78, *DJ*, 26.9.78) (cancelada, Res. TST 121/03, *DJ*, 21.11.03)
79	Fepasa. Adicional de antiguidade	CANCELADA – O adicional de antiguidade, pago pela Fepasa, calcula-se sobre o salário-base. (RA 69/78, *DJ*, 26.9.78) (cancelada, Res. TST 121/03, *DJ*, 21.11.03)
80	Insalubridade. Eliminação	A eliminação da insalubridade mediante fornecimento de aparelhos protetores aprovados pelo órgão competente do Poder Executivo exclui a percepção do respectivo adicional. (RA 69/78, *DJ*, 26.9.78)
81	Férias. Em dobro	Os dias de férias gozados após o período legal de concessão deverão ser remunerados em dobro. (RA 69/78, *DJ*, 26.9.78)
82	Intervenção assistencial. Admissibilidade	A intervenção assistencial, simples ou adesiva, só é admissível se demonstrado o interesse jurídico e não o meramente econômico. (Res. TST 121/03, *DJ*, 21.11.03)
		RED. ANTERIOR – A intervenção assistencial, simples ou adesiva, só é admissível se demonstrado o interesse jurídico e não o meramente econômico, perante a Justiça onde é postulada. (RA 69/78, *DJ*, 26.9.78)
83	Ação rescisória. Violação de lei	I – Não procede pedido formulado na ação rescisória por violação literal de lei se a decisão rescindenda estiver baseada em texto legal infraconstitucional de interpretação controvertida nos Tribunais. (ex-Súmula 83) (Res. TST 137/05, *DJ*, 22.8.05) II – O marco divisor quanto a ser, ou não, controvertida, nos Tribunais, a interpretação dos dispositivos legais citados na ação rescisória é a data da inclusão, na Orientação Jurisprudencial do TST, da matéria discutida. (ex-OJ SDI-2 77) (Res. TST 137/05, *DJ*, 22.8.05)
		RED. ANTERIOR – Não procede o pedido formulado na ação rescisória por violação literal de lei se a decisão rescindenda estiver baseada em texto legal infraconstitucional, de interpretação controvertida nos Tribunais. (Res. TST 121/03, *DJ*, 21.11.03)
		RED. ANTERIOR – Não cabe ação rescisória, por violação literal de lei, quando a decisão rescindenda estiver baseada em texto legal de interpretação controvertida nos tribunais. (RA 69/78, *DJ*, 26.9.78)

	TEMA	TEXTO
84	Petroleiro. Adicional regional	O adicional regional, instituído pela Petrobras, não contraria o art. 7º, XXXII, da CF/88. (Res. TST 121/03, *DJ*, 21.11.03)
		RED. ANTERIOR – O adicional regional, instituído pela Petrobras, não contraria o art. 165, item XVII, da Constituição. (RA 69/78, *DJ*, 26.9.78)
85	Acordo de compensação. Exigências violadas	I - A compensação de jornada de trabalho deve ser ajustada por acordo individual escrito, acordo coletivo ou convenção coletiva (ex-Súmula 85 - primeira parte - alterada pela Res. 121/2003, *DJ*, 21.11.03). II - O acordo individual para compensação de horas é válido, salvo se houver norma coletiva em sentido contrário. (ex-OJ n. 182 da SBDI-1 – inserida em 8.11.00). III - O mero não atendimento das exigências legais para a compensação de jornada, inclusive quando encetada mediante acordo tácito, não implica a repetição do pagamento das horas excedentes à jornada normal diária, se não dilatada a jornada máxima semanal, sendo devido apenas o respectivo adicional (ex-Súmula n. 85 – segunda parte – alterada pela Res. 121/2003, *DJ*, 21.11.03). IV - A prestação de horas extras habituais descaracteriza o acordo de compensação de jornada. Nesta hipótese, as horas que ultrapassarem a jornada semanal normal deverão ser pagas como horas extraordinárias e, quanto àquelas destinadas à compensação, deverá ser pago a mais apenas o adicional por trabalho extraordinário. (ex-OJ n. 220 da SBDI-1 - inserida em 20.06.01). V - As disposições contidas nesta súmula não se aplicam ao regime compensatório na modalidade "banco de horas", que somente pode ser instituído por negociação coletiva. VI - Não é válido acordo de compensação de jornada em atividade insalubre, ainda que estipulado em norma coletiva, sem a necessária inspeção prévia e permissão da autoridade competente, na forma do art. 60 da CLT. (inserido, Res. TST 209/16, *DEJT*, 1.6.16).
		RED. ANTERIOR – I - A compensação de jornada de trabalho deve ser ajustada por acordo individual escrito, acordo coletivo ou convenção coletiva. (ex-Súmula 85) (Res. TST 129/05, *DJ*, 20.4.05) II – O acordo individual para compensação de horas é válido, salvo se houver norma coletiva em sentido contrário. (ex-OJ SDI-1 182) (Res. TST 129/05, *DJ*, 20.4.05) III – O mero não atendimento das exigências legais para a compensação de jornada, inclusive quando encetada mediante acordo tácito, não implica a repetição do pagamento das horas excedentes à jornada normal diária, se não dilatada a jornada máxima semanal, sendo devido apenas o respectivo adicional. (ex-Súmula 85) (Res. TST 129/05, *DJ*, 20.4.05)

TEMA	TEXTO
	IV – A prestação de horas extras habituais descaracteriza o acordo de compensação de jornada. Nesta hipótese, as horas que ultrapassarem a jornada semanal normal deverão ser pagas como horas extraordinárias e, quanto àquelas destinadas à compensação, deverá ser pago a mais apenas o adicional por trabalho extraordinário. (ex-OJ SDI-1 220) (Res. TST 129/05, *DJ*, 20.4.05) V – As disposições contidas nesta súmula não se aplicam ao regime compensatório na modalidade "banco de horas", que somente pode ser instituído por negociação coletiva. (Res. TST 174/11, *DEJT*, 31.5.11) RED. ANTERIOR – I – A compensação de jornada de trabalho deve ser ajustada por acordo individual escrito, acordo coletivo ou convenção coletiva. (ex-Súmula 85) (Res. TST 129/05, *DJ*, 20.4.05) II – O acordo individual para compensação de horas é válido, salvo se houver norma coletiva em sentido contrário. (ex-OJ SDI-1 182) (Res. TST 129/05, *DJ*, 20.4.05) III – O mero não atendimento das exigências legais para a compensação de jornada, inclusive quando encetada mediante acordo tácito, não implica a repetição do pagamento das horas excedentes à jornada normal diária, se não dilatada a jornada máxima semanal, sendo devido apenas o respectivo adicional. (ex-Súmula 85) (Res. TST 129/05, *DJ*, 20.4.05) IV – A prestação de horas extras habituais descaracteriza o acordo de compensação de jornada. Nesta hipótese, as horas que ultrapassarem a jornada semanal normal deverão ser pagas como horas extraordinárias e, quanto àquelas destinadas à compensação, deverá ser pago a mais apenas o adicional por trabalho extraordinário. (ex-OJ SDI-1 220) (Res. TST 129/05, *DJ*, 20.4.05)
	RED. ANTERIOR – A compensação de jornada de trabalho deve ser ajustada por acordo individual escrito, acordo coletivo ou convenção coletiva. O não atendimento das exigências legais não implica a repetição do pagamento das horas excedentes, sendo devido apenas o respectivo adicional. (Res. TST 121/03, *DJ*, 21.11.03)
	RED. ANTERIOR – O não atendimento das exigências legais, para adoção do regime de compensação de horário semanal, não implica a repetição do pagamento das horas excedentes, sendo devido, apenas, o adicional respectivo. (RA 69/78, *DJ*, 26.9.78)
86 Massa falida. Depósito recursal e custas	Não ocorre deserção de recurso da massa falida por falta de pagamento de custas ou de depósito do valor da condenação. Esse privilégio, todavia, não se aplica à empresa em liquidação extrajudicial. (ex-Súmula 86 e ex-OJ SDI-1 31) (Res. TST 129/05, *DJ*, 20.4.05)
	RED. ANTERIOR – Inocorre deserção de recurso da massa falida, por falta de pagamento de custas ou de depósito do valor da condenação. (RA 69/78, *DJ*, 26.9.78)

	TEMA	TEXTO
87	Previdência privada. Benefício. Dedução	Se o empregado, ou seu beneficiário, já recebeu da instituição previdenciária privada, criada pela empresa, vantagem equivalente, é cabível a dedução de seu valor do benefício a que faz jus por norma regulamentar anterior. (RA 69/78, *DJ*, 26.9.78)
88	Jornada. Intervalo violado	CANCELADA – O desrespeito ao intervalo mínimo entre 2 turnos de trabalho, sem importar em excesso na jornada efetivamente trabalhada, não dá direito a qualquer ressarcimento ao obreiro, por tratar-se apenas de infração sujeita a penalidade administrativa (art. 71 da CLT). (RA 69/78, *DJ*, 26.9.78) (cancelada, Res. TST 42/95, *DJ*, 17.2.95) (referência L. 8.923/94)
89	Férias. Faltas justificadas	Se as faltas já são justificadas pela lei, consideram-se como ausências legais e não serão descontadas para o cálculo do período de férias. (RA 69/78, *DJ*, 26.9.78)
90	Jornada. *In itinere*	I – O tempo despendido pelo empregado, em condução fornecida pelo empregador, até o local de trabalho de difícil acesso, ou não servido por transporte público regular, e para o seu retorno é computável na jornada de trabalho. (ex-Súmula 90) (Res. TST 129/05, *DJ*, 20.4.05)
		II – A incompatibilidade entre os horários de início e término da jornada do empregado e os do transporte público regular é circunstância que também gera o direito às horas *in itinere*. (ex-OJ SDI-1 50) (Res. TST 129/05, *DJ*, 20.4.05)
		III – A mera insuficiência de transporte público não enseja o pagamento de horas *in itinere*. (ex-Súmula 324) (Res. TST 129/05, *DJ*, 20.4.05)
		IV – Se houver transporte público regular em parte do trajeto percorrido em condução da empresa, as horas *in itinere* remuneradas limitam-se ao trecho não alcançado pelo transporte público. (ex--Súmula 325) (Res. TST 129/05, *DJ*, 20.4.05)
		V – Considerando que as horas *in itinere* são computáveis na jornada de trabalho, o tempo que extrapola a jornada legal é considerado como extraordinário e sobre ele deve incidir o adicional respectivo. (ex-OJ SDI-1 236) (Res. TST 129/05, *DJ*, 20.4.05)
		RED. ANTERIOR – O tempo despendido pelo empregado, em condução fornecida pelo empregador, até o local de trabalho de difícil acesso, ou não servido por transporte regular público, e para o seu retorno, é computável na jornada de trabalho. (RA 80/78, *DJ*, 10.11.78)
		RED. ANTERIOR – O tempo despendido pelo empregado, em condução fornecida pelo empregador, até o local do trabalho e no seu retorno, é computável na jornada de trabalho. (RA 69/78, *DJ*, 26.9.78)
91	Salário complessivo. Inadmissibilidade	Nula é a cláusula contratual que fixa determinada importância ou percentagem para atender englobadamente vários direitos legais ou contratuais do trabalhador. (RA 69/78, *DJ*, 26.9.78)
92	Aposentadoria. Complementação	O direito à complementação de aposentadoria, criado pela empresa, com requisitos próprios, não se altera pela instituição de benefício previdenciário por órgão oficial. (RA 69/1978, *DJ*, 26.9.78)

	TEMA	TEXTO
93	Bancário. Venda de papéis. Integração	Integra a remuneração do bancário a vantagem pecuniária por ele auferida na colocação ou na venda de papéis ou valores mobiliários de empresas pertencentes ao mesmo grupo econômico, se exercida essa atividade no horário e no local de trabalho e com o consentimento, tácito ou expresso, do banco empregador. (RA 121/79, *DJ*, 27.11.79)
94	Aviso prévio. Horas extras	CANCELADA – O valor das horas extraordinárias habituais integra o aviso prévio indenizado. (RA 43/80, *DJ*, 15.5.80 – Republicada Res. 80/80, *DJ*, 4.7.80) (Cancelada, Res. TST 121/03, *DJ*, 21.11.03)
95	FGTS. Prescrição	CANCELADA – É trintenária a prescrição do direito de reclamar contra o não recolhimento da contribuição para o Fundo de Garantia do Tempo de Serviço. (RA 44/80, *DJ*, 15.5.80) (Cancelada, Res. TST 121/03, *DJ*, 21.11.03)
96	Marítimo. Horas extras	A permanência do tripulante a bordo do navio, no período de repouso, além da jornada, não importa presunção de que esteja à disposição do empregador ou em regime de prorrogação de horário, circunstâncias que devem resultar provadas, dada a natureza do serviço. (RA 45/80, *DJ*, 16.5.80)
97	Aposentadoria. Complementação	Instituída complementação de aposentadoria por ato da empresa, expressamente dependente de regulamentação, as condições desta devem ser observadas como parte integrante da norma. (RA 96/80, *DJ*, 11.9.80)
		RED. ANTERIOR – Instituída complementação de aposentadoria, por ato da empresa, expressamente dependente de sua regulamentação, as condições destas devem ser observadas como parte integrante da norma. (RA 48/80, *DJ*, 22.5.80)
98	FGTS. CLT. Equivalência.	I – A equivalência entre os regimes do Fundo de Garantia do Tempo de Serviço e da estabilidade prevista na CLT é meramente jurídica e não econômica, sendo indevidos valores a título de reposição de diferenças. (ex-Súmula 98) (Res. TST 129/05, *DJ*, 20.4.05) II – A estabilidade contratual ou a derivada de regulamento de empresa são compatíveis com o regime do FGTS. Diversamente ocorre com a estabilidade legal (decenal, art. 492 da CLT), que é renunciada com a opção pelo FGTS. (ex-OJ SDI-1 299) (Res. TST 129/05, *DJ*, 20.4.05).
		RED. ANTERIOR – A equivalência entre os regimes do Fundo de Garantia do Tempo de Serviço e da estabilidade prevista na CLT é meramente jurídica e não econômica, sendo indevidos valores a título de reposição de diferenças. (RA 57/80, *DJ*, 6.6.80)
99	Ação rescisória. Depósito recursal	Havendo recurso ordinário em sede de rescisória, o depósito recursal só é exigível quando for julgado procedente o pedido e imposta condenação em pecúnia, devendo este ser efetuado no prazo recursal, no limite e nos termos da legislação vigente, sob pena de deserção. (ex-Súmula 99 e ex-OJ SDI-2 117) (Res.TST 137/05, *DJ*, 22.8.05)

TEMA		TEXTO
		RED. ANTERIOR – Ao recorrer de decisão condenatória em ação rescisória, é ônus do empregador vencido efetuar, no prazo, no limite e nos termos da legislação vigente, sob pena de deserção, o depósito recursal. (Res. TST 110/02, *DJ*, 11.4.02).
		RED. ANTERIOR – Ao recorrer de decisão condenatória em ação rescisória, resultante do acolhimento desta, deve o empregador vencido depositar o valor da condenação no prazo legal, sob pena de deserção (CLT, artigo 899, § 1º). (RA 62/80, *DJ*, 11.6.80)
100	Ação rescisória. Decadência	I – O prazo de decadência, na ação rescisória, conta-se do dia imediatamente subsequente ao trânsito em julgado da última decisão proferida na causa, seja de mérito ou não. (ex-Súmula 100) (Res. TST 137/05, *DJ*, 22.8.05) II – Havendo recurso parcial no processo principal, o trânsito em julgado dá-se em momentos e em tribunais diferentes, contando-se o prazo decadencial para a ação rescisória do trânsito em julgado de cada decisão, salvo se o recurso tratar de preliminar ou prejudicial que possa tornar insubsistente a decisão recorrida, hipótese em que flui a decadência a partir do trânsito em julgado da decisão que julgar o recurso parcial. (ex-Súmula 100) (Res. TST 137/05, *DJ*, 22.8.05) III – Salvo se houver dúvida razoável, a interposição de recurso intempestivo ou a interposição de recurso incabível não protrai o termo inicial do prazo decadencial. (ex-Súmula 100) (Res. TST 137/05, *DJ*, 22.8.05) IV – O juízo rescindente não está adstrito à certidão de trânsito em julgado juntada com a ação rescisória, podendo formar sua convicção através de outros elementos dos autos quanto à antecipação ou postergação do *dies a quo* do prazo decadencial. (ex-OJ SDI-2 102) (Res. TST 137/05, *DJ*, 22.8.05) V – O acordo homologado judicialmente tem força de decisão irrecorrível, na forma do art. 831 da CLT. Assim sendo, o termo conciliatório transita em julgado na data da sua homologação judicial. (ex-OJ SDI-2 104) (Res. TST 137/05, *DJ*, 22.8.05) VI – Na hipótese de colusão das partes, o prazo decadencial da ação rescisória somente começa a fluir para o Ministério Público, que não interveio no processo principal, a partir do momento em que tem ciência da fraude. (ex-OJ SDI-2 122) (Res. TST 137/05, *DJ*, 22.8.05) VII – Não ofende o princípio do duplo grau de jurisdição a decisão do TST que, após afastar a decadência em sede de recurso ordinário, aprecia desde logo a lide, se a causa versar questão exclusivamente de direito e estiver em condições de imediato julgamento. (ex-OJ SDI-2 79) (Res. TST 137/05, *DJ*, 22.8.05) VIII – A exceção de incompetência, ainda que oposta no prazo recursal, sem ter sido aviado o recurso próprio, não tem o condão de afastar a consumação da coisa julgada e, assim, postergar o termo inicial do prazo decadencial para a ação rescisória. (ex-OJ SDI-2 16) (Res. TST 137/05, *DJ*, 22.8.05)

TEMA	TEXTO
	IX – Prorroga-se até o primeiro dia útil, imediatamente subsequente, o prazo decadencial para ajuizamento de ação rescisória quando expira em férias forenses, feriados, finais de semana ou em dia em que não houver expediente forense. Aplicação do art. 775 da CLT. (ex-OJ SDI-2 13) (Res. TST 137/05, *DJ*, 22.8.05)
	X – Conta-se o prazo decadencial da ação rescisória, após o decurso do prazo legal previsto para a interposição do recurso extraordinário, apenas quando esgotadas todas as vias recursais ordinárias. (ex-OJ SDI-2 145) (Res. TST 137/05, *DJ*, 22.8.05)
	RED. ANTERIOR – I – O prazo de decadência, na ação rescisória, conta-se do dia imediatamente subsequente ao trânsito em julgado da última decisão proferida na causa, seja de mérito ou não. II – Havendo recurso parcial no processo principal, o trânsito em julgado dá-se em momentos e em tribunais diferentes, contando-se o prazo decadencial para a ação rescisória do trânsito em julgado de cada decisão, salvo se o recurso tratar de preliminar ou prejudicial que possa tornar insubsistente a decisão recorrida, hipótese em que flui a decadência, a partir do trânsito em julgado da decisão que julgar o recurso parcial. III – Salvo se houver dúvida razoável, a interposição de recurso intempestivo ou a interposição de recurso incabível não protrai o termo inicial do prazo decadencial. (Res. TST 109/01, *DJ*, 18.4.01)
	RED. ANTERIOR – O prazo de decadência, na ação rescisória, conta-se do trânsito em julgado da última decisão proferida na causa, seja de mérito ou não. (RA 63/80, *DJ*, 11.6.80)
101 Diárias. Integração	Integram o salário, pelo seu valor total e para efeitos indenizatórios, as diárias de viagem que excedam a 50% do salário do empregado, enquanto perdurarem as viagens. (ex-Súmula 101 e ex-OJ SDI-1 292) (Res. TST 129/05, *DJ*, 20.4.05)
	RED. ANTERIOR – Integram o salário, pelo seu valor total e para efeitos indenizatórios, as diárias de viagem que excedam a 50% do salário do empregado. (RA 65/80, *DJ*, 18.6.80)
102 Bancário. Configuração	I – A configuração, ou não, do exercício da função de confiança a que se refere o art. 224, § 2º, da CLT, dependente da prova das reais atribuições do empregado, é insuscetível de exame mediante recurso de revista ou de embargos. (ex-Súmula 204) (Res. TST 129/05, *DJ*, 20.4.05) II – O bancário que exerce a função a que se refere o § 2º do art. 224 da CLT e recebe gratificação não inferior a 1/3 de seu salário já tem remuneradas as 2 horas extraordinárias excedentes de 6. (ex-Súmula 166) (Res. TST 129/05, *DJ*, 20.4.05) III – Ao bancário exercente de cargo de confiança previsto no art. 224, § 2º, da CLT são devidas as 7ª e 8ª horas, como extras, no período em que se verificar o pagamento a menor da gratificação de 1/3. (ex-OJ SDI-1 288) (Res. TST 129/05, *DJ*, 20.4.05)

	TEMA	TEXTO
		IV – O bancário sujeito à regra do art. 224, § 2º, da CLT cumpre jornada de trabalho de 8 (oito) horas, sendo extraordinárias as trabalhadas além da oitava. (ex-Súmula 232) (Res. TST 129/05, *DJ*, 20.4.05) V – O advogado empregado de banco, pelo simples exercício da advocacia, não exerce cargo de confiança, não se enquadrando, portanto, na hipótese do § 2º do art. 224 da CLT. (ex-OJ SDI-1 222) (Res. TST 129/05, *DJ*, 20.4.05) VI – O caixa bancário, ainda que caixa executivo, não exerce cargo de confiança. Se perceber gratificação igual ou superior a um terço do salário do posto efetivo, essa remunera apenas a maior responsabilidade do cargo e não as 2 horas extraordinárias além da sexta. (ex-Súmula 102) (Res. TST 129/05, *DJ*, 20.4.05) VII – O bancário exercente de função de confiança, que percebe a gratificação não inferior ao terço legal, ainda que norma coletiva contemple percentual superior, não tem direito às sétima e oitava horas como extras, mas tão somente às diferenças de gratificação de função, se postuladas. (ex-OJ SDI-1 15) (Res. TST 129/05, *DJ*, 20.4.05) (Mantida pela Res. TST 174/11, *DEJT*, 31.5.11)
		RED. ANTERIOR – O caixa bancário, ainda que caixa executivo, não exerce cargo de confiança. Se perceber gratificação igual ou superior a 1/3 do salário do posto efetivo, essa remunera apenas a maior responsabilidade do cargo e não as 2 horas extraordinárias além da sexta. (RA 66/80, *DJ*, 18.6.80, Republicada *DJ*, 14.7.80)
103	Servidor público. Licença--prêmio	CANCELADA – Os trabalhadores que hajam prestado serviço no regime da Lei 1.890, de 13.06.1953, e optado pelo regime estatutário, não contam, posteriormente, esse período para fins de licença-prêmio, privativa de servidores estatutários. (RA 67/80, *DJ*, 18.6.80) (Cancelada, Res. TST 121/03, *DJ*, 21.11.03)
104	Férias. Rural	CANCELADA – É devido o pagamento de férias ao rurícola, qualquer que tenha sido a data de sua admissão e, em dobro, se não concedidas na época prevista em lei. (RA 70/80, *DJ*, 21.7.80) (Cancelada, Res. TST 121/03, *DJ*, 21.11.03)
105	Servidor público. Regime. Mudança. Quinquênios	CANCELADA – O empregado estatutário que optar pelo regime celetista, com o congelamento dos quinquênios em seus valores à época, não tem direito ao reajuste posterior dos seus níveis. (RA 71/80, *DJ*, 21.7.80) (cancelada, Res. TST 121/03, *DJ*, 21.11.03)
106	Ferroviário. Competência. Aposentadoria	CANCELADA – É incompetente a Justiça do Trabalho para julgar ação ajuizada em face da Rede Ferroviária Federal, em que ex-empregado desta pleiteie complementação de aposentadoria, elaboração ou alteração de folhas de pagamento de aposentados, se por essas obrigações responde órgão da previdência social. (RA 72/80, *DJ*, 21.7.80) (Cancelada, Res. TST 157/09, *DJ*, 9.9.09)

	TEMA	TEXTO
107	Ação rescisória. Procedimentos. Trânsito em julgado	CANCELADA – É indispensável a juntada à inicial da ação rescisória da prova do trânsito em julgado da decisão rescindenda, sob pena de indeferimento liminar. (RA 74/80, *DJ*, 21.7.80) (Cancelada, Súmula 299, Res. TST 9/89, *DJ*, 14.4.89)
108	Acordo de compensação. Trânsito em julgado	CANCELADA – A compensação de horário semanal deve ser ajustada por acordo escrito, não necessariamente em acordo coletivo ou convenção coletiva, exceto quanto ao trabalho da mulher. (RA 75/80, *DJ*, 21.7.80) (Cancelada, Res. TST 85/98, *DJ*, 20.8.98)
109	Bancário.Gratificação de função	O bancário não enquadrado no § 2º do art. 224 da CLT, que receba gratificação de função, não pode ter o salário relativo a horas extraordinárias compensado com o valor daquela vantagem. (RA 97/80, *DJ*, 19.9.80)
		RED. ANTERIOR – A gratificação de função prevista no § 2º, do art. 224, da Consolidação das Leis do Trabalho, não é compensável com o valor da 7ª (sétima) e da 8ª (oitava) horas de serviço. (RA 89/80, *DJ*, 29.8.80)
110	Revezamento. Repouso violado	No regime de revezamento, as horas trabalhadas em seguida ao repouso semanal de 24 horas, com prejuízo do intervalo mínimo de 11 horas consecutivas para descanso entre jornadas, devem ser remuneradas como extraordinárias, inclusive com o respectivo adicional. (RA 101/80, *DJ*, 25.9.80)
111	Equiparação. Empregado cedido	CANCELADA – A cessão de empregados não exclui a equiparação salarial, embora exercida a função em órgão governamental estranho à cedente, se esta responde pelos salários do paradigma e do reclamante. (RA 102/80, *DJ*, 25.9.80) (Convertida na Súmula 6, Res. TST 129/05, *DJ*, 20.4.05)
112	Petroleiros. Trabalho noturno	O trabalho noturno dos empregados nas atividades de exploração, perfuração, produção e refinação do petróleo, industrialização do xisto, indústria petroquímica e transporte de petróleo e seus derivados, por meio de dutos, é regulado pela Lei 5.811, de 11.10.1972, não se lhe aplicando a hora reduzida de 52 minutos e 30 segundos prevista no art. 73, § 2º, da CLT. (RA 107/80, *DJ*, 10.10.80)
113	Bancário. Sábado	O sábado do bancário é dia útil não trabalhado, não dia de repouso remunerado. Não cabe a repercussão do pagamento de horas extras habituais em sua remuneração. (RA 115/80, *DJ*, 3.11.80)
114	Prescrição intercorrente. Cabimento	É inaplicável na Justiça do Trabalho a prescrição intercorrente. (RA 116/80, *DJ*, 3.11.80)
115	Horas extras. Integração. Gratificação semestral	O valor das horas extras habituais integra a remuneração do trabalhador para o cálculo das gratificações semestrais. (Res. TST 121/03, *DJ*, 21.11.03)
		RED. ANTERIOR – O valor das horas extras habituais integra o "ordenado" do trabalhador para cálculo das gratificações semestrais. (RA 117/80, *DJ*, 3.11.80)

	TEMA	TEXTO
116	Ferroviário. Funcionário cedido. Reajuste	CANCELADA – Os funcionários públicos cedidos à Rede Ferroviária Federal S.A. têm direito ao reajustamento salarial determinado pelo art. 5º da Lei 4.345/64. (RA 118/80, *DJ*, 3.11.80) (Cancelada, Res. TST 121/03, *DJ*, 21.11.03)
117	Bancário. Categorias diferenciadas	Não se beneficiam do regime legal relativo aos bancários os empregados de estabelecimento de crédito pertencentes a categorias profissionais diferenciadas. (RA 140/80, *DJ*, 18.12.80)
118	Jornada de trabalho. Intervalos	Os intervalos concedidos pelo empregador na jornada de trabalho, não previstos em lei, representam tempo à disposição da empresa, remunerados como serviço extraordinário, se acrescidos ao final da jornada. (RA 12/81, *DJ*, 19.3.81)
119	Títulos e valores mobiliários. Jornada	Os empregados de empresas distribuidoras e corretoras de títulos e valores mobiliários não têm direito à jornada especial dos bancários. (RA 13/81, *DJ*, 19.3.81)
120	Equiparação. Requisitos	CANCELADA – Presentes os pressupostos do art. 461 da CLT, é irrelevante a circunstância de que o desnível salarial tenha origem em decisão judicial que beneficiou o paradigma, exceto se decorrente de vantagem pessoal ou de tese jurídica superada pela jurisprudência de Corte Superior. (Res. TST 100/00, *DJ*, 18.9.00) (Convertida na Súmula 6, Res. TST 129/05, *DJ*, 20.4.05)
121	Servidor. Optante pela CLT. Produtividade	CANCELADA – Não tem direito a percepção da gratificação de produtividade, na forma do regime estatutário, o servidor de ex-autarquia administradora de porto que opta pelo regime jurídico da Consolidação das Leis do Trabalho. (RA 15/81, *DJ*, 19.3.81) (Cancelada, Res. TST 121/03, *DJ*, 21.11.03)
122	Revelia. Atestado médico	A reclamada, ausente à audiência em que deveria apresentar defesa, é revel, ainda que presente seu advogado munido de procuração, podendo ser ilidida a revelia mediante a apresentação de atestado médico, que deverá declarar, expressamente, a impossibilidade de locomoção do empregador ou do seu preposto no dia da audiência. (ex-OJ SDI-1 74 e ex-Súmula 122) (Res. TST 129/05, *DJ*, 20.4.05)
		RED. ANTERIOR – Para ilidir a revelia, o atestado médico deve declarar expressamente a impossibilidade de locomoção do empregador ou de seu preposto no dia da audiência. (Res TST 121/03, *DJ*, 21.11.03)
		RED. ANTERIOR – Para elidir a revelia o atestado médico deve declarar expressamente a impossibilidade de locomoção do empregador ou seu preposto, no dia da audiência. (RA 80/81, *DJ*, 6.10.81)
123	Servidor. Lei especial. Efeito imediato. Competência	CANCELADA – Em se tratando de Estado ou Município, a lei que estabelece o regime jurídico (art. 106 da Constituição Federal) do servidor temporário ou contratado é a estadual ou municipal, a qual, uma vez editada, apanha as situações preexistentes, fazendo cessar sua regência pelo regime trabalhista. Incompetente é a Justiça do Trabalho para julgar as reclamações ajuizadas posteriormente à vigência da lei especial. (RA 81/81, *DJ*, 6.10.81, Republicada *DJ*, 13.10.81) (Cancelada, Res. TST 121/03, *DJ*, 21.11.03)

	TEMA	TEXTO
124	Bancário. Salário-hora	I – O divisor aplicável para o cálculo das horas extras do bancário será: (Res. 219/17, *DEJT*, 28.6.17) a) 180, para os empregados submetidos à jornada de seis horas prevista no *caput* do art. 224 da CLT; (Res. 219/17, *DEJT*, 28.6.17). b) 220, para os empregados submetidos à jornada de oito horas, nos termos do § 2º do art. 224 da CLT. (Res. 219/17, *DEJT*, 28.6.17). II – Ressalvam-se da aplicação do item anterior as decisões de mérito sobre o tema, qualquer que seja o seu teor, emanadas de Turma do TST ou da SBDI-I, no período de 27/09/2012 até 21/11/2016, conforme a modulação aprovada no precedente obrigatório firmado no Incidente de Recursos de Revista Repetitivos nº TST-IRR-849-83.2013.5.03.0138, *DEJT* 19.12.2016. (Res. 219/17, *DEJT*, 28.6.17). RED. ANTERIOR – I – O divisor aplicável para o cálculo das horas extras do bancário, se houver ajuste individual expresso ou coletivo no sentido de considerar o sábado como dia de descanso remunerado, será: (Res. TST 185/12, *DEJT*, 27.9.12) a) 150, para os empregados submetidos à jornada de seis horas, prevista no *caput* do art. 224 da CLT; (Res. TST 185/12, *DEJT*, 27.9.12) b) 200, para os empregados submetidos à jornada de oito horas, nos termos do § 2º do art. 224 da CLT. (Res. TST 185/12, *DEJT*, 27.9.12) II – Nas demais hipóteses, aplicar-se-á o divisor: (Res. TST 185/12, *DEJT*, 27.9.12) a) 180, para os empregados submetidos à jornada de seis horas prevista no *caput* do art. 224 da CLT; (Res. TST 185/12, *DEJT*, 27.9.12) b) 220, para os empregados submetidos à jornada de oito horas, nos termos do § 2º do art. 224 da CLT. (Res. TST 185/12, *DEJT*, 27.9.12)
125	Contrato a prazo. Rescisão antecipada	O art. 479 da CLT aplica-se ao trabalhador optante pelo FGTS admitido mediante contrato por prazo determinado, nos termos do art. 30, § 3º, do Decreto 59.820, de 20.12.1966. (RA 83/81, *DJ*, 6.10.81)
126	Recurso de revista ou embargos. Cabimento	Incabível o recurso de revista ou de embargos (arts. 896 e 894, "b", da CLT) para reexame de fatos e provas. (RA 84/81, *DJ*, 6.10.81)
127	Quadro de carreira. Preterição. Enquadramento	Quadro de pessoal organizado em carreira, aprovado pelo órgão competente, excluída a hipótese de equiparação salarial, não obsta reclamação fundada em preterição, enquadramento ou reclassificação. (RA 103/81, *DJ*, 12.11.81)

	TEMA	TEXTO
128	Depósito recursal. Novo recurso	I – É ônus da parte recorrente efetuar o depósito legal, integralmente, em relação a cada novo recurso interposto, sob pena de deserção. Atingido o valor da condenação, nenhum depósito mais é exigido para qualquer recurso. (ex-Súmula 128) (Res. TST 129/05, *DJ*, 20.4.05)
		II – Garantido o juízo, na fase executória, a exigência de depósito para recorrer de qualquer decisão viola os incisos II e LV do art. 5º da CF/1988. Havendo, porém, elevação do valor do débito, exige-se a complementação da garantia do juízo. (ex-OJ SDI-1 189) (Res. TST 129/05, *DJ*, 20.4.05)
		III – Havendo condenação solidária de duas ou mais empresas, o depósito recursal efetuado por uma delas aproveita as demais, quando a empresa que efetuou o depósito não pleiteia sua exclusão da lide. (ex-OJ SDI-1 190) (Res. TST 129/05, *DJ*, 20.4.05)
		RED. ANTERIOR – É ônus da parte recorrente efetuar o depósito legal, integralmente, em relação a cada novo recurso interposto, sob pena de deserção. Atingido o valor da condenação, nenhum depósito mais é exigido para qualquer recurso. (Res. TST 121/03, *DJ*, 21.11.03)
		RED. ANTERIOR – Da mesma forma que as custas, o depósito da condenação deve ser complementado até o limite legal se acrescida a condenação pelo acórdão regional, sob pena de deserção. (RA 115/81, *DJ*, 21.12.81)
129	Grupo econômico. Único contrato	A prestação de serviços a mais de uma empresa do mesmo grupo econômico, durante a mesma jornada de trabalho, não caracteriza a coexistência de mais de um contrato de trabalho, salvo ajuste em contrário. (RA 26/82, *DJ*, 4.5.82)
130	Revezamento. Trabalho noturno	CANCELADA – O regime de revezamento no trabalho não exclui o direito do empregado ao adicional noturno, em face da derrogação do art. 73 da CLT, pelo art. 157, item III, da Constituição de 18.9.1946. Ex-prejulgado 1. (RA 102/82, *DJ*, 11.10.82, e *DJ*, 15.10.82) (Cancelada, Res. TST 121/03, *DJ*, 21.11.03)
131	Salário mínimo. Vigência	CANCELADA – O salário mínimo, uma vez decretado em condições de excepcionalidade, tem imediata vigência. Ex-prejulgado 2. (RA 102/82, *DJ*, 11.10.82, e *DJ*, 15.10.82) (Cancelada, Res. TST 121/03, *DJ*, 21.11.03)
132	Periculosidade. Integração	I – O adicional de periculosidade, pago em caráter permanente, integra o cálculo de indenização e de horas extras. (ex-prejulgado 3). (ex-Súmula 132 e ex-OJ SDI-1 267) (Res. TST 129/05, *DJ*, 20.4.05)
		II – Durante as horas de sobreaviso, o empregado não se encontra em condições de risco, razão pela qual é incabível a integração do adicional de periculosidade sobre as mencionadas horas. (ex-OJ SDI-1 174) (Res. TST 129/05, *DJ*, 20.4.05)
		RED. ANTERIOR – O adicional de periculosidade pago em caráter permanente integra o cálculo de indenização. Ex-prejulgado 3. (RA 102/82, *DJ*, 11.10.82, e *DJ*, 15.10.82)

	TEMA	TEXTO
133	Recursos de embargos. Notificação	CANCELADA – Para o julgamento dos embargos infringentes, nas juntas, é desnecessária a notificação das partes. Ex-prejulgado 4. (RA 102/82, *DJ*, 11.10.82, e *DJ*, 15.10.82) (Cancelada, Res. TST 121/03, *DJ*, 21.11.03)
134	Menor não aprendiz. Salário	CANCELADA – Ao menor não aprendiz é devido o salário mínimo integral. Ex-prejulgado 5. (RA 102/82, *DJ*, 11.10.82, e *DJ*, 15.10.82) (Cancelada, Res. TST 121/03, *DJ*, 21.11.03)
135	Equiparação. Requisitos	CANCELADA – Para efeito de equiparação de salários em caso de trabalho igual, conta-se o tempo de serviço na função e não no emprego. Ex-prejulgado 6. (RA 102/82, *DJ*, 11.10.82, e *DJ*, 15.10.82) (Convertida na Súmula 6, Res. TST 129/05, *DJ*, 20.4.05)
136	Identidade de juiz	CANCELADA – Não se aplica às Varas do Trabalho o princípio da identidade física do juiz. Ex-prejulgado 7. (RA 102/82, *DJ*, 11.10.82, e *DJ*, 15.10.82) (Cancelada, Res. TST 185/12, *DEJT*, 27.9.12)
137	Insalubridade. Cálculo	CANCELADA – É devido o adicional de serviço insalubre, calculado à base do salário mínimo da região, ainda que a remuneração contratual seja superior ao salário mínimo acrescido da taxa de insalubridade. Ex-prejulgado 8. (RA 102/82, *DJ*, 11.10.82 e *DJ*, 15.10.82) (Cancelada, Res. TST 121/03, *DJ*, 21.11.03)
138	Readmissão. Tempo anterior	Em caso de readmissão, conta-se a favor do empregado o período de serviço anterior, encerrado com a saída espontânea. Ex-prejulgado 9. (RA 102/82, *DJ*, 11.10.82, e *DJ*, 15.10.82)
139	Insalubridade. Integração	Enquanto percebido, o adicional de insalubridade integra a remuneração para todos os efeitos legais. (ex-OJ SDI-1 102) (Res. TST 129/05, *DJ*, 20.4.05)
		RED. ANTERIOR – O adicional de insalubridade, pago em caráter permanente, integra a remuneração para o cálculo de indenização. Ex-prejulgado 11. (RA 102/82, *DJ*, 11.10.82, e *DJ*, 15.10.82)
140	Vigia noturno. Adicional noturno	É assegurado ao vigia sujeito ao trabalho noturno o direito ao respectivo adicional. Ex-prejulgado 12. (RA 102/82, *DJ*, 11.10.82, e *DJ*, 15.10.82)
141	Dissídio coletivo	CANCELADA – É constitucional o art. 2º da Lei 4.725, de 13.07.1965. Ex-prejulgado 13. (RA 102/82, *DJ*, 11.10.82, e *DJ*, 15.10.82) (Cancelada, Res. TST 121/03, *DJ*, 21.11.03)
142	Gestante. Salário--maternidade	CANCELADA – Empregada gestante, dispensada sem motivo antes do período de seis semanas anteriores ao parto, tem direito à percepção do salário-maternidade. Ex-prejulgado 14. (RA 102/82, *DJ*, 11.10.82, e *DJ*, 15.10.82) (Cancelada, Res. TST 121/03, *DJ*, 21.11.03)
143	Médicos e dentistas. Salário	O salário profissional dos médicos e dentistas guarda proporcionalidade com as horas efetivamente trabalhadas, respeitado o mínimo de 50 horas mensais. Ex-prejulgado 15. (RA 102/82, *DJ*, 11.10.82, e *DJ*, 15.10.82)

	TEMA	TEXTO
144	Ação rescisória. Cabimento	CANCELADA – É cabível a ação rescisória no âmbito da Justiça do Trabalho. Ex-prejulgado 16. (RA 102/82, *DJ*, 11.10.82, e *DJ*, 15.10.82) (Cancelada, Res. TST 121/03, *DJ*, 21.11.03)
145	13º Salário. Compensação	CANCELADA – É compensável a gratificação de Natal com a da Lei 4.090, de 1962. Ex-prejulgado 17. (RA 102/82, *DJ*, 11.10.82, e *DJ*, 15.10.82) (Cancelada, Res. TST 121/03, *DJ*, 21.11.03)
146	Feriado trabalhado. Pagamento	O trabalho prestado em domingos e feriados, não compensado, deve ser pago em dobro, sem prejuízo da remuneração relativa ao repouso semanal. (Res. TST 121/03, *DJ*, 21.11.03)
		RED. ANTERIOR – O trabalho realizado em dia feriado, não compensado, é pago em dobro e não em triplo. Ex-prejulgado 18. (RA 102/82, *DJ*, 11.10.82, e *DJ*, 15.10.82)
147	Férias indenizadas. Feriados	CANCELADA – Indevido o pagamento dos repousos semanais e feriados intercorrentes nas férias indenizadas. Ex-prejulgado 19. ((RA 102/82, *DJ*, 11.10.82, e *DJ*, 15.10.82) (Cancelada, Res. TST 121/03, *DJ*, 21.11.03)
148	Indenização. 13º salário	É computável a gratificação de Natal para efeito de cálculo de indenização. Ex-prejulgado 20. (RA 102/82, *DJ*, 11.10.82, e *DJ*, 15.10.82)
149	Férias. Tarefeiro. Cálculo	A remuneração das férias do tarefeiro deve ser calculada com base na média da produção do período aquisitivo, aplicando-se-lhe a tarifa da data da concessão. Ex-prejulgado 22. (RA 102/82, *DJ*, 11.10.82, e *DJ*, 15.10.82)
150	Ato institucional. Reintegração. Competência	CANCELADA – Falece competência à Justiça do Trabalho para determinar a reintegração ou a indenização de empregado demitido com base nos atos institucionais. Ex-prejulgado 23. (RA 102/82, *DJ*, 11.10.82, e *DJ*, 15.10.82) (Cancelada, Res. TST 121/03, *DJ*, 21.11.03)
151	Férias. Horas extras. Remuneração	CANCELADA – A remuneração das férias inclui a das horas extraordinárias habitualmente prestadas. Ex-prejulgado 24. (RA 102/82, *DJ*, 11.10.82, e *DJ*, 15.10.82) (Cancelada, Res. TST 121/03, *DJ*, 21.11.03)
152	Gratificação. Liberalidade	O fato de constar do recibo de pagamento de gratificação o caráter de liberalidade não basta, por si só, para excluir a existência de ajuste tácito. Ex-prejulgado 25. (RA 102/82, *DJ*, 11.10.82, e *DJ*, 15.10.82)
153	Prescrição. Arguição	Não se conhece de prescrição não arguida na instância ordinária. Ex-prejulgado 27. (RA 102/82, *DJ*, 11.10.82, e *DJ*, 15.10.82)
154	Mandado de segurança. Recurso	CANCELADA – Da decisão do Tribunal Regional do Trabalho em mandado de segurança cabe recurso ordinário, no prazo de 10 dias, para o Tribunal Superior do Trabalho. Ex-prejulgado 28. (RA 102/82, *DJ*, 11.10.82, e *DJ*, 15.10.82) (Cancelada, Res. TST 121/03, *DJ*, 21.11.03)
155	Falta justificada. Comparecimento à Justiça do Trabalho	As horas em que o empregado falta ao serviço para comparecimento necessário, como parte, à Justiça do Trabalho não serão descontadas de seus salários. Ex-prejulgado 30. (RA 102/82, *DJ*, 11.10.82, e *DJ*, 15.10.82)

	TEMA	TEXTO
156	Prescrição. Início. Vários contratos	Da extinção do último contrato começa a fluir o prazo prescricional do direito de ação em que se objetiva a soma de períodos descontínuos de trabalho. Ex-prejulgado 31. (RA 102/82, *DJ*, 11.10.82, e *DJ*, 15.10.82)
157	13º Salário. Rescisão pelo empregado	A gratificação instituída pela Lei 4.090, de 13.7.1962, é devida na resilição contratual de iniciativa do empregado. Ex-prejulgado 32. (RA 102/82, *DJ*, 11.10.82, e *DJ*, 15.10.82)
158	Ação rescisória. Recurso	Da decisão de Tribunal Regional do Trabalho, em ação rescisória, é cabível recurso ordinário para o Tribunal Superior do Trabalho, em face da organização judiciária trabalhista. Ex-prejulgado 35. (RA 102/82, *DJ*, 11.10.82, e *DJ*, 15.10.82)
159	Substituto. Salário de substituído	I – Enquanto perdurar a substituição que não tenha caráter meramente eventual, inclusive nas férias, o empregado substituto fará jus ao salário contratual do substituído. (ex-Súmula 159) (Res. TST 129/05, *DJ*, 20.4.05) II – Vago o cargo em definitivo, o empregado que passa a ocupá-lo não tem direito a salário igual ao do antecessor. (ex-OJ SDI-1 112) (Res. TST 129/05, *DJ*, 20.4.05)
		RED. ANTERIOR – Enquanto perdurar a substituição que não tenha caráter meramente eventual, inclusive nas férias, o empregado substituto fará jus ao salário contratual do substituído. (Res TST 121/03, *DJ*, 21.11.03)
		RED. ANTERIOR – Enquanto perdurar a substituição que não tenha caráter meramente eventual, o empregado substituto fará jus ao salário contratual do substituído. Ex-prejulgado 36. (RA 102/82, *DJ*, 11.10.82, e *DJ*, 15.10.82)
160	Aposentadoria cancelada. Readmissão	Cancelada a aposentadoria por invalidez, mesmo após cinco anos, o trabalhador terá direito de retornar ao emprego, facultado, porém, ao empregador, indenizá-lo na forma da lei. Ex-prejulgado 37. (RA 102/82, *DJ*, 11.10.82, e *DJ*, 15.10.82)
161	Depósito recursal. Não obrigatoriedade	Se não há condenação a pagamento em pecúnia, descabe o depósito de que tratam os §§ 1º e 2º do art. 899 da CLT. Ex-prejulgado 39. (RA 102/82, *DJ*, 11.10.82, e *DJ*, 15.10.82)
162	Insalubridade. Constitucionalidade	CANCELADA – É constitucional o art. 3º do Decreto-Lei 389, de 26.12.1968. Ex-prejulgado 41. (RA 102/82, *DJ*, 11.10.82, e *DJ*, 15.10.82) (Cancelada, Res. TST 59/96, *DJ*, 28.6.96)
163	Aviso prévio. Contrato de experiência. Rescisão antecipada	Cabe aviso prévio nas rescisões antecipadas dos contratos de experiência, na forma do art. 481 da CLT. Ex-prejulgado 42. (RA 102/82, *DJ*, 11.10.82, e *DJ*, 15.10.82)
164	Recurso. Requisitos. Mandato. Inexistência	CANCELADA - O não cumprimento das determinações dos §§ 1º e 2º do art. 5º da Lei 8.906, de 4.7.94, e do art. 37, parágrafo único, do Código de Processo Civil importa o não conhecimento de recurso, por inexistente, exceto na hipótese de mandato tácito. (Res. TST 121/03, *DJ*, 21.11.03) (Res. 210/16, *DEJT*, 30.6.16)

TEMA		TEXTO
		RED. ANTERIOR – O não cumprimento das determinações dos §§ 1º e 2º do art. 70 da Lei 4.215, de 27.4.1963, e do art. 37, e parágrafo único, do Código de Processo Civil, importa no não conhecimento de qualquer recurso, por inexistente, exceto na hipótese de mandato tácito. Ex-prejulgado 43. (RA 102/82, *DJ*, 11.10.82, e *DJ*, 15.10.82)
165	Depósito recursal. Requisitos	CANCELADA – O depósito, para fins de recurso, realizado fora da conta vinculada do trabalhador, desde que feito na sede do juízo, ou realizado na conta vinculada do trabalhador, apesar de fora da sua sede do juízo, uma vez que permaneça à disposição deste, não impedirá o conhecimento do apelo. Ex-prejulgado 45. (RA 102/82, *DJ*, 11.10.82, e *DJ*, 15.10.82) (Cancelada, Res. TST 87/98, *DJ*, 15.10.98) (Referência Circular CEF 149/98)
166	Bancário. Horas extras	CANCELADA – O bancário que exerce a função a que se refere o § 2º do art. 224 da CLT e recebe gratificação não inferior a um terço de seu salário já tem remuneradas as duas horas extraordinárias excedentes de seis. Ex-prejulgado 46. (RA 102/82, *DJ*, 11.10.82, e *DJ*, 15.10.82) (Convertida na Súmula 102, Res. TST 129/05, *DJ*, 20.4.05)
167	Vogal impugnado. Recurso	CANCELADA – Das decisões proferidas pelos Tribunais Regionais, em processo de impugnação ou contestação à investidura de vogal, cabe recurso para o Tribunal Superior do Trabalho. Ex-prejulgado 47. (RA 102/82, *DJ*, 11.10.82, e *DJ*, 15.10.82) (Cancelada, Res. TST 121/03, *DJ*, 21.11.03)
168	Prescrição. Lesão de direito	CANCELADA – Na lesão de direito que atinja prestações periódicas, de qualquer natureza, devidas ao empregado, a prescrição é sempre parcial e se conta do vencimento de cada uma delas e não do direito do qual se origina. Ex-prejulgado 48. (RA 102/82, *DJ*, 11.10.82, e *DJ*, 15.10.82) (Cancelada, Súmula 294, Res. TST 4/89, *DJ*, 14.4.89)
169	Ação rescisória. Depósito. Cabimento	CANCELADA – Nas ações rescisórias ajuizadas na Justiça do Trabalho e que só serão admitidas nas hipóteses dos arts. 798 a 800 do Código de Processo Civil de 1939, desnecessário o depósito a que aludem os arts. 488, II, e 494 do Código de Processo Civil de 1973. Ex-prejulgado 49. (RA 102/82, *DJ*, 11.10.82, e *DJ*, 15.10.82) (Cancelada, Res. TST 121/03, *DJ*, 21.11.03)
170	Economia mista. Privilégios processuais	Os privilégios e isenções no foro da Justiça do Trabalho não abrangem as sociedades de economia mista, ainda que gozassem desses benefícios anteriormente ao Decreto-Lei 779, de 21.8.69. Ex-prejulgado 50. (RA 102/82, *DJ*, 11.10.82, e *DJ*, 15.10.82)
171	Férias proporcionais. Pagamento	Salvo na hipótese de dispensa do empregado por justa causa, a extinção do contrato de trabalho sujeita o empregador ao pagamento da remuneração das férias proporcionais, ainda que incompleto o período aquisitivo de 12 meses (art. 147 da CLT). Ex-Prejulgado 51. (Republicado em razão de erro material no registro da referência legislativa, *DJ*, 5.5.04)

TEMA		TEXTO
		RED. ANTERIOR – Salvo na hipótese de dispensa do empregado por justa causa, a extinção do contrato de trabalho sujeita o empregador ao pagamento da remuneração das férias proporcionais, ainda que incompleto o período aquisitivo de 12 meses (art. 142 da CLT). (Republicado em razão de erro material no registro da referência legislativa, *DJ*, 27.4.04)
		RED. ANTERIOR – Salvo na hipótese de dispensa do empregado por justa causa, a extinção do contrato de trabalho sujeita o empregador ao pagamento da remuneração das férias proporcionais, ainda que incompleto o período aquisitivo de 12 meses (art. 142, parágrafo único, combinado com o art. 132, da CLT). (Res. TST 121/03, *DJ*, 21.11.03)
172	Repouso remunerado. Horas extras. Integração	Computam-se no cálculo do repouso remunerado as horas extras habitualmente prestadas. Ex-prejulgado 52. (RA 102/82, *DJ*, 11.10.82, e *DJ*, 15.10.82)
173	Extinção de empresa. Salários	Extinto, automaticamente, o vínculo empregatício com a cessação das atividades da empresa, os salários só são devidos até a data da extinção. Ex-prejulgado 53. (RA 102/82, *DJ*, 11.10.82, e *DJ*, 15.10.82)
174	Previdência. Seguro privado	CANCELADA – As disposições da Lei 3.841, de 15.12.1960, dirigidas apenas ao sistema previdenciário oficial, não se aplicam aos empregados vinculados ao regime de seguro social de caráter privado. Ex-prejulgado 54. (RA 102/82, *DJ*, 11.10.82, e *DJ*, 15.10.82) (Cancelada, Res. TST 121/03, *DJ*, 21.11.03)
175	Recurso adesivo. Cabimento	CANCELADA – O recurso adesivo, previsto no art. 500 do Código de Processo Civil, é incompatível com o processo do trabalho. Ex-prejulgado 55. (RA 102/82, *DJ*, 11.10.82, e *DJ*, 15.10.82) (Cancelada, Res. TST 121/03, *DJ*, 21.11.03)
176	FGTS. Levantamento judicial	CANCELADA – A Justiça do Trabalho só tem competência para autorizar o levantamento do depósito do Fundo de Garantia do Tempo de Serviço na ocorrência de dissídio entre empregado e empregador. (Res. TST 121/03, *DJ*, 21.11.03) (Cancelada, Res. TST 130/05, *DJ*, 13.5.05)
177	Sindicatos. Representação. Requisitos	CANCELADA – Está em plena vigência o art. 859 da Consolidação das Leis do Trabalho, cuja redação é a seguinte: "A representação dos sindicatos para instauração da instância fica subordinada à aprovação de assembleia, da qual participem os associados interessados na solução do dissídio coletivo, em primeira convocação, por maioria de 2/3 dos mesmos, ou, em segunda convocação, por 2/3 dos presentes". Ex-prejulgado 58. (RA 102/82, *DJ*, 11.10.82, e *DJ*, 15.10.82) (Cancelada, Res. TST 121/03, *DJ*, 21.11.03)
178	Telefonista. Configuração	É aplicável à telefonista de mesa de empresa que não explora o serviço de telefonia o disposto no art. 227, e seus parágrafos, da CLT. Ex-prejulgado 59. (RA 102/82, *DJ*, 11.10.82, e *DJ*, 15.10.82)

	TEMA	TEXTO
179	Competência. BNH. Previdência Social	CANCELADA – É inconstitucional o art. 22 da Lei 5.107, de 13.09.66, na sua parte final, em que dá competência à Justiça do Trabalho para julgar dissídios coletivos "quando o BNH e a Previdência Social figurarem no feito como litisconsortes". Ex-prejulgado 60. (RA 102/82, *DJ*, 11.10.82, e *DJ*, 15.10.82) (Cancelada, Res. TST 121/03, *DJ*, 21.11.03)
180	Ação de cumprimento. Transação. Substituído	CANCELADA – Nas ações de cumprimento, o substituído processualmente pode, a qualquer tempo, desistir da ação, desde que, comprovadamente, tenha havido transação. (Res. TST 1/83, *DJ*, 19.10.83) (Cancelada, Res. TST 121/03, *DJ*, 21.11.03)
181	Adicional por tempo de serviço. Reajuste	CANCELADA – O adicional por tempo de serviço, quando estabelecido em importe fixo, está sujeito ao reajuste da Lei 6.708/79. (Res. TST 2/83, *DJ*, 19.10.83) (Cancelada, Res. TST 121/03, *DJ*, 21.11.03)
182	Indenização adicional. Aviso prévio	O tempo do aviso prévio, mesmo indenizado, conta-se para efeito da indenização adicional prevista no art. 9º da Lei 6.708, de 30.10.79. (Res. TST 5/83, *DJ*, 9.11.83)
		RED. ANTERIOR – O tempo do aviso prévio, mesmo indenizado, conta-se para efeito de indenização compensatória do art. 9º, da Lei 6.708/79. (Res. TST 3/83, *DJ*, 19.10.83)
183	Embargos. Cabimento	CANCELADA – São incabíveis embargos para o Tribunal Pleno contra decisão em agravo de instrumento oposto a despacho denegatório de recurso de revista, inexistindo ofensa ao art. 153, § 4º, da Constituição Federal. (Redação dada pela Res. TST 1/84, *DJ*, 28.2.84) (Cancelada, Res. TST 121/03, *DJ*, 21.11.03)
184	Embargos declaratórios. Preclusão	Ocorre preclusão se não forem opostos embargos declaratórios para suprir omissão apontada em recurso de revista ou de embargos. (Res. TST 6/83, *DJ*, 9.11.83)
185	Liquidação extrajudicial. Juros e correção monetária. Suspensão	CANCELADA – Aplicada a Lei 6.024/74, fica suspensa a incidência de juros e correção monetária nas liquidações de empresas sob intervenção do Banco Central. (Res. TST 7/83, *DJ*, 9.11.83) (Cancelada, Res. TST 121/03, *DJ*, 21.11.03)
186	Licença-prêmio. Conversão. Pecúnia	A licença-prêmio, na vigência do contrato de trabalho, não pode ser convertida em pecúnia, salvo se expressamente admitida a conversão no regulamento da empresa. (Res. TST 121/03, *DJ*, 21.11.03)
		RED. ANTERIOR – A licença-prêmio não pode ser convertida em pecúnia, salvo se expressamente admitida no regulamento da empresa. (Res. TST 8/83, *DJ*, 9.11.83)
187	Correção monetária. Empregado devedor	A correção monetária não incide sobre o débito do trabalhador reclamante. (Res. TST 9/83, *DJ*, 9.11.83)
188	Contrato de experiência. Prorrogação	O contrato de experiência pode ser prorrogado, respeitado o limite máximo de 90 dias. (Res. TST 10/83, *DJ*, 9.11.83)

	TEMA	TEXTO
189	Competência. Greve	A Justiça do Trabalho é competente para declarar a abusividade, ou não, da greve. (Res. TST 121/03, *DJ*, 21.11.03)
		RED. ANTERIOR – A Justiça do Trabalho é competente para declarar a legalidade ou ilegalidade da greve. (Res. TST 11/83, *DJ*, 9.11.83)
190	Ação coletiva. Poder normativo. Objeto limite	Ao julgar ou homologar ação coletiva ou acordo nela havido, o Tribunal Superior do Trabalho exerce o poder normativo constitucional, não podendo criar ou homologar condições de trabalho que o Supremo Tribunal Federal julgue iterativamente inconstitucionais. (Res. TST 12/83, *DJ*, 9.11.83)
191	Periculosidade. Cálculo. Adicional	I – O adicional de periculosidade incide apenas sobre o salário básico e não sobre este acrescido de outros adicionais. II – O adicional de periculosidade do empregado eletricitário, contratado sob a égide da Lei n. 7.369/1985, deve ser calculado sobre a totalidade das parcelas de natureza salarial. Não é válida norma coletiva mediante a qual se determina a incidência do referido adicional sobre o salário básico. III – A alteração da base de cálculo do adicional de periculosidade do eletricitário promovida pela Lei n. 12.740/2012 atinge somente contrato de trabalho firmado a partir de sua vigência, de modo que, nesse caso, o cálculo será realizado exclusivamente sobre o salário básico, conforme determina o § 1º do art. 193 da CLT (Res. 214/16, *DEJT* 28.11.16).
		RED. ANTERIOR - O adicional de periculosidade incide apenas sobre o salário básico e não sobre este acrescido de outros adicionais. Em relação aos eletricitários, o cálculo do adicional de periculosidade deverá ser efetuado sobre a totalidade das parcelas de natureza salarial. (Res. TST 121/03, *DJ*, 21.11.03)
		RED. ANTERIOR – O adicional de periculosidade incide, apenas, sobre o salário básico, e não sobre este acrescido de outros adicionais. (Res. TST 13/83, *DJ*, 9.11.83)
192	Ação rescisória. Competência do TST	I – Se não houver o conhecimento de recurso de revista ou de embargos, a competência para julgar ação que vise a rescindir a decisão de mérito é do Tribunal Regional do Trabalho, ressalvado o disposto no item II. II – Acórdão rescindendo do Tribunal Superior do Trabalho que não conhece de recurso de embargos ou de revista, analisando arguição de violação de dispositivo de lei material ou decidindo em consonância com súmula de direito material ou com iterativa, notória e atual jurisprudência de direito material da Seção de Dissídios Individuais (Súmula n. 333), examina o mérito da causa, cabendo ação rescisória da competência do Tribunal Superior do Trabalho. (ex-Súmula n. 192 – alterada pela Res. 121/2003, *DJ*, 21.11.2003) III – Sob a égide do art. 512 do CPC de 1973, é juridicamente impossível o pedido explícito de desconstituição de sentença quando substituída por acórdão do Tribunal Regional ou superveniente sentença homologatória de acordo que puser fim ao litígio.

TEMA	TEXTO
	IV – Na vigência do CPC de 1973, é manifesta a impossibilidade jurídica do pedido de rescisão de julgado proferido em agravo de instrumento que, limitando-se a aferir o eventual desacerto do juízo negativo de admissibilidade do recurso de revista, não substitui o acórdão regional, na forma do art. 512 do CPC. (ex-OJ n. 105 da SBDI-2 – *DJ*, 29.4.2003) V – A decisão proferida pela SBDI, em agravo regimental, calcada na Súmula n. 333, substitui acórdão de Turma do TST, porque emite juízo de mérito, comportando, em tese, o corte rescisório. (ex-OJ n. 133 da SBDI-2 – *DJ*, 4.5.2004). (TST, Res. 212, *DEJT*, 20.9.16)
	RED. ANTERIOR – I – Se não houver o conhecimento de recurso de revista ou de embargos, a competência para julgar ação que vise a rescindir a decisão de mérito é do Tribunal Regional do Trabalho, ressalvado o disposto no item II. (ex-Súmula 192) (Res. TST 137/2005, *DJ*, 22.8.2005) II – Acórdão rescindendo do Tribunal Superior do Trabalho que não conhece de recurso de embargos ou de revista, analisando arguição de violação de dispositivo de lei material ou decidindo em consonância com súmula de direito material ou com iterativa, notória e atual jurisprudência de direito material da Seção de Dissídios Individuais (Súmula n. 333), examina o mérito da causa, cabendo ação rescisória da competência do Tribunal Superior do Trabalho. (ex-Súmula 192) (Res. TST 137/2005, *DJ*, 22.8.2005) III – Em face do disposto no art. 512 do CPC, é juridicamente impossível o pedido explícito de desconstituição de sentença quando substituída por acórdão de Tribunal Regional ou superveniente sentença homologatória de acordo que puser fim ao litígio. (ex-OJ SDI-2 48) (Res. TST 153/2008, *DJ*, 24.11.2008) IV – É manifesta a impossibilidade jurídica do pedido de rescisão de julgado proferido em agravo de instrumento que, limitando-se a aferir o eventual desacerto do juízo negativo de admissibilidade do recurso de revista, não substitui o acórdão regional, na forma do art. 512 do CPC. (ex-OJ SDI-2 105) (Res. TST 137/2005, *DJ*, 22.8.2005) V – A decisão proferida pela SBDI, em sede de agravo regimental, calcada na Súmula n. 333, substitui acórdão de Turma do TST, porque emite juízo de mérito, comportando, em tese, o corte rescisório. (ex-OJ SDI-2 133) (Res. TST 137/2005, *DJ*, 22.8.2005)
	RED. ANTERIOR – I – Se não houver o conhecimento de recurso de revista ou de embargos, a competência para julgar ação que vise a rescindir a decisão de mérito é do Tribunal Regional do Trabalho, ressalvado o disposto no item II. (ex-Súmula 192) (Res. TST 137/2005, *DJ*, 22.8.2005)

TEMA		TEXTO
		II – Acórdão rescindendo do Tribunal Superior do Trabalho que não conhece de recurso de embargos ou de revista, analisando arguição de violação de dispositivo de lei material ou decidindo em consonância com súmula de direito material ou com iterativa, notória e atual jurisprudência de direito material da Seção de Dissídios Individuais (Súmula n. 333), examina o mérito da causa, cabendo ação rescisória da competência do Tribunal Superior do Trabalho. (ex-Súmula 192) (Res. TST 137/2005, *DJ*, 22.8.2005) III – Em face do disposto no art. 512 do CPC, é juridicamente impossível o pedido explícito de desconstituição de sentença quando substituída por acórdão regional. (ex-OJ SDI-2 48) (Res. TST 137/2005, *DJ*, 22.8.2005) IV – É manifesta a impossibilidade jurídica do pedido de rescisão de julgado proferido em agravo de instrumento que, limitando-se a aferir o eventual desacerto do juízo negativo de admissibilidade do recurso de revista, não substitui o acórdão regional, na forma do art. 512 do CPC. (ex-OJ SDI-2 105) (Res. TST 137/2005, *DJ*, 22.8.2005) V – A decisão proferida pela SDI, em sede de agravo regimental, calcada na Súmula n. 333, substitui acórdão de Turma do TST, porque emite juízo de mérito, comportando, em tese, o corte rescisório. (ex-OJ SDI-2 133) (Res. TST 137/2005, *DJ*, 22.8.2005)
		RED. ANTERIOR – I – Se não houver o conhecimento de recurso de revista ou de embargos, a competência para julgar ação que vise a rescindir a decisão de mérito é do Tribunal Regional do Trabalho, ressalvado o disposto no item II. II – Acórdão rescindendo do Tribunal Superior do Trabalho que não conhece de recurso de embargos ou de revista, analisando arguição de violação de dispositivo de lei material ou decidindo em consonância com enunciado de direito material ou com iterativa, notória e atual jurisprudência de direito material da Seção de Dissídios Individuais (Súmula 333), examina o mérito da causa, cabendo ação rescisória da competência do Tribunal Superior do Trabalho. (Res. TST 121/2003, *DJ*, 21.11.2003)
		RED. ANTERIOR – Não sendo conhecidos o recurso de revista e o de embargos, a competência para julgar a ação que vise a rescindir a decisão de mérito é do Tribunal Regional do Trabalho. (Res. TST 14/1983, *DJ*, 9.11.1983)
193	Correção monetária e juros. Entidades estatais	CANCELADA – Nos casos de execução de sentença contra pessoa jurídica de direito público, os juros e a correção monetária serão calculados até o pagamento do valor principal da condenação. (Res. TST 15/83, *DJ*, 9.11.83) (Cancelada, Res. TST 105/00, *DJ*, 18.12.00)
194	Ação rescisória. Procedimentos. Depósito	CANCELADA – As ações rescisórias ajuizadas na Justiça do Trabalho serão admitidas, instruídas e julgadas conforme os arts. 485 *usque* 495 do Código de Processo Civil de 1973, sendo, porém, desnecessário o depósito prévio a que aludem os respectivos arts. 488, II, e 494. (Res. TST 2/84, *DJ*, 4.10.84) (Revisão da Súmula 169, RA 102/82, *DJ*, 11.10.82, e *DJ*, 15.10.82) (Cancelada, Res. TST 142/07, *DJ*, 15.10.07)

	TEMA	TEXTO
195	Embargos. Cabimento	CANCELADA – Não cabem embargos para o Pleno de decisão de turma do Tribunal Superior do Trabalho, prolatada em agravo regimental. (Res. TST 1/85, *DJ*, 1º.4.85) (Cancelada, Res. TST 121/03, *DJ*, 21.11.03)
196	Recurso adesivo. Cabimento	CANCELADA – O recurso adesivo é compatível com o processo do trabalho, onde cabe, no prazo de 8 dias, no recurso ordinário, na revista, nos embargos para o Pleno e no agravo de petição. (Res. TST 2/85, *DJ*, 1º.4.85 – Republicada com correção *DJ*, 12.4.85) (Cancelada, Res. TST 121/03, *DJ*, 21.11.03)
197	Recurso. Prazo. Início. Intimação de sentença	O prazo para recurso da parte que, intimada, não comparecer à audiência em prosseguimento para a prolação da sentença conta-se de sua publicação. (Res. TST 3/85, *DJ*, 1º.4.85)
198	Prescrição. Prestações periódicas	CANCELADA – Na lesão de direito individual que atinja prestações periódicas devidas ao empregado, à exceção da que decorre de ato único do empregador, a prescrição é sempre parcial e se conta do vencimento de cada uma dessas prestações, e não da lesão do direito. (Res. TST 4/85, *DJ*, 1º.4.85) (Cancelada, Súmula 294, Res. TST 4/89, *DJ*, 14.4.89)
199	Bancário. Contratação. Serviço suplementar	I – A contratação do serviço suplementar, quando da admissão do trabalhador bancário, é nula. Os valores assim ajustados apenas remuneram a jornada normal, sendo devidas as horas extras com o adicional de, no mínimo, 50%, as quais não configuram pré-contratação, se pactuadas após a admissão do bancário. (ex-Súmula 199 e ex-OJ SDI-1 48) (Res. TST 129/05, *DJ*, 20.4.05) II – Em se tratando de horas extras pré-contratadas, opera-se a prescrição total se a ação não for ajuizada no prazo de 5 anos, a partir da data em que foram suprimidas. (ex-OJ SDI-1 63) (Res. TST 129/05, *DJ*, 20.4.05)
		RED. ANTERIOR – A contratação do serviço suplementar, quando da admissão do trabalhador bancário, é nula. Os valores assim ajustados apenas remuneram a jornada normal, sendo devidas as horas extras com o adicional de, no mínimo, 50%. (Res. TST 41/95, *DJ*, 17.2.95)
		RED. ANTERIOR – A contratação do serviço suplementar, quando da admissão do trabalhador bancário, é nula. Os valores assim ajustados apenas remuneram a jornada normal, sendo devidas as horas extras com o adicional de 25%. (Res. TST 5/85, *DJ*, 10.5.85)
200	Juros. Cálculo	Os juros de mora incidem sobre a importância da condenação já corrigida monetariamente. (Res. TST 6/85, *DJ*, 18.6.85)
201	Mandado de segurança. Recurso	Da decisão de Tribunal Regional do Trabalho em mandado de segurança cabe recurso ordinário, no prazo de 8 dias, para o Tribunal Superior do Trabalho, e igual dilação para o recorrido e interessados apresentarem razões de contrariedade. (Res. TST 7/85, *DJ*, 11.7.85) (Revisão da Súmula 154, RA 102/82, *DJ*, 11.10.82, e *DJ*, 15.10.82)

	TEMA	TEXTO
202	Gratificação. Opção	Existindo, ao mesmo tempo, gratificação por tempo de serviço outorgada pelo empregador e outra da mesma natureza prevista em acordo coletivo, convenção coletiva ou sentença normativa, o empregado tem direito a receber, exclusivamente, a que lhe seja mais benéfica. (Res. TST 8/85, *DJ*, 11.7.85)
203	Gratificação. Tempo de serviço. Integração	A gratificação por tempo de serviço integra o salário para todos os efeitos legais. (Res. TST 9/85, *DJ*, 11.7.85)
204	Bancário. Cargo de confiança	CANCELADA – A configuração, ou não, do exercício da função de confiança a que se refere o art. 224, § 2º, da CLT, dependente da prova das reais atribuições do empregado, é insuscetível de exame mediante recurso de revista ou de embargos. (Res. TST 121/03, *DJ*, 21.11.03) (Convertida na Súmula 102, Res. TST 129/05, *DJ*, 20.4.05)
205	Grupo econômico. Solidariedade. Requisitos	CANCELADA – O responsável solidário, integrante do grupo econômico, que não participou da relação processual como reclamado e que, portanto, não consta no título executivo judicial como devedor, não pode ser sujeito passivo na execução. (Res. TST 11/85, *DJ*, 11.7.85) (Cancelada, Res. TST 121/03, *DJ*, 21.11.03)
206	Prescrição. FGTS	A prescrição da pretensão relativa às parcelas remuneratórias alcança o respectivo recolhimento da contribuição para o FGTS. (Res. TST 121/03, *DJ*, 21.11.03)
		RED. ANTERIOR – A prescrição bienal relativa às parcelas remuneratórias alcança o respectivo recolhimento da contribuição para o FGTS. (Res. TST 12/85, *DJ*, 11.7.85)
207	Conflito interespacial. Lei aplicável	CANCELADA – A relação jurídica trabalhista é regida pelas leis vigentes no país da prestação de serviço e não por aquelas do local da contratação. (Res. TST 13/85, *DJ*, 11.7.85) (Cancelada, Res. 181/12, *DEJT*, 23.4.12)
208	Divergência jurisprudencial. Interpretação da lei	CANCELADA – A divergência jurisprudencial, suficiente a ensejar a admissibilidade ou o conhecimento do recurso de revista, diz respeito a interpretação de lei, sendo imprestável aquela referente ao alcance de cláusula contratual, ou de regulamento de empresa. (Res. TST 14/85, *DJ*, 19.9.85) (Cancelada, Res. TST 59/96, *DJ*, 28.6.96)
209	Cargo em comissão. Reversão. Vantagens	CANCELADA – A reversão do empregado ao cargo efetivo implica a perda das vantagens salariais inerentes ao cargo em comissão, salvo se nele houver permanecido 10 ou mais anos ininterruptos. (Res. TST 14/85, *DJ*, 19.9.85, Republicada *DJ*, 7.10.85) (Cancelada – RA 81/85, *DJ*, 3.12.85)
210	Recurso de revista. Execução de sentença	CANCELADA – A admissibilidade do recurso de revista contra acórdão proferido em execução de sentença depende de demonstração inequívoca de violação direta à Constituição Federal. (Res. TST 14/85, *DJ*, 19.9.85) (Cancelada, Res. TST 121/03, *DJ*, 21.11.03)
211	Correção monetária e juros. Omissão na inicial	Os juros de mora e a correção monetária incluem-se na liquidação, ainda que omisso o pedido inicial ou a condenação. (Res. TST 14/85, *DJ*, 19.9.85)

	TEMA	TEXTO
212	Prova. Término do contrato	O ônus de provar o término do contrato de trabalho, quando negados a prestação de serviço e o despedimento, é do empregador, pois o princípio da continuidade da relação de emprego constitui presunção favorável ao empregado. (Res. TST 14/85, *DJ*, 19.9.85)
213	Embargos declaratórios. Efeitos. Prazo	CANCELADA – Os embargos de declaração suspendem o prazo do recurso principal, para ambas as partes, não se computando o dia da sua interposição. (Res. TST 14/85, *DJ*, 19.9.85) (Cancelada, Res. TST 46/95, *DJ*, 20.4.95)
214	Interlocutória. Irrecorribilidade	Na Justiça do Trabalho, nos termos do art. 893, § 1º, da CLT, as decisões interlocutórias não ensejam recurso imediato, salvo nas hipóteses de decisão: a) de Tribunal Regional do Trabalho contrária à Súmula ou Orientação Jurisprudencial do Tribunal Superior do Trabalho; b) suscetível de impugnação mediante recurso para o mesmo Tribunal; c) que acolhe exceção de incompetência territorial, com a remessa dos autos para Tribunal Regional distinto daquele a que se vincula o juízo excepcionado, consoante o disposto no art. 799, § 2º, da CLT. (Res. TST 127/05, *DJ*, 16.3.05)
		RED. ANTERIOR – Na Justiça do Trabalho, as decisões interlocutórias somente ensejam recurso imediato quando suscetíveis de impugnação mediante recurso para o mesmo Tribunal ou na hipótese de acolhimento de exceção de incompetência, com a remessa dos autos para Tribunal Regional distinto daquele a que se vincula o juízo excepcionado, consoante disposto no art. 799, § 2º, da CLT. (Res. TST 121/03, *DJ*, 21.11.03)
		RED. ANTERIOR – As decisões interlocutórias, na Justiça do Trabalho, só são recorríveis de imediato quando terminativas do feito, podendo ser impugnadas na oportunidade da interposição de recurso contra decisão definitiva, salvo quando proferidas em acórdão sujeito a recurso para o mesmo Tribunal. (Res. TST 43/95, *DJ*, 17.2.95)
215	Horas extras. Adicional	CANCELADA – Inexistindo acordo escrito para prorrogação da jornada de trabalho, o adicional referente às horas extras é devido na base de 25%. (Res. TST 14/85, *DJ*, 19.9.85) (Cancelada, Res. TST 28/94, *DJ*, 12.5.94) (Referência art. 7º, XVI, CF/88)
216	Depósito recursal. Procedimentos	CANCELADA – São juridicamente desnecessárias a autenticação mecânica do valor do depósito recursal na relação de empregados (RE) e a individualização do processo na guia de recolhimento (GR), pelo que a falta não importa em deserção. (Res. TST 14/85, *DJ*, 19.9.85) (Cancelada, Res. TST 87/98, *DJ*, 15.10.98)
217	Depósito recursal. Bancos credenciados	O credenciamento dos bancos para o fim de recebimento do depósito recursal é fato notório, independendo da prova. (Res. TST 14/85, *DJ*, 19.9.85)
218	Recurso de revista. Agravo de instrumento. Cabimento	É incabível recurso de revista interposto de acórdão regional prolatado em agravo de instrumento. (Res. TST 14/85, *DJ*, 19.9.85)

	TEMA	TEXTO
219	Honorários advocatícios. Cabimento	I - Na Justiça do Trabalho, a condenação ao pagamento de honorários advocatícios não decorre pura e simplesmente da sucumbência, devendo a parte, concomitantemente: a) estar assistida por sindicato da categoria profissional; b) comprovar a percepção de salário inferior ao dobro do salário mínimo ou encontrar-se em situação econômica que não lhe permita demandar sem prejuízo do próprio sustento ou da respectiva família. (art.14, § 1º, da Lei n. 5.584/1970). (ex-OJ n. 305 da SBDI-I). II - É cabível a condenação ao pagamento de honorários advocatícios em ação rescisória no processo trabalhista. III - São devidos os honorários advocatícios nas causas em que o ente sindical figure como substituto processual e nas lides que não derivem da relação de emprego. IV - Na ação rescisória e nas lides que não derivem de relação de emprego, a responsabilidade pelo pagamento dos honorários advocatícios da sucumbência submete-se à disciplina do Código de Processo Civil (arts. 85, 86, 87 e 90). (Res. TST 204/16, *DEJT*, 17.03.16). V - Em caso de assistência judiciária sindical ou de substituição processual sindical, excetuados os processos em que a Fazenda Pública for parte, os honorários advocatícios são devidos entre o mínimo de dez e o máximo de vinte por cento sobre o valor da condenação, do proveito econômico obtido ou, não sendo possível mensurá-lo, sobre o valor atualizado da causa (CPC de 2015, art. 85, § 2º) (Res. TST 204/16, *DEJT*, 17.3.16). VI - Nas causas em que a Fazenda Pública for parte, aplicar-se-ão os percentuais específicos de honorários advocatícios contemplados no Código de Processo Civil. (Res. TST 204/16, *DEJT*, 17.3.16).
		RED. ANTERIOR – I - Na Justiça do Trabalho, a condenação ao pagamento de honorários advocatícios, nunca superiores a 15% (quinze por cento), não decorre pura e simplesmente da sucumbência, devendo a parte, concomitantemente: a) estar assistida por sindicato da categoria profissional; b) comprovar a percepção de salário inferior ao dobro do salário mínimo ou encontrar-se em situação econômica que não lhe permita demandar sem prejuízo do próprio sustento ou da respectiva família. (art.14, §1º, da Lei n. 5.584/1970). (ex-OJ n. 305 da SBDI-I, *DEJT*, 14.5.15). II – É cabível a condenação ao pagamento de honorários advocatícios em ação rescisória no processo trabalhista. (Res. TST 174/11, *DEJT*, 31.5.11) III – São devidos os honorários advocatícios nas causas em que o ente sindical figure como substituto processual e nas lides que não derivem da relação de emprego. (Res. TST 174/11, *DEJT*, 31.5.11)

TEMA	TEXTO
	RED. ANTERIOR – I – Na Justiça do Trabalho, a condenação ao pagamento de honorários advocatícios, nunca superiores a 15%, não decorre pura e simplesmente da sucumbência, devendo a parte estar assistida por sindicato da categoria profissional e comprovar a percepção de salário inferior ao dobro do salário mínimo ou encontrar-se em situação econômica que não lhe permita demandar sem prejuízo do próprio sustento ou da respectiva família. (ex-Súmula 219) (Res. TST 137/05, *DJ*, 22.8.05)
	II – É incabível a condenação ao pagamento de honorários advocatícios em ação rescisória no processo trabalhista, salvo se preenchidos os requisitos da Lei n. 5.584/70. (ex-OJ SDI-2 27) (Res. TST 137/05, *DJ*, 22.8.05)
	RED. ANTERIOR – Na Justiça do Trabalho, a condenação ao pagamento de honorários advocatícios, nunca superiores a 15%, não decorre pura e simplesmente da sucumbência, devendo a parte estar assistida por sindicato da categoria profissional e comprovar a percepção de salário inferior ao dobro do salário mínimo ou encontrar-se em situação econômica que não lhe permita demandar sem prejuízo do próprio sustento ou da respectiva família. (Res. TST 14/85, *DJ*, 19.9.85)
220 Honorários advocatícios. Substituição processual	CANCELADA – Atendidos os requisitos da Lei 5.584/70, são devidos os honorários advocatícios, ainda que o sindicato figure como substituto processual. (Res. TST 14/85, *DJ*, 19.9.85) (Cancelada, Res. TST 55/96, *DJ*, 19.4.96)
221 Recursos de revista ou de embargos. Cabimento	A admissibilidade do recurso de revista por violação tem como pressuposto a indicação expressa do dispositivo de lei ou da Constituição tido como violado. (Res. TST 185/12, *DEJT*, 27.9.12)
	RED. ANTERIOR – I – A admissibilidade do recurso de revista e de embargos por violação tem como pressuposto a indicação expressa do dispositivo de lei ou da Constituição tido como violado. (ex-OJ SDI-1 94) (Res. TST 129/05, *DJ*, 20.4.05)
	CANCELADA – II – Interpretação razoável de preceito de lei, ainda que não seja a melhor, não dá ensejo à admissibilidade ou ao conhecimento de recurso de revista ou de embargos com base, respectivamente, na alínea "c" do art. 896 e na alínea "b" do art. 894 da CLT. A violação há de estar ligada à literalidade do preceito. (ex-Súmula 221) (Res. TST 129/05, *DJ*, 20.4.05) (Cancelada, Res. TST 185/12, *DEJT*, 27.9.12)
	RED. ANTERIOR – Interpretação razoável de preceito de lei, ainda que não seja a melhor, não dá ensejo à admissibilidade ou ao conhecimento de recurso de revista ou de embargos com base, respectivamente, na alínea "c" do art. 896 e na alínea "b" do art. 894 da CLT. A violação há de estar ligada à literalidade do preceito. (Res. TST 121/03, *DJ*, 21.11.03)

TEMA		TEXTO
		RED. ANTERIOR – Interpretação razoável de preceito de lei, ainda que não seja a melhor, não dá ensejo à admissibilidade ou ao conhecimento dos recursos de revista ou de embargos com base, respectivamente, nas alíneas "b" dos arts. 896 e 894 da Consolidação das Leis do Trabalho. A violação há que estar ligada à literalidade do preceito. (Res. TST 14/85, *DJ*, 19.9.85)
222	Estabilidade. Dirigentes de associações profissionais	CANCELADA – Os dirigentes de associações profissionais, legalmente registradas, gozam de estabilidade provisória no emprego. (Res. TST 14/85, *DJ*, 19.9.85) (Cancelada, Res. TST 84/98, *DJ*, 20.8.98)
223	Prescrição. Opção pelo FGTS. Início	CANCELADA – O termo inicial da prescrição para anular a opção pelo Fundo de Garantia do Tempo de Serviço coincide com a data em que formalizado o ato opcional, e não com a cessação do contrato de trabalho. (Res. TST 14/85, *DJ*, 19.9.85) (Cancelada, Res. TST 121/03, *DJ*, 21.11.03)
224	Competência. Desconto assistencial	CANCELADA – A Justiça do Trabalho é incompetente para julgar ação na qual o sindicato, em nome próprio, pleiteia o recolhimento de desconto assistencial previsto em sentença normativa, convenção ou acordo coletivos. (Res. TST 14/85, *DJ*, 19.9.85) (Cancelada, Res. TST 121/03, *DJ*, 21.11.03)
225	Repouso semanal. Cálculo. Gratificações. Integração	As gratificações por tempo de serviço e produtividade, pagas mensalmente, não repercutem no cálculo do repouso semanal remunerado. (Res. TST 14/85, *DJ*, 19.9.85)
226	Horas extras. Gratificação por tempo de serviço. Integração	A gratificação por tempo de serviço integra o cálculo das horas extras. (Res. TST 14/85, *DJ*, 19.9.85)
227	Rural. Salário-família.	CANCELADA – O salário-família somente é devido aos trabalhadores urbanos, não alcançando os rurais, ainda que prestem serviços, no campo, à empresa agroindustrial. (Res. TST 14/85, *DJ*, 19.9.85) (Cancelada, Res. TST 121/03, *DJ*, 21.11.03)
228	Insalubridade. Base de cálculo	SUSPENSA – A partir de 9 de maio de 2008, data da publicação da Súmula Vinculante n. 4 do Supremo Tribunal Federal, o adicional de insalubridade será calculado sobre o salário básico, salvo critério mais vantajoso fixado em instrumento coletivo. (Res. TST 148/08, *DJ*, 10.7.08) (Suspensa sua aplicação pelo STF, Medida Cautelar RCL 6.275/SP) (Suspensa, Res. TST 185/12, *DEJT*, 27.9.12)
		RED. ANTERIOR – O percentual do adicional de insalubridade incide sobre o salário mínimo de que cogita o art. 76 da CLT, salvo as hipóteses previstas na Súmula 17. (Res. TST 121/2003, *DJ*, 21.11.2003)
		RED. ANTERIOR – O percentual do adicional de insalubridade incide sobre o salário mínimo de que cogita o art. 76 da CLT. (Res. TST 14/1985, *DJ*, 19.9.1985)

	TEMA	TEXTO
229	Sobreaviso. Eletricitário	Por aplicação analógica do art. 244, § 2º, da CLT, as horas de sobreaviso dos eletricitários são remuneradas à base de 1/3 sobre a totalidade das parcelas de natureza salarial. (Res. TST 121/03, *DJ*, 21.11.03)
		RED. ANTERIOR – Por aplicação analógica do art. 244, § 2º, da CLT, as horas de sobreaviso dos eletricitários são remuneradas à razão de 1/3 do salário normal. (Res. TST 14/85, *DJ*, 19.9.85)
230	Aviso prévio. Redução da jornada. Troca	É ilegal substituir o período que se reduz da jornada de trabalho, no aviso prévio, pelo pagamento das horas correspondentes. (Res. TST 14/85, *DJ*, 19.9.85)
231	Quadro de carreira. Validade. Equiparação	CANCELADA – É eficaz para efeito do art. 461, § 2º, da CLT a homologação de quadro organizado em carreira pelo Conselho Nacional de Política Salarial. (Res. TST 14/85, *DJ*, 19.9.85) (Cancelada, Res. TST 121/03, *DJ*, 21.11.03)
232	Bancário. Horas extras. Cargo de confiança	CANCELADA – O bancário sujeito à regra do art. 224, § 2º, da CLT cumpre jornada de trabalho de 8 horas, sendo extraordinárias as trabalhadas além da oitava. (Res. TST 14/85, *DJ*, 19.9.85) (Convertida na Súmula 102, Res. TST 129/05, *DJ*, 20.4.05)
233	Bancário. Horas extras. Chefe	CANCELADA – O bancário no exercício da função de chefia, que recebe gratificação não inferior a 1/3 do salário do cargo efetivo, está inserido na exceção do § 2º do art. 224 da CLT, não fazendo jus ao pagamento das sétima e oitava horas como extras. (Res. TST 14/85, *DJ*, 19.9.85) (Cancelada, Res. TST 121/03, *DJ*, 21.11.03)
234	Bancário. Horas extras. Subchefe	CANCELADA – O bancário no exercício da função de subchefia, que recebe gratificação não inferior a 1/3 do salário do cargo efetivo, está inserido na exceção do § 2º do art. 224 da CLT, não fazendo jus ao pagamento das sétima e oitava horas como extras. (Res. TST 14/85, *DJ*, 19.9.85) (Cancelada, Res. TST 121/03, *DJ*, 21.11.03)
235	Reajuste coletivo. Distrito Federal. Autarquias. Servidor	CANCELADA – Aos servidores do Distrito Federal e respectivas autarquias, submetidos ao regime da CLT, não se aplica a Lei 6.708/79, que determina a correção automática dos salários. (Res. TST 15/85, *DJ*, 9.12.85) (Cancelada, Res. TST 121/03, *DJ*, 21.11.03)
236	Honorários periciais. Pagamento	CANCELADA – A responsabilidade pelo pagamento dos honorários periciais é da parte sucumbente na pretensão relativa ao objeto da perícia. (Res. TST 15/85, *DJ*, 9.12.85) (Cancelada, Res. TST 121/03, *DJ*, 21.11.03)
237	Bancário. Horas extras. Tesoureiro	CANCELADA – O bancário investido na função de tesoureiro, que recebe gratificação não inferior a 1/3 do salário do cargo efetivo, está inserido na exceção do § 2º do art. 224 da CLT, não fazendo jus ao pagamento das sétima e oitava horas como extras. (Res. TST 15/85, *DJ*, 9.12.85) (Cancelada, Res. TST 121/03, *DJ*, 21.11.03)
238	Bancário. Horas extras. Subgerente	CANCELADA – O bancário no exercício da função de subgerente, que recebe gratificação não inferior a 1/3 do salário do cargo efetivo, está inserido na exceção do § 2º do art. 224 da CLT, não fazendo jus ao pagamento das sétima e oitava horas como extras. (Res. TST 15/85, *DJ*, 9.12.85) (Cancelada, Res. TST 121/03, *DJ*, 21.11.03)

	TEMA	TEXTO
239	Bancário. Grupo econômico	É bancário o empregado de empresa de processamento de dados que presta serviço a banco integrante do mesmo grupo econômico, exceto quando a empresa de processamento de dados presta serviços a banco e a empresas não bancárias do mesmo grupo econômico ou a terceiros. (ex-Súmula 239, ex-OJ SDI-1 64 e SDI-1 126) (Res. TST 129/05, *DJ*, 20.4.05)
		RED. ANTERIOR – É bancário o empregado de empresa de processamento de dados que presta serviço a banco integrante do mesmo grupo econômico. (Res. TST 15/85, *DJ*, 9.12.85)
240	Gratificação de função. Adicional por tempo de serviço. Integração	O adicional por tempo de serviço integra o cálculo da gratificação prevista no art. 224, § 2º, da CLT. (Res. TST 15/85, *DJ*, 9.12.85)
241	Alimentação. Vale-refeição. Natureza	O vale para refeição, fornecido por força do contrato de trabalho, tem caráter salarial, integrando a remuneração do empregado, para todos os efeitos legais. (Res. TST 15/85, *DJ*, 9.12.85)
242	Indenização adicional. Cálculo	A indenização adicional, prevista no art. 9º da Lei 6.708, de 30.10.1979 e no art. 9º da Lei 7.238 de 28.10.84, corresponde ao salário mensal, no valor devido na data da comunicação do despedimento, integrado pelos adicionais legais ou convencionados, ligados à unidade de tempo mês, não sendo computável a gratificação natalina. (Res. TST 15/85, *DJ*, 9.12.85)
243	Servidor. Opção pela CLT. Vantagens estatutárias	Exceto na hipótese de previsão contratual ou legal expressa, a opção do funcionário público pelo regime trabalhista implica a renúncia dos direitos inerentes ao regime estatutário. (Res. TST 15/85, *DJ*, 09.12.85)
244	Gestante. Reintegração	I – O desconhecimento do estado gravídico pelo empregador não afasta o direito ao pagamento da indenização decorrente da estabilidade. (art. 10, II, "b", do ADCT). (ex-OJ SDI-1 88) (Res. TST 129/05, *DJ*, 20.4.05) II – A garantia de emprego à gestante só autoriza a reintegração se esta se der durante o período de estabilidade. Do contrário, a garantia restringe-se aos salários e demais direitos correspondentes ao período de estabilidade. (ex-Súmula 244) (Res. TST 129/05, *DJ*, 20.4.05) III – A empregada gestante tem direito à estabilidade provisória prevista no art. 10, inciso II, alínea "b", do Ato das Disposições Constitucionais Transitórias, mesmo na hipótese de admissão mediante contrato por tempo determinado. (Res. TST 185/12, *DEJT*, 27.9.12)
		RED. ANTERIOR – I – O desconhecimento do estado gravídico pelo empregador não afasta o direito ao pagamento da indenização decorrente da estabilidade. (art. 10, II, "b", do ADCT). (ex-OJ SDI-1 88) (Res. TST 129/05, *DJ*, 20.4.05) II – A garantia de emprego à gestante só autoriza a reintegração se esta se der durante o período de estabilidade. Do contrário, a garantia restringe-se aos salários e demais direitos correspondentes ao período de estabilidade. (ex-Súmula 244) (Res. TST 129/05, *DJ*, 20.4.05)

TEMA	TEXTO
	III – Não há direito da empregada gestante à estabilidade provisória na hipótese de admissão mediante contrato de experiência, visto que a extinção da relação de emprego, em face do término do prazo, não constitui dispensa arbitrária ou sem justa causa. (ex-OJ SDI-1 196) (Res. TST 129/05, *DJ*, 20.4.05)
	RED. ANTERIOR – A garantia de emprego à gestante só autoriza a reintegração se esta se der durante o período de estabilidade. Do contrário, a garantia restringe-se aos salários e demais direitos correspondentes ao período de estabilidade. (Res TST 121/03, *DJ*, 21.11.03)
	RED. ANTERIOR – A garantia de emprego à gestante não autoriza a reintegração, assegurando-lhe apenas o direito a salários e vantagens correspondentes ao período e seus reflexos. (Res. TST 15/85, *DJ*, 9.12.85)
245 Depósito recursal. Comprovação. Prazo	O depósito recursal deve ser feito e comprovado no prazo alusivo ao recurso. A interposição antecipada deste não prejudica a dilação legal. (Res. TST 15/85, *DJ*, 9.12.85)
246 Ação de cumprimento. Requisitos	É dispensável o trânsito em julgado da sentença normativa para a propositura da ação de cumprimento. (Res. TST 15/85, *DJ*, 9.12.85)
247 Bancário. Quebra de caixa. Integração	A parcela paga aos bancários sob a denominação "quebra de caixa" possui natureza salarial, integrando o salário do prestador de serviços, para todos os efeitos legais. (Res. TST 16/85, *DJ*, 13.1.86)
248 Insalubridade. Reclassificação. Efeitos	A reclassificação ou a descaracterização da insalubridade, por ato da autoridade competente, repercute na satisfação do respectivo adicional, sem ofensa a direito adquirido ou ao princípio da irredutibilidade salarial. (Res. TST 17/85, *DJ*, 13.1.86)
249 Reajuste salarial. Setorizado	CANCELADA – Legítima é a concessão de aumento salarial por região do país, desfazendo identidade anterior, baseada em tabela única de âmbito nacional. (Res. TST 17/85, *DJ*, 13.1.86) (Cancelada, Res. TST 121/03, *DJ*, 21.11.03)
250 Antiguidade e desempenho. Incorporação	CANCELADA – Lícita é a incorporação ao salário-base das parcelas pagas a título de antiguidade e desempenho, quando não há prejuízo para o empregado. (Res. TST 17/85, *DJ*, 13.1.86) (Cancelada, Res. TST 121/03, *DJ*, 21.11.03)
251 Participação nos lucros. Natureza	CANCELADA – A parcela participação nos lucros da empresa, habitualmente paga, tem natureza salarial, para todos os efeitos legais. (Res. TST 17/85, *DJ*, 13.1.86) (Cancelada, Res. TST 33/94, *DJ*, 12.5.94)
252 Rede Ferroviária. Funcionário cedido	CANCELADA – Os funcionários públicos cedidos à Rede Ferroviária Federal S.A. têm direito ao reajustamento salarial previsto no art. 5º da Lei 4.345/1964, compensável com o deferido pelo art. 1º da Lei 4.564/64 e observados os padrões de vencimentos, à época dos cargos idênticos ou assemelhados do serviço público, a teor do disposto no art. 20, item I, da Lei 4.345/64 e nos termos dos acórdãos proferidos no DC 2/66. O paradigma previsto neste último dispositivo legal será determinado através de perícia, se as partes não o indicarem de comum acordo. (Res. TST 107/01, *DJ*, 21.3.01, Republicada *DJ*, 26.3.01) (Cancelada, Res. TST 121/03, *DJ*, 21.11.03)

	TEMA	TEXTO
253	Gratificação semestral. Integração	A gratificação semestral não repercute no cálculo das horas extras, das férias e do aviso prévio, ainda que indenizados. Repercute, contudo, pelo seu duodécimo na indenização por antiguidade e na gratificação natalina. (Res. TST 121/03, *DJ*, 21.11.03)
		RED. ANTERIOR – A gratificação semestral não repercute nos cálculos das horas extras, das férias e do aviso prévio, ainda que indenizados. (Res. TST 1/86, *DJ*, 23.5.86)
254	Salário-família. Termo inicial de obrigação	O termo inicial do direito ao salário-família coincide com a prova da filiação. Se feita em juízo, corresponde à data de ajuizamento do pedido, salvo se comprovado que anteriormente o empregador se recusara a receber a respectiva certidão. (Res. TST 2/86, *DJ*, 2.7.86)
255	Substituição processual. Desistência	CANCELADA – O substituído processualmente pode, antes da sentença de primeiro grau, desistir da ação. (Res. TST 3/86, *DJ*, 2.7.86) (Cancelada, Res. TST 121/03, *DJ*, 21.11.03)
256	Empresa prestadora de serviços. Contratação. Legalidade	CANCELADA – Salvo os casos de trabalho temporário e de serviço de vigilância, previstos nas Leis 6.019, de 3.1.74, e 7.102, de 20.6.83, é ilegal a contratação de trabalhadores por empresa interposta, formando-se o vínculo empregatício diretamente com o tomador dos serviços. (Res. TST 4/86, *DJ*, 30.9.86) (Cancelada, Res. TST 121/03, *DJ*, 21.11.03)
257	Bancário. Vigilante. Categoria profissional	O vigilante, contratado diretamente por banco ou por intermédio de empresas especializadas, não é bancário. (Res. TST 5/86, *DJ*, 31.10.86)
258	Salário-utilidade. Percentuais. Salário mínimo	Os percentuais fixados em lei relativos ao salário *in natura* apenas se referem às hipóteses em que o empregado percebe salário mínimo, apurando-se, nas demais, o real valor da utilidade. (Res. TST 121/03, *DJ*, 21.11.03)
		RED. ANTERIOR – Os percentuais fixados em lei relativos ao salário *in natura* apenas pertinem às hipóteses em que o empregado percebe salário mínimo, apurando-se, nas demais, o real valor da utilidade. (Res. TST 6/86, *DJ*, 31.10.86)
259	Conciliação. Ação rescisória	Só por ação rescisória é impugnável o termo de conciliação previsto no parágrafo único do art. 831 da CLT. (Res. TST 7/86, *DJ*, 31.10.86)
260	Salário-maternidade. Contrato de experiência	CANCELADA – No contrato de experiência, extinto antes do período de 4 semanas que precede ao parto, a empregada não tem direito a receber, do empregador, o salário-maternidade. (Res. TST 8/86, *DJ*, 31.10.86, Republicada com correção *DJ*, 6.11.86) (Cancelada, Res. TST 121/03, *DJ*, 21.11.03)
261	Férias proporcionais. Pedido de demissão	O empregado que se demite antes de completar 12 meses de serviço tem direito a férias proporcionais. (Res. TST 121/03, *DJ*, 21.11.03)
		RED. ANTERIOR – O empregado que, espontaneamente, pede demissão, antes de completar 12 meses de serviço, não tem direito a férias proporcionais. (Res. TST 9/86, *DJ*, 30.10.86, Republicada com correção *DJ*, 6.11.86)

TEMA		TEXTO
262	Intimação em sábado. Início do prazo	I – Intimada ou notificada a parte no sábado, o início do prazo se dará no primeiro dia útil imediato e a contagem, no subsequente. II – O recesso forense e as férias coletivas dos Ministros do Tribunal Superior do Trabalho suspendem os prazos recursais. (Res. 194/14, *DEJT*, 23.5.14).
		RED. ANTERIOR – I – Intimada ou notificada a parte no sábado, o início do prazo se dará no primeiro dia útil imediato e a contagem, no subsequente. (ex-Súmula 262) (Res. TST 129/05, *DJ*, 20.4.05) II – O recesso forense e as férias coletivas dos Ministros do Tribunal Superior do Trabalho (art. 177, § 1º, do RITST) suspendem os prazos recursais. (ex-OJ SDI-1 209) (Res. TST 129/05, *DJ*, 20.4.05)
		RED. ANTERIOR – Intimada ou notificada a parte no sábado, o início do prazo se dará no primeiro dia útil imediato e a contagem, no subsequente. (Res. TST 10/86, *DJ*, 31.10.86)
263	Petição inicial. Irregularidade. Indeferimento	Salvo nas hipóteses do art. 330 do CPC de 2015 (art. 295 do CPC de 1973), o indeferimento da petição inicial, por encontrar-se desacompanhada de documento indispensável à propositura da ação ou não preencher outro requisito legal, somente é cabível se, após intimada para suprir a irregularidade em 15 (quinze) dias, mediante indicação precisa do que deve ser corrigido ou completado, a parte não o fizer (art. 321 do CPC de 2015). (Res. TST 208/16, *DEJT*, 22.4.16). RED. ANTERIOR - Salvo nas hipóteses do art. 295 do CPC, o indeferimento da petição inicial, por encontrar-se desacompanhada de documento indispensável à propositura da ação ou não preencher outro requisito legal, somente é cabível se, após intimada para suprir a irregularidade em 10 dias, a parte não o fizer. (Res. TST 121/03, *DJ*, 21.11.03)
		RED. ANTERIOR – O indeferimento da petição inicial, por encontrar-se desacompanhada de documento indispensável à propositura da ação ou não preencher outro requisito legal, somente é cabível se, após intimada para suprir a irregularidade em 10 dias, a parte não o fizer. (Res. TST 11/86, *DJ*, 31.10.86)
264	Hora extra. Composição. Cálculo	A remuneração do serviço suplementar é composta do valor da hora normal, integrado por parcelas de natureza salarial e acrescido do adicional previsto em lei, contrato, acordo, convenção coletiva ou sentença normativa. (Res. TST 12/86, *DJ*, 31.10.86)
265	Adicional noturno. Supressão	A transferência para o período diurno de trabalho implica a perda do direito ao adicional noturno. (Res. TST 13/86, *DJ*, 20.1.87)

	TEMA	TEXTO
266	Recurso de revista. Execução de sentença. Requisitos	A admissibilidade do recurso de revista interposto de acórdão proferido em agravo de petição, na liquidação de sentença ou em processo incidente na execução, inclusive os embargos de terceiro, depende de demonstração inequívoca de violência direta à Constituição Federal. (Res. TST 1/87, *DJ*, 23.10.87, e *DJ*, 14.12.87) (Revisão da Súmula 210)
267	Bancário. Salário-hora. Divisor	CANCELADA – O bancário sujeito à jornada de 8 horas (art. 224, § 2º, da CLT) tem salário-hora calculado com base no divisor 240 e não 180, que é relativo à jornada de 6 horas. (Res. TST 2/87, *DJ*, 14.12.87) (Cancelada, Res. TST 121/03, *DJ*, 21.11.03)
268	Prescrição. Interrupção. Ação arquivada	A ação trabalhista, ainda que arquivada, interrompe a prescrição somente em relação aos pedidos idênticos. (Res. TST 121/03, *DJ*, 21.11.03)
		RED. ANTERIOR – A demanda trabalhista, ainda que arquivada, interrompe a prescrição. (Res. TST 1/88, *DJ*, 1º.3.88)
269	Diretor S/A. Tempo de serviço	O empregado eleito para ocupar cargo de diretor tem o respectivo contrato de trabalho suspenso, não se computando o tempo de serviço desse período, salvo se permanecer a subordinação jurídica inerente à relação de emprego. (Res. TST 2/88, *DJ*, 1º.3.88)
270	Mandato. Firma reconhecida	CANCELADA – A ausência de reconhecimento de firma no instrumento de mandato – procuração – torna irregular a representação processual, impossibilitando o conhecimento do recurso, por inexistente. (Res. TST 3/88, *DJ*, 1º.3.88) (Cancelada, Res. TST 49/95, *DJ*, 30.8.95)
271	Substituição processual. Insalubridade e periculosidade	CANCELADA – Legítima é a substituição processual dos empregados associados, pelo sindicato que congrega a categoria profissional, na demanda trabalhista cujo objeto seja adicional de insalubridade ou periculosidade. (Res. TST 4/88, *DJ*, 1º.3.88) (Cancelada, Res. TST 121/03, *DJ*, 21.11.03)
272	Agravo de instrumento	CANCELADA – Não se conhece do agravo para subida de recurso de revista, quando faltarem no traslado o despacho agravado, a decisão recorrida, a petição de recurso de revista, a procuração subscrita pelo agravante, ou qualquer peça essencial à compreensão da controvérsia. (Res. TST 5/88, *DJ*, 1º.3.88) (Cancelada, Res. TST 121/03, *DJ*, 21.11.03)
273	Salário. Reajuste	CANCELADA – São constitucionais os Decretos-Leis 2.012/83 e 2.045/83. (Res. TST 6/88, *DJ*, 1º.3.88) (Cancelada, Res. TST 121/03, *DJ*, 21.11.03)
274	Prescrição das prestações. Equiparação	CANCELADA – Na ação de equiparação salarial, a prescrição só alcança as diferenças salariais vencidas no período de 5 anos que precedeu o ajuizamento. (Convertida na Súmula 6, Res. TST 129/05, *DJ*, 20.4.05)
275	Prescrição das prestações. Desvio de função	I – Na ação que objetive corrigir desvio funcional, a prescrição só alcança as diferenças salariais vencidas no período de 5 anos que precedeu o ajuizamento. (ex-Súmula 275) (Res. TST 129/05, *DJ*, 20.4.05)

	TEMA	TEXTO
		II – Em se tratando de pedido de reenquadramento, a prescrição é total, contada da data do enquadramento do empregado. (ex-OJ SDI-1 144) (Res. TST 129/05, *DJ*, 20.4.05)
		RED. ANTERIOR – Na ação que objetive corrigir desvio funcional, a prescrição só alcança as diferenças salariais vencidas no período de 5 anos que precedeu o ajuizamento. (Res. TST 121/03, *DJ*, 21.11.03)
		RED. ANTERIOR – Na demanda que objetive corrigir desvio funcional, a prescrição só alcança as diferenças salariais vencidas no período anterior aos 2 anos que precederam o ajuizamento. (Res. TST 8/88, *DJ*, 1º.3.88)
276	Aviso prévio. Renúncia	O direito ao aviso prévio é irrenunciável pelo empregado. O pedido de dispensa de cumprimento não exime o empregador de pagar o respectivo valor, salvo comprovação de haver o prestador dos serviços obtido novo emprego. (Res. TST 9/88, *DJ*, 1º.3.88)
277	Norma coletiva. Condições de trabalho. Vigência	As cláusulas normativas dos acordos coletivos ou convenções coletivas integram os contratos individuais de trabalho e somente poderão ser modificados ou as suprimidas mediante negociação coletiva de trabalho. (Res. TST 185/12, *DEJT*, 27.9.12)
		RED. ANTERIOR – I – As condições de trabalho alcançadas por força de sentença normativa, convenção ou acordo coletivos vigoram no prazo assinado, não integrando, de forma definitiva, os contratos individuais de trabalho. II – Ressalva-se da regra enunciada no item I o período compreendido entre 23.12.1992 e 28.7.1995, em que vigorou a Lei n. 8.542, revogada pela Medida Provisória n. 1.709, convertida na Lei n. 10.192, de 14.2.2001. (Res. TST 161/09, *DEJT*, 20.11.09)
		RED. ANTERIOR – As condições de trabalho alcançadas por força de sentença normativa vigoram no prazo assinado, não integrando, de forma definitiva, os contratos. (Res. TST 10/1988, *DJ*, 1º.3.88)
278	Embargos declaratórios. Efeitos	A natureza da omissão suprida pelo julgamento de embargos declaratórios pode ocasionar efeito modificativo no julgado. (Res. TST 11/88, *DJ*, 1º.3.88)
279	Norma coletiva. Efeito suspensivo. Cassação	A cassação de efeito suspensivo concedido a recurso interposto de sentença normativa retroage à data do despacho que o deferiu. (Res. TST 12/88, *DJ*, 01.03.88)
280	Convenção coletiva. Sociedade de economia mista. Requisitos	CANCELADA – Convenção coletiva, formalizada sem prévia audição do órgão oficial competente, não obriga sociedade de economia mista. (Res. TST 13/88, *DJ*, 1º.3.88) (Cancelada, Res. TST 2/90, *DJ*, 10.1.91)
281	Professor. Piso salarial	CANCELADA – A instituição do Fundo de Participação dos Estados e Municípios não fez surgir, para os professores, direito a piso salarial. (Res. TST 14/88, *DJ*, 1º.3.88) (Cancelada, Res. TST 121/03, *DJ*, 21.11.03)

	TEMA	TEXTO
282	Serviço médico da empresa. Atestado médico	Ao serviço médico da empresa ou ao mantido por esta última mediante convênio compete abonar os primeiros 15 dias de ausência ao trabalho. (Res. TST 15/88, *DJ*, 1º.3.88)
283	Recurso adesivo. Compatibilidade	O recurso adesivo é compatível com o processo do trabalho e cabe, no prazo de 8 dias, nas hipóteses de interposição de recurso ordinário, de agravo de petição, de revista e de embargos, sendo desnecessário que a matéria nele veiculada esteja relacionada com a do recurso interposto pela parte contrária. (Res. TST 16/88, *DJ*, 18.3.88) (Revisão da Súmula 196)
284	Liquidação extrajudicial. Correção monetária	CANCELADA – Os débitos trabalhistas das empresas em liquidação de que cogita a Lei 6.024/74 estão sujeitos à correção monetária, observada a vigência do Decreto-Lei 2.278/85, ou seja, a partir de 22.11.85. (Res. TST 17/88, *DJ*, 18.3.88) (Cancelada, Res. TST 121/03, *DJ*, 21.11.03)
285	Recurso de revista. Admissibilidade parcial	CANCELADA – O fato de o juízo primeiro de admissibilidade do recurso de revista entendê-lo cabível apenas quando a parte das matérias veiculadas não impede a apreciação integral pela Turma do Tribunal Superior do Trabalho, sendo imprópria a interposição de agravo de instrumento. (Res. TST 204/16, *DEJT*, 17.3.16)
286	Substituição processual. Ação coletiva. Legitimidade	A legitimidade do sindicato para propor ação de cumprimento estende-se também à observância de acordo ou de convenção coletivos. (Res. TST 98/00, *DJ*, 18.9.00)
		RED. ANTERIOR – O sindicato não é parte legítima para propor, como substituto processual, demanda que vise a observância de convenção coletiva. (Res. TST 19/88, *DJ*, 18.3.88)
287	Bancário. Gerente. Jornada de trabalho	A jornada de trabalho do empregado de banco gerente de agência é regida pelo art. 224, § 2º, da CLT. Quanto ao gerente-geral de agência bancária, presume-se o exercício de encargo de gestão, aplicando-se-lhe o art. 62 da CLT. (Res TST 121/03, *DJ*, 21.11.03)
		RED. ANTERIOR – O gerente bancário, enquadrado na previsão do § 2º do art. 224 consolidado, cumpre jornada normal de 8 horas, somente não tendo jus às horas suplementares, excedentes da oitava, quando, investido em mandato, em forma legal, tenha encargos de gestão e usufrua de padrão salarial que o distinga dos demais empregados. (Res. TST 20/88, *DJ*, 18.3.88)
288	Aposentadoria. Complementação. Normas	I - A complementação dos proventos de aposentadoria, instituída, regulamentada e paga diretamente pelo empregador, sem vínculo com as entidades de previdência privada fechada, é regida pelas normas em vigor na data de admissão do empregado, ressalvadas as alterações que forem mais benéficas (art. 468 da CLT).

TEMA	TEXTO
	II - Na hipótese de coexistência de dois regulamentos de planos de previdência complementar, instituídos pelo empregador ou por entidade de previdência privada, a opção do beneficiário por um deles tem efeito jurídico de renúncia às regras do outro. III - Após a entrada em vigor das Leis Complementares ns. 108 e 109, de 29/05/2001, reger-se-á a complementação dos proventos de aposentadoria pelas normas vigentes na data da implementação dos requisitos para obtenção do benefício, ressalvados o direito adquirido do participante que anteriormente implementara os requisitos para o benefício e o direito acumulado do empregado que até então não preenchera tais requisitos.
	IV - O entendimento da primeira parte do item III aplica-se aos processos em curso no Tribunal Superior do Trabalho em que, em 12/04/2016, ainda não haja sido proferida decisão de mérito por suas Turmas e Seções. (Res. TST 207/16, *DEJT*, 18.4.16)
	RED. ANTERIOR – I – A complementação dos proventos da aposentadoria é regida pelas normas em vigor na data da admissão do empregado, observando-se as alterações posteriores desde que mais favoráveis ao beneficiário do direito. II – Na hipótese de coexistência de dois regulamentos de planos de previdência complementar, instituídos pelo empregador ou por entidade de previdência privada, a opção do beneficiário por um deles tem efeito jurídico de renúncia às regras do outro. (Res. TST 193/13)
	RED. ANTERIOR – A complementação dos proventos da aposentadoria é regida pelas normas em vigor na data da admissão do empregado, observando-se as alterações posteriores desde que mais favoráveis ao beneficiário do direito. (Res. TST 21/88, *DJ*, 18.3.88)
289 Insalubridade. Aparelho de proteção	O simples fornecimento do aparelho de proteção pelo empregador não o exime do pagamento do adicional de insalubridade. Cabe-lhe tomar as medidas que conduzam à diminuição ou eliminação da nocividade, entre as quais as relativas ao uso efetivo do equipamento pelo empregado. (Res. TST 22/88, *DJ*, 24.3.88)
290 Gorjeta. Integração	CANCELADA – As gorjetas, sejam cobradas pelo empregador na nota de serviço ou oferecidas espontaneamente pelos clientes, integram a remuneração do empregado. (Res. TST 23/88, *DJ*, 24.3.88) (Cancelada, Res. TST 121/03, *DJ*, 21.11.03)
291 Horas extras. Supressão	A supressão total ou parcial, pelo empregador, de serviço suplementar prestado com habitualidade, durante pelo menos 1 (um) ano, assegura ao empregado o direito à indenização correspondente ao valor de 1 (um) mês das horas suprimidas, total ou parcialmente, para cada ano ou fração igual ou superior a seis meses de prestação de serviço acima da jornada normal. O cálculo observará a média das horas suplementares nos últimos 12 (doze) meses anteriores à mudança, multiplicada pelo valor da hora extra do dia da supressão. (Processo TST-IUJERR 10700-45.2007.5.22.0101, Res. TST 174/11, *DEJT*, 31.5.11)

TEMA	TEXTO
	RED. ANTERIOR – A supressão, pelo empregador, do serviço suplementar prestado com habitualidade, durante pelo menos 1 ano, assegura ao empregado o direito à indenização correspondente ao valor de 1 mês das horas suprimidas para cada ano ou fração igual ou superior a 6 meses de prestação de serviço acima da jornada normal. O cálculo observará a média das horas suplementares efetivamente trabalhadas nos últimos 12 meses, multiplicada pelo valor da hora extra do dia da supressão. (Res. TST 1/89, *DJ*, 14.4.89) (Revisão da Súmula 76)
292 Insalubridade. Rural	CANCELADA – O trabalhador rural tem direito ao adicional de insalubridade, observando-se a necessidade de verificação, na forma da lei, de condições nocivas à saúde. (Res. TST 2/89, *DJ*, 14.4.89) (Cancelada, Res. TST 121/03, *DJ*, 21.11.03)
293 Insalubridade. Agente insalubre diverso	A verificação mediante perícia de prestação de serviços em condições nocivas, considerado agente insalubre diverso do apontado na inicial, não prejudica o pedido de adicional de insalubridade. (Res. TST 3/89, *DJ*, 14.4.89)
294 Prescrição. Alteração contratual	Tratando-se de ação que envolva pedido de prestações sucessivas decorrente de alteração do pactuado, a prescrição é total, exceto quando o direito à parcela esteja também assegurado por preceito de lei. (Res. TST 4/89, *DJ*, 14.4.89) (Canceladas as Súmulas 168 e 198)
295 Efeitos. Tempo anterior. Aposentadoria	CANCELADA – A cessação do contrato de trabalho em razão de aposentadoria espontânea do empregado exclui o direito ao recebimento de indenização relativa ao período anterior à opção. A realização de depósito na conta do Fundo de Garantia do Tempo de Serviço, de que trata o § 3º do art. 14 da Lei 8.036, de 11.5.1990, é faculdade atribuída ao empregador. (Res. TST 121/2003, *DJ*, 21.11.2003) (Cancelada, Res. TST 152/2008, *DJ*, 24.11.08)
	RED. ANTERIOR – A cessação do contrato de trabalho em razão de aposentadoria espontânea do empregado exclui o direito ao recebimento de indenização relativa ao período anterior à opção. A realização de depósito na conta do Fundo de Garantia do Tempo de Serviço, cogitada no § 2º do art. 16 da Lei 5.107/1966, coloca-se no campo das faculdades atribuídas ao empregador. (Res. TST 5/89, *DJ*, 14.4.89)
296 Divergência jurisprudencial. Requisitos	I – A divergência jurisprudencial ensejadora da admissibilidade, do prosseguimento e do conhecimento do recurso há de ser específica, revelando a existência de teses diversas na interpretação de um mesmo dispositivo legal, embora idênticos os fatos que as ensejaram. (ex-Súmula 296) (Res. TST 129/05, *DJ*, 20.4.05) II – Não ofende o art. 896 da CLT decisão de Turma que, examinando premissas concretas de especificidade da divergência colacionada no apelo revisional, conclui pelo conhecimento ou desconhecimento do recurso. (ex-OJ SDI-1 37) (Res. TST 129/05, *DJ*, 20.4.05)

TEMA	TEXTO
	RED. ANTERIOR – A divergência jurisprudencial ensejadora da admissibilidade, do prosseguimento e do conhecimento do recurso há de ser específica, revelando a existência de teses diversas na interpretação de um mesmo dispositivo legal, embora idênticos os fatos que as ensejaram. (Res. TST 6/89, *DJ*, 14.4.89)
297 Prequestionamento. Configuração	I. Diz-se prequestionada a matéria ou questão quando na decisão impugnada haja sido adotada, explicitamente, tese a respeito. II. Incumbe à parte interessada, desde que a matéria haja sido invocada no recurso principal, opor embargos declaratórios objetivando o pronunciamento sobre o tema, sob pena de preclusão. III. Considera-se prequestionada a questão jurídica invocada no recurso principal sobre a qual se omite o Tribunal de pronunciar tese, não obstante opostos embargos de declaração. (Res. TST 121/03, *DJ*, 21.11.03)
	RED. ANTERIOR – Diz-se prequestionada a matéria quando na decisão impugnada haja sido adotada, explicitamente, tese a respeito. Incumbe à parte interessada interpor embargos declaratórios objetivando o pronunciamento sobre o tema, sob pena de preclusão. (Res. TST 7/89, *DJ*, 14.4.89)
298 Ação rescisória. Violação de lei. Requisitos	I – A conclusão acerca da ocorrência de violação literal a disposição de lei pressupõe pronunciamento explícito, na sentença rescindenda, sobre a matéria veiculada. II – O pronunciamento explícito exigido em ação rescisória diz respeito à matéria e ao enfoque específico da tese debatida na ação, e não, necessariamente, ao dispositivo legal tido por violado. Basta que o conteúdo da norma reputada violada haja sido abordado na decisão rescindenda para que se considere preenchido o pressuposto. III – Para efeito de ação rescisória, considera-se pronunciada explicitamente a matéria tratada na sentença quando, examinando remessa de ofício, o Tribunal simplesmente a confirma. IV – A sentença meramente homologatória, que silencia sobre os motivos de convencimento do juiz, não se mostra rescindível, por ausência de pronunciamento explícito. V – Não é absoluta a exigência de pronunciamento explícito na ação rescisória, ainda que esta tenha por fundamento violação de dispositivo de lei. Assim, prescindível o pronunciamento explícito quando o vício nasce no próprio julgamento, como se dá com a sentença "extra, citra e ultra petita". (Res. TST 177/12, *DEJT*, 14.2.12)
	RED. ANTERIOR – I – A conclusão acerca da ocorrência de violação literal de lei pressupõe pronunciamento explícito, na sentença rescindenda, sobre a matéria veiculada. (ex-Súmula 298) (Res. TST 137/05, *DJ*, 22.8.05)

TEMA	TEXTO
	II – O prequestionamento exigido em ação rescisória diz respeito à matéria e ao enfoque específico da tese debatida na ação e não, necessariamente, ao dispositivo legal tido por violado. Basta que o conteúdo da norma, reputada como violada, tenha sido abordado na decisão rescindenda para que se considere preenchido o pressuposto do prequestionamento. (ex-OJ SDI-2 72) (Res. TST 137/05, *DJ*, 22.8.05) III – Para efeito de ação rescisória, considera-se prequestionada a matéria tratada na sentença quando, examinando remessa de ofício, o Tribunal simplesmente a confirma. (ex-OJ SDI-2 75) (Res. TST 137/05, *DJ*, 22.8.05) IV – A sentença meramente homologatória, que silencia sobre os motivos de convencimento do juiz, não se mostra rescindível, por ausência de prequestionamento. (ex-OJ SDI-2 85) (Res. TST 137/05, *DJ*, 22.8.05) V – Não é absoluta a exigência de prequestionamento na ação rescisória. Ainda que a ação rescisória tenha por fundamento violação de dispositivo legal, é prescindível o prequestionamento quando o vício nasce no próprio julgamento, como se dá com a sentença "extra, citra e ultra petita". (ex-OJ SDI-2 36) (Res. TST 137/05, *DJ*, 22.8.05)
	RED. ANTERIOR – A conclusão acerca da ocorrência de violação literal de lei pressupõe pronunciamento explícito, na sentença rescindenda, sobre a matéria veiculada. (Res. TST 8/89, *DJ*, 14.4.89)
299 Ação rescisória. Prova do trânsito em julgado	I - É indispensável ao processamento da ação rescisória a prova do trânsito em julgado da decisão rescindenda. (ex--Súmula n. 299 – Res. 8/1989, *DJ*, 14, 18 e 19.4.89) II - Verificando o relator que a parte interessada não juntou à inicial o documento comprobatório, abrirá prazo de 15 (quinze) dias para que o faça (art. 321 do CPC de 2015), sob pena de indeferimento. (ex-Súmula n. 299 - Res 8/1989, *DJ*, 14, 18 e 19.4.89) III - A comprovação do trânsito em julgado da decisão rescindenda é pressuposto processual indispensável ao tempo do ajuizamento da ação rescisória. Eventual trânsito em julgado posterior ao ajuizamento da ação rescisória não reabilita a ação proposta, na medida em que o ordenamento jurídico não contempla a ação rescisória preventiva. (ex-OJ n. 106 da SBDI-2 *DJ*, 29.4.03) IV - O pretenso vício de intimação, posterior à decisão que se pretende rescindir, se efetivamente ocorrido, não permite a formação da coisa julgada material. Assim, a ação rescisória deve ser julgada extinta, sem julgamento do mérito, por carência de ação, por inexistir decisão transitada em julgado a ser rescindida. (ex-OJ n. 96 da SBDI-2). (TST, Res. 211/16, *DEJT*, 24.8.16).

TEMA		TEXTO
		RED. ANTERIOR - I – É indispensável ao processamento da ação rescisória a prova do trânsito em julgado da decisão rescindenda. (ex-Súmula 299) (Res. TST 137/05, *DJ*, 22.8.05) II – Verificando o relator que a parte interessada não juntou à inicial o documento comprobatório, abrirá prazo de 10 dias para que o faça, sob pena de indeferimento. (ex-Súmula 299) (Res. TST 137/05, *DJ*, 22.8.05) III – A comprovação do trânsito em julgado da decisão rescindenda é pressuposto processual indispensável ao tempo do ajuizamento da ação rescisória. Eventual trânsito em julgado posterior ao ajuizamento da ação rescisória não reabilita a ação proposta, na medida em que o ordenamento jurídico não contempla a ação rescisória preventiva. (ex-OJ SDI-2 106) (Res. TST 137/05, *DJ*, 22.8.05) IV – O pretenso vício de intimação, posterior à decisão que se pretende rescindir, se efetivamente ocorrido, não permite a formação da coisa julgada material. Assim, a ação rescisória deve ser julgada extinta, sem julgamento do mérito, por carência de ação, por inexistir decisão transitada em julgado a ser rescindida. (ex-OJ SDI-2 96) (Res. TST 137/05, *DJ*, 22.8.05)
		RED. ANTERIOR – É indispensável ao processamento da ação rescisória a prova do trânsito em julgado da decisão rescindenda. Verificando o relator que a parte interessada não juntou à inicial o documento comprobatório, abrirá prazo de 10 dias para que o faça, sob pena de indeferimento. (Res. TST 8/89, *DJ*, 14.4.89)
300	Competência. PIS	Compete à Justiça do Trabalho processar e julgar ações ajuizadas por empregados em face de empregadores relativas ao cadastramento no Programa de Integração Social (PIS). (Res. TST 10/89, *DJ*, 14.4.89)
301	Laboratório. Diploma	O fato de o empregado não possuir diploma de profissionalização de auxiliar de laboratório não afasta a observância das normas da Lei 3.999, de 15.12.1961, uma vez comprovada a prestação de serviços na atividade. (Res. TST 11/89, *DJ*, 14.4.89)
302	Decisão administrativa TRT. Recurso	CANCELADA – Não cabe recurso ao Tribunal Superior do Trabalho, contra decisão em processo administrativo, proferida por Tribunal Regional do Trabalho, ainda que nele seja interessado magistrado. (Res. TST 1/90, *DJ*, 2.4.90) (Cancelada, Res. TST 121/03, *DJ*, 21.11.03)
303	Fazenda Pública. Duplo grau de jurisdição	I - Em dissídio individual, está sujeita ao reexame necessário, mesmo na vigência da Constituição Federal de 1988, decisão contrária à Fazenda Pública, salvo quando a condenação não ultrapassar o valor correspondente a: a) 1.000 (mil) salários mínimos para a União e as respectivas autarquias e fundações de direito público; b) 500 (quinhentos) salários mínimos para os Estados, o Distrito Federal, as respectivas autarquias e fundações de direito público e os Municípios que constituam capitais dos Estados; c) 100 (cem) salários mínimos para todos os demais Municípios e respectivas autarquias e fundações de direito público.

TEMA	TEXTO
	II – Também não se sujeita ao duplo grau de jurisdição a decisão fundada em: a) súmula ou orientação jurisprudencial do Tribunal Superior do Trabalho; b) acórdão proferido pelo Supremo Tribunal Federal ou pelo Tribunal Superior do Trabalho em julgamento de recursos repetitivos; c) entendimento firmado em incidente deresolução de demandas repetitivas ou de assunção de competência; d) entendimento coincidente com orientação vinculante firmada no âmbito administrativo do próprio ente público, consolidada em manifestação, parecer ou súmula administrativa. III - Em ação rescisória, a decisão proferida pelo Tribunal Regional do Trabalho está sujeita ao duplo grau de jurisdição obrigatório quando desfavorável ao ente público, exceto nas hipóteses dos incisos anteriores. (ex-OJ n. 71 da SBDI-1) IV - Em mandado de segurança, somente cabe reexame necessário se, na relação processual, figurar pessoa jurídica de direito público como parte prejudicada pela concessão da ordem. Tal situação não ocorre na hipótese de figurar no feito como impetrante e terceiro interessado pessoa de direito privado, ressalvada a hipótese de matéria administrativa. (ex-OJs 72 e 73 da SBDI-1 – inseridas, respectivamente, em 25.11.96 e 3.6.96) (TST, Res. 211/16, *DEJT*, 24.8.16).
	RED. ANTERIOR - I – Em dissídio individual, está sujeita ao duplo grau de jurisdição, mesmo na vigência da CF/88, decisão contrária à Fazenda Pública, salvo: a) quando a condenação não ultrapassar o valor correspondente a 60 salários mínimos; (ex-OJ SDI-1 9) (Res. TST 129/05, *DJ*, 20.4.05) b) quando a decisão estiver em consonância com decisão plenária do Supremo Tribunal Federal ou com súmula ou orientação jurisprudencial do Tribunal Superior do Trabalho. (ex-Súmula 303) (Res. TST 129/05, *DJ*, 20.4.05) II – Em ação rescisória, a decisão proferida pelo juízo de primeiro grau está sujeita ao duplo grau de jurisdição obrigatório quando desfavorável ao ente público, exceto nas hipóteses das alíneas "a" e "b" do inciso anterior. (ex-OJ SDI-1 71) (Res. TST 129/05, *DJ*, 20.4.05) III – Em mandado de segurança, somente cabe remessa *ex officio* se, na relação processual, figurar pessoa jurídica de direito público como parte prejudicada pela concessão da ordem. Tal situação não ocorre na hipótese de figurar no feito como impetrante e terceiro interessado pessoa de direito privado, ressalvada a hipótese de matéria administrativa. (ex-OJ SDI-1 72 e 73) (Res. TST 129/05, *DJ*, 20.4.05)

	TEMA	TEXTO
		RED. ANTERIOR – Está sujeita ao duplo grau de jurisdição, mesmo na vigência da CF/88, decisão contrária à Fazenda Pública, salvo: a) quando a condenação não ultrapassar o valor correspondente a 60 salários mínimos; b) quando a decisão estiver em consonância com decisão plenária do Supremo Tribunal Federal ou com Súmula ou Orientação Jurisprudencial do Tribunal Superior do Trabalho. (Res. TST 121/03, *DJ*, 21.11.03)
		RED. ANTERIOR – Está sujeita ao duplo grau de jurisdição, mesmo na vigência da Constituição Federal de 1988, decisão contrária à Fazenda Pública. (Res. TST 1/92, *DJ*, 5.11.92)
304	Liquidação extrajudicial. Correção monetária	Os débitos trabalhistas das entidades submetidas aos regimes de intervenção ou liquidação extrajudicial estão sujeitos a correção monetária desde o respectivo vencimento até seu efetivo pagamento, sem interrupção ou suspensão, não incidindo, entretanto, sobre tais débitos, juros de mora. (Res. TST 2/92, *DJ*, 5.11.92) (Revisão da Súmula 284)
305	FGTS. Aviso prévio	O pagamento relativo ao período de aviso prévio, trabalhado ou não, está sujeito a contribuição para o FGTS. (Res. TST 3/92, *DJ*, 5.11.92)
306	Indenização adicional. Dispensa sem justa causa. Data-base	CANCELADA – É devido o pagamento da indenização adicional na hipótese de dispensa injusta do empregado, ocorrida no trintídio que antecede a data-base. A legislação posterior não revogou os arts. 9º da Lei 6.708/79 e 9º da Lei 7.238/84. (Res. TST 4/92, *DJ*, 5.11.92) (Cancelada, Res. TST 121/03, *DJ*, 21.11.03)
307	Juros. Irretroatividade	A fórmula de cálculo de juros prevista no Decreto-Lei 2.322, de 26.2.87 somente é aplicável a partir de 27.2.87. Quanto ao período anterior, deve-se observar a legislação então vigente. (Res. TST 5/92, *DJ*, 5.11.92)
308	Prescrição quinquenal. Aplicação	I. Respeitado o biênio subsequente à cessação contratual, a prescrição da ação trabalhista concerne às pretensões imediatamente anteriores a 5 anos, contados da data do ajuizamento da reclamação e, não, às anteriores ao quinquênio da data da extinção do contrato. (ex-OJ SDI-1 204) (Res. TST 129/05, *DJ*, 20.4.05) II. A norma constitucional que ampliou o prazo de prescrição da ação trabalhista para 5 anos é de aplicação imediata e não atinge pretensões já alcançadas pela prescrição bienal quando da promulgação da CF/88. (ex-Súmula 308) (Res. TST 129/05, *DJ*, 20.4.05)
		RED. ANTERIOR – A norma constitucional que ampliou o prazo de prescrição da ação trabalhista para 5 anos é de aplicação imediata e não atinge pretensões já alcançadas pela prescrição bienal quando da promulgação da CF/88. (Res. TST 6/92, *DJ*, 5.11.92)

	TEMA	TEXTO
309	Vigia portuário. Terminal privativo. Obrigatoriedade	Tratando-se de terminais privativos destinados à navegação de cabotagem ou de longo curso, não é obrigatória a requisição de vigia portuário indicado por sindicato. (Res. TST 7/92, *DJ*, 5.11.92)
310	Substituição processual. Sindicato	CANCELADA – I – O art. 8º, inciso III, da Constituição da República não assegura a substituição processual pelo sindicato. II – A substituição processual autorizada ao sindicato pelas Leis 6.708, de 30.10.79, e 7.238, de 29.10.84, limitada aos associados, restringe-se às demandas que visem aos reajustes salariais previstos em lei, ajuizadas até 3.7.89, data em que entrou em vigor a Lei 7.788. III – A Lei 7.788/89, em seu art. 8º, assegurou, durante sua vigência, a legitimidade do sindicato como substituto processual da categoria. IV – A substituição processual autorizada pela Lei 8.073, de 30.7.90, ao sindicato alcança todos os integrantes da categoria e é restrita às demandas que visem à satisfação de reajustes salariais específicos resultantes de disposição prevista em lei de política salarial. V – Em qualquer ação proposta pelo sindicato como substituto processual, todos os substituídos serão individualizados na petição inicial e, para o início da execução, devidamente identificados pelo número da Carteira de Trabalho e Previdência Social ou de qualquer documento de identidade. VI – É lícito aos substituídos integrar a lide como assistente litisconsorcial, acordar, transigir e renunciar, independentemente de autorização ou anuência do substituto. VII – Na liquidação da sentença exequenda, promovida pelo substituto, serão individualizados os valores devidos a cada substituído, cujos depósitos para quitação serão levantados através de guias expedidas em seu nome ou de procurador com poderes especiais para esse fim, inclusive nas ações de cumprimento. VIII – Quando o sindicato for o autor da ação na condição de substituto processual, não serão devidos honorários advocatícios. (Res. TST 1/93, *DJ*, 6.5.93) (Cancelada, Res. TST 119/03, *DJ*, 1º.10.03)
311	Previdência. Benefícios para dependente. Correção monetária	O cálculo da correção monetária incidente sobre débitos relativos a benefícios previdenciários devidos a dependentes de ex-empregado pelo empregador, ou por entidade de previdência privada a ele vinculada, será o previsto na Lei 6.899, de 8.4.81. (Res. TST 2/93, *DJ*, 6.5.93, Republicada *DJ*, 14.05.93)
312	Recurso de revista. Divergência jurisprudencial	É constitucional a alínea "b" do art. 896 da CLT, com a redação dada pela Lei 7.701, de 21.12.88. (Res. TST 4/93, *DJ*, 22.9.93)
313	Aposentadoria. Complementação. Banespa	A complementação de aposentadoria, prevista no art. 106, e seus parágrafos, do regulamento de pessoal editado em 1965, só é integral para os empregados que tenham 30 ou mais anos de serviços prestados exclusivamente ao banco. (Res. TST 5/93, *DJ*, 22.9.93)

	TEMA	TEXTO
314	Indenização adicional. Verbas rescisórias. Data-base	Se ocorrer a rescisão contratual no período de 30 dias que antecede à data-base, observada a Súmula 182 do TST, o pagamento das verbas rescisórias com o salário já corrigido não afasta o direito à indenização adicional prevista nas Leis 6.708, de 30.10.79, e 7.238, de 28.10.84. (Res. TST 6/93, *DJ*, 22.9.93)
315	Reajuste salarial. Plano Collor	A partir da vigência da Medida Provisória 154, de 15.3.90, convertida na Lei 8.030, de 12.4.90, não se aplica o IPC de março de 90, de 84,32%, para a correção dos salários, porque o direito ainda não se havia incorporado ao patrimônio jurídico dos trabalhadores, inexistindo ofensa ao inciso XXXVI do art. 5º da CF/88. (Res. TST 7/93, *DJ*, 22.9.93)
316	Reajuste salarial. Plano Bresser	CANCELADA – É devido o reajuste salarial decorrente da incidência do IPC de junho de 87, correspondente a 26,06%, porque este direito já se havia incorporado ao patrimônio jurídico dos trabalhadores quando do advento do Decreto-Lei 2.335/87. (Res. TST 8/93, *DJ*, 22.9.93) (Cancelada, Res. TST 37/94, *DJ*, 25.11.94)
317	Reajuste salarial. Plano Verão	CANCELADA – A correção salarial da URP de fevereiro de 89, de 26,05%, já constituía direito adquirido do trabalhador, quando do advento da Medida Provisória 32/89, convertida na Lei 7.730/89, sendo devido o reajuste respectivo. (Res. TST 9/93, *DJ*, 22.9.93) (Cancelada, Res. TST 37/94, *DJ*, 25.11.94)
318	Diárias. Integração. Salário mensal	Tratando-se de empregado mensalista, a integração das diárias no salário deve ser feita tomando-se por base o salário mensal por ele percebido e não o valor do dia de salário, somente sendo devida a referida integração quando o valor das diárias, no mês, for superior à metade do salário mensal. (Res. TST 10/93, *DJ*, 29.11.93)
319	Reajuste salarial. Servidor	Aplicam-se aos servidores públicos, contratados sob o regime da CLT, os reajustes decorrentes da correção automática dos salários pelo mecanismo denominado "gatilho", de que tratam os Decretos-Leis 2.284, de 10.3.86, e 2.302, de 21.11.86. (Res. TST 11/93, *DJ*, 29.11.93)
320	Jornada. *In itinere*	O fato de o empregador cobrar, parcialmente ou não, importância pelo transporte fornecido, para local de difícil acesso ou não servido por transporte regular, não afasta o direito à percepção das horas *in itinere*. (Res. TST 12/93, *DJ*, 29.11.93)
321	Decisão administrativa. Recurso	CANCELADA – Das decisões proferidas pelos Tribunais Regionais do Trabalho, em processo administrativo, cabe recurso para o Tribunal Superior do Trabalho tão somente para o exame da legalidade do ato. (Res. TST 13/93, *DJ*, 29.11.93) (Revisão da Súmula 302) (Cancelada, Res. TST 135/05, *DJ*, 5.7.05)
322	Reajuste salarial. Gatilhos. URP	Os reajustes salariais decorrentes dos chamados "gatilhos" e URPs, previstos legalmente como antecipação, são devidos tão somente até a data-base de cada categoria. (Res. TST 14/93, *DJ*, 21.12.93)

	TEMA	TEXTO
323	Reajuste salarial. Gatilhos. URP	CANCELADA – A suspensão do pagamento das URP's de abril e maio de 88, determinada pelo Decreto-Lei 2.425, de 7.4.88, afronta direito adquirido dos trabalhadores e o princípio constitucional da isonomia. (Res. TST 15/93, *DJ*, 21.12.93) (Cancelada, Res. TST 38/94, *DJ*, 25.11.94)
324	Jornada. *In itinere*	CANCELADA – A mera insuficiência de transporte público não enseja o pagamento de horas *in itinere*. (Res. TST 16/93, *DJ*, 21.12.93) (Convertida na Súmula 90, Res. TST 129/05, *DJ*, 20.4.05)
325	Jornada. *In itinere*	CANCELADA – Se houver transporte público regular, em parte do trajeto percorrido em condução da empresa, as horas *in itinere* remuneradas limitam-se ao trecho não alcançado pelo transporte público. (Res. TST 17/93, *DJ*, 21.12.93) (Convertida na Súmula 90, Res. TST 129/05, *DJ*, 20.4.05)
326	Aposentadoria. Complementação. Prescrição	A pretensão à complementação de aposentadoria jamais recebida prescreve em 2 (dois) anos contados da cessação do contrato de trabalho. (Res. TST 174/11, *DEJT*, 31.5.11)
		RED. ANTERIOR – Tratando-se de pedido de complementação de aposentadoria oriunda de norma regulamentar e jamais paga ao ex-empregado, a prescrição aplicável é a total, começando a fluir o biênio a partir da aposentadoria. (Res. TST 18/93, *DJ*, 21.12.93)
327	Aposentadoria. Complementação. Prescrição	A pretensão a diferenças de complementação de aposentadoria sujeita-se à prescrição parcial e quinquenal, salvo se o pretenso direito decorrer de verbas não recebidas no curso da relação de emprego e já alcançadas pela prescrição, à época da propositura da ação. (Res. TST 174/11, *DEJT*, 31.5.11)
		RED. ANTERIOR – Tratando-se de pedido de diferença de complementação de aposentadoria oriunda de norma regulamentar, a prescrição aplicável é a parcial, não atingindo o direito de ação, mas, tão somente, as parcelas anteriores ao quinquênio. (Res. TST 121/03, *DJ*, 21.11.03)
		RED. ANTERIOR – Em se tratando de pedido de diferença de complementação de aposentadoria oriunda de norma regulamentar, a prescrição aplicável é a parcial, não atingindo o direito de ação, mas, tão somente, as parcelas anteriores ao biênio. (Res. TST 19/93, *DJ*, 21.12.93)
328	Férias. Terço constitucional	O pagamento das férias, integrais ou proporcionais, gozadas ou não, na vigência da CF/88, sujeita-se ao acréscimo do terço previsto no respectivo art. 7º, XVII. (Res. TST 20/93, *DJ*, 21.12.93)
329	Honorários advocatícios. Cabimento	Mesmo após a promulgação da CF/88, permanece válido o entendimento consubstanciado na Súmula 219 do Tribunal Superior do Trabalho. (Res. TST 21/93, *DJ*, 21.12.93)

TEMA	TEXTO
330 Homologação. Quitação. Parcelas	A quitação passada pelo empregado, com assistência de entidade sindical de sua categoria, ao empregador, com observância dos requisitos exigidos nos parágrafos do art. 477 da CLT, tem eficácia liberatória em relação às parcelas expressamente consignadas no recibo, salvo se oposta ressalva expressa e especificada ao valor dado à parcela ou parcelas impugnadas. I – A quitação não abrange parcelas não consignadas no recibo de quitação e, consequentemente, seus reflexos em outras parcelas, ainda que estas constem desse recibo. II – Quanto a direitos que deveriam ter sido satisfeitos durante a vigência do contrato de trabalho, a quitação é válida em relação ao período expressamente consignado no recibo de quitação. (Res. TST 108/01, *DJ*, 18.4.01)
	RED. ANTERIOR – A quitação passada pelo empregado, com assistência de entidade sindical de sua categoria, ao empregador, com observância dos requisitos exigidos nos parágrafos do artigo 477, da Consolidação das Leis do Trabalho, tem eficácia liberatória em relação às parcelas expressamente consignadas no recibo, salvo se oposta ressalva expressa e especificada ao valor dado à parcela ou parcelas impugnadas. (RA 4/94, *DJ*, 18.2.94) RED. ANTERIOR – A quitação passada pelo empregado, com assistência de Entidade Sindical de sua categoria, ao empregador, com observância dos requisitos exigidos nos parágrafos do art. 477 da Consolidação das Leis do Trabalho, tem eficácia liberatória em relação às parcelas expressamente consignadas no recibo. (Res. TST 22/93, *DJ*, 21.12.93)
331 Empresa prestadora de serviços. Contratação ilegal	I – A contratação de trabalhadores por empresa interposta é ilegal, formando-se o vínculo diretamente com o tomador dos serviços, salvo no caso de trabalho temporário. (Lei 6.019, de 3.1.74) II – A contratação irregular de trabalhador, mediante empresa interposta, não gera vínculo de emprego com os órgãos da administração pública direta, indireta ou fundacional. (art. 37, II, da CF/88) III – Não forma vínculo de emprego com o tomador a contratação de serviços de vigilância (Lei 7.102, de 20.6.83) e de conservação e limpeza, bem como a de serviços especializados ligados à atividade-meio do tomador, desde que inexistente a pessoalidade e a subordinação direta. IV – O inadimplemento das obrigações trabalhistas, por parte do empregador, implica a responsabilidade subsidiária do tomador dos serviços quanto àquelas obrigações, desde que haja participado da relação processual e conste também do título executivo judicial. (Res. TST 174/11, *DEJT*, 31.5.11)

TEMA	TEXTO
	V – Os entes integrantes da Administração Pública direta e indireta respondem subsidiariamente, nas mesmas condições do item IV, caso evidenciada a sua conduta culposa no cumprimento das obrigações da Lei n. 8.666, de 21.6.1993, especialmente na fiscalização do cumprimento das obrigações contratuais e legais da prestadora de serviço como empregadora. A aludida responsabilidade não decorre de mero inadimplemento das obrigações trabalhistas assumidas pela empresa regularmente contratada. (Res. TST 174/11, *DEJT*, 31.5.11) VI – A responsabilidade subsidiária do tomador de serviços abrange todas as verbas decorrentes da condenação referentes ao período da prestação laboral. (Res. TST 174/11, *DEJT*, 31.5.11)
	RED. ANTERIOR – I – A contratação de trabalhadores por empresa interposta é ilegal, formando-se o vínculo diretamente com o tomador dos serviços, salvo no caso de trabalho temporário (Lei 6.019, de 3.1.74). II – A contratação irregular de trabalhador, mediante empresa interposta, não gera vínculo de emprego com os órgãos da administração pública direta, indireta ou fundacional (art. 37, II, da CF/88). III – Não forma vínculo de emprego com o tomador a contratação de serviços de vigilância (Lei 7.102, de 20.6.83) e de conservação e limpeza, bem como a de serviços especializados ligados à atividade meio do tomador, desde que inexistente a pessoalidade e a subordinação direta. IV – O inadimplemento das obrigações trabalhistas, por parte do empregador, implica a responsabilidade subsidiária do tomador dos serviços, quanto àquelas obrigações, inclusive quanto aos órgãos da administração direta, das autarquias, das fundações públicas, das empresas públicas e das sociedades de economia mista, desde que hajam participado da relação processual e constem também do título executivo judicial (art. 71 da Lei 8.666, de 21.6.93) (Res. TST 96/00, *DJ*, 18.9.00)
	RED. ANTERIOR – I – A contratação de trabalhadores por empresa interposta é ilegal, formando-se o vínculo diretamente com o tomador dos serviços, salvo no caso de trabalho temporário (Lei 6.019, de 3.1.74). II – A contratação irregular de trabalhador, mediante empresa interposta, não gera vínculo de emprego com os órgãos da administração pública direta, indireta ou fundacional (art. 37, II, da CF/88). III – Não forma vínculo de emprego com o tomador a contratação de serviços de vigilância (Lei 7.102, de 20.06.83) e de conservação e limpeza, bem como a de serviços especializados ligados à atividade-meio do tomador, desde que inexistente a pessoalidade e a subordinação direta.

TEMA		TEXTO
		IV – O inadimplemento das obrigações trabalhistas, por parte do empregador, implica na responsabilidade subsidiária do tomador dos serviços quanto àquelas obrigações, desde que este tenha participado da relação processual e conste também do título executivo judicial. (Res. TST 23/93, *DJ*, 21.12.93)
332	Aposentadoria. Complementação. Petrobras	As normas relativas à complementação de aposentadoria, inseridas no Manual de Pessoal da Petrobras, têm caráter meramente programático, delas não resultando direito à referida complementação. (Res. TST 24/94, *DJ*, 12.5.94)
333	Recurso de revista ou embargos. Cabimento	Não ensejam recurso de revista decisões superadas por iterativa, notória e atual jurisprudência do Tribunal Superior do Trabalho (Res. TST 155/09, *DJ*, 2.3.09)
		RED. ANTERIOR – Não ensejam recursos de revista ou de embargos decisões superadas por iterativa, notória e atual jurisprudência do Tribunal Superior do Trabalho. (Res. TST 99/00, *DJ*, 18.9.00)
		RED. ANTERIOR – Não ensejam recursos de revista ou de embargos decisões superadas por iterativa, notória e atual jurisprudência da Seção Especializada em Dissídios Individuais. (Res. TST 25/94, *DJ*, 12.5.94)
334	Competência. Desconto assistencial	CANCELADA – A Justiça do Trabalho é incompetente para julgar ação na qual o sindicato, em nome próprio, pleiteia o recolhimento de desconto assistencial previsto em convenção ou acordo coletivos. (Res. TST 26/94, *DJ*, 12.05.94) (Cancelada, Res. TST 59/96, *DJ*, 28.6.96)
335	Embargos. Cabimento	CANCELADA – São incabíveis embargos para a Seção Especializada em Dissídios Individuais contra decisão proferida em agravo de instrumento oposto a despacho denegatório de recurso de revista, salvo quando a controvérsia se referir a pressupostos extrínsecos do próprio agravo. (Res. TST 27/94, *DJ*, 12.5.94) (Cancelada, Res. TST 121/03, *DJ*, 21.11.03)
336	Entidades estatais. Remuneração	É constitucional o § 2º do art. 9º do Decreto-Lei 1.971, de 30.11.82, com a redação dada pelo Decreto-Lei 2.100, de 28.12.83. (Res. TST 34/94, *DJ*, 10.10.94)
337	Divergência jurisprudencial. Requisitos	I – Para comprovação da divergência justificadora do recurso, é necessário que o recorrente. a) Junte certidão ou cópia autenticada do acórdão paradigma ou cite a fonte oficial ou o repositório autorizado em que foi publicado; e b) Transcreva, nas razões recursais, as ementas e/ou trechos dos acórdãos trazidos à configuração do dissídio, demonstrando o conflito de teses que justifique o conhecimento do recurso, ainda que os acórdãos já se encontrem nos autos ou venham a ser juntados com o recurso. (ex-Súmula 337 – alterada pela Res. 121/2003, *DJ*, 21.11.03).

TEMA	TEXTO
	II – A concessão de registro de publicação como repositório autorizado de jurisprudência do TST torna válidas todas as suas edições anteriores. (ex-OJ 317 da SBDI-I – *DJ*, 11.8.03). III – A mera indicação da data de publicação, em fonte oficial, de aresto paradigma é inválida para comprovação de divergência jurisprudencial, nos termos do item I, "a", desta súmula, quando a parte pretende demonstrar o conflito de teses mediante a transcrição de trechos que integram a fundamentação do acórdão divergente, uma vez que só se publicam o dispositivo e a ementa dos acórdãos. IV – É válida para a comprovação da divergência jurisprudencial justificadora do recurso a indicação de aresto extraído de repositório oficial na internet, desde que o recorrente: a) transcreva o trecho divergente; b) aponte o sítio de onde foi extraído; e c) decline o número do processo, o órgão prolator do acórdão e a data da respectiva publicação no *Diário Eletrônico da Justiça do Trabalho*. V – A existência do código de autenticidade na cópia, em formato pdf, do inteiro teor do aresto paradigma, juntada aos autos, torna-a equivalente ao documento original e também supre a ausência de indicação da fonte oficial de publicação. (Res. 220/17, *DEJT*, 21.9.17).
	RED. ANTERIOR. I – Para comprovação da divergência justificadora do recurso, é necessário que o recorrente: a) Junte certidão ou cópia autenticada do acórdão paradigma ou cite a fonte oficial ou o repositório autorizado em que foi publicado; e b) Transcreva, nas razões recursais, as ementas e/ou trechos dos acórdãos trazidos à configuração do dissídio, demonstrando o conflito de teses que justifique o conhecimento do recurso, ainda que os acórdãos já se encontrem nos autos ou venham a ser juntados com o recurso. (ex-Súmula 337) (Res. TST 129/05, *DJ*, 20.4.05) II – A concessão de registro de publicação como repositório autorizado de jurisprudência do TST torna válidas todas as suas edições anteriores. (ex-OJ SDI-1 317) (Res. TST 129/05, *DJ*, 20.4.05) III – A mera indicação da data de publicação, em fonte oficial, de aresto paradigma é inválida para comprovação de divergência jurisprudencial, nos termos do item I, "a", desta súmula, quando a parte pretende demonstrar o conflito de teses mediante a transcrição de trechos que integram a fundamentação do acórdão divergente, uma vez que só se publicam o dispositivo e a ementa dos acórdãos. (Res. TST 173/10, *DEJT*, 23.11.10)

TEMA	TEXTO
	IV – É válida para a comprovação da divergência jurisprudencial justificadora do recurso a indicação de aresto extraído de repositório oficial na internet, desde que o recorrente: (Res. TST 185/12, 27.9.12) a) transcreva o trecho divergente; b) aponte o sítio de onde foi extraído; e c) decline o número do processo, o órgão prolator do acórdão e a data da respectiva publicação no *Diário Eletrônico da Justiça do Trabalho*.
	RED. ANTERIOR – I – Para comprovação da divergência justificadora do recurso, é necessário que o recorrente: a) Junte certidão ou cópia autenticada do acórdão paradigma ou cite a fonte oficial ou o repositório autorizado em que foi publicado; e b) Transcreva, nas razões recursais, as ementas e/ou trechos dos acórdãos trazidos à configuração do dissídio, demonstrando o conflito de teses que justifique o conhecimento do recurso, ainda que os acórdãos já se encontrem nos autos ou venham a ser juntados com o recurso. (ex-Súmula 337) (Res. TST 129/05, *DJ*, 20.4.05) II – A concessão de registro de publicação como repositório autorizado de jurisprudência do TST torna válidas todas as suas edições anteriores. (ex-OJ SDI-1 317) (Res. TST 129/05, *DJ*, 20.4.05) III – A mera indicação da data de publicação, em fonte oficial, de aresto paradigma é inválida para comprovação de divergência jurisprudencial, nos termos do item I, "a", desta súmula, quando a parte pretende demonstrar o conflito de teses mediante a transcrição de trechos que integram a fundamentação do acórdão divergente, uma vez que só se publicam o dispositivo e a ementa dos acórdãos; (Res. TST 173/10, *DEJT*, 23.11.10) IV – É válida para a comprovação da divergência jurisprudencial justificadora do recurso a indicação de aresto extraído de repositório oficial na internet, sendo necessário que o recorrente transcreva o trecho divergente e aponte o sítio de onde foi extraído com a devida indicação do endereço do respectivo conteúdo na rede (URL – *Universal Resource Locator*). (Res. TST 173/10, *DEJT*, 23.11.10)
	RED. ANTERIOR – I – Para comprovação da divergência justificadora do recurso, é necessário que o recorrente: a) Junte certidão ou cópia autenticada do acórdão paradigma ou cite a fonte oficial ou o repositório autorizado em que foi publicado; e

TEMA	TEXTO
	b) Transcreva, nas razões recursais, as ementas e/ou trechos dos acórdãos trazidos à configuração do dissídio, demonstrando o conflito de teses que justifique o conhecimento do recurso, ainda que os acórdãos já se encontrem nos autos ou venham a ser juntados com o recurso. (ex-Súmula 337) (Res. TST 129/05, *DJ*, 20.4.05) II – A concessão de registro de publicação como repositório autorizado de jurisprudência do TST torna válidas todas as suas edições anteriores. (ex-OJ SDI-1 317) (Res. TST 129/05, *DJ*, 20.4.05)
	RED. ANTERIOR – Para comprovação da divergência justificadora do recurso, é necessário que o recorrente: I – Junte certidão ou cópia autenticada do acórdão paradigma ou cite a fonte oficial ou o repositório autorizado em que foi publicado; e II – Transcreva, nas razões recursais, as ementas e/ou trechos dos acórdãos trazidos à configuração do dissídio, demonstrando o conflito de teses que justifique o conhecimento do recurso, ainda que os acórdãos já se encontrem nos autos ou venham a ser juntados com o recurso. (Res. TST 121/03, *DJ*, 21.11.03)
	RED. ANTERIOR – Para comprovação da divergência justificadora do recurso, é necessário que o recorrente: I – Junte certidão ou cópia autenticada do acórdão paradigma ou cite a fonte oficial ou repositório autorizado em que foi publicado; e II – Transcreva, nas razões recursais, as ementas e/ou trechos dos acórdãos trazidos à configuração do dissídio, mencionando as teses que identifiquem os casos confrontados, ainda que os acórdãos já se encontrem nos autos ou venham a ser juntados com o recurso. (Res. TST 35/94, *DJ*, 18.11.94, Republicada *DJ*, 30.11.94)
338 Horas extras. Ônus da prova	I – É ônus do empregador que conta com mais de 10 empregados o registro da jornada de trabalho na forma do art. 74, § 2º, da CLT. A não apresentação injustificada dos controles de frequência gera presunção relativa de veracidade da jornada de trabalho, a qual pode ser elidida por prova em contrário. (ex-Súmula 338) (Res. TST 129/05, *DJ*, 20.4.05) II – A presunção de veracidade da jornada de trabalho, ainda que prevista em instrumento normativo, pode ser elidida por prova em contrário. (ex-OJ SDI-1 234) (Res. TST 129/05, *DJ*, 20.4.05) III – Os cartões de ponto que demonstram horários de entrada e saída uniformes são inválidos como meio de prova, invertendo-se o ônus da prova, relativo às horas extras, que passa a ser do empregador, prevalecendo a jornada da inicial se dele não se desincumbir. (ex-OJ SDI-1 306) (Res. TST 129/05, *DJ*, 20.4.05)

TEMA	TEXTO
	RED. ANTERIOR – É ônus do empregador que conta com mais de 10 empregados o registro da jornada de trabalho na forma do art. 74, § 2º, da CLT. A não apresentação injustificada dos controles de frequência gera presunção relativa de veracidade da jornada de trabalho, a qual pode ser elidida por prova em contrário. (Res. TST 121/03, *DJ*, 21.11.03)
	RED. ANTERIOR – A omissão injustificada por parte da empresa de cumprir determinação judicial de apresentação dos registros de horário (CLT, art. 74, § 2º) importa em presunção de veracidade da jornada de trabalho alegada na inicial, a qual pode ser elidida por prova em contrário. (Res. TST 36/94, *DJ*, 18.11.94)
339 Estabilidade. CIPA. Suplente	I – O suplente da CIPA goza da garantia de emprego prevista no art. 10, II, "a", do ADCT a partir da promulgação da Constituição Federal de 1988. (ex-Súmula 339 e ex-OJ SDI-1 25) (Res. TST 129/05, *DJ*, 20.4.05) II – A estabilidade provisória do cipeiro não constitui vantagem pessoal, mas garantia para as atividades dos membros da CIPA, que somente tem razão de ser quando em atividade a empresa. Extinto o estabelecimento, não se verifica a despedida arbitrária, sendo impossível a reintegração e indevida a indenização do período estabilitário. (ex-OJ SDI-1 329) (Res. TST 129/05, *DJ*, 20.4.05)
	RED. ANTERIOR – O suplente da CIPA goza da garantia de emprego prevista no art. 10, II, "a", do ADCT da CF/88. (Res. TST 39/94, *DJ*, 20.12.94)
340 Horas extras. Comissionista	O empregado, sujeito a controle de horário, remunerado à base de comissões, tem direito ao adicional de, no mínimo, 50% pelo trabalho em horas extras, calculado sobre o valor-hora das comissões recebidas no mês, considerando-se como divisor o número de horas efetivamente trabalhadas. (Res. TST 121/03, *DJ*, 21.11.03)
	RED. ANTERIOR – O empregado, sujeito a controle de horário, remunerado à base de comissões, tem direito ao adicional de, no mínimo, 50% pelo trabalho em horas extras, calculado sobre o valor das comissões a elas referentes. (Res. TST 40/95, *DJ*, 17.2.95)
341 Honorários periciais. Assistente técnico	A indicação do perito assistente é faculdade da parte, a qual deve responder pelos respectivos honorários, ainda que vencedora no objeto da perícia. (Res. TST 44/95, *DJ*, 22.3.95)
342 Descontos salariais. Legalidade	Descontos salariais efetuados pelo empregador, com a autorização prévia e por escrito do empregado, para ser integrado em planos de assistência odontológica, médico-hospitalar, de seguro, de previdência privada, ou de entidade cooperativa, cultural ou recreativo-associativa de seus trabalhadores, em seu benefício e de seus dependentes, não afrontam o disposto no art. 462 da CLT, salvo se ficar demonstrada a existência de coação ou de outro defeito que vicie o ato jurídico. (Res. TST 47/95, *DJ*, 20.4.95)

	TEMA	TEXTO
343	Bancário. Salário--hora. Divisor	CANCELADA – O bancário sujeito à jornada de 8 horas (art. 224, § 2º, da CLT), após a CF/88, tem salário-hora calculado com base no divisor 220, não mais 240. (Revisão da Súmula 267) (Res. TST 48/95, *DJ*, 30.8.95) (Cancelada, Res. TST 185/12, *DEJT*, 27.9.12)
344	Rural. Salário-família	O salário-família é devido aos trabalhadores rurais somente após a vigência da Lei 8.213, de 24.7.91. (Revisão da Súmula 227) (Res. TST 51/95, *DJ*, 21.9.95)
345	Estabilidade. BANDEPE	O Regulamento Interno de Pessoal (RIP) do Banco do Estado de Pernambuco – BANDEPE, na parte que trata de seu regime disciplinar, não confere estabilidade aos seus empregados. (Res. TST 54/96, *DJ*, 19.4.96, Republicada *DJ*, 9.5.96)
346	Digitador. Intervalos. Intrajornada	Os digitadores, por aplicação analógica do art. 72 da CLT, equiparam-se aos trabalhadores nos serviços de mecanografia (datilografia, escrituração ou cálculo), razão pela qual têm direito a intervalos de descanso de 10 minutos a cada 90 de trabalho consecutivo. (Res. TST 56/96, *DJ*, 28.6.96)
347	Horas extras. Cálculo. Reflexos	O cálculo do valor das horas extras habituais, para efeito de reflexos em verbas trabalhistas, observará o número de horas efetivamente prestadas e a ele aplica-se o valor do salário-hora da época do pagamento daquelas verbas. (Res. TST 57/96, *DJ*, 28.6.96)
348	Aviso prévio. Garantia de emprego	É inválida a concessão do aviso prévio na fluência da garantia de emprego, ante a incompatibilidade dos dois institutos. (Res. 58/96, *DJ*, 28.6.96)
349	Acordo de compensação. Atividade insalubre	CANCELADA – A validade de acordo coletivo ou convenção coletiva de compensação de jornada de trabalho em atividade insalubre prescinde da inspeção prévia da autoridade competente em matéria de higiene do trabalho (art. 7º, XIII, da CF/88; art. 60 da CLT). (Res. TST 60/96, *DJ*, 8.7.96) (Cancelada, Res. TST 174/11, *DEJT*, 31.5.11)
350	Prescrição. Ação de cumprimento	O prazo de prescrição com relação à ação de cumprimento de decisão normativa flui apenas da data de seu trânsito em julgado. (Res. TST 62/96, *DJ*, 4.10.96)
351	Professor. Repouso	O professor que recebe salário mensal à base de hora-aula tem direito ao acréscimo de 1/6 a título de repouso semanal remunerado, considerando-se para esse fim o mês de quatro semanas e meia. (Res. TST 68/97, *DJ*, 30.5.97)
352	Custas. Comprovação	CANCELADA – O prazo para comprovação do pagamento das custas, sempre a cargo da parte, é de 5 dias contados do seu recolhimento (CLT, art. 789, § 4º, – CPC, art. 185). (Res. TST 69/97, *DJ*, 30.5.97) (Cancelada, Res. TST 114/02, *DJ*, 28.11.02) (Referência Lei 10.537/02)

TEMA	TEXTO
353 Embargos. Cabimento	Não cabem embargos para a Seção de Dissídios Individuais de decisão de Turma proferida em agravo, salvo: a) da decisão que não conhece de agravo de instrumento ou de agravo pela ausência de pressupostos extrínsecos; b) da decisão que nega provimento a agravo contra decisão monocrática do Relator, em que se proclamou a ausência de pressupostos extrínsecos de agravo de instrumento; c) para revisão dos pressupostos extrínsecos de admissibilidade do recurso de revista, cuja ausência haja sido declarada originariamente pela Turma no julgamento do agravo; d) para impugnar o conhecimento de agravo de instrumento; e) para impugnar a imposição de multas previstas nos arts. 1.021, § 4º, do CPC de 2015 ou 1.026, § 2º, do CPC de 2015 (art. 538, parágrafo único, do CPC de 1973, ou art. 557, § 2º, do CPC de 1973); f) contra decisão de Turma proferida em agravo em recurso de revista, nos termos do art. 894, II, da CLT. (Res. TST 208/16, *DEJT*, 22.4.16).
	RED. ANTERIOR – Não cabem embargos para a Seção de Dissídios Individuais de decisão de Turma proferida em agravo, salvo: a) da decisão que não conhece de agravo de instrumento ou de agravo pela ausência de pressupostos extrínsecos; b) da decisão que nega provimento a agravo contra decisão monocrática do Relator, em que se proclamou a ausência de pressupostos extrínsecos de agravo de instrumento; c) para revisão dos pressupostos extrínsecos de admissibilidade do recurso de revista, cuja ausência haja sido declarada originariamente pela Turma no julgamento do agravo; d) para impugnar o conhecimento de agravo de instrumento; e) para impugnar a imposição de multas previstas no art. 538, parágrafo único, do CPC, ou no art. 557, § 2º, do CPC; f) contra decisão de Turma proferida em agravo em recurso de revista, nos termos do art. 894, II, da CLT. (Res. TST 189/13, *DEJT*, 15.3.13)
	RED. ANTERIOR – Não cabem embargos para a Seção de Dissídios Individuais de decisão de Turma proferida em agravo, salvo: a) da decisão que não conhece de agravo de instrumento ou de agravo pela ausência de pressupostos extrínsecos; b) da decisão que nega provimento a agravo contra decisão monocrática do Relator, em que se proclamou a ausência de pressupostos extrínsecos de agravo de instrumento;

TEMA	TEXTO
	c) para revisão dos pressupostos extrínsecos de admissibilidade do recurso de revista, cuja ausência haja sido declarada originariamente pela Turma no julgamento do agravo; d) para impugnar o conhecimento de agravo de instrumento; e) para impugnar a imposição de multas previstas no art. 538, parágrafo único, do CPC, ou no art. 557, § 2º, do CPC; f) contra decisão de Turma proferida em agravo interposto de decisão monocrática do relator, baseada no art. 557, § 1º-A, do CPC. (ex-OJ SDI-1 293) (Res. TST 171/10, *DJET*, 23.11.10)
	RED. ANTERIOR – Não cabem embargos para a Seção de Dissídios Individuais de decisão de Turma proferida em agravo, salvo: a) da decisão que não conhece de agravo de instrumento ou de agravo pela ausência de pressupostos extrínsecos; b) da decisão que nega provimento a agravo contra decisão monocrática do Relator, em que se proclamou a ausência de pressupostos extrínsecos de agravo de instrumento; c) para revisão dos pressupostos extrínsecos de admissibilidade do recurso de revista, cuja ausência haja sido declarada originariamente pela Turma no julgamento do agravo; d) para impugnar o conhecimento de agravo de instrumento; e) para impugnar a imposição de multas previstas no art. 538, parágrafo único, do CPC, ou no art. 557, § 2º, do CPC. (Res. TST 128/05, *DJ*, 14.3.05)
	RED. ANTERIOR – Não cabem embargos para a Seção de Dissídios Individuais de decisão de Turma proferida em agravo, salvo para reexame dos pressupostos extrínsecos do recurso a que se denegou seguimento no Tribunal Superior do Trabalho (Res. TST 121/03, *DJ*, 21.11.03)
	RED. ANTERIOR – Não cabem embargos para a Seção de Dissídios Individuais contra decisão de Turma proferida em agravo de instrumento e em agravo regimental, salvo para reexame dos pressupostos extrínsecos dos agravos ou da revista respectiva. (Res. TST 70/97, *DJ*, 30.5.97)
354 Gorjetas. Integração	As gorjetas, cobradas pelo empregador na nota de serviço ou oferecidas espontaneamente pelos clientes, integram a remuneração do empregado, não servindo de base de cálculo para as parcelas de aviso prévio, adicional noturno, horas extras e repouso semanal remunerado. (Res. TST 71/97, *DJ*, 30.5.97) (Revisão da Súmula 290)
355 Estabilidade. CONAB	O aviso DIREH 2, de 12.12.84, que concedia estabilidade aos empregados da CONAB, não tem eficácia, porque não aprovado pelo Ministério ao qual a empresa se subordina. (Res. TST 72/97, *DJ*, 4.7.97)
356 Alçada. Salário mínimo	O art. 2º, § 4º, da Lei 5.584, de 26.6.70 foi recepcionado pela CF/88, sendo lícita a fixação do valor da alçada com base no salário mínimo. (Res. TST 75/97, *DJ*, 19.12.97)

	TEMA	TEXTO
357	Testemunha. Suspeita	Não torna suspeita a testemunha o simples fato de estar litigando ou de ter litigado contra o mesmo empregador. (Res. TST 76/97, *DJ*, 19.12.97)
358	Radiologista. Salário profissional	O salário profissional dos técnicos em radiologia é igual a 2 salários mínimos e não a 4. (Res. TST 77/97, *DJ*, 19.12.97)
359	Substituição processual. Federação. Categoria inorganizada	CANCELADA – A federação não tem legitimidade para ajuizar a ação de cumprimento prevista no art. 872, parágrafo único, da CLT na qualidade de substituto processual da categoria profissional inorganizada. (Res. TST 78/97, *DJ*, 19.12.97) (Cancelada, Res. TST 121/03, *DJ*, 21.11.03)
360	Turnos de revezamento. Intervalo	A interrupção do trabalho destinada a repouso e alimentação, dentro de cada turno, ou o intervalo para repouso semanal, não descaracteriza o turno de revezamento com jornada de 6 horas previsto no art. 7º, XIV, da CF/88. (Res. TST 79/97, *DJ*, 13.1.98)
361	Periculosidade. Intermitência	O trabalho exercido em condições perigosas, embora de forma intermitente, dá direito ao empregado a receber o adicional de periculosidade de forma integral, porque a Lei 7.369, de 20.9.85 não estabeleceu nenhuma proporcionalidade em relação ao seu pagamento. (Res. TST 83/98, *DJ*, 20.8.98) (Mantida, Res. TST 121/03, *DEJT*, 21.11.03)
362	Prescrição. FGTS	I - Para os casos em que a ciência da lesão ocorreu a partir de 13.11.2014, é quinquenal a prescrição do direito de reclamar contra o não recolhimento de contribuição para o FGTS, observado o prazo de dois anos após o término do contrato; II – Para os casos em que o prazo prescricional já estava em curso em 13.11.2014, aplica-se o prazo prescricional que se consumar primeiro: trinta anos, contados do termo inicial, ou cinco anos, a partir de 13.11.2014 (STF-ARE-709212/DF). (Res. TST 198/15, *DEJT*, 12.6.15)
		RED. ANTERIOR – É trintenária a prescrição do direito de reclamar contra o não recolhimento da contribuição para o FGTS, observado o prazo de 2 anos após o término do contrato de trabalho. (Res. TST 121/03, *DJ*, 21.11.03)
		RED. ANTERIOR – Extinto o contrato de trabalho, é de 2 anos o prazo prescricional para reclamar em Juízo o não recolhimento da contribuição do Fundo de Garantia do Tempo de Serviço. (Res. TST 90/99, *DJ*, 3.9.99)
363	Servidor público. Sem concurso. Contrato nulo	A contratação de servidor público, após a CF/88, sem prévia aprovação em concurso público, encontra óbice no respectivo art. 37, II e § 2º, somente lhe conferindo direito ao pagamento da contraprestação pactuada, em relação ao número de horas trabalhadas, respeitado o valor da hora do salário mínimo, e dos valores referentes aos depósitos do FGTS. (Res. TST 121/03, *DJ*, 21.11.03)

TEMA		TEXTO
		RED. ANTERIOR – A contratação de servidor público, após a Constituição de 88, sem prévia aprovação em concurso público, encontra óbice no seu art. 37, II, e § 2º, somente conferindo-lhe direito ao pagamento da contraprestação pactuada, em relação ao número de horas trabalhadas, respeitado o salário mínimo/hora. (Res. TST 111/02, *DJ*, 11.4.02)
		RED. ANTERIOR – A contratação de servidor público, após a Constituição de 88, sem prévia aprovação em concurso público, encontra óbice no seu art. 37, II, e § 2º, somente conferindo-lhe direito ao pagamento dos dias efetivamente trabalhados segundo a contraprestação pactuada. (Res. TST 97/00, *DJ*, 18.9.00 – Republicada *DJ*, 13.10.00 – Republicada *DJ*, 10.11.00)
364	Periculosidade. Exposição eventual. Permanente	I - Tem direito ao adicional de periculosidade o empregado exposto permanentemente ou que, de forma intermitente, sujeita-se a condições de risco. Indevido, apenas, quando o contato dá-se de forma eventual, assim considerado o fortuito, ou o que, sendo habitual, dá-se por tempo extremamente reduzido. (ex-OJs da SBDI-1 n. 5 - inserida em 14.3.1994 - e 280 - *DJ* 11.8.03).
		II - Não é válida a cláusula de acordo ou convenção coletiva de trabalho fixando o adicional de periculosidade em percentual inferior ao estabelecido em lei e proporcional ao tempo de exposição ao risco, pois tal parcela constitui medida de higiene, saúde e segurança do trabalho, garantida por norma de ordem pública (arts. 7º, XXII e XXIII, da CF e 193, §1º, da CLT). (inserido, Res. TST 209/16, *DEJT*, 1.6.16).
		RED. ANTERIOR – Tem direito ao adicional de periculosidade o empregado exposto permanentemente ou que, de forma intermitente, sujeita-se a condições de risco. Indevido, apenas, quando o contato dá-se de forma eventual, assim considerado o fortuito, ou o que, sendo habitual, dá-se por tempo extremamente reduzido. (ex-OJ SDI-1 05, 258 e 280) (Res. TST 174/11, *DEJT*, 31.5.11) CANCELADA – II – A fixação do adicional de periculosidade, em percentual inferior ao legal e proporcional ao tempo de exposição ao risco, deve ser respeitada, desde que pactuada em acordos ou convenções coletivos. (ex-OJ SDI-1 258) (Res. TST 129/05, *DJ*, 20.4.05) (Cancelada, Res. TST 174/11, *DEJT*, 31.5.11)
		RED. ANTERIOR – I – Faz jus ao adicional de periculosidade o empregado exposto permanentemente ou que, de forma intermitente, sujeita-se a condições de risco. Indevido, apenas, quando o contato dá-se de forma eventual, assim considerado o fortuito, ou o que, sendo habitual, dá-se por tempo extremamente reduzido. (ex-OJ SDI-1 05 e 280) (Res. TST 129/05, *DJ*, 20.4.05)

	TEMA	TEXTO
365	Alçada. Ação rescisória e mandado de segurança	Não se aplica a alçada em ação rescisória e em mandado de segurança. (ex-OJ SDI-1 8 e 10) (Res. TST 129/05, *DJ*, 20.4.05)
366	Horas extras. Minutos que antecedem e sucedem a jornada	Não serão descontadas nem computadas como jornada extraordinária as variações de horário do registro de ponto não excedentes de cinco minutos, observado o limite máximo de dez minutos diários. Se ultrapassado esse limite, será considerada como extra a totalidade do tempo que exceder a jornada normal, pois configurado tempo à disposição do empregador, não importando as atividades desenvolvidas pelo empregado ao longo do tempo residual (troca de uniforme, lanche, higiene pessoal, etc.). (Res. TST 197/15, *DEJT*, 14.5.15).
		RED. ANTERIOR – Não serão descontadas nem computadas como jornada extraordinária as variações de horário do registro de ponto não excedentes de 5 minutos, observado o limite máximo de 10 minutos diários. Se ultrapassado esse limite, será considerada como extra a totalidade do tempo que exceder a jornada normal. (ex-OJ SDI-1 23 e 326) (Res. TST 129/05, *DJ*, 20.4.05)
367	*In natura*. Habitação. Energia elétrica. Veículo. Cigarro	I – A habitação, a energia elétrica e veículo fornecidos pelo empregador ao empregado, quando indispensáveis para a realização do trabalho, não têm natureza salarial, ainda que, no caso de veículo, seja ele utilizado pelo empregado também em atividades particulares. (ex-OJ SDI-1 131 e 246) (Res. TST 129/05, *DJ*, 20.4.05) II – O cigarro não se considera salário utilidade em face de sua nocividade à saúde. (ex-OJ SDI-1 24) (Res. TST 129/05, *DJ*, 20.4.05)
368	Descontos previdenciários e fiscais. Competência	I - A Justiça do Trabalho é competente para determinar o recolhimento das contribuições fiscais. A competência da Justiça do Trabalho, quanto à execução das contribuições previdenciárias, limita-se às sentenças condenatórias em pecúnia que proferir e aos valores, objeto de acordo homologado, que integrem o salário de contribuição. (ex-OJ 141 da SBDI-1 - inserida em 27.11.98). (Res. 219/17, *DEJT* 28.6.17). II - É do empregador a responsabilidade pelo recolhimento das contribuições previdenciárias e fiscais, resultantes de crédito do empregado oriundo de condenação judicial. A culpa do empregador pelo inadimplemento das verbas remuneratórias, contudo, não exime a responsabilidade do empregado pelos pagamentos do imposto de renda devido e da contribuição previdenciária que recaia sobre sua quota-parte. (ex-OJ 363 da SBDI-1, parte final). (Res. 219/17, *DEJT* 28.6.17).

TEMA	TEXTO
	III – Os descontos previdenciários relativos à contribuição do empregado, no caso de ações trabalhistas, devem ser calculados mês a mês, de conformidade com o art. 276, § 4º, do Decreto n. 3.048/1999 que regulamentou a Lei n. 8.212/1991, aplicando-se as alíquotas previstas no art. 198, observado o limite máximo do salário de contribuição (ex-OJs 32 e 228 da SBDI-1 – inseridas, respectivamente, em 14.3.94 e 20.6.01). (Res. 219/17, *DEJT* 28.6.17)..
	IV - Considera-se fato gerador das contribuições previdenciárias decorrentes de créditos trabalhistas reconhecidos ou homologados em juízo, para os serviços prestados até 4.3.2009, inclusive, o efetivo pagamento das verbas, configurando-se a mora a partir do dia 2 do mês seguinte ao da liquidação (art. 276, "caput", do Decreto n. 3.048/1999). Eficácia não retroativa da alteração legislativa promovida pela Medida Provisória n. 449/2008, posteriormente convertida na Lei n. 11.941/2009, que deu nova redação ao art. 43 da Lei n. 8.212/91. (Res. 219/17, *DEJT* 28.6.17).
	V - Para o labor realizado a partir de 5.3.2009, considera-se fato gerador das contribuições previdenciárias decorrentes de créditos trabalhistas reconhecidos ou homologados em juízo a data da efetiva prestação dos serviços. Sobre as contribuições previdenciárias não recolhidas a partir da prestação dos serviços incidem juros de mora e, uma vez apurados os créditos previdenciários, aplica-se multa a partir do exaurimento do prazo de citação para pagamento, se descumprida a obrigação, observado o limite legal de 20% (art. 61, § 2º, da Lei n. 9.430/96). (Res. 219/17, *DEJT* 28.6.17).
	VI – O imposto de renda decorrente de crédito do empregado recebido acumuladamente deve ser calculado sobre o montante dos rendimentos pagos, mediante a utilização de tabela progressiva resultante da multiplicação da quantidade de meses a que se refiram os rendimentos pelos valores constantes da tabela progressiva mensal correspondente ao mês do recebimento ou crédito, nos termos do art. 12-A da Lei n. 7.713, de 22.12.1988, com a redação conferida pela Lei n. 13.149/2015, observado o procedimento previsto nas Instruções Normativas da Receita Federal do Brasil. (Res. 219/17, *DEJT* 28.6.17).
	RED. ANTERIOR – I – A Justiça do Trabalho é competente para determinar o recolhimento das contribuições fiscais. A competência da Justiça do Trabalho, quanto à execução das contribuições previdenciárias, limita-se às sentenças condenatórias em pecúnia que proferir e aos valores, objeto de acordo homologado, que integrem o salário de contribuição. (ex-OJ SDI-1 141) (Res. TST 138/05, *DJ*, 25.11.05).

TEMA	TEXTO
	II – É do empregador a responsabilidade pelo recolhimento das contribuições previdenciárias e fiscais, resultante de crédito do empregado oriundo de condenação judicial, devendo ser calculadas, em relação à incidência dos descontos fiscais, mês a mês, nos termos do art. 12-A da Lei n. 7.713, de 22.12.1988. (Res. TST 181/12, *DEJT*, 23.4.12). III – Em se tratando de descontos previdenciários, o critério de apuração encontra-se disciplinado no art. 276, § 4º, do Decreto n. 3.048/1999 que regulamentou a Lei n. 8.212/1991 e determina que a contribuição do empregado, no caso de ações trabalhistas, seja calculada mês a mês, aplicando-se as alíquotas previstas no art. 198, observado o limite máximo do salário de contribuição. (ex-OJ SDI-1 32 e OJ SDI-1 228) (Res. TST 138/05, *DJ*, 25.11.05).
	RED. ANTERIOR – I – A Justiça do Trabalho é competente para determinar o recolhimento das contribuições fiscais. A competência da Justiça do Trabalho, quanto à execução das contribuições previdenciárias, limita-se às sentenças condenatórias em pecúnia que proferir e aos valores, objeto de acordo homologado, que integrem o salário de contribuição. (ex-OJ SDI-1 141) (Res. TST 138/05, *DJ*, 25.11.05). II – É do empregador a responsabilidade pelo recolhimento das contribuições previdenciárias e fiscais, resultante de crédito do empregado oriundo de condenação judicial, devendo incidir, em relação aos descontos fiscais, sobre o valor total da condenação, referente às parcelas tributáveis, calculado ao final, nos termos da Lei n. 8.541/92, art. 46, e Provimento da CGJT n. 03/05. (ex-OJ SDI-1 32 e OJ SDI-1 228) (Res. TST 138/05, *DJ*, 25.11.05). III – Em se tratando de descontos previdenciários, o critério de apuração encontra-se disciplinado no art. 276, § 4º, do Decreto n. 3.048/99, que regulamenta a Lei n. 8.212/91 e determina que a contribuição do empregado, no caso de ações trabalhistas, seja calculada mês a mês, aplicando-se as alíquotas previstas no art. 198, observado o limite máximo do salário de contribuição. (ex-OJ SDI-1 32 e OJ SDI-1 228) (Res. TST 138/05, *DJ*, 25.11.05)
	RED. ANTERIOR – I – A Justiça do Trabalho é competente para determinar o recolhimento das contribuições previdenciárias e fiscais provenientes das sentenças que proferir. A competência da Justiça do Trabalho para execução das contribuições previdenciárias alcança as parcelas integrantes do salário de contribuição, pagas em virtude de contrato de emprego reconhecido em juízo, ou decorrentes de anotação da Carteira de Trabalho e Previdência Social – CTPS, objeto de acordo homologado em juízo. (ex-OJ SDI-1 141) (Res. TST 129/05, *DJ*, 20.4.05, republicada em *DJ*, 5.5.05)

TEMA		TEXTO
		II – É do empregador a responsabilidade pelo recolhimento das contribuições previdenciárias e fiscais, resultante de crédito do empregado oriundo de condenação judicial, devendo incidir, em relação aos descontos fiscais, sobre o valor total da condenação, referente às parcelas tributáveis, calculado ao final, nos termos da Lei n. 8.541/92, art. 46 e Provimento da CGJT n. 01/96. (ex-OJ SDI-1 32 e OJ SDI-1 228) (Res. TST 129/05, *DJ*, 20.4.05, republicada em *DJ*, 5.5.05) III – Em se tratando de descontos previdenciários, o critério de apuração encontra-se disciplinado no art. 276, § 4º, do Decreto n. 3.048/99 que regulamentou a Lei n. 8.212/91 e determina que a contribuição do empregado, no caso de ações trabalhistas, seja calculada mês a mês, aplicando-se as alíquotas previstas no art. 198, observado o limite máximo do salário de contribuição. (ex-OJ SDI-1 32 e OJ SDI-1 228) (Res. TST 129/05, *DJ*, 20.4.05, republicada em *DJ*, 5.5.05)
369	Dirigente sindical. Estabilidade	I – É assegurada a estabilidade provisória ao empregado dirigente sindical, ainda que a comunicação do registro da candidatura ou da eleição e da posse seja realizada fora do prazo previsto no art. 543, § 5º, da CLT, desde que a ciência ao empregador, por qualquer meio, ocorra na vigência do contrato de trabalho. (Res. TST 185/12. *DEJT*, 27.9.12) II – O art. 522 da CLT foi recepcionado pela Constituição Federal de 1988. Fica limitada, assim, a estabilidade a que alude o art. 543, § 3º, da CLT a sete dirigentes sindicais e igual número de suplentes. (Res. TST 174/11, *DEJT*, 31.5.11) III – O empregado de categoria diferenciada eleito dirigente sindical só goza de estabilidade se exercer na empresa atividade pertinente à categoria profissional do sindicato para o qual foi eleito dirigente. (ex-OJ SDI-1 145) (Res. TST 129/05, *DJ*, 20.4.05) IV – Havendo extinção da atividade empresarial no âmbito da base territorial do sindicato, não há razão para subsistir a estabilidade. (ex-OJ SDI-1 86) (Res. TST 129/05, *DJ*, 20.4.05) V – O registro da candidatura do empregado a cargo de dirigente sindical durante o período de aviso prévio, ainda que indenizado, não lhe assegura a estabilidade, visto que inaplicável a regra do § 3º do art. 543 da Consolidação das Leis do Trabalho. (ex-OJ SDI-1 35) (Res. TST 129/05, *DJ*, 20.4.05)
		RED. ANTERIOR – I – É indispensável a comunicação, pela entidade sindical, ao empregador, na forma do § 5º do art. 543 da CLT. (ex-OJ SDI-1 34) (Res. TST 129/05, *DJ*, 20.4.05) II – O art. 522 da CLT foi recepcionado pela Constituição Federal de 1988. Fica limitada, assim, a estabilidade a que alude o art. 543, § 3º, da CLT a sete dirigentes sindicais e igual número de suplentes. (Res. TST 174/11, *DEJT*, 31.5.11)

TEMA		TEXTO
		III – O empregado de categoria diferenciada eleito dirigente sindical só goza de estabilidade se exercer na empresa atividade pertinente à categoria profissional do sindicato para o qual foi eleito dirigente. (ex-OJ SDI-1 145) (Res. TST 129/05, *DJ*, 20.4.05) IV – Havendo extinção da atividade empresarial no âmbito da base territorial do sindicato, não há razão para subsistir a estabilidade. (ex-OJ SDI-1 86) (Res. TST 129/05, *DJ*, 20.4.05) V – O registro da candidatura do empregado a cargo de dirigente sindical durante o período de aviso prévio, ainda que indenizado, não lhe assegura a estabilidade, visto que inaplicável a regra do § 3º do art. 543 da Consolidação das Leis do Trabalho. (ex-OJ SDI-1 35) (Res. TST 129/05, *DJ*, 20.4.05)
		RED. ANTERIOR – I – É indispensável a comunicação, pela entidade sindical, ao empregador, na forma do § 5º do art. 543 da CLT. (ex-OJ SDI-1 34) (Res. TST 129/05, *DJ*, 20.4.05) II – O art. 522 da CLT, que limita a 7 o número de dirigentes sindicais, foi recepcionado pela Constituição Federal de 1988. (ex-OJ SDI-1 266) (Res. TST 129/05, *DJ*, 20.4.05) III – O empregado de categoria diferenciada eleito dirigente sindical só goza de estabilidade se exercer na empresa atividade pertinente à categoria profissional do sindicato para o qual foi eleito dirigente. (ex-OJ SDI-1 145) (Res. TST 129/05, *DJ*, 20.4.05) IV – Havendo extinção da atividade empresarial no âmbito da base territorial do sindicato, não há razão para subsistir a estabilidade. (ex-OJ SDI-1 86) (Res. TST 129/05, *DJ*, 20.4.05) V – O registro da candidatura do empregado a cargo de dirigente sindical durante o período de aviso prévio, ainda que indenizado, não lhe assegura a estabilidade, visto que inaplicável a regra do § 3º do art. 543 da Consolidação das Leis do Trabalho. (ex-OJ SDI-1 35) (Res. TST 129/05, *DJ*, 20.4.05)
370	Médico e engenheiro. Jornada de trabalho	Tendo em vista que as Leis 3.999/1961 e 4.950/1966 não estipulam a jornada reduzida, mas apenas estabelecem o salário mínimo da categoria para uma jornada de 4 horas para os médicos e de 6 horas para os engenheiros, não há que se falar em horas extras, salvo as excedentes à oitava, desde que seja respeitado o salário mínimo/horário das categorias. (ex-OJ SDI-1 39 e 53) (Res. TST 129/05, *DJ*, 20.4.05)
371	Aviso prévio indenizado. Efeitos	A projeção do contrato de trabalho para o futuro, pela concessão do aviso prévio indenizado, tem efeitos limitados às vantagens econômicas obtidas no período de pré-aviso, ou seja, salários, reflexos e verbas rescisórias. No caso de concessão de auxílio-doença no curso do aviso prévio, todavia, só se concretizam os efeitos da dispensa depois de expirado o benefício previdenciário. (ex-OJ SDI-1 40 e 135) (Res. TST 129/05, *DJ*, 20.4.05)
372	Gratificação de função. Supressão ou redução. Limites	I – Percebida a gratificação de função por dez ou mais anos pelo empregado, se o empregador, sem justo motivo, revertê-lo a seu cargo efetivo, não poderá retirar-lhe a gratificação tendo em vista o princípio da estabilidade financeira. (ex-OJ SDI-1 45) (Res. TST 129/05, *DJ*, 20.4.05)

TEMA		TEXTO
		II – Mantido o empregado no exercício da função comissionada, não pode o empregador reduzir o valor da gratificação. (ex-OJ SDI-1 303) (Res. TST 129/05, *DJ*, 20.4.05)
373	Gratificação semestral	Tratando-se de pedido de diferença de gratificação semestral que teve seu valor congelado, a prescrição aplicável é a parcial. (ex-OJ SDI-1 46) (Res. TST 129/05, *DJ*, 20.4.05)
374	Norma coletiva. Categoria diferenciada	Empregado integrante de categoria profissional diferenciada não tem o direito de haver de seu empregador vantagens previstas em instrumento coletivo no qual a empresa não foi representada por órgão de classe de sua categoria. (ex-OJ SDI-1 55) (Res. TST 129/05, *DJ*, 20.4.05)
375	Reajustes salariais em norma coletiva. Prevalência da legislação	Os reajustes salariais previstos em norma coletiva de trabalho não prevalecem frente à legislação superveniente de política salarial. (ex-OJ SDI-1 69 e ex-OJ SDI-2 40) (Res. TST 129/05, *DJ*, 20.4.05)
376	Horas extras. Acima da limitação. Reflexos	I – A limitação legal da jornada suplementar a 2 horas diárias não exime o empregador de pagar todas as horas trabalhadas. (ex-OJ SDI-1 117) (Res. TST 129/05, *DJ*, 20.4.05) II – O valor das horas extras habitualmente prestadas integra o cálculo dos haveres trabalhistas, independentemente da limitação prevista no *caput* do art. 59 da CLT. (ex-OJ SDI-1 89) (Res. TST 129/05, *DJ*, 20.4.05)
377	Preposto. Exigência ser empregado	Exceto quanto à reclamação de empregado doméstico, ou contra micro ou pequeno empresário, o preposto deve ser necessariamente empregado do reclamado. Inteligência do art. 843, § 1º, da CLT e do art. 54 da Lei Complementar n. 123, de 14 de dezembro de 2006. (Res. TST 146/2008, *DJ*, 05.5.2008) RED. ANTERIOR – Exceto quanto à reclamação de empregado doméstico, o preposto deve ser necessariamente empregado do reclamado. Inteligência do art. 843, § 1º, da CLT. (ex-OJ SDI-1 99) (Res. TST 129/2005, *DJ*, 20.4.2005)
378	Estabilidade provisória. Acidente do trabalho	I – É constitucional o art. 118 da Lei 8.213/91 que assegura o direito à estabilidade provisória por período de 12 meses após a cessação do auxílio-doença ao empregado acidentado. (ex-OJ SDI-1 105) (Res. TST 129/05, *DJ*, 20.4.05) II – São pressupostos para a concessão da estabilidade o afastamento superior a 15 dias e a consequente percepção do auxílio-doença acidentário, salvo se constatada, após a despedida, doença profissional que guarde relação de causalidade com a execução do contrato de emprego. (ex-OJ SDI-1 230) (Res. TST 129/05, *DJ*, 20.4.05) III – O empregado submetido a contrato de trabalho por tempo determinado goza da garantia provisória de emprego decorrente de acidente de trabalho prevista no art. 118 da Lei n. 8.213/91. (Res. TST 185/12, *DEJT*, 27.9.12)
379	Dirigente sindical. Despedida. Falta grave. Inquérito judicial	O dirigente sindical somente poderá ser dispensado por falta grave mediante a apuração em inquérito judicial, inteligência dos arts. 494 e 543, § 3º, da CLT. (ex-OJ SDI-1 114) (Res. TST 129/05, *DJ*, 20.4.05)

	TEMA	TEXTO
380	Aviso prévio. Início da contagem	Aplica-se a regra prevista no *caput* do art. 132 do Código Civil de 2002 à contagem do prazo do aviso prévio, excluindo-se o dia do começo e incluindo o do vencimento. (ex-OJ SDI-1 122) (Res. TST 129/05, *DJ*, 20.4.05)
381	Correção monetária. Salário. Por atraso	O pagamento dos salários até o 5º dia útil do mês subsequente ao vencido não está sujeito à correção monetária. Se essa data limite for ultrapassada, incidirá o índice da correção monetária do mês subsequente ao da prestação dos serviços, a partir do dia 1º. (ex-OJ SDI-1 124) (Res. TST 129/05, *DJ*, 20.4.05)
382	Mudança de regime celetista. Prescrição bienal	A transferência do regime jurídico de celetista para estatutário implica extinção do contrato de trabalho, fluindo o prazo da prescrição bienal a partir da mudança de regime. (ex-OJ SDI-1 128) (Res. TST 129/05, *DJ*, 20.4.05)
383	Mandato. Fase recursal. Inaplicabilidade. Regularização	I – É inadmissível recurso firmado por advogado sem procuração juntada aos autos até o momento da sua interposição, salvo mandato tácito. Em caráter excepcional (art. 104 do CPC de 2015), admite-se que o advogado, independentemente de intimação, exiba a procuração no prazo de 5 (cinco) dias após a interposição do recurso, prorrogável por igual período mediante despacho do juiz. Caso não a exiba, considera-se ineficaz o ato praticado e não se conhece do recurso. II – Verificada a irregularidade de representação da parte em fase recursal, em procuração ou substabelecimento já constante dos autos, o relator ou o órgão competente para julgamento do recurso designará prazo de 5 (cinco) dias para que seja sanado o vício. Descumprida a determinação, o relator não conhecerá do recurso, se a providência couber ao recorrente, ou determinará o desentranhamento das contrarrazões, se a providência couber ao recorrido (art. 76, § 2º, do CPC de 2015). (Res. 210/16, *DEJT*, 30.6.16).
		RED. ANTERIOR - I – É inadmissível, em instância recursal, o oferecimento tardio de procuração, nos termos do art. 37 do CPC, ainda que mediante protesto por posterior juntada, já que a interposição de recurso não pode ser reputada ato urgente. (ex-OJ SDI-1 311) (Res. TST 129/05, *DJ*, 20.4.05) II – Inadmissível na fase recursal a regularização da representação processual, na forma do art. 13 do CPC, cuja aplicação se restringe ao Juízo de 1º grau. (ex-OJ SDI-1 149) (Res. TST 129/05, *DJ*, 20.4.05)
384	Multa convencional. Descumprimento de cláusula normativa. Cobrança	I – O descumprimento de qualquer cláusula constante de instrumentos normativos diversos não submete o empregado a ajuizar várias ações, pleiteando em cada uma o pagamento da multa referente ao descumprimento de obrigações previstas nas cláusulas respectivas. (ex-OJ SDI-1 150) (Res. TST 129/05, *DJ*, 20.4.05)

	TEMA	TEXTO
		II – É aplicável multa prevista em instrumento normativo (sentença normativa, convenção ou acordo coletivo) em caso de descumprimento de obrigação prevista em lei, mesmo que a norma coletiva seja mera repetição de texto legal. (ex-OJ SDI-1 239) (Res. TST 129/05, *DJ*, 20.4.05)
385	Feriado local. Comprovação	I – Incumbe à parte o ônus de provar, quando da interposição do recurso, a existência de feriado local que autorize a prorrogação do prazo recursal (art. 1.003, § 6º, do CPC de 2015). No caso de o recorrente alegar a existência de feriado local e não o comprovar no momento da interposição do recurso, cumpre ao relator conceder o prazo de 5 (cinco) dias para que seja sanado o vício (art. 932, parágrafo único, do CPC de 2015), sob pena de não conhecimento se da comprovação depender a tempestividade recursal. II – Na hipótese de feriado forense, incumbirá à autoridade que proferir a decisão de admissibilidade certificar o expediente nos autos. III – Admite-se a reconsideração da análise da tempestividade do recurso, mediante prova documental superveniente, em agravo de instrumento, agravo interno, agravo regimental, ou embargos de declaração, desde que, em momento anterior, não tenha havido a concessão de prazo para a comprovação da ausência de expediente forense. (Res. 220/17, *DEJT*, 21.9.17)
		RED. ANTERIOR. I – Incumbe à parte o ônus de provar, quando da interposição do recurso, a existência de feriado local que autorize a prorrogação do prazo recursal. (Res. TST 185/12, *DEJT*, 27.9.12) II – Na hipótese de feriado forense, incumbirá à autoridade que proferir a decisão de admissibilidade certificar o expediente nos autos. (Res. TST 185/12, *DEJT*, 27.9.12) III – Na hipótese do inciso II, admite-se a reconsideração da análise da tempestividade do recurso, mediante prova documental superveniente, em Agravo Regimental, Agravo de Instrumento ou Embargos de Declaração. (Res. TST 185/12, *DEJT*, 27.9.12)
		RED. ANTERIOR – Cabe à parte comprovar, quando da interposição do recurso, a existência de feriado local ou de dia útil em que não haja expediente forense, que justifique a prorrogação do prazo recursal. (ex-OJ SDI-1 161) (Res. TST 129/05, *DJ*, 20.4.05)
386	Policial militar. Reconhecimento de vínculo	Preenchidos os requisitos do art. 3º da CLT, é legítimo o reconhecimento de relação de emprego entre policial militar e empresa privada, independentemente do eventual cabimento de penalidade disciplinar prevista no Estatuto do Policial Militar. (ex-OJ SDI-1 167) (Res. TST 129/05, *DJ*, 20.4.05)

TEMA	TEXTO
387 Recurso. Fac-símile	I - A Lei n. 9.800, de 26.05.1999, é aplicável somente a recursos interpostos após o início de sua vigência. (ex-OJ n. 194 da SBDI-1 - inserida em 8.11.00); II - A contagem do quinquídio para apresentação dos originais de recurso interposto por intermédio de fac-símile começa a fluir do dia subsequente ao término do prazo recursal, nos termos do art. 2º da Lei n. 9.800, de 26.05.1999, e não do dia seguinte à interposição do recurso, se esta se deu antes do termo final do prazo. (ex-OJ n. 337 da SBDI-1 - primeira parte - *DJ* 4.5.04); III - Não se tratando a juntada dos originais de ato que dependa de notificação, pois a parte, ao interpor o recurso, já tem ciência de seu ônus processual, não se aplica a regra do art. 224 do CPC de 2015 (art. 184 do CPC de 1973) quanto ao *dies a quo*, podendo coincidir com sábado, domingo ou feriado. (ex-OJ n. 337 da SBDI-1 - *in fine* - *DJ* 4.5.04); IV - A autorização para utilização do fac-símile, constante do art. 1º da Lei n. 9.800, de 26.5.1999, somente alcança as hipóteses em que o documento é dirigido diretamente ao órgão jurisdicional, não se aplicando à transmissão ocorrida entre particulares. (Res. TST 208/16, *DEJT*, 22.4.16)
	RED. ANTERIOR – I - A Lei 9.800/99 é aplicável somente a recursos interpostos após o início de sua vigência. (ex-OJ SDI-1 194) (Res. TST 129/05, *DJ*, 20.4.05) II – A contagem do quinquídio para apresentação dos originais de recurso interposto por intermédio de fac-símile começa a fluir do dia subsequente ao término do prazo recursal, nos termos do art. 2º da Lei 9.800/99, e não do dia seguinte à interposição do recurso, se esta se deu antes do termo final do prazo. (ex-OJ SDI-1 337) (Res. TST 129/05, *DJ*, 20.4.05) III – Não se tratando a juntada dos originais de ato que dependa de notificação, pois a parte, ao interpor o recurso, já tem ciência de seu ônus processual, não se aplica a regra do art. 184 do CPC quanto ao *dies a quo*, podendo coincidir com sábado, domingo ou feriado. (ex-OJ SDI-1 337) (Res. TST 129/05, *DJ*, 20.4.05) IV – A autorização para utilização do fac-símile, constante do art. 1º da Lei n. 9.800, de 26.5.1999, somente alcança as hipóteses em que o documento é dirigido diretamente ao órgão jurisdicional, não se aplicando à transmissão ocorrida entre particulares. (Res. TST 174/11, *DEJT*, 31.5.11) RED. ANTERIOR – I – A Lei 9.800/99 é aplicável somente a recursos interpostos após o início de sua vigência. (ex-OJ SDI-1 194) (Res. TST 129/05, *DJ*, 20.4.05)

TEMA		TEXTO
		II – A contagem do quinquídio para apresentação dos originais de recurso interposto por intermédio de fac-símile começa a fluir do dia subsequente ao término do prazo recursal, nos termos do art. 2º da Lei 9.800/99, e não do dia seguinte à interposição do recurso, se esta se deu antes do termo final do prazo. (ex-OJ SDI-1 337) (Res. TST 129/05, *DJ*, 20.4.05) III – Não se tratando a juntada dos originais de ato que dependa de notificação, pois a parte, ao interpor o recurso, já tem ciência de seu ônus processual, não se aplica a regra do art. 184 do CPC quanto ao *dies a quo*, podendo coincidir com sábado, domingo ou feriado. (ex-OJ SDI-1 337) (Res. TST 129/05, *DJ*, 20.4.05)
388	Massa falida. Multa Arts. 477 e 467	A Massa Falida não se sujeita à penalidade do art. 467 e nem à multa do § 8º do art. 477, ambos da CLT. (ex-OJ SDI-1 201 e 314) (Res. TST 129/05, *DJ*, 20.4.05)
389	Seguro-desemprego. À indenização por não liberação de guias	I – Inscreve-se na competência material da Justiça do Trabalho a lide entre empregado e empregador tendo por objeto indenização pelo não fornecimento das guias do seguro-desemprego. (ex-OJ SDI-1 210) (Res. TST 129/05, *DJ*, 20.4.05) II – O não fornecimento pelo empregador da guia necessária para o recebimento do seguro-desemprego dá origem ao direito à indenização. (ex-OJ SDI-1 211) (Res. TST 129/05, *DJ*, 20.4.05)
390	Servidor. Empregado Público. Estabilidade	I – O servidor público celetista da administração direta, autárquica ou fundacional é beneficiário da estabilidade prevista no art. 41 da CF/88. (ex-OJ SDI-1 265 e ex-OJ SDI-2 22) (Res. TST 129/05, *DJ*, 20.4.05) II – Ao empregado de empresa pública ou de sociedade de economia mista, ainda que admitido mediante aprovação em concurso público, não é garantida a estabilidade prevista no art. 41 da CF/88. (ex-OJ SDI-1 229) (Res. TST 129/05, *DJ*, 20.4.05)
391	Petroleiros. Turno de revezamento. Alteração da jornada. Horário fixo	I – A Lei 5.811/72 foi recepcionada pela CF/88 no que se refere à duração da jornada de trabalho em regime de revezamento dos petroleiros. (ex-OJ SDI-1 240) (Res. TST 129/05, *DJ*, 20.4.05) II – A previsão contida no art. 10 da Lei 5.811/72, possibilitando a mudança do regime de revezamento para horário fixo, constitui alteração lícita, não violando os arts. 468 da CLT e 7º, VI, da CF/88. (ex-OJ SDI-1 333) (Res. TST 129/05, *DJ*, 20.4.05)

	TEMA	TEXTO
392	Dano moral. Competência	Nos termos do art. 114, inc. VI, da Constituição da República, a Justiça do Trabalho é competente para processar e julgar ações de indenização por dano moral e material, decorrentes da relação de trabalho, inclusive as oriundas de acidente de trabalho e doenças a ele equiparadas, ainda que propostas pelos dependentes ou sucessores do trabalhador falecido. (Res. TST 200/15, *DEJT*, 29.10.15)
		RED. ANTERIOR – Nos termos do art. 114, inc. VI, da Constituição da República, a Justiça do Trabalho é competente para processar e julgar ações de indenização por dano moral e material, decorrentes da relação de trabalho, inclusive as oriundas de acidente de trabalho e doenças a ele equiparadas. (Res. TST 193/13)
		RED. ANTERIOR – Nos termos do art. 114 da CF/88, a Justiça do Trabalho é competente para dirimir controvérsias referentes à indenização por dano moral, quando decorrente da relação de trabalho. (ex-OJ SDI-1 327) (Res. TST 129/05, *DJ*, 20.4.05)
393	Recurso ordinário. Efeito devolutivo	I - O efeito devolutivo em profundidade do recurso ordinário, que se extrai do § 1º do art. 1.013 do CPC de 2015 (art. 515, §1º, do CPC de 1973), transfere ao Tribunal a apreciação dos fundamentos da inicial ou da defesa, não examinados pela sentença, ainda que não renovados em contrarrazões, desde que relativos ao capítulo impugnado. II - Se o processo estiver em condições, o tribunal, ao julgar o recurso ordinário, deverá decidir desde logo o mérito da causa, nos termos do § 3º do art. 1.013 do CPC de 2015, inclusive quando constatar a omissão da sentença no exame de um dos pedidos. (Res. TST 208/16, *DEJT*, 22.4.16)
		RED. ANTERIOR – O efeito devolutivo em profundidade do recurso ordinário, que se extrai do § 1º do art. 515 do CPC, transfere ao Tribunal a apreciação dos fundamentos da inicial ou da defesa, não examinados pela sentença, ainda que não renovados em contrarrazões. Não se aplica, todavia, ao caso de pedido não apreciado na sentença, salvo a hipótese contida no § 3º do art. 515 do CPC. (Res. TST 169/10, *DJET*, 23.11.10)
		RED. ANTERIOR – O efeito devolutivo em profundidade do recurso ordinário, que se extrai do § 1º do art. 515 do CPC, transfere automaticamente ao Tribunal a apreciação de fundamento da defesa não examinado pela sentença, ainda que não renovado em contrarrazões. Não se aplica, todavia, ao caso de pedido não apreciado na sentença. (ex-OJ SD-1 340) (Res. TST 129/05, *DJ*, 20.4.05)

	TEMA	TEXTO
394	Art. 462 do CPC. Aplicação de ofício	O art. 493 do CPC de 2015 (art. 462 do CPC de 1973), que admite a invocação de fato constitutivo, modificativo ou extintivo do direito, superveniente à propositura da ação, é aplicável de ofício aos processos em curso em qualquer instância trabalhista. Cumpre ao juiz ou tribunal ouvir as partes sobre o fato novo antes de decidir. (Res. TST 208/16, *DEJT*, 22.4.16)
		RED. ANTERIOR – O art. 462 do CPC, que admite a invocação de fato constitutivo, modificativo ou extintivo do direito, superveniente à propositura da ação, é aplicável de ofício aos processos em curso em qualquer instância trabalhista. (ex-OJ SDI-1 81) (Res. TST 129/05, *DJ*, 20.4.05)
395	Mandato e substabelecimento. Condições de validade	I - Válido é o instrumento de mandato com prazo determinado que contém cláusula estabelecendo a prevalência dos poderes para atuar até o final da demanda (§ 4º do art. 105 do CPC de 2015). (ex-OJ n. 312 da SBDI-1) II – Se há previsão, no instrumento de mandato, de prazo para sua juntada, o mandato só tem validade se anexado ao processo o respectivo instrumento no aludido prazo. (ex-OJ n. 313 da SBDI-1) III - São válidos os atos praticados pelo substabelecido, ainda que não haja, no mandato, poderes expressos para substabelecer (art. 667, e parágrafos, do Código Civil de 2002). (ex-OJ n. 108 da SBDI-1) IV - Configura-se a irregularidade de representação se o substabelecimento é anterior à outorga passada ao substabelecente. (ex-OJ n. 330 da SBDI-1) V – Verificada a irregularidade de representação nas hipóteses dos itens II e IV, deve o juiz suspender o processo e designar prazo razoável para que seja sanado o vício, ainda que em instância recursal (art. 76 do CPC de 2015). (TST, Res. 211/16, *DEJT*, 24.8.16).
		RED. ANTERIOR - I – Válido é o instrumento de mandato com prazo determinado que contém cláusula estabelecendo a prevalência dos poderes para atuar até o final da demanda. (ex-OJ SDI-1 312) (Res. TST 129/05, *DJ*, 20.4.05) II – Diante da existência de previsão, no mandato, fixando termo para sua juntada, o instrumento de mandato só tem validade se anexado ao processo dentro do aludido prazo. (ex-OJ SDI-1 313) (Res. TST 129/05, *DJ*, 20.4.05) III – São válidos os atos praticados pelo substabelecido, ainda que não haja, no mandato, poderes expressos para substabelecer (art. 667, e parágrafos, do Código Civil de 2002). (ex-OJ SDI-1 108) (Res. TST 129/05, *DJ*, 20.4.05)

TEMA		TEXTO
		IV – Configura-se a irregularidade de representação se o substabelecimento é anterior à outorga passada ao substabelecente. (ex-OJ SDI-1 330) (Res. TST 129/05, *DJ*, 20.4.05)
396	Estabilidade provisória. Reintegração ou concessão do salário ao período de estabilidade	I – Exaurido o período de estabilidade, são devidos ao empregado apenas os salários do período compreendido entre a data da despedida e o final do período de estabilidade, não lhe sendo assegurada a reintegração no emprego. (ex-OJ SDI-1 116) (Res. TST 129/05, *DJ*, 20.4.05) II – Não há nulidade por julgamento *extra petita* da decisão que deferir salário quando o pedido for de reintegração, dados os termos do art. 496 da CLT. (ex-OJ SDI-1 106) (Res. TST 129/05, *DJ*, 20.4.05)
397	Ação rescisória. Cabimento. Sentença normativa modificada em grau de recurso	Não procede ação rescisória calcada em ofensa à coisa julgada perpetrada por decisão proferida em ação de cumprimento, em face de a sentença normativa, na qual se louvava, ter sido modificada em grau de recurso, porque em dissídio coletivo somente se consubstancia coisa julgada formal. Assim, os meios processuais aptos a atacarem a execução da cláusula reformada são a exceção de pré-executividade e o mandado de segurança, no caso de descumprimento do art. 514 do CPC de 2015 (art. 572 do CPC de 1973). (ex-OJ 116 da SBDI-2. *DJ*, 11.8.03). (TST, Res. 208/16, *DEJT*, 22.4.16)
		RED. ANTERIOR – Não procede ação rescisória calcada em ofensa à coisa julgada perpetrada por decisão proferida em ação de cumprimento, em face de a sentença normativa, na qual se louvava, ter sido modificada em grau de recurso, porque em dissídio coletivo somente se consubstancia coisa julgada formal. Assim, os meios processuais aptos a atacarem a execução da cláusula reformada são a exceção de pré-executividade e o mandado de segurança, no caso de descumprimento do art. 572 do CPC. (ex-OJ SDI-2 116) (Res. TST 137/05, *DJ*, 22.8.05)
398	Ação rescisória	Na ação rescisória, o que se ataca é a decisão, ato oficial do Estado, acobertado pelo manto da coisa julgada. Assim, e considerando que a coisa julgada envolve questão de ordem pública, a revelia não produz confissão na ação rescisória. (ex-OJ 126 da SBDI-2, *DJ* 9.12.03). (Res. 219/17, *DEJT*, 28.6.17).
		RED. ANTERIOR – Na ação rescisória, o que se ataca na ação é a sentença, ato oficial do Estado, acobertado pelo manto da coisa julgada. Assim sendo, e considerando que a coisa julgada envolve questão de ordem pública, a revelia não produz confissão na ação rescisória. (ex-OJ SDI-2 126) (Res. TST 137/05, *DJ*, 22.8.05).

	TEMA	TEXTO
399	Ação rescisória. Cabimento. Decisão homologatória de adjudicação, de arrematação e de cálculos	I – É incabível ação rescisória para impugnar decisão homologatória de adjudicação ou arrematação. (ex-OJ SDI-2 44 e 45) (Res. TST 137/05, *DJ*, 22.8.05) II – A decisão homologatória de cálculos apenas comporta rescisão quando enfrentar as questões envolvidas na elaboração da conta de liquidação, quer solvendo a controvérsia das partes quer explicitando, de ofício, os motivos pelos quais acolheu os cálculos oferecidos por uma das partes ou pelo setor de cálculos, e não contestados pela outra. (ex-OJ SDI-2 85) (Res. TST 137/05, *DJ*, 22.8.05)
400	Ação rescisória de ação rescisória. Cabimento	Em se tratando de rescisória de rescisória, o vício apontado deve nascer na decisão rescindenda, não se admitindo a rediscussão do acerto do julgamento da rescisória anterior. Assim, não procede rescisória calcada no inciso V do art. 966 do CPC de 2015 (art. 485, V, do CPC de 1973) para discussão, por má aplicação da mesma norma jurídica, tida por violada na rescisória anterior, bem como para arguição de questões inerentes à ação rescisória primitiva. (ex-OJ n. 95 da SBDI-2 – inserida em 27.9.2002 e alterada *DJ*, 16.4.04). (Res. TST 208/16, *DEJT*, 22.04.16)
		RED. ANTERIOR – Em se tratando de rescisória de rescisória, o vício apontado deve nascer na decisão rescindenda, não se admitindo a rediscussão do acerto do julgamento da rescisória anterior. Assim, não se admite rescisória calcada no inciso V do art. 485 do CPC para discussão, por má aplicação dos mesmos dispositivos de lei, tidos por violados na rescisória anterior, bem como para arguição de questões inerentes à ação rescisória primitiva. (ex-OJ SDI-2 95) (Res. TST 137/05, *DJ*, 22.8.05)
401	Descontos legais. Execução. Sentença omissa	Os descontos previdenciários e fiscais devem ser efetuados pelo juízo executório, ainda que a sentença exequenda tenha sido omissa sobre a questão, dado o caráter de ordem pública ostentado pela norma que os disciplina. A ofensa à coisa julgada somente poderá ser caracterizada na hipótese de o título exequendo, expressamente, afastar a dedução dos valores a título de imposto de renda e de contribuição previdenciária. (ex-OJ SDI-2 81) (Res. TST 137/05, *DJ*, 22.8.05)
402	Ação rescisória. Documento/prova nova	I – Sob a vigência do CPC de 2015 (art. 966, inciso VII), para efeito de ação rescisória, considera-se prova nova a cronologicamente velha, já existente ao tempo do trânsito em julgado da decisão rescindenda, mas ignorada pelo interessado ou de impossível utilização, à época, no processo. II – Não é prova nova apta a viabilizar a desconstituição de julgado:

	TEMA	TEXTO
		a) sentença normativa proferida ou transitada em julgado posteriormente à sentença rescindenda; b) sentença normativa preexistente à sentença rescindenda, mas não exibida no processo principal, em virtude de negligência da parte, quando podia e deveria louvar-se de documento já existente e não ignorado quando emitida a decisão rescindenda. (ex-OJ n. 20 da SBDI-2 - inserida em 20.9.00). (Res. 217/17, *DEJT*, 20.4.17).
		RED. ANTERIOR - Documento novo é o cronologicamente velho, já existente ao tempo da decisão rescindenda, mas ignorado pelo interessado ou de impossível utilização, à época, no processo. Não é documento novo apto a viabilizar a desconstituição de julgado: a) sentença normativa proferida ou transitada em julgado posteriormente à sentença rescindenda; b) sentença normativa preexistente à sentença rescindenda, mas não exibida no processo principal, em virtude de negligência da parte, quando podia e deveria louvar-se de documento já existente e não ignorado quando emitida a decisão rescindenda. (ex-OJ SDI-2 20) (Res. TST 137/05, *DJ*, 22.8.05).
403	Ação rescisória. Silêncio da parte e acordo homologado	I – Não caracteriza dolo processual, previsto no art. 485, III, do CPC, o simples fato de a parte vencedora haver silenciado a respeito de fatos contrários a ela, porque o procedimento, por si só, não constitui ardil do qual resulte cerceamento de defesa e, em consequência, desvie o juiz de uma sentença não condizente com a verdade. (ex-OJ SDI-2 125) (Res. TST 137/05, *DJ*, 22.8.05) II – Se a decisão rescindenda é homologatória de acordo, não há parte vencedora ou vencida, razão pela qual não é possível a sua desconstituição calcada no inciso III do art. 485 do CPC (dolo da parte vencedora em detrimento da vencida), pois constitui fundamento de rescindibilidade que supõe solução jurisdicional para a lide. (ex-OJ SDI-2 111) (Res. TST 137/05, *DJ*, 22.8.05)
404	Ação rescisória. Confissão real	O art. 485, VIII, do CPC de 1973, ao tratar do fundamento para invalidar a confissão como hipótese de rescindibilidade da decisão judicial, referia-se à confissão real, fruto de erro, dolo ou coação, e não à confissão ficta resultante de revelia. (Res. TST 209/16, *DEJT*, 1.6.16)
		RED. ANTERIOR – O art. 485, VIII, do CPC, ao tratar do fundamento para invalidar a confissão como hipótese de rescindibilidade da decisão judicial, refere-se à confissão real, fruto de erro, dolo ou coação, e não à confissão ficta resultante de revelia. (ex-OJ SDI-2 108) (Res. TST 137/05, *DJ*, 22.8.05)

	TEMA	TEXTO
405	Ação rescisória. Liminar. Antecipação de tutela	Em face do que dispõem a MP 1.984-22/2000 e o art. 969 do CPC de 2015, é cabível o pedido de tutela provisória formulado na petição inicial de ação rescisória ou na fase recursal, visando a suspender a execução da decisão rescindenda. (Res. TST 208/16, *DEJT*, 22.4.16)
		RED. ANTERIOR – I - Em face do que dispõe a MP 1.984-22/00 e reedições e o artigo 273, § 7º, do CPC, é cabível o pedido de liminar formulado na petição inicial de ação rescisória ou na fase recursal, visando a suspender a execução da decisão rescindenda. (Res. TST 137/05, *DJ*, 22.8.05) II – O pedido de antecipação de tutela, formulado nas mesmas condições, será recebido como medida acautelatória em ação rescisória, por não se admitir tutela antecipada em sede de ação rescisória. (ex-OJs SDI-2 1, 3 e 121) (Res. TST 137/05, *DJ*, 22.8.05)
406	Ação rescisória. Litisconsórcio ativo. Citação	I – O litisconsórcio, na ação rescisória, é necessário em relação ao polo passivo da demanda, porque supõe uma comunidade de direitos ou de obrigações que não admite solução díspar para os litisconsortes, em face da indivisibilidade do objeto. Já em relação ao polo ativo, o litisconsórcio é facultativo, uma vez que a aglutinação de autores se faz por conveniência e não, pela necessidade decorrente da natureza do litígio, pois não se pode condicionar o exercício do direito individual de um dos litigantes no processo originário à anuência dos demais para retomar a lide. (ex-OJ SDI-2 82) (Res. TST 137/05, *DJ*, 22.8.05) II – O Sindicato, substituto processual e autor da reclamação trabalhista, em cujos autos fora proferida a decisão rescindenda, possui legitimidade para figurar como réu na ação rescisória, sendo descabida a exigência de citação de todos os empregados substituídos, porquanto inexistente litisconsórcio passivo necessário. (ex-OJ SDI-2 110) (Res. TST 137/05, *DJ*, 22.8.05)
407	Ação rescisória. Ministério Público. Legitimidade *ad causam*	A legitimidade *ad causam* do Ministério Público para propor ação rescisória, ainda que não tenha sido parte no processo que deu origem à decisão rescindenda, não está limitada às alíneas "a", "b" e "c" do inciso III do art. 967 do CPC de 2015 (art. 487, III, "a" e "b", do CPC de 1973), uma vez que traduzem hipóteses meramente exemplificativas (ex-OJ n. 83 da SBDI-2 - inserida em 13.03.2002). (Res. TST 208/16, *DEJT*, 22.4.16)
		RED. ANTERIOR – A legitimidade *ad causam* do Ministério Público para propor ação rescisória, ainda que não tenha sido parte no processo que deu origem à decisão rescindenda, não está limitada às alíneas "a" e "b" do inciso III do art. 487 do CPC, uma vez que traduzem hipóteses meramente exemplificativas. (ex-OJ SDI-2 83) (Res. TST 137/05, *DJ*, 22.8.05)

TEMA		TEXTO
408	Ação rescisória. Petição inicial. Inépcia	Não padece de inépcia a petição inicial de ação rescisória apenas porque omite a subsunção do fundamento de rescindibilidade no art. 966 do CPC de 2015 (art. 485 do CPC de 1973) ou o capitula erroneamente em um de seus incisos. Contanto que não se afaste dos fatos e fundamentos invocados como causa de pedir, ao Tribunal é lícito emprestar-lhes a adequada qualificação jurídica (*iura novit curia*). No entanto, fundando-se a ação rescisória no art. 966, inciso V, do CPC de 2015 (art. 485, inciso V, do CPC de 1973), é indispensável expressa indicação, na petição inicial da ação rescisória, da norma jurídica manifestamente violada (dispositivo legal violado sob o CPC de 1973), por se tratar de causa de pedir da rescisória, não se aplicando, no caso, o princípio *iura novit curia*. (ex-OJs 32 e 33 da SBD-2 – inseridas em 20.9.00). (Res. TST 208/16, *DEJT*, 22.4.16)
		RED. ANTERIOR – Não padece de inépcia a petição inicial de ação rescisória apenas porque omite a subsunção do fundamento de rescindibilidade no art. 485 do CPC ou o capitula erroneamente em um de seus incisos. Contanto que não se afaste dos fatos e fundamentos invocados como causa de pedir, ao Tribunal é lícito emprestar-lhes a adequada qualificação jurídica (*iura novit curia*). No entanto, fundando-se a ação rescisória no art. 485, inc. V, do CPC, é indispensável expressa indicação, na petição inicial da ação rescisória, do dispositivo legal violado, por se tratar de causa de pedir da rescisória, não se aplicando, no caso, o princípio *iura novit curia*. (ex-Ojs SDI-2 32 e 33) (Res. TST 137/05, *DJ*, 22.8.05)
409	Ação rescisória. Prazo prescricional. Total ou parcial	Não procede ação rescisória calcada em violação do art. 7º, XXIX, da CF/88 quando a questão envolve discussão sobre a espécie de prazo prescricional aplicável aos créditos trabalhistas, se total ou parcial, porque a matéria tem índole infraconstitucional, construída, na Justiça do Trabalho, no plano jurisprudencial. (ex-OJ SDI-2 119) (Res. TST 137/05, *DJ*, 22.8.05)
410	Ação rescisória. Reexame de fatos e provas. Inviabilidade	A ação rescisória calcada em violação de lei não admite reexame de fatos e provas do processo que originou a decisão rescindenda. (ex-OJ SDI-2 109) (Res. TST 137/05, *DJ*, 22.8.05)
411	Ação rescisória. Sentença de mérito. Cabimento	Se a decisão recorrida, em agravo regimental, aprecia a matéria na fundamentação, sob o enfoque das Súmulas ns. 83 do TST e 343 do STF, constitui sentença de mérito, ainda que haja resultado no indeferimento da petição inicial e na extinção do processo sem julgamento do mérito. Sujeita-se, assim, à reforma pelo TST, a decisão do Tribunal que, invocando controvérsia na interpretação da lei, indefere a petição inicial de ação rescisória. (ex-OJ SDI-2 43) (Res. TST 137/05, *DJ*, 22.8.05)

TEMA		TEXTO
412	Ação rescisória. Sentença de mérito. Questão processual	Sob a égide do CPC de 1973, pode uma questão processual ser objeto de rescisão desde que consista em pressuposto de validade de uma sentença de mérito. (ex-OJ 46 da SBDI-2 - inserida em 20.9.00). (Res. 217/17, *DEJT*, 20.4.17).
		RED. ANTERIOR - Pode uma questão processual ser objeto de rescisão desde que consista em pressuposto de validade de uma sentença de mérito. (ex-OJ SDI-2 46) (Res. TST 137/05, *DJ*, 22.8.05)
413	Ação rescisória. Sentença de mérito. Violação do art. 896, *a*, da CLT	É incabível ação rescisória, por violação do art. 896, *a*, da CLT, conta decisão transitada em julgado sob a égide do CPC de 1973 que não conhece de recurso de revista, com base em divergência jurisprudencial, pois não se cuidava de sentença de mérito (art. 485 do CPC de 1973). (ex-OJ n. 47 da SBDI-2 – inserida em 20.9.2000). (Res. TST 209/16, *DEJT*, 1.6.16)
		RED. ANTERIOR – É incabível ação rescisória, por violação do art. 896, *a*, da CLT, contra decisão que não conhece de recurso de revista, com base em divergência jurisprudencial, pois não se cuida de sentença de mérito (art. 485 do CPC). (ex-OJ SDI-2 47) (Res. TST 137/05, *DJ*, 22.8.05)
414	Antecipação de tutela (ou liminar) concedida. Efeito suspensivo. Ação cautelar	I – A tutela provisória concedida na sentença não comporta impugnação pela via do mandado de segurança, por ser impugnável mediante recurso ordinário. É admissível a obtenção de efeito suspensivo ao recurso ordinário mediante requerimento dirigido ao tribunal, ao relator ou ao presidente ou ao vice-presidente do tribunal recorrido, por aplicação subsidiária ao processo do trabalho do artigo 1.029, § 5º, do CPC de 2015. II – No caso de a tutela provisória haver sido concedida ou indeferida antes da sentença, cabe mandado de segurança, em face da inexistência de recurso próprio. III – A superveniência da sentença, nos autos originários, faz perder o objeto do mandado de segurança que impugnava a concessão ou o indeferimento da tutela provisória. (Res. 217/17, *DEJT*, 20.4.17).
		RED. ANTERIOR - I – A antecipação da tutela concedida na sentença não comporta impugnação pela via do mandado de segurança, por ser impugnável mediante recurso ordinário. A ação cautelar é o meio próprio para se obter efeito suspensivo a recurso. (ex-OJ SDI-2 51) (Res. TST 137/05, *DJ*, 22.8.05). II – No caso da tutela antecipada (ou liminar) ser concedida antes da sentença, cabe a impetração do mandado de segurança, em face da inexistência de recurso próprio. (ex-OJs SDI-2 50 e 58) (Res. TST 137/05, *DJ*, 22.8.05). III – A superveniência da sentença, nos autos originários, faz perder o objeto do mandado de segurança que impugnava a concessão da tutela antecipada (ou liminar). (ex-OJs SDI-2 86 e 139). (Res. TST 137/05, *DJ*, 22.8.05).

	TEMA	TEXTO
415	Mandado de segurança. Prova documental pré-constituída	Exigindo o mandado de segurança prova documental pré-constituída, inaplicável o art. 321 do CPC de 2015 (art. 284 do CPC de 1973) quando verificada, na petição inicial do *mandamus*, a ausência de documento indispensável ou de sua autenticação. (ex-OJ n. 52 da SBDI-2 - inserida em 20.09.2000). (Res. TST 208/16, *DEJT*, 22.4.16)
		RED. ANTERIOR – Exigindo o mandado de segurança prova documental pré-constituída, inaplicável se torna o art. 284 do CPC quando verificada, na petição inicial do *mandamus*, a ausência de documento indispensável ou de sua autenticação. (ex-OJ SDI-2 52) (Res. TST 137/05, *DJ*, 22.8.05)
416	Mandado de segurança. Execução. Lei n. 8.432/92. Art. 897, § 1º, da CLT. Cabimento	Devendo o agravo de petição delimitar justificadamente a matéria e os valores objeto de discordância, não fere direito líquido e certo o prosseguimento da execução quanto aos tópicos e valores não especificados no agravo. (ex-OJ SDI-2 55) (Res. TST 137/05, *DJ*, 22.8.05)
417	Mandado de segurança. Penhora em dinheiro	I – Não fere direito líquido e certo do impetrante o ato judicial que determina penhora em dinheiro do executado para garantir crédito exequendo, pois é prioritária e obedece à gradação prevista no art. 835 do CPC de 2015 (art. 655 do CPC de 1973). II – Havendo discordância do credor, em execução definitiva, não tem o executado direito líquido e certo a que os valores penhorados em dinheiro fiquem depositados no próprio banco, ainda que atenda aos requisitos do art. 840, I, do CPC de 2015 (art. 666, I, do CPC de 1973). (ex-OJ n. 61 da SBDI-2 - inserida em 20.9.2000). (TST, Res. 212, *DEJT*, 20.9.16)
		RED. ANTERIOR – I – Não fere direito líquido e certo do impetrante o ato judicial que determina penhora em dinheiro do executado, em execução definitiva, para garantir crédito exequendo, uma vez que obedece à gradação prevista no art. 655 do CPC. (ex-OJ SDI-2 60) (Res. TST 137/05, *DJ*, 22.8.05) II – Havendo discordância do credor, em execução definitiva, não tem o executado direito líquido e certo a que os valores penhorados em dinheiro fiquem depositados no próprio banco, ainda que atenda aos requisitos do art. 666, I, do CPC. (ex-OJ SDI-2 61) (Res. TST 137/05, *DJ*, 22.8.05) III – Em se tratando de execução provisória, fere direito líquido e certo do impetrante a determinação de penhora em dinheiro, quando nomeados outros bens à penhora, pois o executado tem direito a que a execução se processe da forma que lhe seja menos gravosa, nos termos do art. 620 do CPC. (ex-OJ SDI-2 62) (Res. TST 137/05, *DJ*, 22.8.05)
418	Concessão de liminar ou homologação de acordo. Faculdade do juiz	A homologação de acordo constitui faculdade do juiz, inexistindo direito líquido e certo tutelável pela via do mandado de segurança. (Res. 217/17, *DEJT*, 20.4.17).

	TEMA	TEXTO
		RED. ANTERIOR - A concessão de liminar ou a homologação de acordo constituem faculdade do juiz, inexistindo direito líquido e certo tutelável pela via do mandado de segurança. (ex-OJs SDI-2 120 e 141) (Res. TST 137/05, *DJ*, 22.8.05)
419	Execução por carta. Embargos de terceiro. Competência	Na execução por carta precatória, os embargos de terceiro serão oferecidos no juízo deprecado, salvo se indicado pelo juízo deprecante o bem constrito ou se já devolvida a carta (art. 676, parágrafo único, do CPC de 2015). (TST, Res. 212, *DEJT*, 20.9.16)
		RED. ANTERIOR - Na execução por carta precatória, os embargos de terceiro serão oferecidos no juízo deprecante ou no juízo deprecado, mas a competência para julgá-los é do juízo deprecante, salvo se versarem, unicamente, sobre vícios ou irregularidades da penhora, avaliação ou alienação dos bens, praticados pelo juízo deprecado, em que a competência será deste último. (ex-OJ SDI-2 114) (Res. TST 137/05, *DJ*, 22.8.05)
420	Competência. Conflito negativo. TRT e vara do trabalho do mesmo TRT de idêntica região. Não configuração	Não se configura conflito de competência entre Tribunal Regional do Trabalho e Vara do Trabalho a ele vinculada. (ex-OJ SDI-2 115) (Res. TST 137/05, *DJ*, 22.8.05)
421	Embargos declaratórios contra decisão monocrática. Cabimento	I - Cabem embargos de declaração da decisão monocrática do relator prevista no art. 932 do CPC de 2015 (art. 557 do CPC de 1973), se a parte pretende tão somente juízo integrativo retificador da decisão e, não, modificação do julgado. II - Se a parte postular a revisão no mérito da decisão monocrática, cumpre ao relator converter os embargos de declaração em agravo, em face dos princípios da fungibilidade e celeridade processual, submetendo-o ao pronunciamento do Colegiado, após a intimação do recorrente para, no prazo de 5 (cinco) dias, complementar as razões recursais, de modo a ajustá-las às exigências do art. 1.021, § 1º, do CPC de 2015. (Res. TST 208/16, *DEJT* 22.4.16)
		RED. ANTERIOR – I - Tendo a decisão monocrática de provimento ou denegação de recurso, prevista no art. 557 do CPC, conteúdo decisório definitivo e conclusivo da lide, comporta ser esclarecida pela via dos embargos de declaração, em decisão aclaratória, também monocrática, quando se pretende tão somente suprir omissão e não, modificação do julgado. (Res. TST 137/05, *DJ*, 22.8.05) II – Postulando o embargante efeito modificativo, os embargos declaratórios deverão ser submetidos ao pronunciamento do Colegiado, convertidos em agravo, em face dos princípios da fungibilidade e celeridade processual. (ex-OJ SDI-2 74) (Res. TST 137/05, *DJ*, 22.8.05)

	TEMA	TEXTO
422	Recurso. Fundamentação ausente	I - Não se conhece de recurso para o Tribunal Superior do Trabalho se as razões do recorrente não impugnam os fundamentos da decisão recorrida, nos termos em que proferida. II – O entendimento referido no item anterior não se aplica em relação à motivação secundária e impertinente, consubstanciada em despacho de admissibilidade de recurso ou em decisão monocrática. III – Inaplicável a exigência do item I relativamente ao recurso ordinário da competência de Tribunal Regional do Trabalho, exceto em caso de recurso cuja motivação é inteiramente dissociada dos fundamentos da sentença. (Res. TST 199/15, *DEJT*, 24.6.15 e 1.7.15)
		RED. ANTERIOR. Não se conhece de recurso para o TST, pela ausência do requisito de admissibilidade inscrito no art. 514, II, do CPC, quando as razões do recorrente não impugnam os fundamentos da decisão recorrida, nos termos em que fora proposta. (ex-OJ SDI-2 90) (Res. TST 137/05, *DJ*, 22.8.05)
423	Revezamento. Fixação de jornada. Negociação coletiva	Estabelecida jornada superior a 6 horas e limitada a 8 horas por meio de regular negociação coletiva, os empregados submetidos a turnos ininterruptos de revezamento não têm direito ao pagamento das 7ª e 8ª horas como extras. (ex-OJ SDI-1 169) (Res. TST 139/06, *DJ*, 10.10.06)
424	Recurso administrativo. Depósito prévio. Não obrigatoriedade	O § 1º do art. 636 da CLT, que estabelece a exigência de prova do depósito prévio do valor da multa cominada em razão de autuação administrativa como pressuposto de admissibilidade de recurso administrativo, não foi recepcionado pela Constituição Federal de 1988, ante a sua incompatibilidade com o inciso LV do art. 5º (Res. TST 160/09, *DEJT*, 20.11.09)
425	*Jus postulandi*. Cabimento	O *jus postulandi* das partes, estabelecido no art. 791 da CLT, limita-se às Varas do Trabalho e aos Tribunais Regionais do Trabalho, não alcançando a ação rescisória, a ação cautelar, o mandado de segurança e os recursos de competência do Tribunal Superior do Trabalho. (Res. TST 165/10, *DEJT*, 4.5.10)
426	Depósito recursal. Procedimento	Nos dissídios individuais o depósito recursal será efetivado mediante a utilização da Guia de Recolhimento do FGTS e Informações à Previdência Social – GFIP, nos termos dos §§ 4º e 5º do art. 899 da CLT, admitido o depósito judicial, realizado na sede do juízo e à disposição deste, na hipótese de relação de trabalho não submetida ao regime do FGTS. (Processo TST-IUJEEDRR 91700-09.2006.5.18.0006, Res. TST 174/11, *DEJT*, 31.5.11)
427	Intimação. Advogado. Pedido expresso	Havendo pedido expresso de que as intimações e publicações sejam realizadas exclusivamente em nome de determinado advogado, a comunicação em nome de outro profissional constituído nos autos é nula, salvo se constatada a inexistência de prejuízo. (TST-IUJERR 5400-31.2004.5.09.0017, Res. TST 174/11, *DEJT*, 31.5.11)

	TEMA	TEXTO
428	Sobreaviso. Uso de celular e similares	I – O uso de instrumentos telemáticos ou informatizados fornecidos pela empresa ao empregado, por si só, não caracteriza o regime de sobreaviso. (Res. TST 185/12, *DEJT*, 27.9.12) II – Considera-se em sobreaviso o empregado que, à distância e submetido a controle patronal por instrumentos telemáticos ou informatizados, permanecer em regime de plantão ou equivalente, aguardando a qualquer momento o chamado para o serviço durante o período de descanso. (Res. TST 185/12, *DEJT*, 27.9.12)
		RED. ANTERIOR – O uso de aparelho de intercomunicação, a exemplo de BIP, "pager" ou aparelho celular, pelo empregado, por si só, não caracteriza o regime de sobreaviso, uma vez que o empregado não permanece em sua residência aguardando, a qualquer momento, convocação para o serviço. (ex-OJSDI-1 49) (Res. TST 174/11, *DEJT*, 31.5.11)
429	Jornada. Deslocamento interno	Considera-se à disposição do empregador, na forma do art. 4º da CLT, o tempo necessário ao deslocamento do trabalhador entre a portaria da empresa e o local de trabalho, desde que supere o limite de 10 (dez) minutos diários. (Res. TST 174/11, *DEJT*, 31.5.11)
430	Administração Pública Indireta. Contratação. Ausência de concurso público	Convalidam-se os efeitos do contrato de trabalho que, considerado nulo por ausência de concurso público, quando celebrado originalmente com ente da Administração Pública Indireta, continua a existir após a sua privatização. (Res. TST 177/12, *DEJT*, 15.2.12)
431	Salário-hora. 40 horas semanais. Divisor 200.	Para os empregados a que alude o art. 58, *caput*, da CLT, quando sujeitos a 40 horas semanais de trabalho, aplica-se o divisor 200 (duzentos) para o cálculo do valor do salário-hora. (Res. TST 185/12, *DEJT*, 27.9.12)
		RED. ANTERIOR – Aplica-se o divisor 200 (duzentos) para o cálculo do valor do salário-hora do empregado sujeito a 40 (quarenta) horas semanais de trabalho. (Res. TST 177/12, *DEJT*, 15.2.12)
432	Contribuição sindical rural. Ação de cobrança. Atraso no recolhimento	O recolhimento a destempo da contribuição sindical rural não acarreta a aplicação da multa progressiva prevista no art. 600 da CLT, em decorrência da sua revogação tácita pela Lei n. 8.022, de 12 de abril de 1990. (Res. TST 177/12, *DEJT*, 15.2.12)
433	Embargos. Admissibilidade. Fase de execução	A admissibilidade do recurso de embargos contra acórdão de Turma em recurso de revista em fase de execução, publicado na vigência da Lei n. 11.496, de 26.6.2007, condiciona-se à demonstração de divergência jurisprudencial entre Turmas ou destas e a Seção Especializada em Dissídios Individuais do Tribunal Superior do Trabalho em relação à interpretação de dispositivo constitucional. (Res. TST 177/12, *DEJT*, 15.2.12)
434	Recurso. Interposição. Antes da publicação do acórdão. Impugnado extemporaneamente	I – É extemporâneo recurso interposto antes de publicado o acórdão impugnado. (ex-OJ SDI-1 357) II – A interrupção do prazo recursal em razão da interposição de embargos de declaração pela parte adversa não acarreta qualquer prejuízo àquele que apresentou seu recurso tempestivamente. (Res. TST 177/12, *DEJT*, 15.2.12)

	TEMA	TEXTO
435	CPC, Art. 557. Aplicação	Aplica-se subsidiariamente ao processo do trabalho o art. 932 do CPC de 2015 (art. 557 do CPC de 1973). (Res. TST 208/16, *DEJT*, 22.4.16)
		RED. ANTERIOR - Aplica-se subsidiariamente ao processo do trabalho o art. 557 do Código de Processo Civil. (ex. OJ SDI-2 73) (Res. TST 185/12, *DEJT*, 27.9.12)
436	Representação. União, Estados, Municípios e Distrito Federal, suas autarquias e fundações públicas	I – A União, Estados, Municípios e Distrito Federal, suas autarquias e fundações públicas, quando representadas em juízo, ativa e passivamente, por seus procuradores, estão dispensadas da juntada de instrumento de mandato e de comprovação do ato de nomeação. (ex. OJ SDI-1 52) (Res. TST 185/12, *DEJT*, 27.9.12) II – Para os efeitos do item anterior, é essencial que o signatário ao menos declare-se exercente do cargo de procurador, não bastando a indicação do número de inscrição na Ordem dos Advogados do Brasil. (Res. TST 185/12, *DEJT*, 27.9.12)
437	Intervalo intrajornada. Violação. Alteração norma coletiva. Validade	I – Após a edição da Lei n. 8.923/94, a não concessão ou a concessão parcial do intervalo intrajornada mínimo, para repouso e alimentação, a empregados urbanos e rurais, implica o pagamento total do período correspondente, e não apenas daquele suprimido, com acréscimo de, no mínimo, 50% sobre o valor da remuneração da hora normal de trabalho (art. 71 da CLT), sem prejuízo do cômputo da efetiva jornada de labor para efeito de remuneração. II – É inválida cláusula de acordo ou convenção coletiva de trabalho contemplando a supressão ou redução do intervalo intrajornada porque este constitui medida de higiene, saúde e segurança do trabalho, garantido por norma de ordem pública (art. 71 da CLT e art. 7º, XXII, da CF/1988), infenso à negociação coletiva. III – Possui natureza salarial a parcela prevista no art. 71, § 4º, da CLT, com redação introduzida pela Lei n. 8.923, de 27 de julho de 1994, quando não concedido ou reduzido pelo empregador o intervalo mínimo intrajornada para repouso e alimentação, repercutindo, assim, no cálculo de outras parcelas salariais. IV – Ultrapassada habitualmente a jornada de seis horas de trabalho, é devido o gozo do intervalo intrajornada mínimo de uma hora, obrigando o empregador a remunerar o período para descanso e alimentação não usufruído como extra, acrescido do respectivo adicional, na forma prevista no art. 71, *caput* e § 4º da CLT. (ex- OJ SDI-1 307, 342, 354, 380 e 381) (Res. TST 185/12, *DEJT*, 27.9.12)
438	Ambiente frio. Intervalo. Aplicação analógica	O empregado submetido a trabalho contínuo em ambiente artificialmente frio, nos termos do parágrafo único do art. 253 da CLT, ainda que não labore em câmara frigorífica, tem direito ao intervalo intrajornada previsto no *caput* do art. 253 da CLT. (Res. TST 185/12, *DEJT*, 27.9.12)
439	Danos morais. Juros e atualização monetária. Início	Nas condenações por dano moral, a atualização monetária é devida a partir da data da decisão de arbitramento ou de alteração do valor. Os juros incidem desde o ajuizamento da ação, nos termos do art. 883 da CLT. (Res. TST 185/12, *DEJT*, 27.9.12)

	TEMA	TEXTO
440	Auxílio-doença acidentário. Aposentadoria por invalidez. Plano de saúde, manutenção	Assegura-se o direito à manutenção de plano de saúde ou de assistência médica oferecido pela empresa ao empregado, não obstante suspenso o contrato de trabalho em virtude de auxílio-doença acidentário ou de aposentadoria por invalidez. (Res. TST 185/12, *DEJT*, 27.9.12)
441	Aviso prévio. Proporcionalidade. Início	O direito ao aviso prévio proporcional ao tempo de serviço somente é assegurado nas rescisões de contrato de trabalho ocorridas a partir da publicação da Lei n. 12.506, em 13 de outubro de 2011. (Res. TST 185/12, *DEJT*, 27.9.12)
442	Sumaríssimo. Recurso de Revista. Contrariedade a OJ. Inadmissibilidade	Nas causas sujeitas ao procedimento sumaríssimo, a admissibilidade de recurso de revista está limitada à demonstração de violação direta a dispositivo da Constituição Federal ou contrariedade a Súmula do Tribunal Superior do Trabalho, não se admitindo o recurso por contrariedade a Orientação Jurisprudencial deste Tribunal (Livro II, Título II, Capítulo III, do RITST), ante a ausência de previsão no art. 896, § 6º, da CLT. (ex- OJ SDI-1 352). (Res. TST 185/12, *DEJT*, 27.9.12)
443	Dispensa. Portador de doença grave. Reintegração	Presume-se discriminatória a despedida de empregado portador do vírus HIV ou de outra doença grave que suscite estigma ou preconceito. Inválido o ato, o empregado tem direito à reintegração no emprego. (Res. TST 185/12, *DEJT*, 27.9.12)
444	Jornada 12x36. Validade	É válida, em caráter excepcional, a jornada de doze horas de trabalho por trinta e seis de descanso, prevista em lei ou ajustada exclusivamente mediante acordo coletivo de trabalho ou convenção coletiva de trabalho, assegurada a remuneração em dobro dos feriados trabalhados. O empregado não tem direito ao pagamento de adicional referente ao labor prestado na décima primeira e décima segunda horas. (Res. TST 185/12, *DEJT*, 27.9.12)
445	Indenização. Frutos percebidos. CC, art. 1.216	A indenização por frutos percebidos pela posse de má-fé, prevista no art. 1.216 do Código Civil, por tratar-se de regra afeta a direitos reais, mostra-se incompatível com o Direito do Trabalho, não sendo devida no caso de inadimplemento de verbas trabalhistas. (Res. TST 189/13, *DEJT*, 15.3.13)
446	Maquinista. Intervalo. Supressão	A garantia ao intervalo intrajornada, prevista no art. 71 da CLT, por constituir-se em medida de higiene, saúde e segurança do empregado, é aplicável também ao ferroviário maquinista integrante da categoria "c" (equipagem de trem em geral), não havendo incompatibilidade entre as regras inscritas nos arts. 71, § 4º, e 238, § 5º, da CLT. (Res. TST 193/13, *DEJT*, 13.12.13)
447	Periculosidade. Abastecimento da aeronave	Os tripulantes e demais empregados em serviços auxiliares de transporte aéreo que, no momento do abastecimento da aeronave, permanecem a bordo não têm direito ao adicional de periculosidade a que aludem o art. 193 da CLT e o Anexo 2, item 1, "c", da NR 16 do MTE. (Res. TST 193/13, *DEJT*, 13.12.13)

	TEMA	TEXTO
448	Insalubridade. Laudo pericial. Instalações sanitárias. Públicas	I - Não basta a constatação da insalubridade por meio de laudo pericial para que o empregado tenha direito ao respectivo adicional, sendo necessária a classificação da atividade insalubre na relação oficial elaborada pelo Ministério do Trabalho. II – A higienização de instalações sanitárias de uso público ou coletivo de grande circulação, e a respectiva coleta de lixo, por não se equiparar à limpeza em residências e escritórios, enseja o pagamento de adicional de insalubridade em grau máximo, incidindo o disposto no Anexo 14 da NR-15 da Portaria do MTE n. 3.214/78 quanto à coleta e industrialização de lixo urbano. (Conversão da Orientação Jurisprudencial 4 da SBDI-1, Res. 194/14, *DEJT*, 23.5.14)
449	Jornada. Limite de 5 minutos	A partir da vigência da Lei n. 10.243, de 19.06.2001, que acrescentou o § 1º ao art. 58 da CLT, não mais prevalece cláusula prevista em convenção ou acordo coletivo que elastece o limite de 5 minutos que antecedem e sucedem a jornada de trabalho para fins de apuração das horas extras. (Conversão da Orientação Jurisprudencial n. 372 da SBDI-1, Res. 194/14, *DEJT*, 23.5.14)
450	Férias em dobro	É devido o pagamento em dobro da remuneração de férias, incluído o terço constitucional, com base no art. 137 da CLT, quando, ainda que gozadas na época própria, o empregador tenha descumprido o prazo previsto no art. 145 do mesmo diploma legal. (Conversão da Orientação Jurisprudencial 386 da SBDI-1, Res. 194/14, *DEJT*, 23.5.14)
451	Participação nos lucros. Vinculada a resultado	Fere o princípio da isonomia instituir vantagem mediante acordo coletivo ou norma regulamentar que condiciona a percepção da parcela participação nos lucros e resultados ao fato de estar o contrato de trabalho em vigor na data prevista para a distribuição dos lucros. Assim, inclusive na rescisão contratual antecipada, é devido o pagamento da parcela de forma proporcional aos meses trabalhados, pois o ex-empregado concorreu para os resultados positivos da empresa. (Conversão da Orientação Jurisprudencial 390 da SBDI-1, Res. 194/14, *DEJT*, 23.5.14)
452	Diferenças salariais. Prescrição	Tratando-se de pedido de pagamento de diferenças salariais decorrentes da inobservância dos critérios de promoção estabelecidos em Plano de Cargos e Salários criado pela empresa, a prescrição aplicável é a parcial, pois a lesão é sucessiva e se renova mês a mês. (Conversão da Orientação Jurisprudencial 404 da SBDI-1, Res. 194/14, *DEJT*, 23.5.14)
453	Periculosidade. Pagamento. Mera liberalidade	O pagamento de adicional de periculosidade efetuado por mera liberalidade da empresa, ainda que de forma proporcional ao tempo de exposição ao risco ou em percentual inferior ao máximo legalmente previsto, dispensa a realização da prova técnica exigida pelo art. 195 da CLT, pois torna incontroversa a existência do trabalho em condições perigosas. (Conversão da Orientação Jurisprudencial 406 da SBDI-1, Res. 194/14, *DEJT*, 23.5.14)

	TEMA	TEXTO
454	Contribuição SAT. Competência Justiça do Trabalho	Compete à Justiça do Trabalho a execução, de ofício, da contribuição referente ao Seguro de Acidente de Trabalho (SAT), que tem natureza de contribuição para a seguridade social (arts. 114, VIII, e 195, I, "a", da CF), pois se destina ao financiamento de benefícios relativos à incapacidade do empregado decorrente de infortúnio no trabalho (arts. 11 e 22 da Lei n. 8.212/1991). (Conversão da Orientação Jurisprudencial 414 da SBDI-1, Res. 194/14, *DEJT*, 23.5.14)
455	Sociedade de economia mista. Equiparação	À sociedade de economia mista não se aplica a vedação à equiparação prevista no art. 37, XIII, da CF/1988, pois, ao admitir empregados sob o regime da CLT, equipara-se a empregador privado, conforme disposto no art. 173, § 1º, II, da CF/1988. (Conversão da Orientação Jurisprudencial 353 da SBDI-1, Res. 194/14, *DEJT*, 23.5.14)
456	Mandato. Pessoa jurídica	I – É inválido o instrumento de mandato firmado em nome de pessoa jurídica que não contenha, pelo menos, o nome do outorgante e do signatário da procuração, pois estes dados constituem elementos que os individualizam. II – Verificada a irregularidade de representação da parte na instância originária, o juiz designará prazo de 5 (cinco) dias para que seja sanado o vício. Descumprida a determinação, extinguirá o processo, sem resolução de mérito, se a providência couber ao reclamante, ou considerará revel o reclamado, se a providência lhe couber (art. 76, § 1º, do CPC de 2015). III – Caso a irregularidade de representação da parte seja constatada em fase recursal, o relator designará prazo de 5 (cinco) dias para que seja sanado o vício. Descumprida a determinação, o relator não conhecerá do recurso, se a providência couber ao recorrente, ou determinará o desentranhamento das contrarrazões, se a providência couber ao recorrido (art. 76, § 2º, do CPC de 2015). (TST, Res. 211/16, 24.8.16). RED. ANTERIOR - É inválido o instrumento de mandato firmado em nome de pessoa jurídica que não contenha, pelo menos, o nome do outorgante e do signatário da procuração, pois estes dados constituem elementos que os individualizam. (Conversão da Orientação Jurisprudencial 373 da SBDI-1, Res. 194/14, *DEJT*, 23.5.14)
457	Honorários. Perito. Pagamento	A União é responsável pelo pagamento dos honorários de perito quando a parte sucumbente no objeto da perícia for beneficiária da assistência judiciária gratuita, observado o procedimento disposto nos arts. 1º, 2º e 5º da Resolução n. 66/2010 do Conselho Superior da Justiça do Trabalho – CSJT. (Conversão da Orientação Jurisprudencial 387 da SBDI-1, Res. 194/14, *DEJT*, 23.5.14)

	TEMA	TEXTO
458	Sumaríssimo. Recurso de revista. Cabimento	Em causas sujeitas ao procedimento sumaríssimo, em que pese a limitação imposta no art. 896, § 6º, da CLT à interposição de recurso de revista, admitem-se os embargos interpostos na vigência da Lei n. 11.496, de 22.6.2007, que conferiu nova redação ao art. 894 da CLT, quando demonstrada a divergência jurisprudencial entre Turmas do TST, fundada em interpretações diversas acerca da aplicação de mesmo dispositivo constitucional ou de matéria sumulada. (Conversão da Orientação Jurisprudencial 405 da SBDI-1, Res. 194/14, *DEJT*, 23.5.14)
459	Nulidade por negativa de prestação jurisdicional. Recurso de revista. Conhecimento	O conhecimento do recurso de revista, quanto à preliminar de nulidade, por negativa de prestação jurisdicional, supõe indicação de violação do art. 832 da CLT, do art. 489 do CPC de 2015 (art. 458 do CPC de 1973) ou do art. 93, IX, da CF/1988. (Res. 219/17, *DEJT*, 28.6.17)
		RED. ANTERIOR - O conhecimento do recurso de revista, quanto à preliminar de nulidade por negativa de prestação jurisdicional, supõe indicação de violação do art. 832 da CLT, do art. 458 do CPC ou do art. 93, IX, da CF/1988. (Conversão da Orientação Jurisprudencial 115 da SBDI-1, Res. TST 197/15, *DEJT*, 14.5.15)
460	Vale-transporte. Ônus da prova	É do empregador o ônus de comprovar que o empregado não satisfaz os requisitos indispensáveis para a concessão do vale-transporte ou não pretenda fazer uso do benefício. (Res. TST 209/16, *DEJT*, 1.6.16)
461	FGTS. Recolhimento. Ônus da prova	É do empregador o ônus da prova em relação à regularidade dos depósitos do FGTS, pois o pagamento é fato extintivo do direito do autor (art. 373, II, do CPC de 2015). (Res. TST 209/16, *DEJT*, 1.6.16)
462	Reconhecimento da relação de emprego, Multa do art. 477, § 8º	A circunstância de a relação de emprego ter sido reconhecida apenas em juízo não tem o condão de afastar a incidência da multa prevista no art. 477, § 8º, da CLT. A referida multa não será devida apenas quando, comprovadamente, o empregado der causa à mora no pagamento das verbas rescisórias. (Res. TST 209/16, *DEJT*, 1.6.16)
463	Assistência judiciária gratuita. Comprovação	I – A partir de 26.06.2017, para a concessão da assistência judiciária gratuita à pessoa natural, basta a declaração de hipossuficiência econômica firmada pela parte ou por seu advogado, desde que munido de procuração com poderes específicos para esse fim (art. 105 do CPC de 2015). (Res. 219/17, *DEJT*, 28.6.17). II – No caso de pessoa jurídica, não basta a mera declaração: é necessária a demonstração cabal de impossibilidade de a parte arcar com as despesas do processo. (Res. 219/17, *DEJT* 28.6.17)

SÚMULAS VINCULANTES DO SUPREMO TRIBUNAL FEDERAL MATÉRIA TRABALHISTA, PROCESSUAL E PREVIDENCIÁRIA

	TEMA	TEXTO
1	FGTS. Acordo. Resgate	Ofende a garantia constitucional do ato jurídico perfeito a decisão que, sem ponderar as circunstâncias do caso concreto, desconsidera a validez e a eficácia de acordo constante de termo de adesão instituído pela Lei Complementar n. 110/2001. (*DJ*, 6.6.07)
4	Salário mínimo. Indexador	Salvo nos casos previstos na Constituição, o salário mínimo não pode ser usado como indexador de base de cálculo de vantagem de servidor público ou de empregado, nem ser substituído por decisão judicial. (*DJ*, 9.5.08)
6	Serviço Militar. Remuneração	Não viola a Constituição o estabelecimento de remuneração inferior ao salário mínimo para as praças prestadoras de serviço militar inicial. (*DJ*, 16.5.08)
7	Juros. Limite de 12%	A norma do § 3º do art. 192 da Constituição revogada pela Emenda Constitucional 40/03, que limitava a taxa de juros reais a 12% ao ano, tinha sua aplicação condicionada a edição de lei complementar. (*DJ*, 20.6.08)
15	Servidor público. Cálculo de gratificações	O cálculo de gratificações e outras vantagens do servidor público não incide sobre o abono utilizado para se atingir o salário mínimo. (*DJ*, 1º.7.09)
17	Precatórios. Juros de mora	Durante o período previsto no § 1º do art. 100 da Constituição, não incidem juros de mora sobre os precatórios que nele sejam pagos. (*DJ*, 10.11.09)
21	Recurso administrativo. Depósito prévio. Não obrigatoriedade	É inconstitucional a exigência de depósito ou arrolamento prévios de dinheiro ou bens para admissibilidade de recurso administrativo. (*DJ*, 10.11.09)
22	Acidente de Trabalho. Competência	A Justiça do Trabalho é competente para processar e julgar as ações de indenização por danos morais e patrimoniais decorrentes de acidente de trabalho propostas por empregado contra empregador, inclusive aquelas que ainda não possuíam sentença de mérito em primeiro grau quando da promulgação da Emenda Constitucional 45/04. (*DJ*, 11.12.09)
23	Greve. Ação Possessória	A Justiça do Trabalho é competente para processar e julgar ação possessória ajuizada em decorrência do exercício do direito de greve pelos trabalhadores da iniciativa privada. (*DJ*, 11.12.09)
25	Depositário infiel. Prisão	É ilícita a prisão civil de depositário infiel, qualquer que seja a modalidade do depósito. (*DJ*, 23.12.09)
40	Contribuição confederativa. Obrigatoriedade	A contribuição confederativa de que trata o art. 8º, IV, da Constituição, só é exigível dos filiados ao sindicato respectivo. (Plenário, 11.3.15)

47	Honorários advocatícios. Natureza alimentar	Os honorários advocatícios incluídos na condenação ou destacados do montante principal devido ao credor consubstanciam verba de natureza alimentar cuja satisfação ocorrerá com a expedição de precatório ou requisição de pequeno valor, observada ordem especial restrita aos créditos dessa natureza. (Plenário, 27.5.15, *DJe*, 2.6.15)
53	Contribuição previdenciária, execução. Competência.	A competência da Justiça do Trabalho prevista no art. 114, VIII, da Constituição Federal alcança a execução de ofício das contribuições previdenciárias relativas ao objeto da condenação constante das sentenças que proferir e acordos por ela homologados. (Plenário, 18.6.15, *DJe*, 23.6.15)

SÚMULAS DO SUPREMO TRIBUNAL FEDERAL
MATÉRIA TRABALHISTA, PROCESSUAL E PREVIDENCIÁRIA

	TEMA	TEXTO
35	Acidente de trabalho. Indenização. Concubina	Em caso de acidente do trabalho ou de transporte, a concubina tem direito de ser indenizada pela morte do amásio, se entre eles não havia impedimento para o matrimônio. (*DJ*, 16.12.63)
37	Servidor público. Aposentadoria. Direito	Não tem direito de se aposentar pelo tesouro nacional o servidor que não satisfizer as condições estabelecidas na legislação do serviço público federal, ainda que aposentado pela respectiva instituição previdenciária, com direito, em tese, a duas aposentadorias. (*DJ*, 16.12.63)
150	Prescrição. Execução	Prescreve a execução no mesmo prazo de prescrição da ação. (*DJ*, 16.12.63)
194	Insalubridade. Competência	É competente o ministro do trabalho para a especificação das atividades insalubres. (*DJ*, 16.12.63)
195	Contrato a prazo. Prorrogação	Contrato de trabalho para obra certa, ou de prazo determinado, transforma-se em contrato de prazo indeterminado, quando prorrogado por mais de quatro anos. (*DJ*, 16.12.63)
196	Rural. Categoria profissional	Ainda que exerça atividade rural, o empregado de empresa industrial ou comercial é classificado de acordo com a categoria do empregador. (*DJ*, 16.12.63)
197	Estabilidade. Dispensa. Inquérito	O empregado com representação sindical só pode ser despedido mediante inquérito em que se apure falta grave. (*DJ*, 16.12.63)
198	Férias. Faltas. Acidente de trabalho	As ausências motivadas por acidente do trabalho não são descontáveis do período aquisitivo das férias. (*DJ*, 16.12.63)
199	Férias. Empregado horista. Cálculo	O salário das férias do empregado horista corresponde à média do período aquisitivo, não podendo ser inferior ao mínimo. (*DJ*, 16.12.63)
200	Férias proporcionais. Despedida injusta	Não é inconstitucional a Lei 1.530, de 26.12.51, que manda incluir na indenização por despedida injusta parcela correspondente a férias proporcionais. (*DJ*, 16.12.63)
201	Vendedor pracista. Repouso semanal	O vendedor pracista, remunerado mediante comissão, não tem direito ao repouso semanal remunerado. (*DJ*, 16.12.63)
202	Equiparação salarial. Requisitos	Na equiparação de salário, em caso de trabalho igual, toma-se em conta o tempo de serviço na função, e não no emprego. (*DJ*, 16.12.63)
203	Salário mínimo. *Vacatio legis*	Não está sujeita à vacância de sessenta dias a vigência de novos níveis de salário mínimo. (*DJ*, 16.12.63)
204	Trabalhador substituto ou reserva. Tempo à disposição. Salário	Tem direito o trabalhador substituto, ou de reserva, ao salário mínimo no dia em que fica à disposição do empregador sem ser aproveitado na função específica; se aproveitado, recebe o salário contratual. (*DJ*, 16.12.63)

	TEMA	TEXTO
205	Menor. Salário	Tem direito a salário integral o menor não sujeito a aprendizagem metódica. (*DJ*, 16.12.63)
207	Gratificação. Integração	As gratificações habituais, inclusive a de Natal, consideram-se tacitamente convencionadas, integrando o salário. (*DJ*, 16.12.63)
209	Salário-prêmio. Habitualidade	O salário-produção, como outras modalidades de salário-prêmio, é devido, desde que verificada a condição a que estiver subordinado, e não pode ser suprimido unilateralmente pelo empregador, quando pago com habitualidade. (*DJ*, 16.12.63)
212	Periculosidade. Posto	Tem direito ao adicional de serviço perigoso o empregado de posto de revenda de combustível líquido. (*DJ*, 16.12.63)
213	Revezamento. Trabalho noturno	É devido o adicional de serviço noturno, ainda que sujeito o empregado ao regime de revezamento. (*DJ*, 16.12.63)
214	Adicional noturno. Hora legal	A duração legal da hora de serviço noturno (52 minutos e 30 segundos) constitui vantagem suplementar, que não dispensa o salário adicional. (*DJ*, 16.12.63)
215	Readmissão. Tempo anterior	Conta-se a favor de empregado readmitido o tempo de serviço anterior, salvo se houver sido despedido por falta grave ou tiver recebido a indenização legal. (*DJ*, 16.12.63)
217	Aposentadoria. Recuperação da capacidade. Readmissão	Tem direito de retornar ao emprego, ou ser indenizado em caso de recusa do empregador, o aposentado que recupera a capacidade de trabalho dentro de cinco anos, a contar da aposentadoria, que se torna definitiva após esse prazo. (*DJ*, 16.12.63)
219	Readmissão. Indenização	Para a indenização devida a empregado que tinha direito a ser readmitido, e não foi, levam-se em conta as vantagens advindas a sua categoria no período do afastamento. (*DJ*, 16.12.63)
220	Estabilidade. Readmissão. Indenização	A indenização devida a empregado estável, que não é readmitido ao cessar sua aposentadoria, deve ser paga em dobro. (*DJ*, 16.12.63)
221	Estabilidade. Transferência ou extinção parcial	A transferência de estabelecimento, ou a sua extinção parcial, por motivo que não seja de força maior, não justifica a transferência de empregado estável. (*DJ*, 16.12.63)
222	Identidade física do juiz. Cabimento	O princípio da identidade física do juiz não é aplicavel às Juntas de Conciliação e Julgamento da Justiça do Trabalho. (*DJ*, 16.12.63)
223	Custa. Isenção. Sindicato	Concedida isenção de custas ao empregado, por elas não responde o sindicato que o representa em juízo. (*DJ*, 16.12.63)
224	Juros. Início	Os juros da mora, nas reclamações trabalhistas, são contados desde a notificação inicial. (*DJ*, 16.12.63)
225	CTPS. Valor probante	Não é absoluto o valor probatório das anotações da carteira profissional. (*DJ*, 16.12.63)
227	Concordata. Reclamação trabalhista	A concordata do empregador não impede a execução de crédito nem a reclamação de empregado na Justiça do Trabalho. (*DJ*, 16.12.63)
228	Execução. Recurso extraordinário pendente	Não é provisória a execução na pendência de recurso extraordinário, ou de agravo destinado a fazê-lo admitir. (*DJ*, 16.12.63)

	TEMA	TEXTO
229	Acidente. Indenização	A indenização acidentária não exclui a do direito comum, em caso de dolo ou culpa grave do empregador. (*DJ*, 16.12.63)
230	Acidente. Prescrição	A prescrição da ação de acidente do trabalho conta-se do exame pericial que comprovar a enfermidade ou verificar a natureza da incapacidade. (*DJ*, 16.12.63)
231	Revel. Provas	O revel, em processo civil, pode produzir provas, desde que compareça em tempo oportuno. (*DJ*, 16.12.63)
234	Acidente. Honorários de advogado	São devidos honorários de advogado em ação de acidente do trabalho julgada procedente. (*DJ*, 16.12.63)
235	Acidente. Competência	É competente para a ação de acidente do trabalho a justiça cível comum, inclusive em segunda instância, ainda que seja parte autarquia seguradora. (*DJ*, 16.12.63)
236	Acidente. Custas. Autarquia seguradora	Em ação de acidente do trabalho, a autarquia seguradora não tem isenção de custas. (*DJ*, 16.12.63)
238	Acidente. Multa. Retardamento	Em caso de acidente do trabalho, a multa pelo retardamento da liquidação é exigível do segurador sub-rogado, ainda que autarquia. (*DJ*, 16.12.63)
241	Previdência. Contribuição. Incidência	A contribuição previdenciária incide sobre o abono incorporado ao salário. (*DJ*, 16.12.63)
243	Aposentadoria. Dupla. IAPFESP	Em caso de dupla aposentadoria os proventos a cargo do IAPFESP não são equiparáveis aos pagos pelo tesouro nacional, mas calculados à base da média salarial nos últimos doze meses de serviço. (*DJ*, 16.12.63)
249	Competência. STF	É competente o Supremo Tribunal Federal para a ação rescisória quando, embora não tendo conhecido do recurso extraordinário, ou havendo negado provimento ao agravo, tiver apreciado a questão federal controvertida. (*DJ*, 16.12.63)
254	Juros. Omissão na inicial	Incluem-se os juros moratórios na liquidação, embora omisso o pedido inicial ou a condenação. (*DJ*, 16.12.63)
255	Fazenda Pública. Juros. Início	Sendo ilíquida a obrigação, os juros moratórios, contra a Fazenda Pública, incluídas as autarquias, são contados do trânsito em julgado da sentença de liquidação. (*DJ*, 16.12.63)
258	Ação declaratória. Reconvenção	É admissível reconvenção em ação declaratória. (*DJ*, 16.12.63)
259	Documento estrangeiro. Autenticação	Para produzir efeito em juízo não é necessária a inscrição, no registro público, de documentos de procedência estrangeira, autenticados por via consular. (*DJ*, 16.12.63)
264	Prescrição intercorrente. Configuração	Verifica-se a prescrição intercorrente pela paralisação da ação rescisória por mais de cinco anos. (*DJ*, 16.12.63)
266	Mandado de segurança. Cabimento. Lei em tese	Não cabe mandado de segurança contra lei em tese. (*DJ*, 16.12.63)
267	Mandado de segurança. Cabimento. Ato judicial	Não cabe mandado de segurança contra ato judicial passível de recurso ou correição. (*DJ*, 16.12.63)

	TEMA	TEXTO
268	Mandado de segurança. Cabimento. Decisão judicial	Não cabe mandado de segurança contra decisão judicial com trânsito em julgado. (*DJ*, 16.12.63)
279	Recurso extraordinário. Cabimento. Reexame de provas	Para simples reexame de prova não cabe recurso extraordinário. (*DJ*, 16.12.63)
280	Recurso extraordinário. Cabimento. Direito local	Por ofensa a direito local não cabe recurso extraordinário. (*DJ*, 16.12.63)
282	Recurso extraordinário. Admissibilidade. Requisitos	É inadmissível o recurso extraordinário, quando não ventilada, na decisão recorrida, a questão federal suscitada. (*DJ*, 16.12.63)
283	Recurso extraordinário. Admissibilidade. Requisitos	É inadmissível o recurso extraordinário, quando a decisão recorrida assenta em mais de um fundamento suficiente e o recurso não abrange todos eles. (*DJ*, 16.12.63)
284	Recurso extraordinário. Admissibilidade. Requisitos	É inadmissível o recurso extraordinário, quando a deficiência na sua fundamentação não permitir a exata compreensão da controvérsia. (*DJ*, 16.12.63)
287	Agravo. Requisitos	Nega-se provimento ao agravo quando a deficiência na sua fundamentação, ou na do recurso extraordinário, não permitir a exata compreensão da controvérsia. (*DJ*, 16.12.63)
288	Agravo. Requisitos	Nega-se provimento a agravo para subida de recurso extraordinário, quando faltar no traslado o despacho agravado, a decisão recorrida, a petição de recurso extraordinário ou qualquer peça essencial à compreensão da controvérsia. (*DJ*, 16.12.63)
294	Embargos. Mandado de segurança. Cabimento	São inadmissíveis embargos infringentes contra decisão do Supremo Tribunal Federal em mandado de segurança. (*DJ*, 16.12.63)
299	Mandado de segurança. Recurso ordinário e extraordinário. Julgamento	O recurso ordinário e o extraordinário interpostos no mesmo processo de mandado de segurança, ou de *habeas corpus*, serão julgados conjuntamente pelo Tribunal Pleno. (*DJ*, 16.12.63)
304	Mandado de segurança. Denegação. Coisa julgada	Decisão denegatória de mandado de segurança, não fazendo coisa julgada contra o impetrante, não impede o uso da ação própria. (*DJ*, 16.12.63)
307	Insalubridade. Cálculo	É devido o adicional de serviço insalubre, calculado a base do salário mínimo da região, ainda que a remuneração contratual seja superior ao salário mínimo acrescido da taxa de insalubridade. (*DJ*, 16.12.63)
310	Intimação. Sexta-feira	Quando a intimação tiver lugar na sexta-feira, ou a publicação com efeito de intimação for feita nesse dia, o prazo judicial terá início na segunda-feira imediata, salvo se não houver expediente, caso em que começará no primeiro dia útil que se seguir. (*DJ*, 16.12.63)

	TEMA	TEXTO
311	Acidente. Multa. Retardamento. Ação judicial	No típico acidente do trabalho, a existência de ação judicial não exclui a multa pelo retardamento da liquidação. (*DJ*, 16.12.63)
312	Músico. Subordinação. Regime. CLT	Músico integrante de orquestra da empresa, com atuação permanente e vínculo de subordinação, está sujeito à legislação geral do trabalho, e não à especial dos artistas. (*DJ*, 16.12.63)
313	Adicional noturno. Cálculo	Provada a identidade entre o trabalho diurno e o noturno, é devido o adicional, quanto a este, sem a limitação do art. 73, § 3º, da CLT, independentemente da natureza da atividade do empregador. (*DJ*, 16.12.63)
314	Acidente. Indenização. Cálculo	Na composição do dano por acidente do trabalho, ou de transporte, não é contrário à lei tomar para base da indenização o salário do tempo da perícia ou da sentença. (*DJ*, 16.12.63)
315	Agravo. Requisitos	Indispensável o traslado das razões da revista, para julgamento, pelo Tribunal Superior do Trabalho, do agravo para sua admissão. (*DJ*, 16.12.63)
316	Greve. Simples adesão. Falta grave	A simples adesão a greve não constitui falta grave. (*DJ*, 16.12.63)
317	Embargos declaratórios. Cabimento	São improcedentes os embargos declaratórios, quando não pedida a declaração do julgado anterior, em que se verificou a omissão. (*DJ*, 16.12.63)
319	Recurso. STF. Mandado de segurança. Prazo	O prazo do recurso ordinário para o Supremo Tribunal Federal, em *habeas corpus* ou mandado de segurança, é de cinco dias. (*DJ*, 16.12.63)
327	Prescrição intercorrente. Cabimento	O direito trabalhista admite a prescrição intercorrente.(*DJ*, 16.12.63)
337	Acidente. Pagamento. Indenização	A controvérsia entre o empregador e o segurador não suspende o pagamento devido ao empregado por acidente do trabalho. (*DJ*, 16.12.63)
341	Empregador. Culpa presumida	É presumida a culpa do patrão ou comitente pelo ato culposo do empregado ou preposto. (*DJ*, 13.12.63)
343	Ação rescisória. Cabimento. Interpretação controvertida	Não cabe ação rescisória por ofensa a literal disposição de lei, quando a decisão rescindenda se tiver baseado em texto legal de interpretação controvertida nos tribunais. (*DJ*, 16.12.63)
349	Prescrição. Decisão normativa	A prescrição atinge somente as prestações de mais de dois anos, reclamadas com fundamento em decisão normativa da Justiça do Trabalho, ou em convenção coletiva de trabalho, quando não estiver em causa a própria validade de tais atos. (*DJ*, 16.12.63)
356	Recurso extraordinário. Prequestionamento	O ponto omisso da decisão, sobre o qual não foram opostos embargos declaratórios, não pode ser objeto de recurso extraordinário, por faltar o requisito do prequestionamento. (*DJ*, 16.12.63)

TEMA		TEXTO
369	Recurso extraordinário. Divergência jurisprudencial. Requisitos	Julgados do mesmo tribunal não servem para fundamentar o recurso extraordinário por divergência jurisprudencial. (*DJ*, 16.12.63)
371	Ferroviário. Dupla aposentadoria	Ferroviário, que foi admitido como servidor autárquico, não tem direito a dupla aposentadoria. (*DJ*, 03.04.64)
372	Dupla aposentadoria. Aplicação	A Lei 2.752, de 10. 04.1956, sobre dupla aposentadoria, aproveita, quando couber, a servidores aposentados antes de sua publicação. (*DJ*, 03.04.64)
392	Mandado de segurança. Recurso. Prazo	O prazo para recorrer de acórdão concessivo de segurança conta-se da publicação oficial de suas conclusões, e não da anterior ciência a autoridade para cumprimento da decisão. (*DJ*, 03.04.64)
401	Recursos. Admissibilidade. Divergência jurisprudencial	Não se conhece do recurso de revista, nem dos embargos de divergência, do processo trabalhista, quando houver jurisprudência firme do Tribunal Superior do Trabalho no mesmo sentido da decisão impugnada, salvo se houver colisão com a jurisprudência do Supremo Tribunal Federal. (*DJ*, 03.04.64)
402	Vigia. Adicional noturno	Vigia noturno tem direito a salário adicional. (*DJ*, 03.04.64)
403	Inquérito judicial. Decadência. Início	É de decadência o prazo de trinta dias para instauração do inquérito judicial, a contar da suspensão, por falta grave, de empregado estável. (*DJ*, 03.04.64)
405	Mandado de segurança. Liminar	Denegado o mandado de segurança pela sentença, ou no julgamento do agravo, dela interposto, fica sem efeito a liminar concedida, retroagindo os efeitos da decisão contrária. (*DJ*, 01.06.64)
423	Sentença. Recurso *ex officio*. Trânsito em julgado	Não transita em julgado a sentença por haver omitido o recurso *ex officio*, que se considera interposto *ex lege*. (*DJ*, 01.06.64)
430	Mandado de segurança. Interrupção do prazo	Pedido de reconsideração na via administrativa não interrompe o prazo para o mandado de segurança. (*DJ*, 01.6.64)
433	Mandado de segurança. Competência do TRT	E competente o Tribunal Regional do Trabalho para julgar mandado de segurança contra ato de seu presidente em execução de sentença trabalhista. (*DJ*, 01.06.64)
450	Honorários advocatícios. Justiça gratuita	São devidos honorários de advogado sempre que vencedor o beneficiário de justiça gratuita. (*DJ*, 01.10.64)
454	Recurso extraordinário. Cabimento. Cláusulas contratuais	Simples interpretação de cláusulas contratuais não dá lugar a recurso extraordinário. (*DJ*, 01.06.64)
457	Recurso de revista. Âmbito. Mérito	O Tribunal Superior do Trabalho, conhecendo da revista, julgará a causa, aplicando o direito à espécie. (*DJ*, 01.10.64)

	TEMA	TEXTO
458	Execução. Remição pelo executado	O processo da execução trabalhista não exclui a remição pelo executado. (*DJ*, 01.10.64)
459	Despedida sem justa causa. Indenização. Integração	No cálculo da indenização por despedida injusta, incluem-se os adicionais, ou gratificações, que, pela habitualidade, se tenham incorporado ao salário. (*DJ*, 01.10.64)
460	Insalubridade. Perícia e enquadramento	Para efeito do adicional de insalubridade, a perícia judicial, em reclamação trabalhista, não dispensa o enquadramento da atividade entre as insalubres, que é ato da competência do Ministro do Trabalho e Previdência Social. (*DJ*, 01.10.64)
461	Repouso semanal remunerado. Cálculo	É duplo, e não triplo, o pagamento do salário nos dias destinados a descanso. (*DJ*, 01.10.64)
462	Despedida sem justa causa. Indenização. Repouso semanal	No cálculo da indenização por despedida injusta inclui-se, quando devido, o repouso semanal remunerado. (*DJ*, 01.10.64)
463	Serviço militar. Estabilidade. Indenização	Para efeito de indenização e estabilidade, conta-se o tempo em que o empregado esteve afastado, em serviço militar obrigatório, mesmo anteriormente à Lei 4.072, de 01.06.1962. (*DJ*, 01.10.64)
464	Acidente. Indenização. Repouso semanal	No cálculo da indenização por acidente do trabalho inclui-se, quando devido, o repouso semanal remunerado. (*DJ*, 01.10.64)
467	Previdência. Contribuição. Cálculo	A base de cálculo das contribuições previdenciárias, anteriormente à vigência da Lei Orgânica da Previdência Social, é o salário mínimo mensal, observados os limites da Lei 2.755, de 1956. (*DJ*, 01.10.64)
474	Mandado de segurança. Cabimento. Lei revogada	Não há direito líquido e certo, amparado pelo mandado de segurança, quando se escuda em lei cujos efeitos foram anulados por outra, declarada constitucional pelo Supremo Tribunal Federal. (*DJ*, 03.10.69)
478	Juiz substituto do trabalho. Classificação	O provimento em cargos de Juízes Substitutos do Trabalho deve ser feito independentemente de lista tríplice, na ordem de classificação dos candidatos. (*DJ*, 03.10.69)
501	Acidente. Competência	Compete à Justiça Ordinária Estadual o processo e o julgamento, em ambas as instâncias, das causas de acidente do trabalho, ainda que promovidas contra a União, suas autarquias, empresas públicas ou sociedades de economia mista. (*DJ*, 03.10.69)
505	Recurso ao STF. Cabimento	Salvo quando contrariarem a Constituição, não cabe recurso para o Supremo Tribunal Federal, de quaisquer decisões da Justiça do Trabalho, inclusive dos presidentes de seus tribunais. (*DJ*, 03.10.69)
506	Agravo. Cabimento	REVOGADA – O agravo a que se refere o art. 4º da Lei 4.348, de 26.06.1964, cabe, somente, do despacho do presidente do Supremo Tribunal Federal que defere a suspensão da liminar, em mandado de segurança, não do que a denega. (*DJ*, 03.10.69) (Revogada, SS 1.945 AgR-AgR-AgR *DJ*, 01.08.03)

	TEMA	TEXTO
512	Honorários advocatícios. Mandado de segurança	Não cabe condenação em honorários de advogado na ação de mandado de segurança. (*DJ*, 03.10.69)
514	Ação rescisória. Cabimento	Admite-se ação rescisória contra sentença transitada em julgado, ainda que contra ela não se tenham esgotado todos os recursos. (*DJ*, 03.10.69)
528	Recurso extraordinário. Admissão parcial. Limite	Se a decisão contiver partes autônomas, a admissão parcial, pelo Presidente do Tribunal *a quo*, de recurso extraordinário que sobre qualquer delas se manifestar, não limitará a apreciação de todas pelo Supremo Tribunal Federal, independentemente de interposição de agravo de instrumento. (*DJ*, 03.10.69)
529	Acidente. Indenização. Subsidiária	Subsiste a responsabilidade do empregador pela indenização decorrente de acidente do trabalho, quando o segurador, por haver entrado em liquidação, ou por outro motivo, não se encontrar em condições financeiras de efetuar, na forma da lei, o pagamento que o seguro obrigatório visava garantir. (*DJ*, 03.10.69)
593	FGTS. Incidência. Horas extras	Incide o percentual do Fundo de Garantia do Tempo de serviço (FGTS) sobre a parcela da remuneração correspondente a horas extraordinárias de trabalho. (*DJ*, 12.12.76)
612	Rural. Acidente de trabalho. Analogia	Ao trabalhador rural não se aplicam, por analogia, os benefícios previstos na Lei 6.367, de 19.10.1976. (*DJ*, 17.10.84)
613	Rural. Pensão previdenciária	Os dependentes de trabalhador rural não têm direito a pensão previdenciária, se o óbito ocorreu anteriormente à vigência da Lei Complementar n. 11/71. (*DJ*, 17.10.84)
619	Depositário. Prisão	REVOGADA – A prisão do depositário judicial pode ser decretada no próprio processo em que se constitui o encargo, independentemente da propositura de ação de depósito. (*DJ*, 17.10.84) (Revogada, HC 92.566, *DJE*, 10.04.09)
620	Recurso *ex officio*. Autarquia	A sentença proferida contra autarquias não está sujeita a reexame necessário, salvo quando sucumbente em execução de dívida ativa. (*DJ*, 17.10.84)
621	Embargos de terceiro. Cabimento. Promessa de compra e venda	Não enseja embargos de terceiro à penhora a promessa de compra e venda não inscrita no registro de imóveis. (*DJ*, 17.10.84)
622	Agravo. Cabimento. Mandado de segurança	Não cabe agravo regimental contra decisão do relator que concede ou indefere liminar em mandado de segurança. (*DJ*, 24.09.03)
623	Mandado de segurança. Competência. STF	Não gera por si só a competência originária do Supremo Tribunal Federal para conhecer do mandado de segurança com base no art. 102, I, *n*, da Constituição, dirigir-se o pedido contra deliberação administrativa do tribunal de origem, da qual haja participado a maioria ou a totalidade de seus membros. (*DJ*, 24.09.03)

	TEMA	TEXTO
624	Mandado de segurança. Competência. STF	Não compete ao Supremo Tribunal Federal conhecer originariamente de mandado de segurança contra atos de outros tribunais. (*DJ*, 24.09.03)
625	Mandado de segurança. Cabimento	Controvérsia sobre matéria de direito não impede concessão de mandado de segurança. (*DJ*, 24.09.03)
626	Mandado de segurança. Liminar	A suspensão da liminar em mandado de segurança, salvo determinação em contrário da decisão que a deferir, vigorará até o trânsito em julgado da decisão definitiva de concessão da segurança ou, havendo recurso, até a sua manutenção pelo Supremo Tribunal Federal, desde que o objeto da liminar deferida coincida, total ou parcialmente, com o da impetração. (*DJ*, 24.09.03)
629	Mandado de segurança. Entidade de classe. Requisitos	A impetração de mandado de segurança coletivo por entidade de classe em favor dos associados independe da autorização destes. (*DJ*, 24.09.03)
630	Mandado de segurança. Entidade de classe. Legitimidade	A entidade de classe tem legitimação para o mandado de segurança ainda quando a pretensão veiculada interesse apenas a uma parte da respectiva categoria. (*DJ*, 24.09.03)
631	Mandado de segurança. Requisitos. Litisconsorte	Extingue-se o processo de mandado de segurança se o impetrante não promove, no prazo assinado, a citação do litisconsorte passivo necessário. (*DJ*, 24.09.03)
632	Mandado de segurança. Decadência	É constitucional lei que fixa o prazo de decadência para a impetração de mandado de segurança. (*DJ*, 24.09.03)
633	Honorários advocatícios. Recursos especiais	É incabível a condenação em verba honorária nos recursos extraordinários interpostos em processo trabalhista, exceto nas hipóteses previstas na Lei 5.584/70. (*DJ*, 24.09.03)
634	Cautelar. Efeito suspensivo. Recurso extraordinário. Competência	Não compete ao Supremo Tribunal Federal conceder medida cautelar para dar efeito suspensivo a recurso extraordinário que ainda não foi objeto de juízo de admissibilidade na origem. (*DJ*, 24.09.03)
635	Cautelar. Efeito suspensivo. Recurso extraordinário. Competência	Cabe ao Presidente do Tribunal de origem decidir o pedido de medida cautelar em recurso extraordinário ainda pendente do seu juízo de admissibilidade. (*DJ*, 24.09.03)
636	Recurso extraordinário. Normas infraconstitucionais	Não cabe recurso extraordinário por contrariedade ao princípio constitucional da legalidade, quando a sua verificação pressuponha rever a interpretação dada a normas infraconstitucionais pela decisão recorrida. (*DJ*, 24.09.03)
641	Prazo. Recurso. Litisconsortes	Não se conta em dobro o prazo para recorrer, quando só um dos litisconsortes haja sucumbido. (*DJ*, 24.09.03)
644	Procuração. Procurador autárquico	Ao titular do cargo de procurador de autarquia não se exige a apresentação de instrumento de mandato para representá-la em juízo. (*DJ*, 24.09.03)

	TEMA	TEXTO
655	Precatório. Natureza alimentícia	A exceção prevista no art. 100, *caput*, da Constituição, em favor dos créditos de natureza alimentícia, não dispensa a expedição de precatório, limitando-se a isentá-los da observância da ordem cronológica dos precatórios decorrentes de condenações de outra natureza. (*DJ*, 24.09.03)
667	Custas. Limite. Valor da causa	Viola a garantia constitucional de acesso à jurisdição a taxa judiciária calculada sem limite sobre o valor da causa. (*DJ*, 24.09.03)
671	Reajuste. URP	Os servidores públicos e os trabalhadores em geral têm direito, no que concerne à URP de abril/maio de 1988, apenas ao valor correspondente a 7/30 de 16,19% sobre os vencimentos e salários pertinentes aos meses de abril e maio de 1988, não cumulativamente, devidamente corrigido até o efetivo pagamento. (*DJ*, 24.09.03)
672	Reajuste. Servidor público	O reajuste de 28,86%, concedido aos servidores militares pelas Leis 8.662/93 e 8.627/93, estende-se aos servidores civis do Poder Executivo, observadas as eventuais compensações decorrentes dos reajustes diferenciados concedidos pelos mesmos diplomas legais. (*DJ*, 24.09.03)
674	Anistia. Abrangência	A anistia prevista no art. 8º do ADCT não alcança os militares expulsos com base em legislação disciplinar ordinária, ainda que em razão de atos praticados por motivação política. (*DJ*, 24.09.03)
675	Revezamento. Repouso intrajornada	Os intervalos fixados para descanso e alimentação durante a jornada de seis horas não descaracterizam o sistema de turnos ininterruptos de revezamento para o efeito do art. 7º, XIV, da Constituição. (*DJ*, 24.09.03)
676	Estabilidade. CIPA	A garantia da estabilidade provisória prevista no art. 10, II, *a*, do ADCT, também se aplica ao suplente do cargo de direção de comissões internas de prevenção de acidentes (CIPA). (*DJ*, 24.09.03)
677	Sindicato. Registro	Até que lei venha a dispor a respeito, incumbe ao Ministério do Trabalho proceder ao registro das entidades sindicais e zelar pela observância do princípio da unicidade. (*DJ*, 24.09.03)
678	Servidor público. Mudança de regime. Contagem de tempo	São inconstitucionais os incisos I e III do art. 7º da Lei 8.162/91, que afastam, para efeito de anuênio e de licença-prêmio, a contagem do tempo de serviço regido pela CLT dos servidores que passaram a submeter-se ao regime jurídico único. (*DJ*, 24.09.03)
679	Servidor público. Convenção coletiva. Salário	A fixação de vencimentos dos servidores públicos não pode ser objeto de convenção coletiva. (*DJ*, 24.09.03)
681	Servidor público. Reajustes. Índices	É inconstitucional a vinculação do reajuste de vencimentos de servidores estaduais ou municipais a índices federais de correção monetária. (*DJ*, 24.09.03)
682	Servidor público. Salários. Correção monetária	Não ofende a Constituição a correção monetária no pagamento com atraso dos vencimentos de servidores públicos. (*DJ*, 24.09.03)

TEMA		TEXTO
685	Servidor público. Cargos diferentes do concurso	É inconstitucional toda modalidade de provimento que propicie ao servidor investir-se, sem prévia aprovação em concurso público destinado ao seu provimento, em cargo que não integra a carreira na qual anteriormente investido. (*DJ*, 24.09.03)
688	Contribuição previdenciária. 13º salário	É legítima a incidência da contribuição previdenciária sobre o 13º salário. (*DJ*, 24.09.03)
691	Competência. *Habeas corpus*	Não compete ao Supremo Tribunal Federal conhecer de *habeas corpus* impetrado contra decisão do relator que, em *habeas corpus* requerido a tribunal superior, indefere a liminar. (*DJ*, 24.09.03)
726	Professores. Aposentadoria. Tempo de serviço	Para efeito de aposentadoria especial de professores, não se computa o tempo de serviço prestado fora da sala de aula. (*DJ*, 26.11.03)
732	Salário-educação. Cobrança	É constitucional a cobrança da contribuição do salário-educação, seja sob a Carta de 1969, seja sob a Constituição Federal de 1988, e no regime da Lei 9.424/96. (*DJ*, 26.11.03)
733	Recurso extraordinário. Cabimento. Precatórios	Não cabe recurso extraordinário contra decisão proferida no processamento de precatórios. (*DJ*, 26.11.03)
736	Competência. Normas trabalhistas	Compete à Justiça do Trabalho julgar as ações que tenham como causa de pedir o descumprimento de normas trabalhistas relativas à segurança, higiene e saúde dos trabalhadores. (*DJ*, 26.11.03)

SÚMULAS DO SUPERIOR TRIBUNAL DE JUSTIÇA
MATÉRIA TRABALHISTA, PROCESSUAL E PREVIDENCIÁRIA

	TEMA	TEXTO
3	Competência. Conflito	Compete ao Tribunal Regional Federal dirimir conflito de competência verificado, na respectiva região, entre Juiz Federal e Juiz Estadual investido de jurisdição federal. (*DJ*, 18.05.90)
4	Competência. Sindicato. Eleições	Compete à Justiça Estadual julgar causa decorrente do processo eleitoral sindical. (*DJ*, 18.05.90)
10	Competência. Juiz de Direito	Instalada a Junta de Conciliação e Julgamento, cessa a competência do Juiz de Direito em matéria trabalhista, inclusive para a execução das sentenças por ele proferidas. (*DJ*, 01.10.90)
14	Honorários advocatícios. Correção monetária	Arbitrados os honorários advocatícios em percentual sobre o valor da causa, a correção monetária incide a partir do respectivo ajuizamento. (*DJ*, 14.11.90)
15	Competência. Acidente do trabalho	Compete à Justiça Estadual processar e julgar os litígios decorrentes de acidente do trabalho. (*DJ*, 14.11.90)
19	Competência. Horário bancário	A fixação do horário bancário, para atendimento ao público, é da competência da União. (*DJ*, 07.12.90)
32	Competência. Justificações judiciais	Compete à Justiça Federal processar justificações judiciais destinadas a instruir pedidos perante entidades que nela têm exclusividade de foro, ressalvada a aplicação do art. 15, II, da Lei 5.010/66. (*DJ*, 29.10.91)
33	Competência. Territorial	A incompetência relativa não pode ser declarada de ofício. (*DJ*, 29.10.91)
41	Competência. Mandado de segurança	O Superior Tribunal de Justiça não tem competência para processar e julgar, originariamente, mandado de segurança contra ato de outros tribunais ou dos respectivos órgãos. (*DJ*, 20.05.92)
44	Previdenciário. Benefício. Disacusia	A definição, em ato regulamentar, de grau mínimo de disacusia, não exclui, por si só, a concessão do benefício previdenciário. (*DJ*, 26.06.92)
45	Recurso *ex officio*. Agravar condenação	No reexame necessário, é defeso, ao Tribunal, agravar a condenação imposta à Fazenda Pública. (*DJ*, 26.06.92)
46	Competência. Embargos	Na execução por carta, os embargos do devedor serão decididos no juízo deprecante, salvo se versarem unicamente vícios ou defeitos da penhora, avaliação ou alienação dos bens. (*DJ*, 24.08.92)
55	Competência. Funcional	Tribunal Regional Federal não é competente para julgar recurso de decisão proferida por juiz estadual não investido de jurisdição federal. (*DJ*, 01.10.92)
57	Competência. Ação de cumprimento	Compete à Justiça Comum Estadual processar e julgar ação de cumprimento fundada em acordo ou convenção coletiva não homologados pela Justiça do Trabalho. (*DJ*, 06.10.92)

	TEMA	TEXTO
59	Competência. Conflito	Não há conflito de competência se já existe sentença com trânsito em julgado, proferida por um dos juízos conflitantes. (*DJ*, 14.10.92)
62	Competência. CTPS. Crime. Falsa anotação	Compete à Justiça Estadual processar e julgar o crime de falsa anotação na carteira de trabalho e previdência social, atribuído a empresa privada. (*DJ*, 26.11.92)
77	PIS. Contribuição. Parte ilegítima	A Caixa Econômica Federal é parte ilegítima para figurar no polo passivo das ações relativas às contribuições para o fundo PIS/PASEP. (*DJ*, 12.05.93)
82	Competência. FGTS	Compete à Justiça Federal, excluídas as reclamações trabalhistas, processar e julgar os feitos relativos à movimentação do FGTS. (*DJ*, 02.07.93)
89	Acidente do trabalho. Via administrativa	A ação acidentária prescinde do exaurimento da via administrativa. (*DJ*, 26.10.93)
92	Alienação fiduciária. Terceiro	A terceiro de boa-fé não é oponível a alienação fiduciária não anotada no certificado de registro do veículo automotor. (*DJ*, 03.11.93. Republicada *DJ*, 24.11.93)
97	Competência. Servidor público	Compete à Justiça do Trabalho processar e julgar reclamação de servidor público relativamente a vantagens trabalhistas anteriores à instituição do regime jurídico único. (*DJ*, 10.03.94)
98	Embargos de declaração. Protelatório. Prequestionamento	Embargos de declaração manifestados com notório propósito de prequestionamento não têm caráter protelatório. (*DJ*, 25.04.94)
99	Ministério Público. Legitimidade	O Ministério Público tem legitimidade para recorrer no processo em que oficiou como fiscal da lei, ainda que não haja recurso da parte. (*DJ*, 25.04.94)
105	Mandado de segurança. Honorários advocatícios	Na ação de mandado de segurança não se admite condenação em honorários advocatícios. (*DJ*, 03.06.94)
106	Prescrição. Demora na citação	Proposta a ação no prazo fixado para o seu exercício, a demora na citação, por motivos inerentes ao mecanismo da justiça, não justifica o acolhimento da arguição de prescrição ou decadência. (*DJ*, 03.06.94)
115	Recurso. Ausência de procuração	Na instância especial é inexistente recurso interposto por advogado sem procuração nos autos. (*DJ*, 07.11.94)
121	Execução fiscal. Intimação	Na execução fiscal o devedor deverá ser intimado, pessoalmente, do dia e hora da realização do leilão. (*DJ*, 06.12.94)
125	Férias. Imposto de renda	O pagamento de férias não gozadas por necessidade do serviço não está sujeito à incidência do imposto de renda. (*DJ*, 15.12.94)
134	Embargos de terceiro. Cônjuge	Embora intimado da penhora em imóvel do casal, o cônjuge do executado pode opor embargos de terceiro para defesa de sua meação. (*DJ*, 05.05.95)
136	Licença-prêmio. Imposto de renda	O pagamento de licença-prêmio não gozada por necessidade do serviço não está sujeito ao imposto de renda. (*DJ*, 16.05.95)

	TEMA	TEXTO
137	Competência. Servidor público municipal	Compete à Justiça Comum Estadual processar e julgar ação de servidor público municipal, pleiteando direitos relativos ao vínculo estatutário. (*DJ*, 22.05.95)
144	Precatórios. Preferência	Os créditos de natureza alimentícia gozam de preferência, desvinculados os precatórios da ordem cronológica dos créditos de natureza diversa. (*DJ*, 18.08.95)
149	Rural. Tempo de serviço	A prova exclusivamente testemunhal não basta à comprovação da atividade rurícola, para efeito da obtenção de benefício previdenciário. (*DJ*, 18.12.95)
159	Acidente de trabalho. Cálculo	O benefício acidentário, no caso de contribuinte que perceba remuneração variável, deve ser calculado com base na média aritmética dos últimos doze meses de contribuição. (*DJ*, 27.05.96)
161	FGTS. PIS. Levantamento. Competência	É da competência da Justiça Estadual autorizar o levantamento dos valores relativos ao PIS / PASEP e FGTS, em decorrência do falecimento do titular da conta. (*DJ*, 19.06.96)
165	Competência. Falso testemunho	Compete à Justiça Federal processar e julgar crime de falso testemunho cometido no processo trabalhista. (*DJ*, 23.08.96, republicada *DJ*, 02.09.96)
170	Competência. Trabalhista e estatutário	Compete ao juízo onde primeiro for intentada a ação envolvendo acumulação de pedidos, trabalhista e estatutário, decidi-la nos limites da sua jurisdição, sem prejuízo do ajuizamento de nova causa, com o pedido remanescente, no juízo próprio. (*DJ*, 31.10.96)
173	Competência. Reintegração. Cargo público	Compete à Justiça Federal processar e julgar o pedido de reintegração em cargo público federal, ainda que o servidor tenha sido dispensado antes da instituição do regime jurídico único. (*DJ*, 31.10.96)
175	INSS. Ação rescisória	Descabe o depósito prévio nas ações rescisórias propostas pelo INSS. (*DJ*, 31.10.96)
180	Competência. Conflito	Na lide trabalhista, compete ao Tribunal Regional do Trabalho dirimir conflito de competência verificado, na respectiva região, entre Juiz Estadual e Junta de Conciliação e Julgamento. (*DJ*, 17.02.97)
181	Ação declaratória. Cabimento	É admissível ação declaratória, visando a obter certeza quanto à exata interpretação de cláusula contratual. (*DJ*, 17.02.97)
182	Agravo regimental. Requisito	É inviável o agravo do art. 545 do CPC que deixa de atacar especificamente os fundamentos da decisão agravada. (*DJ*, 17.02.97)
185	Depósitos judiciais. IOF	Nos depósitos judiciais, não incide o Imposto sobre Operações Financeiras. (*DJ*, 31.03.97)
195	Rural. Categoria profissional	Contrato de trabalho para obra certa, ou de prazo determinado, transforma-se em contrato de prazo indeterminado, quando prorrogado por mais de quatro anos. (*DJ*, 16.12.63)
204	Benefícios previdenciários. Juros de mora	Os juros de mora nas ações relativas a benefícios previdenciários incidem a partir da citação válida. (*DJ*, 18.03.98)

	TEMA	TEXTO
210	FGTS. Prescrição	A ação de cobrança das contribuições para o FGTS prescreve em trinta (30) anos. (*DJ*, 05.06.98)
215	Demissão voluntária. Imposto de renda	A indenização recebida pela adesão a programa de incentivo à demissão voluntária não está sujeita à incidência do imposto de renda. (*DJ*, 04.12.98)
218	Competência. Servidor público	Compete à Justiça dos Estados processar e julgar ação de servidor estadual decorrente de direitos e vantagens estatutárias no exercício de cargo em comissão. (*DJ*, 24.02.99)
219	Falência. Créditos e preferência	Os créditos decorrentes de serviços prestados à massa falida, inclusive a remuneração do síndico, gozam dos privilégios próprios dos trabalhistas. (*DJ*, 25.03.99)
222	Competência. Contribuição sindical	Compete à Justiça Comum processar e julgar as ações relativas à contribuição sindical prevista no art. 578 da CLT. (*DJ*, 02.08.99)
225	Competência. Conflito	Compete ao Tribunal Regional do Trabalho apreciar recurso contra sentença proferida por órgão de primeiro grau da Justiça Trabalhista, ainda que para declarar-lhe a nulidade em virtude de incompetência. (*DJ*, 25.08.99)
227	Dano moral. Pessoa jurídica	A pessoa jurídica pode sofrer dano moral. (*DJ*, 20.10.99)
232	Fazenda Federal. Honorários periciais	A Fazenda Pública, quando parte no processo, fica sujeita à exigência do depósito prévio dos honorários do perito. (*DJ*, 07.12.99)
235	Conexão. Reunião dos processos	A conexão não determina a reunião dos processos, se um deles já foi julgado. (*DJ*, 10.02.00)
236	Conflito de competência	Não compete ao Superior Tribunal de Justiça dirimir conflitos de competência entre juízes trabalhistas vinculados a Tribunais Regionais do Trabalho diversos. (*DJ*, 14.04.00)
240	Processo. Extinção	A extinção do processo, por abandono da causa pelo autor, depende de requerimento do réu. (*DJ*, 06.09.00)
242	Ação declaratória. Tempo de serviço	Cabe ação declaratória para reconhecimento de tempo de serviço para fins previdenciários. (*DJ*, 27.11.00)
249	FGTS. CEF. Legitimidade	A Caixa Econômica Federal tem legitimidade passiva para integrar processo em que se discute correção monetária do FGTS. (*DJ*, 22.06.01)
252	FGTS. Correção	Os saldos das contas do FGTS, pela legislação infraconstitucional, são corrigidos em 42,72% (IPC) quanto às perdas de janeiro de 1989 e 44,80% (IPC) quanto às de abril de 1990, acolhidos pelo STJ os índices de 18,02% (LBC) quanto às perdas de junho de 1987, de 5,38% (BTN) para maio de 1990 e 7,00% (TR) para fevereiro de 1991, de acordo com o entendimento do STF (RE 226.855-7-RS). (*DJ*, 13.08.01)
253	Recurso. Reexame necessário	O art. 557 do CPC, que autoriza o relator a decidir o recurso, alcança o reexame necessário. (*DJ*, 15.08.01)
273	Carta precatória. Intimação da data de audiência	Intimada a defesa da expedição da carta precatória, torna-se desnecessária intimação da data da audiência no juízo deprecado. (*DJ*, 19.09.02)

	TEMA	TEXTO
278	Ação de indenização. Prescrição	O termo inicial do prazo prescricional, na ação de indenização, é a data em que o segurado teve ciência inequívoca da incapacidade laboral. (*DJ*, 16.06.03)
281	Dano moral. Indenização	A indenização por dano moral não está sujeita à tarifação prevista na Lei de Imprensa. (*DJ*, 13.05.04)
304	Depositário infiel	É ilegal a decretação da prisão civil daquele que não assume expressamente o encargo de depositário judicial. (*DJ*, 22.11.04)
305	Depositário infiel	É descabida a prisão civil do depositário quando, decretada a falência da empresa, sobrevém a arrecadação do bem pelo síndico. (*DJ*, 22.11.04)
307	Falência	A restituição de adiantamento de contrato de câmbio, na falência, deve ser atendida antes de qualquer crédito. (*DJ*, 15.12.04)
310	Auxílio-creche	O auxílio-creche não integra o salário de contribuição. (*DJ*, 23.05.05)
328	Penhora. Instituição financeira	Na execução contra instituição financeira, é penhorável o numerário disponível, excluídas as reservas bancárias mantidas no Banco Central. (*DJ*, 10.08.06)
340	Pensão previdenciária. Lei aplicável	A lei aplicável à concessão de pensão previdenciária por morte é aquela vigente na data do óbito do segurado. (*DJ*, 13.08.07)
343	Advogado. Processo administrativo	É obrigatória a presença de advogado em todas as fases do processo administrativo disciplinar. (*DJ*, 21.09.07)
344	Sentença. Liquidação	A liquidação por forma diversa estabelecida na sentença não ofende a coisa julgada. (*DJ*, 28.11.07)
345	Honorários advocatícios. Fazenda Pública	São devidos honorários advocatícios pela Fazenda Pública nas execuções individuais de sentença proferida em ações coletivas, ainda que não embargadas. (*DJ*, 28.11.07)
349	Execução fiscal. Competência	Compete à Justiça Federal ou aos juízes com competência delegada o julgamento das execuções fiscais de contribuições devidas pelo empregador ao FGTS. (*DJ*, 19.06.08)
351	Acidente do trabalho. Alíquota segura	A alíquota de contribuição para o Seguro de Acidente do Trabalho (SAT) é aferida pelo grau de risco desenvolvido em cada empresa, individualizada pelo seu CNPJ, ou pelo grau de risco da atividade preponderante quando houver apenas um registro. (*DJ*, 19.06.08)
362	Dano moral. Correção monetária	A correção monetária do valor da indenização do dano moral incide desde a data do arbitramento. (*DJ*, 3.11.08)
363	Competência. Ação profissional liberal	Compete à Justiça estadual processar e julgar a ação de cobrança ajuizada por profissional liberal contra cliente. (*DJE*, 03.11.08)
364	Penhora. Bem de família. Abrangência	O conceito de impenhorabilidade de bem de família abrange também o imóvel pertencente a pessoas solteiras, separadas e viúvas. (*DJ*, 03.11.08)

	TEMA	TEXTO
366	Acidente de trabalho. Competência. Viúva. Ação indenizatória	CANCELADA – Compete à Justiça estadual processar e julgar ação indenizatória proposta por viúva e filhos de empregado falecido em acidente de trabalho. (*DJ*, 26.11.08) (Cancelada, CC 101.977/SP, *DJ*, 22.09.09)
375	Execução. Fraude à execução. Registro da penhora. Má-fé	O reconhecimento da fraude à execução depende do registro da penhora do bem alienado ou da prova de má-fé do terceiro adquirente. (*DJ*, 30.03.09)
382	Juros. Teto máximo	A estipulação de juros remuneratórios superiores a 12% ao ano, por si só, não indica abusividade. (*DJ*, 08.06.09)
384	Ação monitória. Cabimento. Saldo de bem alienado	Cabe ação monitória para haver saldo remanescente oriundo de venda extrajudicial de bem alienado fiduciariamente em garantia. (*DJ*, 08.06.09)
386	Imposto de Renda. Isenção. Férias proporcionais	São isentas de imposto de renda as indenizações de férias proporcionais e o respectivo adicional. (*DJ*, 01.09.09)
387	Dano moral. Cumulação de indenizações. Dano estético e moral	É lícita a cumulação das indenizações de dano estético e dano moral. (*DJ*, 01.09.09)
393	Execução fiscal. Exceção de pré-executividade	A exceção de pré-executividade é admissível na execução fiscal relativamente às matérias conhecíveis de ofício que não demandem dilação probatória. (*DJ*, 07.10.09)
398	FGTS. Juros progressivos. Conta vinculada	A prescrição da ação para pleitear os juros progressivos sobre os saldos de conta vinculada do FGTS não atinge o fundo de direito, limitando-se às parcelas vencidas. (*DJ*, 07.10.09)
400	Execução fiscal. Encargo de 20%. DL 1.025/69	O encargo de 20% previsto no DL n. 1.025/1969 é exigível na execução fiscal proposta contra a massa falida. (*DJ*, 07.10.09)
401	Ação rescisória. Decadência. Início	O prazo decadencial da ação rescisória só se inicia quando não for cabível qualquer recurso do último pronunciamento judicial. (*DJ*, 13.10.09)
414	Execução fiscal. Citação por edital	A citação por edital na execução fiscal é cabível quando frustradas as demais modalidades. (*DJ*, 16.12.09)
417	Penhora. Ordem de preferência	Na execução civil, a penhora de dinheiro na ordem de nomeação de bens não tem caráter absoluto. (*DJ*, 11.03.10)
419	Depositário infiel. Prisão	Descabe a prisão civil do depositário judicial infiel. (*DJ*, 11.03.10)
427	Aposentadoria. Ação. Prescrição	A ação de cobrança de diferenças de valores de complementação de aposentadoria prescreve em cinco anos contados da data do pagamento. (*DJ*, 13.05.10)
429	Citação postal. Aviso de recebimento	A citação postal, quando autorizada por lei, exige o aviso de recebimento. (*DJ*, 13.05.10)
451	Penhora. Empresa	É legítima a penhora da sede do estabelecimento comercial. (*DJ*, 21.06.10)

	TEMA	TEXTO
453	Honorário. Ação de cobrança	Os honorários sucumbenciais, quando omitidos em decisão transitada em julgado, não podem ser cobrados em execução ou em ação própria. (*DJ*, 24.08.10)
458	Contribuição previdenciária. Incidência	A contribuição previdenciária incide sobre a comissão paga ao corretor de seguros. (DJ, 08.09.10)
459	FGTS. Expurgos. Correção	A Taxa Referencial (TR) é o índice aplicável, a título de correção monetária, aos débitos com o FGTS recolhidos pelo empregador mas não repassados ao fundo. (DJ, 08.09.10)
462	FGTS. CEF. Custas	Nas ações em que representa o FGTS, a CEF, quando sucumbente, não está isenta de reembolsar as custas antecipadas pela parte vencedora. (*DJ*, 08.09.10)
463	I.R. Incidência. Horas extras	Incide imposto de renda sobre os valores percebidos a título de indenização por horas extraordinárias trabalhadas, ainda que decorrentes de acordo coletivo. (DJ, 08.09.10)
466	FGTS. Saque. Contrato nulo	O titular da conta vinculada ao FGTS tem o direito de sacar o saldo respectivo quando declarado nulo seu contrato de trabalho por ausência de prévia aprovação em concurso público. (*DJ*, 25.10.10)
481	Justiça gratuita. Pessoa jurídica	Faz jus ao benefício da justiça gratuita a pessoa jurídica com ou sem fins lucrativos que demonstrar sua impossibilidade de arcar com os encargos processuais. (*DJE*, 01.08.12)
497	Execução. Preferência	Os créditos das autarquias federais preferem aos créditos da Fazenda estadual desde que coexistam penhoras sobre o mesmo bem. (*DJE*, 13.08.13)
498	Danos morais. Imposto de renda	Não incide imposto de renda sobre a indenização por danos morais. (*DJE*, 13.08.12)
499	Contribuição. SESC. SENAC. Prestadora	As empresas prestadoras de serviços estão sujeitas às contribuições, salvo se integradas noutro serviço social. (*DJE*, 18.03.13)
517	Honorários advocatícios. Cumprimento de sentença	São devidos honorários advocatícios no cumprimento de sentença, haja ou não impugnação, depois de escoado o prazo para pagamento voluntário, que se inicia após a intimação do advogado da parte executada. (*DJE*, 02.03.15).
561	CRF. Fiscalização	Os Conselhos Regionais de Farmácia possuem atribuição para fiscalizar e autuar as farmácias e drogarias quanto ao cumprimento da exigência de manter profissional legalmente habilitado (farmacêutico) durante todo o período de funcionamento dos respectivos estabelecimentos. (*DJE*, 15.12.15).
577	Rural. Reconhecimento tempo de serviço	É possível reconhecer o tempo de serviço rural anterior ao documento mais antigo apresentado, desde que amparado em convincente prova testemunhal colhida sob o contraditório. (*DJE*, 22.06.16).

ORIENTAÇÃO JURISPRUDENCIAL

ORIENTAÇÃO JURISPRUDENCIAL DA SEÇÃO DE DISSÍDIOS INDIVIDUAIS-1 DO TRIBUNAL SUPERIOR DO TRABALHO

	TEMA	TEXTO
1	Ação rescisória. Legitimidade	CANCELADA – Ação rescisória. Réu sindicato. Legitimidade passiva *ad causam*. Admitida. (*DJ*, 25.11.96) (Convertida na Orientação Jurisprudencial SDI-2 110, *DJ*, 29.04.03)
2	Insalubridade. Cálculo	CANCELADA – Adicional de insalubridade. Base de cálculo. Mesmo na vigência da CF/88: salário mínimo. (*DJ*, 29.3.96) (cancelada, Res. TST 148/08, *DJ*, 10.7.08)
3	Insalubridade. Cálculo	CANCELADA – Adicional de insalubridade. Base de cálculo, na vigência do Decreto-Lei 2.351/87: piso nacional de salários. (*DJ*, 14.03.94) (Convertida na Orientação Jurisprudencial SDI-1 Transitória 33, Res. TST 129/05, *DJ*, 20.4.05)
4	Insalubridade. Configuração	CANCELADA – I – Não basta a constatação da insalubridade por meio de laudo pericial para que o empregado tenha direito ao respectivo adicional, sendo necessária a classificação da atividade insalubre na relação oficial elaborada pelo Ministério do Trabalho. (Convertida na Súmula 448, Res. 194/14, *DEJT*, 23.5.14) II – A limpeza em residências e escritórios e a respectiva coleta de lixo não podem ser consideradas atividades insalubres, ainda que constatadas por laudo pericial, porque não se encontram dentre as classificadas como lixo urbano na Portaria do Ministério do Trabalho. (ex-OJ SDI-1 170) (Res. TST 129/05, *DJ*, 20.4.05)
		RED. ANTERIOR – Adicional de insalubridade. Necessidade de classificação da atividade insalubre na relação oficial elaborada pelo Ministério do Trabalho, não bastando a constatação por laudo pericial. CLT, art. 190. Aplicável. (*DJ*, 25.11.96)
5	Periculosidade. Contato permanente ou não	CANCELADA – Adicional de periculosidade. Exposição permanente e intermitente. Inflamáveis e/ou explosivos. Direito ao adicional integral. (*DJ*, 14.03.94) (Convertida na Súmula 364, Res. TST 129/05, *DJ*, 20.4.05)
6	Trabalho noturno. Horas extras	CANCELADA – Cumprida integralmente a jornada no período noturno e prorrogada esta, devido é também o adicional quanto às horas prorrogadas. Exegese do art. 73, § 5º, da CLT. (Convertida na Súmula 60, Res. TST 129/05, *DJ*, 20.4.05)

	TEMA	TEXTO
7	Advogado. Exercício	A despeito da norma então prevista no artigo 56, § 2º, da Lei n. 4.215/63, a falta de comunicação do advogado à OAB para o exercício profissional em seção diversa daquela na qual tem inscrição não importa nulidade dos atos praticados, constituindo apenas infração disciplinar, que cabe àquela instituição analisar. (Res. TST 129/05, *DJ*, 20.4.05)
		RED. ANTERIOR – Atuação fora da seção da OAB onde o advogado está inscrito. Ausência de comunicação. (Lei n. 4.215/63, § 2º, art. 56). Infração disciplinar. Não importa nulidade. (*DJ*, 29.3.96)
8	Ação rescisória. Alçada	CANCELADA – Alçada. Ação rescisória. Não se aplica a alçada em ação rescisória. (*DJ*, 01.02.95) (Convertida na Súmula 365, Res. TST 129/05, *DJ*, 20.4.05)
9	Recurso. Entidade pública. Alçada	CANCELADA – Tratando-se de decisão contrária à entidade pública, cabível a remessa de ofício mesmo de processo de alçada. (07.11.94) (Convertida na Súmula 303, *DJ*, 20.4.05)
10	Recurso. Alçada	CANCELADA – Não se aplica a alçada em mandado de segurança. (*DJ*, 01.02.95) (Convertida na Súmula 365, Res. TST 129/05, *DJ*, 20.4.05)
11	Recurso. Alçada	CANCELADA – Alçada. Vinculação ao salário mínimo. Duplo grau. Recorribilidade. O art. 5º, inc. LV e o art. 7º, inc. IV, da CF/88 não revogaram o art. 2º, § 4º, da Lei n. 5.584/70. (*DJ*, 03.06.96) (Convertida na Súmula 356, Res. TST 75/97, *DJ*, 19.12.97)
12	Anistia	Os efeitos financeiros decorrentes da anistia concedida pela Emenda Constitucional n. 26/85 contam-se desde a data da sua promulgação. (Res. TST 129/05, *DJ*, 20.4.05)
		RED. ANTERIOR – Anistia. Emenda Constitucional n. 26/85. Efeitos financeiros da promulgação. FUB. (*DJ*, 03.06.96)
13	Depósito recursal. Entidades estatais	A Administração dos Portos de Paranaguá e Antonina – APPA, vinculada à Administração Pública indireta, não é isenta do recolhimento do depósito recursal e do pagamento das custas processuais por não ser beneficiária dos privilégios previstos no Decreto-Lei n. 779, de 21.08.1969, ante o fato de explorar atividade econômica com fins lucrativos, o que descaracteriza sua natureza jurídica, igualando-a às empresas privadas. (*DEJT*, 18.11.10)
		RED. ANTERIOR – APPA. Decreto-Lei n. 779/69. Depósito recursal e custas. Não isenção. (*DJ*, 14.03.94)
14	Aviso prévio. Requisitos	Em caso de aviso prévio cumprido em casa, o prazo para pagamento das verbas rescisórias é até o décimo dia da notificação de despedida. (Res. TST 129/05, *DJ*, 20.4.05)
		RED. ANTERIOR – Aviso prévio cumprido em casa. Verbas rescisórias. Prazo para pagamento. Até o 10º dia da notificação da demissão. (CLT, 477, § 6º, "b"). (*DJ*, 25.11.96)

TEMA		TEXTO
15	Bancário. Adicional de 1/3	CANCELADA – Bancário. Gratificação de função superior a 1/3 e inferior ao valor constante de norma coletiva. Inexistência de direito às 7ª e 8ª horas. Direito à diferença do adicional, se e quando pleiteada. (*DJ*, 14.03.94) (Convertida na Súmula 102, Res. TST 129/05, *DJ*, 20.4.05)
16	Bancário. Remuneração	A isonomia de vencimentos entre servidores do Banco Central do Brasil e do Banco do Brasil, decorrente de sentença normativa, alcançou apenas os vencimentos e vantagens de caráter permanente. Dado o caráter personalíssimo do Adicional de Caráter Pessoal – ACP e não integrando a remuneração dos funcionários do Banco do Brasil, não foi ele contemplado na decisão normativa para efeitos de equiparação à tabela de vencimentos do Banco Central do Brasil. (Res. TST 129/05, *DJ*, 20.4.05)
		RED. ANTERIOR – Banco do Brasil. ACP. Adicional de Caráter Pessoal. Indevido. (*DJ*, 13.02.95)
17	Bancário. Adicional de 1/3	Os adicionais AP, ADI ou AFR, somados ou considerados isoladamente, sendo equivalentes a 1/3 do salário do cargo efetivo (art. 224, § 2º, da CLT), excluem o empregado ocupante de cargo de confiança do Banco do Brasil da jornada de 6 horas. (*DJ*, 07.11.94)
18	Aposentadoria. Complementação	I – O valor das horas extras integra a remuneração do empregado para o cálculo da complementação de aposentadoria, desde que sobre ele incida a contribuição à Caixa de Previdência dos Funcionários do Banco do Brasil – PREVI, observado o respectivo regulamento no tocante à integração. (Processo TST-IUJEEDRR-301900-52.2005.5.09.0661 e ERR 119900-56.1999.5.04.0751, Res. TST 175/11, *DEJT*, 31.05.11) II – Os adicionais AP e ADI não integram o cálculo para a apuração do teto da complementação de aposentadoria. (ex-OJ SDI-1 21) (Res. TST 129/05, *DJ*, 20.4.05) III – No cálculo da complementação de aposentadoria deve-se observar a média trienal. (ex-OJs SDI-1 19 e 289) (Res. TST 129/05, *DJ*, 20.4.05) IV – A complementação de aposentadoria proporcional aos anos de serviço prestados exclusivamente ao Banco do Brasil somente se verifica a partir da Circular Funci n. 436/63. (ex-OJ SDI-1 20) (Res. TST 129/05, *DJ*, 20.4.05) V – O telex DIREC do Banco do Brasil n. 5003/87 não assegura a complementação de aposentadoria integral, porque não aprovado pelo órgão competente ao qual a instituição se subordina. (ex-OJ SDI-1 136) (Res. TST 129/05, *DJ*, 20.4.05)
		RED. ANTERIOR – I – As horas extras não integram o cálculo da complementação de aposentadoria; (ex-OJ SDI-1 18) (Res. TST 129/05, *DJ*, 20.4.05) II – Os adicionais AP e ADI não integram o cálculo para a apuração do teto da complementação de aposentadoria; (ex-OJ SDI-1 21) (Res. TST 129/05, *DJ*, 20.4.05)

	TEMA	TEXTO
		III – No cálculo da complementação de aposentadoria deve-se observar a média trienal; (ex-OJs SDI-1 19 e 289) (Res. TST 129/05, *DJ*, 20.4.05) IV – A complementação de aposentadoria proporcional aos anos de serviço prestados exclusivamente ao Banco do Brasil somente se verifica a partir da Circular Funci n. 436/63; (ex-OJ SDI-1 20) (Res. TST 129/05, *DJ*, 20.4.05) V – O telex DIREC do Banco do Brasil n. 5003/1987 não assegura a complementação de aposentadoria integral, porque não aprovado pelo órgão competente ao qual a instituição se subordina. (ex-OJ SDI-1 136) (Res. TST 129/05, *DJ*, 20.4.05)
		RED. ANTERIOR – Banco do Brasil. As horas extras não integram o cálculo da complementação de aposentadoria. (*DJ*, 29.3.96)
19	Aposentadoria. Complementação	CANCELADA – Banco do Brasil. Complementação de aposentadoria. Média trienal. (*DJ*, 05.06.95) (Convertida na Orientação Jurisprudencial SDI-1 18, Res. TST 129/05, *DJ*, 20.4.05)
20	Aposentadoria. Complementação	CANCELADA – Banco do Brasil. Complementação de aposentadoria. Proporcionalidade somente a partir da Circ. Funci n. 436/1963. (*DJ*, 13.02.95) (Convertida na Orientação Jurisprudencial SDI-1 18, Res. TST 129/05, *DJ*, 20.4.05)
21	Aposentadoria. Complementação	CANCELADA – Banco do Brasil. Complementação de aposentadoria. Teto. Cálculo. AP e ADI. Não integração. (*DJ*, 13.02.95) (Convertida na Orientação Jurisprudencial SDI-1 18, Res. TST, *DJ*, 20.4.05)
22	Bancário. Configuração	CANCELADA – BRDE. Entidade autárquica de natureza bancária. Lei n. 4.595/64, art. 17. Res. Bacen n. 469/70, art. 8º. CLT, art. 224, § 2º. CF, art. 173, § 1º. (*DJ*, 14.03.94) (Convertida na Orientação Jurisprudencial SDI-1 Transitória 34, Res. TST 129/05, *DJ*, 20.4.05)
23	Horas extras. Cartão de ponto	CANCELADA – Não é devido o pagamento de horas extras relativamente aos dias em que o excesso de jornada não ultrapassa de cinco minutos antes e/ou após a duração normal do trabalho. (Se ultrapassado o referido limite, como extra será considerada a totalidade do tempo que exceder a jornada normal). (Convertida na Súmula 366, Res. TST 129/05, *DJ*, 20.4.05)
24	Salário-utilidade	CANCELADA – Cigarro não é salário-utilidade. (*DJ*, 29.3.96) (Convertida na Súmula 367, Res. TST 129/05, *DJ*, 20.4.05)
25	Estabilidade. Provisória	CANCELADA – CIPA. Suplente. Antes da CF/88. Não tem direito à estabilidade. (*DJ*, 29.3.96) (Convertida na Súmula 339, Res. TST 129/05, *DJ*, 20.4.05)
26	Competência. Aposentadoria	A Justiça do Trabalho é competente para apreciar pedido de complementação de pensão postulada por viúva de ex-empregado, por se tratar de pedido que deriva do contrato de trabalho. (*DJ*, 01.02.95) (Res. TST 129/05, *DJ*, 20.4.05)

	TEMA	TEXTO
		RED. ANTERIOR – Competência da Justiça do Trabalho. Complementação de pensão requerida por viúva de ex-empregado. (*DJ*, 01.02.95)
27	Estabilidade. Provisória	CANCELADA – Conab. Estabilidade concedida por norma interna. Não assegurada. Aviso DIREH 02/1984. (*DJ*, 05.10.95) (Convertida na Súmula 355, Res. TST 72/97, *DJ*, 08.07.97)
28	Correção monetária. Cálculo	Incide correção monetária sobre as diferenças salariais dos servidores das universidades federais, decorrentes da aplicação retroativa dos efeitos financeiros assegurados pela Lei n. 7.596/87, pois a correção monetária tem como escopo único minimizar a desvalorização da moeda em decorrência da corrosão inflacionária. (Res. TST 129/05, *DJ*, 20.4.05)
		RED. ANTERIOR – Correção monetária sobre as diferenças salariais. Fundação Universidade de Brasília (FUB). Devida. Lei n. 7.596/87. (*DJ*, 14.03.94)
29	Mandado de segurança. Recurso	CANCELADA – Custas. Mandado de segurança. Recurso ordinário. Exigência do pagamento. (*DJ*, 03.06.96) (Convertida na Orientação Jurisprudencial SDI-2 148, Res. TST 129/05, *DJ*, 20.4.05)
30	Custas. Comprovação	CANCELADA – Custas. Prazo para comprovação. (*DJ*, 29.3.96) (Convertida na Súmula 352, Res. TST 69/97, *DJ*, 30.05.97)
31	Financeiras. Liquidação extrajudicial	CANCELADA – Depósito recursal e custas. Empresa em liquidação extrajudicial. Súmula n. 86. Não pertinência. (*DJ*, 14.03.94) (Convertida na Súmula 86, Res. TST 129/05, *DJ*, 20.4.05)
32	Previdência social e imposto de renda. Descontos	CANCELADA – Descontos legais. Sentenças trabalhistas. Contribuição previdenciária e imposto de renda. Devidos. Provimento CGJT n. 3/84. (*DJ*, 14.03.94) (Convertida na Súmula 368, Res. TST 138/05, *DJ*, 25.11.05)
33	Deserção. Configuração	O carimbo do banco recebedor na guia de comprovação do recolhimento das custas supre a ausência de autenticação mecânica. (*DJ*, 25.11.96)
34	Estabilidade. Dirigente sindical	CANCELADA – É indispensável a comunicação, pela entidade sindical, ao empregador, na forma do § 5º, do art. 543, da CLT. (*DJ*, 29.04.94) (Convertida na Súmula 369, Res. TST 129/05, *DJ*, 20.4.05)
35	Estabilidade. Dirigente sindical	CANCELADA – Dirigente sindical. Registro de candidatura no curso do aviso prévio. Não tem direito à estabilidade provisória (art. 543, § 3º, CLT). (*DJ*, 14.03.94) (Convertida na Súmula 369, Res. TST 129/05, *DJ*, 20.4.05)
36	Documentos. Autenticação	O instrumento normativo em cópia não autenticada possui valor probante, desde que não haja impugnação ao seu conteúdo, eis que se trata de documento comum às partes. (*DJ*, 01.02.95) (Res. TST 129/05, *DJ*, 20.4.05)
		RED. ANTERIOR – Documento comum às partes (instrumento normativo ou sentença normativa), cujo conteúdo não é impugnado. Validade mesmo em fotocópia não autenticada. (*DJ*, 25.11.96)

	TEMA	TEXTO
37	Recurso de embargos. Divergência jurisprudencial	CANCELADA – Não ofende o art. 896, da CLT, decisão de turma que, examinando premissas concretas de especificidade da divergência colacionada no apelo revisional, conclui pelo conhecimento ou desconhecimento do recurso. (Convertida na Súmula 296, Res. TST 129/05, *DJ*, 20.4.05)
38	Prescrição. Rural. Reflorestamento	O empregado que trabalha em empresa de reflorestamento, cuja atividade está diretamente ligada ao manuseio da terra e de matéria-prima, é rurícola e não industriário, nos termos do Decreto n. 73.626, de 12.02.1974, art. 2º, § 4º, pouco importando que o fruto de seu trabalho seja destinado à indústria. Assim, aplica-se a prescrição própria dos rurícolas aos direitos desses empregados. (*DEJT*, 18.11.10).
		RED. ANTERIOR – Empregado que exerce atividade rural. Empresa de reflorestamento. Prescrição própria do rurícola. (Lei n. 5.889/73, art. 10 e Decreto n. 73.626/74, art. 2º, § 4º). (*DJ*, 29.3.96)
39	Engenheiros e afins. Regulamentação profissional	CANCELADA – A Lei n. 4.950/66 não estipula a jornada reduzida para os engenheiros, mas apenas estabelece o salário mínimo da categoria para uma jornada de 6 horas. Não há que se falar em horas extras, salvo as excedentes à 8ª, desde que seja respeitado o salário mínimo/horário da categoria. (*DJ*, 07.11.94) (Convertida na Súmula 370, Res. TST 129/05, *DJ*, 20.4.05)
40	Estabilidade. Provisória	CANCELADA – A projeção do contrato de trabalho para o futuro, pela concessão do aviso prévio indenizado, tem efeitos limitados às vantagens econômicas obtidas no período de pré-aviso, ou seja, salários, reflexos e verbas rescisórias. (*DJ*, 28.11.95) (Convertida na Súmula 371, Res. TST 129/05, *DJ*, 20.4.05)
41	Estabilidade. Provisória	Preenchidos todos os pressupostos para a aquisição de estabilidade decorrente de acidente ou doença profissional, ainda durante a vigência do instrumento normativo, goza o empregado de estabilidade mesmo após o término da vigência deste. (*DJ*, 25.11.96)
42	FGTS. Indenização	I – É devida a multa do FGTS sobre os saques corrigidos monetariamente ocorridos na vigência do contrato de trabalho. Art. 18, § 1º, da Lei n. 8.036/90 e art. 9º, § 1º, do Decreto n. 99.684/90. (ex-OJ SDI-1 107) (Res. TST 129/05, *DJ*, 20.4.05) II – O cálculo da multa de 40% do FGTS deverá ser feito com base no saldo da conta vinculada na data do efetivo pagamento das verbas rescisórias, desconsiderada a projeção do aviso prévio indenizado, por ausência de previsão legal. (ex-OJ SDI-1 254) (Res. TST 129/05, *DJ*, 20.4.05)
		RED. ANTERIOR – FGTS. Multa de 40%. Devida inclusive sobre os saques ocorridos na vigência do contrato de trabalho. Art. 18, § 1º, da Lei n. 8.036/90. (*DJ*, 25.11.96)
43	Direito adquirido. Configuração	A conversão de salários de cruzeiros para cruzados, nos termos do Decreto-Lei n. 2.284/86, não afronta direito adquirido dos empregados (Res. TST 129/05, *DJ*, 20.4.05)

	TEMA	TEXTO
		RED. ANTERIOR – A conversão de salários de cruzeiros para cruzados, nos termos do Decreto-Lei n. 2.284/86, não afronta direito adquirido dos empregados. (*DJ*, 07.11.94)
44	Gestante. Salário-maternidade	É devido o salário-maternidade, de 120 dias, desde a promulgação da CF/88, ficando a cargo do empregador o pagamento do período acrescido pela Carta. (*DJ*, 13.09.94)
45	Gratificação. Integração	CANCELADA – Gratificação de função percebida por 10 ou mais anos. Afastamento do cargo de confiança sem justo motivo. Estabilidade financeira. Manutenção do pagamento. (*DJ*, 25.11.96) (Convertida na Súmula 372, Res. TST 129/05, *DJ*, 20.4.05)
46	Prescrição. Prestações sucessivas ou ato único	CANCELADA – Gratificação semestral. Congelamento. Prescrição parcial. (*DJ*, 29.3.96) (Convertida na Súmula 373, Res. TST 129/05, *DJ*, 20.4.05)
47	Insalubridade. Cálculo	A base de cálculo da hora extra é o resultado da soma do salário contratual mais o adicional de insalubridade. (Res. TST 148/08, *DJ*, 10.7.08)
		RED. ANTERIOR – Hora extra. Adicional de insalubridade. Base de cálculo. É o resultado da soma do salário contratual mais o adicional de insalubridade, este calculado sobre o salário mínimo. (*DJ*, 29.3.96)
48	Bancário. Horas extras	CANCELADA – Horas extras pactuadas após a admissão do bancário não configura pré-contratação. Súmula n. 199. Inaplicável. (*DJ*, 25.11.96) (Convertida na Súmula 199, Res. TST 129/05, *DJ*, 20.4.05)
49	Jornada. Sobreaviso (Regime de)	CANCELADA – O uso do aparelho BIP pelo empregado, por si só, não carateriza o regime de sobreaviso, uma vez que o empregado não permanece em sua residência aguardando, a qualquer momento, convocação para o serviço. (Res. TST 129/05, *DJ*, 20.4.05) (Convertida na Súmula 428, Res. TST 175/11, *DEJT*, 31.05.11)
		RED. ANTERIOR – Horas extras. Uso do BIP. Não caracterizado o "sobreaviso". (*DJ*, 01.02.95)
50	Horas *in itinere*	CANCELADA – Horas *in itinere*. Incompatibilidade de horários. Devidas. Aplicável a Súmula n. 90. (*DJ*, 01.02.95) (Convertida na Súmula 90, Res. TST 129/05, *DJ*, 20.4.05)
51	Legislação eleitoral. Empresas públicas e Sociedades de economia mista	Aos empregados das empresas públicas e das sociedades de economia mista regidos pela CLT aplicam-se as vedações dispostas no art. 15 da Lei n. 7.773, de 08.06.1989. (*DEJT*, 18.11.10)
		RED. ANTERIOR – Em 26.09.96, o Órgão Especial decidiu, por maioria, que "aos empregados das empresas públicas e das sociedades de economia mista regidos pela CLT, aplica-se o disposto no art. 15 da Lei n. 7.773/89". (*DJ*, 25.11.96)

	TEMA	TEXTO
52	Procurador. Entidades estatais	CANCELADA – A União, Estados, Municípios e Distrito Federal, suas autarquias e fundações públicas, quando representadas em juízo, ativa e passivamente, por seus procuradores, estão dispensadas da juntada de instrumento de mandato. (Res. TST 129/05, *DJ*, 20.4.05) (Convertida na Súmula 436, Res. TST 186/12, *DEJT*, 27.9.12)
		RED. ANTERIOR – Mandato. Procurador da União, Estados, Municípios e Distrito Federal, suas autarquias e fundações públicas. Dispensável a juntada de procuração. (Medida Provisória n. 1.561/96 – *DOU*, 20.12.96). (*DJ*, 29.3.96)
53	Médico e afins. Salário mínimo	CANCELADA – A Lei n. 3.999/61 não estipula a jornada reduzida para os médicos, mas apenas estabelece o salário mínimo da categoria para uma jornada de 4 horas. Não há que se falar em horas extras, salvo as excedentes à 8ª, desde que seja respeitado o salário mínimo/horário da categoria. (*DJ*, 29.04.94) (Convertida na Súmula 370, Res. TST 129/05, *DJ*, 20.4.05)
54	Multa. Cabimento e limites	O valor da multa estipulada em cláusula penal, ainda que diária, não poderá ser superior à obrigação principal corrigida, em virtude da aplicação do artigo 412 do Código Civil de 2002 (art. 920 do Código Civil de 1916). (Res. TST 129/05, *DJ*, 20.4.05)
		RED. ANTERIOR – Multa estipulada em cláusula penal, ainda que diária, não poderá ser superior ao principal corrigido. Aplicação do art. 920 do Código Civil. (*DJ*, 30.05.94)
55	Sindicato ou federação. Enquadramento	CANCELADA– Empregado integrante de categoria profissional diferenciada não tem o direito de haver de seu empregador vantagens previstas em instrumento coletivo no qual a empresa não foi representada por órgão de classe de sua categoria. (Convertida na Súmula 374, Res. TST 129/05, *DJ*, 20.4.05)
56	Gratificação. Integração	Direito reconhecido apenas àqueles empregados que tinham 25 anos de efetivo exercício prestados exclusivamente à Caixa. (*DJ*, 25.11.96)
57	Reajuste salarial	É devido o reajuste da parcela denominada "adiantamento do PCCS", conforme a redação do art. 1º da Lei n. 7.686/88. (Res. TST 129/05, *DJ*, 20.4.05)
		RED. ANTERIOR – PCCS. Devido o reajuste do adiantamento. Lei n. 7.686/88, art. 1º. (*DJ*, 14.03.94)
58	Reajuste salarial	Inexiste direito adquirido ao IPC de junho de 1987 (Plano Bresser), em face da edição do Decreto-Lei n. 2.335/87. (Res. TST 129/05, *DJ*, 20.4.05)
		RED. ANTERIOR – Plano Bresser. IPC de junho de 1987. Inexistência de direito adquirido. (*DJ*, 10.03.95)
59	Reajuste salarial	Inexiste direito adquirido à URP de fevereiro de 1989 (Plano Verão), em face da edição da Lei n. 7.730/89. (Res. TST 129/05, *DJ*, 20.4.05)
60	Portuário. Regime jurídico	I – A hora noturna no regime de trabalho no porto, compreendida entre dezenove horas e sete horas do dia seguinte, é de sessenta minutos.

TEMA	TEXTO
	II – Para o cálculo das horas extras prestadas pelos trabalhadores portuários, observar-se-á somente o salário básico percebido, excluídos os adicionais de risco e produtividade. (ex-OJ SDI-1 61) (Res. TST 129/05, *DJ*, 20.4.05)
	RED. ANTERIOR – Portuários. Hora noturna de 60 minutos (entre 19 e 7h do dia seguinte). Art. 4º da Lei n. 4.860/65. (*DJ*, 28.11.95)
61 Portuário. Regime jurídico	CANCELADA – Portuários. Horas extras. Base de cálculo: ordenado sem o acréscimo dos adicionais de risco e de produtividade. Lei n. 4.860/65, art. 7º, § 5º. (*DJ*, 14.03.94) (Convertida na Orientação Jurisprudencial SDI-1 60, Res. TST 129/05, *DJ*, 20.4.05)
62 Recurso extraordinário. Prequestionamento	É necessário o prequestionamento como pressuposto de admissibilidade em recurso de natureza extraordinária, ainda que se trate de incompetência absoluta. (Republicada em decorrência de erro material. (*DEJT*, 25.11.10)
	RED. ANTERIOR – Prequestionamento. Pressuposto de recorribilidade em apelo de natureza extraordinária. Necessidade, ainda que a matéria seja de incompetência absoluta. (*DJ*, 14.03.94)
63 Prescrição. Alteração contratual	CANCELADA – Prescrição total. Horas extras. Pré-contratadas e suprimidas. Termo inicial. Data da supressão. (*DJ*, 14.03.94) (Convertida na Súmula 199, Res. TST 129/05, *DJ*, 20.4.05)
64 Bancário. Configuração	CANCELADA – Probam. Súmula n. 239. Inaplicável. Não são bancários seus empregados. (*DJ*, 13.09.94) (Convertida na Súmula 239, Res. TST 129/05, *DJ*, 20.4.05)
65 Servidor público. Admissão	O acesso de professor adjunto ao cargo de professor titular só pode ser efetivado por meio de concurso público, conforme dispõem os arts. 37, inciso II, e 206, inciso V, da CF/88. (*DJ*, 30.05.94) (Res. TST 129/05, *DJ*, 20.4.05)
	RED. ANTERIOR – Professor adjunto. Ingresso no cargo de professor-titular. Exigência de concurso público não afastada pela Constituição Federal de 1988 (CF/1988, arts. 37, II, e 206, V) (*DJ*, 30.05.94)
66 Professor. Repouso	CANCELADA– Professor. Repouso semanal remunerado. Lei n. 605/49, art. 7º, § 2º, e art. 320 da CLT. (*DJ*, 25.11.96) (Convertida na Súmula 351, Res. TST 68/97, *DJ*, 30.05.97)
67 Médicos e afins. Salário mínimo	CANCELADA – Radiologista. Salário profissional. O salário profissional dos técnicos em radiologia é igual a dois salários mínimos e não a quatro (Lei n. 7.394/85). (*DJ*, 03.06.96) (Convertida na Súmula 358, Res. TST 77/97, *DJ*, 19.12.97)
68 Federações de sindicatos	CANCELADA – Reajustes salariais. Bimestrais e quadrimestrais (Lei n. 8.222/91). Simultaneidade inviável. (*DJ*, 28.11.95) (Convertida na Orientação Jurisprudencial SDI-1 Transitória 35, Res. TST 129/05, *DJ*, 20.4.05)

	TEMA	TEXTO
69	Reajuste salarial	CANCELADA – Reajustes salariais previstos em norma coletiva. Prevalência dos Decretos-Leis n. 2.283/86 e 2.284/86. "Plano Cruzado". (*DJ*, 14.03.94) (Convertida na Súmula 375, Res. TST 129/05, *DJ*, 20.4.05)
70	Correição parcial	CANCELADA – Não cabe recurso ordinário contra decisão de agravo regimental interposto em reclamação correicional. (*DJ*, 13.09.94) (Convertida na Orientação Jurisprudencial Tribunal Pleno 5, Res. TST 129/05, *DJ*, 20.4.05)
71	Recurso *ex officio*	CANCELADA – Remessa *ex officio*. Ação rescisória. Decisões contrárias a entes públicos (art. 1º, inc. V, do Decreto-Lei n. 779/69 e inc. II, do art. 475, do CPC). Cabível. (*DJ*, 03.06.96) (Convertida na Súmula 303, Res. TST 129/05, *DJ*, 20.4.05)
72	Recurso *ex officio*	CANCELADA – Remessa *ex officio*. Mandado de segurança concedido. Impetrante e terceiro interessado pessoas de direito privado. Incabível, ressalvadas as hipóteses de matéria administrativa, de competência do órgão especial. (*DJ*, 25.11.96) (Convertida na Súmula 303, Res. TST 129/05, *DJ*, 20.4.05)
73	Recurso *ex officio*	CANCELADA – Remessa *ex officio*. Mandado de segurança. Incabível. Decisões proferidas pelo TRT e favoráveis ao impetrante ente público. Inaplicabilidade do art. 12 da Lei n. 1.533/51. (*DJ*, 25.11.96) (Convertida na Súmula 303, Res. TST 129/05, *DJ*, 20.4.05)
74	Revelia. Ânimo de defesa	CANCELADA – A reclamada, ausente à audiência em que deveria apresentar defesa, é revel, ainda que presente seu advogado munido de procuração. (*DJ*, 25.11.96) (Convertida na Súmula 122, Res. TST 129/05, *DJ*, 20.4.05)
75	Procurador. Mandato. Instrumento. Autenticação	Não produz efeitos jurídicos recurso subscrito por advogado com poderes conferidos em substabelecimento em que não consta o reconhecimento de firma do outorgante. Entendimento aplicável antes do advento da Lei n. 8.952/94. (Res. TST 129/05, *DJ*, 20.4.05)
		RED. ANTERIOR – Substabelecimento sem o reconhecimento de firma do substabelecente. Inválido (anterior à Lei n. 8.952/94) (*DJ*, 01.02.95)
76	Prescrição. Alteração contratual	A alteração contratual consubstanciada na substituição dos avanços trienais por quinquênios decorre de ato único do empregador, momento em que começa a fluir o prazo fatal de prescrição. (Res. TST 129/05, *DJ*, 20.4.05)
		RED. ANTERIOR – Substituição dos avanços trienais por quinquênios. Alteração do contrato de trabalho. Prescrição total. CEEE. (*DJ*, 14.03.94)
77	Testemunha. Impedida ou suspeita. Informante	CANCELADA – Testemunha que move ação contra a mesma reclamada. Não há suspeição. (*DJ*, 29.3.96) (Convertida na Súmula 357, Res. TST 76/97, *DJ*, 19.12.97)
78	Jornada. Revezamento	CANCELADA – A interrupção do trabalho dentro de cada turno ou semanalmente, não afasta a aplicação do art. 7º, XIV, da CF/88. (Convertida na Súmula 360, Res. TST 79/97, *DJ*, 13.01.98)

TEMA		TEXTO
79	Reajuste salarial	Existência de direito apenas ao reajuste de 7/30 de 16,19%, a ser calculado sobre o salário de março e incidente sobre o salário dos meses de abril e maio, não cumulativamente, corrigidos desde a época própria até a data do efetivo pagamento. (Alterada pelo julgamento do processo TST-RXOFROAR 573062/1999 pelo Tribunal, *DJ*, 14.06.05)
		RED. ANTERIOR – Existência de direito apenas ao reajuste de 7/30 (sete trinta avos) de 16,19% (dezesseis vírgula dezenove por cento) a ser calculado sobre o salário de março e incidente sobre o salário dos meses de abril e maio, não cumulativamente e corrigido desde a época própria até a data do efetivo pagamento, com reflexos em junho e julho. (*DJ*, 03.04.95).
80	Sindicato ou federação. Substituição processual	CANCELADA – Quando o sindicato é réu na ação rescisória, por ter sido autor, como substituto processual na ação originária, é desnecessária a citação dos substituídos. (Convertida na Orientação Jurisprudencial SDI-2 110, *DJ*, 29.04.03)
81	Processo. Princípios	CANCELADA – É aplicável de ofício aos processos em curso em qualquer instância trabalhista. (Convertida na Súmula 394, Res. TST 129/05, *DJ*, 20.4.05)
82	Carteira de trabalho. Anotações	A data de saída a ser anotada na CTPS deve corresponder à do término do prazo do aviso prévio, ainda que indenizado. (*DJ*, 28.04.97)
83	Prescrição. Início	A prescrição começa a fluir no final da data do término do aviso prévio. Art. 487, § 1º, CLT. (*DJ*, 28.04.97)
84	Aviso prévio. Cálculo	CANCELADA – A proporcionalidade do aviso prévio, com base no tempo de serviço, depende da legislação regulamentadora, visto que o art. 7º, inc. XXI, da CF/88 não é autoaplicável. (*DJ*, 28.04.97) (Cancelada, Res. TST 186/12, *DEJT*, 27.9.12)
85	Servidor público. Admissão	CANCELADA – Contrato nulo. Efeitos. Devido apenas o equivalente aos salários dos dias trabalhados. (*DJ*, 28.04.97) (Convertida na Súmula 363, Res. TST 97/00, *DJ*, 18.09.00)
86	Estabilidade. Dirigente sindical	CANCELADA – Dirigente sindical. Extinção da atividade empresarial no âmbito da base territorial do sindicato. Insubsistência da estabilidade. (*DJ*, 28.04.97) (Convertida na Súmula 369, Res. TST 129/05, *DJ*, 20.4.05)
87	Execução. Entidades estatais	É direta a execução contra a APPA e MINASCAIXA (§ 1º do art. 173, da CF/88). (*DJ*, 16.04.04)
		RED. ANTERIOR – É direta a execução contra a APPA, Caixa Econômica do Estado do Rio Grande do Sul e MINASCAIXA (§ 1º do art. 173, da CF/88). (*DJ*, 24.11.03)
		RED. ANTERIOR – É direta a execução contra a APPA, Caixa Econômica do Estado do Rio Grande do Sul, ECT e MINASCAIXA (§ 1º do art. 173, da CF/88). (*DJ*, 28.04.97)
88	Estabilidade. Gestante	CANCELADA – O desconhecimento do estado gravídico pelo empregador, não afasta o direito ao pagamento da indenização decorrente da estabilidade. (art. 10, II, "b", ADCT). (*DJ*, 04.05.04) (Convertida na Súmula 244, Res. TST 129/05, *DJ*, 20.4.05)

	TEMA	TEXTO
89	Horas extras. Integração	CANCELADA – O valor das horas extras habitualmente prestadas integra o cálculo dos haveres trabalhistas, independentemente da limitação prevista no *caput* do art. 59 da CLT. (*DJ*, 28.04.97) (Convertida na Súmula 376, Res. TST 129/05, *DJ*, 20.4.05)
90	Agravo de instrumento. Instrumento incompleto	CANCELADA – Quando o despacho denegatório de processamento de recurso de revista não se fundou na intempestividade deste, não é necessário o traslado da certidão de publicação do acórdão regional. (*DJ*, 30.05.97) (Cancelada em decorrência da nova redação conferida ao art. 897 da CLT pela Lei n. 9.756/98, Res. TST 129/05, *DJ*, 20.4.05)
91	Anistia	Em 19.05.97, a SDI-Plena decidiu, pelo voto prevalente do Exmo. Sr. Presidente, que os efeitos financeiros da readmissão do empregado anistiado serão contados a partir do momento em que este manifestou o desejo de retornar ao trabalho e, na ausência de prova, da data do ajuizamento da ação. (*DJ*, 30.05.97)
92	Parte. Legitimidade	Em caso de criação de novo município, por desmembramento, cada uma das novas entidades responsabiliza-se pelos direitos trabalhistas do empregado no período em que figurarem como real empregador. (*DJ*, 30.05.97)
93	Repouso semanal remunerado. Pagamento	CANCELADA – O trabalho prestado em domingos e feriados não compensados deve ser pago em dobro sem prejuízo da remuneração relativa ao repouso semanal. (*DJ*, 30.05.97) (Convertida na Súmula 146, Res. TST 129/05, *DJ*, 20.4.05)
94	Recurso de embargos. Divergência jurisprudencial	CANCELADA– Em 19.05.97, a SDI-Plena decidiu, por maioria, que não se conhece de revista (896 "c") e de embargos (894 "b") por violação legal ou constitucional quando o recorrente não indica expressamente o dispositivo de lei ou da Constituição tido como violado. (*DJ*, 30.05.97) (Convertida na Súmula 221, Res. TST 129/05, *DJ*, 20.4.05)
95	Recurso de embargos. Divergência jurisprudencial	Em 19.05.97, a SDI-Plena, por maioria, decidiu que acórdãos oriundos da mesma Turma, embora divergentes, não fundamentam divergência jurisprudencial de que trata a alínea "b", do artigo 894 da Consolidação das Leis do Trabalho para embargos à Seção Especializada em Dissídios Individuais, Subseção I. (*DJ*, 30.05.97)
96	Substituição. Efeitos	CANCELADA – Férias. Salário substituição. Devido. Aplicação da Súmula n. 159. (*DJ*, 30.05.97) (Convertida na Súmula 159, Res. TST 129/05, *DJ*, 20.4.05)
97	Trabalho noturno. Horas extras	O adicional noturno integra a base de cálculo das horas extras prestadas no período noturno. (*DJ*, 30.05.97)
98	Horas *in itinere*	CANCELADA – Horas *in itinere*. Tempo gasto entre a portaria da empresa e o local do serviço. Devidas. Açominas. (*DJ*, 30.05.97) (Convertida na Orientação Jurisprudencial SDI-1 Transitória 36, Res. TST 129/05, *DJ*, 20.4.05)
99	Preposto	CANCELADA – Exceto quanto à reclamação de empregado doméstico, o preposto deve ser necessariamente empregado do reclamado. Inteligência do art. 843, § 1º, da CLT. (*DJ*, 30.05.97) (Convertida na Súmula 377, Res. TST 129/05, *DJ*, 20.4.05)

TEMA		TEXTO
100	Reajuste salarial	Os reajustes salariais previstos em legislação federal devem ser observados pelos Estados-membros, suas Autarquias e Fundações Públicas nas relações contratuais trabalhistas que mantiverem com seus empregados. (Res. TST 129/05, *DJ*, 20.4.05)
		RED. ANTERIOR – Reajustes de salários de empregado previstos em legislação federal. Incidência sobre as relações contratuais trabalhistas do Estado-membro e suas autarquias. (*DJ*, 30.05.97)
101	Estabilidade. Indenização. Conversão da reintegração	CANCELADA – Em 19.05.97, a SDI-Plena, por maioria, decidiu que o direito à percepção de salários vencidos e vincendos decorrentes da condenação ao pagamento de indenização dobrada é assegurado até a data da primeira decisão que converteu a reintegração em indenização dobrada. (*DJ*, 30.05.97) (Convertida na Súmula 28, Res. TST 129/05, *DJ*, 20.4.05)
102	Insalubridade ou periculosidade. Integração	CANCELADA – Enquanto percebido, o adicional de insalubridade integra a remuneração para todos os efeitos legais. (Convertida na Súmula 139, Res. TST 129/05, *DJ*, 20.4.05)
103	Insalubridade ou periculosidade. Cálculo	O adicional de insalubridade já remunera os dias de repouso semanal e feriados. (Res. TST 129/05, *DJ*, 20.4.05)
		RED. ANTERIOR – O adicional de insalubridade, porque calculado sobre o salário mínimo legal, já remunera os dias de repouso semanal e feriados. (*DJ*, 01.10.97)
104	Deserção. Configuração	CANCELADA – Não caracteriza deserção a hipótese em que, acrescido o valor da condenação, não houve fixação ou cálculo do valor devido a título de custas e tampouco intimação da parte para o preparo do recurso, devendo, pois, as custas ser pagas ao final. (Incorporada na Súmula 25, Res. TST 197/15, *DEJT*, 14.5.15)
		RED. ANTERIOR – Em 17.12.96, a SDI-Plena resolveu, por maioria, firmar entendimento no sentido de rejeitar a preliminar de deserção, por não se caracterizar, na hipótese, a deserção apontada, uma vez que as custas não foram calculadas, fixado o seu valor, nem foi a parte intimada, devendo as custas ser pagas ao final. (*DJ*, 01.10.97)
105	Estabilidade. Provisória	CANCELADA – Estabilidade provisória. Acidente de trabalho. É constitucional o art. 118 da Lei n. 8.213/91. (*DJ*, 01.10.97) (Convertida na Súmula 378, Res. TST 129/05, *DJ*, 20.4.05)
106	Estabilidade. Indenização. Conversão da reintegração	CANCELADA – Estabilidade provisória. Pedido de reintegração. Concessão do salário relativo ao período de estabilidade já exaurido. Inexistência de julgamento *extra petita*. (*DJ*, 01.10.97) (Convertida na Súmula 396, Res. TST 129/05, *DJ*, 20.4.05)
107	FGTS. Indenização	CANCELADA – A multa de 40% a que se refere o art. 9º, § 1º, do Decreto n. 99.684/90, incide sobre os saques, corrigidos monetariamente. (*DJ*, 01.10.97) (Convertida na Orientação Jurisprudencial SDI-1 42, Res. TST 129/05, *DJ*, 20.4.05)
108	Procurador. Mandato. Instrumento. Inexistência	CANCELADA – Mandato expresso. Ausência de poderes para substabelecer. Válidos os atos praticados pelo substabelecido. (art. 1300, §§ 1º e 2º do CCB). (*DJ*, 01.10.97) (Convertida na Súmula 395, Res. TST 129/05, *DJ*, 20.4.05)

TEMA		TEXTO
109	Financeiras. Liquidação extrajudicial	CANCELADA – Minascaixa. Legitimidade passiva *ad causam* enquanto não concluído o procedimento de liquidação extrajudicial. (*DJ*, 01.10.97) (Convertida na Orientação Jurisprudencial SDI-1 Transitória 37, Res. TST 129/05, *DJ*, 20.4.05)
110	Procurador. Mandato. Instrumento. Inexistência	CANCELADA – A existência de instrumento de mandato apenas nos autos de agravo de instrumento, ainda que em apenso, não legitima a atuação de advogado nos processos de que se originou o agravo. (Cancelada, Res. 212, *DEJT*, 20.9.16)
		RED. ANTERIOR – Em 17.12.96, a SDI-Plena resolveu, por maioria, firmar entendimento de que a existência de instrumento de mandato nos autos de agravo de instrumento, ainda que em apenso, não legitima a atuação de advogado nos autos de que se originou o agravo. (*DJ*, 01.10.97)
111	Recurso de revista. Divergência jurisprudencial	Não é servível ao conhecimento de recurso de revista aresto oriundo de mesmo Tribunal Regional do Trabalho, salvo se o recurso houver sido interposto anteriormente à vigência da Lei n. 9.756/98. (Res. TST 129/05, *DJ*, 20.4.05)
		RED. ANTERIOR – Recurso de revista. Divergência oriunda da mesma turma do regional. Servível ao conhecimento. (*DJ*, 01.10.97)
112	Comissionamento	CANCELADA – Vago o cargo em definitivo, o empregado que passa a ocupá-lo não tem direito a salário igual ao do antecessor. (*DJ*, 01.10.97) (Convertida na Súmula 159, Res. TST 129/05, *DJ*, 20.4.05)
113	Transferência. Cargo de confiança	O fato de o empregado exercer cargo de confiança ou a existência de previsão de transferência no contrato de trabalho não exclui o direito ao adicional. O pressuposto legal apto a legitimar a percepção do mencionado adicional é a transferência provisória. (*DJ*, 20.11.97)
114	Estabilidade. Provisória	CANCELADA – Dirigente sindical. Despedida. Falta grave. Inquérito judicial. Necessidade. (*DJ*, 20.11.97) (Convertida na Súmula 379, Res. TST 129/05, *DJ*, 20.4.05)
115	Embargos declaratórios. Cabimento e prazo	CANCELADA – O conhecimento do recurso de revista, quanto à preliminar de nulidade por negativa de prestação jurisdicional, supõe indicação de violação do art. 832 da CLT, do art. 458 do CPC ou do art. 93, IX, da CF/1988.(Convertida na Súmula 459, Res. TST 197/15, *DEJT*, 14.5.15)
		RED. ANTERIOR – O conhecimento do recurso de revista ou de embargos, quanto à preliminar de nulidade por negativa de prestação jurisdicional, supõe indicação de violação do art. 832 da CLT, do art. 458 do CPC ou do art. 93, IX, da CF/88. (Res. TST 129/05, *DJ*, 20.4.05)
		RED. ANTERIOR – Admite-se o conhecimento do recurso, quanto à preliminar de nulidade por negativa de prestação jurisdicional, por violação do art. 832 da CLT ou do art. 458 do CPC ou do art. 93, IX da CF/88. (*DJ*, 20.11.97)

TEMA		TEXTO
116	Estabilidade. Indenização. Conversão da reintegração	CANCELADA – Estabilidade provisória. Período estabilitário exaurido. Reintegração não assegurada. Devidos apenas os salários desde a data da despedida até o final do período estabilitário. (*DJ*, 20.11.97) (Convertida na Súmula 396, Res. TST 129/05, *DJ*, 20.4.05)
117	Horas extras. Configuração	CANCELADA – A limitação legal da jornada suplementar a duas horas diárias não exime o empregador de pagar todas as horas trabalhadas. (*DJ*, 20.11.97) (Convertida na Súmula 376, Res. TST 129/05, *DJ*, 20.4.05)
118	Recurso de revista. Prequestionamento	Havendo tese explícita sobre a matéria, na decisão recorrida, desnecessário contenha nela referência expressa do dispositivo legal para ter-se como prequestionado este. (*DJ*, 20.11.97)
119	Recurso de revista. Prequestionamento	É inexigível o prequestionamento quando a violação indicada houver nascido na própria decisão recorrida. Inaplicável a Súmula n. 297 do TST. (*DEJT*, 18.11.10)
		RED. ANTERIOR – Prequestionamento inexigível. Violação nascida na própria decisão recorrida. Súmula n. 297. Inaplicável. (*DJ*, 20.11.97)
120	Recurso. Pressuposto ou requisitos	I - Verificada a total ausência de assinatura no recurso, o juiz ou o relator concederá prazo de 5 (cinco) dias para que seja sanado o vício. Descumprida a determinação, o recurso será reputado inadmissível (art. 932, parágrafo único, do CPC de 2015). II - É válido o recurso assinado, ao menos, na petição de apresentação ou nas razões recursais. (TST, Res. 212, *DEJT*, 20.9.16)
		RED. ANTERIOR - O recurso sem assinatura será tido por inexistente. Será considerado válido o apelo assinado, ao menos, na petição de apresentação ou nas razões recursais. (Res. TST 129/05, *DJ*, 20.4.05)
		RED. ANTERIOR – A ausência da assinatura do advogado nas razões recursais não torna inexistente o recurso se o procurador constituído nos autos assinou a petição de apresentação do recurso. (*DJ*, 20.11.97)
121	Sindicato ou federação. Substituição processual	O sindicato tem legitimidade para atuar na qualidade de substituto processual para pleitear diferença de adicional de insalubridade. (Res. TST 129/05, *DJ*, 20.4.05)
		RED. ANTERIOR – O sindicato, com base no § 2º, do art. 195 da CLT, tem legitimidade para atuar na qualidade de substituto processual para pleitear diferença de adicional de insalubridade. (*DJ*, 20.11.97).
122	Aviso prévio. Cálculo	CANCELADA – Aplica-se a regra prevista no art. 125, do Código Civil, à contagem do prazo do aviso prévio. (*DJ*, 20.4.98) (Convertida na Súmula 380, Res. TST 129/05, *DJ*, 20.4.05)
123	Bancário. Alimentação	Em 10.02.98, a SDI-Plena, por maioria, decidiu que ajuda-alimentação paga ao bancário, em decorrência de prestação de horas extras por prorrogação de jornada, tem natureza indenizatória e, portanto, não integrativa ao salário. (*DJ*, 20.4.98)

	TEMA	TEXTO
124	Salário. Correção monetária. Cálculo e incidência	CANCELADA – O pagamento dos salários até o 5º dia útil do mês subsequente ao vencido não está sujeito à correção monetária. Se essa data limite for ultrapassada, incidirá o índice da correção monetária do mês subsequente ao da prestação dos serviços. (Convertida na Súmula 381, Res. TST 129/05, *DJ*, 20.4.05)
125	Quadro de carreira. Desvio de função	O simples desvio funcional do empregado não gera direito a novo enquadramento, mas apenas às diferenças salariais respectivas, mesmo que o desvio de função haja iniciado antes da vigência da CF/88. (*DJ*, 13.3.02)
		RED. ANTERIOR – O simples desvio funcional do empregado não gera direito a novo enquadramento, mas apenas às diferenças salariais respectivas. (*DJ*, 20.4.98)
126	Bancário. Configuração. Prestadora de serviço	CANCELADA – É inaplicável a Súmula n. 239 quando a empresa de processamento de dados presta serviços a banco e a empresas não bancárias do mesmo grupo econômico ou a terceiros. (*DJ*, 20.4.98) (Convertida na Súmula 239, Res. TST 129/05, *DJ*, 20.4.05)
127	Jornada reduzida	O art. 73, § 1º, da CLT, que prevê a redução da hora noturna, não foi revogado pelo inciso IX do art. 7º da CF/88. (*DJ*, 20.4.98)
128	Servidor público. Regime Jurídico e mudança	CANCELADA – A transferência do regime jurídico de celetista para estatutário implica extinção do contrato de trabalho, fluindo o prazo da prescrição bienal a partir da mudança de regime. (*DJ*, 20.4.98) (Convertida na Súmula 382, Res. TST 129/05, *DJ*, 20.4.05)
129	Prescrição. Previdência Social. Benefício	A prescrição extintiva para pleitear judicialmente o pagamento da complementação de pensão e do auxílio-funeral é de 2 anos, contados a partir do óbito do empregado. (*DJ*, 20.4.98)
130	Ministério Público do Trabalho. Geral	Ao exarar o parecer na remessa de ofício, na qualidade de *custos legis*, o Ministério Público não tem legitimidade para arguir a prescrição em favor de entidade de direito público, em matéria de direito patrimonial. (Res. TST 209/16, *DEJT*, 1.6.16)
		RED. ANTERIOR – Ao exarar o parecer na remessa de ofício, na qualidade de *custos legis*, o Ministério Público não tem legitimidade para arguir a prescrição em favor de entidade de direito público, em matéria de direito patrimonial (arts. 194 do CC de 2002 e 219, § 5º, do CPC). (Res. TST 129/05, *DJ*, 20.4.05)
		RED. ANTERIOR – O Ministério Público não tem legitimidade para arguir a prescrição a favor de entidade de direito público, em matéria de direito patrimonial, quando atua na qualidade de *custos legis* (arts. 166, CC e 219, § 5º, CPC). Parecer exarado em Remessa de Ofício (*DJ*, 20.4.98)
131	Salário-utilidade. Habilitação	CANCELADA – A habitação e a energia elétrica fornecidas pelo empregador ao empregado, quando indispensáveis para a realização do trabalho, não têm natureza salarial. (*DJ*, 20.4.98) e ratificada pelo Tribunal Pleno em 07.12.00 (Convertida na Súmula 367, Res. TST 129/05, *DJ*, 20.4.05)
132	Agravo regimental. Peças essenciais	Inexistindo lei que exija a tramitação do agravo regimental em autos apartados, tampouco previsão no Regimento Interno do Regional, não pode o agravante ver-se apenado por não haver colacionado cópia de peças dos autos principais, quando o agravo regimental deveria fazer parte dele. (*DJ*, 27.11.98)

	TEMA	TEXTO
133	Ajuda alimentação. PAT. Não integração	A ajuda alimentação fornecida por empresa participante do programa de alimentação ao trabalhador, instituído pela Lei n. 6.321/76, não tem caráter salarial. Portanto, não integra o salário para nenhum efeito legal. (*DJ*, 27.11.98)
134	Autenticação. Pessoa jurídica de direito público. MP 1.360, de 12.3.96	São válidos os documentos apresentados, por pessoa jurídica de direito público, em fotocópia não autenticada, posteriormente à edição da Medida Provisória n. 1.360/96 e suas reedições. (*DJ*, 27.11.98)
135	Aviso prévio indenizado. Superveniência de auxílio-doença	CANCELADA – Os efeitos da dispensa só se concretizam depois de expirado o benefício previdenciário, sendo irrelevante que tenha sido concedido no período do aviso prévio já que ainda vigorava o contrato de trabalho. (*DJ*, 27.11.98) (Convertida na Súmula 371, Res. TST 129/05, *DJ*, 20.4.05)
136	Banco do Brasil. Complementação de aposentadoria	CANCELADA – O telex DIREC do Banco do Brasil n. 5003/1987 não assegura a complementação de aposentadoria integral, porque não aprovado pelo órgão competente ao qual a instituição se subordina. (*DJ*, 27.11.98) (Convertida na Orientação Jurisprudencial SDI-1 18, Res. TST 129/05, *DJ*, 20.4.05)
137	Banco Meridional. Dispensa sem justa causa	CANCELADA – A inobservância dos procedimentos disciplinados na Circular n. 34046/1989, norma de caráter eminentemente procedimental, não é causa para a nulidade da dispensa sem justa causa. (*DJ*, 27.11.98) (Convertida na Orientação Jurisprudencial SDI-1 Transitória 38, *DJ*, 20.4.05)
138	Competência residual. Regime jurídico único	Compete à Justiça do Trabalho julgar pedidos de direitos e vantagens previstos na legislação trabalhista referente a período anterior à Lei n. 8.112/90, mesmo que a ação tenha sido ajuizada após a edição da referida lei. A superveniência de regime estatutário em substituição ao celetista, mesmo após a sentença, limita a execução ao período celetista. (ex-OJs SDI-1 138 e 249) (Res. TST 129/05, *DJ*, 20.4.05)
		RED. ANTERIOR – Ainda que a reclamação trabalhista tenha sido ajuizada após a edição da Lei n. 8.112/90, compete à Justiça do Trabalho julgar pedidos de direitos e vantagens previstas na legislação trabalhista, referentes a período anterior àquela lei. (*DJ*, 27.11.98)
139	Depósito recursal. Complementação	CANCELADA – Está a parte recorrente obrigada a efetuar o depósito legal, integralmente, em relação a cada novo recurso interposto, sob pena de deserção. Atingido o valor da condenação, nenhum depósito mais é exigido para qualquer recurso. (*DJ*, 27.11.98) (Convertida na Súmula 128, Res. TST 129/05, *DJ*, 20.4.05)
140	Depósito recursal e custas. Diferença ínfima. Deserção	Em caso de recolhimento insuficiente das custas processuais ou do depósito recursal, somente haverá deserção do recurso se, concedido o prazo de 5 (cinco) dias previsto no § 2º do art. 1.007 do CPC de 2015, o recorrente não complementar e comprovar o valor devido. (Res. 217/17, *DEJT*, 20.4.17).

TEMA	TEXTO
	RED. ANTERIOR - Ocorre deserção do recurso pelo recolhimento insuficiente das custas e do depósito recursal, ainda que a diferença em relação ao *quantum* devido seja ínfima, referente a centavos. (Res. TST 129/05, *DJ*, 20.4.05)
	RED. ANTERIOR - Ocorre a deserdação quando a diferença a menor do depósito recursal ou das custas, embora ínfima, tinha expressão monetária, à época da efetivação do depósito (*DJ*, 27.11.98)
141 Descontos previdenciários e fiscais. Competência	CANCELADA – Descontos previdenciários e fiscais. Competência da Justiça do Trabalho. (*DJ*, 27.11.98) (Convertida na Súmula 368, Res. TST 138/05, *DJ*, 25.11.05)
142 Embargos declaratórios. Efeito modificativo. Vista à parte contrária	É passível de nulidade decisão que acolhe embargos de declaração com efeito modificativo sem que seja concedida oportunidade de manifestação prévia à parte contrária. (Res. 214/16, *DEJT*, 28.11.16).
	RED. ANTERIOR - I – É passível de nulidade decisão que acolhe embargos de declaração com efeito modificativo sem que seja concedida oportunidade de manifestação prévia à parte contrária. II – Em decorrência do efeito devolutivo amplo conferido ao recurso ordinário, o item I não se aplica às hipóteses em que não se concede vista à parte contrária para se manifestar sobre os embargos de declaração opostos contra sentença (Res. TST 178/12, *DEJT*, 15.2.12)
	RED. ANTERIOR – É passível de nulidade decisão que acolhe embargos de declaração com efeito modificativo sem que seja concedida oportunidade de manifestação prévia à parte contrária. (*DEJT*, 18.11.10)
	RED. ANTERIOR – Em 10.11.97, a SDI-Plena decidiu, por maioria, que é passível de nulidade decisão que acolhe embargos declaratórios com efeito modificativo sem oportunidade para a parte contrária se manifestar. (*DJ*, 27.11.98)
143 Execução. Liquidação extrajudicial	A execução trabalhista deve prosseguir diretamente na Justiça do Trabalho mesmo após a decretação da liquidação extrajudicial. Lei n. 6.830/80, arts. 5º e 29, aplicados supletivamente (CLT, art. 889 e CF/88, art. 114). (*DJ*, 27.11.98)
144 Enquadramento. Prescrição	CANCELADA – Enquadramento funcional. Prescrição extintiva. (*DJ*, 27.11.98) (Convertida na Súmula 275, Res. TST 129/05, *DJ*, 20.4.05)
145 Estabilidade. Dirigente. Categoria diferenciada	CANCELADA – O empregado de categoria diferenciada eleito dirigente sindical só goza de estabilidade se exercer na empresa atividade pertinente à categoria profissional do sindicato para o qual foi eleito dirigente. (*DJ*, 27.11.98) (Convertida na Súmula 369, Res. TST 129/05, *DJ*, 20.4.05)
146 FGTS. Opção retroativa	CANCELADA – FGTS. Opção retroativa. Concordância do empregador. Necessidade. (*DJ*, 27.11.98) (Convertida na Orientação Jurisprudencial SDI-1 Transitória 39, Res. TST 129/05, *DJ*, 20.4.05)

	TEMA	TEXTO
147	Revista e embargos por divergência. Lei estadual ou norma	I – É inadmissível o recurso de revista fundado tão somente em divergência jurisprudencial, se a parte não comprovar que a lei estadual, a norma coletiva ou o regulamento da empresa extrapolam o âmbito do TRT prolator da decisão recorrida. (ex-OJ SDI-1 309) (Res. TST 129/05, *DJ*, 20.4.05)
		II – É imprescindível a arguição de afronta ao art. 896 da CLT para o conhecimento de embargos interpostos em face de acórdão de Turma que conhece indevidamente de recurso de revista, por divergência jurisprudencial, quanto a tema regulado por lei estadual, norma coletiva ou norma regulamentar de âmbito restrito ao Regional prolator da decisão. (Res. TST 129/05, *DJ*, 20.4.05)
		RED. ANTERIOR – O fato de a Revista ter sido indevidamente conhecida por divergência jurisprudencial, porque versava somente tema regulado por lei estadual ou norma regulamentar de âmbito restrito ao Regional prolator da decisão, não obriga o conhecimento dos Embargos por divergência. A parte deve arguir violação ao art. 896 da CLT. (*DJ*, 27.11.98)
148	Dispensa sem justa causa. Indenização. L. 8.880/94. Constitucionalidade	É constitucional o art. 31 da Lei n. 8.880/94, que prevê a indenização por demissão sem justa causa. (Res. TST 129/05, *DJ*, 20.4.05)
		RED. ANTERIOR – Esta Corte não tem considerado inconstitucional o art. 31, da Lei n. 8.880/94, que prevê a indenização por demissão sem justa causa. (*DJ*, 27.11.98)
149	Mandato. Recurso. Regularização	CANCELADA – Mandato. Art. 13 do CPC. Regularização. Fase recursal. Inaplicável. (*DJ*, 27.11.98) (Convertida na Súmula 383, Res. TST 129/05, *DJ*, 20.4.05)
150	Multa normativa. Cumulação de ações	CANCELADA – O descumprimento de qualquer cláusula constante de instrumentos normativos diversos não submete o empregado a ajuizar várias ações, pleiteando em cada uma o pagamento da multa referente ao descumprimento de obrigações previstas nas cláusulas respectivas. (*DJ*, 27.11.98) (Convertida na Súmula 384, Res. TST 129/05, *DJ*, 20.4.05)
151	Prequestionamento. Ausência	Decisão regional que simplesmente adota os fundamentos da decisão de primeiro grau não preenche a exigência do prequestionamento, tal como previsto na Súmula n. 297. (*DJ*, 27.11.98)
152	Revelia. Pessoa jurídica de direito público	Pessoa jurídica de direito público sujeita-se à revelia prevista no artigo 844 da CLT. (Res. TST 129/05, *DJ*, 20.4.05)
		RED. ANTERIOR – Revelia. Pessoa jurídica de Direito Público. Aplicável. (Art. 844 da CLT) (*DJ*, 27.11.98)
153	Adicional de insalubridade. Iluminamento. Aplicação	CANCELADA – Somente após 26.02.1991 foram, efetivamente, retiradas do mundo jurídico as normas ensejadoras do direito ao adicional de insalubridade por iluminamento insuficiente no local da prestação de serviço, como previsto na Portaria n. 3.751/90 do Ministério do Trabalho. (*DJ*, 26.03.99) (Convertida na Orientação Jurisprudencial SDI-1 Transitória 57, Res. TST 129/05, *DJ*, 20.4.05)

	TEMA	TEXTO
154	Atestado médico. Requisitos	CANCELADA – A doença profissional deve ser atestada por médico do INSS, se tal exigência consta de cláusula de instrumento normativo, sob pena de não reconhecimento do direito à estabilidade. (Res. TST 129/05, *DJ*, 20.4.05) (Cancelada, Res. TST 158/09, *DJ*, 26.10.09)
		RED. ANTERIOR – A doença profissional deve ser atestada por médico do INAMPS, quando tal exigência está prevista em cláusula de convenção coletiva ou de decisão normativa. Neste caso, a ausência do atestado importa o não reconhecimento do direito à estabilidade. (*DJ*, 26.03.99)
155	Aposentadoria. Complementação. BANRISUL	CANCELADA – A Resolução n. 1.600/1964, vigente à época da admissão do empregado, incorporou-se ao contrato de trabalho, pelo que sua alteração não poderá prejudicar o direito adquirido, mesmo em virtude da edição da Lei n. 6.435/77. Incidência das Súmulas n. 51 e 288. (*DJ*, 26.03.99) (Convertida na Orientação Jurisprudencial SDI-1 Transitória 40, Res. TST 129/05, *DJ*, 20.4.05)
156	Aposentadoria. Complementação. Prescrição	CANCELADA – Ocorre a prescrição total quanto a diferenças de complementação de aposentadoria quando estas decorrem de pretenso direito a verbas não recebidas no curso da relação de emprego e já atingidas pela prescrição, à época da propositura da ação. (*DJ*, 26.03.99) (Cancelada, Res. TST 175/11, *DEJT*, 31.05.11)
157	Aposentadoria. Complementação. Banco Real. Requisitos	CANCELADA – É válida a cláusula do Estatuto da Fundação que condicionou o direito à complementação de aposentadoria à existência de recursos financeiros, e também previa a suspensão, temporária ou definitiva, da referida complementação. (*DJ*, 26.03.99) (Convertida na Orientação Jurisprudencial SDI-1 Transitória 41, Res. TST 129/05, *DJ*, 20.4.05)
158	Custas. Comprovação. DARF eletrônico. Validade	O denominado "DARF eletrônico" é válido para comprovar o recolhimento de custas por entidades da administração pública federal, emitido conforme a IN-SRF 162, de 04.11.88. (*DJ*, 26.03.99)
159	Salários. Pagamento. Alteração	Diante da inexistência de previsão expressa em contrato ou em instrumento normativo, a alteração de data de pagamento pelo empregador não viola o art. 468, desde que observado o parágrafo único, do art. 459, ambos da CLT. (*DJ*, 26.03.99)
160	Descontos salariais. Autorização. Validade	É inválida a presunção de vício de consentimento resultante do fato de ter o empregado anuído expressamente com descontos salariais na oportunidade da admissão. É de se exigir demonstração concreta do vício de vontade. (*DJ*, 26.03.99)
161	Feriado local. Comprovação	CANCELADA – Cabe à parte comprovar, quando da interposição do recurso, a existência de feriado local que justifique a prorrogação do prazo recursal. (*DJ*, 26.03.99) (Convertida na Súmula 385, Res. TST 129/05, *DJ*, 20.4.05)

	TEMA	TEXTO
162	Rescisão. Multa. Contagem do prazo	A contagem do prazo para quitação das verbas decorrentes da rescisão contratual prevista no artigo 477 da CLT exclui necessariamente o dia da notificação da demissão e inclui o dia do vencimento, em obediência ao disposto no artigo 132 do Código Civil de 2002 (artigo 125 do Código Civil de 1916). (Res. TST 129/05, *DJ*, 20.4.05)
		RED. ANTERIOR – Multa. Art. 477 da CLT. Contagem do prazo. Aplicável o art. 125 do Código Civil. (*DJ*, 26.03.99)
163	Regulamentos. Opção. Renúncia	CANCELADA – Havendo a coexistência de dois regulamentos da empresa, a opção do empregado por um deles tem efeito jurídico de renúncia às regras do sistema do outro. (*DJ*, 26.03.99) (Convertida na Súmula 51, Res. TST 129/05, *DJ*, 20.4.05)
164	Oficial *ad hoc*. Relação de emprego. Inexistência	Não se caracteriza o vínculo empregatício na nomeação para o exercício das funções de oficial de justiça *ad hoc*, ainda que feita de forma reiterada, pois exaure-se a cada cumprimento de mandado. (Res. TST 129/05, *DJ*, 20.4.05)
		RED. ANTERIOR – Oficial de Justiça *ad hoc*. Inexistência de vínculo empregatício. (*DJ*, 26.03.99)
165	Insalubridade e periculosidade. Perícia. Médico ou engenheiro. Validade	O art. 195 da CLT não faz qualquer distinção entre o médico e o engenheiro para efeito de caracterização e classificação da insalubridade e periculosidade, bastando para a elaboração do laudo seja o profissional devidamente qualificado. (*DJ*, 26.03.99)
166	Pensão. Petrobras. Caracterização	CANCELADA – Tendo o empregado adquirido a estabilidade decenal, antes de optar pelo regime do FGTS, não há como negar-se o direito à pensão, eis que preenchido o requisito exigido pelo Manual de Pessoal. (*DJ*, 26.03.99) (Convertida na Orientação Jurisprudencial SDI-1 Transitória 42, Res. TST 129/05, *DJ*, 20.4.05)
167	Policial. Vínculo de emprego. Reconhecimento	CANCELADA – Preenchidos os requisitos do art. 3º da CLT, é legítimo o reconhecimento de relação de emprego entre policial militar e empresa privada, independentemente do eventual cabimento de penalidade disciplinar prevista no Estatuto do Policial Militar. (*DJ*, 26.03.99) (Convertida na Súmula 386, Res. TST 129/05, *DJ*, 20.4.05)
168	Gratificação. SUDS. Natureza salarial. Reflexos	CANCELADA – A parcela denominada "Complementação SUDS" paga aos servidores em virtude de convênio entre o Estado e a União Federal tem natureza salarial, enquanto paga, pelo que repercute nos demais haveres trabalhistas do empregado. (*DJ*, 26.03.99) (Convertida na Orientação Jurisprudencial SDI-1 Transitória 43, Res. TST 129/05, *DJ*, 20.4.05)
169	Revezamento. Jornada superior a 6 horas	CANCELADA – Quando há na empresa o sistema de turno ininterrupto de revezamento, é válida a fixação de jornada superior a seis horas mediante a negociação coletiva. (*DJ*, 26.03.99) (Convertida na Súmula 423, Res. TST 139/06, *DJ*, 10.10.06)
170	Adicional de insalubridade. Lixo urbano	CANCELADA – A limpeza em residências e escritórios e a respectiva coleta de lixo não podem ser consideradas atividades insalubres, ainda que constatadas por laudo pericial, porque não se encontram dentre as classificadas como lixo urbano, na Portaria do Ministério do Trabalho. (*DJ*, 08.11.00) (Convertida na Orientação Jurisprudencial SDI-1 4, Res. TST 129/05, *DJ*, 20.4.05)

ORIENTAÇÃO JURISPRUDENCIAL

	TEMA	TEXTO
171	Adicional de insalubridade. Manipulação	Para efeito de concessão de adicional de insalubridade não há distinção entre fabricação e manuseio de óleos minerais – Portaria n. 3.214 do Ministério do Trabalho, NR 15, Anexo XIII. (*DJ*, 08.11.00)
172	Adicional de insalubridade. Pagamento	Condenada ao pagamento do adicional de insalubridade ou periculosidade, a empresa deverá inserir, mês a mês e enquanto o trabalho for executado sob essas condições, o valor correspondente em folha de pagamento. (*DJ*, 08.11.00)
173	Adicional de insalubridade. Raios solares	I – Ausente previsão legal, indevido o adicional de insalubridade ao trabalhador em atividade a céu aberto, por sujeição à radiação solar (art. 195 da CLT e Anexo 7 da NR 15 da Portaria n. 3.214/78 do MTE). II – Tem direito ao adicional de insalubridade o trabalhador que exerce atividade exposto ao calor acima dos limites de tolerância, inclusive em ambiente externo com carga solar, nas condições previstas no Anexo 3 da NR 15 da Portaria n. 3.214/78 do MTE. (Res. TST 186/12, *DEJT*, 27.9.12)
		RED. ANTERIOR – Em face da ausência de previsão legal, indevido o adicional de insalubridade ao trabalhador em atividade a céu aberto (art. 195, CLT e NR 15 MTb, Anexo 7). (*DJ*, 8.11.00)
174	Adicional de periculosidade. Sobreaviso	CANCELADA – Durante as horas de sobreaviso, o empregado não se encontra em condições de risco, razão pela qual é incabível a integração do adicional de periculosidade sobre as mencionadas horas. (*DJ*, 8.11.00) (Convertida na Súmula 132, Res. TST 129/05, *DJ*, 20.4.05)
175	Alteração contratual	A supressão das comissões, ou a alteração quanto à forma ou ao percentual, em prejuízo do empregado, é suscetível de operar a prescrição total da ação, nos termos da Súmula n. 294 do TST, em virtude de cuidar-se de parcela não assegurada por preceito de lei. (ex-OJ SDI-1 248) (*DJ*, 22.11.05)
		RED. ANTERIOR – Alteração contratual. Comissões. Supressão. Prescrição total. (*DJ*, 8.11.00)
176	Anistia. Lei 6.683/79	CANCELADA – Anistia. Lei n. 6.683/79. Tempo de afastamento. Não computável para efeito de indenização e adicional por tempo de serviço, licença-prêmio e promoção. (*DJ*, 8.11.00) (Convertida na Orientação Jurisprudencial SDI-1 Transitória 44, Res. TST 129/05, *DJ*, 20.4.05)
177	Aposentadoria espontânea	CANCELADA – Em 28.10.03, o Tribunal Pleno decidiu, por maioria, manter o entendimento contido na Orientação Jurisprudencial n. 177, de que a aposentadoria espontânea extingue o contrato de trabalho, mesmo quando o empregado continua a trabalhar na empresa. (*DJ*, 8.11.00) (Cancelada por decisão contrária do STF, *DJ*, 25.10.06)
178	Bancário. Intervalo	Não se computa, na jornada do bancário sujeito a seis horas diárias de trabalho, o intervalo de quinze minutos para lanche ou descanso. (Res. TST 129/05, *DJ*, 20.4.05)
		RED. ANTERIOR – Bancário. Intervalo de 15 minutos. Não computável na jornada de trabalho. (*DJ*, 8.11.00)

TEMA		TEXTO
179	BNDES	CANCELADA – BNDES. Arts. 224/226, CLT. Aplicável a seus empregados. Entidade sujeita à legislação bancária. Medida Provisória n. 56, de 18.07.02 (convertida na Lei n. 10.556/2002, de 13.11.02) que fixa jornada de sete horas para empregados do BNDES e de suas subsidiárias (art. 7º) e de 8 horas para os empregados da FINEP (parágrafo único do art. 8º) (*DJ*, 8.11.00) (Convertida na Orientação Jurisprudencial SDI-1 Transitória 77, *DEJT*, 18.11.10)
180	Comissionista. Incorporação	CANCELADA – É indevida a incorporação do abono instituído pela Lei n. 8.178/91 aos empregados comissionistas. (*DJ*, 8.11.00) (Convertida na Orientação Jurisprudencial SDI-1 Transitória 45, Res. TST 129/05, *DJ*, 20.4.05)
181	Comissões. Correção monetária	O valor das comissões deve ser corrigido monetariamente para em seguida obter-se a média para efeito de cálculo de férias, 13º salário e verbas rescisórias. (*DJ*, 8.11.00)
182	Compensação de horas. Acordo	CANCELADA – É válido o acordo individual para compensação de horas, salvo se houver norma coletiva em sentido contrário. (*DJ*, 08.11.00) (Convertida na Súmula 85, Res. TST 129/05, *DJ*, 20.4.05)
183	Complementação de aposentadoria	CANCELADA – O empregado admitido na vigência da Circular BB-05/66, que passou para a inatividade posteriormente à vigência da RP-40/74, está sujeito ao implemento da condição "idade mínima de 55 anos". (*DJ*, 8.11.00) (Convertida na Orientação Jurisprudencial SDI-1 Transitória 46, Res. TST 129/05, *DJ*, 20.4.05)
184	Confissão ficta	CANCELADA – Somente a prova pré-constituída nos autos é que deve ser levada em conta para confronto com a confissão ficta (art. 400, I, CPC), não implicando cerceamento de defesa o indeferimento de provas posteriores. (*DJ*, 8.11.00) (Convertida na Súmula 74, Res. TST 129/05, *DJ*, 20.4.05)
185	Contrato de trabalho com a APM	O Estado-Membro não é responsável subsidiária ou solidariamente com a Associação de Pais e Mestres pelos encargos trabalhistas dos empregados contratados por esta última, que deverão ser suportados integral e exclusivamente pelo real empregador. (Res. TST 129/05, *DJ*, 20.4.05)
		RED. ANTERIOR – Contrato de trabalho com a Associação de Pais e Mestres – APM. Inexistência de responsabilidade solidária ou subsidiária do Estado. (*DJ*, 8.11.00)
186	Custas. Inversão do ônus da sucumbência	CANCELADA – No caso de inversão do ônus da sucumbência em segundo grau, sem acréscimo ou atualização do valor das custas e se estas já foram devidamente recolhidas, descabe um novo pagamento pela parte vencida, ao recorrer. Deverá ao final, se sucumbente, ressarcir a quantia. (Incorporada na Súmula 25, Res. TST 197/15, *DEJT*, 14.5.15)
187	13º salário. Dedução da 1ª parcela	CANCELADA – Ainda que o adiantamento do 13º salário tenha ocorrido anteriormente à edição da Lei n. 8.880/94, as deduções deverão ser realizadas considerando o valor da antecipação, em URV, na data do efetivo pagamento, não podendo a 2ª parcela ser inferior à metade do 13º salário, em URV. (*DJ*, 8.11.00) (Convertida na Orientação Jurisprudencial SDI-1 Transitória 47, Res. TST 129/05, *DJ*, 20.4.05)

	TEMA	TEXTO
188	Decisão normativa. Litispendência	Falta interesse de agir para a ação individual, singular ou plúrima, quando o direito já foi reconhecido através de decisão normativa, cabendo, no caso, ação de cumprimento. (*DJ*, 8.11.00)
189	Depósito recursal. Agravo de petição	CANCELADA – Garantido o juízo, na fase executória, a exigência de depósito para recorrer de qualquer decisão viola os incisos II e LV do art. 5º da CF/88. Havendo, porém, elevação do valor do débito, exige-se a complementação da garantia do juízo. (*DJ*, 8.11.00) (Convertida na Súmula 128, Res. TST 129/05, *DJ*, 20.4.05)
190	Depósito recursal. Condenação solidária	CANCELADA – Havendo condenação solidária de duas ou mais empresas, o depósito recursal efetuado por uma delas aproveita as demais, quando a empresa que efetuou o depósito não pleiteia sua exclusão da lide. (*DJ*, 8.11.00) (Convertida na Súmula 128, Res. TST 129/05, *DJ*, 20.4.05)
191	Dono da obra. Responsabilidade	Diante da inexistência de previsão legal específica, o contrato de empreitada de construção civil entre o dono da obra e o empreiteiro não enseja responsabilidade solidária ou subsidiária nas obrigações trabalhistas contraídas pelo empreiteiro, salvo sendo o dono da obra uma empresa construtora ou incorporadora. (Res. TST 175/11, *DEJT*, 31.05.11)
		RED. ANTERIOR – Diante da inexistência de previsão legal, o contrato de empreitada entre o dono da obra e o empreiteiro não enseja responsabilidade solidária ou subsidiária nas obrigações trabalhistas contraídas pelo empreiteiro, salvo sendo o dono da obra uma empresa construtora ou incorporadora. (*DJ*, 8.11.00)
192	Embargos declaratórios. Prazo	É em dobro o prazo para a interposição de embargos declaratórios por pessoa jurídica de direito público. (*DJ*, 8.11.00)
193	Equiparação salarial	CANCELADA – Equiparação salarial. Quadro de carreira. Homologação. Governo estadual. Válido. (*DJ*, 8.11.00) (Convertida na Súmula 6, pela Res. 104/00, *DJ*, 18.2.00, *DJ*, 20.4.05)
194	Fac-símile	CANCELADA – A Lei n. 9.800/99 é aplicável somente a recursos interpostos após o início de sua vigência. (*DJ*, 8.11.00) (Convertida na Súmula 387, Res. TST 129/05, *DJ*, 20.4.05)
195	Férias indenizadas	Não incide a contribuição para o FGTS sobre as férias indenizadas. (Res. TST 129/05, *DJ*, 20.4.05)
		RED. ANTERIOR – Férias indenizadas. FGTS. Não incidência. (*DJ*, 8.11.00)
196	Gestante	CANCELADA – Gestante. Contrato de experiência. Estabilidade provisória. Não assegurada. (*DJ*, 8.11.00) (Convertida na Súmula 244, Res. TST 129/05, *DJ*, 20.4.05)
197	Gratificação semestral	CANCELADA – Gratificação semestral. Repercussão no 13º salário. Súmula n. 78 do TST. Aplicável. (*DJ*, 8.11.00) (Convertida na Súmula 253, Res. TST 129/05, *DJ*, 20.4.05)
198	Honorários	Diferentemente da correção aplicada aos débitos trabalhistas, que têm caráter alimentar, a atualização monetária dos honorários periciais é fixada pelo art. 1º da Lei n. 6.899/81, aplicável a débitos resultantes de decisões judiciais. (*DJ*, 8.11.00)

	TEMA	TEXTO
199	Contrato nulo. Jogo do bicho	É nulo o contrato de trabalho celebrado para o desempenho de atividade inerente à prática do jogo do bicho, ante a ilicitude de seu objeto, o que subtrai o requisito de validade para a formação do ato jurídico. (*DEJT*, 18.11.10)
		RED. ANTERIOR – Jogo do bicho. Contrato de trabalho. Nulidade. Objeto ilícito. Arts. 82 e 145 do Código Civil. (*DJ*, 8.11.00)
200	Mandato tácito	É inválido o substabelecimento de advogado investido de mandato tácito. (Res. TST 129/05, *DJ*, 20.4.05)
		RED. ANTERIOR – Mandato tácito. Substabelecimento inválido. (*DJ*, 8.11.00)
201	Multa	CANCELADA – Multa. Art. 477 da CLT. Massa falida. Inaplicável. (*DJ*, 8.11.00) (Convertida na Súmula 388, Res. TST 129/05, *DJ*, 20.4.05)
202	Sucessão. Configuração	CANCELADA – Em virtude da decisão tomada em assembleia, a Petrobras é a real sucessora da Petromisa, considerando que recebeu todos os bens móveis e imóveis da extinta Petromisa. (*DJ*, 8.11.00) (Convertida na Orientação Jurisprudencial SDI-1 Transitória 48, Res. TST 129/05, *DJ*, 20.4.05)
203	Plano econômico (Collor)	CANCELADA – Plano econômico (Collor). Execução. Correção monetária. Índice de 84,32%. Lei n. 7.738/89. Aplicável. (*DJ*, 8.11.00) (Convertida na Orientação Jurisprudencial SDI-1 Transitória 54, Res. TST 129/05, *DJ*, 20.4.05)
204	Prescrição. Reclamação	CANCELADA – A prescrição quinquenal abrange os cinco anos anteriores ao ajuizamento da reclamatória e não os cinco anos anteriores à data da extinção do contrato. (*DJ*, 8.11.00) (Convertida na Súmula 308, Res. TST 129/05, *DJ*, 20.4.05)
205	Professor. Servidor	CANCELADA – I – Inscreve-se na competência material da Justiça do Trabalho dirimir dissídio individual entre trabalhador e ente público se há controvérsia acerca do vínculo empregatício. II – A simples presença de lei que disciplina a contratação por tempo determinado para atender a necessidade temporária de excepcional interesse público (art. 37, inciso IX, da CF/88) não é o bastante para deslocar a competência da Justiça do Trabalho se se alega desvirtuamento em tal contratação, mediante a prestação de serviços à Administração para atendimento de necessidade permanente e não para acudir a situação transitória e emergencial. (Res. TST 129/05, *DJ*, 20.4.05) (Cancelada, Res. TST 156/09, *DJ*, 29.4.09)
		RED. ANTERIOR – Existindo lei estadual disciplinando o regime dos professores contratados em caráter precário, o regime jurídico entre o Estado e o servidor é de natureza administrativa, não trabalhista. Art. 106 da CF/67 e art. 37, IX, da CF/88. (*DJ*, 8.11.00)
206	Professor. Horas extras	Excedida a jornada máxima (art. 318 da CLT), as horas excedentes devem ser remuneradas com o adicional de, no mínimo, 50% (art. 7º, XVI, CF/88). (*DJ*, 8.11.00)

	TEMA	TEXTO
207	Imposto de renda. PDV	A indenização paga em virtude de adesão a programa de incentivo à demissão voluntária não está sujeita à incidência do imposto de renda. (Res. TST 129/05, *DJ*, 20.4.05)
		RED. ANTERIOR – Programa de Incentivo à Demissão Voluntária. Indenização. Imposto de renda. Não incidência. (*DJ*, 8.11.00)
208	Radiologista. Gratificação de raios X	A alteração da gratificação por trabalho com raios X, de quarenta para dez por cento, na forma da Lei n. 7.923/89, não causou prejuízo ao trabalhador porque passou a incidir sobre o salário incorporado com todas as demais vantagens. (*DJ*, 8.11.00)
209	Recesso forense	CANCELADA – Recesso forense. Suspensão dos prazos recursais (arts. 181, I, e 148 do RI/TST). (*DJ*, 8.11.00) (Convertida na Súmula 262, Res. TST 129/05, *DJ*, 20.4.05)
210	Seguro-desemprego. Competência	CANCELADA – Seguro-desemprego. Competência da Justiça do Trabalho. (*DJ*, 8.11.00) (Convertida na Súmula 389, Res. TST 129/05, *DJ*, 20.4.05)
211	Seguro-desemprego. Guias	CANCELADA – O não fornecimento pelo empregador da guia necessária para o recebimento do seguro-desemprego dá origem ao direito à indenização. (*DJ*, 8.11.00) (Convertida na Súmula 389, Res. TST 129/05, *DJ*, 20.4.05)
212	Reajustes salariais. SERPRO	CANCELADA – Durante a vigência do instrumento normativo, é lícita ao empregador a obediência à norma coletiva (DC 8.948/90), que alterou as diferenças interníveis previstas no Regulamento de Recursos Humanos. (*DJ*, 8.11.00) (Convertida na Orientação Jurisprudencial SDI-1 Transitória 49, Res. TST 129/05, *DJ*, 20.4.05)
213	Telex. Operadores	O operador de telex de empresa, cuja atividade econômica não se identifica com qualquer uma das previstas no art. 227 da CLT, não se beneficia de jornada reduzida. (*DJ*, 8.11.00)
214	URP's de junho e julho de 88	CANCELADA – O Decreto-Lei n. 2.425, de 7.4.1988, não ofendeu o direito adquirido dos empregados com data-base em maio, pelo que não fazem jus às URP's de junho e julho de 1988. (*DJ*, 8.11.00) (Convertida na Orientação Jurisprudencial SDI-1 Transitória 58, Res. TST 129/05, *DJ*, 20.4.05)
215	Vale-transporte. Ônus da prova	CANCELADA – É do empregado o ônus de comprovar que satisfaz os requisitos indispensáveis à obtenção do vale-transporte. (*DJ*, 08.11.00) (Cancelada, Res. TST 175/11, *DEJT*, 31.5.11)
216	Vale-transporte. Celetista	Aos servidores públicos celetistas é devido o vale-transporte, instituído pela Lei n. 7.418/85, de 16 de dezembro de 1985. (Res. TST 129/05, *DJ*, 20.4.05)
		RED. ANTERIOR – Vale-transporte. Servidor público celetista. Lei n. 7.418/1985. Devido. (*DJ*, 8.11.00)
217	Agravo de instrumento. Traslado. Guias de custas e de depósito recursal	Para a formação do agravo de instrumento, não é necessária a juntada de comprovantes de recolhimento de custas e de depósito recursal relativamente ao recurso ordinário, desde que não seja objeto de controvérsia no recurso de revista a validade daqueles recolhimentos. (*DJ*, 2.4.01)

	TEMA	TEXTO
218	Plano Collor. Servidores do GDF. Celetistas	CANCELADA – Inexiste direito adquirido às diferenças salariais de 84,32% do IPC de março de 1990 aos servidores celetistas da Administração Direta do Distrito Federal. (*DJ*, 2.4.01) (Convertida na Orientação Jurisprudencial SDI-1 Transitória 55, Res. TST 129/05, *DJ*, 20.4.05)
219	Recurso de revista ou de embargos fundamentado em Orientação Jurisprudencial	É válida, para efeito de conhecimento do recurso de revista ou de embargos, a invocação de Orientação Jurisprudencial do Tribunal Superior do Trabalho, desde que, das razões recursais, conste o seu número ou conteúdo. (*DJ*, 2.4.01)
220	Compensação de horas	CANCELADA – A prestação de horas extras habituais descaracteriza o acordo de compensação de horas. Nesta hipótese, as horas que ultrapassarem a jornada semanal normal devem ser pagas como horas extras e, quanto àquelas destinadas à compensação, deve ser pago a mais apenas o adicional por trabalho extraordinário. (*DJ*, 20.6.01) (Convertida na Súmula 85, Res. TST 129/05, *DJ*, 20.4.05)
221	Anistia	CANCELADA – Anistia. Lei n. 8.878/94. Efeitos financeiros devidos a partir do efetivo retorno à atividade. (*DJ*, 20.6.01) (Convertida na Orientação Jurisprudencial SDI-1 Transitória 56, Res. TST 129/05, *DJ*, 20.4.05)
222	Advogado. Cargo de confiança	CANCELADA – O advogado empregado de banco, pelo simples exercício da advocacia, não exerce cargo de confiança, não se enquadrando, portanto, na hipótese do § 2º do art. 224 da CLT. (*DJ*, 20.6.01) (Convertida na Súmula 102, Res. TST 129/05, *DJ*, 20.4.05)
223	Compensação de horas	CANCELADA – Compensação de jornada. Acordo individual tácito. Inválido. (*DJ*, 20.6.01) (Convertida na Súmula 85, Res. TST 129/05, *DJ*, 20.4.05)
224	Aposentadoria. Complementação	I – A partir da vigência da Medida Provisória n. 542, de 30.06.1994, convalidada pela Lei n. 9.069, de 29.06.1995, o critério de reajuste da complementação de aposentadoria passou a ser anual e não semestral, aplicando-se o princípio "rebus sic stantibus" diante da nova ordem econômica II – A alteração da periodicidade do reajuste da complementação de aposentadoria – de semestral para anual –, não afeta o direito ao resíduo inflacionário apurado nos meses de abril, maio e junho de 1994, que deverá incidir sobre a correção realizada no mês de julho de 1995. (*DEJT*, 20.9.10)
		RED. ANTERIOR – A partir da vigência da Medida Provisória n. 542/94, convalidada pela Lei n. 9.069/95, o critério de reajuste da complementação de aposentadoria passou a ser anual e não semestral, aplicando-se o princípio *rebus sic stantibus* diante da nova ordem econômica. (Res. TST 129/05, *DJ*, 20.4.05)
		RED. ANTERIOR – A partir da vigência da Medida Provisória n. 542/94, convalidada pela Lei n. 9.069/95, o critério de reajuste da complementação de aposentadoria passou a ser anual e não semestral, aplicando-se o princípio *rebus sic stantibus* diante da nova ordem econômica. (*DJ*, 20.6.01)

ORIENTAÇÃO JURISPRUDENCIAL

	TEMA	TEXTO
225	Rede Ferroviária Federal. Responsabilidade trabalhista	Celebrado contrato de concessão de serviço público em que uma empresa (primeira concessionária) outorga a outra (segunda concessionária), no todo ou em parte, mediante arrendamento, ou qualquer outra forma contratual, a título transitório, bens de sua propriedade: I – em caso de rescisão do contrato de trabalho após a entrada em vigor da concessão, a segunda concessionária, na condição de sucessora, responde pelos direitos decorrentes do contrato de trabalho, sem prejuízo da responsabilidade subsidiária da primeira concessionária pelos débitos trabalhistas contraídos até a concessão; II – no tocante ao contrato de trabalho extinto antes da vigência da concessão, a responsabilidade pelos direitos dos trabalhadores será exclusivamente da antecessora. (Res. TST 129/05, *DJ*, 20.4.05)
		RED. ANTERIOR – Em razão da subsistência da Rede Ferroviária Federal S/A e da transitoriedade da transferência dos seus bens pelo arrendamento das malhas ferroviárias, a Rede é responsável subsidiariamente pelos direitos trabalhistas referentes aos contratos de trabalho rescindidos após a entrada em vigor do contrato de concessão; e quanto àqueles contratos rescindidos antes da entrada em vigor do contrato de concessão, a responsabilidade é exclusiva da Rede. (*DJ*, 18.4.02)
		RED. ANTERIOR – As empresas que prosseguiram na exploração das malhas ferroviárias da Rede Ferroviária Federal são responsáveis pelos direitos trabalhistas dos ex-empregados desta, cujos contratos de trabalho não foram rescindidos antes da entrada em vigor do contrato de concessão de serviço respectivo. (*DJ*, 20.6.01)
226	Cédula rural. Penhora	Diferentemente da cédula de crédito industrial garantida por alienação fiduciária, na cédula rural pignoratícia ou hipotecária o bem permanece sob o domínio do devedor (executado), não constituindo óbice à penhora na esfera trabalhista. (Decreto-Lei n. 167/67, art. 69; CLT, arts. 10 e 30 e Lei n. 6.830/80). (Res. TST 129/05, *DJ*, 20.4.05)
		RED. ANTERIOR – Crédito trabalhista. Cédula de crédito rural ou industrial. Garantida por penhor ou hipoteca. Penhora. (*DJ*, 20.6.01)
227	Denunciação da lide	CANCELADA – Denunciação da lide. Processo do trabalho. Incompatibilidade. (*DJ*, 20.6.01) (Cancelada pela Comissão de Precedentes Normativos, *DJ*, 22.11.05)
228	Descontos legais. Art. 46 da L. 8.541/92	CANCELADA – O recolhimento dos descontos legais, resultante dos créditos do trabalhador oriundos de condenação judicial, deve incidir sobre o valor total da condenação e calculado ao final. (*DJ*, 20.6.01) (Convertida na Súmula 368, Res. TST 138/05, *DJ*, 25.11.05)
229	Estabilidade. Celetista	CANCELADA – Estabilidade. Art. 41, CF/88. Celetista. Empresa pública e sociedade de economia mista. Inaplicável. (*DJ*, 20.6.01) (Convertida na Súmula 390, Res. TST 129/05, *DJ*, 20.4.05)

	TEMA	TEXTO
230	Auxílio-doença. Acidentário. Estabilidade	CANCELADA – O afastamento do trabalho por prazo superior a 15 dias e a consequente percepção do auxílio-doença acidentário constituem pressupostos para o direito à estabilidade prevista no art. 118 da Lei n. 8.213/91, assegurada por período de 12 meses, após a cessação do auxílio-doença. (*DJ*, 20.6.01) (Convertida na Súmula 378, Res. TST 129/05, *DJ*, 20.4.05)
231	Férias. Abono e terço constitucional	CANCELADA – Férias. Abono instituído por instrumento normativo e terço constitucional. Simultaneidade inviável. (*DJ*, 20.6.01) (Convertida na Orientação Jurisprudencial SDI-1 Transitória 50, Res. TST 129/05, *DJ*, 20.4.05)
232	FGTS. Incidência. Empregado no exterior	O FGTS incide sobre todas as parcelas de natureza salarial pagas ao empregado em virtude de prestação de serviços no exterior. (*DJ*, 20.6.01)
233	Horas extras. Prova. Limites	A decisão que defere horas extras com base em prova oral ou documental não ficará limitada ao tempo por ela abrangido, desde que o julgador fique convencido de que o procedimento questionado superou aquele período. (Res. TST 129/05, *DJ*, 20.4.05)
		RED. ANTERIOR – A decisão com base em prova oral ou documental não ficará limitada ao tempo por ela abrangido, desde que o julgador fique convencido de que o procedimento questionado superou aquele período. (*DJ*, 20.6.01)
234	Horas extras. Prova. Folha individual de presença	CANCELADA – A presunção de veracidade da jornada de trabalho anotada em folha individual de presença, ainda que prevista em instrumento normativo, pode ser elidida por prova em contrário. (*DJ*, 20.6.01) (Convertida na Súmula 338, Res. TST 129/05, *DJ*, 20.4.05)
235	Horas extras. Salário por produção	O empregado que recebe salário por produção e trabalha em sobrejornada tem direito à percepção apenas do adicional de horas extras, exceto no caso do empregado cortador de cana, a quem é devido o pagamento das horas extras e do adicional respectivo.(TST 182/12, *DEJT*, 16.4.12)
		RED. ANTERIOR – O empregado que recebe salário por produção e trabalha em sobrejornada faz jus à percepção apenas do adicional de horas extras. (Res. TST 129/05, *DJ*, 20.4.05)
		RED. ANTERIOR – Horas extras. Salário por produção. Devido apenas o adicional. (*DJ*, 20.6.01)
236	Horas *in itinere*	CANCELADA – Considerando que as horas *in itinere* são computáveis na jornada de trabalho, o tempo que extrapola a jornada legal é considerado como extraordinário e sobre ele deve incidir o adicional respectivo. (*DJ*, 20.6.01) (Convertida na Súmula 90, Res. TST 129/05, *DJ*, 20.4.05)
237	Ministério Público do Trabalho. Ilegitimidade	I – O Ministério Público do Trabalho não tem legitimidade para recorrer na defesa de interesse patrimonial privado, ainda que de empresas públicas e sociedades de economia mista.

TEMA		TEXTO
		II – Há legitimidade do Ministério Público do Trabalho para recorrer de decisão que declara a existência de vínculo empregatício com sociedade de economia mista ou empresa pública, após a Constituição Federal de 1988, sem a prévia aprovação em concurso público, pois é matéria de ordem pública. (Res. 210/16, *DEJT*, 30.6.16).
		RED. ANTERIOR – O Ministério Público não tem legitimidade para recorrer na defesa de interesse patrimonial privado, inclusive de empresas públicas e sociedades de economia mista. (*DJ*, 20.6.01)
238	Multa	Submete-se à multa do art. 477 da CLT a pessoa jurídica de direito público que não observa o prazo para pagamento das verbas rescisórias, pois nivela-se a qualquer particular, em direitos e obrigações, despojando-se do *jus imperii* ao celebrar um contrato de emprego. (Res. TST 129/05, *DJ*, 20.4.05)
		RED. ANTERIOR – Multa. Art. 477 da CLT. Pessoa jurídica de direito público. Aplicável. (*DJ*, 20.6.01)
239	Multa. Instrumento normativo	CANCELADA – Prevista em instrumento normativo (sentença normativa, convenção ou acordo coletivo) determinada obrigação e, consequentemente, multa pelo respectivo descumprimento, esta tem incidência mesmo que aquela obrigação seja mera repetição de texto da CLT. (*DJ*, 20.6.01) (Convertida na Súmula 384, Res. TST 129/05, *DJ*, 20.4.05)
240	Petroleiros. Horas extras	CANCELADA – Petroleiros. Horas extras. Lei n. 5.811/72. Recepcionada pela CF/88. (*DJ*, 20.6.01) (Convertida na Súmula 391, Res. TST 129/05, *DJ*, 20.4.05)
241	Plano Collor. Servidores de fundações e autarquias do GDF. Celetistas. Legislação federal	CANCELADA – Inexiste direito adquirido às diferenças salariais de 84,32% do IPC de março de 1990 aos servidores celetistas de Fundações e Autarquias do GDF. (*DJ*, 20.6.01) (Convertida na Orientação Jurisprudencial SDI-1 Transitória 55, Res. TST 129/05, *DJ*, 20.4.05)
242	Prescrição total. Horas extras. Adicional. Incorporação	Embora haja previsão legal para o direito à hora extra, inexiste previsão para a incorporação ao salário do respectivo adicional, razão pela qual deve incidir a prescrição total. (*DJ*, 20.06.01)
243	Prescrição total. Planos econômicos	Aplicável a prescrição total sobre o direito de reclamar diferenças salariais resultantes de planos econômicos. (*DJ*, 20.06.01)
244	Professor. Redução da carga horária. Possibilidade	A redução da carga horária do professor, em virtude da diminuição do número de alunos, não constitui alteração contratual, uma vez que não implica redução do valor da hora-aula. (*DJ*, 20.06.01)
245	Revelia. Atraso. Audiência	Inexiste previsão legal tolerando atraso no horário de comparecimento da parte na audiência. (*DJ*, 20.06.01)
246	Salário-utilidade. Veículo	CANCELADA – A utilização, pelo empregado, em atividades particulares, de veículo que lhe é fornecido para o trabalho da empresa não caracteriza salário-utilidade. (*DJ*, 20.06.01) (Convertida na Súmula 367, Res. TST 129/05, *DJ*, 20.4.05)

	TEMA	TEXTO
247	Servidor público. Celetista concursado	I – A despedida de empregados de empresa pública e de sociedade de economia mista, mesmo admitidos por concurso público, independe de ato motivado para sua validade; II – A validade do ato de despedida do empregado da Empresa Brasileira de Correios e Telégrafos (ECT) está condicionada à motivação, por gozar a empresa do mesmo tratamento destinado à Fazenda Pública em relação à imunidade tributária e à execução por precatório, além das prerrogativas de foro, prazos e custas processuais. (Res. TST 143/07, *DJ*, 13.11.07)
		RED. ANTERIOR – Servidor público. Celetista concursado. Despedida imotivada. Empresa pública ou sociedade de economia mista. Possibilidade. (*DJ*, 20.06.01)
248	Comissões. Alteração. Prescrição total	CANCELADA – A alteração das comissões caracteriza-se como ato único e positivo do empregador, incidindo a prescrição total, nos termos da Súmula n. 294 do TST. (*DJ*, 13.03.02) (Convertida na Orientação Jurisprudencial SDI-1 175, *DJ*, 22.11.05)
249	Servidor. Competência. Período celetista	CANCELADA – A superveniência de regime estatutário em substituição ao celetista, mesmo após a sentença, limita a execução ao período celetista. (*DJ*, 13.03.02) (Convertida na Orientação Jurisprudencial SDI-1 138, Res. TST 129/05, *DJ*, 20.4.05)
250	Aposentado. CEF. Supressão. Auxílio-alimentação	CANCELADA – A determinação de supressão do pagamento de auxílio-alimentação aos aposentados e pensionistas da Caixa Econômica Federal, oriunda do Ministério da Fazenda, não atinge aqueles ex-empregados que já percebiam o benefício. (*DJ*, 13.03.02) (Convertida na Orientação Jurisprudencial SDI-1 Transitória 51, Res. TST 129/05, *DJ*, 20.4.05)
251	Frentista. Descontos. Cheques sem fundos	É lícito o desconto salarial referente à devolução de cheques sem fundos, quando o frentista não observar as recomendações previstas em instrumento coletivo. (*DJ*, 13.03.02)
252	Equiparação. Mesmo município	CANCELADA – O conceito de "mesma localidade" de que trata o art. 461 da CLT refere-se, em princípio, ao mesmo município, ou a municípios distintos que, comprovadamente, pertençam à mesma região metropolitana. (*DJ*, 13.3.02) (Convertida na Súmula 6, Res. TST 129/05, *DJ*, 20.4.05)
253	Cooperativas. Estabilidade	O art. 55 da Lei n. 5.764/71 assegura a garantia de emprego apenas aos empregados eleitos diretores de Cooperativas, não abrangendo os membros suplentes. (*DJ*, 13.3.02)
254	FGTS. Multa de 40%. Aviso prévio indenizado	CANCELADA – O cálculo da multa de 40% do FGTS deverá ser feito com base no saldo da conta vinculada na data do efetivo pagamento das verbas rescisórias, desconsiderada a projeção do aviso prévio indenizado, por ausência de previsão legal. (*DJ*, 13.3.02) (Convertida na Orientação Jurisprudencial SDI-1 42, Res. TST 129/05, *DJ*, 20.4.05)
255	Mandato. Contrato social. Não juntada	O art. 75, inciso VIII, do CPC de 2015 (art. 12, VI, do CPC de 1973) não determina a exibição dos estatutos da empresa em juízo como condição de validade do instrumento de mandato outorgado ao seu procurador, salvo se houver impugnação da parte contrária. (Res. TST 208/16, *DEJT*, 25.4.16)

TEMA	TEXTO
	RED. ANTERIOR – O art. 12, VI, do CPC não determina a exibição dos estatutos da empresa em juízo como condição de validade do instrumento de mandato outorgado ao seu procurador, salvo se houver impugnação da parte contrária. (*DJ*, 13.3.02)
256 Prequestionamento. Configuração	Para fins do requisito do prequestionamento de que trata a Súmula n. 297, há necessidade de que haja, no acórdão, de maneira clara, elementos que levem à conclusão de que o Regional adotou uma tese contrária à lei ou à súmula. (*DJ*, 13.3.02)
257 Recurso. Violação legal. Vocábulo violação	A invocação expressa no recurso de revista dos preceitos legais ou constitucionais tidos como violados não significa exigir da parte a utilização das expressões "contrariar", "ferir", "violar" etc. (Res. TST 182/12, *DEJT*, 23.4.12)
	RED. ANTERIOR – A invocação expressa, quer na revista, quer nos embargos, dos preceitos legais ou constitucionais tidos como violados não significa exigir da parte a utilização das expressões "contrariar", "ferir", "violar", etc. (*DJ*, 13.3.02)
258 Adicional de periculosidade. Acordo coletivo ou convenção coletiva. Prevalência	CANCELADA – A fixação do adicional de periculosidade, em percentual inferior ao legal e proporcional ao tempo de exposição ao risco, deve ser respeitada, desde que pactuada em acordos ou convenções coletivos de trabalho (art. 7º, inciso XXVI, da CF/88). (*DJ*, 27.9.02) (Convertida na Súmula 364, Res. TST 129/05, *DJ*, 20.4.05)
259 Adicional noturno. Adicional de periculosidade. Base de cálculo	O adicional de periculosidade deve compor a base de cálculo do adicional noturno, já que também neste horário o trabalhador permanece sob as condições de risco. (*DJ*, 27.9.02)
260 Agravo de instrumento. Recurso de revista. Procedimento sumaríssimo. Lei n. 9.957/00. Processos em curso	I – É inaplicável o rito sumaríssimo aos processos iniciados antes da vigência da Lei n. 9.957/00. II – No caso de o despacho denegatório de recurso de revista invocar, em processo iniciado antes da Lei n. 9.957/00, o § 6º do art. 896 da CLT (rito sumaríssimo), como óbice ao trânsito do apelo calcado em divergência jurisprudencial ou violação de dispositivo infraconstitucional, o Tribunal superará o obstáculo, apreciando o recurso sob esses fundamentos. (*DJ*, 27.9.02)
261 Bancos. Sucessão trabalhista	As obrigações trabalhistas, inclusive as contraídas à época em que os empregados trabalhavam para o banco sucedido, são de responsabilidade do sucessor, uma vez que a este foram transferidos os ativos, as agências, os direitos e deveres contratuais, caracterizando típica sucessão trabalhista. (*DJ*, 27.9.02)
262 Coisa julgada. Planos econômicos. Limitação à data-base na fase de execução	Não ofende a coisa julgada a limitação à data-base da categoria, na fase executória, da condenação ao pagamento de diferenças salariais decorrentes de planos econômicos, quando a decisão exequenda silenciar sobre a limitação, uma vez que a limitação decorre de norma cogente. Apenas quando a sentença exequenda houver expressamente afastado a limitação à data-base é que poderá ocorrer ofensa à coisa julgada. (*DJ*, 27.9.02)

	TEMA	TEXTO
263	Contrato por prazo determinado. Lei especial (estadual e municipal). Incompetência da Justiça do Trabalho	CANCELADA – A relação jurídica que se estabelece entre o Estado ou Município e o servidor contratado para exercer funções temporárias ou de natureza técnica, decorrente de lei especial, é de natureza administrativa, razão pela qual a competência é da justiça comum, até mesmo para apreciar a ocorrência de eventual desvirtuamento do regime especial (CF/67, art. 106; CF/88, art. 37, IX). (*DJ*, 27.9.02) (Cancelada pela Comissão de Jurisprudência e de Precedentes Normativos do TST, *DJ*, 14.9.04)
264	Depósito recursal. PIS/PASEP. Requisitos	Não é essencial para a validade da comprovação do depósito recursal a indicação do número do PIS/PASEP na guia respectiva. (*DJ*, 27.9.02)
265	Servidor. Celetista. Estabilidade	CANCELADA – O servidor público celetista da administração direta, autárquica ou fundacional é beneficiário da estabilidade prevista no art. 41 da Constituição Federal. (*DJ*, 27.9.02) (Convertida na Súmula 390, Res. TST 129/05, *DJ*, 20.4.05)
266	Dirigente sindical. Estabilidade. Limite	CANCELADA – O art. 522 da CLT, que limita a sete o número de dirigentes sindicais, foi recepcionado pela Constituição Federal de 1988. (*DJ*, 27.9.02) (Convertida na Súmula 369, Res. TST 129/05, *DJ*, 20.4.05)
267	Horas extras. Adicional de periculosidade. Base de cálculo	CANCELADA – O adicional de periculosidade integra a base de cálculo das horas extras. (*DJ*, 27.9.02) (Convertida na Súmula 132, Res. TST 129/05, *DJ*, 20.4.05)
268	Indenização adicional. Aviso prévio. Projeção. Estabilidade provisória	Somente após o término do período estabilitário é que se inicia a contagem do prazo do aviso prévio para efeito das indenizações previstas nos arts. 9º da Lei n. 6.708/79 e 9º da Lei n. 7.238/84. (*DJ*, 27.9.02)
269	Justiça gratuita. Benefício. Requerimento. Momento	I – O benefício da justiça gratuita pode ser requerido em qualquer tempo ou grau de jurisdição, desde que, na fase recursal, seja o requerimento formulado no prazo alusivo ao recurso; (Res. 219/17, *DEJT*, 28.6.17) II – Indeferido o requerimento de justiça gratuita formulado na fase recursal, cumpre ao relator fixar prazo para que o recorrente efetue o preparo (art. 99, § 7º, do CPC de 2015). (Res. 219/17, *DEJT*, 28.6.17)
		RED. ANTERIOR - O benefício da justiça gratuita pode ser requerido em qualquer tempo ou grau de jurisdição, desde que, na fase recursal, seja o requerimento formulado no prazo alusivo ao recurso. (*DJ*, 27.9.02)
270	PDV. Transação. Quitação	A transação extrajudicial que importa rescisão do contrato de trabalho ante a adesão do empregado a plano de demissão voluntária implica quitação exclusivamente das parcelas e valores constantes do recibo. (*DJ*, 27.9.02)
271	Rurícola. Prescrição. EC 28/00. Processo em curso	O prazo prescricional da pretensão do rurícola, cujo contrato de emprego já se extinguira ao sobrevir a Emenda Constitucional n. 28, de 26.05.2000, tenha sido ou não ajuizada a ação trabalhista, prossegue regido pela lei vigente ao tempo da extinção do contrato de emprego. (*DJ*, 22.11.05)

	TEMA	TEXTO
		RED. ANTERIOR – Considerando a inexistência de previsão expressa na Emenda Constitucional n. 28/00 quanto à sua aplicação retroativa, há de prevalecer o princípio segundo o qual a prescrição aplicável é aquela vigente à época da propositura da ação. (*DJ*, 27.9.02)
272	Servidor. Salário mínimo. Salário-base	A verificação do respeito ao direito ao salário mínimo não se apura pelo confronto isolado do salário-base com o mínimo legal, mas deste com a soma de todas as parcelas de natureza salarial recebidas pelo empregado diretamente do empregador. (*DJ*, 27.9.02)
273	Televendas. Analogia. Telefonista	CANCELADA – A jornada reduzida de que trata o art. 227 da CLT não é aplicável, por analogia, ao operador de televendas, que não exerce suas atividades exclusivamente como telefonista, pois, naquela função, não opera mesa de transmissão, fazendo uso apenas dos telefones comuns para atender e fazer as ligações exigidas no exercício da função. (*DJ*, 27.9.02) (Cancelada, Res. TST 175/11, *DEJT*, 31.05.11)
274	Ferroviário. Jornada variada. Horas extras	O ferroviário submetido a escalas variadas, com alternância de turnos, faz jus à jornada especial prevista no art. 7º, XIV, da CF/88. (*DJ*, 27.9.02)
275	Turno ininterrupto de revezamento. Horista. Horas extras e adicional. Devidos	Inexistindo instrumento coletivo fixando jornada diversa, o empregado horista submetido a turno ininterrupto de revezamento faz jus ao pagamento das horas extraordinárias laboradas além da 6ª, bem como ao respectivo adicional. (*DJ*, 27.9.02)
276	Ação declaratória. Complementação de aposentadoria	É incabível ação declaratória visando a declarar direito à complementação de aposentadoria, se ainda não atendidos os requisitos necessários à aquisição do direito, seja por via regulamentar, ou por acordo coletivo. (*DJ*, 11.8.03)
277	Ação de cumprimento. Cabimento	A coisa julgada produzida na ação de cumprimento é atípica, pois dependente de condição resolutiva, ou seja, da não modificação da decisão normativa por eventual recurso. Assim, modificada a sentença normativa pelo TST, com a consequente extinção do processo, sem julgamento do mérito, deve-se extinguir a execução em andamento, uma vez que a norma sobre a qual se apoiava o título exequendo deixou de existir no mundo jurídico. (*DJ*, 11.8.03)
278	Adicional de insalubridade. Perícia. Local de trabalho desativado	CANCELADA – A realização de perícia é obrigatória para a verificação de insalubridade. Quando não for possível sua realização, como em caso de fechamento da empresa, poderá o julgador utilizar-se de outros meios de prova. (*DJ*, 11.8.03)
279	Adicional de periculosidade. Eletricitários	CANCELADA – O adicional de periculosidade dos eletricitários deverá ser calculado sobre o conjunto de parcelas de natureza salarial. (*DJ*, 11.8.03) (Res. 214/16, *DEJT*, 30.11.16)
280	Adicional de periculosidade. Exposição eventual	CANCELADA – O contato eventual com o agente perigoso, assim considerado o fortuito, ou o que, sendo habitual, se dá por tempo extremamente reduzido, não dá direito ao empregado a perceber o adicional respectivo. (*DJ*, 11.8.03) (Convertida na Súmula 364, Res. TST 129/05, *DJ*, 20.4.05)

	TEMA	TEXTO
281	Agravo de instrumento. Cópia, assinatura	CANCELADA – Nos Agravos de Instrumento interpostos anteriormente à edição da Instrução Normativa n. 16/99, a ausência de assinatura na cópia não a torna inválida, desde que dela conste o carimbo, aposto pelo servidor, certificando que confere com o original. (*DJ*, 11.8.03) (Convertida na Orientação Jurisprudencial Transitória SDI-1 52, Res. TST 129/05, *DJ*, 20.4.05)
282	Agravo de instrumento. Juízo de admissibilidade *ad quem*	No julgamento de Agravo de Instrumento, ao afastar o óbice apontado pelo TRT para o processamento do recurso de revista, pode o juízo *ad quem* prosseguir no exame dos demais pressupostos extrínsecos e intrínsecos do recurso de revista, mesmo que não apreciados pelo TRT. (*DJ*, 11.8.03)
283	Agravo de instrumento. Traslado realizado pelo agravado	É válido o traslado de peças essenciais efetuado pelo agravado, pois a regular formação do agravo incumbe às partes e não somente ao agravante. (*DJ*, 11.8.03)
284	Agravo de instrumento. Ausência de certidão de publicação	CANCELADA – A etiqueta adesiva na qual consta a expressão "no prazo" não se presta à aferição de tempestividade do recurso, pois sua finalidade é tão somente servir de controle processual interno do TRT e sequer contém a assinatura do funcionário responsável por sua elaboração. (*DJ*, 11.8.03) (Res. 217/17, *DEJT*, 20.4.17)
285	Agravo de instrumento. Carimbo do protocolo	CANCELADA – O carimbo do protocolo da petição recursal constitui elemento indispensável para aferição da tempestividade do apelo, razão pela qual deverá estar legível, pois um dado ilegível é o mesmo que a inexistência do dado. (*DJ*, 11.8.03) (Res. 217/17, *DEJT*, 20.4.17)
286	Agravo de instrumento. Ausência de procuração	I – A juntada da ata de audiência, em que consignada a presença do advogado, desde que não estivesse atuando com mandato expresso, torna dispensável a procuração deste, porque demonstrada a existência de mandato tácito. II – Configurada a existência de mandato tácito fica suprida a irregularidade detectada no mandato expresso. (Res. TST 167/10, *DEJT*, 04.5.10)
		RED. ANTERIOR – A juntada da ata de audiência, em que está consignada a presença do advogado do agravado, desde que não estivesse atuando com mandato expresso, torna dispensável a procuração deste, porque demonstrada a existência de mandato tácito. (*DJ*, 11.8.03)
287	Autenticação. Verso e anverso	CANCELADA – (CPC/15) Distintos os documentos contidos no verso e anverso, é necessária a autenticação de ambos os lados da cópia. (*DJ*, 11.8.03) (Res. 217/17, *DEJT*, 20.4.17)
288	Bancário. Cargo de confiança	CANCELADA – Devidas são as 7ª e 8ª horas como extras no período em que se verificou o pagamento a menor da gratificação de 1/3. (*DJ*, 11.8.03) (Convertida na Súmula 102, Res. TST 129/05, *DJ*, 20.4.05)

ORIENTAÇÃO JURISPRUDENCIAL

	TEMA	TEXTO
289	Banco do Brasil. Complementação de aposentadoria	CANCELADA – Nos cálculos da complementação de aposentadoria há de ser observada a média trienal valorizada. (*DJ*, 11.8.03) (Convertida na Orientação Jurisprudencial SDI-1 18, Res. TST 129/05, *DJ*, 20.4.05)
290	Contribuição sindical patronal. Incompetência da Justiça do Trabalho	CANCELADA – É incompetente a Justiça do Trabalho para apreciar lide entre o sindicato patronal e a respectiva categoria econômica, objetivando cobrar a contribuição assistencial. (Cancelada, *DJ*, 5.7.05)
291	Embargos de terceiro. Custas	CANCELADA – Tratando-se de embargos de terceiro, incidentes em execução, interpostos anteriormente à Lei n. 10.537/02, incabível o pagamento de custas, por falta de previsão legal. (*DJ*, 11.8.03) (Convertida na Orientação Jurisprudencial SDI-1 Transitória 53, Res. TST 129/05, *DJ*, 20.4.05)
292	Diárias. Integração ao salário	CANCELADA – As diárias de viagem pagas, ainda que superiores a 50%, só integram o salário do empregado enquanto perdurarem as viagens. (*DJ*, 11.8.03) (Convertida na Súmula 101, Res. TST 129/05, *DJ*, 20.4.05)
293	Embargos à SDI. Agravo	CANCELADA – São cabíveis Embargos para a SDI contra decisão de Turma proferida em Agravo interposto de decisão monocrática do relator, baseada no art. 557, § 1º, do CPC. (*DJ*, 11.8.03) (Convertida na letra *f* da Súmula 353, Res. 171/10, *DEJT*, 23.11.10).
294	Embargos à SDI. Recurso de revista	CANCELADA – Para a admissibilidade e conhecimento de embargos, interpostos contra decisão mediante a qual não foi conhecido o recurso de revista pela análise dos pressupostos intrínsecos, necessário que a parte embargante aponte expressamente a violação ao art. 896 da CLT. (*DJ*, 11.8.03) (Convertida na Orientação Jurisprudencial transitória 78 SDI-1, Res. 194/14)
295	Embargos à SDI. Recurso de revista	CANCELADA – A SDI, ao conhecer dos Embargos por violação do art. 896 – por má aplicação de súmula ou de orientação jurisprudencial pela Turma –, julgará desde logo o mérito, caso conclua que a revista merecia conhecimento e que a matéria de fundo se encontra pacificada neste Tribunal. (*DJ*, 11.8.03) (Convertida na Orientação Jurisprudencial transitória 79 SDI-1, Res. 194/14)
296	Equiparação salarial. Atendente e auxiliar de enfermagem	Sendo regulamentada a profissão de auxiliar de enfermagem, cujo exercício pressupõe habilitação técnica, realizada pelo Conselho Regional de Enfermagem, impossível a equiparação salarial do simples atendente com o auxiliar de enfermagem. (*DJ*, 11.8.03)
297	Equiparação salarial. Servidor público	O art. 37, inciso XIII, da CF/88, veda a equiparação de qualquer natureza para o efeito de remuneração do pessoal do serviço público, sendo juridicamente impossível a aplicação da norma infraconstitucional prevista no art. 461 da CLT quando se pleiteia equiparação salarial entre servidores públicos, independentemente de terem sido contratados pela CLT. (*DJ*, 11.8.03)

	TEMA	TEXTO
298	Equiparação salarial. Trabalho intelectual	CANCELADA – Desde que atendidos os requisitos do art. 461 da CLT, é possível a equiparação salarial de trabalho intelectual, que pode ser avaliado por sua perfeição técnica, cuja aferição terá critérios objetivos. (*DJ*, 11.8.03) (Convertida na Súmula 6, Res. TST 129/05, *DJ*, 20.4.05)
299	Estabilidade contratual e FGTS	CANCELADA – A estabilidade contratual ou derivada de regulamento de empresa é compatível com o regime do FGTS. Diversamente ocorre com a estabilidade legal (decenal, art. 492, CLT), que é renunciada com a opção pelo FGTS. (*DJ*, 11.8.03) (Convertida na Súmula 98, Res. TST 129/05, *DJ*, 20.4.05)
300	Execução trabalhista. Correção monetária. Juros	Não viola norma constitucional (art. 5º, II e XXXVI) a determinação de aplicação da TRD, como fator de correção monetária dos débitos trabalhistas, cumulada com juros de mora, previstos no artigo 39 da Lei n. 8.177/91 e convalidado pelo artigo 15 da Lei n. 10.192/01. (Res. TST 129/05, *DJ*, 20.4.05)
		RED. ANTERIOR – Não viola norma constitucional (art. 5º, II e XXXVI) a determinação de aplicação da TRD, como fator de correção monetária dos débitos trabalhistas, cumulada com juros de mora. (*DJ*, 11.8.03)
301	FGTS. Diferenças. Ônus da prova	CANCELADA – Definido pelo reclamante o período no qual não houve depósito do FGTS, ou houve em valor inferior, alegada pela reclamada a inexistência de diferença nos recolhimentos de FGTS, atrai para si o ônus da prova, incumbindo-lhe, portanto, apresentar as guias respectivas, a fim de demonstrar o fato extintivo do direito do autor (art. 818 da CLT c/c art. 333, II, do CPC). (*DJ*, 11.8.03) (Cancelada, Res. TST 175/11, *DEJT*, 31.5.11)
302	FGTS. Correção	Os créditos referentes ao FGTS, decorrentes de condenação judicial, serão corrigidos pelos mesmos índices aplicáveis aos débitos trabalhistas. (*DJ*, 11.8.03)
303	Gratificação. Comissionado	CANCELADA – Mantido o empregado no exercício da função comissionada, não pode o empregador reduzir o valor da gratificação. (*DJ*, 11.8.03) (Convertida na Súmula 372, Res. TST 129/05, *DJ*, 20.4.05)
304	Assistência judiciária. Declaração de pobreza	CANCELADA – Atendidos os requisitos da Lei n. 5.584/70 (art. 14, § 2º), para a concessão da assistência judiciária, basta a simples afirmação do declarante ou de seu advogado, na petição inicial, para se considerar configurada a sua situação econômica (art. 4º, § 1º, da Lei n. 7.510/86, que deu nova redação à Lei n. 1.060/50). (*DJ*, 11.8.03) (Convertida na Súmula 463, Res. 219/17, *DEJT*, 28.6.17)
305	Honorários advocatícios. Cabimento	CANCELADA – Na Justiça do Trabalho, o deferimento de honorários advocatícios sujeita-se à constatação da ocorrência concomitante de dois requisitos: o benefício da justiça gratuita e a assistência por sindicato. (*DJ*, 11.8.03) (Convertida na Súmula 219, I, Res. 197/15, *DEJT*, 14.5.15)

	TEMA	TEXTO
306	Horas extras. Cartões de ponto	CANCELADA – Os cartões de ponto que demonstram horários de entrada e saída invariáveis são inválidos como meio de prova, invertendo-se o ônus da prova, relativo às horas extras, que passa a ser do empregador, prevalecendo o horário da inicial se dele não se desincumbir. (*DJ*, 11.8.03) (Convertida na Súmula 338, Res. TST 129/05, *DJ*, 20.4.05)
307	Intervalo intrajornada. Não. concessão ou concessão parcial	CANCELADA – Após a edição da Lei n. 8.923/94, a não concessão total ou parcial do intervalo intrajornada mínimo, para repouso e alimentação, implica o pagamento total do período correspondente, com acréscimo de, no mínimo, 50% sobre o valor da remuneração da hora normal de trabalho (art. 71 da CLT). (*DJ*, 11.8.03) (Convertida na Súmula 437, Res. TST 186/12, *DEJT*, 27.9.12)
308	Jornada de trabalho. Alteração. Servidor público	O retorno do servidor público (administração direta, autárquica e fundacional) à jornada inicialmente contratada não se insere nas vedações do art. 468 da CLT, sendo a sua jornada definida em lei e no contrato de trabalho firmado entre as partes. (*DJ*, 11.8.03)
309	Recurso de revista. Divergência	CANCELADA – Viola o art. 896, "b", da CLT, o conhecimento de recurso por divergência, caso a parte não comprove que a lei estadual, a norma coletiva ou o regulamento da empresa extrapolam o âmbito do TRT prolator da decisão recorrida. (*DJ*, 11.8.03) (Convertida na Orientação Jurisprudencial SDI-1 147, Res. TST 129/05, *DJ*, 20.4.05)
310	Litisconsortes. Prazo em dobro	Inaplicável ao processo do trabalho a norma contida no art. 229, *caput* e §§ 1º e 2º, do CPC de 2015 (art. 191 do CPC de 1973), em razão de incompatibilidade com a celeridade que lhe é inerente. (Res. TST 208/16, *DEJT*, 25.4.16)
		RED. ANTERIOR – A regra contida no art. 191 do CPC é inaplicável ao processo do trabalho, em decorrência da sua incompatibilidade com o princípio da celeridade inerente ao processo trabalhista. (*DJ*, 11.8.03)
311	Mandato. Juntada posterior	CANCELADA – É inadmissível, em instância recursal, o oferecimento tardio de procuração, ainda que mediante protesto por posterior juntada, já que a interposição de recurso não pode ser reputada como ato urgente. (*DJ*, 11.8.03) (Convertida na Súmula 383, Res. TST 129/05, *DJ*, 20.4.05)
312	Mandato. Cláusula de vigência	CANCELADA – Válido é o instrumento de mandato com prazo determinado que contém cláusula estabelecendo a prevalência dos poderes para atuar até o final da demanda. (*DJ*, 11.8.03) (Convertida na Súmula 395, Res. TST 129/05, *DJ*, 20.4.05)
313	Mandato. Cláusula fixando prazo para juntada	CANCELADA – Diante da existência de previsão, no mandato, fixando termo para sua juntada, o instrumento de mandato só tem validade se anexado ao processo dentro do aludido prazo. (*DJ*, 11.8.03) (Convertida na Súmula 395, Res. TST 129/05, *DJ*, 20.4.05)

	TEMA	TEXTO
314	Massa falida. Dobra salarial	CANCELADA – É indevida a aplicação da dobra salarial, prevista no art. 467 da CLT, nos casos da decretação de falência da empresa, porque a massa falida está impedida de saldar qualquer débito, até mesmo o de natureza trabalhista, fora do Juízo Universal da Falência (Decreto-Lei n. 7.661/1945, art. 23). (*DJ*, 11.8.03) (Convertida na Súmula 388, Res. TST 129/05, *DJ*, 20.4.05)
315	Rural. Motorista. Enquadramento	CANCELADA – É considerado trabalhador rural o motorista que trabalha no âmbito de empresa cuja atividade é preponderantemente rural, considerando que, de modo geral, não enfrenta o trânsito das estradas e cidades. (TST, Res. 200/15, *DEJT*, 29.10.15)
316	Portuários. Adicional de risco	O adicional de risco dos portuários, previsto no art. 14 da Lei n. 4.860/65, deve ser proporcional ao tempo efetivo no serviço considerado sob risco e apenas concedido àqueles que prestam serviços na área portuária. (*DJ*, 11.8.03)
317	Repositório de jurisprudência. Validade	CANCELADA – A concessão de registro de publicação como repositório autorizado de jurisprudência do TST torna válidas todas as suas edições anteriores. (*DJ*, 11.8.03) (Convertida na Súmula 337, Res. TST 129/05, *DJ*, 20.4.05)
318	Representação. Autarquia	I – Os Estados e os Municípios não têm legitimidade para recorrer em nome das autarquias e das fundações públicas. II – Os procuradores estaduais e municipais podem representar as respectivas autarquias e fundações públicas em juízo somente se designados pela lei da respectiva unidade da federação (art. 75, IV, do CPC de 2015) ou se investidos de instrumento de mandato válido. (Res. 220/17, *DEJT*, 21.9.17).
		RED. ANTERIOR. Os Estados e os Municípios não têm legitimidade para recorrer em nome das autarquias detentoras de personalidade jurídica própria, devendo ser representadas pelos procuradores que fazem parte de seus quadros ou por advogados constituídos. (*DJ*, 11.8.03)
319	Representação regular. Estagiário. Habilitação posterior	Válidos são os atos praticados por estagiário se, entre o substabelecimento e a interposição do recurso, sobreveio a habilitação, do então estagiário, para atuar como advogado. (*DJ*, 11.8.03)
320	Protocolo integrado. Aplicação	CANCELADA – O sistema de protocolo integrado, criado pelos Tribunais Regionais do Trabalho, que autoriza as Varas localizadas no interior do Estado a receberem e a protocolarem documentos de natureza judiciária ou administrativa, destinados a outras Varas ou ao TRT local, tem aplicação restrita ao âmbito de competência do Tribunal que o editou, não podendo ser considerado válido em relação a recursos de competência do Tribunal Superior do Trabalho. (*DJ*, 11.8.03) (Cancelada pela Comissão de Jurisprudência e de Precedentes Normativos do TST, *DJ*, 14.9.04)

TEMA		TEXTO
321	Vínculo empregatício com a Administração Pública. Período anterior à CF/88	Salvo os casos de trabalho temporário e de serviço de vigilância, previstos nas Leis n. 6.019, de 3.1.74, e 7.102, de 20.6.83, é ilegal a contratação de trabalhadores por empresa interposta, formando-se o vínculo empregatício diretamente com o tomador dos serviços, inclusive ente público, em relação ao período anterior à vigência da CF/88. (Res. TST 129/05, *DJ*, 20.4.05)
		RED. ANTERIOR – É aplicável a Súmula n. 256 para as hipóteses de vínculo empregatício com a Administração Pública, em relação ao período anterior à vigência da CF/88. (*DJ*, 11.8.03)
322	Acordo coletivo. Prorrogação	Nos termos do art. 614, § 3º, da CLT, é de 2 anos o prazo máximo de vigência dos acordos e das convenções coletivas. Assim sendo, é inválida, naquilo que ultrapassa o prazo total de 2 anos, a cláusula de termo aditivo que prorroga a vigência do instrumento coletivo originário por prazo indeterminado. (*DJ*, 9.12.03)
323	Acordo de compensação. "Semana espanhola". Validade	É válido o sistema de compensação de horário quando a jornada adotada é a denominada "semana espanhola", que alterna a prestação de 48 horas em uma semana e 40 horas em outra, não violando os arts. 59, § 2º, da CLT e 7º, XIII, da CF/88 o seu ajuste mediante acordo ou convenção coletiva de trabalho. (*DJ*, 9.12.03)
324	Periculosidade. Sistema elétrico de potência	É assegurado o adicional de periculosidade apenas aos empregados que trabalham em sistema elétrico de potência em condições de risco, ou que o façam com equipamentos e instalações elétricas similares, que ofereçam risco equivalente, ainda que em unidade consumidora de energia elétrica. (*DJ*, 9.12.03)
325	Aumento salarial. Participação do sindicato profissional	O aumento real, concedido pela empresa a todos os seus empregados, somente pode ser reduzido mediante a participação efetiva do sindicato profissional no ajuste, nos termos do art. 7º, VI, da CF/88. (*DJ*, 9.12.03)
326	Horas extras. Tempo utilizado para uniformização, lanche e higiene pessoal	CANCELADA – O tempo gasto pelo empregado com troca de uniforme, lanche e higiene pessoal, dentro das dependências da empresa, após o registro de entrada e antes do registro de saída, considera-se tempo à disposição do empregador, sendo remunerado como extra o período que ultrapassar, no total, a dez minutos da jornada de trabalho diária. (*DJ*, 9.12.03) (Convertida na Súmula 366, Res. TST 129/05, *DJ*, 20.4.05)
327	Dano moral. Competência da Justiça do Trabalho	CANCELADA – Nos termos do art. 114 da CF/88, a Justiça do Trabalho é competente para dirimir controvérsias referentes à indenização por dano moral, quando decorrente da relação de trabalho. (*DJ*, 9.12.03) (Convertida na Súmula 392, Res. TST 129/05, *DJ*, 20.4.05)
328	Equiparação salarial. Cargos diferentes ou similares	CANCELADA – A equiparação salarial só é possível se o empregado e o paradigma exercerem a mesma função, desempenhando as mesmas tarefas, não importando se os cargos têm, ou não, a mesma denominação. (*DJ*, 9.12.03) (Convertida na Súmula 6, Res. TST 129/05, *DJ*, 20.4.05)

	TEMA	TEXTO
329	Estabilidade. Cipeiro. Extinção do estabelecimento	CANCELADA – A estabilidade provisória do cipeiro não constitui vantagem pessoal, mas garantia para as atividades dos membros da CIPA, que somente tem razão de ser quando em atividade a empresa. Extinto o estabelecimento, não se verifica a despedida arbitrária, sendo impossível a reintegração e indevida a indenização do período estabilitário. (*DJ*, 9.12.03) (Convertida na Súmula 339, Res. TST 129/05, *DJ*, 20.4.05)
330	Representação. Substabelecimento anterior à procuração	CANCELADA – Configura-se a irregularidade de representação se o substabelecimento é anterior à outorga passada ao substabelecente. (*DJ*, 9.12.03) (Convertida na Súmula 395, Res. TST 129/05, *DJ*, 20.4.05)
331	Justiça gratuita. Insuficiência econômica. Mandato	CANCELADA – Desnecessária a outorga de poderes especiais ao patrono da causa para firmar declaração de insuficiência econômica, destinada à concessão dos benefícios da justiça gratuita. (*DJ*, 9.12.03) (Res. 210/16, *DEJT*, 30.6.16)
332	Motorista. Atividade externa. Tacógrafo	O tacógrafo, por si só, sem a existência de outros elementos, não serve para controlar a jornada de trabalho de empregado que exerce atividade externa. (*DJ*, 9.12.03)
333	Turno ininterrupto de revezamento. Alteração para horário fixo	CANCELADA – A previsão contida no art. 10 da Lei n. 5.811/72, possibilitando a mudança do regime de revezamento para horário fixo, constitui alteração lícita, não violando os arts. 468 da CLT, e 7º, VI, da CF/88. (*DJ*, 9.12.03) (Convertida na Súmula 391, Res. TST 129/05, *DJ*, 20.4.05)
334	Remessa *ex officio*. Recurso de revista. Inexistência de recurso ordinário	Incabível recurso de revista de ente público que não interpôs recurso ordinário voluntário da decisão de primeira instância, ressalvada a hipótese de ter sido agravada, na segunda instância, a condenação imposta. (*DJ*, 9.12.03)
335	Servidor público. Contratos nulos. Configuração	A nulidade da contratação sem concurso público, após a CF/88, bem como a limitação de seus efeitos, somente poderá ser declarada por ofensa ao art. 37, II, se invocado concomitantemente o seu § 2º, todos da CF/88. (*DJ*, 4.5.04)
336	Embargos. Decisão em conformidade com orientação jurisprudencial. Procedimento	Estando a decisão recorrida em conformidade com orientação jurisprudencial, desnecessário o exame das divergências e das violações de lei e da Constituição alegadas em embargos interpostos antes da vigência da Lei n. 11.496/2007, salvo nas hipóteses em que a orientação jurisprudencial não fizer qualquer citação do dispositivo constitucional (Res. TST 178/12, *DEJT*, 15.2.12).
		RED. ANTERIOR – Estando a decisão recorrida em conformidade com orientação jurisprudencial, desnecessário o exame das divergências e das violações legais e constitucionais alegadas, salvo nas hipóteses em que a orientação jurisprudencial não fizer qualquer citação do dispositivo constitucional. (*DJ*, 4.5.04)

TEMA		TEXTO
337	Fac-símile. Prazo. Apresentação dos originais	CANCELADA – A contagem do quinquídio para apresentação dos originais de recurso interposto por intermédio de "fac-símile" começa a fluir do dia subsequente ao término do prazo recursal, nos termos do art. 2º da Lei 9.800/99, e não do dia seguinte à interposição do recurso, se esta se deu antes do termo final do prazo. Ademais, não se tratando, a juntada dos originais, de ato que dependa de notificação, pois a parte, ao interpor o recurso, já tem ciência de seu ônus processual, não se aplica a regra do art. 184 do CPC quanto ao *dies a quo* do prazo, podendo coincidir com sábado, domingo ou feriado. (*DJ*, 4.5.04) (Convertida na Súmula 387, Res. TST 129/05, *DJ*, 20.4.05)
338	Ministério Público	CANCELADA – Há interesse do Ministério Público do Trabalho para recorrer contra decisão que declara a existência de vínculo empregatício com sociedade de economia mista ou empresa pública, após a CF/88, sem a prévia aprovação em concurso público. (*DJ*, 4.5.04) (Convertida na OJ SDI -1 237, Res. 210/16, *DEJT*, 30.6.16)
339	Teto remuneratório. Empresa pública e sociedade de economia mista	As empresas públicas e as sociedades de economia mista estão submetidas à observância do teto remuneratório previsto no inciso XI do art. 37 da CF/88, sendo aplicável, inclusive, ao período anterior à alteração introduzida pela Emenda Constitucional n. 19/98. (Res. TST 129/05, *DJ*, 20.4.05)
		RED. ANTERIOR – As empresas públicas e as sociedades de economia mista estão submetidas à observância do teto remuneratório previsto no inciso XI do art. 37 da CF/88. (*DJ*, 4.5.04)
340	Efeito devolutivo. Profundidade. Recurso ordinário	CANCELADA – O efeito devolutivo em profundidade do Recurso Ordinário, que se extrai do § 1º do art. 515 do CPC, transfere automaticamente ao Tribunal a apreciação de fundamento da defesa não examinado pela sentença, ainda que não renovado em contrarrazões. Não se aplica, todavia, ao caso de pedido não apreciado na sentença. (*DJ*, 22.6.04) (Convertida na Súmula 393, Res. TST 129/05, *DJ*, 20.4.05)
341	FGTS. Multa de 40%. Expurgos inflacionários. Responsabilidade pelo pagamento	É de responsabilidade do empregador o pagamento da diferença da multa de 40% sobre os depósitos do FGTS, decorrente da atualização monetária em face dos expurgos inflacionários. (*DJ*, 22.6.04)
342	Intervalo intrajornada. Não concessão ou redução. Invalidade	CANCELADA – I – É inválida cláusula de acordo ou convenção coletiva de trabalho contemplando a supressão ou redução do intervalo intrajornada porque este constitui medida de higiene, saúde e segurança do trabalho, garantido por norma de ordem pública (art. 71 da CLT e art. 7º, XXII, da CF/98), infenso à negociação coletiva. II – Ante a natureza do serviço e em virtude das condições especiais de trabalho a que são submetidos estritamente os condutores e cobradores de veículos rodoviários, empregados em empresas de transporte público coletivo urbano, é válida cláusula de acordo ou convenção coletiva de trabalho contemplando a redução do intervalo intrajornada, desde que garantida a redução da jornada

	TEMA	TEXTO
		para, no mínimo, 7 horas diárias ou 42 semanais, não prorrogada, mantida a mesma remuneração e concedidos intervalos para descanso menores e fracionados ao final de cada viagem, não descontados da jornada. (*DEJT*, 20.11.09) (Convertida na Súmula 437, Res. TST 186/12, *DEJT*, 27.9.12)
		RED. ANTERIOR – É inválida cláusula de acordo ou convenção coletiva de trabalho contemplando a supressão ou redução do intervalo intrajornada porque este constitui medida de higiene, saúde e segurança do trabalho, garantido por norma de ordem pública (art. 71 da CLT e art. 7º, XXII, da CF/88), infenso à negociação coletiva. (*DJ*, 22.6.04)
343	Penhora. Sucessão. Art. 100 da CF/1988. Execução	É válida a penhora em bens de pessoa jurídica de direito privado, realizada anteriormente à sucessão pela União ou por Estado-membro, não podendo a execução prosseguir mediante precatório. A decisão que a mantém não viola o art. 100 da CF/88. (*DJ*, 22.6.04)
344	FGTS. Multa de 40%. Expurgos inflacionários. Prescrição	O termo inicial do prazo prescricional para o empregado pleitear em juízo diferenças da multa do FGTS, decorrentes dos expurgos inflacionários, deu-se com a vigência da Lei Complementar n. 110, em 30.06.01, salvo comprovado trânsito em julgado de decisão proferida em ação proposta anteriormente na Justiça Federal, que reconheça o direito à atualização do saldo da conta vinculada. (TST IUJ-RR 1577/2003-019-03-00.8, *DJ*, 22.11.05) (Mantida pela Res. TST 175/11, *DEJT*, 31.5.11)
		RED. ANTERIOR – O termo inicial do prazo prescricional para o empregado pleitear em juízo diferenças da multa do FGTS, decorrentes dos expurgos inflacionários, deu-se com a edição da Lei Complementar n. 110, de 29.6.01, que reconheceu o direito à atualização do saldo das contas vinculadas. (*DJ*, 10.11.04)
345	Periculosidade. Radiação. Devido	A exposição do empregado à radiação ionizante ou à substância radioativa enseja a percepção do adicional de periculosidade, pois a regulamentação ministerial (Portarias do Ministério do Trabalho n. 3.393, de 17.12.1987, e 518, de 7.4.2003), ao reputar perigosa a atividade, reveste-se de plena eficácia, porquanto expedida por força de delegação legislativa contida no art. 200, *caput*, e inciso VI, da CLT. No período de 12.12.2002 a 6.4.2003, enquanto vigeu a Portaria n. 496 do Ministério do Trabalho, o empregado faz jus ao adicional de insalubridade. (*DJ*, 22.6.05)
346	Norma coletiva. Geral. Dissídio coletivo geral. Extensão aos inativos	A decisão que estende aos inativos a concessão de abono de natureza jurídica indenizatória, previsto em norma coletiva apenas para os empregados em atividade, a ser pago de uma única vez, e confere natureza salarial à parcela, afronta o art. 7º, XXVI, da CF/88. (*DJ*, 25.4.07)
347	Insalubidade ou periculosidade	É devido o adicional de periculosidade aos empregados cabistas, instaladores e reparadores de linhas e aparelhos de empresas de telefonia, desde que, no exercício de suas funções, fiquem expostos a condições de risco equivalente ao do trabalho exercido em contato com sistema elétrico de potência. (*DJ*, 25.4.07)

	TEMA	TEXTO
348	Honorários advocatícios. Cálculo. Valor líquido	Os honorários advocatícios, arbitrados nos termos do art. 11, § 1º, da Lei n. 1.060, de 05.02.1950, devem incidir sobre o valor líquido da condenação, apurado na fase de liquidação de sentença, sem a dedução dos descontos fiscais e previdenciários. (*DJ*, 25.4.07)
349	Mandato. Nova procuração. Efeitos	A juntada de nova procuração aos autos, sem ressalva de poderes conferidos ao antigo patrono, implica revogação tácita do mandato anterior. (*DJ*, 25.4.07)
350	Nulidade pelo ente público. Arguição em parecer. Impossibilidade	O Ministério Público do Trabalho pode arguir, em parecer, na primeira vez que tenha de se manifestar no processo, a nulidade do contrato de trabalho em favor de ente público, ainda que a parte não a tenha suscitado, a qual será apreciada, sendo vedada, no entanto, qualquer dilação probatória. (*DEJT*, 20.11.09)
		RED. ANTERIOR – Não se conhece de arguição de nulidade do contrato de trabalho em favor de ente público, suscitada pelo Ministério Público do Trabalho, mediante parecer, quando a parte não a suscitou em defesa. (*DJ*, 25.4.07)
351	Multa. Art. 477, § 8º, da CLT. Cabimento	CANCELADA – Incabível a multa prevista no art. 477, § 8º, da CLT, quando houver fundada controvérsia quanto à existência da obrigação cujo inadimplemento gerou a multa. Legislação: CLT, art. 477, *caput*, §§ 6º e 8º. (*DJ*, 25.4.07) (Cancelada, Res. TST 163/09, *DJET*, 20.11.09)
352	Sumaríssimo. Recurso de Revista. Cabimento	CANCELADA – Nas causas sujeitas ao procedimento sumaríssimo, a admissibilidade de recurso de revista está limitada à demonstração de violação direta a dispositivo da Constituição Federal ou contrariedade a Súmula do Tribunal Superior do Trabalho, não se admitindo o recurso por contrariedade a Orientação Jurisprudencial deste Tribunal (Livro II, Título II, Capítulo III, do RITST), ante a ausência de previsão no art. 896, § 6º, da CLT (Res. TST 178/12, *DEJT*, 15.2.12) (Convertida na Súmula 442, Res. TST 186/12, *DEJT*, 27.9.12)
		RED. ANTERIOR – Nas causas sujeitas ao procedimento sumaríssimo, não se admite recurso de revista por contrariedade à Orientação Jurisprudencial do Tribunal Superior do Trabalho (Livro II, Título II, Capítulo III, do RITST), por ausência de previsão no art. 896, § 6º, da CLT. (*DJ*, 25.4.07)
353	Equiparação. Sociedade de economia mista	CANCELADA – À sociedade de economia mista não se aplica a vedação à equiparação prevista no art. 37, XIII, da CF/1988, pois, ao contratar empregados sob o regime da CLT, equipara-se a empregador privado, conforme disposto no art. 173, § 1º, II, da CF/1988. (*DJ*, 14.3.08) (Convertida na Súmula 455, Res. 194/14)
354	Intervalo violado. Intrajornada	CANCELADA – Possui natureza salarial a parcela prevista no art. 71, § 4º, da CLT, com redação introduzida pela Lei n. 8.923, de 27 de julho de 1994, quando não concedido ou reduzido pelo empregador o intervalo mínimo intrajornada para repouso e alimentação, repercutindo, assim, no cálculo de outras parcelas salariais. (*DJ*, 14.3.08) (Convertida na Súmula 437, Res. TST 186/12, *DEJT*, 27.9.12)

TEMA		TEXTO
355	Intervalo violado. Intrajornada	O desrespeito ao intervalo mínimo interjornadas previsto no art. 66 da CLT acarreta, por analogia, os mesmos efeitos previstos no § 4º do art. 71 da CLT e na Súmula n. 110 do TST, devendo-se pagar a integralidade das horas que foram subtraídas do intervalo, acrescidas do respectivo adicional. (*DJ*, 14.3.08)
356	PDV. Indenização. Compensação	Os créditos tipicamente trabalhistas reconhecidos em juízo não são suscetíveis de compensação com a indenização paga em decorrência de adesão do trabalhador a Programa de Incentivo à Demissão Voluntária (PDV). (*DJ*, 14.3.08)
357	Recurso. Anterior publicação. Efeito	CANCELADA – É extemporâneo recurso interposto antes de publicado o acórdão impugnado. (*DJ*, 14.3.08) (convertida na Súmula 434, Res. TST 178/12, *DEJT*, 15.2.12)
358	Jornada reduzida. Salário proporcional	I - Havendo contratação para cumprimento de jornada reduzida, inferior à previsão constitucional de oito horas diárias ou quarenta e quatro semanais, é lícito o pagamento do piso salarial ou do salário mínimo proporcional ao tempo trabalhado. II - Na Administração Pública direta, autárquica e fundacional não é válida remuneração de empregado público inferior ao salário mínimo, ainda que cumpra jornada de trabalho reduzida. Precedentes do Supremo Tribunal Federal. (Res. TST 202/16, *DEJT*, 19.2.16)
		RED. ANTERIOR - Havendo contratação para cumprimento de jornada reduzida, inferior à previsão constitucional de oito horas diárias ou quarenta e quatro semanais, é lícito o pagamento do piso salarial ou do salário mínimo proporcional ao tempo trabalhado. (*DJ*, 14.3.08)
359	Prescrição interrupção	A ação movida por sindicato, na qualidade de substituto processual, interrompe a prescrição, ainda que tenha sido considerado parte ilegítima "ad causam". (*DJ*, 14.3.08)
360	Jornada. Revezamento	Faz jus à jornada especial prevista no art. 7º, XIV, da CF/1988 o trabalhador que exerce suas atividades em sistema de alternância de turnos, ainda que em dois turnos de trabalho, que compreendam, no todo ou em parte, o horário diurno e o noturno, pois submetido à alternância de horário prejudicial à saúde, sendo irrelevante que a atividade da empresa se desenvolva de forma ininterrupta. (*DJ*, 14.3.08)
361	Aposentadoria. Efeitos	A aposentadoria espontânea não é causa de extinção do contrato de trabalho se o empregado permanece prestando serviços ao empregador após a jubilação. Assim, por ocasião da sua dispensa imotivada, o empregado tem direito à multa de 40% do FGTS sobre a totalidade dos depósitos efetuados no curso do pacto laboral. (*DJ*, 23.5.08)
362	Contrato nulo. Efeitos	Não afronta o princípio da irretroatividade da lei a aplicação do art. 19-A da Lei n. 8.036, de 11.5.1990, aos contratos declarados nulos celebrados antes da vigência da Medida Provisória n. 2.164-41, de 24.8.2001. (*DJ*, 23.5.08)

	TEMA	TEXTO
363	Previdência Social. Contribuição. Responsabilidade	CANCELADA – A responsabilidade pelo recolhimento das contribuições social e fiscal, resultante de condenação judicial referente a verbas remuneratórias, é do empregador e incide sobre o total da condenação. Contudo, a culpa do empregador pelo inadimplemento das verbas remuneratórias não exime a responsabilidade do empregado pelos pagamentos do imposto de renda devido e da contribuição previdenciária que recaia sobre sua quota-parte. (*DJ*, 23.5.08) (Convertida na Súmula 368, Res. 219/17, *DEJT*, 28.6.17)
364	Estabilidade. Fundação. Verba pública	Fundação instituída por lei e que recebe dotação ou subvenção do Poder Público para realizar atividades de interesse do Estado, ainda que tenha personalidade jurídica de direito privado, ostenta natureza de fundação pública. Assim, seus servidores regidos pela CLT são beneficiários da estabilidade excepcional. (*DJ*, 23.5.08)
365	Estabilidade. Sindicato. Conselho Fiscal	Membro de conselho fiscal de sindicato não tem direito à estabilidade prevista nos arts. 543, § 3º, da CLT e 8º, VIII, da CF/1988, porquanto não representa ou atua na defesa de direitos da categoria respectiva, tendo sua competência limitada à fiscalização da gestão financeira do sindicato (art. 522, § 2º, da CLT). (*DJ*, 23.5.08)
366	Estagiário. Administração Pública. Vínculo	Ainda que desvirtuada a finalidade do contrato de estágio celebrado na vigência da Constituição Federal de 1988, é inviável o reconhecimento do vínculo empregatício com ente da Administração Pública direta ou indireta, por força do art. 37, II, da CF/1988, bem como o deferimento de indenização pecuniária, exceto em relação às parcelas previstas na Súmula n. 363 do TST, se requeridas. (*DJ*, 23.5.08)
367	Aviso prévio. 60 dias. Norma Coletiva. Reflexos	O prazo de aviso prévio de 60 dias, concedido por meio de norma coletiva que silencia sobre alcance de seus efeitos jurídicos, computa-se integralmente como tempo de serviço, nos termos do § 1º do art. 487 da CLT, repercutindo nas verbas rescisórias. (*DJ*, 5.12.08)
368	Descontos previdenciários. Acordo homologado. Incidência	É devida a incidência das contribuições para a Previdência Social sobre o valor total do acordo homologado em juízo, independentemente do reconhecimento de vínculo de emprego, desde que não haja discriminação das parcelas sujeitas à incidência da contribuição previdenciária, conforme parágrafo único do art. 43 da Lei n. 8.212, de 24.7.1991, e do art. 195, I, "a", da CF/1988. (*DJ*, 5.12.08)
369	Estabilidade provisória. Delegado sindical. Inaplicável	O delegado sindical não é beneficiário da estabilidade provisória prevista no art. 8º, VIII, da CF/1988, a qual é dirigida, exclusivamente, àqueles que exerçam ou ocupem cargos de direção nos sindicatos, submetidos a processo eletivo. (*DJ*, 5.12.08)

	TEMA	TEXTO
370	FGTS. Diferenças dos expurgos inflacionários. Prescrição	O ajuizamento de protesto judicial dentro do biênio posterior à Lei Complementar n. 110, de 29.06.2001, interrompe a prescrição, sendo irrelevante o transcurso de mais de dois anos da propositura de outra medida acautelatória, com o mesmo objetivo, ocorrida antes da vigência da referida lei, pois ainda não iniciado o prazo prescricional, conforme disposto na Orientação Jurisprudencial n. 344 da SBDI-1. (*DJ*, 5.12.08)
371	Representação. Instrumento. Requisitos. Data	Não caracteriza a irregularidade de representação a ausência da data da outorga de poderes, pois, no mandato judicial, ao contrário do mandato civil, não é condição de validade do negócio jurídico. Assim, a data a ser considerada é aquela em que o instrumento for juntado aos autos, conforme preceitua o art. 409, IV, do CPC de 2015 (art. 370, IV, do CPC de 1973). Inaplicável o art. 654, § 1º, do Código Civil. (Res. TST 208/16, *DEJT*, 25.4.16)
		RED. ANTERIOR – Não caracteriza a irregularidade de representação a ausência da data da outorga de poderes, pois, no mandato judicial, ao contrário do mandato civil, não é condição de validade do negócio jurídico. Assim, a data a ser considerada é aquela em que o instrumento for juntado aos autos, conforme preceitua o art. 370, IV, do CPC. Inaplicável o art. 654, § 1º, do Código Civil. (*DJ*, 5.12.08)
372	Hora extra. 5 minutos. Limite máximo	CANCELADA – A partir da vigência da Lei n. 10.243, de 27.6.2001, que acrescentou o § 1º ao art. 58 da CLT, não mais prevalece cláusula prevista em convenção ou acordo coletivo que elastece o limite de 5 minutos que antecedem e sucedem a jornada de trabalho para fins de apuração das horas extras. (*DJ*, 5.12.08) (Convertida na Súmula 449, Res. 194/14)
373	Representação. Instrumento. Requisitos. Pessoa jurídica	CANCELADA – É inválido o instrumento de mandato firmado em nome de pessoa jurídica que não contenha, pelo menos, o nome da entidade outorgante e do signatário da procuração, pois estes dados constituem elementos que os individualizam. (Res. TST 170/10, *DEJT*, 23.11.10) (Convertida na Súmula 456, Res. 194/14)
		RED. ANTERIOR – Não se reveste de validade o instrumento de mandato firmado em nome de pessoa jurídica em que não haja a sua identificação e a de seu representante legal, o que, a teor do art. 654, § 1º, do Código Civil, acarreta, para a parte que o apresenta, os efeitos processuais da inexistência de poderes nos autos. (*DEJT*, 12.3.09)
374	Mandato Representação limitada	É regular a representação processual do subscritor do agravo de instrumento ou do recurso de revista que detém mandato com poderes de representação limitados ao âmbito do Tribunal Regional do Trabalho, pois, embora a apreciação desse recurso seja realizada pelo Tribunal Superior do Trabalho, a sua interposição é ato praticado perante o Tribunal Regional do Trabalho, circunstância que legitima a atuação do advogado no feito. (*DEJT*, 22.4.10)

	TEMA	TEXTO
375	Prescrição. Contrato suspenso. Auxílio	A suspensão do contrato de trabalho, em virtude da percepção do auxílio-doença ou da aposentadoria por invalidez, não impede a fluência da prescrição quinquenal, ressalvada a hipótese de absoluta impossibilidade de acesso ao Judiciário. (*DEJT*, 22.4.10)
376	Contribuição previdenciária. Acordo homologado	É devida a contribuição previdenciária sobre o valor do acordo celebrado e homologado após o trânsito em julgado de decisão judicial, respeitada a proporcionalidade de valores entre as parcelas de natureza salarial e indenizatória deferidas na decisão condenatória e as parcelas objeto do acordo. (*DEJT*, 22.4.10)
377	Embargos de declaração. Recurso de Revista. Admissibilidade	CANCELADA – Não cabem embargos de declaração interpostos contra decisão de admissibilidade do recurso de revista, não tendo o efeito de interromper qualquer prazo recursal. (*DEJT*, 22.4.10) (TST, Res. 204/16, *DEJT*, 17.3.16)
378	Embargos. Cabimento	Não encontra amparo no art. 894 da CLT, quer na redação anterior quer na redação posterior à Lei n. 11.496, de 22.6.2007, recurso de embargos interposto à decisão monocrática exarada nos moldes do art. 932 do CPC de 2015 (art. 557 do CPC de 1973), pois o comando legal restringe seu cabimento à pretensão de reforma de decisão colegiada proferida por Turma do Tribunal Superior do Trabalho. (Res. TST 208/16, *DEJT*, 25.4.16)
		RED. ANTERIOR – Não encontra amparo no art. 894 da CLT, quer na redação anterior quer na redação posterior à Lei n. 11.496, de 22.06.2007, recurso de embargos interposto à decisão monocrática exarada nos moldes dos arts. 557 do CPC e 896, § 5º, da CLT, pois o comando legal restringe seu cabimento à pretensão de reforma de decisão colegiada proferida por Turma do Tribunal Superior do Trabalho. (*DEJT*, 22.4.10)
379	Cooperativa. Equiparação. Bancário	Os empregados de cooperativas de crédito não se equiparam a bancário, para efeito de aplicação do art. 224 da CLT, em razão da inexistência de expressa previsão legal, considerando, ainda, as diferenças estruturais e operacionais entre as instituições financeiras e as cooperativas de crédito. Inteligência das Leis n. 4.594, de 29.12.1964, e 5.764, de 16.12.1971. (*DEJT*, 22.4.10)
380	Intervalo intrajornada. Jornada prorrogação	CANCELADA – Ultrapassada habitualmente a jornada de seis horas de trabalho, é devido o gozo do intervalo intrajornada mínimo de uma hora, obrigando o empregador a remunerar o período para descanso e alimentação não usufruído como extra, acrescido do respectivo adicional, na forma prevista no art. 71, "caput" e § 4º, da CLT. (*DEJT*, 22.4.10) (Convertida na Súmula 437, Res. TST 186/12, *DEJT*, 27.9.12)

	TEMA	TEXTO
381	Intervalo intrajornada. Rurícola	CANCELADA – A não concessão total ou parcial do intervalo mínimo intrajornada de uma hora ao trabalhador rural, fixado no Decreto n. 73.626, de 12.2.1974, que regulamentou a Lei n. 5.889, de 08.06.1973, acarreta o pagamento do período total, acrescido do respectivo adicional, por aplicação subsidiária do art. 71, § 4º, da CLT. (*DEJT*, 22.4.10) (Convertida na Súmula 437, Res. TST 186/12, *DEJT*, 27.9.12)
382	Fazenda Pública. Juros de mora. Subsidiariamente	A Fazenda Pública, quando condenada subsidiariamente pelas obrigações trabalhistas devidas pela empregadora principal, não se beneficia da limitação dos juros, prevista no art. 1º-F da Lei n. 9.494, de 10.9.1997. (*DEJT*, 22.4.10)
383	Administração Pública. Contratação irregular. Terceirização	A contratação irregular de trabalhador, mediante empresa interposta, não gera vínculo de emprego com ente da Administração Pública, não afastando, contudo, pelo princípio da isonomia, o direito dos empregados terceirizados às mesmas verbas trabalhistas legais e normativas asseguradas àqueles contratados pelo tomador dos serviços, desde que presente a igualdade de funções. Aplicação analógica do art. 12, "a", da Lei n. 6.019, de 3.1.1974. (*DEJT*, 22.4.10) (Mantida pela Res. TST 175/11, *DEJT*, 31.5.11)
384	Prescrição. Trabalhador avulso	CANCELADA – É aplicável a prescrição bienal prevista no art. 7º, XXIX, da Constituição de 1988 ao trabalhador avulso, tendo como marco inicial a cessação do trabalho ultimado para cada tomador de serviço. (*DEJT*, 22.4.10) (Cancelada, Res. TST 186/12, *DEJT*, 27.9.12)
385	Adicional de periculosidade. Cabimento. Construção vertical	É devido o pagamento do adicional de periculosidade ao empregado que desenvolve suas atividades em edifício (construção vertical), seja em pavimento igual ou distinto daquele onde estão instalados tanques para armazenamento de líquido inflamável, em quantidade acima do limite legal, considerando-se como área de risco toda a área interna da construção vertical. (*DEJT*, 11.6.10)
386	Férias. Pagamento fora do Prazo. Dobra	CANCELADA – É devido o pagamento em dobro da remuneração de férias, incluído o terço constitucional, com base no art. 137 da CLT, quando, ainda que gozadas na época própria, o empregador tenha descumprido o prazo previsto no art. 145 do mesmo diploma legal. (*DEJT*, 11.6.10) (convertida na Súmula 450, Res. 194/14)
387	Honorários Perito. Assistência judiciária	CANCELADA – A União é responsável pelo pagamento dos honorários de perito quando a parte sucumbente no objeto da perícia for beneficiária da assistência judiciária gratuita, observado o procedimento disposto nos arts. 1º, 2º e 5º da Resolução n. 35/2007 do Conselho Superior da Justiça do Trabalho – CSJT. (*DEJT*, 11.6.10) (Convertida na Súmula 457, Res. 194/14)
388	Jornada 12X36. Adicional noturno	O empregado submetido à jornada de 12 horas de trabalho por 36 de descanso, que compreenda a totalidade do período noturno, tem direito ao adicional noturno, relativo às horas trabalhadas após as 5 horas da manhã. (*DEJT*, 11.6.10)

	TEMA	TEXTO
389	Agravo infundado. Multa. Pena de deserção	Constitui ônus da parte recorrente, sob pena de deserção, depositar previamente a multa aplicada com fundamento nos §§ 4º e 5º, do art. 1.021, do CPC de 2015 (§ 2º do art. 557 do CPC de 1973), à exceção da Fazenda Pública e do beneficiário de justiça gratuita, que farão o pagamento ao final. (Res. TST 209/16, *DEJT*, 1.6.16)
		RED. ANTERIOR – Está a parte obrigada, sob pena de deserção, a recolher a multa aplicada com fundamento no § 2º do art. 557 do CPC, ainda que pessoa jurídica de direito público. (*DEJT*, 11.6.10)
390	Participação nos lucros. Proporcional. Término do contrato	CANCELADA – Fere o princípio da isonomia instituir vantagem mediante acordo coletivo ou norma regulamentar que condiciona a percepção da parcela participação nos lucros e resultados ao fato de estar o contrato de trabalho em vigor na data prevista para a distribuição dos lucros. Assim, inclusive na rescisão contratual antecipada, é devido o pagamento da parcela de forma proporcional aos meses trabalhados, pois o ex-empregado concorreu para os resultados positivos da empresa. (*DEJT*, 11.6.10) (Convertida na Súmula 451, Res. 194/14)
391	Portuários. Inexigibilidade. Comissão paritária	A submissão prévia de demanda a comissão paritária, constituída nos termos do art. 23 da Lei n. 8.630, de 25.02.1993 (Lei dos Portos), não é pressuposto de constituição e desenvolvimento válido e regular do processo, ante a ausência de previsão em lei. (*DEJT*, 11.6.10)
392	Prescrição. Interrupção. Protesto judicial	O protesto judicial é medida aplicável no processo do trabalho, por força do art. 769 da CLT e do art. 15 do CPC de 2015. O ajuizamento da ação, por si só, interrompe o prazo prescricional, em razão da inaplicabilidade do § 2º do art. 240 do CPC de 2015 (§ 2º do art. 219 do CPC de 1973), incompatível com o disposto no art. 841 da CLT. (Res. TST 209/16, *DEJT*, 1.6.16)
		RED. ANTERIOR – O protesto judicial é medida aplicável no processo do trabalho, por força do art. 769 da CLT e do art. 15 do CPC de 2015. O ajuizamento da ação, por si só, interrompe o prazo prescricional, em razão da inaplicabilidade do § 2º do art. 240 do CPC de 2015 (§ 2º do art. 219 do CPC de 1973), incompatível com o disposto no art. 841 da CLT. (Res. TST 208/16, *DEJT*, 25.4.16)
		RED. ANTERIOR – O protesto judicial é medida aplicável no processo do trabalho, por força do art. 769 da CLT, sendo que o seu ajuizamento, por si só, interrompe o prazo prescricional, em razão da inaplicabilidade do § 2º do art. 219 do CPC, que impõe ao autor da ação o ônus de promover a citação do réu, por ser ele incompatível com o disposto no art. 841 da CLT. (*DEJT*, 11.6.10)

	TEMA	TEXTO
393	Professor. Jornada limite Máximo. Salário	A contraprestação mensal devida ao professor, que trabalha no limite máximo da jornada prevista no art. 318 da CLT, é de um salário mínimo integral, não se cogitando do pagamento proporcional em relação a jornada prevista no art. 7º, XIII, da Constituição Federal. (*DEJT*, 11.6.10)
394	Repouso semanal remunerado. Integração. Horas extras. Repercussão	A majoração do valor do repouso semanal remunerado, em razão da integração das horas extras habitualmente prestadas, não repercute no cálculo das férias, da gratificação natalina, do aviso prévio e do FGTS, sob pena de caracterização de "bis in idem". (*DEJT*, 11.6.10)
395	Turno ininterrupto de revezamento. Adicional noturno	O trabalho em regime de turnos ininterruptos de revezamento não retira o direito à hora noturna reduzida, não havendo incompatibilidade entre as disposições contidas nos arts. 73, § 1º, da CLT e 7º, XIV, da Constituição Federal. (*DEJT*, 11.6.10)
396	Turno ininterrupto de revezamento. Adicional noturno. Divisor 180	Para o cálculo do salário hora do empregado horista, submetido a turnos ininterruptos de revezamento, considerando a alteração da jornada de 8 para 6 horas diárias, aplica-se o divisor 180, em observância ao disposto no art. 7º, VI, da Constituição Federal, que assegura a irredutibilidade salarial. (*DEJT*, 11.6.10)
397	Comissionista. Salário misto. Horas extras. Cálculo	O empregado que recebe remuneração mista, ou seja, uma parte fixa e outra variável, tem direito a horas extras pelo trabalho em sobrejornada. Em relação à parte fixa, são devidas as horas simples acrescidas do adicional de horas extras. Em relação à parte variável, é devido somente o adicional de horas extras, aplicando-se à hipótese o disposto na Súmula n. 340 do TST. (*DEJT*, 4.8.10)
398	Contribuição previdenciária. Acordo homologado. Sem vínculo empregatício	Nos acordos homologados em juízo em que não haja o reconhecimento de vínculo empregatício, é devido o recolhimento da contribuição previdenciária, mediante a alíquota de 20% a cargo do tomador de serviços e de 11% por parte do prestador de serviços, na qualidade de contribuinte individual, sobre o valor total do acordo, respeitado o teto de contribuição. Inteligência do § 4º do art. 30 e do inciso III do art. 22, todos da Lei n. 8.212, de 24.7.1991. (*DEJT*, 4.8.10)
399	Estabilidade. Ação depois do período de garantia. Indenização	O ajuizamento de ação trabalhista após decorrido o período de garantia de emprego não configura abuso do exercício do direito de ação, pois este está submetido apenas ao prazo prescricional inscrito no art. 7º, XXIX, da CF/1988, sendo devida a indenização desde a dispensa até a data do término do período estabilitário. (*DEJT*, 4.8.10)
400	I.R. juros de mora. Não integração	Os juros de mora decorrentes do inadimplemento de obrigação de pagamento em dinheiro não integram a base de cálculo do imposto de renda, independentemente da natureza jurídica da obrigação inadimplida, ante o cunho indenizatório conferido pelo art. 404 do Código Civil de 2002 aos juros de mora. (*DEJT*, 4.8.10)

	TEMA	TEXTO
401	Prescrição. Marco inicial. Ação condenatória. Ação declaratória em andamento	O marco inicial da contagem do prazo prescricional para o ajuizamento de ação condenatória, quando advém a dispensa do empregado no curso de ação declaratória que possua a mesma causa de pedir remota, é o trânsito em julgado da decisão proferida na ação declaratória e não a data da extinção do contrato de trabalho. (*DEJT*, 4.8.10)
402	Portuário. Adicional de risco	O adicional de risco previsto no artigo 14 da Lei n. 4.860, de 26.11.1965, aplica-se somente aos portuários que trabalham em portos organizados, não podendo ser conferido aos que operam terminal privativo. (*DEJT*, 20.9.10) (Mantida pela Res. TST 175/11, *DEJT*, 31.5.11)
403	Advogado. Empregado. Jornada	O advogado empregado contratado para jornada de 40 horas semanais, antes da edição da Lei n. 8.906, de 4.7.1994, está sujeito ao regime de dedicação exclusiva disposto no art. 20 da referida lei, pelo que não tem direito à jornada de 20 horas semanais ou 4 diárias. (*DEJT*, 20.9.10)
404	Plano de cargos e salários. Descumprimento. Diferenças salariais	CANCELADA – Tratando-se de pedido de pagamento de diferenças salariais decorrentes da inobservância dos critérios de promoção estabelecidos em Plano de Cargos e Salários criado pela empresa, a prescrição aplicável é a parcial, pois a lesão é sucessiva e se renova mês a mês. (*DEJT*, 20.9.10) (Convertida na Súmula 452, Res. 194/14)
405	Sumaríssimo. Embargos. Cabimento	CANCELADA – Em causas sujeitas ao procedimento sumaríssimo, em que pese a limitação imposta no art. 896, § 6º, da CLT à interposição de recurso de revista, admite-se os embargos interpostos na vigência da Lei n. 11.496, de 22.6.2007, que conferiu nova redação ao art. 894 da CLT, quando demonstrada a divergência jurisprudencial entre Turmas do TST, fundada em interpretações diversas acerca da aplicação de mesmo dispositivo constitucional ou de matéria sumulada. (*DEJT*, 26.10.10) (Convertida na Súmula 458, Res. 194/14)
406	Periculosidade. Pagamento espontâneo. Desnecessária perícia	CANCELADA – O pagamento de adicional de periculosidade efetuado por mera liberalidade da empresa, ainda que de forma proporcional ao tempo de exposição ao risco ou em percentual inferior ao máximo legalmente previsto, dispensa a realização da prova técnica exigida pelo art. 195 da CLT, pois torna incontroversa a existência do trabalho em condições perigosas. (*DEJT*, 26.10.10) (Convertida na Súmula 453, Res. 194/14)
407	Jornalista. Jornada. Funções típicas	O jornalista que exerce funções típicas de sua profissão, independentemente do ramo de atividade do empregador, tem direito à jornada reduzida prevista no artigo 303 da CLT. (*DEJT*, 26.10.10)
408	Liquidação judicial. Juros de mora. Débitos trabalhistas	É devida a incidência de juros de mora em relação aos débitos trabalhistas de empresa em liquidação extrajudicial sucedida nos moldes dos arts. 10 e 448 da CLT. O sucessor responde pela obrigação do sucedido, não se beneficiando de qualquer privilégio a este destinado. (*DEJT*, 26.10.10)

	TEMA	TEXTO
409	Litigância de má-fé. Multa. Pressuposto objetivo Recurso	O recolhimento do valor da multa imposta como sanção por litigância de má-fé (art. 81 do CPC de 2015 – art. 18 do CPC de 1973) não é pressuposto objetivo para interposição dos recursos de natureza trabalhista. CLT. (Res. TST 209/16, *DEJT*, 1.6.16)
		RED. ANTERIOR – O recolhimento do valor da multa imposta por litigância de má-fé, nos termos do art. 18 do CPC, não é pressuposto objetivo para interposição dos recursos de natureza trabalhista. Assim, resta inaplicável o art. 35 do CPC como fonte subsidiária, uma vez que, na Justiça do Trabalho, as custas estão reguladas pelo art. 789 da CLT. (*DEJT*, 26.10.10)
410	Repouso semanal remunerado. Pagamento em dobro. Concessão após o 7º dia	Viola o art. 7º, XV, da CF a concessão de repouso semanal remunerado após o sétimo dia consecutivo de trabalho, importando no seu pagamento em dobro. (*DEJT*, 26.10.10)
411	Sucessão. Responsabilidade solidária. Grupo anterior da empresa	O sucessor não responde solidariamente por débitos trabalhistas de empresa não adquirida, integrante do mesmo grupo econômico da empresa sucedida, quando, à época, a empresa devedora direta era solvente ou idônea economicamente, ressalvada a hipótese de má-fé ou fraude na sucessão. (*DEJT*, 26.10.10)
412	Agravo, Agravo Regimental. Decisão colegiada. Não cabimento. Erro grosseiro	É incabível agravo interno (art. 1.021 do CPC de 2015, art. 557, § 1º, do CPC de 1973) ou agravo regimental (art. 235 do RITST) contra decisão proferida por Órgão colegiado. Tais recursos destinam-se, exclusivamente, a impugnar decisão monocrática nas hipóteses previstas. Inaplicável, no caso, o princípio da fungibilidade ante a configuração de erro grosseiro. (Res. TST 209/16, *DEJT*, 1.6.16)
		RED. ANTERIOR – É incabível agravo agravo inominado (art. 557, § 1º, do CPC) ou agravo regimental (art. 235 do RITST) contra decisão proferida por Órgão colegiado. Tais recursos destinam-se, exclusivamente, a impugnar decisão monocrática nas hipóteses expressamente previstas. Inaplicável, no caso, o princípio da fungibilidade ante a configuração de erro grosseiro. (*DEJT*, 16.2.12)
413	Alimentação. Natureza jurídica. PAT	A pactuação em norma coletiva conferindo caráter indenizatório à verba "auxílio-alimentação" ou a adesão posterior do empregador ao Programa de Alimentação do Trabalhador – PAT – não altera a natureza salarial da parcela, instituída anteriormente, para aqueles empregados que, habitualmente, já percebiam o benefício, a teor das Súmulas n. 51, I, e 241 do TST. (*DEJT*, 16.2.12)

	TEMA	TEXTO
414	Contribuição social. Seguro acidente. Competência. Justiça do Trabalho. Execução	CANCELADA – Compete à Justiça do Trabalho a execução, de ofício, da contribuição referente ao Seguro de Acidente de Trabalho (SAT), que tem natureza de contribuição para a seguridade social (arts. 114, VIII, e 195, I, "a", da CF), pois se destina ao financiamento de benefícios relativos à incapacidade do empregado decorrente de infortúnio no trabalho (arts. 11 e 22 da Lei n. 8.212/1991). (*DEJT*, 16.2.12) (Convertida na Súmula 454, Res. 194/14)
415	Horas extras. Dedução em juízo.	A dedução das horas extras comprovadamente pagas daquelas reconhecidas em juízo não pode ser limitada ao mês de apuração, devendo ser integral e aferida pelo total das horas extraordinárias quitadas durante o período imprescrito do contrato de trabalho. (*DEJT*, 16.2.12)
416	Jurisdição. Imunidade. Organização Internacional	As organizações ou organismos internacionais gozam de imunidade absoluta de jurisdição quando amparados por norma internacional incorporada ao ordenamento jurídico brasileiro, não se lhes aplicando a regra do Direito Consuetudinário relativa à natureza dos atos praticados. Excepcionalmente, prevalecerá a jurisdição brasileira na hipótese de renúncia expressa à cláusula de imunidade jurisdicional. (*DEJT*, 16.2.12)
417	Rural. Prescrição total. Início da aplicação	Não há prescrição total ou parcial da pretensão do trabalhador rural que reclama direitos relativos a contrato de trabalho que se encontrava em curso à época da promulgação da Emenda Constitucional n. 28, de 26.5.2000, desde que ajuizada a demanda no prazo de cinco anos de sua publicação, observada a prescrição bienal. (*DEJT*, 16.2.12)
418	Equiparação salarial. Plano de cargos e salários. Norma coletiva	Não constitui óbice à equiparação salarial a existência de plano de cargos e salários que, referendado por norma coletiva, prevê critério de promoção apenas por merecimento ou antiguidade, não atendendo, portanto, o requisito de alternância dos critérios, previsto no art. 461, § 2º, da CLT.(*DEJT*, 16.2.12)
419	Rural. Enquadramento. Atividade preponderante. Agroindústria	CANCELADA – Considera-se rurícola empregado que, a despeito da atividade exercida, presta serviços a empregador agroindustrial (art. 3º, § 1º, da Lei n. 5.889, de 8.6.1973), visto que, neste caso, é a atividade preponderante da empresa que determina o enquadramento. (*DEJT*, 2.7.12) (TST, Res. 200/15, *DEJT*, 29.10.15)
420	Turnos ininterruptos de revezamento. Norma coletiva. Jornada de oito horas. Efeito anterior	É inválido o instrumento normativo que, regularizando situações pretéritas, estabelece jornada de oito horas para o trabalho em turnos ininterruptos de revezamento. (*DEJT*, 2.7.12)

TEMA		TEXTO
421	Honorários advocatícios. Cabimento. Dano moral e/ou material	A condenação em honorários advocatícios nos autos de ação de indenização por danos morais e materiais decorrentes de acidente de trabalho ou de doença profissional, remetida à Justiça do Trabalho após ajuizamento na Justiça comum, antes da vigência da Emenda Constitucional n. 45/2004, decorre da mera sucumbência, nos termos do art. 85 do CPC de 2015 (art. 20 do CPC de 1973), não se sujeitando aos requisitos da Lei n. 5.584/1970. (Res. TST 208/16, *DEJT*, 25.4.16)
		RED. ANTERIOR – A condenação em honorários advocatícios nos autos de ação de indenização por danos morais e materiais decorrentes de acidente de trabalho ou de doença profissional, remetida à Justiça do Trabalho após ajuizamento na Justiça comum, antes da vigência da Emenda Constitucional n. 45/2004, decorre da mera sucumbência, nos termos do art. 20 do CPC, não se sujeitando aos requisitos da Lei n. 5.584/1970. (*DEJT*, 5.2.13)

ORIENTAÇÃO JURISPRUDENCIAL DA SEÇÃO DE DISSÍDIOS INDIVIDUAIS-2 DO TRIBUNAL SUPERIOR DO TRABALHO

	TEMA	TEXTO
1	Ação rescisória. Ação cautelar incidental	CANCELADA – Procede o pedido de cautelar incidental somente se o autor da ação rescisória, fundada no art. 485, inciso V, do CPC, invocar na respectiva petição inicial afronta ao art. 5º, inciso XXXVI, da Constituição Federal de 1988. (*DJ*, 20.9.00) (Convertida na Súmula 405, Res. TST 137/05, *DJ*, 22.8.05)
2	Ação rescisória. Adicional de insalubridade	Viola o art. 192 da CLT decisão que acolhe pedido de adicional de insalubridade com base na remuneração do empregado. (*DJ*, 20.9.00) (revisada, Res. TST 148/08, *DJ*, 10.7.08)
3	Ação rescisória. Antecipação de tutela	CANCELADA – Em face do que dispõe a Medida Provisória 1906 e reedições, é recebido como medida acautelatória em ação rescisória o pedido de antecipação de tutela formulado por entidade pública em recurso ordinário, visando a suspender a execução até o trânsito em julgado da decisão proferida na ação principal. (*DJ*, 20.9.00) (Convertida na Súmula 405, Res. TST 137/05, *DJ*, 22.8.05)
4	Ação rescisória. Banco do Brasil	Procede, por ofensa ao art. 5º, inciso XXXVI, da CF/1988, o pedido de rescisão de julgado que acolheu Adicional de Caráter Pessoal em favor de empregado do Banco do Brasil S.A. (*DJ*, 20.9.00)
5	Ação rescisória. Banco do Brasil	Não se acolhe pedido de rescisão de julgado que deferiu a empregado do Banco do Brasil S.A. horas extras após a sexta, não obstante o pagamento dos adicionais AP e ADI, ou AFR quando a decisão rescindenda for anterior à Orientação Jurisprudencial 17, da Seção de Dissídios Individuais do TST (07.11.94). Incidência das Súmulas 83 do TST e 343 do STF. (*DJ*, 20.9.00)
6	Ação rescisória. Cipeiro- -suplente	Rescinde-se o julgado que nega estabilidade a membro suplente de CIPA, representante de empregado, por ofensa ao art. 10, II, *a*, do ADCT da CF/88, ainda que se cuide de decisão anterior à Súmula 339 do TST. Incidência da Súmula 83 do TST. (Res. TST 137/05, *DJ*, 22.8.05)
		RED. ANTERIOR – Rescinde-se o julgado que nega estabilidade a membro suplente de CIPA, representante de empregado, ainda que se cuide de decisão anterior à Súmula 339 do TST. Ofensa ao art. 10, II, *a*, do ADCT da CF/1988. (*DJ*, 20.9.00)
7	Ação rescisória. Competência	A Lei 7.872/89 que criou o Tribunal Regional do Trabalho da 17ª Região não fixou a sua competência para apreciar as ações rescisórias de decisões oriundas da 1ª Região, o que decorreu do art. 678, I, *c*, item 2, da CLT. (Res. TST 137/05, *DJ*, 22.8.05)

	TEMA	TEXTO
		RED. ANTERIOR – A Lei 7.872/89 que criou o Tribunal Regional do Trabalho da 17ª Região não fixou a sua competência para apreciar as ações rescisórias de decisões oriundas da 1ª Região. (*DJ*, 20.09.00)
8	Ação rescisória. Aposentadoria	Não se rescinde julgado que acolheu pedido de complementação de aposentadoria integral em favor de empregado do BANESPA, antes da Súmula 313 do TST, em virtude da notória controvérsia jurisprudencial então reinante. Incidência da Súmula 83 do TST. (Res. TST 137/05, *DJ*, 22.8.05)
		RED. ANTERIOR – Não se rescinde julgado que acolheu pedido de complementação de aposentadoria integral em favor de empregado do BANESPA, antes da Súmula 313 do TST, em virtude da notória controvérsia jurisprudencial então reinante. Incidência da Súmula 83 do TST. (*DJ*, 20.9.00)
9	Ação rescisória. CONAB	Não se rescinde julgado que reconheceu garantia de emprego com base no Aviso DIREH 02/84 da CONAB, antes da Súmula 355 do TST, em virtude da notória controvérsia jurisprudencial então reinante. Incidência da Súmula 83 do TST. (*DJ*, 20.9.00)
10	Ação rescisória. Contrato nulo	Somente por ofensa ao art. 37, II e § 2º, da CF/1988, procede o pedido de rescisão de julgado para considerar nula a contratação, sem concurso público, de servidor, após a CF/1988. (*DJ*, 20.9.00)
11	Ação rescisória. Correção monetária	Não se rescinde julgado que acolhe pedido de correção monetária decorrente da implantação tardia do Plano de Classificação de Cargos de Universidade Federal previsto na Lei 7.596/87, à época em que era controvertida tal matéria na jurisprudência. Incidência da Súmula 83 do TST. (*DJ*, 20.9.00)
12	Ação rescisória. Decadência	I - A vigência da Medida Provisória n. 1.577/97 e de suas reedições implicou o elastecimento do prazo decadencial para o ajuizamento da ação rescisória a favor dos entes de direito público, autarquias e fundações públicas. Se o biênio decadencial do art. 495 do CPC de 1973 findou após a entrada em vigor da referida medida provisória e até sua suspensão pelo STF em sede liminar de ação direta de inconstitucionalidade (ADIn 1.753-2), tem-se como aplicável o prazo decadencial elastecido à rescisória. (ex-OJ n. 17 da SDI-2 – inserida em 20.9.00); II - A regra ampliativa do prazo decadencial para a propositura de ação rescisória em favor de pessoa jurídica de direito público não se aplica se, ao tempo em que sobreveio a Medida Provisória n. 1.577/97, já se exaurira o biênio do art. 495 do CPC. Preservação do direito adquirido da parte à decadência já consumada sob a égide da lei velha. (ex-OJ n. 12 da SDI-2 – inserida em 20.9.00). (Res. TST 208/16, *DEJT*, 1.6.16)

TEMA		TEXTO
		RED. ANTERIOR – I - A vigência da Medida Provisória 1.577/97 e de suas reedições implicou o elastecimento do prazo decadencial para o ajuizamento da ação rescisória a favor dos entes de direito público, autarquias e fundações públicas. Se o biênio decadencial do art. 495 do CPC findou após a entrada em vigor da referida medida provisória e até sua suspensão pelo STF em sede liminar de ação direta de inconstitucionalidade (ADIn 1.753-2), tem-se como aplicável o prazo decadencial elastecido à rescisória. (ex-OJ SDI-2 17) (Res. TST 137/05, *DJ*, 22.8.05) II – A regra ampliativa do prazo decadencial para a propositura de ação rescisória em favor de pessoa jurídica de direito público não se aplica se, ao tempo em que sobreveio a Medida Provisória 1.577/97, já se exaurira o biênio do art. 495 do CPC. Preservação do direito adquirido da parte à decadência já consumada sob a égide da lei velha. (ex-OJ SDI-2 12) (Res. TST 137/05, *DJ*, 22.8.05)
		RED. ANTERIOR – A regra ampliativa do prazo decadencial para a propositura de ação rescisória, em favor de pessoa jurídica de direito público, não se aplica se, ao tempo em que sobreveio a Medida Provisória 1.577/97, já se exaurira o biênio do art. 495 do CPC. Preservação do direito adquirido da parte à decadência já consumada sob a égide da lei velha. (*DJ*, 20.9.00)
13	Ação rescisória. *Dies ad quem*	CANCELADA – Prorroga-se até o primeiro dia útil imediatamente subsequente o prazo decadencial para ajuizamento de ação rescisória quando expira em férias forenses, feriados, finais de semana ou em dia em que não houver expediente forense. Aplicação do art. 775 da CLT. (*DJ*, 20.9.00) (Convertida na Súmula 100, Res. TST 137/05, *DJ*, 22.8.05)
14	Ação rescisória. *Dies a quo*	CANCELADA – Ação rescisória. Decadência. *Dies a quo*. Recurso intempestivo. (*DJ*, 20.09.00) (Convertida na Súmula 100, Res. TST 109/01, *DJ*, 18.4.01)
15	Ação rescisória. Recurso parcial	CANCELADA – Ação rescisória. decadência. Duas decisões rescindendas. (*DJ*, 20.9.00) (Cancelada em decorrência da nova redação conferida à Súmula 100, Res. TST 109/01, *DJ*, 18.4.01)
16	Ação rescisória. Exceção de incompetência	CANCELADA – A exceção de incompetência, ainda que oposta no prazo recursal, sem ter sido aviado o recurso próprio, não tem o condão de afastar a consumação da coisa julgada e, assim, postergar o termo inicial do prazo decadencial para a ação rescisória. (*DJ*, 20.9.00) (Convertida na Súmula 100, Res. TST 137/05, *DJ*, 22.8.05)
17	Ação rescisória. Não consumação	CANCELADA – A vigência da Medida Provisória 1.577/97 e de suas reedições implicou o elastecimento do prazo decadencial para o ajuizamento da ação rescisória a favor dos entes de direito público, autarquias e fundações públicas. Se o biênio decadencial do art. 495 do CPC findou após a entrada em vigor da referida medida provisória e até sua suspensão pelo STF em sede liminar de ação direta de inconstitucionalidade (ADIn 1.753-2), tem-se como aplicável o prazo decadencial elastecido à rescisória. (*DJ*, 20.9.00) (Convertida na OJ SDI-2 12, Res. TST 137/05, *DJ*, 22.8.05)

	TEMA	TEXTO
18	Ação rescisória. Decadência. União	O art. 67 da Lei Complementar 73/93 interrompeu todos os prazos, inclusive o de decadência, em favor da União no período compreendido entre 14.2.93 e 14.8.93. (*DJ*, 20.9.00)
19	Ação rescisória. Desligamento incentivado	Havendo notória controvérsia jurisprudencial acerca da incidência de imposto de renda sobre parcela paga pelo empregador ("abono pecuniário") a título de "desligamento incentivado", improcede pedido de rescisão do julgado. Incidência da Súmula 83 do TST. (*DJ*, 20.9.00)
20	Ação rescisória. Documento novo	CANCELADA – Documento novo é o cronologicamente velho, já existente ao tempo da decisão rescindenda, mas ignorado pelo interessado ou de impossível utilização à época no processo. Não é documento novo apto a viabilizar a desconstituição de julgado: a) a sentença normativa proferida ou transitada em julgado posteriormente à sentença rescindenda; b) a sentença normativa preexistente à sentença rescindenda, mas não exibida no processo principal, em virtude de negligência da parte, quando podia e deveria louvar-se de documento já existente e não ignorado quando emitida a decisão rescindenda. (*DJ*, 20.9.00) (Convertida na Súmula 402, Res. TST 137/05, *DJ*, 22.8.05)
21	Ação rescisória. Duplo grau de jurisdição	É incabível ação rescisória para a desconstituição de sentença não transitada em julgado porque ainda não submetida ao necessário duplo grau de jurisdição, na forma do Decreto-Lei 779/69. Determina-se que se oficie ao Presidente do TRT para que proceda à avocatória do processo principal para o reexame da sentença rescindenda. (Res. TST 137/05, *DJ*, 22.8.05)
		RED. ANTERIOR – Incabível ação rescisória para a desconstituição de sentença não transitada em julgado porque ainda não submetida ao necessário duplo grau de jurisdição, na forma do Decreto-Lei 779/69. Determina-se que se oficie ao Presidente do TRT para que proceda à avocatória do processo principal para o reexame da sentença rescindenda. (*DJ*, 20.9.00)
22	Ação rescisória. Estabilidade. Celetista	CANCELADA – O servidor público celetista da administração direta, autárquica ou fundacional é beneficiário da estabilidade prevista no art. 41 da Constituição Federal. (*DJ*, 20.9.00) (Convertida na Súmula 390, Res. TST 129/05, *DJ*, 20.4.05)
23	Ação rescisória. Estabilidade. Celetista	Não procede pedido de rescisão de sentença de mérito que assegura ou nega estabilidade pré-eleitoral, quando a decisão rescindenda for anterior à Orientação Jurisprudencial 51, da Seção de Dissídios Individuais do TST (25.11.96). Incidência da Súmula 83 do TST. (*DJ*, 20.9.00)
24	Ação rescisória. Estabilidade provisória	Rescinde-se o julgado que reconhece estabilidade provisória e determina a reintegração de empregado, quando já exaurido o respectivo período de estabilidade. Em juízo rescisório, restringe-se a condenação quanto aos salários e consectários até o termo final da estabilidade. (*DJ*, 20.9.00)

	TEMA	TEXTO
25	Ação rescisória. Art. 485, V, do CPC	Não procede pedido de rescisão fundado no art. 485, V, do CPC de 1973 quando se aponta contrariedade à norma de convenção coletiva de trabalho, acordo coletivo de trabalho, portaria do Poder Executivo, regulamento de empresa e súmula ou orientação jurisprudencial de tribunal. (ex-OJ 25 da SDI-2, inserida em 20.9.2000 e ex-OJ 118 da SDI-2, *DJ* 11.8.2003). (TST, Res. 212, *DEJT*, 20.9.16)
		RED. ANTERIOR – Não procede pedido de rescisão fundado no art. 485, V, do CPC quando se aponta contrariedade à norma de convenção coletiva de trabalho, acordo coletivo de trabalho, portaria do Poder Executivo, regulamento de empresa e súmula ou orientação jurisprudencial de tribunal. (ex-OJ SDI-2 25 e ex-OJ SDI-2 118) (Res. TST 137/05, *DJ*, 22.8.05)
		RED. ANTERIOR – Não procede pedido de rescisão fundado no art. 485, inciso V, do CPC, quando se aponta violação a norma de convenção coletiva de trabalho, acordo coletivo de trabalho, portaria do Poder Executivo e regulamento de empresa. (*DJ*, 20.09.00)
26	Ação rescisória. Gratificação	A extensão da gratificação instituída pela SUFRAMA aos servidores celetistas exercentes de atividade de nível superior não ofende as disposições contidas nos arts. 37, XIII, e 39, § 1º, da CF/88. (*DJ*, 20.9.00)
27	Ação rescisória. Honorários advocatícios	CANCELADA – Incabível condenação em honorários advocatícios em ação rescisória no processo trabalhista, salvo preenchidos os requisitos da Lei 5.584/70. (*DJ*, 20.9.00) (Convertida na Súmula 219, Res. TST 137/05, *DJ*, 22.8.05)
28	Ação rescisória. Juízo rescisório	CANCELADA – Inviável em sede de ação rescisória pleitear condenação relativa à devolução dos valores pagos aos empregados quando ultimada a execução da decisão rescindenda, devendo a empresa buscar por meio de procedimento próprio essa devolução. (*DJ*, 20.9.00) (Cancelada, Res. TST 149/08, *DJ*, 24.11.08)
29	Ação rescisória. Matéria constitucional	CANCELADA – No julgamento de ação rescisória fundada no art. 485, inciso V, do CPC, não se aplica o óbice das Súmulas ns. 83 do TST e 343 do STF, quando se tratar de matéria constitucional. (*DJ*, 20.9.00) (Convertida na Súmula 83, Res. TST 137/05, *DJ*, 22.8.05)
30	Ação rescisória. Multa. Art. 920 do CC	Não se acolhe, por violação do art. 920 do Código Civil de 1916 (art. 412 do Código Civil de 2002), pedido de rescisão de julgado que: a) em processo de conhecimento, impôs condenação ao pagamento de multa, quando a decisão rescindenda for anterior à Orientação Jurisprudencial 54 da Subseção I Especializada em Dissídios Individuais do TST (30.5.94), incidindo o óbice da Súmula 83 do TST; (ex-OJ SDI-2 30) (Res. TST 137/05, *DJ*, 22.8.05) b) em execução, rejeita-se limitação da condenação ao pagamento de multa, por inexistência de violação literal. (ex-OJ SDI-2 31) (Res. TST 137/05, *DJ*, 22.8.05)

TEMA		TEXTO
		RED. ANTERIOR – Não se acolhe, por violação do art. 920 do Código Civil, pedido de rescisão de julgado que impôs condenação ao pagamento de multa, quando a decisão rescindenda for anterior à Orientação Jurisprudencial 54, da Seção de Dissídios Individuais do TST (30.5.94). Incidência da Súmula 83 do TST. (*DJ*, 20.9.00)
31	Ação rescisória. Art. 920 do CC. Violação	CANCELADA – Não se acolhe, por violação do art. 920 do Código Civil, pedido de rescisão de julgado que, em execução, rejeita limitação da condenação ao pagamento de multa. Inexistência de violação literal. (*DJ*, 20.9.00) (Convertida na OJ SDI-2 30, Res. TST 137/05, *DJ*, 22.8.05)
32	Ação rescisória. Causa de pedir	CANCELADA – Não padece de inépcia a petição inicial de ação rescisória apenas porque omite a subsunção do fundamento de rescindibilidade no art. 485 do CPC, ou o capitula erroneamente. Contanto que não se afaste dos fatos e fundamentos invocados como causa de pedir, ao Tribunal é lícito emprestar-lhes a adequada qualificação jurídica (*iura novit curia*). (*DJ*, 20.9.00) (Convertida na Súmula 408, Res. TST 137/05, *DJ*, 22.8.05)
33	Ação rescisória. Violação literal de lei	CANCELADA – Fundando-se a ação rescisória no art. 485, inciso V, do CPC, é indispensável expressa indicação na petição inicial da ação rescisória do dispositivo legal violado, não se aplicando, no caso, o princípio *iura novit curia*. (*DJ*, 20.9.00) (Convertida na Súmula 408, Res. TST 137/05, *DJ*, 22.8.05)
34	Ação rescisória. Planos econômicos	I - O acolhimento de pedido em ação rescisória de plano econômico, fundada no art. 485, inciso V, do CPC de 1973, pressupõe, necessariamente, expressa invocação na petição inicial de afronta ao art. 5º, inciso XXXVI, da Constituição Federal de 1988. A indicação de ofensa literal a preceito de lei ordinária atrai a incidência da Súmula n. 83 do TST e Súmula n. 343 do STF. II - Se a decisão rescindenda é posterior à Súmula n. 315 do TST (Res. 7, *DJ* 22.09.93), inaplicável a Súmula n. 83 do TST. (Res. TST 208/16, *DEJT*, 22.4.16)
		RED. ANTERIOR – 1. O acolhimento de pedido em ação rescisória de plano econômico, fundada no art. 485, inciso V, do CPC, pressupõe, necessariamente, expressa invocação na petição inicial de afronta ao art. 5º, inciso XXXVI, da Constituição Federal de 1988. A indicação de ofensa literal a preceito de lei ordinária atrai a incidência da Súmula 83 do TST e Súmula 343 do STF. 2. Se a decisão rescindenda é posterior à Súmula 315 do TST (Res. TST 07/93, *DJ*, 22.9.93), inaplicável a Súmula 83 do TST. (*DJ*, 20.9.00)
35	Ação rescisória. Coisa julgada	Não ofende a coisa julgada a limitação à data-base da categoria, na fase executória, da condenação ao pagamento de diferenças salariais decorrentes de planos econômicos, quando a decisão exequenda silenciar sobre a limitação, uma vez que a limitação decorre de norma cogente. Apenas quando a sentença exequenda houver expressamente afastado a limitação à data-base é que poderá ocorrer ofensa à coisa julgada. (*DJ*, 20.9.00)

ORIENTAÇÃO JURISPRUDENCIAL

	TEMA	TEXTO
36	Ação rescisória. Prequestionamento	CANCELADA – Não é absoluta a exigência de prequestionamento na ação rescisória: ainda que a ação rescisória tenha por fundamento violação de dispositivo legal, é prescindível o prequestionamento quando o vício nasce no próprio julgamento, como se dá com a sentença *extra, citra* e *ultra petita*. (*DJ*, 20.9.00) (Convertida na Súmula 298, Res. TST 137/05, *DJ*, 22.8.05)
37	Ação rescisória. Prescrição quinquenal	CANCELADA – No julgamento de ação rescisória fundada no art. 485, inciso V, do CPC, não se aplica o óbice das Súmulas ns. 83 do TST e 343 do STF quando se tratar de prazo prescricional com assento constitucional. (*DJ*, 20.9.00) (Convertida na Súmula 83, Res. TST 137/05, *DJ*, 22.8.05)
38	Ação rescisória. Professor-adjunto	A assunção do professor-adjunto ao cargo de professor titular de universidade pública, sem prévia aprovação em concurso público, viola o art. 206, inciso V, da Constituição Federal. Procedência do pedido de rescisão do julgado. (*DJ*, 20.9.00)
39	Ação rescisória. Reajustes	Havendo controvérsia jurisprudencial à época, não se rescinde decisão que aprecia a possibilidade de cumulação das antecipações bimestrais e reajustes quadrimestrais de salário previstos na Lei 8.222/91. Incidência da Súmula 83 do TST. (*DJ*, 20.9.00)
40	Ação rescisória. Reajustes salariais	CANCELADA – Os reajustes salariais previstos em norma coletiva de trabalho não prevalecem frente à legislação superveniente de política salarial (*DJ*, 20.9.00) (Convertida na Súmula 375, Res. TST 129/05, *DJ*, 20.4.05)
41	Ação rescisória. Sentença *citra petita*	Revelando-se a sentença *citra petita*, o vício processual vulnera os arts. 141 e 492 do CPC de 2015 (arts. 128 e 460 do CPC de 1973), tornando-a passível de desconstituição, ainda que não interpostos embargos de declaração. (Res. TST 208/16, *DEJT*, 22.4.16).
		RED. ANTERIOR. Revelando-se a sentença *citra petita*, o vício processual vulnera os arts. 128 e 460 do CPC, tornando-a passível de desconstituição, ainda que não opostos embargos declaratórios. (*DJ*, 20.9.00)
42	Ação rescisória. Sentença de mérito	CANCELADA – Acórdão rescindendo do TST que não conhece de recurso de embargos ou de revista, seja examinando a arguição de violação de dispositivo de lei, seja decidindo de acordo com súmula de direito material ou em consonância com iterativa, notória e atual jurisprudência de direito material da SDI (Súmula 333) examina o mérito da causa, comportando ação rescisória da competência do Tribunal Superior do Trabalho. (*DJ*, 20.9.00) (Convertida na Súmula 192, Res. TST 137/05, *DJ*, 22.8.05)
43	Ação rescisória. Decisão de TRT	CANCELADA – Se a decisão recorrida, em agravo regimental, aprecia a matéria na fundamentação, sob o enfoque das Súmulas ns. 83 do TST e 343 do STF, constitui sentença de mérito ainda que haja resultado no indeferimento da petição inicial e na extinção do processo, "sem julgamento do mérito". Sujeita-se, assim, à reforma pelo TST a decisão do Tribunal que, invocando controvérsia na interpretação da lei, indefere a petição inicial de ação rescisória. (*DJ*, 20.09.00) (Convertida na Súmula 411, Res. TST 137/05, *DJ*, 22.8.05)

	TEMA	TEXTO
44	Ação rescisória. Adjudicação	CANCELADA – Incabível ação rescisória para impugnar decisão homologatória de adjudicação. (*DJ*, 20.09.00) (Convertida na Súmula 399, Res. TST 137/05, *DJ*, 22.8.05)
45	Ação rescisória. Arrematação	CANCELADA – Incabível ação rescisória para impugnar decisão homologatória de arrematação. (*DJ*, 20.09.00) (Convertida na Súmula 399, Res. TST 137/05, *DJ*, 22.8.05)
46	Ação rescisória. Questão processual	CANCELADA – Pode uma questão processual ser objeto de rescisão desde que consista em pressuposto de validade de uma sentença de mérito. (*DJ*, 20.09.00) (Convertida na Súmula 412, Res. TST 137/05, *DJ*, 22.8.05)
47	Ação rescisória. Art. 896, *a*, da CLT	CANCELADA – Incabível ação rescisória, por violação do art. 896, *a*, da CLT, contra decisão que não conhece de recurso de revista, com base em divergência jurisprudencial, pois não se cuida de sentença de mérito (art. 485 do CPC). (*DJ*, 20.09.00) (Convertida na Súmula 413, Res. TST 137/05, *DJ*, 22.8.05)
48	Ação rescisória. Sentença e acórdão	CANCELADA – Em face do disposto no art. 512 do CPC, é juridicamente impossível o pedido explícito de desconstituição de sentença quando substituída por acórdão Regional. (*DJ*, 20.09.00) (Convertida na Súmula 192, Res. TST 137/05, *DJ*, 22.8.05)
49	Mandado de segurança. Cabimento	CANCELADA – É cabível o mandado de segurança para extinguir a execução fundada em sentença proferida em ação de cumprimento, quando excluída da sentença normativa a cláusula que lhe serviu de sustentáculo. (*DJ*, 20.09.00) (Convertida na Súmula 397, Res. TST 137/05, *DJ*, 22.8.05)
50	Mandado de segurança. Tutela antecipada	CANCELADA – A tutela antecipada concedida antes da prolação da sentença é impugnável mediante mandado de segurança, por não comportar recurso próprio. (*DJ*, 20.09.00) (Convertida na Súmula 414, Res. TST 137/05, *DJ*, 22.8.05)
51	Mandado de segurança. Tutela antecipada	CANCELADA – A antecipação da tutela conferida na sentença não comporta impugnação pela via do mandado de segurança, por ser impugnável mediante recurso ordinário. A ação cautelar é o meio próprio para se obter efeito suspensivo a recurso. (*DJ*, 20.09.00) (Convertida na Súmula 414, Res. TST 137/05, *DJ*, 22.8.05)
52	Mandado de segurança. Art. 284 do CPC	CANCELADA – Exigindo o mandado de segurança prova documental pré-constituída, inaplicável se torna o art. 284 do CPC quando verificada na petição inicial do *mandamus* a ausência de documento indispensável ou sua autenticação. (*DJ*, 20.9.00) (Convertida na Súmula 415, Res. TST 137/05, *DJ*, 22.8.05)
53	Mandado de segurança. Liquidação extrajudicial	A liquidação extrajudicial de sociedade cooperativa não suspende a execução dos créditos trabalhistas existentes contra ela. (*DJ*, 20.9.00)
54	Mandado de segurança. Embargos	Ajuizados embargos de terceiro (art. 674 do CPC de 2015 – art. 1.046 do CPC de 1973) para pleitear a desconstituição da penhora, é incabível mandado de segurança com a mesma finalidade. (Res. TST 208/16, *DEJT*, 22.4.16)

	TEMA	TEXTO
		RED. ANTERIOR – Ajuizados embargos de terceiro (art. 1.046 do CPC) para pleitear a desconstituição da penhora, é incabível a interposição de mandado de segurança com a mesma finalidade. (Res. TST 137/05, *DJ*, 22.8.05)
		RED. ANTERIOR – Ajuizados embargos de terceiro (art. 1.046 do CPC) para pleitear a desconstituição da penhora, inviável a interposição de mandado de segurança com a mesma finalidade. (*DJ*, 20.9.00)
55	Mandado de segurança. Execução	CANCELADA – Devendo o agravo de petição delimitar justificadamente a matéria e os valores objeto de discordância, não fere direito líquido e certo o prosseguimento da execução quanto aos tópicos e valores não especificados no agravo. (*DJ*, 20.9.00) (Convertida na Súmula 416, Res. TST 137/05, *DJ*, 22.8.05)
56	Mandado de segurança. Recurso pendente	Não há direito líquido e certo à execução definitiva na pendência de recurso extraordinário, ou de agravo de instrumento visando a destrancá-lo. (*DJ*, 20.9.00)
57	Mandado de segurança. INSS	Conceder-se-á mandado de segurança para impugnar ato que determina ao INSS o reconhecimento e/ou averbação de tempo de serviço. (*DJ*, 20.9.00)
58	Mandado de segurança para cassar liminar	CANCELADA – É cabível o mandado de segurança visando a cassar liminar concedida em ação civil pública. (*DJ*, 20.9.00) (Convertida na Súmula 414, Res. TST 137/05, *DJ*, 22.8.05)
59	Mandado de segurança. Penhora	A carta de fiança bancária e o seguro garantia judicial, desde que em valor não inferior ao do débito em execução, acrescido de trinta por cento, equivalem a dinheiro para efeito da gradação dos bens penhoráveis, estabelecida no art. 835 do CPC de 2015 (art. 655 do CPC de 1973). (Res. TST 209/16, *DEJT*, 1.6.16)
		RED. ANTERIOR – A carta de fiança bancária equivale a dinheiro para efeito da gradação dos bens penhoráveis, estabelecida no art. 655 do CPC. (*DJ*, 20.9.00)
60	Mandado de segurança. Penhora em dinheiro	CANCELADA – Não fere direito líquido e certo do impetrante o ato judicial que determina penhora em dinheiro de banco, em execução definitiva, para garantir crédito exequendo, uma vez que obedece à gradação prevista no art. 655 do CPC. (*DJ*, 20.9.00) (Convertida na Súmula 417, Res. TST 137/05, *DJ*, 22.8.05)
61	Mandado de segurança. Execução definitiva	CANCELADA – Havendo discordância do credor, em execução definitiva, não tem o executado direito líquido e certo a que os valores penhorados em dinheiro fiquem depositados no próprio banco, ainda que atenda aos requisitos do art. 666, I, do CPC. (*DJ*, 20.9.00) (Convertida na Súmula 417, Res. TST 137/05, *DJ*, 22.8.05)
62	Mandado de segurança. Execução	CANCELADA – Em se tratando de execução provisória, fere direito líquido e certo do impetrante a determinação de penhora em dinheiro, quando nomeados outros bens à penhora, pois o executado tem direito a que a execução se processe da forma que lhe seja menos gravosa, nos termos do art. 620 do CPC. (*DJ*, 20.9.00) (Convertida na Súmula 417, Res. TST 137/05, *DJ*, 22.8.05)

	TEMA	TEXTO
63	Mandado de segurança. Ação cautelar	Comporta a impetração de mandado de segurança o deferimento de reintegração no emprego em ação cautelar. (*DJ*, 20.9.00)
64	Mandado de segurança. Reintegração	Não fere direito líquido e certo a concessão de tutela antecipada para reintegração de empregado protegido por estabilidade provisória decorrente de lei ou norma coletiva. (*DJ*, 20.9.00)
65	Mandado de segurança. Art. 659, X, da CLT	Ressalvada a hipótese do art. 494 da CLT, não fere direito líquido e certo a determinação liminar de reintegração no emprego de dirigente sindical, em face da previsão do inciso X do art. 659 da CLT. (*DJ*, 20.9.00)
66	Mandado de segurança. Adjudicação	I – Sob a égide do CPC de 1973 é incabível o mandado de segurança contra sentença homologatória de adjudicação, uma vez que existe meio próprio para impugnar o ato judicial, consistente nos embargos à adjudicação (CPC de 1973, art. 746). II – Na vigência do CPC de 2015 também não cabe mandado de segurança, pois o ato judicial pode ser impugnado por simples petição, na forma do artigo 877, *caput*, do CPC de 2015. (TST, Res. 212, *DEJT*, 20.9.16)
		RED. ANTERIOR – É incabível o mandado de segurança contra sentença homologatória de adjudicação, uma vez que existe meio próprio para impugnar o ato judicial, consistente nos embargos à adjudicação (CPC, art. 746). (*DJ*, 20.9.00)
67	Mandado de segurança. Transferência	Não fere direito líquido e certo a concessão de liminar obstativa de transferência de empregado, em face da previsão do inciso IX do art. 659 da CLT. (*DJ*, 20.9.00)
68	Antecipação de tutela. Competência	Nos Tribunais, compete ao relator decidir sobre o pedido de antecipação de tutela, submetendo sua decisão ao Colegiado respectivo, independentemente de pauta, na sessão imediatamente subsequente. (Res. TST 137/05, *DJ*, 22.8.05)
		RED. ANTERIOR – Na Junta de Conciliação e Julgamento, a tutela antecipatória de mérito postulada, inclusive nas hipóteses previstas nos incisos IX e X, art. 659, da CLT, deve ser prontamente submetida e decidida pelo Juiz-Presidente. Nos Tribunais, compete ao Relator decidir sobre o pedido de antecipação de tutela, submetendo sua decisão ao Colegiado respectivo, independentemente de pauta, na sessão imediatamente subsequente. (*DJ*, 20.9.00)
69	Fungibilidade recursal. RO AG-Regimental	Recurso ordinário interposto contra despacho monocrático indeferitório da petição inicial de ação rescisória ou de mandado de segurança pode, pelo princípio de fungibilidade recursal, ser recebido como agravo regimental. Hipótese de não conhecimento do recurso pelo TST e devolução dos autos ao TRT, para que aprecie o apelo como agravo regimental. (*DJ*, 20.9.00)
70	Ação rescisória. Erro de ajuizar	Sob a égide do CPC de 1973, o manifesto equívoco da parte em ajuizar ação rescisória no TST para desconstituir julgado proferido pelo TRT, ou vice-versa, implica a extinção do processo sem julgamento do mérito por inépcia da inicial. (Res. 220/17, *DEJT*, 21.9.17)

TEMA	TEXTO
	RED. ANTERIOR – O manifesto equívoco da parte em ajuizar ação rescisória no TST para desconstituir julgado proferido pelo TRT, ou vice-versa, implica a extinção do processo sem julgamento do mérito por inépcia da inicial. (*DJ*, 26.11.02)
	RED. ANTERIOR – Sendo manifesta a incompetência funcional do Tribunal para a desconstituição da decisão apontada na ação rescisória como rescindenda, extingue-se o processo, sem o julgamento do mérito, por impossibilidade jurídica do pedido. (*DJ*, 8.11.00)
71 Salário mínimo. Indexador	A estipulação do salário profissional em múltiplos do salário mínimo não afronta o art. 7º, inciso IV, da Constituição Federal de 1988, só incorrendo em vulneração do referido preceito constitucional a fixação de correção automática do salário pelo reajuste do salário mínimo. (*DJ*, 22.11.04)
	RED. ANTERIOR – Viola o art. 7º, IV, da CF/88, ensejando a procedência de ação rescisória, decisão que defere reajuste de vencimentos a empregado público com base em vinculação ao salário mínimo. (*DJ*, 8.11.00)
72 Ação rescisória. Prequestionamento	CANCELADA – O prequestionamento exigido em ação rescisória diz respeito à matéria e ao enfoque específico da tese debatida na ação e não, necessariamente, ao dispositivo legal tido por violado. Basta que o conteúdo da norma reputada como violada tenha sido abordado na decisão rescindenda para que se considere preenchido o pressuposto do prequestionamento. (*DJ*, 8.11.00) (Convertida na Súmula 298, Res. TST 137/05, *DJ*, 22.8.05)
73 Art. 557 do CPC. Constitucionalidade	CANCELADA – Não há como se cogitar da inconstitucionalidade do art. 557 do CPC, meramente pelo fato de a decisão ser exarada pelo Relator, sem a participação do Colegiado, porquanto o princípio da publicidade insculpido no inciso IX do art. 93 da CF/88 não está jungido ao julgamento pelo Colegiado e sim o acesso ao processo pelas partes, seus advogados ou terceiros interessados, direito preservado pela Lei 9.756/98, ficando, outrossim, assegurado o acesso ao Colegiado através de agravo. (*DJ*, 8.11.00) (Convertida na Súmula 435, Res. TST 186/12, *DEJT*, 17.9.12)
74 Embargos declaratórios	CANCELADA – I – Tendo o despacho monocrático de provimento ou denegação de recurso, previsto no art. 557 do CPC, conteúdo decisório definitivo e conclusivo da lide, comporta ser esclarecido pela via dos embargos declaratórios, em despacho aclaratório, também monocrático quando se pretende tão somente suprir omissão e não modificação do julgado. II – Postulando o embargante efeito modificativo, os embargos declaratórios deverão ser submetidos ao pronunciamento do Colegiado, convertidos em agravo, em face dos princípios da fungibilidade e celeridade processual. (*DJ*, 8.11.00) (Convertida na Súmula 421, Res. TST 137/05, *DJ*, 22.8.05)

	TEMA	TEXTO
75	Ação rescisória. Prequestionamento	CANCELADA – Para efeito de ação rescisória, considera-se prequestionada a matéria tratada na sentença quando, examinando remessa de ofício, o Tribunal simplesmente a confirma. (*DJ*, 20.4.01) (Convertida na Súmula 298, Res. TST 137/05, *DJ*, 22.8.05)
76	Ação rescisória. Ação cautelar. Documentos	É indispensável a instrução da ação cautelar proposta sob a vigência do CPC de 1973 com as provas documentais necessárias à aferição da plausibilidade de êxito na rescisão do julgado. Assim sendo, devem vir junto com a inicial da cautelar as cópias da petição inicial da ação rescisória principal, da decisão rescindenda, da certidão do trânsito em julgado da decisão rescindenda e informação do andamento atualizado da execução. (Res. 220/17, *DEJT*, 21.9.17)
		RED. ANTERIOR – É indispensável a instrução da ação cautelar com as provas documentais necessárias à aferição da plausibilidade de êxito na rescisão do julgado. Assim sendo, devem vir junto com a inicial da cautelar as cópias da petição inicial da ação rescisória principal, da decisão rescindenda, da certidão do trânsito em julgado da decisão rescindenda e informação do andamento atualizado da execução. (*DJ*, 13.3.02)
77	Ação rescisória. Limite temporal	CANCELADA – A data da inclusão da matéria discutida na ação rescisória, na Orientação Jurisprudencial do TST, é o divisor de águas quanto a ser, ou não, controvertida nos Tribunais a interpretação dos dispositivos legais citados na ação rescisória. (*DJ*, 13.3.02) (Convertida na Súmula 83, Res. TST 137/05, *DJ*, 22.8.05)
78	Ação rescisória. Cumulação sucessiva de pedidos	É admissível o ajuizamento de uma única ação rescisória contendo mais de um pedido, em ordem sucessiva, de rescisão da sentença e do acórdão. Sendo inviável a tutela jurisdicional de um deles, o julgador está obrigado a apreciar os demais, sob pena de negativa de prestação jurisdicional. (Res. TST 208/16, *DEJT*, 22.4.16)
		RED. ANTERIOR – É admissível o ajuizamento de uma única ação rescisória contendo mais de um pedido, em ordem sucessiva, de rescisão da sentença e do acórdão. Sendo inviável a tutela jurisdicional de um deles, o julgador está obrigado a apreciar os demais, sob pena de negativa de prestação jurisdicional. (*DJ*, 13.3.02)
79	Duplo grau. Decadência afastada. Imediato julgamento do mérito	CANCELADA – Não ofende o princípio do duplo grau de jurisdição a decisão do TST que, após afastar a decadência em sede de recurso ordinário, aprecia desde logo a lide, se a causa versar questão exclusivamente de direito e estiver em condições de imediato julgamento. (*DJ*, 13.3.02) (Convertida na Súmula 100, Res. TST 137/05, *DJ*, 22.8.05)
80	*Dies a quo*. Recurso deserto	O não conhecimento do recurso por deserção não antecipa o *dies a quo* do prazo decadencial para o ajuizamento da ação rescisória, atraindo, na contagem do prazo, a aplicação da Súmula 100 do TST. (*DJ*, 13.3.02)

	TEMA	TEXTO
81	Descontos legais. Fase de execução	CANCELADA – Os descontos previdenciários e fiscais devem ser efetuados pelo juízo executório, ainda que a sentença exequenda tenha sido omissa sobre a questão, dado o caráter de ordem pública ostentado pela norma que os disciplina. A ofensa à coisa julgada somente poderá ser caracterizada na hipótese de o título exequendo, expressamente, afastar a dedução dos valores a título de imposto de renda e de contribuição previdenciária. (*DJ*, 13.3.02) (Convertida na Súmula 401, Res. TST 137/05, *DJ*, 22.8.05)
82	Ação rescisória. Litisconsórcio. Necessário	CANCELADA – O litisconsórcio, na ação rescisória, é necessário em relação ao polo passivo da demanda, porque supõe uma comunidade de direito ou de obrigações que não admite solução díspar para os litisconsortes, em face da indivisibilidade do objeto. Já em relação ao polo ativo, o litisconsórcio é facultativo, uma vez que a aglutinação de autores se faz por conveniência, e não pela necessidade decorrente da natureza do litígio, pois não se pode condicionar o exercício do direito individual de um dos litigantes no processo originário à anuência dos demais para retomar a lide. (*DJ*, 13.3.02) (Convertida na Súmula 406, Res. TST 137/05, *DJ*, 22.8.05)
83	Ação rescisória. MP. Legitimidade *ad causam*	CANCELADA – A legitimidade *ad causam* do Ministério Público para propor ação rescisória, ainda que não tenha sido parte no processo que deu origem à decisão rescindenda, não está limitada às alíneas *a* e *b* do inciso III do art. 487 do CPC, uma vez que traduzem hipóteses meramente exemplificativas. (*DJ*, 13.3.02) (Convertida na Súmula 407, Res. TST 137/05, *DJ*, 22.8.05)
84	Ação rescisória. Peças essenciais. Prazo para complementação	São peças essenciais para o julgamento da ação rescisória a decisão rescindenda e/ou a certidão do seu trânsito em julgado, devidamente autenticadas, à exceção de cópias reprográficas apresentadas por pessoa jurídica de direito público, a teor do art. 24 da Lei n. 10.522/2002, ou declaradas autênticas pelo advogado na forma do artigo 830 da CLT com a redação dada pela Lei n. 11.925/2009. Em fase recursal, verificada a ausência de qualquer delas, cumpre ao Relator do recurso ordinário conceder o prazo de 5 (cinco) dias ao recorrente para que seja complementada a documentação exigível, nos termos do art. 932, parágrafo único, do CPC de 2015. (Res. 220/17, *DEJT*, 21.9.17)
		RED. ANTERIOR – A decisão rescindenda e/ou a certidão do seu trânsito em julgado, devidamente autenticadas, à exceção de cópias reprográficas apresentadas por pessoa jurídica de direito público, a teor do art. 24 da Lei 10.522/02, são peças essenciais para o julgamento da ação rescisória. Em fase recursal, verificada a ausência de qualquer delas, cumpre ao Relator do recurso ordinário arguir, de ofício, a extinção do processo, sem julgamento do mérito, por falta de pressuposto de constituição e desenvolvimento válido do feito. (*DJ*, 26.11.02)

	TEMA	TEXTO
		RED. ANTERIOR – A decisão rescindenda e a certidão do seu trânsito em julgado são peças essenciais para o julgamento da ação rescisória. Em fase recursal, verificada a ausência de qualquer delas nos autos, cumpre ao Relator do recurso ordinário arguir, de ofício, a extinção do processo, sem julgamento do mérito, por falta de pressuposto de constituição e desenvolvimento válido do feito.(*DJ*, 13.3.02)
85	Ação rescisória. Sentença homologatória de cálculo. Cabimento	CANCELADA – A decisão homologatória de cálculos apenas comporta rescisão quando enfrentar as questões envolvidas na elaboração da conta de liquidação, quer solvendo a controvérsia das partes, quer explicitando, de ofício, os motivos pelos quais acolheu os cálculos oferecidos por uma das partes, ou pelo setor de cálculos, e não contestados pela outra. A sentença meramente homologatória, que silencia sobre os motivos de convencimento do juiz, não se mostra rescindível, por ausência de prequestionamento. (*DJ*, 26.11.02) (Convertida na Súmula 399 e na Súmula 298, Res. TST 137/05, *DJ*, 22.8.05)
		RED. ANTERIOR – A decisão meramente homologatória de liquidação não é de mérito, não comportando ação rescisória. No entanto, se tiver havido contraditório, resolvido pela sentença de liquidação, a decisão é de mérito e, portanto, rescindível. (*DJ*, 13.3.02)
86	Mandado de segurança. Antecipação de tutela. Perda de objeto	CANCELADA – Perde objeto o mandado de segurança que impugna tutela antecipada pelo fato de haver sido proferida sentença de mérito nos autos originários. (*DJ*, 13.3.02) (Convertida na Súmula 414, Res. TST 137/05, *DJ*, 22.8.05)
87	Reintegração em execução provisória	CANCELADA – O art. 899 da CLT, ao impedir a execução definitiva do título executório, enquanto pendente recurso, alcança tanto as execuções por obrigação de pagar quanto as por obrigação de fazer. Assim, tendo a obrigação de reintegrar caráter definitivo, somente pode ser decretada, liminarmente, nas hipóteses legalmente previstas, em sede de tutela antecipada ou tutela específica. (*DJ*, 13.3.02) (Cancelada, Res. TST 137/05, *DJ*, 22.8.05)
88	Valor da causa. Recurso cabível	Incabível a impetração de mandado de segurança contra ato judicial que, de ofício, arbitrou novo valor à causa, acarretando a majoração das custas processuais, uma vez que cabia à parte, após recolher as custas, calculadas com base no valor dado à causa na inicial, interpor recurso ordinário e, posteriormente, agravo de instrumento no caso de o recurso ser considerado deserto. (*DJ*, 13.03.02)
89	Depositário. Necessidade de aceitação do encargo	A investidura no encargo de depositário depende da aceitação do nomeado que deve assinar termo de compromisso no auto de penhora, sem o que, é inadmissível a restrição de seu direito de liberdade. (*DJ*, 27.05.02)

	TEMA	TEXTO
90	Ação rescisória. Recurso ordinário. Cabimento	CANCELADA – Não se conhece de recurso ordinário para o TST, pela ausência do requisito de admissibilidade inscrito no art. 514, II, do CPC, quando as razões do recorrente não impugnam os fundamentos da decisão recorrida, nos termos em que fora proposta. (*DJ*, 27.05.02) (Convertida na Súmula 422, Res. TST 137/05, *DJ*, 22.8.05)
91	Autenticação de cópias pelas secretarias dos TRTs	Não sendo a parte beneficiária da assistência judiciária gratuita, inexiste direito líquido e certo à autenticação, pelas Secretarias dos Tribunais, de peças extraídas do processo principal, para formação do agravo de instrumento. (*DJ*, 27.05.02)
92	Mandado de segurança. Cabimento	Não cabe mandado de segurança contra decisão judicial passível de reforma mediante recurso próprio, ainda que com efeito diferido. (*DJ*, 27.05.02)
93	Penhora sobre parte da renda de estabelecimento comercial. Cabimento	Nos termos do art. 866 do CPC de 2015, é admissível a penhora sobre a renda mensal ou faturamento de empresa, limitada a percentual, que não comprometa o desenvolvimento regular de suas atividades, desde que não haja outros bens penhoráveis ou, havendo outros bens, eles sejam de difícil alienação ou insuficientes para satisfazer o crédito executado. (Res. 220/17, *DEJT*, 21.9.17).
		RED. ANTERIOR – É admissível a penhora sobre a renda mensal ou faturamento de empresa, limitada a determinado percentual, desde que não comprometa o desenvolvimento regular de suas atividades. (*DJ*, 27.05.02)
94	Ação rescisória. Colusão. Efeitos	A decisão ou acordo judicial subjacente à reclamação trabalhista, cuja tramitação deixa nítida a simulação do litígio para fraudar a lei e prejudicar terceiros, enseja ação rescisória, com lastro em colusão. No juízo rescisório, o processo simulado deve ser extinto. (*DJ*, 27.09.02)
95	Ação rescisória de ação rescisória. Possibilidade	CANCELADA – Em se tratando de rescisória de rescisória, o vício apontado deve nascer na decisão rescindenda, não se admitindo a rediscussão do acerto do julgamento da rescisória anterior. Assim, não se admite rescisória calcada no inciso V do art. 485 do CPC, para discussão, por má aplicação, dos mesmos dispositivos de lei tidos por violados na rescisória anterior, bem como para arguição de questões inerentes à ação rescisória primitiva. (*DJ*, 16.04.04) (Convertida na Súmula 400, Res. TST 137/05, *DJ*, 22.8.05)
		RED. ANTERIOR – É admissível a propositura de segunda ação rescisória, visando desconstituir acórdão de mérito proferido em ação rescisória anterior, desde que sejam apontados vícios atinentes ao acórdão indicado como rescindendo. (*DJ*, 27.09.02)

	TEMA	TEXTO
96	Ação rescisória. Vício de intimação da decisão rescindenda. Carência de ação	CANCELADA – O pretenso vício de intimação posterior à decisão que se pretende rescindir, se efetivamente ocorrido, não permite a formação da coisa julgada material. Assim, a ação rescisória deve ser julgada extinta sem julgamento do mérito por carência de ação, por inexistir decisão transitada em julgado a ser rescindida. (*DJ*, 27.9.02) (Convertida na Súmula 299, Res. TST 137/05, *DJ*, 22.8.05)
97	Ação rescisória. Princípio da legalidade e do devido processo legal. Cabimento	Os princípios da legalidade, do devido processo legal, do contraditório e da ampla defesa não servem de fundamento para a desconstituição de decisão judicial transitada em julgado, quando se apresentam sob a forma de pedido genérico e desfundamentado, acompanhando dispositivos legais que tratam especificamente da matéria debatida, estes sim, passíveis de fundamentarem a análise do pleito rescisório. (Res. TST 137/05, *DJ*, 22.8.05)
		RED. ANTERIOR – Os princípios da legalidade, do contraditório, da ampla defesa, e do devido processo legal não servem de fundamento para a desconstituição de decisão judicial transitada em julgado, quando se apresentam sob a forma de pedido genérico e desfundamentado, acompanhando dispositivos legais que tratam especificamente da matéria debatida, estes sim, passíveis de fundamentarem a análise do pleito rescisório. (*DJ*, 9.5.03)
		RED. ANTERIOR – Os princípios da legalidade e do devido processo legal não servem de fundamento para a desconstituição de decisão judicial transitada em julgado, quando se apresentam sob a forma de pedido genérico e desfundamentado, acompanhando dispositivos legais que tratam especificamente da matéria debatida, estes sim, passíveis de fundamentarem a análise do pleito rescisório. (*DJ*, 27.9.02)
98	Mandado de segurança. Exigência de depósito prévio de honorários periciais	É ilegal a exigência de depósito prévio para custeio dos honorários periciais, dada a incompatibilidade com o processo do trabalho, sendo cabível o mandado de segurança visando à realização da perícia, independentemente do depósito. (Res. TST 137/05, *DJ*, 22.8.05)
		RED. ANTERIOR – É ilegal a exigência de depósito prévio para custeio dos honorários periciais, dada a incompatibilidade com o processo do trabalho e com a Súmula 236 do TST, sendo cabível o mandado de segurança visando à realização da perícia independentemente do depósito. (*DJ*, 27.9.02)
99	Mandado de segurança. Esgotamento de vias recursais. Descabimento	Esgotadas as vias recursais existentes, não cabe mandado de segurança. (*DJ*, 27.9.02)

	TEMA	TEXTO
100	Recurso ordinário. Cabimento	Não cabe recurso ordinário para o TST de decisão proferida pelo Tribunal Regional do Trabalho em agravo regimental interposto contra despacho que concede ou não liminar em ação cautelar ou em mandado de segurança, uma vez que o processo ainda pende de decisão definitiva do Tribunal *a quo*. (*DJ*, 27.9.02)
101	Ação rescisória. Cabimento	Para viabilizar a desconstituição do julgado pela causa de rescindibilidade do inciso IV, do art. 966 do CPC de 2015 (inciso IV do art. 485 do CPC de 1973), é necessário que a decisão rescindenda tenha enfrentado as questões ventiladas na ação rescisória, sob pena de inviabilizar o cotejo com o título executivo judicial tido por desrespeitado, de modo a se poder concluir pela ofensa à coisa julgada. (Res. TST 208/16, *DEJT*, 22.4.16)
		RED. ANTERIOR – Para viabilizar a desconstituição do julgado pela causa de rescindibilidade do inciso IV, do art. 485, do CPC, é necessário que a decisão rescindenda tenha enfrentado as questões ventiladas na ação rescisória, sob pena de inviabilizar o cotejo com o título executivo judicial tido por desrespeitado, de modo a se poder concluir pela ofensa à coisa julgada. (*DJ*, 29.4.03)
102	Ação rescisória. Certidão de trânsito em julgado	CANCELADA – O juízo rescindente não está adstrito à certidão de trânsito em julgado juntada com a ação rescisória, podendo formar sua convicção através de outros elementos dos autos quanto à antecipação ou postergação do *dies a quo* do prazo decadencial. (*DJ*, 29.4.03) (Convertida na Súmula 100, Res. TST 137/05, *DJ*, 22.8.05)
103	Ação rescisória. Cabimento. Contradição	É cabível a rescisória para corrigir contradição entre a parte dispositiva do acórdão rescindendo e a sua fundamentação, por erro de fato na retratação do que foi decidido. (*DJ*, 29.4.03)
104	Acordo homologado. Trânsito em julgado	CANCELADA – O acordo homologado judicialmente tem força de decisão irrecorrível, na forma do art. 831 da CLT. Assim sendo, o termo conciliatório transita em julgado na data da sua homologação judicial. (*DJ*, 29.4.03) (Convertida na Súmula 100, Res. TST 137/05, *DJ*, 22.8.05)
105	Ação rescisória. Cabimento. Agravo	CANCELADA – É manifesta a impossibilidade jurídica do pedido de rescisão de julgado proferido em agravo de instrumento que, limitando-se a aferir o eventual desacerto do juízo negativo de admissibilidade do recurso de revista, não substitui o acórdão regional, na forma do art. 512 do CPC. (*DJ*, 29.4.03) (Convertida na Súmula 192, Res. TST 137/05, *DJ*, 22.8.05)
106	Ação rescisória. Requisitos	CANCELADA – A comprovação do trânsito em julgado da decisão rescindenda é pressuposto processual indispensável ao tempo do ajuizamento da ação rescisória. Eventual trânsito em julgado posterior ao ajuizamento da ação rescisória não reabilita a ação proposta, na medida em que o ordenamento jurídico não contempla a ação rescisória preventiva. (*DJ*, 29.4.03) (Convertida na Súmula 299, Res. TST 137/05, *DJ*, 22.8.05)

	TEMA	TEXTO
107	Ação rescisória. Cabimento. Extinção de execução	Embora não haja atividade cognitiva, a decisão que declara extinta a execução, nos termos do art. 924, incisos I a IV c/c art. 925 do CPC de 2015 (art. 794 c/c 795 do CPC de 1973), extingue a relação processual e a obrigacional, sendo passível de corte rescisório. (Res. TST 208/16, *DEJT*, 22.4.16)
		RED. ANTERIOR – Embora não haja atividade cognitiva, a decisão que declara extinta a execução, nos termos do art. 794 c/c 795 do CPC, extingue a relação processual e a obrigacional, sendo passível de corte rescisório. (*DJ*, 29.4.03)
108	Ação rescisória. Cabimento. Confissão ficta	CANCELADA – O art. 485, VIII, do CPC, ao tratar do fundamento para invalidar a confissão como hipótese de rescindibilidade da decisão judicial, refere-se à confissão real, fruto de erro, dolo ou coação, e não à confissão ficta resultante de revelia. (*DJ*, 29.4.03) (Convertida na Súmula 404, Res. TST 137/05, *DJ*, 22.8.05)
109	Ação rescisória. Cabimento. Reexame de fatos e provas	CANCELADA – A ação rescisória calcada em violação de lei não admite reexame de fatos e provas do processo que originou a decisão rescindenda. (*DJ*, 29.4.03) (Convertida na Súmula 410, Res. TST 137/05, *DJ*, 22.8.05)
110	Ação rescisória. Sindicato. Substituto processual	CANCELADA – O Sindicato, substituto processual e autor da reclamação trabalhista, em cujos autos fora proferida a decisão rescindenda, possui legitimidade para figurar como réu na ação rescisória, sendo descabida a exigência de citação de todos os empregados substituídos, porquanto inexistente litisconsórcio passivo necessário. (*DJ*, 29.4.03) (Convertida na Súmula 406, Res. TST 137/05, *DJ*, 22.8.05)
111	Ação rescisória. Cabimento. Sentença homologatória de acordo	CANCELADA – Se a decisão rescindenda é homologatória de acordo, não há parte vencedora ou vencida, razão pela qual não é possível a sua desconstituição calcada no inciso III do art. 485 do CPC (dolo da parte vencedora em detrimento da vencida), pois constitui fundamento de rescindibilidade que supõe solução jurisdicional para a lide. (*DJ*, 29.4.03) (Convertida na Súmula 403, Res. TST 137/05, *DJ*, 22.8.05)
112	Ação rescisória. Cabimento. Duplo fundamento	Para que a violação da lei dê causa à rescisão de decisão de mérito alicerçada em duplo fundamento, é necessário que o Autor da ação rescisória invoque causas de rescindibilidade que, em tese, possam infirmar a motivação dúplice da decisão rescindenda. (*DJ*, 29.4.03)
113	Ação cautelar (imprimir efeito suspensivo ao recurso). Em mandado de segurança	CANCELADA - É incabível medida cautelar para imprimir efeito suspensivo a recurso interposto contra decisão proferida em mandado de segurança, pois ambos visam, em última análise, à sustação do ato atacado. Extingue-se, pois, o processo, sem julgamento do mérito, por ausência de interesse de agir, para evitar que decisões judiciais conflitantes e inconciliáveis passem a reger idêntica situação jurídica. (*DJ*, 11.8. 03). (Res. 220/17, *DEJT*, 21.9.17)

	TEMA	TEXTO
114	Juízo deprecante. Competência. Embargos de terceiro	CANCELADA – Na execução por carta precatória, os embargos de terceiro serão oferecidos no juízo deprecante ou no juízo deprecado, mas a competência para julgá-los é do juízo deprecante, salvo se versarem, unicamente, sobre vícios ou irregularidades da penhora, avaliação ou alienação dos bens, praticados pelo juízo deprecado, em que a competência será deste último. (*DJ*, 11.8.03) (Convertida na Súmula 419, Res. TST 137/05, *DJ*, 22.8.05)
115	Competência funcional. Conflito TRT e Vara do Trabalho	CANCELADA – Não se configura conflito de competência entre Tribunal Regional do Trabalho e Vara do Trabalho a ele vinculada. (*DJ*, 11.8.03) (Convertida na Súmula 420, Res. TST 137/05, *DJ*, 22.8.05)
116	Ação rescisória. Cabimento	CANCELADA – Não procede ação rescisória calcada em ofensa à coisa julgada perpetrada por decisão proferida em ação de cumprimento, em face de a sentença normativa, na qual se louvava, ter sido modificada em grau de recurso, porque em dissídio coletivo somente se consubstancia coisa julgada formal. Assim, os meios processuais, aptos a atacarem a execução da cláusula reformada, são a exceção da pré-executividade e o mandado de segurança, no caso de descumprimento do art. 572 do CPC. (*DJ*, 11.8.03) (Convertida na Súmula 397, Res. TST 137/05, *DJ*, 22.8.05)
117	Ação rescisória. Depósito recursal	CANCELADA – Havendo recurso ordinário em sede de rescisória, o depósito recursal prévio só é exigível quando for julgado procedente o pedido e imposta condenação em pecúnia. (*DJ*, 11.8.03) (Convertida na Súmula 99, Res. TST 137/05, *DJ*, 22.8.05)
118	Ação rescisória. Cabimento. Contrariedade a súmula ou orientação jurisprudencial do TST	CANCELADA – Não prospera pedido de rescisão fundado no art. 485, inciso V, do CPC, com indicação de contrariedade a súmula, uma vez que a jurisprudência consolidada dos tribunais não corresponde ao conceito de lei. (*DJ*, 11.8.03) (Convertida na OJ SDI-2 25, Res. TST 137/05, *DJ*, 22.8.05)
119	Ação rescisória. Cabimento. Prazo prescricional	CANCELADA – Não procede ação rescisória calcada em violação do art. 7º, XXIX, da CF/88, quando a questão envolve discussão sobre a espécie de prazo prescricional aplicável aos créditos trabalhistas, se total ou parcial, porque a matéria tem índole infraconstitucional, construída, na Justiça do Trabalho, no plano jurisprudencial. (*DJ*, 11.8.03) (Convertida na Súmula 409, Res. TST 137/05, *DJ*, 22.8.05)
120	Mandado de segurança. Cabimento. Homologação de acordo	CANCELADA – Não comporta mandado de segurança a negativa de homologação de acordo, por inexistir direito líquido e certo à homologação, já que se trata de atividade jurisdicional alicerçada no livre convencimento do juiz. (*DJ*, 11.8.03) (Convertida na Súmula 418, Res. TST 137/05, *DJ*, 22.8.05)
121	Ação rescisória. Cabimento. Pedido de antecipação de tutela	CANCELADA – Não se admite tutela antecipada em sede de ação rescisória, na medida em que não se pode desconstituir antecipadamente a coisa julgada, com base em juízo de verossimilhança, dadas as garantias especiais de que se reveste o pronunciamento estatal transitado em julgado. (*DJ*, 11.8.03) (Convertida na Súmula 405, Res. TST 137/05, *DJ*, 22.8.05)

TEMA		TEXTO
122	Ação rescisória. Ministério Público. Prazo	CANCELADA – Na hipótese de colusão das partes, o prazo decadencial da ação rescisória somente começa a fluir para o Ministério Público, que não interveio no processo principal, a partir do momento em que tem ciência da fraude. (*DJ*, 11.8.03) (Convertida na Súmula 100, Res. TST 137/05, *DJ*, 22.8.05)
123	Ação rescisória. Cabimento. Alcance do título executivo	O acolhimento da ação rescisória calcada em ofensa à coisa julgada supõe dissonância patente entre as decisões exequenda e rescindenda, o que não se verifica quando se faz necessária a interpretação do título executivo judicial para se concluir pela lesão à coisa julgada. (Res. TST 137/05, *DJ*, 22.8.05)
		RED. ANTERIOR – Ação rescisória. Interpretação do sentido e alcance do título executivo. Coisa julgada. Impertinência do art. 485, IV, do CPC. Descaracterizada a ofensa ao art. 5º, XXXVI, da CF/88. (*DJ*, 11.8.03)
124	Ação Rescisória. Incompetência absoluta. Prequestionamento	Na hipótese em que a ação rescisória tem como causa de rescindibilidade o inciso II do art. 966 do CPC de 2015 (inciso II do art. 485 do CPC de 1973), a arguição de incompetência absoluta prescinde de prequestionamento. (Res. TST 208/16, *DEJT*, 22.4.16).
		RED. ANTERIOR – Na hipótese em que a ação rescisória tem como causa de rescindibilidade o inciso II do art. 485 do CPC, a arguição de incompetência absoluta prescinde de prequestionamento. (*DJ*, 9.12.03)
125	Ação rescisória. Silêncio da parte vencedora de fato desfavorável. Descaracterizado o dolo processual	CANCELADA – Não caracteriza dolo processual, previsto no art. 485, III, do CPC, o simples fato de a parte vencedora haver silenciado a respeito de fatos contrários a ela, porque o procedimento, por si só, não constitui ardil do qual resulte cerceamento de defesa e, em consequência, desvie o juiz de uma sentença não condizente com a verdade. (*DJ*, 9.12.03) (Convertida na Súmula 403, Res. TST 137/05, *DJ*, 22.8.05)
126	Ação rescisória. Ausência de defesa. Revelia	CANCELADA – Na ação rescisória, o que se ataca na ação é a sentença, ato oficial do Estado, acobertado pelo manto da coisa julgada. Assim sendo e, considerando que a coisa julgada envolve questão de ordem pública, a revelia não produz confissão na ação rescisória. (*DJ*, 9.12.03) (Convertida na Súmula 398, Res. TST 137/05, *DJ*, 22.8.05)
127	Mandado de segurança. Início do prazo	Na contagem do prazo decadencial para ajuizamento de mandado de segurança, o efetivo ato coator é o primeiro em que se firmou a tese hostilizada e não aquele que a ratificou. (*DJ*, 9.12.03)
128	Concurso público anulado. Enunciado 363 do TST	O certame público posteriormente anulado equivale à contratação realizada sem a observância da exigência contida no art. 37, II, da Constituição Federal de 1988. Assim sendo, aplicam-se à hipótese os efeitos previstos na Súmula 363 do TST. (*DJ*, 9.12.03)

	TEMA	TEXTO
129	Ação anulatória. Competência originária	Em se tratando de ação anulatória, a competência originária se dá no mesmo juízo em que praticado o ato supostamente eivado de vício. (*DJ*, 4.5.04)
130	Ação civil pública. Competência territorial. Extensão do dano causado ou a ser reparado. Aplicação analógica do art. 93 do Código de Defesa do Consumidor	I – A competência para a ação civil pública fixa-se pela extensão do dano. II – Em caso de dano de abrangência regional, que atinja cidades sujeitas à jurisdição de mais de uma Vara do Trabalho, a competência será de qualquer das varas das localidades atingidas, ainda que vinculadas a Tribunais Regionais do Trabalho distintos. III – Em caso de dano de abrangência suprarregional ou nacional, há competência concorrente para a ação civil pública das varas do trabalho das sedes dos Tribunais Regionais do Trabalho. IV – Estará prevento o juízo a que a primeira ação houver sido distribuída. (Res. TST 186/12, *DEJT*, 27.9.12)
		RED. ANTERIOR – Para a fixação da competência territorial em sede de ação civil pública, cumpre tomar em conta a extensão do dano causado ou a ser reparado, pautando-se pela incidência analógica do art. 93 do Código de Defesa do Consumidor. Assim, se a extensão do dano a ser reparado limitar-se ao âmbito regional, a competência é de uma das Varas do Trabalho da Capital do Estado; se for de âmbito suprarregional ou nacional, o foro é o do Distrito Federal. (*DJ*, 4.5.04)
131	Ação rescisória. Ação cautelar para suspender execução da decisão rescindenda. Pendência de trânsito em julgado da ação rescisória principal. Efeitos	A ação cautelar não perde o objeto enquanto ainda estiver pendente o trânsito em julgado da ação rescisória principal, devendo o pedido cautelar ser julgado procedente, mantendo-se os efeitos da liminar eventualmente deferida, no caso de procedência do pedido rescisório ou, por outro lado, improcedente, se o pedido da ação rescisória principal tiver sido julgado improcedente. (*DJ*, 4.5.04)
132	Ação rescisória. Acordo homologado. Alcance. Ofensa à coisa julgada	Acordo celebrado – homologado judicialmente – em que o empregado dá plena e ampla quitação, sem qualquer ressalva, alcança não só o objeto da inicial, como também todas as demais parcelas referentes ao extinto contrato de trabalho, violando a coisa julgada, a propositura de nova reclamação trabalhista. (*DJ*, 4.5.04)
133	Ação rescisória. Decisão em agravo regimental. Aplicação do Enunciado 333. Juízo de mérito	CANCELADA – A decisão proferida pela SDI, em sede de agravo regimental, calcada na Súmula 333, substitui acórdão de Turma do TST, porque emite juízo de mérito, comportando, em tese, o corte rescisório. (*DJ*, 4.5.04) (Convertida na Súmula 192, Res. TST 137/05, *DJ*, 22.8.05)
134	Ação rescisória. Decisão em embargos à execução ou agravo de petição. Preclusão declarada, é coisa julgada formal. Impossibilidade jurídica do pedido	A decisão proferida em embargos à execução ou em agravo de petição que apenas declara preclusa a oportunidade de impugnação da sentença de liquidação não é rescindível, em virtude de produzir tão somente coisa julgada formal. (Res. 220/17, *DEJT*, 21.9.17)
		RED. ANTERIOR – A decisão que conclui estar preclusa a oportunidade de impugnação da sentença de liquidação, por ensejar tão somente a formação da coisa julgada formal, não é suscetível de rescindibilidade. (*DJ*, 4.5.04)

	TEMA	TEXTO
135	Ação rescisória. Violação do art. 37, *caput*, da CF/88. Necessidade de prequestionamento	A ação rescisória calcada em violação do art. 37, *caput*, da Constituição Federal, por desrespeito ao princípio da legalidade administrativa exige que ao menos o princípio constitucional tenha sido prequestionado na decisão. (*DJ*, 4.5.04)
136	Ação rescisória. Erro de fato. Caracterização	A caracterização do erro de fato como causa de rescindibilidade de decisão judicial transitada em julgado supõe a afirmação categórica e indiscutida de um fato, na decisão rescindenda, que não corresponde à realidade dos autos. O fato afirmado pelo julgador, que pode ensejar ação rescisória calcada no inciso VIII do art. 966 do CPC de 2015 (inciso IX do art. 485 do CPC de 1973), é apenas aquele que se coloca como premissa fática indiscutida de um silogismo argumentativo, não aquele que se apresenta ao final desse mesmo silogismo, como conclusão decorrente das premissas que especificaram as provas oferecidas, para se concluir pela existência do fato. Esta última hipótese é afastada pelo § 1º do art. 966 do CPC de 2015 (§ 2º do art. 485 do CPC de 1973), ao exigir que não tenha havido controvérsia sobre o fato e pronunciamento judicial esmiuçando as provas. (Res. TST 208/16, *DEJT*, 22.4.16).
		RED. ANTERIOR – A caracterização do erro de fato como causa de rescindibilidade de decisão judicial transitada em julgado supõe a afirmação categórica e indiscutida de um fato, na decisão rescindenda, que não corresponde à realidade dos autos. O fato afirmado pelo julgador, que pode ensejar ação rescisória calcada no inciso IX do art. 485 do CPC, é apenas aquele que se coloca como premissa fática indiscutida de um silogismo argumentativo, não aquele que se apresenta ao final desse mesmo silogismo, como conclusão decorrente das premissas que especificaram as provas oferecidas, para se concluir pela existência do fato. Esta última hipótese é afastada pelo § 2º do art. 485 do CPC, ao exigir que não tenha havido controvérsia sobre o fato e pronunciamento judicial esmiuçando as provas. (*DJ*, 4.5.04)
137	Mandado de segurança. Dirigente sindical. Art. 494 da CLT. Aplicável	Constitui direito líquido e certo do empregador a suspensão do empregado, ainda que detentor de estabilidade sindical, até a decisão final do inquérito em que se apure a falta grave a ele imputada, na forma do art. 494, *caput* e parágrafo único, da CLT. (*DJ*, 4.5.04)
138	Mandado de segurança. Incompetência da Justiça do Trabalho. Cobrança de honorários advocatícios. Contrato de natureza civil	CANCELADA – A Justiça do Trabalho é incompetente para apreciar ação de cobrança de honorários advocatícios, pleiteada na forma do art. 24, §§ 1º e 2º, da Lei 8.906/94, em face da natureza civil do contrato de honorários. (*DJ*, 4.5.04) (Cancelada, *DJ*, 10.5.06)

	TEMA	TEXTO
139	Mandado de segurança. Liminar em ação civil pública. Sentença de mérito superveniente. Perda de objeto	CANCELADA – Perde objeto o mandado de segurança que impugna liminar em ação civil pública substituída por sentença de mérito superveniente. (*DJ*, 04.05.04) (Convertida na Súmula 414, Res. TST 137/05, *DJ*, 22.8.05)
140	Mandado de segurança contra liminar, concedida ou denegada em outra segurança. Incabível. (Art. 8º da Lei 1.533/1951)	Não cabe mandado de segurança para impugnar despacho que acolheu ou indeferiu liminar em outro mandado de segurança. (*DJ*, 4.5.04)
141	Mandado de segurança para conceder liminar denegada em ação cautelar	CANCELADA – A concessão de liminar constitui faculdade do juiz, no uso de seu poder discricionário e de cautela, inexistindo direito líquido e certo tutelável pela via do mandado de segurança. (*DJ*, 4.5.04) (Convertida na Súmula 418, Res. TST 137/05, *DJ*, 22.8.05)
142	Mandado de segurança. Reintegração liminarmente concedida	Inexiste direito líquido e certo a ser oposto contra ato de Juiz que, antecipando a tutela jurisdicional, determina a reintegração do empregado até a decisão final do processo, quando demonstrada a razoabilidade do direito subjetivo material, como nos casos de anistiado pela Lei 8.878/94, aposentado, integrante de comissão de fábrica, dirigente sindical, portador de doença profissional, portador de vírus HIV ou detentor de estabilidade provisória prevista em norma coletiva. (*DJ*, 4.5.04)
143	*Habeas corpus*. Penhora sobre coisa futura. Prisão. Depositário infiel	Não se caracteriza a condição de depositário infiel quando a penhora recair sobre coisa futura e incerta, circunstância que, por si só, inviabiliza a materialização do depósito no momento da constituição do paciente em depositário, autorizando-se a concessão de *habeas corpus* diante da prisão ou ameaça de prisão que sofra. (Res. TST 151/08, *DJ*, 24.11.08)
		RED. ANTERIOR – Não se caracteriza a condição de depositário infiel quando a penhora recair sobre coisa futura, circunstância que, por si só, inviabiliza a materialização do depósito no momento da constituição do paciente em depositário, autorizando-se a concessão de *habeas corpus* diante da prisão ou ameaça de prisão que sofra. (*DJ*, 22.6.04)
144	Mandado de segurança. Sentença genérica. Evento futuro. Incabível	O mandado de segurança não se presta à obtenção de uma sentença genérica, aplicável a eventos futuros, cuja ocorrência é incerta. (Res. TST 137/05, *DJ*, 22.8.05)
		RED. ANTERIOR – O mandado de segurança não se presta à obtenção de uma sentença genérica, aplicável a eventos futuros, cuja ocorrência constitui uma incógnita. (*DJ*, 22.6.04)

	TEMA	TEXTO
145	Ação rescisória. Prazo. Início	CANCELADA – Conta-se o prazo decadencial da ação rescisória, após o decurso do prazo legal previsto para a interposição do recurso extraordinário, apenas quando esgotadas todas as vias recursais ordinárias. (*DJ*, 10.11.04) (Convertida na Súmula 100, Res. TST 137/05, *DJ*, 22.8.05)
146	Ação rescisória. Prazo. Contestação. Art. 774 da CLT	A contestação apresentada em ação rescisória obedece à regra relativa à contagem de prazo constante do art. 774 da CLT, sendo inaplicável o art. 231 do CPC de 2015 (art. 241 do CPC de 1973). (Res. TST 208/16, *DEJT*, 22.4.16)
		RED. ANTERIOR – A contestação apresentada em sede de ação rescisória obedece à regra relativa à contagem de prazo constante do art. 774 da CLT, sendo inaplicável o art. 241 do CPC. (*DJ*, 10.11.04)
147	Ação rescisória. Valor da causa	CANCELADA – O valor da causa, na ação rescisória de sentença de mérito advinda de processo de conhecimento, corresponde ao valor da causa fixado no processo originário, corrigido monetariamente. No caso de se pleitear a rescisão de decisão proferida na fase de execução, o valor da causa deve corresponder ao montante da condenação. (*DJ*, 10.11.04) (Cancelada, Res. TST 142/07, *DJ*, 15.10.07)
148	Mandado de segurança. Custas	É responsabilidade da parte, para interpor recurso ordinário em mandado de segurança, a comprovação do recolhimento das custas processuais no prazo recursal, sob pena de deserção. (ex-OJ SDI-1 29) (Res. TST 129/05, *DJ*, 20.4.05)
149	Competência territorial. Declaração de ofício. Cabimento	Não cabe declaração de ofício de incompetência territorial no caso do uso, pelo trabalhador, da faculdade prevista no art. 651, § 3º, da CLT. Nessa hipótese, resolve-se o conflito pelo reconhecimento da competência do juízo do local onde a ação foi proposta. (*DJ*, 5.12.88)
150	Ação rescisória. Cabimento. Decisão sem resolução de mérito	Reputa-se juridicamente impossível o pedido de corte rescisório de decisão que, reconhecendo a existência de coisa julgada, nos termos do art. 267, V, do CPC de 1973, extingue o processo sem resolução de mérito, o que, ante o seu conteúdo meramente processual, a torna insuscetível de produzir a coisa julgada material. (TST, Res. 212, *DEJT*, 20.9.16)
		RED. ANTERIOR – Reputa-se juridicamente impossível o pedido de corte rescisório de decisão que, reconhecendo a configuração de coisa julgada, nos termos do art. 267, V, do CPC, extingue o processo sem resolução de mérito, o que, ante o seu conteúdo meramente processual, a torna insuscetível de produzir a coisa julgada material. (*DJ*, 5.12.08)
151	Ação rescisória e mandado de segurança. Procuração específica	A procuração outorgada com poderes específicos para ajuizamento de reclamação trabalhista não autoriza a propositura de ação rescisória e mandado de segurança. Constatado, todavia, o defeito de representação processual na fase recursal, cumpre ao relator ou ao tribunal conceder prazo de 5 (cinco) dias para a regularização, nos termos da Súmula n. 383, item II, do TST. (TST, Res. 211/16, *DEJT*, 24.8.16)

	TEMA	TEXTO
		RED. ANTERIOR - A procuração outorgada com poderes específicos para ajuizamento de reclamação trabalhista não autoriza a propositura de ação rescisória e mandado de segurança, bem como não se admite sua regularização quando verificado o defeito de representação processual na fase recursal, nos termos da Súmula n. 383, item II, do TST. (*DJ*, 5.12.08)
152	Ação rescisória e mandado de segurança. Recurso de revista. Erro grosseiro na interposição do recurso	A interposição de recurso de revista de decisão definitiva de Tribunal Regional do Trabalho em ação rescisória ou em mandado de segurança, com fundamento em violação legal e divergência jurisprudencial e remissão expressa ao art. 896 da CLT, configura erro grosseiro, insuscetível de autorizar o seu recebimento como recurso ordinário, em face do disposto no art. 895, "b", da CLT. (*DJ*, 5.12.08)
153	Mandado de segurança. Cabimento. Execução. Conta salário	Ofende direito líquido e certo decisão que determina o bloqueio de numerário existente em conta salário, para satisfação de crédito trabalhista, ainda que seja limitado a determinado percentual dos valores recebidos ou a valor revertido para fundo de aplicação ou poupança, visto que o art. 649, IV, do CPC de 1973 contém norma imperativa que não admite interpretação ampliativa, sendo a exceção prevista no art. 649, § 2º, do CPC de 1973 espécie e não gênero de crédito de natureza alimentícia, não englobando o crédito trabalhista. (Res. 220/17, *DEJT*, 21.9.17).
		RED. ANTERIOR – Ofende direito líquido e certo decisão que determina o bloqueio de numerário existente em conta salário, para satisfação de crédito trabalhista, ainda que seja limitado a determinado percentual dos valores recebidos ou a valor revertido para fundo de aplicação ou poupança, visto que o art. 649, IV, do CPC contém norma imperativa que não admite interpretação ampliativa, sendo a exceção prevista no art. 649, § 2º, do CPC espécie e não gênero de crédito de natureza alimentícia, não englobando o crédito trabalhista. (*DJ*, 5.12.08)
154	Ação rescisória. Acordo prévio ajuizamento. Cabimento. Vício. Consentimento	A sentença homologatória de acordo prévio ao ajuizamento de reclamação trabalhista, no qual foi conferida quitação geral do extinto contrato, sujeita-se ao corte rescisório tão somente se verificada a existência de fraude ou vício de consentimento. (*DEJT*, 11.6.10)
155	Ação Rescisória. Valor da causa. Majoração	CANCELADA – Atribuído o valor da causa na inicial da ação rescisória ou do mandado de segurança e não havendo impugnação, nos termos do art. 261 do CPC, é defeso ao Juízo majorá-lo de ofício, ante a ausência de amparo legal. Inaplicável, na hipótese, a Orientação Jurisprudencial da SBDI-2 n. 147 e o art. 2º, II, da Instrução Normativa n. 31 do TST. (*DEJT*, 11.6.10). (Res. 206/16, *DEJT*, 18.4.16)

	TEMA	TEXTO
156	"Habeas corpus". TST. Cabimento	É cabível ajuizamento de "habeas corpus" originário no Tribunal Superior do Trabalho, em substituição de recurso ordinário em "habeas corpus", de decisão definitiva proferida por Tribunal Regional do Trabalho, uma vez que o órgão colegiado passa a ser a autoridade coatora no momento em que examina o mérito do "habeas corpus" impetrado no âmbito da Corte local. (*DEJT*, 11.6.10)
157	Ação rescisória. Não cabimento. Mesma ação. Fases distintas.	A ofensa à coisa julgada de que trata o inciso IV do art. 966 do CPC de 2015 (inciso IV do art. 485 do CPC de 1973) refere-se apenas a relações processuais distintas. A invocação de desrespeito à coisa julgada formada no processo de conhecimento, na correspondente fase de execução, somente é possível com base na violação do art. 5º, XXXVI, da Constituição da República. (Res. TST 208/16, *DEJT*, 22.4.16)
		RED. ANTERIOR – A ofensa à coisa julgada de que trata o art. 485, IV, do CPC refere-se apenas a relações processuais distintas. A invocação de desrespeito à coisa julgada formada no processo de conhecimento, na correspondente fase de execução, somente é possível com base na violação do art. 5º, XXXVI, da Constituição da República. (*DEJT*, 27.9.12)
158	Ação rescisória. Decisão homologatória. Colusão. Nulidade.	A declaração de nulidade de decisão homologatória de acordo, em razão da colusão entre as partes (art. 485, III, do CPC), é sanção suficiente em relação ao procedimento adotado, não havendo que ser aplicada a multa por litigância de má-fé. (*DEJT*, 27.9.12)

ORIENTAÇÃO JURISPRUDENCIAL DO TRIBUNAL PLENO DO TRIBUNAL SUPERIOR DO TRABALHO

	TEMA	TEXTO
1	Precatório. Pequeno valor. EC 37/02	Há dispensa da expedição de precatório, na forma do art. 100, § 3º, da CF/88, quando a execução contra a Fazenda Pública não exceder os valores definidos, provisoriamente, pela Emenda Constitucional n. 37/02, como obrigações de pequeno valor, inexistindo ilegalidade, sob esse prisma, na determinação de sequestro da quantia devida pelo ente público. (*DJ*, 9.12.03)
2	Precatório. Revisão de cálculos. Acolhimento	O pedido de revisão dos cálculos, em fase de precatório, previsto no art. 1º-E da Lei n. 9.494/97, apenas poderá ser acolhido desde que: a) o requerente aponte e especifique claramente quais são as incorreções existentes nos cálculos, discriminando o montante que seria correto, pois do contrário a incorreção torna-se abstrata; b) o defeito nos cálculos esteja ligado à incorreção material ou à utilização de critério em descompasso com a lei ou com o título executivo judicial; e c) o critério legal aplicável ao débito não tenha sido objeto de debate nem na fase de conhecimento, nem na fase de execução. (*DJ*, 9.12.03)
3	Precatório. Preterição. Sequestro	O sequestro de verbas públicas para satisfação de precatórios trabalhistas só é admitido na hipótese de preterição do direito de precedência do credor, a ela não se equiparando as situações de não inclusão da despesa no orçamento ou de não pagamento do precatório até o final do exercício, quando incluído no orçamento. (*DJ*, 9.12.03)
4	Mandado de segurança. Competência. TST	Ao Tribunal Superior do Trabalho não compete apreciar, originariamente, mandado de segurança impetrado em face de decisão de TRT. (*DJ*, 17.3.04)
5	Recurso ordinário. Em reclamação correicional	Não cabe recurso ordinário contra decisão em agravo regimental interposto em reclamação correicional ou em pedido de providência. (ex-OJ SDI-1 70) (Res. TST 129/2005, *DJ*, 20.4.05)
6	Precatório. Execução. Limitação. Período. Servidor empregado	Em sede de precatório, não configura ofensa à coisa julgada a limitação dos efeitos pecuniários da sentença condenatória ao período anterior ao advento da Lei n. 8.112, de 11.12.1990, em que o exequente submetia-se à legislação trabalhista, salvo disposição expressa em contrário na decisão exequenda. (*DJ*, 25.4.07)
7	Precatório. Juros de mora	I – Nas condenações impostas à Fazenda Pública, incidem juros de mora segundo os seguintes critérios:

	TEMA	TEXTO
		a) 1% (um por cento) ao mês, até agosto de 2001, nos termos do § 1º do art. 39 da Lei n. 8.177, de 1º.3.91; b) 0,5% (meio por cento) ao mês, de setembro de 2001 a junho de 2009, conforme determina o art. 1º-F da Lei n. 9.494, de 10.9.97, introduzido pela Medida Provisória n. 2.180-35, de 24.8.2001. II – A partir de 30 de junho de 2009, atualizam-se os débitos trabalhistas da Fazenda Pública, mediante a incidência dos índices oficiais de remuneração básica e juros aplicados à caderneta de poupança, por força do art. 5º da Lei n.11.960, de 29.6.2009. III – A adequação do montante da condenação deve observar essa limitação legal, ainda que em sede de precatório. (Res. TST 175/11, *DEJT*, 31.5.11)
		RED. ANTERIOR – São aplicáveis, nas condenações impostas à Fazenda Pública, os juros de mora de 0,5% (meio por cento) ao mês, a partir de setembro de 2001, conforme determina o art. 1º-F da Lei n. 9.494, de 10.9.1997, introduzido pela Medida Provisória n. 2.180-35, de 24.8.2001, procedendo-se a adequação do montante da condenação a essa limitação legal, ainda que em sede de precatório. (*DJ*, 25.4.07)
8	Precatório. Matéria administrativa. Remessa *ex officio*	Em sede de precatório, por se tratar de decisão de natureza administrativa, não se aplica o disposto no art. 1º, V, do Decreto-Lei n. 779, de 21.8.1969, em que se determina a remessa necessária em caso de decisão judicial desfavorável a ente público. (*DJ*, 25.4.07)
9	Precatório. Pequeno valor. Individualização por reclamante	Tratando-se de reclamações trabalhistas plúrimas, a aferição do que vem a ser obrigação de pequeno valor, para efeito de dispensa de formação de precatório e aplicação do disposto no § 3º do art. 100 da CF/88, deve ser realizada considerando-se os créditos de cada reclamante. (*DJ*, 25.4.07)
10	Precatório. Natureza. Mandado de segurança	É cabível mandado de segurança contra atos praticados pela Presidência dos Tribunais Regionais em precatório em razão de sua natureza administrativa, não se aplicando o disposto no inciso II do art. 5º da Lei n. 1.533, de 31.12.1951. (*DJ*, 25.4.07)
11	Recurso em matéria administrativa. Prazo	Se não houver norma específica quanto ao prazo para interposição de recurso em matéria administrativa de decisão emanada de órgão Colegiado do Tribunal Regional do Trabalho, aplica-se, por analogia, a regra geral dos prazos adotados na Justiça do Trabalho, ou seja, oito dias, conforme estabelecido no art. 6º da Lei n. 5.584, de 26.6.1970. O prazo de dez dias a que alude o art. 59 da Lei n. 9.784, de 29.1.1999, aplica-se somente à interposição de recursos de decisões prolatadas monocraticamente. (*DJ*, 25.4.07)

	TEMA	TEXTO
12	Precatório. Natureza administrativa. Incompetência. Presidente TRT	O Presidente do TRT, em sede de precatório, não tem competência funcional para declarar a inexigibilidade do título judicial exequendo, com fundamento no art. 884, § 5º, da CLT, ante a natureza meramente administrativa do procedimento. (*DEJT*, 20.9.10)
13	Precatório. Ordem de preferência. Sequestro	É indevido o sequestro de verbas públicas quando o exequente/requerente não se encontra em primeiro lugar na lista de ordem cronológica para pagamento de precatórios ou quando não demonstrada essa condição. (*DEJT*, 20.9.10)

ORIENTAÇÃO JURISPRUDENCIAL DA SEÇÃO DE DISSÍDIOS COLETIVOS DO TRIBUNAL SUPERIOR DO TRABALHO

	TEMA	TEXTO
1	Acordo coletivo. Descumprimento	CANCELADA – O ordenamento legal vigente assegura a via da ação de cumprimento para as hipóteses de inobservância de norma coletiva em vigor, razão pela qual é abusivo o movimento grevista deflagrado em substituição ao meio pacífico próprio para a solução do conflito. (*DJ*, 27.3.98) (Cancelada pelo julgamento do processo TST RO-DC 691.153/00-6, *DJ*, 22.6.04)
2	Acordo. Extensão	É inviável aplicar condições constantes de acordo homologado nos autos de dissídio coletivo, extensivamente, às partes que não o subscreveram, exceto se observado o procedimento previsto no art. 868 e seguintes, da CLT. (*DJ*, 27.3.98)
3	Dissídio. Pretensões incompatíveis	São incompatíveis com a natureza e finalidade do dissídio coletivo as pretensões de provimento judicial de arresto, apreensão ou depósito. (*DJ*, 27.3.98)
4	Competência material	CANCELADA – A disputa intersindical pela representatividade de certa categoria refoge ao âmbito da competência material da Justiça do Trabalho. (*DJ*, 27.3.98) (Cancelada, *DJ*, 18.10.06)
5	Servidor público. Dissídio coletivo. Impossibilidade	Em face de pessoa jurídica de direito público que mantenha empregados, cabe dissídio coletivo exclusivamente para apreciação de cláusulas de natureza social. Inteligência da Convenção n. 151 da Organização Internacional do Trabalho, ratificada pelo Decreto Legislativo n. 206/2010. (Res. TST 186/12, *DEJT*, 27.9.12).
		RED. ANTERIOR – Aos servidores públicos não foi assegurado o direito ao reconhecimento de acordos e convenções coletivos de trabalho, pelo que, por conseguinte, também não lhes é facultada a via do dissídio coletivo, à falta de previsão legal. (*DJ*, 27.3.98)
6	Dissídio coletivo. Requisitos	CANCELADA – O dissídio coletivo de natureza jurídica não prescinde da autorização da categoria, reunida em assembleia, para legitimar o sindicato próprio, nem da etapa negocial prévia para buscar solução de consenso. (*DJ*, 27.3.98) (Cancelada pela SDC em sessão de 10.08.00, TST RO-DC 604502/1999-8, *DJ*, 23.3.01)
7	Dissídio coletivo. Interpretação de norma genérica	Não se presta o dissídio coletivo de natureza jurídica à interpretação de normas de caráter genérico, a teor do disposto no art. 313, II, do RITST. (*DJ*, 27.3.98)
8	Dissídio coletivo. Requisitos	A ata da assembleia de trabalhadores que legitima a atuação da entidade sindical respectiva em favor de seus interesses deve registrar, obrigatoriamente, a pauta reivindicatória, produto da vontade expressa da categoria. (*DJ*, 27.3.98)

	TEMA	TEXTO
9	Dissídio coletivo. Objeto	O dissídio coletivo não é meio próprio para o Sindicato vir a obter o reconhecimento de que a categoria que representa é diferenciada, pois esta matéria – enquadramento sindical – envolve a interpretação de norma genérica, notadamente do art. 577 da CLT. (*DJ*, 27.3.98)
10	Greve. Abusividade. Efeitos	É incompatível com a declaração de abusividade de movimento grevista o estabelecimento de quaisquer vantagens ou garantias a seus partícipes, que assumiram os riscos inerentes à utilização do instrumento de pressão máximo. (*DJ*, 27.3.98)
11	Greve. Abusividade. Configuração	É abusiva a greve levada a efeito sem que as partes hajam tentado, direta e pacificamente, solucionar o conflito que lhe constitui o objeto. (*DJ*, 27.3.98)
12	Greve. Ilegitimidade ativa	CANCELADA – Não se legitima o Sindicato profissional a requerer judicialmente a qualificação legal de movimento paredista que ele próprio fomentou. (*DJ*, 27.3.98) (Cancelada, pela Res. TST 166/10, *DEJT* 4.5.10)
13	Dissídio coletivo. Requisitos	CANCELADA – Mesmo após a promulgação da Constituição Federal de 1988, subordina-se a validade da assembleia de trabalhadores que legitima a atuação da entidade sindical respectiva em favor de seus interesses à observância do *quorum* estabelecido no art. 612 da CLT. (*DJ*, 27.3.98) (Cancelada, *DJ*, 24.11.03)
14	Dissídio coletivo. Requisitos	CANCELADA – Se a base territorial do Sindicato representativo da categoria abrange mais de um Município, a realização de assembleia deliberativa em apenas um deles inviabiliza a manifestação de vontade da totalidade dos trabalhadores envolvidos na controvérsia, pelo que conduz à insuficiência de *quorum* deliberativo, exceto quando particularizado o conflito. (*DJ*, 27.3.98) (Cancelada, pelo julgamento do processo AIRO e RODC 21129/2002-900-03-00-9, *DJ*, 24.11.03)
15	Sindicato. Legitimidade. Requisitos	A comprovação da legitimidade *ad processum* da entidade sindical se faz por seu registro no órgão competente do Ministério do Trabalho, mesmo após a promulgação da Constituição Federal de 1988. (*DJ*, 27.3.98)
16	Dissídio coletivo. Objeto	É contrária ao espírito da lei (art. 477, § 7º, da CLT) e da função precípua do Sindicato a cláusula coletiva que estabelece taxa para homologação de rescisão contratual, a ser paga pela empresa a favor do sindicato profissional. (*DJ*, 27.3.98)
17	Contribuição sindical. Não associado	As cláusulas coletivas que estabeleçam contribuição em favor de entidade sindical, a qualquer título, obrigando trabalhadores não sindicalizados, são ofensivas ao direito de livre associação e sindicalização, constitucionalmente assegurado, e, portanto, nulas, sendo passíveis de devolução, por via própria, os respectivos valores eventualmente descontados. (*DJ*, 25.5.98)
18	Desconto salarial. Limite	Os descontos efetuados com base em cláusula de acordo firmado entre as partes não podem ser superiores a 70% do salário-base percebido pelo empregado, pois deve-se assegurar um mínimo de salário em espécie ao trabalhador. (*DJ*, 25.5.98)

	TEMA	TEXTO
19	Dissídio coletivo. Empregados interessados	A legitimidade da entidade sindical para a instauração da instância contra determinada empresa está condicionada à prévia autorização dos trabalhadores da suscitada diretamente envolvidos no conflito. (*DEJT*,18.11.10)
		RED. ANTERIOR – Dissídio coletivo contra empresa. Legitimação da entidade sindical. Autorização dos trabalhadores diretamente envolvidos no conflito. (*DJ*, 25.5.98)
20	Empregado sindicalizado. Admissão preferencial	Viola o art. 8º, V, da CF/1988 cláusula de instrumento normativo que estabelece a preferência, na contratação de mão de obra, do trabalhador sindicalizado sobre os demais. (*DEJT*, 18.11.10)
		RED. ANTERIOR – Empregados sindicalizados. Admissão preferencial. Condição violadora do art. 8º, V, da CF/88. (*DJ*, 25.5.98)
21	Sindicato. *Quorum*	CANCELADA – Ilegitimidade *ad causam* do sindicato. Ausência de indicação do total de associados da entidade sindical. Insuficiência de *quorum* (art. 612 da CLT). (*DJ*, 25.5.98) (Cancelada, *DJ*, 02.12.03)
22	Sindicato. Correspondência das atividades profissional e econômica envolvidas	É necessária a correspondência entre as atividades exercidas pelos setores profissional e econômico, a fim de legitimar os envolvidos no conflito a ser solucionado pela via do dissídio coletivo. (*DJ*, 18.11.10)
		RED. ANTERIOR – Legitimidade *ad causam* do sindicato. Correspondência entre as atividades exercidas pelos setores profissional e econômico envolvidos no conflito. Necessidade. (*DJ*, 25.5.98)
23	Sindicato. Representação de toda a categoria	A representação sindical abrange toda a categoria, não comportando separação fundada na maior ou menor dimensão de cada ramo ou empresa. (*DJ*, 25.5.98)
24	Dissídio coletivo. Delegacia Regional do Trabalho	CANCELADA – Negociação prévia insuficiente. Realização de mesa redonda perante a DRT. Art. 114, § 2º, da CF/88. Violação. (*DJ*, 25.5.98) (Cancelada, *DJ*, 16.04.04)
25	Salário normativo. Tempo de serviço	Não fere o princípio da isonomia salarial (art. 7º, XXX, da CF/88) a previsão de salário normativo tendo em vista o fator tempo de serviço. (*DJ*, 25.5.98)
26	Menor de idade. Salário irredutível	Os empregados menores não podem ser discriminados em cláusula que fixa salário mínimo profissional para a categoria. (*DJ*, 25.5.98)
27	Deserção sem intimação	A deserção se impõe mesmo não tendo havido intimação, pois incumbe à parte, na defesa do próprio interesse, obter os cálculos necessários para efetivar o preparo. (*DJ*, 19.8.98)
28	Sindicato. Editais	O edital de convocação para a AGT deve ser publicado em jornal que circule em cada um dos municípios componentes da base territorial. (*DJ*, 19.8.98)

	TEMA	TEXTO
29	Dissídio coletivo. Editais	O edital de convocação da categoria e a respectiva ata da AGT constituem peças essenciais à instauração do processo de dissídio coletivo. (*DJ*, 19.8.98)
30	Gestante. Estabilidade	Nos termos do art. 10, II, *a*, do ADCT, a proteção à maternidade foi erigida à hierarquia constitucional, pois retirou do âmbito do direito potestativo do empregador a possibilidade de despedir arbitrariamente a empregada em estado gravídico. Portanto, a teor do art. 9º da CLT, torna-se nula de pleno direito a cláusula que estabelece a possibilidade de renúncia ou transação, pela gestante, das garantias referentes à manutenção do emprego e salário. (*DJ*, 19.8.98) (republicada em decorrência de erro material, *DEJT*, 21.9.11)
31	Estabilidade acidentária. Acordo. Violação da L. 8.213/91, art. 118	Não é possível a prevalência de acordo sobre legislação vigente, quando ele é menos benéfico do que a própria lei, porquanto o caráter imperativo dessa última restringe o campo de atuação da vontade das partes. (*DJ*, 19.8.98)
32	Dissídio coletivo. Requisitos. Fundamentação de cláusulas	É pressuposto indispensável à constituição válida e regular da ação coletiva a apresentação em forma clausulada e fundamentada das reivindicações da categoria, conforme orientação do item VI, letra *e*, da Instrução Normativa 4/93. (*DJ*, 19.8.98)
33	Ação rescisória. Legitimidade. Ministério Público	CANCELADA – A teor do disposto no art. 487, incisos I e III, do CPC, o Ministério Público apenas detém legitimidade para propor ação rescisória nas hipóteses em que tenha sido parte no processo no qual proferida a decisão rescindenda; nas quais deixou de manifestar-se ou intervir na lide, quando por previsão legal expressa deveria tê-lo feito, ou ainda naquelas em que a sentença resultou de colusão das partes, com o intuito de fraudar a lei. (*DJ*, 7.12.98) (Cancelada, *DJ*, 22.8.05)
34	Acordo extrajudicial. Homologação. Desnecessidade	É desnecessária a homologação, por Tribunal Trabalhista, do acordo extrajudicialmente celebrado, sendo suficiente, para que surta efeitos, sua formalização perante o Ministério do Trabalho (art. 614 da CLT e art. 7º, inciso XXVI, da Constituição Federal). (*DJ*, 7.12.98)
35	Assembleia geral dos trabalhadores. Validade	Se os estatutos da entidade sindical contam com norma específica que estabeleça prazo mínimo entre a data de publicação do edital convocatório e a realização da assembleia correspondente, então a validade desta última depende da observância desse interregno. (*DJ*, 7.12.98)
36	Profissionais de informática. Categoria diferenciada. Impossibilidade	É por lei e não por decisão judicial, que as categorias diferenciadas são reconhecidas como tais. De outra parte, no que tange aos profissionais da informática, o trabalho que desempenham sofre alterações, de acordo com a atividade econômica exercida pelo empregador. (*DJ*, 7.12.98)

	TEMA	TEXTO
37	Entidades sindicais. Empregados. Enquadramento	CANCELADA – O art. 10 da Lei 4.725/65 assegura, para os empregados de entidades sindicais, as mesmas condições coletivas de trabalho fixadas para os integrantes das categorias que seus empregadores representam. Assim, a previsão legal expressa constitui óbice ao ajuizamento de dissídio coletivo com vistas a estabelecer para aqueles profissionais regramento próprio. (*DJ*, 7.12.98) (Cancelada, *DJ*, 18.10.06)
38	Greve. Serviços essenciais. Abusividade	É abusiva a greve que se realiza em setores que a lei define como sendo essenciais à comunidade, se não é assegurado o atendimento básico das necessidades inadiáveis dos usuários do serviço, na forma prevista na Lei 7.783/89. (*DJ*, 7.12.98)

PRECEDENTES NORMATIVOS

PRECEDENTES NORMATIVOS EM DISSÍDIOS COLETIVOS DO TST*

TEMA		TEXTO
1	Antecipação salarial trimestral	CANCELADO – NEGATIVO – Não se concede antecipação salarial trimestral (RA 37/92, *DJ*, 8.9.92) (cancelado pela Res. TST 86/98, *DJ*, 15.10.98)
2	Abono pecuniário. Estudante	CANCELADO – NEGATIVO – Não se concede abono pecuniário ao empregado estudante com 1 (um) mês de trabalho. (RA 37/92, *DJ*, 8.9.92) (cancelado pela Res. TST 86/98, *DJ*, 15.10.98)
3	Insalubridade. Cálculo. Piso salarial	CANCELADO – NEGATIVO – Não se concede adicional de insalubridade sobre o piso salarial. (RA 37/92, *DJ*, 8.9.92) (cancelado pela Res. TST 81/98, *DJ*, 20.8.98)
4	Veículo. Ajuda de custo	CANCELADO – NEGATIVO – Não se concede cláusula tratando da seguinte condição: Salvo disposição contratual em contrário, a empresa, quando paga ajuda de custo por quilometragem rodada ao empregado, está obrigada a ressarcimento de danos materiais no veículo por ele utilizado a serviço. (RA 37/92, *DJ*, 8.9.92) (cancelado pela Res. TST 81/98, *DJ*, 20.8.98)
5	CTPS. Anotação de comissões	POSITIVO – O empregador é obrigado a anotar, na CTPS, o percentual das comissões a que faz jus o empregado. (RA 37/92, *DJ*, 8.9.92)
6	Amamentação. Salário	POSITIVO – É garantido às mulheres, no período de amamentação, o recebimento do salário, sem prestação de serviços, quando o empregador não cumprir as determinações dos §§ 1º e 2º do art. 389 da CLT. (RA 37/92, *DJ*, 8.9.92)
7	Norma coletiva. Assistência sindical	CANCELADO – NEGATIVO – Não se concede cláusula que determine a assistência sindical nas rescisões contratuais de empregados com tempo de serviço inferior a 1 (um) ano. (RA 37/92, *DJ*, 8.9.92) (cancelado pela Res. TST 81/98, *DJ*, 20.8.98)
8	Atestados de afastamento e salários	POSITIVO – O empregador é obrigado a fornecer atestados de afastamento e salários ao empregado demitido. (RA 37/92, *DJ*, 8.9.92)
9	Auxílio-alimentação	CANCELADO – NEGATIVO – Não se concede auxílio-alimentação a empregado. (RA 37/92, *DJ*, 8.9.92) (cancelado pela Res. TST 86/98, *DJ*, 15.10.98)

*. Jurisprudência iterativa da Seção de Dissídios Coletivos do TST, republicada e renumerada (de 1 a 118) por Res. Adm. TST, *DJU*, 8.9.92. As seguintes indicam as datas de publicação.

	TEMA	TEXTO
10	Banco do Brasil. Dissídio coletivo. Parte	POSITIVO – Os Tribunais Regionais do Trabalho são incompetentes para processar e julgar Dissídios Coletivos em que sejam partes o Banco do Brasil S.A. e entidades sindicais dos bancários. (Res. TST 86/98, *DJ*, 15.10.98)
		RED. ANTERIOR – POSITIVO – O Banco do Brasil não é parte legítima em dissídio coletivo de bancários ajuizado perante os TRTs. (RA 37/92, *DJ*, 8.9.92)
11	Aposentadoria. Bonificação de salário	CANCELADO – NEGATIVO – Não se concede bonificação de salário a quem se aposenta. (RA 37/92, *DJ*, 8.9.92) (cancelado pela Res. TST 86/98, *DJ*, 15.10.98)
12	Caixa. Analogia. Bancários	CANCELADO – NEGATIVO – Não se concede ao caixa o horário de 6 (seis) horas, por analogia com o dos bancários. (RA 37/92, *DJ*, 8.9.92) (cancelado pela Res. TST 81/98, *DJ*, 20.08.98)
13	Norma coletiva. Local para sindicalização	CANCELADO – NEGATIVO – Não se concede cláusula prevendo a cessão de local na empresa destinado à sindicalização. (RA 37/92, *DJ*, 8.9.92) (cancelado pela Res. TST 86/98, *DJ*, 15.10.98)
14	Desconto no salário. Cheques não compensados ou sem fundos	POSITIVO – Proíbe-se o desconto no salário do empregado dos valores de cheques não compensados ou sem fundos, salvo se não cumprir as resoluções da empresa. (RA 37/92, *DJ*, 8.9.92)
15	Vendedor. Comissão sobre cobrança	POSITIVO – Se não obrigado por contrato a efetuar cobranças, o vendedor receberá comissões por esse serviço, respeitadas as taxas em vigor para os demais cobradores. (RA 37/92, *DJ*, 8.9.92)
16	Quadro de carreira. Comissão para disciplinar	CANCELADO – NEGATIVO – Não se concede a criação de comissão para disciplinar quadro de carreira na empresa. (RA 37/92, *DJ*, 8.9.92) (cancelado pela Res. TST 86/98, *DJ*, 15.10.98)
17	Auxílio-doença. Complementação	CANCELADO – NEGATIVO – Não se concede complementação de auxílio-doença. (RA 37/92, *DJ*, 8.9.92) (cancelado pela Res. TST 86/98, *DJ*, 15.10.98)
18	Norma coletiva. Cópia do contrato de experiência	CANCELADO – NEGATIVO – Não se concede norma que obrigue a remessa de cópia do contrato de experiência ao sindicato. (RA 37/92, *DJ*, 8.9.92) (cancelado pela Res. TST 86/98, *DJ*, 15.10.98)
19	Horas extras. Cursos e reuniões obrigatórios	CANCELADO – POSITIVO – Quando realizados fora do horário normal, os cursos e reuniões obrigatórios terão seu tempo remunerado como trabalho extraordinário. (RA 37/92, *DJ*, 8.9.92) (cancelado pelo Res. TST 81/98, *DJ*, 20.8.98)
20	Empregado rural. Contrato escrito	POSITIVO – Sendo celebrado contrato por tarefa, parceria ou meação, por escrito, obriga-se o empregador a fornecer uma via deste ao empregado, devidamente datada e assinada pelas partes. (RA 37/92, *DJ*, 8.9.92)

	TEMA	TEXTO
21	Auxílio-doença. Desconto para aquisição de férias	CANCELADO – NEGATIVO – Não se concede cláusula prevendo a dedução do período de auxílio-doença para aquisição de férias. (RA 37/92, *DJ*, 8.9.92) (cancelado pela Res. TST 86/98, *DJ*, 15.10.98)
22	Creche. Obrigatória	POSITIVO – Determina-se a instalação de local destinado a guarda de crianças em idade de amamentação, quando existentes na empresa mais de 30 (trinta) mulheres maiores de 16 anos, facultado o convênio com creches. (RA 37/92, *DJ*, 8.9.92)
23	Criação de feriado. Competência	CANCELADO – NEGATIVO – A Justiça do Trabalho é incompetente para criar feriado remunerado. (RA 37/92, *DJ*, 8.9.92) (cancelado pela Res. TST 86/98, *DJ*, 15.10.98)
24	Aviso prévio. Dispensa	POSITIVO – O empregado despedido fica dispensado do cumprimento do aviso prévio quando comprovar a obtenção de novo emprego, desonerando a empresa do pagamento dos dias não trabalhados. (RA 37/92, *DJ*, 8.9.92)
25	Norma coletiva. Eleição CIPA	CANCELADO – NEGATIVO – Não se concede cláusula regulando as eleições para a CIPA. (RA 37/92, *DJ*, 8.9.92) (cancelado pela Res. TST 81/98, *DJ*, 20.8.98)
26	Estabilidade. Auxílio-doença	CANCELADO – NEGATIVO – Não se concede estabilidade ao beneficiário do auxílio-doença. (RA 37/92, *DJ*, 8.9.92) (cancelado pela Res. TST 86/98, *DJ*, 15.10.98)
27	Estabilidade. Férias	CANCELADO – NEGATIVO – Não se concede estabilidade ao empregado que retorna de férias. (RA 37/92, *DJ*, 8.9.92) (cancelado pela Res. TST 86/98, *DJ*, 15.10.98)
28	Férias proporcionais. Empregado com menos de 1 (um) ano	CANCELADO – NEGATIVO – Não se concedem férias proporcionais a empregado que, contando com menos de 1 ano de serviço, pede demissão. (RA 37/92, *DJ*, 8.9.92) (cancelado pela Res. TST 81/98, *DJ*, 20.8.98)
29	Greve. Competência TRT	POSITIVO – Compete aos Tribunais do Trabalho decidir sobre o abuso do direito de greve. (RA 37/92, *DJ*, 8.9.92)
30	Estabilidade. Empregado acidentado	CANCELADO – POSITIVO – Asseguram-se ao empregado vítima de acidente de trabalho 180 (cento e oitenta) dias de garantia no emprego, contados a partir da alta do órgão previdenciário (aplicável até 24 de julho de 1991, em face do que dispõe o art. 118 da Lei n. 8.213, de 24 de julho de 1991, publicada no *Diário Oficial da União* do dia 25 de julho de 1991). (RA 37/92, *DJ*, 8.9.92) (cancelado pela Res. TST 81/98, *DJ*, 20.8.98)
31	Professor. "Janelas"	POSITIVO – Os tempos vagos (janelas) em que o professor ficar à disposição do curso serão remunerados como aula, no limite de 1 hora diária por unidade. (RA 37/92, *DJ*, 8.9.92)
32	Estudante. Jornada. Prorrogação	POSITIVO – Proíbe-se a prorrogação da jornada de trabalho do empregado estudante, ressalvadas as hipóteses dos arts. 59 e 61 da CLT. (RA 37/92, *DJ*, 8.9.92)

	TEMA	TEXTO
33	Licença-prêmio. Concessão	CANCELADO – NEGATIVO – Não se concede um mês de licença-prêmio para empregado com 10 anos de serviço. (RA 37/92, *DJ*, 8.9.92) (cancelado pela Res. TST 81/98, *DJ*, 20.8.98)
34	Empregado rural. Moradia	POSITIVO – Ao empregado que residir no local de trabalho fica assegurada a moradia em condições de habitabilidade, conforme exigências da autoridade local. (RA 37/92, *DJ*, 8.9.92)
35	Mão de obra locada	CANCELADO – POSITIVO – Fica proibida a contratação de mão de obra locada, ressalvadas as hipóteses previstas nas Leis ns. 6.019/1974 e 7.102/1983. (RA 37/92, *DJ*, 8.9.92) (cancelado pela Res. TST 81/98, *DJ*, 20.8.98)
36	13º Salário. Atraso. Multa	CANCELADO – NEGATIVO – Não se manda pagar multa pelo atraso no 13º salário. (RA 37/92, *DJ*, 8.9.92) (cancelado pela Res. TST 81/98, *DJ*, 20.8.98)
37	Dissídio coletivo. Fundamentação de cláusulas	POSITIVO – Nos processos de dissídio coletivo só serão julgadas as cláusulas fundamentadas na representação, em caso de ação originária, ou no recurso. (RA 37/92, *DJ*, 8.9.92)
38	Adicional por tempo de serviço	CANCELADO – NEGATIVO – Não se concede adicional por tempo de serviço (quinquênio, triênio, anuênio, etc.). (RA 37/92, *DJ*, 8.9.92) (cancelado pela Res. TST 86/98, *DJ*, 15.10.98)
39	Norma coletiva. Readmissões	CANCELADO – NEGATIVO – Não se concede cláusula prevendo que, para o preenchimento de vagas, o empregador dará preferência aos empregados que foram dispensados sem justa causa. (RA 37/92, *DJ*, 8.9.92) (cancelado pela Res. TST 86/98, *DJ*, 15.10.98)
40	Comissionista. DSR	CANCELADO – POSITIVO – O repouso semanal do comissionista é calculado nos termos da Lei n. 605/1949. (RA 37/92, *DJ*, 8.9.92) (cancelado pela Res. TST 81/98, *DJ*, 20.8.98)
41	Empregador. Relação nominal de empregados	POSITIVO – As empresas encaminharão à entidade profissional cópia das guias de contribuição sindical e assistencial, com a relação nominal dos respectivos salários, no prazo máximo de 30 dias após o desconto. (RA 37/92, *DJ*, 8.9.92)
42	Seguro obrigatório. Transporte de valores. Vigia ou vigilante	POSITIVO – Institui-se a obrigação do seguro, por acidente ou morte, para empregados que transportem valores ou exerçam as atividades de vigia ou vigilante. (RA 37/92, *DJ*, 8.9.92)
43	Horas extras. Adicional	CANCELADO – POSITIVO – As horas extraordinárias serão remuneradas com o adicional de 100%. (RA 37/92, *DJ*, 8.9.92) (cancelado pela Res. TST 81/98, *DJ*, 20.8.98)
44	Transporte após as 22 horas	CANCELADO – NEGATIVO – Não se concede condição para o fornecimento de transporte aos empregados que trabalham após as 22 horas.(RA 37/92, *DJ*, 8.9.92) (cancelado pela Res. TST 86/98, *DJ*, 15.10.98)

	TEMA	TEXTO
45	Reajuste. Trimestralidade	CANCELADO – NEGATIVO – Não se concede revisão trimestral de reajustamento.(RA 37/92, *DJ*, 8.9.92) (cancelado pela Res. TST 81/98, *DJ*, 20.8.98)
46	Verbas rescisórias. Multa	CANCELADO – POSITIVO – Impõe-se multa pelo não pagamento das verbas rescisórias até o 10º dia útil subsequente ao afastamento definitivo do empregado, por dia de atraso, no valor equivalente ao salário diário, desde que o retardamento não decorra de culpa do trabalhador (aplicável até a edição da Lei n. 7.855, de 24.10.89). (RA 37/92, *DJ*, 8.9.92) (cancelado pela Res. TST 81/98, *DJ*, 20.8.98)
47	Dispensa. Escrito	POSITIVO – O empregado despedido será informado, por escrito, dos motivos da dispensa. (RA 37/92, *DJ*, 8.9.92)
48	Rural. Concessão de terra	CANCELADO – POSITIVO – O empregado rural terá direito ao uso de área para cultivo, em torno da moradia, observado o seguinte balizamento: A) 0,5 (meio) hectare para trabalhador solteiro, viúvo ou desquitado; B) 1 hectare para trabalhador viúvo ou desquitado, com filho de idade superior a 15 anos; C) 1,5 hectare para trabalhador casado; D) 2 hectares para trabalhador casado e com filho de idade superior a 15 anos. Quando o empregado rural for despedido sem justa causa, antes de colher sua própria cultura, será indenizado pelo empregador no valor equivalente às despesas que efetuou. (RA 37/92, *DJ*, 8.9.92) (cancelado pela Res. TST 125/04, *DJ*, 10.9.04)
49	Gestante. Garantia de emprego	CANCELADO – POSITIVO – Defere-se garantia de emprego à gestante, desde a concepção até 5 meses após o parto. (RA 37/92, *DJ*, 8.9.92) (cancelado pela Res. TST 81/98, *DJ*, 20.8.98)
50	Rural. Defensivos agrícolas	POSITIVO – O empregador rural é obrigado a possuir o receituário agronômico de defensivos agrícolas e a observar as medidas de prevenção nele contidas. (RA 37/92, *DJ*, 8.9.92)
51	Estabilidade. CIPA. Suplentes	CANCELADO – POSITIVO – Concede-se a garantia do art. 165 da CLT aos suplentes das CIPAs. (RA 37/92, *DJ*, 8.9.92) (cancelado pela Res. TST 81/98, *DJ*, 20.8.98)
52	Falta. Recebimento do PIS	POSITIVO – Garante-se ao empregado o recebimento do salário do dia em que tiver de se afastar para recebimento do PIS. (RA 37/92, *DJ*, 8.9.92)
53	Rural. Rescisão do contrato de trabalho do chefe de família	POSITIVO – A rescisão do contrato de trabalho rural, sem justa causa, do chefe da unidade familiar é extensiva à esposa, às filhas solteiras e aos filhos de até 20 anos de idade, que exerçam atividades na propriedade, mediante opção destes. (RA 37/92, *DJ*, 8.9.92)
54	Norma coletiva. Transporte para audiência	CANCELADO – NEGATIVO – Não se concede cláusula prevendo o fornecimento de transporte aos trabalhadores para assistirem à audiência em Junta de Conciliação e Julgamento. (RA 37/92, *DJ*, 8.9.92) (cancelado pela Res. TST 86/98, *DJ*, 15.10.98)
55	Jornalista. Contrato de trabalho	POSITIVO – O empregador é obrigado a mencionar no contrato de trabalho o órgão de imprensa no qual o jornalista vai trabalhar. (RA 37/92, *DJ*, 8.9.92)

	TEMA	TEXTO
56	Decreto. Constitucionalidade	POSITIVO – São constitucionais os Decretos-Leis n. 2.012/83, 2.024/83 e 2.045/83. (RA 37/92, *DJ*, 8.9.92)
57	Rural. Insalubridade	CANCELADO – POSITIVO – O empregado rural tem direito ao adicional de insalubridade previsto na CLT, desde que as condições desfavoráveis sejam apuradas através de perícia técnica. (RA 37/92, *DJ*, 8.9.92) (cancelado pela Res. TST 81/98, *DJ*, 20.8.98)
58	Salário. Pagamento ao analfabeto	POSITIVO – O pagamento de salário ao empregado analfabeto deverá ser efetuado na presença de 2 testemunhas. (RA 37/92, *DJ*, 8.9.92)
59	Rural. Aferição das balanças	POSITIVO – O instrumento de peso e medida, utilizado pelos empregadores para aferição das tarefas no regime de produção, deverá ser conferido pelo INPM. (RA 37/92, *DJ*, 8.9.92)
60	Rural. Latão de café	POSITIVO – O latão de café terá capacidade de 60 litros e será padronizado de acordo com as normas do INPM. (RA 37/92, *DJ*, 8.9.92)
61	Desconto. Inadimplemento do cliente	POSITIVO – Salvo disposição contratual, é vedado ao empregador responsabilizar o empregado pelo inadimplemento do cliente, até mesmo quanto a títulos. (RA 37/92, *DJ*, 8.9.92)
62	Rural. Moradia	POSITIVO – Os empregadores são responsáveis pelos reparos nas residências que cedam aos empregados rurais, desde que os danos não decorram de culpa destes. (RA 37/92, *DJ*, 8.9.92)
63	Rural. Controle da produção	POSITIVO – Quando da colheita, o café será entregue na lavoura ou no monte, fornecendo-se ao trabalhador uma ficha com o valor da respectiva produção. (RA 37/92, *DJ*, 8.9.92)
64	Rural. Transporte. Horário e local	POSITIVO – Fornecendo o empregador condução para o trabalho, informará ele aos empregados, previamente, os locais e horários do transporte. (RA 37/92, *DJ*, 8.9.92)
65	Rural. Pagamento de salário	POSITIVO – O pagamento do salário será efetuado em moeda corrente e no horário de serviço, para isso permitido o seu prolongamento até duas horas após o término da jornada de trabalho. (RA 37/92, *DJ*, 8.9.92)
66	Descontos.Garrafas "bicadas"	POSITIVO – Constituem ônus do empregador aceitar a devolução de garrafas "bicadas" e o extravio de engradados, salvo se não cumpridas as disposições contratuais pelo empregado. (RA 37/92, *DJ*, 8.9.92)
67	Salário por produção. Valor mínimo	POSITIVO – Quando o serviço for contratado por produção, a remuneração não poderá ser inferior à diária correspondente ao salário normativo. (RA 37/92, *DJ*, 8.9.92)
68	Rural. Faltas ao serviço. Compras	POSITIVO – Autoriza-se o chefe de família, se empregado rural, a faltar ao serviço um dia por mês ou meio dia por quinzena, para efetuar compras, sem remuneração ou mediante compensação de horário, mas sem prejuízo do repouso remunerado, desde que não tenha falta injustificada durante o mês. (RA 37/92, *DJ*, 8.9.92)

	TEMA	TEXTO
69	Rural. Pagamento de dia não trabalhado	POSITIVO – O empregado rural fará jus ao salário do dia, quando comparecer ao local de prestação de serviço ou ponto de embarque, se fornecida condução pelo empregador, e não puder trabalhar em consequência de chuva ou de outro motivo alheio à sua vontade. (RA 37/92, *DJ*, 8.9.92)
70	Estudante. Licença. Dia de prova	POSITIVO – Concede-se licença não remunerada nos dias de prova ao empregado estudante, desde que avisado o patrão com 72 horas de antecedência e mediante comprovação. (RA 37/92, *DJ*, 8.9.92)
71	Rural. Transporte. Condições de segurança	POSITIVO – Quando fornecidos pelo empregador, os veículos destinados a transportar trabalhadores rurais deverão satisfazer as condições de segurança e comodidade, sendo proibido o carregamento de ferramentas soltas junto às pessoas conduzidas. (RA 37/92, *DJ*, 8.9.92)
72	Salário. Multa. Atraso no pagamento	POSITIVO – Estabelece-se multa de 10% sobre o saldo salarial, na hipótese de atraso no pagamento de salário até 20 dias, e de 5% por dia no período subsequente. (RA 37/92, *DJ*, 8.9.92)
73	Multa. Obrigação de fazer	POSITIVO – Impõe-se multa, por descumprimento das obrigações de fazer, no valor equivalente a 10% do salário básico, em favor do empregado prejudicado. (RA 37/92, *DJ*, 8.9.92)
74	Desconto assistencial. Obrigatoriedade	CANCELADO – POSITIVO – Subordina-se o desconto assistencial sindical à não oposição do trabalhador, manifestada perante a empresa até 10 dias antes do primeiro pagamento reajustado. (RA 37/92, *DJ*, 08.9.92) (cancelado pela Res. TST 81/98, *DJ*, 20.8.98)
75	Contrato de experiência. Readmissão	CANCELADO – POSITIVO – Readmitido o empregado no prazo de 1 (um) ano, na função que exercia, não será celebrado novo contrato de experiência, desde que cumprido integralmente o anterior. (RA 37/92, *DJ*, 8.9.92) (cancelado pela Res. TST 81/98, *DJ*, 20.8.98)
76	Aviso prévio. Prazo	CANCELADO – POSITIVO – Concedem-se 60 dias de aviso prévio a todos os trabalhadores demitidos sem justa causa. (RA 37/92, *DJ*, 8.9.92) (cancelado pela Res. TST 81/98, *DJ*, 20.8.98)
77	Transferência. Garantia de emprego	POSITIVO – Assegura-se ao empregado transferido, na forma do art. 469 da CLT, a garantia de emprego por 1 ano após a data da transferência. (RA 37/92, *DJ*, 8.9.92)
78	Professor. Redução de carga horária	NEGATIVO – Não configura redução salarial ilegal a diminuição de carga horária motivada por inevitável supressão de aulas eventuais ou de turmas. (RA 37/92, *DJ*, 8.9.92)
79	Trabalhador temporário. Descanso semanal	POSITIVO – Concede-se ao trabalhador temporário o acréscimo de 1/6 ao seu salário diário, correspondente ao descanso semanal remunerado, por aplicação analógica do art. 3º da Lei n. 605/49. (RA 37/92, *DJ*, 8.9.92)
80	Serviço militar. Garantia de emprego	POSITIVO – Garante-se o emprego do alistando, desde a data da incorporação no serviço militar até 30 dias após a baixa. (RA 37/92, *DJ*, 8.9.92)

	TEMA	TEXTO
81	Atestados médicos e odontológicos. Abono de faltas	POSITIVO – Assegura-se eficácia aos atestados médicos e odontológicos fornecidos por profissionais do sindicato dos trabalhadores, para o fim de abono de faltas ao serviço, desde que existente convênio do sindicato com a Previdência Social, salvo se o empregador possuir serviço próprio ou conveniado. (RA 37/92, *DJ*, 8.9.92)
82	Norma coletiva. Garantia de salários	POSITIVO – Defere-se a garantia de salários e consectários ao empregado despedido sem justa causa, desde a data do julgamento do dissídio coletivo até 90 dias após a publicação do acórdão, limitado o período total a 120 dias. (RA 37/92, *DJ*, 8.9.92)
83	Dirigentes sindicais. Frequência livre	POSITIVO – Assegura-se a frequência livre dos dirigentes sindicais para participarem de assembleias e reuniões sindicais devidamente convocadas e comprovadas, sem ônus para o empregador. (Res. TST 123/04, *DJ*, 6.7.04)
		RED. ANTERIOR – POSITIVO – Assegura-se a frequência livre dos dirigentes sindicais para participarem de assembleias e reuniões sindicais devidamente convocadas e comprovadas. (RA 37/92, *DJ*, 8.9.92)
84	Seguro de vida. Assalto. Obrigatoriedade	POSITIVO – Institui-se a obrigação do seguro de vida, em favor do empregado e seus dependentes previdenciários, para garantir a indenização nos casos de morte ou invalidez permanente, decorrentes de assalto, consumado ou não, desde que o empregado se encontre no exercício das suas funções. (RA 37/92, *DJ*, 8.9.92)
85	Estabilidade. Direito a aposentadoria	POSITIVO – Defere-se a garantia de emprego, durante os 12 meses que antecedem a data em que o empregado adquire direito a aposentadoria voluntária, desde que trabalhe na empresa há pelo menos 5 anos. Adquirido o direito, extingue-se a garantia. (RA 37/92, *DJ*, 8.9.92)
86	Estabilidade. Representante dos trabalhadores	POSITIVO – Nas empresas com mais de 200 empregados é assegurada a eleição direta de um representante, com as garantias do art. 543 e seus parágrafos, da CLT. (RA 37/92, *DJ*, 8.9.92)
87	Trabalho em domingos e feriados. Pagamento dos salários	POSITIVO – É devida a remuneração em dobro do trabalho em domingos e feriados não compensados, sem prejuízo do pagamento do repouso remunerado, desde que, para este, não seja estabelecido outro dia pelo empregador. (RA 37/92, *DJ*, 8.9.92)
88	Descontos. Cabimento	CANCELADO – POSITIVO – A empresa poderá descontar da remuneração mensal do empregado as parcelas relativas a empréstimos do convênio MTB/CEF, bem como prestações referentes a financiamento de tratamento odontológico feito pelo sindicato convenente, mensalidades de seguro ou outros, desde que os descontos sejam autorizados pelo empregado e não excedam a 30% (trinta por cento) da remuneração mensal. (RA 37/92, *DJ*, 8.9.92) (cancelado pela Res. TST 81/98, *DJ*, 20.8.98)
89	Motorista. Reembolso de despesas	POSITIVO – Defere-se o reembolso das despesas de alimentação e pernoite a motorista e ajudante, quando executarem tarefas a mais de 100 km da empresa. (RA 37/92, *DJ*, 8.9.92)

	TEMA	TEXTO
90	Trabalho noturno. Adicional de 60%	CANCELADO – POSITIVO – O trabalho noturno será pago com adicional de 60%, a incidir sobre o salário da hora normal. (RA 37/92, *DJ*, 8.9.92) (cancelado pela Res. TST 81/98, *DJ*, 20.8.98)
91	Dirigente sindical. Acesso à empresa	POSITIVO – Assegura-se o acesso dos dirigentes sindicais às empresas, nos intervalos destinados à alimentação e descanso, para desempenho de suas funções, vedada a divulgação de matéria político-partidária ou ofensiva. (RA 37/92, *DJ*, 8.9.92)
92	DSR. Empregado atrasado	POSITIVO – Assegura-se o repouso remunerado ao empregado que chegar atrasado, quando permitido seu ingresso pelo empregador, compensado o atraso no final da jornada de trabalho ou da semana. (RA 37/92, *DJ*, 8.9.92)
93	Salário. Comprovante de pagamento	POSITIVO – O pagamento do salário será feito mediante recibo, fornecendo-se cópia ao empregado, com a identificação da empresa, e do qual constarão a remuneração, com a discriminação das parcelas, a quantia líquida paga, os dias trabalhados ou o total da produção, as horas extras e os descontos efetuados, inclusive para a Previdência Social, e o valor correspondente ao FGTS. (RA 37/92, *DJ*, 8.9.92)
94	Rural. Salário. Doença	CANCELADO – POSITIVO – Assegura-se ao trabalhador rural o direito aos salários dos primeiros 15 dias de afastamento em virtude de doença. Possuindo a empresa serviço médico ou mantendo convênio com terceiro, a este caberá o abono das faltas. (RA 37/92, *DJ*, 8.9.92). (cancelado pela Res. TST 81/98, *DJ*, 20.8.98)
95	Falta. Justificada	POSITIVO – Assegura-se o direito à ausência remunerada de 1 dia por semestre ao empregado, para levar ao médico filho menor ou dependente previdenciário de até 6 anos de idade, mediante comprovação no prazo de 48 horas. (RA 37/92, *DJ*, 8.9.92)
96	Aviso prévio. Redução da jornada	CANCELADO – POSITIVO – No início do período do aviso prévio, o empregado poderá optar pela redução de 2 horas no começo ou no final da jornada de trabalho. (RA 37/92, *DJ*, 8.9.92). (cancelado pela Res. TST 81/98, *DJ*, 20.8.98)
97	Comissões de vendas. Descontos	POSITIVO – Ressalvada a hipótese prevista no art. 7º da Lei n. 3.207/57, fica vedado às empresas o desconto ou estorno das comissões do empregado, incidentes sobre mercadorias devolvidas pelo cliente, após a efetivação de venda. (RA 37/92, *DJ*, 8.9.92)
98	CTPS. Retenção. Multa	POSITIVO – Será devida ao empregado a indenização correspondente a 1 dia de salário, por dia de atraso, pela retenção de sua carteira profissional após o prazo de 48 horas. (RA 37/92, *DJ*, 8.9.92)
99	Salário. Nova função	CANCELADO – POSITIVO – Assegura-se ao empregado, designado ou promovido, o direito de receber integralmente o salário da nova função, observando-se o disposto no art. 460 da CLT. (RA 37/92, *DJ*, 8.9.92) (cancelado pela Res. TST 81/98, *DJ*, 20.8.98)

TEMA		TEXTO
100	Férias. Início	POSITIVO – O início das férias, coletivas ou individuais, não poderá coincidir com sábado, domingo, feriado ou dia de compensação de repouso semanal. (RA 37/92, *DJ*, 8.9.92)
101	Adicional de transferência	CANCELADO – POSITIVO – Concede-se adicional de transferência estabelecido pelo § 3º do art. 469 da CLT, no percentual de 50%. (RA 37/92, *DJ*, 8.9.92) (cancelado pela Res. TST 81/98, *DJ*, 20.8.98)
102	Vigias. Assistência jurídica	POSITIVO – A empresa prestará assistência jurídica a seu empregado que, no exercício de função de vigia, praticar ato que o leve a responder a ação penal. (RA 37/92, *DJ*, 8.9.92)
103	Caixa. Gratificação de caixa	POSITIVO – Concede-se ao empregado que exercer permanentemente a função de caixa a gratificação de 10% sobre seu salário, excluídos do cálculo adicionais, acréscimos e vantagens pessoais. (RA 37/92, *DJ*, 8.9.92)
104	Sindicato. Quadro de avisos na empresa	POSITIVO – Defere-se a afixação, na empresa, de quadro de avisos do sindicato, para comunicados de interesse dos empregados, vedados os de conteúdo político-partidário ou ofensivo. (RA 37/92, *DJ*, 8.9.92)
105	CTPS. Função efetiva	POSITIVO – As empresas ficam obrigadas a anotar na carteira de trabalho a função efetivamente exercida pelo empregado, observada a Classificação Brasileira de Ocupações (CBO). (RA 37/92, *DJ*, 8.9.92)
106	Rural. Atividade insalubre. Fornecimento de leite	POSITIVO – Os empregadores que se dedicarem à pecuária leiteira fornecerão, diariamente, 1 litro de leite aos trabalhadores que exerçam atividades insalubres. (RA 37/92, *DJ*, 8.9.92)
107	Rural. Caixa de medicamentos	POSITIVO – Nos locais de trabalho no campo serão mantidos pelo empregador medicamentos e materiais de primeiros socorros. (RA 37/92, *DJ*, 8.9.92)
108	Rural. Abrigos no local de trabalho	POSITIVO – Os empregadores rurais ficam obrigados a construir abrigos rústicos, nos locais de trabalho, para proteção de seus empregados. (RA 37/92, *DJ*, 8.9.92)
109	Moradia. Desconto	POSITIVO – Autoriza-se o desconto da moradia fornecida ao empregado somente quando o imóvel tiver o habite-se concedido pela autoridade competente. (RA 37/92, *DJ*, 8.9.92)
110	Rural. Ferramentas	POSITIVO – Serão fornecidas gratuitamente, pelo empregador, as ferramentas necessárias à execução do trabalho. (RA 37/92, *DJ*, 8.9.92)
111	Relação de empregados. Sindicato	POSITIVO – Obriga-se a empresa a remeter ao sindicato profissional, uma vez por ano, a relação dos empregados pertencentes à categoria. (RA 37/92, *DJ*, 8.9.92)
112	Jornalista. Seguro de vida	POSITIVO – Institui-se a obrigação do seguro de vida em favor de jornalista designado para prestar serviço em área de risco. (RA 37/92, *DJ*, 8.9.92)

	TEMA	TEXTO
113	Empregados. Transporte em caso de urgência	POSITIVO – Obriga-se o empregador a transportar o empregado, com urgência, para local apropriado, em caso de acidente, mal súbito ou parto, desde que ocorram no horário de trabalho ou em consequência deste. (RA 37/92, *DJ*, 8.9.92)
114	Jornada *in itinere*	CANCELADO – POSITIVO – Computa-se na jornada laboral o tempo gasto no trajeto do trabalhador, em condução fornecida pelo empregador, da cidade para o local de trabalho de difícil acesso e não servido por transporte regular e, de volta, até o ponto costumeiro. (RA 37/92, *DJ*, 8.9.92) (cancelado pela Res. TST 81/98, *DJ*, 20.8.98)
115	Descontos. Uniformes	POSITIVO – Determina-se o fornecimento gratuito de uniformes, desde que exigido seu uso pelo empregador. (RA 37/92, *DJ*, 8.9.92)
116	Férias. Cancelamento ou adiantamento	POSITIVO – Comunicado ao empregado o período do gozo de férias individuais ou coletivas, o empregador somente poderá cancelar ou modificar o início previsto se ocorrer necessidade imperiosa e, ainda assim, mediante o ressarcimento, ao empregado, dos prejuízos financeiros por este comprovados. (RA 37/92, *DJ*, 8.9.92)
117	Salário. Pagamento em cheque	POSITIVO – Se o pagamento do salário for feito em cheque, a empresa dará ao trabalhador o tempo necessário para descontá-lo, no mesmo dia. (RA 37/92, *DJ*, 8.9.92)
118	Desconto. Quebra de material	POSITIVO – Não se permite o desconto salarial por quebra de material, salvo nas hipóteses de dolo ou recusa de apresentação dos objetos danificados, ou ainda, havendo previsão contratual, de culpa comprovada do empregado.
119	Contribuição confederativa. Obrigatoriedade	A Constituição da República, em seus arts. 5º, XX, e 8º, V, assegura o direito de livre associação e sindicalização. É ofensiva a essa modalidade de liberdade cláusula constante de acordo, convenção coletiva ou sentença normativa estabelecendo contribuição em favor de entidade sindical a título de taxa para custeio do sistema confederativo, assistencial, revigoramento ou fortalecimento sindical e outras da mesma espécie, obrigando trabalhadores não sindicalizados. Sendo nulas as estipulações que inobservem tal restrição, tornam-se passíveis de devolução os valores irregularmente descontados. (Res. TST 82/98, *DJ*, 20.8.98)
		RED. ANTERIOR – Fere o direito à plena liberdade de associação e de sindicalização cláusula constante de acordo, convenção coletiva ou sentença normativa fixando contribuição a ser descontada dos salários dos trabalhadores não filiados a sindicato profissional, sob a denominação de taxa assistencial ou para custeio do sistema confederativo. A Constituição da República, nos arts. 5º, inciso XX, e 8º, inciso V, assegura ao trabalhador o direito de livre associação e sindicalização. (Res. TST 63/96, *DJ*, 11.11.96)

	TEMA	TEXTO
120	Sentença normativa. Duração	POSITIVO – A sentença normativa vigora, desde seu termo inicial até que sentença normativa, convenção coletiva de trabalho ou acordo coletivo de trabalho superveniente produza sua revogação, expressa ou tácita, respeitado, porém, o prazo máximo legal de quatro anos de vigência. (Res. TST 176/11, *DEJT*, 31.5.11)

PRECEDENTES ADMINISTRATIVOS

PRECEDENTES ADMINISTRATIVOS DO DEPARTAMENTO DE FISCALIZAÇÃO DO TRABALHO – MTE

	TEMA	TEXTO
1	FGTS. Parcelamento. Falta de recolhimento	I – A comprovação do recolhimento integral do débito apurado antes da emissão da NDFG, NFGC ou NRFC, ou da data de apuração da NDFC, acarreta sua declaração de improcedência. II – O parcelamento concedido antes da emissão da notificação, relativo às competências nela apuradas, não caracteriza sua improcedência, exceto se: a) A notificação for emitida na vigência das Instruções Normativas 17/2000 e 25/2001, e o débito apurado for idêntico ao confessado. b) A notificação for emitida na vigência da Instrução Normativa 84/2010 e o débito apurado for idêntico ou inferior ao confessado, ou se houver débito de contribuição social não parcelado (Ato Declaratório MTE 13/13, *DOU*, 16.7.13).
		RED. ANTERIOR – A comprovação do recolhimento das competências notificadas ou da concessão de parcelamento de débito efetivados antes da lavratura da notificação acarreta sua declaração de insubsistência. Já o simples pedido de parcelamento do débito junto à Caixa Econômica Federal – CEF, sem a formalização de sua concessão, não impede o ato fiscalizador, tampouco a lavratura da notificação de débito. (Ato Declaratório MTE 04/02, *DOU*, 22.2.02)
2	Auto de infração. Lavratura	REVOGADO – Não acarreta nulidade a falta de justificativa, no próprio auto de infração, do porquê de sua lavratura fora do local de inspeção, pois trata-se de formalidade que não é da essência do ato. Também a lavratura fora do prazo de 24 horas ou protocolo fora do prazo de 48 horas não acarretam nulidade, mas podem ensejar responsabilização administrativa do Auditor-Fiscal do Trabalho. (Ato Declaratório MTE 04/02, *DOU*, 22.2.02, revogado pelo Ato Declaratório MTE 05/02, *DOU*, 28.6.02)
3	FGTS. Vale-transporte. Falta de recolhimento	O vale-transporte não terá natureza salarial, não se incorporará à remuneração para quaisquer efeitos e tampouco constituirá base de incidência do FGTS, desde que fornecido de acordo com o disposto no art. 2º, II, da Lei n. 7.418/85. O vale-transporte pago em dinheiro tem natureza salarial e repercussão no FGTS. (Ato Declaratório MTE 04/02, *DOU*, 22.2.02)

	TEMA	TEXTO
4	FGTS. Depósito após lavratura	A defesa a auto de infração lavrado por deixar o empregador de efetuar os depósitos fundiários, com os acréscimos legais, após notificado pela fiscalização, deve limitar-se à comprovação de parcelamento ou pagamento correspondente. A discussão acerca do mérito sobre a existência ou acerto do débito apurado encerra-se com o processo de Notificação para Depósito do FGTS – NDFG que lhe deu origem. (Ato Declaratório MTE 04/02, *DOU*, 22.2.02)
5	Sucessão trabalhista	CANCELADO – Não prospera a alegação de que a infração tenha ocorrido quando o vínculo de emprego existia com o empregador anterior. Caracterizada a sucessão, o novo empregador assume os ônus trabalhistas. (Ato Declaratório MTE 04/02, *DOU*, 22.2.02) (Cancelado, Ato Declaratório MTE 10/09, *DOU*, 04.8.09)
6	FGTS. Gratificação. Falta de recolhimento	A gratificação, bem como comissões, percentagens ou abonos pagos pelo empregador, integram o salário. Consequentemente, são base de cálculo para o FGTS. (Ato Declaratório MTE 04/02, *DOU*, 22.2.02)
7	Recurso administrativo. Intempestividade	Não é suficiente para o conhecimento do recurso a efetivação do depósito dentro do prazo legal. É necessário que também o recurso administrativo seja aviado no decêndio legal. (Ato Declaratório MTE 04/02, *DOU*, 22.2.02)
8	Representante comercial. Registro	Para a caracterização de atividade autônoma do representante comercial, é imprescindível a comprovação de sua inscrição no Conselho respectivo. (Ato Declaratório MTE 04/02, *DOU*, 22.2.02)
9	Trabalho em feriados via norma coletiva	Os acordos coletivos ou convenções coletivas de trabalho podem estabelecer as regras de remuneração e/ou compensação para o trabalho em dias feriados, mas não são instrumentos hábeis para afastar a competência da autoridade em matéria de trabalho para exercer o controle do trabalho em tais dias. (Ato Declaratório MTE 04/02, *DOU*, 22.2.02)
10	Jornada. Telefonista	Independente do ramo de atividade do empregador, aplica-se o disposto no art. 227 da CLT, e seus parágrafos, ao exercente das funções de telefonista: jornada de seis horas diárias. Inteligência do Enunciado n. 178 do Tribunal Superior do Trabalho – TST. (Ato Declaratório MTE 04/02, *DOU*, 22.2.02)
11	Inspeção do trabalho. Documentos necessários	Fitas do caixa bancário são considerados documentos necessários à inspeção do trabalho. O sigilo das informações financeiras é da responsabilidade do Auditor-Fiscal do Trabalho, que também, por lei, deve guardar sigilo profissional. (Ato Declaratório MTE 04/02, *DOU*, 22.2.02)
12	Inspeção do trabalho	REVOGADO – Notificação para apresentação de documentos em dia certo e hora incerta, caracteriza infração somente quando transcorrer completamente o dia sem a apresentação. (Ato Declaratório MTE 04/02, *DOU*, 22.2.02, revogado pelo Ato Declaratório MTE 06/02, *DOU*, 20.12.02)

	TEMA	TEXTO
13	Inspeção do trabalho. Documento inexistente	REVOGADO – Desatendida pelo empregador obrigação legal cujo cumprimento se exterioriza em documento não apresentado, cabível a autuação específica e não por falta de apresentação de documentos. Isso porque é impossível a apresentação de documento que só existiria caso cumprida a obrigação. (Ato Declaratório MTE 04/02, *DOU*, 22.2.02, revogado pelo Ato Declaratório MTE 06/02, *DOU*, 20.12.02)
14	Multa. Valor sem expressão econômica	A impossibilidade de impor multa ao infrator em virtude da desatualização ou inexpressividade de seu valor, não obsta o processamento regular do auto de infração e sua declaração de subsistência, uma vez que o instituto da reincidência e a possibilidade de ulterior atualização daquele valor impedem-lhe pronto arquivamento. (Ato Declaratório MTE 04/02, *DOU*, 22.2.02)
15	Salário. Entidades sem fins lucrativos. Prazo	Equiparam-se ao empregador, para os efeitos da relação de emprego, as pessoas e entidades referidas no § 1º do art. 2º da CLT. A partir do momento em que a instituição sem fins lucrativos contrata empregados, assume todas as obrigações dessa relação jurídica, não podendo repassar aos seus empregados o risco de sua atividade. Os salários, portanto, devem ser pagos no prazo legal, sob pena de imposição de sanção administrativa. (Ato Declaratório MTE 04/02, *DOU*, 22.2.02)
16	Inspeção. A dupla visita. Contagem dos prazos concedidos	CANCELADO – Quando aplicável a concessão do prazo para exibição de documentos, não inferior a dois nem superior a oito dias, sua contagem deve se dar com exclusão do dia do início e inclusão do dia do término, sendo irrelevante o horário em que se procedeu à notificação. (Ato Declaratório MTE 04/02, *DOU*, 22.2.02) (Cancelado, Ato Declaratório MTE 10/09, *DOU*, 04.8.09)
17	Descanso. Trabalho em feriados. Decisão judicial	São insubsistentes os autos lavrados contra empregadores amparados por decisão judicial que os permita manter trabalhadores em atividade em dias feriados. (Ato Declaratório MTE 04/02, *DOU*, 22.2.02)
18	FGTS. Notificação para depósito. Pagamento posterior ao levantamento	A quitação de valores relativos a competências levantadas em Notificação para Depósito do FGTS – NDFG não acarreta sua improcedência. Cabe ao Agente Operador do Fundo, Caixa Econômica Federal – CEF deduzir os valores pagos *a posteriori*, quando da verificação de quitação do débito. (Ato Declaratório MTE 04/02, *DOU*, 22.2.02)
19	FGTS. Notificação para depósito do FGTS. Parcelamento não formalizado	Não obsta a lavratura da Notificação para Depósito do FGTS – NDFG processo de parcelamento em andamento junto ao Agente Operador do Fundo, Caixa Econômica Federal – CEF, ainda sem a devida formalização. (Ato Declaratório MTE 04/02, *DOU*, 22.2.02)
20	FGTS. Notificação para depósito do FGTS. Ônus da Prova	CANCELADO – Os documentos com os quais pretende o notificado fazer prova de suas alegações ou de quitação de débitos devem acompanhar a defesa. Descabe à Administração diligenciar em favor do notificado. (Ato Declaratório MTE 04/02, *DOU*, 22.2.02) (Cancelado, Ato Declaratório MTE 10/09, *DOU*, 04.8.09)

	TEMA	TEXTO
21	CTPS. Inutilização	Ao lançar na Carteira de Trabalho e Previdência Social – CTPS anotações prejudiciais ao trabalhador, a empresa tornou aquele documento inútil para uso, mesmo que objetivamente apenas uma das folhas tenha sido inutilizada. Autuação procedente. (Ato Declaratório MTE 04/02, *DOU*, 22.2.02)
22	Inspeção do trabalho. Livre acesso	A prerrogativa do Auditor-Fiscal do Trabalho – AFT de ter livre acesso a todas as dependências dos estabelecimentos sujeitos ao regime da legislação trabalhista compreende não só o direito de ingressar mas também o de permanecer no local, para o exercício de sua ação fiscal. (Ato Declaratório MTE 04/02, *DOU*, 22.2.02)
23	Jornada. Controle alternativo	Os sistemas alternativos de controle de jornada só podem ser utilizados quando autorizados por convenção ou acordo coletivo. (Ato Declaratório MTE 04/02, *DOU*, 22.2.02)
24	Autenticação de livro, folha ou sistema eletrônico	Após a edição da Portaria n. 739, de 29 de agosto de 1997, descabe autuação por falta de autenticação do sistema de registro de empregados, no prazo legal, uma vez autorizada a autenticação pelo Auditor-Fiscal do Trabalho quando de sua visita fiscal. A partir da revogação do art. 42 da CLT, a obrigação legal de autenticação deixou de existir. (Ato Declaratório MTE 04/02, *DOU*, 22.2.02)
25	Gratificação natalina. Prazo	A lei dispõe que o prazo para pagamento da gratificação natalina é o dia 20 de dezembro de cada ano. Recaindo o dia 20 em domingo ou feriado, o pagamento deve ser antecipado. Não há que se falar em prorrogação para o primeiro dia útil subsequente. (Ato Declaratório MTE 04/02, *DOU*, 22.2.02)
26	Jornada. Telemarketing	CANCELADO – Não se aplica ao operador de telemarketing a proteção especial prevista no art. 227 da CLT, uma vez que é ele um vendedor que busca o objetivo de seu trabalho utilizando-se de aparelho telefônico, diferentemente do telefonista, cuja função é receber e efetuar ligações. (Ato Declaratório MTE 04/02, *DOU*, 22.2.02) (Cancelado, Ato Declaratório MTE 10/09, *DOU*, 04.8.09)
27	Rescisão contratual. Homologação. Entidades públicas	A União, os Estados e os Municípios, as autarquias e as fundações de direito público que não explorem atividade econômica não estão sujeitos à assistência mencionada no art. 477 da CLT, face à presunção de legitimidade de seus atos. (Ato Declaratório MTE 04/02, *DOU*, 22.2.02)
28	Rescisão contratual. Pagamento de verbas fora do prazo	O pagamento da multa em favor do empregado não exime o autuado da multa administrativa, uma vez que são penalidades distintas: a primeira beneficia o empregado, enquanto a segunda destina-se ao Poder Público. (Ato Declaratório MTE 04/02, *DOU*, 22.2.02)
29	Jornada. Bancários. Prorrogação de jornada. Intervalo para repouso ou alimentação	Ao estabelecer que a jornada normal de seis horas dos bancários poderá ser excepcionalmente prorrogada até oito horas diárias, observados os preceitos gerais sobre duração do trabalho, o art. 225 da CLT atraiu a incidência da regra do art. 71 do mesmo diploma, que prevê a obrigatoriedade de concessão de intervalo para repouso ou alimentação de, no mínimo uma e, no máximo, duas horas. (Ato Declaratório MTE 04/02, *DOU*, 22.2.02)

	TEMA	TEXTO
30	Jornada. Prorrogação. Convenção ou acordo coletivo	A mera inserção em acordo ou convenção coletiva de cláusula com previsão de percentuais acima de cinquenta por cento para a remuneração das horas extraordinárias, por si só, não autoriza o elastecimento da jornada normal de trabalho. Imprescindível autorização expressa, pois o acessório, exigido pelo § 1º do art. 59, não substitui o principal, cuja obrigação decorre do *caput*. (Ato Declaratório MTE 04/02, *DOU*, 22.2.02)
31	Jornada. Prorrogação. Necessidade imperiosa	I – Os serviços inadiáveis ou cuja inexecução possa acarretar prejuízos manifestos autorizam a prorrogação da jornada apenas até 12 horas, caracterizando-se como tais aqueles que, por impossibilidade decorrente de sua própria natureza, não podem ser paralisados num dia e retomados no seguinte, sem ocasionar prejuízos graves e imediatos. II – Se a paralisação é apenas inconveniente, por acarretar atrasos ou outros transtornos, a necessidade de continuação do trabalho não se caracteriza como imperiosa e o excesso de jornada não se justifica. (Ato Declaratório MTE 04/02, *DOU*, 22.2.02)
32	Processual. Recurso intempestivo	CANCELADO – O recurso administrativo protocolizado fora do prazo não deve ter seu mérito analisado, uma vez que, ausente um dos pressupostos de sua admissibilidade, não pode ser conhecido. O mesmo se aplica à defesa intempestiva. (Ato Declaratório MTE 04/02, *DOU*, 22.2.02) (Cancelado, Ato Declaratório MTE 10/09, *DOU*, 4.8.09)
33	Jornada. Prorrogação. Pagamento. Trabalho extraordinário	O pagamento do adicional por serviço extraordinário não elide a infração pela prorrogação de jornada além dos limites legais ou convencionais, uma vez que o serviço extraordinário deve ser remunerado, independentemente de sua licitude. Isso porque as normas limitadoras da jornada visam a evitar males ao trabalhador, protegendo-lhe a saúde e o bem-estar, não se prestando a retribuição pecuniária como substituta da proteção ao bem jurídico. (Ato Declaratório MTE 04/02, *DOU*, 22.2.02)
34	FGTS. Cesta básica. Falta de recolhimento	O valor pago pelo empregador ao empregado a título de cesta básica ou outro fornecimento de alimentação realizado à margem do Programa de Alimentação do Trabalhador – PAT deve compor a base de cálculo do FGTS, pois se trata de salário *in natura*. (Ato Declaratório MTE 04/02, *DOU*, 22.2.02)
35	Salário. Pagamento. Dificuldades econômicas	Dificuldades econômicas do empregador, decorrentes de inadimplemento contratual de clientes, retração de mercado ou de outros transtornos inerentes à atividade empreendedora, não autorizam o atraso no pagamento de salários, uma vez que, salvo exceções expressamente previstas em lei, os riscos do negócio devem ser suportados exclusivamente pelo empregador. (Ato Declaratório MTE 04/02, *DOU*, 22.2.02)
36	Registro de empregados. Empresa pública e sociedade de economia mista	I – A autuação por falta de registro de empregados em empresas públicas e sociedades de economia mista não contraria o dispositivo constitucional que veda a contratação sem prévia aprovação em concurso público, tampouco as reiteradas decisões judiciais que declaram a nulidade das contratações irregulares. II – Cabe

	TEMA	TEXTO
		ao Auditor-Fiscal do Trabalho verificar o cumprimento da obrigação legal de formalização do vínculo de emprego quando houver trabalho subordinado e, descumprida a norma, proceder à autuação por falta de registro, independentemente do motivo pelo qual o contrato não se formalizou ou da existência de efeitos contratuais de cunho material e patrimonial, questões cujo controle está afeto a outros órgãos do Executivo e ao Poder Judiciário. (Ato Declaratório MTE 04/02, *DOU*, 22.2.02)
37	Rescisão. Ação de consignação fora do prazo legal	A propositura fora do prazo legal de ação judicial de consignação em pagamento para pagamento das verbas rescisórias não afasta a mora da empresa autuada em relação ao prazo legal para cumprimento da obrigação. (Ato Declaratório MTE 04/02, *DOU*, 22.2.02)
38	Inspeção do trabalho. Representantes dos trabalhadores	Os empregadores estão obrigados a franquear seus estabelecimentos à visita de representantes dos trabalhadores que acompanhem ação de inspeção trabalhista das condições de segurança e saúde do trabalhador. (Ato Declaratório MTE 04/02, *DOU*, 22.2.02)
39	Empregados em tabelionatos. Vínculo. Empregatício	É de natureza celetista o vínculo dos empregados em tabelionatos contratados após a edição da Lei n. 8.935, de 18 de novembro de 1994, bem como o dos servidores admitidos antes da Constituição Federal de 1988 em regime estatutário ou especial que tenham feito opção expressa pelo regime. (Ato Declaratório MTE 04/02, *DOU*, 22.2.02)
40	Inspeção do trabalho. Documentos sujeitos à fiscalização	Os documentos sujeitos a inspeção devem permanecer no local de trabalho do empregado. Em caso de ser o empregado deslocado para prestar serviço em outro estabelecimento da empresa, devem acompanhá-lo para o novo local de trabalho o seu controle de jornada e seus registros funcionais, onde será anotada a respectiva transferência. (Ato Declaratório MTE 04/02, *DOU*, 22.2.02)
41	Remuneração. DSR. Adicional noturno	I – Cabível a repercussão do adicional noturno nos cálculos do repouso semanal remunerado de empregado que tem salário pago na base da unidade dia ou mensalistas e quinzenalistas cujo trabalho não seja exclusivamente noturno. II – Para os empregados mensalistas ou quinzenalistas que cumprem jornada exclusivamente noturna, o salário acrescido do adicional de 20% já inclui a remuneração do repouso. (Ato Declaratório MTE 04/02, *DOU*, 22.2.02)
42	Jornada. Controle	Os empregadores não sujeitos à obrigação legal de manter sistema de controle de jornada de seus empregados, mas que deles se utilizam, devem zelar para que os mesmos obedeçam à regulamentação específica, eventualmente existente para a modalidade que adotarem. Caso o Auditor-Fiscal do Trabalho tenha acesso a tal controle, poderá dele extrair elementos de convicção para autuação por infrações, já que o documento existe e é meio de prova hábil a contribuir na sua convicção. (Ato Declaratório MTE 12/11, *DOU*, 9.9.11)

	TEMA	TEXTO
		RED. ANTERIOR – Os empregadores não sujeitos à obrigação legal de manter sistema de controle de jornada de seus empregados, mas que deles se utilizam de forma irregular, não são passíveis de autuação, uma vez ser impossível infringir norma que não se está obrigado a cumprir. No entanto, caso o Auditor-Fiscal do Trabalho tenha acesso a tal controle, poderá dele extrair elementos de convicção para autuação por outras infrações, que não a de manter sistema de controle de jornada. (Ato Declaratório MTE 04/02, *DOU*, 22.2.02)
43	Inspeção do trabalho. Documentos. Apresentação parcial	A alegação em defesa de que não foi exibida ao Auditor-Fiscal do Trabalho apenas parte dos documentos mencionados no auto de infração acarreta a procedência total da autuação, uma vez que a infração ao art. 630, §§ 3º e 4º, da Consolidação das Leis do Trabalho – CLT não comporta subsistência parcial. (Ato Declaratório MTE 04/02, *DOU*, 22.2.02)
44	Inspeção do trabalho. Competência. Médicos e engenheiros	Os Auditores-Fiscais do Trabalho médicos e engenheiros têm competência para lavrar auto de infração capitulado no art. 41 da CLT, ao constatarem falta de registro de empregado. (Ato Declaratório MTE 04/02, *DOU*, 22.2.02)
45	Trabalho em domingos e feriados. Comércio	I – O comércio em geral pode manter empregados trabalhando aos domingos, independentemente de convenção ou acordo coletivo e de autorização municipal. (Ato Declaratório MTE 12/11, *DOU*, 9.9.11) II – Revogado. (Ato Declaratório MTE 07/03, *DOU*, 16.6.03) III – Por sua vez, a abertura do comércio aos domingos é de competência municipal e a verificação do cumprimento das normas do município incumbe à fiscalização de posturas local. IV – O comércio em geral pode manter empregados trabalhando em feriados, desde que autorizado em convenção coletiva de trabalho. (Ato Declaratório MTE 12/11, *DOU*, 9.9.11) V – Os *shopping centers*, mercados, supermercados, hipermercados e congêneres estão compreendidos na categoria "comércio geral" referida pela Lei n. 10.101/2000, com redação dada pela Lei n. 11.603/2007. (Ato Declaratório MTE 12/11, *DOU*, 9.9.11)
		RED. ANTERIOR – I – O comércio varejista em geral, inclusive supermercados, pode manter trabalhadores laborando aos domingos, independentemente de convenção ou acordo coletivo e de autorização municipal, desde 9.11.97, data da introdução da autorização legislativa no ordenamento jurídico. II – *Revogado pelo Ato Declaratório n. 7, de 12 de junho de 2003*. III – Por sua vez, a abertura do comércio aos domingos é de competência municipal e a verificação do cumprimento das normas do município incumbe à fiscalização de posturas local. IV – Não tendo sido contemplado na lei permissivo para trabalho em feriados, permanecem aplicáveis as disposições contidas no Decreto n. 27.048, de 12 de agosto de 1949. V – A autorização da Lei n. 605/49 para funcionamento em domingos e feriados nos estabelecimentos de comércio de gêneros alimentícios e similares

TEMA	TEXTO
	compreende mercados, supermercados e congêneres (Ato Declaratório MTE 09/05, *DOU*, 27.5.05). (Ato Declaratório MTE 04/02, *DOU*, 22.2.02)
	RED. ANTERIOR – I – O comércio varejista em geral, inclusive supermercados, pode manter trabalhadores laborando aos domingos, independentemente de convenção ou acordo coletivo e de autorização municipal, desde 9.11.97, data da introdução da autorização legislativa no ordenamento jurídico. II – Revogado pelo Ato Declaratório n. 7, de 12 de junho de 2003. III – Por sua vez, a abertura do comércio aos domingos é de competência municipal e a verificação do cumprimento das normas do município incumbe à fiscalização de posturas local. IV – Não tendo sido contemplado na lei permissivo para trabalho em feriados, permanecem aplicáveis as disposições contidas no Decreto n. 27.048, de 12 de agosto de 1949. (Ato Declaratório MTE 04/02, *DOU*, 22.2.02)
46 Jornada. DSR. Periodicidade	CANCELADO – O descanso semanal remunerado deve ser concedido ao trabalhador uma vez em cada semana, entendida esta como o período compreendido entre segunda-feira e domingo. Inexiste obrigação legal de concessão de descanso no dia imediatamente após o sexto dia de trabalho, sistema conhecido como de descanso hebdomadário. (Ato Declaratório MTE 04/02, *DOU*, 22.2.02) (Cancelado, Ato Declaratório MTE 10/09, *DOU*, 4.8.09)
47 Convenção e acordo coletivos. Hierarquia de normas autônomas. Teoria cumulativa	CANCELADO – Ao dispor que as condições estabelecidas em convenção coletiva, quando mais favoráveis, prevalecerão sobre as estipuladas em acordo, a CLT adotou a teoria cumulativa. Não haverá, portanto, prevalência de toda a convenção sobre o acordo, mas serão aplicadas as cláusulas mais favoráveis, independentemente de sua fonte. (Ato Declaratório MTE 04/02, *DOU*, 22.2.02) (Cancelado, Ato Declaratório MTE 10/09, *DOU*, 4.8.09)
48 Trabalho temporário. Controle de jornada	CANCELADO – Embora seja a tomadora quem usufrua da prestação de serviço temporário, o vínculo trabalhista e, portanto, a dependência jurídica, ocorrem em relação à empresa fornecedora de trabalho temporário, sendo esta parte legítima para suportar autuações por infração referente a jornada de trabalho. (Ato Declaratório MTE 04/02, *DOU*, 22.2.02) (Cancelado, Ato Declaratório MTE 10/09, *DOU*, 4.8.09)
49 Jornada. Controle. Gerentes	O empregador não está desobrigado de controlar a jornada de empregado que detenha simples título de gerente, mas que não possua poderes de gestão nem perceba gratificação de função superior a 40% do salário efetivo. (Ato Declaratório MTE 04/02, *DOU*, 22.2.02)
50 Remuneração. Diárias excedem 50% do salário	É ônus do empregador afastar a presunção de que as diárias de viagem que excedam a 50% do salário do empregado têm natureza salarial, pela comprovação de que o empregado presta contas de suas despesas, recebendo os valores a título de ressarcimento. (Ato Declaratório MTE 04/02, *DOU*, 22.2.02)

	TEMA	TEXTO
51	Inspeção do trabalho. Notificação. Apresentação de documentos	Notificação para apresentação de documentos em dia certo, sem indicação de hora, caracteriza infração somente quando transcorrer completamente o dia sem a devida apresentação. (Ato Declaratório MTE 06/02, *DOU*, 20.12.02)
52	Inspeção do trabalho. Notificação para apresentação de documentos	A expressão "a partir de" constante da notificação para apresentação de documentos indica o horário a partir do qual, no dia assinalado, o Auditor-Fiscal comparecerá para inspecioná-los. Ao empregador cabe disponibilizar os documentos no dia assinalado e no horário constante da notificação e, a partir daquele horário, mantê-los disponíveis para exame. (Ato Declaratório MTE 06/02, *DOU*, 20.12.02)
53	Embaraço ou resistência. Capitulação e base legal	O art. 630, § 6º é base legal para aplicação de sanção pela infração ao art. 630, §§ 3º, 4º e 5º, além de ser explicativo quanto à configuração de embaraço ou resistência. Embaraço e resistência não são infrações autônomas capituláveis no art. 630, § 6º, mas apenas circunstâncias que agravam a sanção. (Ato Declaratório MTE 06/02, *DOU*, 20.12.02)
54	FGTS. Deixar de recolher FGTS após notificação	Caracteriza-se a infração prevista no art. 23, § 1º, inciso V, da Lei n. 8.036, de 11 de maio de 1990, a partir do momento em que se tornou definitiva decisão administrativa proferida em notificação de débito, sem que o notificado tenha recolhido o valor devido. (Ato Declaratório MTE 06/02, *DOU*, 20.12.02)
55	Turnos ininterruptos de revezamento. Jornada	Para a caracterização de trabalho em turnos ininterruptos de revezamento é necessária a constante alternância de horários de trabalho. (Ato Declaratório MTE 06/02, *DOU*, 20.12.02)
56	Auto de infração. Presunção de veracidade	A presunção de veracidade do auto de infração não desobriga o Auditor-Fiscal de demonstrar os fatos que o levaram a concluir pela existência do ilícito trabalhista. (Ato Declaratório MTE 06/02, *DOU*, 20.12.02)
57	Contribuição sindical	Recolhida a contribuição sindical, descabe ao Auditor-Fiscal exigir recolhimento para outro sindicato, sob o fundamento de enquadramento sindical incorreto. É direito constitucionalmente assegurado a livre associação. (Ato Declaratório MTE 06/02, *DOU*, 20.12.02)
58	FGTS. Contrato nulo. Administração pública	Procedente débito levantado referente a FGTS devido a trabalhador cujo contrato foi declarado nulo, com manutenção do direito ao salário, após 27.8.2001, data de introdução do art. 19-A na Lei n. 8.036, de 11 de maio de 1990, pela Medida Provisória n. 2.164-41, de 24 de agosto de 2001. (Ato Declaratório MTE 06/02, *DOU*, 20.12.02)
59	Registro. Contrato de trabalho. Grupo econômico	O trabalho prestado pelo empregado a várias empresas do mesmo grupo econômico configura apenas um contrato de trabalho, sendo desnecessário o registro do empregado em cada uma das empresas. Autuação improcedente. (Ato Declaratório MTE 06/02, *DOU*, 20.12.02)

	TEMA	TEXTO
60	Inspeção do trabalho. Não apresentação de documentos	CANCELADO – É improcedente o auto de infração lavrado por falta de apresentação de documento que exteriorize o cumprimento de determinada obrigação quando: I – concomitantemente, tiver sido lavrado auto pelo descumprimento da obrigação específica; II – demonstrado pelo autuante, no corpo do auto de infração, o não cumprimento da referida obrigação. (Ato Declaratório MTE 06/02, *DOU*, 20.12.02) (Cancelado, Ato Declaratório MTE 10/09, *DOU*, 4.8.09)
61	Estágio. Requisitos legais. Descumprimento	I – A existência de termo de compromisso e a compatibilidade da jornada de estágio com o horário escolar do aluno não são elementos suficientes para a configuração da regularidade do contrato de estágio, uma vez que devem ser atendidos todos os requisitos legais, em especial a complementação do ensino e da aprendizagem. II – Os estágios devem ser planejados, executados, acompanhados e avaliados em conformidade com os currículos, programas e calendários escolares. III – Presentes os elementos da relação de emprego sob a roupagem do contrato de estágio, procede a descaracterização dessa contratação especial. (Ato Declaratório MTE 09/05, *DOU*, 27.5.05)
62	Segurança e saúde no trabalho. Autuação	Descabe autuação capitulada no art. 200 da CLT, uma vez que tal dispositivo não encerra qualquer comando dirigido ao empregador, mas apenas consigna autorização legal para expedição de normas pelo Ministério do Trabalho e Emprego. (Ato Declaratório MTE 09/05, *DOU*, 27.5.05)
63	Jornada. Redução do intervalo intrajornada	A existência de acordo coletivo com previsão de intervalo para repouso ou alimentação inferior ao limite mínimo legal não é suficiente para que seja considerada regular a jornada de trabalho. O acordo coletivo é apenas um dos requisitos para a imprescindível autorização, pelo Ministro do Trabalho e Emprego ou autoridade delegada, da redução do intervalo para menos de uma hora. (Ato Declaratório MTE 09/05, *DOU*, 27.5.05)
64	Processual. Revelia. Direito de defesa	A revelia na fase de defesa não tem como consequência a confissão ficta em relação à matéria de fato. O autuado pode, mesmo revel na fase de defesa, interpor recurso contra a decisão regional, inclusive com apresentação de documentos. (Ato Declaratório MTE 09/05, *DOU*, 27.5.05)
65	Safrista. Indenização ao término do contrato. FGTS. Compatibilidade	O art. 14 da Lei n. 5.889, de 8 de junho de 1973, foi recepcionado pela Constituição Federal de 1988, devendo tal indenização ser cumulada com o percentual do FGTS devido na dispensa. No contrato de safra se permite uma dualidade de regimes, onde o acúmulo de direitos corresponde a um *plus* concedido ao safrista. Não há que se falar, portanto, em *bis in idem* ao empregador rural. (Ato Declaratório MTE 09/05, *DOU*, 27.5.05)
66	Segurança no trabalho. Construção civil	Os comandos constantes da Norma Regulamentadora NR-18 não se dirigem exclusivamente aos empregadores cujo objeto social é a construção civil e que, portanto, enquadram-se nos Códigos de Atividade Específica constantes do Quadro I da Norma Regulamentadora NR-4. As obrigações se estendem aos

TEMA		TEXTO
		empregadores que realizem atividades ou serviços de demolição, reparo, pintura, limpeza e manutenção de edifícios em geral, de qualquer número de pavimentos ou tipo de construção, de urbanização e paisagismo, independentemente de seu objeto social. (Ato Declaratório MTE 09/05, *DOU*, 27.5.05)
67	Insalubridade. Trabalho extraordinário. Base de cálculo	CANCELADO – Descabe a integração do adicional de insalubridade na base de cálculo das horas extras, pois o de insalubridade é calculado sobre o salário mínimo e o adicional de hora extra sobre a hora normal, inexistindo repercussão de um sobre o outro. (Ato Declaratório MTE 09/05, *DOU*, 27.5.05) (Cancelado, Ato Declaratório MTE 10/09, *DOU*, 4.8.09)
68	Menor sem registro. Autuação	I – Improcede autuação por falta de registro de adolescente menor de 16 anos, uma vez que não se pode impor sanção ao empregador por descumprir formalidade de contratação de pessoa que, de acordo com disposição constitucional, não pode ser contratado como empregado. II – A infração, portanto, não ocorreu ao dispositivo que determina o registro de empregado, mas ao dispositivo que proíbe o trabalho de menores de 16 anos, salvo na condição de aprendiz e a partir dos 14 anos. (Ato Declaratório MTE 09/05, *DOU*, 27.5.05)
69	Empregado. Parentesco com o proprietário da empresa	Parentesco entre empregador e empregado não é fato impeditivo da caracterização da relação laboral, cuja configuração se dá pela presença dos elementos contidos na lei. (Ato Declaratório MTE 09/05, *DOU*, 27.5.05)
70	Segurança e saúde no trabalho. Serviços especializados em engenharia	O dimensionamento do SESMT deve estar de acordo com o grau de risco da atividade efetivamente realizada no estabelecimento, que pode ser constatada em inspeção do trabalho. Irregular o dimensionamento que considerou o grau de risco correspondente ao CNAE declarado pelo empregador mas se mostrou inadequado ao risco constatado no local de trabalho. Autuação procedente. (Ato Declaratório MTE 09/05, *DOU*, 27.5.05)
71	Documentos. Apresentação. Prazo	Quando aplicável concessão de prazo para exibição de documentos, não inferior a 2 nem superior a 8 dias, sua contagem deve se dar com exclusão do dia do início e inclusão do dia do término, sendo irrelevante o horário em que se procedeu à notificação. Desnecessária observância do prazo para as notificações posteriores à anteriormente emitida e não cumprida pelo administrado. (Ato Declaratório MTE 10/09, *DOU*, 4.8.09)
72	FGTS. Comprovação de pagamentos. Ônus do empregador	I – A existência de recolhimentos anteriores à data de emissão ou de apuração da notificação, não considerados, torna obrigatório seu abatimento, para convalidação do ato administrativo, mesmo após encerrado o contencioso administrativo, na forma prevista na instrução normativa vigente. II – Se o saneamento do débito é demandado após encerramento do contencioso, em razão de devolução do processo pela CAIXA apenas e estritamente para fins de dedução de guias anteriores, o analista deverá propor a emissão de termo

TEMA	TEXTO
	necessário para ajuste de liquidez da decisão definitiva, o qual, após acolhido pela autoridade competente, ensejará remessa dos autos para continuidade da inscrição ou cobrança, sem prejuízo da ciência do empregador a respeito. (Ato Declaratório MTE 13/13, *DOU*, 16.7.13).
	RED. ANTERIOR – É ônus do empregador apresentar as provas que demonstrem a inexistência do débito. Aquelas que comprovem recolhimentos de FGTS em datas anteriores à notificação devem ser consideradas para abatimento do valor levantado caso sejam apresentadas no prazo de defesa, no prazo de recurso ou mesmo após encerrado o trâmite processual, a fim de dar certeza e liquidez ao débito a ser cobrado. (Ato Declaratório MTE 10/09, *DOU*, 4.8.09)
73 Jornada. Telefonista. Telemarketing	Estende-se ao operador de telemarketing a proteção prevista no art. 227 da CLT. O tempo de efetivo labor em teleatendimento deve ser de, no máximo, 6 horas diárias. Essa exigência não prejudica a existência de jornadas de duração superior, nos termos da legislação, desde que o restante da jornada seja ocupado com outras tarefas e que se respeitem as pausas obrigatórias diárias previstas no Anexo II da NR-17 e o limite semanal de 36 horas de teleatendimento/ telemarketing. (Ato Declaratório MTE 10/09, *DOU*, 4.8.09)
74 Recurso. Fora do prazo. Intempestivo	I – O recurso administrativo interposto em processo iniciado por auto de infração não deve ter seu mérito analisado quando careça de quaisquer requisitos de admissibilidade. O mesmo se aplica à defesa. II – Aplica-se o disposto no item I ao processo iniciado por notificação de débito, exceto se houver recolhimentos de FGTS ou Contribuição Social anteriores à data de emissão ou apuração do débito, e que não tenham sido considerados, dada a necessidade de haver certeza e liquidez quanto ao débito apurado. A exceção alcança também as hipóteses em que se comprova parcelamento anterior, desde que assim previsto nas instruções normativas vigentes ao tempo da emissão da notificação, conforme Precedente Administrativo n. 1. III – Não será recebida como recurso a manifestação do interessado que seja desprovida de argumentos que materialmente possam ser caracterizados como recursais. Assim, caso a peça recursal não apresente razões legais ou de mérito demonstrando precisamente os fundamentos de inconformismo do recorrente em relação à decisão recorrida, não terá seu mérito analisado. IV – O juízo de admissibilidade formal e material dos recursos interpostos em instância administrativa é feito pela autoridade regional. Caso seja negado seguimento ao recurso pela autoridade regional pela ocorrência das hipóteses acima, ao processo devem ser dados os encaminhamentos de praxe da regional, sendo desnecessária a remessa à instância superior. (Ato Declaratório MTE 13/13, *DOU*, 16.7.13)

TEMA	TEXTO
	RED. ANTERIOR – I – O recurso administrativo interposto em processo iniciado por auto de infração não deve ter seu mérito analisado quando careça de quaisquer requisitos de admissibilidade. O mesmo se aplica à defesa. II – Aplica-se o disposto no item I ao processo iniciado por notificação de débito de FGTS, exceto se houver recolhimentos fundiários ou concessão de parcelamento pela Caixa feitos em data anterior à da lavratura da notificação, dada a necessidade de haver liquidez e certeza quanto ao débito apurado. III – Não será recebida como recurso a manifestação do interessado que seja desprovida de argumentos que materialmente possam ser caracterizados como recursais. Assim, caso a peça recursal não apresente razões legais ou de mérito demonstrando precisamente os fundamentos de inconformismo do recorrente em relação à decisão recorrida, não terá seu mérito analisado. IV – O juízo de admissibilidade formal e material dos recursos interpostos em instância administrativa é feito pela autoridade regional. Caso seja negado seguimento ao recurso pela autoridade regional pela ocorrência das hipóteses acima, ao processo devem ser dados os encaminhamentos de praxe da regional, sendo desnecessária a remessa à instância superior. (Ato Declaratório MTE 12/11, *DOU*, 9.9.11)
	RED. ANTERIOR – O recurso administrativo interposto em processo originário de auto de infração protocolizado fora do prazo não deve ter seu mérito analisado, uma vez que, ausente um dos pressupostos de sua admissibilidade, não pode ser conhecido. O mesmo se aplica à defesa intempestiva. (Ato Declaratório MTE 10/09, *DOU*, 4.8.09)
75 Documentos. Não apresentação. Improcedência	O auto de infração lavrado por falta de apresentação de documentos será improcedente quando: I – for lavrado por descumprimento da obrigação específica; II – o próprio autuante demonstrar, no corpo do auto de infração, o não cumprimento da referida obrigação; ou III – por outro dado constante do processo, inclusive alegações da defesa, fique demonstrado que o fato gerador é o descumprimento da obrigação e não a ausência do documento relativo àquela obrigação. (Ato Declaratório MTE 10/09, *DOU*, 4.8.09)
76 Insalubridade. Reflexo em horas extras	A remuneração do trabalho extraordinário realizado em condições insalubres deve ter como base de cálculo o salário normal acrescido do adicional de insalubridade. (Ato Declaratório MTE 10/09, *DOU*, 4.8.09)
77 Prescrição. Desaparecimento dos autos	O afastamento da prescrição administrativa de que trata a Lei n. 9.873/99 somente pode ocorrer nos casos expressamente previstos na legislação. Dessa forma, incide a prescrição prevista no art. 1º, § 1º, desta norma no processo administrativo paralisado em virtude do desaparecimento dos autos, tendo em vista que tal fato não se enquadra dentre as hipóteses de interrupção ou suspensão da prescrição previstas nessa lei. (Ato Declaratório MTE 10/09, *DOU*, 4.8.09)

	TEMA	TEXTO
78	Registro de ponto. Falha. Culpa *in vigilando*	O controle de registro de jornada é responsabilidade do empregador. Assim sendo, se houve marcação incorreta do ponto, responde o autuado pela falta cometida, por culpa *in vigilando*, vez que o empregador é dotado legalmente de poder diretivo e disciplinar para cumprir e fazer cumprir as disposições do estatuto celetizado. (Ato Declaratório MTE 10/09, *DOU*, 4.8.09)
79	Intervalo violado. Necessidade imperiosa	A ocorrência de necessidade imperiosa não autoriza o descumprimento do intervalo mínimo de 11 horas consecutivas para descanso entre duas jornadas de trabalho, tampouco a não concessão do descanso semanal de 24 horas consecutivas, ou ainda a não concessão do intervalo mínimo intrajornada. (Ato Declaratório MTE 10/09, *DOU*, 4.8.09)
80	Vale-transporte. Intervalo intrajornada. Não obrigatoriedade	Não se depreende da Lei n. 7.418/85, alterada pela Lei n. 7.619/87, que o empregador esteja obrigado ao fornecimento do vale-transporte para a ida e retorno do empregado à sua residência para refeição. (Ato Declaratório MTE 10/09, *DOU*, 4.8.09)
81	Jornada 12x36. Admissibilidade	Não obstante a limitação do art. 59, *caput*, da CLT, admite-se o regime de compensação 12x36, quando previsto em convenção coletiva e praticado em atividade que não exige esforço constante e intenso, devido às vantagens que proporciona ao trabalhador: descanso de 36 horas entre as jornadas, menor número de deslocamentos residência – trabalho – residência, duração do trabalho semanal inferior a 44 horas. (Ato Declaratório MTE 10/09, *DOU*, 4.8.09)
82	Intervalo intrajornada. Obrigação de um por jornada	Os intervalos para repouso e alimentação previstos no art. 71, *caput* e § 1º não são cumulativos, inexistindo obrigação legal de concessão de dois intervalos. A expressão "trabalho contínuo" deve ser entendida como jornada diária e não como períodos individuais que antecedem ou sucedem o horário de repouso. Ainda que o segundo período da jornada diária do empregado, após o intervalo concedido, seja superior a seis horas, o empregador não está obrigado a conceder-lhe novo intervalo. (Ato Declaratório MTE 10/09, *DOU*, 4.8.09)
83	Aprendiz. Salário mínimo	A lei garante ao aprendiz o direito ao salário mínimo, e não ao piso salarial, salvo quando lhe for expressamente assegurada condição mais favorável, seja pela lei, por contrato coletivo ou por liberalidade do empregador. (Ato Declaratório MTE 10/09, *DOU*, 4.8.09)
84	Intervalo interjornada. Descanso semanal	O intervalo interjornada corresponde ao lapso temporal de 11 horas consecutivas que deve separar uma jornada e outra de trabalho. Tal intervalo não se confunde ou se compensa com o descanso semanal remunerado, de 24 horas consecutivas. Entre módulos semanais somam-se os dois intervalos: 11 horas (entre dias) e 24 horas (entre semanas), totalizando, pois, 35 horas. (Ato Declaratório MTE 10/09, *DOU*, 4.8.09)

	TEMA	TEXTO
85	Relação de emprego. Família	A caracterização da relação de emprego pode ser estabelecida entre familiares, não sendo o parentesco fator impeditivo da configuração do vínculo empregatício. (Ato Declaratório MTE 10/09, *DOU*, 4.8.09)
86	Salário. Recibo. Comprovante	Se o salário é depositado em conta bancária, o comprovante de depósito substitui o recibo de pagamento. A empresa fica obrigada, apenas, a entregar ao trabalhador um contracheque ou demonstrativo de pagamento, em que se discriminem as parcelas salariais. (Ato Declaratório MTE 10/09, *DOU*, 4.8.09)
87	Rescisão. Pagamento fora do prazo. Multa	Duas consequências decorrem da inobservância ao § 6º do art. 477 da CLT, quais sejam, uma multa a título de penalidade pela irregularidade e outra multa em favor do empregado lesado, equivalente ao seu salário. Estatuindo a própria lei duas consequências pecuniárias, absolutamente distintas em termos de natureza jurídica, finalidade e destinatário, completamente descabida é a tese de improcedência do auto de infração por já ter sido recolhida a multa de um salário em favor do empregado. (Ato Declaratório MTE 10/09, *DOU*, 4.8.09)
88	Infração. Regularização após autuação	A regularização, após a autuação, de situação irregular constatada durante fiscalização não descaracteriza a infração, tampouco acarreta a improcedência do auto. (Ato Declaratório MTE 10/09, *DOU*, 4.8.09)
89	FGTS. Assistência médica. Não incidência	Não incide FGTS sobre parcela relativa a “assistência médica”. (Ato Declaratório MTE 10/09, *DOU*, 4.8.09)
90	Jornada. Gerente. Controle	Os gerentes ou ocupantes de cargos de confiança não estão dispensados do ponto, apesar de não terem direito à jornada de 6 horas. Somente o gerente bancário com amplos poderes de mando e gestão – o gerente-geral – a quem todos os outros gerentes, direta ou indiretamente, estão subordinados, é que está dispensado do ponto, por força do art. 62, II, da CLT. (Ato Declaratório MTE 10/09, *DOU*, 4.8.09)
91	Segurança e saúde do trabalho. Instrução dos bombeiros. Obrigatoriedade	A competência da Inspeção do Trabalho consiste na verificação do cumprimento da legislação trabalhista. Medidas de proteção da saúde e segurança previstas em Instrução Técnica do Corpo de Bombeiros Militar, sem o correspondente específico na legislação trabalhista, mas que são aplicáveis e necessárias no ambiente de trabalho, devem ser previamente notificadas para cumprimento, em atenção ao dever de prever e controlar os riscos estabelecidos na NR n. 9. (Ato Declaratório MTE 10/09, *DOU*, 4.8.09)
92	Infração coletiva. Citação. Desnecessidade	Não é necessária citação de pelo menos um empregado em situação irregular na caracterização de infração que atinge a coletividade dos trabalhadores, pois todos aqueles que laboram no local de trabalho estão em situação irregular. (Ato Declaratório MTE 10/09, *DOU*, 4.8.09)

	TEMA	TEXTO
93	Programa de Controle Médico de Saúde Ocupacional. Notificação prévia. Necessidade. Autuação	A autuação por ausência de ações de saúde no planejamento do PCMSO não previstas em Norma Regulamentadora, depende de notificação prévia que especifique as ações de saúde adequadas ao trabalho desenvolvido e ao ambiente laboral, tendo em vista a generalidade do dispositivo normativo. (Ato Declaratório MTE 10/09, *DOU*, 4.8.09)
94	Programa de Controle Médico de Saúde Ocupacional. Elaboração. Médico do trabalho	O PCMSO, desde que atendidos os requisitos normativos, pode ser elaborado por qualquer médico do trabalho, não havendo obrigatoriedade de ser integrante do SESMT, nem mesmo de ser empregado. Quando houver SESMT com médico, ele é quem deve coordenar e executar o PCMSO. (Ato Declaratório MTE 10/09, *DOU*, 4.8.09)
95	Riscos ambientais. Não previsão de riscos mecânicos e ergonômicos	Os riscos mecânicos e ergonômicos não são de previsão obrigatória no PPRA. (Ato Declaratório MTE 10/09, *DOU*, 4.8.09)
96	Normas de segurança e saúde no trabalho. Contratadas. Fiscalização pelo estabelecimento. Não solidariedade	CANCELADO – O dever das contratantes de acompanhar o cumprimento das normas de segurança e saúde no trabalho pelas contratadas que atuam no seu estabelecimento significa a fiscalização e cobrança do cumprimento da Norma Regulamentadora n. 5 e não responsabilidade solidária pela infração. (Ato Declaratório MTE 10/09, *DOU*, 4.8.09) (Cancelado, Ato Declaratório MTE 11/09, *DOU*, 26.11.09)
97	CIPA. Dimensionamento. Atividade efetiva desenvolvida	Para fins de dimensionamento de CIPA, a atividade considerada na determinação do grupo deve ser aquela efetivamente desenvolvida no estabelecimento, ainda que outro código de Classificação Nacional de Atividade Econômica conste do Cadastro Nacional de Pessoa Jurídica, mesmo que resulte no aumento ou redução do dimensionamento ou desobrigação de constituição da Comissão. (Ato Declaratório MTE 10/09, *DOU*, 4.8.09)
98	CIPA. Recomendações. Infração	A não adoção pelo empregador das recomendações da CIPA não significa infração ao dever de mantê-la em regular funcionamento. (Ato Declaratório MTE 10/09, *DOU*, 4.8.09)
99	EPI. Uniforme não	O uniforme simples não é considerado EPI, pois sua finalidade é servir de vestimenta para o trabalho e não proteger o trabalhador de acidentes ou exposição a agentes nocivos. O não fornecimento de uniforme pode configurar transferência indevida do custo da atividade econômica ao empregado e não infração à Norma Regulamentadora n. 6. (Ato Declaratório MTE 10/09, *DOU*, 4.8.09)
100	SESMT. Registro. Atualização	Tendo em vista que o SESMT é constituído de pessoas, a substituição de profissionais não significa mera atualização, mas constituição de novo SESMT, principalmente quando há redimensionamento do Serviço, que deve ser comunicado de imediato ao MTE como se de novo registro se tratasse. Interpretação do item 4.17 da NR n. 4. (Ato Declaratório MTE 10/09, *DOU*, 4.8.09)

	TEMA	TEXTO
101	FGTS. Acordo judicial. Inclusão na NFGC/NFRC	1 – Os débitos de FGTS acordados judicialmente em ação na qual a União e a CAIXA não foram chamadas para se manifestarem, não devem ser excluídos das NFGC/NFRC lavradas pelos Auditores-Fiscais do Trabalho, pois seus atos não são alcançados pelos limites da coisa julgada feita pela sentença que homologou o acordo. 2 – As notificações de débito de FGTS lavradas durante a vigência da IN n. 25/2001 em que foram excluídos valores acordados judicialmente, devem ser analisadas conforme os procedimentos nela previstos, pois constituem atos administrativos praticados consoante interpretação e normatização sobre o tema à época de sua lavratura. (Ato Declaratório MTE 12/11, *DOU*, 9.9.11)
102	Auto de infração. Local de lavratura	O conceito de local de inspeção abrange aquele onde os Auditores Fiscais do Trabalho executam atos de inspeção e verificam os atributos trabalhistas por meio de análise de documentos ou sistemas informatizados, conforme procedimento de fiscalização previsto em normas expedidas pela autoridade nacional competente em matéria de inspeção do trabalho. (Ato Declaratório MTE 13/13, *DOU*, 16.7.13)
103	Embargos de declaração. Cabimento	Os processos administrativos de autos de infrações e de notificações de débito de FGTS e CS estão sujeitos a duas instâncias administrativas: defesa e recurso. Após o encerramento do contencioso administrativo, não deverão ser conhecidos embargos de declaração ou outros recursos sem previsão expressa na legislação específica. (MTE, Ato Declaratório 14/14, *DOU*, 21.1.14)

ÍNDICE DA BIBLIOGRAFIA CITADA NO TEXTO*

Albanese, Mário. A insalubridade e os 4.720 tóxicos do fumo. *Rev. Trab. & Doutrina* 18/108 (191/1).

Alberto, Valder Luiz Palombo. *Perícia contábil*. São Paulo, Atlas, 1996 (879/3).

Almeida, Amador Paes de. *Os direitos trabalhistas na falência e concordata do empregado*. São Paulo, LTr, 1996, p. 105 (880/2).

_____. *Execução de bens dos sócios*. São Paulo, Saraiva, 1999, p. 160 (883/2).

Almeida, Ísis. *Manual de direito processual do trabalho*. São Paulo, LTr, 1985, p. 41 (11/5).

_____. *O sindicato e a substituição processual*. IV Congresso Brasileiro de Direito Coletivo do Trabalho e III Seminário de Direito Constitucional do Trabalho. São Paulo, LTr, 1989 (Jornal do), p. 32 (872/4).

Almeida Jr., João Mendes de. *Direito judiciário brasileiro*. São Paulo, Saraiva, 1960, p. 172 (818/1).

Alonso Olea, Manuel. Código Civil e contrato de trabalho. *LTr* 38/789.

_____. *Despido (El)*. Madrid, 1957.

_____. *Introducción al derecho del trabajo*. Madrid, Revista de Derecho Privado, 1968.

_____. *Trabajo eventual y por tiempo limitado*. IV Congresso Ibero-Americano de Direito do Trabalho e Previdência Social. São Paulo, 1972.

Alvim, José Manuel de Arruda. *Manual de direito processual civil*. 2. ed. São Paulo, Revista dos Tribunais, 1986, v. 1, p. 137 (836/4).

Amaro, v. Barreto, Amaro.

Amazonas, Almeida. *Do arbitramento*. São Paulo, 1938 (879/4).

Andrade, Darcy Bessone de Oliveira. *Do contrato*. Rio de Janeiro, 1960.

Andrade, João Deschamps. *Trabalho e Previdência Social*. Rio de Janeiro, Forense, 1971.

Aragão, Moniz de. *A correição parcial*. Paraná, Ed. Litero-Técnica, 1959, p. 7 (893/11).

_____. *Correição parcial*. São Paulo, Bushatsky, 1969, p. 41, n. 1 (893/11).

Azevedo, Álvaro Villaça, citado por Maria Helena Diniz, *Dicionário Jurídico*, Saraiva, 1998, p. 181 (765/4).

Bandeira de Mello, Celso Antônio. *Curso de direito administrativo*. Malheiros Ed., 1993, n. 31 (2ª/26).

Baracho, José Alfredo de Oliveira. *Participação nos lucros e integração social*. Belo Horizonte, Ed. Revista Brasileira de Estudos Políticos, 1972.

Barreto, Amaro. *Tutela geral do trabalho*. Rio de Janeiro, Ed. Trabalhistas, 1964, p. 53 (62/4), 64 (66/1), 90 (2ª/15), 97 (71/1), 110 (10/2), 120 (11/9), 128 (11/9), 131 (11/9), e 187 (8ª/2).

Barros, Alice Monteiro de. *A mulher e o D. T.* LTr, 1995 (372/1).

Barros, Cassio Mesquita. Gradação na aplicabilidade da legislação trabalhista aos servidores públicos. *LTr* 41/21.

_____. Previdência Social rural, *Revista da Faculdade de Direito da Universidade de São Paulo*, 1972.

_____. *Transferência de empregados e a Lei 6.203, de 17.4.75*. São Paulo, Ed. Unidas, 1977.

Barros, Francisco Carlos Rocha de. *Comentários à Lei do Inquilinato*. São Paulo, Saraiva, 1995, p. 211 (840/10).

* O primeiro número refere-se ao artigo da CLT e o segundo, após a barra, à nota onde há a citação (ex.: 818/1 = art. 818, nota 1 da CLT).

Barros, Hamilton de Moraes. *Comentários ao Código de Processo Civil*. Rio de Janeiro, Forense, 1986 (884/8).

Bassalho, Adilson. O MP como parte. *LTr* 41/448 (739/3).

Bastos, Celso Ribeiro. *Comentários à Constituição do Brasil*. São Paulo, Saraiva, 1988, v. 1, p. 355 (7ª/2); 1989, v. 2, p. 452 (58/4) e 469 (487/1).

_____. Jornal *O Estado de S. Paulo*, 21.4.96 (477/1).

Batalha, Wilson de Souza Campos. *Tratado de direito judiciário do trabalho*. 2. ed. São Paulo, LTr, 1985, p. 139 (831/8), (840/1), (840/8); 588 (840/18), (841/3), (831/7); 590 (883/10) e 861 (878/4).

_____. *Tratado*, 1995, v. 1, p. 182 (765/4); v. 2, p. 12 (847/7), p. 72 (846/3), p. 622 (896/5).

Bermudes, Sergio. *Comentários ao Código de Processo Civil*. São Paulo, Revista dos Tribunais, 1975, v. VII.

_____. *Direito processual civil, estudos e pareceres*. São Paulo, Saraiva, 1994, 2ª série, p. 118 (765/1).

Bernardes, Hugo Gueiros. *Aperfeiçoamento do FGTS*. Seminário de Direito do Trabalho da Câmara Federal. Brasília, 1972.

_____. *Cláusula de aprendizagem nos contratos de trabalho*. Brasília, Ed. Universidade de Brasília, 1969.

_____. *Flexibilização*. Conferência, Congr., *LTr*, 24.11.97 (468/3).

Bessone, Darcy, v. Andrade, Darcy Bessone de Oliveira.

Beviláqua, Clóvis. *Código Civil comentado*. Rio de Janeiro, Francisco Alves, 1953, v. 1, p. 88 (8/2).

Bonfim, Calheiros. Diretores de sociedade anônima. *LTr* 40/1005.

Bonfim, Calheiros e Santos, Silvério dos. *Dicionário de decisões trabalhistas*. Rio de Janeiro, Ed. Trabalhistas, 1977.

Braga, Antônio Pereira. *Exegese do Código de Processo Civil*. Rio de Janeiro, Max Limonad, 1943.

Bulcão, Flávio W. Bocayuva. *Químicos: legislação comentada*. São Paulo, Revista dos Tribunais, 1975.

Buzaid, Alfredo. *Agravo de petição*. São Paulo, Saraiva, 1956.

_____. *Aulas na Faculdade de Direito da USP*, p. 172 (799/1) e 273 (818/5).

_____. *Exposição de Motivos do CPC de 1973* (840/1-A).

_____. Ônus da prova (Do). *Revista de Direito Processual Civil*, v. 4, p. 16 (818/1).

Caen, Lyon. *Le salaire*. Paris, Dalloz, 1981, p. 153 (723/2).

Camerlynck, G. H. *Le contrat de travail*. Paris, Dalloz, 1982, n. 94 (455/1).

Camerlynck, G. H. e Lyon Caen, Gérard. *Droit du travail*. Paris, Dalloz, 1967.

Campanhole, Adriano. *CLT e legislação complementar*. São Paulo, Atlas, 1980.

_____. *Prática e jurisprudência trabalhista*. São Paulo, Atlas, 1968.

Campanhole, Adriano e Campanhole, Milton Lobo. *Profissões regulamentadas*. São Paulo, Atlas, 1980.

Campos Jr., Ephraim. *Substituição processual*. São Paulo, Revista dos Tribunais, 1985, p. 21 (513/1).

Cândia, Ralph. *Comentários à Lei do Jogador de Futebol*. São Paulo, Sugestões Literárias, 1978.

Canotilho, José Joaquim Gomes. *Direito constitucional* (*apud* Celso R. Bastos, *Comentários à Constituição*). p. 132 (7).

Cardone, Marly A. *Advocacia trabalhista*. 8. ed. São Paulo, Saraiva, 1985.

_____. Proteção da relação de emprego. *LTr* 53/395 (477/1).

Carrion, Valentin. A convenção coletiva e a Constituição. Revista *Synthesis* 6/136 (611/4).

_____. Cooperativas de trabalho. Autenticidade e falsidade. *Rev. Trab. & Doutrina* 18/129 (442/8).

_____. Direito é o que os Tribunais aplicam? (O). *Nova jurisprudência em direito do trabalho*. São Paulo, Revista dos Tribunais, 1975.

_____. Embargos de terceiro, competência do juízo deprecante. Revista *Synthesis* 3/86 (884/8).

_____. Medidas cautelares. *LTr* 37/689.

_____. *Sentenças incompletas (As)*. Madrid, Universidad de Madrid, Facultad de Derecho, 1971.

_____. *Trabalhador rural eventual*. Seminário da Câmara Federal, Brasília, 1972.

Carvalho, Antero. *Cargos de direção* (citando Pinto Antunes). Ed. Trabalhistas, 1981, p. 47 (450/1).

Catharino, José M. *Compêndio universitário de direito do trabalho*. p. 29 (2ª/11); v. 2, p. 519 (463/2), 549 (67/7) e 554 (59/3).

_____. Contrato de emprego. *LTr*, 1969, p. 187 (463/2).

_____. *Contratos de trabalho com pessoas jurídicas de direito público*. São Paulo, IV Congresso Ibero-Americano de Direito do Trabalho, 1972.

_____. Contribuição sindical e a Constituição, (A). *RDT* 79/16 (545/2).

_____. Grupo empresário. *LTr* 36/441, p. 9 (2/15).

_____. *Novo sistema portuário brasileiro (O)*. 1994, p. 18 e 47 (254/3).

_____. *Temas do direito do trabalho*. Rio de Janeiro, Ed. Trabalhistas, 1971, p. 105 (492/1), 128 (464/1) e 208 (12/1).

Cesarino Jr., Antonio Ferreira. *Correção e aumento de salários*. São Paulo, LTr, 1980.

_____. *Direito social brasileiro*. São Paulo, LTr, 1980, v. 2, p. 47 (446/1), 135 (76/1), 262 (62/4), 303 (67/1) e 322 (154/1).

_____. *Estabilidade e fundo de garantia*. Rio de Janeiro, Forense, 1968, p. 74 (492/3) e 183 (492/6).

_____. A teoria do pequeno risco. *LTr* 41/165.

Chaves, César Pires. *Da ação trabalhista*. Rio de Janeiro, Forense, 1956 (840/10).

_____. *Ações das leis do FGTS*. São Paulo, LTr, 1969.

_____. *Execução*. Rio de Janeiro, Forense, 1965, p. 37 (11/9), 41 (878/2) e 112 (878/2).

_____. Recursos. *LTr* 33/30 (884/6).

Chiovenda, Giuseppe. *Instituições*. São Paulo, Saraiva, 1965 (840/5), p. 82 (arts. 840/14 e 840/25); v. 1, p. 342 (799/1), 277 (818/2) e 328 (819/1).

Code du Travail. Paris, Dalloz, 1990.

Costa, Coqueijo. *Ação rescisória*. São Paulo, LTr, 1981, p. 4 (884/4) (836/3).

_____. *Direito processual do trabalho*. 2. ed. Rio de Janeiro, Forense, 1986, p. 432 (836/2), 448 (836/4) e 590 (879/5).

_____. *Direito processual do trabalho e o direito processual civil (O)*. São Paulo, LTr, 1975, p. 195 (831/7) e 257 (893/11).

_____. Fisionomia legal da substituição processual na Justiça do Trabalho. *Revista do TST*, 1980, p. 19.

_____. *Mandado de segurança e controle constitucional*. São Paulo, LTr, 1982.

_____. *Princípios de direito processual do trabalho*. São Paulo, LTr, 1976, p. 19 (895/3).

_____. *Tratado de direito processual do trabalho*. p. 658 (840/15).

Costa, José de Ribamar da. *Direito processual do trabalho*. São Paulo, LTr, 1996, n. 23 (820/1).

Costa, Lopes da. *Direito processual civil* (818/2).

_____. *Direito processual civil*. v. 1, p. 140 (840/14).

Costa, Orlando Teixeira da. Do abuso de direito na greve. Revista *Synthesis* 10/140 (723/3).

_____. Sobrevigência das normas coletivas após a expiração do prazo convencional. Revista *Synthesis* 10/141 (613/4).

_____. *Direito coletivo do trabalho e crise econômica*. São Paulo, LTr, 1991, p. 138 (613/2).

Couture, Eduardo. *Estudios*. Buenos Aires, Depalma, p. 230 (764/1).

Credie, Ricardo. *Adjudicação compulsória*. 4. ed. São Paulo, Revista dos Tribunais, 1988, p. 83 (888/2).

Cuche, Paul e Jean Vicent. *Procédure civile*. Paris, Dalloz, 1963, p. 70 (894/5, 897/5).

Cueva, Mario de La. *El nuevo derecho mexicano del trabajo*. México, Porrúa, 1972.

Cunha, Maria Inês Moura Santos Alves da. Ação monitória no processo do trabalho. *T&D* 17, p. 109 (840/18).

Dalazen, João Oreste. Indenização civil de empregado e empregador por dano patrimonial ou moral. *RDT* 77, p. 43. (223-A/1).

_____. *Competência material trabalhista*. São Paulo, LTr, 1994, p. 124-32 (840/10).

Dinamarco, Cândido Rangel. *Fundamentos do processo civil moderno*. São Paulo, Revista dos Tribunais, 1986, p. 357 (840/15, 897/5).

_____. *Instrumentalidade do processo (A)*. São Paulo, Revista dos Tribunais, 1987, p. 22 (843/3) e 24 (763/2).

_____. *Execução civil*. São Paulo, Malheiros Ed., 1993, p. 502 (893/7).

_____. *A Reforma do CPC*. São Paulo, Malheiros Ed., 1995, n. 30 (765/3), 106 (840/25), 116 (840/26), 141 e 144 (894/5) e 149 (893/7).

Donato, Messias Pereira. *Curso de direito do trabalho*. São Paulo, Saraiva, 1977.

Ermida Uriarte, Oscar. *¿La estabilidad del trabajador en la empresa. Protección real o ficticia?* Montevideo, Ed. Acali, 1983.

Faria, Guiomar. *O contrato de trabalho na falência*. Porto Alegre, Sérgio A. Fabris, Editor, p. 16 (485/1).

Ferrari, Irany. *O trabalhador avulso e o profissional autônomo*. São Paulo, LTr, 1972.

Ferreira, Pinto. *Comentários ao CPC*. São Paulo, Saraiva, 1990, v. 2, p. 409 (7ª/16).

França, R. Limongi. *Princípios gerais de direito*. São Paulo, Revista dos Tribunais, 1971.

Franceschini, Gaetano. *Il patrocinio gratuito*. Milano, Ed. Fratelli Bocca, 1903.

Franco Filho, Georgenor de Souza. *Jurisdição e competência internacional*. Revista do TRT da 8ª Reg. 23 (45) (643/14).

Genro, Tarso Fernando. Salário complessivo. *LTr* 39/620.

Giglio, Wagner D. *Direito processual do trabalho*. São Paulo, LTr, 1986 (840/10), p. 104 (794/2) e 419 (876/3).

_____. Equidade e o direito do trabalho brasileiro (A). *LTr* 39/866 (8/2).

Giugni, Gino. *Diritto sindicalle*. Bari, Cacucci Editori, 1984, p. 249 (723/2).

Goethen, F. Van e Geysen, R. *Droit du travail*. Bruxelas, Ed. Erasme, 1950.

Gomes, Orlando. *Curso de direito do trabalho*. p. 166 (482/4), 187 (6/2) e 347 (487/5).

_____. *Estudos*. p. 245 (611/2).

_____. *Introdução ao direito do trabalho*. Rio de Janeiro, Forense, 1944.

_____. *Questões*. São Paulo, LTr, 1974, p. 99 (11/2).

Gonçalves, Emílio. *Contrato de trabalho dos médicos e auxiliares no direito brasileiro*. São Paulo, LTr, 1970.

_____. *Salário sem trabalho*. São Paulo, LTr, p. 36 (463/2) e 118 (463/2).

Gonçalves, Nair Lemos. Auxílio-inatividade. Revista da Faculdade de Direito da Universidade de São Paulo, 1975.

Gonçalves Neto, Francisco. Ação rescisória de sentença líquida no processo do trabalho. Revista *Synthesis* 3/86, p. 87 (836/2).

Gonzales Encabo, Julián. *Perspectivas de la conciliación judicial*. Madrid, Revista Política Social, 1965.

_____. Salarios por unidad de tiempo. Dieciséis lecciones sobre salarios. Ed. Facultad de Derecho de Madrid, 1971.

Gottschalk, Elson. *Curso de direito do trabalho*. p. 147 (468/3), 166 (482/4), 187 (6/2) e 347 (487/5).

Greco Fº, Vicente. *Direito processual civil brasileiro*. São Paulo, Saraiva, 1994, v. 1, p. 91 (840/1).

_____. *Direito processual*. São Paulo, Saraiva, 1996, v. II, p. 362-3 (896/2).

Grinover, Ada Pellegrini. A garantia constitucional do direito de ação e sua relevância no processo civil. Revista da Faculdade de Direito da Universidade de São Paulo, 1972.

_____. *As garantias constitucionais do direito de ação*. São Paulo, Revista dos Tribunais, 1973, p. 16, 38 e 40 (765/1).

Guimarães, Machado. Cominatórias. Revista de Direito Processual Civil. v. 2, p. 169 (840/7).

Jungmann, Fernando. *O direito da agroindústria açucareira*. São Paulo, Revista dos Tribunais, 1971.

Khan-Freund, Otto. *Trabajo y derecho*. Madrid, Centro de Publicaciones del Ministerio del Trabajo, p. 87 (723/2) e 385 (723/2).

Krotoschin, Ernesto. *Instituciones de derecho del trabajo* (1/8 e 831/8).

Lacerda, Dorval. *Falta grave no direito do trabalho (A)*. Rio de Janeiro, Ed. Trabalhistas, 1964, p. 62 (482/5), 63 (482/5), 93 (482/5), 224 (482/10) e 289 (483/3).

Lamarca, Antonio. *Ação na justiça do trabalho*. Rio de Janeiro, Ed. Trabalhistas, 1968, p. 64 (789/1).

_____. *Contrato individual de trabalho*. São Paulo, Revista dos Tribunais, 1969.

_____. *Curso expositivo de direito do trabalho*. São Paulo, Revista dos Tribunais, 1972, p. 183 (471/1).

_____. *Execução*. p. 21 (879/5), 35 (882/5) e 169 (11/9).

_____. *Livro da competência (O)*. São Paulo, Revista dos Tribunais, 1979.

_____. *Manual das justas causas*. São Paulo, Revista dos Tribunais, 1977.

_____. *Processo do trabalho comentado*. São Paulo, Revista dos Tribunais, 1982.

_____. *Roteiro judiciário trabalhista*. São Paulo, Revista dos Tribunais, 1975.

Leal, Câmara. *Prescrição e decadência*. Rio de Janeiro, Forense, 1978, p. 12 (11/2).

Leite, João Antônio G. *Contrato de trabalho por safra*. São Paulo, LTr, 1976.

Liebman, Enrico Tullio. *Embargos do executado*. São Paulo, Saraiva, 1952.

_____. *Manual de direito processual civil*. São Paulo, Forense, 1984, v. 1, p. 153 (840/2).

_____. *Processo de execução*. São Paulo, Saraiva, 1963, p. 28 (879/1), 45 (876/5), 47 (884/8), 54 (879/1) e 97 (876/3).

Lima, Alcides de Mendonça. *Dicionário do Código de Processo Civil*. São Paulo, Revista dos Tribunais, 1986 (884/8).

_____. *Processo civil no processo do trabalho*. p. 49 (769/1) e 56 (769/1).

_____. *Recursos trabalhistas*. São Paulo, Revista dos Tribunais, 1970.

Lopez-Moniz de Cavo, Carlos. *O direito de greve*. São Paulo, LTr, 1986.

Machado, Antônio Cláudio da Costa. *Código de Processo Civil interpretado*. São Paulo, Saraiva, 1993 (826/1).

Machado Filho, Sebastião. Insalubridade e inconstitucionalidade. *LTr* 40/979.

Magano, Octavio Bueno. *Lineamentos de direito do trabalho*. São Paulo, LTr, 1969, p. 212 (487/2).

_____. A Convenção 158 da OIT. *Jornal Trabalhista* zn. 594, 12 fev. 1996, p. 190, e Jornal *Folha de S.Paulo*, 20 abr. 1996 (477/1).

_____. Acidente do trabalho não gera estabilidade. São Paulo, *LTr* 56/1426 (12/3).

_____. Conflito de leis trabalhistas no Espaço. São Paulo, *LTr*, 51/917 (1/8-9).

_____. Fundo de Garantia do Tempo de Serviço. *Boletim IOB*, 30 jan. 1990, p. 35 (11/7).

_____. *Lineamentos de infortunística*. São Paulo, Bushatsky, 1976.

_____. *Manual de direito do trabalho*. São Paulo, LTr, 1986, v. 2, p. 118 (3ª/13).

_____. *Manual de direito do trabalho*. São Paulo, LTr, 1988, v. 1, p. 108 (8ª/3).

_____. *Manual de direito do trabalho*. São Paulo, LTr, 1992, v. 2, p. 58 (2ª/1), 79 (2ª/16), 128 (7ª/3) e 328 (453/2).

_____. *Manual de direito do trabalho*. São Paulo, LTr, 1990, v. 3, p. 127 (545/2).

_____. *Manual de direito do trabalho*. São Paulo, LTr, 1987, v. 4, p. 55 (134/1) e 73 (141/3).

_____. *Novas tendências do direito do trabalho (As)*. Dissertação para Livre-Docência da Faculdade de Direito da Universidade de São Paulo, 1973.

_____. *O direito do trabalho na Constituição*. São Paulo, LTr, 1993, p. 105 (613/2) e 158 (11/5).

_____. Organização sindical. São Paulo, *LTr* 53/38 (545/2).

_____. Trabalho extraordinário após a CF. *RDT* 84, p. 27 (62/1).

Maimon, Moshé bem, Tariag Ilá-Mitzvoth, Ed. Nova Stella, 1990, p. 315 (850/2).

Mallet, Estevão. *Nota ao recurso extraordinário* (893/7).

_____. *O direito do trabalho na Constituição*. São Paulo, LTr, 1993, p. 105 (613/2).

Malta, Christóvão Piragibe Tostes. *Da competência no processo trabalhista*. Rio de Janeiro, Forense, 1960 (840/10).

Maranhão, Délio. *Direito do trabalho*. Rio de Janeiro, FGV, 1978, p. 36 (40/1), 172 (445/2) e 202 (468/3).

_____. *Instituições do direito do trabalho*. São Paulo, LTr, 1991, v. 1, p. 284 (2/15), 515 (469/6), 548 (482/4) e 585 (487/2).

Marques, José Frederico. *Instituições de direito processual civil*. Rio de Janeiro, Forense, 1966 (840/4).

_____. *Manual de direito processual civil*. São Paulo, Saraiva, 1986, v. 1, p. 67 (879/1), 68 (879/1) e 185-87 (840-2).

Martinez Vivot, Julio. *La huelga de los empregados públicos y del personal servidor público en el derecho*. Buenos Aires, 24 out. 1988, p. 1 (732/2) e 7 (723/4).

_____. *Elementos del derecho del trabajo y la Seguridad Social*. 2. ed. Buenos Aires, Ed. Astrea, 1988.

Martins, Ildélio. Estabilidade sindical. *LTr* 42/1083.

_____. A substituição processual pelo sindicato. *LTr* 46/1299.

Martins, Ives Gandra. *Comentários à Constituição do Brasil*. São Paulo, Saraiva, 1990, v. 6, p. 127 (11/7).

Martins, Nei Cano. Acidente do trabalho gera estabilidade. *LTr* 57/1049 (12/3).

Martins Filho, Ives Gandra. *Processo coletivo do trabalho*. 2. ed. LTr, p. 204-5 (840/9, e).

Martins Neto, Modestino. *Medidas cautelares no processo do trabalho*. Rio de Janeiro, 1972.

Maximiliano, Carlos. *Comentários à Constituição brasileira*. 2. ed. (*apud* Geraldo Ataliba, *Lei complementar na Constituição*, São Paulo, Revista dos Tribunais, 1971). p. 12 (7/2) e 105 (7/2).

_____. *Hermenêutica e aplicação do direito*. Rio de Janeiro, 1941, p. 436 (8/2).

Mazeaud et Mazeaud. *Traité de la responsabilité civile*. Paris, 1949, v. 3, p. 2303 (876/3).

Mazzilli, Hugo Nigro. *Regime jurídico do Ministério Público*. São Paulo, Saraiva, 1993, p. 193 e s. (736/4).

Mello, Marco A. M. de Farias. Juízo universal da falência... (O). *LTr* 45/790.

_____. Justiça do trabalho deve legislar? (A). Revista *Synthesis* 6/86, p. 54 (856/3).

Melo, Raimundo Simão de. O Ministério Público do Trabalho e as greves em atividades essenciais. Revista *Trabalho & Processo*, São Paulo, Saraiva, n. 4, mar. 1995 (723/4).

Menezes, Cláudio Armando Couce de. Ação monitória, cabimento e procedimento na Justiça do Trabalho. *T&D* 17, p. 56 (840/18).

Miranda, Pontes de. *Comentários ao Código de Processo Civil (de 1939)*. Rio de Janeiro, Forense, 1949 (v. 8), 1959 (v. 5), v. 5, p. 178 (893/11), v. 8, p. 420 (840/16, 897/5).

_____. *Comentários ao Código de Processo Civil (de 1973)*. Rio de Janeiro, Forense, 1973/74 e 1979, v. 1, p. 512 (765/3), v. 4, p. 275 (843/4), v. 5, p. 200 (831/8), v. 10, p. 355 (803/3), v. 12, p. 111 (894/5), (876/5), 14 (884/8) e 183 (888/5).

Montalvo Correa, Jaime. *Fundamentos de derecho del trabajo*. Madrid, Civitas, 1976.

Monteiro, João. *Teoria do processo civil e comercial*. São Paulo, Duprat, 1912, v. 2, p. 110 (799/3).

_____. *Programa do curso de processo civil I*. Rio de Janeiro, Tipografia Acadêmica, 1936 (798/2).

Monteiro, Washington de B. *Curso de direito civil; parte geral*. São Paulo, Saraiva (9/1).

Montoya Melgar, Alfredo. *Derecho del trabajo*. Madrid, Technos, 1985, p. 499 (723/2), 536 (543/2), 688 (722/1) e 733 (856/3).

Moraes Filho, Evaristo de. *Apontamentos de direito operário*. São Paulo, LTr, 1971.

_____. *Cessação cont. emprego*. p. 139 (482/2) e 237 (482/3).

_____. Empresa no direito do trabalho brasileiro (A). *LTr* 39/717 (2/1).

_____. Estudos de direito do trabalho. *LTr* 71/237 (450/1), p. 282 (450/1).

_____. Evolução do direito. *LTr* 37/223 (611/2).

_____. *Introdução ao direito do trabalho*. São Paulo, LTr, 1971, p. 206 (442/1).

_____. *Justa causa na rescisão do contrato de trabalho (A)*. Rio de Janeiro, Forense, 1962, p. 151 (482/2).

_____. *Sucessões nas obrigações e a teoria da empresa*. Rio de Janeiro, Forense, 1960, p. 258 (10/1).

Moreira, José Carlos Barbosa. *Comentários ao Código de Processo Civil*. Rio de Janeiro, Forense, 1978, v. 5, p. 69 (794/2), 141 (836/3) e 497, n. 245 (895/1).

_____. *Novo processo civil brasileiro (O)*. 7. ed. Rio de Janeiro, Forense, p. 91 (821/4), 110 (848/3) e 113 (764/3).

Muniz, Álvaro A. Caminha. *A empresa pública no direito brasileiro*. Rio de Janeiro, Ed. Trabalhistas, 1972.

Mut Remolá, Enrique. *Ordenanza laboral del campo*. Madrid, Imprenta Góngora, 1972.

Nascimento, Amauri Mascaro. *Comentários às leis trabalhistas*. São Paulo, LTr, 1990, p. 403-4 (479/3).

_____. *Compêndio de direito do trabalho*. São Paulo, LTr, 1972.

_____. *Contrato de trabalho*. São Paulo, LTr, 1970.

_____. Convenção 158 da OIT, As dispensas coletivas e a. *LTr* 60/727 (477/1).

_____. *Curso de direito do trabalho*. São Paulo, Saraiva, 1989, p. 367 (445/1).

_____. *Curso de direito processual do trabalho*. São Paulo, Saraiva, 1989.

_____. *Direito do trabalho na Constituição de 1988 (O)*. São Paulo, Saraiva, 1989, p. 124 (468/4), 205 (402/1), 234 (540/1) e 318 (723/3).

_____. *Direito sindical*. São Paulo, Saraiva, 1991, p. 207 (540/2).

_____. *Elementos de direito processual do trabalho*. São Paulo, LTr, 1977.

_____. *Iniciação ao direito do trabalho*. São Paulo, LTr, 1973, p. 248 (487/4); 1993, p. 423 (479/3); 1999, p. 125 (3ª/6).

_____. Inspeção do trabalho numa ordem jurídica em transformação. *Revista Inspeção Trab.*, 1, 1988-MTb 9 (626/1).

_____. *Processo de elaboração da norma jurídica trabalhista (O)*. São Paulo, Hemeron Editora, 1973.

_____. *Relação jurídica eventual*. São Paulo, IV Congresso Ibero-Americano, 1972.

_____. *Iniciativa processual e Ministério Público*. Conferência no 2º Ciclo do Ministério Público do Trabalho. São Paulo, 20.5.91 (739/3).

_____. Dispensa de empregado em greve. IOB 12/90 (723/3).

Negrão, Theotonio. *Código de Processo Civil e legislação processual em vigor*. 29. ed. São Paulo, Saraiva, art. 263/33, p. 256 (840/2).

Nunes, Pedro. *Dicionário de tecnologia jurídica*. Rio de Janeiro, Freitas Bastos, 1961.

Palomeque Lopez, Manuel-Carlos. *La nulidad parcial del contrato de trabajo*. Madrid, Technos, 1975, p. 242 (444/2).

Passos, J. J. Calmon de. *Da jurisdição*. Salvador, Livr. Progresso, 1957.

Pastore, José. Participação nos lucros e nos resultados. Jornal *Folha de S. Paulo*, 8 dez. 1988 (621/2).

_____. *Plataformas de trabalho*. Conferência, Congr., LTr, 24.11.97 (442/8).

Pastore, José; Luiz Carlos A. Robortella. *Assédio sexual no trabalho*. São Paulo, Makron Books, 1998 (483/11).

Paula, Alexandre de. *Código de Processo Civil anotado*. São Paulo, Revista dos Tribunais, 1980, v. 3, p. 328 (888/1).

Pedrotti, Irineu A. *Doenças profissionais ou do trabalho*. São Paulo, LEUD, 1986 (12/3).

Pimentel, Wellington Moreira. *Comentários ao Código de Processo Civil*. 2. ed. São Paulo, Revista dos Tribunais, 1982 (879/2).

Pinho Pedreira da Silva, Luiz de. A reparação dos danos no direito do trabalho. Salvador, Rev. do TRT/BA, n. 12/92, p. 43.

Pinto, José Augusto Rodrigues. *Execução trabalhista*. 2. ed. LTr, p. 75 (879/4); 5. ed., p. 264 (11/9); 9. ed., p. 179 (884/3). (223-A/1).

Pognoni. *Rivista di Diritto Processuale Civile*, 1953, p. 287 (831/6).

Prado, Roberto Barretto. *Comentários à nova Lei do Trabalho Rural*. São Paulo, Revista dos Tribunais, 1975.

_____. *Tratado de direito do trabalho*. São Paulo, Revista dos Tribunais, 1971, p. 151 (469/3), 152 (469/3), 153 (469/7) e 645 (10/2).

Prieto-Castro Ferrandiz, Leonardo. *Derecho procesal civil*. Madrid, 1969, v. 2, p. 326 (894/5) e 854 (840/15, 897/5).

_____. *Trabajos y orientaciones de derecho procesal*. Madrid, Revista de Derecho Privado, 1964.

Prunes, José Luiz Ferreira. *Gorjetas no direito brasileiro do trabalho (As)*. São Paulo, LTr, 1982.

_____. *Salário sem trabalho*. São Paulo, LTr, 1976 (463/2), p. 167 (472/2).

_____. *A prescrição no direito do trabalho* (*apud* Emílio Gonçalves, *Direitos sociais dos empregados domésticos*) (11/5).

Puech, Luiz Roberto de Rezende. Caso Abdalla e o STF. Jornal *O Estado de S. Paulo*, 1º nov. 1980.

_____. *Direito individual e coletivo do trabalho*. São Paulo, Revista dos Tribunais, 1960, p. 359 (613/2).

_____. *Fundo de Garantia do Tempo de Serviço*. São Paulo, IV Congresso Ibero-Americano de Direito do Trabalho, 1972.

_____. *Vivência do direito social (Na)* (895/3).

_____. *Comentários ao novo Estatuto do Trabalhador Rural*. Rio de Janeiro, Ed. Trabalhistas, 1988, p. 35 (7ª/8).

Reale, Miguel. A equidade no direito do trabalho. *Revista da Faculdade de Direito da Universidade de São Paulo*, 69, v. 1, p. 9 (8/2).

Rebouças, Francisco de P. Sena. *Registros públicos*. São Paulo, Revista dos Tribunais, 1978, p. 188 (883/7).

Reis, José Alberto dos. *Processo de execução*. Coimbra, 1985, v. 2, p. 9 (876/1) e 25 (883/1).

Reis, Nelio. *Alteração do contrato de trabalho*. Rio de Janeiro, Freitas Bastos, 1957, p. 154 (468/3).

_____. *Revista de Direito Processual Civil*. São Paulo, Revista dos Tribunais.

Rezende Filho, Gabriel de. *Curso de direito processual civil*. São Paulo, 1968.

Rivero, Jean e Savatier, Jean. *Droit du travail*. Paris, PUF, p. 215 (543/2) e 404 (722/1).

Rizzi, Sérgio. *Ação rescisória*. São Paulo, Revista dos Tribunais, 1979 (836/3).

Robortella, Luiz Carlos Amorim. Jornada de trabalho e férias na Constituição de 1988. In: *Curso de direito constitucional do trabalho*. São Paulo, LTr, 1991 (59/6).

Rocha, Osiris. Trabalhador rural e correção monetária. *LTr* 41/183.

_____. Subordinação..., *LTr* 44/277 (3ª/7).

Romita, Arion Sayão. Contribuições corporativas. *Boletim* 108, 15 abr. 1991, p. 123 (545/2).

_____. Contribuição confederativa. *RDT* 79/3 (545/2).

_____. *Sindicalismo, economia, Estado democrático – estudos*. São Paulo, LTr, 1993 (12/3).

_____. Sindicalização por categoria. Revista da Academia Nacional de Direito do Trabalho, LTr, 1996, n. 4 (511/2).

_____. Efeitos da ratificação da Convenção n. 158 da OIT. *Repertório IOB de Jurisprudência*, 5/96, mar. 1996 (477/1).

_____. Horas extraordinárias. *RDT* 84, p. 3 (59/6).

_____. Execução contra bancos. Aplicação da Lei n. 6.830/80. Penhora da conta reserva bancária e de depósitos dos clientes. Revista *Trabalho & Doutrina*, São Paulo, Saraiva, n. 17, p. 43 (882/5).

Ruprecht, Alfredo. *Conflitos coletivos de trabalho*. São Paulo, LTr, 1989, p. 114 (722/1).

Rusciano, M. e Santoro Passarelli, G. *Lo sciopero nei servizi essenziali*. Milano, Giuffrè, 1991, p. 12 (723/4).

Russomano, Mozart Victor. *Comentários à Consolidação das Leis de Previdência Social*. São Paulo, Revista dos Tribunais, 1977.

_____. *Comentários à CLT*. Rio de Janeiro, Forense, 1988, p. 529 (477/5) e 990 (890/1); ed. 1994, p. 519 (461/1).

_____. *Comentários ao Estatuto do Trabalhador Rural*. São Paulo, Revista dos Tribunais, 1969.

_____. *Curso de direito do trabalho*. Rio de Janeiro, Konfino, 1972, p. 165 (472/1), 177 (487/4) e 311 (66/1); Curitiba, Ed. Juruá, 1991, p. 305 (70/10).

_____. *Empregado e o empregador (O)*. São Paulo, LTr, 1976.

_____. *Execução das obrigações de fazer no processo trabalhista (A)*. Rio de Janeiro, Konfino, 1962.

_____. Sobre a fiscalização do trabalho. *Revista Insp. Trabalho*, 1, MTb 7, 1988 (626/1).

_____. *Temas atuais de direito do trabalho*. São Paulo, Revista dos Tribunais, 1971.

Saad, Eduardo Gabriel. *Consolidação das Leis do Trabalho comentada*. São Paulo, LTr, 1990, p. 31 (472/1).

_____. *Constituição e direito do trabalho*. São Paulo, LTr, 1989.

Sampaio, Aluysio. *Contrato de trabalho rural*. São Paulo, Revista dos Tribunais, 1971.

_____. *Estatuto do Trabalhador Rural comentado*. São Paulo, Revista dos Tribunais, 1972.

_____. *FGTS e estabilidade*. São Paulo, Revista dos Tribunais, p. 18 (492/3).

_____. *Nova Lei de Férias (A)*. São Paulo, Revista dos Tribunais, 1977.

Sanseverino, Riva. Curso de direito do trabalho. *LTr* 76/149 (450/1).

Santoro Passarelli, G. e Rusciano, M. *Lo sciopero nei servizi essenziali*. Milano, Giuffrè, 1991, p. 12 (723/4).

Santos, Moacyr Amaral. *Comentários ao Código de Processo Civil*. Rio de Janeiro, Forense, 1982, v. 4, p. 454 (831/8).

_____. *Direito processual civil*. p. 48 (799/1) e 536 (880/2).

_____. *Primeiras linhas de direito de processo civil*. Rio de Janeiro, Max Limonad, p. 240 (879/5).

Santos, N. P. Teixeira dos. Aposentado readmitido antes da Lei 6.204. *LTr* 40/861.

Santos, Roberto. Safristas. *LTr* 38/405 (7/13).

Serson, José. Bancários. *Supl. LTr* 81/341.

_____. Diretor não empregado. *Supl. LTr* 81/221.

_____. Opção retroativa. *Supl. LTr* 76/327.

Silva, Carlos Alberto Barata. *Compêndio de direito do trabalho*. São Paulo, LTr, 1978.

_____. *Recurso de revista*. p. 88 (893/7).

Silva, Floriano Corrêa Vaz da. Abandono coletivo de trabalho. *LTr* 44/1091.

_____. Competência trabalhista da Justiça Federal. *RDT* 3/165.

_____. *Direito constitucional do trabalho*. São Paulo, LTr, 1977.

_____. Equidade e o direito do trabalho (A). *LTr* 38/913 (8/2).

_____. Servidor público e a CLT (O). *LTr* 39/273.

_____. Mandado de injunção. Revista *Synthesis* 8/65 (840/9).

Silva, Justino Adriano F. da. *Honorários advocatícios em mandado de segurança*. RF 284/509 (791-A/1).

Silva, Oswaldo da. *Reconvenção e compensação*. Rio de Janeiro, Forense (767/1).

Siqueira Neto, José Francisco. A Convenção 158 da OIT. Revista *Trabalho & Doutrina*, São Paulo, Saraiva, n. 9/96 (477/1).

Solano Sobrinho, Genésio Vivanco. O aposentado e seu retorno à atividade. *RDT*, 4/103.

_____. Aeroviário e aeronauta – transferência. *RDT*, 1/59.

_____. Vendedor comerciante. *RDT*, 4/27.

Strenger, Irineu. *Curso de direito internacional privado*. Rio de Janeiro, Forense, 1978, p. 197 (1º/8).

Süssekind, Arnaldo. *Acórdãos no TST*. São Paulo, LTr, 1972, v. 3.

_____. *Comentários à Consolidação das Leis do Trabalho e à legislação complementar*. Rio de Janeiro, Freitas Bastos, 1961 (v. 2) e 1964 (v. 3); v. 2, p. 250 (11/9), 252 (10/1) e 381 (71/1); v. 3, p. 468 (470/6).

_____. Aposentado readmitido antes da Lei 6.204. *LTr* 41/315.

_____. *Direito internacional do trabalho*. São Paulo, LTr, 1987 (248/5).

_____. Prescrição. LTr 53/1019 (11/5).

_____. *Convenções da OIT*. São Paulo, LTr, 1998 (252/5).

_____. Ineficácia da eventual ratificação da Convenção OIT 87. *Revista da Academia Nacional de Direito do Trabalho*, 1996, n. 4 (511/1).

_____. A Convenção OIT 158 e a Constituição brasileira. *Jornal Trabalhista* n. 592, 29 jan. 1996, p. 146 (477/1).

_____. A ratificação da Convenção da OIT sobre despedida arbitrária. *Supl. LTr* 16/95 (1º/7 e 477/1).

_____. Influência das convenções da OIT. Revista *Trabalho & Doutrina* 6/95, p. 205 (252/5).

_____. O sindicato como substituto processual. *Revista TRT/Belém* 23/25 (514/1).

_____. Tutela da personalidade do trabalhador. *LTr* 59, p. 595. (223-A/1).

Süssekind, Arnaldo; Maranhão, Délio; Vianna, Segadas; Lima Teixeira. *Instituições de direito do trabalho*.

São Paulo, LTr, 1995, v. 1 e 2, p. 136 (8ª/1), 258 (445/1), 349 (477/10), 371 (457/4), 664 (496/3), 734 (62/1), 737 (59/6), 775 (66/1), 774 (67/8) e 779 (67/7). 1996, v. 1, p. 383 (457/6).

Tambellini, J. Machado. *A nova Lei de Trabalho Rural*. São Paulo, LTr, 1974.

Teixeira Filho, Manoel Antônio. *Liquidação da sentença no processo trabalhista*. São Paulo, LTr, 1986, p. 100 (890/1).

_____. *Sistema dos recursos trabalhistas*. 8. ed. São Paulo, LTr, 1995 (893/1 e 894/2), p. 121 (789/9), 271 e 292 (893/7).

_____. Código de Processo Civil – Alterações. Breves comentários às Leis 10.352 e 10.358/01. *LTr* 66-03/263, 2002 (89/7).

_____. *Curso de processo do trabalho*; opúsculo 1. São Paulo, LTr, 1997, p. 14 (847/7).

Theodoro Jr., Humberto. *Comentários ao CPC*. Rio de Janeiro, Forense, 1978, v. 4, art. 746, n. 445 (889/5).

_____. *Curso de direito processual civil*. Rio de Janeiro, Forense, 1985, p. 1193 (840/15).

_____. *Curso de direito processual civil*. Rio de Janeiro, Forense, 1997, v. 1, p. 58 e 63 (840/1).

_____. *Digesto de processo*; *liquidação de sentença*. Rio de Janeiro, Forense, v. 3, p. 357 (879/4).

_____. *Processo de execução*. São Paulo, LEUD, 1975 (876/5), p. 14 (878/4) e 260 (884/1) (884/4).

Trindade, Washington Luiz da. Aborto criminoso. Revista *Trabalho & Doutrina*, São Paulo, Saraiva, n. 4/142 (131/1 e 395/1).

_____. A polêmica da indenização do dano moral e seus reflexos no direito do trabalho. RDT 80, p. 65. (223-A/1).

_____. Novo direito portuário brasileiro (O). Revista *Trabalho & Doutrina*, São Paulo, Saraiva, n. 18 (254/3).

_____. *Riscos do trabalho*, São Paulo, LTr, 1998 (189/1).

Vidal Neto, Pedro. Quitação. *LTr* 32/574.

Vidigal, Luís Eulálio de Bueno. *Direito processual civil*. São Paulo, 1965, p. 70 (840/9).

Vilhena, Paulo Emílio Ribeiro de. *O contrato de trabalho com o Estado*. São Paulo, LTr, 1975.

_____. *Particularidades da execução*. São Paulo, 42/1986 (878/5).

_____. *Relação de emprego*. São Paulo, Saraiva, 1975.

_____. A Convenção n. 158 da OIT (despedimento). Vigência e aplicabilidade. Revista *Trabalho & Doutrina*, São Paulo, Saraiva, n. 8/151 (477/1).

_____. *Direito e processo do trabalho*. Belo Horizonte, Del Rey, 1994, p. 309 (59/9).

Villar, Willard de Castro. *Poder geral de cautela do juiz brasileiro*. São Paulo, Revista dos Tribunais, 1969.

ÍNDICE DOS ARTIGOS DA CONSTITUIÇÃO FEDERAL DE 1988

*Artigos referidos nos Comentários**

* O primeiro número refere-se ao artigo da CLT e o segundo, após a barra, à nota onde há a citação. (Ex.: 446/1 = art. 446, nota 1.)

Ato das Disposições Constitucionais Transitórias

ÍNDICE DA LEGISLAÇÃO COMPLEMENTAR

CONSTITUIÇÃO FEDERAL DE 1988

EMENDAS À CONSTITUIÇÃO

LEIS COMPLEMENTARES À CONSTITUIÇÃO

---

* V., *supra*, índice dos artigos da Constituição.

LEIS

ÍNDICES

ÍNDICES

LEI ESTADUAL

DECRETOS-LEIS

MEDIDAS PROVISÓRIAS

CONVENÇÕES INTERNACIONAIS

DECRETOS

ÍNDICES

PORTARIAS, INSTRUÇÕES E OUTRAS NORMAS ADMINISTRATIVAS

NORMAS REGULAMENTADORAS – NRS

ATOS DO TST

ATOS DOS TRIBUNAIS

TABELAS

ÍNDICE DE SÚMULAS, ORIENTAÇÕES JURISPRUDENCIAIS E PRECEDENTES NORMATIVOS

ÍNDICES

ÍNDICES

ÍNDICES

ÍNDICES

ÍNDICES

ÍNDICE DOS PRECEDENTES ADMINISTRATIVOS DO DEPARTAMENTO DE FISCALIZAÇÃO DO TRABALHO – MTE

ÍNDICES

ÍNDICE ALFABÉTICO*

* O primeiro número refere-se ao artigo da CLT e o segundo, após a barra, à nota com o comentário. (Ex.: 482/12 = art. 482, nota 12.)

ÍNDICES

ÍNDICES

ÍNDICES

ÍNDICES

ÍNDICES

ÍNDICES

ÍNDICES

ÍNDICES

ÍNDICES

ÍNDICES

ÍNDICES